全本全注全译

日知錄

（一）

〔清〕顾炎武 著
谦德书院 注译

团结出版社

图书在版编目（CIP）数据

日知录 / (清) 顾炎武著 ; 谦德书院注译. -- 北京 : 团结出版社, 2022.1

ISBN 978-7-5126-9077-6

Ⅰ. ①日… Ⅱ. ①顾… ②谦… Ⅲ. ①文史哲–中国–清代②《日知录》–译文 Ⅳ. ①B249.14

中国版本图书馆CIP数据核字(2021)第151520号

出版：团结出版社

（北京市东城区东皇城根南街84号 邮编：100006）

电话：(010) 65228880　　65244790 （传真）

网址：www.tjpress.com

Email：65244790@163.com

经销：全国新华书店

印刷：天宇万达印刷有限公司

开本：145×210　1/32

印张：89.5

字数：1600千字

版次：2022年1月　第1版

印次：2022年1月　第1次印刷

书号：978-7-5126-9077-6

定价：320.00元（全五册）

《谦德国学文库》出版说明

人类进入二十一世纪以来，经济与科技超速发展，人们在体验经济繁荣和科技成果的同时，欲望的膨胀和内心的焦虑也日益放大。如何在物质繁荣的时代，让我们获得内心的满足和安详，从经典中获取智慧和慰藉，或许是我们不二的选择。

之所以要读经典，根本在于，我们应当更好地认识我们自己从何而来，去往何处。一个人如此，一个民族亦如此。一个爱读经典的人，其内心世界必定是丰富深邃的。而一个被经典浸润的民族，必定是一个思想丰赡、文化深厚的民族。因为，文化是民族之灵魂，一个民族如果不能认识其民族发展的精神源泉，必定就会失去其未来的生机。而一个民族的精神源泉，就保藏在经典之中。

今日，我们提倡复兴中华优秀传统文化，当自提倡重读经典始。然而，读经典之目的，绝不仅在徒增知识而已，应是古人所说的“变化气质”，进一步，是要引领我们进德修业。《易》曰：“君子以多识前言往行，以蓄其德。”实乃读经典之要旨所在。

基于此理念，我们决定出版此套《谦德国学文库》，“谦德”，即本《周易》谦卦之精神。正如谦卦初六爻所言：“谦谦君子，用涉大川”，我们期冀以谦虚恭敬之心，用今注今译的方式，让古圣先贤的教诲能够普及到每一个人。引导有心的读者，透过扫除古老经典的文字障碍，从而进入经典的智慧之海。

作为一套普及型的国学丛书，我们选择经典，不仅广泛选录以儒家文化为主的经、史、子、集，也将视野开拓到释、道的各种经典。一些大家所熟知的经典，基本全部收录。同时，有一些不太为人熟知，但有当代价值的经典，我们也选择性收录。整个丛书几乎囊括中国历史上哲学、史学、文学、宗教、科学、艺术等各领域的基本经典。

在注译工作方面，版本上我们主要以主流学界公认的权威版本为底本，在此基础上参考古今学者的研究成果，使整套丛书的注译既能博采众长而又独具一格。今文白话不求字字对应，只在保证文意准确的基础上进行了梳理，使译文更加通俗晓畅，更能贴合现代读者的阅读习惯。

古籍的注译，固然是现代读者进入经典的一条方便门径，然而这也仅仅是阅读经典的一个开端。要真正领悟经典的微言大义，我们提倡最好还是研读原本，因为再完美的白话语译，也不可能完全表达出文言经典的原有内涵，而这也正是中国经典的古典魅力所在吧。我们所做的工作，不过是打开阅读经典的一扇门而已。期望藉由此门，让更多读者能够领略经典的风采，走上领悟古人思想之路。进而在生活中体证，方能直趋圣贤之境，真得圣贤典籍之大用。

经典，是一代代的古圣先贤留给我们的恩泽与财富，是前辈先人的智慧精华。今日我们在享用这一份财富与恩泽时，更应对古人心存无尽的崇敬与感恩。我们虽恭敬从事，求备求全，然因学养所限、才力不及，舛误难免，恳请先贤原谅，读者海涵。期望这一套国学经典文库，能够为更多人打开博大精深之中华文化的大门。同时也期望得到各界人士的襄助和博雅君子的指正，让我们的工作能够做得更好！

团结出版社

2017年1月

前 言

一

顾炎武，本名顾绛，乳名藩汉，别名继坤、圭年，字忠清、宁人，亦自署蒋山佣，明亡后，因为仰慕文天祥学生王炎午的为人，改名炎武（一作炎午）。因故居旁有亭林湖，学者尊称为亭林先生（亦称涂中先生）。苏州府昆山（今江苏昆山）人，明末清初杰出的思想家、经学家、史地学家和音韵学家，与黄宗羲、王夫之并称为明末清初“三大儒”，被誉为清学之祖，“清代六大宗师”之一。著有《日知录》《天下郡国利病书》《肇域志》《音学五书》等。

明万历四十一年五月二十八日（1613年7月15日），顾炎武生于昆山东南小镇千墩（今名千灯）的蒋泾（今花浦村）。清康熙二十一年正月初四（1682年2月10日），在山西曲沃准备外出答贺友人上马时，顾炎武不幸失手堕地跌成重伤，于初九丑时与世长辞。

根据顾炎武《顾氏谱系考》得知，顾氏原籍吴郡。五代之际，有一支迁往滁州。宋室南渡后，顾庆从滁州迁往海门县姚刘沙（今上海崇明区）。顾庆次子顾伯善，又迁居昆山县二十四保。

顾氏虽然为江东四大姓之一，世传“江南无二顾”；但是从《顾氏谱系考》来看，宋代以来，他的先辈大多是普普通通的读书人。自顾伯善起，传十一世至顾济，为顾炎武高祖。曾祖顾章志，字子行，号观海，嘉靖三十二年（1553）进士，官居南京兵部侍郎。顾炎武本生祖顾绍芳，字实甫，号学海，万历三年（1577）进士，官终六品的左春坊左赞善。其为人孝友廉介，诗工五律，风格颇近孟浩然，著有《宝庵集》。嗣祖顾绍芾，字德甫，号蠡源，为太学生。顾绍芾文才极好，作诗仿李白、李贺。尤其擅长书法，笔法遒劲，与褚遂良、虞世南神似。顾炎武曾自豪地说：“先祖书法，盖逼唐人，性豪迈不群。”他的本生父顾同应，为乡秀才；生母何氏，生有子女五人，顾炎武排行第二。叔祖顾绍之子顾同吉未婚而卒，有婚约的王逑之女王氏矢志守节，奉养公婆。有史料称王氏“事姑至孝。姑病，断一指煎药给姑饮。人称‘贞孝女’”。因王氏无子，便将顾炎武过继。寡母王氏白天纺织，晚上看书至二更才休息，独立抚养顾炎武成人，并以岳飞、文天祥、方孝孺忠义之节教导顾炎武。

天启六年（1626），即在十四岁时取得诸生（明代称考取秀才入学的生员）资格后，顾炎武与同窗归庄（归有光曾孙）志趣相投，遂成莫逆之交。二人砥行立节，孤高傲世，时人称之为“狂生”。崇祯三年（1630）秋，十八岁的顾炎武便和归庄结伴前往南京参加应天府乡试，期间两人还加入复社。由于两人个性都特立耿介，时人号为“归奇顾怪”。崇祯十二年（1639），顾炎武再度参加考试，依旧名落孙山。当时国事日益艰危，民不聊生，加上顾炎武以“行己有耻”“博学于文”为学问宗旨，有感于此，于是自二十七岁起，断然放弃科举这条道路，遍览历代史乘、郡县志书，以及文集、章奏之类，辑录其中有关农田、水利、矿产、交通等记载，兼以地理沿革的材料，开始着手撰述《天下郡国利病书》和《肇域志》。

崇祯十六年（1643）夏，以捐纳成为国子监生。崇祯十七年（1644）三月，李自成率军攻入北京，明思宗自缢殉国。五月，清睿亲王多尔衮率兵进入北京。福王朱由崧在南京被拥立为帝，年号弘光。十月，清定都北京，世祖即位，改元顺治，命多尔衮率大军讨伐江南。

当时，顾炎武暂居常熟语濂泾，由昆山县令杨永言推荐，遂投入南明弘光政权，任兵部司务。顾炎武对中兴之业，怀有极大的热忱，积极筹谋划策，撰写了著名的“乙酉四论”（《军制论》《形势论》《田功论》《钱法论》），从划江立国的实际出发，针对军事建制、地理形势、农田开垦、钱币流通等在当时最紧迫的问题，提出了独特的看法。但是，顺治二年（1645）五月，他取道镇江赴南京就职，尚未到达，清兵即已攻占南京，弘光帝被俘，只得中途返回。

清军铁骑又剑指苏杭，江南各地抗清义军风起云涌，顾炎武和挚友归庄、吴其沆（字同初，上海嘉定人）加入佥都御史王永祚领导的义军，积极抗清。但是义军力量抵抗不住清军的精锐，于顺治二年，昆山失守，死难人数多达四万。此战中，其母王氏绝食而亡，告诫顾炎武“不事二姓”“勿为异国臣子”，顾炎武终身铭刻在心，矢志不忘。挚友吴其沆战死，生母何氏右臂被砍断，两个弟弟被杀。

安葬王氏后，顾炎武依旧没放弃抗清之志。同年闰六月，唐王朱聿键在福州称帝，年号隆武。经大学士路振飞（字见白，广平府曲周人）推荐，隆武帝召顾炎武为兵部职方司主事，顾炎武因母丧不赴。但是，他从此以隆武帝臣子自居，继续从事反清斗争。

顺治三年（1646），顾炎武参加的太湖义军为清苏松提督吴胜兆所败，首领吴旸就义。因吴胜兆与巡抚土国宝有隙，次年江南名士陈子龙（字卧子）、杨廷枢（字维斗）以及顾炎武的族叔顾咸正（字端木，二子为天遴、天逵）等人，趁机策动吴胜兆起兵反清。事情败露后，吴胜兆被杀。土国宝大举追捕，陈子龙、夏完淳、杨廷枢、顾咸正父子相继死难，受牵连而死者四十余人。顾氏父子与顾炎武是同宗的关系，陈子龙亦与顾炎武往来密切，顾炎武受此案影响，开始四处躲藏。弘光及闽浙沿海的隆武等南明政权先后瓦解，抗清活动一再受挫，许多抗清义士产生颓丧情绪。但是，顾炎武反而越挫越勇，写了一首著名的《精卫》诗表明心迹，也道出了他“明知已不可为，依然尽力而为”的精神追求：

万事有不平，尔何空自苦。长将一寸身，衔木到终古。

我愿平东海，身沉心不改。大海无平期，我心无绝时。

呜呼！君不见，西山衔木众鸟多，鹊来燕去自成窠。（《亭林诗集·精卫》）

复明之志不曾被浇灭，顾炎武仍然四处奔走，联络各地义军，积极投身抗清活动之中。

易代之际，局势动荡不安，内乱外患烽火不断。除了有“国仇”，也有“家难”。崇祯十四年（1641）二月，祖父顾绍芾病故，其后兄长顾缃

（字遐篆）也去世，又逢吴中大旱，"一时丧荒，赋徭猬集"，真可谓祸不单行。顾炎武无奈之下，曾将祖产田800亩贱价典给昆山豪族叶方恒（字嵋初）。而且，顾炎武堂叔等人为争夺遗产，又挑起家庭内部矛盾，还与本来就蓄意侵吞顾炎武家产的叶氏内外勾结，顾炎武在昆山千墩的故居和在常熟语濂径的住所曾几次被人蓄意洗劫及纵火焚烧。顺治七年（1650），叶方恒又企图加害顾炎武。为了躲避灾祸，顾炎武离开昆山，改变样貌，化名商人蒋山佣。此后五年中，他都在吴、会之间奔波往来，不顾个人得失，矢志复明，时刻关心沿海一带抗清斗争的动向，希望能中兴明朝，建功立业。

顺治十年（1653）九月，听到张名振（字侯服）在长江口大破清兵，进屯崇明。次年正月，张名振又率"海舰数百"溯长江而上，直抵镇江。并登金山遥祭孝陵（明太祖陵墓）之际，顾炎武听闻，欢欣雀跃，兴奋写下：

东风吹江水，一夕向西流。金山忽动摇，塔铃语不休。水军十一万，虎啸临皇州。巨舰作大营，飞舻为前茅。黄旗亘长江，战鼓出中洲。举火蒜山旁，鸣角东龙湫。故侯张子房，手运丈八矛。登高瞩山陵，赋诗令人愁。沉吟十年余，不见旌旆浮，忽闻王旅来，先声动燕幽。阖闾用子胥，鄢郢不足收。祖生奋击楫，肯效南冠囚。愿言告同袍，乘时莫淹留。（《亭林诗集·金山》）

在此时期，顾炎武还同归庄、吴炎（字赤溟）、潘柽章（字圣木）、王锡阐（字寅旭）等人在吴江古风庄共同加入惊隐诗社，以“优游文酒”的面目，抒发矢志不移的情怀。惊隐诗社，又名“逃社”，意即作暂时的逃避而潜谋再举。顾炎武在此中结识了许多富有民族气节的志士，如王略（字起田）、万寿祺（字年少）等。但是，该社受到清廷的严密监视，后因庄氏明史案牵连，重要成员潘柽章、吴炎等惨遭杀害，社友纷纷逃散，于康熙三年（1664）解散。

顺治十二年（1655）春季，顾炎武回到家乡昆山居住。其家仆陆恩见顾炎武家势日益衰落，加上顾炎武常年在外，便背叛主人，投靠豪绅叶方恒，捏造罪名诬陷顾炎武，将他置之死地。顾炎武不得已回到昆山处死陆恩，但是叶方恒又与陆恩之婿勾结，将顾炎武私自关押，胁迫其自杀。一时之间，社会舆论哗然。挚友路振飞之子路泽博、路泽浓兄弟为营救顾炎武，与官府周旋，而且与松江兵备使者有旧，代为转圜，最后以“杀有罪奴”的罪名结案，杖责释放。当时事情紧急之际，归庄不得不向已降清的文坛领袖钱谦益（字受之）求救，甚至不惜代顾炎武向钱氏递上门生帖子成为其门生。顾炎武不屑成为钱氏门生，索回帖子，但钱氏拒绝，顾氏不得已自写告白一纸，托人四处张贴，告知人们自己与钱氏并无瓜葛。钱氏大为尴尬，却又无可奈何，只好说：“宁人何其卞（性急）也？”顾炎武虽然如此对待这位钱氏前辈学者，但仍然肯定其是“文章宗主”的地位。

顺治十三年（1656）春，顾炎武出狱。这得力于归庄等同邑知名之士极力营救。但是叶方恒不甘心失败，千方百计想将顾炎武杀死，还指使刺客尾随不舍，于第二年五月在南京太平门外将他击伤，而且派人洗劫昆山故宅，将世代相传的财物席卷一空。顾炎武能侥幸躲过暗杀，但是躲不过豪绅的一次次诬陷，而且此时他离开家乡、外出抗清的志向越来越强烈。顾炎武曾几次准备南下，最终都没能实现。于是决计北上，以便结识各地抗清志士，考察中国北方山川形势，徐图复明大业。同时，也有一个重要原因——远行避祸。

顺治十四年（1657）元旦，顾炎武晋谒孝陵。七年之间，炎武共六谒孝陵，以寄故国之思。同年返回家乡昆山，顾炎武将家产尽行变卖。临行前，昆山好友设宴饯别，对其出行给予厚望。

江南信美，可惜不再是故土。一个壮怀激烈的斗士从此掉首故乡，一去不复返。顺治十六年（1659），至山海关，凭吊古战场，20多年间，顾炎武孑然一身，游踪不定，足迹遍及山东、河北、山西、河南，“九州历其七，五岳登其四”（《与戴耘野》），而且“往来曲折二三万里，所览书又得万余卷”（《亭林佚文辑补·书杨彝万寿棋（为顾宁人征天下书籍启）后》），结识了许多志同道合的朋友。康熙七年（1668），又因莱州黄培诗案入狱，得李因笃（字天生）、朱彝尊（字锡鬯）等营救出狱。康熙十年（1671），入京，住在外甥徐乾学（字原一）家中，熊赐履（字敬修）设宴款待，邀修《明史》，顾炎武严词拒绝，说：“果有此举，不为介之推逃，则为屈原之死矣！”（《蒋山佣残稿·记与孝感熊先生语》）

康熙十六年（1677）十一月，顾炎武游西岳华山，因爱当地山水绝佳，于是便作为晚年定居之地。在《与三侄书》中，他认为“华阴绾毂关河之口，虽足不出户而能见天下之人，闻天下之事。一旦有警，入山守险，不过十里之遥。若志在四方，则一出关门，亦有建瓴之便”。虽年老但不忘抗清之志，与他所仰慕的王炎午不同，他不是空对年年杏红柳绿，更不是

“不知门外，桃花何代；不知江左，燕子谁家”（《沁园春·又是年时》）。

康熙十七年（1678），世祖开博学鸿儒科，招致明朝遗民，顾炎武以死坚拒叶方蔼（字子吉，叶方恒之弟）、韩菼（字元少）等人的推荐，说道：“人人可出而炎武必不可出矣。”又说：“七十老翁何所求，正欠一死，若必相逼，则以身殉之矣。”（《亭林文集·与叶讱庵书》）康熙十八年（1679）清廷开明史馆，熊赐履邀顾炎武加入，顾炎武以“愿以一死谢公，最下则逃之世外”回拒。康熙十九年（1680），发妻王氏死于昆山，顾炎武得知后哀痛不已，在设灵遥祭的同时，写下“地下相烦告公姥，遗民犹有一人存”的诗句，表明心迹。晚年虽然住在华阴，但顾炎武凭借顽强的意志来往于陕西、山西之间，终因年老体弱，于康熙二十一年（1682）正月，在山西曲沃去世，享年七十。同年三月，堂弟顾岩自昆山赶赴曲沃，与嗣子顾衍生一起扶柩南归，葬于千墩祖茔，在外漂泊的赤子又回到了阔别二十五年的故乡。道光二十一年（1841），入祀乡贤祠。光绪三十四年（1908），与黄宗羲、王夫之等人一起从祀孔庙。

二

顾炎武一生著述丰富，今可考见者已有五十余种。二十七岁科场失意时，他猛然醒悟，“耻经生之寡术”（《天下郡国利病书·自序》），开始从事经世致用的研究，从史书、方志、名公文集中辑录有关农田、水利、交通等材料，试图找出国贫民弱的根源，于是就有了《天下郡国利病书》与《肇域志》。这两部著作是顾炎武遵循顾氏“著书不如钞书”的家训而完成的，成为两大抄书的典范。其中《天下郡国利病书》作为一部全国地域利病体系的明代地理总志，成为一部不朽之著。

而《日知录》则是顾炎武"稽古有得，随时札记，久而类次"而成的著作。本书作为一部十七世纪中叶中国知识界足以反映时代风貌的学术巨著，其作用和影响力是不可忽视的。顾炎武对该书寄托了很大的希望，认为能"资治"。而且很自豪地说："平生之志与业皆在其中"。而撰写该书的目的，他在《与杨学臣书》中说是"拨乱涤污"，"启多闻于来学，待一治于后王"。

顾炎武曾将撰写该书比作"采铜于山"，他说："尝谓今人纂辑之书，正如今人之铸钱。古人采铜于山，今人则买旧钱，名之曰废铜，以充铸而已。所铸之钱既已粗恶，而又将古人传世之宝舂剉碎散，不存于后，岂不两失之乎？承询《日知录》又成几卷，盖期之以废铜，而某自别来一载，早夜诵读，反复寻究。仅得十余条，然庶几采山之铜也。"（《亭林文集·与人书十》）由此可见，顾炎武注重收集第一手资料，在治学上严谨扎实，堪称一代楷模。这种学术态度、方法和明代的空疏学风截然相反，从而开启了一代新学风。

《日知录》书名取自《论语·子张篇》："子夏曰：'日知其所亡，月无忘其所能，可谓好学也已矣。'"内容宏富，贯通古今。三十二卷本《日知录》有条目1009条（不包括黄侃《校记》增加的2条）。最长者（如卷十《苏淞二府田赋之重》）有5000多字；最短者（如卷十三《召杀》）仅有9字，可见其长短不拘的写作风格。

顾炎武在《与人书二十五》中将《日知录》设计为三项内容，即分为上篇经术（对儒家经典所作的诠释考订）、中篇治道（讨论经世济民之术）、下篇博闻（论列文史知识及社会风俗）。潘耒（字次耕）则把《日知录》的内容按照经世的意义，大体划为八类，即经义、史学、官方、吏治、财赋、典礼、舆地、艺文。《四库全书总目提要》就学术意义，细致地将全书分作十五类，谓："大抵前七卷皆论经义，八卷至十二卷皆论政事，十三卷论世风，十四卷、十五卷论礼制，十六卷、十七卷皆论科举，十八卷至二十一卷皆论艺文，二十二卷至二十四卷杂论名义，二十五卷论古事真妄，二十六卷论史法，二十七卷论注书，二十八卷论杂事，二十九卷论兵及外国事，三十卷论天象术数，三十一卷论地理，三十二卷为杂考证。"

总体而言，离不开"治道"二字，这是由于顾炎武处于当时的环境使然。顾炎武出身于江东望族，后来家道逐渐中落。由于家境的困窘和社会的危机，经世致用思想在顾炎武青年时代就孕育了。因此顾炎武终其一生，皆以"国家治乱之原，生民根本之计"为怀，大声疾呼"保天下者，匹夫之贱与有责焉耳矣"（后经梁启超总结为"天下兴亡，匹夫有责"）。

顾炎武以经世致用为学术宗旨，朴实归纳的考据方法，创辟路径的探索精神，以及他在众多学术领域的成就，宣告了晚明空疏学风的终结，开启了一代朴实学风的先路，给予清代学者极为有益的影响。胡适在《几个反理学的思想家》中说："读九经自考文始，考文自知音始"，"在这些根本工具的发达史上，顾炎武是一个开山的大师"。梁启超曾在《中国近三百年学术史》中高度评价顾炎武："论清学开山之祖，舍亭林没有第二人。""亭林所以能在清代学术界占最要位置，第一，在他做学问的方法，给后人许多模范；第二，在他所做学问的种类，替后人开出路来。"因为梁氏认为“清代儒者以朴学自命，以示别于文人，实炎武启之”（《清代学术概论》）。胡、梁二人肯定了顾炎武是清代学术的开启性人物，乃清学之祖。后世学者或是继承了顾炎武的治学方法，或是发扬了他的治学精神，不仅演成了乾嘉汉学的鼎盛局面，而且取得了清代学术文化多方面的成果。

《日知录》初刻本为八卷，于清康熙九年（1670）由顾氏自刻于淮安，称符山堂初刻本。后来顾氏继续有所增补，于康熙十三年（1676）成三十卷。遂初堂藏版三十二卷是他的弟子潘耒于康熙三十四年（1695）在福建建阳刻印的，那时顾炎武去世已十三年。道光十四年（1834），黄汝成（字庸玉）以遂初堂三十二卷本为底本，参以阎若璩、沈彤、钱大昕、杨宁四家校本，并收录道光前九十余家学者对《日知录》的研究成果，并参以己意，成《日知录集释》，亦为三十二卷。其后，顾氏八卷和潘氏三十二卷本世所罕见，而黄氏《集释》本则风行海内。除此之外，还有其他不同的抄本，此不赘言。

三

《日知录》作为顾炎武的三部奇书（另外两部为《天下郡国利病书》与《肇域志》）之一，该书撰写的由来，他曾在《自序》中说：

愚自少读书，有所得，辄记之。其有不合，时复改定。或古人先我而有者，则遂削之。积三十余年，乃成一编。取子夏之言，名曰《日知录》，以正后之君子。

可见这部著作是顾炎武用大半生精力写成有八十万言的读书札记。而顾炎武撰写《日知录》时付出了巨大的努力，他毫不避讳地说：“平生之志与业皆在其中”，认为是一生学问和思想的结晶。其弟子潘耒也说：“先生非一世之人，此书非一世之书也。”这部“负经世之志，著资治之书”的巨著，“凡关家国之制，皆洞悉其所由盛衰利弊，而慨然著其化裁通变之道，词尤切至明白”（黄汝成《日知录集释》叙）。它问世三百多年，始终被学人尊为学术精品，以至成为清代许多文史学家探研的一门显学。

《日知录》内容宏富，贯通古今，论述精辟，见解独到，倾注了顾炎武一生的心血，也是最能体现他思想的著作。其主要思想有：

（一）经世致用

顾炎武从“明道救世”的经世思想出发，产生了对封建君权的大胆怀疑。《日知录》的“君”条中旁征博引地论证了“君”并非封建帝王的专称，认为“人君之于天下，不能以独治也。独治之而刑繁矣，众治之而刑措”（卷六“爱百姓故刑罚中”条），强调“以天下之权寄之天下之人”（卷九“守令”条），进而提出反对“独治”，主张“众治”。他虽然还未直接否定封建君权，未能逾越封建的藩篱，但他这种怀疑君权（中央集权）、提倡“众治”（地方分权）的主张，却具有反对封建专制独裁的早期进步意义。更为突出的是，提出了“保天下者，匹夫之贱与有责焉耳矣”的响亮口号，发扬了传统思想重视对自身价值和责任的认识，表现了心怀天下的广阔胸怀和改造社会的积极态度。顾炎武认为：“有亡国，有亡天下，亡国与亡天下奚辨？曰：易姓改号，谓之亡国；仁义充塞而至于率兽食人，人将相食，谓之亡天下。”（卷十三“正始”条）在他看来，亡国和亡天下是两个不同的概念。“亡国”是指改朝换代，换个皇帝、国号，所以保国只能是“肉食者谋之”。而“天下”的兴亡，就算是地位低微的人也有责任。然而，时代有局限，人亦有局限，顾炎武自然也不能避免。他将官员的终身制与世袭制引入到国家管理体制当中，体现了其思想的保守性和局限性。

（二）复古思想

顾炎武复古思想，实际上寄托了他“以古改今”的思想。难免是朴素的乌托邦主义。孟子称尧舜，而顾炎武则讲三代经义，两者实际上有共同之处。因为顾炎武一生都在抗清复明，屡次拒绝清朝的征召。复古，很大程度上表现出顾炎武对现实状况的不满。他认为上古“井田制”是最为理想的，借鉴北魏的“均田制”，则能减轻民众负担，使风俗醇厚。他认为：“古先王之治地也，无弃地而亦不尽地。田间之涂九轨，有余道矣。遗山泽之分，秋水多得有所休息，有余水矣。是以功易立而难坏，年计不足而世计有余。后之人一以急迫之心为之。……于是十年之中，荒恒六七，而较其所得，反不及于前人。”（卷十“治地”条）恢复井田制已然不可能，但是顾炎武仍旧提出，这表明了顾炎武对当时疯狂兼并土地的强烈抨击。因为“民生愈贫，国计亦愈窘。然则治乱盈虚之数，从可知矣”（卷十二“言利之臣”条）。百姓贫困，势必影响国家的长治久安，所以借此劝谏“善为国者，藏之于民”（卷十二“财用”条）。

（三）廉耻观念

“吾观三代以下，世衰道微，弃礼义，捐廉耻，非一朝一夕之故。”世风日下，人心不古，“然而四者之中，耻尤为要。”将“耻”作为根本。顾炎武直接引用欧阳修《五代史·冯道传》的评论："'礼、义、廉、耻，国之四维；四维不张，国乃灭亡。'善乎，管生之能言也！"一下子就把个人的节操与国家的兴亡紧密地联系起来，瞬间让读者和作者产生共鸣。欧阳修对冯道深恶痛绝，而顾炎武则是将之衍生、普遍化，对纷纷降清的士大夫们深恶痛绝，说"故士大夫之无耻，是谓国耻。"他引用孔孟的"行己有耻""人不可以无耻。无耻之耻，无耻矣"。他进一步认为"不廉则无所不取，不耻则无所不为"（以上皆卷十三"廉耻"条），所以他呼吁世人"贵廉洁，贱贪污"（卷十三"贵廉"条）。

（四）知行统一

晚明发生巨变，顾炎武等一批知识分子意识到，知与行的关系，会关系和影响到民族存亡、国家治乱。顾炎武曾痛切地说："刘、石乱华，本于清谈之流祸，人人知之。孰知今日之清谈，有甚于前代者……今之清谈，谈孔、孟……曰'一贯'，曰'无言'，以明心见性之空言，代修己治人之实学。"（卷七"夫子之言性与天道"条）加上顾炎武"以天下为己任"的责任感，促使他"博学于文"，说："博学于文，自身而至于家国天下，制之为度数，发之为音容，莫非文也。"（卷七"博学于文"条）认为从礼制、音乐到人类全部文化都属于学习的范围，那便是"修己治人之实学"而非"空虚之学了"。这明显是反对晚明的空疏学风，从而开启一代新学风。

（五）民主思想

顾炎武在卷七"周室班爵禄"中认为：

为民而立之君，故班爵之意，天子与公、侯、伯、子、男一也，而非绝世之贵。代耕而赋之禄，故班禄之意，君、卿、大夫、士与庶人在官一也，而非无事之食。是故知天子一位之义，则不敢肆于民上以自尊。知禄以代耕之义，则不敢厚取于民以自奉。不明乎此，而侮夺人之君，常多于三代之下矣。

他认为天子、公、侯、伯、子、男，并不是天生的尊贵，他们管理国家，与百姓一样，都是靠劳动而得，不是靠剥削、凌虐他人而获得。所以君主“不敢肆于民上以自尊”“不敢厚取于民以自奉”。

同时他又列举出历史上大量的“称臣下为父母”“人臣称人君”“人臣称万岁”的例子，否定“君权天授”，来淡化至高无上的封建君权，为建立新型的君臣关系提供历史根据，表现出初步的民主思想。

总之，顾炎武是一位讲究实际的思想家。他反对空谈道德性命，而要求解决国计民生的实际问题，这些都对中国古代哲学思想的发展产生了积极的影响和作用。

潘耒认为《日知录》是一部讲求经世致用学问的著作，而顾炎武是要以之“拨乱世以兴太平之事”，四库馆臣囿于历史立场则将该书斥为“迂而难行”“愎而过锐”，仅认同其学术地位。四库馆臣处在文化专制十分严酷的乾隆时代，有此看法也不足为奇。然而，晚清时内忧外患，文网松弛，经世致用思潮再度兴起，朱一新在《无邪堂答问》里对四库馆臣的指斥，则反唇相讥，评四库馆臣之说为“叶公之好龙”“郑人之买椟”。顾炎武一生践行自己的主张，集道德文章于一身，给后人树立榜样。其学术态度和方法、爱国精神是值得我们学习的。

四

《日知录》成书以来，已有350多年，基本上形成了三个系统（符山堂初刻本、遂初堂藏本、黄氏集释本），上文已提及，其中黄汝成集释本是通行海内外的。问世后，曾被学人尊为学术精品，以至成为清代许多文史学家探研的一门显学。因此，为了让现代学者有一个权威、准确的读本，我们以陈垣《日知录校注》为蓝本，参考前人的成果，对文本进行点校、注释、翻译，整理成全本全注全译《日知录》，并出版。

本次整理出版，根据篇幅，将全书分为五册：第一册为潘序、顾序和卷一至卷六，第二册为卷七至卷十二，第三册为卷十三至卷十九，第四册为卷二十至卷二十六，第五册为卷二十七至卷三十二。

本书有以下几个特点：

（一）参考权威版本。我们以安徽大学出版社《日知录校注》（陈垣校注）为蓝本，综合参考中华书局《日知录集释》，上海古籍出版社《日知录集释》等。其中《日知录校注》是陈垣倾注了二十余年之力完成的，是他未刊著作中用时最长、用力最多的一部。因此，本次整理参考的《日知录校注》，优于其他现代整理本。但是，其中有些标点值得斟酌之处，则根据上下文认真推敲，选择最能反映顾炎武本意的表述，重新标点，防止因错误标点而导致以文害辞、以辞害志。由于顾炎武长短不一的写作风格，囿于篇幅，适当地将长篇幅段落根据文意，分成若干段落，以便读者能够获得完美的阅读体验。

（二）逐字逐句校核原文。《日知录》问世后，各种版本流行于世，其弟子潘耒为了能顺利刊行，也对其中“妨碍”文字进行了改动，而且四库馆臣将其收录在《四库全书》时，也进行了篡改，甚至径直删改某处不利于统治的文字。目前市面上有些版本收录了潘耒序言、顾炎武自序及其与人书五通等。本次整理根据实际出发只收录前两者，以便读者能大致了解《日知录》的纂修历程等情况。另外，上述两序不作白话翻译，仅注释。

（三）注释及白话翻译。《日知录》目前没有进行过全本注释和白话翻译，但有少数注释和白话翻译的节选版本，这对于整体把握顾炎武思想是不利的。同时，从方便热爱阅读《日知录》的现代读者的角度出发，对全书进行注释和白话翻译，是很有必要的。

《日知录》是顾炎武的代表作之一，潘耒对此书评价很高：“意惟宋元名儒能为之，明三百年始未有也。”顾炎武的实学思想和基本观点都在这部书中得到了系统的发挥。它是学习、研究顾炎武思想必不可少的参考资料。因此，注译《日知录》这项工作是光荣的，也是责任重大的。本次参与注译的人员有萧祥剑、李秀桂、叶茂、赵怀敏、陈晖、安自涛、王静珍、常博瑞等，最后由萧祥剑、李秀桂统稿。

由于本书是集体参与注译的，虽然同仁都怀着恭敬、谨慎之心，力求为读者呈现一部全面、系统且准确的权威注译本，但是顾炎武引用广泛，思想博大精深，其中错漏之处在所难免，敬请读者批评指正。

本书编委会

2021年12月10日

本书编委会

主　编：

萧祥剑

注译人员：

萧祥剑 李秀桂 叶　茂 赵怀敏

陈　晖 安自涛 王静珍 常博瑞

总 目

一 册

卷 一…………………………………………………………………… 5
卷 二……………………………………………………………………87
卷 三…………………………………………………………………… 179
卷 四…………………………………………………………………… 249
卷 五…………………………………………………………………… 379
卷 六…………………………………………………………………… 487

二 册

卷 七…………………………………………………………………… 559
卷 八…………………………………………………………………… 657

卷 九 …… 749
卷 十 …… 853
卷十一 …… 911
卷十二 …… 999

三 册

卷十三 …… 1077
卷十四 …… 1201
卷十五 …… 1267
卷十六 …… 1361
卷十七 …… 1421
卷十八 …… 1525
卷十九 …… 1601

四 册

卷二十 …… 1657
卷二十一 …… 1729
卷二十二 …… 1811
卷二十三 …… 1875
卷二十四 …… 1977

卷二十五 ……………………………………………………2067
卷二十六 ……………………………………………………2119

五 册

卷二十七 ……………………………………………………2199
卷二十八 ……………………………………………………2349
卷二十九 ……………………………………………………2429
卷三十 ………………………………………………………2487
卷三十一 ……………………………………………………2561
卷三十二 ……………………………………………………2691

目　录

原　序…………………………………………………………… 1
顾炎武初刻日知录自序 ………………………………………… 4

卷　一

三　易…………………………………………………………… 5
重卦不始文王 …………………………………………………… 7
朱子周易本义 …………………………………………………… 8
卦爻外无别象 ……………………………………………………18
卦　变……………………………………………………………20
互　体……………………………………………………………20
六爻言位 …………………………………………………………22

九二君德 …… 24
师出以律 …… 24
既雨既处 …… 25
武人为于大君 …… 26
自邑告命 …… 27
成有渝无咎 …… 29
童 观 …… 30
不远复 …… 31
不耕获不菑畬 …… 33
天在山中 …… 35
罔孚裕无咎 …… 35
有孚于小人 …… 36
损其疾使遄有喜 …… 36
上九弗损益之 …… 38
利用为依迁国 …… 39
姤 …… 39
包无鱼 …… 41
以杞包瓜 …… 42
己 日 …… 42
改命吉 …… 44
艮 …… 44
艮其限 …… 45
鸿渐于陆 …… 48

君子以永终知敝 …… 50
鸟焚其巢 …… 51
巽在床下 …… 52
翰音登于天 …… 53
山上有雷小过 …… 54
妣 …… 54
东 邻 …… 57
游魂为变 …… 57
通乎昼夜之道而知 …… 62
继之者善也成之者性也 …… 62
形而下者谓之器 …… 63
垂衣裳而天下治 …… 64
过此以往未之或知也 …… 64
困德之辨也 …… 65
凡易之情 …… 65
易逆数也 …… 66
说卦杂卦互文 …… 69
兑为口舌 …… 71
序卦杂卦 …… 72
晋昼也明夷诛也 …… 73
孔子论易 …… 74
七八九六 …… 77
卜 筮 …… 80

卷 二

帝王名号 …… 87
九 族 …… 90
舜 典 …… 99
惠迪吉从逆凶 …… 99
懋迁有无化居 …… 101
三 江 …… 102
锡土姓 …… 103
厥弟五人 …… 104
惟彼陶唐有此冀方 …… 105
胤 征 …… 109
惟元祀十有二月 …… 110
西伯戡黎 …… 112
少 师 …… 112
殷纣之所以亡 …… 113
武王伐纣 …… 115
泰 誓 …… 122
百姓有过在予一人 …… 124
王朝步自周 …… 124
大王王季 …… 127
彝 伦 …… 128
龟从筮逆 …… 129

周公居东 …………………………………………………… 131
微子之命 …………………………………………………… 132
酒 诰 ………………………………………………………… 133
召 诰 ………………………………………………………… 133
元 子 ………………………………………………………… 134
其稽我古人之德 ………………………………………… 134
节 性 ………………………………………………………… 136
汝其敬识百辟享 ………………………………………… 136
惟尔王家我适 …………………………………………… 138
王来自奄 …………………………………………………… 138
建官惟百 …………………………………………………… 140
司 空 ………………………………………………………… 143
顾 命 ………………………………………………………… 144
矫 虔 ………………………………………………………… 149
罔中于信以覆诅盟 ……………………………………… 150
文侯之命 …………………………………………………… 151
秦 誓 ………………………………………………………… 154
古文尚书 …………………………………………………… 156
书 序 ………………………………………………………… 169
丰熙伪尚书 ………………………………………………… 171

卷 三

诗有入乐不入乐之分 …………………………………… 179

四 诗 …… 181
孔子删诗 …… 182
何彼襛矣 …… 186
邶鄘卫 …… 191
黎许二国 …… 195
诸姑伯姊 …… 195
王 事 …… 196
朝隮于西 …… 197
王 …… 197
日之夕矣 …… 200
大 车 …… 201
郑 …… 202
楚吴诸国无诗 …… 203
豳 …… 204
言私其豵 …… 206
承筐是将 …… 207
罄无不宜 …… 208
民之质矣日用饮食 …… 209
小人所腓 …… 210
变 雅 …… 213
大 原 …… 215
莠言自口 …… 220
皇 父 …… 222

握粟出卜 …… 223
私人之子百僚是试 …… 224
不醉反耻 …… 225
上天之载 …… 226
王欲玉女 …… 227
夸 毗 …… 228
流言以对 …… 230
申 伯 …… 231
德輶如毛 …… 233
韩 城 …… 233
如山之苞如川之流 …… 237
不吊不祥 …… 238
駉 …… 240
实始翦商 …… 241
玄 鸟 …… 242
敷奏其勇 …… 243
鲁颂商颂 …… 244
诗 序 …… 246

卷 四

鲁之春秋 …… 249
春秋阙疑之书 …… 250
三 正 …… 254

闰 月 …… 259
王正月 …… 261
春秋时月并书 …… 263
谓一为元 …… 265
改 月 …… 269
天 王 …… 271
邾仪父 …… 272
仲 子 …… 273
成风敬嬴 …… 278
君氏卒 …… 278
滕子薛伯杞伯 …… 280
阙 文 …… 283
夫人孙于齐 …… 286
公及齐人狩于禚 …… 289
楚吴书君书大夫 …… 289
亡国书葬 …… 292
许男新臣卒 …… 293
禘于太庙用致夫人 …… 294
及其大夫荀息 …… 295
邢人狄人伐卫 …… 296
王入于王城不书 …… 297
星 孛 …… 299
子 卒 …… 300

纳公孙宁仪行父于陈 …………………………………… 300
三国来媵 ………………………………………………… 302
杀或不称大夫 …………………………………………… 303
郏子来会公 ……………………………………………… 304
葬用柔日 ………………………………………………… 305
诸侯在丧称子 …………………………………………… 306
未逾年书爵 ……………………………………………… 309
姒氏卒 …………………………………………………… 310
卿不书族 ………………………………………………… 311
大夫称子 ………………………………………………… 315
有谥则不称字 …………………………………………… 320
人君称大夫字 …………………………………………… 321
王贰于虢 ………………………………………………… 323
星陨如雨 ………………………………………………… 324
筑 郿…………………………………………………… 325
城小谷 …………………………………………………… 326
齐人杀哀姜 ……………………………………………… 328
微子启 …………………………………………………… 328
襄仲如齐纳币 …………………………………………… 330
子叔姬卒 ………………………………………………… 331
齐昭公 …………………………………………………… 332
赵盾弑其君 ……………………………………………… 332
临于周庙 ………………………………………………… 333

栾怀子 …… 335
子大叔之庙 …… 336
城成周 …… 337
五 伯 …… 339
占法之多 …… 342
以日同为占 …… 346
天道远 …… 347
一事两占 …… 348
春秋言天之学 …… 349
左氏不必尽信 …… 350
列国官名 …… 351
地 名 …… 352
昌 歜 …… 355
文字不同 …… 358
所见异辞 …… 359
纪履緰来逆女 …… 361
母弟称弟 …… 362
子沈子 …… 363
谷伯邓侯书名 …… 365
郑忽书名 …… 365
祭公来遂逆王后于纪 …… 367
争 门 …… 368
仲婴齐卒 …… 369

隐十年无正 …… 372
戎 菽 …… 372
陨石于宋五 …… 373
王子虎卒 …… 375
穀梁日误作曰 …… 376

卷 五

阍人寺人 …… 379
正月之吉 …… 381
木 铎 …… 384
稽其功绪 …… 387
六 牲 …… 387
邦飨耆老孤子 …… 389
医 师 …… 390
造言之刑 …… 393
国 子 …… 394
死政之老 …… 395
凶 礼 …… 396
不入兆域 …… 399
乐 章 …… 401
斗与辰合 …… 408
凶 声 …… 410
八 音 …… 411

用 火 …… 413
莅戮于社 …… 415
邦 朋 …… 416
王公六职之一 …… 418
奠挚见于君 …… 418
主 人 …… 419
辞无不腆无辱 …… 420
某子受酬 …… 421
辩 …… 422
须 臾 …… 423
飧不致 …… 424
三年之丧 …… 425
继母如母 …… 447
为所后者之祖父母妻妻之父母昆弟昆弟之子若子 …… 448
女子子在室为父 …… 449
慈母如母 …… 449
出妻之子为母 …… 453
父卒继母嫁 …… 454
有適子者无適孙 …… 455
为人后者为其父母 …… 455
继父同居者 …… 459
宗子之母在则不为宗子之妻服也 …… 460
君之母妻 …… 462

齐衰三月不言曾祖已上 …………………………… 462
兄弟之妻无服 ………………………………………… 465
先君余尊之所厌 ……………………………………… 467
贵臣贵妾 ……………………………………………… 469
外亲之服皆缌 ………………………………………… 471
唐人增改服制 ………………………………………… 478
报于所为后之兄弟之子若子 ………………………… 483
庶子为后者为其外祖父母从母舅无服 ……………… 484
考 降…………………………………………………… 484
噫 歆…………………………………………………… 485

卷 六

毋不敬 ………………………………………………… 487
女子子 ………………………………………………… 487
取妻不取同姓 ………………………………………… 489
父不祭子夫不祭妻 …………………………………… 493
檀 弓…………………………………………………… 494
太公五世反葬于周 …………………………………… 500
扶 君…………………………………………………… 502
二夫人相为服 ………………………………………… 503
同母异父之昆弟 ……………………………………… 504
子卯不乐 ……………………………………………… 506
君有馈焉曰献 ………………………………………… 509

郳娄考公 …… 510
因 国 …… 511
文王世子 …… 512
武王帅而行之 …… 513
用日干支 …… 514
社日用甲 …… 516
不齿之服 …… 517
为父母妻长子禫 …… 518
为殇后者以其服服之 …… 518
庶子不以杖即位 …… 519
妇人不为主而杖者 …… 520
庶姓别于上 …… 521
爱百姓故刑罚中 …… 522
庶民安故财用足 …… 523
术有序 …… 524
师也者所以学为君 …… 526
肃肃敬也 …… 528
以其绥复 …… 528
亲丧外除兄弟之丧内除 …… 530
十五月而禫 …… 530
妻之党虽亲弗主 …… 532
吉祭而复寝 …… 533
如欲色然 …… 533

先 古 …… 534
博 爱 …… 534
以养父母日严 …… 535
致 知 …… 536
顾諟天之明命 …… 538
桀纣帅天下以暴 …… 539
财者末也 …… 540
未有上好仁而下不好义者也 …… 542
君子而时中 …… 542
子路问强 …… 544
素夷狄行乎夷狄 …… 544
鬼 神 …… 546
期之丧达乎大夫 …… 551
三年之丧达乎天子 …… 552
达 孝 …… 553
思事亲不可以不知人 …… 553
诚者天之道也 …… 555
肫肫其仁 …… 556

原序

有通儒之学，有俗儒之学。学者，将以明体适用也。综贯百家，上下千载，详考其得失之故，而断之于心，笔之于书，朝章国典，民风土俗，元元本本，无不洞悉，其术足以匡时，其言足以救世，是谓通儒之学。若夫雕琢辞章，缀辑故实，或高谈而不根，或剿说①而无当，深浅不同，同为俗学而已矣。

自宋迄元，人尚实学，若郑渔仲、王伯厚、魏鹤山、马贵与②之流，著述具在，皆博极古今，通达治体，曷尝有空疏无本之学哉！明代人才辈出，而学问远不如古。自其少时，鼓箧读书，规模次第，已大失古人之意。名成年长，虽欲学而无及。间有豪隽之士，不安于固陋，而思崭然自见者，又或采其华而弃其实，识其小而遗其大。若唐荆川、杨用修、王弇州、郑端简③，号称博通者，可屈指数，然其人去古人有间矣。

昆山顾宁人先生，生长世族，少负绝异之资，潜心古学，九经诸史，略能背诵，尤留心当世之故，实录、奏报，手自抄节，经世要务，一一讲求。当明末年，奋欲有所自树，而迄不得试，穷约以老。然忧天闵人之志，未尝少衰，事关民生国命者，必穷源溯本，讨论其所以然。足迹半天下，所至交其贤豪长者，考其山川风俗，疾苦利病，如指诸掌。精力绝人，无他嗜好，自少至老，未尝一日废书。

出必载书簏[4]以随，旅店少休，披寻搜讨，常无倦色。有一疑义，反复参考，必归于至当。有一独见，援古证今，必畅其说而后止。当代文人才士甚多，然语学问，必敛衽[5]推顾先生。凡制度、典礼有不能明者，必质诸先生；坠文、轶事有不知者，必征诸先生。先生手画口诵，探源竟委，人人各得其意而去。天下无贤不肖，皆知先生为通儒也。

先生著书不一种，此《日知录》，则其稽古有得，随时札记，久而类次成书者。凡经义史学、官方吏治、财赋典礼、舆地艺文之属，一一疏通其源流，考正其谬误。至于叹礼教之衰迟，伤风俗之颓败，则古称先，规切时弊，尤为深切著明。学博而识精，理到而辞达。是书也，意惟宋元名儒能为之，明三百年来殆未有也。耒少从先生游，尝手授是书。先生没，复从其家求得手稿，较勘再三，缮写成帙，与先生之甥刑部尚书徐公健庵、大学士徐公立斋谋刻之而未果。二公继没，耒念是书不可以无传，携至闽中。年友汪悔斋[6]赠以买山之资，举畀建阳丞葛受箕，鸠工[7]刻之以行世。

呜呼！先生非一世之人，此书非一世之书也。魏司马朗复井田之议，至易代而后行；元虞集京东水利之策，至异世而见用。立言不为一时，录中固已言之矣。异日有整顿民物之责者，读是书而憬然觉悟，采用其说，见诸施行，于世道人心，实非小补。如第以考据之精详，文辞之博辨，叹服而称述焉，则非先生所以著此书之意也。

康熙乙亥[8]仲秋，门人潘耒[9]拜述

【注释】①剿说：抄袭别人的言论作为自己的说法。②郑渔仲：郑樵(1104—1162)，字渔仲，兴化军莆田(今福建莆田)人，世称夹漈先生。宋代史学家、目录学家。著有《通志》等。王伯厚：王应麟(1223—1296)，字伯厚，号深宁居士，庆元府鄞县(今浙江宁波)人。南宋著名学者、教育家、政治家。著有《三字经》《困学纪闻》《玉海》等。魏鹤山：魏了翁(1178—1237)，字华父，号鹤山，邛州蒲江(今属四川)人。南宋学者。著有《鹤山集》等。卒谥文靖，追赠秦国公。马贵与：马端临，字贵与，一字贵舆，号竹洲。饶州乐平(今江西乐平)人。宋末历史学家。著有《文献通考》等。宋亡，隐居不仕，潜心著述。③唐荆川：唐顺之(1507—1560)，字应德，一字义修，号荆川。武进(今江苏常州)人。明代儒学大师、军事家，抗倭英雄。著有《荆川集》等。与归有光、王慎中、宋濂、方孝孺、王守仁合称"明六大家"。崇祯时追谥襄文，学者称其为"荆川先生"。杨用修：杨慎(1488—1559)，字用修，初号月溪、升庵，又号逸史氏、博南山人等，四川新都(今四川成都)人，明代著名文学家，明代三才子之首，杨廷和之子。天启年间追谥文宪。著有《升庵集》等。王弇(yǎn)州：王世贞(1526—1590)，字元美，号凤洲，又号弇州山人，南直隶苏州府太仓州(今江苏太仓)人，明代文学家、史学家。明代文坛盟主、史学巨匠。与李攀龙、徐中行、梁有誉、宗臣、谢榛、吴国伦合称"后七子"。著有《弇州山人四部稿》。郑端简：郑晓(1499—1566)，字窒甫，号淡泉，浙江海盐县人。隆庆初年追谥端简。著作丰富，其孙郑敬仲始搜集为《郑端简公文集》十二卷。④书簏(lù)：藏书用的竹箱子，即书箱。⑤敛衽：整理衣襟，表示恭敬。⑥汪悔斋：汪楫，字舟次，号悔斋。力学不倦，日索奇文秘籍读之。官至福建布政使。⑦鸠工：召集工人。⑧康熙乙亥：康熙三十四年，此时顾炎武已离世十三年。⑨潘耒(1646—1708)，字次耕，又字稼堂，晚自号止止居士，吴江(今江苏苏州)人。潘柽章之弟。先后师事徐枋、顾炎武，博通经史、历算、音学。藏书室名遂初堂、大雅堂。康熙时，以布衣试鸿博，授检讨，纂修《明史》。

顾炎武初刻日知录自序

炎武所著《日知录》，因友人多欲钞写，患不能给，遂于上章阉茂之岁[①]刻此八卷。历今六七年，老而益进，始悔向日学之不博，见之不卓，其中疏漏，往往而有。而其书已行于世，不可掩。渐次增改，得二十余卷。欲更刻之，而犹未敢自以为定，故以先旧本质之同志。盖天下之理无穷，而君子之志于道也，不成章不达。故昔日之得，不足以为矜；后日之成，不容以自限。若其所欲明学术，正人心，拨乱世，以兴太平之事，则有不尽于是刻者。须绝笔之后，藏之名山，以待抚世宰物者之求。其无以是刻之陋而弃之，则幸甚。

【注释】①上章阉茂之岁：即康熙九年庚戌（1670）。上章、阉茂，分别为天干、地支中庚、戌的别称。此时顾炎武（1613—1682）五十八岁。

卷 一

三 易

夫子①言包羲氏②始画八卦，不言作《易》，而曰："《易》之兴也，其于中古乎？"又曰："《易》之兴也，其当殷之末世，周之盛德邪？当文王与纣之事邪？"是文王所作之辞，始名为《易》。而《周官》大卜"掌三《易》之法：一曰《连山》③，二曰《归藏》④，三曰《周易》⑤"。《连山》《归藏》非《易》也，而云三《易》者，后人因《易》之名，以名之也。

【注释】①夫子：孔门学生尊称孔子为夫子，后因以特指孔子。②包羲氏：即伏羲氏，称"百王先"，为"三皇五帝之首"。③《连山》：后亦称《连山易》，古多只称《连山》，据传为盘古开天地后第一代君主天皇氏所创。学界以为，连山易是以艮卦开始，如山之连绵，故名连山。④《归藏》：《归藏》是传说中的古易书，与《连山》《周易》统称为三《易》。《商易》以坤为首卦，故名为归藏。传统认为是商代的《易经》，魏晋以后已经失传。⑤《周易》：三《易》之一，相传系周文王姬昌所作，内容包括《经》和《传》两个部分。《经》主要是六十四卦和三百八十四爻，卦和爻各有说明（卦辞、爻辞），作为占卜之用。《传》包含解释卦辞和爻辞的七种文辞共十篇，统称《十翼》，相传为孔子所撰。

【译文】孔子说伏羲开始画八卦，不说创造《易》，却说："《易》的兴起，大概是在中古时代吧？"又说："《易》的兴起，大概应当在殷商末期，周代德业隆盛的时候吧？应当是周文王和商纣王那个时候的事情吧？”周文王所作的卦辞，开始命名为《易》。而《周礼》大卜“掌管三《易》的准则：一名《连山》，二名《归藏》，三名《周易》”。《连山》《归藏》并不是真正意义上的《易》，然而命名为三《易》，是由于后人沿袭《易》的名称，来命名它们。

犹之《墨子》书言：“周之《春秋》、燕之《春秋》、宋之《春秋》、齐之《春秋》。”周、燕、宋、齐之史，非必皆“春秋”也，而云“春秋”者，因鲁史之名，以名之也。

【译文】就像《墨子》中说：“周朝的《春秋》、燕国的《春秋》、宋国的《春秋》、齐国的《春秋》。”周朝、燕国、宋国、齐国的史书，不一定都是真正意义上的“春秋”，然而命名为“春秋”，是沿袭鲁国史书的名称，来命名它们。

《左传》僖十五年：“战于韩，卜徒父筮[①]之曰吉。其卦遇《蛊》，曰：‘千乘三去[②]，三去之余，获其雄狐。’”成十六年：战于鄢陵[③]，公筮之，史曰吉。其卦遇《复》，曰：“南国蹙，射其元王中厥目。”此皆不用《周易》，而别有引据之辞，即所谓三《易》之法也。卜徒父以卜人而掌此，犹《周官》之大卜。而《传》不言《易》。

【注释】①筮：用蓍（shī）草占卜。②三去：指三次驱逐。③鄢陵：在今河南省鄢陵县。晋国和楚国为争夺中原霸权，在鄢陵地区发生战争，即鄢陵之战。

【译文】《左传》鲁僖公十五年记载："在韩原争战，卜徒父用蓍草占卜说吉利。得到的卦是《蛊》卦，卦辞说：'很多的兵车多次驱逐，多次驱逐过后，会获得雄狐。'"鲁成公十六年记载：在鄢陵争战，晋厉公用蓍草占卜这次战斗的吉凶，史官说吉利。得到的卦是《复》卦，卦辞说："南国窘迫，用箭射它的国王，射中他的眼睛。"这都不是用的《周易》，而是另外引证的卦辞，这就是所谓三《易》的法则。（卜徒父以卜人而掌管这个，就像《周官》里的大卜。）因而在《左传》中没有说到《易》。

重卦不始文王

大卜掌三《易》之法，其经卦①皆八，其别②皆六十有四。考之《左传》襄公九年：穆姜迁于东宫③，筮之，遇《艮》之《随》，姜曰："是于《周易》，曰《随》，元亨利贞，无咎。"独言"是于《周易》"，则知夏、商皆有此卦。而重八卦为六十四者，不始于文王矣。

【注释】①经卦：指《易经》中的"八画卦"。②别：即别卦，《周易》八个经卦如经纬交织组成六十四卦，其中每一个卦叫"别卦"，"别"指类别。③东宫：中国古代宫殿的指称，因方位得名；此处指诸侯妾媵的住处。

【译文】大卜掌管三《易》的准则，经卦都是八个，别卦都是六十四个，考证《左传》鲁襄公九年：穆姜搬迁到东宫，用蓍草占卜吉凶，得到本卦《艮》变卦为《随》，穆姜说：“这是《周易》里的，《随》卦，开始、通达、合宜、正固，没有过失。”唯独说“这是《周易》里的”，就能推知夏代、商代已经有这个卦。重复八卦演绎成六十四卦，不是从周文王开始的。

朱子周易本义

《周易》自伏羲画卦，文王作彖辞，周公作爻辞，谓之经。经分上下二篇。孔子作十翼[①]，谓之传。传分十篇：《彖传》上下二篇，《象传》上下二篇，《系辞传》上下二篇，《文言》《说卦传》《序卦传》《杂卦传》各一篇。《汉书·艺文志》：“《易经》十二篇。”师古曰：“上下经及十翼，故十二篇。”《孔氏正义》曰：“十翼者，《上彖》一，《下彖》二，《上象》三，《下象》四，《上系》五，《下系》六，《文言》七，《说卦》八，《序卦》九，《杂卦》十。”陆德明《释文》曰：“太史公论六家要旨，引天下同归而殊途，一致而百虑，谓之《易大传》。班固谓，孔子晚而好《易》，读之韦编三絶，而为之传，传即十翼也。前汉六经与传皆别行，至后汉诸儒，始合经传为一。”

【注释】①十翼：即《易传》，是解释《周易》的著作，包括《彖》上下、《象》上下、《文言》《系辞》上下、《说卦》《序卦》《杂卦》共有十篇，故称《十翼》。相传为孔子所撰。“翼”有附翼、辅佐之义。

【译文】《周易》由伏羲画卦，周文王作彖辞，周公作爻辞，称之为易经。易经分为上下二篇。孔子作十翼，解释《易经》，称这是易传。易传分为十篇：包含《彖传》上下二篇，《象传》上下二篇，《系辞传》上下二篇，《文言》《说卦传》《序卦传》《杂卦传》各一篇。（《汉书·艺文志》："《易经》十二篇。"颜师古说："上下经及十翼，故而有十二篇。"孔氏正义说："所谓的十翼，《上彖》一，《下彖》二，《上象》三，《下象》四，《上系》五，《下系》六，《文言》七，《说卦》八，《序卦》九，《杂卦》十。"陆德明《经典释文》说："太史公司马迁评论六家要旨，引天下到同一目的而有不同的途径，目的一致而有多种想法，称之为《易大传》。班固说，孔子晚年而喜好《易》，读之韦编三絶，而为之撰写传，传即十翼。西汉六经与传都另外刊行，到东汉诸儒，才合经传为一册。"）

自汉以来，为费直、郑玄、王弼所乱，取孔子之言，逐条附于卦爻之下，程正叔传因之。及朱元晦《本义》，始依古文。故于《周易·上经》条下云："中间颇为诸儒所乱，近世晁氏[①]始正其失，而未能尽合古文。吕氏[②]又更定，著为经二卷，传十卷，乃复孔氏之旧云。"洪武初，颁《五经》天下儒学，而《易》兼用程、朱二氏，亦各自为书。永乐中修《大全》，乃取朱子卷次，割裂附之程传之后。《易经大全旨凡例》曰："《程传》《本义》既已并行，而诸家定本，又各不同，故今定从《程传》元本，而《本义》仍以类从。"

【注释】①晁氏：即晁说（yuè）之，字以道、伯以，因慕司马光之为人，自号景迂生，济州巨野（今山东巨野）人，晁说之与晁补之、晁冲之、晁祯之都是当时有名的文学家；主要著作有《易商瞿大传》。②吕氏：即吕大防，字微仲，京兆府蓝田（今陕西蓝田）人，北宋时期政治家、书法家。祖吕通，太常博士。父吕蕡简，比部郎中。吕大防和他的兄吕大忠，弟吕大钧、吕大临出身于一个世代书香的官宦之家，兄弟四人人皆登及第，并称蓝田吕氏四贤。

【译文】从汉代以来，被费直、郑玄、王弼混乱，择取孔子的著述，逐条附着在卦辞、爻辞的下面。程颐（字正叔）的《周易程氏传》继承沿袭了汉代的混乱。等到朱熹（字元晦）作《周易本义》，才开始依据古文。因此在《周易·上经》条下说："这中间的内容很是被诸多儒生混乱，近代的晁氏才开始纠正这其中的过失，然而也不能都合乎古文。吕氏又继续修改，著作易经二卷，传十卷，才恢复到孔子那时候的旧例。"洪武初年，颁布《五经》供天下儒生学习，然而《易》同时运用程正叔和朱元晦二家，各自成书。永乐年间编修《大全》，选取朱子的《周易本义》按卷分的次序，割开附录在程正叔《周易程氏传》的后面。（《易经大全·凡例》说："《程传》《本义》既然已经刊行，而诸家定本，又各自不同，故而今确定从《程传》原本，而《本义》仍以类相从。"）

而朱子所定之古文，仍复殽乱。"彖即文王所系之辞，传者孔子所以释经之辞也，后凡言传放①此"。此乃《彖·上传》条下义，今乃削"彖上传"三字，而附于"大哉乾元"之下。"象者卦之上下两象，及两象之六爻，周公所系之辞也。"乃《象·上传》条下义，今乃削"象上传"三字，而附于"天行健"之下。"此篇申彖传、象传之意，以尽《乾》《坤》二卦之蕴，而余卦之说，因可以例推云。"乃《文言》条下义，今乃削"文言"二字，而附于"元者善之长也"

之下。其"彖曰""象曰""文言曰"字，皆朱子本所无，复依程传添入。后来士子厌程传之多，弃去不读，专用《本义》。弘治三年会试，"物不可以苟合而已，故受之以贲"题，陈辅文，同考官杨守阯批曰："序卦，朱子无一言以释其义，盖以程子于诸卦之首，疏析其义已明且尽故也。今治经者专读《本义》，《易》卷逾八百，而知有传者不数人。此能知之而又善作，是用录之，以激厉经生之不读程传者。"

【注释】①放："放"通"仿"，效法，照样做。

【译文】然而朱子所校定的古文，仍然有混淆杂乱。"彖是文王所关联的彖辞，传是孔子用来解释易经的传辞，后世但凡说到传都是仿照此例。"这是《彖上传》条下的含义，现在削去"彖上传"三个字，却把它附着在"大哉乾元"的下面。"象是卦的上下两个卦象以及两个卦象的六爻，是周公所关联的象辞。"这是《象上传》条下的含义，现在削去"象上传"三个字，却把它附着在"天行健"的下面，这篇申明彖传、象传的含义，用来论述《乾》《坤》二卦的底蕴，余卦的说法，可以沿袭旧例推导。这是《文言》条下的含义，现在削去"文言"二字，而附着在"元者善之长也"的下面。其中的"彖曰""象曰""文言曰"等字，都是朱子《周易本义》版本中所没有的，又都依照程正叔《周易程氏传》添加。后来的读书人嫌恶《周易程氏传》的烦琐，放弃不去读，而专门读《周易本义》。(弘治三年会试，"物不可以苟合而已，故受之以《贲》"题，陈辅文，同考官杨守阯批文说："《序卦》，朱子没有一句话来解释其文义，大概以程子在诸卦的前面，注疏解析其文义已经明白而且完备的原因。如今学习易经的人专读《本义》，《易》卷超过八百，而知有传的不超过数人。这是能知道而又善于创作，因此抄录下来，以激励学《易经》却不读《程传》的生员。”）

而《大全》之本，乃朝廷所颁，不敢辄改，遂即监版《传》《义》之本，刊去《程传》，而以程之次序，为朱之次序。虚斋蔡清《易经蒙引》谓之“今所窃刊行《易经本义》”。今《四书》版本，每张十八行，每行十七字，而注皆小字。《书》《经》《礼记》并同。惟《易》每张二十二行，每行二十三字，而《本义》皆作大字，与各经不同，明为后来所刻。是依监版《传》《义》本而刊去《程传》，凡《本义》中言“《程传》备矣”者，又添一“传曰”而引其文，皆今代人所为也。坊刻擅改古书，宜有严禁，是学臣之责。朱子《诗集传序》、蔡仲默《书集传序》，今南京刊《大全》本，改曰《诗经大全序》《书经大全序》，此即乱刻古书之一验。幸监本尚存，其谬亦易见尔。相传且二百年矣。惜乎，朱子定正之书竟不得见于世，岂非此经之不幸也夫？

【译文】然而《大全》的版本是朝廷所颁布的，不敢轻易修改，于是国子监所刻印《周易程氏传》《周易本义》的版本，刊除《周易程氏传》，用程正叔《周易程氏传》的次序，当作朱元晦《周易本义》的次序。（虚斋先生蔡清《易经蒙引》认为这是“如今所偷偷地刊行《易经本义》”。如今《四书》版本，每张十八行，每行十七字，而注都是小字。《尚书》《诗经》《礼记》一并相同。唯独《易经》每张二十二行，每行二十三字，而《本义》都使用大字，与各经不同，明显是后来所刊刻的。这依照国子监版《传》《义》版本而刊去《程传》，凡是《本义》中提及“《程传》备矣”的，又添一个“传曰”而引用其文，都是现代人做的。坊刻擅自改窜古书，理应严禁，这是学臣的职责。朱子《诗集传序》、蔡仲默《书集传序》，如今南京刊刻《大全》版本，改为《诗经大全序》《书经大全序》，这就是乱刻古书的一个证明。幸好国子监本还存世，其中的错误也显而易见了。）递相传授已经二百年了。可惜呀，朱子校定改正的书竟然不能在世间看到，难道不是这经书的不幸吗?

朱子《记嵩山晁氏卦爻彖象说》，谓：“古经始变于费氏，而卒大乱于王弼。”此据《孔氏正义》曰：“夫子所作彖辞，元在六爻经辞之后，以自卑退，不敢干乱先圣正经之辞。王辅嗣之意，以为象者，本释经文，宜相附近，其义易了。故分爻之象辞，各附其当爻下，如杜元凯注《左传》，分经之年，与传相附。”故谓连合经传始于辅嗣，不知其实本于康成也。《魏志》：高贵乡公幸太学[①]，问博士[②]淳于俊曰：“孔子作彖、象，郑玄作注，其释经义一也。今彖、象不与经文相连，而注连之，何也?”俊对曰：“郑玄合彖、象于经者，欲使学者寻省易了也。”帝曰：“若合之，于学诚便，则孔子曷为不合，以了学者乎?”俊对曰：“孔子恐其与文王相乱，是以不合。此圣人以不合为谦。”帝曰：“若圣人以不合为谦，则郑玄何独不谦邪?”俊对曰：“古义弘深，圣问奥远，非臣所能详尽。”是则康成之书已先合之，不自辅嗣始矣。乃《汉书·儒林传》云：“费直治《易》无章句，徒以彖、象、系辞、文言解说上下经。”则以传附经，又不自康成始。朱子记晁氏说，谓：“初乱古制时，犹若今之《乾》卦。”盖自《坤》以下皆依此，后人又散之各爻之下，而独存《乾》一卦，以见旧本相传之样式耳。愚尝以其说推之，今《乾》卦“彖曰”为一条，“象曰”为一条，疑此费直所附之元本也；《坤》卦以小象散于各爻之下，其为“象曰”者八，余卦则为“象曰”者七，此郑玄所连，高贵乡公所见之本也。

【注释】①高贵乡公：曹髦，字彦士，豫州沛国谯县（今安徽亳州）人，三国时期曹魏第四位皇帝。魏文帝曹丕之孙，东海定王曹霖之子，即位前封为高贵乡公，故称。太学：中国古代最高学府。②博士：古代专掌经学传授的学官。

【译文】朱子《记嵩山晁氏卦爻彖象说》，当中称：“古经错乱从费氏开始，而后大混乱到王弼结束。”这是依据《孔氏正义》来说的：“孔子所作的象辞，原本在六爻经辞的后面，因为谦卑而退让，不敢干扰混淆先辈圣人正经的卦辞。王辅嗣的本意，认为《象传》原本是解释经文的，应该附着在旁边，这样含义容易明了，因此分割每爻的象辞各自附着在相应的爻下面，比如杜元凯注释《左传》，划分经的年份与传相附着。”因此说连合经传从王辅嗣开始，其实是不知道连合经传是从郑康成开始的呀。《魏志》：高贵乡公曹髦到太学，问博士淳于俊：“孔子作彖、象，郑玄作经注，他们解释经文的目的是一样的。如今彖、象与经文不相连，而注却相连，为什么呢？”淳于俊回答说：“郑玄把彖、象合并在经文里，大概是想让学习《易经》的人推求省察明白好懂。”高贵乡公说：“如果郑玄把传和注结合起来是为了方便和理解，那在他之前的孔子为什么不合并让学者明了知道呢？”淳于俊回答说：“孔子担心把他的传和周文王的演绎《易经》合在一起会引起混淆，因此不合在一起。这是圣人通过不合并表示谦让。”高贵乡公说：“圣人通过不合并表示谦让，为什么独独郑玄不晓得谦让呢？”淳于俊回答说：“古书的义理博大精深，帝王的询问深奥玄远，不是臣下能详细说尽的。”说明郑康成（郑玄）的著述已经先合并了，不是从王辅嗣（王弼）开始的。但是《汉书·儒林传》说：“费直研究《易》，没有分章分段和断句，仅仅用彖、象、系辞、文言来评注说明上下经文。”那么传附着在经后面又不是从郑康成开始的。朱子记述晁氏的言论，说：“起初古代法式制度混乱的时候，就犹如现在的《乾》卦。”从《坤》卦之后都是依照这个体例，后世的人又分散在各爻的下面，而唯独留着《乾》卦能看到旧时版本递相传授的样式。我曾经用他的论述来推测，如今《乾》卦“彖曰”为一条，“象曰”为一条，怀疑这是费直所依附的原始版本。《坤》卦的小象分散在各爻的下面，作为“象曰”有八条，余卦“象曰”则为七条，这是郑玄合并，高贵乡公曹髦所看到的版本。

《程传》虽用辅嗣本，亦言其非古《易》。《咸》九三：“咸其股，亦不处也。”《传》曰：“云‘亦’者，盖象辞本不与《易》相比，自作一处，故诸爻之象辞，意有相续者。此言‘亦’者，承上爻辞也。”《小畜》九二：“牵复在中，亦不自失也。”《本义》曰：“亦者，承上爻义。”

【译文】《周易程氏传》虽然采用王辅嗣的版本，但也说这不是古本《易》。《咸》九三：“咸其股，亦不处也。”《周易程氏传》认为：说“亦”字，因为象辞本身就不和《易》互相联合，而是独自作为一个部分，因此各个爻的象辞意思前后连接。这里说“亦”字，是承接上面的爻辞。（《小畜》九二：“牵复在中，亦不自失也。”《本义》曰：“所说的‘亦’，是承接上面的爻义。”）

秦以焚书而《五经》亡，本朝以取士而《五经》亡。今之为科举之学者，大率皆帖括熟烂之言，不能通知大义者也，而《易》《春秋》尤为缪盭[①]。以彖传合大象，以大象合爻，以爻合小象，二必臣，五必君，阴卦必云小人，阳卦必云君子，于是此一经者，为拾渖[②]之书，而《易》亡矣。取《胡氏传》一句两句为旨，而以经事之相类者，合以为题，传为主，经为客；有以彼经证此经之题，有用彼经而隐此经之题，于是此一经者，为射覆[③]之书，而《春秋》亡矣。天顺三年九月甲辰，浙江温州府永嘉县儒学教谕雍懋言：“比者浙江乡试，《春秋》摘一十六段，配作一题，头绪太多，及所锓程文，乃太简略，而不统贯。且《春秋》为经，属词比事，变例无穷，考官出题，往往弃经任传，甚至参以己意，名虽经题，实则射覆，乞敕禁止。”上从之。复程、朱之书以存《易》，当各自为本。备《三传》、啖[④]、赵[⑤]诸家之说以存《春秋》，必有待于后之兴文教者。

【注释】①缪盭(lì)：亦作“繆戾”。错乱；违背。②拾渖(shěn)：拾取汁水。比喻事情不可能办到。③射覆：古时数术家为了提高自己的占卜技能而玩的一种高超而又有趣的游戏。④啖：即啖助，字叔佐，唐赵州（今河北）人，后迁居关中。唐代儒家学者，经学家。长于《春秋》学，好标新立异，所论多异于先儒。他以十年的功夫，著有《春秋集传》和《春秋统例》二书。其主要思想保存在陆淳编定的《春秋集传纂例》之中。⑤赵：即赵匡，唐经学家，字伯循，河东（今山西永济）人。师从啖助。著有《春秋阐微纂类义疏》，认为《春秋》文字隐晦，不易明了，于是举例阐释，发挥“微言”。

【译文】秦朝因为烧毁书籍导致《五经》散失，明朝因为选拔士人出来做官而导致《五经》散失。现在为了通过科举做学问的人，科举应试文章大致都是十分熟习的，然而不能透彻地了解要旨，以《易》《春秋》的要旨错乱尤其严重。使得彖、传符合大象，大象符合爻，爻符合小象，二爻必定是臣下，五爻必定是君上，阴卦一定要说是小人，阳卦一定要说是君子，于是这部书成为了拾取汁水的书籍，《易》就散失了。摘取《春秋胡氏传》中的一句、两句为要旨，而且用和经典规定的常道相类似的聚合作为总名目，传放在首要位置，经放在次要位置，有用彼经引证此经的名目，有用彼经而隐此经的名目，于是这部书成为了信息预测的书籍，《春秋》就的微言大义就消失了。（天顺三年九月二十五日，浙江温州府永嘉县儒学教谕雍懋说：“近来浙江乡试，《春秋》摘取一十六段，合成一道题目，线索太多，到所创作的程文，就太简略，而不统一连贯。而且《春秋》为经，连缀文辞而排比史事，变换体例没有穷尽，考官出题，常常摈弃经文摘取传文，甚至掺杂个人私见，名称虽为经题，实际上则是射覆，请求禁止这些行为。”英宗同意了这个建议。）还原程正叔、朱元晦的著作以保存《易》,(应当各自为本。)完备《三传》、啖助、赵匡各家的学说来保存《春秋》,必定有待兴起文化教育的人。

卦爻外无别象

圣人设卦观象而系之辞,若文王、周公是已。夫子作传,传中更无别象。其所言卦之本象,若天地、雷风、水火、山泽之外,惟"《颐》中有物",本之卦名,"有飞鸟之象",本之卦辞,而夫子未尝增设一象也。荀爽、虞翻之徒,穿凿附会,象外生象,以同声相应为《震》《巽》,同气相求为《艮》《兑》,水流湿、火就燥为《坎》《离》,云从龙,则曰《乾》为龙,风从虎,则曰《坤》为虎。十翼之中,无语不求其象,而《易》之大指荒矣。岂知圣人立言取譬,固与后之文人同其体例,何尝屑屑于象哉。王弼之注,虽涉于玄虚,然已一扫《易》学之榛芜,而开之大路矣。王辅嗣略例曰:"互体不足,遂及卦变。变又不足,推致五行。一失其原,巧喻弥甚。"不有程子,大义何由而明乎?

【译文】圣人设立易卦、观察卦象和爻象,注明卦辞和爻辞,像周文王、周公就是这样。孔子作易传,易传中再也没有别的形象。他所说卦的原本形象,像除了天地、雷风、水火、山泽之外,只有《颐》卦中有具体内容,原本卦的名称;"有飞鸟之象",原本的卦辞,然而孔子从来没有在原有的以外再设置一个物象。荀爽、虞翻这些人,生拉硬扯的解释,物象之外衍生物象,用同样的声音能产生共鸣解释《震》卦、《巽》卦，同样的气味会相互融合解释《艮》卦、《兑》卦，水向湿处流，火往干处烧解释《坎》卦、《离》卦，龙吟祥云出解释《乾》是龙，虎啸谷风生则解释《坤》是虎。十翼之中，没有一句话是不强求解释物象的，《易》主要的意思就模糊不真切了。怎能知道圣人著书立说寻取比喻，本来就和后世读书人的凡例相同，哪里介意仅仅在物象上呢。王弼的注解虽然玄妙虚无，使人摸不透，但是已经一下子便扫除了《易》治学上的阻碍，而且开辟了宽阔的道路。（王辅嗣《略例》说："互体而成新卦不够，就到了演绎卦变。卦变又不够，推导到五行。一旦失去其本原，胡乱比喻就更加严重。"）没有程子，经书里深刻的道理怎能阐述明白呢？

《易》之互体、卦变，《诗》之叶韵[①]，《春秋》之例月日，经说之缭绕[②]破碎于俗儒者多矣。文中子[③]曰："九师[④]兴而《易》道微，《三传》作而《春秋》散。"

【注释】①叶（xié）韵：一作"谐韵""协韵"。诗韵术语。谓有些韵字如读本音，便与同诗其他韵脚不和，须改读某音，以协调声韵，故称。②缭绕：引申指纠缠不清。③文中子：王通，字仲淹，道号文中子，隋朝河东郡龙门县人，著名教育家、思想家、道家。其弟子仿孔子门徒作《论语》而编《中说》（又称《文中子中说》《文中子》等）一书。④九师：《汉书·艺文志》："《淮南道训》二篇。淮南王安聘明《易》者九人，号九师说。"因称《易经》学者为"九师"。

【译文】《易经》中的卦上下两体相互交错取象而成新卦、爻变引起的卦象变化，《诗经》中的协调声韵，《春秋》中的月日例，经学著作纠缠不清在世俗的读书人中很多了。文中子说："研究《易经》的人盛行，然后《易经》的深刻道理就隐匿不明了，注释《春秋》的《春秋三传》写成了，然后《春秋》的深刻道理就散失了。"

卦变

卦变之说，不始于孔子，周公系《损》之六三已言之矣。曰："三人行则损一人，一人行则得其友。"是六子之变，皆出于《乾》《坤》，无所谓自《复》《姤》《临》《遁》而来者，当从程传。苏轼、王炎皆同此说。

【译文】因为爻变而引起卦象变化的主张，不是从孔子开始的，周公在注明《损》卦六三爻的时候已经提到了。六三爻说："三人一起行走有一人掉队，一人出门行走却得到了朋友。"《兑》《离》《震》《巽》《坎》《艮》六卦的变化都是从《乾》《坤》变来的，谈不上是从《复》《姤》《临》《遁》变化来的，应该遵从《周易程氏传》里的说法。（苏轼、王炎都赞同这个说法。）

互体

凡卦爻二至四、三至五，两体交互，各成一卦，先儒谓之互体。其说已见于《左氏》庄公二十二年，"陈侯筮，遇《观》之《否》，曰：'风为天于土上，山也。'"注："自二至四，有艮象，四爻变故。艮为山。”是也。然夫子未尝及之，后人以“杂物撰德”之语当之，非也。其所论二与四、三与五同功而异位，特就两爻相较言之，初何尝有互体之说。

【译文】大凡卦爻从第二爻到第四爻、从第三爻到第五爻，上下两体相互交错取象，而成新卦，先儒把这称为互体。这种说法已经在《左传》鲁庄公二十二年中出现了：“陈侯用蓍草占卜，得到《观》卦，第四爻变化得到《否》卦，说：‘风为天行在地上，就是山。’”注释：从第二爻至第四爻有《艮》卦的物象，（第四爻变化的原因。）《艮》卦的物象是山。”正是这样。然而孔子从来没有论及，后世的人以“杂物撰德”解释它，这是不对的。所论述的二爻和四爻、三爻和五爻功能相同却处在不同的位置，这是在两爻相互比较而说的，起初哪里有什么互体的说法呢。

《晋书》：荀顗尝难钟会“《易》无互体”，见称于世；其文不传。新安王炎晦叔尝问张南轩曰：“伊川①令学者先看王辅嗣、胡翼之、王介甫三家《易》，何也？”南轩曰：“三家不论‘互体’故尔。”

【注释】①伊川：程颐，字正叔，祖籍河南府伊川县（今河南嵩县）人，世称伊川先生，北宋理学家和教育家。为程颢之胞弟，著有《周易程氏传》。

【译文】《晋书》记载：荀顗曾经与钟会辩论《易》没有互体，被世人称赞；他的文章没有流传。新安人王炎（字晦叔）曾经问张栻

（号南轩）："伊川先生让学习《易》的人先看王辅嗣（王弼）、胡翼之（胡瑗）、王介甫（王安石）三家版本的《易》，为什么呢？"张南轩（张栻）回答说："这三家不讨论互体的缘故。"

朱子《本义》不取"互体"之说，惟《大壮》六五云："卦体似《兑》，有羊象焉。"不言"互"而言"似"；似者，合两爻为一爻，则似之也。又谓颐，初九"灵龟是伏，得离卦"。然此又创先儒所未有，不如言"互体"矣。《大壮》自三至五成《兑》，《兑》为羊，故爻辞并言羊。

【译文】朱子《周易本义》不采纳互体的说法，只有《大壮》卦六五爻说："卦体像《兑》卦，有羊的物象。"不说"两体相互交错"而说"像"；像，合并二爻为一爻就像了，（又说《颐》卦，初九"灵龟匍匐着，就得到《离卦》"。）然而这又是先儒所没有的，还不如说互体呢。《大壮》卦从三爻到五爻就成了《兑》卦，《兑》卦的物象是羊，所以爻辞一并说到羊。

六爻言位

《易》传中言位者有二义，列贵贱者存乎位，五为君位，二三四为臣位，故皆曰同功而异位。而初上为无位之爻，譬之于人，初为未仕之人，上则隐沦之士，皆不为臣也。《明夷》：上六为失位之君，乃其变例。其但取初终之义者，亦不尽拘。故《乾》之上曰“贵而无位”，《需》之上曰“不当位”。王弼注《需》上六曰：“处无位之地，不当位者也。”程子《传》亦云：“此爵位之位，非阴阳之位。”若以一卦之体言之，则皆谓之位。故曰“六位时成”，曰“《易》六位而成章”。是则卦爻之位，非取象于人之位矣。此意已见于王弼《略例》。但必强彼合此，而谓初上无阴阳定位，则不可通矣。《记》曰：“夫言岂一端[1]而已，夫各有所当也。”

【注释】①一端：指事情的一点或一个方面。

【译文】《易》传中提到爻位者有两种含义。排列高低贵贱在于位置，五爻是君上的爻位，二三四爻是臣下的爻位，因此都说是功能相同却处在不同的位置。初爻和上爻是没有地位的爻，比如人，初爻就是没有做官的人，上爻则是隐居的人，都不是出仕为官之人。（《明夷》：上六爻为失去皇位的君主，于是改变其体例。只是摘取初爻终爻之义的，也不完全拘泥于这些。）因此《乾》卦的上爻说“高贵然而没有合适的位置”，《需》卦的上爻说“不在恰当的位置”。（王弼注《需》上六爻说：“处在没有位置的地方，就是不在恰当的位置上。”程颐《周易程氏传》也说：“这是爵位之位，不是阴阳之位。”）如果从卦的整体来说，那都可以称爻位。因此说“卦的六个爻位各居其位四时季节就形成”，“《易经》的卦象用六个爻位构成一个篇章”。因此卦爻的位置不是以人的地位为征象的。这类说法已经在王弼的《略例》出现。一定要牵强彼符合此，而说初爻上爻没有阴阳的界限位置，这是说不通的。《礼记》里记载：“言辞并不是只有某一个方面，各自要有合理的解释。”

九二君德

为人臣者，必先具有人君之德，而后可以尧、舜其君。故伊尹之言曰：“惟尹躬暨汤，咸有一德。”武王之誓亦曰：“予有乱臣[①]十人，同心同德。”

【注释】①乱臣：指古代统治者称善于治国的能臣。

【译文】作为君上的臣下，必须先具备君主的德行，然后才能让君主成为尧、舜那样的明君。因此伊尹有名言说：“只有我伊尹自身和商汤王都具有纯一的德行。”周武王在誓师仪式上也说：“我有善于治国的能臣十人，大家为同一个心愿、同一目的而努力。”

师出以律

以汤、武[①]之仁义为心，以桓、文[②]之节制为用，斯之谓律。律即卦辞之所谓贞也。《论语》言：“子之所慎者战。”长勺[③]以诈而败齐，泓[④]以不禽二毛[⑤]而败于楚，《春秋》皆不予之。故先为不可胜，以待敌之可胜。虽三王之兵，未有易此者也。

【注释】①汤、武：商汤王与周武王的并称。②桓、文：春秋五霸中齐桓公和晋文公的并称。③长勺：春秋鲁邑，在今山东莱芜东北。齐、鲁两个诸侯国在长勺交战，最后以齐国的失败、鲁国的胜利而告终，此即长勺之战。④泓：即泓水之战，在今河南柘城县，宋国与楚国为争夺霸权而发生的一次战斗，战斗以宋国失败告终。⑤不禽二毛："禽"通"擒"：捉拿，捕获；二毛：指头发斑白，引申为上年纪的人。出自《左传》。

【译文】用商汤王、周武王的仁爱正义作为中心，用齐桓公、晋文公的指挥管辖作为功用，这就称为法则。法则就是卦辞所说的坚定不变，《论语》记载："孔子平常谨慎的是战争。"齐、鲁两国在长勺交战，鲁国用诈败的手段战胜齐国，宋襄公在泓水之战中因为不攻打头发已经斑白的老年人，而被楚国打败，《春秋》都不赞许他们的行为。因此首先创造自己不可战胜的条件，并等待可以战胜敌人的机会。即使是夏、商、周三代君主的军队，没有改变这种方式的。

既雨既处

阴阳之义莫著于夫妇，故爻辞以此言之。《小畜》之时，求如任、姒[①]之贤，二南[②]之化，不可得矣。阴畜阳，妇制夫，其畜而不和，犹可言也。三之反目，隋文帝之于独孤后[③]也，既和而惟其所为，不可言也。上之既雨，犹高宗之于武后[④]也。

【注释】①任（rèn）、姒（sì）：周文王母太任与周武王母太姒的合称。古代认为二人是贤惠后妃的典范。②二南：指周公、召公及其管辖的地区。③独孤后：即文献皇后独孤伽罗，河南洛阳人，汉化鲜卑人，北周卫国公、关陇集团重要成员独孤信嫡女。隋朝开国为皇后。与隋文帝在宫中并尊帝后为"二圣"。④高宗：即唐高宗李治，字为善，祖籍陇西成纪，唐朝第三位皇帝，唐太宗李世民第九子。他勤于政事，故而"百姓阜安，有贞观之遗风”，史称“永徽之治”。武后：即武则天，本名武珝（xǔ），后改名武曌（zhào），并州文水（今山西文水）人。中国历史上唯一的正统女皇帝，与汉朝的吕后并称为“吕武”。武则天为荆州都督武士彟次女。

【译文】阴阳的深刻道理没有比夫妻更显著的，因此爻辞用这来说明。《小畜》卦的时候，需要像周文王母亲太任、周武王母亲太姒的贤惠，周公、召公管辖地区的风俗教化，不可能得到了。阴抚育阳，妇节制夫，积蓄而不协调，还是可以说的。九三爻所说的夫妻不和睦，就好像是隋文帝对于独孤皇后来说，已经协调，只是他的作为，不可以用语言表达。天上已经开始下雨，就好比唐高宗对于武皇后来说。

武人为于大君

“武人为于大君”，非武人为大君也。如《书》“予欲宣力四方，汝为”之“为”。六三才弱志刚，虽欲有为，而不克济，以之履虎，有咥①人之凶也。惟武人之效力于其君，其济则君之灵也，不济则以死继之，是当勉为之，而不可避耳。故有“断脰②决腹，一瞑而万世不视，不知所益，以忧社稷者，莫敖③大心是也”。《战国策》“过涉之凶”，其何咎哉！

【注释】①咥（dié）：咬，啮。②断脰（dòu）决腹：杀掉头，剖开腹。形容惨烈的死难。脰，颈；决，破。③莫敖：楚国官名，一作“莫嚣”。原为楚国最高官职，后降至左司马之下。

【译文】"刚武的人要掌握政权辅佐国君",并不是刚武的人就是国君。就像《尚书》"予欲宣力四方,汝为"之"为"。《履》卦六三爻能力弱小但是心意刚强,虽然想有所作为,但没有成就,似这样踩着老虎的尾巴,有被老虎咬人的凶祸。刚武的人为他的君王效力,如果成功的话,那就是君王的在天之灵保佑;如果不成功的话,就用死来答谢君王的恩情,应该努力做,而不应该回避。因此有"不怕断头,不怕剖腹,视死如归,一闭上眼睛就不再睁开,不顾个人利益,而忧虑国家安危的,莫敖大心是这样啊"。(《战国策》。)"发大水时渡河就有凶祸",有什么过错呢!

自邑告命

人主所居谓之"邑",《诗》曰:"商邑翼翼,四方之极。"《书》曰:"惟尹躬先见于西邑夏。"曰:"惟臣附于大邑周。"曰:"作新大邑于东国洛。"曰:"肆予敢求尔于天邑商。"武王之妃,谓之邑姜。《白虎通》曰:"夏曰夏邑,商曰商邑,周曰京师"是也。周官始以四井为邑。《泰》之上六,政教陵夷①之后,一人仅亦守府②,而号令不出于国门,于是焉而用师则不可,君子处此,当守正以俟时而已。桓王③不知此也,故一用师,而祝聃④之矢,遂中王肩。唐昭宗⑤不知此也,故一用师,而邠、歧⑥之兵,直犯阙下。然则保泰者,可不豫为之计哉?

【注释】①陵夷:衰败;走下坡路。②守府:保守先王的府藏。引申为保持前代的成法。③桓王：周桓王姬林，姬姓，周平王姬宜臼之孙，太子姬泄父之子，东周第二任君主，周桓王时，周、郑交恶，最后双方在繻葛开战，郑国将领祝聃射中周桓王肩膀，周天子的权威于是荡然无存。周桓王去世后，谥号桓王。④祝聃：春秋时期郑国的一位大将。⑤唐昭宗：李晔，初名李杰，陇西成纪（今甘肃秦安县）人。唐朝第十九位皇帝，唐懿宗李漼第七子，唐僖宗李儇之弟。攻书好文，尤重儒术，神气雄俊。⑥邠（bīn）：即邠州节度使杨崇本，又名李继徽，为李茂贞的养子。岐：即岐王李茂贞，原名宋文通，字正臣，深州博野（今河北蠡县）人。唐末五代时期藩镇军阀。

【译文】人主所居住的称为“邑”，《诗经》记载说：“商邑翼翼，四方之极。”《尚书》记载说：“惟尹躬先见于西邑夏。”“惟臣附于大邑周。”“作新大邑于东国洛。”“肆予敢求尔于天邑商。”（周武王的妃子，称为邑姜。）《白虎通》：“夏曰夏邑，商曰商邑，周曰京师。”就是如此。（《周官》才以四井为邑。）《泰》卦上六爻，政治与教化走向衰败后，一个人只能守护住王室的财产，传达的命令不能发出国都的城门，这种情况下出动军队是不可以的，有德行的人处在这种形势下，应该坚守正道、等待时机，周桓王不知道这个道理，因此一用兵，就被祝聃的弓箭射中了肩膀。唐昭宗不知道这个道理，因此一用兵，就被杨崇本、李茂贞的军队进犯京师。想保持安定，不可以预先想好计策吗？

《易》之言邑者，皆内治之事。《夬》曰“告自邑”，如康王[①]之命毕公[②]：“彰善瘅恶，树之风声”者也。《晋》之上九曰：“维用伐邑”，如王国之大夫，“大车槛槛[③]，毳衣如菼[④]”，国人畏之，而不敢奔者也。其为自治则同，皆圣人之所取也。《比》之九五：“邑人不诚”，是亦内治修，而远人服之意。

【注释】①康王：周康王姬钊，周武王姬发之孙，周成王姬诵之子，西周第三位君主，周成王临终前，担心太子姬钊不能胜任君位，于是命召公奭、毕公高率领诸侯辅佐太子姬钊登基。②毕公：姬姓，名高，周文王姬昌第十五子，周武王姬发异母弟，周武王灭商朝后，受封毕地，史称毕公高。周成王临终时，遗命他与召公辅佐周康王继位，周康王命他治理东郊。由于毕公等人的辅佐，使周成王与周康王时期天下安定，四十多年没有使用刑罚，史称“成康之治”。③槛（kǎn）槛：车轮的响声。④毳衣（cuì）：毡子。本指兽类细毛，可织成布匹，制衣或缝制车上的帐篷。菼（tǎn）：初生的芦苇，也叫荻，茎较细而中间充实，颜色青绿。

【译文】《易经》所说的“邑”，说的都是国内的政治。《夬》卦说“告自邑”，如康王命令毕公：“表彰善良，疾恨邪恶，树立好的风气。”《晋》卦上九爻说：“维用伐邑”，如王国大夫，“大车行走声槛槛，青色毛毡做车篷。”人民惧怕他，却不敢逃跑，自然安治是相同的，这都是圣人采纳的。（《比》卦九五爻：“邑人不诫”，说明也是国内政治修明，而边远的人归附的意思。）

成有渝无咎

昔穆王[①]欲肆其心，周行天下，将皆必有车辙马迹焉。祭公谋父[②]作《祈招》之诗，以止王心，王是以获殁于祇宫[③]。《传》曰：“人谁无过？过而能改，善莫大焉。”圣人虑人之有过不能改之于初，且将遂其非而不反也，教之以“成有渝无咎”，虽其渐染之深，放肆之久，而惕然自省，犹可以不至于败亡。以视夫“迷复之凶”，不可同年而论矣。故曰：“惟狂克念作圣。”

【注释】①穆王：周穆王，姬姓，名满。周昭王之子，西周第五位君主。是西周在位时间最长的周王。周穆王是中国古代历史上最富于传奇色彩的帝王之一，世称“穆天子”。②祭公谋父：古代周朝人，周穆王当政时期的大臣。祭公谋父向周穆王提出的意见，显示了非凡的智慧。③祇（zhī）官：周代宫殿名。故址在今陕西省华县北。

【译文】”从前周穆王想要随心所欲，走遍天下，要使天下都留有他的车辙马迹。祭公谋父作了《祈招》的诗篇来制止穆王的贪心，穆王因此能在祇宫寿终正寝。“《左传》记载：“人都有可能犯错误，犯了错误，只要改正了，就没有比这再好的事情了。”圣人考虑人犯了错误，不能在错误开始的时候就改正，而且将会顺着错误而不改正，传授给他“最后出现改变，没有灾难”的道理，虽然接触久了而逐渐受到深深的影响，最终能够警觉省悟，仍然可以不至于到失败而灭亡程度。以对比“在迷回中而有凶祸”，不可以放在一起谈论。因此说：“只要能下定决心克制自己的妄念、邪念，保持住正念，那他就能从凡夫变成圣人。”

童观

其在政教，则不能“是训是行，以近天子之光”，而所司者笾豆[①]之事；其在学术，则不能“知类通达”，以几《大学》之道，而所习者占毕②之文。“乐师辨乎声诗，故北面而弦；宗祝③辨乎宗庙之礼，故后尸；商祝④辨乎丧礼，故后主人”。小人则无咎也。“有大人之事，有小人之事”，“虽小道必有可观者焉，致远恐泥”，故君子为之则吝也。

【注释】①笾（biān）豆：古代食器，竹制为笾，木制为豆。古代祭祀时盛祭品的两种器具。②占毕：也作“占哔”。谓经师不解经义，但视简上文字诵读以教人。后亦泛称诵读。③宗祝：宗伯和太祝。主祭祀之官。④商祝：习商礼而任司祭的人。

【译文】在政治教化方面，不能“遵守实行，用来接近天子的光辉”，所主管祭祀之类的事；在学术方面，不能“通达无疑、知义理事类”，几乎接近《大学》的宗旨，而所学习的是不解经义只做吟诵的文章。“乐师只是懂得声律诗句，所以只能面北操弦；宗祝只是懂得宗庙中的礼节，所以只能跟在死尸的后面赞助礼仪；商祝只是懂得丧葬的礼仪礼，所以只能跟在孝子身后提醒礼仪。”小民们是没有灾难的。“有官吏们的事，有小民们的事”，“即使是小的技艺，也一定有可取的地方，但对远大的事业恐怕就行不通了”，君子从事这些小技艺就会有忧虑。

不远复

《复》之初九，动之初也。自此以前，喜怒哀乐之未发也，至一阳之生而动矣。故曰：“《复》其见天地之心乎？”颜子①体此，故“有不善未尝不知，知之未尝复行”，此慎独之学也。“回之为人也，择乎中庸”；夫亦择之于斯而已，是以“不迁怒，不贰过”。

【注释】①颜子：颜回，字子渊，尊称颜子、复圣，春秋末期鲁国人。孔门十哲之一，孔门七十二贤之首，儒家五大圣人之一。

【译文】《复》卦的初九爻，是变动的开始。在这之前，喜怒哀乐没有显现，到阳气开始复生就发动。因此说：“从《复》卦大概可以看出天地的用意吧？”颜回领悟到这个道理，因此说“有不善之处很快就能察觉，察觉之后就不会再犯了”，这是谨慎地保有独特见解的学问。“颜回是这样做人的，他选择了中庸之道”；颜回选择这种方式，因此“他从来都不把自己的怒气转移到别人的身上，不重复犯同样的过错”。

其在凡人，则《复》之初九，日夜之所息，平旦[①]之气，其好恶与人相近也者几希[②]。苟其知之，则扩而充之矣。故曰：“《复》，小而辨于物。”

【注释】①平旦：太阳停留在地平线上，清晨。②希：希，通“稀”，稀少。

【译文】在凡人方面，《复》卦的初九爻，日夜生长，清晨的气息，他们的好恶和人相近的地方也有一点点。如果他们知道这个，就会扩大范围，充实内容。因此说“《复》卦细微而可以分辨事物。”

不耕获不菑畬

杨氏[①]曰：《诚斋易传》。“初九动之始，六二动之继，是故初耕之，二获[②]之，初菑[③]之，二畬[④]之”。天下无不耕而获、不菑而畬者。其曰“不耕不菑”，则耕且菑，前人之所已为也。昔者周公“毖殷顽民，迁于洛邑，密迩王室，既历三纪[⑤]，世变风移”。而康王作《毕命》之书曰：“惟周公克慎厥始，惟君陈克和厥中，惟公克成厥终。”是故有周之治，垂拱仰成[⑥]，而无所事矣。“周监于二代[⑦]，郁郁乎文[⑧]哉”！而孔子之圣，但曰“述而不作，信而好古”。又曰“文、武之道未坠于地在人”。是故《六经》之业，集君圣之大成，而无所创矣。虽然，使有始之作之者，而无终之述之者，是耕而弗获，菑而弗畬也，其功为弗竟矣。六二之柔顺中正，是能获能畬者也，故利有攸往也，未富者，因前人之为而不自多也，犹“不富以其邻”之意。

【注释】①杨氏：即杨万里，字廷秀，号诚斋。吉州吉水（今江西吉水县）人。南宋大臣，著名文学家、爱国诗人，与陆游、尤袤、范成大并称“南宋四大家”（又作“中兴四大诗人”）。因宋光宗曾为其亲书“诚斋”二字，故学者称其为“诚斋先生”。精于《易》学，有《诚斋易传》二十卷，以史证《易》，为经学家非议。②获：收割庄稼。③菑（zī）：初耕的田地。④畬（yú）：开垦过两年的田地。⑤纪：我国古代历法名词。用岁星或太岁纪年，十二年为一个周期，称为一纪。⑥垂拱仰成：垂：衣服下垂；拱：拱手；仰：

脸向上。指垂衣、拱手、仰首，等待成功。比喻坐享其成。⑦监（jiàn）：通“鉴”，借鉴。二代：指夏、商二代。⑧郁郁：文采盛的样子。文：指礼乐制度。

【译文】诚斋先生在《诚斋易传》说：“《无妄》卦的初九爻是变动的开始，六二爻是变动的继续，因此初爻是耕种，二爻是收获，初爻是第一年开垦的荒田，二爻是开发两年的熟田”。天下没有不耕种就收获的，不经过开垦就变成熟田的。爻辞提到“不耕种不垦荒”，既耕种又垦荒，这是前人已经在做的。从前周公“告诫殷商顽民，迁徙到洛邑，使他们接近王室，因而他们被周公的教训感化了。自从迁徙以来，已经过了三纪，人世变化，风俗转移”。周康王作《毕命》记载：“开初，周公能够谨慎对待；中间，君陈能够使他们和谐；最后，我公当能够成功。”因此周朝的统治可以垂拱而治，没有什么要做。“周朝的礼仪制度是在借鉴夏、商二代的基础上演变发展而建立起来的，是多么丰富而完备啊”！而以孔子的通达事理，说“只是传承古代优秀文化而不作创新，相信而且喜好古代的东西”。又说“文王和武王的大道没有消失，还存留在人们当中”。因此《六经》的成就，集中群圣人的各个方面，达到相当完备的程度，而没有创新。即使这样，假使有开始革新它的人，而没有终结它传承它的人，这是耕种了却没有收获，开垦了却没有变成熟田，功业没有完结。六二爻柔顺中正，是能收获有熟田，因此是适宜前往的了，没有求取财富，是由于前人的作为而不自满，就好比“不靠财富就得到邻居支持”一样的意思。

天在山中

张湛[①]注《列子》曰："自地以上皆天也。"故曰"天在山中"。

【注释】①张湛：字处度，东晋学者、玄学家。高平（今属山东）人。其著作《列子注》的哲学思想对后世宋明理学影响很大，对佛教中国化、本土化也起了重要作用。

【译文】张湛注释《列子》说："从地面以上都是天了"因此《大畜》卦说："天处在山里面"。

罔孚裕无咎

"君子信而后谏，未信则以为谤己也"，而况初之居下位，未命于朝者乎！"孔子尝为委吏矣，曰会计当而已矣；尝为乘田矣，曰牛羊茁壮长而已矣。"此所谓"裕无咎"也。若受君之命，而任其事，"有官守者，不得其职则去；有言责者，不得其言则去"矣。

【译文】"君子必须先得到国君的信任后才能去进谏，如果得不到信任，那么国君就会疑心这是在诽谤自己"，况且初爻处在下的位置，在朝廷中没有得到任命！"孔子曾经做过管理仓库的小吏，只说出入的账目清楚了；又曾经做过管理牲畜的小吏，只说牛羊都长得很壮实。"这就是所谓的"宽裕，没有灾难"。若接受君主的任命，承担事务，“有官位的人，如果无法尽其职责就应该辞官不干；有进言责任的人，如果言不听计不从，就应该离职而去”。

有孚于小人

君子之于小人也，有知人则哲之明，有去邪勿疑之断，坚如金石，信如四时。使憸壬[①]之类，皆知上志之不可移，岂有不革面而从君者乎？所谓“有孚于小人”者如此。

【注释】①憸（xiān）壬：奸佞的小人。憸字从心从佥，佥亦声。“佥”意为“两边”“两面”。“心”与“佥”联合起来表示“两面（巴结）的心理”。壬，假借为“佞”，巧言谄媚。

【译文】君子对于小人来说，有能鉴察人的品行才能的聪明，有摒弃奸佞不要迟疑的决断，坚固像金石，守信像四季。使奸佞的小人这类人，都知道君上的志愿不可改变，他们哪有不改变旧面貌而跟从君上的呢？所谓“有孚于小人”就是这样。

损其疾使遄有喜

损不善而从善者，莫尚乎刚，莫贵乎速。初九曰：“已事遄往。”六四曰：“使遄有喜。”四之所以能遄者，赖初之刚也。“周公思兼三王以施四事，其有不合者，仰而思之，夜以断日；幸而得之，坐以待旦”。“子路有闻，未之能行，惟恐有闻”。其遄也至矣。文王之勤日昃[①]，大禹之惜寸阴，皆是道也。君子进德修业，欲及时也。故为政者，玩岁而愒[②]日，则治不成；为学者，日迈而月征，则身将老矣。

【注释】①日昃（zè）：太阳偏西。地支中的未时。②愒（kài）：荒废。

【译文】减损不好的而接受好的，莫过于坚强，莫贵于迅速。初九爻说："办成了事就赶快前往。"六四爻说："让他赶快有喜庆。"四爻能够迅速有喜庆的原因，得益于初爻的刚强。"周公想要兼有三代圣王的功业，实践四个方面的美德，要是有不合当时情况的，就抬起头思索，夜以继日地反复这样做；幸而想通了，就坐等天亮，以便立即实行。""子路在听到一条道理但没有能亲自实行的时候，唯恐又听到新的道理"。他的迅速也到了极点。周文王到天色晚了仍然勤于政事，大禹珍惜短暂的光阴，都是这个道理。君子提高道德修养，扩大功业建树，是想把握时机，抓紧时间。因此执掌国政的人，如果贪图安逸，虚度岁月，治理就不会有成效；学习的人，如果随着时间不断推移而不学习，身体就会衰老了。

召公之戒[①]成王曰："宅新邑，肆惟王其疾敬德。"疾之为言，遄之谓也。故曰："鸡鸣而起，孳孳[②]为善。"

【注释】①戒：通"诫"。告诫。②孳孳：通"孜"。勤勉；努力不懈。

【译文】召公劝诫周成王说："我王初理国事时，就住到新邑来了，现在王该加快认真推行德政！”疾这个字就是加速的意思。因此说：“鸡叫就起身，努力不懈地行善。”

上九弗损益之

有天下而欲厚民之生，正民之德，岂必自损以益人哉。“不违农时，谷不可胜食也；数罟不入洿池，鱼鳖不可胜食也；斧斤以时入山林，材木不可胜用也”，所谓“弗损益之”者也。“皇建其有极，敛时五福，用敷锡厥庶民。”《诗》曰：“奏格无言，时靡有争。”是故君子不赏而民劝，不怒而民威于鈇钺[①]，所谓“弗损益之者”也。以天下为一家，中国为一人，其道在是矣。

【注释】①鈇钺（fū yuè）：古代执行军法时用的斧子，青铜或铁制成。

【译文】治理天下而想丰厚百姓的生计，端正百姓的德行，难道一定要减损自己才能利益别人吗。“不耽误百姓的农时，粮食就吃不完；细密的鱼网不放入大塘捕捞，鱼鳖就吃不完；按一定的时令采伐山林，木材就用不完”，这就是所谓的“不减损就有增益”。“君王建立政事要有法则，掌握五福，用来普遍地赏赐给臣民。”《诗经》记载：“默默向神来祭告，执事肃穆无争嚷。”所以，君子不用赏赐而百姓也会互相劝勉，不用发怒而百姓畏惧甚于斧钺的刑罚，这就是所谓的“不减损就有增益”。圣人把整个天下看成是一个家，把整个国家当成是一个人，就是这个道理。

利用为依迁国

在无事之国而迁，晋从韩献子[①]之言，而迁于新田是也；在有事之国而迁，楚从子西[②]之言，而迁于鄀[③]是也。皆“中行告公”之益也。

【注释】①韩献子：韩厥，姬姓，韩氏，名厥，因其谥号献，故亦称韩献子。春秋中期晋国卿大夫。②子西：公子申，字子西，楚平王的庶长子，楚昭王的异母兄。③鄀（ruò）：春秋时楚国的都城，在今湖北宜城东南。

【译文】在没有战事的国家迁都，是晋听从韩献子的建议，迁都到新田；在有战事的国家迁都，是楚听从子西的建议，迁都到鄀。都是“行中道，告知王公”的增益。

姤

天下之生久矣，一治一乱，盛治之极，而乱萌焉，此一阴遇五阳之卦也。孔子之门，四科十哲[①]，身通六艺[②]者，七十有二人。于是删《诗》《书》，定《礼》《乐》，赞《周易》，修《春秋》，盛矣。而《老》《庄》之书，即出于其时。后汉立辟雍[③]，养三老[④]，临白虎，论《五经》，太学诸生至三万人，而“三君”“八俊”“八顾”“八及”“八厨”[⑤]为之称首，马、郑、服、何[⑥]之注，经术为之大明，而佛、道之教，即兴于其世。胡三省曰：“道家虽宗老子，而西汉以前，未尝以道士自名，至东汉始有张道陵、于吉等。是道与佛教，皆起于东汉之时。是知邪说之作，与世升降，圣人之所不能除也。故曰："系于金柅[7]，柔道牵也。"呜呼，岂独君子小人之辨而已乎。

【注释】①四科：指德行、政事、言语、文学四个类别。十哲：孔子门下的十位学生（颜回、子骞、伯牛、仲弓、子有、子贡、子路、子我、子游、子夏）的合称。②六艺：指六种技能：礼、乐、射、御、书、数。③辟雍：本为周天子所设大学，校址圆形，围以水池，前门外有便桥。东汉以后，历代皆有辟雍，作为尊儒学、行典礼的场所，除北宋末年为太学之预备学校（亦称"外学"）外，均为行乡饮、大射或祭祀之礼的地方。④三老：古代掌教化的乡官。⑤三君、八俊、八顾、八及、八厨：东汉时期，太学生把敢于同宦官进行斗争的清流人物，冠以"三君""八俊""八顾""八及""八厨"等称号，表示对宦官集团的不满和蔑视，其中以"三君"窦武、刘淑、陈蕃为领军人物。典出《后汉书·党锢列传》。⑥马、郑、服、何：汉朝的四位经学大师：马融、郑玄、服虔、何休。⑦柅（nǐ）：挡住车轮不使其转动的木块。

【译文】天下存在也很久了，有安定有动乱，昌明的政治到了极点，动乱就萌生了，这是一个阴爻遇到五个阳爻的卦象。孔子门下，四科有十位贤哲，以一身而精通六种技能的，有七十二人。于是删改《诗经》《尚书》，修订《礼经》《乐经》，注释《周易》，撰写《春秋》，状况盛大热烈。《老子》《庄子》这样的书就是在那时候完成的。东汉设立尊儒学、行典礼的地方，供养掌管教化的乡官，在白虎观，议论《五经》，太学里学生有三万人之多，"三君""八俊""八顾""八及""八厨"等清流人物称为第一，四位经学大师马融、郑玄、服虔、何休的经注，经学因此而昌明，佛、道的教导就是在那时候兴起的，（胡三省说："道家虽以老子为开山鼻祖，而西汉以前，不曾以道士自称，到东汉才有张道陵、于吉等。说明道与佛教，都起源于东汉之时。）邪说异端的著作，与世道一起升降，圣人也是不能根除的。因此说："捆缚在缧车的金属横杠上，说明必须守持柔顺之道接受阳刚者的牵制。"哎呀，难道仅仅只是君子小人的区别吗。

包无鱼

国犹水也，民犹鱼也。幽王之诗曰："鱼在于沼，亦匪克乐。潜虽伏矣，亦孔之昭。忧心惨惨，念国之为虐。"秦始皇八年，"河鱼大上"。《五行志》以为："鱼阴类，民之象也。逆流而上，言民不从君，为逆行也。"自人君有求多于物之心，于是鱼乱于下，鸟乱于上，而人情之所向，必有起而收之者矣。

【译文】国家就像水，百姓就像鱼。《诗经》记载："鱼儿生活在池沼，并不是让它乐逍遥。即使深藏不敢动，水清照样看得到。忧思满怀愁不已，想那朝政太残暴。"秦始皇八年，"黄河发大水，大量的鱼涌上岸边"。《五行志》以为："鱼属于阴类，是百姓的物象。逆水前进，说的是百姓不顺从国君，背君而行。"从人君的欲求比物多的心开始，鱼就在下为叛乱，鸟就在上为叛乱，人心所向，必然会有兴起进而收回人心的人。

以杞包瓜

刘昭《五行志》曰："瓜者外延，离本而实，女子外属之象。"一阴在下，如瓜之始生，势必延蔓而及于上。五以阳刚居尊，如树杞然。《诗》："南山有杞。"陆玑曰："杞，山材也，其树如樗。"《左传》所谓"杞梓皮革"。使之无所缘而上，故曰"以杞包瓜"。孔子曰："惟女子与小人为难养也。"颦笑有时，恩泽有节，器使有分，而国之大防不可以逾，何有外戚、宦官之祸乎！

【译文】刘昭《五行志》记载："瓜藤往外蔓延，离开根本结果实，女子外家亲属的征象。"一个阴爻在下位，像瓜蔓刚刚生出，势必往外、往上蔓延。五爻以阳刚处在尊位，像瓜藤攀缘于杞树的样子。（《诗》："南山有杞。"陆玑说："杞，就是山中木材，其树像樗树一样。"《左传》所谓"杞梓皮革"。）让瓜藤不再往外蔓延，因此说"杞树围护瓜藤"。孔子说："女子和小人难以相处。"皱眉和欢笑有定时，恩惠赏赐有节制，量材使用有分别，国家原则性的界限不越过，哪里会有外戚、宦官的祸患呢！

己 日

"《革》巳日乃孚"。"六二，巳日乃革之"。朱子[①]发读为戊己之"己"。天地之化，过中则变，日中则昃，月盈则食，故《易》之所贵者中。十干[②]则戊己为中，至于己则过中，而将变之时矣，故受之以庚。庚者，更也，天下之事当过中而将变之时，然后革而人信之矣。古人有以“己”为变改之义者，《仪礼·少牢馈食礼》“日用丁己”，注：“内事用柔日[③]，必丁己者，取其令名，自丁宁，自变改，皆为谨敬。”而《汉书·律历志》亦谓“理纪于己，敛更于庚”是也。纳甲之法，革下卦离，纳己。王弼谓：“即日不孚，已日乃孚。”以“己”为“已事遄往”之“已”，恐未然。

【注释】①朱子：朱震，字子发，世称汉上先生，湖北荆门州人，北宋、南宋之际的著名大臣、理学家。朱震学识渊博，尤其精通《周易》。他以程颐《易传》为宗，采纳各家之说，融会贯通。②十干：中国农历的数字词语。指甲、乙、丙、丁、戊、己、庚、辛、壬、癸。③内事：是指“婚、冠、祭”之礼。相对应的“外事”是指“伐、巡、狩”之礼。柔日：古代将天干纪日的十干“甲、乙、丙、丁、戊、己、庚、辛、壬、癸”等分为刚日和柔日，刚日是指“甲、丙、戊、庚、壬”；柔日是指“乙、丁、己、辛、癸”。

【译文】“《革》卦到了已日才彰显其诚信”。“六二爻，到了已日才来变革”。朱震读为戊己的“己”。天地的造化，过了中就变化，太阳到了正午就要偏西，月亮盈满就要亏缺。因此《易经》推崇的是中正。十天干以戊己为中，到了己就过了中，是将要变化的时候，因此用庚来处理。庚，是变更，天下事到过了中将要变化的时候，然后革新而人们信服它。古人有用“己”作为变化更改的意思，《仪礼·少牢馈食礼》“祭日用丁日或己日。”注释“宗庙祭祀之事用柔日，一定选择丁日、己日，择取美好的名称，从丁安宁，从变化更改，都是谨慎诚敬。”而《汉书·律历志》也说“理纪于己，敛更于庚”。（纳甲之法，革下卦离，纳己。）王弼说：“当日没有诚信，过了一天才有诚信。”把

“已”当作“办成了事就赶快前往”中的“已”，恐怕不是这样。

改命吉

《革》之九四，犹《乾》之九四。诸侯而进乎天子，汤、武革命之爻也，故曰：“改命吉。”“成汤放桀于南巢，惟有惭德①。”是有悔也。天下信之，其悔亡矣。“四海之内皆曰，非富天下也，为匹夫匹妇复仇也。”故曰信志也。

【注释】①惭德：亦作“慙德”。因言行有缺失而内愧于心。

【译文】《革》卦的九四爻相当于《乾》卦的九四爻。诸侯向上发展成为天子，商汤王、周武王变革更替朝代的爻象，因此说：“改变天命而吉祥。”“成汤把夏桀流放到南巢这个地方，思考自己的作为便惭愧自己的所得。”这是有悔意。天下人都信任他，他的悔意就消失了。“普天下的人都说，不是要把天下变成自己的财富，而是为了给平民百姓报仇。”因此说有值得信赖的心意。

艮

“毋意毋必，毋固毋我。”“艮其背，不获其身也。”“富贵不能淫，贫贱不能移，威武不能屈。”“行其庭，不见其人”也。

【译文】“不凭空臆测，不武断绝对，不固执拘泥，不自以为是。”“止住背部，没有获得身体。”“富贵不能使他的思想迷惑，贫贱不能使他的操守动摇，威武不能使他的意志屈服。”“走在庭院中，没有见到人。”

艮其限

学者之患，莫甚乎执一而不化。及其施之于事，有扞格[①]而不通，则忿懥生而五情瞀[②]乱，与众人之“滑性”而“焚和”者，相去盖无几也。孔子“恶果敢而窒者”，非独处事也，为学亦然。告子[③]不动心之学，至于不得于言，勿求于心，而孟子以为，其弊必将如蹶趋者之反动其心。此“艮其限，列其夤[④]”之说也。君子之学不然，廓然而大公，物来而顺应，故“闻一善言，见一善行，若决江河，沛然莫之能御”，而无熏心之厉矣。

【注释】①扞格：抵触，互相抵触，格格不入。②懥（zhì）：忿恨、愤怒的样子。五情：指喜、怒、哀、乐、怨五种情感。泛指人的情感。瞀（mào）：心绪紊乱。③告子：东周战国时思想家，法家人物，曾受教于墨子，有口才，讲仁义。以主张“性无善无不善”的人性论而著称。④限：界限，此处指上身下身之界限，即腰也。夤：通“瞚”。夹脊肉。

【译文】读书人的危害，没有比固执一端、不知变通更厉害的了。等到实行在事物上，又互相抵触，固执成见，不能变通，就会发怒而情感紊乱，与平常人“狡诈的心性”“毁灭中和之性”相比没有差别。孔子“憎恶处事果敢而固执己见的人。”不单指处理事情，做学问也是这样。告子使心不动的学问，假若不能在言语上得到胜利，便不必求助于思想，而孟子认为，这样的弊端将会局促、不自然，不能不影响到思想，造成心的浮动。这是“止住腰部，撕裂脊肉”的说法。君子做学问就不是这样，宽泛公允、顺应自然，因此“听了一句善言，见了一种善行，就会立即照着去做，像决了口的江河一般，澎湃之势没有谁能阻挡得住”，而不会有忧心如焚的危险。

慈溪黄氏[①]震《日钞》曰：“心者吾身之主宰，所以治事，而非治于事，惟随事谨省，则心自存，不待治之而后齐一也。孔子之教人曰：‘居处恭，执事敬，与人忠。’曾子[②]曰：‘吾日三省吾身，为人谋而不忠乎？与朋友交而不信乎？传不习乎？’不待言心，而自贯通于动静之间者也。孟子不幸当人欲横流之时，始单出而为‘求放心’之说，然其言曰：‘君子以仁存心，以礼存心。’则心有所主，非虚空以治之也。至于斋心服形之老、庄，一变而为坐脱立忘之禅学，乃始瞑目静坐，日夜仇视其心而禁治之。及治之愈急，而心愈乱，则曰：易伏猛兽，难降寸心。呜呼！人之有心，犹家之有主也。反禁切之，使不得有为，其不能无扰者势也，而患心之难降欤？”《省斋记》。又曰：“夫心之说有二，古人之所谓存心者，存此心于当用之地也；后世之所谓存心者，摄此心于空寂之境也。造化流行，无一息不运，人得之以为心，亦不容一息不运，心岂空寂无用之物哉！世乃有游手浮食之徒，株坐摄念，亦曰存心，而士大夫溺于其言，亦将遗落世事，以独求其所谓心。迨其心迹冰炭，物我参商[③]，所谓老子之弊流为申韩[4]者。一人之身已兼备之，而欲尤人之不我应，得乎？”山阴县主簿厅记。此皆足以发明“厉熏心”之义，详又见第二十三卷心学条下。乃周公已先系之于《易》矣。

【注释】①慈溪黄氏：黄震，字东发，号文洁，浙江慈溪人。南宋学者。著有《东发日钞》（又作《黄氏日钞》），是一部满含睿语哲理的读书笔记，对古书辨伪功力至深，为“东发学派”的代表作，②曾子：名参（shēn），字子舆，春秋末年鲁国南武城（今山东嘉祥县）人。是中国著名的思想家，孔子的晚期弟子之一。被后世尊奉为“宗圣”，是配享孔庙的四配之一。③参商：指的是参星与商星，二者在星空中此出彼没，彼出此没，古人以此比喻彼此对立，不和睦、亲友隔绝，不能相见、有差别；有距离。④申韩：指战国时法家申不害和韩非的并称。后世以“申韩”代表法家。亦以称申韩之学。

【译文】慈溪人黄震在《黄氏日钞》中说：“心是身体的主宰，用来处理事务的，而不是被事务左右，只要随着事务戒慎反省，心就能保存，不用修治就能整齐划一。孔子教导别人说：‘日常起居规规矩矩，办事严肃认真，待人忠心诚意。’曾子说：‘我每天多次反省自己：替别人做事有没有尽心竭力？和朋友交往有没有诚信？老师传授的知识有没有按时温习？’不用说到心，心已经连通在动静之间了。”孟子不幸生在社会风气败坏、人们放纵情欲、不顾道德正义的时代，开始提出‘找回丧失的本心、恢复善性、培养善德’的学说，然而他也说：‘君子把仁保存在心里，把礼保存在心里。’心有所主宰，不是虚无没有着落的对待。至于祛除杂念、呼吸吐纳锻炼的老子、庄子之流，变成端坐而迁化的禅学，于是开始闭上眼睛静坐思考，日夜用仇视的眼光对待心而去管理它，管理得越急切，心就越紊乱，于是说：容易降服勇猛的野兽，难以降服微小的内心。哎呀！人有心就像家有主人。反而迫切地禁止它，让它不能有所作为，它不能没有干扰是形势使然，难道担忧微小的心难降服吗？”（《省斋记》）又说：“心的说法有两种，古人所谓保存内心，指的是保养此心在当用的地方，后世所谓保存内心，指的是保养此心在虚空寂静的地方。创造演化运行，没有一下不运转，人得到它作为心，不让它一下不运转，心难道是虚空寂静没有用处的事物吗？世上于是有不从事生产劳动的人，独坐收敛心神，也说是保养心，而士大夫也沉溺在这样的言论中，也将遗忘弃置世俗的事，来独自探求这所谓的心。等到内心的真实情况像冰炭不相容，外物与己身像参星与商星对立，所谓老子的弊端，传布在申不害和韩非身上。在一个人身上已经兼备了，却责怪别人跟自身不相应，能达到吗？（山阴县主簿厅记。）这些都完全可以阐发说明“有危险而忧心如焚”的道理，（详又见本书第二十三卷心学条下。）周公已经先在《易经》里注明了。

鸿渐于陆

“上九，鸿渐于陆，其羽可用为仪，吉。”安定胡氏[1]改“陆”为“逵”。晁氏曰：“其说出于毘陵从事范谔昌。”按《宋史·艺文志》谔昌有《证坠简》一卷。朱子从之，谓合韵，非也。《诗》“仪”字凡十见，《柏舟》《相鼠》《东山》《湛露》《菁菁者莪》《斯干》《宾之初筵》《既醉》各一见，抑二见。皆音牛何反，不得与“逵”为叶。而“云路”亦非可翔之地，仍当作“陆”为是。渐至于陵而止矣，不可以更进，故反而之陆。古之高士，不臣天子，不友诸侯，而未尝不践其土、食其毛也。其行高于人君，而其身则与一国之士偕焉而已，此所以居九五之上，而与九三同为陆象也。朱子发曰："上所往，进也，所反，亦进也。渐至九五，极矣。是以上反而之三。"杨廷秀曰："九三，下卦之极，上九，上卦之极，故皆曰陆。自木自陵，而复至于陆，以退为进也，《巽》为进退。"其说并得之。

【注释】①安定胡氏：胡瑗，字翼之。中国北宋学者。理学先驱、思想家和教育家。因世居陕西路安定堡，世称安定先生。

【译文】《渐》卦"上九爻，大雁渐渐进到台地上，羽毛可以用在礼仪中，吉祥。"安定人胡瑗改"陆"为"逵"。（晁氏说："这个说法出自毘陵从事范谔昌。"按《宋史·艺文志》范谔昌有《证坠简》一卷。）朱震同意他的说法，说韵脚符合韵部，不是这样。《诗经》"仪"字出现十次，（《柏舟》《相鼠》《东山》《湛露》《菁菁者莪》《斯干》《宾之初筵》《既醉》各自出现一次，或者出现两次。）都是牛何切，与"逵"字声韵不协调。而"云路"也不是可以飞翔的地方，仍然应该当作是"陆"恰当。逐渐到了大土山才停止，不可以更进，因此返回到了高平的地。古代志趣、品行高尚的人，不臣服天子，不结交诸侯，而未曾不登上他的土地，吃他的食物。他的品行高于人君，他们跟国内才能最优秀的人物在一起，这就是在九五爻的原因，而与九三爻一同为高而平的地的物象。朱震提出："在上者前往，是进，返回，也是进，慢慢到了九五爻，是到了极点。因此上爻回到了三爻位置。"杨廷秀说："九三爻，下卦的极点，上九爻，是上卦的极点，因此都说是高而平的地。从木从陵，而又回到陆，是以退后为前进，《巽》卦可进也可退。”他的说法是很得当了。

君子以永终知敝

读《新台》《桑中》《鹑奔》之诗，而知卫有狄灭之祸。读《宛丘》《东门》《月出》之诗，而察陈有征舒[1]之乱。书“齐侯[2]送姜氏于讙[3]”，而卜桓公[4]之所以薨；书“夫人姜氏入”，书“大夫宗妇觌[5]，用币”，而兆子般、闵公[6]之所以弑。昏姻之义，男女之节，君子可不虑其所终哉！

【注释】①征舒：夏征舒，妫姓、夏氏，名征舒。春秋时期陈国柘城人。祖父为陈宣公之子公子少西，父为夏御叔，母为郑穆公之女夏姬。夏征舒射杀荒淫无道的陈灵公，自立为陈侯。②齐侯：即齐僖公（一作齐釐公），姜姓，吕氏，名禄甫，齐前庄公之子，春秋时期齐国国君，春秋三小霸之一。③讙：古地名。在今山东宁阳北而稍西三十余里。④桓公：鲁桓公，姬姓，名允，鲁惠公嫡长子，鲁隐公之弟，春秋时期鲁国第十五位国君，谥桓。⑤宗妇：同姓大夫之妻。觌：以礼相见。⑥子般：即春秋末期郑国大夫驷弘。曾参与支持晋范氏叛乱。率军救援曹，后晋军伐郑，向齐求救，并在与曹作战中设计击退晋军。闵公：即鲁闵公，姬姓，名启，又作鲁湣公，春秋时期鲁国第十七任君主。是鲁庄公的儿子，母亲为叔姜。

【译文】读《新台》《桑中》《鹑奔》的诗，开始知道卫国有狄人灭国的祸患。读《宛丘》《东门》《月出》的诗，开始察觉陈国有征舒的祸乱。记载“齐僖公亲自送女儿姜氏到讙地”，这是推测鲁桓公死亡的原因；记载“夫人姜氏来到”，记载“带上玉、帛之类的礼物，以礼相见同姓大夫的妻子”，这是预兆子般、闵公被杀的原因。婚姻的大义，男女的礼节，君子可以不考虑最终的结果吗！

鸟焚其巢

人主之德，莫大乎下人。楚庄王之围郑也，而曰：“其君能下人，必能信用其民矣。”故以禹之征苗，而伯益[①]赞之，犹以“满招损，谦受益”为戒。班师者谦也，用师者满也。上九处卦之上，《离》之极，所谓“有鸟高飞，亦傅于天”者矣。居心以矜，而不闻谏争之论，灾必逮夫身者也。鲁昭公[②]之伐季孙意如[③]也，“请待于沂上以察罪，弗许；请囚于费，弗许；请以五乘亡，弗许”。于是叔孙氏[④]之甲兴，而阳州[⑤]次、乾侯[⑥]唁矣。“鸲鹆[⑦]鸲鹆，往歌来哭。”其此爻之占乎？吴幼清曰：“此爻变为小过，有飞鸟之象。”

【注释】①伯益：又名伯翳，也称大费，是大业的长子、黄帝的六世孙。因协助禹治水有功，故受舜赐姓嬴，并将姚姓之女许配他为妻。②鲁昭公：姬姓，名裯，一名稠、袑，鲁襄公之子，母齐归，春秋时期鲁国第二十四位国君。鲁国因斗鸡而发生内乱，鲁昭公先后逃亡到齐国、晋国。后在晋国的乾侯去世。③季孙意如：春秋时鲁国正卿。姬姓，季氏，谥平，史称“季平子”。④叔孙氏：春秋战国时，鲁国的卿家贵族。作为三桓之一，掌握鲁国实权。三桓，是凌驾于公室的鲁国贵族，出自鲁桓公，包括季孙氏、叔孙氏、孟孙氏。⑤阳州：古地名。齐地。在今山东省东平县北。⑥乾侯：又作干侯，中国古代地名。周定王时期，黄河下游改道东移，始于黄河故道置乾侯邑，言其地水常涸也，与旱干之干音义同。春秋时属晋地。⑦鸲鹆（qú yù）：也称鸜（qú）鹆，雀形目，椋鸟科，俗称“八哥儿”。

【译文】人主德行，没有比居于人后更大的了。楚庄王围困郑国，对身边的人说：“国君能礼下于人，一定能够得到百姓的信任。”因此大禹征伐三苗，伯益称赞他，仍然以“自满招致损失，谦虚得到益处”为警戒。调回出去打仗的军队是谦虚，使用军队作战是自满。上九爻处在卦的上面，是《离》卦的极点，所谓“鸟儿即使飞得高，还要依附在青天”。怀着自大的念头，而听不到直言规劝的言论，灾难一定会降临在他身上。鲁昭公清除掌握国政的季氏的行动就是这样，“请求待在沂水边上让君王审查，昭公不答应；请求囚禁在费地，昭公也不答应；请求带着五辆车子逃亡，昭公也不答应”。于是叔孙氏兴兵，从而在阳州驻扎、在乾侯去世。“鸲鹆鸲鹆，去时歌唱来时哭。”大概是这爻的征兆吧。（吴幼清说：“这爻变为小过，有飞鸟的物象。”）

巽在床下

上九之“巽在床下”“恭而无礼则劳”也，初六之“进退”“慎而无礼则葸[①]”也。

【注释】①葸（xǐ）：拘谨，畏惧的样子。

【译文】《巽》卦上九爻的“巽在床下”，说的是“恭敬而不符合礼的规定，就会烦扰不安”，初六爻的“进退”，说的是“谨慎而不符合礼的规定，就会畏缩拘谨”。

翰音登于天

羽翰之音，虽登于天，而非实际。其如庄周[①]《齐物》之言，驺衍[②]怪迂之辨，其高过于大，学而无实者乎？以视车服传于弟子，弦歌遍于鲁中，若鹤鸣而子和者，孰诞孰信？夫人而识之矣。永嘉之亡[③]，太清之乱[④]，岂非谈空空、覈[⑤]玄玄者有以致之哉。“翰音登于天”，《中孚》之反也。

【注释】①庄周：姓庄，名周，字子休（亦说子沐），宋国蒙人，东周战国中期著名的思想家、哲学家和文学家。是继老子之后，战国时期道家学派的代表人物，是道家学派的主要代表人物之一。②驺衍：战国末期齐国临淄人。阴阳家代表人物、五行创始人，主要学说是五行学说、“五德终始说”和“大九州说”，又是稷下学宫著名学者，因他“尽言天事”，当时人们称他“谈天衍”，又称邹子。③永嘉之亡：即永嘉之乱，是西晋后期刘汉军攻破晋都、俘虏晋帝、最终使西晋灭亡的历史事件。因该事件主要发生于晋怀帝永嘉年间，故名。④太清之乱：亦称侯景之乱，南北朝时期南朝梁将领侯景发动的武装叛乱事件。侯景本为东魏叛将，被梁武帝萧衍所收留，因对梁朝与东魏通好心怀不满，遂以清君侧为名义在寿阳起兵叛乱，攻占梁朝都城建康，将梁武帝活活饿死，掌控梁朝军政大权。⑤覈（hé）：检验。

【译文】鸡啼的声音，即使传升到天上，而没有实际作用。就像庄周《齐物》里的言辞，驺衍怪诞迂曲的区辨，高过于大，学了也不会实际运用。把考察车舆礼服传授给弟子，礼乐教化传遍鲁国，像大鹤啼叫而小鹤啼叫应和，哪个荒诞哪个可信呢？人们自己能够分辨。西晋灭亡，侯景叛乱，难道不是由于谈论虚空、核实幽远微妙导致的吗。“鸡啼的声音传升到天上”，是《中孚》的反转。

山上有雷小过

山之高峻，云雨时在其中间，而不能至其巅也。故《诗》曰：“殷其雷，在南山之侧。”或高或下，在山之侧，而不必至其巅，所以为“小过”也。然则《大壮》言“雷在天上”，何也？曰：自地以上皆天也。

【译文】山雄伟峭拔，乌云下雨时候在山的中间，而不能到达山的巅顶。因此《诗经》记载：“听那隆隆的雷声，在南山的脚下轰鸣。”有时高，有时低，在山的旁边，而不必到巅顶，所以说是“小过”。然而《大壮》卦却说“雷在天的上方”，为什么呢？这是因为：从地以上都是天。

妣

《尔雅》：“父曰考，母曰妣。”愚考古人自祖母以上，通谓之妣，经文多以妣对祖而并言之。若《诗》之云“似续妣祖”“烝畀[①]祖妣”；《易》之云“过其祖，遇其妣”，是也。《左传》昭十年：“邑姜[2]，晋之妣也。”平公[3]之去邑姜，盖二十世矣。《仪礼·士昏礼》“勖帅以敬先妣之”，盖继世主祭之通辞。

【注释】①烝畀：烝（zhēng）：献。畀（bì）：给予。②邑姜：姜姓，齐太公吕尚之女，周武王姬发的王后，周成王姬诵、唐叔虞的母亲。据传她怀成王的时候，“立而不跛，坐而不差，独处而不倨，虽怒而不詈，胎教之谓也。”③平公：晋平公，姬姓，名彪，晋悼公之子，春秋时期晋国国君，去世后，谥号“平”。

【译文】《尔雅》：“父曰考，母曰妣。”我研究古人从祖母以上，都称为妣，典籍也多用妣对祖并称。像《诗经》说的“似续妣祖”“烝畀祖妣”；《易经》说的“过其祖，遇其妣”，就是这样。《左传》鲁昭公十年记载：“邑姜，晋之妣也。”从晋平公到邑姜，已经有二十世。（《仪礼·士昏礼》“勖帅以敬先妣之”，大概是继位人主祭的一般称呼。）

“过其祖，遇其妣”，据文义，妣当在祖之上。“不及其君，遇其臣”，臣则在君之下也。昔人未论此义。周人以姜嫄[1]为妣，《周礼·大司乐注》，周人以“后稷为始祖，而姜嫄无所配，是以特立庙祭之，谓之閟宫”。《周语》谓之“皇妣太姜[2]”。是以妣先乎祖。《周礼·大司乐》“享先妣”在“享先祖”之前。而《斯干》之诗曰：“似续妣祖。”笺曰：“妣，先妣姜嫄也；祖，先祖也。”或乃谓“变文以协韵”，是不然矣。朱子《本义》以《晋》六二为享先妣之吉占。或曰，《易》爻何得及此？夫“帝乙[3]归妹”“箕子之明夷”“王用亨于岐山”，爻辞屡言之矣。

【注释】①姜嫄：一作原，姜姓，有邰氏部落之女。上古时代人物，帝喾之妻，周朝祖先后稷的母亲。传说她于郊野践巨人足迹怀孕生稷。②太姜：周朝先祖古公亶父的正妃，周文王的祖母。她以“贞顺”的女德，成为丈夫得力的左膀右臂，是周朝创业之时的贤德妇人。在世共生有三子。③帝乙：子姓，名羡，商王文丁之子，帝辛（商纣王）之父，商朝第三十任君主。

【译文】“过其祖，遇其妣”，根据上下文的意思推测，妣应该在祖的前面，“没有赶上君王，遇到了臣子”，臣子在君王的下位。从前的人没有谈论到这层含义。周人把姜嫄当作妣，（《周礼·大司乐注》，周代人以“后稷为始祖，而姜嫄没有配偶，因此另外设立庙祭祀她，这庙称为閟宫”。）《周语》称为“皇妣太姜”。因此妣在祖的前面。《周礼·大司乐》“献给先妣享用”在“献给先祖享用”的前面。《诗经·小雅·斯干》记载：“似续妣祖。”注释说：“妣，是先妣姜嫄；祖，是先祖也。”有的人说“变文来符合韵律”，不是这样。（朱子《本义》以《晋》六二爻为献给先妣享用之吉占。）有的人问《易经》爻辞哪里说到这些？“帝乙归妹”“箕子之明夷”“王用亨于岐山”，爻辞多次提到了。

《易》本《周易》，故多以周之事言之。《小畜》卦辞：“密云不雨，自我西郊。”《本义》：“我者，文王自我也。”

【译文】《易经》原本指的是《周易》，因此说的大多是周朝的事。《小畜》卦辞:"浓云密布而不下雨,从我西边的郊野飘聚过去。"《周易本义》:"我,指的是周文王自己。"

东邻

驭得其道,则天下皆为之臣;驭失其道,则强而擅命者谓之邻。"臣哉邻哉,邻哉臣哉"。

《汉书·郊祀志》引此,师古[①]注:"东邻谓商纣也,西邻谓周文王也。"

【注释】①师古:颜籀(zhòu),字师古,以字行。唐朝初年经学家、训诂学家、历史学家。颜之推之孙、颜思鲁之子。著有《汉书注》。

【译文】恰当的驾驭,天下都是你的臣属;不恰当的驾驭,固执不受节制就称为四邻。"辅佐的臣子要亲近君王,君王也要亲近身边的臣子"。

《汉书·郊祀志》引用了这一段,颜师古注释"东邻说的是商纣王,西邻说的是周文王"。

游魂为变

"精气为物",自无而之有也;"游魂为变",自有而之无也。夫子之答宰我[①]曰:"骨肉毙于下,阴为野土;其气发扬于上,为昭明焄蒿悽怆[②]。"朱子曰:"昭明,露光景也。"郑氏曰:"焄,谓香臭也。焄，气蒸出貌。”许氏曰：“悽怆，使人惨栗感伤之意。”鲁庵徐氏曰：“阳气为魂，附于体貌，而人生焉。骨肉毙于下，其气无所附丽，则发散飞扬于上，或为朗然昭明之气，或为温然焄蒿之气，或为肃然悽怆之气。盖阳气轻清，故升而上浮，以从阳也。”所谓“游魂为变”者，情状具于是矣。延陵季子[3]之葬其子也，曰：“骨肉归复于土，命也。若魂气，则无不之也，无不之也。”张子[4]《正蒙》有云：“太虚不能无气，气不能不聚而为万物，万物不能不散而为太虚。循是出入，是皆不得已而然也。然则圣人尽道其间，兼体而不累者，存神其至矣。”其精矣乎！

【注释】①宰我：字子我，亦称宰予，春秋末鲁国人，孔子著名弟子，“孔门十哲”“言语”科之首（排名在子贡前），“孔门十三贤”之一。②昭明：光明。焄（xūn）：香、臭气味。蒿：气蒸出的样子。悽怆（chuàng）：悲伤；悲凉。③延陵季子：即季札，春秋时吴王寿梦第四子，称“公子札”，古代贤人。传为避王位“弃其室而耕”常州武进焦溪的舜过山下，人称“延陵季子”。④张子：张载，字子厚，凤翔郿县（今陕西眉县）人。北宋思想家、教育家、理学创始人之一。讲学于关中，建立学派称为“关学”。谥号横渠先生，尊称张子，封先贤，奉祀孔庙西庑第三十八位，与周敦颐、邵雍、程颐、程颢合称“北宋五子”。其“为天地立心，为生民立命，为往圣继绝学，为万世开太平”的名言，被当代哲学家冯友兰称作“横渠四句”，因其言简意赅，历代传颂不衰。著有《正蒙》《横渠易说》等著述留世。

【译文】“精气凝聚就是生物”，是从无到有的过程；“精气飘散造成变化”，是从有到无的过程。孔子回答宰我说：“死后体魄必然回归尘土，这就叫鬼。体魄腐烂于地下，化为野土；而其灵魂则发扬于上，成为看得见的光明，闻得到的气味，感受到的凄酸。”（朱子说：“昭明，是露出光景的意思。”郑氏说：“焄，就是气味的意思。蒿，是气蒸而出的样子的意思。”许氏说：“悽怆，是使人惨栗感伤的意思。”鲁庵先生徐徐师曾说：“阳气为魂，依附在体貌上，而人由此产生。体魄腐烂于地下，其气无处可依附，就发散飞扬到上天，有的成为朗然昭明之气，有的成为温然焄蒿之气，有的成为肃然悽怆之气。大概阳气轻清，故而升起而上浮，因为它从阳。”）所谓“精气飘散造成变化”，情形状况都在这里面了。延陵季子埋葬他的儿子时，说道：“骨肉又回归土地，这是自然的规律。至于神魂精气，那是无所不在的，无所不在的。”张载在《正蒙》中说道：“太虚不能没有气，气不能不聚集生成万物，万物不能不分散为太虚。按照这而出入，都是不能不如此。那么圣人说尽了这其中的道理，不受形体的连累，保全精神，寻找事物深奥的道理。”这实在太精到了。

“鬼者，归也。”张子曰：“气之为物，散入无形，适得吾体。”此之谓归。

陈无己[①]师道以“游魂为变”为轮回之说。《理究》。吕仲木[②]柟辨之曰：“长生而不化，则人多，世何以容；长死而不化，则鬼亦多矣。夫灯熄而燃，非前灯也；云霓而雨，非前雨也；死复有生，岂前生邪？”

【注释】①陈无己：陈师道，字履常，一字无己，号后山居士，彭城（今江苏徐州）人，北宋诗人。一生安贫乐道，闭门苦吟，有“闭门觅句陈无己”

之称。为苏门六君子之一，江西诗派重要作家。②吕仲木：吕柟，明代学者、教育家。原字大栋，后改字仲木，号泾野，学者称泾野先生。陕西高陵人。

【译文】“鬼，有归的意思。”张载说：“气这个事物，散归于无形的太虚，恰恰得到我的形体。”这就叫归。

陈师道（字无己）把“精气飘散造成变化”当作生死相续无有止息地循环的说法。（《理究》。）吕柟（字仲木）辩解说：“永久存在而不变化，人就会多，世上怎么容纳；永久死亡而不变化，那鬼就多起来了。灯熄灭过后再点燃，不是之前那盏灯了；彩虹过后再下雨，不是之前那场雨了；死去了又活过来，难道还是之前的生命吗？”

邵氏[1]宝《简端录》曰：“聚而有体谓之物，散而无形谓之变。唯物也，故散必于其所聚；唯变也，故聚不必于其所散。是故聚以气聚，散以气散。昧于散者，其说也佛；荒于聚者，其说也仙。”

【注释】①邵氏：邵宝，字国贤，号泉斋，别号二泉，江苏无锡人。明代官员、著名藏书家、学者。建有藏书之所，名为“春容精舍”。后又建书屋，为“二泉精舍”。

【译文】邵宝《简端录》记载：“聚集有形体的称为物，分散没有形体的称为变。因为是物质，因此分散的一定是因为它曾经聚集的；因为是变化，因此聚集的不一定是以前分散的。故而聚集是气的聚集，分散是气的分散。不理解“散”的含义，其说法就会陷入佛教经义之中；不理解“荒”的含义，其说法就会陷入道教经义之中。

盈天地之间者，气也。气之盛者为神，神者，天地之气而人之心也。故曰:“视之而弗见,听之而弗闻,体物而不可遗,使天下之人,齐[1]明盛服以承祭祀,洋洋乎如在其上,如在其左右。”圣人所以知鬼神之情状者如此。

【注释】①齐:通“斋”,斋戒。

【译文】充盈在天地之间的是气。旺盛的气是神,神,是天地间的气,人的心。因此说:“看它也看不见,听它也听不到,但它却体现在万物之中使人无法离开它,天下的人都斋戒净心,穿着庄重整齐的服装去祭祀它,无所不在啊!好像就在你的头上,好像就在你左右。”圣人知道鬼神的真实情况的原因就是这样。

“维岳降神,生甫及申[1]。”非有所托而生也。“文王在上,于昭于天。”非有所乘而去也。此鬼神之实,而诚之不可揜[2]也。

【注释】①甫及申:甫:即尹国的国君,字吉父,一作吉甫,兮氏,名甲,金文作兮甲、兮伯吉甫。尹吉甫本姓姞,因被封为尹,所以又称尹吉甫。尹吉甫是我国第一部诗歌总集《诗经》的采风者、编纂者,所以又被尊称为中华诗祖。申:即申伯,炎帝部落,姜姓,申国公子诚,周厉王的妻舅,周宣王的母舅,申国(今河南南阳)开国君主。②揜(yǎn):遮蔽,掩藏。

【译文】“神明灵气降四岳,甫侯申伯生人间。”不是有所托付才降生。“文王神灵升上天,在天上光明显耀。”不是有所凭借才离开。这是鬼神的真实情况,实在是不能掩盖的呀。

通乎昼夜之道而知

日往月来，月往日来，一日之昼夜也。寒往暑来，暑往寒来，一岁之昼夜也。小往大来，大往小来，一世之昼夜也。“子在川上曰：‘逝者如斯夫，不舍昼夜’”。“通乎昼夜之道而知”，则“终日乾乾，与时偕行”，而有以尽乎《易》之用矣。

【译文】太阳落下月亮升起，月亮落下太阳升起，是一天的白昼黑夜。冬天过去夏天来到，夏天过去冬天来到，是一年的白昼黑夜。小的过去大的来到，大的过去小的来到，是一世的白昼黑夜。“孔子在河边感叹道，时光像河水一样流去，日夜不停。”“彻底了解昼夜的道理而展现智能”，就“整天勤奋不休，随着时势一起前进”，进而完备《易经》的功用。

继之者善也成之者性也

“维天之命，於穆不已”，继之者善也。“天下雷行，物与无妄”，成之者性也。是故“天有四时，春秋冬夏，风雨霜露，无非教也。地载神气，神气风霆，风霆流形，庶物露生，无非教也”。

【译文】“想那天道的运行，美好肃穆永不停。”继续天道的运行而永不停的就是善。“有雷在天下运行，万物全都不可虚妄”，成就万事万物的是天命之性。因此“天有四季，春生夏长，秋收冬藏，既有刮风下雨，也有下露降霜，这些都是天所显示的教化。大地承载着神妙之气，风雷鼓荡，万物萌芽生长，这些都是地所显示的教化”。

“天地絪缊，万物化醇”，善之为言，犹醇也。曰：何以谓之善也？曰：“诚者，天之道也。”岂非善乎？

【译文】“天地的阴阳二气亲密流通，万物得以变化而丰富”，善用言语表达，就犹如醇厚。怎样才能称为善呢？“真诚，是上天的原则。”难道不是善吗？

形而下者谓之器

“形而上者谓之道，形而下者谓之器”，非器则道无所寓，说在乎孔子之学琴于师襄[①]也。“已习其数，然后可以得其志；已习其志，然后可以得其为人”。是虽孔子之天纵，未尝不求之象数也。故其自言曰：“下学而上达。”

【注释】①师襄：春秋时鲁国的乐官。擅击磬，也称击磬襄。也有一说是卫国乐官，亦称师襄子。

【译文】“超越在形体之上的就称为道，落实在形体之下的就称为器物，”没有器物，道就没有地方寄托，说在于孔子向师襄学琴。“已经掌握了节奏的技巧，然后能够领会乐曲所表现的思想感情；

已经领会了乐曲所表现的思想感情，然后可以知道作曲的是个什么样的人”。即使有孔子那样上天赋予的天才，也未尝不依赖于占筮求卦。因此他自己说：“通过学习平常的知识，理解其中的哲理。”

垂衣裳而天下治

“垂衣裳而天下治”，变质而之文也，自黄帝、尧、舜始也，故于此有“通变宜民”之论。

【译文】“垂衣裳而天下治”，是说改变质朴到文饰，这是从黄帝、尧、舜开始的，因此有“通晓变化、使民众安定”之说。

过此以往未之或知也

人之为学，亦有病于“憧憧往来”者，故天下之不助苗长者寡矣。“过此以往，未之或知也”。“居之安，则资之深；资之深，则取之左右逢其原。”

【译文】人做学问，也有受“心意摇曳不定拖累”的，因此天下不拔苗助长的人很少了。“超过这些再向前推求，就没有办法清楚知道了”。“牢固地把握它而不动摇，就能积蓄很深；积蓄很深，便能取之不尽用之不竭，自然就得心应手”。

困德之辨也

“内文明而外柔顺”，其文王之困而亨者乎？“不怨天，不尤人，下学而上达”，其孔子之困而亨者乎？故在陈之厄，弦歌之志，颜渊知之，而子路、子贡之徒未足以达此也。故曰：“困，德之辨也。”

【译文】“内心文明而外表柔顺”，大概是文王处在困境而后通达吧？“不埋怨天，也不责备人，通过学习平常的知识，理解其中的哲理”，大概是孔子处在困境而后通达吧，因此在陈国处于饥贫等困境，用琴瑟而咏歌表达自己的志向，颜渊知道孔子的志向，而子路、子贡他们没有达到这个境界。因此说：“经过困穷的考验，方能辨别道德水平的高低。”

凡易之情

“爱恶相攻”“远近相取”“情伪相感”，人心之至变也。于何知之？以其辞知之。“将叛者其辞惭，中心疑者其辞枝，吉人之辞寡，躁人之辞多，诬善之人其辞游，失其守者其辞屈”。“听其言也，观其眸子，人焉廋[①]哉。”是以圣人设卦，以尽情伪。“夫诚于中必形于外”，君子之所以知人也；“百物而为之备，使民知神奸”，先王之所以铸鼎也。故曰：“作《易》者其有忧患乎？”周身之防，御物之智，其全于是矣。

【注释】①廋（sōu）：隐藏，藏匿。

【译文】“爱好与厌恶互相冲突”“远方与近处互相对照”“真实与虚伪互相感通”，这些都是人心最大的变化。怎么知道的呢？通过言辞能够知道。“将要背叛的人说话羞惭，心中疑惑的人说话支离，吉祥的人说话少，浮躁的人说话多，诬陷好人的人说话游移不定，失去操守的人说话卑屈。”“听他的言谈，观察他的眼神，人们怎能隐藏真实感情呢？”因此圣人设立卦象来尽量表达真实与虚伪。“心里是什么样的，就会显露在外表上”，这是君子能够了解别人的原因；“各种怪异之物都具备，好让百姓知道怪异为害的情况”，这是先王铸成九鼎绘上百物的原因。因此说：“创作《易经》的人有忧患意识吧？”全身的防范，驾御万物的智慧，全在这里了。

易逆数也

“数往者顺”，造化人事之迹，有常而可验，顺以考之于前也。“知来者逆”，变化云为之动，日新而无穷，逆以推之于后也。圣人神以知来，知以藏往，作为《易》书，以前民用。所设者未然之占；所期者未至之事，是以谓之“逆数”。虽然，若不本于八卦已成之迹，亦安所观其会通而系之爻象乎。是以“天下之言性也，则故而已矣”。

【译文】“推算过去，要顺序向前数”，创造演化、人世间事的痕迹，有规律而且可以验证，顺序向前考证。“测知未来，要逆序向后数”，变化纷纭的状况被触动，每日更新，没有穷尽，逆序向后推测。圣人神妙可以让他知道未来的状况，明智可以让他容纳过去的经验，创作《易经》，引导百姓去使用。所设计的是还没有成为事实的占筮；所期待的是还没有到来的事情，因此说“《易经》是逆序而数的”。即使这样，如果不根据八卦已经生成的迹象，怎么能观察其会合通达的方式进而注明在爻象上呢。所以“天下人所说的本性，指的无非是万物固有的道理而已”。

刘汝佳曰：“天地间一理也。圣人因其理而画为卦以象之，因其象而著为变以占之。象者体也，象其已然者也。占者用也，占其未然者也。已然者为往，往则有顺之之义焉；未然者为来，来则有逆之之义焉。如象天而画为《乾》，象地而画为《坤》，象雷、风而画为《震》《巽》，象水、火而画为《坎》《离》，象山、泽而画为《艮》《兑》，此皆观变于阴阳而立卦，发挥于刚柔而生爻者也，不谓之‘数往者顺’乎？如筮得《乾》，而知‘乾，元亨利贞’；筮得《坤》，而知‘坤，元亨利牝马之贞’；筮得《震》，而知‘震亨，震来虩虩，笑言哑哑’；筮得《巽》，而知‘巽小亨，利有攸往，利见大人’；筮得《坎》，而知‘习坎有孚，维心亨，行有尚’；筮得《离》，而知‘离利贞亨，畜牝牛吉’；筮得《艮》，而知‘艮其背，不获其身，行其庭，不见其人’；筮得《兑》，而知“兑亨利贞’；此皆通神明之德，类万物之情者也，不谓之‘知来者逆’乎？夫其顺数已往，正所以逆推将来也。孔子曰：‘殷因于夏礼，所损益可知也。周因于殷礼，所损益可知也。’‘数往者顺’也。‘其或继周者，虽百世可知也’，‘知来者逆’也。故曰：‘《易》，逆数也。’若如邵子之说，则是义、文之《易》，已判而为二，而又以《震》《离》《兑》《乾》为数已生之卦，《巽》《坎》《艮》《坤》为推未生之卦，殆不免强孔子之书以就己之说矣。”

【译文】刘汝佳说：“天地间是同一个准则。圣人按照这个准则画八卦来象征它，按照这个物象作变化来占卜它。物象是本体，类比已经成为事实的事物。占卜是功用，占卜没有成为事实的事物。已经成为事实的是过去，过去的有顺序的意思，没有成为事实的是将来，将来有逆序的意思。比如类比天画为《乾》卦，类比地画为《坤》卦，类比雷、风画为《震》卦、《巽》卦，类比水、火画为《坎》卦、《离》卦，类比山川、沼泽画为《艮》卦、《泽》卦，这都是观察阴阳的变化而确立卦象，表现内在刚柔的性质而衍生爻象，不是说‘推算过去，要顺序向前数’吗？比如筮占得到《乾》卦，就知道‘乾卦，创始、通达、合宜、正固’；筮占得到《坤》卦，就知道‘坤卦，开始、通达，适宜像母马那样的正固’；筮占得到《震》卦，就知道‘震卦，通达，震动起来惊慌不安，笑语之声稳定合宜’；筮占得到《巽》卦，就知道‘巽卦，稍有通达，适宜有所前往，适宜见到大人’；筮占得到《坎》卦，就知道‘习坎卦，有诚信，因为内心而通达，行动表现了上进’；筮占得到《离》卦，就知道‘离卦，适宜正固，通达。畜养母牛，吉祥’；筮占得到《艮》卦，就知道‘艮卦，止住背部，没有获得身体。走在庭院中，没有见到人’；筮占得到《兑》卦，就知道‘艮卦，通达、适宜、正固’；这都是会通神明的功能，比拟万物的实况，不是说‘测知未来，要逆序向后数’吗？顺序而数已经过去的，正是用来逆序而数将来呀，孔子说：‘商朝继承了夏朝的礼仪制度，所减少和所增加的内容是可以知道的；周朝又继承商朝的礼仪制度，所废除的和所增加的内容也是可以知道的。’这就是‘推算过去，要顺序向前数’。‘将来有继承周朝的，即使是一百世以后的情况，也是可以预先知道的’，这就是‘测知未来，要逆序向后数’。因此之故：‘《易经》是逆序而数的。’如果按邵子的说法，那么这义、文的《易经》，已经一分为二了，又以《震》《离》《兑》《乾》作为推算已经发生的卦，《巽》《坎》《艮》《坤》作为预测没有发生的卦，大概有点勉强孔子的经书来迁就自己的学说了吧。”

说卦杂卦互文

“雷以动之，风以散之，雨以润之，日以晅[①]之。《艮》以止之，《兑》以说之，《乾》以君之，《坤》以藏之。”上四举象，下四举卦，各以其切于用者言之也。“终万物始万物者，莫盛乎《艮》。”崔憬[②]曰：“《艮》不言山，独举卦名者，以动挠燥润，功是风雷水火。至于终始万物，于山义则不然。故舍象而言卦，各取便而论也。”得之矣。

【注释】①晅（xuān）：干燥，照亮，晒干，使温暖。通“烜”。②崔憬：

唐代易学家。生活年代在孔颖达之后。崔氏易学，重易象和易数，不墨守王弼《周易注》，在注重玄理的同时，也兼采象数。而于荀爽、虞翻、马融、郑玄之学有所窥见。诠释《周易》经文时，好为新说，在孔氏《周易正义》官学统治之下，崔氏易学有独到之处，或“称为新义”，为李鼎祚所推崇。崔憬易学可说是从汉易转向宋易之先驱。

【译文】“雷可以振作万物，风可以散播万物，雨可以滋润万物，日可以晒干万物，《艮》卦可以阻止万物，《兑》卦可以愉悦万物，《乾》卦可以主宰万物，《坤》卦可以包容万物。”前四句说物象，后四句说四卦，各自是以它们切实的功用来说的。“使万物终结又重新开始，没有比《艮》更宏大的。”崔憬说：“《艮》不说山，唯独说卦名，震动、曲挠、干燥、滋润，分别是风雷水火的功用。至于说到终止、开始万物，对于山的含义就不是这样。因此不说物象而说卦名，各自选择便利的来讨论。”这是得到卦象的真谛了。

古人之文，有广譬而求之者，有举隅而反之者。“今夫山，一卷石之多”“今夫水，一勺之多”，天地之外，复言山水者，意有所不尽也。“坤也者地也”，不言西南之卦；“兑，正秋也”，不言西方之卦，举六方之卦而见之也，意尽于言矣。虞仲翔[①]以为“坤道广布，不主一方，及兑象不见西”者，妄也。

【注释】①虞仲翔：虞翻，字仲翔，会稽余姚（今浙江余姚）人。日南太守虞歆之子。三国时期吴国学者、官员。他既可日行三百（一作二百），善使长矛，于经学也颇有造诣，尤其精通《易》学，又兼通医术，可谓文武全才。孙权曾称赞他“可与东方朔为比矣”。

【译文】古人的文章，有多方晓谕来探讨的，有举出个别事例来说明一类问题的。“现在来说山，论小这不过是一块石头”“现在来说水，论小它不过是一勺水”，天地之外，再说到山水，意思没有说完尽。“坤位是指大地而言”，不说西南的卦象；“兑位是正秋”，不说西方的卦，列举六方的卦来说明，意思表达在言辞里了。虞翻认为“坤道广泛分布，不特指一方，以及兑象不指西方”，是虚妄的。

“《丰》多故，亲寡《旅》也”，先言“亲寡”，后言“旅”，以协韵也。犹《楚辞》之“吉日兮辰良”也。虞仲翔以为别有义，非也。

【译文】“《丰》卦是故旧多，亲友少是《旅》卦”，先说“亲友少”，而后说“旅卦”，是为了押韵。就像《楚辞》里的“吉祥日子美好时辰”。虞翻认为有别的含义，不是这样。

兑为口舌

《兑》为口舌，其于人也，但可以为巫、为妾而已。以言说人，岂非妾妇之道乎？

【译文】《兑》卦是口舌是非，对应在人，就只能对应在以舞降神的巫人、在妻以外娶的女子而已。用语言来取悦别人，难道不是妾妇的手段吗？

凡人于交友之间，口惠而实不至，则其出而事君也，必至于“静言庸违”。故舜之御臣也，“敷奏以言，明试以功”。而孔子之于门人，亦“听其言而观其行”。

【译文】大凡人结交朋友，只在口头上答应给别人好处，而实际的利益却到不了别人身上，那他出来做官侍奉君主，一定是“语言善巧而行动乖违，口是心非”。因此舜帝驾御臣属，“普遍地报告政务，认真地考察政绩”。孔子对待门人，也是“听了他的话，还要看他的行动”。

《唐书》言，韦贯之①自布衣为相，“与人交，终岁无款曲②，未尝伪辞以悦人”。其贤于今之人远矣！

【注释】①韦贯之：本名韦纯，字贯之，一字正理，京兆万年（今陕西西安）人，唐朝宰相，吏部侍郎韦肇之子。②款曲：殷勤应酬。

【译文】《唐书》记载，韦贯之从平民百姓做到宰相这样的高官，“与人交往，一年到头没有殷勤酬应，从来不用虚假的言辞来取悦别人”。他的贤德比当今之人高多了。

序卦杂卦

《序卦》《杂卦》，皆旁通之说，先儒疑以为非夫子之言。然《否》之“大往小来”，承《泰》之“小往大来”也；《解》之“利西南”，承《蹇》之“利西南，不利东北”也，是文王已有相受之义也。《益》之六二，即《损》之六五也，其辞皆曰“十朋之龟”；《姤》之九三，即《夬》之九四也，其辞皆曰“臀无肤”；《未济》之九四，即《既济》之九三也，其辞皆曰“伐鬼方”，是周公已有反对之义也。必谓六十四卦皆然，则非《易》书之本意。或者夫子尝言之，而门人广之，如《春秋》哀十四年“西狩获麟”以后，续经之作耳。

【注释】①反对：辞反而义同的句子，是对偶修辞方法中的一种。

【译文】《序卦》《杂卦》，都是向外贯通的说法，古代儒者认为不是孔子的言论。但《否》卦的“大的前往，小的来到”，是承接《泰》卦的“小的前往，大的来到”；《解》卦的“西南方有利”，承接《蹇》卦的“西南方有利，东北方不利”，说明周文王时已经有相继的含义。《益》卦的六二爻，就是《损》卦的六五爻，爻辞都说是“价值不菲的宝龟”；《姤》卦的九三爻，就是《夬》卦的九四爻，爻辞都说是“臀部没有皮肤”；《未济》卦的九四爻，就是《既济》卦的九三爻，爻辞都说是“讨伐鬼方国”，说明周公时已经有对偶的含义。一定要说六十四卦都是这样，就不是《易经》的本意了。也许孔子曾经谈到过，门人弟子扩充了，像《春秋》鲁哀公十四年“向西捕获了麒麟”以后，都是续写经书的创作。

晋昼也明夷诛也

苏氏曰：“‘昼日三接’，故曰昼。‘得其大首’，故曰诛。”《晋》

当文明之世，群后四朝，而车服以庸，揖让之事也。《明夷》逢昏乱之时，取彼凶残，而杀伐用张，征诛之事也。一言昼，一言诛，取其音协尔。

【译文】苏轼《易传》说"'一日之内获天子接见三次'，因此说白天。'获得大首领'，因此说讨伐。"《晋》处在文明的世道，在其间的四年中，根据功劳赐给车马衣服，说的是让位于贤的事。《明夷》遇到社会混乱的时候，捉到那些残暴之徒，征战讨伐要进行，说的是讨伐的事。一个说白天，一个说讨伐，择取它们的音来协调而已。

孔子论易

孔子论《易》，见于《论语》者，二章而已，曰："加我数年，五十以学《易》，可以无大过矣。"曰："南人有言曰：'人而无恒，不可以作巫医。'善夫！""'不恒其德，或承之羞。'子曰：'不占而已矣。'"是则圣人之所以学《易》者，不过庸言庸行之间，而不在乎图书象数也。今之穿凿图象以自为能者，畔[1]也。

【注释】①畔：通"叛"。违背，背离。

【译文】孔子谈论《易经》，出现在《论语》中的，有二章而已，说："再给我几年时间，到五十岁学习《易》，我就可以没有大的过错了。"又说："南方人有句话，人如果做事没有恒心，就不能当巫医。这句话说得真好啊，人不能长久地保存自己的德行，免不了要遭受屈辱。孔子说，这句话是说，没有恒心的人没有必要去占卦了。”因此圣人学习《易经》的原因，不过是平平常常的言行，而不在于河图、洛书、卦象、数术。现在牵强地解释河图、卦象，而自以为有能力的人，背离了大道。

记者于夫子学《易》之言，而即继之曰：“子所雅言，《诗》《书》、执礼，皆雅言也。”是知夫子平日不言《易》，而其言“《诗》《书》、执礼”者，皆言《易》也。人苟循乎“《诗》《书》、执礼”之常，而不越焉，则自天祐之，吉无不利矣。故其作《系辞传》，于“悔吝”“无咎”之旨，特谆谆焉。而《大象》所言，凡其体之于身，施之于政者，无非用《易》之事。然辞本乎象，故曰：“君子居则观其象，而玩其辞”。观之者浅，玩之者深矣。其所以与民同患者，必于辞焉著之，故曰：“圣人之情见乎辞。”若天一地二、易有太极二章，皆言数之所起，亦赞《易》之所不可遗，而未尝专以象数教人为学也。是故“出入以度”“无有师保，如临父母”，文王、周公、孔子之《易》也。希夷[1]之图，康节[2]之书，道家之《易》也。自二子之学兴，而空疏之人、迂怪之士，举窜迹于其中以为《易》，而其《易》为方术之书，于圣人寡过反身之学，去之远矣。

【注释】①希夷：陈抟，字图南，号扶摇子，赐号“白云先生”“希夷先生”。北宋著名的道家学者、养生家，尊奉黄老之学。②康节：邵雍，字尧夫，北宋著名理学家、数学家、道士、诗人，与周敦颐、张载、程颢、程颐并称“北宋五子”。宋哲宗元祐中赐谥康节。

【译文】记录《论语》的人在记录孔子学习《易经》的言论后，继续它说："孔子有时讲雅言，读《诗》、念《书》、赞礼时，用的都是雅言。"由此知道孔子平时不谈论《易经》，而他谈论的"读《诗》、念《书》、赞礼"，都是在说《易》。人如果遵循"读《诗》、念《书》、赞礼"不变，而不逾越，自然就会有天会保佑他，吉祥而没有任何不利。因此创作《系辞传》，在"悔吝""无咎"方面的要义，反复恳切地教导。而《大象》所谈论的，大凡体会在自身，施行在政治方面，无不是用《易》的事情。然而卦辞是依据卦象来的，因此说："所以君子平居的时候就观察易象，而探索玩味它的文辞"。观察它是肤浅的，玩味它是深邃的。它用来与百姓同忧患，必须在卦爻辞中注明，因此说："圣人的情意表现在卦爻辞中。"像天一地二、易有太极二章，都说的是数术的起源，也是注释《易经》不可遗落的，而从来没有专门用象数来教人学习。因此"来去按照节度""即使没有太师太保，也好像有父母在指导一样"，是周文王、周公、孔子的《易经》。陈希夷的太极图，邵康节的著作，是道家的《易经》。自从这二位的学说兴起，那些学问空虚、迂阔怪诞的人，都隐遁在其中作为《易》，他们所说的《易经》是方技数术之类的书，对于圣人少犯错误、反省自己的学问，偏离得很远了。

"《诗》三百，一言以蔽之，曰，思无邪。"《易》六十四卦、三百八十四爻，一言以蔽之，曰："不恒其德，或承之羞。"夫子所以思得见夫有恒也，有恒然后可以无大过。

【译文】“《诗经》三百篇，用一句话概括，那就是思想纯正。”《易经》六十四卦、三百八十四爻，用一句话概括，那就是：“不能恒守德行的人，常常会受到羞辱。”孔子主张有恒心的原因，是因为有恒心，然后可以没有大的过错。

七八九六

《易》有七、八、九、六，而爻但系九、六者，举隅之义也。故发其例于《乾》《坤》二卦，曰“用九”“用六”，用其变也。亦有用其不变者，《春秋传》穆姜[1]“遇《艮》之八”，《晋语》董因[2]“得《泰》之八”，是也。杜元凯注谓“杂用《连山》《归藏》二易，皆以七八为占，故言遇《艮》之八”者非。《晋语》：“公子筮，得贞屯悔豫，皆八。”本卦为贞，之卦为悔。沙随程氏曰：“初与四五凡三爻变，其不变者二三，上在屯为八，在豫亦八。”今即以《艮》言之，二爻独变，则名之六，余爻皆变而二爻独不变，则名之八，是知《乾》《坤》亦有用七用八时也。《乾》爻皆变而初独不变，曰“初七，潜龙勿用”，可也；《坤》爻皆变而初独不变，曰“初八，履霜，坚冰至”，可也。占变者，其常也；占不变者，其反也，故圣人系之九、六。欧阳永叔[3]曰：“《易》道占其变，故以其所占者名爻，不谓六爻皆九六也。”得之矣。

【注释】①穆姜：一作缪姜，齐国女子，鲁宣公夫人。姜姓，谥号穆，故称穆姜。②董因：春秋时期，晋重耳时代，晋国负责占卜的大臣。以占卜之辞，劝说晋文公重耳回到晋国成就霸业。③欧阳永叔：欧阳修，字永叔，号醉翁，晚号六一居士，吉州永丰（今江西永丰县）人，北宋政治家、文学家，且在政治上负有盛名。因吉州原属庐陵郡，以“庐陵欧阳修”自居。官至翰林学士、枢密副使、参知政事，谥号文忠，世称欧阳文忠公。累赠太师、楚国公。与韩愈、柳宗元、苏轼、苏洵、苏辙、王安石、曾巩合称“唐宋八大家”，并与韩愈、柳宗元、苏轼被后人合称“千古文章四大家”。

【译文】《易经》有七、八、九、六四个数，但爻只用九、六的原因，是为了对偶。因此阐述例子在《乾》《坤》而卦上说“用九”“用六”，用的是它的变化。也有用它不变化的，《春秋传》穆姜“占卜得到《艮》卦变在八”，《晋语》董因“占得《泰》卦变在八”，就是这样的。（杜元凯注解说“间杂用《连山》《归藏》二易，都以七八为占卜，所以说遇到《艮》卦变在八”，这个说法是错的。《晋语》：“公子进行占卜，得到了贞屯悔豫，都是八。”本卦为贞，外卦为悔。沙随程氏说：“初爻与四爻、五爻这三爻为变卦，其中不变卦为二爻、三爻，上在屯为八，在豫亦八。”）《艮》卦说的是，唯独二爻变就说变在六，其他爻都变唯独二爻不变就说变在八，因此知道《乾》卦、《坤》卦也有用数在七、在八的时候。《乾》卦其他爻都变，唯独初爻不变，说“初七爻，龙潜伏着，不要有所作为”，就可以了；《坤》卦其他爻都变，唯独初爻不变，说“初八爻，脚下踏着霜，坚冰将会到来”，就可以了。占卜变化的是它的不变，占卜不变的是它的反转，因此圣人注明爻数用九、六。欧阳修说：“《易经》的道是占卜它的变化，因此把占卜到的称为爻，不说六爻爻数都是九、六。”这说法很恰当了。

赵汝楳[①]《易辑闻》曰：“揲蓍策数，凡得二十八，虽为《乾》亦称七；凡得三十二，虽为《坤》亦称八。”

【注释】①赵汝楳（méi）：南宋宗室，太宗赵光义八世孙。明州鄞县（今浙江宁波）人。父资政殿大学士赵善湘，精易学。故承其家学，精易象，主卦变。推明大衍之数，颇为明白，于诸家旧说，一一条辨考订。著有《周易辑闻》《易雅》《筮宗》。

【译文】赵汝楳《易辑闻》记载：“数蓍草、卜筮术数，凡是得到二十八，即使是《乾》也说是七；凡是得到三十二，即使是《坤》也说是八。”

杨彦龄[①]《笔录》曰：“杨损之，蜀人，博学善称说。余尝疑《易》用九、六，而无七、八。损之云：‘卦画七、八，爻称九、六。’”

【注释】①杨彦龄：亦作“杨延龄”，著有《杨公笔录》一卷。

【译文】杨彦龄《杨公笔录》记载：“杨损之，蜀人，学问广博，善于陈述。我曾经疑惑《易经》数用九、六，而不用七、八。杨损之说：‘卦画称七、八，爻数称九、六。’”

《乾》之策，二百一十有六，《坤》之策，百四十有四，亦是举九、六以该七、八也。朱子谓七、八之合，亦三百有六十也。《乾》遇七，则一百六十八，《坤》遇八，则一百九十二。

【译文】《乾》卦的策数，是二百一十六，《坤》卦的策数，是一百四十四，也是推举九、六强调七、八。朱子说七、八相合，也有三百六十。（《乾》遇到七，就是一百六十八，《坤》遇到八，就是一百九十二。）

卜筮

舜曰："官占惟先蔽志，昆命于元龟。"《诗》曰："爰始爰谋，爰契我龟。"《洪范》曰："谋及乃心，谋及卿士，谋及庶人，谋及卜筮。"孔子之赞《易》也，亦曰："人谋鬼谋。"祖伊告纣，言"格人元龟"，亦先人后龟。夫庶人，至贱也，而犹在蓍龟之前，故尽人之明而不能决，然后谋之鬼焉。故古人之于人事也，信而有功，于鬼也，严而不渎。

【译文】舜帝说："占卜的官员只有能够审察判断人的意愿，然后才使用龟甲。"《诗经》说："开始谋划和商量，再刻龟甲看卜象。"《洪范》记载："自己本身要考虑，再与卿士商量，再与庶民商量，再与卜筮官员商量。"孔子赞《易经》，也说："人的谋划与鬼的谋划配合。"（祖伊告诉商纣王，说"格人元龟"，也是先提及人后提及龟甲。）普通百姓，地位是很低下的了，但排在蓍草、龟甲之前，因此穷尽人的努力，而不能决断，然后再向鬼询问。因此古人对于人事，诚信而有功效，对于鬼，庄重而不敢亵渎。

子之必孝，臣之必忠，此不待卜而可知也。其所当为，虽凶而不可避也。故曰："欲从灵氛之吉占兮，心犹豫而狐疑。"又曰："用君之心，行君之意，龟策诚不能知此事。"善哉！屈子[1]之言，其圣人之徒欤！

【注释】①屈子：屈原。中国战国时期楚国诗人、政治家。出生于楚国丹阳秭归（今湖北宜昌）。芈姓，屈氏，名平，字原；又自云名正则，字灵均。楚武王熊通之子屈瑕的后代。"楚辞"的创立者和代表作家，开辟了"香草美人"的传统，被誉为"辞赋之祖""中华诗祖"。

【译文】子女对父母孝顺，臣下对君上忠诚，这是不用占卜就能知道的。应该做的，即使有危险也不能回避。因此说："想听从灵氛占卜的好卦，心里犹豫迟疑决定不下。"又说："按照您自己的心意，决定您自己的行为吧。龟甲、蓍草实在无法知道这些事啊！"屈原的话说得好啊！他大概是圣人的门徒吧！

《卜居》，屈原自作，设为问答，以见此心非鬼神吉凶之所得而移耳。王逸[1]《序》乃曰："心迷意惑，不知所为，往至太卜之家，决之蓍龟，冀闻异策，以定嫌疑。"则与屈子之旨，大相背戾矣。洪兴祖[2]补注曰："此篇上句皆原所从，下句皆原所去。时之人去其所当从，从其所当去。其所谓吉，乃原所谓凶也。"可谓得屈子之心者矣。

【注释】①王逸：字叔师，南郡宜城（今湖北宜城）人。东汉著名文学家。官至豫州刺史，豫章太守。所作《楚辞章句》，是《楚辞》中最早的完整注本，颇为后世楚辞学者所重。②洪兴祖：字庆善，号练塘，丹阳人。少时精读《礼记》《中庸》，深悟理学之道。

【译文】《卜居》，屈原自己创作的，采用问答的形式，知道这心不是因为鬼神吉凶而能够转移的。王逸作《序》说："内心迷惑，意识混乱，不知道该怎么办，去太卜的家里，通过卜筮蓍龟，帮助决定，希望能听到不同的卜筮术数来决定定疑惑。"这跟屈原的意旨，大大相反了。洪兴祖补注释说："这篇上句都依顺屈原，下句都背离屈原，当时的人去除应当依顺的，跟随背离的。它所说的吉祥，就是屈原所说的危险。"可以说是得到了屈原的意旨。

《礼记·少仪》："问卜筮，曰义与？志与？义则可问，志则否。"子孝臣忠，义也；违害就利，志也。卜筮者，先王所以教人去利怀仁义也。

【译文】《礼记·少仪》记载："在卜筮以前先要自我发问："我来求卜筮是为了国家正事呢？还是为了个人目的？如果是为了国家正事，就可以问，为了个人目的，就不可以问。"子女孝顺、臣下忠诚，是大义；避开祸害，追求利益，是个人私事。用龟甲、筮草预测，是先王用来教导人们摒弃私利，心怀仁义的。

"石骀仲①卒，无適子②，有庶子六人，卜所以为后者。曰：'沐浴佩玉则兆。'五人者皆沐浴佩玉。石祁子③曰：'孰有执亲之丧，而沐浴佩玉者乎？'不沐浴佩玉，石祁子兆。卫人以龟为有知也。"南蒯④将叛，"枚筮之，遇《坤》之《比》，曰黄裳元吉。子服惠伯⑤

曰:‘忠信之事则可,不然必败。外强内温,忠也,和以率贞,信也,故曰黄裳元吉。黄,中之色也;裳,下之饰也;元,善之长也。中不忠,不得其色;下不共,不得其饰;事不善,不得其极。且夫《易》不可以占险。犹有阙也,筮虽吉,未也。’南蒯果败。是以严君平[⑥]之卜筮也,“与人子言依于孝,与人弟言依于顺,与人臣言依于忠”。而高允[⑦]亦有“筮者当依附爻象,劝以忠孝”之论,其知卜筮之旨矣。

【注释】①石骀(dài)仲:春秋时期卫国大夫。②適子:同“嫡子”。指正妻所生的儿子。③石祁子:春秋时期卫国政治人物,石骀仲之子。④南蒯:鲁国后期权贵季孙氏的家臣,帮忙掌管季孙氏的根据地费城。季平子立为季孙氏宗主之后,主掌了鲁国政权,但对于南蒯很不信任。南蒯仗着先父南遗给季孙氏管家有功,于是携忿谋反,却因不得人心而失败,最后叛逃齐国,在齐国也不受优待。⑤子服惠伯:中国春秋时期鲁国的大夫。⑥严君平:又称庄君平,名遵,字君平,蜀郡人,西汉晚期道家学者,思想家。好黄老,汉成帝时隐居成都市井中,以卜筮为业,“因势导之以善”,宣扬老子道德经,以惠众人。⑦高允:字伯恭,渤海蓨县(今河北景县)人。南北朝时北魏名臣、文学家。

【译文】“卫国大夫石骀仲死了,没有嫡长子,只有六个庶子,用占卜的方法来决定谁做继承人。占卜的人说:‘要先洗澡,然后佩戴玉,才会显示吉兆。’其中的五个儿子都洗澡,佩戴玉。而石祁子却说:‘哪里有碰到父亲的丧礼而可以洗澡佩玉的道理呢?’唯独他不洗澡,不佩玉。龟甲上却显示出石祁子应该做继承人,因此,卫国人都认为龟甲征兆很灵验。”南蒯将要叛乱,“起事之前他使用筹策占卜了一卦，得到《坤》卦变卦为《比》卦，爻词说黄色的衣裙，最为吉祥。他以为是大吉。子服惠伯说：'忠诚信实的事就可以，不是的话一定会失败。外表强劲，内里温柔，这是忠诚，用和顺行问卜的事，这是信实，因此说黄色的衣裙，最为吉祥。黄，是中间的颜色；裳，是下身的衣裙服饰；元，是善的首位。内心不忠诚，就和颜色不相符合；在下面不恭敬，就和服饰不相符合；事情办理不善，就和标准不相符合。再说《易》不可以占卜冒险的事情。假如还有缺失，占筮虽然吉利，还是不行的。'南蒯果然兵败。因此严君平用龟甲、筮草预测，"给身为儿子的人占卜，要依据孝道解说，给身为弟弟的人占卜，要依据顺服之道解说，给身为臣子的人占卜，要依据忠诚解说"。高允也有"筮草预测应当依据附着爻象，用忠诚孝道勉励"的言论，他们都掌握了《易经》的意旨。

《申鉴》："或问卜筮，曰：'德斯益，否斯损。'曰：'何谓也？''吉而济，凶而救之谓益；吉而恃，凶而怠之谓损。'"

【译文】《申鉴》："有人问用龟甲、筮草预测，说：'德行应该增益，不好的就应该减损。''怎么说呢？''帮助吉祥，修治不吉利的称为益。依恃吉祥，轻慢不吉利的称为损。'"

"君子将有为也，将有行也，问焉而以言，其受命也如向。"告其为也，告其行也。"死生有命，富贵在天"。若是，则无可为也，无可行也。不当问，问亦不告也。《易》以前民用也，非以为人前知也。求前知，非圣人之道也。是以《少仪》之训曰："毋测未至。"

【译文】"因此，君子准备有所作为，准备有所行动时，就要深入研究这些道理并且凭借其中的见解去行事，君子接受这些教诲就能迅速做出反应。"这是告诉他有所作为，告诉他有所行动。"生死富贵就是由天注定的"。如果是这样，那就无所作为，没有行动。不应该问的，问了也不会告诉你。《易经》是引导百姓去使用，不是为了让人事先知道的。探求事先知道，不是圣人的法则。因此《少仪》教诲说："不要预测未来的事情。"

郭璞尝过颜含[①]，欲为之筮，含曰："年在天，位在人。修己而天不与者，命也；守道而人不知者，性也。自有性命，无劳蓍龟。"

【注释】①郭璞：字景纯，河东郡闻喜县（今山西闻喜县）人。两晋时期著名文学家、训诂学家、风水学者。颜含：字弘都，琅琊莘（今山东临沂）人，东晋名臣。复圣颜子（即颜回）的第二十六世孙。

【译文】郭璞曾经拜访颜含，想替他用龟甲、蓍草预测，颜含说："寿命在上天，位次在个人。自我修养而上天不给予，那是命；坚守道德规范而别人不了解，那是性。各自有命和性，就不需要劳烦蓍草、龟甲了。"

《文中子》："子谓北山黄公善医，先寝食，而后针药。汾阴侯生善筮，先人事而后说卦。"

【译文】《文中子》记载："文中子说北山黄公善于医术，首先安排睡觉饮食，而后是针灸吃药。汾阴侯生善于预测，首先说明人事而后是说明卦事。"

《金史·方伎传》序曰："古之为术以吉凶导人而为善，后世术者或以休咎导人而为不善。"

【译文】《金史·方伎传》序言说："古代的数术用吉利、凶险教导人们来行善，后世掌握数术的人有的用过失、灾祸引导人们做坏事。"

卷 二

帝王名号

尧、舜、禹皆名也，古未有号，故帝王皆以名纪，临文不讳也。胡文定《修春秋劄子》：“臣闻古者不以名为讳，《尧典》称：‘有鳏在下曰虞舜。’则尧、舜者，固二帝之名，而《尧典》乃虞氏史官所作，直载其君之名，而不避也。”考之《尚书》，帝曰“格！汝舜”“格！汝禹”，名其臣也。尧崩之后，舜与其臣言，则曰“帝”。禹崩之后，《五子之歌》则曰“皇祖”，《胤征》则曰“先王”。无言尧、舜、禹者，不敢名其君也。自启[①]至发[②]，皆名也。夏后氏[③]之季，而始有以十干为号者，桀[④]之癸，商之报丁、报乙、报丙、主壬、主癸[⑤]，皆号以代其名。《白虎通》曰：“殷质以生日名子。”自天乙[⑥]至辛[⑦]，皆号也。太甲、沃丁、仲丁、河亶甲、祖乙、盘庚，皆以为书篇之名，惟其号也。商之王，著号不著名，而名之见于经者二：天乙之名履，辛之名受是也。武庚亦是号，禄父乃名也。曰汤、曰纣，则亦号也。孔氏《西伯戡黎序传》：“受，纣也，音相乱。”号则臣子所得而称，故伊尹[⑧]曰：“惟尹躬暨汤。”《颂》曰“武汤”、曰“成汤”、曰“汤孙”也。《微子之命》言“乃祖成汤”，《多士》言“尔先祖成汤”，皆对其臣子称之。曰文祖、曰艺祖、曰神宗、曰皇祖、曰烈祖，曰高祖、曰高后、曰中宗、曰高宗，而庙号起矣。曰玄王、曰武王，而谥立矣。曰大舜、曰神禹、曰大禹、曰成汤、曰宁王，而称号繁矣。自夏以前纯乎质，故帝王有名而无号。自商以下寖乎文，故有名有号，而德之盛者，有谥以美之。于是周公因而制谥，自天子达于卿大夫，美恶皆有谥，而十干之号不立。《史记·齐太公世家》“太公子丁公”“丁公子乙公”“乙公子癸公”，犹用商人之称。陆淳曰：“《史记》《世本》，厉王以前，诸侯有谥者少，其后乃皆有谥。”然王季⑨以上不追谥，犹用商人之礼焉。此文质之中，而臣子之义也。呜呼！此其所以为圣人也欤？

【注释】①启：也称夏启、帝启、夏后启、夏王启，为大禹之子，夏朝的第二任君王，其母是涂山氏族的女子。禹死后，启通过武力征伐伯益，将其击败后继位，成为中国历史上由“禅让制”变为“世袭制”的第一人，自此，宣告原始社会结束，开始了奴隶社会，启是传统上被公认的中国第一个帝王。②发：即姒发，姒姓，名发，又名敬、惠。夏朝第十六任君主，史称惠发、发惠、敬发、后发（夏后发）、夏王发。③夏后氏：我国第一个世袭王朝——夏朝君主的氏称，夏朝王族以国为氏，为夏后氏，简称夏。④桀：姒姓，夏后氏，名癸，一名履癸，谥号桀，史称夏桀，帝发之子，夏朝最后一位君主，是历史上有名的暴君。⑤报丁：夏代时期商国君主，商丘人。商朝开国君主成汤的曾祖父。报乙：子姓，华夏族，上甲微之子、报丙之父、商朝开国君主成汤的五世祖，商部族的杰出首领。报丙子姓，华夏族，报乙之子、商朝开国君主成汤的高祖父，商部族的杰出首领。主壬：夏代商国君主，商丘人。他是契的第十二代孙，商朝开国君主成汤的祖父。主癸：子姓，名主癸（甲骨文作示癸），主壬之子，商汤的父亲，商部族首领。主壬死后，主癸继位。⑥天乙：即成汤，子姓，名履，古书中说："汤有七名"。见于记载的有：汤、成汤、武汤、商汤、天乙、天乙汤（殷墟甲骨文称成、唐、大乙，宗周甲骨与西周金文称成唐），河南商丘人，汤是契的第十四代孙，主癸之子，商朝开国君主。⑦辛：子姓，名受（一作受德），商朝末代君主，帝乙少子，世称"纣""商纣王"。⑧伊尹：伊姓，名挚。夏朝末年空桑（今河南杞县）人。因其母居伊水之上，故以伊为氏。商朝初年著名政治家、思想家。⑨王季：季历，姬姓，名历，季是排行，所以称季历，尊称公季、王季、周王季，周太王之末子，周文王之父，周武王和周公旦之祖父。

【译文】尧、舜、禹都是名字，以前没有尊号，因此帝王都是用名字来记录，撰写文章的时候不用避讳。（文定公胡安国《修春秋劄子》："臣听说古代不以帝王之名为避讳，《尧典》称：'有鳏在下曰虞舜。'那么尧、舜二字，固然是二帝之名，而《尧典》是虞舜史官所作，直接记载其君主的名字，却不避避。"）考查验证《尚书》，尧帝说"来吧！舜啊""来吧！禹啊"，用名字称呼他的臣子。尧帝驾崩后，舜和他的臣子说到尧的时候叫"帝"。大禹驾崩后，《五子之歌》称他"皇祖"，《胤征》称为"先王"。没有说尧、舜、禹的，不敢称君王的名。从夏启到夏发，都是称名字，夏后氏的时候，才开始用十天干作为名号，夏桀的癸，商朝报丁、报乙、报丙、主壬、主癸，都是用名号代替名字。（《白虎通》说："殷质以生日来命名其子。"）从天乙到辛，都是名号。（太甲、沃丁、仲丁、河亶甲、祖乙、盘庚，都用作书写篇章的名字，只有其号。）商朝的帝王，记载名号不记载名字，称名字可以参看经书的有两处记载：天乙的名字叫履，辛的名字叫受。（武庚也是号，禄父是名字。）叫汤、叫纣，也是名号。（孔氏《西伯戡黎序传》："受，是商纣，读音混淆的原因。"）名号也是臣子对君上的称呼，因此伊尹说："只有伊尹本身和成汤。"《颂》称作"武汤""成汤""汤孙"。(《微子之命》说"乃祖成汤"，《多士》说"尔先祖成汤"，都是对其臣子的称呼。)称文祖、称艺祖、称神宗、称皇祖、称烈祖，称高祖、称高后、称中宗、称高宗，庙号就兴起了。称玄王、称武王，而谥号就设立了。称大舜、称神禹、称大禹、称成汤、称宁王，称号就繁琐了。从夏朝以前纯真质朴，因此帝王有名字而没有称号。从商朝以后渐渐有繁复的文辞，因此有名字有名号，德行盛大的人，又有谥号来赞美他。周公因此制定了谥号的规则，从天子到卿大夫，不管善恶都有谥号，十个天干的名号就不用了。(《史记·齐太公世家》"太公子丁公""丁公子乙公""乙公子癸公"，依旧使用商人的称呼。陆淳说："《史记》《世本》，周厉王以前，诸侯有谥号的少，在他以后才都有谥号。")然而王季以上的帝王都不追加谥号，依旧使用的商人的礼制。在这文质之中，是臣子的义。呜呼，这就是他们成为圣人的原因吗？

九族

宗盟之列，先同姓而后异姓；丧服之纪，重本属而轻外亲；此必有所受之，不自周人始矣。"克明俊德，以亲九族。"孔传以为自高祖至玄孙之亲。盖本之《丧服小记》"以三为五，以五为九"之说，而百世不可易者也。《牧誓》数商之罪，但言"昏弃厥遗王父母弟"，而不及外亲。《吕刑》申命友邦，历举"伯父、伯兄、仲叔、季弟、幼子、童孙"，而不言甥舅。古人所为先后之序，从可知矣。故

《尔雅》谓于内宗曰“族”，于母妻则曰“党”。而《昏礼》及《仲尼燕居》“三族”之文，康成并释为“父、子、孙”。《仪礼·昏礼》“三族之不虞”注：“三族，谓父昆弟，己昆弟，子昆弟。”《礼记·仲尼燕居》篇“故三族和也”注：“三族，父子孙也。”杜元凯乃谓：“外祖父、外祖母，从母子及妻父、妻母，姑之子、姊妹之子、女子之子，非己之同族，皆外亲有服而异族者。”《左氏》桓公六年传注。然则史官之称帝尧，举其疏而遗其亲，无乃颠倒之甚乎？且九族之为同姓，经传之中有明证矣。《春秋》鲁成公十五年，宋共公[①]卒，传曰：“二华，戴族也；司城，庄族也；六官者，皆桓族也。”共公距戴公九世。凡十三公，内除同世者四公。而《唐六典》：“宗正卿掌皇九族之属籍，以别昭穆[②]之序，纪亲疏之别。九庙之子孙，其族五十有九。光皇帝一族，景皇帝之族六，元皇帝之族三，高祖之族二十有一，太宗之族十有三，高宗之族六，中宗之族四，睿宗之族五。”此在玄宗之时，已有七族，中、睿二宗同为一世。若其历世滋多，则有不止于九者。而五世亲尽，故经文之言族者，自九而止也。杜氏于襄十二年传注曰：“同族谓高祖以下。”则前说之非，不待辨而明矣。又孔氏《正义》谓：“高祖、玄孙无相及之理。”桓六年。不知高祖之兄弟，与玄孙之兄弟，固可以相及，如后魏国子博士李琰之[③]所谓“寿有长短，世有延促，不可得而齐同者”；如宋洪迈[④]《容斋随笔》言：“嗣濮王士歆，在隆兴为从叔祖，在绍熙为曾叔祖，在庆元为高叔祖。”其明证矣。余丁未岁在大同遇代府中尉俊㫤，年近五十。考其世次，于孝宗为昆弟，而上距弘治之元，已一百八十年。秦、晋二府见在者，多其六七世孙。亦何必帝尧之世，高祖、玄孙之族，无一二人同在者乎？疑其不相及，而以外戚当之，其亦昧于齐家治国之理矣。

【注释】①宋共公：子姓，宋氏，名瑕，宋国第二十五任君主，宋文公之子。②昭穆：宗法制度对宗庙或墓地的辈次排列规则和次序。③李琰（yǎn）之：字景珍，小字默蠡，陇西狄道人，北魏大臣，文学家。④洪迈：南宋饶州鄱阳（今江西鄱阳县）人，字景卢，号容斋，又号野处。洪皓第三子。官至翰林院学士、资政大夫、端明殿学士，宰执、封魏郡开国公、光禄大夫。卒年八十，谥“文敏”。

【译文】同宗同姓的序列，首先同姓然后异姓；哀悼死者而穿服装的法度，注重本族的世系而不重视外戚；这一定有所教受，不是从周朝人开始的。“能够发扬大德，使家族亲密和睦。”孔传认为从高祖到玄孙相亲相爱，大概是依据《丧服小记》“上亲及父，下亲及子，形成三辈相亲。然后由父而亲祖，由子而亲孙，扩展为五辈相亲。在五辈相亲的基础上，再往上推，亲及曾祖、高祖；再往下推，亲及曾孙、玄孙，这样就扩展为九辈相亲”的说法，即使是百世也不会改变。《牧誓》列举商纣王的罪状，只是说“轻视并遗弃他的同祖的兄弟”，而不提及外戚。《吕刑》申命友邦，列举“伯父、伯兄、仲叔、季弟以及年幼的子孙们”，而不言及外甥、舅父。古人作为先后的顺序，从这可以知道了。因此《尔雅》称王内姓之女有爵者为“族”，母亲、妻子相联系的亲戚称为“党”。而《昏礼》以及《仲尼燕居》关于“三族”的文章，郑玄都解释为“父、子、孙”。（《仪礼·昏礼》“三族之不虞”注：“三族，是父昆弟，己昆弟，子昆弟。”《礼记·仲尼燕居》篇“故三族和也”注：“三族，是父辈的子孙。”）杜预（字元凯）却说：“九族是指外祖父、外祖母，娘舅以及妻子的父亲、妻子的母亲，姑姑的子女、姊妹子女、女儿的子女，不是自己的同一血缘亲族，都是关系在五服之内的外亲宗族。（《左传》鲁桓公六年传注。）那么史官记载尧帝，举荐关系疏远的而遗弃自己父母，不是太错乱了吗？况且九族说的就是同姓的人，经传之中有明显的证据。《春秋》鲁成公十五年，宋共公去世，《左传》说：“二位华氏，是戴公的后代；司城，是庄公的后代；其他六大臣都是桓公的后代。”宋共公距离宋戴公已经有九世了。（共历经十三位宋公，当中去掉同代的四位宋公，就是九世了。）《唐六典》记载：“宗正卿掌管皇帝九族的宗室谱籍，来区别宗族关系的序列，记录亲近和疏远之间的差别。帝王宗庙的子孙，宗族五十有九。光皇帝有一宗族，景皇帝有六宗族，元皇帝有三宗族，高祖有二十一宗族，太宗有十三宗族，高宗有六宗族，中宗有四宗族，睿宗有五宗族。”这在唐玄宗的时候，已经有七宗族了，（唐中宗、唐睿宗两位皇帝同为一世。）如果多经过几代，就不止九了。然而家族世系相传的五代亲属关系就终尽了，因此经文说到宗族，到九族就终止了。（杜预在鲁襄公十二年传注说：“同族是说高祖以下。”那么前人说法的错误，不用分辨就清楚了。）并且孔氏《正义》记载：“高祖、玄孙没有相遇的道理。”（鲁桓公六年。）不知道高祖的兄弟，与玄孙的兄弟，本来可以相遇的，像北魏国子博士李琰之所说的“寿命、时代有长短，不可得而整齐一致”；像宋朝洪迈的《容斋随笔》记载：“嗣濮王赵士歆，在隆兴是堂叔祖，在绍熙是曾叔祖，在庆元是高叔祖。”这就是明摆着的证据。（我于康熙六年在大同遇见代府中尉俊哳，年近五十。考查他的世代顺序，在明孝宗时为昆弟，而这时距离弘治元年，已经一百八十年。秦、晋二府在世的人，多有六七代子孙。）不一定要是在帝尧的时代，高祖、玄孙的宗族，没有一二人同时在世的吗？怀疑他们不相关联，而把外戚当九族，这也是不明白整治家庭和治理国家的道理。

《路史》曰："亲亲，治之始也。《礼·小记》曰：'亲亲者，以三为五，以五为九，上杀，下杀，旁杀[1]，而亲毕矣。'是所谓九族者也。夫人生则有父，壮则有子，父子与己，此《小宗伯》'三族之别'也。《周礼·小宗伯》："掌三族之别，以辨其亲疏，其正室皆谓之门子。"父者子之祖，因上推之以及于己之祖；子者父之孙，因下推之以及于己之孙，此《礼传》之'以三为五'也。己之祖，自己子视之，则为曾祖王父，自己孙视之，则为高祖王父；己之孙，自己父视之，则为曾孙，自己祖视之，则为玄孙；故又上推以及己之曾高，下推以及己之曾玄，是所谓'以五为九'也。"

【注释】①旁杀：旁系亲属的丧服以亲疏远近不同而依次减等。

【译文】《路史》记载："爱自己的亲属，这是治理的开始。《礼记·丧服小记》说：'大凡人爱自己的亲人，首先是在上亲近父亲，在下亲近儿子，形成三辈互相亲近的情形。然后由父亲而亲近祖父，由儿子而亲近孙子，扩展为五辈互相亲近的情形。在五辈互相亲近的基础上，再往上推及，亲近推及曾祖、高祖；再往下推及，亲近推及曾孙、玄孙，这样就扩展为九辈互相亲近的情形。由父亲往上，血缘关系越疏远，亲情越淡薄，丧服就越轻；由儿子往下，血缘关系越疏远，亲情越淡薄，丧服就越轻；在旁系亲属中，和自己血缘关系越疏远，亲情越淡薄，丧服就越轻。这样向上逐代减损，向下逐代减损，向旁系逐代减损，亲情关系就完结了。’这就是所说的九族。人出生就有父亲，壮年就有儿子，父亲、儿子和自己，这就是《周礼·春官·小宗伯》所说的‘三族之别’。(《周礼·小宗伯》：“小宗伯掌管三族的区别，来分辨其亲疏远近，其中正室都成为门子。”)父亲是儿子的先祖，向上亲近推及自己的祖父；儿子是父亲的孙子，向下亲近推及自己的孙子，这是《礼传》所说‘三辈扩展为五辈互相亲近的情形’。自己的祖父，从自己的儿子看待，就是曾祖父，从自己的孙子看待，就是高祖父；自己的孙子，从自己的父亲看待，就是曾孙，从自己的祖父看待，就是玄孙；因此又向上亲近推及自己的曾祖、高祖，向下亲近推及自己的曾孙、玄孙，这样就是所说的“九辈互相亲近的情形”。

陈氏[①]《礼书》曰：“己之所亲，以一为三，祖孙所亲，以五为七。《记》不言者，以父子一体，而高玄与曾同服，故不辨异之也。服父三年，服祖期，则曾祖宜大功[②]，高祖宜小功[③]，而皆齐衰[④]三月者，不敢以大、小功旁亲之服加乎至尊。故重其衰麻[⑤]，尊尊也；减其日月，恩杀也。此所谓上杀。服適子三年，庶子期，適孙期，庶孙大功。適孙传重者也，有適子者无適孙，则长子在，皆为庶孙也。则曾孙宜五月，而与玄孙皆缌麻[⑥]三月者，曾孙服曾祖三月，曾祖报之亦三月。曾祖尊也，故加齐衰，曾孙卑也，故服缌麻，此所谓下杀。服祖期，则世叔宜大功，以其与父一体，故加以期。周道亲亲，至重者莫如兄弟，兄弟之子进而为期，其服同于子，父之兄弟进而为期，其服同于祖父，故曰死丧之威，兄弟孔怀。从世叔则疏矣，加所不及，故服小功。族世叔又疏矣，故服缌麻，此发父而旁杀者也。

【注释】①陈氏：陈祥道，字用之，一作祐之，福州（今属福建）人。际上村学子，宋英宗治平四年进士及第，一生长于三礼之学，师从王安石，历官国子监直讲、太学博士。②大功：丧服名。中国古代五等丧服制第三等。丧服用熟麻布做成，较齐衰稍细，较小功略粗，故名。服孝期为九个月。③小功：中国旧制丧服名。为五服之一。重于缌麻轻于大功。其服用较细的熟麻布做成，服期为五个月。④齐衰：亦作"齐縗（zī cuī）"。丧服，"五服"中列位二等，次于斩衰。其服以粗疏的麻布制成，衣裳分制，缘边部分缝缉整齐，故名。有别于斩衰的毛边。具体服制及穿着时间视与死者关系亲疏而定。⑤衰麻：丧服，衰衣麻绖（dié），本指旧时用麻做的丧带，系在腰或头上，古代用麻做的丧带，在头上为首绖，在腰为腰绖。⑥缌麻：中国旧制丧服名。中国古代以亲疏为标准分丧服为五等，缌麻是最轻的一等。其服用细熟麻布做成。服期三个月。

【译文】陈祥道《礼书》记载："自己的亲属，是由一辈形成三辈互相亲近的情形，祖父孙子亲近，是由五辈形成七辈互相亲近的情形。《礼记》不提及的原因，是把父亲、儿子作为一体，高祖、玄孙和曾祖、曾孙的丧服相同，因此不区分不同。服父丧期三年，服祖父丧期一年，服曾祖父期应该九个月，服高祖父期应该五个月，而都服三月丧期的原因，是不敢用大功、小功的丧服施加在最尊贵之上。因此增加服丧的衰衣麻经，尊重应该尊重的人；减少服丧的时间，恩情减损，这就是所说的向上逐代减损。为嫡子服丧三年，庶子一年，嫡孙一年，庶孙九个月，（嫡孙是传宗接代重要的人，有嫡子的而没有嫡孙，那么长子在世，都是庶孙。）那么曾孙应当是五个月，然而和玄孙都是缌麻三个月的原因，是因为曾孙为曾祖父服丧三个月，曾祖父相应地也是三个月，又因为曾祖父是尊长，因此加重齐衰，曾孙是晚辈，因此服丧用缌麻。这就是所说的向下逐代减损。为祖父服丧一年，那么世叔就应当是九个月，因为他们与父亲是一体的，因此加期，（周代治国之道是"亲亲"，最重要的不如兄弟之亲，兄弟之子进而为期，服丧期与其子相同，父亲的兄弟进而为期，服丧期与祖父相同，故而说"死丧之威，兄弟孔怀"。）从世叔关系就疏远了，恩加不及，因此服丧五个月。族世叔关系又疏远了，因此服缌麻三个月，这是父亲开始而向旁系逐代减损的。

祖之兄弟小功，曾祖兄弟缌麻，高祖兄弟无服，此发祖而旁杀者也。同父至亲期，同祖为从大功，同曾祖为再从小功，同高祖为三从缌麻，此发兄弟而旁杀者也。父为子期，兄弟之子宜九月，不九月而期者，以其犹子而进之也。从兄弟[①]之子小功，再从兄弟之子缌麻，此发子而旁杀者也。祖为孙大功，兄弟之孙小功，从兄弟之孙缌麻，此发孙而旁杀者也。盖服有加也，有报也，有降也。祖之齐衰，世叔从子之期，皆加也。曾孙之三月，与兄弟之孙五月，皆报也。若夫降有四品，则非五服[②]之正也。"观于九族之训，如丧考妣之文，而知宗族之名，服纪之数，盖前乎二帝而有之矣。"后魏孝文太和中，诏延四庙[③]之子，下逮玄孙之胄，申宗宴于皇信堂，不以爵秩[④]为列，悉序昭穆为次，用家人之礼”。此由古圣人睦族之意而推之者也。

【注释】①从兄弟：父亲的亲兄弟的儿子，即伯叔父的儿子，是父亲的侄子，是自己的堂兄弟。②五服：五等丧服。分为斩衰、齐衰、大功、小功、缌麻五种，以亲疏为差等。③四庙：高祖、曾祖、祖父、父四代祖庙。④爵秩：爵位和俸禄。

【译文】祖父的兄弟服丧五个月，曾祖父的兄弟服丧三个月，高祖父的兄弟不用服丧，这是祖父开始而向旁系逐代减损的。同父至亲服丧期一年，同祖父服丧期九个月，同曾祖父服丧期五个月，同高曾祖父服丧期三个月，这是兄弟开始而向旁系逐代减损的。父亲为儿子服丧期一年，兄弟的儿子应当九个月，不是九个月而是一年的原因，是因为把他看作亲生儿子看待。从兄弟的儿子服丧期五个月，再从兄弟的儿子服丧期三个月，这是儿子开始而向旁系逐代减损的。祖父为孙子服丧期九个月，兄弟的孙子五个月，从兄弟的孙子三个月，这是孙子开始而向旁系逐代减损的。丧服有增加的，有对应的，有减少的。祖父的齐衰，世叔从子的服期，都是增加的。曾孙的三个月，与兄弟的孙子五个月，都是对应的。降有四种，并不是五服的正常情况。”察看九族的准则，好像死了父母那样悲痛的礼节，从而知到宗族的称谓，守丧时限以及守丧服制的定数，大概在唐尧、虞舜二帝之前就有了吧。“北魏孝文帝太和年间，当时下诏宴请四代的儿子，下到玄孙的后代，在皇信堂举行宗室的宴会，不以爵禄品级为顺序，全部按照辈次排列规则和次序为次第，用的是家人的礼仪”。这是由古代的圣人和睦亲族的意旨来推广的。

舜 典

古时《尧典》《舜典》本合为一篇，故“月正元日”“格于文祖”之后，而四岳[1]之咨必称“舜曰”者，以别于上文之“帝”也。至其命禹始称“帝曰”，问答之辞已明，则无嫌也。

【注释】①四岳：中国上古传说人物，相传为唐尧臣、羲和四子。分管四方的诸侯，所以叫四岳。

【译文】古代时候《尧典》《舜典》原本是合为一篇的，因此“月正元日”“格于文祖”之后，在四方诸侯的君长的赞叹一定称上“舜曰”，是区别上文的“帝”。到了他命大禹开始称“帝曰”，问答的言辞已经清楚了，那就不会疑惑难辨了。

惠迪吉从逆凶

善恶报应之说，圣人尝言之矣。大禹言：“惠迪吉，从逆凶，惟景响。”汤言：“天道福善祸淫。”伊尹言：“惟上帝不常，作善降之百祥，作不善降之百殃。”又言：“惟吉凶不僭在人，惟天降灾祥在德。”孔子言：“积善之家必有余庆，积不善之家必有余殃。”岂真有上帝司其祸福，如道家所谓“天神察其善恶”，释氏所谓“地狱果报”者哉！善与不善，一气之相感，如水之流湿，火之就燥，不期然而然，无不感也，无不应也。此孟子所谓“志一则动气”，而《诗》所云“天之牖民[1]，如埙如篪，如璋如圭，如取如携”者也。其有不齐，则如夏之寒，冬之燠[2]，得于一日之偶逢，而非四时之正气也。故曰，诚者，天之道也。若曰有鬼神司之，屑屑[3]焉如人间官长之为，则报应之至近者，反推而之远矣。

【注释】①牖民：诱导人民。②燠（yù）：暖、热。③屑屑：劳瘁匆迫的样子。

【译文】人做善恶的事就会得到相应结果的说法，圣人曾经说过了。大禹说：“凡是顺着正道从善的就吉祥，逆着正道从恶的就得祸，这就像影子随形、声音有回响一样。”商汤王说：“天理是行善的得福，作恶的受祸。”伊尹说：“上帝不常眷顾一家，对做善事的人，上天就会赐予各种吉祥；对作恶者，上天就会降给各种灾祸。”又说：“虽然吉凶表现在人身上似乎没有什么差异，但上天是降予灾祸还是降予祥瑞，却在于每个人的德行。”孔子言：“修德行善的家庭，必然有更多的吉庆，作恶败德的，必然有更多的祸殃。”难道真的有上帝掌握人的祸福，像道家所说的“天上诸神审察他的善恶”佛家所说“地狱因果报应”吗！善和不善，其气相互感应，像水流与湿，火就燥，没有想到会如此，而竟然如此，没有不感应的。这就是孟子所说的“心志专一就能调动意气”，《诗经》所说“天对万民诱导教化，像吹埙篪那样和洽。又像璋圭那样相配相称，时时携取把它佩挂”。当中有不一的情况，就像夏天的寒冷，冬天的暖热，是一天偶尔碰到的，并不是四季正常的气候。因此说，真诚，是上天的大道。如果说有鬼神在掌握，辛苦劳累匆迫得像人间的长官的作为，那么报应得非常近，反推就远了。

懋迁有无化居

“懋迁[①]有无化居”，化者货也。古“化”“货”二字多通用。《史记·仲尼弟子传》：“与时转货赀。”索隐曰：“《家语》‘货’作‘化’。”运而不积则谓之化，留而不散则谓之货。唐虞之世曰化而已，至殷人始以货名。《仲虺》有“不殖[②]货利”之言，“三风”有“殉[③]于货色”之儆，而《盘庚》之诰，则曰：“不肩好货。”于是移化之字为化生、化成之化，而厚敛之君、发财之主，多不化之物矣。

【注释】①懋（mào）迁：贸易。②殖：兴生财利。③殉：贪求，追求。

【译文】“懋迁有无化居”，化是古文货字。（古代“化”“货”二字大多通用。《史记·仲尼弟子传》：“与时转货赀。”索隐说：“《孔子家语》‘货’写成‘化’。”）运转而不蓄积就称为化，留存而不分散就称为货。尧舜时代只说化，到殷商时代才开始有货的名称。《仲虺》有“不殖货利”的说法，“三风”有“殉于货色”的警告，而《盘庚》之诰，说：“不肩好货。”于是改变化字为化生、化成的化，而征收重税的君王、发财之主，大多有“不化之物”了。

舜作《南风之歌》，所谓劝之以九歌[1]者也。《左传》文八年郤缺言："九功之德，皆可歌也，谓之九歌。"读之然后知解吾民之愠者，必在乎阜吾民之财；而自阜其财，乃以来天下之愠。

【注释】①九歌：中国神话传说中的一种远古歌曲的名称。

【译文】虞舜创作《南风之歌》，就是所谓的勉励九功之德。（《左传》鲁文公八年郤缺说："九功之德，都可以歌唱，所以称为九歌。"）读过《南风之歌》后知道解除百姓愤怒的方法，一定在于丰富百姓的物财；丰富自身的财物，是招来天下的愤怒。

三 江

北江，今之扬子江也；中江，今之吴淞江也。东迤北会于汇，盖指固城、石臼等湖。不言南江，而以三江见之，南江，今之钱塘江也。本郭璞说。《禹贡》该括众流，无独遗浙江之理，而会稽又他日合诸侯计功之地也，特以施功少，故不言于导水尔。"三江既入"，一事也，"震泽底定"，又一事也。后之解《书》者，必谓三江之皆由震泽，以二句相蒙为文，而其说始纷纭矣。程大昌曰："'弱水既西，泾属渭汭'，必谓'既之'一语，为起下文，则弱水未西，其能越秦陇而乱泾渭乎？"可谓解颐之论。

【译文】北江，是现在的扬子江；中江，是现在的吴淞江。（向东流经北面汇合，大概指固城、石臼等湖。）不说南江，而以三江出现在书籍中，南江，就是现在的钱塘江。（根据郭璞说法。）《禹贡》总括众多的水流，没有单独遗落浙江的道理，而会稽又是他日会合诸侯计算功绩的地方，特别以操作少，因此不说疏导水。“三条江水已经流入大海”，是一件事，“震泽获得了安定”，又是一件事。后代注解《尚书》的人，一定说三江都是发源于震泽，这二句相互关联成文，而这种说法开始混乱了。（程大昌说：“‘弱水既西，泾属渭汭’，必然是说‘既之’一句，为引起下文，那么弱水不向西流，它能越过秦陇而搅乱泾水和渭水吗。”可以说是令人发笑的言论。）

锡土姓

今日之天下，人人无土，人人有姓。盖自“锡土”之法废，而唐、宋以下，帝王之裔侪[①]于庶人，无世守之固。“锡姓”之法废，而魏、齐以下，朔漠[②]之姓杂于诸夏，失氏族之源。《春秋传》言“允姓之奸居于瓜州”，盖古者分北三苗之意。后之鄙儒，读《禹贡》而不知其义者良多矣。

【注释】①侪（chái）：同辈或同类的人。②朔漠：北方沙漠地带，有时也泛指北方。

【译文】现在的天下，人人没有土地，人人有姓。“赐土封国”的制度废除，从唐、宋以来，帝王的后代等同于普通百姓，没有固定世代守卫的疆土。“赐封姓氏”的制度废除，从魏、齐以来，北方沙漠地带人的姓氏和华夏的混杂，失去了氏族的源头。（《春秋传》说

“允姓之奸居于瓜州”，大概古代分北三苗的意思。）后代粗鄙的儒生，读《禹贡》而不理解其中含义的人很多了。

厥弟五人

夏商之世，天子之子，其封国而为公侯者，不见于经。以太康[①]之尸位，而有“厥弟五人”，使其并建茅土[②]，为国屏翰，羿何至篡夏哉？富辰[③]言：“周公吊二叔之不咸，故封建亲戚以蕃屏周。”杜氏解曰：“吊，伤也。咸，同也。周公伤夏殷之叔世，疏其亲戚以至灭亡，故广封其兄弟。”而少康[④]封其庶子于会稽，以奉守禹祀，二十余世，至于越之句践[⑤]，卒霸诸侯，有禹之遗烈，夫亦监于太康孤立之祸而然与。若乃孔子所谓“大道既隐，天下为家，各亲其亲，各子其子”者，亦从此而可知之矣。

【注释】①太康：姒姓，夏后氏，名太康，夏后启长子，夏朝第三任夏王。姒太康在其父姒启去世后继位，迁都于斟鄩（今河南洛阳）。太康即位后生活腐败，只顾游猎，不理政事。刚即位的第一年，太康在去洛水北岸游猎时，被后羿夺去国政，史称“太康失国”。②茅土：古天子分封王、侯时，用代表方位的五色土筑坛，按封地所在方向取一色土，包以白茅而授之，作为受封者得以有国建社的表征。后遂以“茅土”，指王、侯的封爵。③富辰：春秋时期周襄王的大夫。传说是富姓的创始人。他劝说周襄王召回王子带，为日后的子带之乱埋下伏笔。④少康：又名杜康，姒相之子，夏朝君主。⑤句践：姒姓，本名鸠浅，一作勾践，又名菼执，夏禹后裔，越王允常之子，春秋末年越国国君。

【译文】夏商时代，天子的儿子，封国成为诸侯的，不在经书中出现。太康处在尊位而不理政事，而“他有兄弟五人”，让他们建立王、侯的封爵，为国家屏障辅翼，后羿怎么到篡夺夏朝的地步呢？富辰说：“周公因为管叔、蔡叔联合殷商后裔武庚的叛乱，认为分封势在必行。将亲属分封在各地为诸侯，以这种藩属的关系替周朝守护四方，作为周朝的屏障。”（杜氏注解说：“吊，是伤的意思。咸，是同的意思。周公感伤夏殷的末代，疏远亲戚以至灭亡，故而广泛分封其兄弟。”）少康分封庶子到会稽，来奉命守护大禹的祀堂，二十多世了，到了越国的句践，最终称霸诸侯，大禹遗留的业迹，从旁察看太康失国的祸患就是这样。就像孔子所说的“大道已经消失不见，天下成为私家的，人们各自亲敬自己的父母，只疼爱自己的子女”，从这也可以知道了。

惟彼陶唐有此冀方

尧、舜、禹皆都河北，故曰“冀方”。至太康始失河北，而五子“御其母以从”之，于是侨国河南。再传至相，卒为浞[①]所灭。古之天子，失其故都，未有能国者也。周失丰镐[②]，而平王[③]以东；晋失洛阳、宋失开卦，而元帝[④]、高宗[⑤]迁于江左，遂以不振。惟殷之五迁圮于河，而非敌人之窥伺，则势不同尔。唐自玄宗以后，天子屡尝出狩[⑥]，乃未几而复国者，以不弃长安也。故子仪[⑦]回銮之表，代宗[⑧]垂泣；宗泽[⑨]还京之奏，忠义归心。呜呼！幸而浇[⑩]之纵欲不为民心所附，少康乃得以一旅之众而诛之。后之人主，不幸失其都邑，而为兴复之计者，其念之哉。

【注释】①浞（zhuó）：寒浞，又名韩浞、寒漪，夏朝君主。妘姓，任有穷氏部落首领后羿的相，后来杀死后羿，夺取有穷氏大权，随后消灭了夏后相，使自太康失国以来分裂了五十四年的天下重新统一。晚年骄奢淫逸，不修政事，最后死于少康的复国之战中。②丰镐：丰京和镐京一起并称为“丰镐”，是西周王朝的国都，历史上最早称为“京”的城市，也是中国最早期的城市，作为西周首都沿用近三百年，又称宗周。③平王：周平王姬宜臼，姬姓，名宜臼（一作宜咎），周幽王姬宫涅之子，母王后申后，东周第一任君主。④元帝：司马睿，字景文，河内温县（今河南温县）人。东晋王朝开国皇帝，晋宣帝司马懿曾孙，琅邪武王司马伷之孙，琅邪恭王司马觐之子，晋武帝司马炎从子。在晋朝宗室与南北大族拥戴下，即位为晋王，年号建武。太兴元年，正式即位，史称晋元帝。⑤高宗：赵构，字德基，东京汴梁（今河南开封）人。宋朝第十位皇帝，南宋开国皇帝，宋徽宗赵佶第九子、宋钦宗赵桓之弟。庙号高宗。⑥出狩：帝王蒙难出奔的讳辞。⑦子仪：郭子仪，华州郑县（今陕西渭南）人，唐代名将、政治家、军事家。⑧代宗：李豫，初名李俶，唐肃宗李亨长子，唐朝第八位皇帝。庙号代宗。⑨宗泽：字汝霖，婺州义乌（今浙江义乌）人，宋朝名将。进士出身，历任县、州文官，颇有政绩。宗泽因恢复中原的壮志难酬，忧愤成疾，临终三呼“过河”而卒。⑩浇：即寒浇（ào），一作奡（ào）、敖。夏代寒浞之子。生得豹头、狼眼、虎背、熊腰。

【译文】尧、舜、禹都定都河北，因此说“冀方”。到太康的时候开始丢失河北，而太康的兄弟五人“侍奉他们的母亲跟随太康”，于是侨国河南。在传位到姒相，最终被寒浞所灭。古时的天子，失去旧都，没有能立国的。周朝失去丰镐，周平王东迁洛邑；晋朝失洛阳、宋朝失开封，晋元帝、宋高宗迁都江左，随后难以振兴起来。只有殷商的五次迁都是由于黄河的毁坏，并不是由于敌人的暗中观望，形势不一样。唐朝从唐玄宗以后，天子屡次蒙难出奔，然而不久就能归复君位，是因为不舍弃长安的缘故。因此郭子仪奏请皇帝回返的表章，代宗看到后无声地流泪；宗泽奏请返回京城的奏章，忠义诚心归附。唉！幸好寒浇放纵欲望不被人民所依附，少康才能够凭借一支军队而诛杀他。后世的君王，不幸失去了国都，而复兴国家的计策，值得深思啊。

夏之都本在安邑，太康畋于洛表，而羿距于河，则冀方之地入于羿矣，惟河之东与南，为夏所有。至后相失国，依于二斟，于是使浇用师杀斟灌[①]，在今寿光县。以伐斟鄩[②]，在今潍县。而相遂灭。《左传》哀元年。乃处浇于过，今掖县。以制东方；处豷[③]于戈，杜氏解："在宋郑之间。"以控南国。襄四年。其时靡[④]奔有鬲，今在德平县。在河之东；少康奔有虞，今虞城县。在河之南；而自河以内，无不安于乱贼者矣。合魏绛、伍员[⑤]二人之言，可以观当日之形势，而少康之所以布德兆谋者，亦难乎其为力矣。《竹书》谓，太康元年即居斟鄩。非也。

【注释】①斟灌：上古氏族。与夏同姓。大禹之后。因其祖先封于斟灌国（今山东寿光境内）而成此族。②斟鄩（zhēn xún）：亦作"斟寻"。夏代君王仲康为了加强对东方的控制，把他的儿子派到治浑建立了北方国。由于他是从斟鄩过来的，后来，世人称在潍坊东南建立的国家称为斟鄩故国。③豷（yì）：传说羿的幸臣寒浞之子。④靡：又称伯靡。相传为夏太康之臣。

太康被有穷后羿所逐后，仍事后羿。寒浞杀后羿。他逃奔有鬲氏，收斟鄩、斟灌之余众，杀寒浞，灭浇于过，立少康，恢复夏政。⑤魏绛：姬姓，魏氏，名绛，谥号为庄，故史称魏庄子，春秋时晋国卿。魏绛先祖为毕公高，周文王姬昌第十五子，周武王灭商后封于毕国，后来毕国灭亡，其后人便以毕为氏。到魏绛四世祖毕万时，事晋献公，灭霍、耿、魏等国有功，封于魏，其后人便别出毕氏，以魏为氏。伍员（yún）：伍子胥，名员（一作芸），字子胥，楚国人，春秋末期吴国大夫、军事家。以封于申，也称申胥。

【译文】夏朝的国都原本在安邑，太康在洛表打猎，后羿在黄河抵御，冀方之地归后羿，只有黄河以东与黄河以南，还属于夏朝所有。到了后来姒相亡国，依靠夏朝同姓诸侯斟灌和斟鄩，于是派寒浇用军队杀斟灌（在今寿光县），来讨伐斟鄩（在今潍县），姒相不久就灭亡了。（《左传》鲁哀公元年。）于是安排寒浇在过（今掖县），来制约东方；安排寒豷在戈（杜预注解说："在宋郑之间"），来掌控南方。（鲁襄公四年。）当时靡奔有鬲（今在德平县），在黄河以东；少康逃奔到有虞（今虞城县），在黄河以南；在黄河以内，没有不投降乱贼的。综合魏绛、伍员二人的言语，可以用来察看当日的形势，少康布施恩德始谋的原因，他的努力是多么困难。（《竹书纪年》说，太康元年就住在斟鄩。这是错误的。）

古之天子常居冀州，后人因之，遂以冀州为中国之号。《楚辞·九歌》："览冀州兮有余。"《淮南子》："女娲氏杀黑龙以济冀州。"《路史》云："中国总谓之冀州。"《穀梁传》曰：桓五年。"郑同姓之国也，在乎冀州。"正义曰："冀州者，天下之中州，唐、虞、夏、殷皆都焉。"以郑近王畿，故举冀州以为说。

【译文】古代的天子常常居住在冀州，后代的人沿袭了，于是把冀州作为中国的称号。《楚辞·九歌》：“俯览冀州我目光所及在九州之外。”《淮南子》：“女娲氏杀死黑龙来拯救冀州。”（《路史》说：“中国总称是冀州。”）《穀梁传》记载：（鲁桓公五年）“郑国是同姓的诸侯国，在冀州。”（正义说：“所谓的冀州，是天下的中州，唐、虞、夏、殷都定都在这里。”因为郑国靠近王城附近，故而列举冀州来说。）

胤 征

羲、和尸官，慢天也，“葛伯不祀”，亡祖也，至于动六师之诛，兴邻国之伐，古之圣人，其敬天尊祖也至矣。故《王制》，天子巡守，其削绌诸侯，必先于不敬不孝。

【译文】羲、和占着职位却不做事，怠慢上天，“葛伯不祭祀”，是失去先祖，到了发动天子的军队来诛杀，讨伐邻国，古代的圣人，尊敬上天、祖宗也是到了极致。因此《王制》，天子出行，视察邦国州郡，削减诸侯的封地，贬降官爵，首先一定是不尊敬上天、不孝顺祖宗的那些人。

惟元祀十有二月

“惟元祀十有二月乙丑”，元祀者，太甲[①]之元年，十有二月者，建子[②]之月。盖汤之崩，必以前年之十二月也。殷练而祔[③]，“伊尹祠于先王，奉嗣王祗见厥祖”，祔汤于庙也。非朔者，祔庙无定日。先君祔庙，而后嗣子即位，故成之为王，而“伊尹乃明言烈祖之成德，以训于王”也。若自桐归亳[④]，以三祀之十二月者，则适当其时，而非有所取尔。

【注释】①太甲：子姓，名至。商汤嫡长孙，太丁之子，外丙和仲壬之侄，商朝第四位君主。②建子：指以夏历十一月（子月）为岁首的历法。③祔（fù）：祭名。指古代帝王在宗庙内将后死者神位附于先祖旁而祭祀。④桐：桐宫，商代桐地的宫室。相传为商汤陵墓所在地。伊尹曾放太甲于此。地望在今河南商丘虞城县。后“桐宫”也借指被贬的帝王或幽禁帝王的地方。亳：亳都，帝喾及商朝的都城，故址位于今河南省境内。

【译文】“惟元祀十有二月乙丑”，所谓的元祀，指的是太甲元年，十二月，夏历十一月。商汤王驾崩，一定是在前年的十二月。殷人在制成白纱以后才举行祔祭祀，“伊尹在祠堂祭祀先王，侍奉嗣王恭敬地拜见他的祖先”，在宗庙祔祭商汤王。（不是农历初一，祔庙没有固定的日期。）在宗庙祔祭前代君主，然后继承人即位，因此称王，“伊尹于是明白地说明烈祖成汤的盛德，来训导太甲。”他从桐宫到亳都，三次祭祀都在十二月，恰巧遇上那个时机，并不是有所选取。

即位者，即先君之位也。未祔则事死如生，位犹先君之位也。故祔庙而后，嗣子即位。殷练而祔，即位必在期年之后。周卒哭[1]而祔，故逾年斯即位矣。如鲁成公以八月薨，十二月葬，襄公以明年正月即位。有不待葬而即位，如鲁之文公、成公者，其礼之末失乎？

【注释】①卒哭：卒即终止，卒哭祭为终止“无时之哭”的祭礼，自此改为朝夕各一次哭奠，称“有时之哭”。

【译文】即位称帝，登上的是前代君主的王位。没有祔祭那么死后也要和生前一样，王位仍然是前代君王的王位。因此祔祭宗庙之后，继承人即位称王。殷人在制成白纱以后才举行祔祭，即位一定在一年过后。周人则在卒哭以后就举行祔祭，因此第二年即位。（如鲁成公在八月去世，十二月安葬，鲁襄公在第二年正月即位。）有些不等待埋葬就即位称王的，像鲁文公、鲁成公，这礼节大概不是常态吧？

三年丧毕，而后践天子位，舜也，禹也。练而祔，祔而即位，殷也。逾年正月即位，周也。世变愈下，而柩前即位，为后代之通礼矣。

【译文】三年丧礼结束，而后登上天子王位，是虞舜、大禹。制成白纱然后祔祭，祔祭后登上王位，是殷商。第二年正月登上王位，是周朝。社会变化一天不如一天，在前代君王灵柩前登上王位，成为了后代通行的礼仪。

西伯戡黎

以关中并天下者，必先于得河东。秦取三晋[①]，而后灭燕、齐；苻氏取晋阳，而后灭燕；宇文氏取晋阳，而后灭齐。故西伯戡黎，而殷人恐矣。

【注释】①三晋：中国的战国时期的赵国、魏国、韩国三国的合称。

【译文】凭借关中吞并天下，一定要先得到黄河以东的地方。秦国攻取三晋之地后，灭掉了燕国、齐国；前秦苻氏攻取晋阳，然后灭掉了前燕；北周宇文氏攻取晋阳后，然后灭掉了北齐。因此西伯侯战胜黎国，殷商贤臣担忧。

少师

古之官有职异而名同者，太师、少师是也。比干[①]之为少师，《周官》所谓"三孤[②]"也。《论语》之"少师阳"，则乐官之佐，而《周礼》谓之"小师"者也。故《史记》言纣之将亡，其太师疵[③]、少师彊[④]抱其乐器奔周，而后儒之传误以为微子[⑤]也。《周本纪》。《汉书·古今人表》亦有太师疵、少师彊。

【注释】①比干：子姓，比氏，名干，沫邑（今河南卫辉）人。商代帝王文丁的次子，帝乙的弟弟，帝辛（商纣王）的叔叔。②三孤：周成王时立少师、少傅、少保的合称，是三公的副职。其地位低于公而高于卿。③太师疵：一作"大师疵"。商纣王的乐官。因纣淫佚暴虐，乃与少师彊抱其祭祀乐器投奔周武王。④少师彊：商纣之乐官，太师之佐。纣淫佚暴虐，拒谏，杀比干，囚箕子，遂与太师疵抱其祭祀乐器投奔周武王。⑤微子：子姓，宋氏，名启，后世称微子、微子启、宋微子。微子是商王帝乙的长子、商纣王帝辛的长兄。

【译文】古代的官制有职能不同而名称相同的，太师、少师是这样。比干所担任的少师，相当于《周官》所说的"三孤"。《论语》里的"少师阳"，指的是乐官的佐属官，也就是《周礼》所说的"小师"。因此《史记》记载商纣将要灭亡，太师疵、少师强抱着他们的乐器逃奔周朝，后代的儒生误认为是微子。（参见《周本纪》。《汉书·古今人表》也有太师疵、少师彊。）

殷纣之所以亡

自古国家承平日久，法制废弛，而上之令不能行于下，未有不亡者也。纣以不仁而亡天下，人人知之，吾谓不尽然。纣之为君，沉缅于酒，而逞一时之威，至于刳孕斮[①]胫，盖齐文宣[②]之比耳。商之衰也久矣，一变而《盘庚》之书，则卿大夫不从君令；再变有《微子》之书，则小民不畏国法；至于"攘窃神祇之牺牷牲[③]，用以容，将食无灾"。可谓民玩其上，而威刑不立者矣。《史记》：燕王喜遗乐间书曰："纣之时，民志不入，狱囚自出。"即以中主守之，犹不能保，而况以纣之狂酗昏虐，又祖伊[④]奔告而不省乎。文宣之恶，未必减于纣，而齐以强；高纬[⑤]之恶，未必甚于文宣，而齐以亡者，文宣承神武[⑥]之余，纪纲粗立，而又有杨愔[⑦]辈为之佐，主昏于上，而政清于下也。至高纬，而国法荡然矣，故宇文[⑧]得而取之。然则论纣之亡、武之兴，而谓“以至仁伐至不仁”者，偏辞也，未得为穷源之论也。

【注释】①斮（zhuó）：斩，砍。②齐文宣：齐文宣帝高洋，字子进，鲜卑名侯尼于（一作侯尼干），原籍渤海蓨县（今河北景县），因生于晋阳，一名晋阳乐。南北朝时期北齐开国皇帝。北齐神武帝高欢次子。③牺牷牲：古代祭祀用牲的通称，色纯为“牺”，体全为“牲”。牷：古代祭祀用的牛毛色纯一。④祖伊：商纣王臣。祖己后裔，周文王蓄谋灭商，诸侯多叛纣归周，他见商朝将亡，力谏纣王改变残暴统治，纣不听，终致殷亡。⑤高纬：字仁纲，武成帝高湛次子，母为胡皇后，南北朝时期北齐第五位皇帝，史称齐后主，是南北朝有名的昏君。⑥神武：高欢，东魏权臣，北齐王朝奠基人，史称北齐神武帝。因祖父高谧犯法，移居怀朔镇，成为鲜卑化汉人。⑦杨愔（yīn）：字遵彦，小字秦王，弘农华阴（今陕西华阴）人。南北朝时期北齐宰相，北魏司空杨津之子。⑧宇文：周武帝宇文邕，小字祢罗突，汉化的鲜卑族，祖籍代郡武川（今内蒙古武川），生于同州武乡（今陕西大荔）。周文帝宇文泰第四子，周孝闵帝宇文觉和周明帝宇文毓异母弟，母文宣皇后叱奴氏（叱奴太后），南北朝时期北周第三位皇帝。

【译文】自古至今国家如果长时间太平，法令制度就会废弃懈怠，君上的政令不能在下施行，没有不亡国的。纣王因为不仁义而失去天下，人人都知道，我认为不完全是这样。商纣作为君王，沉湎酒色，放任一时的淫威，到了剖开孕妇的肚子验胎的男女，斩断胫骨验证骨髓的盛衰，大概齐文宣帝与他并列了。商朝衰弱也很久了，一变有《盘庚》的记载，卿大夫不听从君王的政令；再变有《微子》的记载，百姓不畏惧国家的法令；到“盗窃祭祀天地神灵的牺牲和祭器，把它们藏起来，或是饲养，或是吃掉，都没有灾难”。可以说得上是百姓玩弄上级，严厉的刑法不能执行了。（《史记》：燕王喜写给乐间的书信说：“纣之时，民志不入，狱囚自出。”）就是让中等才德的君主来防守，尚且不能保卫，更何况是商纣那样的狂暴凶残，同时祖伊急忙跑来劝谏而不反省。齐文宣帝的恶劣，不一定比商纣王少，然而齐国强盛；高纬的恶劣未必比齐文宣帝多，然而北齐灭亡，齐文宣帝承接神武帝的余威，纲领法度略微确立，同时又有杨愔这些人辅佐，君上在上昏庸，然而政治在下有条理。到了高纬的时代，国家的法度完全不存在，因此北周宇文邕得天下取代了北齐。那么讨论商纣王的亡国、周武王的兴盛，而说“用最有仁德讨伐最没有仁德”，是片面的言辞，并不是探寻事物本原的言论。

武王伐纣

武王伐商杀纣，而立其子武庚[①]，宗庙不毁，社稷不迁，时殷未尝亡也。所以异乎曩日者，不朝诸侯，不有天下而已。故《书序》言：“三监及淮夷[②]叛，周公相成王[③]，将黜殷，作《大诰》。”又言：“成王既黜殷命，杀武庚。”荀子言：“周公杀管叔，虚殷国。”注：“虚读为墟，谓杀武庚，迁殷顽民于雒邑，朝歌为墟也。”是则殷之亡其天下也，在纣之自燔；而亡其国也，在武庚之见杀。盖武庚之存殷者，犹十有余年，使武庚不畔，则殷其不黜矣。

【注释】①武庚：史记中称作禄父，是商纣王的儿子，幼时聪明好学。商朝灭亡，周朝建立。周武王即位后，封武庚管理商朝的旧都殷。②三监：武王派遣其兄弟管叔、蔡叔、霍叔在殷都附近建立邶、鄘、卫三国以监视武庚史称“三监”。淮夷：淮夷并非一个国家，而是统称，夏商周时期的中原王朝与淮夷多有征伐记载。西周初年，曾参加管叔、蔡叔、武庚反周的叛乱。③成王：姬姓，名诵，周武王姬发之子，母邑姜（齐太公吕尚之女），西周王朝第二位君主，周成王继位时年幼，由周公旦辅政，平定三监之乱。

【译文】周武王讨伐商朝诛杀商纣王，分封他的儿子武庚为诸侯，宗庙没毁坏，国家没有移动，那时殷商没有灭亡。与以前不同的地方，是不接受诸侯的朝拜，不拥有天下。因此《书序》记载：“三监和淮夷叛乱，周公辅佐周成王，将要废除殷商，创作《大诰》。”又记载：“周成王已经废除殷商天命，诛杀武庚。”（荀子说：“周公杀管叔，虚殷国。”注解：“虚字读为墟，是说杀武庚，迁殷商顽民到雒邑，朝歌称为废墟。”）因此殷商丧失天下，在商纣王的自焚；丢失国家，在武庚的被杀。武庚存续殷商，仍然有十几年，假使武庚不叛乱，那么殷商就不会被废除。

武王克商，天下大定，裂土奠国。乃不以其故都封周之臣，而仍以封武庚，降在侯国，而犹得守先人之故土。《蔡仲之命》曰：“乃致辟管叔于商。武庚未杀，犹谓之商。武王无富天下之心，而不以叛逆之事疑其子孙，所以异乎后世之篡弑其君者，于此可见矣。及武庚既畔，乃命微子启代殷，而必于宋焉，谓大火之祀，商人是因，弗迁其地也。是以知古圣王之征诛也，取天下而不取其国，诛其君，吊其民，而存先世之宗祀焉，斯已矣。高诱《淮南子注》曰："天子不灭国，诸侯不灭姓，古之政也。武王岂不知商之臣民，其不愿为周者，皆故都之人，公族世家之所萃，流风善政之所存，一有不靖，易为摇动。而必以封其遗胤，盖不以畔逆疑其子孙，而明告万世以取天下者，无灭国之义也。故宋公朝周，则曰臣也；周人待之，则曰客也。自天下言之，则侯服于周也；自其国人言之，则以商之臣，事商之君，无变于其初也。平王以下，去微子之世远矣，而曰："孝惠取于商。"《左氏》哀二十四年传。曰："天之弃商久矣。"僖二十二年传。曰："利以伐姜，不利子商。"哀九年传。吾是以知宋之得为商也。《国语》："吴王夫差阙为深沟，通于商、鲁之间。"《庄子》："商太宰荡问仁于庄子。"《韩非子》："子圉见孔子于商太宰，商太宰使少庶子之市。"《逸周书·王会篇》："堂下之左，商公、夏公立焉。"《乐记》："《商》者，五帝之遗声也，商人识之，故谓之商。"郑氏注曰："《商》，宋诗也。"盖自武庚诛而宋复封，于是商人晓然知武王、周公之心，而君臣上下，各止其所，无复有怨怼不平之意。与后世之人主，一战取人之国，而毁其宗庙，迁其重器者，异矣。《乐记》曰："投殷之后于宋"，此本之《吕氏春秋》，乃战国时人之妄言。以"武王下车即封微子"，更误。

【译文】武王战胜殷商，天下得到安定，分封土地、稳固国家。

不把商朝原来的都城分封周朝的臣子，仍然分封给武庚，变成诸侯国，仍然可以守卫先人原来的疆土。武王没有富有天下的私心，于是不用叛逆的乱事怀疑殷商的子孙，他与后代篡位弑杀君主的人不同的原因，在这可以知道了。等到武庚已经叛乱，才让微子启取代殷商，一定在宋国，大火祭祀，商朝遗民沿袭，不转移原来的土地。因此知道古代圣王征战讨伐，谋取天下而不攻取国家，诛杀国君，而安抚百姓，保存先代君王的宗庙祭祀，这就可以了。（高诱《淮南子注》说："天子不灭掉诸侯国，诸侯不灭掉大姓氏族，是古代的政治。）武王怎么会不知道殷商的臣民，不愿归顺周朝，他们都是殷商国都的遗民，公族世家都聚集在一起，前代流传下来的风尚、清明的政治都保存了，一旦有动乱，很容易动摇。而一定要分封殷商的子孙，是不用叛逆的事怀疑他的子孙，明确的告知万世谋取天下，没有灭亡国家的大义。因此宋公朝见周朝，就称臣；周朝接待，就称客。从天下的角度来说，是诸侯臣服周朝；从国人的角度来说，是用殷商的臣子来侍奉殷商的国君，没有开始的改变。周平王以来，离微子的时代很远了，却说："孝惠取决于商朝"；（《左传》鲁哀公二十四年传。）"上天遗弃商朝已经很久了"；（鲁僖公二十二年传。）"讨伐姜有利，对商朝不利。"（鲁哀公九年传。）我通过这些知道宋是商朝的后代。（《国语》："吴王夫差挖掘深沟，联通商、鲁之间的关系。"《庄子》："商太宰荡向庄子询问有关仁的事情。"《韩非子》："子圉将孔子引荐给商太宰，商太宰派少庶子到市场上。"《逸周书·王会篇》："堂下左侧，商公、夏公站在那里。"《乐记》："所谓的《商》，是五帝的遗声，商人认识它，故而称为商。"郑玄注解说：

“《商》，宋国的诗。”）从武庚被诛杀、微子重新分封建立宋国，通过这般商遗民知道武王、周公的用心，因此君上臣下，都各得其所，不再有怨恨不满的心意。这跟后代的君王，只要征战攻取别国，就毁坏他国的宗庙祭祀，转移国家的宝器，是不同的。（《乐记》曰：“投殷之后于宋”，这根据《吕氏春秋》的说法，是战国时人的胡言乱语。以“武王下车即封微子”，更加错误。）

或曰：迁殷顽民于雒邑，何与？曰：以顽民为商俗靡靡[①]之民者，先儒解误也。盖古先王之用兵也不杀，而待人也仁。东征之役，其诛者，事主一人，武庚而已；谋主一人，管叔而已。下此而囚，下此而降，下此而迁。而所谓顽民者，皆畔逆之徒也。无连坐[②]并诛之法，而又不可以复置之殷都，是不得不迁；而又原其心，不忍弃之四裔[③]，故于雒邑；又不忍斥言其畔，故止曰殷顽民。其与乎畔而迁者，大抵皆商之世臣大族。而其不与乎畔而留于殷者，如祝佗[④]所谓“分康叔[⑤]以殷民七族：陶氏、施氏、繁氏、锜氏、樊氏、饥氏、终葵氏”是也，非尽一国而迁之也。或曰：何以知其为畔党也？曰：以召公之言“仇民”知之，不畔，何以言“仇”？非敌百姓也，古圣王无与一国为仇者也。

【注释】①靡靡：颓废的、趣味低级，柔弱，萎靡不振。②连坐：中国古代或现代因他人犯罪而使与犯罪者有一定关系的人连带受刑的制度。又称相坐、随坐、从坐、缘坐。③四裔：幽州、崇山、三危、羽山四个边远地区。因在四方边裔，故称。④祝佗：祝氏，名佗，字子鱼，卫国太祝。⑤康叔：又称卫康叔、康叔封，姬姓，卫氏，名封，周文王姬昌与正妻太姒所生第九子，周武王姬发同母弟，因获封畿内之地康国（今河南禹州），故称康叔或康叔封。卫国第一代国君。

【译文】有人问：把殷商遗民中坚决不服从周朝统治的人迁移到雒邑，为什么呢？说：把殷商遗民中不服从周朝统治的人当作商地旧俗喜好侈靡的人，是先代儒生注解的失误。古代先王指挥军队作战不滥杀，对待他人也仁慈。东征的战役，诛杀的只是事情的主谋武庚一人罢了；出谋划策的主要人物管叔一人而已。这以下或囚禁，或降职，或迁移。这所说的殷商遗民中坚决不服从周朝统治的人，都是叛逆之类的人。没有连坐一并诛杀的法令，同时又不可以把他们安置在殷商旧都，因此不得不迁移他们；又同情他们的用心，不忍心把他们抛弃在四个边远地区，因此迁移在雒邑；又不忍心斥责他们的叛乱，因此只说他们是殷商遗民中坚决不服从周朝统治的人。那些因为参与叛乱而迁移的人，大多是殷商历代有功勋的旧臣和大的家族。不参与叛乱留在殷商旧都的人，像祝佗所说"分封康叔管辖殷商遗民七个宗族：陶氏、施氏、繁氏、锜氏、樊氏、饥氏、终葵氏"，不是完全迁移一国的百姓。有的人问：怎么知道他们是叛乱的孽党呢？回答说：依据召公说"仇民"，不是叛乱，怎么会说"仇"？不是与百姓为敌，古代圣王没有与一国的百姓为仇敌的。

上古以来，无杀君之事。汤之于桀也，放之而已。使纣不自焚，武王未必不以汤之所以桀者待纣。纣而自焚也，此武王之不幸也。当时八百诸侯，虽并有除残之志，然一闻其君之见杀，则天下之人，亦且恫疑[①]震骇，而不能无归过于武王，此伯夷[②]所以斥言其暴也。及其反商之政，封殷之后人，而无利于其土地焉，天下于是知武王之兵，非得已也，然后乃安于纣之亡，而不以为周师之过，故《箕子之歌》，怨狡童[③]而已，无遗恨焉。非伯夷亲而箕子疏，又非武王始暴而终仁也，其时异也。

【注释】①恫(dòng)疑：疑虑而恐惧。②伯夷：商末孤竹国人，商纣王末期孤竹国第八任君主亚微的长子，弟亚凭、叔齐。子姓，名允，是殷商时期契的后代。③狡童：借指壮狡昏乱的国君。亦作“狡僮”。

【译文】上古以来，没有弑杀君王的事情。商汤王对于夏桀，也只是流放罢了。假使商纣不自焚，武王未必不会用商汤王对待夏桀的方式对待商纣。商纣自焚，这是武王的不幸。那个时候八百镇诸侯，虽然都有清除残暴的志向，然而一旦听到君王被杀，那么天下的人，也都尚且疑虑而恐惧，不能不把过错归给武王，这是伯夷斥责他残暴的原因。等到他反抗殷商的暴政，分封殷商的后人，并且没有增加自己的土地，天下人才知道武王兴起军队，是不得已，然后安心商纣的灭亡，而不认为这是周朝军队的过错，因此《箕子之歌》，只是埋怨壮狡昏乱的国君而已，没有到死还感到悔恨的事。不是伯夷亲近而箕子疏远，也不是武王开始的时候残暴而最终仁义，而是由于时代不同了。

《多士》之书：“惟三月，周公初于新邑洛，用告商王士曰：非我小国，敢弋殷命。”亡国之民，而号之“商王士”，新朝之主，而自称“我小国”，以天下为公，而不没其旧日之名分。殷人以此中心悦而诚服，“卜世三十，卜年七百”，其始基之矣。

【译文】《多士》记载：“周成王七年三月，周公初往新都洛邑，用成王的命令告诫殷商的旧臣：不是我们小小的周国敢于取代殷商天命。”亡国的旧臣，却称呼他们“商王士”，新立王朝的君主，却自称“我小国”，认为天下是公众的，而不终结从前君臣的名分。殷商旧臣遗民因为这而从心里佩服，“占卜的结果是传三十代，在位年数七百年”，基业从这开创。

泰誓

商之德泽深矣，尺地莫非其有也，一民莫非其臣也。武王伐纣，乃曰：“独夫[①]受，洪惟作威，乃汝世仇。”曰：“肆予小子，诞以尔众士，殄歼乃仇。”何至于此？纣之不善，亦止其身，乃至并其先世而仇之，岂非《泰誓》之文，出于魏晋间人之伪撰者邪？蔡氏曰：“《泰誓》《武城》一篇之中，似非尽出一人之口。”又引吴氏言，疑其书之晚出，或非尽当时之本文。盖已见及乎此，特以注家之体，未敢直言其伪耳。

【注释】①独夫：残暴无道、众叛亲离的统治者。最早指的是商纣王。商纣王是历史上有名的暴君，武王伐纣，把他杀死。孟子认为杀得对，说：“闻诛一夫纣矣，未闻弑君也。”

【译文】殷商的恩惠很深厚了，极小的土地无不被他占有，没有一个百姓不是他的臣民。武王讨伐商纣，于是誓师说："暴虐无道、众叛亲离的统治者殷受，大力实行刑罚，是你们世代的仇敌。""所以小子我率领你们众多将士，歼灭你们的仇敌。"怎么会到这种境况呢？商纣的过失，也是局限在自身，到了把他的先辈一同来仇视，难道不能说明《泰誓》，是魏晋时代的人伪造杜撰的作品吗？（蔡氏说："《泰誓》《武城》一篇之中，似乎不是完全出自一个人之口。"又引吴氏的说法，怀疑这文章后来才出现，或许不完全是当时的原文。大概已看出了这点，只以注家的体例，不敢直接说它是伪造的。）

"朕[①]梦协朕卜，袭于休祥，戎商必克。"伐君大事，而托之乎梦，其谁信之？殆即《吕氏春秋》载夷、齐之言，谓武王扬梦以说众者也。《左传》昭七年，卫史朝之言曰："筮袭于梦，武王所用也。"是当时已有此语。

【注释】①朕：我，我的。秦以前，不论尊卑，皆自称朕。秦灭六国以后，天子始自称朕。

【译文】"我的梦符合我的占卜，梦和卜兆都很吉祥。征伐商纣一定能够胜利。"征伐国君是大事，却假托给梦，谁能够相信呢？差不多是《吕氏春秋》记载伯夷、叔齐的言论，说武王宣扬梦境来说服众人。（《左传》鲁昭公七年，卫史朝说："筮袭于梦，武王所用也。"说明当时已有这些话。）

《孟子》引《书》："王曰无畏，宁尔也，非敌百姓也。若崩厥角[①]，稽首。"今改之曰："罔或无畏，宁执非敌，百姓懔懔，若崩厥角。"后儒虽曲为之说，而不可通矣。

【注释】①若崩厥角：叩头的声响像山崩一样。形容十分恭敬的样子。

【译文】《孟子》引用《尚书》："王曰无畏，宁尔也，非敌百姓也。若崩厥角，稽首。"现在更改为："罔或无畏，宁执非敌，百姓懔懔，若崩厥角。"后代的读书人虽然勉强注说，然而说不通。

百姓有过在予一人

"百姓有过，在予一人。"凡百姓之不有康食，不虞天性，不迪率典，皆我一人之责，今我当顺民心以诛无道也。蔡氏谓："民皆有责于我"，似为纡曲。

【译文】"百姓有过错，责任在我一个人。"凡是百姓不能粮食充足，不能预料上天安排的命运，不遵循常法，都是我一个人的罪责，现在我应该顺应百姓的心愿来讨伐纷乱的黑暗政治。蔡氏说："百姓对我都有责备"，似乎是委婉勉强。

王朝步自周

《武成》："王朝步自周，于征伐商。"《召诰》："王朝步自周，则至于丰。”《毕命》：“王朝步自宗周，至于丰。”不敢乘车，而步出国门，敬之至也。马氏曰：“丰，文王庙所在。”郑氏以为：“出庙入庙皆步行。”今按《书》言“步自周”，则不但于庙也。《雍录》以为“步行二十五里”，则又太远。后之人君，骄恣惰佚，于是有辇而行国中，坐而见群臣，非先王之制矣。“皇帝辇出房”，见于《汉书·叔孙通传》，乃秦仪也。

【译文】《武成》：“周武王早晨从周朝京都出发，前往征伐商朝。”《召诰》：“周成王早晨从镐京步行，到了丰邑。”《毕命》：“周康王早晨从镐京行到丰邑。”不敢坐车，而是步行走出国都的城门，恭敬到了极点。（马氏说：“丰，文王庙所在之地。”郑氏以为：“出庙入庙都步行。”现在根据《书》说“步自周”，则不仅是在庙。《雍录》认为“步行二十五里”，就又太远了。）后代的君主，骄傲放纵、懒惰放荡，因此有皇帝坐着车在王城之内穿行，坐着接见群臣，这不是先代君王的定制。（“皇帝坐着车辇出房”，出现在《汉书·叔孙通传》里，是秦代的仪制。）

《吕氏春秋》：“出则以舆，入则以辇，务以自佚，命之曰‘招蹷之机’。”枚乘《七发》本此，作“蹷痿之机”。宋吕大防[①]言：“前代人主，在宫禁之中，亦乘舆辇，祖宗皆步自内庭，出御前殿，此勤身之法也。”周辉《清波杂志》。

【注释】①吕大防：字微仲，京兆府蓝田（今陕西蓝田）人，北宋时期政治家、书法家。

【译文】《吕氏春秋》记载："外出就是车舆，回来是车辇，一定自图安逸，这称为'招蹷之机'。"（枚乘《七发》根据这个，创作了"蹶痿之机"。）宋人吕大防说："前代的君王，在君王居住的地方，也是坐着车，太祖太宗都是在王城之内步行，到前殿，这是努力于职事以致身体劳苦的方法。"（参见周辉《清波杂志》。）

《太祖实录》："吴元年[①]，上以诸子年长，宜习勤劳，使不骄惰，命内侍制麻屦行縢[②]。每出城稍远，则马行其二，步趋其一。"至崇祯帝[③]，亦尝步祷南郊[④]。呜呼！皇祖[⑤]之训远矣。

【注释】①吴元年：明太祖朱元璋在废除小明王韩林儿龙凤年号后，称帝前的一种临时的纪年方式。②麻屦行縢：屦（jù）：古时用麻、葛等做成的鞋。縢（téng）：盛物的布袋。③崇祯帝：朱由检，字德约，明朝第十六位皇帝，年号崇祯（1628—1644）。④南郊：古代天子在京都南面的郊外筑圜丘以祭天的地方。⑤皇祖：君主的祖父或远祖。

【译文】《太祖实录》记载："吴元年，皇上认为诸位皇子年长力壮，应该学习辛勤劳作，让他们不骄横懒惰，命令内侍制作用麻做成的鞋、行囊。每次稍微远离王城，就骑马走二分的路程，步行快走一分的路程。"到了崇祯皇帝，也曾经步行到南郊祭天祷告。哎呀！皇祖训教深远啊。

大王王季

《中庸》言："武王末受命，周公成文、武之德，追王大王、王季。"《大传》言，武王于牧之野，"既事而退"，"遂率天下诸侯执豆笾[①]骏奔走，追王大王亶父、王季历、文王昌"。二说不同。今按《武成》言"丁未祀于周庙"，而其告庶邦冢君[②]，称"大王王季"。《金縢》之册祝曰："若尔三王。"是武王之时，已追王大王、王季，而《中庸》之言，未为得也。《绵》之诗，上称古公亶父，下称文王，是古公未上尊号之先，文已称王，而《大传》之言，未为得也。仁山金氏[③]曰："武王举兵之日，已称王矣，故类于上帝，行天子之礼，而称'有道曾孙周王发'，必非史臣追书之辞。后之儒者，乃嫌圣人之事而文之，非也。"然文王之王，与大王、王季之王，自不同时，而追王大王、王季，必不在周公践阼之后。疑武王未克商，先已追尊文王。《史记·伯夷传》："西伯卒，武王载木主，号为文王，东伐纣。"

【注释】①豆笾（biān）：祭器。木制的叫豆，竹制的叫笾。②庶邦：诸侯众国。冢君：大君，对列国君主的敬称。③仁山金氏：金履祥，字吉父，号次农，自号桐阳叔子，兰溪（今浙江兰溪）人。宋、元之际的学者。为浙东学派、金华学派的中坚，"北山四先生"（余为何基、王柏、许谦）之一，学者尊称为仁山先生。

【译文】《中庸》记载："周武王年迈的时候才承受天命，周公为了成就文王、武王的德业，追尊大王、王季为王。"《大传》记载，武王在牧野大战前，“大功告成之后自行隐退”，“于是率领天下的诸侯拿着豆笾等祭器而急速奔走，追尊大王亶父、王季历、文王姬昌为王。”两种说法不同。现在按照《武成》记载的“丁未日，武王在周庙举行祭祀”，而他告诉诸侯众国的诸侯，称作“大王王季”。《金縢》的策书祝愿祷告说：“假若你们三位先王。”说明在武王的时代，已经追尊大王、王季为王，那么《中庸》的记载，未必正确。《绵》诗，上称古公亶父，下称文王，是古公没有上尊号在先，文王已经称王，而《大传》的记载，未必正确。仁山金履祥说：“武王起兵的时候，已经称王了，因此类似于上帝，履行天子的礼仪，而称呼‘有德行的曾孙周王姬发’，一定不是史官追加记载的言辞。后代的读书人，因为事情涉嫌圣人而掩饰它，不是这样。”然而文王之王，与大王、王季之王，自然不是在同时，而追尊王大王、王季，一定不在周公即位之后。（怀疑武王没有打败殷商，之前就已经追尊文王。《史记·伯夷传》：“西伯逝世后，武王用车载着木主，号为文王，向东讨伐纣王。”）

彝伦

彝伦者，天地人之常道，如下所谓五行、五事、八政、五纪、皇极、三德、稽疑、庶征、五福、六极[①]，皆在其中，不止《孟子》之言人伦而已。能尽其性，以至能尽人之性，尽物之性，则可以赞天地之化育，而彝伦叙矣。

【注释】①五行：中国古代道教哲学的一种系统观，五行的意义包涵借着阴阳演变过程的五种基本动态：水（代表润下）、火（代表炎上）、金（代表收敛）、木（代表伸展）、土（代表中和）。中国古代哲学家用五行理论来说明世界万物的形成及其相互关系。五事：古人修身的五件事：貌、言、视、听、思。八政：古代国家施政的八个方面，食、货、祀、司空、司徒、司寇、宾、师。五纪：指岁、月、日、星辰、历数。皇极：帝王统治天下的准则。即所谓大中至正之道。三德：三种品德，正直、刚克、柔克。稽疑：用卜筮决疑。庶征：各种庶征候。五福：古代中国民间关于幸福观的五条标准。一曰寿、二曰富、三曰康宁、四曰攸好德、五曰考终命。六极：六种极凶恶之事。一曰凶、短、折，二曰疾，三曰忧，四曰贫，五曰恶，六曰弱。

【译文】所说的彝伦，指的是天地人的常道，下面所说的五行、五事、八政、五纪、皇极、三德、稽疑、庶征、五福、六极，都包含在其中，不止《孟子》所说的人与人之间的关系而已。能充分发挥自己的本性，就能充分发挥他人的本性；能充分发挥他人的本性，就能充分发挥万物的本性；能充分发挥万物的本性，就可以帮助天地滋养、培育生命，那么常道就定下来了。

龟从筮逆

古人求神之道，不止一端，故卜筮并用，而终以龟为主。《周礼·筮人》言："凡国之大事，先筮而后卜。"注："当用卜者先筮之，即事有渐也，于筮之凶，则止不卜。"然而《洪范》有"龟从筮逆"者，则知古人固不拘乎此也。"大卜[①]掌三兆[②]之法"，"其经兆之体，皆百有二十，其颂皆千有二百"，故《传》曰："筮短龟长。"《左传》：晋献公将以骊姬为夫人，卜之不吉，筮之吉。卜人曰："筮短龟长，不如从长。"注："物生而后有象，象而后有滋，滋而后有数。龟象筮数，故象长数短。《曲礼》正义曰："凡物初生则有象。去初既近，且包罗万形，故为长。数是终末，去初既远，推寻事数，始能求象，故以为短也。"自汉以下，文帝[③]代来，犹有大横之兆[④]。《艺文志》有《龟书》五十三卷、《夏龟》二十六卷、《南龟书》二十八卷、《巨龟》三十六卷、《杂龟》十六卷。而后则无闻。唐之李华[⑤]，遂有废龟之论矣。《旧唐书》。

【注释】①大卜：即太卜，周朝叫大卜，官阶下大夫，掌阴阳卜筮之法，通过卜筮蓍龟，帮助天子决定诸疑，观国家之吉凶。②三兆：三种兆象体系，一曰玉兆、二曰瓦兆、三曰原兆。③文帝：刘恒，汉高祖刘邦第四子，母薄姬，汉惠帝刘盈之弟，西汉第五位皇帝。汉高祖死后，吕后专权，诸吕掌握朝廷军政大权。吕后死后，太尉周勃、丞相陈平等大臣把诸吕一网打尽，迎立代王刘恒入京为帝，是为汉文帝。④大横之兆：龟卜卦兆名。龟文呈横形，故称。⑤李华：字遐叔，赵郡赞皇（今河北赞皇县）人。唐代大臣、文学家。

【译文】古人祈求神灵的途径，不止一种，因此龟甲、筮草一同使用，而最终以龟甲为主。《周礼·筮人》记载："大凡国家的大事，先筮草而后龟卜。"注解："当预测的人先用筮草预测，就表示事情是循序渐进，筮草预测有凶险，就停止不用龟卜。"然而《洪范》有"龟卜同意筮草不同意"的记载，就知道古人原本就不拘泥于此。"太卜执掌三类兆象的占卜方法"，"它们基本的兆象之体，都有一百二十种，它们的占兆之辞都有一千二百条。"，因此《传》说："筮占所言理短，龟卜所言理长。"（《左传》：晋献公将要以骊姬为夫人，龟卜得到的是不吉之兆，筮占得到的是吉兆。卜人说："筮占所言理短，龟卜所言理长，不如听从长的。"注解："万物产生以后才有物象，物象以后才能滋长，滋长以后才有数字。龟象筮数，所以龟象长筮数短。《曲礼》正义说："凡是万物开始产生时就有物象。离开始很近，而且包罗万象，所以成为长。数是末端，离开始已经遥远，推寻事数，才能求物象，所以成为短。"）从汉代以来，汉文帝从代国来到都城，那时候仍然有大横的征兆。《艺文志》有《龟书》五十三卷、《夏龟》二十六卷、《南龟书》二十八卷、《巨龟》三十六卷、《杂龟》十六卷。后来就没有听说过了。唐代的李华，于是就废除龟卜的言论了。（《旧唐书》。）

周公居东

主少国疑，周公又出居于外，而上下安宁，无腹心之患者，二公之力也。武王之誓众曰"予有乱臣十人，同心同德"，于此见之矣。《荀子》："二公仁智且不蔽，故能持周公，而名利福禄与周公齐。"

【译文】君主年幼初立，人心疑惧不安，周公又外出居住在外面，然而上下安稳太平，没有严重祸患的原因，是由于召公、毕公高二公的力量。武王在众人面前誓师说"我有治理国家的能臣十人，思想统一，信念一致"，在这可以知道了。《荀子》："召公、吕望仁德明智而且不被蒙蔽，所以能够扶助周公，而他们享有的名位利益、幸福俸禄和周公一样。”

微子之命

微子之于周，盖受国而不受爵。受国以存先王之祀，不受爵以示不为臣之节，故终身称微子也。孔氏《书传》曰“微，畿内国名；子，爵”也。微子卒，立其弟衍，是为微仲。衍之继其兄，继宋，非继微也，而称微仲者何？犹微子之心也。至于衍之子稽，则远矣，于是始称宋公。呜呼！吾于《洪范》之书言“十有三祀”，《微子之命》以其旧爵名篇，而知武王、周公之仁，不夺人之所守也。后之经生不知此义，而抱器之臣、倒戈之士接迹[1]于天下矣。

【注释】①接迹：足迹前后相接。形容人多。

【译文】微子对于周朝，接受封国而不接受爵位。接受封国是为了保存先代君王的祭祀，不接受爵位是为了显示不为周朝臣子的气节，因此终身都称呼为微子。（孔安国《书传》说“微，王城内的诸侯国名；子，是爵位”。）微子死后，确立他的弟弟衍，这是微仲。衍继承他的兄长，是继承宋国诸侯爵位，不是继承微，然而为什么称为微仲呢？好比是微子的心意。到了衍的儿子稽，就疏远了，于是开始称呼宋公。哎呀！我对于《洪范》的记载“十有三祀”，《微子之命》用他的旧爵位来命名篇名，而知道武王、周公的仁慈，不剥夺人所守护的。后代研治经学的儒生不知道这个含义，而怀抱国家宝器的臣子、掉转武器向己方攻击的士兵在天下间很多了。

酒 诰

酒为天之降命，亦为天之降威。纣以酗酒而亡，文王以不腆[①]于酒而兴。兴亡之几，其原皆在于酒，则所以保天命而畏天威者，后人不可不谨矣。

【注释】①不腆：谦辞。犹言不丰厚，浅薄。

【译文】酒是上天降下的教令，也是上天降下的惩罚。商纣因为无节制地过量饮酒儿招致灭亡，周文王因为不过分饮酒而兴盛。兴盛灭亡的时机，原因都在于酒，那么用来保持上天的教令而畏惧上天的惩罚，后人不可以不谨慎啊。

召 诰

古者吉行日五十里。故召公营洛，乙未自周；戊申朝至于洛，凡十有四日。师行日三十里，故武王伐纣，癸巳自周；戊午师渡孟津[①]，凡二十有五日。《汉书》以为“三十一日”，误。

【注释】①孟津：一称盟津，地名。在今河南省孟津县。

【译文】古代的人吉事出行，一日不过五十里而止。因此召公营建洛邑，乙未日从镐京出发；戊申日早上到达洛邑，共有十四天。军队出征，一日不过三十里而止，因此武王讨伐商纣，癸巳日从周王城镐京出发；戊午日军队渡过孟津，有二十五天。《汉书》以为是“三十一天”，是不对的。

元子

《微子之命》，以微子为“殷王元子”，《召诰》则又以纣为元子，曰：“皇天上帝[①]，改厥元子[②]，兹大国殷之命。”又曰：“有王虽小，元子哉！”人君谓之天子，故仁人之事天如事亲。

【注释】①皇天上帝：又称昊天上帝、上帝、上天、天父、皇天等正式称谓，还有老天爷，天公等其他称谓，华夏民族至上神，无形无相，无始无终，自在永在。②元子：天子和诸侯的嫡长子。

【译文】《微子之命》中记载，把微子作为“殷王的嫡长子”，《召诰》中则又把商纣作为殷王的嫡长子，记载说：“皇天上帝改变了他的嫡长子，结束了殷商大国的天命。”又记载说：“王虽然年轻，却是嫡长子啊！”君主称为天子，因此有德行的人侍奉上天就像侍奉父母一样。

其稽我古人之德

傅说之告高宗[①]曰：“学于古训，乃有获。”武王之诰康叔，既“祗遹[②]乃文考”，而又求之“殷先哲王”，又求之“商耇[③]成人”，又别求之“古先哲王”。大保[④]之戒成王，先之以“稽我古人之德”，而后进之以“稽谋自天”。及成王之作《周官》，亦曰：“学古入官。”曰：“不学墙面。”子曰：“述而不作，信而好古。”又曰：“好古敏以求之。”又曰：“君子以多识前言往行，以畜其德。”先圣后圣，其揆一也。不学古而欲稽天，岂非不耕而求获乎？

【注释】①傅说（yuè）：殷商时期著名贤臣，先秦史传为商王武丁丞相，为“三公”之一。辅助武丁成就“武丁中兴”。高宗：即商高宗武丁，商朝第二十三任君主，武丁在位时期，勤于政事，任用傅说及甘盘、祖己等贤能之人辅政，励精图治，成就了“武丁盛世”。②祗遹（zhī yù）：敬述。③耇（gǒu）：年老；长寿。④大保：亦作“太保”，监护与辅弼国君之官

【译文】傅说告诉殷高宗说：“要学习古训，才会有所收获。”周武王勉励康叔，“观察你恭敬地追随文王”，追寻“殷代圣明的先王”，又追寻“殷商长者”，另外又追寻“古代圣明的先王”。太保召公劝诫成王，首先“考察寻求我们古代先王的德政”，而后又“考察寻求天意的人”。等到周成王创作《周官》，也说：“先学古代治理方法再入仕途。”说：“不学习就好像面向墙站着。”孔子说：“只阐述而不创作，相信并且喜好古代的东西。”又说：“爱好古代的东西，勤奋敏捷地去追求。”又说：“君子要多记取前贤的言论、往圣的行迹，用来蓄积自身美好的品德。”先代、后世的圣人，他们的道理是一样的。不学习研究古代典籍却想到达天际，难道不是想不耕种就有收获一样的吗？

节 性

“降衷于下民，若有恒性”，此“性善”之说所自出也。“节性惟日其迈”，此“性相近”之说所自出也。“岂弟[①]君子，俾尔弥尔性，似先公酋[②]矣。”命也，有性焉，君子不谓命也。

【注释】①岂弟：通“恺悌”。恺，和乐、和善。悌，敬重兄长。②先公：对天子、诸侯祖先的尊称。酋：假借为“猷”，功绩、功业。

【译文】“降善施福气给下界的百姓，顺从百姓的常性”，这就是“本性良善”说法的来源。“使他们和睦的情感一天天地增长”，这就是“本性基本相近”说法的来源。“和乐平易而厚道的人，终生辛劳有什么追求呢，是为了继承祖业功劳千秋万代。”命运，这其中也有人的本性，但君子不称它们是命运。

汝其敬识百辟享

人主坐明堂而临九牧[①]，不但察群心之向背，亦当知四国[②]之忠奸。故嘉禾[③]同颖，美侯服[④]之宣风；底贡厥獒，戒明王之慎德，所谓“敬识百辟享也”。昔者唐明皇之致理也，受张相千秋之镜[⑤]，听元生于蔿[⑥]之歌，亦能以謇谔[⑦]为珠玑，以仁贤为器币。及乎王心一荡，佞谀日崇，开广运水潭，致江南之货，广陵铜器，京口绫衫，锦缆牙樯，弥亘数里，靓妆鲜服，和者百人，乃未几而蓟门之乱作矣。然则韦坚、王鉷[⑧]之徒，剥民以奉其君者，皆“不役志于享”者也。《易》曰："公用享于天子，小人弗克。"若明皇者，岂非享多仪而民曰不享者哉。

【注释】①明堂：古代帝王所建的最隆重的建筑物，用作朝会诸侯、发布政令、秋季大享祭天，并配祀祖宗。九牧：即九州，古代中国的代称。②四国：四方的国家，亦泛指四方，天下。③嘉禾：泛指生长茁壮的禾稻。在古代，则把一禾两穗，两苗共秀，三苗共穗等生长异常的禾苗称为"嘉禾"。人们认为它们是政治清明，天下太平的征兆。④侯服：周制称王城周围方千里以外的方五百里的地区。⑤张相：张九龄，字子寿，一名博物，谥文献。唐朝韶州曲江（今广东韶关）人，世称"张曲江"或"文献公"。千秋之镜：宰相张九龄在一次"千秋节"上，写了一篇《千秋金鉴录》作贺仪。文中他陈述了历代兴衰缘由，企盼玄宗以之为鉴。玄宗阅后口虽嘉奖，但心中不悦，依然如故。⑥元生：即元德秀，字紫芝，唐朝河南（今河南洛阳）人，世居太原（今山西太原），后移居河南陆浑（今河南嵩县），唐代诗人。于蒍（wěi）：歌曲名。为唐人元德秀所作。⑦謇谔：亦作"謇愕"。正直敢言。⑧韦坚：唐京兆万年（今陕西西安）人，字子金，为唐代大臣，由秘书丞历任奉先、长安令。王鉷：太原郡祁县（今山西祁县）人，唐朝大臣，封太原县公，兼殿中监。

【译文】君王坐在明堂，面对着九州，不但要审察众人的人心向背，也应当知道四方诸侯国的忠诚与奸诈。因此茁壮生长的禾稻，是在赞美侯服宣扬风教德化；西方旅国进贡来的大犬，是劝诫圣明的君王要敬重德行。这就是所说的"应该认真考察诸侯的享礼"。从前唐玄宗在政治上安定清平，接受张九龄历代兴衰缘由的借鉴，聆听元德秀自编自导自演的一曲《于蒍于》，也能把正直敢言当作是珠宝美玉，把仁德贤明当作是礼器玉帛。等到君王的心思一放纵，奉承讨好的美言日益被推崇，开凿广运水潭，求取江南的货物，广陵的铜器，京口的绫衫，锦制的精美缆绳、象牙装饰的桅杆，绵延数里，美丽的装饰、艳丽的服装，附和的有百人，不久之后蓟门之乱（指安史之乱）就爆发了。那么韦坚、王鉷这些人，盘剥百姓来献给君王，都是“进献的人并没有把心思放在进献上”。《易经》记载：“公侯被天子设享礼款待，小人不能如此。”像唐玄宗这样，难道不是享献之礼有很多仪节，但是百姓认为没有进献吗。

惟尔王家我适

朝觐者，不之殷而之周；讼狱者，不之殷而之周。于是周为天子，而殷为侯服矣。此之谓“惟尔王家我适”。

【译文】朝贡和拜谒，不到殷商而到周朝；诉讼，不到殷商而到周朝。因为这周朝称为天子，而殷商称为诸侯。这就是所说的“只把你们的王家作为敌人”。

王来自奄

《多方》之诰曰：“惟五月丁亥，王为自奄[①]。”而《多士》，王曰：“昔朕来自奄。”是《多方》当在《多士》之前，后人倒其篇第耳。元儒王柏论亦同此，但更置太多，未敢信。奄之叛周，是武庚既诛而惧，遂与淮夷、徐戎[②]并兴。而周公东征，乃至于三年之久。《孟子》曰：“伐奄，三年讨其君”是也。伐奄，成王时事，上言相武王，因诛纣而连言之耳。既克，而成王践奄，盖行巡狩之事。《书序》“成王既践奄，将迁其君于蒲姑[3]”是也。《多方》篇云：“周公曰王若曰”，是周公尚未迁殷，而王已践奄矣。孔《传》以为奄再叛者，拘于篇之先后而强为之说。至于再至于三，当从蔡氏说。

【注释】①奄：殷商时的东夷方国，其国都在今山东曲阜。后为周成王所灭，据传其残部逃到江南，重新筑城，仍然称“奄”。②徐戎：古族名。东夷之一。夏至周分布于今淮河中下游。周初建立徐国，在东夷中最称强大，曾数次联合淮夷等抗周。③蒲姑：亦称薄姑。商末周初蒲姑国都。

【译文】《多方》训诫勉励说：“五月丁亥这天，成王从奄地回来。”在《多士》里，王说：“从前我从奄地来。”那么《多方》应当出现在《多士》的前面，后人颠倒了其中篇幅的顺序。（元代儒生王柏的说法也与之相同，但是改动太多，不敢信从。）奄国背叛周朝的原因，是由于武庚已经被诛杀而恐惧，于是和淮夷、徐戎一起兴起叛乱。周公东征，有三年之久。《孟子》说：“讨伐奄国，与暴君征战了三年”，说的就是这个。（讨伐奄国，是周成王时的事情，上文说“相武王”，因为诛杀商纣王而连着提及而已。）已经胜利，那么成王到达奄国，大概是巡行视察。《书序》“成王已经到达奄国，将要迁移奄国国君到蒲姑”。（《多方》篇说：“周公曰王若曰”，说明周公尚未迁移殷民，而成王已经到达奄国了。）孔《传》以为奄国再次背叛，是拘泥于篇幅顺序的先后而进行牵强地解说。（“至于再至于三”，应当听从蔡氏的说法。）

建官惟百

成王作《周官》之书，谓“唐虞稽古，建官惟百”，而“夏商官倍”者。时代不远，其多寡何若此之悬绝哉？且天下之事，一职之微，至于委吏乘田[①]，亦不可阙，而谓二帝之世，遂能以百官该内外之务，吾不敢信也。考之传注，亦第以为因时制宜，而莫详其实。吾以为唐虞之官不止于百，而其咨而命之者，二十有二人。其余九官[②]之佐，殳斨[③]伯与、朱虎熊罴之伦，暨侍御仆从，以至州十有二师[④]，外薄四海，咸建五长，以名达于天子者，不过百人而已。其他则穆王之命，所谓“慎简乃僚”，而天子不亲其黜陟[⑤]者也。故曰：“尧舜之知而不遍物，急先务也；尧舜之仁不遍爱人，急亲贤也。”夏商之世，法日详，而人主之职日侵于下，其命于天子者多，故倍也。观于《立政》之书，内至于“亚旅”，外至于“表臣”“百司”，而“夷、微、卢烝、三亳版尹”之官，又虞夏之所未有，则可知矣。杜氏《通典》言，汉初，王侯国百官皆如汉朝，惟丞相命于天子，其御史大夫以下皆自置。及景帝惩吴楚之乱[⑥]，杀其制度，罢御史大夫以下官。至武帝又诏，凡王侯吏职，秩二千石者，不得擅补；其州郡佐吏，自别驾长史以下，皆刺史太守自补。历代因而不革。洎北齐武平中，后主失政，多有佞幸，乃赐其卖官，分占州郡，下及乡官，多降中旨，故有敕用州主簿、郡功曹者。自是之后，州郡辟士之权，寖移于朝廷，以故外吏不得精覈[⑦]，由此起也。故刘炫对牛弘[⑧]，以为“大小之官，悉由吏部”，此政之所以日繁。而沉既流之议，欲令六品以下，及僚佐之属，许州府辟用。《唐书·百官志》曰：“初，太宗省内外官，定制为七百三十员，曰：‘吾以此待天下贤才，足矣。’”后之人见《周礼》一书，设官之多，职事之密，以为周之所以致治者如此，而不知“宅乃事，宅乃牧，宅乃准”之外，文王罔敢知也。然则周之制虽详，而意犹不异于唐虞矣。求治之君，其可以天子而预铨曹[9]之事哉？

【注释】①委吏：古代管理粮仓的小官。出自《孟子·万章下》。乘田：春秋时鲁国主管畜牧的小吏。②九官：古传舜设置的九个大臣。③殳斨（shū qiāng）：炎帝之孙伯陵与吴权的妻子私通，生的第三个儿子。④师：二千五百人为师。《周礼·地官·小司徒》记载：五人为伍，五伍为两，四两为卒，五卒为旅，五旅为师。⑤黜陟：人才的进退，官吏的升降。黜：废掉官职；陟：提升官职。⑥吴楚之乱：一般指七国之乱，七国之乱是发生在西汉景帝时期的一次诸侯国叛乱。汉景帝即位后，御史大夫晁错提议削弱诸侯王势力、加强中央集权。汉景帝采用晁错的《削藩策》，先后下诏削夺楚、赵等诸侯国的封地。这时吴王刘濞就联合楚王刘戊、赵王刘遂、济南王刘辟光、淄川王刘贤、胶西王刘昂、胶东王刘雄渠等刘姓宗室诸侯王，以“清君侧”为名发动叛乱。但最终被平定。⑦精覈（hé）：详密审核。⑧刘炫：隋经学家。字光伯。河间景城（今河北献县）人。刘献之的三传弟子。牛弘：本姓裛（yì），字里仁，安定鹑觚（今甘肃灵台）人。袭封临泾公。少好学，博览群书。⑨铨曹：主管选拔官员的部门。

【译文】成王创作《周官》，认为“唐尧、虞舜查考古代制度，建立的官职只有一百”，而“夏代和商代，官职数量增加一倍”，时代并不久远，数量的多少为什么相差极远呢？况且天下的事情，一个微小的职位，以至于委吏乘田，也不可以缺少，而说二帝的时代，能够凭借百官管理内外的事务，我不敢相信。考查解释经籍的文字，也只是认为是根据不同时期的具体情况，采取适当的措施，而不能够说明详细而确实的情形。我认为尧舜的官职不止百人，询问而任命的，有二十二人。其余九官的佐属官，及斨伯与、朱虎熊罴这些人，和侍奉君王的人、跟随在身旁的仆人，以至于每一个州征集三万人，从九州到四海边境，每五个诸侯国设立一个长，凭借名字被天子知道的，不过百人罢了。其他的就是穆王的任命，所说的“谨慎简选你的僚属侍臣”，而天子不亲自处理人才的进退，官吏的升降。因此说：“尧和舜知晓万物但不遍及万物，因为他们总是急着当前的重要事物。尧和舜的仁爱不遍及所有的人，因为他们总是急着亲近贤者。”夏商的时代，制度日益详备，而君主的职务日益下放，被天子任命的人多，因此数量翻倍。察看《立政》，在内至于“亚旅”，在外至于“表臣”“百司”，而“夷、微、卢各国君主；商和夏的旧都管理官员”，又是虞夏所没有的，这就可以知道了。杜佑《通典》记载，汉朝初期，王侯国百官都如同汉朝，只有丞相是天子任命，王侯国从御史大夫以下都是自己设置。等到景帝警戒吴楚叛乱，终止王侯国的制度，罢免御史大夫以下的官吏。到了武帝又下诏，凡是王侯国官吏的职位，俸禄二千石的人，不得擅自填补；州郡佐吏，从别驾长史以下，都由刺史太守自行填补。历代都沿袭而不改革。到北齐武平年间，北齐后主高纬政治混乱，有很多以谄媚而得到宠幸的人，于是恩赐他们出卖官职，分别占据州郡，在下到乡官，皇帝多降下诏谕，因此有诏令任用州主簿、郡功曹。从这以后，州郡任用人的权力，渐渐转移到朝廷，因为这缘故在地方各衙门办事的官吏不能得到精细的考核，从这发生了。因此刘炫论对牛弘，认为“大小的官吏，全部由吏部选拔”，这就是政事日益繁琐的原因。而压制已经流行的议论，想让官职六品以下，以及僚佐这类人，允许州府征召、任用。（《唐书·百官志》曰：“当初，太宗裁撤内外官员，规定员额为七百三十员，说：‘我依靠这个来等待天下贤才，就足够了。’”）后代的人看见《周礼》，设置官吏之多，职务之密集，认为这是周朝政治安定清平的原因，而不知道“考察你们的常任、常伯、准人”之外，文王不必知道。那么周朝的制度虽然完备，而用意与唐尧、虞舜没什么不同。想治理好国家的国君，他可以凭借天子身份而参与主管选拔官员部门的事吗？

司 空

司空，孔传谓：“主国空土以居民。”未必然。颜师古曰：“空，穴也，古人穴居，主穿土为穴，以居人也。”见《汉书·百官公卿表》注，此语必有所本。《易》传云：“上古穴居而野处。”《诗》云，古公亶父“陶复陶穴[①]，未有家室”。今河东之人尚多人穴居者。今人谓窑，即古“陶”字。《庄子》言：“逃虚空”，虚空即今人所谓冷窑也。洪水之后，莫急于奠民居，故“伯禹作司空”，为九官之首。

【注释】①陶穴：古代凿地而成的土室。

【译文】司空，孔安国注解说：“主国空土以居民。”不一定是这样。颜师古说：空，指的是穴，古人以穴为居，凿穿土包为穴，用来居住人。”（参见《汉书·百官公卿表》注，这句话必然有所根据。）《易》传说：“上古以穴为居而栖息在野外。”《诗经》记载，太王古公亶父来，“率领百姓挖窨又开窑，还没筑屋建厅堂”。现在黄河以东的人还有很多人以穴为居。（现在人称为窑，就是古“陶”字。《庄子》说：“逃虚空”，虚空就是现在人所说的冷窑。）洪水过后，没有比建立百姓住所更急迫的了，因此“伯禹现在担任司空”，位居九官首位。

顾命

读《顾命》之篇，见成王初丧之际，康王与其群臣皆吉服，而无哀痛之辞，以召公、毕公之贤，反不及子产、叔向[1]，诚为可疑。再四读之，知其中有脱简。不言殡礼，知是阙文。岂有新君已朝诸侯，而成王尚未殡，史官略无一言记及者乎。而“狄设黼扆[2]缀衣”以下，即当属之《康王之诰》。伏生本以《顾命》《康王之诰》合为一篇。自此以上，记成王顾命登遐之事；自此以下，记明年正月上日康王即位朝诸侯之事也。古之人君于即位之礼重矣，故即位于庙，受命于先王，祭毕而朝群臣，群臣布币而见，然后成之为君。《春秋》之于鲁公，即位则书，不即位则不书。盖有遭时之变，而不行此礼，如庄、闵、僖三公者矣。康王当太平之时，为继体之主，而史录其遗文训告，以为一代之大法，此《书》之所以传也。《记》曰：“未没丧不称君”，而今《书》曰：“王麻冕黼裳”，是逾年之君也。又曰“周卒哭而祔”，而今曰“诸侯出庙门俟”，是已祔之后也。《记》曰：“卒哭曰成事。是日也，以吉祭易丧祭。”传言：“天子七月而葬，同轨毕至。”而今太保率西方诸侯，毕公率东方诸侯，是七月之余也，因其中有脱简，而后之说《书》者，并以系之“越七日癸酉”之下，所以生后儒之论。而不思初崩七日之间，诸侯何由而毕至乎？苏氏亦知其不通，而以为问疾之诸侯。或曰：易吉可乎？曰：此周公所制之礼也，以宗庙为重，而不敢凶服以接乎神，释三年之丧，以尽斯须之敬。此义之所在，而天子之守与士庶不同者也。《商书》有之矣：“惟元祀十有二月乙丑，伊尹祠于先王，奉嗣王祗见厥祖。”岂以丧服而入庙哉？《汉书·孝文纪》：元年冬十月辛亥，皇帝见于高庙。”盖犹循此制。

【注释】①子产：春秋时期著名政治家、思想家。姬姓，公孙氏，名侨，字子产，又字子美，谥成。叔向：姬姓，羊舌氏，名肸（xī），字叔向（一作叔响，又字叔誉），又称叔肸；因食邑在杨，又称杨肸。春秋时期晋国大夫、政治家，与郑国的子产、齐国的晏婴齐名。②黼扆（fǔ yǐ）：古代帝王座后的屏风，上画斧形花纹。

【译文】阅读《顾命》，看到周成王刚过世的时候，周康王以及群臣都穿着吉服，而没有悲伤的言辞，以召公、毕公的贤明，反而比不上子产、叔向，实在是可疑。连续多次阅读，知道其中有脱漏散失的篇章。（不说殡礼，知道这是阙文。哪有新君已经接见诸侯，而周成王尚未出殡，史官全没有一句话提及的呢？）而“狄设黼扆缀衣”以下，应该属于《康王之诰》的文字。（伏生版本以《顾命》《康王之诰》合为一篇。）自此以上，记载成王临终遗命、升天而去的事；自此以下，记载第二年正月初一康王即位会见诸侯的事。古时候君王即位的礼节很隆重，因此在庙堂即位，受命于先王，祭祀完毕而会见群臣，群臣拿着布币来朝见，然后成为君王。《春秋》对于鲁公，即位就记载，不即位就不记载。因为遭遇时势的变化，而不举行这样的礼仪，像鲁庄公、鲁闵公、鲁僖公这三公。康王处在太平时代，是继承帝位的君主，而史书记录他的遗文训告，作为一代的大法，这就是《尚书》流传的原因。《礼记》记载："还没有处理完丧事就不称君王"，而现在《尚书》记载："王戴着麻制的礼帽，穿着绣有斧形花纹的礼服"，是一年后称王的。又记载"周人在卒哭以后就举行祔祭"，而现在记载"诸侯卿士们都走出祖庙门，恭候康王视朝"，是在已经祔祭之后了。（《礼记》说："卒哭为成事。这一天，以吉祭换丧祭。"）传记载："天子死了七个月后才下葬，诸侯都来参加葬礼。"而现在太保召公率领西方的诸侯，毕公率领东方的诸侯，是七月之后，因为其中有脱漏、散失的文字，而后代解说《尚书》的人，都记载在"越七日癸酉"的下面，所以衍生后代儒生的论述。而不思考君王刚驾崩的七天之间，诸侯因为什么而全都到了呢？（苏氏也知道其中不通顺，而认为是询问病情的诸侯。）有人说：改变吉服可以吗？说：这是周公所创制的礼节，以宗庙作为重要，而不敢用丧服来迎接神灵，消除三年之丧的丧葬制度，来努力完成片刻的敬意。这是大义所在，而天子的操守与士人和普通百姓不同。《商书》有记载："元年十二月乙丑日，伊尹祭祀先王，侍奉嗣王恭敬地拜见他的祖先。"怎么会穿着丧服而进入宗庙呢？（《汉书·孝文纪》：元年冬十月辛亥日，皇帝在高庙拜见。”大概还遵循这个制度。）

传贤之世，天下可以无君。故尧崩，三年之丧毕，舜避尧之子于南河之南。传子之世，天下不可无君，故“惟元祀十有二月乙丑，伊尹祠于先王，奉嗣王祗见厥祖”。

【译文】将帝王之位传给贤能人的时代，天下可以没有君王。因此尧帝驾崩，三年之丧的丧葬制度结束，舜在南河的南面躲避尧帝的儿子。将帝王之位传给自己儿子的时代，天下不可以没有君王，因此“元年十二月乙丑日，伊尹祭祀先王，侍奉嗣王恭敬地拜见他的祖先。”

自“狄设黼扆缀衣”以下，皆陈之朝者也。设四席者，朝群臣，听政事，养国老，燕[①]亲属，皆新天子之所有事，而非事亡之说也。自“王麻冕黼裳”以下，皆庙中之事也。自“王出，在应门之内”以下，则康王临朝之事也。

【注释】①燕：通“宴”。宴饮、宴请。

【译文】从“狄设黼扆缀衣”以下的文字，都是陈述朝见的事。设置四席，朝会群臣，聆听政事，赡养国内老人，宴请亲属，都是新即位天子应该做的事，而不是没有政事的说法。从“王麻冕黼裳”以下的文字，都是宗庙中的事。从“王出，在应门之内”以下的文字，是康王上朝处理国事的事情。

周之末世，固有不待葬而先见庙者矣。《左传》昭二十二年夏四月乙丑，王“崩于荣锜氏[①]”，“五月庚辰见王”，“六月丁巳葬景王[②]”。其曰“见王”者，见王子猛[③]于先王之庙也。不待期而见王猛，不待期而葬景王，则以子朝[④]之争国也。然不言即位，但曰“见王”而已，孰谓成、康无事之时，而行此变礼[⑤]也。

【注释】①荣锜（qí）氏：春秋周邑。在今河南偃师市东北。②景王：即周景王，姓姬，名贵，周灵王之子。③子猛：周悼王，名姬猛。周景王长子、景王死后继位。④子朝：周景王庶子，有宠，景王曾有意立其太子。⑤变礼：不合典常、适应特殊情况而设的仪礼。

【译文】周朝末期，确实有不等待丧葬就先去宗庙的人。《左传》鲁昭公二十二年夏四月乙丑日，周景王“在荣锜氏驾崩”，“五月庚辰日，刘蚠进见周悼王”，“六月丁巳日，安葬周景王”。记载说“进见周悼王”，在先王的宗庙进见王子猛。不等待约定的时间而进见周悼王子猛，不等待约定的时间而埋葬周景王，这是王子朝所发动的周王室庶孽之乱。然而不说登基，只是说“进见王”，谁说在成王、康王无为而治的时候，会举行这样权变的礼节呢。

《书》之脱简多矣，如《武成》之篇，蔡氏以为尚有阙文；《洛诰》：“戊辰王在新邑”，则王之至洛可知。乃二公至洛并详其月日，而王不书，金氏以为其间必有阙文，盖伏生[①]老而忘之耳。然则《顾命》之脱简，又何疑哉？宾牟贾[②]言：“若非有司失其传，则武王之志荒矣。”余于《顾命》，敢引之以断千载之疑。

【注释】①伏生：伏胜，字子贱，汉人，生于周赧王五十五年，卒于汉文帝三年。汉国济南（今属山东）人，曾为秦博士。秦时焚书，于壁中藏《尚书》，汉初，仅存二十九篇，以教齐鲁之间。②宾牟贾：周王室的大夫，尝侍坐于孔子，相与问答音乐之事，孔子称许之。

【译文】《尚书》脱落散失很多了，像《武成》，蔡沉（一作蔡沈）认为还有阙文；《洛诰》：“戊辰这天，成王在洛邑”，那么成王到洛邑可以知道了。周公、召公到洛邑并且有详细的时间，然而成王没有记载，金履祥认为这其中一定有阙文。大概是伏胜年纪大了忘记了。那么《顾命》的脱漏散失，又有什么疑惑呢？宾牟贾说：“如果不是主管的人没有延续传承，那么武王的志向就迷乱了。”我对于《顾命》，敢引用宾牟贾所说的话来裁断千载的疑惑。

矫虔

《说文》：“矫，从矢，揉箭也。”故有用力之义。《汉书·孝武纪》注，引韦昭[①]曰：“称诈为矫，强取为虔。”《周语》注，以诈用法曰矫。

【注释】①韦昭：韦曜，本名韦昭，字弘嗣，吴郡云阳（今江苏丹阳）人。三国时期著名史学家、东吴四朝重臣。

【译文】《说文解字》记载：“矫，偏旁是矢，把箭弄弯的意思。”因此有用力的含义。《汉书·孝武纪》注释，引用韦昭的说法：

“称欺骗是矫，强行夺取是虔。”《周语》注释，用欺骗的手段运用兵法称为矫。

罔中于信以覆诅盟

国乱无政，小民有情而不得申，有冤而不见理，于是不得不愬[①]之于神，而诅盟之事起矣。苏公遇暴公[②]之谗，则“出此三物，以诅尔斯”；屈原遭子兰[③]之谗，则“告五帝以折中，命咎繇[④]而听直”；至于里巷之人，亦莫不然。而鬼神之往来于人间者，亦或著其灵爽。于是赏罚之柄，乃移之冥漠之中，而蚩蚩之氓，其畏王鈇[⑤]，常不如其畏鬼责矣。乃世之君子犹有所取焉，以辅王政之穷。今日所传地狱之说，感应之书，皆苗民诅盟之余习也。“明明棐常[⑥]，鳏寡无盖”，则王政行于上，而人自不复有求于神。故曰：“有道之世，其鬼不神。”所谓“绝地天通”者，如此而已矣。

【注释】①愬（sù）：同“诉”。控告。②苏公：即苏成公，是春秋时代苏国国君，己姓，苏氏，名貉，子爵。暴公：东周时，有王族大夫辛被封在暴邑，建立了暴国，因为他的爵位是公爵，所以称暴辛公。③子兰：芈姓，熊氏，名子兰（又作阑），楚怀王幼子、楚顷襄王之弟。战国时楚国令尹。④咎繇（yáo）：即皋陶，中国上古传说中的人物。皋陶是与尧、舜、大禹齐名的“上古四圣”之一，葬之于六（lù）。禹据其功德，封皋陶后裔于英、六一带。⑤鈇：铡刀，用于切草。古代也用为斩人的刑具。⑥棐（fěi）常：辅行常法。

【译文】国家政治混乱、没有政绩，百姓有冤情而得不到伸张，有冤屈而得不到申辩，于是不得不向神灵控告，誓约之类的事就兴起了。苏成公遭受暴辛公的谗言陷害，就有了“如今我贡献犬豕鸡三牲物，一片冰心可表达我对你的盟誓”；屈原遭受子兰的谗言陷害，就有了“让五方神帝来公平裁决，命法官皋陶把是非曲直判明”；到了小街小巷的人，也没有不是这样。鬼神在人间往来，也有显扬其神明的。于是恩赏惩罚的权柄，转移到玄妙莫测的阴间，敦厚的农家小伙，他畏惧帝王的法制，常常不如畏惧鬼神的责罚。于是世间的君子仍然有所选取，来辅助国君政令的不足。现在所流传的地狱说法，感通响应的书籍，都是苗民盟誓留下的习惯。“显用贤德的人，扶持常道，于是孤苦人的苦情，没有隔绝蒙蔽了”，那么国君的政令就会在上施行，百姓就不再对神灵有什么诉求。因此说“社会政治得到治理的时代，鬼神起不了作用。”所谓的“天上天下、神与人各司其职，互不干涉”，就是这样罢了。

文侯之命

《竹书纪年》：幽王三年，嬖褒姒。五年，王世子宜臼出奔申。八年，王立褒姒之子伯盘[①]古“服”字与“盘”字相似而误。为太子。九年，申侯聘西戎及鄫[②]。十年，王师伐申。十一年，申人、鄫人及犬戎入周，弑王及王子伯盘。申侯、鲁侯、许男、郑子立宜臼于申，虢公翰立王子余臣[③]于携，周二王并立。平王元年，王东徙雒邑，晋侯会卫侯、郑伯、秦伯，以师从王入于成周。二十一年，晋文侯杀王子余臣于携。《左传》昭二十六年，王子朝告诸侯之辞曰：

“携王奸命，诸侯替之，而建王嗣。”杜氏以携王为伯服，盖失之不考。然则《文侯之命》，报其立己之功，而望之以杀携王之效也。郑公子兰之从晋文公而东也，请无与围郑，晋人许之。今平王既立于申，申国在今信阳州自申迁于雒邑，而复使周人为之戍申，《竹书纪年》，平王“三十三年，楚人侵申”；“三十六年，王人戍申”。则申侯之伐，幽王之弑，不可谓非出于平王之志者矣。当日诸侯，但知其冢嗣④为当立，而不察其与闻乎弑为可诛，虢公之立王子余臣，或有见乎此也。自文侯用师，替携王以除其偪，而平王之位定矣。后之人徒以成败论，而不察其故，遂谓平王能继文、武之绪，而惜其弃岐丰七百里之地，岂为能得当日之情者哉？孔子生于二百年之后，盖有所不忍言，而录《文侯之命》于《书》，录《扬之水》之篇于《诗》，其旨微矣。《葛藟》诗序，谓平王“弃其九族”，似亦未可尽非。《古今人表》，以平王、申侯与幽王、褒姒、虢石父同列下下。《传》言“平王东迁”，盖周之臣子美其名尔，综其实不然。凡言迁者，自彼而之此之辞，盘庚迁于殷是也。幽王之亡，宗庙社稷以及典章文物，荡然皆尽；镐京之地，已为西戎所有；平王乃自申东保于雒。天子之国，与诸侯无异，而又有携王与之颉颃⑤，并为人主者二十年，其得存周之祀幸矣，而望其中兴哉？如东晋元帝，不可谓之迁于建康。

【注释】①伯盘：姬姓，周幽王与褒姒之子。褒姒入宫后，生下一个儿子——伯服，周幽王便废掉正室与太子母子二人——即申后与宜臼改立褒姒和伯服为王后和太子。后来周幽王和太子伯服被杀于骊山之下，褒姒被犬戎掳走，西周覆亡。②申侯：申国之君。其女原为周幽王王后，生子宜臼，被立为太子。后被周幽王所废，立褒姒为后，其子伯服为太子。西戎：古代华夏部落对西方与华夏部落敌对的诸部落统称，即以戎作为对西方所有非华夏部落的泛称。鄫：原称曾，一作缯。古代中国周代诸侯国名，在今山东省苍山县向城镇鄫国古城遗址。西周末年从申与犬戎攻灭西周。③余臣：周携王，姓姬，名余臣；尊号惠侯，故又称周惠携王。④冢嗣：嫡长子。⑤颉颃（xié háng）：原指鸟上下翻飞，引申为不相上下，互相抗衡。

【译文】《竹书纪年》记载：周幽王三年，宠爱褒姒。周幽王五年，周幽王嫡长子宜臼逃亡申国。周幽王八年，幽王确立褒姒的儿子为伯盘（古"服"字与"盘"字相似而误）太子。周幽王九年，申侯联合西戎及鄫国。周幽王十年，周幽王的军队征伐申国。周幽王十一年，申人、鄫人及犬戎攻入周国，弑杀了周幽王和王子伯盘。申侯、鲁侯、许男、郑子在申国确立宜臼，虢公翰在携地确立王子余臣，于是周王室出现了"二王并立"的局面。周平王元年，周平王东迁都雒邑，晋侯聚合卫侯、郑伯、秦伯，率领军队追随平王进入成周雒邑。二十一年，晋文侯在携地杀了王子余臣。（《左传》鲁昭公二十六年，王子朝派人报告诸侯说："携王触犯天命，诸侯废弃了他，立了继承人。"杜预以携王为伯服，大概没有考证清楚。）那么《文侯之命》，回报他拥立自己的功劳，而盼望他杀携王的功劳。郑公子兰跟从晋文公向东，请求不要围攻郑国，晋人答应了。如今平王已经在申国（在今信阳州）被拥立，自申国迁都雒邑，仍然让周人替他戍边申国，（《竹书纪年》，周平王"三十三年，楚国侵犯申国"；"周平王三十六年，平王派人戍守申国"。）那么申侯的征伐，幽王的被杀，不可谓不是出自平王的意愿。当日的诸侯，只是知道自己的嫡长子应当被确立，而不觉察他弑杀的行为应该被诛杀，虢公拥立王子余臣，大概有见于此。从文侯使用军队作战，更换携王除去权重逼君的贵臣，而平王的君位就确定了。后世的人只是用成败论断，而不考察其中的缘故，于是说平王能够继承文王、武王的功业，而惋惜他丢弃岐丰七百里的国土，难道能了解当日的情形吗？孔子生于二百年之后，大概不忍心说，而在《尚书》记录《文侯之命》，在《诗经》记录《扬之水》，他的用意很隐秘。（《葛藟》诗序，说平王“弃其九族”，似乎也没完全错误。《古今人表》，以平王、申侯与幽王、褒姒、虢石父同列下下。）《传》记载“平王东迁”，大概是周朝臣子赞美他的名声，从总的事实看并不是如此。大凡说迁移，是从彼处而到此处的意思，盘庚迁都到殷就是这样。幽王的灭亡，宗庙社稷以及典章文物，完全失去；镐京的土地，已经被西戎所占有；平王于是从申国向东保全迁到雒邑。天子的国度，与诸侯没有差别，而且又有携王与他互相抗衡，一同称王二十年，他能够保存周朝的祭祀已经很幸运了，怎敢再奢望中兴周朝呢？（像东晋元帝司马睿，不能称为迁都建康。）

秦誓

有秦誓故列《秦誓》，有秦诗故录《秦诗》，“述而不作”也。谓夫子逆知天下之将并于秦而存之者，邵子说。小之乎知圣人矣。秦穆公[①]之盛，仅霸西戎，未尝为中国盟主，无论齐桓、晋文，即亦不敢望楚之灵王、吴之夫差[②]，合诸侯而制天下之柄。春秋以后，秦盖中衰。吴渊颖[③]莱曰：“秦之兴，始于孝公之用商鞅[④]，成于惠王[5]之取巴蜀。蚕食六国，并吞二周，战国之秦也，非春秋之秦也。其去夫子之卒也久矣，自获麟之岁，以至始皇灭六国并天下，二百六十年。夫子恶知周之必并于秦哉？”若所云“后世男子自称‘秦始皇’，入我房，颠倒我衣裳，至沙丘而亡”者，近于图澄、宝志[6]之流，非所以言孔子矣。

【注释】①秦穆公：一作秦缪公，嬴姓，秦氏，名任好，秦德公少子，春秋时秦国国君，谥号穆，被《史记索隐》等书认定为春秋五霸之一。②灵王：芈姓，熊氏，初名围，是楚共王的次子，杀了侄儿楚郏敖自立，即王位后改名虔。自立为楚国国君，是春秋时代有名的穷奢极欲、昏暴之君。夫差：姬姓，吴氏，春秋时期吴国末代国君，阖闾之子。③吴渊颖：吴莱，字立夫，本名来凤，门人私谥渊颖先生。元代学者，吴直方长子。浦阳（今浙江浦江）人。宋濂曾从其学。④孝公：秦孝公，嬴姓，赵氏，《越绝书》作秦平王，《史记索隐》记载名渠梁。秦献公之子，战国时期秦国国君，秦孝公重用卫鞅（即商鞅）实行变法。商鞅：战国时期政治家、改革家、思想家，法家代表人物，卫国人，卫国国君的后裔，姬姓公孙氏，故又称卫鞅、公孙鞅。后因在河西之战中立功获封商于十五邑，号为商君，故称之为商鞅。⑤惠王：又称秦惠文王，嬴姓，赵氏，名驷，秦孝公之子，战国时期秦国国君，秦惠文王年十九即位，以宗室多怨，诛杀卫鞅。改“公”称“王”，并改元为更元元年，成为秦国第一王。⑥图澄：竺佛图澄大师，西域人。本姓帛氏（以姓氏论，应是龟兹人）。九岁在乌苌国出家，两度到罽（jì）宾学法。西域人都称他已经得道。宝志：僧人。俗姓朱氏，南朝梁代句容县（今南京）人。释门名僧。时值齐武帝施行暴政，众生苦痛，宝志为匡正时弊，巧施智谋，运用世间因果哲理，使齐武帝尤敬典礼，“永废锥刀”酷刑。

【译文】有秦誓师因此列入《秦誓》，有秦诗因此记录《秦诗》，

"只阐述前人的成就，而自己不创立新义"。说孔子预知天下将要并入秦国因此保存这些资料，（邵子的说法。）这把圣人看得太渺小了。秦穆公的强盛，也只是在西戎称霸，从来不是中国的盟主，不要说齐桓公、晋文公，也不敢望楚灵王、吴王夫差，会合诸侯控制天下的权柄。春秋以后，秦国已经中途衰落。渊颍先生吴莱说："秦国的兴起，从秦孝公任用商鞅开始，在秦惠王攻取巴蜀时完成。一步一步地侵占六国，吞并西周与东周，这是战国时期的秦国，不是春秋时期的秦国。这离孔子离世已经很久了，（从春秋鲁哀公十四年猎获麒麟之时，到始皇帝灭六国吞并天下，一共历经二百六十年。）孔子怎么知道周朝一定会并入秦国呢？"像所说的是"后世有男子自称'秦始皇'，走进我的屋子，玩弄我的衣裳，到沙丘而死亡"，（荒诞程度）接近于佛图澄、宝志这类人，不是用来描述孔子的。

《甘誓》，天子之事也，《胤征》，诸侯之事也，并存之，见诸侯之事可以继天子也。《费誓》《秦誓》之存，犹是也。

【译文】《甘誓》，说的是天子的事迹，《胤征》，说的是诸侯的事迹，二者同时存在，可见诸侯的事迹可以排在天子事迹的后面。《费誓》《秦誓》的存在，还是这样。

古文尚书

汉时《尚书》，今文与古文为二，而古文又自有二。《汉书·艺文志》曰:“《尚书》古文经四十六卷,为五十七篇。”师古曰:“孔安国《书序》云:‘凡五十九篇,为四十六卷。承诏作传,引《序》各冠其篇首,定五十八篇。’郑玄《序赞》云:‘后又亡其一篇’,故五十七。”又曰:“经二十九卷,大、小夏侯二家。《欧阳经》三十二卷。”欧阳生,字和伯,史失其名。夏侯胜,胜从兄子建,皆传伏生《尚书》。师古曰:“此二十九卷,伏生传授者。”内《秦誓》非伏生所传,师古并言之,详见下。此今文与古文为二也。

【译文】汉代的《尚书》,今文与古文一分为二,而古文又各分为二。《汉书·艺文志》记载:“《尚书》古文经四十六卷,是五十七篇。”颜师古说:“孔安国的《书序》记载:‘总共五十九篇,是四十六卷。奉诏旨撰写传,引用《书序》各自加在篇首前面,确定为五十八篇。’郑玄《序赞》记载:‘后来又遗失其中的一篇’,因此是五十七篇。”又说:“《经》二十九卷,有大夏侯、小夏侯两家。《欧阳经》有三十二卷。”(欧阳生,字和伯,史书上没记载其名字。夏侯胜,夏侯胜堂兄之子夏侯建,都是学习伏生所传的《尚书》。)颜师古曰:“这二十九卷,是伏生讲解、教授的。”(当中《秦誓》不是伏生所传的,颜师古一并提及,详见下文。)今文与古文一分为二。

又曰:“《古文尚书》者,出孔子壁中。武帝末,鲁共王①坏孔子宅,欲以广其宫,而得《古文尚书》及《礼记》《论语》《孝经》凡数十篇,皆古字也。共王往入其宅,闻鼓琴瑟钟磬之音,于是惧,乃止不坏。孔安国者,孔子后也,悉得其书,以考二十九篇,得多十六篇。师古曰："见行世二十九篇之外，更得十六篇。"安国献之，遭巫蛊[②]事，未列于学官。刘向[③]以中古文师古曰："中者，夫子之书也。"校欧阳、大、小夏侯三家经文，《酒诰》脱简一，《召诰》脱简二。率简二十五字者，脱亦二十五字，简二十二字者，脱亦二十二字。文字异者，七百有余，脱字数十。"《志》自云，此所述者，本之刘歆《七略》，不知"中古文"即安国所献否。及王莽末，遭赤眉之乱，焚烧无余。《儒林传》曰："孔氏有《古文尚书》，孔安国以今文字读之，因以起其家。逸书得十余篇，盖《尚书》兹多于是矣。言此为最多者，明张霸加之以百二篇为伪。遭巫蛊，未立于学官。安国为谏大夫，授都尉朝[④]，都尉朝授胶东庸生[⑤]，庸生授清河胡常少子[⑥]，又传《左氏》，常授虢徐敖[⑦]；又传《毛诗》，授王璜、平陵涂恽子真[⑧]，子真授河南桑钦君长[⑨]。

【注释】①鲁共王：即鲁恭王刘余，汉景帝刘启之子，母程姬。刘余喜好建造宫室苑囿、饲养狗马，晚年爱好音乐，不喜文辞。为人口吃。②巫蛊：此处指巫蛊之祸，是汉武帝在位后期发生的一次重大政治事件。巫蛊为一种巫术，当时人认为使巫师祠祭或以桐木偶人埋于地下，诅咒所怨者，被诅咒者即有灾难。③刘向：字子政，原名更生，世称刘中垒，世居长安，祖籍沛郡（今属江苏徐州）。④都尉朝：著名东汉学者。从孔安国学受古文《尚书》。⑤庸生：即庸谭，西汉胶东国人。经学大师。一生未入仕，以精研《尚书》著称，被称作"胶东大儒"。⑥胡常少子：胡常，承统授业的鸿儒，字少子，西汉清河（今河北清河县）人，历任博士、部刺史。⑦徐敖：西汉时虢（今陕西宝鸡）人，曾任右扶风椽。徐敖精通古文《尚书》和《毛诗》。⑧王璜：西汉经学家。字平中，琅琊（今属山东）人。涂恽子真：涂恽，字子真，平陵（今陕西咸阳）人，研究《古文尚书》。⑨桑钦君长：桑钦，字君长，东汉河南洛阳人。著有《水经》一书，北魏郦道元曾为此书作注，即著名的《水经注》。

【译文】又说："《古文尚书》在孔子家的壁中被发现。武帝末年，鲁共王拆毁孔子的住宅，想要来扩建自己的宫室，而得到《古文尚书》及《礼记》《论语》《孝经》总共数十篇，都是古代的文字。鲁共王进入孔子的住宅，听到鼓琴瑟钟磬的声音，于是恐惧，停止便不敢再毁坏。孔安国是孔子的后代，全部得到他的书，来考证二十九篇，得到多十六篇。（颜师古说："现在流行于世的二十九篇之外，又得到十六篇。"）孔安国进献，遭受巫蛊的祸事，没有安排在学官中。刘向用中古文（颜师古说："所说的中，指的是孔子的书"）校对欧阳、大、小夏侯三家的经文，《酒诰》脱漏散失一简，《召诰》脱漏散失二简。简片二十五字，脱漏也是二十五字，简片二十二字者，脱漏也是二十二字。文字不同的，有七百多，脱漏数十字。"（《志》自称，这所说的，源自刘歆《七略》，不知"中古文"是否就是孔安国所献可替否的。到王莽末年，遇到赤眉之乱，被烧毁没有剩下的。）《儒林传》记载："孔氏有古文《尚书》，孔安国用当今文字解读它，于是发掘他家的逸《书》。找到十多篇，大概《尚书》比这更多吧。（说这个为最多的，很明显张霸以一百二篇加上而成为伪书。）遭巫蛊之案的牵连，没有立于学官。孔安国是谏大夫，传授都尉朝，都尉朝传给胶东庸生，庸生传给清河胡常少子，又传授《左传》。胡常传给虢徐敖；又传授《毛诗》，传给王璜、平陵涂恽子真，子真传给河南桑钦君长。

王莽时，诸学皆立。传末又言，平帝时，立《左氏春秋》《毛诗》《逸礼》《古文尚书》而《后汉书》十四博士无之，盖光武时废。刘歆①为国师，璜、恽等皆贵显。”言刘歆者，哀帝时，歆移书太常博士，欲立此诸家之学故也。又曰：“世所传百两篇者，出东莱张霸②，分析合二十九篇，以为数十。或分析之，或合之。又采《左氏传》《书序》为作首尾，凡百二篇。篇或数简，文意浅陋。成帝③时，求其古文者，霸以能为百两徵，以中书校之，非是。”此又孔氏古文与张霸之书为二也。《后汉书·儒林传》曰：“孔僖④，鲁国鲁人也，自安国以下，世传《古文尚书》。”又曰：“扶风杜林⑤传《古文尚书》，林同郡贾逵⑥为之作训，《贾逵传》，肃宗“好《古文尚书》”，诏逵“撰《欧阳大小夏侯尚书古文同异》为三卷，帝善之”。马融作传，郑玄注解，由是《古文尚书》遂显于世。”又曰：“建初中，诏高才生受《古文尚书》《毛诗》《穀梁》《左氏春秋》，虽不立学官，然皆擢高第，为讲郎，给事近署。”然则孔僖所受之安国者，竟无其传，而杜林、贾逵、马融、郑玄，则不见安国之传，而为之作训、作传、作注解。此则孔、郑之学，又当为二，而无可考矣。

【注释】①刘歆：字子骏，后改名秀，字颖叔，汉人，出居长安，为汉高祖刘邦四弟楚王刘交的后裔，刘德之孙，刘向之子。②张霸：东汉大臣，字伯饶，蜀郡成都（今成都）人。七岁能通读《春秋》，后拜樊鯈（tiáo）为师，博通五经。③成帝：汉成帝刘骜，西汉第十二位皇帝，汉元帝刘奭与孝元皇后王政君所生的嫡子。汉成帝即位后，荒于酒色，外戚擅政。④孔僖：东汉鲁人，字仲和，御史孔丰之子，孔子十九代孙。⑤杜林：字伯山，扶风茂陵（今陕西兴平）人。杜邺之子。少好学，时称通儒。后世推崇他为“小学之宗”。

⑥贾逵：本名贾衢，字梁道，河东襄陵（今山西临汾县）人。汉末三国时期魏国名臣，西晋开国功臣贾充父亲。《唐会要》尊其为魏晋八君子之一。

【译文】王莽时期，各类学说都立于学官。（传末又说，汉平帝时，立《左氏春秋》《毛诗》《逸礼》《古文尚书》而《后汉书》十四博士没有，大概光武帝时废除。）刘歆是国师，王璜、涂恽等都很显贵。”（说刘歆的，汉哀帝时，刘歆写信给太常博士，想立诸家之学的原因。）又说：“世上所流传的百两篇，是出自东莱张霸，把二十九篇拆解、合并为数十篇。（有的分拆为两篇，有的合为一篇。）又采用《左传》《书序》作为首尾，总共百两篇。有的篇多次简省，文意粗浅鄙陋。成帝时寻求古文，张霸因为能作百两篇被征用，用秘府藏书校对，两者不一致。”这又是孔氏古文与张霸的书为两种。《后汉书·儒林传》记载：“孔僖，是鲁国鲁人，从孔安国以后，历代传授《古文尚书》。”又说：“扶风杜林传《古文尚书》、杜林同郡人贾逵为他作考证，（《贾逵传》，汉肃宗章帝“爱好《古文尚书》”，诏令贾逵“撰写《欧阳大小夏侯尚书古文同异》三卷，得到皇帝的称赞”。）马融作传，郑玄作注解，由是《古文尚书》就为世所重视。”又记载：“建初年间，又诏令高才生受《古文尚书》《毛诗》《穀梁》《左氏春秋》，虽不立学官，但是，都擢高第为讲郎，给事近署。”那么孔僖从孔安国那里传授的，竟然没有他的注释，而杜林、贾逵、马融、郑玄，则又不见安国的注释，而为它作训、作传、作注解。这是孔安国、郑玄的学问，又应当分为二，而无从考证。

《刘陶传》曰：“陶明《尚书》《春秋》，为之训诂，推三家《尚书》及古文，是正文字三百余事，名曰《中文尚书》。”言参用今文、古文之中。汉末之乱无传。若马融注《古文尚书》十卷、郑玄注《古文尚书》九卷，则见于《旧唐书·艺文志》。又有王肃、范宁、李颙、姜道成注《古文尚书》。《新唐书》作“姜道盛”。开元之时，尚有其书，而未尝亡也。按陆氏[①]《释文》言：“马、郑所注二十九篇，则亦不过伏生所传之二十八，一、《尧典》并《舜典》“慎徽”以下为一篇；二、《皋陶谟》并《益稷》为一篇；三、《禹贡》；四、《甘誓》；五、《汤誓》；六、《盘庚》；七、《高宗肜日》；八、《西伯戡黎》；九、《微子》；十、《牧誓》；十一、《洪范》；十二、《金縢》；十三、《大诰》；十四、《康诰》；十五、《酒诰》；十六、《梓材》；十七、《召诏》；十八、《洛诰》；十九、《多士》；二十、《无逸》；二十一、《君奭》；二十二、《多方》；二十三、《立政》；二十四、《顾命》并《康王之诰》为一篇；二十五、《吕刑》；二十六、《文侯之命》；二十七、《费誓》；二十八、《秦誓》。而《泰誓》别得之民间，合之为二十九。孔氏正义曰：“《史记》及《汉书·儒林传》云，伏生独得二十九篇，以教齐鲁。然《泰誓》非伏生所得。按马融云，《泰誓》后得，郑玄《书论》亦云民间得《泰誓》。《别录》曰：武帝末，民有得《泰誓》书于壁内者献之。则《泰誓》非伏生所传。而言二十九篇者，以司马迁在武帝之世，见《泰誓》出，而得行，入于伏生所传内，故为史总之云伏生所出，不复曲别分析。其实得时不与伏生所传同也。”且非今之《泰誓》。有“白鱼入于王舟”等语，董仲舒对策引之。其所谓得多十六篇者，不与其间也。”

【注释】①陆氏：陆德明，名元朗，以字行，苏州吴（今江苏苏州）人。唐代经学家，训诂学家，唐太宗十八学士之一。著有《经典释文》三十卷。

【译文】《刘陶传》记载：“刘陶熟悉《尚书》《春秋》，为这两本书作了注解，推重夏侯建、夏侯胜、欧阳和伯三家的《尚书》及古文，改正文字三百多处，名叫《中文尚书》。”（是说参用今文、古文之中。）汉代末年混乱而没有流传下来。像马融注解《古文尚书》十卷、郑玄注解《古文尚书》九卷，出现在《旧唐书·艺文志》。（又有王肃、范宁、李颙、姜道成注《古文尚书》。姜道成在《新唐书》写成“姜道盛”。）开元时期，还有他的书，没有遗失。按照陆德明的《经典释文》记载：“马融、郑玄注解的二十九篇，也不过是伏生所教受、讲解的二十八篇，（一、《尧典》并《舜典》“慎徽”以下为一篇；二、《皋陶谟》并《益稷》为一篇；三、《禹贡》；四、《甘誓》；五、《汤誓》；六、《盘庚》；七、《高宗肜日》；八、《西伯戡黎》；九、《微子》；十、《牧誓》；十一、《洪范》；十二、《金縢》；十三、《大诰》；十四、《康诰》；十五、《酒诰》；十六、《梓材》；十七、《召诏》；十八、《洛诰》；十九、《多士》；二十、《无逸》；二十一、《君奭》；二十二、《多方》；二十三、《立政》；二十四、《顾命》并《康王之诰》为一篇；二十五、《吕刑》；二十六、《文侯之命》；二十七、《费誓》；二十八、《秦誓》。）然而《泰誓》另外在民间获得，合并为二十九篇。（孔氏正义说：“《史记》及《汉书·儒林传》说，伏生只得到二十九篇，在齐鲁之地传授。然而《泰誓》不是伏生所得到的。按马融说，《泰誓》之后才得到的，郑玄《书论》也提及民间得到《泰誓》。《别录》说：汉武帝末年，民间在壁内得到《泰誓》书并献上朝廷。那么《泰誓》不是伏生所传。而说二十九篇，因为司马迁在汉武帝之时，看见《泰誓》出世，而能流传于世，写进伏生所传之中，所以撰写史书的人总括为伏生所出，不再另外拆开。实际上得到之时没有和伏生所传同时。”而且不是现在的《泰誓》。）而且不是如今的《泰誓》。（有“白鱼入于王舟”等句，董仲舒对策引用过这句话。）所说的多十六篇，不在其中。”

《隋书·经籍志》曰：“马融、郑玄所传，惟二十九篇，又杂以今文，非孔子旧书，自余绝无所说。正义曰，郑氏《书》于伏生所传之外，增益二十四篇：“《舜典》一、《汩作》二、《九工》九篇十一、《大禹谟》十二、《益稷》十三、《五子之歌》十四、《胤征》十五、《汤诰》十六、《咸有一德》十七、《典宝》十八、《伊训》十九、《肆命》二十、《原命》二十一、《武成》二十二、《旅獒》二十三、《冏命》二十四。”以一篇为一卷，《九工》九篇合为一卷，通十六卷，以合于《汉书·艺文志》“得多十六篇”之数。此即张霸之徒所作伪书也。与《旧唐书》所载卷目不同。晋世秘府所存，有《古文尚书》经文，今无有传者。及永嘉之乱，欧阳、大小夏侯《尚书》并亡。至东晋，豫章内史梅赜[①]始得安国之传上之。”正义引《晋书》云，太保郑冲以古文授扶风苏愉，愉授天水梁柳，柳授城阳臧曹，曹授汝南梅赜，遂上其书。又云，其书亡失《舜典》一篇。此书东京以下诸儒皆不曾见，郑玄注《礼记》、韦昭注《国语》、杜预注《左氏》、赵岐注《孟子》，凡引此书文，并注云《逸书》。增多二十五篇，《大禹谟》一、《五子之歌》二、《胤征》三、《仲虺之诰》四、《汤诰》五、《伊训》六、《大甲》三篇九、《咸以一德》十、《说命》三篇十三、《泰誓》三篇十六、《武成》十七、《旅獒》十八、《微子之命》十九、《蔡仲之命》二十、《周官》二十一、《君陈》二十二、《毕命》二十三、《君牙》二十四、《冏命》二十五。以合于伏生之二十八篇。而去其伪《泰誓》，又分《舜典》《益稷》《盘庚》中下、《康王之诰》各自为篇，则为今之五十八篇矣。

【注释】①梅赜（zé）：字仲真。东晋汝南（今湖北武昌）人。曾任豫章内史。献《古文尚书》及《尚书孔氏传》立为官学。但被宋以来的考据家指为伪书。

【译文】《隋书·经籍志》记载："马融、郑玄所传，只有二十九篇，又夹杂今文，不是孔子的古书，此外绝对没有别的言论。（正义说，郑氏《书》在伏生所传之外，增加二十四篇："《舜典》一、《汩作》二、《九工》九篇十一、《大禹谟》十二、《益稷》十三、《五子之歌》十四、《胤征》十五、《汤诰》十六、《咸有一德》十七、《典宝》十八、《伊训》十九、《肆命》二十、《原命》二十一、《武成》二十二、《旅獒》二十三、《冏命》二十四。"以一篇为一卷，《九工》九篇合为一卷，总共十六卷，来符合《汉书·艺文志》所说的"得多十六篇"的数目。这就是张霸等人所创作的伪书。与《旧唐书》所记载卷目不同。）晋代秘府所保存的，有《古文尚书》经文，现在没有流传。等到永嘉之乱，夏侯建、夏侯胜、欧阳和伯三家的《尚书》一并遗失。到了东晋，豫章内史梅赜才得到孔安国的传并进献到朝廷。”（正义引《晋书》说，太保郑冲以古文教给扶风苏愉，苏愉教给天水梁柳，梁柳教给城阳臧曹，臧曹教给汝南梅赜，于是上报这本书给朝廷。又说，这本书散失《舜典》一篇。这本书从东汉以下诸儒都不曾见过，郑玄注《礼记》、韦昭注《国语》、杜预注《左传》、赵岐注《孟子》，凡是引用这本书的文字，都注解为《逸书》。）增多二十五篇，（《大禹谟》一、《五子之歌》二、《胤征》三、《仲虺之诰》四、《汤诰》五、《伊训》六、《大甲》三篇九、《咸以一德》十、《说命》三篇十三、《泰誓》三篇十六、《武成》十七、《旅獒》十八、《微子之命》十九、《蔡仲之命》二十、《周官》二十一、《君陈》二十二、《毕命》二十三、《君牙》二十四、《冏命》二十五。）来符合伏生的二十八篇。而删去伪撰的《泰誓》，又拆解《舜典》《益稷》《盘庚》中下、《康王之诰》各自为一篇，就是如今的五十八篇了。

其《舜典》亡阙，取王肃[①]本“慎徽”以下之传续之。陆氏释文云，梅赜上孔氏传《古文尚书》，亡《舜典》一篇，时以王肃注颇类孔氏，故取王注，从“慎徽五典”以下为《舜典》，以续孔传。齐明帝建武四年，有姚方兴[②]者，于大航头得本，有“曰若稽古，帝舜”以下二十八字，献之，朝议咸以为非。及江陵板荡，其文北入中原，学者异之，刘炫遂以列诸本第。然则今之《尚书》，其今文、古文皆有之三十三篇，固杂取伏生、安国之文，而二十五篇之出于梅赜，《舜典》二十八字之出于姚方兴，又合而一之。孟子曰：“尽信

《书》，则不如无《书》”，于今日而益验之矣。

【注释】①王肃：字子雍。东海郡郯县（今山东临沂）人。三国时期曹魏著名经学家，司徒王朗之子、晋文帝司马昭岳父。著有《孔子家语》。②姚方兴：南朝学者，齐萧鸾建武四年，于大航头发现西汉孔安国作传注的古文尚书《舜典》一篇中“曰若稽古，帝舜，曰重华，协于帝”十二字。

【译文】《舜典》散失残缺，选取王肃版本“慎徽”以下的注解接续。（陆德明《经典释文》说，梅赜献上孔氏传《古文尚书》，丢失《舜典》一篇，当时以王肃注很像孔氏，故而采取王注，从“慎徽五典”以下为《舜典》，来接上孔传。）齐明帝建武四年，有姚方兴在大航头得到佚本，有“曰若稽古，帝舜”以下二十八字，进献佚本，朝廷都认为不是。等到江陵之变发生后，其书向北进入中原，学者觉得奇怪，刘炫于是排列诸多版本的次序。然而如今的《尚书》，今文、古文都有三十三篇，固然夹杂选取伏生、孔安国的文章，而二十五篇出自梅赜，《舜典》的二十八字出自姚方兴，有合并为一。孟子说：“完全相信《书》，还不如没有《书》”，在今日更加得到验证了。

窃疑古时有《尧典》无《舜典》，有《夏书》无《虞书》，而《尧典》亦《夏书》也。《孟子》引“二十有八载，放勋乃殂落”，而谓之《尧典》，则序之别为《舜典》者非矣。《左氏传》庄公八年，引“皋陶迈种德”；僖公二十四年，引“地平天成”；二十七年，引“赋纳以言”；文公七年，引“戒之用休”；襄公五年，引“成允成功”；二十一年、二十三年，两引“念兹在兹”；二十六年，引“与其杀不辜，宁失不经”；哀公六年，引“允出兹在兹”；十八年，引“官占惟先蔽志”。《国语》，周内史过引“众非元后何戴，后非众罔与守邦”。而皆谓之《夏书》，则后之目为《虞书》者赘矣。正义言：马融、郑玄、王肃、《别录》，题皆曰《虞夏书》，以虞夏同科。何则？记此书者必出于夏之史臣，虽传之自唐，而润色成文，不无待于后人者。故篇首言“曰若稽古”，以古为言，明非当日之记也。世更三圣，事同一家，以夏之臣，追记二帝之事，不谓之《夏书》而何？夫惟以夏之臣，而追记二帝之事，则言尧可以见舜，不若后人之史，每帝立一本纪，而后为全书也。

【译文】我私下里怀疑古时候有《尧典》没有《舜典》，有《夏书》没有《虞书》，而《尧典》也是《夏书》。《孟子》引用“舜代理了二十八年，尧（号放勋）才去世”，称为《尧典》，排次序另为《舜典》不是这样的。《左传》鲁庄公八年，引用“皋陶迈种德”；鲁僖公二十四年，引用“地平天成”；鲁僖公二十七年，引用“赋纳以言”；鲁文公七年，引用“戒之用休”；鲁襄公五年，引用“成允成功”；鲁襄公二十一年、鲁襄公二十三年，两次引用“念兹在兹”；鲁襄公二十六年，引“与其杀不辜，宁失不经”；鲁哀公六年，引“允出兹在兹”；鲁哀公十八年，引用“官占惟先蔽志”。《国语》，周内史过引用“众非元后何戴，后非众罔与守邦”。而都称为《夏书》，那么后来看作是《虞书》，是多余的。（正义说：马融、郑玄、王肃、《别录》，都写作《虞夏书》，以虞夏同科。）为什么呢？记录这书的人一定出自夏朝的史臣，虽然从唐尧流传下来，而修饰文字、形成文章，无不有待后世的人。因此在篇首记载“曰若稽古”，用古代与之说话，明显不是当日的记载。时代经历了伏羲、文王、孔子三代圣人，事情是同一个人的，用夏朝的史臣，事后记录二帝的事迹，不称《夏书》称什么呢？只有用夏朝的史臣，事后记录二帝的事迹，那么说尧帝可以见舜帝，不像后人的历史，每个皇帝确立一个帝王本纪，而后为内容完整的一部书籍。

“帝曰来禹，汝亦昌言”，承上文皋陶所陈，一时之言也。“王出，在应门之内”，承上文“诸侯出庙门俟”，一时之事也。《序》分为两篇者，妄也。

【译文】“帝曰来禹，汝亦昌言”，承接上文皋陶所陈说的，是一个时期的言论。“王出，在应门之内”，承接上文“诸侯出庙门俟”，是一个时期事情。《书序》分为两篇，是荒谬不合理的。

书序

益都孙宝侗[①]仲愚谓：“《书序》为后人伪作，《逸书》之名，亦多不典。至如《左氏传》定四年，祝佗告苌弘[②]，其言鲁也，曰：‘命以《伯禽》，而封于少皞[③]之虚。’其言卫也，曰：‘命以《康诰》，而封于殷虚。’其言晋也，曰：‘命以《唐诰》，而封于夏虚。’是则《伯禽之命》《康诰》《唐诰》，《周书》之三篇，而孔子所必录也。今独《康诰》存，而二书亡，为《书序》者，不知其篇名，而不列于百篇之内，疏漏显然。”是则不但《书序》可疑，并百篇之名亦未可信矣。其解“命以伯禽”为书，名《伯禽之命》，尤为切当，今录其说。

【注释】①孙宝侗（dòng）：字仲愚，一字仲孺。孙廷铨子。清代山东益都人。②苌弘：亦作苌宏。字叔，又称苌叔。蜀地资州（今四川资中）人。周景王、周敬王的大臣刘文公所属大夫。传说死后三年，其心化为红玉，其血化为碧玉，故有“苌弘化碧”“碧血丹心”之说，以喻忠诚正义。③少皞：又作少昊、少皓、少颢，姬姓，名玄嚣。出生于江水（今四川绵阳）。三皇五帝之一，中国神话中的五方上帝之一，又称白帝，史称青阳氏、金天氏、穷桑、云阳氏或朱宣，是黄帝长子，母亲为嫘祖。

【译文】益都孙宝侗（字仲愚）说：“《书序》是后人托名假造的，《逸书》的名字，也大多不守常道。至于像《左传》鲁定公四年，祝佗告诉苌弘，说到鲁国，说：‘用《伯禽》来告诫他们，而封在少皞的故城。’说到卫国，就说：‘用《康诰》来告诫他，而封在殷朝的故城。’说到晋国，就说：‘用《唐诰》来告诫他，而封在夏朝的故城。’虽然《伯禽之命》《康诰》《唐诰》，《周书》的三篇，是孔子一定会记录的。如今唯独《康诰》留存，而二书遗失，撰写《书序》的，不知它的篇名，而不排列在百篇之内，粗略错漏是非常明显的。”虽然不但《书序》值得怀疑，并且百篇的篇名也不可以相信。注解“命以伯禽”著书，命名《伯禽之命》，非常贴切恰当，现在记录他的说法。

正义曰：“《尚书》遭秦而亡。汉初不知篇数。武帝时有大常蓼侯孔臧[①]者，安国之从兄也，与安国书云：时人惟闻《尚书》二十八篇，取象二十八宿[②]，谓为信然。不知其有百篇也。”今考传记引

《书》，并无《序》所亡四十二篇之文，则此篇名亦未可尽信也。

【注释】①孔臧：孔子第十世孙。汉朝蓼侯孔蘩（cóng）之子。与从弟孔安国缀集古义。武帝重违其意，遂拜太常，礼赐如三公。②二十八宿：中国古代天文学家的重要创作。分东南西北四方各七宿：东方苍龙七宿是角、亢、氐、房、心、尾、箕；北方玄武七宿是斗、牛、女、虚、危、室、壁；西方白虎七宿是奎、娄、胃、昴、毕、觜、参；南方朱雀七宿是井、鬼、柳、星、张、翼、轸。

【译文】正义说："《尚书》遭遇秦朝焚书而遗失。汉朝初期不知道篇数。汉武帝时期有大常蓼侯孔臧，是孔安国的堂兄，与孔安国书信往来的时候说：当时的人只听说《尚书》二十八篇，选取二十八星宿的征象，认为的确是这样的。不知道《尚书》有一百篇。"现在考证经书的注释援引《尚书》，并没有《书序》所遗失的四十二篇文章，那么这篇名也不可以全部相信。

丰熙伪尚书

《五经》得于秦火之余，其中固不能无错误，学者不幸而生乎二千余载之后，信古而阙疑，乃其分也。近世之说经者，莫病乎好异。以其说之异于人而不足以取信，于是舍本经之训诂，而求之诸子百家之书。犹未足也，则舍近代之文，而求之远古。又不足，则舍中国之文，而求之四海之外。如丰熙[①]之《古书世本》，尤可怪焉。鄞人言，出其子坊伪撰。又有《子贡诗传》，后儒往往惑之。曰箕子朝鲜本者，箕子封于朝鲜，传《书》古文，自《帝典》至《微子》止，后附《洪范》一篇。曰徐市[②]倭国本者，徐氏为秦博士，因李斯[③]坑杀儒生，托言入海求仙，尽载古书至岛上，立倭国，即今日本是也。二国所译书，其曾大父河南布政使庆录得之，以藏于家。按宋欧阳永叔《日本刀歌》："徐福行时书未焚，逸书百篇今尚存。"盖昔时已有是说，而叶少蕴[④]固已疑之。

【注释】①丰熙：字原学，鄞县（今浙江宁波）人。明弘治十二年伦文叙榜进士第二人。授翰林院编修。正德三年，升为侍讲。曾出任顺天府乡试考官。因不依附于宦官刘瑾，出掌南京翰林院事。世宗即位，升翰林学士。②徐市：一作"徐福"。齐人，秦国方士。秦始皇二十八年游琅邪，市等上书言海中有三神山，名曰蓬莱、方丈、瀛洲、仙人居之。始皇乃遣市等，发童男女数千人，入海求仙人神药，数岁不得，未果而终。③李斯：字通古。战国末期楚国上蔡（今河南上蔡县）人。秦代著名的政治家、文学家和书法家。李斯早年为郡小吏，后从荀子学帝王之术，学成入秦。④叶少蕴：叶梦得，字少蕴，吴县（今江苏苏州）人，宋代词人。

【译文】《五经》在秦朝焚书过后得到，这其中本来就不能没有错误，求学的人不幸而生在两千多年后，相信并爱好古史知识而不妄加评论疑惑不解的东西，这是他们的本分。近代讲解儒家经书的人，没有不喜好标新立异。因他学说的不同而不足以取得别人的信任，于是舍弃据以进行传解的经书的解释，而索求诸子百家的著作。仍然不满足，于是舍弃近代的著作，而索求久远的古代。又不满足，于是舍弃中国的著作，而索求天下之外。如丰熙的《古书世本》，尤其令人诧异。（鄞人说，出自其子丰坊伪撰的。又有《子贡诗传》，后代儒生往往受此迷惑。）箕子朝鲜的版本，箕子被封在朝鲜，流传《尚书》古文，从《帝典》到《微子》为止，后面附带《洪范》一篇。徐市倭国的版本，徐氏是秦国博士，因为李斯坑杀儒生，借口入海求仙，装载所有的古书到岛上，建立倭国，就是如今的日本。二国翻译的书，他的曾祖父河南布政使丰庆得到了，收藏在家里。按宋朝欧阳修（字永叔）《日本刀歌》："徐福出发时书没有焚毁，古文《尚书》百篇如今还存在。"大概从前已经有这种说法，而叶少蕴本来已经有怀疑。

夫诗人寄兴之辞，岂必真有其事哉？日本之职贡[①]于唐久矣，自唐及宋，历代求书之诏不能得，而二千载之后，庆乃得之，其得之，又不以献之朝廷，而藏之家，何也？宋咸平中，日本僧奝然以郑康成注《孝经》来献，不言有《尚书》。至曰箕子传《书》古文，自《帝典》至《微子》，则不应别无一篇《逸书》，而一一尽同于伏生、孔安国之所传。其曰后附《洪范》一篇者，盖徒见《左氏传》三引《洪范》皆谓之《商书》，文公五年，引"沉渐刚克，高明柔克"。成公六年，引"三人占从二人"。襄公三年，引"无偏无党，王道荡荡"。正义曰，箕子商人，所说故谓之《商书》。而不知"王"者，周人之称，"十有三"者，周史之记，不得为商人之书也。

【注释】①职贡：古代称藩属或外国对于朝廷按时的贡纳。

【译文】诗人寄寓情趣的诗词，难道一定要真有这事吗？日本对唐朝按时的贡纳很久了，自唐朝到宋朝，历代求书的诏书不能得到，而二千年过后，丰庆才得到，他得到，又不进献给朝廷，而收藏在家里，为什么呢？（宋真宗咸平年间，日本僧奝然以郑康成注《孝经》来进献，没说有《尚书》。）至于说箕子流传《尚书》的古文，从《帝典》到《微子》，就不应该没有一篇古文《逸书》，而全部都与伏生、孔安国所传的相同。后面附录的一篇《洪范》，只是出现在《左传》三次引用《洪范》都说是《商书》，（鲁文公五年，引“沉渐刚克，高明柔克”。鲁成公六年，引“三人占从二人”。鲁襄公三年，引“无偏无党，王道荡荡”。正义说，箕子是商代人，所说因此称为《商书》。）然而不知道“王”这个称谓，是周朝人的称谓，“十有三”，周史的记载，不可能是商代人的书。

《禹贡》以“道山”“道水”移于“九州”之前，此不知古人先经后纬之义也。孔安国传“道岍及岐”即云：“更理说所治山川首尾所在。”是自汉以来，别无异文。《史记·夏本纪》，亦先九州而后道山、道水。《五子之歌》“为人上者，奈何不敬”，以其不叶，而改之曰“可不敬乎”，谓本之《鸿都石经》。据正义言，蔡邕[①]所书石经《尚书》，止今文三十四篇，无《五子之歌》，熙又何以不考而妄言之也。《五子之歌》乃孔氏古文，东晋豫章内史梅赜所上，故《左传》成公十六年引“怨岂在明，不见是图”。哀公六年引“惟彼陶唐，有此冀方”。杜预注并以为《逸书》。《国语》周单襄公，引“民可近也，而不可上也”。单穆公，引“关石和钧，王府则有”。韦昭解亦以为《逸书》。夫天子失官，学在四裔，使果有残编断简，可以裨经文而助圣道，固君子之所求之而惟恐不得者也。若乃无益于经，而徒为异以惑人，则其于学也，亦谓之异端而已。

【注释】①蔡邕：字伯喈。陈留郡圉县（今河南开封）人。东汉时期著名文学家、书法家，才女蔡文姬之父。精通音律，才华横溢，师事著名学者胡广。除通经史、善辞赋之外，又精于书法，擅篆、隶书，尤以隶书造诣最深。所创“飞白”书体，对后世影响甚大。

【译文】《禹贡》把“道山”“道水”移在“九州”的前面，这是不知道古人先经书后纬书的含义。（孔安国传“道岍及岐”就说：“更理说所治山川首尾所在。”说明从汉代以来，没有不同的文字。《史记·夏本纪》，也是先九州而后道山、道水。）《五子之歌》“为人上者，奈何不敬”，因为韵脚不和，而修改为“可不敬乎”，说这是根据《鸿都石经》。根据正义记载，蔡邕所抄的石经《尚书》，只有今文三十四篇，没有《五子之歌》，丰熙又为什么不加以考查而信口胡说呢。（《五子之歌》是孔氏古文，东晋豫章内史梅赜所献上的，故而《左传》鲁成公十六年引“怨岂在明，不见是图”。鲁哀公六年引“惟彼陶唐，有此冀方”。杜预注一并认为是《逸书》。《国语》周单襄公，引“民可近也，而不可上也”。单穆公，引“关石和钧，王府则有”。韦昭解也认为是《逸书》。）周天子失去天下共主的地位，文化下移到民间，假使真的有残缺不全的书籍文章，可以有益于经文而辅助圣人之道，固然是君子所追求的而唯恐得不到。至于对经文没有益处，而只是用奇异特别来迷惑人，那么他对于学问，也只是异端邪说罢了。

愚因叹夫昔之君子，遵守经文，虽章句先后之间，犹不敢辄改。故元行冲[①]奉明皇之旨，用魏徵[②]所注《类礼》，撰为疏义，成书上进，而为张说[③]所驳，谓章句隔绝，有乖旧本，竟不得立于学官。夫《礼记》，二戴[④]所录，非夫子所删，况其篇目之次，元无深义，而魏徵所注，则又本之孙炎[⑤]。字叔然，汉末人。以累代名儒之作，申之以诏旨，而不能夺经生之所守，盖唐人之于经传，其严也如此。故啖助之于《春秋》，卓越三家，多有独得，而史氏犹讥其不本所承，自用名学，谓后生诡辩，为助所阶。乃近代之人，其于读经，卤莽灭裂，不及昔人远甚；又无先儒为之据依，而师心妄作；刊传记未已也，进而议圣经矣；更章句未已也，进而改文字矣。此陆游[⑥]所致慨于宋人，而今且弥甚。

【注释】①元行冲：元澹，字行冲，河南洛阳人，北魏皇族常山康王拓跋素后裔。少孤，养于外祖司农卿韦弘机家。博学多通，尤善音律及训诂。②魏徵：字玄成，祖籍巨鹿郡（今属河北）。隋唐政治家、思想家、文学家和史学家，因直言进谏，辅佐唐太宗共同创建“贞观之治”的大业，被后人称为“一代名相”。③张说：字道济，一字说之，河南洛阳（今河南洛阳）人，唐朝政治家、文学家。张说前后三次为相，执掌文坛三十年，为开元前期一代文宗，与许国公苏颋（tǐng）齐名，号称“燕许大手笔”。④二戴：即戴德与戴胜（或戴圣）。戴德，字延君，汉代礼学家、学者，家族显赫。今文礼学“大戴学”的开创者，后世称其为“大戴”；戴圣，字次君，西汉时期官员、学者、礼学家、汉代今文经学的开创者。后世称其为“小戴”。与其弟戴仁之子戴圣两人被后人合称为“大小戴”。由于二人在礼学上的重大贡献，也被后人尊称为儒宗。⑤孙炎：字叔然，乐安（今山东博兴）人。中国三国时期经学家。受业于郑玄，时人称为“东州大儒”。曾著《周易·春秋例》，为《毛诗》《礼记》

《春秋三传》《国语》《尔雅》和《尚书》作过注，所著《尔雅音义》影响较大。⑥陆游：字务观，号放翁，越州山阴（今浙江绍兴）人，尚书右丞陆佃之孙，南宋文学家、史学家、爱国诗人。

【译文】我因此感叹从前的君子，遵守经文，即使在分析古文的章节和句读先后之中，仍然不敢随便更改。因此元行冲恭敬的接受唐玄宗的旨意，选用魏徵所注解的《类礼》，写作成疏通和阐发文义，著成书后进呈君上，然而被张说反驳责难，说分析古文的章节和句读断绝，与旧本背离，竟然不能在学校成为学习文本。《礼记》是戴德与戴胜所编纂，不是孔子所删改，况且篇目的顺序，原本没有深刻的含义，而魏徵的注解，又是以孙炎（字叔然，汉代末期人）为基础。用历代名儒的著作，用诏书、圣旨来陈述、说明，而不能强夺研治经学的书生所遵守的，大概唐朝人对于经传，他的严谨也是这样。因此啖助对于《春秋》，超越三家，多有独特的心得，然而史氏嘲讽他不接续原来的根本，自以为是著名的学问，说后代的年轻人混淆黑白，被啖助所凭借。近代的读书人，他们对于阅读经书，草率粗疏，不如从前的人很远了；又没有先儒为他们提供依据，而自以为是地任意胡为；刊行传记还没结束，就继续议论圣经；更改章句还没结束，就继续更改经典的文字。这就是陆游对宋人的感慨，而如今更加厉害。

徐防[①]有言："今不依章句，妄生穿凿，以遵师为非义，意说为得理，轻侮道术，寖以成俗。"呜呼！此学者所宜深戒，若丰熙之徒，又不足论也。汉东莱张霸伪造《尚书》百二篇，以中书校之，非是。“霸辞受父，父有弟子尉氏樊并[2]。诏存其书，后樊并谋反，乃黜其书。”而伪《逸书·嘉禾篇》，有“周公奉鬯，立于阼阶[3]，廷登赞曰，假王莅政[4]”之语。莽遂依之，以称居摄[5]。是知惑世诬民，乃犯上作乱之渐，《大学》之教，禁于未发者，其必先之矣。

【注释】①徐防：字谒卿，后汉沛国铚（今安徽濉溪县）人，祖父徐宣，为讲学大夫，以《易》教授王莽。父徐宪，亦传宣业。②樊并：西汉汉成帝时陈留地区农民起义领袖，陈留郡尉氏县（今河南尉氏县）人。樊并曾从张霸学习《尚书》的儒生。樊并是张霸父亲的弟子，张霸曾传其父的《尚书百二篇》，后樊并起义，《百二篇》遂废。③阼阶：指东阶。亦称主阶。在两阶制的时代，主阶称为“阼”，宾阶则称“西阶”。④莅（lì）政：临朝治理政事。⑤居摄：因皇帝年幼不能亲政，由大臣代居其位处理政务。

徐防说：“如今不依据章句，胡乱地去穿凿附会，把遵循师说当作不合乎道义，凭个人意见创立的说法当作得到义理，轻蔑侮辱道术，渐渐形成固有的习惯。”哎呀！这是读书人应该深深警戒的，像丰熙这类人，又不足以评定了。汉代东莱的张霸伪造《尚书》一百二篇，用中书校对它，不是这样。“张霸的文辞受教于其父，张父有弟子尉氏樊并。皇上下诏书保存他的书，后来樊并谋反，便罢黜他的著书。”而伪《逸书·嘉禾篇》，有“周公奉鬯，立于阼阶，廷登赞曰，假王莅政”的话语。王莽于是遵从这个说法，称为“居摄”。因此知道迷惑世人，乃是触犯皇权或尊长、搞叛逆活动的开始，《大学》的教导，在还没发生就禁绝，这一定在此之前就做到了。

卷 三

诗有入乐不入乐之分

《鼓钟》之诗曰："以《雅》以《南》。"子曰："《雅》《颂》各得其所。"夫二《南》也，《豳》之《七月》也，《小雅》正十六篇，《大雅》正十八篇，《诗谱》："《小雅》十六篇，《大雅》十八篇，为正经。"《颂》也，《诗》之入乐者也。《邶》以下十二国之附于二《南》之后，而谓之《风》；《鸱鸮》以下六篇之附于《豳》，而亦谓之《豳》；《六月》以下五十八篇之附于《小雅》，《民劳》以下十三篇之附于《大雅》，而谓之"变《雅》"，《诗》之不入乐者也。释文曰："从《六月》至《无羊》十四篇，是宣王之'变《小雅》'。从《节南山》至《何草不黄》四十四篇，前儒申公、毛公皆以为幽王之'变《小雅》'。从《民劳》至《桑柔》五篇，是厉王之'变《大雅》'。从《云汉》至《常武》六篇，是宣王之'变《大雅》'。《瞻卬》及《召旻》二篇，是幽王之'变《大雅》'。正义曰："变者，虽亦播于乐，或无算之节所用，或随事类而歌，又在制礼之后，乐不常用。"今按以"变《雅》"而播之于乐，如卫献公使大师歌《巧言》之卒章是也。《乐记》：子夏对魏文侯[①]曰："郑音好滥淫志，宋音燕女溺志，卫音趋数烦志，齐音敖辟乔志。此四者，皆淫于色而害于德，是以祭祀弗用也。”朱子曰：“二《南》、正《风》，房中之乐也，乡乐也。二《雅》之正《雅》，朝廷之乐也。商、周之《颂》，宗庙之乐也。”至变《雅》，则衰周卿士之作，以言时政之得失。而《邶》《鄘》以下，则太师所陈以观民风者耳，非宗庙燕享[②]之所用也。但据程大昌之辩，则二《南》自谓之《南》，而别立正《风》之目者非。大昌字泰之，孝宗时人，著《诗论》一十七篇。朱子当日或未见。

【注释】①子夏：卜（bǔ）商，字子夏，尊称“卜子”或“卜子夏”。春秋末年人，“孔门十哲”之一，七十二贤之一。性格阴郁，勇武，为人“好与贤己者处”。以“文学”著称，曾为莒父宰。魏文侯：姬姓，魏氏，名斯（一名都），安邑（今山西夏县）人，魏桓子之孙。魏国百年霸业的开创者。战国时期魏国开国君主。②燕享：亦作“燕饗”“燕飨”，以酒食祭神。

【译文】《鼓钟》诗说：“配以《雅》乐和《南》乐。”孔子说：“《雅》《颂》都得到恰当的位置。”《周南》《召南》，《豳风》中的《七月》，《小雅》正十六篇，《大雅》正十八篇，（《诗谱》：“《小雅》十六篇，《大雅》十八篇，为正经。”）是《颂》，是《诗经》中合乐的歌曲。《邶》以下十二国附在《周南》《召南》之后，称为《风》；《鸱鸮》以下六篇附在《豳风》，也称为《豳风》；《六月》以下五十八篇附在《小雅》，《民劳》以下十三篇附在《大雅》，称为“变《雅》”，是《诗经》中不合乐的诗词。（释文说：“从《六月》到《无羊》十四篇，是周宣王的‘变《小雅》’。从《节南山》到《何草不黄》四十四篇，前儒申公、毛公都认为是周幽王的‘变《小雅》’。从《民劳》到《桑柔》五篇，是周厉王的‘变《大雅》’。从《云汉》到《常武》六篇，是周宣王的‘变《大雅》’。《瞻卬》和《召旻》二篇，是周幽王的‘变《大雅》’。正义说：“所谓的变，即使也在乐中传播，有的是无算之节所用，有的是随事类而歌，又在制礼之后，乐不经常使用。”如今按以“变《雅》”而在乐中传播，像卫献公命令大师歌唱《巧言》的最终章。）《乐记》记载：子夏对魏文侯说：“郑国的音乐是由于好违礼法而浸淫人的志向而产生的，宋国的音乐是由于耽于女色而志气丧失而产生的，卫国的音乐是由于促速劳顿而使人心志烦劳而产生的，齐国的音乐是由于傲慢邪僻使人心志骄纵而产生的。这四者都沉溺于女色而对德行有损害，所以祭祀时不使用它们。”朱熹说：“《周南》《召南》，正《风》，是宫廷音乐中的房中乐，乡土之乐。《大雅》《小雅》中的正《雅》，是朝廷的正乐。《商颂》《周颂》是宗庙的先王之乐。”到变《雅》，是衰亡的周朝卿士创作的，用来论说时事政治的得失。《邶风》《鄘风》以下，是太师所陈述来查访民间的风尚，不是宗庙酒食祭神所采用的。但是根据程大昌的辩解，那么《周南》《召南》自称为《南》，而另外确立正《风》的名目是错误的。（程大昌字泰之，南宋孝宗时人，著有《诗论》一十七篇。朱熹当时或许没有看见这部书。）

四 诗

《周南》《召南》，《南》也，非《风》也。《豳》谓之《豳诗》，亦谓之《雅》，亦谓之《颂》，据《周礼·籥章》。而非《风》也。《南》《豳》《雅》《颂》为四诗，而列国之《风》附焉，此《诗》之本序也。宋程大昌《诗论》谓无国风之目。然《礼记·王制》言："命大师陈诗以观民风。"即谓自《邶》至《曹》十二国为《风》无害。

【译文】《周南》《召南》，是《南》，不是《风》。《豳》称为《豳诗》，也称为《雅》，也称为《颂》，（根据《周礼·籥章》。）而不是《风》。《南》《豳》《雅》《颂》是四诗，而各国的《风》附录于此，这是《诗经》的本序。（南宋程大昌《诗论》认为没有国风的篇目。然而《礼记·王制》说："命大师陈诗以观民风。"就是说从《邶》到《曹》十二国为《风》没有妨碍。）

孔子删诗

孔子删《诗》，所以存列国之《风》也。有善有不善，兼而存之，犹古之太师"陈诗以观民风"。而季札[①]听之，以知其国之兴衰。正以二者之并陈，故可以观，可以听。世非二帝，时非上古，固不能使四方之风有贞而无淫，有治而无乱也。文王之化，被于南国，而北鄙[②]杀伐之声，文王不能化也。使其诗尚存，而入夫子之删，必将存南音以系文王之风，存北音以系纣之风，而不容于没一也。是以《桑中》之篇，《溱洧》之作，夫子不删，志淫风也。《叔于田》为誉段[③]之辞，《扬之水》《椒聊》为从沃[④]之语，夫子不删，著乱本也。淫奔之诗，录之不一而止者，所以志其风之甚也。一国皆淫，而中有不变者焉，则亟录之。《将仲子》畏人言也，《女曰鸡鸣》，相警以勤生也；《出其东门》，不慕乎色也；《衡门》不愿外也。选其辞，比其音，去其烦且滥者，此夫子之所谓删也。后之拘儒，不达旨，乃谓淫奔之作，不当录于圣人之经，是何异唐太子弘[⑤]谓商臣弑君，不当载于《春秋》之策乎！《旧唐书·高宗诸子传》。《黄氏日钞》云：《国风》之用于燕享者，惟二《南》，而列国之《风》未尝被之乐也。夫子之所言正者，《雅》《颂》，而未及乎《风》也。《桑中》之诗，明言淫奔，东莱吕氏乃为之讳，而指为雅音，失之矣。

【注释】①季札：姬姓，寿氏，名札，又称公子札、延陵季子、延州来季子、季子，《汉书》中称为吴札，春秋时吴王寿梦第四子，封于延陵（今常州），后又封州来，传说为避王位“弃其室而耕”常州天宁焦溪的舜过山下。②北鄙之声：殷纣时的音乐。后世视为亡国之声。亦作“北鄙之音”。③段：姬姓，名段（一名叔段），春秋时期郑国人，郑武公少子，郑庄公同母弟，母武姜。又称大叔、太叔段、共叔段。后因反叛被打败，逃到卫国共地。④沃：即曲沃桓叔，姬姓，名成师，谥号桓，排行为叔。晋穆侯之子，晋文侯之弟，春秋时期晋国曲沃封君。⑤唐太子弘：唐高宗李治第五子李弘，武则天长子，系高宗时期所立的第二位太子，薨逝于太子位，是唐朝第一位被追封为皇帝的太子。

【译文】孔子删减《诗经》，是用来保留各国的《风》。有良好的有不好的，同时保留它们，犹如古代的太师“陈述诗来考察民间的风尚”。而季札听说后，通过这来知晓国家的兴盛衰落。用这二者来一并陈述，因此可以考察，可以闻听。世代不是二帝的世代，时代不是上古的时期，原本就不能让四方的风气有节操而没有放纵，社会安定而没有动乱。文王的教化，覆盖在南国，而北鄙征伐、杀戮的亡国之音，文王不能教化。假使他的诗现在还存在，而进入孔子的删述，一定会保存南方的音乐附录在文王之风的后面，保存北方的音乐附录在纣王之风的后面，而不允许偏重一端而忽视另一端。因此《桑中》的篇目，《溱洧》的创作，孔子没有删改，记录沉湎逸乐的风气。《叔于田》是赞誉共叔段的言辞，《扬之水》《椒聊》是依顺曲沃的话语，孔子不删改，表明错乱的根源。男女私相奔就，自行结合的诗句，记录的不止一个，用以表明这种风气很严重了。全国都过度放纵，而其中有不变的，就赶快记录下来。《将仲子》畏惧别人的评议，《女曰鸡鸣》，相互告诫做事不偷懒；《出其东门》，不喜爱女子的美好容貌；《衡门》隐居不愿在外。选用辞语，配合声音，去掉冗长而混乱不恰当的，这就是孔子所说的删改。后代目光短浅的儒生，不能表达主旨，于是说是男女私相奔就的诗作，不应当记录在圣人的权威性著作中，这跟唐太子李弘说商臣弑杀君上，不应当记载在《春秋》的竹简上有什么区别呢！（参见《旧唐书·高宗诸子传》。《黄氏日钞》说：《国风》之用于燕享者，只有《周南》《召南》，而列国的《风》不曾改为音乐。孔子所说的正乐，是《雅》《颂》，而没有提及《风》。《桑中》之诗，公开说是淫奔之词，东莱吕祖谦于是为之避讳，而认为它是雅音，是不正确的。）

真希元[①]《文章正宗》，其所选诗，一扫千古之陋，归之正旨。然病其以理为宗，不得诗人之趣。且如《古诗十九首》，虽非一人之作，而汉代之风，略具乎此。今以希元之所删者读之，“不如饮美酒，被服纨与素”，何以异乎《唐诗·山有枢》之篇；“良人惟古欢，枉驾惠前绥”，盖亦《邶》诗“雄雉于飞”之义；“牵牛织女”，意昉《大东》；“兔丝”“女萝”，情同《车牵》。十九作中，无甚优劣。必以坊淫正俗之旨，严为绳削，虽矫《昭明》之枉，恐失《国风》之义。六代浮华，固当芟落，使徐、庾[②]不得为人，陈、隋不得为代，无乃太甚，岂非执理之过乎？

【注释】①真希元：真德秀，本姓慎，因避孝宗讳改姓真。始字实夫，后更字景元，又更为希元，号西山。福建浦城人。南宋后期理学家、大臣，学者称其为“西山先生”。②徐、庾：南朝陈徐陵和北朝周庾信的并称。

【译文】真德秀《文章正宗》，所选取的诗作，彻底扫除千古的粗劣，回归合乎道理的意旨。然而不满他把“理”作为宗旨，不得诗人的趣味。况且像《古诗十九首》，虽不是一个人创作，但是汉代的诗风，大略具备在这了。现在用真德秀所删改来阅读，“不如寻欢痛饮美酒，穿着绫罗绸缎享乐眼前”，与《唐诗·山有枢》篇有什么不同呢；“梦中的夫君还是情谊深厚的留恋着往日的欢爱，他依稀还是初来迎娶时的样子”，大概也是《邶风》“美丽的雄雉在空中飞翔”一样的含义；“牛郎织女”，大意仿照《大东》；“菟丝”“女萝”，状况和《车牵》相同。十九作中，没有高下好坏。一定要端正坊间的放纵、世俗的意旨，认真的修正，虽然纠正了《昭明文选》的偏差，恐怕失去了《国风》的精要。六代以来讲究表面上的华丽阔气，固然应该从根上消除，让徐陵、庾信不得为人，陈、隋不得为朝代，岂不是太过分了，难道不是执着于事理的过错吗？

何彼襛矣

《山堂考索》载林氏曰："二《南》之诗，虽大概美诗，亦有刺诗，不徒西周之诗，而东周亦与焉，据《何彼襛矣》之诗可知矣。其曰'平王之孙，齐侯之子'，考《春秋》庄公元年，书'王姬归于齐'，此乃桓王女、平王孙，下嫁于齐襄公[①]，非平王孙、齐侯子而何？洪氏《容斋五笔》曰：《春秋》"庄公元年，当周庄王之四年，齐襄公之五年，书'王姬归于齐'。庄公十一年，当庄王之十四年，齐桓公之三年，又书'王姬归于齐'。庄王为平王之孙，则所嫁王姬，当是姊妹，齐侯之子，即襄公、桓公，二者必居一于此矣"。说者必欲以为西周之诗，于时未有平王，乃以'平'为平正之王，'齐'为齐一之侯，与《书》言'宁王'同义，此妄也。毛氏传："平，正也，武王女、文王孙，适齐侯之子。按成王时，齐侯则太公，而以武王之女适其子，是甥舅为婚，周之盛时，必无此事。逮成王顾命丁公始见于经，而去武王三十余年，又必无未笄之女矣。据诗人欲言其人之子孙，则必直言之，如称卫庄姜[②]，则曰'齐侯之子，卫侯之妻，东宫之妹，邢侯之姨'。美韩侯取妻，则曰'汾王之孙，蹶父之子'，又何疑乎？

【注释】①齐襄公：姜姓，吕氏，名诸儿，齐僖公长子，齐桓公异母兄。②卫庄姜：春秋时齐国的公主，姜是齐国皇族的姓，因为嫁给了卫国国君卫庄公，人称庄姜。最早出现在《诗经》里的一位美人，出身贵族，侯门之女，且美丽非凡。

【译文】《山堂考索》记载林氏说："《周南》《召南》的诗，虽然大多是赞美的诗，也有讽刺的诗，不只是西周的诗，而东周也有，根据《何彼襛矣》诗可以知道。诗说'平王之孙，齐侯之子'，研究《春秋》鲁庄公元年，记载'王姬归于齐'，这是周桓王之女、周平王孙女，下嫁给齐襄公，不是周平王孙子、齐侯之子又是什么人？（洪迈《容斋五笔》说：《春秋》"鲁庄公元年，应当是周庄王四年，齐襄公五年，写为'王姬归于齐'。鲁庄公十一年，即周庄王十四年，齐桓公三年，又写为'王姬归于齐'。周庄王为周平王之孙，那么所嫁王姬，应当是姊妹，齐侯之子，就是齐襄公、齐桓公，这两人必然是其中一个"。）企图说服的人一定想把它当作西周时期的诗，那个时候没有平王，是以'平'为平正的君王，'齐'为整齐一致的公侯，与《尚书》说'宁王'是一样的含义，这是虚妄的话。（毛氏传："平，就是正的意思，武王之女、文王之孙，嫁给齐侯之子。按周成王时，齐侯则是姜太公，而以周武王之女嫁给其子，是甥舅为婚，周朝处在盛世时，必然没有这样的事。到周成王顾命丁公才出现在经典中，而距离周武王三十余年，又必然没有未成年的女子。）诗人想说到别人的子孙，就会直接的称呼，如称卫庄姜，就说'齐侯之子，卫侯之妻，东宫之妹，邢侯之姨'。赞美韩侯娶妻，就说'汾王之孙，蹶父之子'，又有什么疑问呢？

且其诗，刺诗也，以王姬徒有容色之盛，而无肃雝之德，何以使人化之？故曰‘何彼襛矣，唐棣之华。曷不肃雝，王姬之车’。诗人若曰‘言其容色，固如唐棣矣。然王姬之车，胡不肃雝乎’。是讥之也。”按此说桓王女、平王孙则是，其曰刺诗，于义未允。盖《诗》自《邶》《鄘》以讫于《桧》《曹》，皆太师之所陈者也，其中有美有刺，若二《南》之诗，则用之为燕乐，用之为乡乐，用之为射乐，用之为房中乐；而《鼓钟》之卒章，所谓“以《雅》以《南》”；《春秋》传所谓“象箾南籥[①]”；《文王世子》所谓“胥鼓南”者也，安得有刺？此必东周之后，其诗可以存二《南》之遗音，而圣人附之于篇者也。且自平王之东，周德日以衰矣，麦禾之取[②]，繻葛之战[③]，几无以令于兄弟之国。且庄王之世，鲁、卫、晋、郑，日以多故，于是王姬下嫁，以树援于强大之齐，寻盟府之坠言，继昏姻之夙好。且其下嫁之时，犹能修周之旧典，而容色之盛，礼节之备，有可取焉，圣人安得不录之以示兴周道于东方之意乎？《春秋》襄十五年，书刘夏“逆王后于齐”，亦此意。

【注释】①象箾（shuò）：一种武舞。执竿而舞，如战争时代以戈刺击的样子。箾，舞者所执的竿。南籥（yuè）：以籥伴奏而舞，是一种文舞。籥，管乐哭，似笛。②麦禾之取：郑国祭（zhài）足领兵强收了周王室所管的温地的麦子；秋天，又割走了成周的稻谷。从此周郑互相怀疑猜疑。③繻（xū）葛之战：郑国在繻葛大败周室联军的一次反击作战。繻葛之战使周天子的威严一落千丈，战后周王室开始衰弱，诸侯国势力大增，竞相争霸。

【译文】况且其诗，是讽刺的诗，王姬空有丰富的容貌神色，而没有庄严雍容的德行，怎么使人感化呢？因此说‘怎么那样厚丽绚烂？如同唐棣花那样美妍。为什么喧闹不堪缺少庄重？王姬出嫁的车驾真是壮观’。写诗的人如果说‘说他的容貌神色，本来就像唐棣花那样美妍。然而王姬出嫁的车驾，为什么缺少庄重’。是讽刺它。”按这种说法周桓王之女、周平王之孙则是，说是讽刺的诗，按理来说不中允。因为《诗经》自《邶风》《鄘风》截止于《桧》《曹》，都是太师所陈说的，其中有赞美有讽刺，像《周南》《召南》，就用来作为宫廷饮宴的乐曲，用来作为乡土的乐曲，用来作为射礼的乐曲，用来作为内宫侍宴的乐曲；而《鼓钟》的最终章，所谓“演奏起《雅》乐和《南》乐”；《春秋》传所谓“执竿而舞、以籥伴奏而舞”；《文王世子》所谓“胥敲击南乐”，怎么会有讽刺呢？这一定是在东周之后，这诗可以保存《周南》《召南》的留传下来的音乐，而圣人附录在篇章之中。况且从周平王东迁，周代的德治日益衰落了，郑国收割了温邑的麦子，秋季，又收割了成周的稻谷，郑国在繻葛大败周室联军，几乎不能号令同姓诸侯国。况且周庄王之时，鲁国、卫国、晋国、郑国，日益多变乱，于是周王的女儿下嫁，以建立奥援于强大的齐国，搜寻掌管保存盟约文书官府的失言，继续嫁娶、结婚的旧的关系。况且下嫁的时候，仍然能修撰周朝旧时的制度，而丰盛的容貌神色，完备的礼节，有值得学习、赞许的，圣人怎么能不记录来显示周代的治国之道在东方复兴的意思呢？（《春秋》鲁襄公十五年，记载刘夏“逆王后于齐”，也是这个意思。）

盖东周以后之诗，得附二《南》者，惟此一篇而已。后之儒者，乃疑之，而为是纷纷之说，是乌知圣人之意哉？或曰，诗之所言，但称其容色，何也？曰，古者妇有四德，而容其一也。言其容，则德可知矣。《说苑》引《书》“五事，一曰貌。貌者，男子之所以恭敬，妇人之所以姣好也”。故《硕人》之诗，美其君夫人者，至无所不极其形容，而《野麕》之贞，亦云“有女如玉”。即唐人为妃主碑文，亦多有誉其姿色者。洪氏《隶释》载《郭辅碑》云：“有四男三女，咸高贤姣孋。”汉魏间人作已如此。岂若宋代以下之人，以此为讳而不道乎？夫妇人伦之本，昏姻王道之大，下嫁于齐，甥舅之国，太公之后，先王以周礼治诸侯之本也。诗之得附于《南》者以此。舍是，则东周以后，事无可称，而民间之谣刺，皆属之《王风》矣。况二《南》之与民风，其来自别。宣王之世，未尝无《雅》，则平王以下，岂遂无《南》？或者此诗之旧附于《南》而夫子不删，要亦不异乎向者之说也。

【译文】大概东周以后的诗词，能够附在《周南》《召南》，只有这一篇而已。后代的读书人，疑惑它，而为多而杂乱的论说，是怎能知道圣人的大义呢？有人说，诗所论说，只是称说容貌神色，为什么呢？回答说古时候妇人有四种德行准则，而妇女端庄柔顺的容态就是其中之一。说到容态，那么德行就可以知道了。（《说苑》引《书》“五事，其中一个就是容貌。容貌，男子用来表现恭敬的，妇人用来表现美丽的”。）因此《硕人》，赞美君上夫人，尽一切努力描述容貌神态，而《野有死麕》的坚贞，也说“有女如玉”。唐代人替妃主撰写碑文，也多有称赞她们美貌的。（洪适《隶释》载《郭辅碑》说：“有四男三女，咸高贤姣孋。”汉魏之间已经有这样的文字了。）怎么会像宋代之后的人，把这作为忌讳而不称道？夫妇是人伦关系的根本，嫁娶、结婚之事是当时政治和法律制度的大事，下嫁到齐国，甥舅之国，姜太公的后代，是先王用周礼管理诸侯的根本。诗词得以附在《南》后就是这个原因。舍弃这些，就是东周以后，事情没有可以称道的，而民间的民谣讽刺，都属于《王风》。况且《周南》《召南》与民风，它们的由来自有分别。周宣王之时，不是没有《雅》，那么周平王以下，难道就没有《南》？也许此诗附在《南》而孔子不删，要旨也没有不同于从前的说法。

《何彼禯矣》以庄王之事而附于《召南》，其与《文侯之命》以平王之事而附于《书》，一也。

【译文】《何彼禯矣》把周庄王的事迹附在《召南》里，它与《文侯之命》把周平王的事迹附在《尚书》里，道理是一样的。

邶鄘卫

邶、鄘、卫，本三监之地，自康叔之封未久而统于卫矣。采诗者犹存其旧名，谓之《邶》《鄘》《卫》。《汉书·地理志》："河内本殷之旧都，周既灭殷，分其畿内为三国，《诗》《风》邶、鄘、卫国是也。邶以封纣子武；鄘管叔尹之；卫蔡叔尹之，以监殷民，谓之三监。故《书序》曰：'武王崩，三监畔'，周公诛之，尽以其地封弟康叔，号曰孟侯，以夹辅周室。迁邶、鄘之民于雒邑，故邶、鄘、卫三国之诗，相与同风。”《邶鄘卫》者，总名也，不当分某篇为《邶》，某篇为《鄘》，某篇为《卫》。分而为三者，汉儒之误。以此诗之简独多，故分三名以各冠之，而非夫子之旧也。观《小雅六笙》诗，毛公颇有升降。《黍离》之篇，毛公以为《王》，《齐诗》以为《卫》，则知今诗之次序，多出于汉儒也。《新序》：“《黍离》，卫宣公之子寿闵其兄而作。”考之《左氏传》，襄公二十九年，季札观乐于鲁，“为之歌《邶鄘卫》，曰：‘美哉渊乎，忧而不困者也。吾闻卫康叔、武公[①]之德如是，是其《卫风》乎。’”而襄公三十一年，北宫文子之言，引“《卫诗》曰：‘威仪棣棣，不可选也。’”此诗今为《邶》之首篇，乃不曰“邶”，而曰“卫”，是知累言之则曰“邶鄘卫”，专言之则曰“卫”，一也。犹之言殷商、言荆楚云尔。意者西周之时，故有《邶》《鄘》之诗，及幽王之亡而轶之，而大师之职，犹不敢废其名乎？然名虽旧，而辞则今矣。若据《汉书》言，“迁邶、鄘之民于雒邑”，则成王之世已无邶、鄘。

【注释】①武公：卫武公，姬姓，卫氏，名和，卫釐侯之子，卫共伯之弟。因勤王有功，升为公爵。去世后谥号为武公（全谥睿圣武公）。

【译文】邶、鄘、卫，原本是三监之地，从康叔册封不久而这些地方就为卫国所有。采集民间歌谣的人仍然保存原来的名称，称为《邶风》《鄘风》《卫风》。（《汉书·地理志》：“河内本来是殷商旧都，周朝灭掉殷商后，将王城地区分为三国，《诗》《风》邶、鄘、卫国就是。邶地分封给商纣王之子武；鄘地为管叔管理；卫地为蔡叔管理，来监视殷商遗民，（所以这三地）称为三监。故而《书序》

说：‘武王驾崩，三监反叛’，周公诛杀了反叛者，全部将这些地方分封给其弟康叔，是为孟侯，来辅助周室。迁邶、鄘两地的人民到雒邑，故而邶、鄘、卫三国之诗，具有相同的风气。”）《邶鄘卫》，是总的名称，不应当划分某篇是《邶风》，某篇是《鄘风》，某篇是《卫风》。划分为三篇，是汉代儒生的失误。由于这诗的内容特别多，因此划分三个名称各自命名，并不是孔子的旧例。（阅读《小雅六笙》诗，毛公很有评议心得。《黍离》之篇，毛公认为是《王》，《齐诗》认为是《卫》，就知道现行版本《诗经》的顺序，大多出自汉代儒生之手。《新序》：“《黍离》，是卫宣公之子寿闵其兄创作的。”）考查《左传》，鲁襄公二十九年，季札在鲁国欣赏音乐，“乐工为他歌唱《邶鄘卫》。季礼说：‘美好啊，多深厚啊！虽然有忧思，却不至于穷困为难。我听说卫国的康叔、武公的德行就像这个样子，这大概是《卫风》吧。’”而鲁襄公三十一年，北宫文子的言论，引用“《卫诗》说：‘神态从容不迫，举止文雅大方，不能软弱被欺骗蒙混。’”这首诗如今是《邶风》的首篇，不称“邶”，而说“卫”，由此知道笼统说到就叫“邶鄘卫”，单独说到就叫“卫”，是一样的。好像说殷商、说荆楚如此罢了。意思是西周时期，原本就有《邶风》《鄘风》诗，到周幽王亡国而散失了，而太师的职权，仍然不敢废除它的名字吗？然而名称虽然是旧的，辞却是新的。（如果根据《汉书》的说法，“迁邶、鄘之民于雒邑”，那么周成王的时候就没有邶、鄘两地了。）

邶、鄘之亡久矣，故大师但有其名，而三国同风，无非卫人之作。桧《左传》作郐之亡未久，而诗尚存，故别于郑，而各自为风。

《匪风》之篇，其西周未亡之日乎？曰“谁将西归”，是镐京尚存，故郑氏《谱》以为当夷王、厉王之时。苏氏以《桧》诗皆为郑作，非也。

【译文】邶国、鄘国灭亡很久了，因此太师只是有国名，然而三国的风格相同，不外乎是卫国人的创作。桧（《左传》写成郐）国灭亡不久，《桧风》现在还存在，因此有别于郑国，各自成为不同的风。《匪风》一文，是西周还没有灭亡的时候吧？（曰“谁将西归”，说明镐京还存在，故而郑氏《谱》认为当在周夷王、周厉王之时。苏氏以《桧》诗都是郑国创作的，是错误的。）

邶、鄘、卫三国也，非三监也。殷之时，邦畿千里，周则分之为三国，今其相距不过百余里。如《地理志》所言，于百里之间而立此三监，又并武庚而为一监，皆非也。宋陈傅良①《止斋集·答黄文叔书》以为“自荆以南，蔡叔监之，管叔河南，霍叔河北，蔡故蔡国，管则管城，霍所谓霍太山也，其地绵广，不得为邶、鄘、卫”也。

【注释】①陈傅良：字君举，号止斋，学者称止斋先生，浙江温州人，南宋著名学者、政治家、思想家、教育家。卒谥文节。

【译文】邶、鄘、卫是三个国家，不是三监。殷商时期，国都范围有上千里，周朝则划分为三个国家，如今它们相距不过一百余里。如《地理志》记载，在百里之间确立这三监，又合并武庚成为一监，都不是的。宋代的陈傅良在《止斋集·答黄文叔书》中认为“从荆向南，是蔡叔监管的，管叔监管黄河以南，霍叔监管黄河以北，蔡是蔡国，管是管城，霍就是霍太山，国土绵延宽广，没有理由是邶国、鄘国、卫国”。

黎许二国

许无风，而《载驰》之诗录于《鄘》。黎无风，而《式微》《旄丘》之诗录于《邶》。圣人阐幽之旨，兴灭之心也。

【译文】许国没有民间诗歌，《载驰》的诗作记录在《鄘风》里。黎国没有民间诗歌，《式微》《旄丘》的诗作记录在《邶风》里。圣人阐述幽深隐藏的意旨，是表示复兴灭亡的心意。

诸姑伯姊

《泉水》之诗，其曰“诸姬”，犹《硕人》之“庶姜”。古之来媵，而为姪娣者，必皆同姓之国。其年之长幼，序之昭穆，则不可知也。故有“诸姑”“伯姊”之称，犹礼之言“伯父”“伯兄”也。贵为小君①，而能谦以下其众妾，此所谓“其君之袂，不如其娣”者矣。

【注释】①小君：古时候，夫妻一体，体亦为礼，以礼相敬，各得其位。也就是，妇人同于丈夫的位，以正其名，因此敬称曰小君。

【译文】《泉水》的诗作，所说的“诸姬”，就像是《硕人》的

“庶姜”。古代随嫁的人，而把侄女和妹妹从嫁为媵妾，一定都是同姓的诸侯国。他们年龄的年长与年幼，宗族排列的次序，就不得而知了。因此有“诸姑”“伯姊”之类的称呼，就像是礼所说到的“伯父”“伯兄”。虽然贵为小君，然而能够谦卑地对待众妾，这就是所谓的“这位女君的服饰还没有娣的服饰那么华美”。

王 事

“王事适我，政事一埤益[①]我。”凡交于大国，朝聘、会盟、征伐之事，谓之王事。《左传》襄公二十九年，郑子展曰：“《诗》云：‘王事靡盬，不遑启处，东西南北，谁敢宁处。’坚事晋楚，以蕃王室也。王事无旷，何常之有。”《丧大记》曰：“既葬与人立君，言王事不言国事。”又曰：“君既葬，王政入于国，既卒哭，而服王事。”其国之事，谓之政事。

【注释】①埤（pì）益：谓大大增加。埤，增加。

【译文】“王命差遣公事给我，政府施政的事务也增加给我。”大凡在大国进行邦交，诸侯亲自或派使臣按期朝见天子、诸侯间会面和结盟、出兵攻打之类的事，称为王事。（《左传》鲁襄公二十九年，郑子展说：“《诗》说：‘王事应当细致对待，没有空闲安居。东西南北，谁敢安安稳稳地居住？’坚定地事奉晋国、楚国，用以捍卫周王室。王事没有缺失，哪有什么常例。”《丧大记》说：“安葬之后与人拥立国君，谈论王事不谈论国事。”又说：“国君已经安葬，王政进入该国，卒哭之后，就处理王事。”）该国的事情，称为政事。

朝隮于西

“朝隮[1]于西，崇[2]朝其雨。”朱子引《周礼》“十煇[3]”注，以隮为虹，是也。谓不终朝而雨止，则未然。谚曰：“东虹晴，西虹雨。”其雨者，雨也。盖虹蜺杂乱之交，无论雨晴，而皆非天地之正气。楚襄王[4]登云梦之台，望高唐之观，所谓朝云者也。

【注释】①隮（jī）：虹。②崇：通“终”。③煇（huī）：同“辉”。晨光。④楚襄王：即楚顷襄王，芈姓，熊氏，名横，楚怀王之子，战国时期楚国国君。

【译文】“朝虹出现在西方，一个早晨都是蒙蒙雨。”朱熹引用《周礼》“十煇”注解，把隮当作虹，是正确的。说雨没有下一个早晨就停止了，则不是这样。谚语说：“彩虹如果在东方就会是晴天，如果彩虹在西方就会是雨天。”（所说的雨，就是雨天。）大概彩虹多而繁杂的交汇，无论雨天晴天，都不是天地之间的正常气候。楚襄王登上云梦台，眺望高唐观，这就是所谓的朝云。

王

邶、鄘、卫、王，列国之名，其始于成、康之世乎？惟周王抚万邦，巡侯甸，而大师陈诗以观民风。其采于商之故都者，则系之

《邶》《鄘》《卫》。其采于东都者，则系之《王》。《王》亦周初大师之本名。马永卿述元城刘先生之言，亦谓邶、鄘、卫本商之畿内，故序王之上。其采于列国者，则各系之其国。至骊山之祸[①]，先王之诗率已阙轶，而孔子所录者，皆平王以后之诗，此变风之所由名也。诗虽变，而大师之本名则不敢变，此十二国之所以犹存其旧也。先儒谓《王》之名不当侪于列国，而为之说曰："列《黍离》于《国风》，齐王德于邦君"，晋范宁《春秋穀梁传序》。误矣。

【注释】①骊山之祸：申侯联合缯国和犬戎举兵入攻西周，各地诸侯拒不救援，幽王惨败，带着褒姒、伯服等人和王室珍宝逃至骊山，后被杀。犬戎攻破镐京，西周遂亡。史称"骊山之祸"。

【译文】邶、鄘、卫、王，各个国家的国名，它开始于周成王、周康王的时候吗？周王安抚万国，巡视侯服、甸服等诸侯，太师陈述诗来考察民间的风尚。在商朝昔日的国都搜集的，就放在《邶风》《鄘风》《卫风》里。在东方的都城搜集的，就放在《王风》里。（《王风》也是周代初年大师的本名。马永卿叙述元城先生刘安世的说法，也认为邶、鄘、卫本来是殷商的王城之内，因此排在王之上。）在各国搜集的，各自放在各国的风里。到骊山之祸发生后西周灭亡，前代君王的诗作都已经残缺散失，而孔子所记录的，都是周平王之后的诗作，这是变换风格命名的原因。诗作虽然变化，然而太师原本的诗名却不敢变化，这是十二国仍然保存旧例的原因。先儒说《王风》的名称不应当位列各国之中，而为之辩解说："将《黍离》放在《国风》之中，诸侯国的君主跟王的德行一样"，（晋代范宁《春秋穀梁传序》。）错误啊。

自幽王以上，大师所陈之诗亡矣。春秋时，君卿大夫之赋诗，无及之者。此孔子之所不得见也，是故《诗》无正风。

【译文】从周幽王以上，太师所叙述的诗作丢失了。春秋时期，君卿大夫写诗，没有能够比得上的。这是孔子所没有见到的，因此《诗经》没有纯正的民歌。

二《南》也，《豳》也，《小》《大雅》也，皆西周之诗也，至于幽王而止。惟《何彼襛矣》为平王以后之诗。其余十二国《风》，则东周之诗也。“王者之迹熄而《诗》亡”，西周之诗亡也。诗亡而列国之事迹不可得而见，于是晋之《乘》、楚之《梼杌》、鲁之《春秋》出焉，是之谓“《诗》亡，然后《春秋》作”也。《周颂》，西周之诗也。《鲁颂》，东周之诗也。成康之世，鲁岂无诗？而今亦已亡矣。故曰《诗》亡，列国之诗亡也。其作于天子之邦者，以《雅》以《南》，以《豳》以《颂》，则固未尝亡矣。

【译文】《周南》《召南》《豳风》《小雅》《大雅》，都是西周时候的诗作，到了周幽王的时代就没有了。（唯独《何彼襛矣》是周平王以后的诗。）其余十二国的《国风》，是东周时期的诗作。“前代君王的事迹都失传了，《诗经》也亡失了”，西周的诗作亡失了。诗亡失了，各国的事迹不可以再见到了，于是晋国的《乘》，楚国的《梼杌》，鲁国的《春秋》出现了，这就是说“《诗经》亡失以后，然后才有《春秋》的出现”。《周颂》，是西周的诗作。《鲁颂》，是东周的诗作。周成王、周康王之时，鲁国难道没有诗作吗？现在也已经亡失了。因此说《诗经》亡失，各国的诗作也亡失了。在天子的国家里的诗作，《雅》《南》《豳》《颂》等，就本来不曾亡失。

日之夕矣

“鸡栖于埘[①]，日之夕矣，羊牛下来”，君子当归之时也。至是而不归，如之何勿思也？

【注释】①埘（shí）：在墙壁上凿成的鸡窝。

【译文】“鸡儿已经进了窝，太阳向西边落，天已经晚了，牛羊成群从牧地回来了”，是丈夫应该到了归来的时候了。到了时候还不归来，怎么能不让人想念呢？

君子以向晦入宴息，“日之夕矣”而不来，则其妇思之矣。“朝出而晚归，则其母望之矣”。《列女传》。“夜居于外，则其友吊之矣”。《檀弓》。于文“日夕为退”。《说文系传》。是以樽罍[①]无卜夜之宾，衢路有宵行之禁。故曰：“见星而行者，唯罪人与奔父母之丧者乎。”《曾子问》。至于酒德衰而酣身长夜，官邪作而昏夜乞哀，天地之气乖，而晦明之节乱矣。

【注释】①樽罍（léi）：樽与罍皆盛酒器。罍似坛。亦指饮酒。

【译文】丈夫要在傍晚回家安静休息，“太阳向西边落”而不归来，他的妻子思念他。“出去得很早，回来得很晚，他的母亲在盼望他回来”。（《列女传》。）“夜里睡在中门以外，就像居丧的模样，亲朋好友就可以前往吊丧。”（《檀弓》。）于文“傍晚归来”。（《说文系传》。）因此饮酒没有夜间的宾客，岔道有夜间出行的禁令。所以说：“看见星星就有早夜急行的人，只有有罪的人和为父母奔丧的吧。”（《曾子问》。）到了饮酒的道德规范和酒后应有的风度衰落，漫长的夜晚身体沉醉，官吏违法失职，在昏暗的黑夜乞求饶恕，天地间的风气不正常，黑夜和白昼的节奏就混乱了。

大 车

“岂不尔思，畏子不敢”，民免而无耻也。“虽速我讼，亦不女从”，有耻且格也。

【译文】“难道我不思念你，担心你不敢来相会”，民众只是因为惧怕政策和刑罚，才免于犯罪，却没有羞耻之心。“即使让我背官司，我也坚决不顺从你”，民众不但有羞耻之心，而且还能自觉守规矩、走正道。

郑

自《邶》至《曹》，皆周初大师之次序。先《邶》《鄘》《卫》，殷之故都也，次之以《王》，周东都也。何以知其为周初之次序？邶、鄘也，晋而谓之唐[1]也，皆西周之旧也。惟郑乃宣王所封，中兴之后，始立其名于大师，而列于诸国之先者，郑亦王畿之内也，故次于《王》也。桓公之时，其诗不存，故首《缁衣》也。

【注释】①晋而谓之唐：唐叔虞，亦称叔虞、太叔，姬姓，名虞，字子于，岐周（今陕西岐山）人。因封在唐国，史称唐叔虞。唐叔虞为周武王姬发之子，周成王姬诵同母弟，母王后邑姜（齐太公吕尚之女），周朝诸侯国晋国始祖。周武王死后，周成王年幼继位，由叔虞的叔父周公旦摄政。周公旦灭亡唐国后，把唐地封给叔虞，唐叔虞死后，其子燮（燮父）继位。燮继位后迁居晋水之旁，改国号为晋，是为晋侯燮。

【译文】从《邶风》到《曹风》，都是周朝初期太师排列的次序。首先是《邶风》《鄘风》《卫风》，它们是殷商以前的国都，然后是《王风》，这是周朝东方的国都。如何知道是周朝初期排列的次序呢？邶国、鄘国，晋侯而称作唐，都是西周的旧例。只有郑国是周宣王册封的，中兴之后，才开始由太师确立名称，而排列在诸国前面，是由于郑也在王畿的范围内也，因此排列在《王风》之后。郑桓公的时候，诗作没有保存，因此篇首是《缁衣》。

楚吴诸国无诗

吴、楚之无诗，以其僭王而删之与？非也，大师之本无也。楚之先熊绎[①]，“辟在荆山，筚路蓝缕，以处草莽”，“惟是桃弧、棘矢，以共御王事”，而周无分器。《左氏》昭公十二年传。岐阳之盟[②]，“楚为荆蛮，置茅蕝[③]，设望表[④]，与鲜牟[⑤]守燎，而不与盟”。《晋语》。是亦无诗之可采矣。况于吴自寿梦[⑥]以前，未通中国者乎。滕、薛之无诗，微也。若乃虢、郐，皆为郑灭，而虢独无诗；陈、蔡皆列春秋之会盟，而蔡独无诗，有司失其传尔。

【注释】①熊绎：芈姓，熊氏，名绎，鬻熊曾孙，西周诸侯国楚国始封之君。周成王时，熊绎受封南蛮之地，建立楚国。②岐阳之盟：周成王在岐山南面的一次大规模狩猎活动。③茅蕝：古摈相者习朝会之仪，束茅而列，以表位次。④望表：古代祭祀山川时所立的木制标志。⑤鲜牟：商朝时就有的东夷古国，相传是祝融的后裔。西周初在山东半岛之南，与莒、鲁国相邻。参加了成周会盟，后为莒国所灭。⑥寿梦：姬姓，名寿梦（一名乘），字熟姑，亦称攻卢王、吴兴王，吴侯仲雍十九世孙，吴侯去齐之子，春秋时期吴国国君。寿梦在位期间，奠定吴国的强盛基础，始称吴王。

【译文】吴国、楚国没有诗作，是因为越过本分称王而删除了吗？不是这样的，太师著作的版本原本就没有。楚国的先王熊绎，“在偏僻的荆山，驾着简陋的柴车，穿着破旧的衣服，去开辟山林道路，住在草野中”，“只有这桃木做的弓、枣木做的箭，来供奉王室大事之用”，而周王室没有分赐宝器。（《左传》鲁昭公十二年。）周成王在岐山南面会盟诸侯，“楚国是荆地没有开化的民族，布置座位席次，设置祭祀山川的木标，与鲜牟看守大庭前的火炬，而没参与盟会”。（《晋语》。）说明也没有诗歌可以采集。况且吴国从吴王寿梦以前，没有跟中国往来交接。滕国、薛国没有诗作，国力衰落了。另外虢国、郐国，都被郑国所灭，而唯独虢国没有诗作；陈国、蔡国都位列春秋时期的会盟，而唯独蔡国没有诗作，主管的官吏遗失了其诗作而已。

豳

自《周南》至《豳》，统谓之《国风》，此先儒之误，程泰之辨之详矣。《豳》诗不属于《国风》。周世之国无豳。此非大师所采。周公追王业之始，作为《七月》之诗，兼雅颂之声，而用之祈报[①]之事。《周礼·籥章》，逆暑迎寒，则龡《豳》诗；祈年于田祖[②]，则龡《豳》雅；祭蜡[③]则龡《豳》颂。雪山王氏[④]曰：此一诗而三用也。谓《籥章》之豳诗，以鼓、钟、琴、瑟四器之声合籥也。笙师龡竽、笙、埙、籥、箫、篪、篴、管、舂、牍、应、雅凡十二器，以雅器之声合籥也。眂瞭播鼗、击颂磬、笙磬，凡四器，以颂器之声合籥也。凡为乐器，以十有二律为之数度，以十有二声为之齐量，凡和乐亦如之。此用《七月》一诗，特其以器和声，有不同尔。《鸱鸮》以下，或周公之作，或为周公而作，则皆附于《豳》焉。虽不以合乐，然与二“南”同为有周盛时之诗，非东周以后列国之风也，故他无可附。

【注释】①祈报：古代祀社，春夏祈而秋冬报。②田祖：传说中始耕田者，指神农氏。③祭蜡：古代每年十二月，天子或诸侯为颂扬神农、后稷等百神之劳功而举行的祭礼。④雪山王氏：王质，字景文，号雪山，郓州（今山东东平）人，寓居兴国军（今湖北阳新县）。南宋高宗、孝宗时期著名经学家、诗人、文学家。

【译文】从《周南》到《豳风》，统称为《国风》，这是前代儒生的失误，程大昌（字泰之）分析得很详细了。《豳风》诗不属于《国风》。周朝时没有豳国。这不是太师所采集的。周公追溯君王大业的始端，撰写了《七月》的诗作，兼有雅颂的乐声，而作为祈报的事。《周礼·籥章》，迎接夏气、寒气初来，是用龠吹奏《豳风》之诗句；在神农面前祈祷丰年，是用龠吹奏《豳风》之雅乐；祭祀神农、后稷，是用龠吹奏《豳风》之颂。雪山王氏说：这是一首诗而有三种功用。（是说《籥章》的豳诗，用鼓、钟、琴、瑟四种乐器的声音进行吹奏。笙师吹竽、笙、埙、籥、箫、篪、篴、管、舂、牍、应、雅等十二种乐器，以雅器的声音来吹奏。眡瞭播鼗、击颂磬、笙磬，共四种乐器，以颂器的声音来吹奏。凡为乐器，以十二律为之数度，以十二声为之齐量，凡和乐也是这样。这里用《七月》一诗，特别以器和声，是有不同之处罢了。）《鸱鸮》以后，或许是周公创作，或许是为周公而创作，则都附录在《豳风》。虽然不和谐成调，然而与《周南》《召南》同是周朝兴盛时期的诗歌，不是东周以后列国不同地区的地方音乐，因此没有地方可以依附。

言私其豵

“雨我公田，遂及我私”，先公而后私也。“言私其豵[①]，献豜[②]于公”，先私而后公也。自天下为家，各亲其亲，各子其子，而人之有私，固情之所不能免矣。故先王弗为之禁，非惟弗禁，且从而恤之。建国亲侯，胙土命氏[③]，画井分田，合天下之私，以成天下之公，此所以为王政也。至于当官之训，则曰以公灭私。然而禄足以代其耕，田足以供其祭，使之无将母之嗟[④]，室人之谪[⑤]，又所以恤其私也。此义不明久矣，世之君子，必曰有公而无私，此后代之美言，非先王之至训也。

【注释】①豵（zōng）：小猪；亦泛指小兽。②豜（jiān）：古代指三岁的猪；亦泛指大猪、大兽。③胙土命氏：始于先秦时代是以严格遵循以嫡长子继承权为核心的封建宗法制度原则。即“别子为祖，继别为宗”。具体来讲，就是王室、诸侯的嫡长子有权继承父亲为王、为君；王室、国君的庶子，也称“别子”。④将母之嗟：见《诗·小雅·鹿鸣之什·四牡》篇五章有“将母来谂”句。⑤室人之谪：见《诗·国风·邶风·北门》篇二章及三章有“室人交偏谪我”句。

【译文】“先灌溉好公田，再灌溉我的私田”，说的是先以公事为重，然后考虑私事。“狩猎到小猪归自己，捕猎到大猪进献给公家”，说的是先以私事为重，然后考虑公事。从把国家当作一家私有，人们各自亲近自己的亲属，养育自己的子女，人人有私心，固然是人情所不能避免的，因此前代的君王不禁止，非但不禁止，进而怜悯照顾。分封建立国家、亲近诸侯，赐封土地给功臣宗室、命名姓氏，划分田地，合并天下的私意，来成就天下的公心，这就是用来建立以君王为首的国家体制的。担任官职的法则，就是由于公务而废弃私情。然而俸禄足以代替耕种，田地足以供养祭祀，让他没有对母亲深深的思念，家人对他的责怪，这是用来怜悯照顾他的私意的。这个道理不阐明很久了，世上的君子，一定会说有公心而没有私意，这是后代赞誉的言辞，不是前代君王最高的教诲、法则。

承筐是将

君子不亲货贿，束帛戋戋①，实诸筐篚②，非惟尽饰之道，亦所以远财而养耻也。万历以后，士大夫交际，多用白金，乃犹封诸书册之间，进自阍人③之手。今则亲呈坐上，径出怀中，交收不假他人，茶话无非此物。衣冠而为囊橐④之寄，朝列而有市井之容。若乃拾遗金而对管宁⑤，倚被囊而酬温峤⑥，曾无愧色。了不关情，固其宜也。然则先王制为筐篚之文者，岂非禁于未然之前，而示人以远财之义者乎？以此坊⑦民，民犹轻礼而重货。

【注释】①戋（jiān）戋：浅少。②筐篚（fěi）：盛物竹器。方曰筐，圆曰篚。③阍（hūn）人：后世通称守门人。④囊橐（tuó）：行李财物。⑤管宁：字幼安。北海郡朱虚县（今山东）人。东汉末年至三国时期著名隐士。⑥温峤（qiáo）：字泰真，一作太真，太原祁县（今山西祁县）人。东晋名将，司徒温羡之侄。⑦坊：通“防”。防止，防范。

【译文】君子远离财货，只用很少的一束布帛，充实所有盛物的竹器，不全只是文饰的途径，也是用来远离财货而来培养廉耻心的。万历朝之后，士大夫交往，多用白金，封闭在书册里面，通过守门人之手奉上，如今则是在座位上亲自进呈，直接从怀里拿出，付托、接受不依靠其他人，饮茶谈话就是这个事情。衣服帽子成了装财物的袋子，朝廷上的官员有商人买卖的容貌。至于捡到遗落的金子而面对管宁，靠着放置被褥衣物的行李袋来应对温峤，连羞愧的脸色也没有。一点也不动心，本来就该如此。那么前代的君王制造盛物竹器的文饰，难道不是禁绝在坏事发生之前，告诉人以远离财物的含义吗？用这种办法来防备百姓，百姓仍然轻视礼节而重视财货。

罄无不宜

“罄无不宜”，宜室家，宜兄弟，宜子孙，宜民人也。“吉蠲为饎[①]，是用孝享，禴祠烝尝[②]，于公先王”。得万国之欢心，以事其先王也。

【注释】①吉蠲（juān）为饎（chì）：洁净身体，具备酒食以祭祀。②禴祠烝尝：亦作“禴（yuè）祀蒸尝”和“礿（yuè）祀蒸尝”，典出《诗经》之“禴祠烝尝，于公先王”。董仲舒《春秋繁露》释曰：“春曰祠，夏曰礿，秋曰尝，冬曰蒸”，即四时追祭。

【译文】“所有事情没有不适宜的”，适宜夫妇，适宜兄弟，适宜子孙，适宜百姓。“在吉日里沐浴后准备酒食，敬献祖先供奉祭品祭神。春夏秋冬四季急迫不停，敬献祭祀先公与先王”。得到天下臣民的喜爱与赏识，用来祭祀先王。

民之质矣日用饮食

“民之质矣，日用饮食”。夫使机智日生，而奸伪萌起，上下且不相安，神奚自而降福乎？有“起信险肤”之族，则“高后[①]崇降弗祥”；有“诪张为幻[②]”之民，则嗣王“罔或克寿”。是故有道之世，人醇工庞，商朴女童，上下皆有嘉德，而至治馨香感于神明矣。然则祈天永命之实，必在于观民。而斫雕为朴，其道何由？则必以厚生为本。

【注释】①高后：指商朝开国君主商汤。②诪（zhōu）张为幻：欺骗迷惑别人。

【译文】“人民纯洁质朴，饮食得到满足就可以”。使得机巧智慧日益产生，奸诈欺伪的事情发生，上下尚且不能平安相处，神灵怎么能降下福音呢？有“起来申说谣传恶意中伤言论”的家族，就会有“先王商汤重重地降下刑罚”；有“以欺骗迷惑别人”的百姓，那么继位之君“没有能够长寿的”。因此政治清明的世道，人们淳朴忠厚，工匠制作的器具坚固耐用精致美观，商贾诚实不欺诈，女子纯真稳重，上下都有美好高尚的品德，安定昌盛、教化大行的时世，散播很远的香气，感动神明。那么祈求上天永远授以王命的根本，一定在于观察民风。去掉雕饰，崇尚质朴，有什么途径呢？那么一定是以使人民的生活富足、充裕作为根本。

"群黎"，庶人也，"百姓"，百官也。"民之质矣"，兼百官与庶人而言，犹曰"人之生也直"也。

【译文】"群黎"，是无官爵的平民，"百姓"，是百官的别称。"民之质矣"，同时说的是百官和平民，就像说"人之生也直"一样。

小人所腓

"小人所腓[①]"。古制，一车，甲士三人，步卒七十二人，炊家子十人，固守衣装五人，厩养五人，樵汲五人。见《司马法》。随车而动，如足之腓也。传曰："腓，辟也。"笺曰："腓，当作芘。皆未是。步乘相资，短长相卫，行止相扶，此所以为节制之师也。繻葛之战，郑"原繁、高渠弥以中军奉公为鱼丽之陈[②]，先偏后伍，伍乘弥缝"。卒不随车，遇阙即补，斯已异矣。古时营陈，遇阙处，仍以车补。《周礼》车仆"掌阙车之萃"，注："阙车，所用补阙之车也。"《左传》宣公十二年，楚子"使潘党率游阙四十乘"，注："游车，补阙者。"大卤之师，魏舒[③]"请毁车以为行。五乘为三伍，注："乘车者，车三人，五乘十五人。今改去车，更以五人为伍，分为三伍。"为五陈以相离，两于前，伍于后，专为右角，参为左角，偏为前拒"。专任步卒以取捷速，然亦必山林险阻之地，而后可用也。

步不当骑，于是赵武灵王[4]为变服骑射之令，而后世因之。所以取胜于敌者，益轻益速；而一败涂地，亦无以自保，然后知车战之为谋远矣。

【注释】①腓：覆庇，倚庇。②原繁：郑庄公的庶兄，初为郑国大夫、大将。高渠弥：春秋时期郑国大夫，于郑庄公时被任命为卿，公子忽（郑昭公）曾劝阻，郑昭公即位后，高渠弥惧其杀己，弑郑昭公，立公子亹为君，次年被齐襄公车裂。鱼丽之陈："陈"通"阵"，列阵。据说是郑庄公有一次在野外看见农夫结网捕鱼有所感悟而发明的新阵法，又说是郑庄公在品尝美味刀鱼的时候看到鱼鳞层层叠叠而启发所发明的新式阵法，最早的历史记载于《左传》鲁桓公十五年。这个具有美丽名字的阵法实际上代表了一场血腥的战争，这场战争就是历史上有名的繻葛之战。③魏舒：姬姓，魏氏，名舒，亦名荼，谥"献"，所以也称魏献子。东周春秋后期晋国卿，魏昭子绛之孙，晋军步战的创始者。④赵武灵王：嬴姓，赵氏，名雍，赵肃侯之子。赵武灵王在位时，推行"胡服骑射"政策，改革军事装备和作战方法，赵国因而国势大盛。

【译文】"士兵们靠战车隐蔽遮挡"。古时的法式制度，一辆战车，配备披甲的士兵三人，徒步作战的士兵七十二人，炊事兵十人，保管看守被装的士兵五人，饲养军马的士兵五人，打柴汲水的士兵五人。（参见《司马法》。）随着战车而行动，就像整个脚的腿肚子。（传说："腓，就是辟的意思。"笺说："腓，应当写成芘。都不正确。）徒步与坐乘相互资助，短与长相互保护，行动休息相互扶持，这是成为军纪严整军队的原因。在繻葛作战，郑国的"原繁、高渠弥率领中军护卫郑庄公，摆开了称为鱼丽的阵势，先有偏，后有伍，伍弥补偏的空隙。”士兵不跟随战车，遇到有空缺就补上，则已经很奇怪了。（古代排列阵式，遇到空缺的地方，依旧以兵车补上。《周礼》车仆“掌阙车之萃”，注：“阙车，是供填补空缺的兵车。”《左传》鲁宣公十二年，楚子“使潘党率游阙四十乘”，注：“游车，是填补空缺的兵车。”）大卤的军队，魏舒“建议放弃战车，改用步兵编制。五乘战车的甲士改编为三伍，（注：“乘车的人，兵车有三人，五乘就有十五人。如今去掉兵车，改变以五人为伍，分为三伍。”）以五个分离的小阵组成一个大阵：前为两，后为伍，左为参，右为专，中空，最前为偏拒敌。”专门任用步兵来快速获得胜利，然而也一定要在山林道路行进中有困难的地方，然后才可以使用。步兵不能抵挡骑兵，于是赵武灵王进行“胡服骑射”的改革，以后的时代继承沿袭。取胜敌人的原因，在于更加轻巧、更加迅速，如果一败涂地，也没有办法自我防卫，然后知道车战的深谋远虑。

终春秋二百四十二年，车战之时，未有斩首至于累万者。车战废，而首功[①]兴矣。先王之用兵，服之而已，不期于多杀也。“杀人之中，又有礼焉”。以此毒[②]天下，而民从之，不亦宜乎。

【注释】①首功：以斩获敌首计功。②毒：通“督”。治理，统治。

【译文】春秋时期的二百四十二年，使用战车作战的时候，没有斩首累积到万人者。战车作战的方式被废除，以斩获敌首记功的方式兴起了。先王指挥战争，让他们顺从就可以了，不希望多杀。“杀人之中，又有礼仪”。用这来治理天下，而百姓顺从他，不也很好吗？

宋沈括对神宗[①]言："车战之利，见于历世。然古人所谓兵车者，轻车也，五御[②]折旋，利于捷速。今之民间辎车[③]重大，日不能三十里，故世谓之太平车，但可施于无事之日尔。"

【注释】①沈括：字存中，号梦溪丈人，浙江杭州钱塘县人，北宋政治家、科学家。著有《梦溪笔谈》。神宗：宋神宗赵顼，初名赵仲针，宋英宗赵曙长子，生母宣仁圣烈高皇后，北宋第六位皇帝。②五御：即驾车的技巧，包括：鸣和鸾、逐水曲、过君表、舞交衢、逐禽左。③辎车：古代一种有帷盖的大车。

【译文】宋代沈括对宋神宗赵顼说："使用战车作战的好处，可以在过去的各个朝代看见，然而古人所说的兵车，是轻车，驾车的技巧来回奔逐，有利于快捷迅速。如今民间有帷盖的车分量大，一日不能行驶三十里，因此世上说是太平车，只是只能在没有战事的时候使用。"

变 雅

《六月》《采芑》《车攻》《吉日》，宣王中兴之作，何以为"变《雅》"乎?《采芑》传曰："言周室之强，车服之美也。"言其强美，斯劣矣。正义曰："名生于不足。"观夫《鹿鸣》以下诸篇，其于君臣、兄弟、朋友之间，无不曲当，而未尝有夸大之辞。《大雅》之称文武，皆本其"敬天勤民"之意。至其言伐商之功，盛矣，大矣，不过曰"会朝[①]清明"而止。然则宣王之诗，不有侈于前人者乎！如《韩奕》之篇尤侈。一传而周遂亡。呜呼！此太子晋[②]所以谓："自我先王，厉、宣、幽、平，而贪天祸。"固不待《沔水》之忧，《祈父》之刺，而后见之也。

【注释】①会朝：一朝，一旦。②太子晋：字子乔，是东周时周灵王（姬泄心）的太子，幼时天资聪颖，温良博学，不慕富贵，喜爱静坐吹笙，乐声优美如凤凰鸣唱；行冠礼后，以太子身份辅政。晋平公派当时名流师旷前往朝见，问他以君子之德、治国之道，他旁征博引、侃侃而谈，师旷钦佩不已；后因病去世。后世之人称太子晋。

【译文】《六月》《采芑》《车攻》《吉日》，是周宣王中兴时期的诗作，怎么会成为"变《雅》"呢？《采芑》传颂："周王室的强盛，车舆礼服的华美。"说他的强盛华美，这很错误了。（正义说："名生于不足。"）察看《鹿鸣》以下的文章，对于君臣、兄弟、朋友之间，没有不完全恰当的，而没有夸大的言辞。《大雅》颂扬文王、武王的功绩，都是依据他们"崇敬上天、尽心民事"的本意。至于说到讨伐商纣的功业，仪式隆重，规模大，也只是说"一天时间就天下清平"而已。那么周宣王的诗作，不是要比前人夸大吗！（如《韩奕》一文更加夸大。）传承一代西周就坠亡。这就是太子晋用来说："从我前代的君王，周厉王、周宣王、周幽王、周平王，陷入了天祸。"本来就不用等《沔水》的担忧，《祈父》的讥讽，到后面就会看得到的。

大 原

“薄伐猃狁[1]，至于大原。”毛、郑皆不详其地。其以为今太原阳曲县者，始于朱子，《吕氏读诗记》、严氏《诗缉》并云。而愚未敢信也。古之言大原者多矣，若此诗，必先求泾阳所在，而后大原可得而明也。《汉书·地理志》，安定郡有泾阳县，“幵头山在西，《禹贡》泾水所出”。《后汉书·灵帝纪》：“段颎[2]破先零羌[3]于泾阳。”注：“泾阳县属安定，在原州。”《郡县志》：“原州平凉县，本汉泾阳县地，今县西四十里泾阳故城是也。”然则大原当即今之平凉。而后魏立为原州，亦是取古大原之名尔。《唐书》，原州平凉、郡治平高。“广德元年，没吐蕃，节度使马璘表置行原州于灵台之百里城。贞元十九年，徙治平凉。元和三年，又徙治临泾。大中三年，收复关陇，归治平高”。计周人之御猃狁，必在泾原之间。若晋阳之太原，在大河之东，距周京千五百里，岂有寇从西来，兵乃东出者乎？故曰：“天子命我，城彼朔方。”而《国语》，宣王“料民于大原”，亦以其地近边，而为御戎之备，必不料之于晋国也。又按《汉书》贾捐之[4]言：“秦地南不过闽越，北不过太原，而天下溃畔。”亦是平凉而非晋阳也。汉武帝始开朔方郡，故秦但有陇西北地上郡而止。若晋阳之太原，则其外有雁门、云中、九原，不得言不过也。若《书·禹贡》“既修大原，至于岳阳”；《春秋》晋荀吴[5]帅师败狄于大原，及子产对叔向“宣汾、洮，障大泽，以处大原”。则是今之晋阳，而岂可以晋之大原为周之在原乎？司马相如《上林赋》:“布濩闳泽,延蔓太原。”阮籍《东平赋》:“长风振厉,萧条太原。”高平曰原,盖古人之通称也。

【注释】①猃狁(xiǎn yǔn):亦称“荤允”“荤粥”“獯鬻”“薰育”“严允”等。中国古代民族名。即北狄(秦汉时的匈奴),活动于今陕、甘一带,猃、岐之间。②段颎(jiǒng):字纪明。武威姑臧(今甘肃武威)人。东汉名将,西域都护段会宗从曾孙,与皇甫规(字威明)、张奂(字然明)并称“凉州三明”。③先零羌:先零是两汉时期西羌族的一支。④贾捐之:字君房,西汉著名政治家、文学家。洛阳(今属河南)人。贾谊曾孙。有《弃珠崖议》。⑤荀吴:姬姓,中行氏,名吴,谥穆。因中行氏出自荀氏,故亦称荀吴,史称中行穆子,荀偃之子。春秋后期晋国名将,率军多与戎狄部落作战,扫平晋国周边的游牧部落。

【译文】“猛烈出击讨伐猃狁,军队进攻到大原。”毛公、郑玄都不能说明大原的地址。认为是如今的太原阳曲县,是从朱熹开始的,(《吕氏读诗记》、严氏《诗缉》都认同这个观点。)而我不敢认同。古时候说大原的地方有很多了,像这首诗,一定要先探求泾阳在哪里,然后就可以知道大原的位置了。《汉书·地理志》记载,安定郡有泾阳县,“开头山在西面,《禹贡》说是泾水的源头”。《后汉书·灵帝纪》记载:“段颎在泾阳打败先零羌。”注:“泾阳县属于安定,在原州。”《郡县志》记载:“原州平凉县,原本是汉代泾阳县地,如今县西四十里泾阳故城就是。”那么大原就应当是如今的平凉。而北魏设置原州,也是取古时候大原的名称吧。(《唐书》,原州平凉、郡治平高。“唐代宗广德元年,被吐蕃攻陷,节度使马璘表置行原州于灵台之百里城。贞元十九年,迁郡治到平凉。唐宪宗元和三年，又迁郡治到临泾。唐宣宗大中三年，收复关陇地区，将郡治迁回平高”。）估计周朝人抵御猃狁，一定在泾原之间。像晋阳之太原，在黄河的东面，距离周朝京都有一千五百里，怎么有敌人从西面进攻，士兵却从东面出击的呢？因此说：“周天子给我们颁下号令，火速赶往朔方修筑城墙。”而《国语》记载，周宣王“在大原普查百姓”，也是因为大原接近边疆，而作为抵御西戎的防备，一定不会在晋国普查。又按照《汉书》贾捐之的说法：“秦国的土地向南不超过闽越，向北不超过太原，而天下叛乱离散。”也是指平凉而不是晋阳。（汉武帝才设置朔方郡，因此秦朝只有陇西北地上郡而止。像晋阳的太原，则其外有雁门、云中、九原，不能说没有越过。）像《尚书·禹贡》“已经修整了大原，接着修整到岳阳地区”；《春秋》记载，晋国荀吴率领军队在大原打败北狄，以及子产对答叔向“疏通汾河、洮水，堵塞大泽，发端了大原”。那么如今的晋阳，而怎么可以把晋国大原当作周朝的在原呢？（司马相如《上林赋》：“布濩闳泽，延蔓太原。”阮籍《东平赋》：“长风振厉，萧条太原。”又高又平称为原，大概是古人的通称。）

吾读《竹书纪年》，而知周之世有戎祸也，盖始于穆王之征犬戎。六师[①]西指，无不率服，于是迁戎于太原。十七年。以黩武之兵，而为徙戎之事。懿、孝[②]之世，戎车屡征。至夷王七年，“虢公帅师伐太原之戎，至于俞泉，获马千匹”。则是昔日所内徙者，今为寇而征之也。宣王之世，虽号中兴，三十三年，“王师伐太原之戎，不克”；三十八年，“伐条戎、奔戎，王师败逋”；三十九年，“伐羌戎，战于千亩，王师败逋”；四十年，“料民于太原”。其与后汉西羌之叛，大略相似。幽王六年，“命伯士[3]帅师伐六济之戎，王师败逋”。《后汉书·西羌传》并用此。严尤以为周得中策，盖不考之言。于是关中之地，戎得以整居其间，而陕东之申侯，至与之结盟而入寇。自迁戎至此，一百七十六年。《周语》：“申缯西戎方强，王室方骚。”

【注释】①六师：周天子所统六军之师，亦泛指全部军队。②懿：即周懿王，姬姓，名艱（jiān），周共王姬繄扈（yī hù）之子，西周第七位君主。周懿王生性懦弱，继位后政治日趋腐败，国势不断衰落，由于西戎屡次进攻，他被迫将都城迁往槐里（今陕西兴平）。孝：即周孝王，姬姓，名辟方，周穆王姬满之子，周共王姬繄扈之弟，周懿王姬艱的叔父，西周第八位君主。周懿王死后，理应由太子姬燮（xiè）继位，但是姬燮懦弱无能，姬辟方乘机夺取王位，是为周孝王。③伯士：周幽王时期的将军。

【译文】我阅读《竹书纪年》，而知道周朝有犬戎的战祸，大概是起始于周穆王的征讨犬戎。六军之师向西进发，没有不顺服的，于是迁移犬戎到太原。（周穆王十七年。）用好战的军队，来做迁徙犬戎的事。懿王、孝王的世代，兵车屡次征讨。到了夷王七年，“虢公率领军队讨伐太原的犬戎，到了俞泉，缴获上千匹马”。从前迁移到内地居住的人，如今成为侵略者而来征讨他们。宣王之时，虽然号称中兴，宣王三十三年，“周王军队讨伐太原的犬戎，没有胜利”；宣王三十八年，“讨伐条戎、奔戎，周王军队败退、逃亡”；宣王三十九年，“讨伐羌戎，在千亩打仗，王室军队败退、逃亡”；宣王四十年，“在太原盘查百姓”。这个与东汉西羌的叛变，大略相似。幽王六年，

"命伯士率领军队讨伐六济的戎族，王室军队败退、逃亡"。(《后汉书·西羌传》都使用这个。严尤以为周得中策，大概是没有经过考证的说法。)于是关中地区，犬戎能够完全藏身在那里，而陕东的申侯，和犬戎结成联盟而入侵。(从迁戎的时候起到这时，一共一百七十六年。《周语》："申缯西戎正强大，周王室正骚动。")

盖宣王之世，其患如汉之安帝①也；幽王之世，其患如晋之怀帝②也。戎之所由来，非一日之故，而三川之震、檿弧之谣③，皆适会其时者也。然则宣王之功，计亦不过唐之宣宗，而周人之美宣，亦犹鲁人之颂僖也，事劣而文侈矣。书不尽言，是以论其世也，如毛公者，岂非独见其情于意言之表者哉？《竹书纪年》自共和以后多可信，盖亦必有所传。其前，则好事者为之尔。

【注释】①汉安帝：刘祜，汉章帝刘炟之孙，清河孝王刘庆之子。汉安帝即位时，东汉朝廷内忧外患，百事多艰。②晋怀帝：司马炽，字丰度，晋武帝司马炎第二十五子，晋惠帝司马衷异母弟，惠帝崩后，司马炽被扶植为帝，改年号为"永嘉"。在位期间，发生了历史上的永嘉之乱事件。③三川之震：周幽王二年，镐京一带发生地震，震及泾水、渭水、洛水三川。周大夫伯阳父认为，这是西周将亡的征兆。后世因用"三川震"作为表现国家危难的典故。檿(yǎn)弧之谣：周宣王的时代，小女孩们唱着这样的儿歌："山桑弓，箕木袋，灭亡周国的祸害。"卖桑木作的弓箭之人，即灭亡周国之人。史载此谣为后来幽王宠褒姒殃国之兆。

【译文】大概宣王的时候，忧患如同汉安帝；幽王的时候，忧患如同晋怀帝。犬戎的由来，不是一日的缘故，而三川的震动、檿弧的谣传，都刚好碰上那个时候。那么宣王的功劳，估计也不过如同唐宣宗，而周人颂扬宣王，也犹如鲁人称赞僖公，事业不好而文辞夸大。史书难以充分表达其意，因此研究他们所处的社会时代，如毛公，难道不是在意思言语之外独自看到实情吗？（《竹书纪年》从“共和”以后大多可信，大概也一定有所传。“共和”以前，则是好事者为之撰写的。）

蒡言自口

蒡言，秽言也，若郑享赵孟[①]，而伯有[②]赋鹑奔之诗是也。君子在官言官，在府言府，在库言库，在朝言朝，狎侮之态，不及于小人，谑浪之辞，不加于妃妾。自世尚通方，人安媟慢[③]，宋玉[④]登墙之见，淳于[⑤]灭烛之欢，遂乃告之君王，传之文字，忘其秽论，叙为美谈，以至执女手之言，发自临丧之际；原壤。啮妃唇之咏，宣于侍宴之余。郭舍人。于是摇头而舞八风，祝钦明。连臂而歌万岁。阎知微。去人伦，无君子，而国命随之矣。

【注释】①赵孟：中国春秋时期晋国赵氏的领袖，原名赵鞅，又名志父。赵武之孙。②伯有：春秋时郑大夫良霄，他主持国政时，和贵族驷带发生争执，被杀于羊肆。传说他死后变为厉鬼作祟，郑人互相惊扰，以为“伯有至矣！”后用以代称受屈或含冤而死的人。③媟（xiè）慢：亦作“媟嫚”，轻薄，不庄重。④宋玉：字子渊，战国时期宋国公子，因父子矛盾而出走楚国，战国末期辞赋家，平生酷爱辞赋，既懂音乐亦善于写文章，曾事楚顷襄王，是继屈原之后又一伟大的辞赋家，与同时代的唐勒、景差齐名。⑤淳于：即淳于髡（kūn），黄县（今山东龙口）人，战国时期齐国的政治家和思想家。齐之赘婿，齐威王拜其为政卿大夫。淳于髡以博学多才、善于辩论著称，是稷下学官中最具有影响的学者之一。

【译文】莠言，是污秽之言，像郑享赵孟，而伯有创作鹑奔的诗作就是。君子如果君命涉及板图文书，就在官习议；如果君命涉及宝藏货贿，就在府习议；如果君命涉及车马兵甲，就在库习议；如果君命涉及政事，就在朝习议，轻慢戏弄的神情，不会涉及地位低的人，戏谑放荡的言辞，不强加给妃子身上。从世道崇尚灵活变通，人们满足于轻薄，宋玉的东邻之女登上墙头窥视他，淳于髡在熄灭蜡烛后的彻夜痛饮，于是禀告君王，用文字流传，忘掉肮脏丑陋的谈论，记述成使人称颂的故事，以至于我真想握着你的手的话语（原壤），出自亲临丧礼的时候，噬咬妃唇的诗词，抒写在陪同饮宴过后（郭舍人）。于是摇头而跳八风舞（祝钦明），共同祝颂万岁（阎知微）。失去礼教所规定的人伦关系，没有有德行的人，而国家的命运也随后葬送了。

臧孙纥见卫侯于郲①，“退而告其人曰，卫侯其不得入矣。其言粪土也，亡而不变，何以复国？”以“粪土”喻其言，犹《诗》之莠言也。

【注释】①臧孙纥（hé）：姬姓，臧氏，名纥，谥武，因祭鲁孝公之祀，故尊称其“臧孙纥”，史称臧武仲，臧宣叔之子，臧文仲之孙。矮小多智，号称“圣人”。其父臧宣叔，他辅佐鲁成公、鲁襄公，德才兼备，对季孙氏专权表示不满。但终不能见容于鲁国，先逃到郲国后又逃到齐国。卫侯：即卫献公，姬姓，卫氏，名衎（kàn），卫定公之子。郲（lái）：古国名，中国春秋时被齐所灭。故地在今山东省龙口市莱子城一带。亦作“莱”。

【译文】臧孙纥在郲拜见卫侯，“告退的时候对身边的人说，卫侯不能复国了。他的言语如同粪便和泥土，逃亡而不改变，用什么恢复邦国呢？”用“粪便和泥土”来比喻他的言语，犹如《诗经》里所说的“莠言”。

皇父

王室方骚，人心危惧。皇父以柄国之大臣，而营邑于向。《左传》隐十一年，“解轵县西有地名向上”。在今济源县界。于是三有事之多藏者随之而去矣，庶民之有车马者随之而去矣。盖亦知西戎之已偪，而王室之将倾也。以郑桓公之贤，且寄孥于虢、郐，则其时之国势可知。然不顾君臣之义而先去，以为民望，则皇父实为之首。昔晋之王衍①，见中原已乱，乃说东海王越②，以弟澄为荆州，族弟敦为青州，谓之曰：“荆州有江、汉之固，青州有负海之险，卿二人在外，而吾留此，足以为三窟③矣。”鄙夫之心，亦千载而符合者乎！

【注释】①王衍：字夷甫。琅邪郡临沂县（今山东临沂）人。西晋末年重臣，玄学清谈领袖，曹魏幽州刺史王雄之孙、平北将军王乂之子、司徒王戎堂弟。下文的“弟澄”“族弟敦”即为王澄（字平子）、王敦（字处仲），都为西晋官员。其中王敦与堂弟王导一同辅佐晋元帝司马睿建立东晋。②越：即司马越，字元超，河内温县（今河南温县）人，晋宣帝司马懿四弟东武城侯司马馗之孙，高密文献王司马泰长子。西晋宗室，晋惠帝至晋怀帝时期权臣，八王之乱的参与者之一。③三窟：兔子有三个洞穴。后以喻多种图安避祸的方法。同“狡兔三窟”。窟，洞穴。三，三个或虚指多数。

【译文】王室正处在骚动不安的时候，人的感情忧虑恐惧。皇父凭借是执掌国政的大臣，在向建设筹划都城。（《左传》鲁隐公十一年，“解轵县西有地名向上”。在今济源县界。）于是三公中多有收藏的人随着人家一起走了，平民百姓中有车马的人随着人家一起走了。大概也知道西戎已经逼近，而王室将要倾倒了。凭借郑桓公的贤明，尚且要寄托妻子和儿女在虢国、郐国，那个时候国家的形势可以知道了。然而不顾及君臣的大义而先离开，作为民众的榜样，那么皇父实际是首位的人。从前晋朝的王衍，看见中原已经动乱，于是游说东海王司马越，让弟弟王澄担任荆州刺史，族弟王敦担任青州刺史，对他们说：“荆州有长江、汉水的坚固，青州有背靠大海的险峻，你们二人在外面担任官职，而我留守在这里，足以作为多种避祸的方法。”人品鄙陋之人的心思，千年过后也是这样的相符！

握粟出卜

古时用钱未广，《诗》《书》皆无货泉①之文，而问卜者亦用粟。汉初犹然，《史记·日者传》：“卜而有不审，不见夺糈②。”

【注释】①货泉：最常见的一种汉代钱币，它是王莽天凤元年第四次货币改制的产物。王莽后期铸币的代表作，是莽钱中较珍贵的品种，具有一定的历史研究所值和收藏价值。②糈（xǔ）：古代祭神用的精米。

【译文】古时候使用钱币没有推广，《诗》《书》都没有货币的记录，算卦解决疑难的人也是用粟米。汉代初年也是这样，《史记·日者传》记载："卜筮即使不周密，也不会被夺去应得的精米。"

私人之子百僚是试

孔氏曰：私人，皂隶之属也。天下有道，小德役大德，小贤役大贤，故"贵有常尊，贱有等威"，所以辩上下而定民志也。周之衰也，"政以贿成，而官之师旅，不胜其富"。《左氏》襄公十年传。又其甚也，私人之子皆得进而服官，而文、武、周公之法尽矣。候人而赤芾①，曹是以亡；不狩而县貆②，魏是以削。"贱妨贵"，"小加大"，古人死之"六逆③"，又不但仍叔之子讥其年弱，尹氏之姻刺其材琐而已。自古国家，吏道杂而多端，未有不趋于危乱者。举贤材，慎名器，岂非人主之所宜兢兢自守者乎？

【注释】①候人：古代掌管整治道路稽查奸盗，或迎送宾客的官员。赤芾（fèi）：赤色蔽膝。为大夫以上所服。②县（xuán）：悬挂。貆（huān）：古同"貛"。小貉。③六逆：《左传》中石碏谏卫庄公中所提出的六种违逆，即"贱妨贵、少陵长、远间亲、新间旧、小加大、淫破义"。

【译文】孔氏说：权势者的亲旧、部属，是衙门里的衙役之类。天下政治清明时，道德低的就服从于道德高的，有小贤的人就服从于大贤的人，因此“对尊贵的有一定的礼节示以尊重，对低贱的有一定的等级示以威严”，用来分辨上下来确定百姓的共同意愿。周朝衰微时，“政事靠行贿才能办成，而官员下属的官吏，非常富有阔气”。（《左传》鲁襄公十年。）又有更严重的，权势者部属的儿子都能够进入而当官，而文王、武王、周公的法则规范都没有了。掌管整治道路稽查奸盗的官员却穿着大夫以上才能穿的服装，曹国因此灭亡；不狩猎却有猪獾悬挂，魏国因此削弱。“卑贱的妨害高贵的”，“地位低的压制着地位高的”，古人横死的“六种逆理的事”，又不只有讥讽仍叔的儿子年轻，讽刺尹氏的联姻财物琐碎。从古以来的国家，如果做官的途径多种多样而不单纯，没有不趋向危险动乱的。推举才智出众的人，慎重对待名贵的器物，难道不是君王应该小心谨慎地坚守自己平日的品行吗？

不醉反耻

“彼醉不臧，不醉反耻。”所谓一国皆狂，反以不狂者为狂也。以箕子之忠，而不敢对纣之失日[①]，《韩非子》。况中材以下，有不尤而效之得乎？“卿士师师非度”，此商之所以亡；“兰芷变而不芳兮，荃蕙化而为茅”，此楚之所以以六千里而为仇人役也。是以圣王重特立之人，而远苟同之士。保邦于未危，必自此始。

【注释】①失日：忘记时间。谓无休无止。

【译文】“有人喝酒喝醉了当然不好，反而说不喝醉的人令人扫兴。”所谓整个国家都纵情任性，反而认为不放纵的人是放荡任性。用箕子的忠心，而不敢劝谏商纣无休无止的暴政，（《韩非子》。）况且中等才智以下，有不善而效仿可以吗？“朝廷大臣互相仿效，违法乱纪”，这是殷商灭亡的原因；“兰草和芷草失掉了芬芳，荃草和惠草也变成茅莠”，这是楚国虽然有六千里的国土却被仇人使唤的原因。因此圣明的君王器重有坚定志向的人，而疏远轻率地就同意的士人。在没有危险的时候保卫邦国，一定从这里开始的。

上天之载

“上天之载，无声无臭，仪刑文王，成邦作孚。”君子所以事天者如之何？亦曰“仪刑文王”而已。其“仪刑文王”也如之何？“为人君止于仁，为人臣止于敬，为人子止于孝，为人父止于慈，与国人交止于信”而已。

【译文】“上天行事总是这样，没有声音、没有气味可分辨。效法文王的好榜样，天下万国永远信服。”君子用来对待天命的方法是怎样的呢？也说“效法文王的好榜样”就可以。“效法文王的好榜样”是怎样的呢？“身为国君，要尽力做到施行仁政；身为人臣就要尽力尊敬君王；身为子女，就要尽力孝顺父母；身为父亲，就要尽力对子女慈爱；与他人交往，就要尽力做到诚实”就可以。

王欲玉女

《民劳》本召穆公[①]谏王之辞，乃托为王意，以戒公卿百执事[②]之人，故曰“王欲玉女，是用大谏”。犹之“转予于恤”，而呼祈父[③]；从事不均，而怨大夫。所谓“言之者无罪，而闻之者足以戒也”。岂亦监谤[④]之时，疾威之日，不敢指斥而为是言乎？然而乱君之国，无治臣焉。至于“我即尔谋，听我嚣嚣[⑤]”，则又不独王之愎谏矣。

【注释】①召穆公：姬姓，召氏，名虎，谥穆，又称召伯虎，召幽伯之子，母为召姜，召公奭的后代，周朝人物。当时周厉王暴虐，引发国人暴动，召穆公把太子靖藏匿在家，并用其子替死，太子于是脱险。周厉王死后，太子周宣王即位，召穆公与周定公辅佐周宣王，史称周召共和。②执事：有职守之人；官员。③祈父：圻父。古代官名。掌封圻的兵甲。祈，通“圻”。④监谤：周厉王虐国人谤王。⑤嚣嚣：亦作“嚻嚻”。傲慢的样子。

【译文】《民劳》原本是召穆公进谏君王的谏辞，却假托是君王的旨意，用来劝诫公卿百执事那些人，因此说“君王贪财好色，因用直言来谏诤”。如同“让我到遥远的地方去守卫边疆”，而召唤祈父；派遣行事不公正，而埋怨大夫。这就是所说的“提意见的人只要是善意的，即使提得不正确也是无罪的。听取意见的人即使没有对方所提的缺点错误，也值得引以为戒”。难道也是厉王威虐国人诽谤的时候，暴虐的日子，不敢指摘斥责而说这样的话吗？然而君主昏乱的国家，没有处理国家政务的大臣。至于说“我来和你一起来商议，不采纳忠言还要嫌弃”，则又不只是对君王的固执任性进行劝谏。

夸毗

“天之方懠[①]，无为夸毗[②]。”《释训》曰：“夸毗，体柔也。”《后汉书·崔骃传》注“夸毗”，谓“佞人足恭善为进退”。天下惟体柔之人，常足以遗民忧而召天祸。夏侯湛[③]有云：“居位者，以善身为静，以寡交为慎，以弱断为重，以怯言为信。”《抵疑》。白居易有云：“以拱默[④]保位者为明智，以柔顺安身者为贤能，以直言危行者为狂愚，以中立守道者为凝滞。故朝寡敢言之士，庭鲜执咎之臣。自国及家，寖而成俗，故父训其子曰：‘无介直以立仇敌。’兄教其弟曰：‘无方正以贾[⑤]悔尤。’且‘慎默积于中，则职事废于外；强毅果断之心屈，畏忌因循之性成；反谓率职而居正者，不达于时宜；当官而行法者，不通于事变。是以殿最[⑥]之文，虽书而不实；黜陟[⑦]之典，虽备而不行’。《长庆集·策》。罗点[⑧]有云：“无所可否，则曰得体；与世浮沉，则曰有量；众皆默，己独言，则曰沽名；众皆浊，己独清，则曰立异。”《宋史》本传。观三子之言，其于末俗之敝，可谓恳切而详尽矣。至于佞谄日炽，刚克消亡，朝多沓沓之流，士保容容之福。苟由其道，无变其俗，必将使一国之人，皆化为巧言令色孔壬而后已。然则丧乱之所从生，岂不阶于夸毗之辈乎？乐天作《胡旋女》诗曰：“天宝季年时欲变，臣妾人人学圆转。”是以屈原疾楚国之士，谓之“如脂如韦”。而孔子亦云：“吾未见刚者。”

【注释】①懠（qí）：愤怒。②夸毗（pí）：躬身屈足以顺从人。③夏侯湛：字孝若，沛国谯县（今安徽亳州）人，西晋文学家。与潘岳友善，京都的人称他们为“双璧”。④拱默：亦作“拱嘿”。拱手缄默。⑤贾：招引，招惹。⑥殿最：古代考核政绩或军功，下等称为“殿”，上等称为“最”。⑦黜陟（chù zhì）：人才的进退，官吏的升降。黜，废掉官职；陟，提升官职。⑧罗点（1151—1195）：字春伯，号此庵，宋崇仁县（今江西崇仁县）人。官至代理兵部尚书。⑨脂韦：脂，肥泽。韦，柔软。后以“韦脂”比喻为人圆滑。

【译文】“老天近来已经震怒，曲意顺从没有什么益处。”《释训》记载：“夸毗，是卑躬屈膝、谄媚曲从。”（《后汉书·崔骃传》注“夸毗”，是说“奸佞之人过度谦恭擅长进退之道”。）天下只有屈己卑身以随顺别人的人，常常完全能够带给百姓忧患而招致上天降下的祸殃。夏侯湛有说过：“处于高位的人，以修养身心为宁静，以与人交往少为谨慎，以不轻易下决定为稳重，以不轻易发表意见为诚信。”（《抵疑》。）白居易说过：“以拱手缄默保持俸禄爵位为有远见，以温柔和顺处世为贤良有才能，以言论和行为正直为狂妄愚昧，以坚持道德原则、规范为不灵活。因此朝堂缺少敢于进直言的人，朝廷缺少敢于建言的大臣。从国家到家庭，渐渐形成这样的风气，因此父亲教导儿子说：‘不要因为耿介正直而树立仇敌。’兄长教育弟弟说：‘不要因为正直无邪而招惹怨恨。’”且“谨慎沉默积聚在内，那么职务内的事情就会荒废在外；刚强坚定、果断的心意屈服，畏惧顾忌、因循守旧的性情就会形成；反而说奉行职事而遵循正道的人，不了解当前形势的需要；担任官职而按法行事的人，不通达事物的变化。因此考核政绩或军功的条文，虽然书写而不实行；官吏的升降的典制，虽然完备而不实行”。(《长庆集·策》。)罗点有说过：“不赞同也不反对，则说言语、行动等得当；跟着世道盲目地跟随，则说有器量；众人都沉默，自己独自言说，则说猎取名誉；众人都混浊，自己独自清澄，则说持不同的态度或看法。”(《宋史·罗点传》。)察看这三人的说法，他们对于末世习俗的弊端，可以说诚恳殷切而详细全面了。至于谄媚奉承日益严重，以刚强取胜消失，朝堂上多声音嘈杂的人，士谨守不出风头的福气。如果顺随这种风气，不改变这种风俗，一定会让一国的人，都变成花言巧语、装出和颜悦色的样子的大奸佞而后才停止。那么死亡祸乱等事就会同时出现，难道不是经由以谄谀、卑屈取媚于人的人吗？(白居易的《胡旋女》里有句诗说：“天宝季年时欲变，臣妾人人学圆转。”)因此屈原痛恨楚国的官员，说他们“肥泽、柔软，为人圆滑”。而孔子也说过：“我没有见过刚强的人。”

流言以对

“强御多怼”，即上章所云强御之臣也。其心多所怼疾，而独窥人主之情，深居禁中，而好闻外事，则假流言以中伤之，若二叔之流言以间周公是也。夫不根之言，何地蔑有？以斛律光[①]之旧将，而有百升明月[②]之谣；以裴度[③]之元勋，而有坦腹小儿之诵。所谓“流言以对”者也，如此则寇贼生乎内，而怨诅兴乎下矣。“郤宛[④]之难”，“进胙者莫不谤令尹”，所谓“侯作侯祝”者也。孔氏疏《采苓》曰：“谗言之起，由君数问小事于小人”也。可不慎哉！

【注释】①斛律光：字明月，朔州敕勒部（今山西朔州）人，北齐名将、军事家。斛律光年少时期善骑射，以武艺知名；他治军严明，身先士卒，不营私利，为部下所敬重。②百升明月：北周将军韦孝宽为解决斛律光这个北齐的前线支柱，便制造谣言，编成儿歌，在邺城歌唱，歌曰："百升飞上天，明月照长安（百升为一斛，明月是斛律光的字，谣言暗喻斛律光有篡位野心）。③裴度：字中立，河东闻喜（今山西闻喜）人。唐代中期杰出的政治家、文学家。裴度坚持正道，辅佐宪宗实现"元和中兴"。④郤（xì）宛：伯氏，又为郤氏，字子恶，春秋时期楚国人。祖父伯宗是晋国郤氏的别支，父亲为伯州犁。

【译文】"强横凶暴的奸臣心意多怨恨"，就是上章所说的强横凶残的大臣。他们的心意难以满足，而唯独观察君王的性情，深居在禁宫中，而喜欢听宫外的事情，就假借流言来中伤别人，像管叔、蔡叔散布没有根据的话来离间周公是一样的。没有根据的话，什么地方没有呢？因为斛律光是旧将的缘故，而有百升明月的谣言；因为裴度是立大功的缘故，而有坦腹小儿的怨谤。所谓"用诽谤贤者来对答"，那么盗匪、敌寇就会从内生出，怨恨诅咒就会在下兴起。"郤宛的祸难"，"进胙肉的人没有不指责令尹的"，所谓"诅咒贤臣害忠良"是了。孔颖达注疏《采苓》说："挑拨离间的话语的兴起，是由于君王多次向小人问小事"。能不谨慎吗？

申 伯

申伯，宣王之元舅①也，立功于周，而吉甫②作《崧高》之诵。

其孙女为幽王后，无罪见黜，申侯乃与犬戎攻杀幽王。《竹书纪年》，宣王“四十一年，王师败于申”。则宣王之末。申侯已叛。乃未几而为楚所病，《成申》之诗作焉。当宣王之世，周兴而申以强；当平王之世，周衰而申以弱，至庄王之世，而申为楚县矣。《左传》哀公十七年，言楚文王“县申”。二舅之于周，功罪不同，而其所以自取如此。宋左师之告华亥[3]曰：“女丧而宗室，于人何有？人亦于女何有？”读二诗者，岂徒论二王之得失哉？

【注释】①元舅：妻子的大哥，即大舅子。②吉甫：即周宣王贤臣尹吉甫。又称兮伯吉父。姓兮，名甲，字伯吉父（父一作甫），尹是官名，曾率师北伐猃狁至太原。③左师：春秋时期为宋国的卿，与右师一起执政。与司马、司徒、司城、司寇并称“六师”。华亥：铚（今安徽濉溪）人。宋昭公六年，官宋国右师。

【译文】申伯，是周宣王的大舅子，在周朝建立功劳，就有周宣王的贤臣尹吉甫创作《崧高》的歌颂。他的孙女是周幽王的王后，没有错误而被废除，申侯于是联合犬戎进攻周朝，杀了周幽王。（《竹书纪年》，周宣王“四十一年，王师败于申”。说明在周宣王末年。申侯已经叛变了。）不久又被楚国所责备，《戍申》的诗歌就由此创作了。在周宣王的时代，周朝兴盛而申国强大；周平王的时代，周朝衰落而申国弱小，到周庄王的时代，申国已经是楚国的郡县了。（《左传》鲁哀公十七年，说楚文王“县申”。）二舅对于周朝，功劳罪过不相同，而他们自己招致这种结果的原因。宋国的左师告诫华亥说：“你自己毁坏了你的宗族，和别人有什么关系？别人与又有什么关系？”阅读这两首诗的人，难道只是谈论二王的得失吗？

德輶如毛

"德輶[1]如毛"，即"輶车鸾镳"之輶。言易举也。故曰："一日克己复礼，天下归仁焉。"又曰："有能一日用其力于仁矣乎，我未见力不足者。"

【注释】①輶（yóu）：轻。

【译文】"施行仁德轻得像羽毛一样"，（就是"輶车鸾镳"之輶。）说的是容易做到。因此说："果真有一天克制自己，一切照着礼的要求去做，那么天下的一切就都归于仁了。"又说："有能一天把自己的力量用在实行仁德上吗？我还没有看见力量不够的。"

韩 城

《水经注》：圣水"迳方城县故城北。又东南迳韩城东。《诗》'溥彼韩城，燕师所完'。'王锡韩侯，其追其貊，奄受北国'。王肃曰，今涿郡方城县有韩侯城，世谓寒号，非也"。《魏书·地形志》：范阳郡方城县有韩侯城。按《史记·燕世家》，易水东分为梁门。今顺天府固安县有方城村，即汉之方城县也。《水经注》亦云："湿水迳良乡县之北界，历梁山南，高梁水出焉"，是所谓"奕奕梁山"者矣。旧说以韩国在同州韩城县，曹氏曰：武王子初封于韩，其时召襄公封于北燕，实为司空，王命以燕众城之。窃疑同州去燕二千余里，即令召公为司空，掌邦土，量地远近，兴事任力，亦当发民于近甸而已，岂有役二千里外之人，而为筑城者哉？召伯营申，亦曰“因是谢人”；齐桓城邢，不过宋曹二国；而《召诰》“庶殷攻位”，蔡氏以为此迁洛之民，无役纣都之理。此皆经中明证。《大全》载朱子之言，亦以此为不可晓。况“其追其貊”，乃东北之夷，而蹶父[①]之“靡国不到”，亦似谓韩土在北陲之远也。又考王符[②]《潜夫论》曰：“昔周宣王时，有韩侯，其国近燕，故《诗》云：‘普彼韩城，燕师所完。’其后韩西亦姓韩，为卫满所伐，迁居海中。”汉时去古未远，当有传授，今以《水经注》为定。

【注释】①蹶父：姞姓，周夷王王后堂兄，夷王女婿，厉王妹夫，宣王姑爷，共和时期大司马。②王符：字节信，安定临泾（今甘肃镇原）人，东汉政论家、文学家、进步思想家。著有《潜夫论》。

【译文】《水经注》记载：圣水“流过方城县老城的北面。又往东南流经韩城东面。《诗经》‘那广大的韩城，是燕国军队所筑造’。‘王封给韩侯，有追、貊等小国，拥有北方诸国领土’。王肃说，现在的涿郡方城县有韩侯城，世上的人认为是寒号城，这是弄错了”。（《魏书·地形志》：范阳郡方城县有韩侯城。）按照《史记·燕世家》记载，易水往东分支流出，积成梁门。如今的顺天府固安县有方城村，就是汉代的方城县。《水经注》也记载：“湿水又往东南流经良乡县北面，流过梁山南面，高梁水就从这里流出”，是所说的“又高又陡的梁山”。以前的说法以韩国在同州韩城县，曹氏说：武王的儿子起初封在韩，那个时候召襄公封在北燕，实际担任司空，君王命令用燕国的民众筑造城墙。我怀疑同州离燕二千余里，即使召公为司空，执掌国家的疆土，测量土地的远近，兴建土木、使用民力，也应该在都城近郊征集调遣百姓而已，怎么会使唤二千里外的人，而作为筑城的人呢？召伯管理申地，也说“依靠谢地的众多百姓”；齐桓公在邢地筑造城池，不过用宋、曹二国之人；而《召诰》“率领众多殷民测定新邑的位置”，蔡氏以为这是迁移洛邑的百姓，没有为殷商之都出劳力的道理。这都是经典中明显的证据。(《大全》记载朱熹的说法，也认为这个不能理解。)况且“追、貊等小国”，是东北的民族，而蹶父的“足迹踏遍万方土地”，也像是说韩土在遥远的北方边境地区。又考查王符的《潜夫论》记载：“以前周宣王时代，有韩侯，他的封国靠近燕地，因此《诗经》说：‘那广大的韩城，是燕国军队所筑造。’后来的韩西也姓韩，被卫满所讨伐，迁徙到海中。”汉朝时候距离古代的时间不长，应当有传承教授，现在以《水经注》的记载为确定说法。

按《毛传》梁山、韩城，皆不言其地，郑氏笺乃云：“梁山，今左冯翊[1]夏阳西北。韩，姬姓之国也，后为晋所灭，故大夫韩氏以为邑名焉。”《左传》富辰言：“邗、晋、应、韩，武之穆也。”《竹书纪年》：平王十四年，晋人灭韩。按《左传》僖公十五年，晋侯及秦伯战于韩，上言“涉河”，下言“及韩”。又曰：“寇深矣。”是韩在河东，亦非今之韩城也。故杜氏解但云：“韩，晋地。”文公十年，晋人伐秦，取少梁，始得今韩之地，益明战于韩，非此也。至“溥彼韩城，燕师所完”，则郑已自知其说之不通，故训“燕”为“安”，而曰："大矣，彼韩国之城。乃古平安时众民之所筑完。"惟王肃以梁山为涿郡方城县之山，而以燕为燕国。孙毓亦云。今于梁山则用郑说，于燕则用王说，二者不可兼通，而又巧立召公为司空之说，可谓甚难而实非矣。又"其追其貊"，郑以经传说貊多是东夷，故"职方掌四夷九貉"。即貊字。郑志答赵商云：九貉即九夷也。又《秋官》"貉隶"注云："征东北夷所获。"而汉时所谓"濊貊"者，皆在东北。《史记·货殖传》，燕"东绾秽貊、朝鲜、真番之利"。《汉书·武帝纪》注："服虔曰，秽貊在辰韩之北，高句丽沃沮之南，东穷于大海。"因于笺末添二语云："其后追也、貊也，为猃狁所逼，稍稍东迁。"此又可见康成之不自安，而迁就其说也。

【注释】①左冯翊：秦以内史掌治京师，汉武帝时分置左右内史。汉武帝太初元年将左内史更名为左冯翊，治所在长安，相当于郡守。约当今陕西渭河以北、泾河以东、洛河中下游地区，因地属畿辅，故不称郡。

【译文】依照《毛传》梁山、韩城，都不说具体的位置，汉代郑玄注解说："梁山，在如今左冯翊夏阳的西北。韩城，是姬姓的封国，后来被晋国所消灭，因此大夫韩氏将此作为侯国的名称。"（《左传》富辰说："邗、晋、应、韩，都是武王的儿子。"《竹书纪年》：周平王十四年，晋国人灭掉韩国。按《左传》鲁僖公十五年，晋侯及秦伯战于韩，上文说"涉河"，下文说"及韩"。又说："寇深矣。"说明韩在黄河以东，也不是如今的韩城。因此杜预注解只是说："韩，晋地。"鲁文公十年，晋国人讨伐秦国，攻取少梁，才获取如今韩的土地，更加明白在韩发生战争，不是这个。）到"那广大的韩城，是燕国军队所筑造”，说明郑玄已自知他的说法不通顺，因此训诂“燕”为“安”，而解释说：“广大啊，韩国的城池。是古代平安时众多民众所筑造。”只有王肃认为梁山是涿郡方城县的山，而认为燕是燕国。（孙毓也这样说。）如今对于梁山则用郑玄的说法，对于燕则用王肃的说法，二者不可互相通用，而又变着法定出召公为司空的说法，可以说很勉强而实际情况不是这样。又“追、貊等小国”，郑玄认为经典和解释经典的传说貊多是东方的民族，因此说“职位刚刚执掌四夷九貉（即貊字）的事务”。郑志回答赵商时说：九貉就是九夷。又《秋官》“貉隶”注解说：“征讨东北夷所获得。”而汉代时候所说的“濊貊”，都在东北。（《史记·货殖传》，燕国“向东控制秽貊、朝鲜、真番的货物”。《汉书·武帝纪》注：“服虔说，秽貊在辰韩的北面，高句丽沃沮的南面，向东濒临大海。”）于是在注解末尾添加两句话：“后来的追国、貊国，被猃狁所逼迫，逐渐向东迁移。”这又可见康王、成王时代的动荡不安定，而迁就他的说法。

如山之苞如川之流

“如山之苞”，营法也；“如川之流”，陈法也。古之善用师者，能为营，而后能为陈，故曰“师出以律”。又曰“不愆于四伐五伐，六伐七伐，乃止齐焉”。管子[①]霸国之谋，且犹作内政以寄军令，使之耳目素习，心志素定，如山之不可动摇，然后出而用之，若决水于千仞[②]之溪矣。

【注释】①管子：管仲，姬姓，管氏，名夷吾，字仲，颍上（今安徽颍上县）人。春秋时期法家代表人物，周穆王的后代。由鲍叔牙的推荐，担任国相，尊称为“仲父”，辅佐齐桓公成为春秋五霸之首。后世尊称为“管子”。②仞：古代长度单位。周制八尺，汉制七尺。

【译文】“守卫阵地稳固像山那样岿然不动”，是筑造城池的法则，“冲陷敌阵犹如决川势不可当”，是布阵的法则。古代善于指挥军队的人，能够筑城，然后能排兵布阵，因此说“行军征战要遵守军队的纪律”。又说“刺击时，不超过四次、五次、六次、七次，就要停下来整齐一下”。管仲使国家强盛的谋略，尚且把军事寄寓在内政中，让他们见闻平时就熟习，意志平时就坚定，像山那样不可动摇，然后出征而任用他们，就好像在极高的山放水一样。

不吊不祥

威仪之不类，贤人之丧亡，妇寺[1]之专横，皆国之不祥。而日月之眚，山川之变，鸟兽草木之妖，其小者也。《传》曰：“人无衅[2]焉，妖不自作。”故孔子对哀公，以“老者不教，幼者不学”，为“俗之不祥”。《家语》。荀子曰：“人有三不祥，幼而不肯事长，贱而不肯事贵，不肖而不肯事贤，是人之三不祥也。”而“武王胜殷，得二俘而问焉，曰：‘若国有妖乎？’一俘对曰：‘吾国有妖，昼见星而天雨血。’一俘对曰：‘此则妖也，非其大者也。吾国之妖，子不听父，弟不听兄，君令不行，此妖之大者也。’武王避席再拜之”。《吕氏春秋》。《书》载箕子之言，亦曰：“乃罔畏畏，咈其耇长，旧有位人。”自余所逮见五六十年，国俗民情举如此矣。不教不学之徒满于天下，而一二稍有才知者，皆少正卯、邓析[3]之流。是岂待三川竭而悲周，岷山崩而忧汉哉？《书》曰：“习与性成。”《诗》云：“如彼泉流，无沦胥以败。”识时之士，所以引领于哲王，系心于耆德也。

【注释】①妇寺：宫中的妃嫔和太监。②衅：过失。③少正卯：春秋时期鲁国的大夫，官至少正，能言善辩，是鲁国的著名人物，被称为“闻人”。后被孔子以“君子之诛”杀死在两观的东观之下，曝尸三日。孔子认为少正卯是“小人之桀雄”，一身兼有“心达而险、行辟而坚、言伪而辩、记丑而博、顺非而泽”五种恶劣品性，有着惑众造反的能力，和历史上被杀的华士等人是“异世同心”，不可不杀。邓析：郑国大夫，春秋末期思想家，“名辨之学”倡始人。与子产同时，名家学派的先驱人物。

【译文】威武的仪表不成样子，贤德的人死亡，妃嫔、宦官专断强横，都是国家不吉利的事。日食、月食，山岳、江河的变化，鸟兽草木异于常态而害人，这些都是小的。《左传》记载：“人如果没有过失可乘，异常的事物就不会自己作祟。”因此孔子回答鲁哀公时，认为“年老的人不教诲年轻人，年轻人不学习”，是“社会风尚的不吉利”。（《孔子家语》。）荀子说：“为人有三大不吉利，年少的人不肯侍奉年长的人，卑贱的人不肯侍奉高位的人，不贤德的人不肯侍奉贤德的人，这是人的三大不吉利。”“武王战胜殷商，捕获两个俘虏而问他们说：‘你们国家有异常而害人的事物吗？’一个俘虏回答说：‘我国有异常而害人的事物，白天看见星星而天下血雨。’一个俘虏回答说：‘这个异常事物，不是大的。我国异常而害人的事物，儿子不听从父亲，弟弟不听从兄长，君王的命令不施行，这是异常事物中大的。’武王离开席位两次礼拜他们”。(《吕氏春秋》。《尚书》记载箕子的话，也这样说：“不害怕上天的威严，违背年高德劭的旧时大臣的劝谏。”）从我所见到五、六十年，国家的风俗，人民的意愿都是这样。不教诲、不学习的人充满天下，而一二稍微有才智的人，都是少正卯、邓析这类人。这难道是等待三川枯竭而哀痛周朝，岷山崩塌而忧虑汉朝吗?《尚书》说：“习惯成自然性格。”《诗经》说：“就像那长流的泉水，不衰败与陈腐。”能认清形势的人，是用来殷切期待贤明的君王的，心中挂念年高有德行的人。

駉

鲁僖公俭以足用，宽以爱民，务农重谷，而有坰牧[1]之盛。“卫文公[2]大布之衣，大帛之冠，务材训农，通商惠工，敬教劝学，授方任能”，而有騋牝[3]三千之多。然则古之马政，皆本于田功也。吾未见厩有肥马、野有饥莩而能国者也。

【注释】①坰（jiōng）牧：荒郊，远野。②卫文公：姬姓，卫氏，初名辟疆，后改名毁，卫宣公之孙，卫昭伯（昭伯顽）之子，卫戴公之弟。③騋（lái）牝：马七尺曰騋，騋马与牝马，泛指马。

【译文】鲁僖公节俭足够应用，宽容而热爱百姓，从事农业劳动、重视谷物，从而有荒郊的繁盛。“卫文公穿麻制的粗布衣服，戴粗丝织成的厚帛帽子，努力生产、教导农耕，便利商贩、惠及各种手工业，重视教化、奖励学习，传授为官之道、任用有能力的人”，从而有三千多良马。那么古时候马政制度，都是以农事为基本的。我没有见过马厩里养有肥壮的良马、郊野有因为饥饿而死亡的人而能够有国家的。

实始翦商

太王当武丁、祖甲[1]之世，殷道未衰，何从有“翦商”之事？僖公之世，距太王已六百余年，作诗之人，特本其王迹所基，而侈言之尔。犹《泰誓》之言“命我文考，肃将天威”也；犹《康诰》之言“天乃大命，文王殪[2]戎殷”也；亦后人追言之也。张子曰：一日之间，天命未绝，犹是君臣。

【注释】①太王：古公亶父，姬姓，名亶（dǎn），又称周太王，豳（今陕西旬邑）人。上古周部落的领袖，西伯君主，周文王祖父，周王朝的奠基人。祖甲：亦称且甲、帝甲，子姓，名载，商王武丁之子，商王祖庚之弟，曾征伐西戎。②殪（yì）：杀死。

【译文】太王与武丁、祖甲在同一时期，殷商没有衰落，怎么会有太王“翦商”的事情呢？鲁僖公的时代，距离太王已经六百多年了，创作诗歌的人，特意根据帝王的功业，而撰写出夸大的言辞。犹如《泰誓》说“命我文考，肃将天威”；犹如《康诰》说“天乃大命，文王殪戎殷”；也是后人补做的记述。张载说：一日之间，如果君王受命于天没有断绝，那么仍然是君臣关系。

玄鸟

读经传之文，终商之世，无言祥瑞者。而大戊之“祥桑”①，高宗之“雊雉”②，惕于天之见妖而修德者，有二焉。则知监于夏王之矫诬上天，而栗栗危惧，盖汤之家法也。简狄吞卵而生契③，不亦矫诬之甚乎？《毛氏传》曰：“玄鸟，鳦④鸟也，春分玄鸟降。汤之先祖有娀氏女简狄，配高辛氏帝⑤，帝率与之祈于郊禖⑥而生契。故本其为天所命，以玄鸟至而生焉。”可以破史迁之谬矣。

【注释】①大戊：甲骨文作大太戊、天戊，子姓，名伷（zhòu），商王太甲之孙，太庚之子，小甲和雍己的弟弟，太戊与太甲、祖乙并称三示（即三位有贡献的君主）。祥桑：即妖桑，不吉祥之桑。②雊雉（gòu zhì）：犹雉雊。指变异之兆。③简狄：相传为有娀氏之女，帝喾之妻。吞下玄鸟之卵怀孕而生商代祖先契。契：中国商朝的祖先，传说是帝舜的臣子，助大禹治水有功而封于商。④鳦：燕子。⑤高辛氏帝：帝喾（kù），高辛氏，名俊（一作夋，夔），出生于高辛。商、周两朝先祖，帝挚、弃、契、帝尧之父。⑥郊禖（méi）：古帝王求子所祭之神。其祠在郊，故称。

【译文】阅读典籍和解释典籍的文章，从殷商开始到结束的时代，没有说到过吉祥的征兆。而大戊的“祥桑”，高宗的“雊雉”，小心谨慎上天的异常的事物而修养德行，就有这两种。就应该知道鉴戒夏王假借上天的名义以行欺骗，因而忧虑恐惧，大概是商汤的家庭行为规范。简狄吞食玄鸟卵而生下契，不也是太虚妄了吗？《毛氏传》记载：“玄鸟，是燕子，春分时节玄鸟降临。商汤的先祖有娀氏女简狄，嫁给高辛氏帝喾，帝喾带着她在求子所祭的神前祈祷而生下契。因此他原本就是上天所命的，因为玄鸟降临而出生。”可以打破司马迁的谬论了。

敷奏其勇

“敷奏其勇，不震不动，不戁不竦[1]。”苟非大受之人，骤而当天下之重任，鲜不恐惧而失其守者，此公孙丑所以有动心[2]之问也。升陑[3]伐夏，创未有之事而不疑，可谓天锡[4]之勇矣。何以能之？其“上帝临女，无贰尔心”之谓乎。

【注释】①不戁（nǎn）不竦（sǒng）：不恐惧。②公孙丑：战国时期齐国人，孟子的弟子，曾与万章等著《孟子》一书。动心：思想、感情引起波动。③升陑（ér）：创业的开始。④天锡：上天赐予。

【译文】“奋马扬鞭上阵英勇杀敌，不被强敌震动，也不被吓倒，因为他既不怯懦，也不惧怕。”如果不是承担重任的人，突然承担天下的重任，很少有不恐惧而失去操守的，这就是公孙丑有使内心惊动而发问的原因。创业开始征伐夏朝，开创没有过的事而不疑虑，可以说是上天赐予的勇猛。怎么能做到呢？大概是“上帝降临到你的身边，因为你一心一意”这个意思吧。

汤、武身之也，学汤之勇者宜何如？“震惊百里，不丧匕鬯[1]”，近之矣。

【注释】①匕鬯（chàng）：指古祭祀宗庙时所用的器具。后代指宗庙祭祀。匕，用来载鼎实；鬯，香酒。

【译文】商汤王、周武王是亲身实践，学习商汤王的勇猛应该是怎样的呢？“震动惊传百里之远，祭器祭酒却不失手”，接近这样就可以了。

鲁颂商颂

《诗》之次序，犹《春秋》之年月，夫子因其旧文，述而不作也。《颂》者，美盛德之形容，以告宗庙。鲁之《颂》，颂其君而已，而列之《周颂》之后者，鲁人谓之《颂》也。郑氏曰：襄公时，季孙行父请命于周，而史克作之。然春秋列国卿大夫赋诗，无及此四篇者。世儒谓夫子尊鲁，而进之为《颂》，是不然。鲁人谓之《颂》，夫子安得不谓之《颂》乎？为下不倍也。《春秋》书“公”、书“郊禘[1]”，亦同此义。孟子曰：“其文则史。”不独《春秋》也，虽《六经》皆然。今人以为圣人作书，必有惊世绝俗之见，此是以私心待圣人。世人读书如王介甫，才入贡院，而一院之事“皆欲纷更”，《宋史·张方平传》。此最学者之大病也。

【注释】①郊禘（dì）：古代帝王在郊外祭奠天地和祖宗的典礼。诸侯只能在宗庙里祭奠自己的祖宗。如果在郊外祭奠天地，属于僭越行为。

【译文】《诗经》的排列顺序，犹如《春秋》的时间年月，孔子沿袭前代的典籍，只阐述前人的学说，而自己不创作。《颂》，是赞美崇高品德的形容，用来祭告宗庙。鲁国的《颂》，只是颂扬他的国君，而排列在《周颂》的后面，鲁人称为《颂》。（郑玄说：鲁襄公时，季孙行父向周朝请命，而史克创作。然而春秋列国卿大夫赋诗，没有比得上这四篇的。）当世学者认为孔子尊崇鲁国，因而提高为《颂》，不是这样的。鲁人称为《颂》，孔子怎么能不也称为《颂》呢？处在下位而不背离。《春秋》记载“公”、记载“郊禘”，也都是这样的意思。孟子说：“它的体裁属于史书。”不只是《春秋》，即使《六经》都是这样。现在的人认为圣人撰写典籍，一定会有惊世而超出寻常的见解，这是用自己的私心来看待圣人。世人读书像王安石（字介甫），刚刚进入贡院，而整个贡院的事务“都想变乱、改换”，（《宋史·张方平传》。）这最是读书人的错误、缺点。

列国之《风》，何以无鲁？大师陈之，固曰鲁诗，不谓之《颂》矣。孔子鲁人也，从鲁而谓之《颂》，此如《鲁史》之书“公”也。然《泮水》之文，则固曰“鲁侯”也。

【译文】各国的《风》为什么没有用鲁国的呢？太师陈述的，本来就称为鲁诗，不称为《颂》。孔子是鲁国人，依从鲁国而称为《颂》，这就像《鲁史》写作“公”一样。然而《泮水》一文，则是本来就称呼“鲁侯”。

商何以在鲁之后？曰草庐吴氏尝言之矣，大师所职者，当代之诗也。商则先代之诗，故次之周、鲁之后。《汲冢周书》，“伊尹朝献商书”附于《王会解》之后，即其例也。

【译文】商怎么会排在鲁的后面呢？草庐先生吴澄曾经说过了，太师所掌管的是，陈述当代的诗作。商朝是前代的诗作，因此排列在周朝、鲁国的后面。（《汲冢周书》，“伊尹朝献商书”附在《王会解》之后，就是这样的体例。）

诗序

《诗》之世次，必不可信，今《诗》亦未必皆孔子所正。且如“褒姒灭之”，幽王之诗也，而次于前；“召伯营之”，宣王之诗也，而次于后。序者不得其说，遂并《楚茨》《信南山》《甫田》《大田》《瞻彼洛矣》《裳裳者华》《桑扈》《鸳鸯》《鱼藻》《采菽》十诗，皆为刺幽王之作，恐不然也。又如《硕人》，庄姜初归事也，而次于后；《绿衣》《日月》《终风》，庄姜失位而作；《燕燕》，送归妾作，《击鼓》，国人怨州吁[①]而作也，而次于前；朱子《日月》传曰：“此诗当在《燕燕》之前，下篇放此。”《渭阳》，秦康公[②]为太子时作也，而次于后；《黄鸟》，穆公薨后事也，而次于前。此皆经有明文可据。故郑氏谓《十月之交》《雨无正》《小旻》《小宛》，皆刺厉王之诗。《十月之交》有“艳妻”之云，自当是幽王。汉兴之初，师移其第耳。而《左氏传》，楚庄王之言曰，武王“作《武》，其卒章曰‘耆定尔功’，其三曰‘敷时绎思，我徂维求定’，其六曰‘绥万邦，屡丰年’”。今《诗》但以“耆定尔功”一章为《武》，而其三为《赉》，其六为《桓》，章次复相隔越。《仪礼》歌《召南》三篇，越《草虫》而取《采苹》，正义以为“《采苹》旧在《草虫》之前”。知今日之《诗》，已失古人之次，非夫子所谓“《雅》《颂》各得其所”者矣。

【注释】①州吁：姬姓，卫氏，名州吁，卫庄公之子，卫桓公异母弟。州吁弑杀卫桓公自立，史称卫前废公，成为春秋时期第一位弑君篡位成功的公子。州吁弑君篡位，喜欢打仗，不能安定百姓，因此不受卫国人拥护。②秦康公：嬴姓，秦氏，名罃（yīng），秦穆公之子，母穆姬是晋文公的姐妹。

【译文】《诗经》的世代顺序，一定不可相信，如今的《诗经》也不一定都是孔子修改校正的。且如“褒姒灭之”，是周幽王时代的诗作，而排列在前面；“召伯营之”，是周宣王时代的诗作，而排列在后面。排序的人没领会其中表达的意思，于是合并《楚茨》《信南山》《甫田》《大田》《瞻彼洛矣》《裳裳者华》《桑扈》《鸳鸯》《鱼藻》《采菽》十诗，都是讥讽幽王的诗作，恐怕不是这样。又像《硕人》，说的是庄姜刚刚出嫁时候的事，而排列在后面；《绿衣》《日月》《终风》，是庄姜失去地位的时候而创作；《燕燕》，是远送归妾创作，《击鼓》，是国人仇恨州吁而创作，而排列在前面；（朱子《日月》传说：“此诗应当在《燕燕》之前，下篇仿照这个例子。”）《渭阳》，是秦康公是太子的时候创作的，而排列在后面；《黄鸟》，是秦穆公驾崩后的事情，而排列在前面。这都是经典有书面文字可以依据的。因此郑玄认为《十月之交》《雨无正》《小旻》《小宛》，都是讥讽厉王的诗作。(《十月之交》有“艳妻”等句，自然是在周幽王之时。)汉朝兴起初期，经师改变了顺序。而《左传》，楚庄王说，武王“创作《武》，诗作末尾的段落说‘耆定尔功’，其三说‘敷时绎思，我徂维求定’，其六说‘绥万邦，屡丰年’”。如今《诗经》只是以“耆定尔功”一章作为《武》，而其三作为《赉》，其六作为《桓》，篇章的次序往复相阻隔。《仪礼》歌颂《召南》三篇，跳过《草虫》而取《采苹》，正义以为“《采苹》以前在《草虫》之前”。由此可知今日的《诗经》，已经丢失了古人排列的次序，并不是孔子所说的“《雅》《颂》都得到恰当的位置”。

卷 四

鲁之春秋

《春秋》不始于隐公①。晋韩宣子聘②鲁，“观书于太史氏，见《易象》与《鲁春秋》，曰：周礼尽在鲁矣。吾乃今知周公之德，与周之所以王也”。《左传》昭公二年。盖必起自伯禽之封，以洎于中世，当周之盛，朝觐、会同、征伐之事皆在焉，故曰“周礼”，而成之者，古之良史也。《孟子》虽言“《诗》亡然后《春秋》作”，然不应伯禽至孝公二百五十年全无纪载。自隐公以下，世道衰微，史失其官，于是孔子惧而修之。自惠公③以上之文，无所改焉，所谓“述而不作”者也。自隐公以下，则孔子以己意修之，所谓“作《春秋》”也。然则自惠公以上之《春秋》，固夫子所善而从之者也，惜乎其书之不存也。

【注释】①隐公：名息姑，鲁国第十四代国君，在位十一年。鲁惠公死时太子允还年幼，于是隐公代掌国君之位，后为桓公所弑。孔子所作之《春秋》起于鲁隐公元年。②韩宣子：姬姓，韩氏，名起，谥号宣，史称韩宣子，韩献子韩厥之子，春秋时期晋国卿大夫，六卿之一。聘：诸侯派大夫见别国诸侯称为聘。这是诸侯之间邦交的礼仪。③惠公：姬姓，名弗湟。春秋时鲁国第十三任君主。

【译文】《春秋》的记载时间不是从鲁隐公开始的。晋国的韩宣子访问鲁国，“在史官那里查看史书，看到《易象》与《鲁春秋》，说：周礼都在鲁国了。吾现在才知道周公的德行，与周朝称王的原因了”。(《左传》鲁昭公二年。)这一定起于伯禽被册封之时，以至于中世，正当周朝的强盛，臣子朝见天子、天子会见诸侯、征战讨伐的事都在了，因此说“周礼”，完成它的，是古代优秀史官信实的史书。(《孟子》虽然说“《诗经》散失之后《春秋》才撰写”，但是不应在伯禽至孝公二百五十年全都没有记载。)从鲁隐公之后，社会衰落不兴旺，史官背离了他们的本分，因此孔子恐惧而编纂史书。从鲁惠公以上的内容，没有修改，这就是所谓的“述而不作”。从鲁隐公之后，就是孔子以自己的意思编纂的，这就是所谓的“作《春秋》”。然而从鲁惠公之前的《春秋》，固然是孔子认为值得效法而追随的，可惜的是史书没有保存下来。

春秋阙疑之书

孔子曰：“吾犹及史之阙文也。”史之阙文，圣人不敢益也。《春秋》桓公十七年。“冬十月朔，日有食之”。传曰：“不书日，官失之也。”僖公十五年，“夏五月，日有食之”。传曰：“不书朔与日，官失之也。”以圣人之明，千岁之日至，可坐而致，岂难考历布算以补其阙，而夫子不敢也。况于史文之误，而无从取正者乎；况于列国之事，得之传闻，不登于史策者乎。《左氏》之书，成之者非一人，录之者非一世，可谓富矣，而夫子当时未必见也。史之所不书，则虽圣人有所不知焉者。且《春秋》，鲁国之史也，即使历聘之余，必闻其政，遂可以百二十国之宝书[①]，增入本国之记注乎？成公十三年，“公会诸侯伐秦”下，正义曰：“经文依史官策书，策书所无，故经文遂阙也。传文采于简牍，简牍先有，故传文独存也。”若乃改葬惠公之类不书者，旧史之所无也。曹大夫、宋大夫、司马、司城之不名者，阙也。郑伯髡顽[②]、楚子麇、齐侯阳生[③]之实弑而书“卒”者，传闻不胜简书，是以从旧史之文也。邵氏曰：“赴以卒则卒，赴以弑则弑，弑而赴以卒，其弑也，传闻云尔也。传闻不胜简书，是以书“卒”以待察也，比之疑狱。”《左氏》出于获麟[④]之后，网罗浩博，实夫子之所未见。乃后之儒者似谓已有此书，夫子据而笔削之，即《左氏》之解经，于所不合者，亦多曲为之说。而经生之论，遂以圣人所不知为讳，是以新说愈多，而是非靡定。故今人学《春秋》之言，皆郢书燕说[⑤]而夫子之不能逆料者也。子不云乎：“多闻阙疑，慎言其余。”岂特告子张[⑥]乎，修《春秋》之法，亦不过此。

【注释】①宝书：周代的官修的史书。②郑伯髡（kūn）顽：即郑僖公姬恽，郑成公姬睔（gùn）之子。郑僖公为太子时就十分傲慢，对晋、楚两个大国均不以礼待。③齐侯阳生：即齐悼公，姜姓，吕氏，名阳生，齐景公之子。④获麟：指春秋鲁哀公十四年猎获麒麟事。相传孔子作《春秋》至此而辍笔。⑤郢书燕说：典出《韩非子·外储说左上》：“郢人有遗燕相国书者，夜书，火不明，因谓持烛者曰：‘举烛’，云而过书‘举烛’。举烛，非书意也。燕相受书而说之，曰：‘举烛者，尚明也；尚明也者，举贤而任之。’燕相白王，王大悦，国以治。治则治矣，非书意也。”后用“郢书燕说”比喻误解原意，穿凿附会。⑥子张：复姓颛孙、名师，字子张，春秋战国时期陈国人，孔门十二哲之一，受儒教祭祀。颛孙师为人勇武，清流不媚俗而被孔子评为“性情偏激”，但广交朋友。主张“士见危致命，见得思义，祭思敬，丧思哀”，重视自己的德行修养。

【译文】孔子说：“我还能看到史书中存在疑问空阙的地方。”史书中存在疑问空阙的地方，圣人不敢增补。《春秋》记载鲁桓公十七年，“冬十月初一，发生了日食现象”。传记载：“不记载日，史官的失误。”鲁僖公十五年，“夏五月，发生了日食现象”。传记载：“不记载朔与日，是史官的失误。”以圣人的贤明，年代长久的时日，可以轻易达到，怎么会难于考察历史布筹运算来填补史书的空阙呢，然而孔子不敢修补。况且对于史文的失误，难道没有用作典范的吗？况且对于列国的事迹，通过传闻获得，没有记录在史书上的吗？《左传》这部史书，不是一个人完成的，记录的不是一个时代，可以说内容很丰富了，而孔子当时不一定见到。史书中没有记载的，那么虽然是圣人也有不知道的。而且《春秋》，记载的是鲁国的历史，即使在游历天下求聘用之余，一定听说过该国的政治，于是可以把一百二十国周代官修的史书，增入到本国记录的史实之中吗？（鲁成公十三年，“公会诸侯伐秦”下，正义说：“《春秋》根据史官策书而编纂，策书没有的，因此《春秋》就空缺出来。《左传》在简牍摘取，简牍比策书还早，因此《左传》会保留不同的文字。”）至于改葬鲁惠公之类的史实不记载，是之前的历史没有记载的。曹大夫、宋大夫、司马、司城之不直呼名字，是有阙文。郑伯髡顽、楚子麇、齐侯阳生实际是被弑杀而记载成“卒”的，传闻不如简书，因此依从旧史的记载。（邵氏说：“以

‘卒’去报丧就是‘卒’，以‘弑’去报丧就是‘弑’，‘弑’而以‘卒’去报丧，所说的‘弑’，只是传闻罢了。传闻不如简书，因此写“卒”来等待以后考证，就像是无从判决的案件。”）《左传》出于鲁哀公猎获麒麟之后，多方面的搜求广大而众多，实在是孔子所没有见到的。后代的读书人似乎说已经有这史书，孔子根据这史书而修改校正，即使《左传》的注解《春秋》，有不符合的，也多为曲笔注说。而研究经学的书生的议论，于是以圣人所不知道的为顾忌而不愿意说，因此新来的说法越来越多，而是非没有确定。因此现在的人学习《春秋》的言论，都是牵强附会、曲解原意而孔子不能预料到会有这种情况。孔子不说过吗：“有疑问的地方要加以保留，其余知道的部分要谨慎地说出来。”难道只是特意告诉子张吗？钻研《春秋》的方法，也不会超过这个。

《春秋》因鲁史而修者也。《左氏传》采列国之史而作者也，故所书晋事，自文公主夏盟，政交于中国，则以列国之史参之，而一从周正，自惠公以前，则间用夏正。其不出于一人明矣。其谓“赗仲子①”为“子氏未薨”；“平王崩”为“赴以庚戌”；先壬戌十二日。“陈侯鲍②卒”为“再赴”；似皆揣摩而为之说。

【注释】①赗（fèng）：用车马帮人办丧事。仲子：即宋武公之女，鲁惠公之妻。②陈侯鲍：即陈桓公妫鲍。为春秋诸侯国陈国君主之一。

【译文】《春秋》是沿袭鲁国的历史而编修的。《左传》是采集列国的历史而撰写的，因此所记载晋国的事迹，从晋文公主持华夏诸侯国间的结盟，在中国交接诸侯，用列国的历史参考，而一开始依从周历，从鲁惠公以前，则间杂用夏历。史书不是一个人编纂的很明显了。记载“赠送财物帮助仲子办丧事”因为“仲子还没有死”；“平王死亡”因为“讣告上写的是庚戌日（在壬戌日十二天以前）”；“陈侯鲍逝世”因为“记载两个日子，是由于发了两次讣告而日期不同”；似乎都是悉心探求而有这个说法的。

三 正

三正[①]之名，见于《甘誓》。苏氏以为“自舜以前，必有以建子、建丑为正者”，其来尚矣。《微子之命》曰：“统承先王，修其礼物。”则知杞用夏正，宋用殷正。若朝觐、会同，则用周之正朔。其于本国，自用其先王之正朔也。独是晋为姬姓之国，而用夏正，则不可解。“三正”之所以异者，疑古之分国，各有所受，故公刘当夏后之世，而“一之日”“二之日”已用建子为纪。晋之用“寅”，其亦承唐人之旧与?《舜典》“协时月正日”，即协此不齐之时月。杜预《春秋后序》曰：“晋太康中，汲县人发其界内旧冢，得古书，皆简编科斗文字。记晋国，起自殇叔[②]，次文侯、昭侯[③]，以至曲沃庄伯[④]。庄伯之十一年十一月，鲁隐公之元年正月也，皆用夏正建寅之月为岁首编年。”今考《春秋》，僖公五年，“晋侯杀其世子申生”，经书“春”，而传在上年之十二月。十年，“里克弑其君卓[⑤]”，经书“正月”，而传在上年之十一月。十一年，“晋杀其大夫丕郑父[⑥]”，经书

"春"，而传在上年之冬。十五年，"晋侯及秦伯战于韩，获晋侯"，经书"十有一月壬戌"，而传则为"九月壬戌"。经、传之文，或从夏正，或从周正，所以错互如此。罗泌以为"传据晋史，经则周历"。与《史记》汉元年冬十月"五星[7]聚东井"，乃秋七月之误正同。僖公五年十二月丙子朔，"虢公丑奔京师"，而卜偃对献公[8]，以为九月十月之交；襄公三十年，绛县老人言："臣生之岁，正月甲子朔。"以《长历》推之，为鲁文公十一年三月甲子朔，此又晋人用夏正之见于传者也。

【注释】①三正：夏正建寅，殷正建丑，周正建子，合称三正。②殇叔：晋穆侯之弟，他随其兄长征战四方，因此掌握了晋国巨大的权力。③昭侯：姬伯，晋文侯之子。④曲沃庄伯：姬姓，名鳝，谥号庄，排行为伯。晋穆侯之孙，曲沃桓叔之子，晋武公之父，春秋时期曲沃的封君。⑤里克：嬴姓，里氏，名克，春秋前期晋国卿大夫，晋献公的股肱之臣，太子申生的坚决拥护者，能征善战的统帅。"骊姬之乱"中曾杀死先后为晋国君主的骊姬之子奚齐、卓子。卓：即卓子，姬姓，《史记》作悼子，中国春秋时期晋献公之子。⑥丕郑父：姬姓，邳氏，名郑（一名郑父）。春秋前期晋国卿大夫，晋献侯之后，晋献公之爪牙，里克之党。丕，也写作邳、丕。⑦五星：古指水星、金星、火星、木星、土星五星。⑧卜偃：又称郭偃，是春秋时期晋国大夫，兼春秋时期晋国的卜官。献公：姬姓，名诡诸，晋武公之子，因其父活捉戎狄首领诡诸而得名。

【译文】夏历、殷历和周历的名称，在《甘誓》里见到。苏轼以为"从舜以前，一定有以建子、建丑为岁首的"，由来已经很久了。《微子之命》记载："被皇天顾念佑助，承受了天命，修治典礼文物。"就知道杞国用夏历，宋国用殷历。像臣子朝见君主、诸侯朝见天子，用的则是周历。对于本国，自己使用的是先代君王的日历。只有晋国是姬姓的国家，用的却是夏历，让人不能理解。（“三正”不同的原因，怀疑古代分封诸侯国，各有所接受的历法，所以公刘在夏后之世，而“一之日”“二之日”已经使用建子为纪年。晋国用“寅”，也是沿袭承唐尧人的旧法吗？《舜典》“协时月正日”，就是协调这不整齐的时月。）杜预的《春秋后序》记载：“晋朝太康年间，汲县人发现县内的旧墓冢，获得古书，都是编纂在竹简上的科斗文字。记载晋国的历史，起自殇叔，中间文侯、昭侯，以至曲沃庄伯。庄伯的十一年十一月，就是鲁隐公的元年正月，用的都是夏历正月为岁首的顺序编排。”如今研究《春秋》，鲁僖公五年，“晋献公杀世子申生”，《春秋》写“春”，而《左传》写在上年的十二月。鲁僖公十年，“里克弑杀君王卓子”，《春秋》记载“正月”，而《左传》写在上年的十一月。鲁僖公十一年，“晋惠公杀大夫丕郑父”，《春秋》记载“春”，而《左传》写在上年的冬天。鲁僖公十五年，“晋侯及秦伯在韩作战，抓住了晋侯”，《春秋》记载“十有一月壬戌”，而《左传》则是“九月壬戌”。《春秋》《左传》的文字记载，有的依从夏历，有的依从周历，这就是交叉错杂的原因。（罗泌认为“《左传》根据晋国历史，《春秋》则是依照周历”。）与《史记》汉元年冬十月“五星聚集在东井”，是秋七月的失误正相同。鲁僖公五年十二月初一丙子日，“虢公丑出奔逃亡到京城”，而卜偃对晋献公，以为九月十月的交界；鲁襄公三十年，绛县老人说：“下臣生的那一年，是正月初一甲子日。”用《长历》来推算，是鲁文公十一年三月初一甲子日，这又是晋人用夏历在《左传》中见到的证据。

僖公二十四年冬，“晋侯夷吾[①]卒”。杜氏注：“文公定位而后告。”夫不告文公之入，传曰：“秦伯纳之，不书，不告入也。”而告惠公之薨，以上年之事为今年之事，新君入国之日，反为旧君即世之年，非人情也。疑此经乃错简，当在二十三年之冬。传曰，九月，晋惠公卒。晋之九月，周之冬也。盖怀公遣人来告。

【注释】①晋侯夷吾：姬姓，晋氏，名夷吾，晋献公之子，晋文公之弟，在秦国的帮助下继位，是为晋惠公。晋惠公继位后，背信弃义，诛杀大臣，国人都很不顺服他。

【译文】鲁僖公二十四年冬季，“晋侯夷吾卒”。杜预注解说：“晋文公君位安定而后宣告。”不宣告晋文公的入位，（《左传》说：“秦穆公把重耳送回了晋国，《春秋》没有记载这件事，是因为没有将这件事通知其他人。”）而宣告晋惠公的死亡，以上年之事当作今年之事，新君进入国家的日子，反而成为旧君去世的时候，不是人之常情。怀疑这段文字是前后次序错乱，应当在鲁僖公二十三年的冬季。《左传》记载，九月，晋惠公死亡。晋国的九月，是周朝的冬季。（大概晋怀公派人来告。）

隐公六年冬，“宋人取长葛”，传作“秋”。刘原父[①]曰：“《左氏》日月与经不同者，丘明作书，杂取当时诸侯史策之文，其用三正，参差不一，往往而迷。故经所云冬，传谓之秋也。”考宋用殷正，则建酉之月，周以为冬，宋以为秋矣。

【注释】①刘原父：刘敞，字原父。临江新喻（今江西新余）人。北宋文学家。与弟刘邠并称“北宋二刘”。

【译文】鲁隐公六年冬，“宋人占领长葛”，《左传》写成“秋”。刘原父说：“《左传》的时间与《春秋》不同，左丘明写作，杂取当时诸侯史册的文字，运用三种历法，参差不一，往往使人迷惑。因此《春秋》所说的冬，《左传》称写成秋。”研究宋国用殷历，则建酉月，周朝作为冬，宋国作为秋。

桓公七年夏，“谷伯绥[①]来朝，邓侯吾离[②]来朝”。传作“春”。刘原父曰：“传所据者，以夏正纪时也。”

【注释】①谷伯绥：嬴姓，名绥。谷（今谷城西北）人。春秋初谷国国君。曾去鲁国（今山东曲阜）朝会鲁桓公。②邓侯吾离：一作“邓公午离”。子姓，邓国君主之一。本名子吾离，又名子宣。为与诸侯结好，先后将两个女儿分别嫁给郑庄王及楚武王为妻。曾去鲁国会鲁桓公。

【译文】鲁桓公七年夏天，“谷伯绥、邓侯吾离来鲁国朝见”。《左传》作“春”。刘敞（字原父）说：“《左传》所依据的，是用夏历记录时间。”

文公十六年，“齐公子商人[①]弑其君舍”，经在九月，传作七月。隐公三年夏四月，“郑祭足帅师取温之麦，秋又取成周之禾”。若以为周正，则麦禾皆未熟。四年秋，“诸侯之师败郑，徒兵取其禾而还”。亦在九月之上，是夏正六月，禾亦未熟。注云：“取者，盖芟践之。”终是可疑。按传中杂取三正，多有错误。左氏虽发其例于隐之元年，曰“春王周正月”，而间有失于改定者。文多事繁，固著书之君子所不能免也。

【注释】①商人：姜姓，吕氏，名商人，齐桓公之子、母亲为密姬。桓公在世时，商人与大夫邴原争田邑之界，管仲以商人理屈，将田断归邴氏，商人衔恨于心。齐昭公死后，其子被公子商人杀死，公子商人即位，是为齐懿公。后尽夺邴氏之田，掘邴原尸而刖之，又恨管仲，削其家封邑。

【译文】鲁文公十六年，“齐公子商人弑杀齐君舍”，《春秋》记录为九月，《左传》记录为七月。鲁隐公三年夏四月，“郑国的祭足率军队收割了温邑的麦子。秋，又收割了成周的稻谷”。如果是周历，那么麦子和稻谷都没有成熟。鲁隐公四年秋，“诸侯的军队打败了郑国，步兵割取了那里的谷子便回来”。也是在九月之上，是夏历的六月，稻谷也没有成熟。注解：“取的意思，大概是割除、践踏。”终究是值得怀疑。依照《左传》中杂取三代的历法，多有错误。左丘明虽然在鲁隐公元年照成规进行，说“春王周正月”，而间杂有失修改订正的。文字多事情繁琐，本来就是著书之君子所不能避免的。

闰 月

《左氏传》，文公元年，“于是闰三月，非礼也。”襄公二十七年，“十一月乙亥朔，日有食之，辰在申，司历过也，再失闰矣”。哀公十二年，冬十二月螽。“仲尼曰：‘今火犹西流，司历过也。’”并是鲁历。春秋时，各国之历亦自有不同者，经特据鲁历书之耳。《史记》，秦宣公“享国十二年，初志闰月”。此各国历法不同之一证。成公十八年，“春王正月，晋杀其大夫胥童”。传在上年闰月。上有十二月。哀公十六年，“春王正月己卯，卫世子蒯聩自戚入于卫，卫侯辄来奔”。传在上年闰月。上有冬。皆鲁失闰之证。杜以为“从告”，非也。

【译文】《左传》，鲁文公元年，“于是闰三月，不符合礼制。”鲁襄公二十七年，“十一月乙亥朔，发生了日食，辰在申，这是司历的过错，两次失闰了”。鲁哀公十二年，冬十二月发生螽灾。“孔子说：‘现在大火星还经过西方，这是司历的过错。’”以上都是鲁国历法。春秋时，各国的历法也自然有不同的，《春秋》只是根据鲁国历法来书写。（《史记》，秦宣公“享国十二年，初志闰月”。这是各国历法不同的一个证明。）鲁成公十八年，“春王正月，晋国杀其大夫胥童”。《左传》在上年闰月。（上年有十二月。）鲁哀公十六年，“春王正月己卯日，卫世子蒯聩从戚地进入卫国，卫侯辄前来投奔”。《左传》在上年闰月。（上年有冬。）都是鲁国失闰的证明。杜预认为是“从告”，是错误的。

《史记》：“周襄王二十六年闰三月，而《春秋》非之。”则以鲁历为周历，非也。平王东迁以后，周朔之不颁久矣，故《汉书·律历志》六历有《黄帝》《颛顼》《夏》《殷》《周》及《鲁历》，其于《左氏》之言“失闰”，皆谓鲁历，盖本刘歆之说。《五行志》：“周衰，天子不班朔，《鲁历》不正，置闰不得其月，月大小不得其度。”

【译文】《史记》：“周襄王二十六年闰三月，而《春秋》非难它。”说明以鲁国历法为周朝历法，是错误的。周平王东迁以后，周朝历法很久没有颁布了，因此《汉书·律历志》六历有《黄帝》《颛顼》《夏》《殷》《周》及《鲁历》，对于《左传》说的“失闰”，都是说鲁国历法，大概依照刘歆的说法。(《五行志》：“周朝衰落，天子没有颁布朔日，《鲁历》不正确，设置闰月不恰当，月份大小没有符合度数。”)

王正月

《广川书跋》载晋《姜鼎铭》曰“惟王十月乙亥”，《集古录》《博古图》载此鼎，并作“王九月”。而论之曰：“圣人作《春秋》，于岁首则书王，说者谓谨始以正端。今晋人作鼎，而曰‘王十月’，是当时诸侯皆以尊王正为法，不独鲁也。”李梦阳[①]言：“今人往往有得秦权者，亦有‘王正月’字。以是观之，《春秋》‘王正月’，必鲁史本文也。言王者，所以别于夏、殷，并无他义。”刘原父以“王之一字，为圣人新意”，非也。子曰：“述而不作，信而好古”，亦于此见之。《博古图》载《周仲偁父鼎铭》曰：“维王五月初吉丁亥。齐侯《鎛钟铭》曰：“维王五月，辰在戊寅。”《敔敦铭》曰：“维王十月。”

【注释】①李梦阳：字献吉，号空同，祖籍河南扶沟，出生于庆阳府安化县（今甘肃庆城县），后又还归故里，故《登科录》直书李梦阳为河南扶沟人。他善工书法，得颜真卿笔法，精于古文词。

【译文】《广川书跋》记载晋国的《姜鼎铭》说“惟王十月乙亥”，（《集古录》《博古图》记载这个鼎铭，都写“王九月”。）而讨论说：“圣人写《春秋》，在岁首就写周王，论者称在开始的时候就谨慎来表示正统。如今晋人写作鼎文，而说‘王十月’，是因为当时诸侯都尊崇周王室所颁的历法为准则，不只是鲁国。”李梦阳说：“今人常常有获得秦朝秤权的，也有‘王正月’的字样。由此观之，《春秋》记载的‘王正月’，一定是鲁史原来的文字。说王，用来分别夏朝、殷商，并没有其他的含义。”刘原父以“王这一个字，是圣人的新见解”，不是这样。孔子说：“只叙述和阐明前人的学说，而自己不随意创作，相信并爱好古代的事物”，也从这可以看到了。（《博古图》记载《周仲偁父鼎铭》说：“维王五月初吉丁亥。齐侯《鎛钟铭》说：“维王五月，辰在戊寅。”《敔敦铭》说：“维王十月。”）

赵伯循曰：“天子常以今年冬班明年正朔于诸侯。诸侯受之，每月奉月朔甲子以告于庙，所谓禀正朔也。故曰‘王正月’。”

【译文】赵伯循说：“天子常常以今年冬颁布明年新的历法给诸侯。诸侯接受它，每月尊奉月朔甲子在宗庙进行祭告，所谓承受帝王新颁的历法。因此说‘王正月’。”

《左氏传》曰：“元年春，王周正月。”此古人解经之善，后人辨之累数百千言而未明者，传以一字尽之矣。

【译文】《左传》记载：“元年春，王周正月。”这是古人注解《春秋》的好方法，后代的人辩解堆积数百千文字而不能说明，《左传》用一个字就说明白了。

未为天子，则虽建子，而不敢谓之“正”，《武成》“惟一月壬辰”是也。传：一月，周之正月。犹《豳》诗言“一之日”。已为天子，则谓之“正”，而复加“王”以别于夏、殷，《春秋》“王正月”是也。

【译文】还没有成为天子，那么虽然确立岁首的历法，也不敢叫“正”，《武成》“惟一月壬辰”就是这样。（《左传》：一月，周朝正月。就像《豳》诗说“一之日”。）已经成为天子，就称为“正”，而再加上“王”以区别夏朝、殷商的历法，《春秋》的“王正月”就是这样。

春秋时月并书

《春秋》时、月并书，于古未之见。考之《尚书》，如《泰誓》：

“十有三年春，大会于孟津。”《金縢》：“秋，大熟未获。”言时，则不言月。《伊训》：“惟元祀十有二月乙丑。”《太甲》中：“惟三祀十有二月朔。”《武成》：“惟一月壬辰。”《康诰》：“惟三月哉生魄[①]。”《召诰》：“三月惟丙午朏[②]。”《多士》：“惟三月。”《多方》：“惟五月丁亥。”《顾命》：“惟四月哉生魄。”《毕命》：“惟十有二年六月庚午朏。”言月则不言时。朱文公《答林择之》，亦有“古史例不书时”之说。其他钟鼎古文多如此。《春秋》独并举时、月者，以其为编年之史，有时有月有日，多是义例所存，不容于阙一也。或疑夫子特笔，是不然。旧史既以《春秋》为名，自当书时。且如隐公“二年春，公会戎于潜”，不容二年书春，元年乃不书春。是知谓以时冠月出于夫子者，非也。

【注释】①魄：通“霸”。月出月没的微光。②朏（fěi）：新月开始发光。

【译文】《春秋》时、月一同记录，在古代没有见到过。研究《尚书》，像《泰誓》：“十三年春天，诸侯在河南孟津会盟。”《金縢》：“秋天，百谷成熟，还没有收获。”说时，则不说月。《伊训》：“元年十二月乙丑日。”《太甲》中：“三年十二月朔日。”《武成》：“一月壬辰日。”《康诰》：“三月间月光初生。”《召诰》：“三月丙午，新月初现光辉。”《多士》：“三月。”《多方》：“五月丁亥。”《顾命》：“四月，月亮初现光明。”《毕命》：“十二年六月庚午日，月亮新放光明。”说月则不说时。（朱文公《答林择之》，也有“古史例不书时”的说法。）其他铸刻在钟鼎上的古文大多像这样。《春秋》唯独同时记录时、月，因为是按照年、月、日顺序编排的史书，有时有月有日，大多是著书的主旨和体例的保存，不允许缺少任何一种。（有人怀疑是孔子的特笔，不是这样的。旧史既然以《春秋》为名，自然应当写时。而且像鲁隐公“二年春，公会戎于潜”，不允许二年写春，元年才不写春。由此可知以时冠月的做法是出于孔子，是错误的。）

建子之月而书春，此周人谓之春矣。《后汉书·陈宠传》曰：“天正建子，周以为春。”元熊朋来[①]《五经说》曰：“阳生于子即为春，阴生于午即为秋。”此之谓天统[②]。

【注释】①熊朋来：字与可，豫章（今江西南昌）人，当时著名的经学家和音乐家。②天统：“三统”（夏、商、周三代的正朔。夏正建寅为人统，商正建丑为地统，周正建子为天统。亦谓之三正。）之一。周正建子，称天统。

【译文】建子月记录春，这是周朝人历法上的春。《后汉书·陈宠传》记载：“周历建子得天之正，周认为是春。”元代熊朋来《五经说》记载：“阳气生于子时就是春，阴气生于午时就是秋。”这就称为天统。

谓一为元

杨龟山[①]《答胡康侯书》曰：“蒙录示《春秋》第一段义，所谓‘元者，仁也。仁，人心也。《春秋》深明其用，当自贵者始，故治国先正其心’。其说似太支离矣，恐改元初无此意。此本之《汉书·董仲舒传》："臣谨按《春秋》谓一元之意。一者，万物之所从始也；元者，辞之所谓大也。谓一为元者，视大始而欲正本也。"三代正朔，如忠质文之尚，循环无端，不可增损也。斗纲[②]之端，连贯营室[③]，织女之纪，指牵牛之初，以纪日月，故曰星纪[④]。五星起其初，日月起其中，其时为冬至，其辰为丑。三代各据一统，明三统常合而迭为首，周环五行之道也。周据天统，以时言也；商据地统，以辰言也；夏据人统，以人事言也。故三代之时，惟夏为正。谓《春秋》以周正纪事，是也。正朔必自天子出，改正朔，恐圣人不为也。若谓以夏时冠月，如定公元年，'冬十月，陨霜杀菽[⑤]'，若以夏时言之，则十月陨霜，乃其时也，不足为异。周十月，乃夏之八月，若以夏时冠月，当曰秋十月也。"熊朋来亦云："若依夏时周月之说，则正月、二月须书冬，而三月乃可书春尔。"

【注释】①杨龟山：杨时，字中立，号龟山，祖籍弘农华阴（今陕西华阴），南剑西镛州龙池团（今福建三明）人。北宋哲学家、文学家、官吏。先后学于程颢、程颐，同游酢、吕大临、谢良佐并称程门四大弟子。又与罗从彦、李侗并称为"南剑三先生"。晚年隐居龟山，学者称龟山先生。②斗纲：亦作"斗刚"。即斗柄。北斗七星中玉衡、开阳、摇光三星。星名。北斗七星中，第五至七颗星，排列成弧状，形如酒斗之柄，故称为"斗柄"。常年运转，古人即根据斗柄指向，来定时间和季节。③营室：星名。即室宿，又名"清庙""玄宫"，二十八宿之一。古人认为此宿的出现，代表要修造房屋，面对严寒的冬天。④星纪：十二星次之一，与十二辰相配为丑，与二十八宿相配为斗、牛、女三宿。⑤陨霜杀菽（shū）：未到霜时而严霜下，使大豆等植物枯死无收获。占象者认为是臣下专权妄行诛罚的征兆。

【译文】杨龟山《答胡康侯书》记载："承蒙抄写赐示《春秋》第一段的大义，所谓'元，是仁爱。仁，是仁爱众人的仁心。《春秋》通晓其中的用处，应当从尊贵的人开始，因此治理国家先要端正自己的心'。这种说法似乎太离奇不正，恐怕改元起初没有这个意思。"（这根据《汉书·董仲舒传》："臣谨按《春秋》所说的一元的意思。一，是万物之所以从开始的；元，是言辞所说的大。所说的一为元，是对待大的开始而想端正根本。"）三代的历法，像夏尊崇忠，商尊崇质，周尊崇文，循环没有尽头，不可以增加减损。斗纲的开头，连贯营室，织女的开端，指向牵牛的开始，来对应日月，因此说星纪。五星在起初兴起，日月在当中兴起，时间为冬至，其辰为丑。三代各依据一统，分明三统常合而轮流为岁首，往复循环五行的轨道。周朝依据天统，以时言说；商朝依据地统，以辰言说；夏朝依据人统，以人事言说。因此三代的历法，以夏为正。说《春秋》用周历记叙事实，是这样的。新的历法一定从天子颁出，修改帝王颁布的历法，恐怕圣人不会这样做。如果说在夏时前面加上月，如鲁定公元年，'冬十月，未到霜时而严霜下，致使大豆等植物枯死而没有收获'，如果用夏时言说，那么十月严霜下，正是下霜的时候，不值得怪异。周朝历法的十月，是夏朝历法的八月，如果在夏时前面加上月，应当说是秋十月。"（熊朋来也说："如果依照夏时周月的说法，那么正月、二月必须写为冬，而三月才可以写为春。"）

《五代史·汉本纪》论曰："人君即位称元年，常事尔。孔子未修《春秋》，其前固已如此。虽暴君昏主、妄庸之史，其记事先后远近，莫不以岁月一二数之，乃理之自然也。元吴莱本此，作《改元论》。其谓一为元，盖古人之语尔。及后世曲学之士，始谓孔子书‘元年’，为《春秋》大法，遂以改元为重事。”徐无党注曰：“古谓岁之一月，亦不云一，而曰正月。《国语》言六吕曰‘元间大吕’；《周易》列六爻曰‘初九’。大抵古人言数，多不云一，不独谓年为元也。”吕伯恭《春秋讲义》曰：“命日以元，《虞典》也；《书》“月正元日”。命祀以元，《商训》也。“惟元祀十有二月乙丑”。年纪日辰之首，其谓之元，盖已久矣，岂孔子作《春秋》而始名之哉。说《春秋》者，乃言《春秋》谓一为元，殆欲深求经旨，而反浅之也。”

【译文】《五代史·汉本纪》论说：“国君即位称作元年，是平常的事情。孔子没有编纂《春秋》，之前本来已经就这样了。即使昏庸的君王、平庸妄为的史官，他们记录事情先后远近，没有不以时间的一二顺序记录，这是自然的道理。（元代吴莱根据这点，著有《改元论》。）把一称为元，大概是古人的话语。等到了后世学识浅陋的读书人，开始说孔子编写‘元年’，作为《春秋》的笔法，于是以改元为重大的事情。”徐无党注解说：“古时候说年份的一月，也不叫一月，而说正月。《国语》把六吕称为‘元间大吕’；《周易》排列六爻叫‘初九’。大概古人说到数字，多数不说一，不只是说第一年为元年。”吕伯恭《春秋讲义》说：“用元命名日，是《虞典》；（《尚书》“月正元日”。）用元命名祀，是《商训》。（“惟元祀十有二月乙丑”。）年纪日辰的第一位，称为元，已经很久了，怎么是孔子编纂《春秋》而开始命名的呢！解说《春秋》的人，竟然说《春秋》称一为元，大概是想着深追经典的意旨，反而浅陋了。”

改 月

三代改月之证，见于《白虎通》所引《尚书大传》之言甚明。其言曰：“夏以孟春月为正，殷以季冬月为正，周以仲冬月为正。正即正月。夏以十三月为正，色尚黑，以平旦为朔；殷以十二月为正，色尚白，以鸡鸣为朔；周以十一月为正，色尚赤，以夜半为朔。不以二月后为正者，万物不齐，莫适所统，故必以三微[1]之月也。”周以十一月为正，即名正月，不名十一月矣；殷以十二月为正，即名正月，不名十二月矣；夏以十三月为正，即名正月，不名十三月矣。洪迈曰：“十三月者，承十二月而言，即正月也。”胡氏[2]引《伊训》《太甲》“十有二月”之文，以为商人不改月之证。与孔传不合，亦未有明据。《伊训》：“惟元祀十有二月乙丑，伊尹祠于先王。”传曰：“汤崩逾月，太甲即位，奠殡而告。”《太甲》中：“惟三祀十有二月朔。”传曰：“汤以元年十一月崩，至此二十六月，三年服阕。”未尝以十二月为岁首。

【注释】①三微：三正。三正之始，万物皆微，故又称三微。②胡氏：即胡安国，又名胡迪，字康侯，号青山，谥号文定，后世称胡文定公，学者称武夷先生。建宁崇安（今福建武夷山）人，北宋学者。其所著《春秋传》成为后世科举士人必读的教科书。

【译文】夏、商、周三代修改月令的凭证，在《白虎通》援引的

《尚书大传》说的很明确了。它是:“夏朝用孟春月为正月,殷商用季冬月为正月,周朝用仲冬月为正月。(正即正月。)夏朝以十三月为正月,颜色崇尚黑色,以太阳出现在地平线为清晨;殷商以十二月为正月,颜色崇尚白色,以鸡鸣叫为清晨;周朝以十一月为正月,颜色崇尚赤色,以半夜为清晨。不以二月后的月份为正月的原因,是由于万物混杂不整齐,没有合适的统辖,因此一定用三正的月份。”周以十一月为正月,就称为正月,不叫十一月了;殷以十二月为正月,就叫正月,不叫十二月了;夏以十三月为正月,就叫正月,不叫十三月了。(洪迈说:“十三月,是上承十二月而说的,就是正月。”)胡安国引用《伊训》《太甲》“十二月”的文字,认为这是商朝人不修改月令的证据。与孔传不符合,也没有明确的依据。(《伊训》:“惟元祀十有二月乙丑,伊尹祠于先王。”《左传》说:“商汤驾崩一个月之后,太甲即位,祭奠殡宫而告。”《太甲》中:“惟三祀十有二月朔。”《左传》说:“商汤在元年十一月驾崩,到这时二十六月,三年服丧。”不曾以十二月为岁首。)

胡氏又引秦人“以亥为正”,不改时月为证,则不然。《汉书·高帝纪》“春正月”注,师古曰:“凡此诸月号,皆太初正历之后,记事者追改之,非当时本称也。以十月为岁首,即谓十月为正月。今此真正月,当时谓之四月耳。他皆类此。”《叔孙通传》“诸侯群臣朝十月”,师古曰:“汉时尚以十月为正月,故行朝岁之礼。史家追书十月。”汉元年冬十月,五星聚东井,当是建申之月。刘攽曰:按历太白辰星去日,率不过一两次,今十月而从岁星于东井,无是理也。然则五星以秦之十月聚东井耳。秦之十月，今七月，日当在鹑尾，故太白辰星得从岁星也。按此足明记事之文皆是追改，惟此一事，失于追改，遂以秦之十月，为汉之十月耳夫。以七月误为十月，正足以为秦人改月之证，胡氏失之。

【译文】胡安国又援引秦朝人“以亥为正”，作为不修改时月的证据，则不对。《汉书·高帝纪》“春正月”注解，颜师古说：“大凡这些月份的名号，都是在太初正历之后，是史官追溯修改的，不是当时原本的名称。以十月作为一年的开始，就说十月是正月。如今真正的正月，当时称为四月。其他的都与这相似。”《叔孙通传》“诸侯群臣在十月都来朝拜”，颜师古说：“汉朝时候仍然以十月为正月，因此举行朝岁的礼仪。史家追溯补录为十月。”（汉元年冬十月，五星聚在东井，应当是在建申月。刘攽说：按历太白辰星去日，大概不超过一两次，如今十月而在东井跟从岁星，没有这个理由。那么五星以秦朝十月聚在东井而已。秦朝的十月，如今的七月，太阳当在鹑尾，因此太白辰星得以跟从岁星。依照这个足以证明记事之文都是后来追改的，只有这一件事，没有追改，于是以秦朝的十月，为汉朝的十月。以七月误认为是十月，正好证明是秦朝人改月的证据，胡安国的说法是错误的。）

天 王

《尚书》之文但称“王”，《春秋》则曰“天王”，以当时楚、吴、徐、越皆僭称王，故加“天”以别之也。赵子[①]曰“称天王以表无二尊”，是也。

【注释】①赵子：应为“啖子”，即啖助。

【译文】《尚书》的文字只是称呼“王”，《春秋》则称呼“天王”，因为当时楚国、吴国、徐国、越国都超越本分称王，因此加上“天”来区别。赵子说“称天王来表示天下没有‘二尊’”，是这样的。

邾仪父

邾仪父[①]之称字者，附庸之君无爵可称，若直书其名，又非所以待邻国之君也，故字之，《诗序》：“车邻，美秦仲也。”孔氏曰：“秦仲以字配国者，附庸未得爵命，无谥可称。”卑于子男，而进于蛮夷之国。郳犂来、介葛卢，书名。与萧叔朝公，杜解叔名，非也。同一例也。《左氏》曰“贵之”，《公羊》曰“褒之”，非矣。此亦史家常例，非旧史书邾克而夫子改之为仪父也。

【注释】①邾仪父：邾克，又名邾仪父，谥邾安公，亦有文献记载为邾惠公，邾子夏父的孙子。后来周天子授邾仪父为子爵，称“邾子”。

【译文】邾仪父称呼字号，是由于附庸国的君主没有爵位可以称呼，如果直接记录他的名字，又不是用来对待邻国国君的方式，所以称呼字号，（《诗序》：“车邻，是赞美秦仲。”孔氏说：“秦仲以字配国的，是因为附庸国没有得到王爵之命，无谥号可以称呼。”）爵位低于子男，而进于蛮夷之国。（郳犂来、介葛卢，写名。）与萧叔朝公，（杜预解为叔名，是错误的。）是同一个事例。《左传》说是“尊崇他”，《公羊》说是“褒扬他”，不是这样的。（这也是史家常例，不是旧史称邾克而孔子改为仪父。）

邾仪父称字，附庸之君也。郳犂来[①]来朝称名，下矣。介葛卢[②]来不言朝，又下矣。白狄[③]来，略其君之名，又下矣。

【注释】①郳犂来：曹姓，名犂来，春秋时代诸侯国郳国君主。郳国作为小国，向鲁国朝贡。鲁庄公五年，郳犂来到鲁都曲阜朝见鲁庄公，因为未受王命，所以《春秋》直书其名。②介葛卢：春秋时夷狄国君。介，国名；葛卢，国君名。鲁僖公二十九年朝于鲁，能通牛语。③白狄：亦作白翟。我国古代汉族先民之一。其始见于《左传》僖公三十三年，春秋前期主要分布于古雍州北部（今陕北一带）。

【译文】邾仪父称呼字号，是附庸国的国君。郳犂来前来朝觐称呼名，地位低一级。介葛卢前来而不说朝觐，地位又低一级。白狄前来，忽略君主的名号，地位又低一级。

仲 子

隐公元年，“秋七月，天王使宰咺来归惠公仲子之赗”。曰惠公仲子者，惠公之母仲子也。文公九年冬，“秦人来归僖公成风之禭[①]”。曰僖公成风者，僖公之母成风也。犹晋简文帝母会稽王太妃郑氏之称简文宣太后，国学明教臧焘所谓“系子为称，兼明贵之所由”者也。《穀梁传》曰：“母以子氏。注：“妾不得体君，故以子为氏。”按“妾不得体君”，《仪礼》传文。仲子者何？惠公之母、孝公[②]之妾也”。此说得之。《左氏》以为桓公之母。桓未立，而以夫人之礼尊其母，又未薨而赗，皆远于人情，不可信。《公羊》亦以为桓公之母、惠公之妾。系妾于君，较之系母于子，义则短矣。所以然者，以鲁有两仲子，孝公之妾，一仲子；惠公之妾，又一仲子。《左氏》哀公二十四年传：“周公及武公娶于薛，孝惠娶于商，自桓以下娶于齐。”而隐之夫人又是子氏。二传所闻不同，故有纷纷之说。

【注释】①禭（suì）：赠给死者衣物。②孝公：姬姓，名称，鲁武公之子，鲁懿公之弟。

【译文】鲁隐公元年，“秋季七月，周天子派遣宰夫晅来赠送惠公仲子的助葬品”。叫惠公仲子，是惠公的母亲仲子。鲁文公九年冬季，“秦人来赠送鲁僖公成风的祭祀品”。叫僖公成风，是僖公的母亲成风。（就像晋简文帝母会稽王太妃郑氏称为简文宣太后，国学明教臧焘所说的“连着其子一起称呼，并且表明尊贵的来由”。）《穀梁传》记载：“母亲用儿子的姓氏。（注：“妾不得体君，故以子为氏。”按“妾不得体君”，《仪礼》传的文字。）仲子是谁呢？鲁惠公的母亲、鲁孝公的妾”。这种说法是对的。《左传》认为是鲁桓公的母亲。鲁桓公尚未确立，却用夫人礼节尊崇他的母亲，而且没有死却又有助葬品，都不合人之常情，不可以相信。（《公羊传》也认为鲁桓公之母、鲁惠公之妾。系妾于君，和系母于子比较，义就短浅了。）出现这种情况的原因，由于鲁国有两个仲子，鲁孝公的妾，一个仲子；鲁惠公的妾，又一个仲子。（《左传》鲁哀公二十四年：“周公及鲁武公在薛地娶妻，鲁惠公在商地娶妻，从鲁桓公以下在齐国娶妻。”）而鲁隐公的夫人又是子氏。《穀梁传》《左传》所听到的不同，所以有多而杂乱的说法。

此亦鲁史原文。盖鲁有两仲子，不得不称之曰“惠公仲子”也。“考仲子之宫”，不言惠公者，承上文而略其辞也。

【译文】这也是鲁国历史的原文。因为鲁国有两个仲子，不得不称呼她“惠公仲子”。“考仲子之宫”，不说鲁惠公，是承接上文而省略。

《释例》曰：“妇人无外行，于礼当系夫之谥，以明所属。”如郑武公[①]娶于申，曰武姜；卫庄公娶于齐东宫得臣之妹，曰庄姜。是也。“妾不得体君”，不得已而系之子。仲子系惠公，而不得系于孝公；成风系僖公，而不得系于庄公。抑所谓“名不正则言不顺”者矣。

【注释】①郑武公：姬姓，郑氏，名掘突，周厉王姬胡之孙，郑桓公姬友之子，周宣王姬静之侄。

【译文】《释例》记载："已婚妇女没有在外突出的德行，礼节上应该加上丈夫的谥号，来表明自己的归属。"例如郑武公迎娶申国国君姜姓的女儿，叫武姜；卫庄公迎娶齐国太子得臣的妹妹，叫庄姜。就是这样。"妾不得体承丈夫"，不得已而加上儿子的称号。仲子加上鲁惠公的称号，而不能加鲁孝公的称号；成风加上鲁僖公的称号，而不能够加鲁庄公的称号。而且所谓"在名分上用词不当，言语就不能顺理成章"。

春秋十二公，夫人之见于经者，桓夫人文姜、庄夫人哀姜、僖夫人声姜、宣夫人穆姜、成夫人齐姜，皆书薨书葬。声姜不书逆，不书至；文公、成公不书生。文夫人出姜，不书薨葬；隐夫人子氏，书薨不书葬；昭夫人孟子，变薨言卒，不书葬，不称夫人。其妾母之见于经者，僖母成风、宣母敬嬴、襄母定姒，昭母齐归，皆书薨书葬，称夫人、小君。惟哀母定姒，变薨言卒，不称夫人、小君。其他若隐母声子、桓母仲子、闵母叔姜，皆不见于经，定母则经、传皆阙。而所谓"惠公仲子"者，惠公之母也。

【译文】春秋十二位鲁公，夫人出现在《春秋》中的，鲁桓公的夫人文姜、鲁庄公的夫人哀姜、鲁僖公的夫人声姜、鲁宣公的夫人穆姜、鲁成公的夫人齐姜，都写为"薨""葬"。（声姜不写"逆"，不写"至"；文公、成公不写"生"。）鲁文公的夫人出姜，不写"薨""葬"；鲁隐公的夫人子氏，写"薨"不写"葬"；鲁昭公的夫人孟子，记载由"薨"改变为"卒"，不记载"葬"，不称呼为夫人。妾母记载在《春秋》中的，有鲁僖公的母亲成风、鲁宣公的母亲敬嬴、鲁襄公的母亲定姒，鲁昭公的母齐归，都写为“薨”“葬”，称夫人、小君。只有鲁哀公的母亲定姒，记载由“薨”改变为“卒”，不称夫人、小君。其他像鲁隐公的母亲声子、鲁桓公的母亲仲子、鲁闵公的母亲叔姜，都不在《春秋》中见到，鲁定公之母则是《春秋》《左传》都有阙文。而所谓的“惠公仲子”，是鲁惠公的母亲。

二年“十有二月乙卯，夫人子氏薨”。《穀梁传》：“夫人者，隐公之妻也，《左氏》以为桓母，《公羊》以为隐母，并非。卒而不书葬，夫人之义从君者也。”《春秋》之例，葬君则书，葬君之母则书，葬妻则不书，所以别礼之轻重也。隐见存而夫人薨，故葬不书。注谓：“隐弑，贼不讨，故不书”者，非。

【译文】鲁隐公二年“十有二月乙卯，夫人子氏薨”。《穀梁传》注解：“夫人指的是鲁隐公的妻子，（《左传》认为是鲁桓公之母，《公羊》认为是鲁隐公之母，都是错误的。）记载死亡而不记载埋葬，夫人的大义依从君。”《春秋》的体例是，埋葬国君则记载，埋葬国君的母亲则记载，葬妻则不记载，用来分别礼节的轻重。鲁隐公还在世而夫人去世，所以埋葬不记载。注解称：“鲁隐公被弑杀，逆贼没有被讨伐，所以不记载”，不是这样的。

成风敬嬴

成风、敬嬴、定姒，襄公四年。齐归之书“夫人”、书“小君”，何也？邦人称之，旧史书之，夫子焉得而贬之？在后世，则秦芈氏、汉薄氏之称“太后”也，直书而失自见矣。定姒定公十五年。鲁有两定姒。书“葬”，而不书“夫人”“小君”，哀未君也。刘原父曰：“姒氏为哀公之母，定公之妾，哀未成君，故亦未敢谓其母‘夫人’尔。”孟子则并不书“葬”，不成丧也。

【译文】成风、敬嬴、定姒（鲁襄公四年），齐归，有的记载为“夫人”，有的记载为“小君”，为什么呢？国人称呼，旧史记载，孔子怎么会给予低的评价呢。在后代，秦国的芈氏、汉代的薄氏称为“太后”，直接记载而错在自行表现出来。定姒（鲁定公十五年。鲁国有两位定姒）写“葬”，而不写“夫人”“小君”，因为鲁哀公没有即位称君。（刘原父说：“姒氏为鲁哀公之母，鲁定公之妾，鲁哀公没有即位称君，因此也不敢称其母为‘夫人’而已。”）孟子则一并不写“埋葬”，因为还没有称君就去世了。

君氏卒

“君氏卒”，以定公十五年姒氏卒例之，从《左氏》为是。不言子氏者，子氏非一，故系之君以为别，犹仲子之系惠公也。若天子之卿，则当举其名，不但言氏也。《公羊》《穀梁》二传作尹氏。

【译文】“君氏卒”，以鲁定公十五年姒氏卒为例，依从《左传》为准。不称子氏，因为子氏不止一位，所以加上君的称号以作为区别，犹如仲子加上鲁惠公的称号。像天子的士卿，则应当全称名，不只是说氏。（《公羊》《穀梁》二传都写成尹氏。）

或疑君氏之名别无所见。《左传》襄公二十六年，“左师见夫人之步马者，问之，对曰：‘君夫人氏也。’”盖当时有此称。然则去其“夫人”，即为“君氏”矣。战国齐有君王后。

【译文】有人怀疑君氏的名字在其他地方没有见到。《左传》鲁襄公二十六年，“左师看到夫人牵马训练，问养马的人，回答说：是‘君夫人氏。’”大概当时有这样的称呼。那么去掉“夫人”，就成为“君氏”了。（战国时齐国有君王后。）

夫人子氏，隐之妻，嫡也，故书“薨”。君氏，隐之母，惠公之继室，妾也，故书“卒”。

【译文】夫人子氏，是鲁隐公的妻子，是正妻，所以写为“薨”。君氏，是鲁隐公的母亲，鲁惠公的继室，是妾，所以写为“卒”。

不书“葬”者何？春秋之初，去西周未远，嫡、妾之分尚严，故仲子别宫而献六羽[1]，所谓犹秉周礼者也。僖公以后，日以僭逾，于

《经》可见矣。

【注释】①别宫：正式寝宫以外的宫室。六羽：古代诸侯的乐舞。有六列，每列六人，持羽而舞，故名。

【译文】不写“葬”为什么呢？春秋初期，距离西周还没有不远，嫡妻、妾的区分还很严格，因此仲子的别宫落成，初次采用“六羽”的舞队，所谓仍然秉持周朝的礼节。鲁僖公以后，一天更比一天超越本分行事，在《春秋》中可以见到了。

滕子薛伯杞伯

滕侯之降而子也，薛侯之降而伯也，杞侯之降而伯而子也，贬之乎？滕子来朝，张无垢、胡康侯谓贬其朝桓。贬之者，人之可也，名之可也，至于名，尽之矣，降其爵，非情也。古之天下犹今也。崔呈秀、魏广微[①]，天下之人无字之者。言及之，则名之，名之者，恶之也，恶之则名之焉尽之矣。若降其少师而为太子少师，降其尚书而为侍郎、郎中、员外，虽童子亦知其不可矣。然则三国之降焉何？沙随程氏[②]以为是三国者皆微，困于诸侯之政而自贬焉。孙明复已有此说。伊川《春秋传》略同。昭公十三年，平丘之盟，子产争承曰：“郑伯男也，而使公侯之贡，惧弗给也。”哀公十三年，黄池之会，子服景伯曰：“鲁赋于吴八百乘，若为子、男，则将半邾以属于吴，而如邾以事晋。”皆其证也。春秋之世，卫称公矣，及其末也，贬而侯，贬而君。《史记·卫世家》：昭公时，三晋强，卫如小侯属之。成侯十六年，卫更贬号曰侯。嗣君五年，更贬号曰君。此著于《史记》，而后人尚有不知者。高诱解《吕氏春秋》“卫嗣君”曰：“秦贬其号为君。”夫滕、薛、杞犹是也。襄公二十七年，宋之盟，“齐人请邾、宋人请滕，皆不与盟”。定公元年，城成周，宋仲几曰：“滕、薛、郳，吾役也。”则不惟自贬，且为大国之私属矣。故鲁史因而书之也。

【注释】①崔呈秀：蓟州（今天津）人，明末阉党“五虎”之首。魏广微：字显伯，号道冲，大名府开州南乐县（今河南濮阳）人。以同乡同姓附结魏忠贤，初召拜礼部尚书兼东阁大学士，参预机务。旋擢至建极殿大学士、吏部尚书。依恃魏忠贤，迫害异己，“倾善类”。时称忠贤为内魏公，他为外魏公。后忤忠贤，罢官。死后被削籍，定入逆案。②沙随程氏：即程迥，字可久，应天府（今河南宁陵）人。家于沙随，靖康之乱，徙绍兴之余姚。隆兴进士。历泰兴尉，德兴丞等。

【译文】滕侯被贬为子爵，薛侯被贬为伯爵，杞侯被贬为伯爵、子爵，是被贬吗？（滕子前来朝见，张无垢、胡康侯说贬其朝见桓。）被贬，称人可以，称名可以，至于称名，到了极限，降低爵位，不是人之常情。古代的天下犹如现在。崔呈秀、魏广微，天下的人没有称他们字的。说到他们，则称呼名，称呼名，是厌恶他们，厌恶就称呼名号是到了极点。像降低少师而为太子少师，降低尚书而为侍郎、郎中、员外，即使是小孩子也知道不可以。那么这三国的降低是怎样的呢？沙随程迥以为这三个国家都很弱小，陷于诸侯的政治环境中而自我贬低。（孙明复已经有这种说法。伊川先生程颐《春秋传》大致相同。鲁昭公十三年，平丘之盟，子产争论进贡物品的轻重次序说："郑伯是男爵，让我们按照公侯的贡赋标准，恐怕不能足数供应的，谨敢以此作为请求。"鲁哀公十三年，黄池之会，子服景伯说："鲁进贡给吴八百辆战车，如果为子、男，那么将邾国战车半数进贡给吴国，而按邾国战车数来侍奉晋国。"都是证明。）春秋的时代，卫国国君称公爵，等到末世的时候，贬抑而称侯，再贬抑而称君。（《史记·卫世家》：卫昭公时，三晋强大，卫国如小侯进贡它。卫成侯十六年，卫国降低称号为侯。卫嗣君五年，降低称号为君。这是记在《史记》上的，而后人还有不了解的。高诱注解《吕氏春秋》"卫嗣君"说："秦国降低其称号为君。"）滕国、薛国、杞国也是这样。（鲁襄公二十七年，宋国参与盟会，"齐人请邾国、宋人请滕国，都不参加盟会"。鲁定公元年，建造成周，宋仲几说："滕国、薛国、郳国，是我能役使的国家。"那么不仅是自我降低，而且为大国的附庸了。）因此鲁国的历史沿袭而记载。

小国贫，则滕、薛、杞降而称伯称子；大国强，则齐世子光列于莒、邾、滕、薛、杞、小邾之上。齐世子光八会诸侯，其五会并序诸侯之下，至襄公十年伐郑之会，在滕、薛、杞、小邾上。十一年再会，又进在莒、邾上。时为之也，《左氏》谓以先至而进之，亦托辞焉尔。

【译文】小国贫乏，那么滕国、薛国、杞国降低而称伯爵、称子爵；大国强盛，那么齐世子光位列在莒国、邾国、滕国、薛国、杞国、小邾国之上。（齐世子光八次会合诸侯，其中五次并排诸侯之下，到鲁襄公十年讨伐郑国的盟会上，在滕、薛、杞、小邾等国之上。鲁襄公十一年再次参与盟会，又排在莒、邾两国之上。）时势造成这样，《左传》认为是先到而进入，也是借口。

阙文

桓公四年、七年，阙秋冬二时；定公十四年，阙冬一时；《公羊》成公十年阙冬十月。昭公十年十二月无冬；僖公二十八年冬无月，而有壬申、丁丑；桓公十四年有夏五而无月；桓公十七年冬十月，有朔而无甲子；桓公三年至九年，十一年至十七年，无王，桓公五年，“春正月甲戌己丑，陈侯鲍卒”，甲戌有日而无事，皆《春秋》之阙文，后人之脱漏也。庄公二十二年夏五月，无事而不书首月，杜氏《释例》以为阙，谬。《穀梁》有“桓无王”之说。窃以为夫子于继隐之后，而书公即位，则桓之志见矣，奚待去其王以为贬邪？

【译文】鲁桓公四年、鲁桓公七年，缺少秋、冬两个季节；鲁定公十四年，缺少冬这个季节；（《公羊传》鲁成公十年缺冬十月。）鲁昭公十年十二月无冬；鲁僖公二十八年冬没有月，而只有壬申、丁丑；鲁桓公十四年有夏五而无月；鲁桓公十七年冬十月，有朔日而没有甲子；鲁桓公三年至九年，十一年至十七年，没有王，桓公五年，“春季正月甲戌己丑，陈侯鲍死亡”，甲戌有日而没有事，都是《春秋》的阙文，后人疏忽遗漏了。（鲁庄公二十二年夏五月，无事可记而不写首月，杜预《释例》认为是阙文，是错误的。）《穀梁传》有“桓无王”

的说法。我以为孔子在鲁桓公继承隐公之后，而记载公即位，那么鲁桓公志向可以知道了，何必等到去掉王而认为是降低呢？

"王使荣叔[1]来锡桓公命"，不书"天"，阙文也。文公五年，"王使荣叔归含且赗"同。若曰以其锡桓而贬之，则桓之立，《春秋》固已公之矣。商臣而书楚子，文公九年。商人而书齐侯，文公十五年。五等之爵无所可贬，孰有贬及于天王邪？

【注释】①荣叔：春秋诸侯国荣国的君主之一，为荣国第五任君主，荣正公之子，承袭荣正公担任荣国君主。

【译文】"王派遣荣叔来传达赏赐桓公的诏令"，不写"天"，是有阙文。（鲁文公五年，"王使荣叔归含且赗"与之相同。）如果说用赏赐桓公而贬抑他，那么桓公的确立，《春秋》本来已经称公了。商臣而记载楚子爵，（鲁文公九年。）商人而写齐侯，（鲁文公十五年。）五等的爵位没有可以贬抑，怎么会有贬抑影响到天王呢？

僖公元年，"夫人氏之丧至自齐"，不言"姜"。宣公元年，"遂以夫人妇姜至自齐"，不言"氏"。此与文公十四年，叔彭生[1]不言"仲"，定公六年仲孙忌[2]不言"何"同，皆阙文也。圣人之经，平易正大。

【注释】①叔彭生：又作叔仲彭生，姬姓，叔仲氏，谥惠，史称叔仲惠伯，鲁国公族，是鲁桓公庶子公子叔牙之孙，武仲休之子，叔孙得臣（叔孙庄叔)的兄长。鲁文公时，彭生和鲁庄公的庶子东门遂执政，叔孙得臣掌握兵权。②仲孙忌：孟懿子，姬姓，鲁国孟孙氏第九代宗主，本姓仲孙，也称孟孙，名何忌，世称仲孙何忌，谥号懿，是孟僖子的儿子，南宫敬叔的哥哥，孟子的六世祖。

【译文】鲁僖公元年，“鲁庄公夫人的尸体从齐国运来”，不说“姜”。鲁宣公元年，“遂和夫人妇姜从齐国来到”，不称作“氏”。这与鲁文公十四年，叔彭生不称作“仲”，鲁定公六年仲孙忌不称作“何”是一样的，都是有阙文。圣人的经典，浅近易懂而正大。

邵国贤宝曰：“‘夏五’，鲁史之阙文欤？《春秋》之阙文欤？如谓鲁史之阙文者，笔则笔，削则削，何独阙其所不必疑，以示后世乎？阙其所不必疑以示后世，推不诚伯高[①]之心，是不诚于后世也，圣人岂为之哉？不然，则‘甲戌己丑’‘叔彭生’‘仲孙忌’又何为者？是故‘夏五’，《春秋》之阙文也，非鲁史之阙文也。”

【注释】①伯高：春秋时贤士。

【译文】邵宝（字国贤）说：“‘夏五’，是鲁国历史的阙文吗？《春秋》的阙文吗？如果说是鲁国历史的阙文，笔录就笔录，削改就削改，为什么唯独缺所不必疑惑的，来给后世看吗？缺所不必疑惑的来给后世看，推测伯高不诚信的心，是不诚心诚意对待后世，圣人怎么会这样做呢？不然，那么‘甲戌己丑’‘叔彭生’‘仲孙忌’又是什么呢？因此‘夏五’，是《春秋》的阙文，不是鲁国历史的阙文。”

范介儒[①]守己曰："'纪子伯''郭公''夏五'之类，传经者之脱文耳，谓为夫子之阙疑，吾不信已。"按"甲戌己丑"，似是鲁史之文，故《左传》已有"再赴"之说。

【注释】①范介儒：范守己，字介儒，明洧川固贤（今河南长葛）人。曾屡奉钦命，以学院身份主考江南，所以后人称"范学院"。

【译文】范守己（字介儒）说："'纪子伯''郭公''夏五'之类，注解《春秋》的人刊写时遗漏文字，说这是孔子把疑难问题保留下来不作臆断，我不相信是这样。"（按"甲戌己丑"，似乎是鲁国历史的文字，因此《左传》已经有"再赴"的说法。）

夫人孙于齐

庄公元年"三月，夫人孙于齐"。不称姜氏，绝之也。二年"十有二月，夫人姜氏会齐侯于禚"。复称姜氏，见鲁人复以小君待之，忘父而与仇通也。先孙后会，其间复归于鲁，而《春秋》不书，为国讳也，此夫子削之矣。

【译文】鲁庄公元年"三月，鲁桓公夫人到了齐国"。不称姜氏而称夫人，这是由于断绝了母子关系。鲁庄公二年"十二月，夫人姜氏和齐襄公在禚地相会"。又称姜氏，见鲁人又用小君的礼节对待她，忘父而与仇通好。先到达后相会，其间回到鲁国，而《春秋》不记载，是为国避讳，这是孔子删除了。

刘原父曰："《左氏》曰：'夫人孙于齐，不称姜氏，绝不为亲，礼也。'谓鲁人绝文姜，不以为亲，乃中礼尔。杜氏谓"文姜之义宜与齐绝，而复奔齐"者，乃是曲说。《魏书·窦瑗传》引注云："夫人有与杀桓之罪，绝不为亲，得尊父之义。善庄公思大义，绝有罪，故曰礼也。"盖先儒皆主此说。然则母可绝乎？宋襄之母，获罪于君，归其父母之国。及襄公即位，欲一见而义不可得，作《河广》之诗以自悲。然宋亦不迎而致也，为尝获罪于先君，不可以私废命也。孔子论其诗而著之，以为宋姬不为不慈，襄公不为不孝。今文姜之罪大，绝不为亲，何伤于义哉？"

【译文】刘敞（字原父）说："《左传》记载：'鲁桓公夫人到了齐国。不称姜氏而称夫人，是由于断绝了母子关系，这是合于礼的。'说鲁人与文姜断绝了关系，不以为亲近，是合乎礼仪的。（杜氏说"文姜之义应是和齐国断绝，然后又回到齐国"，是牵强说法。《魏书·窦瑗传》引注说："夫人有参与杀桓公的罪过，断绝关系不再为亲人，符合尊父之义。善庄公思大义，断绝有罪，故而符合礼。"大概先儒都主张这个说法。）那么母子关系可以断绝吗？宋襄公的母亲，做了错事，得罪了君王，被遣返还给她父母的国家。等到襄公即位，想见一面而大义不允许，创作《河广》诗以自我感伤。然而宋国也不能迎回而到达，因为曾经得罪了前代君主，不可以因为私情废除先代君王的诏命。孔子谈论他的诗作而显扬他，以为宋姬不是不和善，宋襄公不是不孝顺。现在文姜的罪过大，断绝关系不再是亲人，对大义有什么损伤呢？”

《诗》序：“《猗嗟》，刺鲁庄公不能防闲其母。”赵氏因之有“哀痛以思父，诚敬以事母，威刑以驭下”之说。此皆禁之于末，而不原其始者也。夫文姜之反于鲁，必其与公之丧俱至，其孙于齐，为国论所不容而去者也。内讳奔，谓之孙。文姜之于齐，父母之国也，何至于书孙。此直书而义自见者也。于此而遂绝之，则臣子之义伸，而异日之丑行不登于史策矣。庄公年少，当国之臣不能坚持大义，使之复还于鲁，凭君母之尊，挟齐之强，而恣睢淫佚①，遂至于不可制。《易》曰：“君子以作事谋始。”《左氏》“绝不为亲”一言，深得圣人之意。而鲁人既不能行，后儒复昧其义，所谓“为人臣子而不通《春秋》之义者，遭变事而不知其权”，岂不信乎！

【注释】①恣睢（suī）：恣睢：放纵、放任，任意做坏事；淫佚：亦作“淫泆”。纵欲放荡。

【译文】《诗》序记载：“《猗嗟》，讽刺鲁庄公不能防备禁止自己的母亲。”赵匡因他而有“悲伤用来思念父亲，诚恳恭敬用来侍奉母亲，严厉的刑法用来治部下、百姓”的说法。这都是在末期禁止，而不推究在最开始的时候。文姜返回鲁国，一定和公丧期一起来到，她出奔到齐国，是被全国的舆论所不容而离去。（国内忌讳说“奔”，就称为“孙”。文姜到达齐国，是父母之国，为什么写为“孙”。这直书而义自然显现了。）在这而就断绝关系，那么臣子的大义得到伸张，而往日的丑行不记录在史策里。鲁庄公年少，主持国事的大臣不能坚持大义，让她再回到鲁国，凭借君母的尊贵，依恃齐国的强盛，而放荡骄纵，以至于不可以控制。《易经》记载说："君子作事开始的时候就要全面考虑。"《左传》"绝不为亲"一句，深得圣人的意旨。而鲁人已经不能这样做，后代的读书人又不明白大义，所谓"做臣子而不通晓《春秋》大义的人，遭遇突然发生的重大事件而不知道如何灵活对待"，能不相信吗！

公及齐人狩于禚

庄公四年"二月，夫人姜氏享齐侯于祝丘"。"冬，公及齐人狩于禚"。夫人享齐侯，犹可书也。公与齐侯狩，不可书也，故变文而曰"齐人"。"人"之者，仇之也，杜氏以为"微者"，失之矣。

【译文】鲁庄公四年"二月，夫人姜氏在祝丘给齐侯上供祭品"。"冬天，鲁庄公和齐人在禚狩猎"。夫人祭祀齐侯，尚且可以记载。公与齐侯狩猎，不可以记载，因此变换文字而称为"齐人"。用"人"称呼，是仇恨他，杜预以为是"微者"，是错误的。

楚吴书君书大夫

《春秋》之于吴、楚，斤斤焉不欲以其名与之也。楚之见于经也，始于庄之十年，曰"荆"而已。二十三年，于其来聘而"人"之。二十八年，复称"荆"而不与其"人"也。僖之元年，始称"楚人”。四年，盟于召陵，始有“大夫”。《公羊传》谓，文公九年，使椒来聘，始有大夫。疏矣。又谓夷狄不氏。非也，屈完固已书氏。二十一年，会于盂，始书“楚子”。然“使宜申[1]来献捷”者，楚子也，二十一年。而不书“君”。围宋者子玉[2]，二十七年。救卫者子玉，战城濮者子玉也，二十八年。而不书“帅”。圣人之意，使之不得遽同于中夏[3]也。

【注释】①宜申：斗宜申，芈姓，斗氏，名宜申，字子西，若敖氏后裔。春秋时楚国司马。②子玉：芈姓，成氏，名得臣，字子玉，斗伯比之子，子文之弟。若敖氏后裔。春秋时期楚国令尹。③中夏：华夏，中国。

【译文】《春秋》对于吴国、楚国，非常谨慎不想用国名称呼它们。楚国在《春秋》中出现，开始在鲁庄公十年，只是称呼“荆”而已。鲁庄公二十三年，对于他来访问而用“人”称呼。鲁庄公二十八年，又称呼“荆”而不给称呼“人”。鲁僖公元年，才开始称呼“楚人”。鲁僖公四年，在召陵会盟，才有称呼“大夫”。（《公羊传》说，鲁文公九年，派椒来访问，才有大夫。这是不切实际的。又说夷狄没有氏。是错误的，屈完固已有写氏。）鲁僖公二十一年，在盂会盟，才开始称呼“楚子”。然而“派遣宜申来进献所获的俘虏”，是楚子，（鲁僖公二十一年。）而不记录为“君”。包围宋国的是子玉，（鲁僖公二十七年。）解救卫国的是子玉，在城濮作战的是子玉，（鲁僖公二十八年。）而不记录为“帅”。圣人的意思，让他不能立即与华夏相同。

吴之见于经也，始于成之七年，曰“吴”而已。襄之五年，会于戚，于其来听诸侯之好而“人”之。十年、十四年，复称“吴”，殊会而不与其“人”也。二十五年，“门于巢卒”，始书“吴子”。吴本伯爵，《春秋》以其僭王，降从四裔之例而书子。二十九年，使札来聘，始有“大夫”。然灭州来，昭公十三年。战长岸，十七年。败鸡父，二十三年。灭巢，二十四年。灭徐，三十年。伐越，三十二年。入郢，定公四年。败檇李[1]，十四年。伐陈，哀公四年。会柤[2]，同上。会鄫，七年。伐我，八年。伐齐，十年、十一年。救陈，十年。战艾陵，十一年。会橐皋[3]，十二年。并称“吴”，而不与其“人”。会黄池，十三年。书“晋侯及吴子”，而殊其会。终《春秋》之文，无书“帅”者，使之终不得同于中夏也。是知书君、书大夫，《春秋》之不得已也，政交于中国矣。以后世之事言之，如刘、石十六国之辈，略之而已，至魏、齐、周，则不得不成之为国，而列之于史。辽、金亦然。此夫子所以录楚、吴也。然于备书之中，而寓抑之之意，圣人之心盖可见矣。

【注释】①檇（zuì）李：古地名。在今浙江省嘉兴市一带。②柤（zū）：中国春秋时楚地名，故址在今安徽省邳州西北。③橐（tuó）皋：地名。今作柘皋，在安徽省巢湖市境。

【译文】吴国在《春秋》中出现，开始在鲁成公七年，只是称呼“吴”而已。鲁襄公五年，在戚会盟，对于他请求听从命令和诸侯友好而用“人”称呼。鲁襄公十年、鲁襄公十四年，又称呼“吴”，特别的相会而不给称呼“人”。鲁襄公二十五年，“进攻巢地的城门，战死”，才开始称呼“吴子”。（吴国本伯爵，《春秋》认为他僭越称王，降低依照四裔之例而写子。）鲁襄公二十九年，派遣公子札来访问，才开始称呼“大夫”。剿灭州来，（鲁昭公十三年。）征战长岸，（鲁昭公十七年。）打败鸡父，（鲁昭公二十三年。）灭巢国，（鲁昭公二十四年。）灭徐国，（鲁昭公三十年。）讨伐越国，（鲁昭公三十二年。）攻入郢都，（鲁定公四年。）打败槜李，（鲁定公十四年。）讨伐陈国，（鲁哀公四年。）在柤会盟，（同上。）与鄫会盟，（鲁哀公七年。）讨伐鲁国，（鲁哀公八年。）讨伐齐国，（鲁哀公十年、鲁哀公十一年。）解救陈国，（鲁哀公十年。）征战艾陵，（鲁哀公十一年。）在橐皋会盟，（鲁哀公十二年。）一并称呼“吴”，而不称呼“人”。在黄池会盟，（鲁哀公十三年。）写为“晋侯及吴子”，而突出相会。《春秋》全文，没有记录“帅”的，让他最终不能和华夏相同。因此知道记录君、记录大夫，《春秋》是不得已而为之，因为已经与中国有政治交往。用后世的事来言说，如刘氏（指刘渊）、石氏（指石虎）十六国这些国家，省略罢了，到北朝魏国、齐国、周国，则不得不承认他们为国，而记录在史册。辽国、金国也是这样。这就是孔子记录楚国、吴国的原因。然而在详细记载之中，而寓有贬抑的意思，圣人的心意大概可以知道了。

亡国书葬

纪已亡而书“葬纪叔姬”，存纪也。陈已亡而书“葬陈哀公”，存陈也。此圣人之情，而见诸行事者也。

【译文】纪国已经灭亡而记载“葬纪叔姬”，是保存纪国。陈国已经灭亡而记载“葬陈哀公”，是保存陈国。这是圣人的常情，而表现在他的叙述史事上。

许男新臣卒

“许男新臣卒”，《左氏传》曰：“许穆公[①]卒于师，葬之以侯，礼也。”而经不言“于师”，此旧史之阙，夫子不敢增也。穀梁子[②]不得其说，而以为“内桓[③]师”。刘原父以为“去其师，而归卒于其国”，凿矣。

【注释】①许穆公：姜姓，许氏，讳新臣，为春秋诸侯国许国君主之一，为许男悦子，许庄公弟。②穀梁子：穀梁氏，名赤（或作喜、寘、俶），字子始，战国时期著名经学家。相传为子夏弟子。治《春秋》，著有《春秋穀梁传》（亦称《穀梁春秋》或《穀梁传》）。③桓：即许桓公，姜郑，为春秋诸侯国许国君主。

【译文】“许国男爵新臣死亡”，《左传》记载：“许穆公死在军中，用安葬侯的制度安葬他，这是符合礼的。”而《春秋》不说“在军队”，这是旧史的空阙，孔子不敢增加。穀梁子不能理解这其中的说法，而以为“内桓师”。刘原父以为“离开他的军队，死在回国的途中”，就很明确了。

禘于太庙用致夫人

“禘于太庙，用致夫人。”夫人者，哀姜也。哀姜之薨，七年矣，鲁人有疑焉，故不祔于姑，至是因禘而致之。不称姜氏，承元年“夫人姜氏薨于夷”之文也。哀姜与弑二君，而犹以之配庄公，是乱于礼矣。明乎郊社[1]之礼，禘尝[2]之义，治国其如示诸掌乎。“致夫人”也，“跻僖公”也，皆鲁道之衰，而夫子所以伤之者也。胡氏以夫人为成风，成风尚存，何以言“致”？亦言之不顺也。

【注释】①郊社：郊指冬至日祭天于国都南郊，社指夏至日祭地于北郊。这两项祭典都在郊外举行，所以常常统称为“郊”。②禘尝：禘礼与尝礼的并称。周礼，夏祭曰禘，秋祭曰尝。古代常用以指天子诸侯岁时祭祖的大典。

【译文】“在太庙祭祀，把夫人的神位放进太庙里去。”夫人指的是哀姜。哀姜的逝世，已经七年了，鲁国人有疑惑，因此不和祖姑一起祭祀，到了祭祀的时候把神位放进太庙。不称呼姜氏，承接元年“夫人姜氏薨于夷”的文字。哀姜参与弑杀二君，却仍然把她配祀鲁庄公，这是违背礼节的。明白祭祀天地的礼仪，天子夏、秋举行盛大祭祀的含义，那么治理好国家就像把东西放在手掌上那么清楚明白。“把姜氏护送到鲁国”，“晋升鲁僖公的神位”，都是鲁国政治的衰落，这是孔子为他感伤的原因。胡氏认为夫人说的是成风，成风还在世，怎么会说是“致”呢？也是言语不通顺。

以成风称小君，是乱嫡妾之分。虽然，犹愈于哀姜也。说在乎汉光武之黜吕后[1]，而以薄氏配高庙也。

【注释】①汉光武：东汉光武帝刘秀，字文叔，南阳郡蔡阳县（今湖北枣阳）人。东汉王朝建立者，汉高祖刘邦九世孙。平定动乱之后，励精图治，创造了“光武中兴”的局面。吕后：吕雉，字娥姁（xū），通称吕后，或称汉高后、吕太后等。吕雉是汉高祖刘邦的皇后。

【译文】把成风称作小君，是混淆了嫡妻、妾的名分。即使这样，仍然胜过哀姜。汉光武帝刘秀将吕后迁出宗庙，而把薄太后配享高祖刘邦的宗庙。

及其大夫荀息

晋献公之立奚齐[1]，以王法言之，易树子[2]也；以臣子言之，则君父之命存焉。古人重父命，伯夷以父命之故，不立而逃。叔齐是也。是故荀息之忠，同于孔父、仇牧[3]。

【注释】①奚齐：姬奚齐，春秋时晋献公姬诡诸之子，其母骊姬有宠，献公废太子申生．尽逐群公子，欲立他为嗣。献公病危，嘱托大夫荀息主政，辅助他继位，献公死后，晋国内乱，被里克所杀。②树子：古代诸侯立为世子的嫡子。③仇牧：春秋时宋哀公的曾孙，宋湣公（公子捷）时为宋大夫。

【译文】晋献公立奚齐为嗣君，用国家的法则来说，是更换了立为世子的嫡长子；对臣子来说，则是君父的命令保存了。（古人看重父命，伯夷因为父命的原因，不愿被立为嗣君就逃跑了。叔齐就是这样。）所以荀息的忠心，与孔父、仇牧是一样的。

邢人狄人伐卫

《春秋》之文有从同者。僖公十八年，“邢人、狄人伐卫”；二十年，“齐人、狄人盟于邢”。并举二国，而狄亦称“人”，临文之不得不然也。庄公二十三年，“荆人来聘。”赵氏鹏飞曰：“称人非进之也，若但书‘荆来聘’，则若举国皆来，于文不顺，故书‘人’字以成文耳。不然，二十八年，‘荆伐郑’，何以不书人乎？”若惟狄而已，则不称“人”，十八年，“狄救齐”，二十一年，“狄侵卫”是也。《穀梁传》谓，“狄称‘人’，进之也。”何以不进之于救齐，而进之于伐卫乎？则又为之说曰：“善累而后进之。”夫伐卫何善之有！

【译文】《春秋》的文字有相同的。鲁僖公十八年，“邢人、狄人讨伐卫国”；鲁僖公二十年，“齐人、狄人在邢地会盟”。一并提到二国，而狄也称呼成“人”，撰写文章不得不这样做。（鲁庄公二十三年，“荆人前来访问。”赵鹏飞说：“称人不是提高对荆国的地位称呼，如果只是写‘荆来聘’，就像是全国都来，对于文义不通顺，因此写‘人’字来完成文义。不然，鲁庄公二十八年，‘荆伐郑’，为什么不写成荆人呢？”）如果只是狄一国，则不称呼“人”，鲁僖公十八年，“狄解救齐”，鲁僖公二十一年，“狄入侵卫”，就是这样。《穀梁传》记载说，“狄称呼‘人’，是地位提升了。”为什么不在解救齐国时提升，在讨伐卫国时提升呢？则又为他辩解说："善行累积然后提升。"那么讨伐卫国有什么善行呢！

昭公五年，"楚子、蔡侯、陈侯、许男、顿子、沈子、徐人、越人伐吴"。不称"于越"而称"越人"，亦同此例。陆氏《纂例》曰："凡夷狄与诸侯列序，皆称人以便文，但君臣同辞。"

【译文】鲁昭公五年，"楚子、蔡侯、陈侯、许男、顿子、沈子、徐人、越人讨伐吴国"。不称"于越"而称"越人"，也和这体例相同。（陆淳《春秋集传纂例》说："但凡夷狄与诸侯依次排列，都称人来方便行文，只是君臣用语相同。"）

王入于王城不书

襄王之复，《左氏》书："夏四月丁巳，王入于王城。"而经不书。"其文则史"也，史之所无，夫子不得而益也。《路史》以为襄王未尝复国，而王子虎[1]为之居守。此凿空之论。其说曰："《春秋》始书'天王出居'，后四年五月书'公朝于王所'，冬'天王狩于河阳'，'公朝于王所'。文公八年，书'天王崩'未尝书入也。王猛居皇，敬王居狄泉，此畿内地，而其入也犹且书之。天下之主也，郑他国也，亦既远而戒矣，孰有入不书哉？纳天子，定王室，是乃人臣之极勋，而不书于经，又何以《春秋》为然？则襄王未尝入也。"且惠王尝适郑，而处于栎矣，庄公二十年。其出不书，其入不书，以《路史》之言例之，则是未尝出，未尝入也。庄王、僖王、顷王崩皆不书，以《路史》之言例之，则是未尝崩也，而可乎？赵氏曰：“春秋王崩三不书，见王室不告，鲁亦不赴也。”愚谓此特因旧史之不书，而二者之义自见。邵氏曰：“襄王之出也，尝告难于诸侯，故仲尼据策而书之。其入也，与夫惠王之出入也，皆未尝告于诸侯，策所不载，仲尼虽得之传闻，安得益之？乃若敬王之立，则仲尼所见之世也。子朝奔楚，且有使以告诸侯，况天王乎？策之所具，盖昭如也，故‘狄泉’也书，‘成周’也书。”

【注释】①子虎：春秋时秦国大夫。周敬王十五年柏举之战后，吴军进入楚郢都，子虎与子蒲应楚臣申包胥之请，率秦师战车五百乘救援楚国，大败吴师。

【译文】周襄王的复位，《左传》写为：“夏四月丁巳，王入于王城。”而《春秋》不记载。“它的文字就是历史”，史书没有记载，孔子不能增益。《路史》认为周襄王没有复国，而是王子虎替他镇守。这是空泛而没有根据的言论。（其说法是：“《春秋》写为‘天王出居’，后四年五月写为‘公朝于王所’，冬‘天王狩于河阳’，‘公朝于王所’。鲁文公八年，写‘天王崩’没有写过‘入’。王猛住在皇，周敬王住在狄泉，这是王城附近之地，而其‘入’依旧写下。周王是天下之主，郑国是他国，也已经疏远而警戒，哪有‘入’却不写下的呢？迎接天子，安定王室，这是臣子最高的功勋，但是在《春秋》没有写下来，又为什么以《春秋》为准？那么周襄王不曾‘入’。”）况且惠王曾经到过郑国，而在栎地住下来，出奔不记载，（鲁庄公二十年。）回国不记载，以《路史》的言语示例，则是没有出奔，没有回国了。周庄王、周僖王、周顷王死亡都没有记载，以《路史》的说法举例，则是没有死亡了，这样可以吗？（赵氏说："春秋时周王驾崩有三次没有记录，说明王室没有报丧，鲁国也没有奔丧。"我认为这只是依照旧史的不记录，而二者之义也自然显现了。）邵氏说："周襄王的出奔，曾经把危急的情况檄告给诸侯，所以孔子根据简策而记载。他的回国，与周惠王的出奔回国，都没有告知诸侯，史册没有记载，孔子即使通过传闻知道，怎么会由此增加呢？至于周敬王即位，则是孔子同一时代的事情。子朝出奔楚国，都派有使臣檄告诸侯，何况是天王呢？史册所具有的，很明白了，因此'狄泉'也记录，'成周'也记录。"

事莫大于天王之入，而《春秋》不书，故夫子之自言也，曰："述而不作。"

【译文】事情没有比周王登基回国更大的，而《春秋》不记载，因此孔子自己说："述而不作。"

星孛

《春秋》书星孛[①]，有言其所起者，有言其所入者。文公十四年，"秋七月，有星孛入于北斗"。不言所起，重在北斗也。昭公十七年，"冬，有星孛于大辰[②]"。西及汉[③]，不言及汉，重不在汉也。

【注释】①星孛（bèi）：我国古代对彗星的称呼，此外还有蓬星、长星等称呼。②大辰：即心宿，大火。③汉：银河。也称云汉、银汉、天汉。

【译文】《春秋》记载星孛，有记载它开始的，有记载它进入的。鲁文公十四年，“秋天，七月，有彗星进入北斗”。不说它从哪里开始，重点在北斗。鲁昭公十七年，“冬天，有彗星进入心宿”。向西到了天河，不说到天河，重点不在天河。

子卒

叔仲、惠伯人君而死，义矣，而国史不书。夫子平日未尝阐幽及之者，盖所谓“匹夫匹妇之谅，自经于沟渎，而莫之知”者也。

【译文】叔仲、惠伯为人君而死，是大义，而国史不记载。孔子平日没有显露幽深到他们的，大概是所谓的“哪能像普通百姓那样恪守小节，在小山沟里自杀，而谁也不知道呀”。

纳公孙宁仪行父于陈

孔宁、仪行父，从灵公[①]宣淫于国，杀忠谏之泄冶[②]，君弑不能死，从楚子而入陈，《春秋》之罪人也，故书曰：“纳公孙宁、仪行父于陈。”杜预乃谓：“二子托楚以报君之仇”，“灵公成丧，贼讨国复，功足以补过”。呜呼！使无申叔时[③]之言，陈为楚县矣，二子者楚之臣仆矣，尚何功之有？幸而楚子复封，成公[4]反国，二子无秋毫之力，而杜氏为之曲说，使后世诈谖[5]不忠之臣，得援以自解。呜呼！其亦愈于已为他人郡县，而犹言报仇者与？

【注释】①灵公：妫姓，陈氏，名平国，陈共公之子，陈成公之父，春秋时期陈国第十九任国君，陈灵公为人荒淫无道，竟和大夫孔宁、仪行父三人同与司马夏征舒之母夏姬通奸，三人甚至在朝堂上穿着夏姬的汗衫炫耀嬉戏。大夫泄冶劝谏，陈灵公不听，并纵容孔宁、仪行父杀害泄冶。陈灵公与孔宁、仪行父在夏征舒家喝酒，酒兴正浓时，陈灵公跟仪行父开玩笑，互说夏征舒长得像对方，因此激怒夏征舒，夏征舒便设伏兵射杀陈灵公。②泄冶：春秋时期陈国大夫，因谏陈灵公与夏姬私通之事而被陈灵公所杀。孔子评价其“可谓捐矣”。③申叔时：芈姓，申叔氏，名时，春秋时期楚国大夫。陈国夏征舒之乱，楚庄王克陈，杀夏征舒，申叔时劝楚庄王不可以陈国为楚国的县。④成公：妫姓，陈氏，名午，春秋时期陈国国君，他为陈灵公儿子，承袭陈灵公担任该国君主。陈成公元年冬天，楚庄王以夏征舒杀死陈灵公为由，带诸侯之兵讨伐陈国。杀死夏征舒后，从晋国接回陈灵公的太子妫午，立为陈君，就是陈成公。⑤诈谖（xuān）：欺诈，弄虚作假。

【译文】孔宁、仪行父，依从灵公在国家毫不顾忌地公然淫乱，杀害忠诚劝谏的泄治，君王被弑杀而自己免死，跟随楚子而进入陈国，是《春秋》的罪人，因此记载说：“纳公孙宁、仪行父于陈。”杜预于是说：“二子请求楚国报复君王被弑杀的仇恨”，“灵公居丧的礼节齐备，贼被讨伐国家恢复，功劳足以补偿过失”。呜呼！假使没有申叔时的进言，陈国成为楚国的一个县了，这两个人成为楚国的仆人了，还有什么功劳呢？幸亏楚子重新封立陈国，成公回国，二子没有一点点功劳，而杜预替他们辩解，使得后世欺诈不忠心的臣子，得到援例以自我辩解。呜呼！这也比已经成为他人郡县更严重，而仍然说成报仇的人吗？

与楚子之存陈，不与楚子纳二臣也。公羊子固已言之曰：“存陈，悕矣。”

【译文】称赞楚子保存陈国，不称赞楚子接纳二臣。公羊子固然已经说到了：“保存陈国，悲伤啊。”

三国来媵

十二公之世，鲁女嫁于诸侯多矣，独宋伯姬[①]书“三国来媵”，盖宣公元妃所生。宣公元年，“夫人至自齐”，即穆姜。

庶出之子不书生，故子同生特书。庶出之女不书致，不书媵，故伯姬归于宋特书。

【注释】①伯姬：春秋时代鲁国王族女性，姬姓，名不详。为鲁宣公之女、鲁成公之妹，母穆姜。后嫁宋共公为夫人。

【译文】十二公的时代，鲁国之女嫁给诸侯的有很多了，只有宋伯姬写成“三国来媵”，大概是宣公元妃所生的。（鲁宣公元年，“夫人至自齐”，夫人就是穆姜。）

不是正妻所生的儿子不写成“生”，所以“子同生”特别记录。不是正妻所生的女儿不写成“致”，不写成“媵”，因此“伯姬归于宋”就特别记录。

《卫·硕人》之诗曰：“东宫之妹。”正义曰：“东宫，太子所居也。系太子言之，明与同母，见夫人所生之贵。”是知古人嫡庶之分，不独子也，女亦然矣。

【译文】《卫·硕人》诗作记载：“东宫之妹。”正义注解：“东宫，是太子所居住的地方。连着太子一起说，表明与太子同母，说明夫人所生的尊贵之人。”由这知道古人嫡生、庶出的区别，不只是儿子，女子也是这样的。

杀或不称大夫

凡书“杀其大夫”者，义系于君，而责其专杀①也。“盗杀②郑公子騑、公子发④、公孙辄⑤”。文不可曰“盗杀大夫”，故不言大夫。杜氏曰：“以盗为文，故不得言其大夫。”其义不系于君，犹之盟会之卿，书名而已。胡氏以为罪之，而削其大夫。非也。

【注释】①专杀：擅自杀人。②盗杀：史家之《春秋》笔法，国君为地位低贱的人所杀称“盗杀”。③公子騑（fēi）：姬姓，字子驷，郑穆公之子，郑灵公和郑襄公的弟弟，春秋时期郑国大夫。④公子发：姬姓，名发，字子国，郑穆公的庶子，子产之父，七穆之一国氏的始祖。⑤公孙辄：姬姓，名辄，字子耳，又称公孙辄，是公子去疾的儿子，郑穆公的孙子，郑国司空。

【译文】大凡记录“杀其大夫”，与国君有关，而责备他擅自杀人。“盗杀郑公子騑、公子发、公孙辄”。文章不可说“盗杀大夫”，因此不说大夫。（杜氏说：“以盗为文，因此不能说其大夫。”）与国君无关，犹如盟会的卿大夫，只是记载名而已。胡氏以为是怪罪他，而削减大夫职位。不是这样的。

阍弑吴子余祭[①]。”言吴子，则君可知矣，文不可曰“吴阍弑其君”也。“盗杀蔡侯申”同此。谓《春秋》中凡若此者，皆赵子所谓“避不成辞”。穀梁子曰：“不称其君，阍不得君其君也”，非也。

【注释】①余祭：姬姓，名余祭，又称吴安王，吴王寿梦之子，诸樊之弟，春秋时期吴国国君。

【译文】“阍弑吴子余祭。”说吴子，那么是国君就可以知道了，文章不可以说“吴阍弑其君”。（“盗杀蔡侯申”和这个例子相同。《春秋》中凡是像这样的，都是赵子所说的“避不成辞”。）穀梁子说：“不称呼国君，皇宫的守门人不把他的国君当作国君对待”，不是这样。

邾子来会公

定公十四年，“大搜[①]于比蒲，邾子来会公”。《春秋》没有记录“来会公”者，“来会”非朝也，会于大搜之地也。嘉事不以野成，故明年正月复来朝。

【注释】①大搜：古时天子、诸侯五年举行一次的军队大检阅。

【译文】鲁定公十四年，“大搜于比蒲，邾子来会公”。《春秋》没有记录“来会公”，“来会”不是朝会，是在军队大检阅的地方进行集会。朝礼不在郊野举办，所以明年正月又来朝觐。

葬用柔日

春秋葬皆用柔日[①]。宣公八年，“冬十月己丑，葬我小君敬嬴，雨，不克葬。庚寅，日中而克葬”。定公十五年，九月“丁巳，葬我君定公，雨，不克葬。戊午，日下昃乃克葬”。己丑，丁巳，所卜之日也，迟而至于明日者，事之变也，非用刚日[②]也。经文所书葬列国之君，无非柔日者。惟成公十五年“秋八月庚辰，葬宋共公”，是刚日，其亦“雨不克葬”，迟而至于明日者与？汉人不知此义，而长陵高帝以丙寅，茂陵武帝以甲申，平陵昭帝以壬申，渭陵元帝以丙戌，义陵哀帝以壬寅，皆用刚日。

《穆天子传》，成姬之葬以壬戌。疑其收为后人伪作。

【注释】①柔日：古代以干支纪日，凡天干值乙、丁、己、辛、癸的日子称柔日。因均属偶数，也称偶日。②刚日：犹单日。古以“十干”记日。甲、丙、戊、庚、壬五日居奇位，属阳刚，故称。

【译文】春秋时期的葬礼都选择柔日。鲁宣公八年，“冬天十月己丑日，安葬我们的小君敬嬴，下雨，不能安葬。庚寅日，中午安葬才完成”。鲁定公十五年，九月“丁巳日，安葬我们的国君鲁定公，下雨，不能安葬。戊午日，日暮才下葬”。己丑日，丁巳日，是占卜的时日，推迟到明日才安葬，事情有变化，不是用刚日。（《春秋》所记载安葬列国之君，都是在柔日。唯独鲁成公十五年“秋八月庚辰日，安葬宋共公”，这天是刚日，其也“雨不克葬”，推迟到明天才安葬吗？）汉代人不知道这个道理，而在丙寅日埋葬汉高祖于长陵，在甲申日埋葬汉武帝于茂陵，在壬申日埋葬汉昭帝于平陵，在丙戌日埋葬汉元帝于渭陵，在壬寅日埋葬汉哀帝义陵，都是选用刚日。

《穆天子传》，成姬的葬礼在壬戌日举行。怀疑这是后人伪作的。

诸侯在丧称子

凡继立之君，逾年正月乃书即位，然后成之为君。未逾年则称子，未逾年又未葬则称名。先君初没，人子之心不忍亡其父也，父前子名，故称名，庄公三十二年“子般卒”，襄公三十一年“子野卒”是也。已葬则子道毕，而君道始矣，子而不名。文公十八年“子卒”，僖公二十五年“卫子”，成公。二十八年“陈子”，共公。定公三年邾子，隐公。是也。《杂记》曰：“君薨，太子号称子，待犹君也。”郑氏注曰：“谓未逾年也。”逾年则改元，国不可以旷年无君。《白虎通》曰：“逾年称公者，缘臣民之心，不可一日无君也；缘终始之义，一年不可有二君也。”故有不待葬而即位，则已成之为君。文公元年“春王正月，公即位”；成公元年“春王正月，公即位”；定公元年夏六月“戊辰，公即位”；桓公十三年卫侯；惠公。宣公十一年陈侯；成公。成公三年宋公；共公。卫侯定公是也。所以敬守而重社稷也。杜氏《左传》注：“卫宣公未葬，惠公称侯，以接邻国，非礼也。”盖不达此义。此皆周公之制，鲁史之文，而夫子遵之者也。《公羊传》曰：“君存称世子，世子下仍当系名，若“陈世子款、郑世子华”之类。君薨称子某，既葬称子，逾年称公。”得之矣。

【译文】凡是继位的国君，第二年的正月才记载即位，然后变为国君。时间没有超过一年则称子，时间没有超过一年又没有埋葬则称名字。先君刚刚死亡，人子的心意是不忍心父亲的死亡，在其父之前其子称名，因此称呼名字，鲁庄公三十二年“子般死亡”，鲁襄公三十一年“子野死亡”就是这样。已经埋葬那么为子之道就结束了，而为君之道就开始了，子而不称呼名。鲁文公十八年“子死亡”，鲁僖公二十五年“卫子”（卫成公），鲁僖公二十八年“陈子”（陈共公），鲁定公三年邾子（邾隐公），就是这样。（《杂记》说：“国君去世当年，太子号称子，是说他的地位和国君一样。”郑氏注解说：“是说没有超过一年。”）超过一年则改变年号，国家不可以超过一年没有国君。（《白虎通》说：“超过一年称公的，因为臣民之心，所以不可一日没有国君；因为终始之义，所以一年不能有两位国君。”）所以有不等待埋葬而即位，则已经变为君。鲁文公元年“春王正月，公即位”；鲁成公元年“春王正月，公即位”；鲁定公元年夏六月“戊辰日，公即位”；鲁桓公十三年卫侯（卫惠公）；鲁宣公十一年陈侯（陈成公）；鲁成公三年宋公（宋共公）；卫侯（卫定公）就是这样。用来恭敬地遵守而重视社稷。（杜预《左传》注：“卫宣公没安葬，卫惠公称侯，来接待邻国，不符合礼节。”大概不理解这个意思。）这都是周公的制度，鲁史的文字，而孔子遵守它。《公羊传》说：“国君还在世继承人称世子，（世子下依旧应当系名，像“陈世子款、郑世子华”之类。）国君死亡称子某，已经埋葬称子，时间过了一年称公。”这是得当的。

未葬而名，亦有不名者，僖公九年宋子，襄公。定公四年陈子怀公是也。所以从同也。盟会之文从同，而书不得独异。昭公二十二年，“刘子、单子以王猛居于皇”。刘蚠亦在丧。已葬而不名。亦有名之者，昭公二十二年，王子猛是也。所以示别也。嫌于敬王、王子朝。

【译文】没有埋葬而称呼名，也有不称呼名的，鲁僖公九年宋子（宋襄公），鲁定公四年陈子（陈怀公）就是这样。用来显示相同的。（盟会之文相同，而书不能单独不同。鲁昭公二十二年，“刘子、单子以王猛居于皇”。刘蚠也是丧服在身。）已经埋葬而不称呼名。也有称呼名，鲁昭公二十二年，王子猛就是这样。用来显示区别。（避忌周敬王、王子朝。）

“郑伯突出奔蔡”者，已即位之君也。“郑世子忽复归于郑”

者，已葬未逾年之子也。此临文之不得不然，非圣人之抑忽而进突也。忽、突皆名，别嫌也。杜氏注“贱之”者，非。

【译文】“郑伯突离开郑国逃亡蔡国”，是已经即位的国君。“郑世子忽在郑国回国复位”，是已经埋葬没有超过一年的世子。这是撰写文章不得不这样做，不是圣人贬抑郑世子忽而褒扬郑伯突。（忽、突都是名，是避嫌疑。杜预注解为“贱之”，是错误的。）

“里克杀其君之子奚齐”者，未葬居丧之子也。“里克弑其君卓”者，逾年已即位之君也。此临文之不得不然。《穀梁传》曰：“其‘君之子’云者，国人不子也”，非也。

【译文】“里克弑杀国君的儿子奚齐”，没有埋葬在丧期的儿子。“里克弑杀其国君卓”，是时间超过一年已经即位的国君。这是撰写文章不得不这样做。《穀梁传》注解说：“所说的‘君之子’，国人不认为他是子（国君）”，不是这样的。

未逾年书爵

即位之礼，必于逾年之正月。即位，然后国人称之曰君。春秋之时，有先君已葬，不待逾年而先即位者矣。宣公十年，“齐侯使国佐[1]来聘”，顷公。成公四年，“郑伯伐许”，悼公。称爵者，从其国之告，亦以著其无父之罪。

【注释】①国佐：一作国差。春秋时期齐国上卿，国归父之子。谥武，称国武子。

【译文】即位的礼仪，一定在第二年的正月。即位，然后国人称呼他国君。春秋时期，有先君已经埋葬，不等待第二年而先即位的。鲁宣公十年，“齐侯（顷公）派遣国佐来访问”，鲁成公四年，“郑伯（悼公）讨伐许国”，称呼爵位，依从他们国家的公告，也用来显示他无父的罪过。

姒氏卒

定公十五年，“姒氏卒”，不书薨，不称夫人，葬不称小君。盖《春秋》自成风以下，虽以妾母为夫人，然必公即位而后称之。以姒氏之不称者，本无其事也。《左氏》谓“不成丧”者，非。后世之君，多于柩前即位，于是大行[1]未葬，而尊其母为皇太后。《续汉·仪礼志》：“三公奏：《尚书·顾命》，太子即日即天子位于柩前，请太子即皇帝位，皇后为皇太后。奏可。群臣皆出，吉服入会如仪。”及乎所生，亦以例加之。妾贰于君，子疑于父，而先王之礼亡矣。

【注释】①大行：古代称刚死而尚未定谥号的皇帝、皇后。指新近去世的皇帝，取一去不返之意。

【译文】鲁定公十五年，“姒氏卒”，不写为薨，不称呼夫人，埋葬不称呼小君。《春秋》从成风以下，即使以妾母为夫人，然而一定等到鲁公即位之后才称呼。以姒氏不称呼，本来没有这样的事。（《左传》认为是“不成丧”，是错误的。）后世的国君，大多在灵柩前即位，于是国君初丧没有埋葬，而尊奉他的母亲为皇太后。（《后汉书·仪礼志》：“三公奏：《尚书·顾命》，太子即日在灵柩前即天子位，请太子即皇帝位，皇后为皇太后。皇上批准了。群臣都出来，按照仪式穿上吉服进入大典。”）等到所生，也用前例加封。妾室对国君有二心，儿子对父亲有疑惑，而先王的礼仪丢失了。

卿不书族

《春秋》之文，不书“族”者，有二义。“无骇[①]卒”；“挟卒”；“柔会宋公、陈侯、蔡叔，盟于折”；“溺会齐师伐卫”；未赐氏也。“遂以夫人妇姜至自齐”；“归父还自晋，至笙，遂奔齐”；“侨如[②]以夫人妇姜氏至自齐”；“豹及诸侯之大夫盟于宋”；“意如至自晋”；“婼至自晋”；一事再见，因上文而略其辞也。《公羊》宣公元年传：“遂何以不称公子？一事而再见者，卒名也。”注：“卒，竟也，竟但举名者，省文。如后人作史，一条之中，再见者不复书姓。《左氏》不得其解，于“溺会齐师伐卫”，则曰“疾之”；于“归父还自晋”，则曰“善之”。岂有疾之而去族，善之而又去族者乎？

【注释】①无骇：展无骇，鲁孝公曾孙，任鲁国司空之职，也作司空无骇。无骇生前统帅鲁师灭掉极国，立下战功。无骇死后，鲁隐公便以祖父公子展之名赐予"展氏"。展无骇之子为展禽（即柳下惠）。②侨如：叔孙侨如，姬姓，叔孙氏，名侨如。春秋时期鲁国大臣，叔孙庄公长子。作为三桓之一的叔孙氏宗主，后遭到季孙行父驱逐，逃奔齐国，其弟叔孙豹嗣位，是为叔孙穆子。去世后，谥号为宣，世称叔孙宣伯。

【译文】《春秋》的文字，不记录"族"，有两种含义。"无骇卒"；"挟卒"；"柔会宋公、陈侯、蔡叔，在折地举行会盟"；"溺会合齐国的军队讨伐卫国"；没有赏赐姓氏。"遂和夫人妇姜从齐国来到"；"归父还自晋，到达笙地，于是逃亡到齐国"；"侨如带着夫人姜氏从齐国来到"；"豹及诸侯的大夫在宋国会盟"；"季孙意如从晋国回来"；"婼从晋国回来"；一件事再次出现，沿袭上文而省略文字。（《公羊传》鲁宣公元年："遂何以不称公子？一事而再见者，卒名也。"注解说："卒，是竟的意思，竟只是举出名，省略文字。像后人撰写史书，一条之中，重复出现不再写姓。《左传》不明白这个意思，在"溺会齐师伐卫"，就说"疾之"；在"归父还自晋"，就说"善之"。难道有疾之而去族，善之而又去族的吗？）

春秋隐、桓之时，卿大夫赐氏者尚少，故"无骇卒"，而羽父①为之请族。如挟，如柔，如溺，皆未有氏族者也。《穀梁传》"不爵大夫"之说近之，而未得其实。庄、闵以下，则不复见于经，其时无不赐氏者矣。

【注释】①羽父：姬姓，名翚，字羽父，即公子翚（huī），一作公子挥，鲁宗室。春秋初年鲁国大臣。

【译文】春秋鲁隐公、鲁桓公的时代，卿大夫赐氏的还很少，因此“无骇卒”，而羽父为他请求族氏。如挟，如柔，如溺，都没有氏族。(《穀梁传》“不爵大夫”的说法与之接近，而没有得到真正的意思。)鲁庄公、鲁闵公以下，则不再在《春秋》中见到，那时候没有不赏赐氏的。

刘原父曰：“诸侯大国三卿[①]，皆命于天子；次国三卿，二卿命于天子；小国三卿，一卿命于天子。大国之卿三命，次国之卿再命，小国之卿一命，其于王朝皆士也。韩宣子称晋士起。三命以名氏通，再命名之，一命略称人。周衰礼废，强弱相并，卿大夫之制，虽不能尽如古，见于经者，亦皆当时之实录也。故隐、桓之间，其去西周未久，制度颇有存者，是以鲁有无骇、柔、挟，郑有宛、詹，秦楚多称人。至其晚节，无不名氏通矣。而邾、莒、滕、薛之君，日已益削，转从小国之例，称人而已。说者不知其故，因谓曹、秦以下，悉无大夫，患其时有见者，害其臆说，因复构架无端，以饰其伪。彼固不知王者诸侯之制度班爵云尔。”

【注释】①三卿：古代的司徒、司马、司空。汉朝改司马为太尉。

【译文】刘敞(字原父)说：“诸侯大国的三卿，都由天子任命；次国的三卿，二卿由天子任命；小国的三卿，一卿由天子任命。大国的卿三个都由天子任命，次国的卿两个由天子任命，小国的卿一个由天子任命，他们对于王朝都是士。(韩宣子称晋士起。)三命都称以名氏，再命称呼名，一命省略称人。周王室衰微礼仪废弛，强弱互相兼并，卿大夫的制度，虽不能全部都像古代，在《春秋》中出现，也都是当时真实情况的记录。所以鲁隐公、鲁桓公之间，离西周时代不远，制度有保存，因此鲁国有无骇、柔、挟，郑国有宛、詹，秦国楚国大多称人。到了晚期，没有不用名氏连接的。而邾国、莒国、滕国、薛国的国君，一天比一天削减，转而依从小国的旧例，称人而已。解说的人不知其中的缘故，因此说曹国、秦国以下，全部没有大夫，忧虑那个时候有明白的，妨碍主观推测的说法，因复构架没有缘由，来掩饰不真实。他原本不知道王者诸侯的制度爵位、官阶罢了。”

或曰，翚不称公子，何与？杜氏曰：“公子者，当时之宠号。”宣元年注。翚之称公子也，桓赐之也。其终隐之篇不称公子者，未赐也。刘原父曰：“公子虽亲，然天下无生而贵者，是以命为大夫则名氏得两通。未命为大夫则得称名，不得称公子。”若专命之罪，则直书而自见矣。

【译文】有人说，翚不称呼公子，为什么呢？杜预说：“公子，是当时帝王给予的封号。”（鲁宣公元年注。）翚称为公子，是鲁桓公赏赐给他的。到鲁隐公篇最后都不称呼公子，是还没有赏赐封号。（刘原父说：“公子虽然是亲人，但是天下没有生而尊贵的，因此命为大夫则名氏得以两通。没有命为大夫则可以称名，不得称公子。”）像不奉上命而自由行事的罪过，那么据实书写就自然可见了。

“齐公子商人弑其君舍[①]”，已赐氏也。“卫州吁弑其君完[②]”，未赐氏也。胡氏以为：“以国氏者，累及乎上；称公子者，诛及其身。”此求其说而不得，故立此论尔。

【注释】①舍：齐后废公，姜姓，吕氏，名舍，齐昭公之子。昭公二十年在位，仅五个月，昭公之弟吕商人于十月弑吕舍自立，是为齐懿公。②完：姬姓，卫氏，名完，卫前庄公之子，卫前废公、卫宣公之兄。州吁聚集卫国流民弑杀卫桓公。自立为君，史称卫前废公。卫桓公成为春秋时期第一位遭到弑杀的国君，从此弑君成为惯例。

【译文】“齐国公子商人杀死国君舍”，已经赏赐氏了。“卫国州吁弑杀国君完”，还没有赏赐氏。胡安国以为：“以国命氏，连累到上；称公子，声讨波及自身。”这是他研究圣贤的学说而不能得到，因此确立这个理论。

大夫称子

周制，公、侯、伯、子、男为五等之爵，而大夫虽贵，不敢称子。《春秋》自僖公以前，大夫并以伯、仲、叔、季为称。《诗》云：“伯兮叔兮”，此大夫之称也。《春秋》僖公十五年“震夷伯之庙”，杜氏注：“夷谥，伯字。大夫既卒书字。”三桓[1]之先，曰共仲，曰僖叔，曰成季。孟孙氏之称子也，自蔑也。文公十五年。叔孙氏之称子也，自豹也。襄公七年。季孙氏之称子也，自行父也。文公十三年。闵公元年书“季子”，二年书“高子”，皆《春秋》之特笔。晋之诸卿，在文公以前，无称子者。魏氏之称子也，自犨也。僖公二十三年。栾氏之称子也，自枝也。僖公二十八年。赵氏之称子也，自衰也。文公二年。中行氏之称子也。自林父也。文公十三年。郤氏之称子也，自缺也。文公十三年。知氏之称子也，自首也。宣公十二年。范氏之称子也，自会也。宣公十二年。韩氏之称子也，自厥也。宣公十二年。晋、齐、鲁、卫之执政称子，他国惟郑间一有之，余则否，不敢与大国并也。鲁之三家称子，他如臧氏、子服氏、仲叔氏，皆以伯、叔称焉，不敢与三家并也。惟襄公十四年，有“子叔齐子”，《论语》有“卞庄子”。其生也，或以伯、仲称之，如赵孟、知伯，死则谥之，而后子之，犹国君之死而谥称公也。于此可以见世之升降焉，读《春秋》者，其可忽诸？

【注释】①三桓：指鲁国卿大夫孟孙氏、叔孙氏和季孙氏。由于三家皆出自鲁桓公之后，所以被人们称为“三桓”。

【译文】周朝的礼制，公、侯、伯、子、男是五等的爵位，而大夫虽然尊贵，不敢轻易称子。《春秋》从鲁僖公以前，大夫都是用伯、仲、叔、季作为称呼。(《诗经》说：“伯兮叔兮”，这是大夫的称呼。《春秋》鲁僖公十五年“震夷伯之庙”，杜预注解说：“夷是谥号，伯是字。大夫逝世后称字。”)三桓的先祖，叫共仲，僖叔，成季。孟孙氏称子，是从蔑开始。(鲁文公十五年。)孙氏称子，从豹开始。(鲁襄公七年。)季孙氏称子，从行父开始。(鲁文公十三年。鲁闵公元年写为“季子”，鲁闵公二年写为“高子”，都是《春秋》的独特的笔法。)晋国的诸卿，在晋文公以前，没有称子的。魏氏称子，从犨开始。(僖公二十三年。)栾氏称子，从枝开始。(僖公二十八年。)赵氏称子，从衰开始。(文公二年。)中行氏称子。从林父开始。(文公十三年。）郤氏称子，从缺开始。（文公十三年。）知氏称子，从首开始。（宣公十二年。）范氏称子，从会开始。（宣公十二年。）韩氏称子，从厥开始。（宣公十二年。）晋国、齐国、鲁国、卫国执掌国家大事的人称子，他国只有郑国有，其他则没有，不敢与大国一并。鲁国三家称子，其他如臧氏、子服氏、仲叔氏，都称伯、叔，不敢与三家并列。（惟鲁襄公十四年，有“子叔齐子”，《论语》有“卞庄子”。）在世的，有的用伯、仲称呼，如赵孟、知伯，死后就加以谥号，而后称子，就好像国君死后而加谥号称公。在这可以见到世道的升降，读《春秋》的人，可以疏忽这些吗？

春秋时，大夫虽僭称子，而不敢称于其君之前，犹之诸侯僭称公，而不敢称于天子之前也。何以知之？以卫孔悝[①]之《鼎铭》知之，曰：“献公乃命成叔[②]，纂乃祖服。”曰：“乃考文叔，兴旧耆欲。”成叔，孔成子[③]烝鉏也。文叔，孔文子[④]圉也。叔而不子，是君前不敢子也，《左传》：“韩厥言于晋侯”，亦云“成季”“宣孟”。犹有先王之制存焉。陆淳曰：“侯、伯、子、男之臣，皆得称其君曰公，其子孙亦曰公子。而谥不得云公者，谥是王所赐也。大夫之臣得称其主曰子，而谥不得称子者，谥是君所赐也”。至战国，则子又不足言，而封之为君矣。

【注释】①孔悝（kuī）：卫国大夫，孔圉（孔文子）之子，卫庄公蒯聩的外甥。蒯聩回国后，希望夺回君主之位，于是便挟持孔悝以壮大自己的势力，发动政变，子路即是死于这场乱中。卫出公姬辄出逃，蒯聩继位，是为卫庄公。卫庄公为感谢孔悝的帮助，铭鼎以志。②成叔：厚成叔，即郈（hòu）成叔，中国春秋时期鲁国政治人物，姬姓，名瘠，郈氏。③孔成子：姞姓，名烝鉏（chú），孔氏，春秋时期卫国大夫，谥号成。④孔文子：名圉（yǔ），是卫国的大夫。死后，卫国国君赐予他“文子”的称号，后人称他为“孔文子”。

【译文】春秋时期，大夫虽然超越本分称子，但是不敢在国君面前自称，犹如诸侯超越本分称公，但是不敢在天子面前自称。怎么知道的呢？通过卫国孔悝的《鼎铭》可以知道，《鼎铭》记载：“献公于是命令成叔继承其祖庄叔的事业，忠君之事。”曰：“乃考文叔，兴旧耆欲。”成叔，是孔成子烝鉏。文叔，是孔文子圉。称叔而不称子，是在国君面前不敢称子，（《左传》：“韩厥言于晋侯”，也说“成季”“宣孟”。）仍然有先王的礼制存在。（陆淳说：“侯、伯、子、男之臣，都得称其君称为公，其子孙也称为公子。而谥号不得称公的，是因为谥号是王赏赐的。大夫之臣得称其主为子，而谥号不得称子的，谥号是国君赏赐的”。）到了战国时期，子又不值得言称，而封他们为君了。

《洛诰》：“予旦以多子，越御事。”多子，犹《春秋》传之言“群子”也。宣公十二年。唐孔氏以为“大夫皆称子”，非也。

【译文】《洛诰》：“予旦以多子，越御事。”多子，就像《春秋》注解的“群子”。（宣公十二年。）唐代孔颖达以为“大夫都称子”，不是这样的。

《春秋》自僖、文以后，而执政之卿始称子。其后则匹夫而为学者所宗，亦得称子，老子、孔子是也。孔子弟子，惟有子、曾子二人称子，闵子、冉子仅一见。又其后，则门人亦得称之，乐正子[①]、公都子[②]之流是也。《孟子》“乐正子”，注：“子，通称。”故《论语》之称子者，皆弟子之于师。如云“非不说子之道”“卫君待子而为政”之类。《孟子》之称子者，皆师之于弟子。如云“子诚齐人也”“子亦来见我乎”之类。亦世变之所从来矣。

【注释】①乐正子：战国时人，仕于鲁。约与孟子同时，一说为孟子弟子。名克。孟子闻“鲁欲使乐正子为政”，乃“喜而不寐”，言“其为人也好善。”②公都子：战国学者，齐人，孟子弟子。

【译文】《春秋》自鲁僖公、鲁文公以后，而掌管国家大事的卿开始称子。后来即使是平民百姓只要被读书人推崇，也能够称子，老子、孔子就是这样。（孔子弟子，只有子、曾子二人称子，闵子、冉子仅出现一次。）又到了后来，门人也能够称子，乐正子、公都子这类人是这样。（《孟子》“乐正子”，注：“子，是通称。”）所以《论语》中称子，都是弟子对于老师。（像是“非不说子之道”“卫君待子而为政”之类。）《孟子》中称子，都是老师对于弟子。（像是“子诚齐人也”“子亦来见我乎”之类。）也是时代的变迁一直是那样。

《论语》称孔子为“子”，盖“夫子”而省其文，门人之辞也。亦有称“夫子”者，“夫子矢之”，“夫子喟然叹曰”，“夫子不答”，“夫子莞尔而笑”，“夫子怃然曰”。不直曰“子”，而加以“夫”，避不成辞也。即此可悟《春秋》书法。凡对君卿大夫，皆称“孔子”。又《季氏》一篇，皆称“孔子”，乃记者之异。

【译文】《论语》称呼孔子为“子”，大概是“夫子”的省文，是门人的言辞。也有称呼“夫子”，“夫子矢之”，“夫子喟然叹曰”，“夫子不答”，“夫子莞尔而笑”，“夫子怃然曰”。不直接称“子”，而加上“夫”，避不成辞。（由此可知《春秋》笔法。凡是对君卿大夫，都称“孔子”。又《季氏》一篇，都称“孔子”，是记录者的不同。）

有谥则不称字

《春秋传》，凡大夫之有谥者，则不书字。外大夫若宋、若郑、若陈、若蔡、若楚、若秦，无谥也，而后字之。内大夫若羽父、若众仲、若子家，无谥也，而后字之。公子亦然。《玉藻》：“士于君所言大夫，没矣，则称谥若字。”楚共王①之五子，其成君者皆谥，康王、灵王、平王②是也。其不成君，无谥，而后字之，子干、子皙是也。他国亦然。陈之五父、郑之子亹、子仪是也。卫州吁、齐无知③，贼也，则名之。作传者于称名之法，可谓严且密矣。

【注释】①楚共王：芈姓，熊氏，名审，楚庄王之子，春秋时期楚国国君。②康王：芈姓，熊氏，名昭，楚庄王之孙，楚共王之长子；楚灵王，楚初王，楚平王之长兄。灵王：芈姓，熊氏，初名围，是楚共王的次子，杀了侄儿楚郏敖自立，即王位后改名虔。自立为楚国国君，是春秋时代有名的穷奢极欲、昏暴之君。平王：芈姓，熊氏，名弃疾，继位后改名居，又称陈公、蔡公，是楚共王幼子，楚灵王弟。③齐无知：公孙无知，姜姓，吕氏，名无知，齐前庄公之孙，夷仲年之子，齐僖公的侄子，齐襄公和齐桓公的堂兄弟，春秋时期齐国公族。公孙无知联合连称、管至父弑杀齐襄公，自立为君，史称齐前废公。

【译文】《春秋传》认为，大凡大夫有谥号，则不记录名字。外大夫像宋、郑、陈、蔡、楚、秦，没有谥号，而后记录字。内大夫像羽父、众仲、子家，没有谥号，而后记录字。公子也是这样。（《玉藻》："士对君所称大夫，去世了，称谥号就像称字。"）楚共王的五个儿子，他们成为国君的都有谥号，楚康王、楚灵王、楚平王就是这样。没有成为国君，没有谥号，而后记录名字，子干、子皙是这样。其他国家也是这样。陈国的五父、郑国的子亹、子仪是这样。卫国的州吁、齐国的无知，是乱贼，直接称呼名。作注解的人对于称名法则，可以说周密而没有疏漏了。

人君称大夫字

古者人君于其国之卿大夫，皆曰"伯父"，郑厉公谓原繁。"叔父"，鲁隐公谓臧僖伯。曰"子大夫"，曰"二三子"，不独诸侯然也。《曲礼》言："列国之大夫，入天子之国，曰某士，自称曰陪臣[①]某。"然而天子接之，犹称其字。宣公十六年，"晋侯使士会[②]平王室"，王曰："季氏而弗闻乎？"成公三年，"晋侯使巩朔[③]献齐捷于周"，王曰："巩伯实来。"昭公十五年，"晋荀跞[④]如周葬穆后，籍谈[5]为介”，王曰：“伯氏诸侯皆有以镇抚王室。”伯氏谓荀跞。又曰：“叔氏而忘诸乎？”注：“叔，籍谈字。”周德虽衰，辞不失旧，此其称字，必先王之制也。《春秋》凡命卿书字，皆本于此。周公作《立政》之书，若侯国之司徒、司马、司空[6]、亚旅，并列于王官之后。盖古之人君，恭以接下，而不敢遗小国之臣，故“平平左右，亦是率从”，而成上下之交矣。

【注释】①陪臣：古代天子以诸侯为臣，诸侯以大夫为臣，大夫又自有家臣。因之大夫对于天子，大夫之家臣对于诸侯，都是隔了一层的臣，即所谓“重臣”，因之都称为“陪臣”。②士会：祁姓，士氏，名会，字季，因被封于随、范，以邑为氏，别为范氏，谥武，又被称为士季，随会，随季，范子，范会，武季，随武子，范武子。是士蒍（wěi）之孙，成伯缺（士缺）之子。③巩朔：春秋时期晋国的新上军将，士氏。④荀跞：中国春秋时期晋国政治人物、将军，晋国六卿之一。荀氏、按封地又为智氏，名跞，谥号文。智悼子荀盈（智悼子、智盈）之子。史称称智文子、知文子、智跞、知跞。⑤籍谈：姬姓，籍氏，名谈，又称籍父，是籍游的儿子，晋国大夫。成语“数典忘祖”的主角。⑥司徒：西周开始设置的中央官吏名。掌管全国土地和人民。西汉后期改丞相为大司徒，东汉改为司徒。后世用作户部尚书的别称。司马：西周开始设置的中央官吏名。掌管全国军政和军赋。汉武帝时改太尉为大司马。后世用作兵部尚书的别称。司空：西周开始设置的中央官吏名。掌管全国水利土木等工程。西汉改御史大夫为大司空。后世用作工部尚书的别称。

【译文】古代国君对待自己国家的卿大夫，都称呼“伯父”（郑厉公称呼原繁），“叔父”（鲁隐公称呼臧僖伯），“子大夫”“二三子”，不只是诸侯这样。《曲礼》记载：“各国的大夫，进入周天子的国家，叫某士，自称陪臣某。”然而天子接待他们，仍然称他们的字。鲁宣公十六年，“晋景公派遣士会调解王室的纠纷”，周王说：“季氏，你没有听说过吗？”鲁成公三年，“晋景公派遣巩朔到成周进献战胜齐国的战利品”，周王曰：“仅仅是巩伯。”鲁昭公十五年，“晋国荀跞到成周去。安葬穆后，籍谈作为副使”，周王曰：“伯氏诸侯皆有以镇抚王室。”（伯氏是荀跞。）又记载：“叔氏忘记这些了吗？”（注：“叔，为籍谈字。”）周朝德行虽然衰微，然而措辞不失原来的传统，在这称字，一定是先王的制度。（《春秋》凡是命卿书字，都源于此。）周公创作《立政》，像诸侯国的司徒、司马、司空、亚旅，一并排列在王官的后面。因为古代的国君，恭敬地接待臣下，而不敢遗落小国的臣子，所以“左右的属国善于治理，于是他们都顺从”，从而形成君臣上下交往的状态。

王贰于虢

“名不正则言不顺，言不顺则事不成。”而《左氏》之记周事曰“王贰于虢”，“王叛王孙苏①”。以天王之尊，而曰“贰”、曰“叛”，若敌者之辞，其不知《春秋》之义甚矣。

【注释】①王孙苏：王叔桓公，中国春秋时期周朝的卿士。

【译文】“名分不正当，说话就不合理；说话不合理，事情就办不成。”而《左传》记录周王室的事迹“王贰于虢”，“王叛王孙苏”。凭借天王的尊贵，而说“贰”“叛”，像是对待同等地位的言辞，这太不理解《春秋》的含义了。

星陨如雨

“星陨如雨”，言多也。啖氏曰：“奔流者众，如雨之多。”《汉书·五行志》：“成帝永始二年二月癸未，夜过中，星陨如雨，长一二丈，绎绎未至地灭，至鸡鸣止。谷永[①]对言：‘《春秋》记异，星陨最大，自鲁庄以来，至今再见。’”此为得之。而后代之史，或曰“小星流百枚以上，四面行”；或曰“星流如织”；或曰“四方流星，大小纵横百余”。皆其类也。《唐书·天文志》：“太和七年六月戊午，日暮及曙，四方流星，大小纵横百余。”正统四年八月癸卯，日夜达旦，有流星大小二百六余。余于甲申年闰六月丙申，望见月食既，星流竟夕，始悟古时有此异。不言石陨，不至地也。《传》曰：“与雨偕也。”然则无雨而陨，将不为异乎？

【注释】①谷永：字子云，长安人。西汉时期官员。本名谷并，据说因尉氏男子樊并造反，改名谷永。

【译文】“天星坠落像下雨一样”，说明很多。（啖氏说：“奔流者众，如雨之多。”）《汉书·五行志》记载：“汉成帝永始二年二月二十八日，夜过了一半，天星坠落像下雨一样，长一二丈，连续不断没有到地面就熄灭了，到天明之前才停止。谷永对言：‘《春秋》记录异象，星陨最大，自鲁庄公以来，至今再次见到。’”这可以说是正确了。而后代的史官，有的记载“小星流百枚以上，四面行”；有的记载“星流如织”；有的记载“四方流星，大小纵横百余”。都是这样的。(《唐书·天文志》：“唐文宗太和七年六月初二，日暮到破晓，四方流星，大小纵横百余。”明英宗正统四年八月二十八日，日夜达旦，有流星大小二百零六个。我在甲申年闰六月丙申日，看见月食之后，星流一整夜，才明白古代有这种异象。)不说石陨，是因为没有到达地面。《传》记载：“与雨偕也。”那么没有雨而星陨，不是异象吗？

“秋无麦苗，不害嘉谷[①]也。”据隐公元年传曰：“有蜚[②]，不为灾，不书。”使不害嘉谷，焉用书之于经乎？

【注释】①嘉谷：古以粟（小米）为嘉谷，后为五谷的总称。②蜚：古书上指椿象一类的昆虫。一说即负蠜（fán）。

【译文】“秋季，麦子不收，小苗不长，但不影响五谷的收成。”根据鲁隐公元年的注解：“有蜚，还不构成灾祸，不记载。”假使不影响五谷的收成，怎么用得着记录在《春秋》里呢？

筑郿

“筑郿，非都也。凡邑有宗庙先君之主曰都，无曰邑，邑曰筑，都曰城。”《旧唐书·礼仪志》，太常博士顾德章议，引此谓：“春秋二百四十二年，鲁凡城二十四邑，惟郿一邑书‘筑’，其二十三邑曰‘城’，岂皆有宗庙先君之主乎？”又定公十五年“城漆”，漆是邾邑，正义亦知其不可通，而曲为之说。

【译文】“筑郿，不是都城。凡是城邑有宗庙先君的神主称为都，没有称为邑，邑称为筑，都称为城。”《旧唐书·礼仪志》记载，太常博士顾德章讨论，引用这个说法：“春秋合计二百四十二年，鲁国共有城二十四邑，只有郿这一邑写成‘筑’，其他二十三邑为‘城’，难道都有宗庙先君的神主吗？”又有鲁定公十五年“城漆”，漆是邾国之邑，正义也知道这不通顺，而为其进行辩解。

城小谷

“城小谷，为管仲也。”据经文，小谷不系于齐，疑《左氏》之误。范宁[①]解《穀梁传》曰：“小谷，鲁邑。”《春秋发微》曰：“曲阜西北有故小谷城。”按《史记》汉高帝“以鲁公礼葬项王谷城”，当即此地。杜氏以此小谷为“齐邑，济北谷城县，城中有管仲井”。刘昭《郡国志注》、郦道元[②]《水经注》皆同。按《春秋》有言“谷”不言“小”者，庄公二十三年，“公及齐侯遇于谷”；僖公二十六年，“公以楚师伐齐，取谷”；文公十七年，“公及齐侯盟于谷”；成公五年，“公孙侨如会晋荀首[③]于谷”；四书“谷”，而一书“小谷”，别于谷也。又昭公十一年传曰：“齐桓公城谷，而寘[④]管仲焉，至于今赖之。”则知《春秋》四书之谷，及管仲所封，在济北谷城，而此之小谷，自为鲁邑尔。况其时齐桓公始霸，管仲之功尚未见于天下，岂遽勤诸侯，以城其私邑哉？

【注释】①范宁：又作范甯。东晋大儒、经学家，徐、兖二州刺史范汪之子、《后汉书》作者范晔的祖父。官至豫章太守，封阳遂乡侯。范宁推崇儒学，反对何晏、王弼等的玄学。撰有《春秋穀梁传集解》。②郦道元：字善长，范阳涿州（今河北涿州）人。北魏时期酷吏、地理学家。撰有《水经注》四十卷。③荀首：春秋晋国次卿，荀息之孙、逝敖幼子，荀林父之弟，是晋国六卿之一智氏家族的奠基人。晋成公时，荀首食采于智邑，以邑为氏，别为智氏，智庄子后担任中军佐，谥号庄，史称智庄子。④寘（zhì）：安排，放置。同“置”。

【译文】“在小谷筑城，是为了管仲。”根据《春秋》记载，小谷不在齐国，怀疑是《左传》的失误。范宁注解《穀梁传》：“小谷，是鲁国的城邑。”《春秋发微》记载：“曲阜西北有故小谷城。”按照《史记》记载，汉高祖“在谷城以鲁公的礼节埋葬项王”，应当就是这个地方。杜氏认为小谷是“齐邑，济北谷城县，城中有管仲井”。刘昭的《郡国志注》、郦道元的《水经注》都相同。按《春秋》有称“谷”不称“小”的记载，鲁庄公二十三年，“公和齐侯在谷相遇”；鲁僖公二十六年，“公以楚国军队讨伐齐国，攻取谷”；鲁文公十七年，“公及齐侯在谷会盟”；鲁成公五年，“公孙侨如在谷会见晋国的荀首”；四次记载“谷”，而一次记载“小谷”，有别于谷。又鲁昭公十一年注解记载：“齐桓公在谷筑城，而用来安置管仲，到如今仍然留在那里。”就知道《春秋》四次记载谷，等到管仲所封，在济北谷城，而此处的小谷，自然是鲁国城邑。况且那时候齐桓公刚刚称霸，管仲的功劳还没有在天下显示出来，怎么会突然劳驾诸侯，来建造私人城邑呢？

齐人杀哀姜

哀姜通庆父[1]，弑闵公，为国论所不容。而“孙于邾，齐人取而杀之”，义也。而传谓之“已甚”，非也。

【注释】①庆父：姬姓，名庆父，字仲孙，春秋时期鲁国上卿，鲁桓公姬允之子，鲁庄公异母弟。作为鲁国三桓之一的孟孙氏之祖，鲁庄公去世后，庆父先后派人杀害国君公子般和鲁闵公，制造政治内乱。后来，逃亡莒国。莒国国君接受贿赂，遣送庆父回国，途中自缢而死，谥号“共仲”。后人常把制造内乱的人比作为“庆父”，成语“庆父不死，鲁难未已”即源于此。

【译文】哀姜私通庆父，弑杀鲁闵公，为全国的舆论所不能宽容。而哀姜“逃到邾国，被齐国引渡回国后杀了”，这是合乎正义的。而注解说“已甚”，不是的。

微子启

“蔡穆侯将许僖公[1]以见楚子于武城，许男面缚衔璧，大夫衰绖[2]，士舆榇[3]。楚子问诸逢伯，对曰：‘昔武王克殷，微子启如是，武王亲释其缚，受其璧而祓之，焚其榇，礼而命之，使复其所。’楚子从之。”何孟春[4]曰：“按《书》，殷纣无道，微子去之，在武王克殷之前，何应当日而有是事？已去之后，无复还之理。而牧野之战，亦必不从人而伐其宗国也。意此殆非微子事，而逢伯之言，特托之古人以规楚子乎？”

【注释】①蔡穆侯：亦作蔡缪侯，姬姓，名肸（xī），蔡哀侯之子，蔡穆侯即位后，与齐国联姻，将其妹蔡姬嫁给齐桓公。许僖公：姜业，为春秋诸侯国许国君主。②衰绖（dié）：丧服。古人丧服胸前当心处缀有长六寸、广四寸的麻布，名衰，因名此衣为衰；围在头上的散麻绳为首绖，缠在腰间的为腰绖。衰、绖两者是丧服的主要部分。③榇（chèn）：棺柩和颂琴，古时指空棺。后泛指棺材。④何孟春：字子元，郴州（今属湖南）人，明朝文学家。

【译文】“蔡穆侯带领许僖公到武城去见楚成王。许男两手反绑，嘴里衔着璧玉，大夫穿着孝服，士抬着棺材。楚成王询问逢伯。逢伯回答：‘昔日周武王战胜殷纣，微子启像这样，武王亲自解开他的束缚，接受他的玉璧而举行扫除凶恶的礼仪，烧掉他的棺材，礼敬而任命他，恢复他的原地位。’楚庄王依从他。”何孟春说：“按照《尚书》，殷纣没有德行，微子离开他，在武王战胜殷纣之前，为何当日而有这样的事情？已经离开之后，没有再回来的道理。而牧野之战，也一定不会跟随别人而讨伐自己的宗国。认为这应该不是微子的事迹，而逢伯的话，是特意假托古人来规劝楚子吧？”

徐孚远[①]曰：“《史记》言，微子持祭器造于军门，武王乃释微子，复其位如故。夫武王既立武庚，而又复微子之位，则是微子与武庚同在故都也。厥后武庚之叛，微子何以初无异同之迹？然则武王克商，微子未尝来归也”。

【注释】①徐孚远：字闇（àn）公，晚号复斋，松江华亭（今上海）人，明末诗人。崇祯二年（1629）陈子龙、夏允彝、徐孚远、彭宾、杜麟徵、周立勋六人组成文社“几社”，以道义文章名于时。明亡后曾起兵抗清，后追随郑成功到台湾。

【译文】徐孚远说：“《史记》说，微子持祭器到达军门，周武王于是释放微子，恢复他的地位像以前一样。武王已经确立武庚，而又恢复微子的地位，则是微子与武庚都在殷商的故都。之后武庚叛乱，微子为什么开始没有异同的迹象？那么说明武王打败殷商，微子没有来归顺”。

襄仲如齐纳币

经书僖公之薨以“十二月”，而“公子遂如齐纳币①”，则但书“冬”。即如杜氏之解，移公薨于十一月，而犹在二十五月之内，恶得谓之礼乎？

【注释】①公子遂：春秋时鲁庄公之子。又称“东门遂”“东门襄仲”“仲遂”。居官为卿。先后率军伐杞、邾等小国，多次代表鲁君到齐、晋、宋及周等国进行外交活动。还曾代表鲁君与雒戎结盟，密切鲁戎关系。纳币：古代婚礼六礼之一。纳吉之后，择日具书，送聘礼至女家，女家受物复书，婚姻乃定。亦称文定，俗称过定。

【译文】《春秋》记载鲁僖公在“十二月”逝世，而“派公子遂到齐国行纳币礼”，则只是记载“冬”。就像杜预的注解，将僖公死亡日期移到十一月，而仍然在二十五月之内，哪能称为礼呢？

子叔姬卒

据传，杞桓公①在位七十年。其二十二年，鲁文公之十二年，出一叔姬，其五十年，鲁成公之四年，又出一叔姬。再娶于鲁，而再出之，必无此理。殆一事而《左氏》误重书之尔。成公九年，“杞伯来逆叔姬之丧以归。”此其本事。且文公十二年，经书曰，“二月庚子，子叔姬卒”，何以知其为杞妇乎？赵子曰：“书卒，义与僖公九年伯姬同。以其为时君之女，故曰‘子’，以别其非先君之女也。”

【注释】①杞桓公：名姒姑容，是杞国的第十任君主，杞成公之子，《史记》作其弟，继承其爵位。

【译文】依据传记载，杞桓公在位七十年。杞桓公二十二年，是鲁文公的十二年，出了一个叔姬，杞桓公五十年，是鲁成公的四年，又出了一个叔姬。两次娶于鲁国，而两次出之，一定没有这个道理。大概是一件事情而《左传》失误重复记录了。（鲁成公九年，“杞伯来鲁国迎回叔姬的灵柩回去。”这就是原来的事。）而且鲁文公十二年，《春秋》记载，“二月庚子日，子叔姬死亡”，怎么知道她是杞桓公的妻子呢？赵子说：“记载死亡，与鲁僖公九年伯姬相同。因为她是当时君王的女儿，所以称呼‘子’，来区别她不是先君的女儿。”

齐昭公

齐公十四年，“齐侯潘卒”，传以为昭公。按僖公二十七年，经书“齐侯昭卒”。孝公。今此昭公，即孝公之弟，不当以先君之名为谥，疑《左氏》之误。经不书葬。然僖公十七年，传曰“葛嬴生昭公”，前后文同，《史记》同。先儒无致疑者。

【译文】齐公十四年，“齐侯潘逝世”，《左传》认为是齐昭公。按鲁僖公二十七年，《春秋》记载“齐侯昭（齐孝公）逝世”。如今这个昭公，就是孝公的弟弟，不应当用先君的名作为谥号，怀疑是《左传》的失误。（《春秋》没写成“葬”。）然而鲁僖公十七年，《左传》说“葛嬴生昭公”，前后文字相同，（《史记》与之相同。）先儒没有提出疑问的。

赵盾弑其君

太史①书曰：“赵盾②弑其君”，此董狐③之直笔也。“子为正卿，亡不越境，反不讨贼。”此董狐之巽辞④也。传者不察其指，而妄述孔子之言，以为“越境乃免”，谬矣。穿⑤之弑，盾主之也，讨穿犹不得免也。君臣之义，无逃于天地之间，而可逃之境外乎？

【注释】①太史：三代（夏、商、周）为史官及历官之长。西周、春秋时为地位很高的朝廷大臣，掌管起草文书、策命诸侯卿大夫、记载史事，兼管典籍、历法、祭祀等事。②赵盾：即赵宣子，嬴姓，赵氏，名盾，谥号“宣”，时人尊称其赵孟或宣孟。春秋中前期晋国卿大夫，赵衰之子。③董狐：春秋晋国太史，亦称史狐。周太史辛有的后裔，因董督典籍，故姓董氏。董狐秉笔直书的事迹，实开我国史学直笔传统的先河。④巽辞：亦作“巽词”。委婉的言辞。⑤穿：嬴姓，赵氏（邯郸氏），名穿。春秋中期晋国大夫，赵氏旁支，赵盾堂弟（一说堂侄）。晋襄公的女婿。曾封于邯郸，称邯郸君。

【译文】太史记载：“赵盾弑杀国君”，这是董狐据实记录的。“您身为上卿，流亡而不出国境，回来又不诛杀弑君之人。”这是董狐委婉的言辞。注解的人不能仔细地研究意旨，而胡乱地陈述孔子的言论，以为“越过国境就能避免”，是荒谬的。赵穿的弑君行为，是赵盾主使的，讨伐赵穿还都不能避免。君臣的大义，不能在天地之间逃避，而可以逃避到境外吗？

临于周庙

襄公十二年，“吴子寿梦卒，临于周庙”。杜氏以为“文王庙也”。昭公十八年，郑子产“使祝史徙主祏[①]于周庙”。杜氏以为“厉王庙也”。传曰：“郑祖厉王。”宣公十二年，郑伯逆楚子之辞曰：“徼福于厉宣桓武。”而哀公二年，蒯聩之祷，亦云；“敢昭告于皇祖文王。”夫“诸侯不得祖天子”，而有庙焉何？曰，此庙也，非祖也。始封之君谓之祖。虽然，伯禽为文王之孙，郑桓为厉王之子，其就封而之国也，将何祭哉？天下有无祖考之人乎？而况于有土者乎？意者特立一庙，以祀文王、厉王，而谓之周庙欤？汉时有郡国庙，其亦仿古而为之欤？汉高帝令诸侯王都，皆立太上皇庙。盖亦以天下不可有无庙之诸侯王也。薄昭与淮南厉王书曰："臣之所见，高皇帝之神，必不庙食于大王之手，明白。"

【注释】①祝史：祝官、史官的合称。祝官指古代掌管祭祀、祝祷等事宜之官，史官指专门记录和编撰历史之官。主祏（shí）：古代宗庙中所藏的神主。神主为木制，平时藏于石函中，故称"主祏"。

【译文】鲁襄公十二年，"吴子寿梦死亡，靠近周朝宗庙"。杜预以为是"文王的宗庙"。鲁昭公十八年，郑子产"派遣主持祭祀的官员迁移藏神主的石匣到周朝宗庙"。杜预以为是"厉王的宗庙"。《左传》记载："郑国的祖先厉王。"（鲁宣公十二年，郑伯送给楚子之辞说："向厉、宣、桓、武祈福。"）而鲁哀公二年，蒯聩的祝愿辞，也说到；"冒昧明白地告知皇祖文王。""诸侯不得以天子为祖"，而为什么又有庙呢？回答说，这是宗庙，不是祖。开始受封的国君称为祖。即使这样，伯禽为文王的孙子，郑桓公为厉王的儿子，他们受封而到封国，将怎么祭祀呢？天下有没有祖考的人吗？更何况有封地的人呢？有心意的人特意建立一座庙宇，来祭祀文王、厉王，而称为周朝宗庙吗？汉代时有郡国庙，这也是仿照古代而建造的吗？（汉高祖命令诸侯王都，都建造太上皇庙。大概也以天下不能存在没有宗庙的诸侯王。薄昭写给淮南厉王的书信说："臣之所见，高皇帝之神，必不庙食于大王之手，明白。"）

《竹书纪年》，成王十三年，夏六月，鲁大禘于周公庙。按二十一年，周文公薨于丰。周公未薨，何以有庙？盖周庙也。“公”字衍。是则始封之君有庙，亦可因此而知禘之说。

【译文】《竹书纪年》记载，周成王十三年夏季六月，鲁国在周公庙郊祭祭天。按周成王二十一年，周文公在丰地逝世。那时周公没有逝世，怎么会有庙呢？大概是周朝宗庙。（“公”字是衍文。）所以刚开始受封的国君有庙，也可以由这知道宗庙祭祀的说法。

栾怀子

晋人杀栾盈[①]，安得有谥？传言：“怀子好施，士多归之。”岂其家臣[②]为之谥，而遂传于史策邪？

【注释】①栾盈：姬姓，栾氏，名盈，一作“逞”，栾黡（yǎn）之子，栾书之孙，谥怀，称栾怀子，春秋时期晋国下军佐。②家臣：春秋时各国卿大夫的臣属。卿大夫家的总管叫宰，宰下又有各种官职，总称为家臣。后亦泛指诸侯、王公的私臣。

【译文】晋人杀栾盈，怎么会有谥号呢？传记载：“栾怀子喜好施舍，士人大多归附他。”难道是他的家臣为他上谥号，而就记载在史策上吗？

子大叔之庙

昭公十二年，“郑简公[①]卒，将为葬除。及游氏之庙，将毁焉。子大叔[②]使其除徒执用以立，而无庸毁。曰：‘子产过女，而问何故不毁，乃曰不忍庙也。’诺。将毁矣，既如是，子产乃使辟之”。十八年，“简兵大搜，将为搜除。子太叔之庙在道南，其寝在道北，其庭小。过斯三日，使除徒陈于道南庙北。曰：‘子产过女，而命速除，乃毁于而乡。’子产朝，过而怒之。除者南毁，子产及冲，使从者止之，曰：‘毁于北方。’”此亦一事，而记者或以为葬，或以为搜，传两存之，而失删其一耳。

【注释】①郑简公：姬姓，郑氏，名嘉，郑僖公子。②子大叔：游吉，字子太叔（即“子大叔”），又称“世叔”，春秋时期郑国正卿。

【译文】鲁昭公十二年，“郑简公去世了。将要为安葬而清除道路上的障碍。到达游氏的祖庙，准备拆毁它。子太叔让他手下清道的人拿着工具站着，暂时不要去拆除。说：‘子产经过你们这里，如果问你们为什么不拆，就说不忍毁掉祖庙啊。’对。准备拆了，这样一番以后，子产就让清道的人避开游氏的祖庙”。鲁昭公十八年，“精选士兵举行盛大检阅，将要进行清除场地。子太叔的家庙在路的南边，住房在路的北边，庙寝庭院不大。超过期限三天，他让清除场地的小工排列在路南庙北。说：‘子产经过你们这里，下命令赶快清除，就向你们面对的方向动手拆除。’子产上朝，经过这里而发怒。清除的人就往南毁庙，子产走到十字路口，让跟随的人制止他们，说：‘向北方拆除居室，不要拆庙。’”这是另一件事，而记录的人有的以为是埋葬，有的以为是检阅，《左传》两样都保存，而错误的是删除其中一个。

城成周

昭公三十二年传，“冬十一月，晋魏舒、韩不信[①]如京师，合诸侯之大夫于狄泉，寻盟，且令城成周。魏子南面[②]，卫彪傒[③]曰：‘魏子必有大咎，干位以令大事，非其任也。《诗》曰：‘敬天之怒，不敢戏豫。敬天之渝，不敢驰驱。’况敢干位以作大事乎。’”定公元年传，“春王正月辛巳，晋魏舒合诸侯之大夫于狄泉，将以城成周。魏子莅政，卫彪傒曰，将建天子，而易位以令，非义也。大事干义，必有大咎。晋不失诸侯，魏子其不免乎”。此是一事，《左氏》两收，而失删其一。周之正月，晋之十一月也。其下文曰：“己丑，士弥牟[④]营成周，计丈数，揣高卑，度厚薄，仞沟洫，物土方，议远迩，量事斯，计徒庸，虑财用，书糇粮，以令役于诸侯。”又曰：“庚寅，栽，宋仲几[⑤]不受功。”庚寅即己丑之明日，而传分为两年。岂有迟之两月，而始栽，宋仲几乃不受功者乎？且此役不过三旬而毕矣。

【注释】①韩不信：韩简子不信，春秋晋国韩氏。曾祖父韩厥，是战国韩国祖先。韩氏是晋国著名的六卿之一，其余五卿分别是赵氏、魏氏、范氏、中行氏、智氏。②南面：出自《易经·说卦》。古代以坐北朝南为尊位，故天子、诸侯见群臣，或卿大夫见僚属，皆面南而坐。帝位面朝南，故代称帝位。

③彪傒（xī）：春秋时卫国人。灵公时大夫。④士弥牟：又名士景伯、士伯、司马弥牟，士文伯之子。晋国理官，营成周，制定建成周之城设计方案。⑤仲几：子姓，仲氏，名几，是仲江的孙子，宋国左师。

【译文】鲁昭公三十二年注解，“冬季十一月，晋国的魏舒、韩不信到达京师，在狄泉会合诸侯的大夫，不久结盟，而且让在成周增筑城墙。魏子南面称王，卫彪傒说：‘魏子一定有大的灾难，超越本分窃据上位来命令大事，不是他的职务。《诗经》记载说：‘敬畏上天的发怒警告，怎么再敢荒嬉逍遥；看重上天的变化示意，怎么再敢任性桀骜。’何况敢超越本分窃据上位来做大事呢。’”鲁定公元年注解，“春王正月辛巳，晋国魏舒在狄泉会合诸侯的大夫，将要在成周增筑城墙。魏子掌管政事，卫彪傒说，将要为天子筑城，而超越自己的本分来命令诸侯，这不符合道义。重大的事情妨碍道义，一定有大的罪过。晋国不失去诸侯，魏子恐怕不能避免灾祸吧”。这是一件事，《左传》两次收录，而忘了删去其中一个。周朝的正月，是晋国的十一月。下文又记载：“己丑日，士弥牟设计成周城墙的工程方案，计量长度，估算高低，度量厚薄，计算沟渠的深度，考察用土的数量，议定运输的远近，预计完工的日期，计算人工，考虑财物用度，记载所需要的食物，以命令诸侯服役。”又说：“庚寅日，开始压制混合泥块，宋国的仲几不接受工程任务。”庚寅日就是己丑日的第二天，而注解分为两年。怎么有推迟两月，而才开始压制混合泥块，宋国的仲几是不接受工程任务吗？况且这个劳役之事不过三十天就已经结束了。

五 伯

“五伯”之称有二，有三代之“五伯”，有春秋之“五伯”。《左传》成公二年，齐国佐曰：“五伯之霸也，勤而抚之，以役王命。”杜元凯云：“夏伯昆吾[①]，商伯大彭、豕韦[②]，周伯齐桓、晋文。”《诗》正义引服虔云：“五伯谓夏伯昆吾，商伯大彭、豕韦，周伯齐桓、晋文。”与此同。应劭《风俗通》亦主此说。《孟子》：“五霸者，三王之罪人也。”赵台卿[③]注：“齐桓、晋文、秦缪、宋襄、楚庄。”二说不同。颜师古注《汉书·异姓诸侯王表》“五伯”，则以为昆吾、大彭、豕韦、齐桓、晋文。《同姓诸侯王表》“五伯”则以为齐桓、宋襄、晋文、秦穆、吴夫差。《白虎通》并存二说，其后一说，谓齐桓、晋文、秦缪、楚庄、吴阖闾。据国佐对晋人言，其时楚庄之卒甫二年，不当遂列为五，亦不当继此无伯而定于五也。其通指三代无疑。《国语》：“祝融[④]能昭显天地之光明，其后八姓，昆吾为夏伯，大彭、豕韦为商伯。”《庄子》：“彭祖[⑤]得之，上及有虞，下及五伯。”李轨[⑥]注：“彭祖名铿，尧臣，封于彭城，历虞、夏至商，年七百岁。”是所谓五伯者，亦商时也。《淮南子》：“至于昆吾夏后之世”，高诱注：“昆吾，夏之伯，夏后，桀世也。”是知国佐以前，其有五伯之名也久矣。据此，周时但有二伯。《穀梁传》：“交质子不及二伯。”《左传》昭公四年，椒举对楚子言，“六王二公”，亦但指齐桓、晋文。

【注释】①昆吾：一作昆吴，夏朝诸侯国。相传是颛顼之后陆终长子樊的封国，灭于商汤。②大彭：又名大彭国。由彭氏部落的首领彭祖的带领下建立，是夏朝东方比较强大、政治关系也较密切的属国。后被商王武丁灭掉，大约存在了八百年。豕韦：韦地，韦国，中国古代夏商时期黄河中下游古诸侯国。③赵台卿：赵岐，字邠卿。京兆长陵县（今陕西咸阳）人。东汉末年经学家、画家。初名嘉，字台卿，后因避难而改名。著有《孟子注疏》。④祝融：三皇五帝时夏官火正的官名，后尊为火神。与大司马是同义词。⑤彭祖：先秦道家先驱之一。名篯（jiǎn），字铿，又称彭铿，陆终第三子。⑥李轨：字弘范，江夏（今湖北云梦）人，东晋祠部郎中，都亭侯。

【译文】“五伯”的称呼有两种，有三代时期的“五伯”，有春秋时期的“五伯”。《左传》鲁成公二年记载，齐国国佐说：“五伯称霸诸侯的时候，勤劳王事，安抚诸侯，奉行天子的命令。”杜预（字元凯）说：“夏伯是昆吾，商伯是大彭、豕韦，周伯是齐桓公、晋文公。”《孟子》：“所谓的五霸，是三王的罪人。”（《诗经》正义引服虔说：“五伯是夏伯昆吾，商伯大彭、豕韦，周伯齐桓公、晋文公。”与此相同。应劭《风俗通》也主张这个说法。）赵岐（字台卿）注解：“齐桓公、晋文公、秦缪公、宋襄公、楚庄公。”两种说法不同。（颜师古注《汉书·异姓诸侯王表》“五伯”，就认为是昆吾、大彭、豕韦、齐桓公、晋文公。《同姓诸侯王表》“五伯”则认为齐桓公、宋襄公、晋文公、秦穆公、吴王夫差。《白虎通》都保留这两个说法，后一个说法，是齐桓公、晋文公、秦缪公、楚庄王、吴王阖闾。）根据国佐对晋人说，那个时候楚庄公死亡才二年，不应当列其中为五人，也不应当继此无伯而规定在五之内。这明指三代没有疑问。《国语》记载：“祝融能显扬天地的光明，他的后代八姓，昆吾为夏伯，大彭、豕韦为商伯。”《庄子》记载：“彭祖得到了，上及有虞，下及五伯。”李轨注解：“彭祖名铿，尧帝时的臣子，赐封在彭城，历经虞舜、夏朝至殷商，年纪有七百岁。”这所说的五伯，也是商朝时期。（《淮南子》：“至于昆吾夏后之世”，高诱注：“昆吾，是夏伯，夏后，是桀的时候。”）由这知道国佐以前，有五伯的名称也很久了。（根据这个，周朝时只有二伯。《穀梁传》：“交质子不及二伯。”《左传》鲁昭公四年，椒举对楚子说，“六王二公”，也只是指齐桓公、晋文公。）

若《孟子》所称五伯，而以桓公为盛，则止就东周以后言之。如严安[1]所谓周之衰，三百余岁，而五霸更起者也。然赵氏以宋襄并列，亦未为允。宋襄求霸不成，伤于泓以卒，未尝霸也。《史记》言：“越王句践遂报强吴，观兵中国，称号五伯。”子长在台卿之前，所闻异辞。《越世家》言：“周元王使人赐句践胙，命为伯。”又言：“越兵横行于江、淮东，诸侯毕贺，号称霸王。”《淮南子》亦言，越王句践“胜夫差于五湖，南面而霸天下，泗上十二诸侯皆朝”之。然则言三代之“五伯”，当如杜氏之说；言春秋之“五伯”，当列句践而去宋襄。荀子以桓、文及楚庄、阖闾、句践为五伯，江都易王问越王句践，董仲舒对以五伯。是当时以句践为五伯之数。斯得之矣。

【注释】①严安：临菑人也，汉武帝文学侍从之臣之一，与司马相如等俱被尊学。后为骑马令。

【译文】像《孟子》所称的五伯，而以齐桓公为鼎盛，则只在东周以后来说。如严安所谓的周王室衰微，三百余年，而五霸更替。然而赵岐把宋襄公并列在内，也不恰当。宋襄公追求霸业没有成功，在泓水之战中受伤死亡，没有称霸。《史记》言：“越王句践于是报复强大的吴国，进军中原，号称五伯。”司马迁（字子长）生活在赵岐（字台卿）之前，所听到不同的言辞。（《越世家》说：“周元王派人赐给句践胙肉，命他为伯爵。”又说：“越国军队横行于江、淮以东地区，诸侯全来祝贺，号称霸王。”《淮南子》也说，越王句践“在五湖地区战胜夫差，南面而称霸天下，泗上十二诸侯都来朝见”。）那么说到三代时期的“五伯”，应当依照顺从杜预所说的；说到春秋时期的“五伯”，应当列入越王句践而删去宋襄公。荀子把齐桓公、晋文公及楚庄王、吴王阖闾、越王句践为五伯，（江都易王刘非问有关越王句践的事情，董仲舒以五伯来回答。说明当时以句践为五伯之一。）这是正确的。

占法之多

以日占事者，《史记·天宫书》：“甲、乙，四海之外，日月不占。丙、丁，江、淮、海岱。戊、己，中州、河、济。庚、辛，华山以西。壬、癸，恒山以北。”是也。以时占事者，《越绝书》，公孙圣①：“今日壬午，时加南方”；《史记·贾谊传》：“庚子日斜，服集予舍。”是也。又有以月行所在为占，《史记·龟策传》：“今昔壬子，宿在牵牛”；《汉书》，翼奉②言，白鹤馆以“月宿亢灾”；《后汉书》，苏竟③言，白虹见时，“月入于毕”。是也。《周礼》：“占梦：掌其岁时，观天地之会，辨阴阳之气，以日月星辰占六梦之吉凶。”则古人之法可知矣。汉以下，则其说愈多，其占愈凿。加以日时、风角、云气[4]，迟疾变动，不一其物，故有一事而合于此者，或迕于彼，岂非所谓大道以多歧亡羊者邪？故士文伯[5]对晋侯以“六物[6]不同，民心不壹”。而太史公亦谓，皋、唐、甘、石书传，“凌杂米盐”，在人自得之于象占之外耳。

【注释】①公孙圣：吴国东掖门亭长，越公的弟子。②翼奉：汉经学家。字少君，东海下邳（今睢宁西北）人。颛学不仕，好律历阴阳之占。治齐《诗》，与萧望之、匡衡同师后苍。③苏竟：字伯况，扶风平陵人。以明《易》为博士，讲书祭酒。善图纬，通百家之学。④风角：古代占卜之法。以五音占四方之风而定吉凶。云气：古代说法，龙起生云，虎啸生风，即所谓“云龙风虎”。又说真龙天子所产生的地方，天空有异样云气，占卜测望的人能够看出。⑤士文伯：即士伯瑕，名匄，是范宣子士匄（gài）的堂弟，与范宣子士匄同族同名。是中国春秋时期晋国的大夫，曾辅佐赵武。⑥六物：《左传》记为岁、时、日、月、星、辰。

【译文】用日占卜事情，《史记·天官书》记载：“甲、乙主东方，对应的是四海之外，所以不由日月占吉凶。丙、丁主南方，对应的是长江、淮河、海岱。戊、己主中央，对应的是中州、黄河、济水。庚、辛主西方，对应的是华山以西。壬、癸主北方，对应的是恒山以北。”是这样的。用时占卜事情，《越绝书》记载，公孙圣：“今日是壬午日，时辰加在南方”；《史记·贾谊传》记载：“庚子日太阳西斜，有一只鹏鸟停留在我的屋舍上。”是这样。又有用月亮运转的位置进行占卜的，《史记·龟策传》记载：“昨天夜里是壬子日，行至在牵牛星宿”；《汉书》

记载，翼奉说，白鹤馆以“月位在亢而发生火灾”；《后汉书》记载，苏竟说，白虹出现时的时候，“月儿投入毕星”。是这样的。《周礼》记载：“占梦：掌管岁时，观察天地之会，分辨阴阳之气，以日月星辰占卜六梦的吉凶。”那么古人占卜的法则可以知道了。汉代以后，解说越来越多，占卜越来越准确。加以日时、风角、云气，迟疾变动，不全部符合，所以一件事而符合这个的，或许违背那个的，难道不是所谓的正道、常理因为事物复杂多变，没有正确的方向而误入歧途的吗？所以士文伯对晋侯用“六物各不相同，人民的心意不一致”来回答。而太史公司马迁也这样说，皋、唐、甘、石书传，“零乱琐碎错杂”，在于个人自己在象数占卜之外得到。

干宝[1]解《易》，“六爻相杂，唯其时物也”，曰：“一卦六爻，则皆杂有八卦之气。若初九为《震》爻，九二为《坎》爻也；或若见辰戌言《艮》，已亥言《兑》也；或以甲壬名《乾》，乙癸名《坤》也；或若以午位名《离》，以子位名《坎》；或若得来为恶物，王相为兴，休废为衰。”解“爻有等，故曰物”，曰：“爻中之义，君物交集。五星四气，六亲九族，福德刑杀，众形万类，皆来发于爻，故总谓之物也。”说《易》如此，小数详而大道隐矣。以此卜筮，亦必不验。天文亦然。

【注释】①干宝：字令升，新蔡（今河南新蔡县）人，后迁居海宁盐官（今属浙江）。东晋文学家、史学家。干宝自小博览群书，撰有《搜神记》，该书被称作“中国志怪小说的鼻祖”。

【译文】干宝注解《易经》，“六爻互相混杂，都只是反映了一定时间条件下的具体事物”，说：“一个卦有六爻，则都间杂有八卦之气。初九为《震》爻，九二为《坎》爻；或者见辰戌为《艮》，己亥为《兑》；或者以甲壬命名《乾》，乙癸命名《坤》；或者以午位命名《离》，以子位命名《坎》；或者得来为恶物，王相为兴，休废为衰。”注解“卦中六爻有上下贵贱的等次是象征阴阳物象的，所以尽称为物”，说：“爻中的含义，君物交集。五星四气，六亲九族，福德刑杀，各种物体的形象、品类，都从爻生发，所以概括全部称为物。”解说《易经》如此，狭小的象数完备了，而广大的道藏匿了。用这来进行占卜，也一定不灵验。天文也是这样。

褚先生①补《史记·日者列传》：“孝武帝时，聚会占家问之，某日可取妇乎。五行家②曰可，堪舆家③曰不可，建除④家曰不吉，丛辰⑤家曰大凶，历家⑥曰小凶，天人家曰小吉，太乙⑦家曰大吉，辩讼不决。以状闻，制曰：‘避诸死忌，以五行为主。’”

【注释】①褚先生：即褚少孙。西汉经学家，颍川（今河南禹州）人，西汉中后期时做过博士。据《汉书》的记载，司马迁死后，《史记》在流传过程中散失了十篇，仅存目录。褚少孙作了补充、修葺的工作。②五行家：古代以五行说解释人事和宇宙现象的一种学派。后亦以称星相卜筮之士。亦省作“五家”。③堪舆家：古时为占候卜筮者之一种。后专称以相地看风水为职业者，俗称“风水先生”。④建除：古代术数家以为天文中的十二辰，分别象征人事上的建、除、满、平、定、执、破、危、成、收、开、闭十二种情况。后因以“建除”指根据天象占测人事吉凶祸福的方法。⑤丛辰：星相术士以阴阳五行配合岁月日时，附会人事，造出许多吉凶辰名，称为丛辰。⑥历家：专门观测推算历象的人。⑦太乙：又及称太乙数，太乙是术数的一种，为三式之首（“三式”即我国古代术数中三大秘术太乙、奇门、六壬）。

【译文】褚少孙补充《史记·日者列传》记载：“汉武帝时期，聚集会合占候的人询问他们，某日可以迎娶吗。五行家说可以，堪舆家说不可以，建除家说不吉利，丛辰家说有大凶祸，历家说有小凶，天人家说小吉，太乙家说大吉，大家相互争论不能决定。臣子把这情形报知汉武帝，汉武帝制诰说：‘回避诸多死忌，以五行为主。’”

以日同为占

裨灶[①]以逢公卒于戊子日，而谓今“七月戊子，晋君将死”。苌弘以昆吾乙卯日亡，而谓毛得杀毛伯[②]而代之，是乙卯日，以卜其亡。此以日之同于古人者为占，又是一法。

【注释】①裨灶：郑国大夫，春秋时代的先知，占星术方面的专家。②毛得：毛伯得，春秋时期毛国国君，伯爵。鲁昭公十八年二月乙卯，毛伯得杀死毛伯过，取而代之。毛伯：毛伯过，春秋时期毛国国君。

【译文】裨灶以逢公在戊子日死亡，而推知今“七月戊子日，晋君将会死亡”。苌弘以昆吾乙卯日死亡，而推知毛得杀死毛伯过取而代之，是在乙卯日，来占卜死亡。这是用日与古人相同的进行占卜，又是一种方法。

天道远

春秋时，郑裨灶、鲁梓慎[①]最明于天文。昭公十八年夏五月，宋、卫、陈、郑灾，裨灶曰，不用吾言，郑又将火。子产不从，亦不复火。二十四年夏五月乙未朔，日食，梓慎曰，将水。叔孙昭子[②]曰，旱也。秋八月，大雩[③]。是虽二子之精，亦有时而失之也。昭公七年，公将适楚，梦襄公祖。梓慎曰，君不果行。子服惠伯曰，行。"三月公如楚"。故张衡《思玄赋》曰："慎、灶显以言天兮，占水火而妄讯。"

【注释】①梓慎：鲁国大夫，春秋时期最有名的阴阳家之一，他生活在鲁襄公、鲁昭公时期。常和郑大夫裨灶并称"慎灶"。②叔孙昭子：姬姓，叔孙氏，名婼，一名舍，谥号曰"昭"，史称叔孙昭子。叔孙豹之子，春秋时代鲁国政治家、外交家，三桓之一叔孙氏宗主。③大雩（yú）：也叫"雩礼"，简称"雩"，古代吉礼的一种。所祀对象为被认为能兴云降雨的"山川百源"。周代雩礼分为两种：孟夏四月由天子举行的常规雩礼，称"大雩帝"。另一种是因天旱而雩，不定时，用巫舞而不用乐，气氛严肃，祈祷殷切。

【译文】春秋时期，郑国的裨灶、鲁国的梓慎最是明了天文。鲁昭公十八年夏季五月，宋国、卫国、陈国、郑国发生火灾，裨灶说，不用我说，郑国又将会有火灾。子产不认同，也没有再发生火灾。鲁昭公二十四年夏五月乙未初一，发生了日食，梓慎说，将会有水灾。叔孙昭子说，是旱灾。秋季八月，举行因为天旱而进行的雩礼。即使以二子占术的精深，也会偶尔失误。（鲁昭公七年，昭公将要前往楚国，梦见襄公祖。梓慎说，君主不会出行。子服惠伯说，会如期出行。“三月昭公到达楚国”。）所以张衡的《思玄赋》说：“梓慎、裨灶是通晓天道的人，占算水灾、火灾却不能应验。”

一事两占

襄公二十八年，“春，无冰”。梓慎曰：“宋、郑其饥乎！岁在星纪，而淫于玄枵①，以有时灾，阴不堪阳，蛇乘龙②。龙，宋、郑之星也，宋、郑必饥。玄枵，虚中也，枵，耗名也，土虚而民耗，不饥何为？”裨灶曰：“今兹周王及楚子皆将死。岁弃其次，而旅于明年之次，以害鸟帑，周、楚恶之。”十一月“癸巳，天王崩”。十二月，“楚康王卒”。宋、郑皆饥。一事两占，皆验。

【注释】①玄枵：十二星次之一。源于中国人民对远古的星辰自然崇拜。②蛇：玄枵位置上的星宿为女、虚、危，属于蛇。龙：岁星（木星）属木为青龙。

【译文】鲁襄公二十八年，“春季，没有结冰”。梓慎说：“宋国、郑国大概会发生饥荒吧！今年岁星应走在十二次的星纪位置上，实际上却超前走到了玄枵的位置上，必然会发生灾害，阴气被阳气压倒，龙在蛇的位置之下。龙，是宋国、郑国的主星，宋国、郑国一定会发生饥荒。玄枵，虚宿处于中间，枵，是耗的意思，土地空虚没收成而人民消耗已空，不发生饥荒又会怎么样呢？”裨灶说：“今年周天子和楚王都将会死去。岁星失去它原来应在的位置，而运行在明年的位置上，要危害鸟尾，周朝和楚国要遭受灾祸。”十一月“癸巳日，周天子死亡”。十二月，“楚康王死亡”。宋国、郑国都发生了饥荒。一件事两种占算，都应验了。

春秋言天之学

天文王行之学，愈疏则多中，愈密则愈多不中。春秋时言天者，不过本之分星，合之五行，验之日食、星孛之类而已。五纬[①]之中，但言岁星，而余四星占不之及，何其简也。邵子曰：“五星之说，自甘公、石公始。”而其所详者，往往在于君卿大夫言语、动作、威仪之间，及人事之治乱、敬怠。故其说也易知，而其验也不爽。扬子《法言》曰：“史以天占人，圣人以人占天。”

【注释】①五纬：亦称五星，是古代中国人民将太白、岁星、辰星、荧惑、镇星这五颗行星合起来的称呼，五星与日、月合称七曜。五星即金、木、水、火、土星。

【译文】天文王行的学问，愈疏就多会言中，愈密则愈多不中。春秋时期谈论天的，不过依据分星，以五行来结合，以日食、彗星来验证之类而已。五星之中，只是谈论岁星，而其余的四星占算不涉及，多么简单啊。（邵子说：“五星之说，从甘公、石公开始。”）而所完备的，往往在于君卿大夫的言语、动作、威仪之间，到人事的安定动乱、恭敬懈怠。所以他的主张容易知道，而验证也没有差错。扬雄的《法言》说：“历史通过天观察人，圣人通过人观察天。”

左氏不必尽信

昔人所言兴亡祸福之故，不必尽验。《左氏》但记其信而有征者尔，而亦不尽信也。三良[①]殉死，君子是以知秦之不复东征；至于孝公，而天子致伯，诸侯毕贺；其后始皇遂并天下。季札闻齐风，以为“国未可量”，乃不久而篡于陈氏；闻郑风，以为“其先亡乎”，而郑至三家分晋之后，始灭于韩。浑罕[②]言，“姬在列者，蔡及曹、滕其先亡乎”，而滕灭于宋王偃，在诸姬为最后。僖三十一年，狄围卫，卫迁于帝丘，卜曰，三百年。而卫至秦二世元年始废，历四百二十一年。是《左氏》所记之言，亦不尽信也。

【注释】①三良：三贤臣，指秦穆公时的奄息、仲行、针虎。②浑罕：即子宽，郑国大夫。

【译文】从前人们所谈论兴亡祸福的缘故，不一定全部应验。《左传》只是记录可靠而且有证验的，也不一定全不相信。三位贤良大臣殉葬从死，君子由这知道秦国不再向东征讨；到了秦孝公，而天子向秦穆公封为伯爵，诸侯都前来祝贺；后来秦始皇吞并天下。季札听闻齐风，以为“国家不可限量”，然而不久就被陈氏谋篡；听闻郑风，以为“它会先灭亡吧”，然而郑国在三家分晋之后，才被韩国所灭。浑罕说，“姬姓的国家，蔡国和曹国、滕国大约是要先灭亡的吧”，然而滕国被宋王偃所灭，在众多姬姓的国家中是最后灭亡的。鲁僖公三十一年，狄国围困卫国，卫国迁移到帝丘，占卜说，三百年。

而卫国至秦二世元年开始废除，历时四百二十一年。所以《左传》所记载的文字，也不一定能完全相信。

列国官名

春秋时列国官名，若晋之“中行”，宋之“门尹”，郑之“马师”，秦之“不更”“庶长”，皆他国所无。而楚尤多，有“莫敖”“令尹”“司马”“太宰”“少宰”“御士”“左史”“右领”“左尹”“右尹”“连尹”“针尹”宣公四年，有“箴尹克黄”。哀公十六年，有“箴尹固”，疑即“针尹”。“寝尹”“工尹”“卜尹”“芋尹”、陈有“芋尹盖”。“蓝尹”“沈尹”“清尹”“莠尹”“嚣尹”“陵尹”“郊尹”“乐尹”“宫厩尹”“监马尹”“杨豚尹”“武城尹”，其官名大抵异于他国。宋有“褚师”，而郑亦有之。昭公二年，子皙“请以印为褚师”。

【译文】春秋时期各国的官名，像晋国的“中行”，宋国的“门尹”，郑国的“马师”，秦国的“不更”“庶长”，都是其他国家没有的。而楚国尤其多，有“莫敖”“令尹”“司马”“太宰”“少宰”“御士”“左史”“右领”“左尹”“右尹”“连尹”“针尹”（鲁宣公四年，有“箴尹克黄”。鲁哀公十六年，有“箴尹固”，怀疑就是“针尹”。）“寝尹”“工尹”“卜尹”“芋尹”（陈国有“芋尹盖”。）“蓝尹”“沈尹”“清尹”“莠尹”“嚣尹”“陵尹”“郊尹”“乐尹”“宫厩尹”“监马尹”“杨豚尹”“武城尹”，楚国的官名大抵与其他国家不同。（宋国有“褚师”，而郑国也有。鲁昭公二年，子皙“请求以印为褚师”。）

地名

《左传》成公元年，战于鞍，入自丘舆。注云“齐邑”。三年，郑师御晋，败诸丘舆。注云“郑地”。哀公十四年，“阬氏葬诸丘舆”，注云：“阬氏，鲁人也。泰山南城县西北有舆城。”又是鲁地。是三丘舆为三国地也。文公七年，穆伯如莒莅盟，及鄢陵，注云：“莒邑。”成公十六年，战于鄢陵，注云：“郑地，今属颍川郡。”是二鄢陵，为二国地也。襄公十四年，伐秦，至于棫林，注云“秦地”。十六年，“次于棫林”，注云“许地”。是二棫林，为二国地也。襄公十七年，“卫孙蒯[①]田于曹隧，饮马于重丘”，注云“曹邑”。二十五年，“同盟于重丘”，注云“齐地”。是二重丘，为二国地也。定公十二年，“费人北，国人追之，败诸姑蔑”，无注，当是鲁地。哀公十三年，“弥庸[②]见姑蔑之旗”，注云：“越地，今东阳大末县。”是二姑蔑，为二国地也。

【注释】①孙蒯：姬姓、孙氏，中国春秋时期卫国人，上卿孙林父的儿子。②弥庸：王孙弥庸，春秋后期吴国将领。周敬王三十八年越王勾践乘吴王夫差与其主军北上争霸之机，率师分两路伐吴。其与太子友、王子地在都城抵御，率五千士卒先与越师战，俘获其将畴无余。后又与勾践主部战，败后被越师所获。

【译文】《左传》鲁成公元年记载，在鞍作战，从丘舆进入。注解“齐国城邑”。鲁成公三年，郑国军队抵御晋国，在丘舆击败敌军。注解“郑国土地”。鲁哀公十四年，“阬氏把他埋葬在丘舆”，注解：“阬氏，是鲁国人。泰山南城县西北有舆城。”又是鲁国的土地。这三丘舆为三个国家的土地。鲁文公七年，穆伯到达莒国参加会盟，到了鄢陵，注解：“莒国城邑。”鲁成公十六年，在鄢陵作战，注解：“郑国土地，如今属于颍川郡。”这是两个鄢陵，是两个国家的土地。鲁襄公十四年，讨伐秦国，到了棫林，注解“秦国土地”。鲁襄公十六年，“军队驻扎在棫林”，注解“许国土地”。这两个棫林，是两个国家的土地。鲁襄公十七年，“卫国的孙蒯在曹隧打猎，在重丘上让马喝水”，注解“曹国城邑”。鲁襄公二十五年，“在重丘同盟”，注解“齐国土地”。这两个重丘，是两个国家的土地。鲁定公十二年，“费邑人战败。国内的人们追上去，在姑蔑打败了他们”，没有注解，应当是鲁国土地。鲁哀公十三年，“弥庸见到姑蔑的旗帜”，注解：“越国土地，是现在的东阳大末县。”这两个姑蔑，是两个国家的土地。

地名盂者有五。僖公二十一年，“宋公、楚子、陈侯、蔡侯、郑伯、许男、曹伯会于盂”，宋之盂也。定公八年，“单子伐简城，刘子伐盂，以定王室”，周之盂也。十四年，卫“太子蒯聩献盂于齐”，卫之盂也。而晋则有二盂：昭公二十八年，“盂丙为盂大夫”，今太原盂县；哀公四年，齐“国夏[①]伐晋，取邢、任、栾、鄗、逆畤、阴人、盂、壶口”，此盂当在邢、洛之间。

【注释】①国夏：姜姓，国氏，名夏，谥惠，其名国夏，史称国惠子，齐国二守——国氏宗主。春秋后期齐国上卿。齐景公欲称霸，重用高氏、国氏辅政，国夏与高张并列为齐国上卿。齐景公多次命国夏出征鲁、卫，争夺霸权。后晋国内乱，国夏率齐军多次趁火打劫。

【译文】地名叫盂的有五个。鲁僖公二十一年，“宋公、楚子、陈侯、蔡侯、郑伯、许男、曹伯在盂会盟”，是宋国的盂。鲁定公八年，“单子讨伐简城，刘子讨伐盂，来安定王室”，是周朝的盂。鲁定公十四年，卫国“太子蒯聩把盂地献给齐国”，是卫国的盂。而晋国则有两个盂：鲁昭公二十八年，“盂丙担任盂大夫”，是现在的太原盂县；鲁哀公四年，齐“国夏攻打晋国，占取了邢地、任地、栾地、鄗地、逆時、阴人、盂地、壶口”，这个盂应当在邢、洛之间。

州国有二：桓公五年，“州公如曹”，注：州国在城阳淳于县；十一年，郧人“将与随、绞、州、蓼伐楚师”，注：“州国在南郡华容县东南。”

【译文】州国有两个：鲁桓公五年，“州公到达曹国”，注：州国在城阳淳于县；鲁桓公十一年，郧人“将要和随、绞、州、蓼等国讨伐楚师”，注：“州国在南郡华容县东南。”

昌歜

僖公三十年，“王使周公阅来聘，飨，在昌歜、白、黑、形盐”。注曰：“昌歜[①]，昌蒲葅。”而《释文》：“歜，音在感反。”正义曰：“齐有邴歜[②]，鲁有公父歜[③]，文公十七年，“周甘歜败戎于邥垂”。其音为触。《说文》：歜，盛气，怒也。从欠，蜀声。此昌歜之音，相传为在感反，不知与彼为同为异。”今考顾氏《玉篇》，有“歜”字，徂敢切，昌蒲俎也。然则《传》之昌歜，正合此字，而唐人已误作“歜”。《广韵》亦误作歜。是知南北之学[④]，陆、孔诸儒，犹有不能遍通。哀公二十五年，“若见之，君将嗀[⑤]之。”今本作“㱿[⑥]”，《广韵》注曰：“《说文》从口。”盖经典之误文，不自天宝、开成始矣。

【注释】①昌歜（chù）：菖蒲根的腌制品。又称昌葅。昌，通“菖”。古以飨他国之来使，以示优礼。②邴歜：春秋时期齐国人。由于其父邴原之尸被齐懿公砍去双足，因此与阎职（雍职）将齐懿公杀害。③公父歜：公父文伯，姬姓，名歜，中国春秋时期鲁国三桓季悼子之孙，公父穆伯的儿子。④南北之学：南北朝时，经学分为南、北两派。除《诗》《礼》外，南朝为魏晋之学，北朝为东汉之学。《隋书·儒林传序》：“南北所治章句，好尚互有不同：江左，《周易》则王辅嗣，《尚书》则孔安国，《左传》则杜元凯。河洛，《左传》则服子慎，《尚书》《周易》则郑康成。《诗》则并主于毛公，《礼》则同遵于郑氏。大抵南人约简，得其英华，北学深芜，穷其枝叶。”后即把南北朝的南学与北学两派合称为南北学。⑤嗀（hù）：呕吐。⑥㱿（què）：《说文》：“从上击下。”一同嗀。

【译文】鲁僖公三十年，“周襄王派遣周公阅来鲁国聘问，宴请他的食物有昌歜、白米糕、黑黍糕和虎形块盐”。注解说：“昌歜，是昌蒲菹。”而《释文》：“歜，音在感反切。”正义说：“齐国有邴歜，鲁国有公父歜，（鲁文公十七年，“周甘歜在邥垂打败戎人”。）读音为触。《说文解字》记载：歜，盛气，发怒。从欠，蜀声。这昌歜的读音，相传为在感反切，不知与彼为同为异。”现在研究顾野王《玉篇》，有“歜”字，徂敢反切，是昌蒲俎。那么《左传》的昌歜，正符合这个字，而唐人已经误作“歜”。（《广韵》也误写为歜。）由这知道南北的经学，陆、孔等诸儒，仍然有不能全部了解。鲁哀公二十五年，“若见之，君将毂之。”今本作“殸”，《广韵》注解说：“《说文解字》从口。”大概是经典的误文，不是从天宝、开成开始的。

襄公二十四年，日有食之。《正义》曰：“此与二十一年频月日食，理必不然。但其字则变古为篆，改篆为隶，书则缣以代简，纸以代缣，多历世代，转写谬误，失其本真，后儒因循，莫能改易。”此通人之至论。考《魏书》江式言：“鲁共王坏孔子宅，得《尚书》《春秋》《论语》《考经》。又北平侯张仓[①]献《春秋左氏传》，书体与孔氏相类，世谓之古文。”自古文以至于今，其传写不知几千百矣，安得无误？后之学者，于其所不能通，必穿凿而曲为之说，其为经典之害也甚矣。

【注释】①张仓：西汉丞相，封北平侯，阳武县（今原阳县）人。战国末期曾在荀子的门下学习，与李斯、韩非等人是同门师兄弟。

【译文】鲁襄公二十四年，发生了日食现象。《正义》说："这与鲁襄公二十一年连续两月发生日食，道理一定不是这样。但是其字则改变古体为篆体，改变篆体为隶体，记载载体则用绢织替代竹简，纸张替代绢织，已经经历了很多时代，转写谬误，失掉了本真，后代的儒生沿袭，没有能更改变的。"这是学识渊博通达的人正确精辟的理论。研究《魏书》江式的说法："鲁共王拆毁孔子的旧宅，而得到《尚书》《春秋》《论语》《考经》。又有北平侯张仓所献的古籍《春秋左氏传》，书写的字体与孔子的壁中书相似，也就是前代的古文。"从古文到今文，流传抄写不知几千百年了，怎么会没有失误呢？后代的读书人，对于所不能通晓的，一定非常牵强地解释而硬说成具有某种意思，这对经典的危害很严重了。

古之教人，必先小学[①]。小学之书，声音、文字是也。《颜氏家训》曰："夫文字者，坟籍根本。世之学徒，多不晓字。读《五经》者，是徐邈而非许慎[②]；习赋诵者，信褚诠而忽吕忱[③]；明《史记》者，专皮、邹而废篆籀；学《汉书》者，悦应、苏而略《苍》《雅》。不知书音是其枝叶，小学乃其宗系。"吾有取乎其言。

【注释】①小学：又称中国传统语文学，包括分析字形的文字学，研究字音的音韵学，解释字义的训诂学，围绕阐释和解读先秦典籍来展开研究，因此又被称为经学的附庸。②徐邈：字仙民，徐广之兄。东莞姑幕人（今山东莒县）。著有《正五经音训》和《穀梁传注》《五经同异评》等。许慎：字叔重，汝南召陵（今河南漯河）人。性淳笃，少博学经籍，时人为之语曰"五经无双许叔重。”为郡功曹，举孝廉，再迁除洨长。卒于家。撰有《五经异义》《说文解字》，皆传于世。③吕忱：晋弦令，著有《字林》。该书是一部按汉字形体分部编排的字书。

【译文】古代教育人，一定先从小学开始。小学的书，是声音、文字。《颜氏家训》说：“文字，是古代典籍的根本。世上从师受业的人，大多不知晓字。阅读《五经》的人，肯定徐邈而非难许慎；学习赋诵的人，相信褚诠而忽视吕忱；明了《史记》的人，专用皮、邹而废除篆文和籀文；学习《汉书》的人，喜欢应、苏而忽略《苍》《雅》。不知道书的读音是枝叶，小学才是根本。”我取法这种言论。

文字不同

《五经》中文字不同多矣。有一经之中而自不同者，如“桑葚”见于《卫诗》，而《鲁》则为“黮”；“鬯弓”著于《郑风》，而《秦》则为“韔”。《左氏》一书，其录楚也“薳氏”或为“蔿氏”，“箴尹”或为“针尹”。况于钟鼎之文乎？《记》曰“书同文”，亦言其大略耳。

【译文】《五经》中的文字不相同有很多了。有一经之中而自不相同的，如“桑葚”出现在《卫诗》，而《鲁颂》则为“黮”；“鬯弓”出现在《郑风》，而《秦风秦》则为“韔”。《左传》这本书，记录楚“薳氏”或为“蔿氏”，“箴尹”或为“针尹”。何况是钟鼎的文字呢？《礼记》说“书写采用统一的文字”，也只是说其大概罢了。

所见异辞 已下《公羊传》

孔子生于昭、定、哀之世，文、宣、成、襄则所闻也，隐、桓、庄、闵、僖则所传闻也。国史所载策书之文，或有不备，孔子得据其所见以补之。至于所闻则远矣，所传闻则又远矣。虽得之于闻，必将参互以求其信，信则书之，疑则阙之，此其所以为异辞也。公子益师[①]之卒，鲁史不书，其日远而无所考矣。无骇卒、侠卒，不书日，同此义。以此释经，岂不甚易而实是乎！何休[②]见桓公二年会稷之传，以恩之浅深，有“讳”与“目言”之异，而以书日不书日，详略之分，为同此例，则甚难而实非矣。窃疑“所见异辞，所闻异辞，所传闻异辞”，此三语必有所本，而齐、鲁诸儒述之。然其义有三：阙文，一也；讳恶，二也；言孙，三也。孔子曰：“邦无道，危行言孙。”从前之一说，则略于远，而详于近；从后之二说，则晦于近，而章于远。读《春秋》者，可以得之矣。《汉书》言，孔子作《春秋》，有所褒讳贬损，不可书见，口授弟子。弟子退而异言。及口说流行，故有公羊、穀梁、邹、夹之学。邹氏、夹氏无传。夫“丧欲速贫，死欲速朽”，曾子且闻而未达，非子游[③]举其事以实之，亦乌得而明哉？故曰：“《春秋》之失乱。”

【注释】①公子益师：姬姓，名益师，字众父，春秋时期鲁国政治人物，鲁孝公的儿子。②何休：，字邵公，任城樊（今山东兖州）人。中国东汉时期今文经学家，儒学大师。著有《春秋公羊传解诂》十二卷。又注《孝经》《论语》等。另作《春秋汉议》十三卷，以春秋大义，驳正汉朝政事六百多条，“妙得公羊本意”。③子游：姓言，名偃，字子游，亦称“言游”“叔氏”，春秋末吴国人，与子夏、子张齐名，孔子的著名弟子，“孔门十哲”之一。后来到南方讲学，是南方孔子学说的传播者。

【译文】孔子生活在昭公、定公、哀公的时代，文公、宣公、成公、襄公则是所听闻的，隐公、桓公、庄公、闵公、僖公则是流传听到的。国史所记载策书的文字，或许有不完备，孔子得以根据所见到的来补充，至于所听闻的则久远了，所流传听到的则又久远了。虽然从听闻中获得，一定相互参证追求可信的，可信的就记录，有疑惑的就空阙，这就是他记载歧异不一的传述言辞的方法。公子益师的去世，鲁史没有记载，时日久远而没有办法考证。（无骇去世、侠去世，没有写日期，就和这个相同。）用这解释《春秋》，难道不是很容易而且确实是这样的吗！何休看到鲁桓公二年在稷地会盟的注解，根据恩情的深浅而有所忌讳，跟目击者所说的有出入，而以文字记录或不记录日期，哪些应该记录具体，哪些应该简略，跟此例相同，则非常难而且与事实不符。我怀疑“所见的不一样的说法，或所听说的不一样的说法，或所流传听到的不一样说法”，这三种说法，一定有依据，而齐、鲁的各位大儒记述下来。考究产生异辞的原因有三：文字缺失是一个原因，因个人原因避讳或个人喜好（造成的异词）是第二个原因，说话随和谨慎是第三个原因。（孔子说：“国家无道，保持正直但要说话谨慎。”）从前一个原因来说，年代久远的内容会记述得比较简略；从后两个原因来说，则忌讳对近代的内容详加描述，而偏爱彰显、详细记录久远的内容。读《春秋》的人，可以领会到这一点。《汉书》说，孔子撰写《春秋》，有赞誉也有批评，可是不能写下来，于是口述给弟子。口述给弟子而导致口头传说形成各种说法。所以才有了公羊、穀梁、邹、夹这些学说。（邹氏、夹氏没有传记。）“丢官后希望赶快贫穷，死后希望赶快腐烂”，曾子也曾经听说过而不明白，不是子游提出事来证实他，别人怎么能明晓呢？因此说：“《春秋》遗失了很多内容，导致了混乱。”

纪履緰来逆女

“何以不称使？昏礼不称主人。”“宋公使公孙寿[1]来纳币，则其称主人何？辞穷也。辞穷者何？无母也。然则纪有母乎？曰有。有则何以不称母？母不通也。”富平李因笃[2]曰：“此言经所以不书纪侯者，以见母虽不通，而纪侯有母，则不得自称主人，以别于宋公之无母也。”

【注释】①公孙寿：子姓，名寿，公子荡之子，宋桓公之孙，宋国的卿。②李因笃：字子德，一字孔德，号天生，陕西富平人。自幼聪敏，博学强记，遍读经史诸子，尤谙经学要旨，精于音韵，长于诗词，诗逼杜甫，兼通音律，崇尚实学，为明清之际的思想家、教育家、音韵学家、诗人。与朱彝尊、潘耒、严绳孙称为不涉仕途的“四布衣”。

【译文】“为什么不说是派遣呢？因为在婚礼中是不称呼主人的。”“宋公派遣公孙寿送聘礼到女家纳币，那又为什么称呼他主人呢？因为没有别的称呼了。为什么说没有别的称呼呢？因为宋公的母亲去世了。那么纪侯的母亲还健在吗？回答说还健在。既然还健在为什么不称呼他的母亲呢？因为他的母亲是不能对外交往的。”富平李因笃说：“这就是经典中不记载纪侯的原因，来显示他的母亲是不能对外交往的，然而纪侯母亲还健在，所以不能自称主人，来区别宋公的母亲不在世。”

母弟称弟

“齐侯使其弟年来聘。”《公羊传》：“其称弟何？母弟称弟，母兄称兄。”《左氏》宣公十七年传亦曰：“凡称弟，皆母弟也。”何休以为：“春秋变周之文，从殷之质[①]，质家亲亲，明当亲厚，异于群公子也。”夫一父之子，而以同母不同母为亲疏，此时人至陋之见。春秋以下，骨肉衰薄，祸乱萌生，鲜不由此。诗人美鸤鸠[②]均爱七子，岂有于父母则望之以均平，于兄弟则教之以疏外？以此为质，是所谓“直情而径行，戎狄之道也”。郭氏[③]曰：“若如《公羊》之说，则异母兄弟不谓之兄弟乎？”程子曰：“《礼》文有立嫡子同母弟之说。其曰同母弟，盖谓嫡耳，非以同母弟为加亲也。若以同母弟为加亲，则知有母，不知有父，是禽兽也。”

【注释】①文、质：“文”“质”作为对举的观念范畴，源自《论语·雍也》：“子曰：‘质胜文则野，文胜质则史，文质彬彬，然后君子。’”文与质，又作为治理天下的两种不同的理念，对立起来。一般认为，殷质周文，殷商的特点是“质”，周朝的特点是“文”。②鸤鸠（shī jiū）：布谷鸟。亦作尸鸠。

一种常见的鸟，上体灰褐色，下体白色而具暗色横斑，其显著特点是双音节叫声，并把卵产于别的鸟巢中为它孵化。旧说布谷鸟有七子，早晨喂食从头到尾，下午喂食从尾到头，始终均平如一。③郭氏：即郭忠孝，郭逵长子。字立之，河南洛阳（今属河南）人。

【译文】“齐侯派遣他的弟弟年来访问。”《公羊传》记载：“为什么称弟呢？同母的弟弟就称弟，同母的哥哥就称兄。”（《左传》鲁宣公十七年也说：“凡是称弟，都是同母的弟弟。”）何休以为：“春秋改变周朝的文治，依从殷商的实务，崇尚实务爱自己的亲属，明白得当的亲爱厚待，与众多弟兄不同。”一个父亲所生的儿子，而以同母不同母互为亲近疏远，这是当时人们极其浅陋的见解。春秋之后，骨肉亲情衰败浇薄，祸乱开始发生，很少有不从这开始的。诗人赞美鸤鸠均匀的爱护七子，难道有对父母而期望平正、公允，对兄弟则教诲以疏远见外？把这作为实务，是所谓的“如果没有统一的规定，率性而为，那是野蛮民族的做法”。郭忠孝说：“如果像《公羊》的说法，那么异母兄弟不叫兄弟吗？”程颐说：“《礼》文有确立嫡子同母弟弟的说法。说同母的弟弟，大概是说嫡亲吧，不是因为同母弟为更加亲近。如果因为同母的弟弟为更加亲近，则只是知道有母亲，不知道有父亲，是禽兽的行径。”

子沈子

隐公十一年，《公羊传》“子沈子曰”，注云：“子沈子，后师，明说此意者；沈子称‘子’冠‘氏’上者，著其为师也；不但言‘子曰’者，辟孔子也。其不冠‘子’者，他师也。”按传中有“子公羊子曰”，桓公六年、宣公五年。而又有“子沈子曰”，隐公十一年，庄公十年，定公元年。“子司马子曰”，庄公三十年。“子女子曰”，女音汝，闵公元年。“子北宫子曰”，哀公四年。何后师之多欤！又有“鲁子曰”，庄公三年、二十三年，僖公五年、二十年、二十四年、二十八年。有“高子曰”，文公四年。皆不冠“子”。《穀梁传》有“穀梁子曰”，隐公五年。“尸子曰”，隐公五年，桓公八年。“沈子曰”，定公元年。皆不冠“子”。然则此传不尽出于公羊子也明矣。

【注释】①沈子：公羊学派的一位先师。下文“子司马子”“子女子”“子北宫子”均同沈子。

【译文】鲁隐公十一年，《公羊传》“子沈子曰”，注解说：“子沈子，后师，明确说这个意思；沈子称‘子’加在‘氏’前面，著明他是老师；不只是说‘子曰’，是为了分别孔子。前面不加‘子’，说明是其他的老师。”按《公羊传》中有“子公羊子曰”，（鲁桓公六年、鲁宣公五年。）而又有“子沈子曰”，（鲁隐公十一年，鲁庄公十年，鲁定公元年。）“子司马子曰”，（鲁庄公三十年。）“子女子曰”，（女音汝，鲁闵公元年。）“子北宫子曰”，（鲁哀公四年。）为何后代的老师这么多呢！（又有“鲁子曰”，鲁庄公三年、鲁庄公二十三年，鲁僖公五年、鲁僖公二十年、鲁僖公二十四年、鲁僖公二十八年。有“高子曰”，鲁文公四年。都没有加上“子”字。《穀梁传》有“穀梁子曰”，鲁隐公五年。“尸子曰”，鲁隐公五年，鲁桓公八年。“沈子曰”，鲁定公元年。都没有加上“子”字。）那么《公羊传》不是全部出自公羊子之手就很明显了。

谷伯邓侯书名

“谷伯绥来朝，邓侯吾离来朝”，传曰：“皆何以名？失地之君也。谷、邓去鲁甚远，不缘失地，不得皆朝于鲁。其称侯朝何？贵者无后，待之以初也。”其义甚明。而何氏乃有“去二时者，桓公以火攻人君”之说，又有“不月者，失地君朝恶人”之说。胡氏因之，遂以朝桓之贬，归之于天道矣。

【译文】“谷伯绥前来朝见，邓侯吾离前来朝见”，注解说：“为什么都记载他们的名字呢？因为他们都是失爵亡土的国君。（谷、邓离鲁国太远，不因为失地，他们不得都去朝见鲁国。）为什么还称他们为侯、为伯和称他们来朝见呢？尊贵的人虽然失去了后世基业，但仍然按照原来的规格对待他们。”这含义很明确了。而何休才会有“去二时者，桓公以火攻人君”的说法，又有“不月者，失地君朝恶人”的说法。胡安国沿袭这种说法，于是把朝见鲁桓公的贬抑，归结在天道。

郑忽书名

“郑忽[①]出奔卫”，传曰：“忽何以名？《春秋》伯、子、男，一也，辞无所贬。”传文简而难晓。李因笃曰，《春秋》之法，天子三公②称公，王者之后称公，其余大国称侯，小国称伯、子、男。见“初献六羽”传。是则公、侯为一等，伯、子、男为一等也。故子产曰：“郑伯，男也。”遭丧未逾年之君，公、侯皆称子，如宋子、卫子、陈子之类是也，以其等本贵于伯、子、男，故降而称子。今郑，伯爵也，伯与子、男为一等，下此更无所降，不得不降而书名矣。名非贬忽之辞，故曰：“辞无所贬。”

【注释】①郑忽：郑昭公，姬姓，郑氏，名忽，春秋时期郑国第四位第四任及第六任君主，郑庄公长子，郑厉公和郑君子亹之兄。②三公：周立太师、太傅、太保为三公（“师，天子所师法；傅，傅相天子；保，保安天子于德义。”）。

【译文】“郑国的公子忽出逃到卫国”，注解说：“为什么称公子忽的名字呢？《春秋》的作者对伯爵、子爵、男爵都是一样的，用的语言没有贬义。”传文简单而难以通晓。李因笃说，《春秋》的成法，天子三公称公，王者之后称公，其余的大国称侯，小国称伯、子、男。（见“初献六羽”传。）所以公、侯为一等，伯、子、男又为一等。所以子产说：“郑伯，是男爵。”遭遇丧事时间没有超过一年的国君，公、侯都称呼子，如宋子、卫子、陈子之类，以他们原本比伯、子、男尊贵，所以降低而称呼子。如今郑国国君，是伯爵，伯与子、男为一等，比这更低再没有更能够降低的了，不得不降低而记载名字。称名字不是贬损公子忽的言辞，所以说：“用的语言没有贬义。”

祭公来遂逆王后于纪

桓公八年，“祭公[①]来，遂逆王后于纪”。“九年春，纪季姜[②]归于京师”。从逆者而言，谓之“王后”，从归者而言，谓之“季姜”，此自然之文也。犹《诗》之言“为韩姞[③]相攸”也，犹《左氏》之言“息妫[④]将归过蔡”也，皆未嫁而冠以夫国之号，此临文之不得不然也。而《公羊》以为“王者无外，其辞成矣”。又以为“父母之于子，虽为天王后，犹曰‘吾季姜’”。是其说经虽巧，而非圣人之意矣。今将曰：“逆季姜于纪”，则初学之士，亦知其不通。又将曰：“王后归于京师”，则王后者谁之女？辞穷矣。公羊子盖拘于“在国称女”之例，隐公二年传：“女在其国称女，在途称妇，入国称夫人。”而不知文固有倒之而顺者也。

传文则有不同者，《左氏》庄公十八年，“陈妫归于京师，实惠后”。

【注释】①祭公：周王室臣子。②纪季姜：周桓王后。③韩姞：蹶父之女，姞姓，嫁韩侯为妻，故称韩姞。④息妫（guī）：息夫人，妫姓，陈氏，春秋四大美女之一，为陈国君主陈庄公之女，生于陈国宛丘（今河南淮阳县），因嫁给息国国君，故亦称息妫。

【译文】鲁桓公八年，“祭公来鲁国，随后到纪国迎接王后”。“鲁桓公九年春天，纪季姜出嫁到京师”。从迎娶的角度来说，称为“王后”，从出嫁的角度来说，称为“季姜”，这是自然的文字。就像《诗经》的“为女儿韩姞找婆家”，《左传》的“息妫出嫁时路过蔡国”，都是没有出嫁而加上夫君国家的称号，这是撰写文章又不得不这样做。而《公羊传》以为“对于周天子来说，是没有国外的，这种说法是合理的”。又以为“父母对于子女，虽然贵为天子的王后，仍然称呼‘吾季姜’”。解说经典虽然精巧，然而不是圣人的意思。如今将要说：“到纪国迎娶季姜”，即使是初学的读书人，也知道它不通顺。又将要说：“王后出嫁到京师”，那么王后是谁的女儿呢？没话说了。公羊子大概是拘泥“在自己的国家应该称女”的先例，（鲁隐公二年注释：“女在其父母之国国称女，在出嫁途中称妇，进入丈夫之国称夫人。”）而不知道文字本来就有倒装而通顺的。

传文有不相同的，《左传》鲁庄公十八年记载，“陈妫嫁到京城，就是惠后”。

争门

《公羊》闵公二年传：“桓公使高子[①]将南阳之甲，立僖公而城鲁。或曰，自鹿门至于争门者是也；或曰，自争门至于吏门者是也。”注：“鹿门，鲁南城东门也。”据《左传》“臧纥[②]斩鹿门之关，出奔邾”是也，争门、吏门并阙。按《说文》：“净，鲁北城门池也。从水、争声，士耕切。”是争门即以此水名，省文作“争”尔。《广韵》作埩。后人以“瀞[③]”字省作“净”，音才性切。而梵书用之。自《南》《北史》以下，俱为才性之净，而鲁之争门，不复知矣。《礼记》“洁静精微”，只作“静”字。

【注释】①高子：中国春秋时期齐国的大夫世族，是齐文公之子公子高的后裔，是齐国二守之一。齐国二守，春秋时代周天子封姜姓国氏、高氏于齐国，辅吕氏（齐侯）守齐国，其族世代为齐国上卿，轮流执政，其任命由周天子直接授予，凡齐之政务，皆由二卿与吕氏共裁决。②臧纥：即臧孙纥（hé），又称臧孙、臧武仲，谥"武"，臧文仲之孙，臧宣叔之子。鲁国大夫，封邑在防（今山东费县）。臧武仲早年长于宫中，深得鲁宣公夫人喜爱，并被立为臧氏的继承人，曾任司寇，但终不能见容于鲁国，先逃到邾国后又逃到齐国。③瀞（jìng）：古同"净"。无垢秽。见《说文·水部》"此今之净字也。古瀞今净，是之谓古今字。"

【译文】《公羊传》鲁闵公二年记载："齐桓公派高子率领南阳的军队，拥立了鲁僖公，并且修建了鲁国都城。有人说："从鹿门到争门这一段，就是当年修建的。"又有人说："从争门到吏门这一段，也是那年修建的。"注解："鹿门，是鲁国南城的东门。"根据《左传》的"臧纥砍断鹿门的门闩，逃亡出奔邾国"就是，争门、吏门都没有提及。按《说文解字》记载："净，鲁国北城门的城池。从水、争声，士耕反切。"这个争门就是用这个水来命名的，省文作"争"。（《广韵》写成埩。）后人把"瀞"字省作"净"字，音才性反切。而佛经里用到。从《南史》《北史》之后，全部都写作才性反切的净，而鲁国的争门，不再能知道了。（《礼记》"洁静精微"，只写为"静"字。）

仲婴齐卒

鲁有二婴齐，皆公孙也。成公十五年，"三月乙巳，仲婴齐[①]卒"。其为仲遂后者也。杜氏注曰："襄仲子，公孙归父弟。"成公十七年，“十一月壬申，公孙婴齐卒于貍脤”。则子叔声伯[②]也。季友[③]、仲遂，皆生而赐氏，故其子即以父字为氏。刘炫曰：“仲遂受赐为仲氏，故其子孙称仲氏。”孔氏曰：“死后赐族，乃是正法。春秋之世，有非礼生赐族者，华督是也。季友、仲遂亦同此例。中唐以后赐功臣之号，亦此意也。生而赐氏，非礼也，以父字为氏，亦非礼也。《春秋》从其本称，而不没其变氏，其生也书“公子遂”，其死也书“仲遂卒于垂”。于其子也，其生也书“公孙归父[④]”，其死也书“仲婴齐卒”。“公子季友卒”亦同此义。惟季友之子，不见于经。

【注释】①仲婴齐：姬姓，东门氏，名婴齐，谥昭，以父之行次为氏，别为仲氏，又被称为公孙婴齐、子婴，是东门襄仲的儿子，公孙归父的弟弟。鲁成公时，仲婴齐为卿。公孙归父被驱逐后，不久鲁国立了仲婴齐继承东门襄仲，改称仲氏。②子叔声伯：姬姓，子叔氏，名婴齐，谥声，又被称为公孙婴齐、公孙婴、子叔婴齐、叔婴齐，是鲁文公的孙子，叔肸之子。鲁成公时，子叔声伯为卿。③季友：姬姓，名友，春秋时期鲁国政治家，鲁桓公最小儿子，鲁庄公之弟。因手掌中生成一“友”字，故称季友。封邑为费。谥号为成，世称为成季。④公孙归父：姬姓，东门氏，名归父，字子家。春秋中期鲁国上卿，鲁庄公之孙，故曰公孙归父，东门襄仲之子。

【译文】鲁国有两个婴齐，都是公孙。鲁成公十五年，“三月乙巳日，仲婴齐死亡”。他是仲遂（公子遂）之后的。（杜预注释说：“襄仲之子，公孙归父之弟。”）鲁成公十七年，“十一月壬申日，公孙婴齐死在貍脤”。指的则是子叔声伯。季友、仲遂，都是在世的时候赐封的氏，所以他们的儿子就用父亲的字为氏。（刘炫说：“仲遂受赐为仲氏，因此其子孙称仲氏。”孔氏说：“死后赐族，才是正法。春秋之时，有不合礼制在世就赐族的，华督就是。季友、仲遂也和这个例子相同。唐朝中期以后赐功臣之号，也是这个意思。）在世的时候就赐封氏，不符合礼仪，用父亲的字为氏，也不符合礼仪。《春秋》依从他们原本的称号，而不隐藏他们改变的氏，在世的时候记载“公子遂”，死亡的时候记载“仲遂死在垂地”。对于他的儿子，在世的时候记载“公孙归父”，死亡的时候记载“仲婴齐去世”。（“公子季友去世”也和这个相同。唯独季友之子，没有在《春秋》里出现。）

《公羊传》：“仲婴齐者何？公孙婴齐也。”此言仲婴齐亦是公孙婴齐，非谓子叔声伯。故注云：“未见于经，为公孙婴齐，今为大夫死见经，为仲婴齐。”此汉人解经之善。若子叔声伯，则战鞍，成公三年。如晋，六年。如莒，八年。已屡见于经矣。

【译文】《公羊传》记载：“仲婴齐是谁呢？是公孙婴齐。”这里说的仲婴齐也就是公孙婴齐，不是说的子叔声伯。所以注解说：“在《春秋》中没有记载的，是公孙婴齐，现在身为大夫死亡在《春秋》中能够见到的，是仲婴齐。”这是汉人注解经典的高明之处。如果是子叔声伯，那么在鞍作战，（鲁成公三年。）到晋国，（鲁成公六年。）到莒国，（鲁成公八年。）已经多次出现在经典中了。

“为人后者为之子”，此语必有所受。然婴齐之为后，后仲遂，非后归父也。犹之叔孙侨如奔而立豹。以为为兄后，则非也。传拘于“孙以王父字为氏”之说，而以婴齐为后归父，则以弟后兄，乱昭穆之伦矣，非也。且三桓亦何爱于归父，而为之立后哉？

【译文】“为人后者为之子”，这话一定有所传授。然而婴齐之所以为后嗣，是仲遂的后嗣，不是公孙归父的后嗣。（就像叔孙侨如出逃而拥立其弟叔孙豹。）以为是兄长的后嗣，则不是这样。传拘泥于“孙子以祖父的字为氏”的说法，而把婴齐作为公孙归父的后嗣，则以弟作为兄长的后嗣，乱了宗族排序的伦理了，不是的。而且三桓对公孙归父有什么深挚的感情，而为他确立后代呢？

隐十年无正 已下《穀梁传》

“隐十年无正”者，以无其月之事而不书，非有意削之也。《穀梁》以为“隐不自正”者，凿矣。赵氏曰：“宣、成以前，人名及甲子多不具，旧史阙也。”得之矣。

【译文】“鲁隐公十年没有正月的记载”，因为在正月没有发生特殊的事情就没有记载，不是有意削除的。《穀梁传》认为“鲁隐公不是从正月开始的”，是穿凿附会的。赵匡认为：“鲁宣公、鲁成公以前，人名以及年龄大多不记录，这是旧史的空阙。”算是领会到了。

戎 菽

庄公三十一年，“齐侯来献戎捷”，传曰：“戎菽[①]”也。似据

《管子》“桓公北伐山戎，得冬葱及戎菽，布之天下”而为之说。桓公以戎捷夸示诸侯，岂徒一戎菽哉？且《生民》之诗曰：“艺之荏菽[2]，荏菽旆旆[3]”，传曰：“荏菽，戎菽也。”《尔雅》：“戎菽谓之荏菽。”亦作“戎菽”。《列子》：“北宫子既归，进其戎菽，有稻粱之味。”则自后稷之生，而已艺之，不待桓公而始布矣。

【注释】①戎菽：亦作“戎叔”。山戎族所种植的一种豆科植物。大豆。②荏菽：大豆。③旆（pèi）旆：茂盛貌。

【译文】鲁庄公三十一年，“齐侯前来进献戎国的俘虏和战利品”，《榖梁传》说：“是戎菽。”似乎是根据《管子》“齐桓公向北征伐山戎，获得冬葱及戎菽，宣告天下”的记载而有这样的说法。齐桓公以戎国的俘虏和战利品向诸侯夸耀，难道只是一个戎菽吗？而且《生民》诗说：“艺之荏菽，荏菽旆旆。”《榖梁传》说：“荏菽，就是戎菽。”《尔雅》记载：“戎菽称为荏菽。”（亦作“戎菽”。《列子》：“北宫子回来之后，进献戎菽，它有稻粱之味。”）那么从后稷出生，而已经种植它，不用等待齐桓公而开始宣告了。

陨石于宋五

《公》《谷》二传，相传受之子夏，其宏纲大指，得圣人之深意者，凡数十条。然而齐鲁之间，人自为师，穷乡多异，曲学多辩，其穿凿以误后人者，亦不少矣。且如“陨石于宋五”，“六鶂[1]《左氏》《公羊》作“鹢”。退飞，过宋都”。此临文之不得不然，非史云

“五石”，而夫子改之“石五”，史云“鶂六”，而夫子改之“六鶂”也。穀梁子曰：“陨石于宋五，后数，散辞也。六鶂退飞，过宋都，先数，聚辞也。”“天下之达道五，所以行之者三”，其散辞乎？凡为天下国家有“九经[②]”，其聚辞乎？“初九潜龙”，后九也，“九二见龙”，先九也，世未有为之说者也。

【注释】①鶂（yì）：亦作“鹢”。水鸟名，形似鸬鹚，善高飞。高飞遇风而退。宋人以为灾。②九经：中庸之道用来治理天下国家以达到太平和合的九项具体工作。这九项工作是：修养自身，尊重贤人，爱护亲族，敬重大臣，体恤众臣，爱护百姓，劝勉各种工匠，优待远方来的客人，安抚诸侯。

【译文】《公羊传》《穀梁传》两部注解，是从子夏那里传授来的，大纲主要的含义，领悟圣人深刻含义的，有数十条。然而齐鲁之间，人们各自为师，荒远的乡村多有奇异反常的现象，学问浅薄的人喜欢毫无意义的争辩，他们牵强地解释导致误导后人的，也不算少了。就像“陨石于宋五”，“六鶂（《左传》《公羊传》写成“鹢”）退飞，过宋都”。这是撰写文章不得不这样做，不是史书记载“五石”，而孔子修改为“石五”，史书记载“鶂六”，而孔子修改为“六鶂”。穀梁子说：“陨石于宋五，后面的数字，是非专指之词。六鶂退飞，过宋都，先前的数字，是专指之词。”“天下公认的准则有五条，用来实行它们的有三条”，是非专指之词吗？大凡天下治理国家都有“九条规律”，是专指之词吗？“初九潜龙”，九在后面，“九二见龙”，九在前面，世上没有为它们解说的人。

“石无知，故日之。”然则“梁山崩”，不日何也？“鷁微有知之物，故月之”。然则“有鸜鹆[1]来巢”，不月何也？夫月日之有无，“其文则史”也。故刘敞谓：“言‘是月’者，宋不告日，嫌与陨石同日，书‘是月’以别之也。”

【注释】①鸜鹆（qú yù）：亦作“鸜鵒”。鸟名。俗称八哥。

【译文】“石头没有知觉，所以记录日。”那么“梁山崩”，为什么不记录日呢？“鷁是稍微有知觉的物，所以记录月”。然而“有鸜鹆来巢”，为什么不记录月呢？月日的记录与否，是因为“文字记载的就是历史”。所以刘敞说：“说‘是月’，宋国不记录具体哪一天，避讳与陨石是同一天，记载‘是月’来区别它。”

王子虎卒

文公四年，“夏五月，王子虎卒”。《左氏》以为“王叔文公”者，是也。而《穀梁》以为“叔服”。按此后文公十四年，“有星孛入于北斗。周内史叔服曰：‘不出七年，宋、齐、晋之君，皆将死乱。’”成公元年，刘康公[1]伐戎，“叔服曰：‘背盟而欺大国，此必败。’”明叔服别是一人，非王子虎。胡氏仍《穀梁》之误。

【注释】①刘康公：名季子，为东周诸侯国刘国开国君主，他为周顷王的儿子、周匡王、周定王的弟弟，周定王八年，又封刘邑与王弟季子，王季子称刘康公。

【译文】鲁文公四年，“夏季五月，王子虎死亡”。《左传》认为是“王叔文公”，是这样的。而《穀梁传》认为是“叔服”。按此后鲁文公十四年记载，“有彗星进入到北斗区域。周内史叔服说：‘不出七年，宋国、齐国、晋国的国君，都将会死于动乱。’”鲁成公元年记载，刘康公讨伐戎，“叔服说：‘违背盟誓而欺骗大国，这一定会失败。’”明确叔服是另外一个人，不是王子虎。（胡安国依旧遵从《穀梁传》的错误。）

穀梁日误作曰

《穀梁传》宣公十五年：“中国谨日，卑国月，夷狄不日，其曰潞子婴儿[①]，贤也。”疏解其迂。按传文“曰”字误，当作“其日潞子婴儿，贤也”。《书·皋陶谟》“思曰赞赞襄哉”，《吕刑》“今尔罔不由慰曰勤”，《易·大畜》九三“曰闲舆卫”，皆当作“日”。古人“日”“曰”二字同一书法，唯“曰若”之“曰”，上画不满，与“日”字异耳。故陆氏释文于九经中遇二字可疑者，即加音切。又有一字而两读者，如《诗》“岂不曰戒”，曰音越，又人栗反。“曰为改岁”“曰杀羔羊”亦然。自古经师所传，或以为“日月”之“日”，或以为“曰若”之“曰”，陆氏两存，而以其音别之。毛晃以为一字两音，而驳其失，误矣。《史记·秦始皇本纪》赞：“而以责一日之孤”，正义曰：“日音驲。”

【注释】①潞子婴儿：春秋时代赤狄族人，是潞国国君。潞子婴儿系参卢之后，参卢是炎帝之后，被黄帝封于潞，以奉先祀。因衣尚赤，所以称赤狄。潞国是个小国，潞子婴儿生性老实、懦弱。他娶晋国景公的姐姐为妻，故潞国和晋国有亲戚关系。有春秋五霸之一的晋国作靠山。

【译文】《穀梁传》鲁宣公十五年记载：“中原诸侯国被灭记日期，附庸国被灭记月份，夷狄被灭不记日期，这次记日，是因为潞子贤德。”注疏解释不合时宜。按传文里“曰”字是错误的，应当写作“其日潞子婴儿，贤也”。（《尚书·皋陶谟》“思曰赞赞襄哉”，《吕刑》“今尔罔不由慰曰勤”，《易·大畜》九三“曰闲舆卫”，都应当写成“日”字。古人“日”“曰”二字同一书法，唯独“曰若”之“曰”，上面笔画没写满，与“日”字不同。因此陆德明《经典释文》在九经中遇到这二字可疑的，就加上音切。又有一字而两个读音的，如《诗》“岂不曰戒”，曰音越，又人栗反。“曰为改岁”“曰杀羔羊”也是如此。自古以来经师所传，有的以为“日月”之“日”，有的以为“曰若”之“曰”，陆德明都把这两者保留，而用其音来区别它们。毛晃认为是一个字两个读音，而反驳他的失误，是错误的。《史记·秦始皇本纪》赞：“而以责一日之孤”，正义说：“日音驲。”）

卷 五

阍人寺人

阍人、寺人属于冢宰[①]，则内廷无乱政之人；九嫔、世妇属于冢宰，则后宫无盛色之事。太宰之于王，不惟佐之治国，而亦诲之齐家者也。自汉以来，惟诸葛孔明为知此义，故其上表后主，谓“宫中、府中，俱为一体”，而宫中之事，事无大小，悉以咨攸之、祎、允[②]三人。于是后主欲采择以充后宫，而终执不听。宦人黄皓[③]，“终允之世，位不过黄门丞”，《蜀志·董允传》。可以为行《周礼》之效矣。后之人君以为此吾家事，而为之大臣者，亦以为天子之家事，人臣不敢执而问也。其家之不正，而何国之能理乎？魏杨阜[④]为少府，“上疏欲省宫人，乃召御府吏问后宫人数。吏曰：‘禁密不得宣露。’阜怒，杖吏一百，数之曰：‘国家不与九卿为密，反与小吏为密乎？’”然后知阍、寺、嫔、御之系于天官，周公所以为后世虑，至深远也。

【注释】①冢宰：即太宰。殷商置，位次三公，为六卿之首。太宰原为掌管王家财务及宫内事务的官。周武王死时，成王年少，周公曾以冢宰之职摄政。②攸之：郭攸之，字演长，南阳（今河南南阳）人。为人和顺，以器识才学知名于时。为刘备、诸葛亮所赏识，后服侍后主刘禅。祎：费祎，字文伟，江夏人，三国时蜀汉名臣，与诸葛亮、蒋琬、董允并称为蜀汉四相。初为后军师，再为尚书令，官至大将军，封成乡侯。允：董允，字休昭，南郡枝江（今湖北枝江）人，三国时期蜀汉重臣，掌军中郎将董和之子。刘备册立太子刘禅，以为太子洗马，后为黄门侍郎。延熙六年加辅国将军。延熙七年以侍中守尚书令，担任大将军费祎的副手。③黄皓：三国时蜀汉宦官。董允死后，与侍中陈祗互为表里，开始参与朝政。陈祗死后，黄皓从黄门令一跃成为中常侍、奉车都尉，总揽朝政、操弄威权，并排挤大将军姜维。蜀国灭亡后，司马昭因为黄皓祸国殃民，将他凌迟处死。④杨阜：字义山，天水冀县（今甘肃甘谷）人，三国时期曹魏名臣。献帝建安初年，任凉州从事，旋拜安定长史，韦康任刺史后辟为别驾，改任州参军。因讨马超有功，赐爵关内侯。曹操征汉中时，杨阜担任益州刺史，回来后又担任武都太守。魏文帝曹丕、明帝曹叡时，在朝廷任职，德才兼备、刚正不阿。

【译文】阍人、寺人隶属太宰，那么内朝就没有败坏政治的人；九嫔、世妇隶属冢宰，那么后宫就没有美色的事。太宰对于王，不只是辅佐王治国，而且也教诲王治家。自汉代以来，只有诸葛亮是知晓这个含义，所以他上奏章给后主刘禅，说“宫中、府中，都是一体的”，而宫中的事情，事不论大小，全部都咨询郭攸之、费祎、董允三个人。于是后主刘禅想选取民女充实后宫，而最终执意不听。宦官黄皓，“在董允执政的时代，黄皓的职位没有超过黄门丞”，（《蜀志·董允传》。）可以说是奉行《周礼》的效果了。后代的国君认为这是我自己家的私事，而国君的大臣，也认为这是天子家的私事，人臣不敢坚持而干预。国君对于治家有差错，对于国家能治理好吗？曹魏杨阜担任少府时，“进呈奏章想要检查妃嫔、宫女，于是召唤御府的小吏询问后宫的人数。小吏回答说：‘宫廷的秘密不能够泄露。'杨阜发怒了，杖打小吏一百下，责备他说：'国家从不把九卿排在国家机密之外，反而让小吏知道而不让九卿知道秘密？'"然后知道阍人、寺人、嫔妃、御者隶属天官，周公用来为后世考虑，非常深远了。

汉承秦制，有少府之官，"中书谒者、黄门、钩盾、尚方、御府、永巷、内者、宦者八官，令、丞、诸仆射、署长、中黄门皆属焉"。然则奄寺[①]之官，犹隶于外廷也。

【注释】①奄寺：指宦官。古称阍人、寺人，后称宦官、太监。

【译文】汉代承袭秦朝的制度，有少府官，"中书谒者、黄门、钩盾、尚方、御府、永巷、内者、宦者八官，令、丞、诸仆射、署长、中黄门都隶属它"。那么宫廷的宦官，依旧隶属于外朝。

正月之吉

大司徒"正月之吉，始和，布教于邦国都鄙"，注云："周正月朔日。"《大宰》注同。"正岁令于教官"，注云："夏正月朔日。"《凌人》注同。州长既以正月之吉读法，又以正岁读法如初。注云："因此四时之正重申之。"即此是古人三正并用之验。《逸周书·周月解》曰："亦越我周改正，以垂三统，至于敬授民时，巡狩烝享，犹自夏焉。"正谓此也。如《左氏》桓公五年传云："凡祀，启蛰而郊，龙见而雩，始杀而尝，闭蛰而烝"之类是也。《豳诗·七月》一篇之中，凡言月者皆夏正，凡言日者皆周正。“一之日觱发[①]，二之日栗烈[②]”，“三之日于耜”，传曰：“一之日，周正月”，“二之日，殷正月”，“三之日，夏正月”。“正岁令于教官”，注云：“夏正月朔日。”

【注释】①觱发（bì fā）：风寒冷。②栗（lì）烈：栗，通“溧”。凛冽。形容严寒。

【译文】大司徒“正月初一，开始向各国诸侯和王畿内的城邑宣布治典”，注云：“周朝正月初一日。”（《大宰》注解相同。）“正月初一，命令教官们说”，注解说：“夏朝正月初一日。”（《凌人》注解相同。州长既然以正月之吉读法，又像原先一样以正岁读法。注解说：“依照此四时之正来重申。”）这就是古人三种历法一起使用的凭验。《逸周书·周月解》记载：“又到了我周朝改换正朔，以垂续三统，至于认真地传授时令给百姓，以及天子巡狩四方、祭祀宴享，仍然采用夏朝以来的历法。”说的正是这个。（如《左传》鲁桓公五年说：“凡是祭祀，昆虫惊动时就举行郊祭，苍龙角亢二宿出现时就举行雩祭，秋天寒气降临时就举行尝祭，昆虫蛰伏时就举行烝祭”之类就是。）《豳诗·七月》一篇之中，大凡说到月的都是夏朝历法，大凡说到日的都是周朝历法。“一之日觱发，二之日栗烈”，“三之日于耜”，注解说：“一之日，指的是周朝的正月”，“二之日，指的是殷商的正月”，“三之日，指的就是夏朝的正月”。“正岁令于教官”，注解说：“夏朝历法的正月初一日。”

《北史·李业兴传》，天平四年，使梁。“梁武帝[1]问：‘《尚书》‘正月上日，受终文祖[2]’。此时何正？’业兴对曰：‘此夏正月。’梁武帝问：‘何以得知？’业兴曰：‘案《尚书·中候运衡篇》云：‘日月营始’，故知夏正。’又问：‘尧时以前，何月为正？’业兴对曰：‘自尧以上，书典不载，实所不知。’梁武又云：‘‘寅宾出日’即是正月，‘日中星鸟，以殷仲春’即是二月。此出《尧典》，何得云尧时不知用何正？’业兴对曰：‘虽三正不同，言时节者皆据夏时正月。《周礼》仲春二月，会男女之无夫家者’，虽自《周书》，月亦夏时。尧之日月亦当如此。’”近有楚人创为尧建子、舜建丑之说者，据此辟之遂无以难。

【注释】①梁武帝：萧衍，字叔达，小字练儿，南兰陵郡武进县（今江苏丹阳）人。南北朝时期梁朝的建立者。出身兰陵萧氏，为西汉相国萧何的二十五世孙。萧衍博通文史，为“竟陵八友”之一，又曾钦令编《通史》六百卷，并亲自撰写赞序。②文祖：帝尧始祖之庙。

【译文】《北史·李业兴传》记载，东魏孝静帝天平四年，李业兴出使梁朝。“梁武帝问：‘《尚书》‘正月上日，受终文祖’。这个时候是哪一朝的正月？’李业兴回答说：‘这是夏朝的正月。’梁武帝问：‘依据什么知道的呢？’李业兴说：‘《尚书·中候运衡篇》记载说：‘日月营始’，所以知道是夏历的正月。’梁武帝又问：‘在尧之前，哪一个月是正月？’李业兴回答说：‘自尧以上，典籍没有记载，实在是不知道。’梁武帝又说：‘‘寅宾出日’就是正月，‘日中星鸟，以殷仲春’就是二月。这些出自《尧典》，怎能说不知道尧时用哪个月为正月呢？’李业兴回答说：‘虽然三代历法的正月不同，但说到时间节令，都是依据夏朝的正月。《周礼》仲春二月，会男女之无夫家者’，即使出自《周书》，月份也仍然是夏朝的时间。尧时的日月，也应该是这样。’”（近来有楚地之人创为尧建子、舜建丑的说法，根据这个反驳就没有什么难度。）

木铎

金铎[①]所以令军中，木铎[②]所以令国中，此先王仁义之用也。一器之微，而刚柔别焉，其可以识治民之道也欤。

【注释】①金铎（duó）：即铎。古乐器名。“四金”之一。②木铎：木铎是铎的一种。中国古代用以警众的响器。舌分铜制与木制两种，铜舌者为金铎，木舌者即为木铎。

【译文】金铎是用来在军队中发号施令的，木铎是用来在国内发号施令的，这是先王仁爱和正义的功用。一个器具的微小，而宽大与严厉就分别了，这可以识别治理人民的宗旨吧。

鼓吹[①]，军中之乐也，非统军之官不用。陈蔡征为吏部尚书，启后主借鼓吹，后主谓所司曰，鼓吹军乐，有功乃授。今则文官用之，王世贞《觚不觚录》言：“先朝之制，维总兵官列营，始举炮奏鼓吹。”嘉靖后，巡抚乃放而行之。士庶人用之，僧道用之。金革[②]之器遍于国中，而兵由此起矣。《晋书》：“司马恬为御史中丞，值海西废，简文帝登阼，未解严，大司马桓温屯中堂吹警角。恬奏劾温大不敬，请科罪。”今制虽授钺遣将，亦不举炮鼓吹。而士庶吉凶之礼，及迎神赛会，反有用鼓吹者。景泰六年，华阳王友堚，遣千户赍奏赴京，并买喇吧、号笛、铜锣等物。奉敕切责，以为此行师之具，于王何用。当时遵守祖训如此，以后法禁日弛，庶民皆得用矣。

【注释】①鼓吹：魏以后流行的演奏方式，源自北方少数民族地区，主要演奏乐器为打击乐器和吹奏乐曲，如鼓、茄、箫等，故称为“鼓吹”。②金革：偏指武器。

【译文】鼓吹乐，是军队中的器乐合奏曲，不是统率军队的士官不能使用。（陈蔡担任吏部尚书，请求后主借给他鼓吹，后主对主管部门说，鼓吹军乐，有功才授予。）如今则是文官使用，（王世贞《觚不觚录》说：“前朝制度，总兵官摆列阵营，才举炮奏鼓吹。”嘉靖之后，巡抚才效仿并使用。）士人平民使用，僧侣道士使用。军装器械的器具在国家中普遍使用，而战事由这开始了。（《晋书》：“司马恬担任御史中丞，恰逢海西公被废，简文帝即位，城里还没解严，大司马桓温屯守中堂吹警角。司马恬上奏弹劾桓温大不敬之罪，请求依法定罪。”如今制度虽然授予斧钺指挥将领，也不举炮鼓吹。而士庶吉凶之礼，以及迎神赛会，反而有用鼓吹的。景泰六年，华阳王朱友堚，派遣千户带着奏章前往京城，并且买喇吧、号笛、铜锣等物。奉皇帝敕令严厉责备，认为这是行师的器具，对华阳王有什么用处。当时遵守祖训到这样地步，之后法禁日弛，庶民都能使用了。）

后魏孝武[①]永熙中，诸州镇各给鼓吹。寻而高欢举兵，魏分为二。唐自安史之乱，边戍皆得用之。故杜甫诗云："万方声一概，吾道竟何之。"粗厉之音，形为乱象。先王之制，所以军容不入国也。

【注释】①后魏孝武：北魏孝武帝元修，字孝则，河南洛阳人。北魏朝末代皇帝。永熙三年，元修与高欢决裂，率众西入关中，投奔宇文泰。同年十月，高欢拥立元善见为帝，迁都邺城。十二月，元修与宇文泰政见不和，为宇文泰所毒杀，时年二十五，改立元宝炬为帝。北魏王朝从此正式分裂成为东魏和西魏。元修死后，葬于云陵。西魏追谥为孝武皇帝，东魏追谥为出帝。

【译文】北魏孝武帝永熙年间，众多州镇都给鼓吹器具。不久后高欢起兵造反，北魏一分为二。唐朝自安史之乱过后，守边部队都可以使用。所以杜甫有诗说："万方声一概，吾道竟何之。"高急壮猛的乐音，形为乱象。先王的规格制度，军中的礼仪制度不能使用到治国上。

《诗·有瞽》笺云："箫，编小竹管，如今卖饧[①]俗作糖者所吹也。"《周礼·小师》注同。汉时卖饧止是吹竹，今则鸣金。

【注释】①饧（xíng）：糖稀。

【译文】《诗经·有瞽》笺注说："箫，编小竹管，如今卖饧（俗作糖）的人吹的。"（《周礼·小师》注解相同。）汉朝时候卖饧只是吹奏竹管乐器，如今则是鸣金。

稽其功绪

已成者谓之功，未竟者谓之绪。《说文》："绪，丝端也。"《记》曰："武王缵[1]太王、王季、文王之绪。"

【注释】①缵（zuǎn）：继续，继承。

【译文】已经成就事业的称为功，没有完成的称为绪。《说文解字》记载："绪，是丝的一端。"《礼记》说："武王缵太王、王季、文王之绪。"

六 牲

古之为礼，以祭祀燕享，故六牲[1]之掌特重。"执豕于牢"，称公刘[2]也；"尔牲则具"，美宣王也。至于邻国相通，则葛伯不祀，汤使遗之牛羊；而卫戴公[3]之庐于曹，齐桓归之牛、羊、豕、鸡、狗皆三百。其平日"国君无故不杀牛，大夫无故不杀羊，士无故不杀犬豕"。而用大牲[4]，则卜之于神，以求其吉。故《左氏》载齐国之制，"公膳[5]止于双鸡"。而诗人言宾客之设，不过兔首、炰鳖[6]之类。古人之重六牲也如此。自齐灵公[7]伐莱，莱人使正舆子赂之，索马牛皆百匹。而吴人征鲁百牢，始于贪求，终于暴殄。于是范蠡[8]用其霸越之余谋，以畜五牸[9]，而泽中千足彘，得比封君。孳畜之权，不在国而在民矣。

【注释】①六牲：即六畜：马、牛、羊、豕、犬、鸡。②公刘：姬姓，名刘，“公”为尊称，姬刘在泾河中游的岐原谷（今长武县）一带创建了部落国家，是古代周部落的杰出首领，一说姬刘即为姬姓刘祖先，姬刘是不窋之孙，鞠之子，生子庆节，周文王的祖先。③卫戴公：姬姓，卫氏，名申。卫宣公之孙，昭伯顽之子，卫懿公之堂弟，卫文公之兄。戴公曾在野外造草庵暂住曹地（今滑县口镇东），史称“庐于曹”。④大牲：供祭祀用的牛。⑤公膳：卿大夫在公朝办事所用的膳食。⑥炰（fèng）鳖：珍美的馔食。⑦齐灵公：全谥为“齐桓武灵公”，姜姓，吕氏，名环，齐顷公之子，齐灵公在位期间，有名相晏弱、晏婴父子相继辅政，国事清明。⑧范蠡：字少伯，楚国宛地三户（今河南淅川县）人。春秋末期政治家、军事家、经济学家和道家学者。被后人尊称为“商圣”，“南阳五圣”之一。传说他帮助勾践兴越国，灭吴国，一雪会稽之耻。功成名就之后急流勇退，化名姓为鸱夷子皮，遨游于七十二峰之间。期间三次经商成巨富，三散家财。后定居于宋国陶丘，自号“陶朱公”。⑨五牸（zì）：指牛、马、猪、羊、驴五种母畜。

【译文】古代的礼仪，用来祭祀宴享，所以六牲的掌管特别重要。“执豕于牢”，是称赞公刘；“尔牲则具”，是赞美宣王。至于邻国彼此沟通，葛伯不祭祀鬼神，商汤王派人赠送给他牛羊；而卫戴公在曹地建筑房舍，齐桓还给他牛、羊、豕、鸡、狗，都是三百只。平常的日子，“国君没有原因不杀牛，大夫没有原因不杀羊，士没有原因不杀犬豕”。而用大牲，则是问卜于神灵，来祈求吉祥的。所以《左传》记载齐国的制度，“卿大夫在公朝办事用的膳食最多就是双鸡”。而诗人诗作所说的宾客的陈设，不过是兔首、烹煮鳖鱼之类。古人像这样看重六牲。从齐灵公讨伐莱国，莱人派遣正舆子贿赂他，索要马牛都有百匹。而吴人征收鲁国一百份牢，在过分追求的时候开始，在任意浪费的时候终止。于是范蠡用他使越国称霸的小谋略，来畜养牛、马、猪、羊、驴五种母畜，而草泽里养猪二百五十头，地位得以与封君同列。繁殖牲畜的权力，不在国家而在百姓。

《易》曰："东邻杀牛，不如西邻之禴祭。"秦德公[①]"用三百牢于鄜畤[②]"。而王莽末年，自天地六宗[③]以下，至诸小鬼神，凡千七百，所用三牲鸟兽，三千余种。后不能备，乃以鸡当鹜雁，犬当麋鹿。

【注释】①秦德公：嬴姓，赵氏，族谱载其名嘉，秦宪公次子，秦武公之弟，秦出子之兄。秦德公将秦国首都迁至雍城（今陕西凤翔县），并用牛羊猪各三百头在鄜畤祭祀天地，占卜居住在雍城是否适宜。占卜的结果是：后代子孙将在黄河边饮马。同年，梁、芮两国国君前来朝见。②鄜（fū）畤（zhì）：古代祭祀天地五帝的固定处所。③六宗：古所尊祀的六神。天、地、春、夏、秋、冬。

【译文】《易经》记载："东邻杀牛举行大祭，还比不上西邻的简单禴祭。"秦德公"在鄜畤花费三百份牢"。而王莽末年，自天地六宗以下，到众多小鬼神，大凡一千七百位，所用到的三牲鸟兽，有三千多种。后世不能全备，于是用鸡替代鹜雁，犬替代麋鹿。

邦飨耆老孤子

春飨孤子，以象物之方生，秋飨耆老，以象物之既成。然而国中之老者孤者多矣，不可以遍飨也。故国老、庶老[1]则飨之，而其他则养于国、养于乡而已。《王制》。死事之孤则飨之，而其他则养幼少、存诸孤而已。《月令》。一以教孝，一以劝忠，先王一举事，而天道人伦备焉。此礼之所以为大也与。

【注释】①国老：告老退职的卿、大夫、士。庶老：古代士告老退休者。

【译文】春季用飨礼款待孤子，用来象征事物刚刚生长，秋季用飨礼款待老人，用来象征事物已经收成。然而京城中的老人孤子有很多，不可以用飨礼普遍的款待。因此告老退职的卿大夫、告老退休的士人就用飨礼款待，而其他人就奉养在国、在乡就可以了。（《王制》。）为国事而死的人的遗孤用飨礼款待，而其他就赡养幼少、保存诸孤就可以了。（《月令》。）一用来教导孝顺，一用来劝勉忠诚，先王一旦行事，而天道人伦就具备了。这就是礼仪为大的原因吧。

医师

古之时，庸医杀人。今之时，庸医不杀人，亦不活人，使其人在不死不活之间，其病日深，而卒至于死。夫药有君臣，人有强弱。有君臣则用有多少，有强弱则剂有半倍。多则专，专则效速，倍则厚，厚则其力深。今之用药者，大抵杂泛而均停，既见之不明，而又治之不勇，病所以不能愈也。而世但以不杀人为贤，岂知古之上医，不能无失。《周礼》，医师“岁终，稽其医事，以制其食。十全为上，十失一，次之；十失二，次之；十失三，次之，十失四，为下”。是十失三四，古人犹用之。而淳于意[①]之对孝文，尚谓“时时失之，臣意不能全也”。《易》曰：“裕父之蛊，往见吝。”奈何独取夫裕蛊者，以为其人虽死，而不出于我之为。呜呼，此张禹[②]之所以亡汉，李林甫[③]之所以亡唐也。朱文公与刘子澄书，所论四君子汤，其意亦略似此。

【注释】①淳于意：西汉临淄（今山东淄博东北）人，姓淳于，名意。淳于意曾任齐太仓令，精医道，辨证审脉，治病多验。曾从公孙光学医，并从公乘阳庆学黄帝、扁鹊脉书。后因故获罪当刑，其女缇萦上书文帝，愿以身代，得免。《史记》记载了他的二十五例医案，称为“诊籍”，是中国现存最早的病史记录。②张禹：字子文，河内轵县（今河南济源东）人。③李林甫：小字哥奴，祖籍陇西，唐朝宗室、宰相，唐高祖李渊堂弟长平肃王李叔良曾孙，画家李思训之侄。李林甫担任宰相十九年，是玄宗时期在位时间最长的宰相。他大权独握，蔽塞言路，排斥贤才，导致纲纪紊乱，还建议重用胡将，使得安禄山做大，被认为是使唐朝由盛转衰的关键人物之一。

【译文】古时候，医术低劣的医生误用药物害人性命。如今的时代，庸医不杀人，亦救不活人，使人处在不死不活之间，病情日益加深，而最后到了死亡的境地。药有君臣佐使，人有强壮瘦弱。有君臣那么用量就有多少，有强弱那么剂量就有半倍。用量多就专，专则效果迅速，剂量加倍则厚，厚则药力深。如今用药的人，大抵上杂多而没有针对性、平板而少变化，既诊断得不明确，治疗又缺乏胆量，这就是疾病不能够痊愈的原因。而世间只是把不害死人明为有才能，哪里知道上古时期高明的医生不可能没有失误。《周礼》记载，医师

“年底，考核医师医疗的成绩，来确定给予他们食粮的等级。凡是疾病都能准确诊断的为上等，有十分之一不能诊断准确的为次等，有十分之二不能诊断准确的又次一等，有十分之三不能诊断准确的又次一等，有十分之四不能诊断准确的为下等”。十分之三、四不能诊断准确，古人仍然任用他们。而淳于意答对汉孝文帝时，尚且说“常常有失误，臣下淳于意不能够全部明确诊断、治愈”。《易经》说：“宽容地对待父亲留下的积弊，前往会陷入困境。”为什么单独选取宽容积弊，因为这人虽然死了，然而不是我导致的。呜呼，这就是张禹导致西汉灭亡的原因，李林甫导致唐朝灭亡的原因。（朱文公写给刘子澄的书信，所讨论的四君子汤，其大意也大致与之相似。）

《唐书》，许胤宗[①]言：“古之上医，惟是别脉。脉既精别，然后识病。夫病之与药，有正相当者，惟须单用一味，直攻彼病，药力既纯，病即立愈。今人不能别脉，莫识病源，以情臆度，多安药味。譬之于猎，未知兔所，多发人马，空地遮围，冀有一人获之，术亦疏矣。假令一药偶然当病，他味相制，气势不行，所以难差[②]，谅由于此。”《后汉书》，“华佗[③]精于方药，处齐[④]不过数种”。夫《师》之六五，任九二则吉，参以三、四则凶。是故官多则乱，将多则败，天下之事亦犹此矣。

【注释】①许胤宗：隋唐间医家。一作引宗，常州义兴（今江苏宜兴）人，曾官至散骑侍郎、尚药奉御等职。许氏以医术著名，精通脉诊，善治骨蒸证，用药灵活变通，不拘一法。曾用药物熏蒸法为陈国柳太后治病。或有促其著书立说者，对曰：“医者意也，在人思虑，又脉候幽微，苦其难别，意之所解，口莫能宣。”终不著书传世。②差（chài）：同“瘥”。病除（病已去体，病有好转）。③华佗：东汉末医学家。又名旉（fū），字元化，今安徽亳（bó）州人。精通内、妇、儿、针灸各科，并对针、药不能治的病使用了手术治疗。④齐：药剂，后作“剂”。

【译文】《唐书》记载许胤宗说：“古代高明的医生，只是辨别脉象。脉象已经精准的辨别，然后诊断病情。病与药，有正好符合的，只需要单用一味药，直接治疗彼病，药力已经精纯，病就会马上痊愈。现在的人不能辨别脉象，不能识别病源，根据情况主观猜测，多安排药味。就像打猎，不知道兔子在哪里，多发动人马，在空地遮住围猎，希望有一个人能捕获，方法很粗疏。假设一个药偶然抵挡病，其他的药味相制约，气势不能行，难以痊愈的原因，大概是由于这吧。”《后汉书》记载，“华佗精通方药，处方用药不超过数种”。《师》卦的六五爻，使用九二就吉利，夹杂三、四就会凶险。所以官员多了就会混乱，将领多了就会失败，天下的事情也像这样。

造言之刑

舜之命龙也，曰：“朕堲[1]谗说殄行，震惊朕师。”故大司徒“以乡八刑纠万民”，“造言之刑”次于“不孝”“不弟”。而禁暴氏[2]掌诛庶民之“作言语而不信者”。至于讹言莫惩，而宗周灭矣。

【注释】①堲（jí）：古通“疾”，憎恨。②禁暴氏：亦作“禁虣（bào）”。官名。《周礼》谓秋官司寇所属有禁暴氏，设下士六人及史三人，胥六人，徒六十人。掌禁止以暴力侵犯他人及诈骗造谣等事。

【译文】帝舜任命龙说：“我厌恶谗毁的言论和贪残的行为，会使我的民众震惊。”所以大司徒“用实行于乡中的八种刑罚纠察万民”，“针对制造谣言的刑罚”次于“不孝敬父母”“不友爱兄弟”。而禁暴氏负责诛杀民众中“制造谣言，迷惑群众的人”。到制造谣言不惩罚的时候，而周朝灭亡了。

国子

世子齿于学，自后夔①之教胄子而已然矣。师氏②“以三德教国子”，保氏③掌“养国子以道，而教之六艺”。而王世子不别置官。是世子之与国子齿也。是故诸子掌国子之倅④，国有大事，则帅国子而致于大子，惟所用之。非平日相习之深，乌能得其用乎？后世乃设东宫之官，而分其职秩，于是有内外宫朝之隔，而先王之意失矣。

【注释】①后夔：相传为舜时掌乐之官。②师氏：周代官名。掌辅导王室，教育贵族子弟以及朝仪得失之事。③保氏：古代职掌以礼义匡正君王、教育贵族子弟的官员。④倅（cuì）：副，辅助的。

【译文】世子从长牙齿的时候就开始学习，自从后夔教导贵族子弟时已经这样了。师氏“用三种德行教育国子”，保氏掌管“用道艺来教养国子，而教国子六艺”。而王世子不另外安排官职。说明世子与国子同龄。所以诸子掌管国子这些做（父亲）副手的人，国家有大事，就率领国子到太子那里，听从差遣使用。不是平日互相熟悉得深切，怎么能任用他们？后世于是设置东宫的官职，而划分他们的职位与官俸，于是有内宫外朝的间隔，而先王的深意就丧失了。

死政之老

死国事者之父，如《史记·平原君传》，李同战死，封其父为李侯；《后汉书·独行传》，小吏所辅扞[①]贼，代县令死，除父奉为郎中；《蜀志·庞统传》，统为流矢所中，卒，拜其父议郎，迁谏议大夫是也。若父子并为王臣，而特加恩遇，如光武之于伏隆[②]，先朝之于张五典[③]，天启初，张铨以御史死辽，加其父五典至兵部尚书。又不可以常格论矣。

【注释】①扞（hàn）：同“捍”。抵御。②伏隆：字伯文，琅琊东武（今山东诸城）人，大司徒伏湛长子，东汉官员。伏隆少时以节操成名。③张五典：字和衷，号海虹，山西沁水人。张五典利用政务闲暇，设计了一种测量仪，实地勘察泰山高度。张五典圆满完成测量后，撰写《泰山道里记》，为后人留下宝贵的第一手资料。

【译文】为国事而死的人的父亲，比如《史记·平原君传》记载，李同战死，册封他的父亲为李侯；《后汉书·独行传》记载，小吏所辅抵御贼寇，代替县令而死，任命他的父亲奉为郎中；《蜀志·庞统传》记载，庞统为乱飞的箭射中，去世了，授予他的父亲议郎官职，升任谏议大夫。这些就是。如果父子都是君王的臣子，而特意施加恩遇，像汉光武帝对于伏隆，明熹宗对于张五典，（天启初年，张铨以御史身份因辽东战事而死，加封其父张五典至兵部尚书。）又不可以用惯例来讨论了。

凶礼

大宗伯"以凶礼[①]哀邦国之忧"，其别有五，曰"死亡""凶札""祸烖""围败""寇乱"。是古之所谓"凶礼"者，不但于死亡，而五服之外，有非丧之丧者，缘是而起也。《记》曰："年不顺成，天子素服，乘素车，食无乐。"又曰："年不顺成，君衣布搢本[②]。"《周书》曰："大荒"，"王麻衣以朝，朝中无采衣"。此"凶札"之服也。司服"大札、大荒、大烖、素服"。注曰："大烖，水火为害，君臣素服缟冠，若晋伯宗[③]哭梁山之崩。"《春秋》"新宫灾，三日哭"。此"祸烖"之服也。《记曰》："国亡大县邑，公卿、大夫、士厌冠[④]哭于太庙。"又曰："军有忧，则素服哭于库门之外。"大司马"若师不功，则厌而奉主车"。《春秋传》，"秦穆公败于殽，"素服郊次[⑤]，乡师而哭"。此"围败"之服也。《吕氏春秋》："公孙龙对赵惠王曰：今蔺离石入秦，而王缟素出总。"是战国时犹行此礼。若夫《曲礼》言："大夫、士去国"，"素衣素裳，素冠彻缘，鞮屦[⑥]素袂，乘髦马"。《孟子》言："三月无君则吊"，而季孙之会荀跞，"练冠麻衣"，此君臣之不幸而哀之者矣。秦穆姬[⑦]之逆晋侯，"免服衰绖"；卫侯之念子鲜，"税服[⑧]终身"。此兄弟之不幸而哀之者矣。楚灭江，而秦伯降服出次；越围吴，而赵孟降于丧食，此与国之不幸而哀之者矣。《汉书·高帝纪》：“秦王子婴，素车白马。”应劭曰：“丧人之服。”先王制服之方，固非一端而已。《记》有之曰：“无服之丧，以蓄万邦。”杜氏《通典》，以镇抚诸州水旱虫灾，劳问诸王疾苦，编于凶礼之首。

【注释】①大宗伯：即大宗伯卿，多省称为大宗伯，掌礼、乐、祭祀、天文历法、卜祝以及纶诰、著作等方面的事务。凶礼：跟凶丧有关的一系列礼节，这方面不仅包括丧葬之内容，还有其他一些跟灾难有关的礼节。②搢(jìn)本：古代君王佩士所用的笏版，以示俭约。③伯宗：子姓，春秋时期晋国人。祖父公子遨，宋襄公（兹甫）之弟，遨公受宋襄公之命出使晋国完成任务后留晋为官生子改姓伯。伯宗官至晋国大夫，贤而好直言。晋景公六年以“鞭之长，不及马腹”谏止晋攻楚。成语“鞭长莫及”由此而来。④厌冠：古丧礼小功以下所服之冠。⑤郊次：出居郊外。⑥鞮屦(dī jù)：没有装饰的草鞋。⑦秦穆姬：即穆姬，也称伯姬、秦穆姬，姬姓，晋献公和齐姜之女、申生同母妹妹，嫁于秦穆公故称穆姬。⑧税服：古时用稀疏细布所制的丧服。税，通“繐”。

【译文】大宗伯“用跟凶丧有关的礼节表示哀悼国家的忧患”，分别有五种，是“死亡”“凶札”“祸裁”“围败”“寇乱”。这是古代所说的“凶礼”，不只是死亡，而五服之外，有无服之丧的，因为这而起。《礼记》记载：“年岁收成不好，天子穿着白色的衣服，乘坐白土涂刷的车，吃饭的时候没有奏乐。”又说：“年岁收成不好，国君穿百姓穿的布衣服、佩戴士人所用的笏板。”《周书》记载：“大荒”，“大王穿着粗麻布做成的衣服来上朝，朝廷中没有彩色的衣服”。这是

“凶礼”之服。司服“大札、大荒、大烖、素服”。注解说：“大烖，是水火形成灾害，君上臣下穿戴白色的衣帽，像晋国的伯宗哭梁山的崩塌。”《春秋》记载“新建的宗庙发生火灾，哭了三天”。这是“祸烖”之服。《礼记》记载：“国家丢失大的县城，公卿、大夫、士都要戴着小功以下的帽子在太庙号哭。”又记载：“军队打了败仗，就要穿着白色的衣服在库门外痛哭。”大司马“如果军队打了败仗，就戴着小功以下的帽子而护送载有庙主和社主的车回来”。《春秋传》记载，秦穆公在殽打了败仗，“穿着白色的衣服居住在郊外，面对着被释放回来的士兵号哭”。这是“围败”之服。（《吕氏春秋》：“公孙龙对赵惠王说：如今蔺离石归属秦国，而王穿上缟素服饰，用麻布束发。”说明战国时还实行此礼。）至于《曲礼》记载：“大夫、士离开本国”，“上穿素衣、下着素裳，头戴素冠、去掉里衣彩色的镶边，脚穿素袜没有鞋鼻的草鞋，乘着鬃毛没有修剪的马”。《孟子》记载：“三个月没有见到君子就去慰问”，而季孙意如会见荀跞，“头戴练冠、身穿麻衣”，这是因为君臣的不幸而哀痛他。秦穆姬迎接晋侯，“穿着遭丧所穿的丧服”；卫侯思念子鲜，“终身穿着用稀疏细布所制的丧服”。这是因为兄弟的不幸而哀痛他。楚国灭亡江国，而秦伯穿上素服，出郊外暂住；越国围困吴国，而赵孟的饮食比居丧时的饮食还要降等，这是因为盟国的不幸而哀痛他。（《汉书·高帝纪》：“秦王子婴，素车白马。”应劭说：“这是服丧之人的服饰。”）先王丧服的方法，本来就不止一个方面。《礼记》有记载：“没有丧服的服丧，用来蓄养众多的国家。”（杜佑《通典》，以镇抚诸州水旱虫灾，劳问诸王疾苦，放在凶礼之首。）

不入兆域

《冢人》:“凡死于兵者,不入兆域[①]。”注:“战败无勇,投诸茔外以罚之。”《左氏》赵简子所谓“桐棺三寸,不设属辟,素车朴马,无入于兆”;而《檀弓》“死而不吊者三”,其一曰“畏”,亦此类也。《庄子》:“战而死者,其人之葬也,不以翣资。”崔本作“翣枕”,“枕音坎,谓先人坟墓也”。若敝无存死,而齐侯三襚[②]之,与之犀轩与直盖,而亲推之三。童汪踦死,而仲尼曰:“能执干戈以卫社稷,可无殇[③]也。”岂得以此一概?隋文帝仁寿元年诏曰:“投生殉节,自古称难,陨身王事,礼加二等。而世俗之徒,不达大义,致命戎旅,不入兆域。亏孝子之意,伤人臣之心,兴言念此,每深愍叹。且入庙祭祀,并不废阙,何至坟茔独在其外?自今以后,战亡之徒,宜入墓域。”可谓达古人之意。又考晋赵文子[④]与叔誉观乎九原,而有阳处父[⑤]之葬,则得罪而见杀者,亦未尝不入兆域也。《左传》襄公二十九年,“齐人葬庄公于北郭”。注引“兵死不入兆域”。

【注释】①兆域:墓地四周的疆界,亦以称墓地。②襚(suì):古吊丧之礼。为死者穿衣。③殇:没有到成年就死去。④赵文子:赵武,嬴姓,赵氏,讳武,谥号曰“文”,其名称“赵武”,世人尊称其“赵孟”,史称赵文子,赵盾之孙,赵朔之子,晋文公外曾孙。春秋中期晋国六卿,赵氏宗主。⑤阳处父:春秋时晋国大夫,因封邑于阳地,遂以阳为氏。晋文公九年。楚国派斗章出使晋国，晋国派阳处父到楚国回访，晋楚两国恢复了正常外交关系。

【译文】《冢人》记载："凡是在战争中死亡的人，不能葬入王族墓地。"注解："战败是因为没有勇气，扔到坟墓外来惩罚他。"《左传》赵简子所谓"用三寸厚的桐木棺材，不再用衬板和外椁，用没有装饰的车马装运棺材，不葬入本族的墓地"；而《檀弓》记载"死亡而不慰问有三种情况"，其中一个是"畏惧"，也是这一类。（《庄子》："战而死者，其人之葬也，不以翣资。"崔本写成"翣枚"，"枚音坎，是先人坟墓的意思"。）像敝无存去世，齐侯多次给他穿上衣服，赏赐他犀皮装饰的车和长柄伞盖作陪葬品，而且亲自推车三次。童汪踦去世，而孔子说："能够拿着兵器来保卫国家，可以不当作夭折对待。"怎么能用这同一个标准呢？隋文帝仁寿元年发布文书命令说："抛弃生命、保全志节而牺牲生命，从古以来称为难事，为王命差遣的公事而死亡，礼待添加二等。而世间庸俗的人，不通晓大义，为军旅献出生命，不葬入墓地。亏欠孝子的心意，伤害人臣的忠心，每想到这，常常深深地怜悯感叹。况且进入宗庙祭祀，并没有缺漏，为什么他的坟墓独自在外？从今以后，因为战争死亡的人，应该葬入墓地。"可以说通晓古人的深意。又研究晋国的赵文子与叔誉一同到九原去巡视，看到阳处父的墓葬，那么获罪而被杀的人，也没有不葬入墓地的。（《左传》鲁襄公二十九年，"齐人把庄公安葬在北郭"。注引"引战而死不入墓地"。）

乐章

《诗》三百篇，皆可以被之音而为乐。自汉以下，乃以其所赋五言之属为“徒诗[①]”，而其协于音者，则谓之“乐府[②]”。宋以下，则其所谓“乐府”者，亦但拟其辞，而与“徒诗”无别。于是乎诗之与乐，判然为二，不特乐亡而诗亦亡。

【注释】①徒诗：不入乐的诗。与《诗经》的“合乐歌唱”不同，《楚辞》属于“不歌而诵”的“徒诗”。②乐府：中国古代民歌音乐。乐府是古代音乐机关，秦代以来朝廷设立的管理音乐的官署，到汉时沿用了秦时的名称。正式成立于西汉汉武帝时期，收集编纂各地民间音乐、整理改编与创作音乐、进行演唱及演奏等。

【译文】《诗经》三百篇，都可以配上音节而成为音乐。从汉代以后，把他们所创作的五个字的句子称为“徒诗”，而它们中音韵协调的，就称为“乐府”。宋代以后，所谓“乐府”的，也只是仿照它的修辞，而与“徒诗”没有区别。于是诗与乐，完全分为不同的两种，不只是乐没有而且诗也没有了。

古人以乐从诗，今人以诗从乐。古人必先有诗，百后以乐和之。舜命夔教胄子，“诗言志，歌永言。声依永，律和声”。是以登歌在上，而堂上堂下之器应之，是之谓“以乐从诗”。宋国子丞王普言：“古者既作诗，从而歌之，然后以声律协和而成曲。自历代至于本朝，雅乐皆先制乐章，而后成谱。崇宁以后，乃先制谱，后命辞，于是辞律不相谐协，且与俗乐无异。”朱子曰：“诗之作，本言志而已。方其诗也，未有歌也。及其歌也，未有乐也。以声依永，以律和声，则乐乃为诗而作，非诗为乐而作也。诗出乎志者也，乐出乎诗者也。诗者其本，而乐者其末也。古之《诗》，大抵出于中原诸国。其人有先王之风，讽诵之教，其心和，其辞不侈，而音节之间，往往合于自然之律。《楚辞》以下，即已不必尽谐。《文心雕龙》言：“《楚辞》讹韵实繁。”降及魏、晋，羌戎杂扰，方音递变，南北各殊。故文人之作，多不可以协之音，而名为“乐府”，无以异于“徒诗”者矣。元稹言：“乐府等题，除《铙吹》《横吹》《郊祀》《清商》等词在《乐志》者，其余《木兰》《仲卿》《四愁》《七哀》之类，亦未必尽播于管弦也。”人有不纯，而五音十二律[①]之传于古者，至今不变，于是不得不以五音正人声，而谓之“以诗从乐”。“以诗从乐”，非古也，后世之失，不得已而为之也。

【注释】①五音十二律：五音又称五声。最古的音阶，仅用五音，即宫、商、角、徵、羽。十二律是古代的定音方法。即用三分损益法将一个八度分为十二个不完全相同的半音的一种律制。各律从低到高依次为：黄钟、大吕、太簇、夹钟、姑洗、中吕、蕤宾、林钟、夷则、南吕、无射、应钟。十二律又分为阴阳两类，凡属奇数的六种律称阳律，属偶数的六种律称阴律。另外，奇数各律称“律”，偶数各律称“吕”，故十二律又简称“律吕”。阳律六：黄钟、太簇、姑洗、蕤宾、夷则、无射；阴律六：大吕、夹钟、中吕、林钟、南吕、应钟。

【译文】古代的人用乐依从诗，现在的人用诗依从乐。古人一定是先有诗，然后用乐和谐地跟着唱。舜任命夔教育贵族子弟，“诗是表达思想感情的，歌是咏唱出来的语言。五声是依据咏唱而制定的，六律是和谐五声的”。因此在上升堂奏歌，而堂上堂下的乐器应和它，说的就是“用乐依从诗”。（宋国子丞王普说：“古代写完诗后，跟着就歌唱，然后以声律协和而形成曲。自历代到宋朝，雅乐都是先制成乐章，然后完成谱。崇宁以后，才先制成谱，然后命辞，于是辞律不相和谐，而且与俗乐没有差别。”朱子说：“诗的创作，本来表达思想感情而已。创作诗句，没有歌唱。到歌唱时，没有乐。五声是依据咏唱而制定的，六律是和谐五声的，那么乐是依据诗而作的，不是诗依据乐而作的。诗出自志，乐出自诗。诗是其根本，而乐是其末节。）古代的《诗经》，大致是出在中原各个国家。那里的人有先王的风范，诵读的教化，其心意平和，其言辞不夸大，而音节之间，往往符合自然的音律。《楚辞》以后，就已经不全部谐韵了。（《文心雕龙》说：“《楚辞》讹韵实繁。”）到了魏、晋时期，羌戎交错混杂，方言的语音交替变化，南北各不相同。所以文人的诗作，大多不可以用音韵协调，而称为“乐府”，跟“徒诗”没有什么差异。（元稹说：“乐府等题，除《铙吹》《横吹》《郊祀》《清商》等词在《乐志》的，其余《木兰》《仲卿》《四愁》《七哀》之类，也不一定完全在管弦上弄出来。”）人有不纯正，而五音十二律从古代开始流传，至今不变，于是不得不用五音纠正人声，而称为“用诗依从乐”。“用诗依从乐”，不是古代的，这是后代的过失，不得已而这样做的。

《汉书》：“武帝举司马相如等数十人，造为诗赋，略论律吕，以合八音[1]之调，作《十九章之歌》。”夫曰“略论律吕，以合八音之调”，是“以诗从乐”也。后代乐章皆然。

【注释】①八音：中国传统器乐吹打乐的一种。原为中国历史上最早的乐器科学分类法，西周时已将当时的乐器按制作材料，分为金（钟、镈、铙）、石（磬）、丝（琴、瑟）、竹（箫、篪）、匏（笙、竽）、土（埙、缶）、革（鼗、雷鼓）、木（柷、敔）八类。

【译文】《汉书》记载：“汉武帝推选司马相如等数十人，创作诗赋，简略论述音律，使它们符合八音的曲调，创作《十九章之歌》。”说“简略论述音律，使它们符合八音的曲调”，这是“用诗依从乐”。后代的乐章都是这样。

《安世房中歌》十七章，《郊祀歌》十九章，皆郊庙[1]之正乐，如《三百篇》之《颂》。其他诸诗，所谓“赵、代、秦、楚之讴”，如列国之《风》。

【注释】①郊庙：古代祭祀天地和祖庙的音乐。

【译文】《安世房中歌》十七章，《郊祀歌》十九章，都是天子祭祀天地与祖先的雅正音乐，就像《诗经》的《颂》。其他所有的诗，所谓“赵国、代国、秦国、楚国的民歌”，就像列国的《风》。

《十九章》，司马相如等所作，“略论律吕，以合八音”者也。“赵、代、秦、楚之讴”，则有协有否，以李延年[1]为协律都尉，采其可协者以被之音也。

【注释】①李延年：西汉音乐家，汉武帝宠妃李夫人兄长。

【译文】《十九章之歌》，是司马相如等创作，是“简略论述音律，使它们符合八音的曲调”。“赵国、代国、秦国、楚国的民歌”，则是有的协韵有的不谐韵，任命李延年为协律都尉，选择其中可以协韵的配上音节。

《乐府》中如《清商》《清角》之类，以声名其诗也；如《小垂手》《大垂手》之类，以舞名其诗也。以声名者，必合于声，以舞名者，必合于舞。至唐而舞亡矣，至宋而声亡矣。于是乎文章之传盛，而声音之用微，然后“徒诗”兴而“乐”废矣。

【译文】《乐府》中如《清商》《清角》之类，是用声命名诗；如《小垂手》《大垂手》之类，是用舞命名诗。用声命名的，一定符合声，用舞命名的，一定符合舞。到了唐代而舞没有了，到了宋代而声没有了。于是文章的流传盛行，而声音的使用衰微了，然后“徒诗”兴起，而“乐”衰败了。

歌者为诗，击者、拊者、吹者为器，合而言之谓之乐。对诗而言，则所谓乐者八音，“兴于《诗》，立于《礼》，成于《乐》”是也，分《诗》与《乐》言之也。专举《乐》，则《诗》在其中，“吾自卫反鲁，然后《乐》正，《雅》《颂》各得其所”是也，合《诗》与《乐》言之也。

【译文】咏唱的是诗，敲打、拍打、吹奏的是乐器，合起来说就是乐。对诗而言，就是所谓的乐者八音，“开始在学《诗》，自立在学《礼》，完成在学《乐》”是这样，这是分开《诗》与《乐》来讨论。专门提出《乐》，那么《诗》在其中，“我从卫国返回到鲁国，然后《乐》得到整理，《雅》《颂》各自有适当的安排”是这样，这是合并《诗》与《乐》来讨论。

《乡饮酒礼》：“工四人，二瑟。”注：“二瑟，二人鼓瑟，则二人歌也。”古人琴瑟之用，皆与歌并奏，故有一人歌，一人鼓瑟者。汉文帝“使慎夫人[1]鼓瑟，上自倚瑟而歌”是也。师古曰：“倚瑟，即今之以歌合曲也。”亦有自鼓而自歌，孔子之取瑟而歌是也。若乃卫灵公听新声于濮水之上，而使师延写之，则但有曲而无歌。此后世徒琴之所由兴也。

【注释】①慎夫人：邯郸（今河北邯郸）人，汉文帝刘恒的宠妃，当时，慎夫人甚至可以与孝文窦皇后同席而坐。有美色，能歌舞，擅鼓瑟。

【译文】《乡饮酒礼》记载：“乐工四人，其中两个人鼓瑟。”注解：“二瑟，两个人鼓瑟，那么两个人歌唱。”古人琴瑟的运用，都和歌一同演奏奏，所以有一人歌唱，一人鼓瑟。汉文帝“让慎夫人鼓瑟，汉文帝和着瑟的曲调而歌唱”是这样的。（颜师古说：“倚瑟，就是现在的以歌合曲。”）也有自己鼓瑟、自己歌唱的，孔子取来瑟边弹边唱就是这样。至于卫灵公在濮水上听到新作的乐曲，而让师延记录下来，则只是有曲而没有歌。从此世上人独奏的风气就兴起了。

言《诗》者，大率以声音为末艺，不知古人入学自六艺始，孔子以游艺[1]为学之成。后人之学好高，以此为瞽师、乐工之事，遂使三代之音不存于两京，两京之音不存于六代，而声音之学遂为当今之绝艺。

【注释】①游艺：亦作“游秇”。游憩于六艺之中。泛指学艺的修养。

【译文】谈论《诗经》的人，大致把音乐作为小技艺，不知道古人学习是从六艺开始的，孔子把游憩在六艺中当作完成学业。后人研究学问时喜欢追求过高的目标，把这作为瞽师、乐工的事情，于是使得三代的音乐不能留存在两京，两京的音乐不能留存在六代，而音乐的学问就成为当今很难学会的技艺。

“七月流火”，天文也；“相其阴阳”，地理也；“四矢反兮”，射也；“两骖[1]如舞”，御也；“止戈为武”“皿虫为蛊”，书也；“千乘三去”“亥有二首六身[2]”，数也。古之时人人知之，而今日遂为绝学。且曰，艺而已矣，不知之无害也。此近代之儒，所以自文其空疏也。

【注释】①骖（cān）：古代驾在车前两侧的马。②亥有二首六身：二万六千六百六十日的隐语，即七十三岁。后用以喻高寿。

【译文】“七月流火”，是说天文；“相其阴阳”，是说地理；“四矢反兮”，是说射箭技术；“两骖如舞”，是说驾驶马车的技术；“止戈为武”“皿虫为蛊”，是说书法、六书；“千乘三去”“亥有二首六身”，是说数字。古代的时候人人都知道，而到今日却成为失传的学问。并且说，只是技艺罢了，不知道也没有危害。这是近代的儒生，用来掩盖自身的空洞浅薄。

斗与辰合

《周礼》“大司乐”注：“此据十二辰之斗建[①]，与日辰相配合，皆以阳律为之主，阴吕来合之。是以‘大师’云：‘掌六律、六同[②]以合阴阳之声。’黄钟，子之气也，十一月建焉，而辰在星纪。大吕，丑之气也，十二月建焉，而辰在玄枵。”故“奏黄钟，歌大吕”，“以祀天神”。今五行家言，子与丑合。“大蔟，寅之气也，正月建焉，而辰在娵訾。应钟，亥之气也，十月建焉，而辰在析木”。故“奏大蔟，歌应钟”，“以祀地祇”。寅与亥合。《南齐书·礼志》：太常丞何諲之议礼，孟春之月择元辰，躬耕帝藉。郑注云：元辰盖郊后吉亥也，五行说十二辰为六合，寅与亥合，建寅月东耕，取月建与日辰合也。“姑洗，辰之气也，三月建焉，而辰在大梁。南吕，酉之气也，八月建焉，而辰在寿星”。故“奏姑洗，歌南吕”，“以祀四望[③]”。辰与酉合。“蕤宾，午之气也，五月建焉，而辰在鹑首。林钟，未之气也，六月建焉，而辰在鹑火”。故“奏蕤宾，歌函钟”，林钟也。“以祭山川”。午与未合。“仲吕，巳之气也，四月建焉，而辰在实沈。夷则，申之气也，七月建焉，而辰在鹑尾”。故“奏夷则，歌小吕”，仲吕也。“以享先妣”。巳与申合。“夹钟，卯之气也，二月建焉，而辰在降娄。无射，戌之气也，九月建焉，而辰在大火”。故“奏无射，歌夹钟”，“以享先祖”。卯与戌合。《太玄经》所谓“斗振天而进，日违天而退”，先王作乐以象天地，其必有以合之矣。

【注释】①斗建：北斗所指，称为斗建。斗柄东指为春，南指为夏，西指为秋，北指为冬。斗建方向是按连接摇光即北斗七和北极的大圆与赤道圈相交的点来决定的。斗建用于确定中国上古时候阴阳历月份的起始位置。②六律：指六阳律。黄钟、太簇、姑洗、蕤宾、夷则、无射。六同：即六吕。六阴律，以铜为管，故名六同。大吕、夹钟、仲吕、林钟、南吕、应钟。③四望：四方山川及其神灵。

【译文】《周礼》“大司乐”注解：“这是根据十二时辰的月建，与天干和地支相配合，都是把阳律放在首要位置，阴吕来配合它。因此‘大师’说：‘掌管六律、六同，来使阴声、阳声相互配合。’黄钟，是子的节气，十一月建子，而辰在星纪。大吕，是丑的节气，十二月建丑，而辰在玄枵。”所以“用黄钟的调式演奏，用大吕的调式歌唱”，“用来祭祀天神”。（现在五行家说，子与丑合。）“太蔟，是寅的节气，正月建寅，而辰在娵訾。应钟，是亥的节气，十月建亥，而辰在析木”。所以“用大蔟的调式演奏，用应钟的调式歌唱”，“用来祭祀地神”。（寅与亥合。《南齐书·礼志》：太常丞何諲之讨论礼，孟春之月选择元辰，亲自耕种帝藉。郑注说：元辰大概是郊祀之后的吉亥，五行说十二辰为六合，寅与亥合，建寅月向东耕种，这是采取月建与日辰合。）“姑洗，是辰的节气，三月建辰，而辰在大梁。南吕，是酉的节气，八月建酉，而辰在寿星”。所以“用姑洗的调式演奏，用南吕的调式歌唱”，“用来祭祀四方”。（辰与酉合。）“蕤宾，是午的节气，五月建午，而辰在鹑首。林钟，是未的节气，六月建未，而辰在鹑火”。所以“用蕤宾的调式演奏，用函钟（就是林钟）的调式歌唱”，“用来祭祀山川”。（午与未合。）“仲吕，是巳的节气也，四月建巳，而辰在实沈。夷则，是申的节气，七月建申，而辰在鹑尾”。所以“用夷则的调式演奏，用小吕（就是仲吕）的调式歌唱”，“用来祭祀先母”。（巳与申合。）“夹钟，是卯的节气，二月建卯，而辰在降娄。无射，是戌的节气，九月建戌，而辰在大火”。所以“用无射的调式演奏，用夹钟的调式歌唱”，“用来祭祀祖先”。（卯与戌合。）《太玄经》所谓“北斗振天而进，日辰违天而退”，先王创作乐来征象天地，其中一定有符合的。

凶声

“凡建国，禁其淫声，过声，凶声，慢声。”“凶声”，如殷纣好为北鄙之声，所谓亢厉而微末，以象杀伐之气者也。注谓：“亡国之声，若桑间濮上①。”此则一“淫声”已该之矣。

【注释】①桑间濮上：桑间在濮水之上，是古代卫国的地方。指淫靡风气盛行的地方。

【译文】“凡是建立国都，制止淫邪的乐声，悲伤、欢乐过分的乐声，亡国、杀伐不祥的乐声，惰慢不恭的乐声。”“凶声”，像殷纣喜欢演奏北方边地的乐声，所谓激扬而微小，用来征象杀伐的气势。注解说：“亡国的乐声，像桑间在濮水之上。”这是一个“淫声”就已经全部概括了。

八 音

先王之制乐也，具五行之气。夫水火不可得而用也，故寓火于金，寓水于石。凫氏为钟①，火之至也；泗滨浮磬②，水之精也。石生于土，而得夫水火之气，火石多，水石少。泗滨磬石，得水之精者也，故浮。用天地之精以制器，是以五行备，而八音谐矣。

【注释】①凫氏为钟：是关于如何制造编钟的记载。因以凫钟称作为乐器的铜钟。②泗滨浮磬：编磬用的石料，以古徐州的泗滨浮磬质地最好。泗滨，泗水之滨。石在水旁，水中见石，似石水上浮然。此石可以为磬，故谓之浮磬也。

【译文】先王创制乐声，具备五行的气息。水火不能得到而供使用，所以寄托火在金，寄托水在石。凫氏制造编钟，是火的极致；泗水边做磬的石头，是水的精华。（石头在土里产生，而得水火之气，火石多，水石少。泗滨浮磬，是得到水的精华的物体，因此浮出水面。）用天地的精华来制作乐器，因此五行完备，而八音谐和。

土鼓，乐之始也；陶匏，祭之大也。二者之音，非以悦耳，存其质也。《国语》，伶州鸠[①]曰：“匏竹利制。”又曰：“匏以宣之，瓦以赞之。”今之大乐，久无匏、土二音，《旧唐书·音乐志》，笙，女娲氏造，列管于匏上，内簧其中。今之笙、竽，并以木代匏而漆之，无匏音矣”。宋叶少蕴《避暑录话》：“大乐旧无匏、土二音，笙以木刻本，而不用匏，埙亦木为之。”《元史》，匏，“以斑竹为之”。而八音但有其六矣。熊氏谓，匏音亡，而清廉忠敬者之不多见。吾有感于其言。元熊朋来《五经说》曰：“八音之有笙，宜以竹称，而乃以匏称，是所重在匏也。古者造笙，必以曲沃之匏，汶阳之竹。汉太学槐市各持方物，列磬悬匏。八音之匏，于卦为《艮》，于风为融，于气为立春。匏音啾以立清，阙之则清廉者鲜矣。匏音正则人思敬，不正则忠敬者鲜矣。为礼乐之官者，尚申请而改正之。”

【注释】①伶州鸠：周景王时的乐官。周景王曾问乐律于伶州鸠。他的回答成了中国乐律学史上最早的名篇。伶州鸠除了借论乐来讽谏景王不要“匮财用，罢民力，以逞淫心”外，还讲了许多乐律学知识。他按六阳六阴的顺序列举了黄钟、大吕、太簇、夹钟、姑洗、仲吕、蕤宾、林钟、夷则、南吕、无射、应钟等律名。这是十二律名见于典籍的最早的完备记载。

【译文】土鼓，是乐的开始；陶匏，是祭祀的广大。土鼓、陶匏的乐音，不是用来愉悦耳朵，而是保留本质的。《国语》记载，伶州鸠说：“穿凿匏竹制作笙、竽、笛、箫等乐器。”又说：“笙、竽、笛、箫发出和声，埙、缶加以装饰。”如今典雅庄重的音乐，很久没有土鼓、陶匏的乐音了，(《旧唐书·音乐志》，笙，为女娲氏造，将管排在匏上，里面装上簧。现在的笙、竽，全都以木取代匏而上漆，没有匏音了”。宋代叶少蕴(叶梦得)《避暑录话》：“大乐之前没有匏、土二音，笙以木刻本，而不用匏，埙也木制成。”《元史》，匏，“以斑竹制成”。)而八音只剩下六种了。熊朋来说，匏音没有了，而清廉忠敬的人不多见到了。我对他的话深有感触。(元代熊朋来《五经说》说：“八音当中有笙，应当以竹称名，然而竟以匏称名，说明所重视在于匏。古代制造笙，必然是以曲沃之匏，汶阳之竹。汉代太学槐市各自拿着地方特产，排列磬悬挂匏。八音之匏，在八卦为《艮》，在风里为融，在节气为立春。匏音啾以立清，缺少它那么清廉的人就少了。匏音正那么人人怀着尊敬之心，不正那么忠敬的人就少了。创作礼乐之官的，尚且申请而改正。”)

用火

有明火①，有国火②。明火以阳燧③取之于日，近于天也，故卜与祭用之。董氏、大祝、大司寇。国火取之五行之木，司爟。近于人也，故烹饪用之。

【注释】①明火：古代占卜和祭祀时，用铜镜映日聚光所点燃的火。②国火：在四季用不同的树木取火，以驱除疾病。③阳燧：中国先民在西周时期发明的从太阳光中取火的工具，其形似呈球面形内凹的青铜镜。

【译文】有明火，有国火。明火是用阳燧在太阳光下取火，接近天，所以占卜与祭祀的时候使用。（萑氏、大祝、大司寇。）国火是通过五行的树木取得，（司爟。）接近人，所以烹饪的时候使用。

古人用火，必取之于木，而复有四时五行之变。《素问》，黄帝言："壮火散气，少火生气。"季春出火，贵其新者，少火之义也。今人一切取之于石，其性猛烈而不宜人，疾疢[1]之多，年寿之减，有自来矣。详见第二十五卷《介子推》条。

【注释】①疾疢（chèn）：泛指疾病。

【译文】古人使用火，一定通过树木取得，而且还有四时五行的变化。《素问》记载，黄帝说："亢烈的火耗散气，温和的火生发气。"春季三月开始生火，重视它的初始，温和的火的含义。现今的人全部通过石头取得，这火性质猛烈而不适宜人，疾病灾害增多，岁数寿命减少，这是有缘由的。（详见本书第二十五卷《介子推》条。）

邵氏《学史》曰："古有火正[1]之官。语曰，钻燧改火。此政之大者也。所谓'光融天下'者，于是乎在。《史记·楚世家》：重黎为帝喾火正，能光融天下，命曰祝融。《周礼》'司烜[2]氏'所掌，及《春秋》宋、卫、陈、郑所纪者，政皆在焉。今治水之官，犹夫古也，而火独缺焉。饮知择水，而亨不择火，以祭以养，谓之备物可乎？或曰，庭燎[3]则有司矣。虽然，此火之末也。"

【注释】①火正：帝颛顼（一说为帝喾高辛）时始设火正，掌管民事，名叫黎。黎的后人世袭火正一职。②烜（huǐ）：火。③庭燎：宫廷中照亮的火炬。

【译文】邵宝的《学史》记载："古时候有火正的官职。话说，随着季节选择木材钻木取火，这是政治的关键。所谓'能使光照耀天下'，就是这样。（《史记·楚世家》：重黎担任帝喾的火正，能光融天下，命名为祝融。）《周礼》中'司烜氏'所掌管，以及《春秋》宋、卫、陈、郑所记载的，政治都存在。如今整治水利的官员，仍然是古代的，而治理火的唯独缺失。饮用知道选择水，而烹饪不选择火，用来祭祀奉养，就称为器物齐备可以吗？有人说，宫廷中照明的火炬有专门负责的官吏。即使这样，这是用火的细枝末节了。"

莅戮于社

大司寇[①]："大军旅，莅戮于社。"注："社，谓社主[②]在军者也。"《书·甘誓》："用命赏于祖，不用命戮于社。"孔安国云："天子亲征，必载迁庙[③]之祖主及社主行。有功则赏祖主前，示不专也；不用命奔北者，则戮之于社主前。社主阴，阴主杀。亲祖严社之义也。"《记》曰："社所以神地之道。"意古人以社为阴主，若其司刑杀之柄者。故"祭胜国之社"，则士师[④]"为之尸"。而王莽之将亡，赦城中囚徒，授兵杀豨[⑤]，饮其血曰："有不为新室者，社鬼[⑥]记之。"宋襄公、季平子皆用人于社；而亡曹之梦亦曰"立于社宫"；宰我"战栗"之对，有自来矣。

【注释】①大司寇：负责实践法律法令，辅佐周王行使司法权。②社主：土地神的神主。③迁庙：古代太庙中专门供奉、祭祀被迁神主之庙殿。也称远庙。④士师：秋官司寇之属官。掌禁令、狱讼、刑罚之事。古代对执法官员之通称。⑤豨：同“狶”，巨大的野猪。⑥社鬼：即社公。古谓土地神。

【译文】大司寇：“重大的军事行动，亲自到军社前监视行刑。”注解：“社，是社主在军队中。”《尚书·甘誓》记载：“在先祖的神位前赏赐服从命令的将士，在社主的神位前惩罚不服从命令的将士。”孔安国说：“天子亲自出征，一定会装载着迁庙的祖主以及社主出行。有功劳的就在祖主前赏赐，表示不专断；不服从命令败逃的，就在社主前惩罚。社主阴，阴负责杀戮。亲近祖主威严社主的含义。”《礼记》记载：“社祭是用来表示尊敬土神的。”猜想古人把社作为阴主，像掌管刑杀权柄的人。所以“祭祀胜国的社”，那么士师就“充当尸代替神接受祭祀”。而王莽将要灭亡，赦免城中监狱里的犯人，发给武器、杀死野猪，喝血立誓说：“有不为新朝效力的人，社鬼记住他。”宋襄公、季平子都用人在社；而曹国灭亡时有人梦见说“站在社宫那里”；宰我有关“颤抖”的答对，是有原因的。

邦朋

士师“掌士之八成”，“七曰为邦朋”。太公对武王，“民有十大”，而曰：“民有百里之誉，千里之交，六大也。”又曰：“一家害一里，一里害诸侯，诸侯害天下。”嗟乎，此太公之所以诛华士[②]也。世衰道微，王纲弛于上，而私党植于下，故箕子之陈《洪范》，必“皇建其有极”，而后庶民人无“淫朋”“比德”。

【译文】士师“掌管司法官断案的八个方面的成例”，“第七是有关相互勾结违法乱政案件的成例”。姜太公答对武王，“百姓有十大过失”，而说：“百姓有闻名百里的声誉，千里的私交，是第六大过失。”又说：“一家祸害一里，一里祸害诸侯，诸侯祸害天下。”唉，这是姜太公诛杀华士的原因。世道逐渐衰微，在上朝廷纲纪松懈，而在下私人党徒培植，所以箕子陈述《洪范》，一定是“君王建立政事要有法则”，之后平民没有“朋比为奸”“结成党羽，谋求私利”。

《易·泰》之九二，曰“朋亡”，《涣》之六四，曰“涣其群，元吉”。《庄子》：“文王寓政于臧丈[①]人”，“而列士坏植散群”。

【注释】①臧丈：《庄子》寓言中的人物。指姜太公。

【译文】《易经·泰》的九二爻，说“失去朋党”，《涣》的六四爻，说“涣散了同类，最为吉祥”。《庄子》记载：“周文王寄托国家事务给姜太公”，“拉帮结派的地方官员都解散了朋党”。

荀悦[①]论曰：“言论者计薄厚而吐辞，选举者度亲疏而举笔。苞苴[②]盈于门庭，聘问交于道路，书记繁于公文，私务众于官事。”世之弊也，古今同之，可为太息者此也。

【注释】①荀悦：字仲豫，颍川颍阴（今河南许昌）人。东汉史学家、政论家，思想家。荀悦依《左传》体裁作《汉纪》三十篇。又著《崇德》《正论》及诸论数十篇。②苞苴（jū）：通“包”。馈赠的礼物。又指贿赂。

【译文】荀悦谈论说：“发表评论的人，根据对方与自己交情的厚薄来决定怎样张口说话；负责推荐官员的人，估量对方和自己亲疏关系而写出推荐评语。馈赠礼物的人挤满了门庭，探访问候的人在道路上随处可见，私家文书比官府公文繁忙，私人事务比官府公事还多。”时代的弊病，古今是一样的，对此很是感慨。

王公六职之一

“坐而论道，谓之王公。”王亦为六职[①]之一也，未有无事而为人君者，故曰“天子一位”。

【注释】①六职：谓王公、士大夫、百工、商旅、农夫、妇功六种职别。

【译文】“坐着谈论政事，称为王公。”王也是六种职别之一，不存在没有政事而成为人君的，所以说“天子是一个等级”。

奠挚见于君

《士冠》，士之嫡子，继父者也，故得“奠挚[①]见于君”。庶子不得见君。《左传》昭公四年，“仲与公御莱书观于公，叔孙怒而逐之”。是也。

【注释】①奠摰：古人相见，位卑者置放摰礼于地，称“奠摰”。

【译文】《士冠》记载，士的正妻生的儿子，是继承父亲职位的人，所以能够“按照奠摰的礼节觐见国君”。（庶出之子不得见国君。《左传》鲁昭公四年，“仲壬和昭公的御者莱书在公宫里参观，叔孙生气就驱逐了他”。就是这样。）

主 人

“主人爵弁①，纁裳②，缁袘③”，注：“主人，婿也，婿为妇主。”“主人筵于户西”，注：“主人，女父也。”亲迎之礼，自夫家而行，故婿称主人。至于妇家，则女父又当为主人，故不嫌同辞也。女父为主人，则婿当为宾，故曰：“宾东面答拜。”注：“宾，婿也。”对女父之辞也。至于宾出而妇从，则变其文而直称曰婿。婿者，对妇之辞也。曰“主人”，曰“宾”，曰“婿”，一人而三异其称，可以见“礼时为大”，而义之由内矣。

【注释】①爵弁（biàn）：冠名，爵，通“雀”故亦作“雀弁”。古代礼冠的一种，比冕次一级，形制如冕，但没有前低之势，而且无旒。色如雀头，赤而微黑。其形广八寸，长一尺六寸，前小后大，用极细的葛布或丝帛做成。通常戴爵弁服时所穿着的是爵弁服。爵弁是士婚礼新婿（即新婿）礼冠。②纁（xūn）裳：浅绛色之裳。③缁袘（yì）：黑色的裙边。

【译文】“主人头戴爵弁冠，身穿装饰黑色裙边的浅绛色衣裙”，注解：“主人，是新婿，新婿是妻子的主人。”“主人在户西摆设筵席”，注解：“主人，是妻子的父亲。”新婿亲自去迎接新娘的礼仪，从新婿家出发，所以新婿叫主人。到了妻子家，那么妻子的父亲就是主人，所以不避讳是同一个称谓。妻子的父亲为主人，那么新婿就当为宾客，所以说：“宾东面答拜。”注解：“宾客，是新婿。”是对妻子父亲的言辞。到了新婿出来妻子跟随，就变换文字而直接称呼新婿。新婿，是对妻子的言辞。叫“主人”“宾客”“新婿”，是同一个人而有三种不同的称呼，可以知道“制定礼，要符合当时情况”，而义从内而出。

辞无不腆无辱

“归妹，人之终始也。”先王于此，有省文尚质之意焉，故“辞无不腆无辱①”。“宾不称币不善，主人不谢来辱。”告之以直，信曰，先人之礼而已。所以立生民之本，而为嗣续②之基，故以内心为主，而不尚乎文辞也。非徒以教妇德而已。

【注释】①不腆，谦辞。犹言不丰厚，浅薄。无辱：谦辞。犹言不劳枉驾。②嗣续：子孙世代继承，子孙繁衍。

【译文】“婚嫁，使人类始终循环无止境。”先王对于这个，有省略文字崇尚质朴的意思，所以“免去类似不丰厚的聘礼，劳驾驾临我家的客套话”。（“宾不称币不善，主人不谢来辱。”）直接告诉他们，诚实地说，只是先人的礼节罢了。用来确立蓄养百姓的根本，子孙延续的基础，因此以内心真诚为主，而不崇尚动听的言辞。不仅仅用来指导妇人品德的。

某子受酬

《乡饮酒礼》“某子受酬[①]”，注：“某者，众宾姓也。”《乡射礼》“某酬某子”，注：“某子者，氏也。”古人男子无称姓者，从《乡射礼》注为得。如《左传》叔孙穆子言叔仲子、子服子[②]之类。《士昏礼》“皇舅某子”，此或谥或字之称，与《聘礼》“皇考某子”同。疏以为“若张子、李子”。妇人内夫家，岂有称其舅为“张子”“李子”者哉？

【注释】①酬：向客人敬酒。②叔孙穆子：叔孙豹，姬姓，叔孙氏，名豹，谥号曰“穆”，故史称叔孙穆子（亦称叔孙穆叔），春秋时鲁国大夫。曾说：“太上有立德，其次有立功，其次有立言，虽久不废，此之谓不朽。”叔仲子：叔仲带，即叔仲昭子、叔仲昭伯，姬姓，谥号昭，名带，一名虺，叔孙氏的别支叔仲氏。子服子：子服惠伯，又称子服椒、子服湫、孟椒，中国春秋时期鲁国的大夫。

【译文】《乡饮酒礼》记载“某某先生接受敬酒”，注解：“某，众多宾客的姓。”《乡射礼》“某人向某先生酬酒”，注解：“某子，是氏。”古人男子没有称姓的，依从《乡射礼》注解为准。如同《左传》叔孙穆子所说叔仲子、子服子之类。（《士昏礼》“皇舅某子”，这或许是谥号或许是字的称呼，与《聘礼》“皇考某子”相同。注疏认为

“若张子、李子”。妇人嫁入夫家，哪有称其丈夫之父为“张子”“李子”的？）

辩

《乡饮酒礼》《乡射礼》，其于“旅”“酬”，皆言“辩”。注云：“辩，众宾之在下者。”此“辩”非“辩察”之“辩”，古字“辩”与“遍”通。经文言“辩”者非一，《燕礼》注：“今文‘辩’皆作‘遍’”是也。《曲礼》：“主人延客食胾[①]，然后辩殽[②]。”《内则》：“子师辩告诸妇诸母名”，“宰辩告诸男名”。《玉藻》：“先饭辩尝羞饮而俟。”《乐记》：“其治辩者其礼具。”注：“辩，遍也。”《左传》定公八年，“子言[③]辩舍爵于季氏之庙而出”。注：“辩，犹周遍也。”《史记·礼书》：“瑞应[④]辩至。”

【注释】①胾（zì）：切成大块的肉。②殽：古同“肴”。做熟的鱼肉。③子言：季寤，字子言，季孙氏家族的成员，季孙意如的庶长子，春秋时期鲁国大夫，负责执掌鲁国宗庙的昭穆，又称作“昭伯寤”。④瑞应：古代以为帝王修德，时世清平，天就降祥瑞以应之，谓之瑞应。

【译文】《乡饮酒礼》《乡射礼》中对于“旅”“酬”，都说是“辩”。注解说：“辩，是众位宾客在他的下位。”这个“辩”不是“辩察”的“辩”，古代文字“辩”与“遍”互相通用。经典中提到“辩”不止一次，《燕礼》注解：“如今的文字中‘辩’都作‘遍’”就是这样。《曲礼》记载：“主人延客食胾，然后辩殽。”《内则》记载：“子师辩告诸妇诸母名”，“宰辩告诸男名”。《玉藻》记载：“先饭辩尝羞饮而俟。”《乐记》记载：“其治辩者其礼具。”（注：“辩，就是遍的意思。”）《左传》鲁定公八年记载，“子言辩舍爵于季氏之庙而出”。（注：“辩，就像是周遍的意思。”）《史记·礼书》记载：“瑞应辩至。”

须臾

“寡君①有不腆之酒，请吾子之与寡君须臾焉，使某也以请。”古者乐不逾辰，燕不移漏，故称“须臾”，言不敢久也。《记》曰：“饮酒之节，朝不废朝，莫不废夕。”而《书·酒诰》之篇曰：“在昔殷先哲王，迪畏天显小民，经德秉哲，越在外服。侯、甸、男、卫帮伯，越在内服。百僚庶尹，惟亚惟服宗工，越百姓里居，罔敢湎于酒，不惟不敢，亦不暇。”是岂待初筵②之规，三爵③之制，而后不得醉哉？

【注释】①寡君：臣下对别国谦称本国国君。②初筵：宴饮之始，亦泛指宴饮。③三爵：爵，雀形酒杯。古人饮酒，倡导“温克”，即是说虽然多饮，也要能自持，要保证不失言、不失态。教人不做“三爵不识”，狂饮不止的人。所谓“三爵不识”，指不懂以三爵为限的礼仪。

【译文】“本国国君有不丰盛的酒席，请您与本国国君坐一会儿，派遣我来邀请您。”古时候乐不超过一个时辰，宴会不超过若干时间，所以称作“须臾”，说的是不敢太长。《礼记》记载：“饮酒时间的节奏，以清晨不耽误上早朝、傍晚不耽误办事为原则。”而《尚书·酒诰》记载：“过去时候，殷商的先人明王畏惧天命和百姓，施行德政，保持恭敬，在外地的侯、甸、男、卫等诸侯，在朝廷中的各级官员、宗室贵族以及退休在家的官员，没有人敢沉溺于饮酒游乐。不但不敢，而且也没有空闲的时间。”难道等待宴饮的规定，饮酒适量的制约，然后就不会喝醉吗？

飧不致

《聘礼》：“管人为客，三日具沐、五日具浴，飧[①]不致，宾不拜，沐浴而食之。”即孟子所谓“廪人[②]继粟，庖人[③]继肉，不以君命将之”，恐劳宾也。

【注释】①飧（sūn）：晚饭，亦泛指熟食，饭食。②廪人：古代管理粮仓的官吏。③庖人：职掌供膳的官吏。

【译文】《聘礼》记载：“掌管客馆的人为使者三天准备一次洗头发用的水，五天准备一次洗澡用的水。简单的宴席不用转达国君的命令，主宾不行拜礼，沐浴后吃准备好的简单宴席。”就是孟子所说的“负责仓库的人不断送来粮食，负责厨房的人不断送来肉食，都不是用国君的名义”，恐怕劳烦宾客。

三年之丧

今人三年之丧，有过于古人者三事。《礼记·三年问》曰：“三年之丧，二十五月而毕。”《荀子》同。《檀弓》曰：“祥[①]而缟，是月禫[②]，徙月乐。”王肃云：“是祥之月而禫，禫之明月，可以乐矣。”又曰：“鲁人有朝祥而莫[③]歌者，子路笑之。夫子曰：‘由，尔责于人终无已，夫三年之丧亦已久矣夫。’子路出，夫子曰：‘又多乎哉，逾月则其善也。’”《丧服小记》曰：“再期之丧，三年也。”《春秋》闵公二年《公羊传》曰：“三年之丧，实以二十五月。”《白虎通》：“三年之丧，再期二十五月。”《后汉书》陈忠疏言：“先圣缘人情而著其节，制服二十五月。”《淮南子》“饬丧纪”，高诱注：“纪，数也，二十五月之数也。”

【注释】①祥：父、母丧后一周年（即第十三个月）举行的祭礼叫“小祥”；两周年（即第二十五个月）举行的祭礼，叫“大祥”。②禫（dàn）：祭名。古时丧家除服的祭祀。③莫：古通“暮”。傍晚，太阳落山的时候。

【译文】现在的人守丧三年，超过古代人的有三件事。《礼记·三年问》记载：“三年的守丧期限，二十五个月就结束了。”（《荀子》与之相同。）《檀弓》记载：“大祥祭过后，孝子就开始换上编冠。在这个月举行禫祭，下一个月就可以奏乐了。”王肃说：“在祥祭的月份举行禫祭，禫祭的下个月，就可以奏乐了。”又说：“鲁国人有早上大祥祭而傍晚歌唱的，子路嘲笑他们。孔子说：‘仲由，你责备别人没有尽头，守丧三年的期限够长了。’子路出去后，孔子又说：

‘离可以唱歌的日子也没有多久了，如果过一个月再唱歌，那就完善了。’”《丧服小记》记载：“服丧两周年，就算三年。”《春秋》鲁闵公二年《公羊传》记载：“三年的守丧期限，实际上就是二十五个月。”（《白虎通》：“三年之丧，再期二十五月。”《后汉书》陈忠上疏说：“先圣根据人情而宣扬其节度，制定丧期二十五月。”《淮南子》“饬丧纪”，高诱注解：“纪，就是数，是二十五月之数。”）

孔安国《书传·太甲篇》云：“汤以元年十一月崩，至此二十六月，三年服阕。”郑玄谓：“二十四月再期，其月余日不数，为二十五月。中月而禫，则空月为二十六月。出月禫祭，为二十七月。”与王肃异。魏明帝以景初三年正月崩，至五年正月，积二十五晦为大祥，太常孔美、博士赵怡等以为禫在二十七月，其年四月祫祭。散骑常侍王肃、博士乐详等以为禫在祥月，其年二月祫祭。晋武帝时，越骑校尉程猗赞成王肃驳郑禫二十七月之失，为六征三验。博士许猛扶郑义，作释六征、解三验，以二十七月为得。并见《魏书·礼志》。

【译文】孔安国《书传·太甲篇》记载：“商汤在元年十一月去世，至此二十六月，三年守丧期限空阕。”郑玄说：“二十四月服丧两周年，这月剩下的时日不计算，是二十五月。中月而举行禫祭，那么空月是二十六月。出月举行禫祭，就是二十七月。”与王肃不同。（魏明帝在景初三年正月去世，到景初五年正月，积累了二十五个月底为大祥，太常孔美、博士赵怡等认为禫祭在二十七月，那年四月祫祭。散骑常侍王肃、博士乐详等认为禫祭在祥月，那年二月祫祭。晋武帝时，越骑校尉程猗赞成王肃的主张，反驳郑玄主张的禫祭二十七月的失误，为六征三验。博士许猛依据郑玄之义，注释六征、解释三验，以二十七月为准。以上都出现在《魏书·礼志》里。）

按《三年问》曰："至亲以期断，是何也？曰天地则已易矣，四时则已变矣，其在天地之中者，莫不更始焉，以是象之也。然则何以三年也？曰加隆焉尔也，焉使倍之，故再期也。"今从郑氏之说，三年之丧，必二十七月。宋武帝永初元年十月辛卯，改晋所用王肃祥禫二十六月仪，依郑玄二十七月而后除。其过于古人一也。《仪礼·丧服篇》曰："疏衰裳齐，牡麻绖，冠布缨，削杖，布带，疏屦，期者，父在为母。"传曰："何以期也？屈也。至尊在，不敢伸其私尊也。"《礼记·杂记》下篇曰："期之丧，十一月而练，十三月而祥，十五月而禫。"注云："此谓父在为母也。"《丧大记》曰："期，终丧不食肉，不饮酒。父在为母为妻。"又曰："期，居庐，终丧不御于内者，父在为母为妻。"

【译文】按《三年问》记载："为最亲近的亲属服丧满一年就应脱去丧服，这是为什么呢？回答说天地已经运行了一圈，四季已经变化了，在天地之间，万象没有不更新的，用制定出一年的丧期来征象它。那么为什么有三年的丧期呢？回答是为了注重此事，所以延长丧期一倍，所以要经过两个周年。"现在依从郑玄的说法，三年的守丧期限，一定是二十七个月。（宋武帝永初元年十月十一日，改晋朝所用王肃祥禫二十六月的仪式，依照郑玄二十七月而后除服。）这是超过古代人的一件事。《仪礼·丧服篇》记载："用粗布制作齐衰衣裳，缝衣边。用牡麻做头和腰的麻带。丧冠用布做冠缨，用桐木做孝杖，布带，粗草鞋，服丧一年，父亲在世，为去世的母亲服丧一年。"注解说："为什么服丧一年呢？儿子屈服于父亲。至尊的父亲在世，儿子不敢伸张对过世母亲的尊爱。"《礼记·杂记》下篇记载："一年的丧期，在第十一个月举行练祭，第十三个月举行大祥祭，第十五个月举行禫祭。"注解："这说的是父亲在世，为去世的母亲服丧。"《丧大记》记载："守丧一年，从开始到结束不能吃肉喝酒，这是父亲在世，为过世的母亲、妻子。"又说："守丧一年，居住在简陋的棚屋，服丧期间不让妇人陪睡，这是父亲在世，为过世的母亲、妻子。"

《丧服四制》曰："资于事父以事母而爱同。天无二日，土无二王，国无二君，家无二尊，以一治之也，故父在为母齐衰期者，见无二尊也。"《服问》曰："三年之丧既练矣，有期之丧既葬矣，则带其故葛带，绖期之绖，服其功衰。"徐师曾集注曰："三年之丧谓父丧也，期之丧母丧也。贾公彦《丧服》疏所云，父卒三年之内而母卒，仍服期。必父服既除而遭母丧，乃得伸三年也"。《丧服》："传曰，禽兽知母而不知父。野人[1]曰，父母何算焉？都邑之士，则知尊祢[2]矣。"

【注释】①野人：上古谓居国城之郊野的人。与"国人"相对。②祢：

奉祀死父的宗庙。

【译文】《丧服四制》记载："用侍奉父亲的态度来侍奉母亲，敬爱的程度是一样的。然而因为天无二日，地无二王，国无二君，家无二尊，都只能由一个人来担任最高领导，所以父亲在世而母亲去世，就只能降服齐衰，来显示家无二尊之义。"(《服问》说："已有三年之丧，到了小祥应改服轻丧服时，又遇到须服满一年的丧服，在后死者入葬以后，所穿丧服就用三年之丧改服之后的葛腰带，戴期年之丧的首绖，衣服仍用改服之后的功衰。"徐师曾集注说："三年之丧是服父丧，期之丧是服母丧。贾公彦《丧服》注疏说，父亲去世三年之内而母亲去世，依旧服期满。必然是父亲丧期除服之后而遭遇母丧，才能伸展三年"。)《丧服》："传解说，禽兽知道母亲而不知道父亲。那些住在偏僻乡村的人说，父亲与母亲有何区别？住在城邑里的人，知道尊重自己死去的父亲。"

今从武后之制，亦服三年之服。自唐以前礼制，父在为母一周除灵，三年心丧。高宗上元元年十二月，天后上表，请父在为母服齐衰三年，从之。玄宗开元五年，右补阙卢履冰上言：孝莫大于严父，故父在为母服齐衰周，心丧三年，情已申而礼杀也。则天皇后改服齐衰三年，请复其旧。上下其议，左散骑常侍褚无量以履冰议为是，诸人争论，连年不决。七年八月辛卯，敕自今五服，并依《丧服》传文。然士大夫议论犹不息，行之各从其意。无量叹曰，圣人岂不知母恩之厚乎？厌降之礼，所以明尊卑、异戎翟也。俗情肤浅，不知圣人之心，一紊其制，谁能正之？二十年，中书令萧嵩改修五礼，复请依上元敕，父在为母齐衰三年。从之。按父在为母齐衰三年，起自《开元礼》，然其时卢怀慎以母忧起复为兵部侍郎，张九龄以母忧起复中书侍郎、同平章事，邠王守礼以母忧起复左金吾卫将军，嗣鄂王邕以母忧起复卫尉卿，而得终礼制者，惟张说、韩休二人。则明皇固已崇其文而废其实矣。今制父在为母斩衰三年，按《太祖实录》，洪武七年九月“庚寅，贵妃孙氏薨，命吴王橚服慈母服斩衰三年，以主丧事。敕皇太子诸王皆服期。乃命翰林学士宋濂等修《孝慈录》，立为定制，子为父母，庶子为其母，皆斩衰三年；嫡子众子为其庶母，皆齐衰杖期”。十一月壬戌朔书成。此则当时别有所为，而未可为万世常行之道也。其过于古人二也。

【译文】如今依从武后的制度，也守三年的丧期。（唐朝以前的礼制，父亲在世为母服丧一周就除灵，三年只是心丧。唐高宗上元元年十二月，天后武则天上表，请求父亲在世为母服齐衰三年，唐高宗同意了。唐玄宗开元五年，右补阙卢履冰上奏：孝顺没有比尊敬父亲更大的，因此父亲在世为母服齐衰周，心丧三年，人情已得到表达而礼就降等了。则天皇后改服齐衰三年，请求回复原来的制度。上下都讨论这个，左散骑常侍褚无量认为以严履冰的建议为准，众人争论，多年没有确定下来。开元七年八月初六，皇帝命令从今五服之内，都依照《丧服》传文。然而士大夫议论依旧没有停止，各自遵循自己意愿。褚无量叹息道，圣人难道不知母亲的恩厚吗？厌降之礼，用来表明尊卑、区别戎翟。世俗人情肤浅，不知圣人之心，一旦搅乱礼制，谁能改正？开元二十年，中书令萧嵩修改五礼，又请求依照上元敕令，父亲在世为母齐衰三年。玄宗同意了。按父亲在世为母齐衰三年，起源于《开元礼》，然而当时卢怀慎以母忧起复为兵部侍郎，张九龄以母忧起复中书侍郎、同平章事，邠王李守礼以母忧起复左金吾卫将军，嗣鄂王李邕以母忧起复卫尉卿，而得以始终按照礼制的，唯独张说、韩休二人。那么唐玄宗只是尊崇其文而废止其实质了。现在礼制则是父亲在世为母斩衰三年，按《太祖实录》，洪武七年九月"二十八日，贵妃孙氏去世，命令吴王朱橚服慈母服斩衰三年，来主持丧事。敕令皇太子诸王都服丧一年。于是命令翰林学士宋濂等修《孝慈录》，确立为定制，子为父母，庶子为其母，都斩衰三年；嫡子众子为其庶母，都服齐衰杖期"。十一月初一编书完成。这就是当时另外有所为的，而不能成为万世常行之道。）这是超过古代人的第二件事。

《丧服篇》又曰："不杖麻屦者，妇为舅姑[①]。"传曰："何以期也？从服也。"《檀弓》上篇曰："南宫縚[②]之妻之姑之丧，夫子诲之髽[③]，曰：'尔毋从从尔，尔毋扈扈尔，盖榛以为笄，长尺而总八寸。'"正义谓以其为期之丧，而杀于斩衰之服。《丧服小记》曰："妇人为夫与长子稽颡[④]，其余则否。"今从后唐之制，妇为舅姑，亦服三年。《宋史》："乾德三年，判大理寺尹拙言：'按律及《仪礼·丧服传》《开元礼》《五礼精义》《三礼图》等书所载，妇为舅姑服期；近代时俗多为重服，望加裁定。'右仆射魏仁浦等奏曰：'按《礼·内则》云：'妇事舅姑，如事父母。'则舅姑与父母一也。而古礼有期年之说，至于后唐始定三年之丧。窃以三年之内，几筵尚存，岂可夫居苫块之中，妇被绮纨之饰？夫妇齐体，哀乐不同，求之人情，实伤理本。况妇为夫有三年之服，于舅姑止服期年，是尊夫而卑舅姑也。孝明皇后为昭宪太后服丧三年，足以为万世法。望自今妇为舅姑服，并如后唐之制，三年齐、斩，一从其夫。'诏从之。"何孟春《余冬序录》引唐李涪论曰："《丧服传》，妇为舅姑齐衰五升布，十一月而练，十三月而祥，十五月而禫。禫后门庭尚素，妇服青缣衣，以俟夫之终丧。习俗以妇之服青缣，谓其尚在丧制，故因循亦同夫之丧纪，再周而后吉。贞元十一年，河中府仓曹参军萧据状称，堂兄至女适李氏，婿见居丧。今时俗妇为舅姑服三年，恐为非礼，请礼院详定。下详定，判官前太常博士李岩议曰：《开元礼》五服制度，妇为舅姑，及女子适人，为其父母，皆齐衰不杖期。盖以为妇之道专一，不得自达，必系于人，故女子适人，服夫以斩，而降其父母。《丧服篇》曰，女子子适人者，为其父母。传曰，为父何以期也？妇人不贰斩也。妇人不贰斩者何也？妇人有三从之义，无专用之道。故未嫁从父，既嫁从夫，夫死从子；故父者子之天也，夫者妻之天也；妇人不贰斩者，犹曰不贰天也。先圣格言，历代不敢易。以此论之，父母之丧尚止周岁，舅姑之服无容三年。今之学者不本其义，轻重紊乱，寖以成俗。《开元礼》玄宗所修，布在有司，颁行天下，伏请正牒以明典章。李岩之论，可谓正矣。《宋朝诒谋录》：'乾德三年诏，舅姑之丧，妇从其夫齐斩三年，遂为定制。'宋人盖未讲服青缣之制故也。"其过于古人三也。皆后儒所不敢议，非但因循国制，亦畏宰我短丧之讥。若乃日月虽多，而哀戚之情不至焉，则不如古人远矣。

【注释】①舅姑：古指“公婆”。②南宫縚：南宫适，名韬，字子容，又称南宫括、南容，春秋时期鲁国人，孔子七十二弟子之一。南宫适言语谨慎，崇尚道德。孔子称赞他是“君子”“尚德”之人，并把自己的侄女（孟皮之女）嫁给他。③髽（zhuā）：古代妇女服丧时用麻扎成的发髻。④稽颡（qǐ sǎng）：古代一种跪拜礼，屈膝下拜，以额触地，表示极度的虔诚。

【译文】《丧服篇》又记载：“不用孝杖，穿粗麻鞋，是妻子为公公婆婆。”传解说：“为什么是守丧一年呢？是为姻亲服丧。”《檀弓》上篇记载：“南宫縚妻子的婆婆死了，孔子教她做丧髻，说：‘你不要把丧髻做得太高，也不要做得太大，用榛木做簪子，长一尺，束发的布条，剩余垂下的部分是八寸长。’”正义认为是守一年的丧期，而削减斩衰的丧服。《丧服小记》记载：“妇人为丈夫和长子服丧时，对来慰问的宾客行稽颡礼，其他的就没有这种情况了。”如今依从后唐的礼制，妻子为公公婆婆，也是服丧三年。（《宋史》：“乾德三年，判大理寺尹拙上奏：‘按律以及《仪礼·丧服传》《开元礼》《五礼精义》《三礼图》等书所记载，妇人为公婆守丧一年；近代世俗大多为服丧过度，希望加以裁定。’右仆射魏仁浦等上奏说：‘按《礼·内则》说：‘妇人侍奉公婆，就像侍奉父母。’那么公婆与父母是一样的。而古代礼制有期年的说法，到后唐才制定三年之丧。我认为三年之内，几筵还存在，怎么可能丈夫住在草席土枕之中，妇人就穿上华丽织品的服饰？夫妇一体，哀乐不同，探究人情，实际损害伦理根本。况且妇人为丈夫有三年之服，对于公婆只服丧一年，这是重视丈夫而轻视公婆。孝明皇后为昭宪太后服丧三年，足以作为万世效法。希望从今妇人为公婆服丧，都依照后唐的规定，三年齐、斩，一并遵从其夫。’皇帝下诏同意。”何孟春《余冬序录》引唐代李涪论说：“《丧服传》，妇人为公婆服齐衰五升布，十一月练祭，十三月祥祭，十五月禫祭。禫祭之后门庭依旧使用素色，妇人穿青缣衣，来等待丈夫服丧期满。习俗以妇人穿青缣衣，认为她还在守丧制，因此根据旧制也同丈夫的丧纪，再服丧一年之后才穿吉服。贞元十一年，河中府仓曹参军萧据状纸称，堂兄萧至之女嫁给李氏，其女婿在服丧期间。现在世俗妇人为公婆服丧三年，或许不合礼制，请求礼院详细制定。下发朝廷讨论详定礼制，判官前太常博士李岩议论说：《开元礼》五服制度，妇人为公婆，以及女子嫁人，为其父母，都服齐衰不杖期。大概以为妇人之道专一，不能自我表达，必然归属于他人，因此女子嫁人，以斩衰服夫丧，而降低为其父母的服丧期。《丧服篇》说，女儿已经出嫁的，为其父母奔丧。注释说，为父为什么服丧一年？因为妇人没有两次服斩衰的。为什么妇人没有两次服斩衰的？妇人有三从之义，没有专用之道。因此没有出嫁时从父，出嫁以后从夫，丈夫去世从子；因此父亲时其子的天，丈夫是其妻的天；妇人没有两次服斩衰的，就像是没有两个天。先圣格言，历代不敢改变。根据这个来讨论，父母之丧尚且只是一周岁，公婆之服不可能三年。现在的读书人不根据原本，轻重紊乱，慢慢变成约定俗成的礼制。《开元礼》为唐玄宗所修，命令有关部门编纂，颁行天下，请求正牒以彰显典章。李岩之论，可以说是正确的。《宋朝诒谋录》：‘乾德三年下诏，公婆之丧，妇人跟从其夫服齐斩三年，于是成为固定礼制。’宋代人大概没有讲穿青缣衣之制的原因。”）这是超过古代人的第三件事。都是后代儒生不敢妄议的，不只是沿袭国家的制度，也畏惧宰我缩短服丧期限的讽刺。至于服丧期限虽然长，然而悲痛伤感的情意，比不上古人很远了。

古人以祥为丧之终，“中月而禫”，则在除服之后。故《丧服四制》言：“祥之日鼓素琴，示民有终也。”《檀弓》言：“孔子既祥，五日弹琴而不成声，十日而成笙歌。有子盖既祥而丝屦组缨。”又曰：“祥而外无哭者，禫而内无哭者，乐作矣故也。”自“鲁人有朝祥而暮歌者，子路笑之”，孔子言“逾月则其善”；而“孟献子[①]禫县而不乐”，孔子曰“献子加于人一等矣”；于是自禫而后，乃谓之终丧。

【注释】①孟献子：姬姓，孟孙氏，名蔑，世称仲孙蔑。春秋时期鲁国外交家、政治家，孟文伯之子，亚圣孟子先祖。先祖庆父，号仲孙氏，弑杀鲁闵公。后代出于避讳，改称孟氏或孟孙氏。作为孟孙氏第五代宗主，他主张节用和发展生产，时称贤大夫，成为鲁国孟氏家族振兴的重要贡献者。

【译文】古代人把大祥祭作为丧期的结束，“间隔一个月举行禫祭”，则是在脱去丧服之后。所以《丧服四制》记载：“大祥祭可以弹奏素琴，是告诉人们哀伤是有尽头的。”《檀弓》记载：“孔子在大祥后五天开始弹琴，但不成曲调；十天后又吹笙唱歌，声调就和谐了。有子大概是在祥祭一结束，就穿上有丝饰的鞋子、戴上用丝带作缨的帽子。”又说：“大祥以后在殡宫外就听不到孝子的哭声了，禫祭以后可以脱去丧服，这样殡宫之内就听不到孝子的哭声了，是因为已经可以奏乐了。”从“鲁国人有早上祥祭而傍晚歌唱的，子路讥笑他们”，孔子说“如果过一个月再唱歌，那就完善了”；而“孟献子在举行谭祭以后，乐器仍然悬挂不演奏”，孔子说“孟献子超过人一等了”；于是在禫祭以后，才是服满丧期。

王肃据《三年问》“二十五月而毕”，《檀弓》“祥而缟，是月禫，徙月乐”之文，谓为二十五月。郑玄据《服问》“中月而禫”之文，谓为二十七月。注云：“中月，间一月也。”正义引《丧服小记》云：“妾祔于妾，祖姑亡，则中一以上而祔。”又《学记》云：“中年考校。”皆以中为间。二说各有所据。古人祭当卜日，小祥卜于十三月之日，大祥卜于二十五月之日；而禫则或于大祥之月，是月。或于大祥之后间一月。中月。自《礼记》之时，而行之已不同矣。

【译文】王肃依据《三年问》里“二十五月就结束”，《檀弓》里“祥祭过后，孝子就开始换上编冠。在这个月举行禫祭，下个月就可以奏乐了”的文字，认为是二十五个月。郑玄依据《服问》里“间隔一个月举行禫祭”的文字，认为是二十七个月。（注云：“中月，是间隔一个月。”正义引《丧服小记》说：“妾祔于妾，祖姑亡，则中一以上而祔。”又《学记》说：“中年考校。”都以中为间。）两种说法各自有依据。古代人祭祀应当占卜时日，小祥祭在十三月的日子占卜，大祥祭在二十五月的日子占卜；而禫祭或者在大祥祭的月份（当月），或者在大祥祭后间隔一个月（中月）。从《礼记》的时候，实行就已经不同了。

《孝经援神契》曰：“丧不过三年，以期增倍，五五二十五月，义断仁，示民有终。”故汉人丧服之制，谓之五五。《堂邑令费凤碑》曰：“菲[①]五五，縗杖其未除。”洪氏曰：“菲五五者，居丧菲食二十五月也。”此取《论语》菲饮食字。《隋书·姚蔡传》所谓“蔬菲”。《巴郡太守樊敏碑》曰：“遭离母忧，五五断仁”是也。

【注释】①菲：菲食。粗劣的饮食。

【译文】《孝经援神契》记载：“守丧期限不超过三年，守丧十二个月增倍，五五二十五个月，用大义割断私恩，是告诉人们哀伤是有尽头的。”所以汉人丧服的制度，称为五五。《堂邑令费凤碑》记载：“粗劣的饮食五五二十五个月，缞服孝杖没有脱去。”（洪氏说：“菲五五者，是居丧时粗劣的饮食五五二十五个月。”这个取自《论语》“菲饮食”字。《隋书·姚蔡传》所谓“蔬菲”。）《巴郡太守樊敏碑》记载：“遭遇母亲的丧事，五五二十五个月割断私恩”是这样。

为父斩衰三年，为母齐衰三年，此从子制之也。父在为母齐衰杖期，此从夫制之也。家无二尊，而子不得自专，所谓“夫为妻纲，父为子纲”。审此可以破学者之疑，而息纷纭之说矣。

【译文】为父亲服斩衰丧三年，为母亲服齐衰丧三年，这是根据儿子制定的规则。父亲在世为母亲服齐衰杖期，这是根据丈夫制定。家无二尊，而儿子不能够自作主张，所谓“丈夫是妻子的纲常，父亲是儿子的纲常”。推究这个可以破除做学问人的疑惑，而平息多而杂乱的说法了。

父在为母虽降为期，而心丧之实，未尝不三年也。如后魏彭城王勰毁瘠三年，弗参吉庆，乃谓之心丧。传曰："父必三年然后娶，达子之志也。"正义曰，《左氏》昭公十五年传，王一岁而有三年之丧二焉。据大子与穆后，天子为后亦期，而言三年丧者；据达子之志而言，故并谓之三年也。唐太宗贞观元年诏有云："妻丧达制之后者"，即此传文。假令娶于三年之内，将使为之子者何服以见，何情以处乎？理有所不可也。抑其子之服于期，而申其父之不娶于三年，圣人所以损益百世而不可改者，精矣。

【译文】父亲在世为母亲服丧虽然降为守丧一年，然而心里哀痛的实际，未尝没有三年。（如北魏彭城王元勰毁瘠三年，没有参加吉庆，就称之为心丧。）传说："父亲必须在三年后才能再娶，以体谅儿子失去母亲的心意。"（正义说，《左传》鲁昭公十五年，周王一年之中而有两个"三年之丧"。根据太子与穆后的关系，天子为穆后也服丧，而说三年之丧的；根据达子之志而说，因此一并称为三年之丧。唐太宗贞观元年诏令里有说："其妻子去世已经满三年的"，就是《左传》的文字。）如果父亲再娶是在服丧三年期间内，将让服丧的儿子用什么服饰与继母相见，用什么情感相处呢？于理说不通。压制儿子的丧服在一年，而申明父亲不能在三年之内再娶，圣人用来兴革百世而不可以更改的，很精辟了。

《檀弓》上篇:“伯鱼[1]之母死,期而犹哭。夫子闻之曰:‘谁与哭者?’门人曰:‘鲤也。’夫子曰:‘嘻,其甚也。’伯鱼闻之,遂除之。”此自父在为母之制当然,疏以为“出母[2]”者,非。

【注释】①伯鱼:孔鲤,字伯鱼,春秋末期鲁国陬邑(今山东曲阜)人,孔子唯一的儿子。因其诞时鲁昭公赐孔子一尾鲤鱼而得名。②出母:被父休弃的生母。

【译文】《檀弓》上篇记载:“伯鱼的母亲去世了,过了守丧期限还在哭。孔子听了后说:‘是谁在哭呢?’他的弟子说:‘是孔鲤。’孔子说:‘哎,太过分了。’伯鱼听到后,就脱下丧服了。”这是从父亲在世为母亲守丧的制度应该这样,注疏以为是“出母”,不是这样。

《丧服小记》曰:“庶子在父之室,则为其母不禫。”山阴陆氏[1]曰:“在父之室,为未娶者也,并禫祭不举,厌也。”

【注释】①山阴陆氏:陆佃,字农师,号陶山,越州山阴(今浙江绍兴)人,陆游祖父。著有《陶山集》十四卷,及《埤雅》《礼象》《春秋后传》《鹖冠子注》等。

【译文】《丧服小记》记载:“妾生的儿子如与父亲在一个房子居住,就不能为生母举行禫祭。”山阴人陆佃说:“与父亲在一个房子居住,是没有娶亲的人,禫祭一并不举行,是憎恶他。”

唐时武、韦[1]二后皆以妇乘夫,欲除三纲,变五服,以申尊母之义。故高宗上元元年十二月壬寅，天后上表，请父在为母服齐衰三年；中宗神龙元年五月丙申，皇后表请天下士庶为出母三年服；其意一也。彼且欲匹二圣于天皇，陪南郊以亚献[2]，而况区区之服制乎。卢履冰表言："原夫上元肇年，则天已潜秉政，将图僭篡，预自崇加，请升慈爱之丧，以抗尊严之礼。虽齐斩之仪不改，而几筵之制遂同。数年之间，尚未通用。天皇晏驾，中宗蒙尘，垂拱之末，果行圣母之伪符，载初之元，遂启易代之深衅。孝和虽仍反正，韦氏复效晨鸣。孝和非意暴崩，韦氏旋即称制。《易》曰"臣弑其君，子弑其父，非一朝一夕之故"，其斯之谓矣。臣谨寻礼意，防杜实深，若不早图刊正，何以垂戒于后？"玄宗开元七年八月癸丑敕："周公制礼，历代不刊。子夏为传，孔门所受。格条之内，有父在为母齐衰三年，指天后所定。此有为而为，非尊厌之义。与其改作，不如师古，诸服纪宜一依《丧服》旧文。"可谓简而当矣。奈何信道不笃，朝令夕更，至二十四年。从韦縚[3]之言，加舅母堂姨舅之服；天宝六载，又令出母终三年之服。详《旧书·仪礼志》。而太和、开成之世，遂使驸马为公主服斩衰三年。《文宗纪》《杜悰传》。礼教之沦，有由来矣。

【注释】①韦：韦氏，京兆万年（今陕西西安）人，中宗（李显）为太子时立为妃。弘道元年中宗即位次年立为皇后。同年，中宗被武则天废黜。神龙元年中宗复位。韦氏勾结武三思等专擅朝政，以其从兄韦温掌握实权，形成一个以韦氏为首的武、韦专政集团。纵容女儿安乐公主卖官鬻爵，又大肆修建封寺庙道观。景龙四年中宗暴卒，韦氏立温王李重茂为帝，临朝称制。

不久李隆基发动政变，拥其父相王李旦复位。韦氏被杀于宫中，并被追贬为庶人，称韦庶人。②南郊：古代天子在京都南面的郊外筑圜丘以祭天的地方。亚献：古代祭祀时献酒三次，第二次献酒称“亚献”。③韦縚：唐代文学家。京兆万年（今陕西西安）人。

【译文】唐朝时武后、韦后二位皇后都是妻子欺压丈夫，想要废除三纲，改变五服，来申明尊母的含义。所以唐高宗上元元年十二月二十七日，天后上表，奏请父亲在世为母亲服齐衰丧三年；唐中宗神龙元年五月十八日，皇后上表奏请天下士人和普通百姓为生母守丧三年；意思是一样的。他们尚且想二圣匹敌于天皇，在南郊陪祭以第二次献酒，何况微不足道的丧服制度呢。（卢履冰上表说：“推寻上元元年，则天已经暗自执掌朝政，将要图谋篡位，提前擅自加封，请求提升慈母的丧期，来对抗严父的礼制。虽然齐斩之仪没有改，而几筵之制就相同。数年之间，还没通用。天皇去世后，中宗蒙尘，垂拱之时，果然实行圣母的假命令，载初元年，就开启了改朝换代的易代斗争。孝和皇帝（唐中宗）虽然拨乱反正，韦氏又仿效她执掌朝政。孝和皇帝突然驾崩，韦氏就立即称制。《易》说“臣弑其君，子弑其父，非一朝一夕之故”，大概就是说这个。臣谨寻礼制之意，防微杜渐实在深远，如果不早日改正，用什么来警惕后世？”）唐玄宗开元七年八月二十八日敕令：“周公制定礼仪，历代不容更改。子夏流传，孔门传授。法令条文之内，有父亲在世为母亲服齐衰三年，（指天后所指定的。）这是有为而为，不是敬重憎恶的意思。与其变更，不如效法古代，所有的丧服规定适宜全部按照《丧服》的旧文。”可以说是简洁而恰当了。奈何信奉正道不专一，早晨发布的命令，晚上就更改了，到了开元二十四年。依从韦縚的建议，增加舅母堂姨舅的丧服；天宝六载，又诏令生母停止三年的丧服。（详见《旧唐书·仪礼志》。）而太和、开成时代，却让驸马为公主服斩衰三年的丧期。（《文宗纪》《杜悰传》。）礼节和道德沦丧，是有原因的。

自古以来，奸人欲蔑先王之礼法而自为者，必有其渐。天后"父在为母齐衰三年"之请，其意在乎临朝也。故中宗景龙二年二月庚寅，大赦天下，内外五品以上母妻，务加邑号[①]一等，无妻者听授其女。而安乐公主[②]求立为皇太女，遂进鸩于中宗矣。

金世宗[③]大定八年二月甲午朔制，"子为改嫁母服丧三年"。

【注释】①邑号：古代六品以上官吏之妻妾的封号。②安乐公主：李裹儿，即安乐公主，名为裹儿。唐中宗李显之女，韦氏所生，有唐朝第一美人之称。唐中宗去世后，李隆基发动政变，诛杀安乐公主，追废为"悖逆庶人"。③金世宗：完颜雍，原名完颜褎，女真名乌禄，金太祖完颜阿骨打之孙。

【译文】自古以来，狡诈的人想要轻视先王的礼仪法度而自作决定，一定有一个苗头。天后"父亲在世为母亲守齐衰三年丧"的奏请，她的深意在于亲临朝廷处理政事。所以唐中宗景龙二年二月二十七日，大赦天下，五品以上不论内臣、外臣的母亲、妻子，全部加封号一等，没有妻子的授予他的女儿。而安乐公主请求册立为皇太女，于是用鸩酒毒杀了唐中宗。

金世宗完颜雍大定八年二月初一规定，"儿子为改嫁的母亲服丧三年"。

洪武七年，虽定为母斩衰三年之制，而孝慈皇后[1]之丧，次年正旦，皇太子、亲王、驸马俱浅色常服。则尊厌之礼，未尝不用也。惟夫二十七月之内，不听乐，不昏嫁，不赴举，不服官，此所谓“心丧”，固百世不可改矣。

【注释】①孝慈皇后：孝慈高皇后马氏，本名不详，安徽宿州人，滁阳王郭子兴的养女，明太祖朱元璋的原配妻子。

【译文】洪武七年，虽然制定为母亲守斩衰三年丧的制度，而孝慈皇后的丧期，第二年正月初一，皇太子、亲王、驸马全部都穿浅色的常服。那么尊厌的礼仪，没有不用的。只是在二十七个月之内，不听乐，不婚嫁，不参加礼部考试，不做官，这是所谓的“心丧”，即使是百世也不可以更改的。

《丧服小记》曰：“祖父卒，而后为祖母后者三年。”郑氏曰：“祖父在，则其服如父在为母也。”此祖母之丧，厌于祖父者也。

【译文】《丧服小记》记载：“祖父先去世，而后祖母又去世，在这种情况下，嫡孙要为祖母服丧三年。”郑玄说：“祖父在世，那么服期如同父亲在世为母亲守丧一样。”这是祖母的丧期，祖父在世时抑制感情。

妇事舅姑如事父母，而服止于期，不贰斩也，然而心丧则未尝不三年矣，故曰："与更三年丧不去。"

【译文】妇人侍奉公婆就如同侍奉父母，而守丧一年结束，不再服斩衰，然而脱去丧服后深切的悼念没有不是三年了，所以说："妻子曾经替公婆守孝服丧三年，不能被休掉。"

吴幼清《服制考详序》曰："凡丧礼，制为斩、齐、功、缌服者，其文也；不饮酒，不食肉，不处内者，其实也。中有其实，而外饰之以文，是为情文之称。徒服其服，而无其实，则与不服等尔。虽不服其服，而有其实者，谓之心丧。心丧之实，有隆而无杀[①]；服制之文，有杀而有隆，古之道也。愚尝谓服制当一以周公之礼为正。后世有所增改者，皆溺乎其文，昧乎其实，而不究古人制礼之意者也。为母齐衰三年，而父在为母杖期，岂薄于其母哉？盖以夫为妻之服既除，则子为母之服亦除，家无二尊也。子服虽除，而三者居丧之实如故。则所杀者三年之文而已，实固未尝杀也。女子子在室为父斩，既嫁则为夫斩，而为父母期。盖曰，子之所天者父，妻之所天者夫，嫁而移所天于夫，则降其父。妇人不贰斩者，不贰天也。降己之父母而期，为夫之父母亦期，期之后，夫未除服，妇已除服，而居丧之实如其夫。是舅姑之服期，而实三年也，岂必从夫服斩，而后为三年哉？丧服有以恩服者，有以义服者，有以名服者。恩者，子为父母之类是也。义者，妇为舅姑之类是也。名者，为从父、从子之妻之类是也。从父之妻，名以母之党而服；从子之妻，名以妇之党而服。兄弟之妻，不可名以妻之党，其无服者，推而远之也。然兄弟有妻之服，己之妻有娣姒[2]妇之服，一家老幼俱有服，己虽无服，必不华靡于其躬，宴乐于其室，如无服之人也。同爨[3]且服缌，同爨服缌，为从母之夫、舅之妻与己同爨者尔。此所引似泛言之矣。朋友尚加麻，邻丧里殡，犹无相杵[4]巷歌之声，奚独于兄嫂弟妇之丧，而恝然待之如行路之人乎？古人制礼之意必有在，而未易以浅识窥也。夫实之无所不隆者，仁之至；文之有所或杀者，义之精；古人制礼之意盖如此。后世父在为母三年，妇为舅姑从夫斩齐并三年，为嫂有服，为弟妇亦有服，意欲加厚于古，而不知古者，子之为母，妇之为舅姑，叔之于嫂，未尝薄也。愚故曰，此皆溺乎其文，昧乎其实，而不究古人制礼之意者也。古人所勉者，丧之实也，自尽于己者也。后世所加者，丧之文也，表暴[4]于人者也。诚伪之相去何如哉！”

【注释】①隆杀：尊卑、厚薄、高下。②娣姒：妯娌。兄妻为姒，弟妻为娣。③同爨（cuàn）：同灶炊食。谓同居，不分家。④相杵：舂谷时发出的号子声。⑤表暴：亦作“表襮（bó）”，自我炫耀。

【译文】吴澄（字幼清）在《服制考详序》中记载：“凡是有关丧事的礼仪，规定为斩衰、齐衰、大功、小功、缌麻丧服，是礼节仪式；不饮酒，不吃肉，不处内，是实际行动。里面有实际行动，而外面修饰礼节仪式，这就是实际与规定相符。只是穿着丧服，而没有实际的行动，则与不穿丧服是一样的。即使不穿着丧服，而有实际的行动，称为心丧（脱去丧服后深切的悼念）。心丧，有尊高而没有卑下；丧服制度的礼节仪式，有卑下而有尊高，是传统的正道。我曾经说丧服制度应当全部按照周公的礼制为准。后世有增加更改的，都拘泥于礼节形式上，在实际的行动上糊涂，而不推究古人制定礼节的深意。为母亲服齐衰三年，而父亲在世为母亲居一年丧期拿着丧杖，难道是轻视母亲吗？大概丈夫为妻子服丧已经去掉，那么儿子为母亲的服丧也去掉，家无二尊。儿子的丧服虽然去掉，而三年守孝的实际行动跟原来一样。那么降等的只是三年的礼节形式了，实际内容并没有降等。女子未出嫁为父亲服斩衰丧，已经出嫁就为丈夫服斩丧，而为父母守一年的丧期。大概是说，儿子把父亲当作天，妻子把丈夫当作天，出嫁就把丈夫当作天，则降低她的父亲。妇人不再次服斩衰，是没有两个天。降低自己的父母丧期而守丧一年，为丈夫的父母守丧也是一年，守丧一年之后，丈夫没有脱去丧服，妻子已经脱去丧服，而守丧的实际行动跟丈夫一样。说明为公婆守丧一年，而实际内容也是三年，难道一定要依从丈夫服斩衰，才称为三年吗？丧服有因为恩服的，有因为义服的，有因为名服的。恩，是儿子为父母这一类。义，是媳妇为公婆这一类。名，是为叔伯父、侄子的妻子这一类。叔伯父的妻子，以母亲亲族的名义来服丧；侄子的妻子，以媳妇亲族的名义来服丧。兄弟的妻子，不可以以妻子亲族的名义，没有丧服的，推及就疏远了。然而兄弟有妻子丧服，自己的妻子有娣姒妇的丧服，一家老幼全部都有丧服，自己虽然没有丧服，他自身一定不华丽奢靡，在他家里饮宴作乐，如同没有服丧的人一样。同灶炊食尚且服缌麻，（同灶炊食服缌麻，为从母之夫、舅之妻与自己同灶炊食而已。这里所引似乎太宽泛了。）朋友尚且加麻，邻里有丧葬之事，尚且没有舂谷、在里巷唱歌的声音，为什么唯独对于兄嫂弟妇的丧事，而冷淡地对待如同不相干的路人呢？古人制定礼仪的深意一定有着重点，而不能轻易地窥见并识别。实际行动没有不尊高的，是仁的最高境界；礼节形式或有卑下，是义的精髓；古人制定礼仪的深意大概是这样。后代父亲在世为母亲服丧三年，媳妇依从丈夫为公婆服斩衰、齐衰一并三年，为嫂子守孝有丧服，为弟媳妇守孝也有丧服，想比古代更厚重，而不了解古代，儿子为母亲，媳妇为公婆，叔为嫂守丧，并没有轻视。所以我说，这全部拘泥于礼节形式，不明白实际内容，而不推究古人制定礼仪的深意。古人所努力的，是丧事的实际内容，尽自己的努力。后世所增加的，是丧事的礼仪形式，在人前自我夸耀。真诚和虚假是相差得很远了！”

继母如母

“继母如母”，以配父也。“慈母如母”，以“贵父之命也”。然于其党则不同矣。《服问》曰：“母出，则为继母之党服；母死，则为其母之党服。为其母之党服，则不为继母之党服。”郑氏注曰：“虽外亲，亦无二统。”夫礼者所以别嫌明微，非圣人莫能制之，此类是矣。《丧服小记》：“为慈母之父母无服。”

【译文】“为继母服丧如同为生母”，是来匹配父亲。“为抚养自己长大的庶母服丧如同为生母”，是“看重父亲的命令”。然而对于他的亲族就不一样了。《服问》记载：“母亲被父亲休弃，儿子就要为继母的亲族服丧；母亲去世了，那就要为母亲的亲族服丧。已经为母亲的亲族服过丧，就不再为继母的亲族服丧。”郑玄注解说：“即使是外戚，也没有两个准则。”礼是用来从精微处严格加以区别和避嫌的，不是圣人不能制定，这类就是了。（《丧服小记》：“为慈母之父母不用服丧。”）

为所后者之祖父母妻妻之父母昆弟昆弟之子若子

此因为人后而推言之。所后者有七等之亲，皆当如礼而为之服也。“所后之祖”，我之曾祖也。“父母”，我之祖父母也。“妻”，我之母也。“妻之父母”，我之外祖父母也，因妻而及，故连言之，取便文也。“昆弟”，我之世叔父也。“昆弟之子”，我之从父昆弟也。“若”，及也。“若子”，我之从父昆弟之子也。正义谓“妻之昆弟，妻之昆弟之子”者，非。郑以“若子”为“如亲子”，但篇末又有“兄弟之子若子”之文，当同一解。

【译文】这是沿袭作为继承人而推断论说。作为继承人有七等的亲属，都应当按照礼仪而为他们服丧。“所后之祖”，是我的曾祖。“父母”，是我的祖父母。“妻”，是我的母亲。“妻之父母”，是我的外祖父母，因为妻子而涉及，所以连着说，选取简单的文字。“昆弟”，是我的世叔父。“昆弟之子”，是我叔伯父兄弟。“若”，是同辈之人。“若子”，是我的叔伯父兄弟的儿子。正义认为是“妻之昆弟，妻之昆弟之子”，不是的。（郑玄以“若子”为“如亲子”，但篇末又有

“兄弟之子若子”之文，应当是同一个解释。）

女子子在室为父

郑氏注：“言在室者，关已许嫁。”关，该也，谓许嫁而未行，遭父之丧，亦当为之“布总箭笄[1]髽三年”也。《内则》曰：“有故二十三年而嫁。”《曾子问》：“孔子曰：‘女有涂，而女之父母死，则女反。’”是也。

【注释】①布总：用布聚束、系扎。箭笄（jī）：古代女子服丧时所用的竹制簪子。

【译文】郑玄注解：“说在父亲家中，关已经允婚。”关，是该的意思，谓答应出嫁而没有出行，遭遇父亲的丧事，也应该为父亲“用布束发、插竹制簪子、用麻扎成发髻三年”。《内则》记载：“有特殊原因，推迟到二十三岁出嫁。”《曾子问》记载：“孔子说：‘新娘已经在路上，而新娘的父亲或母亲突然去世，那么新娘应该返回奔丧。’”是这样。

慈母如母

慈母者何也？子幼而母死，养于父妾，父卒，为之三年，所以报其鞠育[1]之恩也。然而必待父命者，此又先王严父而不敢自专其报之义也。“父命妾曰，女以为子”，谓怜其无母，视之如子，长之育之，非立之以为妾后也。《丧服小记》以为“为慈母后”，则未可信也。

【注释】①鞠（jū）育：抚养，养育。

【译文】慈母是什么人呢？儿子年幼而母亲去世，由父亲的妾室抚养，父亲去世，为慈母服丧三年，用来报答她养育的恩德。然而必须等待父亲的命令，这又是先王严父而不敢独断独行报答的行为。“父亲命令妾母说，你把他作为儿子”，说是怜悯他没有母亲，看待他像儿子，成长他、抚育他，不是确立他作为妾母的后代。《丧服小记》认为是“作为慈母的后代”，则不可相信。

《礼记·曾子问》篇：“子游问曰：‘丧慈母如母，礼与？’孔子曰：‘非礼也。古者男子外有傅，内有慈母，君命所使教子也，此与《丧服》所言“慈母”不同。何服之有？昔者鲁昭公少丧其母，有慈母良，及其死也，公弗也，欲丧之。有司以闻，曰：古之礼，慈母无服，今也君为之服，是逆古之礼而乱国法也。若终行之，则有司将书之以遗后世，无乃不可乎？公曰，古者，天子练冠①以燕居，吾弗忍也。遂练冠以丧慈母。丧慈母，自鲁昭公始也。’”然但练冠以居，则异于如母者矣，而孔子以为非礼。

【注释】①练冠：厚缯或粗布之冠。古礼亲丧一周年祭礼时着练冠。

【译文】《礼记·曾子问》篇记载：“子游问：‘为慈母服丧，规格如同为生母服丧一样，符合礼吗？’孔子说：‘不符合礼。古时候，男子外有师傅，在家内有慈母，国君命令他们教育孩子，（这和《丧服》所说的“慈母”不同。）有什么丧服可穿呢？从前鲁昭公年少时就失去母亲，有慈母和善，等到慈母去世，鲁昭公心情不舒畅，想为她守丧。主管官吏知道后，说：古代的礼节，慈母不用服丧，如今国君您为她服丧，这是违逆古代的礼节而混乱国法。如果最终这样做，那么主管官吏将要记载而遗留后世，难道不是不可以吗？鲁昭公说，古时候，天子戴着粗布的帽子以退朝而居住，我不忍心这样。于是戴着粗布帽子来为慈母守丧。为慈母守丧，是从鲁昭公开始的。’”然而只是戴粗布的帽子退朝而居住，这是不同于如同为生母服丧的人，而孔子认为不符合礼节。

《南史·司马筠传》：“梁天监七年，安成国太妃陈氏薨，诏礼官议皇太子慈母之服。筠引郑玄说，服止在夫，不宜施之皇子。武帝以为不然，曰：‘《礼》言慈母有三条，一则妾子无母，使妾之无子者养子，命为子母，服以三年。《丧服·齐衰章》所言‘慈母如母’是也。二则嫡妻子无母，使妾养之。虽均乎慈爱，但嫡妻之子，妾无为母之义，而恩深事重，故服以小功。《丧服·小功章》所以不直言慈母，而云‘庶母慈己者’，文曰“庶母”，则知其为嫡妻之子矣。明异于三年之慈母也。其三，则子非无母，择贱者视之，义同师保，而不无慈爱，故亦有慈母之名。师保无服，则此慈母亦无服矣。《内则》云：‘择于诸母与可者，使为子师，其次为慈母，其次为保母。’此其明文言择诸母，是择人而为此三母，非谓择取兄弟之母也。子游所问，自是师、保之慈，非三年小功之慈也，故夫子得有此答。岂非师保之慈母无服之证乎？郑玄不辨三慈，混为训释，引彼无服以注慈已，后人致谬，实此之由。'于是筠等请依制改定，嫡妻之子，母没为父妾所养，服之五月，贵贱并同，以为永制。"

【译文】《南史·司马筠传》记载："梁武帝天监七年，安成国太妃陈氏去世，命令礼官讨论皇太子慈母的丧服。司马筠援引郑玄的说法，丧服仅仅在丈夫，不适宜施加在皇子。梁武帝认为不是这样，说：'《礼记》说到慈母有三条，一条是妾的儿子生母死了，使其他没有儿子的妾抚养，确立为母子关系，守丧三年。《丧服·齐衰章》所说的'慈母如母'就是这样。二条是嫡妻的儿子生母死了，让妾养育他。即使和母亲的爱一样，但是嫡妻的儿子，没有以妾为母的道理，然而恩惠、情义极为深重，所以养母死后，养子为她服小功。《丧服·小功章》不直接说慈母，而说'庶母慈己者'的原因，（文字为"庶母"，就知其为嫡妻之子了。）明确与守丧三年的慈母不同。第三条是，儿子并不是没有母亲，选择身份低贱的人养育他，意义如同老师，而没有不慈爱的，所以也有慈母的名声。老师去世没有丧服，那么慈母也就没有丧服。《内则》记载：'从众多母亲中选择条件合适的，作为儿子的老师，其次为慈母，再其次为保母。'这里关于慈母明确的规定，是指挑选人来担任这三母，不是说选择兄弟的母亲。子游的发问，自是师、保的慈母，不是守丧三年、小功的慈母，所以孔子有这样的回答。难道不是师保的慈母没有丧服的明证吗？郑玄不分辨三种慈母，混在一起注解、解释，援引那没有丧服的来注解慈爱自己的，后人导致错误，实际是从这由来的。'于是司马筠等请求依据规定修改订正，嫡妻的儿子，生母去世被父亲的妾养育，守丧五个月，地位的高低都一样，作为长久的规定。”

《丧服小记》曰：“为慈母之父母无服。”注曰：“恩所不及故也。”又曰：“慈母与妾母不世祭也。”然则虽云如母，有不得尽同于母者矣。

【译文】《丧服小记》记载：“不为慈母的父母服丧。”注解说：“是恩德够不到的缘故。”又记载：“慈母和庶母，为她服丧的只是她抚育的妾的儿子，妾子的下一代就不再为她服丧。”那么，虽然说如同生母，有不完全与生母相同的地方。

出妻之子为母

“出妻[1]之子为母”，此经文也。“传曰：‘出妻之子为母期，则为外祖父母无服。’”此子夏传也。“传曰：‘绝族无施服，亲者属。’”此传中引传，援古人之言，以证其无服也，当自为一条。“出妻之子为父后者，则为出母无服。”此又经文也。“传曰：‘与尊者为一体，不敢服其私亲也。’”此子夏传也，当自为一条，今本乃误连之。

【注释】①出妻：即所谓的“休妻”。

【译文】“被休弃的妻子的儿子为母亲守丧”，这是经典中的文字。“传说：‘被休弃的妻子的儿子为母亲守丧一年，就不为外祖父母服丧。’”这是子夏流传下来的。“传说：‘断绝了宗族关系就不用服丧，亲族还是要按制度服丧。’”这是传中引传，援引古人的话，来证明他没有丧服，应该独自为一条。“被休弃的妻子的儿子是父亲的继承人，那么就不用为被休弃的母亲守丧。”这又是经典中的文字。“传说：‘与辈分高的人协调一致，不敢为与自己关系亲密的人服丧。’”这是子夏传下来的，应该独自为一条，如今的版本错误地连在一起。

父卒继母嫁

“父卒，继母嫁从。”从字句，谓年幼不能自立，从母而嫁也。母之义已绝于父，下章云“妻不敢与焉”，是也。故不得三年。而其恩犹在于子，不可以不为之服也。继母本非属毛离里之亲，以其配父而服之如母尔。故王肃曰：“从乎继而寄育，则为服，不从，则不服。”报者，母报之也，两相为服也。

【译文】“父亲去世，继母改嫁而跟随她。”根据字句，说是年幼不能自己独立，跟随母而改嫁。在父亲那里母亲的情义已经断绝，（下章说“妻不敢与焉”，就是这样。）所以不用守丧三年。然而对于儿子仍然有恩德，不可以不为她守丧。（继母本来不是和继子有亲密的关系，因为她嫁给父亲而就为她如同生母一样服丧而已。因此王肃说：“跟随继母而被她养育，就为她服丧，不跟从，就不用服丧。”）报答，母亲回报他，两相守丧。

有適子者无適孙

冢子[①]，身之副也。家无二主，亦无二副，故“有適子者，无適孙”。唐高宗有太子，而复立太孙，非矣。

【注释】①冢子：即嫡长子。

【译文】嫡长子，是自身的副手。家无二主，也没有二副，所以“有嫡出的长子，没有嫡出的长孙”。唐高宗有太子，而又册立太孙，是不对的。

为人后者为其父母

“为人后者，为其父母”，此临文之不得不然。《隋书》刘子翊[①]云“其者，因彼之辞”，是也。后儒谓以所后为父母，而所生为伯叔父母，于经未有所考，亦自“尊无二上”之义而推之也。宋欧阳氏据此文，以为圣人未尝没其父母之名，辨之至数千言。然不若赵瞻[②]之言“辞穷直书”，为简而当也。《宋史·赵瞻传》：“中书请濮安懿王称亲，瞻争曰：‘仁宗既下明诏，子陛下，议者顾惑礼律所生所养之名，妄相訾难。彼明知礼无两父贰斩之义，敢裂一字之辞以乱厥真。且文有去妇出母者，去已非妇，出不为母，辞穷直书，岂足援以断大义哉？臣请与之廷辨，以定邪正。’”《石林燕语》："濮议廷臣既皆欲止称皇伯，欧阳文忠力诋以为不然，因引《仪礼》及五服敕云：'为人后者，为其父母'，则是虽出继，而于本生犹称父母也。时未有能难之者。司马君实在谏院独疏言：'为人后而言父母，此因服立文，舍父母则无以为称，非谓其得称父母也。'"按经文言其父母其昆弟者，大抵皆私亲之辞。

【注释】①刘子翊：隋朝彭城丛亭里人。少好学，性刚直，有治才。历任侍御史、新丰令、大理正等。②赵瞻：字大观，北宋政治家。

【译文】"作为继承人，为他的父母守丧"，此撰写文字不得不这样做。《隋书》刘子翊说"其，是对彼而言的"，是这样的。后代儒生说继承的是父母，而所生为伯叔父母，这是对于经典没有研究，也是从"尊无二上"的意义而推导出来的。宋朝欧阳修依据这段文字，以为圣人没有隐没他们父母的名字，分析到数千文字。然而不如赵瞻"无言可答而据实书写"的说法，简洁而恰当。(《宋史·赵瞻传》："中书请求濮安懿王称父亲，赵瞻争论：'仁宗已经下明诏，以陛下为子，议论的人只是不明白礼律所生所养之名，胡乱反驳诘难。他们明知礼无两父贰斩之义，敢割裂一字之辞来混乱其真实情况。而且文有"去妇""出母"的，离婚已经不是媳妇了，回娘家不再是母亲，无言可答而据实书写，怎能援引这个来断绝大义呢？臣请求与朝廷官员辩论，来确定邪与正。'"《石林燕语》："关于濮安懿王的讨论，廷臣都只想皇帝称生父濮安懿王为皇伯，欧阳修极力诋斥认为不该这样，就援引《仪礼》及五服敕令说：'为人后者，为其父母'，那么虽然是出继，而对生身父母称为父母。当时没有能驳倒他的。司马光在谏院单独上疏说：‘为人后而言父母，这是根据丧制撰写文字，舍弃父母就没有什么称呼，不是说他能称父母。’”）按照经文说到“其父母”“其昆弟”，大多指的都是自己亲属的言辞。

《黄氏日钞》曰：“欧公被阴私之谤，皆激于当日主濮议[①]之力。公集《濮议》四卷，又设为或问以发明之，滔滔数万言，皆以《礼经》‘为其父母’一语，谓未尝因降服而不称父母耳。然既明言所后者三年，而于所生者降服，则尊无二上明矣。谓所生父母者，盖本其初而名之，非有两父母也。未为人后之时，以生我者为父母，已为人后，则以命我者为父母。立言者于既命之后，而追本生之称，自宜因其旧以父母称，未必其人一时并称两父母也。公亦何苦力辨，而至于困辱危身哉？况帝王正统，相传有自，非可常人比邪。”

【注释】①濮议：指的是宋英宗时代对生父尊礼濮安懿王赵允让的讨论。宋仁宗无嗣，死后以濮安懿王允让之子赵曙继位，是为宋英宗。即位次年（治平二年），诏议崇奉生父濮王典礼。侍御史吕诲、范纯仁、吕大防及司马光、贾黯等力主称仁宗为皇考，濮王为皇伯，而中书韩琦、欧阳修等则主张称濮王为皇考。英宗因立濮王园陵，贬吕诲、吕大防、范纯仁三人出外。旧史称之为“濮议”。

【译文】《黄氏日钞》记载：“欧阳修遭遇隐秘的诽谤，都是在当日主张濮议的激切力量。欧阳公汇集《濮议》四卷，又安排为设问启发阐明，连续不断数万字，全部依据《礼经》‘为其父母’这一句话，认为没有因为丧服降低一等而不称说父母的。然而已经明确说继承人是守丧三年，而对所生的丧服降低一等，那么尊无二上很明确了。说所生的父母，大概是依据起初而命名，不是有两个父母。没有作为别人继承人的时候，把生我的人作为父母，已经作为别人继承人，就把训教我的人作为父母。说这话的人在接受继承之后，而追溯原来生的称呼，自然应该沿袭他原来的父母称呼，不一定他一时都称呼两个父母。欧阳公又何必努力辩白，而陷于受辱危及自身的境地呢？何况帝王先后相承的系统，相传有由来，不是寻常人可以相比的。”

观先朝嘉靖之事，至于入庙称宗，而后知圣人制礼，别嫌明微之至也。永叔博闻之儒，而未见及此，学者所以贵乎格物[①]。

【注释】①格物：穷究事物的道理。

【译文】察看先朝嘉靖皇帝的事（指大礼仪之争），到了入庙称宗，然后知道圣人制定礼仪，避免嫌疑，阐明精微的道理到了极点。欧阳修（字永叔）是见闻广博的儒生，而没有见识到这地步，这是做学问的人重视探究事物道理的原因。

“为人后者，为其父母报”，谓所生之父母报之，亦为之服期也。重其继大宗[①]也，故不以出降。

【注释】①大宗：宗法社会以嫡系长房为“大宗”，余子为“小宗”。

【译文】“作为别人继承人，报答他的父母”，说的是报答所生的父母，也为他们守丧一年。重视他继承嫡系长房，所以不因为出离而降低丧服等级。

继父同居者

夫“物之不齐，物之情也”。虽三王之世，不能使天下无孤寡之人，亦不能使天下无再适人①之妇，且有前后家、东西家而为丧主者矣。假令妇年尚少，夫死而有三五岁之子，则其本宗大功之亲，自当为之收恤。又无大功之亲，而不许之从其嫁母，则转于沟壑②而已。于是其母所嫁之夫，视之如子，而抚之以至于成人，此子之于若人也，名之为何？不得不称为继父矣。长而同居，则为之服齐衰期；先同居而后别居，则齐衰三月；以其抚育之恩，次于生我也。为此制者，所以寓恤孤之仁，而劝天下之人不独子其子也。若曰“以其货财为之筑宫庙”，此后儒不得其说，而为之辞。

【注释】①适人：女子出嫁。②沟壑：借指野死之处或困厄之境。

【译文】“事物都不一样，是事物的自然状况”。即使是三王的时代，也不能让天下没有孤寡之人，也不能让天下没有再次出嫁的妇人，且有前后家、东西家的邻居而主丧。如果妇人还很年轻，丈夫死了而有三五岁的儿子，那么她本宗族服大功的亲族，自然应当为她收容救济。又如果没有服大功的亲族，而不允许他随从改嫁的母亲，那就只能陷入困苦危难的境地。于是他的母亲所嫁的丈夫，看待他如同自己的儿子，而抚育他到长大成人，这个儿子对于那个人，怎么称呼他呢？不得不称继父。长大而同居，则为他服齐衰丧一年；先同居然后分居，则服齐衰丧三个月；因为他抚育的恩德，比不上生自身的。制定这个规定，是用来寄寓慰问救济的仁德，而勉励天下的人不只是把自己的儿子当作儿子。这样说“用他的钱财为他筑造宫殿和宗庙”，后代儒生没领会他的意思，而有这样的说辞。

宗子之母在则不为宗子之妻服也

正义谓，母年未七十尚与祭。非也。《祭统》曰：“夫祭也者，必夫妇亲之。”是以“舅殁则姑老”，《内则》。明其不与祭矣。夫人亚祼，母不可以亚子，故老而传事。虽老固尝为主祭之人，而礼无二敬，故为宗子[1]之母服，则不为妻服。

【注释】①宗子：大宗的嫡长子。

【译文】正义说，母亲年龄未满七十仍然主持祭祀。不是这样的。《祭统》记载：“祭祀，一定是夫妻亲自主持。”因此“公公去世那么婆母就把主持家务的事交给媳妇”，（《内则》。）明确不主持祭祀。（人们举行亚祼礼，母亲不可以比其子低于一个等级，因此年老时才交给事情。）即使老迈固然曾经是主持祭祀的人，而礼无二敬，所以如果为嫡长子的母亲服丧，就不为妻子服丧。

杜氏《通典》有“夫为祖、曾祖、高祖父母持重，妻从服议”一条，云：“孔瑚问虞喜[①]曰：‘假使玄孙为后，玄孙之妇从服期，曾孙之妇尚存，缠缌麻，近轻远重，情实有疑。’喜答曰：‘有嫡子者无嫡孙，又若为宗子母服，则不服宗子妇。以此推之，若玄孙为后，而其母尚存，玄孙之妇犹为庶，不得传重。传重之服，理当在姑矣。’宋庾蔚之[②]《唐志》：庾蔚之注《丧服要记》五卷。谓，舅殁则姑老，是授祭事于子妇，至于祖服，自以姑为嫡。”与此条之意互相发明。

【注释】①虞喜：字仲宁，余姚人。博学好古，尤喜天文历算。世为豪族，精天文、经学，兼擅谶纬诸学。虞喜博学好古、少年老成，年轻时就有很高声望，受到人们赞扬。②庾蔚之：南朝宋颍川（今河南许昌）人。著有文集十六卷及《丧服世要》《礼答问》等。

【译文】杜佑《通典》记载有“丈夫为祖父母、曾祖父母、高祖父母主持葬后的祭祀，妻子依从服丧的讨论”一条，记载：“孔瑚问虞喜：‘如果玄孙是继承人，玄孙的妻子守丧一年，曾孙的妻子还在，缠缌麻服，关系近服丧轻而关系远服丧重，实际情况值得怀疑。’虞喜回答说：‘有嫡子就没有嫡孙，又如果为嫡长子的母亲服丧，则不为嫡长子的妻子服丧。按照这来推断，如果玄孙为后代，而他的母亲还在世，玄孙的妻子如同是庶出的，不能够把丧祭及宗庙的重责传给孙子。传重的丧服，应该在婆母。’南朝刘宋庾蔚之（《唐志》：庾蔚之注《丧服要记》五卷）说，公公去世而婆母老迈，这是把主持祭祀的事交给媳妇，至于祖先所规定的服饰，自然应该以婆母为嫡。”与这一条的意思互相启发、阐明。

君之母妻

与民同者，为其君齐衰三月也。不与民同者，君之母妻民不服，而尝仕者独为之服也。古之卿大夫，有见小君[①]之礼，如成公九年，“季文子如宋致女，复命，公享之。穆姜出于房，再拜”是也。而妻之爵服，则又君夫人[②]命之，是以不容无服。

【译文】与百姓相同的，为其国君服齐衰丧三月。不与百姓相同的，国君的母亲、妻子百姓不服丧，而曾经做官的唯独为他们服丧。古时候的卿大夫，有拜见小君的礼节，（如鲁成公九年，“季文子去宋国慰问伯姬，回国复命，鲁成公设宴招待他。穆姜从房里出来，两次向他下拜”就是。）而妻子的爵位及相应的服饰，则又是君夫人给予的，所以不容许没有丧服。

齐衰三月不言曾祖已上

宋沈括《梦溪笔谈》曰：“《丧服》但有曾祖、曾孙而无高祖、玄孙。或曰，经之所不言，则不服。是不然。曾，重也。自祖而上者皆曾祖也，自孙而下者皆曾孙也，虽百世可也。苟有相逮者，则必为服丧三月。故虽成王之于后稷，亦称曾孙。而《祭礼》祝文[①]，无远近皆曰曾孙。”

【注释】①祝文：古代祭祀神鬼或祖先的文辞。

【译文】宋代沈括《梦溪笔谈》记载："《丧服》只是有曾祖、曾孙而没有高祖、玄孙。有人说，经典中没有提到，就不服丧。不是这样。曾，是重的意思。从祖往上的都是曾祖，从孙往下的都是曾孙，即使是百世也是可以的。如果有相及的，就一定为他们服丧三个月。所以即使是成王对于后稷，也是称呼曾孙。而《祭礼》中祭祀的文辞，无论远近全部都称曾孙。"

《礼记·祭法》言："適子、適孙、適曾孙、適玄孙，適来孙。"《左传》王子虎盟诸侯，亦曰："及而玄孙，无有老幼。"僖公二十八年。玄孙之文见于《记》《传》者如此。《史记·孟尝君传》："孙之孙为何？曰为玄孙。"然宗庙之中并无此称。《诗·维天之命》："骏惠[1]我文王，曾孙笃之。"郑氏笺曰："曾，犹重也，自孙之子而下，事先祖皆称曾孙。"《礼记·郊特牲》"称曾孙某"，注"谓诸侯事五庙[2]也，于曾祖已上，称曾孙而已。"《信南山》正义："自曾祖以至无穷，皆得称曾孙。"《左传》哀公二年，卫太子祷文王，称"曾孙蒯聩"。《晋书·钟雅传》："元帝诏曰：'礼，事宗庙，自曾孙已下，皆称曾孙，义取于重孙，可历世共其名，无所改也。'"

【注释】①骏惠：极力遵从。②五庙：古代诸侯立五庙，即父、祖、曾祖、高祖、始祖之庙。

【译文】《礼记·祭法》记载："嫡子、嫡孙、嫡曾孙、嫡玄孙、嫡来孙。"《左传》王子虎会盟诸侯的时候，也说："直到玄孙，不论年长年幼。”（鲁僖公二十八年。）玄孙的文字出现在《礼记》《左传》的像这样。（《史记·孟尝君传》：“孙子的孙子叫什么？叫玄孙。”）然而宗庙之中并没有这样的称呼。《诗经·维天之命》记载：“骏惠我文王，曾孙笃之。”郑玄注释说：“曾，就像是重，从孙子的儿子往下，事奉先祖全部称呼曾孙。”《礼记·郊特牲》“称呼曾孙某人”，注解“说是诸侯事奉在五庙，在曾祖以上，称呼曾孙罢了。”（《信南山》正义：“自曾祖以至无穷，都可以称曾孙。”）《左传》鲁哀公二年记载，卫国太子祝颂文王，自称“曾孙蒯聩”。《晋书·钟雅传》记载：“晋元帝下诏书说：‘礼，事奉宗庙，从曾孙以下，全部称呼曾孙，意义选取同重孙，可以历代共用曾孙的名称，不用更改。’”

曾祖父母齐衰三月，而不言曾祖父之父母，后人谓之高祖。非经文之脱漏也，盖以是而推之矣。凡人祖孙相见，其得至于五世[①]者，鲜矣。寿至八九十，而后可以见曾孙之子，百有余年，而曾孙之子之子亦可见矣。人之寿以百年为限，故服至五世而穷。苟六世而相见焉，其服不异于曾祖也。经于曾祖已上不言者，以是而推之也。“晋徐农人问殷仲堪谓，假如玄孙持高祖重，来孙都无服”；及《贺循传》谓，“高祖已上，五世六世无服之祖”者，并非。观于祭之称曾孙，不论世数，而知曾祖之名，统上世而言之矣。

【注释】①五世：家族世系相传的五代。父子相继为一世。

【译文】为曾祖父母服齐衰丧三个月，而不说曾祖父的父母，（后人称为高祖。）不是经典文字的遗漏，大概是根据这而推导的。

凡是人们祖孙相见，能够五代相见的，很少了。寿命到八、九十岁，然后可以看到曾孙的儿子，有一百余年，而曾孙儿子的儿子也可以看到了。人的寿命以百年为界限，所以守丧到五代就穷尽了。如果六代而还能相见，他的丧服等同曾祖了。经典对曾祖以上不谈论，因为这而推导的。（“晋朝徐农人问殷仲堪说，假如玄孙依仗高祖重，来孙都不用服丧”；到《贺循传》说，“高祖以上，五世六世没有丧服的先祖”的，都是错误的。）察看祭祀称呼曾孙，不论世代，而知道曾祖的名讳，是总括先代来说的。

兄弟之妻无服

“谓弟之妻妇者，是嫂亦可谓之母乎？”《记·大传》文同。盖言兄弟之妻，不可以母子为比。以名言之，既有所阂而不通；以分言之，又有所嫌而不可以不远。《记》曰，嫂叔之无服也，盖推而远之也。夫外亲之同爨犹缌，而独兄弟之妻不为制服者，以其分亲[1]而年相亚[2]，故圣人嫌之。嫌之故远之，而大为之坊，《曲礼》“嫂叔不通问”。不独以其名也。此又传之所未及也。存其恩于娣姒，而断其义于兄弟，夫圣人之所以处此者精矣。《大传》疏曰：“有从有服而无服，嫂叔是也。有从无服而有服，娣姒是也。”

【注释】①分（fēn）亲：各人自己分内的亲戚。②相亚：相近似，相当。

【译文】“说弟弟的妻子是儿媳妇，那么嫂嫂也可以称呼为母亲吗？”（《礼记·大传》文字相同。）大概是说兄弟的妻子，不可用母子作比喻。以名分称呼，已经有隔阂而不通顺；以辈分称呼，又有嫌隙而不可以不疏远。《礼记》记载，嫂子和小叔之间互不守丧，大概是为了表示男女有别而有意把关系疏远。外亲同灶炊食尚且服缌麻，而唯独兄弟的妻子不做丧服，因为是自己分内的亲戚而且年纪相近，所以圣人嫌疑。有嫌疑所以疏远他，而周密的设防，（《曲礼》“嫂叔不通问”。）不只是用他们的名分。这又是传没有涉及的。在妯娌保留恩德，而在兄弟断绝情谊，圣人处理这样的问题很严密了。（《大传》注疏说：“本来有从服而变为无服，嫂叔就是。本来没有从服而变为有服，娣姒就是。”）

嫂叔虽不制服，然而曰：“无服而为位者惟嫂叔。”《奔丧》。“子思之哭嫂也为位。”《檀弓》。何也？曰是制之所抑，而情之所不可阙也。然而郑氏曰：“正言嫂叔，尊嫂也，若兄公[①]与弟之妻，则不能也。”正义曰：“兄公与弟妻不为位者，卑远之；弟妻于兄公不为位者，尊绝之。”此又足以补《礼记》之不及。《檀弓》言“嫂叔之无服”；《杂记》言“嫂不抚叔，叔不抚嫂”；是兼兄公与弟妻。

【注释】①兄公：丈夫的哥哥。

【译文】嫂子和小叔虽然不用相互服丧，然而说：“不用守丧却在亲疏排列的位置上哭泣的，只有嫂子和小叔。”（《奔丧》。）“子思在亲疏排列的位置上哭泣自己的嫂子。”（《檀弓》。）为什么呢？

说这是由于规定的压制，而情分不可以缺少。然而郑玄说："确切地说嫂子和小叔，是尊崇嫂子，如果是丈夫的哥哥与弟弟的妻子，就不能了。"（正义说："丈夫的哥哥与弟弟的妻子不为位者，卑远之；弟弟的妻子和丈夫的哥哥不为位者，尊绝之。"）这又完全可以补充《礼记》的不到之处。（《檀弓》说"嫂叔之无服"；《杂记》说"嫂不抚叔，叔不抚嫂"；都包含了丈夫的哥哥与弟弟的妻子。）

先君余尊之所厌

尊尊亲亲，周道也。诸侯有一国之尊，为宗庙社稷之主，既没而余尊犹在，故公之庶子，于所生之母，不得伸其私恩，为之大功也。大夫之尊，不及诸侯，既没则无余尊，故其庶子于父卒，为其私亲，并依本服，如邦人也。亲不敌尊，故厌，尊不敌亲，故不厌，此诸侯、大夫之辨也。后魏广陵侯衍[①]为徐州刺史，"所生母雷氏卒，表请解州。诏曰：'先君余尊之所厌，《礼》之明文。季末陵迟[②]，斯典或废。侯既亲王之子，宜从余尊之义，便可大功。'"饶阳男遥[③]官左卫将军，"遭所生母忧，表请解任。诏以余尊所厌，不许"。

【注释】①广陵侯衍：拓跋衍，字安乐，代郡平城（今山西大同）人。北魏宗室大臣，阳平惠王拓跋安寿之弟。赐爵广陵郡开国侯。②陵迟：渐趋衰败。③饶阳男遥：元遥，字太原，一字修远，河南洛阳人。北魏宗室、大臣，景穆帝拓跋晃之孙、京兆王拓跋子推次子。

【译文】尊重应该尊重的人，亲近应该亲近的人，是周朝的治国之道。诸侯有全国的尊崇，是宗庙社稷的主宰，已经去世而余下的尊崇仍然在，所以诸侯的庶子，对于生他的母亲，不能够扩张他私人的恩惠，为母亲服大功。大夫的尊崇，比不上诸侯，已经去世就没有余下的尊崇，所以大夫的庶子在父亲死后，为他的私亲，一并依据原本的丧服，如同百姓。亲近比不上尊崇，所以压制，尊崇比不上亲近，所以不压制，这是诸侯、大夫的分别。北魏广陵侯拓跋衍担任徐州刺史，"亲生母亲雷氏去世，上表奏请免除州职。皇帝下诏说：'先君余下的尊崇所压制的，《礼记》有明确的记载。末世衰败，这个礼仪有时被废除。你是亲王的儿子，应该依从余下尊崇的义理，服大功的丧服。'"饶阳男爵元遥官任左卫将军，"遭遇亲生母亲去世，上表奏请解除职位。皇帝诏令以余下的尊崇所压抑的义理，没有同意"。

晋哀帝[①]欲为皇太妃服三年，"仆射江虨[②]启，于礼应服缌麻。又欲降服期，虨曰：'厌屈私情，所以上严祖考。'乃服缌麻。"胡三省曰："以帝入后大宗，则太妃乃琅邪国母，当以服诸侯者服之也。"

【注释】①晋哀帝：司马丕，字千龄，晋成帝司马衍长子。②江虨（bīn）：一作江霦，字思玄，西晋陈留圉人，江统之子。博学知名，兼善弈，为中兴之冠。

【译文】晋哀帝想为皇太妃服丧三年，"仆射江虨启奏道，依据礼制应该服缌麻丧三个月。哀帝又想降低丧服改为守丧一年，江虨说：‘压制、委屈自己的私人情感，这是用来尊奉祖先的。’于是哀帝就服缌麻丧。”（胡三省说：“以皇帝身份入继大宗，那么太妃是琅邪国母，应当以服诸侯的礼制去服丧。”）

贵臣贵妾

此谓大夫之服。“贵臣[①]，室老士也；贵妾[②]，侄娣也”。皆有相助之义，故为之服缌。《穀梁传》曰：“侄娣[③]者，不孤子之意也。”古者大夫亦有侄娣，《左传》“臧宣叔[④]娶于铸，生贾及为而死。继室以其侄，生纥”是也。备六礼[⑤]之制，合二姓之好，从其女君而归焉，故谓之贵妾。雷次宗曰：“侄娣贵，而大夫尊轻，故服。至于余妾，出自凡庶，故不服。”士无侄娣，故《丧服小记》曰：“士妾有子而为之缌。”然则大夫之妾虽有子，犹不得缌也，惟夫“有死于宫中者，则为之三月，不举祭”，近之矣。

【注释】①贵臣：公卿大夫位高的家臣。②贵妾：身世地位在家庭中相对尊贵的随正妻从嫁的侄女、妹妹和有子的妾。③侄娣：古代诸侯贵族之女出嫁，以侄女和妹妹从嫁为媵妾者。④臧宣叔：臧孙许，姬姓，臧氏，名许，谥宣，故史称臧宣叔。⑤六礼：从求婚至完婚的整个结婚过程中的六种礼节。即：纳采、问名、纳吉、纳征、请期、亲迎。

【译文】这说的是大夫的丧服。“贵臣，是家臣之长的士人；贵妾，是从嫁的侄女和妹妹”。都有协助的意思，所以为他们服缌麻丧。《穀梁传》记载：“所谓侄娣，是说太子不是属于某一个人的意思。”古时候大夫也有侄女和妹妹从嫁，《左传》记载“臧宣叔在铸国娶妻，生了臧贾和臧为就死了。臧宣叔把妻子的侄女作为继室，生下了臧纥”是这样的。完备婚姻仪礼的规定，结合二姓和好，跟随国君的正妻出嫁，所以称为贵妾。（雷次宗说：“侄娣尊贵，而大夫地位轻，因此服丧。至于其他妾，出自平民，因此不用服丧。”）士人没有侄娣，所以《丧服小记》记载：“士人的妾生有儿子，就为她服缌麻丧。”那么大夫的妾即使生有子，仍然不能够服缌麻丧，唯独“有人死在宫中，就因为这事三个月不举行祭祀”，接近了。

唐李晟[①]夫人王氏无子，妾杜氏生子愿，诏以为嫡子。及杜之卒也，赠郑国夫人，而晟为之服缌。议者以为准《礼》“士妾有子而为之缌”，《开元新礼》无是服矣。而晟擅举复之，颇为当时所诮。《册府元龟》。今之士大夫，缘饰《礼》文而行此服者，比比也。

【注释】①李晟：字良器，洮州临潭（今甘肃临潭）人，唐代军事家。因爵封西平郡王，世称李西平。

【译文】唐代李晟的夫人王氏没有儿子，妾室杜氏生儿子李愿，皇帝诏令李愿作为李晟的嫡子。等到杜氏去世，赐予她郑国夫人的称号，而李晟为她服缌麻丧。议论的人认为符合《礼记》中的“士人的妾生有儿子，就为她服缌麻丧”，《开元新礼》没有这样的丧服。而李晟擅自发起恢复它，很是被当时所责备。（《册府元龟》。）如今的士大夫，依据《礼记》的文字而实行这样的丧服制度，比比皆是。

外亲之服皆缌

“外亲之服皆缌”，外祖父母以尊加，故小功；从母以名加，故小功。《大传》：“服术有六”，“三曰名”。此谓母之兄弟异德异名，母之姊妹同德同名。庾蔚之云：“男女异长，母之在室，与其姊妹有同居共席之礼，故许其因母名以加服。”唐玄宗开元二十三年制，令礼官议加服制。太常卿韦縚请加外祖父母服至大功九月，舅服至小功五月，堂姨、堂舅、舅母服至袒免[①]。太子宾客崔沔[②]议曰：“礼教之设，本于正家，家正而天下定矣。正家之道不可以贰，总一定义，理归本宗。所以父以尊崇，母以厌降，内有齐斩，外服皆缌，尊名所加，不过一等。此先王不易之道，其来久矣。昔辛有适伊州，见被发而祭于野者曰：‘不及百年，此其戎乎？其礼先亡矣。’贞观修礼，特改旧章，渐广渭阳[③]之恩，不遵洙、泗[④]之典。及弘道之后，唐元之间，韦氏弑中宗，立温王重茂，改元唐隆。今避玄宗上字，故称唐元。国命再移于外族矣。礼亡征兆，傥见于斯。开元初，补阙卢履冰[⑤]尝进状，论丧服轻重，敕令佥议。于时群议纷拏[⑥]，各安积习。太常、礼部奏依旧定。陛下运稽古之思，发独断之明，特降别敕，一依古礼，事符典故，人知向方，式固宗盟，社稷之福。更图异议，窃所未详。愿守八年明旨，以为万代成法。”

【注释】①袒免：凡五服以外的远亲，无丧服之制，唯脱上衣，露左臂，脱冠扎发，用宽一寸布从颈下前部交于额上，又向后绕于髻，以示哀思。②崔沔（miǎn）：字善冲，京兆长安（今陕西西安）人，后周陇州刺史崔士约四世孙。③渭阳：表示甥舅情谊之典，或是舅父的代称。④洙泗：即洙水和泗水。春秋时属鲁国地。孔子在洙泗之间聚徒讲学。后因以“洙泗”代称孔子及儒家。⑤补阙：唐武后垂拱元年始置，有左右之分。左补阙属门下省，右补阙属中书省，掌供奉讽谏。北宋时改为司谏。南宋及元明重又设置，均随设随罢。卢履冰：唐幽州范阳人。卢义僖五世孙。玄宗开元五年，仕历右补阙。⑥纷拏：亦作“纷挐”。亦作“纷拿”。混乱貌，错杂貌。

【译文】“外亲的丧服都是缌麻”，外祖父母因为尊崇而增加丧期，所以服小功丧五个月；姨母因为名望而增加丧期，所以服小功丧五个月。“(《大传》：“服术有六”，“三曰名”。这是说母亲的兄弟异德异名，母亲的姊妹同德同名。庾蔚之说：“男女异长，母亲在室，与其姊妹有同居共席的礼节，因此允许他根据母亲之名而增加丧服。”)唐玄宗开元二十三年规定，命令礼官讨论增加丧服制度。太常卿韦縚奏请增加外祖父母服大功丧九个月，舅父服小功丧五个月，堂姨、堂舅、舅母服袒免丧。太子宾客崔沔议说：“礼教的设置，根本在使家庭关系正常有序，家庭关系正常那么天下就安定了。治家的途径不能有两样，要有一个总的原则，使道理有所依据。所以父亲因为尊崇加服，母亲因为压制降等，内亲服齐衰、斩衰丧，外亲都服缌麻丧，即使因为是尊亲要加服丧期，也不能超过一级。这是先王定下不可随意更改的礼仪，由来已经很久了。从前辛有到了伊州，看到披着头发在野外祭祀的人说：‘不到一百年，这里大概就要变成戎人的地方了吧。它的礼仪就先消失了。’贞观施行礼教，特意修改从前的典章，逐渐推广舅父的恩德，不依照洙、泗的典籍。等到弘道之后，唐玄宗之间，(韦氏弑唐中宗，立温王李重茂，改元唐隆。今避讳玄宗之玄字，因此称唐元。)国家政权又转移到外族手上了。

礼仪灭亡的征兆，或许从这可以见到了。开元初年，补阙卢履冰曾经呈上陈述事实的文书，谈论丧服轻重，帝王发布命令、群臣百官的意见。当时众人的议论混乱错杂，各自安心长久以来而形成的习惯。太常、礼部奏请依据从前的规定。陛下运用考察古事的心思，启发独断阐明，特意降下别敕，全部依照古礼，事情符合旧的制度，人们知道归向正道，形式巩固同宗，是社稷的幸运。又谋划不同的意见，我了解得不清楚。希望按照开元八年的旨意，作为万代惯例。”

职方郎中韦述[①]议曰：“天生万物，惟人最灵。所以尊尊亲亲，别生分类。存则尽其爱敬，殁则尽其哀戚。缘情而制服，考事而立言，往圣讨论，亦已勤矣。上自高祖，下至玄孙，以及其身，谓之九族。由近而及远，称情而立文，差其轻重，遂为五服。虽则或以义降，或以名加，数有所从，理不逾等。百王不易，三代可知。若以匹敌言之，外祖则祖也，舅则伯、叔父之列也。父母之恩不殊，而独杀于外氏者，所以尊祖祢而异于禽兽也。且家无二尊，丧无二斩。持重于大宗者，降其小宗；为人后者，减其父母之服；女子出嫁，杀其本家之丧。盖所存者远，所抑者私也。今若外祖及舅更加服一等，堂舅及姨列于服纪之内，则中外之制，相去几何？废礼徇情，所务者末。且五服有上杀之义，必循原本，方及条流。伯、叔父母，本服大功九月，今伯、叔父母期是加服。从父昆弟亦大功九月，并以上出于祖，其服不得过于祖也。从祖祖父母，从祖父母，从祖昆弟，皆小功五月，以出于曾祖，服不得过于曾祖也。族祖祖父母，族祖父母，族祖昆弟，皆缌麻三月，以出于高祖，服不得过于高祖也。

堂舅、姨既出于外曾祖，若为之制服，则外曾祖父母及外伯、叔祖父母，亦宜制服矣。外祖加至大功九月，则外曾祖父母合至小功，外高祖合至缌麻。若举此而舍彼，事则不均，弃亲而录疏，理则不顺，推而广之，则与本族无异矣。且服皆有报，则堂外甥、外曾孙侄女之子，皆须制服矣。圣人岂薄其骨肉，背其恩爱？盖本于公者薄于私，存其大者略其细，义有所断，不得不然。苟可加也，亦可减也，往圣可得而非，则《礼经》可得而隳矣。先王之制，谓之彝伦，奉以周旋，犹恐失坠，一紊其叙，庸可止乎？”

【注释】①职方郎中：隋尚书省兵部有职方侍郎，唐宋以后兵部有职方郎与员外郎。掌天下地图及城隍、镇戍、堡寨、烽候，及沿边少数民族内附等事。韦述：唐代大臣，著名史学家，京兆万年人。

【译文】职方郎中韦述议论说：“天生养万物，只有人最有灵气。所以尊重应该尊重的人，亲近应该亲近的人，辨别新的、分别归类。在世就竭力做到亲爱恭敬，去世就竭力做到悲痛伤感。根据情感而制定丧服，推求事由而确立言论，先代圣人的讨论，也已经很频繁了。上自高祖，下至玄孙，到自身，称为九族。由近而到远，衡量人情而制定条文，轻重的不同，制定为五服。虽然有的由于义理降等，有的由于尊崇加服，数目有所依从，道理不超越等级。历代帝王不改变，三代可以知道。如果用对等相待来说，外祖父就是祖父，舅父就是伯、叔父的列次了。父母的恩德没有区别，而唯独在外祖父母家消减，用来尊崇祖先而与禽兽不相同的。而且家无二尊，丧无二斩。在嫡系长房主持丧祭，在其他儿子降低等级；作为后代子孙，减低父母的丧服；女子出嫁，消减她娘家的丧服。大概是在世的疏远，所压制的是私情。现在如果外祖父及舅父又增加服丧一等，堂舅及姨安排在服纪之内，那么中外的制度，彼此之间相关多远呢？废弃礼制顺从私情，所追求的是末节。况且五服中有由父亲往上，血缘关系越远，亲情越薄，丧服越轻的义理，必须依循原本，才涉及支流。伯、叔父母，本等丧服大功九个月，（现在伯、叔父母丧期是加服。）叔伯父兄弟也是服大功丧九个月，并以上出自祖，丧服不能够超过祖。叔伯祖的祖父母，叔伯祖的父母，叔伯祖的兄弟，都服小功丧五个月，因为出自曾祖，丧服不能够超过曾祖。族祖的祖父母，族祖的父母，族祖的兄弟，都是服缌麻丧三个月，以出自高祖，丧服不能够超过高祖。堂舅、姨都出自外曾祖，如果为他们守丧，那么外曾祖父母及外伯、叔祖父母，也应该为他们守丧。外祖增加到大功九个月，那么外曾祖父母合到小功，外高祖合到缌麻。如果推举这个而舍弃那个，处事就不均平，舍弃亲族而亲近疏远，道理则不通顺，推展扩大，则与本族没有差异了。而且丧服都因为有报答，你们堂外甥、外曾孙侄女的儿子，都需要守丧了。圣人怎么会轻视至亲，背弃仁爱呢？大概是以公理为根本而轻视私情，保留大局而忽略细节，义理有断绝，不得不这样做。如果可以增加，那么也可以减少，先代圣人可以非议，那么《礼经》可以毁坏了。先王的制度，称为常理，奉行并不断追寻，仍然担心废弛，一旦搅乱顺序，怎么停止呢？”

礼部员外郎杨仲昌[①]议曰：“按《仪礼》为舅缌，郑文贞公魏徵议同从母例，加至小功五月。详见下条。虽文贞贤也，而周、孔圣也，以贤改圣，后学何从？今之所请，正同徵论，如以外祖父母加至大功，岂不加报于外孙乎？外孙为报服大功，则本宗庶孙又用何等服邪？窃恐内外乖序，亲疏夺伦，情之所沿，何所不至？昔子路有姊之丧而不除，孔子曰：先王制礼，行道之人皆不忍。子路除之。此则圣人援事抑情之明例也。《记》不云乎，毋轻议礼。’时玄宗手敕[2]再三，竟加舅服为小功，舅母缌麻，堂姨、堂舅袒免。”“宣宗舅郑光卒，诏罢朝三日。御史大夫李景让[3]上言：‘人情于外族则深，于宗庙则薄。所以先王制礼，割爱厚亲。士庶犹然，况于万乘[4]？亲王、公主，宗属也，舅氏，外族也。今郑光辍朝日数，与亲王、公主同，非所以别亲疏、防僭越也。”优诏报之，乃罢两日。夫由韦述、杨仲昌之言，可以探本而尊经，由崔沔、李景让之言，可以察微而防乱。岂非能言之士，深识先王之礼，而亦目见武、韦之祸，思永监[5]于将来者哉！

【注释】①杨仲昌：字蔓，虢州阌乡（今河南灵宝）人。以通经为修文生，累调不甚显。②手敕：亦作“手勅”。帝王亲手写的诏书。非常珍贵，得到帝王的手诏是无限的恩宠。③李景让：字后己。并州文水（今山西文水）人。唐朝中期大臣、书法家。官至太子少保、分司东都，封酒泉县男，卒赠太子太保，谥号“孝”。④万乘：周代制度规定，天子地方千里，能出兵车万乘，因以“万乘”指天子、帝王。⑤永监：亦作“永鉴”，长久鉴戒。

【译文】礼部员外郎杨仲昌议论说：‘按照《仪礼》为舅父服缌麻丧，郑文贞公魏徵奏议同姨母的体例，增加到服小功丧五个月。（详见下条。）虽然魏徵是贤人，然而周公、孔子是圣人，用贤人改变圣人，后来的读书人怎么办呢？如今的奏请，正与魏徵的议论相同，如果把外祖父母增加到大功，难道不是在外孙增加报答吗？外孙为报答服大功，那么本宗族的庶出之孙又用什么丧服呢？我私下担心内外次序错乱，亲疏失去条理，情感相传，哪里不能到呢？从前子路遭遇姐姐的丧事而不脱去丧服，孔子说：先王制定礼仪，奉行道义的人都不忍心。于是子路脱去丧服。这就是圣人援引事例压制情感的典型例子。《礼记》不是说了吗，不要轻率地议论礼。’当时唐玄宗多次亲手书写诏令，最终增加舅父丧服为小功，舅母为缌麻，堂姨、堂舅袒免。”“唐宣宗舅郑光去世，唐宣宗下诏停止临朝三日。御史大夫李景让进呈言辞说：‘人的感情对于外族则深厚，对于宗庙则浅薄。所以先王制礼，放弃心爱、厚待亲族。士人和平民尚且如此，何况是天子呢？亲王、公主，是宗室成员，舅父，是母家的亲族。如今郑光停止临朝的天数，与亲王、公主相同，不是用来辨别亲近和疏远、防止超越本分行事的。”皇帝用褒美嘉奖的诏书回报他，于是停止临朝两日。通过韦述、杨仲昌的陈述，可以探求根本而尊崇经典，通过崔沔、李景让的陈述，可以明察细微而防止混乱。难道不是能言善辩的人，深刻了解先王的礼制，而且也亲眼看到武后、韦后的祸乱，想在将来长久鉴戒吗！

宗庙之制，始变于汉明帝①。服纪之制，始变于唐太宗。皆率一时之情，而更三代之礼，后世不学之主，踵而行之。

【注释】①汉明帝：刘庄，初名刘阳，光武帝刘秀第四子。

【译文】宗庙的制度，从汉明帝开始改变。服纪的制度，从唐太宗开始改变。都轻率地因为一时的情感，而更改三代的礼仪，后世不学习的君主，都仿照实行。

唐人增改服制

唐人所议服制，似欲过于圣人。

嫂叔无服，太宗令服小功；曾祖父母旧服三月，增为五月；嫡子妇大功，增为期；众子妇小功，增为大功；舅服缌，增为小功；《新唐书》："初，太宗尝以同爨缌而嫂叔乃无服，舅与从母亲等而异服，诏侍中魏徵、礼部侍郎令狐德棻等议：'舅为母族，姨乃外戚他姓，舅服一时，姨乃五月，古人未达者也。于是服曾祖父母齐衰三月者，增以齐衰五月；適子妇大功，增以期；众子妇小功，增以大功；嫂叔服以小功五月报，弟妻及夫兄同；舅服缌，增以小功。'然《律疏》舅报甥，服犹缌。显庆中，长孙无忌以为甥为舅服同从母，则舅宜进同从母报。又古庶母缌，今无服，且庶母之子，昆弟也，为之杖齐，是同气而吉凶异，自是亦改服缌。"

【译文】唐人所讨论的丧服制度，似乎想超过圣人。

嫂子和小叔互不守丧，唐太宗下令服小功丧；曾祖父母以前服丧三个月，增加为五个月；正妻儿子的妻子服大功丧，增加为一年；众子的妻子服小功丧，增加为大功；舅父服缌麻丧，增加为小功；（《新唐书》："当初，太宗曾经认为同灶饮食服缌麻而嫂叔就没有服制，舅舅与母亲的姊妹同等却不同服制，诏令侍中魏徵、礼部侍郎令狐德棻等人议论：‘舅舅为母亲亲族，姨母为外戚他姓，舅舅服丧一时，姨母竟然是五月，古人没有涉及这个方面。于是服曾祖父母齐衰三月的，增加到齐衰五月；正妻儿子的妻子服大功丧，增加为一年；众子的妻子服小功丧，增加为大功；嫂叔服以小功五月回报，弟弟之妻及丈夫之兄长相同；舅舅服缌麻，增加为小功。’然而《律疏》舅舅为外甥服丧，依然是服缌麻。显庆年间，长孙无忌认为外甥为舅服丧等同母亲的姊妹，那么舅舅应该提高到和母亲的姊妹相同为外甥服丧。又古代庶母服缌麻，现在不用服丧，而且庶母之子，是兄弟，为他们同服杖期，说明同胞兄弟而吉凶之礼不同，自然也改服缌麻。”）

父在为母服期，高宗增为三年；妇为夫之姨舅无服，玄宗令从夫服；又增舅母缌麻，堂姨舅袒免；而弘文馆直学士王元感[①]，遂欲增三年之丧为三十六月。《旧唐书·张柬之传》。何休注《公羊传》言：“鲁文公乱圣人制，欲服丧三十六月。”皆务饰其文，欲厚于圣王之制。而人心弥浇，风化弥薄。不探其本，而妄为之增益，亦未见其名之有过于三王也。是故知庙有二主之非，则叔孙通之以益广宗庙为大孝者绌矣；知丧不过三年，示民有终之义，则王元感之服三十六月者绌矣；知亲亲之杀，礼所由生，则太宗、魏徵所加嫂叔诸亲之服者绌矣。《唐书·礼乐志》言：“礼之失也，在于学者好为曲说，而人君一切临时申其私意，以增多为尽礼，而不知烦数之为黩也。”子曰：“道之不明也，贤者过之。”夫贤者率情之偏，犹为悖礼，而况欲以私意求过乎三王者哉？《记》曰：“始死，三日不怠，三月不解。期，悲哀。三年忧，恩之杀也，圣人因杀以制节，此丧之所以三年。贤者不得过，不肖者不得不及，此丧之中庸也。”

【注释】①直学士：唐门下省弘文馆、中书省集贤殿书院皆置学士，掌校理图籍，六品以下称直学士。王元感：唐经学家、学官。濮州鄄城（今属山东）人。

【译文】父亲在世为母亲服丧一年，唐高宗增加为三年；妻子对于丈夫的姨母、舅父不用服丧，唐玄宗下令依从丈夫服丧；又增加为舅母服缌麻丧，堂姨舅袒免；而弘文馆直学士王元感，于是想增加三年的丧期为三十六个月。（《旧唐书·张柬之传》。何休注《公羊传》说：“鲁文公搅乱圣人的制度，想服丧三十六月。”）都是致力修饰文字，想加厚圣王的制度。而人心更加刻薄，风俗教化更加轻薄。不探究根本，而胡乱地为它添加，但是也没有见到他们的名声有超过三王的。因此知道庙有二主的不对，那么叔孙通增加扩大宗庙为大孝可以革除了；知道丧期不超过三年，是告诉人们守丧是有终止期限的义理，那么王元感的服丧三十六个月可以革除了；知道亲近应该亲近的人的消减，礼就产生了，那么唐太宗、魏徵增加嫂子小叔众多亲属的丧服可以革除了。《唐书·礼乐志》记载：“礼的丧失，在于读书人喜欢做不符合常理的言论，而君主一切临时伸张他的私心，把增多作为竭尽礼仪，而不知道频繁是轻率、过度地使用。”孔子说：“大道不能弘扬的原因，贤能的人超过了它的标准。”贤能人任意导致的错误，尤其违背礼制，而何况想通过私心追求超过三王的人呢？（《礼记》说："亲人刚去世，前三日哭泣不止不吃不喝，前三月依旧哭奠。周年之内，脸露悲哀。三年之内怀忧在心，时间逐渐推移哀痛慢慢减少，圣人根据这个来制定礼制，这就是丧礼制定三年的原因。贤能的人不能超过这个，不贤能的人不能不做到，这就是丧礼的折中办法。"）

宋熙宁五年，中书门下议不祧僖祖[①]。秘阁校理王介[②]上议曰："夫物有无穷，而礼有有限，以有限制无穷，此礼之所以起，而天子所以七庙[③]也。今夫自考而上，何也？必曰祖；自祖而上，何也？必曰曾祖；自曾祖而上，何也？必曰高祖；自高祖而上，又何也？必曰不可及见，则闻而知之者矣。今欲祖其祖而追之不已，祖之上又有祖，则固有无穷之祖矣。圣人制为之限，此天子七庙，所以自考庙而上，至显祖之外而必祧也。自显祖之外而祧，亦犹九族至高祖而止也，皆以礼为之界也，五世而斩故也。丧之三年也，报罔极[④]之恩也。以罔极之恩为不足报，则固有无穷之报乎？何以异于是！故丧之罔极而三年也，族之久远而九也，庙之无穷而七也。"

【注释】①不祧（tiāo）：古代帝王的宗庙分家庙和远祖庙，远祖庙称祧。家庙中的神主，除始祖外，凡辈分远的要依次迁入祧庙中合祭，永不迁移的称为"不祧"。僖祖：即赵朓，是赵珽的父亲，赵敬的祖父，赵弘殷的曾祖，赵匡胤的高祖。赵匡胤建立宋朝后，追尊赵朓为文献皇帝，庙号僖祖。②王介：字中甫、中父，衢州常山（今浙江常山县）人。北宋著名诗人。③七庙：历代帝王为维护宗法制度，设七庙供奉七代祖先，太庙居中，左三昭，右三穆。④罔极：无极，无穷尽，无边际。

【译文】宋神宗熙宁五年，中书门下讨论宋僖祖不迁入祧庙。秘阁校理王介上奏陈述说："事物没有穷尽，而礼仪有限制，用有限约束无穷，这是礼兴起的原因，所以天子有七庙。现今从父亲而上，是什么人呢？一定说是祖父；从祖父而上，是什么人呢？一定说是曾祖父；从曾祖父而上，是什么人呢？一定说是高祖父；从高祖父而上，又是什么人呢？一定说是不能见到的，那么是听说而知道的了。如今想把他的祖先作为祖先而追溯不停止，祖先之上又有祖先，那么从一开始就有没有穷尽的祖先。圣人规定为限，这是天子七庙，从父亲宗庙而上，到显祖之外而一定迁入远祖庙的原因。从显祖之外就迁入远祖庙，也犹如九族至高祖就停止，都是用礼作为界限，五代就服斩衰的原因。丧期三年，报答父母无穷尽的恩德。因为父母无穷尽的恩德不足以报答，难道要有无穷尽的报答吗？为什么与这个不同！所以丧事的无穷尽是三年就停止，亲族远到九代就停止，宗庙没有穷尽到七庙就停止了。"

皆先王之制，弗敢过焉者也。《记》曰："品节斯，斯之谓礼。"《易》于《节》之象曰："君子以制度数，议德行。"唐、宋之君，岂非昧于节文之意者哉？

【译文】都是先王的规制，没有敢超过这个的。《礼记》说："区别和节制这种种感情和行动，这就称为礼。"《易经》在《节》卦的象传说："君子制定数量上的限度，评议道德上的行为表现。"

唐、宋的国君，难道不是在制定礼仪深意方面糊涂的人吗？

贞观之丧服，开元之庙谥，与始皇之狭小先王之宫廷而作为阿房者，同一意也。

【译文】贞观年间的丧服，开元年间的庙谥，与秦始皇狭隘窄小先王的宫廷而建造阿房宫，是同一个意思。

报于所为后之兄弟之子若子

所后者，谓所后之亲。上《斩》章言“所后”者是也。郑注衍一“为”字。所为后，谓出而为后之人。

【译文】作为继承的人，说的是作为继承人亲族。（上文《斩》章言“所后”的就是。郑玄注解多一个“为”字。）被继承的人，说的是出而作为继承人的人。

为人后者，“于兄弟降一等”，自期降为大功也。兄弟之子，报之亦降一等，亦自期降为大功也。若子者兄弟之孙，报之亦降一等，自小功降而为缌也。

【译文】作为继承人的人，“对兄弟降一等丧服”，从服丧一年降低为大功九个月。兄弟的儿子，报答也降低一等，也从服丧一年降低为大功九个月。若子是兄弟的孙子，报答也降低一等，从服小功丧五个月降而为服缌麻丧三个月。

庶子为后者为其外祖父母从母舅无服

与尊者为一体，不敢以外亲之服而废祖考之祭，故绌[①]其服也。言母党则妻之父母可知。

【注释】①绌：古同“黜”，罢免，革除。

【译文】与辈分高的人协调一致，不敢为与外戚服丧而废除祖先的祭祀，所以降低外戚的丧服。说母族的人是这样做那么妻子的父母可以知道了。

考降

考，父也，既言父又言考者，犹《易》言“干父之蛊，有子，考无咎”也。降者，骨肉归复于土也。《记》曰：“体魄则降。”人死，则魂升于天，魄降于地。《书》曰：“礼陟配天。”陟，言升也。又曰：“放勋乃徂落。”落，言降也。然而曰“文王陟降”何也？神无方也，可以两在而兼言之。

【译文】考，是父亲，既说父又说考，犹如《易经》记载的“干父之蛊，有子，考无咎”。降，是骨肉又回归土地。《礼记》记载：“体魄则降。”人死后，魂升于天，魄降于地。《尚书》记载：“礼陟配天。”陟，说的是升。又记载：“放勋乃徂落。”落，说的是降。然而记载“文王陟降”是什么呢？神奥妙难测不是固定的，可以同时存在而合在一起说。

噫歆

《士虞礼》“声三”注：“声者，噫歆[1]也，将启户，警觉神也。”《曾子问》“祝声三”注：“声，噫歆，警神也。”盖叹息而言神其歆我乎，犹《诗》“顾予烝尝”之意也。丧之“皋[2]某复”，祭之“噫歆”，皆古人命鬼之辞。正义曰：“直云祝声，不知作何声。按《论语》云，颜渊死，子曰：‘噫，天丧予。’《檀弓》云，公肩假曰噫。是古人发声多云噫，故知此声亦谓噫也。凡祭祀神之所享谓之歆，今作声欲令神歆享，故云歆警神也。”

【注释】①噫（yī）歆：祭祀时，发声告神来享用祭品。②皋（háo）：号呼，呼告。

【译文】《士虞礼》中“声三”注解：“声，是发声告神，将要打开室门，发声祷告神明。”《曾子问》“祝声三”注解：“声，是发声告神，发声祷告神明。”大概是发声而告请神明享受供物，犹如《诗经》“敬请先祖享受祭品”的意思。丧事的“呼喊某人回来吧”，祭祀的“发声告神”，都是古人命鬼的言辞。（正义说：“直云祝声，不知作何声。按《论语》说，颜渊去世，孔子说：‘噫，天丧予。’《檀弓》

说，公肩假曰噫。说明古人发声大多是噫，因此知道这个声也是说噫。凡是祭祀神所享用的都称为歆，现在写为声想让神享受祭品，因此说歆是来警示神。”）

《既夕礼》“声三”注：“旧说以为噫兴也。”噫兴[1]者，叹息而欲神之兴也；噫歆者，叹息而欲神之歆也。

【注释】①噫兴：释义犹噫歆。

【译文】《既夕礼》“声三”注解：“旧说认为是噫兴。”噫兴，是发声而想神灵兴起；噫歆，是发声而想神灵享受祭品。

卷 六

毋不敬

“毋不敬，俨若思，安定辞”，修己以敬也。“安民哉”，修己以安人也。“俨若思，安定辞”，何以安民？子曰：“危以动，则民不与也；惧以语，则民不应也。”《诗》云：“彼都人士，狐裘黄黄。其容不改，出言有章。行归于周，万民所望。”

【译文】“不要不恭敬，庄重严肃像在思考，言辞态度要安详”，修养自己，保持严肃恭敬的态度。“使百姓安宁”，修养自己使人民安乐。“庄重严肃像在思考，言辞态度要安详”，用什么使百姓安宁呢？孔子说：“危险的举动，百姓不会拥护。恐吓的言语，百姓不会响应。”《诗经》记载：“那个时候都城有名望的人，穿着黄色的狐皮外衣。他们的仪容没有改变，说话有条理。回到西周旧都城，天下百姓敬仰而有所期望。”

女子子

“女子子”，谓己所生之子，若兄弟之子。言女子者，别于男子也。犹《左氏》言女公子。古人谓其女亦曰子。《诗》曰：“齐侯之子，卫侯之妻。”《论语》曰：“以其子妻之。”是也。此章言男女之别，故加“女子”于“子”之上以明之。下乃专言兄弟者，兄弟至亲，兄弟之于姊妹，犹弗与同席[①]同器，而况于姑乎？况于女子子乎？不言从子，不言父，据兄弟可知也。《丧服小记》言：“女子子在室，为父母杖。”然则女子子为己所生之子明矣。胡氏谓重言子，衍文。黄氏以为女子之子。皆非。

《内则》曰：“七年男女不同席，不共食。”则不待已嫁而反矣。

【注释】①同席：同一席子，或同坐一席。古人席地而坐，故云。后泛指同坐一处。

【译文】“女子子”，说的是自己所生的孩子，如同兄弟的孩子。说女子，有别于男子。（就像《左传》说女公子。）古人说到自己的女儿也叫子。《诗经》记载：“齐侯之子，卫侯之妻。”《论语》记载：“以其子妻之。”是这样。这段章节说的是男女的区别，所以在“女子”加上“子”来说明。下面才专门谈论兄弟，兄弟是最亲近的亲戚，兄弟对于姊妹，尚且不同坐一处，不共用同一个器皿进食，而更何况姑母呢？更何况自己的孩子呢？不提到侄子、父亲，根据兄弟就可以知道了。《丧服小记》记载：“女儿在家出嫁前父母去世，为父母手持丧杖。”那么女子子是自己所生的孩子很明确了。（胡氏认为是重复说子，是衍文。黄氏认为是女子之子。都是错误的。）

《礼记·内则》记载：“七岁的时候男子和女子，不同坐一处，不共用同一个器皿进食。”不用等到出嫁而返回娘家的时候就这样。

取妻不取同姓

姓之为言生也。《左传》昭四年：问其姓，对曰：余子长矣。《诗》曰：“振振公姓[①]。”天地之化，专则不生，两则生。故叔詹[②]言：“男女同姓，其生不蕃。”《晋语》曰：“同姓不昏，惧不殖也。”而子产之告叔向云：“内官[③]不及同姓，美先尽矣，则相生疾。”晋司空季子之告公子曰：“异德合姓。”郑史伯[④]之对桓公曰：“先王聘后于异姓，务和同也。声一无听，物一无文。”是知礼不娶同姓者，非但防嫌，亦以戒独也。故《典礼》：“纳女于天子曰备百姓。”《吴语》：“句践请一介嫡女执箕帚，以晐姓于王宫。”而《郊特牲》注云：“百官，公卿以下也。百姓，王之亲也。”《吕刑》：“官百族姓。”传：“族，同族；姓，异姓。”《易》曰：“男女睽[⑦]而其志通也。”是以王御不参一族，其所以合阴阳之化，而助嗣续之功者，微矣。

【注释】①振振：信实仁厚的样子。公姓：诸侯之子为公子，公子之孙为公姓。或曰公姓犹言公子，变文以协韵。②叔詹：姬姓，春秋时期郑国（在今新郑境内）的相。郑国贵族，郑国君主郑文公的弟弟。③内官：宫中的女官属。后宫妃、嫔以下至贵人、采女及紫霞帔、红霞帔等内命妃。④史伯：西周末期人。思想家。掌管起草文告、策命诸侯、记录史事、编写史书，兼管国家典籍、天文历法等，为朝廷重臣。⑦睽（kuí）：分离，背离。

【译文】姓说的是生。（《左传》鲁昭公四年：有人问其姓，回答说：余子长矣。）《诗经》记载："诸侯的孙子信实仁厚。"天地的化育生长，专则不生，两则生。所以叔詹说："男女同姓，他的子孙不会昌盛。"（《晋语》说："同姓不通婚，是害怕不能昌盛。"）而子产告诉叔向说："嫔妃不能有同姓的，美人都占尽了，那么就会得病。"晋国司空季子告诉公子重耳说："德行不同可以结合二姓为婚姻。"郑国史伯答对郑桓公说："先王从不同姓的家族中聘娶王后，务必和谐同心。声音只有一种就没有听的价值，事物只有一种颜色就没有花纹。"由这知道礼制不聘娶同姓的人，不只是避免嫌疑，也是用来防备专一的。所以《典礼》记载："把女儿嫁给天子，称为备百姓。"（《吴语》："句践请求一位嫡生女儿拿着箕帚，到王宫里侍奉您。"）而《郊特牲》注解说："百官，指的是公卿以下的众官。百姓，指的是君王的亲属。"（《吕刑》："官百族姓。"传："族，是同族；姓，是异姓。"）《易经》记载："男女分离但是他们的心意相通。"所以天子不选三个同族的女子为妃嫔，他们用来配合阴阳的变化，而辅助子孙繁衍的功能，很精妙了。

古人以异姓为昏姻之称。《大戴礼》："南宫縚，夫子信其仁，以为异姓。"谓以兄之子妻之也。《周礼·司仪》"时揖[①]异姓"。郑氏注引此。

【注释】①时揖：拱手当心以作揖。王见诸侯的作揖礼式。

【译文】古人把异姓作为婚姻的称呼。《大戴礼》记载："南宫縚，夫子信其仁，以为异姓。"说的是把哥哥的女儿嫁给他做妻子。

《周礼·司仪》“时揖异姓”。郑玄的注解引用的是这个。

姓之所从来，本于五帝。五帝之得姓，本于五行，则有相配相生之理。故传言：“有妫之后，将育于姜。”又曰：“姬姞耦[1]，其生必蕃。”而后世五音族姓之说，自此始矣。晋嵇康[2]论曰：“五行有相生，故同姓不昏。”《旧唐书》，吕才序《宅经》谓“五姓之说，本无所出。惟《堪舆经》，黄帝对于天老，乃有五姓之言。”今考《汉书·王莽传》：卜者王况，谓李焉，“君姓李，李者征，征，火也”。后汉苏竟与刘龚书：“五七之家，三十五姓，彭秦延氏不得与焉。”李云上书：“高祖受命至今三百六十四岁，君期一周，当有黄精代见，姓陈项虞田许氏，不可令此人居太尉、太傅典兵之官。”五姓之说，始见于此。盖与谶记之文，同起于哀、平之际。而《京房传》：“房本姓李，推律自定为京氏。”《白虎通》：“古者圣人吹律定姓，以记其族。”《尔雅翼》曰：“古者司商协名姓，人始生，吹律合之，定其姓名。”《易是类谋》曰：“黄帝吹律定姓。”《论衡》言：“孔子吹律自知殷宋，大夫子氏之世。”则古人以律推姓，亦必有法。《潜夫论》言：“凡姓之有音也，必随其本生祖所出也。大皞木精，承岁星而王，夫其子孙咸当为角。神农火精，承荧惑而王，夫其子孙咸当为徵。黄帝土精，承填而王，夫其子孙咸当为宫。少昊金精，承太白而王，夫其子孙咸当为商。颛顼水精，承辰而王，夫其子孙咸当为羽。虽号百变，音形不易。”此则五姓所以分属五音之说，与春秋裨竈、史赵、史伯诸人之论，大抵相同，不可谓其无本。宋时犹尚五音之说，《云麓漫钞》言：“永安诸陵皆东南地穹，西北地垂，东南有山，西北无山，角音所利如此。”

【注释】①耦：配偶。②嵇康：字叔夜。谯国铚县（今安徽濉溪县）人。三国时期曹魏思想家、音乐家、文学家。后娶魏武帝曹操曾孙女长乐亭主为妻，拜郎中，调中散大夫，世称“嵇中散”。后隐居不仕，屡拒为官。因得罪遭构陷，而被司马昭处死。袁宏称其为“竹林名士”之一。

【译文】姓的由来，源自五帝。五帝获得姓氏，源自五行，就有相配相生的根据。所以注解说：“有妫氏的后代，养育在齐姜。”又说：“姬姓、姞姓两姓适合结成配偶，他们的子孙一定会昌盛。”而后世五音族姓的说法，从这开始了。晋朝嵇康评论说：“五行互相滋生和促进，所以同姓不结成姻亲。”（《旧唐书》，吕才在《宅经》序言中说“五姓之说，本来没有出处。唯独《堪舆经》，黄帝对于天老，才有五姓的说法。”现在考查《汉书·王莽传》：卜者王况对李焉说，“君姓李，李者征，征，火也”。东汉苏竟写给刘龚的书信：“五七之家，三十五姓，彭秦延氏不得与焉。”李云上书说：“高祖受命至今三百六十四岁，君期一周，当有黄精代见，姓陈项虞田许氏，不可令此人居太尉、太傅典兵之官。”五姓之说，到这里才出现。大概与谶纬之类的文字，一同在汉哀帝、汉平帝之际兴起。而《京房传》：“房本姓李，推律自定为京氏。”《白虎通》：“古者圣人吹律定姓，以记其族。”《尔雅翼》说：“古者司商协名姓，人始生，吹律合之，定其姓名。”《易是类谋》说：“黄帝吹律定姓。”《论衡》说：“孔子吹律自知殷宋，大夫子氏之世。”那么古人以律推导出姓，也一定有方法。《潜夫论》说：“凡姓之有音也，必随其本生祖所出也。大皞木精，承岁星而王，夫其子孙咸当为角。神农火精，承荧惑而王，夫其子孙咸当为徵。黄帝土精，承填而王，夫其子孙咸当为宫。少昊金精，承太白而王，夫其子孙咸当为商。颛顼水精，承辰而王，夫其子孙咸当为羽。虽号百变，音形不易。”这就是五姓分属五音之说的原因，与春秋裨鼃、史赵、史伯诸人的议论，大抵相同，不可以说没有本源。宋代时还有五音的说法，《云麓漫钞》说：“永安各个皇陵都是东南地穹，西北地垂，东南方向有山，西北方向无山，角音有利它们。”）

春秋时最重族姓，至七国时，则绝无一语及之者。正犹唐人最重谱谍[①]，而五代以后，则荡然无存，人亦不复问此。百余年间，世变风移，可为长叹也已。

【注释】①谱谍：亦作“谱牒”。记述氏族、家族世系的书籍。

【译文】春秋时期最看重家族姓氏，到七国时期，就再没有一句话提到的。正犹如唐朝人最看重谱牒，而五代以后，就完全不存在了，人们也不再问这个了。百余年间，世道变化，风俗转移，可以深深地叹息了。

父不祭子夫不祭妻

“父不祭子，夫不祭妻。”不但名分有所不当，而以尊临卑，则死者之神亦必不安，故其当祭，则有代之者矣。此别是一条，说者乃蒙上“馂余[①]不祭”之文而为之解，殆似山东人作“不彻姜食，不多食”义，即谓“不多食姜”，同一谬也。此谓平日四时之祭。若在丧，则祥禫之祭未尝不行。

【注释】①馂（jùn）余：吃后剩下的残羹剩肴。

【译文】“父亲不祭祀儿子，丈夫不祭祀妻子。”不但名位与身份不恰当，而且尊贵的人委屈自己与卑贱的人交往，那么死者的神识也一定不会安心，所以他应该祭祀，就有替代的人。这又是另外一条，解说的人于是承接上面“馂余不祭”的文字而进行解说，大概是像山东人理解“每餐必须要有姜，不多食用”的含义，就说“不多食用姜”，是同一个错误。（这就是平日四时之祭。如果在丧期，就祥禫之祭不曾不实行。）

檀弓

读《檀弓》二篇及《曾子问》，乃知古人于礼服讲之悉，而辨之明如此。《汉书》言夏侯胜善说礼服，萧望之[①]从夏侯胜问《论语》礼服。唐开元四部书目，丧服传义疏有二十三部。昔之大儒有专以丧服名家者，其去邹鲁之风[②]未远也。故萧望之为太傅，以《论语》礼服授皇太子。宋元嘉末，征隐士雷次宗[③]诣京邑，筑室于钟山西岩下，为皇太子诸王讲丧服经。齐初，何佟之[④]为国子助教，为诸王讲丧服。陈后主[⑤]在东宫，引王元规[⑥]为学士，亲授《礼记》《左传》丧服等义。魏孝文帝[⑦]亲为群臣讲丧服于清徽堂。而《梁书》言“始兴王憺[⑧]薨，昭明太子[⑨]命诸臣共议，从明山宾、朱异[⑩]之言，以慕悼之辞，宜终服月”。梁、陈、北齐各有皇帝、皇后、太子、王侯已下丧礼之书，谓之凶仪。夫以至尊在御，不废讲求丧礼，异于李义府[11]之言不豫凶事，而去《国恤》一篇者矣。《旧唐书·李义府传》：“初，《五礼仪注》，自前代相沿，吉凶毕举。太常博士萧楚材、孔志约以皇室凶礼，为豫备凶事，非臣子所宜言。义府深然之，于是悉删而焚之。”《裴守真传》：“为太常博士，高宗崩时，无大行凶仪，守真与同时博士韦叔夏、辅抱素等，讨论旧事，创为之。”《宋史·章衡传》：“熙宁初，判太常寺，建言：‘自唐开元纂修礼书，以《国恤》一篇为豫凶事，删而去之。故不幸遇事，则捃摭坠残，茫无所据。今宜为厚陵集礼，以贻万世。’从之。”

【注释】①萧望之：字长倩，萧何七世孙，东海兰陵（今山东兰陵县）人。主治《齐诗》，兼学诸经，是汉代《鲁论语》的知名传人。②邹鲁之风：邹鲁遗留下来的风气。因为孔子是鲁国人，孟子是邹国人，故用来来比喻孔孟遗留下来的儒学风气。③雷次宗：字仲伦，豫章（今江西南昌）人，南朝刘宋时期教育家、佛学家。④何佟之：字士威，南朝齐庐江人。⑤陈后主：陈叔宝，字元秀，小字黄奴，南北朝时期陈朝最后一位皇帝。⑥王元规：字正范，太原郡晋阳人。⑦魏孝文帝：拓跋宏，又名元宏。孝文帝亲政后，进一步推行汉化改革，史称“孝文帝改革”。孝文帝的改革，对各族人民的融合和发展，起了积极作用。⑧始兴王憺（dàn）：萧憺，字僧达。南兰陵郡（今江苏武进）人。南北朝时期南梁宗室、大臣，梁文帝萧顺之第十一子，梁武帝萧衍异母弟。封始兴郡王。⑨昭明太子：萧统，字德施，小字维摩。南兰陵（今江苏武进）人。南朝梁宗室大臣、文学家，梁武帝萧衍长子，梁简文帝萧纲、梁元帝萧绎长兄。英年早逝，谥号昭明，葬于安宁陵，后世称为“昭明太子”。曾主持编撰《文选》，史称《昭明文选》。⑩明山宾：南朝梁人，字孝若，平原鬲人。七岁能言名理，十三岁博通经传。朱异：字彦和，吴郡钱唐（今浙江杭州）人。南朝梁大臣，著名诗人。⑪李义府：瀛州饶阳（今河北饶阳县）人。唐朝宰相。积极迎合高宗，实施废王立武，拜中书侍郎、同平章事，成为武后的心腹大臣。任相期间，广结朋党，卖官鬻爵，权势熏天，妄行不法之事。

【译文】读了《檀弓》二篇及《曾子问》，才知道古人对于礼服叙述得详尽，而且辨别得清楚像这样。《汉书》记载夏侯胜擅长解说《仪礼·丧服》，萧望之跟随夏侯胜探讨《论语》《仪礼·丧服》。唐朝开元年间的四部书目，丧服传义疏有二十三部。从前学识渊博的儒生有专门凭借丧服有独到见解的，离孔孟留下来的儒学风气没有远。所以萧望之担任太傅期间，用《论语》《仪礼·丧服》教授皇太子。南朝刘宋元嘉末年，征召隐士雷次宗来到京城，在钟山西岩下建筑屋舍，给皇太子诸王讲解教授丧服经典。南朝齐初年，何佟之担任国子助教，给诸王讲解教授丧服。陈后主在东宫，荐举王元规担任学士，亲自教授《礼记》《左传》丧服等义理。魏孝文帝亲自在清徽堂为群臣讲解教授丧服。而《梁书》记载“始兴王萧憺去世，昭明太子命令诸位大臣共同讨论，依从明山宾、朱异的言论，依据慕悼的言辞，应该停止服月”。（梁、陈、北齐各有皇帝、皇后、太子、王侯以下丧礼的书籍，称为凶仪。）帝王在统治期间，不荒废修习研究丧礼，不同于李义府说不预备不祥之事，而删去《国恤》一篇。（《旧唐书·李义府传》：“当初，《五礼仪注》，从前代相沿袭，吉凶二礼都在其中。太常博士萧楚材、孔志约认为皇室凶礼，为预备凶事，不是臣子所应该谈及的。李义府十分赞同这观点，于是全部删除而烧掉。”《裴守真传》：“裴守真担任太常博士，高宗去世时，没有大行凶仪，裴守真与同时博士韦叔夏、辅抱素等，讨论以前的惯例，为高宗设置了仪式。"《宋史·章衡传》:"神宗熙宁初年，章衡判太常寺，建议说：'自从唐玄宗开元纂修礼书，以《国恤》一篇为预备凶事，将此删掉。因此不幸遇到凶事，就摘取只言片语，茫然没有根据。现在应该为英宗的厚陵撰写礼书，并留给万世。'神宗同意了。")

宋孝宗[①]崩，光宗[②]不能执丧，宁宗[③]嗣服。已服期年丧，欲大祥毕，更服两月。监察御史胡纮[④]言："孙为祖服，已过期矣。议者欲更持禫两月，不知用何典礼？若曰嫡孙承重，则太上圣躬亦已康复于宫中，自行二十七月之重服，而陛下又行之，是丧有二孤也。"诏侍从、台谏、给舍集议。时朱熹君前臣名上议，以纮言为非，而未有以折之。后读《礼记正义·丧服小记·为祖后者》条，因自识于本议之末。其略云："准五服年月格，斩衰三年，嫡孙为祖，谓承重者。法意甚明。而《礼经》无文。传云：'父殁而为祖后者服斩'，然而不见本经，未详何据。但《小记》云：'祖父卒而后，为祖母后者三年，可以傍照。'至《为祖后者》条下，疏中所引《郑志》，乃有诸侯父有废疾，不任国政，不任丧事之问，而郑答以'天子诸侯之服皆斩'之文，《仪礼·丧服篇》不杖章，为君之祖父母下，疏亦引此赵商问答。方见父在而承国于祖之服。向日上此奏时，无文字可检，又无朋友可问，故大约且以礼律言之。亦有疑父在不当承重者，时无明白证验，但以礼律人情大意答之，心常不安。归来稽考，始见此说，方得无疑。乃知学之不讲，其害如此。而《礼经》之文诚有阙略，不无待于后人。向使无郑康成，则此事终未有所断决。不可直谓古经定制，一字不可增损也。”昔人谓“读书未到康成，不敢轻议汉儒”，以此。

【注释】①宋孝宗：赵昚（shèn），初名伯琮，后改名瑗，赐名玮，字元永，宋太祖赵匡胤七世孙、宋高宗赵构养子。在位期间，平反岳飞冤案，起用主战派人士，锐意收复中原，整顿吏治，裁汰冗官，惩治贪污，重视农业生产，百姓生活安康，史称“乾淳之治”。②光宗：赵惇，宋孝宗赵昚第三子。宋高宗去世。孝宗悲痛欲绝，欲为高宗守孝三年。且对政事心生倦怠，于是禅位给儿子赵惇，成为太上皇，史称“绍熙内禅”或“光宗内禅”。③宁宗：宋宁宗赵扩，绍熙五年，被立为太子，后在韩侂胄、赵汝愚等大臣的拥戴下继位，第二年改年号为“庆元”。嘉泰四年，宁宗追封岳飞为鄂王。④胡纮（hóng）：字应期，庆元人。隆兴元年进士。

【译文】宋孝宗去世，宋光宗不能奉行丧礼，宋宁宗继承帝位。已经服一整年的丧，想在大祥祭结束后，再服两个月。监察御史胡纮进言道：“孙子为祖父服丧，已经超过一年了。议论的人想再保持禫祭两个月，不知依据的是什么典礼？如果说嫡孙承受丧祭与宗庙的重任，那么在宫中太上皇的身体也已经康复，自己实行二十七个月的重丧服，而陛下又实行，这是丧事有两个主丧人。”宁宗诏令侍从、台谏、给事中、中书舍人一起讨论。当时朱熹（君主面前臣子称名）上奏陈说，认为胡纮的话不对，而没有使胡纮折服。后来读到《礼记正义·丧服小记·为祖后者》条，于是自己记录在这条奏议的后面。大略说：“核准五服守丧的规格，斩衰服丧三年，嫡孙为祖父服丧（是说承重的），法令的意旨非常明确。而《礼经》没有文字记载。注解说：‘父亲去世而作为祖父继承人的服斩衰丧’，然而不出现在经典中，不知道依据的是什么。只是《小记》记载：'祖父去世以后，作为承受丧祭重任的人为祖母服丧三年，可以参照。'到了《为祖后者》条目下，注疏中引用《郑志》，才有诸侯父亲有残疾而不能处理事务，不承当国家政事，不承当丧事的发问，而郑玄用'天子诸侯之服皆斩'的文字，（《仪礼·丧服篇》不杖章，为君之祖父母下，注疏也援引这个赵商问答。）才见到父亲在世而从祖父手上继承国家的丧服。从前呈上这个奏请的时候，没有文字可以查验，又没有朋友可以询问，所以大致上只是用礼法与刑律论说它。也有疑惑父亲在世不当承担丧事重任的人，当时没有明白检验，只是用礼法与刑律、人情基本的意思对答它，心常不安定。回来观察核查，见到这个说法，才没有疑惑。于是知道学问不讲授，它的危害到这种地步。而《礼经》的文字确实有缺漏，不得不等待后人完善。假如没有郑玄，那么这件事情终究没有做出决断。不可直接说古文经书是确定的制度、法则，一个字也不可以增加减损。"（前人说"读书未到康成，不敢轻议汉儒"，说的就是这个。）

呜呼，若曾子、子游之伦，亲受学于圣人，其于节文之变，辨之如此其详也。今之学者，生于草野之中，当礼坏乐崩之后，于古人之遗文，一切不为之讨究，而曰礼，吾知其敬而已；丧，吾知其哀而已。以空学而议朝章，以清谈而干王政，是尚不足以窥汉儒之里，而何以升孔子之堂哉！

【译文】啊，像曾子、子游这类人，亲身接受圣人的学问，他们对于礼仪的变化，辨析得这样详细。如今的读书人，在粗鄙的乡间出生，处在社会纲纪紊乱的时代，对于古人留下的礼乐制度，全部不进行探讨研究，而只是说礼，我知道它恭敬罢了；丧，我知道它哀悼罢了。用空洞的学问而议论朝廷的典章，用清雅的谈论而干涉国君的政令，这尚且不能够观察探索汉儒的内里，而用什么进入孔子的门墙之内呢！

《论语》之言“斯”者七十，而不言“此”，《檀弓》之言“斯”者五十有三，而言“此”者一而已。《大学》成于曾氏之门人，而一卷之中，言“此”者十有九。语音轻重之间，而世代之别，从可知已。《尔雅》曰：“兹、斯，此也。”今考《尚书》多言“兹”，《论语》多言“斯”，《大学》以后之书多言“此”。

【译文】《论语》说到“斯”这个字有七十处，而不说“此”，《檀弓》说到“斯”这个字有五十三处，而说到“此”只有一处罢了。《大学》由曾子的门人撰写成，而一卷内容之中，说到“此”字有十九处。语音轻重之间，而世代的分别，由此可以知道了。（《尔雅》说：“兹、斯，就是此的意思。”现在考查《尚书》大多说“兹”，《论语》大多说“斯”，《大学》之后的书籍大多说“此”。）

太公五世反葬于周

太公汲人也，闻文王作，然后归周。史之所言，已就封于齐矣。其复入为太师，薨而葬于周，事未可知。使其有之，亦古人因薨而葬，不择地之常尔。《记》以首丘[①]喻之，亦已谬矣，乃云“比及五世，皆反葬于周”。夫齐之去周，二千余里，而使其已化之骨，跋履山川，触冒寒暑，自东徂西，以葬于封守之外，于死者为不仁。古之葬者“祖于庭，塴[②]于墓”，反哭于其寝，故曰：“葬日虞[③]，弗忍一日离也。”使齐之孤，重趼[④]送葬，旷月淹时，不获遵五月之制，速反而虞，于生者为不孝。且也入周之境，而不见天子则不度；离其丧次，而以衰绖见则不祥；若其孤不行，而使卿摄之则不恭；劳民伤财则不惠；此数者无一而可。禹葬会稽，其后王不从，而殽之南陵有夏后皋[⑤]之墓，岂古人不达礼乐之义哉？体魄则降，知气在上，故古之事其先人于庙，而不于墓，圣人所以知幽明之故也。然则太公无五世反葬之事明矣。《水经注》：“淄水下有胡公陵。青州刺史傅弘仁言，得铜棺隶书处。”胡公，太公之玄孙，未尝反葬于周。

【注释】①首丘：亦作“首邱”。丘是狐窟穴根本之处，虽狼狈而死，意犹向此丘。”后以“首丘”比喻归葬故乡。②塴（bèng）：把棺材放入墓穴。③虞：即虞祭。古代丧葬后举行的祭祀仪式，以安死者之魂。④重趼（jiǎn）：亦作“重茧”，手上或脚上磨的厚趼子。⑤夏后皋：夏代帝王孔甲之子。相传暴君夏桀就是他的孙子。

【译文】姜太公是汲地人，听说周文王兴起，然后归附周朝。史书的记载，已经受封在齐地。又入朝担任太师，死后就埋葬在周地，事情很难确定。假使有这样的事，也是古人由于去世就埋葬，而不选择墓地的常理罢了。《礼记》用狐狸死了，头要对着狐穴所在的方向比喻，也是错误的，于是说“等到五代子孙，都随葬在周地”。齐地距离周地，有二千多里，而让他们已经骨化的骨骸，跋山涉水，冒着寒暑，从东往西，埋葬在分封的疆界之外，对于死者是不讲仁德。古代的埋葬是“在祖庙的堂下举行最后的告别，埋葬在野外的墓地”，回来后在他睡觉的地方哭泣，所以说：“下葬当天就举行虞祭，不忍心和死去的亲人有一天的分离。”让齐国的主人，磨厚趼子送灵柩下葬，拖延时日，荒废岁月，不能遵守死后五月举行葬礼的规制，快点返回而举行虞祭，对于在世的人是不孝。而且进入周王室境内，不朝见天子就是不合法度；离开他停灵治丧的地方，而穿着丧服拜见就不吉利；如果他的儿子不这样做，而派遣卿代理就不恭敬；滥用人力、物力就没有好处；这些没有一个值得。大禹葬在会稽，他的后代君王不随葬，而殽山的南陵有夏后皋的墓地，难道古人不通达礼乐的义理吗？尸体埋葬在地下，灵魂升上天，所以古代在宗庙侍奉他的先人，而不在坟墓，圣人用来知晓生死的缘故的。那么姜太公没有五代子孙随葬的事情就明确了。（《水经注》：“淄水下有胡公陵。青州刺史傅弘仁说，获得铜棺隶书的地方。”胡公，太公的玄孙，不曾回葬到周国。）

扶 君

“扶君，卜人师[①]扶右，注：卜当为仆。射人师[②]扶左，君薨以是举。”此所谓“男子不死于妇人之手”也。三代之世，侍御仆从，罔非正人，缀衣虎贲[③]，皆惟吉士，与汉高之独枕一宦者卧异矣。《春秋》传曰："公薨于小寝，即安也。""魏中山王衮[④]疾病，令官属以时营东堂。堂成，舆疾往居之。"其得礼之意者与？

【注释】①卜人师：同"仆人师"。春秋战国置。仆人的官长。②射人师：射人的官长。③虎贲：掌侍卫国君及保卫王宫、王门之官。④中山王衮：曹衮，沛国谯县（今安徽亳州）人，三国时期曹魏宗室，魏武帝曹操之子，魏文帝曹丕异母弟。

【译文】"搀扶国君，仆人的官长扶右边，（注：卜应当写为仆。）主射的官扶左边，国君死后也是这样操作。"这就是所谓的"男子临终不用妇人伺候"。三代时期，侍奉君王的人，跟随在君王身边的仆人，没有不是正直的人，掌管天子衣服的近臣，侍卫国君及保卫王宫、王门的官员，都只是德才兼备的人，与汉高祖刘邦独自枕着一个宦官躺着不同。《春秋》注解说："公死在寝宫，就是安定。""魏国中山王曹衮生病，命令主要官员的属吏抓紧时间在东面建造一座殿堂。殿堂建成，坐着车急着去居住。"他是理解礼仪意思的人吗？

二夫人相为服

"从母之夫，舅之妻，二夫人相为服。"从母之夫，与谓吾从母之夫者相为服也。舅之妻，与谓吾舅之妻者相为服也。上不言妻之姊妹之子，下不言夫之甥，语繁而冗，不可以成文也。闻一知二，吾于《孟子》以纣为兄之子言之。

【译文】“姨夫去世，舅母去世，此二人相互为彼此服丧。”姨父去世，与他说为我姨父服丧。舅母去世，与他说为我舅母服丧。上不说妻子姊妹的儿子，下不说丈夫的外甥，言辞繁杂冗长，不能够形成文字，写在纸上。听到一事能推及两事，我在《孟子》中把商纣作为兄长的儿子已经说到了。

同母异父之昆弟

同母异父之昆弟不当有服。子夏曰：“我未之前闻也。”此是正说。而又曰：“鲁人则为之齐衰”，则多此一言矣。狄仪从而行之，后人踵而效之。今之齐衰，狄仪之问也，以其为大贤之所许也。然则鲁人之前，固未有行之者矣。是以君子无轻议礼。

【译文】同母异父的兄弟不应当服丧服。子夏说：“我过去没有听说过。”这是正确合理的说法。而又说：“鲁国的做法是为他服齐衰”，就是没有必要的话了。狄仪听从而服齐衰，后人追随而效仿他。如今为同母异父的兄弟服齐衰，是狄仪询问定下来的，这是非常有道德才能的人所认可的。那么鲁人之前，原本没有这样做的人。因此君子不要轻易讨论礼。

广安游氏曰：“后世所承传之礼，有出二代之末，沿礼之失而为之者。不丧出母，古礼之正也。孔氏丧出母，惟孔子行之，而非以为法。今礼家为出母服齐衰杖期，此后世之为，非礼之正也。同母异父之昆弟，子游曰：‘为之大功。’鲁人为之齐衰，亦非礼之正也。昔圣人制礼，教以人伦，使之父子有亲，男女有别，然后一家之尊，知统乎父，而厌降其母。同姓之亲，厚于异姓，父在则为母服齐衰期，出母则不为服。后世既为出母制服，则虽异父之子，以母之故，亦为之服矣。此其失在乎不明父母之辨，一统之尊，不别同姓异姓之亲，而致然也。及后世父在而升其母三年之服，至异姓之服，若堂舅堂姨之类，亦相缘而升。夫礼者，以情义言也。情义者有所限止，不可遍给也。母统于父，严于父，则不得不厌降于其母；厚于同姓，则不得不降杀于异姓。夫是以父尊而母卑，夫尊而妇卑，君尊而臣卑，皆顺是而为之也。今子游欲以意为之大功，此皆承世俗之失。失之之原，其来寖远，后世不考其原，而不能正其失也。”

【译文】广安人游桂说：“后世继承传播的礼，有出二代的末期，效仿礼的错误而这样做。不为被父亲休弃的生母服丧，是古时礼制的正宗。孔氏为被父亲休弃的生母服丧，只有孔子这样做，而不是作为准则。如今制定礼仪的人为被父亲休弃的生母服齐衰丧、服用杖的丧期一年，这是后世这样做的，不是礼的法则。对于同母异父的兄弟，子游说：‘为他服大功丧。’鲁国人为同母异父的兄弟服齐衰丧，也不是礼的正宗。从前圣人制定礼仪，用各种尊卑长幼关系教导，使人们父子有亲，男女有别，然后一家的尊崇，知道总括在父亲，而压制降低母亲。同姓亲族的关系，比异姓深厚，父亲在世就为母亲服齐衰丧一年，被父亲休弃的生母就不服丧。后世已经为被父亲休弃的生母制定丧服，那么即使是不同父亲的儿子，因为母亲的缘故，也要服丧。这点错误在不明白父母的辨别，一统的尊崇，不区别同姓、异姓的亲族，而导致这样的。到后世父亲在世而提升母亲三年的服丧期，至于异姓的丧服，像堂舅堂姨之类，也随着而提升。礼，是根据情义来说的。情义有限制，不能普遍施予。母亲由父亲统领，尊崇在父亲，那么不得不压制降低母亲；重视同姓，那么不得不降低消减异姓。所以父亲尊崇而母亲卑下，丈夫尊崇而妻子卑下，国君尊崇而臣子卑下，都是沿着这些而做的。如今子游想因为私意而为他服大功丧，这都是承接世俗的错误。失去它的本源，由来逐渐长远，后世不考究它的本源，而不能改正他的错误。”

子卯不乐

古先王之为后世戒也至矣。欲其出而见之也，故“亡国之社，以为庙屏①”。《穀梁传》。欲其居而思之也，故“子卯②不乐”，《檀弓》下。“稷食菜羹”，《玉藻》。而太史奉之以为讳恶③，《王制》。郑氏注：讳先名恶子卯日。此君子安而不忘危，存而不忘亡之义也。汉以下人主莫有行之者。惟崔琰谏魏世子田猎，曾引此义。后周武帝④天和元年五月甲午诏曰：“道德交丧，礼义嗣兴，褒四始于一言，美三千于为敬，是以在上不骄，处满不溢，富贵所以长守，邦国于焉乂安。故能承天静地，和民敬鬼，明并日月，道错四时。朕虽庸昧，有志前古，甲子乙卯，礼云不乐。苌宏表昆吾⑤之稔，杜蒉有扬觯⑥之文。自世道丧乱，礼仪紊毁，此典茫然，已坠于地。昔周王受命，请闻颛顼[7]，庙有戒盈之器，室为复礼之铭。矧伊末学，而能忘此。宜依是日，省事停乐，庶知为君之难，为臣不易。贻之后昆，殷鉴[8]斯在。”《春秋》庄公二十一年春王正月，肆大眚。《公羊传》作大省。何休注谓：“子卯日也。先王常以此日省吉事，不忍举，又大自省敕。得无有此行乎？”

【注释】①庙屏：宗庙的屏蔽。②子卯：甲子和乙卯。古以为忌日。甲子为商纣灭亡死日，乙卯为夏桀亡日，时人因此以甲子、乙卯为疾日。疾日即忌日。③讳恶：讳：先王之名，恶：忌日，一说国家之大凶大灾。④后周武帝：宇文邕，汉化的鲜卑族。⑤昆吾：相传其为陶器制造业的发明者。⑥杜蒉（kuì）：《左传》作“屠蒯”，晋国的宰夫。扬觯（zhì）：觯：古时饮酒用的器皿。中国古人饮酒之时并不碰杯，而是祝完酒辞后高举酒杯再饮之。称之为扬觯。⑦颛顼（zhuān xū）：上古部落联盟首领。五帝之一。本名乾荒，居于帝丘，号高阳氏。⑧殷鉴：亦作“殷监”。殷人灭夏，殷人的子孙，应该以夏的灭亡作为鉴戒。后泛指可以作为后人鉴戒的前人失败之事。

【译文】古代的先王为后世告诫到了极点。想他突出而看到，所以“亡国的土神庙，作为宗庙的屏蔽”。（《穀梁传》。）想他居住而思考，所以“子日和卯日不演奏乐曲”，（《檀弓》下。）“稷谷为饭、菜蔬为羹”，（《玉藻》。）而太史遵守它，作为先王的名讳和忌日，（《王制》。郑玄注解：避讳祖先名字和子日、卯日。）这是君子在安全的时候不忘记危难，生存的时候不忘记可能灭亡的意思。汉代之后帝王没有能这样做的。（唯独崔琰劝谏魏世子打猎，曾引此义。）北周武帝天和元年五月十八日诏令说：“道德交替沦丧，礼义继承并振兴，褒扬《诗经》四始为一句话，赞美三千诗篇为恭敬，所以处在上位不自满，充满不外溢出，富贵就会长久，国家就会太平。因而能够承奉天道、安宁大地，和顺百姓、恭敬鬼神，光辉比拟日月，道德用于四季。我虽然平庸昏昧，也有效仿古代的志向，甲子日和乙卯日，礼制规定是不奏乐的。苌宏有表彰昆吾的丰稔，杜蒉有劝谏晋平公停乐的记载。自从世道动乱，礼仪紊乱毁损，这个标准模糊不清，已经衰落在地上。从前周王接受天命，请教颛顼时候的礼仪，庙堂有警戒充溢的器具，室中有恢复礼制的铭文。况且我肤浅没有本事，怎么能忘记这呢。应当按照这些时日，减少事务、停止奏乐，但愿大家知道担任君王的难处，做臣子的不容易。留下给后代，殷商的鉴戒长存。”（《春秋》鲁庄公二十一年春王正月，肆大眚。《公羊传》作大省。何休注解说：“是子日、卯日。先王经常以这天减少吉事，不忍心行动，又大大减少教令。能没有这个行为吗？”）

子，甲子也；卯，乙卯也。古人省文，但言“子卯”。翼奉[①]乃谓：“子为贪狼，卯为阴贼，是王者忌子卯，《礼经》避之，《春秋》讳焉。”此术家之说，非经义也。

【注释】①翼奉：西汉经学家。字少君，东海下邳（今睢宁西北）人。专学不仕，好律历阴阳之占。治齐《诗》，与萧望之、匡衡同师后苍。

【译文】子，是甲子；卯，是乙卯。古人省略文字，只是说“子卯”。翼奉于是说：“甲子贪婪残暴，乙卯阴狠残忍，帝王畏惧甲子乙卯，《礼经》设法躲开它，《春秋》顾忌而避开它。”这是方术人的说法，不是经书的义理。

君有馈焉曰献

“仕而未有禄者，君有馈焉，曰献，使焉，曰寡君。”示不纯臣之道也。长乐陈氏曰：“宾之而弗臣，故有馈焉，不曰赐而曰献。其将命之使，不但曰君，而曰寡君。若子思之仕卫，孟子之仕齐是也。”注：以君有馈为馈于君者，非。故哀公执挚[①]以见周丰，而老莱子[②]之于楚王，自称曰“仆”。《荀子》：周公自言所执贽而见者十人。盖古之人君有所不臣，故九经之序，先尊贤而后敬大臣。尊贤，其所不臣者也。至若武王之访于箕子，变“年”称“祀”，不敢以维新之号临之，恪旧之心，师臣[③]之礼，又不可以寻常论矣。

【注释】①执挚：古代礼制，谒见人时携礼物相赠。挚：同“贽”，所携带的礼品。②老莱子：春秋末年楚国隐士。存疑人物，或为老子在历史中的另一名字。春秋晚期思想家，道家人物。楚国人（湖北荆门），著书立说，传授门徒，宣扬道家思想。③师臣：对居师保之位或加有太师官号的执政大臣的尊称。

【译文】“担任官职而没有领取俸禄的人，国君如果有赠送，只能叫献，使者传达国君的命令，称呼国君为寡君。”显示不是纯粹的臣子的道理。（长乐人陈祥道说：“以宾客之礼而不是以臣子之礼对待他，因此有所赠送，就不说赐而说献。那奉着君主命令的使者，不但是说君，而且是说寡君。就像子思在卫国出仕做官，孟子在齐国出仕做官一样。”注解：把“君有馈”认为是“馈于君”的，是错误的。）所以鲁哀公带着礼物去拜访周丰，而老莱子对于楚王，自我称呼为“仆”。（《荀子》：周公自称所带着礼物而见的有十人。）大概古代的帝王有不以臣属对待，所以九经的顺序，先尊重贤人而后礼敬大臣。尊贤，即是不以臣子对待的人。至于武王拜访箕子，改“年”称“祀”，不敢用更新的年号对待他，恭谨遵守旧时的心意，尊称师臣的礼仪，又不可以普通地看待。

邾娄考公

“邾娄[①]考公之丧，徐君使容居来吊含[②]。”注：“考公，隐公益之曾孙。‘考’或为‘定’。”按隐公当鲁哀公之时，传至曾孙考公，其去春秋已远。而鲁昭公三十年，“吴灭徐，徐子章羽[③]奔楚，楚沈尹戌[④]帅师救徐弗及，遂城夷，使徐子处之”。是已失国而为寓公[⑤]，其尚能行王礼于邻国乎？定公在鲁文、宣之时，作“定”为是。

【注释】①邾娄：即邾国，春秋时诸侯国名。②含：即饭含，亦作“饭唅”。古丧礼。以珠、玉、贝、米等物纳于死者之口。③章羽：即章禹，全名嬴章禹。春秋时期徐国末代国王。④沈尹戌：一作沈尹戌，春秋末楚左司马。芈姓，名戌（一作戌），原为沈县尹，称沈氏，别出楚宗。楚庄王曾孙。⑤寓公：古指丢失了爵位或丧失了封地的王公贵族，在寄居他乡之后的别称。

【译文】“邾娄考公的丧事，徐国国君派遣容居来吊丧并举行饭含礼。”注解：“考公，是邾隐公曹益的曾孙。‘考’也许是‘定’。”按邾隐公当鲁哀公时期，传位到曾孙邾娄考公，离春秋时期已经久远了。而鲁昭公三十年，“吴国灭掉徐国，徐国国君出奔楚国，楚国的沈尹戌率领军队解救徐国来不及，于是在夷地筑城，让徐国国君住在那里”。所以已亡失国家而客居在别国，他还能够在邻国施行侯王的礼仪吗？郑定公在鲁文公、鲁宣公的时代，应该以“定”为准。

因 国

有胜国[①]，有因国[②]。《周礼·媒氏》：“凡男女之阴讼，听之于胜国之社。”《丧祝》：“掌胜国邑之社稷之祝号[③]。”《士师》：“若祭胜国之社稷，则为之尸。”《书序》言“汤既胜夏，欲迁其社”。又言“武王胜殷”。《左传》：“凡胜国曰灭之。”文公十五年。是也。《左传》哀公十三年：“今吴王有墨，国胜乎。”注：“国为敌所胜。”《王制》：“天子诸侯祭因国之在其地而无主后[④]者。”《左传》：“子产对叔向曰：迁阏伯[⑤]于商邱，主辰，商人是因。迁实沈[⑥]于大夏，主参，唐人是因。”昭公元年。“齐晏子对景公曰：昔爽鸠氏始居此地，季荝[⑦]因之，有逢伯陵因之，蒲姑氏因之，而后太公因之。”昭公二十年。是也。《都宗人》注：“都或有山川及因国无主，九皇六十四民之祀。”

【注释】①胜国：被灭亡的国家。又曰殷社、又曰亳社、又曰蒲社、又曰丧国之社、又曰亡国之社。②因国：已经灭亡的故国。因其地为今国所承袭，故名。③祝号：即六祝六号。六祝：指的是祭神的六种祈祷辞。六号：古代对三种神祇和三种祭品各有美称，合称“六号”。④主后：古代主祭社稷宗庙的继承人。⑤阏(yān)伯:子姓,名契(xiè,一作“卨”),商丘人,帝喾之子、帝尧的异母弟,生母为简狄。阏伯死后被葬于阏伯台下,由于阏伯的封号为“商”,他的墓冢也被称为“商丘”,也即今商丘市的由来。⑥实沈:高辛氏帝喾年龄最小的儿子,是参宿之神。⑦季荝(cè):虞夏诸侯。

【译文】有被灭亡的国家,有已经灭亡的故国。《周礼·媒氏》记载:“凡是男女因为纵欲淫荡等事而引起争吵不和,在被灭亡国家的土神庙听候裁决。”《丧祝》记载:“掌管被灭亡国家都城的土神和谷神的祈祷辞以及三种神祇和三种祭品。”《士师》记载:“如果祭祀被灭亡国家的土神和谷神,就充当尸接受祭祀。”《书序》记载“商汤已经战胜夏,想改换夏朝的土神”。又记载“周武王战胜商朝”。《左传》记载:“凡胜国曰灭之。”(鲁文公十五年。)是这样的。(《左传》鲁哀公十三年:“今吴王有墨,国胜乎。”注解:“国家被敌人所战胜。”)《王制》记载:“天子、诸侯祭祀境内已经灭亡的故国而没有主持社稷宗庙祭礼的继承人的人。”《左传》记载:“子产对叔向说:迁居阏伯到商邱,主持祭祀辰星,商人因此沿袭下来。迁居实沈到大夏,主持祭祀参星,唐人因此沿袭下来。”(鲁昭公元年。)“齐国晏子对齐景公说:从前爽鸠氏开始居住在这里,季荝、有逢伯陵沿袭、蒲姑氏也继续住在这里,后来太公也住在这里。”(鲁昭公二十年。)是这样的。(《都宗人》注解:“都城或许有山川及因国无主、九皇六十四民的祭祀。”)

文王世子

“文王之为世子,朝于王季日三。鸡初鸣而衣服,至于寝门外。”不独文王之孝，亦可以见王季之其勤也。为父者未明而衣，则为子者鸡鸣而起矣。苟宴安自逸，又何怪乎其子之惰四支而不养也。是以《小宛》之诗，必曰“夙兴夜寐”。而管宁三日晏起，自讼其愆。古人之以身行道者如此。

【译文】“周文王还是世子的时候，每天三次向父亲王季请安。鸡刚刚打鸣就穿好衣服，来到父亲的寝宫门外。”不只是文王的孝顺，也可以看到王季的勤劳。父亲天还没亮就穿好衣服，那么儿子在鸡打鸣就起床。如果安逸享受、身心安适，又为什么责怪儿子四肢懒惰而不赡养呢。所以《小宛》诗，一定记载“夙兴夜寐”。而管宁三日很晚才起床，就责备反省自己的过失。古人通过自身行动，实践自己的主张到这种地步。

武王帅而行之

文王之孝可谓至矣。“武王帅而行之，不敢有加焉”。如三朝、食上、色忧、复膳之节，皆不敢有过于文王，此中庸之行。而凡后人之立意，欲以过于前人者，皆有所为而为之也。故“乐正子春[①]之母死，五日而不食，曰：‘吾悔之，自吾母而不得吾情，吾恶乎用吾情。’”

【注释】①乐正子春：战国初期鲁国人。以至孝闻名。曾子亲授弟子，克学于孟子，亦为曾子、子思的再传弟子，实为一系。

【译文】周文王的孝顺可以说到极点了。“周武王效仿周文王做太子时的行为并践行，但是不敢超越”。比如一天三次的请安、饭菜的送呈、脸色的忧愁、膳食恢复的礼节，都不敢有超过文王，这是不偏不倚、调和折中的行为。而大凡后人的用意，想超过前人的，都是有为而为。所以“乐正子春的母亲去世了，他五天没有进食，说：‘我后悔啊，我母亲的丧事我都不能遵守礼制，还有什么事我会遵守礼制呢。’”

用日干支

三代以前，择日皆用干。《郊特牲》：“郊日用辛，社日用甲。”《书·召诰》：“丁巳用牲于郊，戊午乃社于新邑。”而《月令》：“择元日命民社。”郑注谓：“春分前后戊日，则郊不必用辛，社不必用甲矣。”《诗》：“吉日惟戊，既伯既祷。”《穀梁传》：“六月上甲始庀[①]牲。十月上甲始系牲。”《月令》：“仲春上丁，命乐正习舞释菜[②]。仲丁，命乐正入学习乐。季秋上丁，命乐正入学习吹。”《春秋》：“秋七月上辛，大雩。季辛，又雩。”《易·蛊卦》：“先甲三日，后甲三日”，《巽》：“九五，先庚三日，后庚三日”之类是也。秦汉以下始多用支。如午祖、戌腊、三月上巳祓除[③]，张衡《南都赋》：“于是暮春之禊，元巳之辰。”及正月刚卯[④]之类是也。《月令》：“择元辰，躬耕帝藉[⑤]。”卢植[⑥]说曰：“日，甲至癸也。辰，子至亥也。郊天，阳也，故以日；藉田[⑦]，阴也，故以辰。”蔡邕《月令章句》云：“日，干也；辰，支也。有事于天用日，有事于地用辰。”此汉儒之说，考之经文，无用支之证。《夏小正》："二月丁亥万用入学。"二月不必皆有丁亥，盖夏后氏始行此礼之日，值丁亥而用之也。犹《郊特牲》言："郊之用辛也，周之始郊日以至。"言周人以日至郊，适值辛日。谓以支取亥者非。

【注释】①庀（pǐ）：具备，备办。②释菜：即"祭菜""舍采"。古代学校开学时或祭器成时以苹藻等祭奠先圣先师的礼仪。较释奠礼为轻。一说此礼不及先圣。③祓（fú）除：古时一种除灾求福的祭祀。④刚卯：佩在身上用作避邪的饰物。⑤帝藉：天子象征性的亲耕之田。⑥卢植：字子干。涿郡涿县（今河北涿州）人。东汉末年经学家、将领。著有《尚书章句》《三礼解诂》等，今皆失佚。⑦藉田：亦作"籍田""耕田"。中国古代官田中一种，是天子亲耕之地。相传起源于周天子，每逢春耕前，周天子、诸侯亲执耒耜在藉田上三推一拨，称为"藉礼"。是以农为邦本政策的表现形式。

【译文】三代以前，选择吉日都用天干。《郊特牲》记载："郊礼选用辛日，社礼选用甲日。"（《尚书·召诰》："丁巳日在郊礼时用牲，戊午日在新建的城邑举行社礼。"而《月令》："选择元日指示百姓祭祀土神。"郑玄注解说："春分前后两个戊日，那么郊礼不一定用辛日，社礼不一定用甲日。"）《诗经》记载："吉日只有戊日，既祭祀伯又祷祝。"《穀梁传》记载："六月上旬的甲日才置备祭祀的家畜。十月上旬的甲日才把祭祀的家畜拴上。"《月令》记载："农历二月上旬的丁日，命令乐正教练舞蹈，举行释菜礼。中旬的丁日，命令乐正到太学教练音乐。农历九月上旬的丁日，命令乐正到太学教练吹奏管乐。"《春秋》记载："秋季七月上旬的辛日，举行盛大的求雨祭祀。下旬的辛日，又举行求雨祭祀。"《易经·蛊卦》记载："甲日前三天，甲日后三天”，《巽》卦：“九五爻，庚日前三天，庚日后三天”之类是这样。秦汉以后才开始多用地支。如午日祭祀祖先、戌日举行腊祭、三月上旬巳日祓祭除灾，（张衡《南都赋》：“于是暮春之禊，元巳之辰。”）以及正月卯日佩戴避邪的饰物之类是这样。《月令》记载：“选择郊礼后的吉辰，亲自耕种帝王的藉田。”卢植解说道：“日，是甲至癸。辰，是从子至亥。在郊外祭拜天帝，是阳，所以用日；天子亲耕的土地，是阴，所以用辰。”蔡邕《月令章句》记载：“日，是天干；辰，是地支。有事情在天用日，有事情在地用辰。”这是汉代儒生的说法，考究经典的文字，没有用地支的凭据。（《夏小正》：“二月丁亥万用入学。”二月不一定都有丁亥日，大概夏后氏开始举行此礼的那天，遇到丁亥日就举行了。就像《郊特牲》说：“郊之用辛也，周之始郊日以至。”是说周朝人这天到达郊外，恰好是辛日。认为以地支取亥日的说法是错误的。）

社日用甲

《月令》：“择元日，命民社。”注：“祀社日用甲。”据《郊特性》文：“日用甲，用日之始也。”正义曰：“召诰，戊午乃社于新邑，用戊者，周公告营洛邑位成，非常祭也。”《墨子》云：“吉日丁卯，周代祝社。”疑不可信。礼外事用刚日，丁卯，非也。汉用午，魏用未，晋用酉，各因其行运。潘尼[①]《皇太子社诗》：“孟月涉初旬，吉日惟上酉。”则不但用酉，又用孟月。唐武后长寿元年制，更以九月为社。玄宗开元十八年诏，移社日就千秋节[②]。皆失古人用甲之义矣。

【注释】①潘尼：字正叔，荥阳中牟（今属河南）人，西晋文学家。祖父潘勖（xù），中国东汉东海相。父亲潘满，平原内史。潘岳之侄，少有才，与潘岳俱以文章知名，并称“两潘”。②千秋节：旧时皇帝的诞辰。始自唐玄宗。

【译文】《月令》记载：“选择吉日，指示百姓祭祀土神。”注解：“祭祀土神要用甲日。”根据《郊特性》的文字记载：“用甲日，是用日的开始。”正义记载：“召公告诫，戊午日又在新城邑祭祀土神，用戊日，周公告诉营建洛邑建成，这是不同寻常的祭祀。”《墨子》记载：“丁卯吉日，周代祝祷土神。”有疑惑不值得相信。（礼之外的事情用刚日，而用丁卯日，是错误的。）汉代用午日，曹魏用未日，晋代用酉日，各自根据朝代五行之运而制定。潘尼《皇太子社诗》说道：“孟月涉初旬，吉日惟上酉。”则不只是选用酉日，又要选用孟月。唐武后长寿元年规定，更改在九月祭祀土神。唐玄宗开元十八年诏令，将祭祀土神的日子移到千秋节。都失去了古人用甲日的意义了。

不齿之服

道二，仁与不仁而已矣。出乎吉则入乎凶。惰游之士，缟冠垂緌[①]；不齿之人，玄冠缟武。以其为自吉而之凶之人，故被之以不纯吉，而杂乎凶之服。

【注释】①緌（wéi）：似缨饰的下垂物。

【译文】途径只有两条，仁德与不仁德罢了。离开吉利那么进入不吉祥。游手好闲的人，用白色的生绢制冠、冠緌有五寸长；不从教化、不事劳作的人，用玄色帛为冠帽、白色帽檐。因为他是从吉利而到不吉祥的人，所以用不完全吉服遮盖，而间杂凶服。

为父母妻长子禫

禫者，终丧之祭。父母之丧，中月而禫，固已，妻与长子何居？夫不有祖父母、伯叔父母及昆弟乎？曰：夫为妻，父为长子，丧之主也。服除而禫，非夫非父，其谁主之？若祖父母、伯叔父母及兄弟，则各有主之者矣，故不禫。

父在为母，则从乎父而禫。

【译文】禫祭，是服满丧期、除去丧服的祭祀。父母的丧期，间隔一个月而禫祭，是定式，妻与长子处在什么境地呢？没有祖父母、伯叔父母和兄弟吗？曰：丈夫为妻子，父亲为长子，是丧事的主持。守丧期满而禫祭，不是丈夫不是父亲，谁主持呢？如果是祖父母、伯叔父母及兄弟，那么各自有主持的人，所以不举行禫祭。

父亲在世为母亲服丧，就依从父亲而举行禫祭。

为殇后者以其服服之

“为殇后者，以其服服之。”殇无为人父之道，而有为殇后者，此礼之变也。谓大宗之子未及成人而殇，取殇者之兄弟若兄之子以为后，则以为人后之服而服之如父，不以其殇而杀，重大宗也。若鲁之闵公，八岁而薨，僖为之后是已。夫礼之制殇，所以示长幼之节而杀其恩也。大宗重则长幼之节轻，故殇之服，而有时不异乎成人。不以宜杀之恩，而亏尊祖之义，此所谓权也。若曰服其本服云尔，《记》何必言之，而亦乌有为殇后者哉！

【译文】“确定为夭折者继承人的，就按照与夭折者的亲属关系服丧。”夭折的人没有做父亲的，而有确定为夭折者继承人的，这是礼的权变。说嫡系长房的儿子没有等到长大成人就夭折了，选择夭折者的兄弟像他哥哥的儿子作为后代，就用作为别人后代的丧服而像父亲一样为人服丧，不因为他夭折而消减，这是重视嫡系长房。像鲁闵公，八岁而夭折，鲁僖公作为他的后代而服一样。礼对夭折的规定，用来表明长幼的礼度而消减他的恩德。大宗重视那么长幼的礼度就轻，所以夭折的丧服，而有时没有与成人不同的。不用适宜消减的恩德，而损害尊崇祖先的大义，这就是所谓的变通。如果说是服他本来的丧服，《礼记》不必说到它，而且也没有确定为夭折者继承人的了！

庶子不以杖即位

古之为杖，但以辅病而已。其后以杖为主丧者之用。丧无二主，则无二杖，故庶子不以杖即位。

【译文】古代使用拄杖，只是用来扶持病弱的身体。后来以杖作为主持丧事的用具。丧没有两个主持，就没有两个居丧杖，所以庶子不能够手执丧杖到规定的位置。

夫为妻杖，则其子不杖矣。父为长子杖，则其孙不矣。《杂记》曰："为长子杖，则其子不以杖即位。"其子，长子之子。

【译文】丈夫为妻子持丧杖，那么儿子就不需要了。父亲为长子持丧杖，那孙子就不需要了。《杂记》记载："为长子持丧杖，那么长子的儿子不用持丧杖到规定的位置。"（其子，则是长子之子。）

妇人不为主而杖者

无杖则不成丧。故女子在室，父母死而无男昆弟，则女子杖。其曰一人，明无二杖也。

【译文】不持丧杖就不成丧事。所以如果女儿未出嫁在家，父母去世而没有兄弟，那么就是女儿持丧杖。说一个人，说明没有两个人持丧杖的。

"姑在为夫杖"，必其无子也。"母为长子削杖[①]"，必其无父也。此三者皆无主之丧，故妇人杖。

【注释】①削杖：古代母丧时子服齐衰所执的木杖，用桐木削成。

【译文】“婆母在世，妻子为丈夫持丧杖”，一定是他没有儿子。“母亲为长子持桐木丧杖”，一定是他没有父亲。这三种都是没有丧主的丧事，所以由妇人持丧杖。

庶姓别于上

庶姓[①]者，子姓[②]也。《特牲馈食礼》言：“子姓兄弟”，注曰：“所祭者之子孙。言子姓者，子之所生。”《玉藻》《丧大记》并言“子姓”，注曰：“子姓，谓众子孙也。”《玉藻》：“缟冠玄武，子姓之冠也。”正义曰：“姓，生也。孙是子之所生，故云子姓。”故《诗》言“公姓”以继“公子”，而“同父”之变文，则云“同姓”。此所云“庶姓别于上”者，亦“子姓”之姓，与《周礼·司仪》之云“土揖[③]庶姓”者，文同，而所指异也。注以始祖为正姓，高祖为庶姓，意亦不殊，然多此两姓之目。

【注释】①庶姓：同姓中五世亲尽无服者。②子姓：此处特指孙辈。③土揖：周时天子会见庶姓诸侯的一种礼节。拱手前伸而稍向下。

【译文】庶姓，指的是子姓。《特牲馈食礼》记载：“子姓兄弟”，注解：“所祭者的子孙。说子姓，指的是儿子所生的。”《玉藻》《丧大记》都记载“子姓”，注解：“子姓，说的是众子孙。”（《玉藻》：“缟冠玄武，子姓之冠也。”正义说：“姓，是生的意思。孙是儿子所生的，因此说子姓。”）所以《诗经》中“公姓”紧接着“公子”，而“同父”变换文字，则说是“同姓”。这里所说的“庶姓别于上”，也是“子姓”的姓，与《周礼·司仪》所说的“土揖庶姓”，文字相同，但是所指不同。（注解以始祖为正姓，高祖为庶姓，意思相同，然而多了这两姓之目。）

爱百姓故刑罚中

人君之于天下，不能以独治也。独治之而刑繁矣，众治之而刑措矣。古之王者，不忍以刑穷天下之民也，是故一家之中，父兄治之；一族之间，宗子治之。其有不善之萌，莫不自化于闺门[①]之内；而犹有不帅教者，然后归之士师。然则人君之所治者约矣。然后原父子之亲，立君臣之义以权之；意论轻重之序，慎测浅深之量以别之；悉其聪明，致其忠爱以尽之。夫然刑罚焉得而不中乎？是故宗法立而刑清。天下之宗子各治其族，以辅人君之治，“罔攸兼于庶狱[②]”，而民自不犯于有司。风俗之醇，科条之简，有自来矣。《诗》曰：“君之宗之。”吾是以知宗子之次于君道也。

【注释】①闺门：宫苑、内室的门。借指宫廷、家庭。②庶狱：诸凡刑狱诉讼之事。

【译文】帝王对于天下，不能一个人治理。一个人治理就会刑罚繁乱，众人治理就会置刑法不用。古代的君王，不忍心用刑罚为难天下的百姓，所以一个家庭，父兄治理；一个宗族，族长治理。如果有不好的事情开始发生，没有不在内部自己化解的；而仍然有不帅教的，然后把他们交给士师。那么帝王的统治就简单了。然后根据父子之亲，确立君臣之义来衡量；考虑罪行的轻重，用量刑的深浅来区别对待；竭尽自己的智慧，发扬忠恕仁爱之心。那么刑罚怎么会不恰当使用呢？所以宗法确立那么刑罚就会公正清明。天下族长各自治理自己的宗族，来辅助帝王的统治，“不兼管一切刑狱诉讼事件”，而百姓自然不触犯主管官吏。风气的醇和，法令条文简单，是有来由的。《诗经》记载：“把他当作国君、当作族长。”我因此知道族长紧跟着君道。

庶民安故财用足

民之所以不安，以其有贫有富。贫者至于不能自存，而富者常恐人之有求，而多为吝啬之计，于是乎有争心矣。夫子有言：“不患贫而患不均。”夫惟收族[①]之法行，而岁时有合食之恩，吉凶有通财之义。本俗六安万民，三曰联兄弟，而乡三物之所兴者，六行[②]之条曰睦、曰恤。不待王政之施，而矜寡孤独废疾者，皆有所养矣。此所谓均无贫者，而财用有不足乎？至于《葛藟》之刺兴，《角弓》之赋作，九族乃离，一方相怨，而瓶罍交耻[③]，泉池并竭。然后知先王宗法之立，其所以养人之欲，而给人之求，为周且豫矣。宋范文正公苏州义田，至今裔孙犹守其法，范氏无穷人。

【注释】①收族：以上下尊卑、亲疏远近之序团结族人。②六行：西周大司徒教民的六项行为标准，即孝、友、睦、姻、任、恤。③瓶罍（léi）交耻：瓶、罍：都为盛酒器。小者为瓶。大者为罍，类似坛，二者相辅为用。比喻关系密切，相互依存，彼此利害一致。

【译文】百姓不安宁的原因，因为有贫有富。贫困的人不能保全自己，而富裕的人常常担心对他有所求，而多为吝啬之计，于是就有争斗心了。孔子有句名言："不担心生活贫穷而担心分配不均匀。"只有团结族人的法则施行，而一年四季就会有一起进食的恩德，吉凶有互通财物的大义。用六种传统风俗安定百姓，三是联合兄弟，而从三方面来教育万民，教导百姓的六项行为标准是亲近、是救济。不用仁政的施行，而没有劳动力又没有亲属供养的人以及有残疾而不能做事的人，都能有所供养。这就是所谓的分配均匀没有贫穷的人，而财物有不足吗？至于《葛藟》的指责兴起，《角弓》赋的创作，九族于是背离，一方彼此不满，而未能尽职而心怀愧疚，内忧外患一起发生。然后知道先王宗法的确立，是用来节制人们的欲望，而满足人们的要求，行为周到而且安闲。（宋代文正公范仲淹苏州义田，至今他的后代子孙依旧遵守其法，范氏没有穷人。）

术有序

《学记》："术有序[①]。"注："'术'当为'遂'，声之误也。《周礼》，万二千五百家为遂。"按《水经注》引此作"遂有序"，《周礼》：遂人[②]之职，"五家为邻，五邻为里，四里为酂[③]，五酂为鄙，五鄙为县，五县为遂，皆有地域沟树之，使各掌其政令。"遂人，中大夫二人，遂师，下大夫四人，上士八人，中士十有六人，旅下士三十有二人。遂大夫，每遂中大夫一人。又按《月令》"审端经术"，注："'术'，《周礼》作'遂'。夫间有遂，遂上有径，径，小沟也。"《春秋》文公十二年，"秦伯使术来聘"，《公羊传》《汉书·五行志》并作"遂"。《管子·度地篇》："百家为里，里十为术，术十为州。""术"音遂。此古"术""遂"二字通用之证。陈可大④《集说》改"术"为"州"，非也。

【注释】①序：古代地方办的学校。②遂人：周代官名。地官之属。掌管六遂的土地和人民。③酂（zàn）：周代地方组织单位之一，一百家为酂。④陈可大：陈澔（hào），字可大，号云住，又号北山叟。南康路都昌县（今江西都昌）人，宋末元初著名理学家、教育家。陈澔曾创办云住书院（又称经归书院）并讲学其中，人称经归先生。

【译文】《学记》记载："术有序。"注解："'术'应当是'遂'，读音的失误。《周礼》记载，一万二千五百家为遂。"按照《水经注》引用改作"遂有序"，《周礼》记载：遂人职能，"五家为一邻，五邻为一里，四里为一酂，五酂为一鄙，五鄙为一县，五县为一遂，都有一定的地域，挖沟种树为界，使他们各自掌管区域内的政令。"（遂人，中大夫二人，遂师，下大夫四人，上士八人，中士十有六人，旅下士三十有二人。遂大夫，每遂中大夫一人。）又按照《月令》记载的"审端经术"，注解："'术'字，《周礼》写作'遂'。田间有水沟，遂有径，径，是小沟。"《春秋》鲁文公十二年记载，"秦伯派遣大夫西乞术来访问"，《公羊传》《汉书·五行志》术字都写作"遂"。《管子·度地篇》记载："百家为里，十里为术，十术为州。""术"的读音是遂。这是古代"术""遂"二字可以彼此换用的证明。陈可大的《礼记集说》改"术"为"州"，是不对的。

《周礼》：州长"会民射于州序"。陈氏《礼书》曰："州曰序，记言遂有序，何也？《周礼》，遂官各降乡官一等，则遂之学，亦降乡一等矣。降乡一等，而谓之州长，其爵与遂大夫同，则遂之学，其名与州序同可也。"

【译文】《周礼》记载：州长"集合百姓在州的学校举行乡射"。陈祥道的《礼书》记载："州称为序，《学记》记载遂有序，为什么呢？《周礼》记载，遂官比乡官各自降低一等，那么遂的学校，也比乡降低一等了。比乡降低一等，而称为州长，他的爵位与遂的大夫相同，那么遂的学校，级别与州的学校是相同的。"

师也者所以学为君

三代之世，凡民之俊秀，皆入大学，而教之以治国平天下之事。孔子之于弟子也，四代①之礼乐，以告颜渊；五至三无②，以告子夏。而又曰："雍③也，可使南面。"然则内而圣，外而王，无异道矣。其系《易》也，曰："九二曰：'见龙在田，利见大人。'何谓也？子曰：'龙德而正中者也。'庸言之信，庸行之谨，闲邪存其诚，善世而不伐，德博而化。《易》曰：'见龙在田，利见大人。'君德也。”“君子学以聚之，问以辨之，宽以居之，仁以行之。《易》曰：‘见龙在田，利见大人。’君德也”。故曰，师也者，所以学为君也。

【注释】①四代：四个朝代。指虞、夏、商、周。②五至：志、诗、礼、乐、哀达到的最高境界。三无：指无声之乐、无体之礼、无服之丧。③雍：冉雍，字仲弓，春秋末期鲁国人。世居"菏泽之阳"，人称“犁牛氏”，受儒教祭祀。品学兼优，为人度量宽宏。与冉耕（伯牛）、冉求（子有）皆在孔门十哲之列，世称“一门三贤”。冉雍在孔门弟子中以德行著称，孔子对其有“雍也，可使南面”之誉。这是孔子对其他弟子从来没有的最高评价。孔子临终时在弟子们面前夸奖他说：“贤哉雍也，过人远也。”

【译文】三代的时代，凡是百姓中才智杰出的，都进入太学学习，而教导他们治理国家政务、安定天下的办法。孔子对于弟子，四代的礼节和音乐，讲给颜渊；五至三无，讲给子夏。而又说：“冉雍，可以担任一方的长官。”那么内具有圣人的才德，外施行王道，没有别的途径了。孔子论述《易经》，说：《乾》卦“九二爻：‘“见龙在田，利见大人。’是什么意思呢？孔子说：‘这是具有龙的德行而秉性中正的人。’平时说话诚信，日常行为谨慎，防止邪恶、保持忠诚，为善于世而不自夸，德行广博而能化育。《易经》记载：‘见龙在田，利见大人。’是君主的德行。”“君子通过努力学习累积知识，向人请教辨别是非，用宽容的态度处世，用仁爱之心做事。《易经》记载：‘见龙在田，利见大人。’这是具有了君主应有的德行”。所以说，老师，是用来教授为君之道的。

肃肃敬也

"肃，肃敬也；雍，雍和也。"《诗》本肃雍一字，而引之二字者，长言[1]之也。《诗》云："有洸有溃。"毛公传之曰："洸洸武也，溃溃怒也。"即其例也。

【注释】长言：引长声音吟唱。

【译文】"肃，指的是恭敬；雍，指的是和睦。"《诗经》中原本肃、雍是一个字，而选用为两个字，是引长声音吟唱。《诗经》有云："有洸有溃。"毛公注解说："洸洸是威武的样子，溃溃是愤怒的样子。"就是这个例子。

以其绥复

男子以车为居，以弓矢为器。故其生也，"桑弧蓬矢[1]，以射天地四方"。其死也，"设决，丽于掔[2]"。比葬，则"弓矢之新沽[3]功，有弭[4]饰焉，亦张可也"。以射者男子之事也，如"死于道，则升其乘车之左毂，以其绥复"。注改绥为緌，谓旌旗之旄也。以旄复死，不切于事。广陵胡氏曰：此复魂既在车，当是执绥之绥。以车者男子之居也。《晋书·祖逖传》论："灾星告衅，笠毂徒招。"用此。

【注释】①桑弧蓬矢：古时男子出生，以桑木作弓，蓬草为矢，射天地四方，象征男儿应志在四方。后用作勉励人应有大志之辞。②掔（wàn）：古同“腕”。胳膊下端与手掌相连的部分。③沽：粗劣。④弭：弓梢的弯曲处。

【译文】男子把车作为住所，把弓箭作为器具。所以他出生后，“用桑木作弓，蓬草为矢，射向天地四方”。他死后，“戴上扳指，联结在臂腕上”。等到下葬，那么“陪葬的弓箭要新的，做工可以粗劣，弓末的弯曲处用骨角装饰，弓能张开就可以了”。因为射箭是男子的事情，如果“死在路上，就上到他们所乘车的左车轴，用车上旗竿的飘带来招魂”。（注解改绥为緌，认为是旌旗之旄。用旄来招魂，不符合事实。广陵胡氏说：这招魂既然在车上，应当是执绥之绥。）因为车是男子的住所。（《晋书·祖逖传》论：“灾星告衅，笠毂徒招。”就是用这个意思。）

升车必正立执绥。徐铉曰：绥者，所执辔之总。以其绥复者，象其行也。象其行，所以达其志也。于是有朝聘而终，以尸将事之礼矣。《左氏》哀公十五年传。聘礼，宾死以棺，造朝介将命。《宋史·章频传》：“为刑部郎中使契丹，至紫濛馆卒。契丹遣内侍就馆奠祭，命接伴副使吴克荷护其丧，以锦车驾橐驼载至中京，敛以银饰棺，具鼓吹羽葆，吏士卫送至白沟。”“郏娄复之以矢”，犹有杀敌之意焉。此亡于礼者之礼也。

【译文】上车时，一定端正站立，拉住扶手的带子登车。（徐铉说：绥是所执辔之总。）用车上旗竿的飘带来招魂，是象征他的出行。象征他的出行，用来实现他的愿望。因此有诸侯、使臣在按期朝见天子过程中死去，奉着灵柩完成使命的礼仪。（《左传》鲁哀公十五年。聘礼，（没完成使命的）使者去世后以棺木收敛，到他国后才算完成使命。《宋史·章频传》：“章频为刑部郎中出使契丹，到紫濛馆就去世了。契丹派遣内侍到紫濛馆祭奠，命令接伴副使吴克荷保护着灵柩，用锦车驾骆驼送到中京，以银装棺木收敛，准备鼓吹羽葆，吏士保护送到白沟。”）“邾娄人用箭来招魂”，仍然还有杀敌的意思。这是已经遗失礼制的礼节。

亲丧外除兄弟之丧内除

“亲丧外除”者，祥为丧之终矣，而其哀未忘，故中月而禫。“兄弟之丧内除”者，如其日月而止。

【译文】“为双亲服丧期满，除去外面的丧服”，祥祭是服丧的最后步骤，哀伤没有忘记，所以间隔一个月举行禫祭。“为兄弟服丧，除去外面的丧服后，内心的哀伤也消除了”，服丧期满就停止。

十五月而禫

“期之丧十一月而练，十三月而祥，十五月而禫。”孔氏曰：“此言父在为母亦备二祥节也。”盖以十月当大丧[①]之一周，逾月则可以练矣，故曰十一月而练。以十二月当大丧之再周，逾月则可以祥矣，故曰十三月而祥。必言十一月、十三月者，亲丧外除。又加两月焉，则与大丧之中月同，可以禫矣，故曰十五月而禫。

【注释】①大丧：父母的丧事。

【译文】“丧期一年的丧事，第十一个月举行练祭，第十三个月举行祥祭，第十五个月举行禫祭。”孔颖达说：“这说的是父亲在世为母亲服丧也齐备二祥之礼节。”大概是把十个月当作大丧的一周，超过一个月就可以举行练祭了，所以说第十一个月举行练祭。把十二个月当作大丧的再周，超过一个月就可以举行祥祭了，所以说第十三个月举行祥祭。（一定提及十一月、十三月的，是为双亲服丧期满，除去外面的丧服。）又加两个月，就与大丧的间隔一个月相同，可以举行禫祭了，所以说第十五个月举行禫祭。

父在为母，其禫也，父主之，则夫之为妻，亦当十五月而禫矣。晋孙楚[①]《除妇服诗》，但以一周而毕，盖不数禫月。

【注释】①孙楚：字子荆。太原中都（今山西平遥县）人，西晋官员、文学家。出身于官宦世家，史称其“才藻卓绝，爽迈不群”。

【译文】父亲在世为母亲服丧，将要举行禫祭，父亲主持，那么丈夫为妻子服丧，也应当是第十五个月举行禫祭。西晋孙楚《除妇服诗》记载，只是一周就结束，大概是不计算禫祭的时间。

其他期丧祥禫之祭，皆不在己，则亦以十一月而练，十三月而除可知。故郑氏曰：“凡齐衰十一月皆可以出吊。”

【译文】其他期丧祥禫的丧祭，都不在自身，于是也第十一个月举行练祭，第十三个月除去丧服可以知道了。所以郑玄说：“凡是服齐衰丧十一个月都可以离开祭奠。”

妻之党虽亲弗主

“姑姊妹其夫死，而夫党无兄弟，使夫之族人主丧，妻之党虽亲弗主。夫若无族矣，则前后家，东西家；无有，则里尹[1]主之。”此文以姑姊妹发端，以戒人不可主姑姊妹之夫之丧也。夫宁使疏远之族人与邻家里尹，而不使妻之党为之主。圣人之意，盖已逆知后世必有如王莽假母后之权，行居摄之事，而篡汉家之统，而豫为之坊者矣。别内外，定嫌疑，自天子至于庶人，一也。“或曰：主之而附于夫之党”，是恶知礼意哉！

【注释】①里尹：古代里中主事的人。

【译文】“姑母、姊妹的丈夫死了，而丈夫的亲族没有兄弟，就让丈夫同宗族的人主持丧事，妻子的亲族即使有亲人也不主持。丈夫如果没有宗族，那么就由前后、东西的邻居主持丧事；如果邻居也没有，就由里中主事的人主持。”这段文字以姑母、姊妹作为开端，来告诫人们不可以主持姑母、姊妹丈夫的丧事。宁愿让疏远的族人与邻家里尹，而不让妻子的亲族为他主持。圣人的深意，大概已经预知后世一定有像王莽利用母后的权力，实行代替年幼的皇帝处理朝政的事，而篡夺汉家的皇统，而事先为他防范了的。区别内外，确定嫌疑，从天子到平民，都是一样的。“有人说：妻子的亲族主持，然而要依附丈夫的宗族”，这哪里是知道礼经的意义呢！

吉祭而复寝

“禫而从御，吉祭①而复寝”，互言之也。郑注已明。而孔氏乃以吉祭为四时之祭，虽禫之后，必待四时之祭讫，然后复寝。非也。禫即吉祭也，岂有未复寝而先御妇人者乎？

【注释】①吉祭：古丧礼，既虞之后，卒哭而祭，谓之“吉祭”。

【译文】“禫祭以后可以让妻妾服侍，吉祭以后就搬回自己的寝室”，是上下文义互相阐发，互相补足。郑玄的注解已经明确了。而孔颖达就把吉祭作为为四时的祭祀，即使禫祭之后，一定要等待四时的祭祀结束，然后搬回自己的寝室。不是的。禫祭就是吉祭，怎么会没有搬回自己的寝室而先让妻妾服侍的呢？

如欲色然

“人少则慕父母，知好色则慕少艾①。”能以慕少艾之心，而慕父母，则其诚无以加矣。正义云：“王肃解欲色为如欲见父母之颜色。郑何得比父母于女色？马昭申云：孔子曰：‘吾未见好德如好色者。’是亦比色于德。张融云：如好色，取其甚也，于文无妨。”

【注释】①少艾：年轻美貌的女子。

【译文】“人在年少的时候则仰慕父母，知道贪爱女色就思念年轻美丽的女子。”能够用思慕年轻美丽女子的心意，来思慕父母，那么他的诚心就不能再增加了。（正义说：“王肃解为‘欲色’为‘如欲见父母之颜色’。郑玄为什么将女色比拟为父母呢？马昭申说：孔子说：‘吾未见好德如好色者。’这也把德比作色。张融说：如好色，是选取极端的说法，对文义没有妨碍。”）

先古

《祭义》：“以事天地、山川、社稷、先古。”先古，先祖也。《诗》曰：“以似以续。”续古之人，亦谓其先人也。近曰先，远曰古，故周人谓其先公[①]曰“古公”。

【注释】①先公：对天子、诸侯祖先的尊称。

【译文】《祭义》：“用来祭祀天地、山川、社稷、先古。”先古，是先祖。《诗经》记载：“以似以续。”继承古人的礼仪，也说是他的祖先。近称为先，远称为古，所以周朝人称他们的先公为“古公”。

博爱

“先之以博爱，而民莫遗其亲。”“左右就养无方[①]”，谓之博爱。

【注释】①无方：无定法，无定式。

【译文】“首先表现为广泛地爱一切人，百姓没有遗弃双亲的。”“精心侍奉在左右，没有固定的形式”，称为博爱。

以养父母日严

“故亲生之膝下，以养父母日严。”孩提之童，知爱而已。稍长然后知敬，知敬然后能严。子曰：“今之孝者，是为能养。至于犬马，皆能有养，不敬，何以别乎？”故“鸡初鸣，而衣服至于寝门外”。“问衣燠寒[①]，疾痛苛养[②]，而敬抑搔[③]之，出入则或先或后，而敬扶持之”，敬之始也。“《诗》云：‘战战兢兢，如临深渊，如履薄冰。’而今而后，吾知免夫”。敬之终也。日严者，与日而俱进之谓。

【注释】①燠（yù）寒：温暖与寒冷。②苛养：即“苛痒”。疥疮，一种刺痒的皮肤病。③抑搔：按摩抓搔。

【译文】“在年幼相依父母亲膝下时就产生了，等到长大成人，就一天比一天懂得了对父母尊严的爱敬。”幼儿时期的儿童，只是知道喜爱罢了。稍微长大然后知道尊敬，知道尊敬然后能庄重。孔子说：“如今的孝，就是能够赡养。就是犬马，都能够有所饲养，不尊敬，怎么区别呢？”所以“鸡刚刚鸣叫，就穿着衣服到父亲的寝门外”。“询问衣服的温暖与寒冷，疾病痛苦、疥疮，就恭敬地按摩抓搔，出入有时要走在前面，有时走在后面，并且恭敬地搀扶照顾”，这是恭敬的开始。“《诗经》记载：‘恐惧小心谨慎，如同靠近深渊边缘，如同走在薄冰上。’从今以后，我知道我的身体可以免受伤害了”。这是恭敬的终了。一天比一天尊重，是随着时间一天天地进步的意思。

致知

致知者，知止也。董文清槐以知止二节合听讼章为格物传。知止者何？“为人君止于仁，为人臣止于敬，为人子止于孝，为人父止于慈，与国人交止于信”，是之为谓止。知止然后谓之知至。君臣、父子、国人之交，以至于“礼仪三百，威仪三千”，是之谓物。

【译文】达到完善的理解，是知道应达到的境界。（文清公董槐以知止二节合听讼章为格物传。）知道应达到的境界是什么意思呢？就是“做国君要达到仁的境界，做臣子要达到敬的境界，做子女要达到孝的境界，做父母要达到慈的境界，与国人交往要达到信的境界”，这称为应该达到的境界。知道应达到的境界然后称为获得知识。君臣、父子、国人的交往，以至“三百条礼仪，三千条威仪”，这称为物。

《诗》曰：“天生烝民[1]，有物有则。”《孟子》曰：“舜明于庶物，察于人伦。”昔者武王之访，箕子之陈；曾子、子游之问，孔子之答，皆是物也。故曰“万物皆备于我矣”。

【注释】①烝民：民众，百姓。

【译文】《诗经》记载：“上天生养民众，都有法则、规律。”《孟子》记载：“虞舜明白各种事物的道理，仔细研究人与人之间的关系。”从前周武王的拜访，箕子的述说；曾子、子游的发问，孔子的答复，说的都是事物的道理。所以说“万物的道理我都具备了”。

惟君子为能体天下之物。故《易》曰：“君子以言有物，而行有恒。”《记》曰：“仁人不过乎物，孝子不过乎物。”

【译文】只有君子能体察天下事物的道理。所以《易经》记载说：“君子说话要有根据，行动要有常法。”《礼记》记载：“仁人不论什么事情都不犯错误，孝子不论什么事情都不犯错误。”

以格物为多识于鸟兽草木之名，则末矣。“知者无不知也，当务之为急。”

听讼者，与国人交之一事也。

【译文】穷究事物的道理只是为了多知道鸟兽草木的名称，就是末节了。“有智慧的人没有不知道的，他们把当前事物作为最急切的。”

听理诉讼，是与国人交往的一件事。

顾諟天之明命

“维天之命，於穆不已。”其在于人，日用而不知，莫非命也。故《诗》《书》之训有曰“顾諟[①]天之明命。”又曰：“永言配命，自求多福。”又曰：“若生子，罔不在厥初生，自贻哲命。”又曰：“惟克天德，自作元命，配享在下。”而刘康公之言曰：“民受天地之中以生，所谓命也。是以有动作礼义威仪之则，以定命也。”“彼其之子，邦之司直”，而以为“舍命不渝”。“乃如之人，怀[②]昏姻也”。而以为“不知命”。然则子之孝，臣之忠，夫之贞，妇之信，此天之所命，而人受之为性者也。故曰“天命之谓性”，求命于冥冥之表，则离而二之矣。

【注释】①諟（shì）：敬奉天命，承顺天地。②怀：古与“坏”通，败坏，破坏。

【译文】“天道意志的运行，庄严没有止息。”其在于人，日常应用而不知道，没有不是上天主宰的。所以《诗经》《尚书》的解释有“禀顺上天圣明的命令。”又说：“长久地配合天命，求助自己比求助他人会得到更多的幸福。”又说：“好像生养孩子，没有不在刚刚出生教养的，亲自传授给他贤明的秉赋。”又说：“肩负上天的德性，自己造作的长寿，配当天命在天之下。”而刘康公曾经说：“百姓禀受天地间的中和之气而降生，这就是所谓的生命。所以有动作、礼义、威仪的准则，用来保持天命。”“那样的一个人，是主持国家正义的人”，而以为“舍弃生命不改变”。“像这样的人，败坏婚姻的礼仪”。而以为“不懂得天命”。那么儿子的孝顺，臣子忠诚，丈夫的坚贞，妻子的诚信，这是上天的意志，而人接受称为天性。所以说“上天赋予的自然禀赋就是天性”，在无法预测的外部探求天命，就剥离而分为两样了。

“予迓[①]续乃命于天”，人事也。理之所至，气亦至焉。是以“含章中正，而有陨自天”，匪[②]正之行，而天命不佑。

【注释】①迓（yà）：同“讶”。②匪：假借为“非”，表示否定。

【译文】“我迎接上天延续你们的寿命”，是人事。事理使它这样，气也到了。所以“包含美质、居中守正，而从天上掉落下来”，不是守正的行为，而天道的意志不会庇佑。

桀纣帅天下以暴

《仲虺之诰》篇曰：“简贤附势，实繁有徒。”《多方》篇曰：“叨懫[①]日钦，劓割夏邑。”此桀民之从暴也。《微子》篇曰：“殷罔不小大，好草窃奸宄[②]。卿士师师[③]非度，凡有辜罪，乃罔恒获。小民方兴，相为敌仇。”此纣民之从暴也。故曰，“幽、厉兴，则民好暴。“古之人所以胥训告，胥保惠，胥教诲”，而不使民之陷于邪僻者，何哉？“上无礼，下无学，贼民兴，丧无日矣”。《天保》之诗，皆祝其君以受福之辞，而要其指归，不过曰：“民之质矣，日用饮食，群黎百姓，遍为尔德。”然则人君为国之存亡计者，其可不致审于民俗哉？

【注释】①叨懫（zhì）：贪婪而暴戾。叨，古同“饕”，贪婪。懫，偏激、凶狠的怨恨。②宄（guǐ）：奸邪、作乱。③师师：众多貌。

【译文】《仲虺之诰》篇说：“轻慢贤能、依附权势，实在是有不少这样的人。”《多方》篇记载：“贪婪而暴戾一天天盛行，残害夏国。”这是夏桀王的百姓追随残暴。《微子》篇记载：“殷商的臣民不论大小，常常掠夺、盗窃、犯法作乱。众多的官员都违反法度，凡是有罪恶，竟然没有恒定的法度。小百姓正在兴起，与我们结成仇敌。”这是商纣王的百姓追随残暴。所以说，“幽王、厉王兴起，那么百姓就喜好残暴。“古代的人都互相教导、训诫，都互相保护并施以恩惠”，不让百姓沉陷在荒谬反常中，为什么呢？“在上者没有行为规范，在下者就没有学习的榜样，犯上作乱的人兴起，国家灭亡就在眼前了”。《天保》诗，都是祝祷国君来接受福气的言辞，而探求它的主旨，不过是：“百姓的品行质朴，满足日常应用的饮食就可以，万民百姓，普遍感激您的恩德。”那么国君为国家的存亡谋划，难道可以不细致地推究民俗吗？

财者末也

古人以财为末，故舜命九官，未有理财之职；《周官》财赋之事，一皆领之于天官冢宰，而六卿[1]无专任焉。汉之九卿，一太常，二光禄勋，三卫尉，四太仆，五廷尉，六鸿胪，七宗正，八大农，武帝太初元年，更名大司农。九少府。应劭曰："少者小也。"师古曰："大司农供军国之用，少府以养天子。"大农掌财在后，少府掌天子之财又最后。唐之九卿，一太常，二光禄，三卫尉，四宗正，五太仆，六大理，七鸿胪，八司农，九大府，大略与汉不殊，而户部不过尚书之属官，故与吏、礼、兵、刑、工并列而为六。至于大司徒，教民之职，宰相实总之也。罢宰相，废司徒，以六部尚书为二品，非重教化、后财货之义矣。

【注释】①六卿：古代统军执政之官。官职仅次于宰相、三公的高级大臣，又称六官。

【译文】古人把金钱和物资作为末节，所以虞舜任命九官，没有管理财物的官职；《周官》中有关财货赋税的事情，一概都由天官家宰管辖，而六卿没有专门担任的。汉代的九卿，一是太常，二是光禄勋，三是卫尉，四是太仆，五是廷尉，六是鸿胪，七是宗正，八是大农（汉武帝太初元年，改名大司农），九是少府。（应劭说："少者是小的意思。"颜师古说："大司农是提供军国的财用，少府是奉养天子。"）大农掌管财物排在后面，少府掌管天子的财物又排在最后。唐朝的九卿，一是太常，二是光禄，三是卫尉，四是宗正，五是太仆，六是大理，七是鸿胪，八是司农，九是大府，大概与汉代没有区别，而户部仅仅是尚书属下的官吏，所以与吏部、礼部、兵部、刑部、工部并列为六部。至于大司徒，是教育人民的职务，宰相实际上都概括了。罢免宰相，裁撤司徒，以六部尚书为二品，不是重视政教风化、不看重钱财货物的意思。

未有上好仁而下不好义者也

治化之隆，则“遗秉”“滞穗”之利，及于寡妇。恩情之薄，则耰鉏[1]箕帚之色，加于父母。故欲使民兴孝兴弟，莫急于生财。以好仁之君，用不畜聚敛之臣，则财足而化行，“人人亲其亲，长其长，而天下平矣”。

【注释】①耰鉏（yōu chú）：亦作“鉏耰”。锄田去草和碎土平地的农具。

【译文】治理国家、教化百姓的昌盛，那么“成把的遗穗”“遗漏的禾穗”的好处，会给予寡妇。恩情的淡薄，就会把父亲来借农具、婆母来拿簸箕扫帚时自己的表情，施加给父母。因此想让百姓开始孝顺、开始友爱，没有比生产财富更着急了。喜好仁德的国君，任用不畜养搜刮财货的大臣，就会财富充足而教化施行，“人人亲近他们的亲族，尊重他们的尊长，那么天下就太平了”。

君子而时中

《记》曰：“礼时为大，顺次之，体次之，宜次之，称次之。尧授舜，舜授禹，汤放桀，武王伐纣，时也。天地之祭，宗庙之事，父子之道，君臣之义，伦也。社稷山川之事，鬼神之祭，体也。丧祭之用，宾客之交，义也。羔豚而祭，百官皆足，太牢[1]而祭，不必有余，此之谓称也。”“古之圣人，内之为尊，外之为乐，少之为贵，多之为美。是故先王之制礼也，不可多也，不可寡也，惟其称也。”此所谓“君子而时中”者也。故《易》曰：“二簋[2]应有时，损刚益柔有时。”舜之大孝，文王之无忧，武王、周公之达孝，皆所谓时中也。

【注释】①太牢：古代帝王祭祀社稷时，牛、羊、豕三牲全备为“太牢”。古代祭祀所用牺牲，行祭前需先饲养于牢，故这类牺牲称为牢。②二簋（guǐ）：祭品之少。簋，古代祭祀宴享盛黍稷的器皿。

【译文】《礼记》记载：“制定礼仪，首先要考虑时代环境，其次要符合伦理，再其次是区别对象而不同对待，再其次是符合人情，最后要与身份相称。唐尧传位给虞舜，虞舜传位给大禹，商汤王流放夏桀王，周武王讨伐商纣王，是时代环境。祭祀天地，供奉宗庙，父子的法则，君臣的大义，是伦理。供奉社稷山川，祭祀鬼神，是区别对待不同的对象。丧祭的应用，宾客的交往，是大义。羊羔、小猪的祭品，百官都充足，太牢礼具备的祭祀，不会有剩余，这称为相称。”“古时候的圣人，注重内心的修养，乐于外在的表现，有时以少为贵，有时以多为美。所以先王制定礼仪，不能够多，也不能够少，只是相称。”这就是所谓的“君子时时刻刻在中道上”。所以《易经》记载：“用少量的祭品献祭应该符合时机，减损刚强、增益柔顺也要配合时机。”（帝舜的大孝，文王的无忧，武王、周公的达孝，都可以称为“时中”。）

子路问强

《洪范》“六极[①]”，六曰弱。郑康成注：“愚懦不毅为弱。”故子路问强。

【注释】①六极：六种极凶恶的事。一曰凶短折，二曰疾，三曰忧，四曰贫，五曰恶，六曰弱。

【译文】《洪范》记载的“六极”中，第六种是弱。郑玄（字康成）注解：“愚昧懦弱、不果决是弱。”所以子路问什么是强。

素夷狄行乎夷狄

“素夷狄行乎夷狄”，然则将居中国而去人伦乎？非也，处夷狄之邦而不失吾中国之道，是之谓“素夷狄行乎夷狄”也。《六经》所载帝舜滑夏[①]之咨，殷宗有截[②]之颂，《礼记》明堂之位，《春秋》会之书，凡圣人所以为内夏外夷之防也如此其严也。文中子以《元经》之帝魏，谓“天地有奉，生民有庇，即吾君也”。何其语之偷而悖乎。宋陈同甫[③]谓：“黄初以来，陵夷[④]四百余载，夷狄异类迭起以主中国，而民生常觊一日之安宁于非所当事之人。”以王仲淹之贤而犹为此言，其无以异乎凡民矣。夫兴亡有迭代之时，而中华无不复之日，若之何以万古之心胸而区区于旦暮乎。杨循吉作《金小史》序曰：“由当时观之，则完颜氏帝也，盟主也，大国也。由后世观之，则夷狄也，盗贼也，禽兽也。”此所谓偷也。汉和帝⑤时，侍御史鲁恭⑥上疏曰：“夫戎狄者，四方之异气，蹲夷踞肆⑦，与鸟兽无别。若杂居中国，则错乱天气，污辱善人。”夫以乱辱天人之世，而论者欲将毁吾道以殉之，此所谓悖也。孔子有言：“居处恭，执事敬，与人忠，虽之夷狄，不可弃也。”夫是之谓“素夷狄行乎夷狄”也。若乃相率而臣事之，奉其令，行其俗，甚者导之以为虐于中国，而借口于夷狄之文，则子思之罪人也已。

【注释】①滑夏：即“猾夏”。猾：扰乱，侵犯。夏：华夏，古代指中原地区。②有截：齐一貌，整齐貌。有，助词。③陈同甫：陈亮，字同甫，原名汝能，人称龙川先生。南宋思想家、文学家。④陵夷：由盛到衰。衰颓，衰落。⑤汉和帝：刘肇，即汉和帝。汉章帝逝世，刘肇即位，养母窦太后临朝称制。后刘肇联合宦官扫灭窦氏戚族，亲政后使东汉国力达到极盛，时人称之为“永元之隆”。⑥鲁恭：字仲康，扶风平陵（今陕西兴平）人。任中牟县令时，着重以道德风尚感化人，不依靠刑罚命令惩治人，遇有讼争，尽量说服，使犯法者自感愧悔，深受人民爱戴，有“鲁恭三异”（蝗不入境，化及禽兽，竖子有仁心）的传说。⑦蹲夷踞肆：蹲夷：踞坐。古代看作是野蛮、无礼的举动。踞肆：傲慢，放肆无礼。

【译文】“平素处在夷狄地区，就做夷狄应该做的事情”，那么将要使居住在中原地区的百姓而去除人伦吗？不是的，处在少数民族地区的国家而不失去我中原的大道，这就是说“平素处在夷狄地区，就做夷狄应该做的事情”。《六经》所记载帝舜扰乱华夏的叹息，殷高宗整齐划一的称颂，《礼记》明堂的位次，《春秋》会盟的记载，凡是圣人用来作为内华夏、外夷狄的防范像这样严格。文中子王通通过《元经》中的帝魏，说“天地得到侍奉，生民得到庇护，就是我们的国君”。话语多么苟且、悖谬啊。南宋陈亮（字同甫）说道：“曹魏文帝黄初年间以来，衰落了四百多年，少数民族和外族接连出现主政中原地区，而民众的生计，常常希望在不是当权的人身上得到一日的安宁。”以王通（字仲淹）的贤明而仍然说这样的话，他跟普通的百姓也没有区别了。兴盛和衰亡有更相代替的时候，而中华没有不恢复的时候，怎么用万代的心胸而急切在早晚呢。（杨循吉在《金小史》序言中说：“由当时来看，那就是完颜氏是皇帝，是盟主，是大国。由后世来看，那是夷狄，是盗贼，是禽兽。”）这就是所谓的苟且。汉和帝时期，侍御史鲁恭进呈奏章道：“西北少数民族，是四方不同于华夏的禀赋，踞坐、傲慢无礼，与鸟兽没有差别。如果混杂聚居中国，就会错乱天气，污辱好人。”以错乱天气、污辱好人的世道，而讨论的人想要破坏我们的主张而牺牲自己的生命，这就是所谓的悖谬。孔子有说过：“日常起居要态度端庄，担任工作要敬慎认真，和人交往要忠心诚恳，即使到了夷狄地区，也不可背弃。”这说的就是“平素处在夷狄地区，就做夷狄地区应该做的事情”。至于一个接一个用臣道侍奉，遵守法令、习俗，更严重的是引导他们残暴中国，而假托于夷狄的文字，那么是子思的罪人了。

鬼神

王道之大，始于闺门。妻子合，兄弟和，而父母顺，道之迩也，卑也。郊焉而天神假[①]，庙焉而人鬼飨，道之远也，高也。“先王事父孝，故事天明；事母孝，故事地察”。修之为经，布之为政，本于天，殽[②]于地，列于鬼神，达于丧祭，射御、冠昏、朝聘，而天下国家可得而正也。若舜、若文、武、周公，所谓庸德之行，而人伦之至者也。故曰：“君子之道，造端乎夫妇，及其至也，察乎天地。”

【注释】①假：通“格”，到。②殽（xiào）：古同“效”，效法。

【译文】王道的广大，是从家庭开始的。妻子顺合，兄弟和睦，而父母顺心，是王道的近，卑下。祭天而天神就降临，祭祖而死者的灵魂就来受享，是王道的远，高上。“先王侍奉父亲孝顺，所以祭祀天帝时明白；侍奉母亲孝顺，所以祭祀土神时明察”。撰写为标准，宣布为政令，依据天，效法地，罗列于鬼神，通晓丧祭，射御、冠昏、朝聘，那么天下国家可以得到而统一了。像虞舜、周文王、周武王、周公，所谓平常的德行努力实践，而是人伦的极点。所以说：“君子的大道，开始在夫妇，它的最高境界，显著于天地之间。”

人之有父母也，鸡鸣问寝[①]，左右就养无方，何其近也。及其既亡，而其容与声，不可得而接，于是或求之阴，或求之阳，然后僾然[②]必有见乎其位，然后乃凭工祝[③]之传，而致赉[④]于孝孙。生而为父母，殁而为鬼神。子曰：“为之宗庙，以鬼享之。”此之谓也。《论语》菲饮食而致孝乎鬼神。“洋洋乎如在其上，如在其左右。”由顺父母而推之也。

【注释】①问寝：问候尊长起居。②僾（ài）然：隐约貌。僾，仿佛，隐约，模糊。③工祝：古时在祭祀时专司祝告的人。④赉（lài）：赐予，给予。

【译文】人都有父母，天明之前就问候起居，在身边奉养没有固定的方法，多么亲近啊。等到父母已经去世，而他们的容貌与声音，不可能再看到听到了，于是有的求于阴，有的求于阳，然后隐隐约约就好像看到他们在那里，然后通过工祝的传递，而给予孝孙。在世时是父母，去世就是祖先了。孔子说："建立祭祀用的宗庙，让祖先享受祭祀。"说的就是这个意思。（《论语》饮食简单而尽力去孝敬祖先。）"忧思啊，如同在你的上方，如同在你的左右。"这是通过孝顺父母而进一步推导的。

《记》曰："文王之为世子，朝于王季，日三。鸡初鸣，而衣服至于寝门外，问内竖[①]之御者曰：'今日安否，何如？'内竖曰：'安。'文王乃喜。及日中又至，亦如之。及暮又至，亦如之。其有不安节，则内竖以告文王。文王色忧，行不能正履。王季复膳，然后亦复初。食上，必在视寒暖之节；食下，问所膳，命膳宰[②]曰：末有原。应曰诺，然后退。"又曰："文王之祭也，事死者如事生，思死者如不欲生。忌日必哀，称讳如见亲，祀之忠也，如见亲之所爱，如欲色然，其文王与？《诗》云：'明发不寐，有怀二人。'文王之诗也。"夫惟文王，生而事亲如此之孝，故殁而祭如此之忠，而如亲之或见也。苟其生无养志[③]之诚，则其殁也，自必无感通[④]之理。故曰"惟孝子为能飨亲"。而夫子之告子路亦曰："未能事人，焉能事鬼？"是故庸德之行，莫先于父母之顺，而郊社之礼，禘尝之义，缘之以起。明此，而天下国家可得而治矣。

【注释】①内竖：宫内小臣。②膳宰：犹膳夫。掌宰割牲畜以及膳食之事。③养志：奉养父母能顺从其意志。④感通：此有所感而通于彼。即一方的行为感动对方，从而导致相应的反应。

【译文】《礼记》记载："周文王还是世子的时候，向父亲周王季请安，每天三次。鸡刚开始鸣叫，就穿好衣服到父亲寝宫门外，询问宫内当值的小臣说：'今天父王平安吧，怎么样呢？'小臣说：'平安。'文王就满脸欣喜。等到中午又来，请安的仪节也像之前一样。到了傍晚又来，请安的仪节也像之前一样。如果周王季身体欠安，那么宫内小臣就会告诉文王。文王就会满脸忧色，行走都不能正常迈步。王季恢复膳食，然后文王的神色也恢复如初。呈上膳食，一定亲自察看膳食的冷热；撤下膳食，询问王季吃了多少，吩咐膳宰道：吃剩的不要再端上去。听到是的答复，文王才会放心离开。"又记载："文王祭祀双亲，侍奉死者如同侍奉在世的时候，思念死者就像不想活下去。忌日必定悲哀，提及父母的名讳就像见到他们一样，祭祀的虔诚，好像见到了双亲的喜爱，好像看到了双亲满意的神色，这大概只有文王吧？《诗经》记载：'到黎明都没有入睡，是因为思念死去的双亲。'这诗说的是文王啊。"只有文王，在世的时候侍奉双亲这样孝顺，所以死后祭祀能这样的虔诚，而如同亲自看到。如果活着的时候没有奉养、顺从意志的虔诚，那么双亲死后，自然一定没有感动相应的道理。所以说"只有孝子能够祭祀双亲"。而孔子教导子路也说："不能侍奉人，怎么能去祭祀鬼神呢？"所以努力实践平常的德行，没有先于孝顺父母的，而祭祀天地的礼仪，夏祭、秋祭的义理，因此而兴起。明白这个，那么天下国家就可以得到而治理了。

在上位者能顺乎亲，而后可以事天享帝；在下位者能顺乎亲，而后可以获上治民。

【译文】在上位的人能够顺从亲人，然后可以侍奉上天、祭祀上帝；在下位的人能够顺从亲人，然后可以获得信任、治理百姓。

程子曰："鬼神，天地之功用，而造化之迹也。"张子曰："鬼神者，二气之良能也。"用以解《易》"神也者，妙万物而为言"一章，斯为切当。如二子之说，则视之而弗见，听之而弗闻，鬼神也；其可见、可闻者，亦鬼神也。今夫子但言弗见、弗闻，知其为祭祀之鬼神也。

【译文】程颐说："鬼神，是天地的效用，而且是创造化育的痕迹。"张载说："鬼神，是阴阳二气的天赋之能。"用来解释《易经》中"神也者，妙万物而为言"一章，非常贴切恰当。像这二人的说法，那么看它也看不见，听它也听不到，这是鬼神；可以看见、可以听到，也是鬼神。如今孔子只是说看不见、听不到，可以知道是祭祀的鬼神了。

质诸鬼神而无疑，犹《易·乾·文言》所谓"与鬼神合其吉凶"。《谦》《丰》二彖，亦以鬼神与天地人并言。

【译文】问明鬼神而没有疑问，犹如《易经·乾·文言》所说的“与鬼神的吉凶报应相配合”。(《谦》《丰》二彖，也以鬼神与天地人一并提及。)

期之丧达乎大夫

《丧服》自期以下，诸侯绝，大夫降者，说者以为期已下之丧，皆其臣属，故不服。然制礼之意，不但为此。古人有丧不祭，诸侯有山川、社稷、宗庙之事，不可以旷，故惟服三年，而不服期。大夫亦与于其君骏奔[①]在庙之事，但人数多，不至于旷，故但降之而已。此古人重祭之义，后人不知，但以为贵贵而已。正义曰：“期之丧达乎大夫，谓旁亲所降在大功者，得为期丧，还著大功之服。若天子诸侯，旁期之丧则不服也。”

【注释】①骏奔：急速奔走。

【译文】《丧服》从丧期为一年的丧服以下，诸侯断绝，大夫降等，解说的人以为期服以下的丧服，都是他的臣下，所以不服丧。然而制定礼仪的用意，不仅为此。古人居丧不举行祭祀，诸侯有山川、社稷、宗庙的祭祀，不可以荒废，所以只服三年，而不服一年的。大夫也与国君在宗庙的祭祀上急速奔走，只是人数多，不至于荒废，所以只是降低服丧等级。这是古人重视祭祀的意思，后人不了解，认为只是重视地位高的人。(正义说：“服一年丧期的制度实行到大夫，是说旁亲所降在大功的，可以服期丧，还可以穿大功服。如果是天子诸侯，为旁亲服期丧就不用服。”）

诸侯亦有期服，如“始封之君，不臣诸父、昆弟，封君之子，不臣诸父，而臣昆弟”。且亦有大功服，如“姑姊妹嫁于国君，尊同则不降”。《记》特举其大概言之尔。

【译文】诸侯也有服为期一年的丧服的，例如“开始封为君的人不把叔伯父、兄弟当作臣下，封为君的人的儿子，不把叔伯父当作臣下，而把兄弟当作臣下”。而且也有服大功丧的，例如“姑母、姊妹嫁给国君，地位相同丧服就不降等”。《礼记》只是列举大概来说而已。

三年之丧达乎天子

“父母之丧，无贵贱一也。”即解上“三年之丧，达乎天子”一句。此举其重者而言。然三年之丧，不止父母。《左氏》昭公十五年传：“王一岁而有三年之丧二焉。”谓穆后与太子。王后谓之三年者，据达子之志而言，其实期也。是天子亦有期丧。

【译文】“为父母服丧，不分贵贱都是一样的。”就是解释上面的“三年之丧，达乎天子”一句。这是列举主要的来说。然而三年的丧期，不只是为父母。《左传》鲁昭公十五年：“天子一年中有两次三年的丧事。”说的是穆后与太子。王后也说三年，是依据实现其子的志向来说的，实际是守丧一年。说明天子也有服为期一年的丧事。

达 孝

达孝者，达于上下，达于幽明，所谓“孝弟之至，通于神明，光于四海，无所不通”者也。与达道、达德之达同义。

【译文】最大的孝道，通达于上下，通达于幽明，就是所谓的“孝顺父母、友爱兄弟到了极点，就会通达神明，显赫四海，没有不可以感应相通”。(与达道、达德之达同一个意思)

思事亲不可以不知人

“无丰于昵”，祖己①之所以戒殷王也。“自八以下”，众仲②之所以对鲁隐也。以客为臣，子游之所以规文子③也。亲亲之道，赖贤人而明者多矣。汉哀帝听冷褒、段犹之言，而尊定陶共皇④。唐高宗听李勣⑤之言，而立皇后武氏。不知人之祸，且至于斁伦⑥乱纪而不顾，可不慎哉！

【注释】①祖己：即“孝己”。武丁之长子，祖庚之兄。又名且己，“小王”“兄己”。作为王位继承人的太子，祖己曾参议政事，辅佐父王武丁修政行德而国势复振。留下孔雀鸣鼎等典故。②众仲：春秋时鲁国大夫。③文子：姓辛氏，号计然。春秋战国时期的哲学家、文学家、教育家、思想家。道家祖师，与孔子同时。④定陶共皇：刘康，汉元帝刘奭之子，汉成帝刘骜异母弟，母傅昭仪，其子为汉哀帝刘欣。封定陶王，死后谥号恭（或作共）。⑤李勣：原名徐世绩，字懋功。唐高祖李渊赐其姓李，后避唐太宗李世民讳改名为李绩，曹州离狐（今山东东明县）人，唐初名将，与李靖并称，被封为英国公，为凌烟阁二十四功臣之一。⑥斁（yì）伦：败坏伦常。

【译文】“近亲的祭品不要过于丰厚”，是祖己用来告诫殷王的。“人数在八行以下”，是众仲用来答对鲁隐公的。把客位作为臣位，是子游用来规劝文子的。爱自己亲属的道理，多倚仗贤人而通明的人。汉哀帝接受冷褒、段犹的意见，而追尊定陶王刘康为共皇。唐高宗听从李勣的意见，而册立皇后武则天。不知道人为的灾祸，而且到了败坏伦常、违反法纪而不顾忌的地步，可以不谨慎吗！

人伦之大，莫过乎君父，而子夏先之以“贤贤易色”，何也？思事亲，不可以不知人也。

【译文】人伦关系大的，没有超过君父的，而子夏以“尊重贤德的人，不看重女色”为先，这是为什么呢？要想侍奉亲族，不能不了解他人。

父子之亲，长幼之序，男女之别，非师不明。教人以礼者，师之功也。故曰：“师无当[1]于五服，五服弗得不亲。”

【注释】①无当：不恰当，不相称。

【译文】父子的亲情，长幼的顺序，男女的分别，没有老师不能够明白。用礼来教育人，是老师的功劳。所以说："老师不等同五服的亲属，但是没有老师的教导，五服的亲密关系人们就不可能知道。"

诚者天之道也

"诚者天之道也"，故"天下雷行，物与无妄，而先王以茂[①]对时育万物。"

【注释】①茂：通"懋"。劝勉。

【译文】"真诚是上天的原则"，所以"雷在天下运行，万物都不可以妄自行动，而上古贤明的君王遵循天时，养育万物。"

"天叙有典，敕我五典[①]五惇哉；天秩有礼，自我五礼[②]有庸哉；天命有德，五服[③]五章哉；天讨有罪，五刑[④]五用哉。"莫非诚也。故曰："凡为天下国家有九经，所以行之者，一也。"

【注释】①五典：五种行为规则。即父义、母慈、兄友、弟恭、子孝。②五礼：公、侯、伯、子、男五等诸侯朝聘之礼。③五服：古代天子、诸侯、卿、大夫、士五等服式。④五刑：墨、劓、剕、宫、大辟五种刑罚。

【译文】"上天规定了人与人之间的常法，告诫我五种伦理道德，并把它们敦厚起来；上天规定了人的尊卑等级，推行五种礼制，并且要日常实践；上天任命有德行的人，制定五等服式并且以此表彰他们；上天惩罚有罪的人，制定五种刑罚处治有五种功用。”没有不是真诚的。所以说：“凡是治理天下国家有九条原则，用来实行这些原则的道理都是一样的。”

肫肫其仁

五品[①]之人伦，莫不本于中心之仁爱，故曰：“拜稽颡，哀戚之至隐也，稽颡，隐之甚也。”又曰：“其送往也，茫茫然，汲汲然，如有追而弗及也；其反哭也，皇皇然，如有求而弗得也。故其往送也如慕，其反也如疑。求而无所得之也，入门而弗见也，上堂又弗见也，入室又弗见也，亡矣丧矣，不可复见已矣。故哭泣辟踊[②]，尽哀而止矣。心怅焉，怆焉，惚焉，忾焉，心绝志悲而已矣。”此于丧而观其仁也。“丧三日而殡，凡附于身者，必诚必信，勿之有悔焉耳矣。三月而葬，凡附于棺者，必诚必信，勿之有悔焉耳矣。”

【注释】①五品：五常。指旧时的五种伦常道德。即父义、母慈、兄友、弟恭、子孝。②辟踊：捶胸顿足。形容哀痛至极。辟，通“擗”。

【译文】五种伦常道德中的人伦关系，没有不把中心的仁爱作为根本的，所以说：“拜谢极度虔诚，是悲伤中极其伤痛的表现，屈膝下跪，双手朝前，以额触地，是伤痛到了极点。”又说：“孝子在前往墓地送葬的时候，迷茫的样子，急切的样子，好像是追赶去世的亲人而又追赶不上；送葬后回来哭泣，心中不安的样子，好像有所求而又得不到。所以他前往送葬如同思念，送葬后回来又迟疑。有所求而不能得到，回到家里又见不到亲人，走上厅堂又见不到，进入室内又见不到，亲人是真的死了，走了，再也见不到了。所以哭天抢地、捶胸顿足，尽情发泄哀痛而停止。心情惆怅，悲伤，恍惚，叹息，只能是心绝志悲罢了。”这是在丧事上察看他的仁爱。“人死了三天而举行殡礼，凡是随尸体入殓的物品，一定真心实意不欺瞒，不要日后有遗憾。三个月以后安葬，凡是随棺入墓的物品，一定真心实意不欺瞒，不要日后有遗憾。”

又曰：“且比化者，无使土亲肤，于人心独无恔[①]乎？”此于葬而观其仁也。“齐[②]之日，思其居处，思其笑语，思其志意，思其所乐，思其所嗜。齐三日，乃见其所为齐者。祭之日，入室，僾然，必有见乎其位；周还出户，肃然，必有闻乎其容声；出户而听，忾然，必有闻乎其叹息之声。是故先王之孝也，色不忘乎目，声不绝乎耳，心志嗜欲不忘乎心”。又曰：“祭之明日，明发[③]不寐，飨而致之，又从而思之；祭之日，乐与哀半，飨之必乐，已至必哀。”此于祭而观其仁也。自此而推之，“郊社之礼，所以仁鬼神也；射乡[④]之礼，所以仁乡党也；食飨之礼，所以仁宾客也”。“亲亲而仁民，仁民而爱物。”而天下之大经[⑤]毕举而无遗矣。故曰：“孝弟为仁之本。”

【注释】①恔（xiào）：畅快。②齐（zhāi）：同“斋”。祭祀前戒绝嗜欲、洁净身心，以示虔诚。③明发：黎明，平明。④射乡：乡射礼和乡饮酒礼。古代乡饮酒礼之后举行乡射礼。乡饮酒礼是周代流行的宴饮风俗。主要目的是为了向国家推荐贤者。由乡大夫作主人设宴。后演为地方官设宴招待应举之士，此宴为“乡饮酒”。⑤大经：常道，常规。

【译文】又说：“况且这样做是为了不让泥土沾上死者的尸体，难道孝子的这一点心意不是可以感到慰藉而不再遗憾吗？”这是在安葬上察看他的人爱。“斋戒的日子，追思死者生前的住处，思念他生前的笑语，思念他生前的志向、意愿，思念他生前所喜欢的，思念他生前的嗜好。斋戒三日，就好像真见到了将要祭祀。祭祀的日子，进入室内，模糊不清的样子，就好像看到他在那里；祭祀结束将要出门，严肃谨慎的样子，就好像听到他的声音；出门后仔细的恭听，感慨的样子，就好像听到他叹息的声音。因此先王的孝道，容貌不忘于眼前，声音不绝于耳畔，志气、心意、嗜好、欲望不忘记于心中”。又说：“祭祀的第二天，黎明都没有睡觉，置备供奉的祭品祭祀，然后又思念他们；祭祀的日子，有欢乐又有哀伤，接受祭品就欢乐，接受祭品离开后又哀伤。”这是在祭祀上察看他的仁爱。从这而类推，“祭祀天地的礼节，是用来向鬼神表示仁爱的；乡射礼和乡饮酒礼，是用来向乡族朋友表示仁爱的；招待宾客的礼节，是用来向宾客表示仁爱的”。“亲近亲族而仁爱百姓，仁爱百姓而爱护万物。”而天下的常规就完全办好而没有遗漏了。所以说：“孝顺父母、友爱兄弟是仁爱的根本。”

全本全注全译

日知录

（四）

〔清〕顾炎武 著

谦德书院 注译

团结出版社

目　录

卷二十

非三公不得称公 …… 1657
古人不以甲子名岁 …… 1669
史家追纪月日之法 …… 1678
史家月日不必顺序 …… 1680
重书日 …… 1682
古人必以日月系年 …… 1682
古无一日分为十二时 …… 1684
年月朔日子 …… 1694
年号当从实书 …… 1697
史书一年两号 …… 1701
年号古今相同 …… 1706
割并年号 …… 1706
孙氏西斋录 …… 1709

通鉴书改元 …… 1710
后元年 …… 1711
李茂贞用天祐年号 …… 1712
通鉴书葬 …… 1714
通鉴书闰月 …… 1714
史书人君未即位 …… 1715
史书一人先后历官 …… 1716
史书郡县同名 …… 1717
郡国改名 …… 1718
史书人同姓名 …… 1719
述 古 …… 1720
引古必用原文 …… 1721
引书用意 …… 1722
文章推服古人 …… 1723
史书下两曰字 …… 1724
书家凡例 …… 1725
分 题 …… 1725

卷二十一

作诗之旨 …… 1729
诗不必人人皆作 …… 1730
诗 题 …… 1733
古人用韵无过十字 …… 1734

诗有无韵之句 …… 1736
五经中多有用韵 …… 1738
易 韵 …… 1741
古诗用韵之法 …… 1743
古人不忌重韵 …… 1744
七言之始 …… 1750
一 言 …… 1751
古人未有之格 …… 1752
古人不用长句成篇 …… 1752
诗用叠字 …… 1753
次 韵 …… 1755
柏梁台诗 …… 1758
诗体代降 …… 1760
书法诗格 …… 1762
诗人改古事 …… 1763
庾子山赋误 …… 1764
于仲文诗误 …… 1765
李太白诗误 …… 1766
郭璞赋误 …… 1768
陆机文误 …… 1768
字 …… 1769
古 文 …… 1771
说 文 …… 1772

说文长笺 …… 1778
五经古文 …… 1788
急就篇 …… 1792
千字文 …… 1793
草 书 …… 1795
金石录 …… 1799
铸印作减笔字 …… 1800
画 …… 1802
古 器 …… 1807

卷二十二

四 海 …… 1811
九 州 …… 1814
六国独燕无后 …… 1823
郡 县 …… 1824
秦始皇未灭二国 …… 1830
汉王子侯 …… 1831
汉侯国 …… 1837
都 …… 1838
乡 里 …… 1843
都 乡 …… 1844
都乡侯 …… 1844
封 君 …… 1846

图 ……………………………………………………………… 1846
亭 ……………………………………………………………… 1847
亭 侯……………………………………………………………… 1850
社 ……………………………………………………………… 1851
历代帝王陵寝 ……………………………………………… 1855
尧冢灵台 ………………………………………………… 1861
生 祠……………………………………………………………… 1867
生 碑……………………………………………………………… 1868
张公素 …………………………………………………… 1871
王 亘……………………………………………………………… 1873

卷二十三

姓 ……………………………………………………………… 1875
氏 族……………………………………………………………… 1877
氏族相传之讹 ……………………………………………… 1881
孔颜孟三氏 ……………………………………………… 1894
仲 氏……………………………………………………………… 1898
以国为氏 ………………………………………………… 1899
姓氏书 …………………………………………………… 1900
通 谱……………………………………………………………… 1901
二字改姓一字 ……………………………………………… 1912
北方门族 ………………………………………………… 1918
冒 姓……………………………………………………………… 1919

两 姓 …… 1921
古人二名止用一字 …… 1922
古人谥止称一字 …… 1927
称人或字或爵 …… 1928
子孙称祖父字 …… 1929
已祧不讳 …… 1930
皇太子名不讳 …… 1935
二名不偏讳 …… 1938
嫌 名 …… 1941
以讳改年号 …… 1947
前代讳 …… 1947
名父名君名祖 …… 1950
弟子名师 …… 1951
同辈称名 …… 1951
以字为讳 …… 1952
自称字 …… 1954
人主呼人臣字 …… 1955
两 名 …… 1958
假名甲乙 …… 1960
以姓取名 …… 1963
以父名子 …… 1964
以夫名妻 …… 1964
兼举名字 …… 1965

排 行 …… 1966
二人同名 …… 1967
字同其名 …… 1968
变姓名 …… 1969
生而曰讳 …… 1970
生称谥 …… 1970
称王公为君 …… 1974

卷二十四

祖 孙 …… 1977
高 祖 …… 1977
艺 祖 …… 1978
冲 帝 …… 1981
考 …… 1981
伯父叔父 …… 1982
族兄弟 …… 1983
亲 戚 …… 1985
哥 …… 1986
妻 子 …… 1987
称 某 …… 1988
互 辞 …… 1989
豫 名 …… 1991
重 言 …… 1991

后 …… 1992
王 …… 1995
君 …… 1997
主 …… 2001
陛 下 …… 2004
足 下 …… 2005
阁 下 …… 2007
相 …… 2013
将 军 …… 2017
相 公 …… 2019
司 业 …… 2020
翰 林 …… 2022
洗 马 …… 2028
比 部 …… 2029
员 外 …… 2031
主 事 …… 2032
主 簿 …… 2035
郎中待诏 …… 2036
外 郎 …… 2037
门 子 …… 2038
快 手 …… 2039
火 长 …… 2039
楼 罗 …… 2040

白 衣……2042
郎 ……2044
门 生……2046
府 君……2050
官 人……2051
对人称臣 ……2051
先 卿……2054
先 妾……2055
称臣下为父母 ……2055
人臣称人君 ……2056
上下通称 ……2057
人臣称万岁 ……2064

卷二十五

重 黎……2067
巫 咸……2069
河 伯……2074
湘 君……2076
共 和……2086
介子推 ……2089
杞梁妻 ……2098
池 鱼……2101
庄 安……2103

李广射石 …… 2105
大小山 …… 2107
丁外人 …… 2108
毛延寿 …… 2109
名以同事而晦 …… 2111
名以同事而章 …… 2112
人以相类而误 …… 2113
传记不考世代 …… 2115

卷二十六

史记通鉴兵事 …… 2119
史记于序事中寓论断 …… 2120
史 记 …… 2121
汉 书 …… 2128
汉书二志小字 …… 2136
汉书不如史记 …… 2137
荀悦汉纪 …… 2138
后汉书 …… 2140
三国志 …… 2144
作史不立表志 …… 2145
史文重出 …… 2148
史文衍字 …… 2148
史家误承旧文 …… 2151

晋 书 …… 2154
宋 书 …… 2156
魏 书 …… 2157
梁 书 …… 2158
后周书 …… 2159
隋 书 …… 2160
北史一事两见 …… 2161
宋齐梁三书南史一事互异 …… 2162
旧唐书 …… 2165
新唐书 …… 2167
宋 史 …… 2179
阿鲁图进宋史表 …… 2181
辽 史 …… 2183
金 史 …… 2184
元 史 …… 2186
通 鉴 …… 2190
通鉴不载文人 …… 2196

卷二十

非三公不得称公

《公羊传》曰：“天子三公称公，王者之后称公。”天子三公称公，周公、召公、毕公、毛公、苏公是也。王者之后称公，宋公是也。杜氏《通典》曰：“周制，非二王①之后，列国诸侯其爵无至公者。春秋有虞公、州公，或因殷之旧爵，或尝为天子之官，子孙因其号耳，非周之典制也。东迁而后，列国诸侯皆僭称公。”夫子作《春秋》而笔之于书，则或公或否。生不公，葬则公之；列国不公，鲁则公之，于是天子之事，与人臣之礼并见于书，而天下之大法昭矣。汉之西都有七相五公，《西都赋》李善注：“公、御史大夫、将军，通称也”按《后汉书》献帝谓御史大夫郗虑曰：“郗公，天下宁有是邪？”是御史大夫得称公也。而光武则置三公，《续汉·百官志》：“太尉公一人，司徒公一人，司空公一人。”

【注释】①二王：周携王与周平王。

【译文】《公羊传》记载：“天子和三公可以称公，王的后人可以称公。”天子、三公称公，是周公、召公、毕公、毛公、苏公是这样的。王的后人称公，比如宋公这样的。杜佑《通典》说：“周朝制度，不是二王后人，列国诸侯的爵位没有到公的。春秋时期有虞公、州公，有的是沿袭商代旧的爵位名称，有的是曾经做过辅佐天子的官员，子孙承袭他的名号，不是周朝的典章制度。周平王东迁之后，列国诸侯都僭越名号称公。”孔子作《春秋》并写成书，只有公和非公两种，生前不称公，安葬之后则会称公。在列国中不称公，在鲁国则可称公。于是天子的事，和臣子的礼数，都写在书上了，天下的法度就清晰了。西汉之时，有七相五公，（《西都赋》李善注：“公、御史大夫、将军，是通称。”按《后汉书》汉献帝对御史大夫郗虑说：“郗公，天下宁有是邪？”证明御史大夫也可称公。）汉光武帝则只设置三公，（《后汉书·百官志》：“太尉公一人，司徒公一人，司空公一人。”）

史家之文如邓公禹、吴公汉、伏公湛、宋公弘、第五公伦、牟公融、袁公安、李公固、陈公宠、桥公玄、刘公宠、崔公烈、胡公广、王公龚、杨公彪、荀公爽、皇甫公嵩、董公卓、曹公操，非其在三公之位，则无有书公者。《三国志》若汉之诸葛公亮、魏之司马公懿、吴之张公昭、顾公雍、陆公逊；《晋书》，若卫公瓘、张公华、王公导、庾公亮、陶公侃、谢公安、桓公温、刘公裕之类，非其在三公之位，则无有书公者。史至于唐，而书公不必皆尊官。洎乎今日志状之文，人人得称之矣。吁，何其滥与！何其伪与！若郑端简《名臣记》，至无人不称公，非史体矣。

【译文】史书上记载的如邓公禹、吴公汉、伏公湛、宋公弘、第五公伦、牟公融、袁公安、李公固、陈公宠、桥公玄、刘公宠、崔公烈、胡公广、王公龚、杨公彪、荀公爽、皇甫公嵩、董公卓、曹公操，不是在三公之位上的人，就没有写成公的。《三国志》中比如汉时诸葛公亮、魏朝司马公懿、吴国张公昭、顾公雍、陆公逊；《晋书》中比如卫公瓘、张公华、王公导、庾公亮、陶公侃、谢公安、桓公温、刘公裕之类，不在三公之位的人，就没有写成公的。史书到了唐代，写成公就不必按照官位了。等到现在的志状文章，人人都能称公。哎！滥用到不合实际啊，多么虚伪啊！（比如端简公郑晓《名臣记》，到了无人不称公的地步，已经不是史体了。）

《大雅·古公亶父》笺曰："诸侯之臣称君曰公。"《白虎通》曰："臣子于其国中皆褒其君为公。"《诗》曰："乃命鲁公，俾侯于东。"公者，鲁人之称；侯者，周室之爵。

【译文】《大雅·古公亶父》笺说："诸侯的臣子称他们的君主为公。"《白虎通》说："臣子在本国内都美化他们君主的称谓为公。"《诗》说："因此命其号为鲁公，封为诸侯王畿之东。"公是鲁人称谓；侯是周王封给他的爵位。

《秦誓》："公曰：嗟我士，听无哗。"夫《秦誓》之书公，与《春秋》之书秦伯，不已异乎？曰：《春秋》以道名分，五等之爵，班之天子，不容僭差。若《秦誓》本国之书，孔子因其旧文而已。"公之媚子，从公于狩。"亦秦人之诗也。

【译文】《秦誓》："穆公说：'啊！我的官员们，听着，不要喧哗！'《秦誓》里写的公（秦穆公）与《春秋》里写的秦伯（秦穆公），不是不一样了么？是这样的，当中说：《春秋》划分等级，爵位分五等，次第排列于天子之后，不可以僭越有差错。如果是《秦誓》这样秦国的书籍，孔子只是沿袭旧的文章而已。"那些最得宠信的臣仆卫队，跟随他们的君王狩猎围场。"也是秦人所撰写的诗。

平王以后，诸侯通称为公，则有不必专于本国者矣，《硕人》之诗曰："谭公维私。"《左传》郑庄公之言曰："无宁兹许公，复奉其社稷。"

【译文】周平王即位之后，诸侯通称为公，而且不必只在本人封地之内，《硕人》里说："谭公维私。"《左传》郑庄公的言论说："无宁兹许公，复奉其社稷。"

周之盛时，亦有群公之称，见于《康王之诰》及《诗》之《云汉》，此犹五等之君，《春秋》书之，通曰诸侯也。

【译文】周朝在鼎盛时期，也有很多公的称谓，可以在《康王之诰》和《诗经·云汉》之中可见，这些人也是君王以下五等官员，《春秋》上写这些人的称谓，统统称为诸侯。

《左传》自王卿而外，无书公者，惟楚有之。其君已僭为王，则臣亦僭为公，宣十一年所谓“诸侯县公皆庆寡人”者也。《汉书》“沛公”注孟康曰：“楚旧僭称王，其县宰为公。”《淮南子》“鲁阳公”注：“楚之县公也。楚僭号称王，其守县大夫皆称公。”传中如叶公、析公、申公、郧公、蔡公、息公，商公、期思公，并边中国；白公，边吴。盖尊其名以重边邑。《吕氏春秋》：“楚又有卑梁公。”《战国策》：“楚人有宛公、新城公。”而秦有麃公，史失其姓名。索隐曰：“盖麃邑公，史失其姓名。”楚汉之际，有滕公、戚公、柘公、薛公、郯公、萧公、陈公、魏公、留公、方与公，高祖初称沛公，太上皇父称丰公，皆楚之遗名。《左传》，齐亦有邢公、棠公。此县公之公也。御史监郡者，亦称监公。见《曹相国世家》。

【译文】《左传》除王上三公之外，其余人皆不称公，只有楚国例外。楚国君上已僭越称王，臣子也僭越称公，鲁宣公十一年，所谓的“诸侯县公皆开心的称自己是寡人”的时候啊。（《汉书》“沛公”的注解，孟康说：“楚国君主僭越称王，他的县宰都称公。”《淮南子》“鲁阳公”注解：“楚国县公。楚国君主僭越称王，守县大夫都称公的称号。”）《左传》中如叶公、析公、申公、郧公、蔡公、息公，商公、期思公，一起守卫楚国边疆；白公，镇守接壤吴国的边疆。大概是因为尊重他们在边邑的重要性而尊称他们的名号。（《吕氏春秋》：“楚又有卑梁公。”《战国策》：“楚人有宛公、新城公。”）而秦有麃公，史书没有记载他的姓名。（索隐说：“应该是麃邑公，史书没有记载他的姓名。”）楚汉之际，有滕公、戚公、柘公、薛公、郯公、萧公、陈公、魏公、留公、方与公，高祖早年称沛公，太上皇父称丰公，都是延续楚时的叫法。（《左传》，齐也有邢公、棠公。）这些都是县公称公的称谓。（御史监郡者，也称监公。在《曹相国世家》中可见。）

有失其名而公之者。《史记·秦始皇纪》侯公，《项羽纪》枞公、侯公，《高祖纪》单父人吕公、新城三老董公，《孝文纪》太仓令淳于公，《天官书》甘公，《封禅书》申公、齐人丁公，《曹相国世家》胶西盖公，《留侯世家》东园公，夏黄公，《穰侯传》其客宋公，《信陵君传》毛公、薛公，《贾生传》河南守吴公，《张敖传》中大夫泄公，《黥布传》故楚令尹薛公，《季布传》母弟丁公，《晁错传》谒者仆射邓公，《郑当时传》下邽翟公，《酷吏传》河东守胜屠公，《货殖传》朱公、任公，《汉书·高帝纪》终公，《艺文志》蔡公、毛公、乐人窦公、黄公、毛公、皇公，《张耳陈余传》范阳令徐公、甘公，《刘歆传》鲁国桓公、赵国贯公，《周昌传》赵人方与公，《武五子传》瑕丘江公，《王褒传》九江被公，《于定国传》其父于公，《翟方进传》方进父翟公，《儒林传》免中徐公、博士江公、食子公、淄川任公、皓星公，《游侠传》故人吕公、茂陵守令尹公，皆失其名而公之，若郑君、卢生之比。本朝《实录》于孝慈高皇后之父，亦不知其名，谓之马公。是史之阙文，非正书也。《史记·高帝纪》"吕公"注，崔浩云："史失其名，但举姓而言公。"《史记·高帝纪》注，应劭曰："枞公者，不知其名，故曰公。"注家发其例于此，余并不注。

【译文】有找不到名字而只称公的人。《史记·秦始皇纪》侯公，《项羽纪》枞公、侯公，《高祖纪》单父人吕公、新城三老董公，《孝文纪》太仓令淳于公，《天官书》甘公，《封禅书》申公、齐人丁公，《曹相国世家》胶西盖公，《留侯世家》东园公，夏黄公，《穰侯传》其客宋公，《信陵君传》毛公、薛公，《贾生传》河南守吴公，《张敖传》中大夫泄公，《黥布传》故楚令尹薛公，《季布传》母弟丁公，《晁错传》谒者仆射邓公，《郑当时传》下邽翟公，《酷吏传》河东守胜屠公，《货殖传》朱公、任公，《汉书·高帝纪》终公，《艺文志》蔡公、毛公、乐人窦公、黄公、毛公、皇公，《张耳陈余传》范阳令徐公、甘公，《刘歆传》鲁国桓公、赵国贯公，《周昌传》赵人方与公，《武五子传》瑕丘江公，《王褒传》九江被公，《于定国传》其父于公，《翟方进传》方进父翟公，《儒林传》免中徐公、博士江公、食子公、淄川任公、皓星公，《游侠传》故人吕公、茂陵守令尹公，都是没有被记录名字而只称公的人，像郑君、卢生之类的人。明朝《实录》记载孝慈高皇后父亲，也不知道他的名字，谓之马公。是史上存疑的地方，不是史书的作为啊。（《史记·高帝纪》“吕公”注解，崔浩说：“史书没有记载他的名字，只用他的姓氏称吕公。”《史记·高帝纪》注解，应邵说：“枞公这个人，不知道他的名字，所以称枞公。”注疏家在这里举例子，其余就不做注解了。）

太史公者，司马迁称其父谈，故尊而公之也。

有尊老而公之者，《战国策》孟尝君问：“冯公有亲乎？”《史记》文帝谓冯唐:"公奈何众辱我"是也。《汉书·沟洫志》"赵中大夫白公",师古曰:"盖相呼尊老之称。"《项籍传》"南公。"服虔曰:"南方之老人也。"《眭弘传》"东平嬴公",师古曰:"长老之号。"《元后传》"元城建公",服虔曰:"年老者也。"《吴志·程普传》"普最年长,时人皆呼程公。"《方言》:"凡尊老,周、晋、秦、陇谓之公。"《晋书·乐志》:"项伯语项庄曰:'《公莫》。'古人相呼曰公。"

【译文】太史公这个称谓,是司马迁称呼他的父亲司马谈,所以尊称为公的。

有尊敬老者而对老者称公的,《战国策》孟尝君问:"冯公有亲人么?"《史记》汉文帝对冯唐说:"公为何当众侮辱我"就是这样的例子。《汉书·沟洫志》"赵中大夫白公",师古说:"本来是尊重老者的称呼。"《项籍传》"南公。"服虔说:"南方的老人。"《眭弘传》"东平嬴公",师古曰:"长老的称号。"《元后传》"元城建公",服虔说:"年纪大的人。"《吴志·程普传》"程普最年长,当时人都称呼他为程公。"《方言》:"凡是受人尊敬的老者,周、晋、秦、陇都称他们为公。"《晋书·乐志》:"项伯对项庄说:'《公莫舞》。'古人称呼他人都叫公。"

《汉书·何武传》:"号为烦碎,不称贤公。"《后汉书·李固传》:"京师咸叹曰:'是复为李公矣。'"《宦者传》:种暠为司徒,告宾客曰:"今身为公,乃曹常侍力焉。"《魏志·王粲传》:"蔡邕闻粲在门，倒屣迎之，曰：'此王公孙也。'"《晋书·陈骞传》："对父矫曰：'主上明圣，大人大臣，今若不合意，不过不作公耳。'"《魏舒传》："夜闻人问：'寝者为谁？'曰：'魏公舒。'舒自知当为公矣。"《陆晔传》："从兄机每称之曰：'我家世不乏公矣。'"《王猛传》："父老曰：'王公何缘拜也？'"《北史·郑述祖传》："少时在乡，单马出行，忽有骑者数百，见述祖皆下马，曰：'公在此。'"陶渊明《孟长史传》："从父太常夔尝问光禄大夫刘耽：'孟君若在，当已作公否？'答云：'此本是三司人。'"是知南北朝以前人语，必三公方得称公也。《周书·姚僧垣传》："宣帝尝从容谓僧垣曰：'尝闻先帝呼公为姚公，有之乎？'对曰：'臣曲荷殊私，实如圣旨。'帝曰：'此是尚齿之辞，非为贵爵之号。朕当为公建国开家，为子孙永业。'乃封长寿县公，邑一千户。"

【译文】《汉书·何武传》："称得上烦琐细碎，不能称为'贤公'。"《后汉书·李固传》："京师人都叹息道：'是又做了李公呀。'"《宦者传》：种暠担任司徒，对宾客说："现在我为公，是曹常侍出的力啊。"《魏志·王粲传》："蔡邕听说王粲在门外，倒穿着鞋就出去迎接，说：'这是王公子孙呀。'"《晋书·陈骞传》："对他的父陈矫说：'主上是一位圣明的君主，而父亲大人您则是一位顾命大臣。即使君臣间有什么不如意，对您而言最大的损失也只不过是不能做到三公而已。'"《魏舒传》："夜里听到有人问：'寝室之内是谁？'回答说：'魏公舒。'魏舒自己知道可以为公了呀。"《陆晔传》："堂兄陆机每说到这里便说：'我家世不缺公卿呀。'"《王猛传》：

“父老问：‘王公为什么要拜呢？’”《北史·郑述祖传》：“年少时在乡里，一人一马出行，忽然有数百骑兵，见述祖在此便下马说：‘公在这里啊’”陶渊明《孟长史传》：“从父太常夔曾经问光禄大夫刘耽说：‘孟君如果现在仍在此，应该已经做公了吧？’刘耽回答说：‘他本就是三司的人。’”从这里我们可以知道南北朝以前人们称呼，必定到了三公才能称公。《周书·姚僧垣传》：“宣帝曾经不紧不慢地问僧垣说：‘曾听说先帝叫您为姚公，有这事么？’姚僧垣回答：‘承蒙君王特别偏爱，但确实如圣上所说。’皇帝说：‘此为尊尚老人之称，不是尊贵的爵位封号。我应为您赐爵封地，成为子孙永远相传的基业。’于是封他为长寿县公，封地一千户。”

孔融告高密县，为郑玄特立一乡，曰郑公乡。以为公者，仁德之正号，不必三事大夫。此是曲说。据其所引，皆史失其名之公，而太史公，又父子之辞也。《战国策》：“陈轸将之魏，其子陈应止其公之行。”《史记·留侯世家》：“吾惟竖子固不足遣，乃公自行耳。”此皆谓父为公。《宋书·颜延之传》：“何偃路中遥呼延之曰：‘颜公’。延之答曰：‘身非三公之位，又非田舍之公，又非君家阿公，何以见呼为公？’”《北齐书·徐之才传》：“郑道育尝戏之才为师公，之才曰：‘既为汝师，又为汝公，在三之义，顿居其两。’”

【译文】孔融劝告高密县官员，为郑玄特立一乡，称为郑公乡。认为能称为公的人，是说明此人仁德的褒义称谓，不必是三公。这个说法是不公正的。如果按照这种说法，大多都是史书没有记录名字的公了，但是太史公，又是儿子称呼父亲的称谓。《战国策》：“陈轸将要去魏国，他的儿子陈应阻止了他的行程。”《史记·留侯世家》：“我就想到这小子本来不能派遣他，当父亲的自己去吧。”这些都是称公为父亲的例子。《宋书·颜延之传》：“何偃在路上远远地呼喊颜延之道：‘颜公’。颜延之回答说：‘我不在三公之位，又不是乡里有名望的老翁，又不是你的父亲，为什么要称呼我为公呢？’”《北齐书·徐之才传》：“郑道育曾经戏称之才是他师公，之才说：‘既是你的师父，又是你的父亲，在三个大义之中，立马就占了其中之二。’”

陆云作祖、父诔，曰《吴丞相陆公诔》，曰：“维赤乌八年二月粤乙卯，吴故使持节郢州牧、左都护丞相、江陵郡侯陆公薨。”曰《故散骑常侍陆府君诔》，曰：“维太康五年夏四月丙申，晋故散骑常侍吴郡陆君卒。”王沈祭其父曰：“孝子沈敢昭告烈考东郡君。”张说作其父《赠丹州刺史先府君墓志》，每称必曰“君”。然则虽己之先人，亦不一概称公，古人之谨于分也。

【译文】陆云为祖、父作碑诔文章，为《吴丞相陆公诔》，说：“在赤乌八年二月初五，吴国原使持节、郢州牧、左都护丞相、江陵郡侯陆公去世了。”《故散骑常侍陆府君诔》说：“在太康五年夏四月初三，晋国原散骑常侍吴郡陆君去世了。”王沈祭奠他的父亲说：“孝子沈敢昭告烈考东郡君。”张说撰写他父亲《赠丹州刺史先府君墓志》，（提及他父亲时）每每称之为“君”。那么虽然是自己的先人，也不是一概称公的，这是古人谨慎对待名分。

《史记·晁错传》："错父从颍川来，谓错曰：'上初即位，公为政用事，侵削诸侯，人口议多怨公者。'"是以父而呼子为公。徐孚远曰："御史大夫，三公也。错父呼错为公，盖以官称之。"

【译文】《史记·晁错传》："晁错父亲从颍川来，对晁错说：'皇上刚即位，'公'当权处理政务，侵害剥夺诸侯利益，人们议论纷纷很多埋怨你的。'"这里是父亲称呼儿子为公。徐孚远说："御史大夫，三公之列。晁错之父叫晁错为公，是以官职称呼他啊。"

沙门亦有称公者，必以其名冠之。深公，法深也；林公，道林也；远公，惠远也；生公，道生也；猷公，道猷也；隆公，慧隆也；志公，宝志也；澄公，佛图澄也；安公，道安也；什公，鸠摩罗什也。当时之人嫌于直斥其名，故加一"公"字。古沙门皆称名。《世说》言："安，汰吐珠玉于前，斌、亮振金声于后。"皆名也。"梁、陈以下，僧乃有字，而人相与字之，字之则不复公之矣。

【译文】佛教之人也有称公的，一定会把他的名字放在前面。深公，即法深；林公，即道林；远公，即惠远；生公，即道生；猷公，即道猷；隆公，即慧隆；志公，即宝志；澄公，即佛图澄；安公，即道安；什公，即鸠摩罗什。当时之人忌讳直接叫名字，所以加一个"公"字。（古代佛门都直接称名字。《世说新语》说："安，汰已经有了很成功的著作在前，斌、亮又有华丽的文章在后。"这里的安、汰、斌、亮都是直呼人的名字。）梁、陈以后，僧人有了字，人们与之相处以字称呼，用字称呼之后就不再用公称呼了。

《宋史》丰稷驳宋用臣《谥议》曰：“凡称公者，须耆宿大臣及乡党有德之士。”然则今之宦竖[1]而称公，亦不可出于士大夫之口。孙升《谈圃》：“有朝士在中书称李宪字，荆公厉声叱之曰：‘是何人！’即出为监当。”

【注释】①宦竖：对宦官的贱称。

【译文】《宋史》丰稷辩驳宋用臣《谥议》说：“所有称公的人，一定要是年老资深的大臣和乡里间德高望重的人。”那么当今宦官也能称公，这种称呼也不能从士大夫嘴里说出来。（孙升《谈圃》：“有官员在中书叫李宪的字，荆公王安石厉声呵斥说：‘是谁说的！’立即贬黜去做监当。”）

古人不以甲子名岁

《尔雅疏》曰：“甲至癸为十日，日为阳[1]；寅至丑为十二辰。辰为阴[2]。”此二十二名，古人用以纪日，不以纪岁。岁则自有阏逢至昭阳十名为岁阳[3]，摄提格至赤奋若十二名为岁名[4]。《周礼》：“硩蔟氏：十日、十有二辰、十有二月、十有二岁之号。”注：“日谓从甲至癸，辰谓从子至亥，月谓从陬至荼，岁谓从摄提格至赤奋若。”后人谓甲子岁、癸亥岁，非古也。自汉以前，初不假借。《史记·历书》：

"太初元年，年名焉即"阏"字逢摄提格，月名毕聚，日得甲子，夜半朔旦冬至。"其辨晰如此。若《吕氏春秋·序意篇》："维秦八年，岁在涒滩，秋甲子朔。"贾谊《鹏赋》："单阏之岁兮，四月孟夏。庚子日斜兮，鹏集予舍。"许氏《说文后叙》："粤在永元，固顿之年，孟陬之月，朔日甲子。"亦皆用岁阳岁名，不与日同之证。《汉书·郊祀歌》："天马徕，执徐时。"谓武帝太初四年，岁在庚辰，兵诛大宛也。《资治通鉴·周纪一》："起著雍摄提格，尽玄黓困敦。"亦用古法。自经学日衰，人趋简便，乃以甲子至癸亥代之。子曰："觚不觚。"此之谓矣。

【注释】①日为阳：十天干，甲乙丙丁戊己庚辛壬癸。十干在殷商，就是用以纪天目的，所以又称天干。在未纪月之前，是以旬为单位的，从甲日起到癸日止，刚好为十日。十干代表天日演进的次第。所以以日为阳。②辰为阴：十二地支，子丑寅卯辰巳午未申酉戌亥。"辰为阴"，就是指月建说的，建，训作健，即《周易》所谓"天行健"的意义。辰，训为时，春夏秋冬为四时，每一时为三个月，即孟、仲、季也。把十二支分建于十二个月，便可以据十二支以纪月、纪时、纪岁的健行不息，纪日成月，纪月成时，纪时成岁，因而十二支又名岁阴，以月为阴。③岁阳：又称"岁雄"。《史记》《汉书》用于纪年的天干地支，比较古老。十天干为：阏逢、旃蒙、柔兆、疆圉、著雍、屠维、上章、重光、玄黓、昭阳。④岁名：十二地支为：困敦、赤奋若、摄提格、单阏、执徐、大荒落、敦洋、协洽、涒滩、作噩、阉茂、大渊献。十二支又名岁阴。

【译文】《尔雅疏》说："甲至癸是十日，日为阳；寅至丑是十二辰。辰为阴。"这二十二个名称，古人用来记录日期，不用来记录年份。年份则自然有阏逢到昭阳这十个名字（天干别称）称为岁阳，摄提格至赤奋若（地支别称）十二个名字为岁（阴）名。（《周礼》：“硩蔟氏：十日的名号、十二辰的名号、十二月的名号、十二太岁年的名号。”注：“日就是从甲至癸，辰就是从子至亥，月是从陬至荼，岁是从摄提格至赤奋若。”）后人说的甲子岁、癸亥岁，不是古时称呼。汉代以前，开始的时候不假借名号的。《史记·历书》：“太初元年，年名焉（即“阏”字）逢摄提格，月名毕聚，日为甲子，这天的夜半朔旦冬至。”这些（名称）分辨到如此明晰。比如《吕氏春秋·序意篇》：“秦始皇八年，岁在涒滩，秋天，初一为甲子。”贾谊《鹏赋》：“年名为单阏的那一年，四月孟夏时节。庚子日那一天太阳西斜的时候，有一只鹏鸟停在我的屋子上。”许氏《说文后叙》：“西晋和帝永元年间，岁名困顿，月名孟陬，初一甲子。”也是都用岁阳岁名，不与日的名称一同出现。《汉书·郊祀歌》：“天马来了，是年名为执徐的时候。”说的是汉武帝太初四年，庚辰年，出兵讨伐大宛的事。（《资治通鉴·周纪一》：“从雍摄提格开始，到玄黓困敦结束。”也是用古法纪年。）自从经学日益衰退，人们追求简便，用甲子至癸亥代替（古法纪年）。孔子说曰：“觚不觚（事物名实不符）。”说的就是这样的事啊。

宋刘恕《通鉴外记·目录序》曰：“庖牺前后，逮周厉王，疑年茫昧，借日名甲子以纪之。”是则岁之称甲子也，借也。何始乎？自亡新始也。王莽下书言始建国五年，“岁在寿星，填[①]在明堂，仓龙癸酉，德在中宫”，又言“天凤七年，岁在大梁，仓龙庚辰”。“厥明年，岁在实沈，仓龙辛巳”。《隋书·律历志》：“王莽《铜权铭》曰：

‘岁在大梁，龙集戊辰。’又曰：‘龙在己巳，岁次实沈’是也。自此，《后汉书·张纯传》言：“摄提之岁，苍龙甲寅。”《朱穆传》言：“明年丁亥之岁。”荀悦《汉纪》言：“汉元年实乙未也。”《曹娥碑》亦云：“元嘉元年，青龙②在辛卯。”《蜀郡造桥碑》云：“维延熹龙在甲辰。”而张角讹言“苍天已死，黄天当立，岁在甲子，天下大吉。以白土书京城寺门及州郡官府，皆作甲子字”矣。

【注释】①填：通“镇”，即土星。②青龙：太岁的别称。

【译文】宋朝刘恕《通鉴外记·目录序》曰：“庖牺氏前后时期，直到周厉王时期，因为时间模糊不清，假借日名甲子用来纪年。”那么年称呼就是甲子，是假借的啊。从什么时候开始呢？从王莽新朝开始的。王莽下诏书说最开始建国的五年，“太岁在寿星宫，土星在明堂座，太岁在癸酉，旺气在北极天区”，又说“天凤七年庚辰，太岁在大梁宫”。“再明年即辛巳年，太岁在实沈宫”。《隋书·律历志》：“王莽《铜权铭》说：‘戊辰年（西汉初始元年），岁星运行到大梁上空。’又说：‘木星运行到己巳，太岁实沈（初始元年戊辰，始建国元年己巳）’。从此以后，《后汉书·张纯传》说：“名为摄提的年份，太岁在甲寅。”《朱穆传》说：“明年是丁亥年。”荀悦《汉纪》言：“汉元年其实是乙未年。”《曹娥碑》也说：“元嘉元年，太岁在辛卯。”《蜀郡造桥碑》云：“延熹年太岁在甲辰。”而张角蛊惑说：“汉王朝已经灭亡，黄巾军当为正统，正好是甲子年，天下大吉。用白土写在京城寺门及州郡官府，都写成甲子。”

以甲子名岁，虽自东汉以下，然其时制诏、章奏、符檄之文皆未尝正用之，其称岁必曰元年、二年，其称日乃用甲子、乙丑，如己亥格、庚戌制、壬午兵之类，皆日也。《宋书·武帝纪》有"癸卯梓材，庚子皮毛"。亦皆下诏之日。惟《晋书》王廙上疏言："臣以壬申岁见用为鄱阳内史"。按怀帝以永嘉五年辛未为刘聪所执，愍帝以建兴元年癸酉即位，中间一年无主，故言壬申岁也。后代之人，无大故而效之，非也。李暠上表亦云："臣去乙巳岁。"暠当时改元庚子，不用晋年号。《晋书》中以甲子名岁者，仅此两见。

【译文】以甲子称年份，虽然自东汉开始，但是当时的制诏、章奏、符檄这类文章都没有正式使用，这些文章称岁一定写元年、二年，称日期才用甲子、乙丑，比如己亥格、庚戌制、壬午兵之类，都是日期。(《宋书·武帝纪》有"癸卯梓材，庚子皮毛"。这些都是下诏的那天的代称。)唯独《晋书》王廙上疏言："臣在壬申年被任用为鄱阳内史"。按晋怀帝因为永嘉五年辛未被刘聪所捉拿，晋愍帝在建兴元年癸酉即位，中间一年国家无主，所以说壬申年。后世的人，没有很大的变故而效仿，是不对的。(李暠上表也说："臣去乙巳岁。"李暠当时改元庚子，不用晋年号。《晋书》中用甲子称呼年名称的地方，仅出现这两处！)

自三国鼎立，天光分曜，而后文人多舍年号而称甲子。魏程晓《赠傅休奕诗》："龙集甲子，四时成岁。"晋张华《感婚赋》："方今岁在己巳，将次四仲。"陆机《愍怀太子诔》："龙集庚戌，日月改度。”陶潜《祭从帝敬远文》：“岁在辛亥，月惟仲秋。”《自祭文》：“岁维丁卯，律中无射。”后周庾信《哀江南赋》：“粤以戊辰之年，建亥之月。”而梁陶隐居《真诰》亦书“己卯岁”。至杜预《左传集解后序》则追言魏哀王二十年，太岁在壬戌矣。吴后主《国山封禅文》：“旃蒙协洽之岁，月次陬訾之舍，日惟重光大渊献。”日当言辛亥，而冒用岁阳岁名，则又失之。

【译文】自从三国鼎立，天下分属几个君主，而后文人大多舍弃年号而用甲子称年。曹魏程晓《赠傅休奕诗》：“龙集甲子，四时成岁。”晋朝张华《感婚赋》：“当今为己巳年，将依次经历仲春、仲夏、仲秋、仲冬。”陆机《愍怀太子诔》：“庚戌年，天下违背常理。”陶潜《祭从帝敬远文》：“辛亥年，仲秋。”《自祭文》：“丁卯年，阴历九月。”后周庾信《哀江南赋》：“戊辰年，建亥月。”而梁陶隐居《真诰》也写“己卯年”。到了杜预《左传集解后序》则追思说魏哀王二十年，太岁在壬戌。（吴后主《国山封禅文》：“旃蒙协洽之岁，月次陬訾之舍，日惟重光大渊献。”日期名称应该是辛亥，而冒用岁阳岁名，这又是错误啊。）

晋惠帝时，庐江杜嵩作《壬子春秋》。壬子元康二年，贾后弑杨太后于金墉城之岁。

唐人有以豫书而不称年号者。《旧唐书·礼仪志》曰：“请以开元二十六年己卯四月禘[禘：古代吉礼的一种。按宋制，古代新的君主上任后，前任君主丧二十七月为禫祭，然后新主付庙，特行禘祭，谓之始禘。冬十月行袷祭，明年又行禘祭，自此五年，再为禘袷。]，至辛巳年十月袷；至甲申年四月又禘，至丙戌年十月又袷；至己丑年四月又谛，至辛卯年十月又袷。”其辛巳以下，不言开元某年。又《博古图》载《唐鉴铭》曰：“武德五年，岁次壬午，八月十五日甲子，扬州总管府造青铜镜一面，充癸未年元正朝贡。”其癸未亦不言“武德六年”者，当时屡改年号故也。此一鉴而有正书、有豫书之不同，亦变例也。

【译文】晋惠帝时，庐江杜嵩作《壬子春秋》。壬子元康二年，贾后在金墉城杀害杨太后的那一年。

唐代有用未来发生的事记录年份而不称年号的。《旧唐书·礼仪志》说：“请求开元二十六年己卯四月禘祭，等到辛巳年十月袷祭；等到甲申年四月又行禘祭，丙戌年十月又袷祭；己丑年四月又行谛祭，等到辛卯年十月又行袷祭。”其中辛巳以后，不写开元某年。又有《博古图》记载《唐鉴铭》说：“武德五年，年份到了壬午，八月十五日甲子，扬州总管府造青铜镜一面，充当癸未年元正朝贡。”这里面的癸未不说“武德六年”，（因为）当时屡改年号的缘故。这一《唐鉴铭》与正书、豫书的不同之处，也是变通的例子。

史家之文，必以日系月，以月系年。钟鼎之文则不尽然，多有月而不年、日而不月者。《六经》中亦有之，如《诗》“吉日庚午”是也。

【译文】史书，必定用日连接月，用月连接年。钟鼎之文则不全是这样，多有只记录月但不记录年、记录日期但不记录月份的。（《六经》中也有这样的，比如《诗经》“吉日庚午”就是这样。）

《商母乙卣》其文曰：“丙寅，王锡□贝朋用作母乙彝。”丙寅者，日也。《博古图》乃谓：“商建国始于庚戌，历十七年而有丙寅，在仲壬即位之三年。”则凿矣。岂非迷于后世之以甲子名岁，而欲以追加之古人乎？

【译文】《商母乙卣》上书写：“丙寅那天，王赐给□（缺失人名）一串贝币，用来制作了纪念母亲乙的彝器。”丙寅，是指日期。《博古图》又说：“商建国始于庚戌年，经历十七年才到了丙寅年，在仲壬即位的第三年。”这样就确认了。这岂不是迷惑于后世用甲子纪年，而要强加给古人么？

春秋之世，各国皆自纪其年。发之于言，或参互而不易晓，则有举其年之大事而为言者。若曰：“会于沙随之岁。”“叔仲惠伯会郤成子于承匡之岁。”“铸刑书之岁。”“晋韩宣子为政，聘于诸侯之岁”是也。如“溴梁之明年”亦是。又有举岁星而言，若曰“岁五及鹑火”“岁及大梁”“岁在娵訾之口”者。从后人言之，则何不曰甲子也、癸亥也，是知古人不用以纪岁也。

【译文】春秋时代，各国都独自记录年份称号。体现在对话上，大多互相杂乱而不容易让人明白，就有提出当年发生的大事而说年份的人。像是："在沙随会见的那一年（成公十六年、襄公九年）。""叔仲惠伯和郤成子在承匡会见的那一年（文公十一年、襄公三十年）。""把刑法铸在鼎上的那一年（昭公六年、昭公七年）。""晋国韩宣子执政，受聘于诸侯的那一年（昭公二年、昭公七年）"就是这样的例子。（如"溴梁会盟的第二年（襄公十六年、襄公廿二年。）"也是。）也有举例岁星而说年份的，比如说"太岁第五次运行到鹑火（昭公九年，午）""太岁运行到大梁（昭公十一年，酉）""太岁运行到娵訾星（襄公三十年，亥）"。如果按照后世人的说法，为什么不说甲子、癸亥呢？所以说古人不用那些来纪年啊。

《太祖实录》自吴元年以前，皆书干支，不合古法。太祖当时实奉宋小明王之号，故有言当纪龙凤者。考之《史记》，高帝之初，不称楚怀王元年，而称秦二年、三年。又太祖御制《滁州龙潭碑》文云："元末帝至正十有四年。"窃意其时天下尚是元之天下，书至正，正合《史记》书秦之例。今《续纲目》书"至正"。又有兼书者，《汉书·功臣侯表》序："汉兴自秦二世元年之秋，楚陈之岁"是也。

【译文】《太祖实录》在吴元年以前，都用干支纪年，不符合古时历法。太祖当时实际上遵循宋小明王（韩林儿）的年号，所以也有人说应当用大宋龙凤纪年。推究《史记》，汉高祖之初，不称楚怀王元年，而称秦二年、三年。又有太祖御制《滁州龙潭碑》说："元末帝至正十有四年。”我认为当时天下尚是元朝的天下，写至正年号，正合《史记》记录秦国的例子。（今《续纲目》书“至正”。）又有同时这样写的，《汉书·功臣侯表》序：“汉兴起于秦二世元年的时候，张楚陈胜（揭竿起义）那一年”。

史家追纪月日之法

或曰：“铸《刑书》之岁”，是则然矣，其下云：“齐燕平之月①”，又曰“其明月”，则何以不直言正月、二月乎？曰此正史家文字缜密处。史之文，有正纪，有追纪。其上曰：“春王正月，暨齐平。”“二月戊午，盟于濡上。”正纪也。此曰“齐燕平之月。壬寅，公孙段卒。”“其明月，子产立公孙泄及良止以抚之。”追纪也。追纪而再云正月、二月，则嫌于一岁之中，而有两正月、二月也，故变其文而云。古人史法之密也。

【注释】①齐燕平之月：昭公七年，周王朝历法正月，燕与齐国讲和。

【译文】有说法是：“把《刑书》铸在鼎上的那一年”，确实是这样的，它下面又说：“齐与北燕讲和的那个月份”，又说“它的第二个月”，那为什么不直接说正月、二月呢？回答，这就是正史家写文字缜密的地方。史书有正纪，有追纪。它的上文说：“春季，周王朝历法的正月，北燕和齐国讲和。”“二月戊午（十四日），在濡水边上结盟。”这是正纪。这里说：“齐燕讲和的那个月。壬寅（二十七日），公孙段死了。”“下个月，子产立了公孙泄和（伯有的儿子）良止来安抚它（伯有的鬼魂）。”这是追纪。追纪而再说正月、二月，则不满意于（有的）一年之中有两个正月、二月，所以改变文字而这样说。这是古人史书纪时法的缜密之处啊。

《左传》追纪之文不止此，如襄公六年传：“郑子国之来聘也。四月，晏弱城东阳，而遂围莱。甲寅，堙之，环城傅于堞[①]。及杞桓公卒之月乙未，王湫帅师，及正舆子棠人军齐师，齐师大败之。丁未入莱，莱共公浮柔奔棠，正舆子、王湫奔莒，莒人杀之。四月，陈无宇献莱宗器于襄宫。晏弱围棠。十一月丙辰而灭之。”七年传：“郑僖公之为太子也，于成之十六年，与子罕适晋，不礼焉。又与子丰适楚，亦不礼焉。及其元年，朝于晋，子丰欲诉诸晋而废之，于罕止之。”十九年传：“于四月丁未，郑公孙虿卒，赴于晋大夫。”二十五年传：“会于夷仪之岁，齐人城郏。其五月，秦晋为成。”二十六年传：“齐人城郏之岁，其夏，齐乌余以廪丘奔晋。”三十一年传：“公薨之月，于产相郑伯以如晋。”昭公七年传：“齐师还自燕之月，罕朔杀罕魋。”又，“晋韩宣子为政，聘于诸侯之岁，婤姶生子，名之曰元。”皆是追纪。又如《书·金縢》：“既克商，二年，王有疾弗豫。”亦追纪也。

【注释】①堞（dié）：城上如齿状的矮墙。

【译文】《左传》作追纪的文章不止这些，如《襄公六年传》：“郑国子国来鲁国聘问的时候。即去年四月，晏弱在东阳筑城，因而就包围莱国。甲寅日，环城堆起土山，紧挨着女墙。到杞桓公死去的那个月的乙未日(十五日),王湫领兵和正舆子、棠邑人迎战齐军,齐军把他们打得大败。丁未日(二十七日),进入莱国。莱共公浮柔逃亡到棠地,正舆子、王湫逃亡到莒国,莒国人杀了他们。四月,陈无宇把莱国宗庙里的宝器献于襄宫。晏弱包围棠邑,十一月丙辰日(初十)灭了它。”鲁襄公七年传:“郑僖公还是太子的时候,在鲁成公十六年和子罕同去晋国,对子罕不加礼遇。又和子丰同去楚国,对子丰也不加礼遇。等到郑僖公即位的元年去晋国朝见,子丰想要向晋国控告而废立郑僖公,子罕加以劝阻。”鲁襄公十九年传:“四月丁未日(十三日),郑国的公孙虿去世了,向晋国的大夫发出讣告。”鲁襄公二十五年传:“在夷仪会见的那一年,齐国人在郏地筑城。那年五月,秦国、晋国讲和。”鲁襄公二十六年传:“齐国人在郏地筑城的那一年,夏季,齐国的乌余带着廪丘逃亡到晋国。”鲁襄公三十一年传:“鲁襄公死去的那一个月,子产陪同郑简公到晋国去。”鲁昭公七年传:“齐军从燕国回去的那个月,罕朔杀了罕魋。”又说,“晋国韩宣子执政,向诸侯聘问的那一年,婤姶生了儿子,为他取名元。”这些都是追纪。又比如《尚书·金縢》:“周灭商之后,第二年,武王生了重病,身体不安。”也是追纪。

史家月日不必顺序

古人作史,取其事之相属[①],不论月日,故有追书,有竟书。《左传》成公十六年鄢陵之战,先书甲午,晦[②],后书癸巳。甲午为正书,而癸巳则因后事而追书也。昭公十三年,平丘之盟,先书甲戌,后书癸酉。甲戌为正书，而癸酉则因后事而追书也。昭公十三年楚灵王之弑，先书五月癸亥，后书乙卯、丙辰。乙卯、丙辰为正书，而五月癸亥则因前事而竟书也，盖史家之文，常患为日月所拘，而事不得以相连属，故古人立此变例。

【注释】①相属：相连接，相继。②晦：夏历每月的最后一天。

【译文】古人写史书，在乎事情的连贯发展，不按照月份日期，所以有追书、竟书之分。《左传》鲁成公十六年鄢陵之战，先写甲午，晦，后写癸巳。甲午是正书，癸巳是因为后边发生的事而追加书写的。鲁昭公十三年，平丘会盟，先写甲戌，后写癸酉。甲戌是正书，癸酉是因为后来发生的事追加书写的。鲁昭公十三年楚灵王被杀这件事，先写五月癸亥，后写乙卯、丙辰。乙卯、丙辰是正书，而五月癸亥则因为要完结前面发生的事而书写，大概是史书上的文章，常怕被日期所限制，而使事情不能连贯，所以古人设立这样的变通的例子。

有先书以起事者。《通鉴》唐文宗太和九年十一月，先书“是月戊辰，王守澄葬于浐水”，于壬戌、癸亥之前是也。

【译文】有先写（后边的日期）来提出事情的。《资治通鉴》唐文宗太和九年十一月，先写“是月戊辰，王守澄葬于浐水”，戊辰写在了壬戌、癸亥之前。

重书日

《春秋》桓公十二年书："丙戌，公会郑伯盟于武父。丙戌，卫侯晋卒。"重书日者，二事皆当系日。先书公者，先内而后外也。邵国贤曰："二丙戌，一是即书，一是追书。即书者纪事之职，追书者承赴之体。"后人作史，凡一日再书，则云"是日"。

【译文】《春秋》鲁桓公十二年记载："丙戌这天，鲁桓公会见郑伯，并在武父这个地方盟会。丙戌这天，卫宣公卫晋死了。"重复写日期，这两个日期都是那一天。先写鲁桓公，是先写内部再写外部。邵国贤（邵宝）说："两个丙戌，一是即书，一是追书。即书写的是纪事的本职，追书的部分是承赴的文体。"后人写史书，所有一个日期重复写的，都写为"是日"。

古人必以日月系年

自《春秋》以下，纪载之文，必以日系月，以月系时，以时系年，此史家之常法也。《史记·伍子胥传》："己卯，楚昭王出奔。庚辰，吴王入郢。"则不月而日。《刺客传》："四月丙子，光伏甲士于窟室中。"则不年而月，史家之变例也。盖二事已见于吴、楚二《世家》，故其文从省。

【译文】自从《春秋》以后，把事情记录下来的文章，必定用日期连接月份，用月份连接时间段，时间段连接年份，这是史学的通常原则。《史记·伍子胥传》："己卯日，楚昭王出逃，庚辰日（第二天），吴王进入郢都。"这里不说月份而只说日期。《刺客传》："四月丙子日，公子光在地下室埋伏身穿铠甲的武士。"不说年份而只说月份，史书上变通的例子。因为这两件事已经可以在吴、楚两篇《世家》上出现过，所以文章遵从省略之法。

《楚辞》："摄提贞于孟陬兮，维庚寅吾以降。"摄提，岁也；孟陬，月也；庚寅，日也。屈子以寅年寅月庚寅日生。王逸《章句》曰："太岁在寅曰摄提格。孟，始也。正月为陬。言己以太岁在寅，正月始春，庚寅之日下母之体而生。"是也。或谓摄提，星名。《天官书》所谓直斗杓[①]所指，以建时节者，非也。岂有自述其世系生辰，乃不言年而止言月日者哉。长洲、文待诏徵明以庚寅岁生，刻一章曰："维庚寅吾以降。"意谓与屈大夫同年，非也。屈子之云庚寅者，日也。使以岁言，无论古人不以甲子名岁，且使屈子生于庚寅，至楚怀王被执于秦，壬戌之岁，年仅三十有三，何以云"老冉冉其将至"乎？

【注释】①斗杓：斗柄。

【译文】《楚辞》："摄提贞于孟陬兮，维庚寅吾以降。（岁星在寅那年的孟春月，正当庚寅日那天我降生。）"摄提，年份；孟陬，月份；庚寅，日期。屈原在寅年寅月庚寅日出生。王逸《章句》说："太岁在寅日称为摄提格。孟，开始的意思。正月叫陬。他说自己在太岁在寅日，正月春天刚开始，庚寅那天被母亲生下来。”有人认为摄提，是星宿名称。《天官书》所说的直斗杓所指的方向，用来树立时节的，不是这样的。哪里有自己讲述他的世系生辰，但不说哪年只说月日的啊。（长洲人、待诏文徵明因为庚寅年生，刻一章说：“维庚寅吾以降。”意思是与屈大夫同样年份生的，这是不对的。屈子说的庚寅，是日期的名称。假使是以年份而言，不讲古人不用甲子称呼年份，姑且视作屈子生于庚寅年，到楚怀王被秦国捉拿，壬戌那年，年仅三十三，怎么能说“老冉冉其将至”呢？）

古无一日分为十二时

古无以一日分为十二时之说。《洪范》言岁月日，不言时。《周礼》：《冯相氏》“掌十有二岁，十有二月，十有二辰①，十日，二十有八星之位”。不言时。屈子自序其生年月日，不及时。吕才《禄命书》亦止言年月日，不及时。“李虚中以人生年月日所直干支，推人祸福生死，百不失一，初不用时也。自宋而后，乃并其时参合之，谓之八字。”见谢肇淛《五杂俎》。后周苏绰作《大诰》曰：“王省惟岁，卿士惟月，庶尹惟日，御事惟时。”

【注释】①十有二辰：这里应指星次。十二星次的名称是：星纪、玄枵、娵訾、降娄、大梁、实沈、鹑首、鹑火、鹑尾、寿星、大火、析木。

【译文】古时没有将一天分为十二个时辰的说法。《洪范》谈论岁月日，不言时辰。《周礼》：《冯相氏》“掌管一纪十二年，一年十二月，有十二星次，一旬十天，二十八星宿的位置（规律）”。不说时辰。屈子自述自己的出生年月日，不提时辰。吕才《禄命书》也止于说年月日，不提及时辰。（“李虚中用人的出生年月日所属干支，推断人的祸福生死，百不失一，开始不用时辰。自宋朝后，才加入时辰来参合，称呼它们为八字。”见谢肇淛《五杂俎》。后周苏绰作《大诰》说：“君王的视察就好比年岁，卿士的视察就好比月，百官的视察就好比日，做一件事就好比时辰。”）

古无所谓时。凡言时，若《尧典》之“四时”，《左氏传》之“三时”，桓公六年，“三时不害。”皆谓春夏秋冬也。故士文伯对晋侯，以岁、时、日、月、星、辰谓之六物。《荀子》曰：“积微，月不胜日，时不胜月，岁不胜时。”亦谓春夏秋冬也。自汉以下，历法渐密，于是以一日分为十二时。盖不知始于何人，而至今遵用不废。

【译文】古代没有所谓时辰的说法。大多说时，就像《尧典》里的“四时”，《左传》的“三时”，（鲁桓公六年，“三时不害。”）都是指的春、夏、秋、冬。所以士文伯向晋侯奏对，将岁、时、日、月、星、辰合称为六物。《荀子》曰：“积累微小的事，以月积累胜不过以日积累，以一季为积累胜不过以月积累，以年积累胜不过以季积累。”也是指的春、夏、秋、冬。自汉以后，历法渐复杂，于是将一日分为十二时。也不知道从什么人开始的，至今遵从使用没有废除。

一日之中所以分纪其时者，曰日中，曰昼日，曰日昃，见于

《易》；曰“东方未明”，曰“会朝”，曰“日之方中”，曰“昏”，曰“夕”，曰“宵”，见于《诗》；曰“昧爽”，曰“朝”，曰“日中昃”，见于《书》；曰“朝时”，曰“日中”，曰“夕时”，曰“鸡初鸣”，曰“旦”，曰“质明”，曰“大昕”，曰“晏朝”，曰“昏”，曰“日出”，曰“日侧”，曰“见日”，曰“逮日”，见于《礼》；《尔雅疏》：“日入后二刻半为昏。”曰“鸡鸣”，曰“日中”，曰“昼”，曰“日下昃”，曰“日旰”，曰“日入”，曰“夜”，曰“夜中”，见于《春秋传》；曰“晁”，曰“薄暮”，曰“黄昏”，见于《楚辞》。纪昼则用日。《史记·项羽纪》：“项王乃西从萧，晨击汉军而东，至彭城，日中大破汉军。”《吕后纪》：“八月庚申旦，平阳侯窋见相国产计事，日餔时[①]，遂击产。”《彭越传》：“旦日日出，十余人后，后者至日中。”《淮南王安传》：“旦受诏，日食时上。”《汉书·五行志》：“日中时食，从东北，过半晡时复。”“晡时食从西北，日下晡时复。”《武五子昌邑王传》：“夜漏未尽一刻，以火发书。其日中，贺发，晡时至定陶。”《东方朔传》：“微行以夜，漏下十刻乃出，旦明入山下。”是也。纪夜则用星。《诗》之言“三星[②]在天”“三星在隅”“三星在户”。《春秋传》之言“降娄中而旦”是也。《周礼·司寤氏》，以星分夜。不辨星，则分言其夜，曰“夜中”，曰“夜半”，曰“夜乡晨”是也。分言其夜而不详，于是有五分其夜，而言甲、乙、丙、丁、戊者。《周礼·司寤氏》掌夜时，注：“夜时谓夜晚、早，若今甲乙至戊。”《颜氏家训》：“或问一夜何故五更？答曰：汉魏以来，谓为甲夜、乙夜、丙夜、丁夜、戊夜，亦云一更、二更、三更、四更、五更，皆以五为节。所以然者，假令正月建寅，斗柄夕则指寅，晓则指午矣。自寅至午，凡历五辰。冬夏之月，虽复长短参差，然辰间辽阔，盈不至六，缩不至四，进退常在五者之间。更，历也、经也，故曰五更尔。"

【注释】①餔（bū）时：午后三时至五时，傍晚。②三星：又名参星。

【译文】一日之中用来区分纪时的，叫法如日中、昼日、日昃，在《易》中可以见到；叫法如"东方未明""会朝""日之方中""昏""夕""宵"，在《诗经》中可以见到；"昧爽""朝""日中昃"，在《尚书》中可以见到；"朝时""日中""夕时""鸡初鸣""旦""质明""大昕""晏朝""昏""日出""日侧""见日""逮日"，在《礼》中可以见到；（《尔雅疏》："日落后二刻半为昏。"）"鸡鸣""日中""昼""日下昃""日旰""日入""夜""夜中"，在《春秋传》中可以见到；"晁""薄暮""黄昏"，在《楚辞》可以见到。记录白天则用日。《史记·项羽纪》："项王引兵西行奔向萧县，从早晨开始，攻打汉军，向东推进，打到彭城，已是中午时分，把汉军打得大败。"《吕后纪》："八月庚申日早上，平阳侯曹窋会见相国吕产商量事情，黄昏的时候，于是追击吕产。"《彭越传》："明日日出，十余人迟到，迟到的人已经到了中午。"《淮南王安传》："早晨受诏，中午吃饭时就完成了。"《汉书·五行志》："日中时开始日食，东北开始，占过半的面积，下午三时至五时回复正常。""晡时，日食从西北开始，过了晡时，恢复了。"《武五子昌邑王传》："用时不足一刻，连夜火速发书。大约是在中午，刘贺从昌邑出发，傍晚就赶到了定陶。"

《东方朔传》："夜里化妆出行，漏下十刻出发，第二天早晨天刚亮入山。"就是这样的例子。纪录晚上则用星。《诗》之言"参星在天上""参星在隅""参星在户"。《春秋传》之言"降娄在天空中心而天明"。就是这样的例子。(《周礼·司寤氏》，以星分夜。)不用星星辨别，则将一夜分开说，就用"夜中""夜半""夜乡晨"。分开说一夜不够详细，于是有人将一夜五分，分为甲、乙、丙、丁、戊。《周礼·司寤氏》掌夜时，注："夜时又叫夜晚、早，比如当今的甲乙至戊。"(《颜氏家训》："有人问：一夜为什么有五更？答曰：汉、魏以来，一个夜晚被称为甲夜、乙夜、丙夜、丁夜、戊夜，也称为一更、二更、三更、四更、五更，都是以五来划分时间段落。假如把正月作为建寅之月，北斗星的斗柄日落时就指向寅的区间，日出时就指向午的区间；从寅时到午时，共经历了五个区间。冬天和夏天的月份，白昼和夜晚的时间虽然又长短不齐，但是对时辰的宽广来说，增长不会超过六个时辰，减短不会低于四个时辰，进退常在五个时辰之间。更，是经历、经过的意思，所以说叫五更。")

《汉书·西域传》："杜钦曰：'斥候士五分夜，击刁斗[①]自守。'"《天文志》："本始元年四月壬戌，甲夜；地节元年正月戊午，乙夜；六月戊戌，甲夜。"《三国志·曹爽传》："自甲夜至五鼓，爽乃投刀于地。"《晋书·赵王伦传》："期四月三日丙夜一筹，以鼓声为应"是也。五分其夜而不详，于是有言漏上几刻者。《五行志》："晨漏[②]未尽三刻，有两月重见。"又云："漏上四刻半，乃颇有光。"《礼仪志》："夜漏未尽七刻，钟鸣受贺。"《东方朔传》：

“微行以夜，漏上十刻迺出。”《王尊传》：“漏上十四刻行临到。”《外戚传》：“昼漏上十刻而崩。”又云：“夜漏上五刻，持儿与舜，会东交掖门。”自《南北史》以上皆然。故《素问》曰：“一日一夜，五分之。”《隋志》曰：“昼有朝，有禺，有中，有晡，有夕，夜有甲乙丙丁戊。”而无十二时之目也。唯《历书》云：“鸡三号卒明，抚十二节卒于丑。”而下文却云：“朔旦冬至，正北”，又云“正北正西正南正东“，不直言子酉午卯。《汉书·五行志》言“日加辰巳”，又言“时加未”，《翼奉传》言“日加申”，又言“时加卯”。《王莽传》：“天文郎按栻[③]于前，日时加某，莽旋席随斗柄而坐。”而《吴越春秋》亦云：“今日甲子，时加于巳。”《周髀经》亦有加卯、加酉之言。若纪事之文，无用此者。《南齐书·天文志》，始有子时、丑时、亥时，《北齐书·南阳王绰传》，有景时、午时，景时者，丙时也。

【注释】①刁斗：古代行军的器具。铜质，有柄，能容一斗，白天煮饭，夜间敲击巡逻防卫。②晨漏：即昼漏。漏壶计时法。这一制度是以昼漏和夜漏明确地划分一天中昼长多少刻，夜长多少刻，众所周知的原因，在同一地点，一年内每日的昼夜长短是不同的，也就是说昼夜刻数每日逐变。测定每个节气时，昼及夜的刻数，也是历法的内容之一，《后汉书·律历》明确记载了其时历法中关于刻数的计算方法。汉代以后漏刻制度多有改革，最早是100刻，西汉太初元年为120刻，南北朝梁先后改为96刻和08刻，后陈朝又恢复百刻，清代以后，又将百刻制改为96刻制。③栻：古代占卜时日的用具，后来叫星盘。

【译文】《汉书·西域传》：“杜钦曰：‘斥候兵士将夜晚分为五

份，击打刁斗巡逻防卫。’”《天文志》：“本始元年四月壬戌日，甲夜；地节元年正月戊午日，乙夜；六月戊戌日，甲夜。”《三国志·曹爽传》：“自入夜至五鼓，最后曹爽将刀扔在地上。”《晋书·赵王伦传》：“约好四月三日丙夜一更，以鼓声为应”。就是这样的例子。将夜晚分为五份还不够详细，于是有说漏上几刻的。《五行志》：“晨漏未到三刻，有两个月亮出现。”又说：“漏上四刻半，才有微光。”《礼仪志》：“夜漏不到七刻，礼乐响起（皇帝）受到百官朝贺。”《东方朔传》：“在夜晚装扮好，漏上十刻出发。”《王尊传》：“漏上十四刻天子乘舆来到。”《外戚传》：“昼漏上十刻去世了。”又说：“夜漏上五刻，抱着小孩给舜，在东交掖门汇合。”自《南北史》以前都是这样的。所以《素问》说：“一日一夜，五分计量。”《隋志》记载：“白天有朝、禺、中、晡、夕，夜有甲、乙、丙、丁、戊。”并没有十二个时辰的数目。只有《历书》说：“鸡叫三遍天就亮了，经过了十二个月的节气，直到丑月即腊月结束。”而下文却说：“十一月朔旦夜半时为冬至节，方位为正北”，又说“正北正西正南正东”，不直接说子酉午卯。《汉书·五行志》说“时间到了辰巳”，又言“到了未时”，《翼奉传》说“申时”，又说“卯时”。《王莽传》：“天文郎在前面按着星盘，随时拨动指针，王莽转动坐席，随斗柄的方向坐着。”而《吴越春秋》也说：“今日甲子，时间为巳时。”《周髀经》也有加卯、加酉的说法。如果是纪事的文章，没有这样写的。（《南齐书·天文志》，开始有子时、丑时、亥时，《北齐书·南阳王绰传》，有景时、午时，景时，就是丙时。）

《左氏传》："卜楚丘曰：'日之数十，故有十时。'"而杜元凯注则以为十二时。虽不立十二支之目，然其曰夜半者，即今之所谓子也，鸡鸣者丑也，平旦者寅也，日出者卯也，食时者辰也，隅中者巳也，日中者午也，日昳者未也，晡时者申也，日入者酉也，黄昏者戌也，人定者亥也，一日分为十二，始见于此。考之《史记·天官书》曰："旦至食，食至日昳，日昳至餔，餔至下餔，下餔至日入。"《素问·藏气法时论》有曰"夜半"，曰"平旦"，曰"日出"，曰"日中"，曰"日昳"，曰"下餔"。王冰注："以日昳为土王，下餔为金王，又有曰四季者。注云土王，是今人所谓丑辰未戌四时也。"《吴越春秋》有曰"时加日出""时加鸡鸣""时加日昳""时加禺中"，则此十二名古有之矣。

【译文】《左传》："卜楚丘说：'天数以十计数，所以有十个时辰。'"但杜预（字元凯）注解则认为应该是十二时。虽然没有设立十二支的名目，但他说的夜半，就是现在说的子时，鸡鸣就是丑时，平旦即寅时，日出是卯时，食时是辰时，隅中是巳时，日中是午时，日昳是未时，晡时是申时，日入是酉时，黄昏是戌时，人定是亥时，一日分为十二个时段，从这里开始。考据《史记·天官书》记载："旦到食，食到日昳，日昳到餔，餔到下餔，下餔到日入。"《素问·藏气法时论》有叫"夜半""平旦""日出""日中""日昳""下餔"。（王冰注："以日昳为土王，下餔为金王，又有说是四季的。注解说土王，是今人所说的分散在四时中的丑、辰、未、戌四个地支。"）《吴越春秋》有说"日出时""鸡鸣时""日昳时""禺中时"，那么这十二个名称自古就有了。

《史记·孝景纪》："五月丙戌，地动。其蚤食时，复动。"《汉书·武五子广陵王胥传》："奏酒至鸡鸣时罢。"《王莽传》："以鸡鸣为时。"《后汉书·隗嚣传》："至昏时遂溃围。"《齐武王传》："至食时，赐陈[1]溃。"《耿弇传》："人定时，步果引去。"《来歙传》："臣夜人定后，为何人所贼伤？"《窦武传》："自旦至食时，兵降略尽。"《皇甫嵩传》："夜勒兵，鸡鸣，驰赴其陈。战至晡时，大破之。"《晋书·戴洋传》："永昌元年四月庚辰，禺中时，有大风起自东南，折木。"《宋书·符瑞志》："延康元年九月十日，黄昏时，月蚀，荧惑[2]过。人定时，荧惑出营室，宿羽林。"皆用此十二时。

【注释】①陈：交战时的战斗队列。②荧惑：古指火星。因隐现不定，令人迷惑，故名。

【译文】《史记·孝景纪》："五月丙戌，地震了。等到蚤食时，又地震了。"《汉书·武五子广陵王胥传》："奏乐饮酒到鸡鸣时才停止。"《王莽传》："以鸡鸣为时。"《后汉书·隗嚣传》："到黄昏时才突破包围。"《齐武王传》："到食时时，丘赐的队伍溃败了。"《耿弇传》："人定时候，张布果然退却了。"《来歙传》："我在晚上人定时，被什么人偷袭受伤了？"《窦武传》："从早晨到中午，士兵就投降得差不多没了。"《皇甫嵩传》："夜晚集合部队，鸡鸣时，火速前往对方阵营。战斗持续到晡时，大破敌军。"《晋书·戴洋传》："永昌元年四月庚辰，禺中时（上午十点左右），有大风从东南方刮起，树木都折断了。”《宋书·符瑞志》：“延康元年九月十日，黄昏时，发生月食，荧惑星（火星）出现。人定时，荧惑从营室星宿方向离开，停留在羽林星宿位置。”这些都使用十二个时辰的名称。

《淮南子》：“日出于阳谷，浴于咸池，拂于扶桑，是谓晨明。登于扶桑之上，爰始将行，是谓朏明，至于曲阿，是谓朝明。临于曾泉，是谓早食。次于桑野，是谓宴食。臻于衡阳，是谓禹中，对于昆吾，是谓正中。靡于鸟次，是谓小迁。至于悲谷，是谓晡时。回于女纪，是谓大迁。经于泉隅，是谓高舂。顿于连石，是谓下舂。爰止羲和，爰息六螭，是谓悬车。薄于虞泉，是谓黄昏。渝于蒙谷，是谓定昏。”按此自晨明至定昏为十五时，而卜楚丘以为十时。未知今之所谓十二时者，自何人定之也。

《素问》中，有言岁甲子者，有言寅时者，皆后人伪撰入之也。

【译文】《淮南子》：“太阳从旸谷出来，在咸池沐浴以后，掠过扶桑树木，这时叫晨明。升上扶桑树顶，于是开始启程，这时叫朏明。到达曲阿山时，这时叫朝明。到达水泽曾泉，这时叫早食。而到达桑野，这时叫宴食。到达衡阳山顶，正好接近禹中，到达昆吾山时，日在正中。到达鸟次，这时是小迁。到了悲谷正是晡时。再到西北的女纪，太阳大迁。到达泉隅后，已是傍晚高舂时。再到连石山时，称为下舂。于是让驾车的羲和停车，让拉车的六条龙休息，就是所说的悬车。到了虞渊，已是黄昏时分。再到蒙谷，是黄昏之后的定昏了。”按照这里记载从晨明到定昏为十五个时辰，而卜楚丘以为是十个时辰。不知道当今所说的十二时辰，是从什么人规定开始的。

《素问》中，有说岁星在甲子的，有说寅时的，都是后人伪造写入的。

年月朔日子

今人谓日，多曰日子。日者，初一、初二之类是也。子者，甲子、乙丑之类是也。《周礼·职内》注曰：“若言某月某日某甲诏书，或言甲，或言子，一也。”《文选》，陈琳《檄吴将校部曲文》：“年月朔日子”，李周翰注曰：“子，发檄时也。”汉人未有称夜半为子时者，误矣。古人文字，年月之下必系以朔，必言朔之第几日，而又系之干支，故曰朔日子也。如鲁相瑛《孔子庙碑》云：“元嘉三年三月丙子朔，廿七日壬寅”，又云“永兴元年六月甲辰朔，十八日辛酉”。史晨《孔子庙碑》云“建宁二年三月癸卯朔，七日己酉”。樊毅《复华下民租碑》云：“光和二年十二月庚午朔，十三日壬午。”是也。此日子之称所自起。若史家之文，则有子而无日，《春秋》是也。《后汉书》隗嚣檄文曰：“汉复元年七月己酉朔、己巳。”不言廿一日。然在朔言朔，在晦言晦，而“旁死魄”“哉生明”①之文见于《尚书》，则有兼日而书者矣。

【注释】①旁死魄：农历每月初二的月相。亦借指农历每月初二。哉生明：指农历每月初三日或二日。

【译文】当今人称呼日，多叫日子。日，初一、初二之类的。子，甲子、乙丑之类的。《周礼·职内》注解说："像是某月某日某甲诏书，或者说甲，或者说子，两者是同样的意思。"《文选》中陈琳《檄吴将校部曲文》："年、月、朔日，子"，李周翰注解说："子，是发檄文的时间。"汉人没有称夜半为子时的，这是错误的。古人的文字，年月之后必定连着朔，一定会说朔的第几日，而后面又连接干支，所以说朔日子（子代表干支）。比如鲁相瑛《孔子庙碑》写道："元嘉三年三月丙子朔，廿七日壬寅"，又比如"永兴元年六月甲辰朔，十八日辛酉"。史晨《孔子庙碑》记录"建宁二年三月癸卯朔，七日己酉"。樊毅《复华下民租碑》记录："光和二年十二月庚午朔，十三日壬午。"就是这样的例子。这是日子的称呼之所以形成的。如果是史书，则有子（干支）而无日，《春秋》就是这样的。（《后汉书》隗嚣檄文记载："汉复元年七月己酉朔、己巳。"不说廿一日。）然而在月初说月初，在月末说月末，而"旁死魄（初二）""哉生明（初三）"这样的说法在《尚书》中可以看见，有同时写日而成书的。

《宋书·礼志》"年月朔日甲子，尚书令某甲下"，此古文移之式也，陈琳檄文，但省一"甲"字耳。

《南史》："刘之遴与张缵等参校古本《汉书》，称"永平十六年五月二十一日己酉，郎班固上"，而今本无上书年月日子。《隋书》袁充上表，称："宝历之元，改元仁寿，岁月日子，还共诞圣之时。"

【译文】《宋书·礼志》"年月朔日甲子，尚书令某甲下"，这是古文迁移过来的规制，陈琳的檄文，只省一个"甲"字。

《南史》："刘之遴与张缵等参照其他版本校订古本《汉书》，称"永平十六年五月二十一日己酉，校书郎班固记录"，而当今版本没有上面写的年月日子。《隋书》袁充上表，称："国祚的开始，改年号为仁寿，此时的年、月、日、时辰与皇帝生辰完全对应。"

时有十二，而但称"子"，犹之干支有六十，而但称"甲子"也。

汉人之文，有即朔之日，而必重书一日者。广汉太守沈子据《绵竹江堰碑》云："嘉平五年五月辛酉朔，一日辛酉。"《绥民校尉熊君碑》云："建安廿一年十□月丙寅朔，一日丙寅。"此则繁而无用，不若后人之简矣。

【译文】时辰有十二个，而只称"子"，就像之干支有六十个，而只称"甲子"一样。

汉人的文章，有就是初一的那一天，而必须重新写一遍这一天的。广汉太守沈子据《绵竹江堰碑》说："嘉平五年五月辛酉朔，这一天为辛酉。"《绥民校尉熊君碑》说："建安廿一年十□月丙寅朔，这一天为丙寅。"这些都是繁复而无用，不如后人简化的写法。

年号当从实书

正统之论，始于习凿齿，不过帝汉而伪魏、吴二国耳。自编年之书出，而疑于年号之无所从，而其论乃纷纭矣。夫年号与正朔[①]，自不相关，故周平王四十九年，而孔子则书之为鲁隐公之元年、何也？《春秋》，鲁史也，据其国之人所称而书之，故元年也。晋之《乘》存，则必以是年为鄂侯之二年矣。楚之《梼杌》存，则必以是年为武王之十九年矣。观《左传》文公十七年：郑子家与晋赵宣子[②]书曰："寡君即位三年"，而其下文曰"十二年""十四年""十五年"，则自称其国之年也。襄公二十二年，少正[③]公孙侨对晋之辞曰："在晋先君悼公九年，我寡君于是即位"，而其下文遂曰"我二年""我四年"，则两称其国之年也。故如《三国志》，则汉人传中，自用汉年号；魏人传中，自用魏年号；吴人传中，自用吴年号。推之南北朝、五代、辽、金并各自用其年号，此之谓从实。若病其难知，只须别作年表一卷。且王莽篡汉，而班固作传，其于始建国、天凤、地皇之号，一一用以纪年，盖不得不以纪年，非帝之也。后人作书，乃以编年为一大事，而论世之学疏矣。

【注释】①正朔：帝王新颁的历法。古代帝王易姓受命，必改正朔。被视作是政权的标志。②赵宣子：原著写"韩宣子"，考证应为赵宣子。赵盾（前655—前601），嬴姓赵氏，名盾，谥号"宣"，时人尊称其赵孟或宣孟。春秋中前期晋国卿大夫，赵衰之子，杰出的政治家、战略指挥家。晋文公之后，晋国出现的第一位权臣，集军政大权于一身，担任执政，号称正卿，法治晋国。③少正：是中国古官名，西周始置。为六卿之长"正"的副职。

【译文】正统的说法，从习凿齿开始，不过是尊崇汉室为皇帝而认为魏、吴二国是窃取政权的。自从编年体的史书出现，而疑虑于年号不知该如何编排，针对它的说法就多而杂乱了。年号与正朔，自然不相关，所以周平王四十九年，而孔子则将它写为鲁隐公的元年，这是为什么？《春秋》，是鲁国史书，根据鲁国人的称呼而作的书，所以写元年。（假如）晋国的史书《乘》仍在，必然把那一年称为鄂侯二年。（假如）楚国《梼杌》仍在，必然把那一年称为武王十九年。读《左传》鲁文公十七年：郑子家送给晋赵宣子的信说："晋国国君即位三年"，而文章下文说"十二年""十四年""十五年"，是他称呼自己国家郑国的年号。鲁襄公二十二年，少正公孙侨回答晋国的回答："在晋国先君悼公九年，我国国君在这个时候即位了"，而他下面说的"我二年""我四年"，则是两次称呼自己国家的年号。所以像《三国志》，则蜀汉人传中，自然用蜀汉的年号；曹魏人传中，自然用曹魏的年号；孙吴人传中，自然用孙吴的年号。进一步想南北朝、五代、辽、金都各自用自己的年号，这称之为遵从史实。（如果担心这样难以识别，只须另外作一卷年表即可。）况且王莽篡汉，而班固给王莽作传，对于始建国、天凤、地皇的年号号，一一用来纪年，因为不得不用这些年号纪年，不是尊崇他为皇帝。后人作书，认为编年是一等大事，然而议论世事得失的学问太粗劣了。

《春秋传》亦有用他国之年者。齐襄公之二年，鄋瞒伐齐，注云："鲁桓公之十六年。"僖之四年，子然卒；简之元年，士子孔卒，注云:“郑僖四年,鲁襄六年”,“郑简元年,鲁襄八年”。

【译文】《春秋传》也有用他国的年号的情况。齐襄公二年,郪瞒讨伐齐国,注解说:“鲁桓公十六年。”郑僖公四年,子然去世;郑简公元年,士子孔去世,注解说:“郑僖公四年,鲁襄公六年”,“郑简公元年,鲁襄公八年”。

汉时诸侯王,得自称元年。《汉书·诸侯王表》:“楚王戊二十一年,孝景三年”、《楚元王传》亦云。“楚王延寿三十二年,地节元年”之类是也。《淮南·天文训》:“淮南元年冬,太一在丙子。”谓淮南王安始立之年也。注者不达,乃曰淮南王作书之元年,又曰淮南王僭号,此为未读《史记》《汉书》者矣。赵明诚《金石录》有《楚钟铭》“惟王五十六祀”之论,正同此类。

【译文】汉时诸侯王,得以自称元年。《汉书·诸侯王表》:“楚王刘戊二十一年,孝景三年”、(《楚元王传》也这么写。)“楚王延寿三十二年,地节元年”之类的。《淮南子·天文训》:“淮南王元年冬季,北极星在丙子。”说的是淮南王刘安受封为王的那一年。作注的人不理解这层意思,就说淮南王撰写《淮南子》的元年,又说淮南王僭越称号,这就是没《史记》《汉书》的人啊。(赵明诚《金石录》有《楚钟铭》“惟王五十六祀”的言论,正和这类说法相同。)

又考汉时不独王也,即列侯于其国中,亦得自称元年。《史记·高祖功臣侯年表》："高祖六年，平阳懿侯曹参元年"；"孝惠六年，靖侯窋元年"；"孝文后四年，简侯奇元年"是也。吕氏《考古图·周阳侯甗鍑①铭》曰："周阳侯家，铜三习甗鍑，容五斗，重十八斤六两。侯治国五年五月，国铸第四。"吕大临曰："侯治国五年者，自以侯受侯嗣位之年数也。"《文选·魏都赋》刘良注："文昌殿前有钟，其铭曰："惟魏四年，岁次丙申，龙次大火，五月丙寅，作蕤宾钟。"魏四年者，曹操为魏公之四年，汉献帝之建安二十一年也。

【注释】①甗（yǎn）：原为烹饪用的厨具，后作为礼器流行于商至汉代。鍑（fù）：古代一种炊具，似釜而大口。

【译文】又考证汉代时不仅仅是王，即使是列侯在他们自己的封国内，也可以自称元年。《史记·高祖功臣侯年表》："高祖六年，平阳懿侯曹参元年"；"孝惠六年，靖侯窋元年"；"孝文后四年，简侯奇元年"，就是这样的例子。吕大临《考古图·周阳侯甗鍑铭》记载："周阳侯家，有三个铜的甗鍑，容量为五斗，重十八斤六两。周阳侯治国的五年五月，国家铸第四个甗鍑。"（吕大临注解："侯治国五年的意思，是周阳侯被封为侯的爵位的年数。"）《文选·魏都赋》刘良注解："文昌殿前有钟，上面的铭说："惟魏四年，岁次丙申，龙次大火，五月丙寅，作蕤宾钟。"魏四年，是曹操作为魏公的第四年，汉献帝建安二十一年。

《元史·顺帝纪》，至正二十八年，乃明洪武元年也。直书二十八年。自是以下，书曰"后一年"，曰"又一年，四月丙戌，帝殂于应昌”，是时明太祖即位三年，而犹书元主曰“帝”，且不以明朝之年号加之，深得史法。疑此出于圣裁①，不独宋、王二公之能守古法也。《宋史·马廷鸾传》：“瀛国公即位，召不至，自罢相归，又十七年而薨。”甚为得体。然其他传，复有书至元者。

英宗命儒臣修《续通鉴纲目》，亦书“元顺帝至正二十七年”，不书“吴元年”。

【注释】①圣裁：犹圣断。皇上的裁断。

【译文】《元史·顺帝纪》，至正二十八年，乃是明洪武元年。直接书写为二十八年。从这往后，记录为“后一年”，和“又一年，四月丙戌，元顺帝在应昌去世”，当时是明太祖即位的第三年，而仍然记录元君主为“帝”，况且不用明朝的年号强加，是深得书写史书的规律。怀疑这是出于皇上的裁断，不仅仅是宋濂、王祎这两人能遵守古时（纪史）原则。（《宋史·马廷鸾传》：“瀛国公即位，瀛国公召马廷鸾但不去，自从罢相归家，又过了十七年才去世。”这样的写法非常得体。然而其他传，还有写至元年号的。）

明英宗指派儒臣修《续通鉴纲目》，也写“元顺帝至正二十七年”，不写“吴元年”。

史书一年两号

古时人主改元，并从下诏之日为始，未尝追改以前之月日也。《魏志·三少帝纪》上书“嘉平六年十月庚寅”，下书“正元元年十月壬辰”,《吴志·三嗣主传》上书“太平三年十月己卯”,下书“永安元年十月壬午”。《晋书·武帝纪》,上书“魏咸熙三年十一月”,下书“泰始元年十二月景寅”。《宋书·武帝纪》上书“晋元熙二年六月甲子”,下书“永初元年六月丁卯”。《文帝纪》上书“景平二年八月丙申”,下书“元嘉元年八月丁酉”。《明帝纪》上书“永光元年十二月庚申朔”,下书“泰始元年十二月丙寅”。《唐书·高宗纪》上书“显庆六年二月乙未”,下书“龙朔元年三月丙申朔”。《中宗纪》上书“神龙三年九月庚子”,下书“景龙元年九月甲辰”。《睿宗纪》上书“景龙四年七月己巳”,下书“景云元年七月己巳”,《玄宗纪》上书“先天二年十二月庚寅朔”,下书“开元元年十二月己亥”。韩文公《顺宗实录》上书“贞元二十一年八月庚子”,下书“永贞元年八月辛丑”。若此之类,并是据实而书。至司马温公作《通鉴》,患其棼错[1],乃创新例,必取末后一号,冠诸春正月之前,当时已有识之者。

【注释】①棼错:纷杂错乱。

【译文】古时君主改元,都从下诏之日开始,没有回溯过去修改以前的年号。《魏志·三少帝纪》上面写“嘉平六年十月庚寅”,下面(紧接着)写“正元元年十月壬辰”,《吴志·三嗣主传》上面写“太平三年十月己卯”,下面(紧接着)写“永安元年十月壬午”。《晋书·武帝纪》,上面写“魏咸熙三年十一月”,下面(紧接着)写“泰始元年十二月景寅”。《宋书·武帝纪》上面写“晋元熙二年六月甲子”,下面(紧接着)写“永初元年六月丁卯”。《文帝纪》上面写“景平二年八月丙申”，下面（紧接着）写“元嘉元年八月丁酉”。《明帝纪》上面写“永光元年十二月庚申朔”，下面（紧接着）写“泰始元年十二月丙寅”。《唐书·高宗纪》上面写“显庆六年二月乙未”，下面（紧接着）写“龙朔元年三月丙申朔”。《中宗纪》上面写“神龙三年九月庚子”，下面（紧接着）写“景龙元年九月甲辰”。《睿宗纪》上面写“景龙四年七月己巳”，下面（紧接着）写“景云元年七月己巳”，《玄宗纪》上面写“先天二年十二月庚寅朔”，下面（紧接着）写“开元元年十二月己亥”。韩文公《顺宗实录》上面写“贞元二十一年八月庚子”，下面（紧接着）写“永贞元年八月辛丑”。像这样的写法，都是根据实情书写。直到司马光作《资治通鉴》，担心其中的纷杂错乱，于是创立新的规范，必须用最后的年号，放在当年春天正月前面，当时已经有认识到这个事情的人了。

《春秋》定公元年不书“正月”。杜氏曰：“公即位在六月故。”正义曰：“公未即位，必不改元。而于春夏即称元年者，未改之日，必承前君之年，于是春夏当名此年为昭公三十三年。及六月既改之后，方以元年纪事。及史官定策，须有一统，不可半年从前，半年从后，虽则年初亦统此岁，故入年即称元年也。汉魏以来，虽于秋冬改元，史于春夏即以元年冠之，是有因于古也。”按温公《通鉴》，是用此例，然有不可通者。《春秋》于昭公三十三年之春，而即书“定公元年”者，昭公已薨于上年之十二月矣。若汉献帝延康元年，十月始禅于魏，而正月之初，汉帝尚存，即加以魏文黄初之号，则非《春秋》之义矣。岂有旧君尚在，当时之人皆禀其正朔，而后之为史者顾乃追夺之乎!

【译文】《春秋》鲁定公元年不写“正月”。杜预说:“因为定公即位在六月的缘故。”正义说:“定公还没有即位,一定不会改元。而在春夏即位称元年的,没改元之前的日期,必定承袭前任君主的年号,于是在春夏时当称呼这一年为昭公三十三年。等到六月已经改元之后,才用元年纪事。等到史官装订竹简,必须有连贯性,不可以半年在前一册,半年在后一册,虽然年初也算作这一年(指前任君主年号下的最后一年),所以入年就称(新君)元年了。汉魏以来,虽然在秋冬改元,史书在春夏就用元年称呼了,是从古时就有原因的。”依照司马光的《通鉴》的做法,是用的这个例子(上的办法),然而也有说不通的。《春秋》在昭公三十三年之春,就写“定公元年”,昭公已经在上一年的十二月就去世了。比如汉献帝延康元年,十月才禅让帝位给魏文帝,但正月之初,汉帝还存在,就冠上魏文帝黄初的年号,则不是《春秋》之义啊。哪有前任君主还在,当时的人都认为他是正统,而后面记录史书的人回溯时间去剥夺他的年号呢!

史家变乱年号,始自《隋书》:“大业十二年十一月景辰,唐公入京师。辛酉,遥尊帝为太上皇,立代王侑为帝,改元义宁。”而下即书云:“二年三月,右屯卫将军宇文化及等作乱,上崩于温室。”按此大业十三年,炀帝在江都,而蒙以代王长安之号,甚为无理。作史者唐臣,不得不尔。然于《炀帝纪》书“十三年”,于《恭帝纪》书“二年”,两从其实,似亦未害。

【译文】史家开始变乱年号，从《隋书》开始："大业十二年十一月景辰，唐公李渊进入京师。辛酉，李渊遥尊隋炀帝为太上皇，立代王杨侑为帝，改年号为义宁。"紧接着下面就写："义宁二年三月，右屯卫将军宇文化及等作乱，隋炀帝在温室中去世。"按当时是大业十三年，炀帝在江都，而用代王在长安的年号遮盖住他的年号，实在是无理。撰写史书的人是唐朝的臣子，不得不才这样做。然而在《炀帝纪》里面写"十三年"，在《恭帝纪》里面写"二年"，两个都遵从实际，似乎也没有什么坏处。

明朝《太宗实录》，上书"四年六月己巳"，下书"洪武三十五年六月庚午"，正是史臣实书，与前代合。但不明书建文年号，后人因谓之革除①耳。《英宗实录》，上书"景泰八年正月辛巳"，下书"天顺元年正月壬午，旬有六日"，而不没其实。且如万历四十八年，八月以后为泰昌元年，若依温公例，取泰昌之号，冠于四十八年春正月之前，则诏令文移一一皆当追改，且上诬先皇矣。故纪年之法，从古为正，不以一年两号、三号为嫌。

【注释】①革除：后世对于建文帝多称"革除君"，其时代则称为"革除朝"。

【译文】明朝《太宗实录》，上面写"（建文）四年六月己巳"，下面写"洪武三十五年六月庚午"，正是史臣按照实际书写，与前代符合。但不明写建文帝年号，后人因此叫他的年号为革除年。《英宗实录》，上面写"景泰八年正月辛巳"，下面写"天顺元年正月壬午，旬有六日”，而没有埋没真实情况。就比如万历四十八年，八月以后为泰昌元年，若依照司马光的先例，取泰昌年号，放在四十八年春正月之前，则诏令公文都要一一追溯修改，并且这就是诬蔑上代帝王了。所以纪年的方法，从古追求真实，不认为一年两个年号、三个年号是不妥当的。

年号古今相同

《水经注·谷水下》千金堨[①]，前云“太和五年”，曹魏明帝之太和也。后云“朝廷太和中”，元魏孝文帝之太和也。

【注释】①千金堨（è）：在今河南洛阳。堨，堰。

【译文】《水经注·谷水下》千金堨，前面说“太和五年”，是曹魏明帝曹叡的太和年号。后面又写“朝廷太和中”，是北魏孝文帝元宏的太和年号。

割并年号

唐朝一帝改年号者十余，其见于文必全书，无割取一字用之者。至宋始有“熙丰”“政宣”“建绍”“乾淳”之语，已是不敬，然犹一帝之号，自相连属，无合两帝而称之者，又必用上一字，惟“元丰”以“元”字与“元祐”无别，故用下字。本朝文人有称“永宣”“成弘”“嘉隆”，合两帝之号而为一称。天启六年，部疏称“正统”“正德”为“二正”。奉旨：列圣年号昭然，如何说“二正”。近又有去上字而称“庆历”“启祯”，更为不通矣。

【译文】唐朝的一个皇帝改年号多达十余个，写成文字必定书写完整，不会割掉或只取一字使用。到宋朝开始始有“熙丰”（神宗熙宁、元丰）、“政宣”（徽宗政和、宣和）、“建绍”（高宗建炎、绍兴）、“乾淳”（孝宗乾道、淳熙）这样的称呼，已经是不敬，但是仍然还因为是一个皇帝的年号，年号之间可以相互连属，没有合并两个皇帝的年号而称的，又必须用第一个字，只有“元丰”因为“元”字与“元祐”（的第一个字）没有差别，所以用下面那个字。明朝的文人有称“永宣”（成祖永乐、宣宗宣德）、“成弘”（宪宗成化、孝宗弘治）、“嘉隆”（世宗嘉靖、穆宗隆庆），合并两个皇帝的年号为一个称年号的。（天启六年，部疏称“正统”“正德”为“二正”。奉旨：列位圣人年号显而易见，怎么能说“二正”。）近来又有舍弃第一个字而称“庆历”（穆宗隆庆、神宗万历）、“启祯”（熹宗天启、思宗崇祯），更是说不通了。

地名割用一字，如“登莱”，如“温台”，则可；如“真顺”“广大”，则不通矣。然汉人已有之。《史记·天官书》：“勃碣海岱之间，气皆黑。”《货殖传》：“夫燕亦勃碣之间一都会也。”注云：“勃海、碣石。”《汉书·王莽传》：“成命于巴宕。”注云：“巴郡宕渠县。”魏晋以下始多此语。常璩《华阳国志》：“分巴割蜀，以成犍广。”是犍为、广汉二郡。左思《蜀都赋》：“跨躡[①]犍牂。”是犍为、牂牁二郡。《魏都赋》："恒碣碪碍于青霄。"是恒山、碣石二山。

【注释】①跨躡：跨越。

【译文】地名分割只用一字，如"登莱（登州、莱州）""温台（温州、台州）"，则是可以的；如"真顺（真定、顺德）""广大（广平、大名）"，就不通顺了。汉朝已经有这样的例子。《史记·天官书》："勃碣海岱之间，气都是黑色的。"《货殖传》："夫燕国也是勃碣之间一个大城市。"注释说："勃海、碣石。"《汉书·王莽传》："在巴宕完成受命。"注释说："巴郡宕渠县。"魏晋以后这样的说法开始多起来。常璩《华阳国志》："分割巴地蜀地，成为犍广。"是指犍为、广汉二郡。左思《蜀都赋》："跨躡犍牂。"指的是犍为、牂牁二郡。《魏都赋》："恒碣碪碍于青霄。"指恒山、碣石两座山。

人名割用一字者，《左传》以太皞、济水为"皞济"。僖二十一年。史记》以黄帝、老子为"黄老"，《曹相国世家》《张释之》《田叔》《魏其》《郑当时列传》。以王乔、赤松子为"乔松"，《蔡泽传》。以伊尹、管仲为"伊管"，《邹阳传》。以绛侯、灌婴为"绛灌"。《贾生传》。

【译文】人名分割只用一个字，《左传》将太皞、济水合称为"皞济"。（僖公二十一年。）《史记》将黄帝、老子合称为"黄老"，（《曹相国世家》《张释之》《田叔》《魏其》《郑当时列传》。）将王乔、赤松子合称为"乔松"，（《蔡泽传》。）将伊尹、管仲合称为"伊管”，（《邹阳传》。）将绛侯、灌婴合称为“绛灌”。（《贾生传》。）

孙氏西斋录

唐人作书无所回避。孙樵所作《西斋录》，乃是私史。至于“起王氏已废之魂，上配天皇；条高后擅政之年，下系中宗”。大义凛然。视孔子之沟昭墓道，不书定正，而抑且过之矣。

【译文】唐代人写书没什么需要回避的。孙樵所作《西斋录》，乃是私家所撰史书。甚至有“起王氏已废之魂，上配天皇；条高后擅政之年，下系中宗”，大义凛然。将孔子派人挖沟把鲁昭公的陵墓与先王的陵墓圈连到一起，不书写鲁定公正月的行为，视作只是抑制将要到来的过错。

此说本之沈既济驳吴兢史议，谓：“当并天后于《孝和纪》，每岁书某年春正月，皇帝在房陵，太后行某事，改某制。则纪称孝和而事述太后，名礼两得。至于姓氏名讳，入宫之由，历位之资，及才艺智略，年辰崩葬，别纂入《皇后传》，列于废后王庶人之下，题其篇曰《则天顺圣武皇后》云。事虽不行，而史氏称之。”其后宋范祖禹作《唐鉴》，竟用此书法。

【译文】这个说法来源于沈既济驳吴兢史议，书上说：“应当把天后（武则天）归在《孝和纪》中，每年写作某年春正月，皇帝（中宗）在房陵，太后在做某事，改某制。所以本纪名称为孝和但又讲述太后的事情，名礼两得。至于姓氏名讳，入宫来由，历位之资，及才艺智略，驾崩下葬的年月时辰，另外编纂入《皇后传》，列于废皇后王庶人之下，命名这个篇章叫《则天顺圣武皇后》。事虽没有这样做，但史学家称道这个做法。”（其后宋代范祖禹作《唐鉴》，竟用这个书里的办法。）

通鉴书改元

《晋书·载记》，十六国时，嗣位改元者，皆在本年。此史家取便序事，连属书之，其实皆改明年元也，不容十六国之中数十王皆不踰年而改元者也。亦必有逾年而称元者，直史家不考耳。

【译文】《晋书·载记》，十六国时，继承君位改元的，都在当年。这是史学界为方便按顺序叙事，连着书写，其实都是第二年才改元，十六国之中数十王都不跨年而改元。也一定有跨年后才改元的，只是史学界没有考证了。

《金石录》据赵横山《李君神碑》，石虎建武六年岁在庚子，与《载记》合。若从帝纪，则建武六年当是己亥，今此碑与《西门豹祠殿基记》皆是庚子，以此知帝纪之失，此是差一年之证。然《载记》亦不尽合，昔人作史，但存其年号而已，初不屑屑于[①]岁月也。

【注释】①屑屑：介意。

【译文】《金石录》根据赵横山《李君神碑》，石虎建武六年太岁在庚子，与《载记》相合。如果按照帝纪，则建武六年当是己亥年，现在此碑与《西门豹祠殿基记》皆是写的庚子年，因此知道帝纪的错误，这是差一年的证据。但是《载记》亦不完全相合，以前的人撰写史书，只保留年号而已，开始不介意年号月份的。

《续纲目》，景炎三年五月以后，为帝昺祥兴元年，非也。黄溍《番禺客语》："改元在明年正月己酉朔。"盖亦是即位之初，改明年元耳，史家省文，即系于前年月日之下，曰"改元祥兴"。以此推十六国事，必当同此。

【译文】《续纲目》，景炎三年五月以后，为宋帝赵昺祥兴元年，这是不对的。黄溍《番禺客语》："改元在明年正月己酉初一。"大概也是因为刚刚即位，第二年才改元，史学家省略文字，于是连接于前年月份日期之后，说"改元祥兴"。用此事推断十六国的史事，必定是与此相同。

后元年

汉文帝后元年，景帝中元年、后元年，当时只是改为元年，后人追纪之为中为后耳。若武帝之后元元年，则自名之为"后"。光武之中元元年，梁武帝之中大通元年、中大同元年，则自名之为

“中”，不可一例论也。

元顺帝至元元年，重用世祖之号，后人追纪之，则曰“后至元元年”。

【译文】汉文帝后元年，景帝中元年、后元年，当时只是改为元年，后人追纪它们为中元年、后元年。如果是武帝的后元元年，则是本来命名时加了“后”。光武的中元元年，梁武帝的中大通元年、中大同元年，则本来自命名有“中”字，不可以看作一样的例子来讨论。

元顺帝至元元年，重用世祖的年号，后人追纪这一年号，则写为“后至元元年”。

李茂贞用天祐年号

《通鉴》，后唐庄宗同光二年，封岐王李茂贞为秦王，比得薛昌序所撰《凤翔法门寺碑》，天祐十九年建，而其文已称秦王，则前乎同光之二年矣，盖必茂贞所自称。又《史》言茂贞奉天祐年号，此碑之末亦书“天祐十九年”，而篇中历述前事，则并以天复纪年，至天复二十年止，亦与史不合。

【译文】《通鉴》记载，后唐庄宗同光二年，岐王李茂贞被封为秦王，比照薛昌序所撰写的《凤翔法门寺碑》，建于天祐十九年，而碑文中已称李茂贞为秦王，然而要比同光二年要早，大概必是茂贞的自称。又《史》说李茂贞遵循天祐年号，此碑末尾也书写“天祐十九年”，而篇中历述前事，则都以天复纪年，到天复二十年为止，也与史实不合。

《五代史·李彦威传》：“是时昭宗改元天祐，迁于东都，为梁所迫。而晋人、蜀人以为天祐之号非唐所建，不复称之，但称天复。”《前蜀世家》则云“建与唐隔绝而不知，故仍称天复”。其说不同。按此碑，则歧人亦称天复，史失之也。

【译文】《五代史·李彦威传》：“当时昭宗改元天祐，迁到东都，被后梁逼迫的。然而晋人、蜀人以为天祐年号不是后唐所建立的，不再称此年号，只称天复。”《前蜀世家》则记载“王建与后唐隔绝而不知，所以仍使用天复年号”。这里的说法不相同了。按此碑，那么歧人也称天复，是史料有错误了。

又今阳城县，有后周显德二年徐纶撰《龙泉禅院记》内述天祐十九年。按此地本属梁，此记乃追削梁号而改称天祐者。

【译文】又有现在的阳城县，有后周显德二年徐纶撰写《龙泉禅院记》，文中写为天祐十九年。根据此地本属于后梁，这篇传记是回溯过去剥夺了梁的年号而改称天祐年号的。

通鉴书葬

《通鉴》书外国之葬，如《晋纪》义熙六年九月下云："甲寅，葬魏主珪于盛乐金陵。"不言"魏葬"，而言"葬魏"，或以为仿《春秋》之文，愚以为非也。《春秋》书"葬宋穆公""葬卫桓公"之类，皆鲁遣其臣会葬，故为此文。徐邈曰："凡书葬者，据我而言葬。"若南北朝时，本国自葬，则当书"魏葬"，如《宋纪》："景平元年十二月庚子，魏葬明元帝于金陵。""元嘉二十九年三月辛卯，魏葬太武皇帝于金陵。"则得之矣。

【译文】《通鉴》写记录其他国家的葬礼，如《晋纪》晋安帝义熙六年九月下文说："甲寅，葬魏主珪于盛乐金陵。"不说"魏葬"，而说"葬魏"，有人以为是效仿《春秋》的文法，我以为不是这样的。《春秋》写"葬宋穆公""葬卫桓公"之类，都是鲁国派遣臣子参加葬礼葬，所以写这样的文章。（徐邈说："凡写葬的，是自己同阵营的说葬。"）如果南北朝时，本国发起葬礼，则当记载为"魏葬"，例如《宋纪》："景平元年十二月庚子，魏葬明元帝于金陵（魏国将明元帝葬在金陵）。""元嘉二十九年三月辛卯，魏葬太武皇帝于金陵（魏国将太武皇帝葬于金陵）。"这样撰写就得体了。

通鉴书闰月

《通鉴》书闰月而不著其为何月，谓仿《春秋》之法，非也。

春秋时，闰未有不在岁终者。自《太初历》行，每月皆可置闰，若不著其为何月，或上月无事，则后之读者必费于追寻矣。《新唐书》亦然，惟高宗显庆二年正月无事，乃书曰："闰正月壬寅，如洛阳宫。"

【译文】《通鉴》记录闰月而不注明是哪个月，（有人）认为是模仿《春秋》的做法，不是这样的。春秋时，闰月没有不在一年结尾的。自从《太初历》实行，每月都可设闰月，若不注明闰月为哪个月，或者上月无事，则后世读者必然费心地去考证啊。《新唐书》也是这样，唯独高宗显庆二年正月无事，于是写道："闰正月壬寅，如洛阳宫。"

史书人君未即位

史书人君未即位之例，《左传》晋文公未入国，称"公子"，已入国称"公"；《史记》汉高帝未帝称"汉王"，未王称"沛公"

【译文】史书上记录君主未即位时的例子，《左传》晋文公还未回到晋国时，称呼为"公子"。回到晋国称"公"；《史记》记录汉高祖尚未当皇帝时称"汉王"，没称王之前称"沛公"。

五年，将战垓下，而曰"皇帝在后，绛侯、柴将军在皇帝后。"至其下文乃曰："诸侯及将相，相与共请尊汉王为皇帝。"于言为不顺矣。

【译文】汉高祖五年，将要在垓下作战，（《史记》）记载说“皇帝在后面，绛侯、柴将军在皇帝后面。”等到下文又说：“诸侯及将相，商议一同请尊汉王为皇帝。”在文字上不通顺。

沈约作《宋书》，于本纪第十卷，顺帝升明三年四月壬申，始书“进齐公爵为齐王”，而前第八卷，明帝泰始四年七月庚申，已书“以骁骑将军齐王为南充州刺史”。自此以下，齐王之号累见于篇，此言之不顺也。萧子显《南齐书》，亦同此例。

【译文】沈约作《宋书》，在本纪第十卷，顺帝升明三年四月初一，才开始写为“进齐公爵为齐王”，而之前的第八卷，明帝泰始四年七月十六日，已经写为“以骁骑将军齐王为南充州刺史”。从这以后，齐王的称号多次在文章中出现，这也是文字上不通顺的地方。（萧子显《南齐书》，也与这个例子相同。）

史书一人先后历官

《汉书·沟洫志》，先称“博士许商”，次称“将作大匠许商”，后称“河堤都尉许商”，此书一人而先后历官不同之法。

【译文】《汉书·沟洫志》，先称呼“博士许商”，又称呼“将作大匠许商”，后来又称“河堤都尉许商”，这是记录一个人先后经历不同官职的方法。

《书·君奭》：“我闻在昔，成汤既受命，时则有若伊尹格于皇天；在太甲，时则有若保衡。”伊尹、保衡，一人也，汤时未为保衡，至太甲时始为此官，故变文以称之也。

【译文】《尚书·君奭》：“我听说以前，成汤既已接受天命，当时有尹伊，受到上天嘉许；在太甲，当时有保衡。”伊尹、保衡，同一个人，在成汤时伊尹还不是保衡的官职，到太甲时才开始做这个官，所以用的不同文字说法来称呼他。

史书郡县同名

汉时，县有同名者，大抵加“东”“西”“南”“北”“上”“下”字以为别，盖本于《春秋》之法。燕国有二，则一称北燕；邾国有二，则一称小邾，是其例也。若郡县同名而不同地，则于县必加一“小”字，沛郡不治沛，治相，故书沛县为“小沛”；广阳国不治广阳，治蓟，故书广阳县为“小广阳”；丹阳郡不治丹阳，治宛陵，故书丹阳县为“小丹阳”。今顺天府保定县称“小保定”，宁国府太平县称“小太平”。后人作史多混书之，而无别矣。

【译文】汉朝的时候，县有同名的，大多数情况下会加上

“东”“西”“南”“北”“上”“下”字用来区分，大概根据《春秋》的惯例。燕国有两个，则其中一个称北燕；邾国有两个，则其中一个称小邾，是《春秋》中的例子。如果郡县同名而不同地，则在县前必加一个“小”字，沛郡的治所不在沛县，在相，所以写沛县为“小沛”；广阳国的治所不在广阳，在蓟，所以写广阳县为“小广阳”；丹阳郡的治所不在丹阳，在宛陵，所以写丹阳县为“小丹阳”。（现在顺天府保定县称“小保定”，宁国府太平县称“小太平”。）后人撰写史书大多混乱书写，而没有做区分。

郡国改名

《后汉书·光武纪》：“建武六年春正月丙辰，改舂陵乡为章陵县。”“十七年冬十月甲申，幸章陵，修园庙，祠旧宅。”又云：“乃悉为舂陵宗室起祠堂。”上言章陵，见名也；下言舂陵，本舂陵侯之宗室，不可因县名而追改之也。此史家用字之密也。《史记》：“南越王尉佗者，真定人也。”此未当，当曰东垣人。《卢绾传》：“高帝十一年冬，更东垣为真定。”《儒林传》：“汉兴，田何以齐田徙杜陵。”师古曰：“初徙时未为杜陵，盖史家追言之也。”《汉书·夏侯胜传》“夏侯胜字长公，初鲁共王分鲁西宁乡以封子节侯，别属大河，大河后更名东平，故胜为东平人。”《赵广汉传》“赵广汉字子都，涿郡蠡吾人也，故属河间。”《后汉书·党锢传》：刘祐，中山安国人也，安国后别属博陵。”夏侯湛《东方朔画像赞》“大夫讳朔，字曼倩，平原厌次人也，魏建安中，分厌次以为乐陵郡，故又为郡人焉。”此郡国改名之例。

【译文】《后汉书·光武纪》:“建武六年春正月十六日,改舂陵乡为章陵县。”“建武十七年冬十月二十二日,光武帝到章陵县,修理园寝宗庙,祭祀旧宅。”又说:“于是为舂陵宗室一律修起祠堂。”前面的章陵,改名后的县名;后面的舂陵,本来为舂陵侯的宗室,不可以因县名(更改了)而跟着改动的。这是史学家遣词用字的缜密之处。《史记》:“南越王尉佗,真定人。”这个说法不恰当,应当说是东垣人。《卢绾传》:“汉高祖十一年冬,改东垣为真定。”《儒林传》:“汉朝初年,田何从齐国迁徙到杜陵。”颜师古说:“刚开始迁徙时不叫杜陵,是史学家补加的文字。”《汉书·夏侯胜传》“夏侯胜字长公,当初鲁共王将鲁国西宁乡用来封赏子节侯,同时属于大河,大河后来更名东平,所以夏侯胜为东平人。”《赵广汉传》“赵广汉字子都,涿郡蠡吾人,所以属于河间人。”《后汉书·党锢传》:刘祐,中山安国人,安国后来另属于博陵。”夏侯湛《东方朔画像赞》“大夫名讳为朔,字曼倩,平原厌次人,魏建安年间,分厌次归属为乐陵郡,所以又是乐陵郡人。”这些是郡国改名的例子。

史书人同姓名

《史记》汉高帝时,有两韩信,则别之曰“韩王信”。《汉书》王莽时有两刘歆,则别之曰“国师刘歆”。此其法本于《春秋·左氏传》:襄公二十五年,齐崔杼弑其君光,事中有两贾举,则别之曰

“侍人贾举”。

《金史》有二“讹可”，曰“草火讹可”，曰“板子讹可”；有三“娄室”，曰“大娄室”，曰“中娄室”，曰“小娄室”。

【译文】《史记》汉高祖时，（记载）有两个韩信，为了区分开来（其中一人）写“韩王信”。《汉书》王莽时有两个刘歆，区别（其中一人）写“国师刘歆”。这个方法根据《春秋左传》：襄公二十五年，齐国崔杼杀他的国君吕光，这件事情中出现了两个贾举，区别（其中一人）写“侍人贾举”。

《金史》中有两个“讹可”：一个叫“草火讹可”，一个叫“板子讹可”；有三个“娄室”：一个叫“大娄室”，一个叫“中娄室”，一个叫“小娄室”。

述古

凡述古人之言，必当引其立言之人。古人又述古人之言，则两引之，不可袭以为己说也。《诗》曰：“自古在昔，先民有作。”程正叔传《易·未济》，“三阳皆失位”，而曰：“斯义也，闻之成都隐者。”是则时人之言，而亦不敢没其人。君子之谦也，然后可与进于学。

【译文】凡是转述古人的言论，一定要援引提出它的人。古人又转述古人的言论，则两者都要援引，不可以抄袭作为自己的言论。《诗经》说："在那遥远的古代，先民已经有（表率性）的行止了。"程颐（字正叔）传授《易·未济》，"三个阳爻都错位了"，而程颐说："这个卦象的意思，从成都隐世者那里得知的。"这就是当时的人的言论，也不敢隐匿这个人。有德之人这样谦逊，然后可以使他的学问更进一步。

引古必用原文

凡引前人之言，必用原文。《水经注》引盛宏之《荆州记》曰："江中有九十九洲，楚谚云：'洲不百，故不出王者。'桓玄有问鼎之志，乃增一洲，以充百数。僭号数旬，宗灭身屠。及其倾败[①]，洲亦消毁。今上在西，忽有一洲自生，沙流迴薄[②]，成不淹时[③]。其后未几，龙飞江汉矣。"注乃北魏郦道元作，而记中所指"今上"，则南宋文帝，以宜都王即帝位之事，古人不以为嫌。

【注释】①倾败：失败，大败。②迴薄：迂回绕行。③淹时：经过了一段时间。

【译文】凡是引用前人的言论，一定用原文。《水经注》引用盛宏的《荆州记》说："江中有九十九块洲，楚国的谚语说：'洲不到一百个，所以不能出王。'桓玄有当皇帝的志向，于是增加一洲，用来填充一百个数量的洲。冒用帝王称号几个月，宗族被灭自己被杀。等到他彻底失败，洲也消失了。当今皇上在淮西时，忽然有一洲自动出现，沙流迂回绕行，经过一段时间就成型了。之后没多久，龙在江上飞起来了。”注是北魏郦道元所作，而记中所指的“今上”，是南朝宋文帝刘义隆，作为宜都王将要继承帝位的事，古人不认为这是令人嫌恶的。

引书用意

《书·泰誓》：“受有亿兆夷人[①]，离心离德；予有乱臣十人[②]，同心同德。”《左传》引之则曰：“《太誓》所谓商兆民离，周十人同者，众也。”成二年。《淮南子》：“舜钓于河滨，期年而渔者争处湍濑，以曲隈[③]深潭相予。”《尔雅注》引之，则曰：“渔者不争隈。”此皆略其文而用其意也。

【注释】①受：纣王，受辛。夷人：夷，平。夷人，平凡的人。②乱臣十人：周公旦、召公奭、太公望、毕公、荣公、太颠、闳夭、散宜生、南宫适及文母。③隈：山水弯曲的地方。

【译文】《尚书·泰誓》：“纣王有众多平凡的人，但离心离德；我有犯上作乱的臣子十人，但同心同德。”《左传》引用这段话则说：“《太誓》所说的商朝亿兆百姓离心离德，周朝所说十人同心的人，指的是广泛的人民。”（周成王二年。）《淮南子》：“舜在江边钓鱼，常年打鱼的人都争着在水浅流急的地方，将河湾深潭赠予他人。”《尔雅注》引用，则说：“打鱼的人不争河湾。”这都是省略引用的文字而只引用其中的意思。

文章推服古人

韩退之文起八代之衰[①]，于骈偶声律之文，宜不屑为。而其《滕王阁记》推许王勃所为序，且曰："窃喜载名其上，词列三王[②]之次，有荣耀焉。"李太白《黄鹤楼》诗曰："眼前有景道不得，崔颢题诗在上头。"所谓"自古在昔，先民有作"者也。今之好讥诃[③]古人，翻驳旧作者，其人之宅心[④]可知矣。

【注释】①文起八代之衰：这句话是苏轼在《潮州韩文公庙碑》中对韩愈的赞誉，赞扬他发起古文运动，重振文风的历史勋绩。"八代"指的是东汉、魏、晋、宋、齐、梁、陈、隋，这几个朝代正是骈文由形成到鼎盛的时代。还可从虚的角度理解"八代"，即很长时间。②三王：王勃作序，王绪作赋，中丞王公作《修阁记》。③讥诃：讥呵。讥责非难。④宅心：居心。

【译文】韩愈得到"文起八代之衰"的推崇，对于骈偶声律这样的文章，也不屑作。但他的《滕王阁记》推重赞许王勃所撰写的序，并且说："我很高兴能够在上面署名，我的词放在王勃、王绪、王中丞的后面，非常有荣耀了。"李太白《黄鹤楼》诗说："眼前有景道不得，崔颢题诗在上头。"所谓的"在那遥远的古代，先民已经有（表率性）的行止了"。当今那些喜欢讥讽古人，翻改驳斥以前作者的人，他们的居心可想而知了。

宋洪迈从孙倬丞宣城，自作《题名记》，迈告之曰："他文尚可随力工拙下笔，如此记岂宜犯不韪哉？”盖以韩文公有《蓝田县丞厅壁记》故也。夫以题目之同于文公，而以为犯不韪，昔人之谨厚何如哉！

【译文】宋朝洪迈跟从孙倬到宣城做官，自写《题名记》，洪迈告诉他说：“其他的文章尚且可以随着笔力的优劣下笔，像这样的记岂不是很容易犯错么？”大概因为有韩愈《蓝田县丞厅壁记》的缘故啊。只是题目与文公韩愈相同，而以为犯了错，以前的人谨慎忠厚到了这种地步啊！

史书下两曰字

注疏家凡引书下一“曰”字，引书之中又引书，则下一“云”字。“云”“曰”一义，变文以便读也，此出于《论语》“牢曰”“子云”是也。若史家记载之辞，可下两“曰”字，《尚书·多方》“周公曰”“王若曰”是也。《孟子》书多有两“曰”字，如“公都子曰”“告子曰”；“公孙丑问曰”“高子曰”；“公孙丑曰”“伊尹曰”；“公孙丑曰”“《诗》曰”。

【译文】注疏家凡是引用书上的话就写一个“曰”字，引用的书中又引用别的书，则写一个“云”字。“云”“曰”同义，变更文字为了方便读，这出自《论语》“牢曰”“子云”。如果是史料上记载的话，可写两个“曰”字，比如《尚书·多方》“周公曰”“王若曰”。（《孟子》书上经常有两个“曰”字，如“公都子曰”“告子曰”；“公孙丑问曰”“高子曰”；“公孙丑曰”“伊尹曰”；“公孙丑曰”“《诗》曰”。）

书家凡例

古人著书，凡例[①]即随事载之书中。《左传》中言“凡”者，皆凡例也。《易》乾、坤二卦，“用九”“用六”者，亦凡例也。

【注释】①凡例：通常谓之发凡起例。书首说明著书内容、主旨与编辑体例的文字

【译文】古人著书，凡例就随着事件记载在书中。《左传》中提到的“凡”，都是凡例。《易》乾、坤这两个卦象中，提到的“用九”“用六”，也是凡例。

分 题

古人作书，于一篇之中有分题，则标篇题于首，而列分题于下。如《尔雅·释天》一篇，下列四时、祥灾、岁阳、岁名、月阳、月名、风雨、星名、祭名、讲武、旌旂。《吕氏春秋·孟春纪》第一下，列正月纪、本生、重己、贵公、去私是也。疏家谓之“题上事”，谓标题上文之事。若《周公践阼》及《诗》篇章句，皆篇末题之，故此亦尔。

【译文】古人作书，在一篇之中有分标题，则篇题名列在首部，将分题名标在下面。如《尔雅·释天》一篇，下方分列四时、祥灾、岁阳、岁名、月阳、月名、风雨、星名、祭名、讲武、旌旂。《吕氏春秋·孟春纪》第一的下面，分列正月纪、本生、重己、贵公、去私。注疏家邢昺所说的“题上事”，是指标题标注上文的事。比如《周公践阼》及《诗》篇章句，都是在篇末写标题，所以这些也是。

今按《礼记·文王世子》篇，有曰：“文王之为世子也”，有曰“教世子”，有曰“周公践阼”。《乐记》篇，有曰“子贡问乐”，亦同此例。后人误连于本文也。又如《汉书·礼乐志·郊祀歌》：“练时日”一、“帝临”二，凡十九首，皆著其名于本章之末。《安世房中歌》“桂华”“美芳”二题，传写之误，遂以冠后。

【译文】现在《礼记·文王世子》篇，有说“文王之为世子也”，有说“教世子”，有说“周公践阼”。《乐记》篇，有说“子贡问乐”，也与这个例子相同。后人错误地将标题与本文连上了。又比如《汉书·礼乐志》，《郊祀歌》：“练时日”一、“帝临”二，一共十九首，都将篇名写在本章的最后。《安世房中歌》“桂华”“美芳”两个篇题，传写的错误，于是放在后面。

《尔雅·释亲》一篇，石经本“宗族”二字在“弟兄也”之后；“母党”二字在“从母姊妹”之后，“妻党”二字在“为姒妇”之后，“昏姻”二字在“吾谓之甥也”之后，今国子监刻本皆改之。

【译文】《尔雅·释亲》一篇，石经本“宗族”二字在“弟兄也”之后；“母党”二字在“从母姊妹”之后，“妻党”二字在“为姒妇”之后，“昏姻”二字在“吾谓之甥也”之后，现在国子监刻本都改正了。

卷二十一

作诗之旨

舜曰:“诗言志。”此诗之本也。《王制》:“命太师①陈诗以观民风。”此诗之用也。荀子论《小雅》曰:“疾今之政,以思往者,其言有文焉,其声有哀焉。”此诗之情也。故诗者,王者之迹也。建安以下,洎乎齐、梁,所谓辞人之赋丽以淫,而于作诗之旨失之远矣。

【注释】①太师:中国古代职官,又名太宰,“三公”之一。古代称太师、太傅、太保为“三公”。掌邦治,为六卿之首。

【译文】舜帝说:“诗用来传达内心的情感与志向。”这是诗的根本。《礼记·王制》说:“古代的天子,命太师陈述诗歌,用以知晓民间的风土人情。”这是诗的作用。荀子在谈论《诗经·小雅》时说:“人们痛恨当时的政治,因而怀念过去,他们所写的诗言辞富有文采,音乐有哀怨的声调。”这是诗的情感表达。因此,诗是先王之政留下的遗迹。从汉献帝建安以后,到南朝齐、梁之间,那些所谓的文人作的辞赋都过于华丽,然而离作诗的宗旨,已经相差得很远了。

唐白居易《与元微之书》曰:“年齿渐长,阅事渐多,每与人言，多询时务。每读书史，多求理道。始知文章合为时而著，歌诗合为事而作。”又自叙其诗，关于美刺者谓之讽谕诗，自比于梁鸿《五噫》之作，而谓：“好其诗者，邓鲂、唐衢俱死，吾与足下又困踬，岂六义四始之风，天将破坏不可支持邪？又不知天意不欲使下人病苦闻于上邪？”嗟乎，可谓知立言之旨者矣。

晋葛洪《抱朴子》曰：“古诗刺过失，故有益而贵；今诗纯虚誉，故有损而贱。”

【译文】唐代白居易《与元微之书》说：“年岁渐长，经历的事也渐渐增多了，每逢与人说话，多询问当世的要务。每逢读史书，多探求治国之道。这才知道文章应该为时事而著述，诗歌应该为现实而创作。”又自叙其诗，关于称美与讽恶的诗称为讽谕诗，自比于梁鸿《五噫》之作，而说：“喜欢他诗的人，邓鲂、唐衢都死了，我与您又困顿到这种地步，难道六义四始的传统，上天就要破坏它而不能支持了吗？还是我不知道天意就是不让人民疾苦闻于皇帝呢？”嗟乎，这可以说是知道立言主旨的人了！

晋代葛洪《抱朴子》说：“古代的诗讽刺过失，所以有益而珍贵；现在诗纯是为了虚名，所以有损而令人轻视。”

诗不必人人皆作

古人之会君臣朋友，不必人人作诗。人各有能有不能，不作诗何害？若一人先倡而意已尽，则亦无庸更续。是以虞廷之上，皋陶庚歌，而禹、益无闻，古之圣人，不肯为雷同之辞、骈拇之作也。柏梁之宴，金谷之集，必欲人人以诗鸣，而芜累之言始多于世矣。

【译文】古代的人会见君臣朋友，不一定每个人都作诗。人各有能有不能，不作诗有什么妨碍呢？如果一个人先发提倡作诗，而意已尽，也就不用再继续。因此虞舜之前的人，皋陶庚歌，而禹、益没有听说，古之圣人，不肯作雷同之辞、骈拇之作。柏梁之宴，金谷之集，一定要人用诗来表达，因而繁冗的话开始在世上多了起来。

尧命历而无歌，文王演《易》而不作诗，不闻后世之人议其劣于舜与周公也。孔子以斯文自任，上接文王之统，乃其事在《六经》，而所自为歌止于"龟山""彼妇"诸作，何寥寥也。其不能与？夫我则不暇与。

【译文】尧命历而无歌，文王推演《周易》而不作诗，没听说后世的人讨论他低于舜和周公的。孔子以礼乐制度教化当作自身的职责，上继承周文王的道统，把自己的主要的精力放在了删述《六经》上，而他自己写的诗歌只有"龟山""彼妇"等作品，为什么数量稀少呢？是不能创作吗？是自身没有这种闲暇。

宋邵博《闻见后录》曰："李习之与韩退之、孟东野善。习之于文，退之所敬也。退之与东野唱酬倾一时，习之独无诗，退之不议也。《石林诗话》："人之才力有限，李翱、皇甫湜皆韩退之之高弟也。”尹师鲁与欧阳永叔、梅圣俞善。师鲁于文，永叔所敬也。永叔与圣俞唱酬倾一时，师鲁独无诗，永叔不议也。”

【译文】宋代邵博《见闻后录》说：“李翱（字习之）与韩愈（字退之）、孟郊（字东野）交好。李翱的文章，是韩愈所尊敬的。韩愈和孟郊以诗词相酬答名冠一时，李翱唯独没有诗，韩愈对此没说法。（《石林诗话》：“人的才华智力有限，李翱、皇甫湜都是韩愈的门弟子中成绩优良的人。”）尹洙（字师鲁）与欧阳修（字永叔）、梅尧臣（字圣俞）交好。尹洙的文章，是欧阳修所尊敬的。欧阳修和梅尧臣以诗词相酬答名冠一时，尹洙唯独没有诗，欧阳修对此没说法。”

《五子之歌》，适得五章，以为人各一章，此又后人之见耳。

《渭阳》，秦世子送舅氏也，而晋公子无一言。尹吉甫作《嵩高》之诗以赠申伯，《烝民》之诗以赠仲山甫，《韩奕》之诗以赠韩侯；而三人者不闻其有答，是知古人之诗不以无和答为嫌。

【译文】《五子之歌》，恰好五章，认为每个人一章，这又是后来人的理解了。

《渭阳》，是秦世子送舅舅晋文公回国就国君之位的送别诗，而晋文公没说一句话。尹吉甫作《嵩高》这首诗来赠送给申伯，《烝民》这首诗送给仲山甫，《韩弈》这首诗送给韩侯；而这三个人没听到对方的回答，由此知道古人的诗不因没有和答而让人产生怨嫌。

诗 题

《三百篇》之诗人，大率诗成，取其中一字、二字、三四字以名篇，故十五国并无一题，雅颂中间一有之。若《常武》，美宣王也，若《勺》、若《赉》、若《般》，皆庙之乐也。其后人取以名之者一篇，曰《巷伯》。自此而外无有也。《雨无正》篇，韩诗篇首，有“雨无其极，伤我稼穑”二句。五言之兴，始自汉魏，而《十九首》并无题，郊祀歌、铙歌曲各以篇首字为题。又如王、曹皆有《七哀》，而不必同其情；六子皆有杂诗，而不必同其义，则亦犹之《十九首》也。唐人以诗取士，始有命题分韵之法，而诗学衰矣。

【译文】《诗经》的作者，大致诗做成，选取其中一字、两字、三四个字来做篇名，所以十五国都没有一个诗题，雅颂中间偶尔有的。像《常武》，是赞美宣王的，像《勺》《赉》《般》，都是宗庙祭祀的音乐。后人取来为一篇的命名，称为《巷伯》。从此而外就没有了。（《雨无正》篇，韩诗篇首，有“雨无其极，伤我稼穑”二句。）五言诗的兴起，从汉、魏开始，而《十九首》并没有诗题，郊祀歌、铙歌曲都用篇首字为诗题。又如王粲、曹植都有《七哀》，但不一定相同的情感；建安六子都有杂诗，但不一定相同的含义，这也像《十九首》。唐代人以作诗选拔人才，才开始有命题分韵的方法，因而诗学就衰退了。

杜子美诗，多取篇中字名之，如“不见李生久”，则以《不见》

名篇；“近闻犬戎远遁逃”，则以《近闻》名篇；“往在西京时”，则以《往在》名篇；“历历开元事，”则以《历历》名篇；“自平宫中吕太一”，则以《自平》名篇；“客从南溟来”，则以《客从》名篇。皆取首二字为题，全无意义，颇得古人之体。

古人之诗，有诗而后有题；今人之诗，有题而后有诗。有诗而后有题者，其诗本乎情；有题而后有诗者，其诗徇乎物。

【译文】杜甫（字子美）的诗，大多采用篇中字命名，如“不见李生久”，就用《不见》为篇名；“近闻犬戎远遁逃”，就用《近闻》为篇名；“往在西京时”，就用《往在》为篇名；“历历开元事，”就用《历历》为篇名；“自平宫中吕太一”，就用《自平》为篇名；“客从南溟来”，就用《客从》为篇名。都取开头二字为诗题，完全没有意义，这很契合古人的体例。

古人的诗，有诗然后有诗题；现在人的诗，有诗题而后有诗。先有诗而后有诗题的情况，这样的诗属于真情流露；先有诗题然后再写诗的情况就有不同了，这样的诗往往属于被外物牵引之作。

古人用韵无过十字

《三百篇》之诗，句多则必转韵。古人但谓之音，不谓之韵，今姑从俗名之耳。魏、晋以上亦然。宋、齐以下，韵学渐兴，人文趋巧，于是有强用一韵到底者，终不及古人之变化自然也。古人用韵无过十字者，独《闷宫》之四章乃用十二字。使就此一韵引而伸之，非不可以成章，而于义必有不达，故末四句转一韵。是知以韵从我者，古人之诗也；以我从韵者，今人之诗也。自杜拾遗、韩吏部，未免此病也。

【译文】《诗经》的诗，句多则必须转韵。（古代人只称为音，不称为韵，现在姑且从俗名罢了。）魏、晋以上也是这样。南朝宋、齐以下，韵学逐渐兴起，人文趋于工巧，于是有强用一韵到底的人，始终赶不上古人的变化自然。古人是用韵不超过十字的，只有《闷宫》的第四章是用十二字。使这一韵引而伸之，不是不可以成章，而于义必有不达，所以最后四句转一韵。由此可知以韵从我的，是古人的诗；以我从韵的，是现在人的诗了。从左拾遗杜甫、吏部侍郎韩愈到如今，没有人避免这种弊端的。

叶少蕴《石林诗话》曰："长篇最难，魏晋以前，诗无过十韵者，盖使人以意逆志，初不以序事倾尽为工。至老杜《述怀》《北征》诸篇，穷极笔力，如太史公《纪》《传》，此固古今绝唱。然《八哀》八篇，本非集中高作，而世多尊称之，不敢议。如李邕、苏源明诗中极多累句，余尝痛刊去，仅各取其半，方为尽善。然此不可为不知者言也。"

【译文】叶少蕴《石林诗话》说："长篇最难，魏晋以前，诗没有超过十韵的，这是使人以意逆志，最初不以叙事耗尽为工。到杜甫《述怀》《北征》诸篇，极尽笔力，如太史公的《本纪》《列传》，这固然是古今绝唱。然而《八哀》八篇，本不是集中高作，而世人都尊称他，不敢议论。如李邕、苏源明诗中有很多瑕疵的词句，我曾经痛惜删除，仅各取其半，才为完善。然而这不可为不知道的人说啊。”

诗主性情，不贵奇巧。唐以下人有强用一韵中字几尽者、有用险韵者、有次人韵者，皆是立意以此见巧，便非诗之正格。

且如孔子作《易》《彖》《象传》，其用韵有多有少，未尝一律，亦有无韵者。可知古人作文之法，一韵无字，则及他韵，他韵不协则竟单行。圣人无必无固，于文见之矣。

【译文】诗主性情，不贵奇巧。唐以后有人勉强用一韵中字几尽者、有用险韵的人、有用次韵的人，都是立意以此见巧，就不是诗常用的格式。

又如孔子作《易》《彖》《象传》，他用韵有多有少，从来没有同一音律，也有不用韵的。可以知道古人写文章的方法，这一韵没有字，就用他韵，其他韵不和韵就单行。圣人不片面断言，不顽固坚持，在文中我们发现。

诗有无韵之句

诗以义为主，音从之。必尽一韵无可用之字，然后旁通他韵，又不得于他韵，则宁无韵。苟其义之至当，而不可以他字易，则无韵不害。汉以上往往有之。

【译文】作诗以义为主，韵是其次。这一韵没有可以使用的字，然后旁通他韵，又得不到其他韵，宁可没有韵。如果用这个字诗义及其恰当，就不能用别的字替换，不押韵也不妨碍。汉代以前往往有这样的情况。

"暮投石壕村，有吏夜捉人。"杜甫《石壕吏》诗。两韵也，至当不可易。下句云："老翁逾墙走，老妇出门看。"则无韵矣，亦至当不可易。古辞《紫骝马歌》中有"舂谷持作饭，采葵持作羹"二句无韵。李太白《天马歌》中有"白云在青天，丘陵远崔嵬"二句无韵。《野田黄雀行》首二句"游莫逐炎洲翠，栖莫近吴宫燕"无韵。《行行且游猎》篇首二句"边城儿，生年不读一字书"无韵。

【译文】"暮投石壕村，有吏夜捉人。"（杜甫《石壕吏》诗。）有两个韵，义理及其恰当而不可以改变。下句说："老翁逾墙走，老妇出门看。"就没有押韵，义理也是极为恰当不可用其他字替换。古辞《紫骝马歌》中有"舂谷持作饭，采葵持作羹"二句没有押韵。李白在《天马歌》中有"白云在青天，丘陵远崔嵬"这两句没有押韵。《野田黄雀行》开头两句"游莫逐炎洲翡翠，栖莫近吴宫燕"也没有押韵。《行行而且游猎》篇首的开头两句"边城儿，生年不读一字书"没有押韵。

五经中多有用韵

古人之文，化工也。自然而合于音，则虽无韵之文而往往有韵，苟其不然，则虽有韵之文，而时亦不用韵，终不以韵而害意也。《三百篇》之诗，有韵之文也，乃一章之中，有二三句不用韵者，如“瞻彼洛矣，维水泱泱”之类是矣。一篇之中，有全章不用韵者，如《思齐》之四章、五章，《召旻》之四章是矣。又有全篇无韵者，《周颂·清庙》《维天之命》《昊天有成命》《时迈》《武》诸篇是矣。说者以为当有余声，然以余声相协，而不入正文，此则所谓不以韵而害意者也。

【译文】古人的文章，是自然造化而成。自然而合于韵，即使没有韵的文章却往往有韵，如果不是这样，纵然是有韵的文章，当时也不用韵，始终不能用韵而妨碍作者作诗的用意。《三百篇》的诗，是有韵的诗文，在这一章中，有二三个句子不用韵的，如“瞻彼洛矣，维水泱泱”这一类就是这样的。一篇诗文中，有全章不用韵的，如《思齐》的第四章、第五章，《召旻》的第四章也是这样。又有全篇不用押韵的，《周颂·清庙》《维天之命》《昊天有成命》《时迈》《武》这些篇都是不用韵的。说者以为应当有余声，然而用余声相协和，不入正文，这就是所说的不以韵而害意的意思。

孔子赞《易》十篇，其《彖》《象传》《杂卦》五篇用韵，然其中无韵者亦十之一。《文言》《系辞》《说卦》《序卦》五篇不用韵，然亦间有一二，如“鼓之以雷霆，润之以风雨。日月运行，一寒一暑。乾道成男，坤道成女”。“君子知微知彰，知柔知刚，万夫之望”。此所谓化工之文，自然而合者，固未尝有心于用韵也。

【译文】孔子的《易》十篇，他的《彖》《象传》《杂卦》五篇用韵，然而中间没有韵的有十分之一。《文言》《系辞》《说卦》《序卦》五篇不用韵，但也偶尔有一两个用韵的，“鼓之以雷霆，润之以风雨。日月运行，一寒一暑。乾道成男，坤道成女”。“君子知微知彰，知柔知刚，万夫之望”。这就是自然造化而成的文章，自然而和韵的，本来不曾在用韵上用心。

《尚书》之体，本不用韵，而《大禹谟》：“帝德广运，乃圣乃神，乃武乃文，皇天眷命，奄有四海，为天下君。”《伊训》：“圣谟洋洋，嘉言孔彰，惟上帝不常。作善，降之百祥；作不善，降之百殃。尔惟德罔小，万邦惟庆；尔惟不德罔大，坠厥宗。”《太誓》：“我武惟扬，侵于之疆。取彼凶残，我伐用张，于汤有光。”《洪范》：“无偏无陂，遵王之义；无有作好，遵王之道；无有作恶，遵王之路；无偏无党，王道荡荡；无党无偏，王道平平；无反无侧，王道正直。”皆用韵。

【译文】《尚书》中的体裁，本来不用韵，然而《大禹谟》：“帝德广运，乃圣乃神，乃武乃文，皇天眷命，奄有四海，为天下君。”《伊训》：“圣谟洋洋，嘉言孔彰，惟上帝不常。作善，降之百祥；作不善，降之百殃。尔惟德罔小，万邦惟庆；尔惟不德罔大，坠厥宗。”《太誓》：“我武惟扬，侵于之疆。取彼凶残，我伐用张，于汤有光。”《洪范》：“无偏无陂，遵王之义；无有作好，遵王之道；无有作恶，遵王之路；无偏无党，王道荡荡；无党无偏，王道平平；无反无侧，王道正直。”都有用韵。

又如《曲礼》：“行前朱鸟而后玄武，左青龙而右白虎，招摇在上，急缮其怒。”《礼运》：“玄酒在室，醴醆在户，粢醍在堂，澄酒在下。陈其牺牲，备其鼎俎，列其琴瑟，管磬钟鼓。修其祝嘏，以降上神。与其先祖，以正君臣，以笃父子，以睦兄弟。以齐上下，夫妇有所。是谓承天之祜。”《乐记》：“夫古者，天地顺而四时当，民有德而五谷昌，疾疢不作，而无妖祥，此之谓大当。然后圣人作，为父子君臣，以为纪纲。”

【译文】又如《曲礼》：“行前朱鸟而后玄武，左青龙而右白虎，招摇在上，急缮其怒。”《礼运》：“玄酒在室，醴醆在户，粢醍在堂，澄酒在下。陈其牺牲，备其鼎俎，列其琴瑟，管磬钟鼓。修其祝嘏，以降上神。与其先祖，以正君臣，以笃父子，以睦兄弟。以齐上下，夫妇有所。是谓承天之祜。”《乐记》：“夫古者，天地顺而四时当，民有德而五谷昌，疾疢不作，而无妖祥，此之谓大当。然后圣人作，为父子君臣，以为纪纲。”

《中庸》：“故君子不可以不修身，思修身不可以不事亲，思事亲不可以不知人，思知人不可以不知天。”《孟子》：“师行而粮食，饥者弗食，劳者弗息，睊睊胥谗，民乃作慝。方命虐民，饮食若流，流连荒亡，为诸侯忧。”凡此之类，在秦汉以前，诸子书并有之。太史公作赞，亦时一用韵，而汉人乐府诗，反有不用韵者。

【译文】《中庸》：“故君子不可以不修身，思修身不可以不事亲，思事亲不可以不知人，思知人不可以不知天。”《孟子》：“师行而粮食，饥者弗食，劳者弗息，睊睊胥谗，民乃作慝。方命虐民，饮食若流，流连荒亡，为诸侯忧。”所有这些情况，在秦汉以前，诸子书都有的。太史公作赞，也有时用韵，而汉朝人的乐府诗，反而有不用韵的。

易韵

《易》之有韵，自文王始也。凡卦辞之繁者，时用韵。《蒙》之“渎”“告”，《解》之”复”“夙”，《震》之“虩”“哑”，《艮》之“身”“人”是也。至周公则辞愈繁，而愈多用韵。疑古卜辞当用韵，若《春秋传》所载懿氏之“锵”“姜”“卿”“京”。骊姬之“渝”“羭”“莸”“臭”。伯姬之“衁”“贶”“偿”“相”“姬”“旗”“师”“丘”“孤”“弧”“姑”“逋”“家”“虚”。鄢陵之“蹙”“目”。孙文子之“陵”“雄”。卫侯之“羊”“亡”“窦”“踰”。又如《国语》所载晋献公之

“骨”“猾”“捽”。《史记》所载汉文帝之“庚”“王”“光”。《汉书·元后传》所载晋史之“雄”“乘”“崩”“兴”。皆韵也。故孔子作《彖》《象传》用韵，盖本经有韵而传亦韵。此见圣人述而不作，以古为师而不苟也。郭璞注《尔雅·释训篇》，本经有韵，注亦用韵。

【译文】《易》这部经的经文有韵，是从周文王开始的。凡是卦辞繁多的，常常会用韵。《蒙》卦的“渎”字、“告”字，《解》卦的”复”字、“夙”字，《震》卦的“虩”字、“哑”字，《艮》卦的“身”字、“人”字都是用韵。到了周公时卦辞就越繁多，也越多用韵。猜测用古卜辞用韵，比如《春秋传》所记载懿氏的“锵”字、“姜”字、“卿”字、“京”字。骊姬的“渝”字、“羭”字、“莸”字、“臭”字。伯姬的“衁”字、“贶”字、“偿”字、“相”字，“姬”字、“旗”字、“师”字，“丘”字，“孤”字、“弧”字、“姑”字、“逋”字、“家”字、“虚”字。鄢陵的“蹙”字、“目”字。孙文子的“陵”字、“雄”字。卫侯的“羊”字、“亡”字，“窦”字、“踰”字。又如《国语》所记载晋献公篇的“骨”字、“猾”字、“捽”字。《史记》记载汉文帝篇的“庚”字、“王”字、“光”字。《汉书·元后传》记载晋史放入“雄”字、“乘”字，“崩”字、“兴”字。都是押韵的。所以孔子作《彖传》《象传》用韵，大概是本经有韵而传也有韵。从这里看出圣人述而不作，以古为师而不马虎啊！（郭璞注《尔雅·释训篇》，本经有韵，注也用韵。）

《彖》《象传》犹今之笺注者，析字分句以为训也。《系辞》

《文言》以下，犹今之笺注于字句明白之后，取一章一篇全书之义，而通论之也。故其体不同。

【译文】《彖传》《象传》就像现在注解古书用的笺注，分析字义和句义来解释。《系辞》《文言》以下的内容，就像现在的笺注在注解明白字句之后，将篇章全文的义理加以整体论述。所以说其体例不同。

古诗用韵之法

古诗用韵之法，大约有三：首句、次句连用韵，隔第三句而于第四句用韵者，《关雎》之首章是也。凡汉以下诗，及唐人律诗之首句用韵者，源于此。一起即隔句用韵者，《卷耳》之首章是也。凡汉以下诗，及唐人律诗之首句不用韵者，源于此。自首至末，句句用韵者，若《考槃》《清人》《还》《著》《十亩之间》《月出》《素冠》诸篇，又如《卷耳》之二章、三章、四章，《车攻》之一章、二章、三章、七章，《长发》之一章、二章、三章、四章、五章是也。凡汉以下诗若魏文帝《燕歌行》之类，源于此。自是而变，则转韵矣。转韵之始，亦有连用、隔用之别，而错综变化，不可以一体拘。于是有上下各自为韵，若《兔罝》及《采薇》之首章，《鱼丽》之前三章，《卷阿》之首章者。有首末自为一韵，中间自为一韵，若《车攻》之五章者。有隔半章自为韵，若《生民》之卒章者。有首提二韵，而下分二节承之，若《有瞽》之篇者。此皆诗之变格，然亦莫非出于自然，非有意为之也。

【译文】古代的诗歌用韵的方法，大致有三种：第一句、第二句连用韵，隔着第三句而在第四句用韵的诗，《关雎》第一章是这样的体例。凡是汉代以下的诗，以及唐人律诗的首句用韵的，都是源于这里。一开始就相隔一句用韵的诗，《卷耳》第一章是这样的。凡是汉代以下的诗，以及唐人律诗的首句不用韵的，是源于这里。从开头到结尾，句句用韵的诗，如《考槃》《清人》《回》《穿》《十亩之间》《月出》《素冠》诸篇，又如《卷耳》的第二章、第三章、四章，《车攻》的第一章、第二章、第三章、七章，《长发》的第一章、第二章、第三章、第四章、第五章是这样。凡是汉代以下的诗像魏文帝的《燕歌行》之类的诗，也是源于这里。从此而改变，就转韵了。转韵的开始，也有连续用韵、隔章用韵的区别，错综变化，不可以拘泥于一种体式。于是有上下各自为韵，像《兔罝》和《采薇》的第一章，《鱼丽》的前三章，《卷阿》的第一章。有开头和结尾自成一韵，中间自为一韵，像《车攻》的五章。有隔半章自成韵，像《生民》的最后一章。有开头一章提二韵，而下分二节和韵，像《有瞽》这一篇。这些都是诗的变格，但也不是不出于自然，不是有意而作的啊。

古人不忌重韵

杜子美作《饮中八仙歌》用三“前”、二“船”、二“眠”、二

“天”。宋人疑古无此体，遂欲分为八章，以为必分为八，而后可以重押韵无害也，不知《柏梁台》诗，三“之”、三“治”、二“哉”、二“时”、二“来”、二“材”，已先之矣。“东川有杜鹃，西川无杜鹃，涪万无杜鹃，云安有杜鹃”，求其说而不得，则疑以为题下注，不知古人未尝忌重韵也。故有四韵成章，而唯用二字者，“胡为乎株林，从夏南；匪适株林，从夏南”是也。有二韵成章，而惟用一字者，“大人占之：维熊维罴，男子之祥；维虺维蛇，女子之祥”是也。有三韵成章，而惟用一字者，“苟日新，日日新，又日新”是也。

汤濩曰：《仪礼》祭侯辞：“惟若宁侯，毋或若女不宁侯。”《左传》虞叔引谚：“匹夫无罪，怀璧其罪。”曹子臧引志：“圣达节，次守节，下失节。”晏子引谚：“非宅是卜，惟隣是卜。”《老子》：“道可道，非常道；名可名，非常名。”《史记·天官书》：“欲终日有雨有云，有风有日，日当其时者，深而多实；无云有风，日当其时，浅而多实；有云风无，日当其实，深而少实。”皆古人以本字自为韵者也。

如《采薇》首章连用二“猃狁之故”句，《正月》一章，连用二“自口”字，《十月之交》首章连用二“而微”字，《车舝》三章，连用二“庶几”字，《文王有声》首章，连用二“有声”字，《召旻》卒章连用二“百里”字。又如《行露》首章，起用“露”字，末用“露”字，又如《简兮》卒章，连用三“人”字，《那》连用三“声”字。其重一字者，不可胜述。汉以下亦然，如《陌上桑》诗三“头”字，二“隅”字，二“余”字，二“夫”字，二“须”字。“罗敷”字在下句末三见。《焦仲卿妻作》三“语”字，三“言”字，二“由”字，二“母”字，二

“取”字，二“子”字，二“归”字，二“之”字，二“君”字，二“门”字，又二“言”字。苏武《骨肉缘枝叶》一首，二“人”字。《结发为夫妇》一首，二“时”字。陈思王《弃妇词》，二“庭”字，二“灵”字，二“鸣”字，二“成”字，二“宁”字。阮籍《咏怀·灼灼西颓日》一首，二“归”字。张协《杂诗·黑蜧跃重渊》一首，二“生”字。谢灵运《君子有所思行》，二“归”字。梁武帝撰《孔子正言竟述怀诗》，二“反”字。任昉《哭范仆射诗》，二“生”字，三“情”字。沈约《钟山诗》，二“足”字。然则重韵之有忌，其在隋、唐之代乎？

【译文】杜甫（字子美）写的《饮中八仙歌》用三个“前”字、两个“船”字、两个“睡”字、两个“天”字。宋人怀疑没有这种体例，于是想分为八章，认为必须分为八，然后可以用重韵而没有妨碍，不知道《柏梁台》的诗，有三个“之”字、三个“治”字、两个“哉”字、两个“时”字、两个“来”字、两个“材”字，之前已经有这样的体例了。“东川有杜鹃，西川无杜鹃，涪万无杜鹃，云安有杜鹃”，不能寻求他在说什么，就推测为诗题的注解，不知古人不曾忌讳重韵。所以有四韵成章，而只用两个字的，“胡为乎株林，从夏南；匪适株林，从夏南”是这样。有二韵成章，而只用一字的，“大人占之：维熊维罴，男子之祥；维虺维蛇，女子之祥”是这样的。有三韵成章，而只用一字者，“苟日新，日日新，又日新”是这样的。（汤濩说：《仪礼》祭侯辞：“惟若宁侯，毋或若女不宁侯。”《左传》虞叔引谚语：“匹夫无罪，怀璧其罪。”曹子臧引志：“圣达节，次守节，下失节。”晏子引谚语：“非宅是卜，惟邻是卜。”《老子》：“道可道，非常道；名可名，非常名。”《史记·天官书》：“欲终日有雨有云，有风有日，日当其时者，深而多实；无云有风，日当其时，浅而多实；有云风无，日当其实，深而少实。”这都是古人以本字自为韵。）如《采薇》的第一章连用两次“猃狁之故”句，《正月》一章，连用两次“自口”字，《十月之交》第一章连用两次“而微”字，《车舝》第三章，连用两次“庶几”字，《文王有声》的第一章，连用两次“有声”字，《召旻》最后一章连用两次“百里”字。又如《行露》第一章，开始用“露”字，句末用“露”字，又如《简兮》的最后一章，连用三次“人”字，《那》连用三次“声”字。其重复用一字者，非常的多。汉代以下也是这样，如《陌上桑》这首诗三次用“头”字，两次用“隅”字，两次用“余”字，两次用“夫”字，两次用“须”字。（“罗敷”二字在下面句末出现三次。）《焦仲卿妻作》这首诗用三次“语”字，三次“言”字，两次“由”字，两次“母”字，两次“取”字，两次“子”字，两次“归”字，两次“之”字，两次“君”字，两次“门”字，又两次“言”字。苏武《骨肉缘枝叶》一首诗，用两次“人”字。《结发为夫妇》这首诗，两次用“时”字。陈思王《弃妇词》，两次用“庭”字，两次用“灵”字，两次用“鸣”字，两次用“成”字，两次用“宁”字。阮籍《咏怀·灼灼西颓日》这首诗，两次用“归”字。张协《杂诗·黑蜧跃重渊》这首诗，两次用“生”字。谢灵运《君子有所思行》这首诗两次用“归”字。梁武帝撰写的《孔子正言竟述怀诗》，用两次“反”字。任昉《哭范仆射诗》，用两次“生”字，三次“情”字。沈约的《钟山诗》，用两次“足”字。那么重韵有忌讳的，是在隋、唐两个朝代吗？

诸葛孔明《梁父吟》云:“问是谁家墓,田疆古冶子。”又云:“谁能为此谋?国相齐晏子。”用二“子”字。古人但取文理明当而已,初不避重字也。今本或改作“田疆古冶氏”,失之矣。

【译文】诸葛孔明《梁父吟》说:“问是谁家墓,田疆古冶子。”又说:“谁能为此谋?国相齐晏子。”用了两次“子”字。古人只是取文理明白得当罢了,最开始不避重字也。现在的版本或改作“田疆古冶氏”,文意相差得远了!

潘岳《秋兴赋》:“宵耿介而不寐兮,独展转于华省。悟时岁之遒尽兮,慨俯首而自省。”用二“省”字。

【译文】潘岳的《秋兴赋》:“宵耿介而不寐兮,独展转于华省。悟时岁之遒尽兮,慨俯首而自省。”用了两次“省”字。

初唐诗最为严整,而卢照邻《长安古意》:“别有豪华称将相,转日回天不相让。意气由来排灌夫,专权判不容萧相。”用二“相”字,今人谓必字同而义异者,方可重用,若此诗之二“相”,固无异义也。且《诗》曰:“王命南仲,往城于方。”其下文又曰:“天子命我,城彼朔方。”有何异义哉!

【译文】初唐时期的诗最为严整,而卢照邻的《长安古意》:“别有豪华称将相,转日回天不相让。意气由来排灌夫,专权判不容萧相。”用了两次“相”字，现在的人说必须字同而义不一样的，才可以重复用，比如这首诗用了两次“相”字，本来没有不一样的意思啊。而且《诗》说：“王命南仲，往城于方。”其下文又说：“天子命我，城彼朔方。”有什么不一样的意思呢？

李太白《高阳歌》二“杯”字，《庐山谣》二“长”字。杜子美《织女诗》二“中”字，《奉先县咏怀》二“卒”字，《两当县吴十侍御江上宅》二“白”字。《八哀诗》张九龄一首二“省”字，二“境”字，《园人送瓜》二“草”字，《寄狄明府》二“济”字，《宿凿石浦》二“系”字。韩退之《此日足可惜诗》二“光”字，二“鸣“字，二“更”字，二“城”字，二“狂”字，二“江”字。王摩诘《故太子太师徐公挽歌》重用二“名”字，施之律诗，则为非礼。

【译文】李太白的《高阳歌》有两个“杯”字，《庐山谣》两个“长”字。杜甫《织女诗》两个“中”字，《奉先县咏怀》两个“卒”字，《两当县吴十侍御江上宅》两个“白”字。《八哀诗》是杜甫伤悼张九龄等八人所做的一首诗，有两个“省”字，两个“境”字，《园人送瓜》两个“草”字，《寄狄明府》两个“济”字，《宿凿石浦》两个“系”字。韩愈《此日足可惜诗》两个“光”字，两个“鸣“字，两个“更”字，两个“城”字，两个“狂”字，两个“江”字。（王维字摩诘《故太子太师徐公挽歌》重用两个“名”字，如果用律诗的标准来看，就不合规矩了。）

诗有以意转而韵须重者，如“今夕何夕，见此良人。子兮子兮，如此良人何！”“嚶其鸣矣，求其友声。相彼鸟兮，犹求友声。”“有杕之杜，其叶萋萋。王事靡盬，我心伤悲。卉木萋止，女心悲止。”“于论鼓钟，于乐辟雍。于论鼓钟，于乐辟雍。”又若“公无渡河，公竟渡河！”此皆承上文而转者，不容别换一字。

【译文】诗有以意转而韵须重复的，如“今夕何夕，见此良人。子兮子兮，如此良人何！”“嚶其鸣矣，求其友声。相彼鸟兮，犹求友声。”“有杕之杜，其叶萋萋。王事靡盬，我心伤悲。卉木萋止，女心悲止。”“于论鼓钟，于乐辟雍。于论鼓钟，于乐辟雍。”又如“公无渡河，公竟渡河！”这都是承接上文而意转的，不能换另外的一个字。

七言之始

昔人谓《招魂》《大招》去其“些”“只”，即是七言诗。余考七言之兴，自汉以前，固多有之。如《灵枢经·刺节真邪篇》：“凡刺小邪日以大，补其不足乃无害，视其所在迎之界。凡刺寒邪日以温，徐往徐来致其神，门户已闭气不分，虚实得调其气存。”宋玉《神女赋》：“罗纨绮缋盛文章，极服妙采照万方。”此皆七言之祖。

【译文】前人说《招魂》《大招》去掉“些”“只”字，就是七言诗。我考察了七言诗的兴起，从汉代以前，本来就有很多。如《灵枢经·刺节真邪篇》：“凡刺小邪日以大，补其不足乃无害，视其所在迎之界。凡刺寒邪日以温，徐往徐来致其神，门户已闭气不分，虚实得调其气存。”宋玉《神女赋》：“罗纨绮缋盛文章，极服妙采照万方。”这都是七言诗的开始。

《素问·八正神明论》：“神乎神，耳不闻，目明心开而志先，慧然独悟，口弗能言，俱视独见，适若昏，昭然独明，若风吹云，故曰神，三部九候为之原，九针之论不必存。”其文绝似《荀子·成相篇》。

【译文】《素问·八正神明论》：“神乎神，耳不闻，目明心开而志先，慧然独悟，口弗能言，俱视独见，适若昏，昭然独明，若风吹云，故曰神，三部九候为之原，九针之论不必存。”这段文字极像《荀子·成相篇》的风格。

一 言

《缁衣》三章，章四句，非也。“敝”字一句，“还”字一句。若曰“敝予、还予”，则言之不顺矣，且何必一言之不可为诗也？《吴志·历阳山石文》：“楚，九州渚。吴，九州都。”“楚”字一句，“吴”字一句，亦是一言之诗。

【译文】《缁衣》这首诗共三个章节，每一章有四句话，不是这样的。“敝”字一句，“还”字一句。如果用“敝予、还予”，这样语言就不通顺了，况且为什么一定要说一言不能成诗呢？《吴志·历阳山石文》：“楚，九州渚。吴，九州都。”“楚”字一句，“吴”字一句，也是一言的诗。

古人未有之格

语助之外，止用四字成诗，而四字皆韵，古未之有也。始见于《庄子》：“父邪母邪，天乎人乎。”是也。三章，章各二句，而合为一韵，古未之有也。始见于《孟尝君传》：“长铗归来乎，食无鱼”；“长铗归来乎，出无车”；“长铗归来乎，无以为家”是也。

【译文】语气助词之外，只用四个字成一首诗，并且四字都成韵，这是自古以来从未有过的。最初出现在《庄子》里：“父邪母邪，天乎人乎。”是这样。三章，每章各有两句，而合为一韵，古时候没有这样的。最初出现在《孟尝君传》里：“长铗归来乎，食无鱼”；“长铗归来乎，出无车”；“长铗归来乎，无以为家”是这样。

古人不用长句成篇

古诗有八言者，“胡瞻尔庭有县貆兮”是也。有九言者，“凛乎若朽索之驭六马”是也。然无用为全章者，不特以其不便于歌也，长则意多冗，字多懈，其于文也，亦难之矣。以是知古人之文可止则止，不肯以一意之冗，一字之懈，而累吾作诗之本义也。正义引颜延之云：“诗体无九言者，将由声度阐缓，不协金石。”知此义者，不特句法也，章法可知矣。七言排律，所以从来少作，作亦不工者，何也？意多冗也，字多懈也。为七言者，必使其不可裁而后工也，此汉人所以难之也。

【译文】古诗有八字的，“胡瞻尔庭有县貆兮”这句就是的。有九字的，“凛乎若朽索之驭六马”是这样。但是没有用全章的，不只是因为他们不便于歌咏，而是句子长意多散，字多懈，这对于文章来说，也是很难的了。因此了解到古人写文章是意思可以表达完就停止，不肯让一意之冗，一字之懈，而妨碍我作诗的本义啊！（正义引颜延之的话说：“诗体没有九言的，将由声度阐缓，不协金石。”）知道这个意思的，不仅仅是知道句法，文章的组织结构也知道了。七言排律，之所以从来少作，作亦不工者，为什么呢？是因为意多散、字多懈啊。必然使其不可裁而后工巧，这是汉人之所以作诗难的原因。

诗用叠字

诗用叠字最难。《卫诗》：“河水洋洋，北流活活。施罛濊濊，鳣鲔发发，葭菼揭揭，庶姜孽孽。”连用六叠字，可谓复而不厌，赜而不乱矣。《古诗》：“青青河畔草，郁郁园中柳，盈盈楼上女，皎皎当窗牖。娥娥红粉妆，纤纤出素手。”连用六叠字，亦极自然，下此即无人可继。

【译文】诗用叠字最难。《卫诗》："河水洋洋，北流活活。施罛濊濊，鳣鲔发发，葭菼揭揭，庶姜孽孽。"连用六个叠字，可以说是复而不厌，深奥而不乱啊！《古诗》："青青河畔草，郁郁园中柳，盈盈楼上女，皎皎当窗牖。娥娥红粉妆，纤纤出素手。"连用六个叠字，也是非常自然，从此之后就没有人可以继承这种风格。

屈原《九章·悲回风》："纷容容之无经兮，罔芒芒之无纪。轧洋洋之无从兮，驰逶移之焉止。漂翻翻其上下兮，翼遥遥其左右。氾潏潏其前后兮，伴张弛之信期。"连用六叠字。宋玉《九辩》："乘精气之抟抟兮，骛诸神之湛湛。骖白霓之习习兮，历群灵之丰丰。左朱雀之茇茇兮，右苍龙之躣躣。属雷师之阗阗兮，通飞廉之衙衙。前轻輬京之锵锵兮，后辎乘之从从。载云旗之委蛇兮，扈屯骑之容容。"连用十一叠字，后人辞赋，亦罕及之者。

【译文】屈原《九章·悲回风》："纷容容之无经兮，罔芒芒之无纪。轧洋洋之无从兮，驰逶移之焉止。漂翻翻其上下兮，翼遥遥其左右。氾潏潏其前后兮，伴张弛之信期。"连用六个叠字。宋玉《九辩》："乘精气之抟抟兮，骛诸神之湛湛。骖白霓之习习兮，历群灵之丰丰。左朱雀之茇茇兮，右苍龙之躣躣。属雷师之阗阗兮，通飞廉之衙衙。前轻輬京之锵锵兮，后辎乘之从从。载云旗之委蛇兮，扈屯骑之容容。"连用十一个叠字，后人辞赋，却少有像他一样的。

次韵

今人作诗，动必次韵，以此为难，以此为巧。吾谓其易而拙也。且以律诗言之，平声通用三十韵之中，任用一韵，而必无他韵可易；一韵数百字之中，任押五字，而必无他字可易。名为易，其实难矣。先定五字，而以上文凑足之，文或未顺，则曰牵于韵耳，意或未满，则曰束于韵尔。用事遣辞，小见新巧，即可擅场，名为难，其实易矣。夫其巧于和人者，其胸中本无诗，而拙于自言者也。故难易巧拙之论破，而次韵之风可少衰也。

【译文】现在的人作首诗，动辄必用次韵，因为这是很难的，也是很工巧的。我认为这是简单而拙笨的。暂且用律诗来说，平声通用三十韵之中，任意用的一个韵，却肯定没有其他韵可以替换；一韵几百字之中，任意押五字，却肯定没有其他字可以替换。说着容易，其实难啊。先定五字，而以上文来凑够，文章或不顺，就说是在韵上牵强而已，诗意或者没有表达到位，就说是在韵上束缚住了。引用典故用辞，小见新奇而巧妙，就可以压倒全场，说是困难，实际上容易。其巧于和人的，他心中根本没有诗，而拙于自言而已。所以难易巧拙争论被攻破，而次韵的风气也可衰微了。

严沧浪《诗话》曰：“和韵最害人诗。古人酬唱不次韵，此风始盛于元、白、皮、陆。本朝诸贤，乃以此而斗工，遂至往复有八九和者。”

【译文】严羽（自号沧浪逋客）《沧浪诗话》说："和韵最妨碍人作诗。古人以诗词互相酬答唱和不用次韵，这个风气从元稹、白居易、皮日休、陆龟蒙等开始盛行。明朝诸位贤能，居然以这个而斗工，于是以至于循环往复有八九唱和的。"

按唐元稹《上令狐相公启》曰："稹与同门生白居易友善。居易雅能为诗，就中爱驱驾文字，穷极声韵，或为千言，或为五百言律诗，以相投寄。小生自审不能有以过之，往往戏排旧韵，别创新词，名为次韵，盖欲以难相挑耳。江湖间为诗者，或相仿效，或力不足，则至于颠倒语言，重复首尾，韵同意等，不异前篇，亦目为元和诗体。而司文者，考变雅之由，往往归咎于稹。"是知元、白作诗次韵之初，本自以为戏，而当时即已取讥于人。今人乃为之而不厌，又元、白之所鄙而不屑者矣。

【译文】按照唐朝元稹《上令狐相公启》说："我和同门生白居易亲近和睦。白居易很会写诗，其中特别爱使用文字，穷极声韵，或为千言，有的是五百言律诗，以相投寄。小生独自揣摩不能超过他，往往戏排旧韵，别创新词，名为次韵，大概想以难相挑罢了。江湖上写诗的人，或者依样效法，或力不足，则至于颠倒文字，重复开头和结尾，韵同意等，和前篇没有差别，也视为元和诗的体裁。而掌管文教的官员，考察诗变雅的原因，往往都归罪于元稹。"由此可知元稹、白居易作诗最初用次韵，本来自以为嘲弄，而当时就已经在人中招致讥讽。现在的人创作这类风格而不厌恶，但这却是元、白所鄙视而不屑的了。

欧阳公《集古录》论唐薛苹倡和诗曰：《唐书》："薛苹，河中宝鼎人，长于诗。""其间冯宿、冯定、李绅皆唐显人，灵澈以诗名后世，然诗皆不及苹。盖倡者得于自然，和者牵于强作。"可谓知言。朱子《答谢成之书》谓渊明诗所以为高，正在不待安排，胸中自然流出。东坡乃篇篇句句，依韵而和之，虽其高才，似不费力，然已失其自然之趣矣。

【译文】欧阳修的《集古录》，论述唐代薛苹（《旧唐书》："薛苹，河中宝鼎人，擅长写诗"）倡和诗说："其中冯宿、冯定、李绅都是唐代杰出的人，灵澈因为诗而留名于后世，但他们的诗都不如薛苹的。这是因为最先发起的人出于自然而写，后来和诗的人是勉强而写。"可以说是有见识的话。朱熹《答谢成之书》说渊明的诗之所以为高，正是不用提前计划，胸中自然流露出来。苏东坡的篇篇句句，都是依韵而和，虽然以他的才华，似乎不费力，但已失去其自然的雅趣了。

凡诗不束于韵而能尽其意，胜于为韵束而意不尽，且或无其意，而牵入他意以足其韵者，千万也。故韵律之道，疏密适中为上，不然则宁疏无密。文能发意，则韵虽疏不害。

【译文】凡作诗不要局限在用韵上而贵在能表达内心的意思，过于用韵而意不能表达完，并且没有表达意思，而牵入他意以满足韵律的人，很多啊。所以用韵律的方法，以疏密适中为上等，否则宁疏无密。文章能表达心意，那么韵虽然疏但不妨碍。

柏梁台诗

汉武柏梁台诗，本出《三秦记》，云是元封三年作。而考之于史，则多不符。按《史记》及《汉书·孝景纪》："中六年夏四月，梁王薨。"《诸侯王表》："梁孝王武，立三十五年，薨。孝景后元年，共王买嗣，七年，薨。建元五年，平王襄嗣，四十年，薨。"《文三王传》同。又按《孝武纪》："元鼎二年春，起柏梁台。"是为梁平王之二十二年，而孝王之薨，至此已二十九年，又七年，始为元封三年。又按平王襄，元朔中以与太母争樽，公卿请废为庶人。天子曰："梁王襄无良师傅，故陷不义。"乃削梁八城，梁余尚有十城。《汉书》言削五县，仅有八城。又按平王襄之十年，为元朔二年，来朝；其三十六年为太初四年，来朝。皆不当元封时。又按《百官公卿表》："郎中令，武帝太初元年更名光禄勋。典客，景帝中六年，更名大行令，武帝太初元年，更名大鸿胪。治粟内史，景帝后元年，更名大农令，武帝太初元年，更名大司农。中尉，武帝太初元年，更名执金吾。内史，景帝二年分置左内史，右内史，武帝太初元年，更名京兆尹，左内史更名左冯翊。主爵中尉，景帝中六年，更名都尉，武帝大初元年，更名右扶风。”凡此六官，皆太初以往之名，不应预书于元封之时。又按《孝武纪》，太初元年冬十一月乙酉，柏梁台灾。夏五月，正历，以正月为岁首，定官名。则是柏梁既灾之后，又半岁而始改官名。而大司马、大将军青，则薨于元封之五年，距此已二年矣。反复考证，无一合者。盖是后人拟作，剽取武帝以来官名，及《梁孝王世家》乘舆驷马之事以合之，而不悟时代之乖舛也。

【译文】汉武帝柏梁台诗，本来出自《三秦记》，说是元封三年作的。然而在史料中考证，则有很多不符合。据《史记》和《汉书·孝景帝纪》："中六年夏四月，梁王去世。"《诸侯王表》："梁孝王刘武，在位三十五年，后去世。孝景帝后元年，共王刘买继位，在位七年，后去世。汉武帝建元五年，平王刘襄继位，在位四十年，去世。"《文三王传》与之相同。又根据《武帝纪》："元鼎二年春天，建造柏梁台。"这是梁平王的二十二年，而孝王去世，到这里已经二十九年，又过了七年，才为元封三年。又根据平王刘襄，元朔年间因与太母争酒器，公卿大臣请求废黜为庶人。天子说："梁王襄没有好老师，所以陷于不义。"于是削减梁国八座城，梁国还余有十座城。（《汉书》说削减五县，只有八座城。）又按平王刘襄十年，为元朔二年，前来朝见；其三十六年为太初四年，前来朝见。都不在元封时。又根据《百官公卿表》："郎中令，汉武帝太初元年改名为光禄勋。典客，景帝中六年，改名为大行令，汉武帝太初元年，改名为大鸿胪。治粟内史，景帝后元年，改名为大农令，汉武帝太初元年，改名为大司农。中尉，汉武帝太初元年，改名为执金吾。内史，景帝二年分置左内史，右内史，汉武帝太初元年，改名为京兆尹，左内史改名为左冯翊。主爵中尉，景帝中六年，改称都尉，汉武帝太初元年，改名为右扶风。”总共这六个官名，都以太初以前的名字，不应预先写在元封的时候。又根据《武帝纪》，太初元年冬十一月二十八日，柏梁台发生火灾。夏五月，正历，以正月为一年的开始，制定官名。柏梁台火灾之后，又过了半年就开始改官名。而大司马、大将军卫青，就死于元封五年，距这件事已经过去两年了。反复考证，没有一个吻合的。大概是后人拟作，窃取武帝以来的官名，和《梁孝王世家》乘舆驷马之事以来符合当时史事，而不明白时代的错误啊！

按《世家》，梁孝王二十九年，《表》：孝景前七年。十月入朝，景帝使使持节，乘舆驷马，迎梁王于阙下。臣瓒曰：“天子副车驾驷马，此一时异数，平王安得有此？”

【译文】根据《世家》，梁孝王二十九年，（《表》：孝景帝前七年。）十月入朝，景帝派使者持节，乘舆驷马，在宫阙下迎接梁王。臣瓒说：“皇帝副车驾着四匹马拉的车，这是一代的变数了，楚平王哪里有这样的？”

诗体代降

《三百篇》之不能不降而《楚辞》，《楚辞》不能不降而汉、魏，汉、魏之不能不降而六朝，六朝之不能不降而唐也，势也。用一代之体，则必似一代之文，而后为合格。

【译文】《诗经》的体裁随着时代而不断产生变化，而后有《楚辞》，《楚辞》的体裁随着时代而不断产生变化而有汉、魏乐府古辞，汉、魏乐府古辞的体裁随着时代而不断产生变化而有六朝乐府民歌，六朝乐府民歌的体裁随着时代而不断产生变化而有唐诗，这是大势所趋。用一个时代的体裁，则必像一代的文章，而后才成为符合当代格式。

诗文之所以代变，有不得不变者。一代之文，沿袭已久，不容人人皆道此语。今且千数百年矣，而犹取古人之陈言，一一而摹仿之，以是为诗，可乎？故不似，则失其所以为诗，似，则失其所以为我。李、杜之诗所以独高于唐人者，以其未尝不似，而未尝似也。知此者，可与言诗也已矣。

【译文】诗文的体裁之所以随着时代而不断产生变化，有不得不改变的。一个时代的诗文，沿用已久，不可能让人人都说这样的话。现在将近一千几百年了，但取古人的旧说，一一地模仿，以为这是诗，可以吗？所以不效仿旧时诗歌的体裁，就失去了作诗的格式，完全效仿旧时诗歌的体裁，就失去了作者自我要表现的东西。李白、杜甫的诗之所以独高于唐人的地方，是因为他们不一定不效仿，但不一定效仿。知道这个道理的，可以跟他讨论诗了。

书法诗格

南北朝以前，金石之文，无不皆八分书[1]者，是今之真书，不足为字也。姚铉之《唐文粹》，吕祖谦之《皇朝文鉴》，真德秀之《文章正宗》，凡近体之诗皆不收，是今之律诗不足为诗也？今人将繇真书以窥八分。繇律诗以学古体，是从事于古人之所贱者，而求其所最工，岂不难哉！

【注释】①八分书是隶书的一种，人们把带有明显波磔特征的隶书称为“八分书”。亦称“分书”或“分隶”。

【译文】南北朝以前，刻在金石上的文字都用隶书书写，如果从这个角度来看，现在所谓的楷书就算不上规范字了。姚铰的《唐文粹》，吕祖谦的《皇朝文鉴》，真德秀的《文章正宗》，凡是近体的诗都不收，这是现在的律诗不足称为诗？今人将从真书以窥八分。从律诗以学古体，是从事于古人所轻视的，而寻求其所最工，岂不很难吗！

鄞人薛千仞冈曰：“自唐人之近体兴，而诗一大变，后学之士，可兼为而不可专攻者也。近日之弊，无人不诗，无诗不律，无律不七言。”又曰：“七言律，法度贵严，对偶贵整，音节贵响，不易作也。今初学后生，无不为七言律，似反以此为入门之路，其终身不得窥此道藩篱，无怪也。”

【译文】鄞县人薛冈（字千仞）说："从唐代的近体诗兴起，这是诗的一大变化，后来的学者，可以同时创作而不可专攻一个。最近的弊病，没有人不作诗，没有诗不按照格律，没有格律不是七言。"又有人说："七言律诗，法度贵严，对偶贵整，音节贵响，不容易创作。现在的初学后生，都是作七言格律，似乎反而以此为入门之路，他们是终身不得窥视这范围，这没有什么奇怪的。"

诗人改古事

陈思王上书："绝缨盗马之臣，赦楚、赵以济其难。"注谓："赦盗马，秦穆公事。秦亦赵姓，故互文以避上'秦'字也。"赵至《与嵇茂齐书》："梁生适越，登岳长谣。"梁鸿本适吴，而以为越者，吴为越所灭也。谢灵运诗："弦高犒晋师，仲连却秦军。"弦高所犒者秦师，而改为晋，以避下"秦"字，则舛而陋矣。李太白《行路难》诗："华亭鹤唳讵可闻，上蔡苍鹰安足道。"杜子美《诸将诗》："昨日玉鱼蒙葬地，早时金碗出人间。"改"黄犬"为"苍鹰"，改"玉碗"为"金碗"，亦同此病。

【译文】陈思王曹植上书："绝缨盗马之臣，赦楚、赵以济其难。"注说："赦盗马，是秦穆公的事。秦王姓赵，故而互文以避上'秦'字。"赵至《与嵇茂齐书》："梁生适越，登岳长谣。"梁鸿本来在吴国出仕，而认为在越国，是因为吴国被越国所灭。谢灵运诗："弦高犒晋师，仲连却秦军。"弦高所犒军的是秦国军队，而改为晋军，以避下“秦”字，这就大错而浅陋了。唐代诗人李白在《行路难》诗中：“华亭鹤唳讵可闻，上蔡苍鹰安足道。”杜甫《诸将诗》：“昨日玉鱼蒙葬地，早时金碗出人间。”改“黄犬”为“苍鹰”，改“玉碗”为“金碗”，也是同样的弊端。

自汉以来，作文者即有回避、假借之法。太史公《伯夷传》：“伯夷、叔齐虽贤，得夫子而名益彰。颜渊虽笃学，附骥尾而行益显。”本当是附夫子耳，避上文雷同，改作骥尾。使后人为之，岂不为人讥笑？

【译文】自汉朝以来，写文章的人就有回避、借用的方法。司马迁《伯夷列传》：“伯夷、叔齐虽贤，得夫子而名益彰。颜渊虽笃学，附骥尾而行益显。”本应是附和孔子，避免与上文相同，改作骥尾。假使后人也学习这种文法，岂不为人讥笑？

庾子山赋误

庾子山《枯树赋》云：“建章三月火。”按《史记》：“武帝太初元年冬十一月乙酉，柏梁台灾。春二月起建章宫。”《西京赋》：“柏梁既灾，越巫陈方，建章是经，用厌火祥。”是灾者柏梁，非建章。而三月火，又秦之阿房，非汉也。《哀江南赋》云：“栩阳亭有离别之赋。”《夜听捣衣曲》云：“栩阳离别赋。”按《汉书·艺文志》：“别栩阳赋五篇。”详其上下文例，当是人姓名，姓别，名栩阳也。以为“离别”之“别”，又非也。

【译文】庾信（字子山）《枯树赋》说：“建章三月火。”按《史记》：“武帝太初元年冬十一月二十八日，柏梁台发生火灾。第二年春二月建造建章宫。”《西京赋》：“柏梁既灾，越巫陈方，建章是经，用厌火祥。”那发生火灾的是柏梁，不是建章。而“三月火”，又是秦朝的阿房宫，不是汉代的。《哀江南赋》云：“栩阳亭有离别之赋。”《夜听捣衣曲》云：“栩阳离别赋。”按《汉书·艺文志》：“别栩阳赋五篇。”根据上下文的例子知道，当是人的姓名，姓别，名栩阳。以为是“离别”的“别”，又错了。

于仲文诗误

隋于仲文诗：“景差方入楚，乐毅始游燕。”按《汉书·高帝纪》：“徙齐、楚大族昭氏、屈氏、景氏、怀氏、齐田氏五姓关中，与利田宅。”景驹注：文颖曰：楚族景氏，驹名。王逸《楚辞章句》：“三闾之职，掌王族三姓，曰昭、屈、景。”然则景差亦楚之同姓也，而仲文以为入楚，岂非梁、陈已下之人，但事辞章，而不详典据故邪？

【译文】隋代于仲文诗：“景差方入楚，乐毅始游燕。”按《汉书·高帝纪》：“迁徙齐、楚大族昭氏、屈氏、景氏、怀氏、齐田氏五姓到关中，并且赏赐他们田宅。”（景驹注：文颖说：楚族景氏，名驹。）王逸《楚辞章句》："三闾之职，掌王族三姓，曰昭、屈、景。"然而景差也是楚的同姓，而于仲文以为"入楚"，这难道不是梁、陈以下的人，只做诗词文章，而不遵循典故来源的原因吗？

梁武帝天监元年，诏曰："雉兔有刑，姜宣致贬。"此用《孟子》"杀其麋鹿者如，杀人之罪"，而不知宣王乃田氏，非姜后也。与此一类。

【译文】梁武帝天监元年，下诏令说："雉兔有刑，姜宣致贬。"这里用《孟子》"杀其麋鹿者，如杀人之罪"，而不知齐宣王是田氏，不是姜子牙后人。与上文是一类。

李太白诗误

李太白诗："汉家秦地月，流影照明妃。一上玉关道，天涯去不归。"按《史记》，言匈奴左方王将直上谷以东，右方王将直上郡以西，而单于之庭直代、云中。《汉书》言呼韩邪单于自请留居光禄塞下，又言天子遣使送单于出朔方鸡鹿塞，今在河套内。后单于竟北归庭。乃知汉与匈奴往来之道，大抵从云中、五原、朔方，明妃之行亦必出此。故江淹之赋李陵，但云："情往上郡，心留雁门。"而玉关与西域相通，自是公主嫁乌孙所经，太白误矣。《颜氏家训》谓"文章地理必须惬当"。其论梁简文《雁门太守行》，而言"日逐康居、大宛、月氏"。萧子晖《陇头水》，而云"北注黄龙，东流白马"。

沈存中论白乐天《长恨歌》“峨眉山下少人行”，谓峨眉在嘉州，非幸蜀路。文人之病，盖有同者。

【译文】李白的诗：“汉家秦地月，流影照明妃。一上玉关道，天涯去不归。”按《史记》，说匈奴左方王将领地延伸到上谷以东，右方王将领地延伸到上郡以西，而单于之庭领地延伸到代、云中。《汉书》说呼韩邪单于自请留居光禄塞下，又说天子遣使送单于出朔方鸡鹿塞（今在河套内），后单于竟北归庭。才知道汉人与匈奴往来的道路，大致是从云中、五原、朔方，明妃王昭君的出行也必须从这里出发。所以江淹在《恨赋》中写李陵，只是说：“情往上郡，心留雁门。”而玉关与西域相通，自然是公主嫁乌孙所经过道路，所以李白写错了。《颜氏家训》说“文章中有关地理的内容必须恰当”。他论述梁简文帝的《雁门太守行》，而说“日逐康居、大宛、月氏”。萧子晖《陇头水》，而说“北注黄龙，东流白马”。沈存中论述白居易的《长恨歌》“峨眉山下少人行”，说峨眉山在嘉州，唐玄宗不是道经蜀路。文人的这个毛病，大概有相同的。

梁徐悱《登琅邪城》诗：“甘泉警烽候，上谷抵楼兰。”上谷在居庸之北，而楼兰为西域之国，在玉门关外。即此一句之中，文理已自不通，其不切琅邪城又无论也。

【译文】南朝梁徐悱的《登琅邪城》诗：“甘泉警烽候，上谷抵楼兰。”上谷在居庸关的北面，而楼兰是西域的古国，在玉门关外。就这一句话中，文理已经说不通，那不合琅邪城又更不必说了。

郭璞赋误

郭璞《江赋》："总括汉、泗，兼包淮、湘。"淮、泗并不入江，岂因孟子而误邪？

【译文】郭璞的《江赋》："总括汉、泗，兼包淮、湘。"淮河、泗河都不流入长江，难道是因为孟子而误解吗？

陆机文误

陆机《汉高帝功臣颂》："侯公伏轼，皇媪来归。"乃不考史书之误。《汉仪注》："高帝母，兵起时，死小黄，后于小黄作陵庙。"《本纪》："五年，即皇帝位于汜水之阳，追尊先媪为昭灵夫人。"则其先亡可知。而十年有太上皇后崩，乃太上皇崩之误文，重书而未删也。侯公说羽，羽乃与汉约，中分天下。九月，归大公、吕后，并无皇媪。

【译文】陆机的《汉高帝功臣颂》："侯公伏轼，皇媪来归。"是不考证史书而导致的错误。《汉仪注》："是汉高祖的母亲，起兵时，死于小黄，后来小黄建造陵庙。"《本纪》："汉高祖五年，汉高祖即皇帝位于汜水之阳，追尊先媪为昭灵夫人。”那么汉高祖之母“先亡”是可以知道的。而汉高祖十年有“太上皇后崩”的文字，是“太上皇崩”的错误文字，重复书写而没有删改的导致的。侯公说服项羽，项羽和汉王约定，平分天下。九月，放归大公、吕后，并没有皇媪。

字

春秋以上，言文不言字，如《左传》“于文止戈为武”“故文反正为乏”“于文皿虫为蛊”。及《论语》“史阙文”，《中庸》“书同文”之类，并不言字。《易》：“女子贞不字，十年乃字，”《诗》：“牛羊腓字之。”《左传》：“其僚无子，使字敬叔。”皆训为乳。《书·康诰》：“于父不能字厥子。”《左传》：“乐王鲋字而敬，小事大，大字小。”亦取爱养之义，唯《仪礼·士冠礼》“宾字之。”《礼记. 郊特牲》“冠而字之，敬其名也。”与文字之义稍近，亦未尝谓文为字也，以文为字，乃始于《史记》秦始皇琅邪台石刻曰：“同书文字。”《说文》序云：“依类象形，谓之文；形声相益，谓之字。文者物象之本，字者孳乳而生。”《孝经援神契》亦有此语。《周礼》：外史“掌达书名于四方”。注云：“古曰名，今曰字。”《仪礼·聘礼》注云：“名，书文也，今谓之字。”《三国志》注：“孙亮时，有山阴朱育，依体像类，造作异字，千名以上。”此则字之名，自秦而立，自汉而显也与。

【译文】春秋时期以前，说文不说字，如《左传》“于文止戈为武”“故文反正为乏”“在文皿虫为蛊”。和《论语》“史阙文”，《中庸》的“书同文”之类的，并不是说字。《易》：“女子贞不字，十年乃字，”《诗经》：“牛羊腓字之。”《左传》：“其僚无子，使字敬叔。”都解释为“乳”。《尚书·康诰》：“于父不能字厥子。”《左传》：“乐王鲋字而敬，小事大，大字小。”也取“爱养”的意思，只有《仪礼·士冠礼》“宾字之。”《礼记·郊特牲》“冠而字之，敬其名也。”文字的意义逐渐接近，也不曾称文为字。以文为字，开始于《史记》秦始皇琅邪台石刻说：“同书文字。”《说文》序说：“按照物体的类像画出形体，称为文；形旁和声旁相组合，称为字。文是表示事物的本然现象，字是由文衍生而逐渐增多的。”（《孝经》援神契》里也有这样的话。）《周礼》：外史“掌达书名于四方”。注说：“古曰名，今曰字。”《仪礼·聘礼》注云：“名，书文也，今谓之字。”（《三国志》注：“孙亮时，山阴朱育，依体像类，造作异字，千名以上。”）这是字的名称，从秦朝开始存在，从汉朝开始就在世上广泛使用了。

许氏《说文》序：“此十四篇，五百四十部，九千三百五十三文，解说凡十三万三千四百四十一字。”以篆书谓之文，隶书谓之字。张揖《上博雅表》“凡万八千一百五十文。”唐玄度《九经字样》序：“凡七十六部，四百廿一文。”则通谓之文。

三代以上，言文不言字。李斯、程邈出，文降而为字矣。二汉以上，言音不言韵，周颙、沈约出，音降而为韵矣。

【译文】许慎《说文解字》序说："这十四篇，有五百四十个部首，九千三百五十三文，解说共有十三万三千四百四十一字。"用篆书写的称为文，隶书写的称为字。张揖《上博雅表》说"共一万八千一百五十文。"唐玄度《九经字样》序："共七十六个部首，四百二十文。"这是通称为文。

三代以前，说文不说字。李斯、程邈出现后，文发展为字。两汉以前，说音不说韵，周颙、沈约出现后，音称为韵。

古 文

古时文字不一。如汉汾阴宫鼎，其盖铭曰："汾阴供官铜鼎盖二十枚。"二十字作"十十"。鼎铭曰："汾阴供官铜鼎二十枚。"二十字作"廾"。其末曰："第二十三。"二十字作"廿"。一器之铭三见而三不同。自唐以往，文字日繁，不得不归一律，而古书之不复通者多矣。

【译文】古时候的文字不统一。比如汉代的汾阴宫鼎的盖铭说："汾阴供官铜鼎盖二十枚。"二十写作十十。鼎的铭文说："汾阴供官铜鼎二十枚。"二十字写作"廾"。最后说："第二十三。"二十写作"廿"。一个器物上的铭文同样的字三次出现而三次不同。自唐代以后，文字越来越多，不得不归于一统，而对古代书籍不再通晓的人多了起来。

说 文

自隶书以来，其能发明六书之指，使三代之文尚存于今日，而得以识古人制作之本者，许叔重《说文》之功为大，后之学者，一点一画，莫不奉之为规矩。而愚以为亦有不尽然者。且以《六经》之文、左氏、公羊、穀梁之传，毛苌、孔安国、郑众、马融诸儒之训，而未必尽合；况叔重生于东京之中世，所本者，不过刘歆、贾逵、杜林、徐巡等十余人之说，杨慎《六书索引序》曰："《说文》有孔子说、楚庄王说、左氏说、韩非说、淮南子说、司马相如说、董仲舒说、京房说、卫宏说、扬雄说、刘歆说、桑钦说、杜林说、贾逵说、傅毅说、官溥说、谭长说、王育说、尹彤说、张林说、黄颢说、周盛说、逯安说、欧阳侨说、宁严说、爰礼说、徐巡说、庄都说、张彻说。"而以为尽得古人之意，然与否与？一也。

【译文】从隶书以来，其能发明六书的意旨，使三代的文化还保存到今天，也得以认识古人创作文字的根本，许慎（字叔重）的《说文》功劳为最大，后来的学者，一点一画，没有不尊奉《说文》为规则。而我认为也有不完全对的。并用《六经》的文、左丘明、公羊、穀梁的传，毛苌、孔安国、郑众、马融诸儒的解释，而不一定完全符合；何况许慎先生出生在东汉的中期，所依据的，不过是刘歆、贾逵、杜林、徐巡等十余人的说法，（杨慎《六书索引序》曰："《说文》有孔子说、楚庄王说、左氏说、韩非说、淮南子说、司马相如说、董仲舒说、京房说、卫宏说、扬雄说、刘歆说、桑钦说、杜林说、贾逵说、傅毅说、官溥说、谭长说、王育说、尹彤说、张林说、黄颢说、周盛说、逯安说、欧阳侨说、宁严说、爰礼说、徐巡说、庄都说、张彻说。”）而以为全部得到古人的意思，是还是不是呢？这是第一点。

《五经》未遇蔡邕等正定之先，传写人人各异，今其书所收，率多异字，而以今经校之，则《说文》为短。又一书之中，有两引而其文各异者，如“汜”下引《诗》“江有汜”，“洍”下引《诗》“江有洍”，“逑”下引《书》“旁逑孱功”，“僝”下引《书》“旁救僝功”，“巹”下引《诗》“赤舄己己”，“掔”下引《诗》“赤舄掔掔”。后之读者将何所从？二也。郑玄常駮许慎《五经异义》。《颜氏家训》亦云：“《说文》中有援引经传，与今乖者，未之敢从。”

【译文】《五经》没有遇到蔡邕等人校订改正之前，抄写本人人各不相同，现在所收的这本书，大多有不同的字，而以现在经书校对，则《说文》为短。还有在一书当中，有两次引用而文各不相同，（如“汜”下引《诗经》“江有汜”，“洍”下引《诗经》“江有洍”，“逑”下引《尚书》“旁逑孱功”，“僝”下引《尚书》“旁救僝功”，“巹”下引《诗经》“赤舄己己”，“掔”下引《诗经》“赤舄掔掔”。）后来的读者将怎么办才好？这是第二点。（郑玄常驳正许慎的《五经异义》。《颜氏家训》也说：“《说文》中有引证经传，与现在违背的，不敢采取。”）

流传既久，岂无脱漏？即徐铉亦谓篆书堙替日久，错乱遗脱，不可悉究。今谓此书所阙者，必古人所无，别指一字以当之，如《说文》无“刘”字，后人以“镏”字当之，无“由”字，以“甹”字当之，无“免”字，以“絻”字当之。改经典而就《说文》，支离回互，三也。

【译文】流传已久，怎么会没有遗漏呢？就是徐铉也说篆书废置已久，错乱遗漏，不能全部考究。现在说这本书所缺的，必是古人所没有的，另外指定一个字来替代。（比如《说文》中没有“刘”字，后人用“镏”字代替，没有“由”字，用“甹”字代替，没有“免”字，用“絻”字代替。）改经典而依从《说文》，支离回互，这是第三点。

今举其一二评之。如秦、宋、薛皆国名也。“秦”从“禾”，以“地宜禾”，亦已迂矣，“宋”从木为“居”，“薛”从“辛”为“辠”，此何理也？《费誓》之“费”改为“粜”，训为“恶米”。武王载旆之“旆”改为“坺”，训为“臿土”。“威”为“姑”，也为“女阴”，“殴”为“击声”，“困”为“故庐”。“普”为“日无色”。此何理也？“貉之为言恶也”，“视犬之字如画狗”，“狗，叩也”，岂孔子之言乎？训“有”则曰“不宜有也”，《春秋》书“日有食之”。训“郭”则曰“齐之郭氏，善善不能进，恶恶不能退，是以亡国”。不几于剿说，而失其本指乎？“居”为法古，“用”为卜中，“童”为“男有罪”，“襄”为“解衣耕”，“弔”为“人持弓会驱禽”，“辱”为“失耕时”，“臾”为“束缚捽抴”，“罚”为“持刀骂詈”，“劳”为“火烧门，“宰”为“罪人在屋下执事”，“冥”为“十六日月始亏”，“刑”为“刀守井”，不几于穿凿，而远于理情乎？武曌师之而制字，荆公广之而作书，不可谓非滥觞于许氏者矣，若夫训“参”为商星，此天文之不合者也；训“亳”为京兆杜陵亭，此地理之不合者也。书中所引乐浪事数十条，而他经籍反多阙略，此采摭之失其当者也。今之学者能取其大，而弃其小，择其是，而违其非，乃可谓善学《说文》者与。《后周书》：黎景熙，其从祖广，太武时为尚书郎，善古学，尝从吏部尚书崔玄伯受字义，又从司徒崔浩学楷篆，自是家传其法，景熙亦传习之，颇与许氏有异。可见魏晋以来，传受亦各不同。

【译文】现在举一两个例子来评议。比如秦、宋、薛都是国名。“秦”字从“禾”，是说“秦地适合种禾”，这也是不合事理，“宋”字从木为“居”，“薛”字从“辛”为“辠”，这是什么道理呢？《费誓》中的“费”改为“粊”，解释为“恶米”。武王载旆的“旆”字改为“坺”字，解释为“臿土”。“威”为“姑”，也为“女阴”，“殴”为“击声”，“困”为“故庐”。“普”为“日无色”。这是什么道理呢？“貉之为言恶也”，“视犬字如画狗”，“狗，叩也”，这难道是孔子的话吗？解释“有”则说“不宜有也”，《春秋》书“日有食之”。解释“郭”则说“齐之郭氏，善善不能进，恶恶不能退，是以亡国”。这不是近于邪说，而失去了本来的意思吗？“居”为法古，“用”为卜中，“童”为“男有罪”，“襄”为“解衣耕”，“弔”为“人持弓会驱禽”，“辱”为“失耕时”，“臾”为“束缚捽抴”，“罚”为“持刀骂詈”，“劳”为“火烧门，

“宰”为“罪人在屋下执事”，“冥”为“十六日月始亏”，“刑”为“刀守井”，这不是近于牵强附会，而违背情理了吗？武则天效法古人而创造文字，王安石推广它而作书，不能说不是开始于许氏了，解释“参”为商星，这是与天文不相符的；解释“亳”为京兆杜陵亭，这是与地理不相符的。书中所引用乐浪事数十条，而其他经籍反而大多缺漏，这是选取失当的原因。现在的学者能取其大处，而弃其小处，择其正确，而违其错误，就可以说是善于学习《说文》的人。（《后周书》：黎景熙，他的堂祖父祖黎广，太武帝时任尚书郎，擅长古学，曾经师从吏部尚书崔玄伯学习字的意义，又跟从司徒崔浩学习楷篆，此后家传其法，黎景熙也学习和传授，与许慎的主张稍微有所不同。可见魏晋以来，传授也各有不同。）

《王莽传》：“‘刘’之为字，卯金刀也。正月刚卯，金刀之利，皆不得行。”《食货志》亦云又曰：“受命之日丁卯。丁火，汉氏之德也；卯，刘姓所以为字也。”光武告天祝文引《谶记》曰：“卯金修德为天子。”公孙述引《援神契》曰：“西太守乙卯金。”谓西方太守而乙绝卯金也。是古未尝无“刘”字也。赵宧光曰：“《说文》无“刘”字，但作‘鎦’。今按《汉书》卯金刀之谶，及古印流传者，刘姓不下数十百面，并作‘刘’字无‘鎦’字。”魏明帝太和初，公卿奏言：“夫歌以咏德，舞以象事，于文，文武为‘斌’，臣等谨制乐舞名曰章斌之舞。”魏去叔重未远，是古未尝无“斌”字也。

【译文】《王莽传》：“‘刘’字的形状结构就是‘卯、金、刀’，因此正月刚卯的佩饰和金刀货币的便利，都不准再通行。”（《食货志》也有这个说法）又说：接受天命的那天，是丁卯日，丁属火，是汉朝命运的象征；卯，是构成‘刘’字的一部分。”光武告天祝文引《谶记》曰：“卯金修德刘氏为天子。”公孙述引《援神契》曰：“西太守乙卯金。”是说西方太守而乙绝卯金。古时未必没有“刘”字也。（赵宧光说：“《说文》无“刘”字，只是写作‘镏’。今按《汉书》卯金刀之谶，以及古印流传下来的，刘姓不下数十百面，全都作‘刘’字无‘镏’字。”）魏明帝太和初，公卿上奏说：“歌诗是用来咏叹美德的，舞蹈是用来表现事迹的。在文字上，文和武合起来称为‘斌’，臣等恭谨地制定乐舞名叫章斌之舞。”曹魏时离许慎（字叔重）的时代不远，古代未必没有“斌”字。

《说文》原本次第不可见，今以四声列者，徐铉等所定也。切字铉等所加也。赵古则《六书本义》曰：“汉以前未有反切，许氏《说文》郑氏笺注，但曰‘读若某’而已。今《说文》反切，乃朱翱以孙愐《唐韵》所加。”旁引后儒之言，如杜预、裴光远、李阳冰之类，亦铉等加也，又云：“诸家不收，今附之字韵末”者，“灟”下。亦铉等加也。“眸”字下云：“《说文》直作“牟”。赵宧光曰：此则本书杂出众人之手审矣，安得不芜秽也。凡参订经传，必以本人名冠之，方不混于前人耳。”

【译文】《说文》原本次第是不能见的，现在用四声排列，是徐铉等人所定。反切是徐铉等人所加。（赵古则《六书本义》说：“汉代以前没有反切，许氏《说文》郑氏笺注，只说‘读若某’罢了。现在《说文》的反切，是朱翱用孙愐的《唐韵》所加。”）旁引后儒的话，如杜预、裴光远、李阳冰之类，也是徐铉等人加的，又说：“诸家不收，今附之字韵末”的，（“灦”下。）也是徐铉等人加的。（“眸”字下说：“《说文》直作“牟”。赵宧光说：这是这本书杂出众人的手审定的，怎么能不杂乱。凡参校订正经传，一定要用自己的名字加在前头，这样才不会和前人的混淆。”）

“始”字《说文》以为“女之初”也，已不必然，而徐铉释之以“至哉坤元，万物资始”，不知经文乃是“大哉乾元，万物资始”，若用此解，必从男乃合耳。

【译文】“始”字《说文》以为是“女之初”，已经不必如此，而徐铉解释的用“至哉坤元，万物资始”，不知道经文就是“大哉乾元，万物资始”，如果用这种解释，必是从“男之初”就符合了。

说文长笺

万历末，吴中赵凡夫宧光，作《说文长笺》，将自古相传之《五经》，肆意刊改，好行小慧，以求异于先儒。乃以“青青子衿”为淫奔之诗，而谓“衿”即“衾”字，《诗》中元有“衾”字，如“抱衾与裯”“锦衾烂兮”。如此类者非一。其实《四书》尚未能成诵，而引《论语》“虎兕出于柙”，误作《孟子》“虎豹出亐 𠙹 ”“兕”下。

然其于《六书》之指，不无管窥，而适当喜新尚异之时，此书乃盛行于世。及今不辩，恐他日习非胜是，为后学之害不浅矣。故举其尤刺谬者十余条正之。

【译文】万历末年，吴中赵宧光（字凡夫），作《说文长笺》，将自古相传的《五经》，任意修改，喜欢卖弄小聪明，以求不同于以前的儒者。居然以“青青子衿”为淫奔的诗，而说“衿”就是“衾”字，（《诗》中原有“衾”字，如“抱衾与裯”“锦衾烂兮”。）类似这样的不是一处。其实《四书》还没能熟读，而引用《论语》“虎兕出于柙”，误作《孟子》“虎豹出亐甘”（“兕”下。）然而他对于《六书》的本旨，不是没有管窥，而适当喜新尚异的时代，这本书才盛行在世。到如今不辨真伪，恐怕有一天习非胜是，这样对后来学者是为害不浅的。所以举出其中尤为乖误的十多条考定。

《旧唐书·文宗纪》：“开成二年，宰臣判国子监祭酒郑覃进石壁《九经》一百六十卷。”九经者，《易》《诗》《书》《三礼》《春秋三传》，又有《孝经》《论语》《尔雅》，其实乃十二经。又有张参《五经文字》，唐玄度《九经字样》，皆刻之于石，今见在西安府学。凡夫乃指此为“蜀本石经”。又云：“张参《五经文字》，唐彦升《九经字样》，亦附蜀本之后，但可作蜀经字法。”今此石经末有年月一行，诸臣姓名十行，大书“开成二年丁巳岁”。凡夫岂未之见，而妄指为孟蜀邪？

【译文】《旧唐书·文宗纪》:“开成二年,宰臣判国子监祭酒郑覃进石壁《九经》一百六十卷。”《九经》《易》《诗》《书》《三礼》《春秋三传》,又有《孝经》《论语》《尔雅》,实际上是十二经。又有张参的《五经文字》,唐玄度的《九经字样》,都刻在石碑上,如今在西安府学可以见到。赵宧光就指这是“蜀本石经”。又说:“张参的《五经文字》,唐彦升的《九经字样》,也附在蜀本的后面,只可作蜀经字法。”现在这个石经末有年月一行,众臣姓名十行,大字“开成二年丁巳岁”。赵宧光难道没有见到,而乱指为孟蜀的吗?

又云:孙愐《唐韵》,文、殷二韵,三声皆分,独上声合一;咸严、洽业二韵,平入则分,上去则合。按今《广韵》,即孙愐之遗文,殷上声之合则有之,咸、严、洽、业则四声并分,无并合者。

【译文】又说:孙愐的《唐韵》,文、殷二韵,三声皆分,唯独上声合二为一;咸严、洽业二韵,平声入声则分,上声去声则合。按现在的《广韵》,也就是孙愐的遗文,殷上声的合韵则有之,咸、严、洽、业则四声并分,没有并合的。

切者两字相摩,以得其音,取其切近。今改为盗窃之“窃”,于古未闻。岂凡夫所以自名其学者邪?

【译文】反切是两个字上字取声母,下字取韵母和声调,然后得出这个字的音,取其切近。现在改为盗窃的“窃”字,在古代没有听说。这难道是赵宧光自命为学者的原因吗?

"瓜分"字见《史记·虞卿传》《汉书·贾谊传》。《战国策》注:"分其地如破瓜然。《盐铁论》"隔绝羌胡,瓜分其地。""灶突"字见《汉书·霍光传》。今云"瓜"当作"爪","突"当作"宊",然则鲍昭《芜城赋》,所谓"竟瓜剖而豆分",魏玄同疏所谓"瓜分瓦裂"者,古人皆不识字邪?按张参《五经文字》云:"突,徒兀反,作'宊'者讹。"

【译文】"瓜分"字在《史记·虞卿传》《汉书·贾谊传》中能见到。(《战国策》注:"分其地如破瓜然。《盐铁论》"隔绝羌胡,瓜分其地。")"灶突"字在《汉书·霍光传》中见到。现在说"瓜"当作"爪","突"应作"宊",那么鲍昭的《芜城赋》所说的"竟瓜剖而豆分",魏玄同疏所说的"瓜分瓦裂",古人都不认识字吗?按张参与《五经文字》说:"突,徒兀反,写作'宊'者讹。"

顾野王,陈人也,而以为晋之虎头,"虪"下:"顾长康为虎头将军。"陆龟蒙,唐人也,而以为宋之象山。"乙"下:"陆九渊号象山先生。"王筠,梁人也,而以为晋。"蜺"下:"《梁书·王筠传》:沈约以《郊居赋》示筠,读至'雌霓连踡',约抚掌欣忭。"今引此事,谓之晋王筠。约既梁人,安得与晋人语哉?王禹偁,宋人也,而以为南朝。"称"下。此真所谓不学墙面者与。

【译文】顾野王，是南朝陈国人，而认为是晋时的虎头将军，（“䫀”下：“顾恺之字长康为虎头将军。”）陆龟蒙，是唐朝的人，而认为南宋的陆象山。（“乙”下：“陆九渊号象山先生。”）王筠，是南朝梁国人，却认为是晋朝人。（“蜺”下：“《梁书·王筠传》：沈约把《郊居赋》拿给王筠看，王筠读到‘雌霓连蜷’，沈约拍着手掌欢呼雀跃。”现在引用这件事，是说明王筠是晋朝的人。南朝沈约既然是梁代人，怎么与晋代人说话呢？）王禹偁，是宋朝人，而以为是南朝人。（“称”下。）这真是不学习就一无所知啊！

“晋献帝醉，虞侍中命扶之。”“扶”下。按《晋书·虞啸父传》：“为孝武帝所亲爱，侍饮大醉，拜不能起。帝顾曰：‘扶虞侍中。’啸父曰：‘臣位未及扶，醉不及乱，非分之赐，所不敢当。’帝甚悦。”传首明有“孝武帝”字，引书者未曾全读，但见中间有贡献之“献”，适与“帝”字相接，遂以为“献帝”，而不悟晋之无献帝也。万历间人看书，不看首尾，只看中间两三行，凡夫著书之人乃犹如此。

【译文】“晋献帝喝醉酒，虞侍中命令搀扶着。”（“扶”下。）根据《晋书·虞啸父传》：“被孝武帝所宠爱，侍奉饮酒而大醉，拜下不能起来。皇帝回头说：‘扶着虞侍中。’虞啸父说：‘臣位还不够资格被扶着，酒醉不足乱，不合本分的赏赐，我不敢承受。’皇帝很高兴。”传首段明明有“孝武帝”三字，引书的人还没有全读，只见中间有贡献的“献”字，适与“帝”字相接，于是认为他是“献帝”，而没有想到晋国是没有献皇帝的。万历年间的人看书，不看开头和结尾，只看中间两三行，凡是那些写书的人就像他们这样。

“恂”字笺：“汉宣帝讳。”而不知宣帝讳“询”，荀悦曰：“询之字曰谋。”非恂也。“衎”字笺：“汉平帝讳”，而不知平帝讳“衎”，荀悦曰：“衎之字曰乐。师古曰：衎音口旱反。”非衎也。

【译文】“恂”字的注解：“汉宣帝讳。”而不知汉宣帝讳“询”字，（荀悦说：“询字是谋。”）不是恂字。“衎”字的注解：“汉平帝讳”，而不知道汉平帝讳“衎”，（荀悦曰：“衎的字义是乐。师古说：衎字音口旱反。”）不是衎字。

《后汉书·刘虞传》：“故吏尾敦，于路劫虞首归葬之。”注：尾姓，敦名。引之云：“后汉尾敦路劫刘虞首归之莽。”若以“敦路”为人名，而又以“葬”为“莽”，是刘幽州之首，竟归之于王莽也。

【译文】《后汉书·刘虞传》：“故吏尾敦，于路劫虞首归葬之。”（注：尾姓，名敦。）引之说：“后汉尾敦路劫刘虞首归之莽。”如果以“敦路”为人名，而又以“葬”字为“莽”字，这是刘虞的头，竟然送给王莽。

《左氏》成六年传：“韩献子曰：‘易觏则民愁，民愁则垫隘。’”《说文》“霿”“垫”二字两引之，而一作“阨”者，古“隘”“阨”二字通用也。笺乃云未详何出。“野”下，引《左传》“身横九野”，不知其当为“九亩”；又《穀梁传》之文，而非左氏也。

【译文】《左传》鲁成公六年：“韩献子说：‘易觏则民愁，民愁则垫隘。’”《说文》“霿”“垫”二字两次引用，而其中一个作“阨”解，是因为古时“隘”“阨”二字通用。注解居然说不详出处。“野”下，引《左传》“身横九野”，不知应当为“九亩”；又说《穀梁传》的文章，而不是左丘明写的。

“鹊鵙丑，其飞也翪。”（翪下。）此《尔雅·释鸟》文，笺乃曰：“训词未详，然非后人语。”“驠，马白州也。”“驠”下。本之《尔雅·释畜》注：“州，窍也。谓马之白尻者。”笺乃云：“未详，疑误。”

【译文】“鹊鵙丑，其飞也翪。”（翪下。）这是《尔雅·释鸟》的文字，注解居然说：“训词不详，但不是后人的话。”“驠，马白州也。”（“驠”下。）以《尔雅·释畜》注：“州，孔洞。是屁股毛色白的马。”注解居然说：“不详，疑误。”

中国之称夏尚矣，今以为起于唐之夏州，地邻于夷，故华夷对称曰华夏。“夏”下。然则《书》言“蛮夷猾夏”，《语》云“夷狄之有君，不如诸夏之亡也。”其时已有夏州乎？又按夏州本朔方郡，赫连勃勃建都于此，自号曰夏，后魏灭之。而置夏州，亦不始于唐也。

【译文】中国称夏由来已久了，现在认为是起源于唐代的夏州，辖地靠近外族，所以华夷对称说华夏。（“夏”下）那么《尚书》说“蛮夷猾夏”，《论语》说“夷狄之有君，不如诸夏之亡也”。当时已经有夏州了吗？又据夏州本朔方郡，赫连勃勃在这里建都，自称是夏国，后来被北魏消灭。然而设置夏州，这也不是从唐代开始的。

云：“唐中晚诗文，始见‘簿’字，前此无之。”“谱”下。不知孟子言：“孔子先簿正祭器。”《史记·李广传》“急责广之莫府对簿。”《张汤传》：“使使八辈簿责汤。”《孙宝传》“御史大夫张忠，署宝主簿。”《续汉·舆服志》：“每出，太仆奉驾上卤簿。”《冯异传》：“光武署异为主簿。”而刘公幹诗已云“沉迷簿领书，回回目昏乱”矣。

【译文】说：“唐朝中晚期的诗文，开始出现‘簿’字，这是以前没有的。”（“谱”下。）不知道孟子说：“孔子先簿正祭器。”《史记·李广传》“急责广之莫府对簿。”《张汤传》：“使使八辈簿责汤。”《孙宝传》：“御史大夫张忠，署宝主簿。”《后汉书·舆服志》：“每出，太仆奉驾上卤簿。”《冯异传》：“光武署异为主簿。”而刘桢

（字公幹）诗已经说“沉迷簿领书，回回目昏乱”了。

“毦”字云：“字不见经。”若言《五经》，则不载者多矣，何独“毦”字；若传记史书，则此字亦非隐僻。《晋语》“被羽先升”注：“系于背，若今将军负毦矣。”《魏略》：“刘备性好结毦。”《吴志·甘宁传》：“负毦带铃。”梁刘孝仪《和昭明太子诗》：“山风乱采毦，初景丽文辕。”

【译文】“毦”字下面说：“在经典中不见这个字。”如果说《五经》，不收录字的多了，怎么只有“毦”字不收录；如果传记史书，那么这个字也不是生僻字。《晋语》“被羽先升”解释：“系于背，若今将军负毦矣。”《魏略》：“刘备性好结毦。”《吴志·甘宁传》：“负毦带铃。”南朝梁刘孝仪《和昭明太子诗》：“山风乱采毦，初景丽文辕。”

“祢衡为鼓吏，作《渔阳掺挝》。‘掺’乃‘操’字。”“操”下。按《后汉书》：“衡方为《渔阳参挝》，蹀躞而前。”注引《文士传》作“渔阳参搥”。王僧孺诗云：“散度广陵音，参写《渔阳曲》。”自注云：“参，音七绀反。乃曲奏之名。”后人添“手”作“掺”。后周庾信诗：“玉阶风转急，长城雪应暗，新绶始欲缝，细锦行须篸。声烦《广陵散》，杵急《渔阳掺》。”隋炀帝诗：“今夜长城下，云昏月应暗。谁见倡楼前，心悲不成掺。”唐李颀诗：“忽然更作《渔阳掺》，黄云萧条白日暗。”正音七绀反。今以为“操”字，而又倒其文，不知汉人书“操”，固有借作“掺”者，而非此也。

【译文】“祢衡做掌鼓的官吏时，作《渔阳挝掺》。‘掺’是‘操’字。”（“操”下。）根据《后汉书》：“衡方为《渔阳参挝》，蹀躞而前。”解释引《文士传》作“渔阳参搥”。王僧孺诗云：“散度广陵音，参写《渔阳曲》。”自注云：“参，音七绀反。乃曲奏之名。”后人添“手”作“掺”。后来北周庾信的诗：“玉阶风转急，长城雪应暗。新绶始欲缝，细锦行须篸。声烦《广陵散》，杵急《渔阳掺》。”隋炀帝诗：“今夜长城下，云昏月应暗。谁见倡楼前，心悲不成掺。”唐代李颀诗：“忽然更作《渔阳掺》，黄云萧条白日暗。”正音七绀反。现在以为是“操”字，而又颠倒其文字，不知道汉人写“操”，固然有借作“掺”的，然而不是这样的。

“叩，京兆蓝田乡。”笺云：“地近京口，故从口。”“叩”下。夫蓝田乃今之西安府属，而京口则今之镇江府，此所谓风马牛不相及者。凡此书中会意之解，皆“京口”之类也。

【译文】“叩，京兆蓝田乡。”解释说：“地近京口，所以从口。”（“叩”下）蓝田就是现在的西安府属县，而京口就是现在的镇江府，这是风马牛不相及的。凡是这本书中会意字的解释，都是“京口”之类的解释。

寸，十分也。《汉书·律历志》：“一黍为一分，十分为一寸。”本无可疑，而增其文曰："析寸为分，当言十分尺之一。""寸"下。夫古人之书，岂可意为增改哉？

【译文】寸，十分。《汉书·律历志》："一黍为一分，十分为一寸。"本没有什么可疑，而增加文字说："析寸为分，当言十分尺之一。"（"寸"下。）古人的书，怎么可以随意增改呢？

五经古文

赵古则《六书本义》序曰："魏晋及唐，能书者辈出，但点画波折，逞其姿媚，而文字破碎，然犹赖《六经》之篆未易。至天宝间，诏以隶法写《六经》，于是其道尽废。"以愚考之，其说殆不然。按《汉书·艺文志》曰："《尚书》古文经四十六卷。"又曰："《孝经》古孔氏一篇，皆出孔氏壁中。"又曰："有中古文《易经》。"而不言其所出。《后汉书·儒林传》言："东莱费直传《易》，受琅邪王横，本以古字，号古文《易》。"又曰："《礼》古经五十六卷，《春秋》古经十二篇，《论语》古二十一篇。"但言古，不言文。而赤眉之乱，则已焚烧无遗，《后汉书·杜林传》曰："林前于西州得漆书古文《尚书》一卷，常宝爱之，虽遭艰困，握持不离身。出以示卫宏、徐巡曰：'林流离兵乱，常恐斯经将绝，何意东海卫子，济南徐生复能传之，是道竟不坠于地也。古文虽不合时务。然愿诸生无悔所学。'宏、巡益重之，于是古文遂行。"是东京古文之传，惟《尚书》而已。

《晋书·卫恒传》言:“魏初传古文者,出于邯郸淳。至正始中立三字石经,转失淳法,因科斗之名,遂效其形。”《后汉书·儒林传》,误以三体书法为熹平所刊。未知所立几经。而唐初魏徵等作《隋书·经籍志》,但有三字石经《尚书》五卷、三字石经《春秋》三卷,注云:梁有十二卷。则他经亦不存矣。《册府元龟》:唐玄宗天宝三载诏曰:“朕钦惟载籍,讨论坟典,以为先王令范,莫越于唐虞;上古遗书,实称于训诰。虽百篇奥义,前代或亡;而六体奇文,旧规犹在。但以古先所制,有异于当今;传写浸讹,有疑于后学,永言刊革,必在从宜。《尚书》应是古体文字,并依今字缮写施行,其旧本乃藏之书府。”是玄宗所改,亦止于古文《尚书》,而不闻有他经也。夫诸经古文之亡,其已久矣。今谓《五经》皆有古文,而玄宗改之以今,岂其然乎?

【译文】赵古则的《六书本义》序说:“魏晋及唐代,能写字的人一批接一批地出现,只是点画波折,逞其姿媚,而文字破碎,然而还是依赖《六经》的篆书没有改变。到唐玄宗天宝年间,诏令用隶法写《六经》,于是其道完全被荒废。”在我看来,这个说法几乎行不通。根据《汉书·艺文志》说:“《尚书》古文经四十六卷。”又有人说:“《孝经》古孔氏一篇,都出自孔子家的墙壁中。”又有人说:“有中古文《易经》。”而不说出处。(《后汉书·儒林传》说:“东莱费直传《易》,受琅邪王横,本以古字,号古文《易》。”)又有人说:“《礼》古经五十六卷,《春秋》古经十二篇,《论语》古经二十一篇。”只说古,不说文。而在赤眉之战中,就已经焚烧的一点都没有遗留。《后汉书·杜林传》说："杜林以前在西州得到用漆书写的古文《尚书》一卷，常常爱惜保护它，虽遭遇到艰困，仍手不离卷。杜林拿出来给卫宏、徐巡看然后说：'我在兵荒马乱中颠沛流离，经常担心这本经典绝世的书将要失传。没想到东海卫子、济南徐生还能得到而将其传下去，让这门学问不至于湮没了。古文虽然不合时务。但我希望你们不要后悔所学。'卫宏、徐巡更加敬重，于是古文就盛行起来。"是东汉时期古文的承传，只有《尚书》而已。《晋书·卫恒传》："曹魏初年传授古文的人，出自邯郸淳。到了魏齐王正始年间，创立三字石经，已经流失了邯郸淳的写法，凭借科斗之名，因而模仿其形状。"（《后汉书·儒林传》，误以三体书法为汉灵帝熹平年间所刊刻。）不知所立几经。而唐朝初年魏徵等人撰写《隋书·经籍志》，只有三字石经《尚书》五卷、三字石经《春秋》三卷，（注说：梁有十二卷。）那么其他经也不存在了。《册府元龟》：唐玄宗天宝三载下诏说："朕钦佩的只有书籍，讨论三坟五典，以为先王可为楷模的美德，没有超过唐尧、虞舜；上古遗书，实在是可以称于训导告诫。虽然百篇深奥的道理，前代或许已经亡佚；而六体奇文，旧规还在。但由于古先所制，不同于当今；传写逐渐错误，有可能在后面的学者产生疑问，长说删改，必须怎么适宜便怎么做。《尚书》应是古体文字，并按照现在的字体抄写施行，其旧本乃就藏在书府。"那说明是玄宗所改，也只有古文《尚书》，而没有听说有其他经了。那些经古文的亡佚，已经很长时间了。现在说《五经》都有古文，而唐玄宗删改之后到现在，难道是这样吗？

孔安国《书》序曰："科斗书废已久，时人无能知者。以所闻伏生之书，考论文义，定其可知者为隶古定，正义曰："就古文体，而从隶定之，故曰隶古。以虽隶书而犹古也。"更以竹简写之。"是则西汉之时所云古文者，不过隶书之近古，而共王所得科斗文字，久已不传。玄宗所谓六体奇文，盖正始之书法也。

【译文】孔安国《尚书》序说："科斗书荒废已经很久了，当时的人没有能知道的。根据所听说伏生的书，推考论断文义，确定他可以知道的是隶古定，（正义说："就古文体而言，而从隶定的，所以说隶古。因为即使是隶书而仍然是古代的。"）再用竹简书写。"这是西西汉的时候所说的古文，不过隶书接近古代，而共王所得科斗文字，早已不传。唐玄宗所说的六体奇文，是魏齐王曹芳正始年间的书法。

宋晁公武《古文尚书》序曰："余抵少城，作《石经考异》之余，因得此古文全编于学宫，乃延士张䝨仿吕氏所镂本书丹刻诸石。方将配《孝经》《周易》经文之古者，附于石经之列。"末书"乾道庚寅"。今其石当已不存，而摹本亦未见传之人间也。世无好古之人，虽金石其能保与？今有广信杨时乔所刻《周易》古文，恐亦后人以意为之，不必有所受也。

【译文】宋代晁公武《古文尚书》序说："我到少城，写《石经考异》的闲暇，因为在学宫得到这些古文全编，是延士张䝨仿吕氏所镂刻本书丹刻诸石。正要配《孝经》《周易》经文的古体，附在石经的行列。”（末尾写着“乾道庚寅”。）现在这个石经已经不存在，而临摹本也没有见流传在人间了。世上没有好古的人，虽然它是金石能保存下来吗？（现在有广信杨时乔所刻的《周易》古文，恐怕也是后人以自己的意思写的，不一定有所传授了。）

急就篇

汉魏以后，童子皆读史游《急就篇》。晋夏侯湛《抵疑》：“乡曲之徒，一介之士，曾讽《急就》，习甲子。”《魏书》崔浩表言：“太宗即位元年，敕臣解《急就章》，刘芳撰《急就篇续注音义证》三卷，陆暐拟《急就篇》为《悟蒙章》，又书家亦多写《急就篇》。”晁氏《读书记》曰：“自昔善小学者，多书《急就章》。故有钟繇、皇象、卫夫人、王羲之所书，传于世。《魏书·崔浩传》：“浩既工书，人多托写《急就章》。从少至老，初不惮劳，所书盖以百数。”《儒林传》：“刘兰始入小学，书《急就篇》，家人觉其聪敏。”《北齐书》：“李绘六岁，未入学，伺伯姊笔牍之闲，辄窃用，未几遂通《急就章》。”“李铉九岁入学，书《急就篇》，月余便通。”自唐以下，其学渐微。明初武官诰敕，用二十八宿编号。永乐中字尽，奉旨用汉《急就篇》字。

【译文】汉魏以后，童子都读史游的《急就篇》。西晋夏侯湛《抵疑》称：“乡曲之徒，一介之士，曾讽《急就》，习甲子。”《魏书》

崔浩上奏说："太宗即位元年，命令大臣讲解《急就章》，刘芳撰写《急就篇续注音义证》三卷，陆暐仿照《急就篇》写《悟蒙章》，擅长写书法的人也多写《急就篇》。"（晁公武《郡斋读书志》说："从前擅长小学的人，大多书写《急就章》。所以有钟繇、皇象、卫夫人、王羲之所书写的文章，流传于世。"）《魏书·崔浩传》："崔浩擅长书法，人大多托他写《急就章》。从年轻人至老人，始终不畏惧辛劳，所写的数以百计。"《儒林传》："刘兰才进入小学，写《急就篇》，家人觉得他很聪敏。"《北齐书》："李绘六岁，还没有入学，他等到长姊的纸笔没有使用的时候，就偷偷地用来写字，不久就通晓了《急就章》。""李铉九岁入学，写《急就篇》，一个多月就很精通了。"从唐代以后，这个学问就逐渐衰微了。（明朝初年武官诰敕，用二十八宿编号。永乐年间字用尽，奉旨用汉《急就篇》字。）

千字文

《千字文》元有二本。《梁书·周兴嗣传》曰："高祖以三桥旧宅为光宅寺，敕兴嗣与陆倕制碑。及成，俱奏，高祖用兴嗣所制者。自是铜表铭、栅塘碣、北伐檄、次韵王羲之书千字，并使兴嗣为之。"《萧子范传》曰："子范除大司马南平王户曹属从事中郎，使制《千字文》，其辞甚美，命记室蔡薳注释之。"《旧唐书·经籍志》："《千字文》一卷，萧子范撰；又一卷，周兴嗣撰。"是兴嗣所次者，一《千字文》，而子范所制者，又一《千字文》也。《陈书·沈众传》："是时梁武帝制《千字诗》，众为之注解。"是又不独兴嗣、子范二人矣。乃《隋书·经籍志》云："《千字文》一卷，梁给事郎周兴嗣撰；《千字文》一卷，梁国子祭酒萧子云注。"《梁书》本传谓子范作之，而蔡薳为之注释；今以为子云注。子云乃子范之弟，则异矣。《宋史·李至传》言："《千字文》乃梁武帝得钟繇书破碑千余字，命周兴嗣次韵而成。"《山堂考索》同。本传以为王羲之，而此又以为钟繇，则又异矣。《隋书》《旧唐书》志又有《演千字文》五卷，不著何人作。《隋书·文苑传》："秦于俊令潘徽为《万字文》。"

【译文】《千字文》本来有两个本子。《梁书·周兴嗣传》说："南朝梁高祖用三桥旧宅改造为光宅寺，命令周兴嗣和陆倕作碑文，等到写成后，都来上奏，梁高祖采用了周兴嗣所写的碑文。此后铜表铭、栅塘碣、北伐檄、次韵王羲之书千字，都叫周兴嗣来做。"《萧子范传》说："萧子范任大司马南平王户曹属从事中郎，南平王叫他制作《千字文》，文辞很美，南平王叫记室蔡薳为它注释。"《旧唐书·经籍志》："《千字文》有一卷，是萧子范撰写。又有一卷，是周兴嗣撰写。"可见周兴嗣所编次的是一种《千字文》，而萧子范所制作的，是又一种《千字文》。（《陈书·沈众传》："是时梁武帝制《千字诗》，众为之注解。"这说明《千字文》又不仅周兴嗣、萧子范二人了。）可是《隋书·经籍志》却说："《千字文》一卷，梁给事郎周兴嗣撰写。《千字文》一卷，梁国子祭酒萧子云注解。"《梁书》本传说是萧子范作的，而蔡薳为之作注。这里却认为是萧子云作的注，萧子云是萧子范的弟弟，这就不一样了。《宋史·李至传》说："《千字文》

乃是梁武帝得到钟繇所书破碑的一千多字，命周兴嗣按韵编成的。”（《山堂考索》记载与之相同。）本传认为是王羲之书，而这里又认为是钟繇书，这就又不一样了。《隋书》《旧唐书·经籍志》又有《演千字文》五卷，没有说是什么人所作。（《隋书·文苑传》：“秦于俊令潘徽撰写《万字文》。”）

《淳化帖》有汉章帝书百余字，皆周兴嗣《千字文》中语。《东观余论》曰：“此书非章帝，然亦前代人作，但录书者，集成《千字》中语耳。”欧阳公疑以为汉时学书者，多为此语，而后村刘氏遂谓《千字文》非梁人作，误矣。黄鲁直跋章草《千字文》曰：“章草言可以通章奏耳，非章帝书也。”

【译文】《淳化帖》中有汉章帝书一百多个字，都是周兴嗣《千字文》中的话。《东观余论》说：“这字不是章帝写的，但也是前代人所作，只是录书的人集成《千字文》中的话而已。”欧阳修怀疑是汉代学者大多写的这些话，而刘克庄（号后村居士）就说《千字文》不是南朝梁人所作，这就错了。黄庭坚（字鲁直）跋章草《千字文》说：“章草，是说可以用于章奏，不是章帝所书。”

草书

褚先生补《史记·三王世家》曰：“至其次序分绝，文字之上下，简之参差长短，皆有意，人莫之能知。谨论次其真草诏书，编于左方。”是则褚先生亲见简策之文，而孝武时诏即已用草书也。《魏志·刘廙传》：“转五官将文学[1]，文帝器之，令廙通草书。”则汉魏之间，笺启之文，有用草书者矣。《晋书·郗鉴传》：“帝以鉴有器望，万机动静，辄问之，乃诏特草上表疏，以从简易。”故草书之可通于章奏者，谓之章草。

【注释】①五官将文学：官名，东汉末年曹操置，既是领兵将官，又兼掌典章故事、侍从顾问。

【译文】褚少孙先生补《史记·三王世家》说：“至于次序的分别，语言高低，简牍的长短不齐，都有其含意，没有人能够知道它。谨慎论述其真草诏书，编在左方。”这是褚先生亲眼看见简策的文章，而汉武帝时下诏就已经用草书。《魏志·刘廙传》：“刘廙转五官将文学，文帝很重视他，命令刘廙通草书。”汉魏之间，笺启的文字，有使用草书的人了。(《晋书·郗鉴传》：“皇帝认为郗鉴有才能和名望，各项行动，总是问他，于是下诏特草上表疏，以从简易。”)所以草书可以通于章奏的，称为章草。

赵彦卫《云麓漫钞》言：“宣和中，陕右人发地得木简，字皆章草，乃永初二年发夫讨畔羌檄。”米元章帖言：“章草乃章奏之章。”今考之，既用于檄，则理容概施于章奏。盖小学家流，自古以降，日趋于简便，故大篆变小篆，小篆变隶。比其久也，复以隶为繁，则章奏文移，悉以章草从事，亦自然之势。张怀瓘《书断》曰：“章草者，汉黄门令史游所作也。”王愔云：“汉元帝时，史游作

《急就章》，解散隶体。汉俗简惰，渐以行之。”是也。此又一说。故虽曰草，而隶笔仍在，良由去隶未远故也。右军作草，犹是其典型，故不胜为冗笔。逮张旭、怀素辈出，则此法扫地矣。

【译文】赵彦卫《云麓漫钞》说：“宋徽宗宣和年间，陕右人掘地得到木简，字体都是章草体，是汉安帝永初二年征召士兵讨伐反叛羌人的檄文。”米芾（字元章）帖中说：“章草是起草奏章。”现在考证，也用于檄文，那么理应一概用于章奏。小学家这个流派，自古以来，日渐趋向简便，所以大篆变成小篆，小篆变成隶书。时间长了之后，又因隶书书写复杂，那么章奏文书，全部用章草处理，也是自然的趋势。（张怀瓘《书断》说：“章草书，汉代黄门令史游所写。”王愔说：“汉元帝时，史游写《急就章》，解散隶体。汉代风俗崇尚疏略怠惰，渐渐盛行起来。”就是这样。这又是一个说法。）所以虽然说草书，而隶书的笔法仍在，确实由于离隶书写法不远的缘故。王羲之写草书，依旧是当中的典型，所以免不了成为冗笔。到唐代张旭、怀素之辈出现，那这种写法就被摧毁无余了。

北齐赵仲将，学涉群书，善草隶，虽与弟书，字皆楷正。云：“草不可不解，若施之于人，似相轻易，若与当家中卑幼，又恐其疑，是以必须隶笔。”唐席豫性谨，虽与子弟书疏，及吏曹簿领，未尝草书。谓人曰：“不敬他人，是自不敬也。”或曰：“此事甚细，卿何介意？”豫曰：“细犹不谨，而况巨邪！”柳仲郢手抄《九经》《三史》，下及魏、晋、南北诸史，皆楷小精真，无行字。宋刘安世终身不作草字，书尺牍未尝使人代。张观平生书必为楷字，无一行草，类其为人。古人之谨重如此。《旧唐书》："王君廓为幽州都督，李玄道为长史。君廓入朝，玄道附书与其从甥房玄龄，君廓私发之，不识草字，疑其谋已，惧而奔叛。玄道坐流巂州。"夫草书之衅，乃至是邪！

【译文】北齐赵仲将，博览群书，擅长书写草书、隶书，但是给弟弟写信，字都写得很端正。说："草书不可不懂，要是写给别人，显得轻忽怠慢，若写给家中年龄比较小的晚辈，又担心他们产生疑惑，因此必须用隶书。"唐代席豫生性谨慎，即使和子弟通书信，以为吏曹文书，不曾用草书。对人说："不尊重别人，这是不自敬啊。"有人说："这件事很细，你为什么要介意？"席豫说："细小尚不谨慎，何况大事！"柳仲郢手抄《九经》《三史》，下到魏、晋、南北诸史，都是楷小精真，没有行书。宋代刘安世终身不写草字，写书信不曾让人代写。张观一生书写的文字必然写楷字，没有写过行草，这就像他的为人一样端正。古人的谨慎稳重就是这样。《旧唐书》："王君廓做幽州都督，李玄道为长史。王君廓入朝，李玄道捎封信给他的外甥房玄龄，王君廓私下把信打开来看，他不认识草字，怀疑他们计划谋害自己，因而害怕而叛离。李玄道因此被流放巂州。"因草书引起的嫌隙，没想到严重到了这种程度！

金石录

《金石录》有《宋公緣餗鼎铭》云：按《史记·世家》，宋公无緣名者，莫知其为何人。今考《左传》，宋元公之太子栾，嗣位为景公。《汉书·古今人表》有宋景公兜栾，而《史记·宋世家》元公卒，子景公头曼立。是兜栾之音，讹为头曼，而宋公即景公也。宗均之误为“宋”，不必证之碑及《党锢传》，即《南蛮传》云：“会援病卒，谒者宗均，听悉受降，为置吏司，群蛮遂平。”事与本传合，而《南蛮传》作“宗”，本传作“宋”，其误显然，注未及正。《党锢传》注：宗资字叔都，南阳安众人。祖父均，自有传。

【译文】《金石录》有《宋公緣餗鼎铭》说：按《史记·世家》，宋公有一个无名緣，没有人知道是什么人。现在考证《左传》，宋元公的太子栾（繁体字为欒），继位为景公。《汉书·古今人表》有宋景公兜栾，而《史记·宋世家》宋元公去世，立儿子景公头曼。是兜栾的音，误写为头曼，而宋公緣就是景公。宗均误以为“宋”，不必证明的石碑和《党锢传》，即《南蛮传》说：“会援病卒，谒者宗均，听悉受降，为置吏司，群蛮遂平。”事与本传是相合的，而《南蛮传》作“宗”，本传作“宋”，错误是很明显的，注没有及时更正。（《党锢传》注：宗资字叔都，南阳安众人。祖父宗均，另外有他传记。）

房彦谦高祖法寿，自宋归魏，封壮武侯，子孙承袭。《魏》《隋》《唐》三书皆同，独碑作“庄武”。按汉胶东国有壮武县，文帝封宋昌为壮武侯。正义曰:"《括地志》云:'壮武故城,在莱州即墨县西六十里。"《后汉志》:"壮武故夷国。'《左传》隐元年纪人伐夷是也。《贾复传》:封胶东侯,食郁、秩、壮武等六县。"晋张华亦封壮武侯,字并作"壮",独此碑与《左传》杜氏注作"庄"。

【译文】房彦谦的高祖房法寿,从宋国返回到魏国,封为壮武侯,子孙沿袭。《魏书》《隋书》《唐书》三部史书记载的都一样,唯独碑写"庄武"。按汉代胶东国有壮武县,汉文帝封宋昌为壮武侯。正义说:"《括地志》说:'壮武故城,在莱州即墨县西六十里。"《后汉志》:"壮武故夷国。'《左传》鲁隐公元年纪人伐夷。《贾复传》:封胶东侯,食郁、秩、壮武等六县。"晋朝张华也封为壮武侯,字都写作"壮",唯独这个碑与《左传》杜预注作"庄"。

铸印作减笔字

太原府徐沟县有同戈驿,其名本取洞涡水,此水出乐平县西四十里陡泉岭,经平定州、寿阳、榆次至徐沟县入汾,今徐沟县北五里洞涡河,其阳有洞涡村是也。《水经》:"洞涡水出沾县北山,西过榆次县南,又西到晋阳县南西入于汾。"郦道元注:"刘琨之为并州也,刘渊引兵邀击之,合战于洞涡,即是水也。"《旧唐书·昭宗纪》:"天复元年四月,氏叔琮营于洞涡驿。"《五代史·唐本纪》同。《新唐书·地理志》:"太原郡有府十八,其一曰洞涡,"《宋史·曹彬传》："为前军都监，战洞涡河北。"《汉世家》："李继勋败继恩兵于洞涡河。"唯《魏书·地形志》晋阳下云："同过水出木瓜岭，一出沾岭，一出大廉山，一出原洞祠下，五水合道，故曰同过。西南入汾。"则有作"同过"，字异。又按上文止四水，或有漏脱。后人减笔借书"同戈"字，而今铸印遂作"同戈"，以减借之字，登于印文，又不但马文渊所言，成皋印点画之讹而已。

【译文】太原府徐沟县有同戈驿，它的名字本取自洞涡水，这水从乐平县西四十里陡泉岭，经平定州、寿阳、榆次至徐沟县入汾河，现在徐沟县北五里洞涡河，河的北岸有洞涡村。《水经》："洞涡水发源于沾县北山，往西流过榆次县南，又往西到晋阳县南往西流入汾水。"郦道元注："刘琨之任并州官员，刘渊率领军队拦阻攻击他，在洞涡两军进行大战，就是这条河流。"《旧唐书·昭宗纪》："天复元年四月，氏叔琮在洞涡驿扎营。"（《五代史·唐本纪》记载与之相同。）《新唐书·地理志》："太原郡有十八个府，其中一个称为洞涡，"《宋史·曹彬传》："曹彬为前军都监，在洞涡河北和敌人发生战争。"《汉世家》："李继勋在洞涡河打败刘继恩部的军队。"（唯独《魏书·地形志》晋阳下说："同过水出木瓜岭，一出沾岭，一出大廉山，一出原洞祠下，五水合道，所以说同过。西南入汾。"那么有写作"同过"，是字不一样。又按上文只有四条河流，或许有漏脱。）后人减笔借书写成"同戈"字，而现在铸印也作"同戈"，以减借的字，登于印文，又不只是马文渊所说，成皋印点画的错误而已。

今驿多用古地名者，洪武九年四月壬辰，以天下驿传之名，多因俚俗，命翰林考古正之。如扬州府曰广陵驿，镇江府曰京口驿，凡改者二百三十二。徐沟无古地名，故以水名之。

【译文】现在的驿站多用古代的地名，洪武九年四月初九，以天下驿传之名，大多粗野庸俗，命令翰林考古改正过来。如扬州府称为广陵驿，镇江府称为京口驿，所有修改的有二百三十二处。徐沟没有古地名，所以用水名命名。

画

古人图画皆指事为之，使观者可法可戒。上自三代之时，则周明堂之四门墉，有尧、舜之容，桀纣之象，有周公相成王，负斧扆南面，以朝诸侯之图。《孔子家语》。楚有先王之庙及公卿祠堂，图画天地山川神灵，琦玮僪佹及古圣贤怪物行事。王逸《楚辞章句》。秦汉以下，见于史者，如《周公负成王图》，《霍光传》。《成庆画》，《景十三王传》。犹言成庆图，非成庆所画也。《纣醉踞妲己图》，《叙传》。屏风图画列女，《宋弘传》。戴逵画《南都赋图》《世说》之类，未有无因而作。

【译文】古人的图画都是为了指出事物，让观看的人可以效法，可以有所警戒。上自三代的时候，周代明堂四门的墙上，有唐尧、虞舜的德容，夏桀、商纣的丑象，还有周公辅佐成王，抱着成王背对着屏风面朝南接受诸侯朝见的画像。(《孔子家语》。)楚国有先王的宗庙和公卿的祠堂，图画有天地山川神灵，特意不凡神奇怪异和古圣贤怪物行事。(王逸《楚辞章句》。)秦汉以来，出现在历史上的，如《周公负成王图》，(《霍光传》。)《成庆画》，(《景十三王传》。犹说是成庆图，不是成庆所画的。)《纣醉踞妲己图》，(《叙传》。)屏风图画列女，(《宋弘传》。)戴逵画的《南都赋图》(《世说新语》)之类，都是有所原因而画。

逮乎隋唐，尚沿其意。唐《艺文志》所列："汉王元昌画《汉贤王图》，阎立德画《文成公主降蕃图》《玉华宫图》《斗鸡图》，阎立本画《秦府十八学士图》《凌烟阁功臣二十四人图》，范长寿画《风俗图》《醉道士图》，王定画《本草训戒图》，贞观尚方令。檀智敏画《游春戏艺图》，振武校尉。殷觳、韦无忝画《皇朝九圣图》《高祖及诸王图》《太宗自定辇上图》《开元十八学士图》，开元人。董萼画《盘车图》，开元人，字重照。曹元廓画后周、北齐、梁、陈、隋、武德、贞观、永徽间《朝臣图》《高祖太宗诸子图》《秦府学士图》《凌烟图》，武后左尚方令。杨昇画《望贤宫图》《安禄山真》，张萱画《妓女图》《乳母将婴儿图》《按羯鼓图》《秋千图》，并开元馆画直。谈皎画《武惠妃舞图》《佳丽寒食图》《佳丽妓女图》，韩干画《龙朔功臣图》《姚宋及安禄山图》《相马图》《玄宗试马图》《宁王调马打球图》，大梁人，大府寺丞。陈宏画《安禄山图》《玄宗马射图》《上党十九瑞图》，永王府长史。王象画《卤簿图》，田琦画《洪崖子桔木图》，德平子，汝南太守。窦师纶画《内库瑞锦对雉斗羊翔凤游麟图》，字希言，太宗秦王府谘议，相国录事参军，封陵阳公。韦鹍画《天竺胡僧渡水放牧图》，銮子。周昉画《扑蝶》《按筝》《杨真人降真五星》等图，字景玄。各一卷。”《唐文粹》有王蔼《记汉公卿祖二疏图》，舒元舆《记桃源图》。《通鉴》蜀嘉州司马刘赞献《陈后主三阁图》，皆指事象物之作。《王维传》：“人有得《奏乐图》，不知其名。维视之曰：‘此《霓裳》第三叠第一拍也。’好事者集乐工按之无差。”自实体难工，空摹易善，于是白描山水之画兴，而古人之意亡矣。

【译文】到了隋唐，还沿袭之前的用意。唐代《艺文志》所列：“汉王元昌画的《汉贤王图》，阎立德画的《文成公主降蕃图》《玉华宫图》《斗鸡图》，阎立本画的《秦府十八学士图》《凌烟阁功臣二十四人图》，范长寿画的《风俗图》《醉道士图》，王定（贞观时任尚方令）画的《本草训戒图》，檀智敏（振武校尉）画的《游春戏艺图》，殷觳、韦无忝（都是开元时期人）画的《皇朝九圣图》《高祖及诸王图》《太宗自定辇上图》《开元十八学士图》，董萼（开元人，字重照）画的《盘车图》，曹元廓（武后时任左尚方令）画后周、北齐、梁、陈、隋、武德、贞观、永徽间的《朝臣图》《高祖太宗诸子图》《秦府学士图》《凌烟图》，杨昇画的《望贤宫图》《安禄山真》，张萱画的《妓女图》《乳母将婴儿图》《按羯鼓图》《秋千图》，（都在开元馆画直。）谈皎画的《武惠妃舞图》《佳丽寒食图》《佳丽妓女图》，韩干（大梁人，官至大府寺丞）画的《龙朔功臣图》《姚宋及安禄山图》《相马图》《玄宗试马图》《宁王调马打球图》，陈宏（永王府长史）画的《安禄山图》《玄宗马射图》《上党十九瑞图》，王象画的《卤簿图》，田琦（田德平之子，官至汝南太守）画的《洪崖子桔木图》，窦师纶（字希言，太宗秦王府谘议，相国录事参军，封陵阳公）画的《内库瑞锦对雉斗羊翔凤游麟图》，韦鹍（韦銮之子）画的《天竺胡僧渡水放牧图》，周昉（字景玄）画的《扑蝶》《按筝》《杨真人降真五星》等图，各一卷。"《唐文粹》有王蔼的《记汉公卿祖二疏图》，舒元舆的《记桃源图》。《通鉴》蜀国嘉州司马刘赞献的《陈后主三阁图》，都是指事象物的画。《王维传》："人有得到《奏乐图》，不知道画的名称。王维看后说：'这是《霓裳》第三叠第一拍。'好事者召集乐工来演奏，一点也不差。"从实体难工，空摹易善，于是白描山水的画兴起，而古人画画的立意就消失不见了。

宋邵博《闻见后录》云："观汉李翕、王稚子、高贯方墓碑，多刻山林人物，乃知顾恺之、陆探微、宗处士辈，尚有其遗法。至吴道玄绝艺入神，然始用巧思，而古意少减矣。况其下者。"此可为知者道也。

【译文】宋代邵博《闻见后录》说："看汉代李翕、王稚子、高贯方的墓碑，大多刻山林人物，才知道顾恺之、陆探微、宗处士之辈，还保留有其遗法。到了吴道子画技高超精妙，然后开始用巧妙的构思，而古人的意思稍微减少了。何况不如他的人呢？"这可以说是有见识的人的话。

宋徽宗崇宁三年，立画学，考画之等。以不仿前人，而物之情态形色俱若自然，笔韵高简为工。此近于空摹之格，至今尚之。

【译文】宋徽宗崇宁三年，设立画学，考察画画的等级。以不模仿前人，而物之情态形色都如同自然，笔韵高简为工。这是近于空摹之格，到现在还崇尚这个。

谢在杭《五杂俎》曰："自唐以前，名画未有无故事者。盖有故事，便须立意结构，事事考订，人物衣冠制度，宫室规模大略，城郭山川形势向背，皆不得草草下笔。非若今人任意师心，卤莽灭裂，动辄托之写意而止也。余观张僧繇、展子虔、阎立本辈，皆画神佛变相，星曜真形。至如石勒、窦建德、安禄山有何足画，而皆写其故实。其他如懿宗射兔，贵妃上马，后主幸晋阳，华清宫避暑，不一而足。上之则神农播种，尧民击壤，老子度关，宣尼十哲；下之则商山采芝，二疏祖道，元达锁谏，葛洪移居。如此题目，今人却不肯画，而古人为之，转相沿仿。盖由所重在此，习以成风，要亦相传法度易于循习耳。"

【译文】谢在杭（谢肇淛）《五杂俎》说："自唐以前，名画未有没有故事的。因为有故事，便须立意构思，事事要考校订正，人物衣冠制度，宫室规模大略，城郭山川形势向背，都不得草草下笔。不像现在的人只知道按自己的主观意图行事，草率粗疏，动不动就以写意为名就停笔。我看张僧繇、展子虔、阎立本等人，都是画神佛变相，星曜真形。至于像石勒、窦建德、安禄山有什么值得画，但都写的是往日的事实。其他像懿宗射兔子，贵妃上马，后主幸晋阳，华清宫避暑，不一而足。上到是神农播种，尧民击壤，老子度关，宣尼十哲；下到是商山采芝，二疏祖道，元达锁谏，葛洪移居。这样的题目，现在的人却不肯画，而古人去画，互相沿袭模仿。这是由于所重视的在这，习惯了，就形成了风气，毕竟相传法度比沿袭容易罢了。”

古器

洪氏《随笔》谓彝器之传，春秋以来，固已重之，如郜鼎纪甗之类，历历可数。不知三代逸书之目，汤有典宝，武有分器，而春官有典庸器之职，祭祀而陈之，则固前乎此矣。故夏后氏之璜[①]，封父之繁弱[②]，密须之鼓，阙巩之甲，班诸鲁公、唐叔之国，而赤刀、弘壁、天球、河图之属，陈设于成王之顾命者，又天子之世守也。然而来去不恒，成亏有数。是以宝珪出河，《左传》昭二十四年。九鼎沦泗，武库之剑，穿屋而飞，《越绝书》亦载湛庐去吴事。殿前之钟，感山而响，铜人入梦，钟虡生毛，则知历世久远，能为神怪，亦理之所必有者。《隋书》：文帝开皇九年四月，毁平陈所得秦汉三大钟，越二大鼓。十一年正月丁酉，以平陈所得古器多为祸变，悉命毁之。而《大金国志》载：海陵正隆三年，诏毁平辽、宋所得古器，亦如隋文之言。盖皆恣睢不学之主，而古器之销亡，为可惜矣。”

【注释】①夏后氏之璜：是一种夏后氏的宝玉，与和氏璧齐名。②封父之繁弱：是一张封父国的大弓。

【译文】洪迈《容斋随笔》说青铜器的传承，自《春秋》以来，本来就很重视它们了，如郜鼎纪甗之类的记载，可以一一数清。不知道三代逸书目录，汤有典宝，武有分器，而春官有典庸器的职务，掌藏乐器、铭功的铜器及祭祀时之陈设，那么固然之前已经有这些了。所以夏后氏之璜，封父之繁弱，密须国的战鼓，阙巩国的铠甲，班诸鲁公、唐叔之国，而赤刀、弘璧、天球、河图之类，陈设于成王之顾命者，又是天子世代保护的。但是，重器来去不常，成亏有数，因此宝珪在黄河出现，（《左传》鲁昭公二十四年。）九鼎沉入泗水，武库之剑，穿屋而飞，（《越绝书》也记载湛庐去吴之事。）殿前之钟，感山而响，铜人入梦，钟虡生毛，就知道知历世久远，化为神奇，也是情理之所必有的。《隋书》：隋文帝开皇九年四月，销毁平定陈国所得秦汉三大钟，越二大鼓。开皇十一年正月十四日，以平定陈国所得古器大多为祸变之物，命令全部销毁。而《大金国志》记载：海陵王正隆三年，下诏毁掉平辽、宋所得古器，也像隋文帝的话。大概都是放纵不学习的君主，而古器的销亡，实在可惜了。”

读李易安题《金石录》，引王涯、元载之事，以为“有聚有散，乃理之常，人亡人得，又胡足道？”未尝不叹其言之达。而元裕之好问作《故物谱》，独以为不然。其说曰：“三代鼎钟，其初出于圣人之制，今其款识故在，不曰‘永用享’，则曰‘子子孙孙永宝用’，岂圣人者，超然远览，而不能忘情于一物邪？自庄周、列御寇之说出，遂以天地为逆旅，形骸为外物，虽圣哲之能事，有不满一吷者，况外物之外者乎？然而彼固未能寒而忘衣，饥而忘食也。则圣人之道，所谓备物以致用，守器以为智者，其可非也邪？已上隐括元氏之文。《春秋》之于宝玉、大弓，窃之书，得之书。知此者，可以得圣人之意矣。

【译文】阅读李清照（号易安居士）写的《金石录》，引王涯、元载遭遇杀身之祸的事情，认为“有聚有散，乃是常理，人亡人得，又胡足道？”从来没有不感叹她的豁达。而元好问（字裕之）写《故物谱》，他认为不是这样。他解释说：“三代鼎钟，它最初是圣人铸造的，如今其款识还在，不说‘永用享’，就是说‘子子孙孙永宝用’，难道说当年的圣人能够超脱物外考虑深远，却不能忘情于一物吗？”自从庄周、列御寇的学说出现，于是以天地为旅馆，形体为外在的事物，即使圣哲之能事，有不满一吷的，更何况外物之外的呢？他们当然不能寒而忘衣，饥而忘食。那么圣人的大道，所谓备物以致用，守住国家重器的以为是智者，难道圣人之道是可以非议的吗？（以上隐含包括元好问之文。）《春秋》对于获得宝玉、大弓，丧失它要记载，获得它也要记载。知道这个道理的人，可以得到圣人的意旨了。

卷二十二

四海

《书》正义言天地之势，四边有水。邹衍书言九州之外，有大瀛海环之，是九州居水内，故以州为名。州，古洲字。然《五经》无西海、北海之文，而所谓四海者，亦概万国而言之尔。《礼记·祭义》：推而放诸西海而准，推而放诸北海而准。亦是概言之海。至《左传》齐桓公言"寡人处北海"，则直指齐地。而《孟子》言："伯夷辟纣，居北海之滨。"唐时以潍州为北海郡，而昌乐县遂有伯夷庙。《尔雅》："九夷八蛮六戎五狄，谓之四海。"《周礼·校人》："凡将有事于四海山川。"注："四海犹四方也。"则海非真水之名。《易》卦兑为泽，而不言海。《礼记·乡饮酒义》曰："祖天地之左海也。"则又以见右之无海矣。《史记·日者传》："地不满东南，以海为池。"《虞书》禹言："予决九川，距四海。"据《禹贡》，但有一海，而南海之名，犹之西河即此河尔。

【译文】《尚书正义》上说到天地的情势，说地的四边都是水。邹衍书说九州的外围，有大瀛海环绕，因为九州居住在水的里面，所以以州为名。（州，古洲字。）然而《五经》并没有西海、北海的文字，而所说的四海，也许大概是就天下万国而说的。(《礼记·祭义》：推而放诸西海而准，推而放诸北海而准。也是统称为海。到《左传》齐桓公说“寡人处北海”，那就是直指齐国辖地。而《孟子》说：“伯夷辟纣，居北海之滨。”唐代时以潍州为北海郡，而昌乐县于是就有了伯夷庙。)《尔雅》上说：“九夷八蛮六戎五狄，称为四海。”《周礼·校人》上说：“凡将有事于四海山川。”注解说：“四海犹如四方。”则说海并非真正的水之名。《易》卦兑为泽，而不说海。《礼记·乡饮酒义》上说：“祖天地之左海也。”则又可以说明右边没有海。《虞书》中禹说：“我决九川，通至四海。”根据《禹贡》的内容，仅仅只有一海，而南海的名，好比是西河也就是此河。

《禹贡》之言海有二：“东渐于海”，实言之海也；“声教讫于四海”，概言之海也。

【译文】《禹贡》中说到海的地方有二处：“东渐于海”，实际上是说实实在在的海；“声教讫于四海”，是统称为海(指四方)。

宋洪迈谓海一而已，地势西北高，东南下，所谓东北南三海，其实一也，北至于青、沧，则曰北海；南至于交、广，则曰南海；东渐吴、越，则曰东海；无繇有所谓西海者。《诗》《书》《礼经》之称四海，盖引类而言之。至于《庄子》所谓穷发之北有冥海，及屈原所谓指西海以为期，皆寓言尔。程大昌谓条支之西有海，先汉使固尝见之，而载诸史。《史记·大宛传》：“于寘之西则水皆西流，注西海。”又曰：“奄蔡在康居西北可二千里，临大泽，无崖，盖乃北海云。”《汉书·西域传》：“条支国临西海。”

【译文】宋代洪迈说海只是一处而已，地势西北为高，东南为下，所说的东北南三海，其实是一处，北到达青、沧，则说是北海；南到达交、广，则说南海；东到达吴、越，则说东海；从来没有理由说过有西海的。《诗经》《尚书》《礼经》上说的四海，大概都是援引同类而说的。至于《庄子》所说的穷发之北有冥海，及屈原所说的指西海以为期，都是寓言而已。程大昌说条支的西方有海，西汉的使者曾经见到过，而记载在史书上。（《史记·大宛传》：“于寘的西边，水都向西而流，注入西海。”又说：“奄蔡在康居西北二千里，靠近大泽，没有崖，原来是北海。”《汉书·西域传》：“条支国濒临西海。”）

后汉班超又遣甘英辈亲至其地，而西海之西又有大秦，夷人与海商皆常往来，霍去病封狼居胥山①，其山实临瀚海。苏武、郭吉皆为匈奴所幽、置诸北海之上，而《唐史》又言，突厥部北海之北有骨利干国，在海北岸。然则《诗》《书》所称四海，实环华裔而四之，非寓言也。然今甘州有居延海，西宁有青海，云南有滇海，安知汉、唐人所见之海非此类邪?

【注释】①霍去病封狼居胥山：元狩四年春，汉武帝命卫青、霍去病率几十万雄兵，分两路横渡大漠追歼匈奴。霍去病率兵突入匈奴腹地2000余里，与匈奴左贤王遭遇，霍去病斩首七万余，而后乘胜挥军北进，直到大漠深处的狼居胥山。到此山下，强敌远遁，放眼四顾，悲风扬沙。霍去病命人堆土增山，然后他登临山顶，南面中原设坛祭拜天地，并在山上立碑纪念，以示此地纳为汉家疆土。“封狼居胥”成语即来源于此，以此作为对将军们最大战功的旌表。

【译文】东汉班超又派遣甘英等人亲自到达那个地方，而在西海的西面又有大秦，夷人和海商都经常往来，霍去病在狼居胥山举行祭天的封礼，其山实际临近瀚海。苏武、郭吉皆被匈奴所幽禁、把他们放在北海之上，而《唐史》上又说，突厥部在北海之北有一个骨利干国，在海的北岸。这样说来《诗》《书》所称的四海，实际是环绕在华裔的四面，并非是寓言。然而今天的甘州有居延海，西宁有青海，云南有滇海，怎么能够知道汉、唐人所见的海不是此类以海为名但是并不是海的地方呢？

九 州

九州之名始见于《禹贡》。《祭法》：共工氏之霸九州也，其子曰后土，能平九州。此前乎禹而有九州之名。《周礼·职方氏》疏曰：“自神农以上，有大九州：柱州、迎州、神州之等；至黄帝以来，德不及远，惟于神州之内分为九州。”《史记·孟子荀卿传》：“驺衍言中国名曰赤县神州，赤县神州内自有九州，禹之序九州是也，不得为州数。中国外如赤县神州者九，乃所谓九州也。”盖天下有九州，古之帝者皆治之，后世德薄，止治神州。神州者，东南一州也。《河图括地象》：东南神州，正南邛州，西南戎州，正西弇州，正中冀州，西北柱州，北方玄州，东北咸州，正东扬州。《淮南子·地形训同》，而以西北为台州，正北为泲州，东北为薄州，正东为阳州。《隋书》北郊之制，有神州、迎州、冀州、戎州、拾州、柱州、营州、咸州、阳州。唐初房玄龄与礼官议，以为神州者，国之所记，余八州则义不相及，遂除迎州等八座，惟祭皇地祇及神州。此荒诞之说，固无足采。

【译文】九州的说法最早见于《禹贡》。（《祭法》：共工氏称霸九州，其子名为后土，能平定九州。这比大禹还早而有九州之名。）《周礼·职方氏》的注解上说："自神农以上，有大九州：柱州、迎州、神州之等；至黄帝以来，德不及远，惟于神州之内分为九州。"（《史记·孟子荀卿传》："驺衍说中国名为赤县神州，赤县神州之内就有九州，大禹划分九州就是，不得为州的数目。中国之外像赤县神州的有九个，所以称为九州。"）说明天下有九州，古代的帝王都曾治理这些地方，后世的帝王德行浅薄，仅仅只治理神州。神州，是处于东南的一个州。（《河图括地象》：东南神州，正南邛州，西南戎州，正西弇州，正中冀州，西北柱州，北方玄州，东北咸州，正东扬州。《淮南子·地形训》与之相同，但是以西北为台州，正北为泲州，东北为薄州，正东为阳州。《隋书》北郊之制，有神州、迎州、冀州、戎州、拾州、柱州、营州、咸州、阳州。唐朝初年房玄龄与礼官商议，认为神州，国史所记，余下八州则义不相及，于是去掉迎州等八座，只是祭祀皇地祇及神州。）这种荒诞不经之说，固然不足采信。

然中国之大，亦未有穷其涯域者，尹耕《两镇志》引《汉书·地理志》，言黄帝方制万里，画野分州，得百里之国万区，而疑不尽于禹九州之内。且曰：以今观之，涿鹿，今保安州。东北之极陬也，而黄帝以之建都；釜山，在怀来城北。塞上之小山也，而黄帝以之合符[1]，则当时藩国之在其西北者可知也。《晋·载记》：慕容廆以大棘城即帝颛顼之墟也，乃移居之。《通典》：棘城在营州柳城东南一百七十里。

【注释】①合符：中国流传久远的一项合盟信物制度，在文字发明之前常用于重大的政治、行政、庆典、军事等活动，符又称符节、符信，多以竹、木、兽皮、玉、骨等为材料，制成后一分为二，供持有者双方相互印证，也就是合符。

【译文】然而以中国疆域之大，也没有能够穷尽其边际的。尹耕《两镇志》引用《汉书·地理志》的说法，说黄帝开始制定疆域，画野分州，得到百里之国万区，而怀疑应该不只是大禹划定的九州之内的。而且说：以今天的情况来看，涿鹿（今保安州），是最东北的角落，而黄帝在那个地方建都；釜山（在怀来城北），是塞上的一座小山，而黄帝以那里符信相合，由此可知当时在西北的藩国的情况。（《晋书·载记》：慕容廆认为大棘城就是帝颛顼的故城，于是移居那里。《通典》：棘城在营州柳城东南一百七十里。）

秦、汉以来，匈奴他部如尔朱、宇文之类，往往祖黄帝，称昌意后，亦一证也。按《魏》《周》诸书，惟云魏之先出自黄帝轩辕氏，黄帝子曰昌意，昌意之少子受封北国。而尔朱氏无闻。宇文氏则云其先出自炎帝神农氏。今舍拓跋而言尔朱、宇文，误也。《辽史》言：耶律俨称辽为轩辕后。厥后昌意降居，帝挚逊位，至于洪水之灾，天下分绝，而诸侯之不朝者有矣，以《书》考之，禹别九州；而舜又肇十一州，其分为幽、并、营者，皆在冀之东北，《书》：肇十有二州传云，肇，始也。禹治水之后，舜分冀州为幽州、并州，分青州为营州，始置十二州。高诱注《淮南子》云：古之幽都在雁门以北。必其前闭而后通，前距而后服者也。而此三州以外，则舜不得而有之矣。此后世幅员所以止于禹迹九州之内，而天地之气亦自西北而趋于东南，日荒日辟，而今犹未已也。蔡仲默《书传》，亦谓当舜之时，冀北之地，未必荒落如后世。驺子[①]之言虽不尽然，亦岂可谓其无所自哉。

【注释】①驺子：驺子一般指邹忌。邹忌，人尊称为“驺子”，战国时期齐国人。

【译文】秦、汉以来，匈奴其他的部族如尔朱部、宇文部之类，往往以黄帝为先祖，自称是昌意的后裔，也是一大明证。（按《魏》《周》各史书，只说魏的先祖出自黄帝轩辕氏，黄帝之子是昌意，昌意之幼子受封北国。而尔朱部没有记载。宇文部则说其先祖出自炎帝神农氏。如今舍弃拓跋而说尔朱、宇文，是错误的。《辽史》说：耶律俨称辽国为轩辕后裔。）其后昌意降居，帝挚逊位，以至后来发生洪水之灾，天下分绝，而诸侯不再朝见的情况应该是有的。拿《尚书》来考证，大禹分别九州；而舜又创建十一州，其划分的分为幽州、并州、营州，都在冀州的东北，（《尚书》：肇十有二州传说，肇，是开始的意思。大禹治水之后，舜分冀州为幽州、并州，分青州为营州，开始划置十二州。高诱注《淮南子》说：古代幽都在雁门以北。）一定是其之前闭塞而后通畅，之前保持距离而后降服顺从的。而在这三州以外，舜也不能得到而拥有了。从此后世的疆域只止于大禹所定的九州之内，而天地之气也从西北趋向于东南，西北日益荒芜东南日益开辟，直到今天依然没有停止。（蔡仲默《书传》，也说在舜之时，冀北之地，不一定像后世荒芜落后。）驺子的话虽不尽然如此，但是也不能说是完全没有根据的。

幽、并、营三州，在《禹贡》九州之外，先儒谓以冀、青二州地广而分之，殆非也。孔安国、马融并云。疏谓尧时青州，当越海而有辽东，益无据。幽则今涿、易以北，至塞外之地。《书》：流共工于幽洲。《孟子》作州。《括地志》云：在檀州燕乐县界。今顺天府密云县。并则今忻、代以北，至塞外之地，营则今辽东大宁之地。其山川皆不载之《禹贡》，故靡得而详，凡汉之上谷、渔阳、右北平、辽西、辽东，山川皆不载之《禹贡》，惟碣石为右北平骊城县山，然此但岛夷之贡道尔。然而益、稷之书谓“弼成五服，至于五千”，则冀方之北不应仅数百里而止。《辽史·地理志》言幽州在渤、碣之间，并州北有代、朔、营州，东暨辽海。《营卫志》言冀州以南，历洪水之变，夏后始制城郭，其人土著而居。并、营以北，劲风多寒，随阳迁徙，岁无宁居，旷土万里。或其说之有所本也。刘三吾《书》传谓孔氏以辽东属青州，隔越巨海，道里殊远，非所谓因高山大川以为限之意。盖幽、并、营三州皆分冀州之地，又引欧阳忞《舆地广记》，以辽东营州属冀州。今亦未有所考。

【译文】幽州、并州、营州这三州，在《禹贡》的九州之外，先儒认为是划分冀州、青州二州的土地而来的，这种说法是错误的。（孔安国、马融都有这个说法。注解说尧时青州，应当越海之后而有辽东，更加没有根据。）幽州就是现在的琢、易以北，到塞外之地。（《尚书》：将共工流放到幽洲。《孟子》写成幽州。《括地志》云：幽州在檀州燕乐县界。今天顺天府密云县。）并州就是现在忻州、代州以北，到塞外之地，营州是现在辽东大宁的地域。那里的山川都没有记载在《禹贡》上，所以不能知道具体详情。（凡汉水的上谷、渔阳、右北平、辽西、辽东，山川都不被记入《禹贡》，只有碣石为右北平骊城县山，然而这只是岛夷的贡道。）然而，《尚书》中《益稷》上说"弼成五服，至于五千"，那么冀方的北面不应该仅仅几百里。《辽史·地理志》说幽州在渤、碣之间，并州北面有代州、朔州、营州，东到辽海。《营卫志》说冀州以南，历经洪水的变化，到夏朝才开始建设都城，那里的人都是土著居民。并州、营州以北，风大而寒冷，人们随着阳光迁徙，一年没有安定的居住之地，空旷的土地绵延万里。或许这种说法是有根据的。刘三吾《尚书》传说孔安国以为辽东属青州，隔着大海，路程很远，不是所谓的因为高山大川所限的意思。幽、并、营三州是划分的冀州之地这一说法，（又引欧阳忞《舆地广记》，以辽东营州属冀州。）到现在也没有什么考证。

禹画九州在前，舜肇十二州在后。肇，始也。昔但有九州，今有十二州，自舜始也。《汉书·地理志》："尧遭洪水，天下分绝为十二州，使禹治之，更制九州。"与《书》"肇十有二州"之文不同。盖汉人之说如此，故王莽据之为奏。陈氏经曰："《禹贡》之作乃在尧时，至舜时乃分九州为十二州，至夏之世又并为九州，故传言贡金九牧。"《竹书纪年》："帝舜三十三年，夏后受命于神宗，遂复九州。"亦未可信。然则谓《禹贡》九州为尽虞、夏之疆域者，疏①矣。

【注释】①疏：迂阔；不切实际。嵇康《与山巨源绝交书》："虽有区区之意，亦已疏矣。"

【译文】禹划分九州在前，舜始建十二州在后。肇，是开始的意思。过去只有九个州，现在有十二个州，是从大舜开始的。(《汉书·地理志》："尧遭洪水，天下分绝为十二州，使禹治之，更制九州。"与《尚书》"肇十有二州"的记载文字不同。原来汉代人之说都如此，因此王莽据此上奏。陈经说："《禹贡》之作是在尧时，到舜时才分九州为十二州，到夏朝又合并为九州，故而传言贡金九牧。"《竹书纪年》："帝舜三十三年，夏后受命于神宗，遂复九州。"也未必可信。)那么以为《禹贡》中的九州为都是虞舜、夏朝的疆域，就有点不切实际了。

夏、商以后，沿上世九州之名，各就其疆理所及而分之，故每代小有不同。《周书》《尔雅》各与《禹贡》不同。《周礼·量人》:“掌建国之法,以分国为九州,”曰“分”,则不循于其旧可知矣。《周礼·职方》:“东北曰幽州,其山曰医无闾,其泽曰貕养,川曰河泲,浸曰菑时。”医无闾在今辽东广宁卫。貕养泽注云,在长广,今山阳莱阳县,已无迹可考。而青之菑时,兖之河泲,杂出于一条之中,殆不可据。

【译文】夏、商以后,沿袭古代九州的名称,分别就他们的疆域所及而划分,所以每代稍有不同。(《周书》《尔雅》各与《禹贡》不同。)《周礼·量人》上说:“掌管建立王国的方法,以分全国为九州,”说“分”,那么不遵循于其旧就可知了。(《周礼·职方》:“东北曰幽州,其山曰医无闾,其泽曰貕养,川曰河泲,浸曰菑时。”医无闾在今辽东广宁卫。貕养泽注说,在长广,今山阳莱阳县,已经无迹可考。而青州的菑时,兖州的河泲,混杂出于一条之中,几乎不可作为证据。)

州有二名。《舜典》“肇十有二州”,《禹贡》“九州”,大名也。《周礼·大司徒》:“五党为州。”《州长》注:“二千五百家为州。”《左传》僖十五年:“晋作州兵,”宣十一年:“楚子入陈乡,取一人焉以归,谓之夏州。”昭二十二年:“晋籍谈、荀跞帅九州之戎。”注:州,乡属也。五州为乡。哀四年:“士蔑乃致九州之戎。”十七年:“卫侯登城以望见戎州。”《国语》:“谢西之九州①如何?”注:谢西有九州。二千五百家为州。并小名也。

【注释】①谢西之九州：谢是周平王的外家——南阳申国。“谢西之九州”，大致相当于后世武关以南的丹淅之地。

【译文】州有两名。《舜典》上说“肇十有二州”，《禹贡》上说“九州”，这是的州，是州的大名。《周礼·大司徒》上说：“五党为州。”《州长》注说：“二千五百家为州。“《左传》鲁僖公十五年：“晋作州兵。”鲁宣公十一年：“楚子进入陈乡，取一个人归附楚国，称为夏州。”鲁昭二十二年：“晋籍谈、荀跞率领九州之戎。”（注：州，是乡属。五州为一乡。）鲁哀公四年：“士蔑于是召集九州之戎。”鲁哀公十年：“卫侯登城远远望见戎州。”《国语》上说：“谢西边的九州怎么样？”（注：谢西有九州。二千五百家为州。）这些地方都是说的小名的州。

陈祥道《礼书》：“二百一十国谓之州，五党亦谓之州；万二千五百家谓之遂，一夫之间亦谓之遂；王畿谓之县，五鄙亦谓之县。”江、淮、河、济谓之四渎，而《易》坎为水，为沟渎。大小之极，不嫌同名。

【译文】陈祥道的《礼书》上说：“二百一十国称为州，五党也称为州；一万二千五百家成为遂，一夫之间也称为遂；王城周围的地域称为县，五鄙也称为县。”（江、淮、河、济称之为四渎，而《易》坎为水，为沟渎。大小之极，不避嫌同名。）

六国独燕无后

春秋之时，楚最强，楚之官，令尹最贵，而其力令尹者皆同姓之亲。至于六国已灭之后，而卒能自立以亡秦者、楚也。尝考夫七国之时，人主多任其贵戚，如孟尝、平原、信陵三公子；毋论楚之昭阳、昭奚恤、昭睢，韩之公仲、公叔，赵之公子成、赵豹、赵奢，齐之田婴、田忌、田单，单之功至于复齐国，至秦则不用矣，而泾阳、高陵之辈，犹以擅国闻，独燕蔑有。子之之于王哙，未知其亲疏。自昭王以降，无一同姓之见于史者。及陈、项兵起，立六国后，而孙心王楚，儋王齐，咎王魏，已而歇王赵，成王韩，惟燕人乃立韩广，岂王喜之后无一人与？不然，燕人之哀太子丹，岂下于怀王，而忍亡之也？盖燕宗之不振久矣。呜呼！楚用其宗而立怀王者，楚也；燕用非其宗而立韩广者，燕也。然则晋无公族而六卿分，秦无子弟而阎乐弑，魏削藩王而陈留篡于司马，宋卑宗子而二帝辱于金人，皆是道矣。《诗》曰："宗子维城，无俾城坏，无独斯畏。"人君之独也，可不畏哉！

【译文】春秋时期，楚国最强，楚国的官员，以令尹最显贵，而能够做到令尹的人都是国君的同姓之亲。到了六国已经灭亡之后，而最终能够自立以灭秦国的，只有楚国。我曾经考证，战国之时，君主大多任命他们的贵戚，例如孟尝君、平原君、信陵君三公子；不要说楚国的昭阳、昭奚恤、昭睢，韩国的公仲、公叔，赵国的公子成、赵豹、赵奢，齐国的田婴、田忌、田单，田单的功劳已经到了恢复齐国，到了秦国则不得任用。而泾阳、高陵这样的人，以独揽国政而闻名，唯独燕国没有这样用人。子之对于燕王哙，不知道他们关系的亲疏远近。自从燕昭王以来，没有一个同姓出现在史书中的。等到陈胜、项羽起兵，立六国的后代，而孙心立为楚王，田儋立为齐王，魏咎立为魏王，不久赵歇立为赵王，韩成立为韩王，只有燕人立韩广为王，难道是燕王喜之后没有人了吗？不是这样的，是因为燕人哀伤太子丹，难道是到了楚怀王的时候，忍心让燕国灭亡吗？是因为原来燕国宗室的不振已经很久了。感叹啊！楚国用宗室而拥立怀王的人，是楚国人；燕王不用他的宗室而拥立韩广的，是燕人。那么，晋国因为没有公族而六卿分，秦国没有子弟，而阎乐杀死了胡亥。曹魏削弱藩王而导致司马氏篡夺陈留王曹奂的皇位，宋朝不重视宗子而导致二帝被金军抓走受尽凌辱，都是因为不重视宗室啊。《诗经》上说："要让宗子可自处城中。莫让城墙毁坏无用，莫要孤立忧心忡忡。"人君处于孤立无援的境地，难道不是最令人畏惧的吗？

郡 县

《汉书·地理志》言："秦并兼四海，以为周制微弱，终为诸侯所丧，故不立尺土之封，分天下为郡县，荡灭前圣之苗裔，靡有孑遗。"后之文人祖述其说，以为废封建，立郡县，皆始皇之所为也，以余观之，殆不然。

【译文】《汉书·地理志》说："秦国兼并天下，认为周制微弱，最后被诸侯所消灭，所以秦不立尺地的封地，将天下划分为郡县，荡灭前代圣人的后裔，几乎一无所剩。"后来的文人仿效其说，认为废除封建，立郡县，都是秦始皇做的，在我看来，大概不是这样。

《左传》僖公三十三年："晋襄公以再命命先茅之县赏胥臣。"宣公十一年："楚子县陈。"十二年："郑伯逆楚下之辞曰：'使改事君夷于九县。'"注：楚灭诸小国，为九县。十五年："晋侯赏士伯以瓜衍之县。"成公六年："韩献子曰：'成师以出，而败楚之二县。'"襄公二十六年："蔡声子曰：'晋人将与之县，以比叔向。'"三十年："绛县人或年长矣。"昭公三年："二宣子曰：'晋之别县，不惟州。'"五年："薳启疆曰：'韩赋七邑，皆成县也'"注：成县赋百乘也。又曰："因其十家九县，其余四十县。"十年："叔向曰：陈人听命，而遂县之。"二十八年："晋分祁氏之田以为七县，分羊舌氏之田以为三县。"哀公十七年："子谷曰：'彭仲爽，申俘也。文王以为令尹，实县申息。'"

【译文】《左传》鲁僖公三十三年说："晋襄公又命令将先茅县赏给胥臣。"鲁宣公十一年："楚子在陈设县。"鲁宣公十年："郑伯迎接楚国下面又说：'让我侍奉您夷于九县。'"（注：楚国灭诸小国，分为九县。）鲁宣公十五年："晋侯把瓜衍的县赏给士伯。"鲁成公六年："韩献子说：'成师而出，打败了楚国的两县。'"鲁襄公二十六年："蔡声子说：'晋人将与他县，以比叔向。'"鲁襄公三十年："绛县人或年长了。"鲁昭公三年："二宣子说：'晋之别县，不只是州。'"鲁昭公五年："薳启疆说：'韩赋七邑，都是大县'"（注：成县赋一百乘。）又说："因其十家九县，其余四十县。"鲁昭公十年："叔向说：陈人听从命令，于是在那里设县。"鲁昭公二十八年："晋国把祁氏的田地分为七县，把羊舌氏的田地分为三县。"鲁哀公十四年："子谷说：'彭仲爽，是申国的俘虏。文王用他做令尹，实际在申、息设县。'"

《晏子春秋》："昔我先君桓公，予管仲狐与谷，其县十七。"《说苑》："景公令吏致千家之县一于晏子。"《战国策》："智果言于智伯曰：'破赵则封二子者各万家之县一。'"《史记·秦本纪》："武公十年，伐邦冀戎，初县之。十一年，初县杜、郑。"《吴世家》："王余祭三年，予庆封朱方之县。"则当春秋之世，灭人之国者，固已为县矣。按昭二十九年，蔡墨言刘累迁于鲁县，则夏后氏已有县之名。《周礼·小司徒》：四甸为县。《遂人》：五鄙为县。《县士》注：距王城三百里以外至四百里曰县，亦作寰。《国语》：管子制齐，三乡为寰，寰有寰帅。十寰为属，属有大夫。颜师古曰，古书县邑字皆作'寰'，以'县'为县挂字，后人转用为州县字，其县挂之'县'，又加心以别之也。

【译文】《晏子春秋》说："从前我们的先君齐桓公，封赏了管仲狐地和谷地两块封地，总共有十七个县。"《说苑》说："齐景公命令官吏致千户的县邑送给晏子。"《战国策》说：智果对智伯说：

‘打败赵国就封两人各一个万户的县。’”《史记·秦本纪》说：“武公十年，讨伐冀戎邦，最初在那里设县。武公十一年，最初在杜、郑设县。”《吴世家》：“王余祭三年，赏赐庆封朱方县。”说明在春秋时代，没有继承人的国，已经是县了。（按鲁昭公二十九年，蔡墨说刘累迁于鲁县，那么夏后氏已有县之名。《周礼·小司徒》：四甸为县。《遂人》：五鄙为县。《县士》注：距王城三百里以外至四百里称之为县，也写作寰。《国语》：管子制齐，三乡为寰，寰有寰帅。十寰为属，属有大夫。颜师古说，古书县邑字皆写作‘寰’，以‘县’为县挂字，后人转用为州县字，其县挂之‘县’，又留心来分别它们。）

《史记》：“吴王发九郡兵伐齐。”范蜎对楚王曰：“楚南塞厉门而郡江东。”甘茂谓秦王曰：“宜阳，大县。”名曰县，其实郡也。春申君言于楚王曰：“淮北地边齐，其事急，请以为郡便。”

【译文】《史记》说：“吴王征发九郡的军队攻打齐国。”范蜎对楚王说：“楚国南边塞厉门而郡江东。“甘茂对秦王说：“宜阳，是大县。”名叫县，其实是郡。春申君对楚王说：“淮北地方靠近齐国，其事紧急，请立为郡以便宜行事。”

《匈奴传》言赵武灵王置云中、雁门、代郡，燕置上谷、渔阳、右北平、辽西、辽东郡，以拒胡。又言魏有河西上郡，以与戎界边。则当七国之世，而固已有郡矣。哀公二年传：赵简子誓曰：克敌者，上大夫受县，下大夫受郡。杜氏引《周书·作洛篇》：千里百县，县有四郡。古时县大而郡小。《说文》：周制，天子地方千里，分为百县，县有四郡。至秦初置三十六郡，以监其县。今按《史记》吴王及春申君之事，则郡之统县固不始于秦也。

【译文】《匈奴传》说赵武灵王设置了云中、雁门、代郡，燕国设置了上谷、渔阳、右北平、辽西、辽东郡，以抵御胡人。又说魏国有黄河西上郡，以与戎人确定边界。说明在七国时期的战国，就已经有郡了。（鲁哀公二年传：赵简子发誓说：攻克敌人的，上大夫受县之封，下大夫受郡之封。杜氏引《周书·作洛篇》：千里百县，县有四郡。古时县大而郡小。《说文》：周制，天子地方千里，分为百县，县有四郡。至秦初置三十六郡，以监其县。如今按《史记》吴王及春申君之事，那郡统辖县固然不始于秦国。）

吴起为西河守，冯亭为上党守，李伯为代郡守，西门豹为邺令，荀况为兰陵令，城浑说楚新城令，卫有蒲守，韩有南阳假守。魏有安邑令。苏代曰："请以三万户之都封太守，千户封县令。"赵封冯亭亦云。而齐威王朝诸县令长七十二人，则六国之未入于秦，而固已先为守令长矣。

【译文】吴起担任西河太守，冯亭担任上党太守，李伯为代郡太守，西门豹为邺令，荀况为兰陵令，城浑说楚国新城令，卫国有蒲城守，韩国有南阳假守。魏国有安邑令。苏代说："请把三万户的都封为太守，千户封县令。"（赵国封冯亭时也有这样的说法。）而齐威王朝各县长官七十二人，那么六国被秦国吞并的时候，而就已经先后设立守令长了。

故史言乐毅下齐七十余城皆为郡县。而齐湣王遗楚怀王书曰："四国争事秦，则楚为郡县矣。"张仪说燕昭王曰："今时赵之于秦，犹郡县也。"安得谓至始皇而始罢侯置守邪？传称禹会诸侯，执玉帛者万国，至周武王仅千八百国，春秋时见于经传者百四十余国，又并而为十二诸侯，又并而为七国，此固其势之所必至。秦虽欲复古之制，一一而封之，亦有所不能。而谓罢侯置守之始于秦，则儒生不通古今之见也。

【译文】所以史书记载乐毅攻下齐国七十余城都为郡县。而齐湣王给楚怀王的书信说："四国争着服事秦国，那么楚国就会沦为郡县了。"张仪劝说燕昭王说："现在的赵国对于秦国，就如同郡县。"怎么能认为到了秦始皇的时候才开始取消封侯而设立郡守呢？传说大禹会合诸侯，执玉帛的有万国，到周武王时仅一千八百国，春秋时期出现在经传的只有一百四十多国，又并为十二诸侯，后又并为七国，这就是形势所必然发展到这个地步。秦国虽然想恢复古代的制度，一一地封土建国，也有不能做到的地方。而认为废除分封制开始于秦朝，则是儒生不通古今的表现了。

秦分天下为三十六郡，其中西河、上郡则因魏之故，云中、雁门、代郡则赵武灵王所置，上谷、渔阳、右北平、辽西、辽东郡则燕所置。《史记》不志地理，而见之于匈奴之传。孟坚《志》皆谓之秦置者，以汉之所承者秦，不言魏、赵、燕尔。

【译文】秦朝将天下分为三十六郡，其中西河、上郡，是因循魏国的原称，云中、雁门、代郡则是赵武灵王所设置，上谷、渔阳、右北平、辽西、辽东郡则为燕国所设置。《史记》没有作地理志，但从匈奴传可以看出。班固（字孟坚）在《地理志》都说是秦国设置的，是因为汉代继承的秦朝，不说魏、赵、燕而已。

秦始皇议封建，实无其本。假使用淳于越之言，而行封建，其所封者不过如穰侯、径阳、华阳、高陵君之属而已，岂有建国长世之理。

【译文】秦始皇论封建，其实没有根源。假如用淳于越的建议而行封建，他所封的也不过如穰侯、径阳、华阳、高陵君之类而已，哪有建国长世的道理呢。

秦始皇未灭二国

古封建之国其未尽灭于秦始皇者，《卫世家》言："二世元年，废卫君角为庶人。"是始皇时卫未尝亡也。《汉书·地理志》：始皇既并天下，犹独置卫君，二世时乃废为庶人，凡四十世，九百年，最后绝。《越世家》言："越以此散，诸族子争立，或为王，或为君，滨于江南海上，服朝于楚。”《秦始皇本纪》言：“二十五年，王翦遂定荆江南地，降越君。”汉兴，有东海王摇、闽越王无诸之属，是越未尝亡也。《西南夷传》又言：“秦灭诸侯，唯楚苗裔尚有滇王。”然则谓秦灭五等而立郡县，亦举其大势然耳。

【译文】古代封建之国并没有完全被秦始皇消灭。《卫世家》说：“秦二世元年，废除卫君角为平民。”可见秦始皇时卫并没有灭亡。（《汉书·地理志》：秦始皇兼并天下之后，唯独放过了卫君，二世时才废为庶人，总共四十世，九百年，最后才灭亡。）《越世家》说：“越国因此分散，诸族子争立，有的为王，有的为君，在长江沿岸南海上，臣服于楚王。”《秦始皇本纪》说：“二十五年，王翦于是平定荆州长江以南的地区，降服越君。”汉朝建立以后，有东海王摇、闽越王无诸的归属，这是越国不曾灭亡。《西南夷传》又说：“秦灭诸侯，唯独楚国苗人后裔还有滇王。“那么说，秦朝消灭五等之封而设立郡县，也是整个大势所致。

汉王子侯

汉王子侯之盛，无过哀、平之间。《王莽传》：五威将帅七十二人，还奏事，汉诸侯王为公者悉上玺绶为民。《后汉书·城阳恭王祉传》：莽篡立，刘氏为侯者皆降称子，食孤卿禄，后皆夺爵。《后汉·光武纪》：“建武二年十二月戊午，诏曰：惟宗室列侯为王莽所废，先灵无所依归，朕甚愍之，其并复故国。若侯身已没，属所上其子孙，见名尚书封拜。”是皆绝于莽而复封于光武之时。

【译文】汉代王侯的兴盛，没有超过汉哀帝、汉平帝年间的。《王莽传》说：五威将帅七十二人，回来奏事，汉朝诸侯王变为公爵的，全部交上印玺绶变为民。(《后汉书·城阳恭王祉传》：王莽篡立，刘氏为侯者皆降称子爵，食孤卿禄，后来都被夺爵。)《后汉书·光武帝纪》说：“建武二年十二月二十八日，下诏说：考虑到宗室列侯被王莽废除，祖先的灵魂无所归依，我很是怜悯，让他们都恢复原来的封国。如果侯王已经去世，则上呈他的子孙现名，就赐爵授官。“这些侯王都是断绝于王莽之时，又在光武帝的时候再行封赐的。

然《汉书》表、传中往往言“王莽篡位，绝”，而《表》言安众侯崇，居摄元年举兵，为王莽所灭。侯宠，建武二年，以崇从父弟绍封。十三年，侯松嗣，今见。”师古曰：“作《表》时见为侯也。”《表》言“今见”者止此一人，是光武之时侯身已没者，其子孙亦但随宜封拜而已。《光武纪》十三年下云：其宗室及绝国封侯者凡一百三十七人。惟安众之以故国绍封者，褒崇之忠，非通例也。

【译文】然而《汉书》年表、列传中往往说：“王莽篡位，绝”，而《表》说安众侯刘崇，居摄元年起兵反抗，被王莽所消灭。侯宠，建武二年，以刘崇从父弟刘绍封。建武十三年，侯松继承，今为刘见。“师古说：“班固作《表》时，刘见为侯。”《表》说“今见”的只有这一个，是光武帝的时候侯王已经去世的，他的子孙也只是就其所宜赐爵授官而已。(《光武纪》建武十三年下说：其宗室以及断绝国封侯的共有一百三十七人。)只有安众侯以其故国而封爵，是为了褒奖刘崇的忠诚，并不是通例。

又《莽传》云："嘉新公国师，以符命力予四辅。明德侯刘龚、率礼侯刘嘉等凡三十二人，皆知天命，或献天符，或贡昌言，或捕告反寇，诸刘与三十二人同宗共祖者，勿罢，赐姓曰王。唯国师公以女配莽子，故不赐姓。"《武五子传》："广阳王嘉以献符命，封扶美侯，赐姓王氏。"《诸侯王表》："鲁王闵献神书，言莽德封列侯，赐姓王。""中山王成都献书，言莽德，封列侯，赐姓王。"《王子侯表》："新乡侯佟，《莽传》作信乡侯。元始五年，上书言莽宜居摄，莽篡位，赐姓王。"若此之类，光武岂得而复封之乎？

【译文】又《王莽传》说："嘉新公刘歆为国师，以符命力予四辅。明德侯刘龚、率礼侯刘嘉等三十二人，都知道天命，有人进献天符，有人进献昌言，有人抓捕或告发谋反侵犯，诸刘和三十二人同宗共祖的，不要罢免，赐姓王。只有国师公刘歆把女儿许配给了王莽的儿子，所以不赐姓。"《武五子传》说："广阳王刘嘉因为进献符命，封扶美侯，赐姓王氏。"《诸侯王表》说："鲁王刘闵献神书，陈说王莽的德行，封列侯，赐姓王。""中山王成都献书，说王莽的美德，封列侯，赐姓王。"《王子侯表》说："新乡侯刘佟(《王莽传》写作信乡侯)，元始五年，上书说王莽应该居摄，后来王莽篡位，赐姓王。"

像这一些人，光武帝怎么能够再次赐封他们呢？

又《王子侯表》序曰："元始之际，王莽摄朝，伪褒宗室侯及王之孙焉。居摄而愈多，非其正，故弗录，旋踵亦绝。"又可见莽摄位之所封者，光武皆不绍封也。夫惟于亲亲之中而寓褒忠之意，则于安众之封见之。《后汉书·卓茂传》云："刘宣字子高，安众侯崇之从弟。知王莽当篡，乃变名姓，抱经书，隐避林薮。建武初，乃出。光武以宣袭封安众侯。宣或即宠之误。"又《李通传》云："永平中，显宗幸宛，诏诸李随安众宗室会见。"注引谢承《书》曰："安众侯崇，长沙定王五代孙。与宗人讨莽有功，随光武河北，破王郎，朝廷高其忠壮，策文嗟叹，以厉宗室。"以表计之，虽正是五代孙，而以绍封者为名崇，殊为舛错，当以《前汉表》为正。又《刘隆传》曰："隆字元伯，南阳安众侯宗室也。王莽居摄中，隆父礼与安众侯崇起兵诛莽，事泄，隆以年未七岁，故得免。"史文虽略，千载之下可以情测也。此一代之大典，不可不论。

【译文】又《王子侯表》序说："元始之际，王莽摄政时期，假装褒扬的宗室诸侯王及其孙子。王莽摄政以后越来越多，因为这些都来头不正，所以不录，紧接着也就断绝了。"又可以看出王莽摄政的所封的，光武帝都不续封了。只有在亲近的亲族中为了褒扬忠厚之意，对于安众侯的后代子孙则封了刘见。（《后汉书·卓茂传》说："刘宣字子高，安众侯刘崇的堂弟。知道王莽会篡位，于是改名换姓，抱着经书，隐避林薮。建武初年，才出来。光武帝以刘宣袭封安众侯。刘宣或许就是刘宠的误记。”又《李通传》说：“永平年间，汉显宗明帝前往宛县，诏令诸李随安众宗室会见。”注引谢承《书》说：“安众侯刘崇，长沙定王五代孙。与宗人讨伐王莽有功，在河北跟随光武帝打败王郎，朝廷敬重他的忠诚壮武，策文嗟叹，来激励宗室。”按照年表来推算，即使正是定王五代孙，而以绍封者为刘崇，这是大错特错，应当以《前汉表》为正。又《刘隆传》说：“刘隆字元伯，是南阳安众侯宗室。王莽居摄年间，刘隆父亲刘礼与安众侯刘崇起兵讨伐王莽，事情败露，刘隆因为年龄不到七岁，故而得免。”）史文虽然简略，千年之后也可以从人情上来推测。这是一代的大典，不可以不讨论。

《武五子传》：“昌邑王贺，废封为海昏侯，薨。元帝复封贺子代宗为海昏侯。传子至孙，今见为侯。”《表》云：“贺以神爵三年薨，坐故行淫辟，不得置后，初元三年，釐侯代宗，以贺子绍封，传至孙原侯保世嗣，传至曾孙侯会邑嗣，免，建武复封。”是光武之复封有此二人，安众以褒忠，海昏以尝居尊位故与？

【译文】《武五子传》：“昌邑王刘贺，被封为海昏侯，死。元帝又封刘贺子刘代宗为海昏侯。传给儿子到孙子，现在被为侯。”《王子侯表》说：“刘贺因为神爵三年去世，犯了行淫邪之罪，不得设立继承人，初元三年，釐侯刘代宗以刘贺之子续封，传到孙子原侯刘保世继承，传到曾孙公刘会邑继承，被免去爵位，光武帝恢复封国。”这光武帝恢复封赐有这两人，安众侯是因为褒奖他的忠心，海昏侯是因为曾经处在尊贵的地位的缘故吗?

《功臣表》:“萧何九世孙禹,王莽始建国元年更为萧乡侯。莽败,绝。”“曹参十世孙宏,举兵佐军,本传云:先降河北。诏封平阳侯,十一世侯旷嗣,今见。”非光武之薄于酂侯而厚于平阳也,非有功不侯,高帝法也。

【译文】《功臣表》说:“萧何九世孙萧禹,王莽始建国元年改为萧乡侯。王莽失败后,断绝。”“曹参十世孙曹宏,举兵帮助义军,(曹宏本传说:先降河北。)下诏封为平阳侯,十一世侯曹旷继承,今天可以见到。”不是光武帝对酂侯薄而厚于平阳侯,不是有功劳的不封为侯,这是汉高祖刘邦制定的旧法。

红阳侯王泓,以与诸刘结恩,父丹降为将军,战死。见《元后传》。富平侯张纯,以先来诣阙,见《后汉书》本传。皆得绍封,按功臣侯复封者三人,恩泽侯复封者四人,高昌侯董永、归德侯襄、平昌侯王获三人,功状无考。而周承休侯常自以周后。而杜宪、赵牧并以先降梁王,不得嗣,光武命功之典如此。

【译文】红阳侯王泓,因为和诸刘结恩,父亲王丹投降成为将军,战死。(见《元后传》。)富平侯张纯,以先到朝廷拜见,(见《后汉书》本传。)都能继承封爵,(按功臣侯恢复封赐的有三人,恩泽侯恢复封赐的有四人,高昌侯董永、归德侯襄、平昌侯王获这三人,功状无从考证。而周承休侯姬常自认为是周朝的后裔。）而杜宪、赵牧都因为先投降梁王，不能继承，光武帝命功之典就是这样。

汉侯国

《汉书·地理志》，京兆尹、左冯翊、右扶风并无侯国，以在畿内故也。然《功臣侯表》有阳陵侯傅宽、高陵侯王虞人，《恩泽侯表》有高陵侯翟方进，并左冯翊县名。《功臣侯表》平陵侯苏建、平陵侯范明友，右扶风县名。而高陵下曰“琅琊”，二平陵下曰“武当”，则知此乡名之同于县者，而非三辅也。若后汉则新丰侯单超、新丰侯段颎、京兆县夏阳侯冯异、栎阳侯景丹、临晋侯杨赐，并左冯翊县。好畤侯耿弇、槐里侯万修，槐里侯窦武、槐里侯皇甫嵩、栒邑侯宋弘、郿侯董卓，并右扶风县。而嵩传云：“食槐里、美阳两县，八千户。”盖东都之后，三辅同于郡国矣。

【译文】《汉书·地理志》，京兆尹、左冯翊、扶风郡并没有侯国，因为在王城之内的原因。然而《功臣侯表》有阳陵侯傅宽、高陵侯王虞人，《恩泽侯表》有高陵侯翟方进，一并在左冯翊县名。《功臣侯表》平陵侯苏建、平陵侯范明友，右扶风县名。而高陵下说“琅琊”，二平陵下说“武当”，就知道这是乡名和县名相同，而不是三辅。若是在东汉，则是新丰侯单超、新丰侯段颎、京兆县夏阳侯冯异、栎阳侯景丹、临晋侯杨赐，一并在左冯翊县。好畤侯耿弇、槐里侯万修，槐里侯窦武、槐里侯皇甫嵩、栒邑侯宋弘、郿侯董卓，一并在右扶风县。而《后汉书·皇甫嵩传》说："食槐里、美阳两县，八千户。"大概东汉以后，三辅已经同于郡国了。

《地理志》侯国有注有不注，殆不可晓意者，班史亦仍前人之文，止据其时之见在者而书之乎？

【译文】《地理志》侯国有的有注有的不注，几乎不可理解其意思。班固《汉书》也沿用前人的文章，难道是只根据当时可以见到还在的侯国而记在史书上吗？

都

《诗》毛氏传："下邑曰都。"后人以为人君所居，非也。《帝王世纪》：天子所宫曰都。《释名》：都者，国君所居。考之经，则《书》之云"大都小伯"，《诗》之云"在浚之都""作都于向"者，皆下邑也。《左传》曰："先王之制，大都不过参国之一，中五之一，小九之一。"隐公元年。又曰："邑有宗庙、先君之主曰都，无曰邑。"庄公二十八年。故晋二五言于献公曰："狄之广莫，于晋为都。"谓蒲也、屈也。士伯谓叔孙昭子曰："将馆子于都。"谓箕也。公孙朝谓季平子曰："有都以卫国也。"谓成也。仲由为季氏宰，将堕三都，谓郈也、费也、成也。莱章曰："往岁克敌，今又胜都。"谓廪丘也。

【译文】《诗经》毛氏传说："下邑为都。"后人认为是君主所居住的地方，其实不是。（《帝王世纪》：天子所宫曰都。《释名》：所谓都，是国君所居住的地方。）考察经典，则《尚书》说"大都小伯"，《诗经》说"在浚之都""作都于向"的，都是下邑。《左传》说："先王的制度，大都不超过国都的三分之一，中的五分之一，小的九分之一。"（鲁隐公元年。）又说："邑有宗庙和先君的神主的称为都，没有称为邑。"（鲁庄公二十八年。）所以晋二五对献公说："狄之广莫，于晋为都。"说的就是蒲地、屈的。士伯对叔孙昭子说："将馆子于都。"说的是箕地。公孙朝对季平子说："有都以卫国也。"说的是成地。仲由做了季氏的家臣，将要毁坏三都，说的是郈地、费地、成地。莱章说："往岁克敌，今又胜都。"说的是廪丘。

《孟子》："王之为都者，臣知五人焉。"谓平陆也。《韩子》："卫嗣君以一都买一胥靡。"谓左氏也。《史记》赵良劝商君归十五都，灌园于鄙。秦封鞅商十五邑。秦王谓蔺相如：召有司按图，指从此以往十五都予赵。齐王令章子将五都之兵，因北地之众以伐燕。张仪说楚王，请效万家之都以为汤沐之邑。而陈恢见沛公亦曰："宛，大郡之都也。"其名始于《周礼·小司徒》："九夫为井，四井为邑，四邑为丘，四丘为甸，四甸为县，四县为都。"注：四县为都，方四十里。而王之子弟所封，及公卿之采邑在焉，于是乎有都宗人、都司马，其后乃为大邑之称耳。《县士》注：距王城四百里以外至五百里曰都。故《诗》云："彼都人士。"

【译文】《孟子》上说："王之为都者，臣知五人焉。"说的是平陆。《韩非子》上说："卫嗣君以一都买一胥靡。"说的是左氏。《史记》赵良劝商君归还秦王赏赐给你的十五座城邑，隐居到边远的地方去浇灌田园。(秦国封卫鞅商十五邑。)秦王对蔺相如：召集有关部门按照图册，指明要把从这里到那里的十五座城划归赵国。齐王命章子率领五都之兵，依靠北地人数众多去攻打燕国。张仪游说楚王，请献出万户之都以为汤沐之邑。而陈恢见到刘邦也说："宛地，是大郡的都。"都的名字始于《周礼·小司徒》："九夫为井，四井为邑，四邑为丘，四丘为甸，四甸为县，四县为都。"(注：四县为都，方四十里。)而且王族子弟所封，以及公卿的封地在那里，于是有都宗人、都司马，此后才是大城邑的名称。(《县士》注：距王城四百里以外至五百里称为都。)所以《诗经》说："彼都人士。"

《礼记·月令》："命农勉作，毋休于都。"而宰夫掌群都、县鄙[1]之治。注：群都，诸采邑也。商子言"百都之尊爵厚禄"，《史记》信陵君之谏魏王，谓所亡于秦者，大县数十，名都数百。则皆小邑之称也。三代以上，若汤居亳，太王居邠，并言居，不言都。至秦始皇始言："吾闻周文王都丰，武王都镐。丰镐之间，帝王之都也。"而项羽分立诸侯王，遂各以其所居之地为都。王莽下书言周有东都、西都之居，而以洛阳为新室东都，常安为新室西都，莽改长安曰常安。后世因之，遂以古者下邑之名为今代京师之号，盖习而不察矣。

【注释】①县鄙：县与鄙。均古代行政区划之名。《周礼·地官·遂人》："五家为邻，五邻为里，四里为酂，五酂为鄙，五鄙为县。"

【译文】《礼记·月令》上说："命农勉作，毋休于都。"而宰夫负责掌管群都、县与鄙之地的治理。（注：群都，是各个采邑的意思。）《商君书》上说："百都的尊贵爵位、丰厚俸禄。"《史记》上信陵君劝阻魏王，说所亡于秦国的，大县数十，名都数百。则都是小邑的称谓。三代以上，如汤住在亳，太王居住在邠，都是说居，不说都。到秦始皇的时候开始说话："我听说周文王都丰，武王都镐京。丰镐之间，为帝王之都。"而项羽分封诸侯王，于是各以其所居住的地方为都。王莽下诏书说周朝有东、西都居住的城市，而以洛阳为新朝的东都，常安定为新朝的西都（王莽改长安为常安），后世沿袭，于是以古代下邑的名称代替现在京师的称号，是因为习以为常而不明察的缘故。

《史记·商君传》："筑冀阙、宫庭于咸阳，秦自雍徙都之。而集小都乡邑聚为县，置令丞，凡三十一县。"上都，国都之都；下都，都鄙之都。史文兼古今语。

【译文】《史记·商君传》说："在咸阳建筑冀阙、宫庭，秦国从雍地迁都到这里。而集小都乡邑聚集为县，设置县令县丞，总共三十一县。"上都，是国都的都；下都，是都鄙的都。《史记》的文字兼用古今的语言。

《汉书·晁错传》言："忧劳百姓，列侯就都。"是以所封国邑为都。《后汉书·安帝纪》："徙金城郡，都襄武。"《庞参传》："烧当羌种号多等皆降，始复得还都令居。"是以郡治为都。而《食货志》言："长安及五都。"以洛阳，邯郸、临淄、宛、成都为五都，而长安不与焉，此又所谓通邑大都居一方之会者也。如张衡《南都赋》、徐干《齐都赋》，刘邵《赵都赋》，庾阐《扬都赋》。若后世国都之名，专于天子，而诸侯王不敢称矣。

【译文】《汉书·晁错传》上说："忧劳百姓，列侯就都。"这里以所封国的国邑为都。《后汉书·安帝纪》："将金城郡，建都襄武。"《庞参传》："烧当羌种号多等皆降，始复得还都令居。"这里以郡的治所为都。而《食货志》说："长安及五都。"以洛阳，邯郸、临淄、宛、成都为五都，而长安不在其中，这里的都指的是四通八达的大都会，是处于一方的交会之地。（如张衡《南都赋》、徐干《齐都赋》，刘邵《赵都赋》，庾阐《扬都赋》。）如果后世国都的名称，为天子专用，而诸侯王就不敢称都了。

《史记》："孝景中三年，军东都门外。"此时未有东都，其曰东都门，犹言东郭门也。程大昌以为自此出洛阳东都者，非。《三辅黄图》："长安城东出北头第一门曰宣平门，民间所谓东都门。"

【译文】《史记》上说："孝景中三年，军东都门外。"此时尚未有东都，这里说东都门，如同说东郭门。（程大昌认为从这里出洛阳东都，是错误的。）《三辅黄图》上说：“长安城向东出北头第一门称为宣平门，就是民间所说的东都门。”

乡里

以县统乡，以乡统里，备书之者《史记》：“老子，楚苦县历乡曲仁里人。”樗里子室在昭王庙西渭南阴乡樗里。是也。书县里而不言乡：《史记》：“高祖沛丰邑中阳里人。”应劭曰：“沛，县也。丰，其乡也。”聂政，轵深井里人。淳于意师临淄元里公乘阳庆。《汉书》：“卫太子亡至湖泉鸠里。”是也。亦有书乡而不言里：《史记》：“陈丞相平，阳武户牖乡人。”王翦，频阳东乡人。是也。

【译文】以县管乡，以乡统里，完备地记载于书的可见：《史记》：“老子，楚国苦县历乡曲仁里人。”樗里子室在昭王庙西面渭南阴乡樗里。就是。书写县里而不说乡的地方：《史记》：“高祖沛丰邑中阳里人。”（应劭说：“沛，是县。丰，是县里的乡。”）聂政，轵邑深井里人。淳于意老师临淄元里公乘阳庆。《汉书》：“卫太子逃亡到湖泉鸠里。”都是。也有书写乡而不言里的：《史记》：“陈丞相平，阳武县户牖乡人。”王翦，频阳东乡人。就是。

古时乡亦有城。《汉书·朱邑传》：“其子葬之桐乡西郭外。”

【译文】古时候乡也有城。《汉书·朱邑传》上说：“其子葬之桐乡西郭外。”

都 乡

《集古录·宋宗悫母夫人墓志》："涅阳县都乡安众里人。”又云："窆于秣陵县都乡石泉里。”都乡之制，前史不载。按都乡盖即今之坊厢[①]也。《汉济阴太守孟郁尧庙碑》："成阳仲氏属都乡高相里。”

【注释】①坊厢：古代城市区划，城中曰坊，近城曰厢，因以“坊厢”泛指市街。

【译文】《集古录·宋宗悫母夫人墓志》上说："涅阳县都乡安众里人。”又说："葬在秣陵县都乡石泉里。”都乡的制度，前代史书没有记载。按都乡大概就是现在的坊厢。《汉济阴太守孟郁尧庙碑》上说："成阳仲氏属都乡高相里。”

都乡侯

后汉封国之制，有乡侯，有都乡侯。传中言都乡侯者甚多，皇甫嵩封槐里侯，忤中常侍赵忠、张让，削户六千，更封都乡侯。具瑗有罪，诣狱，谢上还东武侯印绶，上文作东武阳侯。诏贬为都乡侯。是都乡侯在列侯之下也。赵忠以与诛梁冀功，封都乡侯。《单超传》但言乡侯，今从本传。延嘉八年，贬为关内侯。本传作关中侯，今从《单超传》。是都乡侯在关内侯之上也。关内侯无食邑，如淳以为但爵其身，见《史记·高后纪》注。《吴志》：孙贲封都亭侯，子邻嗣，进封都乡侯。是都乡侯在都亭侯之上。良贺卒，帝封其养子为都乡侯，三百户。是都乡侯所食之户数也。梁冀得罪，徙封比景都乡侯，是都乡侯亦必有所封之地，而不言者，史略之也。乡侯、都亭侯、亭侯，或言地，或不言地，亦同此。《皇后纪》"都亭侯"注："凡言都亭者，并城内亭也。"《宋书·百官志》："县侯第三品，乡侯第四品，亭侯第五品，关内侯第六品。"而无都乡侯、都亭侯。

【译文】东汉封诸侯国的制度，有乡侯、都乡侯。《后汉书》传中提及都乡侯的很多，皇甫嵩被封为槐里侯，忤逆中常侍赵忠、张让，削减六千户，改封为都乡侯。具瑗有罪过，下狱，向皇帝交还东武侯印绶，（上文写作东武阳侯。）下诏贬为都乡侯。说明都乡侯在列侯之下。赵忠因参与诛杀梁冀的功劳，被封为都乡侯。（《单超传》只说乡侯，今从本传。）延嘉八年，被贬为关内侯。（本传作关中侯，今从《单超传》。）说明都乡侯在关内侯之上。（关内侯无食邑，如淳认为只是给爵位，见《史记·高后纪》注。《吴志》：孙贲封都亭侯，其子孙邻继承，进封都乡侯。说明都乡侯在都亭侯之上。）良贺去世，皇帝封他的养子为都乡侯，三百户。这是都乡侯所吃的户数。梁冀获罪，改封为比景都乡侯，说明都乡侯也一定有所封之地，而史书上不提及，是略过了这一点。乡侯、都亭侯、亭侯，有的说到封地，有的不说封地，也是如此。（《皇后纪》"都亭侯"注："凡是提及都亭的，加上城内亭。"《宋书·百官志》:"县侯第三品，乡侯第四品，亭侯第五品，关内侯第六品。"却没有都乡侯、都亭侯。)

封君

七国虽称王，而其臣不过称君，孟尝君、平原君、信陵君、春申君是也。秦则有称侯者，如穰侯、应侯、文信侯，而蔡泽但为刚成君。汉兴，列侯曰侯，关内侯曰君。孔霸以师赐爵关内侯，号褒成君。其薨也，溢曰烈君。《孔光传》。

【译文】战国时期七国虽然称王，但他们的臣子不过是称君，如孟尝君、平原君、信陵君、春申君都是称君。秦国则有称侯的人，如穰侯魏冉、应侯范雎、文信侯吕不韦，而蔡泽只是称为刚成君。汉朝建立以后，列侯称为侯，关内侯称为君。孔霸以师赐爵关内侯，号褒成君。他去世后，谥号为烈君。(见《孔光传》。)

图

宋时《登科录》必书某县某乡某里人。《萧山县志》曰:"改乡为都，改里为图，自元始。"《嘉定县志》曰:"图即里也，不曰里而曰图者，以每里册籍首列一图，故名曰图。"是矣。今俗省作"啚"。谢少连作《歙志》，乃曰:"啚音鄙。《左传》都鄙有章，即其立名之始。"赵宧光亦曰:"都鄙本作'啚'，俗误读图。"其说凿矣。

【译文】宋时的《登科录》一定会书写某县某乡某里人。《萧山县志》说："改乡为都，改里为图，自元朝时开始。"《嘉定县志》说："图就是里，不说里就说图的，是因为每里的册籍首列一张图，所以叫图。"这个说法是正确的。现在一般省作"'啚"。谢少连作《歙志》，于是说："啚音鄙。《左传》上说：都鄙有章，就是其立名的开始。"（赵宧光也说："都鄙之鄙本来写作'啚'，世间误读为图。"）可见其说法证据确凿。

亭

秦制：十里一亭，十亭一乡。《风俗通》曰：汉家因秦，大率十里一亭。亭，留也。盖行旅宿会之所。以今度之，盖必有居舍，如今之公署。郑康成《周礼·遗人》注曰："若今亭有室矣。"故霸陵尉止李广宿亭下。张禹奏请平陵肥牛亭部处，上以赐禹，徙亭它所，而《汉书》注云："亭有两卒：一为亭父，掌开闭扫除；一为求盗，掌逐捕盗贼。"任安先为求盗、亭父，后为亭长。是也。晋时有亭子。刘卞为县小吏，功曹衔之，以他事补亭子。又必有城池，如今之村堡。今福建、广东凡巡司皆有城。《韩非子》："吴起为魏西河守。秦有小亭，临境。起攻亭，一朝而拔之。"《汉书》："息夫躬归国，未有第宅，守居丘亭，奸人以为侯家富，常反守之。"《匈奴传》："见畜布野而无人牧者，怪之，乃攻亭。”《后汉书·公孙瓒传》：“卒逢鲜卑数百骑，乃退入空亭。”减宣怒其吏成信，信亡，藏上林中。宣使郿令将吏卒阑入上林中蚕室门，攻亭，格杀信。是上林中亦有亭也。是也。又必有人民，如今之镇集。汉封功臣有亭侯是也，亦谓之下亭，《风俗通》：“鲍宣州牧行部，多宿下亭”是也。其都亭则如今之关厢。司马相如往临邛，舍都亭。《史记索隐》曰：郭下之亭也。《汉书》注师古曰：临邛所治都之亭。后汉陈寔尝为都亭刺佐。严延年母止都亭，不肯入府。何并斩王林卿奴头，并所剥建鼓，置都亭下。

【译文】秦朝的制度：十里为一亭，十亭为一乡。以今天的情况推想它，大概一定有房舍，好比今天的官署。郑玄（字康成）《周礼·遗人》的注解说：“若今亭有室矣。”所以霸陵尉阻止李广住在亭下。张禹奏请希望得到平陵肥牛亭部处，成帝就把它赏给了张禹，而把亭迁移带了别处；《汉书》注说：“亭有两卒，一为亭父，负责开闭扫除；一为求盗，负责逐捕盗贼。”（任安先担任求盗、亭父，后来担任亭长。）就是。（晋朝时有亭子。刘卞为县小吏，功曹衔恨他，以其他事情补任亭子。）亭还一定要有城池，就像今天的村堡。（如今福建、广东凡是巡司都有城。）《韩非子》说：“吴起为魏国的西河守，秦国有个小亭，临近魏国的边境，吴起攻亭，一朝就攻拔了。”《汉书》说：“息夫躬回国，没有第宅，就寄住在丘亭，奸人以为侯家富有，常在夜间窥伺着。”《匈奴传》记载：“匈奴见牲畜满野而没有人来放牧，感到很奇怪，就起来攻亭。”《后汉书·公孙瓒传》记载："仓促间遇见鲜卑几百骑，乃退入空亭。"就是。(减宣对其吏成信发怒，成信逃跑，藏在上林中。减宣命郿令率领吏卒直接闯入上林中蚕室门，攻打亭，格杀成信。说明上林中也有亭。)亭又一定有居民，如同现在的镇集，汉代所封功臣有亭侯就是。也称之为下亭；《风俗通》记载："鲍宣任州牧，行部时常住在下亭。"就是。都亭则如同如今的关厢，司马相如去临邛，住在都亭。(《史记索隐》曰：郭下之亭。《汉书》注颜师古说：临邛所治都之亭。东汉陈寔曾经担任都亭刺佐。)严延年的母亲住都亭，不愿进府。何并斩王林卿家奴的头，并将所取的皮建鼓，放在都亭下。

《后汉书》："陈王宠有强弩数千张，出军都亭。""会稽太守尹兴使陆续于都亭赋民饘粥。""酒泉庞娥刺杀仇人于都亭。"《吴志》："魏使邢贞拜权为吴王，权出都亭侯贞。"是也。京师亦有都亭。《后汉书》：张纲埋其车轮于洛阳都亭。窦武召会北军五校士屯都亭，何进率左右羽林五营士屯都亭。王乔为叶令，帝迎取其鼓置都亭下。是也。蔡质《汉仪》：洛阳二十四街，街一亭；十二城门，门一亭，人谓之旗亭。《史记·三代世表》："诸先生言与方士考功会旗亭下。"是也。《西京赋》曰："旗亭五重。"薛综注："旗亭，市门楼也。立旗于其上，故取名焉。"后代则但有邮亭、驿亭之名，而失古者居民之义矣。《晋书·载记》："慕容垂请入邺城拜庙，苻丕不许。乃潜服而入，亭吏禁之，垂怒，斩吏烧亭而去。"是晋时尚有亭名。

【译文】《后汉书》说："陈王刘宠有强努几千张，出兵都亭。""会稽太守尹兴派陆续在都亭分给百姓稀饭。""酒泉有庞娥在都亭刺杀仇人。"《吴志》说："魏国派邢贞拜孙权为吴王，权出都亭侯贞。"就是。京师也有都亭。《后汉书》说：张纲把他的车轮埋在洛阳都亭。窦武召集北军五校士驻扎在都亭。何进率领左右羽林五营士驻扎在都亭。王乔为叶县令，皇帝迎取他的鼓放在都亭下。这些就是。蔡质《汉仪》说：洛阳有二十四条街，每街有个亭，有十二个城门，每个门有一个亭，人们称之为旗亭。《史记·三代世表》："褚先生说与方士考功相会在旗亭下。"就是。（《西京赋》曰："旗亭五重。"薛综注："旗亭，就是市门楼。立旗于其上，故而取名。"）后代就只有邮亭、驿亭的名称，而失去了亭在古代有居民的含义。（《晋书·载记》："慕容垂请求入邺城拜庙，苻丕不允许。慕容垂于是潜服而入，亭吏阻止他，慕容垂发怒，斩杀亭吏烧亭而离开。"说明晋朝时还有亭的名称。）

亭 侯

《通典》："献帝建安初，封曹操为费亭侯。亭侯之制自此始也。"恐不然。灵帝以解渎亭侯入继。《桓帝纪》：封单超等五人为县侯，尹勋等七人为亭侯。列传中为亭侯者甚多，大抵皆在章和以后。丁綝言能薄功微，得乡亭厚矣。樊宏愿还寿张，食小乡亭。则建武中似已有亭侯矣。《楚汉春秋》：高祖封许负为鸣雌亭侯。裴松之曰：高祖时，封皆列侯，未有乡亭之爵。疑为不然。《蜀志》：中山靖王子贞，元狩六年，封涿县陆城亭侯。按《汉书》作陆城侯。《志》文衍一“亭”字。

【译文】《通典》上说：“献帝建安初年，封曹操为费亭侯。亭侯的制度从这里开始。”恐怕不是这样。汉灵帝就是以解渎亭侯的封爵身份入继帝位的。《桓帝纪》上说：封单超等五人为县侯，尹勋等七人为亭侯。列传中为亭侯的很多，大部分在章帝和和帝以后。丁綝说他自己能力和功劳都小，得到乡亭已经很厚了。樊宏希望回到寿张，食小乡亭。那么东汉光武帝建武年间似乎已经有亭侯了。（《楚汉春秋》：汉高祖封许负为鸣雌亭侯。裴松之说：高祖时，封赐都是列侯，没有乡亭之爵。存疑不是这样的。《蜀志》：中山靖王之子刘贞，元狩六年，封涿县陆城亭侯。按《汉书》写作陆城侯。《志》文多一“亭”字。）

《汉书·王莽传》：“改大郡，至分为五。郡县以亭为名者三百六十，以应符命文。”

【译文】《汉书·王莽传》：“改大郡，至于分为五个郡。郡县以亭为名的共有三百六十个，来回应符命之文。”

社

社之名起于古之国社、里社，故古人以乡为社。《大戴礼》：

“千乘之国，受命于天子，通其四疆，教其书社[①]。”《管子》：“方六里名之曰社。”是也。《左传》昭公二十五年：“齐侯唁公曰：‘自莒疆以西，请致千社。’”注：“二十五家为社，千社二万五千家。”《史记·孔子世家》：“冉有曰：虽累千社，夫子不利也。索隐曰：二十五家为社。”哀公十五年：“齐与卫地自济以西、禚媚杏以南，书社五百。”《晏子》：“景公予鲁君地山阴数百社。”又曰：“景公禄晏子以平阴与槀邑反市者十一社。”又曰：“昔吾先君桓公，以书社五百封管仲，不辞而受。”《荀子》：“与之书社三百，而富人莫之敢拒。”

【注释】①书社：将社员之名籍书于社簿，实际上是历代实行的一种基层行政管理体制。古代二十五家为一社，将社内户口书于版籍，称为“书社”。

【译文】社的名称起源于古代的国社、里社，所以古人以乡为社。《大戴礼》上说：“千乘之国，接受天子的命令，通行其四疆，教导其书社。“《管子》上说：“方圆六里称之为社。”就是。《左传》鲁昭公二十五年：“齐侯慰问鲁昭公说：‘从莒国的国境以西，请奉送千社。”注解说：“二十五家为一社，千社为二万五千家。”（《史记·孔子世家》：“冉有说：即使累计千社，孔子不会贪图。索隐说：二十五家为一社。”）鲁哀公十五年：“齐国和卫国的地方，从济水以西、禚媚杏以南，书社五百。”《晏子》上说：“景公送给鲁国国君土地山阴数百社。“又说：“景公禄晏子以平阴和槀邑在市上贩卖的十一社。“又问：“从前我们的先君桓公，以五百书社封管仲，管仲不推辞而接受。”《荀子》上说：“给他三百书社，而富人没有敢和他为匹敌的。”

《战国策》：“秦王使公子他谓赵王曰：‘大国不义，以告敝邑，而赐之二社之地。’”《商子》：“汤武之战，士卒坐陈①者，里有书社。”《吕氏春秋》：“武王胜殷，诸大夫赏以书社。”又曰：“卫公子启方以书社四十下卫。”又曰：“越王请以故吴之地，阴江之浦书社三百以封墨子。”今河南、太原、青州乡镇犹以社为称。古者春秋祭社，一乡之人无不会集。《三国志》注：“蒋济为太尉，尝与桓范会社下。”是也。《汉书·五行志》“兖州刺史浩赏禁民私所自立社。”臣瓒曰：“旧制二十五家为一社，而民或十家、五家共为田社，是私社。”

【注释】①坐陈：临阵。陈通“阵”。

【译文】《战国策》上说：“秦王派公子他对赵王说：‘贵国认为齐国不守信义，把要讨伐齐国的事通报了我国，而且赠送二社的土地。’”《商子》上说：“汤、武之战，士兵参战的，里有书社。”《吕氏春秋》上说：“武王战胜殷商，赏给诸大夫书社。“又说：“卫公子启方带着齐国四十书社降归了卫国。“又说：“越王请求把过去吴国的地方，阴江沿岸三百书社封给墨子。”现在的河南、太原、青州乡镇还以社作为称谓。古代春秋举行祭社的礼仪，一乡的人没有不聚集在一起参加的。《三国志》注上说：“蒋济为太尉，曾与桓范会于社下。”就是。《汉书·五行志》“兖州刺史浩赏禁止百姓私自设立社。”

西汉的臣瓒在注解中说："旧制二十五家为一社，而有的百姓十家、五家共同为田社，这是私社。"

《隋书·礼仪志》："百姓二十五家为一社。其旧社及人稀者不限。"后人聚徒结会亦谓之社。万历末，士人相会课文，各立名号，亦曰某社某社。崇祯中，有陆文升奏讦张溥等复社一事，至奉旨察勘，在事之官多被降罚。《宋史·薛颜传》："耀州豪姓李甲，结客数十人，号没命社。"《曾巩传》："章丘民聚党村落间，号霸王社。"《石公弼传》："扬州群不逞为侠于闾里，号亡命社。"而隋末谯郡城有黑社、白社之名。《元史·泰定帝纪》："禁饥民结扁担社，伤人者杖一百。"不知今之士人何取而名此也。天启以后，士子书刺往来，社字犹以为泛，而曰盟，曰社盟，此《辽史》之所谓刺血友也。

【译文】《隋书·礼仪志》上说："百姓二十五家为一社。过去的旧社和人口稀少的不限。"后来人们聚集徒众结会也称为社。万历末年，士子们相会课文，各立名号，也说某社某社。崇祯年间，有陆文升揭发张溥等复社一事，等到皇上下旨核查，参与这件事情的官吏多被降职惩罚。《宋史·薛颜传》："耀州豪姓李甲，结交宾客数十人，号没命社。"《曾巩传》："章丘有百姓聚党在村落之间，号霸王社。"《石公弼传》上说："扬州群不逞在乡间行侠，号亡命社。"而隋朝末年谯郡城有黑社、白社的名称。《元史·泰定帝纪》上说："禁止饥民结扁担社，伤害人的杖打一百下。"不知道现在的士人为什么喜欢用社来取名。天启以后，士子们书刺往来，社字尤其广泛，而说到盟，就说社盟，这就是《辽史》上所说的刺血之友。

今日人情相与，惟年、社、乡、宗四者而已。除却四者，便窅然丧其天下焉。

【译文】今天人们之间的人情往来，只有同年、同社、同乡、同宗来往比较密切。除了这四个方面，就几乎要丧失了天下了。

历代帝王陵寝

宋太祖乾德四年十月癸亥，诏历代帝王陵寝，太昊以下十六帝，各给守陵五户，蠲其他役，长吏春秋奉祀；商中宗以下十帝，各给三户，岁一享；秦始皇以下十五帝，各给二户，三岁一祭；周桓王以下三十八帝，州县常禁樵采；仍诏吴越国王钱俶修奉禹墓。其时天下未一，而首发此诏，可谓盛德之事。惜当日儒臣考之不审，以致传讹后世，如云周文王、武王、成王、康王并葬京兆咸阳县者。按刘向曰："文、武、周公葬于毕。"

【译文】宋太祖乾德四年十月初三，太祖诏令历代帝王陵寝，太昊以下十六帝，分别给守陵户五户，免除其他劳役，派长吏春秋进行祭祀；商中宗以下十个皇帝，分别给守陵户三户，一年一次祭享；秦始皇以下十五帝，分别给予守陵户三户，三年祭祀一次；周桓王以下三十八皇帝，州县常禁止打柴；依旧诏令吴越国王钱俶修奉大禹的坟墓。这时天下还没有统一，而宋太祖首先发出这个诏令，可以说是盛德之事。可惜当时的文臣考察得不清楚，导致错误地流传后世。如说周文王、武王、成王、康王都埋葬在京兆咸阳县。按刘向说："周文王、周武王、周公葬于毕地。"

《史记·周本纪》："太史公曰：毕在镐东南杜中。"《皇览》曰："文王、武王、周公冢皆在京兆长安镐聚东杜中。"《续汉志》：镐在上林苑东。孟康曰：长安西南有镐池。郭璞《山海经》注同。《书》序："周公薨，成王葬于毕。"传曰："不敢臣周公，故使近文、武之墓。"正义曰："按《帝王世纪》云："文、武葬于毕，毕在杜南。"《晋书·地道记》亦云："毕在杜南，与毕陌别。"

【译文】《史记·周本纪》上说："太史公说：毕地在镐东南杜中。"《皇览》上说："文王、武王、周公的坟冢都在京兆长安镐东杜中。"（《续汉志》：镐在上林苑东。孟康说：长安西南有镐池。）郭璞《山海经》注解与之相同。《尚书》序说："周公去世后，成王将其葬在毕地。"注解说："不敢以臣子的身份来对待周公，所以使周公靠近周文王、周武王的坟墓。"正义说："按《帝王世纪》的说法："文王、武王安葬在毕地，毕地在杜南。"《晋书·地道记》也说："毕地在杜南，和毕陌相区别。"

《史记·周本纪》正义引《括地志》曰:“文王、武王墓在雍州万年县西南二十八里毕原上。”此其在渭水之南杜县之中甚明。《雍录》曰:文都丰,武都镐,丰、镐与杜相属,则《皇览》谓文王葬于渭南者,其理顺也。文王既葬渭南,则周公葬毕,必附文墓矣。而今乃祭于渭北咸阳县之北十五里,盖据颜师古《刘向传》注:“毕陌在长安西北四十里”之误。《地道记》已明言与毕陌别矣。按《史记·秦本纪》集解引《皇览》曰:“秦武王冢在扶风安陵县西北毕陌中大冢是也,人以为周文王冢,非也,周文王冢在杜中。”

【译文】《史记·周本纪》张守节的正义引用《括地志》说:“文王、武王墓在雍州万年县西南二十八里毕原上。”这说明其在渭水之南杜县中十分明显。(《雍录》曰:文王都丰,武王都镐,丰、镐与杜接壤,那《皇览》说文王葬在渭南,其理说得过去。文王既然葬在渭南,那周公葬在毕地,必然附文王墓了。)而今天是祭在渭水以北的咸阳县北十五里,因为据颜师古《刘向传》注:“毕陌在长安西北四十里”的错误。(《地道记》已经明言与毕陌有区别了。)据《史记·秦本纪》集解引用《皇览》说:“秦武王墓在扶风安陵县西北毕陌中大冢是正确的,人们认为周王的坟墓,是错误的,周王的坟墓在杜中。”

又《秦始皇本纪》末正义曰:“《括地志》云:秦惠文王陵在雍州咸阳县西北一十四里。”又云:“秦悼武王陵在雍州咸阳县西十里,俗名周武王陵,非也。”是昔人已辩之甚明。今祭周之文王、武王而于秦惠文王、悼武王之墓，不亦诬乎！《雍录》言：“《元和》一志皆李吉甫为之，而周公之墓亦遂两出，一云在万年县西南二十八里，一云在咸阳县北十三里，则是自相殊异。原其误皆起于毕名之有两也。”至云后魏孝文帝氏陵在耀州富平县东南，尤谬。

【译文】又《秦始皇本纪》末张守节正义说：“《括地志》说：秦惠文王陵在雍州咸阳县西北一十四里。“又说：“秦悼武王陵墓在雍州咸阳县西二十里，俗名周武王陵墓，是错误的。”可见古人已经说得很明白了。现在祭祀周文王、武王而在秦惠文王、悼武王的墓前悼念，不是骗人吗！（《雍录》说：“《元和郡县志》全都由李吉甫撰写完成，而记载周公之墓也有两处，一说在万年县西南二十八里，一说在咸阳县北十三里，那么自相矛盾。探究其错误都是因为毕之名有两处。”）至于说北魏孝文皇帝的陵墓在耀州富平县东南，尤其荒谬。

《魏书》言：帝孝于文明太后，乃于永固陵东北里余营寿宫，遂有终焉之志。及迁洛阳，乃自表瀍西以为山陵之所，而方山虚宫，号曰万年堂云。其曰方山者，代都也。瀍西者，洛阳也。孝文自代迁洛，安得葬富平哉。葬富平者，西魏之文帝，乃孝文之孙，名宝炬，以南阳王，为宇文泰所立，在位十七年，葬永陵。《魏书》出于东朝，不载其事。而《北史》为立本纪，且曰：“尝登逍遥观，望嵯峨山，谓左右曰：‘望此令人有脱屣之意。’”然则今富平县东南三十里之陵即永陵也。《后妃传》：“文帝悼皇后郁久闾氏，大统六年崩，葬于少陵原。十七年，合葬永陵，当会横桥北，后梓宫先至鹿苑，帝辒辌后来，将就次所，轨折不进。”

【译文】《魏书》上说：孝文帝孝顺文明大后，于是就在永固陵东北一里多的地方建造寿宫，于是有在那里终老的想法。等到迁都洛阳，于是自我表明瀍西为其山陵之所。而方山虚宫，称为万年堂。他说方山，指的是代都。瀍西，就是洛阳。孝文帝自代迁都洛阳，怎么可能葬在富平呢。葬在富平的，是西魏的文帝，是孝文帝的孙子，名元宝炬，他以南阳王的身份，为宇文泰所立，在位十七年，葬在永陵。《魏书》出于东朝的北齐，不记载这件事。而《北史》为西魏文帝立有本纪，并且说："曾经登上逍遥观，眺望嵯峨山，对身边的人说：“望着这里让人有脱下鞋子的心意（指脱离尘世弃家求仙）。”如此，现在富平县东南三十里的陵就是永陵。（《后妃传》："文帝悼皇后郁久闾氏，大统六年去世，葬在少陵原。大统十七年，合葬永陵，应当会横桥北，后梓宫先到鹿苑，文帝辒辌随后到，将要到达次所，车轨折断难以前进。”）

上有宋碑，乃谬指为孝文之葬，而历代因之，岂非五代丧乱之余，在朝罕淹通之士，而率尔颁行，不遑寻究，以至于今日乎？宋游师雄，绍圣元年普宁寺题名，亦指此为西魏文帝。嗟乎，近事之著在史书灼如此，而世之儒生且不能知，乃欲与之考桥山，订苍梧，其茫然而失据也宜矣！

【译文】上面有块宋碑，错误地指出为孝文帝的墓葬，而历代沿袭的，这难道不是因为五代动乱之时，在朝廷的官员士大夫，草率颁布施行，来不及追究，以至于到今天吗？（宋代游师雄，绍圣元年普宁寺题名，也指这陵墓为西魏文帝。）唉，最近的事情记载在史书中如此明显，而现在的儒生尚且不知道，想和他去考证桥山，商订苍梧在哪里，他们茫然而拿不出依据也就很正常了。

又考《册府元龟》："唐高宗显庆二年二月，帝在洛阳宫，遣使以少牢祭汉光武、后魏孝文帝陵。"则孝文之祭在洛阳，于唐时未误。又曰："宪宗元和十四年正月，诏以周文王、武王祠在咸阳县，俾有司修饰。"则似已在渭北矣。《魏书》："孝文太和二十一年五月，遣使者以太牢祭周文王于酆、武王于镐。"《隋书》"祀周文王、武王于酆、渭之郊。"《旧唐书》"周文王、大公配祭于酆，周武王、周公、召公配祭于镐。"并与《皇览》之言合，自古所传当在渭南。又韩文公《南山诗》："前寻径杜墅，堂蔽毕原陋。"亦谓其在杜中。韩即元和间人，或其遗迹未泯。宪宗之诏言祠不言墓，非一地也。

【译文】又考证《册府元龟》："唐高宗显庆二年二月，高宗在洛阳宫，派遣使者用少牢礼祭祀汉光武、北魏孝文帝陵。"那么孝文帝的祭祀在洛阳，在唐时不误。又说："唐宪宗元和十四年正月，下诏命周文王、周武王祠在咸阳县，让有关部门修饰。"就似乎已经在渭北了。《魏书》："孝文帝太和二十一年五月，派遣使者用太牢礼在酆祭祀周文王、在镐京祭祀周武王。”《隋书》:“祭祀周文王、周武王于澧、渭的郊区。”《旧唐书》说:“周文王、太公配祭在郸,周武王、周公、召公配祭在镐。”都与《皇览》的话相合。自古以来,人们所传应当在渭南。又韩愈《南山诗》中说:“前寻径杜墅,堂蔽毕原陋。”也认为其在杜中。韩愈是元和年间人,或其遗迹还没有泯灭。宪宗的诏书说祠不说墓,并非是一个地方。

乾德四年诏,误以魏孝文、文帝为一人。《淳化阁帖》误以梁高祖、武帝为二人。《宋史》:“黄伯思病《淳化阁帖》乖讹庞杂,作《刊误》二卷。”

【译文】宋太祖乾德四年的诏书中,误以为魏孝文帝、魏文帝为一人。《淳化阁帖》误以为梁高祖、武帝是两个人。(《宋史》:“黄伯思责备《淳化阁帖》乖讹庞杂,就撰写了《刊误》二卷。”)

尧冢灵台

《汉书·地理志》“济阴成阳有尧冢灵台[1]。”《后汉书·章帝纪》“元和二年二月,东巡狩,使使者祠唐尧于成阳灵台。”《安帝纪》“延光三年二月庚寅,使使者祠唐尧于成阳。”《皇览》云:“尧冢在济阴成阳。”皇甫谧《帝王世纪》云:“尧葬济阴成阳西北四十里,是为谷林,”

【注释】①尧冢灵台：灵台，陵墓。指尧王的陵墓称为灵台。在今山东省菏泽市西北胡集镇。

【译文】《汉书·地理志》上说："济阴成阳有尧冢灵台。"《后汉书·章帝纪》："元和二年二月，向东巡视，派使者言祭告唐尧于成阳灵台。"《安帝纪》："延光三年二月二十七日，派遣使者祭祀唐尧于成阳。"《皇览》上说："尧墓在济阴成阳。"皇甫谧《帝王世纪》说："尧葬在济阴成阳西北四十里，就是谷林。"

《水经注》"城阳西二里有尧陵，陵南一里有尧母庆都陵，于城为西南，称曰灵台。后汉《尧母碑》曰：庆都仙殁，盖葬于兹。欲人莫知，名曰灵台。乡曰崇仁，邑号修义，皆立庙，四周列水潭而不流。水泽通泉，泉不耗竭，至丰鱼笋，不敢采捕。庙前并列数碑，括柏成林。二陵南北列，驰道径通，皆以砖砌之，尚修整。尧陵东城西五十余步，中山夫人祠，尧妃也。石壁阶墀仍旧，南西北三面长栎联荫，扶疏里余。中山夫人洞南有仲山甫冢，冢西有石庙，羊虎破碎略尽。于城为西南，在灵台之东北。"

【译文】《水经注》上说："城阳向西二里有尧陵，陵南一里有尧母庆都陵，在城的西南，所以称为灵台。（东汉《尧母碑》曰：庆都仙殁，盖葬于兹。欲人莫知，名曰灵台。）乡名崇仁，邑名修义，都立有庙，四周环水静止不流。水泽和泉水相同，水源不枯竭，里面有许多鱼和笋，人们都不敢采摘和捕捞。庙前并列着几块碑，翠柏成林。二陵南北排列，驰道相通，都是用砖砌的，而且还修整过。尧陵东城西五十余步，是中山夫人祠，是纪念尧妃的祠，石墙阶梯依旧，南西北三面绿树连荫，绵延一里多。中山夫人洞南有仲山甫冢，冢的西面有石庙，被羊虎破碎殆尽。在城的西南，在灵台的东北。”

《宋史》：“神宗熙宁元年七月己卯，知濮州韩铎言：‘尧陵在雷泽县东林山，陵南有尧母庆都灵台庙。请敕本州春秋致祭，置守陵五户，免其租，奉洒扫。’”从之。成阳在汉为济阴属县，北齐废，隋复置，为雷泽县。唐宋因之，金复废。今曹州东北六十里故雷泽城是也。而《集古录》有汉尧祠及尧母祠碑，是庙与碑宋时犹在也。然开宝之诏，帝尧之祠乃在郓州。今在东平州东北三十里，芦泉山之阳。意者自石晋开运之初，黄河决于曹、濮，尧陵为水所浸，乃移之高地乎？而后代因之，不复考正矣。《元史·泰定帝纪》：“泰定二年四月丁酉，濮州鄄城县言：‘城西尧冢上有佛寺，请徒之。’不报。”

【译文】《宋史》：“宋神宗熙宁元年七月初九，知濮州韩铎说：‘尧陵在雷泽县东林山，陵南有尧母庆都灵台庙。请求敕命本州春秋致以祭祀，设置守陵人五户，免他们的租，侍奉洒扫。’”宋神宗听从了。（成阳在汉代为济阴属县，北齐废罢，隋朝重新设置，为雷泽县。唐宋沿袭不变，金朝再废罢。今天曹州东北六十里故雷泽城就是。）而《集古录》有汉时尧祠和尧母祠碑，说明庙和碑在宋时还在。但是依据宋太祖开宝年间的诏书，帝尧的祠庙在郓州。（在今天东平州东北三十里，芦泉山之阳。）或许是从石敬瑭的后晋开运之初，黄河在曹、濮两地决堤，尧陵为水所淹没，于是移到高地吗？而后代沿袭，不再作考证了。（《元史·泰定帝纪》："泰定二年四月十八日，濮州鄄城县上言：'城西尧冢上有佛寺，请求迁走。'朝廷没有回复。"）

舜陟方乃死，见于《书》。禹会诸侯于涂山，见于《传》。惟尧不闻有巡狩之事。《墨子》曰："尧北教乎八狄，道死，葬蛩山之阴。舜西教乎七戎，道死，葬南巳之市。禹东教乎九夷，道死，葬会稽之山。"此战国时人之说也。自此以后，《吕氏春秋》则曰"尧葬于谷林"，太史公则曰"尧作游成阳"，刘向则曰"尧葬济阴"。

【译文】舜帝是在巡守方国时去世的，见于《尚书》中。禹在涂山大会诸侯，见于《传》中。只有尧没有听说有巡狩之事。《墨子》说："尧向北教化八狄，死在路上，安葬在蛩山的北面。舜向西教化七戎，死在路上，安葬在南巳的市街。禹向东方教化九夷，死在路上，葬在会稽山上。"这是战国时人的说法。自此以后，《吕氏春秋》则说"尧葬在谷林"，太史公司马迁则说"尧作游成阳"，刘向则说"尧葬在济阴"。

《竹书纪年》则曰："帝尧八十九年作游宫于陶，九十年帝游居于陶，一百年帝涉于陶"。《说文》："陶，再成丘也，在济阴。有尧城，尧尝所居，故尧号陶唐氏。"而尧之冢始定于成阳矣，但尧都、平阳相去甚远，耄期之年，禅位之后，岂复有巡游之事哉？囚尧偃朱之说，并出于《竹书》，而鄄城之迹亦复相近。《括地志》曰："故尧城在濮州鄄城县东北十五里。"《竹书》云："昔尧德衰，为舜所囚也。"又有偃朱故城，在县西北十五里。《竹书》云："舜囚尧，复偃塞丹朱，使不与父相见也。"按此皆战国人所造之说，或人告燕王，谓启攻益，而夺之天下。《韩非子》言："汤使人说务光自投于河。"大抵类此。《诗》《书》所不载，千世之远，其安能信之？

【译文】《竹书纪年》则说："帝尧八十九岁时作游宫在陶，九十岁时帝出游居住在陶，一百岁时涉于陶"。《说文解字》："陶，再成丘的意思，在济阴。有尧城，是尧曾经居住的地方，所以尧称陶唐氏。"而尧的家开始定居在成阳，但尧的都城、平阳相距很远，耄期之年，禅让之后，难道还有巡游的事吗？囚尧偃朱的说法，一并出于《竹书纪年》，而鄄城的迹象也与之很相近。(《括地志》说："故尧城在濮州鄄城县东北十五里。"《竹书纪年》说："以前尧德行衰落，为舜所囚禁。"又有偃朱故城，在县西北十五里。《竹书纪年》说："舜囚禁尧，又禁闭丹朱，使得他不能与父相见。"按这些都是战国人所捏造之说，有人告诉燕王，说启攻打益，而夺取他的天下。《韩非子》说："汤派人游说务光而让他自投于河。"大多与此类似。）但是《诗》《书》并没有记载，千年之远，这些怎么能让人相信呢？

《山海经·海外南经》"狄山，帝尧葬于阳。"注："《吕氏春秋》曰：尧葬和林。"今成阳县西。东阿县城次乡中、储阳县湘亭南皆有尧冢。”

【译文】《山海经·海外南经》说：“狄山，帝尧葬在狄山之阳。”注解说：“《吕氏春秋》说：尧葬在和林。”现在成阳县西。东阿县城次乡中部、储阳县湘亭南面都有尧墓。”

《临汾县志》曰：“尧陵在城东七十里，俗谓之神林。高一百五十尺，广二百余步，旁皆山石，惟此地为平土，深丈余，其庙正殿三间，庑十间，山后有河一道，有金泰和二年碑记。窃考舜涉方乃死，其后在九疑。禹会诸侯于江南，计功而崩，其陵在会稽。惟尧之巡狩不见经传，而此其国都之地，则此陵为尧陵无疑也。”按志所论，似为近理。但自汉以来，皆云尧葬济阴成阳，未敢以往人之言为信。

【译文】《临汾县志》上说：“尧陵在城东七十里，俗称神林。高一百五十尺，宽二百余步，旁边都是山石，只有这一片是平坦的土地，深一丈多，其庙正殿有三间，庑十间，后山有一道河，保存有金代泰和二年的碑记。考察舜巡守方国后才死，他后来葬在九疑山。禹在江南会合诸侯，计算功绩而去世，他的陵墓在会稽。只有尧的巡狩不见经传，而这个地方是他的国都之地，那么这个陵是尧陵是毫无疑问的。”据县志所说，似乎是有些道理。但自汉代以来，都说尧葬在济阴成阳，不敢以过往人的言论为信。

生祠

《汉书·万石君传》“石庆为齐相，齐人为立石相祠。”《于定国传》：“父于公为县狱吏，郡中为之立生祠，号曰于公祠。”《汉纪》：“栾布为燕相，有治迹，民为之立生祠。”此后世生祠之始。

【译文】《汉书·万石君传》上说：“石庆为齐国相，齐国人为之立石相祠。”《于定国传》中说：“于定国的父亲于公为县狱吏，郡中为他立生祠，称为于公祠。”《汉纪》上说：“栾布为燕相，有政绩，百姓为他立生词。”这是后世立生祠的开始。

今代无官不建生祠，然有去任未几而毁其像、易其主者。《旧唐书》“狄仁杰为魏州刺史，人吏为立生祠。及去职，其子晖为魏州司功参军，贪暴，为人所恶，乃毁仁杰之祠。”则唐时已有之矣。《后汉书》：“张翕为越嶲太守，有遗爱。其子湍复为太守，蛮人欢喜，奉迎道路，曰：‘郎君仪貌类我府君。’后湍颇失其心，有欲叛者，诸蛮耆老相晓语曰：‘当为先府君故。’遂以得安。”然则魏人之因子而毁其父祠，曾越嶲蛮人之不若邪。

【译文】现在没有官员不建生祠的，然而，有的离任不久百姓就毁了他的画像、易其神主。《旧唐书》上说：“狄仁杰为魏州刺史，人民吏员为他建立生祠。等到他离职，他的儿子狄晖（狄景晖）为魏州司功参军，贪婪残暴，为人所厌恶，于是毁掉了狄仁杰祠。”则说明唐时已经有毁生祠的了。《后汉书》：“张翕为越巂太守，给百姓留下遗爱。他的儿子张湍后来又作了太守，蛮人很高兴，在路上迎接他，说：‘您的相貌很像我们的府君。’后来张湍有失人心，有想背叛的人，诸蛮的老者晓谕他们说：‘当想一想他是先府君的儿子。’这样才得以安宁。“那么魏州人因为儿子而毁了他父亲的祠庙，这么做是连越巂蛮人都不如啊。

生碑

《西京杂记》：“平陵曹敞，其师吴章为王莽所杀，人无敢收葬者，弟子皆更名他师。敞时为司徒掾，独称吴章弟子，收葬其尸。平陵人生为立碑于吴章墓侧。”此生立碑之始。

【译文】《西京杂记》上说：“平陵人曹敞，他的老师吴章被王莽杀害，没有人敢去收葬，弟子都改名师从其他人。曹敞当时任司徒掾，只有他独自称为吴章弟子，收葬了吴章的尸体。平陵人在他活着时在吴章墓旁为他立碑。”这是有生前立碑的开始。

《晋书》：“南阳王模为公师藩等所攻，广平太守丁绍率众救模，模感绍德，敕国人为绍生立碑。”“唐彬为使持节监幽州诸军事，百姓追慕彬功德，生为立碑作颂。”史之所书，居官而生立碑者，有此二事。

【译文】《晋书》上说："南阳王司马模为公师藩等攻击，广平太守丁绍率领军队救援司马模，司马模感念丁绍的恩德，令国人替丁绍在他生前就立碑纪念。""唐彬任使持节监幽州诸军事，百姓追慕唐彬的功德，在他生前就为他立碑赞颂。"史书记载，做官而在生前就立碑的人，有这两件事。

唐武后圣历二年，制州县长吏，非奉有敕旨，毋得擅立碑。刘禹锡《高陵令刘君遗爱碑序》曰："太和四年，高陵人李仕清等六十三人，具前令刘君之德，诣县，请以金石刻，县令以状申于府，府以状考于明法吏，吏上言。谨按宝应诏书，凡以政绩将立碑者，具所纪之文上尚书考功，有司考其词，宜有纪者乃奏。明年八月庚午，诏曰：可。"《旧唐书·郑瀚传》"改考功员外郎。刺史有驱迫人吏上言政绩，请刊石纪德者，瀚探得其情，条责廉使，巧迹遂露。人服其敏识。"是唐时颂官长德政之碑必上考功，奉旨乃得立。

【译文】唐武则天圣历二年，命令州县长官，不是奉君主的命令，不得擅自立碑。刘禹锡《高陵令刘君遗爱碑序》说："文宗太和四年，高陵人李仕清等六十三人，书写前县令的德行，报告县里，请用金石碑刻，县令把情况陈述给府里，府里把情况反映给明法吏，官吏上奏说。根据宝应年间的诏书，凡以政绩将要立碑的人，写好所纪之文上陈给尚书考功，有关部门考察其内容，应该有纪的才上奏。第二年即太和五年八月初五，下诏说："可。"《旧唐书·郑瀚传》上说："郑瀚改任考功员外郎。刺史有驱使强迫百姓官吏上报其政绩，请求刻碑记载功德的人，郑瀚探得其情，依照条文责问廉使，其巧迹于是暴露。人们都佩服他的聪敏见识。"可见唐代颂长官德政的石碑一定要上陈考功，奉旨才能立。

《宋史》言："太祖建隆元年十月戊子，诏诸道长贰，有异政请立碑者，委参军验实以闻。"今世立碑不必请旨，而华衮之权操之自下，不但溢美之文无以风劝，而植于道旁，亦无过而视之者，不旋踵而与他人作镇石矣。

【译文】《宋史》说："太祖建隆元年十月二十二日，下诏诸道长官和副长官，有突出的政绩请求立碑的人，委任参军考察实情并上报。"现在立碑不必请求下旨，而过去的君王之权由下面人操纵，不只是那些充满溢美之词的文章无法劝导世人，而且就算立在路旁，路过的人也不会去看了，短时间就给他人拿去作为压物的镇石了。

《册府元龟》："宋璟为相，奏言：'臣伏见韶州奏事云：广州与臣立遗爱颂。璟尝为广州都督。夫碑所以颂德纪功，臣在郡日，课无所称，幸免罪戾。一介俗吏，何足书能，滥承恩施。见在枢密，以臣光宠，成彼谄谀。欲革此风，望自臣始，请敕广府即停。'从之。时郑州百姓亦为前刺史孟温礼树碑，因是亦命罢之。"

【译文】《册府元龟》：宋璟为宰相，上奏说：'臣见到韶州奏事说：广州给臣下修建遗爱颂。（宋璟曾经担任广州都督。）碑是用来颂德纪功的，臣在郡为官时，实在没有什么值得称颂的功劳，已经很庆幸免于罪过了。一个俗吏，有什么能值得书写的，而滥承受恩施呢？因为见到臣在枢密，因为臣的光宠，而成就那些阿谀奉承的人。要改变这种风气，希望自臣下开始，请求敕命广州府立即停止。'皇上听从了。当时郑州百姓也为前刺史孟温礼树碑，因此也命令撤销。"

张籍《送裴相公赴镇太原诗》："明年塞北清蕃落，应建生祠请立碑。"以晋公之勋名而颂祝之辞止此，当日碑词之难得可知矣。

【译文】张籍《送裴相公赴镇太原诗》中说："明年塞北清蕃落，应建生祠请立碑。"以晋公裴度的功勋而颂祝的言辞都只是这样，当时碑词的难得由此可知。

张公素

《大明一统志》：永平府名宦有唐张仲素。德宗时，以列将事卢龙军节度使张允伸，擢平州刺史。允伸卒，诏仲素代为节度使同平章事。考之新、旧《唐书》列传，则云：张仲武为卢龙节度使，破降回鹘，又破奚北部及山奚，威加北翟，擢累检校司徒同中书门下平章事，卒。《一统志》亦有张仲武，列于仲素之后。子直方，多不法，畏下变起，奔京师军中，以张允伸总后务，诏赐旌节，在镇二十三年，比岁丰登，边鄙无虞。

【译文】《大明一统志》：永平府名宦记载有唐代张仲素，在唐德宗时，以列将事的身份侍奉卢龙军节度使张允伸，提升为平州刺史。张允伸去世，诏命张仲素代为节度使、同平章事。考察新、旧《唐书》列传，则说：张仲武为卢龙节度使，破降回鹘，又打败奚北部及山奚，威加北翟，提升多次为检校司徒、同中书门下平章事，在任上去世。（《一统志》也有张仲武，列在张仲素之后。）其儿子张直方，多有不法行为，害怕下面事变，到京城军队中，以张允伸为总管后方，下诏赐给旌节，在镇二十三年，连年丰收，边境没有忧患。

张公素以军校事允伸，擢平州刺史，允伸卒，子简会为副大使。公素以兵来会丧，简会出奔，诏以公素为节度使。性暴厉，眸子多白，燕人号白眼相公。为李茂勋所袭，奔京师，贬复州司户参军。按卢龙节度使前后三人皆张姓，曰仲武，曰允伸，曰公素。今乃合二名而曰仲素，及详其历官，即公素也，又其逐简会，在懿宗咸通十三年，距德宗时甚远，且又安取此篡夺暴戾之人而载之名宦乎？今滦州乃祀之名宦祠。吁！其辱朝廷之典而贻千载之笑也已。

【译文】张公素以军校侍奉张允伸，提升为平州刺史，张允伸死后，儿子张简会为节度副大使。张公素带兵前来参加丧礼，张简会出逃，下诏任命张公素为节度使。张公素性格暴厉，眼眸有很多白色，燕人称他为白眼相公。为李茂勋所袭击，逃到京城，被贬为复州司户参军。按卢龙节度使前后三人都姓张，一个叫仲武，一个叫允伸，一个叫公素。现在于是合二名而叫仲素，及详细说明其历任官职，即张公素，又其驱逐张简会，在唐懿宗咸通十三年，距德宗时期非常远，而且又怎么选取这种篡夺暴戾的人而记载作为名宦吗？现在滦州居然把他祭祀于名宦祠。嗨！这样简直是侮辱朝廷的典章而留下千载的讥笑啊。

又考唐时别有一张仲素，字绘之。元和中为翰林学士，有诗名。《旧唐书·杨於陵传》所谓屯田员外郎张仲素，白居易《燕子楼诗》序所谓司勋员外郎张仲素缋之。今本《长庆集》误作“绩之”。即其人也，然非卢龙节度使。《张浚传》：祖仲素，位至中书舍人。

【译文】又考察唐朝时另外有一个张仲素，字绘之。元和年间任翰林学士，有诗名。《旧唐书·杨於陵传》所谓屯田员外郎张仲素，白居易《燕子楼诗》序言所谓司勋员外郎张仲素缋之。（当今依据《长庆集》错误地写成“绩之”。）即是这个人，然而不是卢龙节度使。（《张浚传》：张浚祖父张仲素，位至中书舍人。）

王亘

《肇庆府志》：“宋王亘，淳熙中为博罗令，筑随龙、苏村二堤，民赖其利。后知南恩。”《一统志》误作“王旦”。今博罗名宦称：“宋丞相文正公，前博罗令。”而不知文正未尝为此官。《宋史·王旦传》：起家以大理评事，知平江县。淳熙，又孝宗年号也。盖士不读书，而祀典之荒唐也久矣。

【译文】《肇庆府志》记载："宋代的王亘，淳熙年间为博罗令，建筑随龙、苏村二堤，百姓受益。后来知南恩。"《大明一统志》错误地写成"王旦"。现今博罗名宦说："宋丞相文正公，前博罗令。"却不知道文正公王旦从来没有做过这个官职。(《宋史·王旦传》：王旦开始出任大理评事，知平江县。)淳熙，又是南宋孝宗的年号。大概因为士人不读书，而祀典之荒唐也太久了。

卷二十三

姓

言姓者，本于五帝①，见于《春秋》者得二十有二。妫，虞姓，出颛顼，封于陈。姒，夏姓，出颛顼，封于杞、部、越。《传》云："沈、姒、蓐、黄，春秋时无考。"子，殷姓，出高辛，封于宋。小戎亦子姓。姬，周姓，出黄帝，封于管、蔡、郕、霍、鲁、卫、毛、聃、部、雍、曹、滕、毕，原、酆、郇、邘、晋、应、韩、凡、蒋、邢、茅、胙、祭、吴、虞、虢、郑、燕、魏、芮、彤、荀、贾、耿、滑、焦、杨、密、随、巴诸国。骊戎、犬戎皆姬姓。任、宿、须句、颛臾，风姓也，自大皞。秦、赵、梁、徐、郯、江、黄、葛、麇，嬴姓也，自少皞。莒，己姓。薛，任姓。隐十一年疏，引《世本》，谢、章、薛、舒、吕、祝、终、泉、毕、过十国，皆任姓。南燕，姞姓也，自黄帝。密须亦姞姓。《国语》又有酉、滕、箴、荀、僖、儇、依七姓，其封国在周世无考。杜，祁姓也，自陶唐。楚、夔、权，芈姓。邾、郳，曹姓，鄅、偪阳，妘姓。鄋夷，董姓也，自祝融。《国语》又有彭、秃、斟三姓，在周世无考。齐、申、吕、许、纪、州、向，姜姓也，自炎帝。又有姜戎。蓼、六、舒，舒鸠，偃姓也。自咎繇。胡，归姓。邓，曼姓。罗，熊姓。狄，隗姓。鄋瞒，漆姓。阴戎，允姓。六者不详其所出。《国语》以莒为曹姓，越为芈姓，与此异。略举一二论之，则今之孟氏、季氏、孙氏、宁氏、游氏、丰氏皆姬；陈氏、田氏皆妫；华氏、向氏、乐氏、鱼氏皆子；崔氏、马氏皆姜；屈氏，昭氏、景氏皆芈。自战国以下之人，以氏为姓，而五帝以来之姓亡矣。或曰嬴姓出于祝融，郧、葛、谷皆嬴姓。伯益赐姓嬴，秦、赵、徐乃其后。凡注疏家所引姓氏，大抵出于《世本》，今其书亡，不能备考。

【注释】①五帝：传说中上古的五个帝王。一说为黄帝、颛顼、帝喾、唐尧、虞舜，一说为少昊、颛顼、帝喾、唐尧、虞舜。

【译文】称呼姓，源于五帝时期，出现在《春秋》的有二十二个。妫，为虞姓，出自颛顼，被封在陈国。姒，为夏姓，出自颛顼，被封在杞、部、越等国。（《传》记载："沈、姒、蓐、黄四姓，春秋时期没有得到考证。"）子，为殷姓，出自高辛，被封在宋国。（小戎也为子姓。）姬，为周姓，出自黄帝，被封在管、蔡、郕、霍、鲁、卫、毛、聃、郜、雍、曹、滕、毕，原、酆、郇、邘、晋、应、韩、凡、蒋、邢、茅、胙、祭、吴、虞、虢、郑、燕、魏、芮、彤、荀、贾、耿、滑、焦、杨、密、随、巴诸国。（骊戎、犬戎都是姬姓。）任、宿、须句、颛臾，为风姓，出自大皞。秦、赵、梁、徐、郯、江、黄、葛、麇，为嬴姓，出自少皞。莒，为己姓。薛，为任姓。（鲁隐公十一年疏，引《世本》，谢、章、薛、舒、吕、祝、终、泉、毕、过等十国，都是任姓。）南燕，为姞姓，出自黄帝。（密须也是姞姓。（《国语》中又有酉、滕、箴、荀、僖、儇、依七姓，他们的封国都在周朝没有得到考证。）杜，为祁姓，出自陶唐。楚、夔、权，芈姓。邾、郳，曹姓，鄅、偪阳，妘姓。鬷夷，为董姓，出自祝融。(《国语》中又有彭、秃、斟三姓，它们在周朝没有得到考证。)齐、申、吕、许、纪、州、向，为姜姓，出自炎帝。(又有姜戎。)蓼、六、舒，舒鸠，为偃姓，出自咎繇。胡，为归姓。邓，为曼姓。罗，为熊姓。狄，为隗姓。鄋瞒，为漆姓。阴戎，为允姓。这六个姓他们没有详细的出处。(《国语》中以莒为曹姓，越为芈姓，和这六个不相同。)大概举出一二个例子来讨论它们，现在的孟氏、季氏、孙氏、宁氏、游氏、丰氏都是出自姬姓；陈氏、田氏都是出自妫姓；华氏、向氏、乐氏、鱼氏皆都是出自子姓；崔氏、马氏都是出自姜姓；屈氏，昭氏、景氏都是出自芈姓。从战国时期以来的人们，把氏当作姓，但五帝时期以来的姓都不存了。(有的人说嬴姓出自祝融，郧、葛、谷都是出自嬴姓。伯益被赐姓嬴，秦、赵、徐是在它们之后的。凡是注疏家所援引的姓氏，大多数是出自于《世本》，现在这本书已经亡佚，不能留供参考。)

氏族

《礼记·大传》正义：诸侯赐卿大夫以氏。若同姓，公之子曰公子，公子之子曰公孙，公孙之子，其亲已远，不得上连于公，故以王父字为氏。若适夫人之子，则以五十字伯仲为氏，若鲁之仲孙、季孙，是也。若庶子、妾子，则以二十字为氏，《记》所云“冠而字之”之字。则展氏、臧氏是也。若异姓，则以父祖官及所食之邑为氏。以官为氏者，则司马、司城是也。以邑为氏者，若韩、赵，魏是也。凡赐氏族者，比为卿，乃赐，有大功德者，生赐以族，若叔孙得臣是也。虽公子之身，若有大功德，则以公子之字，赐以为族，若仲遂是也；其无功德，死后乃赐族，若无骇是也。按此论亦多不然，详见第一卷“卿不书族”条。其子孙若为卿，其君不赐族，子孙自以王父字为族也。氏、族，对文为别，散则通也。故《左传》云：“问族于众仲”下云：“公命以字为展氏”是也。其姓与氏，散亦得通，故《春秋》有姜氏、子氏，姜、子皆姓，而云氏是也。

【译文】《礼记·大传》正义：诸侯将氏赐予卿大夫。如果是同姓，诸侯的儿子称为公子，公子的儿子称为公孙，诸侯的孙子，他们的亲属关系已经疏远，其姓不可以往上连系诸侯的姓，因此将他们祖父的字作为氏。如果恰是诸侯正妻的儿子，就在五十岁以后以伯仲的排行作为氏，像鲁国的仲孙、季孙一样。如果是诸侯的庶子、妾子，就在二十岁时取的字作为氏，（《记》所说的“冠而字之”之字。）就像展氏、臧氏一样。如果是异姓，就把祖先世袭的官职和他们被封赐的地方作为氏。把官职作为氏的，就像司马、司城一样。把封地作为氏的，像韩、赵、魏三姓。凡是赐予同氏宗族的人，和卿能够相匹，才能赐予，拥有大的功业和德行的人，在世时将宗族赐予他，像叔孙得臣一样。即使是公子的身份，如果有大的功业和德行，就把公子的字，赐予他成为宗族，像仲遂一样；他没有功业和德行，在他逝世后才赐予同氏宗族，像无骇一样。（按这样的议论也大多并非如此，详见此书第一卷“卿不书族”条。）他们的子孙如果成为卿，他们的君主没有赐予他们宗族，子孙就自觉地将祖父的字作为同宗族的标记。氏、族，对文为别，散文则通。因此《左传》说道：“向众仲询问关于族的事情"，下面说："鲁隐公命令将无骇的字作为展氏"。就是这样。其姓与氏，分开也能够相通，因此《春秋》就有姜氏、子氏，姜、子都是姓，而说氏就是这样的例子。

战国时人，大抵犹称氏族。《战国策》甘茂曰："昔者曾子处费，费人有与曾子同名族者，而杀人。"不言姓而言族，可见当时未尝以氏为姓也。汉人则通谓之姓，然氏族之称，犹有存者。《汉书·恩泽侯表》："褒鲁节侯公子宽，以鲁顷公玄孙之玄孙奉周祀。元始元年六月丙午，封。子相如嗣，更姓公孙氏。《平帝纪》：封周公后公孙相如为褒鲁侯。当依表作公子宽。后更为姬氏。"公子、公孙，氏也；姬，姓也。此变氏称姓之一证。

【译文】战国时期的人们，大多数依然称氏族。（《战国策》甘茂说："以前曾子居住在费地，费地有一个和曾子相同名号宗族的人，杀了人。"没有称呼姓但称呼族，可以看到在当时不一定是将氏作为姓。）汉代人则是通通将它们称为姓，然而氏族的称号，尚且还存在。《汉书·恩泽侯表》："褒鲁节侯公子宽，以鲁顷公玄孙之玄孙的身份奉养周朝的祭祀。元始元年六月二十日，被赐封为侯。公子宽的儿子相如继承侯爵，改姓公孙氏。（《平帝纪》：赐封周公的后裔公孙相如为褒鲁侯。应当依据年表作公子宽。）后来变更称为姬氏。"公子、公孙，是氏；姬，是姓。这是将氏改为姓的一例证明。

《水经注》："汉武帝元鼎四年，幸洛阳，巡省豫州，观于周室，邈而无祀。询问耆老，乃得孽子嘉，封为周子南君，以奉周祀。按《汲冢》古文谓：‘卫将军文子，为子南弥牟，其后有子南劲。’《纪年》：‘劲朝子魏，后惠成王如卫，命子南为侯。’秦并六国，卫最后灭。疑嘉是卫后，故氏子南而称君也。”据此，嘉本氏子南，武帝即以其氏命之为爵。而《汉书·恩泽侯表》竟作“姬嘉”，则没其氏，而书其姓矣。与褒鲁之封公孙氏更为姬氏者正同。

姓氏之称，自太史公始混而为一。《本纪》于秦始皇则曰姓赵氏，于汉高祖则曰姓刘氏。

【译文】《水经注》：“汉武帝刘彻元鼎四年，巡幸洛阳，视察豫州，在周朝的都城上参观，其轮廓已经模糊而且没有祭祀。向当地的老人打听，居然找到其庶出的后代姬嘉，赐封他为周子南君，来奉养周朝的祭祀。按《汲冢古文》记载：‘卫将军文子，是子南弥牟，其后代有子南劲。’《纪年》：‘子南劲去拜见魏国，后来魏惠成王魏罃到达卫国，任命子南劲为诸侯。’秦国兼并六国，卫国最后被消灭。怀疑姬嘉是卫国的后裔，因此以子南为氏而称为君。”依据这个判断，姬嘉原本是子南氏，汉武帝就把他的氏任命他为诸侯。但是《汉书·恩泽侯表》居然写成“姬嘉”，就埋没了他的氏，仅仅记载他的姓。这和褒鲁节侯公子宽赐封公孙氏而他改为姬氏正好相同。

姓氏的称呼，从太史公司马迁开始混合而成为一体。在秦始皇《本纪》则是称为姓赵氏，在汉高祖刘邦《本纪》则称为姓刘氏。

氏族相传之讹

氏族之书，所指秦、汉以上者，大抵不可尽信。《唐书》表李氏则云：“纣之时有理征，字德灵，为翼隶中吴伯。”本李延寿《北史》序传。不知三代时无此名字，无此官爵也。表王氏则云：“周灵王太子晋，以直谏废为庶人。”传记亦无此事。王氏定著三房，一曰琅邪，二曰太原，皆出灵王太子晋，三曰京兆，出魏信陵君。是凡王皆姬姓矣，乃王莽自为舜后。《汉书·元后传》：莽自谓黄帝之后，黄帝姓姚氏，八世生虞舜，舜起妫汭，以妫为姓。至周武王封舜后妫满于陈，是为胡公。十三世生完，完字敬仲，奔齐，齐桓公以为卿，姓田氏。十一世田和，有齐国，三世称王。至王建，为秦所灭。项羽起，封建孙安为济北王。至汉兴，安失国，齐人谓之王家，因以为氏。莽败，其族尚全，未必无后裔。而春秋吴有王犯，晋有王良，范氏之臣王生。战国齐有王斗、王蠋、王驩，费有王顺，魏有王错，赵有王登，秦有王稽、王龁、王翦、王绾、王戊，《过秦论》有王廖，未知何国人。亦未必同出于灵王也。《野客丛书》：“曹子建作《王仲宣诔》曰，流裔毕万，末胄称王。厥姓斯氏，条分叶散。世滋芳烈，扬声秦汉。”吕向注：“秦有王翦、王离，汉有五侯。”按王粲系毕公高之后，毕万封于魏，后十代文侯，始列为侯，至孙称惠王，因以王为氏。而秦之翦、离，自周太子晋之后。汉之五侯，自齐田和之后。此三派元不相干，注引为一，误矣。故新莽以姚、妫、陈、田、王五姓为宗室，且禁元城王氏，勿与四姓为婚，而已自取王欣之女。魏东莱王基为子纳太原王沈女，皆不以为嫌，盖知此也。庾信作宇文杰墓志，亦有是误。”韩文公作《王仲舒神道碑》，文云：“王氏皆王者之后，在太原者为姬姓，春秋时，王子成父败狄有功，因赐氏。”此语却有斟酌。

【译文】关于氏族的书籍，所指秦、汉以上的，大多数不可能完全可靠。《唐书》年表中李氏则说：“商代纣王的时候就有理征，字德灵，担任翼隶中吴伯。”（源自李延寿《北史》的序传。）不知三代的时候没有这名字，没有这种官爵。年表中王氏则说：“周灵王的太子晋，因为以直言劝谏周灵王而被废为庶人。”传记当中也没有记载这件事情。王氏确定有三大支派，一是琅邪王氏，二是太原王氏，这二者都出自周灵王的太子晋，三是京兆王氏，出自魏国信陵君无忌。这凡是王氏都是出自姬姓，居然王莽自认为是出自虞舜的后代。（《汉书·元后传》：王莽自认为是出自黄帝的后代，黄帝姓姚氏，八世后才生虞舜，舜起源于妫汭，把妫作为姓。到周武王姬发时赐封陈地给虞舜的后代妫满，这是陈胡公。十三世生陈完，陈完字敬仲，逃到齐国，齐桓公把他拜为卿，改姓田氏。十一世田和，把持齐国朝政，他的三世后称王。到齐王田建时，被秦国所灭。项羽起兵反秦，赐封田建的孙子田安为济北王。到汉代创立后，田安失去封国，齐国人说他是王家人，因此就把王作为姓氏。）王莽失败后，他的家族尚且被保全，不一定没有后代留下来。然而春秋时期吴国有王犯，晋国有王良，范氏的臣子王生。战国时期齐国有王斗、王蠋、王驩，费国有王顺，魏国有王错，赵国有王登，秦国有王稽、王龁、王翦、王绾、王戊，（《过秦论》里记载有王廖，不知道他是哪国人。）也不一定同样出自周灵王。（《野客丛书》：“曹植创作的《王仲宣诔》里说：‘流裔毕万，末胄称王。厥姓斯氏，条分叶散。世滋芳烈，扬声秦汉。’吕向解释：‘秦代有王翦、王离，汉代有五侯。”按王粲是毕公高的后代，毕万被封在魏地，后来十代孙魏文侯，才列为侯爵，至孙子魏罃称惠王，因而把王作为姓氏。但是秦国的王翦、王离，出自周太子晋的后代。汉代的五侯，出自齐国田和的后代。这三派王氏原本是没有关系的，注解和引用作为一体，这是错误的。因此新朝王莽把姚、妫、陈、田、王五姓作为宗室，而且禁止元城王氏，不要和其他四姓通婚，然而他自己却娶王欣的女儿。魏国东莱王基替儿子纳娶太原王沈的女儿，都没有把这个作为避嫌，大概知道这个是错误的。庾信作宇文杰的墓志铭时，也是有这样的错误。”）韩愈创作《王仲舒神道碑》，文中说道：“王氏都是出自王族的后代，在太原的王氏是为姬姓，在春秋时期，王子成父打败狄人取得战功，因而被赐王氏。”这样的话语反而值得考虑。

窦氏，古无所考。类族者不得其本，见《左传》有“后缗方娠，逃出自窦”之文，即为之说曰：“帝相妃有仍氏女，逃出自窦，奔归有仍，生少康。少康次子曰龙，留居有仍，遂为窦氏。”《唐书·宰相世系表》。此与王莽引《易》“伏戎于莽，升其高陵”，莽，皇帝名也；升，刘伯升也，何以异哉！乃韩文公作《窦牟墓志》：“后缗窦逃闵腹子，夏以再家窦为氏。”亦用此事。窃意古地以窦名者甚多，必是以地为氏。《路史》[①]曰：“余尝考之古之得姓者，未有不本乎始封者也，其氏于事者盖寡矣。而姓书氏谱，一每为之曲说，至有弃其祖之所自出，又牵异类而属之，岂不悲哉？”正谓若此之类也。

【注释】①《路史》：宋人罗泌撰，四十七卷。内容主要记述我国传说时期的史事。取材芜杂，多出于纬书、道书，保存了许多传说的资料，可供后世写文章的人参考。罗泌，字长源，号归愚，吉州庐陵人，南宋文学家。

【译文】窦氏，在古代没有考证的资料。相似的宗族没有得到它的本源，出现在《左传》的有“后缗方娠，逃出自窦”的文字，于是有人就替窦氏说明：“帝相的妃子是有仍氏的女儿，从窦中逃出来，逃奔回到有仍国，生下少康。少康次子名叫龙，留下来居住在有仍，于是成为窦氏。”（见《唐书·宰相世系表》。）这和王莽引用《易》里的“伏戎于莽，升其高陵”，莽，是皇帝的名字；升，是刘伯升，有什么不相同的吗？居然韩愈创作的《窦牟墓志》：“后缗窦逃闵腹子，夏以再家窦为氏。”也使用这件事情。我猜测古时的地方用窦来命名的非常多，他们一定是用地名作为氏。《路史》中说：“我曾经考查古时得到姓氏的人，没有不追溯开始被封所在地作为氏，其氏追溯到事件的却是很少。然而关于姓氏书谱，每一个姓氏都替它作不符合实际的辩解，以至于有人放弃其祖先所出自的本源，又牵扯不相同的事物而归属于它，难道不觉得悲哀吗？”正是说像这一类的做法。

汉时碑文所述氏族之始，多不可据。如魏蒋济郊议，称曹腾碑文云：“曹氏族出自邾。”王沈《魏书》云：“其先出于黄帝，当高阳世，陆终之子曰安，是为曹姓。周武王克殷，封曹侠于邾。至战国为楚所灭，子孙分流，或家于沛。”而魏武作《家传》，自云：“曹叔振铎之后。”陈思王作《武帝诔》曰：”於穆武王，胄稷胤周。”则又姬姓之后，以国为氏者矣。及至景初中，明帝从高堂隆议，谓魏为舜后。诏曰：“曹氏世系，出自有虞氏。今祀圜丘，以始祖帝舜配。”后少帝禅晋文，亦称“我皇祖有虞氏”，则又不知其何所据。《宋书·符瑞志》载博士苏林、董巴言，但云：“魏之氏族，出自颛顼，与舜同祖。见于《春秋世家》。”《魏志》：“蒋济以为舜本姓妫，其苗曰田，非曹之先。著文以追诘隆。”夫以一代之君，而三易其祖，岂不可笑？况于士大夫乎！

【译文】汉代时候的碑文所记述关于氏族的本源，大多是不可能作为依据的。如魏国蒋济的《立郊议》，在曹腾碑文中声称：“曹氏宗族出自邾国。”王沈《魏书》说：“其祖先出自于黄帝，在高阳的时候，陆终的儿子名叫陆安，这就是曹姓的由来。周武王姬发打败殷商，把邾地封给曹侠。到战国时期被楚国所消灭，后代子孙分散迁徙，有的在沛地居住。”然而魏武帝曹操撰写的《家传》，自己说：“是曹叔振铎的后代。”陈思王曹植撰写的《武帝诔》说：”於穆武王，胄稷胤周。”则又说是姬姓的后代，把国号作为姓氏的。等到景初年间，魏明帝曹叡听从高堂隆的建议，说曹氏是虞舜的后代。下达诏书说：“曹氏的世系，出自有虞氏。现今祭祀圜丘，把始祖虞舜配享太庙。”后来魏少帝曹芳禅让给晋朝的文章中，也号称“我皇祖有虞氏”，却又不知道他所依据的是什么。（《宋书·符瑞志》记载博士苏林、董巴的言论，仅说："曹魏的氏族，是出自颛顼，和虞舜同一个祖先。在《春秋世家》里出现。"《魏志》："蒋济认为虞舜本来姓妫，其后裔姓田，不是曹姓的祖先。他撰写文章来回溯过去反问高堂隆。"）凭借一代的君王之身，却三次改变他的祖先，难道不觉得令人发笑？更何况对于士大夫来说呢！

程氏，出程伯休父。太史公《自序》云："重黎氏世序天地，其在周，程伯休甫其后也。"应劭曰：封为程国伯。休甫，字也。其后为司马氏。"《晋书·宣帝纪》："其先出自帝高阳之子重黎，为夏官祝融，历唐、虞、夏、商，世序其职。及周以夏官为司马。其后程伯休甫，周宣王时，以世官克平徐方，锡以官族，因而为氏。"而《左传》成十八年，"晋乐书、中行偃使程滑弑厉公。"注："程滑，晋大夫。"襄二十三年，"程、郑嬖于公。"注："郑亦荀氏宗。"此则晋之程氏，乃荀氏之别，不与休甫同出。今既祖休甫，又祖程婴，则误矣。"《路史》以荀为文王之后。《子华子》之书，亦言其族出于司马。而又曰："赵则真吾姓之所宗氏也。"则程又与赵同祖。朱子曰："《子华子》，近世伪书。今或引其说以证姓氏之所从出，则诬其祖矣。"又按《庄子》及《吕氏春秋》，子华子，韩昭釐侯时人。非孔子所见之程子。

【译文】程氏，出自程伯休父。太史公司马迁在《自序》说："重黎氏世代掌管着天文地理。在周朝时，程林休甫是他们的后代。"应劭说：被封为程国的伯爵。休甫，是他的字。他的后代成了司马氏。"

(《晋书·宣帝纪》:“他的祖先出自高阳的儿子重黎,即是夏官祝融,历经唐、虞、夏、商各个朝代,世代掌管着这个职位。到周朝把夏官改为司马。其后代程伯休甫,在周宣王时,凭借世袭官职的身份征服徐方,把官名赏赐给他作为族姓,因而成为了他们的姓氏。”)但是在《左传》鲁成公十八年,“晋国栾书、中行偃派遣程滑杀死晋厉公。”注解:“程滑,是晋国的大夫。”鲁襄公二十三年,“程、郑受到晋平公的宠爱。”注解:“郑氏也是荀氏的祖先。”这是晋国的程氏,却是和荀氏相区别,没有和程伯休甫有同出一个祖先。现在既把程伯休甫作为祖先,又把程婴作为祖先,却是错误的。”(《路史》把荀氏作视为周文王姬昌的后代。《子华子》这本书,也说其宗族出于自司马。然而又说:“赵氏是我们荀氏真正的祖先姓氏。”但是程氏又和赵氏是出自相同的祖先。朱熹说:“《子华子》这本书,是近代伪造的书籍。现在有的人援引它的说法来证明其姓氏所出自的地方,却是抹杀他的祖先。”又按《庄子》以及《吕氏春秋》的记载,子华子,是韩国昭釐侯时候的人,不是孔子所看见的程子。)

沈氏。《宋书》沈约自序:“昔少皞金天氏有裔子曰昧,为玄冥师,生允格、台骀。台骀能业其官,宣汾洮,障大泽,以处大原,帝颛顼嘉之,封诸汾川。其后四国:沈,姒、蓐、黄。沈,子国,今汝南平舆沈亭是也。汝南去汾州甚远。春秋之时列于盟会。定公四年诸侯会召陵伐楚,沈子不会,晋使蔡伐沈,灭之,以沈子嘉归。”按沈、姒、蓐、黄四国皆在汾水之上,为晋所灭。《左氏》昭公元年传曰:“今晋主汾而灭之矣。”黄,非江人、黄人之黄,则沈亦非沈子嘉之沈。休文乃并列而合之为一，误也。唐《宰相世系表》曰：“沈氏出自姬姓，周文王第十子聃叔季，食采于沈，汝南平舆沈亭即其地也。”此为得之。又按鲁有沈犹氏。《家语》鲁之贩羊，有沈犹氏者。曾子弟子沈犹行，是以地为姓。《汉书》：景帝封楚元王子岁为沈犹侯。

【译文】沈氏。沈约在《宋书》自序中说：“以前少皞金天氏有后代子孙名叫昧，为玄冥师，生下允格、台骀两人。台骀胜任继承他父亲的官职，疏通汾水和洮水两条河流，阻断河水进入大泽，用作在太原居住的地方，帝颛顼非常赞扬他，把汾川赐封给他。他的后代把汾川分为四国，即沈国，姒国、蓐国、黄国。沈国，是子爵的国家，现在的汝南郡平舆县沈亭是它的故址。（汝南郡离汾州非常遥远。）春秋时期沈国曾参加盟会。鲁定公四年各国诸侯会集在召陵讨伐楚国，沈国没有参会，晋国派遣蔡国讨伐沈国，然后消灭了沈国，捉拿沈子嘉而归国。”按沈、姒、蓐、黄四国都在汾水一带之上，被晋国所消灭的。（《左传》鲁昭公元年传说：“现在晋国掌控了汾水一带而消灭了沈、姒、蓐、黄四国。”）黄，不是江国人、黄国人的黄，沈也不是沈子嘉的沈。休文是两字并列而合成为一个姓氏，这是错误的。唐代的《宰相世系表》说：“沈氏出自姬姓，周文王第十子聃叔季，把沈地作为食邑，汝南郡平舆县沈亭就是他的封地所在。”这是正确的说法。（又按鲁国有沈犹氏。《孔子家语》记载鲁国有贩卖羊的人，有一个是沈犹氏的人。曾子有个弟子是沈犹行，这是把地名作为姓氏的。《汉书》：汉景帝刘启赐封楚元王刘交的儿子刘岁为沈犹侯。)

白氏。唐白居易自序《家状》曰:“出于楚太子建之子白公胜。楚杀白公,其子奔秦,代为名将,乙丙已降是也。裔孙白起,有大功于秦,封武安君。”按白乙丙见于僖之三十二年,白公之死,则哀之十六年,后白乙丙一百四十八年。曾谓乐天而不考古,一至此哉。唐《宰相世系表》,以西乞术、白乙丙为孟明之子,尤误。

【译文】白氏。唐代白居易在自述他《家状》中说:“白氏出自于楚国太子建的儿子白公胜。楚国杀白公胜,他的儿子投奔秦国,世代是著名的将领,乙丙已降就是。后代子孙白起,对秦国立有很大的功劳,被封为武安君。”按白乙丙的记载出现在鲁僖公三十二年,白公胜的逝世时间,是在鲁哀公十六年,比白乙丙晚一百四十八年。竟然白居易(字乐天)没有仔细考查古代的事情,到了这种的地步。(唐代《宰相世系表》记载,把西乞术、白乙丙作为孟明视的儿子,这更加错误。

扬氏。《汉书·扬从扌雄传》曰:“其先出自有周伯侨者,以支庶食采于晋之杨,《左传》“杨”字从木。因氏焉。杨在河汾之间,周衰而杨氏或称侯,号曰杨侯。会晋六卿争权,韩、魏,赵兴,而范中行、知伯弊,当是时逼杨侯,杨侯逃于楚巫山,因家焉。”此误以杨侯与杨食我为一人也。《唐书·宰相世系表》曰:“杨氏出自姬姓,周宣王子尚父封为杨侯。”又云:“晋之公族,食邑于羊舌。《左传》

正义引《世族谱》云：“羊舌，其所食邑名。”凡三县：一曰铜鞮，二曰杨氏，三曰平阳。羊舌四族，叔向食采杨氏，其地平阳，杨氏县是也。及晋灭羊舌氏，而叔向子孙逃于华山仙谷，遂居华阴。”用修据此，以杨、阳、扬、羊四姓为一，尤误。按杨城即今之洪洞县，本杨侯国。《左氏》女叔侯所云：“霍、杨、韩、魏，皆姬姓也。”襄二十九年。而子云《反离骚》亦云：“有周氏之蝉嫣兮，或鼻祖于汾隅。灵宗初谍伯侨兮，流于末之杨侯。”不知其字何以为“扬”？及其灭于晋，而为大夫羊舌氏邑，则食我始见于传。而杨朱与老子同时，又非羊舌之族也。阳氏则以国为氏，以邑为氏？胡三省曰：“春秋闵公二年，‘齐人迁阳，子孙以国为氏。’又按昭公十二年，齐高偃帅师纳北燕伯于阳，是邑名。”皆不可知。晋有阳处父，乃在叔向之前，而楚之阳匄，鲁之阳虎，非一阳也；宋之羊斟，郕之羊罗，非一羊也。安得谓阳为平阳，羊为羊舌，而并附之叔向乎？

【译文】杨氏。《汉书·扬雄传》曰：“杨氏的祖先出自周朝姬杼（字伯侨）的，凭借旁支庶出的身份在晋国的杨地作为食邑，（《左传》里的“杨”字从木字旁。）因而把杨作为姓氏。杨地处在黄河、汾水之间，周朝衰落以后而杨氏宗族里有的人称侯，号为杨侯。恰逢晋国六卿争夺国家大权，韩氏、魏氏、赵氏兴起以后，然而范中行、知伯弊等人，就在这时候威胁杨侯，杨侯就逃亡到楚巫山，因而在这里居住。”这里错误地把杨侯和杨食我当作一个人。《唐书·宰相世系表》说：“杨氏出自姬姓，周宣王的儿子尚父被赐封为杨侯。”又说：“晋国的公族，把羊舌作为食邑。（《左传》正义引用《世族谱》说："羊舌，是他们作为食邑的地名。"）一共有三个县：一是铜鞮，二是杨氏，三是平阳。羊舌里有四个宗族，叔向把杨氏作为食邑，这个地方在平阳，就是在杨氏县。等到晋国消灭羊舌氏后，叔向的后代子孙逃亡到华山仙谷，于是居住在华阴。"杨慎（字用修）依据这个，把杨氏、阳氏、扬氏、羊氏四姓作为相同的出处，更加是错误的。按杨城即现在的洪洞县，原本是杨侯的封地。《左传》司马女叔侯所说的："霍氏、杨氏、韩氏、魏氏，都是出自姬姓也。"（鲁襄公二十九年。）而扬雄（字子云）在《反离骚》也说："有周氏之蝉嫣兮，或鼻祖于汾隅。灵宗初谍伯侨兮，流于末之杨侯。"不清楚这个字因为什么变成了"扬"？到杨侯国被晋国消灭，却成为大夫羊舌氏的食邑，杨食我才出现在史书的记载里。然而杨朱和老子同在一个时代里，又不是羊舌之族。阳氏把国号作为姓氏，把食邑作为姓氏？（胡三省说："春秋时期鲁闵公二年，'齐国有人迁移到阳地，后代子孙就把国号作为姓氏。'又按鲁昭公十二年，齐国高偃率领军队款送北燕伯到阳地被当地人接纳，这是县名。"）都不可能知道。晋国有阳处父，是在叔向之前，然而楚国的阳匄，鲁的阳虎，不是一处有阳氏；宋国的羊斟，郑国的羊罗，不是一处有羊氏。怎么能说阳氏是出自平阳，羊氏是出自羊舌，却一起附会在叔向上呢？

段氏。《后汉书》："段颎其先出郑共叔段。"古人无以祖父名为氏者，凡若此类，皆不通之说。按段氏当出自段干。《史记》："老子之子名宗，宗为魏将，封于段干。"《唐书·世系表》："封于段，为干木大夫。"谬。《魏世家》有段干木、段干子。《田完世家》有段干朋。

【译文】段氏。《后汉书》："段颎的祖先出自郑国共叔段。"古人没有把祖父的名字作为姓氏的，大多像这类的，都是不符合情理的说法。按段氏应当出自段干。《史记》："老子的儿子名叫李宗，李宗是魏国将领，被赐封在段干。"（《唐书·世系表》："被赐封在段地，担任干木大夫。"这是错误的。）《魏世家》记载有段干木、段干子两人。《田完世家》记载有段干朋。

褚氏。唐《宰相世系表》云："出自子姓。宋共公子段，字子石，食采于褚。其德可师，号曰褚师。"按褚师乃官名，不独宋有此官，郑亦有之。昭公二年，郑公孙黑请以印为褚师是也。卫亦有褚师声子。

【译文】褚氏。《新唐书·宰相世系表》说："褚氏出自子姓。宋共公的公子段，字子石，在褚采食。他的德行可以效法，所以被称为褚师。"按褚师是官职的名称，不是唯独宋国有这种官职，郑国也有这种。鲁昭公二年，郑国公孙黑请求把他儿子公孙印担任褚师正是这个的。卫国也有担任褚师的声子。

贺氏。《晋书·贺循传》曰："会稽山阴人也，其先庆普，汉世传《礼》，所谓庆氏学。族高祖纯，安帝时为侍中，避安帝父清河王庆讳，改为贺氏。"《宋史》："贺铸自言，出王子庆忌，居越之湖泽，所谓镜湖，乃庆湖也。”见铸本传，然史即疑之。按古但有以王父字为氏，无以名为氏者。庆忌名也，不得为氏。而镜湖本名鉴湖，庆古音羌，声不相近。若齐之庆氏，居吴朱方，见于《左传》，后人以庆封有弑君之恶讳之，而欲更其祖，其不及宋司马华孙远矣。《水经注》有贺台：“越入吴，还而成之，故号曰贺台。”苟欲求越国之故，何不取之于贺台，而必取之于镜湖？又改“镜”而为“庆”邪？

【译文】贺氏。《晋书·贺循传》说：“贺循是会稽山阴人，他的祖先庆普，在汉代传授《礼》，就是所说的庆氏学派。同族高祖庆纯，在汉安帝刘祜时担任侍中，避安帝的父亲清河王刘庆的名讳，于是改庆氏为贺氏。”《宋史》：“贺铸自己说道，出自吴王的儿子庆忌，居住在越国的湖泽之上，就是所说的镜湖，即是庆湖。”（见《贺铸传》，然而史家怀疑他的说法。）按古代只有把王父的字作为姓氏，没有把名字作为姓氏的。庆忌是名字，不可能作为姓氏。然而镜湖本来就叫鉴湖，庆字的古时读音是羌音，读声都没有相似。像齐国的庆氏，居住在吴国的朱方，在《左传》出现，后人把庆封有弑君的恶名而避讳庆氏，就想要改变他们的祖先姓氏，他们比不上宋国司马华孙太远了。（《水经注》记载有贺台：“越国攻入吴国，胜利回来而建成的，因此号为贺台。”如果想要访求越国的故事，为什么不在贺台里选择，却一定在镜湖选择？又改“镜”字而变为“庆”字？）

刀氏。《复古编》云作“刁”，非。《姓谱》以为齐大夫竖刀之后。胡三省曰："竖刀安得有后？《汉书·货殖传》有刀间。"愚按古书，"刀"与"貂"通，齐襄王时有貂勃。"

【译文】刀氏。(《复古编》作"刁"，这是错误的。)《姓谱》里把刀氏认为是齐国大夫竖刀的后裔。胡三省说："竖刀怎么可能有后裔？《汉书·货殖传》记载有刀间这个人。"我查找古书，了解"刀"字与"貂"字相通，齐襄王时就有貂勃的记载。

寇氏。《姓谱》："出自武王弟康叔，为周司寇，后人因以氏焉。"按康叔为卫国之祖，必无以王官氏其支庶之理，此乃卫之司寇。《左传》哀二十五年有司寇亥，即寇氏之祖也。《檀弓》有司寇惠子。

【译文】寇氏。《姓谱》："寇氏出自周武王姬发的弟弟康叔，他担任周朝的司寇，其后代子孙就沿袭此爵位作为姓氏。"按康叔作为卫国的鼻祖，一定不能把周朝的官职名称来作为他旁支庶出的姓氏的道理，这是卫国的司寇作为他们的姓氏。《左传》鲁哀公二十五年记载有名叫司寇亥，即寇氏的祖先。《檀弓》记载有名叫司寇惠子。

孔颜孟三氏

今之颜氏，皆云兖国之裔。考《仲尼弟子列传》，有颜幸、颜高、颜祖、颜之仆、颜哙、颜何，而孔子于卫主颜雠由。此六人与雠由皆无后乎？今之孔氏，皆云夫子之裔。春秋齐有孔虺，卫有孔达，陈有孔宁，郑有孔叔、孔张，此五族者皆无后乎？且夫于出于宋，为子姓。而郑，姬姓；陈，妫姓；卫，姞姓，哀十一年，孔姞。可合而为一乎？《史记·货殖传》：宛孔氏之先，梁人也，用铁冶为业。秦伐魏，迁孔氏南阳。《平准书》：孔仅，南阳大冶。

【译文】现在的颜氏人，都说是兖国的后代。考据《仲尼弟子列传》，有名叫颜幸、颜高、颜祖、颜之仆、颜哙、颜何，以及孔子在卫国时寄居在颜雠由。这六人和颜雠由都没有后代吗？现在的孔氏人，都说是孔子的后代。春秋时期齐国有孔虺，卫国有孔达，陈国有孔宁，郑国有孔叔、孔张，这五个氏族的人都没有后代吗？而且孔子的姓氏出自于宋国，是为子姓。而郑国，是为姬姓；陈国，是为妫姓；卫国，是为姞姓，（鲁哀公十一年，有孔姞的记载。）可以将它们合成而为一个出处吗？（《史记·货殖传》：宛地，是孔氏的先祖，是梁国人，以冶铁作为生业。秦国讨伐魏国，于是将孔氏迁移到南阳。《平准书》：孔仅，是南阳冶铸业的大户。）

颜鲁公作《家庙碑》云："其先出于颛顼之孙祝融。融孙安为曹姓。其裔邾武公名夷甫，字颜。子友，别封郳为小邾子，遂以颜为氏。多仕鲁为卿大夫。"按《左传》襄十九年，齐侯娶于鲁，曰颜懿姬，其侄鬷声姬。"注曰："颜、鬷皆姬母姓。"当云母氏。则颜之为姬姓，为鲁族，审矣。《姓谱》曰："颜姓本自鲁伯禽支子。有食采颜邑者，因以为族。"其出于邾之说，本自圈称、葛洪，盖徒见

《公羊》于邾有颜公之称，而不考之于《左氏》也。莒之挐比公，岂必为挐弥之祖乎？《公羊传》谓："邾娄颜淫九公子于宫中，因以纳贼。周天子诛颜，而反孝公于鲁。"非隐公所盟之仪父，不知何取于若人，而以之为祖。

【译文】鲁公颜真卿创作的《家庙碑》中说："他的先祖出自于颛顼的孙子祝融。祝融的孙子祝安改为曹姓。他的后代子孙邾武公名为曹夷甫，字颜。其儿子名为曹友，另外被赐封在郳地是为小邾子，于是把颜作为姓氏。大多在鲁国出仕担任卿大夫。"按《左传》鲁襄公十九年，齐侯在鲁国娶一个妻子，其名为颜懿姬，其侄名为鬷声姬。"注解曰："颜、鬷皆姬母姓。"（应当说是母氏。）就是颜氏是出自姬姓，是为鲁国的皇族，这是确切的。（《姓谱》说："颜姓本来出自鲁国伯禽的旁支庶子。有在颜邑食采，因此把地名作为氏族。"）这种出自于小邾子的说法，本来是出自圈称、葛洪的，大概仅是出现在《公羊》对于邾地有颜公的名称，却没有在《左传》考证其姓氏的来源。莒国的挐比公，难道一定是挐弥的祖先吗？（《公羊传》说："邾娄国颜公和九公子在宫中放纵，因此盗贼进入宫中。周天子诛杀邾娄国颜公，而使鲁孝公返回到鲁国。"不是鲁隐公所结盟的仪父，不知道为什么在这类人中选择，而把他作为先祖。）

春秋时以孟为字者甚多，今之孟氏，皆祖子舆，前代亦未之有也，《魏书》："孟表，济北蛇丘人。自云本属北地，号索里诸孟。"古时孟姓，亦或与"芒"通。《史记·秦本纪》：击芒卯、华阳。索隐引谯周云:“孟卯也。”《淮南子》孟卯注引《战国策》曰:“芒卯也。”《元史·孔思晦传》:“五季时,孔末之后方盛,欲以伪灭真,害宣圣子孙几尽。至是其裔复欲冒称宣圣后,思晦以为不早辨,则真伪久益不可明。彼与我不共戴天,乃列于族与共拜殿庭可乎?遂会族人斥之,而重刻宗谱于石。”然则今之以孔姓而滥通谱牒者,可以戒矣。

【译文】春秋时期把孟作为字的人非常多,现在的孟氏,都是把子舆当作先祖,以前的朝代也没有这种情况。《魏书》:“孟表,是济北蛇丘人。自述原本祖籍属于北地,号为索里诸孟。”(古时的孟姓,也可能和“芒”字相通。《史记·秦本纪》:击芒卯、华阳。《史记索隐》引用谯周的说法:“孟即是卯。”《淮南子》孟卯注引用《战国策》说:“芒即是卯。”)《元史·孔思晦传》:“五代后期时思想混乱,孔氏学说(指代儒家)末期各种伪学说刚刚兴盛起来,它们想要利用伪学说来灭掉真正的学说,损害了宣圣孔子的后代子孙几乎丧失殆尽。以至于这些衍生出来的学说想要再次冒称是宣圣孔子的学说,孔思晦认为不趁早辨认清楚,则真伪拖得越久越不可能分辨。它们和我不共戴天,居然在同宗族里排列和他们一起在殿庭里祭拜可以吗?于是会集族人共同斥责他们,然后在石碑上重新雕刻了宗谱。”那么现在的人因为孔姓而胡乱窜通谱牒的,可以把这件事情引以为戒了。

仲氏

汉济阴太守孟郁《修尧庙碑》曰："惟序仲氏，祖统所出，本继于姬，周之遗苗。天生仲山甫，翼佐中兴，宣平功遂，受封于齐。周道衰微，失爵亡邦，后嗣乖散，各相土译居。帝尧萌兆生长，葬陵在于成阳，圣化常存。慕巍巍之盛，乐风俗之美，遂安处基业，属都乡高相里，因氏仲焉，以传于今。"其阴列仲氏有名者三十余人。又《廷尉仲定碑》略同。汉时仲氏，自谓仲山甫之后，托基于帝尧之陵。而今则以为孔子弟子子路之后，援颜、曾、孟之例，而求为五经博士矣。然春秋之以仲氏者不一，而仲山甫未尝封齐，则汉人之祖山甫未必是，而今人之祖子路，亦未必非也。

【译文】汉代济阴太守孟郁《修尧庙碑》说："惟序仲氏，祖统所出。本继于姬，周之遗苗。天生仲山甫，翼佐中兴，宣平功遂，受封于齐。周道衰微，失爵亡邦，后嗣乖散，各相土译居。帝尧萌兆生长，葬陵在于成阳，圣化常存。慕巍巍之盛，乐风俗之美，遂安处基业，属都乡高相里，因氏仲焉，以传于今。"他在石碑下列出仲氏有名字的三十余人。又《廷尉仲定碑》和它大概相同的记述。汉朝时候的仲氏，自认为是仲山甫的后代，在帝尧的陵墓附近依赖和产生基础。然而现在的人则认为是孔子的弟子子路的后代，引用颜氏、曾氏、孟氏的先例，而追求成为五经博士的后代之一。但是春秋时期把仲氏作为姓氏不止一个，而仲山甫不曾被封在齐地，就算是汉代时人的先祖山甫不一定是这个，然而现在的人把子路当作仲氏的先祖，也不一定是错误的。

以国为氏

古人之氏，或以谥，或以字，或以官，或以邑，无以国为氏者。其出奔他国，然后以本国为氏。敬仲奔齐，而为陈氏是也。其他若郑丹、宋朝、楚建、郧甲之类，皆是也。不然，则亡国之遗胤也。

【译文】古人的姓氏，有的使用谥号，有的使用父祖的字，有的使用官职名称，有的使用县名，没有人把国号当作姓氏的。他出走投奔他国，然后才把原本的国号作为姓氏。敬仲投奔齐国，然后把陈国的国号作为他的姓氏。其他人像郑丹、宋朝、楚建、郧甲之类，都是这种情况。如果不是，那亡国的后代子孙把原本的国号作为姓氏。

今人姓同于国者，多自云以国为氏，非也。夏氏出于陈之少西，而非夏后氏之夏；齐氏出于卫之齐恶，而非齐国之齐。《左氏》《史记》其最著明者矣。秦堇父非秦国之秦，狄虒弥非狄人之狄。

【译文】现在的人的姓氏和国号相同的，大多说自述其把国号作为姓氏，这是错误的。夏氏出自于陈国的少西，而不是出自夏后氏的夏；齐氏出自于卫国的齐恶，而不是出自齐国的齐。《左传》《史记》它们已经非常写清楚姓氏的来源了。（秦堇父不是出自秦国的秦，狄虒弥不是出自狄人的狄。）

姓氏书

姚宽《西溪丛语》曰："姓氏之学，莫盛于《元和姓纂》，自南北朝以官职相高，沿至于唐，崔、卢、李、郑，纠纷可鄙。若以圣贤所本，如妫姓、子姓、姬姓、姜姓之类，各分次其所从来，以及《春秋》所纪，用《世本》、荀况《谱》、杜预《公子谱》为法，则唐虞三代，列国诸侯，俱可成书。此似太史公欲为而未就者耳。"愚尝欲以经传诸书次之，首列黄帝之子得姓者十二人；次则三代以上之得国受氏，而后人因以为姓者；次则战国以下之见于传记，而今人通谓之姓者；次则三国、南北朝以下之见于史者；又次则代北复姓，辽、金、元姓之见于史者；而无所考者，别为一帙。略举其目，曰姓本第一，封国第二、氏别第三，秦汉以来姓氏合并第四，代北姓第五，辽金元姓第六，杂改姓第七，无征第八。此则若网之在纲，有条而不紊，而望族五音之纷纷者，皆无所用，岂非反本类族之一大事哉！"

【译文】姚宽《西溪丛语》说："关于姓氏的学问，没有比林宝《元和姓纂》规模更大，从南北朝以用官职来比高低，沿袭到唐代，崔氏、卢氏、李氏、郑氏等有声望的世家豪族，争执其姓氏谁高谁低的行为令人看不起。如果把圣贤当作所出自的本源，像妫姓、子姓、姬姓、姜姓之类的，各个分辨排序其所从来，以及《春秋》所记载的，把《世本》、荀况《谱》、杜预《公子谱》作为准则，则唐虞三代以来，各国诸侯，都可以写成关于谱牒的著作。这种做法像太史公司马迁想要做成却没有完成的。”我曾经想要把经传诸书排序好，首先列出黄帝的儿子得到姓氏的十二人；再次则是把三代以上得到封国授予氏的，然后他的后人因此把这个氏作为姓的；再次则是把战国以下在传记出现的氏，而现在的人统称它为姓的；再次则是把三国、南北朝以下在史书出现的；又再次则是把代地以北的复姓，辽、金、元姓在史书出现的；却没有什么可以考证的，另外写作一帙。（大概列出其目录是，第一是姓本，第二是封国，第三是氏别，第四是秦汉以来姓氏合并，第五是代北姓，第六是辽金元姓，第七是杂改姓，第八是无征。）这就是像网上的绳子一样，有条不紊，然后有声望的世家豪族关于姓氏的言论像五音一样繁多而杂乱的，都没有需要使用的地方，难道不是回归本源和同族同类的一件大事吗？

汉刘向撰《世本》二卷，其书不传。今《左传》注疏多本之，然亦未必无误。

【译文】汉代刘向撰写的《世本》二卷，其书没有流传下来。现在《左传》的注疏大多都根据它，然而它也不一定没有错误的。

通谱

同姓通族见于史者，自晋以前未有。《晋书·石苞传》：“曾孙朴没于寇，石勒以与朴同姓，俱出河北，引朴为宗室，特加优宠，位至司徒。”《南史·侯瑱传》：“侯景以瑱与己同姓，托为宗族，待之甚厚。”此以殊族而附中国也。《晋书·孙旂传》：“旂子弼，及弟子髦、辅、琰四人，并有吏材，称于当世，遂与孙秀合族。”《南史·周弘正传》：“谄附王伟，与周石珍建康之厮隶也，为梁制局监，降侯景。合族。”《旧唐书·李义甫传》：“义甫既贵之后，自言本出赵郡，始与诸李叙昭穆。而无赖之徒苟合，借其权势，拜伏为兄叔者甚众。”《李辅国传》：“宰相李揆，山东甲族，见辅国执子弟之礼，谓之五父。”此以名门而附小人也。凡此，史皆书之，以志其非。今人好与同姓通谱，不知于史传居何等也。

【译文】同姓通族在史书出现的，从晋朝以前是没有的。《晋书·石苞传》：“石苞的曾孙石朴被敌人掠夺去，石勒因为和石朴同姓，且都来自黄河以北，于是把石朴招来成为宗室，尤其加以优待宠爱，官至司徒。”《南史·侯瑱传》：“侯景认为侯瑱和他同姓，托为宗族，款待他非常优厚。”这是以外族人的身份而依附于中原人的情况。《晋书·孙旂传》：“孙旂的儿子孙弼，以及学生孙髦、孙辅、孙琰四人，而且都有参与政治的才能，被当代人所赞誉，于是和孙秀合为同族人。”《南史·周弘正传》：“周弘正谄媚依附王伟，和周石珍（是在建康做杂役的奴隶，担任梁国制局监，投降侯景）合为同族人。”《旧唐书·李义甫传》：“李义甫显贵以后，自称本来是出自赵郡，开始和诸多李姓排序昭穆的顺序。但是游手好闲、品行不端的人没有原则附和他，借助他的权力地位，和结拜李义甫成为兄长叔父的人非常多。”《李辅国传》：“宰相李揆，是山东的世家贵族，看见李辅国就行子弟的礼节，称他为五父。”这是以名门的身份却依附小人的记载。凡是这样的事情，史书都把他们写下来，来标记他们的错误。现在的人喜欢和同姓的人互通族谱，不知到这在史书传记当中处于什么地位。

北人重同姓，多通谱系，南人则有比邻而各自为族者。《宋书·王仲德传》：“北土重同姓，谓之骨肉，有远来相投者，莫不竭力营赡。仲德闻王愉在江南，是太原人，乃往依之，愉礼之甚薄。”《魏书·崔玄伯传》：“崔宽自陇右通款，见司徒浩。浩与相齿次，厚抚之。及浩诛，以远来疏族，独得不坐。遂家于武城，以一子继浩弟览妻封氏，相奉如亲。”《北史·杜铨传》：“初密太后杜氏，父豹，丧在濮阳，太武欲令迎葬于邺，谓司徒崔浩曰：‘天下诸杜，何处望高？朕意欲取杜中长老一人以为宗正，令营护凶事。’浩曰：‘京兆为美。中书博士杜铨，其家今在赵郡，是杜预后，于今为诸杜最。’召见铨，以为宗正，令与杜超子道生，送豹丧葬邺南，铨遂与超如亲。超谓铨曰：‘既是宗正，何缘侨居赵郡？’乃延引同属魏郡。”《南史·韦鼎传》：“陈亡入隋。时吏部尚书韦世康兄弟显贵，文帝从容谓鼎曰：‘世康与公远近？’对曰：‘臣宗族南徙，昭穆非臣所知。’帝曰：‘卿百代卿族，岂忘本也？’命官给酒肴，遣世康请鼎还杜陵。鼎乃自楚太傅孟以下二十徐世，并考论昭穆，作《韦氏谱》七卷示之，欢饮十余日乃还。”

【译文】北方的人重视同姓，大多互通族谱世系，南方的人则是存在相邻近却各自成为宗族的。《宋书·王仲德传》："北方的人重视同姓，说这是骨肉相连的关系，有远道而来的投奔的同姓人，没有不尽力提供生计。王仲德听说王愉居住在长江以南的地方，且是太原人氏，于是去王愉家投靠他，王愉对待他非常刻薄。"《魏书·崔玄伯传》："崔宽从陇右去通好，看见司徒崔浩。司徒崔浩和崔宽互相按年龄排列辈分，厚待并安抚他。等到司徒崔浩被杀，崔宽因为是远道而来的疏远的同族，故而唯独他没有被连坐。于是在武城居住，把一个儿子过继给崔浩的弟弟崔览的妻子封氏，这个儿子对待封氏就像是亲人一样。"《北史·杜铨传》："当初密太后杜氏，她父亲杜豹，在濮阳逝世，北魏太武帝拓跋焘想要命令人迎回灵柩安葬在邺城，对司徒崔浩说：'天下众多杜氏当中，哪里的杜氏声望最高？朕的意思是想要选择杜氏当中一位德高望重的人担任宗正，命令他营护料理丧礼的具体事务。'崔浩曰：'京兆地区是最好的。中书博士杜铨，他家现在就在赵郡，是杜预的后代，在当今是天下众多杜氏当中最德高望重的。'北魏太武帝召见杜铨，把他任命为宗正，命令他和杜超的儿子杜道生，迎送杜豹的灵柩并安葬在邺城的南边，杜铨于是和杜超如同亲人一般。杜超对杜铨说：'你既然是宗正，为什么寄居在赵郡？'于是邀请杜铨一同住在魏郡。"《南史·韦鼎传》："陈朝灭亡后版图并入隋朝。时任吏部尚书韦世康兄弟几人地位显达富贵，隋文帝杨坚从容地对韦鼎曰：'韦世康和您的亲疏关系是？'韦鼎回答说：'我的宗族向南迁移，祖庙的昭穆顺序不是我能知道的。’隋文帝继续说：‘你百代的公卿士族，难道忘记了祖本？’于是命令官员送给美酒佳肴，派遣韦世康邀请韦鼎回到杜陵。韦鼎才从楚太傅韦孟以下二十余世考查，并且考订讨论昭穆的顺序，撰写《韦氏谱》七卷拿出来给韦世康观看，两人欢乐地宴饮十多天才回去。”

近日同姓通谱，最为滥杂，其实皆植党营私，为蠹国害民之事，宜严为之禁。欲合宗者，必上之于官，使谙悉古今者为之考定，岁终以达礼部，而类奏行之。其不请而私通者，屏之四裔，然后可革其弊。古之姓氏，有专官掌之。《国语》曰：“使名姓之后，能知上下之神祇、氏姓之所出者为之宗。”又曰：“司商协名姓。”《春官·宗伯》其属有都宗人、家宗人，而女官亦有内宗、外宗。今日姓氏、昏姻二事，似宜专设一官，方得教民之本。

【译文】近来同姓的人通谱，非常的滥用和杂乱，事实上都是为培植党羽谋取私利，这是危害国家统治残害人民的事情，应该严厉地禁止这种行为。想要聚集同姓形成同个宗族里的人，一定向上报告给官府，然后官府派遣精通古今事情的人替他考核审定其族谱，年末送达礼部审核，然后按类型上奏皇帝再颁布施行。如果没有通过请求却私自互通族谱的，流放到四方边远的地方去，然后才可以革除这种弊端。古时的姓氏，是有专门的官员掌管他们的族谱。《国语》说：“让有声望的姓氏的后代，可以了解天上地下的神明、氏族种姓所出自的地方是他们的先祖。”又说：“司商协授予姓氏。”《春官·宗伯》其属下有都宗人、家宗人，而女官也有内宗、外宗。现在的姓氏、婚姻两件事情，似乎应该专门设置一个官职，才可以教导民众了解姓氏的根本。

氏族之乱，莫甚于五代之时。当日承唐余风，犹重门荫，故史青唐梁之际，仕宦遭乱奔亡，而吏部铨文书不完，因缘以为奸利，至有私鬻告敕，乱易昭穆，而季父母舅反拜侄甥者。《豆卢革传》。《册府元龟》："长兴初，鸿胪卿柳膺，将斋郎文书两件，卖与同姓人柳居则。大理寺断罪，当大辟，以遇恩赦减死，夺见任官，罚铜，终身不齿。敕曰："一人告身，三代名讳，传于同姓，利以私财，上则欺罔人君，下则货鬻先祖，罪莫大焉。自今以往，如有此弊，传者受者，并当极法。"今则因无荫叙，遂弛禁防，五十年来，通谱之俗，遍于天下。自非明物察伦①之主，亟为澄别，则滔滔之势，将不可反矣。'"

【注释】①明物察伦：明于庶物，察于人伦。

【译文】姓氏宗族的混乱，没有比五代时期更加混乱。当时承袭唐朝遗留的风气，依然重视门户的庇荫，因此在史书记载唐梁易代之际，仕宦之人遭遇战乱四处逃亡，然而在吏部存放的铨授官员的文书是没有完整的，有些人依据这个情况把它作为谋取非法的利益，以至存在暗地里出卖授官的告敕的现象，胡乱改变昭穆的顺序，季父母舅，反而拜侄子外甥的情况。(《新五代史·豆卢革传》。)《册府元龟》："长兴初年，鸿胪卿柳膺，把斋郎文书两件，出卖给和他的同姓人柳居则。大理寺判处他的罪行，应当处以大辟，因为恰逢皇帝特恩赦免减轻死罪的刑罚，剥夺现任的官职，出铜赎罪，终身不被录用。敕命说："一个人的授官凭证，祖上三代的名讳，在同姓人之间流传，谋取私利，往上说则是欺骗君主，往下说则是当做货物出卖先祖，没有比这个有更大的罪恶。从今以后，如果存在这种弊端，将相关文书流传出去的接纳的，一都接受极刑惩罚。"现在是因为没有门户庇荫和叙录，于是放松了禁止防范出卖文书的现象，五十年以来，互通族谱的风俗，遍布于天下。假如不是明辨事物的发展和理解人事的情况的君主，亟需替这是社会风俗澄清而区别真伪，那么滔滔不绝的形势，即将不可以挽救了。

唐朝已前，最重谱牒。如《新唐书》言，河南刘氏"本出匈奴之后刘库仁"，柳城李氏"世为契丹酋长"，营州王氏"本高丽"之类，此同姓而不同族也。又如《魏书·高阳王雍传》言："博陵崔显，世号东崔，地寒望劣。"此同族而不同望也。故《高士廉传》言："每姓第其房望，虽一姓中，高下悬隔。"

【译文】唐朝以前，最重视谱牒。如《新唐书》说，河南刘氏"本来出自匈奴的后代刘库仁"，柳城李氏"世代为契丹酋长"，营州王氏"本来是高丽人"之类，这是同姓却不同宗族的情况。又如《魏书·高阳王雍传》说："博陵人崔显，世人称他为东崔，地处寒冷声望低下。"这是同宗族却不同声望的情况。因此在《高士廉传》说："每个姓氏依次排列其房族郡望，即使当中一个姓氏高中科举，他们高低的情况是相差很远的。”

异姓称族，自汉以来，未有此事。杜子美《寄族弟唐十八使君》诗云：‘与君陶唐后，盛族多其人。圣贤冠史籍，枝派罗源津。”则杜与唐为兄弟矣。《重送刘十弟判官》诗云：“分源豕韦派，别浦雁宾秋。年事推兄忝，人才觉弟优。”则杜与刘为兄弟矣。韩文公《送何坚序》亦云：“何与韩同姓为近。”《容斋三笔》引孙缅《唐韵》曰：“韩灭，子孙分散江淮间，音以韩为何，字随音变，遂为何氏。”按《诗·扬之水》一章言戍申，二章言戍甫，三章言戍许。孔氏曰：“言甫、许者，以其俱为姜姓。既重章以变文，因借甫、许以言申，其实不戍甫、许也，”六国时，秦、赵同为嬴姓，《史记》《汉书》多谓秦为赵，亦此类也。《史记·秦本纪》，太史公曰：“秦以其先造父封赵城为赵氏。”《陆贾传》：“秦任刑法不变，卒灭赵氏。”索隐曰：“按韦昭云：‘秦伯翳后，与赵同出蜚廉。造父有功，周穆王封之赵，由此一姓赵氏。’”《汉书·武五子传》：“赵氏无炊火焉。”韦昭曰：“赵，秦之别氏。”《南越传》：“苍梧秦王。”晋灼曰：“秦王即赵光也。赵本与秦同姓，故曰秦王。”《淮南子》亦称秦始皇为赵政。《三国志》：“陈思王上疏，绝缨盗马之臣，赦楚赵以济其难。”注：“秦穆公有赦盗马事，赵则未闻，盖以秦亦赵姓。”《文选》，王融《策秀才文》：“访游禽于绝涧，作霸秦基。”李善注引《韩非子》所载赵董阏于事，而云《史记》曰：赵氏之先与秦共祖，以其共祖，故虽赵亦号曰秦。又左思《魏都赋》："二嬴之所曾聆。"李善注："秦穆公、赵简子。《史记》赵氏之先与秦同祖，故曰二嬴也。"《崧高》言："生甫及申。"孔氏曰："此诗送申伯，而及甫侯者，美其上世俱出四岳，故连言之。"今人之于同姓，几无不通谱，何不更广之于异姓，而以子美、退之为例也？

【译文】异姓人之间称为宗族，从汉代以来，没有出现这种事情。杜甫（字子美）在《寄族弟唐十八使君》诗中说："与君陶唐后，盛族多其人。圣贤冠史籍，枝派罗源津。"那么杜甫和唐氏是兄弟的关系。在《重送刘十弟判官》诗中说："分源豕韦派，别浦雁宾秋。年事推兄忝，人才觉弟优。"那么杜甫和刘氏是兄弟的关系。韩愈（谥号文公）在《送何坚序》也说："何氏和韩氏是同个姓氏相近。"（《容斋三笔》引用孙缅《唐韵》说："韩国被消灭，皇族子孙分散长江淮河之间，读音把韩字变成了何字，字词跟随读音而改变，于是变成了何氏。"）按《诗经·扬之水》第一章说戍申，第二章说戍甫，第三章说戍许。孔颖达说："说甫字、许字的，因为它都是姜姓。既然重视章节来变换文句，因此借助甫字、许字来说明申字，事实上不是戍守甫地、许地。"在六国的时候，秦氏、赵氏同是嬴姓，《史记》《汉书》大多认为秦氏就是赵氏，也是这种情况。（《史记·秦本纪》，太史公司马迁说："秦国把其先祖造父被封在赵城而成赵氏。"《陆贾传》："秦国任由使用严酷的刑法却不思改变，最终消灭了他自己赵氏一族。"《史记索隐》说："按韦昭说：'秦伯翳的后代，与赵氏同样出自蜚廉。造父对周朝有功劳，周穆王把他封在赵地，因此又姓赵氏。'"《汉书·武五子传》:"赵氏没有后代子孙。"韦昭说:"赵氏,是秦氏的别称。"《南越传》:"苍梧郡秦王。"晋灼说:"秦王就是赵光。赵氏本来和秦氏是同姓,因此称为秦王。"《淮南子》也称秦始皇嬴政为赵政。《三国志》:"陈思王曹植上奏疏说,宽容扯断冠带和盗杀马匹的臣子,他们就会援救楚庄王和(赵)秦穆公来摆脱遭遇的危难。"注解:"秦穆公遇到宽恕盗杀他马匹的事情,赵氏则是没有听说,原来是以秦国也是赵姓。"《文选》,王融《策秀才文》:"访游禽于绝涧,作霸秦基。"李善注疏并引用《韩非子》所记载赵董阏于事,而在《史记》说:赵氏的先祖和秦氏是有共同的祖先,因为他们有共同的祖先,因此即使姓赵氏也称为秦氏。而且左思《魏都赋》:"二嬴之所曾聆。"李善注疏:"是秦穆公、赵简子。《史记》赵氏的先祖和秦氏是有共同的祖先,因此说是二嬴。")《诗经·崧高》说:"生下甫和申。"孔颖达说:"这首诗送给申伯,而且也送到甫侯的人,赞美他的先祖都出自四岳,因此将这两人一起提及。"现在的人对同姓的态度,几乎没有不是互通族谱,为什么不扩展到异姓,却把杜甫(字子美)、韩愈(字退之)的事情作为例子呢?

李华《淮南节度使崔公颂德碑》云:"惟申伯,翼宣王,登南邦,兴周室;小白率诸侯,征楚翟,奉王职,与崔公叶德同勋,皆姜姓也。"

【译文】李华在《淮南节度使崔公颂德碑》说:"申伯,辅佐周宣王，于是被封在南阳，他使周王室兴盛起来；公子小白率领各国诸侯，征伐楚国和翟国，奉行周天子授予职事，和崔叶德拥有同样的功劳，都是姜姓。”

开元十九年，于两京置齐太公庙。“建中初，宰相卢杞、京兆尹卢谌，以卢者齐之裔，乃鸠其裔孙，若崔、卢、丁、吕之族，合钱以崇饰之”。

【译文】唐玄宗开元十九年，在两京建造齐太公庙。“建中初年，宰相卢杞、京兆尹卢谌，因为卢氏是齐国的后代，于是把姜太公的后代聚集起来，像崔氏、卢氏、丁氏、吕氏等宗族，聚集资金来修饰太公庙”。

元吴澂《送何友道游萍乡序》云：“袁柳、抚何二族，各以儒官著，而其初实一姬姓。文之昭，由鲁之展而为柳；武之穆，由晋之韩而为何。氏不同而姓同。”

【译文】元代吴澂在《送何友道游萍乡序》说：“袁州的柳氏、抚州的何氏两宗族，各个凭借儒官的身份在世上显名，但是他们在当初实际上都是同属于姬姓。周文王的支派，到达鲁国的展地而变成柳氏；周武王的支派，到达晋国的韩地而变成何氏。氏不相同但是姓相同。”

宋邵伯温《闻见录》云："司马温公一日过康节先生，谒曰：'程秀才。'既见，则温公也。问其故，公笑曰：'司马出程伯休父。'"

【译文】宋代邵伯温《邵氏闻见录》说："司马光有一天前去拜访邵雍（谥号康节），告诉他的门人说：'我是程秀才。'邵雍见到他之后，则是司马光。邵雍询问其中的原因，司马光笑着回答：'司马氏出自程伯休父。'"

二字改姓一字

古时以二字姓改为一字者，如马宫本姓马矢，改为马。唐宪宗名纯，诏姓淳于者改姓于。唐《宰相世系表》：钟离昧二子，次曰接，居颍州长社，为钟氏。见之史册，不过一二。自洪武元年诏："胡服胡语胡姓，一切禁止。"如今有呼姓，本呼延；乞姓，本乞伏；皆明初改，而并中国所自有之复姓，皆去其一字。氏族之紊，莫甚于此。且如孙氏有二，卫之良夫，楚之叔敖，并见于《春秋》。而公孙、叔孙、长孙、士孙、王孙之类，今皆去而为孙，与二国之孙，合而为一，而其本姓遂亡；公羊、公沙、公乘之类，则去而为公；毌丘、毌将之类则去而为"毌"，而其本姓遂亡；司徒、司空之类，唐玄宗御注《孝经碑》末，有司徒巨源。李邕《娑罗树碑》末，有司徒玄简。宋开宝《商中宗庙碑》，翰林待诏司徒俨书。《宋史·赵逢传》，有礼部侍郎、集贤殿学士司徒翊。则去而为“司”，司马氏则去而或为“司”，或为“马”，而司马之仅存于代者，惟温公之后。所以然者，盖因儒臣无学，不能如魏孝文改代北之姓，一一为之条理，而听其人之所自为也，然胡姓之改，不始于是时。《唐书》：“阿史那忠以擒颉利功，拜左屯卫将军，妻以宗女定襄县主，赐名为忠，单称史氏。韩文公《集贤院校理石君墓志》云：“其先姓乌石兰，从拓跋魏氏入夏，居河南，遂去‘乌’与‘兰’，独姓石氏。”刘静修《古里氏名字序》云：“吴景初本姓古里氏，以女真诸姓，今各就其近似者，易从中国姓，故古里氏例称吴。”则固已先之矣。肃宗上元二年诏：“氏姓与俗讳及隐疾同声者，宜改与本族望所出。”金世宗大定十三年五月戊戌，禁女直人毋得混为汉姓。今完颜氏皆去完而为颜，惟曲阜不敢冒充国之姓，特称完氏。

【译文】古时的人把两个字的姓氏改成为一个字的，如马宫本来姓马矢，改成为马。唐宪宗名叫李纯（初名李淳），下达诏令姓淳于的人都改姓于。《新唐书·宰相世系表》：钟离昧有两个儿子，次子名叫李接，居住在颍州长社，是为钟氏的先祖。在史册上出现的，不超过一两个人。自从洪武元年朱元璋下达诏令诏：“胡人的服装、胡人的语言、胡人的姓氏，全部禁止中原人使用。”现在有呼姓人，本来呼延；乞姓人，本来姓乞伏；都是从明代初年改变的，但是一起将中国所自古以来就有的复姓，都去掉一个字。导致姓氏和宗族的紊乱，没有比这个更大了。就像孙氏的来源有两个，卫国的良夫，楚国的叔敖，并且都在《春秋》出现。然而公孙氏、叔孙氏、长孙氏、士孙氏、王孙氏之类，现在都去掉其中一个字而变成孙氏，和卫国和楚国两国的孙氏，合并而成为一个孙氏，但是它本来的姓于是就灭亡了；公羊氏、公沙氏、公乘氏之类，则是去掉其中一个字而变成公氏；毌丘氏、毌将氏之类，去掉其中一个字而变成毌氏，但是它本来的姓于是就灭亡了；司徒氏、司空氏之类，（唐玄宗御注《孝经碑》末，有司徒巨源。李邕《娑罗树碑》末，有司徒玄简。宋开宝《商中宗庙碑》，翰林待诏司徒偓书。《宋史·赵逢传》，有礼部侍郎、集贤殿学士司徒翊。）则是去掉其中一个字而变成司氏，司马氏则是去掉其中一个字而有的成为司氏，有的成马氏，但是司马氏仅仅存在代地的，只有司马光的后代。导致这样的原因，原来是因为读书出生的大臣没有学识，比不上像北魏孝文帝拓跋宏改变代地以北的姓氏，一一替它们有秩序的安排，然后听任这人自己改变原来姓氏，但是胡人的姓氏的改变，不是开始于这时候。《唐书》：“阿史那忠因为抓到颉利有功，被授予左屯卫将军，宗室的女儿定襄县主被嫁给他，并被赐给他名字为忠，单独称为史氏。韩愈《集贤院校理石君墓志》说：“他先祖姓乌石兰，跟从北魏拓跋氏进入中原，居住在黄河以南，于是去掉‘乌’字和‘兰’字，单独姓石氏。”刘骃（号静修）《古里氏名字序》说：“吴景初本来姓古里氏，以女真族诸姓，现在各自依照姓氏与之相似的，改变并采取中原的姓氏，因此按照古里氏的条例称为吴氏。”则是本来已经在他之前了。（唐肃宗李亨上元二年下达诏令：“氏姓和民间的忌讳以及隐疾相同的读声，应该改成和本来族望所出自的地方。”金世宗完颜雍大定十三年五月初七，禁止女真人不能混杂变成汉人姓氏。现在把完颜氏都去掉“完”字而成为颜氏，唯独曲阜不敢冒充国姓，另外称为完氏。）

《章丘志》言：“洪武初，翰林编修吴沈奉旨撰《千家姓》，得姓一千九百六十八，而此邑如术、如偶，尚未之录。《广韵》“偶”字下注云：齐大夫名。今访之术姓，有三四百丁，自云金丞相术虎高琪之后，土人呼术为张一反。按《金史》：术虎汉姓曰董，今则但为术姓。盖二字改为一字者。而撰姓之时，尚未登于黄册也。”以此知单姓之改，并在明初以后，而今代山东氏族，其出于金元之裔者多矣。

【译文】《章丘志》说：“洪武初年，翰林编修吴沈接受朱元璋的命令撰写《千家姓》，得到一千九百六十八个姓氏，但是在这个县的如术、如偶，尚且没有收录。（《广韵》在“偶”字下边注解说：齐国大夫的名字。）现在找到术姓的人，还有三四百人，自称是金国丞相术虎高琪的后代，（当地人读术为张一反音。按《金史》：术虎汉姓是董姓，现在则只是术姓。）原来是两个字改成为一个字的。但是在撰写《千家姓》的时候，尚且没有登记在黄册。”因为这个知道单姓的演变，并且是在明初以后，然而现在代山以东的氏族，他们的姓氏大多出自金元时的后代。

洪武元年禁不得胡姓者，禁中国人之更为胡姓。元时有此俗。非禁胡人之本姓也。三年四月甲子诏曰：“天生斯民，族属姓氏，各有本原，古之圣王尤重之，所以别昏姻，重本始，以厚民俗也。朕起布衣，定群雄，为天下主，已尝诏告天下，蒙古诸色人等，皆吾赤子，果有材能，一体擢用。比闻入仕之后，或多更姓名。朕虑岁久，其子孙相传，昧其本原，非先王致谨氏族之道。中书省其告谕之，如已更易者，听其改正。”可谓正大简要。至九年三月癸未，“以火你赤为翰林蒙古编修，更其姓名曰霍庄。”北音读霍如火。盖亦仿汉武赐日磾姓金之意。然汉武取义于休屠王祭天金人，亦以中国本无金姓也。今中国本有霍姓，而赐之霍，则与周霍叔之后无别矣。况其时又多不奉旨而自为姓者。其年闰九月丙午，淮安府海州儒学正曾秉正言：“臣见近来蒙古、色目人多改为汉姓，与华人无异，有求仕人官者，有登显要者，有为富商大贾者。非我族类，其心必异。宜令复姓，庶可辨识。又臣前过江浦，见塞外之俘累累，而有江统徙戎之论，不可不防。”至永乐元年九月庚子，“上谓兵部尚书刘儁曰：‘各卫韃靼人多同名，宜赐姓以别之。’于是兵部请如洪武中故事，编置勘合，给赐姓氏。按洪武中勘合赐姓，《实录》不载。惟十六年二月，故元云南右丞观音保降，赐姓名李观。又《宣宗实录》，丑闾洪武二十一年来归，赐姓名李贤。从之。”三年七月，赐把都帖木儿名吴允诚，伦都儿灰名柴秉诚，保住名杨效诚。自此遂以为例，而华宗上姓，与旃裘之种相乱。惜乎当日之君子，徒诵用夏变夷之言，而无类族辨物之道。使举籍蕃人之来归者，赐以汉姓所无，不妨如拓跋、宇文之类，二字为姓，则既不混于古先帝王氏族神明之冑，而又使百世之下，知昭代远服四裔，其得姓于朝者，凡若干族，岂非旷代之盛举哉。

【译文】洪武元年禁止不能胡姓的，是禁止中原人将姓氏改成胡姓。（元代的时候有这个风气。）不是禁止胡人本来的姓氏。洪武三年四月初六下达诏令说："上天养育了人民，宗族和姓氏，各自有本源，古代的圣王尤其重视它，因此各自通婚联姻，看重本源，来重视民俗。我出身布衣，平定群雄，成为了天下的君主，在以前曾经诏告天下，蒙古诸色人等，都是我的子民，如果真的有才智和能力，一同选拔任用。近来听说入仕以后，有的大多已经改变姓名。我思考了一年多，他们后代子孙相互沿袭，隐藏他们家族的本源，不是先王谨慎处理氏族的道理。中书省明确地告诉这些人，如果已经改变姓氏的，听由他改回原来的姓氏。"可以说是这个诏令是公正无私简单扼要。到洪武九年三月二十九日，"任命火你赤为翰林蒙古编修，改他的姓名为霍庄。"（北方读霍像火音。）原来也是仿照汉武帝赐名日磾姓金的遗意。但是汉武帝是在休屠王进贡祭天金人选取的意义作为日磾的姓氏，也是因为中原本来就没有金姓。现在中原本来就有霍姓，然而赐给他姓霍，则是和周霍叔的后代没有差别了。何况在这时又有大多人没有奉行皇帝的旨意而自己改回姓氏的。这年闰九月二十五日，淮安府海州儒学正曾秉正说："我看见近来蒙古、色目人大多数改为汉姓，和中原人没有不同的，有些是谋求官职进入官场的，有些是进入了地位显赫重要的，有些是成为富商大贾的。不是我中原的同族，其内心一定是不同的。应该命令他们恢复原姓氏，或许可以分辨识别。而且我之前到过江浦，看见塞外众多的俘虏，而出现了江统迁移外族人的讨论，不可能不防范它。"到永乐元年九月二十五日，“成祖对兵部尚书刘儁说：‘各个卫的鞑靼人大多同名，应该赐给姓氏来区别他们。’在这时兵部请求用洪武年间的先例，编户安置查验身份，再赐予姓氏。（按洪武年间查验身份后赐予姓氏，在《太祖实录》没有记载。只有记载洪武十六年二月，原元朝云南右丞观音保投降，被赐姓名为李观。又在《宣宗实录》，丑闾在洪武二十一年前来归顺，被赐姓名为李贤。）成祖听从他的建议。”永乐三年七月，赐予把都帖木儿名为吴允诚，伦都儿灰名为柴秉诚，保住名为杨效诚。从此就把这个作为规定，但是中原同族大姓，和穿毡毛衣服的外族人相互混杂。可惜当时的君子，白白地诵读把中原人变成夷狄的言论，而没有区别种族分辨事物的道理。让全部属于外族前来归顺的人，赐予汉姓所没有的姓氏，最好还是像拓跋氏、宇文氏之类，两个字作为姓氏，就既然不会混杂于古代帝王氏族神明的后代的姓氏，而且又让百代以下的人，知道国家使远在四方边远的地方信服，他们在朝廷上得到姓氏的，一共有若干氏族，难道不是前所未有的伟大举动吗？

北方门族

杜氏《通典》言：“北齐之代，瀛冀诸刘，清河张宋，并州王氏，濮阳侯族，诸如此辈，近将万室。”《北史·薛胤传》：“为河北太守，有韩、马两姓，各二千余家。”今日中原、北方虽号甲族，无有至千丁者，户口之寡，族姓之衰，与江南相去夐绝。其一登科第，则为一方之雄长，而同谱之人至为之仆役。此又风俗之敝，自金元以来，凌夷至今，非一日矣。

【译文】杜佑《通典》说：“北齐的代氏，瀛冀各个刘氏，清河张氏宋氏，并州王氏，濮阳侯氏宗族，诸如这种姓氏，将近一万户。”《北史·薛胤传》：“薛胤担任河北太守，那里有韩氏、马氏两姓，各自有两千多户。”今天中原、北方士族即使号称是世家大族，没有到一千人的氏族，户口的缺少，同族同姓的衰落，和长江以南地区相比太远。如果一个人考中科举名次，就成为一方的雄长，但是和相同族谱的人以至沦为他的奴隶。这又是风俗的弊端，从金元以来，衰落到现在，不是一天了。

冒姓

今人多有冒母家姓者。《汉书·外戚恩泽侯表》：“扶柳侯吕平，以皇太后姊长姁子侯。”师古曰：“平既吕氏所生，不当姓吕，盖史家唯记母族也。”按是时太后方封吕氏，故平以姊子冒吕姓而封耳。《唐书·天后纪》：“圣历二年腊月，赐皇太子中宗姓武氏。”然则有天子而令之冒母姓者与！

【译文】现在的人大多冒充母亲娘家的姓氏。《汉书·外戚恩泽侯表》：“扶柳侯吕平，凭借皇太后吕雉姐姐的儿子身份被封为侯。”颜师古曰：“吕平既然是吕氏所生，不应当姓吕，原来是史家唯独记载他母亲娘家。”按这是皇太后刚刚赐封吕氏，因此吕平凭借是他姐姐的儿子冒充吕姓而被赐封。《唐书·天后纪》："圣历二年腊月，武则天赐予皇太子唐中宗李显姓武氏。"那么有天子却被命令冒充母姓的！

《汉书·景十三王传》："赵王彭祖取江都易王宠姬，王建所奸淖姬者，甚爱之，生一男，号淖子。"《晋书·会稽王道子传》："许荣上疏言：今台府局吏、直卫武官，及仆隶婢儿取母之姓者，本臧获之徒，无乡邑品第。"是知冒母为姓，皆人伦之所鄙贱。然亦有帝子而称母姓者，如栗太子、卫太子、史皇孙之类，则以其失位而名之也。《外戚传》："上怜许太子蚤失母。"盖霍后时人称之。

【译文】《汉书·景十三王传》："赵王刘彭祖娶江都易王刘非宠爱的妃子为妻子，是江都王刘建所通奸的淖姬，刘彭祖非常喜欢她，生下一男子，号称淖子。"《晋书·会稽王道子传》："许荣进呈奏疏说：现在台府局吏、直卫武官，以及仆役奴婢采用母姓的人，本来就是地位低下的奴隶，是没有故里门第。"这是知道冒充母姓为自己的姓氏，都是人际关系之中被瞧不起的。然而也有皇帝的儿却称母姓的，例如栗太子（刘荣）、卫太子（刘据）、史皇孙（刘进）之类，是因为他们失去权位而被命名的。（《汉书·外戚传》："皇帝怜悯许太子刘奭早年丧母。"大概是霍皇后时人们称呼他的。）

吕平以太后姊长姁子侯，此冒母姓之始。《夏侯婴传》："曾孙颇尚主，主随外家姓，号孙公主，故滕公子孙更为孙氏。"此冒外祖母姓。《史记·灌夫传》："父张孟，为颍阴侯婴舍人，得幸，因进之，至二千石，故蒙灌氏姓，为灌孟。"《大宛传》："堂邑氏，故胡奴甘父。"《汉书》注："服虔曰：'堂邑，姓也，汉人，其奴名甘父。"师古曰：'堂邑氏之奴，本胡人，名甘父。下云堂邑父者，盖取主之姓以为氏，而单称其名曰父。'"此冒主姓之始。《新唐书》："元载父景升，为曹王明妃元氏掌田租，请于妃，冒为元氏。"

【译文】吕平凭借皇太后吕雉姐姐的儿子身份被封为侯，这是冒充母姓的开始。(《汉书·夏侯婴传》："夏侯婴曾孙夏侯颇娶公主为妻，公主随外戚姓，号称孙公主，因此夏侯婴（别称滕公）的后代子孙改变成孙氏。"这是冒充外祖母姓的。)《史记·灌夫传》："灌夫父亲名叫张孟，担任颍阴侯灌婴的舍人，得到灌婴的宠爱，由此被提升官职，到达二千石的位置上，所以隐瞒原姓改灌氏姓，为灌孟。"《史记·大宛传》："堂邑氏，是以前匈奴奴隶名叫甘父的人。"《汉书》注解："服虔说：'堂邑，是姓，是中原人，他的奴隶名叫甘父。"颜师古说：'是堂邑氏人的奴隶，本来是胡人，名叫甘父。下文说堂邑父的，原来取自他的主人的姓作为氏，而单独称呼他名字为父。'"这是冒充主人姓氏的开始。(《新唐书》："元载的父亲景升，替曹王李备的明妃元氏掌管田租，向明妃请求，改姓元氏。")

两姓

《汉书·百官表》："建昭三年七月戊辰，卫尉李延寿为御史大夫，一姓繁。”

【译文】《汉书·百官表》记载：“建昭三年七月十四日，卫尉李延寿担任御史大夫，一说姓繁。”

古人二名止用一字

晋侯重耳之名见于经，而定四年，祝佗述践土之盟，其载书止曰“晋重”，岂古人二名可但称其一与？昭二年，莒展舆出奔吴。传曰：“莒展之不立。”《晋语》：曹僖负羁，称叔振铎为“先君叔振”，亦二名而称其一也。

【译文】晋文公重耳的名字在《春秋》里出现，但是在鲁定公四年，祝佗记载践土之盟的事情时，那份签订盟约的文书只说“晋重”，难道古人两个名字可以只称呼其中一个吗？鲁昭公二年，莒国展舆逃亡到吴国。《左传》说：“莒展之不立。”《国语·晋语》：曹僖负羁，称呼叔振铎为“先君叔振”，也是两个名字却称呼其中一个。

昭二十一年，蔡侯朱出奔楚。《穀梁传》作“蔡侯东出奔楚”，乃为之说曰：“东者，东国也。东国，隐太子之子，平侯庐之弟，朱叔父也。何为谓之东也？王父诱而杀焉，父执而用焉，奔而又奔之，曰东，恶之而贬之也。”然则以削其一名为贬也。定六年，季孙斯、仲孙忌帅师围郓。杜氏注：“何忌不言何，阙文。”

【译文】鲁昭公二十一年，蔡侯朱逃亡到楚国。《穀梁传》写作"蔡侯东出奔楚"，居然替他辩解说："东，是东国。（东国，是隐太子的儿子，是平侯庐的弟弟，是朱的叔父。）为什么称为东？东国的祖父被诱骗而杀死，他父亲被抓而变成了牺牲品，后代子孙逃亡了又逃亡，称呼他为东，是嫌恶且贬低他。"那么把削去他一个字为贬低他的意思。（鲁定公六年，季孙斯、仲孙忌率领军队围攻郓地。杜佑注解："仲孙何忌没有说何字，缺少了何字。"）

王莽孙宗，得罪自杀，复其本名会宗，贬厥爵，改厥号。是又以增其一名为贬也。

【译文】王莽的孙子王宗，因为获罪自杀，于是恢复他本名会宗，贬低他的爵位，改变他的称号。这又是用增加一个名字作为贬低的意思。

班固《幽通赋》："发还师以成命兮，重醉行而自耦。"潘岳《西征赋》："重戮带以定襄，弘大顺以霸世。"文公名止用一字，本于践土载书，却非翦截古人名字之比。至岳为《关中诗》云："纷纭齐万，亦孔之丑。"《马汧督诔》云："齐万哮阚，震惊台司。"则不通矣，岂有以"齐万年"为"齐万"者邪？若梁王肜为征西大将军，而诗云"桓桓梁征"，尤不成语。

【译文】班固《幽通赋》："发还师以成命兮，重醉行而自耦。"潘岳《西征赋》："重戮带以定襄，弘大顺以霸世。"在这两首赋里，晋文公重耳的名字只使用了一个字，原本是出自践土之盟的签订盟约的文书，反而不是和删除古人名字相比的。到岳为《关中诗》说："纷纭齐万，亦孔之丑。"潘岳《马汧督诔》说："齐万哮阚，震惊台司。"就文理错误不顺，难道存在把"齐万年"改为"齐万"的吗？像西晋梁王司马肜担任征西大将军，他诗说"桓桓梁征"，尤其没有构成通顺的语句。

班固《幽通赋》："巨滔天而泯夏。"王莽字巨君，止用一"巨"字。王逸《九思》："管束缚兮桎梏，百贸易兮传卖。音鬻。遭桓缪兮识举，才德用兮列施。"百里奚止用一"百"字。此体后汉人已开之矣。

【译文】班固《幽通赋》："巨滔天而泯夏。"王莽字巨君，这里只使用一个"巨"字。王逸《九思》："管束缚兮桎梏，百贸易兮传卖（读鬻音）。遭桓缪兮识举，才德用兮列施。"百里奚只使用一个"百"字。这样的体例东汉人已经开启了风气。

《吕氏春秋》："干木光乎德。"去"段"字。今本《吕氏春秋》有段字。《惜誓》："来革顺志而用国。"去"恶"字，此为剪截名字之祖。

【译文】《吕氏春秋》:“干木光乎德。”去掉“段”字。(现存的版本《吕氏春秋》有段字。)《楚辞·惜誓》:“来革顺志而用国。”去掉“恶”字,这是删除名字其中一字的鼻祖。

文中并称两人,而一氏一名,尤为变体。杞植、华还,二人也。而《淮南子》称为“殖华”。贾谊《新书》:“使曹、勃不能制。”曹,曹参;勃,周勃也。《史记·孟子荀卿传》:“管、婴不及。”管,管仲;婴,晏婴也。司马迁《报任安书》:“周、魏见辜。”周,周勃,魏,魏其侯窦婴也。扬雄《长杨赋》:“乃命骠、卫。”骠,骠骑将军霍去病;卫,大将军卫青也。《杜钦传》:“览宗、宣之飨国。”韦昭曰:“宗,殷高宗也;宣,周宣王也。”《徐乐传》:“名何必夏、子,俗何必成、康。”服虔曰:“夏,禹也;子,汤也,汤子姓。”班固《幽通赋》:“周、贾荡而贡愤。”周,庄周;贾,贾谊也。汉《庐彰长碑》云:“丧父事母,有柴、颍之行,”柴,高柴;颍,颍考叔也。夏侯湛《张平子碑》云:“同贯宰、贡。”宰,宰我;贡,子贡也。《风俗通》:“清拟夷、叔。”郤正《释讥》:“褊夷、叔之高怼。”《傅子》:“夷、叔迕武王以成名。”杜预《遗令》:“南观伊洛,北望夷叔。”陶潜诗:“积善云有报,夷叔在西山。”皆谓伯夷、叔齐。汉《广汉属国侯李翊碑》:“夷、史之高。”《巴郡太守樊敏碑》:“有夷、史之直。”皆谓伯夷、史鱼,陶潜《读史述九章》“程杵”是程婴、公孙杵臼。

【译文】文章当中一起称呼两个人的，却使用一个姓氏一个名字，尤其是改变了体例。杞植、华还，是两个人。但在《淮南子》称呼他们为“殖华”。贾谊《新书》：“使曹、勃不能制。”曹，是曹参；勃，是周勃。《史记·孟子荀卿传》：“管、婴不及。”管，是管仲；婴，是晏婴。司马迁《报任安书》：“周、魏见辜。”周，是周勃，魏，是魏其侯窦婴。扬雄《长杨赋》：“乃命骠、卫。”骠，是骠骑将军霍去病；卫，是大将军卫青。《杜钦传》：“览宗、宣之飨国。”韦昭说：“宗，是殷高宗武丁；宣，是周宣王姬静。”《徐乐传》：“名何必夏、子，俗何必成、康。”服虔说：“夏，是大禹；子，商汤，汤是子姓。”班固《幽通赋》：“周、贾荡而贡愤。”周，是庄周；贾，是贾谊。汉《庐彰长碑》说：“丧父事母，有柴、颍之行，”柴，是高柴；颍，是颍考叔。夏侯湛《张平子碑》说：“同贯宰、贡。”宰，是宰我；贡，是子贡。《风俗通》：“清拟夷、叔。”郤正《释讥》：“褊夷、叔之高怼。”《傅子》：“夷、叔迂武王以成名。”杜预《遗令》：“南观伊洛，北望夷叔。”陶潜诗：“积善云有报，夷叔在西山。”这些都是说伯夷、叔齐。汉代《广汉属国侯李翊碑》：“夷、史之高。”《巴郡太守樊敏碑》：“有夷、史之直。”这些都是说伯夷、史鱼。陶潜《读史述九章》“程杵”是程婴、公孙杵臼。

《新唐书·尉迟敬德传》：“隐、巢[①]。”是隐太子、巢剌王，一谥一爵。

【注释】①隐太子：李建成。巢剌王：李元吉。

【译文】《新唐书·尉迟敬德传》："隐、巢。"是指隐太子、巢刺王，分别用一个谥号、一个爵位来表示他们。

古人谥止称一字

古人谥有二字、三字，而后人相沿止称一字者。卫之叡圣武公止称"武公"，贞惠文子止称"公叔文子"，晋赵献文子止称"文子"，《檀弓》："晋献文子成室。"注谓晋君献之。庐陵胡氏曰："或赵武谥献文尔。"魏惠成王止称"惠王"，楚顷襄王止称"襄王"，秦惠文王止称"惠王"，悼武王止称"武王"，昭襄王止称"昭王"。庄襄王止称"庄王"，韩昭釐侯止称"昭侯"，宣惠王止称"宣王"，赵悼襄王止称"襄王"，汉诸葛忠武侯止称"武侯"。

【译文】古人的谥号有两个字的、三个字的，但是后人沿袭它而只称谥号为一个字的。卫国叡圣武公的谥号只称为"武公"，贞惠文子的谥号只称为"公叔文子"，晋赵献文子的谥号只称为"文子"，（《檀弓》："晋国送礼祝贺给赵文子建成宫室。"注释说晋国国君献之。庐陵胡氏说："可能是赵武谥号为献文。"）魏惠成王的谥号只称为"惠王"，楚顷襄王的谥号只称为"襄王"，秦惠文王的谥号只称为"惠王"，悼武王的谥号只称为"武王"，昭襄王的谥号只称为"昭王"。庄襄王的谥号只称为"庄王"，韩昭釐侯的谥号只称为"昭侯"，宣惠王的谥号只称为"宣王"，赵悼襄王的谥号只称为"襄王"，汉代诸葛忠武侯的谥号只称为"武侯"。

称人或字或爵

颜、曾、思、孟，三人皆氏，而思独字，以嫌于夫子也。樊、郦、绛、灌三人皆姓，而勃独爵，以功臣周姓者多也。汾阴侯昌，隆虑侯宠、魏其侯止、蒯成侯緤、高景侯成、博阳侯聚，皆周姓。颜师古引《楚汉春秋》谓别有一人名绛灌者，非。

【译文】颜回、曾参、子思、孟轲，这三人都是用氏来称呼，然而唯独子思用字，因为要避讳孔子。樊氏、郦氏、绛侯、灌氏，有三人都是用姓，然而唯独周勃用爵位，因为在功臣里周姓的人占多数。（汾阴侯昌、隆虑侯宠、魏其侯定、蒯成侯緤、高景侯成、博阳侯聚，都是周姓。颜师古引用《楚汉春秋》说另外还有一个人名叫绛灌的，这是错误的。）

《史记》垓下之战，孔将军居左，费将军居右。孔将军，蓼侯孔聚也；费将军，费侯陈贺也。费独以爵者，以功臣陈姓者多也。博阳侯濞、曲逆侯平、堂邑侯婴、阳夏侯豨、棘蒲侯武、河阳侯涓、高胡侯夫乞、复阳侯胥、槁侯错、猗氏侯遬、龙侯署、纪信侯仓，皆陈姓。

【译文】《史记》里记载垓下之战，孔将军在阵地的左边，费将军在阵地的左边。孔将军，是蓼侯孔聚；费将军，是费侯陈贺。费侯陈贺特别用爵位来表示，因为在功臣里陈姓的人占多数。（博阳侯濞、曲逆侯平、堂邑侯婴、阳夏侯豨、棘蒲侯武、河阳侯涓、高胡侯夫乞、复阳侯胥、槁侯错、猗氏侯遬、龙侯署、纪信侯仓，都是陈姓。

子孙称祖父字

子孙得称祖、父之字。子称父字，屈原之言“朕皇考曰伯庸”是也。孙称祖字，子思之言“仲尼祖述尧舜”是也。朱子曰：“古人未尝讳字。程先生云，予年十四五从周茂叔。本朝先辈尚如此。伊川亦尝呼明道字。”

【译文】子孙可以称呼祖父、父亲的字。儿子称呼父亲的字，像屈原说“我的父亲叫伯庸”一样。孙子称呼祖父的字，像子思说“仲尼遵循尧舜之道”一样。（朱熹说：“古人不一定避讳别人的字号。程先生曾经说过，我十四五岁时师从周敦颐。明朝的先辈尚且这样。还有伊川先生程颐也曾经称呼明道先生程颢的字。”）

《仪礼》筮宅之辞曰：“哀子某为其父某甫筮宅。”又曰：“哀子某来日某卜葬其父某甫。”字父也。虞祭之祝曰：“适尔皇祖某甫。”卒哭之祝曰：“哀子某来日某隮祔[①]于尔皇祖某甫。”字祖也。祔祭之祝曰：“适尔皇祖某甫以隮祔尔孙某甫。”两字之也。

字为臣子所得而称，故周公追王其祖曰王季，王而兼字。

【注释】①隮（jī）祔：列入配享祖庙之位。隮，登上。

【译文】《仪礼》筮宅的卜辞说："哀子某为其父某甫筮宅。"又说："哀子某来日某卜葬其父某甫。"用字来称呼父亲。虞祭祈祷说："适尔皇祖某甫。"最终哭祈祷说："哀子某来日某隮祔于尔皇祖某甫。"用字来称呼祖父。祔祭祈祷说："适尔皇祖某甫以隮祔尔孙某甫。"用两字来称呼他们。

字是为了臣下所可以而能称呼王的，因此周公追封他的先祖为王并称他呼王季，王和字号两者连起来。

已祧不讳

《册府元龟》："唐宪宗元和元年，礼仪使奏言：'谨按《礼记》曰：既卒哭，宰夫执木铎以命于宫曰：舍故而讳新。此谓已迁之庙则不讳也。今顺宗神主升祔礼毕，高宗、中宗神主上迁，请依礼不讳。'制可。"

【译文】《册府元龟》："唐宪宗李纯元和元年，礼仪使上奏说：'谨按《礼记》说：最终哭丧完毕，宰夫拿着并敲打木铎来向宫中命令说：舍弃旧的避讳而避忌新的名讳。这是说已经遥远的祖庙名讳就不用避讳了。现在顺宗李诵的神主牌升入祖庙并附祭在先祖的礼节已经完成，高宗李治、中宗李显的神主牌也已经升入，请求依照礼节不用避讳。'唐宪宗下令制诰同意。"

文宗开成中刻石经，凡高祖、太宗及肃、代、德、顺、宪、穆、敬七宗讳，并缺点画；高、中、睿、玄四宗已祧，则不缺；文宗见为天子，依古卒哭乃讳，郑氏《曲礼》注曰："生者不相避名。"故御名亦不缺。

【译文】唐文宗李昂开成年间雕刻石经，凡是高祖李渊、太宗李世民及肃宗李亨、代宗李豫、德宗李适、顺宗李诵、宪宗李纯、穆宗李恒、敬宗李湛七人的名字要避讳，并且字要缺少笔画；高宗李治、中宗李显、睿宗李旦、玄宗李隆基四人世系已经遥远，则不用缺少笔画；唐文宗李昂现在是为天子，依照逝世的哭丧古礼后才避讳的规定，（郑玄在《曲礼》注解说："在世的人不用避讳名字。"）因此现在天子李昂的御名也不用缺少笔画。

韩退之《辩讳》本为二名嫌名立论，而其中治天下之"治"，却犯正讳。盖元和之元，高宗已祧，故其《潮州上表》曰"朝廷治平日久"，曰"政治少懈"，曰"巍巍治功"，曰"君臣相戒，以致至治"。《举张行素》曰"文学治行，众所推"，《平淮西碑》曰"大开明堂，坐以治之"，《韩弘神道碑铭》曰"无有外事，朝廷之治"。惟讳辩篇中，似不当用。

【译文】韩愈（字退之）的《辩讳》本来是为"二名""嫌名"提

出论点的，但是文章当中治天下之“治”，反而冒犯了高宗李治的正讳。原来是元和的元字，高宗“已祧”，因此他在《潮州上表》说“朝廷治平日久”，说“政治少懈”，说“巍巍治功”，说“君臣相戒，以致至治”。在《举张行素》说“文学治行，众所推”，在《平淮西碑》说“大开明堂，坐以治之”，在《韩弘神道碑铭》说“无有外事，朝廷之治”。只有在讳辩篇中，似乎不应当这么使用。

汉时祧庙之制不传，窃意亦当如此。故孝惠讳“盈”，而《说苑·敬慎篇》引《易》“天道亏盈而益谦”四句，“盈”字皆作“满”，在七世之内故也。班固《汉书·律历志》“盈元”“盈统”“不盈”之类，一卷之中字凡四十余见。何休注《公羊传》曰：“言孙于齐者盈讳文。”已祧故也。若李陵诗：“独有盈觞酒，与子结绸缪。”枚乘《柳赋》：“盈玉缥之清酒。”载《古文苑》。又诗：“盈盈一水间。”载《玉台新咏》。二人皆在武昭之世，而不避讳，又可知其为后人之拟作，而不出于西京矣。李陵诗不当用盈字，《容斋随笔》论之。

【译文】汉代时候的“祧庙之制”没有流传下来，我暗自猜想也应该这样的。汉朝孝惠帝讳“盈”，但是在《说苑·敬慎篇》引用《易》“天道亏盈而益谦”四句，“盈”字都写成“满”字，是在七代之内的原因。班固《汉书·律历志》“盈元”“盈统”“不盈”之类，一卷之中这个字一共出现四十多处。何休注解《公羊传》说：“言孙于齐者盈讳文。”是“已祧”的原因。像李陵的诗句：“独有盈觞酒，与子结绸缨。”枚乘《柳赋》：“盈玉缥之清酒。”（记载在《古文苑》。）又有诗句：“盈盈一水间。”（记载在《玉台新咏》。）这两个人都生活在汉武帝、汉昭帝的时候，反而没有避忌皇帝的名讳，又可以知道这是后人模仿他们的风格而写作的，而不是出自于生活在西汉的他们。（李陵的诗句不应当使用盈字，洪迈《容斋随笔》中已经讨论到了这一点。）

后唐明宗天成四年，中书门下奏：“少帝[1]册文内有‘基’字，是玄宗庙讳。寻常诏敕，皆不回避，少帝是继世之孙，册文内不欲斥列圣之讳，今改为‘宗’字。”

【注释】①少帝：又称后唐末帝，即李从珂。本姓王，李嗣源养子。

【译文】后唐明宗李嗣源天成四年，中书门下上奏：“少帝李从珂册封文书中有‘基’字，是玄宗李隆基的庙讳。平常的寻常诏敕，都不用回避玄宗的名讳，少帝是继承唐朝皇位的子孙，册封文书中不打算避忌列祖的名讳，现在应该改为‘宗’字。”

《宋史》：“绍兴三十二年正月，礼部太常寺言：‘钦宗祔庙，翼祖当迁。以后翼祖皇帝讳，依礼不讳。’诏恭依。”

【译文】《宋史》：“宋高宗绍兴三十二年正月，礼部太常寺说：‘钦宗赵桓附在祖庙，作为翼祖应当迁到那里接受祭祀。从此以后翼祖皇帝的名讳，依照典礼不用避讳。’宋高宗赵构下达诏令依从礼部太常寺的建议。”

谢肇淛曰：“宋真宗名恒，而朱子于书中‘恒’字独不讳，盖当十宗之世，真宗已祧。

【译文】谢肇淛说：“宋真宗名叫赵恒，但是朱熹在书中‘恒’字唯独没有避忌他的名讳，原来已经过了十个皇帝的时间，真宗“已祧”。

崇祯三年，礼部奉旨，颁行天下，避太祖、成祖庙讳，及孝、武、世、穆、神、光、熹七宗庙讳，正依唐人之式。惟今上御名，亦须回避，盖唐宋亦皆如此。观汉宣帝之诏，知当时已避天子之名。然止避下一字，而上一字，天子与亲王所同，则不讳。

【译文】崇祯三年，礼部奉行皇帝的旨意，颁布并施行于天下，回避太祖朱元璋、成祖朱棣的庙讳，以及孝宗朱祐樘、武宗朱厚照、世宗朱厚熜、穆宗朱载坖、神宗朱翊钧、光宗朱常洛、熹宗朱由校七位皇帝的庙讳，正是依照唐人的范式。唯独现在天子的御名，也必须回避，原来是唐宋时期也都这样做。（我查看汉宣帝的诏文，知道当时已经避讳天子的名字。）但是只有回避名讳的下一个字，而上一个字，天子和亲王相同，就不用避讳。

皇太子名不讳

《册府元龟》："唐王绍为兵部尚书。绍名初与宪宗同，宪宗时为广陵王。顺宗即位，将册为皇太子，绍上言请改名。议者或非之，曰：'皇太子亦人臣也。'《汉魏故事》，皇太子称臣。晋咸宁中议除此制，挚虞以为孝经资于事父以事君，义兼臣子，则不嫌于称臣。诏令依旧。东宫之臣，当请改尔，奈何非其属而遽请改名，岂为以礼事上邪？"左司员外郎李藩曰："历代故事，皆自不识大体之臣而失之，因不可复正，无足怪也。"

【译文】《册府元龟》："唐代王绍担任兵部尚书。王绍名开始和宪宗李纯相同，宪宗在当时尚且是广陵王。顺宗李诵即位，即将册封李纯为皇太子，王绍上奏疏说请求改名。议论的人有的非议他，说：'皇太子李纯也是皇帝的臣下。'(在《汉魏故事》，皇太子称自己为臣下。西晋咸宁年间讨论删除这个制度，挚虞认为《孝经》把侍奉父亲的态度来侍奉君上，皇太子既是儿子又是臣子，则不用避讳称臣。皇帝下达诏令依然照旧。)东宫的臣属，应当请求改名而已，怎么不是皇太子的臣属却快速请求改名，难道这是依照典礼侍奉君上吗？"左司员外郎李藩说："历代以来的先例，都是不清楚整个局势的臣子却失去了初衷，因为没有可能恢复原来的，不觉得奇怪。"

《三国志注》言："魏文帝为五宫中郎将，宾客如云，邴原独不往。太祖微使人问之，原答曰：'吾闻国危不事冢宰，君老不奉世子。’”万历中年，往往有惜国本之名而以为题目者，得无有愧其言。

【译文】《三国志注》说：“魏文帝曹丕担任五官中郎将，来往的宾客如同聚集的云层，邴原唯独没有去拜访。魏太祖曹操暗中派人去询问他，邴原回答说：‘我听说国家处于危难之际却不去谄事家宰，君上年老却不去侍奉世子。’”万历年间，常常有用珍惜国本的名义而把它作为题目的人，他们能不愧对邴原这句话。

唐中宗自房州还，复立为皇太子。左庶子王方庆上言：“太子皇储，其名尊重，不敢指斥，晋尚书仆射山涛启事，称皇太子而不言名。朝官犹尚如此，宫臣讳则不疑。今东宫殿及门名，皆有触犯，临事论启，回避甚难。孝敬皇帝为太子时，改‘宏教门’为‘崇教门’；沛王为皇太子，改‘崇贤馆’为‘崇文馆’，皆避名讳，以遵典礼。伏望依例改换。”制从之。史臣谓：“方庆欲尊太子，以示中兴之渐。”然则方庆之言，盖有为言之也。

【译文】唐中宗李显从房州（曾被贬为庐陵王，左迁房州）返回京城，再次被立为皇太子。左庶子王方庆上奏疏说：“太子是皇储，他的名讳尊贵显要，不敢当指名称呼他，晋朝尚书仆射山涛陈述事情的奏章，称呼为皇太子而没有称呼他的名字。在朝的官员尚且这样，宫中的近臣避讳就不用忧虑。现在东宫大殿以及门口名称，都有冒犯皇太子的名讳，管理政事和讨论奏章时，回避名讳非常困难。孝敬皇帝李弘当太子时，改‘弘教门’为‘崇教门’；沛王李贤当皇太子时，改‘崇贤馆’为‘崇文馆’，都是避忌他们的名讳，来遵行典法礼仪。我希望皇帝依照先例改变并更换。”武则天下达制诏听从他的建议。史臣说：“王方庆想要尊崇太子，来显示唐朝中兴的势头。”那么王方庆的言论，原来是有意谈论的。

有明之制，太子、亲王名俱令回避，盖失之不考古也。崇祯二年，兵部主客司主事贺烺以避皇太子名，改名世寿。而光宗为太子，河南府及商州属县，并未尝改。

【译文】明代的制度，太子、亲王的名字都命令避讳，原因是丧失了没有考证古代的避讳制度。崇祯二年，兵部主客司主事贺烺因为避讳皇太子朱慈烺的名字，改名世寿。但是光宗朱常洛当太子时，河南府以及商州的属县，并没有曾经改动过。

《实录》言：“洪武十四年十月辛酉，给事中郑相同请依古制，凡启事皇太子，惟东宫官属称臣，朝臣则否，以见尊无二上之义。诏下群臣议，翰林院编修吴沈言：‘太子所以继圣体而承天位者也，尊敬之体宜同。’从之。”历代不称臣之制，自斯而变。

【译文】《太祖实录》说：“洪武十四年十月初十，给事中郑相同请求依照古代的制度，凡是陈述奏章时提及皇太子的名讳，只有东宫官属称为臣子，朝中大臣则是不用回避，来表现至尊没有两个的意思。朱元璋发布诏令让群臣讨论，翰林院编修吴沈说：‘太子用来延续皇上而继承上天赋予的皇位的人，尊崇敬重的体例应该相同。’朱元璋听从他的建议。”历朝以来不向皇太子称臣的制度，从此而改变。

亲王之名，尤不必讳，而亦讳之。正统十二年山西乡试，《诗经》题内“维周之桢”，“桢”字犯楚昭王讳，考试及同考官俱罚俸一月。

【译文】亲王的名讳，尤其不一定要避讳的，然而也有要避讳的。正统十二年山西举行乡试，《诗经》题目内有“维周之桢”，“桢”字冒犯了楚昭王朱桢的名讳，考试官以及同考官都被罚一个月的俸禄。

二名不偏讳

二名不偏讳。宋武公①名司空，改司空为司城，是其证也。

杜氏《通典》：“大唐武德九年六月，太宗居春宫，总万机，下令曰：依礼，二名不偏讳。其官号人名及公私文籍，有‘世’及‘民’两字不连读者，并不须讳避。”《唐书·高宗纪》：“贞观二十三年七月丙午，改治书侍御史为御史中丞，诸州治中为司马，别驾为长史，治礼郎为奉礼郎，以避上名。上以贞观初不讳先帝二字，有司奏曰：‘先帝二名，礼不偏讳，上既单名，臣子不合指斥。’上乃从之。”

《通典》又言:“太宗时,二名不相连者,并不讳,至玄宗始讳之。”然永徽初,已改民部为户部,而李世绩已去“世”字,单称绩矣。又按《隋书》修于太宗时,而中间多有改“世”为“代”,改“民”为“人”者,此唐人偏讳之始。然亦有不尽然者,《经籍志》:《四民月令》作“四人”,而《齐民要术》仍“民”字,是亦《汉书》注所云史驳文者也。章怀太子注《后汉书》,亦有并其本文而改之者,如《胡广传》:《诗》美先人询于刍荛之类。

【注释】①宋武公:子姓,宋氏,名司空。春秋时期宋国国君。

【译文】名讳的两个字不用都要避讳的。宋武公名叫司空,改司空为司城,就是这样的证明。

杜佑《通典》:“大唐武德九年六月,太宗李世民担任春官,总理朝政各种事物,下达诏令说:遵照礼仪制度,名讳的两个字不用都要避讳的。如果官职名称人名以及公私文书档案,存在‘世’及‘民’两字不连读的,并不需要回避。”《唐书·高宗纪》:“贞观二十三年七月初三,改动治书侍御史为御史中丞,诸州治中为司马,别驾为长史,治礼郎为奉礼郎,来避忌皇帝的名讳。皇帝因为贞观初年没有避讳先帝李世民两个字,有司上奏说:‘先帝李世民名讳的两个字,遵照礼仪制度不用避忌这两个字,皇帝既然是单个字的名讳,臣下不应该指名称呼。’唐高宗李治于是听从他的建议。”(《通典》又说:“太宗时,两个字没有相连的,并不用避讳,到唐玄宗李隆基才避讳的。”然而在永徽初年,已经改变民部为户部,而且李世绩已经去掉“世”字,单独称为绩。又按《隋书》在太宗李世民时修撰,但是中间大多有改变“世”字为“代”字，改“民”字为“人”字的情况，这是唐代时人们名讳中两个字都避讳的开始。然而也存在没有完全避讳的现象的，《隋书·经籍志》：《四民月令》中的四民改为“四人”，但是《齐民要术》中的齐民的民依然是“民”字，这也是《汉书注》所说的“史驳文”。章怀太子李贤注疏《后汉书》，也有收录这本著作而改动它，犹如《胡广传》：《诗经》“美先人询于刍荛”之类。）

后唐明宗名嗣源，天成元年六月敕曰：“古者酌礼以制名，惧废于物；难知而易讳，贵便于时，况征彼二名，抑有前例。太宗文皇帝自登宝位，不改旧称，时则臣有世南①，官有民部，靡闻曲避，止禁连呼。朕猥以渺躬，托于人上，祇遵圣范，非敢自尊。应文书内所有二字，但不连称，不得回避。若臣下之名，不欲与君亲同字者，任自改更，务从私便，庶体朕怀。”

【注释】①世南：虞世南（558—638），字伯施，越州余姚人，初唐著名书法家、政治家，与欧阳询、褚遂良、薛稷合称“初唐四大家”。

【译文】后唐明宗名叫李嗣源，天成元年六月下达敕命说：“古时参照礼仪来制定名分，害怕被具体的事物荒废；很难知道而改变名讳，重要的是方便于当代。更何况收集那两个字，也有前代的先例参考。太宗文皇帝李世民自从登上皇帝宝座，许多地方没有改变旧的称呼，当时就有臣下有个虞世南的人，在民部任当官，没有听说他绕过并回避，只是禁止名讳的连着称呼。我依靠渺小的身躯，被别人拥护登上皇位，恭敬地遵循圣人制定的范式，不敢自行加尊号。允许文书中所有关于我名字的两个字，只要是没有连着称呼，不用回避。如果是臣下的名字，不想和君主亲人是相同的名字，听任自行改变和置换，一切听从个人的方便，但愿体现出我的胸怀。”

嫌名

卫桓公名完，楚怀王名槐，古人不讳嫌名，故可以为谥。

韩文公《讳辩》言：“不讳浒、势、秉、机。”乃玄宗御删定《礼记·月令》曰“野鸡入大水为蜃”，曰“野鸡始雊”，则讳“雉”，以与“治”同音也。李林甫序曰：“璿枢玉衡，以齐七政，”则讳“玑”。德宗《九月九日赐曲江宴诗》：“时此万枢暇，适与佳节并。”则讳“机”，以与“基”同音也。《南史》刘秉不称名，而书其字白彦节，则讳“秉”，以与“昞”同音也。又如武后父讳士彟[①]，而孙处约改名茂道，韦仁约改名思谦。睿宗讳旦，而张仁亶改名仁愿。玄宗讳隆基，而刘知几改名子玄，箕州改名仪州。即今辽州。德宗讳适，而括州改名处州。顺宗讳诵，而斗讼律改为斗竞。宪宗讳纯，凡姓淳于者改姓于，唯监察御史韦淳不改。既而有诏以陆淳为给事中，改名质，淳不得已，改名处厚。而懿宗以南诏酋龙名近玄宗讳，遂不行册礼。则退之所言，亦未为定论也。

【注释】①士彟：即武士彟。武后之父。

【译文】卫桓公名叫完，楚怀王名叫槐，古人没有避讳“嫌名”，因此可以把它当做谥号使用。

韩愈在《讳辩》说："不用避讳浒、势、秉、机。"于是玄宗亲自删除改定《礼记·月令》说"野鸡入大水为蜃"，说"野鸡始雊"，则是避讳"雉"，因为它和"治"是相同的读音。李林甫在序言说："璿枢玉衡，以齐七政，"则是避讳"玑"。德宗《九月九日赐曲江宴诗》："时此万枢暇，适与佳节并。"则是避讳"机"，因为它和"基"是相同的读音。《南史》刘秉没有称呼他的名字，然而书写其字白彦节，则是避讳"秉"，因为它和"昞"是相同的读音。又像武则天皇后的父亲讳名是武士彟，然而孙处约改名为茂道，韦仁约改名为思谦。睿宗名讳名是李旦，然而张仁亶改名为仁愿。玄宗讳名是隆基，而刘知几改名为子玄，箕州改名为仪州(即现在的辽州)。德宗讳名是李适，而括州改名为处州。顺宗讳名是李诵，然而斗讼律改为斗竞。宪宗讳名是李纯，凡是姓淳于的改为姓于，唯独监察御史韦淳没有改名。事后不久就有诏令把陆淳任命为给事中，改名为陆质，史韦淳无可奈何，改名为史处厚。而且懿宗因为南诏国酋龙的名字近似玄宗李隆基的名讳，于是没有实行为他册封典礼。那么韩愈所说的，也不一定是一成不变的论断了。

唐自中叶之后，即士大夫亦讳嫌名，故《旧史》以韩愈为李贺作《讳辩》为纰缪。而《贾曾传》则曰："拜中书舍人。曾以父名忠固辞。议者以为中书是曹司[①]名，又与曾父名音同字别，于礼无嫌，曾乃就职。"《懿宗纪》则曰："咸通二年八月，中书舍人卫洙奏状称：'蒙恩除授滑州刺史，官号内一字，与臣家讳音同，请改授闲官。'敕曰:"嫌名不讳,著在礼文,成命已行,固难依允。'"是又以为不当讳也。

【注释】①曹司:官署

【译文】唐代从中期以后,就算士大夫也要避讳"嫌名",因此在《旧史》把韩愈为李贺撰写的《讳辩》当作是纠正错误。然而在《旧唐书·贾曾传》则说:"皇帝授予贾曾中书舍人的官职。贾曾因为父亲的名讳为忠坚持不接受。议论的人认为中书只是曹司的名称,而且和贾曾父亲的名讳读音相同而字不同,对于礼仪而言没有避讳的,贾曾于是接受了官职。"《旧唐书·懿宗纪》则是说:"咸通二年八月,中书舍人卫洙上呈奏状声称:'蒙受皇帝的恩德任命为滑州刺史,但是官职名号中有一个字,和我家父亲名讳的读音相同,请求改换旧官职并授予新的职务清闲的官职。'唐懿宗李漼下达敕令说:"嫌名不用避讳,已经在《礼记》文字中表明,定下的命令已经颁布,确实很难同意你。'"这又认为不应当避讳了。

《册府元龟》:"咸通十二年,分司侍御史李谿进状曰:臣准西台牒,及金部称,奉六月二十七日敕:内园院郝景全事奏状内讼字,音与庙讳同,奉敕罚臣一季俸者。臣官位至卑,得蒙罚俸,屈与不屈不合有言。而事关理体,若便隐默,恐负圣时,愿陛下宽其罪戾,使得尽言。臣前奏状称,准敕'因事告事,旁讼他人',是咸通十一年十月十三日敕语,臣状中具有'准敕'字,非臣自撰辞句。臣谨按《礼》不讳嫌名;又按《职制律》,诸犯庙讳嫌名不坐,注云:

'谓若禹与雨。' 疏云: '谓声同而字异。' 注疏重复, 至易分晓。伏惟皇帝陛下, 明过帝尧, 孝逾大舜, 岂自发制敕, 而不避讳哉? 故是审量礼律, 以为无妨耳。即引陛下敕文而言, 不敢擅有移改, 不谓内园便有此论奏也。臣非敢诉此罚俸也, 恐自此有援引敕格者, 亦须委曲回避, 便成讹弊。臣闻赵充国为将, 不嫌伐一时事, 以为汉家后法。魏徵为相, 不存形迹, 以致贞观太平。臣虽未及将相, 忝为陛下持宪之臣, 岂可以论俸为嫌, 而使国家敕命有误也。愿陛下留意察纳, 别下明敕, 使自后章奏一遵礼律处分, 则天下幸甚。" 敕免所罚。

【译文】《册府元龟》: "咸通十二年, 分司侍御史李谿进呈奏状说: 我依据西台牒, 以及金部称, 奉行六月二十七日的敕令: 内园院郝景全陈述事情奏状内的讼字, 读音和顺宗李诵的庙讳相同, 奉行敕令处罚我一个季节的俸禄。我官位非常的卑微, 可以蒙受罚俸的惩罚, 冤枉和不冤枉不应当有话说。但是事情关系到朝政的治理和制度, 如果即使是将它隐藏并保持沉默, 恐怖会辜负政治清明的时代, 希望陛下能够宽恕他的罪过错失, 让他可以直言。我之前进呈奏状宣称, 允许敕令 '因事告事, 旁讼他人', 是在咸通十一年十月十三日的敕言, 我的奏状中具有 '准敕' 的文字, 不是我亲自撰写的辞句。我是谨慎地按照《礼记》不用避讳 "嫌名"; 又依照《职制律》, 多次冒犯庙讳嫌名不被连坐, 注说: '谓若禹与雨。' 疏说: '谓声同而字异。' 注和疏之间反复提及, 非常简单分辨明了。希望皇帝陛下, 比帝尧还聪明, 比大舜还孝顺, 难道是亲自颁发制敕, 却没有避讳吗?

因此在这审核量定体例和法律，认为这是没有关系的。即使引用陛下的敕文而言，不敢擅自有移动改变，不说内园就有这样的论奏。我不敢倾诉这次罚俸，恐怕从此以后就有援引敕格的人，也必须委婉曲折地回避，就变成了以讹传讹的弊端。我听说赵充国担任将军，汉宣帝没有介意他一时的讨伐失败的事情，这成为汉代以后的效法。魏徵担任丞相，没有显示他的踪迹，以致达到贞观太平盛世。我即使是没有达到将相的官位，愧为陛下持宪的臣子，难道可以把谈论俸禄作为嫌疑的对象，却让国家的敕命存在错误的地方。希望陛下留意察纳，另外下达一份公开的敕令，让从此以后的奏章一切遵照礼律处置，那么天下就非常幸运了。皇帝下达敕令免去处罚。”

南唐元宗初名璟，避周信祖庙讳，改名景。是不讳嫌名。

按嫌名之有讳，在汉未之闻。晋羊祜为为都督荆州诸军事，及薨，荆州人为祜讳名，室户皆以门为称，改户曹为辞曹，此讳嫌名之始也。

《后魏·地形志》：“天水郡上邽县，犯太祖讳，改为上封。”魏太祖名珪。

【译文】南唐元宗起初名叫李璟，因为要避讳后周信祖郭璟的庙讳，于是改名为李景。这是不用避讳“嫌名”。

按“嫌名”存在避讳的事情，在汉朝没有听说。晋朝羊祜担任都督荆州诸军事，等到他逝世以后，荆州人替羊祜回避名讳，室户都用门作为称呼，改户曹为辞曹，这是避讳“嫌名”的开始。

《后魏书·地形志》："天水郡上邽县，冒犯北魏太祖拓名讳，于是改为上封县。"魏太祖名为珪。

宋代制，于嫌名字皆避之。《礼部韵略》，凡与庙讳音同之字，皆不收。太祖讳匡胤，十阳部，去王切，一十三字；二十一《震部》，羊晋切，一十一字，皆不收，它皆仿此。朱子《周易本义·姤卦》下以"故为姤"，作"故为遇"，避高宗嫌名也。宋板书"贞"字、"完"字，多是缺笔。贞音同祯，仁宗讳。完音同桓，钦宗讳。《雍录》以贞女树为正女木，树音同曙，英宗讳。岂不闻《颜氏家训》所云："吕尚之儿，如不为'上'，赵壹之子，傥不作'一'，便是下笔即妨，是书皆触者乎？"金章宗泰和元年七月己巳，初禁庙讳同音字。盖亦仿宋制也。

明代不讳嫌名，如建文年号是也。

【译文】宋代的制度，对于"嫌名"的文字都要回避。《礼部韵略》，凡是和庙讳读音相同的文字，都不用收录。宋太祖讳赵匡胤，十阳部，去王切，共有十三个文字；二十一震部，羊晋切，共有十一个文字，都不用收录，其他都仿照这个体例。朱熹在《周易本义·姤卦》下文把"故为姤"，写成"故为遇"，回避宋高宗赵构的"嫌名"。（宋板的书籍"贞"字、"完"字，大多是缺少笔画的。贞字读音和祯字相同，仁宗赵祯的名讳。完字读音和桓字相同，钦宗赵桓的名讳。《雍录》把贞女树写成正女木，树字读音和曙字相同，英宗赵曙的名讳。）难道没有听闻《颜氏家训》所说的："吕尚之儿，如不为'上'，赵壹之子，傥不作‘一’，即便是落笔写出下笔就被妨碍，这书写都是冒犯”的吗？（金章宗完颜璟泰和元年七月二十一日，起初禁止和庙讳相同读音的文字。大概也是仿照宋代的制度啊。）

明代不用避讳“嫌名”，像建文年号（建文帝朱允炆）这样的。

以讳改年号

唐中宗讳显，玄宗讳隆基，唐人凡追称高宗显庆年号，多云“明庆”；永隆年号，多云“永崇”。赵元昊以父名德明，改宋明道年号为“显道”，而范文正公与元昊书，亦改后唐明宗为“显宗”。杜氏《通典》：释法明《游天竺记》：“明”下有“国讳改焉”四字，当是小注，今本连作大文。

【译文】唐中宗讳名为李显，玄宗讳名为李隆基，唐代时人凡是以后来的高宗李治显庆年号，大多说“明庆”；永隆年号，大多说“永崇”。赵元昊因为父亲的名讳为德明，改宋代明道年号为“显道”，而且范仲淹写给赵元昊的书信，也改后唐明宗为“显宗”。（杜佑《通典》：释法明《游天竺记》：“明”字下有“国讳改焉”四字，应当是小注，现存版本是和正文连在一起了。）

前代讳

孟蜀[①]所刻石经，于唐高祖、太宗讳，皆缺书。石晋《相里金神道碑》，“民”“珉”二字皆缺末笔。南汉刘岩尊其父谦为代祖圣武皇帝，犹以“代”字易“世”。至宋，益远矣，而乾德三年卜諲《伏羲女娲庙碑》“民”“珉”二字；咸平六年孙冲序《绛守居园池记碑》“民”“珉”二字，皆缺末笔，其于旧君之礼，何其厚与！予至西安，见宋咸平二年梦英自书《篆书目录偏旁字源序》，立于文宣王庙者，称长安为故都，而“唐”字跳行，益叹昔人之厚，其时唐之亡已九十三年矣。

【注释】①孟蜀：五代十国之一，孟知祥所建，定都成都。又称后蜀。

【译文】后蜀所雕刻的石经，对唐高祖李渊、太宗李世民的名讳，都缺少笔画。石晋《相里金神道碑》里，把“民”“珉”这两个字都缺少最后一笔画。南汉刘岩把其父刘谦尊为代祖圣武皇帝，依然把“代”字改成“世”字。到宋代，时代更远了，但是乾德三年卜諲《伏羲女娲庙碑》里“民”“珉”这两个字；咸平六年孙冲序《绛守居园池记碑》里“民”“珉”这两个字，都缺少最后一笔画，这对于旧君的礼仪，是怎样的优厚啊！（我去过西安，看见宋真宗咸平二年梦英自书的《篆书目录偏旁字源序》，立在文宣王庙里，称长安为故都，而“唐”字另起一行再写，更加赞叹前人对唐代的优厚，这时离唐朝的灭亡已经九十三年了。）

杨阜，魏明帝时人也，其疏引《书》：“协和万国”，犹避汉高祖讳。韦昭，吴后主时人也，其解《国语》，凡“庄”字皆作“严”，犹避汉明帝讳。唐长孙无忌等撰《隋书》，易“忠节传”以“诚节”，称

"苻坚"为"苻永"，固亦避隋文帝及其考讳。后汉应劭作《风俗通》，有讳旧君之议。自古相传忠厚之道如此，今人不知之矣。

【译文】杨阜，是魏明帝曹叡时候的人，他注疏引用《尚书》："协和万国"，依然回避汉高祖刘邦的名讳。韦昭，是吴后主孙皓时候的人，他解释《国语》，所有的"庄"字都写成"严"字，依然回避汉明帝刘庄的名讳。唐代长孙无忌等人撰写《隋书》，改"忠节传"成为"诚节传"，称呼"苻坚"为"苻永"，依然也回避隋文帝杨坚以及他已逝父亲的名讳。（东汉人应劭写作《风俗通》，存在避讳旧时君主的议论。）自古以来相传忠诚宽厚的道理到这种地步，现在的人不知道这些了。

元移剌迪为常州路总管，刻其所点《四书章句或问集注》，其凡例曰："凡序注或问中题头及空处，并存其旧，以见当时忠上之意。如"宋德隆盛"之类。近岁新刊《大学衍义》亦然。"时天历元年也。《资治通鉴》周太祖、世宗纪，太祖皇帝皆题头，至今仍之。《孟子·见梁襄王章》末注，苏氏曰："予观孟子以来，自汉高祖及光武及唐太宗及我太祖皇帝，能一天下者四君。""太祖"上空一字。永乐中修《大全》，于其空处添一"宋"字。后人之见，与前人相去岂不远哉！

【译文】元代移剌迪担任常州路总管，雕刻他所标点的《四书章句或问集注》，其书中的凡例说："凡是序言注疏或者是问中题头以及空白的地方，一同保留它原来的旧貌，来显示当时对皇帝忠诚的意思。（像“宋德隆盛”之类的。）近年来新近刊行的《大学衍义》也这样。”当时是天历元年。《资治通鉴》周太祖、世宗纪，太祖皇帝都用题头，至今依然是这样做。在《孟子·见梁襄王章》末尾注释，苏轼说：“我观看孟子以来，从汉高祖刘邦、光武帝刘秀、唐太宗李世民到太祖皇帝赵匡胤，是能够一统天下的四个君王。”“太祖”上空出一字。永乐年间修撰《大全》，在它空格处添加一个“宋”字。这是后代人的理解，和前人相比难道不是遥远了！

名父名君名祖

《金縢》周公之祝辞曰：“惟尔元孙某。”《左传》荀偃济河而祷，称“曾臣彪”。名君也。《淮南子》曰：“祝则名君。”《左传》楚子围宋，申犀见王称“无畏”；知罃对楚王，称“外臣首”；鄢陵之战，栾鍼曰“书退”，名父也。华耦来盟，称“君之先臣督”；栾盈辞于周行人曰“陪臣书”、曰“其子黡”，名祖若父也。

【译文】《尚书·金縢》中周公祈祷辞说：“惟尔元孙某。”《左传》荀偃渡黄河而祈祷，称晋文公为“曾臣彪”。这是称呼君主。（《淮南子》说：“祈祷而称呼父亲为君上是一样的。”）《左传》楚庄王围攻宋国，申犀见到楚庄王时称呼他父亲时为“无畏”；知罃对楚王，称呼其父为“外臣首”；在鄢陵之战期间，栾鍼说“书退”，称呼父亲名字。华耦前来结盟，称其祖父为“君之先臣督”；栾盈向周朝的使者倾诉为“陪臣书”、为“其子黡”。这些都是像称呼父亲一样称呼祖父。

弟子名师

《论语》：长沮曰“夫执舆者为谁？”子路曰：“为孔丘。”《孟子》：乐正子人见曰：“君奚为不见孟轲也？”是弟子而名师也。

【译文】《论语》：长沮问“驾车的人是谁？”子路说：“是孔丘。”《孟子》：乐正子进入宫中觐见鲁平公说：“你为什么不接见孟轲呢？”这是弟子称呼师长的名字。

同辈称名

古人生不讳名，同辈皆面呼其名。《书》周公若曰“君奭”，《礼记·曾子问篇》，老聃[①]曰“丘”。《檀弓篇》，曾子曰“商”。《论语》，微生亩谓孔子曰“丘”。是也。

【注释】①老聃：老子，字聃，一字伯阳，或曰谥伯阳，出生于周朝春秋末期楚国苦县。

【译文】古人陌生人之间不用避讳名字，同辈之间都当面称呼其名。在《尚书》中周公这样说“君奭”，在《礼记·曾子问篇》中，老子说“孔丘”。在《檀弓篇》中，曾子说“商”。在《论语》中，微生亩对孔子说“孔丘”。是这样。

以字为讳

古人敬其名，则无有不称字者。《颜氏家训》曰：“古者名以正体，字以表德。名终则讳之，字乃可以为孙氏。孔子弟子记事者，皆称仲尼。子贡曰：“仲尼，日月也。”魏鹤山云：“《仪礼》，子孙于祖祢皆称字。”吕后微时，尝字高祖为季。汉袁种字其叔父盎曰丝。王丹与侯霸子语，字霸为君房。江南至今不讳字也，河北士人全不辨之。”故有讳其名，而并讳其字者。《三国志·司马朗传》：“年九岁，人有道其父字者，朗曰：‘慢人亲者，不敬其亲者也。客谢之。”《常林传》：“年七岁，有父党造门，问林：‘伯先在否？’林不答。客曰：‘何不拜’林曰：‘虽当下拜，临子字父，何拜之有？’”《晋书·儒林·刘兆传》：“尝有人着靴骑驴，至兆门外曰：‘吾欲见刘延世。’兆儒德道素，青州无称其字者，门人大怒，兆曰：‘听前。’”《旧唐书·韩愈传》：“拜中书舍人，有不悦愈者，言愈前左降为江陵椽曹，荆南节度使裴均，馆之颇厚，近者均子锷还省父，愈为序饯锷，仍呼其字。此论喧于朝列，坐是改太子右庶子。”至于山阳公《载记》言：“马超降蜀，尝呼先主字，关羽怒，请杀之。”此则面呼人主之字，又不可以常侪论矣。

【译文】古人敬重其名字，于是没有不称字的人。《颜氏家训》

说：“古代名来显示自身的本体，字来彰显德行。名字在逝世后则是被避讳，字可以作为子孙的姓氏。孔子弟子中记载其事迹时，都称呼孔子为仲尼。（子贡说：“仲尼，是日和月一般。”魏鹤山说：“在《仪礼》中，子孙对于祖祢都是称呼字。”）吕后还没有显贵时，曾经称呼汉高祖刘邦的字为刘季。汉代袁种称呼他叔父袁盎为袁丝。王丹与侯霸的儿子说话时，称呼侯霸的字为君房。江南至今没有避讳字，黄河以北的士人完全没有分辨名和字的区别。”因此有避讳其名，而且一同避讳其字的。《三国志·司马朗传》：“司马朗当时九岁，有人称呼其父的字，司马朗说：‘怠慢别人亲人的人，也是不尊敬自己的亲人。客人向他道歉。”《三国志·常林传》：“常林当时七岁，有父亲的朋友造访他家，询问常林：‘伯先在家吗？’常林没有回答。客人问道：‘为什么没有行礼？’常林回答说：‘即使应该行下拜礼，但是在儿子面前称呼父亲的字，为什么要有行礼？’”《晋书·儒林·刘兆传》：“曾经有人穿着靴子骑驴，到刘兆的门外说：‘我想拜见刘延世。’刘兆具有儒家的德行和道家的朴素，青州人没有称呼其字的，守门人非常生气，刘兆说：‘任由他上前进门。’”《旧唐书·韩愈传》：“韩愈被授予中书舍人，有人对韩愈感到不愉快，说韩愈之前被贬为江陵椽曹，荆南节度使裴均，对待他非常优厚，近来裴均之子裴锷返回探望父亲，韩愈为裴锷饯行并写序言，依然称呼其字。这种议论在朝中大臣喧哗起来，被这件事连坐并改授太子右庶子。”在山阳公的《载记》说：“马超投降蜀汉，曾经称呼先主刘备的字，关羽非常生气，请求杀死他。”这是当面称呼别人君主的字，又不可以和常人放在一起讨论的。

自称字

《汉书》注：张晏曰："匡衡[①]少时字鼎。世所传衡与贡禹书，上言'衡敬报'，下言'匡鼎白'。"《南史》，陶弘景自号华阳隐居，人间书札，即以'隐居'代名。"此自称字之始也。

【注释】①匡衡：字稚圭，东海郡承县人。西汉经学家，以说《诗》著称。汉元帝时位至光禄大夫、太子少傅。

【译文】《汉书注》：张晏说："匡衡小时候字鼎。世上所流传的匡衡写给贡禹书信，信中上文说'衡敬报'，下文说'匡鼎白'。"《南史》，陶弘景自称为华阳隐居，因此他和世上人们的书信往来，就用'隐居'来代替其名。"这是自己称字的开始。

《东观余论》言："古人或有自称字者。王右军《敬谢帖》云：王逸少白。《庐山远公集》卢循《与远书》云：范阳卢子先叩首。柳少师《与弟帖》云：诚悬呈"。今按唐权德舆《答杨湖南书》，称"载之再拜"。柳冕《答郑衢州书》，称"敬叔顿首"。白居易《与元九书》，称"乐天再拜"。宋陈抟《谒高公诗》，称"道门弟子图南上"。

【译文】《东观余论》说："古人有的人自行称字的。王右军（王羲之）《敬谢帖》说：王逸少白。《庐山远公集》卢循《与远书》说：

范阳卢子先叩首。柳少师《与弟帖》说：诚悬呈”。现在查到唐权德舆《答杨湖南书》，称“载之再拜”。柳冕《答郑衢州书》，称“敬叔顿首”。白居易《与元九书》，称“乐天再拜”。宋代陈抟《谒高公诗》，称“道门弟子图南上”。

唐张谓《长沙风土碑》铭：“有唐八叶，元圣六载，正言待理湘东。”张洗《济渎庙祭器币物铭》：“濯缨不才，谬领兹邑。”元稹作《白氏长庆集序》，自书曰微之序，乃是作文自称其字。

自称其字，不始于汉人。家父吉甫寺人孟子之诗，已先之矣。

【译文】唐代张谓《长沙风土碑》铭文：“有唐八叶，元圣六载，正言待理湘东。”张洗《济渎庙祭器币物铭》：“濯缨不才，谬领兹邑。”元稹撰写的《白氏长庆集序》，自书曰微之序。却是撰写文章时作者自己称呼其字。

自称其字，不是在汉人开始的。《诗经》中的家父、吉甫、寺人、孟子的文字，已经先开始使用了。

人主呼人臣字

汉高帝曰：“运筹策帷帐之中，决胜千里之外，吾不如子房。”张良字。景帝曰：“天下方有急，王孙宴婴字宁可以让邪？”皆人主呼人臣字也。

【译文】汉高祖刘邦说："在军帐之中出谋划策，却能够在千里之外决一胜负，这点我比不上子房。"（张良的字。）景帝刘启说："天下恰是有危急的事情，王孙（窦婴的字）难道可以推辞重任吗？"这都是君主称呼臣子的字。

晋以下，人主于其臣，多不呼名。《南史》："梁蔡撙为吏部尚书侍中，武帝尝设大臣饼。撙在坐，帝频呼姓名，撙竟不答，食饼如故。帝觉其负气，乃改唤蔡尚书，撙始放箸执笏[①]曰：'尔'。帝曰：'卿向何聋，今何聪？'对曰：'臣预为右戚[②]，且职在纳言，陛下不应以名垂唤。'帝有惭色。"《文选》范云《表》，称乃祖玄平。李善注引《晋中兴书》：范汪，字玄平。《魏书》江式《表》称"臣亡祖文威"。式祖强，字文威。又南朝人如王敬弘、王仲德、王景文、谢景仁，北朝人如萧世怡、李元操之辈，名犯帝讳，即以字行，不复更名。宋褚叔度、张茂度名与高祖讳同，以字行。《通鉴》大同二年，时人多以字行，旧史皆因之。周韦叔裕，字孝宽，以字行。《魏书》多称杨遵彦。魏王昕对汝南王悦，自称"元景"。北齐祖珽对长广王湛，自称"孝征"。隋崔颐《答豫章王启》，自称"祖濬"。王贞《答齐王暕启》，自称"孝逸"。而唐太宗时，如封伦、房乔、高俭、尉迟恭、颜籀，并以字为名，盖因天子常称臣下之字故尔。其时堂陛之间，未甚阔绝，君臣而有朋友之义，后世所不能及矣。

【注释】①执笏：拿着笏板。古时臣下朝见君王或臣僚相见时，手持玉石、象牙或竹、木的手板为礼。②右戚：皇家贵戚。

【译文】晋朝以来，君主对于他的臣子，大多不称呼其名。《南史》："梁朝时蔡撙担任吏部尚书侍中，梁武帝萧衍曾经设宴请大臣吃饼。蔡撙坐在宴席中，梁武帝多次叫他姓名，蔡撙居然不回答，依然在吃饼。武帝觉得他是在赌气，于是重新称呼他蔡尚书，蔡撙才放下筷子拿起朝笏说：'嗯'。梁武帝问：'您之前为什么听不见，现在为什么能听见？'蔡撙回答说：'我是皇亲贵族，而且现居纳言之职，陛下不应该以名字来叫我。'梁武帝脸上有惭愧的表情。"（《文选》范云《表》，称呼他先祖为玄平。李善注解并引用《晋中兴书》：范汪，字玄平。《魏书》江式《表》称"我过世的先祖文威"。江式的先祖名叫江强，字文威。）又在南朝时人像王敬弘、王仲德、王景文、谢景仁，北朝时人像萧世怡、李元操等人，名触犯皇帝的名讳，就用字来替代名，没有再改名。（南朝宋褚叔度、张茂度的名和高祖刘裕的名讳相同，用字来替代名。《资治通鉴》大同二年，当时人大多用字来替代名，旧史记载时都沿用它们。周朝韦叔裕，字孝宽，用字来替代名。《魏书》大多称为杨遵彦。）魏王昕对汝南王悦，自称为"元景"。北齐祖珽对长广王高湛，自称为"孝征"。隋朝崔颐《答豫章王启》，自称为"祖濬"。王贞《答齐王暕启》，自称为"孝逸"。然而在唐太宗的时候，像封伦（封德彝）、房乔（房玄龄）、高俭（高士廉）、尉迟恭（尉迟敬德）、颜籀（颜师古），一同用字来替代名，大概是因为天子经常称呼臣下的字。那时的天子和臣子之间，没有过多相隔很大，虽然是君臣关系但有朋友的情义，这是后世所不能够达到的。

《因话录》①："文宗对翰林诸学士，因论前代文章。裴舍人素数道陈拾遗名，柳舍人璟目之。裴不觉。上顾柳曰：他字伯玉，亦应呼陈伯玉。"

【注释】①《因话录》：唐代笔记小说集，共6卷。为赵璘所撰。

【译文】《因话录》："唐文宗李昂跟翰林诸位学士，顺着话题讨论前朝的文章。舍人裴素多次称呼拾遗陈子昂的名字，舍人柳璟用眼色来提醒他。裴素却没有发觉。唐文宗回头对柳璟说：陈子昂他字伯玉，也应该称呼他为陈伯玉。"

两 名

《礼记正义》："《公羊》说：《春秋》讥二名，谓二字作名，若魏曼多也。"《公羊传》："《春秋》以仲孙何忌为仲孙忌，魏曼多为魏多，皆谓讥二名而去之。"《左氏》说：二名者，楚公子弃疾弑其君，即位之后，改名为居，是为二名。许慎谨案云：文武贤臣，有散宜生、苏忿生，则《公羊》之说非也。"《白虎通》："古人之名，或兼或单。《春秋》讥二名，乃谓其无常者也。"是用《左氏》说。今按古人两名见于经传者，不止楚平王。如晋文侯名仇，而《书》云"父义和"。楚灵王名围，而《春秋》书"弑其君虔于乾溪"。赵简子名鞅，而铁之战①自称"志父"。南宫敬叔名说，一名縚，字容，又字括。《蜚廉石棺铭》，自称"处父"。屈原名平，其作《离骚》也，

“名正则，字灵均。”《贾谊传》，“梁王胜”注：“李奇曰：《文三王传》言揖，此言胜，为有两名。”

【注释】①铁之战：前493年，范氏、中行氏联合郑国和齐国进攻赵氏，这就是所谓铁之战。铁，在今河南濮阳西北。

【译文】《礼记正义》：“《公羊》说：《春秋》讽刺二名，说是用两个字作为名字，像魏曼多。”（《公羊传》：“《春秋》把仲孙何忌改为仲孙忌，把魏曼多改为魏多，都是讽刺两个名字而被去掉一个字。”）《左传》说：所谓“二名”，是楚国公子弃疾杀死他的国君，登上皇位以后，他改名为居，这就是“二名”。许慎考证说：文武贤臣当中，就有散宜生、苏忿生，那么《公羊》的说法是错误的。”（《白虎通》：“古人的名，有的是两字，有的是单字。《春秋》讽刺二名，是说他的名字没有固定的。”这是采用《左传》的说法。）我考证古人的两名在经传中出现的，不只是楚平王。像晋文侯名仇，但是在《尚书》说“父义和”。楚灵王名围，但是在《春秋》书写为“在乾溪杀死他的国君‘虔’”。赵简子名鞅，但是在铁之战中自称为“志父”。南宫敬叔名说，另外的名为縚，字容，又说字括。《蜚廉石棺铭》，自称为“处父”。屈原名为平，他的著作《离骚》，“名为正则，字灵均。”《贾谊传》，“梁王胜”注：“李奇说：《文三王传》说名为‘揖’，这里说名为‘胜’，是有两个名。”

假名甲乙

《史记·万石君传》："长子建，次子甲，次子乙，次子庆。""甲""乙"非名也，失其名而假以名之也。《韩安国传》："蒙狱吏田甲。"《张汤传》："汤之客田甲。"《汉书·高五王传》："齐宦者徐甲。"《严助传》："闽越王弟甲。"疑亦同此。《孟尝君传》："田甲劫愍王。"当是其名。《任安传》："某子甲何为不来乎？"《三国志》注："许攸呼魏太祖小字曰：'某甲，卿不得我，不得冀州也。'"《左传》文十四年，齐公子元不顺懿公之为政也，终不曰"公"，曰"夫已氏"。"注："犹言某甲。"《文选·为齐明帝让宣城郡公表》："谨附某官某甲，奉表以闻。"《宣德皇后令》："今遣某位某甲等。"

【译文】《史记·万石君传》："长子名为建，次子名为甲，三子名为乙，四子名为庆。""甲""乙"不是名，是失去其名而假托用甲、乙来命名他们。《史记·韩安国传》："蒙县狱吏田甲。"《史记·张汤传》："张汤的客人田甲。"《汉书·高五王传》："齐国的宦官徐甲。"《汉书·严助传》："闽越王的弟弟甲。"怀疑也和这个相同。（《史记·孟尝君传》："田甲劫愍王。"应当是其名。）《史记·任安传》："某某的儿子甲为什么不来呢？"《三国志》注："许攸称呼魏太祖曹操小字说：'某甲，如果你没得到我的智谋，就不能得到冀州。'"《左传》鲁文公十四年，齐国公子元，不服气懿公在齐国执掌朝政，始终不叫懿公为"公"，而是叫"夫己氏"。"注："就像说某甲。"

（《文选·为齐明帝让宣城郡公表》："谨慎地附上某官某甲，进呈奏表来让天子听闻。"《宣德皇后令》："现在派遣某位某甲等人。"）

《汉书·魏相传》："中谒者[①]，赵尧举春，李舜举夏，兒汤举秋，贡禹举冬。"不应一时四人同以尧、舜、禹、汤为名，若有意撰而名之者。及读《急就章》有云："祖尧、舜，乐禹、汤。"乃悟，若此类，皆古人所假以名之也。或曰：高帝时实有赵尧，然非谒者。

【注释】①中谒者：官职名，秦朝始置，汉时沿之。

【译文】《汉书·魏相传》："担任中谒者的人，赵尧管理皇帝在春天的事情，李舜管理皇帝在夏天的事情，兒汤管理皇帝在秋天的事情，贡禹管理皇帝在冬天的事情。"不应该在一时代内四个人同时把尧、舜、禹、汤作为名，像是故意撰写而命名他们的。等我读到《急就章》里有说："祖尧、舜，乐禹、汤。"才明白，像这类的，都是古人所假托的来命名他们的。有人说：汉高祖刘邦时确实有赵尧的人，然而不是谒者。

蜀汉费祎作《甲乙论》，设为二人之辞。《世说》云："黄初中有《甲乙疑论》。"晋人文字，每多祖此，虚设甲乙。中书令张华造《甲乙之问》云："甲娶乙为妻，后又娶丙。"博士弟子徐叔中《服议》，以母为甲，先夫为乙，后夫为丙，先子为丁，继子为戊。梁范缜《神灭论》[①]有张甲、王乙、李丙、赵丁。而《关尹子》云："甲言利，乙言害，丙言或利或害，丁言俱利俱害。"《关尹子》亦魏晋间人所造之书也。

【注释】①范缜《神灭论》：《神灭论》针对魏晋时期佛教盛行，有力地斥责了魏晋时期盛行的宗教佛学思想，在我国古代思想发展史上具有划时代的意义。范缜，字子真。南北朝时期著名的无神论者。

【译文】蜀汉费祎撰写的《甲乙论》，假设是这两个人的言辞。（《世说新语》说："黄初年间有《甲乙疑论》。"）晋朝时人们的文字，每每大多效法这个，虚设甲乙两个人。中书令张华造《甲乙之问》说："甲娶乙为妻子，后来又娶丙。"博士弟子徐叔中《服议》，把母亲当作是甲，亡夫当作是乙，再嫁的丈夫当作是丙，先子当作是丁，继子当作是戊。梁朝范缜《神灭论》里有张甲、王乙、李丙、赵丁。而在《关尹子》说："甲说有利，乙说有害，丙说或有利或有害，丁说都是有利都是有害。"《关尹子》也是魏晋年间的人们所撰写的书。

先秦以上，即有以甲乙为彼此之辞者。《韩非子》："罪生甲，祸归乙，伏怨[①]乃结。"

【注释】①伏怨：潜藏的怨恨。

【译文】先秦以前，就有用甲乙作为彼此之言辞的。《韩非子》："罪行在甲产生，而灾祸却归咎于乙，怨恨就形成了。"

以姓取名

古人取名，连姓为义者绝少，近代人命名，如陈王道、张四维、吕调阳、马负图之类，榜目一出，则此等姓名几居其半，不知始自何年。尝读《通鉴》至五代后汉，有虢州伶人[①]靖边庭。胡身之注曰："靖，姓也。优伶之名与姓，通取一义，所以为谑也。"靖边庭亦见《宋史·田钦祚传》。考之自唐以来，如黄幡绰、云朝霞、《唐书·魏謩传》。镜新磨、《五代史·伶官传》。罗衣轻《辽史·伶官传》。之辈，皆载之史书，益信其言之有据也。嗟乎，以士大夫而效伶人之命名，则自嘉靖以来然矣。

【注释】①伶人：亦称优伶。伶工、乐人，歌舞或戏剧演员。

【译文】古人取名，连同姓氏成为含义非常少，近代以来人们命名，像陈王道、张四维、吕调阳、马负图之类，榜文目录一出来，那么这类人的姓名几乎占据当中的一半，这不知道开始于什么年代。我曾经阅读《资治通鉴》到五代后汉的史事，有虢州伶人靖边庭。胡三省（字身之）注解说："靖，是姓氏。优伶的名字和姓氏，都通取子同一个含义，是被当做是戏谑。"（靖边庭也在《宋史·田钦祚传》出现。）考证从唐代以来，像黄幡绰、云朝霞（见《唐书·魏謩传》）、镜新磨（见《五代史·伶官传》）、罗衣轻（见《辽史·伶官传》）之类的人，都被记载在史书上，更加相信胡三省的说法是有根据的。唉，用士大夫的身份却仿效伶人的取名，就是从嘉靖以来才这样的。

以父名子

《左传》成十六年："潘尫之党。"潘尫之子名党也。襄二十三年，"申鲜虞之傅挚。"申鲜虞之子名傅挚也。按《仪礼·特牲馈食礼》："筮某之某为尸。"注曰："某之某者，字尸父而名尸也。"《少牢馈食礼》同。亦此类也。《史记·太史公自序》："维仲之省，厥濞王吴。"濞乃刘仲之子，称为"厥濞"。

【译文】《左传》鲁成公十六年："潘尫之党。"潘尫的儿子名为党。鲁襄公二十三年，"申鲜虞之傅挚。"申鲜虞的儿子名为傅挚。查阅《仪礼·特牲馈食礼》："筮某之某为尸。"注解说："某某的某某，字表示'尸'父亲而被名为'尸'。"（《少牢馈食礼》也相同。）也是这类的。（《史记·太史公自序》："维仲之省，厥濞王吴。"刘濞是刘仲的儿子，被称为"厥濞"。）

以夫名妻

《左传》昭元年："当武王邑姜，方震[①]大叔。"《汉书·杜钦传》："皇太后女弟司马君力。"苏林曰："字君力，为司马氏妇。"《南齐书》："周盘龙爱妾杜氏，上送金钗镊二十枚。手敕曰：饷周公阿杜。"《孔丛子》："卫将军文子之内子死，复者曰：皋媚女复。子思闻之曰：此女氏之字，非夫氏之名也。妇人于夫氏，以姓氏称，礼也。”

【注释】①震：同“娠”，怀孕。

【译文】《左传》鲁昭公元年：“当时周武王的妻子邑姜，刚刚怀上太叔。”《汉书·杜钦传》：“皇太后的妹妹司马君力。”（苏林说：“字君力，是司马氏的妻子。”）《南齐书》：“周盘龙的爱妾杜氏，皇上送给她二十枚金钗镊。亲手写敕令说：赠送给周公阿杜。”《孔丛子》：“卫将军文子的妻子逝世后，回来报告的人说：皋媚女复。子思听说这个后说：这是女方的字，不是丈夫的名。妻子嫁给他丈夫，用丈夫的姓氏来称呼，这是礼。”

兼举名字

史文有一人而兼举名、字，如子玉得臣、百里孟明视之类，已于《左传》见之。皋陶庭坚亦一人两称。若骈俪之文，必无重出，而亦有一二偶见者。《焦氏易林》：“申公颠倒，巫臣乱国。”刘琨《答卢谌诗》：“宣尼悲获麟，西狩涕孔丘。”谢惠连《秋怀诗》：“虽好相如达，不同长卿慢。”沈约《宋书·恩倖传》论：“胡广累世农夫，伯始致位公相；黄宪牛医之子，叔度名动京师。”皆一人而兼举其名、字也。古诗：“谁能刻镂此，公输与鲁班。”下一“与”字，竟以公输鲁班为二人，则不通矣。

【译文】史书上存在一人而都列出名、字，像子玉得臣、百里孟明视之类的，已经在《左传》出现过。（皋陶庭坚也是一人有两个称呼。）像对偶的文章，一定没有重复出现的，然而也有一两个偶然出现的。《焦氏易林》："申公颠倒，巫臣乱国。"刘琨《答卢谌诗》："宣尼悲获麟，西狩涕孔丘。"谢惠连《秋怀诗》："虽好相如达，不同长卿慢。"沈约《宋书·恩倖传》论："胡广累世农夫，伯始致位公相；黄宪牛医之子，叔度名动京师。"都是一人而都列出其名、字。古诗："谁能刻镂此，公输与鲁班。"下文一个"与"字，居然把公输鲁班当作是两个人，那么就不通文理。

排行

兄弟二名而用其一字者，世谓之排行，如德宗、德文，义符、义真之类。起自晋末，汉人所未有也。《水经注》："昔北平侯王谭，不同王莽之政，子兴生五子，并避乱隐居。光武即帝位，封为五侯：元才北平侯，益才安喜侯，显才蒲阴侯，仲才新市侯，季才唐侯。"是后人追撰妄说，东汉人二名者亦少。

【译文】兄弟之间是两个字的名字而用其中的一个字，世上称为它排行，像德宗、德文，义符、义真之类的。起自晋朝末年，汉时人们没有这种。《水经注》："以前北平侯王谭，不认可王莽的执政，其子王兴生有五个儿子，一起躲避战乱而隐居起来。汉光武帝刘秀登上帝位后，五个儿子被封为五侯：王元才为北平侯，王益才为安喜侯，王显才为蒲阴侯，王仲才为新市侯，王季才为唐侯。"这是后人追认并编撰错误的说法，东汉时有两个字的名字的人很少。

单名以偏旁为排行，始见于刘琦、刘琮。此后应璩、应瑒，卫瓘、卫玠之流，踵之而出矣。《陈球传》："二子瑀、璠，弟子珪。"若取偏旁，又不当与父同也。

【译文】使用单个名字的人用其字的偏旁作为排资行辈，开始出现在刘琦、刘琮。从这以后有应璩、应瑒，卫瓘、卫玠这一类人，接着这类情况就涌现出来。（《后汉书·陈球传》："陈球的两个儿子各叫陈瑀、陈璠，他弟弟的儿子名为陈珪。"如果取其偏旁作为名字，又不应当和他们的父亲的名字相同偏旁了。）

今人兄弟行次，称一为大，不知始自何时。汉淮南厉王，常谓上大兄，孝文帝行非第一也。

【译文】现在的人们兄弟之间利用顺序来排行，称呼排行第一的为"大"，不知道这在开始什么时候的。汉代淮南厉王刘长，经常称呼皇帝为大兄，孝文帝刘恒的排行不是在第一位。

二人同名

有以二人同名而合称之者。《左传》庄二十八年，晋献公外嬖梁五与东关嬖五，晋人谓之二五耦。《战国策》：杜赫谓楚王曰：

“此用二忌之道也。”以齐田忌、邹忌为二忌。唐高宗显庆二年诏曰：“踪二起于吴、白。”盖仿此称。

【译文】有以二人同名而合称的。《左传》鲁庄公二十八年，晋献公禁宫外的男宠梁五和东关嬖五，晋国人称为他们为“二五耦”。《战国策》：杜赫对楚王说：“这是使用了“二忌”的十全计策啊。”把齐国田忌、邹忌当作是二忌。唐高宗显庆二年的诏令说：“踪二起于吴、白。”原来是仿照这种做法。

字同其名

名字相同，起于晋宋之间。史之所载，晋安帝讳德宗，字德宗；恭帝讳德文，字德文；会稽王道子，字道子；殷仲文，字仲文；宋蔡兴宗，字兴宗；齐颜见远，字见远；梁王僧孺，字僧孺；刘孝绰，字孝绰；庾仲容，字仲容；江德藻，字德藻；任孝恭，字孝恭；师觉授，字觉授；北齐慕容绍宗，字绍宗；魏兰根，字兰根；后周王思政，字思政；辛庆之，字庆之；崔彦穆，字彦穆之类，至唐时尤多。

【译文】名和字使用相同的词，在晋宋之间开始。史书上所记载的，晋安帝讳名为司马德宗，字德宗；恭帝名为讳司马德文，字德文；会稽王司马道子，字道子；殷仲文，字仲文；宋国蔡兴宗，字兴宗；齐国颜见远，字见远；梁国王僧孺，字僧孺；刘孝绰，字孝绰；庾仲容，字仲容；江德藻，字德藻；任孝恭，字孝恭；师觉授，字觉授；

北齐慕容绍宗，字绍宗；魏兰根，字兰根；后周王思政，字思政；辛庆之，字庆之；崔彦穆，字彦穆之类。到唐代时尤其多。

《藩镇传》：田绪，字绪；刘济，字济。此起家军伍，未曾立字，如李载义辞未有字之比尔。史家例以为字，非也。且其文不可省乎？

【译文】《新唐书·藩镇传》：田绪，字绪；刘济，字济。他们出身于军队之中，不曾立字，像李载义辞没有字之类的。史家按照惯例认为是字，这是错误的。而且这文章不能省略吗？

变姓名

古人变姓名，多是避仇，然亦有无所为而变者。范蠡适齐，为鸱夷子皮；之陶，为朱公。第五伦客河东，自称王伯齐。梁鸿适齐，姓运期名耀。

【译文】古人改变姓名，大多是躲避仇家的原因，然而也存在没有什么原因而改变的。范蠡到齐国，改名为鸱夷子皮；到陶地，改名为朱公。第五伦客居黄河以东，自称为王伯齐。梁鸿到齐国，姓为运期名为耀。

生而曰讳

生曰名，死曰讳。今人多生而称人之名曰讳。《金石录》云：生而称讳，见于石刻者甚众，因引孝宣元康二年诏曰：“其更讳询。”以为西汉已如此。《蜀志》刘豹等上言：“圣讳豫睹。”许靖等上言：“名讳昭著。”《晋书》高頵言：“范伯孙恂恂率道，名讳未尝经于官曹。”束皙《劝农赋》：“场功毕，租输至。录社长，召闾师。条牒所领，注列名讳。”王褒《洞箫赋》：“幸得谥为洞箫兮。”李善注：“谥者，号也。号而曰谥，犹之名而曰讳者矣。”

【译文】在世时说名，逝世时说讳。现在的人们大多是在世而称呼人的名说是名讳。《金石录》说：在世时却称为名讳，出现在石刻的非常多，因而援引汉孝宣元康二年的诏令说：“其更讳询。”认为西汉已经这样做。《三国志·蜀志》刘豹等人上奏言辞：“圣讳豫睹。”许靖等人上奏言辞：“名讳昭著。”《晋书》高頵说：“范乔（字伯孙）小心谨慎地遵行正道，他的名讳不曾在官场之中沾染。”束皙《劝农赋》：“场功毕，租输至。录社长，召闾师。条牒所领，注列名讳。”（王褒《洞箫赋》：“幸得谥为洞箫兮。”李善注解：“谥，就是号。称号而说谥，就像名而说讳。”）

生称谥

《汉书·张敖传》：“吕后数言张王以鲁元故，不宜有此。”

刘敛曰："史家记事，或有如此追言谥者。"《史记》："贯高与张敖言，谓帝为高祖。"《公羊传》："公子翚与桓公言：吾为子口隐矣。"皆此类。《公羊传》注："谥者传家所加。"今按传记中此例尚多，如《左氏传》："石碏曰：陈桓公方有宠于王。"《国语》：鲍国谓子叔声伯曰："子何辞苦成叔之邑。"《战国策》：智过曰："魏桓子之谋臣曰赵葭，韩康子之谋臣曰段规。"《史记·秦本纪》：晋文公夫人请曰："缪公怨此三人[1]，入于骨髓。"《鲁世家》：周公戒伯禽曰："我，文王之子，武王之弟，成王之叔父。"《宋世家》：华督使人宣言国中曰："殇公即位十年耳，而十一战。"《楚世家》：国人每夜惊曰："灵王入矣！"随人谢吴王曰："昭王亡，不在随。"齐湣王遗楚王书曰："今秦惠王死，武王立。"《郑世家》：庄公曰："武姜欲之楚。"共王曰："郑成公，孤有德焉。"《赵世家》：吴延陵季子使于晋，曰："晋国之政，卒归于赵武子、赵文子名武。韩宣子、魏献子之后矣。"《韩世家》：屈宜臼曰："昭侯不出此门。"《吴起传》：公叔之仆曰："君因先与武侯言。"《仲尼弟子传》：子羔曰："出公去矣，而门已闭。"《鲁仲连传》：新垣衍谓赵王曰："赵诚发使尊秦昭王为帝。"诸先生补《梁孝王世家》：窦太后谓景帝曰："安车大驾，用梁孝王为寄。"《三王世家》：公户满意谓燕王曰："今昭帝始立。"《荀子》：周公谓伯禽之傅曰："成王之为叔父。"《吕氏春秋》：豫让欲杀赵襄子，其友谓之曰："以子之才，而索事襄子。"《淮南子》：先轸曰："昔吾先君与缪公交。"诸御鞅复于简公曰："陈成常、宰予二子者，甚相憎也。"《吴越春秋》：子胥曰："报汝平王。"《说苑》：景公曰："善为我浮桓子也。"卫叔文子曰："今我未以往，而简子先以来。"并是生时不合称谥。又如《礼记·曾子问》孔子曰："季桓子之丧，卫君请吊。哀公辞，不得命。公为主，客入吊，康子立于门右。"孔子没时，哀公、康子俱存，此皆后人追为之辞也。自东京以下，即无此语，文益谨而格卑矣。

【注释】①三人：即孟明视、西乞术及白乙丙。

【译文】《汉书·张敖传》："皇后吕雉多次说赵王张敖以凭借鲁元公主丈夫的身份，不应该做这种事情。"刘攽说："史家记载事情，有的存在这样的追溯说谥号的。"《史记》："贯高和张敖说，称皇帝刘邦为高祖。"《公羊传》："公子翚和桓公说：我已经替你打听了事情。"都是这一类的。(《公羊传》注解："谥号是传家所加上去的。")现在按照传记当中这种例子尚且过多，像《左传》："石碏说：陈桓公刚刚受到周王的宠信。"《国语》：鲍国对子叔声伯说："您为什么推辞苦成叔(郤犨)赐予的封邑。"《战国策》：智过说："魏桓子的谋臣是赵葭，韩康子的谋臣是段规。"《史记·秦本纪》：晋文公夫人请求说："缪公怨恨这三人，进入了骨髓之中。"《史记·鲁世家》：周公劝诫伯禽说："我，是文王的儿子，武王的弟弟，成王的叔父。"《史记·宋世家》：华督派遣使者在国都散布言论说："宋殇公即位才十年，却发生十一次战争。"《史记·楚世家》：国人在每天夜里感到害怕说："楚灵王进入国都了！"随国进入吴国并向吴王道歉说："楚昭王已经逃亡了，他不在随国了。"齐湣王送给楚王的书信说："现在秦惠王已经逝世，武王被拥立。"《史记·郑世家》：郑庄公说："武姜想要到达楚国。"楚共王说："对郑成公而言，我是有恩德的。"《史记·赵世家》：吴国延陵季札出使到晋国，说："晋国的朝政，最终会归属于赵武子（赵文子名为武）、韩宣子、魏献子的后代手里。"《史记·韩世家》：屈宜臼说："韩昭侯不能逃出这扇门。"《史记·吴起传》：公叔之仆说："您趁机先和魏武侯说。"《史记·仲尼弟子传》：子羔说："卫出公逃走了，城门已经关闭。"《史记·鲁仲连传》：新垣衍对赵王说："赵国假如派遣使者到秦国尊奉秦昭王为帝。"诸先生补《史记·梁孝王世家》：窦太后对汉景帝说："等我逝世以后，把梁孝王寄托给你。"《史记·三王世家》：公户满意对燕王说："现在汉昭帝才登上皇位。"《荀子》：周公对伯禽的师傅说："我是成王的叔父。"《吕氏春秋》：豫让想要刺杀赵襄子，他的朋友对他说："依靠你的才能，请求侍奉赵襄子。"《淮南子》：先轸说："以前我的父亲和缪公交好。"诸御鞅向简公回复说："陈成常、宰予两个人，互相非常憎恨彼此。"《吴越春秋》：子胥说："报告你的楚平王。"《说苑》：景公说："非常好，替我罚陈桓子酒。"卫叔文子说："现在我没有过去，然而赵简子先来了。"并且在世时不应该称谥号。又像《礼记·曾子问》孔子说："季桓子的丧事，卫君请求去吊唁。鲁哀公推辞，没有获得允许的命令。鲁哀公成为主持丧礼的人，作为客人的卫君进入灵堂吊唁时，季桓子的儿子康子站在大门的右边。"孔子逝世时，鲁哀公、康子都在世，这都是后人追溯替他们的说辞。从东汉以后，便没有这一句，文章越发谨慎却越低下了。

《史记·田敬仲世家》：齐人歌之曰："妪乎采芑，归乎田成子。"《史通》曰："田常见存，而遽呼以谥。"苏氏曰："田常之时，安知其为成子而称之？"

【译文】《史记·田敬仲世家》：齐国人歌颂他说："老妪采摘芑菜，送给了田成子。"《史通》说："田常依然在世，却直接用谥号来称呼。"苏氏说："田常那个时代，怎能知道他能成为"成子"而称呼他？"

称王公为君

称周文王为文君，《焦氏易林》："文君燎猎，吕尚获福。号称太师，封建齐国。"汉张衡《思玄赋》："文君为我端蓍兮，利飞遁以保名。"称晋文公为文君，《楚辞·惜往日》："介子忠而立枯兮，文君寤而追求。"《淮南子》："晋文君大布之衣，牂羊之裘。"又云："介子歌龙蛇，而文君垂泣。"称宋文公为文君。《墨子》："昔者宋文君鲍之时。"称楚庄王为庄君。《荀子》："庄君之智。"称齐庄公为庄君，《墨子》："昔者齐庄君之时。"称鲁昭公为昭君，《焦氏易林》："乾侯野井，昭君丧居。"称齐景公为景君，宋何承天《上陵篇》："指营丘，感牛山，爽鸠既没景君叹。"称宋襄公为襄君，周庾信《入彭城馆诗》："襄君初建国。"称宋元公为元君，《庄子》："宋元君夜半而梦。"

【译文】称呼周文王姬昌为文君。《焦氏易林》："文君燎猎，吕尚获福。号称太师，封建齐国。"汉代张衡《思玄赋》："文君为我端著兮，利飞遁以保名。"称呼晋文公为文君。《楚辞·惜往日》："介子忠而立枯兮，文君寤而追求。"《淮南子》："晋文君大布之衣，牂羊之裘。"又说："介子歌龙蛇，而文君垂泣。"称呼宋文公为文君。《墨子》："昔者宋文君鲍之时。"称楚庄王为庄君。《荀子》："庄君之智。"称齐庄公为庄君，《墨子》："昔者齐庄君之时。"称呼鲁昭公为昭君，《焦氏易林》："乾侯野井，昭君丧居。"称呼齐景公为景君。宋代何承天《上陵篇》："指营丘，感牛山，爽鸠既没景君叹。"称呼宋襄公为襄君，北周庾信《入彭城馆诗》："襄君初建国。"称呼宋元公为元君，《庄子》："宋元君夜半而梦。"

卷二十四

祖孙

自父而上之，皆曰祖。《书·微子之命》曰："乃祖成汤。"是也。自子而下之，皆曰孙，《诗·閟宫》之篇曰："后稷之孙，实维太王"；又曰："周公之孙，庄公之子。"是也。

【译文】从父亲而以上的先人，都是称呼祖。《尚书·微子之命》说"乃祖成汤。"就是这样的。从儿子而以下的后代，都是称呼孙，《诗经·閟宫》的篇章说："后稷之孙，实维太王"；又说："周公之孙，庄公之子。"就是这样的。

高祖

汉儒以曾祖之父为高祖。考之于传，高祖者，远祖之名尔。《左传》昭公十七年，郯子来朝，曰："我高祖少皞挚之立也。"则以始祖为高祖。《书·盘庚》："肆上帝将复我高祖之德，乱越我家。"《康王之诰》："张皇六师，无坏我高祖寡命。"则以受命之君为高祖。文、武至康仅四世。《左传》昭公十五年，王谓籍谈曰：

“昔而高祖孙伯黡司晋之典籍。”则谓其九世为高祖。十二年，楚灵王谓右尹子革曰：“昔我皇祖伯父昆吾。”亦谓其始祖之昆弟。

【译文】汉代儒者把曾祖的父亲认为是高祖。在经典中考证，高祖，是远祖的名称罢了。《左传》鲁昭公十七年：郯子前来朝拜周天子，说：“我的高祖少皞挚登上王位时。”就把始祖认为是高祖。《尚书·盘庚》：“上天即将复兴我高祖的德政，治理并超越之前我的家园。”《尚书·康王之诰》：“扩充六军的力量，没有败坏我高祖的天子般命令。”就把接受天命的君主认为是高祖。（周文王、周武王到周康王才过四世。）《左传》：鲁昭公十五年，周景王对籍谈说：“以前你的高祖孙伯黡掌管晋国的典籍。”就称呼其九世为高祖。（鲁昭公十二年，楚灵王对右尹子革说：“以前我的皇祖伯父昆吾。”也称呼其始祖的昆弟。）

艺祖

《书》：“归格于艺祖。”注以艺祖为文祖，不详其义。人知宋人称太祖为艺祖，不知前代亦皆称其太祖为艺祖。唐玄宗开元十一年，幸并州，作《起义堂颂》曰：东西南北，无思不服；山川鬼神，亦莫不宁，实惟艺祖储福之所致。”十三年，封泰山。其序曰：“惟我艺祖文考，精爽在天。”此谓唐高祖。张说作《享太庙乐章》曰：“肃肃艺祖，滔滔濬源。有雄武剑，作镇金门。玄王贻绪，后稷谋孙。”此谓高祖之高祖讳熙，追尊宣皇帝者也。后汉高祖乾祐元年改元制曰："昔我艺祖神宗，开基抚运，以武功平祸乱，以文德致升平。"此谓前汉高祖。金世宗大定二十五年，封混同江神册文曰："仰艺祖之开基，佳江神之效灵。"此谓金太祖。然则是历代大祖之通称也。

【译文】《尚书》："回来到太庙祭祀艺祖。"《尚书注》把艺祖认为是文祖，没有详细地解释它的意思。众人都知道宋代人称呼宋太祖为艺祖，不知道前朝也称呼其太祖为艺祖。唐玄宗李隆基开元十一年，巡幸并州，撰写的《起义堂颂》说：东西南北各处地方，没有不服从唐朝；山川鬼神四方神明，也没有不安宁的，实在是艺祖储存的福气所带来的。"开元十三年，在泰山封禅。他作的序言说："我的艺祖文考，他们的灵魂在天上保佑着唐朝。"这里是说唐高祖李渊。张说撰写的《享太庙乐章》说："肃肃艺祖，滔滔濬源。有雄武剑，作镇金门。玄王贻绪，后稷谋孙。"这里是说高祖的高祖讳名为李熙，是被追尊宣皇帝的人。后汉高祖刘知远乾祐元年改元的制令说："以前我得艺祖神宗，开拓国家的基础安抚世运，依靠武力征服的功绩平定战祸混乱，依靠礼教乐化达到太平盛世的局面。"这是说前汉高祖刘邦。金世宗完颜雍大定二十五年，赐封混同江神的册文说："仰艺祖之开基，佳江神之效灵。"这是说金太祖完颜阿骨打。那么这艺祖是历代太祖的通常称呼了。

唐武宗会昌三年，讨刘稹，制曰："顷者烈祖在藩，先天启圣。"是以玄宗为烈祖。宋王旦《封祀坛序》："烈祖造新邦，臻大定，经制而未遑；神宗求至理，致升平，业成而中罢。”是以太祖为烈祖，太宗为神宗，亦古人之通称也。唐元稹《行裴度制》曰：“佑我宪考，为唐神宗。”《吕氏读诗记》引李氏曰：“本朝太宗称神宗，及神宗称神宗，则太宗不复称神宗矣。”今按魏泰《东轩笔录》称太祖、太宗为艺祖、神宗。

【译文】唐武宗李炎会昌三年，讨伐刘稹的制令说：“顷者烈祖在藩，先天启圣。”这是把唐玄宗李隆基认为是烈祖。宋代王旦《封祀坛序》：“烈祖创造新的国家，达到了社会安定的局面，管理国家的制度却还来不及制定；神宗追求安定昌盛的局面，达到了太平盛世的局面，功业形成却中途被迫停止。”这是把宋太祖赵匡胤认为是烈祖，太宗认为是神宗，也是古人的通常称呼。（唐代元稹的《行裴度制》说：“佑我宪考，为唐神宗。”《吕氏读诗记》援引李氏曰：“现在的太宗称为神宗，到神宗时称为神宗，那么太宗不再称为神宗了。”现在按照魏泰的《东轩笔录》称太祖、太宗为艺祖、神宗。）

《左传》哀二年，卫太子祷曰：“曾孙蒯聩敢昭告皇祖文王、烈祖康叔、文祖襄公。”《书·文侯之命》：“汝克昭乃显祖。”烈祖、显祖，皆谓其始封之君。此古人之通称。

【译文】《左传》鲁哀公二年，卫太子祈祷说：“曾孙蒯聩敢清楚地告诉皇祖文王、烈祖康叔、文祖襄公。”《尚书·文侯之命》：“你能够彰显你显祖的功绩。”烈祖、显祖，都是说其开始被赐封地的君主。这是古人的通常称呼。

冲帝

幼主谓之冲帝。《水经注》："汉冲帝诏曰：翟义[①]作乱于东，霍鸿负倚盩厔芒竹。"以孺子婴为冲帝。

【注释】①翟义：字文仲，汝南上蔡（今河南新蔡县）人。西汉大臣，丞相翟方进之子。

【译文】年幼的皇帝被称为冲帝。《水经注》："汉冲帝的诏令说：翟义在东方发动叛乱，霍鸿依靠山水缠绕的芒竹据守。"把孺子婴称呼为冲帝。

考

古人曰父、曰考，一也。《易》曰："干父之蛊，有子，考无咎。"《书·大诰》："若兄考，乃有友伐厥子，民养其劝，弗救。"《康诰》："子弗祇服厥父事，大伤厥考心。"《酒诰》："厥心臧，聪听祖考之彝训。"尹伯奇《履霜操》曰："考不明其心兮，听谗言。"自《曲礼》定为生曰父，死曰考之称，而为人子者，当有所讳矣。

【译文】古人说父、说考，是统一的。《易》说："干父之蛊，有子，考无咎。"《尚书·大诰》："若兄考，乃有友伐厥子，民养其劝，弗救。”《尚书·康诰》：“子弗祇服厥父事，大伤厥考心。”《尚书·酒诰》：“厥心臧，聪听祖考之彝训。”尹伯奇《履霜操》曰：“考不明其心兮，听谗言。”从《曲礼》中确定在世时说父，逝世时说考的名称，而做人子的，应当有所避讳。

伯父叔父

古人于父之昆弟必称伯父、叔父，未有但呼伯、叔者。若不言父，而但曰伯、叔，则是字之而已。《诗》所谓“叔兮伯兮”“伯兮朅兮”“叔于田”之类，皆字也。

【译文】古人对于父亲的昆弟一定称为伯父、叔父，没有只称呼为伯、叔的。如果没有说父字，却只说伯、叔的，就是称为字而已。《诗经》所说的“叔兮伯兮”“伯兮朅兮”“叔于田”之类，都是字。

今之天子称亲王为叔祖、曾叔祖，甚非古义。《礼》：“天子称同姓诸侯曰伯父、叔父，称其先君亦曰伯父、叔父。”《左传》昭九年：“景王使詹桓伯辞于晋曰：‘伯父惠公。’”十五年：“景王谓籍谈曰：‘叔父唐叔。’”称其先君为伯父、叔父之证也。故《礼》有诸父，无诸祖。宋时亦有皇叔祖之称，而无高、曾，见《容斋四笔》。

【译文】现在天子称亲王为叔祖、曾叔祖，非常不符合古时的含义。《礼》："天子称呼同姓诸侯是说伯父、叔父，称其逝世的父亲也是说伯父、叔父。"《左传》鲁昭公九年："周景王派遣詹桓伯谴责晋国说：'伯父惠公。'"鲁昭公十五年："周景王对籍谈说：'叔父唐叔。'"是称其逝世的父亲为伯父、叔父的证明。因此《礼》有诸父，没有诸祖的记载。（宋代时也有皇叔祖的称呼，却没有高祖、曾祖的称呼，出现在《容斋四笔》。）

族兄弟

《书》："克明俊德，以亲九族。"郑康成谓："九族者，据己上至高祖，下及玄孙之亲。"《左传》襄公十二年："凡诸侯之丧，同宗临于祖庙，同族于祢庙。"注："同族谓高祖以下是也。"故晋叔向言肸之宗十一族。贾谊《新书》："人有六亲。六亲始曰父；父有二子，二子为昆弟；昆弟又有子，子从父而昆弟，故为从父昆弟；从父昆弟又有子，子从祖而昆弟，故为从祖昆弟；从祖昆弟又有子，子从曾祖而昆弟，故为曾祖昆弟；曾祖昆弟又有子，子为族兄弟。备于六，此之谓六亲。"是同高祖之兄弟即为族，族非疏远之称。《汉书·张敞传》："广川王同族宗室刘调等。"同族，言其与王近亲。《颜氏家训》："凡宗亲世数，有从父，有从祖，有族祖。江南风俗，自兹以往皆云族人。河北虽二三十世，犹呼为从伯、从叔。梁武帝尝问一中土人曰：'卿北人，何故不知有族？'答云：'骨肉易疏，不忍言族耳。’”《梁书·夏侯亶传》：“宗人夏侯溢为衡阳内史。辞日，亶侍御座，高祖谓亶曰：‘夏侯溢于卿疏近？’亶答曰：‘是臣从弟。’高祖知溢于亶已疏，乃曰：‘卿伧人，好不辨族从。’亶对曰：‘臣闻服属易疏，所以不忍言族。’”当时虽为敏对，于理未通。

【译文】《尚书》：“彰显自己的高尚的品德，来使九族和睦团结。”郑康成说：“九族，是按照自己上溯到高祖，下追到玄孙的亲人。”《左传》鲁襄公十二年：“凡是诸侯的丧事，同宗的在祖庙里，同族在祢庙里。”注解说：“同族是说高祖以下的亲人。”因此晋国叔向说羊舌肸的宗有十一族。贾谊《新书》：“人一般有六亲。六亲第一个称为父；父有两个儿子，两个儿子是兄弟关系；兄弟之间又有儿子，儿子从父那一支而称为昆弟，因此称为从父昆弟；从父昆弟又有儿子，子从祖那一支而称为昆弟，故为从祖昆弟；从祖昆弟又有儿子，子从曾祖那一支而称为昆弟，故为曾祖昆弟；曾祖昆弟又有儿子，这个儿子就是族兄弟。这六种关系就是完备了，这就是说六亲。”这是同一个高祖的兄弟就是族，族不是疏远的称呼。（《汉书·张敞传》：“广川王同族宗室刘调等。”同族，说他和广川王是近亲。）《颜氏家训》：“凡是宗亲辈分，有从父，有从祖，有族祖的排列。长江以南的风俗，从自己以上的亲人都说是族人。黄河以北的人即使过了二三十世，依然称呼为从伯、从叔。梁武帝曾经询问一个中原人说：‘你们北方人，为什么不知道有族人？’那人回答说：‘骨肉关系容易疏远，不忍心说族人罢了。’”（《梁书·夏侯亶传》：“宗人夏侯溢担任衡阳内史。向皇帝告辞那天，夏侯亶在御座旁侍奉皇帝，梁高祖萧衍对夏侯亶说：‘夏侯溢对于您来说关系是疏远还是亲近？’夏侯亶回答说：‘他是我的从弟。’梁高祖知道夏侯溢和夏侯亶的关系已经疏远了，于是说：‘您这个北方人，非常不分辨清楚宗族的关系。’夏侯亶回答说：‘我听说同服的亲人容易疏远，所以不忍心说同族。’”）在当时的人们即使认为夏侯亶机智地回答梁高祖，但是对于情理来说是不通的。

亲戚

《史记·宋世家》：“箕子者，纣亲戚也。”马融、王肃以为纣之诸父，服虔、杜预以为纣之庶兄。《路史》谓：“但言亲戚，非诸父昆弟之称。”非也。《曲礼》：“兄弟亲戚称其慈也。”疏曰，亲，指族内，戚，指族外。古人称其父子兄弟亦曰亲戚。《韩诗外传》：“曾子曰：亲戚既没，虽欲孝，谁为孝？”此谓其父母。《左传》僖公二十四年：“封建亲戚，以蕃屏周。”此谓其子弟。昭公二十年，棠君尚谓其弟员曰：“亲戚为戮，不可以莫之报也。”《三国志》：“张昭谓孙权曰：‘况今奸宄竞逐，豺狼满道，乃欲哀亲戚，顾礼制。’”此谓其父兄。《战国策》：苏秦曰：“富贵则亲戚畏惧。”盖指其妻嫂。

【译文】《史记·宋世家》：“箕子，是商纣王的亲戚。”（马融、王肃认为箕子是纣王的诸父，服虔、杜预认为箕子是纣王的庶兄。）

《路史》说："只说亲戚，不是诸父昆弟的称呼。"这是错误的。（《曲礼》："兄弟亲戚称其慈也。"注疏说，亲，是指族内的人，戚，是指族外的人。）古人称其父子兄弟也说是亲戚。《韩诗外传》："曾子说：亲戚已经逝世，即使想要尽孝，谁来当作孝子？"这是说其父母。《左传》鲁僖公二十四年："把土地人民分封给亲戚建立诸侯国，让这些诸侯国作为藩篱保卫周王朝。"这是说其儿子和兄弟。鲁昭公二十年，棠君尚对其弟员说："亲戚被杀戮，不能没有人为他们报仇。"《三国志》："张昭对孙权说：'况且现在犯上作乱的人竞相角逐，豺狼般的盗贼充塞道路，你想要哀伤亲戚的逝世，应该顾及礼制的约束。'"这是说其父亲和兄长。（《战国策》：苏秦说："富裕显贵时则亲戚感到害怕。"原来是指其妻子和嫂子。）

哥

唐时人称父为哥。《旧唐书·王琚传》："玄宗泣曰：'四哥仁孝，同气[1]惟有太平。'睿宗行四故也。玄宗子《棣王琰传》："惟三哥辨其罪。"玄宗行三故也。有父之亲，有君之尊，而称之为四哥、三哥，亦可谓名之不正也已。

【注释】①同气：指同胞兄弟。

【译文】唐代时候的人们称呼父亲为哥。《旧唐书·王琚传》："唐玄宗哭泣着说：'四哥仁爱孝顺，同胞兄弟姐妹中只有太平公主。'（这样的叫法）是因为唐睿宗排行第四。唐玄宗的儿子《棣王琰传》："只有三哥明察他的罪行。"（这样的叫法）是因为唐玄宗排行第三。拥有父亲的亲属关系，拥有君主的尊贵，却被称他们为四哥、三哥，也可以说这是名义上没有正当。

玄宗《与宁王宪书》称大哥，又有《同玉真公主过大哥园池》诗。则唐时宫中称父称兄皆曰哥。

【译文】唐玄宗在《与宁王宪书》称大哥，（又有《同玉真公主过大哥园池》诗。）那么在唐代皇宫中称呼父亲与称呼兄长都称哥。

妻子

今人谓妻为妻子，此不典之言，然有所自。《韩非子》："郑县人卜子，使其妻为裤。其妻问曰：'今裤何如？'夫曰：'象吾故。'妻子因毁新令如故裤。"杜子美诗："结发为妻子，席不暖君床。"

【译文】现在的人称呼妻为妻子，这是不典雅的言辞，然而有所出处的。《韩非子》："郑县有一个叫卜子的人，让他的妻子做裤子。他的妻子问道：'现在这条裤子做成什么样的？'卜子回答说：'像我以前穿的。'妻子因而毁坏新裤子像以前的旧裤子一样。"杜甫作诗说："结发为妻子，席不暖君床。"

称 某

经传称某有三义。《书·金縢》："惟尔玄孙某。"史文讳其君，不敢名也。《史记·高祖纪》：高祖奉玉卮起为太上皇寿曰："今某之业，所就孰与仲多？"与此同。《春秋》宣公六年《公羊传》："于是使勇士某者往杀之。"传失其名也。《礼记·曲礼》："内事曰孝王某，外事曰嗣王某。"《仪礼·士冠礼》："某有子某。"《论语》："某在斯，某在斯。"通言之也。《左传》襄公三十年书曰："某人某人，会于澶渊。"此又是不能悉数之辞。

【译文】经和传当中称呼某某是有三方面的含义。《尚书·金縢》："你的玄孙某。"历史文献中避讳其君主，不敢称呼其君主的名字。(《史记·高祖纪》：高祖捧起玉卮并且起身给太上皇祝寿说："今某之业，所就孰与仲多？"和这个意思相同。《春秋》鲁宣公六年《公羊传》："在这时派遣勇士某人去杀死他。"是因为遗失了其名。《礼记·曲礼》："面对自己的先祖就称为'孝王某'，面对天地山川就称为'嗣王某'。"《仪礼·士冠礼》："某人有儿子叫某。"《论语》："某在这里，某在这里。"某某是一般称呼人的用词。(《左传》鲁襄公三十年书写说："某人某人，在澶渊上集会。"这又是不能完全列举出来的词语。)

周人以讳事神。《牧誓》之言："今予发。"《武成》之言："周王发。"生则不讳也；《金縢》之言："惟尔玄孙某。"追录于武王既崩之后，则讳之矣。故《礼》：“卒哭乃讳。”

【译文】周代的人用避讳来侍奉神灵。在《尚书·牧誓》上说：“今予发。”在《尚书·武成》上说：“周王发。”在世时就不用避讳他的名字；在《尚书·金滕》之言：“你的玄孙某。”这是在周武王姬发逝世之后追溯记载的，那么要避讳他的名字。因此在《礼记》中说：“在逝世时进行哭丧之后才避讳其名字。”

互辞

《易》：“干父之蛊，有子，考无咎。”言“父”又言“考”。《书》：“予恐来世以台为口实。”言“予”又言“台”。“汝猷黜乃心。”言“汝”又言“乃”。“予念我先神后之劳尔先。”言“予”又言“我”。“越予冲人不卬自恤。”言“予”又言“卬”。《诗》：“岂不尔受，既其女迁。”言“尔”又言“女”。《论语》：“吾不欲人之加诸我也。”《孟子》：“我善养吾浩然之气。”言“我”又言“吾”。《左传》：“尔用而先人之治命。”今监本脱“而”字，依石经补。言“尔”又言“而”。“女畏而宗室。”言“女”又言“而”。《史记·张仪传》：“若善守汝国，我顾且盗而城。”言“若”言“汝”又言“而”。《诗》：“王于出征，以佐天子。”言“王”又言“天子”。“乃命鲁公，俾侯于东。”言“公”又言“侯”。《穀梁传》：“言君之不取，为公也。”言“君”又言“公”。范宁解：“上言君，下言公，互辞。”《左传》：“以其子更公女而嫁公子。”言“公女”又言“公子”。《史记·齐世家》：“子我盟诸田于陈宗。”言“田”又言“陈”。皆互辞也。

【译文】《周易》：“干父之蛊，有子，考无咎。”提及“父”又提及“考”。《尚书》：“予恐来世以台为口实。”提及“予”又提及“台”。“汝猷黜乃心。”提及“汝”又提及“乃”。“予念我先神后之劳尔先。”提及“予”又提及“我”。“越予冲人不卬自恤。”提及“予”又提及“卬”。《诗经》：“岂不尔受，既其女迁。”提及“尔”又提及“女”。《论语》：“吾不欲人之加诸我也。”《孟子》：“我善养吾浩然之气。”提及“我”又提及“吾”。《左传》：“尔用而先人之治命。”（现在的国子监本脱落“而”字，依据石经补入。）提及“尔”又提及“而”。“女畏而宗室。”提及“女”又提及“而”。《史记·张仪传》：“若善守汝国，我顾且盗而城。”提及“若”，提及“汝”又提及“而”。《诗经》：“王于出征，以佐天子。”提及“王”又提及“天子”。“乃命鲁公，俾侯于东。”提及“公”又提及“侯”。《穀梁传》：“言君之不取，为公也。”提及“君”又提及“公”。（范宁注解：“上文提及君，下文提及公，这是互辞。”）《左传》：“以其子更公女而嫁公子。”提及“公女”又提及“公子”。《史记·齐世家》：“子我盟诸田于陈宗。”提及“田”又提及“陈”。这些都是互辞。

豫名

《诗》:“鸟乃去矣,后稷呱矣。”子初生,而已名之为后稷也。“为韩姞相攸。”女在室,而已名之为韩姞也。皆因其异日[①]之名而豫名之,亦临文之不得不然也

【注释】①异日:他日,将来。

【译文】《诗经》:“大鸟终于飞走了,后稷才呱呱叫。”这位婴儿刚刚出生,却已经名为后稷了。“替韩姞寻找好的婆家。”这位女孩尚且在闺房中,却已经名为韩姞了。这都是因为他们在来日的称呼而预先称呼他们,也是撰写文章时不得不这么做。

重言

古经亦有重言之者。《书》:“自朝至于日中昃,不遑暇食。”“遑”即“暇”也。《诗》:“无已太康”。“已”即“太”也。“既安且宁”。“安”即“宁”也。“既庶且多。”“庶”即“多”也。《左传》:“一薰一莸,十年尚犹有臭。”“尚”即“犹”也。“周其有頵王,亦克能修其职。”“克”即“能”也。《礼记》:“人喜则斯陶。”“则”即“斯”也。

【译文】古代经典也有重复说的文字。《尚书》:“自朝至于日

中昃，不遑暇食。”“遑”就是“暇”。《诗经》：“无已太康”。“已”就是“太”。“既安且宁”。“安”就是“宁”。“既庶且多。”“庶”就是“多”。《左传》：“一薰一莸，十年尚犹有臭。”“尚”就是“犹”。“周其有頾王，亦克能修其职。”“克”就是“能”。《礼记》：“人喜则斯陶。”“则”就是“斯”。

后

《白虎通》曰：“天子之配，商之前皆称妃，周始立后。”《晋书·后妃传》序亦云：“爰自夐古，是谓元妃，降及中年，乃称王后。”今考帝喾四妃，帝舜三妃，以至周初太姜、太任、太姒、邑姜，皆无后名。以太姒为后妃，乃后人之论。而《诗》《书》所云后，皆君也。《春秋》桓八年：“祭公来，遂逆[1]王后于纪。”襄十五年：“刘夏逆王后于齐。”于是始称后。《曲礼》：“天子有后，有夫人，有世妇，有嫔，有妻，有妾。”又云：“天子之妃曰后。”而宣王晏起，姜后脱簪[2]，见于列女之传。此周人立后之据。惟《左传》哀元年：“后缗方娠。”是夏时事，疑此后人追称之辞。自《春秋》以下之文，则有以君为后者，如《泰》《姤》大象，及《内则》称后王。有以妃为后者，杂然[3]于书传矣。

【注释】①逆：即迎接。下文同。②脱簪：摘去簪珥珠饰，散开头发，脱去华贵衣物换着素服，下跪求恕。③杂然：杂乱的样子。

【译文】《白虎通》说：“天子的配偶，商代之前都称为妃子，周代才开始设立王后。”（《晋书·后妃传》序也说：“在遥远的古代开始，就称为元妃，到了中世纪以后，才被称为王后。”）现在考证帝喾的四位妃子，帝舜的三位妃子，一直到周朝初年的太姜、太任、太姒、邑姜，都没有王后的名称。（把太姒称作为后妃，是后人加上的称呼。）然而在《诗经》《尚书》所说的“后”，都是国君。《春秋》鲁桓公八年：“祭公来到鲁国，然后去纪国迎接‘王后’。”鲁襄公十五年：“刘夏到齐国迎接‘王后’。”在这时才开始称为‘后’。《礼记·曲礼》：“天子的王宫中有后，有夫人，有世妇，有嫔，有御妻，有妾。”又说：“天子的配偶妃称为后。”然而周宣王早起，姜后脱下簪珥等首饰请罪，在列女的传记中出现。这是周人立后的依据。唯独在《左传》鲁哀公元年：“后缗刚刚怀孕。”这是夏朝时的史事，怀疑这是后人追记的说辞。从《春秋》以下的历史文献，就有把君主称为‘后’的，（如《泰卦》《姤卦》大象，及《内则》称后王。）有把妃称为‘后’的，在《尚书》《春秋》等书籍中混合使用。

人君之号，唐虞曰帝，夏曰后，商曰王。然帝王，天子所专；后，则诸侯皆得称之。《周礼·量人》注：“后，君也。言君，容王与诸侯。”《易》疏：“凡象称先王者，唯施于天子。称后者，兼诸侯。”故《书》言：“肆觐东后”，“群后四朝”，“禹乃会群后，誓于师”。《伊训》之祠先王，“侯甸、群后咸在。”周王大告，武成亦曰：“呜呼群后。”而后夔、后羿、伯明后寒之称，皆见于传。《胤征》之篇亦称胤后。康王作《毕命》曰：“三后协心，同底于道。”穆王作《吕刑》曰：“乃命三后，恤功于民。”然则禹之降帝而称后，是禹之谦，禹之不矜也。

诸侯谓之群后，故天子独称元后。

【译文】君主的称号，唐虞称为帝，夏朝称为后，商朝称为王。然而帝和王，是天子所专用的称号；后，则是诸侯都可以用的称号。（《周礼·量人》注解："后，是君主。说君，是包含了王和诸侯。"《易》注疏："凡是在象卦称先王的，只有是用在称呼天子。称呼后的，是连同称诸侯王。"）因此《尚书》说："肆觐东后"，"群后四朝"，"禹乃会群后，誓于师"。《尚书·伊训》祭祀商朝先王，"侯甸、群后咸在。"周王极力宣告克商的成就，武成也说："呜呼群后。"而且后夔、后羿、伯明后寒的称号，都有在传记中出现。《胤征》的文章里也称为胤后。周康王创作的《毕命》说："三后协心，同底于道。"周穆王创作的《吕刑》说："乃命三后，恤功于民。"那么大禹降低帝的称号而自称为后，这是大禹的自谦，是大禹的不夸耀。

诸侯被称为"群后"，所以天子唯独被称为"元后"。

汉时郡守之于吏民，亦有君臣之分，故有称府主[①]为后者。汉武都太守李翕《西狭颂》云："赫赫明后，柔嘉维则。"《桂阳太守周憬铭》云："懿贤后兮发圣英。"晋应詹为南平太守，百姓歌之曰："侥幸之运，赖兹应后。"兰亭宴集，有郡功曹魏滂诗云："明后欣时丰，驾言映清澜。"

【注释】①府主：旧时幕僚对其长官的称呼。

【译文】汉代时候的郡守对于属吏和平民，也有君主和臣下的区别，因此有称府主为“后”的。汉代武都太守李翕《西狭颂》说：“赫赫明后，柔嘉维则。”《桂阳太守周憬铭》说：“懿贤后兮发圣英。”晋代应詹担任南平太守，百姓歌颂他说：“侥幸之运，赖兹应后。”在兰亭进行宴饮集会，有一位郡功曹魏滂作诗说：“明后欣时丰，驾言映清澜。”

王

三王之名，自后人追称之，而禹之为王，未尝见于《书》也。《甘誓》：“王曰：嗟，六事之人，予誓告汝。’”《胤征》：“胤后承王命徂征。”而《夏小正》言：“十有一月，王狩。”夏之王见于《书》者始此，然无称禹为王者。经传之文，凡言夏，必曰夏后氏。唐沈既济议云：“夏殷二代为帝者三十世矣，而周人通名之曰王。”恐亦未然。《书·多士》：“自成汤至于帝乙。”而《左传》虞人之箴曰：“在帝夷羿。”固君人者之通称矣。

【译文】三王之名，自然是后人追称的，然而大禹称为王，不曾出现在《尚书》里。《尚书·甘誓》：“王说：啊，六军的将士们，我告知你们。’”《尚书·胤征》：“胤后接受王的命令去征伐羲和。”但是在《夏小正》说：“十一月，王狩猎。”夏朝被称为王的出现在《尚书》里的始于这里，然而没有称呼大禹为王的文字。在经和传的文字里，凡是谈及夏的，一定是说夏后氏。（唐代沈既济议论说：“夏朝和殷朝两代作为帝的人一共有三十世，但是周朝人总称他们为王。”恐怕也没有包括全部。《尚书·多士》：“从成汤到帝乙。”而且在《左传》虞人之箴说：“在帝夷羿。”这固然是君主的一般称呼。）

周人之追王，止于太王。而组绀已上至后稷，则谓之先公。《诗》“禴祠烝尝，于公先王”是也。通言之，则亦可称之为王。《书·武成》：“惟先王建邦启土。”《周语》“太子晋谏灵王，自后稷之始基靖民，十五王而文始平之，十八王而康克安之”是也。

【译文】周朝人追加王的尊号，只到太王。然而从组绀以上到后稷，就被称作是先公。《诗经》“禴祠烝尝，于公先王”就是这样的。一般称呼他们，也可以称他们为王。《尚书·武成》：“我的先王建立国家开辟疆域。”就像《周语》“太子晋进谏周灵王，从后稷开始稳定国基安抚民众，经过十五王之后而到了周文王才开始平定，经过十八王而到了周康王克平安抚了民众”一样的。

王而尊之曰帝。黄歇[①]上秦昭王书：“先帝文王、武王、王之身三世，不忘接地于齐，以绝从亲之要。”是也。《史记·秦本纪》：“昭王十九年，王为西帝，已而复去之。”文王、武王独称先帝者，曲礼曰：“措之庙，立之主曰帝。”王而等之曰诸侯，汉王告诸侯曰：“愿从诸侯王击楚之杀义帝者”是也。

【注释】①黄歇：楚国大臣，曾任楚相。游学博闻，善辩。

【译文】称王却被推崇的人说“帝”。春申君黄歇上秦昭王书：“就像从先帝文王、武王、大王自身三代开始，没有忘记使秦国和齐国接壤，来切断他们血亲关系形成联盟的要害。”是一样的。（《史记·秦本纪》：“秦昭王十九年，自称王为西帝，过后不久又去掉了“西帝”的称号。”文王、武王特别地称为先帝的原因，是因为《曲礼》说：“将天子的牌位放置在宗庙里，立着牌位写上“某某帝”。”）称王却和其相同的等级说“诸侯”。就像汉王刘邦告知各个诸侯说：“愿意跟从诸侯王攻打楚国杀死楚义帝熊心的人”一样。

君

古时有人臣而隆其称曰君者，周公若曰君奭是也。篇中言“君奭”者四，但言“君”者六。而成王之书王若曰“君陈”；穆王之书，王若曰“呜呼君牙”；皆此例也。《汉书》：“兒宽为御史大夫，奉觞上寿。制曰：敬举君之觞。”犹汉时人主称丞相为君侯也。《礼记·坊记》云：“大夫不称君，恐民之惑也。”故《春秋》传中称君者，皆国君。然亦有卿大夫而称为君者。庄十一年，楚斗廉语屈瑕曰：“君次于郊郢，以御四邑。”襄二十五年，郑子产对晋士庄伯曰：“成公播荡，又我之自入，君所知也。”文十年，楚范巫矞似谓成王与子玉、子西曰：“三君，皆将强死。”并二臣通谓之君。至家臣，则直谓其主曰君。昭十四年，“司徒老祁虑癸谓南蒯曰：群臣不忘其君。”二十八年，“晋祁盈之臣曰：憖[①]使吾君闻胜与臧之死也，以为快。”哀十四年，“宋司马命其徒攻桓氏，其父兄故臣曰不可，其新臣曰从吾君之命”是也。犹郑伯有之臣，称伯有为吾公。《仪礼·丧服篇》：“公士大夫之众臣，为其君布带绳屦。”传曰：“君谓有地者也。”郑氏曰：“天子诸侯及卿大夫，有地者皆曰君。”《晋语》：“三世仕家，君之，再世以下，主之。”《丧大记》：“大夫君。”孔氏曰：“大夫之臣，称大夫为君。”《周礼·调人》注：“主，大夫君也。”此则上下之通称，不始于后代矣。

【注释】①憗（yìn）：宁愿。

【译文】古代的时候就有作为臣下却因地位尊崇被称为“君”，就像周公被这样称为“君奭”一样。在《尚书·周书》篇中谈及“君奭”的有四次，仅谈及“君”字的有六次。而在成王的篇章中，成王这样说道“君陈”；在穆王的篇章中，穆王这样说道“呜呼君牙”；都是这种体例的体现。（《汉书》：“兒宽担任御史大夫，举杯向皇帝祝寿。皇帝写下制书说：回敬举君之杯。”）犹如在汉代时天子称呼丞相为君侯一样。《礼记·坊记》说：“大夫不能像诸侯一样称为君，这是害怕民众因为上下级关系受到迷惑。”因此在《春秋传》中称为君的人，都是一国之君。但是也有卿大夫而称为君的人。鲁庄公十一年，楚斗廉对屈瑕说：“‘君’驻扎在郊郢，来防御这四个国家。”鲁襄公二十五年，郑子产对晋国的士庄伯说：“成公居无定所，又是我送他回国的，这是‘君’所了解的。”（鲁文公十年，楚国范地的巫师矞似对成王和子玉、子西说：“你们三‘君’，都会被强迫而被杀死。”把成王一起和两位臣子统称为‘君’。）到家臣，就直接称呼他们的主人为‘君’。鲁昭公十四年，“司徒老祁、虑癸对南蒯说：群臣不忘其君。”鲁昭公二十八年，“晋国祁盈的家臣说：宁愿让我们的‘君’听闻祁胜和邬臧的死讯，这样我们就痛快些。”鲁哀公十四年，“宋国司马命令他的部众去攻打桓氏，其父老和兄长以及旧臣说不能攻打，他新依附的臣子说听从我们的‘君’的命令”就是。（犹如郑伯有一位臣子，他称呼郑伯为“吾公”。）《仪礼·丧服篇》：“公卿、大夫的众臣，为他们的主君佩戴用布做的带子、用绳子结成的鞋子。”传说：“‘君’是说拥有封地的人。”郑玄说：“天子、诸侯以及卿大夫，拥有封地的人都说是‘君’。”（《国语·晋语》：“三代在大夫当臣子，称呼大夫为君；二代以下在大夫当臣子，则是称呼大夫为主。”）《礼记·丧大记》：“大夫君。”孔颖达说：“大夫的臣属，他们称呼大夫为君。”《周礼·调人》注解说：“主，就是大夫君。”这就是‘君’古今上下的一般称呼演变，而不是才形成于后代。

人臣称君，自三代以前有之。《孟子》：“象[①]曰：谟盖都君。”

《汉书·高帝纪》：“爵或人君，上所尊礼。”师古曰：“爵高有国邑者，则自君其人，故曰人君也。上谓天子。”

【注释】①象：虞舜的异母弟。

【译文】臣下自称为君的，从三代以前就有的先例。《孟子》：“象自称说：谟盖都君。”

《汉书·高帝纪》：“爵位高的称为人君，这都是被皇上尊敬和礼遇的人。”师古说：“爵位高而且拥有国都和封地的人，那么就

‘自君其人’，因此说为人君。‘上’就是天子。”

汉时曹掾皆称其府主为君。至苍头[①]亦得称其主人为君，《后汉书·李善传》“君夫人，善在此”是也。女亦得称其父为君，《汉书·王章传》“我君素刚，先死者必我君”是也。妇亦得称其舅为君。《尔雅》：“姑舅在则曰君舅、君姑，没则曰先舅、先姑。”《淮南子》：“君公知其盗也，逐而去之。”《列女传》“我无樊、卫二姬之行，故君以责我”是也。

【注释】①苍头：汉代时代指奴仆。

【译文】汉代的时候曹掾都称呼他们的府主为“君”。以至于奴隶也能够称呼他们的主人为君。就和《后汉书·李善传》“君夫人，善在此”一样。女儿也能够称呼其父为君，和《汉书·王章传》“‘我君’性情向来刚正，首先被杀死的人一定是‘我君’”一样。儿媳也能够称呼其丈夫的父母为君。《尔雅》：“丈夫的父母在世就称君舅、君姑，去世就称先舅、先姑。”《淮南子》：“‘君公’知道是她偷走家里的财物，所以将她赶出家门。”《列女传》“我没有楚国樊姬、齐国卫姬的品行，所以‘君’来责备我”一样。

《丧服》：“妾为君。”郑氏注曰：“妾谓夫为君者，不得体之，加尊之也，虽士亦然。”

【译文】《仪礼·丧服》：“妾称呼丈夫为君。”郑玄注解说：

“妾称呼丈夫为君的，不能够和正妻相等称呼丈夫，用尊称来称呼丈夫，即使是士人的妾也这样做。”

主

春秋时称卿大夫曰主。《周礼·太宰》：“九两，六曰主以利得民。”注：“郑司农云：主，谓公卿大夫。”《调人》“主友之仇。”注：“主，大夫君也。”《礼记·礼运》：“仕于公曰臣，仕于家曰仆。”方氏曰：“臣者对君之称，故仕于公曰臣，而诸侯称君。仆者对主之称，故仕于家曰仆，而大夫称主。”故齐侯唁昭公，称主君。子家子曰：“齐卑君矣。”而南唐降号江南国主，亦以奉中国正朔，自贬其号。若刘玄德帝蜀，谥昭烈，葬惠陵，初无贬绌①。末帝降魏，封为安乐公，自可即以本封为号。陈寿作《三国志》，创立先主、后主之名，常璩《蜀志》因之。《三国志》载钟会檄蜀将士吏民，称昭烈为“益州先主”。先主之名，盖始于此，乃是魏人所称。孙楚为石苞与孙皓书，亦云“吴之先主”。以晋承魏统，义无两帝。今千载之后，而犹沿此称，殊为不当。况改汉为蜀，亦出寿笔。《黄氏日钞》曰：“蜀者地名，非国名也。昭烈以汉名，未尝以蜀名也。不特昭烈未尝以蜀名，虽孙氏之盟，亦曰：‘汉吴既盟，同讨魏贼。’是天下未尝以蜀名之，名之者魏人也。”当时魏已篡汉，改称昭烈为蜀，使不得附汉统。异代文人不察史家阿枉之故，若杜甫诗中，便称蜀主，殊非知人论世之学也。昔刘知几论《后汉书·刘玄列传》，以为东观秉笔，容或谄于当时，后来所修，理宜刊革。今之君子，既非曹氏、司马氏之臣，不当称昭烈为先主矣。《纲目》亦书帝禅为后主，姚燧深以为非，见《元史》传。

【注释】①贬绌：贬退，罢黜。绌，通“黜”。

【译文】春秋时期称卿大夫为主。（《周礼·太宰》：“利用九种团结的方法来联系各邦国的民众：第六种是主君利用有利的方法来取得民众。”注解：“司农郑玄说：主，意为公卿大夫。”《周礼·调人》“主友之仇。”注解：“主，就是大夫君。”《礼记·礼运》：“在国君那里出仕称为臣，在大夫家那里出仕称为仆。”方氏说：“臣下是对国君的自称，因此在国君那里出仕称为臣，而且诸侯自称为君；奴仆是对主人的自称，因此在大夫家那里出仕称为仆，而且大夫自称为主。”）因此齐景公去慰问鲁昭公，称呼鲁昭公为主君。子家子说：“齐国轻视国君了。”然而南唐国君李煜贬低名号称为江南国主，也来尊奉中原正朔，自行贬低他的尊号。像刘备（字玄德）在蜀地称帝，谥号为昭烈，安葬在惠陵，开始时没有贬低名号。末帝刘禅投降魏国，被封为安乐公，刘禅自己可以就用本封名为名号。陈寿撰写《三国志》，为刘备、刘禅两父子创立先主、后主的名称，常璩的《蜀志》沿袭陈寿的做法。（《三国志》记载钟会用檄文通告蜀国的将领士兵官吏民众，称呼昭烈皇帝刘备为“益州先主”。称呼刘备为先主的名称，原来开始于这里，竟然是魏国人所称得来的。孙楚为石苞写给孙皓的书信中，也把吴国国君孙皓称呼为“吴之先主”。）因为晋朝承袭曹魏的正统，在道义上没有并称两位皇帝的说法。现在已经是千年之后，但是依然沿袭这个称呼，这是非常不恰当的行为。况且改汉为蜀，也是出自陈寿的笔法。（《黄氏日钞》说：“蜀是一个地方的名称，不是一个国的名称。昭烈皇帝刘备用汉来作国号，不曾用蜀来作国号。不仅昭烈皇帝刘备不曾用蜀来作国号，即使是和孙权结盟，也是说：‘汉吴既盟，同讨魏贼。’这是天下人不曾用蜀来作为蜀国的国号，用来称呼蜀国的是魏国人。”）在那时魏国已经篡夺了汉朝的正统，于是改称昭烈皇帝刘备为蜀国皇帝，使刘备不能依附汉朝的正统。后代的文人没有体察史家阿谀奉承和不公正的原因，像在杜甫的诗句中，就称呼刘备为蜀主，特别没有“知人论世”的学识。以前刘知几评论《后汉书·刘玄列传》，认为当时的史家在东观里执笔记述史事，允许有的事情在那时奉承君主，后代史家所修的史书，理应删除改正那些奉承的记载。现在的君子，既不是曹氏、司马氏的臣属，不应当称呼昭烈皇帝刘备为先主。（《通鉴纲目》也写皇帝刘禅为后主，姚燧深深地认为这是错误的。见《元史》传。）

诸葛孔明书中，亦多有称先主者。本当是先帝，传之中原，改为先主耳。《杜微传》载孔明书：“朝廷主公，今年始十八。”亦无称朝廷为主公之理，是后人所改。

【译文】诸葛亮（字孔明）的书信中，也大多有称呼刘备为先主的字句。本来应当是称呼刘备先帝，文字传到中原，被改称为先主罢了。（《三国志·杜微传》记载诸葛亮的书信：“朝廷主公，今年始十八。”也没有称朝廷为主公的道理，这是后人所改的。）

主者次于君之号。苏林[1]解《汉书》“公主”云：“妇人称主。”引《晋语》中的“主孟啖我”。

【注释】①苏林：字孝友，三国时期陈留人。曾和韦昭合著《汉书音义》，今已亡失。

【译文】“主”比“君”要次等的称号。苏林解释《汉书》的“公主”说：“妇人称主。”引用《国语·晋语》中的“主孟啖我”。

陛 下

贾谊《新书》：“天子卑号称陛下。”蔡邕《独断》：“陛，阶也，所由升堂也。天子必有近臣执兵陈于陛侧，以戒不虞。谓之陛下者，群臣与天子言，不敢指斥天子，故呼在陛下者而告之，因卑达尊之义也。《记》曰：‘君子于其所尊，弗敢质，敬之至也。’上书亦如之。乃群臣士庶相与言曰殿下、阁下、执事之属，皆此类也。”据此，则陛下犹言执事，后人相沿，遂以为至尊之称。许善心以陈臣入隋。宇文述言，其祭陈叔宝文，称陛下。召问善心，言陛下者，本是呼执事之人，与尊号不同，事乃得释。然后世非天子亦不敢用。

【译文】贾谊《新书》：“天子的卑号被称为陛下。”蔡邕《独断》：“陛，就是台阶，是用来进入朝堂的。天子身边一定有左右臣子拿着兵器排列在陛下的旁边，来防备不测的情况。被称为陛下的人，群臣和天子说话，不敢指名称呼天子，因此叫唤在台阶旁的近臣而告知天子，这是信息由身份低下的臣子来传达给尊贵的天子的道理。(《礼记》说："君子对于他所尊敬的人，不敢直面对质，这是敬重到极点。")朝臣上奏章也是这样的。群臣士人庶民相互称呼说殿下、阁下、执事之类，都是这种类型。"依据这种说法，那么陛下犹如说是执事，后代人递相沿袭这习惯，于是认为这是最为尊贵的称呼。(许善心以陈朝之臣的身份入隋朝。宇文述对隋文帝说，许善心祭祀陈叔宝的文章，称陈叔宝为陛下。隋文帝下诏责问许善心，许善心回答说称陛下，本来是称呼主管事务的人，和尊号不相同，这件事才得到了解释。但是在后代不是天子也不敢使用这个称号。)

足 下

今人但见《史记》秦阎乐[①]数二世称"足下"，遂以为相轻之辞，不知乃战国时人主之称也。如苏代《遗燕昭王书》，乐毅《报燕惠王书》，苏厉《与赵惠文王书》，皆称"足下"。又如苏秦谓燕易王，范雎见秦昭王，苏代谓齐湣王，齐人谓齐湣王，孟尝君舍人谓卫君，张丐谓鲁君，赵郝对赵孝成王，郦生说沛公，张良献项王，亦皆称"足下"。《汉书·文帝纪》："丞相臣平、太尉臣勃、大将军臣武、御史大夫臣苍、宗正臣郢、朱虚侯臣章、东牟侯臣兴、居典客臣揭，再拜言大王足下。"

【注释】①阎乐：赵高其女婿，曾与其合谋发动"望夷宫政变"诛杀秦二世胡亥。

【译文】现在的人仅见到《史记》中秦代阎乐数落秦二世胡亥时称其为“足下”，于是认为这是轻视的词语，不知道这竟然是战国时期国君的称呼。像在苏代《遗燕昭王书》、乐毅《报燕惠王书》、苏厉《与赵惠文王书》里，都称国君为“足下”。又如苏秦称呼燕易王，范雎觐见秦昭王，苏代称呼齐湣王，齐人称呼齐湣王，孟尝君舍人称呼卫君，张丐称呼鲁君，赵郝面对赵孝成王，郦生游说沛公，张良进献项王，也都称呼他们为“足下”。《汉书·文帝纪》：“丞相臣下陈平、太尉臣下周勃、大将军臣下柴武、御史大夫臣下张苍、宗正臣下刘郢、朱虚侯臣下刘章、东牟侯臣下刘兴居、典客臣下刘揭，再次拜首进言大王足下。”

《宋书·西南夷传》载诸国表文，诃罗陀国称“圣王足下”，又称“天子足下”，阿罗单国称“大吉天子足下”。阇婆婆达国称“宋国大王大吉天子足下”，天竺迦毗黎国称“大王足下”。《梁书·诸夷传》表文，盘盘国称“常胜天子足下”，干陁利国称“天子足下”，狼修牙国称“大吉天子足下”，婆利国称“圣王足下”。

【译文】《宋书·西南夷传》记载各藩属国上呈的文章，诃罗陀国称宋文帝刘义隆为“圣王足下”，又称其为“天子足下”。阿（诃）罗单国称其为“大吉天子足下”。阇婆婆达国称其为“宋国大王大吉天子足下”，天竺迦毗黎国称其为“大王足下”。《梁书·诸夷传》各藩属国上呈的文章，盘盘国称梁武帝萧衍为“常胜天子足下”，干陁利国称其为“天子足下”，狼修牙国称其为“大吉天子足下”，婆利国称其为“圣王足下”。

阁下

赵璘《因话录》曰：“古者三公开阁[1]，郡守比古人之侯伯，亦有阁，故世俗书题有阁下之称。《汉书·王尊传》：“直符史诣阁下，从太守受其事。”前辈呼刺史太守亦曰‘节下’，与宰相人僚书，往往称‘执事’，言阁下之执事人耳。刘子玄为史官，《与监修宰相书》，称‘足下’，韩文公《与使主张仆射书》，称‘执事’，即其例也。若记室本系王侯宾佐之称，晋左思称左记室，梁何逊称何记室。他人亦非所宜。‘执事’则指其左右之人，尊卑皆可通称。‘侍者’则士庶可用之。近日官至使府、御史及畿令悉呼阁下。至于初命宾佐，犹呼‘记室’。今则一例‘阁下’，上下无别。其‘执事’才施于举人，‘侍者’止行于释子而已。今之布衣相呼尽曰‘阁下’，虽出于浮薄相戏，亦是名分天壤矣。”彭乘《墨客挥犀》同。

【注释】①开阁：犹开府，即成立府署，选置官属。阁，即行政机关。

【译文】赵璘《因话录》说：“古代的时候三公开阁，郡守如同古人的侯伯，也有阁，因此民间习惯书信中写有阁下的名称。（《汉书·王尊传》：“直符史诣阁下，从太守受其事。”）年老的人称呼刺史太守也说‘节下’，和宰相府的僚属通书信，一般称其为‘执事’，说是阁下的执掌事务的人员罢了。刘知几（字子玄）担任史官，在《与监修宰相书》中，称宰相为‘足下’，韩愈（世称文公）在《与使主张仆射书》里，称仆射张建封为‘执事’，就是这种例子了。像记室本来是王府诸侯的宾客僚属的称号，（晋朝左思被称为左记室，梁朝何逊被称为何记室。）称呼其他人也不是恰当的。‘执事’则是指其身边左右人员的称呼，地位尊贵还是低下都可以互通的称呼。‘侍者’则是士人庶民可以使用的称呼。近日来官位至使府、御史及畿令都称呼阁下。至于开始任命宾客僚属，依然称呼‘记室’。现在则是只有一个‘阁下’的例子，地位不管上下都没有差别。其‘执事’的称呼仅仅是用在举人上，‘侍者’只能用在佛家弟子罢了。现在的布衣百姓互相称呼完全说‘阁下’，即使是出于轻佻玩弄互相嘲笑的缘故，但这也是名位和身份已经是天壤之别了。”（和彭乘《墨客挥犀》的记载相同。）

谢在杭《五杂组》言：“阁，夹室也，以板为之。《礼记·内则》：‘天子之阁，左达五，右达五。’《檀弓》：“曾子曰：‘始死之奠，其余阁也与？’”盖古人置此以庋饮食之所，即今房中之板阁。而后乃广之为楼观之通名，如石渠、天禄、麒麟之类。《三辅黄图》云：皆萧何造。或以藏书，或以绘像，或以为登眺游览之所。司马相如《上林赋》：“高廊四注，重坐曲阁。”阁者，门旁小户也。《说文》。《董贤传》：“与孔光并为三公。上故令贤私过光，光警戒衣冠出门待，望见贤车，乃却入。贤至中门，光入阁，既下车乃出。因设馆于其旁，即谓之阁。《汉书·公孙弘传》：‘开东阁以迎贤人。’师古曰：“阁者，小门也。东向开之。古人坐以东向为尊。避当庭门而引宾客，以别于椽史官属。如今官署，角门旁有延宾馆是也。’《朱云传》：“薛宣谓云曰：且留我东阁，可以观四方奇士。”故《萧望之传》言：‘自引出阁。’而《隽不疑传》：‘暴胜之为直指使者，不疑至门，胜之开阁延请。’是凡官府皆有阁，不独三公也。《韩延寿传》：‘行县至高陵，入卧传舍，闭阁思过。’如今之闭角门，不听官属入也。《严延年传》：“母闭阁不见，延年免冠，顿首阁下。”《朱博传》：‘召见功曹，闭阁数责。’此又是闭角门不听出也。东晋太极殿有东西阁，唐制仿之，以宣政为前殿，紫宸为便殿。前殿谓之正衙，天子不御前殿，而御紫宸，乃自正衙唤仗[①]，由阁门而入，百官候朝于衙者，因随以入见，谓之入阁，《唐六典》：“宣政殿之左曰东上阁，右曰西上阁。”盖中门不启，而开角门也。《尔雅》：‘小闺谓之阁。’闺即门也，故金门亦谓之金闺。谢朓诗：“既通金闺籍。”《文翁传》：“诸生传教令，出入闺阁。”师古曰：“闺阁，内中小门也。”太史公《报任少卿书》：“身直为闺阁之臣。”而室中之门，亦或用此为称。《后汉书·曹大家传》：“时《汉书》始出，多未能通者，同郡马融伏于阁下，从昭受读。”是则二字之义，本自不同。《汉旧仪》曰：‘丞相听事门曰黄阁，不敢洞开朱门，以别于人主，故以黄涂之，谓之黄阁。’《宋书·百官志》：“黄阁，主簿省录众事。”《邓琬传》：“太宗定乱，进子勋车骑将军、开府仪同三司，诸佐吏并喜，造琬曰：暴乱既除，殿下又开黄阁。”今代以文渊阁藏书，而大学士主之，故谓之阁老。”盖亦论经石渠、校书天禄[②]之遗意尔。然西京但有阁，而未以为官曹之称，至后汉始谓之台阁。《古诗为焦仲卿作》云："汝是大家子，仕宦于台阁。"陈寿《三国志》评曰："魏世事统台阁，重内轻外，故八座尚书，即古六卿之任也。"裴松之《三国志注》引《魏略》曰："薛夏为秘书丞，"尝以公事移兰台。兰台自以台也，而秘书署耳，谓夏为不得移。推使当有坐者，夏报之曰：兰台为外台，秘书为内阁，台、阁一也，何不相移之有？兰台屈，无以折，自是之后，遂以为常"。魏张阁，字子台。《唐书·职官志》："光宅元年九月，改门下省为鸾台，中书省为凤阁。"李肇《国史补》："宰相相呼为堂老，两省相呼为阁老。"杜子美《奉赠严八阁老诗》云："扈从登黄阁。"《困学纪闻》曰："给事中属门下省，开元曰黄门省，故曰黄阁。左拾遗亦东省之属，故曰官曹可接联。"又《将赴成都草堂途中寄严郑公诗》云："生理只凭黄阁老。"此特借黄门为黄阁，而亦本于汉人台阁之称。《唐书·杨绾传》："故事，舍人年久者为阁老。"然则今之内阁，实本于此，而非取三公黄阁之义。其言入阁办事，谓入此内阁尔，而与唐之随仗入阁，不相蒙也。阁下之称，犹云台下，古今异名，亦何妨乎。

【注释】①唤仗：唐宋时期的天子仪仗之一，本文用作动词。②论经石渠、校书天禄：此指汉代两件著名的事情。论经石渠，汉宣帝于前51年在石渠阁召开了一次讨论学术的会议。校书天禄，西汉刘向奉命在天禄阁校勘皇家书籍。

【译文】谢在杭（谢肇淛）在《五杂俎》说："阁，就是内堂东西厢的后方，用木板做成的。《礼记·内则》：'天子的阁子，左边达到五个，右边达到五个。’（《檀弓》：“曾子说：‘人刚去世使用的祭奠物品，要用到其人生前的物品？’”）原来古人建造这个来放置饮食的场所，即是现在房中的板阁。而在之后才扩充为楼观的一般称呼，像石渠阁、天禄阁、麒麟阁之类。（《三辅黄图》说：都是萧何建造。）有的用来收藏图书，有的用来描绘图像，有的用来登高望远游览的场所。（司马相如《上林赋》：“高廊四注，重坐曲阁。”）阁，就是大门边小房子。（《说文》。《汉书·董贤传》：“和孔光一起并列为三公。汉哀帝故意命令董贤私访孔光，孔光布置警戒整理衣冠出到门口等待董贤的到来，孔光远远地看见董贤的马车过来，才退回家门中。董贤的马车到达中门，孔光躲入阁内，等到董贤下车之后才出来。）因为在它的旁边设立馆舍，就称呼它为阁。《汉书·公孙弘传》：‘打开东阁来迎接贤能的人才。’师古说：“阁，就是小门。东向开通。（古人的座位摆放认为在东向是为尊贵。）避讳对着厅堂的大门而迎接宾客，来区别于椽史官属。现在的官署，角门旁边有延宾馆就是这样的。’（《汉书·朱云传》：“薛宣对朱云说：暂时停留在我的东阁里，可以用来观览来自四方的才能非常的人。”）因此在《汉书·萧望之传》中说：‘萧望之自己退出了阁。’然而《汉书·隽不疑传》：‘暴胜之担任直指使者，隽不疑到达门口，暴胜之打开阁邀请他进门。’这证明凡是官府都有阁，不是唯独三公有它。《汉书·韩延寿传》：‘韩延寿巡视属县到达了高陵，进入卧室躺在传舍中，关闭阁门反思过错。’现在关闭角门，不允许从官方的大门进入。（《汉书·严延年传》：“其母关闭阁门不接见严延年，严延年脱下帽子，在阁楼外边叩头。”）《汉书·朱博传》：‘朱博召见各部属员，关闭阁门数落和责问他们。'这又是关闭角门不允许出去。东晋时太极殿有东西两阁，唐代的房屋规制仿照它来建造，把宣政殿作为前殿，紫宸殿作为便殿。前殿就是所谓的正衙，天子不会在前殿治理国家事务，而在紫宸治理国家事务，于是从正衙使用皇帝上朝的仪式，官员从阁门而进入，百官在正衙等候朝见皇帝，因而跟随仪仗进入觐见天子，这就是入阁了，(《唐六典》："宣政殿的左边是东上阁，右边是西上阁。")原来是中门不打开，但打开角门。《尔雅》：'小闺就是阁。'(闺就是门了，因此金门也就是金闺。谢朓的一句诗："既通金闺籍。"《汉书·文翁传》："诸位学生传达教化命令，进去'闺阁'。"师古说："闺阁，就是堂内中间的小门。"太史公司马迁《报任少卿书》："身直为闺阁之臣。")而且室中的大门，也有的使用这个称呼。(《后汉书·曹大家传》："当时《汉书》开始出来，大多说不能通晓它，同郡马融拜伏在阁下，跟从班昭学习《汉书》。")这就是两个字的含义，原本是来自不同的源头。《汉旧仪》说：'丞相管理事务的门叫黄阁，不敢敞开朱门，来区别于天子，因此用黄色涂在门上，称它为黄阁。'(《宋书·百官志》："黄阁，掌管登记在册众多事务。"《宋书·邓琬传》："宋明帝刘彧已经平定了战乱，晋封邓琬儿子邓勋为车骑将军、开府仪同三司，各位辅佐官吏一同道喜，拜访邓琬说：暴乱已经被平定，殿下又可以设置黄阁。")现在用文渊阁代替来藏书，而且是大学士掌管它，因此被称为阁老。"原来也是论经石渠、校书天禄的遗意。然而西汉只有阁，却没有作为官曹的称呼，到了东汉才称为台阁。《古诗为焦仲卿作》说："汝是大家子，仕宦于台阁。"陈寿《三国志》评论说："曹魏国家大事都统一在台阁里管理，重内轻外，因此八座尚书，就是古代六卿的职任所在。”裴松之《三国志注》引用《魏略》说：“薛夏担任秘书丞，“曾经把公事移交到兰台处理。兰台从来作为台，但秘书是一个官署，说薛夏不能够移交公事到兰台。推使当有坐者，薛夏奏报说：兰台作为外台，秘书作为内阁，台、阁就是一体，为什么不能相互平移公事？兰台官员理亏，不能折服薛夏，从此之后，于是认为台阁之间移交事务是正常的事情”。（魏国的张阁，字子台。）《唐书·职官志》：“光宅元年九月，改门下省变为鸾台，中书省变为凤阁。”（李肇《唐国史补》：“宰相相互称呼为堂老，两省官员相互称呼为阁老。”杜甫《奉赠严八阁老诗》说：“扈从登黄阁。”《困学纪闻》说：“给事中属于门下省的官员，唐玄宗开元时是属于黄门省，故称为黄阁。左拾遗也是门下省的官属，因此说官曹可以接上联系。”又在《将赴成都草堂途中寄严郑公诗》中说：“生理只凭黄阁老。”这里特别借代黄门为黄阁，而也来源于汉代人对台阁的称呼。《唐书·杨绾传》：“按照先例，担任资历最久的舍人是为阁老。”）那么现在的内阁，实际上是来源于这里，而不是取自三公、黄阁的含义。他们说入阁办事，是说进入这内阁罢了，却和唐代的跟随仪仗进入阁内，不能相互混淆它们。阁下的称呼，犹如是说台下，古今不同的称呼，也没有什么不同呢。

相

《管子》曰：“黄帝得六相。”《宋书·百官志》曰，“殷汤以伊尹为右相，仲虺为左相。”然其名不见于经，惟《书·说命》有“爰立作相”之文。而《左传》定公元年，薛宰言：“仲虺居薛，以为汤左相。”《礼记·月令》：“命相布德和令。”注：“相谓三公，相王之事也。”正义曰：“案《公羊》隐五年传曰：‘三公者何？天子之相也。’自陕而东者，周公主之；自陕而西者，召公主之，一相处乎内，是三公相王之事也。”至六国时，一人知事者特谓之相，故《史记》称穰侯、范雎、蔡泽皆为秦相，后又为丞相也。如魏文侯卜相于李克，储子为齐相，不必秦国有之。《史记》：“秦武王二年初置丞相。”杜氏《通典》曰：“黄帝六相，尧十六相为之辅，相不必名官。”是则三代之时，言相者皆非官名。相者，在王左右之人。《书》曰：“相被冕服凭玉几。”高宗立傅说为相，而曰：“王置诸其左右。”亦此意也。如《孟子》言舜相尧，禹相舜，益相禹，伊尹相汤，周公相武王；《礼记·明堂位》“周公相武王”之类耳。《左传》桓公二年，太宰督遂相宋公。庄公九年，鲍叔言于齐侯曰：“管夷吾治于高傒，使相可也。”昭公元年，祁午谓赵文子曰：“子相晋国。”按当时官名，皆不谓之相。《荀子》言孙叔敖相楚，传止言为令尹。《淮南子》言子产为郑国相，传止言执政。《左传》，羽父请杀桓公以求太宰，《史记》则云“君以我为相”。哀公十七年，“右领差车与左史老，皆相令尹司马以伐陈”。又是相二官，而非相楚王。《论语》：“今由与求也相夫子。”是相季氏而非相鲁君。惟襄公二十五年，“崔杼立景公而相之，庆封为左相”。则似真以相名官者。定公十年，“公会齐侯于夹谷，孔丘相”。杜氏解曰：“相，会仪也。如‘愿为小相焉’之相。”《史记·孔子世家》乃云：“孔子为大司寇，摄相事”。

是误以“傧相”之相为“相国”之相。不知鲁无相名，有司寇而无大司寇也。《礼记》正义引崔灵恩云：“诸侯三卿，司徒兼冢宰，司马兼宗伯，司空兼司寇。三卿之下有五大夫，五大夫者，司徒之下立二人：小宰、小司徒。司马之下以其事省，立一人，为小司马，兼宗伯之事；司空之下立二人：小司寇、小司空。今夫子为司空者，为小司空也，从小司空为小司寇也。”崔所以知然者，鲁有孟、叔、季三卿为政，又有臧氏为司寇，故知孔子为小司寇。按《左传》隐二年“司空无骇”，杜氏注：鲁司徒、司马、司空，皆卿也。然则臧纥为司寇，亦小司寇也。朱子《论语集注》引此，亦不觉其误。

【译文】《管子》说：“黄帝得到了六位‘相’。”《宋书·百官志》说，“商汤把伊尹任命为右相，仲虺任命为左相。”然而他们的名字没有在经出现，唯独在《尚书·说命》有“爰立作相”的文字记载。而在《左传》鲁定公元年，薛宰说：“仲虺居住在薛地，被任命为商汤的左相。”《礼记·月令》：“天子命令‘相’布施德教、宣布禁令。”注解：“这里的‘相’就是三公，辅助君王处理事务。”正义说：“查核《公羊传》鲁隐公五年的传说：‘三公者何？天子之相也。’从陕地而东的地区，是周公姬旦主管；从陕地而西的地区，是召公姬奭主管，一位‘相’处在朝廷内，这就是三公辅助周王处理事务。”到六国时，一位掌管事务的人特称为‘相’，因此《史记》称穰侯、范雎、蔡泽都是秦国的相，后代又改为丞相了。（像魏文侯向李克询问谁能担任魏国的相，储子担任齐相，不一定秦国有丞相。《史记》：“秦朝武王二年开始设置丞相。”）杜佑《通典》说：“黄帝的六位‘相’，尧的十六位‘相’是为辅佐的官员，相不一定是官职名。”这就是在夏、商、周三代的时候，说相的都不是官名。（相，就是侍奉君王左右的人。《尚书》说：“相给王戴上王冠、穿上朝服，王依靠着玉台。”商高宗武丁任命傅说为相，而且说：“商高宗武丁把傅说安置在他的左右。”也就是这意思了。）像在《孟子》中说舜在尧里担任相，禹在舜里担任相，益在禹里担任相，伊尹在汤里担任相，周公在周武王里担任相；《礼记·明堂位》“周公相武王”之类罢了。《左传》鲁桓公二年，太宰督于是担任宋公的相。鲁庄公九年，鲍叔对齐桓公说：“管仲（名夷吾）的治国才能高于高傒，可以使他成为齐王您的相。”鲁昭公元年，祁午对赵文子说：“子相晋国。”查询这是当时的官名，都不称其为相。（《荀子》说孙叔敖在楚国担任相，《左传》只说他担任令尹。《淮南子》说子产担任郑国的相，《左传》只说他担任执政。《左传》记载，鲁国大夫羽父请求诛杀鲁桓公来求得太宰的官职，《史记》则是说“君王任命我作为相”。）鲁哀公十七年，“右领差车和左史老两位，都可以‘相’令尹、司马来攻打陈国”。又是“相”的两种官职名，而不是“相”楚王。（《论语》：“现在仲由和冉求辅佐季孙。”这是辅佐季氏而不是辅佐鲁国国君。）只有鲁襄公二十五年，“崔杼拥立鲁景公而他担任相，庆封担任左相”。那么似乎真的用“相”来称官职的。鲁定公十年，“鲁定公在夹谷和齐侯会举行结盟，孔丘担任司仪”。杜预解释说：“相，是盟会的司仪。就像‘愿为小相焉’的相。”《史记·孔子世家》居然说：“孔子担任大司寇，代理相管理事务”。这是误把“傧相”的相作为“相国”的相。不清楚鲁国没有相的名称，有司寇却没有大司寇。（《礼记正义》引用崔灵恩的话说："诸侯国有三位卿，司徒兼职冢宰，司马兼职宗伯，司空兼职司寇。三卿之下有五大夫，五大夫，就是司徒之下设置两位属员：小宰、小司徒。司马之下因为它的事务简略，设置一位属员，就是小司马，兼职宗伯的事务；司空之下设置两位属员：小司寇、小司空。现在孔子担任的司空，是小司空，从小司空为小司寇。"崔灵恩为什么了解这么清楚，鲁国有孟、叔、季三位卿管理朝政，又有臧氏担任司寇，因此知道孔子担任小司寇。按照《左传》鲁隐公二年"司空无骇"，杜预注：鲁国的司徒、司马、司空，都是卿。那么臧纥担任司寇，也是小司寇了。朱熹《论语集注》引用这个，也没有发现它是错误的。）

将军

《春秋传》："晋献公作二军，公将上军，太子申生将下军。"是已有将军之文，而未以为名也。至昭公二十八年，阎没、女宽对魏献子曰："岂将军食之而有不足？"正义曰："此以魏子将中军，故谓之将军。"及六国以来，遂以将军为官名，盖其元起于此。《公羊传》："将军子重谏曰。"《穀梁传》："使狐夜姑为将军。"《孟子》："鲁欲使慎子为将军。"《墨子》："昔者晋有六将军，而智伯莫为强焉。"《庄子》："今将军兼此三者。"《盗跖篇》《淮南子》："赵文子问于叔向曰：晋六将军，其孰先亡？"张武为智伯谋曰："晋六将军。"又曰："鲁君召子贡，授之将军之印。"而《国语》亦曰："郑人以詹伯为将军。"又曰："吴王夫差黄池之会，十行一嬖大夫，十旌一将军。"《礼记·檀弓》："卫将军文子之丧。"《史记·司马穰苴传》："景公以为将军。"《封禅书》："杜主者，故周之右将军。"《越世家》："范蠡称上将军。"《魏世家》："令太子申为上将军。"《战国策》："梁王虚上位，以故相为上将军。"《汉书·百官表》曰："前后左右将军，皆周末官。"《通典》曰："自战国置大将军，楚怀王与秦战，秦败楚，虏其大将军屈丐。至汉，则定以为官名矣。"

【译文】《春秋传》："晋献公作二军，公将上军，太子申生将下军。"这里已经有将军的文字记载，但是没有作为官职名称。到鲁昭公二十八年，阎没、女宽对魏献子说："难道将军赐给我们吃饭却会有不够的？"正义说："这里因为魏子率领中军，故而称他为'将军'。"到了六国以来，才把将军作为官名，大概其起源在这里。《公羊传》："将军子重劝谏说。"《穀梁传》："派遣狐夜姑担任将军。"《孟子》："鲁国想让慎子担任将军。"《墨子》："以前晋国有六位将军，而在当中智伯最为强大。"《庄子》："现在将军兼职这三个。"（见《盗跖篇》。）《淮南子》："赵文子向叔向询问说：晋国的六位将军，谁最快灭亡？"张武替智伯出谋说："晋国的六位将军。"又说："鲁国国君征召子贡，授予他将军的大印。"而且《国语》也说："郑国把詹伯任命为将军。"又说："吴王夫差在黄池之会，每十行设置一位宠幸的下大夫带领，每十旌设置一位将军。"《礼记·檀弓》："卫国将军文子的丧礼。"《史记·司马穰苴传》："齐景公任命穰苴为将军。"《史记·封禅书》："杜主，是以前周的右将军。"《史记·越世家》："范蠡被称为上将军。"《史记·魏世家》："让太子申担任上将军。”《战国策》：“梁王让上位空着，把以前的相任命为上将军。”《汉书·百官表》说：“前后左右将军，都是周朝末期的官职名。”《通典》说：“从战国设置大将军，楚怀王和秦国发生战争，秦国打败楚怀王，俘虏了楚国的大将军屈丐。到了汉代，就把将军确定作为官职名称了。”

相公

前代拜相者必封公，故称之曰相公，若封王则称相王。司马文王进爵为王，荀觊曰“相王尊重”是也。晋简文帝及会稽王道子亦称相王。自洪武中革去丞相之号，则有公而无相矣。即初年之制，亦不尽沿唐宋，有相而不公者，胡惟庸是也；有公而不相者，常遇春之伦是也。封公拜相，惟李善长、徐达，三百年来有此二相公耳。

【译文】以前的朝代被授予相位的人一定被赐封为公，因此称呼他为相公，如果被封为王就称呼为相王。（司马文王晋升爵位成为王，荀觊说“相王尊重”就是。晋简文帝司马昱和会稽王司马道子也称为相王。）自从洪武年间取消丞相的称号，那么只有称公却没有称相了。虽然在明朝建国初期的制度，也没有完全沿袭唐宋的制度，拥有相位却没有称公的，就是胡惟庸；拥有公位却没有称相的，就是常遇春之类的人。被赐封公授予相位，只有李善长、徐达两人，明朝建国三百年以来只有这两位相公罢了。

魏王粲《从军行》:“相公征关右,赫怒震天威。”《羽猎赋》:“相公乃乘轻轩驾四骆。”“相公”二字,似始见此。

【译文】魏国王粲的《从军行》:“相公征关右,赫怒震天威。”扬雄《羽猎赋》:“相公乃乘轻轩驾四骆。”“相公”这两个字,似乎才在这里出现。

司业

国子司业以为生徒所执之业,非也。唐归崇敬授国子司业,上言:“司业义在《礼记》。‘乐正司业’,正,长也。言乐官之长司主此业。《尔雅》云:‘大版谓之业。’按《诗·周颂》:‘设业设虡,崇牙树羽。’则‘业’是悬钟磬之簨虡也。今太学既不教乐,于义无取,请改国子监为辟雍,祭酒为太师氏,司业一为左师,一为右师。”诏下尚书集百僚定议以闻,议者重难改作,其事不行。按《灵台》之诗曰:“虡业维枞。”即此“业”字。传曰:“业,大版也,所以饰栒为悬也。捷业如锯齿,或白画之。”《尔雅》:“大版谓之业。”《左氏》昭九年传:“辰在子卯,谓之疾日,君彻宴乐,学人舍业。”《礼记·檀弓》:“大功废业。”并谓此也。宋徐爰误解此义,而曰:“大功废业,三年丧,何容读书。”悬者常防其坠,故借为敬谨之义,《书》之“兢兢业业”,《诗》之“赫赫业业”“有震且业”是也。

《尔雅》："业业，危也。"凡人所执之事，亦当敬谨，故借为事业之义。《易》传之"进德修业""可大则贤人之业""盛德大业"；《礼记》之"敬业乐群"是也。然三代诗书之文，并无此义，而"业广惟勤"一语，乃出于梅赜①所上之《古文尚书》。

【注释】①梅赜：东晋汝南人，曾任豫章内史，曾进献《古文尚书》，后被宋代考证为伪书。

【译文】国子监的司业被认为是学生所学习的功课，这是错误的。唐代的归崇敬被授予国子司业，向皇帝进言说："司业的含义在《礼记》里。'乐正司业'，正，就是掌管。说乐官的主管事务就是掌管这种学习功课。《尔雅》说：'大版谓之业。'按照《诗经·周颂》：'设业设虡，崇牙树羽。'那么'业'就是悬挂在钟磬的簨虡。现在的太学既不能教授音乐，没有取自它的含义，请求改国子监为辟雍，祭酒为太师氏，司业或者改为左师，或者改为右师。"皇帝的诏令下达到尚书省，召集百官确定结论后，并上报，讨论的官员认为非常难以改变，这件事没有得到施行。按照《灵台》的诗说："虡业维枞。"就是这个"业"字。传说："业，大版也，所以饰栒为悬也。捷业如锯齿，或白画之。"《尔雅》："大版谓之业。"《左传》鲁昭公九年传："辰在子卯，谓之疾日，君彻宴乐，学人舍业。"《礼记·檀弓》："大功废业。"都是说的是这个意思。（宋代徐爰错误地理解这个含义，而且说："大功废业，三年丧，何容读书。"）悬挂的东西常常用来防止它坠落，因此借代为敬谨的含义，《尚书》的"兢兢业业"，《诗经》的"赫赫业业""有震且业"就是这样的。（《尔雅》："业业，就是小心。”）凡是人所坚持的事情，也应该敬重小心，因此借代为事业的含义。《易》传之“进德修业”“可大则贤人之业”“盛德大业”；《礼记》之“敬业乐群”就是这样的。然而夏商周三代诗书的文字，并没有这个含义，但是“业广惟勤”这个词语，居然是出自于梅赜所上奏皇帝的《古文尚书》。

梁刘勰《文心雕龙》谓：《论语》以前，经无“论”字，《六韬》三论，后人追题。今《周官》篇有“论道经邦”之语，盖梅赜古文之书，其时未行。然即此二字，“业”字、“论”字。亦足以蔡时世言语之不同矣。

【译文】南朝梁国刘勰《文心雕龙》说：在《论语》出现以前，“经”没有“论”字，《六韬》中的三论，是后人追加题名的。现在《尚书·周官》篇中有“论道经邦”的语句，大概是出自梅赜的《古文尚书》，那时没有得到传播。然而就是用这两个字，（“业”字、“论”字。）也能够来观察当时世上文章著述的不同。

翰 林

《唐书·职官志》曰：“翰林学士之职，本以文学言语备顾问，出入侍从，因得参谋议，纳谏争。而翰林院者，待诏之所也。《雍录》曰：“翰林院在大明宫右银台门内，稍退北有门，榜曰翰林之门。”唐制，乘舆所在①，必有文辞经学之士，下至卜医伎术之流，皆直于别院，以备燕见。而文书诏令，则中书舍人掌之。太宗时，名儒学士时时任以草制，然犹未有名号。乾封以后，始号北门学士。玄宗之代，张说、陆坚、张九龄、徐安贞、张垍等召入禁中，谓之翰林待诏，掌中外表疏批答，应和文章。继以诏敕文告，悉由中书，每多壅滞，始选朝官有辞艺学识者入翰林供奉，亦有无官而得入者，如李白是也。然亦未定名制。开元二十六年，始改翰林供奉为学士，别置学士院，专掌内命②。至德以后，天下用兵，军国多务，深谋密诏，皆从中出，置学士六人，内择年深德重者一人为承旨，以独当密命故也。德宗好文，尤难其选。贞元以后，为学士承旨者多至宰相。"参取《新》《旧》二志。而其官不见于《唐六典》，盖书成于张九龄，其时尚未置也。

【注释】①乘舆所在：喻为皇帝居住的地方。乘舆，为天子所用之物。②内命：不经朝臣讨论而由皇帝直接发布的命令。

【译文】《唐书·职官志》说："翰林学士的官职，本来利用文学言语提供作为皇帝的顾问，跟从和侍奉皇帝出入朝廷，因而获得参与谋划和讨论的权力，使皇帝接受直言规劝的建议。但是翰林院，是等候皇帝命令的场所。(《雍录》说："翰林院在大明宫右边银台门内，稍微向北退回有一座门，匾额上题写着'翰林之门'。")唐代的制度，天子乘坐车舆所在的地方，一定有善写文章和研究儒家经典的士人，下到算命医生技艺方术之类各种人才，都在别院当值，来提供皇帝的接见。然而文书诏令，就是中书舍人来掌管。在唐太宗李世民时，著名的儒士和学士时时任由草拟的制度写上称呼，然而依然没有专门的名号。在乾封年间以后，才开始称‘北门学士’。唐玄宗李隆基的时候，张说、陆坚、张九龄、徐安贞、张垍等人被召入宫禁中，称他们为翰林待诏，掌管朝廷内外表文奏疏的批改和回复，写附和文章。继而因为诏敕文告，都出自中书省，每次大多阻塞滞留，开始选拔朝官当中有辞令才艺和学问知识出众的官员进入翰林院侍奉皇帝，（也有没有官职却能进入翰林院的，像李白就是了。）然而也没有确定名号的制度。开元二十六年，才改翰林供奉为学士，另外设置学士院，专门掌管皇帝命令的发布。至德年间以后，天下战争频发，国家军务众多，深远周密的计谋和秘密的诏令，都是从当中发出，设置六名学士，在当中选择一位年高德重的人担任承旨，来独自承担秘密诏令的原因。唐德宗李适喜好文章，非常艰难选择其中的人员。贞元年间以后，担任学士承旨的大多官至宰相。”（参考和摘取《新唐书》《旧唐书》两种志书。）但是这个官职没有出现在《唐六典》中，大概《唐六典》在张九龄任职期间完成，那时还没有设置。

《旧书》言翰林院有合练、僧道、卜祝、术艺、书弈，各别院以廪之。《职官志》。陆贽与吴通玄有隙，乃言承平时，工艺书画之徒，待诏翰林，比无学士，请罢其官。《通玄传》。其见于史者，天宝初，嵩山道士吴筠。乾元中，占星韩颖、刘烜。贞元末，弈棋王叔文、侍书王伾。元和末，方士柳泌、浮屠大通。宝历初，善弈王倚、兴唐观道士孙准。并待诏翰林。小说，玄宗时，有翰林善围棋者王积薪。又如黎干虽官至京兆尹，而其初亦以占星待诏翰林。而贞元二十一年二月丙午，罢翰林医工、相工、占星、射覆冗食者四十二人。《顺宗纪》。宝历二年十二月庚申，省教坊乐官、翰林待诏伎术官，并总监诸色职掌内冗员，共一千二百七十人。《文宗纪》。此可知翰林不皆文学之士矣。赵璘《因话录》云：“文宗赐翰林学士章服①，续有待诏欲先赐本司，以名上，上曰：‘赐君子小人不同日，且待别日。’”《雍录》曰：“汉吾丘寿王以善格五召待诏，坐法免，上书愿养马黄门。金日磾与弟伦没入官，输黄门养马。”师古曰：“黄门之署，职任亲近，以供天子，百物在焉，故亦有画工。”又武帝令黄门画《周公负成王图》，以赐霍光。则是黄门之地，凡善格五者、能养马者、能绘画者，皆得居之。故知唐世杂艺之士，供养翰林者，正用此例也。

【注释】①章服：古代标有记号的衣服，这里指翰林院的礼服。

【译文】《旧唐书》说在翰林院有合练、僧道、卜祝、术艺、书弈等各类人员，各自居住在别院来等待皇帝的召见。（见《旧唐书·职官志》。）陆贽和吴通玄有怨恨，吴通玄竟然说在天下太平的时候，擅长技艺、艺术、书法、画画之辈，在翰林院等待皇帝的诏令，这种没有去学习的士人，请求罢免这种官职。（见《旧唐书·吴通玄传》。）其在史书上出现的，就有天宝初期，嵩山道士吴筠。乾元年间，占星韩颖、刘烜。贞元末年，弈棋王叔文、侍书王伾。元和末年，方士柳泌、浮屠大通。宝历初期，善弈王倚、兴唐观道士孙准。一起在翰林院等待皇帝的诏令。（小说记载，在唐玄宗时，就有翰林擅长围棋的人名叫王积薪。）又像黎干即使官至京兆尹，然而他当初也以占星的身份在翰林院等待皇帝的诏令。而在贞元二十一年二月初六，罢免翰林医工、相工、占星、射履等闲职四十二人。（见《旧唐书·顺宗纪》。）宝历二年十二月二十七日，罢免教坊乐官、翰林待诏伎术官，一同总监各种职掌内冗员，共一千二百七十人。（见《旧唐书·文宗纪》。）这里可以知道翰林不都是有学问的士人。赵璘《因话录》说："唐文宗赐予翰林学士章服，后来有翰林待诏想先赐本司，来告诉唐文宗，唐文宗说：'赐予东西给君子、小人不能在同一天，暂且等待他日。'"（《雍录》说："汉代吾丘寿王因为擅长格五被召为待诏，后触犯法律被罢免，他给皇帝上书说愿意在黄门养马。金日磾和弟弟金日伦被抄没财产进入了官籍，送到黄门养马。"颜师古说："黄门的设置，所担任的职位和职责被皇帝信任和接近，被用来侍奉天子，各种物品摆放在那里，因此也有画工在那里工作。"而且汉武帝命令黄门画《周公负成王图》，来赏赐给霍光。那么在黄门的地方，凡是擅长格五的、能养马的、能绘画的，都可以居住在这里。因此知道唐代身怀各种技艺的人，被供养在翰林的，正是依照了这个惯例了。）

成化三年，以明年上元张灯，命翰林院词臣撰诗词。编修章懋、黄仲昭，检讨庄昶上疏言："翰林之官，以论思代言为职。虽曰供奉文字，然鄙俚不经之词，岂宜进于君上。固不可曲引宋祁、苏轼之教坊致语[①]，以自取侮慢不敬之罪。臣等又尝伏读宣宗章皇帝御制《翰林箴》，有曰：'启沃之言，惟义与仁，尧舜之道，邹孟以陈。'今张灯之举，恐非尧舜之道；应制之诗，恐非仁义之言。臣等知陛下之心，即祖宗之心，故不敢以是妄陈于上。伏愿采刍荛之言[②]，于此等事一切禁止。”上怒，命杖之，谪懋临武知县、仲昭湘潭知县，昶桂阳州判官，各调外用。已而谏官为之申理，乃改懋、仲昭南京大理寺评事，昶南京行人司司副。自此翰林之官重矣。

【注释】①致语：宋元时期，教坊乐人进呈的祝颂词。②刍荛之言：刍荛，割草砍柴的人。此喻为粗鄙之人。刍荛之言，粗鄙之人说的话。

【译文】成化三年，因为第二名上元节张挂灯笼，命令翰林院词臣撰写诗词。编修章懋、黄仲昭，检讨庄昶进呈奏疏说：“翰林的官职设置，把讨论学问、代拟诏令作为职责。即使是说侍奉皇帝撰写文章，然而粗俗荒诞的词语，怎么应当进呈给皇帝。当然不可以歪曲援引宋祁、苏轼进呈的教坊里祝颂词，来自行招致态度傲慢没有敬佩的罪责。我等又曾经恭敬地阅读宣宗章皇帝朱瞻基御制的《翰林箴》，当中说：‘启沃之言，惟义与仁，尧舜之道，邹孟以陈。’现在张挂灯笼的举动，恐怕不是尧舜的天道；应皇帝命令而撰写的诗句，恐怕不是仁义的言辞。我等明白陛下之心，就是太祖太宗之心，因此不敢把这妄议陈述在皇帝面前。希望能采纳粗鄙的谏言，对于这种事情应该一切禁止。”成化皇帝大怒，命令侍从杖打他们，贬谪章懋为临武知县、黄仲昭为湘潭知县，庄昶为桂阳州判官，各自调出京城在外任用。不久之后谏官替他们申明理由，于是改判章懋、黄仲昭任南京大理寺评事，庄昶任南京行人司司副。从此以后翰林的官职重要了。

洗马

《越语》:“句践身亲为夫差前马。”《韩非子》云:“为吴王洗马。”洗音铣。《淮南子》云:“为吴兵先马走。”当作吴王。《荀子》:“天子出门,诸侯持轮,挟舆先马。”贾谊《新书》:“楚怀王无道,而欲有霸王之号,铸金以象诸侯人君,令大国之王编而先马,梁王御,宋王驂乘①,滕、薛、卫、中山之君随而趋。”然则洗马者,马前引导之人也。亦有称马洗者。《六韬》:“赏及牛竖、马洗、厩养之徒。”《汉书·百官表》:“太子太傅、少傅属官有先马。”张晏曰:“先马员十六人,秩比谒者,先或作洗”。又考《周礼》齐右职云:“凡有牲事则前马。”注:“王见牲则拱而式,居马前却行,备惊奔也。”又道右职云:“王式则下前马。”是此官古有之矣。《庄子》:“黄帝将见大隗乎具茨之山,张若謵朋前马。”

【注释】①驂(cān)乘:亦作参乘,意为陪乘的人。

【译文】《国语·越语》:“越王句践亲自担任吴王夫差的前马。”《韩非子》说:“担任吴王夫差的洗马。”洗字读作铣音。《淮南子》说:“为吴国军队在马前面探路。”(应当写为吴王。)《荀子》:“天子外出巡幸,诸侯王扶持着车轮,靠着车舆在马前面行走。”贾谊《新书》:“楚怀王不行王道,却想拥有霸王的称号,烧铸金属来模仿诸侯王的形状,命令大国的王编成队伍而且在马前面,梁王驾车,宋王陪在左右,滕国、薛国、卫国、中山国的君主跟随而且快步走。”那么洗马,就是马前面引导的人了。也有称为马洗的。《六韬》:

“赏赐到牛竖、马洗、厩养之类的人。”《汉书·百官表》：“太子太傅、少傅属官里有先马的官职。”张晏说：“先马人员共有十六人，薪俸和谒者相等，先字有时写成洗字”。又考据《周礼》的齐右职说：“凡是有牲畜的事务就有前马。”注解：“周王乘车时看见牲口就拱手而作揖，在马前面慢慢后退而行，来防备马受到惊吓而奔走。”又道右职说：“王式则下前马。”这就是这个官职古代就有了。《庄子》：“黄帝将要在具茨山拜访大隗，张若謵朋在马前面引导。”

比部

《周礼·小司徒》：“及三年则大比，大比则受邦国之比要。”注：“大比谓使天下更简阅民数及其财物也。”郑司农云：“五家为比，故以比为名。今时八月案比是也。”《庄子》云：“礼法度数刑名比详。”唐时刑部有刑、比、音毗。都官、司门四曹。《通典》：“比部郎中，龙朔二年改为司计大夫。咸亨元年复旧。天宝十一载又改比部为司计，至德初复旧。”《旧唐书·职官志》：“比部郎中、员外郎之职，掌勾诸司百僚俸料，公廨赃赎，调敛徒役，课程逋悬数物，周知内外之经费，而总勾之。”《杨炎传》：“初，国家旧制，天下财赋皆纳于左藏库，而太府四时以数闻，尚书比部覆其出入。”《宋史·职官志》：“比部郎中、员外郎，掌勾覆中外帐籍。凡场务仓库出纳在官之物，皆月计、季考、岁会，从所隶监司检察，以上比部。至则审覆其多寡登耗之数，考其陷失，而理其侵负。”《山堂考索》："会计逋欠，每三月一比，谓之比部。"故昔人有刑罚与赋检相为表里之说。今四曹改为十三司，而财计之不关刑部久矣，乃犹称郎官为比部，何邪？

【译文】《周礼·小司徒》："等到三年就进行大比，大比就接受邦国调查数据的簿册。"注解："大比称作是使得天下更换检查民众的数量及其他们的财物。"司农郑玄说："五户人家成为一比，因此把比作为名称。就像现在八月案比一样。"《庄子》说："礼法度数刑名比详。"唐代时刑部里就有刑、比（读作毗音）、都官、司门四曹。《通典》："比部郎中，在龙朔二年改为司计大夫。在咸亨元年恢复旧名。在天宝十一年又改比部为司计，在至德初年恢复旧名。"《旧唐书·职官志》："比部郎中、员外郎的职责，掌管分配各司百官薪俸和食物，公廨的退赃上缴的财物，调出收回刑徒和仆役，征收税额，抓捕悬赏数种东西，了解国内外的使用经费，而且总体标记它。"《旧唐书·杨炎传》："开国初年，国家沿袭旧的制度，天下财赋都收归在左藏库里，但太府四季把数据上报，尚书的比部复查其数目的出入。"《宋史·职官志》："比部郎中、员外郎，掌管勾勒复查中外的账簿。凡是场务仓库出纳在官府登记的财物，都进行月计、季考、岁会，从所隶属的监司检察，依据它上报到比部。等到审核复查其的财物多少人丁新添或死亡的数目，考据其因失误而遭到损失的数目，而理清其因失误而失去的数目。"《山堂考索》："会计掌管拖延的债务，每三个月进行一次'比'，称为比部。"故以前的人就有刑罚与赋检互为表里的说法。现在的四曹改为十三司，而且财计已经和刑部没有关系很久了，居然依旧称郎官为比部，为什么呢？

员外

员外之官，本为冗秩。《旧唐书·李峤传》：“峤为吏部时，志欲曲行私惠，冀得复居相位，奏置员外官数千人，犹近日天启末之添注京堂。以至官寮倍多，府库减耗。”事在中宗神龙二年。《通鉴》：大置员外官，自京司及诸州凡二千余人。宦官超迁七品以上员外官者，又将千人。《册府元龟》：“李峤、韦嗣立同居选部，多引用权势，请置员外官一千余员。其员外官悉恃形势，与正官争事，百司纷竞，至有相殴击者。又有谓之员外置同正员者。迨乎玄宗，犹不能尽革，故肃宗乾元二年九月诏曰：“应州县见任员外官，并任其所适。其中有材识干济，曾经任使，州县所资者，亦听量留。上州不得过五人，中州不得过四人，下州不得过三人，上县已上不得过一人。”今则副郎而取名员外，于义何居？当由定制之初，主爵诸臣，未考源流，有乖名实。子不云乎：“必也正名。”则斜封墨敕[①]之朝，不可沿其遗号矣。

【注释】①斜封墨敕：亦作墨敕斜封，利用斜封颁发的墨敕。这里借指唐朝。

【译文】员外这种官职，原本是多余的官阶。《旧唐书·李峤传》：“李峤担任吏部的时候，他的意向却想曲意行使私下的恩惠，希望得到又位居丞相的官位，上奏皇帝设置员外官数千人，（犹如近代天启末年增添注京堂。）以至于官僚增加了一倍多，使国库银两减少。”这件事在唐中宗神龙二年。（《通鉴》：皇帝设置员外的官职，从京司到诸州一共有两千多人。宦官超编升迁七品以上员外官的，又将近一千人。《册府元龟》：“李峤、韦嗣立一同位居选部，大多引荐任用权势子弟，请求皇帝设置员外官一千多人。其员外官都依仗权势，和正式官员争权，百司纷纷竞起，以至于存在互相殴打的事情。）又有称员外权力和正官的相同。等到唐玄宗时，依然不能得到完全革除这个弊病，因此在唐肃宗乾元二年九月下诏说：“听任在州县属员中现任的员外官，并且任职在其所符合能力的位置上。当中有才能见识办事干练的，曾经供职和受官府派遣的，州县所支付薪资的人，也听从量其能力而留任。上州不能超过五个人，中州不能超过四个人，下州不能超过三个人，上县以上不能超过一个人。”现在就是这副郎却取名员外，这对于含义来说是什么道理？应当在确定官制的开始时，掌管爵位配置的各位大臣，没有考据其源流，有违背名实的嫌疑。孔子不是说过吗：“必也正名。”那么是唐朝留下的官号，就不能沿袭其遗留下来的名称了。

主事

后汉光禄勋，有南北庐主事，主三署之事。于诸郎之中，察茂材者为之，然其职不过如椽史之等。故范滂迁光禄主事时，陈蕃为光禄勋，滂执公仪诣蕃，蕃亦不止。滂怀恨投版，弃官而去。后因郭泰之言，蕃乃谢之。而张霸、戴封、戴就、公沙穆并以孝廉为光禄主事，其他府寺则不闻有此名也。《宋书·百官志》，中书通事舍人下云："其下有主事。本用武官，宋改用文吏。"至后魏则于尚书诸司置主事令史。隋炀帝去令史之名，但曰主事。唐时并流外[1]为之。尚书省主事六人，从九品上，门下省主事四人，中书省主事四人，并从八品下。而刘祥道上疏言："尚书省二十四司及门下省中书都事、主书、主事等，比来选补，皆取旧任流外有刀笔之人。纵欲参用士流，皆以俦类[2]为耻。前后相承，遂成故事。望有厘革，稍清其选。"事竟不行。《裴光庭传》："任门下省主事。阎麟之专主过官，凡麟之裁定，光庭辄然可。时语曰：麟之口，光庭手。"《元载传》："大历十二年三月庚辰，上御延英殿，命左金吾大将军吴湊收载及王缙于政事堂，各留系本所，并中书主事卓英倩、李待荣及载男仲武、季熊并收禁。"《宋史·职官志》："门下省吏四十有九，录事、主事各三人，令史六人，书令史十有八人，守当官十有九人。"《魏仁浦传》："自枢密院小史迁兵房主事。"《杨亿传》："时以吏部铨主事、前宜黄簿王太冲为大理丞评事，亿以吏之贱，不宜任清秩，封还诏书。未几太冲补外。"是在前代，皆椽史之任也。明初设六部主事，意亦仿此。永乐十四年，永新伯许成以擅杖工部主事王景亮被劾。

【注释】①流外：隋唐时九品之外官员的通称。②俦（chóu）类：同类，相同的人。

【译文】东汉光禄勋，分为南北庐主事，掌管三署（即五官署、左署、右署的合称）的事务。在各个郎官之中，选举才能优异的人来担任其官职，然而其职责没有超过像椽史之类官职。因此范滂迁任为光禄主事时，陈蕃担任光禄勋，范滂用官府的礼节来拜访陈蕃，陈蕃也没有停下脚步来回礼。范滂心存怨恨就把朝笏扔在地上，放弃官职而离开。后来因为郭泰的言语，陈蕃才向范滂道歉。而在张霸、戴封、戴就、公沙穆一同以孝廉的身份任光禄主事，其他府寺就没有听说过有这样的官名。《宋书·百官志》，中书通事舍人下说："中书通事舍人下有主事一职。本来是任用武官，宋朝改为用文吏。"到北魏就在尚书诸司设置主事令史。隋炀帝除去令史的名称，只称主事。唐朝时一并在流外通行称呼。尚书省主事一共有六个人，官阶从九品上，门下省主事一共有四个人，中书省主事一共有四个人，官阶都是从八品下。但是刘祥道进呈奏疏说："尚书省二十四司以及门下省中书都事、主书、主事等，向来选举补录，都是取自曾任流外有刀笔经历的人员。即使想兼用士人之流，他们都把和流外的人一起做事认为是耻辱。前后相互承袭，于是形成了旧的规矩。希望有厘清源流革除弊病，逐渐肃清其官员的选举。"这件事竟然没有得到执行。（《旧唐书·裴光庭传》："裴光庭担任门下省主事。阎麟之的专权超越了正官的权力，凡是阎麟之裁定的事情，裴光庭一字不动地认可。当时的人说：阎麟之的嘴，裴光庭的手。"《旧唐书·元载传》："在唐代宗大历十二年三月二十八日，唐代宗李豫亲临延英殿，命令左金吾大将军吴湊在政事堂捉拿元载以及王缙，把他们各自截留且拘禁在本所，一同把中书主事卓英倩、李待荣以及元载儿子仲武、季熊一起收押拘禁。"）《宋史·职官志》："门下省吏员四十九人，录事、主事各有三个人，令史六个人，书令史十八个人，守当官十九个人。"

（《旧唐书·魏仁浦传》："魏仁浦从枢密院小史迁至兵房主事。"《旧唐书·杨亿传》："当时把吏部铨主事、前宜黄簿王太冲任大理丞评事，杨亿认为这官职地位低下，不适合供职名义高尚却无实事可做的官职，于是封存好并归还诏书。不久王太冲补任外官。"）这在前朝时，都是椽史的职责。明代初年设置六部主事，意思也是仿照这个的。在永乐十四年，永新伯许成因为擅自杖打工部主事王景亮被审问。

主簿

《周礼·司会》注："主计会之簿书。"疏云："簿书者，古有简策以记事。"若在君前，以笏记事。后代用簿，簿今手版，故云吏当持簿，簿则簿书也。汉御史台有此官。御史大夫张忠署孙宝为主簿。而魏晋以下，则寺监以及州郡并多有之。杜氏《通典·州佐》条下云："主簿一人，录门下众事，省署文书，汉制也。历代至隋皆有。"又引晋习凿齿为桓温荆州主簿，"亲遇深密，时人语曰：'徒三十年看儒书，不如一诣习主簿'"。在当时为要职。

【译文】《周礼·司会》注解："掌管财务计算的簿书。"其疏说："簿书，就是古代使用简策来记载事情的。"如果在君主面前，用朝笏来记住事情。后代使用簿，簿就是现在的手版，因此说吏员应当手拿着簿，簿就是簿书了。汉代御史台就有这样的官名。御史大夫张忠代理孙宝任主簿。而在魏晋以来，则在寺监以及州郡一同大多有这样的官职。杜佑《通典·州佐》条下说："主簿一人，记载门下省诸多事情，审核代写公文，是汉代的制度。历代到隋朝都有这样的官职。"又援引晋朝习凿齿担任桓温荆州主簿，"亲近知遇、关系非常密切，当时有人说：'白白浪费三十年的时间去看儒家书籍，比不上拜访一次主簿习凿齿'"。说明在当时这是重要的职位。

郎中待诏

北人谓医生为大夫，南人谓之郎中，镊工[1]为待诏，木工、金工、石工之属皆为司务。其名盖起于宋时。《老学庵笔记》："北人谓医为衙推，《旧唐书·郑注传》："以药术依李愬，署为节度衙推。"《北梦琐言》："庄宗好俳优，宫中暇日，自负蓍囊药箧，令继岌破帽相随。以后父刘叟以医卜为业，后方昼寝，继岌造其卧内，自称刘衙推访女。"卜相为巡官。巡官，唐五代郡僚之名，或以其巡游卖术，故有此称，亦莫详其所始也。"《旧唐书·音乐志》："隋末河内有人貌恶而嗜酒，常自号郎中。"《实录》：洪武二十六年十二月丙戌，命礼部申禁军民人等，不得用太孙、太师、太保、待诏、大官、郎中等字为名称。

【注释】①镊工：即理发师、剃头匠。

【译文】北方人称医生为大夫，南方人称其郎中，镊工被称为待诏，木工、金工、石工之类都是被称为司务。其名大概起源在宋代的时候。《老学庵笔记》："北方人称医为衙推，（《旧唐书·郑注传》：

“郑注凭借药术依附李愬，被任命为节度衙推。”《北梦琐言》：“后唐庄宗李存勖喜好杂技的演员，一日在宫中休闲时，后唐庄宗亲自背着放着药囊的药箱，命令李继岌戴着破烂的帽在后面跟随。因为皇后之父刘叟依靠医疗和卜筮作为谋生的职业，皇后刚刚进行午休，李继岌拜访其卧室里面，就自称刘衙推拜访女儿。”）卜相被称为巡官。巡官，是唐朝五代郡里属员的官名，有人认为其到处游历推销术法，因此有这样的称呼，也不能清楚地知道它的本源。”（《旧唐书·音乐志》：“隋朝末期河内有一个人面貌丑恶却爱好喝酒，经常自称为郎中。”）《太祖实录》：在洪武二十六年十二月十五日，太祖命令礼部申明诏令并禁止军队民众之类的，不能使用太孙、太师、太保、待诏、大官、郎中等字词作为为名称。

外郎

今人以吏员为外郎。按《史记·秦始皇纪》：“近官三郎。”索隐曰：“三郎谓中郎、外郎、散郎。”《通典》：“汉中郎将，分掌三署。郎有议郎、中郎、侍郎、郎中，凡四等，皆无员，多至千人，掌门户，出充车骑，其散郎谓之外郎。”今以之称吏员，乃世俗相褒之辞。

【译文】现在的人把吏员当作是外郎。按《史记·秦始皇本纪》：“皇帝亲近的官员就有三郎。”《史记索隐》说：“三郎就是中郎、外郎、散郎。”《通典》：“汉代的中郎将，分别执掌三署（即五官署、左署、右署的合称)。郎就有议郎、中郎、侍郎、郎中,一共四个等级,都没有属员,大多达到一千人,掌管宫中大门和窗户,外出则充任车骑,其散郎就被称为外郎。”现在把它称为吏员,是世俗互相褒扬的言辞。

门子

门子者,守门之人。《旧唐书·李德裕传》“吐蕃潜将妇人嫁与此州门子”是也。王智兴为徐州门子。今之门子,乃是南朝时所谓县僮。《梁书·沈瑀传》:“为余姚令。县南有豪族数百家,子弟纵横,递相庇荫,厚自封殖,百姓甚患之。瑀召其老者为石头仓监,少者补县僮。”《唐志》:“二品以下有白直执衣,皆中男为之。”

【译文】门子,就是守护大门的人。《旧唐书·李德裕传》“吐蕃暗自把妇人嫁给这州城的门子”就是。(王智兴是徐州门子。)现在的门子,才是南朝时所称呼的县僮。《梁书·沈瑀传》:“沈瑀担任余姚令。县城南面有豪势大族数百户,其子弟盘桓错节,互相庇护,重视自身财产的聚敛,百姓非常感到忧虑。沈瑀召集其中年老的担任石头仓监,年轻的补任县僮。”《新唐志》:“二品以下有白直执衣,都是壮男担任这个官职。”

快 手

快手之名，起自《宋书·王镇恶传》："东从旧将，犹有六队千余人，西将及能细直吏快手，复有二千余人。"《建平王景素传》："左右勇士数十人，并荆楚快手。"《黄回传》："募江西楚人，得快射手八百。"《南史》作"快手"。亦有称"精手"者。沈约自序："收集得二千精手。"《南史·齐高帝纪》："王蕴将数百精手，带甲赴粲。"袁粲。《梁书·武帝纪》："航南大路悉配精手利器，尚十余万人。"

【译文】快手的名称，起源于《宋书·王镇恶传》："城内东边跟从的旧将，依然有六队一千多人，西将以及能够细直吏快手，又有两千多人。"《宋书·建平王景素传》："身边左右的勇士数十人，合并到荆楚之地的快手。"《宋书·黄回传》："招募江西楚地人，得到快射手八百人。"（《南史》写作"快手"。）也有称为"精手"的。沈约自序："招募得到两千精手。"《南史·齐高帝纪》："王蕴率领数百名精手，穿着盔甲奔赴袁粲处。"《梁书·武帝纪》："在航南大路都配置精手利器，尚且有十多万人。"

火 长

今人谓兵为户长，亦曰火长。崔豹《古今注》："伍伯，一伍之伯也。五人为伍，五长为伯，故称伍伯，一曰户伯。汉制，兵五人一户灶置一伯，故曰户伯，亦曰火伯，以为一灶之主也。”《通典》：“五人为列，二列为火，五火为队。”《唐书·兵志》：“五十人为队，队有正；十人为火，火有长。”又云：“十人为火，五火为团。”则直谓之火矣。《宋书·卜天与传》：“少为队将，十人同火。”《木兰诗》：“出门看火伴。”柳子厚《段太尉逸事状》：“叱左右皆解甲，散还火伍中。”或作”伙”，误。

【译文】现在的人称呼士兵为户长，也说是火长。崔豹《古今注》：“伍伯，一支队伍的‘伯’。每五个人成为一伍，五长成为一伯，因此称为伍伯，或者说是户伯。汉代的制度，士兵每五个人用一个户灶并设置一伯，因此说是户伯，也说是火伯，认为是一灶之主了。”《通典》：“每五个人作为一列，每二列作为一火，每五火作为一队。”《唐书·兵志》：“每五十人作为一队，一队就有一正；十个人作为一火，每一火有一长。”又说：“每十个人作为火，每五火作为一团。”就是直接称呼火了。《宋书·卜天与传》：“年轻时作为队将，每十个人同在一火。”《木兰诗》：“出门看火伴。”柳宗元(字子厚)《段太尉逸事状》：“呵斥左右之人都脱下盔甲，退回火伍之中。”有的写作为”伙”，这是错误的。

楼 罗

《唐书·回纥传》：“加册可汗为登里颉咄登密施含俱录英义

建功毗伽可汗。含俱录，华言娄罗也。”盖聪明才敏之意。《酉阳杂俎》引梁元帝《风人辞》云：“城头网雀，楼罗人著。”《南齐书》顾欢论云：“蹲夷之仪，娄罗之辩。”《北史·王昕传》：“尝有鲜卑聚语。崔昂戏问昕曰：‘颇解此不？’昕曰：‘楼罗楼罗，实自难解。时唱染干，似道我辈。’”《五代史·刘铢传》：“诸君可谓楼罗儿矣。”今本作“偻罗”。《鹤林玉露》：“偻罗，俗言猾也。”《宋史》：“张思钧起行伍，征伐稍有功，质状小而精悍，太宗尝称其楼罗。自是人目为小楼罗焉。”

【译文】《旧唐书·回纥传》：“唐代宗加封回纥可汗为登里颉咄登密施含俱录英义建功毗伽可汗。含俱录，中华之称是娄罗。”大概是聪明才敏的意思。《酉阳杂俎》援引梁元帝《风人辞》说：“城头网雀，楼罗人著。”《南齐书》顾欢议论说：“蹲夷之仪，娄罗之辩。”《北史·王昕传》：“曾经有鲜卑人聚起来闲谈。崔昂开玩笑地问旁听的人说：‘能够明白这些人讲的话吗？’旁听的人回答说：‘楼罗楼罗，实自难解。时唱染干，似道我辈。’”《五代史·刘铢传》：“各位大人可以被称为楼罗儿了。”（现在的版本写作“偻罗”。《鹤林玉露》：“偻罗，民间说是‘猾’。”）《宋史》：“张思钧起身于行伍之间，征伐敌军逐渐建有功劳，他身体小而精明强悍，宋太宗曾经称呼他为楼罗。从此以后人们称呼他为小楼罗。”

白 衣

白衣者庶人之服，然有以处士而称之者。《风俗通》：“舜禹本以白衣砥行显名，升为天子。”《史记·儒林传》：“公孙弘以春秋白衣为天子三公。”《后汉书·崔骃传》：“宪谏以为不宜与白衣会。”《孔融传》：“与白衣称衡，跌荡放言。”《晋书·阎缵传》：“荐白衣南安朱冲可为太孙师傅。”《胡奋传》：“宣帝之伐辽东，以白衣侍从左右。”是也。有以庶人在官而称之者。《汉书·两龚传》：“闻之白衣。”师古曰：“白衣，给官府趋走贱人，若今诸司亭长掌固之属”；苏伯玉妻《盘中诗》：“吏人妇，会夫希，出门望，见白衣，谓当是，而更非。”《续晋阳秋》：“陶潜九月九日无酒，于宅边菊丛中坐. 望见白衣人，乃王弘送酒。”是也。人主左右亦有白衣。《南史·恩倖传》：“宋孝武选白衣左右百八十人。”《魏书·恩倖传》：“赵修给事东宫，为白衣左右。”茹皓充高祖白衣左右。

【译文】白色的衣服就是平民百姓的服装，然而有把处士却称呼他们为白衣的。《风俗通》：“虞舜、大禹原本是‘白衣’身份，修行道德而使得名扬天下，被擢升为天子。”《史记·儒林传》：“公孙弘凭借春秋白衣被擢升为天子三公。”《后汉书·崔骃传》：“窦宪进谏皇帝，认为不应该和白衣相聚集。”《后汉书·孔融传》：“孔融与白衣抗衡，行为放纵、大放厥言。”《晋书·阎缵传》：“阎缵举荐白衣南安人朱冲可担任太孙师傅。”《晋书·胡奋传》：“宣帝讨伐辽东，用白衣侍从陪伴其左右。”就是这样的。有凭借庶人在当官而自称的。《汉书·两龚传》：“闻之白衣。”师古说：“白衣，供职官府奔走的地位低下的人，像现今诸司亭长掌固之类的”；苏伯玉妻《盘中诗》：“吏人妇，会夫希，出门望，见白衣，谓当是，而更非。”《续晋阳秋》：“陶潜九月九日无酒，于宅边菊丛中坐. 望见白衣人，乃王弘送酒。”就是这样的。皇帝身边左右也有白衣的。《南史·恩倖传》：“宋孝武帝刘骏选出白衣左右一百八十人。”《魏书·恩倖传》：“赵修给事东宫，担任白衣左右。”茹皓充任高祖白衣左右。

唐李泌在肃宗时不受官。帝每与泌出，军人环指①之曰：“衣黄者圣人也，衣白者山人也。”则天子前不禁白。《清波杂志》言：“前此仕族子弟，未受官者皆衣白，今非跨马及吊慰不敢用。”

【注释】①环指：即无名指。

【译文】唐朝李泌在唐肃宗李亨时没有接受官职。唐肃宗每次和李泌外出，军人用无名指指着他们说：“穿黄色衣服的是圣人（代指唐肃宗），穿白色衣服的是山人李泌。”那么在天子面前没有禁止白色。《清波杂志》说：“以前仕族家的兄弟子孙，没有接受官职的都是穿白色的衣服，现在不是骑马以及凭吊慰问不敢用它。”

白衣但官府之役耳，若侍卫则不然。《史记·赵世家》：“愿得补黑衣之缺，以卫王宫。”《汉书·谷永传》：“擢之皂衣之吏。”

【译文】穿白衣只是官府的劳役罢了，如果是侍卫就不是。《史记·赵世家》：“希望得到补充黑衣的空缺，来保卫王宫。”《汉书·谷永传》：“擢升他为穿皂衣的官吏。”

《诗》：“麻衣如雪。”郑氏曰：“麻衣，深衣也。”古时未有棉布，凡布皆麻为之。《记》曰：“治其麻丝以为布帛。”是也。杜子美诗：“麻鞋见天子。”然则深衣亦用白。

【译文】《诗经》：“麻衣如雪。”郑玄说：“麻衣，就是深衣了。”古代的时候没有棉布，所有的布都是麻做成的。《礼记》说：“缫其麻丝来做成布帛。”就是这样的。（杜甫诗：“麻鞋见天子。”）那么深衣也用白色的。

郎

郎者，奴仆称其主人之辞。《通鉴》注：“门生家奴呼其主为郎，今俗犹谓之郎主。”唐张易之、昌宗有宠，武承嗣、三思、懿宗、宗楚客、晋卿等，候其门庭，争执鞭辔，呼易之为五郎，昌宗为六郎。郑杲谓宋璟曰：“中丞奈何卿五郎？”璟曰：“以官言之，正当为卿。足下非张卿家奴，何郎之有？”安禄山德李林甫，呼十郎。王繇谓王鉷为七郎。李辅国用事，中贵人不敢呼其官，但呼五郎；程元振军中呼为十郎。陈少游谒中官董秀称七郎是也。其名起自秦汉郎官。《三国志》：“周瑜至吴时，年二十四，吴中皆呼为周郎。”《江表传》：“孙策年少，虽有位号，而士民皆呼为孙郎。”《世说》：“桓石虔小字镇恶，年十七八，未被举，而僮隶已呼为镇恶郎。”《后周书》：“独孤信少年，好自修饰，服章有殊于众，军中呼为独孤郎。”《隋书》：“滕王瓒，周世以贵公子，又尚公主，时人号曰杨三郎。”温大雅《大唐创业起居注》：“时文武官人并未署置，军中呼太子、秦王为大郎，二郎。”自唐以后，僮仆称主人通谓之郎，今则舆台厮养[①]无不称之矣。《韦坚传》：“三郎当殿坐，看唱得宝歌。”玄宗行第三，以天子而谓之三郎，亦唐人之轻薄也。

【注释】①舆台厮养：喻指地位低下的奴隶、劳役。舆台，分别是古代社会较低等级的奴隶。厮养，使用力役的人。

【译文】郎，就是奴仆称其主人的词语。（《通鉴》注解：“门生、家奴称呼其主人为郎，现在民间依然称呼其为郎主。”）唐代张易之、张昌宗有着皇帝的宠幸，武承嗣、武三思、唐懿宗、宗楚客、晋卿等人，等候他们的门庭外，争拿马鞭、马笼头，称呼张易之为五郎，昌宗为六郎。郑杲对宋璟说：“中丞您对张卿五郎怎样？”宋璟说：“用官职来说，正确来说是称为卿。足下不是张卿的家奴，为什么称呼他为郎？”就像安禄山感激李林甫，称呼他为十郎。王繇称呼王鉷为七郎。李辅国当政，中贵人不敢直呼其官名，只是称呼他为五郎；程元振在军中被称为十郎。陈少游拜访中官董秀称其为七郎一样的。其名起源于秦汉的郎官。《三国志》：“周瑜到吴国时，年纪二十四岁，吴国人都称呼他为周郎。”《三国志·江表传》：“孙策年轻，即使拥有王位和称号，然而士人民众都称呼他为孙郎。”《世说新语》："桓石虔小字镇恶，年纪十七八岁，没有被举荐，然而他的僮仆奴隶已经称呼他为镇恶郎。"《后周书》："独孤信年轻的时候，爱好梳妆打扮，服饰和一般人不相同，军中称呼他为独孤郎。"《隋书》："滕王杨瓒，后周皇帝认为他是尊贵的公子，又把公主许配给他，当时的人称他为杨三郎。"温大雅《大唐创业起居注》："当时文武官人并没有官署的设置，军中称呼太子李建成、秦王李世民为大郎，二郎。"从唐代以后，僮仆称主人通称他们为郎，现在那些地位低下的奴隶没有不称呼他们主人为郎。(《旧唐书·韦坚传》："三郎当殿坐，看唱得宝歌。"唐玄宗排行第三，依靠天子的身份而被称三郎，也是唐代人言辞轻浮的表现。)

又按北朝人子呼其父亦谓之郎。《北史·节义传》："李宪为汲固长育至十余岁，恒呼固夫妇为郎婆。"

【译文】又查询到北朝的儿子称其父也是称呼他为郎。《北史·节义传》："李宪被汲固养育到十多岁，一直称呼汲固夫妇为郎婆。"

门 生

《后汉书·贾逵传》："皆拜逵所选弟子及门生为千乘王国郎。"是弟子与门生为二。欧阳公《孔宙碑阴题名跋》曰："汉世公卿多自教授，聚徒常数百人，其亲受业者为弟子，转相传授者为门生。今《宙碑》残缺，其姓名邑里仅可见者才六十二人，其称弟子者十人，门生者四十三人，故吏者八人，故民者一人。愚谓汉人以受学者为弟子，其依附名势者为门生。”《郅寿传》：“时大将军窦宪以外戚之宠，威倾天下。宪常使门生赍书诣寿，有所请托。”《杨彪传》：“黄门令王甫使门生于京兆界，辜榷官①财物七千余万。”宪外戚，甫奄人也，安得有传授之门生乎？

【注释】①榷官：掌管国家规定专卖的官员。

【译文】《后汉书·贾逵传》：“皇帝都授予贾逵所荐选的弟子以及门生担任千乘王国郎。”这里的弟子和门生分开两种。欧阳修《孔宙碑阴题名跋》说：“汉代公卿大多出自教授，聚集生徒经常达到几百人，其中亲自教授学业的是作为弟子，被弟子互相传授的是作为门生。现在《孔宙碑》残破不完整，其中姓名、邑里仅可以看见的才有六十二个人，当中称弟子的有十个人，门生的有四十三个人，故吏的有八个人，故民的有一个人。我认为汉人把从师学习的是弟子，那些依附他人名位权势的是门生。”《后汉书·郅寿传》：“当时大将军窦宪依靠外戚身份的宠幸，权威压倒天下。窦宪经常派遣门生拿着书信去拜访郅寿，有所请求和拜托他。”《后汉书·杨彪传》：“黄门令王甫派遣门生到京兆界，背着榷官财物七千多万钱。”窦宪是皇帝的外戚，王甫是阉人（代指宦官），怎么会有传授学问的门生呢？

《南史》所称门生，今之门下人也。《宋书·徐湛之传》：“门生千余人，皆三吴富人之子，姿质端妍，衣服鲜丽。每出入行游，涂巷盈满。泥雨日，悉以后车载之。”《谢灵运传》：“奴僮既众，义故门生数百。”《南齐书·刘怀珍传》：“怀珍北州旧姓，门附殷积，启上门生千人充宿卫，孝武大惊。”其人所执者，奔走仆隶之役。《晋书·刘隗传》：“周嵩嫁女，门生断道，斫伤二人，建康左尉赴变，又被斫。”《南史·齐东昏侯纪》：“丹阳尹王志被驱急，狼狈步走，唯将二门生自随。”《后妃传》：“门生王清与墓工始下插。”《刘瓛传》：“游诣故人，惟一门生持胡床随后。”是也。其初至，皆入钱为之。《宋书·颜竣传》：“多假资礼解为门生，充朝满野，殆将千计”；《梁书·顾协传》：“有门生始来事协，知其廉洁，不敢厚饷，止送钱二千。协怒，杖之二十。”《南史·姚察传》：“有门生送南布一端[①]，花练一疋，察厉声驱出。”是也。故《南齐书·谢超宗传》云：“白从王永先。”又云：“门生王永先。”谓之白从，以其异于在官之人。《陈书·沈洙传》：“建康令沈孝轨，门生陈三儿，牒称主人翁。”《颜氏家训》亦以门生、僮什并称。而《宋书·顾琛传》：“尚书寺门有制，八座以下，门生随入者各有差，不得杂以人士。”其冗贱可知矣。梁傅昭不蓄私门生，盖所以矫时人之弊乎？

【注释】①一端：古代表示布帛的数量。布帛两端相向合卷为一匹，一端则是半匹。

【译文】在《南史》当中所称门生的，就是现在的门下人了。《宋书·徐湛之传》：“拥有门生一千多人，都是三吴地区富人的儿子，样貌端庄俊俏，衣服穿戴鲜明亮丽。他们每次出外出游，道路民众充塞。当落下‘泥雨’时，都用后面的车舆来搭载他们。”《宋书·谢灵运传》："奴僮已经很多了，义故、门生拥有几百人。"《南齐书·刘怀珍传》："刘怀珍是北方一个州的世家，民众依附并大量集聚，启奏皇帝派门生一千人充任宿卫，宋孝武帝刘骏感到非常惊讶。"那些人所捉拿罪犯的，是为官府忙碌且作为奴仆的力役。《晋书·刘隗传》："周嵩嫁女儿，门生阻断了道路，被砍伤两个人，建康左尉奔赴平定变乱，又被砍伤。"《南史·齐东昏侯纪》："丹阳府尹王志被驱赶地仓促，艰难窘迫地行走，只有两个门生自行跟随。"《南史·后妃传》："门生王清和墓工才往下插进去地里。"《南史·刘瓛传》："外出拜访故人，只有一个门生拿着胡床在背后跟随。"就是这样的。那些刚刚来到，都是送钱成为门生。《宋书·颜竣传》："大多是假托资望礼仪来成为门生，充塞朝堂盈满民间，大概有一千人"；《梁书·顾协传》："有门生刚来侍奉顾协，了解他清廉高洁，不敢用太多钱来送给他，只送钱两千。顾协非常生气，杖打他二十下。"《南史·姚察传》："有门生送给姚察一端南布，一匹花练，姚察大声呵斥并把他驱赶出去。"就是这样的。因此《南齐书·谢超宗传》说："白从王永先。"又说："门生王永先。"称其为白从，因为他区别于在做官的人。（《陈书·沈洙传》："建康令沈孝轨，门生陈三儿，送上谱牒称沈洙为主人翁。"《颜氏家训》也把门生、僮什一起称呼。）然而《宋书·顾琛传》："尚书寺门有规定，八座以下，门生跟随进入的各自有差别，不能用民众和士人来混淆。"由此可知门生的平庸卑微。梁傅昭没有收容私人的门生，大概是用来矫正当时人的弊端吗？

守门之人亦有称门人者。《春秋》襄公二十九年，"阍弑吴子余祭。”《公羊传》：“阍者何？门人也。”《韩非子》：“门人捐水[①]而夷射诛。”

【注释】①捐水：将水泼洒在廊门的檐沟下，作小便状。

【译文】守门的人也有被称为门人的。《春秋》鲁襄公二十九年，“阍人诛杀吴国的子爵余祭。”《公羊传》：“阍人是什么人？是门人。”《韩非子》：“门人将水泼洒在廊门的檐沟下而夷射被杀。”（指有人诬陷醉酒的夷射曾在廊门的檐沟下小便而被杀之事。）

府君

府君者，汉时太守之称。《三国志》：“孙坚袭荆州刺史王叡，叡见坚，惊曰：‘兵自求赏，孙府君何以在其中？’孙策进军豫章，华歆欲为太守，葛巾迎策。策谓歆曰：‘府君年德名望，远近所归。’”

【译文】所谓府君，汉代时太守的称呼。《三国志》：“孙坚偷袭荆州刺史王叡，王叡看见孙坚，惊讶地说：‘士兵自行索求赏赐，孙府君您为什么在其中？’孙策进军豫章郡，华歆想成为太守，戴着葛布做的头巾迎接孙策。孙策对华歆说：府君您年纪德行名位声望，远近之人所归附的对象。’”

官人

南人称士人为官人。《昌黎集·王适墓志铭》："一女怜之，必嫁官人，不以与凡子。"是唐时有官者，方得称官人也。杜子美《逢唐兴刘主簿诗》："剑外官人冷。"

明制，郡王府自镇国将军而下，称呼止曰官人。

【译文】南方人称呼士人为官人。韩愈《韩昌黎集·王适墓志铭》："一女怜之，必嫁官人，不以与凡子。"这是说明在唐代的时候有官职的人，才可以称为官人。杜甫（字子美）《逢唐兴刘主簿诗》："剑外官人冷。"

明代的制度，郡王府里从镇国将军以下，称呼只能是官人。

对人称臣

汉初人对人多称臣，乃战国之余习。《刺客传》，聂政称臣，严仲子亦称臣。《史记·高祖纪》："吕公曰：'臣少好相人。'"张晏曰："古人相与言，多自称臣，犹今人相与言自称仆也。"《西都赋》，李周翰注："臣者男子之贱称，古人谦退，皆称之。至天下已定，则稍有差等，而臣之称，惟施之诸侯王。故韩信过樊将军哙，哙趋拜送迎，言称臣，曰："大王乃肯临臣。"陈平、周勃对王陵亦曰："臣不如君。"至文景以后，则此风渐衰。而贾谊《新书》有

“尊天子避嫌疑不敢称臣”之说。《王子侯表》，有利侯钉坐遗淮南王书称臣弃市。《功臣侯表》，安平侯鄂但坐与淮南王女陵通，遗淮南王书称臣尽力，弃市。平棘侯薛穰坐受淮南王赂称臣，在赦前免。免侯爵。皆在元狩元年。而《严助传》，天子令助谕意淮南王，一则曰“臣助”，再则曰“臣助”，史因而书之，未尝以为罪，则知钉等三人所坐者交通之罪。而自此以往，廷臣之于诸侯王，遂不复有称臣者尔。晋时有自称民者。《世说》：“陆大尉对王丞相曰：‘公长民短。’”然王官之于国君，属吏之于府主，其称臣如故。《宋书》：“孝武孝建元年十月己未，大司马江夏王义恭等奏：‘郡县内史及封内官长，于其封君，既非在三，罢官，则不复追敬，不合称臣。’”诏可。齐梁以后，王官仍复称臣，《隋书·百官志》：“诸王公侯国官皆称臣。上于天朝，皆称陪臣。”而属吏则不复称矣。

【译文】汉朝初期时人们对他人大多自称臣，是战国时留下的习惯。（《史记·刺客传》，聂政自称臣，严仲子也自称臣。）《史记·高祖纪》：“吕公曰：‘臣年轻时喜欢替人看相。’”张晏说：“古代的人相互说话时，大多自称为‘臣’，像现在的人相互说话时自称为‘仆’一样。”（《西都赋》，李周翰注解：“臣，是男人的自谦的称呼，古人谦虚退让，都这样自称。）等到天下已经平定下来，就有逐渐存在差别和等级，然而臣的自称，只能用在诸侯王的自称上。因此韩信经过将军樊哙的驻地，樊哙快步出来拜谒送迎韩信，口中自称臣，说：“大王居然愿意亲临臣的驻地。”（陈平、周勃对王陵也说：“臣比不上君。”）等到汉文帝、景帝以后，那么这种风气逐渐衰落了。然而在贾谊《新书》有“尊天子避嫌疑不敢称臣”的说法。《史记·王子侯表》，有利侯刘钉触犯了送给淮南王刘安书信称臣的法律被在闹市执行死刑。《史记·功臣侯表》，安平侯鄂但触犯了和淮南王的女儿刘陵私通，送给淮南王书信称臣尽力，被处罚“弃市”之刑。平棘侯薛穰触犯了接受淮南王的财物而称臣的法律，在赦免他之前被罢免爵位（免去侯爵）。这些事的发生都在元狩元年。而在《史记·严助传》，天子命令严助示意淮南王，第一次就说“臣助”，第二次就说“臣助”，史家没有改变而书写下来，不曾认为是犯罪，那么知道刘钉等三人所触犯的是勾结串通的罪名。而在从此以后，廷臣对于诸侯王，就不再有自称臣的说法。（晋朝的时候有自称民的。《世说新语》：“陆大尉对王丞相说：‘公长民短。’”）然而诸侯王的官员对于国君，属吏对于府主，他们自称臣依然如此。《宋书》：“宋孝武帝孝建元年十月己未日，大司马江夏王刘义恭等人上奏：‘郡县内史以及封地内部的长官，对于他们的封君，已经犯下的错误有三次，罢免官职，就不再追加尊敬，不应该自称为臣。’”孝武帝下诏认同。齐梁以后，王朝的官员依然再次自称‘臣’，（《隋书·百官志》：“诸王公侯国官都自称臣。到天朝朝拜，都自称为陪臣。”）但是属吏就不再自称‘臣’了。

诸侯王有自称臣者。齐哀王遗诸侯王书曰：“惠帝使留侯张良立臣为齐王。”是也。天子有自称臣者。高祖奉玉卮起为太上皇寿曰：“始大人常以臣无赖①，不能治产业。”景帝对窦太后言：“始南皮、章武侯，先帝不侯，及臣即位乃侯之”是也。

【注释】①无赖：古今异义，这里指没有出息。

【译文】诸侯王有自称为“臣”的。齐哀王送给诸侯王的书信说：“惠帝派遣留侯张良拥戴‘臣’为齐王。”就是。天子有自称为“臣”的。汉高祖手捧着玉卮起身为太上皇祝寿说：“开始的时候大人您经常因为‘臣’没有出息，不能经营家中的产业。”汉景帝对窦太后说：“起初南皮、章武侯，先帝在世没有被封侯，等到臣登上皇位时才被封侯。”就是。

先卿

称其臣为卿，则亦可称其臣之父为先卿。《宋史·理宗纪》：“工部侍郎朱在进对奏人主学问之要，上曰：‘先卿《中庸序》言之甚详，朕读之不释手，恨不与同时。’”此如《商书》之言“先正保衡”，盖尊礼之辞也。

【译文】皇帝称其臣为卿，那么也可以称其臣的父亲为先卿。《宋史·理宗纪》：“工部侍郎朱在当面回答皇帝对学问之要，理宗说：‘先卿对《中庸序》的讨论非常详细，我阅读它而舍不得放手，遗憾不能和他生活同一个时代里。’”这就像《商书》说“先正保衡”，大概是尊重礼仪的言辞。

先妾

人臣对君称父为先臣，则亦可称母为先妾。《左传》：晏婴辞齐景公曰："君之先臣容焉。"《战国策》：匡章对齐威王曰："臣非不能更葬先妾也。"陈沈炯表言："臣母妾刘年八十有一，臣叔母妾丘七十有五。"

【译文】臣下对君主称其父为'先臣'，那么也可以称其母为'先妾'。《左传》：晏婴向齐景公辞谢说："您的'先臣'在这里住过。"《战国策》：匡章对齐威王说："臣不是不能改葬'先妾'。"陈朝沈炯进呈奏表说："臣的母亲'妾'刘氏年纪有八十一岁，臣的叔母'妾'丘氏年纪有七十五岁。"

称臣下为父母

"父母"二字乃高年之称。汉文帝问冯唐曰："父老何自为郎？"是称其臣为父也。《史记》：文帝又问，则曰："父知之乎？"是当时面言如此。《汉书》以人主嫌于称父，乃添一字，曰："父老知之乎？"失之矣。赵王谓赵括母曰："母置之，吾已决矣。"是称其臣之母为母也。

【译文】"父母"两字是年纪很高的称呼。汉文帝问冯唐说：

“父老为什么自称为郎？”这是称其臣为“父”了。（《史记》：文帝又问，就说：“‘父’知道这件事吗？”这是在当时当面说才这样的。《汉书》认为君主应该对称父避嫌，于是添加一个字，说：“‘父老’知道这件事吗？”是错误的。）赵王对赵括的母亲说：“‘母’放下这件事不用管，我已经决定了。”这是称其臣的母亲为“母”了。

人臣称人君

人臣有称人君者。《汉书》：高帝诏曰：“爵或人君，上所尊礼。”师古曰：“爵高有国邑者，则自君其人，故云或人君也。”

【译文】臣下有自称为“人君”的。《汉书》：汉高祖下诏说：“爵位高的被称为‘人君’，这是被皇帝尊敬和礼遇的。”颜师古说：“爵位高而有封国的人，就能自封为王，因此说有的是‘人君’了。”

郡县初立，亦有君臣之分。故尉缭说秦王曰：“以秦之强，诸侯譬如郡县之君臣。”《水经注》引黄义仲《十三州记》曰：“郡之言君也。改公侯之封而言君者至尊也。今‘郡’字君在其左，邑在其右，君为元首，邑以载民，故取名于君谓之郡。”

【译文】郡县开始设置，也有君臣的分别。因此尉缭向秦王说服：“依靠秦国的强大，诸侯就像是郡县的君臣。”《水经注》援引黄义仲《十三州记》说：“郡就是说‘君’了。改变公侯的封地而说‘君’

的是至高无上的。现在‘郡’（异体字为䣉）字是君在它的左边，邑在它的右边，君作为一地的长官，邑用来承载民众，因此取名于君被称为郡。”

上下通称

《汉书·霍光传》：“鸮数鸣殿前树上。”师古曰：“古者室屋高大，则通呼为殿耳，非止太子宫中。”《黄霸传》：“丞相请与中二千石、博士，杂问郡国上计长吏、守丞，为民兴利除害者为一辈，先上殿。”师古曰：“殿，丞相所坐屋也。”《董贤传》：“为贤起大第北阙下，重殿洞开。”《后汉书·蔡茂传》：“梦坐大殿。”注：“屋之大者古通呼为殿也。”《三国志·张辽传》：“为起第舍，又特为辽母作殿。”左思《魏都赋》：“都护之堂，殿居绮窗。”是人臣亦得称殿也。《鲍宣传》：“为豫州牧，行部乘传①，去法驾，驾一马。”是人臣亦得称法驾也。《旧唐书·吴元济传》：“诏以裴度为彰义军节度使，兼申、光、蔡四面行营招抚使，以郾城为行在，蔡州为节度所。”是人臣亦得称行在也。

【注释】①行部乘传：行部，代替皇帝巡视地方；乘传，乘坐驿站的马车。

【译文】《汉书·霍光传》：“猫头鹰在殿前的树上多次鸣叫。”颜师古说：“在古代房屋又高又大，就通常称呼为殿罢了，不是只在太子的宫中有。”《汉书·黄霸传》：“丞相请求和中二千石、博士，一起询问郡国上计长吏、守丞，为百姓兴利除害的作为一类人，先行上殿。”颜师古说：“殿，就是丞相所坐在的房屋。”《汉书·董贤传》：“为贤起大第北阙下，重殿洞开。”《后汉书·蔡茂传》：“做梦坐在‘大殿’上。”（注解：“房屋大的在古代通常称为殿。”）《三国志·张辽传》：“为张辽建造第舍，又特意为张辽的母亲建造‘殿’。”左思《魏都赋》：“都护之堂，殿居绮窗。”这里把臣子的地方也可以称为“殿”。《汉书·鲍宣传》：“鲍宣担任豫州牧，巡视地方而乘坐驿站的马车，离开‘法驾’，乘着一匹马。”这里把臣子的地方也可以称为法驾。《旧唐书·吴元济传》：“皇帝下诏把裴度任命为彰义军节度使，兼管申、光、蔡四面行营招抚使，把郾城作为行在，蔡州作为节度所。”这里把臣子的地方也可以称为行在。

汉人有以郡守之尊称为本朝者。《司隶从事郭究碑》云：“本朝察孝，贡器帝庭。”《豫州从事尹宙碑》云：“纲纪本朝。”是也。《三国志·孙皓传》注：“邵畴为会稽郡功曹，自言位极朝右。”晋卢谌《赠刘琨》诗：“谬其疲隶，授之朝右。”李善注：“朝右谓别驾也。亦谓之郡朝。《后汉书·刘宠传》：“山谷鄙生，未尝识郡朝。”是也。亦谓之府朝。《晋书·刘琨传》：“造府朝，建市狱”是也。时琨为并州刺史。胡三省《通鉴》注：“晋宋之间，郡曰郡朝，府曰府朝，藩王曰藩朝。宋武帝为宋王，齐高帝为齐王，时曰霸朝。亦有以县令而称朝。晋潘岳为长安令，其作《西征赋》曰：“励疲钝以临朝。”是也。

【译文】汉代人有把郡守的尊称叫“本朝”的。《司隶从事郭究碑》说：“本朝察孝，贡器帝庭。”《豫州从事尹宙碑》说：“纲纪本朝。”是这样的。（《三国志·孙皓传》注解：“邵畴担任会稽郡功曹，自称位居‘朝右’最高的地位。”晋朝卢谌《赠刘琨》诗：“谬其疲隶，授之朝右。”李善注解：“朝右就是别驾了。）也称呼为“郡朝”。《后汉书·刘宠传》：“生活在山谷地位低下的我，不曾认识‘郡朝’”是这样的。也称呼为府朝。《晋书·刘琨传》：“拜访‘府朝’，建造监狱。”是这样的。（当时刘琨担任并州刺史。胡三省《资治通鉴》注解：“在晋宋之间，郡守说是郡朝，知府说是府朝，藩王说是藩朝。宋武帝是为宋王，齐高帝是为齐王，当时被说是霸朝。）也有把县令却称为朝。晋朝潘岳担任长安令，他写的《西征赋》说：“励疲钝以临朝。”就是这样的。

汉《丹阳太守郭旻碑》有曰：“君之弟故大尉薨，归葬旧陵。”欧阳永叔以人臣为疑。盖徒见唐卢粲駮武承训造陵之奏，以谓陵之称谓施于尊极，不属王公已下，《旧唐书·德肇传》。此自南北朝已后然尔。按《水经注》言：“秦名天子冢曰山，汉曰陵。”又引《风俗通》言：“王公坟垄称陵。”书中有子夏陵、老子陵及诸王公妃之陵甚多。《后汉书》明章二帝纪言祠东海恭王陵、定陶太后恭王陵、东平宪王陵、沛献王陵。《西京杂记》：董仲舒之墓称下马陵。李肇《国史补》：“武帝幸宜春苑，每至此陵下马，时谓之下马陵。岁远讹为虾蟆陵也。”白乐天《琵琶行》：“家在虾蟆陵下住。”曹公《祭桥玄文》：“北望贵土，乃心陵墓。”《三国志》注：“陈思王上书言：陛下既爵臣百寮之右，居藩国之任，屋名为宫，冢名为陵。”则人臣而称陵，古多有之，不以为异也。吕东莱《大事记》：“墓之称陵，古无贵贱之别。”《国语》：管仲曰：“定民之居，成民之事，陵为之终。”是凡民之墓亦得称陵。

【译文】汉代《丹阳太守郭旻碑》有说：“您的弟弟前大尉逝世，将他运回‘旧陵’安葬。”欧阳修（字永叔）因为臣子的原因表示怀疑。大概他的门徒看见唐代卢粲駮、武承训建造陵墓的奏请，把称作“陵”的称呼说是用在至高无上地位的人，不属于王公以下的人，（见《旧唐书·德肇传》。）这从南北朝以后形成这样的事情了。按《水经注》说：“秦朝称天子冢墓是为‘山’，汉代是为‘陵’。”又援引《风俗通》说：“王公的坟墓被称为‘陵’。”在书中有子夏陵、老子陵以及诸王公妃的‘陵’非常多。《后汉书》明章两帝本纪说祭祀东海恭王陵、定陶太后恭王陵、东平宪王陵、沛献王陵。《西京杂记》：董仲舒的坟墓被称为下马陵。（李肇《唐国史补》：“汉武帝亲临宜春苑，每次到达这‘陵’都会下马，当时说是下马陵。年代久远就讹传为虾蟆陵了。”白居易《琵琶行》：“家在虾蟆陵下住。”）曹操《祭桥玄文》：“北望贵土，乃心陵墓。”《三国志注》：“陈思王曹植进呈奏表说：陛下您已经封赐臣位居百官之右，在藩国的职任上，住着房屋被命名为宫，坟墓被称为陵。”那么臣子的坟墓却被称“陵”，古代大多已经有这例子，不认为是奇怪。吕祖谦（世称东莱先生）《大事记》：“墓被称为陵，在古代没有尊贵低贱的差别。”《国语》：管仲说：“定民之居，成民之事，陵为之终。”这里把凡是民众的墓地也可以称为陵。

人臣称卤簿。《石林燕语》曰;“卤簿之名,始见于蔡邕《独断》。唐人谓卤,橹也,甲盾之别名。凡兵卫以甲盾居外为前导,捍蔽其先后,皆著之簿籍,故曰卤簿。”因举南朝御史中丞、建康令皆有卤簿,为君臣通称。杜氏《通典》,有群官卤簿。《南史·颜延之传》:“尝乘羸牛车,逢子竣卤簿。”“王僧孺幼随其母至市,遇中丞卤簿,驱迫沟中。”

【译文】臣子称“卤簿”。《石林燕语》说;“卤簿的名称,起初出现在蔡邕《独断》里。唐代人说卤,就是“橹”,盔甲和盾牌的别称。凡是士兵把盔甲和盾牌放在外边作为走在前面的保护,遮挡其先后的攻击,都写在军籍簿上,因此说是‘卤簿’。”因而举例南朝御史中丞、建康令都有卤簿,作为君臣一般称呼。(杜佑《通典》,有百官的卤簿。《南史·颜延之传》:“尝乘羸牛车,逢子竣卤簿。”“王僧孺小时候跟随其母到达市集,遇见中丞卤簿,被强迫跳入水沟中。”)

今人以皇族称为宗室,考之于古,不尽然,凡人之同宗者,即相谓曰宗室。《左传》昭六年,宋华亥谗华合比而去之,左师曰:“女丧而宗室,于人何有?”《魏书·胡叟传》:“叟与始昌虽宗室,性气殊诡,不相附。”《北齐书·邢邵传》:“十岁便能属文,族兄峦有人伦鉴,谓子弟曰:宗室中有此儿,非常人也。”《张雕传》:“胡人何洪珍，大蒙主上亲宠，与张景仁结为婚媾。雕以景仁宗室，自托于洪珍。”《后周书·裴侠传》：“撰九世伯祖贞侯传，欲使后生奉而行之，宗室中知名者咸付一通。”《薛端传》：“为东魏行台薛循义所逼，与宗室及家僮等走免。”《杜叔毗传》：“兄君锡及宗室等为曹策所害。”《徐陵集》有《在北齐与宗室书》。

【译文】现在的人把皇族称为宗室，考证古代的事情，不完全是这样的，凡是人的相同宗族，就互相说是宗室。《左传》鲁昭公六年，宋国华亥诬陷华合比而离开宋国，左师说：“你毁掉了你的宗室，对他人会有什么样？”《魏书·胡叟传》：“胡叟和胡始昌即使是同个宗室的人，两个人的脾气性格相差地很远，两人不能互相合拍。”《北齐书·邢邵传》：“邢邵在十岁时就能撰写文章，族兄邢峦拥有看人前程的能力，对他们的儿子兄弟说：宗室之中能有这种儿子，不是一般人。”《北齐书·张雕传》：“胡人何洪珍，多蒙受皇帝的亲近和宠爱，和张景仁结为有婚姻关系的亲家。张雕依靠和张景仁是宗室，就把自己托付给何洪珍。”《后周书·裴侠传》：“裴侠撰写九世伯祖贞侯裴潜的事迹，想使得后代遵守而实行他的德行，宗室当中有知名的人，他都把这文章交给他们一份。”《后周书·薛端传》：“薛端被东魏行台薛循义所逼迫，和宗室以及家僮等人逃跑而免于死难。”《后周书·杜叔毗传》：“你的兄长杜君锡以及宗室等人被曹策所迫害。”《徐陵集》里有《在北齐与宗室书》。

《颜氏家训》论《孙楚王骠骑诔》云“奄忽登遐[①]”，以为非所宜言。然夏侯湛《昆弟诰》曰:“我王母薛妃登遐。”又曰:“蔡姬其祖之继室。登遐。”则晋人固尝用之,不以为嫌也。

【注释】①登遐:本意谓死者升天而去。后引申为对他人死去的讳称;又特指帝王之死;又犹言登仙远去。

【译文】《颜氏家训》议论《孙楚王骠骑诔》说“奄忽登遐”,认为不是所应该的言论。然而夏侯湛《昆弟诰》说:“我的王母薛妃登遐。”又说:“蔡姬(其先祖的继室夫人)登遐。”那么是晋朝人本来经常使用的字词,不把它当作避讳的。

人臣称谅暗[①]。《晋书·山涛传》:“除太常卿,遭母丧归乡里,诏曰:山太常尚居谅暗。”

【注释】①谅暗:借指居丧。多用于皇帝。

臣子称“谅暗”。《晋书·山涛传》:“皇帝授予山涛为太常卿,遭遇其母去世而回到乡里,皇帝下诏说:太常山涛尚且在‘谅暗’中。”

人臣称大渐。《列子》:“季梁得疾,七日大渐。”齐王俭《褚渊碑文》:“景命不永,大渐弥留。”任昉《竟陵王子良行状》:“大渐弥留,话言盈耳。”沈约《安陆王缅碑文》:“构疾弥留,欻焉大渐。”隋《鹰扬郎将义城子梁罗墓志》:“大渐之期,春秋六十有一。”唐王绍宗为其兄玄宗《临终口授铭》:“吾六兄同人[①]见疾,大渐惟几。”卢藏用《苏许公瓌神道碑文》:“大渐之始,遗令遵行。”

【注释】①同人：同在一地做事的人，亦作“同仁”。

【译文】臣下病重称为“大渐”。《列子》：“季梁患病，七天后‘大渐’。”南朝齐国王俭《褚渊碑文》：“景命不永，大渐弥留。”任昉《竟陵王子良行状》：“大渐弥留，话言盈耳。”沈约《安陆王缅碑文》：“构疾弥留，欻焉大渐。”隋朝《鹰扬郎将义城子梁罗墓志》：“大渐之期，春秋六十有一。”唐代王绍宗为其兄长王玄宗撰写的《临终口授铭》：“我的六兄和一起做事的人被疾病缠绕，几乎‘大渐’。”卢藏用《苏许公瓌神道碑文》：“大渐之始，遗令遵行。”

《书·武成》：“垂拱而天下治。”《记·玉藻》：“凡侍于君，绅垂足如履齐，颐霤垂拱。”是垂拱之云，上下得同之也。

【译文】《尚书·武成》：“垂拱而天下治。”《礼记·玉藻》：“凡侍于君，绅垂足如履齐，颐霤垂拱。”这是“垂拱”的说法，上下君民可以共同使用。

人臣称万岁

《后汉书·韩棱传》：“窦宪有功还，尚书以下议欲拜之，伏称万岁。棱正色曰：‘夫上交不谄，下交不黩，礼无人臣称万岁之制。’议者皆惭而止。”然考之《战国策》言：冯煖为孟尝君以责赐诸民，因烧其券，民称万岁。《史记》但云："坐者皆起，再拜。"《马援传》言："援击牛酾酒，劳飨军士。吏士皆伏称万岁。"《冯鲂传》言：责让贼延褒等，令各反农桑，皆称万岁。"《吴良传》注引《东观记》："岁旦，郡门下掾王望举觞上寿，掾史皆称万岁。"则亦当时人庆幸之通称。而李固出狱，"京师市里，皆称万岁"，遂为梁冀所忌，而卒以杀之。亦可见其为非常之辞矣。

【译文】《后汉书·韩棱传》："窦宪建有军功返还，尚书以下的官员讨论想要授予他官职，恭敬地称呼他为"万岁"。韩棱用严肃的脸色说道：'对上面不谄媚，对下面不侮辱，按照礼节没有臣下称万岁的规定。'讨论的人都感到惭愧而停止了议论。"然而考据《战国策》说："冯煖替孟尝君来免除各位百姓的债务，因而火烧了他们的债券，民众都口称'万岁'。"（《史记》只说："坐着的人都起来，两次拜揖。"）《后汉书·马援传》说："马援宰杀牛过滤酒，犒劳士兵。士兵都拜在地上口称'万岁'。"《后汉书·冯鲂传》说：责备贼人延褒等，命令他们各自返回家乡种地和养桑，他们都口称'万岁'。"《后汉书·吴良传》注引《东观记》："新年，郡门下掾王望举起酒杯向吴良祝寿，掾史都口称'万岁'。"那么也是当时人庆贺喜事时的一般称呼。然而李固走出监狱，"京师市里，皆称万岁"，于是被梁冀所嫉妒，而最终把他杀死。也可以看见这是不寻常的言辞。

卷二十五

重黎

《左传》:“蔡墨对魏献子言:少昊氏有四叔,曰重、曰该、曰修、曰熙。使重为句芒,该为蓐收,修及熙为玄冥。颛顼氏有子曰犁,为祝融。”“犁”即“黎”字异文,是重、黎为二人,一出于少昊,一出于颛顼。

【译文】《左传》:“蔡墨对魏献子说:少昊氏有四位叔父,分别叫重、该、修、熙。让重担任句芒,该担任蓐收,修以及熙担任玄冥。颛顼氏有一个儿子叫犁,担任祝融。”“犁”就是“黎”字的异体字,这是说重、黎为两个人,一个出自于少昊,一个出自于颛顼。

而《史记·楚世家》则曰:“帝颛顼高阳者,黄帝之孙,昌意之子也,高阳生称,称生卷章,卷章生重黎。”《太史公自序》则曰:“重黎氏世序天地,其在周,程伯休甫其后也。”《晋书·宣帝纪》:“其先出自帝高阳之子重黎,为夏官祝融。”《宋书》载晋尚书令卫瓘、尚书左仆射山涛、右仆射魏舒、尚书刘寔、司空张华等奏,乃云:“大晋之德,始自重黎,实佐颛顼,至于夏商,世序天地,其在于周，不失其绪。”似以重黎为一人，不容一代乃有两祖，亦昔人相沿之谬。《续汉书·天文志》曰：“司马迁以世黎氏之后为太史令。”则已觉其谬矣。索隐引刘氏曰：“少昊氏之后曰重，颛顼氏之后曰重黎。对彼重则单称黎，若自言当家则称重黎。楚及司马氏皆重黎之后，非关少昊之重。”此顺非而曲为之说。

【译文】然而在《史记·楚世家》就说：“所谓的帝颛顼高阳，是黄帝的孙子，是昌意的儿子，高阳生育了称，称生育了卷章，卷章生育了重黎。”《史记·太史公自序》则说：“重黎氏世代掌管天文地理，在周朝的时候，程伯休甫是他们的后裔。”《晋书·宣帝纪》：“司马迁的祖先出自帝高阳的儿子重黎，担任夏官祝融。”《宋书》记载晋代尚书令卫瓘、尚书左仆射山涛、右仆射魏舒、尚书刘寔、司空张华等人上奏，居然说：“大晋朝的德行，开始出自重黎，实际辅佐了颛顼，到了夏商梁朝，世代掌管天文地理，他们的后裔在周朝，没有停止建功立业。”似乎把重、黎两个人当作是一个人，不能容许一个朝代居然拥有两位祖先，也是以前的人相互承袭的错误。（《后汉书·天文志》说：“司马迁凭借世黎氏的后代身份担任太史令。”那么已经发觉他的错误了。《史记索隐》引用刘氏的话说：“少昊氏的后裔叫重，颛顼氏的后裔叫重黎。对另外一个的重那么单独就称黎，如果自称家族祖先那么就称为重黎。楚以及司马氏都是重黎的后裔，和少昊的重无关。”这是沿袭错误而歪曲地为他辩解。）

巫咸

古之圣人，或上而为君，或下而为相。其知周乎万物，而道济天下，固非后人之所能测也，而传者猥以一节概之。黄帝，古圣人也，而后人以为医师。伯益，古贤臣也，而世有百虫将军之号。以彼事迹章章在经籍者且犹如此，若乃尧之臣名羿，而有穷之君亦名羿；尧之典乐名夔，而木石之怪亦为夔；汤居亳，而亳戎之国亦名汤。夫苟以其名而疑之，则道德之用微，而谬悠之说作，若巫咸者可异焉。《书·君奭篇》："在大戊，时则有若伊陟、臣扈格于上帝。巫咸乂王家，在祖乙时则有若巫贤。"孔安国传："贤，咸子，巫氏。"《史记·殷本纪》："帝祖乙立，殷复兴，巫咸任职。""咸"当为"贤"字之误。《书·序》："伊陟相太戊，亳有祥桑谷共生于朝，伊涉赞于巫咸，作《咸乂》四篇。"孔安国传曰："巫咸臣名。"马融曰："巫，男巫也，名咸，殷之巫也。"孔颖达正义曰："《君奭》传曰：巫，氏也，当以巫为氏名咸。郑玄云：巫咸谓之巫官。按《君奭》，咸子巫贤，父子并为大臣。必不世作巫官，故孔言巫氏是也。"则巫咸之为商贤相，明矣。《史记正义》谓"巫咸及子贤冢，皆在苏州常熟县西海隅山上，盖二子本吴人云"云。《越绝书》云："虞山者，巫咸所出也。"是未可知。而后之言天官者宗焉，言卜筮者宗焉，言巫鬼者宗焉。言天官，则《史记·天官书》所云："昔之传天数者，高辛之前重黎，于唐虞羲和，有夏昆吾，殷商巫咸者也。"言卜筮，则《吕氏春秋》所谓"巫彭作医，巫咸作筮"者也。《周礼·簭人》："九簭之名，一曰巫更，二曰巫咸，三曰巫式，四曰巫目，五曰巫易，六曰巫比，七曰巫祠，八曰巫参，九曰巫环。"郑玄注："此九巫皆当读为筮，字之误也。"言巫鬼，则《庄子》所云："巫咸诏曰来。"《楚辞·离骚》所云："巫咸将夕降兮，怀椒糈而要之。"《史记·封禅书》所云："巫咸之兴自此始。"索隐曰："孔安国《尚书传》云：巫咸臣名。今云巫咸之兴自此始，则以巫咸为巫觋。然《楚辞》亦以巫咸主神。盖太史公以巫咸是殷臣，以巫接神，事大戊，使禳桑谷之灾，故云然。"许氏《说文》所云："巫咸初作巫。"又其死而为神，则秦《诅楚文》所云："不显大神巫咸"者也。《封禅书》："荆巫祀堂下、巫先、司命、施糜之属。"索隐曰："巫先谓古巫之先有灵者，盖巫咸之类也。"而又或以巫咸为黄帝时人。《归藏》言："黄神将战，筮于巫咸。"是也。以为帝尧时人。郭璞《巫咸山赋序》《地理志》曰："巫咸山在安邑县东。"《水经注》："盐水出东南薄山，西北流，径巫咸山北。"言："巫咸以鸿术为帝尧医。"是也。以为春秋时人。《庄子》言："郑有神巫曰季咸。"《列子》言"神巫季咸，自齐来处于郑"是也。枚乘《七发》："扁鹊治内，巫咸治外。"《文选》吕向注："扁鹊、巫咸皆郑人。"按《列子》《庄子》皆言郑有神巫曰季咸，而扁鹊则鄚人，字形相混，亦以为郑也。至《山海经·海外西经》言："巫咸国在女丑北，左手操青蛇，右手操赤蛇，在登葆山，群巫所从上下也。"注：采药往来。《大荒西经》言："大荒之中，有山名曰丰沮玉门，日月所入，有灵山、巫咸，巫即、巫肦、巫彭、巫姑、巫真、巫礼、巫抵、巫谢、巫罗十巫，从此升降，百药爰在。”注：群巫上下此山采之也。《淮南子·地形训》言：“轩辕丘在西方，巫咸在其北方。”则益荒诞不可稽，而知古贤之名，为后人所假托者多矣。

【译文】古代的圣人，有的在上而成为君，有的在下而成为相。他们知晓真理周遍在万物当中，而让道理匡济天下，本来不是后代的人之所以能够预测的，而传承的人鄙陋地利用一段文字来概括他们的方法。黄帝，是古代的圣人，然而后代的人把他当作医师。伯益，是古代的贤臣，然而世上称他有百虫将军的名号。凭借他的事迹彰显在经籍上的尚且依然到这种地步，至于帝尧的臣子名为羿，然而有穷的国君也名为羿；帝尧的典乐官名为夔，然而木石的奇怪也名为夔；商汤居住在亳地，然而亳戎的国号也名为汤。如果凭借他的名字而怀疑他，那么道德的功用就会衰微，而荒诞无稽的说法就会兴起，像所谓的巫咸就存在不同。《尚书·君奭篇》：“在大戊，当时就有像伊陟、臣扈的臣子被上天嘉许。巫咸治理周王朝政，在祖乙那时就有像巫贤治理国家。”（孔安国注释：“贤，是咸子，巫氏。”《史记·殷本纪》：“帝祖乙即位，殷朝再次中兴，巫咸被委以重任。”“咸”应当是“贤”字的错误。）《尚书·序》：“伊陟在太戊担任相，国都亳地出现了在朝堂上桑和谷共生的现象，伊涉把这件事告诉了巫咸，撰写了《咸乂》四篇。”孔安国注释说：“巫咸是一位臣子的名字。”马融说：“巫，是男巫的称呼，名为咸，是殷代的男巫。”孔颖达《尚书正义》说：“《君奭》注释说：巫，是氏，应当以巫作为氏名为咸。郑玄说：巫咸被称为巫官。考查《尚书·君奭》，咸的儿子巫贤，父子一起担任殷商的大臣。一定不是世代担任巫官的，因此孔颖达称巫氏就是这样的。”那么巫咸是殷商的贤相，已经很明显了。《史记正义》说“巫咸以及儿子贤冢，都住在苏州常熟县西海隅山上，大概是说两位本来是吴地人”。《越绝书》说：“所谓的虞山，是巫咸所出生的地方。”这里就不知道了。然而后文说天官的人把他当作鼻祖的，说卜筮的人把他当作鼻祖的，说巫鬼的人把他当作鼻祖的。说天官的，那么是《史记·天官书》所说的：“以前传授天数的，在高辛之前有重与黎，在唐虞时有羲与和，在夏朝有昆吾，在殷商有巫咸。”说卜筮的，那么是《吕氏春秋》所说的“巫彭创造了医，巫咸创造了筮”。（《周礼·簭人》：“九簭的名称，第一个是巫更，第二个是巫咸，第三个是巫式，第四个是巫目，第五个是巫易，第六个是巫比，第七个是巫祠，第八个是巫参，第九个是巫环。”郑玄注：“这九个巫字都应当读作筮，是文字抄写的错误。”）说巫鬼的，那么《庄子》所说的：“巫咸打招呼说过来。”《楚辞·离骚》所说的：“听说巫咸即将在今晚降下，我带着花椒精米而去邀请他。”《史记·封禅书》所说的：“巫咸复兴殷商的重任从这时候开始。”（《史记索隐》说：“孔安国《尚书传》说：巫咸是一位臣子的名字。现在说‘巫咸之兴自此始’，那么是把巫咸作为巫觋。然而《楚辞》也把巫咸当作掌管神仙事务的。原来太史公司马迁认为巫咸是殷代的臣子，依靠巫术迎接神，在大戊那里任职，大戊派遣他消除桑谷共生的灾祸，因此这样说。”）许慎《说文解字》所说的：“巫咸开始时写作是巫。”又因为他逝世后而成为神，那么秦国的《诅楚文》所说的：“伟大的大神巫咸”。（《史记·封禅书》：“荆巫祭祀堂下、巫先、司命、施糜之类的。”《史记索隐》说：“巫先是说古代巫人的祖先拥有通灵能力的人，原来是巫咸之类。”）然而又有的人认为巫咸是黄帝那时的人。《归藏》说：“黄神即将发动战争，在巫咸那里进行占卜。”就是这样的。把他当作帝尧那时的人。郭璞《巫咸山赋序》（《史记·地理志》说：“巫咸山在安邑县东面的地方。”《水经注》：“盐水出自东南面的薄山，向西北流去，途径巫咸山北面。”）说：“巫咸依靠鸿术为帝尧医治疾病。”就是这样的。把他当作春秋那时的人。《庄子》说：“郑国有一位神巫名叫季咸。”《列子》说“神巫季咸，从齐国前来居住在郑国。”就是这样的。（枚乘《七发》：“扁鹊医治内科，巫咸医治外科。”《文选》吕向注解：“扁鹊、巫咸都是郑国人。”按《列子》《庄子》都说郑国有神巫名为季咸，然而扁鹊则是鄚国人，字形相互混淆，也认为是郑字。）以至《山海经·海外西经》说：“巫咸国在女丑的北面，左手拿着青蛇，右手拿着赤蛇，在登葆山，是群巫们上下天庭的地方。”（注解：采药来往的地方。）《大荒西经》说：“在大荒之中，有一座山名叫丰沮玉门，日月从这里进入，里面有灵山、巫咸、巫即、巫朌、巫彭、巫姑、巫真、巫礼、巫抵、巫谢、巫罗十位巫人，从这里飞升或下降，百药在这里采取。”（注解：群巫们在这座山爬上爬下采取药草的地方。）《淮南子·地形训》说：“轩辕丘居住在西方，巫咸居住在他的北方。”那么是更加荒诞无稽，然而知道是古代贤人的名字，为后代所假托事情的有很多。

河 伯

《竹书》:“帝芬十六年,洛伯用与河伯冯夷斗。”“帝泄十六年,殷侯微上甲微也。以河伯之师伐有易,杀其君绵臣。”是河伯者国居河上,而命之为伯,如文王之为西伯。而冯夷者其名尔。《楚辞·九歌》以《河伯》次《东君》之后,则以河伯为神。《天问》:“胡羿射夫河伯,而妻彼洛嫔?”王逸《章句》以“射”为“实”,以“妻”为“梦”。其解《远游》“令海若舞冯夷”,则曰:“冯夷,水仙人也。”是河伯、冯夷皆水神矣。《穆天子传》:“至于阳纡之山,河伯、无夷之所都居。”注:“无夷,冯夷也。《山海经》云冰夷。《山海经》:“中一作从。极之渊,深三百仞,惟冰夷恒都焉。冰夷人面,乘两龙。”郭璞注:“冰夷,冯夷也,即河伯也。”郭璞《江赋》:“冰夷倚浪以傲睨。”《庄子》:“冯夷得之以游大川。”司马彪注引《清泠传》曰:“冯夷,华阴潼乡堤首里人也,服八石得道为水仙,是为河伯。”是以冯夷死而为神,其说怪矣。《龙鱼河图》[①]曰:“河伯姓吕名公子,夫人姓冯名夷。”以冯夷为河伯之妻,更怪。《楚辞·九歌》有河伯,而冯夷属海若之下,亦若以为两人。大抵所传各异,而谓河神有夫人者,亦秦人以君主妻河、邺巫为河伯娶妇之类耳。《淮南子》:“冯夷、大丙之御”注:“二人古之得道、能御阴阳者。”

【注释】①《龙鱼河图》:汉代的谶纬书籍,原书已散佚。

【译文】《竹书纪年》："在帝芬十六年，洛伯用和河伯冯夷发生战争。""在帝泄十六年，殷侯微（上甲微）凭借河伯的军队讨伐有易国，杀死他们的君主绵臣。"这位河伯的国家居在黄河边上，而被任命他为伯，就像周文王称为西伯一样。然而冯夷是他的名字而已。《楚辞·九歌》把《河伯》排在《东君》之后，那么把河伯当作是神。《楚辞·天问》："为什么箭射那个河伯，而夺取他的妻子洛嫔？"王逸《楚辞章句》认为"射"是"实"，认为"妻"是"梦"。他解释《远游》"令海若舞冯夷"，就说："所谓的冯夷，是水里的仙人。"这里的河伯、冯夷都是水神了。《穆天子传》："到达阳纡山，河伯、无夷的居所里居住。"（注："所谓的无夷，是冯夷。《山海经》说是冰夷。）《山海经》："中（有的写成从字）极渊，深达三百仞，只有冰夷常常居住在这里。冰夷有着人的面孔，驾驭着两条龙。"郭璞注解："所谓的冰夷，是冯夷，就是河伯了。"（郭璞《江赋》："冰夷倚浪以傲睨。"）《庄子》："冯夷得到了它来畅游并做黄河的水神。"司马彪注释和引用《清泠传》说："冯夷，是华阴县潼乡堤首里人，服下八块神石得道成为水仙，这就是河伯了。"这是把冯夷逝世后而成为神，这种说法很怪异。《龙鱼河图》说："河伯姓吕名公子，夫人姓冯名夷。"把冯夷认为河伯的妻子，这种说法更加怪异。《楚辞·九歌》有河伯，然而冯夷属于大海像是在他的管理之下，也是认为是两个不同的人。大多是所传播的记载是各自不同的，然而称河神有夫人的，也是秦国人认为君主为黄河娶妻、邺巫为河伯娶妻之类的说法而已。（《淮南子》："冯夷、大丙的驾车。"注解："这两个人是古代得道、能驾驭阴阳的人。"）

《魏书》:“高句丽先祖朱蒙。朱蒙母河伯女,为夫余王妻,朱蒙自称为河伯外孙。”则河伯又有女、有外孙矣。

【译文】《魏书》:“高句丽的先祖朱蒙。朱蒙的母亲是河伯的女儿,是夫余王的妻子,因此朱蒙就自称是河伯的外孙。”那么河伯又有女儿、外孙了。

《真浩》载有一人,旦旦诣河边拜河水,如此十年,河侯、河伯遂与相见,予白璧十双,教以水行不溺法。”注曰:“河侯、河伯,故当是两神邪?”

【译文】《真浩》里记载有一个人,每天都去河边祭拜河水,这样做了十年,河侯、河伯于是和他相见,送给他十双白璧,把水行不溺法传授给他。”注释说:“河侯、河伯,所以这应当是两位不同的神仙吗?”

湘 君

《楚辞》湘君、湘夫人,亦谓湘水之神,有后有夫人也。初不言舜之二妃。王逸章句,始以湘君为水神,湘夫人为二妃。《记》曰:“舜葬于苍梧之野,盖三妃未之从也。”《山海经》:“洞庭之山,帝之二女居之。”郭璞注曰:“天帝之二女,而处江为神。”即

《列仙传》江妃二女也。《九歌》所谓《湘夫人》，称帝子者是也。而《河图玉版》曰："湘夫人者，帝尧女也。秦始皇浮江至湘山，逢大风，而问博士：'湘君何神？'博士曰：'闻之尧二女，舜妃也，死而葬此。'"《列女传》曰："二女死于江湘之间，俗谓之湘君。"郑司农亦以舜妃为湘君。说者皆以舜陟方而死，二妃从之，俱溺死于湘江，遂号为湘夫人。按《九歌》，湘君、湘夫人自是二神。江湘之有夫人，犹河洛之有虙妃①也。此之为灵，与天地并，安得谓之尧女？且既谓之尧女，安得复总云湘君哉？何以考之？《礼记》云："舜葬苍梧，二妃不从。"明二妃生不从征，死不从葬。且《传》曰："生为上公，死为贵神。"《礼》：五岳比三公，四渎比诸侯。今湘川不及四渎，无秩于命祀，而二女帝者之后，配灵神祇，无缘复下降小水，而为夫人也。原其致谬之由，由乎俱以帝女为名，名实相乱，莫矫其失，习非胜是，终古不悟，可悲矣！此辨甚正。又按《远游》之文，上曰："二女御《九招》歌。"下曰："湘灵鼓瑟。"是则二女与湘灵，固判然为二，即屈子之作，可证其非舜妃矣。后之文人附会其说，以资谐讽，其渎神而慢圣也，不亦甚乎！

【注释】①虙（fú）妃：亦作"宓妃"。相传为伏羲氏之女，在洛水溺死，遂为洛水之神。

【译文】《楚辞》里的湘君、湘夫人，也称为湘水水神，是有后代和有夫人的。起初没说是帝舜的两位妃子。（王逸《楚辞章句》，开始认为湘君为水神，湘夫人为帝舜的两位妃子。）《礼记》说："帝舜安葬在苍梧的原野上，大概他的三位妃子没有跟他合葬在一起。”《山海经》：“在洞庭山上，是天帝两位女儿居住在上面。”郭璞注释说：“天帝的两位女儿，然而居住在长江里成为水神。”就是《列仙传》长江妃子那两位女子了。《楚辞·九歌》所说的《湘夫人》，称为天帝女子的就是。然而在《河图玉版》说：“所谓的湘夫人，是帝尧的女儿。秦始皇渡过长江到达湘山，遭遇大风，向博士询问：‘湘君是哪位神仙？’博士回答说：‘听说是帝尧的两位女儿，都是帝舜的妃子，逝世后都安葬在这里。’”《列女传》说：“这两位女子死在长江、湘江之间，世间称呼她们为湘君。”郑玄也把舜的两位妃子当作湘君。谈论的人都认为帝舜巡守天下而死，两位妃子跟从他，都被溺死在湘江中，于是被称号为湘夫人。考查《楚辞·九歌》，湘君、湘夫人从来都是两位神仙。长江和湘江有夫人，就像黄河和洛水有虑妃。这就成为了神灵，和天地并生，怎么称为帝尧之女？况且已经称为帝尧之女，怎么能再次综合来说是湘君呢？用来什么来考证它？《礼记》说：“帝舜安葬在苍梧，他的两位妃子没有和他合葬在一起。”已经说明他的两位妃子生前没有跟从帝舜征伐，逝世后也没有合葬在一起。而且《左传》说：“生前是上公，死后成为贵神。”《礼记》：五岳（指泰山、衡山、华山、恒山和嵩山）相当于三公，四渎（指江、淮、河、汉）相当于诸侯。现在湘川比不上四渎，在以天子之命进行祭祀中没有等级，然而凭借两位女子是上天的后代，在神祇当中配有神位，没有理由再次下凡到小水流当中，而成为夫人的。探究它导致错误的缘由，起因是都凭借帝女的名分，名和实相互混乱，没有矫正它的错失，习惯不正确的而最终成为正确的，自古以来没有弄明白，真是感到可悲！这种辩解非常正确。又考查《远游》的文章，上文说："两位女子跳《九招》的歌舞。"下文说："湘灵两位水神分别打着鼓弹奏着瑟。"虽然两位女子和湘江神灵，本来特别清楚是两种不同的神灵，就是根据屈原的著作，可以证明她们不是帝舜的妃子。后代文人附会他的说法，来提供诙谐讽喻的，他们亵渎神灵而慢待神圣，不也是很过分吗！

禹崩会稽，故山有禹庙。而《水经注》言："庙有圣姑。《礼乐纬》云：'禹治水毕，天赐神女圣姑。'"夫舜之湘妃，犹禹之圣姑也。

【译文】大禹在会稽逝世，因此会稽山上有大禹庙。然而在《水经注》中说："大禹庙里有圣姑。《礼乐纬》说：'大禹治理水灾完毕以后，上天赐予他神女圣姑。'"帝舜的湘妃，就像是大禹的圣姑（一样的牵强附会）。

甚矣，人之好言色也[①]。太白，星也，而有妻。甘氏《星经》曰："太白上公，妻曰女媊。女媊居南斗，食厉，天下祭之曰明星。"河伯，水神也，而有妻。《龙鱼河图》曰："河伯姓吕，名公子。夫人姓冯，名夷。"常仪，古占月之官也，而《淮南子》以为羿妻，窃药而奔月，名曰常娥。霜，露之所为；雪，水之所凝也，而《淮南子》云："青女乃出，以降霜雪。"高诱注："天神青霄玉女。"巫山神女，宋玉之寓言也，而《水经注》以为天帝季女，名曰瑶姬。李善《高唐赋》注，引《襄阳耆旧传》曰："赤帝女姚姬，未行而卒，葬于巫山之阳。”洛水宓妃，陈思王之寄兴也，而如淳以为伏羲氏之女。《汉书音义》：“伏羲氏之女，溺洛水为神。”䗝山启母，《天问》之杂说也，后人附以少姨，以为启母之妹，今少室山有阿姨神。而武后至封之为玉京太后、金阙夫人。青溪小姑，为蒋子文之第三妹，则见于杨炯之碑。杨炯《少姨庙碑》曰：“蒋侯三妹，青溪之轨迹可寻。”并州妒女，为介子推之妹，则见于李諲之诗。见下。小孤山之讹为小姑也，欧阳公《归田录》。杜拾遗之讹为十姨也，《黄氏日钞》。是皆湘君夫人之类。而《九歌》之篇，《远游》之赋，且为后世迷惑男女，渎乱神人之祖也。或曰：《易》以坤为妇道，而《汉书》有媪神之文。《郊祀歌》：“媪神蕃厘。”张晏曰：“媪者老母之称。坤为母，故称媪。”于是山川之主，必为妇人以象之，非所以隆国典而昭民敬也已。

【注释】①甚矣，人之好言色也：这句为倒装句，应为人之好言色也，甚矣。意为人们非常爱好谈论的美色。

【译文】人们非常喜欢谈论美色。太白，是一个星星，然而却有妻子。甘公《星经》说：“太白星这位上公，妻子名为女媊。女媊位居在南斗星，消除灾祸，天下人祭拜她称为明星。”河伯，是水神，然而却有妻子。《龙鱼河图》说：“河伯姓吕，名为公子。夫人姓冯，名为夷。”常仪，是古代占卜月亮的官职名，然而《淮南子》认为是后羿的妻子，偷窃丹药而奔向月亮，名为常娥。霜，是露水形成的；雪，是水所凝成的，然而《淮南子》说：“青女于是出现，来降下霜和雪。”（高诱注解：“是天神青霄的仙女。”）巫山神女，出自宋玉的寓言，然而《水经注》认为是天帝最小的女儿，名为瑶姬。（李善《高唐赋》注释，引用《襄阳耆旧传》说："赤帝的女儿姚姬，还没行走而逝世，安葬在巫山的南面。"）洛水宓妃，是陈思王曹植寄托情怀而创造的，然而如淳认为是伏羲氏的女儿。（《汉书音义》："伏羲氏之女，溺死在洛水而成为神。"）嵞山启母，是《楚辞·天问》的混杂说法创造的，后人把少姨附会在她身上，认为是启母的妹妹，（现在少室山有阿姨神。）然而皇后武则天赐封她为玉京太后、金阙夫人。青溪小姑，是蒋子文的三妹，记载就出现在杨炯撰写的碑文上。（杨炯《少姨庙碑》说："蒋子文的三妹，青溪的轨迹可以寻找。"）并州妒女，是介子推的妹妹，记载就出现在李諲的诗句中。（看下边引文。）在小孤山讹传青溪为小姑，（见欧阳修《归田录》。）杜甫讹传妒女为十姨，（见《黄氏日钞》。）这里都是和湘君夫人之类得说法相似。然而在《九歌》的篇章里，《远游》的赋词里，而且为后世使男女迷乱，使神人的祖先混淆。有人说：《周易》把坤卦作为妇道，然而《汉书》有媪神的文章。（《郊祀歌》："媪神蕃厘。"张晏说："所谓的媪是老年妇女的称呼。坤卦作为老年妇女，因此称为媪。"）于是山川的主神，一定是妇人来象征它，不是用来尊崇国家的规章制度以及彰显民众敬意的做法。

金元好问《承天镇悬泉诗》注曰："平定土俗，传介子推被焚，其妹介山氏耻兄要君，积薪自焚，号曰妒女祠。《唐书》：高宗调露元年九月，幸并州，道出妒女祠。其碑大历中判官李諲撰，辞旨殊谬，至有'百日积薪，一日烧之'之语。乡社至今以百五日积薪而焚之，谓之祭妒女。”其诗有曰：“神祠水之浒，仪卫盛官府。颇怪词前碑，稽考失莽卤。吾闻允格台骀，宣汾洮，障大泽，自是生有自来，归有所假，而“而”即“如”字。自经沟渎，便可尸祝之，祀典纷纷果何取？子肯鼓浪怒未泄，精卫衔薪心独苦，楚臣百问天不酬，肯以诞幻虚荒惊聋瞽。自有宇宙有此水，此水绵绵流万古。人言主者介山氏，且道未有介山之前复谁主？山深地古自是有神物，不假灵真谁敢侮？稗官小说出闾巷，社鼓村箫走翁妪。当时大历十才子，争遣李諲镵陋语。”此是千古正论。杜氏《通典》：“汾阴后土祠，为妇人塑像。武太后时，移河西梁山神塑像就祠中配焉。开元十一年，有司迁梁山神像于祠外之别室。”夫以山川之神，而人为之配合，其渎乱不经尤甚矣。《张南轩集》言：“舜庙中有武后像，即日投之江中。”

【译文】金代元好问《承天镇悬泉诗》注释说：“平定当地的风俗，相传介子推被山火烧死，他的妹妹介山氏耻于他的兄长介子推要挟君主，堆起薪柴自焚身亡，民众为她建立祠庙号为妒女祠。(《唐书》：高宗调露元年九月，巡幸并州，途经妒女祠。)这个碑文是唐朝大历年间判官李諲撰写的，言辞主旨都非常荒谬，甚至有‘百日积薪，一日烧之’的语句。乡社到现在用一百零五日堆起薪柴而焚烧，称为祭妒女。”那里诗句有说：“神祠水之浒，仪卫盛官府。颇怪词前碑，稽考失莽卤。吾闻允格台骀，宣汾洮，障大泽，自是生有自来，归有所假，而(“而”就是“如”字)自经沟渎，便可尸祝之，祀典纷纷果何取？子肯鼓浪怒未泄，精卫衔薪心独苦，楚臣百问天不酬，肯以诞幻虚荒惊聋瞽。自有宇宙有此水，此水绵绵流万古。人言主者介山氏，且道未有介山之前复谁主？山深地古自是有神物，不假灵真谁敢侮？稗官小说出闾巷，社鼓村箫走翁妪。当时大历十才子，争遣李謜镵陋语。"这就是千古以来正确的论断。杜佑《通典》："汾阴县后面有一座土祠，是妇人的形状塑造神像。在太后武则天的时候，移到河西梁山神塑造神像安排在祠中享受祭祀。开元十一年，有司迁移梁山神像到祠外的别室。"把山川作为神灵，而把人放在一起祭祀，这种亵渎混乱不符合常理尤其特别得严重。(《张南轩集》说："舜庙中有武后神像，当天就把投到长江之中。")

泰山顶碧霞元君，宋真宗所封，世人多以为泰山之女。后之文人知其说之不经，而撰为黄帝遣玉女之事以附会之。不知当日所以褒封，固真以为泰山之女也。今考封号，虽自宋时，而泰山女之说，则晋时已有之。张华《博物志》："文王以太公为灌坛令，期年风不鸣条。文王梦见有一妇人当道而哭，问其故，曰：'我东海泰山神女，嫁为西海妇。欲东归，灌坛令当吾道。太公有德，吾不敢以暴风疾雨过也。'文王梦觉，明日召太公，三日三夕，果有疾风骤雨自西来也，文王乃拜太公为大司马。"此一事也。干宝《搜神记》："后汉胡母班尝至泰山侧，为泰山府君所召，令致书于女婿河伯。云：至河中流，扣舟呼青衣，当自有取书者。'果得达，复为河伯致书府君。"此二事也。《魏书·高句丽传》："朱蒙告水曰：我是日子，河伯外孙。"《列异传》记蔡支事，又以天帝为泰山神之外孙。自汉以来，不明乎天神、地祇、人鬼之别，一以人道事之，于是封岳神为王，则立寝殿为王夫人。有夫人则有女，而女有婿，又有外孙矣。唐宋之时，但言灵应，即加封号，不如今之君子必求其人以实之也。

【译文】泰山山顶的碧霞元君，是宋真宗所赐封的，世人大多认为是泰山之女。后代文人知道这种说法是不符合常理的，但是撰写成黄帝派遣玉女的事情以附会。不知道那天用来受皇帝的褒奖和封诰的，本来就真的认为是泰山之女。现在考证她的封号，虽然是出自宋代，然而泰山女儿的说法，就在晋代已经存在了。张华《博物志》："周文王把姜太公吕尚任命为灌坛令，全年和风吹拂而没有吹动树枝。周文王梦见有一位妇人挡在道路中间而哭泣，周文王询问她哭泣的原因，妇人回答说：'我是东海泰山神女，嫁到西海成为他的妻子。我想回到东海，灌坛令阻碍了我回家的道路。姜太公有德行，我不敢用暴风疾雨来过境。'周文王梦醒来后，第二天召见姜太公，允许她过境回家，三日三夜，果然有疾风骤雨从西边过来，文王于是授予太公为大司马。"这是第一件事。干宝《搜神记》："东汉胡母班曾经到泰山旁边，为泰山府君所召见，让胡母班送书信给他的女婿河伯。泰山府君说：你到达黄河的中央，敲打着船呼叫穿青衣的奴婢来取信，应当会有人来取书信的。'果然到了黄河中央有人上来取信，胡母班再次为河伯送信给泰山府君。"这是第二件事。(《魏书·高句丽传》："朱蒙告诉水流说：我是太阳的儿子，河伯的外孙。")《列异传》记载蔡支的事情，又把天帝作为泰山神的外孙。从汉代以来，没有分辨天神、地祇、人鬼的区别，统一用人间的道理来处理他们，于是就有封岳神为王，就建造寝殿，为王配有夫人。那么有夫人就有女儿，而且有女儿就有女婿，又有外孙了。在唐宋那时，只说神灵应验灵应，就加封尊号，比不上现在的君子必须求证其人来验证他们的故事。

又考泰山不惟有女，亦又有儿。《魏书·段承根传》："父晖，师事欧阳汤。有一童子与晖同志，后二年辞归，从晖请马。晖戏作木马与之，童子甚悦，谢晖曰：'吾泰山府君子，奉敕游学，今将归，损子厚赠，无以报德，子后至常伯封侯。'言讫，乘马腾空而去。"《集异记》言："贞元初，李纳病笃，遣押衙王祐祷岱岳。遥见山上有四五人，衣碧汗衫半臂。路人止祐下车，言此三郎子、七郎子也。"《文献通考》："后唐长兴三年，诏以泰山三郎为威雄将军。宋大中祥符元年十月，封禅毕亲幸，加封炳灵公。"夫封其子为将军为公，则封其女为君，正一时之事尔。

【译文】又考证泰山不仅有女儿，也有儿子。《魏书·段承根传》："父亲段晖，以师礼来对待欧阳汤。有一位童子和段晖是同窗，过了二年向师父告辞回家，童子向段晖请求要马匹。段晖开玩笑地制作了木马送给他，童子非常高兴，向段晖道谢说：'我是泰山府君的儿子，奉行父亲的命令来求学，现在学成即将回去，减少您的东西而送给我这么厚重的礼物，没有什么来回报你的恩德，您以后会官至常伯、赐封为侯。'说完，童子乘马飞上天空而离开。"《集异记》说："唐德宗贞元初年，李纳病重，派遣押衙王祐向泰山祷告。王祐远远地看见山上有四五个人，穿着碧绿色的短袖汗衫。路人让王祐停下并下车，说这就是三郎子、七郎子。”《文献通考》：“后唐长兴三年，明宗李嗣源下诏把泰山三郎任命为威雄将军。宋代大中祥符元年十月，真宗赵恒封禅泰山完毕之后，亲自临幸庙中，加封他为炳灵公。”赐封其子担任威雄将军、担任炳灵公，那么赐封其女为碧霞元君，正是同时的事情而已。

又考管子对桓公曰：“东海之子类于龟。”不知何语？而房玄龄注，则以为“海神之子”。又元刘遵鲁《漠岛记》曰：“庙中神妃，相传为东海广德王第七女。”夫海有女，则山亦有女，曷足怪乎？

【译文】又考证到管仲对齐桓公说：“东海之子的形貌类似于乌龟。”不知道他说的是什么？然而房玄龄注释，就认为是“海神之子”。又元代刘遵鲁《漠岛记》说：“庙中的神妃，相传是东海广德王的第七个女儿。”大海有女儿，那么大山也有女儿，还有什么值得奇怪的呢？

共和

《史记·周本纪》：“厉王出奔于彘，厉王太子静，匿召公之家。周公、召公二相行政，号曰共和。共和十四年，厉王死于彘，二相乃共立太子静为王。”以二相为共和，非也，《汲冢纪年》：“厉王十二年出奔彘，十三年共伯和摄行天子事，号曰共和。《汉书·古今人表》有共伯和。师古曰:“共国伯爵,和其名。”二十六年,王陟于彘。周定公召穆公立太子靖为王,共伯和归其国。”此即《左氏》王子朝所谓“诸侯释位,以间王政”者也,但其言共伯归国者未合。古者无天子之世,朝觐讼狱,必有所归。《吕氏春伙》言:“共伯和修其行,好贤仁。周厉之难,天子旷绝,而天下皆来请矣。”按此则天下朝乎共伯,非共伯至周,而摄行天子事也。共伯不以有天下为心,而周公、召公亦未尝奉周之社稷而属之他人,故周人无易姓之嫌,共伯无僭王之议。《庄子》曰:“许由娱于颍阳,而共伯得乎共首。”共首,今之共山,亦谓之共头。《荀子》:“武王伐纣,至共头而山隧。”《吕氏春秋》:“武王使召公就微子开于共头之下,而与之盟。”盖其秉道以终,得全神养性之术者矣。毕拱辰曰:按金氏《通鉴前编》:厉王三十七年出奔彘,五十一年崩于彘。其纪年亦与《竹书》不合。

【译文】《史记·周本纪》:“周厉王逃跑到彘地,周厉王的太子静,藏匿在召公家中。周公、召公两位相共同管理朝政,号为共和。共和十四年,周厉王死在彘地,周公、召公两位相才一起拥立太子静为周王。”把周公、召公两位相共同管理朝政称为共和,这是错误的,《汲冢纪年》:“周厉王十二年逃跑到彘地,十三年共伯和代理行使天子的政务,号为共和。(《汉书·古今人表》有一位共伯和。颜师古说:“共国是伯爵,和是他的名字。”)周厉王二十六年,周厉王逃到彘。周定公召集穆公拥立太子靖(静)为周王,共伯和来到周国。”这就是《左传》王子朝所说“诸侯各自离开他们所担任的职位，来参与管理君王的政务”的事情了，仅是这种说法和共伯到周国不相符合。古代没有天子在朝的世代，上朝觐见治讼理狱，一定有所归。《吕氏春伙》说：“共伯和修养他的品行，喜好贤德仁爱的人。周厉王之乱，天子之位废缺，而天下人都来朝见共伯和。”考查这就是天下人朝见共伯和，不是共伯和到周国，而代理行使天子的权力。共伯和没有依靠占据天下作为心思，然而周公、召公也不曾拿周朝的社稷而嘱咐给他人，因此周朝没有改朝换代的嫌疑，共伯和没有僭越王权的争议。《庄子》说：“许由居住在颍水北岸自由自在，而共伯和隐居在共首山自得其乐。”（共首，现在的共山，也称呼为共头。《荀子》：“周武王讨伐商纣王时，到了共头山而挖掘了隧道。”《吕氏春秋》：“周武王派遣召公和微子开在共头山下见面，而且和他结盟。”）大概他秉持道义到终身，得到了全部精神修养本性的方法。（毕拱辰说：考查金履祥《资治通鉴前编》：周厉王三十七年逃跑到彘地，五十一年在彘地逝世。这个纪年也和《竹书纪年》不相符合。）

《左传》郑大叔[1]出奔共，注：“共国今汲郡共县。”《史记·春申君传》：“通韩上党于共、宁，使道安成，出入赋之。”《田敬仲完世家》：“王建降秦，秦迁之共，饿死。齐人歌之曰：松邪柏邪，住建共者客邪！”《汉书·功臣表》有“共庄侯卢罢师”。《唐书·地理志》：“卫州共城县，武德元年置共州。”即今卫辉府辉县。《诗序》：《柏舟》，共姜自誓也。卫世子共伯蚤死，其妻守义。父母欲夺而嫁之，誓而弗许，故作是诗以绝之。此别一共伯。共者，谥也，非共国之共也。今辉县有共姜台，后人之附会也。

【注释】①郑大叔：即郑国共叔段。曾受封在京城，因而被称为京城大叔。

【译文】《左传》郑大叔逃奔到共地，注释："共国是现在的汲郡共县。"《史记·春申君传》："打通共城、宁城到韩国上党的道路，让这条道路直通安成，商贾出入都要征收赋税。"《史记·田敬仲完世家》："王建投降了秦国，秦王把他迁到共城，王建被饿死。齐国人歌颂他说：松邪柏邪，住建共者客邪！"《汉书·功臣表》有一句"共庄侯卢罢师"。《新唐书·地理志》："卫州共城县，武德元年设置成共州。"就是现在的卫辉府辉县。（《诗序》：《柏舟》，是共姜自己发誓的语句。卫世子共伯很早就逝世了，他的妻子坚守贞节。父母想夺取她的志向而嫁给他人，共姜发誓坚守贞节而没有听从，故而撰写这首诗来断绝她父母的念想。这是另外一个共伯。所谓的共，是谥号，不是共国的共字。）现在的辉县有一座共姜台，这是后人附会故事而建造的。

介子推

介子推①事，见于《左传》则曰："晋侯求之不获，以绵上为之田。曰：以志吾过，且旌善人。"《吕氏春秋》则曰："负釜簦，终身不见。"二书去当时未远，为得其实。然之推亦未久而死，故以田禄其子尔。《史记》之言稍异，亦不过曰："使人召之则亡。闻其入绵上山中，于是环绵上之山中而封之，以为介推田，号曰介山”而已。立枯之说，始自屈原；燔死之说，始自庄子。《容斋三笔》以为始自刘向《新序》，非也。《楚辞·九章·惜往日》：“介子忠而立枯兮，文公寤而追求。封介山而为之禁兮，报大德之优游。思久故之亲身兮，因缟素而哭之。”《庄子》则曰：“介子推，至忠也，自割身股，以食文公。文公后背之，子推怒而去，抱木而燔死。”《盗跖篇》。东方朔《七谏》《丙吉传》长安士伍尊书、刘向《说苑》《新序》因之。《水经注》引王肃《丧服要记》“桂树之问”，亦辨以为诬。于是瑰奇之行彰，而廉靖之心没矣。今当以《左氏》为据。割股、燔山，理之所无，皆不可信。

【注释】①介子推：亦名介之推，春秋时期晋国的人。

【译文】介子推的事情，出现在《左传》则说：“晋文公不能邀请他出山，就把绵上作为他的封田。说：用来标志我的过错，而且用来表彰善良的人。”《吕氏春秋》则说：“介子推背着大锅和雨笠，终身不和晋文公相见。”两本书籍离当时发生的事情不远，应该是得到了真实的情况。但是介子推也不久而逝世，因此晋文公就把绵上田赐封给他的儿子而已。《史记》的说法稍微不相同，也不过说：“晋文公派遣人召见他而他就逃跑了。听说他逃到绵上山中，于是就把围绕绵上山中的土地而赐封给他，把它当作是介子推的封田，号为介山”罢了。介子推被烧死而骨枯的说法，从屈原开始；介之推被烧死的说法，从庄子开始。（《容斋三笔》认为是从刘向《新序》开始，这是错误的。）《楚辞·九章·惜往日》：“介子推忠贞被烧死而骨枯，晋文公一旦醒悟过来立刻访求他。赐封介山给他而禁止百姓砍伐，用来回报介子推大恩德。怀念追随自己多年的故交，穿着白色丧服而向他痛哭不止。”《庄子》则说：“介子推，是非常忠诚的臣子，自己割下自身的大腿肉，拿来给晋文公吃。晋文公后来背叛了他，介子推发怒就离开了晋文公，抱着木头而被烧死。”（见《盗跖篇》。东方朔《七谏》《丙吉传》长安士人伍尊的书信、刘向《说苑》《新序》沿袭庄子的说法。《水经注》引用王肃《丧服要记》“桂树之问”，也被辨别认为这是无中生有的事情。）于是奇形怪状的事迹被彰显，但是逊让谦恭的心志被埋没了。现在应当把《左传》的记载作为依据。介子推割大腿肉、晋文公烧山的说法，理应所没有的事情，都不可信。

魏武帝令曰：“闻太原、上党、西河、雁门，冬至后百五日，皆绝火寒食，云为介子推。且北方冱寒之地，老少羸弱，将有不堪之患。令到，人不得寒食。若犯者，家长半岁刑，主吏百日刑，令长夺一月俸。”后魏高祖太和二十年二月癸丑，“诏介山之邑，听为寒食。自余禁断。”

【译文】魏武帝曹操命令说：“听说太原、上党、西河、雁门，冬至后一百零五天，都禁止明火吃寒食，说是纪念介子推。况且北方是极其寒冷的地方，老人小儿、身体瘦弱的，将会有不能忍受的担忧。命令到达，人们不能吃寒食。如果有触犯的人，家中主事人被判半年的刑罚，主管地方的官吏被判一百天的刑罚，郡守长官被剥夺一月的俸禄。”北魏高祖太和二十年二月二十日，“下令在介山的地方，任由吃寒食。从这时开始禁止吃寒食的命令被放开了。”

《册府元龟》：“龙星，木之精也。春见东方，心为火之盛，故为之禁火。俗传介子推以此日被焚禁火。”

【译文】《册府元龟》：“龙星，是木的精气所在。春季出现在东方，心是火的藏身之处，因此为它禁止明火。俗传介子推在这天被焚烧死而禁止明火。”

《路史·燧人改火论》曰：“顺天者存，逆天者亡，是必然之理也。昔者燧人氏作，观乾象，察辰心而出火，作钻燧，别五木以改火[①]，岂惟惠民哉，以顺天也。四时五变，榆柳青，故春取之；枣杏赤，故夏取之；柔柘黄，故季夏取之；柞楢白，故秋取之；槐檀黑，故冬取之。皆因其性，故可救时疾。予尝考之，心者天之大火，而辰戌者火之二墓。是以季春心昏见于辰而出火，季秋心昏见于戌而纳之。卯为心之明堂，至是而火大壮。是以仲春禁火，戒其盛也。《周官》，每岁仲春，命司烜氏以木铎修火禁于国中，为季春将出火；而司爟掌行火之政令，四时变国火以救时疾。季春出火，季秋内火，民咸从之。时则施火令，凡国失火，野焚莱，则随之以刑罚。夫然，故天地顺而四时成，气不愆伏[②]，国无疵厉，而民以宁。郑以三月铸刑书，而士文伯以为必灾，六月而郑火。盖火未出而作火，宜不免也。今之所谓寒食一百五者，熟食断烟，谓之龙忌，盖本乎此。《司烜》："仲春以木铎修火禁。因火出而警之。仲秋火入，则不警。"《宫正》："春秋以木铎修火禁。宫禁尚严也。"而周举之书，魏武之令，与夫《汝南先贤传、陆翽《邺中记》等，皆以为为介子推，谓子推以三月三日燔死，而后世为之禁火。吁！何妄邪！是何异于言子胥溺死，而海神为之朝夕者乎？予初赋潮，知此妄说。而或者谓昔人言潮，无出子胥前者，因为举《书》朝宗之语，而齐景尝欲遵海观朝舞矣。且屈原云：听潮水之相击，而《易》亦有行险不失信之言。自有天地，即有此潮，岂必见纸上而后信哉？子胥漂于吴江，适有祠庙当潮头。不知丹徒、南恩等潮，且复为谁潮邪？予观左氏、史迁之书，曷尝有子推被焚之事？况以清明、寒食，初靡定日，而《琴操》所记子推之死，乃五月五，非三日也。古人以三月上巳祓禊，以清明前三日寒食，初无定日。后世既已一之，而又指为三月之三，妄矣！《周举传》云：每冬中辄一月寒食，以子推焚骸，神灵不乐举火。然则介子又将以冬中亡矣。非可信也。夫火，神物也，其功用亦大矣。昔隋王劭尝以先王有钻燧改火之义，于是表请变火，曰：古者周官四时变火，以救时疾。明火不变，则时疾必兴。圣人作法，岂徒然哉。在晋时有人以洛阳火渡江，世世事之，相续不灭，火色变青。昔师旷食饭云，是劳薪所爨，晋平公使视之，果然车辋。今温酒炙肉，用石炭火、木炭火、竹火、草火、麻荄火，气味各自不同。以此推之，新火旧火，理应有异。伏愿远遵先圣，于五时取五木以变火，用功甚少，救益方大。夫人恶陈，薪恶劳。晋代荀勖进饭，亦知薪劳。而隋文帝所见江宁寺晋长明灯，亦复青而不热。传记有以巴豆木入爨者，爰得泄利，而粪臭之草炊者，率致味恶。然则火之不改，其不疾者鲜矣。泌以是益知圣人之所以改火修火，正四时五变者，岂故为是烦文害俗，得已而不已哉。东晋初有王离妻李，将河南火渡江，云：受祖母王，有遗书二十卷，临终戒勿绝火，遂常种之。传二百年，火色如血，谓之圣火。宋齐之间，李妪年九十余，以火治病多愈。妪死，人为葬之，号圣火冢。每阴雨，见火出冢门，今号其处为圣火巷。《金陵故事》云：禅众寺前，直南小巷也。传不云乎，违天必有大咎？先汉武帝犹置别火令丞，典司燧事，《汉书》大鸿胪有别火令丞。后世乃废之邪？方石勒之居邺也，于是不禁寒食，而建德殿震及端门、襄国西门，雹起西河介山，大如鸡子，平地三尺，洿下丈余，人禽死以万数，千里摧折，秋稼荡然。夫五行之变如是，而不知者，亦以为为之推也。虽然，魏晋之俗，尤所重者，辰为商星，实祀大火，而汾晋参墟，参辰错行不毗和所致。”

【注释】①改火：古代钻木取火，根据不同季节来取用木材，称为改火，也称改木。②愆伏：愆，即愆阳，意指冬天过度炙热。伏，即伏阴，意指夏天出现寒气。所以愆伏意指气候失调。

【译文】《路史·燧人改火论》说：“顺应上天的人被保存，违反上天的人被消灭，这是必然的道理。从前燧人氏兴起，观察天象，发觉辰的心脏而出现火，于是制作了钻燧，分别用五种木头来改火，难道仅仅是便利百姓吗，是用来顺应上天。（四季循环、五行变化，榆树柳树是青色，因此在春季取来烧火；枣树杏树是红色，因此在夏季取来烧火；柔树柘树是黄色，因此次在季夏取来烧火；柞树楢树是白色，因此在秋季取来烧火；槐树檀树是黑色，因此在冬季取来烧火。都是根据他们的本性，因此可以用来拯救时节流行的疾病。）我曾经考证它们，心是上天的大火，但是辰、戌是火的两座归宿。这是因为在季春的心脏在黄昏出现在辰而出现火，季秋的心在黄昏出现在戌而收纳火。卯是心脏之明堂，到这时候而火阳刚盛长的样子。这是在仲春禁火，是为了防备它的旺盛。《周官》，每年仲春，命令司烜氏在国都敲打木铎告诫人们严格遵守用火的禁令，这是季春即将出现火；然而司爟掌管行使火的政令，按照四季变换国家的火种来救治时节流行的疾病。季春出现火，季秋收纳火，民众都听从政令。当时实施用火的政令，凡是在国家中失火，焚烧草野中的野菜，就以刑罚随着事情而实行。这样做，因此天地顺应而四季收成，气候不会失常，国家没有疾病及灾疫，而且民众得以安宁。郑国在三月铸造刑书，但是士文伯认为必定遭受灾祸，在六月而郑国被火烧。原来是火还没出现而进行烧火，应该不能避免灾祸了。现在所说的进行一百零五天寒食，吃熟食断绝烟火，称为龙忌，大概是依据这个。（《司烜》："在仲春敲打木铎告诫人们严格遵守用火的禁令。因为火的出现而让民众警惕它。仲秋火被收纳，就不再警示。"《宫正》："春秋敲打木铎告诫人们严格遵守用火的禁令。宫禁尚且严格执行。"）但是周举的书信，魏武帝的政令，和《汝南先贤传》、陆翙《邺中记》等记载，都认为吃寒食禁明火是为了纪念介子推，称介子推因为在三月三日被烧死，而后世在这天为他禁止用火。吁！是怎样的错误啊！这个和说伍子胥被水溺死，而海神为他早晚进行潮汐涌动有什么不同呢？（我当初为潮水赋诗时，知道了这种狂妄的说法。但是有人说以前的人谈及潮水，没有超过伍子胥之前的，因而为周举《书》中有“朝宗”的语句，而且齐景公曾经想要到遵海观看潮汐的舞蹈。况且屈原说：听到潮水撞击的声音，但是《周易》也有路过险峻的地方也不失潮信的语句。自从有了天地，就有这潮汐现象，难道一定出现在纸上的记载而后才相信吗？伍子胥在吴江渡过，恰好有一座祠庙阻挡潮头。不知道丹徒、南恩等潮水，又为谁舞动潮水吗？）我阅读左丘明、司马迁的史书，哪里有介子推被焚的事情？况且因为清明节、寒食节，起初没有规定日期，而《琴操》所记载的介子推的逝世日期，是在五月五日，不是在三日。（古人因为在三月上巳日进行祓禊的祭祀，在清明节前三天进行寒食，起初没有规定日期。后世既然已经统一了日期，然而又指定在三月三日，这是非常错误的！《后汉书·周举传》说：每年冬季中就进行一月的寒食，因为介子推被焚烧而死，神灵不喜欢烧火。那么介子推又是在冬季中逝世的。这是不信的事情。）所谓的火，是神灵的物品，它的功用也很大。以前隋朝王劭曾经因为先王有“钻燧改火”的含义，于是上表请求变换火种，说：在古代周官按照四季改换火种，来拯救时节流行的疾病。使用的火种不改变，那么时节流行的疾病必然兴起。圣人制定的规定，难道是徒劳的吗。在晋代的时候就有人用洛阳火渡过长江，世世代代加以保护火种，相互延续不被灭掉，后来火的颜色变成青色。以前师旷吃饭的时候说，这是损耗之后的木柴所烧出来的饭，晋平公派遣人去查看，果然用的是旧车轮外层那些木头。现在温酒和烤肉时，用的是石炭火、木炭火、竹火、草火、麻荄火等等，气味各自不相同。用这个来推论，新火和旧火，理应有所不同。希望皇帝遵循远古先圣的法则，在五个时节采取五种木材来改换火种，这样费力非常少，挽救的好处非常大。人人厌恶陈旧的东西，木柴厌恶损耗的。晋代荀勖吃饭，也知道木柴是损耗的。而且隋文帝所见到的江宁寺晋长明灯，也是再次变青而不感到热。《左传》中有记载有人用巴豆木放进灶中烧的，于是患泄痢的疾病，然而有粪臭的草木用来烧火做饭，大多导致煮出来的饭菜都是恶臭。那么火种不改换，希望不患病的非常少了。罗泌因为这个更加知道圣人之所以该换火种修理火种，是整治四季五个时节的疾病，难道故意为这些事情制作繁琐的礼节和妨碍习俗，是不得已而这样做的啊。（东晋初年有一个王离的妻子李氏，从黄河以南取火种渡过长江，说：从祖母王氏接受而来，有留下来的书籍二十卷，临终前告诫不要灭掉火种，于是常常取来火种来延续它。传到两百年之久，火种的颜色如血一样，被称为圣火。宋齐之间，李妪年纪九十多岁，利用火种来治病大多痊愈。李妪逝世后，人们安葬她，她的墓地被称为圣火冢。每逢阴雨天，看见火种从墓门出来，现在称呼那里为圣火巷。《金陵故事》说：在禅众寺前面，是直南小巷。）《左传》不是说了吗，违背上天一定会有大的灾祸降临？之前汉武帝仍然设置别火令丞这个官职，掌管钻木取火的事情，（《汉书》大鸿胪下属有别火令丞。）后世居然废弃它？正当石勒居住在邺城，在那时没有禁止吃寒食，然而建德殿发生震动波及端门、襄国西门，冰雹从西河介山开始降下，形状大如鸡蛋，平坦的地上堆起三尺高的冰雹，在洼地里深有一丈多的冰雹，民众和家禽死亡数目以万计，千里的树木被摧折，秋季的庄稼荡然无存。五行的变化到这种地步，然而不知道的民众，也认为是介子推发怒做的事情。即使这样，魏晋时期的风俗，特别所重视的节日，辰宿作为商星之一，实际上是祭祀大火，然而汾地晋地处在参宿墟之内，这是参宿辰宿相互错杂排列没有损坏和谐所导致的。”

杞梁妻

《春秋传》：“齐侯袭莒，杞梁死焉。齐侯归，遇杞梁之妻于郊，使吊之，辞曰：‘殖之有罪，何辱命焉；若免于罪，犹有先人之敝庐在，下妾不得与郊吊。’齐侯吊诸其室。”《左氏》之文，不过如此而已，《檀弓》则曰：“其妻迎其柩于路，而哭之哀。”《孟子》则曰：“华周杞梁之妻，善哭其夫，而变国俗。”言哭者始自二书。

【译文】《春秋传》：“齐庄公偷袭莒国，杞梁被杀死在那里。齐庄公回国，在郊外遇到杞梁的妻子，于是派遣人凭吊亡灵，杞梁的妻子推辞说：‘杞梁有罪过，怎么敢劳烦齐王派人来吊唁呢；如果能得到免去罪过，还有先人破房子在那里，下妾不能在郊外接受齐王的吊唁。’齐庄公到杞梁家中吊唁。”《左传》撰写的文字，不过到这种地步而已，《礼记·檀弓》则说：“杞梁的妻子在道路中迎接杞梁的灵柩，而且哭得很悲伤。”《孟子》则说：“华周是杞梁的妻子，擅长为她的丈夫哭丧，而使得国家的习俗发生改变。”谈及杞梁的妻子哭丧从这两本书籍开始。

《说苑》则曰："杞梁华舟进斗，杀二十七人而死，其妻闻之而哭，城为之阤也，而隅为之崩。"《列女传》则曰："杞梁之妻无子，内外皆无五属之亲。既无所归，乃枕其夫之尸于城下而哭，道路过者莫不为之挥涕。十日而城为之崩。"言崩城者，始自二书。

【译文】《说苑》则说："杞梁、华舟上前进行战斗，杀死二十七人而被杀死，杞梁的妻子听闻他被杀死之后而哭泣，城墙因此溃塌，墙角也因此崩坏。"《列女传》则说："杞梁的妻子没有子嗣，内外都没有五属的亲人。既然没有回去的家，于是在城墙下枕着其夫的尸身而哭泣，在道路行走的人没有人不被她的行为而落泪。过了十天而城墙因此溃塌。"谈及崩坏城墙的，从这两本书籍开始。

而《列女传》上文亦载左氏之言。夫既有先人之敝庐，何至枕尸城下？且庄公既能遣吊，岂至暴骨沟中？崩城之云，未足为信。且其崩者城耳，未云长城。长城筑于威王之时，去庄公百有余年。《竹书纪年》："梁惠成王二十年，齐闵王筑防以为长城。"按魏惠王二十年，乃齐威王之二十七年，非闵王。而齐之长城，又非秦始皇所筑之长城也。后人相传，乃谓秦筑长城，有范郎之妻孟姜，送寒衣至城下。闻夫死，一哭而长城为之崩，则又非杞梁妻事矣。夫范郎者何人哉？使秦时别有此事，何其相类若此？唐僧贯休乃据以作诗云："筑人筑土一万里，杞梁贞妇啼呜呜。"则竟以杞梁为秦时筑城之人，似并《左传》《孟子》而未读者矣。

【译文】而在《列女传》上文也记载左丘明的说法。既然有先人的破房子，为什么到城墙下枕着其夫的尸身？况且齐庄公既然能够派遣人去吊唁，怎么到尸身暴露在水沟之中的地步？崩坏城墙的说法，不值得作为证据。况且它崩坏的是城墙而已，没有说是长城。长城在齐威王的时候建造，离齐庄公已经有一百有多年了。（《竹书纪年》：“梁惠成王二十年，齐闵王建造防御工程把它作为长城。”考查魏惠王二十年，是齐威王二十七年，不是在齐闵王那时。）但是齐国的长城，又不是秦始皇所建造的长城。后人相互传播，居然称为秦国建造的长城，有一位范郎的妻子孟姜，送寒衣到长城下。听闻她的丈夫已经逝世，一哭泣而长城因此崩坏，那么又不是杞梁妻子的事情了。所谓范郎是哪里人呢？在秦国时另外有这种事情发生，为什么和那件事相同到这种地步呢？唐代僧人贯休居然依据这个来撰写诗句说：“筑人筑土一万里，杞梁贞妇啼呜呜。”那么竟然把杞梁作为秦代的时候建造长城的人，这似乎是把《左传》《孟子》记载的事情混淆了却没有读到它们记载的文字。

古诗：“谁能为此曲？无乃杞梁妻。”崔豹《古今注》：“乐府《杞梁妻》者，杞殖妻妹朝日所作也。殖战死，妻曰：‘上则无父，中则无夫，下则无子，人生之苦至矣。’乃抗声长哭，杞都城感之而颓，遂投水死。其妹悲姊之贞操，乃作歌，名曰《杞梁妻》焉。梁，殖字也。”按此则又云杞之都城。春秋杞成公迁于缘陵，今昌乐县；文公又迁于淳于，今安丘县。其时杞地当已入齐，要[1]之非秦之长城也。

【注释】①要：审察，核实。

【译文】古诗："是谁在弹唱这样哀伤的歌曲呢？莫非是像杞梁妻那样的人。"崔豹《古今注》："乐府中的《杞梁妻》，是杞殖妻的妹妹朝日所创作的。杞殖战死以后，杞殖的妻子说：'在上没有父亲，在中间没有丈夫，在下没有孩子，人生的悲苦到达了极点。'于是高声长哭，杞国都城感到悲伤而崩坏，杞殖的妻子于是跳进水里而死。她的妹为姐姐的贞操感到悲伤，于是创造歌词，名为《杞梁妻》。梁，是杞殖的字。"按这又说杞国的都城。春秋时期杞成公把国都迁到缘陵，现在的昌乐县；杞文公又迁到淳于，现在的安丘县。那时杞国的领土应当全部并入齐国，考证它不是秦国的长城。

池鱼

东魏杜弼《檄梁文》曰："楚国亡猿，祸延林木。城门失火，殃及池鱼。"后人每用此事。《清波杂志》云："不知所出。以意推之，当是城门失火，以池水救之，池竭而鱼死也。《广韵》：'古有池仲鱼者，城门失火，仲鱼烧死，故谚云：城门失火，殃及池鱼。'"据此则池鱼是人姓名。《风俗通》已有此说。按《淮南子》云："楚王亡其猿，而林木为之残；宋君亡其珠，池中鱼为之殚。故泽失火而林忧。"则失火与池鱼自是两事，后人误合为一耳。

【译文】东魏杜弼《檄梁文》说："楚国逃跑的猿猴，灾难会延伸到树林的树木。城门发生火灾，灾祸会波及池水里的鱼。"这是后人每次都会使用到这些事。《清波杂志》说："不知道它的依据从哪里出来。用它的文意来推论它，应当是城门发生火灾，用池水来救火，池水被用尽而鱼被渴死了。《广韵》：'古代有池仲鱼，城门发生火灾，仲鱼被烧死，因此谚语说：城门失火，殃及池鱼。'"根据这个推论那么池鱼是人的姓名。(《风俗通》已经有这种说法。)考查《淮南子》说："楚王丢失了他的猿猴，然而林木为那只猿猴所残害；宋国君主丢失他的珍珠，池中的鱼为他捞光。因此大泽因为发生火灾而树林因为猿猴而感到担忧。"那么失火与池鱼自然是两件不同的事情，后人错误地合并为一件事情而已。

考池鱼事，本于《吕氏春秋·必己篇》，曰："宋桓司马有宝珠，抵罪出亡。王使人问珠之所在，曰：投之池中。于是竭池而求之，无得，鱼死焉。此言祸福之相及也。"此后人用池鱼事之祖。祖君彦为李密檄文曰："燕巢卫幕，鱼游宋池。"

【译文】考证关于池鱼的事情，原本出自《吕氏春秋·必己篇》，说："宋国桓司马有一颗宝珠，用它来抵罪出逃。宋王派人询问宝珠所在的地方，桓司马回答说：我投进池水中。于是宋王把池水抽干来寻找宝珠，没有找到，但是鱼都死了。这个是说灾祸和福气是相互依存的。"这是后人使用池鱼事情的鼻祖。(祖君彦为李密撰写檄文说："燕子在卫国的幕布上筑巢，鱼儿在宋国的池水里游动。"）

庄安

《汉书·五行志》："严公二十年。"师古曰："严公谓庄公也，避明帝讳改曰严。凡《汉书》载谥姓为严者皆类此。"则是严姓本当作庄。今考《史记》，有庄生、庄贾、庄豹、《樗里子传》。庄舄、庄忌、庄助、庄青翟、庄熊罴、庄参、庄蹻、庄芷，《淮南王安传》。而独有严君疾、《樗里子传》：秦封樗里子号为严君。正义曰："盖封蜀郡严道县，因号严君。疾，名也。"严仲子、严安。邓伯羔谓安自姓严。胡身之《通鉴》"严延年"注曰："此严非庄助之严，自是一姓，战国时有濮阳严仲子。"然《汉书·艺文志》曰："主父偃二十八篇，徐乐一篇，庄安一篇。"是安本姓庄，非严也。严君平亦姓庄。扬子《法言》，"蜀庄沈冥"是也。严尤亦姓庄，《后汉书·光武纪》注引桓谭《新论》曰："庄尤字伯石，避明帝讳改之。"又改庄周为严周。《汉书·王贡两龚鲍传》："老子、严周"；《叙传》："贵老、严之术"。改楚之庄生为严先生，《古今人表》："严先生"，师古曰："即杀陶朱公儿者也。"王褒《洞箫赋》："师襄严春，不敢窜其巧。"李善注："《七略》有庄春言琴。"《王莽传》有爨严春，非此。《汉书》之称庄安，班氏所未及改也；《史记》之称严安，后人所追改也。

【译文】《汉书·五行志》："严公二十年。"颜师古说："严公就是庄公，回避汉明帝刘庄的名讳而被改称严。凡是《汉书》记载的谥号和姓氏是严的都和这个相似做法。"那么这个严姓本来应当写成庄姓。现在考证《史记》的记载，里面有庄生、庄贾、庄豹、（见《史记·樗里子传》。）庄舄、庄忌、庄助、庄青翟、庄熊罴、庄参、庄蹻、庄芷，（见《史记·淮南王安传》。）然而只有严君疾、（见《史记·樗里子传》：秦国赐封樗里子，号为严君。《史记正义》说："大概是赐封在蜀郡严道县，因而号为严君。疾，就是他的名字。"）严仲子、严安。邓伯羔说严安本来就姓严。（胡三省在《资治通鉴》"严延年"注释说："这个严姓不是庄助的严，从来就是一个姓氏，战国时期就有濮阳人严仲子。"）然而在《汉书·艺文志》说："主父偃撰有二十八篇，徐乐撰有一篇，庄安撰有一篇。"这个安本来就是姓庄，不是姓严。严君平也是姓庄。扬子《法言》，"蜀庄沈冥"就是这样的。严尤也是姓庄，《后汉书·光武纪》注释和引用桓谭《新论》说："庄尤字伯石，回避明帝的名讳而改变的。"又把庄周改为严周。《汉书·王贡两龚鲍传》："老子、严周"；《汉书·叙传》："尊崇老子、严子的道术"。把楚国的庄生改为严先生，《汉书·古今人表》："严先生"，颜师古说："就是杀死陶朱公范蠡的人。"王褒《洞箫赋》："师襄严春，不敢窜其巧。"李善注释"《七略》有一位庄春谈论琴的。"《汉书·王莽传》有一位蘩严春，这个不是。《汉书》称庄安的，是班固没有来得及改变；《史记》称严安的，是后人所追加改变的。

《艺文志》："常侍郎庄悤奇赋十一篇，严助赋三十五篇。"师古曰：“上言庄悤奇，下言严助，史驳文。”《严助传》作严葱奇。

【译文】《汉书·艺文志》：“常侍郎庄悤奇的赋有十一篇，严助的赋有三十五篇。”颜师古说：“上文说庄悤奇，下文说严助，是史书相互驳正的文字。”（《汉书·严助传》写成严葱奇。）

李广射石

今永平府卢龙县南，有李广射虎石。广为右北平太守，而此地为辽西郡之肥如，其谬不辨自明。《水经注》言：“右北平西北百三十里，有无终城。”亦非也。考右北平郡，前汉治平刚，后汉治土垠。郦氏所引魏氏《土地记》曰：“蓟城东北三百里，有右北平城。”此后汉所治之土根，而平刚则在卢龙塞之东北三四百里，乃武帝时郡治，李广所守，今之塞外，其不在土垠，明矣。又考《西京杂记》，述此事，则云：“猎于冥山之阳。”《庄子》言：“南行者至于郢，北面而不见冥山。”司马彪注：“冥山，北海山名。”是广之出猎乃冥山，而非近郡之山也。《新序》曰：“楚熊渠于夜行，见寝石以为伏虎，关弓射之，灭矢饮羽。下视知石也。却复射之，矢摧无迹。”《韩诗外传》、张华《博物志》亦同。是射石者，又熊渠而非李广也。《吕氏春秋》作养由基，王充《论衡》同。《黄氏日钞》曰：“此事每载不同，要皆野人相承之妄言耳。”即使二事偶同，而太史公所述，本无其地，今必欲指一卷之石以当之，不已惑乎？

【译文】现在的永平府卢龙县以南的地方，有一块李广射虎石。李广担任右北平太守，然而这个地方是辽西郡肥如县，它的错误不用分辨就可以搞清楚的。《水经注》说：“右北平西北一百三十里的地方，有一座无终城。”也是错误的。考证右北平郡，西汉时它的治所在平刚城，东汉时它的治所在土垠城。郦道元所引用魏收《土地记》说：“蓟城东北三百里的地方，有一座右北平城。”这是东汉右北平郡的治所土根，但是平刚城就在卢龙塞东北三四百里的地方，是在汉武帝时的郡治，李广所防守的地方，是现在的塞外，它不在土垠城，这里非常明白了。又考证《西京杂记》，记述这件事情，就说：“李广和兄弟一起在冥山的南边打猎。”《庄子》说：“向南行走的地方到达郢地，在北面看不见冥山。”司马彪注释：“冥山，是北海的山名。”说明李广出猎的地方是在冥山，而不是靠近郡治的山。《新序》说：“楚国熊渠在夜里前行，看见卧着石头认为是埋伏的老虎，拉弓射它，箭矢和箭羽都被射进石头里。下车查看才知道是石头。退回来再次拉弓射它，弓箭被折断而在石头上没有留下一点痕迹。”《韩诗外传》、张华《博物志》也是相同的记载。说明拉弓箭射石头的人，又是熊渠而不是李广。（《吕氏春秋》写成养由基，王充《论衡》是同样的记载。《黄氏日钞》说：“这件事情每次记载都不相同，核查都是田野之人相互传承的妄言罢了。”）即使这两件事情偶尔相同，但是司马迁所记述的，原本就没有那个地方，如果一定想要指定某一卷的石头来阻碍他人的怀疑，不是已经迷惑他人了吗？

《后周书·李远传》：“尝校猎于莎栅，见石于丛薄[1]中，以为伏兔，射之，镞入寸余，就而视之，乃石也。太祖闻而异之，赐书曰：‘昔李将军亲有此事，公今复尔，可谓世载其德。虽熊渠之名，不能独羡其美。”李广、熊渠二事并用。

【注释】①丛薄：草木丛杂的地方。代指草丛。

【译文】《后周书·李远传》：“李远曾经在莎栅打猎，在草丛之中看见一块石头，认为是蹲伏着的兔子，用弓箭射它，箭镞进入石头一寸多，走进一看，原来是石头。后周太祖听说这件事后感到惊异，赐给他书信说：‘以前李广将军亲身遇到这种事情，您现在再次遇到相似的，可以说是世代传承他的德行。即使是熊渠的名号，不能单单羡慕他的美名。”这里把李广、熊渠两件事一并使用。

大小山

王逸《楚辞章句》言：“淮南王安博雅好古，招怀天下俊伟之士，著作篇章，分造辞赋，以类相从，故或称小山，或称大山。其义犹《诗》有“小雅”“大雅”也。梁昭明太子[1]《十二月启》乃曰：“桂吐花于小山之上，梨翻叶于大谷之中。”庾肩吾诗：“梨红大谷晚，桂白小山秋。”庾信《枯树赋》：“小山则丛桂留人，扶风则长松系马。”是以山为山谷之山，失其旨矣。

【注释】①梁昭明太子：即梁朝萧统。因没有即位就逝世，谥号为“昭明”，故而后世称其为“昭明太子”。

【译文】王逸《楚辞章句》说：“淮南王刘安学识渊博、品行雅正和爱好古事，招来天下俊秀雄伟的士人，撰写篇章，分别创造辞赋，根据相同类型的编辑在一起，因此有的称小山，有的称大山。它的含义就像《诗经》有“小雅”“大雅”之类的。梁昭明太子萧统《十二月启》居然说：“桂树在小山之上吐出花朵，梨树在大谷之中翻动叶子。”庾肩吾的诗句：“梨红大谷晚，桂白小山秋。”庾信《枯树赋》：“小山则丛桂留人，扶风则长松系马。”这是把山作为山谷的山，丧失了原来它的主旨。

《梁书》：“何胤二兄求、点并栖遁。求先卒，至是胤又隐。世号点为大山，胤为小山。”

【译文】《梁书》：“何胤两位兄长何求、何点一起遁世隐居。何求在何点之前逝世，到这时何胤又去隐居。世上称何点为大山，何胤为小山。”

丁外人

丁外人非名，言是盖主之外夫也。犹言齐悼惠王肥，高帝外妇[①]之子也。《史记》：“齐悼惠王肥，高祖长庶男也，其母外妇也，曰曹氏。”服虔曰：“外人，主之所幸也。”然《王子侯表》有山原孝侯外人，齐孝王五世孙。乘丘侯外人，中山靖王曾孙。则是姓刘，而名外人，不知何所取义。

【注释】①外妇：指男子在正妻之外在别处另娶的妾。

【译文】丁外人不是名字，说是大概是君主嫡出之外的儿子。就像是说齐悼惠王刘肥，汉高祖另娶的妾的儿子。（《史记》："齐悼惠王刘肥，是汉高祖庶出长子，她的母亲是汉高祖另外娶的，是曹氏。"）服虔说："所谓的外人，就是君主所临幸的女子。"然而在《史记·王子侯表》有一位山原孝侯外人，是齐孝王刘将闾的五世孙。乘丘侯外人，是中山靖王刘胜的曾孙。那么这都是姓刘，却被命名外人，不知道采取的是哪种意义。

毛延寿

《西京杂记》曰："元帝后宫既多，不得常见，乃使画工图形，案图召幸之。诸宫人皆赂画工，多者十万，少者亦不减五万。独王嫱不肯，遂不得见。匈奴入朝求美人为阏氏①，于是上案图以昭君行。及去，召见，貌为后宫第一，善应对，举止闲雅。帝悔之，而名籍已定，帝重信于外国，故不复更人。乃穷案其事，画工皆弃市，籍其家赀，皆巨万。画工有杜陵毛延寿，为人形，丑、好、老、少，必得其真，安陵陈敞、新丰刘白、龚宽，并工为牛、马、飞鸟，众势人形，好丑不逮延寿。下杜阳望亦善画，尤善布色。樊育亦善布色。同日弃市。京师画工，于是差稀。"据此，则画工之图后宫乃平日，而非匈奴求美人时。且毛延寿特众中之一人，又其得罪以受赂，而不独以昭君也。后来诗人谓匈奴求美人，乃使画工图形，而又但指毛延寿一人，且没其受赂事，失之矣。

【注释】①阏氏（yān zhī）：在汉代时期匈奴单于对于正妻的称号。

【译文】《西京杂记》说："汉元帝的后宫女子非常众多，不能经常看见，于是让画工在纸上描绘出女子样貌，皇帝根据图画来召见并临幸她。各位宫人都送礼物给画工，多的有十万钱，少的也不少于五万钱。唯独王嫱不愿意这样做，于是不被皇帝召见。匈奴进入朝廷索求美人作为他的阏氏，在这时皇帝根据图画把王昭君送去。等到出行的时候，汉元帝召见她，美貌排在后宫的第一，擅长对答，举止之间从容高雅。汉元帝因而后悔了，但是名册已经确定了，汉元帝对待外国重视信用，因此不再更换他人。于是就追究查实这件事情到了极点，画工都被杀死而尸体弃置街头示众，没收他们的家产，钱财非常大。画工中有一位杜陵人毛延寿，擅长画人的形状，丑恶、姣好、老人、少年，一定是画得真人一样，安陵人陈敞、新丰人刘白、龚宽，一起画的牛、马、飞鸟都非常精妙，众人比试画人的形状，姣好、丑恶的都比不上毛延寿。下杜人阳望也擅长画画，尤其是擅长着色。樊育也擅长着色。同一天被杀死而尸体弃置街头示众。京师里的画工，在这时就稀少了。"根据这个事情，那么画工描绘后宫女子的图像是在平时，而不是匈奴索求美人的时候。况且毛延寿仅是众多人中的一个人，又因为接受礼物而得罪皇帝，但是不单独是因为王昭君一个人。后来诗人说匈奴索求美人，于是让画工画出她们的样貌，但是又仅指毛延寿一个人，而且隐藏他们接受礼物的事情，这丧失了原来的本义。

名以同事而晦

《吕氏春秋》言："秦穆公兴师以袭郑，过周而东。郑贾人弦高、奚施将西市于周，遽使奚施归告，乃矫郑伯之命，以十二牛劳师。"是奚施为弦高之友，《淮南子》作蹇他。而《左氏传》不载。《淮南子》言："荆轲西刺秦王，高渐离、宋意为击筑而歌于易水之上。宋玉《笛赋》亦以荆卿、宋意并称。《水经注》："渐离击筑，宋如意和之。"是宋意为高渐离之侣，而《战国策》《史记》不载。

【译文】《吕氏春秋》说："秦穆公带兵出征来偷袭郑国，绕过周国而向东去。郑国商人弦高、奚施两人即将到周国的西市进行买卖，弦高马上让奚施回到郑国告诉君王，于是假托郑伯的命令，用十二头牛来犒劳军队。"这个奚施是弦高的朋友，（《淮南子》写成蹇他。）而在《左传》当中没有记载。《淮南子》说："荆轲向西去秦国刺杀秦王，高渐离、宋意在易水的边上为他击打筑而唱歌。宋玉《笛赋》也把荆卿、宋意一并称呼。（《水经注》："高渐离击打筑，宋如意与他和声。"）这里是宋意为高渐离的伙伴，但是在《战国策》《史记》没有记载。

《战国策》："东孟之会，聂政、阳坚，刺相兼君。"注云："坚，政之副，犹秦武阳。"按聂政告严仲子曰："其势不可以多人。”未必有副。

【译文】《战国策》：“在东孟的会盟当中，聂政、阳坚，刺杀相以及君主。”注释说：“阳坚，是聂政的副手，就像（荆轲的副手）秦武阳一样。”按聂政告诉严仲子说：“这种情况下不可以有太多人。”他不一定有副手。

《淮南子》注：“秦皇帝二十六年，初兼天下，有长人见于临洮。其高五丈，足迹六尺。放写其形，铸金人以象之，翁仲、君何是也。”今人但言翁仲，不言君何。

【译文】《淮南子》注解：“秦皇帝二十六年，起初兼并天下，在临洮出现一位身体很高的人。他的身体高五丈，足迹宽六尺。仿照并描摹他的形状，铸造金属的人像来模仿他，翁仲、君何就是这样的。”现在的人仅说翁仲，而不谈及君何。

名以同事而章

《孟子》：“禹、稷当平世，三过其门而不入。”考之《书》曰：“启呱呱而泣，予弗子。”此禹事也，而稷亦因之以受名。“华周，杞梁之妻，善哭其夫，而变国俗。”考之《列女传》曰：“哭于城下七日，而城为之崩。”此杞梁妻事也，而华周妻亦因之以受名。《左传》但言获杞梁，不言获华周。

【译文】《孟子》：“大禹、后稷应当生活在和平的世代，他们多次经过他们的家门而没有进去。”考证《尚书》说：“启生下来呱呱而哭泣，我没有来得及怜爱他。”这里是关于大禹的事情，然而后稷也因为这个受到好的名声。“华周，是杞梁的妻子，擅长哭泣她的丈夫，而让国家的习俗发生改变。”考证《列女传》说：“杞梁的妻子在城下哭泣了七天，而城因此崩坏。”这是关于杞梁妻的事情，但是华周的妻子也因为这个受到好的名声。（《左传》仅谈及俘获杞梁的事情，没有谈及俘获华周的事情。）

人以相类而误

《墨子》：“文王举闳夭、泰颠于罝网之中，授之政，而西土服。”于传未有此事，必太公之误也。《吕氏春秋》：“箕子穷于商，范蠡流乎江。”范蠡未尝流江，必伍员之误也。《史记》：“孙叔敖三得相而不喜，三去相而不悔。”孙叔敖未闻去相，必令尹子文之误也。《淮南子》：“吴起、张仪车裂支解。”张仪未尝车裂，必苏秦之误也。《易林》：“贞良得愿，微子解囚。”微子未尝被囚，必箕子之误也。晋潘岳《大宰鲁武公诔》：“秦亡蹇叔，舂者不相。”蹇叔之亡，不见于书，必百里奚之误也。《吕氏春秋》：“蹇叔有子曰申与视。”注：“申，白乙丙也。视，孟明视也，皆蹇叔子也。”按孟明视，百里奚之子。后魏穆子容《大公吕望碑文》：“大魏东苞碣石，西跨流沙，南极班超之柱，北穷窦宪之志。”班超未尝南征，必马援之误也。后周庾信《拟咏怀诗》：“麟穷季氏罝，虎振周王圈。”季氏未尝获麟，必叔孙之误也。

【译文】《墨子》：“周文王把闳夭、泰颠在渔猎之中提拔出来，授予他们管理政务的权力，结果西边的国家就服从了周文王。”在《左传》当中没有记载这件事情，一定是姜太公吕尚的事情导致的错误。《吕氏春秋》：“箕子殷商受到了窘迫，范蠡被流放到长江。”范蠡不曾被流放长江，一定是伍员（字子胥）的事情导致的错误。《史记》：“孙叔敖三次得到相位而不欢喜，三次罢去相位而不后悔。”孙叔敖没有听说被罢去相位，一定是令尹子文的事情导致的错误。《淮南子》：“吴起、张仪被施以车裂肢解的刑罚。”张仪不曾被车裂，一定是苏秦的事情导致的错误。《易林》：“贞良实现了愿望，微子被释放出了囚笼。”微子不曾被囚，一定是箕子的事情导致的错误也。晋代潘岳《大宰鲁武公诔》：“秦国逃跑的蹇叔，春者不被授予相位。”蹇叔的逃跑事件，没有出现在史书上，一定是百里奚的事情导致的错误。（《吕氏春秋》：“蹇叔有儿子名叫申与视。”注解：“申，是白乙丙。视，是孟明视，都是蹇叔的儿子。”考查孟明视，是百里奚的儿子。）北魏穆子容《大公吕望碑文》：“大魏东苞碣石，向西跨越到流沙，向南到达班超树立柱子的最南边，向北到达窦宪树立碑志的最北边。”班超不曾向南征伐，一定是马援的事情导致的错误。后周庾信《拟咏怀诗》：“麟穷季氏罝，虎振周王圈。”季氏不曾俘获麒麟，一定是叔孙的事情导致的错误。

《晋书·夏统传》："子路见夏南，愤恚而忼忾[1]。"子路未尝见夏南，盖卫南子之误。

【注释】①愤恚（fèn huì）而忼忾（kāng kài）：痛恨而感慨。愤恚，即怨恨。忼忾，即感慨。

【译文】《晋书·夏统传》："子路见过夏南，怨恨发怒但是感慨。"子路不曾见过夏南，大概是卫南子的事情导致的错误。

传记不考世代

张衡言："《春秋元命包》，有公输班与墨翟，事见战国，非春秋时。又言，别有益州，益州之置在于汉世。"以证图谶为后人伪作。今按传记之文，若此者甚多。《管子》称"三晋之君"，其时未有三晋；《轻重篇》称"鲁梁""秦赵"，其时未有梁、赵。称"代王"，其时未有代王。《国语》："句践之伯，陈蔡之君，皆入朝。"其时有蔡无陈。《说苑》："句践聘魏。"其时未有魏。又言："仲尼见梁君。""孟简子相梁。"其时未有梁，鲁亦无孟简子。又言："韩武子出田，栾怀子止之。"韩氏无武子。又言："楚庄王以椒举为上客。"椒举事灵王，非庄王。《吕氏春秋》："晋文公师咎犯、随会。"随会不与文公、咎犯同时。"赵襄子攻翟，一朝而两城下，有忧色，孔子贤之。"赵襄子为晋卿时，孔子已卒。"颜阖见鲁庄公。"

颜阖，穆公时人，去庄公十一世。《史记·孔子世家》：“使从者为宁武子臣于卫。”孔子时宁氏已灭。《扁鹊传》：“虢君出见扁鹊于中阙。”其时虢亡已久。《龟策传》：“宋元王。”宋有元公无元王。《庄子》：“见鲁哀公。”而其书有魏惠王、赵文王，鲁哀公去赵文王一百七十岁。《韩非子》：“扁鹊见蔡桓侯。”桓侯与鲁桓公同时，相去几二百岁。《越绝书》“晋、郑王”，晋、郑未尝称王。又言：“孔子奉雅琴见越王。”越灭吴，孔子已卒。《列子》：“晏平仲问养生于管夷吾。”《盐铁论》“季桓子听政，柳下惠忽然不见。”又言“臧文仲治鲁，胜其盗而自矜，子贡非之”，平仲去管子，季桓子去柳下惠，子贡去臧文仲，各百余岁。《韩诗外传》：“孟尝君请学于闵子。”闵子、孟尝君相去几二百岁，“冉有对鲁哀公言：姚贾，监门子。”姚贾，秦始皇时人，相去二百余岁。

【译文】张衡说：“《春秋元命包》，有公输班和墨翟，事情发生战国时期，不是发生春秋时期。又说，另外有一个益州，益州的设置在于汉代。”来证明图谶是后人托名假造的作品。现在考证传记里的文章，像这类记载的非常多。《管子》称“三晋之君”，那时还没有三晋；《轻重篇》称“鲁梁”“秦赵”，那时还没有梁国（魏国，下同）、赵国。称“代王”，那时还没有代王。《国语》：“句践之伯，陈蔡之君，皆入朝。”那时有蔡国但是没有陈国。《说苑》：“句践聘魏。”那时还没有魏国。又说：“仲尼见梁君。”“孟简子相梁。”那时还没有梁国，鲁也没有孟简子。又说：“韩武子出田，栾怀子止之。”韩国没有武子。又说：“楚庄王以椒举为上客。”椒举是侍奉楚灵王，不是侍奉楚庄王。《吕氏春秋》：“晋文公师咎犯、随会。”随会没有和晋文公、咎犯同在一个时代。“赵襄子攻翟，一朝而两城下，有忧色，孔子贤之。”赵襄子担任晋国卿的时候，孔子已经逝世。“颜阖见鲁庄公。”颜阖，是鲁穆公时候的人，离鲁庄公已经十一代。《史记·孔子世家》：“使从者为宁武子臣于卫。”在孔子的时候宁氏已经被消灭了。《史记·扁鹊传》：“虢君出见扁鹊于中阙。”那时虢国灭亡已经很久了。《史记·龟筴传》：“宋元王。”宋国有元公但是没有元王。《庄子》：“见鲁哀公。”然而其书上有魏惠王、赵文王，鲁哀公离赵文王已经有一百七十年。《韩非子》“扁鹊见蔡桓侯”，蔡桓侯与鲁桓公同在一个时代，相离几乎两百年。《越绝书》“晋、郑王”，晋国国君、郑国国君不曾称王。又说：“孔子奉雅琴见越王。”越国消灭吴国的时候，孔子已经去世了。《列子》：“晏平仲问养生于管夷吾。”《盐铁论》：“季桓子听政，柳下惠忽然不见。”又说：“臧文仲治鲁，胜其盗而自矜，子贡非之。”平仲离管子，季桓子离柳下惠，子贡离臧文仲，各自都有一百多年。《韩诗外传》：“孟尝君请学于闵子。”闵子、孟尝君相离几乎两百年，“冉有对鲁哀公言：姚贾，监门子。”姚贾，是秦始皇时候的人，相离两百多年。

卷二十六

史记通鉴兵事

秦楚之际，兵所出入之途，曲折变化，唯太史公序之如指掌。以山川郡国不易明，故曰东、曰西、曰南、曰北，一言之下，而形势了然。以关塞江河为一方界限，故于项羽则曰："梁乃以八千人渡江而西。"曰："羽乃悉引兵渡河。"曰："羽将诸侯兵三十余万行略地至河南。"曰"羽渡淮。"曰："羽遂引东欲渡乌江。"于高帝则曰："出成皋玉门，北渡河。"曰："引兵渡河，复取成皋"。盖自古史书兵事地形之详，未有过此者。太史公胸中固有一天下大势，非后代书生之所能几也。

【译文】秦楚之际，军队所出入的道路，弯曲变化，只有太史公司马迁描述它们就像清楚指掌的纹路一样。因为山川、郡国不容易搞明白，因此说在东边、在西边、在南边、在北边，用一句话说出来，而使得地势条理清楚。把关塞、江河作为一个地方的界限，因此在《项羽本纪》里就说："梁乃以八千人渡江而西。"说："羽乃悉引兵渡河。"说："羽将诸侯兵三十余万行略地至河南。"说"羽渡淮。"说："羽遂引东欲渡乌江。"在《高祖本纪》就说："出成皋玉门，北渡河。”说：“引兵渡河，复取成皋”。大概从古代的史书关于兵事地形的详细记载，没有人超过他的。太史公司马迁胸中本来就拥有统一天下大势的理想，不是后代书生所能望其项背的。

司马温公《通鉴》，承《左氏》而作，其中所载兵法甚详。凡亡国之臣，盗贼之佐，苟有一策，亦具录之。朱子《纲目》大半削去，似未达温公之意。

【译文】司马光（死后追赠温国公）《资治通鉴》，继承《左传》的凡例而撰写，其中所记载的兵法非常详细。凡是亡国的臣子，辅助盗贼的人，如果有一个计策，也完整地记录它。朱熹《资治通鉴纲目》将《资治通鉴》削去了一大半，似乎他没有通晓司马光的意思。

史记于序事中寓论断

古人作史，有不待论断，而于序事之中即见其指者，惟太史公能之。《平准书》末载卜式语，《王翦传》末载客语，《荆轲传》末载鲁句践语，《晁错传》末载邓公与景帝语，《武安侯田蚡传》末载武帝语，皆史家于序事中寓论断法也。后人知此法者鲜矣。惟班孟坚间一有之，如《霍光传》载任宣与霍禹语，见光多作威福；《黄霸传》载张敞奏，见祥瑞多不以实，通传皆褒，独此寓贬，可谓得太史公之法者矣。

【注释】①鲁句践：战国时期人，和越王句践同名。

【译文】古人撰写史书，有不用下论断的惯例，而在记述史事之中就看见其意旨所在的，只有太史公司马迁能够做到。《平准书》篇末记载卜式的话，《王翦传》末载客语，《荆轲传》篇末记载鲁句践的话，《晁错传》篇末记载邓公和汉景帝的对话，《武安侯田蚡传》篇末记载汉武帝的话，都是史家在记述史事当中把论断法藏在其中。后人知道这种笔法的很少了。只有班固（字孟坚）夹杂着一两次使用过它，像在《霍光传》记载任宣和霍禹的对话，任宣看见霍光经常作威作福；《黄霸传》记载张敞的奏言，他看见上报的祥瑞大多不是依据事实，通报的都是褒义，唯独这里藏着贬义，可以说班固是得到了太史公司马迁的笔法的人了。

史记

《史记·秦始皇本纪》末云：“宣公初志闰月。”然则宣公以前皆无闰，每三十年多一年，与诸国之史皆不合矣，则秦之所用者何正[①]邪？

【注释】①正：农历每年的第一个月，这里代指历法。

【译文】《史记·秦始皇本纪》篇末说：“宣公初志闰月。”那么在秦宣公以前都没有闰的记法，每三十年加多一年，和各国的史书都不符合，那么秦国所使用的是什么历法？

子长作《史记》，在武帝太初中。《高祖功臣年表》，平阳侯下云："元鼎三年，今侯宗元年。""今侯"者，作《史记》时见为侯也。下又云："征和二年，侯宗坐太子死，国除。"则后人所续也。卷中书"征和"者二，"后元"者一。《惠景间侯者年表》，书"征和"者一，"后元"者三。《建元以来侯者年表》，书"征和"者二。《汉兴将相年表》，有天汉、太始、征和、后元以至昭、宣、元、成诸号，《历书》亦同。《楚元王世家》书"地节二年"；《齐悼惠王世家》书"建始三年"者二；《曹相国世家》书"征和二年"；《贾谊传》"贾嘉至孝昭时列为九卿"；《田叔传》《匈奴传》《卫将军传》末有戾太子及巫蛊事；《司马相如传》赞"扬雄以为靡丽之赋，劝百而讽一"，皆后人所续也。

【译文】司马迁（字子长）撰写《史记》时，是在汉武帝太初年间。《高祖功臣年表》，在平阳侯下面说："元鼎三年，今侯宗元年。""今侯"的人，司马迁撰写《史记》时被封为侯。在它下面又说："征和二年，侯宗坐太子死，国除。"就是后人所续写的。卷中写"征和"年号的有两次，"后元"年号的有一次。在《惠景间侯者年表》，写"征和"年号的有一次，"后元"年号的有三次。《建元以来侯者年表》，写"征和"年号的有两次。在《汉兴将相年表》，有天汉、太始、征和、后元到昭、宣、元、成诸位皇帝的年号，在《历书》当中也是相同的。《楚元王世家》写"地节二年"；《齐悼惠王世家》写"建始三年"年号的有两次；《曹相国世家》写"征和二年"；《贾谊传》"贾嘉至孝昭时列为九卿"；《田叔传》《匈奴传》《卫将军传》

篇末有戾太子以及巫蛊的史事；《司马相如传》赞“扬雄以为靡丽之赋，劝百而讽一”，都是后人所续写的。

《河渠书》“东海引巨定”，《汉书·沟洫志》因之。“东海”疑是“北海”之误。按《地理志》，齐郡县十二，其五曰巨定，下云：“马车渎水，首受巨定，东北至琅槐入海。”又千乘郡博昌下云：“博水东北至巨定，入马车渎。”而《孝武纪》曰：“征和四年春正月，行幸东莱，临大海。”“三月，上耕于巨定，还幸泰山修封。”计其道里，亦当在齐，去东海远矣。

【译文】《河渠书》“东海引巨定”，《汉书·沟洫志》沿袭他的说法。“东海”怀疑是“北海”的误写。按照《汉书·地理志》，齐国拥有郡县十二处，第五个说是巨定，在它下面说：“马车渎水，首受巨定，东北至琅槐入海。”又在千乘郡博昌下面说：“博水东北至巨定，入马车渎。”而在《汉书·孝武纪》说：“征和四年春正月，行幸东莱，临大海。”“三月，上耕于巨定，还幸泰山修封。”计算其路程，也应当在齐地，距离东海远了。

凡《世家》多本之《左氏传》，其与传不同者，皆当以《左氏》为正。《齐世家》：“吾大公望子久矣。”此是妄为之说。周之太王，齐之太公，吴之太伯，有国之始祖，谓之太祖。其义一也。

【译文】凡是《史记》当中的《世家》大多依据《左传》的记载，

如果和《左传》记载不相同的，都应当把《左传》作为正确的。《齐太公世家》："吾大公望子久矣。"这是胡乱的说法。周朝的太王，齐国的太公，吴国的太伯，拥有国家的始祖，被称为太祖。他们的含义是一样的。

《赵世家》："赵简子除三年之丧期而已。"此因《左传》"降于丧食"之文，而误为之解，本无其事。

【译文】《赵世家》："赵简子除三年之丧期而已。"这里沿袭了《左传》"降于丧食"的文字，但错误地为它解释，原本就没有这件事情。

敬侯十一年，魏、韩、赵共灭晋，分其地。成侯十六年，与韩、魏分晋，封晋君以端氏。此文重出。

【译文】敬侯十一年，魏国、韩国、赵国一起灭掉了晋国，瓜分了其地。成侯十六年，和韩国、魏国瓜分晋国，把端氏封给晋君。这些文字重复出现。

《田敬仲完世家》："敬仲之如齐，以陈氏为田氏。"此亦太史公之误。《春秋传》未有称田者，至战国时始为田耳。

【译文】《田敬仲完世家》："敬仲之如齐，以陈氏为田氏。"这也是太史公司马迁的错误。《春秋传》中没有称田氏的人，到战国时期才开始称为田氏。

《仲尼弟子传》："公孙龙字子石，少孔子五十三岁。"按《汉书》注，公孙龙赵人，为坚白异同之说者，与平原君同时，去夫子近二百年。殆非也。且云少孔子五十三岁，则当田常伐鲁之年，仅十三四岁尔，而曰"子张、子石请行"，岂甘罗、外黄舍人儿[①]之比乎？

【注释】①甘罗、外黄舍人儿：都是中国古代有名的聪慧的十三四岁小孩。甘罗，战国时甘茂之孙。外黄舍人儿，秦末时人。

【译文】《仲尼弟子传》："公孙龙字子石，少孔子五十三岁。"考查《汉书》注释，公孙龙是赵国人，是持"坚白异同之说"的人，和平原君同时代，离孔子相近两百年。《史记》所记载的几乎是错误的。且说公孙龙比孔子年轻五十三岁，那么应当在田常讨伐鲁国的那年，他年仅十三四岁，而说"子张、子石请行"，难道是甘罗、外黄舍人儿之类的人吗？

《商君传》："以鞅为大良造，将兵围魏安邑，降之。"此必"安邑"字误，其下文曰："魏惠王使使割河西之地献于秦以和，而魏遂去安邑，徙都大梁。"乃是自安邑徙都之事耳。安邑，魏都，其王在焉，岂得围而便降？《秦本纪》："昭王二十一年，魏献安邑。"若已降于五十年之前，何烦再献乎？《赵世家》："敬侯元年始都邯郸。成侯二十二年，魏惠王拔我邯。”亦有可疑。

【译文】《商君传》：“以鞅为大良造，将兵围魏安邑，降之。”这一定是“安邑”两字是错误的，其下文说：“魏惠王使使割河西之地献于秦以和，而魏遂去安邑，徙都大梁。”是从安邑迁都到大梁的事情。安邑，是魏国的国都，其国王居住在那里，难道被围攻而就投降的？《秦本纪》：“昭王二十一年，魏献安邑。”如果已经在五十年之前投降，为什么一定要再次进献给秦国呢？（《赵世家》：“敬侯元年始都邯郸。成侯二十二年，魏惠王拔我邯。”也有值得怀疑的地方。）

《虞卿传》，楼昌、楼缓，恐是一人，虞卿进说，亦是一事。记者或以为赵王不听，或以为听之。太史公两收之，而不觉其重尔。

【译文】在《虞卿传》中，楼昌、楼缓，恐怕是同一个人，虞卿进谏说服赵王，也是同一件事。记载这件事的人有的认为赵王没有听从他的意见，有的认为听从他的意见。太史公司马迁把两种都收录，却没有发觉它们是重复的。

燕王遗乐间书，恐即乐毅事，而传者误以为其子。然以二事相校，在乐毅当日，惠王信谗易将，不得不奔；其后往来复通，燕亦未失故君之礼。若乐间不过以言之不听，而遂怼君、绝君，虽遗之书而不顾，此小丈夫之悻悻者矣。

【译文】燕王送给乐间的书信，恐怕就是乐毅那件事，而记载史事人错误地认为是其子。然而把这两件事情相互校证，在乐毅那天，燕惠王相信谗言改换将领，他不得不逃跑；他后来和燕国有书信往来并且恢复沟通，燕国也没丧失“故君之礼”。像乐间不过是因为进谏燕王而没有听从，然而就怨恨君主、断绝和君主的关系，即使送给他的书信却没有看，这是小丈夫怨恨失意的样子了。

《屈原传》：“虽放流，眷顾楚国，系心怀王，不忘欲反，卒以此见怀王之终不悟也。”似屈原放流于怀王之时。又云：“令尹子兰闻之大怒，卒使上官大夫短屈原于顷襄王，顷襄王怒而迁之。”则实在顷襄之时矣。放流一节，当在此文之下，太史公信笔书之，失其次序尔。

【译文】《屈原传》：“虽放流，眷顾楚国，系心怀王，不忘欲反，卒以此见怀王之终不悟也。”似乎屈原在楚怀王的时候被流放。它又说：“令尹子兰闻之大怒，卒使上官大夫短屈原于顷襄王，顷襄王怒而迁之。”则实际上在楚顷襄王的时候了。屈原被流放这一节，应当在这段文字之下，司马迁随意书写，没有把握它们的顺序。

随何说英布，当书“九江王”，不当书“淮南王”。归汉之后，始立为淮南王也。盖采之诸书，其称未一。

【译文】随何去说服英布，应当写成“九江王”，不应该写成“淮南王”。英布归顺汉朝之后，才被立为淮南王也。原来是从各种史书中摘取资料，其称呼没有统一。

《淮阴侯传》，先云“范阳辩士蒯通”，后云“齐人蒯通”，一传互异。

韩王信[①]说汉王语，乃淮阴侯韩信语也，以同姓名而误。

【注释】①韩王信：和韩信同姓名的同时代人，史书为了和淮阴侯韩信而称其为韩王信。

【译文】《淮阴侯传》，先说“范阳辩士蒯通”，后说“齐人蒯通”，在同一列传之中存在着互相不同的记载。

韩王信说服汉王刘邦的话语，是淮阴侯韩信和汉王说的，因为同姓名而形成的错误。

汉书

《孝武纪》：“天汉四年秋九月，令死罪人赎钱五十万，减死一等。”“太始二年九月，募死罪人赎钱五十万，减死罪一等。”此一事而重见，又同是九月。

【译文】《汉书·孝武纪》：“天汉四年秋九月，令死罪人赎钱五十万，减死一等。”“太始二年九月，募死罪人赎钱五十万，减死罪一等。”这里是一件史事而重复出现，又同是在九月。

《高帝功臣表》十八侯”位次，一萧何，二曹参，三张敖，四周勃，五樊哙，六郦商，七奚涓，八夏侯婴，九灌婴，十傅宽，十一靳歙，十二王陵，十三陈武，十四王吸，十五薛欧，十六周昌，十七丁夏，十八虫达。当时所上者战功，而张良、陈平皆居中计谋之臣，故平列在四十七，良列在六十二也。至十八侯赞，则萧何第一，樊哙第二，张良第三，周勃第四，曹参第五，陈平第六，张敖第七，郦商第八，灌婴第九，夏侯婴第十，傅宽第十一，靳歙第十二，王陵第十三，韩信第十四，陈武第十五，虫达第十六，周昌第十七，王吸第十八，而无奚涓、薛欧、丁复。此后人论定，非当日之功次矣。且韩信已诛死，安得复在功臣之位？即此可知矣。此位次高后二年所定，故凡已绝夺在前者，皆不与。

【译文】《高帝功臣表》十八侯”的位次，第一是萧何，第二是曹参，第三是张敖，第四是周勃，第五是樊哙，第六是郦商，第七是奚涓，第八是夏侯婴，第九是灌婴，第九是傅宽，第十一是靳歙，第十二是王陵，第十三是陈武，第十四是王吸，第十五是薛欧，第十六是周昌，第十七是丁夏，第十八是虫达。在当时所上报的是战功，然而张良、陈平都是位居文武之间出计谋的臣子，因此陈平被列在第四十七，张良被列在第六十二。在十八侯赞里，就是萧何排在第一，樊哙排在第二，张良排在第三，周勃排在第四，曹参排在第五，陈平排在第六，张敖排在第七，郦商排在第八，灌婴排在第九，夏侯婴排在第十，傅宽排在第十一，靳歙排在第十二，王陵排在第十三，韩信排在第十四，陈武排在第十五，虫达排在第十六，周昌排在第十七，王吸排在第十八，却没有奚涓、薛欧、丁复。这是后人评论确定的，不是当时的按照功劳排位的。况且韩信已经被杀死，怎么能够依然在功臣的位置上？依据这个就可以知道了。（这个位次是在高后二年所确定的，因此凡是在之前被夺取爵位的人，都不授予功臣位次。）

史家之文，多据原本。或两收而不觉其异，或并存而未及归一。《汉书·王子侯表》：长沙顷王子高、成节侯梁，一卷中再见，一始元元年六月乙未封，一元康元年正月癸卯封，此并存未定，当删其一，而误留之者也。《地理志》于宋地下云："今之沛、梁、楚、山阳、济阴、东平及东郡之须昌、寿张，皆宋分也。"于鲁地下又云："东平、须昌、寿张皆在济东，属鲁，非宋地也，当考。"此并存异说以备考，当小注于下，而误连书者也。《史记·田叔传》，既云："司直田仁主闭守城门，坐纵太子，下吏诛死。"而下又云："仁发兵，长陵令车千秋上变仁，仁族死陉城。今在中山国。"此亦古人附注备考之文。古人著书，有疑则阙之，以待考。如《越绝书》记《吴地传》曰："湖，王湖当问之，丹湖当问之"是也。《楚元王传》："刘德，昭帝时为宗正丞，杂治刘泽诏狱。"而子《向传》则云："更生父德，武帝时治淮南狱。"一传之中，自为乖异。又其更名向，在成帝即位之后，而元帝初年即曰："征堪、向，欲以为谏大夫。"此两收而未对勘者也。《礼乐志》上云："孝惠二年，使乐府夏侯宽备其箫管。”下云：“武帝定郊祀之礼，乃立乐府。”《武五子传》上云：“长安白亭东为戾后园。”下云：“后八岁封戾夫人曰戾后，置园奉邑。”乐府之名，蚤立于孝惠之世；戾园之目，预见于八年之前，此两收而未贯通者也。夫以二刘之精核，犹多不及举正，何怪乎后之读书者愈卤莽①矣。《后周书》，“蠕蠕”并作“茹茹”，惟《列传》二十五卷独作“蠕蠕”。

【注释】①卤莽：粗率冒失。亦作鲁莽。

【译文】史家的文字，大多依据原本。有的分为两次收录却没有发现它们的不同，有的并存却没有来得及归到一起。《汉书·王子侯表》：长沙顷王子高、成节侯刘梁，一卷之中两次出现，一是在始元元年六月乙未日被赐封，一是在元康元年正月癸卯日被赐封，这把两个并存但没有确定，应当删除其中一个，却错误地留下这两个。《汉书·地理志》在宋地下面说：“今之沛、梁、楚、山阳、济阴、东平及东郡之须昌、寿张，皆宋分也。”其在鲁地下面又说：“东平、须昌、寿张皆在济东，属鲁，非宋地也，当考。”这里并存不同的说法来当作参考，应当用小注在下面标明，却错误地连着正文一起书写。(《史记·田叔传》，已经说：“司直田仁主闭守城门，坐纵太子，下吏诛死。”在下文又说：“仁发兵，长陵令车千秋上变仁，仁族死陉城。今在中山国。”这也是古人把附注当作参考的文字。古人撰写史书，有怀疑的就空缺它，来等待考证。像在《越绝书》记载《吴地传》说：“湖，王湖当问之，丹湖当问之”一样。)《汉书·楚元王传》：“刘德，昭帝时为宗正丞，杂治刘泽诏狱。”而在其子《刘向传》则说：“更生父德，武帝时治淮南狱。”同一个列传之中，自行成为不合逻辑的怪事。又因为其改名为刘向，在汉成帝即位之后，而在汉元帝初期就说：“征堪、向，欲以为谏大夫。”这是两次收录却没有核对校正的原因。《汉书·礼乐志》上文说：“孝惠二年，使乐府夏侯宽备其箫管。”下文说：“武帝定郊祀之礼，乃立乐府。”《汉书·武五子传》上文说：“长安白亭东为戾后园。”下文说：“后八岁封戾夫人曰戾后，置园奉邑。”乐府的名称，早在汉惠帝的时代就设置；戾园的名目，在八年之前就预先知道，这是两次收录却没有连贯接通的原因。凭借二刘（指刘歆和刘向）的详密审核，依然大多事情来不及举出谬误并加以改正，为什么要责怪后代的读书人更加鲁莽呢。（《后周书》，“蠕蠕”一并写成“茹茹”，只有在《列传》二十五卷仅写成“蠕蠕”。）

《天文志》：“魏地，觜、觿、参之分野也。其界自高陵以东，尽河东河内，南有陈留，及汝南之召陵、滠彊，新汲、西华、长平，颍川之舞阳、郾许、鄢陵，河南之开封、中牟、阳武、酸枣、卷，皆魏分也。”按《左传》子产曰：“迁实沈于大夏，主参，故参为晋星。”然其疆界亦当至河而止。若《志》所列陈留已下郡县，并在河南，于春秋自属陈、郑二国，角、亢、氐之分也，不当并入。魏，本都安邑，至惠王始徙大梁。乃据后来之疆土，割以相附，岂不谬哉？

【译文】《汉书·天文志》：“魏地，觜、觿、参之分野也。其界自高陵以东，尽河东河内，南有陈留，及汝南之召陵、滠彊，新汲、西华、长平，颍川之舞阳、郾许、鄢陵，河南之开封、中牟、阳武、酸枣、卷，皆魏分也。”按照《左传》里的子产说：“迁实沈于大夏，主参，故参为晋星。”然而其疆界也应当到黄河而止。像在《天文志》所列举陈留以下的郡县，一并在黄河以南的地方，在春秋时期从属陈、郑两国，属于角宿、亢宿、氐宿的分野，不应当一并写入。魏国，本来定都在安邑，到魏惠王才迁都到大梁。居然依据后来的疆土，分割它们来互相附和，难道这不是错误的吗？

《食货志》，单穆公谏景王铸大钱，本之《周语》。王弗听，卒铸大钱。此废轻作重，不利于民之事，班氏乃续之曰：“以劝农，赡不足，百姓蒙利焉。”失其指矣。

【译文】《汉书·食货志》，单穆公进谏周景王铸造“大钱”，依据《国语·周语》。周景王没有听从他的意见，最终铸造“大钱”。这里是指废除小钱来制作大钱，是不利于百姓的事情，班固竟然续写它说：“以劝农，赡不足，百姓蒙利焉。”没有掌握单穆公的意旨了。

《地理志》，丹阳下云：“楚之先熊绎所封，十八世，文王徙郢。”此误。按《史记·楚世家》：“成王封熊绎于楚，居丹阳。”徐广曰：“在南郡枝江县。”《水经注》曰：“丹阳城据山跨阜，周八里二百八十步。东北两面悉临绝涧，西带亭下溪，南枕大江，险峭壁立，信天固也。楚熊绎始封丹阳之所都也。《地理志》以为吴子之丹阳，寻吴楚悠隔，襤褛荆山，无容远在吴境。非也。”《山海经》："丹山在丹阳南。"郭璞注："今建平郡丹阳城，秭归县东七里。"

【译文】《汉书·地理志》，在丹阳下面说："楚之先熊绎所封，十八世，文王徙郢。"这是错误的。查《史记·楚世家》："成王封熊绎于楚，居丹阳。"徐广说："在南郡枝江县。"《水经注》说："丹阳城依山修筑，跨越山冈，方圆八里二百八十步。东北两面都濒临绝涧，西边靠近亭下溪，南傍大江，险峭壁立，实在是天然的险要之地。楚熊绎始封丹阳的都城。《地理志》以为吴子的丹阳，推测吴楚两地相距遥远，楚熊绎在荆山一带苦心经营，丹阳不可能远在吴境内。（所以说）是错误的。"（《山海经》："丹山在丹阳南。"郭璞注解："今建平郡丹阳城，秭归县东七里。"）

《枚乘传》，上云："吴王不纳，乘等去而之梁。"下云："枚乘复说吴王。"盖吴王举兵之时，乘已家居，而复与之书，不然，无缘复说也。

【译文】《汉书·枚乘传》，上文说："吴王不纳，乘等去而之梁。"下文说："枚乘复说吴王。"原来是吴王在起兵的时候，枚乘已经在梁地定居，而枚乘又和吴王通书信，如果不是这样，没有缘由"复说"了。

《杜周传》："周为执金吾，逐捕桑弘羊、卫皇后昆弟子刻深。”按《百官表》：“天汉三年二月，执金吾杜周为御史大夫，四年卒。”而卫太子巫蛊事，乃在征和二年，周之卒已四年。其时暴胜之为御史大夫。又十一年，昭帝元凤元年，御史大夫桑弘羊坐燕王旦事诛。史家之谬如此。

【译文】《汉书·杜周传》：“周为执金吾，逐捕桑弘羊、卫皇后昆弟子刻深。”查《汉书·百官表》：“天汉三年二月，执金吾杜周为御史大夫，四年卒。”而关于卫太子的巫蛊事，是在征和二年，杜周的逝世时间已经过去了四年。（这是暴胜之担任御史大夫。）又过去了十一年，为汉昭帝元凤元年，御史大夫桑弘羊触犯了燕王刘旦的事情被杀。史家犯的错误到了这种地步。

《王尊传》：“上行幸雍，过虢。”按今之凤翔县，乃古雍城，而虢在陕，幸雍何得过虢？当是过美阳之误。美阳故城，在今扶风县北二十里。且上文固云自虢令转守槐里，兼行美阳令事矣。

《王商传》：“春申君献有身妻而产怀王。”误，当是幽王。

【译文】《汉书·王尊传》：“上行幸雍，过虢。”查当今的凤翔县，是古代的雍城，而虢地在陕地，皇帝巡幸雍城为什么能够经过虢地？应该是路过美阳的笔误。（美阳故城，在当今扶风县北二十里。而且上文本来说从虢令转到守槐里，兼代理美阳令的事情。）

《汉书·王商传》：“春申君献有身妻而产怀王。”是错误的，应该是楚幽王。

《外戚传》：“徙共王母及丁姬归定陶，葬共王冢次。”按丁姬先已葬定陶，此“及丁姬”三字衍。

【译文】《汉书·外戚传》：“徙共王母及丁姬归定陶，葬共王冢次。”查丁姬早已安葬在定陶，这“及丁姬”三个字是衍文。

汉书二志小字

《汉书·地理》《艺文》二志，小字皆孟坚本文。其“师古曰”“应劭曰”“服虔曰”之类，乃颜氏注也。近本《汉书》不刻注者，误以此为颜氏注而并删之。

【译文】《汉书·地理志》《艺文志》两志，标注的小字都是班固（字孟坚）撰写的原文。那些“师古曰”“应劭曰”“服虔曰”之类的文字，是颜师古等人注的。现在的版本《汉书》没有刻注的，误认为这是颜师古注而一并删除它们。

《续汉·郡国志》云：“本志惟郡县名为大书。”本志，司马彪所撰。其山川地名悉为细注，今进为大字。新注证发，臣刘昭采集。是则前书小字为孟坚本文，犹《后汉》之细注也；其师古等诸注，犹《后汉》之新注也。当时相传之本，混作一条①，未曾分别耳。

【注释】①一条：语出《庄子·德充符》，意为“相通”。

【译文】《后汉书·郡国志》说：“本志惟郡县名为大书。”（本志，司马彪所撰。）其山川地名悉为细注，今进为大字。新注证发，臣刘昭采集。虽然前面写的“小字”是班固的原文，就像《后汉书》的“细注”一样；那些颜师古等人做的各种“注”，就像《后汉书》的“新注”一样。在当时传世的版本，混合形成相通的文段，没有划分区别它们罢了。

汉书不如史记

班孟坚为书，束于成格，而不得变化。且如《史记·淮阴侯传》末载蒯通事，令人读之感慨有余味。《淮南王传》中，伍被与王答问语，情态横出，文亦工妙。今悉删之，而以蒯、伍合江充、息夫躬为一传，蒯最冤，伍次之，二淮传寥落不堪读矣。

【译文】班固撰写史书，被固定的格式约束，却不能改变。像《史记·淮阴侯传》篇末记载蒯通的事迹，令人阅读它后发出感叹留有余味。在《史记·淮南王传》中，伍被和淮南王的发问与回答的语句，他的神情被充分表露出来，使用的文字也细致精妙。现在《汉书》全部删去，而把蒯通、伍被和江充、息夫躬合为一传，蒯通是最冤枉的，伍被是第二个冤枉的，《史记·淮阴侯传》《史记·淮南王传》两传文字稀少无法再阅读了。

荀悦汉纪

荀悦《汉纪》，改纪、表、志、传为编年，其叙事处，索然无复意味，间或首尾不备。其小有不同，皆以班书为长，惟一二条可采者。杜陵陈遂，字长子。上微时，与游戏博弈，数负遂。上即位，稍见进用，至太原太守，乃赐遂玺书曰："制诏太原太守，官尊禄重，可以偿遂博负矣。"妻君宁时在旁知状，遂乃上书谢恩曰："事在元平元年赦前。"其见厚如此。《汉书》以"负遂"为"负进"，又曰："可以偿博进矣。""进"乃悼皇考[1]之名，宣帝不应用之。或曰："进"即"赆"字，财货也。《史记·吕不韦传》："车乘进用不饶。"荀《纪》为长。元康三年三月诏曰："盖闻象有罪，而舜封之有庳，骨肉之亲，放而不诛。其封故昌邑王贺为海昏侯。"《汉书》作："骨肉之恩，粲而不殊。"文义难晓，荀《纪》为长。按《汉书》"粲而不殊"，当作"粲而不诛"。《说文》："𥻆，𥹷散之也，从米，杀声。徐引《左氏》定公四年传："王于是乎杀管叔而𥻆蔡叔。"言放之若散米。今《左传》作"蔡"，蔡叔上蔡字，亦音索葛反。后有善读者，仿裴松之《三国志》之体，取此不同者注于班书之下，足为史家之一助。

【注释】①悼皇考：汉宣帝之父，名为刘进，在巫蛊之祸时被害。

【译文】荀悦《汉纪》，改纪、表、志、传成为编年，他叙事之处，乏味不再有当初阅读的意境趣味，偶尔会有开头结尾不完整。那些稍有一些不同的，都以班固的《汉书》为正确，只有一两条文可以采取的。“杜陵陈遂，字长子。上微时，与游戏博弈，数负遂。上即位，稍见进用，至太原太守，乃赐遂玺书曰：‘制诏太原太守，官尊禄重，可以偿遂博负矣。’妻君宁时在旁知状，遂乃上书谢恩曰：‘事在元平元年赦前。’其见厚如此。”《汉书》把“负遂”写作“负进”，又说：“可以偿博进矣。”“进”是悼皇考刘进的名讳，汉宣帝刘询不应该使用这个字。（有人说：“进”字就是“赆”字，是财物的意思。《史记·吕不韦传》：“车乘进用不饶。”）以《汉纪》为正确。在元康三年三月皇帝下诏说：“盖闻象有罪，而舜封之有庳，骨肉之亲，放而不诛。其封故昌邑王贺为海昏侯。”《汉书》写成：“骨肉之恩，粲而不殊。”文义难以明白，以《汉纪》为正确。（查《汉书》“粲而不殊”，应当写成“𥻍而不诛”。《说文》：“𥻍，𥸷散之也，从米，杀声。徐引用《左传》鲁定公四年：“王于是乎杀管叔而𥻍蔡叔。”说“放之”像“散米”一样。现在《左传》写作“蔡”字，蔡叔上的蔡字，也读作“索葛反”。）后代有擅长阅读的人，仿照裴松之《三国志》的体例，摘取不同的记载标注在班固的《汉书》之下，能够成为史家著述的一个辅助。

纪王莽事，自始建国元年以后，则云“其二年”“其三年”以至“其十五年”，以别于正统，而尽没其天凤、地皇之号。

【译文】记载王莽的事迹，在始建国元年以后，就说“其二年”“其三年”一直到“其十五年”，用来区别正统王朝的年号，但是完全埋没了王莽天凤、地皇的年号。

后汉书

《后汉书·马援传》，上云：“帝尝言伏波论兵，与我意合。”下乃云：“交趾女子征侧及女弟征贰反，于是玺书拜援伏波将军。”此是采辑诸书率尔成文，而忘其“伏波”二字之无所本也。自范氏以下，史书若此者甚多。

【译文】《后汉书·马援传》，上文说：“帝尝言伏波论兵，与我意合。”下文竟然说：“交趾女子征侧及女弟征贰反，于是玺书拜援伏波将军。”这是搜集辑录各种书籍轻率地写成文章，却忘记其“伏波”两字没有什么依据。从范晔以下的史学家，史书像这种的非常多。

《桓谭传》：“当王莽居摄篡弑之际，天下之士莫不竞褒称德，美作符命，以求容媚。谭独自守，默然无言。”按《前汉书·翟义传》：“莽依《周书》作《大诰》。遣大夫桓谭等班行谕告当反位孺子之意，还封谭为明告里附城。”师古曰：“如古附庸。”《王莽传》：“当赐爵关内侯者，更名曰附城。”是曾受莽封爵，史为讳之尔。光武终不用谭，当自有说。

【译文】《后汉书·桓谭传》："当王莽居摄篡弑之际，天下之士莫不竞褒称德，美作符命，以求容媚。谭独自守，默然无言。"查《汉书·翟义传》："莽依《周书》作《大诰》。遣大夫桓谭等班行谕告当反位孺子之意，还封谭为明告里附城。"（颜师古说："就像古代的附庸。"《汉书·王莽传》："应当赐给关内侯爵位的，改名附城。"）说明桓谭曾经受到王莽的封爵，史家为他回避。汉光武帝刘秀始终没有任用桓谭，应当是有说法的。

《杨震传》："河间男子赵腾诣阙上书，指陈得失。帝怒，收考诏狱。震上疏救，不省，腾竟伏尸都市。"乃安帝时事。而《张皓传》以为："清河赵腾，上言灾变，讥刺朝政，收腾系考。皓上疏谏，帝悟，减腾死罪一等。"又以为顺帝事。岂有两赵腾邪？

【译文】《后汉书·杨震传》："河间男子赵腾诣阙上书，指陈得失。帝怒，收考诏狱。震上疏救，不省，腾竟伏尸都市。"这是汉安帝刘祜时候的事情。而在《后汉书·张皓传》认为："清河赵腾，上言灾变，讥刺朝政，收腾系考。皓上疏谏，帝悟，减腾死罪一等。"又认为是汉顺帝刘保时候的事情。难道有两个赵腾吗？

桥玄以太尉罢官，就医里舍[①]。少子十岁，独游门次，卒有三人持杖劫执之，入舍登楼，就玄索货。其家之不贫可知。乃云："及卒，家无居业，丧无所殡。"史传之文，前后矛盾。玄以灵帝之世，三为三公，亦岂无钱者。

【注释】①里舍：这里指私人的住宅。

【译文】桥玄以太尉的身份被罢免官职，在住宅里看病。小儿子年方十岁，独自在门前玩耍，突然有三个人手拿木杖挟持了他，进去了桥宅登上楼，到桥玄那里索要财物。其家不贫穷的情况就可以知道了。史书上竟然说："及卒，家无居业，丧无所殡。"史书传下来的文字，前后矛盾。桥玄在汉灵帝刘宏的时代，三次成为三公，难道也没有钱吗。

《刘表传》："与同郡张俭等俱被讪议，号为八顾"。而《党锢传》，表、俭二人列于八及[1]。前后不同。

【注释】①八及：即张俭、岑晊、刘表、陈翔、孔昱、苑康、檀敷、翟超。及，在后面跟上，这里指影响和引导他人。

【译文】《后汉书·刘表传》："与同郡张俭等俱被讪议，号为八顾"。而在《后汉书·党锢传》，刘表、张俭两个人被列在"八及"之中。前后的记载不相同。

蒯越、韩嵩及东曹掾傅巽等，说琮降操，则是表卒之后，琮已赦嵩而出之矣。下文云："操至州，乃释嵩之囚。"此史家欲归美于操，而不顾上下文之相戾也。

【译文】蒯越、韩嵩以及东曹掾傅巽等人，说服刘琮投降曹操，只是在刘表逝世之后的事情，刘琮已经赦免了韩嵩而放逐了他。下文说："操至州，乃释嵩之囚。"这是史家想把美德归功于曹操，却不顾上下文的相互冲突。

《蔡邕传》谓："邕亡命江海，积十二年。中平六年，灵帝崩，董卓为司空，辟之，称疾不就。卓切敕州郡举邕诣府，邕不得已，到署祭酒。"而《文苑传》，有议郎蔡邕荐边让①于大将军何进一书。按中平元年黄巾起，以何进为大将军，正邕亡命之时，无缘得奏记荐人也。

【注释】①边让：字文礼，陈留浚仪人。曾官至九江太守。

【译文】《后汉书·蔡邕传》说："邕亡命江海，积十二年。中平六年，灵帝崩，董卓为司空，辟之，称疾不就。卓切敕州郡举邕诣府，邕不得已，到署祭酒。"而在《后汉书·文苑传》，有议郎蔡邕举荐边让给大将军何进的一封书信。查在中平元年黄巾起义，汉灵帝刘宏任命何进为大将军，正是蔡邕在逃亡的时候，他没有理由写奏记举荐人才。

《郡国志》："睢阳本宋国，有鱼门。"引《左传》僖公二十二年，升陉之战，邾人获公胄，悬诸鱼门为证。按杜预注："鱼门，邾城门。"非宋也。

【译文】《后汉书·郡国志》："睢阳本宋国，有鱼门。"引用《左传》鲁僖公二十二年，鲁、邾两国发生了升陉之战，邾国人获得了鲁僖公的帽子，被悬挂在鱼门作为证据。按照杜预的注解："鱼门，是邾国的城门。"说明这不是宋国的城门。

三国志

《蜀志·谯周传》："建兴中，丞相亮领益州牧，命周为劝学从事。"而先主未称尊号，即有劝学从事张爽、尹默、谯周等上言，前后不同。按周卒于晋泰始六年，年七十二。而昭烈即位之年，仅二十有三，未必与劝进之列，从本传为是。

【译文】《三国志·蜀书·谯周传》："建兴中，丞相亮领益州牧，命周为劝学从事。"而先主刘备还没有称尊号，就有劝学从事张爽、尹默、谯周等人上奏言辞，前后不同。查谯周在晋泰始六年逝世，享年七十二岁。而在蜀汉昭烈帝刘备登基那年，谯周才二十三岁，不一定在"劝进"大臣的队列里，应以谯周本传作为正确的记载。

孙亮太平元年，孙綝杀滕胤、吕据，时为魏高贵乡公之甘露元年。《魏志》甘露二年，"以孙壹为侍中、车骑将军，假节交州牧"。吴侯本传云："壹入魏，黄初三年死。"误也。

【译文】在孙亮太平元年，孙綝杀死滕胤、吕据，当时是魏国高贵乡公曹髦甘露元年。《三国志·魏志》甘露二年，“以孙壹为侍中、车骑将军，假节交州牧。”在吴侯孙权本传说：“壹入魏，黄初三年死。”这是错误的。

《陆抗传》：“拜镇军将军，都督西陵。自关羽至白帝。”于文难晓。按《甘宁传》曰：“随鲁肃镇益阳，拒关羽，羽号有三万人。自择选锐士五千人，投县上流十余里浅濑，云欲夜涉渡。肃以兵千人益宁，宁乃夜往。羽闻之，住不渡，而结柴营。今遂名此处为关羽濑。”据此则当云“自益阳至白帝也。”

【译文】《三国志·陆抗传》：“拜镇军将军，都督西陵。自关羽至白帝。”对于这文意难以理解。按照《三国志·甘宁传》说：“随鲁肃镇益阳，拒关羽，羽号有三万人。自择选锐士五千人，投县上流十余里浅濑，云欲夜涉渡。肃以兵千人益宁，宁乃夜往。羽闻之，住不渡，而结柴营。今遂名此处为关羽濑。”根据这个记载就应当说“自益阳至白帝也。”

作史不立表志

朱鹤龄曰：“太史公《史记》，帝纪之后，即有十表八书。表以纪治乱兴亡之大略，书以纪制度沿革之大端。班固改书为志，而年表视《史记》加详焉。盖表所由立，昉于周之谱牒，与纪、传相为出入。凡列侯将相、三公九卿，其功名表著者，既系之以传。此外大臣，无积劳亦无显过，传之不可胜书，而姓名爵里、存没盛衰之迹，要不容以遽泯，则于表乎载之。又其功罪事实，传中有未悉备者，亦于表乎载之。年经月纬，一览了如。作史体裁，莫大于是。而范书阙焉，使后之学者，无以考镜二百年用人行政之节目，良可叹也。其夫始于陈寿《三国志》，而范晔踵之。其后作者，又援范书为例，年表皆在所略。姚思廉《梁》《陈》二书，李百药《北齐书》，令狐德棻《周书》，李延寿《南》《北史》皆无表志。不知作史无表，则立传不得不多。传愈多，文愈繁，而事迹或反遗漏而不举。欧阳公知之，故其撰《唐书》有《宰相表》，有《方镇表》，有《宗室世系表》《宰相世系表》，始复班、马之旧章云。”

【译文】朱鹤龄说：“太史公司马迁的《史记》，在本纪之后，就有十表八书。‘表’用来记载朝代“治乱兴亡”的大概事迹，‘书’用来记载国家制度沿革的大概变化。班固改书变成志，而年表看《史记》的情况加以详细描写。大概年表设置的缘由，是仿照周朝的谱牒，和本纪、列传互相作为参照。凡是列侯将相、三公九卿，他们功名明显著名的，已经用列传来联结起来。这之外的大臣，没有累积的功劳也没有明显的过错，记载他们就不可能完全记载其事迹，然而他们的‘姓名爵里’‘存没盛衰’的事迹，关键的事情不能快速地埋没，就在年表中记载他们。而且他们的功劳和罪过事实，在列传中存在没有完全具备的，也在年表中记载他们的事迹。年份作‘经’、月份作为‘纬’，一目了然。撰写史书的体裁，没有比这个更正确了。然而范晔《后汉书》缺少这种体裁，使得后代的读书人，没有参考借鉴两百年的任用人才管理朝政的章节和条目，这实在感到可惜。这开始于陈寿《三国志》，而范晔接着他的做法。后代撰写史书的人，又以范晔《后汉书》作为例子，年表都在他们所撰写的史书中省略。（姚思廉《梁书》《陈书》两部史书，李百药《北齐书》，令狐德棻《周书》，李延寿《南史》《北史》都没有年表和志。）不知道撰写史书没有年表，那么设立列传就不得不增加。列传越多，文字越繁琐，但事迹有的反而遗漏而不被列出来。欧阳修知道这个弊端，因此他撰写的《新唐书》有《宰相表》，有《方镇表》，有《宗室世系表》《宰相世系表》，才恢复班固、司马迁的旧的章法。”

陈寿《三国志》、习凿齿《汉晋春秋》无志，故沈约《宋书》诸志，并前代所阙者补之。姚思廉《梁》《陈》二书，李百药《北齐书》，令狐德棻《周书》，皆无志。而于志宁、李淳风、韦安仁、李延寿，别修《五代史志》，诏编第入《隋书》。古人绍闻述往之意，可谓宏矣。

【译文】陈寿《三国志》、习凿齿《汉晋春秋》没有志，因此在沈约《宋书》各种志中，一起把前代所缺少的补充上。姚思廉《梁书》《陈书》两部史书，李百药《北齐书》，令狐德棻《周书》，都没有志。而于志宁、李淳风、韦安仁、李延寿，另外修撰的《五代史志》，皇帝下诏编撰和按照顺序放入《隋书》之中。古人沿袭旧闻、记述过往的意义，可以说是宏大的。

史文重出

《汉书·王子侯表》，长沙顷王子高、成节侯梁，一卷中两见：一始元元年六月乙未封，一元康元年正月癸卯封。然则王子中多一侯矣。马贵与《文献通考》因而录之，不知其误。

【译文】《汉书·王子侯表》，长沙顷王的儿子刘高、成节侯刘梁，在一卷之中两次出现：一是在始元元年六月乙未日被赐封，一是在元康元年正月癸卯日被赐封。那么在王子当中多一个侯爵了。（马端临《文献通考》沿袭他而收录，却不知道他的错误。）

《续汉·郡国志》，候城改属玄菟，而辽东复出一候城；无虑改属辽东属国，而辽东复出一无虑。必有一焉宜删者，然则天下郡国中少二城矣。

【译文】《后汉书·郡国志》，候城改属玄菟，而在辽东又出现一座候城；无虑城改属辽东的属国，而辽东又出现一座无虑城。一定有一座城应该被删除的，那么在天下郡国当中缺少这两座城了。

史文衍字

《汉书·吴王濞传》："吴有鄣郡铜山。"误多一"豫"字。《后汉书·光武纪》："以前密令卓茂为太傅。"误多一"高"字。《党锢传》："黄令毛钦操兵到门。"误多一"外"字。

【译文】《汉书·吴王刘濞传》："吴有鄣郡铜山。"错误地增加一个"豫"字。《后汉书·光武帝纪》："以前密令卓茂为太傅。"错误地增加一个"高"字。《后汉书·党锢传》："黄令毛钦操兵到门。"错误地增加一个"外"字。

《后汉书·皇后纪》："桓思窦皇后父讳武。"后父不当言讳，"讳"字衍。

【译文】《后汉书·皇后纪》："桓思窦皇后父讳武。"皇后的父亲不应当说"讳"，"讳"字是衍文。

《儒林传》："立《五经》博士，各以家法教授。《易》有施、孟、梁丘、京氏，《尚书》欧阳、大小夏侯，《诗》齐、鲁、韩、毛，《礼》大小戴，《春秋》严、颜，凡十四博士，太常差次总领焉。"按此则十五，非十四也，盖衍一"毛"字。其下文载建初中诏，有"古文《尚书》《毛诗》《穀梁》《左氏春秋》，虽不立学官"之语。《本纪》建初八年诏同。又下卷云："赵人毛苌传《诗》，是为《毛诗》，未得立。"《贾逵传》："建初八年，诏诸儒各选高才生，受《左氏》《穀梁春秋》、古文《尚书》《毛诗》，由是四经遂行于世。"而《百官志》："博士十四人。"本注曰："《易》四：施、孟，梁丘、京氏。《尚书》三：欧阳、大小夏侯氏。《诗》三：鲁、齐、韩氏。《礼》二：大小戴氏，《春秋》二：公羊严、颜氏。"《徐防传》注引《汉官仪》曰："《易》有施、孟、梁丘贺、京房，书有欧阳和伯、夏侯胜、建，《诗》有申公、辕固、韩婴，《春秋》有严彭祖、颜安乐，《礼》有戴德、戴圣，凡十四博士。"则此"毛"字明为衍文也。

【译文】《汉书·儒林传》："立《五经》博士，各以家法教授。《易》有施、孟、梁丘、京氏，《尚书》欧阳、大小夏侯，《诗》齐、鲁、韩、毛，《礼》大小戴，《春秋》严、颜，凡十四博士，太常差次总领焉。"按这里就是十五位"博士"，不是十四位"博士"了，原来衍生了一个"毛"字。其下文记载建初年间的诏令，有"古文《尚书》《毛诗》《穀梁》《左氏春秋》，虽不立学官"的语句。（和《本纪》建初八年的诏令相同。）又在下卷说："赵人毛苌传《诗》，是为《毛诗》，未得立。"（《贾逵传》："建初八年，皇帝下诏各位儒生各自选拔才能超群的学生，接受《左传》《春秋穀梁传》、古文《尚书》《毛诗》，因此这'四经'于是在世上流行。"）而在《百官志》："博士十四人。"在本注说："《易》四：施、孟，梁丘、京氏。《尚书》三：欧阳、大小夏侯氏。《诗》三：鲁、齐、韩氏。《礼》二：大小戴氏，《春秋》二：公羊严、颜氏。"（《徐防传》注释引用《汉官仪》说："《易经》有施雠、孟喜、梁丘贺、京房，《尚书》有欧阳和伯、夏侯胜、夏侯建，《诗经》有申公、辕固、韩婴，《春秋》有严彭祖、颜安乐，《礼记》有戴德、戴圣，一共十四位'博士'。"）那么这个"毛"字明显是衍文了。

《灵帝纪》:“光和三年六月诏:公卿举能《尚书》《毛诗》《左氏》《穀梁春秋》各一人,悉除议郎。”《尚书》上脱“古文”二字

【译文】《后汉书·孝灵帝纪》:“光和三年六月诏:公卿举能《尚书》《毛诗》《左传》《穀梁春秋》各一人,悉除议郎。”《尚书》上脱掉了“古文”两个字。

史家误承旧文

史书之中,多有仍旧文而未及改者。《史记·燕世家》称“今王喜”。《魏书·孝静帝纪》称“太原公今上”。《旧唐书·唐临传》“今上”字再见,《徐有功传》《泽王上金传》:“今上”字各一见,皆谓玄宗。《韦贯之传》:“上即位”,谓穆宗。此皆旧史之文,作书者失于改削尔。

【译文】在史书之中,大多存在沿袭“旧文”而没有来得及修改的。《史记·燕世家》称“今王喜”。《魏书·孝静帝纪》称“太原公今上”。《旧唐书·唐临传》“今上”字两次出现,《旧唐书·徐有功传》《旧唐书·泽王上金传》:“今上”字各自一次出现,都是说唐玄宗。《旧唐书·韦贯之传》:“上即位”,说是唐穆宗。这都是旧史当中的文字,撰写史书的人违背了删改的原则罢了。

《宋书·武帝纪》："永初元年八月戊午，西中郎将、荆州刺史宜都王讳，进号镇西将军。"《文帝纪》："元嘉十三年九月癸丑，立第三皇子讳为武陵王。""二十五年八月甲子，立第十一皇子讳为淮阳王。"《顺帝纪》："升明三年正月丁巳，以新除给事黄门侍郎萧讳为雍州刺史。""三月丙午，以中军大将军讳为南豫州刺史、齐公世子。"《萧思话传》："遣司马建威将军、南汉中太守萧讳五百人前进。"《隋书·高祖纪》："开皇十五年七月乙丑，晋王讳献毛龟。""十九年二月己亥，晋王讳来朝。"《张奭传》："晋王讳为扬州总管。"《王韶传》："晋王讳班师。"《铁勒传》："晋王讳北征。"《北史·李弼传》："谕使持节太尉、柱国大将军、大都督、尚书左仆射、陇西行台少师、陇右郡开国公李讳。"《旧唐书·中宗纪》："临淄王讳举兵诛韦武。"《睿宗纪》："临淄王讳与太平公主子薛崇简等。"《玄宗纪》："诏以皇太子讳充天下兵马元帅。"《郝处俊传》："周王讳为西朋。"并当时臣子之辞。

【译文】《宋书·武帝本纪》："永初元年八月戊午，西中郎将、荆州刺史宜都王讳，进号镇西将军。"《宋书·文帝本纪》："元嘉十三年九月癸丑，立第三皇子讳为武陵王。""二十五年八月甲子，立第十一皇子讳为淮阳王。"《宋书·顺帝本纪》："升明三年正月丁巳，以新除给事黄门侍郎萧讳为雍州刺史。""三月丙午，以中军大将军讳为南豫州刺史、齐公世子。"《宋书·萧思话传》："遣司马建威将军、南汉中太守萧讳五百人前进。”《隋书·高祖帝纪》：“开皇十五年七月乙丑，晋王讳献毛龟。”“十九年二月己亥，晋王讳来朝。”《隋书·张聚传》：“晋王讳为扬州总管。”《隋书·王韶传》：“晋王讳班师。”《隋书·铁勒传》：“晋王讳北征。”《北史·李弼传》：“谕使持节太尉、柱国大将军、大都督、尚书左仆射、陇西行台少师、陇右郡开国公李讳。”《旧唐书·中宗本纪》：“临淄王讳举兵诛韦武。”《旧唐书·睿宗本纪》：“临淄王讳与太平公主子薛崇简等。”《旧唐书·玄宗本纪》：“诏以皇太子讳充天下兵马元帅。”《旧唐书·郝处俊传》：“周王讳为西朋。”以上都是当时臣子的敬辞。

《三国志·魏后妃传》注：“甄后曰：讳等自随夫人。”此“讳”字明帝名，当时史家之文也。《宋书·武帝纪》：“刘讳龙行虎步。”《后周书·柳庆传》：“字文讳忠诚奋发。”《北史·魏彭城王勰传》：“帝谓勰曰：讳是何人，而敢久违先敕。”并合称名，史臣不敢斥之尔。然《宋纪》中亦有称“刘裕”者，一卷之中往往杂见。《册府元龟》：后唐庄宗同光二年二月戊寅，“幸李讳宅。”“讳”字下小注曰：“明宗也。”

【译文】《三国志·魏后妃传》注：“甄后曰：讳等自随夫人。”这个“讳”字是曹魏明帝的名字，是当时史家写的文字。《宋书·武帝本纪》：“刘讳龙行虎步。”《周书·柳庆传》：“字文讳忠诚奋发。”《北史·魏彭城王勰传》：“帝谓勰曰：讳是何人，而敢久违先敕。”以上应该称名字，史官不敢当面指出他们的名字罢了。然而在《资治通鉴·宋纪》当中也有称“刘裕”的，一卷之中时常混杂出现。（《册府元龟》：后唐庄宗李存勖同光二年二月初十，“幸李讳宅。”“讳”字下面小注说：“明宗也。”）

《文选》任昉《为齐明帝让宣城郡公表》，称“臣公言”，《为萧扬州荐士表》，称“臣王言”。表辞本合称名，而改为公、王，亦其臣子之辞也。

【译文】在《文选》当中的任昉《为齐明帝让宣城郡公表》，称“臣公言”，《为萧扬州荐士表》，称“臣王言”。在奏表的言辞里原本应该称呼姓名，然而改为称公、王，也是其臣子的敬辞。

晋书

《晋书·宣帝纪》，当司马懿为魏臣之时，无不称之为帝。至蜀将姜维闻辛毗[①]来，谓亮曰：“辛毗杖节而至，贼不复出矣。”所谓贼者，即懿也。当时在蜀人自当名之为贼。史家杂采诸书，不暇详考，一篇之中“帝”“贼”互见。

【注释】①辛毗：字佐治，三国颍川阳翟(今河南禹州)人。卒谥肃侯。

【译文】《晋书·宣帝纪》，正当司马懿作为曹魏臣子的时候，没有不称呼他为皇帝。到蜀国将领姜维听说辛毗来访，对诸葛亮说：“辛毗杖节而至，贼不复出矣。”姜维所说的“贼”，就是司马懿。当时在蜀国人自然称呼司马懿为贼。史家广泛搜集各种书籍，没有时间进行详细考证，在一篇文章之中“帝”字、“贼”字互相出现。

《天文志》：“虚二星，冢宰之官也。主北方邑居庙堂祭祀祝祷事，又主死丧哭泣。”按此“冢宰”当作“冢人”。或以《公羊传》“宰上之木拱矣”，则墓亦可称为宰。又曰：“轸四星，主冢宰辅臣也。”则《周官》之冢宰矣。

【译文】《晋书·天文志》：“虚二星，冢宰之官也。主北方邑居庙堂祭祀祝祷事，又主死丧哭泣。”按这里的“冢宰”应该写作“冢人”。（有人认为《公羊传》“宰上之木拱矣”，那么墓地也可以称为宰。）又说：“轸四星，主冢宰辅臣也。”则是《周官》的冢宰了。

《艺术传》：戴洋言：“昔吴伐关羽，天雷在前，周瑜拜贺。”按瑜卒于建安十四年，而吕蒙之袭关羽，乃在二十四年，瑜亡已十年矣。

【译文】《晋书·艺术传》：戴洋说：“昔吴伐关羽，天雷在前，周瑜拜贺。”按周瑜在建安十四年逝世，然而吕蒙袭击关羽，是在建安二十四年，这时周瑜逝世已经过去十年了。

《顾荣传》，前云“友人张翰”，后又云“吴郡张翰”。《张重华传》，前云“封谢艾为福禄伯”，后又云“进封福禄县伯”。《戴若思传》："举考廉入洛。"《周顗传》："若思举秀才入洛。"《南阳王模传》："广平太守丁邵。"《良吏传》："丁绍。"《石勒载记》，前作"段就六眷"，后作"段疾六眷"，《阳裕传》又作"段眷"。《吕纂载记》，前作"句摩罗耆婆"，后作"鸠摩罗什"。《慕容熙载记》"弘光门"，《冯跋载记》作"洪光门"，又作"洪观门"。

【译文】《晋书·顾荣传》，前文说"友人张翰"，后文又说"吴郡张翰"。《晋书·张重华传》，前文说"封谢艾为福禄伯"，后文又说"进封福禄县伯"。《晋书·戴若思传》："举考廉入洛"，《晋书·周顗传》："若思举秀才入洛。"《晋书·南阳王模传》："广平太守丁邵。"《晋书·良吏传》："丁绍。"《晋书·石勒载记》，前文写成"段就六眷"，后文写成"段疾六眷"，《晋书·阳裕传》又写成"段眷"。《晋书·吕纂载记》，前文写成"句摩罗耆婆"，后文写成"鸠摩罗什"。《晋书·慕容熙载记》"弘光门"，《晋书·冯跋载记》写成"洪光门"，又写成"洪观门"。

宋书

《宋书·州郡志》，广陵太守下云："永初郡国，又有舆、肥如、潞、真定、新市五县。"肥如本辽西之县，其民南渡，而侨立[①]于广陵。《符瑞志》所云："元嘉十九年九月戊申，广陵肥如石梁涧中出石钟九口。"是广陵之有肥如也。乃南沛太守下复云："《起居注》：'孝武大明五年，分广陵为沛郡，治肥如县。'时无复肥如县，当是肥如故县处也。二汉、晋太康地志，并无肥如县。”一卷之中，自相违错。且二汉之肥如，自在辽西，安得属之广陵，分之沛郡乎？

【注释】①侨立：即侨置。在六朝时战乱频仍，南北对峙，而郡县沦陷敌人的，各朝在他地设置原来的郡县，依旧沿用其旧名。

【译文】《宋书·州郡志》，在“广陵太守”下面说：“永初郡国，又有舆、肥如、潞、真定、新市五县。”肥如原本是辽西的属县，那些的民众南渡之后，而被侨置在广陵。《宋书·符瑞志》所说的：“元嘉十九年九月戊申，广陵肥如石梁涧中出石钟九口。”说明广陵有肥如县。竟然在“南沛太守”下文又说：“《起居注》：‘孝武大明五年，分广陵为沛郡，治肥如县。’时无复肥如县，当是肥如故县处也。二汉、晋太康地志，并无肥如县。”在同一卷之中，互相错乱。况且两汉的肥如县，自然是在辽西，怎么能隶属广陵，而被划分到沛郡吗？

魏书

《魏书·崔浩传》：“浩既工书，人多托写《急就章》。从少至老，初不惮劳。所书盖以百数。必称‘冯代彊’，以示不敢犯国，其谨也如此。”史于“冯代彊”下注曰“疑”。按《急就篇》有“冯汉彊”，魏起漠北，以汉强为讳，故改云“代强”，魏初国号曰代故也。颜师古《急就篇》序曰：“避讳改易，渐就芜舛。”正指此。郦道元《水经注》以“广汉”并作“广魏”，即其例也。

【译文】《魏书·崔浩传》："浩既工书，人多托写《急就章》。从少至老，初不惮劳。所书盖以百数。必称'冯代彊'，以示不敢犯国，其谨也如此。"史家在"冯代彊"下面注释说"疑"。按《急就篇》有"冯汉彊"，北魏在漠北建立，以中原王朝的强大为避讳，因此改说"代强"，北魏开始的国号为"代"的原因。颜师古在《急就篇》作序言说："避讳改易，渐就芜舛。"正是指这个。郦道元《水经注》把"广汉"一并写成"广魏"，就是这个例子了。

梁 书

《刘孝绰传》："众恶之必监焉，众好之必监焉。"梁宣帝讳"詧"，故改之。盖襄阳[1]以来，国史之原文也。乃其论则直书姚察[2]。

书中亦有避唐讳者。《顾协传》，以"虎丘山"为"武丘山"，《何点传》则为"兽丘山"。

【注释】①襄阳：此处代指孟浩然。孟浩然是襄州襄阳人，世称孟襄阳。②姚察：字伯审，吴兴武康人。修撰《梁书》未竟而卒，后由其子续写。

【译文】《梁书·刘孝绰传》："众恶之必监焉，众好之必监焉。"梁宣帝讳名是"詧"，因此改成监。大概从孟浩然以来，是国史的原文。于是就这个论断而言则直接书写姚察的名讳。

书中也有回避唐代皇帝的名讳的。《梁书·顾协传》，把"虎丘山"写为"武丘山"（李渊祖父名为李虎），《梁书·何点传》则写为

"兽丘山"。

后周书

《庾信传》:《哀江南赋》:"过漂渚而寄食，托芦中而渡水。""漂渚"当是"溧渚"之误。张勃《吴录》曰:"子胥乞食处，在丹阳溧阳县。"《史记·范雎传》:"伍子胥橐载而出昭关，至于陵水。"《战国策》作"菱夫"。索隐曰:"刘氏云:陵水即栗水也。"《吴越春秋》云:"子胥奔吴至溧阳，逢女子濑水之上。古"溧""濑"同字。子胥跪而乞餐，女子食之。既去，自投于水。后子胥欲报之，乃投白金于此水，今名其处为投金濑。"《金陵志》曰:"江上有渚曰濑渚是也。"或以二句不应皆用子胥事，不知古人文字不拘，如下文"生世等于龙门"四句，亦是皆用司马子长事。

【译文】《后周书·庾信传》:《哀江南赋》:"过漂渚而寄食，托芦中而渡水。""漂渚"应当是"溧渚"的误写。张勃《吴录》说:"伍子胥乞讨食物的地方，是在丹阳溧阳县。"《史记·范雎传》:"伍子胥背着行李而走出昭关，到达陵水。"(《战国策》作"菱夫"。)《史记索隐》说:"刘伯庄说:陵水就是栗水。"《吴越春秋》说:"伍子胥投奔吴国到达溧阳，在濑水之上遇见了一个女子。(古代的"溧""濑"是相通的。)伍子胥跪下来而向她乞讨食物，女子给他了食物。伍子胥已经离开后，她就自行投进水里。后来伍子胥想回报她，于是在这条河水投去了'白金'，现在称那个地方为投金濑。"

《金陵志》说："长江上有一个小陆地说是濑渚。"有的认为这两句不应该都使用伍子胥的事迹，这是不知道古人没有拘泥于文字，像在下文"生世等于龙门"四句，也是都使用了司马迁（字子长）的事迹。

隋书

《经籍志》言："汉哀帝时，博士弟子秦景，使伊存口授浮屠经。"又云："后汉明帝遣郎中蔡愔及秦景使天竺，得佛经四十二章，及释迦立像。"按自哀帝之末，至东京明帝之初，垂六十年，使秦景尚存，亦当八十余矣，不堪再使绝域也。盖本之陶隐居《真诰》，言孝明遣使者张骞、羽林郎秦景、博士王遵等十四人，之大月氏国，写佛经四十二章，秘之兰台石室。作史者知张骞为武帝时人，姓名久著，故删去之，独言秦景。而前后失于契勘，故或以为哀帝，或以为明帝耳。

【注释】①东京：东汉定都洛阳，而西汉则在长安（今陕西西安），在地理位置上洛阳在长安的东边，因此史上亦用东京来指代东汉。

【译文】《隋书·经籍志》说："汉哀帝时，博士弟子秦景，使伊存口授浮屠经。"又说："后汉明帝遣郎中蔡愔及秦景使天竺，得佛经四十二章，及释迦立像。"按从西汉哀帝刘欣的末年，到东汉明帝刘庄的初年，将近六十年，使者秦景尚且在世，也应当八十多岁了，不可能再出使极其遥远的地方。原来是根据陶弘景（号华阳隐居）

的《真诰》，说在东汉明帝派遣使者张骞、羽林郎秦景、博士王遵等十四人，到大月氏国，抄写到佛经四十二章，藏在兰台石室。撰写史书的人知道张骞是汉武帝时代的人，他的姓名很久就闻名了，因此删去他，只说秦景。然而前后文字没有去考证，因此有的认为是在西汉哀帝，有的认为是在东汉明帝罢了。

《突厥传》，上言："沙钵略可汗，西击阿波，破擒之。"下言："雍虞闾以隋所赐旗鼓西征阿波，敌人以为得隋兵所助，多来降附，遂生擒阿波。"此必一事而误重书为二事也。

【译文】《隋书·突厥传》，上文说："沙钵略可汗，西击阿波，破擒之。"下文说："雍虞闾以隋所赐旗鼓西征阿波，敌人以为得隋兵所助，多来降附，遂生擒阿波。"这肯定是同一件事情却错误地重复书写成为两件事情了。

北史一事两见

北齐武成帝河清三年九月乙丑，封皇子俨为东平王。后主天统二年五月己亥，封太上皇帝子俨为东平王。一事两书，必有一误。

【译文】北齐武成帝高湛河清三年九月初十，赐封皇子高俨为东平王。后主高纬天统二年五月二十三日，赐封太上皇帝皇子高俨为东平王。一件事情却两次记载，肯定有一个是错误的。

《徐之才传》："尝与朝士出游，遥望群犬竞走，诸人试令目之，之才即应声曰：为是宋鹊，为是韩卢，为逐李斯东走，为负帝女南徂。"其序传又云："于路见狗，温子升戏曰：为是宋鹊，为是韩卢。'神儁曰：'为逐丞相东走，为共帝女南徂。"一事两见，且序传是延寿自述其先人，不当援他人之事以附益也。

【译文】《北齐·徐之才传》："徐之才曾经和朝廷官员外出游玩，在远方看见一群狗在奔跑，众人尝试让徐之才看它们，徐之才就应声说：为是宋鹊，为是韩卢，为逐李斯东走，为负帝女南徂。"其序传又说："在路上看见狗，温子升开玩笑说：为是宋鹊，为是韩卢。'神儁说：'为逐丞相东走，为共帝女南徂。"一件事情两次出现在史书里，况且徐之才的序传是徐延寿自己描述其先人的事迹，不应当援引他人的事情来附会。

宋齐梁三书南史一事互异

《南齐书》："李安民为吴兴太守。吴兴有项羽神，护郡听事，太守不得上。太守到郡，必须祀以轭下牛[①]。安民奉佛法，不与神牛，着屐上听事，又于听上八关斋。俄而牛死，葬庙侧，今呼为李公牛冢。安民卒官，世以神为祟。"按《宋书·孔季恭传》："为吴兴太守。先是吴兴频丧太守，云项羽神为卞山王，居郡听事，二千石至，常避之。季恭居听事，竟无害也。”《梁书·萧琛传》：“迁吴兴太守，郡有项羽庙，土民名为愤王，甚有灵验。遂于郡听事，安施床幕为神座，公私请祷。前后二千石皆于厅拜祠，而避居他室。琛至，徙神还庙，处之不疑。《南史》云：“琛至，着屐登听事，闻室中有叱声，琛厉色曰：‘生不能与汉祖争中原，死据此听事，何也？’因迁之于庙。”又禁杀牛解祀，以脯代肉。”此似一事，而作史者，一以为遭祟，一以为厌邪，立论不同如此。

【注释】①轭下牛：被架在曲木下的牛，这里指驾车的牛。轭，古代车辆上架在牛马颈上的曲木。

【译文】《南齐书》：“李安民担任吴兴太守。吴兴有一位项羽的神灵，保护地方管理政事，太守不能上堂。太守到达地方，必须用‘轭下牛’来祭祀。李安民尊奉佛法，没有给神灵祭祀牛，穿着木屐上堂管理政事，又厅堂上建造了八关斋。不久之后牛死去，葬在庙的旁边，现在被称为‘李公牛冢’。李安民在任上逝世后，世上的人认为神灵作祟害死的。”查《宋书·孔季恭传》：“孔季恭担任吴兴太守。之前吴兴多次丧生太守，说是项羽神作为下山王，住在郡里管理政事，两千石的官员（这里代指太守，下同）来到，经常回避他。孔季恭住在郡里管理政事，居然没有被他伤害。”《梁书·萧琛传》：“萧琛升迁为吴兴太守，郡中有一座项羽庙，士人和百姓称他为愤王，非常灵验。于是他在郡里管理政事，在大堂中设置帐幕作为神座，公私事情都祷告。前后两任的两千石官员都在厅堂里祭祀他，却自己回避而住在其他室里。萧琛来到吴兴，把神位迁回到项羽庙中，处理这件事他没有犹豫。(《南史》说:“萧琛来到吴兴,穿着木屐登上厅堂处理政务,听见室内有叱骂的声因,萧琛用严厉的脸色说:‘在世时不能和汉高祖刘邦争夺中原,逝世后盘踞这里管理政务,这是为什么?’因而把神位迁回项羽庙中。”)又禁止宰杀牛祭祀来摆脱罪过,祭祀用肉干来代替新鲜的肉。”这似乎是同一件事,然而撰写史书的人,一是认为是遇到了作祟的事情,一是认为憎恨邪恶,提出的观点不相同到了这种地步。

又《南齐书·萧惠基传》:“惠基弟惠休,自吴兴太守征为右仆射。吴兴郡项羽神,旧酷烈。世人云:惠休事神谨,故得美迁。”《南史》同。《南史·萧猷本作渊猷。传》:“为吴兴郡守,与楚王庙神交饮至一斛。每酹祀,尽欢极醉,神影亦有酒色,所祷必从。后为益州刺史,值齐苟儿反,攻城,兵粮俱尽,乃遥祷请救。有田老逢数百骑如风,言吴兴楚王来救临汝侯。是日猷大破苟儿。”则又以为获佑,益不可信矣。

【译文】又在《南齐书·萧惠基传》:“萧惠基的弟弟萧惠休,从吴兴太守的任上被征召担任右仆射。吴兴郡里的项羽神,以前性格残酷暴烈。世间的人说:萧惠休侍奉神灵非常谨慎,因此得到了荣升。”(《南史》的记载相同。)《南史·萧猷(原本写成渊猷)传》:“萧猷担任吴兴郡守,和楚王庙的神灵互相饮酒到一斛。每次祭祀时,萧猷都尽情大醉,神灵的影子也有醉酒的情态,萧猷所祈祷的事情都听从。后来萧猷担任益州刺史,恰逢齐苟儿造反,攻打城池，城中士兵和粮食都没有了，萧猷才向远方祈祷请求神灵救难。有农夫遇到几百骑兵像风一样路过，说吴兴的楚王神来救临汝侯。这天萧猷严重地打败了苟儿。”那么又认为是获得了庇佑，更加不可相信了。

又《南史·萧惠明传》：“泰始初，为吴兴太守。郡界有卞山，下有项羽庙。相承云，羽多居郡听事，前后太守不敢上。惠明谓纲纪曰：‘孔季恭尝为此郡，未闻有灾。’遂盛设筵榻接宾。数日，见一人长丈余，张弓挟矢向惠明，既而不见，因发背，旬日而卒。”此又与李安民相类而小变其说。按《宋书·惠明传》无此事。

【译文】又在《南史·萧惠明传》：“泰始初年，萧惠明担任吴兴太守。郡界有一座卞山，山下有一座项羽庙。人们相互传说，项羽大多住在郡里处理政事，前后两任太守不敢上堂。萧惠明对纲纪说：‘孔季恭曾经担任这郡的太守，没有听说他遇到灾难。’于是隆重地安排酒席迎接宾客。几天后，看见一个人身高一丈多，拉开弓搭上箭射向萧惠明，不久后就不见了，因而萧惠明的背后长出疮来，十天之后就逝世了。”这又和李安民相似而稍微地改变其说法。（按《宋书·惠明传》中没有这件事。）

旧唐书

《旧唐书》虽颇涉繁芜，然事迹明白，首尾该赡，亦自可观。其中《唐临传》“今上”字再见;《徐有功》《泽王上金传》“今上”字各一见,皆谓玄宗,盖沿故帙而未正者也。《懿宗纪》:“咸通十三年十二月,李国昌小男克用,杀云中防御使段文楚,据云州,自称防御留后”。则既直书其叛乱之罪。而《哀帝纪》末云“中兴之初。”《王处直传》称“庄宗”,《王镕》《郑从谠》《刘邺》《张濬传》,各有“中兴”之语,自相矛盾。按此书纂于刘煦,后唐末帝清泰中为丞相,监修国史,至晋少帝开运二年,其书始成。《册府元龟》言:户部侍郎张昭远、起居郎贾纬、秘书少监赵熙、吏部郎中郑受益、左司员外郎李为光等修上,并赐缯彩银器,并及前朝刘煦。当时避晋高祖嫌名,或谓之《李氏书》。朝代迁流,简牍浩富,不暇遍详,而并存之。后之读者,可以观世变矣。

【译文】《旧唐书》虽然相当的繁杂,然而记载的事迹清楚,首尾详细丰富,也有其可读性。其中《旧唐书·唐临传》“今上”两字两次出现;《旧唐书·徐有功传》《旧唐书·泽王上金传》“今上”两字各自一次出现,都是说唐玄宗,原来是沿袭旧书的写法而没有改正。《旧唐书·懿宗纪》:“咸通十三年十二月,李国昌的小儿子李克用,杀死云中防御使段文楚,占据云州,自称为防御留后。”那么已经直书其叛乱的罪名。而在《旧唐书·哀帝纪》篇末说“中兴之初”,《旧唐书·王处直传》称“庄宗”,《旧唐书·王镕传》《旧唐书·郑从谠传》《旧唐书·刘邺传》《旧唐书·张濬传》,各自都有“中兴”的语句,自相矛盾。按这本史书在刘煦时编撰,在后唐末帝李从珂清泰年间担任丞相,监修唐代国史,到晋少帝石重贵开运二年,这本著作才完成。(《册府元龟》说：户部侍郎张昭远、起居郎贾纬、秘书少监赵熙、吏部郎中郑受益、左司员外郎李为光等人修撰唐史，并且被赐彩色缯帛、银质器物，一并送到前朝刘煦。在当时回避晋高祖石敬瑭的“嫌名”，有时被称为《李氏书》。)朝代随着年代演变，留存下来的简牍非常丰富，来不及全面地进行详细阅读，但都保存它们。后代的读书人，可以把它们当作观览世代变化的工具了。

杨朝晟一人作两传，一见七十二卷，一见九十四卷。

【译文】杨朝晟一个人有两个传记，一个出现在书中七十二卷，另一个出现在书中九十四卷。

新唐书

《旧唐书·高宗纪》：“乾封元年春正月戊辰朔，上祀昊天上帝于泰山，以高祖、大宗配飨。己巳升山，行封禅之礼。庚午禅于社首。”是以朔日[①]祭天于山下，明日登封，又明日禅社首，次序甚明。《新书》改云：“正月戊辰封于泰山，庚午禅于社首。”是以祭天、封山二事，并为一事，而系于戊辰之日，文虽简，而事不核矣。

【注释】①朔日：农历每月初一。

【译文】《旧唐书·高宗纪》：“乾封元年春正月戊辰朔，上祀昊天上帝于泰山，以高祖、大宗配飨。己巳升山，行封禅之礼。庚午禅于社首。”这是朔日在泰山山下祭天，第二天登山封禅，再第二天祭拜社首，顺序非常清楚。《新唐书》改成说：“正月戊辰封于泰山，庚午禅于社首。”这把祭天、封山两件事，合并为一件事，而且被放在戊辰之日，文字虽然简略，但是事情没有核查清楚。

《天后纪》：光宅元年四月癸酉，迁庐陵王于房州。丁丑又迁于均州。垂拱元年三月丙辰，迁庐陵王于房州。《中宗纪》：嗣圣元年是年九月改光宅。正月，废居于均州，又迁于房州。按《旧书》，嗣圣元年二月戊午，废皇帝为庐陵王，幽于别所。四月丁丑，迁庐陵王于均州。垂拱元年三月，迁庐陵王于房州。《中宗纪》亦同，而以四月为五月，然无先迁房州一节。疑《旧史》得之，欧公盖博采而误。

【译文】《新唐书·天后纪》：光宅元年四月二十二日，贬谪庐陵王李显到房州。二十六日又被贬谪到均州。垂拱元年三月十一日，贬谪庐陵王到房州。《新唐书·中宗纪》：嗣圣元年（这年九月改年号为光宅）正月，庐陵王李显被废黜闲居在均州，又被贬谪到房州。按《旧唐书》，嗣圣元年二月三十日，废黜皇帝李显为庐陵王，被幽禁在别所。四月二十六日，贬谪庐陵王到均州。垂拱元年三月，贬谪庐陵王到房州。《旧唐书·中宗纪》记载也相同，但把四月改为五月，然而没有先贬谪房州一节。怀疑《旧唐书》是正确的记载，欧阳修大概因广泛搜集而导致错误吧。

《代宗纪》，上书“四月丁卯，幽皇后于别殿”。下书“六月辛亥，追废皇后张氏”。曰“追废”，则张后之见杀明矣，而不书其死，亦为漏略。

【译文】《新唐书·代宗纪》，上文写“四月丁卯，幽皇后于别殿”。下文写“六月辛亥，追废皇后张氏”。说“追废”，那么张皇后被杀已经明白了，然而没有记载她已经死亡，也是遗漏疏忽造成的。

《文宗纪》：“太和九年十一月壬戌，李训及河东节度使王璠、邠宁节度使郭行余、御史中丞李孝本、京兆少尹罗立言，谋诛中官不克，训奔于凤翔。”下云：“左神策军中尉仇士良，杀王涯、贾餗、舒元舆、李孝本、罗立言、王璠、郭行余。”而独于李训不言其死。况训乃走入终南山，未至凤翔，亦为未当。

【译文】《新唐书·文宗纪》：“唐文宗李昂太和九年十一月二十一日，李训及河东节度使王璠、邠宁节度使郭行余、御史中丞李孝本、京兆少尹罗立言，谋诛中官不克，训奔于凤翔。”下文说：“左神策军中尉仇士良，杀王涯、贾餗、舒元舆、李孝本、罗立言、王璠、郭行余。”然而只有对李训没有说他死亡。况且李训已经逃入终南山，没有到凤翔，也是不当的记载。

《艺文志》：“萧方《三十国春秋》三十卷。”当作“萧方等”，乃梁元帝世子，名方等。《侯鲭录》曰：“方等者，即周偏义。”

【译文】《新唐书·艺文志》："萧方《三十国春秋》三十卷。"应当写为"萧方等"，他是梁元帝萧绎的世子，名为方等。（《侯鲭录》说："方等，就是周的偏义词。"）

《新唐书》志，欧阳永叔所作，颇有裁断，文亦明达。而列传出宋子京之手，则简而不明。二手高下，迥为不侔矣。如《太宗长孙后传》，"安业后异母兄。之罪，万死无赦，然不慈于妾，天下知之。"《旧书》。改曰："安业罪，死无赦，然向遇妾不以慈，户知之。"意虽不异，而"户知之"三字，殊不成文。又如《德宗王后传》：诏曰："祭筵不可用假花果，欲祭者从之。"《旧书》。改曰："有诏祭物无用寓，欲祭听之。"不过省《旧书》四字，然非注不可解也。

【译文】《新唐书》的志，是欧阳修所撰写的，有一些他的考虑判断，文章也通达。然而列传是出于宋祁（字子京）之手，就简略而不清楚。两人能力高下相比，非常不相等。如在《太宗长孙后传》，"安业（长孙后异母兄）之罪，万死无赦，然不慈于妾，天下知之。"（见《旧唐书》。）他改成说："安业罪，死无赦，然向遇妾不以慈，户知之。"意思即使没有不变，然而"户知之"三个字，特别不构成文理。又在《德宗王后传》：皇帝下诏说："祭筵不可用假花果，欲祭者从之。"（见《旧唐书》。）他改成说："有诏祭物无用寓，欲祭听之。"只是比《旧唐书》省略四个字，然而没有注释就不能明白了。

史家之文，例无重出。若不得已而重出，则当斟酌彼此，有详有略，斯谓之简。如崔沔驳太常议加宗庙笾豆，其文两载于本传及《韦縚传》，多至二三百言。又如来济与高智周、郝处俊、孙处约四人言志，及济领吏部，遂以处约为通事舍人，两见于本传及《高智周传》。而石仲览一人，一以为宣城，一以为江都。此而忽之，则亦不得谓之能简矣。此二事已见于《新唐书纠缪》，今仍录之。

【译文】史家的文字，按照惯例没有重出。如果是不得已而重出，那就应当斟酌上下文，有详细有省略，这称为“简”。像崔沔驳斥太常议增加宗庙的笾和豆，其文两次被记载在本传以及《新唐书·韦縚传》，多达两三百字。又像来济与高智周、郝处俊、孙处约四个人谈论志向，等到来济兼任吏部，于是把孙处约任命为通事舍人，两次出现在本传以及《新唐书·高智周传》。然而石仲览一人，一是认为是宣城人，一是认为是江都人。这样的粗心，那么也不能称为“能简”了。（这二件事已经在《新唐书纠缪》出现，现今依然被采取。）

《杨瑒传》言：有司帖试明经，不质大义，乃取年头月日，孤经绝句，帖试之。法用纸贴其上下文，止留中间一二句，困人以难记。年头如元年、二年之类，月日如十有二月乙卯之类。如此则习《春秋》者益少矣，故请帖平文。今改曰“年头日尾”，属对虽工，而义不通矣。

【译文】《杨瑒传》说：有司帖试明经，不辨别大义，于是摘取年头月日，孤经绝句，以帖经考察士人。按照制度用纸贴住其上下文，只留中间一二句，困人以难记。年头如元年、二年之类，月日如十有二月乙卯之类。这样的话，学习《春秋》的人就更加少了，故而请求帖试平文。现在改成说"年头日尾"，对仗即使巧妙，然而义理却不通顺了。

《严武传》："为成都尹，剑南节度使房琯，以故宰相为巡内刺史。武慢倨不为礼。最厚杜甫，然欲杀甫数矣。李白作《蜀道难》者，乃为房与杜危之也。"此宋人穿凿之论。此说又见《韦皋传》。盖因陆畅之《蜀道易》，而造为之耳。李白《蜀道难》之作，当在开元天宝间。时人共言锦城之乐，而不知畏途之险、异地之虞。即事成篇，别无寓意。及玄宗西幸①，升为南京，则又为诗曰："谁道君王行路难，六龙西幸万人欢。地转锦江成渭水，天回玉垒作长安。"一人之作，前后不同如此，亦时为之矣。

【注释】①玄宗西幸：指唐玄宗李隆基因安史之乱而逃亡四川的史事，史家避讳君王的逃亡，因而说"西幸"。

【译文】《新唐书·严武传》："严武担任成都尹，剑南节度使房琯，以前宰相身份担任巡内刺史。严武傲慢没有遵循礼仪。最厚待杜甫，然而几次想要杀杜甫。李白撰写《蜀道难》，是置房琯和杜甫于危险之中。"这是宋代人牵强附会的说法。（这种说法又出现在

《新唐书·韦皋传》。原来是顺着陆畅之《蜀道易》，而伪造的。）李白《蜀道难》的文章，应当在开元、天宝年间。当时人都说锦城的欢乐，然而不知蜀道的“畏途之险”“异地之虞”。因事成篇，没有其他的寓意。等到唐玄宗向西巡幸，锦城被提升为南京，就又作诗说：“谁道君王行路难，六龙西幸万人欢。地转锦江成渭水，天回玉垒作长安。”一个人的文章，前后不同到这样，也是因时创作的。

《张孝忠传》：“孝忠魁伟，长六尺。”《李晨传》：“长六尺。”古人以六尺为短，今以六尺为长，于他书未见。《马燧》《杨收传》，并云“长六尺二寸”。《高力士传》：“长六尺五寸。”

【译文】《新唐书·张孝忠传》：“孝忠魁伟，长六尺。”《新唐书·李晨传》说李晨：“长六尺。”古人把身长六尺作为短，现在把六尺作为长，在其他书籍中没有出现过。（《马燧传》《杨收传》，都说他们“长六尺二寸”。《新唐书·高力士传》说高力士：“长六尺五寸。”）

《旧书·段秀实传》：“阴说大将刘海宾，何明礼、姚令言判官岐灵岳，同谋杀泚，以兵迎乘舆。三人者，皆秀实夙所奖遇。”此谓姚令言之判官岐灵岳，与海宾、明礼为三人耳。按文，姚令言上当少一“及”字。《新书》遂谓：“结刘海宾、姚令言、都虞候何明礼，欲图泚。此三人者，皆秀实素所厚。”而下文方云大吏岐灵岳。令言贼也，安有肯同秀实之谋者哉？

【译文】《旧唐书·段秀实传》："阴说大将刘海宾，何明礼、姚令言判官岐灵岳，同谋杀泚，以兵迎乘舆。三人者，皆秀实夙所奖遇。"这里说姚令言的判官岐灵岳，和刘海宾、何明礼是三个人合谋。考查文理，姚令言前面当缺少一个"及"字。《新唐书》于是说："结刘海宾、姚令言、都虞候何明礼，欲图泚。此三人者，皆秀实素所厚。"然而下文才说大吏岐灵岳。姚令言是贼人，怎么愿意跟段秀实一起合谋呢？

《旧唐书》高仙芝、封常清二传，并云："四镇节度使夫蒙灵詧。"而李嗣业、段秀实二传则云："安西节度使马灵詧。"《刘全谅传》则云："安东副都护、保定军使马灵詧。"按《王维集》有《送不蒙都护诗》，注："不蒙，著官姓也。"古"不"字有"夫"音，如《诗》"鄂不韡韡"。"不蒙"当即"夫蒙"，然未知其何以又为"马"也。《新书》因之，两姓并见。而《突厥传》则云："安西节度使夫蒙灵詧。"

【译文】《旧唐书》高仙芝、封常清两传，都说："四镇节度使夫蒙灵詧。"而在李嗣业、段秀实两传则说："安西节度使马灵詧。"《旧唐书·刘全谅传》则说："安东副都护、保定军使马灵詧。"查核《王维集》有《送不蒙都护诗》，注释："不蒙，是标记官姓。"古代"不"字有"夫"的读音，（如《诗经》"鄂不韡韡"。）"不蒙"应当就是"夫蒙"，然而不知其为什么又成为"马"了。《新唐书》沿袭这个说法，两个姓氏一并出现。而在《新唐书·突厥传》则说：“安西节度使夫蒙灵詧。”

《马总传》：“李师道平，析郓、曹、濮为一道，除总节度，赐号天平军。长庆初，刘总上幽镇地，诏总徙天平。而召总还，将大用之。会总卒，穆公以郓人附赖总，复诏还镇。”上云“诏总徙天平”，刘总也。下云“召总还”，马总也；又云“会总卒”，刘总也；又云“郓人附赖总”，马总也。此于人之主宾、字之繁省，皆有所不当。当云“诏徙天平”，而去“总”字，其下则云：“会刘总卒”，于文无加，而义明矣。

【译文】《新唐书·马总传》：“李师道平，析郓、曹、濮为一道，除总节度，赐号天平军。长庆初，刘总上幽镇地，诏总徙天平。而召总还，将大用之。会总卒，穆公以郓人附赖总，复诏还镇。”上文说“诏总徙天平”，是刘总。下文说“召总还”，是马总；又说“会总卒”，是刘总；又说“郓人附赖总”，是马总。这对于人的主宾关系、文字的繁省，都有所不当之处。应当说“诏徙天平”，而去“总”字，在它下文则说：“会刘总卒”，对文字没有增加，而义理清楚明白了。

《旧唐书·皇甫鎛传》，附柳泌事云：“泌系京兆府，狱吏叱之曰：‘何苦作此虚矫？’泌曰：‘吾本无心，是李道古教我，且云寿四百岁。’府吏防虞周密，恐其隐化。及解衣就诛，一无变异。”语虽烦，而叙事则明。《新书》但云：“皆道古教我，解衣即刑，卒无它异。”去其中间语，则“它异”二字何所本邪？

【译文】《旧唐书·皇甫鎛传》，附带柳泌的事迹说：“泌系京兆府，狱吏叱之曰：‘何苦作此虚矫？’泌曰：‘吾本无心，是李道古教我，且云寿四百岁。’府吏防虞周密，恐其隐化。及解衣就诛，一无变异。”语句虽然烦琐，然而叙事清楚。《新唐书》只说：“皆道古教我，解衣即刑，卒无它异。”去掉它中间的语句，那么“它异”两字是依据哪里呢？

《曹确传》：“太宗著令，文武官六百四十三。”按《百官志》，太宗省内外官，定制为七百三十员。

【译文】《新唐书·曹确传》：“太宗著令，文武官六百四十三。”按《新唐书·百官志》，唐太宗罢省内外官，确定人数为七百三十人。

《旧唐书·郑綮传》：“昭宗谓有蕴蓄，就常奏班簿侧注云：郑綮[①]可礼部侍郎、平章事。中书胥吏诣其家参谒，綮笑曰：‘诸君大误，使天下人皆不识字，宰相不及郑五也。’胥吏曰：‘出自圣旨特恩，来日制下。’綮抗其手曰：‘万一如此，笑杀他人。’明日果制下。”《新书》改曰：“俄闻制诏下，叹曰：‘万一然，笑杀天下人。’”制已下矣，何万一之有？

【注释】①郑綮：字蕴武。史书记载擅长写诗，语多俳谐，世称“郑五歇后体”。

【译文】《旧唐书·郑綮传》：“昭宗谓有蕴蓄，就常奏班簿侧注云：郑綮可礼部侍郎、平章事。中书胥吏诣其家参谒，綮笑曰：‘诸君大误，使天下人皆不识字，宰相不及郑五也。’胥吏曰：‘出自圣旨特恩，来日制下。’綮抗其手曰：‘万一如此，笑杀他人。’明日果制下。”《新唐书》改成说：“俄闻制诏下，叹曰：‘万一然，笑杀天下人。’”诏令已经下达了，哪来有“万一”的说法？

《礼乐志》：“贞观二十一年诏，左丘明、卜子夏、公羊高、穀梁赤、伏胜、高堂生①、戴圣、毛苌、孔安国、刘向、郑众、贾逵、杜子春、马融、卢植、郑康成、服虔、何休、王肃、王弼、杜预、范宁二十二人配享。”《儒学传》复出此文，而阙贾逵，作二十一人。

【注释】①高堂生：复姓高堂，名伯。西汉鲁（山东新泰龙廷）人，专治古代礼制。传《士礼》十七篇，戴德、戴圣、庆普皆其弟子。

【译文】《新唐书·礼乐志》：“贞观二十一年下诏，将左丘明、卜子夏、公羊高、穀梁赤、伏胜、高堂生、戴圣、毛苌、孔安国、刘向、郑众、贾逵、杜子春、马融、卢植、郑康成、服虔、何休、王肃、王弼、杜预、范宁二十二人配享。”《新唐书·儒学传》再次出现这诏文，然而缺少贾逵，写成二十一人。

《林蕴传》：“泉州莆田人。父披，以临汀多山鬼淫祠，民厌苦之，撰《无鬼论》。刺史樊晃奏署临汀令。”此当是署令在前，作论在后，而倒其文。

凡吴氏《纠谬》所已及者，不更论。

【译文】《新唐书·林蕴传》："是泉州莆田人。父亲名为林披，因为临汀多山中鬼魅、滥设的祠庙，百姓厌烦以为苦事，所以林蕴撰写了《无鬼论》。刺史樊晃上奏皇帝授予林披兼任临汀令。"这里应当是兼任临汀令在前面，下结论在后面，史家却倒序其文。

凡是吴缜在《新唐书纠谬》所已经涉及的，这里不再讨论。

昔人谓宋子京不喜对偶之文，其作史，有唐一代，遂无一篇诏令。如德宗兴元之诏，不录于书。徐贤妃《谏大宗疏》，狄仁杰《谏武后营大像疏》，仅寥寥数言，而韩愈《平淮西碑》，则全载之。夫史以记事，诏疏俱国事之大，反不如碑颂乎？柳宗元《贞符》乃希恩饰罪之文，与相如之《封禅颂》异矣，载之尤为无识。

【译文】以前的人说宋祁（字子京）不喜欢对偶的文章，他撰写的史书，在修撰唐史一代中，就没有一篇诏令。如唐德宗兴元年间的诏令，没有收录在史书中。徐贤妃《谏大宗疏》，狄仁杰《谏武后营大像疏》，只有记载寥寥数言，然而韩愈《平淮西碑》，就全文记载下来。史是用来记载事情，诏令奏疏完全是国事的重要部分，反而比不上碑颂吗？柳宗元《贞符》是希望得到恩宠、粉饰罪过的文章，和司马相如的《封禅颂》不相同，记载它尤其是无知的。

宋史

《宋史》言朝廷与金约灭辽，止求石晋赂契丹故地，而不思营、平、滦三州，非晋赂，乃刘仁恭献契丹以求援者。既而王黼悔，欲并得之，遣赵良嗣往请之再三，金人不与。此史家之误。按《通鉴》："初，幽州北七百里有渝关，下有渝水通海。自关东北，循海有道，道狭处才数尺，旁有乱山，高峻不可越。北至进牛口，旧置八防御军，募土兵守之，田租皆供军食，不入于蓟。幽州岁致缯纩以供战士衣。每岁早获，清野坚壁以待契丹。契丹至，辄闭壁不战，俟其去，选骁勇据隘邀之，契丹常失利走。士兵皆自为田园，力战有功则赐勋加赏，由是契丹不敢轻入寇。及周德威为卢龙节度使，恃勇不修边备，遂失渝关之险。契丹每刍牧于营、平之间。"又按《辽史》："太祖天赞二年春正月丙申，大元帅尧骨克平州，获刺史赵思温、裨将张崇。二月，如平州。甲子，以平州卢龙军置节度使。"辽之天赞二年，乃后唐庄宗同光元年。是营、平二州，契丹自以兵力取之于唐，而不于刘仁恭，又非赂以求援也。若滦本平州之地，辽太祖以俘户置滦州。当刘仁恭时，尚未有此州。尤为无据。《辽史》于滦州下云："石晋割地，在平州之境。"亦误也。《金史·张觉传》："平州自入契丹，别为一军，执弗与。"

【译文】《宋史》说宋国朝廷和金国约定消灭辽国，只要求得到晋国开国皇帝石敬瑭赠送契丹的故地（指燕云十六州），而不考虑营、平、滦三州，不是晋国赠送的，是刘仁恭进献契丹来求得援助的。不久王黼反悔，想一并得到，多次派遣赵良嗣前往请求金国，金国人没答应。这是史家的错误。考查《资治通鉴》："当初，幽州以北七百里有一个地方是渝关，渝关下面有渝水通往大海。从关东以北，顺着大海有一条道路，这条道路狭窄的地方只有几尺宽，旁边有散乱的山头，高拔陡峭不可翻越。向北到达进牛口，以前设置有八防御军，招募本地士兵镇守，征收的田租都用作军队使用，没有送到蓟地。幽州每年运送缯帛与丝绵来供战士的衣服。每岁很早收获，坚壁清野后来等待契丹的攻击。契丹来到，就关闭壁垒不作战，等到他们离开，选拔勇敢善战的士兵占据关隘阻碍他们，契丹经常战场失利而逃走。士兵都是自己耕种田园，奋力作战而有军功的士兵就赏赐功勋加赏官职，因此契丹不敢轻易进来侵略。等到周德威担任卢龙节度使，依仗勇敢却没有整修边防军备，于是失去了渝关之险。契丹每次在营州、平州之间割草和放牧。"又查《辽史》："辽太祖天赞二年春季正月二十一日，大元帅尧骨攻下平州，俘获了刺史赵思温、裨将张崇。二月，到达平州。十九日，以平州卢龙军设置节度使。"辽国天赞二年，是后唐庄宗同光元年。这营、平两州，契丹自认为是和后唐战胜而得，而不是在刘仁恭那里取得，又不是赠送来请求援助。像滦地原本是平州的属地，辽太祖把俘获来的人口设置滦州。在刘仁恭的时候，还没有这州。特别没有根据。《辽史》在滦州下边说："石晋割地，在平州之境。"也是错误的。（《金史·张觉传》："平州从此属于契丹，另外成为一个军，坚持不给宋国。"）

元人作《宋史》[1]，于《天文志》中，如“胡兵大起”“胡主忧”之类，改曰“北兵”“北主”。昴为胡星，改为“北星”。惟“北河”下“一曰胡门”，则不能改也，仍其文。

【注释】①《宋史》：由元代丞相脱脱和阿鲁图先后主持修撰。

【译文】元代人撰写的《宋史》，在《天文志》当中，像“胡兵大起”“胡主忧”之类的字词，改成说“北兵”“北主”。昴星宿是“胡星”，被改为“北星”。只有“北河”下边标注“一曰胡门”，就不能改变的，依旧照搬其文。

书中凡“卤”字皆改为“敌”。至以“金卤”为“金敌”。《陈康伯》《王大宝传》。惟胡铨[1]二书不改。

【注释】①胡铨：字邦衡，号澹庵。南宋名臣，反对议和，积极抗辽。

【译文】《宋史》书中凡是“卤”字都改为“敌”。以至于“金卤”改为“金敌”。（见《宋史·陈康伯》《宋史·王大宝传》。）只有胡铨二书中的没有改动。

阿鲁图进宋史表

元阿鲁图《进宋史表》曰：“厥后瀛国归朝，吉王航海[1]。齐亡而访王蠋，乃存秉节之臣；楚灭而谕鲁公，堪矜守礼之国。”《金史·忠义传序》曰：“圣元诏修《辽》《金》《宋史》，史臣议凡例，前代之臣忠于所事者，请书之无讳，朝廷从之。”此皆宋世以来尊经儒重节义之效。其时之人心风俗，犹有三代直道之遗，不独元主之贤明也。《五代史》不为韩通立传。

【注释】①瀛国归朝，吉王航海：意指宋恭帝降元，宋端宗赵昰遁海逃走。瀛国，指宋恭帝降元后被封为瀛国公，简称“瀛国”。吉王，指宋端宗赵昰。

【译文】元代阿鲁图在《进宋史表》说：“以后瀛国公归顺朝廷，吉王赵昰远航海外。战国时期齐国亡后而访求王蠋等贤人，是保留坚守节操的臣子；楚国被灭而告诉鲁共公道理，可以重视坚守礼仪的国家。”《金史·忠义传序》说：“圣元下诏修撰《辽史》《金史》《宋史》，史臣讨论修书的凡例，前代的臣子尽忠于所做的事情，请求不用避讳地书写他，朝廷听从了意见。”这都是宋代以来尊经儒重节义的效果。那时的人心风俗，仍然有夏、商、周三代正道的遗风，不仅仅是元朝君主的有才德和见识。（《五代史》没有为韩通立列传。）

齐武帝使太子家令[①]沈约撰《宋书》，疑立袁粲传，审之于帝。帝曰：“袁粲自是宋室忠臣。”

【注释】①太子家令：古代官名，太子家的总管，宋、明、清废置。

【译文】南朝齐武帝命令太子家令沈约编撰《宋书》，有人怀疑他为袁粲立传，被送到齐武帝面前审定。齐武帝说：“袁粲从来是宋室忠臣。”

辽 史

《宋史·富弼传》言：“使契丹，争‘献’‘纳’二字，声色俱厉。契丹主知不可夺，乃曰：‘吾当自遣人议之。’复使刘六符来。弼归奏曰：‘臣以死拒之，彼气折矣，可勿许也。’朝廷竟以‘纳’字与之。”《辽史·兴宗纪》亦云：“感富弼之言，和议始定。”而《刘六符传》则曰：“宋遣使增岁币，以易十县。六符与耶律仁先使宋，定进贡名，宋难之。六符曰：‘本朝兵强将勇，人人愿从事于宋。若恣其俘获以饱所欲，与进贡字孰多？况大兵驻燕，万一南进，何以御之？顾小节忘大患，悔将何及？’宋乃从之，岁币称贡。”《耶律仁先传》亦同。二史并脱脱监修，而不同如此。《六符传》，似本其家志状，与其祖景同为一传，而有重文。

【译文】《宋史·富弼传》说：“富弼使契丹，在‘献’‘纳’二字上争论，声色俱厉。契丹主知道不可改变富弼的志向，于是说：‘我会自行派人去商讨。’又派遣刘六符前来。富弼回去上奏说：‘臣以死来阻挡这和议，他们的气势已经屈服了，可以不答应。’朝廷最终以‘纳’字答应契丹。”《辽史·兴宗纪》也说：“为富弼之言感动，和议才确定下来。”然而在《辽史·刘六符传》则说：“宋朝派遣使者增加岁币，来换取十县。刘六符与耶律仁先前往宋朝，确定进贡名称，宋朝驳难他们。刘六符说：‘我国兵强将勇，人人愿意从事于宋。如果y依仗其俘获以满足所欲，与进贡字哪个更多？何况军队驻扎在燕地，万一向南进兵，用什么来防御？顾忌小节忘记大患，后悔还来得及吗？’宋朝才同意，岁币称贡。”《辽史·耶律仁先传》也是相同的记载。两部史书一并是脱脱监督修撰的，然而记载不相同到这种地步。（《辽史·刘六符传》，似乎根据其家志描写的，和其祖父刘景合为一传，而存在重复的文字。）

金史

《金史》大抵出刘祁、元好问二君之笔，亦颇可观，刘祁字京叔，浑源人，著《归潜志》。元好问字裕之，秀容人，著《壬辰杂编》。元人取之以成《金史》，见《文艺传》及《完颜奴申传赞》。然其中多重见，而涉于繁者。孔毅父《杂说》谓：“自昔史书两人一事，必曰语在某人传。《晋书》载王隐谏祖约弈棋一段，两传俱出，此为文繁矣。”正同此病。

【译文】《金史》大概是出自刘祁、元好问两人之笔，也有些其可看性，（刘祁字京叔，浑源人，著有《归潜志》。元好问字裕之，秀容人，著有《壬辰杂编》。元代人采取他们的资料来完成《金史》，见在《文艺传》以及《完颜奴申传赞》。）然而当中大多记载重复出现，而涉嫌繁琐。孔毅父在《杂说》说：“从前史书当中记载不同的两人在同一件事里，一定说文字在某人传中出现。《晋书》记载王隐进谏祖约下棋一段，两传当中都出现，这就是‘文繁’了。”正是和这种弊端相同了。

《海陵诸子传赞》当引楚灵王曰：“余杀人子多矣，能无及此乎！”昭公十三年。而反引荀首言：“不以人子，吾子其可得乎？”似为失当。

【译文】《金史·海陵诸子传赞》应当引用楚灵王的话说：“余杀人子多矣，能无及此乎！”（见《左传》鲁昭公十三年。）但是反而引用荀首的话说：“不以人子，吾子其可得乎？”似乎是不恰当的。

幽兰之缢，承麟谥之曰哀宗，息州行省谥之曰“昭宗”。《完颜娄室传》。史从哀宗为定，而《食货志》末及《百官志》，复有义宗之称，不著何人所上。《元史》列传中并称“金义宗”。

【译文】完颜守绪在幽兰轩自缢而死，完颜承麟给他谥号是哀宗，息州行省长官给他谥号是“昭宗”。（见《金史·完颜娄室传》。）史书上遵从“哀宗”的谥号作为定论，然而《金史·食货志》篇末以及《金史·百官志》，又有“义宗”的称呼，没有写出是什么人加上的。（《元史》列传中一并称完颜守绪为“金义宗”。）

金与元连兵二十余年，书中虽称大元，而内外之旨，截然不移，是金人之作，非元人之作，此其所以为善。

【译文】金朝和元朝接连发生战争二十多年，《金史》书中虽然称大元，然而文章内外的意旨，分明是没有改变的样子，这是金朝人写的文章，不是元朝人写的文章，这是他们所认为是正确的。

承麟即位，不过一二日，而史犹称之为末帝。《白撒传》。其与宋之二王削其帝号者绝异，故知非一人之笔矣。

【译文】完颜承麟即位，不超过一两天，然而历史上依然称他为末帝。（见《金史·白撒传》。）他和宋国二王被削去其帝号的是绝对不相同的，因此知道这不是出自一人之笔了。

元史

《元史》列传，八卷《速不台》，九卷《雪不台》，一人作两传。十八卷《完者都》，十九卷《完者拔都》，亦一人作两传。盖其成书不出于一人之手。宋濂《序》云："洪武元年十二月，诏修《元史》，臣濂、臣祎总裁。二年二月丙寅开局，八月癸酉书成。纪三十七卷，志五十三卷，表六卷，传六十三卷。顺帝时无《实录》可征，因未得为完书。上复诏仪曹遣使行天下，其涉于史事者，令郡县上之。三年二月乙丑开局，七月丁亥书成。纪十卷，志五卷，表二卷，传三十六卷。凡前书有所未备，颇补完之。总裁仍濂、祎二臣，而纂录之士，独赵壎终始其事。”然则《元史》之成，虽不出于一时一人，而宋、王二公与赵君亦难免于疏忽之咎矣。昔宋吴缜言：“方《新书》来上之初，若朝廷付之有司，委官覆定，使诘难纠驳，审定刊修，然后下朝臣博议可否。如此，则初修者必不敢灭裂，审覆者亦不敢依违，庶乎得为完书，可以传久。”乃历代修史之臣，皆务苟完，右文之君①，亦多倦览，未有能行其说者也。洪武中尝命解缙修正《元史》舛误，其书留中不传。

【注释】①右文之君：尊崇文治的君主。古代是以右为尊，这里用作动词，意指崇尚、尊崇。

【译文】《元史》列传，第八卷是《速不台》，第九卷是《雪不台》，是同一个人被写成两个列传。第十八卷是《完者都》，第十九卷是《完者拔都》，也是同一个人被写成两个列传。原来这部史书在成书时不是出自于同一个人之手。宋濂在《元史序》说：“洪武元年十二月，明太祖下诏编修《元史》，臣子宋濂、臣子王祎担任总裁。洪武二年二月初一开设史局，八月十一日史书完成。本纪共有三十七卷，志共有五十三卷，年表共有六卷，列传共有六十三卷。元顺帝时没有《实录》可以征求，因而不能提供材料完成史书。太祖再次下诏命仪曹派遣使者巡行天下各地，那些涉及于史事的材料，命令郡县长官上缴。洪武三年二月初六开设史局，七月初一史书完成。本纪共有十卷，志共有五卷，年表共有二卷，列传共有三十六卷。凡是旧书有所没有完备的，稍稍补充和完备它。总裁仍然是宋濂、王祎两位臣子，然而编纂抄录的士人，只有赵壎始终参与这件事当中。”那么《元史》的完成，虽然不是出自于同一个时间、同一个人，但是宋濂、王祎两位和赵壎也很难避免在疏忽方面的过失。以前宋朝吴缜说："正当《新唐书》送来上呈之时，如果朝廷交付给有司，委派官员审定，使得他们责问纠正，审查决定和修正，这样之后下发给朝臣进行广泛地讨论是否刊行。这样，那么当初参与编修的人员一定不敢草率撰写，审覆的人员也不敢迟疑不决，几乎得到一部完备的史书，可以用来传承永久。"历代修撰史书的大臣，都是追求大概完备，崇尚文治的君王，也大多厌倦观览，没有能够实行这个说法的。洪武年间明太祖曾经命令解缙修正《元史》存在的错误，其书留在宫中没有传播出来。

《世祖纪》："中统三年二月，以兴、松、云三州隶上都。四年五月，升上都路望云县为云州，松山县为松州。"是三年尚未升州，预书为州者误。

《本纪》有脱漏月者，《列传》有重书年者。

【译文】《元史·世祖纪》："中统三年二月，以兴、松、云三州隶属上都。中统四年五月，升上都路望云县为云州，松山县为松州。"这里兴、松、云三地在中统三年还没有升为州一级，提前书写为州的是错误的。

《本纪》当中有遗漏月份的记载，《列传》当中有重复书写年份的记载。

《天文志》既载月五星[1]凌犯，而《本纪》复详书之，不免重出。《志》末云："余见《本纪》"，亦非体。

【注释】①五星：古指辰星、太白、荧惑、岁星、镇星，亦为水星、金星、火星、木星、土星五星。

【译文】《元史·天文志》已经记载某月五星侵犯紫微星，而在《本纪》当中再次详细书写它，难免重复出现。《天文志》篇末说："余见《本纪》"，也不得体。

诸志皆案牍之文，并无镕范。如《河渠志》言"耿参政""阿里尚书"，《祭祀志》言"田司徒""郝参政"，皆案牍中之称谓也。

【译文】各志收录的都是官方文书的文章，并没有一定的模式。如《河渠志》里说"耿参政""阿里尚书"，《祭祀志》里说"田司徒""郝参政"，都是官方文书当中的称谓。

《张桢传》有《复扩廓帖木儿书》曰："江左日思荐食上国。"此谓明太祖也。晋陈寿《上诸葛孔明集表》曰："伏惟陛下，远踪古圣，荡然无忌，故虽敌国诽谤之言，咸肆其辞，而无所革讳，所以明大通之道也。"于此书见之矣。

【译文】《元史·张桢传》有一篇《复扩廓帖木儿书》说："江左日思荐食上国。"这里是说明太祖。晋朝陈寿在《上诸葛孔明集表》说："伏惟陛下，远踪古圣，荡然无忌，故虽敌国诽谤之言，咸肆其辞，而无所革讳，所以明大通之道也。"在这部史书出现这样的写法。

《石抹宜孙传》，上言"大明兵"，下言"朝廷"，朝廷谓元也。内外之辞，明白如此。

【译文】《元史·石抹宜孙传》，上文说"大明兵"，下文说"朝廷"，朝廷就是说元朝了。敌我内外分别的言辞，明白到了这种的地步。

《顺帝纪》，"大明兵取太平路"，"大明兵取集庆路"，其时国号未为大明，曰"大明"者，史臣追书之也。古人记事之文，有不得不然者，类如此。

【译文】《元史·顺帝纪》，"大明兵取太平路"，"大明兵取集庆路"，那时明朝的国号没有称为大明，说"大明"的，是史臣追溯而书写的。古人记载史事的文章，有不得不这样做的，大多如此。

通 鉴

吕东莱《大事记》曰：《史记》商君本传云："不告奸者腰斩，告奸者与斩敌首同赏，匿奸者与降敌同罚。"《通鉴》削"不告奸者”一句，而以匿奸之罪为不告奸之罪。本传又云：“民有二男以上，不分异者，倍其赋。”《通鉴》削之。本传又云：“名田宅臣妾者以家次。”《通鉴》削“以家次”三字，皆当以本传为正。以家次者，如汉赐夏侯婴北第第一之类。

【译文】吕祖谦（世称东莱先生）《大事记》说：《史记》在商鞅本传中说：“不告奸者腰斩，告奸者与斩敌首同赏，匿奸者与降敌同罚。”《资治通鉴》删去“不告奸者”这一句，然而把“匿奸之罪”认为是“不告奸之罪”。本传又说：“民有二男以上，不分异者，倍其赋。”《资治通鉴》删去这一句。本传又说：“名田宅臣妾者以家次。”《资治通鉴》删去“以家次”三个字，都应当把商鞅本传作为正确的记载。（把家庭享受爵位俸禄等次的人，如汉代赏赐夏侯婴为北第第一之类的。）

《孟子》以伐燕为宣王事，与《史记》不同。《通鉴》以威王、宣王之卒，各移下十年，以合《孟子》之书，今按《史记》湣王元年，为周显王之四十六年，岁在著雍阉茂①。又八年燕王哙让国于相子之，又二年齐破燕杀王哙，又二年燕人立太子平，则已为湣王之十二年。而《孟子》书，吾甚惭于孟子，尚是宣王。何不以宣王之卒移下十二三年，则于《孟子》之书无不皆合，而但拘于十年之成数邪？

【注释】①著雍阉茂：即戊戌。著雍，亦作着雍，天干中戊的别称；阉茂，地支中戌的别称。

【译文】《孟子》认为讨伐燕国是齐宣王时的事情，和《史记》的记载不同。《资治通鉴》把齐威王、齐宣王的逝世时间，各自向下移动十年，来附和《孟子》的记载，现在考查《史记》齐湣王元年，是周显王的四十六年，那年在“著雍阉茂”年。又在第八年燕王哙把国家统治权让给相国子之，又在第二年齐国攻破燕国杀死燕王哙，又在第二年燕国人拥立太子平，那么已经是周湣王十二年了。而在《孟子》书中的记载，我对于孟子感到非常惭愧，尚且是齐宣王。为什么不把齐宣王的逝世时间向下移动十二三年，那么对于《孟子》的记载就没有不符合的，然而仅仅拘束于十年的整数吗?

《史记·万石君列传》：“庆尝为太仆，御出，上问车中几马，庆以策数马毕，举手曰：六马。庆于诸子中最为简易矣，然犹如此。”太史公之意，谓庆虽简易，而犹敬谨不敢率尔即对。其言简易，正以起下文之意也。《通鉴》去“然犹如此”一句，殊失本指。

【译文】《史记·万石君列传》：“庆尝为太仆，御出，上问车中几马，庆以策数马毕，举手曰：六马。庆于诸子中最为简易矣，然犹如此。”太史公司马迁的意思，是说石庆乘坐的马车即使简陋，然而依然恭敬谨慎不敢草率马上回答。这句话简单明了，正是用来引起下文的文意。《资治通鉴》删去“然犹如此”一句，特别丧失了本来所指之意。

《通鉴》：汉武帝元光六年，以卫尉韩安国为材官将军，屯渔阳。元朔元年，匈奴二万骑入汉，杀辽西太守，略二千余人，围韩安国壁。又入渔阳雁门，各杀略千余人。”夫曰“围韩安国壁”，其为渔阳可知，而云“又入渔阳”，则疏矣。考《史记·匈奴传》本文，则云：“败渔阳太守军千余人，围汉将军安国。安国时千余骑，亦且尽。会燕救至，匈奴引去。”其文精密如此。《通鉴》改之不当。

【译文】《资治通鉴》：汉武帝元光六年，把卫尉韩安国任命为材官将军，屯守渔阳。元朔元年，匈奴派遣两万骑兵入侵汉朝，杀死辽西太守，掠走两千多人，包围韩安国壁垒。又进入渔阳雁门关，各自杀死抢掠一千多人。”说“围韩安国壁”，这里是渔阳可以知道，却说“又入渔阳”，那么是疏忽了。考证《史记·匈奴传》的原文，就说：“败渔阳太守军千余人，围汉将军安国。安国时千余骑，亦且尽。会燕救至，匈奴引去。”这文章写得严密到这种地步。《资治通鉴》改动它是不恰当的。

《汉书·宣帝纪》：“五凤二年春三月，行幸雍，祠五畤。”《通鉴》改之曰：“春正月，上幸甘泉，郊泰畤。”《考异》引《宣纪》云：“三月行幸甘泉。”而《宣纪》本无此文，不知温公何所据？

【译文】《汉书·宣帝纪》：“五凤二年春三月，行幸雍，祠五畤。”《资治通鉴》改为说：“春正月，上幸甘泉，郊泰畤。”《资治通鉴考异》引用《宣帝纪》说：“三月行幸甘泉。”然而《宣帝纪》中原本就没有这样的文字，不知司马光所依据的是什么？

光武自陇蜀平后，非警急，未尝复言军旅。皇太子尝问军旅之事，帝曰："昔卫灵公问陈，孔子不对，此非尔所及。"据《后汉书》本文，皇太子即明帝也。《通鉴》乃书于建武十三年，则东海王彊尚为太子，亦为未允。

【译文】汉光武帝刘秀从陇蜀平定叛乱之后，不是危急的时候，不曾再谈及军队。皇太子曾经询问军队的事情，光武帝说："以前卫灵公向孔子询问陈国的军队事务，孔子没有回答，这不是你可以比得上的。"根据《后汉书》原文，皇太子就是汉明帝刘庄。《资治通鉴》居然将这件事写在建武十三年，那时东海王刘彊还是太子，也是不允当的。

唐德宗贞元二年：李泌奏："自集津至三门，凿山开车道十八里，以避底柱之险。"按《旧唐书·李泌传》，并无此事。而《食货志》曰："开元二十二年八月，玄宗从京兆尹裴耀卿之言，置河阴县及河阴仓，在今汜水县。河清县柏崖仓，在今孟津县。三门东集津仓，三门西盐仓。并在今平陆县。开三门北山十八里，以避湍险。自江淮而泝鸿沟，悉纳河阴仓。自河阴送纳含嘉仓，《六典》：东都有含嘉仓。又送纳太原仓，计大原仓虽属陕州，当在河北。谓之北运；自太原仓浮于渭，以实京师。凡三年，运七百万石，省陆运之佣四十万贯。”又曰：“开元二十九年，陕郡太守李齐物，凿三门山以通运，辟三门巅，输疑当作逾。岩险之地，俾负索引舰，升于安流，自齐物始也。天宝三载，韦坚代萧炅，以浐水作广运潭于望春楼之东，而藏舟焉。”是则北运始于耀卿，尚陆行十八里；河运始于齐物，则直达于长安也，下距贞元四十五年，无缘有李泌复凿三门之事。

【译文】唐德宗贞元二年：李泌上奏：“从集津到三门，凿开大山开辟车道十八里，来避开水里底柱的危险。”考查《旧唐书·李泌传》，并没有这件事。然而在《食货志》说：“开元二十二年八月，唐玄宗听从京兆尹裴耀卿的建言，设置河阴县以及河阴仓（在今汜水县），河清县柏崖仓（在今孟津县），三门东集津仓，三门西盐仓（都在今平陆县）。凿开三门北山十八里路，来避开水势湍急的危险。从长江、淮河而在鸿沟逆水而上，都把粮食收入河阴仓。从河阴仓送往和收入含嘉仓，（《唐六典》：东都有含嘉仓。）再送往和收入太原仓，（估计大原仓虽然属于陕州，但应当在河北境内。）称为北运；从太原仓在渭水航行，来充实京师（指长安）。一共三年，运送了七百万石，节省了陆运的佣金四十万贯。”又说：“开元二十九年，陕郡太守李齐物，凿开三门山来通航运输，开辟三门的危险，翻越（怀疑输字应当写作是逾字）高峻险要的地方，等纤夫背负着绳索牵引大船，提升到平稳的水流中运行，是从李齐物开始。天宝三年，韦坚替代萧炅，依靠浐水在望春楼的东面建造广运潭，用来停泊船只的。”虽然北运开始于裴耀卿，尚且在陆地行走十八里路；河运开始于李齐物，就可以直达到长安了，往下距离贞元四十五年，没有理由会有李泌再次凿开三门的事情。

通鉴不载文人

李因笃语予：“《通鉴》不载文人。如屈原之为人，太史公赞之谓与日月争光，而不得书于《通鉴》。杜子美，若非‘出师未捷’一诗为王叔文所吟，则姓名亦不登于简牍矣。”予答之曰：“此书本以资治，何暇录及文人？昔唐丁居晦[①]为翰林学士，文宗于麟德殿召对，因面授御史中丞。翼日制下，帝谓宰臣曰：‘居晦作得此官。朕曾以时谚谓杜甫、李白辈为四绝，问居晦。居晦曰：“此非君上要知之事。”尝以此记得居晦，今所以擢为中丞。’《册府元龟》。如君之言，其识见殆出文宗下矣。”

【注释】①丁居晦：穆宗长庆二年登进士第。文宗大和五年任拾遗。大和九年，自起居舍人、集贤院直学士，拜翰林学士。累迁司封郎中。开成三年，罢学士，拜御史中丞。后复为学士，迁户部侍郎，旋卒。著《重修翰林学士壁记》，历记唐代翰林学士任免情况。

【译文】李因笃跟我说：“《资治通鉴》没有记载文人。如屈原的为人，太史公司马迁称赞他说‘与日月争光’，然而不能被记载在《资治通鉴》里。杜甫（字子美），如果不是‘出师未捷’一诗为王叔文所吟诵，那么他的姓名也不能记载在简牍当中。”我回答他说：“这部史书原本是用来‘资治’，哪里顾得上记录文人？以前唐代丁居晦担任翰林学士，唐文宗在麟德殿召见他商量对策，趁着当面授予他御史中丞。第二天制令下达，唐文宗对宰相说：‘丁居晦得到这种官职。朕曾经把当时的谚语对杜甫、李白等人称为四绝，询问丁居晦。丁居晦说：“这不是君上要知道的事情。”曾因为这个记住丁居晦，现在所以擢升他为御史中丞。’（见《册府元龟》。）像您这样说，您的见识几乎比唐文宗还低了。”

全本全注全译

日知录

（三）

〔清〕顾炎武 著
谦德书院 注译

团结出版社

目　录

卷十三

周末风俗 …………………………………………………… 1077

秦纪会稽山刻石 ……………………………………………… 1080

两汉风俗 …………………………………………………… 1083

正　始……………………………………………………… 1087

宋世风俗 …………………………………………………… 1093

清　议……………………………………………………… 1103

名　教……………………………………………………… 1109

廉　耻……………………………………………………… 1119

流　品……………………………………………………… 1124

重　厚……………………………………………………… 1128

耿　介……………………………………………………… 1132

乡　原……………………………………………………… 1132

俭　约……………………………………………………… 1133

大 臣…………………………………………………… 1137
除 贪…………………………………………………… 1139
贵 廉…………………………………………………… 1148
禁锢奸臣子孙 ……………………………………… 1152
家 事…………………………………………………… 1159
奴 仆…………………………………………………… 1163
阉 人…………………………………………………… 1167
田 宅…………………………………………………… 1169
三 反…………………………………………………… 1172
召 杀…………………………………………………… 1173
南北风化之失 ……………………………………… 1173
南北学者之病 ……………………………………… 1173
范文正公 …………………………………………… 1174
辛幼安 ……………………………………………… 1175
士大夫晚年之学 …………………………………… 1176
士大夫家容僧尼 …………………………………… 1178
贫者事人 …………………………………………… 1180
分 居…………………………………………………… 1180
父子异部 …………………………………………… 1188
生 日…………………………………………………… 1188
陈思王植 …………………………………………… 1190
降 臣…………………………………………………… 1192
本 朝…………………………………………………… 1195

书前代官 …………………………………………………… 1198

卷十四

兄弟不相为后 …………………………………………… 1201
立叔父 …………………………………………………… 1205
继兄子为君 ……………………………………………… 1206
太上皇 …………………………………………………… 1206
皇伯考 …………………………………………………… 1208
除去祖宗庙谥 …………………………………………… 1210
汉人追尊之礼 …………………………………………… 1214
谥 法…………………………………………………… 1215
追尊子弟 ………………………………………………… 1217
内 禅…………………………………………………… 1217
御 容…………………………………………………… 1218
封 国…………………………………………………… 1218
乳 母…………………………………………………… 1221
圣 节…………………………………………………… 1224
君 丧…………………………………………………… 1232
丧礼主人不得升堂 ……………………………………… 1246
居丧不吊人 ……………………………………………… 1248
像 设…………………………………………………… 1249
从 祀…………………………………………………… 1252
十 哲…………………………………………………… 1252

嘉靖更定从祀 …… 1255
祭 礼 …… 1260
女 巫 …… 1262

卷十五

陵 …… 1267
墓 祭 …… 1268
厚 葬 …… 1285
前代陵墓 …… 1295
停 丧 …… 1304
假 葬 …… 1318
改 殡 …… 1319
火 葬 …… 1322
期功丧去官 …… 1331
缌丧不得赴举 …… 1339
丧 娶 …… 1340
衫帽入见 …… 1345
奔丧守制 …… 1345
丁忧交代 …… 1349
武官丁忧 …… 1353
居丧饮酒 …… 1354
匿 丧 …… 1355
国恤宴饮 …… 1356

宋朝家法 …… 1359

卷十六

明 经 …… 1361
秀 才 …… 1362
举 人 …… 1366
进 士 …… 1370
科 目 …… 1371
制 科 …… 1373
甲 科 …… 1378
十八房 …… 1381
经义论策 …… 1385
三 场 …… 1393
拟 题 …… 1395
题切时事 …… 1403
试文格式 …… 1406
程 文 …… 1410
判 …… 1411
经文字体 …… 1415
史 学 …… 1416

卷十七

生员额数 …… 1421
中式额数 …… 1433
通场下第 …… 1438
御试黜落 …… 1440
殿 举 …… 1441
进士得人 …… 1443
大臣子弟 …… 1450
北 卷 …… 1460
糊 名 …… 1464
搜 索 …… 1472
座主门主 …… 1476
举主制服 …… 1485
同 年 …… 1485
先 辈 …… 1487
出身授官 …… 1489
恩 科 …… 1495
年 齿 …… 1501
教 官 …… 1503
武 学 …… 1510
杂 流 …… 1515
通经为吏 …… 1516

卷十八

秘书国史 ······ 1525
十三经注疏 ······ 1529
监本二十一史 ······ 1532
张参五经文字 ······ 1538
别 字 ······ 1539
三朝要典 ······ 1540
密 疏 ······ 1542
贴 黄 ······ 1543
记 注 ······ 1545
四书五经大全 ······ 1546
书传会选 ······ 1549
内 典 ······ 1552
心 学 ······ 1555
举 业 ······ 1561
破题用庄子 ······ 1566
科场禁约 ······ 1570
朱子晚年定论 ······ 1573
李 贽 ······ 1586
钟 惺 ······ 1589
窃 书 ······ 1592
勘 书 ······ 1594
改 书 ······ 1596

易 林 …… 1598

卷十九

文须有益于天下 …… 1601
文不贵多 …… 1601
著书之难 …… 1605
直 言 …… 1607
立言不为一时 …… 1610
文人之多 …… 1616
巧 言 …… 1617
文辞欺人 …… 1620
修 辞 …… 1624
文人摹仿之病 …… 1626
文章繁简 …… 1629
文人求古之病 …… 1634
古人集中无冗复 …… 1638
书不当两序 …… 1639
古人不为人立传 …… 1642
志状不可妄作 …… 1643
作文润笔 …… 1645
文非其人 …… 1648
假设之辞 …… 1652
古文未正之隐 …… 1653

卷十三

周末风俗

《春秋》终于敬王[①]三十九年庚申之岁，西狩获麟。又十四年，为贞定王[②]元年癸酉之岁，鲁哀公[③]出奔；二年，卒于有山氏。《左传》以是终焉。又六十五年，威烈王[④]二十三年戊寅之岁，初命晋大夫魏斯、赵籍、韩虔[⑤]为诸侯。又一十七年，安王[⑥]十六年乙未之岁，初命齐大夫田和[⑦]为诸侯。又五十二年，显王[⑧]三十五年丁亥之岁，六国以次称王，苏秦为从长[⑨]。自此之后，事乃可得而纪。

【注释】①敬王：姬姓，名匄（gài），东周君主。周景王之子，周悼王之弟。谥号敬王。史学家以其去世之年作为划分春秋、战国时期的分界点。②贞定王：姬姓，名介，周元王子。庙号贞定王。③鲁哀公：姬姓，名将，鲁定公之子，春秋时期鲁国第二十六任君主。④威烈王：姬姓，名午，周考王之子，谥号威烈王。⑤魏斯：即魏文侯，姬姓，魏氏，名斯（一名都），安邑（今山西夏县）人，魏桓子之孙。是魏国百年霸业的开创者，战国时期魏国开国君主。赵籍：即赵烈侯，嬴姓，赵氏，名籍，赵献子（后追封为赵献侯）之子，战国时期晋国赵氏封君、赵国开国君主。韩虔：即韩景侯，姬姓，韩氏，名虔，晋卿韩武子之子，战国时期韩国国君。⑥安王：即周安王，姬姓，名骄，周威烈王之子。⑦田和：即齐太公，妫姓，田氏，名和，生称为子禾子，田庄子之子，田悼子之弟。⑧显王：又称周显圣王或周显声王，姬姓，名扁，东周君主，周烈王之弟。谥号显王。⑨苏秦：字季子，雒阳（今河南洛阳）人，战国时期著名的纵横家、外交家和谋略家。提出合纵六国以抗秦的战略思想，并最终组建合纵联盟，任“从约长”，兼佩六国相印，使秦十五年不敢出函谷关。从长：即从约长，战国时有合纵之约的六国之长。

【译文】《春秋》的记载终止在周敬王三十九年庚申年，在西部狩猎捕获了一只麒麟。又十四年，是周贞定王元年癸酉年，鲁哀公逃亡；二年，死在有山氏。《左传》把这作为终笔。又六十五年，周威烈王二十三年戊寅年，开始分封晋国大夫魏斯、赵籍、韩虔为诸侯。又十七年，周安王十六年乙未年，开始分封齐国大夫田和为诸侯。又五十二年，周显王三十五年丁亥年，六国先后称王，苏秦担任从长。从这之后，史事才确信而得到记载。

自《左传》之终，以至此，凡一百三十三年，史文阙轶[①]，考古者为之茫昧。如春秋时，犹尊礼重信，而七国则绝不言礼与信矣；春秋时，犹宗周王，而七国则绝不言王矣；《史记·秦本纪》：孝公使公子少官率师会诸侯于逢泽以朝王，盖显王时。春秋时，犹严祭祀，重聘享[②]，而七国则无其事矣；春秋时，犹论宗姓氏族，而七国则无一言及之矣；春秋时，犹宴会赋诗，而七国则不闻矣；春秋时，犹有赴告策书[③]，而七国则无有矣。邦无定交，士无定主，此皆变于一百三十三年之间。史之阙文，而后人可以意推者也。不待始皇之并天下，而文武之道[④]尽矣。李康《运命论》云：文薄之敝，渐于灵景，辨诈之伪，成于七国。驯至西汉，此风未改，故刘向[⑤]谓其“承千岁之衰周，继暴秦之余弊，贪饕险诐[⑥]，不闲[⑦]义理”。观夫史之所录，无非功名势利之人，笔札喉舌之辈，而如董生之言正谊明道者，不一二见也。盖自春秋之后，至东京而其风俗稍复乎古。吾是以知光武、明、章果有变齐至鲁[8]之功，而惜其未纯乎道也。自斯以降，则宋庆历、元祐之间为优矣。嗟乎！论世而不考其风俗，无以明人主之功。余之所以斥周末而进东京，亦《春秋》之意也。

【注释】①阙轶：亦作“阙佚”。亦作“阙逸”。残缺散失。②聘享：聘问献纳。聘问必有宴享，故聘、享连文。③赴告：春秋时各国以崩薨及祸福之事相告。前者称“赴”，后者称“告”。策书：古代常用以记录史实的简册。④文武之道：周文王、周武王治国修身之道和西周的礼乐文章。⑤刘向：字子政，原名更生，世称刘中垒，世居汉代楚国彭城，仕于京师长安，祖籍沛郡丰邑（今属江苏徐州）。曾奉命领校秘书，所撰《别录》，是我国最早的图书分类目录。⑥贪饕（tāo）：贪得无厌。饕指传说中的一种凶恶贪食的野兽，古代铜器上面常用它的头部形状做装饰。险诐（bì）：亦作“险陂”。阴险邪僻。⑦闲：古同“娴”，熟习，文雅。⑧变齐至鲁：典出《论语·雍也第六》：“齐一变，至于鲁；鲁一变，至于道。”

【译文】从《左传》的终笔，到此时，合计一百三十三年，历史文献残缺，考订古事的人因此模糊不清。比如春秋时期，尚且尊礼重信，而到了七国时期就绝口不提礼信了；春秋时期，尚且尊奉周天子，而七国时期就绝口不提天子了；（《史记·秦本纪》：秦孝公派遣公子少官率军在逢泽会盟诸侯以朝拜周天子，为周显王的时候。）春秋时期，尚且庄严祭祀，重视聘问宴享，而七国时期就没有这样的事了；春秋时期，尚且谈论同姓宗族，而七国时期就没有一句话涉及了；春秋时期，尚且宴会赋诗，而七国时期就不再听说了；春秋时期，尚且有赴告策书，而七国时期就没有了。国家没有固定的外交关系，士大夫没有固定的主上，这都变更在一百三十三年之间。史书上散失的文字，后人可以料想推测。不用等到秦始皇吞并天下，而周文王、周武王宽严相结合治理国家的道理丧失了。（李康《运命论》云：文德浮薄的弊病，渐渐地在周灵王、周景王时产生；巧辩欺诈的风气，在战国七国时形成。）逐渐到西汉，这种风气没有改变，因此刘向说是“袭了千年衰落的周朝，继承残暴的秦朝遗留下的弊病，贪得无厌、阴险邪僻，不熟习仁义、道理”。察看史书所记载，不外乎功名势利之人，笔札喉舌之类，而像董生的言论能够主持公义、阐明道理，极其少见了。大概从春秋之后，到定都东京而风俗稍微恢复古制。我因此知道光武帝、汉明帝、汉章帝果真有改变齐国达到鲁国那样子的功绩，而可惜的是不能专一于大道。从这以后，就是宋代的庆历、元祐年间出众了。啊！研究时世却不考查时代的风俗，难以彰显君王的功绩。我指责周朝末期而推崇定都东京的朝代的原因，也是《春秋》的意思。

秦纪会稽山刻石

秦始皇刻石凡六，皆铺张其灭六王、并天下之事。其言黔首风俗，在泰山，则云：“男女礼顺，慎遵职事。昭隔内外，靡不清净。”在褐石门，则云：“男乐其畴，女修其业。”如此而已。惟会稽一刻，其辞曰：“饰省宣义，有子而嫁，倍死不贞。防隔内外，禁止淫泆[①]，男女絜诚。夫为寄豭[②]，正义曰：“豭，牡猪也。”《左氏》定公十四年传："既定尔娄猪，盍归我艾豭？"寄豭者，谓淫于他室。杀之无罪，男秉义程。妻为逃嫁，子不得母，邵氏曰："母云者，母之也。"咸化廉清。"何其繁而不杀也？考之《国语》："自越王句践栖于会稽之后，惟恐国人之不蕃，故令壮者无取老妇，老者无取壮妻；女子十七不嫁，其父母有罪；丈夫二十不取，其父母有罪。生丈夫，二壶酒，一犬；生女子，二壶酒，一豚。生三人，公与之母；生二人，公与之饩③。"《内传》子胥之言亦曰："越十年生聚。"《吴越春秋》，至谓句践以寡妇淫泆过犯，皆输山上；士有忧思者，令游山上，以喜其意。当其时盖欲民之多，而不复禁其淫泆。传至六国之末，而其风犹在。故始皇为之厉禁，而特著于刻石之文，以此与灭六王并天下之事，并提而论，且不著之于燕、齐，而独著之于越。然则秦之任刑虽过，而其坊民正俗之意，固未始异于三王也。汉兴以来，承用秦法，以至今日者多矣。世之儒者，言及于秦，即以为亡国之法，亦未之深考乎？

【注释】①淫泆：亦作"淫佚"。淫荡，淫乱；恣纵逸乐。②寄豭（jiā）：寄放在别家传种的公猪。喻指在别人家淫乱的男子。③饩（xì）：给养，俸禄。赠送食物。

【译文】秦始皇石刻总共有六处，都是宣扬他消灭六王、吞并天下的事迹。说到百姓的风气习俗，在泰山，则记载："男女以礼顺从尊长，谨慎地遵守各自的职责。彰显内外有别，没有不清洁纯净。"在褐石门，则记载："男子高兴地耕种自己的田地，女子修习自己的纺织业。"就是这样罢了。只有在会稽的一块石刻，刻辞记载："纠正过错、宣扬道义，有了儿子却改嫁他人，是背弃死去的丈夫，不守贞操。防范隔离内外，禁止放荡纵欲，男女应当洁身诚意。丈夫在别人家淫乱，（《史记正义》说："豭，是公猪的意思。"《左传》鲁定公十四年："已经满足了你们的母猪，为何还不还给我们漂亮的种猪？"所谓寄豭，是说在别人家里淫乱。）杀了他也没有罪过，这样男子才能秉承道义规范。妻子抛弃丈夫逃跑而改嫁，儿子不能认她为母亲，（邵雍说："母云者，母之也。"）那么人们都会被廉洁清白的风气所感化。"为什么那样繁琐而不减省呢？考证《国语》有记载："自从越王句践退守到会稽山之后，恐怕国内的人不繁衍生息，因此青壮年不准娶老年妇人，老年不能娶青壮年为妻子；女子十七岁还没有出嫁，她的父母有罪；男子二十岁没有娶妻，他的父母有罪。生下男孩，奖励两壶酒，一条狗；生下女孩，奖励两壶酒，一头猪。生下三胞胎，公家配备乳母；生下双胞胎，公家赠送食物。"《左传》里伍子胥也说："越国用十年时间积聚财富。"《吴越春秋》记载，句践把犯有放荡纵欲过错的寡妇，都送到会稽山上；男子有忧愁思绪的，让他们去山上游览，以满足他们的意愿。大概那个时候有情欲的人多，就不再禁止他们放荡纵欲。流传到六国末期，这种风气仍然存在。因此秦始皇严厉禁止，而且特意著述在刻石的文字，把这件事和消灭六王、吞并天下的事迹，相提并论，而且不在燕国、齐国之地著述，唯独在越国著述。那么秦朝使用刑罚虽然过度，然而教化百姓、匡正风俗的意图，原本就没有与三王不同。汉朝兴盛以来，承袭沿用秦朝的法令，到现在的有很多了。世上的读书人，言谈涉及秦朝，就认为是亡失国家的法令，也是没有细加研求吧？

两汉风俗

汉自孝武表章《六经》之后，师儒虽盛，而大义未明，故新莽居摄[①]，颂德献符者，遍于天下。光武有鉴于此，故尊崇节义[②]，敦厉[③]名实，所举用者，莫非经明行修之人，而风俗为之一变。至其末造，朝政昏浊，国事日非，而党锢[④]之流，独行[⑤]之辈，依仁蹈义，舍命不渝，风雨如晦，鸡鸣不已。三代以下，风俗之美，无尚于东京者。故范晔[⑥]之论，以为"桓、灵之间，君道秕僻[⑦]，朝纲日陵，国隙屡启，自中智以下，靡不审其崩离，而权强[⑧]之臣，息其窥盗之谋，豪俊之夫，屈于鄙生之议"。《儒林传》论。"所以倾而未颓、决而未溃，皆仁人君子心力之为"。《左雄传》论。可谓知言者矣。使后代之主，循而弗革，即流风至今，亦何不可。而孟德既有冀州，崇奖跅弛[⑨]之士。观其下令再三，至于求负污辱之名，见笑之行，不仁不孝而有治国用兵之术者。建安二十二年八月令，十五年春令，十九年十二月令，意皆同。于是权诈迭进，奸逆萌生。故董昭[⑩]太和之疏，已谓"当今年少，不复以学问为本，专更以交游为业。国士[⑪]不以孝悌清修为首，乃以趋势求利为先"。至正始之际，而一二浮诞[⑫]之徒，骋其智识，蔑周、孔之书，习老、庄之教，风俗又为之一变。夫以经术之治，节义之防，光武、明、章数世为之而未足，毁方败常之俗，孟德一人变之而有余。后之人君，将树之风声，纳之轨物，以善俗而作人，不可不察乎此矣。

【注释】①新莽：指王莽或王莽建立的新朝。西汉末王莽篡权，改国号新，故称。居摄：因皇帝年幼不能亲政，由大臣代居其位处理政务，谓“居摄”。②节义：亦作“节谊”。谓节操与义行。③敦厉：亦作“敦励”。劝勉，勉励。④党锢：亦作“党固”。东汉桓帝时宦官专权，士大夫李膺、陈蕃等联合太学生郭泰、贾彪等，猛烈抨击宦官集团。宦官诬告他们结为朋党，诽谤朝廷，李膺等二百余人遭捕，后虽释放，但终身不许做官。后泛指禁止党人担任官职并限制其活动。⑤独行：节操高尚，不随俗浮沉。⑥范晔：字蔚宗，南阳顺阳（今河南淅川县）人，南朝宋官员、史学家、文学家。一生才华横溢，史学成就突出。著有《后汉书》，与《史记》《汉书》《三国志》并称“前四史”。⑦粃（bǐ）僻：邪僻败坏。粃，同“秕”。⑧权强：亦作“权彊”。指倚仗权势逞强作恶的人。⑨跅（tuò）弛：放荡不循规矩。⑩董昭：字公仁，济阴定陶（今山东菏泽）人。东汉末年曹魏谋士、重臣、开国元勋。多有功劳，深受曹操器重。曹操受封魏公、魏王的谋划都是出自董昭之手。⑪国士：一国之中才能最优秀的人物。⑫浮诞：虚妄荒谬。

【译文】汉代从孝武皇帝显扬《六经》之后，效法儒学虽然昌盛，然而要义没有明确，因此王莽摄政处理政务，歌颂功德、进献符瑞的人，遍布天下。光武帝借鉴这一点，所以尊敬推崇节操、义行，劝勉名称、实质相符，选拔任用的，没有不是通晓经术、修养德行的人，而风气习俗为之改变。到了东汉末年，朝廷政治黑暗混乱，国家政事一天天败坏，而党人之流，节操高尚之辈，依循仁德、信守道义，舍弃生命不改变，恶劣环境中而不改变气节操守，在黑暗的社会里不乏有识之士。三代以下，风俗之美，没有超过东汉的。因此范晔的评论，认为“桓帝、灵帝之间，为君的法则败坏，朝廷的纲纪一天天松懈，国家的祸乱不停止，从中等智力以上的人，没有不知道国家分裂瓦解的，然而强权在握的大臣，没有乘机窃取王位的阴谋，才智杰出的人，屈服在乡野儒生的议论下”。（《儒林传》论。）“倾斜但是没有倒塌、决口但是没有崩溃的原因，都是仁人君子的心思和能力造就的”。（《左雄传》论。）可以说是有见识的话了。使后代的君主，依循而不变革，流传下来的风气到现在，也没什么不可以。而曹操已经占据冀州，推崇奖励放荡不守规矩的人。察看他多次颁布的求才令，征求即使背负污辱的名声，德行被笑话，不仁不孝然而有治国用兵方法的人。（建安二十二年八月命令，建安十五年春命令，建安十九年十二月命令，大意都相同。）于是权谋、诈术轮番进呈，叛逆奸邪产生。因此董昭的太和奏疏，已经说到“皇帝年少，不再以学问为根本，专门变更以交际为业。才能杰出的人不以孝悌清修为首要，却以趋势求利为先”。到曹魏齐王正始年间，而一二虚妄荒谬之徒，夸耀他们的智力、识见，轻蔑周公、孔子的经书，研习老子、庄子的教诲，风俗又为之改变。经学的治世之术，节义的防乱之法，光武帝、汉明帝、汉章帝数代推行都不足，毁弃准则、败坏纲常的习俗，曹操一个人改变它都有剩余。后代的人君，将要树立好的风气，纳入规范准则，以良好的风俗立身行事，不可以不考察这一点。

光武躬行俭约，以化臣下，讲论经义，常至夜分。一时功臣如邓禹[①]，有子十三人，各使守一艺，闺门修整，可为世法。贵戚如樊重[②]，三世共财，子孙朝夕礼敬，常若公家。以故东汉之世，虽人才之倜傥[③]不及西京，而士风家法，似有过于前代。

【注释】①邓禹：字仲华，南阳新野人，东汉初年军事家，云台二十八将第一位。提出“延揽英雄，务悦民心，立高祖之业，救万民之命”的方略，被刘秀“恃之以为萧何”。②樊重：字君云，西汉末年南阳湖阳人。汉光武帝刘秀外祖父。樊重性情温和厚道，但做事情很讲究法度。③倜傥：卓异，不同寻常。

【译文】光武帝亲身实行俭省节约，用以教化臣下，讲谈论议经学，常到半夜。一时的功臣例如邓禹，有十三个儿子，各自让他们学成一门技艺，家庭治理得合乎礼法，可以被世人效法。外戚例如樊重，三代共有财物，子孙早晚相互礼敬，常常像官府一样讲究礼仪。因为这个缘故，东汉时代，虽然卓异的人才比不上西汉，然而士大夫的风气、治家的礼法，比较起来有超过前代。

东京之末，节义衰而文章盛，自蔡邕[①]始。其仕董卓[②]，无守；卓死惊叹，无识。观其集中滥作碑颂[③]，则平日之为人可知矣。宋袁淑《吊古文》：“伯喈衔文而求入。”以其文采富而交游多，故后人为立佳传。嗟乎，士君子[④]处衰季之朝，常以负一世之名，而转移天下之风气者，视伯喈之为人，其戒之哉！

【注释】①蔡邕：字伯喈。陈留郡圉县（今河南杞县）人。东汉时期名臣，文学家、书法家，才女蔡文姬之父。董卓被诛杀后，蔡邕因在王允座上感叹而被下狱。②董卓：字仲颖，凉州陇西临洮（今甘肃岷县）人，东汉末年军阀和权臣。③碑颂：刻在墓碑上颂扬死者的文辞。④士君子：旧时指有学问而品德高尚的人。

【译文】东汉末年，节义衰败而文章兴盛，从蔡邕开始。他就任董卓授任之官而没有操守，董卓被诛杀后，感叹没有见识。察看他文集当中不加选择地撰作颂扬死者的碑文，那么他平日待人接物就可以知道了。（南朝宋袁淑《吊古文》：“蔡伯喈卖弄史才而求入朝为官。”）由于他文采富余而结交朋友多，因此后人为他撰写宣扬功德的传记。感叹啊，士君子处在衰微末世的朝代，常以负一世之名，而转移天下风气的人，比照蔡邕的待人接物，应该警戒啊！

正始

魏明帝殂，少帝史称齐王即位，改元正始，凡九年。其十年，则太傅司马懿杀大将军曹爽[①]，而魏之大权移矣。三国鼎立，至此垂三十年，一时名士风流[②]盛于洛下。乃其弃经典而尚老、庄，蔑礼法而崇放达，视其主之颠危若路人然，即此诸贤为之倡也。自此以后，竞相祖述。如《晋书》言：王敦见卫玠[③]，谓长史谢鲲[④]曰：“不意永嘉之末，复闻正始之音。”沙门支遁[⑤]，以清谈[⑥]著名于时，莫不崇敬，以为造微之功，足参诸正始。《宋书》言，羊玄保[⑦]二子，太祖赐名曰咸、曰粲，谓玄保曰：“欲令卿二子有林下正始余风。”王微[⑧]《与何偃书》曰：“卿少陶玄风，淹雅修畅，自是正始中人。”《南齐书》言，袁粲[⑨]言于帝曰：“臣观张绪[⑩]，有正始遗风。”《南史》言，何尚之谓王球[⑪]：“正始之风尚在。”其为后人企慕如此。然而《晋书·儒林传》序云：“摈阙里[⑫]之典经，习正始之余论，指礼法为流俗，目纵诞以清高。”此则虚名虽被于时流，笃论未忘乎学者。

是以讲明六艺，郑玄、王肃为集汉之终，演说老、庄，王弼、何晏为开晋之始。干宝《晋纪·总论》曰："风俗淫僻，耻尚失所。学者以庄、老为宗，而黜《六经》；谈者以虚薄为辨，而贱名检；行身者，以放浊为通，而狭节信；进仕者，以苟得为贵，而鄙居正；当官者，以望空为高，而笑勤恪。"以至国亡于上，教沦于下，羌、戎互僭，君臣屡易，非林下诸贤之咎，而谁咎哉！"

【注释】①曹爽：字昭伯，沛国谯县（今安徽亳州）人，大司马曹真长子，三国时期曹魏宗室、权臣。魏明帝曹睿病危，拜曹爽为大将军，假节钺。与司马懿并为托孤大臣。②名士风流：魏晋文士尚玄学鄙礼法，故后世多以"名士风流"指文人放达潇洒的风貌。③王敦：字处仲，小字阿黑，琅邪临沂（今山东临沂）人。东晋初期权臣，开国元勋王导堂兄。出身琅琊王氏，仪容俊美，精通左传，尤好清谈。卫玠（jiè）：字叔宝，河东安邑（今山西夏县）人，曹魏尚书卫觊曾孙、太保卫瓘之孙。魏晋之际继何晏、王弼之后的著名清谈名士和玄学家。中国古代四大美男之一。④谢鲲：字幼舆，陈郡阳夏县（今河南太康县）人。晋朝时期名士、官员，国子祭酒谢衡之子，太常卿谢裒之兄，太保谢安伯父。年少知名，生性豁达，喜读《老子》《易经》。⑤支遁：字道林，世称支公，也称林公，别称支硎，本姓关。陈留（今河南开封）人，或说河东林虑（今河南林县）人。东晋高僧、佛学家、文学家。精通佛理，有诗文传世。⑥清谈：魏晋时期崇尚老庄，空谈玄理的风气。亦称玄谈。清谈重心集中在有无、本末之辨。始于三国魏何晏、夏侯玄、王弼等，至晋王衍辈而益盛，延及齐梁不衰。⑦羊玄保：南朝宋泰山南城人。善弈棋，为官不谋财利，治家俭朴。⑧王微：南朝宋画家、诗人，字景玄，一作景贤，琅邪临沂（今山东临沂）人。少好学，无不通览。善属文，能书画，兼解音律、医方、阴阳、术数。善山水，锐意经营、深有造诣。⑨袁粲：原名愍孙，字景倩，陈郡阳夏（今河南太康）人，南朝宋宰相，东晋丹阳尹袁豹之孙，太尉袁淑之侄。少孤好学，颇有清才。⑩张绪：字思曼，吴郡吴县（今江苏苏州）人。长于《周易》，言精理奥，见宗一时。为人清简寡欲，忘情荣禄，朝野皆贵其风。⑪何尚之：字彦德。南朝宋庐江潜县（今安徽霍山）人。南北朝时期刘宋大臣，东晋散骑侍郎何准曾孙、南康太守何恢之孙、金紫光禄大夫何叔度之子。王球：字倩玉，琅琊临沂（今山东临沂）人。东晋宰相王导曾孙，司徒左长史、丹阳尹王劭之孙，司徒王谧之子，太常王惠从父弟。⑫阙里：孔子故里。在今山东曲阜城内阙里街。因有两石阙，故名。亦借指儒学。

【译文】魏明帝死亡，魏少帝（史称齐王）即位，改年号为正始，执政共九年。到第十年，太傅司马懿诛杀大将军曹爽，进而魏国大权旁移。三国鼎立，至此接近三十年，一时名士风流在洛阳城盛行。于是舍弃经典而崇尚老庄之学，蔑视礼法而推崇豪放豁达，看待君王的颠困艰危如同路人那样漠然，就是诸位贤人所倡导的。自此以后，互相争着阐述。例如《晋书》记载：王敦见到卫玠，对长史谢鲲说："没想到永嘉末年，还能再听到正始时期的声音。"僧人支遁，凭借清谈在当时闻名于世，没有不敬仰的，认为他达到精妙程度的成就，足以等同正始时期。《宋书》记载，羊玄保有两个儿子，刘宋太祖刘义隆赐名为羊咸、羊粲，对羊玄保说："希望能让你的两个儿子有正始时代的余风。"王微的《与何偃书》写道："你从小受到玄谈风尚陶冶，情操高雅、言行旷达，自然是正始时期的人。"《南齐书》记载，袁粲对皇帝说："臣下观察张绪，具有正始时代遗留下来的风教。"《南史》记载，何尚之对王球说："正始时期的风尚仍然存在。"它被后人仰慕像这样。然而《晋书·儒林传》序却记载："抛弃儒学经典，研习正始时期的余论，指责礼法为流俗，把恣肆放诞作为清高。”这就是虚名虽然遍及在世俗之辈，然而确切的评论没有被学者忘却。因此讲解发明六艺，郑玄、王肃是汇集汉代的终结，阐述解说老、庄的思想，王弼、何晏是魏晋时期的创始。（干宝《晋纪·总论》说：“风俗邪恶淫乱，崇拜不应崇拜的东西，羞耻不应羞耻的行为。读书人以庄、老为宗，而贬黜儒家的六经；议论的人认为只空谈不做事是境界高超，实践力行是低贱庸俗；立身处世的人，认为放荡污浊是豁达大度，守诺坚持是落伍顽固。进入仕途的人，认为用不道德的手段取得官位是高贵，光明正大靠才干能力升迁的却受到轻视。为官者只署文牍不问政务才是风流洒脱，则嘲笑勤劳认真的人。”）以至于国家亡失在上，教化沦丧在下，羌、戎互相僭越，君臣多次更易，不是竹林七贤的罪过，是谁的罪过呢！”

有亡国，有亡天下。亡国与亡天下奚辨？曰：易姓改号，谓之亡国；仁义充塞，而至于率兽食人[①]，人将相食，谓之亡天下。魏晋人之清谈，何以亡天下？是孟子所谓杨、墨[②]之言，至于使天下无父无君[③]，而入于禽兽者也。昔者嵇绍[④]之父康，被杀于晋文王[⑤]，至武帝革命[⑥]之时，而山涛[⑦]荐之入仕。绍时屏居私门，欲辞不就。涛谓之曰：“为君思之久矣，天地四时，犹有消息，而况于人乎？”一时传诵，以为名言，而不知其败义伤教，至于率天下而无父者也。夫绍之于晋，非其君也，忘其父而事其非君，当其未死三十余年之间，为无父之人亦已久矣，而荡阴之死，何足以赎其罪乎？且其入仕之初，岂知必有乘舆败绩之事，而可树其忠名以盖于晚也？自正始以来，而大义之不明，遍于天下。如山涛者，既为邪说之魁，遂使嵇绍之贤且犯天下之不韪而不顾。夫邪正之说，不容两立。使谓绍为忠，则必谓王裒[8]为不忠，而后可也。何怪其相率臣于刘聪、石勒[9]，观其故主青衣行酒[10]，而不以动其心者乎？是故知保天下然后知保其国。保国者，其君其臣，肉食者[11]谋之；保天下者，匹夫之贱，与有责焉耳矣。

【注释】①率兽食人：本义为带着野兽来吃人。引申为统治者为政失职，只图享乐，不关心百姓疾苦。后因以“率兽食人”比喻虐政害民。②杨、墨：战国时杨朱与墨翟的并称。③无父无君：典出《孟子·滕文公下》：“杨氏为我，是无君也；墨氏兼爱，是无父也。无父无君，是禽兽也。”后以讥刺无伦常者。④嵇绍：字延祖。谯国铚县（今安徽濉溪）人。西晋时期名臣、文学家，曹魏中散大夫嵇康之子。⑤晋文王：即司马昭，字子上，河内温县（今河南温县）人。三国时期曹魏权臣，西晋王朝的奠基人之一。其子司马炎称帝后追尊司马昭为文帝，庙号太祖。⑥武帝：司马炎，字安世，河内温县（今河南温县）人，晋朝开国皇帝。晋宣帝司马懿之孙、晋景帝司马师之侄、晋文帝司马昭嫡长子、晋元帝司马睿从父。谥号武皇帝，庙号世祖，史称晋武帝。革命：谓实施变革以应天命。古代认为王者受命于天，改朝换代是天命变更，因称“革命”。⑦山涛：字巨源。河内郡怀县（今河南武陟）人。三国至西晋时期名士、政治家。早年孤贫，喜好老庄学说。“竹林七贤”之一。⑧王裒（póu）：字伟元，城阳营陵（今山东昌乐）人。东汉大司农郎中令王修之孙，司马王仪之子。西晋学者，因父为司马昭所杀，不臣西晋，三征七辟皆不就，隐居教授，善书。⑨刘聪：本名刘载，字玄明，新兴郡（今山西忻州）人，匈奴族。十六国时期汉赵君主，光文帝刘渊第四子。骁勇超人，博览经史，文武兼备。俘虏并杀害晋怀帝及晋愍帝，制造永嘉之乱，覆灭西晋王朝。谥号昭武皇帝，庙号烈宗。石勒：字世龙，初名石訇（bèi），小字匐勒，羯族，上党武乡（今山西榆社）人。部落小帅石周曷朱之子，十六国时期后赵建立者，史称后赵明帝。⑩青衣行酒：指晋怀帝被俘受辱事。典出《晋书·孝怀帝纪》："刘聪大会，使帝著青衣行酒。侍中庾珉号哭，聪恶之。"⑪肉食者：指诸侯、大夫一类有地位的人。

【译文】有亡失国家，有亡失天下。亡失国家与亡失天下怎样分辨呢？说：改朝换代，称为亡失国家；仁义堵塞，而到率领野兽吃人，百姓将要靠吃人充饥的境地，称为亡失天下。魏晋时期人们的清谈，怎么会亡失天下呢？是孟子所说杨朱、墨翟的学说，从而使天下无父无君，而步入禽兽的行列。从前嵇绍的父亲嵇康，被晋文王所杀，到晋武帝变革顺应天命的时候，而山涛举荐嵇绍做官。嵇绍当时隐居在家，想要推辞不接受任命。山涛对他说："我替您想了很久了，天地四季，尚且有消长变化，更何况是对于人事呢？"一个时期被流传称道，作为名言，却不知道他败坏道义、伤害教化，以至于带领天下无区别地对待己父与他人的父亲。晋朝对于嵇绍，不是他的君上，忘记自己的父亲而侍奉不是自己的君上，在他没死的三十多年之间，变成无父的人也已经很久了，然而在荡阴为护卫皇帝殉职，哪里能够抵消他的罪过呢？况且他做官的初期，哪里知道一定就有皇帝亲征溃败的事情呢，而可以树立他的忠名以掩盖他的晚节呢？自正始以来，大义不能彰显，遍及天下。比如山涛，已经是邪说魁首，于是使嵇绍的贤明并且犯天下公认的过错却不理会。邪正的学说，不能够同时存在。假使说嵇绍为忠，则必定说王裒为不忠，然后才可以。怎么会奇怪他们相继臣服于刘聪、石勒，看着原来的君主穿着侍童的衣服依次斟酒，而不引起情感波动呢？因此知道保全天下然后才知道保卫国家。保卫国家的，是国君和大臣，做官的人谋划的；

保全天下的，平民百姓地位卑下，同样有责任。

宋世风俗

《宋史》言："士大夫忠义之气，至于五季，变化殆尽。宋之初兴，范质、王溥①犹有余憾。艺祖首褒韩通②，次表卫融③，以示意向。真、仁之世，田锡、王禹偁、范仲淹、欧阳修、唐介④诸贤，以直言谠论⑤倡于朝。于是中外荐绅⑥，知以名节为高，廉耻相尚，尽去五季之陋。故靖康之变，志士投袂⑦，起而勤王，临难不屈，所在有之。及宋之亡，忠节相望。"呜呼！观哀、平之可以变而为东京，五代之可以变而为宋，则知天下无不可变之风俗也。《剥》上九之言硕果也，阳穷于上，则《复》生于下矣。

【注释】①范质：字文素，大名宗城（今河北邢台）人。五代后周时期至北宋初年宰相。自幼好学，博学多闻。陈桥兵变后，范质与宰相王溥、魏仁浦被迫拥立赵匡胤为天子。王溥：字齐物，宋初并州祁人。历任后周太祖、周世宗、周恭帝、宋太祖两代四朝宰相，又为著名史学大家，编撰《世宗实录》《唐会要》《五代会要》三部史籍。②韩通：并州太原（今属山西）人，又称作"韩瞠眼"，后周将领。赵匡胤发动陈桥兵变，韩通打算组织军队抵抗，为王彦升所杀。赵匡胤登基后，追赠其为中书令。③卫融：字明远，五代时博兴县人。④田锡：初名田继冲，字表圣。嘉州洪雅（今四川眉山）人。北宋初期著名谏臣，政治家，文学家。王禹偁（chēng）：字元之，济州巨野（今山东巨野）人。北宋诗人、散文家，宋初有名的直臣，敢于直谏遭贬谪。唐介：字子方，江陵（今属湖北）人。北宋著名谏臣。为官清正廉明，与同朝包拯一样刚正不阿。朝臣皆称“真御史必曰唐子方”。⑤谠（dǎng）论：正直的言论。⑥荐绅：缙绅。古代高级官吏的装束。亦指有官职或做过官的人。荐，通“搢”。⑦投袂（mèi）：甩袖。形容激动奋发。

【译文】《宋史》记载：“士大夫忠义的气节，到了五代，变化几乎竭尽。宋代刚刚建立的时候，范质、王溥尚且有遗憾。宋太祖首先褒奖韩通，然后表彰卫融，来显示心之所向。宋真宗、宋仁宗时期，田锡、王禹偁、范仲淹、欧阳修、唐介诸位贤达，在朝堂倡导正直的言论。因此朝廷内外的官员，知道崇尚名誉节操，廉洁知耻互相勉励，完全去除五代时期的陋习。因此靖康之变时，节操高尚的人，奋发起兵勤王，面临死亡不屈服，到处都有。到宋朝灭亡，忠贞有节操的人接连不断。”感叹啊！认识到汉哀帝、汉平帝被替代为东汉，五代被替代为大宋，就知道天下没有不可以改变的风俗了。《剥》卦的上九爻说到丰硕的果实，阳爻在上达到极点，那么《复》卦就在下产生了。

人君御物之方，莫大乎抑浮止竞。宋自仁宗在位，四十余年，虽所用或非其人，而风俗醇厚，好尚端方，论世之士谓之君子道长。及神宗朝，荆公[①]秉政，骤奖趋媚之徒，深锄异己之辈。邓绾、李定、舒亶、蹇序辰、王子韶诸奸[②]，一时擢用，而士大夫有“十钻[③]”之目。钻者，取必入之义。班固《答宾戏》：“商鞅挟三术以钻孝公。”《邓绾传》：以颂王安石得官，谓其乡人曰：“笑骂从汝，好官须我为之。”干进之流，乘机抵隙。驯至绍圣、崇宁，而党祸大起，国事日非，膏肓之疾，遂不可治。后之人但言其农田水利、青苗、保甲诸法，为百姓害，而不知其移人心、变士习，为朝廷之害。其害于百姓者，可以一日而更，而其害于朝廷者，历数十百年，滔滔之势，一往而不可反矣。李应中[4]谓："自王安石用事，陷溺人心，至今不自知觉。人趋利而不知义，则主势日孤。"此可谓知言者也。《诗》曰："毋教猱升木，如涂涂附。"夫使庆历之士风，一变而为崇宁者，岂非荆公教猱之效哉！

【注释】①荆公：即王安石，字介甫，号半山，临川（今江西抚州）人，封"荆国公"，北宋著名的思想家、政治家、文学家、改革家。②邓绾（wǎn）：北宋官吏。字文约，成都双流（今属四川）人。人品恶劣，在权力争斗中，朝秦暮楚，两面三刀。李定：字资深，扬州（今属江西）人。少受学于王安石。舒亶（dǎn）：字信道，号懒堂，慈溪（今浙江余姚）人。生而魁梧，博闻强记，为文不立稿。与李定同劾苏轼，是为"乌台诗案"。蹇序辰：字授之，蹇周辅子，成都双流人。王子韶：字圣美，太原（今属山西）人。时人以其善交结要人子弟，称为"衙内钻"。③十钻：典出《宋史·王子韶传》："熙宁初，士大夫有'十钻'之目，子韶为'衙内钻'，指其交结要人子弟，如刀钻之利。"宋时支持、迎合王安石的邓绾、李定、王子韶等十人。④李应中：当为"李愿中"之错讹。即李侗（tòng）：字愿中，世号延平先生，两宋之际南剑州剑浦（今福建南平）人。

【译文】君王驾御万物的方法，没有超过抑制轻浮禁止竞争的。宋代从宋仁宗在位，四十多年之间，虽然所任用的人有的不称职，然而风俗敦厚朴实，爱好崇尚庄重正直，研究时世的人称为正人君子的风气和声势得以伸张和壮大。到宋神宗时期，王安石掌握政权，急切奖赏阿谀奉承之徒，深切铲除与自己见解不同的人。邓绾、李定、舒亶、蹇序辰、王子韶诸多奸邪，一齐被选拔任用，而士大夫对他们有“十钻”的称呼。（所谓钻，用“必入”之义。班固《答宾戏》：“商鞅带着王道、霸道、帝道“三术”以“钻”秦孝公。”《邓绾传》：因为赞颂王安石得到官职，对他的同乡说：“笑骂任由你，好官还是由我来做。”）谋求仕进的人，乘机钻空子。逐渐到绍圣、崇宁年间，党争引起的灾祸大肆兴起，国家政事一天天败坏，病入膏肓之症，于是不可以医治。后代的人只说他农田水利、青苗、保甲等变法，对百姓造成的危害，却不知道他改变人心、更改读书人的风气，对朝廷造成的危害。对百姓造成的危害，一天就可以更改，而对朝廷造成的危害，历经数十百年，连续不断的形势，一去而不能返回了。李应中说：“自从王安石执政，使人心变坏，至今不能察觉。人们追求财利而不知道道义，那么君王的威势一天天孤立。”这可以说是有见识的人了。《诗经》记载：“不用教猿猴爬树，因为它就像泥上又附着泥一般容易。”使宋仁宗庆历时期读书人的风气，改变成为宋徽宗崇宁时期的那样，难道不是王安石唆使的效应吗！

《苏轼传》：“熙宁初，安石创行新法，轼上书言：‘国家之所以存亡者，在道德之浅深，不在乎强与弱；历数[①]之所以长短者，在风俗之厚薄，不在乎富与贫。臣愿陛下务崇道德而厚风俗，不愿陛下急于有功而贪富强。仁祖持法至宽，用人有序，专务掩覆过失，未尝轻改旧章。考其成功，则曰未至。以言乎用兵，则十出而九败；以言乎府库，则仅足而无余。徒以德泽在人，风俗知义，故升遐[②]之日，天下归仁。议者见其末年，吏多因循，事不振举，乃欲矫之以苛察，齐之以智能，招徕新进勇锐之人，以图一切速成之效。未享其利，浇风已成。多开骤进之门，使有意外之得。公卿侍从，跬步[3]可图，俾常调之人，举生非望。欲望风俗之厚，岂可得哉！近岁朴拙之人愈少，巧进之士益多，惟陛下哀之救之。'"当时论新法者多矣，未有若此之深切者。根本之言，人主所宜独观而三复也。

【注释】①历数：古谓帝王代天理民的顺序。②升遐：亦作"升假"。升天。帝王去世的婉辞。③跬步：亦作"蹞（kuǐ）步"。半步，跨一脚。

【译文】《苏轼传》记载："宋神宗熙宁初期，王安石首创并施行新法，苏轼上书道：'国家生存或者灭亡的原因，在于道德的高低，不在于国家的强弱；代天治理百姓时间长短的原因，在于风俗的醇厚轻薄，不在于国家的富裕与贫穷。臣下希望陛下务必推崇道德、醇厚风俗，不希望陛下急于谋求眼前的利益而贪求富强。仁宗皇帝执法非常宽厚，用人有次序，一心掩盖过失，不曾轻易更改旧的典章制度。考察他的成功，只能说还没有达到。至于说到用兵，则是十次出征而九次失败；说到国库积藏，则是仅仅满足需要而没有结余。只是恩德存在百姓之中，民间风俗懂得大义，因此仁宗皇帝升天之日，天下归附仁政。议论的人看到仁宗皇帝晚年，官吏大多因循守旧，政事不能整顿，于是想通过烦琐苛刻矫正，用智谋和才能使得整齐，招引新被任用勇于急进的人，以求取得一切速成的功效。还没有享受到它的好处，浮薄的风气就已经形成。多开迅速提拔官员的门径，使有意外的收获。公卿侍从这样的官职，跨一脚就可以轻松得到，使得按常规迁选的官吏，都产生非分的希望。期望风俗敦厚，怎么可能得到呢！近年来朴实纯厚越来越少，投机取巧得到任用的人越来越多，希望陛下痛惜这种状况、挽救这种风气。’”当时议论新法的人有很多，然而没有像这样深深切中的。根本之言，君王应该独自观览、反复诵读。

《东轩笔录》：“王荆公秉政，更新天下之务，而宿望旧人，议论不协。荆公遂选用新进，待以不次[①]，故一时政事，不日皆举，而两禁[②]台阁，内外要权，莫非新进之士也。《石林燕语》：“故事，在京职事官，绝少用选人者。熙宁初，稍欲革去资格之弊，始诏选举到可试用人，并令崇文院较书，以备询访差使。候二年取旨，或除馆职，或升资任，或只与合入差遣。时邢尚书恕，以河南府永安县主簿，首为崇文院较书。胡右丞愈知谏院，犹以为太遽，因请虽选人而未历外官，与虽历任而不满者，皆不得选举。乃特诏邢恕与堂除近地，试衔知县。近岁不复用此例，自始登第直为禁从矣。”及出知江宁府，吕惠卿[③]骤得政柄，有射羿之意。而一时之士见其得君，谓可以倾夺荆公，遂更朋附之以兴大狱。寻荆公再召，邓绾反攻惠卿。惠卿自知不安，乃条列荆公兄弟之失数事面奏。上封惠卿所言，以示荆公。故荆公表有云：‘忠不足以取信，故事事欲其自明；义不足以胜奸，故人人与之立敌。’盖谓是也。既而惠卿出亳州，荆公复相，承党人之后，平日肘腋尽去，而在者已不可信，可信者又才不足以任事，当日唯与其子雱[④]机谋。而雱又死，知道之难行也，于是慨然复求罢去，遂以使相再镇金陵，未期纳节[⑤]。久之，得会灵观使。”其发明荆公情事，至为切当。子曰：“君子易事而难说也。”而《大戴礼》言：“有人焉，容色辞气，其入人甚愉，进退周旋，其与人甚巧，其就人甚速，其叛人甚易。”迹荆公昔日之所信用者，不惟变士习、蠹民生而已，亦不餍其利。苏辙疏吕惠卿，比之吕布、刘牢之。《书》曰：“其后嗣王，罔克有终，相亦罔终。”为大臣者，可不以人心风俗为重哉！

【注释】①不次：不依寻常次序。犹言超擢，破格。②两禁：北宋时，翰林学士直舍在皇宫北门两侧，因以“两禁”借指翰林院。③吕惠卿：字吉甫，号恩祖，北宋宰相，政治改革家，王安石变法中的二号人物，为推动变法做出了许多贡献。和王安石情同师徒，后因事与王安石发生矛盾，二人关系破灭。④雱（pāng）：王雱，字元泽，抚州临川县（今江西抚州）人。北宋王安石之子，与王安礼、王安国并称为“临川三王”。⑤纳节：纳还朝廷所赐的旌节。亦借指辞官。

【译文】魏泰《东轩笔录》记载：“王安石掌握政权，革新天下的政务，然而素有重望、年高德劭的旧臣，议论不一致。王安石于是选拔任用初入仕途的官员，破格提拔对待，因此一个时期的政事，不久都兴办了，翰林院、中央政府机构，朝廷和地方的重要部门，无不是新进的官员。(《石林燕语》：“按照惯例，在京职事官，极少任用选人的。宋神宗熙宁初年，稍稍想革去资格的弊端，开始下诏选举到可试用之人，并且命令崇文院校书，以备征询访问差遣。等第二年取旨，有的授予馆职，有的提高资格任职，有的只能被差遣。当时尚书邢恕，任河南府永安县主簿，第一个任为崇文院校书。胡右丞愈知谏院，仍然认为升职太快，因而请求即使是选人而未曾担任地方官，与虽然历任地方官而没任满的，都不得在选举之列。于是特诏邢恕与堂除近地，试衔知县。近年来不再用这个例子，自从登第后直接为禁从了。”）等到他担任江宁知府，吕惠卿突然执掌政权，有逢蒙射杀后羿的心思。而当时的读书人见他得到皇帝的信任，认为可以排挤打压王安石，于是勾结起来罗织罪名陷害王安石。不久王安石再次被召回执政，邓绾马上反对、攻击吕惠卿。吕惠卿自知违背了王安石心里不安，于是分条列举王安石兄弟的许多过失面奏皇帝。皇帝封存了吕惠卿的奏章，拿给王安石看。因此王安石上表说：‘忠诚不足以取得信任，所以每件事都要自己证明；正义不足以战胜奸邪，所以每个人都与他为敌。’大概说的就是这样吧。不久吕惠卿亳州到任职，王安石恢复相位，承续在党争之后，平时的亲信全部离开了，而在位的人已经不可以信任，可以信任的人才能又不足以任职理事，从前只有与儿子王雱商议机密谋略。然而王雱又死去了，王安石知道变法难以施行，于是悲愤地请求再次罢官离任，皇帝保持他的相位、任命为节度使再去镇守金陵，然而没到一年就辞官了。很久以后，担任会灵观使。”《东轩笔录》阐述王安石的情况，非常贴切恰当。孔子说：“君子容易共事而难以取悦。”而《大戴礼》记载：“有的人，容貌神色、言辞，别人与他交流很愉快，举止行动、交际应酬，待人非常的灵巧，能很快地亲近别人，但他背叛别人也很容易。”考知王安石从前信任委用的人，不只是改变读书人的习气、动乱百姓的生活，自己也没有得到益处。（苏辙弹劾吕惠卿，将他比作吕布、刘牢之。）《尚书》记载：“他后来的继位之王，没有好的结果，辅相也没有好的结果。”身为大臣，能不把人心风俗作为重要的治理方面吗！

《东轩笔录》又曰:“王荆公在中书,作《新经义》以授学者,故太学诸生,几及三千人。又令判监直讲程第诸生之业,处以上、中、下三舍①。而人间传以为试中、上舍者,朝廷将以不次升擢。于是轻薄书生,矫饰言行,坐作虚誉,奔走公卿之门者若市矣。

【注释】①三舍:宋代元丰以后,太学分三舍;上舍、内舍、外舍。宋代行三舍法时,太学置外舍生二千人,内舍生三百人,上舍生一百人。

【译文】《东轩笔录》又有记载:“王安石在中书,撰作《新经义》用来教给做学问的人,所以在太学里就读的学生,几乎达到三千人。又下令判监直讲程考核太学生学业的优劣,安排在上、中、下三舍。而考核的中舍、上舍里的太学生,朝廷将以破格提拔晋升。于是轻佻浮薄的读书人,造作夸饰言语和行为,安然而为虚假的名声,迎合在公卿门前的人像集市一样。”

苏子瞻《易传兑卦解》曰:“六三、上六,皆兑之小人。以说为事者,均也。六三,履非其位,而处于二阳之间,以求说为兑者,故曰‘来兑’,言初与二不招而自来也。其心易知,其为害浅,故二阳皆吉,而六三凶。上六超然于外,不累于物,此小人之托于无求以为兑者也,故曰‘引兑’,言九五,引之而后至也。其心难知,其为害深,故九五孚①于剥。虽然,其心盖不知而贤之,非说其小人之实也。使知其实,则去之矣,故有厉而不凶。然则上六之所以不光,何也?曰:难进者,君子之事也,使上六引而不兑,则其道光矣。”

此论盖为神宗用王安石而发。《孟子》曰：“好名之人，能让千乘[②]之国；苟非其人，箪食豆羹见于色。”荆公当日处卑官，力辞其所不必辞。既显宜辞而不复辞。矫情干誉[③]之私，固有识之者矣。夫子之论观人也，曰“察其所安”。又曰“色取仁而行违，居之不疑，在邦必闻，在家必闻”。是则欺世盗名之徒，古今一也，人君可不察哉？

【注释】①孚：信用。②千乘：兵车千辆。古以一车四马为一乘。战国时期诸侯国，小者称千乘，大者称万乘。③干誉：语出《书·大禹谟》：“罔违道以干百姓之誉。”后以“干誉”谓求取名誉。

【译文】苏轼（字子瞻）的《易传兑卦解》记载：“六三爻、上六爻，都是兑卦的小人。高兴的办事，是调和。六三爻，履历不在自己的位置，而处在两阳爻之间，以寻求愉悦为兑，所以说‘来兑（来寻求欣悦）’，指的是初爻与二爻无须招引就会到来。它的心意容易知道，造成祸害的轻浅，所以两个阳爻都是吉祥，而六三爻凶。上六爻超出于尘世之外，不受外物所累，这是小人寄托在无求以作为兑，所以说‘引兑（引诱别人与自己一同欢悦）’，说到九五爻，引诱它而后至。它的心意难以知晓，造成的危害深重，因此说九五爻信义剥落。即使这样，他的心意不知道而尊重他，不是愉悦他小人的实质。假使知道他的实质，就去除了，所以有危险而没有凶祸。然而上六爻不是光明正大的品行的原因，是什么呢？说是：难以上进，是君子的事，假使上六爻引诱而不一同欢悦，那么他的行为光明正大。”这个评论大概是因为宋神宗任用王安石而阐述的。《孟子》记载：“追求虚名的人，能够谦让千乘的国家；如果不是这样的人，即便是叫他让出一碗饭、一碗汤，他都会表现出不高兴的神色。”王安石从前担任职位低微的官吏，极力推辞他不必推辞的。已经显贵应该推辞的却不再推辞。特意违背常情，以求取美誉的私心，原本就有洞察的人。孔子谈论怎样了解一个人，说“考察他在安心干什么”。又说“表面上主张仁德然而行为却违背仁德，自己还以仁人自居不惭愧，但是他无论在国君的朝廷里还是大夫的封地里都必定会有名声”。因此欺世盗名的人，古今是一样的，君王能够不察知吗。

陆游《岁暮感怀诗》：“在昔祖宗时，风俗极粹美[①]。人材兼南北，议论忘彼此。谁令各植党[②]，更仆[③]而迭起。中更金源祸，此风犹未已。倘筑太平基，请自厚俗始。”

【注释】①粹美：纯正美好。②植党：结党，树立党羽。③更仆：更番相代。

【译文】陆游《岁暮感怀诗》写道：“从前太祖太宗时期，风俗极其纯正美好。南北人才同处一堂，议论之时不分彼此。然而后期各自结党，轮流执政接连出现。中间经历金国灭亡北宋的国难，这种风气仍然没有停止。倘若想要天下太平，请从淳厚社会风气开始。”

清 议

古之哲王，所以正百辟者，既已制官刑[①]，儆于有位矣，而又为之立闾师、设乡校、存清议于州里[2]，以佐刑罚之穷。“移之郊遂[3]”，载在《礼经》；“殊厥井疆”，称于《毕命》。两汉以来，犹循此制。乡举里选，必先考其生平，一玷清议，终身不齿。君子有怀刑[4]之惧，小人存耻格[5]之风；教成于下而上不严，论定于乡而民不犯。降及魏晋，而九品中正[6]之设，虽多失实，遗意未亡。“凡被纠弹[7]付清议者，即废弃终身”，同之禁锢。《晋书·卞壸传》。至宋武帝[8]篡位，乃诏：“有犯乡论[9]清议，赃污淫盗，一皆荡涤洗除。与之更始。”自后凡遇非常之恩赦文，并有此语。齐、梁、陈诏，并云“洗除先注”，当日乡论清议，必有记注之目。

【注释】①官刑：古代惩戒官吏的刑罚之一，即鞭刑。②清议：对时政的议论；社会舆论。州里：古代二千五百家为州，二十五家为里。本为行政建制，后泛指乡里或本土。③郊遂：距国百里为郊。周时距离国都五十里的地方叫近郊，百里的地方叫远郊。按西周井田制，域内分为国与野，野中又有郊与遂，即城外为郊，郊外为遂。④怀刑：谓畏刑律而守法。语出《论语·里仁》：“君子怀刑，小人怀惠。”⑤耻格：知羞耻而归于正。语本《论语·为政》：“道之以德，齐之以礼，有耻且格。”⑥九品中正：魏晋、南北朝的一种官吏选拔制度。魏文帝曹丕黄初元年采纳吏部尚书陈群的建议，各州、郡设立中正官，将各地士人按才能分别评为九等（九品），供朝廷按等选用，谓之“九品官人法”。沿至晋、南北朝，选取专重门第，叡、遂成为世族豪门把持政权的工具。⑦纠弹：举发弹劾。⑧宋武帝：刘裕，字德舆，小名寄奴，南北朝时期宋朝的建立者，庙号高祖，谥为武帝。⑨乡论：乡里的评论。古代由乡大夫考核评论，推举人才。

【译文】古时候贤明的君主，用来规正百官的手段，已经制定惩戒官吏的刑罚，儆省做官的人，而且又在乡里为他们设立闾师、开设乡校、保留人物品评制度，来补充刑罚的不足。“迁移他们到郊遂”，记载在《礼经》中；“不安分的人，另外安排他们的井田边界”，出现在《毕命》里。两汉以来，仍然遵循这个制度。乡里中考察推荐，必定先考察他们的生平，一旦他们的清议有污点，就一辈子让人看不起。君子有畏刑律而守法的恐惧，平民百姓保存知羞耻而归正的风尚；教化成就在下而上不严苛，得出结论而百姓不触抵触。到了魏晋时期，而九品中正制的设立，虽然大多不合乎事实，但是前人留下来的旨趣没有消失。“凡是被举发弹劾交付品评的人，就一辈子弃置不用”，与“禁锢”相同。（《晋书·卞壶传》。）到宋武帝夺取君位，于是下诏：“有违反乡里的评论、社会舆论，贪污受贿、奸淫偷盗，全部都清除。让他们重新开始。”从此以后凡是遇到不同寻常事的恩赦诏文，都有这样的话语言。（齐、梁、陈各朝的诏文，都说“洗除先注”，当时乡论清议，必然有记注的名称。）

《小雅》废而中国微，风俗衰而叛乱作矣。然乡论之污，至烦诏书为之洗刷，岂非三代之直道，尚在于斯民，而畏人之多言，犹见于变风①之日乎？予闻在下，有鳏所以登庸②；以比三凶③，不才所以投畀④。虽二帝⑤之举错，亦未尝不询于刍荛⑥。然则崇月旦⑦以佐秋官，进乡评以扶国是，傥亦四聪⑧之所先，而王治之不可阙也。

【注释】①变风：改变、摧弱鄙俚的诗风，恢复《诗经》的传统。②鳏（guān）：无妻或丧妻的男人。登庸：选拔任用。③三凶：三个凶顽的人。帝鸿氏（黄帝）之子驩兜，少皞（hào）氏之子共工，颛顼（zhuān xū）氏之子鲧。见《左传》鲁文公十八年。④投畀（bì）：抛弃，放逐。⑤二帝：指唐尧与虞舜。⑥询于刍荛（chú ráo）：与樵夫商议事情，意谓不耻下问。刍荛指割草打柴的人，借指地位低微的人。⑦月旦：即月旦评，谓品评人物。典出《后汉书·许劭传》："初，劭与靖俱有高名，好共覈论乡党人物，每月辄更其品题，故汝南俗有'月旦评'焉。"⑧四聪：能远闻四方的听觉。

【译文】《小雅》废止进而国家衰微，风俗衰败于是叛乱兴起了。然而乡里评论的污点，到需要烦扰诏书为他们洗刷，难道不是三代时期的正道，仍然在于百姓，然而畏惧他人的言论，还能在变风的时候看到吗？我听说在下面，有穷困的人被选拔任用；把他比作三凶，没有才能的人被放逐。即使是唐尧、虞舜的施政措施，也没有不向百姓征求意见的。那么崇尚月旦品评用来辅助刑狱官，推进乡评用来帮扶国家大事，倘若在四聪之先，是施行王道不可缺少的。

陈寿①居父丧，有疾，使婢丸药，客往见之。乡党以为贬议，坐是沈滞②者累年。阮简③父丧，行遇大雪寒冻，遂诣浚仪令。令为他宾设黍臛④，简食之，以致清议，废顿几三十年。温峤⑤为刘司空使劝进，母崔氏固留之，峤绝裾⑥而去，迄于崇贵，乡品犹不过也，每爵皆发诏。谢惠连⑦先爱会稽郡吏杜德灵，及居父忧，赠以五言诗十余首，文行于世，坐废不豫荣伍⑧。张率⑨以父忧去职，其父侍伎数十人，善讴者有色貌，邑子仪曹郎顾玩之求聘焉，讴者不愿，遂出家为尼。尝因斋会率宅，玩之为飞书⑩，言与率奸。南司⑪以事奏闻，高祖⑫惜其才，寝其奏，然犹致世论，服阕⑬后，久之不仕。官职之升沈，本于乡评之与夺，其犹近古之风乎？

【注释】①陈寿：字承祚。巴西郡安汉县（今四川南充）人。三国时蜀汉及西晋时著名史学家。著有《三国志》。与《史记》《汉书》《后汉书》并称“前四史”。②沈滞：亦作“沉滞”，犹隐退。③阮简：晋代名士。阮咸之侄。④黍臛（huò）：一种杂以黍米的肉羹。⑤温峤：字泰真，一作太真，太原祁县（今山西祁县）人。东晋名将，司徒温羡之侄。出身太原温氏，聪敏博学，为人孝悌。西晋灭亡后，南下拥戴晋元帝即位。⑥绝裾（jū）：断去衣襟。表示去意坚决。⑦谢惠连：南朝宋文学家。陈郡阳夏（今河南太康）人，出生于会稽（今浙江绍兴）。是谢灵运“四友”之一。⑧荣伍：谓尊显者的行列。指为官。⑨张率：字士简，吴郡吴县（今江苏苏州）人，南朝齐平都侯张环之子。⑩飞书：匿名信。⑪南司：南北朝时南朝御史台在尚书省之南，称南台，因称南台之长御史中丞为“南司”。⑫高祖：即梁武帝萧衍，字叔达，小字练儿，南兰陵郡武进县（今江苏丹阳）人，南北朝时期梁朝政权的建立者。谥号武皇帝，庙号高祖。⑬服阕（què）：守丧期满除服。阕，终了；停止。

【译文】陈寿在为父亲守孝期间，因为患病，让婢女伺候服药，被来客看到。乡党因此对他有不好的评议，受这连累隐退多年。阮简的父亲去世，外出遭遇天寒下大雪，于是去拜见浚仪令。浚仪令为其他宾客准备黍米的肉羹，阮简擅自吃了，因此导致清议，被荒废将近三十年。温峤作为司空刘琨的使者劝皇帝即位，他的母亲崔氏坚决挽留他，但是温峤不顾一切地走了，到他显贵以后，乡里的评论仍然不认同他的做法，每次加官进爵都需要皇帝颁发诏书说明。谢惠连先前宠爱会稽郡吏杜德灵，在为父亲守丧期间，赠给他五言诗十多首，文章德行在世间，受到连累不能做官。张率因为父亲去世辞去官职，他的父亲有歌伎数十人，其中有一个侍伎善于唱歌又有姿色，同乡人仪曹郎顾玩之请求娶她为妻，这个侍妓不愿意，就出家当尼姑了。她曾经因为斋会去张率的家宅，顾玩之就写下匿名信，诬赖她与张率通奸。御史中丞把这件事奏报皇帝，高祖爱惜他的才能，就把奏章搁置起来，然而还是招致世人的议论，守丧期满除服后，长久不能做官。官职的升降，根据在乡党品评来裁决，这如同接近古代的风尚吗？

天下风俗最坏之地，清议尚存，犹足以维持一二。至于清议亡，而干戈至矣。

【译文】天下风俗最败坏的地方，只要清议还存在，仍然足以维持一二。到清议都没有，那么战争就开始了。

洪武十五年八月乙酉，礼部议："凡十恶奸盗诈伪，干名[①]犯义，有伤风俗，及犯赃至徒者，书其名于申明亭，以示惩戒。有私毁亭舍，涂抹姓名者，监察御史、按察司官，以时按视，罪如律。制可。"十八年四月辛丑，"命刑部录内外诸司官之犯法罪状明著者，书之申明亭"。此前代乡议之遗意也。后之人视为文具[②]，风纪之官，但以刑名为事，而于弼教新民[③]之意，若不相关。无惑乎江河之日下已。

【注释】①干名：求取名位。②文具：指条文。③弼教：辅助教化。多指以刑辅教。语出《书·大禹谟》："汝作士，明于五刑，以弼五教，期于予治。”新民：使民更新；教民向善。

【译文】洪武十五年八月初九，礼部提议：“凡是触犯十恶、为非作歹、劫盗财物、巧诈虚伪，违反道义、求取名位，败坏良好的风俗，以及贪赃被判处徒刑的人，书写他们的名字在申明亭，用来警示惩戒。有敢私自毁坏亭舍，涂改抹去姓名的人，监察御史、按察司官，按时查看，根据律法定罪。制诰允许。”洪武十八年四月初十，“命令刑部记录朝廷内外各部门官员鲜明显著的违法犯罪事实，书写在申明亭”。这是前代乡议的遗意。后代的人看作是条文，风教纲纪的官员，只是以刑律办事，而对于辅助教化、教民向善的心意，好像跟他没有关系。那就不要疑惑江河日下了。

名教

司马迁作《史记·货殖传》，谓：“自廊庙[①]朝廷，岩穴之士[②]，无不归于富厚。等而下之，至于吏士舞文弄法，刻章伪书，不避刀锯之诛者，没于赂遗[③]。”而仲长敖[④]《覈性赋》谓：“倮虫[⑤]三百，人最为劣。爪牙皮毛，不足自卫，唯赖诈伪，迭相嚼啮。等而下之，至于台隶僮竖，唯盗唯窃。”乃以今观之，则无官不赂遗，而人人皆吏士之为矣；无守不盗窃，而人人皆僮竖之为矣。自其束发[⑥]读书之时，所以劝之者，不过所谓千钟粟、黄金屋，而一旦服官，即求其所大欲。君臣上下怀利以相接，遂成风流，不可复制。后之为治者，宜何术之操？曰：唯名可以胜之。名之所在，上之所庸，而忠信廉洁者显荣于世；名之所去，上之所摈，而怙侈贪得者废锢于家[⑦]。即不无一二矫伪之徒，犹愈于肆然而为利者。《南史》有云："汉世士务修身，故忠孝成俗。至于乘轩服冕[8]，非此莫由。晋、宋以来，风衰义缺。"故昔人之言，曰名教、曰名节、曰功名，不能使天下之人以义为利，而犹使之以名为利。虽非纯王之风，亦可以救积洿之俗矣。

【注释】①廊庙：殿下屋和太庙。指朝廷。②岩穴之士：指隐士。古时隐士多山居，故称。③赂遗：以财物赠送或买通他人。④仲长敖：晋代文士，著有《覈性赋》，假托荀子与弟子问答，取荀子的性恶论而充极至尽，远远超过荀子和韩非。⑤倮（luǒ）虫：身无羽毛鳞甲的动物。古代常用以指人。⑥束发：古代男孩成童时束发为髻，因以代指成童之年。⑦怙侈：放纵奢欲。废锢：革除官职，终身不再录用。⑧乘轩：乘坐大夫的车子。轩，大夫车。后用以指做官。服冕：穿着冕服。指做大官。

【译文】司马迁写了《史记·货殖传》，当中说："从朝廷官员到山居的隐士，没有不是为了财富。由这一等逐级往下，至于官府吏士，舞文弄墨，私刻公章，伪造文书，不躲避刑罚的责罚，是由于陷没在别人的贿赂中。"而仲长敖的《覈性赋》记载："三百种没有毛羽鳞甲蔽体的动物当中，人最为低劣。指甲和牙齿、皮肤和毛发，不能够保护自己，只有依赖巧诈虚伪，轮番缠住不放。由这一等逐级往下，至于地位最低下的奴仆、家童和仆人，只有劫掠、偷窃。"从现在的情况来看，则是没有官员不收受贿赂，进而人人都是官府属吏的行为了；没有看管的人不盗窃，从而人人都是奴仆的行径了。从他束发束扎发髻开始读书的时候，用来劝勉他的，不过是所谓的千钟粟、黄金屋，而一旦做官，就去追求他最大的欲望。君臣上下抱着谋私利的意图相交，养成风尚习俗，不能继续控制。后代成就治世的人，应该用什么手段呢？说道：只有名可以胜过。名存在的地方，上位者所需要，而忠信廉洁的人显赫荣耀在世间；名离去的地方，上位者抛弃，而放纵奢欲、贪求财物的人革除官职在家。即使言行虚伪的坏人是少数，但是造成的危害却比无所顾忌地谋求私利的严重。《南史》有记载："汉代的读书人致力于修身，所以忠孝形成良好的风俗。至于乘坐大夫的车子、做大官，除了这个没有别的途径。晋、宋以来，风俗衰败、道义缺失。"因此前人的话，名教、名节、功名，虽然不能使天下的人以义为利，却还可以使他们以名为利。即使不是纯粹的王者的教化，也可以挽救集聚了浊水的风俗了。

《旧唐书》：薛谦光[1]为左补阙，上疏言："臣窃窥古之取士，实异于今。先观名行之源，考其乡邑之誉，崇礼让以厉己，显节义以标信，以敦朴为先最，以雕虫[2]为后科。故人崇劝让之风，士去轻浮之行。希仕者必修贞确不拔之操，行难进易退[3]之规。众议已定其高下，郡将[4]难诬其曲直。故计贡[5]之贤愚，即州将之荣辱，假有秽行之彰露，亦乡人之厚颜。是以李陵[6]降而陇西惭，干木[7]隐而西河美。故名胜于利，则小人之道消；利胜于名，则贪暴之风扇。自七国之季，虽杂纵横，而汉代求才，犹征百行。是以礼节之士，敏德自修，闾里推高，然后为府寺所辟。今之举人，有乖事实。乡议决小人之笔，行修无长者之论，策第[8]喧竞于州府，祈恩不胜于拜伏。或明制避武后嫌名，"诏"改为"制"。才出，试遣搜扬，驱驰府寺之门，出入王公之第，上启陈诗，唯希欬唾[9]之泽，摩顶至足[10]，冀荷提携之恩。故俗号举人，皆称'觅举'。觅者自求之称也。夫徇己之心切，则至公之理乖；贪仕之性彰，则廉洁之风薄。是知府命虽高，异叔度[11]勤勤之让；黄门已贵，无秦嘉[12]耿耿之辞。纵不能挹己推贤，亦不肯待于三命[13]。故选司补置，喧然于礼闱[14]；州贡宾王[15]，争讼于阶闼[16]。谤议纷合，渐以成风。夫竞荣者必有争利之心，谦逊者亦无贪贿之累。自非上智。焉能不移？在于中人，理由习俗。若重谨厚之士，则怀禄者必崇德以修名；若开趋竞之门，则徼幸者皆戚施[17]而附会。附会则百姓罹其弊，修名则兆庶[18]蒙其福。风化之渐，靡不由兹。”嗟乎，此言可谓切中今时之弊矣。

【注释】①薛谦光：薛登，原名谦光，常州义兴（今宜兴）人。为避太子讳，晚年敕赐今名，唐代文学家。②雕虫：比喻从事不足道的小技艺。常指写作诗文辞赋。③难进易退：谓慎于进取，勇于退让。④郡将：郡守。郡守兼领武事，故称。⑤计贡：州郡随年终上计贡举的人才。⑥李陵：字少卿，陇西成纪（今甘肃天水）人。西汉名将，匈奴名将，飞将军李广长孙，李当户的遗腹子。善骑射，爱士卒，颇得美名。出征匈奴时，因寡不敌众兵败投降。⑦干木：段干木，姓李，名克，封于段，为干木大夫，故称段干木。师子夏，友田子方，为孔子再传弟子。魏国安邑（今山西运城）人。春秋末战国初晋籍魏人。⑧策第：策试和选评。⑨欬（kài）唾：形容不费力气或时间短暂。⑩摩顶至足：犹摩顶放踵。从头顶到脚跟都磨伤。形容不辞辛苦，舍己为人。⑪叔度：即黄宪，字叔度，号征君。东汉著名贤士，汝南慎阳人。世贫贱，父为牛医，而宪以学行见重于时。⑫秦嘉：字士会，陇西（今甘肃）人。东汉诗人。⑬三命：称任州府官的辟命。⑭礼闱：汉代尚书省在建礼门内，又近禁闱，故称之为礼闱。⑮宾王：辅导帝王。宾，通“傧”。语本《易·观》：“观国之光，利用宾于王。”借指辅佐帝王的高官近臣。⑯阶闼：陛阶和宫门。

借指宫闱、朝廷。⑰戚施：比喻谄谀献媚的人。⑱兆庶：犹言兆民。古称天子之民，后泛指众民，百姓。

【译文】《旧唐书》记载：薛谦光担任左补阙，进呈奏章道："臣下看古时候选取士人，实际与如今不同。首先察看名声品行的根由，考核他在乡里的声誉，推崇礼让用来严格要求自己，彰显节义用来标榜信用，以敦厚朴素作为最先，以诗文词赋作为后科。所以人们推崇劝让的风尚，士人去除轻浮的行为。想要做官的人必定培养坚贞不渝的节操，践行慎于进取勇于退让的标准。众人的议论已经确定他德行的高低，郡守难以妄言他才能的能与不能。因此上计贡举人才的贤愚，就是州将的荣辱，假使有丑恶的行为败露，也是乡人的惭愧。因此李陵投降而陇西人觉得惭愧，段干木隐居而西河人觉得自豪。所以如果声名胜过利益，那么道德低下的人就会销声匿迹；利益胜过声名，那么贪婪暴虐的风气就会播扬。从战国七国末年，虽然夹杂合纵连横，然而汉代征求人才，仍然证验他们的各种品行。因此礼仪规矩的人，发奋努力修养自己的德性，里巷举荐道德水平高，然后被官府所征召。现在推举人才，不符合事实。乡议取决于小人的手笔，品行修养没有长者的品论，策试和选评喧闹相争在州府，祈请恩泽不胜于跪拜俯伏。有时英明的诏示（避讳武后之名，"诏"改为"制"）才发出，遣送测试、访求举拔，奔走在官府门前，出入王公的府第，禀告、献上诗文，只是希望能获得时间短暂的恩泽，从头顶到脚跟都磨伤，冀求提携的恩典。所以习俗称举人，都叫'请托以求举用'。觅是自己寻求的意思。营私的心思迫切，那么大公无私的事理就不符合了；贪恋禄位的品性显露出来，那么廉洁的风尚就淡薄了。因此知道公府辟命虽高，诧异叔度恳切至诚的谦让；黄门已贵，没有秦嘉诚信超凡的辞让。纵使不能谦退自己、推举贤人，也不肯待任官府的辟命。所以选司添设官职，在尚书省喧哗；州贡宾王，在朝廷争论诉讼。非议纷合，逐渐形成风气。竞荣的人必定有争利的私心，谦逊的人也没有贪图财贿的累赘。倘若不是上等智慧的人。怎么能不改变呢？在中等的人，情理顺随习俗。如果推重谨厚的人，那么留恋爵禄的人必定会发扬盛德、加强修养名誉；如果开争名夺利的门径，那么侥幸的人都会谄谀献媚而依附。附会则百姓就会遭受弊害，注重名誉那么百姓受到他的福泽。风俗教化的变化加剧，没有不因为这个的。"感叹啊，这话可以说是准确说中当世的弊病了。

汉人以名为治，故人材盛；今人以法为治，故人材衰。

宋范文正《上晏元献书》曰："夫名教不崇，则为人君者，谓尧、舜不足法，桀、纣不足畏；为人臣者，谓八元①不足尚，四凶②不足耻。天下岂复有善人乎？人不爱名，则圣人之权去矣。"

【注释】①八元：古代传说中的八个才子。后用以称颂有才德的人。《左传》鲁文公十八年："高辛氏有才子八人：伯奋、仲堪、叔献、季仲、伯虎、仲熊、叔豹、季狸，忠肃共懿，宣慈惠和，天下之民谓之八元。"②四凶：相传为尧舜时代四个恶名昭彰的部族首领。穷奇为共工，浑敦为驩兜，饕餮为三苗，梼杌为鲧。后世多用以比喻凶狠贪婪的朝臣。

【译文】汉代人把名教作为治理的手段，所以人才兴盛；现代人把律法作为治理的手段，所以人才衰落。

宋代文正公范仲淹的《上晏元献（晏殊）书》写道："名教不被推重，那么作为君王，就会认为尧、舜不值得效法，桀、纣不值得畏惧；作为臣子，就会认为八元不值得崇尚，四凶不值得羞愧。这样天下哪里会再有善人呢？人如果不爱惜声名，那么圣人的衡量标准就没有了。"

今日所以变化人心、荡涤污俗者，莫急于劝学、奖廉二事。天下之士，有能笃信好学，至老不倦，卓然可当方正有道之举者，官之以翰林、国子之秩，而听其出处，则人皆知向学，而不竞于科目矣。庶司[①]之官，有能洁己爱民，以礼告老，而家无儋石[②]之储者，赐之以五顷十顷之地，以为子孙世业，而除其租赋，复其丁徭，则人皆知自守而不贪于货赂矣。岂待菑川再遣，方收牧豕之儒；公孙弘。优孟陈言，始录负薪之允；公孙敖。而扶风之子，特赐黄金；尹翁归。涿郡之贤，常颁羊酒。韩福。遂使名高处士[③]，德表具僚[④]，当时怀稽古之荣，没世仰遗清之泽，不愈于科名爵禄劝人，使之干进而饕利者哉？以名为治，必自此涂始矣。

【注释】①庶司：各官署，诸衙门。②儋（dàn）石：儋，古同"担"。儋受一石，故称儋石。用以计量谷物。儋，石罂。一说一石为石，二石为儋，谓一人所担。③处士：本指有才德而隐居不仕的人，后亦泛指未做过官的士人。④具僚：亦作"具寮"。官员，百官。

【译文】目前用来变化人心，清除坏风气的，没有比劝学、奖廉二事更迫切的了。天下的读书人，有能深信好学，到老都不厌倦，卓然可以担当德行方正的被举荐的人才，授予翰林的官职、国子监的俸禄，而让他做官，那么人们就都知道立志求学，而不竞争分科选拔官吏的名目。各个部门的官员，如果有能行为廉洁、爱护百姓，以礼年老退休，而家中没有儋石粮食的积蓄，赏赐给他五顷十顷的土地，作为子孙的世业，而且免除租赋，免除男子所服的劳役，那么人人都知道自坚操守而不贪求贿赂。哪里会等到菑川两次推荐，才征召放猪的读书人（公孙弘）；优孟陈述言辞，才开始任用打柴为生的后代（公孙敖）；而右扶风的儿子，特意赏赐黄金百斤（尹翁归）；涿郡的贤人，每年赏赐羊一头，酒二斛（韩福）。于是使名声显著的处士，用道德表率百官，在当时感怀稽古之荣，死后仰仗遗清的恩泽，不胜过用科举功名、官爵俸禄勉励他人，让他们谋求仕进而贪图利益的吗？把名教作为治理的手段，必定从这个途径开始。

汉平帝元始中，诏曰：“汉兴以来，股肱在位，身行俭约，轻财重义，未有若公孙弘者也。位在宰相封侯，而为布被脱粟①之饭，奉禄以给故人宾客，无有所余，可谓减于制度，应劭曰：“礼贵有常尊，衣服有品。”而率下笃俗者也。与内富厚而外为诡服②以钓虚誉者殊科。其赐弘后子孙之次，见为適者，爵关内侯，食邑三百户。”

【注释】①脱粟：糙米，只去皮壳、不加精制的米。②诡服：谓心口不一，与心志相违。

【译文】汉平帝元始年间，皇帝下诏说：“汉代兴起以来，股肱大臣在任上，身体力行俭省节约，轻视财利而看重道义，没有像公孙弘这样的。在宰相任上而且封侯，却盖布制的被子、吃糙米饭，俸禄拿出来接济故人宾客，没有什么结余，可以说是没有达到规定的制度，（应劭说："按照礼仪尊贵有固定地位，衣服有品级。"）以自身为表率来促使民风朴实。与内藏丰厚的财富而在外心口不一用来钓取虚名的人完全不一样。赏赐公孙弘的后代子孙，其中嫡系子弟，赐爵关内侯，食邑三百户。"

《魏志》："嘉平六年，朝廷追思清节[1]之士，诏赐故司空徐邈[2]、征东将军胡质[3]、卫尉田豫[4]家谷二千斛、帛三十束，布告天下。"后魏宣武帝[5]延昌四年，诏曰："故处士李谧[6]，屡辞征辟，志守冲素，儒隐之操，深可嘉美。可远傍惠康[7]，近准玄晏[8]，谥曰贞静处士，并表其门闾，以旌高节。"《唐六典》："若蕴德丘园，声实明著，虽无官爵，亦赐谥曰先生。"存者赐之以先生之号，殁者则加之以谥。如杨播隐居不仕，至德中赐号玄靖先生是也。《宋史》同。以余所见，崇祯中尝用巡按御史祁彪佳[9]言，赠举人归子慕[10]、朱陛宣为翰林院待诏。

【注释】①清节：清操，高洁的节操。②徐邈：字景山。燕国蓟县（今北京）人。三国时期曹魏重臣。③胡质：字文德，寿春（今安徽寿县）人，三国时曹魏大臣，官至荆州刺史、征东将军。④田豫：字国让，渔阳雍奴（今天津）人。三国时期曹魏将领。⑤后魏宣武帝：元恪，孝文帝元宏次子。庙号世宗，谥号宣武皇帝。⑥李谧：北魏藏书家。字永和。赵州平棘（今河北赵县）

人。李安世子。诏谥贞靖处士。⑦惠康：疑为“惠连”之误。柳下惠、少连的并称。朱敬则，字少连，亳州永城（今河南永城）人。唐朝大臣、史学家。好学，重节义，爱助人。⑧玄晏：皇甫谧，幼名静，字士安，自号玄晏先生。⑨祁彪佳：明代政治家、戏曲理论家、藏书家。字虎子，一字幼文，又字宏吉，号世培，别号远山堂主人，山阴（今浙江绍兴）梅墅村人。清兵攻占杭州后，自沉殉国。⑩归子慕：字季思，号陶庵，学者称清远先生，南直隶苏州府昆山（今江苏苏州）人。散文大家归有光第五子。

【译文】《魏志》记载：“魏齐王嘉平六年，朝廷追念情操高洁的人，下诏赏赐已经去世的司空徐邈、征东将军胡质、卫尉田豫的家人谷二千斛、布帛三十束，公开宣示天下。”北魏宣武帝延昌四年，下诏：“已经去世的处士李谧，屡次推辞征辟，坚守志向、冲淡纯朴，儒隐的操守，非常值得赞美。可以依傍远古时期的柳下惠、少连，参照近代的玄晏先生，谥号贞静处士，并在乡里树起牌坊，以表扬他高尚的节操。”《唐六典》记载：“如果在家乡蕴积德行，声名确实鲜明显著，即使没有官爵，也赏赐谥号先生。”（在世的人赐给先生之号，去世的人则加上谥号。例如杨播隐居不出仕，至德年间赐号玄靖先生就是这样。《宋史》记载与之相同。）我所看到的，崇祯年间曾经采用巡按御史祁彪佳的建议，追赠举人归子慕、朱陛宣为翰林院待诏。

《唐书》：“牛僧孺[①]，隋仆射奇章公弘之裔。幼孤，下杜樊乡有赐田数顷，依以为生。”则知隋之赐田，至唐二百年，而犹其子孙守之。若金帛之颁，廪禄之惠，则早已化为尘土矣。国朝正统中，以武进田赐礼部尚书胡濙，其子孙亦至今守之。故窃以为奖廉之典，莫善于此。

【注释】①牛僧孺：字思黯，安定鹑觚人，唐朝宰相，牛李党争中牛党领袖。

【译文】《唐书》记载："牛僧孺，是隋朝尚书仆射奇章郡公牛弘的后裔。幼年丧父，下杜樊乡有数顷赐田，依赐田维持生计。"那么知道隋朝的赐田，到唐代已经二百年，然而仍然由他的子孙拥有。如果是金帛的赏赐，俸禄的恩惠，那么早已化为尘土了。英宗正统年间，把武进田赏赐给礼部尚书胡濙，他的子孙至今也能守持。因此我私下认为奖廉的标准，没有比这更好的。

廉 耻

《五代史·冯道传》论曰："礼义廉耻，国之四维，四维不张，国乃灭亡。善乎！管生①之能言也，礼义治人之大法，廉耻立人之大节。盖不廉则无所不取，不耻则无所不为。人而如此，则祸败乱亡，亦无所不至。况为大臣，而无所不取、无所不为，则天下其有不乱，国家其有不亡者乎？"然而四者之中，耻尤为要。故夫子之论士，曰："行己有耻。"《孟子》曰："人不可以无耻，无耻之耻，无耻矣。"又曰："耻之于人大矣，为机变之巧者，无所用耻焉。"所以然者，人之不廉而至于悖礼犯义，其原皆生于无耻也。故士大夫之无耻，是谓国耻。吾观三代以下，世衰道微，弃礼义，捐廉耻，非一朝一夕之故。然而松柏后彫于岁寒，鸡鸣不已于风雨，彼昏之日，固未尝无独醒之人也。顷读《颜氏家训》，有云："齐朝一士夫，尝谓吾曰：'我有一儿，年已十七，颇晓书疏，教其鲜卑语及弹琵琶，稍欲通解，以此伏事公卿，无不宠爱。'吾时俯而不答。异哉，此人之教子也！若由此业，自致卿相，亦不愿汝曹为之。"嗟乎！之推不得已而仕于乱世，犹为此言，尚有《小宛》诗人之意。彼阉然[②]媚于世者，能无愧哉？

【注释】①管生：即管仲，姬姓，管氏，名夷吾，字仲，谥敬，春秋时期法家代表人物。②阉然：曲意逢迎貌。

【译文】《五代史·冯道传》评论说："礼义廉耻，是治理国家的纲维，如果礼义廉耻得不到推行，国家就会灭亡。妙啊！管子有独到的见解，礼义是治理百姓的大法，廉耻是为人处世的大节。因为不廉就没有什么不能取，没有羞耻心就没有什么不敢做。人到了这种地步，那么祸害变乱、失败灭亡，也就都来了。何况身为大臣，而什么都拿，什么都敢做，那么天下有不动乱，国家有不灭亡的吗？"然而这四者当中，耻尤为重要。因此孔子谈论怎样才能称为士，说道："立身行事有耻。"《孟子》记载："人不可以无耻，对可耻的事不感到羞耻，就是无耻了。"又说："耻对于人关系很大了，为机谋权变、耍诡计的人，是谈不上耻的。"这样的原因，一个人不廉洁乃至于违背礼、违反义，根源都是由于无耻。所以士大夫的无耻，可以说是国耻。我观察到从三代以下，社会和道德日益衰微，礼义被抛弃，廉耻被扔到一边，不是一朝一夕的缘故。然而凛冽的寒冬中有不凋谢的松柏，风雨中鸡鸣不止，在那些昏暗的日子里，固然不是没有清醒的人啊。不久以前读《颜氏家训》，有记载："齐朝有一个士大夫，曾经对我说：'我有一个儿子，年纪已经十七岁，相当能写奏疏，教他说鲜卑话以及学弹琵琶，让他稍微通晓理解，用这些技能在公卿属下任职，都能受到宠爱。'当时，我低着头不说话。奇怪啊，这个人这样教育儿子！如果通过这些，达到卿相的地位，我也不希望你们这样做。"感叹啊！颜之推不得已而在乱世做官，仍然能说这样的话，尚且有《小宛》诗人的精神。那些曲意逢迎、献媚于世俗的人，能不感到惭愧吗？

罗仲素①曰："教化者，朝廷之先务；廉耻者，士人之美节；风俗者，天下之大事。朝廷有教化，则士人有廉耻；士人有廉耻，则天下有风俗。"

【注释】①罗仲素：罗从彦，字仲素，号豫章先生，宋朝经学家、诗人，豫章学派创始人。

【译文】罗仲素说："政教风化，是朝廷首要的事务；廉洁知耻，是士人优良的节操；风气习俗，是天下重大的事情。如果朝廷有教化，那么士人就有廉耻；如果士人有廉耻，那么天下就有良好的风俗。"

古人治军之道，未有不本于廉耻者。《吴子》曰："凡制国治军，必教之以礼，励之以义，使有耻也。夫人有耻，在大足以战，在小足以守矣。"《尉缭子》言："国必有慈孝廉耻之俗，则可以死易生。”而太公对武王，将有三胜：一曰礼将，二曰力将，三曰止欲将。故礼者，所以班朝治军，而《兔罝》之武夫，皆本于文王后妃之化，岂有淫刍荛、窃牛马而为暴于百姓者哉！

【译文】古人治军的法则，没有不以廉耻为本的。《吴子》记载：“凡是治理国家、管理军队，必须以礼教化，以义勉励，使他们有耻。当人有了耻，在大的方面足以作战，在小的方面足以守身。”《尉缭子》记载：“国家必须有慈孝廉耻的习俗，这样就可以用死亡换得生存。”而且姜太公对答周武王时，认为有三种将军能打胜仗：一是知礼的将军，二是勇武的将军，三是能克制欲望的将军。因此礼，是用来整肃朝班、管理军队的，而《兔罝》里提到的有勇力的人，都遵循周文王后妃的教化，怎么会欺凌百姓、窃夺牛马而对百姓施行残暴的呢！

《后汉书》：“张奂[①]为安定属国都尉。羌豪帅[②]感奂恩德，上马二十匹，先零酋长又遗金鐻[③]八枚。奂并受之，而召主簿于诸羌前，以酒酹[④]地曰：‘使马如羊，不以入厩；使金如粟，不以入怀。’悉以金马还之，羌性贪而贵吏清，前有八都尉，率好财货，为所患苦，及奂正身洁己，威化大行。”呜呼，自古以来，边事之败，有不始于贪求者哉？吾于辽东之事[⑤]有感。

【注释】①张奂：字然明。敦煌郡渊泉县（今甘肃）人。东汉时期名将、学者，“凉州三明”之一。在东汉的对外战争中功勋卓著，多次以恩信安抚、招降外族，使得北方宁静一时。②豪帅：犹首领。旧时多称武装反抗者的首领或部落酋长。③鐻（qú）：金银制成的耳环。④酹（lèi）：把酒洒在地上表示祭奠或起誓。⑤辽东之事：指明末于辽东防御女真入侵之事。

【译文】《后汉书》记载："张奂担任安定属国都尉。羌族的首领感激张奂的恩德，送上马二十匹，先零族的酋长又赠送金鐻八枚。张奂都接受了，随后召唤主簿在众多羌族人面前，把酒洒在地上起誓道：'即使送我的马匹像羊群那样多，我也不会迁入马棚；即使送我的黄金像粟米那样多，我也不会装进口袋。'把黄金和马匹全部退还给他们，羌族人性格看重财物而尊重清廉的官吏，以前的八个都尉，大多贪图财物，被他们所憎恶，等到张奂正直不阿、廉洁自律，威望教化广为推行。"感叹啊，从古以来，边防事务的败坏，有不从贪求财物开始的吗？我对于辽东方面的事件有感触。

杜子美诗："安得廉颇将，三军同晏眠[①]。"一本作"廉耻将"，诗人之意，未必及此。然吾观《唐书》言："王佖[②]为武灵节度使。先是吐蕃欲成乌兰桥，每于河壖[③]先贮材木，皆为节帅[④]遣人潜载之，委于河流，终莫能成。蕃人知佖贪而无谋，先厚遗之，然后并役成桥，仍筑月城[⑤]守之。自是朔方[⑥]御寇不暇，至今为患。"由佖之黩货[⑦]也。故贪夫为帅，而边城晚开。得此意者，郢书燕说[⑧]，或可以治国乎？见《韩非子》。

【注释】①晏眠：安眠。②王佖：李晟外甥。雄武善骑射。以功为神策将，深为吐蕃所畏。后任朔方灵盐节度使，受贿赂，准吐蕃在黄河上筑成乌兰桥，为其不断寇边打开了通路。③河壖（ruán）：亦作“河堧（ruán）”。河边地。④节帅：指节度使。⑤月城：即瓮城。城外所筑的半圆形的小城，作掩护城门，加强防御之用。⑥朔方：北方。指北荒之地。⑦黩货：贪污纳贿。⑧郢书燕说：典出《韩非子·外储说左上》：“郢人有遗燕相国书者，夜书，火不明，因谓持烛者曰：‘举烛’，云而过书‘举烛’。举烛，非书意也。燕相受书而说之，曰：‘举烛者，尚明也；尚明也者，举贤而任之。’燕相白王，王大悦，国以治。治则治矣，非书意也。”后因以“郢书燕说”比喻曲解原意，以讹传讹。

【译文】杜甫的诗写道：“哪里能够得到廉颇将军，使得三军一同安睡。”有一个版本写作“廉耻将”，诗人本来的诗意，未必想到这一点。然而我看到《唐书》记载：“王佖担任武灵节度使的时候，在此之前吐蕃想要建造乌兰桥，每次在河壖先贮积木材，都被节度使暗地里派人运走，扔到黄河里，桥始终不能建成。吐蕃人知道王佖贪财而没有谋略，先用厚重的财物贿赂他，然后加紧赶工建成了桥，并且筑造了小城防守。从此北方抗击敌寇的战事就没完没了，至今还造成危害。”根源在王佖的贪污纳贿。所以贪婪的人担任将帅，那么边关的城门晚上也如同打开，三军不得安眠。懂得这个道理，即使是郢书燕说，或许也可以治国吧？（见《韩非子》。）

流品

晋宋以来，尤重流品[①]，故虽蕞尔[②]一方，而犹能立国。《宋书·蔡兴宗传》：“兴宗为征西将军，开府仪同三司、荆州刺史、常侍如故。被征还都。时右军将军王道隆[③]，任参国政，权重一时。

蹑履④到兴宗前，不敢就席，良久方去，竟不呼坐。元嘉初，中书舍人狄当诣太子詹事王昙首⑤，不敢坐。其后中书舍人王弘为太祖所爱遇。上谓曰：'卿欲作士人，得就王球坐，乃当判耳。殷、刘般景仁、刘湛并杂，无所益也。若往诣球，可称旨就席。'及至，球举扇曰：'若不得尔。'弘还，依事启闻。帝曰：'我便无如此何。'五十年中，有此三事。"《张敷传》："迁江夏王义恭⑥抚军记室参军。时义恭就文帝求一学义沙门，会敷赴假⑦还江陵入辞，文帝令以后艑⑧载沙门。敷不奉诏，曰：'臣性不耐杂。'迁正员郎。中书舍人狄当、周赳并管要务，以敷同省名家，欲诣之。赳曰：'彼若不相容，便不如不往。'当曰：'吾等并已员外郎矣，何忧不得其坐。'敷先设二床，去壁三四尺，二客就席，酬接甚欢。既而呼左右曰：'移吾床远客。'赳等失色而去。"

【注释】①流品：品类，等级。本指官阶，后亦泛指门第或社会地位。②蕞（zuì）尔：形容小。③王道隆：南朝宋大臣。吴兴乌程（今浙江湖州）人。④蹑履：古人家居脱鞋席地而坐，蹑履谓来不及穿鞋，拖着鞋子匆忙出迎。⑤王昙首：琅邪临沂（今山东临沂）人。东晋丞相王导曾孙，中领军王洽之孙，司徒王珣幼子，太保王弘之弟，南朝宋重要官员、文学家。年轻时有学问和品德，兄弟分割财物，只拿图书而已。⑥义恭：刘义恭，彭城绥舆里（今江苏徐州）人。南朝宋宗室、宰相，宋武帝刘裕第五子，宋少帝刘义符、宋文帝刘义隆之弟。封为江夏王。⑦赴假：销假赴职。⑧艑（biàn）：大船。

【译文】晋宋时期以来，格外重视流品，因此虽然只占据小小的一方，然而仍然能立国。《宋书·蔡兴宗传》："蔡兴宗担任征西将军，开府仪同三司、荆州刺史、常侍照常担任。被征召回到京师。那个时候右军将军王道隆，参与国家政事，权重一时。来不及穿鞋来到蔡兴宗前，不敢入席，很久才离开，蔡兴宗竟然不让他坐。元嘉初年，中书舍人狄当到太子詹事王昙首家去，不敢入座。后来中书舍人王弘被宋文帝刘义隆所亲近礼遇。皇帝对他说：'爱卿想作士人，得要去结交王球，就当是评定了。殷景仁、刘湛并杂，没有什么好处。如果去到王球家，可以说奉旨结交。'等王弘到了，王球举着扇子说：'你不能成为士人。'王弘回来，按照事实禀告皇帝。皇帝说：'我也不能奈何。'五十年之间，这样的事有三件。"《张敷传》："调迁江夏王刘义恭抚军记室参军。当时刘义恭随着宋文帝选拔一个优秀的僧人，恰好碰到张敷销假赴任回江陵，向皇帝辞行，宋文帝命令以后用大船载着这个僧人。张敷不接受皇帝的命令，说：'臣下的性格不能忍耐闲杂的人。'调任正员郎。中书舍人狄当、周赳一起管理军政要务，因为跟张敷是同乡，又都是有名望的人，想要去拜访他。周赳说：'他如果不接纳我们，还不如不去。'狄当说：'我们都已经是员外郎了，怎么担心不能入座呢。'张敷先摆放两张床，距离墙壁三四尺，两个客人入席，应酬接待非常愉快。不久张敷对左右的仆从说：'把我的床移开，离客人远一点。'周赳他们改变脸色离开了。"

《世说》[①]："纪僧真[②]得幸于齐世祖，尝请曰：'臣出自本县武吏，遭逢圣时，阶荣[③]至此，无所须，惟就陛下乞作士大夫。'上曰：'此由江敩、谢瀹[④]，我不得措意，可自诣之。'僧真承旨诣敩，登榻坐定，敩顾命左右曰：'移吾床远客。'僧真丧气而退，以告世祖。

世祖曰：‘士大夫故非天子所命。’”《梁书·羊侃传》：“有宦者张僧胤候侃，侃竟不前之，曰：‘我床非阉人所坐。’”自万历季年，搢绅之士不知以礼饬躬[5]，而声气及于宵人。如汪文言一人，为东林诸公大玷。诗字颁于舆皂[6]，至于公卿上寿[7]，宰执称儿，而神州陆沉，中原涂炭，夫有以致之矣。

【注释】①所引文字属《南史·江敩传》，而非《世说》。且“世祖”原作“武帝”。②纪僧真：南朝齐建康（今南京）人。事齐高帝，以闲书题，令答远近书疏。并令僧真学其手迹下名，高帝观之笑曰，我亦不能别也。兼善隶书。③阶荣：升登高位。④江敩（xiào）：南朝齐济阳考城人，字叔文。宋孝武帝婿，虽居高位，不任实事。好文辞，围棋第五品。为当时士族领袖。谢瀹：字义洁，陈郡阳夏（今河南太康）人，从小性敏瞻。南朝齐大臣、吏部尚书、文学家。喜欢下棋喝酒。⑤饬躬：犹饬身，警饬己身，使自己的思想言行谨严合礼。⑥舆皂：古代十等人中两个低微等级的名称。因用以泛称贱役，贱吏。⑦上寿：向人敬酒，祝颂长寿。

【译文】《世说》：“纪僧真得到齐世祖的宠幸，曾经奏请说：‘臣下是本县军职官员出身，遇到圣时，荣登到这个地位，没有其他的要求，只希望向陛下讨要作士大夫。’皇帝说：‘这是由江敩、谢瀹负责，我不能够插手，你可以自己去拜访他们。’纪僧真领着圣旨拜访江敩，登上床榻刚坐好，江敩回头对左右仆从说：‘把我的床移开，离客人远一点。’纪僧真情绪低落地离开了，把这告诉齐世祖。齐世祖说：‘士大夫原本就不是天子所任命的。’”《梁书·羊侃传》：“有宦官张僧胤等候羊侃，羊侃竟不上前接见，说：‘我的床不是阉人能坐的。’”从万历末年，做官的人不知道用礼节警饬己身，反而说话的声音和语气等同于小人。(例如汪文言一人，为东林诸公所耻。)诗字发自于贱役、贱吏，至于为公卿祝寿，重臣称儿，那么神州沧丧，中原涂炭，是有招致的原因的。

重厚

世道下衰，人材不振，王伾[①]之吴语，郑綮[②]之歇后，薛昭纬[③]之《浣溪沙》，李邦彦[④]之俚语辞曲，莫不登诸岩廊，用为辅弼[⑤]。至使在下之人，慕其风流，以为通脱[⑥]。而栋折榱崩[⑦]，天下将无所芘矣。及乎板荡之后，而念老成，《大雅荡》。播迁[⑧]之余，而思耆俊[⑨]，《文侯之命》。庸有及乎？有国者，登崇[⑩]重厚之臣，抑退轻浮之士，此移风易俗之大要也。

【注释】①王伾(pī)：杭州(今浙江杭州)人。唐代大臣，唐顺宗时期二王八司马之一。②郑綮(qǐ)：字蕴武，郑州荥阳(今河南荥阳)人。唐昭宗时期宰相、诗人。③薛昭纬：唐河中宝鼎人，字纪化。薛存诚孙。性轻佻，恃才傲物。④李邦彦：原名李彦，字士美，怀州(今河南沁阳)人，外表俊爽，美风姿，自号"李浪子"，为文敏而工。人称"浪子宰相"。北宋末年宰相、奸臣。⑤辅弼：亦作"辅拂"。辅佐君主的人。后多指宰相。⑥通脱：亦作"通侻(tuó)"。放达不拘小节。⑦栋折榱(cuī)崩：正梁折断，椽子崩坏。指房屋倒塌。多比喻当政的人倒台或死去。⑧播迁：迁徙，流离。⑨耆俊：年老而才能优异者。⑩登崇：举用推尊。

【译文】社会道德风尚衰败，人才不兴旺，王伾的吴侬软语，郑綮的歇后体，薛昭纬的《浣溪沙》，李邦彦的俚语辞曲，没有不在朝廷任职，被任用为辅弼大臣。导致后代的人，仰慕他们的风流，认为是放达。然而当政的人死去后，天下将失去庇护。等到社会动荡之后，才惦念年高有德的人，（出自《大雅·荡》。）流离过后，才思念年老而才能优异的人，（《文侯之命》。）哪里来得及呢？君王应该举用持重而敦厚的大臣，贬退轻佻浮夸的人，这是转移风气、改变习俗的要旨。

侯景[①]数梁武帝十失，谓“皇太子吐言止于轻薄，赋咏不出桑中[②]”。张说[③]论阎朝隐[④]之文，“如丽服靓妆，燕歌赵舞，观者忘疲，若类之风雅，则罪人矣”。今之词人，率同此病，淫辞艳曲，传布国门，有如北齐阳俊之[⑤]所作六言歌辞，名为《阳五伴侣》，写而卖之，在市不绝者。诱惑后生，伤败风化，宜与非圣之书同类而焚，庶可以正人心术。

【注释】①侯景：本姓侯骨，字万景，朔州（今山西朔州）人，羯族。南北朝时期历史人物。剽悍好武，不良于行，擅长骑射。②桑中：典出《诗·鄘风·桑中》：“云谁之思？美孟姜矣。期我乎桑中，要我乎上宫，送我乎淇之上矣。”后因以指私奔幽会之处。③张说（yuè）：字道济，一字说之，河南洛阳人，唐朝政治家、文学家。④阎朝隐：字友倩，赵州栾城人。性滑稽，属辞奇诡，为武后所赏。⑤阳俊之：北齐北平无终人。阳休之弟。作六言歌辞，名《阳五伴侣》，商贾抄写贩卖，世俗传咏。

【译文】侯景数落梁武帝的十项过失，说“皇太子谈吐只是轻薄，创作诗文离不开桑中”。张说评论阎朝隐的文章，“好像华丽的服装、浓妆艳抹，美妙的歌舞，观看的人忘记疲劳，如果比作风雅一类，就是有罪的人了”。现在的词人，大多有这样的弊病，不健康的诗歌、词曲，在国门传播，有如北齐阳俊之所创作的六言歌辞，名为《阳五伴侣》，商贾抄写贩卖，在市场上不断绝。引诱迷惑后生，败坏风俗教化，跟圣贤的著作不是同一类，应该焚毁，或许可以端正人的思想品质。

何晏之粉白不去手，行步顾影①；邓飏②之行步舒纵，坐立倾倚；谢灵运之每出入，自扶接者常数人，后皆诛死；而魏文帝体貌不重，风尚通脱，是以享国不永，后祚短促，史皆附之《五行志》，以为貌之不恭。昔子贡③于礼容俯仰之间，而知两君之疾与乱，夫有所受之矣。子曰：“君子不重则不威，学则不固。”扬子④《法言》曰：“言轻则招忧，行轻则招辜，貌轻则招辱，好轻则招淫。”

【注释】①顾影：亦作“顾景”。自顾其影。有自矜、自负之意。②邓飏：字玄茂，南阳新野（今河南新野）人，三国时期曹魏大臣，“台中三狗（其余为何晏、丁谧）”之一。东汉名将邓禹之后。权臣曹爽的亲信。③子贡：即端木赐，复姓端木，字子贡（古同子赣），以字行。春秋末年卫国（今河南鹤壁市浚县）人。孔子的得意门生，孔门十哲之一。④扬子：即扬雄，字子云，西汉官吏、学者。西汉蜀郡成都（今四川成都）人。是继司马相如之后西汉最著名的辞赋家。

【译文】何晏搽脸的白粉不离手，走路也回头看自己的影子；邓飏走路舒缓放任，站坐都要倚靠；谢灵运每次出入，扶持的人常常有好几个，这些人后来都被杀戮；而魏文帝体态容貌不庄重，风格不拘小节，因此在位年数不长久，后来福祚短暂，传记都附录在《五行志》中，认为他们的外貌不肃敬。从前子贡通过观察礼制仪容、一举一动，从而知道邾隐公、鲁定公的弊病和动乱，有所接受。孔子说："君子不庄重就没有威仪，所学亦不能稳固。"扬子《法言》记载："言语轻浮就会招来忧患，行为轻薄就会招致罪过，举止轻佻就会带来耻辱，喜好轻薄就会导致邪乱。"

四明薛冈谓"士大夫子弟，不宜使读《世说》，未得其隽永[①]，先习其简傲。"推是言之，可谓善教矣。防其乃逸乃谚[②]之萌，而引之有物有恒之域，此以正养蒙之道也。南齐陈显达[③]语其诸子曰："麈尾蝇拂[④]，是王、谢家物，汝不须捉此。"即取于前烧除之。

【注释】①隽永：深长的意味。②谚：粗野不恭。③陈显达：南北朝时期南齐名将。中国杰出军事家、政治家。④麈（zhǔ）尾：古人闲谈时执以驱虫、掸尘的一种工具。以麈的尾毛做成的拂尘。后古人清谈时必执麈尾，相沿成习，为名流雅器，不谈时，亦常执在手。蝇拂：驱蝇除尘的用具。也称拂尘。多以马尾制成。

【译文】四明的薛冈说："士大夫家的子弟，不应该让他们读《世说新语》，没有品得其中深长的意味，反而先学会了傲慢。"推究他的这话，可以说是善于教化了。防范他们安逸、粗野不恭敬的萌芽，而引导他们到有物有恒的境域，这是在童蒙的时候，就施以正确教育的法则。南齐陈显达对他的儿子说："麈尾、蝇拂，是王导、谢安那样的人家用的物件，你不需要拿着这些东西。"就拿来当着儿子的面烧了。

耿介

读屈子《离骚》之篇，乃知尧、舜所以行出乎人者，以其耿介[①]。同乎流俗，合乎污世，则不可与入尧、舜之道矣。

【注释】①耿介：德业光明伟大。

【译文】读屈原《离骚》的篇章，于是知道尧舜的品行超出别人的原因，是因为他们的耿介。同于流行的风俗，合于污浊的社会，就不能进入尧、舜的大道了。

“非礼勿视，非礼勿听，非礼勿言，非礼勿动”。是则谓之耿介，反是谓之昌披[①]。夫道若大路然，尧、桀之分，必在乎此。

【注释】①昌披：狂乱放纵貌。昌，通“猖”。

“不符合礼制规定的，不能说，不能听，不能看，不能做”。是这样就称为耿介，不是这样就称为昌披。道就像大路一样分明，尧、桀的区别，一定在这里。

乡原

老氏之学，所以异乎孔子者，和其光，同其尘，此所谓似是而非也。《卜居》《渔父》二篇尽之矣。非不知其言之可从也，而义有所不当为也。子云而知此义也，《反离骚》其可不作矣。寻其大指，生斯世也，为斯世也，善斯可矣。此其所以为莽大夫[1]与？

《卜居》《渔父》，法语[2]之言也；《离骚》《九歌》，放言[3]也。

【注释】①莽大夫：本指汉代扬雄，曾为王莽的大夫。后来比喻变节的人。②法语：合乎礼法的言语。③放言：放纵其言，不受拘束。

【译文】老子的学说，与孔子不同的原因，是因为他随俗而处、不露锋芒，这就是所谓的似是而非。《卜居》《渔父》二篇说到极致了。不是不知道他的话可以依从，而是由于大义不应当这样做。扬雄如果知道这个道理，就不会写《反离骚》了。探寻他主要的意思，生在这个世界上，行在这个世界上，好好地活着就可以了。这大概是他成为王莽朝廷大夫的原因吧？

《卜居》《渔父》，是符合礼法的言语；《离骚》《九歌》，是不受约束的言语。

俭 约

国奢示之以俭，君子之行，宰相之事也。汉汝南许劭[1]为郡功曹，同郡袁绍[2]，公族豪侠，去濮阳令归，车徒甚盛。入郡界，乃谢曰：吾舆服[3]，岂可使许子将见之？遂以单车归家。晋蔡充[4]好学，有雅尚，体貌尊严，为人所惮。高平刘整[5]，车服奢丽，尝语人曰：“纱縠吾服其常耳。遇蔡子尼在坐，而经日不自安。”北齐李德林[6]父亡，时正严冬，单衰徒跣，自驾灵舆，反葬博陵。崔谌[7]休假还乡，将赴吊，从者数十骑，稍稍减留。比至德林门，才余五骑，云：“不得令李生怪人熏灼[⑧]。”李僧伽[⑨]修整笃业，不应辟命。尚书袁叔德[⑩]来候僧伽，先减仆从，然后入门，曰：“见此贤，令吾羞对轩冕[⑪]。”

【注释】①许劭（shào）：字子将。汝南平舆（今河南平舆县）人。东汉末年著名人物评论家。曾任汝南郡功曹。②袁绍：字本初，汝南汝阳（今河南周口）人。东汉末年军阀，汉末群雄之一。司空袁逢之子。出身东汉名门“汝南袁氏”，自袁绍曾祖父起，袁氏四代有五人位居三公，他也居三公之上，其家族也因此有“四世三公”之称。③舆服：车舆冠服与各种仪仗。古代车舆与冠服都有定式，以表尊卑等级。④蔡充：又作蔡克，字子尼，陈留考城人。少好学，博涉书记。性公亮不苟交。⑤刘整：字武仲，邓州穰（今河南邓州）人，曾以十八骑袭破金国信阳，军中呼为“赛（李）存孝”。后由于受到吕文德的陷害，被迫降忽必烈，并为策划灭宋方案。文天祥及后代史家分别认定：“亡宋贼臣，整罪居首”。⑥李德林：字公辅，博陵安平（今河北安平县）。隋朝开国元勋、史学家，唐朝李百药之父。博坟典，善属文。⑦崔谌：生平不详。博陵豪族，曾官河间太守，为人颇奢靡。⑧熏灼：喻声威气势逼人。亦喻指逼人的声威气势。⑨李僧伽：北齐陇西狄道人。李彦之孙。勤于学业，不应辟召。有名于时，人称其“平生寡俗累，终身无世言”。⑩袁叔德：袁聿修，字叔德，陈郡阳夏人。魏中书令翻之子。⑪轩冕：古时大夫以上官员的车乘和冕服。借指官位爵禄。

【译文】国家奢侈靡费，就应当向人们显示节俭，君子的品行，是宰相分内的事。汉代汝南的许劭担任郡功曹，同郡的袁绍，是诸侯同族、豪强任侠的人，从濮阳令离职回家，车马仆从非常盛大。进入郡界，就向人推辞说“我的车舆冠服，怎么可以让许子见到呢？”因此就乘着一辆车回家。晋朝的蔡充喜爱学习，风雅高尚，体态容貌尊贵威严，时人畏惧他。高平的刘整，车舆冠服奢侈华丽，曾经对人说："纱縠是我平常的服饰。碰到蔡子尼在场，就整日不自在。"北齐李德林的父亲去世，时令正值严冬，穿着单薄的衣服、赤着脚步行，自己驾着灵车，回博陵安葬。崔谌因为休假回到家乡，将要前往吊丧，跟随的人有数十人，稍稍减少陪同的人。等到了李德林的家门，只剩下五个人，说："不能让李德林怪我气势逼人。"李僧伽言行端正谨慎、一心一意研究学业，不接受征召、任命。尚书袁叔德来探访李僧伽，先减少仆从，然后入门，说："见这样的贤人，使我对着车乘和冕服感到羞愧。"

夫惟君子之能以身率物者如此，是以居官而化一邦，在朝廷而化天下。魏武帝时，毛玠[①]为东曹掾，典选举，以俭率人，天下之士莫不以廉节自励，虽贵宠之臣，舆服不敢过度。唐大历末，元载伏诛，拜杨绾为相。绾质性贞廉，车服俭朴，居庙堂，未数日，人心自化。御史中丞崔宽，剑南西川节度使宁[②]之弟，家富于财。有别墅在皇城之南，池馆台榭，当时第一，宽即日潜遣毁撤。中书令郭子仪在邠州行营，闻绾拜相，坐中音乐，减散五分之四。京兆尹黎幹[③]，每出入，驺从[④]百余，亦即日减损，惟留十骑而已。李师古[⑤]跋扈，惮杜黄裳[⑥]为相，命一干吏寄钱数千缗，毡车子一乘。使者到门未敢送，伺候累日，有绿舆自宅出，从婢二人，青衣褴缕，言是相公夫人。使者遽归告师古，师古折其谋，终身不敢改节。此则禁郑人之泰侈，奚必于三年；变洛邑之矜夸，无烦乎三纪。修之身，行之家，示之乡党而已，道岂远乎哉！

【注释】①毛玠：字孝先，陈留平丘（今河南封丘）人。东汉末年大臣。年少时为县吏，以清廉公正著称。②西川节度使宁：即崔宁，本名旰，卫州人（今河南卫辉）。唐代名将。喜纵横之术。③黎幹：戎州人。始以善星纬数术进。以严肃为理，人颇便之，而因缘附会，与时上下。④驺（zōu）从：古时贵族的骑马的侍从。⑤李师古：营州（今辽宁朝阳）人，高丽族。唐朝地方割据军阀，平卢淄青节度使李正已之孙，李纳之子。⑥杜黄裳：字遵素。京兆万年（今陕西西安）人，唐朝宰相。出身于京兆杜氏，进士及第，早年曾入郭子仪幕府。

【译文】只有君子能够以自身为众人的榜样，因此做官而能够教化一个地方，在朝廷而能够教化天下。魏武帝时期，毛玠担任东曹掾，主持选拔举用贤能，以节俭作别人的表率，天下人没有不以清廉有节操而自我勉励的，即使是显贵、受宠信的大臣，车舆冠服也不敢过度。唐代宗大历末年，元载被处死，任命杨绾为宰相。杨绾本性正直廉洁，车舆冠服节俭朴实，在朝廷中任官，没有几天，人心自然得到教化。御史中丞崔宽，是剑南西川节度使崔宁的弟弟，家富有钱财。在皇城的南面建有别墅，池苑馆舍、亭台楼榭，当时称为第一，崔宽当日就私下派人拆除了。中书令郭子仪在邠州的军营，听说杨绾被任命为宰相，座席之中的音乐，减少五分之四。京兆尹黎幹，每次出入，骑马的侍从有一百多，也当日就减少了，只留十骑罢了。李师古虽然霸道蛮横，却忌惮杜黄裳出任宰相，命令一个能干的差吏准备了几千贯钱，一辆毡车子。使者到杨绾门前没敢立即送去，守候观望了好几天，看到有绿色的车舆从宅子里出来，有两个侍婢，身穿破旧的青色衣服，说这是相公夫人。使者立刻回去禀告李师古，李师古放弃了自己的谋划，终身不敢改变节操。这就是禁止郑人的骄纵奢侈，为什么必须要三年；改变洛邑的夸耀，不用三纪。在身心上陶冶，在家庭施行，在家乡示范就可以了，大道哪里离我们很远呢！

大臣

《记》曰："大臣法，小臣廉，官职相序，君臣相正，国之肥也。"故欲正君而序百官，必自大臣始。然而王阳黄金之论，时人既怪其奢；公孙布被之名，直士复讥其诈，则所以考其生平而定其实行者，惟观之于终，斯得之矣。季文子[①]卒，大夫入敛，公在位。宰庀家器为葬备，无衣帛之妾，无食粟之马，无藏金玉，无重器备，君子是以知季文子之忠于公室也。相三君矣，而无私积，可不谓忠乎？诸葛亮自表后主曰："成都有桑八百株，薄田十五顷，子孙衣食，悉仰于家，自有余饶。至于臣在外任，无别调度，随身衣食，悉仰于官，不别治生，以长尺寸。若臣死之日，不使内有余帛，外有赢财，以负陛下。"及卒，如其所言。夫廉不过人臣之一节，而《左氏》称之为忠，孔明以为无负者，诚以人臣之欺君误国，必自其贪于货赂也。夫居尊席腆，润屋华身，亦人之常分尔，岂知高后降之弗祥，民人生其怨诅，其究也，乃与国而同败邪？诚知夫大臣家事之丰约，关于政化之隆污，则可以审择相之方，而亦得富民之道矣。

【注释】①季文子：即季孙行父。春秋时期鲁国的正卿，姬姓，季氏，谥文，史称“季文子”。

【译文】《礼记·礼运》记载：“大臣守法，小臣廉洁，官员依次守职，君臣互相匡正，可以说是国家富裕强大。”因此想要匡正国君而序列百官，必定从大臣开始。然而王阳关于黄金的说法，当时的人已经责怪他的奢侈；公孙弘盖麻布被子的名声，正直的人多次讥讽他的奸诈，那么用来考察他的生平而确定他的德行，只有察看他去世以后了，这算是掌握了。季文子去世，按照大夫入敛的礼仪，公爵需亲自看视。主持置备家里的日常用具作为陪葬品，家里没有穿丝绸的妾，没有吃粟的马，没有收藏铜器、玉器，没有配备重复的器具，君子通过这知道季文子对王室的忠诚。辅佐过三位国君，然而没有私人的积蓄，能说不忠诚吗？诸葛亮自己上表呈请后主刘禅说：“臣下在成都有桑树八百株，有薄田十五顷，子孙日常所需，都仰仗于家，自有富足。至于臣下在外就职，没有别的花销，随身的日常所需，都由国家供应，不用再经营其他家业，来增加家财。使臣下死的时候，不使家有多余的衣物，外有多余的钱财，而辜负陛下。”等到他去世，果真像他所说的那样。廉洁不过是臣子的一个操守，而《左传》称为忠，诸葛亮把这作为是不辜负君上，实在是因为臣子欺君误国，必定从贪取财物开始。处在尊位、宴席丰厚，华丽居室、浮华自身，也只是人的本分常情，哪里知道商汤降下重重的刑罚，百姓产生怨恨诅咒，推求原因，是与国家一同衰败吧？确实知道大臣家产的丰富或者俭约，关系到政教风化的盛衰兴替，就可以知道选择相才的方法，而且也得到了使民殷富的途径。

杜黄裳，元和之名相，而以富厚蒙讥；卢怀慎[1]，开元之庸臣，而以清贫见奖。是故贫则观其所不取，此卜相之要言。

【注释】①卢怀慎：滑州灵昌（今河南滑县）人，唐朝宰相。虽居高位，但为官清廉。他自认才能不如姚崇，遇事推让，被讥为"伴食宰相"。

【译文】杜黄裳，是唐宪宗元和时期的名相，却因为财富雄厚而蒙受讥讽；卢怀慎，是唐玄宗开元时期的庸臣，却因为清贫而被奖赏。因此贫穷时要观察他不拿取别人的什么，这是选择相才时切要精妙的言论。

除贪

汉时赃罪被劾，或死狱中，或道自杀。唐时赃吏多于朝堂决杀，其特宥者乃长流岭南。睿宗太极元年四月制：官典主司枉法，赃一匹已上，并先决一百。而改元及南郊赦文每曰："大辟罪已下，已发觉未发觉，已结正未结正，系囚见徒，罪无轻重，咸赦除之。官典犯赃，不在此限。"然犹有左降遐方，谪官蛮徼[1]者。而卢怀慎重以为言，谓"屈法惠奸，非正本塞源之术。"是知乱政同位，商后作其丕刑；贪以败官，夏书训之必杀。三代之王，罔不由此道者矣。

【注释】①蛮徼：蛮地、边徼。泛指边远地区。指南方边塞。

【译文】汉朝时候因为贪污受贿罪被弹劾，有的死在狱中，有的被打杀。唐朝时期贪污受贿的官吏大多在朝堂被打杀，其中特别被宽宥的就长期流放岭南。唐睿宗太极元年四月制诏：朝廷的典制主持管理破坏法律，贪赃一匹以上，并先责打一百。改元以及在南郊祭天的赦文都说："凡是犯死刑罪以下，已经发觉或者没有发觉，已定案判决或者没有定案判决，在押的囚犯被判徒刑，罪过无论轻重，都免除刑罚。但是朝廷典制所说的贪污受贿，不在这个范围内。"然而仍然有贬官到边远地方的。而卢怀慎重以为言，认为"放宽刑法而对奸邪施以恩惠，不是端正本源、堵塞源头的方法。"因此知道有腐败的政治，商朝的先王对他们施以大刑；贪赃而居官不法，夏书的法则是必杀。三代时期的君王，没有不依循这个方法的。

宋初，郡县吏承五季之习，黩货厉民，故尤严贪墨之罪。开宝三年，董元吉守英州，受赃七十余万，帝以岭表初平，欲惩掊克[①]之吏，特诏弃市。而南郊大赦，十恶故劫杀，及官吏受赃者不原。史言："宋法有可以得循吏者三，而不赦犯赃其一也。"天圣以后，士大夫皆知饰簠簋而厉廉隅，盖上有以劝之矣。《石林燕语》："熙宁中，苏子容判审刑院，知金州张仲宣坐枉法赃，论当死。故事，命官以赃论死，皆贷命杖脊，黥配海岛。子容言：'古者刑不上大夫，可杀则杀。仲宣五品官，今杖而黥之，得无辱多士乎？'乃诏免黥杖，止流岭外。自是遂为例。"然惩贪之法，亦渐以宽矣。于文定慎行谓"本朝姑息之政，甚于宋世。败军之将，可以不死；赃吏巨万，仅得罢官。而小小刑名，反有凝脂[②]之密，是轻重胥失之矣"。盖自永乐时，赃吏谪令戍边；宣德中，改为运砖纳米赎罪，浸至于宽，而不复究前朝之法也。宣德中，都御史刘观，坐受赃数千金论斩。上曰："刑不上大夫。观虽不善，朕终不忍加刑。"命遣戍辽东。正统初，遂多特旨曲宥。呜呼！法不立，诛不必，而欲为吏者之毋贪，不可得也。人主既委其太阿之柄[3]，而其所谓大臣者，皆刀笔筐箧之徒，毛举细故[4]，以当天下之务，吏治何由而善哉？

【注释】①掊克：亦作"掊刻"。聚敛，搜括。亦指搜括民财之人。②凝脂：凝冻的脂油。因无间隙，比喻事之严密。多指法网。③太阿之柄：太阿：宝剑名。喻权柄。④毛举细故：谓烦琐地列举小事情，加以责难或攻击。

【译文】宋朝初期，郡县的官吏承袭五代时期的习气，贪污纳贿、虐害人民，因此对于贪污的罪行处罚尤其严厉。宋太祖开宝三年，董元吉镇守英州，收受赃贿七十多万，皇帝因为岭外刚刚平定，想要惩罚搜括民财的官吏，特别诏令处以弃市之刑。而且南郊祭天时的大赦，十恶、故杀、劫杀，以及官吏收受赃贿的不宽恕。史书记载："宋代的律法可以得到守法官吏的途径有三种，而不赦免贪赃就是其中之一。"宋仁宗天圣年间以后，士大夫都知道整饬贿赂而严肃端方不苟的行为，因为君上有用来劝勉的依据。(《石林燕语》："宋神宗熙宁年间，苏子容判审刑院，知金州张仲宣犯枉法贪赃之罪，按律当死。按照惯例，命官因贪赃而处死，都是免死罪而杖脊，黥面发配海岛。苏子容说：'古代刑不上大夫，可以杀就杀。张仲宣为五品官员，如今杖打而黥面，能不是侮辱百官吗？'于是下诏免去杖打黥面之刑，只是流放岭外。从此成为惯例。"然而惩治贪污之法，也渐渐宽松了。）文定公于慎行认为“本朝无原则宽容的政事，比宋朝时候严重。打了败仗的将军，可以不被处死；贪官贪污非常多，仅仅是被罢官。而小小的刑事案件，反而有法网的严密，这是轻重都有偏差”。从永乐年间开始，贪官被遣送至边远地方戍守；宣德年间，改为运砖纳米赎罪，逐渐至于宽大，进而不再推求前朝的律法了。（宣德年间，都御史刘观，犯收受贿赂数千金按律当斩。皇上说：“刑不上大夫。刘观虽然不好，但是朕始终不忍心加以刑罚。”于是命令派遣他戍守辽东。正统初年，于是就有特旨宽恕。）感叹啊！律法不设立，责罚不执行，却想做官的人不贪污，这是不可能做到的。君王已经授予他们权柄，然而他所谓的大臣，都是执掌案牍、管理平常事的人，烦琐地列举小事情，加以责难，来作为天下的要务，那么吏治怎么能变好呢？

《北梦琐言》：“后唐明宗，尤恶墨吏。邓州留后陶玘，为内乡令成归仁所论，税外科配①，贬岚州司马。掌书记王惟吉夺历任告敕，长流绥州。亳州刺史李邺，以赃秽赐自尽。汴州仓吏犯赃，内有史彦珣旧将之子，又是驸马石敬瑭亲戚。王建立奏之，希免死。上曰：‘王法无私，岂可徇亲。’供奉官丁延徽，巧事权贵，监仓犯赃，侍卫使张从贵方便救之。上曰：‘食我厚禄，盗我仓储，苏秦复生，说我不得。’并戮之。”以是在五代中号为小康之世。

【注释】①科配：谓官府摊派正项赋税外的临时加税。

【译文】《北梦琐言》：“后唐明宗特别憎恶贪官污吏。邓州留后陶玘，被内乡令成归仁论告弹劾，在正项赋税外又临时加税，贬为岚州司马。掌书记王惟吉收回印历、任用的告敕，被远途流放绥州。亳州刺史李邺，因为贪赃纳贿被命令自尽。汴州官仓中的小吏贪污受贿，其中有史彦珣旧将的儿子，又是驸马石敬瑭的亲戚。王建立启奏皇帝，希望能免除一死。皇帝说：'王法公正没有偏心，怎么可以曲从亲情。'供奉官丁廷徽，诡诈侍奉权贵，监督仓库贪污受贿，侍卫使张从贵求情救他。皇帝说：'享受我优厚的俸禄，却盗取我仓库中储存的粮食，即使是苏秦再生，也不能说服我。'把他们都杀了。"因此这在五代中被称为小康时代。

《册府元龟》载：天成四年十二月，蔡州西平县令李商，为百姓告陈不公，大理寺断止赎铜。敕旨："李商招愆，俱在案款，大理定罪，备引格条[①]。然亦事有所未图，理有所未尽。古之立法，意在惜人。况自列圣相承，溥天无事，人皆知禁，刑遂从轻。丧乱以来，廉耻者少。朕一临寰海，四换星灰[②]，常宣无外之风，每革从前之弊，惟期不滥，皆守无私。李商不务养民，专谋润己。初闻告不公之事件，决彼状头[③]，又为夺有主之庄田，挞其本户。国家给州县篆印，只为行遣公文，而乃将印历[④]下乡，从人户取物。据兹行事，何以当官？宜夺历任官，杖杀。"读此敕文，明宗可谓得轻重之权者矣。

【注释】①格条：法令条文。②灰：特指古代候气的葭灰。③状头：诉讼原告人。④印历：泛指官府发的凭证。

【译文】《册府元龟》记载：后唐明宗天成四年十二月，蔡州西平县令李商，被百姓控告陈说不公正，大理寺裁断只是罚款。皇帝下诏："李商招惹罪愆，都在案款，大理寺定罪，完全引用法令条文。然而也是事情没有考虑周全，道理没有叙述详尽。古时候制定律法，是为了顾惜人命。况且历代帝王递相沿袭，遍天下没有变故，人人都知道律法禁令，刑罚于是从轻处罚。政局动乱以来，廉洁知耻的人少。朕初次临御全国，四年以来，常常宣扬天下一家的风尚，每每革除从前的弊病，只是期望要节制，都坚守无私。李商不致力养育百姓，专门谋划利益自己。起初听说控告他不公正的事件，判处那个诉讼原告人，又强取有主的庄田，鞭挞庄田的主人。国家授予州县篆印，只是为了发落公文，然而他却拿着官府发的凭证到乡下去，从百姓家中索取财物。按照这样办事，怎么当官呢？应该收回印历、委任的官职，用杖打死。"读这篇诏书，后唐明宗可以说是得到了轻重的权衡。

《金史》："大定十二年，咸平尹石抹阿没剌以赃死于狱。上谓其不尸诸市，已为厚幸。贫穷而为盗贼，盖不得已；三品职官，以赃至死，愚亦甚矣。其诸子皆可除名[①]。"夫以赃吏而锢及其子，似非恶恶止其身之义。然贪人败类，其子必无廉清，则世宗之诏，亦未为过。《汉书》言："李固、杜乔[②]，朋心合力，致主文宣。"而孝桓[③]即位之诏有曰："赃吏子孙，不得详举。"岂非汉人已行之事乎？

【注释】①除名：除去名籍，取消原有身份。②李固：字子坚。汉中城固（今属陕西）人。东汉中期名臣，司徒李郃之子。年轻时便博览古今、学识渊博，屡次不受辟命，对朝廷屡有谏言。顺帝驾崩后为梁皇后所倚重，但受到梁冀的忌恨。质帝驾崩后，与梁冀争辩，不肯立刘志（汉桓帝）为帝，最后遭梁冀诬告杀害。杜乔：字叔荣。河内林虑（今河南林州）人。东汉时期名臣，与李固齐名。年轻时为诸生，受司徒杨震征辟。奉命与七使巡行天下，弹劾不法。对梁冀家族擅权不法的行为极为厌恶，多次上疏弹劾梁冀及其亲信，受到梁冀的忌恨。升任太尉后，旋即受宦官及梁冀诬陷，下狱而死。③孝桓：刘志，字意，生于蠡吾（今河北博野），汉章帝刘炟曾孙，河间孝王刘开之孙，蠡吾侯刘翼之子。谥号孝桓皇帝，史称汉桓帝。

【译文】《金史》记载："金世宗大定十二年，咸平尹石抹阿没剌因为贪赃死在狱中。皇上说没有让他在街头陈尸，已经是大幸了。由于贫穷而成为盗贼，大概是不得已；然而三品的职官，因为贪赃至死，也是非常愚蠢了。他的儿子都应该除去名籍。"因为贪赃的官吏而禁闭累及他的儿子，似乎不是憎恨邪恶只限于干坏事的当事人的意思。然而贪婪的人、腐败的堕落分子，他的儿子必定不廉洁清白，那么金世宗的诏书，也没有什么过错。《汉书》记载："李固、杜乔，团结一致，共同努力，辅佐国君，使他成为汉文帝、汉宣帝。"而孝桓皇帝开始成为帝王时的诏书有提到："贪赃官吏的子孙，不得被推举。"难道不是汉代人就已经这样做了吗？

《元史》："至元十九年九月壬戌，敕中外官吏赃罪，轻者决杖，重者处死。"

【译文】《元史》记载："至元十九年九月初六，宣敕朝廷内外的官吏如果犯贪污受贿罪，罪行轻的判处杖刑，罪行重的处死。”

有庸吏之贪，有才吏之贪。《唐书·牛僧孺传》：“穆宗初，为御史中丞。宿州刺史李直臣，坐赃[①]当死，中贵人[②]为之申理。帝曰：‘直臣有才，朕欲贷而用之。’僧孺曰：‘彼不才者，持禄取容[③]耳。天子制法，所以束缚有才者。安禄山、朱泚以才过人，故乱天下。’帝是其言，乃止。”今之贪纵者，大抵皆才吏也，苟使之惕于法，而以正用其才，未必非治世之能臣也。

【注释】①坐赃：亦作“坐臧”。犯贪污罪；判贪污罪。②中贵人：专称显贵的侍从宦官。③持禄：保持禄位。犹言尸位素餐。取容：讨好别人以求自己安身。

【译文】有才能平庸的官吏贪污，也有有才干的官吏贪污。《唐书·牛僧孺传》记载：“唐穆宗初期，牛僧孺担任御史中丞。宿州刺史李直臣，犯贪污罪应当被处死，显贵的侍从宦官为他说情。皇帝说：‘李直臣有才干，朕想要宽恕他，另外任用。’牛僧孺说：‘那些没有才干的人，只不过是为了保持禄位、讨好上司罢了。天子制定律法，是为了约束有才干的人。安禄山、朱泚凭借超过常人的才干，因此能祸乱天下。’皇帝认为他说得对，不再要求赦免李直臣。”如今贪婪放纵的人，大多都是有才干的官吏，如果使他们戒惧律法，而通过正常的途径发挥他们的才能，那么他们未必不是治世的能臣。

《后汉书》称：“袁安[①]为河南尹，政号严明，然未尝以赃罪鞫人[2]。”此近日为宽厚之论者所持以为口实。乃余所见，数十年来，姑息之政，至于纲解纽弛，皆此言贻之敝矣。嗟乎！范文正有言：“一家哭，何如一路哭邪？”

【注释】①袁安：字邵公，一字召公。汝南汝阳（今河南商水）人。东汉大臣。任用属下极严，使得官民对其既害怕又敬爱。②鞫（jū）人：审讯犯人。鞫，审判；讯问。

【译文】《后汉书》记载：“袁安担任河南尹，政令号称严明，然而不曾因为贪污罪审讯犯人。”这就被近日持宽厚论调的人作为借口。我所见到的，数十年来，无原则宽容的政令，以至于纲纪懈怠松弛，都是这种论调遗留下来的弊病。嗟乎！文正公范仲淹说过：“官员一家哭，哪里比得上一个地区到处都是百姓的痛哭呢？”

朱子谓：“近世流俗，惑于阴德之论，多以纵舍有罪为仁。”此犹人主之以行赦为仁也。孙叔敖断两头蛇，而位至楚相，亦岂非阴德之报邪？

【译文】朱熹说：“近代社会上流行的风俗习惯，困惑于阴德的学说，大多把宽放有罪的人当作仁义。”这就像君王把行大赦作为仁政。孙叔敖斩杀两头蛇并把蛇埋了，然而职位坐到了楚相，难道不也是阴德的回报吗？

唐《柳氏家法》：“居官不奏祥瑞，不度僧道，不贷赃吏法。”

此今日士大夫居官者之法也。宋包拯[1]戒子孙:“有犯赃者,不得归本家,死不得葬大茔。”此今日士大夫教子孙者之法也。

【注释】①包拯:字希仁。庐州合肥(今安徽合肥)人。北宋名臣。包拯廉洁公正、立朝刚毅,不附权贵,铁面无私,且英明决断,敢于替百姓申不平,故有“包青天”及“包公”之名。

【译文】唐代《柳氏家法》记载:“做官不上奏祥瑞,不剃度僧人道人,不宽恕贪官法。”这是现代士大夫做官的人的准则。宋代包拯告诫后代子孙:“有犯贪污受罪的人,不得返回原籍,死后不得入葬祖坟。”这是现代士大夫教育子孙的准则。

贵廉

汉元帝[1]时,贡禹[2]上言:“孝文皇帝时,贵廉洁,贱贪污,贾人赘婿[3],及吏坐赃者,皆禁锢不得为吏。赏善罚恶,不阿亲戚。罪白者伏其诛,疑者以与民,师古曰:罪疑惟轻也。亡赎罪之法。亡,无同。故令行禁止,海内大化,天下断狱四百,与刑错亡异。武帝始临天下,尊贤用士,辟地广境数千里。自见功大威行,遂从耆欲。用度不足,乃行一切之变,使犯法者赎罪,入谷者补吏,是以天下奢侈,官乱民贫,盗贼并起,亡命者众。郡国恐伏其诛,则择便巧史书,习于计簿[4],能欺上府者,以为右职。师古曰:上府谓所属之府。右职,高职也。奸轨不胜,则取勇猛能操切百姓者,以苛暴威服下者,使居大位。故亡义而有财者显于世,欺谩而善书者尊于朝,悖逆而勇猛者贵于官。故俗皆曰：何以孝弟为？财多而光荣；何以礼义为？史书而仕宦；何以谨慎为？勇猛而临官。故黥劓而髡钳⑤者，犹复攘臂为政于世。行虽犬彘，家富势足，目指气使⑥，是为贤耳。师古曰：动目以指物，出气以使人。故谓居官而置富者为雄杰，处奸而得利者为壮士。兄劝其弟，父勉其子，俗之败坏，乃至于是。察其所以然者，皆以犯法得赎罪，求士不得真贤，相、守崇财利，师古曰：相，诸侯相也；守，郡守也。诛不行之所致也。今欲兴至治⑦，致太平，宜除赎罪之法，相、守选举不以实，及有赃者，辄行其诛，亡但免官，则争尽力为善。贵孝弟，贱贾人，进真贤，举实廉，而天下治矣。”

【注释】①汉元帝：即刘奭，汉宣帝刘询与嫡妻许平君所生之子。汉元帝多才艺，善史书，通音律，少好儒术，为人柔懦。在位期间，因为宠信宦官，导致皇权式微，朝政混乱不堪，西汉由此走向衰落。②贡禹：字少翁，琅邪（今山东诸城）人，“以明经洁行著闻”，主张选贤能，诛奸臣，罢倡乐，修节俭。后世尊为“贡公”。③赘婿：指就婚、定居于女家的男子。以女之父母为父母，所生子女从母姓，承嗣母方宗祧。泛指微贱之人。④计簿：古代计吏登记户口、赋税、人事的簿籍。⑤黥劓（qíng yì）：古代刑罚名。黥，古代在人脸上刺字并涂墨之刑。劓，古代割掉鼻子的一种酷刑。髡（kūn）钳：古代刑罚。谓剃去头发，用铁圈束颈。⑥目指气使：用眼神和气色示意以支使别人。形容态度骄横。⑦至治：安定昌盛、教化大行的政治局面或时世。

【译文】汉元帝时期，贡禹上奏：“孝文皇帝时期，重视廉洁，轻视贪污，商人赘婿，以及官吏犯贪污受贿罪的，都禁止做官。赏赐善人善事，惩罚恶人恶事，不曲从亲戚。罪状清楚的被处死，罪行有疑问的从轻处罚，（颜师古说：疑罪从轻处罚。）没有赎罪的规定。因此法令严明，全国得到广远深入的教化，天下总共审理案件四百起，与置刑法而不用没有差异。汉武帝开始临御天下，尊敬贤者、任用贤士，开拓疆域有数千里。他认为自己功劳盛大、威望在国内推行，于是放纵嗜欲。费用开支不足，就变更一切旧的规制，使犯法的人可以用钱赎罪，交纳一定数量的谷物就可以补任官吏，因此天下挥霍浪费成风，吏治混乱、百姓贫困，盗贼一齐发生，亡命之徒众多。郡国担心被处死，就选择巧言善辩、长于为文，熟习计簿，能欺骗上司的人，担任高官。（颜师古说：上府是说所属之府。右职，是高职的意思。）违法作乱的事情不尽，就任用勇敢有力、苛刻对待百姓的人，以凶狠残酷的手段慑服百姓的人，让他们担任显贵的官位。因此无义而有财的人显赫于世上，欺骗而巧于文章的人尊贵于朝堂上，悖乱忤逆而勇敢有力的人身居要职。因此俗世流传着这样的话：要孝悌有什么用呢？财多就光荣；要礼义有什么用呢？擅长文章就能做官；要谨慎有什么用呢？勇敢有力就能显贵。因此黥劓而髡钳的人，仍然能再次激奋在世间执掌国政。行为虽然如同猪狗，然而家境富有、势力庞大，态度骄横，这就是所谓的贤能。（颜师古说：转动眼睛来指向物，呼出气息来使唤人。）因此说做官而添置财富的人为雄杰，奸诈而获得利益的人为壮士。兄长这样勉励弟弟，父亲这样勉励儿子，社会风气的败坏，竟然到了这种地步。考察产生这种现象的原因，都是由于犯法可以通过赎罪免除，求士得不到真正的贤能，王国相、郡太守贪图钱财和私利，（颜师古说：相，是诸侯国相；守，是郡守。）诛罚不能真正施行所导致的。如今想要兴起最好的治理，达到天下太平，就应该废除赎罪的规制，王国相、郡太守不根据实际情况选拔任用人才，以及有贪污受贿的，就立刻诛杀，不能只是免官，那么人人就会竞相尽力为善。重视孝顺父母，友爱兄弟，鄙视商人，进荐真正的贤能，举用廉洁的人，那么天下就得到治理了。”

呜呼，今日之变，有甚于此。自神宗以来，黩货之风，日甚一日，国维不张，而人心大坏，数十年于此矣。《书》曰：“不肩好货，敢恭生生，鞠人谋人之保居，叙钦。”必如是，而后可以立太平之本。

【译文】啊，现在的变化，比这还严重。从明神宗以来，贪污纳贿风气，一天比一天严重，国家的法纪不能推行，而且人心大坏，已经累积数十年了。《尚书》记载：“不任用贪爱财物的人，只任用关注生民的人，对于为穷困的人谋划、保证他们安居的人，我将会分等级进用和礼遇。”必须像这样，然后才可以建立太平的根本。

“禹又欲令近臣，自诸曹侍中以上，家亡得私贩卖，与民争利，犯者辄免官削爵，不得仕宦。”此议今亦可行。自万历以后，天下水利碾硙[1]，场渡市集，无不属之豪绅，相沿以为常事矣。

【注释】①碾硙（wèi）：利用水力启动的石磨。

【译文】“贡禹又希望皇帝命令左右亲近的大臣，各个部门从侍中官职以上的家庭，不能私自贩卖货物，与百姓争夺利益，违反的人就罢免官职、革除爵位，不能做官。”这个奏议如今也可以施行。从万历年间以后，天下水利碾硙，场渡市镇集镇，没有不归属于地方上仗势欺人的绅士，递相沿袭作为常有的事情了。

禁锢奸臣子孙

唐太宗诏禁锢宇文化及、司马德戡、裴虔通[①]等子孙，不令齿叙。贞观七年正月戊子诏文，见《旧唐书》。武后令杨素[②]子孙不得任京官及侍卫。《新唐书》。至德中，两京平，大赦，惟禄山支党及李林甫、杨国忠、王鉷子孙不原。《新唐书》。宋高宗即位，诏蔡京、童贯、王黼、朱勔、李彦、梁师成、谭稹[③]皆误国害民之人，子孙更不收叙。《清波杂志》。而章惇[④]子孙，亦不得仕于朝。《宋史·章惇传》。明太祖有天下，诏宋末蒲寿庚、黄万石[⑤]子孙不得仕宦。饕餮之象周鼎、梼杌[⑥]之名楚书，古人盖有之矣。窃谓宜令按察司各择其地之奸臣一二人，王法之所未加，或加而未尽者，刻其名于狱门之石，以为世戒，而禁其后人之入仕。九刑[⑦]不忘，百世难改，亦先王树之风声之意乎！

【注释】①宇文化及：隋末叛军首领。先祖是匈奴人，姓破野头。代郡武川（今内蒙古武川）人，北周上柱国宇文盛之孙，右卫大将军宇文述长子。司马德戡：隋朝将领。扶风雍（今陕西凤翔）人。幼贫，以屠猪自给。与宇文化及发动兵变，缢杀隋炀帝。裴虔通：河东（今山西永济）人。隋炀帝亲信。后与司马德戡同谋作乱，执帝于西阁。②杨素：字处道，弘农郡华阴县（今陕西华阴）人。隋朝权臣、诗人、军事家。北魏谏议大夫杨暄之孙、北周骠骑大将军杨敷之子。③童贯：字道夫（一作道辅），开封人，北宋权宦，“六贼”之一，性巧媚。权倾内外；时称蔡京为“公相”，称他为“媪相”。朱勔（miǎn）：苏州人。北宋大臣，为“六贼”之一。方腊起义时，即以诛杀朱勔为号召。梁师成：字守道。北宋末年宦官，为“六贼”之一，权势日盛，贪污受贿，卖官鬻职等无恶不作，甚至连蔡京父子也谄附，故时人称之为“隐相”。谭稹（zhěn）：北宋末年宦官。④章惇：字子厚，号大涤翁，建宁军浦城（今福建南平）人。北宋中期政治家、改革家，章俞之子。出身世族，博学善文，相貌俊美，高傲自负。⑤蒲寿庚：又称蒲受畊，号海云，宋末元初时期“蕃客回回”的代表人物。其先辈系十世纪之前定居占城（今越南）的西域阿拉伯人后裔，蒲开宗之子。宋末任提举市舶三十年。元兵南下时投降。黄万石：江阴白沙人。南宋德祐中授江南西路制置使。景炎二年元兵南下，遂寓居武进西沥塘桥之西。⑥梼杌（táo wù）：恶兽名，楚以名史，主于惩恶。⑦九刑：周代刑书名。亦指古代的九种刑罚。

【译文】唐太宗下诏禁止宇文化及、司马德戡、裴虔通等人的子孙，不让录用。（贞观七年正月初十诏文，见《旧唐书》。）武后诏令杨素的子孙不能担任京官以及侍卫。（见《新唐书》。）唐肃宗至德年间，两京平定，大赦天下，唯独安禄山的党羽以及李林甫、杨国忠、王鉷的子孙不被原宥。（见《新唐书》。）宋高宗即位，诏令蔡京、童贯、王黼、朱勔、李彦、梁师成、谭稹都是误国害民的奸人，子孙更不录用。（见《清波杂志》。）而章惇的子孙，也不能在朝中做官。（见《宋史·章惇传》。）明太祖取得天下，下诏宋代末年蒲寿庚、黄万石的子孙不能做官。饕餮的形象刻绘在周鼎上、梼杌作为楚国史书的名字，古人早就有了。我认为应该让巡察的部门各自选择当地的奸臣一二人，王法没有处理，或者处理了但是不详尽的，雕刻他们的名字在狱门的石上，以作为世人的警戒，而禁止他的后代子孙做官。九刑不能忘记，百世难以更改，也是先王树立风气教化的意思吧！

《旧唐书·太宗纪》：贞观二年六月辛卯，诏曰："天地定位，君臣之义以彰；卑高既陈，人伦之道斯著。是用笃厚风俗，化成天下。虽复时经治乱，主或昏明，疾风劲草，芬芳无绝，剖心[2]焚体，赴蹈如归。夫岂不爱七尺之躯，重百年之命？谅由君臣义重，名教所先，故能明大节于当时，立清风于身后。至如赵高之殒二世，董卓之鸩弘农[3]，人神所疾，异代同愤。况凡庸小竖[4]，有怀凶悖，遐观典策，罔不诛夷。辰州刺史长蛇县男裴虔通，昔在隋代，委质晋藩，炀帝以旧邸之情，特相爱幸。遂乃忘蔑君亲，潜图弑逆，密伺间隙，招结群丑，长戟流矢，一朝窃发，天下之恶，孰云可忍？宜其夷宗焚首，以彰大戮[5]。但年代异时，累逢赦令，可特免极刑，投之四裔，除名削爵，迁配驩州。"虔通归国，授滁州总管，每自言："身除隋室，以启大唐。"有觖望之色，及得罪，怨愤，岁余而死。《唐书·太宗纪》，贞观二年七月戊申，莱州刺史牛方裕、绛州刺史薛世良、广州长史唐奉义、虎牙郎将高元礼、以宇文化及之党，皆除名徙于边。

【注释】①疾风劲草：在猛烈的大风中，可看出什么样的草是强劲的。比喻节操坚定，经得起考验。②剖心：破胸取心，古代的一种酷刑。其事起于商纣王怒比干之谏，遂剖其心，事见《尚书·泰誓》。③弘农：即汉少帝刘辩，是汉灵帝刘宏与何皇后的嫡长子。受制于以"勤王"为名进京的凉州军阀董卓，终于被废为弘农王，成为东汉唯一被废黜的皇帝，后被董卓胁迫下自尽。史书中称刘辩为皇子辩、少帝和弘农王等。④竖：旧称未成年的童仆，小臣，引申为卑贱的。⑤大戮：谓杀而陈尸示众。

【译文】《旧唐书·太宗纪》记载：贞观二年六月十六日，下诏："天地确定名位，君臣的大义因此彰显；高低的地位已经陈列，人伦的大道就明确了。因此淳厚风俗，教化天下。即使时常经历安定、动乱，君主有的昏庸、有的英明，但是在猛烈的大风中，可以看出什么样的草是强劲的，美好的德行不会断绝，剖心焚体，赴汤蹈火如同归家一样。难道他们不爱惜自己的七尺身躯，不重视自己的百年性命？谅必是由于君臣义重，名声与教化在前，因此在那个时候能够明白高远宏大的志节，在身后树立高洁的品格。至于像赵高杀害秦二世，董卓鸩杀弘农王，人神为之愤怒，不同的时代共同愤恨。况且平庸的人、卑贱的小子，心怀凶狠叛逆，纵观典籍，他们没有不被诛杀的。辰州刺史长蛇县男裴虔通，之前在隋代时期，归附在晋王手下，隋炀帝因为以前在府邸的情谊，特别宠爱。于是竟至于目无君亲，私下图谋弑君，秘密窥伺空隙，勾结叛逆，长戟飞箭，一时暗中发动，天下像这样的大恶，谁说能够容忍呢？应该夷灭他的宗族、焚烧他的首级，用杀而陈尸示众来昭示天下。但是由于时代不同，多次遇到减免罪刑的命令，可以特别免除死刑，发配到四方边远地区，除去名籍、革除官爵，移民屯边驩州。"（裴虔通回到国都后，授任滁州总管，常常自言自语说："亲自杀死隋皇，来开启大唐。"自认为有功而产生所愿不满而生怨的脸色，等到得罪时，怨恨愤怒，一年多后而死。《唐书·太宗纪》，贞观二年七月初四，莱州刺史牛方裕、绛州刺史薛世良、广州长史唐奉义、虎牙郎将高元礼，因为宇文化及的党羽，都被除名流放边疆。)

《册府元龟》:“权万纪为治书侍御史,贞观四年正月奏:宇文智及[①],受隋厚恩,而蔑弃君亲,首为弑逆,人臣之所同疾,万代之所不原。今其子乃任千牛[②],侍卫左右,请从屏黜,以为惩戒。制可。”《大唐新语》:杨昉为左丞时,宇文化及子孙理资荫。朝廷以事隔两朝,且其家亲族亦众,下所司理之。昉判曰:父弑隋主,子诉隋资,生者犹配远方,死者无宜更叙。时人深赏之。

【注释】①宇文智及:隋炀帝宠臣、许国公宇文述子。大许国皇帝宇文化及弟。多行违法事。隋末为将作少监。江都之变,智及实为主谋。化及称帝,封为齐王。与宇文化及同时被杀。②千牛:禁卫官千牛备身、千牛卫的省称。掌执千牛刀,为君王护卫。

【译文】《册府元龟》记载:“权万纪担任治书侍御史时,在贞观四年正月上奏:宇文智及,受到隋朝深厚的大恩,然而却轻视鄙弃君王,首先弑君,人臣共愤,万代不能被原宥。然而现在他的儿子却担任千牛卫,侍卫皇帝左右,奏请依从罢免,以作为惩戒。皇帝的诏令同意了。”(《大唐新语》:杨昉担任左丞时,宇文化及子孙处理“资荫”之事。朝廷认为事情已经隔了两朝,而且其家亲族也多,于是要求相关部门处理。杨昉裁判说:父亲弑杀隋主,其子诉隋资,在世的人仍然发配远方,逝世的人不宜再叙。时人非常赞赏这段话。)

《杨元禧传》载武后制曰:“隋尚书令杨素,昔在本朝,早荷殊遇。禀凶邪之德，怀谄佞之才，惑乱君上，离间骨肉。摇动冢嫡[①]，宁惟掘蛊[②]之祸；诱扇后主，卒成请蹯[③]之衅。生为不忠之人，死为不义之鬼。身虽幸免，子竟族诛。斯则奸逆之谋，是其庭训[④]，险薄之行，遂成门风。刑戮虽加，枝胤[⑤]仍在，岂可复肩随[⑥]近侍，齿迹[⑦]朝行？朕接统百王，恭临四海，上嘉贤佐，下恶贼臣。常欲从容于万机之余，褒贬于千载之外，况年代未远，耳目所存者乎？其杨素及兄弟子孙，并不得令任京官及侍卫。"史言："元禧忤张易之，密奏左贬。"然此制自是当时公论。

【注释】①冢嫡：嫡长子。②掘蛊：汉武帝患病，江充说是巫蛊为祟，并预埋桐木人于太子宫地下，然后掘起，以诬陷戾太子。见《汉书·江充传》。后以"掘蛊"为诬陷帝位继承人的典故。③请蹯（fán）：典出《左传》鲁文公元年："冬十月，〔商臣〕以宫甲围成王。王请食熊蹯而死。弗听。丁未，王缢。"后以"请蹯"指弑逆行为。④庭训：《论语·季氏》记孔子在庭，其子伯鱼趋而过之，孔子教以学《诗》《礼》。后因称父教为庭训。泛指家教。⑤枝胤：后代子孙。⑥肩随：古时年幼者事年长者之礼。并行时斜出其左右而稍后。犹追随。⑦齿迹：犹厕身，置身。

【译文】《杨元禧传》记载武后的诏令："隋朝尚书令杨素，从前在本朝，早蒙受特殊的恩遇。生成邪恶的德行，心怀阿谀逢迎的才能，迷惑君上，离间骨肉。动摇嫡长子的地位，宁可导致掘蛊的祸患；引诱煽动后主，最终造成弑君的争端。活着是不忠心的人，死了又是不义的鬼。自身虽然侥幸免祸，后代竟被灭族。这就是奸逆的阴谋，是他的家教，阴险刻薄的品行，逐渐成为家风。刑戮虽然被施加，然而后代子孙仍然存在，怎么可以再追随在近旁服侍，置身朝列？朕承接帝统于百王，肃敬临御天下，在上嘉奖贤明的辅臣，对下憎恶乱臣贼子。常常想着盘桓逗留在各种政务之后，褒贬在千年之外，何况年代不久远，眼睛耳朵能闻听、见到的呢？杨素以及他的兄弟子孙，都不能让他们担任京官以及侍卫。”（史书记载：“杨元禧反对张易之，秘密上奏而被贬官。”然而此制自然是当时的公论。）

宋末，蒲寿庚叛逆之事，皆出于其兄寿晟[①]之画。是时寿晟佯著黄冠野服[②]，归隐山中，自称处士，以示不臣二姓。而密为寿庚作降表，令人自水门潜出，送款于唆都[③]。其后寿庚以功授平章，富贵冠一时，而寿晟亦居甲第。有投诗者云：“剑戟纷纭扶主日，山林寂寞闭门时。水声禽语皆时事，莫道山翁总不知。”《泉州府志》。呜呼！今之身为戎首[④]，而外托高名者，亦未尝无其人也。或欲盖而弥章，则无逃于三叛[⑤]之笔矣。

【注释】①寿晟：即蒲寿晟，亦写作寿宬、寿晟、寿峸。与弟蒲寿庚至泉州贸易。寿庚为泉州守，寿宬密谕寿庚纳款于元，遂于景炎元年同降元朝。②黄冠野服：亦作“黄冠草服”“黄冠草履”。粗劣的衣着。借指平民百姓。有时指草野高逸。③送款：投诚，归降。唆都：元朝将领。蒙古札剌亦儿氏。骁勇善战。④戎首：首先挑起事端或带头做坏事的人。⑤三叛：三个叛逆者。指春秋邾庶其、黑肱、莒牟夷。

【译文】宋代末年，蒲寿庚叛逆的事情，都出自他的兄长蒲寿晟的谋划。那个时候蒲寿晟佯装穿着粗劣的衣着，隐居在山中，自称处士，来表明他不称臣屈服于两个王朝。然而秘密的为蒲寿庚作降表，命人从临水的城门偷偷出去，向唆都投降。后来蒲寿庚由于功劳被授予平章政事，富贵超出一时，而且蒲寿宬也位居甲第。有投递诗的人写道：“剑戟纷纭扶主日，山林寂寞闭门时。水声禽语皆时事，莫道山翁总不知。”感叹啊！如今自身是带头做坏事的人，然而对外却假托高尚的名声，也不是没有像他这样的人。有的人想要掩盖反而更加明显，则无法逃避被记载成叛逆者了。

家 事

孔子曰：“居家理，故治可移于官。”“子木问范武子之德于赵孟①，对曰：‘夫子之家事治，言于晋国无隐情，其祝史陈信于鬼神，无愧辞。’子木归以语王。王曰：‘宜其光辅五君，以为盟主也。’”夫以一人家事之理，而致晋国之霸，士大夫之居家，岂细行乎？

【注释】①子木：芈姓，屈氏，名建，字子木，其名为屈建，世人尊称子木，春秋时期楚国贵族。范武子：祁姓，士氏，名会，字季，因封于随，称随会；封于范，又称范会；以大宗本家氏号，又为士会。春秋时期晋国大夫。士蒍之孙。赵孟：春秋时代人们对晋国赵氏历代宗主的尊称，非特定单指一个人。孟，长也，故赵孟之意为赵氏之长，赵氏大宗的宗主。此处指的是赵武，史称赵文子。

【译文】孔子说：“在家能够处理好家务，那么就可以把理家的方法移到做官、治理国家。”“子木向赵孟询问范武子的德行怎么样，赵孟回答说：‘这个人的家事治理得井井有条，对于晋国来说没有什么可以隐瞒的情况，他的祝史对鬼神表示诚信，没有不真实的言辞。’子木回来把这话告诉楚王。楚王说：‘怪不得他能够多方面地辅佐五世国君，作为盟主了。’”由一个大夫家族内部事务的处理，进而成就晋国的霸业，士大夫在家的日常生活，哪里是小事呢？

《史记》之载宣曲任氏，曰：“富人争奢侈，而任氏折节为俭，力田畜。田畜，人争取贱贾，任氏独取贵善，富者数世。然任公家约，非田畜所出，弗衣食，公事不毕，则身不得饮酒食肉，以此为闾里率。故富而主上重之。”《汉书》载张安世[①]曰：“安世尊为公侯，食邑万户，然身衣弋绨[②]，夫人自纺绩[③]。家童七百人，皆有手技作事。内治产业，累积纤微，是以能殖其货，富于大将军光。”《后汉书》载樊弘[④]父重曰：“世善农稼，好货殖，性温厚，有法度，三世共财，子孙朝夕礼敬，常若公家。其营理产业，物无所弃，课役[⑥]童隶，各得其宜，故能上下戮力，财利岁倍。”今之士大夫知此者鲜，故富贵不三四传而衰替也。

【注释】①张安世：字子儒，京兆杜陵（今陕西西安）人，西汉大臣。酷吏张汤之子，麒麟阁十一功臣之一。生性谨慎，以父荫任为郎官。为官廉洁。②弋绨：黑色粗厚的丝织物。弋，通“黓（yì）”。③纺绩：把丝麻等纤维纺成纱或线。古代纺指纺丝，绩指缉麻。④樊弘：东汉南阳湖阳人，字靡卿。光武帝舅。父樊重，经营土地、商业，有田三百多顷。⑤课役：役使督促。

【译文】《史记》里记载宣曲任氏，写道：“富人都争相挥霍浪费，然而任氏强自克制、崇尚节俭，致力于农田、畜牧。田地、牲畜，别人都是争取低价买进，任氏唯独选取贵而好的，数代都很富有。然而任公家约规定，不是自家田地、畜牧所出产的，不穿不吃，公事没有完毕，那么自身不能够饮酒吃肉，以此为乡里作表率。所以他富有而且皇帝也尊重他。”《汉书》记载张安世道：“张安世尊为公侯，食邑一万户，然而身穿黑色的粗布衣服，夫人亲自纺丝缉麻。家僮七百人，都有手艺从事工作。治理家务产业，累积细微的财物，因此能够增殖财货，比大将军霍光还要豪富。”《后汉书》记载樊弘的父樊重写道：“世代擅长农业生产，喜爱经商营利，品性温和淳厚，做事有规矩，三代共有财物，子孙早晚恭敬有礼，常常如同在公门一样。他经营、料理产业，物没有什么丢弃的，役使督促童仆，都得到合理的安排，因此能够上下同心协力，财物货利每年都会翻倍增长。”如今的士大夫知道这个道理的很少了，因此富贵传递不超过三四代就衰败了。

“两家奴争道，霍氏奴入御史府，欲蹋大夫门”，此霍氏之所以亡也。“奴从宾客，浆酒藿肉[①]”，此董贤之所以败也。然则今日之官评，其先考之《僮约》乎？

【注释】①浆酒藿肉：亦作“浆酒霍肉”。指视酒如浆，视肉如藿。形容饮食豪华奢侈。

【译文】“两家的奴仆争占道路，霍家的奴仆闯入御史府，想要踢大夫家的大门”，这是霍氏灭亡的原因。“奴婢、侍从、门客，饮食奢侈浪费”，这是董贤衰落的原因。那么如今对官吏的评价，应该先考察《僮约》中对奴仆的种种约束规定吧？

以正色立朝之孔父[①]，而艳妻行路，祸及其君；以小心谨慎之霍光，而阴妻邪谋，至于灭族。夫纲之能立者鲜矣。

【注释】①孔父：春秋时宋国（今河南商丘）人。春秋时宋国始祖微子启的弟弟微仲的八世孙，宋国第五任国君宋闵公的五世孙。子姓，名嘉，字孔父。孔子六世祖。太宰华督见其妻“美而艳”，谋夺其妻，遂借安宁人民为名，将他杀死，而取其妻。殇公怒，华督又杀殇公。

【译文】在朝廷上态度严肃的孔父嘉，因为美艳的妻子在道路上行走，而连累到他的君王；以小心谨慎著称的霍光，却隐瞒妻子的奸邪阴谋，以至于被灭族。夫为妻纲能确立的很少了。

戎王听女乐而牛马半死。楚铁剑利而倡优[①]拙，秦王畏之。成帝宠黄门名倡丙强、景武之属，而汉业以衰。玄宗造《霓裳羽衣之曲》，而唐室遂乱。今日士大夫才任一官，即以教戏唱曲为事，官方民隐，置之不讲，国安得不亡？身安得无败？

【注释】①倡优：古代称以音乐歌舞或杂技戏谑娱人的艺人。

【译文】戎王每天听女乐，整年不迁徙，牛马由于没有水草吃而死了一半。楚国的铁剑锋利而歌舞演技拙劣，秦王感到恐惧。汉成帝宠信给事黄门、著名的倡优丙强、景武之流，而汉室的王业衰微。唐玄宗创作《霓裳羽衣之曲》，而唐室天下逐渐混乱。如今的士大夫才为官一任，就把教戏唱曲作为事业，做官的礼法、民众的痛苦，搁置一旁，不加理睬，国怎么会不灭亡？自身怎么会不衰败？

奴仆

《颜氏家训》："邺下有一领军，贪积已甚，家童[1]八百，誓满一千。"唐李义府多取人奴婢，及败，各散归其家。时人为露布[2]云："混奴婢而乱放，各识家而竞入。"潘岳《西征赋》曰："混鸡犬而乱放，各识家而竞入。"太祖数凉国公蓝玉[3]之罪，亦曰："家奴至于数百。"今日江南士大夫多有此风，一登仕籍，此辈竞来门下，谓之投靠，多者亦至千人。而其用事之人，则主人之起居食息，以至于出处语默，无一不受其节制，有甘于毁名丧节而不顾者。奴者主之，主者奴之。嗟乎！此六逆[4]之所由来矣。

【注释】①家童：古代指未成年的仆人。亦指古代对私家奴仆的统称。②露布：告捷文书。③蓝玉：定远（今安徽定远县）人，常遇春妻弟，明朝开国将领。有胆有谋，勇敢善战，屡立战功。后以谋反罪被杀，究其党羽，牵连致死者达一万五千余人，史称"蓝玉案"。④六逆：典出《左传》鲁隐公三年："且夫贱妨贵，少陵长，远间亲，新间旧，小加大，淫破义，所谓六逆也。"古代统治阶级所认为的六种悖逆行为。

【译文】《颜氏家训》记载："邺下有一个领军将军，贪婪已经累积得很多了，私家奴仆已经有八百人，还发誓要凑一千人。"唐朝的李义府过度掠夺别人的奴婢，等到他垮台后，各自遣散他们回家。

当时的人发布捷报说："奴婢混杂着乱哄哄的放出，各自都认识家而竞相进入。"（潘岳《西征赋》中说："混鸡犬而乱放，各识家而竞入。"）明太祖细数凉国公蓝玉的罪行，也说："私家奴仆至于数百人。"现在江南的士大夫大多有这种风气，一旦登入记载官吏名籍的簿册，这类人竞相来到门下，称为投靠，多的也达到一千人。而得到重用的人，则主宰他人的起居饮食和休息，以至于行进和静止、说话或沉默，没有一样不受到他的节制，有甘心毁坏名誉、丧失气节而不顾及的。奴仆成主宰，主人被奴役。感叹啊！这就是六逆的由来。

《汉书·霍光传》："任宣言：大将军时，百官已下，但事冯子都[①]、王子方等。"皆老奴。又曰："初光爱幸监奴[②]冯子都，常与计事，师古曰：监奴，奴之监，知家务者也。及显光妻寡居，与子都乱。"夫以出入殿门，进止不失尺寸之人，而溺情女子小人，遂至于此。今时士大夫之仆，多有以色而升，以妻而宠。夫上有渔色之主，则下必有烝弑[③]之臣。"清斯濯缨，浊斯濯足"，自取之也。是以欲清闺门，必自简童仆始。

【注释】①冯子都：名殷，字子都，西汉长安人。霍光管家奴。霍光执政时，冯子都因受霍光宠幸，百官以下都要仰承他的鼻息。霍光死后，冯子都与光妻私通。②监奴：为权贵豪门监管家务的奴仆头子。③烝弑：奸淫母辈，残杀君父。

【译文】《汉书·霍光传》记载："任宣说道：大将军时期，百官以下，只是侍奉冯子都、王子方等人。"（都是老奴。）又说："当初霍光宠爱监奴冯子都，常同他商量事情，（颜师古说：监奴，是奴仆的主管，掌管家务的人。）到霍光之妻霍显守寡独居，就和冯子都淫乱。”像霍光这样出入殿门，进退不失分寸的人，却在女子、小人身上沉陷，以至于到了这种地步。如今士大夫的奴仆，多有因为姿色而升职，以妻而受宠爱。在上有猎取美女的君主，那么在下必定有奸淫母辈、残杀君父的大臣。“清澈的水可以用来洗帽缨，浑浊的水可以用来洗双脚”，这是由自己选择的。因此想要家庭清白，必须从简选奴仆开始。

严分宜[1]之仆永年，号曰鹤坡；张江陵[2]之仆游守礼，号曰楚滨。古诗：昔有霍家奴，姓冯名子都。而晋灼引《汉语》，以为冯殷，则子都亦字也。不但招权纳贿，而朝中多赠之诗文，俨然与搢绅为宾主。名号之轻，文章之辱，至斯而甚。异日媚阉建祠，非此为之嚆矢[3]乎？

【注释】①严分宜：严嵩，字惟中，号勉庵、介溪等，江西分宜人，故时称严分宜。明朝著名的权臣，书法造诣很深，擅长写青词。②张江陵：张居正，字叔大，号太岳，幼名张白圭。江陵人，时人又称张江陵。明朝中后期政治家、改革家，万历时期的内阁首辅，辅佐万历皇帝朱翊钧开创了“万历新政”。明代唯一生前就被授予太傅、太师的大臣。③嚆（hāo）矢：响箭。因发射时声先于箭而到，故常用以比喻事物的开端。犹言先声。

【译文】分宜人严嵩的家奴严永年，号称鹤坡；江陵人张居正的家奴游守礼，号称楚滨。（古诗：从前有个霍家奴仆，他姓冯名叫子都。而晋灼引《汉语》，认为名为冯殷，那子都也是字了。）不只是弄权收受贿赂，而且朝廷的官员大多赠送他们诗文，仿佛与官员是宾客与主人。名号的轻佻，文章的玷辱，至此很严重。他日逢迎阉党、建立生祠，不是从这开端的吗？

人奴之多，吴中为甚。史言："吕不韦家僮万人，嫪毐家僮数千人。"今吴中仕宦之家，有至一二千人者。其专恣暴横，亦惟吴中为甚。有王者起，当悉免为良，而徙之以实远方空虚之地。士大夫之家，所用仆役，并令出赀[1]雇募，如江北之例。郑康成《周礼·司厉》注曰："今之奴婢，古之罪人也。"《风俗通》言："古制本无奴婢，奴婢皆是犯事者。"今吴中亦讳其名，谓之家人。则豪横一清，而四乡之民得以安枕。其为士大夫者，亦不受制于人，可以勉而为善。讼简风淳，其必自此始矣。

【注释】①出赀：同"出资"。拿出钱财，捐款。

【译文】奴仆众多，吴中最为严重。（史书记载："吕不韦家僮有一万人，嫪毐家僮有数千人。"如今吴中的官宦家庭，有的多达一二千家僮。）奴仆专横放肆，也只有吴中最为严重。有圣王出现，应当赦免为良，并且迁徙他们以充实远方空虚的地区。士大夫家里，所使用的仆人，都让他们拿出钱财招募，如同江北的体例。（郑康成《周礼·司厉》注说："如今的奴婢，是古代的罪人。"《风俗通》说："古制本来没有奴婢，奴婢都是犯事的人。"如今吴中也避讳奴婢之名，称为家人。）那么强暴蛮横全部清除，而四方的百姓能够没有忧虑。士大夫亦不受制于他人，可以奋勉而行善。争讼减少而风俗淳厚，必定从这开始了。

阍人

《颜氏家训》："昔者周公一沐三握发，一饭三吐哺，以接白屋[①]之士，一日所见，七十余人。门不停宾，古所贵也。失教之家，阍寺[②]无礼，或以主君[③]寝食，嗔怒，拒客未通，江南深以为耻。黄门侍郎裴之礼[④]，号善待士，有如此辈，对宾杖之。其门生童仆，接于他人，折旋俯仰，辞色应对，莫不肃敬，与主无别也。"《史记》："郑当时[⑤]诫门下，客至无贵贱，无留门者。"《后汉书》："皇甫嵩[⑥]折节下士，门无留客。"而《大戴礼·武王之门铭》曰："敬遇宾客，贵贱无二。"则古已言之矣。观夫后汉赵壹之于皇甫规[⑦]，高彪之于马融[⑧]，一谒不面，终身不见。为士大夫者，可不戒哉！

【注释】①白屋：不施彩色、露出本材的房屋。一说指以白茅覆盖的房屋。为古代平民所居。代指平民或寒士。②阍寺：豪贵之家的守门人。③主君：对一家之主的称呼。④裴之礼：南朝梁河东闻喜人，字子义。裴邃子。能言玄理。历任黄门侍郎。梁武帝设无遮会，舞象惊，排突陛卫，王公皆散，唯之礼与散骑常侍臧盾不动。帝壮之，以之礼为壮勇将军、北徐州刺史。⑤郑当时，字庄，生卒年不详，西汉大臣，郑桓公十九世孙，陈县人，任侠善交，在梁、楚扬名。因在窦婴、田蚡争论中首鼠两端被贬官。⑥皇甫嵩：字义真。安定郡朝那县（今宁夏彭阳）人。东汉末期名将，雁门太守皇甫节之子、度辽将军皇甫规之侄。⑦赵壹：本名懿，因避司马懿名讳而改，嬴姓，赵氏。字元叔，汉阳郡西县（今甘肃天水）人。东汉辞赋家。体貌魁伟，美须眉，恃才傲物。皇甫规：字威明，安定郡朝那县（今甘肃灵台县）人。东汉时期名将、学者，度辽将军皇甫棱之孙、扶风都尉皇甫旗之子。出身将门世家，颇有见识，熟习兵法。与张奂、段颎（jiǒng）合称“凉州三明”。一生清正，廉洁奉公，不畏权奸，刚正不渝。爱才惜才，荐贤委位。⑧高彪：东汉道家。字义方，吴郡无锡人，家境清寒，有文才而讷于言。马融：字季长。扶风郡茂陵县（今陕西兴平）人。东汉时期著名经学家，东汉名将马援的从孙。以数次拒绝朝廷辟命而名重关西。长于古文经学。设帐授徒，门人常有千人之多。卢植、郑玄等都是其门徒。

【译文】《颜氏家训》记载：“从前周公洗一次头发，要多次停下来，吃一顿饭，多次停下来，以接待来访的贫寒有道之士，一天接见的有七十多人。门前不停留宾客，这是古人所看重的礼节。没有良好教养的家庭，守门人不懂礼节，有的以主人在就寝饮食或者在发脾气为借口，拒绝为访客通报，江南的人家深以此事为耻。黄门侍郎裴之礼，号称善待士人，倘若他的家里有这样的人，就一定会当着访客的面杖打守门人。他家门下供役使的奴仆，接待访客，周旋应付，表情言辞，都严肃恭敬，与主人没有两样。”《史记》记载：“郑当时告诫门下的人说，来访的人不论高贵、低贱，都不要让他们滞留在门前等候。”《后汉书》记载：“皇甫嵩委屈自己，尊重有能力的人，门前没有滞留的访客。”而《大戴礼·武王之门铭》：“恭敬对待宾客，无论身份高贵、低贱都没有两样。”古时候已经说到过了。看到东汉的赵壹对于皇甫规，高彪对于马融，一次拜谒没有会见，就终身不再相见。身为士大夫，能不警戒吗！

《后汉书·梁冀传》：“冀、寿共乘辇车，游观第内，鸣钟吹管，或连继日夜。客到门，不得通，皆请谢[①]门者，门者累千金。”今日所谓门包[②]，殆昉于此。

【注释】①请谢：有所请求而谢之以礼物。②门包：贿赂守门人的财物。

【译文】《后汉书·梁冀传》记载：“梁冀和妻子孙寿共同乘坐辇车，在家宅内游玩观赏，敲钟吹奏箫笛，有时日夜不间断。访客到门前，不能够通传，都带着礼物请求守门人，守门人因此积累千金。”如今所谓的门包，大概是从这开始的。

田 宅

《旧唐书》：“张嘉贞[①]在定州，所亲有劝立田业者。嘉贞曰：‘吾忝历官荣，曾任国相，未死之际，岂忧饥馁？若负谴责，虽富田庄何用？比见朝士，广占良田，乃身殁后，皆为无赖子弟作酒色之资，甚无谓也。’闻者叹服。”此可谓得二疏[②]之遗意者。若夫世变日新，人情弥险，有以富厚之名，而反使其后人无立锥之地者，亦不可不虑也。《书》又言：“马燧[③]赀货甲天下，既卒，子畅承旧业，屡为豪幸[④]邀取。贞元末，中尉曹志廉讽畅令献田园第宅，顺宗[⑤]复赐畅。中贵人逼取，仍指使施于佛寺，畅不敢吝。晚年财产并尽，身殁之后，诸子无室可居，以至冻馁。今奉诚园亭馆，即畅旧第也。”白乐天诗：“不见马家宅，今作奉诚园。”元微之诗：“萧相深诚奉至尊，旧居求作奉诚园。秋来古巷无人扫，树满空墙闭戟门。”

《通鉴》作“奉成园”，又以为马璘之第，并误。按《马璘传》：“天宝中，贵戚勋家，已务奢靡，而垣屋犹存制度。然卫公李靖家庙，已为嬖臣杨氏马厩矣。及安史之乱，法度堕弛，内臣戎帅，竞务奢豪，亭馆第舍，力穷乃止。璘之第，经始中堂，费钱二十万贯。德宗践阼，条举格令，第舍不得逾制，仍诏毁璘中堂，及内官刘忠翼之第，璘之家园，进属宫司。自后公卿赐宴，多于璘之山池。子弟无行，家财寻尽。”《册府元龟》：“贞元十八年二月朔，赐群臣会宴于延康里故马璘池亭。”自后每逢令节，皆然。则二马身后事略同。然谓之故马璘池亭，而不曰奉诚园也。《雍录》：奉诚园在安邑坊，本马燧宅，燧子畅献之。“王锷[⑥]家财富于公藏，及薨，有二奴告其子稷，改父遗表[⑦]，匿所献家财。宪宗欲遣中使诣东都简括，以裴度[⑧]谏而止。稷后为德州刺史，广赍金宝仆妾以行。节度使李全略[⑨]利其货而图之，教本州军作乱，杀稷，纳其室女，以伎媵处之。”吾见今之大家，以酒色费者居其一，以争阋破者居其一，意外之侮夺又居其一，而三桓之子孙微矣。

【注释】①张嘉贞：蒲州猗氏（今山西临猗）人，唐朝宰相。②二疏：宣帝时名臣疏广与兄子疏受。③马燧：字洵美。汝州郏城（今河南郏县）人，祖籍右扶风（今陕西兴平）。唐代中期名将。④豪幸：受君主宠爱而横行不法的人。⑤顺宗：唐顺宗李诵，唐德宗李适长子，庙号顺宗。⑥王锷：字昆吾（一作昭范）。自称太原（今山西太原）人。唐朝中期名臣。⑦遗表：古代大臣临终前所写的章表，于卒后上奏。⑧裴度：字中立，河东闻喜（今山西闻喜）人。唐代中期杰出的政治家、文学家。辅佐宪宗实现“元和中兴”。史称其“出入中外，以身系国之安危、时之轻重者二十年”，被时人比作郭子仪。

⑨李全略：本名王日简，唐朝藩镇。

【译文】《旧唐书》记载：“张嘉贞在定州的时候，有亲近的人劝他置办产业。张嘉贞说：‘我有愧于官爵荣誉，曾经担任国相，不到死的时候，哪里会有饥饿的担忧？如果受到皇帝的申斥，即使拥有再多的田产又有什么用呢？见到朝廷之士，多多地占有良田，等到身死后，都被游手好闲的子弟作为酒色生活的资本，非常没有意义。’听说的人都赞叹佩服。”这可以说是得到了疏广与疏受留下的旨趣了。至于世事的变化日日更新，人与人的情分更加险峻，有雄厚的物质财富，却反而使得后人十分贫穷的，也是应该考虑的了。《旧唐书》又记载：“马燧的资财货物富甲天下，去世后，儿子马畅继承家业，多次被朝廷的豪门新贵索取。唐德宗贞元末年，中尉部曹杨志廉劝告马畅让他献出田园住宅，唐顺宗又赏赐给了马畅。中贵人强迫索取，仍然差遣施舍给佛寺，马畅不敢吝惜。晚年财产都用尽了，身死之后，几个儿子都没有房子居住，以至于饥寒交迫。现在奉诚园的亭台馆舍，就是马畅原来的住宅。”（白乐天有诗说：“不见马家宅，今作奉诚园。”元微之有诗说：“萧相深诚奉至尊，旧居求作奉诚园。秋来古巷无人扫，树满空墙闭戟门。”《通鉴》写作“奉成园”，又把它当作是马璘的府第，都是错误的。按《马璘传》：“唐玄宗天宝年间，皇亲国戚勋贵之家，已经追求奢靡之风，而围墙和房屋仍保留原来的等级制度。然而卫公李靖的家庙，已经成为嬖臣杨氏的马廐了。到安史之乱后，法度荒废懈怠，朝廷官员地方军帅，争相追求奢靡豪华，亭馆第舍，追求极致才肯罢休。马璘的府第，开始营建中堂，就花费二十万贯钱。德宗即位，逐条举出格式法令，府第不得超越规制，于是下诏毁掉马璘的中堂，以及内官刘忠翼的府第，马璘的家园，进而隶属宫司。自此以后公卿赐宴，大多在马璘的山池上。子弟没有品行，家财不久散尽。”《册府元龟》：“贞元十八年二月初一，德宗在延康里故马璘池亭赐群臣会宴。”自此以后每逢时节，都是如此。那么二马身后事大致相同。然而将它称为故马璘池亭，而不说奉诚园。《雍录》：奉诚园在安邑坊，本来是马燧的宅第，马燧之子马畅献出来的。）“王锷家里的财富比国家的仓库还要富有，等他死后，有两个家奴状告他的儿子王稷，篡改父亲的遗表，隐匿所进献的家庭财产。唐宪宗想派遣中使到洛阳清查，因为裴度劝谏而停止了。王稷后来担任德州刺史，携带着很多的金银财宝、奴仆婢妾出行。节度使李全略想得到他的财物而有图谋，让本州军士作乱，杀死王稷，纳娶他未出嫁的女儿，像对待姬妾那样。”我看到现在的世家大族，因为酒色被消耗的占其中之一，内部不和而分裂的占其中之一，被意外侵夺的又占其中之一，因此像三桓这样大家族的子孙衰落了。

三 反

今日人情有三反，曰：弥谦弥伪，弥亲弥泛，弥奢弥吝。

【译文】现在人的感情有三种自相矛盾的行为，分别是：越谦虚越虚伪，越亲近越疏远，越奢侈越吝啬。

召 杀

巧召杀，忮[①]召杀，吝召杀。

【注释】①忮（zhì）：害，嫉妒，狠。

【译文】诡诈容易招致灾祸，妒忌容易招致灾祸，鄙陋容易招致灾祸。

南北风化之失

江南之士，轻薄奢淫，梁、陈诸帝之遗风也。河北之人，斗很[①]劫杀，安、史诸凶之余化也。

【注释】①斗很：亦称“斗狠”。以狠争胜。指斗殴。

【译文】长江以南的士人，轻佻浮薄、奢侈淫逸，是梁朝、陈朝帝王的遗风。黄河以北的人，以狠争胜、劫杀，是安禄山、史思明等恶徒余留下来的风气。

南北学者之病

“饱食终日，无所用心，难矣哉！”今日北方之学者是也。“群居终日，言不及义，好行小慧，难矣哉！”今日南方之学者是也。

【译文】“整天吃饱了饭，什么心思也不用，这种人真是难以有成啊！”如今北方的读书人就是这样。“成天待在一起，说的话达不到义的标准，喜欢卖弄小聪明，这种人真是难以有成啊！”现在南方的读书人就是这样。

范文正公

史言：范文正公“先天下之忧而忧，后天下之乐而乐”。而文正自作《鄠郊友人王君墓表》云：“今兹方面，宾客满坐，钟鼓在庭，白发忧边，对酒鲜乐，岂如圭峰月下，倚高松，听长笛，欣然忘天下之际乎？”马文渊[1]少有大志，及至晚年，犹思建功边陲。而浪泊西里，见飞鸢跕跕[2]堕水中，终思少游[3]之言。古今同此一辙，王荆公诗：“岂羡京师传谷口，但知乡里胜壶头。”阮嗣宗《咏怀诗》所云“宁与燕雀翔，不随黄鹄飞。黄鹄游四海，中路将安归”者也。若夫知几[4]之神，处亢之正，圣人当之，亦必有道矣。

【注释】①马文渊：即马援，字文渊。扶风郡茂陵县（今陕西兴平）人。西汉末年至东汉初年著名军事家，东汉开国功臣之一。官至伏波将军，封新息侯，世称“马伏波”。②跕（dié）：下坠的样子。③少游：即马少游，东汉名将伏波将军马援的从弟。志向淡泊，知足求安，无意功名，他认为优游乡里即足以了此一生。④知几：有预见，看出事物发生变化的隐微征兆。

【译文】史书记载：文正公范仲淹“先天下之忧而忧，后天下之乐而乐”。然而范仲淹自己作《鄠郊友人王君墓表》写道：“如今这四面，宾客坐满了席位，钟鼓在厅堂，虽已白发而仍担忧边境的安危，面对着酒少有欢乐，哪里比得上在圭峰月下，倚靠着高松，聆听长笛，喜悦地忘记了天下的时候呢？”马文渊年少有远大的志向，等到了晚年，仍然想着到边境建立功业。然而在浪泊、西里，看到飞翔的鸢鸟坠落掉到水中，最终想到马少游的言语。古代和现代非常的相似，（荆公王安石诗：“岂羡京师传谷口，但知乡里胜壶头。”）就是阮籍在《咏怀诗》所说的“宁肯与燕雀一起飞翔，不跟着黄鹄飞。黄鹄遨游四海，半路上该怎么回来呢”。至于预知事物发生变化隐微征兆的神，处于高亢状态的正道，圣人承当，也必定是有办法的了。

辛幼安

辛幼安[①]词：“小草旧曾呼远志，故人今有寄当归。”此非用姜伯约[②]事也。《吴志》：“太史慈[③]，东莱黄人也。后立功于孙策[④]，曹公闻其名，遗慈书，以箧封之。发省[⑤]无所道，但贮当归。”幼安久宦南朝，未得大用，晚年多有沦落之感，亦廉颇思用赵人之意尔。观其与陈同甫酒后之言，不可知其心事哉？

【注释】①辛幼安：辛弃疾，原字坦夫，后改字幼安，号稼轩，济南府历城县（今山东济南）人。南宋豪放派词人，有“词中之龙”之称。与苏轼合称“苏辛”，与李清照并称“济南二安”。②姜伯约：即姜维，字伯约，天水冀（今甘肃甘谷）人。三国时期蜀汉著名将领、军事统帅，杰出的军事家、政治家、文学家。原为曹魏天水郡的中郎将，后降蜀汉。③太史慈：字子义，东莱黄县（今山东龙口）人。东汉末年武将，弓马熟练，箭法精良。④孙策：字伯符，吴郡富春（今浙江杭州）人，孙坚长子，孙权长兄，汉末群雄之一，三国孙吴的奠基者之一。⑤发省：揭开检查。

【译文】辛弃疾的词写道：“小草旧曾呼远志，故人今有寄当归。”此处并不是引用姜维的典故。《吴志》记载：“太史慈，是东莱黄县人。后来在东吴孙策处建立功业，曹操听说他的名气，写了封信给太史慈，并用书箧封好。揭开检查里面没有什么，只是贮存了些当归。”辛弃疾久在南宋做官，没有得到大的任用，晚年多有漂泊感，也有廉颇想着效命赵国人的意思了。察看他与陈同甫（陈亮）酒后所说的话，不是可以知道他的心事吗？

士大夫晚年之学

南方士大夫，晚年多好学佛；北方士大夫，晚年多好学仙。夫一生仕宦，投老得闲，正宜进德修业，以补从前之阙，而知不能及，流于异端，其与求田问舍之辈，行事虽殊，而孳孳[①]为利之心，则一而已矣。《宋史·吕大临传》：“富弼致政[②]于家，为佛氏之学。《蒙斋笔谈》：“富郑公少好道，自言吐纳长生之术，信之甚笃，亦时为烧炼丹灶事。守亳时，迎颍州僧正颙，馆于书室，亲接弟子礼。”大临与之书曰：‘古者三公无职事，惟有德者居之，内则论道于朝，外则主教于乡。古之大人当是任者，必将以斯道觉斯民，成己以成物[③]，岂以位之进退、年之盛衰而为之变哉？今大道未明，人趋异学，不入于庄，则入于释，疑圣人为未尽善，轻礼义为不足学。人伦不明，万物憔悴，此老成大人恻隐存心之时，以道自任，振起坏俗。若夫移精变气，务求长年，此山谷避世之士，独善其身者之所好，岂世之所以望于公者？’弼谢之。”以达尊大老，而受后生之箴规④，良不易得也。

【注释】①孳孳：孳，通“孜”。一心一意或用心力的样子。②致政：犹致仕。指官吏将执政的权柄归还给君主。③成己以成物：典出《礼记·中庸》：“诚者，非自成己而已也，所以成物也。成己，仁也；成物，知也。性之德也，合内外之道也。”谓由己及物，自身有所成就，也要使自身以外的一切有所成就。④箴规：劝诫规谏。

【译文】南方的士大夫，晚年大多喜好学佛；北方的士大夫，晚年大多喜好学仙。一生做官，临老有闲暇，正应该增进道德与建立功业，用以补救从前失去的光明，然而智慧不能达到，向佛老的方向转变，他们与专营家产而无远大志向的人，做事虽然不同，然而一心一意为利的心思，则是一样的了。《宋史·吕大临传》记载：“富弼辞去官职在家，做佛氏的学问。(《蒙斋笔谈》：“郑国公富弼少时好道，自称吐纳长生之术，非常笃信它，也时常做烧炼丹灶之事。在亳地做官时，接来颍州僧正颙，将他安排在书室居住，亲自以弟子礼侍奉他。”)吕大临写信给他说：‘古时候三公没有具体的职务，唯独有德行的人在任，对内则是在朝堂谋虑治国的政令，对外则是在乡野主持教化。古时候德行高尚的人担当这个职位的，必定将会用这个道理使百姓醒悟，成就自己以成就万物，怎么会因为职位的进退、年纪的盛衰而为之改变呢？如今正道没有彰显，人们趋向于儒家以外的学问，不是入于老庄，就是入于释氏，怀疑圣人的思想内容还不够完善，轻视礼义以为不值得学习。人伦不明，万物衰败，这正是年高有德的人恻隐、用心着意的时候，把维护正道当作自身的职责，奋起败坏的习俗。移精变气，务求长寿，这是避世山谷的士人，独善其身的人所追求的，哪里是世人用来寄希望于您的呢？'富弼向他道歉。"以资深望重的显贵身份地位，而接受后生晚辈的劝诫规谏，实在是不容易做到啊。

唐玄宗开元六年，"河南参军郑铣、虢州朱阳县丞郭仙舟，投匦献诗。敕曰：'观其文理，是崇道法，至于时用，不切事情，可各从所好。'并罢官，度为道士。"

【译文】唐玄宗开元六年，"河南参军郑铣、虢州朱阳县丞郭仙舟，向皇帝进献诗作，皇帝诏旨说：'察看其中的文辞义理，是尊崇道法，至于为世所用，不切合事理人情，可以依从各人的喜好。'一并免除官职，将他们剃发出家为道士。"

士大夫家容僧尼

《册府元龟》："唐玄宗开元二年七月戊申，制曰：'如闻百官家多以僧尼、道士为门徒往还，妻子无所避忌。今江南尚有门徒之称。或诡托禅观，妄陈祸福，争涉左道，深斁大猷①。自今已后，百官不得辄容僧尼、道士等至家。缘吉凶要须设斋，皆于州县陈牒寺观，然后依数听去。仍令御史、金吾明加捉搦[2]。’”

【注释】①大猷：治国大道。②捉搦（nuò）：捉拿，捕捉。

【译文】《册府元龟》记载：“唐玄宗开元二年七月二十三日，皇帝制诏：‘如果听说百官家里把僧尼、道士作为依附的人口交游，妻子儿女没有顾忌和回避。（如今江南还有门徒的称呼。）或者假借寺院的名义，胡乱陈说灾殃与福祥，争执涉及邪门旁道，严重败坏治国大道。从今往后，百官不能够随便收容僧尼、道士等人到自己家中。卜测吉凶必须备办素食，都要在州县有备案文书的寺院道观，然后依据运数决定来去。于是下令御史、执金吾公开进行捉拿违反的人。’”

唐制，百官斋日，虽在寺中，不得过僧。张籍《寺宿斋诗》云：“晚到金光门外寺，寺中新竹隔帘多。斋宫[1]禁与僧相见，院院开门不得过。”

【注释】①斋宫：供斋戒用的官室、屋舍。

【译文】唐代制度，百官在斋戒的日子里，即使在寺院中，不能够会见僧人。张籍的《寺宿斋诗》写道：“晚到金光门外寺，寺中新竹隔帘多。斋宫禁与僧相见，院院开门不得过。”

《金史·海陵纪》：“贞元三年，以右丞相张浩、平章政事张晖，每见僧法宝，必坐其下，失大臣体，各杖二十。僧法宝妄自尊大，杖二百。”

【译文】《金史·海陵纪》记载：“金海陵王贞元三年，因为右丞相张诰、平章政事张晖，每次见到僧人法宝，都坐到他的下位，有失大臣的体面，各自责打二十杖。僧人法宝狂妄自大，责杖二百。”

贫者事人

“贫者不以货事人，然未尝无以自致也，江上之贫女，常先至而扫室布席。”“陈平①侍里中丧，以先往后罢为助”。古人之风，吾党所宜勉矣。

【注释】①陈平：阳武户牖乡（今河南原阳）人，西汉王朝的开国功臣之一。少时喜读书，有大志，曾为乡里分肉，甚均，父老赞之，他感慨地说：“使平得宰天下，亦如此肉矣！”

【译文】“贫穷的人不能通过财物讨好人，然而没有不竭尽自己心力的，江上的贫家女子，常常先到，打扫房屋，铺设坐席。”“陈平帮助乡里人料理丧事，通过早去晚归以贴补家用”。古人的风尚，我们应该奋勉了。

分 居

宋孝建中，中军府录事参军周殷启曰：“今士大夫父母在而兄弟异居，计十家而七；庶人父子殊产，八家而五。其甚者乃危亡不相知，饥寒不相恤，忌疾谗害，其间不可称数。宜明其禁，以易其风。”当日江左之风，便已如此。《魏书·裴植传》云：“植虽自州送禄奉母，及赡诸弟，而各别资财，同居异爨，一门数灶，盖亦染江南之俗也。”隋卢思道[①]聘陈，《嘲南人诗》曰：“共甑分炊饭，同铛各煮鱼。”而《地理志》言：“蜀人敏慧轻急，尤足意钱之戏，小人薄于情礼，父子率多异居。”《册府元龟》：唐肃宗乾元元年四月诏，“百姓中有事亲不孝，别籍异财，玷污风俗，亏败名教，先决六十，配隶[②]碛西。有官品者，禁身闻奏。”《宋史》：“太祖开宝元年六月癸亥诏，荆蜀民，祖父母、父母在者，子孙不得别财异居。”“二年八月丁亥诏，川峡诸州，察民有父母在，而别籍异财者，论死。”“太宗淳化元年九月辛巳，禁川峡民父母在出为赘婿。”“真宗大中祥符二年正月戊辰诏，诱人子弟析家产者，令所在擒捕流配。”其于教民厚俗之意，可谓深且笃矣。《辽史》：“圣宗统和元年十一月诏：民有父母在别籍异居者，坐罪。”若刘安世[③]劾章惇，父在别籍异财，绝灭义礼，则史传书之，以为正论。马亮[④]为御史中丞上言：“父祖未葬，不得别财异居。”李元纲《厚德录》。乃今之江南犹多此俗，人家儿子娶妇，辄求分异。而老成之士，有谓二女同居，易生嫌竞，式好[⑤]之道，莫如分爨者，岂君子之言与？《史记》言：“商君治秦，令民有二男以上，不分异者倍其赋。”又言：“秦人家富子壮则出分，家贫子壮则出赘。”以为国俗之敝。而陆贾[⑥]家于好畤，有五男。出所使越得橐中装[⑦]，卖千金，分其子，子二百金，令其生产。陆生常安车驷马，从歌舞琴瑟侍者十人，宝剑直百金，谓其子曰：‘与汝约，过汝，汝给吾人马酒食，极欲十日而更，所死家得宝剑、车骑、侍从者。’”后人或谓之为达。至唐姚崇遗令，“以达官身后，子孙失荫，多至贫寒，斗尺之间，参商是竞。”欲仿陆生之意，预为分定，将以绝其后争。呜呼！此衰世之意也。

【注释】①卢思道：字子行。范阳（今河北涿州）人。年轻时师事“北朝三才”之一邢劭（字子才），以才学重于当时，仕于北齐。齐宣王卒，朝臣各作挽歌十首，择善者用之，思道十得其八，时称“八米卢郎”。②配隶：将流放犯人发配至某地服役。③刘安世：字器之，号元城、读易老人。大名府人。北宋后期大臣。从学于司马光。以直谏闻名，被时人称之为“殿上虎”。④马亮：字叔明，庐州合肥（今安徽合肥）人。智略，敏于政事，然无廉称。⑤式好：典出《诗·小雅·斯干》：“兄及弟矣，式相好矣。”后常以“式好”谓骨肉和好。⑥陆贾：汉初楚国人，西汉思想家、政治家、外交家。曾提出“行仁义、法先圣，礼法结合、无为而治”，为西汉前期的统治思想奠定了一个基本模式。⑦橐中装：囊中所装裹之物。指珠宝财物。

【译文】南朝刘宋孝武帝孝建年间，中军府录事参军周殷启说：“如今士大夫的父母在世然而兄弟分居，统计十家有七家是这样；平民百姓中父子财产分开，八家有五家是这样。情况严重的危险、死亡互相都不知道，饥饿寒冷互相不救济，妒忌、谗言陷害，其中不计其数。应该明确禁令，以改变这种风气。”当日江左的风气，就已经是这样。《魏书·裴植传》记载：“裴植虽然从州里寄送俸禄奉养母亲，以及养育众多弟弟，然而分别寄送钱财物资，共同居住但是分开起灶，一家好几个灶，大概也是沾染了江南的习俗了。”隋朝卢思道访问陈地，《嘲南人诗》写道：“共甑分炊饭，同铛各煮鱼。”而且《地理志》也记载：“蜀地人聪明轻急，尤其喜欢在钱上开玩笑，百姓的感情与礼仪淡薄，父子大多都是分开居住。”《册府元龟》记载：唐肃宗乾元元年四月诏书：“百姓中有侍奉父母不孝顺，另立簿册分开财产，使风俗有污损，败坏名声与教化的，先责打六十杖，发配到碛西服役。有官职的，囚禁人身向帝王报告。”《宋史》记载：“宋太祖开宝元年六月十一日诏书：荆、蜀地区的百姓，祖父母、父母在世的，子孙不能够分开财产、分居。”“开宝二年八月十二日诏书，川峡诸州，访察百姓有父母在世，然而另立簿册、分开财产的，处以死罪。”“宋太宗淳化元年九月初九，禁止川峡百姓父母在世而入赘到女方家。”“宋真宗大中祥符二年正月十二日诏书，诱惑他人子弟分开家产的，命令当地的官府抓捕、流放发配。”对于教导百姓重视风俗的心意，可以说是深重而且笃厚了。（《辽史》：“圣宗统和元年十一月诏书：百姓当中有父母在世而另立簿册、分开居住的，犯法获罪。”）像刘安世弹劾章惇，父亲在世却另立簿册、分开财产，断绝义礼，就在史册记载，作为正确合理的言论。马亮担任御史中丞进呈言辞说：“父亲和祖父没有安葬，不能够分开财产、不住在一起。”（见李元纲《厚德录》。）如今的江南仍然多有这种风俗，百姓家里儿子娶了媳妇，就要求分居。而且年高有德的人，有说两个女子在一起生活，容易产生嫌恶竞争，骨肉和好的办法，没有比得上分家度日的，哪里是君子的言论呢？《史记》记载：“商君治理秦国，下令百姓家中有两个男子以上，不分居的加倍收取赋税。”又记载：“秦国人中家境富有的儿子成年了就与父母分家，家境贫困的儿子成年了就到女家就婚。”认为是一国风俗中的不良之俗。而陆贾定居在好畤，有五个男丁。售出他出使南越得到的珠宝财物，卖了千金，分给他的儿子，每个儿子分得二百金，让他们从事生产。陆生常常坐着四匹马拉的车子，跟从的歌舞琴瑟的侍从有十个人，佩带的宝剑价值百金，对他的儿子们说：‘与你们约定，经过你们家，你们给我的侍从马匹安排酒食，尽力满足他们的要求，十日过后就换一家，我死在哪家，宝剑、车骑、侍从就归哪家。’”后人有的称他豁达。至于唐代姚崇临终前的告诫，“高官死后，子孙失去庇荫，大多贫寒，斗尺之间，兄弟相互争夺。”想要仿照陆生的心意，预先替他们分定，杜绝他们以后的争夺。感叹啊！这是衰世之意啊。

汉桓帝之世，更相滥举，时人为之语曰：“举秀才，不知书；察孝廉，父别居。”见《抱朴子》。当世之俗，犹以分居为耻。若吴之陈表[1]，“世为将督，兄修亡后，表母不肯事修母，表谓其母曰：‘兄不幸早世，表统家事，当奉嫡母。母若能为表屈情，承顺嫡母者，是至愿也。母若不能，直当出别居耳。’由是二母感寤雍穆。”可以见东汉之流风矣。

【注释】①陈表：字文奥，庐江松滋（今安徽宿松）人。三国时期吴国将领，偏将军陈武庶子，校尉、解烦督陈修异母弟。

【译文】汉桓帝时代，相互不加选择地举荐，当时的人们有歌谣：“举荐优秀的人才，不知道经书；考察孝顺亲长、廉能正直，儿子与父亲分居。”（见《抱朴子》。）当世的习俗，仍然以分居为耻。像吴国的陈表，“世代担任将督，兄长陈修去世后，陈表的母亲不肯侍奉陈修的母亲，陈表对母亲说：‘兄长不幸过早离世，我主管家里的事务，理当奉养嫡母。母亲如果能为我受委屈之情，敬奉恭顺嫡母，是我最大的心愿。母亲如果不能这样做，就只好出去另外居住了。’由此两位母亲受感动而醒悟进而和睦相处。”通过这能够知道东汉流传下来的好风气了。

陈氏《礼书》言：“周之盛时，宗族之法行，故得以此系民，而民不散。及秦用商君之法，富民有子则分居，贫民有子则出赘，由是其流及上，虽王公大人，亦莫知有敬宗之道。寖淫[1]后世，习以为俗。而时君所以统驭之者，特服纪[2]之律而已。间有纠合宗族，一再传而不散者，则人异之，以为义门，岂非名生于不足欤？”

【注释】①寖淫：逐渐。②服纪：子为父母守丧。

【译文】陈祥道的《礼书》记载：“周朝兴盛的时候，宗族之法得以实行，因此能用这维系百姓，而且百姓不分散。等到秦国采用商鞅的治法，家境富裕人家的儿子就分开居住了，家境贫困人家的儿子就入赘到女方家了，由此流俗往上，即使是王公大人，也不知道有敬宗的道理。逐渐到后世，常常如此，成了习俗。而当时的君王用来统辖他们的，只是通过服纪的制度罢了。其间有聚集宗族，一再传而不分散的，那么人们就会感到诧异，认为是尚义的门族，难道不是盛名生在不足的地方吗？”

应劭《风俗通》曰："凡兄弟同居，上也；通有无，次也；让，其下耳。"岂非中庸之行，而今人以为难能者哉？

【译文】应劭《风俗通》记载："凡是兄弟居住在一起，是上等；各自交换满足需要，次一等；相互责让，是下等了。"难道不是平常人的行径，然而现在的人认为不容易做到吗？

《五杂俎》言："张公艺[①]九世同居，高宗问之，书'忍'字百余以进。其意美矣，而未尽善也。居家御众，当令纪纲法度，截然有章，乃可行之永久。若使姑妇勃豀[②]，奴仆放纵，而为家长者仅含默隐忍而已，此不可一朝居，而况九世乎？善乎浦江郑氏对太祖之言曰：'臣同居无他，惟不听妇人言耳。'此格论也，虽百世可也。"

【注释】①张公艺：郓州寿张（今山东阳谷县）人。中国古代著名寿星。作为中国历史上治家有方的典范，家族九辈同居，合家九百人，团聚一起，和睦相处，倍受历代人民尊敬，传为美谈。②姑妇勃豀：婆媳间的争吵与不和。比喻因日常鸡毛蒜皮的小事而争吵。

【译文】《五杂俎》记载："张公艺九代住在一起，唐高宗询问他治家之法，书写了一百多个'忍'字进呈。想法是很美好的，然而不是最好的。在家管理众人，应当用纪纲法度，整齐彰明，才可以永久施行。假使婆媳争吵不和，奴仆放任不受约束，然而一家之主仅仅是沉默、克制忍耐，这样不能一时住在一起，更何况是九代呢？高明啊，浦江郑绮对宋太祖所说的话：‘臣下一家住在一起没有什么奥妙，只是不听妇人的话罢了。’这是精当的言论，即使是久远的岁月也可以依照。”

唐玄宗天宝元年正月敕：“如闻百姓，有户高丁多，苟为规避，父母见在，乃别籍异居。宜令州县勘会，其一家之中有十丁已上者，放两丁征行赋役；五丁已上放一丁。即令同籍共居，以敦风教。”其赋丁孝假[1]，与免差科。谓应赋之丁，遇父母亡，则免差科，谓之孝假。按此后周太祖所制，若罹凶礼，则不征其赋者也。可谓得化民之术者矣。

【注释】①孝假：封建时代，居父母丧者，在一定期限内免征劳役赋税，称“孝假”。

【译文】唐玄宗天宝元年正月敕书：“如果听说百姓，有门户高人丁多，为了设法躲避赋役，父母在世，却另立簿册、分开居住。应该命令州县审核议定，一家之中有十个成年男子以上，发放两个男丁从军出征赋役；五丁以上发放一丁。即下令一家人共同生活，以敦厚风俗教化。”丁税、守丧期内免征劳役赋税，与免除差役和赋税。（是说应当赋役的人丁，如果遭遇父母去世，则免除差科，称之为孝假。按此后周太祖制定，如若遭遇凶礼，则不征收其赋。）可以说是得到了教化百姓的方法了。

父子异部

《三国志》言:“冀州俗,父子异部[1],更相毁誉。”今之江浙之间,多有此风,一入门户,父子兄弟,各树党援,两不相下。万历以后,三数[2]见之。此其无行谊之尤,所谓“惟吊兹,不于我政人得罪,天惟与我民彝大泯乱”者矣。

【注释】①异部:不同派别或门类。②三数:表示为数不多。

【译文】《三国志》记载:“冀州的风俗,父子各自树立门类,相互诋毁或者相互赞誉。”如今的江浙一带,大多有这种风气,一进入门户,父子兄弟,各自树立结援相助的党与,两两不互相谦让。万历朝以后,为数不多见了。这是他没有品行的过失,就是所谓的“父子兄弟之间的关系竟然到了这种地步,不由我们执政的人惩罚他们,上天赋予百姓的伦理道德准则就会大混乱了”。

生 日

生日之礼,古人所无。余昔年流寓蓟门,生日有致馈者。答书云:“《小弁》之逐子,始说我辰,《哀郢》之放臣,乃言初度。”《颜氏家训》曰:“江南风俗,儿生一期,为制新衣,盥浴装饰。男则用弓矢纸笔,女则刀尺针缕,并加饮食之物,及珍宝服玩,置之儿前,观其发意所取,以验贪廉智愚,名之为试儿。亲表聚集,因成宴会。自兹以后,二亲若在,每至此日,常有饮食之事。无教之徒，虽已孤露，魏晋间人，以父亡为孤露。嵇康《与山巨源绝交书》："少加孤露。"赵彦深见母自陈"幼小孤露"。亦谓之"偏露"。唐孟浩然《送莫氏甥诗》："平生早偏露。"其日皆为供顿，酣畅声乐，不知有所感伤。梁孝元[①]年少之时，每八月六日载诞之辰，尝设斋讲。自阮修容[②]元帝所生母薨后，此事亦绝。"是此礼起于齐梁之间。逮唐宋以后，自天子至于庶人，无不崇饰此日，开筵召客，赋诗称寿，而于昔人反本乐生之意，去之远矣。

【注释】①梁孝元：即梁元帝萧绎，字世诚，小字七符，自号金楼子，南兰陵（今江苏常州）人。南北朝时期梁代皇帝。梁武帝萧衍第七子，梁简文帝萧纲之弟。梁元帝自称"韬于文士，愧于武夫"，是一个爱好读书与喜好文学的君主。谥号孝元皇帝。②阮修容：即阮令嬴，本姓石，会稽余姚（今浙江余姚）人，梁武帝萧衍妃，梁元帝萧绎母。

【译文】生日之礼，古人是没有的。（我以前旅居蓟门时，在生日那天有人赠送礼物。回信道谢说："《小弁》之逐子，始说我辰，《哀郢》之放臣，乃言初度。"）《颜氏家训》记载："江南的风俗，孩子出生一年的时候，要为他们制作新衣，洗漱打扮。男孩就用弓箭纸笔，女孩就用刀尺针线，再加上饮食之物，以及珍宝服饰器用玩好之物，放置在孩子面前，观察他产生意念选取的东西，用来检验他的贪婪、廉洁、智慧、愚昧，这称为试儿。亲戚聚集，因此形成宴会。从这以后，双亲如果在世，每到这一天，常常有饮食宴会的事宜。无教的人，即使父亲去世，（魏晋之间的人，以父亲去世认为孤露。嵇康《与山巨源绝交书》："少加孤露。"赵彦深探望母亲自言道"幼小孤露”。也有称之为“偏露”。唐代孟浩然《送莫氏甥诗》：“平生早偏露。”）这一天都设宴待客，畅饮音乐，不知道有感伤。梁孝元帝年少的时候，每年八月初六生日，曾经广设宣讲佛法的集会。从阮修容（元帝的生母）去世后，这件事也绝迹了。”说明这个礼节出现在齐梁之间。到唐宋以后，从天子以至于百姓，没有不夸饰这一天的，摆设酒席请客，写诗祝人长寿，然而对于从前的人返归本性、以生为乐的心意，已经偏离很远了。

陈思王植

陈思王植[①]，初封临菑侯，闻魏氏代汉，发服悲哭，文帝恨之。《魏志·苏则传》。司马顺[②]，字子忠。宣王第五弟通之子，初封习阳亭侯。《魏志·杜恕传》注引《晋书》作“龙阳”。及武帝受禅，叹曰：“事乖唐虞，而假为禅名。”遂悲泣，由是废黜，徙武威姑臧县。虽受罪流放，守意不移而卒。滕王瓒[③]，隋高祖母弟，周宣帝[④]崩，高祖入禁中，将总朝政。瓒闻召不从，曰：“作随国公，恐不能保，何乃更为族灭事邪？”广王全昱[⑤]，全忠[⑥]之兄。全忠称帝，与宗戚饮博于宫中。酒酣，全昱忽以投琼，击盆中迸散，睨[⑦]帝曰：“朱三，汝本砀山一民，从黄巢为盗。天子用汝为四镇节度使，富贵极矣，奈何一旦灭唐三百年社稷，自称帝王？行当族灭，奚以博为？”帝不怿而罢。夫天人革命，而中心弗愿者，乃在于兴代之懿亲，其贤于裸将之士、劝进之臣，远矣。

【注释】①陈思王植：即曹植，字子建，沛国谯（今安徽亳州）人，出生于东阳武，是曹操与武宣卞皇后所生第三子，生前曾为陈王，去世后谥号“思”，因此又称陈思王。②司马顺：字子思，晋朝宗室，晋宣帝司马懿七弟曹魏司隶从事司马通之子。司马炎代魏时司马家族中唯一的反对者，因此被流放到武威姑臧县。③滕王瓒：杨瓒，字恒生，一名慧。隋朝宗室，为隋文帝杨坚同母弟。史载杨瓒于隋文帝称帝前害怕其篡位未成而株连同宗，因此曾数次阴谋图害隋文帝。隋文帝受禅后封杨瓒为滕王。④周宣帝：宇文赟，字乾伯，鲜卑族，周武帝宇文邕长子，南北朝时期北周第四位皇帝。⑤广王全昱：即朱全昱，后梁太祖朱温的长兄。朱温即位后，封为广王。⑥全忠：即梁太祖朱温，五代时期梁朝第一位皇帝，宋州砀山（今安徽砀山县）人，唐僖宗赐名朱全忠，即位后改名朱晃。⑦睨（nì）：斜着眼睛看。

【译文】陈思王曹植，起初封为临菑侯，闻听曹魏废汉自立，就穿上丧服为汉朝悲痛号哭，魏文帝曹丕怨恨他。（见《魏志·苏则传》。）司马顺（字子忠），是晋宣王司马懿第五个弟弟司马通的儿子，起初封为习阳亭侯（《魏志·杜恕传》注引《晋书》写作“龙阳”）。到晋武帝受魏国禅让的时候，感叹说：“事情与唐尧虞舜相违背，却借用禅让的名义。”于是悲哀哭泣，因此被废黜，迁徙到武威姑臧县。虽然受到指责流放，但是到死都坚守自己的心意而不改变。滕王杨瓒，是隋高祖杨坚的同母弟，周宣帝驾崩，隋高祖进入宫廷，将要全面管理朝政。杨瓒闻听召见没有依从，说：“任随国公，恐怕都不能保全家人的性命，为什么还要做灭族的事呢？”广王朱全昱，是朱全忠的兄长。朱全忠自称皇帝，与皇室亲族在宫中饮酒博戏。酒喝得尽兴，朱全昱忽然拿着骰子，掷向盆中并向四面散去，斜着眼睛对太祖朱温说：“朱三，你原本是砀山的一介贫民，追随黄巢做了强盗。天子任命你担任四镇节度使，富贵到了极点，为什么突然灭亡了三百年的唐朝，自称帝王？马上就要灭族，还玩什么博戏？”太祖不高兴地结束了宴会。天子变更天命、改朝换代，然而心中不希望这样做的，竟然是新旧朝代交替的至亲，贤明远超那些投降的臣属、劝登帝位的大臣。

降臣

《记》言：“孔子射于矍相之圃，贲军[1]之将、亡国之大夫不入。”《说苑》言：“楚伐陈，陈西门燔，使其降民修之，孔子过之不轼[2]。”《战国策》，安陵君言：“先君手受太府之宪，宪之上篇曰：国虽大赦，降城、亡子，不得与焉。”注：以城降人及亡人之子。下及汉魏，而马日磾、于禁[3]之流，至于呕血而终，不敢腼于人世。时之风尚，从可知矣。后世不知此义，而文章之士，多护李陵；智计之家，或称谯叟[4]。此说一行，则国无守臣，人无植节，反颜事雠，行若狗彘，而不之愧也。何怪乎五代之长乐老[5]，序平生以为荣，灭廉耻而不顾者乎？《春秋》僖十七年：“齐人歼于遂。”《穀梁传》曰：“无遂则何以言遂，其犹存遂也。”故王蠋死而田单[6]复齐，弘演[7]亡而桓公救卫，此足以树人臣之鹄，而降城亡子不齿于人类者矣。今浙江绍兴府，有一种人谓之惰民，世为贱业，不敢与齐民齿。《志》云：其先是宋将焦光瓒部曲，以叛宋降金被斥。

【注释】①贲军：败军。贲，通“偾”。②轼：凭轼致敬。③马日磾：字翁叔。扶风茂陵（今陕西兴平）人。经学大师马融之族孙（一作族子）。东汉中后期大臣，年轻时即继承马融学说，以才学入仕。于禁：字文则，泰山钜平（今山东泰安）人。建安二十四年，于禁兵败投降关羽，后流落至东吴，孙权向魏国称藩后，将于禁送还魏国。虽然魏文帝曹丕表面安慰于禁，却暗里让人作壁画羞辱于禁，于禁因此惭恚而死，被恶谥为厉侯。④谯叟：谯周，字允南，巴西西充国（今四川西充）人，三国时期蜀汉学者、官员，蜀地大儒之一，门下有陈寿、罗宪等学生。在蜀汉任官时期，一向以反对北伐战略而闻名。见姜维多次北伐而虚耗蜀汉国力，因而不满，著《仇国论》力陈北伐之失。⑤长乐老：即冯道，字可道。历五朝八姓十一帝，不离将、相、三公高位，容身保位，未尝谏诤。晚年自称“长乐老”。⑥王蠋（shǔ）：战国时齐国画邑（今山东淄博）人，齐国退隐大夫。燕将乐毅敬慕王蠋，使人重金礼请他，并封他万户地方。王蠋说：“与其屈从敌人，不如以死激励国人。”遂自缢死。田单：妫姓，田氏，名单，临淄（今山东淄博）人。战国时期齐国名将，齐国远房宗室。乐毅率领五国军队，攻打齐国。危亡之际，田单坚守即墨，以火牛阵大破燕军，收复失地七十余城。⑦弘演：春秋时卫国人。懿公之臣。懿公九年奉命远使。狄人攻卫，杀懿公，尽食其肉而弃其肝。弘演返，向公肝报使毕，呼天号泣，自刳其腹，纳懿公之肝于腹而死。

【译文】《礼记》记载：“孔子在矍相的圃田举行射礼，败军之将、亡国的大夫不能进入。”《说苑》记载：“楚国讨伐陈国，陈国的西城门被战火焚毁，楚国人就让陈国投降的百姓修葺城墙，孔子经过没有凭轼致敬。”《战国策》记载中，安陵君说：“我前代的国君亲手把藏在太府中的国法交给了我，国法的上篇记载：国家即使实行大赦，对于举城投降、临阵脱逃的人，不能够赦免。”（注：举城投降的人以及临阵脱逃者之子。）到了汉魏时期，而马日磾、于禁这类人，以至于吐血而死，不敢厚着脸皮苟活在世上。当时的风气习俗，从这可以知道。后代不知道这个道理，因而文章之士，大多维护投降匈奴的李陵；智谋之家，有的称许投降晋朝的谯周。这个说法一旦流行，那么国家没有坚守气节的大臣，人没有树立操守，反转面孔侍奉仇敌，行径如同猪狗，然而不感到羞愧。哪里值得奇怪五代的冯道，叙述自己的一生以为光荣，丧失廉耻而不顾及呢？《春秋》鲁僖公十七年记载："齐人在遂国被消灭。"《穀梁传》记载："没有遂国为什么还说遂国？就如同遂国还存在。"因此王蠋死后田单收复齐地，弘演亡后齐桓公帮助恢复卫国，这足够树立人臣的浩大，而投降逃亡的人不收录在人类里。（如今浙江绍兴府，有一种人被称为惰民，世代从事贱业，不敢与普通平民相提并论。当地《志》书说：他们的祖先是宋代将军焦光瓒的部属，因为背叛宋朝投降金朝被排斥。）

楚汉之际，有郑君见《史记·郑当时传》，失其名。尝事项籍[①]，籍死属汉。高祖悉令诸籍臣名籍，谓不称项王，而斥其名。郑君独不奉诏，于是尽拜名籍者为大夫，而逐郑君。金哀宗[②]之亡，参政张天纲[③]见执于宋，有司令供状书金主为"虏主"，天纲曰："杀即杀，焉用状为！"有司不能屈，听其所供，天纲但书"故主"而已。呜呼！岂不贤于少事伪朝者乎？

【注释】①项籍：项羽，名籍，字羽，秦末下相（今江苏宿迁）人，楚国名将项燕之孙，他是中国军事思想"兵形势"代表人物，古人对其有"羽之神勇，千古无二”的评价。②金哀宗：完颜守绪，金国第九位皇帝，原名守礼，女真名宁甲速，金宣宗完颜珣第三子。庙号哀宗。③张天纲：字正卿，霸州益津（今河北霸州）人。性宽厚端庄，谈吐纯正。扈从哀宗至归德，蔡州。蔡城破，为宋将孟珙俘获，槛车械送临安，宋不能屈，后不知下落。

【译文】楚汉之际，有一位郑君（见《史记·郑当时传》，不知其名字）曾经侍奉项羽，项羽死后归附汉朝。汉高祖刘邦下令项羽的臣子直接称呼项羽的名字项籍（是说不称项王而斥其名），唯独郑君不接受皇帝的命令，于是称呼项籍名字的臣子全部被授予大夫，而驱逐郑君。金哀宗灭亡，参政张天纲被俘获送到宋朝，宋朝官员让他在供状上把金主写为“虏主”，张天纲说：“要杀就杀，哪里用得着供状！”宋朝官员不能让他屈服，看他的供状，张天纲只是书写“故主”而已。感叹啊！这难道不比年轻时曾在伪朝做官的人贤明吗？

唐肃宗至德三年正月，大赦诏：“自开元已来，宰辅之家，不为逆贼所污者，与子孙一人官。”

【译文】唐肃宗至德三年正月，下诏大赦：“从开元年间以后，宰辅人家，凡是不被逆贼所污辱的，赐予他们的子孙当中一人任官。”

本朝

古人谓所事之国为本朝。魏文钦[1]降吴，表言：“世受魏恩，不能扶翼本朝，抱愧俯仰，靡所自厝。”又如吴亡之后，而蔡洪[2]与刺史周浚[3]书，言："吴朝举贤良"是也。《颜氏家训》："先君、先夫人，皆未还建业旧山，旅葬江陵东郭。之推父协，梁湘东王府记室参军。承圣末，启求扬都，欲营迁厝，蒙诏赐银百两，已于扬州小郊，卜地烧砖。值本朝沦没，流离至此。"之推仕历齐、周及隋，而犹称梁为"本朝"，盖臣子之辞，无可移易，而当时上下亦不以为嫌者矣。

【注释】①文钦：字仲若，谯郡（今安徽亳州）人，曹操部将文稷之子，三国时期魏国将领。正元二年，文钦与毌丘俭等起兵勤王，讨伐专权的司马师，兵败后投奔吴国。②蔡洪，西晋文学家。字叔开，吴郡（今江苏苏州）人。曾仕吴。入晋为州从事。③周浚：字开林，汝南安成（今江西安福县）人。魏晋大臣，少府卿周裴之子。西晋建立后，周浚因伐吴有功，封成武侯，西晋建立后，周浚因伐吴有功，封成武侯。

【译文】古人称呼所从事的国家为本朝。魏国的文钦投降吴国，上表说："世代享受魏国的恩惠，不能辅佐本朝，一举一动都心中有愧，自己不知所措。"又比如吴国灭亡以后，而蔡洪给刺史周浚写书信，写道："吴朝举荐贤良"就是这样的。《颜氏家训》记载："我的亡父、亡母的灵柩里，都没有葬在建业的祖坟里，暂时葬在江陵城的东郊。（颜之推父亲颜协，为梁湘东王府记室参军。）梁元帝承圣末年，已经启奏请求回到扬州，想要营建迁葬安置，承蒙皇帝下诏赏赐白银百两，我已经在扬州的小郊，选择葬地、烧制墓砖。正赶上本朝败亡，流散转离到此地。"颜之推做官经过了南齐、北周以及隋朝，然而仍然称南梁为"本朝"，大概是由于臣子的言辞，不能够改动，而当时上下也不嫌恶。

《旧唐书》，刘昫撰。昫为后晋宰相，而其《职官志》，称唐曰“皇朝”、曰“皇家”、曰“国家”；《经籍志》称唐曰“我朝”。

【译文】《旧唐书》，为刘昫编撰。刘昫是后晋宰相，然而他在《职官志》中，称唐朝为“皇朝”“皇家”“国家”；《经籍志》中称唐朝为“我朝”。

宋胡三省[①]注《资治通鉴》，书成于元至元时，注中凡称宋，皆曰“本朝”、曰“我宋”，其释地理皆用宋州县名。惟一百九十七卷，“盖牟城”下注曰“大元辽阳府路”；“辽东城”下注曰“今大元辽阳府”。二百六十八卷“顺州”下曰“大元顺州，领怀柔、密云二县”。二百八十六卷“锦州”下曰“陈元靓[②]曰：‘大元于锦州置临海节度，领永乐、安昌、兴城、神水四县，属大定府路’”。二百八十八卷“建州”下曰“陈元靓曰：‘大元建州领建平、永霸二县，属大定府路’”。以宋无此地，不得已而书之也。

【注释】①胡三省：字身之，宁海（今浙江宁海）人，宋元之际史学家。元世祖至元二十二年完成《资治通鉴音注》二百九十四卷及《释文辩误》。对《通鉴》作校勘、考证、解释，对《释文》作辩误，并对史事有所评论。注文中多处联系蒙古灭宋事实，发表感慨，寄托民族感情。②陈元靓：宋人。著有《岁时广记》，自署“广寒仙裔”；刘纯作后序，称为隐君子。

【译文】宋代胡三省注解《资治通鉴》，注书完成于元朝至元时期，注解中凡是称宋代，都称“本朝”“我宋”，解释地理都用的是宋代的州县名。唯独一百九十七卷，“盖牟城”下注解为“大元辽阳府路”；“辽东城”下注解为“今大元辽阳府”。二百六十八卷“顺州”下注解为“大元顺州，管辖怀柔、密云二县”。二百八十六卷“锦州”下注解为“陈元靓说：‘大元于锦州置临海节度，管辖永乐、安昌、兴城、神水四县，归属大定府路’”。二百八十八卷“建州”下注解为“陈元靓说：‘大元建州管辖建平、永霸二县，归属大定府路’”。由于宋代没有这个地名，没有办法而这样注解。

书前代官

陶渊明以宋元嘉四年卒，而颜延之①身为宋臣，乃其作诔，直云“有晋征士”。真定府《龙藏寺碑》，隋开皇六年立，其末云：“齐开府长兼行参军，九门张公礼撰。”齐亡入周，周亡入隋，而犹书齐官。韩偓②自书《裴郡君祭文》，书“甲戌岁’，书“前翰林学士承旨、银青光禄大夫、行尚书户部侍郎、知制诰、昌黎县开国男、食邑三百户韩偓”。是岁朱氏篡唐已八年，犹书唐官，而不用梁年号。

【注释】①颜延之：延年，南朝宋文学家。琅邪临沂（今山东临沂）人。少孤贫，居陋室，好读书，无所不览，文章之美，冠绝当时，与谢灵运并称“颜谢”。②韩偓：乳名冬郎，字致光，号致尧，晚年又号玉山樵人。万年县（今陕西樊川）人，晚唐五代诗人。自幼聪明好学，十岁时，曾即席赋诗送其姨夫李商隐，令满座皆惊，李商隐称赞其诗是“雏凤清于老凤声”。

【译文】陶渊明在南朝宋文帝元嘉四年去世，然而颜延之身为刘宋大臣，却在为陶渊明作的诔文里，直接说“在晋朝时不接受朝廷征召的隐士”。真定府的《龙藏寺碑》，是隋朝开皇六年树立的，碑文的末尾记载：“北齐开府长兼行参军，九门张公礼撰。”北齐灭亡入北周，北周灭亡入隋朝，然而仍然书写北齐的官职。韩偓亲手书写《裴郡君祭文》，书写“甲戌岁’，“前翰林学士承旨、银青光禄大夫、行尚书户部侍郎、知制诰、昌黎县开国男、食邑三百户韩偓”。这一年朱氏谋篡唐朝已经过去八年了（后梁末帝乾化四年），仍然书写唐朝的官职，而不采用后梁的年号。

《宋史·刘豫传》：“豫改元阜昌，朝奉郎赵俊[①]，书甲子，不书僭年，豫亦无如之何。”

【注释】①赵俊：字德进，南京宋城（今河南商丘）人。宋哲宗绍圣进士，累官朝奉郎。隐居杜门。伪齐刘豫授俊为虞部员外郎，多次以疾不受，凡家书文章全不用刘豫僭号。

【译文】《宋史·刘豫传》记载：“刘豫改年号为阜昌，朝奉郎赵俊，只用甲子纪年，不书写伪齐的年号，刘豫也对他无可奈何。”

卷十四

兄弟不相为后

商之世，兄终弟及，故十六世而有二十八王。如仲丁、外壬、河亶甲[①]，兄弟三王。阳甲、盘庚、小辛、小乙[②]，兄弟四王。未知其庙制[③]何如。《商书》言："七世之庙。"贺循[④]谓："殷世有二祖三宗，若拘七室，则当祭祢而已。"徐邈亦云："若兄弟昭穆者，设兄弟六人为君，至其后世，当祀不及祖祢。"《唐书·礼乐志》："自宪宗、穆宗、敬宗、文宗四世祔[⑤]庙，睿、玄、肃、代以次迁。至武宗崩，德宗以次当迁，而于世次为高祖，礼官始觉其非，以谓兄弟不相为后，不得为昭穆，乃议复祔代宗。而议者言，已祧之主，不得复入太庙。礼官旧史亦但言礼仪使，不载其名。曰：昔晋元明之世，已迁豫章、颍川。豫章府君，宣帝之曾祖。颍川府君，宣帝之祖。惠帝崩，迁豫章。元帝即位江左，升怀帝，又迁颍川。位虽七室，其实五世。盖从刁协以兄弟为世数故也。后皆复祔。"元帝时，已迁豫章、颍川，寻从温峤议，复故。明帝崩，又迁颍川。简文帝立，复故。此故事也。议者又言：庙室[⑥]有定数，而无后之主，当置别庙。开元初，奉中宗别庙，升睿宗为第七室。礼官曰："晋武帝时，景、文同庙，庙虽六代，其实七主。至元帝、明帝，庙皆十室。故贺循曰：'庙以容主为限，而无常数也。’于是复祔代宗，而以敬宗、文宗、武宗同为一代。”

【注释】①仲丁：亦作中丁，子姓，名庄，商王太戊之子，商朝第十任君主。仲丁死后，诸弟争夺王位，造成九世之乱。外壬：甲骨文中被称作卜壬，子姓，名发，商朝第十一任君主。商王太戊子，商王仲丁弟，仲丁死后继位。河亶甲：甲骨文作戋甲，子姓，名整，是商王太戊之子，商王仲丁和外壬的弟弟，商朝第十二任君主。在其兄外壬死后继位。②阳甲：甲骨文中称象甲，姓子名和，是中国商朝第十八位君主，前任国王祖丁之子，后任国王盘庚之兄，定都于奄。盘庚：甲骨文作般庚，子姓，名旬，商王祖丁之子，阳甲之弟，商朝第十九位君主（不计太丁）。小辛：商朝国君，姓子名颂，商王盘庚之弟，商王祖丁之子。盘庚死后继位。小乙：姓子名敛，是中国商朝第二十二任君主。前任君主小辛之弟。③庙制：即宗庙制度，是指儒家为已故祖先建立灵魂依归之所设立的次序和祭祀制度。庙制规定，天子立七庙，诸侯立五庙，大夫立三庙，士立一庙，庶人无庙，以此区分亲疏贵贱。其次序是：始祖居中，左昭右穆。父居左为昭，子居右为穆。一世为昭，二世为穆，三世为昭，四世为穆，五世为昭，六世为穆，单数世为昭，双数世为穆，先世为昭，后世为穆，长为昭，幼为穆，嫡为昭，庶为穆。④贺循：字彦先。会稽山阴（今浙江绍兴）人。两晋时期名臣，孙吴后将军贺齐曾孙、孙吴中书令贺邵之子。擅长写文章，博览群籍。⑤祔（fù）：奉新死者的木主于祖庙与祖先的木主一起祭祀。⑥庙室：宗庙内安置神主之石室。

【译文】商朝时期，兄长去世弟弟接续哥哥的王位，所以十六世系而有二十八个王。例如仲丁、外壬、河亶甲，兄弟三王。阳甲、盘庚、小辛、小乙，兄弟四王。不知道他们的宗庙制度是怎么样的。《商书》记载：“供奉七世祖先的宗庙。”贺循说：“殷商世系有二祖三宗，如果拘泥于七室，那么奉祀到亡父就可以了。”（徐邈也说：“如果兄弟按照昭穆排序，如果兄弟六人为君，到了他们的后世，应当祭祀不到祖庙与父庙。”）《唐书·礼乐志》记载：“从唐宪宗、唐穆宗、唐敬宗、唐文宗四世配享先祖之庙，唐睿宗、唐玄宗、唐肃宗、唐代宗按照顺序迁出。到唐武宗驾崩，唐德宗按照顺序应该迁出，然而按照世系顺序应当为高祖，礼官开始觉得不对，认为兄弟彼此之间不为后，不能够在宗庙的神主中排列次序，于是奏请重新祔祭唐代宗。但是有人提出异议说，已经迁入远祖宗庙的神主，不能够重新迁入太庙。礼官（《旧唐书》也只是记载礼仪使，没记载其名）争辩道：从前晋元帝、晋明帝时期，已经迁出豫章府君、颍川府君。（豫章府君，宣帝司马懿的曾祖。颍川府君，宣帝的祖父。晋惠帝去世，迁出豫章府君。元帝在江南即位，升怀帝，又迁颍川府君。位虽有七室，其实才五世。原来是听从刁协以兄弟为世数的缘故。）后来都重新祔祭。”（晋元帝时，已迁出豫章府君、颍川府君，不久听从温峤的建议，恢复如故。晋明帝去世，又迁出颍川府君。晋简文帝即位，恢复如故。）这是旧日的典章制度了。持异议的人又说道：庙室有固定的数目，而没有后代的神主，应该安置在别庙。（唐玄宗开元初年，将唐中宗安置在别庙，升唐睿宗为第七室。）礼官驳斥说：“晋武帝时期，晋景帝、晋文帝同庙，宗庙虽然是六代，然而实际上有七位神主。到晋元帝、晋明帝时期，宗庙都是十室。所以贺循说：‘宗庙以容纳神主为限，而没有固定的数目。’于是重新祔祭唐代宗，而把唐敬宗、唐文宗、唐武宗作为一个世系。”

何休[①]解《公羊传》，文公二年，跻僖公，谓惠公与庄公当同南面西上，隐、桓与闵、僖当同北面西上，据大祫[②]如此，则庙中昭穆之序，亦从之而不易矣。

【注释】①何休：即何子，字邵公，任城樊（今山东兖州）人。东汉时期今文经学家，儒学大师。何休为人质朴多智，精研六经，对“三坟五典，阴阳算术，河洛谶纬，莫不成诵”。口讷，不善讲说，门徒有问者，则用书面作答。闭门不出，用功十余年，作《春秋公羊传解诂》。又注《孝经》《论语》等。另作《春秋汉议》，以春秋大义，驳正汉朝政事六百多条，“妙得公羊本意”。②大祫（xiá）：古时天子，诸侯宗庙祭礼之一。集远近祖先的神主于太祖庙合祭。

【译文】何休注解《公羊传》，鲁文公二年记载，上升鲁僖公的神主，说鲁惠公与鲁庄公应当一同南面西上，鲁隐公、鲁桓公与鲁闵公、鲁僖公应当一同北面西上，根据大祫是这样，那么宗庙中昭穆的次序，也应该遵从而不改变了。

鄞万斯大[①]本之立说，谓“庙制当一准《王制》之言，太祖而下，其为父死子继之常也，则一庙一主，三昭三穆，而不得少。其为兄弟相继之变也，则同庙异室，亦三昭三穆，而不得多。观《考工记·匠人营国》所载，世室明堂皆五室[②]，则知同庙异室，古人或已有通其变者，正不可指为后人之臆见也。”《记》曰：“协诸义而协则礼，虽先王未之有，可以义起也。”然则贺循之论，可为后王之式矣。

【注释】①万斯大：字充宗，别字褐夫，因患足疾而自号跛翁，鄞县（今浙江宁波）人。清初著名经学家。从学于黄宗羲。认为诸经相联，主张博中求专，力求新意。对《春秋》《三礼》尤有研究。②五室：古人明堂内设置的木室、火室、金室、水室、土室。

【译文】鄞县万斯大根本的立论，认为“宗庙制度应当全部按照《王制》的记载，太祖以下，如果是父死子继的常态，那么就是一庙一主，三昭三穆，而不能够减少。如果是兄弟相继的变数，那么就是同庙异室，也是三昭三穆，而不能够增多。察看《考工记·匠人营国》的记载，宗庙明堂都是五室，就知道同庙异室，古人已经有变通了，实在不能认为是后人主观的看法。”《礼记》记载：“拿义的标准去衡量礼的条文没有不符合的，即使先王没有明文规定，也是可以根据实际情况，制定合适措施的。”那么贺循的立论，可以作为后王特定的规格了。

立叔父

《左传》昭十九年：郑驷偃[①]卒，生丝，弱，其父兄立子瑕。子游叔父驷乞。子产对晋人谓：“私族于谋，而立长亲。”是叔父继其兄子。唐宣宗之为皇太叔，盖昉于此矣。

【注释】①驷偃：春秋时郑国大夫，字子游。

【译文】《左传》鲁昭公十九年记载：郑国的驷偃去世，生了丝，年幼，他的父兄辈拥立子瑕（为子游叔父驷乞）。子产对晋国人说："与宗族谋划，而拥立年长的亲子。"这是叔父继承他兄长儿子的王位。唐宣宗为皇太叔，大概是仿照这个。

继兄子为君

晋元帝大兴三年正月乙卯，诏曰："吾虽上继世祖，然于怀愍皇帝，皆北面[①]称臣。今祠太庙，不亲执觞酌[②]，而令有司行事，于情理不安。"乃行亲献。可谓得《春秋》之意者矣。

【注释】①北面：面向北。古礼，臣拜君，卑幼拜尊长，皆面向北行礼，因而居臣下、晚辈之位曰"北面"。②觞酌：亦作"觞勺""觞杓"。饮酒器。

【译文】晋元帝大兴三年正月十九日，下诏："我虽然在上是继承世祖武皇帝，然而对于怀愍皇帝，都是面向北称臣。如今祭祀太庙，不亲自拿着饮酒祭器，而让有关人员去做，在人情与道理上都不恰当。"于是亲自献祭。可以说是得到《春秋》的深意了。

太上皇

《秦始皇本纪》："追尊庄襄王[①]为太上皇。"是死而追尊之号，犹周曰"太王[②]"也。汉则以为生号，而后代并因之矣。

【注释】①庄襄王：即秦庄襄王，《水经注·渭水下》作秦庄王，《太平寰宇记·雍州》作秦襄王。名子楚，《战国策》记载原名异人，战国时期秦国君主。秦孝文王之子。②太王：周文王之祖古公亶父的尊号。周人本居豳，自古公始迁居岐山之下，定国号曰周，武王克殷后追尊为太王。

【译文】《秦始皇本纪》记载："追加庄襄王的尊号为太上皇。"是死了以后追加的尊号，犹如周朝的"太王"。汉代是把这作为生时的称号，而后代一并沿袭了。

《曲礼》："已孤暴贵，不为父作谥。"或举武王为难。郑康成答赵商[①]曰："周道之基，隆于二王，功德由之，王迹兴焉，不可以一概论也。若夏禹、殷汤则不然矣。"据此，则汉高帝于太上皇尊而不谥，乃为得礼。其追尊先媪[②]为昭灵夫人，当亦号而非谥也。

【注释】①赵商：东汉河内人。郑玄弟子。郑玄年六十，赵商自远方前来受业。②媪（ǎo）：称谓。指母亲。《广雅疏证·释亲》："媪，母也。"

【译文】《曲礼》记载："父亲去世而儿子突然显贵，不需要为父亲作褒美的谥号。"有人列举周武王的事迹发难。郑康成（郑玄）回复赵商说："周代治国法则的根基，比二王兴盛，功德由此而成，帝王的功业兴起了，不可以用同一种标准讨论。像夏禹、殷汤就不是这样了。"根据这个，那么汉高祖刘邦对于太上皇尊而不谥，是符合礼制的。他追加亡母尊号为昭灵夫人，应当也是尊号而不是谥号。

皇伯考

魏孝庄帝追尊其父彭城武宣王为文穆皇帝，庙号肃祖，母李妃为文穆皇后，将迁神主于太庙，以高祖为伯考。临淮王彧表谏曰："汉祖创业，香街有太上之庙。光武中兴，南顿立舂陵之寝。元帝之于光武，疏为绝服[①]，犹身奉子道，入继大宗。高祖之于圣躬，亲实犹子，陛下既纂[②]洪绪，岂宜加伯考之名？且汉宣之继孝昭，斯乃上后叔祖，岂忘宗承考妣，盖以大义所夺，及金德[③]将兴，宣王受寄。自兹而降，世秉盛权。景、文二王，实倾曹氏，故晋武继文祖宣，于景王有伯考之称。以今类古，恐或非俦。又臣子一例，义彰旧典，祫禘[④]失序，致讥前经。高祖德溢寰中，道超无外。肃祖虽勋格宇宙，犹曾奉贽[⑤]称臣。穆皇后禀德坤元，复将配享乾位。此乃君臣并筵，嫂叔同室，历观坟籍，未有其事。"又表言："爰自上古，迄于下叶，崇尚君亲，褒明功懿，乃有皇号，终无帝名。若去帝称皇，求之古义，少有依准。"不纳。先朝嘉靖中，追崇之典，与此正同。袭典午[⑥]之称名，用孝庄之故事，盖并非张、桂诸臣之初意矣。

【注释】①绝服：古代礼制，称五服（斩衰、齐衰、大功、小功、缌麻）以外不再服丧之亲属。②纂：古同"缵"，继承。③金德：五德之一。谓以金而德王。古代阴阳学家以五行相生相克和终而复始的循环变化，说明王朝兴替的原因，称为"五德终始"。④祫禘（xiá dì）：古代王者祭先祖之大礼。⑤奉贽：进献见面礼品。谓拜见。⑥典午："司马"的隐语。典出《三国志·蜀志·谯周传》："周语次，因书版示立曰：'典午忽兮，月酉没兮。'典午者，谓司马也；月酉者，谓八月也。至八月而文王（司马昭）果崩。”晋帝姓司马氏，后因以“典午”指晋朝。

【译文】北魏孝庄帝追加父亲彭城武宣王尊号为文穆皇帝，庙号肃祖，母亲李妃尊号为文穆皇后，将要把父母的神主迁入太庙，把高祖文皇帝作为伯考。临淮王元彧上表劝谏说：“汉高祖建立王业，繁华的街道上有太上的宗庙。光武帝中兴汉朝，在南顿修建春陵侯的陵寝。汉元帝对于光武帝，关系疏远不需要服丧，然而仍然按照子女对父母应遵循的道德规范侍奉，入继嫡系长房。高祖文皇帝对于陛下，亲密如同儿子，陛下已经继承帝业，怎么能追加高祖为伯考的名号呢？况且汉宣帝继承孝昭皇帝的王位，这是上承继叔祖，哪里是忘了崇奉父母呢，大概是由于大义而减少私情，等到金德将要兴起，宣王司马懿接受托付。从这以后，世代秉持大权。晋景帝、晋文帝二王，实际上倾覆了曹氏江山，所以晋武帝承继父亲晋文帝、祖父晋宣帝，对于晋景帝有伯父的称号。以现在类比古代，恐怕不是一类。又臣子同一条例，义理彰显旧日的典章，祭祀先祖的大礼失去次序，讥讽显著于前代的经籍。高祖文皇帝的德行充溢天下，道义超越没有穷尽。肃祖文穆皇帝虽然功勋遍及天下，但是曾经对高祖称臣。穆皇后禀受坤德，又将配祭乾位。这是君臣并席，嫂叔同屋，逐一察看古代典籍，没有这样的事。”又上表进言道：“从上古以来，直到近代，敬重君王与父母，褒明功德，才有皇号，终究没有帝名。如果去掉帝字而保留皇号，推求古代的义理，稍微有点依据。”不被皇帝采纳。明世宗嘉靖年间，追加封号的典章，与此正好相同。沿袭司马氏的称号，使用孝庄帝的典故，大概并不是张璁、桂萼等众大臣原来的意愿了。

除去祖宗庙谥

汉惠帝[1]从叔孙通之言，郡国多置原庙[2]。元帝时，贡禹以为不应古礼。永光四年，下丞相韦玄成[3]等议："以《春秋》之义，父不祭于支庶[4]之宅，君不祭于臣仆之家，王不祭于下土诸侯，请勿复修。"奏可，因罢昭灵后、武哀王、昭哀后、卫思后、戾太子、戾后园，皆不奉祠。后魏明元贵嫔杜氏，魏郡邺人，生世祖。及即位，追尊为穆皇后，配享太庙，又立后庙于邺。高宗时，相州刺史高闾[5]表修后庙，诏曰："妇人外成，礼无独祀，阴必配阳，以成天地。未闻有莘之国，立太姒之飨。此乃先皇所立，一时之至感，非经世之远制，使可罢祀。"是古人罢祖宗之庙，而不以为嫌也。王莽尊元帝庙号高宗，成帝号统宗，平帝号元宗，中兴皆去之。后汉和帝号穆宗，安帝号恭宗，顺帝号敬宗，桓帝号威宗。桓帝尊母梁贵人曰恭怀皇后，安帝尊祖母宋贵人曰敬隐皇后，顺帝尊母李氏曰恭愍皇后。献帝初平元年，左中郎将蔡邕议："孝和以下，政事多衅，权移臣下。嗣帝殷勤，各欲褒崇至亲而已。臣下懦弱，莫能执正。据礼，和、安、顺、桓四帝，不宜称宗；又恭怀、敬隐、恭愍三皇后，并非正嫡，不合称后，皆请除尊号。"制曰可。

【注释】①汉惠帝：即刘盈，汉高祖刘邦与吕后之子，西汉第二位皇帝。谥号孝惠皇帝。②原庙：在正庙以外另立的宗庙。③韦玄成：字少翁，鲁国邹人，丞相韦贤之子。少好学，谦逊侠士，尤敬贫贱。邹鲁为之谚云："遗黄金满籝，不如教子一经。"④支庶：宗法制度谓嫡子以外的旁支。⑤高闾：本名高驴，字阎士，渔阳郡雍奴县（今天津）人。北魏王朝宰相、政治家、散文家，幽州刺史高洪之子。景明三年去世，追赠镇北大将军、幽州刺史，谥号文。文采与高允齐名，并称"二高"，著有《高闾文集》《燕志》。

【译文】汉惠帝听从叔孙通的建议，在郡国设立很多正庙以外的宗庙。汉元帝时期，贡禹认为这样不符合古时的礼制。永光四年，命丞相韦玄成等奏议："以《春秋》的要义，不在旁支庶出的人家祭祀先父，不在臣下仆役的家里祭祀先君，不在下土诸侯家里祭祀先王，请求不要再修建了。"奏书得到皇帝的许可，于是撤销了昭灵后、武哀王、昭哀后、卫思后、戾太子、戾后园，都不再祭祀。北魏太宗明元帝贵嫔杜氏，是魏郡邺县人，生下世祖太武帝。等到世祖即位，追尊为穆皇后，配祭太庙，又在邺县建立太后庙。北魏高宗时期，相州刺史高闾上表奏请修建太后庙，皇帝下诏说："女子出嫁，按照道理不能单独祭祀，阴必须匹配阳，以成就天地。没有听说有莘的国家，设立了太姒的祭祀。这是先皇所立的庙，一时之间的真实情感，不是治理国家的长远制度，可以罢除祭祀。"这是古人撤销祖宗的宗庙，而不认为是嫌恶。王莽尊汉元帝庙号为高宗，汉成帝号统宗，汉平帝号元宗，光武帝振兴汉室后都取消了。东汉和帝号穆宗，汉安帝号恭宗，汉顺帝号敬宗，汉桓帝号威宗。汉桓帝尊母亲梁贵人为恭怀皇后，汉安帝尊祖母宋贵人为敬隐皇后，汉顺帝尊母亲李氏为恭愍皇后。汉献帝初平元年，左中郎将蔡邕奏议："孝和皇帝以后，政事多有争端，权力下移到大臣。嗣帝殷勤，各自想着赞扬推崇最亲近的亲戚。臣下懦弱，不能主持公道。根据礼制，汉和帝、汉安帝、汉顺帝、汉桓帝四位皇帝，庙号不应该称宗；又有恭怀皇后、敬隐皇后、恭愍皇后三位皇后，都不是正室嫡妻，不应该称皇后，都请求撤销尊号。”皇帝制诰同意了。

唐高宗太子弘，追谥孝敬皇帝，庙号义宗。开元六年，将作大匠韦凑[1]上言：“准礼，不合称宗。”于是停义宗之号。是古人除祖宗之号而不以为忌也。后世浮文日盛，有增无损。德宗初立，礼仪使、吏部尚书颜真卿上言：“上元中，政在宫壶[2]，始增祖宗之谥。玄宗末，奸臣窃命，列圣之谥，有加至十一字者。按周之文武，言文不称武，言武不称文，岂盛德所不优乎？盖称其至者故也。故谥多不为褒，少不为贬。今列圣谥号太广，有逾古制，请自中宗以上，皆从初谥：睿宗曰圣真皇帝，玄宗曰孝明皇帝，肃宗曰孝宣皇帝，以省文尚质，正名敦本。”上命百官集议，儒学之士，皆从真卿议。独兵部侍郎袁傪，官以兵进，奏言：“陵庙玉册木主[3]，皆已刊勒，不可轻改。”事遂寝。不知陵中玉册所刻，乃初谥也。自此宗庙之广，谥号之繁，沿至本朝，遂成故典，而人臣不敢议矣。

【注释】①韦凑：唐京兆万年人，字彦宗。以公事忤宗楚客，前后上书论时政得失，多见采纳。②宫壶：犹言帝王后宫。借指后妃。③玉册：亦作“玉策”。古代册书的一种。帝王祭祀告天或上尊号用之。用玉简制成。木主：木制的神位。上书死者姓名以供祭祀。又称神主。俗称牌位。

【译文】唐高宗太子李弘，追加谥号为孝敬皇帝，庙号义宗。开元六年，将作大匠韦凑进呈奏言："依据礼制，庙号不应该称宗。"于是停止义宗的庙号。这是古人撤销祖宗的庙号而不认为是忌讳。后世华而不实的言辞一天天炽烈，有增无减。唐德宗刚刚即位，礼仪使、吏部尚书颜真卿进言说道："上元年间，政令由后妃掌管，才开始增加祖宗的谥号。唐玄宗末年，奸臣篡夺国柄，历代帝王的谥号，有加到十一个字的。按照周朝的文王和武王，称文就不称武，称武就不称文，难道他们的盛德不崇高吗？大概群臣认为文、武是最高称呼的缘故吧。所以谥号字多不一定是褒扬，字少不一定是贬低。如今历代皇帝谥号太长，违背了古代的制度，奏请从唐中宗以上的皇帝，都按照最初的谥号：唐睿宗称圣真皇帝，唐玄宗称孝明皇帝，唐肃宗称孝宣皇帝，以节省文字，崇尚质朴，使名实相符，注重根本。"皇帝下令百官共同评议，儒家出身的学者，都赞成颜真卿的奏议。唯独兵部侍郎袁傪，因为手握兵权而封官，上奏说："陵墓与宗庙中上尊号的册书、牌位，都已经雕刻好了，不能够轻易更改。"于是此事就停止了。却不知道陵墓中上尊号的册书所雕刻的，就是最初的谥号。从此宗庙之多，谥号之繁，沿袭到明朝，已经成为典制和成例，然而臣子不敢评议了。

称宗之滥，始于王莽之三宗；称祖之滥，始于曹魏之三祖。唐王彦威所谓"叔世乱象，不可以训"者也[①]。

【注释】①王彦威：字子美，太原人。唐朝时期大臣，著名礼学家。世代儒家，孤贫苦学，尤通《三礼》。叔世：犹末世。衰乱的时代。

【译文】庙号称宗的泛滥，从王莽时期的三宗开始；庙号称祖的泛滥，从曹魏时代的三祖开始。就是唐代王彦威所说的“衰乱时代的乱象，不可以作为法则”。

汉人追尊之礼

太上皇，高帝父也，皇而不帝。师古曰：皇君也，天子之父，故号曰皇。不预治国，故不言帝也。又引蔡邕曰：不言帝，非天子也。戾太子、悼皇考[①]，孝宣之祖若父也，太子、皇考而不帝。春陵节侯、郁林太守、巨鹿都尉、南顿令[②]，光武之高曾若祖父也，侯而不帝，太守、都尉而不帝，君而不帝。此皆汉人近古，而作俑[③]者，定陶共皇[④]一议也。

【注释】①悼皇考：刘进，汉宣帝刘询之父，汉武帝刘彻长孙，戾太子刘据长子。因母为史良娣，故号史皇孙。巫蛊之祸卫太子败亡，刘进与妻子王翁须及其妹在长安同时遇害（非坐诛）。其子宣帝刘询即位后，“比诸侯王国”改葬刘进夫妇，追谥刘进曰“悼”。②春陵节侯：汉朝宗室，汉景帝刘启之孙、长沙定王刘发之子。汉武帝以零陵郡泠道县春陵乡封长沙王子刘买为春陵侯。郁林太守：汉朝宗室，汉景帝的儿子长沙定王刘发的孙子，汉光武帝刘秀的曾祖父。父亲是春陵节侯刘买，春陵侯的爵位由他哥哥刘熊渠继承，他担任实职官郁林太守。巨鹿都尉：汉朝宗室，汉景帝的儿子长沙定王刘发的曾孙，汉光武帝刘秀的祖父。在西汉末年担任巨鹿都尉。南顿令：南阳白水（今属河南南阳）人。汉朝宗室大臣，汉高祖刘邦八世孙，长沙定王刘发玄孙，光武帝刘秀生父。西汉末年，历任陈留郡济阳县令、南顿县令。

③作俑：典出《孟子·梁惠王上》："仲尼曰：'始作俑者，其无后乎！'为其像人而用之也。"本谓制作用于殉葬的偶像，后因称创始、首开先例为"作俑"。多用于贬义。④定陶共皇：刘康，汉元帝刘奭之子，汉成帝刘骜异母弟，封定陶王，死后谥号恭（或作共）。其子为汉哀帝刘欣，汉哀帝即位后，追尊刘康为恭皇（一说为恭皇帝）。

【译文】太上皇，是汉高祖刘邦的父亲，称皇而不称帝。（颜师古说：所说的皇君，是天子之父，故而称为皇。不参与治国，故而不称为帝。又引蔡邕的主张说：不称为帝，不是天子的意思。）戾太子刘据、悼皇考刘进，是孝宣皇帝的祖父、父亲，戾太子、悼皇考不称帝。舂陵节侯刘买、郁林太守刘外、巨鹿都尉刘回、南顿令刘钦，是光武皇帝的高祖、曾祖、祖父、父亲，称侯而不称帝，太守、都尉都不称帝，称君而不称帝。这都是汉代人效法古代，而首开先例的，是关于定陶共皇刘康谥号的讨论。

谥 法

孝宣即位，思戾、悼之名，不为隐讳，亦无一人更言泉鸠里事[①]，此见汉人醇厚。后代因之，而恩怨[②]相寻，反复之报，中于国家者多矣。

【注释】①泉鸠里事：泉鸠里又名全鸠里、全节，在今河南灵宝市西北鸠水西。《汉书·戾太子传》："太子之亡也，东至湖，臧匿泉鸠里。"

【译文】孝宣皇帝即位后，思念祖父戾太子、父亲悼皇考之名，没有隐瞒不说，也没有一人再言戾太子藏在偏僻的泉鸠里穷人家里的事情，由这可以知道汉代人敦厚朴实。后代沿袭，然而怨恨接连不断，反复之报，祸害国家的很多了。

季孙问于荣驾鹅曰："吾欲为君谥，使子孙知之。"对曰："生弗能事，死又恶之，以自信也，将焉用之？"乃止。然谥之曰昭，亦但取其习于威仪尔。《谥法》："容仪恭美曰昭。"按周之昭王，南征不复①；晋昭侯、郑昭公、宋昭公、蔡昭侯，皆见弑于其臣，是昭非飨国②克终之谥也。此外齐、晋、曹、许，皆有昭公，亦无可称。而周之甘昭公，以罪见杀。至楚昭王、燕昭王、秦昭襄王、汉孝昭帝，始以为美谥。而唐之昭宗亦见弑。

【注释】①南征不复：指周昭王姬瑕第三次南征时由于骄傲轻敌，坐上楚人用胶粘结的船只而溺水身亡。②飨国：享国。飨，通"享"。

【译文】季孙询问荣驾鹅说："我想要为国君制定谥号，让后代子孙都知道。"荣驾鹅回答说："活着的时候不能侍奉，死了又追加贬义的谥号，是通过这个来自我申明国君的过失吗，将要何用？"于是就停止了。然而谥号为昭，也只是选取庄重的仪容举止罢了。《谥法》记载："容仪恭美称昭。"按照周昭王，南征没有回来；晋昭侯、郑昭公、宋昭公、蔡昭侯，都被臣子弑杀，说明昭不是享国善终的谥号。除此之外齐、晋、曹、许，都有称昭公的，也没有值得称赞的。而且周朝的甘昭公，由于叛乱被诛杀。到楚昭王、燕昭王、秦昭襄王、汉孝昭帝，才开始作为褒美的谥号。然而唐昭宗也是被弑杀。

追尊子弟

古人主但有追尊其父兄，无尊其子弟者。唯秦文公太子卒，赐谥为竫公。唐代宗追谥其弟故齐王倓为承天皇帝。

【译文】古时候君王只是追尊他的父兄，没有追尊子弟的。唯有秦文公的太子去世，赐谥号为竫公。唐代宗追谥他的弟弟已故齐王李倓为承天皇帝。

内 禅

《左传》："晋景公有疾，立太子州蒲为君，会诸侯伐郑。"《史记》：赵武灵王传国于子惠文王，自称主父。此内禅①之始。

《竹书纪年》：夏帝不降②五十九年，逊位于弟扃③。帝扃十年，帝不降陟。然不可考矣。

【注释】①内禅：古代，帝王传位给内定的继承人称"内禅"。②不降：夏王泄的儿子。也称帝降、帝不降。夏朝在位时间最长的君主，也是夏朝很有作为的君主，在他统治的五十九年夏朝版图达到最大。同时他认为自己儿子孔甲不德，所以传位给弟弟。③扃（jiōng）：姒扃，也称夏扃、帝扃。姒泄之子、姒不降之弟。

【译文】《左传》："晋景公患病，册立太子州蒲为国君，会合诸侯讨伐郑国。"《史记》：赵武灵王传授王位给儿子赵惠文王，自称主父。这是内禅的开始。

《竹书纪年》：夏帝不降在位五十九年，让位给弟弟扃。扃在位十年，登上不降的帝位。然而不能考证了。

御 容

唐玄宗于别殿安置太宗、高宗、睿宗御容，每日侵早具服朝谒。见《册府元龟》城门郎独孤晏奏。此今日奉先殿之所自立也。宗庙之礼，人臣不敢轻议。然窃以为两庙二主，非严敬之义。盖《唐书》所谓王玙[1]缘生事亡，《韦彤传》。而未察乎神人之道者乎？

【注释】①王玙（yú）：少时专习礼书，通晓礼仪祭祀制度。以祭祀妖妄取宠。

【译文】唐玄宗在别殿安置太宗、高宗、睿宗的画像，每天天刚亮就穿着朝服叩拜。（见《册府元龟》城门郎独孤晏的奏疏。）这是现在奉先殿自立的由来。宗庙的礼节，臣子不敢轻易非议。然而我私下认为两庙二主，并不是敬重的意思。这是《唐书》所记载的王玙缘生事亡（见《韦彤传》），然而没有仔细考量神人的大道吧？

封 国

唐宋以下封国，但取空名，而不有其地。明代亦然。然名不可不慎。赵府有江宁王，代府有溧阳王，辽府有句容王，韩府有高淳王。而杨洪封昌平伯，石亨、李伟封武清伯，张輗封文安伯，曹义封丰润伯，施聚封怀柔伯，金顺、罗秉忠封顺义伯，谷大亮封永清伯，蒋轮封玉田伯。此皆赤畿[①]县名，而以为诸王臣下之封，何也？《南齐书》："文惠太子[②]子昭秀，封临海郡王。通直常侍庾昙隆启曰：'周定洛邑，天子置畿内之民；汉都咸阳，三辅为社稷之卫。中晋南迁，事移威弛，近郡名邦，多有国食。宋武创业，依拟古典，神州部内，不复别封。而孝武末年，分树宠子，苟申私爱，有乖训准。隆昌之元，特开母弟之贵，窃谓非古。圣明御寓，礼旧为先，畿内限断，宜遵昔制，赐茅授土，一出外州。'遂改封昭秀为巴陵王。"当时临海郡属扬州，王畿故也。岂有以神皋赤县之名，而加之支庶者乎？

【注释】①赤畿：即畿县，也称次赤县。唐代县分七等，畿县比京都所治的赤县次一等。②文惠太子：萧长懋，字云乔，小字白泽，南兰陵郡兰陵（今江苏常州）人。南齐太子，齐高帝萧道成之孙，齐武帝萧赜长子，郁林王萧昭业、海陵王萧昭文之父。谥号文惠太子。

【译文】唐宋以后所封的国家，只是空有名衔，而没有实际的封地。明代也是这样。然而封国名不能够不慎重。赵府有江宁王，代府有溧阳王，辽府有句容王，韩府有高淳王。而杨洪封昌平伯，石亨、李伟封武清伯，张輗封文安伯，曹义封丰润伯，施聚封怀柔伯，金顺、罗秉忠封顺义伯，谷大亮封永清伯，蒋轮封玉田伯。这都是畿县的县名，然而作为诸王臣下的封赐，为什么呢？《南齐书》记载："文惠太子萧长懋的儿子萧昭秀，被封为临海郡王。通直常侍庾昙隆启奏说：‘周朝定都在洛邑，天子设置畿辅管辖京城地区的百姓；汉朝定都咸阳，三辅成为社稷的护卫。东晋南迁，国事迁移、威势松弛，近郡名邦，大多有皇亲国戚的封邑。刘宋武帝开创基业，依照模拟古代的典章制度，神州内部，不再分封给别人。然而孝武帝末年，分封食邑以宠爱儿子，如果表达私人之爱，有违准则。南齐郁林王隆昌元年，特别开创了贵重母弟的先例，我私下认为这不是古制。圣明的天子驾御天下，遵循旧例为先，畿内划定界限，应该遵守昔日的制度，分封土地，都分封到外州。’于是改封萧昭秀为巴陵王。”当时临海郡属于扬州，是王畿的缘故。哪里有把京畿赤县的封名，加封给旁支子孙的呢？

宋时封国，大小之名，皆有准式。而陆务观谓：曾子开封曲阜县子，谢任伯封阳夏县伯。曲阜，今仙源县；阳夏，今城父县。方疏封①时，已无此二县，以为司封之失职。有明则草略殊甚，即郡王封号，而或以府，或以州，或以县，或以古县，或但取美名，初无一定之例。名之不正，莫甚于此。

【注释】①疏封：分封。帝王把土地或爵位分赐给臣子。

【译文】宋朝时期的封国，大小的名称，都有标准。而陆游（字务观）说：曾子开（名肇）封曲阜县子，谢任伯（名克家）封阳夏县伯。曲阜，是如今的仙源县；阳夏，是如今的城父县。正在分封的时候，已经没有这两个县，于是认为是主管分封官员的失职。明朝则是非常粗糙疏略，即使是郡王的封号，有的用府，有的用州，有的用县，有的用古县，有的只是取美名，开始就没有一定的体例。名分不正，没有比这更严重的。

乳母

《旧唐书》："哀帝[1]天祐二年九月，内出宣旨，奶婆杨氏，可赐号昭仪；奶婆王氏，可封郡夫人；第二奶婆王氏，先帝已封郡夫人，今准杨氏例改封。中书门下奏曰：'臣闻周制宫职，夫人只列三人。汉氏后宫之号，十有四位。元帝特置昭仪，位视丞相，爵比诸侯王。至于列妾，纵称夫人，亦无裂土割郡之号。以胡组、郭征卿[2]保养宣帝之功，子孙但受厚赏，而无封爵。后汉顺帝封阿母宋氏为山阳君，则致汉阳地震。安帝封乳母王圣为野王君，亦致地震京师。晋室中兴，乳母阿苏有保元帝之功，赐号保圣君，初非爵邑，但择美名。至高齐陆令萱[3]，以干阿你[4]授封郡君，寻乱制度。中宗神龙元年，封乳母于氏为平恩郡夫人。景龙四年，封尚食高氏为修国夫人。封爵之失，始自于此。后睿宗下诏，封玄宗乳母蒋氏为吴国夫人，莫氏为燕国夫人。历载以来，寖为讹弊。伏以陛下重兴宝运，再阐丕图，奉高祖、太宗旧章，行往代贤君故事，今则宜受乳母为郡夫人，窃意四海九州之内，有功劳安社稷者，得不对室家而惭于所命之爵乎？臣等参详奶婆杨氏、王氏，虽居湿推燥[5]，并彰保养之勤，而胙土分茅[6]，且异疏封之例。况昭仪内侍燕寝，位列宫嫔，夫人则亚列妃嫱，供奉左右，岂可以嫔御之号，增荣于阿保[7]？揆之典礼，良有乖违。其杨氏望赐号安圣君，王氏望赐号福圣君，第二王氏望赐号康圣君。'从之。"参用《册府元龟》。当国命赘旒[8]、权臣问鼎之日，而执议若此。有明自永乐中，封乳母冯氏为保圣贤顺夫人，《实录》：永乐七年三月戊辰，遣官祭乳母保圣贤顺夫人冯氏。列宗因之，遂为成例。而奉圣夫人客氏，遂与魏忠贤[9]表里擅权，甚于汉之王圣[10]矣。

【注释】①哀帝：李柷，本名李祚。唐昭宗李晔第九子。唐朝最后的一个皇帝，天祐四年（907），废为济阴王，安置于曹州。次年惨遭鸩杀，葬于温陵。②胡组：汉宣帝乳母，对汉宣帝无微不至，极为照顾。郭征卿：西汉时淮阳人，汉宣帝乳母。③陆令萱：原姓步六孤，鲜卑族，代郡（今山西）人。平原王陆睿的孙女，北齐后期奸臣、女官，官至女侍中。④干阿你：干奶婆。不喂奶的保姆。⑤居湿推燥：把干燥处让给幼儿，自己睡在幼儿便溺后的湿处。极言抚育幼儿的辛劳。⑥胙土：帝王将土地赐封功臣宗室，以酬其勋劳。分茅：分封王侯。古代分封诸侯，用白茅裹着泥土授予被封者，象征授予土地和权力，谓之"分茅"。⑦阿保：古代教育抚养贵族子女的妇女。⑧赘旒（liú）：赘，连缀；旒，旌旗上的飘带。比喻实权旁落、为大臣挟持的君主。后亦指有职无权的官吏。⑨魏忠贤：字完吾，北直隶肃宁（今河北沧州）人，明朝末期宦官。极受宠信，被称为"九千九百岁"，排除异己，专断国政，以致人们"只知有忠贤，而不知有皇上"。⑩王圣：东汉人。汉安帝乳母。封野王君。依仗宠信，勾结宦官，为非作歹。暗杀太子乳母王男、厨监邴吉。枉杀太尉杨震，谗废太子刘保为济阳王。

【译文】《旧唐书》记载："唐哀帝天祐二年九月，内侍出宫宣读圣旨，乳母杨氏，可以赏赐昭仪的封号；乳母王氏，可以册封郡夫人；第二乳母王氏，先帝已经封为郡夫人，如今依照杨氏的前例更改封号。中书门下省启奏说：‘臣下听闻周朝的制度宫中的官职，夫人只分封三个人。汉代后宫的封号，有十四位。汉元帝特别设置昭仪，地位如同丞相，爵位比同诸侯王。至于众多的妾室，都称呼夫人，也没有裂土割郡的封号。以胡组、郭征卿保护养育汉宣帝的功劳，子孙也只是享受丰厚的赏赐，而没有封爵位。东汉顺帝封乳母宋氏为山阳君，就导致汉阳发生地震。汉安帝封乳母王圣为野王君，也导致京师发生地震。晋朝中兴，乳母阿苏有保护晋元帝的功劳，皇帝赏赐封号保圣君，起初不是封邑，只是择取美名。到北齐的陆令萱，以干乳母的身份授封郡君，不久就混乱了制度。唐中宗神龙元年，封乳母于氏为平恩郡夫人。景龙四年，封尚食高氏为修国夫人。封爵的错误，从这开始。后来唐睿宗下诏，封唐玄宗的乳母蒋氏为吴国夫人，莫氏为燕国夫人。经历多年以来，逐渐变为弊害。希望陛下重新振兴国运，再次开辟宏图大业，遵奉高祖皇帝、太宗皇帝昔日的典章，奉行前代贤君旧日的典章制度，如今宣旨封授乳母为郡夫人，臣等私下认为在全国内，有功劳安定社稷的人，能够不对妻子羞愧所封的爵位吗？臣下等参详乳母杨氏、王氏，虽然辛劳抚育，并彰显保护养育的辛勤，然而赐封土地、分封王侯，而且不同于分封的体例。况且昭仪在宫廷侍奉皇帝安寝，地位列在宫嫔，夫人地位则低于妃嫱，供奉左右，怎么可以把嫔御的封号，增加荣耀在阿保的身上？揣测制度礼仪，很是有所背离。对于杨氏希望赐封号为安圣君，王氏赐封号为福圣君，第二王氏赐封号为康圣君。’皇帝听从了。”（参用《册府元龟》。）在国家的政权旁落、专权的大臣图谋王位的时候，却能像这样坚持意见。明朝从永乐年间开始，封乳母冯氏为保圣贤顺夫人，（《实录》：永乐七年三月二十五日，派遣官员祭祀乳母保圣贤顺夫人冯氏。）历代皇帝沿袭，于是成为惯例。而奉圣夫人客氏，就与魏忠贤在内外专权，比汉代的王圣更严重了。

圣节

《旧唐书》：太宗贞观二十年十二月癸未，上谓司徒长孙无忌[①]等曰："今日是朕生日，世俗皆为欢乐，在朕翻成伤感。今君临天下，富有四海，而承欢膝下，永不可得，此子路所以有负米[②]之恨也。《诗》云：'哀哀父母，生我劬劳。'奈何以劬劳之日，更为宴乐乎？"因泣数行下，左右皆悲。其时无所谓圣节也。玄宗开元十七年八月癸亥，"上以降诞日，宴百寮于花萼楼下。百寮表请，以每年八月五日为千秋节，王公以下献镜及承露囊，天下诸州，咸令宴乐，休假三，仍编为令。从之"。十八年闰六月辛卯，"礼部奏请，千秋节休假三日，及村闾社会并就千秋节先赛白帝，报田祖，然后坐饮。散之。"八月丁亥，"上御花萼楼，以千秋节百官献贺，赐四品已上金镜、珠囊、缣彩，五品已下束帛有差。上赋八韵诗，又制《秋景诗》"。此节名、酺宴之所起也。杜甫诗："自罢千秋节，频伤八月来。"谓此。《新唐书·礼乐志》："千秋节者，玄宗以八月五日生，因以其日名节，而君臣共为荒乐。当时流俗多传其事，以为盛。其后巨盗起，陷两京，自此天下用兵不息，而离宫苑囿，遂以荒堙，独其余声遗曲传人间，闻者为之悲凉感动。盖其事适足为戒，而不足考法，故不复著其详。”肃宗上元二年九月甲申，天成地平节，史不书置节年月。上于三殿置道场，以宫人为佛菩萨，力士为金刚神王，召大臣膜拜、围绕。自后相沿以为故事，命沙门、道士讲论于麟德殿。德宗贞元十二年，复命以儒士参之。此斋醮之所起也。《册府元龟》：“开元二十三年八月癸巳千秋节，命诸学士及僧道，讲论三教同异。”则玄宗时先行之。代宗“永泰二年十月，上降诞日，诸道节度使献金帛、器用、珍玩、名马，计二十余万。自是岁以为常”。后增至百余万。此进献之所起也。

【注释】①长孙无忌：字辅机，河南洛阳人，唐初宰相、外戚，隋朝右骁卫将军长孙晟之子，母亲为北齐乐安王高劢之女，文德皇后同母兄。凌烟阁功臣中位列第一。后被许敬宗诬陷，削爵流放黔州，最终自缢而死。②负米：外出求取俸禄钱财等以孝养父母。

【译文】《旧唐书》记载：唐太宗贞观二十年十二月二十五日，皇帝对司徒长孙无忌等人说：“今日是朕的生日，世间都认为值得庆贺，对朕来说反而觉得伤感。如今主宰天下，富有四海，然而能在父母膝下欢乐，永远不能够得到了，这是子路在父母去世后有不能再为他们背米遗憾的原因。《诗经》记载：‘可怜父母，养育我太辛劳。’为什么在父母辛劳的日子里，还要宴饮作乐呢？”因而流下眼泪，身边的人都感到悲伤。那个时候没有所谓的圣节也。唐玄宗开元十七年八月初五，“皇帝因为诞辰之日，在花萼楼下宴请百官。百官上表奏请，把每年八月初五作为千秋节，王公以下的官员进献宝镜以及承露囊，天下各州，都让他们宴饮作乐，休假三天，按照旧例编为政令施行。皇帝同意了”。开元十八年闰六月初八，“礼部上表奏请，千秋节休假三天，以及乡村闾里集会并在千秋节前赛白帝，报田祖，然后坐饮宴会。结束集会。”八月初五，“皇帝驾临花萼楼，因为千秋节百官献宝祝贺，因此赏赐四品以上的官员金镜、珠囊、缣彩，五品以上的官员有不同等级的五匹帛。皇帝赋八韵诗，又御制了《秋景诗》”。这是节名、酺宴兴起的原因。（杜甫有诗说：“自罢千秋节，频伤八月来。”就是说这个。《新唐书·礼乐志》：“所谓的千秋节，唐玄宗因为八月初五出生，因而将那天命名节日，而君臣共为耽于逸乐。当时民间大多盛传这件事，认为是盛事。在这以后发生安史之乱，攻陷两京，从此以后天下战争不断，而离宫苑囿，于是变成废墟，唯独那些余声遗曲留在人间，听到的人感到悲凉触动。大概是这件事恰好作为教训，而不足以考察效法，故而不再记载详细。”）唐肃宗上元二年九月初三，天成地平节（史书上没有记载创制这个节日的年月），皇帝在三殿设置道场，把宫人作为佛菩萨，力士作为金刚神王，召集大臣膜拜、围绕。从此以后沿袭作为惯例，命令沙门、道士在麟德殿讲谈论议。唐德宗贞元十二年，又下令儒士参与。这是斋醮兴起的原因。（《册府元龟》：“开元二十三年八月初十千秋节，命令诸学士以及僧道两界，讲论三教异同。”那就是在玄宗时已经先实行了。）唐代宗“永泰二年十月，是皇帝的生日，诸道节度使进献金帛、器用、珍玩、名马，合计二十多万。从这以后每年作为常例”。后来增加到一百多万。这是进献兴起的原因。

穆宗元和十五年七月乙巳，敕以“今月六日是朕载诞之辰，奉迎皇太后于宫中上寿，其日百寮命妇，宜于光顺门进名参贺”。宰臣以古无降诞受贺之礼，奏罢之。《韦绶传》：“绶以七月六日是穆宗载诞节，请以是日百官诣光顺门贺太后，然后上皇帝寿。从之。宰臣奏：古无生日称贺之仪。其事遂寝。”元稹《长庆集》，有《贺降诞日德音状》。考《册府元龟》，次年长庆元年七月庚子，仍行此礼，而史遗之也。又云敬宗宝历元年六月敕，停此礼。文宗太和七年十月壬辰，“上降诞日，僧徒道士讲论于麟德殿。翼日[①]御延英。上谓宰臣曰：‘降诞日设斋，相承已久，未可便革。朕虽置斋会，惟对王源中[②]等暂入殿，源中为翰林学士。至僧道讲论，都不临听。’宰臣路随[③]等奏：‘诞日斋会，本非中国教法。臣伏见开元十七年张说、源乾曜[④]请以诞日为千秋节，内外宴乐，以庆昌期，颇为得礼。’上深然之。宰臣因请以十月十日为庆成节，从之。”开成二年九月甲申，“诏曰：‘庆成节，朕之生辰，天下锡宴，庶同欢泰。不欲屠宰，用表好生。自今会宴蔬食，任陈脯醢，永为常例。’又敕：‘庆成节，宜令京兆尹准上巳重阳例，于曲江会文武百寮，其延英奉觞[⑤]权停。’”太和九年，浚曲江作紫云楼，仍许公卿士大夫之家于江头立亭馆。自是武宗为庆阳节，宣宗为寿昌节，懿宗为延庆节，僖宗为应天节，昭宗为嘉会节，哀帝为乾和节。并《册府元龟》。然则此礼创于玄、文二宗，成于张说、源乾曜、路随三人之奏，而后遂编于令甲[⑥]，传之百代矣。

【注释】①翼日：明日，次日。翼，通“翌”。②王源中：字正蒙，琅琊人，东晋丞相王导之后。敢直谏，为政简约，颇受赞美。③路随：一作路隋，字南式，魏州阳平（今山东莘县）人。唐朝中期宰相，御史中丞路泌之子。路随有学识气量，为谏官能直言，以鲠亮著称于世。④源乾曜：相州临漳（今河北临漳）人，唐朝宰相，北魏太尉源贺之后，刑部尚书源直心之子。⑤奉觞：举杯敬酒。⑥令甲：第一道诏令，法令的第一篇。后用为法令的通称。

【译文】唐穆宗元和十五年七月初五，敕令“这个月初六是朕的生日，打算恭迎皇太后在宫中敬酒、祝颂长寿，这一天百官命妇，应该在光顺门禀报姓名参拜庆贺”。宰臣以古时候没有诞辰受贺的礼节，上奏请求罢除了。（《韦绶传》：“韦绶以七月初六是穆宗的载诞节，请求在这天日百官到光顺门祝贺太后，然后再向皇帝祝寿。穆宗听从了。宰臣上奏：古代没有生日称贺之仪。这件事于是停止。”元稹《长庆集》中有《贺降诞日德音状》一文。考察《册府元龟》，次年长庆元年七月初六，依旧实行这个生日礼，但是史书漏写了。又说唐敬宗宝历元年六月敕令，停止这个生日礼。）唐文宗太和七年十月初十，“皇帝生日，僧人道士在麟德殿讲谈论议。第二天皇帝驾临延英殿。对宰臣们说：‘生日备办素食，递相沿袭很久了，不可以轻易改变。朕虽然设置斋会，只是王源中等人讲经的时候暂时入殿（王源中为翰林学士），至于僧人、道士讲道，都没有去听。’宰臣路随等人上奏说：‘生日斋会，原本不是中国的传统。臣下看到开元十七年张说、源乾曜奏请把皇帝的生日作为千秋节，朝廷内外宴饮欢乐，用以庆贺生日，非常符合礼节。’皇帝非常认同。宰臣于是奏请把十月初十作为庆成节，皇帝同意了。”开成二年九月二十三日，“皇帝下诏说：‘庆成节，是朕的生日，赏赐天下人宴饮，百姓一同享受欢乐安泰。不想宰杀牲畜，用来表示爱惜生灵。从今以后相聚宴饮都食用蔬果，任意陈设果脯、干菜，永远作为常例。’又敕令：‘庆成节，应该让京兆尹参照上巳节、重阳节的旧例，在曲江集合文武百官，在延英殿举杯敬酒应该暂且停止。’”（太和九年，浚曲江建造紫云楼，于是应许公卿士大夫的家于江头建造亭馆。）从此唐武宗生日称为庆阳节，唐宣宗称为寿昌节，唐懿宗称为延庆节，唐僖宗称为应天节，唐昭宗称为嘉会节，唐哀帝称为乾和节。（一同记载在《册府元龟》中。）然而这个礼节是由唐玄宗、唐文宗开创，形成于张说、源乾曜、路随三人的奏请，后来就编订在法令上，流传百代了。

《册府元龟》载：“开元十七年，尚书左丞相源乾曜、右丞相张说，率文武百官等上表曰：‘臣闻圣人出，则日月记其初；王泽深，则风俗传其后。故少昊[①]著流虹之感，商汤本玄鸟之命，孟夏有佛生之供，仲春修道祖之筞。追始乐原，其义一也。伏惟[②]开元神武皇帝陛下，二气合神，九龙浴圣，清明总于玉露，爽朗冠于金天。月惟仲秋，日在端午[③]，常星不见之夜，祥光照室之期，群臣相贺曰：诞圣之辰也，焉可不以为嘉节乎？比夫曲水禊亭[④]，重阳射圃，五日彩线，七夕粉筵，岂同年而语也。臣等不胜大愿，请以八月五日为千秋节，著之令甲，布于天下，咸令宴乐，休假三日。群臣以是日献甘露醇酎，上万岁寿酒，王公戚里[⑤]进金镜绶带，士庶以丝结承露囊，更相遗问，村社作寿酒宴乐，名为赛白帝，报田神。上明玄天，光启大圣；下彰皇化，垂裕无穷。异域占风，同见美俗。’帝手诏报曰：‘凡是节日，或以天气推移，或因人事表记。八月五日，当朕生辰，感先圣之庆灵，荷皇天之眷命。卿等请为令节，上献嘉名，胜地良游，清秋高兴，百谷方熟，万宝以成。自我作古，举无越礼，朝野同欢，是为美事。依卿来请，宣付所司。’”路随奏不录。

【注释】①少昊：上古帝之一，嬴姓，名挚。是东夷部落首领。神话中的五方上帝之一，又称白帝，又作少皞、少皓、少颢，史称青阳氏、金天氏、穷桑、云阳氏或朱宣，是黄帝长子，母亲为嫘祖。②伏惟：亦作“伏维”。下对上的敬辞。多用于奏疏或信函。谓念及，想到。③端午：泛指农历每月初五日。④曲水：古代风俗，于农历三月上巳日（上旬的巳日，魏晋以后始固定为三月三日）就水滨宴饮，认为可袚除不祥，后人因引水环曲成渠，流觞取饮，相与为乐，称为曲水。禊（xì）：古代春秋两季在水边举行的清除不祥的祭祀。⑤戚里：帝王外戚聚居的地方。借指外戚。

【译文】《册府元龟》记载：“唐玄宗开元十七年，尚书左丞相源乾曜、右丞相张说，率领文武百官等上表说：‘臣下听说圣人出现，日月就会记录他的初始；君王的德泽深厚，风俗流传后代。因此少昊著流虹之感，商汤本玄鸟之命，孟夏有佛生之供，仲春修道祖之箓。追始乐原，道理是一样的。想到开元神武皇帝陛下，阴、阳二气与神契合，九龙浴圣，清明总于玉露，爽朗冠于金天。农历八月初五日，常星不见之夜，祥光照室之期，群臣相互庆贺说：圣人诞生的时日，怎么可以不作为美好的节日呢？比如上巳节禊亭，重阳节习射，五日彩线，七夕粉筵，怎么可以相提并论呢。臣下等十分希望，奏请把八月初五作为千秋节，编著在法令上，颁布天下，让所有人都宴饮欢乐，休假三日。群臣在这一天进献甘露、美酒，向万岁敬酒祝寿，王公外戚进献金镜绶带，士百姓以丝结承露囊，相互赠送礼物、问候，村落制作寿酒宴饮欢乐，称为赛白帝，报田神。在上显明玄天，光启帝王；对下彰显皇帝的德政和教化，为后人留下无穷的名声。异域占风，同见淳美的风俗。’皇帝亲自书写诏书回复说：‘凡是节日，有的是由于天数推移，有的是由于人事表记。八月初五，是朕的生日，感慨先圣的福荫，荷担皇天的眷命。爱卿们奏请作为佳节，呈进上献好名称，胜地良游，清秋高兴，百谷刚刚成熟，万宝成就。从我自创先例，举止没有越出礼法的规定，朝廷与民间共同欢乐，这是美事。依从爱卿的奏请，诏令交付有关部门办理。’”（路随的奏疏没记载。）

《太祖实录》：“洪武五年八月庚辰，罢天下进贺圣节、冬至表笺。上曰：正旦为岁之首，天运维新。人君法天出治，臣下进表称贺，礼亦宜之。生辰、冬至，于文繁矣。昔唐太宗谓生辰是父母劬劳之日，况朕皇考、皇妣早逝，每于是日，不胜悲悼，忍受天下贺乎？宜皆罢之。”自是每圣节之日，斋居素食，不受朝贺。“十三年七月，韩国公李善长[①]等累表上请，然后许之。”其年九月乙巳，“上御奉先殿受朝贺，宴群臣于谨身殿，岁以为常”。然而不受献，不赋诗，不赐酺，不斋醮，则圣谕所云“勉从中制”者也。

【注释】①李善长：字百室，濠州定远（今安徽定远县）人。明朝开国功臣。

【译文】《太祖实录》记载：“洪武五年八月初六，停止天下进贺圣节、冬至的表文。皇帝说：正月初一是一年的开头，岁月更新。君王效法上天治理国家，臣下进呈表章道贺，也是符合礼法的。生辰、冬至也道贺，就是礼节过多了。昔日唐太宗说生辰是父母劳苦的日子，况且朕的皇考、皇妣早逝，每每在这一天，心里都十分悲痛伤感，能忍心接受天下的祝贺吗？应该都停止。”从此以后凡是生日那天，都斋戒别居、素食，不接受朝贺。“洪武十三年七月，韩国公李善长等人累次奏表上请，皇帝然后才允许了。”这年九月十八日，“皇帝驾临奉先殿接受朝贺，在谨身殿宴会群臣，每年作为常例”。然而不接受进献，不赋诗，不赏赐酺品，不设斋祈祷，就是皇帝在训诫中所说的“勉强依从中等规格”。

君丧

世谓汉文帝之丧，以日易月[①]。考之于史，但行于吏民，而未尝概之臣子也。诏曰：“令到吏民三日释服。”天子之丧，当齐衰[②]三月，而今以三日，故谓之以日易月也。又曰：“殿中当临者，旦夕各十五举音[③]，已下，服大红[④]十五日，小红[⑤]十四日，纤七日，释服。”已下者下棺，谓已葬也。自始崩至于葬，皆衰；及葬已，而大功，而小功，而纤，以示变除之渐。自始崩至于葬，既无定日。刘攽曰：“文帝制此丧服，断自已葬之后。其未葬之前，则服斩衰。汉诸帝自崩至葬，有百余日者，未葬则服不除矣。”后世遂以日易月，又不通计葬之日，皆大谬也。而已葬之后，变为轻服，则又三十六日。总而计之，则亦百余日矣。此所以制其臣子者，未尝以日易月也。

【注释】①以日易月：古代礼制：帝王去世，太子继位得服丧三年（三十六月），后来汉文帝改为三十六日即释服终丧，因称“以日易月”。一说谓二十七日释服。②齐衰：丧服名。为五服之一。服用粗麻布制成，以其缉边缝齐，故称“齐衰”。③举音：为悼死者而放声哀哭。④大红：即大功，丧服名，五服之一，服期九月。其服用熟麻布做成，较齐衰稍细，较小功为粗，故称大功。⑤小红：即小功。丧服名，五服之第四等。其服以熟麻布制成，视大功为细，较缌麻为粗。服期五月。

【译文】世人认为汉文帝改革丧期，以日代替月。考证历史，这只是在官吏与庶民中推行，而不曾包括臣子。诏书说：“诏令下达，官吏、百姓三天后就除去丧服。”天子的丧期，应当是齐衰三个月，如今改为三日，所以说是以日易月。又说：“殿中应当哭祭的人，早晚分别放声哀哭十五次，已下，服大红十五日，小红十四日，纤服七日，就除去丧服。”“已下”就是下棺，说的是已经下葬。从驾崩开始一直到下葬，都是衰服；等到下葬后，就是大功，是小功，是纤，以显示逐步变服除丧。从驾崩开始一直到下葬，已经没有固定日期。（刘攽说：“汉文帝制定这个丧服，是规定下葬之后的。在未下葬之前，那就服斩衰。汉代诸帝从去世到安葬，有一百余日的，还没安葬的就服不除。”后世于是以日易月，又不总计安葬的日期，都是非常错误的。）而已经下葬之后，变为轻丧之服，则又是三十六日。总共计算，则也有一百多天了。这是用来限定臣子的，不一定以日代替月。

至于臣庶之丧，不为制礼，而听其自行，或厚或薄。《魏其武安传》言：“欲以礼为服制，以兴太平。”是知汉初未立服制。然三年之丧，其能行者鲜矣。《孟子》：滕文公定为三年之丧，父兄百官皆不欲，曰："吾宗国鲁先君莫之行，吾先君亦莫之行也。"是丧纪之废已久。史书所记，公孙弘后母卒，服丧三年。《史记》本传。哀帝时，河间王良，丧太后三年，为宗室仪表，益封万户。《汉书》本纪。原涉[①]父死，行丧冢庐三年，由是显名京师。《游侠传》。铫期[②]父卒，服丧三年。韦彪[③]父母卒，哀毁三年，不出庐寝[④]，服竟，羸瘠骨立。并《后汉书》本传。鲍昂[⑤]处丧毁瘠，三年服阕，遂潜于墓次。《鲍永传》。薛包[⑥]为父及后母行六年服，丧过乎哀。《刘赵淳于传》。此从其厚者矣。翟方进后母终，既葬，三十六日除服，起视事，以为身备汉相，不敢逾国家之制。《汉书》本传。此从其薄者矣。

【注释】①原涉：颍川阳翟（今河南禹州）人，王莽新朝时期著名游侠。②铫期：字次况，颍川郡郏县（今河南郏县）人。东汉大将，云台二十八将之一。③韦彪：字孟达，扶风平陵人，西汉丞相韦贤玄孙，东海太守韦弘曾孙，大司马韦赏之孙，东汉时期官员。韦彪见识广博，被称为儒学宗师。哀毁：居亲丧悲伤异常而毁损其身。后常作居丧尽礼之辞。④庐寝：古人服丧所住的墓旁小屋。⑤鲍昂：东汉时期人物，字叔雅，有孝义节行。⑥薛包：东汉汝南人，汉安帝时著名孝友。

【译文】至于臣民的丧事，不制定仪节，而听任他们自己处理，有的厚重有的轻薄。（《魏其武安传》说："希望以礼为服丧制度，来振兴太平。"由此知道汉初还没建立服丧制度。）然而三年的丧期，能践行的人很少了。（《孟子》：滕文公决定为先王服三年之丧，父兄百官都不想，说："我们的宗国鲁先君不实行这个，我们先君也不实行这个。"那么丧事制度旷废很久了。）史书记载，公孙弘的继母去世，公孙弘服丧三年。（见《史记·公孙弘传》。）汉哀帝时期，河间王刘良，为太后守丧三年，是皇族的楷模，加封一万户。（见《汉书·哀帝纪》。）原涉的父亲去世，住进冢庐，为父亲守丧三年，因此闻名京城。（见《游侠传》。）铫期的父亲去世，铫期戴孝守丧三年。韦彪的父母去世，韦彪居丧尽礼三年，没有走出墓旁的小屋，除去丧服后，人变得消瘦虚弱。（一同在《后汉书》本传中。）鲍昂为父亲守丧过哀而极度瘦弱，守丧三年期满除服后，就隐居在墓旁。（见《鲍永传》）薛包为父亲以及继母守丧六年，守丧过于哀痛。（见《刘赵淳于传》。）这是守丧厚重的。翟方进的继母去世，下葬后，三十六日就除去丧服，起任就职治事，以为身充任汉相，不敢逾越国家的制度。（见《汉书·翟方进传》。）这是守丧轻薄的。

东海王臻及弟蒸乡侯俭，母卒，皆吐血毁眥，至服练红[①]，追念初丧父，幼小，哀礼有阙，因复重行丧制。《后汉书》本传。袁绍生而父死，弱冠除濮阳长，遭母丧，服竟，又追行父服，凡在冢庐六年。《三国志》注引《英雄记》。《后汉书》同。此失之前而追行于后者矣。薛宣为丞相，弟修为临菑令，后母病死，修去官持服，宣谓修三年服，少能行之者，兄弟相驳不可，修遂竟服。此一门之内，而厚薄各从其意者矣。《汉书》本传。然而哀帝绥和二年诏，博士弟子，父母死，予宁三年。师古曰：宁谓处家持丧服。《汉书》本纪。而应劭言："汉律，不为亲行三年服，不得选举。"《扬雄传》注。是其所以训之臣庶者，未尝不以三年为制也。

【注释】①练红：古礼亲丧小祥后所著之练衣。用黄里红饰，故名。

【译文】东海王刘臻以及弟弟蒸乡侯刘俭，在母亲去世后，都由于过于悲伤而吐血瘦弱，等到服练红丧的时候，回想当初父亲去世时，年纪幼小，哀礼不够，因此又重新为父亲守丧。（见《后汉书》本传。）袁绍出生父亲就去世了，弱冠后除任濮阳长，遭遇母亲的丧事，守丧期满后，又补加为父亲守丧，共在墓旁小屋居住六年。（《三国志》注引《英雄记》。《后汉书》记载与之相同。）这是之前缺失后来追行守丧的。薛宣担任丞相，弟弟薛修担任临菑令，继母因病去世，薛修辞官守孝，薛宣说薛修不能为继母守孝三年，兄弟二人意见不一样，薛修最终守孝三年。这是一家之内，厚重轻薄各自依从自己的心意的。（见《汉书》本传。）然而汉哀帝绥和二年诏令，博士弟子，父母去世，让他们在家守孝三年。（颜师古说：宁是说在家持丧服。见《汉书·哀帝纪》。）而且应劭说："汉代法典，不为双亲守孝三年的人，不能被选拔举用。"（见《扬雄传》注。）这是用来教导臣民的，没有不把守丧三年作为制度。

若夫君丧之礼，自战国以来，固已久废，文帝乃特著之为令，以干百姓之誉，而反以蒙后代无穷之讥。平帝时，王莽令吏六百石以上皆服丧三年。至唐玄宗、肃宗之丧，遂改为初崩之后，二十七日。《唐书·崔祐甫传》载常衮之议云："礼为君斩衰三年，汉文帝权制三十六日。我太宗文皇帝崩，遗诏亦三十六日。群臣不忍既葬而除，略尽四月。高宗崩，如汉故事。武太后崩亦然。及玄宗、肃宗崩，始变天子丧为二十七日。"盖变而逾短，而亦不无追咎夫汉文之作俑矣。

【译文】至于君王丧事的礼节，从战国以来，原本已经长久废除，汉文帝却特意写出作为法令，以求取百姓的名誉，反而因此蒙受后代无穷的讥笑。（汉平帝时，王莽命令官吏六百石以上都服丧三年。）到唐玄宗、唐肃宗的丧事，就改为刚刚驾崩之后，守丧二十七日。（《唐书·崔祐甫传》记载常衮之的议论说：“礼制为君斩衰三年，汉文帝变通服丧三十六日。我太宗文皇帝去世，遗诏也是三十六日。群臣不忍心安葬之后就除服，大概满四个月。高宗去世，按照汉代惯例实行。武太后去世也是如此。到玄宗、肃宗去世，才改天子丧为二十七日。”）大概变得更加短，而也有些追究责怪汉文帝首开先例的意思了。

《晋书·羊祜传》：“文帝崩，祜谓傅玄[①]曰：‘三年之丧，虽贵遂服，自天子达，汉文除之。今主上天纵至孝，虽夺服，实行丧礼。若因此革汉、魏之薄，而兴先王之法，不亦善乎？’玄曰：‘汉文以末世浅薄，不能行国君之丧，故因而除之。除之数百年，一旦复古，难行也。’祜曰：‘不能使天下如礼，且使人主遂服，不犹善乎？’玄曰：‘此为有父子而无君臣，三纲之道亏矣。’祜乃止。”傅玄之言，所谓御人以口给者也，不能缘人主之孝思，善推其所为，以立一王之制，而徒以徇流俗之失。未几而贾后[②]杀姑，刘石更帝[③]，岂非治谋之不裕哉？

【注释】①傅玄：字休奕。北地郡泥阳县（今陕西铜川）人。魏晋时期名臣及文学家、思想家。傅燮之孙、傅干之子。②贾后：即贾南风，小名旹（shí），平阳襄陵（今山西襄汾）人。③刘石更帝：刘渊与石勒在西晋末期八王之乱后起兵反叛。

【译文】《晋书·羊祜传》记载：“晋文帝驾崩，羊祜对傅玄说：‘三年的丧期，虽然贵在按礼制守孝到期满，从天子到庶民都不例外，然而汉文帝废除了。如今上天赋予主上至孝的性情，虽然除去了丧服，但还是实行了丧礼。如果因此而革除汉、魏的薄丧，而复兴先王的法度，不也是好的吗？’傅玄说：‘汉文帝因为末世浅薄，不能为国君守丧，所以就废除了。废除已经几百年了，一旦复古，难以施行。’羊祜说：‘不能使天下都如礼实行丧礼，暂且使君王如礼服丧至期满，不也是好的吗？’傅玄说：‘这是有父子纲常而没有君臣之纲，三纲大道就亏损了。’羊祜才停止了。”傅玄的话，可以说是通过能言善辩从而驾驭他人了，不能沿顺君王的孝亲之思，好好地推动君王的行为，以确立一个时代的规范，而只是曲从于流俗之失。不久发生贾后杀姑、刘石更帝等事，难道不是因为治国谋略的不足吗？

后秦姚兴，“母虵氏卒，兴哀毁过礼，不亲庶政。群臣请依汉魏故事，既葬即吉。尚书郎李嵩上疏言：‘既葬之后，应素服临朝，率先天下，仁孝之举也。’兴从之。”若傅玄、羊祜之见，其不及姚兴之臣远矣。

【译文】后秦文桓帝姚兴，“母亲虵氏去世，姚兴居丧超过常礼，不能亲自处理各种政务。群臣奏请依照汉魏的旧例，下葬后就不再守丧。尚书郎李嵩进呈奏章说：‘已经安葬了太后，皇帝应该素服处理朝政，作天下的表率，是仁孝的行为。’姚兴采纳了。”像傅玄、羊祜的见识，远比不上姚兴的臣子了。

宋神宗崩，范祖禹[①]上疏，论丧服之制，曰：“先王制礼，君服同于父，斩衰三年。盖恐为人臣者，不以父事其君。自汉以来，不惟人臣无服，人君遂不为三年之丧。国朝自祖宗以来，外廷虽用易月之制，宫中实行三年服。君服如古典，而臣下犹依汉制，故十二日而小祥[②]，期而又小祥；二十四日而大祥[③]，再期而又大祥。按此唐制，非汉制，范误。既以日为之，又以月为之，此礼之无据者也。古者再期而大祥，中月而禫[④]。禫，祭之名，非服之色。今乃为之惨服[⑤]三日，然后禫，此礼之不经者也。服既除，至葬又服之，祔庙后即吉，才八月，而遽纯吉，无所不佩，此又礼之无渐者也。朔望群臣朝服以造殡宫，是以吉服临丧。人主衰服在上，是以先帝之服，为人主之私丧。此二者皆礼之所不安也。”宁宗[⑥]小祥，诏群臣服纯吉，真德秀[⑦]争之曰：“自汉文帝率情变古，惟我孝宗衰服三年，朝衣朝冠，皆以大布。惜当时不并定臣下执丧之礼，此千载无穷之憾。孝宗崩，从臣罗点等议，令群臣易月之后，未释衰服，惟朝会治事，权用黑带、公服，时序仍临慰，至大祥始除。侂胄枋政，始以小祥从吉。且带不以金，鞓不以红，佩不以鱼[⑧]，鞍轿不以文绣，此于群臣何损？朝仪何伤？”议遂止。然迄未有能酌三代圣王之遗意，而立为中制者。

【注释】①范祖禹：字淳甫，一字梦得，成都华阳人。著名史学家，“三范修史”之一。②小祥：古时父母丧后周年的祭名。祭后可稍改善生活及解除丧服的一部分。③大祥：古时父母丧后两周年的祭礼。④禫（dàn）：古代除去孝服时举行的祭祀。⑤惨服：丧服。指期功（一年、九月、五月）等的丧服。⑥宁宗：宋宁宗赵扩，宋朝的第十三位皇帝，宋光宗赵惇次子，庙号宁宗。⑦真德秀：本姓慎，因避孝宗讳改姓真。始字实夫，后更字景元，又更为希元，号西山。福建路建宁府浦城县（今福建浦城县）人。南宋后期理学家、大臣，学者称其为“西山先生”。⑧鱼：即鱼符。指古代颁发的符信，雕木或铸铜为鱼形，刻书其上，剖而分执之，以备符合为凭信。

【译文】宋神宗驾崩，范祖禹进呈奏章，谈论丧服的制度，说：“先王制定礼仪，君王的丧服与父亲的等同，都是斩衰三年。大概是担心臣子不用侍奉父亲的心侍奉君王。从汉代以来，不只是人臣不按礼制穿丧服，君王也不行三年之丧了。国家从太祖太宗开国以来，朝臣虽然用以日易月的制度，宫中还是实际执行了三年的丧服。君王守孝同于古代的制度，而臣下仍然依照汉代制度，所以十二天后就是周年祭，一个月后又是周年祭小祥；二十四天后就是两周年祭，再过一个月又是两周年祭。（按这是唐制，而非汉制，范祖禹所论是错的。）已经以日代替，又以月代替，这在礼制上没有依据。古时候服丧两年就是两周年祭，间隔一个月就举行禫祭。禫，是祭的名字，不是丧服的服色。如今却穿三天惨服后就脱下，然后举行禫祭，这是礼制不符合常法。丧服已经除去，到下葬时又穿上，祔祭于先庙后即是吉祥，仅仅八个月，而就完全吉祥，没有什么不佩带，这又是礼制没有疏通的地方。初一、十五日群臣穿着朝服来到殡宫，这是以吉服亲临丧礼。君王穿着衰服在上，这是把对先帝的丧服，作为君王的家属之丧。这二者都是礼制不当的。”宋宁宗驾崩周年祭，皇帝诏令群臣穿着吉服，真德秀争辩说：“从汉文帝任意变更古制，只有我孝宗皇帝穿衰服三年，朝衣朝冠，都是用大布缝制的。可惜孝宗皇帝当时并没有确定臣下守丧的礼节，这是千年无穷的遗憾。宋孝宗驾崩后，朝廷听从朝臣罗点等人的奏议，诏令群臣以日代替月之后，没有除去衰服，只有朝会治事的时候，权且穿戴黑带、公服，一直持续到君王驾崩两周年祭才停止。韩侂胄执掌政权后，开始规定在君王周年祭的时候除去丧服。况且腰带不用金，皮腰带不用红，佩带不用鱼符，鞍轿不用刺绣，这对于群臣有什么损害？朝廷礼仪有什么妨碍？”争论于是停止了。然而始终没有能度量三代圣王的遗意，而立为合乎中庸之道的典章、制度。

杨用修[①]曰：“《舜典》：‘二十有八载，帝乃殂落，百姓如丧考妣。三年。’百姓有爵命者也。为君斩衰三年，礼也。四海遏密八音[②]，礼不下庶人，且有农亩服贾力役之事，岂能皆服斩衰，但遏密八音而已。此当时君丧礼制。”

【注释】①杨用修：杨慎，字用修，初号月溪、升庵，又号逸史氏、博南山人、洞天真逸、滇南戍史、金马碧鸡老兵等。新都（今四川成都）人，明朝著名文学家，明代三才子之首，东阁大学士杨廷和之子。②遏密：帝王等死后停止举乐。八音：我国古代对乐器的统称，通常为金、石、丝、竹、匏、土、革、木八种不同质材所制。泛指音乐。

【译文】杨慎说："《舜典》记载：'舜帝辅政二十八年后，尧帝才去世，百姓像死了父母一样。服丧三年。'百姓指的是封爵受职的人。为君王服斩衰三年，是礼节。天下停止了一切音乐，礼不下庶人，况且还有农耕、经商、服役的事情，怎么能都服斩衰，只是停止了一切音乐而已。这是当时对待君王丧事的礼制。"

朱子作《君臣服议》，曰："古之所谓方丧[①]三年者，盖曰比方于父母之丧云尔。盖事亲者，亲死而致丧[②]三年，情之至、义之尽也。事师者，师死而心丧[③]三年，谓其哀如父母，而无服，情之至，而义有所不得尽者也。事君者，君死而方丧三年，谓其服如父母，而分有亲疏，此义之至，而情或有不至于其尽者也。当参度人情，斟酌古今之宜，分别贵贱亲疏之等，以为降杀之节。且以嫁娶一事言之，则宜自一月之外许军民，三月之外许士吏，复土[④]之后许选人，祔庙之后许承议郎以下，小祥之后许朝请大夫以下，大祥之后许中大夫以下，各借吉三日；其大中大夫以上，则并须禫祭然后行吉礼焉。官卑而差遣职事高者从高，迁官者从新，贬官者从旧。如此，则亦不悖于古，无害于今，庶乎其可行矣。"

【注释】①方丧：用事父之丧礼以事君丧。②致丧：极尽哀戚之情为父母守丧。③心丧：老师去世，弟子守丧，身无丧服而心存哀悼。④复土：掘穴下棺，以所出土覆于棺上为坟，建陵墓。

【译文】朱熹作《君臣服议》，说："古时候所谓的用事父之丧礼以事君丧三年，大概是比拟父母的丧事。事亲丧，亲人去世而尽哀守孝三年，情义尽了最大的努力。事师丧，老师去世而心存哀悼三年，说的是哀悼如同父母，而身无丧服，哀情到了极点，而义没有极尽。事君丧，君王去世而用事父之丧礼以事君丧三年，说的是丧服如同父母，而分有亲疏，这是义到了极致，而情或许没有到极致。应当斟酌审量人情事理，斟酌古今相宜，分别贵贱亲疏的等次，作为递减的礼度。而且就嫁娶一事来说，就应该自一月之后允许军民，三月之后允许士吏，复土之后允许选拔人才，祔庙之后允许承议郎以下，小祥之后允许朝请大夫以下，大祥之后允许中大夫以下，各自借吉三日；大中大夫以上，就一并必须禫祭然后行吉礼。官位很低然而差遣职事高的依据高，升官的按照新，贬官的依从旧。像这样，就也不违背古制，不损害今制，差不多可以实行了。”

太仓陆道威[①]世仪尝创为君丧五服之图，其略谓：“嗣君及勋戚大臣斩衰三年，文武臣一品以下斩衰期年，四品以下斩衰九月，七品以下斩衰五月，士庶人斩衰三月。庶君臣之情不至邈焉相绝，而服有降杀，亦不至扞格[②]难行。”盖本朱子之意，而实出于魏孝文所云：“群臣各以亲疏贵贱远近为除服之差。”庶几稍近于古、易行于今之说。然三代之制，亦未尝不然。所谓为君斩衰三年者，诸侯为天子，卿大夫为其国君，家臣为其主。若庶人之为其国君，但齐衰三月。《白虎通》曰：“王者崩，京师之民丧三月何？民贱故三月而已。”又曰：“王者崩，臣下服之有先后何？恩有深浅远近，故制有日月。”《服问》曰：“君为天子三年，夫人如外宗之为君也，世子不为天子服。”注曰：“不服与畿外之民同。”而诸侯之大夫，以时接见乎天子，则繐衰裳、牡麻绖，既葬除之。《杂记》曰：“大夫次于公馆以终丧，士练而归；大夫居庐，士居垩室[3]。”此言国君之丧。《正义》以为位尊恩重、位卑恩轻之等。《檀弓》曰：“公之丧，诸达官之长杖。”是其所以别亲疏、明贵贱者，则固有不同矣。

【注释】①陆道威：陆世仪，字道威，号刚斋，晚号桴亭，别署眉史氏，江苏太仓人，明末清初著名的理学家、文学家，被誉为江南大儒。②扞（hàn）格：抵触，格格不入。③垩（è）室：古时居丧者居住的屋子，四壁用白泥粉刷。一说垒坯为室，不涂顶壁。

【译文】太仓人陆道威曾经创作君丧五服图，大略内容是：“太子以及有功勋的皇亲国戚、大臣服斩衰三年，文武大臣一品以下的服斩衰一年，四品以下服斩衰九个月，七品以下服斩衰五个月，士族、庶族服斩衰三个月。希望君臣之情不至于遥远相绝，而丧服有递减，也不至于抵触难以施行。”大概是依据朱熹的意思，然而实际上是出自北魏孝文帝所说：“群臣各自按照关系的亲疏贵贱远近作为除服的差别。”差不多是稍近于古、易行于今的说法。然而三代的礼制，也未尝不是这样。所谓为君王服斩衰三年，是诸侯为天子，卿大夫为国君，家臣为家主。如果百姓为国君，只是服齐衰三个月。（《白虎通》说：“君王去世，京城百姓为何服丧三个月？百姓地位低下故而服三个月而已。”又说：“君王去世，臣下服丧为何有先后之分？恩有深浅远近，故而丧制有日月之分。”《服问》说：“君为天子服丧三年，君王的夫人比照外宗的君王为天子服齐衰期，为了避嫌世子不为天子服丧。”注解说：“不服与京郊的百姓相同。”）而诸侯的大夫，按时接见天子，就是繐衰裳、牡麻绖，下葬后就除服。《杂记》记载：“大夫要在公馆中守丧三年，士练祭后就可以回家；大夫居住在庐寝，士居住在垩室。”（这是说国君之丧。）《礼记正义》认为是位尊恩重、位卑恩轻的差别。《檀弓》记载：“诸侯去世，众多达官应服斩衰持丧杖。”这是用来区别亲疏、辨明贵贱的，原本就有不同了。

今自天子之外，别无所谓国君，而等威之辨，则未尝有异于古。苟称情而制服，使三代之礼复见于今日，而人知尊君亲上之义，亦厚俗之一端也。朱子曰：“百官如丧考妣，此其本分。四海遏密八音，以礼论之，则为过也。为天子服三年之丧，则是畿内。诸侯之国则不然。礼为君、为父，但服斩衰。君谓天子诸侯及大夫之有地者。大夫之邑以大夫为君，大夫以诸侯为君，诸侯以天子为君，各为其君服斩衰。诸侯之大夫却为天子服齐衰三月，礼无二斩故也。民则畿内者，为天子齐衰三月，畿外无服。公之丧，诸达官之长，杖。达官，谓通于君得奏事者，各以其长。其长杖，其下者不杖可知。问：后世不封建诸侯，天下一统，百姓当为天子何服？曰：三月。天下服地虽有远近，闻丧有先后，然亦不过三月。”

【译文】如今除天子之外，没有所谓的国君，而等威的分辨，就不曾与古时候不同。如果衡量人情而制定丧服，使三代礼仪在现在重现，进而人人知道尊君亲上的大义，也是淳厚风俗的一个好开端了。（朱熹说：“百官如服考妣之丧，这是他们的本分。四海之内死后停乐举哀，按照礼来判断，则太过了。为天子服三年之丧，则是京城内的百姓。诸侯国则不是这样。礼为君、为父，只是服斩衰。君是说天子诸侯及大夫拥有土地的人。在大夫封地内以大夫为君，大夫以诸侯为君，诸侯以天子为君，各自为其君服斩衰。诸侯国的大夫却为天子服齐衰三个月，因为礼没有“二斩”。百姓在京城的，为天子齐衰三月，京城以外的就不用服丧。公卿的丧事，诸达官之长，服杖期。达官，是通于君王得以上奏事情的人，各以其长。其长服杖期，其下的不服杖期可以由此而知了。问：后世不封建诸侯，天下一统，百姓应当为天子服什么多长？曰：三个月。天下服地虽有远近，听到丧事有先后之分，然而也不过三个月。”）

丧礼主人不得升堂

济阳张尔岐[①]言：“今人受吊之位，主人伏哭于柩东，宾入门，北面而吊。拜毕，主人下堂，北面拜宾。相习以为定位，鲜有知其非者。不知方伏哭柩东时，妇女当在何所乎？女宾至，主人避之否乎？主人避而宾又至，又将何所伏而待乎？既失男女内外之位，又妨主宾拜谢之节。考之《士丧礼》：主人入坐于床东，众主人在其后西面；妇人侠床[②]东面，此未敛以前，主人室中之哭位也。其拜宾，则升降自西阶即位，于西阶东南面拜之，固已不待宾于堂上矣。及其既敛而殡也，居门外倚庐，唯朝夕哭，乃入门而奠。其入门也，主人堂下直东序西面北上；外兄弟在其南南上；宾继之北，门东北面西上；门西北面东上；西方东面北上，主人固不复在堂上矣。所以然者，其时即位于堂，南上者唯妇人，故主人不得升堂也。今主人柩东拜伏之位，正古人主妇之位也。若依周公、孔子之故，未敛以前，则以床东为位；既敛而殡，则堂下直东序西面，是其位也。主人正位于此，则内外之辨，宾主之仪，无适而不当矣。”

【注释】①张尔岐：字稷若，号蒿庵，山东济阳人，明清之际著名经学家。②侠床：在床的两侧相对而处。侠，通“夹”。

【译文】济阳张尔岐说：“现代人受吊的位置，丧主在灵柩的东面伏哭，宾客进门，面向北而吊丧。祭奠结束，丧主下堂，面向北回拜宾客。互相沿袭作为定位，很少有知道不对的。不知道正在灵柩东面伏哭时候，妇女应当在什么位置呢？女宾到来，丧主是不是回避呢？丧主回避而宾客又到了，又将在哪里伏哭等待呢？既错失了男女内外之分的位置，又妨碍了主宾拜谢的礼节。考证《士丧礼》：丧主进屋后，坐在尸床的东面，丧主的兄弟在丧主的后面面向西而立；丧主的妻妾在床的两侧面向东相对而处，这是没有收殓以前，丧主在室中的哭位。回拜宾客，则升降从堂西台阶就位，在堂西台面向东南回拜，已经不等待宾客在堂上了。等到已经收敛出殡，居住在门外的倚庐，唯有早晚痛哭后，才入门祭奠。进门后，丧主在堂下东墙向西就位，以北为上；表兄弟在他的南面就位，以南为上；门外东边的来宾向北就位，以西为上；门外西边的来宾向北就位，以东为上；在西面的宾客向东就位，以北为上，丧主就不再在堂上了。这样的原因，丧主在堂上就位，以南为上的只有妇人，所以丧主不能够登上厅堂。如今丧主在灵柩东面拜伏的位置，正是古时候女主人的位置。如果依照周公、孔子的旧例，没有收殓以前，就在尸床的东面就位；已经收殓出殡后，那么在堂下东墙向西就位，就是他的当位。丧主的正位在此处，那么内外的分辨，宾主的礼仪，就灵活变通而不当了。”

《南史》孔秀之[①]遗令曰：“世俗以仆妾直灵助哭，当由丧主不能淳至，欲以多声相乱。魂而有灵，吾当笑之。”

【注释】①孔秀之：当为王秀之。南朝齐琅邪临沂人，字伯奋。三世不谄事权贵，为时人所称。

【译文】《南史》王秀之临终前告诫说：“世间的习俗让奴仆婢妾在灵前号哭助哀，应当是由于丧主不能极尽孝道，想用多种声音进行混乱。如果魂魄有灵性的话，我将会嘲笑这种做法。”

居丧不吊人

《礼》：“父母之丧不吊人。”情有所专，而不及乎他也。孔子曰：“三年之丧练，不群立，不旅行。君子礼以饰情，三年之丧而吊哭，不亦虚乎？”穀梁子曰：“周人有丧，鲁人有丧，周人吊，鲁人不吊。”天子之丧犹可以不吊，而况朋友故人之丧乎？孔氏曰：若有服者，则往哭。或疑末世政重事繁，有丧之人，不能不出，独废此礼，有所难行，是亦必待既葬卒哭之后，或庶乎其可耳。

【译文】《礼记》记载：“在为父母守丧期间，不去别人家吊丧。”这是情感有专一，而不涉及其他。孔子说：“守丧三年练祭，不站立在人群中，不结伴而行。君子通过礼表达情感，为父母守三年丧期间，去别人家吊丧号哭，这不是虚假的吗？”穀梁子说：“周朝人有丧，鲁国人有丧，周朝人到丧家祭奠，鲁国人不去。”天子的丧事尚且可以不祭奠，更何况是朋友故人的丧事呢？（孔氏认为：如若有服丧事，就前往哭丧。）有人怀疑末世政事繁重，守孝的人，不能不外出，唯独废除这个礼制，不容易做到，这也必须等待下葬卒哭之后，或许可以做到。

像设

古之于丧也，有重；于祔也，有主以依神；于祭也，有尸以象神：而无所谓像也。《左传》言：“尝于太公之庙，麻婴[①]为尸。”《孟子》亦曰“弟为尸”，而春秋以后，不闻有尸之事。宋玉[②]《招魂》，始有“像设君室”之文。尸礼废而像事兴，盖在战国之时矣。汉文翁成都石室，设孔子坐像，其坐敛蹠向后，屈膝当前，七十二弟子侍于两旁。

朱子白鹿洞书院，只作礼殿，依《开元礼》，临祭设席，不立像。

【注释】①麻婴：春秋中期的楚国公族大夫，芈姓，食采于麻邑，以邑名为氏，其后裔子孙皆世代沿传称麻氏。②宋玉：又名子渊，宋国（今河南商丘）人。崇尚老庄，战国时期宋国公子，因父子矛盾而出走楚国。

【译文】古时候对于丧礼，有为死者立神主；对于祔祭，有神主以依神；对于祭祀，有代表死者受祭的人以象神：而没有所谓的像。《左传》记载："曾经在太公的庙礼举行祭祀，麻婴充当代表死者受祭的人。"《孟子》也记载"弟弟是祭祀时代表死者受祭的人"，然而从春秋时期以后，不再听说有代表死者受祭的事情。宋玉的《招魂》，才开始有"像设君室"的文字。尸礼废除而像事兴起，大概是在战国时期了。（汉代成都文翁石室，设有孔子坐像，那个坐像收起脚掌向后，屈膝当前，七十二弟子在两旁伺候。）

朱熹在白鹿洞书院，只作礼殿，依照《开元礼》，祭祀的时候设置席位，不立像。

正统三年，巡按湖广监察御史陈祚①奏："南岳衡山神庙，岁久颓坏，塑像剥落，请重修立，依祭祀山川制度，内筑坛壝②，外立厨库，缭以周垣，附以斋室，而去其庙宇塑像。则礼制合经，神祇不渎。"事下礼部，尚书胡濙以为："国初更定神号，不除像设，必有明见，难以准行。"今按《凤阳县志》言："洪武三年诏，天下城隍，止立神主，称某府某州某县城隍之神，前时爵号，一皆革去。"未几，又令："城隍神有泥塑像在正中者，以水浸之，泥在正中壁上，却画云山图；像在两廊者，泥在两廊壁上。"千载之陋习，为之一变，后人多未之知。嘉靖九年，诏革先师孔子封爵塑像，有司依违，多于殿内添砌一墙，置像于中，以塞明诏。甚矣，愚俗之难晓也。

【注释】①陈祚：字永锡，南直隶苏州府吴县（今江苏苏州）人。②坛壝（wéi）：坛场，祭祀之所。

【译文】正统三年，巡按湖广监察御史陈祚上奏："南岳衡山的神庙，因为年久失修而倾倒崩坏，塑像脱落，请求重新修立，依照祭祀山川的制度，在内筑造坛壝，在外建立厨库，围绕城墙，附带斋室，而去掉庙宇塑像。就礼制符合经典，不亵渎神明。"事情传到礼部，尚书胡濙认为："立国之初改订神号，没有除去像设，必定有高明的识见，难以许可。"如今按照《凤阳县志》记载："洪武三年诏令，天下的城隍庙，只设立神主，称某府某州某县城隍神，从前的爵号，全部都革去。"不久，又下令："城隍神有泥塑像在正中的，用水浸泡，就涂抹泥土在正中壁上，然后画云山图；塑像在两廊，就涂抹泥土在两廊壁上。"千年的坏习惯，为之改变，后人大多不知道。嘉靖九年，皇帝下诏革除先师孔子封爵塑像，有关部门依顺了，在殿内多加砌一堵墙，安置圣像在其中，以应付明诏。愚昧庸俗的人非常难以理解了。

宋文恪[①]讷《国子监碑》言："夫子而下，像不土绘，祀以神主，数百年陋习乃革。"是则太祖已先定此制，独未通行天下尔。

【注释】①宋文恪：宋讷，字仲敏，号西隐。元末明初滑县（今河南滑县）人。卒谥文恪。

【译文】文恪公宋讷的《国子监碑》写道："从孔子而下，不用土绘塑像，以神主祭祀，数百年的坏习惯才革除了。"虽然太祖已经在这之前就制定了制度，唯独没有通行天下罢了。

从祀

周、程、张、朱五子之从祀，定于理宗淳祐元年。颜、曾、思，孟四子之配享，定于度宗[1]咸淳三年。自此之后，国无异论，士无异习。历元至明，先王之统亡，而先王之道存。理宗之功大矣。《宋史》赞言："身当季运，弗获大效。后世有以理学复古帝王之治者，考论匡直辅翼之功，实自帝始。"

【注释】①度宗：宋度宗赵禥（qí），南宋皇帝，荣王赵与芮之子，初名孟启，又名孜、长源。宋理宗养子。

【译文】周敦颐、程颢、程颐、张载、朱熹五位夫子配享，在宋理宗淳祐元年确定。颜回、曾参、子思，孟子四位夫子配享，在宋度宗咸淳三年确定。从这以后，国家没有不同的议论，读书人没有不同的祭祀。经历元至明，先王的道统灭亡，然而先王的大道存在。宋理宗的功劳很大了。（《宋史》评论说："身在朝代末世，没有获得大功绩。后世有以理学恢复古帝王之治道的，考查论证匡直辅翼之功业的，确实是从理宗开始。"）

十哲

孟子言："他日，子夏、子张、子游[1]，以有若似圣人，欲以所事孔子事之，强曾子。曾子曰：‘不可。江汉以濯之，秋阳以暴之，皜皜乎，不可尚已。’”慈溪黄氏震曰：“门人以有若言行气象类孔子，而欲以事孔子之礼事之。有若之所学何如也？曾子以孔子自生民以来未之有，非有若之所可继而止之，而非贬有若也。有若虽不足以比孔子，而孔门之所推尚，一时无及有若可知。咸淳三年，升从祀以补十哲，众议必有若也，祭酒为书力诋有若不当升，而升子张。《宋史·礼志》：度宗咸淳三年正月戊申，封颛孙师陈国公，升十哲位。不知《论语》一书，孔子未尝深许子张。按理宗作《颛孙子赞》，其末语云：色取行违，作戒后人。似亦不足之辞。据《孟子》此章，则子张正欲事有若者也。陆象山[②]天资高明，指心顿悟，不欲人从事学问，故尝斥有子孝弟之说为支离。奈何习其说者不察，而创攻之于千载之下邪？”当时之论如此。愚按《论语》首篇即录有子之言者三，而与曾子并称曰‘子’，门人实欲以二子接孔子之传者。传记言孔子之卒，哀公[⑥]诔之，有若之丧，悼公[⑦]吊焉。其为鲁人所重，又可知矣。十哲之祀，允宜厘正。孟子不曰有若似孔子，而曰有若似圣人。《史记》乃云：“有若状似孔子。”谬甚。

【注释】①子张：颛孙师，字子张，孔门弟子之一。春秋末陈国阳城（今河南登封）人。子游：姓言，名偃，字子游，亦称“言游”“叔氏”，春秋末吴国人，与子夏、子张齐名，“孔门十哲”之一。②陆象山：陆九渊，字子静，抚州金溪（今江西金溪县）人，陆王心学的代表人物。因书斋名“存”，世称存斋先生。又因讲学于象山书院，被称为“象山先生”，学者常称其为“陆象山”。

【译文】孟子说："后来，子夏、子张、子游，认为有若有点像孔子，想用侍奉孔子的礼节来侍奉他，希望曾子也认同。曾子说：'不可以。如同用江汉的水洗濯过，烈日曝晒过，光明洁白，没有人能比得上。'"慈溪黄震说："门人认为有若的言行、气度类似孔子，而想用侍奉孔子的礼节侍奉他。有若所学的怎么样呢？曾子以孔子是从有人类以来所没有的，不是有若能够承继的而劝阻了，并不是贬损有若。有若虽然不足以比拟孔子，然而从孔门所推崇的，一个时期内没有比得上有若的可以知道。宋度宗咸淳三年，提升配享的人以补充十哲，众人讨论必定有有若，祭酒上书极力谴责有若不应当提升，而提升子张。（《宋史·礼志》：度宗咸淳三年正月二十日，封颛孙师陈国公，升为十哲之位。）不知道《论语》一书里，孔子不曾深深赞许子张。（按理宗作《颛孙子赞》，篇末有说：色取行违，作戒后人。似乎也有不足的言辞。）根据《孟子》这一章，就可以知道子张正是想用侍奉孔子的礼节侍奉有若的人。陆九渊天资聪明智慧，指心顿悟，不想他人致力于学问，所以曾经斥责有子孝悌的学说虚妄杂乱。为什么学习他学说的人没有察知，而发难于千载之后呢？"当时的论述是这样。我根据《论语》的首篇就记录有有子的三句言论，而且与曾子并称为'子'，门人实际上是想让二子传承孔子的衣钵。传记载孔子去世，鲁哀公作诔文提到他，有若去世，鲁悼公前往祭祀。有若被鲁国人推重，又可以知道了。十哲的祭祀，应该考据订正恰当。（孟子不说有若像孔子，而是说有若像圣人。《史记》才说："有若的样子像孔子。"错误太大了。）

嘉靖更定从祀

古人每事必祭其始之人：耕之祭先农[1]也，桑之祭先蚕[2]也，学之祭先师也，一也。《旧唐书》：太宗贞观二十一年二月壬申诏："以左丘明、卜子夏、公羊高、穀梁赤、伏胜、高堂生、戴圣、毛苌、孔安国、刘向、郑众、杜子春、马融、卢植、郑玄、服虔、贾逵、何休、王肃、王弼、杜预、范宁等二十二人，《太宗纪》无贾逵，止二十一人，今依《礼仪志》增。又按《唐六典》，祠部名有贾逵。然贞观时未祀七十二弟子，则为二十二人。开元八年敕：七十二子，并许从祀。则卜子夏已在其中，而先儒止二十一人。《六典国子祭酒司业》条云："七十二弟子及先儒二十二贤。"则亦误也。代用其书，垂于国胄[3]。自今有事于太学，并令配享宣尼[4]庙堂。"盖所以报其传注[5]之功。

【注释】①先农：传说中最先教民耕种的农神。或谓神农，或谓后稷。②先蚕：传说始教民育蚕之神。相传周制王后享先蚕，以后历代封建王朝由皇后主祭先蚕。③国胄：帝王或贵族的子弟。④宣尼：汉平帝元始元年追谥孔子为褒成宣尼公，后因称孔子为宣尼。见《汉书·平帝纪》。⑤传注：解释经籍的文字。

【译文】古人每件事必定祭祀创始之人：农耕祭祀先农，蚕桑祭祀先蚕，学习祭祀先师，道理是一样的。《旧唐书》记载：唐太宗贞观二十一年二月十五日下诏："由于左丘明、卜子夏、公羊高、穀梁赤、伏胜、高堂生、戴圣、毛苌、孔安国、刘向、郑众、杜子春、马融、卢植、郑玄、服虔、贾逵、何休、王肃、王弼、杜预、范宁等二十二人，（《太宗纪》没有贾逵，只有二十一人，现在根据《礼仪志》加入。又按《唐六典》，祠部名上有贾逵。然而贞观时没有祭祀七十二弟子，那就是二十二人。开元八年敕令：七十二子，一同允许从祀。那么卜子夏已在其中，而先儒只有二十一人。《六典国子祭酒司业》条上说："七十二弟子以及先儒二十二贤。"那是错误的。）每代都运用他们的著作，垂示贵族的子弟。从今以后在太学有重大的事情，都让他们在孔子庙堂配享。"大概是用来回报他们注解经籍的功劳。

迄乎宋之仁、英，未有改易，可谓得古人敬学尊师之意者矣。神宗元丰七年，始进荀况、扬雄、韩愈三人。此三人之书，虽有合于圣人，而无传注之功，不当祀也。祀之者，为王安石配享，王雱从祀地也。《宋史·礼志》："神宗熙宁七年，从晋州州学教授陆长愈言：以孟子同颜子配享殿上，封荀况兰陵伯、扬雄成都伯、韩愈昌黎伯，并从祀于左丘明等二十二贤之间。""徽宗政和三年，封王安石舒王，同颜子、孟子配享殿上，安石子雱临川伯，从祀诸贤之末。"此封三人为增入从祀之始，而不及董仲舒。至元文宗至顺元年，方进仲舒从祀。理宗宝庆三年，进朱熹。淳祐元年，进周颐、避光庙讳，去"惇"字。张载、程颢、程颐。景定二年，进张栻、吕祖谦。度宗咸淳三年，进邵雍、司马光。以今论之，唯程子之《易传》，朱子之《四书章句集注》《易本义》《诗传》及蔡氏之《尚书集传》，胡氏之《春秋传》，陈氏之《礼记集说》，是所谓"代用其书，垂于国胄"者尔。成化三年五月乙卯，太常寺少卿兼翰林院侍读学士刘定之，请以元儒陈澔以胡安国、蔡沉例从祀。敕下江西，考其行事以闻。南轩之《论语解》，东莱之《读诗记》，抑又次之。而《太极图》《通书》《西铭》《正蒙》，亦羽翼《六经》之作也。

【译文】到宋仁宗、宋英宗时期，没有改变，可说是深得古人敬学尊师的要义了。宋神宗元丰七年，开始增进荀况、扬雄、韩愈三人。这三人的书，虽然有与圣人相符合，然而没有注解经籍的功劳，不应当配祀。配祀他们，因为王安石配享，王雱从祀。（《宋史·礼志》："神宗熙宁七年，听从晋州州学教授陆长愈的建议：以孟子同颜子配享殿上，封荀况兰陵伯、扬雄成都伯、韩愈昌黎伯，并从祀于左丘明等二十二贤之间。""徽宗政和三年，封王安石为舒王，同颜子、孟子配享殿上，王安石之子王雱为临川伯，从祀诸贤的后面。"这次封三人为增入从祀的开始，而没有到董仲舒。到元文宗至顺元年，才增进董仲舒从祀。）宋理宗宝庆三年，增进朱熹从祀。淳祐元年，增进周（敦）颐（避光宗的名讳，去掉"惇"字）、张载、程颢、程颐从祀。景定二年，增进张栻、吕祖谦从祀。宋度宗咸淳三年，增进邵雍、司马光从祀。从现在来说，唯有程子的《易传》，朱子的《四书章句集注》《易本义》《诗传》以及蔡沉的《尚书集传》，胡安国的《春秋传》，陈澔的《礼记集说》，是所谓的"每代都运用他们的著作，垂示贵族的子弟"。（成化三年五月乙卯日，太常寺少卿兼翰林院侍读学士刘定之，请求将元儒陈澔以胡安国、蔡沉之例从祀。敕令下发到江西，考证其生平事迹来上报。）南轩先生张栻的《论语解》，东莱先生吕祖谦的《读诗记》，就又次一等了。而且《太极图》《通书》《西铭》《正蒙》，也是辅助《六经》的著作。

至有明嘉靖九年，欲以制礼之功，盖其丰昵之失，而逞私妄议，辄为出入，殊乖古人之旨。去戴圣、刘向、马融、贾逵、何休、王肃、王弼、杜预，又改郑众、卢植、郑玄、服虔、范宁祀于其乡。二十二人之中，惟存九人。成化初，刘定之议，以为左丘明以下经师二十二人，虽其中不无可议，然当世衰道微，火于秦，黄老于汉，佛于魏晋之时，而此二十二人者，守其遗经，转相付授，讲说注释，各竭其才，以待后之学者，则其为功，殆亦犹文武成康之子孙，虽衰替微弱，无所振作，尚能保守姬姓之宗祀谱牒，以阅历春秋战国，不亡而幸存者也。虽有大过，亦当宥之，况小失乎？又曰：愚窃以为仲尼，素王也，七十子助其创业者也，二十二经师助其垂统者也。夫以一事之瑕，而废传经之祀，则宰我之短丧，冉有之聚敛，亦不当列于十哲乎？弃汉儒保残守缺之功，而奖末流论性谈天之学，于是语录之书，日增月益，而《五经》之义，委之榛芜，自明人之议从祀始也。有王者作，其必遵贞观之制乎？

【译文】到明世宗嘉靖九年，想以制礼的功劳，违背典祀之礼特厚于近亲，而放纵私心、非分的讨论，辄为出入，非常违背古人的意旨。(去掉戴圣、刘向、马融、贾逵、何休、王肃、王弼、杜预，又改增郑众、卢植、郑玄、服虔、范宁在他们的故乡从祀。二十二人之中，只存九人。成化初年，刘定建议，认为左丘明以下经师二十二人，虽然其中不无可议，但正值世衰道微，在秦被烧，在汉代尊崇黄老之术，在魏晋之时尊崇佛法，而这二十二人，守住传承儒家经典，转相付授，讲说注释，各尽其才，以此帮助后世读书人，则各自成就己功，几乎也是文武成康的子孙，虽然衰替微弱，无所振作，尚能保守周朝姬姓的宗祀谱牒，以经历春秋战国，没有消亡而幸存于世。即使有大过，也应当宽恕，何况是小错误的呢？又说：我私下以为仲尼，是一位素王，七十弟子是帮他创业的人，二十二经师帮助他将基业传承下去的人。）因为一件事的瑕疵，而废除传授经学的祭祀，那么宰我的缩短服丧期限，冉有的收集财货，也不应当列在十哲吗？抛弃汉朝大儒保残守缺的丰功，而奖赏末流论性谈天的学问，因此语录之类的著作，一天天增多，然而《五经》的大义，被舍弃荒废，是从明代人议论从祀开始的。有王者兴起，会有遵循贞观时期的典制吗？

嘉靖之从祀，进欧阳修者，为大礼[①]也，出于在上之私意也。进陆九渊者，为王守仁也，出于在下之私意也。与宋人之进荀、扬、韩三子，而安石封舒王配享，同一道也。

【注释】①大礼：大礼议。明代争议世宗生父尊号的事件。

【译文】嘉靖时期的从祀，增进欧阳修，是由于大礼议，出于在上位之人的私意。增进陆九渊，是由于王守仁，出于在下位之人的私意。与宋代人增进荀况、扬雄、韩愈三子，而王安石封舒王配享，是同一个道理。

成化四年，彭时[1]奏，谓汉晋之时，道统[2]无传，所幸有专门之师，讲诵圣经，以诏学者，斯文赖以不坠。此马融、范宁诸人虽学行未纯，亦不得而废。

【注释】①彭时：字纯道，又字宏道，号可斋。庐陵安福（今江西吉安）人。②道统：宋明理学家称儒家学术思想授受的系统。

【译文】成化四年，彭时上奏说，汉晋时期，道统没有流传，幸好有专门的讲师，讲诵儒家经典，用来教授读书人，斯文赖以不败坏。这是马融、范宁诸人即使学问品行不纯粹，也不能够废除。

祭礼

陆道威著《思辨录》，欲于祭礼之中，而寓立宗之意。谓："古人最重宗子，然宗子欲统一族众，无如祭法。文公《家礼》所载祭礼，虽详整有法，顾惟宗子而有官爵及富厚者，方得行之，不能通诸贫士。又一岁四合族众，繁重难举，无差等隆杀之别。愚意欲仿古族食世降一等之意，定为宗祭法。岁始则祭始祖，凡五服之外皆与，大宗主之。仲春则祭四代，以高祖为主，曾祖以下分昭穆居左右，合同高祖之众，继高之宗主之。仲夏则祭三代，以曾祖为主，祖考则分昭穆居左右，合同曾祖之众，继曾之宗主之。仲秋则祭二代，以祖为主，考妣居左昭位，合同祖之众，继祖之宗主之。仲冬则祭一代，以考为主，合同父昆弟，继祢之宗主之。皆宗子主祭，而其余子，则献物以助祭。不惟爱敬各尽，而祖、考、高、曾隆杀有等，一从再从，远近有别，似于古礼，初无所倍。或曰：高、曾、祖、考，祭则俱祭，古人具有成法，不当随时加损。答之曰：凡礼皆以义起耳。《礼》有云‘上杀，旁杀，下杀’。《中庸》言‘亲亲之杀’。是古人于礼，凡事皆有等杀，况丧礼服制，父母皆服三年，而高祖则齐衰三月，此今律文。是丧礼已有等杀，何独于祭礼不可行乎？此虽创举，恐不无补于风教也。”

【译文】陆道威著作《思辨录》，想在祭礼之中，寄托立宗之意。书中写道：“古人最重视大宗嫡长子，然而大宗嫡长子想要统一族众，没有比得上祭法的。文公朱熹的《家礼》所记载的祭礼，虽然详细完整有法，想来只有大宗嫡长子而有官职爵位以及财富雄厚的人，才能够施行，不能在穷士之中通行。而且一年四合族众，繁重难以施行，没有等级、尊卑的区别。我想要仿照古时候族食世降一等的意思，来确定宗祭法。每年年初祭祀始祖，凡是五服之外的亲属也都参与，嫡系长房主祭。仲春则祭祀四代，以高祖为主，曾祖以下排列次序分居左右，会同高祖这群人，承继高祖的宗庙主祭。仲夏则祭祀三代，以曾祖为主，祖父、父亲排列次序分居左右，会同曾祖这群人，承继曾祖的宗庙主祭。仲秋则祭祀二代，以祖父为主，父母列居左昭位，会同祖父这群人，承继祖父的宗庙主祭。仲冬则祭祀一代，以父亲为主，会同父亲的兄弟，承继亡父的宗庙主祭。都是由大宗嫡长子主祭，而其他儿子，则是进献祭品以辅助祭祀。不只是各自竭力表达爱敬，而祖父、父亲、高祖、曾祖尊卑有差别，次一层又次一层，亲疏远近有差别，类似古礼，开始没有违背。有人说：高祖、曾祖、祖父、父亲，祭祀就都祭祀，古人存有既定之法，不应当跟随时俗增减。答复说：凡是礼都是因为道义兴起的。《礼记》有记载‘由父亲往上亲属的丧服以亲疏远近不同而依次减等，旁系亲属的丧服以亲疏远近不同而依次减等，由儿子往下亲属的丧服以亲疏远近不同而依次减等’。《中庸》记载‘亲爱亲族要分亲疏远近’。这说明古人对于礼，不论什么事都有等差，何况按照丧礼的丧服制度，为父母都是守丧三年，而高祖则是服齐衰三个月（这是如今律文），这说明丧礼已经有等差，为什么唯独祭礼不可以施行呢？这虽然是前所未有的举动，恐怕对风俗教化也有些补益吧。”

女巫

《周礼》，女巫舞雩[①]，但用之旱暵[②]之时。使女巫舞旱祭者，崇阴也。《礼记·檀弓》：“岁旱，穆公召县子而问曰：‘吾欲暴巫而奚若？’曰：‘天则不雨，而望之愚妇人，无乃已疏乎？’”此用女巫之证也。汉因秦灭学，祠祀用女巫。后魏郊天之礼，女巫升坛摇鼓。帝拜，后肃拜[③]。杜岐公曰：“道武帝[④]南平姑臧，东下山东，足为雄武之主。其时用事大臣，崔浩、李顺、李孝伯[⑤]等，多是谋猷之士，少有通儒硕学。所以郊祀[⑥]上帝，六宫及女巫预焉。”

【注释】①舞雩：古代求雨时举行的伴有乐舞的祭祀。②旱暵（hàn）：亦作“旱熯”。不雨干热。③肃拜：古九拜之一。《朱子语类》卷九一：“问：古者妇人以肃拜为正，何谓肃拜？曰：两膝齐跪，手至地而头不下为肃拜。”④道武帝：拓跋珪，又名拓跋开、拓跋什翼圭、拓跋翼圭，字涉珪，鲜卑族，北魏开国皇帝。谥号道武皇帝。⑤崔浩：字伯渊，小名桃简，清河郡东武城（今山东武城县）。南北朝时期北魏著名的政治家、军事谋略家。李顺：字德正，赵郡平棘（今河北赞皇县）人。北魏大臣，著名藏书家。李孝伯：赵郡（郡治今河北赵县）人。以明达政事，忠厚谨慎受帝宠信。⑥郊祀：古代于郊外祭祀天地，南郊祭天，北郊祭地。郊谓大祀，祀为群祀。

【译文】《周礼》记载，女巫为雩祭而舞，只是在发生旱灾的时候。让女巫为雩祭而舞，是推重阴性。《礼记·檀弓》记载：“发生旱灾，穆公召见县子请教说：‘我想要曝晒女巫怎么样呢？’县子说：‘天旱不下雨，却寄希望于愚蠢的妇人，恐怕是不太切合实际吧？’”这是用女巫的验证。汉代因秦焚书坑儒，立祠祭神用女巫。北魏祭天的礼节，女巫登坛打鼓。皇帝拜，皇后肃拜。杜岐公说：“北魏道武帝在南平定姑臧，在东攻克山东，足以称为雄健威武的君主。当时执政的大臣，崔浩、李顺、李孝伯等人，大多是有谋略的士人，少有学问渊博的读书人。用来郊祀上帝，六宫以及女巫都参与其中。”

《魏书·高祖纪》：“延兴二年二月乙巳，诏曰：尼父[①]禀达圣之姿，体生知之量，穷理尽性，道光四海。顷者淮徐未宾，庙隔非所，致令祀典寝顿，礼章殄灭，遂使女巫妖觋[②]，淫进非礼，杀牲歌舞，倡优媟狎[③]，岂所以尊明神、敬圣道者也？自今以后，有祭孔子庙，制用酒脯而已，不听妇女合杂，以祈非望之福。犯者以违制论。”《大金国志》：“世宗大定二十六年二月，诏曰：‘曩者边场多事，南方未宾，致令孔庙颓落，礼典凌迟，女巫杂觋，淫祀违礼。自今有祭孔庙，制用酒脯而已。犯者以违制论。’”

【注释】①尼父：对孔子的尊称。孔子字仲尼，故称。②觋（xí）：男巫。③倡优：古代称以音乐歌舞或杂技戏谑娱人的艺人。媟（xiè）狎：狎昵，不庄重。

【译文】《魏书·高祖纪》记载：“延兴二年二月二十二日，诏令说：尼父秉承通达圣贤的气概，秉持生而知之的器度，穷究事理、极尽人和物的本性，大道传播四海之内。近来淮徐没有归顺，庙祀间隔时间不恰当，致使祭祀典礼废止，礼仪规章灭绝，于是使得女巫男巫，大进不合礼仪的制度，杀牲歌舞，倡优媟狎，难道是能用来尊奉明神、崇敬圣道的吗？从此以后，凡是祭祀孔子庙，按制度只是用酒水、果脯而已，不能让妇女混杂其中，用以祈求不合本分的福分。触犯的人按照违制论处。”《大金国志》记载：“金世宗大定二十六年二月，诏令：‘从前边疆多事故，南方没有归顺，致使孔庙残破，礼法败坏，女巫男巫夹杂，不合礼制的祭祀违反礼仪。从此以后，凡是祭祀孔子庙，按制度只是用酒水、果脯而已。触犯的人按照违制论处。’”

《唐书·黎幹传》：“代宗时，为京兆尹。时大旱，幹造土龙，自与巫觋对舞。弥月不应，又祷孔子庙。帝笑曰：‘丘之祷久矣。’使毁土龙。”

【译文】《新唐书·黎幹传》记载："唐代宗时，黎幹担任京兆尹。当时大旱，黎幹用土制成土龙，亲自与女巫、男巫对舞。过了一个月没有应验，黎幹又到孔子庙祈祷。皇帝笑着说：'孔丘已经祈祷很久了。'让人毁掉了土龙。"

卷十五

陵

古王者之葬，称墓而已。《左传》曰："殽有二陵，其南陵，夏后皋[①]之墓也。"《书》传亦言："桐宫汤墓。"《周官·冢人》："掌公墓之地。"并言墓不言陵。及春秋以降，乃有称丘者。楚昭王墓，谓之"昭丘"。赵武灵王墓，谓之"灵丘"。而吴王阖闾之墓，亦名"虎丘"。盖必其因山而高大者，故二三君之外无闻焉。《史记·赵世家》："肃侯[②]十五年，起寿陵。"《秦本纪》："惠文王[③]葬公陵，悼武王[④]葬永陵，孝文王[⑤]葬寿陵。"始有称陵者。《后汉书·东平宪王苍传》，言园邑之兴，始自强秦。《通典》：襄陵有晋襄公之陵。至汉，则无帝不称陵矣。宋施宿[⑥]《会稽志》曰："自先秦古书，帝王墓皆不称陵，而陵之名实自汉始。"非也。

【注释】①夏后皋：即夏皋，夏朝第十七代帝王。夏帝孔甲之子。②肃侯：赵肃侯，嬴姓，赵氏，名语，是赵成侯之子。赵武灵王赵雍之父。③惠文王：秦惠文王，名嬴驷，孝公之子。④悼武王：秦悼武王，秦惠文王之子，又称为秦武王、秦悼武烈王或秦武烈王，本名嬴荡。⑤孝文王：秦孝文王，嬴姓，赵氏，名柱（一作式），亦称安国君，秦昭襄王次子，秦始皇祖父。⑥施宿：字武子，长兴人。纂有《嘉泰会稽志》。

【译文】古时候帝王的安葬地，只是称墓。《左传》记载："殽山有两座坟陵，它的南陵，是夏后皋的墓地。"《尚书》解说也记载："桐宫是商王汤的墓地。"《周官·冢人》记载："掌管王的墓地。"都记载的是墓地而不说陵园。到春秋以后，才有称丘墓的。楚昭王的墓地，称为"昭丘"。赵武灵王的墓地，称为"灵丘"。而吴王阖闾的墓地，也称作"虎丘"。大概想必是依靠山而高大，所以除了这二、三位君王之外就没有听说了。《史记·赵世家》记载："赵肃侯十五年，开始兴建寿陵。"《秦本纪》记载："秦惠文王安葬在公陵，秦悼武王安在葬永陵，秦孝文王安葬在寿陵。"才开始有称陵的。(《后汉书·东平宪王苍传》，记载说园邑的兴起，开始于强秦。《通典》：襄陵有晋襄公的陵。)到了汉代，则是没有皇帝不称陵了。宋代施宿《会稽志》记载："先秦的古书，帝王的墓地都不称陵，而陵的名称实际是从汉代开始的。"不是这样的。

墓祭

《太甲》之书曰："王徂桐宫，居忧。"此古人庐墓[①]之始。曾子问："宗子去在他国，庶子无爵而居者，可以祭乎？"孔子曰："祭哉。""请问其祭如之何？"孔子曰："向墓而为坛，以时祭。若宗子死，告于墓而后祭于家。"此古人祭墓之始。《史记·周本纪》：武王上祭于毕。马融曰："毕，文王墓地名也。"此纬书之言，不可信。《记》言古不墓祭，宗子去在他国，事之变也；将祭而为坛，礼之权也。秦兴西戎，宗庙之礼无闻，而特起寝殿于墓侧。见《汉官仪》。《宋书·礼志》:“汉氏诸陵,皆有园寝者,承秦所为也。说者以为古前庙后寝,以象人君前有朝后有寝也。庙以藏主,四时祭祀,寝有衣冠,象生之具以荐新。汉之西京已崇此礼。《叔孙通传》言:“为原庙渭北,衣冠月出游之。”师古曰:从高帝陵寝出衣冠游于高庙,每月一为之。《韦玄成传》言:“园中各有寝便殿,日祭于寝,月祭于庙,时祭于便殿。寝日四上食,庙岁二十五祠,便殿岁四祠。”此皆承秦之制,故黩于祭祀如此。

【注释】①庐墓:古人于父母或师长死后,服丧期间在墓旁搭盖小屋居住,守护坟墓,谓之庐墓。

【译文】《太甲》书记载:“王前往桐宫,服尊亲的丧期。”这是古人在墓旁搭盖小屋居住守护坟墓的开始。曾子问道:“嫡长子离去居住在他国,庶出之子没有爵位而居住在本国,可以祭祀祖先吗?”孔子说:“可以祭祀的。”“请问该怎样祭祀呢?”孔子回答说:“在面对着墓地的方向筑坛,按照时令祭祀。如果嫡长子死亡,就到墓前禀告然后到自己家中祭祀。”这是古人在墓前祭奠的开始。(《史记·周本纪》:武王上祭于毕。马融说:“毕,是周文王的墓地名。”此纬书的说法,不可相信。)《礼记》记载古时候不在墓前祭奠,嫡长子离去居住在他国,是事情的变故;筑坛祭祀,是礼制的应变。秦国在西戎兴盛,宗庙的礼制没有听说过,然而特意营建寝殿在墓地旁边。(见《汉官仪》。《宋书·礼志》:“汉代诸陵,都有园寝,沿袭秦代的做法。议论的人认为古代时“前庙后寝”的模式,来象征君王前面有朝后面有寝。庙用来藏神主,四时祭祀,寝有衣冠,象征生前使用之物并以时鲜的食品祭献。）汉代的西京长安已经崇尚这个礼制。《叔孙通传》记载：“在渭水以北营建原庙，作为出游的衣冠之庙。”（颜师古说：从汉高祖陵寝拿出衣冠游于高庙，每月一次。）《韦玄成传》记载：“园陵中各自有正殿、偏殿，每日在陵寝正殿祭祀，每月一次在宗庙祭祀，不定时在便殿祭祀。陵寝的祭祀每天上供祭食四次，宗庙每年祭祀二十五次，便殿一年祭祀四次。”（这些都是沿袭秦代的制度，故而祭祀滥用到如此地步。）

后汉明帝永平元年春正月，“帝率公卿已下朝于原陵，如元会仪”。而上陵之礼始兴。蔡邕记曰：“昔京师在长安时，其礼不可尽得闻也。光武即世，始葬于此。明帝嗣位逾年，群臣朝正，感先帝不复闻见此礼，乃帅公卿百寮就园陵而创焉。”每正月上丁[1]，祀郊庙[2]毕，以次上陵，百官四姓，亲家、妇女、公主，诸王、大夫，外国朝者，侍子[3]，郡国计吏会陵。八月饮酎，礼亦如之。洛阳诸陵，皆以晦朔、二十四气、伏腊[4]及四时祠庙，日上饭，太官送用物，园令食监典省其亲，陵所宫人随鼓漏[5]，理被枕，具盥水，陈妆具。贡禹奏言：“武帝取好女数千人，填后宫。及弃天下，昭帝幼弱，霍光专事，不知礼正，皆以后宫女置于园陵，今杜陵有宫人数百。”《外戚传》：“许后上疏：有杜陵梁美人。”又云：“成帝崩，班婕伃充奉园陵，薨，因葬园中。”而张敞书言：“昌邑哀王歌舞者张修等十人无子，又非姬，但良人无官名。王薨当罢归，太傅豹等擅留，以为哀王园中人，不当罢。”翼奉亦言：“诸侯王园宜出其过制者。”是诸侯王园亦有之矣。是以安帝尊母孝德皇元妃耿氏为甘陵大贵人，桓帝尊母匽氏为博园贵人，灵帝尊母董氏为慎园贵人，皆以陵园为名。程氏《演繁露》曰："魏武置宫人铜雀台，令月朝十五辄向帐作伎。陆机为文讥之，不知其来有自矣。

【注释】①上丁：农历每月上旬的丁日。②郊庙：古帝王祭天地的郊宫和祭祖先的宗庙。古代天子祭天地与祖先。③侍子：古代属国之王或诸侯遣子入朝陪侍天子，学习文化，所遣之子称侍子。④伏腊：古代两种祭祀的名称。"伏"在夏季伏日，"腊"在农历十二月。指伏祭和腊祭之日，或泛指节日。⑤鼓漏：鼓和漏，古代报时用器。

【译文】东汉明帝永平元年春正月，"明帝率领公卿以下的官员到原陵朝拜，如同朝贺朝廷的礼仪"。从而到祖先陵墓进行祭祀的礼仪开始兴起。（蔡邕《车驾上所陵记》说："以前京城在长安时，那些礼节不可能全部听到。光武离世后，才开始安葬在这里。明帝即位一年后，群臣朝正时，感念先帝不再听见这些礼，于是率领公卿百官就园陵而创建。"）每年正月上旬的丁日，祭祀郊庙结束，按照次序到祖先陵墓前祭祀，百官四姓，亲家、妇女、公主，诸王、大夫，外国朝拜的人，侍子，郡国计吏到陵寝会合。八月斟酒而饮，礼节也是这样。洛阳的众多陵寝，都在每月的月末、月初、二十四节气、伏祭、腊祭之日以及四时祭祀宗庙，每日上供祀饭，太官送日常应用的物品，园令食监典探望尊亲，陵寝里的宫人随着时刻，整理被子和枕头，具备盥洗用水，陈设梳妆用具。（贡禹上奏说："武帝娶良家女子数千人，充实后宫。到离世的时候，昭帝年幼，霍光专权，不知礼仪之正道，都把后宫女子安置在园陵，如今杜陵有宫人数百。"《外戚传》："许后上疏：有杜陵梁美人。"又说："成帝去世，班婕伃在园陵侍奉，去世后，因而安葬在园中。”而张敞书上奏：“昌邑哀王歌舞张修等十人没有子嗣，又不是歌姬，只是良人没有官名。昌邑哀王离世后应当放归故乡，太傅豹等擅自留下，认为是昌邑哀王园中人，不应当放归。”翼奉也上奏：“诸侯王园应当放出超过规制的那些人。”这说明诸侯王园也有陵园。因此安帝尊母孝德皇元妃耿氏为甘陵大贵人，桓帝尊母匽氏为博园贵人，灵帝尊母董氏为慎园贵人，都是以陵园为名。程大昌《演繁露》说：“魏武帝将宫人安置在铜雀台，命令每月初一、十五径直向帐内作伎。陆机撰文讥讽他，不了解个中有来头了。）

而“十七年正月，明帝当谒原陵，夜梦先帝、太后如平生欢。既寤，悲不能寐。即案历，明旦日吉，遂率百官及故客上陵。其日甘露降于陵树，帝令百官采取以荐。会毕，帝从席前伏御床，视太后镜奁中物，感动悲涕，令易脂泽①妆具。左右皆泣，莫能仰视焉”。此特士庶人之孝，而史传之以为盛节。故陵之崇，庙之杀也；礼之滨，敬之衰也。明帝遗诏，无起寝庙，藏主于光烈皇后更衣别室。而七庙之制遂废。

【注释】①脂泽：脂粉、香膏等化妆品。

【译文】“永平十七年正月，汉明帝正准备拜谒原陵，夜晚梦到先帝、太后如同活着的时候一样欢聚。醒来后，悲伤得不能入睡。就查看历书，知道明天就是吉日，于是率领百官以及故旧宾客到祖先陵墓前祭祀。这天甘露降落在原陵的树上，明帝下令百官采取作为祭品。仪式结束后，明帝从坐席垫前伏身向御床，看到太后镜奁中的梳妆用品，感动得悲痛流泪，下令更换脂粉、香膏等化妆品和梳妆用具。左右随从都流下眼泪，不能够抬头看”。这是士庶人的孝顺，然而史书记载认为是高尚的节操。因此陵寝的推崇，是宗庙的消减；礼仪的亵渎，是恭敬的衰微。（明帝遗诏，不用建造寝庙，将神主藏在光烈皇后更衣别室。然而七庙的制度于是旷废了。）

蔡邕以为“天子事亡如存之意，礼有烦而不可省者”，殆曲为之说也。魏武帝葬高陵，有司依汉立陵上祭殿。至文帝黄初三年，乃诏曰：“先帝躬履节俭，遗诏省约。子以述父为孝，臣以继事为忠。古不墓祭，皆设于庙。高陵上殿，屋皆毁坏，车马还厩，衣服藏府，以从先帝俭德之志。”及文帝自作终制[①]，又曰：“寿陵无立寝殿，造园邑[②]。”晋宣王遗令子弟群官，并不得谒陵。犹为近古。《宋书·礼志》：“晋宣帝遗诏，子弟群官皆不得谒陵。于是景文遵旨。至武帝犹再谒崇阳陵，一谒峻平陵，然遂不敢谒高原陵，至惠帝复止也。逮江左初，元帝崩后，诸公始有谒陵辞陵之事。盖由眷同友执，率情而举，非洛京之旧也。成帝时，中宫亦年年拜陵，议者以为非礼，于是遂止，以为永制。”《晋书·王导传》：“自汉魏已来，群臣不拜山陵，导以元帝睠同布衣，匪惟君臣而已。每一崇进，皆就拜不胜哀戚，由是诏百官拜陵，自导始也。”梁武帝、后周明帝[③]，始皆谒陵。

【注释】①终制：死者生前对丧葬礼制的嘱咐。②园邑：汉代为守护陵园所置的县邑。③后周明帝：北周明帝宇文毓，字统万突，代郡武川（今内蒙古武川县）人。北周王朝第二位皇帝。北周文帝宇文泰庶长子。谥号明皇帝，庙号世宗。

【译文】蔡邕认为"天子侍奉亡者如同侍奉现存者的心意，礼节虽然有烦琐然而不能够省略"，大概是不合理的解说。魏武帝曹操安葬在高陵，有关官员依照汉代制度建立陵寝在殿中致祭。到魏文帝曹丕黄初三年，却下诏说："先帝亲身履行节俭，临终发下诏书要简省。儿子以传承父志为孝，臣下以履行职事为忠。古时候不在墓前祭奠，都设置在宗庙。高陵上的宫殿，祭屋全部毁弃，车马收回到厩中，衣服藏入府中，以顺从先帝树立俭约品德的志向。"等到魏文帝自己对丧葬礼制嘱咐的时候，又说："寿陵不要建立寝殿，营造守护陵园所置的县邑。"晋宣王司马懿临终命令子弟百官，都不能去拜谒陵墓。仍然是接近古代。（《宋书·礼志》："晋宣帝遗诏，子弟百官都不能去拜谒陵墓。在这时晋景帝、晋文帝遵旨。到晋武帝仍然两次去拜谒崇阳陵，一次拜谒峻平陵，然而不敢拜谒高原陵，到晋惠帝再次停止。到东晋初年，晋元帝去世后，诸公才有拜谒陵辞陵的事情。大概由于情谊如同交情之友，根据情感而发，不是西晋时原来的制度。晋成帝时，中宫也年年拜陵，议论的人认为不合礼制，于是就停止了，作为永制。"《晋书·王导传》："从汉魏以来，群臣不拜谒山陵，王导认为和元帝情同布衣之交，不仅仅是君臣关系。每一崇进，都就下拜，情不自禁哀戚，因此诏令百官拜陵，是从王导开始的。"）梁武帝萧衍、后周明帝宇文毓，开始都拜谒陵墓。

唐太宗、玄宗，亦并行之。《唐书·彭景直传》："景龙末为太常博士，时献、昭、乾三陵皆日祭，景直请罢。不从。”开元二十年敕，寒食上墓，宜编入五礼[①]，永为恒式。胡三省曰：“唐开元敕，寒食上墓，礼经无文，近代相传，寖以成俗，宜许上墓，同拜扫礼。盖但许士庶之家行之，而人君无此礼也。”《五代会要》言：“后唐庄宗，每年寒食出祭，谓之破散。其后袭而行之。”欧阳公《五代史》所谓“寒食野祭而焚纸钱”，即谓此也。而陵寝亦有衣冠嫔御之制。杜子美《桥陵诗》：“宫女晚知曙，祠官朝见星。”韩退之《丰陵行》曰：“臣闻神道尚清静，三代旧制存诸书。墓藏庙祭不可乱，欲言非职知何如。”盖深非之也。若明代之制，无车马，无宫人，不起居，不进奉，亦庶几得礼之中者与？

【注释】①五礼：古代的五种礼制。即吉礼、凶礼、军礼、宾礼、嘉礼。

【译文】唐太宗李世民、唐玄宗李隆基，也都是这样做。（《唐书·彭景直传》：“彭景直在唐中宗景龙末年为太常博士，当时献、昭、乾三陵都实行日祭，彭景直请求罢免。中宗不同意。”）开元二十年敕令，寒食节到墓前祭奠，应该编入五礼，永久作为通常的规则。（胡三省说：“唐玄宗开元敕令，寒食节到墓前祭奠，礼经没有相关文字记载，近代相传，渐渐成为习俗，应当允许到墓前祭奠，与拜扫礼相同。大概只许士庶之家实行，而君主没有这个仪式。”《五代会要》记载：“后唐庄宗，每年寒食外出祭祀，称为破散。以后沿袭而实行。”欧阳修《新五代史》所谓“寒食野祭而焚烧纸钱”，就是这个。）然而陵寝也有衣冠嫔御的制度。（杜甫《桥陵诗》：“宫女晚知曙，祠官朝见星。”）韩愈（字退之）的《丰陵行》记载：“臣下听闻神道崇尚清静，三代原来的制度存在诸书中。墓藏庙祭不能够混乱，想说非其职守知道怎么办。”大概是深深地非难。像明代的制度，没有车马、宫人，不问安，不进献财物，也是差不多恰好合上礼了吧？

古人于墓之礼，但有奔丧、去国[1]二事。《记》曰：“奔丧者，不及殡，先之墓，北面坐哭尽哀。主人之待之也，即位于墓左，妇人墓右，成踊[2]尽哀。”又曰：“若除丧而后归，则之墓哭，成踊，束括发，袒绖，拜宾成踊，送宾反位，又哭尽哀，遂除于家不哭。”又曰：“奔兄弟之丧，先之墓，而后之家，为位而哭。所知之丧，则哭于宫，而后之墓。”又曰：“去国则哭于墓，而后行，反其国不哭，展墓而入。”鲁昭公之孙[3]于齐也，与臧孙如[4]墓谋遂行。吴延州来季子之于王僚[5]也，复命哭墓。是则古人之至于墓，皆有哭泣哀伤之事，而祭者吉礼也，无舍庙而之墓者也。

【注释】①奔丧：《礼记》有《奔丧》篇，孔颖达疏：“案郑《目录》云，名曰《奔丧》者，以其居他国，闻丧奔归之礼。”古代凡闻君、亲、尊长之丧，从外地赶往吊唁或料理丧事均称“奔丧”。去国：离开京都或朝廷。②成踊：丧礼之一。哭者捶胸顿足表示极度悲哀。③鲁昭公：姬姓，名裯，一名稠、袑，鲁襄公之子，母齐归。鲁国因斗鸡而发生内乱，鲁昭公先后逃亡到齐国、晋国。孙：古同“逊”。退避，退让。④臧孙如：即臧昭伯。⑤王僚：春秋时吴国国君，吴王余眛之子，或说庶兄。名州于。后被公子光（即吴王阖闾）求助勇士专诸所杀。

【译文】古人对于亲丧的礼制，只是有奔丧、去国两种。《礼记》记载："奔丧的人，来不及在停殡期间赶到家，就先到墓地，面向北跪着痛哭、竭尽哀思而停止。主持丧事的人对待他的礼节，就是在墓左就位，妇人在墓右就位，奔丧的人捶胸顿足竭尽哀思。"又记载："如果奔丧的人是在除去丧服后才回到家，就要到墓地痛哭，捶胸顿足，用麻绳束发，袒露左臂，系上麻带子，拜谢前来吊唁的宾客，捶胸顿足，送宾客出门、返回原位，又痛哭竭尽哀思，于是除去丧服回到家中就不再哭了。"又记载："奔赴兄弟的丧事，先到墓地去哭，然后到他家，为位而哭。朋友的丧事，应该先去停放他灵柩的房屋痛哭，然后去他的墓地。"又记载："离开故国就要在祖先的墓地前痛哭，然后起行，返回故国就不用哭了，省视坟墓后就可以入城了。"鲁昭公退避到齐国，与臧昭伯到祖先墓前辞别，谋划、然后动身起行了。吴国的延州来季子对于吴王僚，复命到墓前哭泣。虽然古人对于墓地前，都有哭泣哀伤的情况，然而祭祀是吉礼，没有舍弃宗庙而到墓地的。

孟子言："孔子没，子贡筑室于场，独居三年，然后归。"曲沃卫嵩[①]曰："古人为庙以依神，无庐墓之事。门人既不得奉其庙祀，而但庐于冢上，以尽其情。此亡于礼者之礼也。汉以来，乃有父母终而庐墓者，不知其置神主何地？其奉之墓次欤？是野祭之也。其空置之祠堂欤？是视其体魄反过其神也。而悫[②]者，以此悖先王之礼；伪者，以此博孝子之名。至于今，而此风犹未已也。且孝如曾子，未尝庐墓，孔子封防，既反而弟子后至。古人岂有庐墓之事哉？"

【注释】①卫嵩：卫蒿，初名麟贞，字瑞明，后改名蒿，字匪莪，号绛山。②悫：诚实，谨慎。

【译文】孟子说："孔子去世的时候，子贡在墓旁重新筑屋场，独自守墓三年，然后才归去。"曲沃卫嵩说："古人建造宗庙用来依附神主，没有庐墓的事情。门人已经不能够供奉在自家的宗庙祭祀，而只能在墓旁搭盖小屋守护坟墓，以表达自己的哀情。这是没有礼制的礼仪。汉代以来，才有父母去世而在墓旁建屋居住的，不知道安置神主在什么地方？供奉在墓地吗？这是在野外祭祀。空设置它们于祠堂吗？这是看待躯体反而超过神主了。而诚实的人，认为这违背了先王的礼制；虚伪的人，用这来博取孝子的名声。到了如今，这种风气仍然没有停止。况且孝顺若同曾子，不能在墓旁建屋，孔子在防地将父母合葬坟墓堆高标记，已经返回而弟子才到。古人哪里有在墓旁建屋居住，守护坟墓的事情呢？"

《史记·孔子世家》："鲁世世相传，以岁时奉祀孔子冢。史言上冢者，自孔子、留侯二《世家》始。而诸儒亦讲礼、乡饮、大射[①]于孔子冢。孔子冢大一顷，故所居堂，弟子内，后世因庙藏孔子衣冠琴车书。"夫礼教出于圣人之门，岂有就冢而祭？至乡饮、大射尤不可于冢上行之。盖孔子教于洙泗之间，所葬之冢，在讲堂之后。孔子既殁，弟子即讲堂而祀之，且行饮射之礼。太史公不达，以为祭于冢也。

【注释】①乡饮：古代嘉礼之一。指乡饮酒礼。大射：为祭祀择士而举行的射礼。

【译文】《史记·孔子世家》记载："鲁国代代递相传授，在每年固定的时间供奉祭祀孔子的坟墓。（史书记载上坟冢祭祀的，是从孔子、留侯二《世家》开始。）而且众多的儒生也在孔子的墓前学习礼仪、举行乡饮酒礼、射礼。孔子的墓地面积有一顷大，孔子以前所居住的堂屋，以及弟子居住的内室，后世作为孔庙，用来收藏孔子生前使用过的衣服、帽子、琴、车子、书籍。"礼仪教化出自圣人门下，怎么会有靠近墓地而祭祀？至于乡饮酒礼、射礼尤其不可以在墓前举行。大概是由于孔子在洙水和泗水之间讲学，安葬的墓地，位置在讲堂的后面。孔子已经去世，弟子就在讲堂里祭祀他，而且举行饮酒、射箭的典礼。太史公不明白其中缘由，认为是在墓前祭祀。

汉人以宗庙之礼，移于陵墓。有人臣而告事于陵者，苏武[①]自匈奴还，诏奉一太牢[②]，谒武帝园庙[③]，是也。有上冢而会宗族故人及郡邑之官者，楼护[④]为谏大夫，使郡国，过齐，上书求上先人冢，因会宗族故人；班伯[⑤]上书，愿过故郡，上父祖冢，有诏，太守、都尉以下会；是也。有上冢而太官为之供具者，董贤为侍中驸马都尉，上冢有会，辄太官为供，是也。有赠谥而赐之于墓者，阴兴[⑥]夫人卒，肃宗使五官中郎将，持节即墓赐策，追谥兴曰翼侯，是也。有人主而临人臣之墓者，光武至湖阳，幸樊重墓；霍峻[⑦]葬成都，先主率群僚临会吊祭，因留宿墓上，是也。有庶民而祭古贤人之墓者，曹昭《东征赋》："蘧氏[8]在城之东南兮，民亦飨其丘坟。"《文选》作"尚"，《水经注》引此作"飨"。是也。人情所趋，遂成习俗。其流之弊，有如杨伦[9]行丧于恭陵者矣，有如赵宣葬亲而不闭埏隧[10]，因居其中，行服二十余年者矣。《陈蕃传》。至乃市贾小民，相聚为宣陵孝子者数十人，皆除太子舍人，而礼教于斯大坏矣。

【注释】①苏武：字子卿，杜陵（今陕西西安）人，代郡太守苏建之子。西汉大臣。苏武出使匈奴被扣，在匈奴的时间很长，前后共有十九年。苏武在极为恶劣的环境下，不畏强权，仍然保持了崇高的民族气节。是西汉尽忠守节的著名人物。②太牢：古代祭祀，牛羊豕三牲具备谓之太牢。③园庙：帝王墓地所建的宗庙。④楼护：字君卿，西汉齐（今山东淄博）人。善辩，有名声。⑤班伯：西汉扶风安陵（今陕西咸阳）人。班况长子。⑥阴兴：字君陵，阴识弟。光烈阴皇后同母弟。持身谦恭，兴好施接宾而门无侠客，与从兄嵩素不相能而临终向帝荐嵩。追谥翼。⑦霍峻：字仲邈，南郡枝江（今湖北枝江）人，东汉末年刘备麾下名将。⑧蘧（qú）氏：蘧瑗（yuàn），姬姓，蘧氏，名瑗，字伯玉，大夫蘧无咎之子。春秋时期卫国大夫。是孔子的朋友，也是道家"无为而治"的开创者。⑨杨伦：字仲理，陈留东昏（今山东东明县）人，东汉经学家。安帝崩逝，弃官奔丧，阎太后以擅离职守免官抵罪。⑩赵宣：山东青州人，东汉伪孝子。他在墓道里守丧二十多年，闻名天下，然而赵宣却在墓道里生了五个儿女。揭发这个伪孝子的是当时在青州任官的陈蕃。埏（shān）隧：墓道。

【译文】汉朝人把宗庙上的礼节，转移到陵墓前。有臣子到陵墓前报告情况，苏武从匈奴返回汉朝，诏令供奉牛羊猪三牲，去拜谒汉武帝刘彻的园庙，说的就是这样的。有上坟而会见同宗同族之人、老友以及郡邑的长官，楼护担任谏大夫，出使郡国，路过齐国，上书请求给祖先上坟，因而会见同宗同族之人、老友；班伯上书，希望路过家乡时，能给祖先上坟，皇帝有诏令，太守、都尉官职以下官员集会；说的就是这样。有上坟而太官为他们备供酒食的，董贤担任侍中驸马都尉，上坟时有集会，就是太官备供酒食的，是这样的。有追赠谥号而赏赐在墓前的，阴兴的夫人去世，汉肃宗孝章皇帝刘炟派遣五官中郎将，持节即在墓前赐予策书，追加阴兴的谥号为翼侯，是这样的。有君王来到臣子的坟墓前的，汉光武皇帝刘秀到达湖阳，巡幸樊重墓；霍峻葬在成都，先主刘备率领百官临会祭奠，因而留宿在墓旁，是这样的。有平民百姓祭祀古代贤人的坟墓的，曹昭《东征赋》记载："蘧伯玉的家乡在蒲城的东南方，百姓也祭祀他的坟墓。"（《文选》将"飨"写作"尚"，《水经注》引用则写作"飨"。）就是这样的。人心的趋使，于是形成习俗。沿袭形成的弊端，有像杨伦在汉安帝刘祜的恭陵举办丧事，有像赵宣埋葬亲人然而不封闭墓道，居住在墓室里面，服丧已经二十多年了。（见《陈蕃传》。）甚至商人百姓，有数十人集合成为汉桓帝刘志宣陵的守孝人，都除授太子舍人，然而礼仪教化在这败坏得很严重了。

招魂之葬，于古未闻。《三辅黄图》言："汉太上皇陵，在栎阳北原。在东者太上皇，在西者昭灵后。"高帝母起兵时死于小黄。则疑其始于此矣。晋东海王越柩为石勒所焚，"妃裴氏渡江，欲招魂葬越。元帝诏有司详议，博士傅纯曰：'圣人制礼，以事缘情。设冢椁以藏形，而事之以凶；立庙祧[1]以安神，而奉之以吉。送形而往，迎精而还，此墓庙之大分，形神之异制也。至于宗庙寝庙[2]，祊祭[3]非一处，所以广求神之道，而独不祭于墓，明非神之所处也。今乱形神之别，错庙墓之宜，违礼失义，莫大于此。’于是下诏不许。”

【注释】①庙祧（tiāo）：泛指祖庙。②寝庙：古代宗庙的正殿称庙，后殿称寝，合称寝庙。③祊（bēng）祭：古代在宗庙门内举行的祭祀。

【译文】招死者之魂安葬，在古代没有听说过。《三辅黄图》记载：“汉代太上皇的陵寝，在栎阳北原。东面是太上皇的，西面是昭灵后的。”（汉高祖母亲起兵时死于小黄。）怀疑是从这里开始的。西晋东海王司马越的灵柩被石勒所焚毁，“王妃裴氏渡江，想要招司马越的魂魄以安葬司马越。晋元帝诏令有关官员审议，博士傅纯说：‘圣人制定礼仪，以事抒发感情。设置坟墓棺椁用以隐藏形体，以凶礼对待；建立祖庙用以安置神主，而以吉礼供奉。送形体前往，迎精魂归来，这是墓地、祖庙的大分，形骸与精神的不同制度。至于宗庙寝庙，祊祭不在一个地方，用来广泛地寻求精神的途径，然而唯独不在墓前祭祀，明确不是精神所在的地方。如今打乱形骸与精神的区别，错杂宗庙、坟墓的适宜，违背礼仪、失去道义，没有比这更大的了。’于是皇帝下诏不允许这样做。”

唐高宗显庆三年十一月，伊丽道行军副总管萧嗣业[1]，擒阿史那贺鲁至京师，甲午献于昭陵。总章元年十月，司空李勣破高丽，俘高藏男建、男产等至京师，献于昭陵。许敬宗[2]言：“古者军凯旋，则饮至于庙，未闻献馘[③]于陵者。然陛下奉园寝与宗庙等，可行不疑。”此亦所谓自我作古者矣。

【注释】①萧嗣业：唐朝将领，梁明帝萧岿曾孙。曾招降薛延陀咄摩支，参与讨伐西突厥、高句丽、回纥。②许敬宗：字延族，杭州新城（今浙江杭州）人。唐朝宰相，隋朝礼部侍郎许善心之子，东晋名士许询后代。③献馘（guò）：古时出战杀敌，割取左耳，以献上论功。馘，被杀者之左耳。亦泛指奏凯报捷。

【译文】唐高宗显庆三年十一月，伊丽道行军副总管萧嗣业，擒获阿史那贺鲁到达京师，十五日进献昭陵。总章元年十月，司空李勣打败高丽，俘获高藏男建、男产等人到京师，进献昭陵。许敬宗说：“古时候军队获胜归来，就到庙堂饮酒，没有听说过在陵墓前奏凯报捷的。然而陛下供奉园寝与宗庙等，可以实行，不用怀疑。”这也是所谓的不依旧规，自创先例了。

唐时陵寝尝有鹰犬之奉。玄宗开元二年四月辛未，诏曰：“园陵之地，衣冠所游，凡厥有司，罔不祗事[①]。顷者别致鹰狗，供奉山陵，至于料度，极多费损。昔戒禽荒[②]，既非寻常所用；远惟龙驭，每以仁爱为心。彼耕象与耘鸟[③]，且增哀慕；岂飞苍而走黄，更备畋猎？有乖仪式，无益崇严。诸陵所有供奉鹰狗等，并宜即停。”

【注释】①祗（zhī）事：恭敬侍奉，敬于其事。敬业尽职。②禽荒：亦作“禽芒”。沉迷于田猎。③耕象耘鸟：传说舜死苍梧，象为之耕；禹葬会稽，鸟为之耘。一说，耕者以象行为法，耘者如鸟之啄食。

【译文】唐朝时期帝王陵墓曾经有鹰犬的供奉。唐玄宗开元二年四月十五日，诏令："帝王的墓地，衣冠所游，凡是相关官员，没有不恭敬侍奉、敬业尽职的。近来新奇的苍鹰、猎狗，供奉于山陵，至于俸禄供给的限额，极多耗费。从前戒除沉迷于田猎，已经不是平常所用的；而且君临天下以来，每每以仁爱为心。那些耕象与耘鸟，尚且增加哀伤思慕；难道是还要增加苍鹰、猎狗来打猎吗？违背仪式，对庄重严肃没有好处。所有帝王陵墓供奉的苍鹰、猎狗等，都应该立即停止。"

天宝二年八月，制曰："禋祀①者，所以展诚敬之心；荐新者，所以申霜露之思。自流火②届期，商风③改律，载深追远，感物增怀。且《诗》著授衣④，令存休澣⑤，在于臣子，犹及恩私，恭事园陵，未标典式。自今以后，每至九月一日，荐衣于陵寝，贻范千载，庶展孝思。且仲夏端午，事无典实，传之浅俗，遂乃移风。况乎以孝道人，因亲设教，感游衣于汉纪，成献报于礼文。宣示庶僚，令知朕意。"今关中之俗，有所谓送寒衣者，其遗教也。今俗乃用十月一日。

【注释】①禋祀：古代祭天的一种礼仪。先燔柴升烟，再加牲体或玉帛于柴上焚烧。泛指祭祀。②流火：典出《诗·豳风·七月》："七月流火，九月授衣。"火指大火星（即心宿）。夏历五月的黄昏，火星在中天，七月的黄昏，星的位置由中天逐渐西降。后多借指农历七月暑渐退而秋将至的时候。③商风：秋风，西风。④授衣：谓制备寒衣。古代以九月为授衣之时。⑤休澣：指官吏按例休假。指官吏按例休假。泛指休息。

【译文】唐玄宗天宝二年八月，制诏："禋祀，用来显示诚恳恭敬诚心；以时鲜的食品祭献，用来申明对父母先祖的思念。自流火到预定的日期，西风改变规律，祭祀尽虔诚，以追念先人，见物兴感、增加想念。而且《诗经》有记载制备寒衣，下令停留休息，对于臣子，尚且达到恩宠，恭敬地侍奉园陵，没有标明典范、法式。从此以后，每到九月初一，就祭献寒衣，留下典范千代，希望展示孝亲之思。况且仲夏端午，事情没有典故、史实，流传的浅俗，于是转变风气。何况以孝教导人，因亲情实施教化，有感游衣于汉纪，撰成献报于礼文。告知百官，让他们知道朕的心意。"如今关中的风俗，有所谓的送寒衣，就是前代的风教。（如今风俗却是在十月初一。）

厚葬

《晋书·索綝传》："建兴中，盗发汉霸、杜二陵，文帝霸陵，宣帝杜陵。多获珍宝。帝问綝曰：'汉陵中物，何乃多邪！'綝对曰：'汉天子即位一年而为陵，天下贡赋，三分之一供宗庙，一供宾客，一充山陵。武帝享年久长，比崩而茂陵不复容物，其树皆已可拱。赤眉[1]取陵中物，不能减半，于今犹有朽帛委积，珠玉未尽。此二陵谓霸、杜。是俭者耳，亦百世之诫。'"《汉书·王莽传》："赤眉发掘园陵，惟霸陵、杜陵完。"按《史记·孝文纪》言："治霸皆以瓦器，不得以金银铜锡为饰。"而刘向《谏昌陵疏》，亦以孝文薄葬，足为后王之则。然考之《张汤传》，则武帝之世，已有盗发孝文园瘗钱[②]者矣。盖自春秋列国以来，厚葬之俗，虽以孝文之明达俭约，且犹不能尽除，而史策所书，未必皆为实录也。

【注释】①赤眉：新莽末以樊崇等为首的农民起义军。因以赤色涂眉为标志，故称。②瘗（yì）钱：陪葬的钱币。

【译文】《晋书·索綝传》记载："晋愍帝建兴年间，有盗贼偷挖汉代的（文帝）霸陵、（宣帝）杜陵，获得很多珍宝。晋愍帝问索綝说：'汉代皇陵中的宝物怎么这么多呢！'索綝回答说：'汉代的天子即位一年就建造皇陵，天下的土贡和赋税，三分之一供奉宗庙，一份供养宾客，一份充实山陵。汉武帝统治的时间久长，等到他驾崩的时候茂陵已经不能再装东西了，陵墓周围的树墓都已经有两手合围那么粗了。赤眉军偷取茂陵中的财物，没有达到一半，到现在仍然有腐朽堆积的丝帛，珠玉未盗取尽。这两座霸陵、杜陵，是皇陵中财物较节俭的，但也应该是后代君王应该警惕的。'"（《汉书·王莽传》："赤眉军发掘园陵，唯独霸陵、杜陵完整。"）按《史记·孝文纪》记载："修建霸陵全部使用瓦器，不能够用金银铜锡作为装饰。"而且刘向的《谏昌陵疏》，也认为汉孝文帝葬具及丧礼简单，足以作为后代君王的准则。然而考察《张汤传》，则在汉武帝时期，就已经有私下非法发掘孝文帝陵墓里陪葬钱币的人了。大概从春秋列国以来，厚葬的习俗，即使像孝文帝这样的明达俭省，尚且仍然不能完全根除，那么史书的记载，不一定全部都是真实的记录了。

《左传》成公二年八月："宋文公卒，始厚葬。用蜃炭，益车马，始用殉。重器备，椁有四阿①，棺有翰桧②。君子谓华元、乐举③，于是乎不臣。臣治烦去惑者也，是以伏死而争。今二子者，君生，则纵其惑；死，又益其侈。是弃君于恶也，何臣之为？”

【注释】①四阿：屋宇或棺椁四边的檐霤（liù），可使水从四面流下。②翰桧：棺材四旁及上面的彩绘装饰。③华元：子姓，华氏，名元，宋戴公五世孙，华督曾孙，华生御事之子，出生于宋国都城商丘，春秋时期宋国大臣，宋国六卿之一。乐举：子姓，乐氏，春秋时期宋国人。

【译文】《左传》鲁成公二年八月记载：“宋文公去世，开始不惜财力地经营丧葬。用蛤蜊和木炭，增加陪葬的车马，开始使用活人殉葬。用很多器物，大棺材四边有檐，棺材四旁及上面有彩绘装饰。君子认为华元、乐举，在这不符合臣道。臣子是为君王解决烦乱、去除迷惑的人，因此应该甘愿舍弃生命而去劝谏。如今这两个人，君王活着的时候，就放纵他去作恶；去世的时候，又增加君王的奢侈。这是把君王推到邪恶里去，哪里是臣子该做的呢？”

《吕氏春秋·节丧篇》曰：

审知生，圣人之要也；审知死，圣人之极也。知生也者，不以害生，养生之谓也；知死也者，不以害死，安死之谓也。此二者，圣人之所独决也。凡生于天地之间，其必有死，所不免也。孝子之重其亲也，慈亲之爱其子也，痛于肌骨，性也。所重所爱，死而弃之沟壑，人之情不忍为也。故有葬死之义，葬也者，藏也，慈亲孝子之所慎也。慎之者，以生人之心虑。以生人之心为死者虑也，莫如无动，莫如无发。无发无动，莫如无有可利，则此之谓重闭[1]。

【注释】①重闭：特指墓葬节俭不被发掘。重在葬而得安，故称。

【译文】《吕氏春秋·节丧篇》：

通过审察知道生命，是圣人的要事；通过审察知道死亡，是圣人的急务。明察生命，在于不伤害生命，说的就是养生；明察死亡，在于不损害死者，说的就是安死。这两件事，只有圣人才能够知道。大凡生活在天地之间，必定会有死亡，这是不能够避免的。孝子尊重他的双亲，慈亲爱护他们的子女，深入内心深处，这是本性。尊重、爱护的人，死后却把他们扔到山沟，人的常情不忍心这样做。于是产生了安葬死者的大义，葬就是藏的意思，是慈亲孝子应该慎重的。慎重，指的是活着的人为死者考虑。活着的人为死者考虑，没有比得上不移动他们的尸体，没有比得上不掘开他们的坟墓的。坟墓不被掘开、尸体不被移动，没有比得上墓中没有利益可图的，那么这称为重闭。

古之人，有藏于广野深山而安者矣，非珠玉国宝之谓也。葬不可不藏也，葬浅则狐狸抇[1]之，抇读为掘。深则及于水泉，故凡葬必于高陵之上，以避狐狸之患，水泉之湿。此则善矣，而忘奸邪盗贼寇乱之难，岂不惑哉！譬之若瞽师之避柱也，避柱而疾触杙[2]也。狐狸、水泉、奸邪盗贼，寇乱之患，此杙之大者也。慈亲孝子避之者，得葬之情矣。善棺椁，所以避蝼蚁蛇虫也。今世俗大乱之主，愈侈其葬，则心非为乎死者虑也，生者以相矜尚也。侈靡者以为荣，节俭者以为陋，不以便死为故，而徒以生者之诽誉为务，此非慈亲孝子之心也。

【注释】①扫（hú）：发掘。②杙（yì）：尖锐的小木棍儿。

【译文】古时候的人，有埋葬在广野深山而得保平安的，不是说有珠玉国宝。埋葬不能够不隐蔽，埋葬浅了狐狸就会掘开它，埋葬得深就会触及泉水，因此大凡埋葬必定选在山丘之上，以避开狐狸的危害，泉水的浸渍。这就很好了，但是如果忘了奸邪盗贼寇乱的祸害，难道不是迷惑了吗！比喻成好像盲乐师为了避开柱子，避开了柱子但是却快速地撞到了尖棍上。狐狸、水泉、奸邪盗贼，寇乱的祸害，这是尖木棍中大的。慈亲孝子避开这些，就获得埋葬的本义了。办好棺椁，是用来避开蝼蚁蛇虫的。如今社会风气大乱，君王行葬越来越奢侈，他们的心里不是为了死者考虑，而是为了活着的人之间互相夸耀。奢侈浪费认为是光荣，节约俭省认为是鄙陋，不把便利死者作为存心，而只是把生者的毁谤和赞誉作为要务，这不是慈亲孝子的本心了。

民之于利也，犯流矢，蹈白刃，涉血盩肝以求之。盩古"抽"字。野人之无闻者，忍亲戚、兄弟、知交以求利。今无此之危，无此之丑，其为利甚厚，乘车食肉，泽及子孙，虽圣人犹不能禁，而况于国弥大，家弥富，葬弥厚，含珠鳞施[①]，含珠，口实也；鳞施，施玉于死者之体，若鱼鳞也。玩好货宝，钟鼎壶滥，以冰置水浆于其中为滥，取其冷也。舆马、衣被、戈剑，不可胜数，诸养生之具，无不从者。题凑[②]之室，室，椁也。题凑复累。棺椁数袭，积石积炭，以环其外。奸人闻之，传以相告。上虽以严威重罪禁之，犹不可以止。且死者弥久，生者弥疏；生者弥疏，则守者弥怠；守者弥怠，而葬器如故，其势固不安矣。

【注释】①鳞施：古代贵族丧葬时给死者穿戴的玉衣。用玉片串缀而成，施于死者之体如鱼鳞状，故名。②题凑：古代天子的椁制，也赐用于大臣。椁室用大木累积而成，木头皆内向为椁盖，上尖下方，犹如屋檐四垂，谓之“题凑”。

【译文】百姓对于利益，会冒着无端飞来的箭，踩踏着锋利的刀，血流遍地抽肝地去追求它。粗野没有名声的人，残忍地对待亲戚、兄弟、知心朋友去追求利益。如今没有这样的危险，没有这样的耻辱，而且获利十分丰厚，乘车食肉，恩泽延及子孙，即使是圣人尚且不能禁止，更何况昏乱的君王呢？国越强大，家越富有，陪葬品就越丰厚，死者口中含的珍珠、身上穿戴的玉衣（含珠，是口中实物；鳞施，将玉放在死者的身体上，像鱼鳞一般），心爱之物、财货珍宝，钟鼎壶滥（将冰放置水浆于其中为滥，需要当中的冷），车马、衣被、戈剑，不能数尽，各种养生的设备，没有不一起陪葬的。题凑之室，棺椁数层重叠，堆积石头、木炭，围绕在棺椁之外。邪恶、狡诈的人听说后，流传互相转告。君上虽然用威势死刑禁止，仍然不能够禁止。而且死者过去的时间越久远，生者对他的感情就越疏远；生者对他的感情越疏远，那么守墓的人就会越懈怠；守墓的人越懈怠，然而陪葬品却和原来一样，这种形势本来就不安全了。

《安死篇》曰：

世之为丘垄也，其高大若山，其树之若林，其设阙庭、为宫室，造宾阼[1]也若都邑。以此观世示富，则可矣；以此为死，则不可也，夫死其视万岁，犹一瞚[2]也。瞚，古“瞬”字。人之寿，久之不过百，中寿不过六十。以百与六十为无穷者之虑，其情必不相当矣。以无穷为死者之虑，则得之矣。今有人于此为石铭，置之垄上曰：“此其中之物，具珠玉好玩、财物宝器甚多，不可不扣。扣之必大富，世世乘车食肉。”人必相与笑之，以为大惑。世之厚葬也，有似于此。

【注释】①宾阼：堂前台阶，包括西阶和东阶。②瞚（shùn）：古同“瞬”，眨眼。

【译文】《安死篇》：

世人营建坟墓，高大如山，坟墓上种的树茂密如林，修建的楼阙庭院、宫室，营造的堂前台阶像都邑一样。用这向世人显示财富，是可以的；用这种方式安葬死者，则是不可以的，死者看待一万年就如同眨眼一样。人的寿命，长寿的不超过一百岁，中等的年寿不超过六十岁。以一百岁与六十岁的寿数为没有穷尽的死者考虑，实际情形必定不相符合。以没有穷尽的需要为死者考虑，那么就掌握安葬死者的本义了。如今有人在此处树立刻有文字的碑石，安置在坟冢上：“这坟墓中的陪葬品，都是珠玉玩好、财物宝器非常丰厚，不能够不挖掘。挖掘必定会大富，可以代代乘车食肉。”人们必定会一起嘲笑他，认为他太糊涂。世间的厚葬，与这相似。

自古及今，未有不亡之国也。无不亡之国，是无不扫之墓也。以耳目所闻见，齐、荆、燕尝亡矣，齐湣王、楚平王、燕王哙。宋、中山已亡矣，赵、魏、韩皆亡矣。作书之时，秦初并三晋。其皆故国矣。自此以上者，亡国不可胜数，上犹前也。是故大墓，无不扫也，而世皆争为之，岂不悲哉！君之不令民，父之不孝子，兄之不悌弟，皆乡里之所釜鬲[①]者而逐之。鬲、鬲同。《史记·蔡泽传》："入韩魏遇夺釜鬲于涂。"惮耕稼采薪之劳，不肯官人事，而祈美衣侈食之乐，智巧穷屈，无以为之。于是乎聚群多之徒，以深山广泽林薮，扑击遏夺；又视名丘大墓葬之厚者，求舍便居，以微扫之；日夜不休，必得所利，相与分之。夫有所爱所重，而令奸邪盗贼寇乱之人，卒必辱之，此孝子、忠臣、亲父、交友之大事。

【注释】①鬲（lì）：鬲的异体字。古代炊具，形状像鼎而足部中空。

【译文】从古到今，没有不灭亡的国家。没有不灭亡的国家，就没有不被挖掘的坟墓。根据耳目所闻见，齐（湣王）、荆（平王）、燕（王哙）曾经灭亡了，宋、中山已经灭亡了，赵、魏、韩都已经灭亡了。（《吕氏春秋》撰写之时，秦朝初年吞并三晋之地。）它们都是已经灭亡的国家。从他们往前，灭亡的国家不能够尽数，因此大墓，没有不被挖掘的，然而世上却争着营造大墓，难道不可悲吗！不听从君王命令的百姓，父亲的不孝子，不恭顺兄长的弟弟，都是被乡里一同驱逐的人。（《史记·蔡泽传》："进入韩、魏两国，在途中遇到争夺釜鬲之事。”）畏惧种庄稼、砍柴之劳，不肯从事劳役，却祈望生活优裕的享乐，机谋与巧诈穷尽，仍然不能得到。于是就聚集很多人，凭借深山、大泽、山林与泽薮，拦路抢劫；又探查陪葬品丰厚的坟冢大墓，寻求住在便于盗墓的住所，以便暗中挖掘；日夜不停，必定要获得其中的财物，一同瓜分。所慈爱、尊重的人，死后却要遭受奸邪盗贼寇乱之人的凌辱，这是孝子、忠臣、亲父、交友应当考虑的大事。

尧葬于谷林，通树之。舜葬于纪，市不变其肆。禹葬于会稽，不变人徒。变，动也。言无所兴造，不扰民也。是故先王以俭节葬死也，非爱其费也，非恶其劳也，以为死者虑也。先王之所恶，惟死者之辱也。发则必辱，俭则不发，故先王之葬必俭必合必同。何谓合？何谓同？葬于山林，则合乎山林；葬于陵隰，则同乎陵隰，此之谓爱人。夫爱人者众，知爱人者寡。故宋未亡而东冢扫，东冢，文公冢也。文公厚葬，故冢被发也。冢在城东，因谓之东冢。齐未亡而庄公冢扫，庄公名购，僖公之父。在位六十四年。国安宁而犹若此，又况百世之后，而国已亡乎？故孝子、忠臣、亲父、交友不可不察于此也。夫爱之而反危之，其此之谓乎？鲁季孙有丧，孔子往吊之，入门而左，从客也。主人以璠玙收，此季平子意如之丧也，主人桓子斯也。收，敛也。孔子径庭而趋，历级而上，曰："以宝玉收，譬之犹暴骸中原也。"言必发扫。径庭历级，非礼也，虽然，以救过也。

【译文】尧帝埋葬在谷林，全部种上树。舜帝埋葬在纪，市场上的店铺没有改变。大禹埋葬在会稽，不烦扰百姓。（变，是动的意思。是说没有建造，不打扰百姓。）因此先王用节约俭省的方式安葬死者，不是吝惜财物，也不是担心耗费人力，而是为死者考虑。先王所担心的，只是恐怕死者受辱。坟墓被盗掘就必定受辱，节俭就不会被盗挖，因此先王安葬死者必定要俭、必定要合、必定要同。什么叫合？什么叫同？埋葬在山林，就是与山林合为一体；埋葬在山陵湿地，就是和山陵湿地相同了，这就称为爱人。爱人的人众多，知道怎样爱人的人很少。因此宋国还没有灭亡，东冢就被挖掘了，（东冢，是文公冢。文公厚葬，故而冢被挖掘。冢在城东，因而称为东冢。）齐国没有灭亡，庄公的坟墓就被盗挖了，（庄公名购，僖公之父。在位六十四年。）国家安宁的时候尚且像这样，又何况百世之后，国家已经灭亡了呢？所以孝子、忠臣、慈父、朋友对此不能够不明察啊。敬爱死者，结果却害了他们，说的大概就是厚葬这类事情吧？鲁国的季孙氏举办丧事，孔子前往吊唁，进门站在左边，处于宾客的位置。主持丧事的人用美玉收敛死者，（这是季平子意如的丧事，主人是桓子斯。）孔子快步经过中庭，越阶而上说：“用宝玉收殓，譬如是把尸骸暴露在原野之中。”（是说必然会被挖掘。）穿过中庭、越阶而上，是不符合礼仪的，但孔子这样做了，是为了阻止过失啊。

前代陵墓

汉高帝十二年十二月，诏曰："秦皇帝、楚隐王、师古曰：陈胜也。魏安釐王、齐愍王、赵悼襄王，皆绝亡后，其与秦皇帝守冢二十家，楚、魏、齐各十家，赵及魏公子无忌师古曰：即信陵君也。各五家，令视其冢，复亡以与他事。"魏明帝景初二年五月戊子，诏曰："昔汉高创业，光武中兴，谋除残暴，功昭四海。而坟陵崩颓，童儿牧竖践蹋其上，非大魏尊崇所承代之意也。其表高祖、光武陵四面各百步，不得使民耕牧樵采。"

【译文】汉高祖刘邦十二年十二月下诏："秦始皇帝嬴政、楚隐王陈涉、魏安釐王姬圉、齐愍王田地、赵悼襄王赵偃，都绝嗣没有后代，分别安排二十户人家看守秦始皇帝坟冢，楚、魏、齐各十户人家，赵及魏公子无忌（颜师古说：即信陵君）各五户人家，让他们看守坟冢，免除其他的徭役。"魏明帝曹叡景初二年五月初四，下诏说："昔日汉高祖开创基业，光武皇帝中兴汉室，谋划剪除残暴，功业昭显四海。然而坟墓倒塌毁坏，儿童、牧童在坟墓上踩踏，不是大魏尊崇承代的心意。下令汉高祖、光武帝的陵墓四面各一百步，不能够让百姓耕种、放牧、打柴。"

宋武帝永初元年闰月壬午朔，诏曰："晋世帝后及藩王诸陵，守卫宜便置格。其名贤先哲，见优前代，或立德著节，或宁乱庇民，坟墓未远，并宜洒扫。主者具条以闻。"南齐明帝建武二年十二月丁酉，诏曰："旧国都邑，望之怅然，况乃身经南面，负扆宸居[①]，或功济当时，德章一世，而茔垄欑秽，封树[②]不修，岂直嗟深牧竖，悲甚信陵而已哉。昔中京沦覆，鼎玉[③]东迁，晋元缔构之始，简文遗咏在民，而松门夷替，埏路榛芜，虽年代殊往，抚事兴怀。晋帝诸陵，悉加修理，并增守卫。"

【注释】①负扆（yǐ）：亦作"负依"。背靠屏风。指皇帝临朝听政。宸居：帝王居住之所。②封树：堆土为坟，植树为饰。古代士以上的葬礼。③鼎玉：鼎与玉玺。皆传国之宝。多借指帝业或政权。

【译文】南朝宋武帝永初元年闰八月初一，下诏说："晋朝皇帝皇后后以及藩王的陵墓，守卫应该立即设定条例。那些名贤先哲，在前代受到优待，有的树立德业、彰显节操，有的平定动乱、庇护百姓，坟墓未远，都应该为他们扫墓。主管的人都列条上报。"南齐明帝建武二年十二月初三，下诏："旧国的都市，看着令人失意不乐，何况如今身处尊位，居住在皇宫之中，有的人成就当时，德行彰显一世，然而坟墓荒芜，封树杂乱，实在足以引起悲凉和感叹。昔日中京沦亡，朝廷东迁，晋元帝开创帝业开始，简文帝中兴之世被百姓歌咏传诵，然而他们的陵墓一派荒芜，虽然年代久远，然而追思往事引起感触。晋朝皇帝的各个陵墓，都应该修理，并增加守卫人员。"

梁武帝天监六年，诏曰："命世兴王，嗣贤传业，声称不朽。人代徂迁，二宾以位，三恪[①]义在，时事寖远，宿草榛芜，望古兴怀，言念怆然。晋、宋、齐三代诸陵，有司勤加守护，勿令细民侵毁。作兵有少，补使充足。前无守视，并可量给。”《文选》载任昉为卞彬《谢修卞忠贞墓启》。魏高祖太和二十年五月丙戌，诏：“汉、魏、晋诸帝陵，各禁方百步，不得樵苏践藉。”孝明熙平元年七月，诏曰：“先贤列圣，道冠生民，仁风盛德，焕乎图史，暨历数永终，迹随物变，陵隧杳霭[2]，鞠为茂草，古帝诸陵，多见践藉。可明敕所在，诸有帝王坟陵，四面各五十步，勿听樵牧。”

【注释】①三恪：周朝新立，封前代三王朝的子孙，给以王侯名号，称三恪，以示敬重。周封三朝说法有二。一说封虞、夏、商之后于陈、杞、宋。②杳霭：亦作“杳蔼”。幽深渺茫貌。

【译文】梁武帝天监六年，下诏：“命世之才开创基业，贤良的后代流传功业，声名不磨灭。人世变迁，二姓宾客在位，三代子孙获封的义理仍然存在，当时的政事逐渐久远，坟墓荒凉，追思古代、兴起感怀，说起来心中悲怆。晋、宋、齐三代的所有陵墓，有关官员要尽力加以守护，不要让百姓侵害毁坏。担任维修任务的士兵人员不足，补充使之充足。之前没有看护守卫的，一并都酌量给予。”（《文选》记载任昉为卞彬《谢修卞忠贞墓启》。）北魏高祖拓跋宏太和二十年五月二十四日，下诏：“汉、魏、晋的众多皇帝陵墓，各自禁止方圆一百步，不允许打柴割草的人践踏。”北魏孝明帝元诩熙平元年七月，下诏说：“先世贤人、历代圣人，道德超出众人，德政品德高尚，光耀于图书和史籍，而且历数永终，事迹随着外物变化，墓道幽深渺茫，杂草塞道，古代帝王的陵墓，大多被践踏。可以明白地训示，凡是有帝王坟陵的地方，四面各五十步，不要任凭打柴放牧。”

隋炀帝大业二年十二月庚寅，诏曰："前代帝王，因时创业，君民建国，礼尊南面。而历运推移，年世永久，丘垄残毁，樵牧相趋，茔兆堙芜，封树莫辨，兴言沦灭，有怆于怀。自古以来，帝王陵墓，可给随近十户，蠲其杂役，以供守视。"唐太宗诏见下。唐玄宗天宝三载十二月，诏："自古圣帝明王陵墓，有颓毁者，宜令管内量事修葺，仍明立标记，禁其樵采。"古人于异代山陵，必为之修护若此。《陈书·淳于量传》：坐就江阴王萧季卿买梁陵中树，季卿坐免，量免侍中。

【译文】隋炀帝大业二年十二月初十，下诏："前代的帝王，依据时机开创帝业，管理百姓、建立国家，面向南边执政、备受尊崇。然而时代变迁，年代久远，坟墓残毁，成了樵夫、牧童，打柴、放牧的地方，坟墓埋没荒芜，封树不能辨别，说到这种情景，内心无比感怀。自古以来，帝王的陵墓，可以就近安排十户人家，免除他们的各种差使，让他们看守坟墓。"（唐太宗诏令见下文。）唐玄宗天宝三载十二月，下诏："自古以来圣明君主的陵墓，有坍塌毁坏的，应该下令管辖区域内的官员量事修葺，依旧明立标记，禁止百姓打柴。"古人对于前代的帝后的陵墓，必定为他们像这样修缮、守护。（《陈书·淳于量传》：淳于量因犯江阴王萧季卿买梁陵中树的罪，季卿因罪免职，按律免去侍中。）

宋熙宁中，兴利之臣建议："前代帝王陵寝，许民请射耕垦。而唐之诸陵，悉见芟削，昭陵乔木，翦伐无遗。”《宋史·邓润甫传》。小民何识，自上导之。靡存爱树之思，但逐樵苏之利。吁！非一朝之故矣。

【译文】宋神宗熙宁年间，求利的大臣建议："前代帝王的陵墓，允许百姓开垦耕种。然而唐代众多陵墓上的树木，全部被砍伐，昭陵（唐太宗陵墓）上高大的树木，都被砍伐。"（见《宋史·邓润甫传》。）普通百姓有什么见识，是由于在上位者的引导。没有留存爱树的想法，只是追逐打柴割草的利益。哎！这不是一时的缘故了。

金太宗[①]天会二年二月，诏："有盗发辽诸陵者，罪死。"七年二月甲戌，诏："禁医巫闾山辽代山陵樵采。"《金史·斡鲁古孛堇传》：乾州后为闾阳县，辽诸陵多在此，禁无所犯。独元之世祖纵杨琏真伽[②]，发宋会稽攒宫[③]不问，此自古所无之大变也。《元史》："杨琏真伽为江南释教总统，发掘故宋赵氏诸陵之在钱塘绍兴者，及其大臣冢墓，凡一百一所。"

【注释】①金太宗：完颜晟，女真名吴乞买，金太祖完颜阿骨打四弟，金朝第二位皇帝。②杨琏真伽：唐兀（西夏）人，僧侣。元朝江南释教都总统，后改江淮释教都总统，掌江南佛教事务。在宰相桑哥支持下，盗掘钱塘、绍兴宋陵，窃取陵中珍宝，弃尸骨于草莽之间。③攒宫：表示暂厝，准备收复中原后迁葬河南。

【译文】金太宗天会二年二月，下诏："有私下非法发掘辽代帝王陵墓的人，处以死罪。”天会七年二月二十五日，下诏：“禁止在医巫闾山上的辽代陵墓上打柴。”（《金史·斡鲁古孛堇传》：乾州后为闾阳县，辽代诸陵大多在此，禁止没有被侵犯。）唯独元世祖纵容杨琏真伽，私自挖掘宋代的会稽攒宫没有问罪，这是自古以来没有的大变故。（《元史》：“杨琏真伽为江南释教总统，挖掘故宋赵氏在钱塘绍兴的诸陵，以及大臣冢墓，共计一百一座。”）

《实录》：洪武九年八月己酉，“遣国子生周渭等三十一人，分视历代帝王陵寝。命百步内，禁人樵牧，设陵户二人守之。有经兵燹[1]而崩摧者，有司督近陵之民，以时封培。每三年一遣使致祭”。其后每登极诏书，并有此文，而有司之能留意者鲜矣。

【注释】①兵燹：因战乱而造成的焚烧破坏等灾害。

【译文】《太祖实录》记载：洪武九年八月二十七日，“派遣国子生周渭等三十一人，分别巡视历代帝王的陵墓。下令一百步以内，禁止百姓打柴放牧，设置守护帝王陵墓的人家两人守护。有经过战乱焚烧而倒塌毁坏的，有关部门应该督促陵墓附近的百姓，按照时节封土培修。每三年一次派遣使臣前往祭祀”。后来每当帝王即位下达的诏书，都有这个诏文，然而有关人员能留意的很少了。

魏高祖太和十九年九月丁亥，诏曰：“诸有旧墓，铭记见存，昭然为时人所知者，三公及位从公者，去墓三十步，尚书令、仆九列十五步，黄门五校十步，各不听垦殖。”陈文帝[1]天嘉六年八月丁丑，诏曰："梁室多故，祸乱相寻，兵甲纷纭，十年不解。不逞之徒，虐流生气；无赖之属，暴及徂魂。江左肇基，王者攸宅。金行水位之主，木运火德之君。时更四代，岁逾二百。若其经纶王业，搢绅民望，忠臣孝子，何世无之？而零落山丘，变移陵谷，咸皆翦伐，莫不侵残。玉杯得于民间，漆简传于世载。无复五株之树，罕见千年之表。自天祚光启，恭惟揖让，爰暨朕躬，聿修[2]祖武。虽复旂旗服色，犹行杞宋之封。每车驾巡游，眇瞻河洛之路。故桥山之祀，苹藻[3]弗亏；骊山之坟，松柏恒守。惟戚藩旧垄，士子故茔，掩殣[4]未周，樵牧犹众。或亲属流隶[5]，负土无期，子孙冥灭，手植何寄？汉高留连于无忌，宋祖惆怅于子房，丘墓生哀，性灵共恻者也。朕所以兴言永日，思慰幽泉。惟前代侯王，自古忠烈，坟冢被发，绝无后者，可简行修治，墓中树木，勿得樵采。庶幽显式畅，称朕意焉。"

【注释】①陈文帝：陈蒨，一作茜，又名昙蒨、荃蒨，字子华。吴兴长城（今浙江长兴县）人。陈武帝陈霸先之侄，始兴昭烈王陈道谭长子，陈宣帝陈顼长兄，南北朝时期陈朝第二位皇帝。②聿修：亦作"聿脩"。典出《诗·大雅·文王》："无念尔祖，聿脩厥德，永言配命，自求多福。"毛传："聿，述。"聿本助词，后多训为"述"，因以"聿脩"谓继承发扬先人的德业。③苹藻：苹与藻。皆水草名。古人常采作祭祀之用。泛指祭品。④殣（jìn）：掩埋。⑤流隶：旧谓流亡他乡的微贱之民。

【译文】北魏高祖拓跋宏太和十九年九月二十一日，下诏："众多现存的古墓，墓碑上的铭文还存在，能清楚地被当时的人看到，三公以及地位与三公相等，距离墓地三十步，尚书令、仆九卿距离墓地十五步，黄门五校距离墓地十步，各自不允许开垦耕种。”陈文帝天嘉六年八月二十七日，下诏：“梁朝多变故，祸乱接连不断，战事混乱，十年没有结束。为非作歹的人，肆虐横行；撒泼放刁的人，残暴祸及亡魂。江左始创基业，王者所居。金德水德的人主，木德火德的国君，变更了四代，超过了两百年。如果他们有治理国家的抱负和才能，有德行、才能而享有声望的人，忠臣孝子，哪个时代没有呢？然而山丘零落，陵墓改变，树木全部都被砍伐，没有不被侵害摧残的。墓中的玉杯流落到民间，漆简流传于世间。陵墓上不再有五株以上的树，难以见到千年的石表。自从国家承继上天赐福，称颂禅让，传承到我手中，继承发扬先人的德业。虽然改变了旗帜服色，但仍然要分封前朝的后代。每次车驾出巡，远眺河洛一带。原来桥山的陵祀，祭祀的水草没有减少；骊山的坟墓，松柏常在。唯独外戚藩臣的旧墓，士子的老坟，埋葬保存得不好，打柴放牧的人很多。有的是由于亲属流隶，不能及时来添土，子孙断绝，指望谁来种树呢？汉高祖在无忌墓前徘徊，宋祖在张良墓前感伤，望着坟墓产生哀情，是因为心里有相似的哀伤。朕这一整天说了许多这样的话的原因，是想着安慰九泉下的阴魂。凡是前代的侯王，自古以来的忠烈，坟墓被挖掘，绝嗣没有后代的，可以检视修治，墓地上的树木，不允许砍伐。这样使得阴魂安适，就合乎朕的心意了。”

唐太宗贞观四年九月壬午，诏曰：“钦若稽古，缅想往册，英声茂实，志深褒尚。始兹巡省，眺瞩中涂，汉氏诸陵，北阜斯托，寂寥千载，邈而无祀。历选列辟，遗迹可观，良宰名卿，清徽不灭。宜令所司，普加研访。爰自上古，洎于隋室，诸有明王圣帝，盛德宠功，定乱弭灾，安民济物；及贤臣烈士，立言显行，纬武经文，致君利俗，丘垄可识，茔兆见在者，各随所在，条录申奏。每加巡简，禁绝刍牧[1]，春秋二时，为之致祭。若有毁坏，即宜修补，务令周尽，以称朕意。"是则不独前代山陵，即士大夫之丘墓，并为封禁，亦兴王之一事，可为后法者矣。

【注释】①刍牧：割草放牧。

【译文】唐太宗贞观四年九月二十日，下诏："敬顺考察古事，遥想史书，美好的名声、盛美的德业，志向深远、嘉奖推崇。开始巡行视察，登高远望中涂，汉代的众多皇陵，北阜斯托，寂寥千年，遥远而没有人祭祀。遍数历代君主，遗迹可以看到，贤能的官员、有声望的公卿，清操没有消失。应该命令有关人员，普遍加以探访。从上古开始，到了隋代，众多圣明的君主，品德高尚、尊崇功业，平定动乱、消除灾祸，安定百姓、救助别人；以及贤臣烈士，著书立说、光耀运行，规划治理，辅佐国君、便利风俗，丘陵可以识别，坟墓还在的，各自根据它们的位置，记录陈述。每每加以巡视，禁止杜绝割草放牧，春秋两季，前去为他们祭祀。如果有毁坏，应该立即修补，务比让坟墓周尽，以合乎朕的心意。"那么不只是前代的山陵，就算是士大夫的坟墓，也一并封闭禁止，也是勤于王业中的一件事，可以作为后代效法的。

停丧

停丧[①]之事，自古所无。自建安离析，永嘉播窜，于是有不得已而停者。常炜言："魏晋之制，祖父未葬者，不听服官。"《晋书·慕容俊载记》。而御史中丞刘隗奏："诸军败，亡失父母，未知吉凶者，不得仕进宴乐，皆使心丧。有犯，君子废，小人戮。"《通典》。生者犹然，况于既殁？是以兖州刺史滕恬为丁零翟所杀，尸丧不反，恬子羡仕宦不废，论者嫌之。《南史·郑鲜之传》。鲜之议引杨臻七年不除丧、三十余年不关人事。齐高帝时，"乌程令顾昌玄坐父法秀宋泰始中北征，尸骸不反，而昌玄宴乐嬉游，与常人无异，有司请加以清议。"《南齐书·本纪》。振武将军丘冠先为休留茂所杀，丧尸绝域，不可复寻。世祖特敕，其子雄方敢入仕。《河南氐羌传》。当江左偏安之日，而犹申此禁，岂有死非战场，棺非异域，而停久不葬，自同平人，如今人之所为者哉？

【注释】①停丧：人死后殡而不葬。

【译文】停丧的事情，自古以来是没有的。由于建安天下分裂，永嘉南渡江左，因此有不得已而停放的。常炜说："魏晋时期的制度，祖父没有下葬的，不允许做官。"（见《晋书·慕容俊载记》。）然而御史中丞刘隗上奏："诸军战败，父母失散，不知道吉凶的，不允许做官、宴饮欢乐，都让他们深切悼念。有触犯的，官员罢免，百姓杀戮。"（见《通典》。）生者尚且是这样，何况对于已经去世的人？因此兖州刺史滕恬之被丁零人翟辽所杀，尸体没有运回，滕恬之的儿子贪求做官，不受妨碍，评论的人嫌恶他。（见《南史·郑鲜之传》。郑鲜之的议论中引杨臻的说法：七年不除丧，三十余年不涉人事。）齐高帝时期，“乌程令顾昌玄因为父亲顾法秀在刘宋泰始年间北征死亡，尸体没有运回来，然而顾昌玄宴乐嬉游，与常人没有不同，有关部门请求加以社会舆论。”（见《南齐书·高帝本纪》。）振武将军丘冠先被休留茂所杀，尸体遗失在极远之地，不能再寻获。世祖特别命令，他的儿子丘雄才敢做官。（见《河南氐羌传》。）正值江左苟安的时候，然而仍然能申明这个禁令，哪里有不是死在战场，不是安葬在异域，而长期停放不下葬，自然同平常人，如同当代人的作为呢？

《晋书·贺循传》：“为武康令，俗多厚葬，及有拘忌，回避岁月，停丧不葬者，循皆禁焉。”《旧唐书·颜真卿传》：“时有郑延祚者，《新书》朔方令。母卒二十九年，殡僧舍垣地。真卿劾奏之，兄弟终身不齿，天下耸动。”《册府元龟》：后周太祖广顺二年十一月丙午，敕曰：“古者立封树之制，定丧葬之期，著在经典，是为名教。洎乎世俗衰薄，风化陵迟，亲殁而多阙送终，身后而便为无主。或羁束于仕宦，或拘忌于阴阳，旅榇不归，遗骸何托？但以先王垂训，孝子因心，非以厚葬为贤，只以称家为礼。扫地而祭，尚可以告虔；负土成坟，所贵乎尽力。宜颁条令，用警因循。庶使九原绝抱恨之魂，千里无不归之骨。搢绅人士，当体兹怀。应内外文武臣僚幕职州县官选人等，今后有父母祖父母亡殁，未经迁葬者，其主家之长，不得辄求仕进，所由司亦不得申举解送。”而《宋史》王子韶以不葬父母贬官，刘昺兄弟以不葬父母夺职。并本传。后之王者，以礼治人，则周祖之诏、鲁公之劾，不可不著之甲令。但使未葬其亲之子若孙，搢绅不许入官，士人不许赴举，则天下无不葬之丧矣。

【译文】《晋书·贺循传》记者："贺循担任武康令，习俗大多厚葬，碰到有禁忌，回避岁月，停放灵柩不能下葬的，贺循都禁止了。"《旧唐书·颜真卿传》记载："当时有一个叫郑延祚的人（《新唐书》写作是朔方令），母亲去世二十九年了，灵柩还停放在寺院的矮墙下。颜真卿向皇帝检举他，郑氏兄弟终身不被收录，天下震惊。"《册府元龟》记载：后周太祖广顺二年十一月丙午日，皇帝敕令："古时候设立封树的制度，确定丧葬的期限，著录在经典上，这就是正名定分的礼教。等到世俗衰败浇薄，风化败坏，亲人去世而大多空缺送终，身后没有主祭之人。有的羁束于仕宦，有的拘忌于阴阳，暂寄亲人的灵柩不运回，遗骸怎么有依托呢？只是以先王的垂示教训，孝子的亲善仁爱之心，不是以厚葬为贤，只以视家财之多少为礼。扫地而祭，尚且可以告虔；负土成坟，可贵的是尽心尽力。应该颁布条令，警告因循之风。希望能让九原没有抱恨的精魂，千里没有不归乡的骨骸。官员人士，应当体悟这个心怀。应内外文武臣僚幕职州县官选人等，今后有父母祖父母去世，没有经过迁葬的，丧主之长，不能够求取仕途，有关官员部门也不能推荐选送。"而《宋史》王子韶因为没有安葬父母被贬官，刘昺兄弟因为没有安葬父母被免职。（都被记载各自本传中。）后代的君王，以礼治人，那么周太祖之诏、颜鲁公之劾，不能够不写在重要的法令上。只要让没有安葬亲人的子孙，搢绅不许出仕为官，士人不许赶赴科举，那么天下就没有不下葬的丧事了。

张稷若尔岐采皇甫谧之名，作《笃终论》。其下篇曰：

葬之习于侈也，于是有久而不克葬者，是徒知备物丰仪之为厚其亲，而不知久而不葬之大悖于礼也。先王之制丧礼，始死而袭，袭而敛，三日而殡，殡而治葬具。其葬也，贵贱有时，天子七月，诸侯五月，大夫三月，士逾月。先时而葬者，谓之得葬，后时而葬者，谓之怠丧。其自袭而敛，自敛而殡，自殡而葬，中间皆不治他事，各视其力，日夕拮据，至葬而已。以为所以计安亲体者，必至乎葬而始毕也。袭也，敛也，殡也，皆以期，成乎葬者也。殡则不可不葬，犹之袭则不可不敛，敛则不可不殡，相待而为始终者也，故不可以他事间也。

【译文】张尔岐（字稷若）假托皇甫谧之名，撰写了《笃终论》。其下篇说：

葬礼的习俗流于奢侈，因此有长久停放而不能下葬的情况，他们只是知道置办丰厚的祭品、隆重的礼仪才算是厚待亲人，却不知道长期停放而不下葬是严重违背礼制的。先王制定丧事的礼仪，刚刚死去的时候就穿上袭衣，然后收殓，三日后就出殡，出殡后才开始准备丧葬器具。对于丧葬，地位尊卑的人下葬时间是不一样的，天子是七个月，诸侯五个月，大夫三个月，士是一个月。在规定的时间之前下葬的，称为得葬，在规定的时间之后下葬的，称为怠丧。从穿上袭衣到收殓，然后到出殡，出殡后下葬，这期间都不能做其他的事情，各自根据自身的财力，平日经济艰难困顿，到尽心安葬就可以了。有人认为用来安葬亲人的遗体，必定要到下葬后才算结束。袭衣、收殓、出殡，目的都是为了安葬。出殡了就不能不下葬，犹如穿上袭以就不能不收殓，收敛了就不能不出殡，这些程序都是互为始终的，所以不能因为其他的事情耽搁。

今有人亲死逾日而不袭，逾旬而不敛，逾月而不殡，苟非狂易丧心之人，必有痛乎其中者矣。至于累年而不葬，则相与安之，何也？殡者必于客位，所以宾之也，父母而宾之，人子之所不忍也。而为之者，以将葬，故宾之也，所以渐即乎远也。殡而不葬，是使其亲退而不得反于寝，进而不得即于墓，不犹之客而未得归，归而未得至者与？非人事之至难安，而人子之大不忍者与？《晏子春秋》："生者不得安，命之曰蓄忧；死者不得葬，命之曰蓄哀。"《丧服小记》曰："久而不葬者，惟主丧者不除。其余以麻终月数者，除丧则已。"孔氏曰："久而不葬，谓有事碍，不得依月葬者，则三年冠服，身皆不得祥除。主丧者，谓子为父，妻为夫，臣为君，孙为祖，父殁持重。皆为丧主，不得除也。其余谓期以下至缌也。"刘世明曰："众子虽非丧主，亦不得除。"张凭谓："已嫁之女，犹不得除，天性难可尽夺，疑则从重。"《孔丛子》：司徒文子问于子思，曰："丧服既除，然后乃葬，则其服何服？"子思曰："三年之丧，未葬服不变，除何有焉？”司马温公《葬论》亦云。

【译文】如今有人在亲人死了过去一天却没有袭衣，超过十天而没有收殓，超过一个月却没有出殡，如果不是精神失常、丧失理智的人，就必定是有亲属过度悲伤。至于接连多年都没有下葬，而且安之若素，这是为什么呢？出殡的人必定是处于客位，所以用宾客的礼节对待他，父母被以宾客之礼对待，为人子的不忍心呐。能做的，就是安葬死者，所以用宾客之礼相待，这就是慢慢疏远了的原因。出殡了而不下葬，这是让亲人退不能回到卧寝，进不能安眠于墓地，这不正像游客不能回家，回家却又不能到家吗？不是人情事理难以安定，而人子非常不忍心吗？（《晏子春秋》：“在世的人不能安居，称之为蓄忧；离世的人不能安葬，称之为蓄哀。”）《丧服小记》记载：“长期不下葬的，只有丧主不除丧服。其余的人按照麻终月数，解除丧服就可以了。”孔颖达注：“长期不下葬，因为有事妨碍了，不能够按时日下葬的，就三年冠服，自身都不能大祥期满除服。丧主，指的是子为父，妻为夫，臣为君，孙为祖，（父殁持重。）都称为丧主，不能够除服。其余的人是期服以下到缌麻服。”（刘世明说：“众子即使不是丧主，也不得除服。”张凭说：“已出嫁的女子，依旧不得除服，亲情的天性难以完全被剥夺，有所犹豫就从重处理。”）《孔丛子》记载：司徒文子询问子思，说：“已经脱去丧服，然后才下葬，那么应该穿什么服饰呢？”子思说：“三年的丧期，没有下葬服饰不变，脱去有什么呢？”（温公司马光《葬论》也有这样的说法。）

乃知古之人有不幸有故，不得葬其亲者，虽逾三年，不除服。其心所痛，在于未葬，以为与未及三月者同实也。与未及三月者同实，斯不得计时而即吉矣。何也？丧之即吉，始于虞而成于禫。虞之为礼，起于既葬，送形而往，迎精而反，故为虞以安之。未葬，则无所为而虞，不虞则卒哭而祔，皆无所为而举，卒哭与祔不得举，又何为而可以练？何为而可以祥且禫？故虽逾三年，与未及三月者同实也。未及三月，而欲举祥禫之礼，行道之人弗忍矣。《丧服小记》："三年而后葬者，必再祭。"注云："谓练祥也，葬月虞，明月练，又明月祥。"刘世明曰："礼虞而柱楣翦屏，练而毁庐居垩室，祥而席，禫而牀。今此虞及练祥，虽为局促，犹追偿其事，若在异月，以其本异岁也。练祥之服，变除之宜，宜如其节也。"斯其所以可以除而弗除与？斯其所以宁敛形还葬，县棺而封，而必不敢为溢望奢求，以至于久而不葬也与？由是言之，则人子之未葬其亲者，未可以虞，未可以卒哭也。未可以虞，未可以卒哭，而可以服官乎？反末代之浇风，举百王之坠制，必有圣人起而行之者。

【译文】才知道古时候的人有不幸、有变故，不能够安葬亲人，即使超过了三年，也不脱去丧服。人子心情哀痛，在亲人没有下葬的时候，认为这与没到三个月实际相同。与没到三个月实际相同，这不用计时而就脱去丧服了。为什么呢？丧事过后就吉祥，开始于虞祭而成于禫祭。虞祭为礼，起始于既葬之后，送形骸前往，迎接精魂返回，所以举行虞祭来安魂。没有下葬，就没有地方举行虞祭，不举行虞祭就早晚一哭而祔祭，都没有地方举行，早晚一哭与祔祭不能够举行，又为什么可以举行练祭？为什么可以举行祥祭和禫祭？所以虽然超过三年，与没到三个月实际相同。没到三个月，却想举行祥禫的礼仪，路人都不忍心这样做。（《丧服小记》：“三年之后才安葬的，葬后必然进行两次祭祀。”注解说：“是说小祥与大祥两种祭礼，安葬当月用虞祭，第二月用小祥，第三月用大祥。”刘世明说：“礼制规定虞祭是翦屏柱楣，小祥是毁掉庐墓居在垩室，大祥是席子，禫祭床上。如今这虞祭和小祥与大祥，虽然为拘谨不自然，仍能追溯其事，如若在其他月份，以其本其他年份。小祥与大祥的丧服，变除之宜，应当按照其节。”）这是他可以除服却不除服的原因吗？这是他宁愿收殓形骸、运回故乡埋葬，悬棺而封树，必定不敢过分地希望、要求，以至于长期不下葬的原因吗？从这来说，那么人子没有埋葬亲人的，不可以举行虞祭，不可以早晚一哭。不可以举行虞祭，不可以早晚一哭，却可以做官吗？纠正末代浮薄的社会风气，兴举百王败坏的制度，必定等圣人兴起而施行了。

陈可大[①]曰：“以麻终月数者，期以下至缌之亲。以主人未葬，不得变葛，故服麻，以至月数足而除，不待主人丧后之除也。然其服犹必收藏，以俟送葬也。”夫未葬之丧，期已下至缌之亲，且不得变葛，而为之子者，乃循葬毕之制，而练而祥而禫，是则今之人其无父母也久矣。

【注释】①陈可大：字齐贤，仙游人。为官多方，无不以清廉恤民遍施德政闻名。

【译文】陈可大说："按照麻终月数，期服以下到缌麻服的亲属。因为主人没有下葬，不能够变穿葛服，所以穿麻服，以至于达到月数然后除服，这是不等待主人丧后的除服。然而丧服仍然必须收藏，以等待送葬也。"没有下葬的丧事，期服已下至于缌麻服的亲属，尚且不能够变穿葛服，而为人子的，却遵循下葬后的礼制，举行练祭、祥祭、禫祭，这说明如今的人没有父母伦常很久了。

魏刘仲武，娶毌丘氏，生子正舒、正则。及毌丘俭[①]败，仲武出其妻，司马师夷俭三族，故仲武出妻。更娶王氏，生陶。仲武为毌丘氏立别舍，而不告绝。及毌丘氏卒，正舒求祔葬，陶不许。正舒不释服，讼于上下，泣血露骨，衰裳缀络，数十年弗得，以至死亡。宋海虞令何子平[②]，母丧去官，哀毁逾礼。属大明孝武帝年号末，东土饥荒，继以师旅，八年不得营葬，昼夜号哭，常如袒括[③]之日，冬不衣絮，夏不就清凉，一日以米数合为粥，不进盐菜。所居屋败，不蔽风日，兄子伯兴欲为葺理，子平不肯，曰："我情事未申，天地一罪人耳，屋何宜覆？"蔡兴宗为会稽太守，甚加矜重，为营冢圹。朱子采入《小学善行篇》。梁，殷不佞[④]为武康令，会江陵陷，而母卒，道路隔绝，不得奔赴。四载之中，昼夜号泣。及陈高祖[⑤]受禅，起为戎昭将军，除娄令。至是四兄不齐，始迎丧柩归葬。不佞居处礼节，如始闻丧，若此者又三年。唐欧阳通[⑥]为中书舍人，丁母忧，以岁凶未葬，四年居庐，不释服。冬月，家人密以毡絮置所眠席下，通觉，大怒，遽令撤之。元孙瑾[⑦]父丧，停柩四载，衣不解带。此数事可为不得已而停丧者之法。

【注释】①毌丘俭：字仲恭，河东闻喜（今山西闻喜县）人。三国时期曹魏后期的重要将领。②何子平：庐江灊县（今安徽霍山）人，移居会稽。事母至孝。③袒括：古丧礼，死者已小敛，吊丧者袒衣括发而吊。典出《礼记·檀弓上》："主人既小敛，袒、括发。"④殷不佞：字季卿，陈郡长平（今河南西华）人，南朝齐豫章王行参军殷任（一汪）的孙子，南朝梁尚书中兵郎（一作尚书兵部郎）殷高明幼子，南朝陈晋陵太守殷不害弟，是南朝著名的大孝子。⑤陈高祖：陈霸先，字兴国，小字法生，吴兴（今浙江长兴）长城下若里人，汉太丘长陈寔之后，南北朝时期陈朝开国皇帝。庙号高祖。⑥欧阳通：唐代大臣、书法家。字通师，潭州临湘（今湖南长沙）人。是欧阳询之子。⑦孙瑾：元朝时代的孝子。侍奉父亲及继母，竭尽心力，表现至诚的孝行，颇为当时所称道。

【译文】曹魏的刘仲武，娶妻毌丘氏，生儿子刘正舒、刘正则。到毌丘俭兵败，刘仲武离弃妻子毌丘氏，（司马师灭了毌丘俭三族，故而刘仲武离弃妻子。）改娶王氏，生了刘陶。刘仲武为毌丘氏另外建立屋舍，而不宣告绝交。后来毌丘氏去世，刘正舒要求其母与父亲合葬，刘陶不答应。刘正舒不除去丧服，上下争讼，流下血泪、瘦骨嶙峋，丧服破烂，数十年没有获得同意，直到他死亡。南朝刘宋海虞令何子平，为母亲守丧辞官，居丧尽哀超过礼制。南朝宋孝武帝大明末年，东土发生饥荒，接着又是战事，八年不能够办理丧事，昼夜痛哭，常常如同袒衣括发的时候一样，冬天不穿棉袄，夏天不靠近清凉，每天只是用数合米煮粥，不进盐菜。所居住的屋舍破败，不能遮蔽风吹日晒，侄子何伯兴想替他修理，何子平不同意，说："我情意未能完成，是天地间的一个罪人，屋舍怎么能修屋顶而遮蔽自身呢？”蔡兴宗担任会稽太守，非常矜持庄重，营造墓穴。（朱熹将这件事采入《小学·善行篇》。）梁朝时，殷不佞担任武康令，碰上江陵沦陷，然而母亲去世，道路隔绝，不能够奔丧。四年之中，昼夜痛哭。到陈高祖承受帝位，起用殷不佞担任戎昭将军，担任娄县县令。到此时四兄殷不齐，才开始迎回灵柩，送到故乡埋葬。殷不佞日常生活遵守礼仪规矩，如同刚刚听说丧事的时候，像这样又守丧三年。唐代的欧阳通担任中书舍人，为母亲守丧，因为年份不吉利就没有下葬，四年守孝，没有脱下丧服。冬天，家人秘密地把毡絮铺在他所睡的席子下，欧阳通发觉后非常愤怒，立即让人撤掉了。元代的孙瑾父亲去世以后，灵柩停在家中四年，以致孙瑾不能脱衣安睡。这几件事可以作为不得已而停丧的人效法。

近年亦有一二知礼之士，未克葬而不变服者。而或且讥之曰：“夫饮酒食肉处内，与夫人间之交际往来，一一如平人，而独不变衣冠，则文存而实亡也。文存而实亡，近于为名。”然则必并其文而去之，而后为不近名邪？子贡欲去告朔之饩羊[①]，子曰：“赐也，尔爱其羊，我爱其礼。”呜呼，夫习之难移久矣。自非大贤，中人之情，鲜不动于外者。圣人为之弁冕[②]衣裳，佩玉以教恭，衰麻以教孝，介胄以教武，故君子耻服其服，而无其容。使其未葬而不释衰麻，则其悲哀之心、痛疾之意，必有触于目而常存者。此子游所谓以故兴物，而为孝子仁人之一助也，奚为其必去之也。今吴人丧除服，则取冠衰履杖焚之，服终而未葬，则藏之柩旁，待葬而服。

既葬，服以谢吊客，而后除且焚。此亦饩羊之犹存者矣。《诗》曰："庶见素韠③兮，我心蕴结兮，聊与子如一兮。"哀公问曰："绅委章甫④，有益于仁乎？"孔子作色而对曰："君胡然焉？衰麻苴杖⑤者，志不存乎乐，非耳弗闻，服使然也。"《家语》。后之议礼者，必有能择于斯者矣。

【注释】①告朔：周制，天子于每年季冬把第二年的历书颁发给诸侯，叫"告朔"。饩羊：古代用为祭品的羊。②弁（biàn）冕：弁、冕皆古代男子冠名，吉礼之服用冕，通常礼服用弁。因以'弁冕'指礼帽。③韠（bì）：蔽膝，古代一种遮蔽在身前的皮制服饰。④章甫：亦作"章父"。商代的一种冠。⑤苴杖：古代居父丧时孝子所用的竹杖。

【译文】近年来也有一些知道丧礼的士人，没有下葬的时候就不脱去丧服。然而有的人却讥笑他们说："你们在家中喝酒吃肉，在外与人交际往来，完全如同平常人，而只是不脱去丧服，这其实是名义尚存在而实际已经消亡了。名义尚存在，实际已经消亡，只是保存了名。"然而必定要连丧服也脱掉了，而后就是不近虚名吗？子贡想省去作为祭品的羊，孔子说："子贡啊，你爱惜羊，我爱惜礼。"感叹啊，习惯难以改变很久了。本身不是大贤之人，又具备常人的习性，少有不受外界改变的。圣人通过制作礼帽、衣裳，佩玉用来教化恭敬，通过服衰麻用来教育孝道，通过铠甲、头盔用来教育习武，所以君子对那些虽然穿着丧服而内心不伤悲的人感到羞耻。假使在亲人没有下葬的时候而不脱下衰麻，那么他的悲哀之心、痛疾之意，必定会感染他人而常存心中。这就是子游所谓的用丧服兴起人心中固有的恩情，是孝子仁人的一个助力，怎么说是必定要除去的呢？（如今吴人丧后除服，就将冠衰履杖烧掉，服丧结束却而未安葬的，就藏在灵柩旁边，等安葬后穿上。安葬之后，穿上来道谢吊唁的宾客，然后脱下并且烧掉。这也是饩羊仍然保留的证据。）《诗经》记载："希望看到你白衣白蔽膝，我的内心得不到发泄，姑且与你同悲融为一体。"鲁哀公询问说："束宽大的腰带、戴商代的帽子，对仁有帮助吗？"孔子神情严肃地回答说："君王您怎么这样问呢？穿丧服、拄孝杖，心志不在于音乐上，不是耳朵听不到，而是丧服让他这样的。"（见《孔子家语》。）后代议论礼制的人，必定有能够选择这个的了。

又考《实录》"永乐七年七月甲戌，仁孝皇后①丧，再期。皇太子以母丧未葬，禫后仍素服视事，至几筵②，仍衰服"。八年七月乙巳，仁孝皇后忌日，以未葬，礼同大祥。十一年二月葬长陵。夫天子之子，尚且行之，而谓不可通于士庶人乎？

【注释】①仁孝皇后：仁孝文皇后徐氏，明成祖朱棣皇后，濠州人，明开国功臣徐达嫡长女。②几筵：亦作"几梴"。犹几席。几和席，为古人凭依、坐卧的器具。

【译文】又考证《实录》记载"永乐七年七月初四，仁孝皇后去世，服丧两年。皇太子认为母亲去世没有下葬，禫祭后仍然穿丧服就职治事，等到凭依、坐卧的时候，仍然穿着丧服"。永乐八年七月乙巳日，是仁孝皇后的忌日，太子以皇后没有下葬为由，按照大祥的礼节祭祀。(永乐十一年二月葬在长陵。)皇帝的儿子,尚且这样做,能说不能在平民百姓中流行吗?

侈于殡埋之饰,而民遂至于不葬其亲;丰于资送之仪,而民遂至于不举其女,于是有反本尚质之思,而老氏之书,谓礼为忠信之薄,而乱之首,则亦过矣。岂知召南之女,迨其谓之。《周礼·媒氏》:凡嫁子娶妻,入币纯帛,无过五两。而夫子之告子路曰:"敛首足形,还葬而无椁,称其财,斯之谓礼。"何至如《盐铁论》之云"送死殚家,遣女满车",齐武帝诏书之云"斑白不婚,露棺累叶"者乎?马融有言:"嫁娶之礼俭,则婚者以时矣;丧祭之礼约,则终者掩藏矣。"林放[①]问礼之本,孔子曰:"礼,与其奢也,宁俭。"其正俗之先务乎?《宋史·孙觉传》:"知福州,闽俗厚于婚丧,其费无艺。觉裁为中法,使其资装无得过百千。令下,嫁娶以百数。葬埋之费亦率减什五。"《元史·干文传传》:"为婺源知州。婺源之俗,男女昏聘后,富则渝其约,有育其女至老死不嫁者。亲丧,贫则不举,有停其柩累数世不葬者。文传下车,即召其耆老,使以礼训告之。阅三月而婚丧俱毕。"

【注释】①林放:字子丘(一作子邱),春秋末鲁国人,约与孔子同时代。以知礼著称。曾向孔子问礼。

【译文】出殡和下葬过于奢侈,会导致百姓不能安葬过世的亲人;出嫁送行的财物过于丰厚,会导致百姓不再生养女儿,于是有人忧虑返归本性、追求本质的想法,然而老子的书,认为礼是导致忠信淡薄的原因，而且是动乱原因之首，这就有点过分了。哪里知道召南之女，才是真正懂得礼的含义。（《周礼·媒氏》：凡嫁女娶妻，纳币纯帛，不超过五两。）而孔子告诉子路说："衣服只能收殓尸体，下葬的时候没有棺椁，只要尽自己的财力，就可以说是合乎礼的要求了。"哪里需要像《盐铁论》所记载的"送终要竭尽全家的财力，嫁女儿财物要装满车"，齐武帝诏书所说的"头发花白也不举行婚礼，棺椁暴露数世也不下葬"的呢？马融曾经说过："嫁娶之礼俭朴，那么婚嫁可以适时进行；丧祭之礼俭约，那么逝者可以及时掩埋。"林放请教礼的根本，孔子说："礼，与其奢侈，不如俭朴节约。"这是匡正风俗该做的首要事务啊！（《宋史·孙觉传》："孙觉知福州，福建风俗重视婚丧的花费，费用没有限度。孙觉采取了折中的方法，让婚丧的资装不得超过一百千。命令刚下，嫁娶数以百计。出殡和下葬的费用也大致减掉十分之五。"《元史·干文传传》："干文传为婺源知州。婺源的风俗，男女订婚之后，富裕之后就违背婚约，有养育其女到老死不嫁的。双亲丧事，贫穷就则不举行，有停柩数代而没有安葬的。干文传到任后，立即召见当地的年老而有地位的士绅，使以礼训告之。三月过后婚丧都得到解决。"）

假葬

晋武帝太康中，前太子洗马郄诜[①]，寄止卫国文学讲堂十余年。母亡，不致丧归，便于堂北壁外下棺，谓之假葬[②]。《魏志·曹休传》："年十余岁，丧父。时天下乱，宗族各散去乡里，独与一客担丧假葬，携将老母渡江。”“假葬”字始见于此。三年即吉，诏用为征东参军。论者以为不合礼。《郑志》曰：“赵商问：‘主丧者不除。今人违离邦族，假葬异国，礼不大备，要亦有反土之意。三年阕矣，可得除否？’答曰：‘葬者，送亲之终。假葬法，后代巧伪，反可以难礼乎？’”

【注释】①郄诜：字广基，晋代济阴单父（今山东菏泽）人。②假葬：暂时浅埋以待改葬。

【译文】晋武帝太康年间，前太子洗马郄诜，寄居在卫国文学讲堂十多年。母亲去世，不为母亲守丧回来，就在讲堂北墙外放置棺椁，称为假葬。（《魏志·曹休传》：“曹休时年十余岁，其父去世。当时天下纷乱，宗族各自散去到乡里避难，唯独曹休与一客担丧假葬，携带老母渡江。”“假葬”的文字到这里才出现。）三年后居丧期满，下诏征用授任征东参军。论者认为不符合礼制。《郑志》记载：“赵商问：‘主丧者在未葬前不能脱去丧服。现在的人背离邦国宗族，假葬在异国，礼制没有完备，有反土之意。三年丧满，能够除服吗？’回答说：‘安葬，是为亲人办理丧事。假葬的方式，是后代投机取巧虚伪不真实的，反而可以非难礼制吗？’”

改殡

古人改殡之礼，必反于宫寝，不拘即远之制。齐庄公[①]以襄公二十五年，为崔杼[②]所弑，葬诸士孙之里。二十八年，崔庆既死，十二月乙亥朔，齐人迁庄公殡于大寝，以其棺尸崔杼于市。二十九年二月癸卯，齐人葬庄公于北郭。夫自郭外之葬，历三年之久。出而迁之路寝，为之改殡，不以宫廷为忌，不以兵死为嫌，古人送往慎终之礼如此。景公，庄公之弟。汉和帝以梁贵人酷殁[3]，敛葬礼阙，乃改殡于承光宫，追服丧制。盖附身、附棺之物，人子所宜自尽。若宋之高宗，于梓宫[4]入境，即承之以椁。上以欺其先人，下以欺其百官兆姓，诚千古之罪人矣。

【注释】①齐庄公：吕购，齐国第十二代国君，齐文公之孙，齐成公之子。同时是周宣王的岳父，周幽王的亲外公。还是晋穆侯的妻子齐姜的父亲，晋文侯和曲沃桓叔的外公。②崔杼：姜姓，崔氏，名杼，谥武，又称崔子、崔武子，春秋时期齐国大夫，齐丁公的后代，后为齐国执政。③酷殁：惨死。④梓宫：皇帝、皇后的棺材。

【译文】古人改葬的礼节，必定会回到宫殿，不论远近的限制。齐庄公在鲁襄公二十五年，被崔杼所弑杀，埋葬在士孙之里。鲁襄公二十八年，崔氏、庆氏都已经死了，十二月乙亥日初一，齐国人迁葬齐庄公，停放在正厅，把装着崔杼尸体的棺材放到集市上示众。二十九年二月癸卯日，齐人在城北郊区安葬齐庄公。从城郭外的埋葬，历经三年之久。取出迁往正厅，为他改葬，不因为宫廷而忌讳，不因为死于兵刃而避嫌，古人祭送死者、丧尽其哀的礼节像这样。（齐景公，是齐庄公之弟。）汉和帝认为梁贵人死得凄惨，入殓安葬的礼节阙失，于是改葬在承光宫，补行服丧、治丧的礼制。大概附身、附棺的物品，人子应该尽自己的财力。像宋高宗，在徽宗的梓宫入境时，就用棺椁装着。在上哄骗自己的先人，在下欺瞒百官众民，实在是千古的罪人啊。

《册府元龟》载：后唐庄宗同光二年八月，遣宗正少卿李琼[1]往曹州，简行哀帝陵寝。三年正月丙申，敕曰："朕顾惟寡德，获嗣丕图，奉先之道常勤，送往之诚靡怠。爰自重兴庙社，载展郊禋[2]，旋荡涤于瑕疵，复涵濡于庆泽。盖忧劳静国，旷坠承祧[3]，御朽若惊，涉川为惧。由是推移岁月，郁滞情怀。恭念昭宗晏驾[4]之辰，少帝登遐[5]之日，咸罹虺毒[6]，遽殒龙髯[7]。委冠剑于仇雠，托山陵于枭獍[8]，静惟规制，岂叶度程？存怆结以弥深，固寝兴而增惕。虔思改卜，式慰允怀。宜令所司，别选园陵，备礼迁葬，贵雪幽明之恨，以申追慕之心。凡百臣僚，体朕哀感。"虽有是命，以年饥财不足而止。

【注释】①李琼：字子玉，五代幽州（今北京）人。自幼好学，涉猎史传。②郊禋（yīn）：古帝王升烟祭祀天地的大礼。③承祧（tiāo）：承继奉祀祖先的宗庙。④晏驾：车驾晚出。古代称帝王死亡的讳辞。⑤登遐：典出《墨子·节葬下》："秦之西有仪渠之国者，其亲戚死，聚柴薪而焚之，熏上，谓之登遐。"谓死者升天而去。后因以"登遐"为对人死讳称。特指帝王之死。⑥虺毒：蛇虺之毒。比喻人祸。多指阴谋、毒计。⑦龙髯：龙之须。指帝王之须。典出《史记·封禅书》："黄帝采首山铜，铸鼎于荆山下。鼎既成，有龙垂胡髯下迎黄帝。黄帝上骑，群臣后宫从上者七十余人，龙乃上去。余小臣不得上，乃悉持龙髯，龙髯拔，堕，堕黄帝之弓。百姓仰望黄帝即上天，乃抱其弓与胡髯号，故后世因名其处曰鼎湖，其弓曰乌号。"后用为皇帝去世之典。

⑧枭獍(jìng)：亦作“枭镜”。旧说枭为恶鸟，生而食母；獍为恶兽，生而食父。比喻忘恩负义之徒或狠毒的人。

【译文】《册府元龟》记载：后唐庄宗同光二年八月，派遣宗正少卿李琼前往曹州，查验巡行唐哀帝的陵墓。同光三年正月初三，敕令：“朕回想起来自己缺少德行，获得继承大业，对于祭祀祖先的礼仪时时尽力，祭送死者的诚心不敢懈怠。从重兴宗庙和社稷，载展升烟祭祀天地，回归清除在指摘不足，恢复滋润在恩泽。大概忧劳可以安邦定国，丧失承继奉祀祖先的宗庙，如以朽索御马感到不安，如涉渡大川感到恐惧。由于推移岁月，郁积阻滞情怀。肃敬惦念昭宗皇帝晏驾的时辰，少帝登遐的日期，都遭受阴谋、毒计，突然掉落龙髯。委任官职给冤家对头，托付山陵给狠毒之人，静只是规格制式，难道符合标准？心存悲伤郁闷更加深切，固起居而增加戒惧。恭敬思索另行选择，慰藉思念。应该命令有关部门，另外选择园陵，礼仪周备迁葬，贵在洗雪幽明的仇恨，用来表明追慕之心。所有的百官臣僚，体悟朕悲伤的感情。”虽然有这样的诏令，但是因为灾年、财政不足而停止了。

火 葬

火葬之俗，盛行于江南，自宋时已有之。《宋史》：“绍兴二十六年，监登闻鼓院范同①言：‘今民俗有所谓火化者，生则奉养之具，惟恐不至，死则燔爇而捐弃之。国朝著令，贫无葬地者，许以官地安葬。河东地狭人众，虽至亲之丧，悉皆焚弃。韩琦镇并州，以官钱市田数顷，给民安葬，至今为美谈。然则承流宣化，使民不畔于礼法，正守臣之职也。事关风化，理宜禁止，仍饬守臣措置荒闲之地，使贫民得以收葬。'从之。"

【注释】①范同：字择善，南宋建康（今江苏南京）人。附和秦桧，力主和议。

【译文】火葬的风俗，盛行于江南，从宋朝时候就已经有了。《宋史》记载："宋高宗绍兴二十六年，监登闻鼓院范同进言：'如今民俗有所谓的火化，活着的时候赡养至极，只怕不到，死了就焚烧然后抛弃。国家下令，因为贫困没有埋葬土地的人，允许用官府的土地安葬。河东地区地少人多，即使是至亲的丧事，全部都是焚烧后抛弃。韩琦镇守并州，以公家的钱买了数顷土地，提供给百姓安葬，至今传为美谈。那么承继优良传统、教化百姓，使百姓不违背礼法，正是守臣的职责。事关风俗教化，按理应该禁止，命令守臣安排荒芜闲置的土地，使贫民得以收殓埋葬。'宋高宗采纳了。"

景定二年，黄震为吴县尉，《乞免再起化人亭状》曰：

照对本司久例，有行香寺曰通济，在城外西南一里。本寺久为焚人空亭，约十间，以罔利。合城愚民悉为所诱，亲死即举而付之烈焰。余骸不化，则又举而投之深渊。哀哉！斯人何辜，而遭此身后之大戮邪？震久切痛心，以人微位下，欲言未发。乃五月六日夜，风雷骤至，独尽撤其所谓焚人之亭而去之。意者秽气彰闻，冤魂共诉，皇天震怒，为绝此根。越明日，据寺僧发觉陈状，为之备申使府，盖亦幸此亭之坏耳。案吏何人，敢受寺僧之嘱，行下本司，勒令监造！震窃谓此亭为焚人之亲设也，人之焚其亲，不孝之大者也，此亭其可再也哉？

【译文】宋理宗景定二年，黄震担任吴县尉，写了《乞免再起化人亭状》，当中说：

对照本官署的旧例，有行香寺叫通济，在城外西南方一里。通济寺设立焚烧亲人的焚化亭，约有十座，用来渔利。全城愚昧无知的百姓都被引诱，亲人去世就投入烈焰。剩下的骨骸不能焚化，就又举起投到深渊。哀痛啊！逝者有什么罪过呢，死后要遭受这样大的刑戮呢？黄震我为此深感痛心，但由于人微言轻，想说什么却又没什么可说。在五月初六夜晚，风雷骤然降临，完全摧毁了这个化人亭。想来是化人亭秽气广为传播，冤魂共同哭诉，导致上天震怒吧，为了断绝这个根源。到了第二天，寺僧发现后述说情况，为此呈文官府，大概也是庆幸这个化人亭被摧毁吧。经办案件的官吏是什么人呢，竟然听从寺僧的话，给我下令，强制我监督重建化人亭！黄震我私下认为这化人亭应该是为那些主张火葬的人而建造的，焚烧亲人的尸骸，这是非常不孝的，这化人亭怎么能再建呢？

谨案古者小敛大敛①，以至殡葬，皆擗踊②，为迁其亲之尸而动之也，况可得而火之邪？举其尸而畀之火，惨虐之极，无复人道。虽蚩尤作五虐③之法，商纣为炮烙之刑，皆施之于生前，未至戮之于死后也。展禽谓夏父弗忌④必有殃，既葬，焚烟彻于上，或者天实灾之，然谓之殃，则凶可知也。楚子期[5]欲焚麇之师，子西[6]戒不可，虽敌人之尸，犹有所不忍也。卫侯掘褚师定子[7]之墓，焚之于平庄之上，殆自古以来所无之事。田单守即墨之孤邑，积五年，思出万死一生之计以激其民，故袭用其毒，误燕人掘齐墓，烧死人，齐人望之涕泣，怒十倍，而齐破燕矣。然则焚其先人之尸，为子孙者所痛愤，而不自爱其身，故田单思之五年，出此诡计以误敌也。尉佗[8]在粤，闻汉掘烧其先人冢。陆贾明其不然，与之要约，亦曰：反则掘烧王先人冢耳。举至不可闻之事以相恐，非忍为之也。尹齐[9]为淮扬都尉，所诛甚多。及死，仇家欲烧其尸，尸亡去归葬，说者谓其尸飞去。

【注释】①小敛：亦作“小殓”。旧时丧礼之一，给死者沐浴，穿衣、覆衾等。大敛：亦作“大殓”。丧礼之一。将已装裹的尸体放入棺材。②擗（pǐ）踊：擗，捶胸；踊，以脚顿地。形容极度悲哀。③蚩尤：上古时代九黎氏族部落联盟的首领，骁勇善战。五虐：大辟、割鼻、断耳、宫、黥等五种酷刑。滥用五刑以残民故谓“五虐”。④展禽：名获，字季，又字禽，柳下人，后人尊称柳下惠。春秋时为鲁国士师，掌管法典刑狱。夏父弗忌：一作夏父不忌。春秋时鲁国人。⑤子期：春秋后期楚国人，名结，字子期。楚昭王之兄。⑥子西：一称斗宜申、宜申。春秋时楚国人。⑦褚师定子：卫国人。春秋时期著名卫国大夫。⑧尉佗：真定（今河北石家庄）人。奉秦始皇命令征岭南，略定南越后，任为南海郡龙川令。⑨尹齐：西汉东郡茌平（今山东茌平）人。以刀笔吏升为御史。为政廉洁，做事果断。

【译文】谨慎地查考古时候的小敛、大敛，以至于殡殓埋葬，都是捶胸顿足，因为移动亲人的尸骸而痛哭，更何况是焚烧亲人的尸骸呢？把亲人的尸骸投入火中，残酷暴虐到了极点啊，没有一点人道。即使蚩尤设置了五种暴刑，商纣设置炮烙的酷刑，都只是对活人用刑，没有刑戮到死后的。展禽认为夏父弗忌必定会有灾殃，下葬之后，火葬的浓烟直通天上，也许是上天确实降灾给他，然而称为灾殃，那么凶险可以知道了。楚国的子期想要焚烧麇地军队的尸骸，子西告诫说不可以，即使是敌人的尸体，尚且不忍心这样做。卫侯掘开褚师定子的坟墓，在平庄上焚烧尸骸，大概是从古以来所没有的事情。田单坚守即墨孤城，总共五年，想出万死一生的计策激怒即墨城的百姓，所以沿用毒计，故意说燕人掘了齐国的坟墓，焚烧死人的尸骸，齐国人知道后哭泣流泪，愤怒十倍，进而齐国攻破燕国了。那么焚烧先人的尸骸，被子孙极端的愤恨，而不各惜性命，所以田单想了五年，想出这个诡计以损害敌人。尉佗在岭南，听说大汉发掘了他先人的坟墓、焚烧他先人的尸骸。陆贾明确告诉他不会这样，并与他订立盟约，还说：如果谋反，会挖掘烧毁您祖先的坟墓。拿这个不能听的事情来恐吓，不是忍心这样做。尹齐担任淮扬都尉，诛杀的人非常多。到他死后，仇家想要焚烧他的尸骸，尸骸消失在运回故乡安葬的时候，有的人说他的尸骸飞走了。

夫欲烧其尸，仇之深也；欲烧之而尸亡，是死而有灵，犹知烧之可畏也。汉广川王去，淫虐无道，其姬昭信共杀幸姬王昭平、王地余及从婢三人。后昭信病，梦昭平等，乃掘其尸，皆烧为灰，去与昭信旋亦诛死。王莽作焚如之刑，烧陈良等，亦遂诛灭。魏文帝终制略曰：丧乱已来，汉氏诸陵，无不发掘，至乃烧取玉柙金缕骸骨并尽，是焚如之刑也，岂不重痛哉。东海王越乱，晋石勒剖其棺，焚其尸，曰："乱天下者，此人也，吾为天下报之！"夫越之恶，固宜至此，亦石勒之酷而忍为此也。王敦叛逆，有司出其尸于瘗，焚其衣冠斩之，所焚犹衣冠耳。惟苏峻[1]以反诛，焚其骨。杨玄感[2]反，隋亦掘其父素冢，焚其骸骨。惨虐之门既开，因以施之极恶之人。《周礼》秋官掌戮，凡杀其亲者焚之。然非治世法也。隋为仁寿宫，役夫死道上，杨素焚之，上闻之不悦。

【注释】①苏峻：字子高，长广郡掖县（今山东莱州）人。东晋将领、叛臣，安乐相苏模之子。②杨玄感：弘农华阴（今陕西华阴）人，隋朝大臣、将领，司徒杨素长子。

【译文】想要焚烧他的尸骸，是仇恨深重；想焚烧但是尸骸不见了，这是死而有灵验，还知道焚烧的可怕。汉代的广川王刘去，淫暴酷虐，他的王后阳成昭信杀害了刘去宠爱的姬妾王昭平、王地余以及侍婢三个人。后来昭信得病，梦到王昭平等人，昭信于是掘开他们的尸骨，都焚烧成骨灰，刘去与昭信不久也被诛杀。王莽设立焚如的刑罚，焚烧陈良等人，不久也被诛灭。（魏文帝临终遗诏大致说：天下分裂以来，汉代诸陵，无不被挖掘，以致于焚烧并取出玉柙金缕，骸骨并一并被烧掉，这是焚如之刑，难道不悲痛吗？）东海王司马越叛乱，西晋的石勒剖开他的棺木，焚烧他的尸体，说："扰乱天下的就是这个人，我为天下人报这个仇！"司马越的罪恶，固然应该受到这种惩罚，也只有石勒的酷虐才忍心这样做。王敦叛逆，有关部门把他的尸体从坟墓里挖出来，焚烧并斩断了他的衣冠，焚烧的也只是衣冠而已。只有苏峻因为反叛被诛杀，焚烧他的尸骨。杨玄感反叛，隋朝也掘开他父亲杨素的坟冢，焚烧了他的骸骨。残酷暴虐已经开始盛行，于是施行在那些极恶之人身上。（《周礼》秋官主管杀戮，凡是杀其亲人的被焚烧。）然而不是治世的方法。隋朝建造仁寿宫，服役的人死在路上，杨素焚烧他们的尸体，皇帝听说这件事之后感到不高兴。

夫淫刑如隋文，且不忍焚人，则痛莫甚于焚人者矣。蒋元晖①渎乱宫闱，朱全忠杀而焚之，一死不足以尽其罪也。然杀之者常刑，焚之者非法。非法之虐，且不可施之诛死之罪人，况可施之父母骨肉乎！世之施此于父母骨肉者，又往往拾其遗烬而弃之水，则宋诛太子劭、逆党王鹦鹉、严道育，既焚而扬灰于河之故智也，惨益甚矣！而或者乃以焚人为佛法。然闻佛之说，戒火自焚也。今之焚者戒火邪？人火邪？自焚邪？其子孙邪？佛者外国之法，今吾所处中国邪？外国邪？有识者为之痛惋久矣。今通济寺僧，焚人之亲以罔利，伤风败俗，莫此为甚。天幸废之，何可兴之？欲望台慈矜生民之无知，念死者之何罪，备榜通济寺，风雷已坏之焚人亭，不许再行起置。其于哀死慎终，实非小补。

【注释】①蒋元晖：亦作蒋玄晖，唐朝末年奸臣，宣武节度使朱温的心腹。

【译文】像隋文帝这样滥用刑罚的人，尚且不忍心焚烧他人的尸体，那么没有比焚烧人的尸骸更让人惨痛的了。蒋元晖混乱后宫，朱全忠诛杀并焚烧了他的尸体，死不足以抵消他的罪过。然而杀死他是正常的刑罚，焚烧他的尸骸不合规范。不合规范的暴虐，尚且不能够施行在诛死的罪人身上，更何况是施行在父母骨肉身上呢！世人对父母骨肉实行火葬后，又往往把焚烧后剩下的骨灰抛弃到水中，那么刘宋诛杀太子刘劭、逆党王鹦鹉、严道育，已经焚尸并且撒掉骨灰的老办法，这就更加狠毒了！然而有的人说焚烧尸骸是为了佛法。但佛所说的，是戒火自焚。如今焚烧的是戒火吗？是被人焚烧呢？还是自焚呢？还是他的子孙要求这样做呢？佛是外国的佛法，如今我们所处的是中国呢？还是外国呢？有见识的人为这长久怅恨而惋惜。如今通济寺的僧人，通过焚烧他人亲人的尸骸来谋取利益，伤风败俗，没有比这更严重的了。幸好上天毁坏了，怎么可以再兴建呢？希望您慈悲，怜悯百姓的无知，悼念死者的无辜，张榜通济寺，风雷已经毁坏的焚人亭，不允许再行建造。这对于哀悼死者、丧尽其哀，实在不是小小的补益。

然自宋以来，此风日盛，国家虽有漏泽园[1]之设，而地窄人多，不能遍葬，相率焚烧，名曰火葬，习以成俗。谓宜每里给空地若干为义冢，以待贫民之葬，除其租税，而更为之严禁，焚其亲者以不孝罪之。庶乎礼教可兴，民俗可厚也。呜呼！古人于服器之微，犹不敢投之于火，故于重也埋之，于杖也断而弃之，况敢焚及于尸柩乎？荼毗[2]之教，始于沙门，塞外之风，被于华夏，辛有[3]之适伊川，其亦预见之矣。为国以礼，后王其念之哉！《列子》言：秦之西有仪渠之国者，其亲戚死，聚柴积而焚之，熏则烟上，谓之登遐，然后成为孝子。《荀子》言：氐羌之民，其虏也不忧其系累，而忧其死不焚也。盖西羌之俗有之。

【注释】①漏泽园：古时官设的丛葬地。凡无主尸骨及家贫无葬地者，由官家丛葬，称其地为“漏泽园”。制始于宋。②荼毗：佛教语。梵语的音译。意为焚烧。指僧人死后将尸体火化。③辛有：春秋时周人。平王时大夫。于平王东迁时经伊川，见有被发而祭于野者，以为不合于礼，不及百年将沦为戎狄之居。后秦、晋迁陆浑之戎居伊川。

【译文】然而从宋代以来，火葬的风气一天天盛行，国家虽然有漏泽园的设置，然而地窄人多，不能让死者都能到安葬，于是人们相继采取焚烧的方式，称为火葬，沿袭成为习俗。我认为应该在每里都划出若干空地作为义冢，用来作为贫民的安葬地，免除其中的租税，并下令严禁征收，焚烧亲人尸骸的按照不孝罪论处。这样也许礼仪教化可以兴盛，风俗习惯可以淳厚了。感叹啊！古人对于微小的服饰、器具，尚且不敢投入火中，所以对于神主是埋葬，对丧杖是折断抛弃，哪里敢焚烧涉及棺材呢？火化的训诲，是从佛门开始的，塞外的风尚，施行在华夏，辛有到了伊川，他就已经预见到了。用礼制治理国家，后代的君王应该想到这些！（《列子》说：秦国西面有叫仪渠的国家，国人亲戚逝世后，聚集木柴堆积起来而焚其尸体，火烟向上冒，称之为登遐，然后才可以成为孝子。《荀子》说：氐羌之民，他们不担心被拘禁，而是担心死后不被焚烧。原来西羌已经有火葬的风俗。）

宋以礼教立国，而不能革火葬之俗，于其亡也，乃有杨琏真伽之事。漏泽园之设起于蔡京，不可以其人而废其法。

【译文】宋朝以礼教建国，然而不能革除火葬的习俗，等宋朝灭亡的时候，于是有杨琏真伽的变故（指挖掘宋代帝后大臣坟墓并盗取殉葬财宝等事）。漏泽园最早由蔡京设置，不能够因为他这个人不好而废除他的善法。

期功丧去官

古人于期功[①]之丧，皆弃官持服。《通典》：“安帝初，长吏多避事弃官。乃令自非父母服，不得去职。”考之于书，如韦义[②]以兄顺丧去官，杨仁[③]以兄丧去官，谯玄[④]以弟服去官，戴封[⑤]以伯父丧去官，马融遭兄子丧自劾归，陈寔[⑥]以期丧去官，贾逵以祖父丧去官。又《风俗通》云：“范滂父，字叔矩，博士征，以兄忧不行。”《刘衡碑》云：“为勃海王郎中令，以兄琅邪相忧，即日轻举。”《圉令赵君碑》云：“司徒杨公辟，以兄忧不至。”则兄丧亦谓之忧也。《曹全碑》云：“迁右扶风槐里令，遭同产[⑦]弟忧，弃官。”则弟丧亦谓之忧也。《度尚碑》云：“除上虞长，以从父忧，去官。”《杨著碑》云：“迁高阳令，遭从兄沛相忧，笃义忘宠，飘然轻举。”则从父、从兄丧亦谓之忧也。《陈重传》云：“举尤异，当迁为会稽太守，遭姊忧，去官。”则姊丧亦谓之忧也。古人凡丧皆谓之忧，其父母丧则谓之“丁大忧”。见《北史·李彪传》。《王纯碑》云：“拜郎，失妹宁归，遂释印绂[8]。”晋陶渊明作《归去来辞》，自序曰：“寻程氏妹丧于武林，情在骏奔[9]，自免去职。”则已嫁之妹，犹去官以奔其丧也。晋《嵇绍传》：“拜徐州刺史，以长子丧去职。”则子之丧亦可以去官也。后汉末，时人多不行妻服。荀爽[10]引据大义正之，“经典虽不悉变，亦颇有改者”。晋泰始中，杨旌有伯母服未除，而应孝廉举，博士韩光议以宜贬。又言：天水太守王孔硕举杨少仲为孝廉，有期之丧而行，甚致清议。而潘岳《悼亡诗》曰：“亹亹期月周，戚戚弥相愍。”又曰：“投心遵朝命，挥涕强就车。”是则期丧既周，然后就官之证。今代之人，躁于得官，轻于持服，令晋人见之，犹当耻与为伍，况三代圣贤之列乎！

【注释】①期功：古代丧服的名称。期，服丧一年。功，按关系亲疏分大功和小功，大功服丧九月，小功服丧五月。亦用以指五服之内的宗亲。②韦义：字季节，韦彪族子。③杨仁：字文义，东汉巴郡阆中人。④谯玄：字君黄，又叫谯元，谯隆之子。西汉人。⑤戴封：东汉大臣。字平仲，济北刚（今属山东）人。⑥陈寔：字仲躬（一作仲弓），颍川许县（今河南许昌）人。东汉时期官员、名士。以清高有德行，闻名于世，与钟皓、荀淑、韩韶合称为“颍川四长”。⑦同产：同母所生。亦指同母所生者。⑧印绂：亦作“印韨”。印绶。⑨骏奔：急速奔走。⑩荀爽：一名谞，字慈明。颍川颍阴（今河南许昌）人。东汉末年大臣、经学家，名士荀淑第六子。其兄弟八人俱有才名，有“荀氏八龙”之称。荀爽排名第六，更有“荀氏八龙，慈明无双”之评。

【译文】古人对于五服之内宗亲的丧事，都是辞官服丧。《通典》记载：“汉安帝初期，官员大多逃避职事而辞官。于是下令如果不是为父母服丧，不能够辞职。”考证史书，例如韦义因为兄长韦顺的丧事辞官，杨仁因为兄长的丧事辞官，谯玄因为为弟弟守丧辞官，戴封因为伯父的丧事辞官，马融因为侄子的丧事而检举自己的过失辞官回家，陈寔以五服之内宗亲的丧事辞官，贾逵因为祖父的丧事辞官。又有《风俗通》记载："范滂父，字叔矩，征辟为博士，因为兄长的丧事没有应征。"《刘衡碑》记载："刘衡担任勃海王郎中令，因为兄长琅邪的丧事，当天就辞官归隐了。"《围令赵君碑》记载："司徒杨公辟，因为兄长的丧事没有到任。"那么兄长的丧事也称为居丧了。《曹全碑》记载："迁任右扶风槐里令，遭逢胞弟的丧事，自动解职去官。"那么弟弟的丧事也称为居丧了。《度尚碑》记载："除授上虞长，因为从父的丧事，解除官职。"《杨著碑》记载："迁任高阳令，遭逢从兄杨沛的丧事，重情义忘恩宠，淡泊归隐。"那么从父、从兄的丧事也称为居丧了。《陈重传》记载："举用贤能非常优异，应当迁任为会稽太守，遭逢姐姐的丧事，解除官职。"那么姐姐的丧失也称为居丧了。（古人凡是遇到丧事都称之为忧，父母丧则称之为"丁大忧"。见《北史·李彪传》。）《王纯碑》记载："授予郎官，失妹宁归，于是辞去官职。"晋代陶渊明作《归去来辞》，自序写道："不久程氏妹在武林去世，情在急速奔走，自请免职。"是已经出嫁的妹妹，仍然辞官料理丧事。晋《嵇绍传》记载："拜任徐州刺史，因为长子的丧事辞去官职。"那么儿子的丧事也可以辞官了。东汉末期，当时的人大多不为亡妻服丧。荀爽引证大义改正了，"经典即使不全部变更，也相当有需要更改的"。晋武帝泰始年间，杨旌因为没有为伯母守丧结束，却接受孝廉的举荐，博士韩光奏议应该贬斥。又说：天水太守王孔硕举荐杨少仲为孝廉，有一年的丧服没守完就起行，很是遭到清议。而潘岳《悼亡诗》写道："亹亹期月周，戚戚弥相愍。"又写道："投心遵朝命，挥涕强就车。"这就是期丧已经圆满，然后任职的明证。当代的人，急于得官，轻于守丧，假设让晋代的人见到，尚且应当耻于与他们为伍，何况三代圣贤的行列呢！

《晋书·傅咸传》："惠帝[①]时，司隶荀恺[②]从兄丧，自表赴哀。诏听之而未下，恺乃造太傅杨骏[③]。咸奏曰：'死丧之威，兄弟孔怀，同堂[④]亡陨，方在信宿[⑤]。圣恩矜悯，听使临丧，诏旨未下，辄行造谒，急谄媚之敬，无友于之情，宜加显贬，以隆风教。'"《张辅传》："梁州刺史杨欣有姊丧，未经旬，车骑长史韩预强聘其女为妻。辅为中正，贬预以清风俗。"《刘隗传》："世子文学王籍之居叔母丧而婚，东阁祭酒颜含在叔父丧嫁女，隗并奏之。庐江太守梁龛，明日当除妇服，今日请客奏伎，丞相长史周顗等三十余人同会。隗奏曰：'夫嫡妻长子，皆杖居庐，故周景王有三年之丧。既除而宴，《春秋》犹讥，况龛匹夫，暮宴朝祥，慢服之愆，宜肃丧纪之礼，请免龛官，削侯爵。顗等知龛有丧，吉会非礼，宜各夺俸一月。'从之。"《谢安传》："期丧不废乐，王坦之[⑥]以书喻之，不从。衣冠效之，遂以成俗，世颇以此讥焉。"当日期功之丧，朝廷犹以为重，是以上挂弹文，下干乡议。《史记·魏其武安传》："丞相语灌夫曰：'吾欲与仲孺过魏其侯，会仲孺有服索。'"索隐曰："服谓期功之服。"是则汉时有服不预宴会之证。《旧唐书·王方庆传》："奏言：'令：杖期大功丧，未葬不预朝贺，未终丧不预宴会。比来朝官不遵礼法，身有哀容，陪预朝会，手舞足蹈，公违宪章。名教既亏，实玷皇化，伏望申明令式禁断。’”唐时格令，未坠前经。今则有说齐衰而入大夫之门，停殡宫而召亲朋之会者，至乃鬉踊方闻，矜鞶[7]已饰，败礼伤教，日异岁深，宜乎板荡之哀，甚于永嘉之世。呜呼！有人心者，则宜于此焉变矣。

【注释】①惠帝：晋惠帝司马衷，字正度，河内温县（今河南温县）人。西晋王朝第二位皇帝，晋武帝司马炎次子，晋怀帝司马炽异母兄。谥号孝惠皇帝。②荀恺：字茂伯，小字虎子，颍阴（今河南许昌）人。魏末晋初官员、外戚，太尉荀彧曾孙，骠骑将军荀霬与南阳公主长子，晋宣帝司马懿外孙，护军将军荀悝之兄。③杨骏：字文长，弘农华阴人，西晋时期权臣、外戚，东汉太尉杨震之后。④同堂：谓同一祖父。⑤信宿：谓两三日。⑥王坦之：字文度，太原晋阳（今山西太原）人，东晋名臣，尚书令王述之子。⑦鞶（pán）：古代男女系于衣带上用于佩饰的小囊。亦指荷包。

【译文】《晋书·傅咸传》记载：“晋惠帝时期，司隶荀恺的从兄去世，自己上表呈请奔丧。皇帝诏令允许了但是没有下达，荀恺就去拜访太傅杨骏。傅咸上奏数：‘面临死亡的畏惧，兄弟之间都是互相思念，同堂兄弟去世，才过了两三天。圣上恩宠怜悯他，允许他亲临丧礼，圣旨没有下达，就去拜访进见要员，急着表现谄媚的恭敬，没有友爱兄弟的真情，应该加重贬降，用以隆盛风俗教化。’”《张辅传》记载：“梁州刺史杨欣遇到姐姐的丧事，没有经过一旬，车骑长史韩预硬要娶他的女儿为妻。张辅担任中正，贬降韩预以清正风俗。”《刘隗传》记载：“世子文学王籍之在为叔母守丧期间成婚，东阁祭酒颜含在叔父丧事期间嫁女，刘隗一并奏报了。庐江太守梁龛，第二天可以除去妻子的丧服，却在前一天请客、表演技艺，丞相长史周顗等三十多人一同参会。刘隗上奏说：‘嫡妻长子，都执丧棒、守丧，因此周景王有三年的丧期。除去丧服后宴会，《春秋》尚且讥讽，何况梁龛匹夫，晚上宴会而第二天早上祥祭，轻慢丧服的罪过，应该整肃丧事的礼节，请求免除梁龛的官职，削去侯爵。周顗等人知道梁龛在守丧，吉会不符合礼制，应该各自削夺俸禄一个月。’皇帝依从了。”《谢安传》记载：“服期丧没有废除声乐，王坦之写书信劝告他，谢安没有听从。士大夫效仿他，于是形成风俗，世人常用这讽刺他。”当时五服之内宗亲的丧事，朝廷仍然认为重要，所以在上登记弹文，在下关连乡议。（《史记·魏其武安传》：“丞相向灌夫字仲孺说：‘吾想和你一起拜访魏其侯，恰巧你有服在身不便前往。’”索隐曰：“服是说期功之服。”这表明汉时有服丧事不参加宴会的证明。）《旧唐书·王方庆传》记载：“启奏说：‘诏令：期服用杖、服大功丧，没有下葬，不参加朝贺，没有结束丧期，不参加宴会。近来朝官不遵礼法，身有哀容，随同参加朝会，手舞足蹈，公然违背礼法。正名定分的礼教已经缺损，实在是玷污陛下的德政、教化，希望陛下申明法令，加以禁止。’”唐代的法令，没有毁坏前代的经典。如今则有说齐衰而进入大夫的家门，停殡宫而召亲朋集会，甚至刚刚髽衰、以脚顿地，仪仗、荷包就已经装饰上了，败礼伤教，时日长久，应该出现政局混乱的悲哀，比晋怀帝永嘉之乱更加严重。感叹啊！如果有人心的人，就会在听说后痛哭流涕。

裴庭裕[①]《东观奏记》：“大中朝，有前乡贡进士杨仁赡，女弟出嫁前进士于环。纳函之日有期丧，仁赡不易其日。宪司[2]纠论，贬康州参军，驰驿发遣。”《册府元龟》：“后唐明宗天成二年九月敕：‘原州司马聂屿，擢从班列，委佐亲贤。不守条章，强买店宅。细询行止，颇骇听闻。丧妻未及于半年，别成姻媾；弃母动逾于千里，不奉晨昏。令本处赐死。’”唐季五代之时，其法犹重。

【注释】①裴庭裕：唐末史学家。字膺余，闻喜（属山西）人。文思敏捷，号“下水船”。②宪司：魏晋以来御史的别称。

【译文】裴庭裕《东观奏记》记载：“唐宣宗大中年间，有前乡贡进士杨仁赡，妹妹嫁给前进士于环。纳函的日子要服期丧，杨仁赡没有改变日期。御史纠弹议处，贬降为康州参军，驾乘驿马疾行遣送。”《册府元龟》记载：“后唐明宗天成二年九月敕令：‘原州司马聂屿，擢从班列，委佐亲贤。不守条章，强买店铺的宅地。细询他的品行，让人听了非常震惊。妻子去世不到半年，另外结为姻亲；抛弃母亲到千里之外，没有晨昏定省。皇帝下令赐死。’”唐末五代时期，礼法仍然慎重如此。

《册府元龟》：“唐薛膺为左补阙。弟齐临陈，为飞矢所中卒。膺闻难不及请告，驰马以赴。与弟褒、庠，处丧如礼。膺去左补阙，庠去河南县尉，直弘文馆。与褒皆屏居外野，布巾[1]终丧。蹈名教者推之。”

【注释】①布巾：古代服丧期间所戴的布头巾。

【译文】《册府元龟》记载："唐代薛膺担任左补阙。弟弟薛齐到达陈地，被飞箭射中死亡。薛膺听说丧事之后来不及请求告假，驱马疾行奔丧。与弟弟薛褒、薛庠，对待丧事按照礼法。薛膺辞去左补阙，薛庠辞去河南县尉，直弘文馆。与薛褒都屏客独居野外，戴服丧的布头巾直到守丧结束。践行正名定分礼教的人推崇他。"

《宋史》："王岩叟[①]为泾州推官，闻弟丧，弃官归养。""吕祖俭[②]监明州仓，将上，会兄祖谦卒。部法半年不上者为违年[③]，祖俭必欲终期丧，朝廷从之。诏违年者以一年为限，自祖俭始。"然史之所书亦寥寥矣。

【注释】①王岩叟：字彦霖，大名清平人（今山东临清）。宋朝状元、书法家、论著家，朝廷重臣。一生才华横溢、刚直不阿，政绩卓著，建树颇丰。其为人做事高风亮节，受到司马光、苏辙、吕公著等大臣的高度评价。②吕祖俭：字子约，吕祖谦弟。③违年：过期不赴任。

【译文】《宋史》记载："王岩叟担任泾州推官，听说弟弟去世，解职去官回家休养。""吕祖俭监明州仓，将要上任，碰巧兄长吕祖谦去世。部门制度半年没有上任算作违年，吕祖俭想结束期丧后赴任，朝廷依从了。诏令违年以一年为限，是从吕祖俭开始的。"然而史书的记载也是寥寥无几。

汉人有以师丧去官者，如延笃、孔昱、《后汉书》。刘焉[①]，《蜀志》。并见于史。而荀淑[②]之卒，李膺[③]时为尚书，自表师丧，则朝廷固已许之矣。其亦"子贡筑室于场""二三子群居则绖"之遗意也与？

【注释】①延笃：字叔坚，南阳郡犨县人，东汉官员。少时随唐溪典、马融学习，博通经传及百家学说，名闻于时。孔昱：字世元，鲁国鲁县（今山东曲阜）人，东汉末年名士，孔子的第十九世孙。孔宙七子之一。刘焉：字君郎（一作君朗）。江夏郡竟陵县（今湖北天门）人。东汉末年宗室、军阀，汉末群雄之一。②荀淑：字季和，为郎陵侯相，东汉颍川颍阴人（今河南许昌）人。以品行高洁著称。③李膺：字元礼，颍川郡襄城县（今河南襄城县）人。东汉时期名士、官员，太尉李修之孙、赵国相李益之子。

【译文】汉代人有因为老师去世而辞官的，例如延笃、孔昱（以上见《后汉书》）、刘焉（见《蜀志》），都记录在史书。而荀淑去世，李膺当时担任尚书，自上奏章为老师守丧，朝廷已经允许了。他这也是“子贡在坟场附近建造房舍居住”“二三弟子共处的时候就系麻带子”的遗意吧？

缌丧不得赴举

宋天禧三年正月乙亥，诸路贡举人郭稹[①]等四千三百人，见于崇政殿。时稹冒缌丧[②]赴举，为同辈所讼。上命典谒诘之，引服。付御史台劾问，殿三举[③]；同保人并赎金，殿一举。今制，非三年之丧，皆得赴举。故士弥躁进，而风俗之厚，不如昔人远矣。

【注释】①郭稹：字仲微，开封祥符（今属河南）人。②缌丧：缌麻丧，古代丧服名。五服中之最轻者，孝服用细麻布制成，服期三月。③殿三举：停止科考资格三期。三举指三期科考。

【译文】宋真宗天禧三年正月十七日，各路参加科举考试的人，包括郭稹等四千三百人，在崇政殿觐见。当时郭稹不顾缌麻丧应举，被同辈人诉讼。皇帝命令典谒诘责他，郭稹服罪。交付御史台揭发审问，停止科考资格三期；同保人并罚赎金，停止科考资格一期。现在的制度，不是服父母三年的丧事，都能够应举。所以读书人更加热衷于仕进，然而风俗的淳厚，比不上古人很远了。

丧娶

《春秋》文公二年："冬，公子遂如齐纳币。"《公羊传》："纳币不书，此何以书？讥。何讥尔？丧娶也。娶在三年之外，则何讥乎丧娶？三年之内不图婚。"何休注曰："僖公以十二月薨，至此未满二十五月。又礼：先纳采、问名、纳吉，乃纳币。此四者皆在三年之内，故云尔。"然则纳币犹讥，而况于昏嫁乎！唐高宗永徽中，衡山公主将出降长孙氏，议者以时既公除，合行吉礼。于志宁上疏言："《礼记》曰：'女子十五而笄，二十而嫁。有故，二十三而嫁。'郑玄云：'有故，谓遭丧也。'《春秋》书鲁庄公如齐纳币，杜预云：'母丧未再期而图婚，二传不讥失礼，明故也。'此则史策具载，是非历然，断在圣情，不待问于臣下。其有议者，云准制，公除之后，须并从吉。汉文帝诏曰："天下吏民毋禁取妇、嫁女、祠祀、饮酒食肉。"此汉文创制，其仪为天下百姓。至于公主，服是斩衰，纵使服随例除，无宜情随例改。心丧之内，方复成婚，非惟违于《礼经》，亦是人情不可。伏惟陛下，嗣膺宝位，临统万方，理宜继美羲、轩，齐芳汤、禹，弘奖仁孝之日，敦崇名教之秋，伏愿遵高宗之令轨，略孝文之权制。国家于法无亏，公主情礼得毕。”于是诏公主待三年服阕然后成礼。岂非有国之典，本于天经地义，故守礼之臣，犹得引经而争者哉？

【译文】《春秋》鲁文公二年记载：“冬季，公子遂到齐国去送订婚的聘礼。”《公羊传》记载：“送订婚的聘礼是不记载的，这里为什么记载呢？是为了指责。为什么指责呢？在服丧期间娶妻。娶妻在守丧三年之后，那么为什么指责他在服丧期间娶妻呢？因为三年丧期内不考虑婚配。”何休注解说：“鲁僖公在十二月去世，到现在还不够二十五个月。又按照婚姻仪礼：先纳采、问名、纳吉，然后纳币。这四种礼节都发生在三年丧期之内，所以这样说。”那么纳币尚且指责，更何况对于婚嫁呢！唐高宗永徽年间，衡山公主将要出嫁给长孙氏，讨论的人认为当时已经因公除去丧服，应该施行吉礼。于志宁上疏道：“《礼记》记载：‘女子十五岁盘发插笄，二十岁出嫁。有变故，就二十三岁出嫁。’郑玄说：‘有变故，指的是遭遇丧事。’《春秋》记载鲁庄公到齐国纳币，杜预说：‘母亲去世没服丧两年就考虑婚嫁，《公羊传》《穀梁传》不指责失礼，明知却故意这样。’这就是史书都有记载，是非清楚，裁断在陛下，不需要询问臣下。讨论的人说按照礼制，公除之后，须并从吉。（汉文帝下诏说：“天下官吏百姓不禁娶妻、嫁女、祠祀、饮酒食肉。”）这是汉文帝开创的制度，仅制为天下百姓。至于公主，服是斩衰，纵使丧服随规定去除，不应该情随例改。去除丧服深切哀悼期间，就又婚配，不只是违背《礼经》，人事情理也是不可以的。希望陛下，继承宝位，制约万方，按理应该承继伏羲、轩辕的美德，商汤、大禹一样的美名，弘奖仁孝之日，敦崇名教之秋，希望遵循高宗皇帝良好的法度，简略孝文皇帝临时制订的措施。国家对于律法没有缺损，公主的情感礼仪得以完结。”于是皇帝诏令公主等待三年守丧期满除服然后完婚。难道不是因为国家的典制，本于天经地义，所以守礼的大臣，尚且能够援引经典而力争吗?

《晋书·载记》言："石勒下书禁国人，不听在丧嫁娶。"时勒号所部为国人。《金史·章宗纪》："承安五年三月戊辰，定妻亡服内昏娶听离法。七月癸亥，定居祖父母丧昏娶听离法。"僭国闰朝犹然，今人反不讲此。

【译文】《晋书·载记》记载："石勒下诏禁令国人，不让他们在守丧期间嫁娶。"（当时石勒称所在部落为国人。）《金史·章宗纪》记载："承安五年三月十三日，制定妻子去世守丧期间婚娶听离法。七月初九，制定居祖父母丧婚娶听离法。"僭国、伪朝尚且如此，如今的人反而不谈这个。

《实录》："正统十三年四月，'楚王季堄奏弟大冶王季埙择武昌护卫指挥同知翟政妹为妃，昏期在迩。不意叔崇阳王孟炜薨逝，季埙应持服，未敢成昏。'上命礼部议，言：'王于崇阳王当服期年。

缘崇阳王未薨之先，君命已下，节册到日，合令妃翟氏拜受，候服满成昏。’从之。”正月乙未，遣永肃侯徐安等持节册封王妃。

【译文】《实录》记载：“正统十三年四月，‘楚王朱季埱奏报弟弟大冶王朱季堧择娶武昌护卫指挥同知翟政的妹妹为妃，婚期临近。不料想叔父崇阳王朱孟炜去世，朱季堧应当服丧，不敢成婚。’皇帝诏命礼部讨论，说：‘大冶王对于崇阳王应当服期年丧。由于崇阳王没有去世之前，君命已经下达，节册到的时候，应该让王妃翟氏拜受，等服丧期满然后成婚。’皇帝听从了。”（这年正月初八，派永肃侯徐安等持节册封王妃。）

“天顺三年十月庚戌，沈王佶焞奏：父康王存日，择潞州民李刚女为弟永年王妃，李磐为妹长平郡主仪宾①。已受封册，未及成昏，而父王薨。今父丧已越大祥，阴阳书谓，明年为弟妹婚不利，乞允于今年择日嫁娶。礼部侍郎邹斡言：‘三年之丧，礼之大者，服内成亲，律有明禁。今沈王与郡王、郡主俱父丧未终，乃惑于阴阳之说，而欲废此丧制，乞行长史司启王，俾待服阕成礼。’上曰：‘是长史不能辅导之罪也，其命巡按御史执问如律。’”

【注释】①仪宾：明代对宗室亲王、郡王之婿的称谓。

【译文】“天顺三年十月初二，沈王朱佶焞启奏：父亲康王在世的时候，挑选潞州百姓李刚的女儿作为弟弟永年王的王妃，李磐是妹妹长平郡主的夫婿。已经接受封册，来不及成婚，父王就去世了。

如今父王去世已经过了大祥祭，阴阳书上说，明年为弟妹成婚不利，乞求允许在今年择日嫁娶。礼部侍郎邹榦说：‘服丧三年，是大的礼制，在守丧期间成亲，律法明令禁止。如今沈王与郡王、郡主都没有为父亲守满丧期，却迷惑于阴阳学说，而想废除这个丧制，乞请行文长史司告诉沈王，让他们等到守丧结束后完婚。’皇帝说：‘这是长史不能辅佐引导的罪过，下令巡按御史按律法拘留讯问。’”

“十月癸丑，广灵王逊烒薨。癸酉，敕灵丘王逊烇曰：‘所奏第四子、第五子俱镇国将军，并女临城县主，俱已奏报，欲于本年九月后成婚。且尔兄初丧，正哀戚不暇之时，乃欲为男女成婚，以废大礼，岂是所忍为哉！’不允所奏。”

宪庙大婚，在天顺八年之七月。虽托之遗诏，而士大夫多以为非。故南京礼部右侍郎章纶有请待来春之奏。

【译文】“同年十月初五，广灵王朱逊烒去世。二十五日，敕令灵丘王朱逊烇说：‘所奏第四子、第五子都是镇国将军，并且女儿是临城县主，都已经奏报，想在本年九月后成婚。但是你的兄长刚刚过世，正处在来不及哀痛的时候，却想着为儿女成婚，废除丧制大礼，怎么忍心这样做呢！’没有允许奏报。”

宪宗皇帝大婚，在天顺八年七月。虽然托名遗诏，然而士大夫大多认为不合礼制。所以南京礼部右侍郎章纶有请求等到明年春天的奏章。

衫帽入见

《唐书·李训传》："文宗召见，训以衰粗[1]难入禁中。令戎服，号王山人。"《宋史·蔡挺传》："仁宗欲知契丹事，召对便殿。挺时有父丧，听以衫帽[2]入。"则唐宋有丧者，不敢假公服也。今人干谒官长，辄易青黑，与常人无异，是又李训之不如乎！

【注释】①衰粗：斩衰粗服。三年之丧所穿粗麻毛边的丧服。②衫帽：凉衫便帽。宋代士大夫闲居时的装束。

【译文】《唐书·李训传》记载："唐文宗召见，李训因为斩衰粗服，难以进入禁宫。皇帝命他改着军服，号称王山人。"《宋史·蔡挺传》记载："仁宗想了解契丹的情况，召见蔡挺在便殿询问。蔡挺当时在为父亲守丧，于是听任他着凉衫便帽入殿。"那么唐宋时期守丧的人，不敢借用官吏的制服。如今的人求见官长，就改换青黑服饰，与常人没有差别，这又比不上李训了！

奔丧守制

《记》曰："奔丧者，自齐衰以下。"是古人于期功之丧，无有不奔者。《太祖实录》："洪武二十三年闰四月甲戌，除期年奔丧之制。先是，百官闻祖父母、伯叔父母、兄弟丧，俱得奔赴。至是吏部言：祖父母、伯叔父母、兄弟皆期年服，若俱令奔丧守制，或一人连遭数丧，或道路数千里，则居官日少，更易繁数，旷官废事。今后除父母及祖父母承重[①]者丁忧外，其余期服，不许奔丧。诏从之。”此出于一时权宜之政，沿习以来至三百年，遂以不奔丧守制为礼法之当然，而倍死亡哀，多见于搢绅之士矣。

【注释】①承重：承受宗庙与丧祭的重任。封建宗法制度，其人及父俱系嫡长，而父先死，则祖父母丧亡时，其人称承重孙。如祖父及父均先死，于曾祖父母丧亡时，称承重曾孙。遇有这类丧事都称承重。

【译文】《礼记》记载：“从外赶回料理丧事的人，从齐衰的亲属以下。”这说明古人对于期功的丧事，没有不从外地赶回的。《太祖实录》记载：“洪武二十三年闰四月十二日，废除期年奔丧的礼制。在这之前，百官听闻祖父母、伯叔父母、兄弟去世，都需要奔丧。至是吏部奏言：祖父母、伯叔父母、兄弟都是服期年丧，如果都让他们奔丧守制，有的是一个人接连遭逢好几件丧事，有的人路隔几千里，那么他们做官的时日少，改换频繁，空居官位、旷废职务。今后除父母以及祖父母承重的人守丧外，其余期服，不许奔丧。皇帝下诏听从了。”这是出于一个时期权宜的政令，因袭以来有三百年了，于是把不奔丧守制作为当然的礼法，而背叛死者、忘记哀痛，大多见于做过官的大人了。

《实录》又言：“二十七年四月，署北平按察司事监察御史陈德文[①]奏言：‘嫁母[②]刘氏卒，乞奔丧。’许之。德文四岁丧父，家贫，随母嫁陈氏，后年长归宗。至是其母卒，时已除奔丧之制，德文恳请甚至，上特怜而许之。”是圣祖虽依吏部之奏，而仍通于人子之情，固未尝执一也。

【注释】①陈德文：一名莹中，字文石，号肃庵，北厢人。②嫁母：父亡母再嫁者之称。

【译文】《太祖实录》又记载："洪武二十七年四月，署北平按察司事监察御史陈德文奏言：'再嫁的母亲刘氏去世，乞请奔丧。'朝廷准许了。陈德文四岁父亲去世，家境贫寒，随母亲改嫁陈氏，长大后还归本宗。等到他的母亲去世，当时已经废除了奔丧的礼制，陈德文极尽恳请，皇帝非常怜悯而允许了。"这说明圣祖虽然依允了吏部的奏请，然而仍然能通达人子的哀情，原本不曾固执一端。

三代圣王教化之事，其仅存于今日者，惟服制而已。丧乱以来，浸已废坠。窃谓父母之丧，自非金革，不得起复[1]，著之国典，人人所知。其祖父母、伯叔父母、兄弟之丧，并依洪武初年之制，许令解官奔赴，姊妹妻子虽期丧不必解官。服满补职。其他虽持重服而不去官者，唐制：为嫡子斩衰三年，而不去官。及大功以下丧者，京官许以素服朝参，不预庆贺。《唐书·王方庆传》，见上。玄宗开元二十五年十一月丁亥，御史大夫李适之奏："每当正旦，及缘大礼，应朝官并六品清官，并衣朱衣，六品已下，并许通着袴褶。朔望日文武朝集，使并服袴褶。如有惨故，准式不合着朱衣、袴褶者，其日听不入朝。"《畅当传》："入公门变服，今期丧已下惨制是也。"在外诸司，素服治事，公服之内，仍用麻葛。祭祀宴会，俾佐贰[2]摄之。未任之官，无得谒选。生员但岁考，不赴科举。

庶人之家，不许嫁娶。十五月禫后复故。其有期功丧宴会作乐者，官员罢职，士子黜退，仍书之申明亭，以示清议。庶几民德归厚，若夤缘干请之风，亦不待禁而衰止矣。

【注释】①起复：封建时代官员遭父母丧，守制尚未满期而应召任职。②佐贰：辅佐主司的官员。明清时，凡知府、知州、知县的辅佐官，如通判、州同、县丞等，统称佐贰。其品级略低于主管官。

【译文】三代圣王政教风化的事业，保存在如今的，只有丧服制度而已。从政局动乱以来，已经逐渐灭绝了。我认为父母的丧事，如果没有战争，不能够在丧期未满时而应召任职，编著为国家的典章制度，让所有的人都知道。祖父母、伯叔父母、兄弟的丧事，都依照洪武初年的丧制，允许让他解免官职、奔丧，（姊妹妻子虽然在期丧内但不必辞官。）服丧期满再补职任官。其他虽然持重服而不辞去官职，（唐朝制度：为嫡子服三年斩衰，却不辞官。）以及大功以下的丧事，京官允许以素服上朝参拜，不参加庆贺。（《唐书·王方庆传》，见上文。唐玄宗开元二十五年十一月十七日，御史大夫李适之上奏："每当正旦，以及缘大礼，应朝官同六品清官，都穿朱衣，六品以下官员，一并允许全部穿袴褶。初一、十五文武朝集，让他们都穿袴褶。如有丧事，按照制度不应穿朱衣、袴褶的，那日听任不入朝。"《畅当传》："进入官府改换服饰，是当今期丧以下的服丧规定。"）在地方的众位官员，素服处理政事，（公服之内，仍穿麻葛。）祭祀宴会，让佐贰代理。没有赴任的官员，不能够赴吏部应选。生员只是应岁考，不参加科举。百姓人家，不允许嫁娶。十五个月禫祭后恢复原样。如果有在服期功丧期间宴会作乐的，官员解除职务，读书人斥退，仍然张贴在申明亭，以示清议。希望百姓的道德能归于淳厚，像攀附、请托的风气，不用等待禁止就会衰减而止息了。

洪武十一年二月，“广西布政使臧哲，以母丧去官。上思之，特遣人赐米六十石，钞二十五锭。自后凡官以父母丧去职而家居者，皆有赐焉”。十七年正月，“命吏部凡官员丁忧，已在职五年，廉勤无赃私过犯者，照名秩给半禄终制；在职三年者，给三月全禄。”

【译文】洪武十一年二月，“广西布政使臧哲，因为母亲去世而辞官。皇帝想念他，特意派人赏赐六十石米，二十五锭银钞。从此以后，凡是官员因为父母去世而辞职在家里闲住的，都有赏赐”。洪武十七年正月，“诏命吏部凡是官员守丧，已经在职五年，廉洁勤勉没有贪污营私过错的，依照名位官阶给予一半俸禄直到守丧期满；在职三年的官员，给予三个月的全部薪俸。”

丁忧交代

昔时见有司丁父母忧，闻讣奔丧，不出半月。近议必令交代，方许离任。至有欠库未补，服阕犹不得归者。是则钱粮为重，伦纪为轻，既乖宰物[1]之方，复失使臣之礼。其弊之由，始于刻削太过。盖昔者钱粮掌于县丞，案牍掌于主簿，税课掌于大使，余家有嘉靖年买地文契，皆用税课司印，万历后用县印。为令者稽其要，而无所与焉。又皆俸足以赡其用，而不取之于库藏，故闻讣遄行，无所留滞，而亦不见有那移侵欠之事。今则州县之中，锥刃之末，上尽取之。而大吏之诛求，尤苦不给。库藏罄乏，报以虚文。至于近年，天下无完库矣。即勒令交代，亦不过应之以虚文。徒滋不孝之官，而无益于国计盈虚之数也。呜呼！君人者，亦知养廉为致孝之源乎？

【注释】①宰物：从政治民，掌理万物。

【译文】从前见到有关官员为父母守丧，从听到报丧到奔丧，不超过半个月。近来讨论必定等交接后，才允许离任。以至亏欠府库不能补进，服丧期满仍然不能够归还的。这就是钱粮为重，伦常纲纪为轻，既违背从政治民的做法，又失去了使臣的礼节。弊端的原因，是由于太过苛刻。从前钱粮由县丞掌管，案牍由主簿掌管，税课由大使掌管，（我家有嘉靖年间买下的地文契，都是用税课司印，万历以后用县印。）县令稽查主要，而不参与其中。俸禄又都足以供给费用，而不取于府库，所以听到报丧就急速动身，没有停留，而且也没有挪借移用、侵吞拖欠的事情。如今则是州县之中，微薄的利益，上级都索取。而大官的强制征收，尤其为供给不足所苦。府库匮乏，用虚文回报。到了近年，天下没有满仓了。即使强制命令交代，也不过是用虚文回应。徒然增长不孝顺的官员，而对于国家财富的盈虚之数没有补益。呜呼！为人之君，也知道培养廉洁是达到孝顺的根源吗？

陶侃[①]谓王贡曰："杜弢[②]为益州刺史，盗用库钱，父死不奔丧。卿本佳人，何为随之也？天下安有白头贼乎？"贡遂来降，而弢败走。今日居官之辈，大半皆如杜弢，然如此之人，作贼亦不能成也。

【注释】①陶侃：字士行（一作士衡）。东晋时期名将。曾孙为著名田园诗人陶渊明。②杜弢（tāo）：字景文，蜀郡成都（今属四川）人，蜀地名士、符节令杜植之孙，略阳护军杜眕（zhěn）之子，西晋末年流民首领。

【译文】陶侃对王贡说："杜弢担任益州刺史，非法使用库钱，父亲去世不奔丧。您原本是志向高节的人，为什么跟随他呢？天下哪里会有白头贼呢？"王贡于是来归降，而杜弢战败逃跑。现在做官的人，大多都像杜弢，然而这样的人，就是做贼也不能做成。

史言：梁高祖丁文皇帝①高祖父丹阳尹顺之忧时，为齐随王镇西谘议参军，在荆镇。仿佛奉问，便投剑星驰，不复寝食，倍道前行，愤风惊浪，不暂停止。及居帝位，立七庙②，月中再过，每至展拜③，常涕泗滂沱④，哀动左右。然则明王孝治天下，而不遗小国之臣，必有使之各尽其情者矣。

【注释】①梁高祖：梁武帝萧衍，字叔达，小字练儿，南北朝时期梁朝政权的建立者。谥号武皇帝，庙号高祖。文皇帝：萧顺之，字文纬。御史萧道赐之子，梁武帝萧衍之父，萧衍建立南梁后追尊为太祖文皇帝，故又称南梁太祖、梁文帝。②七庙：典出《礼记·王制》："天子七庙，三昭三穆，与太祖之庙而七。"此指四亲庙（父、祖、曾祖、高祖）、二祧（远祖）和始祖庙。后以"七庙"泛指帝王供奉祖先的宗庙。③展拜：拜谒，行跪拜之礼。④涕泗滂沱：典出《诗·陈风·泽陂》："寤寐无为，涕泗滂沱。"谓涕泪如雨。形容涕泪流得极多。

【译文】史书记载言：梁高祖萧衍为太祖文皇帝守孝的时候，担任北齐的随王镇西谘议参军，随军府在荆州镇所。依稀听到讣告后，就上书弃官连夜奔走，不再睡觉和吃饭，兼程前行，愤风惊浪，也不作短暂停止。等到登上帝位，设立七庙，每个月两次前往，每每拜谒时，常常涕泪如雨，哀痛感染了左右之人。那么圣明君王以孝治理天下，而不遗落小国的大臣，必定会让他们各自表达感情了。

“洪武八年八月戊辰，诏百官，闻父母丧者，不待报许即去官。时北平按察司佥事吕本[①]言：‘近制，士大夫出仕在外，闻父母之丧，必待移文原籍审核，俟其还报，然后奔丧。臣窃以为中外官吏去乡，或一二千里，或且万里，及其文移往复，近者弥月，远者半年，使为人子者，衔哀待报，比还家则殡葬已毕。岂惟莫睹父母容体，虽棺柩亦有不及见者。揆之子情，深可怜悯。臣请自今官吏若遇亲丧，许令其家属陈于官，移文任所，令其奔赴，然后核实。庶人子得尽送终之礼，而朝廷孝理之道彰矣。’上然之，故有是命。”

【注释】①吕本：寿州（今安徽寿县）人，宋末名将吕文焕后人，懿文太子次妃之父。

【译文】“洪武八年八月戊辰日，皇帝诏令百官，听闻父母去世，用不着等到回复准许就辞官。当时北平按察司佥事吕本奏言：‘近来的制度，士大夫在外出来做官，听闻父母的丧事，必须发移文到原籍审核，等到返回报告后，才能奔丧。臣下认为朝廷内外的官吏离开家乡，有的距离一二千里，有的距离万里，等到公文往返，近的要一整月，远的要半年，使人子心怀哀痛等待回复，再等赶到家那么殡殓埋葬已经结束了。何止见不到父母的容貌身体，即使是棺柩也有来不及见到的。揣测人子的情感，非常值得怜悯。臣下奏请从今以后官吏如果遭遇亲丧，允许让他的家属向官府陈说，发移文到任职所在地，让他奔丧，然后再去核实。希望人子能够尽送终的礼节，而且朝廷以孝治国教民的大道也就彰显了。'皇帝同意了，因此才有这样的诏令。"

武官丁忧

《晋书》言："姚兴下书将帅，遭大丧，非在疆埸险要之所，皆听奔赴。及期乃从王役。"宋岳飞乞终母丧，以张宪[1]摄军事，步归庐山。《元史》言："成宗诏：军官除边远出征，其余遇祖父母、父母丧，依民官例，立限奔赴。"然则今制，武官不丁忧，非一道同伦之义也。《国史》言："洪武二十八年，兰州卫指挥佥事徐遵等，以父及祖母病卒，奏乞扶柩归葬乡里。廷议勿许，上特可之。"岂非求忠臣必于孝子之门者邪？

【注释】①张宪：南宋抗金名将，岳飞最为倚重的将领之一。

【译文】《晋书》记载："姚兴给将帅颁下诏书，遭逢大丧，不是在疆埸险要之地，都让他们奔丧。守丧期满再服朝廷的徭役。"宋代岳飞乞求服满母亲去世的三年丧期，以张宪代理军事，步行赶回庐山。《元史》记载:“元成宗下诏:军官除了在边远地区出征,其余遭遇祖父母、父母的丧事,依照民官旧例,确定期限奔赴。”那么如今的礼制,武官不守丧,不是同一道德标准的大义。《国史》记载:“洪武二十八年,兰州卫指挥佥事徐遵等,因为父亲以及祖母患病去世,上奏乞求运送灵柩回家乡安葬。廷议没有准许,皇帝特意许可了。”寻求忠臣难道不是一定要在孝子的家门吗?

居丧饮酒

唐宪宗元和九年四月癸未,京兆府奏:“故法曹陆赓男慎余,与兄博文,居丧,衣华服,过坊市,饮酒食肉。”诏各决四十,慎余流循州,博文递归本贯。《册府元龟》。十二年四月辛丑,驸马都尉于季友,坐居嫡母丧,与进士刘师服宴饮,季友削官爵,笞四十,忠州安置。师服笞四十,配流连州。于頔[①]以不能训子,削阶。《旧唐书·本纪》。以礼坊民,而法行于贵戚,此唐室之所以复振也。

【注释】①于頔(dí):字允元,河南(今河南洛阳)人。

【译文】唐宪宗元和九年四月初六,京兆府上奏:“原来的法曹陆赓的儿子陆慎余,与兄长陆博文,在守丧期间,穿华丽的衣服,经过坊市,饮酒吃肉。”诏令各处四十杖,陆慎余流放循州,陆博文遣送原籍。(见《册府元龟》。)元和十二年四月十二日,驸马都尉于季友,为嫡母守丧期间,与进士刘师服设宴聚饮,于季友被削夺官爵,鞭笞四十,忠州安置。刘师服鞭笞四十,发配流放到连州。于頔由于不能教导儿子，削去官阶。（见《旧唐书·宪宗本纪》。）以礼节防范百姓，而对贵戚施行律法，这是唐王室再次振兴的原因。

姚兴时，有给事黄门侍郎古成诜[1]，每以天下是非为己任。京兆韦高慕阮籍之为人，居母丧，弹琴饮酒。诜闻而泣曰："吾当私刃斩之，以崇风教。"遂持剑求高，高惧而逃匿，终身不敢见。僭乱之国，犹有此人。

【注释】①古成诜：十六国时南安（今属甘肃）人。以文章雅正，参管机密。

【译文】后秦姚兴时期，有给事黄门侍郎古成诜，常常把天下的是非作为自己的责任。京兆韦高仰慕阮籍的为人，在为母亲守丧期间，弹琴饮酒。古成诜听闻后哭着说："我应当用私刃斩杀他，以尊崇风俗教化。"于是拿着剑寻找韦高，韦高恐惧而逃匿，终身不敢相见。犯上作乱的国家，仍然有这样操守的人。

匿丧

后唐明宗天成三年闰八月，"滑州掌书记孟升，匿母忧。大理寺断流。奉敕：'朕以允从人望，嗣守[1]帝图，政必究于化源，道每先于德本。贵持国法，以正人伦。孟升身被儒冠，职居宾幕，比资筹画，以赞盘维[2]。而乃都昧操修，但贪荣禄，匿母丧而不举，为人子以何堪？渎污时风，败伤名教，五刑是重，十恶难宽。将复投荒，无如去世，可赐自尽。’其观察使、判官、录事参军，失于纠察，各有殿罚。”

【注释】①嗣守：继承并遵守和保持。②盘维：指宗室封藩。盘，磐石；维，维城。

【译文】后唐明宗天成三年闰八月，“滑州掌书记孟升，隐匿母亲的丧事。大理寺判处流放。奉皇帝的命令：‘朕由于依从众人的期望，继承并保持帝业，政事必定探究教化的本源，治道每每以道德的根本为先。贵在秉持国法，以端正人伦。孟升身被儒冠，位居幕僚，辅助筹划，以拱卫宗室封藩。但是不明道德修养，只是贪图功名利禄，隐匿母亲的丧事而不守孝，为人子怎么能这样呢？污秽当时的风气，败伤名声教化，五刑是重，十恶难宽。将他流放到荒远地区，不如让他离开这个世界，可命令自尽。’观察使、判官、录事参军，有失举发督察，各有殿罚。”

国恤宴饮

《春秋传》言：吴公子札“自卫如晋，将宿于戚。卫大夫孙文子邑。闻钟声焉，曰：‘异哉，夫子获罪于君，以在此。文子以戚叛。惧犹不足，而又何乐？夫子之在此，犹燕之巢于幕上。君又在殡，献公卒未葬。而可以乐乎？’遂去之。文子[1]闻之，终身不听琴瑟。”汉魏以下，有山陵未成而宴饮者。《汉书·元后传》：“司隶校尉解光奏：曲阳侯王根[2]，骨肉至亲，社稷大臣，先帝山陵未成，公聘取故掖庭[③]女乐五官殷严、王飞君等，置酒歌舞，无人臣礼，大不敬不道。以根尝建社稷之策，遣就国。其兄子成都侯况免为庶人，归故郡。”《魏书·甄楷传》：“除秘书郎。世宗崩未葬，楷与河南尹丞张普惠[④]等饮戏，免官。”是也，有国丧[⑤]未期而宴饮者。《晋书·钟雅传》：“拜尚书左丞，奏言：肃祖明皇帝，弃背[⑥]万国，尚未期月，圣主缟素，百僚惨怆。尚书梅陶[⑦]，无大臣忠慕之节，家庭侈靡，声伎纷葩，丝竹之音，流闻衢路。宜加放黜，以整王宪。”是也。时穆后临朝，特原不问，然百僚惮之。有国忌[⑧]而宴饮者。《旧唐书·德宗纪》：“贞元十二年五月丁巳，驸马都尉郭暧、王士平[⑨]及暧弟煦、暄，坐代宗忌日宴饮，贬官归第。”是也。此皆故事之宜举行者。礼者，君之大柄[⑩]，可听其颓弛而不问乎？

【注释】①文子：孙林父，谥文，故称孙文子。春秋时期卫国人，孙良夫之子。②王根：字稚卿，西汉东平陵（今山东济南）人。元帝皇后王政君弟。以帝舅封曲阳侯。③掖庭：亦作“掖廷”。宫中旁舍，妃嫔居住的地方。④张普惠：字洪赈，常山九门人。身长八尺，容貌魁伟。⑤国丧：帝、后之丧，臣民缟素，停止宴乐婚嫁，称国丧。⑥弃背：死亡的婉辞。多用于尊亲。⑦梅陶：字叔真，汝州西平（今河南西平县）人，东晋大臣。⑧国忌：指古代帝、后的忌日。⑨郭暧：字暧，华州郑县（今陕西华州）人。唐朝大臣，汾阳王郭子仪第六子。王士平：王武俊之子。⑩大柄：典出《礼记·礼运》：“是故礼者，君之大柄也，所以别嫌明微，傧鬼神。考制度，别仁义。”后以“大柄”喻握以治事的大权。

【译文】《春秋》经传记载：吴国公子札“从卫国到晋国，将要住在戚地（卫大夫孙文子的封邑）。听到鼓钟乐声，说：‘奇怪啊，孙文子正是因为这而获罪于国君。害怕尚且不足，而哪里又会玩乐呢？（孙文子据戚地反叛）孙文子在这里的处境，犹如燕子在帷幕上筑巢那样危险。国君又尚未下葬（卫献公死后还未安葬），难道可以作乐吗？'于是离开了。文子听说后，终身不再听琴瑟音乐。"汉魏以后，有山陵没有修成就设宴聚饮的。《汉书·元后传》记载："司隶校尉解光上奏说：曲阳侯王根，是骨肉至亲，社稷大臣，先帝还没有入陵安葬的时候，公然聘娶原来后宫女乐五官殷严、王飞君等人，安排酒宴歌舞，没有人臣的礼仪，犯有大不敬、不道之罪。由于王根曾经有建议立太子的献策，因此只是遣送回封国。王根的侄子成都侯王况罢免为庶人，遣归原郡。"《魏书·甄楷传》记载："甄楷除授秘书郎。世宗宣武帝驾崩还没有下葬，甄楷与河南尹丞张普惠等人就饮酒作乐，被解除官职。"正是这样的，有帝后之丧没有期满而宴会聚饮的。《晋书·钟雅传》记载："钟雅拜任尚书左丞，上奏说：肃祖明皇帝，抛弃天下，还没有满一周年，圣主守丧，百官凄楚忧伤。尚书梅陶，没有大臣忠慕的节操，家庭奢侈糜烂，歌舞技艺盛多，丝竹乐音，流播道路。应该加以放逐黜免，以整饬国法。"正是这样的。（当时穆后临朝，特别宽恕不过问，然而百官震惊这件事。）有在帝后忌日而宴会聚饮的。《旧唐书·德宗纪》记载："贞元十二年五月二十七日，驸马都尉郭暧、王士平以及郭暧的弟弟郭煦、郭暄，因为在唐代宗的忌日宴会聚饮，被贬官遣送回家。"正是这样的。这都是旧日的典章制度应该施行的。礼，是国君用以治国的根本，可以任由废弛而不过问吗？

宋朝家法

宋世典常不立，政事丛脞，一代之制，殊不足言。然其过于前人者数事：如人君宫中自行三年之丧，一也；外言不入于梱[①]，二也；未及末命，即立族子为皇嗣，三也；不杀大臣及言事官，四也。此皆汉唐之所不及，故得继世享国至三百余年。若其职官、军旅、食货之制，冗杂无纪，后之为国者，并当取以为戒。

【注释】①外言：典出《礼记·曲礼上》："外言不入于梱，内言不出于梱。"男子所说有关公务之言。梱（kǔn）：门限。

【译文】宋朝时代没有设立常法，政事杂乱，整个朝代的制度，实在不值得称道。然而宋朝有超越前代的几件事：例如君王在宫中主动守丧三年，这是其一；外言不进入内室，这是其二；不等到临命终时，就册立同族兄弟之子为皇太子，这是其三；不杀大臣以及谏官，这是其四。这些都是汉唐比不上的，因此宋朝能够继世享国三百多年。像其他关于职官、军旅、食货的制度，则是繁多杂乱、没有法度，后代的君王，都应当吸取教训，作为警戒。

卷十六

明 经

今人但以贡生①为明经，非也，唐制有六科：一曰秀才，二曰明经，三日进士，四曰明法，五曰书，六曰算。《大唐新语》：隋炀帝置明经、进士二科。国家因隋制，增置秀才、明经、进士、明法、明书、明算。并前为六科。当时以诗赋取者谓之进士，以经义取者谓之明经。今罢诗赋而用经义，则今之进士乃唐之明经也。

【注释】①贡生：明、清两朝由府、州、县学推荐到京师国子监学习的人。

【译文】现在人们都认为贡生就是明经，其实并非如此，唐朝科举考试有六个科目：一是秀才，二是明经，三是进士，四是明法，五是明书，六是明算。（《大唐新语》：隋炀帝设置明经、进士二科。国家沿袭隋制，增置秀才、明经、进士、明法、明书、明算。加上以上两科为六科。）当时以诗赋录取的称为进士，以经义录取的则称为明经。现在废除诗赋的科目而考经义，那么现在的进士也就相当于唐朝的明经了。

唐时入仕之数，明经最多。考试之法，令其全写注疏，谓之帖括。议者病其不能通经，权文公[①]谓："注疏犹可以质验，不者，倘有司率情，上下其手，既失其末，又不得其本，则荡然矣。"今之学者并注疏而不观，殆于本末俱丧，然则今之进士又不如唐之明经也乎？

【注释】①权文公：权德舆，唐宪宗时拜相。其为政尚宽，著有《权文公集》。卒谥号"文"。

【译文】唐朝的时候入朝做官的人数中，明经最多。考试的方式，是让考生写出注疏，称为帖括。议论者担心这种方式并不能使考生通达经论，权文公说："注疏还能勘验考生水平，不这样做的话，假如有考官徇情，上下做手脚的话，不仅失去了末节，也达不到考试的根本目的。那规矩就全坏掉了。"现在的读书人，连注疏也不加考察，几乎把本末全丢掉了，那么现在的进士又比不上唐朝的明经了吗？

秀才

《旧唐书·杜正伦传》：正伦，隋仁寿中，与兄正玄、正藏俱以秀才擢第[①]。"唐代举秀才止十余人，正伦一家有三秀才，甚为当时称美。《唐登科记》：武德至永徽，每年进士或至二十余人，而秀才止一人二人。《旧唐书·职官志》则云：秀才有唐已来无其人。杜氏《通典》云："初秀才科第最高，试方略策[②]五条，有上上、上中、上下、中上，凡四等。贞观中，有举而不第者，坐其州长。由是废绝。"

《新唐书》：高宗永徽二年始停秀才科。士人所趋向，惟明经、进士二科而已。显庆初，黄门侍郎刘祥道奏言："国家富有四海，于今已四十年，百姓官僚，未有秀才之举，未必今人之不如昔，将荐贤之道未至，岂使方称多士③，遂缺斯人？请六品以下，爰及山谷，特降纶言④，更审搜访。"唐人之于秀才，其重如此。"秀才"字出《史记·贾生传》："年十八，以能诵诗属书闻于郡中，吴廷尉为河南守，闻其秀才。"而《儒林传》，公孙弘等之义，则曰："有秀才异等，辄以名闻。"此"秀才"之所以名起。

【注释】①擢第：科举考试得中。②方略策：科举考试中应试的有关治国方略的策文。③多士：古指众多的贤士。也指百官。④纶言：帝王诏令的代称。

【译文】《旧唐书·杜正伦传》里说：杜正伦，隋文帝仁寿年间，和兄弟杜正玄、杜正藏，都考中秀才。唐代中举的秀才只有十几个人，杜正伦一家就有三个，当时特别受人称赞。《唐登科记》记载：从唐高祖武德到唐高宗永徽年间，每年的进士或许达到二十多人，但秀才只有一二人。（《旧唐书·职官志》则说：秀才科从唐代以来没人考中。）杜佑《通典》里说："最初秀才是科举里最高的，考测五条治国方略，有上上、上中、上下、中上，凡四五个等级。唐太宗贞观年间，有参加考试没考中的人，连累了州长，因此废止。"（《新唐书》：高宗永徽二年才停止秀才科。）仕途之人所向往的，只有明经和进士两科而已。唐高宗显庆初年，黄门侍郎刘祥道表奏说："现在国家富有四海，已经四十年了，百姓和官员里，却没有秀才考中，不一定就是现在的人不如过去了，假如没有推荐贤才的渠道，又怎么举荐官员呢？这才是缺少秀才的原因。要让六品以下的官员，爰及山谷，在各地特意公布诏令，再仔细寻访人才。”唐代的人对于秀才，就是这么重视。（“秀才”字出自《史记·贾生传》，当中说：“贾谊时年十八，因为能诵诗写作名闻于郡中，吴廷尉为河南守，听说了这个秀才。”而《儒林传》，公孙弘等之义，就说：“如有特别优异出众的秀才，就将其姓名向上呈报。”此“秀才”之名流行的原因。）

玄宗御撰《六典》言：“凡贡举人有博识高才，强学待问，无失俊选[①]者为秀才。通二经已上者为明经。明闲时务，精熟一经者为进士。”《张昌龄传》：“本州欲以秀才举之，昌龄以时废此科已久，固辞，乃充进士贡举及第。”是则秀才之名乃举进士者之所不攻当也。《册府元龟》：开元二十四年已后，复有秀才举。其时以进士渐难，而秀才本科，无贴经及杂文之限，反易于进士。主司以其科废久，不欲收奖，应者多落之，三十年来无登第者。至天宝初，礼部侍郎韦陟始奏请，有堪此举者，乃令长官特考，其常年举送者并停。”《册府元龟》又言：“代宗朝杨绾为礼部侍郎，请制五经秀才，事寝不行。”而《旧唐书·儒学传》，冯伉大历初登五经秀才科，则是尝行之而旋废耳。又《文苑英华》判目有云：“乡举进士至省求试秀才，考功不听，求诉不已。”赵岊判曰：“文艺小善，进士之能；访对[②]不休，秀才之目。”《文选》，任昉《为萧扬州作荐士表》：“访对不休，质疑厮在。”是又进士求试秀才而不可得也。今以生员而冒呼此名何也？《容斋三笔》谓：“秀才之名，自宋、魏以后，为贡举科目之最，而今世俗以为相轻之称。

【注释】①俊选：俊士和选上。古代指可以教育深造的优秀人才。②访对：回答皇帝的咨询。

【译文】唐玄宗亲自编写的《六典》里说："凡是参加科举的人里有博学多才，勤奋学习、以备别人询问时提供正确的见解，同时没有重大过失的人才，精通两部以上儒家经典的人为明经。明了时势，精通一部经典的为进士。"《张昌龄传》记载："当地州府想以秀才推荐他，他以当时已经废除秀才科太久，所以推辞掉了，于是作为进士中选了"。所以秀才这一名称，是进士不敢相称的。（《册府元龟》：唐玄宗开元二十四年以后，再有秀才科。当时以进士渐渐难中，而秀才本科，没有贴经及杂文的限制，反而易于考中进士。主管官员认为其科废弃很久，不想收录奖励，应试的人大多名落孙山，三十年来没有登第的。到天宝初年，礼部侍郎韦陟才开始奏请，有堪比这个科目的，就命令长官另外考选，其他常年举送者一并停止。"册府元龟又言："代宗朝杨绾为礼部侍郎，请制五经秀才，没有通过。"而旧唐书儒学传，冯伉大历初登五经秀才科，则是尝行之而旋废耳。）另外《文苑英华》判目里说："乡里推荐进士到省上要求参加录取秀才的考试，考官不听从，请求上诉的人连续不断。"赵岊评判说："经术小技，是进士要有的才能，回答皇帝的询问，是秀才的科目。"（《文选》，任昉《为萧扬州作荐士表》："访对不休，质疑斯在。"）这也说明进士想要考取秀才都不可得，现在把生员都轻率的称为秀才，是为什么呢？（《容斋三笔》说："秀才之名，自从宋、魏以后，为贡举科目的最高等级，而如今世俗当作互相轻视的名称。）

明初尝举秀才。如《太祖实录》：洪武四年四月辛丑，以秀才丁士梅为苏州府知府，童权为扬州府知府，俱赐冠带。十年二月丙辰，以秀才徐尊生为翰林应奉。十五年八月丁酉，以秀才曾泰为户部尚书是也。亦尝举孝廉。洪武十八年十二月丙午。洪武二十年二月己丑，以孝廉李德为应天府尹是也。此辟举[①]之名，非所施于科目之士。今俗谓生员为秀才，举人为孝廉，非也。

【注释】①辟举：征召荐举。

【译文】明朝初曾选拔秀才。比如《太祖实录》就记载：洪武四年四月十九日，任秀才丁士梅为苏州知府，童权为扬州知府，都加封了官职。洪武十年二月初八，任秀才徐尊生为翰林应奉。洪武十八年八月初八，以秀才曾泰为户部尚书。也曾举孝廉科（时在洪武十八年十二月十九日）。洪武二十年二月乙丑日，任孝廉李德为应天府尹。这是辟举的称谓，并不是实行在科举上。现在将生员俗称为秀才，把举人称为孝廉，是不正确的。

举 人

举人者，举到之人。《北齐书·鲜于世荣传》“以本官判尚书省右仆射事，与吏部尚书袁聿修在尚书省，简试举人。”《旧唐书·高宗纪》“显庆四年二月乙亥，上亲策试举人凡九百人。调露元年十二月甲寅，临轩试应岳牧[①]举人”是也，登科则除官，不复谓之举人。而不第则须再举。《太祖实录》:“许瑗,饶之乐平人,至正中两以《易经》举于乡,皆第一,会试不第。”《赣州府志》曰:“乡举在宋为漕试,谓之发解,第阶之解送南宫会试耳。试不第者,须再试,未阶以入仕也。及累举不第,然后又推恩焉,谓之特奏名,不复系诸乡举矣。元时亦然,至国朝始定为入仕之途,则一代新制也。按宋时亦有不须再试而送南宫者,谓之免解进士。”《渑水燕谈》:“仁宗籍田时,许开封国学举人陪位,因得免解。”

【注释】①岳牧:指传说中尧舜时四岳十二牧的简称。四岳十二牧分掌政务与四方诸侯。后泛指封疆大吏。

【译文】所谓“举人”,就是举到的人。《北齐书·鲜于世荣传》里说:“以本官判尚书右仆射事,和吏部尚书袁聿修在尚书省考核举荐的人才。”《旧唐书·高宗纪》里记载:“唐高宗显庆四年二月二十八日,皇帝亲自策试举人,大约有九百人。调露元年十二月初八,在殿前测考封疆大吏的举人。被录取就授予官职,不再称为举人,没有考中就须要再次参加考试。”(《太祖实录》:“许瑗,饶州乐平人,元惠宗至正年间两次以《易经》举于乡,都是第一,会试没考中。”《赣州府志》说:“乡举在宋代为漕试,称之为发解,考中了就送往南宫礼部会试。考试不中的,必须再进行考试,不是以此作为入仕的途径。如果屡次参加都考不中,然后又推恩,称之为特奏名,不再受到乡举的影响。元代也是如此,到现在才定为入仕之途,则变成一代新制度。按宋代也有不须再试而送到南宫礼部的,称为免解进士。”《渑水燕谈》:“宋仁宗籍田时,允许开封国学举人陪同，因而得免解。”）

不若今人以举人为一定之名也。进士乃诸科目中之一科，而传中有言举进士者，有言举进士不第者。孟浩然应进士不第，杜甫天宝初应进士不第，唐衢应进士久而不第，温庭筠大中初应进士，累年不第，吴筠举进士不第，黄圃镇举进士，二十三上不中第。五代史亦然。敬翔乾符中举进士不中，郑遨唐昭宗时举进士不中，李振常举进士，咸通、乾符中连不中，郑珏举进士数不中，司空颋唐僖宗时举进士不中，冯玉少举进士不中，李鏻少举进士不中，贾纬少举进士不中。但云举进士，则第不第未可知之辞，不若今人已登科而后谓之进士也。宋徽宗宣和六年，礼部士进士至万五千人，是年赐第八百五人。自本人言之，谓之举进士；自朝廷言之，谓之举人。唐文宗开成三年五月丁巳朔，敕礼部贡院：进士举人，岁限放三十人及第。进士举人者，谓举进士之人也。进士即是举人，不若今人以乡试榜谓之举人，会试榜谓之进士也。

【译文】不像现在人认为举人是确定的称谓。进士是几个科目中的其中一科，而文献记载有说考中进士的，也有没考中的人。（孟浩然参加进士考不中，杜甫在天宝初年参加进士考不中，唐衢参加进士很久都考不中，温庭筠在大中初年参加进士考试，多年考不中，吴筠参加进士考不中，黄圃镇参加进士考试，二十三次都考不中。《五代史》也有类似的记载。敬翔乾符年间参加进士考不中，郑遨在唐昭宗时参加进士考不中，李振常参加进士考试，在咸通、乾符年间接考不中，郑珏举参加进士多次考不中，司空颋在唐僖宗时参加进士考不中，冯玉少参加进士考不中，李鳞少年时参加进士考不中，贾纬少年时参加进士考不中。）只说考进士，考中与否还不一定的意思，不像现在考中之后才称作进士。（宋徽宗宣和六年，礼部士进士达一万五千人，同年赐第八百零五人。）从个人而言，称作考中进士，从朝廷而言，称为举人。（唐文宗开成三年五月初一，敕令礼部贡院：进士举人，每年限制放三十人及第。所谓进士举人，是说考中进士之人。）进士就是举人，不像现在人把乡试中榜的人称作举人，会试中榜的称作进士。

永乐六年六月，翰林院庶吉士沈升上言："近年各布政司、按察司不体朝廷求贤之盛心，苟图虚举，有稍能行文、大义未通者，皆领乡荐，冒名贡士。及至会试下第，其中文字稍优者，得除教官[①]；其下者亦得升之国监。以致天下士子竞怀侥幸，不务实学。"洪熙元年十一月，四川双流县知县孔友谅上言："乞将前此下第举人通计其数，设法清理。"是明初才开举人之途，而其弊即已如此。然下第举人犹令人监读书三年，许以省亲，未有使之游荡于人间者。正统十四年，存省京储始放回原籍，其放肆无耻者游说干谒，靡所不为，已见于成化十四年礼部之奏。至于末年，则挟制官府，武断乡曲[②]。于是崇祯中，命巡按御史者察所属举人，间有黜革，而风俗之坏已不可复返矣。

【注释】①教官：元、明、清时，府、州、县学教授、学正、教谕、训导等掌教诲晓谕之职者，通称为“教官”。②武断乡曲：指凭借势力在民间横行霸道。

【译文】永乐六年六月，翰林院庶吉士沈升上书说：“近年来各布政司、按察司不体会朝廷寻求贤能的意愿，贪图虚名假誉，有略微会写点文章但不通要义的人，都被乡里推荐，冒名为贡士。直到会试未被录取，其中文笔稍微好一点的，任命为教官，差一点的，也升到国子监。以至于天下的读书人，竞相心怀侥幸，不追求真才实学。”洪熙元年十一月，四川双流县的知县孔友谅上书：“请求将在此之前考中的举人，统计一下数目，想办法清理一下。”这是明朝初刚刚开始考录举人的途径，而弊端已经就这样了。但是没考中的举人，仍然让进入国子监学习三年，允许探望父母，没有让在社会上到处游荡。正统十四年，在省里和京里聚集的学子才被放回原籍。他们中一些放纵不知羞耻的人，到处求见、游说，无所不为，这个事已经出现在成化十四年礼部的奏章里。到了末期的时候，这些人则要挟官府，在民间横行霸道。于是崇祯年间，下令巡按御史考察闹事的举人，断断续续罢免了一些人，然而社会风气已经败坏到不能恢复了。

进 士

进士即举人中之一科，其试于礼部者，人人皆可谓之进士。唐人未第称进士，已及第则称前进士。《雍录》引唐人诗云：“曾题名处添‘前’字。”《通鉴》：“建州进士叶京尝预宣武军宴，识监军之面。既而及第，在长安与同年出游，遇之于涂，马上相揖，因之谤议喧然，遂沈废终身。”是未及第而称进士也。试毕放榜，其合格者曰赐进士及第，径又广之曰赐进士出身、赐同进士出身，然后谓之登科。所以异于同试之人者，在乎赐及第、赐出身，而不在乎进士也。宋政和三年五月乙酉，臣僚言：“陛下罢进士，立三舍之法，今赐承议郎徐禋进士出身，于名实未正，乞改赐同上舍出身。”从之。

【译文】进士就是举人中的一个科目，参加礼部考试的人，人人都可以称作“进士”。（唐代人考不中称为进士，已经考中的则称为前进士。《雍录》引唐人诗句说：“曾题名处添‘前’字。”《通鉴》：“建州进士叶京曾经参加宣武军宴会，从而认识监军。不久考中后，在长安与同年出游，在途中遇见，在马上相互作揖，因而被人谤议舆论哗然，于是被废弃终身。”这说明考不中的称为进士。）考完试公布录取名单，合格的就称为“赐进士及第”，后来又广泛的称“赐进士出身”“赐同进士出身”，然后称为“登科”。所以要区别于一同考试的人，在乎的是“赐及第”“赐出身”这个名称，而不在乎进士之名。宋徽宗政和三年五月初六，有官员进言：“皇上停止考进士，制定了三舍法，现在赐承议郎徐禋“进士出身”，实在是名分不正，请求改为赐‘同上舍出身’。”皇帝听从了建议。

科 目

唐制，取士之科有秀才，有明经，有进士，有俊士，有明法，有明字，有明算，有一史[①]，有三史[②]，有开元礼，有道举[③]，有童子[④]。而明经之别，有五经，有三经，有二经，有学究，一经有三礼[⑤]，有三传[⑥]，有史科。此岁举之常选也。其天子自诏曰制举[⑦]。《唐书·选举志》。如姚崇下笔成章、张九龄道侔伊吕[⑧]之类，见于史者凡五十余科，《困学纪闻》：唐制举之名，多有八十有六。故谓之科目。宋王安石始罢诸科。今代止进士一科，则有科而无目矣。犹沿其名，谓之科目，非也。

【注释】①一史：唐科举科目之一。长庆二年（822），穆宗从谏议大夫殷侑奏，设三史科，又设一史科。能通一史者，同五经、三传例处分。其有出身者及前资官应考者，同学究一经例处分。②三史：唐科举科目之一。长庆二年（822），穆宗从谏议大夫殷侑奏，设三史科。魏晋南北朝以《史记》《汉书》《东观汉记》为三史。唐开元以后，因《东观汉记》失传，以《史记》《汉书》《后汉书》为三史。③道举：唐代科举制度的一个常科，即修习《老子》《庄子》《文子》《列子》等道教经典，并以此开科取士。④童子：唐宋两代特设考试科目之一，又称“童子举”，所选对象为年幼聪慧的童子。⑤三礼：儒家经典《周礼》《仪礼》《礼记》的合称。⑥三传：即“春秋三传”，为解释《春秋》的三部书，就是《左传》《公羊传》和《穀梁传》。⑦制举：即科，又称大科、特科，封建王朝临时设置的考试科目。目的在于选拔各种特殊人才。⑧道侔伊吕：唐代科举制科之一，属吏治类科目。

【译文】唐代的制度，录取进士有秀才、明经、进士、俊士、明法、明字、明算、一史、三史、开元礼、道举、童子等科目。而明经又有五经、三经、二经、究学一经、三礼、三传、史科等区分。这是每年定期举行考试选官的制度。皇帝下诏举行的称为“制举”。（见《新唐书·选举志》。）比如姚崇中的下笔成章科、张九龄中的道侔伊吕科之类。出现在历史记载的大约有五十多个科，（《困学纪闻》：唐代制举的名称，多达八十六个。）所以称之为“科目”。（宋代王安石才开始罢免诸科。）现在只有进士一科，就是有科无目了。但仍旧沿用旧名，称为“科目”，这不对呀。

王维桢①欲于科举之外仿汉唐旧制，更设数科，以收天下之奇士。不知进士偏重之弊，积二三百年，非大破成格，虽有他材，亦无由进用矣。

【注释】①王维桢：号槐野，华州（今陕西华县）人。博学多才，以博学强识著称。嘉靖十四年（1535）进士，后任南京国子监祭酒。

【译文】王维桢想在科举之外效法汉唐时期的制度，重新设立了几个科目，以便收纳天下出众的人才。不知道进士被偏重的弊病，已经积累了二三百年了，如果不是大力打破常规，即便有特别的才能，也没有机会被选拔任用。

制 科

唐制，天子自诏曰制举，所以待非常之才。《唐志》曰：“所谓制举者，其来远矣。自汉以来，天子常称制诏，道其所欲问而亲策之。唐兴，世崇儒学。虽其时君贤愚好恶不同，而乐善求贤之意，未始少怠。故自京师，外至州县，有司常选之士，以时而举。而天子又自诏，四方德行才能文学之士，或高蹈[①]幽隐与其不能自达者，下至军谋将略，翘关[②]拔山，绝艺奇伎，莫不兼取。其为名目，随其人主临时所欲。而列为定科者，如贤良方正、直言极谏，博通坟典、达于教化，军谋宏远、堪任将率，详明政术、可以理人之类，其名最著。而天子巡狩行幸[③]，封禅太山梁父[④]，往往会见行在，其所以待之之礼甚优。而宏材伟论非常之人，亦时出于其间，不为无得也。

【注释】①高蹈：指隐居。②翘关：翘，举。关，门关。后用作武试科目名。③行幸：古代专指皇帝出行。④太山梁父：太山：即东岳泰山。梁父：即梁父山，又名映佛山，坐落在新泰境内的徂徕山东。秦始皇曾封泰山而禅梁父。汉武帝、汉光武帝亦有此举。

【译文】唐代的科举制度，皇帝亲自下诏令叫“制举”，用以对待特殊的人才。《新唐书·选举志》说：“所谓的制举，已经有很长时间了。自汉代以来，皇帝经常下诏，说想要亲自问策考生。唐代兴盛起来时，世间崇尚儒学，虽然那个时代皇帝贤愚好恶各不相同，而爱好善事寻求贤才的心愿，未曾减少松懈。所以上至京城，下至州县，有主管官员定期选拔人才的人，根据时机选举人才。而且皇帝又亲自下诏令，各地德才兼备的读书人，或者隐士和那些不能自然显达的人，下至懂得用兵谋略，参加武举的大力士，有绝技、特殊技能的人，没有不被录用的。录用的名目，随着皇帝临时的想法。而列为固定科目的，比如贤良方正、直言极谏科，博通坟典、达于教化科，军谋宏远、堪任将率科，详明政术、可以理人科之类，最有名气。而皇帝外出巡查，“封禅”泰山、梁父山，在行在会见这类人，他们都会收到优厚的礼遇。而才干、言论出众的特殊人才，也时常会出现，这也不能算是没有收获。”

宋初，承周显德之制，设三科，不限前资[1]，见任职官、黄衣草泽[2]，并许应诏。景德增为六科。熙宁以后，屡罢屡复。宋人谓之大科。《叶祖洽传》：太宗岁设大科。《邵氏闻见录》：富韩公初游场屋，穆伯长谓之曰：进士不足以尽子之才，当以大科名世。今以殿试进士，亦谬谓之制科。

【注释】①前资：古代称已去职的官员。②黄衣草泽：黄衣，借指僧道或宦官。草泽，在野之士；平民。

【译文】宋代初期，沿用后周太祖显德时定的制度，设立三个科目，不限制已离任、现任官员，还是僧道、平民，都可以接受皇帝的诏命。宋真宗时增加为六个科目。宋神宗熙宁以后，多次停止与恢复。宋代人称为“大科”。(《叶祖洽传》：宋太宗每年开设大科。《邵氏闻见录》：韩国公富弼开始参加科举考试时，穆修（字伯长）对他说：进士科不足以发挥你的才能，应当以大科闻名于世。）现在认为殿试及第的进士，也错称为制科。

宋徐度《却扫编》曰：“国朝制科初因唐制，有贤良方正、能直言极谏，经学优深、可为师法，详明吏理、达于教化，凡三科。应内外职官、前资见任、黄衣草泽人，并许诸州及本司解送上吏部，对御[1]试策一道，限三千字以上。咸平中，又诏文臣于内外幕职州县官及草泽中，举贤良方正各一人，景德中，又诏置贤良方正、能直言极谏，博通坟典、达于教化，才识兼茂、明于体用，武足安边、洞明韬略、运筹决胜，军谋宏远、材任边寄，详明吏理、达于从政等六科。天圣七年复诏，应内外京朝官，不带台省馆阁职[②]事，不曾犯赃罪及私罪情理轻者，并许少卿监以上奏举[③]，或自进状乞应前六科。仍先进所业策论十卷，卷五道。候到下两省看详。如词理优长，堪应制科，具名闻奏。差官考试论六首，合格即御试策一道。又置高蹈丘园、沉沦草泽、茂才异等三科。应草泽及贡举人非工商杂类者，并许本处转运司逐州长吏奏举，或于本贯投状乞应，州县体量有行止别无玷犯者，即纳所业策论十卷，卷五道，看详词理稍优，即上转运司审察乡里名誉，于部内选有文学官再看详。实有文行可称者，即以文卷送礼部，委主判官看详，选词理优长者具名闻奏。余如贤良方正等六科，熙宁中悉罢之。而令进士廷试罢三题，而试策一道。建炎间诏复贤良方正一科，然未有应诏者。

【注释】①对御：皇帝赐宴，与群臣共饮。②馆阁职：宋代官制之一。宋承唐制，设史馆、昭文馆、集贤院三馆，总名崇文院。后于院中置秘阁，掌图书文籍之事。三馆、秘阁官和集贤殿修撰、直龙图阁等通称馆职，多以文学之士应选。③少卿监：唐、宋统称各寺、监长官为大卿监，各寺、监副长官为少卿监，总称为卿监。奏举：宋代官员选举方法。选人积累到一定任数、考数，由一定员数举主推荐，经磨勘改为京官；中级以上官员奉朝廷命令，荐举同级或下级官员任某种差遣；中级以上官员及皇室贵族依据荫补法，奏荐一定员数的子弟、亲属补授官职，皆属奏举。被荐人若在担任差遣期间违法、失职，举主亦须受罚。

【译文】宋代徐度编写的《却扫编》里说："国家的制科，原来依照唐代的制度，有贤良方正、直言极谏科，经学优深、可为师法科，详明吏理、达于教化科，大概这三个科目，允许朝廷内外官员，不论离任、现任的官员，还是僧道、平民百姓，一并许可各州以及本司选送到吏部，参加赐宴试策一道，字数限定三千字以上。咸平年间时又下诏令，让官员从内外幕僚、州县官员及民间，各推举一名贤良方正科。景德年间又下诏令："设立贤良方正、直言极谏，博通坟典、达于教化，才识兼茂、明于体用，武足安边、洞明韬略、运筹决胜，军谋宏远、材任边寄，详明吏理、达于从政等六个科目。天圣七年时又下诏："应诏内外在职京官，不兼任台省、馆阁职，没有犯过贪污受贿罪，个人罪行较轻的，允许少卿监以上的官员推荐，或者自己呈状，请求应诏前面说的六科。仍旧先要呈上所撰写的策论十卷，论卷五道，等待送到中书、门下两省审阅研究。如果文章杰出，可以应召制科，即署名上报皇帝，然后派考官考策论六首，合格的话就进行殿试。又设立了高蹈丘园、沉沦草泽、茂才异等三个科目。应诏的平民以及推选的举人并非从事工商业等一类的人，并且允许此地转运司、各州县吏推举贤能，或在原籍呈递文状请求应诏。州县体察衡量，有言行举止没有玷污侵犯他人的，即接受所撰写的策论十卷，论卷五道，审阅研究后文章义理略微优秀的，就上呈转运司，审查在乡里的名誉，在部内选文学官再审阅。确实有文章和德行可以称赞的，就把文章送到礼部，交给主判官审阅，再选出文章优异的，署名上呈皇帝。其他的像是贤良方正等六个科目，熙宁年间都取消了，而是让进士廷试取消三道题，而考试策试一道。宋高宗建炎年间下令恢复贤良方正科目，但是没有应诏的人。”

高宗立博学宏辞科，凡十二题：制、诰、诏、表、露布、檄、箴[①]、铭、记、赞、颂、序，内杂出六题，分为三场，每场体制一古一今。南渡以后，得人为盛，多至卿相翰苑者。今之第二场诏、诰、表三题，内科一道，亦是略仿此意。而苟简滥劣，至于全无典故，不知平仄者，亦皆中式[②]，则专重初场之过也。

【注释】①箴：古代文体的一种，以规劝、告诫为内容的文章。②中式：指科举考试被录取。

【译文】宋高宗设立了博学宏辞科，大约有十二个题名：制、诰、诏、表、露布、檄、箴、铭、记、赞、颂、序，混在一起出六个题目，分作三场，每一场的体裁是一古一今。南渡之后，由此获得的人才非常多，很多都做了大臣、翰林院。现在第二场考试中，诏、诰和表三个题目，内科一道，也是大概仿效这个意思。然而马虎简单滥用低劣，以致于完全没有典制成例，不知道平仄的人，也都被录取，则是只注重初场的过错了。

甲科

杜氏《通典》：“按令文科第，秀才与明经同为四等，进士与明法同为二等，然秀才之科久废，而明经虽有甲、乙、丙、丁四科，进士有甲、乙两科。自武德以来，明经惟有丙丁第，进士惟乙科而已。”《旧唐书·玄宗纪》“开元九年四月甲戌，上亲策试应制[①]举人于含元殿，敕曰：‘近无甲科，朕将存其上第。’”《杨绾传》：“天宝十三载，玄宗御勤政楼[②]，试举人登甲科者三人，绾为之首，超授右拾遗[③]，其登乙科者三十余人。”《册府元龟》。杜甫《哀苏源明诗》曰：“制可题未干，乙科已大阐。”然则今之进士而概称甲科，非也。

【注释】①应制：特指应皇帝之命写作诗文。②勤政楼：勤政楼是唐代著名建筑，因楼额题有“勤政务本之楼”而得名。③右拾遗：拾遗，唐代谏官名，有左、右拾遗。唐武则天时置，分属门下、中书两省。

【译文】杜佑《通典》说：“按照科举法令，秀才和明经一样是第四等，进士和明法一样为第二等。但是秀才科已经废除，而明经虽然有甲、乙、丙、丁四科，进士有甲、乙两科，自武德年间以来，明经只有丙、丁等级，进士只有乙科而已。”《旧唐书·玄宗纪》记载：开元九年四月甲戌日，皇帝在含元殿亲自考策举人，诏曰：‘最近几年没有甲科，朕将保留第一等。’”《杨绾传》说：“天宝十三载，唐玄宗在勤政楼试策举人，考中甲科的有三人，杨绾为第一名，升为右拾遗。”考中乙科的有三十多人。（见《册府元龟》。）杜甫《哀苏源明诗》说：“制可题未干，乙科已大阐。”但是今天的进士概括的称为甲科，这不对呀。

《隋书·李德林传》：“杨遵彦铨衡[①]深慎，选举秀才，擢第罕有甲科。德林射策五条，考皆为上。”是则北齐之世，即已多无甲科者矣。

【注释】①杨遵彦：杨愔（511—560），字遵彦，小字秦王，弘农华阴（今属陕西）人。南北朝时期北齐宰相。铨衡：考核、选拔。

【译文】《隋书·李德林传》说：“杨遵彦考核人才都是深思熟虑废除谨慎，选举秀才时，考中的很少有甲科。李德林作射策五条，都考在上等。”这样说来，在北齐时代，就已经很少有甲科了。

甲、乙、丙科始见《汉书·儒林传》：“平帝时，岁课[①]博士弟子甲科四十人为郎中，乙科二十人为太子舍人，丙科四十人补文学掌故[②]。”《萧望之传》，以射策甲科为郎。《匡衡传》数射策不中，至九，乃中丙科。褚先生《补史记》。

【注释】①岁课：汉代时，每年从太学中选任官吏的考试。②文学掌故：官名。汉郡国文学官之一。武帝从公孙弘请，命郡守与诸王相选学行并佳之士，赴太常学习，一年后经考核，通一艺以上者，补文学掌故缺。文学掌故得补郡国属吏之缺。

【译文】甲、乙、丙科最初见于《汉书·儒林传》中记述：“汉平帝时，岁课博士教授的学生，甲科中四十人是郎中，乙科中二十人是太子舍人，丙科中四十人补文学掌故。”《萧望之传》中记述，以射策甲科为郎官。《匡衡传》记载，参加了几次射策都没有考中，到第九次时，才中了丙科。（见褚少孙先生《补史记》。）

十八房

今制，会试用考试官二员总裁①，同考试官②十八员，分阅五经，谓之十八房。宋史：各房分经始于理宗绍定二年。嘉靖末年，《诗》五房，《易》《书》各四房，《春秋》《礼记》各二房，止十七房。万历庚辰、癸未二科，以《易》卷多添一房，减《书》一房，仍止十七房。至丙戌，《书》《易》卷并多，仍复《书》为四房，始为十八房。至丙辰，又添《易》《诗》各一房，为二十房。天启乙丑，《易》《诗》仍各五房，《书》三房，《春秋》《礼记》各一房，为十五房。崇祯戊辰，复为二十房。辛未《易》《诗》仍各五房，为十八房。癸未，复为二十房。今人概称为十八房云。

【注释】①总裁：明、清主持会试的官员。②同考试官：元代称科举考试时协同考试官工作的官员。相当于明、清的副主考。

【译文】当今的制度，会试的时候有两名总裁，同考试官十八名，分别评阅五经，称之为十八房。（《宋史》：各房分经始于宋理宗绍定二年。）嘉靖末年，阅《诗经》有五房，阅《周易》《尚书》各有四房，阅《春秋》《礼记》各有两房，合起来只有十七房。万历庚辰、癸未两科，以《易经》卷数增加一房，减去《尚书》一房，仍旧只有十七房。到万历丙戌科，《尚书》卷和《易经》卷一样多了，仍旧恢复为四房，才成了十八房。到了万历丙辰科，《易经》和《诗经》又各加了一房，成为二十房。天启乙丑科，《易经》和《诗经》仍然各有五房，

《尚书》三房，《春秋》《礼记》各一房，成了十五房。崇祯戊辰科，又成了二十房。崇祯辛未科时，《易经》和《诗经》依然各有五房，成为十八房。到崇祯癸未科，又成了二十房。现在人统称为十八房。

《戒庵漫笔》曰：江阴李诩著。"余少时学举子业，并无刻本窗稿[①]。有书贾在利考朋友家往来，抄得灯窗下课数十篇，每篇誊写二三十纸。到余家塾，拣其几篇，每篇酬钱或二文，或三文，忆荆川[②]唐顺之中会元，其稿亦是无锡门人蔡瀛与一姻家同刻。方山薛应旂中会魁[③]，其三试卷，余为从臾其常熟门人钱罗玉，以东湖书院活板印行，未闻有坊间板。今满目皆坊刻矣，亦世风华宝之一验也。"愚按弘治六年会试，同考官靳文僖批已有"自板刻时文行，学者往往记诵，鲜以讲究为事"之语。则彼时已有刻文，但不多耳。杨子常彝曰："十八房之刻，自万历壬辰《钩玄录》始，旁有批点，自王房仲士骕选程墨始[④]。至乙卯以后，而坊刻有四种：曰程墨，则三场主司及士子之文；曰房稿[⑤]，则十八房进士之作；曰行卷，则举人之作；曰社稿，则诸生会课之作。至一科房稿之刻，有数百部，皆出于苏杭，而中原北方之贾人，市买以去。天下之人，惟知此物可以取科名，享富贵，此之谓学问，此之谓士人，而他书一切不观。昔丘文庄当天顺、成化之盛，去宋元未远，已谓士子有登名前列，不知史册名目、朝代先后、字书偏旁者。举天下而惟十八房之读，读之三年五年，而一幸登第，则无知之童子，俨然与公卿相揖让，而文武之道，弃如弁髦[⑥]。《宋史》：理宗朝，奸弊愈滋，有司命题苟简，或执偏见臆说，或发策用事讹舛。所取之士既不精，数年之后，复俾之主文，是非颠倒逾甚。时谓之谬种流传。嗟乎！八股盛而六经微，十八房兴而廿一史废！昔闵子马⑦以原伯鲁之不说学，而卜周之衰。余少时见有一二好学者，欲通旁经而涉古书，则父师交相谯呵，以为必不得专业于帖括，而将为坎坷不利之人，岂非所谓'大人患失而惑'者与？陆氏曰：'大人惧违众而失位，心志惑乱，故徇流俗之说。'而亦曰：'可以无学。'若乃国之盛衰，时之治乱，则亦可知也已。"

【注释】①窗稿：旧称私塾中学生习作的诗文。②荆川：唐顺之（1507—1560），字应德，一字义修，号荆川。武进（今江苏常州）人。明代儒学大师、军事家、散文家、数学家，抗倭英雄。③方山：薛应旗（1500—1575），明学者、藏书家。字仲常，号方山。嘉靖十四年（1535）进士，曾任慈溪知县，官南京考功郎中。会魁：即五经魁。明清科举制度，考生于五经试题里各认考一经，录取时，取各经之第一名合为前五名，称五经魁（因分房关系，实际不止五名）。④王房仲：王士骕（1566—1601），字房仲。太仓人。王世贞次子。诸生，以荫入太学，工制义及古文词。著有《中弇山人稿》《王房仲稿》《摄月楼诗草》。程墨：科举时代，刊行官撰或士人中式试卷以为范例的文章。⑤房稿：明清进士平日所撰写的八股文选集，又称房书。⑥弃如弁髦：古时贵族子弟行加冠礼，先用黑布冠把垂发束好，三次加冠后就丢弃不用了。比喻毫不可惜地扔掉无用的东西。弁：黑布冠；髦：垂发。⑦闵子马：春秋时鲁国大夫。闵子马曾对公鉏说祸福无门，唯人所召，劝其恭敬事亲。公鉏后果富，并出仕为鲁君左宰。

【译文】江阴人李诩著有《戒庵漫笔》，当中说："我小时候学科举相关的学业，并没有刻本窗稿。有书商在善于考试的朋友家来往，在灯下抄来几十篇窗稿，每篇抄写了二三十张，到我家私塾来，挑选了几篇，每篇给报酬，大致两三文钱。回想唐顺之考中会元，他的文稿也是无锡门生蔡瀛和一位亲家一起刊刻的。薛应旂考中会魁，他的三场试卷，我劝说他的常熟门生钱罗玉，在东湖书院活板印刷发行，没听说有书坊印的。现在到处都有坊间刊刻本了，这也是社会繁荣的一个证明吧。”（按弘治六年会试，同考官靳文僖批文已经有“自板刻时文行，学者往往记诵，鲜以讲究为事”的文字。则说明那时已经有刊刻本，只是不多而已。）杨彝（字子常）说：“十八房的刻本，自万历壬辰科《钩玄录》开始，旁边有批注，从王士骕（字房仲）挑选中试范例文章开始。到万历乙卯科以后，坊刻本有四种：如果说程墨，就是指三场主试官及学生的文章；如果说房稿，则指十八房进士的文章；如果说行卷，就是举人的文章；如果说社稿，就是生员考试的文章。至于一个科目房稿的刻本，有几百部，都是出自苏杭，但是被中原北方的商人买走了。天下的人，只知道这个可以考取功名，享受荣华富贵，这称为学问，这称为读书人。而其他书一概不看。过去丘濬在天顺、成化兴盛之年，当时离宋代和元代并不远，就说有学子扬名于世，却不知道史书的名目、朝代的先后、汉字偏旁的。全天下之人只读十八房的文章，读个三年五载，一旦侥幸登科录取，那么这些无知的童子，就一本正经地和公卿相互行礼，而治国之道，就毫不可惜地扔掉了。（《宋史》：理宗朝，奸弊越发滋生，相关部门命题马虎简单，有的主张偏见臆说，有的发策用事错误。所选拔的士人既不精专，数年之后，再让这些人主管考试，导致是非颠倒非常严重。当时称为“谬种流传”。)唉!八股文盛行而六经衰微,十八房的文集兴盛而二十一史被废弃了!过去闵子马以原伯鲁不乐意学习,而预测周室的衰败。我年少的时候看见有一两个好学的人,想要通晓其他的经典而涉猎古书,可是父亲和师长却互相喝骂,认为必不能专一于八股文,而可能成为坎坷不幸的人,这难道不是“高位者害怕失去身份地位而困惑”的人吗?(陆绩说:‘大人惧怕违背众人而失去地位,心志惑乱,故而顺从流俗之说。’然而也说:‘可以无学。’)至于国家的兴衰,社会的安定与动乱,也就由此可知了。

经义论策

今之经义论策[1],其名虽正,而最便于空疏不学之人。唐宋用诗赋,虽曰雕虫小技,而非通知古今之人不能作。今之经义始于宋熙宁中,王安石所立之法,命吕惠卿、王雱等为之。《宋史》:“神宗熙宁四年二月丁巳朔,罢诗赋及明经诸科,以经义论策试进士。命中书撰大义式颁行。元祐八年三月庚子,中书省言:“进士御试答策,多系在外准备之文,工拙不甚相远,难于考教。祖宗旧制,御试进士赋、诗、论三题,施行已远,前后得人不少。况今朝廷见行文字,多系声律对偶,非学问该洽,不能成章,请行祖宗三题旧法。”诏来年御试,将诗赋举人复试三题,经义举人且令试策,此后全试三题,是当时即以经义为在外准备之文矣。《宋史·许禧传》:“神宗见其所上策曰‘禧言朝廷用经术变士,十已八九,然窃袭人之语,不求心通者相半。此言是也。’”陈后山[2]《谈丛》言:

“荆公经义行，举子专诵王氏章句而不解义。荆公悔之曰：‘本欲变学究为秀才，不谓变秀才为学究也。’”岂知数百年之后，并学究而非其本质乎？此法不变，则人才日至于消耗，学术日至于荒陋，而五帝三王③以来之天下，将不知其所终矣。

【注释】①经义：科举考试科目之一。宋代以经书中文句为题，应试者作文阐明其义理，故称。明、清沿用而演变成八股文。论策：古指议论当前政治问题、向朝廷献策的文章。清末科举废八股文，用策论代替。特点是以论点作为写作的中心。②陈后山：陈师道（1053—1102），字履常，一字无己，号后山居士，彭城（今江苏徐州）人，北宋诗人。元祐初起为徐州教授，历仕太学博士、颍州教授、秘书省正字，为苏门六君子之一，江西诗派重要作家。③五帝三王：五帝，传说中的五位帝王，说法不一。一般指黄帝、颛顼、帝喾、唐尧、虞舜。三王指夏、商、周三代开国之君。

【译文】现在的经义和论策，名分虽然正当，却方便了那些浮浅没有学问的人。唐宋时用诗赋取士，虽说是雕虫小技，但不是博览古今的人也写不好文章出来。现在的经义开始于宋神宗熙宁年间，王安石制定的法令，差使吕惠卿、王雱等人推行。（《宋史》：“神宗熙宁四年二月初一，罢去诗赋及明经诸科，以经义论策考试进士。命令中书撰写大义式颁行天下。）元祐八年三月二十三日，中书省官员说：“进士殿试的答策，大多是在考场外准备的文章，优劣差不了多少，难以比较。太祖太宗原来的制度是，殿试进士考赋、诗、论三个题目，已经实施了很久，前后取了很多人才。况且朝廷现在施行的文字，大多是声律和对句，如果不是学问广博，就写不出文章。恳请实行过去考论三个题目的制度。”皇帝下诏第二年的殿试，诗赋举人要复试三道题目，经义举人姑且进行试策，此后都考三道题，这是当时就已经把经义考当作在外边准备的文章了。(《宋史·许禧传》："神宗见许禧所上的策论说：我认为朝廷用经术变士，十人当中就有八九人，然而偷窃抄袭他人的语句，不求心通的就有一半。这句话就是证明。")陈师道在《后山谈丛》里说："王安石实行经义考，读书人专门诵读王氏的文章而不解其意。王安石后悔地说：本来是想把迂浅的学子变成优异之才，不料却将优异之才变成了迂浅之人。"怎么会知道几百年之后，摒弃学究并非王安石的本意呢？这个制度不改变，那么人才会逐渐耗费掉，学问逐渐荒疏，而五帝三王流传下来的天下，就不知道在何时终结了。

赵鼎[①]言："安石设虚无之学，败坏人才。"陈公辅[②]亦谓："安石使学者不治《春秋》，不读《史》《汉》，而习其所为《三经新义》[③]，皆穿凿[④]破碎无用之空言也。"若今之所谓时文[⑤]，既非经传，复非子史，展转相承，皆杜撰无根之语。前辈时文，无字不有出处。今但令士子作文，自注出处，无根之语，不得入文，自当攤指而退矣。《金史》：明昌元年，令举人程文所用故事，可自注出处。以是科名所得十人之中，其八九皆为白徒[⑥]。而一举于乡，即以营求[⑦]关说为治生之计。于是在州里则无人非势豪，适四方则无地非游客，而欲求天下之安宁、斯民之淳厚，岂非却行而求及前人者哉？

【注释】①赵鼎：南宋文学家（1085—1147），字元镇，号得全居士。解州闻喜县（今山西闻喜）人。被称为南宋中兴贤相之首，与李纲、胡铨、李光并称为南宋四名臣；善文、诗、词，有《忠正德文集》《得全居士词》等传世。②陈公辅（1076—1141）：字国佐，台州临海人，南宋名臣。有多部著作流传后世。③《三经新义》：经学教材。宋王安石撰《周官新义》，王雱、吕惠卿撰《毛诗义》《尚书义》之合称。为王安石变法的重要理论依据。熙宁八年（1075）颁于学校，成为法定教材，并用以取士，统一经义，以“一道德”。④穿凿：牵强附会。⑤时文：旧时对科举应试文体的通称。唐宋时指律、赋，明清时特指八股文。⑥白徒：不学无术之徒。⑦营求：营求私利。

【译文】赵鼎曾说：“王安石设立了荒诞无稽的学说，败坏人才。”陈公辅也说：“王安石让学子不研究《春秋》，不读《史记》《汉书》，而学习他们撰写的《三经新义》，这都是牵强琐碎无用的废话。”像现在的八股文，既不是经和传，也不是诸子百家和历史著作，辗转继承沿袭，都是杜撰的没有根据的话语。（前辈所写的时文，无字没有出处。如今只是让士子转写文章，自行注解出处，没有根据的话语，不能写在文章上，自行抹去而退下。《金史》：明昌元年，命令举人程文所用旧事，可以自行写出出处。）因此科举考中获取功名的十个人当中，其中八九个都是不学无术之人，而一旦中举，就以谋求私利、说情为谋生之计。于是在州府里，没有人不是豪强，若到各地去，那么没有一个地方没有门客，而想要寻求天下的安宁、百姓的淳厚，难道不是倒走而想追上前人吗？

《太祖实录》：“洪武三年八月，京师及各行省开乡试。初场《四书》疑问，本经义及《四书》义各一道，元制：有《四书》疑、本经疑。洪武三年开科，以《大学》‘古之欲明明德于天下者’二节、《孟子》‘道在迩而求诸远’一节合为一题，问二书所言平天下大指同异。此即宋时之法。第二场论一道。第三场策一道。中式者，后十日，复以五事试之，曰骑、射、书、算、律，骑观其驰驱便捷，射观其中之多寡，书通于六义①，算通于九法，律观其决断。诏文有曰：'朕特设科举，以起怀才抱德之士，务在经明行修②，博通古今，文质得中③，名实相称。其中选者，朕将亲策于廷，观其学识，第其高下，而任之以官。'"伏读此制，真所谓求实用之士者矣。至十七年，命礼部颁行科举成式：第一场《四书》义三道，经义四道，未能者许各减一道；第二场论一道，诏、诰、表内科一道，判语④五条；第三场经史策五道，文辞增而实事废，盖与初诏求贤之法稍有不同，而行之二百余年，非所以善述祖宗之意也。二十五年二月甲子，儒学生员兼习射与书算，俟其科贡兼考之。后废不行。宣德四年九月乙卯，北京国子监助教王仙言："近年生员止记诵文字，以备科贡，其于字学算法，略不晓习。改入国监，历事诸司，字画粗拙，算术不通，何以居官涖政？乞令天下儒学生员，兼习书算。"上从之。

【注释】①六义：指《诗经》中的：风、雅、颂、赋、比、兴六种写作技巧。②经明行修：经明：即明经，指通晓经学的要旨；修：完好，端正。指通晓经学，品德端正。③得中：合适；正好。④判语：科举考试的内容之一。指考生对"疑事"所下的断语。

【译文】《太祖实录》里说："洪武三年八月，京城和各省举行乡试，第一场考《四书》疑问，本经义和《四书》义各一道，（元朝制度：有《四书》疑、本经疑。洪武三年开科取士，以《大学》'古之欲明明德于天下者'二节、《孟子》'道在迩而求诸远'一节合为一题，问二书所言平天下大旨异同。这就是宋代科举的方法。）第二场考一道论，第三场考一道策问。考中的人，十天以后，以下述五个项目测试，分别是骑术、射箭、文章、算术、律法。以骑术观察他策马的灵活性，以射箭看射中的多少，以文章看他是否通晓六义，以算术看他精通九章算术，以律法看他的决断能力。诏文中说：'朕特意设立科举来起用有学问和德行的人，必须在经学和品德方面，学识渊博，文章和德行相配，名声与实际一致。被录取的人，朕会亲自在朝廷问策，考察他的学识，根据高下的等级，从而安排官职。'"看到这个制度，真正是寻求实用的人呀。到洪武十七年，朝廷令礼部颁布实行科举的法规：第一场考《四书》义三道题，经义四道题，答不出的，允许各减去一道题。第二场考一道论，在诏令、诰令、奏章内抽一个科目，判语五条。第三场考经史策论五道。文章内容增加了而实际意义却废止了，大概和当初下诏求贤之法稍微有所不同，却实行了两百年，不是很好地传承国初的本意了。（洪武二十五年二月十三日，儒学生员同时学习射箭与书算，等到他参加科贡时同时考试。随后废止不再实行。宣德四年九月十二日，北京国子监助教王仙上奏："近年来生员只是记诵文字，以备参加科贡，其余对于字学算法，大多不精通。改入国子监，在各个部门担任职事，字画粗疏拙劣，算术不精通，怎能在官执政呢？请求命令天下儒学生员，同时学习书法算术。"宣宗同意这个建议。）

《四书》疑，犹唐人之判语，设为疑事问之，以观其学识也。《四书》义，犹今人之判语，不过得之记诵而已。苟学识之可取，则刘蕡之对，止于一篇已足。盖一代之人才，徒以记诵之多，书写之速，而取其长，则七篇不足为难，而有并作五经二十三篇，如崇祯七年之颜茂猷[①]者，奉旨特赐中式，及殿试第二甲第二名，赐进士出身。亦何裨于经术，何施于国用哉。

【注释】①颜茂猷：字壮其，又字仰子，明朝福建平和人。崇祯七年会试落第，皇帝念其兼通五经，特赐进士。著有《迪吉录》《六经纂要》。

【译文】《四书》疑，如同唐人的判语，假设难以辨别的事让他辨析，以便考察他的学识。《四书》义，好比现代人的判语，不过是让他记诵而已。假如学识可以选用，那么像刘蕡的策论，一篇就足够了。一代人才，只以背诵的多，书写的快，而选用他的长处，那么七篇都不是什么难事，何况有作五经二十三篇的，比如崇祯七年考中的颜茂猷（奉旨特赐进士及第，以及殿试第二甲第二名，赐进士出身），那他对于经学又什么益处，于治国安邦有什么用处呢？

《实录》言："洪武十四年六月丙辰，诏于国子诸生中，选才学优等聪明俊伟之士，得三十七人。命之博极群书，讲明道德经济之学，以期大用，称之曰老秀才。累赐罗绮袭衣[①]中靴，礼遇甚厚。"后来庶吉士之制，实本于此。是则圣祖所望于诸生者，固不仅以帖括之文，而惜乎大臣无通经之士，使一代吁俊[②]之典但止于斯，可叹也！

【注释】①袭衣：古代行礼时，穿在裼衣外面的上衣。也指成套衣服。

②吁俊：求贤。典出《尚书》："迪惟有夏，乃有室大竞，吁俊尊上帝。"

【译文】《太祖实录》说："洪武十四年六月初二，皇帝下诏在国子监学习的生员中，挑选才学优异、聪慧杰出的人才，共选出了三十七位。让他们博览群书，研究明了道德和经济学问，希望能够重用他们，这些人被称为老秀才。屡次赏赐丝绸、衣服、鞋子，受到相当优厚的待遇。"（后来庶吉士制度，实际来源于此。）这是圣祖对这些生员寄予厚望，当然不只是记诵些帖括之文，而是可惜大臣中没有精通经典之人，致使一代寻求贤能的制度就这样终止了，真是令人感慨啊。

永乐二十二年十月丁卯，仁庙谕大学士杨士奇[1]等曰："朝廷所重安百姓，而百姓不得蒙福者，繇牧守匪人。牧守匪人，繇学校失教，故岁贡[2]中，愚不肖十率七八。古事不通，道理不明，此岂可任安民之寄？"当日贡举之行，不过四十年，而其弊已如此，乃护局[3]之臣，犹托之祖制而相持不变乎？

【注释】①大学士：辅助皇帝的高级秘书官。又称内阁大学士、殿阁大学士等，也有协办大学士。明清时流行的中堂一称，一般是指大学士或首辅大学士。杨士奇（1366—1444）：名寓，字士奇，号东里，吉安府泰和县（今江西泰和县）人。明代宰相，著名学者。②岁贡：即岁贡生，俗称"明经"。在科举时代，挑选府、州、县生员中成绩或资格优异者，升入京师的国子监读书，这些读书人统称为贡生，意为贡献给皇帝的人才。③护局：护短。庇护。

【译文】永乐二十二年十月二十六日（此时明成祖早已去世），仁宗对大学士杨士奇等人说："朝廷重视百姓的安定，但是百姓并没有受到福利的原因，就在于长官行为不正，长官行为不正，在于学校失于教诲，所以每年推送的贡生当中，愚笨不才者大概十有七八。不通典故，不明道理，这些人怎么能够担任让百姓安定的官职呢。”当年实行的贡举，到现在不过四十来年，而弊病就已经这样了。可是护短之臣，还要抱着祖制相持不变吗?

三 场

明初三场之制，虽有先后，而无重轻。乃士子之精力多专于一经，略于考古。主司阅卷，复护初场所中之卷，而不深求其二三场。夫昔之所谓三场，非下帷[①]十年，读书千卷，不能有此三场也。今则务于捷得，不过于《四书》一经之中，拟题一二百道，窃取他人之文记之。入场之日，抄誊一过，便可侥幸中式，而本经之全文，有不读者矣。率天下而为欲速成之童子，学问由此而衰，心术由此而坏。宋嘉祐中，知谏院[②]欧阳修上言：“今之举人，以二千人为率，请宽其日限，而先试以策而考之。择其文辞鄙恶者，文意颠倒重杂者，不识题者，不知故实[③]略而不对所问者，误引事迹者，虽能成文而理识乖诞者，杂犯旧格[④]不考式者，凡此七等之人先去之，计二千人可去五六百。以其留者，次试以论，又如前法而考之，又可去其二三百。其留而试诗赋者，不过千人矣。于千人而选五百，少而易考，不至劳昏，考而精当，则尽善矣。纵使考之不精，亦当不至大滥，盖其节抄剽盗之人，皆以先策论去之矣。比及诗赋，皆是已经策论，粗有学问理识，不至乖诞之人，纵使诗赋不工，亦可以中选矣。如此可使童年新学、全不晓事之人，无由而进。”今之有天下者，不能复两汉举士之法，不得已而以言取人，则文忠之论，亦似可取。盖救今日之弊，莫急乎去节抄剽盗之人。而七等在所先去，则暗劣之徒，无所侥幸，而至者渐少，科场亦自此而清也。

【注释】①下帷：原指汉代董仲舒下帷讲学，三年不看窗外，后引申指闭门苦读。②知谏院：谏院是宋代设立的舆论机关，负责在朝廷中搜集建议和评论。当时在朝廷中设立谏官和御史，通称台谏。明道元年（1032）以门下省址为谏院，设知院六人，以谏议大夫、司谏、正言充任。以其他官员充任的，称知谏院。③故实：出处；典故。④旧格：旧有的规章、条文。

【译文】明朝初年科举考试“三场”的制度，虽然有先后顺序，但没有高下之分。于是学子们的精力，大多专攻一部经典，而忽略考订古代文献。主试官阅卷的时候，又拿着初场考中的答卷，而不再深入评阅二三场的内容了。过去所谓的“三场”，不苦读十年书，读上千卷，就不能参加这三场考试。现在则谋求迅速领会，不过是在《四书》的一部经典中，拟定一二百道题目，偷取别人的文章记下来。进考场的时候，抄写过了，便有可能侥幸得中，而对于经典全文，都有没读完的。大概天下都想成为速成的童生，学问因此而衰落，心术因此而败坏。宋仁宗嘉祐中期，知谏院欧阳修上书说：“现在的举人，以两千人来计算，请宽限一些时间，先测试一下策问。选出那些文辞鄙陋低劣的人，文意颠倒重复杂乱的人，不辨识考题的人，不知出处概要而文不对题答非所问的人，错误的引用事迹的人，虽然能写文章但见解悖谬的人，违反规章制度没有参加考试的人，把所有这七类人先去掉，算下来两千人能够去掉五六百。其他剩下的人，再以论文测试，再用前面一样的办法考察，又能去除二三百人。最后留下来参加诗赋考试的人，不超过一千人了。从一千人中选出五百人，人数少容易考核，不至于疲劳昏沉，试考精确恰当，那么就相当完善了。即便考核不是很精准，也不至于太过。大概抄袭剽窃的人，都用策和论去除了。到诗赋考试，都是经过策论选拔，大略有些学问见解的，不至于是些荒谬之人。即使诗赋不工整，也可以录取啊。这样一来，可以让年幼初学、完全不明晓事理的人，没有办法进入（官员之列）。”现在的当权者，不能恢复两汉推举人才的办法，不得已而用文章录取人才，那么欧阳修的主张，似乎也可以采纳。大概现在科举的弊病，没有比除去抄袭剽窃的人更迫切的了。这七类人先除去，那么愚昧低劣之人，没有侥幸心理，来参加考试的逐渐减少，考场也就清明了。

拟题

今日科场之病，莫甚乎拟题。且以经文言之，初场试所习本经义四道，而本经之中，场屋可出之题不过数十。富家巨族，延请名士，馆于家塾，将此数十题各撰一篇，计篇酬价，令其子弟及僮奴之俊慧者，记诵熟习。入场命题，十符八九，即以所记之文抄誊上卷，较之风檐[1]结构，难易迥殊，《四书》亦然。发榜之后，此曹便为贵人，年少貌美者多得馆选，天下之士靡然从风，而本经亦可以不读矣。予闻昔年五经之中，惟《春秋》止记题目，然亦须兼读四传[2]。又闻嘉靖以前，学臣命《礼记》题，有出《丧服》以试士子之能记否者，百年以来，《丧服》等篇皆删去不读，今则并《檀弓》不读矣。《书》则删去《五子之歌》《汤誓》《盘庚》《西伯勘黎》《微子》《金胺》《顾命》《康王之浩》《文侯之命》等篇不读。《诗》则删去淫风、变雅[3]不读，《易》则删去《讼》《否》《剥》《豚》《明夷》《睽》《蹇》《困》《旅》等卦不读，止记其可以出题之篇，及此数十题之文而已。"读《论》惟取一篇，披《庄》不过盈尺。"《隋书·崔赜传》。因陋就寡[4]，赴速邀时[5]。《旧唐书·薛谦光传》。昔人所须十年而成者，以一年毕之。昔人所待一年而习者，以一月毕之。成于剿袭，得于假倩[6]，卒而问其所未读之经，有茫然不知为何书者。

【注释】①风檐：指科举时代的考试场所。②四传：指《左传》《公羊传》《穀梁传》及宋朝胡安国所著《春秋传》。③变雅：《诗经》中《小雅》《大雅》的部分内容，与"正雅"相对，一般是指反映周政衰乱的作品。④因陋就寡：指满足于简陋苟且，不求改进。⑤邀时：谋求有利的时机。⑥假倩：假手于人。

【译文】现在科场的弊病，莫过于拟题。姑且用经文来说，初场考试所要学习的本经义四道，而本经之中，考场中可以出的题目，不过几十道。富裕之家和有声望的人家，聘请名士，在家里设私塾，把这几十道题各写一遍，按照篇数付给酬劳，让后生以及奴仆中俊俏聪明的人，记诵熟练。进考场后看题目，相吻合的有十之八九，便将背诵的文章抄写到试卷上，相较而言，争分夺秒，安排文章结构，考生遇到难易程度都差别很大。考《四书》也是这个样子。到发榜之后，这些人便成了身价显赫之人，年轻俊秀的大多被选任馆职。天下的读书人都纷纷效仿成了风气，连本经都不用读了。我听说当年五经当中，只有《春秋》只记个题目，但是四传也必须全部研读。又听说在嘉靖以前，学臣命令从《礼记》中出题，有出《丧服》篇以此测验学子能否记住。百年以来，《丧服》等篇章都已经删除不研读。现在就连《檀弓》都不读诵了。《尚书》则删去《五子之歌》《汤誓》《盘庚》《西伯勘黎》《微子》《金縢》《顾命》《康王之诰》《文侯之命》等篇章不研读。《诗经》则删去有关淫奢之风和变雅的内容不读。《周易》中则删去《讼》《否》《剥》《豚》《明夷》《睽》《蹇》《困》《旅》等卦不读，只记可以出题的篇章，以及这几十道拟题的文章而已。“读《论语》只选取一篇，翻阅的《庄子》还不足一尺。”（见《隋书·崔赜传》。）满足于简陋苟且，追求速成谋求时机。（见《旧唐书·薛谦光传》。）过去人们需要十年才能取得成就的，用一年就完成了。过去人们需要一年学习的，一个月就完成了。获取的成就来自于剽窃抄袭、假借他人之手，突然间考问到他所没有学习过的经典，就有茫然不知道是哪本书的情况。

故愚以为八股之害，等于焚书，而败坏人材，有甚于咸阳之郊所坑者，但四百六十余人也。请更其法，凡《四书》《五经》之文，皆问疑义，使之以一经而通之于五经。又一经之中亦各有疑义，如易之郑、王，《诗》之毛、郑，《春秋》之《三传》，以及唐宋诸儒不同之说，《四书》《五经》皆依此发问。汉人谓发策决科者，正是如此。其对者，必如朱子所云：“通贯经文，条举众说，而断以己意。”《宋史·刘恕传》：“举进士，诏能讲经义者别奏名，应召者才数十人。恕以《春秋》《礼记》对，先列注疏，方引先儒异说，末乃断以己意。凡二十问，所对皆然。”其所出之题，不限盛衰治乱，《宋文鉴》载：“张庭坚《自靖人自献于先王》经义一篇。”使人不得意拟，而其文必出于场中之所作，则士之通经与否，可得而知，其能文与否，亦可得而验矣。又不然，则姑用唐宋赋韵之法，犹可以杜节抄剽盗之弊。盖题可拟，而韵不可必，文之工拙，犹其所自作，必不至以他人之文抄誊一过，而中式者矣。其表题专出唐宋，策题兼问古今，如王梅溪集中所载。人自不得不读《通鉴》矣。夫举业之文，昔人所鄙斥而以为无益于经学者也。今犹不出于本人之手焉，何其愈下也哉！

【译文】因此我认为八股文的祸害，等于焚书，并且败坏的人才，甚至超过咸阳城外坑杀的人，那也不过四百六十多人。请求更改考试的方法，凡是《四书》《五经》的内容，都可以考问疑义，使学子学一经而通五经。同时每一部经之中也各有疑义，比如《周易》当中的郑、王，《诗经》中的毛、郑，《春秋》里的三传，以及唐宋各儒士的学说，《四书》《五经》都可以这样考。（汉代人称为发策决科的，正是如此。）答题的人，必然像朱子所说的那样：“通晓经文，逐条举出各家学说，并且以自己的意思判定。”（《宋史·刘恕传》：“刘恕参加进士科考试，皇帝下诏能讲经义者另外奏名，应召者仅仅数十人。刘恕以《春秋》《礼记》应对，首先列出注疏，才引用先儒不同的说法，最后才按照自己的意思断定。总共二十问，刘恕所对都是如此。”）考试所出的题目，不限定兴盛、衰落、安定、动乱，（《宋文鉴》记载：“张庭坚《自靖人自献于先王》经义一篇。”）不能让人推测出拟题，他的文章必然在考场中写出，那么考生是否通晓经文，就可以由此得知，他能否写出文章，也能够得以验证了。再不然，就姑且用唐宋分韵的方法，仍然可以杜绝抄袭剽窃的弊端。题目虽然可以提前拟定，而音韵却不能确定，文章的优劣，尚且是考生自己作的，必然不至于出现用他人的文章抄写一遍，就中试的情况啊。科举中的试题单出唐宋，策题兼问古今，（如王梅溪集中所记载。）人们自然不得不读《资治通鉴》了。科举的文章，过去人们都轻视斥责，认为对经学没什么益处。现在尚且不是出自本人之手，多么差了啊？

读书不通《五经》者，必不能通一经，不当分经试士。且如唐宋之世，尚有以《老》《庄》诸书命题，如《卮言日出赋》①，至相率扣殿槛②乞示者。今不过五经、益以《三礼》《三传》，亦不过《九经》而已。此而不习，何名为上？《宋史》：“冯元③授江阴尉时，诏流内铨④以明经者补学官，元自荐通《五经》。谢泌⑤笑曰：‘古人治一经而至皓首，子尚少，能尽通邪？’对曰：‘达者一以贯之。’更问疑义，辨析无滞。”

【注释】①《卮言日出赋》：宋太宗为了整治科场歪风，特意从《庄子·寓言》中摘出“卮言日出”四个字拟了这道冷僻的赋题。②扣殿槛：汉代槐里令朱云朝见成帝时，请赐剑以斩佞臣安昌侯张禹。成帝大怒，命将朱云拉下斩首。云攀殿槛，抗声不止，槛为之折。经大臣劝解，云始得免。后修槛时，成帝命保留折槛原貌，以表彰直谏之臣。后用为直言谏诤的典故。③冯元（975—1037）：南海（今属广东）人。字道宗，自幼师从崔颐正和孙奭精研五经大义，曾与乐安孙质、吴陆参谯和夏侯圭善一起讲学，号称“四友”。④流内铨：宋官署名。属吏部，掌幕职、州县官以下注拟、磨勘等事。⑤谢泌（950—1012）：字宗源，歙州歙县人，谢安二十七世孙。北宋太宗、真宗时期）两朝名臣。

【译文】读书不通晓《五经》的人，必然不能通晓一部经典，不应当分裂开《五经》来考士子。就像唐宋之时，尚且有以《老子》《庄子》各类书的内容命题的，比如说《卮言日出赋》，到相继折槛劝谏的。现在考的不过《五经》，再加上《三礼》《三传》，也不过是《九经》而已。连这些经典都不研习，怎么称得上读书人呢？《宋史》里说：“冯元任江阴尉时，诏令流内铨以明晓经学的人补任学官，冯元自我推荐通晓《五经》。谢泌笑着说：‘古人研究一部经都到白头了，您还年轻，能完全通晓《五经》吗？’冯元回答道：‘通达者以一部经即可贯全部。’”再问他疑义，辨别解析地流畅无滞。

《石林燕语》：“熙宁以前，以诗赋取士，学者无不先遍读五经。余见前辈，虽无科名人，亦多能杂举《五经》。盖自幼学时习之，故终老不忘。自改经术，人之教子者，往往便以一经授之，他经纵读，亦不能精。其教之者，亦未必皆通《五经》，故虽经书正文，亦多遗误。”若今人问答之间，称其人所习为‘贵经’，自称为

‘敝经’，尤可笑也。

【译文】《石林燕语》里记载：“宋神宗熙宁以前，以诗赋录取官员，求学的人没有不遍读五经的。我观察到很多年长的，虽然没有科举功名的人，很多都能共同谈论《五经》。也许是因为从小学习的时候就研习，所以到年老是都没忘记。自从改了经学，人们教育孩子，往往只教授一部经，其他的经典纵然有读诵，也不能精通。那些教书的人，也未必都通晓《五经》，所以经书的正文，也多有遗漏错误。”像现在的人在问答之间，称对方研习的经为“贵经”，称自己的为“敝经”，真是可笑呀。

科场之法，欲其难，不欲其易。使更其法，而予之以难，则觊幸[①]之人少。少一觊幸之人，则少一营求患得之人，而士类可渐以清。抑士子之知其难也，而攻苦[②]之日多，多一攻苦之人，则少一群居终日言不及义之人，而士习可渐以正矣。

【注释】①觊幸：希图侥幸。②攻苦：指刻苦。

【译文】科场选士的标准，希望要难一些，不希望太容易。假使更改标准，而增加难度，那么希图侥幸的人就少了。少一个心存侥幸的人，就少一个寻求患得患失的人，而读书人群体可以逐渐纯净。或者说学子知道考试难度大，刻苦学习的时日就会增多，多一个刻苦的人，就少一个成天聚在一起不讲正经事的人，那么读书人的风气就可以逐渐扶正了。

《墨子》言:“今若有一诸侯于此,为政其国家也,曰:‘凡我国能射御之士,我将赏贵之;不能射御之士,我将罪贱[1]之。’问于若国之士,孰喜孰惧?我以为必能射御之士喜,不能射御之士惧。曰:‘凡我国之忠信之士,我将赏贵之;不忠信之士,我将罪贱之。’问于若国之士,孰喜孰惧?我以为忠信之士喜,不忠信之士惧。”今若责士子以兼通《九经》,记《通鉴》历代之史,而曰:“若此者中,不若此者黜。”我以为必好学能文之士喜,而不学无文之士惧也。然则为不可之说,以挠吾法者,皆不学无文之人也,人主可以无听也。

【注释】①罪贱:责罚而鄙弃之。

【译文】《墨子》有言:“假如现在这里有一位诸侯,为了治理他的封国,说:‘凡是国内能够射箭御马的,我将奖赏重用他;不懂射箭御马的人,我将责罚鄙弃他。’假若问国内的人,谁会欢喜,谁会恐惧呢?我认为能射箭御马的人会欢喜,不能射箭御马的人会恐惧。说:‘凡是国内忠诚信实的人,我将奖赏重用他;不忠不信的人,我将责罚鄙弃他。’假若问国内的人,谁会欢喜,谁会恐惧呢?我认为忠诚信实的人会欢喜,不忠不信的人会恐惧。”现在若是要求学子同时通晓《九经》,记住《资治通鉴》的各朝代历史,并且说:“只有这样才能考中,不这样就落第。”我认为必然是好学善于写文章的人欢喜,而不学无术的人会恐惧担忧。那么说不能这样做的,以阻挠国家法令的,都是些不学无术之人,国君可以不用听了。

今日欲革科举之弊，必先示以读书学问之法，暂停考试数年而后行之，然后可以得人。晋元帝从孔坦[①]之议，听[②]孝廉申至七年乃试，胡三省注："缓为之期曰申。"古之人有行之者。

【注释】①孔坦（285—335）：字君平，晋朝人，居会稽。孔子后裔。任世子文学，后补为太子舍人，迁尚书郎，任吴郡太守，后迁尚书，疾笃未任。累迁廷尉，故称孔廷尉。晋元帝年间，建议申明贡举之制，崇修学校。

【译文】现在想要革除科举的弊病，必须先告示读书做学问的方法，暂停几年考试再进行，然后就能得到人才。晋元帝听取了孔坦的建议，将举孝廉推缓了七年才考试。（胡三省说："延缓时间称为申。"）古人有这样做的。

题切时事

考试题目多有规切[①]时事，亦虞帝"予违汝弼[②]"之遗意也。《宋史·张洞传》"试开封进士，赋题曰'孝慈则忠'。时方议濮安懿王称皇事[③]，英宗曰：'张洞[④]意讽朕。'宰相韩琦进曰：'言之者无罪，闻之者足以戒。'上意解。"古之人君近则尽官师之规，远则通乡校之论，此义立而争谏[⑤]之途广矣。

【注释】①规切：劝诫谏正。②予违汝弼：古代天子勖勉大臣进谏之词。言我有过失，你应匡正。③议濮安懿王称皇事：宋英宗时代对生父尊礼濮安懿王赵允让的讨论，引起了一系列政治事件。④张洞：字仲通，开封祥符人，北宋大臣。⑤争谏：直言规劝。

【译文】考试的题目大多有劝谏时事，这也是虞舜"我有过失，你应匡正"的遗意。《宋史·张洞传》说："举行开封进士考试，题目是'孝慈则忠'。当时朝中正在讨论濮安懿王名分的事件。宋英宗说：'张洞意在讽谏朕。'宰相韩琦说：'进谏的人没有过错，听的人应当引以为戒。'皇帝怒意缓解了。"古代的君王，近则知道百官的规劝，远则明了乡校的言论，这个法度确立了，那么劝谏的途径就很广泛了。

天启四年，应天乡试题"今夫弈之为数"一节，以魏忠贤始用事也。浙江乡试题"君之视臣如手足，则臣视君如腹心"，以杖杀工部郎万憬也。七年江西乡试题"皓皓乎不可尚已"，其年监生陆万龄请以忠贤建祠国学也。万龄疏，以忠贤芟除奸党为诛少正卯，定《三朝要典》为作《春秋》，请上特制碑文，并祠其父于后室，以比于启圣。崇祯三年，应天乡试题"举直错诸枉，能使枉者直"，以媚奄诸臣，初定逆案[①]也。此皆可以开帝聪而持国是者。时当季叶，而《沔水》《鹤鸣》之义犹存于士大夫，可以想见先朝之遗化。若崇祯九年应天乡试《春秋》题"宋公入曹，以曹伯阳归"，以公孙彊比陈启新，是以曹伯阳[②]比皇上，非所宜言，大不敬。天启七年顺天乡试《书经》题"我二人共贞"，以周公比魏忠贤，则又无将[③]之渐，亦见之弹文者也。

【注释】①定逆案：明思宗时处置阉党的事件。②曹伯阳：姬姓，曹氏，名阳。春秋末期曹国第二十六任君主，史称“曹废公”。其继位后，任用平民公孙彊担任司城。曹国屡次遭受邻国侵略，于是公孙彊陈说“称霸”的策略，曹伯阳采纳了，主动与晋国断交，并进攻宋国。曹伯阳十五年，宋国出兵攻打曹国，攻破陶丘，曹伯阳被杀，曹国灭亡。③无将：原为勿存叛逆篡弑之心，后多反其意而用之，谓心存谋逆为“无将”。

【译文】明熹宗天启四年，应天府的乡试题目“今夫弈之为数”一段，因为魏忠贤开始当权。浙江乡试的题目是“君之视臣如手足，则臣视君如腹心”，因为（魏忠贤）杖杀了工部侍郎万憬。天启七年江西乡试的题目为“皓皓乎不可尚已”，那一年监生陆万龄上书请求给魏忠贤建立祠堂、国学。（万龄奏疏中，把魏忠贤剪除奸党比作孔子诛杀少正卯，定《三朝要典》为作《春秋》，请求上特制碑文，并在后室祭祀其父，来比作孔子父亲启圣王。）崇祯三年，应天乡试题目为“举直错诸枉，能使枉者直”，是因谄媚宦官的官员，开始定逆案。这些都可以开启皇帝的视听而护持国政。当时正是末世，但《诗经》中的《沔水》《鹤鸣》的正义仍然存在于士大夫的身上，可以推想前朝遗留下来的教化。像是崇祯九年，应天府乡试，《春秋》题“宋公入曹，以曹伯阳归”，以公孙彊比作陈启新，以曹伯阳比作皇帝，真是不应当说的话，这是大不敬。天启七年顺天乡试，《书经》题“我二人共贞”，以魏忠贤比作周公，那么他们谋逆的征兆，也从弹劾的奏疏中显现出来了。

景泰初，也先[1]奉上皇至边，边臣不纳，虽有社稷为重之说，然当时朝论，即有以奉迎之缓为讥者。顺天乡试题《所谓平天下在治其国者》一节，盖有讽意。

【注释】①也先（1407—1454）：人名。绰罗斯·也先，简称也先。明蒙古瓦剌部人，明正统四年（1439）成为瓦剌的首领，正统十四年土木堡之役，击败明兵，俘虏英宗，后败于于谦，始请和并送英宗归，后杀其可汗脱脱不花，自称大元天圣可汗。恃强骄恣荒于酒色，为其部下所杀。清朝时期译作“额森”。

【译文】景泰初年，也先将上皇（明英宗）送到边界，边界的官员不接纳。虽然有江山社稷为重之说，但当时朝廷的议论，就有以恭迎缓慢作为讥讽的。顺天乡试的题目为“所谓平天下在治其国者”一段，大概有讽刺之意。

试文格式

经义之文，流俗谓之八股，盖始于成化以后。股者，对偶之名也。天顺以前，经义之文，不过敷演[①]传注，或对或散，初无定式，其单句题亦甚少。成化二十三年会试，“乐天者保天下”文，起讲[②]先提三句，即讲“乐天”四股，中间过接[③]四句，复讲“保天下”四股，复收四句，再作大结[④]。弘治九年试，“责难于君谓之恭”文，起讲先提三句，即讲“责难于君”四股，中间过接二句，复讲“谓之恭”四股，复收二句，再作大结。每四股之中，一反一正，一虚一实，一浅一深。亦有聊属二句四句为对，排比十数对成篇，而不止于八股者。其两扇立格[⑤]，谓题本两对，文亦两大对。则每扇之中，各有四股。其次第之法，亦复如之。故今人相传谓之八股。若长题则不拘此。嘉靖以后，文体日变，而问之儒生，皆不知八股之何谓矣。《孟子》曰："大匠诲人，必以规矩。"今之为时文者，岂必裂规偭[6]矩矣乎？

【注释】①敷演：陈述而加以发挥。②起讲：八股文的第三股，概要叙述全文，以引发议论。③过接：过渡连接。④大结：八股文的结束部分称"大结"。⑤立格：订出标准。⑥偭（miǎn）：违背。

【译文】经义之文，社会上称为八股，大概始于明宪宗成化年间以后。所谓股，就是对偶之称。明英宗天顺年以前，经义的文章，不过是陈述发挥传注，有对偶有散句，起初没有固定的格式，单句题目也很少。成化二十三年会试，"乐天者保天下"一文，起讲首先说三句概述，即讲"乐天"四段，中间四句过渡，再讲"保天下"四段，再以四句收尾，最后作大结。弘治九年会试时，"责难于君谓之恭"一文，起讲先说三句，即说"责难于君"四段，中间两句过渡，再说"谓之恭"四段，再用两句收尾，最后作大结。每四段中间，一反一正，一虚一实，一浅一深。（也有聊属二句、四句为对，排比十数对形成一篇，而不止八股。）每一页都有标准，（是说题本两对，文章也有两大对。）每页各有四股。后面的次序规范，也是这样。所以现在人们相传称为"八股"。如果是长题可以不遵照这个标准。嘉靖以后，文体常有变化，再问读书人，都不知道什么叫八股了。《孟子》里说："高明的工匠教人手艺，必定依照一定的规矩。"现在作八股文的人，难道一定要破坏规矩了吗？

发端[①]二句或三四句，谓之破题，大抵对句为多，此宋人相传之格。本之唐人赋格。下申其意，作四五句，谓之承题。然后提出夫子曾子、子思、孟子皆然。为何而发此言，谓之原起。至万历中，破止二句，承止三句，不用原起。篇末敷演圣人言毕，自摅[②]所见，或数十字，或百余字，谓之大结。明初之制，可及本朝时事。以后功令[③]益密，恐有借以自炫者，但许言前代，不及本朝。至万历中，大结止三四句。于是国家之事，罔始罔终，在位之臣，畏首畏尾，其象已见于应举之文矣。

【注释】①发端：开始，起头。②摅（shū）：抒发，表达。③功令：旧时指法律、命令。

【译文】开头的两句或者三四句话，称为“破题”，大都是对句比较多，这是宋朝流传下来的格式。（来源于唐代的赋格。）后面接着重申题意，写四五句，称为“承题”。然后提出圣人（曾子、子思、孟子都可以）为何说出这些话，这叫“原起”。到万历年间，破题只有两句话，承题只有三句，不用写原起，文章末尾陈述并发挥圣人的话，再抒发一下个人见解，或者几十个字，或者一百多字，这就称为“大结”。明朝初期的制度，可以言及国家的时事。后来法律更加严密，担心有人借此自我炫耀，只允许议论前朝的事，不能涉及当朝。到万历年间，“大结”就只有三四句。因此国家的政事，无始无终，在职的官员，畏首畏尾，这种现象已经在应试的文章中表现出来了。

试录[1]文字之体，首行曰“第一场”，顶格写。次行曰《四书》，下一格。次行题目又下一格。《五经》及二、三场皆然。至试文，则不能再下，仍提起顶格，此题目所以下二格也。若岁考之卷，则首行曰《四书》，顶格写，次行题目止下一格，经论亦然。须知自古以来，书籍文字，首行无不顶格写者。后来学政，苟且成风，士子试卷，省却《四书》各经字，竟从题目写起，依大场[2]之式，概下二格。圣经反下，自作反高，于理为不通，然日用而不知，亦已久矣。又其异者，沿此之例，不论古今诗文，概以下二格为题。万历以后，坊刻盛行，每题之文，必注其人之名于下。而刻古书者，亦化而同之。如题曰“周郑交质”，下二格，其行末书“左丘明”。题曰“伯夷列传”，下二格，其行末书“司马迁”。变历代相传之古书，以肖时文之面貌，使古人见之，当为绝倒。

【注释】①试录：明代乡、会试的试卷，由考官选定后编刻成书，称为程文，也称试录，清代沿袭。别称闱墨。②大场：明清时期称乡试试场，亦指乡试。

【译文】试卷文章的格式，第一行称为“第一场”，要顶格写。第二行叫《四书》，向下一格。第二行题目再向下一格。《五经》和第二三场都是这样。到试卷正文，就不能再向下了，仍然要提起来顶格写，这就是题目向下两格的原因。如果是岁考的试卷，则第一行称为《四书》，要顶格写。第二行题目只向下一格。经论也是这样写。（须知自古以来，书籍文字，首行无不顶格写的。）后来的教育事务，苟且形成风气，学子考试答卷，去掉了《四书》各经几个字，竟然从题目开始写，按照乡试的格式，全部向下两格。圣人经典反而在下面，个人写的反倒在上，从道理上讲不通，但经常这样写却不知道，也已经很久了。还有别的格式，沿用这个例子，不论古今的诗词文章，都是向下两格作题目。万历年以后，坊间刻本盛行，每一篇文章的题目，一定在下面注明个人名字。而印刻古书的人，也变化成一样了。比如题目是“周郑交质”，向下两格，行末写“左丘明”。题目“伯夷列传”，向下两格，行末则写“司马迁”。改变了历代相传的古书格式，以便和八股文标题格式相类似。假使古人见了，必定会笑得前仰后合。

程文

自宋以来，以取中士子所作之文，谓之程文。《金史》：“承安五年诏，考试词赋官，各作程文一道，示为举人之式，试后赴省藏之。”至本朝，先亦用士子程文刻录。后多主司所作，遂又分士子所作之文，别谓之墨卷。

【译文】自宋朝以来，把录取中试学子所撰写的文章，称之为程文。《金史》说：“金章宗承安五年皇帝下诏，考诗词赋的官员，各作一道程文，为举人表明格式，考试结束后送到省里收藏起来。”到了现在，起先也用学子的程文刻录，后来大多是主试官所作，因此又将学子所撰写的文章，别称为墨卷。

文章无定格，立一格而后为文，其文不足言矣。唐之取士以赋，而赋之末流，最为冗滥。宋之取士以论策，而论策之弊，亦复如之。明之取士以经义，而经义之不成文，又有甚于前代者。皆以程文格式为之，故日趋而下。晁、董、公孙之对，所以独出千古者，以其无程文格式也。欲振今日之文，在毋拘之以格式，而俊异之才出矣。

【译文】文章没有固定的格式，确立格式之后再写文章，那么这个人人的文章已经不值得称道了。唐朝以“赋”录取官员，而到赋的末期，最为庞杂空洞。宋朝以“论策”录取官员，而论策的弊病，也是这样产生。明代以“经义”录取官员，而经义最不成制度，又超过前朝。都是以程文的格式写文章，所以一天天走向衰落。晁错、董仲舒、公孙弘的文章，之所以流传千古，正是没有程文格式约束的缘由。今天想要振兴文章，就在于不能以固有格式约束，那么杰出的人才才会出现。

判

举子第二场作判五条，犹用唐时铨试①之遗意。至于近年，士不读律，止钞录②旧本。入场时每人止记一律，或吏或户，记得五条，场中即可互换。中式之卷，大半雷同，最为可笑。《通典》：“选人条例，其倩人③暗判，人间谓之判罗，此最无耻。请榜示以惩之。”后唐明宗天成三年，中书奏：“吏部南曹关今年及第进士内《三礼》刘莹等五人，所试判语皆同，勘状称晚逼试期，偶拾得判草写净，实不知判语不合一般者。”敕：“贡院擢科，考详所业；南曹试判，激劝为官。刘莹等既不攻文，只合直书其事，岂得相传稿草，侮渎公场。宜令所司落下放罪。”《宋史·太祖纪》：开宝六年八月丁酉，泗州推官候济，坐试判假手，杖除名。夫以五代偏安丧乱之余，尚令科罪。今以堂堂一统作人之盛，而士子公然互换，至一二百年，目为通弊，不行觉察。传之后代，其不为笑谈乎！

【注释】①铨试：通过考试进行选拔。②钞录：抄写，誊写。③倩人：请托别人。倩，央求、借助。④南曹：唐代吏部的属官。由员外郎一人充任，负责审核官吏的档案和政绩，并向上级呈报，以为升迁的依据。

【译文】举人第二场考试作五条试判，还用唐朝时考试选拔的遗意。到了近几年，学子不读律法，只是抄写之前的书册。进考场时每个人只记一部分律法，或者是吏部或者是户部的内容，只要记得五条，考场内即可相互交换。被录取的考卷中，大半都雷同，最让人可笑。《通典》里说：“选拔人才的规则，请托别人暗自判决，人们称为判罗，这才是最无耻的。请求张榜公布以惩戒这类人。”后唐明宗天成三年，中书令上奏说：“吏部南曹今年考中的进士中，作《三礼》的刘莹等五人，所撰写的试判内容都相同，在调查的诉状中声称逼近考试日期，偶然捡到判草写净，实在不知道判语不合一般的。”敕令：“贡院科举及第人才，查考周详他的学业；南曹试判，激发鼓励为官。刘莹等既不钻研文章，只是应该直书其事，怎能相传稿草，侮辱轻慢公场。应该命令主管部门判处下放罪。”（《宋史·太祖纪》：开宝六年八月十六日，泗州推官侯济，因为在试判中代人作文，判处杖刑并除名。）以五代偏安一隅、战乱频仍的年代，尚能按律判处。如今以堂堂一统天下的王朝盛世，而士人公然互相替考，长达一二百年，将其称为通病，没有觉察。沿袭到后代，这不会成为笑柄吗？

试判起于唐高宗时。初吏部选才，将亲其人，覆其吏事。始取州县案犊疑议，试其断割[①]而观其能否。后日月浸久，选人猥多[②]，案牍浅近，不足为难。乃采经籍古义，假设甲乙，令其判断。既而来者益众，而通经正籍[③]，又不足以为问，乃征僻书曲学隐伏之义问之，惟惧人之能知也。佳者登于科第，谓之入等[④]；其甚拙者，谓之蓝缕，各有升降。选人有格限未至而能试文三篇，谓之宏词[⑤]。试判三条，谓之拔萃，亦曰超绝。词美者得不拘限而授职。今国朝之制，以吏部选人之法，而施之贡举，欲使一经之士，皆通吏事，其意甚美，又不用假设甲乙，止据律文，尤为正大得体。但以五尺之童能强记者，旬日之力，便可尽答而无难，亦何以定人才之高下哉！盖此法止可施于选人引试[⑥]俄顷之间，而不可行之通场广众竟日之久。宜乎各记一曹，互相倒换。朝廷之制，有名行而实废者，此类是矣。必不得已而用此制，其如《通典》所云，“问以时事疑狱[⑦]，令约律文断决。”不乖经义者乎？

【注释】①断割：裁决。②猥多：众多；繁多。③正籍：文籍的正本。与“副籍”相对。④入等：唐代选官，考试书判合格者，称为入等。⑤宏词：

也作“宏辞”，科举时代制科名目之一。⑥引试：引保就试。⑦疑狱：案情不明、证据不充分、一时难于判决的案件。

【译文】试判开始于唐高宗时期。起初吏部选拔人才，将亲近其人，审查他的政务。才拿州县有疑义的公文案卷，通过考察他的裁决看能否胜任（官职）。后来时间久了，选拔的人多了，案卷浅显简单，没什么难处。就选取经文和释义的内容，假设内容，让人判定。不久之后，来参加试判的人越来越多，而对于通晓经典的人来说，这些又不足以考察出他的能力来，因此征集些冷僻高深隐含的文义来考察，因为担心人们知道答案。判作优秀的人会被录取，称为“入等”，那些写得很差的，称为“蓝褛”，各有升迁黜免。选拔人才有资格不到但是能够做出三篇文章的，称为宏词。作三条试判者，称为拔萃，也叫超绝。言辞美妙者能够不受限制授予官职。现在国家的制度，以吏部选拔人才的方法，用在科举上，想让通达一部经典的读书人，都通晓政务，这样做的本意很好，也不用假设各种条件，只要依据法律条文，还算是正当得体。只用擅长记忆的小孩，十天的功夫，便能够没有困难地全部做出答案，又怎么能够决定人才的高下呢？这种方法只能用于引保就试快速选拔中，而不能用在人数众多的长时间考试上。两种方式应该各分一个部门，相互交换一下。国家的制度里，有名无实的，正是这一类。必然是不得已用这种方法，就如同《通典》中说的：“以时事难判的案件考察，让他依据法律条文来做判决。”不是背离经义了吗？

经文字体

生员冒滥[1]之弊，至今日而极。求其省记[2]《四书》本经全文，百中无一。更求通晓六书，字合正体者，千中无一也。简汰[3]之法，是亦非难，但分为二场：第一场令暗写四书一千字，经一千字，脱误[4]本文，及字不遵式[5]者，贴出除名；第二场乃考其文义，则矍相之射，仅有存者矣。或曰：此末节也，岂足为才士累？夫周官教国子以六艺，射御之后，继以六书。而汉世试书九千字以上，乃得为史。以周官童子之课，而责之成人，汉世椽史之长，而求之秀士，犹且不能，则退之陇亩，其何辞之有？北齐策孝秀于朝堂，对字有脱误者，呼起立席后，书迹滥劣者，饮墨水一升，文理孟浪[6]者，夺席脱容刀。僭霸之君，尚立此制，以全盛之朝，求才之主，而不思除弊之方，课实之效，与天下因循于溷浊之中，以是为顺人情而已。权文公有言："常情为习所胜，避患安时，俾躬处休，以至老死，自为得计，岂复有揣摩古今风俗，整齐教化根本，原始要终，长辔远驭[7]者邪？"古今一揆，可胜慨息。

【注释】①冒滥：不合格而滥予任用。②省记：记忆；回忆。③简汰：挑选；裁减。④脱误：文字脱漏和错误，泛指疏忽失误。⑤遵式：遵照法度或规定。⑥孟浪：鲁莽；轻率；大而无当，不着边际。⑦长辔远驭：用长缰绳远远地驾驭拉车的马。比喻远距离操纵，控制另外的人或物。

【译文】生员"冒滥"的弊病，到今天达到了顶点。要求考生记住《四书》本经的全文，一百人里连一个都没有。更别说通晓六书的了，文章符合正统的，一千人里都没有一个。挑选人才的方法，也没什么难处。只要分成两场考试，第一场让默写四书一千字内容，经传一千字，如果有错漏原文，以及文章不遵照规定的，贴出公告取消资格；第二场考文章义理，那么习射场，就只放在那里了。有人说："这都是细枝末节，学子哪里能够让这些拖累呢？"周朝时官员以六艺教化百姓，学习射箭、御马之后，就教给六书。而汉朝时考试要写到九千字以上，才可以为官。用周朝官员孩子的课目，来要求大人，以汉朝掾史擅长的，而要求德才出众的人，尚且做不到，如果再退而次之到民间，那还有什么话可说的？北齐举荐的秀才和孝廉在朝堂上，言语文字有脱漏错误的，就叫起来站在座位后面，字迹差的，要喝一升墨水，文辞义理轻率的要撤掉坐席解下佩刀。蛮横越礼的君王，尚能确立这种制度，在这盛世之时，要寻求人才的君主，而没有考虑革除弊端的方法，求实的功效，和整个天下处于混乱中，所以是随顺人情而已。文公权德舆曾经说过："寻常的情理被习俗所战胜，躲避祸患安于时运，让自己处在较好的位置，直到老死，自以为是满意的计策，哪里还有探求古今风俗，整顿教化风俗的根本，探求事物起源和结果，长远考虑的人呢？"古今一比对，就只能叹气了。

史学

唐穆宗长庆三年二月，谏议大夫殷侑[①]言："司马迁、班固、范晔《三史》为书，劝善惩恶，亚于《六经》。比来史学废绝，至有身处班列，而朝廷旧章莫能知者。"于是立《三史》科及《三传》科。

《通典》："举人条例，其史书，《史记》为一史，《汉书》为一史，《后汉书》并刘昭所注志为一史，《三国志》为一史，《晋书》为一史，李延寿[②]《南史》为一史，《北史》为一史。习《南史》者，兼通《宋》《齐志》，习《北史》者，通《后魏》《隋书志》。自宋以后，史书烦碎冗长，请但问政理成败所因，及其人物损益关于当代者，其余一切不问。国朝自高祖以下，及《睿宗实录》并《贞观政要》共为一史。"朱子亦尝议分年试士，以《左传》、《国语》、《史记》、两《汉》为一科，《三国》《晋书》《南北史》为一科，新旧《唐书》、《五代史》为一科，时务、履历、地理为一科。今史学废绝，又甚唐时。若能依此法举之，十年之间，可得通达政体之士，未必无益于国家也。

【注释】①殷侑（767—838）：陈郡人。父亲殷怿。殷侑为儿童时，励志力学，不问家人资产。年长后，精通经术，以讲习自娱。贞元末年，以《五经》登第，精于历代沿革礼。元和年间，累官为太常博士。②李延寿：字遐龄，唐代相州（今河南安阳）人。唐代史学家。贞观年间，任太子典膳丞、崇贤馆学士，后任御史台主簿，官至符玺郎，兼修国史。

【译文】唐穆宗长庆三年二月，谏议大夫殷侑说："司马迁、班固和范晔分别编著的《史记》《汉书》《后汉书》，劝勉善行惩戒恶行，次于《六经》。近年来史学衰绝，甚至于身在朝堂，而连朝廷以前的奏章都读不懂了。"于是确立了《三史》科和《三传》科。《通典》里记载：'举人条例：史书中，《史记》为一史，《汉书》为一史，《后汉书》及刘昭所集注的志为一史，《三国志》为一史，《晋书》为一史，李延寿编著的《南史》为一史，《北史》为一史。研习《南史》者，同时通达《宋》《齐志》，研习《北史》者，要通达《后魏书》《隋书志》。自南朝宋以后，史书繁杂琐碎冗长，希望只考虑政治成败的原因，以及人物对当代有损害或有益的地方，其他一切不用考虑。国家自唐高祖以后，到《睿宗实录》和《贞观政要》，合起来为一史。'（朱熹也曾建议按年考察士人，以《左传》《国语》《史记》《汉书》《后汉书》为一科，《三国志》《晋书》《南北史》为一科，《新唐书》《旧唐书》《五代史》为一科，时务、履历、地理为一科。）现在史学衰绝，比唐朝时还要严重。如果能依照这个方法实行，十年之内，就可以得到通达政事的人，未必就对国家没有益处。

宋孝宗淳熙十一年十月，大常博士倪思[1]言：'举人轻视史学。今之论史者独取汉、唐混一之事，三国、六朝、五代，以为非盛世，而耻谈之。然其进取之得失，守御之当否，筹策[2]之疏密，区处兵民之方，形势成败之迹，俾加讨究，有补国家。请谕春官[3]，凡课试命题，杂出诸史，无所拘忌。考核之际，稍以论策为重，毋止以初场定去留，"从之。

【注释】①倪思（1147—1220）：字正甫，湖州归安（今浙江湖州）人，宋代学者、官吏。乾道二年（1166）进士，中博学宏词科。其博学多才，著有《齐山甲乙稿》《兼山集》《经锄堂杂志》。②筹策：筹算，谋划。③春官：礼部的别称。

【译文】宋孝宗淳熙十一年十月，太常博士倪思上书说："举人轻视史学。现在研究史学的人，只选取汉唐统一的事，三国、六朝、五代，都认为不是盛世，而耻于谈论。但是这些朝代的进取得失，守御边塞是否得当，谋划的疏密，安排兵士和百姓的办法，形势成败的迹象，把这些都加以探讨研究，对国家有益处。祈请皇帝诏令礼部，凡是考试出题，要混合各朝历史，无所顾忌。考核的时候，略以策论为主，不能只以第一场决定去留。”皇帝听从了谏议。

史言：薛昂为大司成[①]，寡学术，士子有用《史记》《西汉》语，辄黜之。在哲宗时，尝请罢史学，哲宗斥为俗佞。吁，何近世俗佞之多乎！

【注释】①薛昂：杭州人，登元丰八年进士第。宋崇宁初，历太学博士、校书郎、著作佐郎，为殿中侍御史，试起居郎，改中书舍人兼侍讲，升给事中兼大司成。大司成：学官名。唐高宗一度改国子监为司成馆，祭酒为大司成，旋复归。宋徽宗崇宁元年（1102）创太学之外学辟雍，三年置大司成管学事，四年改辟雍大司成为太学大司成，总管国子监和内外学校，凡学校事宜皆许直上朝廷，宣和三年（1121）罢。

【译文】《宋史》上说：薛昂任大司成，学术不精，学子当中有引用《史记》、前后《汉书》里的内容，他都排斥了。在宋哲宗时，曾请求废除史学，被宋哲宗斥责为俗媚。唉，怎么现在这么多俗媚的人呢！

卷十七

生员额数

生员犹曰官员，有定额谓之员。《唐书·儒学传》："国学始置生七十二员，取三品以上子弟若孙为之；太学百四十员，取五品以上；四门学[①]百三十员，取七品以上。郡县三等，上郡学[②]置生六十员，中、下以十为差；上县学[③]置生四十员，中、下亦以十为差。"此生员之名所始，而明制亦略仿之。

【注释】①四门学：北魏太和十九年（495），在洛阳立国子、太学、四门小学。四门学始此，沿至隋唐。②郡学：郡国的最高学府。③县学：旧时供生员读书的学校。

【译文】生员好比官员，有定额的学生称之为生员。《新唐书·儒学传》里记载："国子学起初设置生员七十二名，选取三品以上官员的子弟和孙子进入学习；太学设一百四十名学生，从五品以上官员的子弟和孙子中选取；四门学设一百三十名学员，从七品以上官员的子弟和孙子中选取。郡县生员分三等，上等郡学设六十名学生，中、下等依次各减十名；上等县学设学生四十名，中、下等也依次各减十名。"这就是生员名称的起始，而明朝的制度也大致相类似。

明初，诸生无不廪食[①]于学。《会典》[②]言："洪武初，令在京府学六十人，在外府学四十人，州学三十人，县学二十人，日给廪膳[③]，听于民间选补，仍免其差徭二丁。"正统六年闰十一月乙未，以直隶保安州临边民少，减儒学训导一员，生员并为两斋，岁贡依县学例。其后以多才之地，许令增广，亦不过三人、五人而已。踵而渐多，于是宣德元年定为之额，如廪生之数。其后又有军民子弟俊秀待补增广之名。《大明会典》：正统十二年奏：准常额之外，军民子弟愿儒学者，提调教官考选俊秀待补增广员缺，一体考送应试。按《实录》，此凤阳府知府杨瓒之言。先是廪增额外之生，止谓之入学寄名。此则准其待缺补充增广生矣。久之，乃号曰附学，无常额，而学校自此滥矣。异时每学生员不过数十人，故考试易精，程课易密。而洪武二十四年七月庚子，诏："岁贡生员不中，其廪食五年者，罚为吏；不及五年者，遣还读书。次年复不中者，虽未及五年，亦罚为吏。"二十七年十月庚辰，诏："生员食廪十年，学无成效者，罚为吏。"成化初，礼部奏准革去附学生员，四年五月庚申旨下。已而不果行。成化元年，'大藤峡用兵，始令两广考试不中生员，廪膳纳米五十石，增广纳米三十石，免其充吏，放回宁家。'其年，保定等府水灾，复依此例，廪膳纳米六十石，增广四十石。以后饷军赈饥，率依此例。至五年二月，'提调直隶学校、监察御史陈炜奏请免其充吏，竟发为民。奉旨准行，仍追其所食廪米。'而教官提调官[④]，亦各有罚。取之如彼其少，课之如此其严，岂有如后日之滥且惰者乎？今人于取进士用三场，动言遵祖制，而于此独不肯申明祖制，举一世而为姑息之政，侥幸之人，是可叹也。

【注释】①廪食：指旧时官府供给口粮。②《会典》：会典之名始见于明代，意思是“典章会要”。会典是大多属当代官修断代式政书，会典与会要最大的差异是：会典以“职官”为纲，记录中央与地方官职制度沿革；会要因事分类，着重记述法令典章，而不详备史实。此处指《大明会典》。③廪膳：科举时代公家发给在学生员的膳食津贴。④提调官：官名。明清科举考试中特设之官，又称“提调官”。明制，顺天、应天二府乡试用府尹，各省乡试以布政司官充任，会试则以京官用之。俱设一员。掌理试场帘外一切事务，封闭内外门户，凡送卷、供应物料、弥封、誊录等事，皆跟随点检查封。

【译文】明朝初年，各级生员都在学校吃官府发给的粮食。《大明会典》记载：“洪武初年，朝廷令在京城府学的生员六十人，京外府学生员四十人，州学三十人，县学二十人，每天发给膳食津贴，听凭民间选补，还免去两人的差役徭役。”（正统六年闰十一月乙未日，以直隶保安州靠近边疆人口稀少，减去儒学训导一员，生员合并为两斋，岁贡按照县学事例。）后来人才较多的地方，准许增加名额，也不过三五个人而已。随后人数逐渐多起来，于是宣德元年规定了数额，例如廪生的数额。再后来又有了军兵和百姓家才智出众的孩子等待增加的名额。（《大明会典》：正统十二年奏称：允许在常额之外，军民子弟愿为儒学者的，提调教官考选才智出众等待增加生员的空缺，全部考送应试。按《实录》，这是凤阳府知府杨瓒的建议。之前廪增额外的生员，只是称为入学寄名。这里则是允许其等待空缺补充增广生了。）时间久了，就称为附学生，没有固定的名额，而学校也从此泛滥了。从前每个学府的生员不过几十人，所以考试容易精通，课程安排比较严密。而到洪武二十四年七月十五日，下诏：“岁贡时若生员未考中，那些领取廪食五年的，处罚为吏；不到五年的，遣送回去继续读书学习。到第二年还没有考中的，即使不到五年，也罚为吏。”洪武二十七年十月十四日，下诏：“生员领取廪食十年，学习没有成效的，罚为吏。”成化初年，礼部奏准革除附学生员（成化四年五月初一下旨），随后没有贯彻实行。（成化元年，‘大藤峡用兵，才开始命令两广地区考试不中的生员，廪膳生纳米五十石，增广生纳米三十石，免除被罚为吏的惩罚，放回家中。’同年，保定等府发生水灾，又按照这个例子，廪膳生纳米六十石，增广生四十石。以后提供军资赈济饥荒，大都按照这个例子。到成化五年二月，‘提调直隶学校、监察御史陈炜奏请免去被罚为吏的惩罚，竟发为民。奉旨允许实行，但是追回其所食的廪米。’）而教官和提调官都各有处罚。录取的人像那样少，学习的课目像那样严格的话，哪里还会有后来泛滥懒惰的情况呢？现在录取进士考三场，常常说是遵循祖制，但唯独对于这一项不肯申明是祖制，用一世变成苟且偷安的政治，心存侥幸之人，的确让人可叹呀。

宣德三年三月戊戌，行在礼部尚书胡濙奉旨，令各处巡按御史同布政司、按察司并提调官、教官，将生员公同考试，食廪膳七年以上，学无成效者，发充吏。六年以下，追还所给廪米，黜为民。至宣德七年奏，天下生员三万有奇。其时即已病生员之滥，而尚未有提学官之设，是以烦特旨[①]而会多官也。

【注释】①特旨：帝王的特别诏令。

【译文】宣德三年三月十六日，行在礼部尚书胡濙奉旨，命令巡按御史同布政司、按察司以及提调官、教官，让生员共同考试。食廪膳七年以上，学无成效的生员，就派发衙门担任吏；六年以下的，追还所供的廪米，降为平民。（至宣德七年奏称，天下生员三万有余。）当时生员泛滥的弊病已经出现，却没有设置提学官，因此又烦劳皇帝下诏召集众官员。

正统元年五月壬辰，始设提调学校官，每处添按察司官一员，南北御史各一员。十年四月，广东左参议杨信民奏："自设提调学校官以来，监临上司，嫌于侵职，巡历所至，置之不闻。如广东诸处，阻江隔海，提学官不过岁一至而已。虽曰职掌，徒为文具。乞罢之便。"事下礼部，尚书胡汉言："布、按二司所至处，自应提督考较。府州县提调正官，每月朔望，宜照例诣学考其勤惰。今因设提学官，乃彼此推诿，是非设官之过，乃旷职之咎也。"得旨申饬，仍令巡按御史纠举提学官之不职者。十三年七月丙戌，山西绛县儒学署训导事，举人张干请罢提督学校御史佥事等官。部议从之，上不允。景泰元年四月壬午，翰林院编修周洪谟，请裁革各处提学官。天顺五年十一月庚申，复设提督学校官。其条例曰："生员食廪六年以上，不谙文理者，悉发充吏。增广生入学六年以上，不谙文理者，罢黜为民当差。"又曰："生员有阙，即于本处官员军民之家，选考端重俊秀子弟补充。"当时生员有阙方补。今充吏之法不行，而新进附生，乃有六年未满免黜之例，盖由此而推之也。

【译文】正统元年五月二十七日，开始设置提调官，每处增加按察司一名，南北御史各一名。（正统十年四月，广东左参议杨信民奏称："自从设置提调学校官以来，监临上司，嫌于侵夺职权，巡历所到之处，置若罔闻。如广东各地，阻江隔海，提学官不过每年一次前往。虽然是职任主管方面，但只是空有形式而已。请求罢免该官职，便利政治。"该事下发到礼部，尚书胡汉上奏："布政司、按察司二司所到之处，自然应提督考较。府州县提调正官，每月初一、十五，应当照例前往学校考察学生勤惰情况。如今根据情况设置提学官，是彼此推诿，不是设置官职的过失，是旷职的过失。"得到圣旨申饬各官，于是命令巡按御史督察举发不称职的提学官。正统十三年七月初二，山西绛县儒学署理训导的事情，举人张干请求罢免提督学校御史佥事等官。部议同意，英宗不同意。景泰元年四月初九，翰林院编修周洪谟，请求裁革各地提学官。天顺五年十一月二十四日，再次设置提督学校官。）条例上讲："生员食廪六年以上，不通达文章条理的，都发派充任为吏。增广生员入学六年以上，不通文理的，罢黜为百姓充当差役。"又讲："生员如有空缺，就从当地官员军民家庭中，选取考核端庄稳重才智出众的子弟补充。"（当时生员有空缺才增补。）现在充任为吏的办法不实行了，而新进入的附生，就有不满六年免于罢免之例，大概是从这里推断出来的。

李吉甫在中唐之世，疾吏员太广，谓"由汉至隋，未有多于今者。天下常以劳苦之人三，奉坐待衣食之人七"。而今则遐陬下邑[①]，亦有生员百人，即未至扰官害民，而已为游手之徒，足称五蠹[②]之一矣。有国者，苟知俊士之效赊，而游手之患切，其有不亟为之所乎？

【注释】①遐陬：边远一隅。下邑：下县。古代县分三等：粮十万石以下为上县，六万石以下为中县，三万石以下为下县。②五蠹：出自韩非子著作《五蠹》。“五蠹”，指的是当时社会上的五种人：其一，学者，指战国末期的儒家；其二，言谈者，指纵横家；其三，带剑者，指游侠；其四，患御者，指依附贵族私门的人；其五，工商之民。韩非子曰：“此五者，邦之蠹也。”

【译文】李吉甫在中唐时代，痛恨官吏人数众多，有说“从汉朝到隋朝，都没有比现在多的。国家一般是三个劳苦的百姓，奉养七个坐等衣食的人”。而现在则是偏远的小县，都有一百位生员，即使没到侵扰危害官民，也已经成了游手好闲之人，完全可以称为“五蠹”之一了。心怀国家者，如果知道有才智的人会长久效仿，那么游手好闲的祸患紧迫，还有不赶快行动的吗？

其中之劣恶者，一为诸生，即思把持上官，侵噬百姓，聚党成群，投牒呼噪。正统十四年六月丙辰，“诏生员事犯黜退者，轻罪充吏，免追廪米；若犯受贼奸盗，冒籍科举，挟妓饮酒，居丧娶妻妾等罪者，南、北直隶发充两京国子监膳夫，各布政司发充临近儒学斋夫、膳夫，满日，原籍为民示警，廪膳仍追廪米。”至崇祯之末，开门迎贼者生员，缚官投伪者生员，几于魏博之牙军、成都之突将矣[①]。故十六年殿试策问，有曰：“秀孝间污潢池[②]”。时举人亦有从贼者，故云。呜呼，养士而不精，其效乃至于此。

【注释】①魏博：唐朝藩镇。唐肃宗乾元初，魏州寻置魏博节度使。唐代宗大历七年（772），田承嗣为魏博节度使，统治今河北南部、山东北部，始割据，亦曰天雄军。建中三年，田悦拒命，称魏王，僭改魏州为大名府。牙兵：即亲兵或卫兵。是中唐以后节度使的私兵，是节度使专兵的产物。突将：冲锋突阵的勇将。②潢池：潢池弄兵。旧时对人民起义的蔑称。也指发动兵变。

【译文】这当中恶劣的人，一种是诸生，就想着把持高官，侵害百姓，结成团伙，呈状喧闹。（正统十四年六月初八，"下诏生员犯有黜退之事的，罪轻的就充当吏员，免去追还廪米；如果犯受贼奸盗，假冒籍贯参加科举，挟妓饮酒，居丧期间娶妻妾等罪的，南、北直隶地区发配充任两京国子监膳夫，各地布政司发配充任就近儒学斋夫、膳夫，任满之日，向原籍民众通报以示警告，廪膳生员仍追还所用的廪米。"）到崇祯末年，开门迎接乱贼的人是生员，将官员捆送投靠乱贼的也是生员，几乎就是魏博藩镇的亲兵，蜀国的突击队了。因此崇祯十六年殿试试题中，有人说："秀才和孝廉近来要叛乱了。"（当时举人也有投靠贼人的，因此有这说法。）唉！培养人才这么不严谨，以至于结果成这样子了。

景泰四年四月己酉，右少监武艮、礼部右侍郎兼左春坊[①]左庶子邹干等奏："临清县学生员伍铭等，愿纳米八百石，乞入监读书。今山东等处正缺粮储，宜允其请。"从之。并诏各布政司及直隶府州县学生员，能出米八百石于临清、东昌、徐州三处赈济，愿入监读书者听。此一时之秕政[②]，遵循之二百年。五月庚申，令生员纳米入监者，比前例减三百石。

【注释】①左春坊：东宫官署名。詹事府内部机构之一，下设左庶子两人，中允两人，司议郎两人。与门下省的侍中、门下侍郎和给事中的官职对应，主要充当太子的侍从。②秕政：不良的政治措施。

【译文】景泰四年四月二十二日，右少监武良、礼部右侍郎兼左春坊左庶子邹干等人上奏："临清县学的生员伍铭等人，愿意交纳八百石大米，请求入国子监读书。现在山东等地正缺少粮食储备，应当允许他们的请求。"皇帝听从了奏请。并下诏各地布政司和直隶府、州、县学的生员，能够出八百石米在临清、东昌、徐州三个地方赈济百姓，愿意入监读书的就接受了。这是政治上一时的不良举措，竟然遵循了两百年。五月初四，命令生员入监读书交纳的米粮，比之前减少了三百石。

河南开封府儒学教授黄銮奏："纳粟拜官，皆衰世之政乃有之，未闻以纳粟为贡士者，臣恐书之史册，将取后世作佣之讥。"部议，仓廪稍实，即为停罢。

【译文】河南开封府儒学教授黄銮上奏言："交纳谷米授予官职，这都是衰落的时代才有的事，以前没听说交纳谷米就能成为贡士的，我担心被写进史书中，将来招致后世讥笑为始作俑者。"礼部商议，粮仓稍微充实一些，就立即停止。

八月癸巳，礼部奏："迩因济宁、徐州饥，权宜拯济，令生员输米五百石，入监读书。虽云权宜，实坏士习，请弛其令，庶生徒以学行相励。"从之。

【译文】八月初九，礼部上奏说："近来由于济宁、徐州饥荒，以权宜之计救济，让生员献纳米粮五百石，然后到国子监读书。虽说是权宜之计，实际已经破坏了读书人的风气，请求延缓实行这条政令，百姓只以学问品行相互劝勉。"朝廷采纳了建议。

正统以后，京官多为其子陈情乞恩送监读书者，此太学之始坏。天顺五年十月，令生员纳马廿匹，补监生。

【译文】正统以后，京官大多为子孙诉情请恩让送进国子监读书，这是太学衰败的开始。天顺五年十月，让生员交纳二十匹马，可以补缺监生。

《唐书》载：尚书左丞贾至[①]议曰："夫先王之道消，则小人之道长，小人之道长，则乱臣贼子生焉。臣弑其君，子弑其父，非一朝一夕之故，其所由来者渐矣。渐者何？谓忠信之陵颓[②]，耻尚之失所，末学之驰骋，儒道之不举，四者皆取士之失也。近代趋仕，靡然向风。致使禄山一呼，而四海震荡；思明再乱，而十年不复。

向使礼让之教弘，仁义之道著，则忠臣孝子，比屋可封[③]，逆节不得而萌，人心不得而摇矣。观三代之选士任贤，皆考实行，故能风化淳一，运祚[④]长远。秦坑儒士，二代而亡。汉兴，杂三代之政，弘四科[⑤]之举，西京始振经术之学，东都终持名节之行。至有近戚窃位，强臣擅权，弱主外立，母后专政，而社稷不陨，终彼四百，岂非兴学行道，扇化于乡里哉！厥后文章道弊，尚于浮侈，取士异术，苟济一时。自魏至隋四百余载，三光分景，九州阻域，窃号僭位，德义不修，是以子孙速颠，享国咸促。国家革魏、晋、梁、隋之弊，承夏、殷、周、汉之业，四隩[⑥]既宅，九州攸同，覆焘[⑦]亭育，合德天地。安有舍皇王举士之道，纵乱代取人之术，此公卿大夫之辱也。”是则科举之弊，必至于躁竞[⑧]，而躁竞之归，驯至于乱贼。自唐迄今，同斯一辙。有天下者，诚思风俗为人才之本，而以教化为先，庶乎德行修而贤才出矣。

【注释】①左丞：官名。汉成帝建始四年（前29）置尚书，员五人，丞四人，光武帝减二人，始分左右丞。尚书左丞佐尚书令，总领纲纪；右丞佐仆射，掌钱谷等事，秩均四百石。历代沿置，为尚书令及仆射的属官，品级逐渐提高，隋、唐时至正四品。贾至（718—772）：唐朝诗人、官员。字幼隣，河南洛阳人，贾曾之子。其才学出众，为官清正。有诗文集三十余卷传世。②陵颓：衰落败坏。③比屋可封：在唐、虞时代，贤人很多，差不多每家都有可受封爵的德行。后喻社会安定，民俗淳朴。也形容教育感化的成就。④运祚：国运祚福。⑤四科：原指儒家评定人物的分类。始见于《论语·先进》，指德行、言语、政事、文学。汉代察举立四科取士：“一曰德行高妙，志节清白；二曰学通行修，经中博士；三曰明达法令，足以决疑，能按章复问，文中御史；四曰刚毅多略，遭事不惑，明足以决，才任三辅令。⑥四陬：四方的边远地区。⑦覆焘：喻德高望重。⑧躁竞：急于进取而争竞。

【译文】《唐书》记载：尚书左丞贾至奏议说："上古贤君的道义消减了，小人之道就会增长；小人之道增长，那么乱臣贼子就会出来。臣子杀害君主，子女杀害父母，并非一朝一夕的缘故，它所发生的来由是逐渐形成的。怎么是逐渐形成的呢？忠义诚信败落，廉耻风尚没有安身之处，浮浅的学者得意，儒学之道不兴，这四点都是选取士人的过失。近代的趋向，已经效仿成风，以致安禄山一号召，而天下震动，史思明再起战乱，十年都恢复不了。假如礼让之道能弘扬，仁义之道显著，那么忠臣孝子众多，差不多每家都有可封爵的，叛逆的行为不能萌发，人心也就无法动摇了。现在看夏、商、周三代选拔用人，都会考察一个人的实际言行，所以民风淳朴，国运长久。秦朝焚书坑儒，两代人就国亡了。汉室昌盛，融合夏商周三代的政理，推行察举立四科取士，长安（指西汉）的经学才开始振兴，东都洛阳（指东汉）始终保持着良好的名誉。到现在皇亲外戚篡位，大臣擅权专政，幼主大权旁落，母亲临朝执政，而国家没有灭亡，最终四百多年后才终结，难道不是振兴教育倡导道德，在民间宣扬的结果吗！自此以后写文章之道衰败，推崇华而不实的内容，以不同的方法选取士人，贪求渡过当时。自曹魏到隋朝，四百多年，出现了三分天下的情景，九州被阻断，僭用帝号越分上位，不修道德仁义，因此子孙后代都很快倒落，整个朝代都很短促。朝廷革除魏、晋、梁、隋各朝的弊病，传承夏、商、周、汉代的大业，四方边远已经归顺，九州一统，培养了德高望重的人，合乎道德天地之道。哪里有舍弃君王推举人才的道理，乱世放纵选人的方法，这都是三公九卿的耻辱。”那么科举的弊端，必然会造成急于进取而争竞，而竞争的目的，在于逐渐驯化乱臣贼子。从唐朝到现在，都非常类似。胸怀天下者，的确要考虑风俗是培养人才的根本，并且以教化为先，德行提升而贤能之才才会出现。

明初，有以儒士①而入科场者，谓之儒士科举。景泰间，陈循奏：“臣原籍吉安府，自生员之外，儒士报科举者往往一县至有二三百人。”

【注释】①儒士：即充场儒士，指古代未经入学直接参加乡试的士子。②陈循（1385—1464）：字德遵，吉安府泰和县（今江西泰和县）人。明朝内阁首辅。

【译文】明朝初年，有以儒士身份参加科举的，称为儒士科举。明代宗景泰年间，陈循上奏言：“我原籍在吉安府，在生员之外，儒士报名参加科举的一个县通常有二三百人。”

中式额数

今人论科举，多以广额为盛，不知前代乃以减数为美谈，著之于史。《旧唐书·王丘传》：“开元初，迁考功员外郎①。贡举旧以考功员外主之。开元二十四年，始改用礼部侍郎。杜甫诗：“忤下考功第。”先是，考功举人，请托大行，取士颇滥，每年至数百人。此通计诸科之数。丘一切核其实材，登科者仅满百人。议者以为自则天已后，凡数十年，无如丘者。”《严挺之传》：“开元中为考功员外郎，典举二年，人称平允。登科者顿减二分之一。”《陆贽传》：“知贡举[②]，一岁选士才十四五。此进士登第之数。数年之内，居台省清近[③]者十余人。”此皆因减而精，昔人之所称善。今人为此，不但获刻薄之名，而又坐失门生百数十人，虽至愚者不为矣。

【注释】①考功员外郎：官名。隋文帝开皇六年（586）始置，炀帝大业三年（607）改考功承务郎。唐高祖武德三年（620）复旧，员一人，从六品上，为尚书省吏部考功司副长官，位郎中下，分掌外官考课之事，太宗贞观后兼掌贡举。玄宗开元二十四年（736）以贡举事属礼部。高宗龙朔二年（662）改司绩员外郎，咸亨元年（670）复旧。②主试者称为“知贡举”，意为“特命主掌贡举考试”，一般以朝廷名望大臣担任。唐、宋时特派主持进士考试的大臣。③清近：谓居官清贵，接近皇帝。

【译文】现在的人评定科举的时候，大多认为名额多就兴盛，不知道前却是以减少名额为佳话，记载在史册上。《旧唐书·王丘传》记载：“开元初年，王丘迁任考功员外郎。（贡举以前以考功员外主管。开元二十四年，才改用礼部侍郎主管。杜甫有句诗说：“忤下考功第。”）在此之前，考功推举人才，大多托关系走后门，录取士人很任意，每年有几百人（这是统计诸科的人数）。王丘全部核实他们真实的才能，被录取的不过百人。议论的人都认为自武则天当政以后，总计几十年，都没有像王丘这般的。”《严挺之传》载：“开元年间任考功员外郎，主管举荐人才两年，人人称赞公平适当，登科的人数马上减少了二分之一。”《陆贽传》里说：“陆贽知贡举，一年才录取十四五个进士（这是进士考中的人数），几年之间，做到台省官员接近皇帝的仅十来个人。”这都是由于减额而精简，过去被人们所称赞。现在的人这么做的话，不但会落得刻薄的名声，而且也会失去几百、几十位门生，即便最傻的人也不会这样做。

《高锴传》：“为礼部侍郎，凡掌贡部三年，每岁登第者四十人。开成[①]三年敕曰：‘进士每岁四十人，其数过多，则乖精选，官途填委[②]，要窒其源，宜改每岁限放三十人，如不登其数亦听。’”文宗之识，岂不优于宋太宗乎？《贾餗传》：“太和中，三典礼闱，所选士共止七十五人。”

【注释】①开成：唐文宗的年号（836年正月—840年十二月），共计5年。开成五年正月唐武宗李瀍即位沿用。②填委：纷集；堆积。

【译文】《高锴传》载：“高锴任礼部侍郎，大概掌管主持贡举的部门三年，每年录取的有四十人。开成三年皇帝下诏令：‘进士每年有四十人，人数过多的话，就背离了精挑细选的原则，堆积在官场，要挡住这个源头，应当改成每年限额录取三十人，如果不超过这个数也可以。’”唐文宗的见识，难道不是比宋太宗高明吗？（《贾餗传》：“太和年间，三次主管科举考试，所选拔的士人一共只有七十五人。”）

齐王融[①]为武帝作《策秀才文》曰：“今农战不修，文儒是竞。”宋自太宗太平兴国二年，赐进士诸科五百人，遽令释褐[②]，而二年进士至万二百六十人。淳化二年，至万七千三百人。见《曾巩文集》。于是一代风流，无不趋于科第。叶适作《制科论》，谓士人猥多，无甚于今世。此虽足以弘文教之盛，而士习之偷，亦自此始矣。《吕氏家塾记》言："今士人所聚多处，风俗便不好。"鲁哀公用庄子之言，号于国中曰："无其道而为其服者，其罪死。"五日而鲁国无敢儒服者。独有一丈夫儒服而立乎公门，公召而问以国事，千转万变而不穷。庄子曰："以鲁国而儒者一人耳，可谓多乎！"《记》曰："垂緌五寸，惰游之士也。"今将求儒者之人，而适得惰游之士。此其说在乎楚叶公③之好画龙，而不好真龙也。

【注释】①王融（466—493）：南朝齐文学家，字元长，琅琊临沂（今山东临沂市）人。东晋宰相王导六世孙，刘宋庐陵内史王道琰之子。聪慧过人，博涉古籍，富有文才。②释褐：指进士及第授官。③叶公：汉代刘向《新序·杂事》："叶公子高好龙，钩以写龙，凿以写龙，屋室雕文以写龙。于是夫龙闻而下之，窥头于牖，施尾于堂。叶公见之，弃而还走，失其魂魄，五色无主。是叶公非好龙也，好夫似龙而非龙者也。"叶公好龙比喻表里不一。

【译文】南朝齐王融为齐武帝作《策秀才文》道："现在耕战不兴，儒生这样竞争。"宋朝自宋太宗太平兴国二年，赏赐了五百位各科的进士，就让他们任职了，而太平兴国八年进士多达有一万零二百六十人。淳化二年，达一万七千三百人。（见《曾巩文集》。）于是各类文人雅士，无不投奔科第。叶适作《制科论》，说士子繁多，没有超过现在的。这虽说可以发扬光大儒学，但是学子浅薄的风气也从此开始了。（《吕氏家塾记》说："如今士人所聚集的地方，风俗便不好。”）鲁哀公引用庄子的话，在国内宣称：‘没有这种道术而穿着这种衣服的，处以死罪。’五天内鲁国都没有敢穿儒服的，只有一位男子穿着儒服站在公门外，鲁哀公将他召进来询问国事，各类问题千变万化，他都对答如流。庄子说道：‘在鲁国称得上儒士的只有这一个人，都可以说是很多了！’”《礼记》里说：“冠缕垂下来五寸长的，是游荡懒惰之人。”现在寻求儒士的国君，却恰是得到这类人，此意是在说明楚国的叶公只喜欢画龙而不喜欢真龙呀。

永乐十年二月，会试天下举人。上谕考官杨士奇、金幼孜[①]曰：“数科取士颇多，不免玉石杂进，今取毋过百人。”

【注释】①金幼孜（1368—1432）：名善，以字行，号退庵。明新淦县（今江西峡江县）人。历任文渊阁大学士、礼部尚书、翰林学士等职。明宣宗时，修两朝实录。

【译文】永乐十年二月，全国的举人会试。皇帝给考官杨士奇、金幼孜下谕旨：“几个科目录取的进士太多，难免会将玉和石都招进来，这次录取的不能超过一百人。”

正统五年十二月，始增会试中式额为百五十人，应天府乡试百人，他处皆量增之。

【译文】正统五年十二月，开始增加会试考中录取的名额为一百五十人，应天府乡试名额为一百人。其他地方都酌量增加。

天顺七年，有监察御史朱贤上言，欲多收进士，以备任使。上恶其干誉，下锦衣卫狱，降四川忠州花林水驿驿丞[①]。

【注释】①花林水驿：位于今四川忠县西南。驿丞：掌管驿站的官，主邮传迎送之事。明清时设置，各府、州、县多寡有无不一。品级为未入流。

【译文】天顺七年，监察御史朱贤上奏言说，想多录取些进士，以备任用。皇帝厌恶他沽名钓誉，投进锦衣卫牢狱，降为四川忠州花林水路驿站的驿丞。

通场下第

《册府元龟》："唐天宝十载九月辛卯，上御勤政楼，试怀才抱器[①]举人。丙申敕曰：'朕祗膺宝历[②]，殷鉴[③]远图，虑草泽之遗贤，降弓旌[④]于屡辟。是以三纪于兹，群材辐凑[⑤]，或一言可纪，必适轮辕[⑥]；一善可经，每加奖进。庶六合之内，靡然同风，四科之门，咸能一贯。何兹意之缅邈[⑦]，而增修之寂寥。今者举人，深乖宿望[⑧]。朕之所问，必正经史，卿等所答，咸皆少通。朕以独鉴未周，必资佥议[⑨]，爰命朝贤[⑩]三事，精加详择。咸以为阙于聚学，莫可登科。其怀材抱器举人，并放更习学。其有不对策罗嘉茂，既是白丁，宜于剑南效力。全不答所问崔慎感、刘湾等，勒为本郡充学生之数，勿许东西。其所举官，各量贬殿，以示惩诫。"是通场皆下第也。然玄宗不因是而废此科，且黜落之举人，犹称为"卿等"，既无峻切之文，亦不为姑息之政，斯得之矣。

【注释】①怀才抱器：德才兼备。既有好的思想品质，又有工作的才干和能力。同“怀材抱器”。②祗膺：敬受。宝历：指国祚；皇位。③殷鉴：殷人灭夏，殷人的子孙，应该以夏的灭亡作为鉴戒。出自《诗经·大雅》：“殷鉴不远，在夏后之世。”④弓旌：古代征聘之礼，用弓招士，用旌招大夫。群才：指有才能的人们。⑤辐辏：集中；聚集。形容人或物聚集像车辐集中于车毂一样。出自《管子·任法》：“羣臣修通辐凑以事其主，百姓辑睦听令道法以从其事。”⑥轮辕：喻经世可用之材。⑦缅邈（miǎo）：久远；遥远。⑧宿望：素负重望的人。旧时的声望。⑨佥议：众人的意见。多用于群臣百官。⑩朝贤：朝中的贤人。常用以泛指朝臣。

【译文】《册府元龟》里说：“唐玄宗天宝十载九月十二日，皇帝亲自在勤政楼，殿试那些德才兼备的举人。十七日下诏令：‘朕敬受皇位，以前人为鉴，深谋远虑，考虑到民间未用的贤才，多次降下弓和旌征召贤才。因此三十多年来，人才齐聚。有的人一句话可以记载，必然符合人才之道；有一个长处符合常道的，经常给予称许荐引。但愿天下各地，形成同样的风气，四种科目，都能一样。为什么这个意愿这么久远，但是实施遵循的这么冷清。现在的举人，早已背离了旧有的声望。朕所问的，必然都合乎儒家经典和正史，大家所答的，都很少有通达明了的。朕因为独自审查不全面，必然要参考各位的意见，于是令朝中三公，特别精细的审查选择。大家都认为学识不多的人，不能登第。那些德才兼备的举人，更加用功学习。其中有对策罗列不丰富的，就算是白丁了，应当在剑南一带效力。完全回答不上来的崔慎感、刘湾等人，强制充作本郡的学生，不许四处走动。他们举荐的官员，各自根据情况降职，以示惩戒。’”这次殿试全部落第了。但是唐玄宗并没有因此而废除科举，而且落榜的举人，仍然称之为“卿等”，既没有严厉的文字，也不姑息政事，这恰到好处。

御试黜落

《宋史·仁宗纪》：“嘉祐二年三月，赐礼部奏名进士、诸科及第出身八百七十七人①，亲试举人免黜落始此。”此仁宗末年姑息之政。《诒谋录》曰：“旧制，殿试皆有黜落，临时取旨，或三人取一，或二人取一，或三人取二，故有累经省试②取中，而摈弃于殿试者。自张元以积忿降元昊③，为中国患，朝廷始囚其家属，未几复纵之。于是群臣建议，归咎于殿试。嘉祐二年，诏进士与殿试者皆不黜落。是一畔逆之士子，为天下后世士子无穷之利也。”阮汉闻言，以张元而罢殿试之黜落，则惩黄巢之乱，将天下士子无一不登第而后可。”

【注释】①奏名：科举考试，礼部将拟录取的进士名册送呈皇帝审核，称“奏名”。诸科：北宋时对科举考试常科中除进士科以外的九经、五经、开元礼、三史、三礼、三传、学究、明经、明法等其他科目的总称。南宋尽废诸科，科举常选仅进士一科。出身：科举时代为考中录选者所规定的身份、资格。宋代中殿试称及第出身。②省试：唐、宋时由尚书省礼部主持举行的考试。又称礼部试，后称会试。元代以后分省举行的考试。又称乡试。③张元：字雷复，原为永兴军路华州华阴县人（今陕西华阴人），本姓张，名不详。在北宋累试不第，后投靠西夏，改名为张元，任西夏国军师、国相。元昊（1003—1048）：西夏景宗李元昊，党项族，曾改姓嵬名，又名曩霄，字嵬理，银州米脂寨（今陕西米脂）人，西夏王朝开国皇帝。

【译文】《宋史·仁宗纪》中说："嘉祐二年三月，皇帝为礼部呈报的进士、其他各科目中选的八百七十七人授予出身，皇帝亲自殿试的举人免于落第从此开始。"（这是宋仁宗末年纵容的政治。）《燕翼诒谋录》里说："以前的制度是，殿试中都有落榜的，临时决定旨意，或者三人当中取一人，或者两人当中取一人，或者三人中取两人，所以就有多次省试中选，而殿试落选的人。自从张元因忿恨郁积于心而投靠了西夏李元昊之后，就成了中原的祸患，朝廷才关押了张元的家属，但很快就又放出来了。于是众位官员建议，将这件事归咎于殿试。嘉祐二年，皇帝下诏令进士和参加殿试的人都不落榜。这是一个背叛国家的学子，给天下后世的学子带来无限的好处。阮汉听后说，因为张元而取消了殿试不落榜的制度，假使为了惩戒黄巢起义动乱，那么天下的学子无一不登科而才肯罢休。

殿举

"宋初，约周显德之制，定贡举条法，及殿罚[①]之式。进士文理纰缪殿五举。今谓之罚科。诸科初场十否，不通者谓之否。殿五举；第二、第三场十否，殿三举；第一场至第三场九否，并殿一举。殿举之数，朱书于试卷，送中书门下[②]。"今之科场，有去取而无劝惩，故不才之人得以旅进[③]。而言此者，世必以为刻薄矣。

【注释】①殿罚：即殿举。科举考试中，因文理纰缪或犯规、舞弊等，罚停考若干科，称“殿举”。宋制，礼部试答卷若文理不通，主考官即批一“否”字。②中书门下：中书门下，简称中书，习称政事堂、都堂、政府、东府，是唐代中期至北宋前期的行政机构，由门下省、中书省与尚书省的最高长官共同参与行政。③旅进：并进。旅，俱，一同。

【译文】“宋朝初年，限制了后周显德年间的制度，确立了贡举的条例法规，以及殿举的办法。进士文章义理荒谬的罚停考五次（如今称为“罚科”）。各科考生初场如果得十个“否”（不通过的称为“否”），停考五年；第二、三场得十个“否”，停考三年；从第一场到第三场得九个“否”，就罚停考一年。被罚停考的年数，用红笔标注在试卷上，送到中书省。”现在的科场，只有录取、不录取而没有勉励或惩罚，所以没有才学的人一并混进来，而如果谈论这个，世人必定认为是刻薄的事。

《英宗实录》：“宣德十年九月，令天下岁贡生员，从行在翰林院考试中式者，送南北国子监读书；不中者，发原籍住廪肄业[①]，以待复试；再不中者，发充吏。提调教官如例责状[②]。”今岁贡廷试，亦无黜落，设科取士，大抵为恩泽之涂矣。】

【注释】①肄业：修习课业。古人书所学之文字于方版谓之业，师授生曰授业，生受之于师曰受业，习之曰肄业。②责状：施行刑罚。

【译文】《英宗实录》里讲：“宣德十年九月，皇帝令所有岁贡生员，从行在翰林院考试中试的，送到南、北国子监学习，没考中的，打发回原籍停发廪米修习课业，等待第二次考试；再考不中的，发配充任差役。提调官要按照规定责罚。”现在的岁贡廷试，也没有落榜了，规定考试科目取士，大概是皇帝恩惠百姓的一种方式吧。

进士得人

《唐书·选举志》：“众科之目，进士尤为贵，其得人亦最为盛焉。文宗好学嗜古，郑覃[①]以经术位宰相，深嫉进士浮薄，屡请罢之。《公主传》：“德宗女魏国公主下嫁王士平，得罪贬贺州司户参军。门下客蔡南史、独孤申叔，为主作《团雪散雪辞》。帝闻怒，捕南史等逐之，几废进士科。”《唐语林》：“进士、举人，各树名甲。开成、会昌中语曰：郑、杨、段、薛，炙手可热。”武宗即位，宰相李德裕[②]尤恶进士，谓朝廷选官，须公卿子弟为之。何者？少习其业，自熟朝廷事，台阁[③]之仪，不教而自成；寒士纵有出人之才，固不能闲习也。德裕之论偏异盖如此。然进士科，当唐之晚节，尤为浮薄，世所共患也。”

【注释】①郑覃：德宗朝宰相郑珣瑜之子，唐朝大臣，封荥阳公。唐文宗年间任宰相，被视为牛李党争中李党的领袖之一。官至太子太师，后以病辞官。武宗初授司空。②李德裕（787—850）：字文饶，小字台郎，赵郡赞皇（今河北赞皇县）人。唐代杰出政治家、文学家、战略家，经历宪宗、穆宗、敬宗、文宗四朝，一度入朝为相，历朝历代评价甚高。③台阁：汉时指尚书台。后亦泛指中央政府机构。

【译文】《唐书·选举志》里说："各个科目中，进士科尤其重要，得到的人才也最多。唐文宗爱好学习崇尚古籍，郑覃以经学位居宰相，非常憎恨进士轻薄，多次请求废除。(《公主传》："唐德宗女魏国公主下嫁给王士平，得罪被贬为贺州司户参军。门下客蔡南史、独孤申叔，为主主作《团雪散雪辞》。唐德宗听后发怒，逮捕南史等人而放逐，几乎废止进士科。"《唐语林》："进士、举人，各树名甲。开成、会昌年间有人说：郑鲁、杨绍复、段瑰、薛蒙，炙手可热。")武宗即位后，宰相李德裕尤其厌恶进士，说朝廷选用官员，应当从公卿的后代中选取。原因是什么呢？他们从小接触这些内容，自然就熟悉朝廷内的事务，官场礼节，不用刻意教就自然学会了；而出身寒微的读书人纵然有出众的才学，原本不熟悉这些。李德裕的这种言论大概有些偏颇。然而进士一科，在晚唐时节，特别轻薄，整个社会都为此担忧。"

《金史》言："取士之法，其来不一。至于唐宋，进士盛焉，当时士君子之进，不由是涂，则自以为慊[①]。苦簟反。此由时君之好尚，故人心之趋向然也。"

【注释】①慊（qiàn）：怨恨，遗憾。

【译文】《金史》里说："选取士子的方法，一向不相同。到了唐宋时，进士很兴盛，当时的士人君子对于进士的认知是，不走这条路，就自认为是遗憾。这是由于当时读书人的崇尚，所以人心也趋向于此。"

宋马永卿言："本朝取士之路多矣，得人之盛，无如进士，至有一榜得宰相数人者，其间名臣，不可胜数，此进士得人之明效也。或曰不然，以本朝崇尚进士，故天下英才皆入此科。若云非此科不得人，则失之矣，唐开元以前，未尝尚进士科，故天下名士杂出他涂。开元以后始尊崇之，故当时名士中此科者，十常七八，以此卜之，可以见矣。"

【译文】宋朝马永卿说："国家选取士子的途径多了，得人才最多的，没有比得上进士的，甚至有一张榜贴上能有几位宰相，当中有名的贤臣不可胜数，这就是进士得人最明显的效果。有些人说不是这样的，因国家崇尚进士科，所以天下的英才都是这一科的。假如说这一科选不到人才，那就错了，唐玄宗开元年以前，没有崇尚进士科，所以天下有名的人都出自其他途径。开元以后才开始尊崇进士，所以当时的名士考中这一科的，常常十有七八，以此推测，可以看得出了。"

余姚黄宗羲[①]作《明夷待访录》，其《取士篇》曰："古之取士也宽，其用士也严。今之取士也严，其用士也宽。古者乡举里选，士之有贤能者，不患于不知。降而唐宋，其科目不一，士不得与于此，尚可转而从事于彼，是其取之之宽也。《王制》[②]：'命乡论秀士，升之司徒曰选士；司徒论选士之秀者，升之学曰俊士；大乐正[③]论造士[4]之秀者，升之司马曰进士；司马论进士之贤者，以告于王，而定其论。论定然后官之，任官然后爵之，位定然后禄之。”唐之士及第者，未便解褐人仕，吏部又复试之。详下条。宋虽登第入仕，然亦止簿、尉[5]、令录，榜首才得丞判。是其用之之严也。宽于取则无遗才，严于用则无幸进。今也不然，其取士止有科举一涂，虽使豪杰之士，若屈原、董仲舒、司马相如、扬雄[6]之徒，舍是亦无由而进，取之不谓严乎哉？一日苟得，上之列于侍从，下亦置之郡县。即其黜落而为乡贡者，终身不复取解[7]，授之以官，用之又何其宽也。严于取，则豪杰之老死丘壑者多矣；宽于用，此在位者多不得其人也。流俗之人，徒见二百年以来之功名气节，一二出于其中，遂以为科法已善，不必他求。不知科第之内，既聚此十百万人，不应功名气节之士，独不得入，则是功名气节之士之得科第，非科第之能得功名气节之士也。假使探筹[8]较其长短而取之，行之数百年，则功名气节之士，亦自有出于探筹之中者，宁可谓探筹为取士之善法邪？究竟功名气节人物，不及汉唐远甚，徒使庸妄之辈，充塞天下，岂天之不生才哉？则取之之法非也。我故宽取士之涂，有科举，有荐举，有太学，有任子[9]，有郡县佐，其法以诸生掌六曹。有辟召，有绝学，有上书，而用之之严附见焉。’”

【注释】①黄宗羲（1610—1695）：浙江绍兴人，字太冲（一字德冰），号南雷，别号梨洲老人、梨洲山人等，学者称“梨洲先生”。明末清初经学家、史学家、思想家、地理学家、天文历算学家、教育家。其学问极博，思想深邃，著作宏富。②王制：出自《礼记》，是指我国古代君主治理天下的规章制度。内容涉及封国、职官、爵禄、祭祀、葬丧、刑罚、建立成邑、选拔官吏以及学校教育等方面的制度。③大乐正：官名。周朝置。掌教国子的乐官正长。同“大司乐”。④造士：学业有成就的士子。⑤簿尉：主簿和县尉。泛指地方官府佐理官员。⑥扬雄：字子云，西汉官吏、学者。⑦取解：指明、清举人赴京会试。⑧探筹：即探筹投钩。今之抽签之意。⑨任子：因父兄的功绩，得保任授予官职。

【译文】余姚黄宗羲写的《明夷待访录》中，《取士篇》说：“古代选士比较宽松，任用却比较严格。现在却是取士严格，任用比较宽松。古代选拔人才是乡里考察选举，学子中有德行才能的人，不怕人们不知道。继而到唐宋时期，考试科目不统一，学子这个没选中，还可以转而参加别的，这是说取士的宽松。《礼记·王制》里说：“令乡大夫评选推举德才出众的人，升为司徒后称为选士；司徒中评定出比较优秀的，又可以升为俊士；大乐正当中评定出学业有成的，升为司马才称作进士；司马当中品行、才能突出的，上报给皇帝，给予评定。评定合格之后才给予官职，任职后再授予官爵，爵位确定之后发给俸禄。唐朝的学子考中之后，尚未正式上任，礼部还要复试。（详见下条。）宋朝时虽说登科为官，但是也只限于是主簿、县尉和县令，考第一名的才能做县丞、通判。这是用人之严。录取宽松则没有遗漏的人才，严格任用则没有侥幸晋升的。现在则不同了，选用人才只有科举这一个途径，即便是豪杰名士，像是屈原、董仲舒、司马相如、扬雄一类的，除去这条路也没法进入朝廷，选取人才办法的不能说很严格吗？哪一天用不当手段录取，上列于侍从，下位于郡县。就是落榜成为乡贡，终身不能参加会试的人，也都授以官职，用人又是多么宽松啊。严格录取，则豪杰老死葬于山谷的就多了；任用宽松，则在任的大多不是真才实干的人。世俗之人，只见两百多年来有功名志气的人，只出了一两个，就以为科举取士之法已经完善了，不必用其他方法。却知不知道科举内，已经汇集了千万人，不该有功名和气节的人，唯独没有进入科场，那是有功业气节的人考中科举，并非科举能够产生有功业气节的人。假如抽签来比较他们的优劣来录取，那么实行几百年后，有功业节气的人，也自然会有出自抽签当中的，难道可以说抽签取士是完善的方法吗？结果有功业气节的人，远远比不上汉唐之时，只让那些浅陋妄为的人，遍布天下，难道是上天不生人才吗？是取士之法不合理。我原来列举取士的方法，有科举，有举荐，有太学，有任子，有郡县佐（这个以诸生掌管六曹），有辟召，有绝学，有上书，而任用这些人的严格之处见附录。”

明初荐辟[①]之法既废，而科举之中尤重进士。神宗以来，遂有定例。州县印官[②]以上中为进士缺，中下为举人缺，最下乃为贡生缺。举贡历官虽至方面[③]，非广西、云贵不以处之。以此为铨曹[④]一定之格。间有一二举贡受知于上，拔为卿贰[⑤]，大僚[⑥]则必尽力攻之，使至于得罪谴逐[⑦]，且杀之而后已。于是不由进士出身之人，遂不得不投门户以自庇。资格与朋党，二者牢不可破，而国事大坏矣。至于翰林之官，又以清华自处而鄙夷外曹。崇祯中，天子忽用推知考授编检[⑧]，而众口交哗，有“适从何来，遽集于此”之诮[⑨]。呜呼，科第不与资格期，而资格之局成；资格不与朋党期？而朋党之形立。防微虑始，有国者其为变通之计乎？

【注释】①荐辟：推荐和征召。②印官：明清制度，从布政使到知州、知县等各级地方官皆用正方印，故称“正印官”或“印官”。其他临时差委以及非正规系统官员，则用长方印。③历官：先后连任官职。方面：古指一个地方的军政要职或其长官。④铨曹：主管选拔官员的部门。⑤卿贰：次于卿相的朝中大官。即二品、三品的京官，特成一个阶级，称为“卿贰”。卿是指大理寺正卿等三品京堂，贰是各部侍郎。⑥大僚：指大官职。⑦谴逐：贬谪放逐。⑧编检：明清史馆中编修、检讨官的统称，属翰林院。⑨诮：讥笑，嘲讽。

【译文】明朝初年征召和推荐的方式都已经废除了，而科举当中，尤其重视进士一科。明神宗以来，就形成了惯例，州、县等朝廷官员以上中等级进士补缺，中下等级的以举人补缺，最下等级的以贡生补缺。举人、贡生先后任职，虽说任要职，却只安排在广西、云南、贵州等地。以此为选拔官员的定格。偶尔有一两个举人、贡生受上级知遇，提拔为卿贰，其他大官则必定想方设法排挤他，使他获罪贬官放逐，并且要杀害他才罢休。因此不是进士出身的人，就不得不投向门派以自保。资历和朋党，二者牢不可破，但国事却被败坏了。至于翰林院的官员，又以清高显贵自居，而轻视其他部门的官员。崇祯年间，皇帝突然用推官、知县任编修和检讨官，而引起一片哗然，出现了“应贬回原处去，竟召集到这里”的讥讽。唉！科第不以资历限定，而以资历划分的局面已经形成了；资历不以朋党划分，而朋党的状况已经存在。防微杜渐要考虑事情的开始，胸怀国家的人，有什么变通的计策吗？

大臣子弟

人主设取士之科，以待寒畯[①]，诚不宜使大臣子弟得与其间，以示宠遇之私；而大臣亦不当使其弟子与寒士竞进。魏孝文时，于烈[②]为光禄勋卿，其子登引例求进，烈上表请黜落，孝文以为有识之言。虽武夫犹知此义也。唐之中叶，朝政渐非，然一有此事，尚招物议。长庆元年，礼部侍郎钱徽知贡举，中书舍人李宗闵子婿苏巢，右补阙杨汝士弟殷士皆及第，为段文昌所奏，指擿榜内郑朗等十四人，谓之子弟。穆宗乃内出题目重试，落朗等十人，贬徽江州刺史，宗闵剑州刺史，汝士开江令。《旧唐书》。会昌四年，权知贡举左仆射王起奏：所放进士，有江陵节度使崔元式甥郑朴，东都留守牛僧儒女婿源重，故相窦易直[③]子缄，监察御史杨收弟严，试文合格，物议以子弟非之，敕遣户部侍郎、翰林学士白敏中覆试，落下三人，唯放杨严一人。《册府元龟》。《唐书·杨严传》。大中元年，礼部侍郎魏扶奏："臣今年所放进士三十三人，其封彦卿、崔琢、郑延休等三人，实有同艺，为时所称，皆以父兄见居重任，不敢选取。"诏令翰林学士承旨、户部侍郎韦琮考覆，敕放及第。《旧唐书》。大中末，令狐绹罢相，其子滈应进士举，在父未罢相前，拔文解[④]及第。谏议大夫崔瑄论滈干挠主司，侮弄文法，请下御史台推勘，疏留中不出。《旧唐书》令狐绹子滈传："大中十三年，绹罢相为河中节度使，为其子滈乞应进士举，许之。登第三十人，有郑议者，故户部尚书浣之孙；裴弘余，故相休之子；魏筜，故相扶之子，及滈，皆大臣子弟。谏议大夫崔瑄论滈权在一门，势倾天下，及绹罢相坐镇之日，便令滈纳卷贡闱，岂可在枢衡，独挠文柄。请下御史台按问。奏疏不下。"《册府元龟》载起居郎张云疏，言绹放出镇，滈便策名，放榜宣麻，相去二十三日。

【注释】①寒畯：出身寒微而才能杰出的人。②于烈（437—501）：本姓万忸于氏，代郡（今山西代县）人。北魏大臣，擅长骑射，历任散骑常侍、前将军、镇南将军、光禄寺卿、金紫光禄大夫等。指擿：指出，挑出缺点错误。③窦易直：字宗玄，京兆始平（今陕西兴平）人。明经及第，补秘书省校书郎，授蓝田（今陕西）尉。累迁吏部郎中、御史中丞、京兆尹、御史大夫等职。④文解：入京应试的证明文书之类。科举乡试中式称举人，考中举人即由地方官给予文解发解入京，参加中央考试。亦指公文。

【译文】皇帝设立取士的科目，是为了选取那些出身寒微而有才能的人，实在不应该让大臣的子孙参与其中，因而显出恩宠臣子的私情；而大臣也不应当让子孙和普通百姓竞争。北魏孝文帝时期，于烈任光禄勋卿，他的儿子于登按照惯例请求入朝为官，于烈上表请求处罚自己。孝文帝认为这是有见识的话。虽然是武将也知道这个义理。唐朝中叶，朝政逐渐不正，但是一有这种事，仍然会招来非议。长庆元年，礼部侍郎钱徽知贡举，中书侍郎李宗闵的女婿苏巢、右补阙杨汝士的弟弟杨殷士都考中了，被段文昌上奏给皇帝，指出中榜的郑朗等十四个人，是官宦子弟。唐穆宗于是又出题目重新考试，郑朗等十人落榜，因此贬钱徽为江州刺史，李宗闵为剑州刺史，杨汝士为开江令。（见《旧唐书》。）会昌四年，权知贡举、左仆射王起上奏说："这次所选的进士中，有江陵节度使崔元式的外甥郑朴，东都留守牛僧儒的女婿源重，故宰相窦易直的儿子窦缄，监察御史杨收的弟弟杨严，文章合格，众议因为官宦子弟没有录取。诏令户部侍郎、翰林院学士白敏中重新考试，落榜三人，只取了杨严一个人。（见《册府元龟》。《唐书·杨严传》）大中元年，礼部侍郎魏扶上奏："臣今年选的进士有三十三人，其中封彦卿、崔琢、郑延休等三人，的确有文采，被人们所称赞，都是因为父亲或兄长如今担任要职，而不敢选取。皇帝诏令翰林院学士承旨、户部侍郎韦琮考查，下令选取。（见《旧唐书》。）到大中末年，令狐绹被免去宰相。他的儿子令狐滈要考进士，在父亲没有免职之前，取出文解中试。谏议大夫崔瑄认为他干涉扰乱主试官，辱骂文书法令，请送进御史台审问。奏疏被扣留下来而不发出。"（《旧唐书》令狐绹之子令狐滈传记："大中十三年，令狐绹罢免相职担任河中节度使，为其子令狐滈请求应进士科举，皇上允许。考中共有三十人，当中有郑议，是故户部尚书郑浣之孙；裴弘余，故相裴休之子；魏筜，故相魏扶之子，以及令狐滈，都是大臣子弟。谏议大夫崔瑄认为令狐滈权在一门，势倾天下，到令狐绹罢免相职坐镇地方之日，便让令狐滈纳卷贡闱，怎能可以在宰辅之位时，唯独干扰考选文士的权柄。请求发给御史台查究审问。奏疏并没有下发。"《册府元龟》记载起居郎张云的奏疏，说令狐绹外出镇守地方时，令狐滈便报名参加科举考试，放榜高中宣告天下，这两件事前后相隔仅二十三日。）

后梁开平三年五月，"敕礼部所放进士薛钧，是左司侍郎薛廷珪男，方持省辖，固合避嫌，宜令所司落下"。宋开宝元年，权知贡举王祐，擢进士合格者十人，陶谷①子邴，名在第六。翼日谷人谢，上谓侍臣曰："闻谷不能训子，邴安得登第？"乃命中书覆试，邴复登第。因下诏，自今举人，凡关食禄之家，礼部具闻覆试。《山堂考索》。至太宗以往，科额日广，登用亦骤，而上下斤斤犹守此格。有人主示公而不取者，雍熙二年，宰相李昉之子宗谔，参政吕蒙正之弟蒙亨，监铁使②王明之子扶，度支使③许仲宣之子待问，举进士试皆入等。上曰："此并世家，与孤寒竞进，纵以艺升，人亦谓朕有私。"遂罢之，是也。《山堂考索》。

【注释】①陶谷（903—970）：本姓唐，字秀实，邠州新平（今陕西彬州）人，早年历仕后晋、后汉、后周，担任过兵部侍郎、吏部侍郎、翰林学士承旨等官职。北宋建立后，出任礼部尚书，后又历任刑部尚书、户部尚书。②监铁使：古代主管铁器专卖及征税的使职。③度支使：官名。职掌财政收支。

【译文】后梁太祖开平三年五月，"诏令礼部所选的进士薛钧，是左司侍郎薛廷珪的儿子，因他将要掌管一省，原本符合避嫌的，应当让主管部门不予录用。"宋太祖开宝元年，权知贡举王祐，选拔了十个进士合格的人，陶谷的儿子陶邴，名列第六。第二天陶邴进宫谢恩，皇帝对侍臣说："听说陶谷不能教育儿子，陶邴怎么能登科呢？"于是命中书令复试，陶邴又考过了。皇帝于是下令：从今以后的举人，凡是和官员家庭有关系的，礼部都要进行上报复试。（见《山堂考索》。）到宋太宗以后，科举的名额逐渐增多，登科任用的人也迅速增加，但是增加名额很谨慎。有些皇帝在朝廷公布也没有录取。

雍熙二年，宰相李昉的儿子李宗谔，参政吕蒙正的弟弟吕蒙亨，监贴使王明的儿子王扶，度支使许仲宣的儿子许待问，考进士都合格了。皇帝说："这些都是世代相沿的显贵之家，和这些贫寒者相争进士，即便以才学取中，别人也会说我有私情。"因此作罢，正是如此。（见章如愚《山堂考索》。）

有人臣守法而自罢者。唐义问用举者召试秘阁[1]，父介引嫌罢之，是也。《宋史》。有子弟恬退而不就者，韩维[2]尝以进士荐礼部，父亿任执政，不就廷试。仁宗患搢绅奔竞，谕近臣曰："恬静守道者旌擢[3]，则躁求者自当知愧。"于是宰相文彦博等言："维好古嗜学，安于静退，乞加甄录。"召试学士院，辞不赴，除国子监主簿，是也。《山堂考索》。《旧唐书》言：王荛苦学善属文，以季父铎作相，避嫌不就科试。而赵屼为御史，上疏言："治平以前，大臣不敢援置亲党于要涂，子弟多处管库，甚者不使应科举。自安石柄国，持内举不避亲之说，始以子雱列侍从，由是循习为常，今宜杜绝其源。"《宋史》。以此为防，犹有若秦桧子熺、孙埙，试进士皆为第一者。《清波杂志》："绍圣丁丑，章持魁南省，时有诗云：'何处难忘酒，南宫放榜时。有才不如杜牧，无势似章持。不取通经士，先收执政见。此时无一盏，何以展愁眉。'"至于有明，此法不讲。又入仕之涂虽不限出身，然非进士一科不能跻于贵显。于是宦游子弟，攘臂而就功名，三百年来惟闻一山阴王文端，名家屏，万历中辅臣。子中解元，不令赴会试者。唐宋之风，荡然无存。然则宽入仕之涂，而厉科名之禁，不可不加之意也。

【注释】①唐义问：字士宣，唐介子，江陵人，善文辞。秘阁：宋官名。北宋宋太宗端拱元年（988），在崇文院中堂建阁，称秘阁，收藏三馆书籍真本及宫廷古画墨迹等，有直秘阁、秘阁校理等官。元丰改制，并归秘书省。②韩维（1017—1098）：字持国，祖籍真定灵寿（今属河北），开封雍丘（今河南杞县）人。韩亿子，与韩绛、韩缜等为兄弟。以父荫为官，父死后闭门不仕。仁宗时由欧阳修荐知太常礼院，不久出通判泾州。③旌擢（zhuó）：指表彰提拔。

【译文】有臣子守法而自己免去官职的。唐义问被皇帝召进面试秘阁，他的父亲唐介援引避嫌就辞职，正是如此。（见《宋史》。）有后辈安然退隐而不愿参加的。韩维曾以进士被推荐到礼部，他以父亲韩亿任执政，而没有参加廷试。宋仁宗担心官员奔走竞争，对亲近的臣子说："恬淡遵守道义的就提拔升迁，则急于求成的人自然知道惭愧。"于是宰相文彦博等人说："韩维尊崇古道爱好学习，安心于静退，可以甄别录用。"皇帝在学士院召见考察，韩维推辞不去，最终被任命为国子监主簿，正是如此。（见《山堂考索》。《旧唐书》记载：王荛刻苦学习擅长写作，因为叔父王铎担任宰相，避嫌不参加科举考试。）而赵屼任御史，上疏说："治平以前，大臣不敢提拔推荐亲属到重要的职位，后辈多为保管仓库的役吏，甚至不让参加科举考试。自从王安石执掌国政，抱着荐举亲故不用避亲属关系的观点，开始把儿子王雱列为侍从，从此以后便沿袭成常态。现在应当杜绝这个根源。"（见《宋史》。）以这种方法来预防，还是有像秦桧的儿子秦熺、孙子秦埙考进士为第一名的情况。（《清波杂志》：

“哲宗绍圣四年，章持在尚书省礼部名列第一，当时有句诗说：‘何处难忘酒，南宫放榜时。有才不如杜牧，无势似章持。不取通经士，先收执政见。此时无一盏，何以展愁眉。’”）到了明朝，这个制度就不提了。再加上进入仕途虽然不限制出身，但不是进士一科就不能跻身于权贵之职，于是官宦出身的子弟，奋力求取功名。三百多年来，只听闻一个山阴县的王文端（名家屏，万历中辅臣）的儿子中了解元之后，不许他参加会试的。唐宋时期的风气，已经完全没有了。那么放宽进入仕途的途径，又要严格控制考中的功名，不能不特别注意。

天宝二年，是时海内晏平，选人万计，命吏部侍郎宋遥、苗晋卿考之。遥与晋卿，苟媚朝廷，又无廉洁之操，取舍偷滥，甚为当时所丑。有张奭者，御史中丞倚之子，不辨菽麦，假手[①]为判，特升甲科。会下第者尝为蓟令，以其事白于范阳节度使安禄山。禄山恩宠崇盛，谒请无时，因具奏之。帝乃大集登科人，御花萼楼亲试，升第者十无一二焉。奭手持试纸，竟日不下一字，时谓之曳白。帝大怒，遂贬遥为武当太守，晋卿为安康太守，复贬倚为淮阳太守。诏曰：“庭闱之间，不能训子，选调之际，乃以托人。”士子皆以为戏笑，或托于诗赋讽刺。考判官礼部郎中裴朏、起居舍人张烜、监察御史宋昱、左拾遗孟朝，皆贬官岭外。

【注释】①假手：科举时代称代人作文的人。

【译文】天宝二年，当时国家太平安宁，候选的人才有上万人，皇帝令吏部侍郎宋遥、苗晋卿考测他们。“宋遥和苗晋卿轻率奉迎朝廷，又没有廉洁的情操，择用舍弃马虎随意，当时很是被人厌恶。有个叫张奭的，是御史中丞张倚的儿子，不辨菽麦，由他人代写文章，且优异而被评为第一名。恰好没考中的人曾经担任过范阳蓟令，就把他的事告诉了范阳节度使安禄山。安禄山正受恩宠显贵，他拜见皇帝都不用固定时间，就把这事奏报给了唐玄宗。玄宗召集全部科举合格的人，到花萼楼亲自测试，合格的人十个中没有一二个。张奭手拿着试纸，一整天没有写一个字，当时人称他"曳白"。玄宗大怒，就把宋遥贬为武当太守，苗晋卿贬为安康太守，又将张倚贬为淮阳太守。玄宗下诏说：'在家中不能教育儿子，选拔考试的时候，却托人徇私。'"当时的士子都把这件事当成笑谈，或是写在诗赋里讽刺。考试判官礼部郎中裴朏、起居舍人张烜、监察御史宋昱、左拾遗孟朝等人，都被贬到岭外。

《石林燕语》曰："国初，贡举法未备，公卿子弟多艰于进取，盖恐其请托也。范杲[①]，鲁公之兄子，见知陶谷、窦仪，皆待以甲科。会有言世禄之家不当与寒畯争科名者，遂不敢就试。李内翰[②]宗谔已过省，以文正[③]为相，因唱名[④]，辞疾不敢入，亦被黜。文正罢相，方再登科。天禧后立法，有官人试不中者，皆科私罪，仍限以两举。庆历以来，条令日备。有官人仍别立额，于是进取者始自如矣。"

【注释】①范杲（939—994）：字师回，宋初大名宗城人。父范正，青州从事，叔父即宰相范质。②内翰：唐宋称翰林为内翰。③文正：李昉的谥号。④唱名：科举时代殿试后，皇帝呼名召见登第进士，叫唱名。

【译文】《石林燕语》里说："宋代初年，贡举之法尚不完备，高官子弟大多很难被举荐，大概担心他们会徇私情。范杲是鲁国公范质兄弟的儿子，看到陶谷、窦仪，都中了第一名。刚好有人说权贵之家不应当和寒门士子相争科举功名，就不敢参加考试。翰林李宗谔已经通过省试，因父亲李昉是宰相，到皇帝召见时，辞病不敢进去，也被取消名额。到李昉免去宰相时，才再次考中。天禧之后制定了法令，有官位的人考试不中的，都判为私罪，仍旧以两次参加科举为限。庆历以来，法律条令日渐完善，有官位的人仍然另外确定名额，于是努力上进的人才不受阻碍了。"

谢在杭[①]《五杂俎》曰："宋初进士科，法制稍密，执政子弟多以嫌不令举进士，有过省而不敢就殿试者。庆历中，王伯庸[②]为编排官，其内弟刘原父廷试第一，以嫌自列，降为第二。今制，惟知贡举典试者，宗族不得入，其他诸亲不禁也。执政子弟擢上第者，相望不绝，顾其公私何如耳？杨用修作状头[③]，天下不以为私，与江陵诸子异矣。万历癸未，苏工部浚[④]入闱，取李相公廷机为首卷，二公少同笔砚[⑤]，至相善[⑥]也，然苏取之不以为嫌，李魁天下而人无问言，公也。庚戌之役[⑦]，汤庶子宾尹[⑧]，素知韩太史敬，拔之高等，而其后议论蜂起，座主门生[⑨]，皆坐褫职[⑩]。夫韩之才诚高，而汤之取未为失人，但心迹难明，卒至两败，亦可惜也。然科场之法，自是日益多端矣。"景泰七年，大学士王文、陈循，以其子乡试不中，至具奏讼冤，皆为准令会试。

【注释】①谢在杭：谢肇淛，字在杭，明福建长乐人，进士，文学家。曾任湖州推官、南京刑部、兵部、工部主事、都水司郎中、云南布政使司左参政。著有《五杂俎》《太姥山志》《百粤风土记》《小草斋集》等。所著《五杂俎》，多记掌故风物，为明代一部有影响的博物学著作。②王伯庸：王尧臣（1003—1058），字伯庸。应天府虞城（今河南虞城）人。北宋大臣、文学家、书法家。天圣五年，状元及第。累擢知制诰、翰林学士。嘉祐元年，拜参知政事。③状头：即状元。古代科举考试以名列第一者为"元"，乡试第一称解元，会试第一称会元。殿试第一称状元。④苏浚：字君禹，号紫溪，晋江苏厝人。明神宗万历元年（1573）中解元，五年举会魁，历官南京刑部主事、陕西参议、广西按察使、广西参政等。他为官公正廉洁，又"政尚简易，兴文化俗"，且善于选拔人才。⑤同笔砚：在一起学习。亦指在一起学习的人，即同学。⑥相善：彼此交好。⑦庚戌之役：又称庚戌虏变、庚戌之乱，是明世宗嘉靖年间的一次蒙古的侵犯明朝事件。⑧汤宾尹：字嘉宾，号睡庵，别号霍林，安徽宣州人。万历二十三年（1595）榜眼及第，授翰林院编修，内外制书诏令多出其手，号称得体，常受到神宗赞赏。⑨座主门生：贡举之士称主考官为座主，自称为门生。⑩褫（chǐ）职：革去官职。

【译文】谢在杭在《五杂俎》里说："宋朝初年的进士科，法律制度比较严密，在任官员的子弟大多以避嫌不许考进士，有通过省试而不敢参加殿试的。庆历年间，王伯庸任编排官，他的妻弟刘原父殿试是第一名，以避嫌自称，把刘原父降为第二名。现在的制度是，只知道贡举和殿试，同家族的人不得参加，其他的亲属没有限制。掌权官员子弟选为第一名的，接连不断，哪里还顾得上于公于私怎么样呢？杨用修做状元，大家都不认为有私情，这和江陵官员的那些子弟可不同。万历十一年，苏浚任春闱考官，选李廷机为第一名。两人年轻的时候是同学，相交甚好，但苏浚选取他的时候并不以此避嫌，李廷机为天下第一但没有人讯问，这是公正的录取。庚戌之役时，汤宾尹与韩敬平素相知，将韩敬选为优等，而后议论纷纷，考官和门生全都被革职了。韩敬的才学的确高超，而汤宾尹选取他也是没有错失人才，但是心里的真实想法难以表明，最终两人地位丧失，也实在可惜。但是科场的制度，自然逐渐杂乱。”（景泰七年，大学士王文、陈循，因为他们的儿子乡试不中，至于上奏申辩冤屈，都被批准参加会试。）

北卷

今制科场分南卷、北卷、中卷，《实录》：洪熙元年八月乙卯，行在礼部奏定科举取士之额，南士取十之六，北士取十之四。后又令南北各退五卷为中卷，景泰二年会试，礼部奏准，取士不分南北。户科给事中李侃等谓北人拙于文辞，向日定为南北之分，不可改。礼部言：“乡举里选之法，不可行矣。取士若不以文，考官将何所据？且北方中土，人才所生，以古言之，大圣人周公、孔子，大贤如颜、曾、思、孟，皆非南人。以今言之，如靖远伯王骥、左都御史王翱、王文，皆永乐间不分南北所取进士。今岂可预谓北无其人？侃等所言，不允。”四年会试，命仍分南、北、中卷。此调停之术，而非造就之方。夫北人，自宋时即云京东西、河北、河东、陕西五路举人，拙于文辞声律。王氏《挥麈录》曰：“国初，每岁放榜，取士极少。安得裕作魁日，九人而已。盖天下未混一也。至太宗朝浸多，所得率江南之秀。其后又别立分数，考教五路举人，以北人拙于辞令，故优取。熙宁二年，廷试三题，专以策取士，非杂犯不复黜，然五路举人尤为疏略。黄道夫榜，传胪至第四甲党镈卷子，神宗大笑曰：‘此人何由过省？’知举舒信道对以五路人用分数取末名过省，上命降作第五甲末。”况又更金元之乱，文学一事，不及南人久矣。

【译文】现在规定科场上区分南卷、北卷和中卷，（《实录》：洪熙元年八月乙卯日，行在礼部奏请确定科举取士的人数，南方士人录取其中的十分之六，北方录取其中的十分之四。后来又命令南北各抽出五卷为中卷，景泰二年会试，礼部奏准，录取士人不分南北。户科给事中李侃等认为北方人不擅长文辞，之前确定为南北之分，不可更改。礼部说：“乡举里选的方法，已经不能实行了。录取士人如果不以文章作标准，考官将依据什么作为评判？而且北方中原地区，人才所出自的地方，按照古代来说，就有大圣人周公、孔子，大贤如颜回、曾子、子思、孟子，都不是南方人。按照当今来说，就有如靖远伯王骥、左都御史王翱、王文，皆永乐年间不分南北所录取的进士。如今怎么说北方没有这样的人才？李侃等所说的，并未获准。”景泰四年会试，命令仍分南、北、中卷。）这只是调解的办法，而不是培养人才的方式。北方的人，自宋朝时便说东京、西京、河北、河东、陕西五个地区的举人，不擅长文章及其格律。（南宋王明清《挥麈录》曰：“开国初年，每年放榜，考中的进士极少。安得裕名列第一时，只有九人而已。大概是当时天下尚未统一。到太宗朝慢慢增多，所得到的大都是江南的人才。随后又另外设立分数，考察五路举人，因为北人不擅长辞令，所以优先录取。熙宁二年，廷试三题，专门以策录取士人，没有犯其他罪名的不再给予落榜，然而五路举人特别粗疏简略。黄道夫主持的那场考试，传胪至第四甲党镈卷子，神宗看后大笑说：'这个人什么理由通过省试？'知举舒信道以五路人用分数录取最后一名通过省试来回答，神宗命令降为第五甲末。"）何况又经历了金、元两朝的乱世，在写文章这个事上，比不上南方人已经时间长了。

今南人教小学，先令属对，犹是唐宋以来相传旧法。北人全不为此，故求其习比偶、调平仄者，千室之邑，几无[①]一二人。而八股之外，一无所通者，比比也。愚幼时《四书》本经俱读全注。后见庸师窳[②]生，欲速其成，多为删抹，而北方则有全不读者。王槐野《与郑少潭提学书》言：关中士不读朱注，不看《大全》《性理》《通鉴》诸书。当嘉靖之时已如此。欲令如前代之人，参伍[③]诸家之注疏而通其得失，固数百年不得一人，且不知《十三经注疏》为何物也。间有一、二《五经》刻本，亦多脱文误字，而人亦不能辨。此古书善本，绝不至于北方，而蔡虚斋、林次崖诸经学训诂之儒[④]，皆出于南方也。故今日北方有二患：一曰地荒，二曰人荒。非大有为之君作而新之，不免于"无田甫田，维莠骄骄[⑤]"之叹也。

【注释】①几无：大概没。②窳（yǔ）：懒惰。③参伍：错综比较，加以验证。④蔡虚斋（1453—1508）：蔡清，字介夫，别号虚斋，明代晋江人著名的理学家。其治学严谨，一生力学六经、诸子及史集等书。著有《四书蒙引》

《易蒙引》和《虚斋文集》等。林次崖(1482—1517):林希元,字茂贞,号次崖,福建同安人。正德十二年进士,授大理评事。著作颇丰,有《易经存疑》《四书存疑》《林次崖先生文集》等著作十九种,共计141卷。训诂:解释古文字意。⑤无田甫田,维莠骄骄:出自《国风·齐风·甫田》。田,打猎。一说耕田之意。骄骄,通乔乔,高大貌。

【译文】现在南方人教小孩,先让作对子,仍然是唐宋以来相传的旧方法。北方的人完全不这样做,所以让孩子学对偶、调平仄的人,千户人家的城市里,大概都没一两个。而八股文之外,完全不懂的人,比比皆是。我小的时候,《四书》及其传解都要读全注本,后来看见庸师懒惰,想要学生速成,多处删减,而北方就有完全不读的。(王维桢号槐野《与郑少潭提学书》说:关中士人不读朱注,不看《大全》《性理》《通鉴》诸书。当嘉靖之时已如此。)想要和前朝的人一样,综合比对验证各家的注疏而通达其中的正误,当然几百年都得不到这样一个人,并且有都不知道《十三经注疏》为何物的。偶尔有一两本《五经》刻本,也有很多遗漏和错字,所以人们也无法辨识。这种古籍善本,绝不会流到北方,而蔡清、林希元等研究经学解释古文的儒士,都出自南方。所以今天的北方有两个忧患:一个是土地荒芜,第二个就是人才匮乏。除非大有作为的皇帝能够改革,不然难免有"大田宽广无人种耕,只有杂草茂盛。"的叹息了。

汉成帝元延元年七月,诏内郡国,举方正能直言极谏[1]者各一人,北边二十二郡,举勇猛知兵法者各一人。此古人因地取才,而不限以一科之法也。宋敏求[2]尝建言:"河北、陕西、河东士子,性朴茂[3],而辞藻不工,故登第者少。请令转运使择荐有行艺材武者特官之，使人材参用，而士有可进之路。”其亦汉人之意也与？

【注释】①极谏：尽力规劝。②宋敏求（1019—1079）：字次道，赵州平棘（今河北赵县）人。北宋史地学家、藏书家。编订《唐大诏令集》，为研究唐代法制史的重要资料。③朴茂：朴实厚道；诚实。

【译文】汉成帝元延元年七月，诏令内地各郡和封国，各自举荐一名为人正直能够直言劝谏的人，北边的二十二个封国，各举荐一名勇武而懂得兵法的人。这是古人根据地域选取人才，而没有限制在一个科目的办法。宋敏求曾给皇帝建议：“河北、陕西、河东的学子，性格朴实厚道，但是文句对仗不工巧，所以考中的人少。请让转运使挑选举荐有德行才能武艺的人专门授予官职，使人才兼用，那么他们就有可以进入仕途的途径了。”这也是汉朝其他人的遗意吗？

糊 名

国家设科之意，本以求才。今之立法，则专以防奸为主，如弥封[①]、誊录一切之制是也。考之唐初，吏部试选人皆糊名，令学士考判。武后以为非委任之方，罢之。此则糊名已用之选人，而未尝用之贡举。贞元中，陆贽[②]知贡举，访士之有才行者于翰林学士梁肃，肃曰：“崔群虽少年，他日必至公辅。”果如其言。《册府元龟》。《唐书》本传：“贽知贡举，时崔元翰、梁肃文艺冠时。贽输心于肃，肃与元翰推荐艺实之士。一岁进士才十四五，数年之内，居台省清近者十余人。”

【注释】①弥封：把试卷上填写姓名的地方折角或盖纸糊住，以防止舞弊。②陆贽（754—805）：字敬舆。苏州嘉兴（今浙江嘉兴）人。唐朝著名政治家、文学家、政论家，为中唐贤相，其学养才能、品德风范，深得当时及后世称赞。有《陆宣公翰苑集》及《陆氏集验方》传世。

【译文】国家设立科举的目的，本意是求取贤才。现在的立法，则专门以防范奸人为主，比如弥封、誊录等制度就是这样。科举考试在唐朝刚实行的时候，吏部考试选人都要糊住名字，然后让学士考评定等。武则天认为不是可信的办法，就废除了。（这是糊名已经用于选人，而未曾用于贡举上。）贞元年间，陆贽主管贡举，到翰林学士梁肃这里寻访有才行德能的人，梁肃回答说："崔群虽然年纪小，但以后必然能成为宰相。"后来果然如他所言。（见《册府元龟》。《旧唐书·陆贽传》："陆贽主管贡举时，崔元翰、梁肃撰述能力冠绝一时。陆贽向梁肃推诚置腹，梁肃与崔元翰推荐艺实之士。一年录取的进士才十分四五，数年之间，位居台省清近的就有十余人。"）

太和初，礼部侍郎崔郾试进士，东都吴武陵出杜牧所赋《阿房宫辞》，请以第一人处之，《武陵传》。此知其贤而进之也。张昌龄举进士，与王公治齐名，皆为考功员外郎王师旦所绌。太宗问其故，对曰："昌龄等华而少实，其文浮靡，非令器[①]也。取之则后生劝慕，乱陛下风雅。"帝然之。温庭筠苦心砚席[②]，尤长于诗赋。初举进士，至京师，人士翕然推重。然士行尘杂，不修边幅，能逐弦吹之音，为侧艳之词。公卿家无赖子弟裴诚、令狐滈之徒，相与蒱饮，酣醉终日。由是累年不第。本传。罗隐有诗名，尤长于咏史，然多讥讽，以故不中第。《册府元龟》。此知其不可而退之也。

【注释】①令器：美材。比喻优秀的人才。②砚席：指砚台与坐席。借指学习或执教之处。

【译文】太和初年，吏部侍郎崔郾考进士，东都吴武陵出了杜牧的《阿房宫辞》为题，请求将崔郾列为第一名。（见《武陵传》。）这是知道他德才出众而推荐他。张昌龄考进士时，和王公治一样有名气，却都被考功员外郎王师旦淘汰。唐太宗问其缘故，王师旦答复："张昌龄等人华而不实，文辞轻薄浮艳，不算优秀的人才。录取之后恐怕其他的学子羡慕效仿，有损陛下提倡风雅之道。"太宗认为有道理。温庭筠刻苦学习，尤其擅长诗赋。初次参加进士考试，到京城的时候，得到文人雅士的一致推崇，但是他行操有些庸俗混乱，常不修边幅，追求各类音乐，作艳丽之词。和高官家的无赖子弟裴诚、令狐滈等人，饮酒赌博，整天大醉。因此好多年都没考中。（见《温庭筠》。）罗隐的诗词很有名，尤其擅长咏史，但却多含讽刺，所以考不中。（见《册府元龟》。）这是知道不能胜任而拒绝他们。

《宋史·陈彭年传》言："景德中，彭年与晁迥同知贡举，请令有司详定考试条式。真宗命彭年与戚纶参定，多革旧制，专务防闲。其所取者，不复选择文行，止较一日之艺。虽杜绝请托，然置甲等者，或非人望。"《文献通考》略同。《宋白传》言："初，陈彭年举进士，轻俊[①]喜谤主司。白知贡举，恶其为人，黜落之，彭年憾焉。后居近侍，为贡举条例，多所关防，盖为白设也。"《山堂考索》同。

【注释】①轻俊：指诗文轻巧飘逸。

【译文】《宋史·陈彭年传》中说：“景德年间，陈彭年和晁迥一起主管贡举，请示主管官员考察订定考试的法规。宋真宗令陈彭年与戚纶斟酌商定，大力改革旧制，致力于防备约束。所录取的人，不再考察文才德行的，只比较考试这天的才能。虽然能够杜绝请托说情的，但选为甲等的，或许不是众人所属望的。”（《文献通考》记载大致相同。）《宋白传》里说：“起初，陈彭年考进士，文章指轻巧飘逸喜欢谤议主考官。宋白主管贡举，厌恶他的为人，将他除名落第，陈彭年有了厌恨。后来陈彭年做了近侍之官，为贡举制定条文法规，大多数防备约束的内容，都是为宋白设置的。”（《山堂考索》记载相同。）

盖昔之取士，虽程其一日之文，亦参之以平生之行，而乡评士论，一皆达于朝廷。《李谘传》：“举进士，真宗闻其至孝，擢第三人。”当时尚未糊名。陆游《老学庵笔记》：“本朝进士，初亦如唐制，兼採时望。真庙时，周安惠公起建糊名法，一切以程文为去留。”故《王旦传》言：“翰林学士陈彭年呈政府科场条目，旦投之地曰：‘内翰得官几日，乃欲隔截天下进士！’彭年皇恐而退。”《书墁录》言：“彭年子彦博守汀州，以赃败，杖脊流海岛；其孙逵兄弟发彭年冢，取金带分货抵罪。”而范仲淹、苏颂[①]之议，并欲罢弥封、誊录之法，使有司先考其素行，以渐复两汉选举之旧。本传。

夫以彭年一人之私，而遵之为数百年之成法，无怪乎繁文日密，而人材日衰。后之人主，非有重门洞开之心胸，不能起而更张②之矣。

【注释】①苏颂（1020—1101）：字子容，原籍福建泉州府（今福建厦门），后徙居润州丹阳（今江苏镇江）。北宋中期宰相，杰出的天文学家、天文机械制造家和药物学家。苏颂好学，于经史九流、百家之说无所不通。著有《图经本草》《新仪象法要》《苏魏公文集》等。②起而更张：同“改弦更张”。比喻改革制度或变更计划、方法。

【译文】大概过去录取士子，虽然衡量他当日的文章，也要参考他平素的言行，而乡里和士大夫的评论，全都送至朝廷。（《李谘传》：“李谘参加进士考试，真宗听说他非常孝顺，提至第三人。”当时还没有糊名。陆游《老学庵笔记》：“国家的进士，开国初期也像唐代制度，同时兼顾当时声望。真宗时，安惠公周起开始创制糊名法，一切以科举文章为选取或舍弃的标准。”）所以《王旦传》里说：“翰林学士陈彭年向朝廷呈递科举考试法规，王旦扔到地上说：‘翰林才当了几天官，就想阻隔天下的进士。’陈彭年惶恐退下。”（《书墁录》言：“陈彭年之子陈彦博镇守汀州，因为贪污而地位尽失，被判杖脊流放海岛；其孙陈逵兄弟挖掘陈彭年的坟墓，取出金带分开货抵罪。”）而范仲淹、苏颂的谏议，都想废除弥封、誊录之法，让主管官员先考察他平日的品行，以便逐渐恢复两汉选用人才的旧制。（见本传。）因陈彭年的一己之私，而因循守旧成了几百年的既定法令，难怪繁文缛节越来越多，而人才日益减少。以后的国君，如果没有敞开层层限制的心胸，就不能改革旧制了。

《册府元龟》："唐宪宗元和二年十二月敕，自今以后，州府所送进士，如迹涉疏狂[①]，兼亏礼教，或曾为官司科罚，或曾任州府小吏，一事不合入清流者，虽薄有词艺，并不得申送[②]。如举送以后事发，长吏停见任，如已停替者殿二年，本试官及司功官并贬降。"是进一不肖之人，考试之官，皆有责焉。今则借口于糊名，而曰：吾衡其文，无由知其人也。"是教之崇败行之人，而代为之逭[③]其罪也。

【注释】①疏狂：狂放不羁的样子。②申送：上报。③逭：逃避。

【译文】《册府元龟》里记载："唐宪宗元和二年十二月下诏：从今往后，州府所选送的进士，如果行迹狂放，同时欠缺礼教，或者曾经受过官司处罚，或者曾做过州府差役，有一项不符合政治清明的，即使略有文章才艺，都不得上报。假如举荐报送之后事情败露，长官停职现任，如果已经停职两年，主持考试的官员和司功官会一起贬官降旨。"凡是举荐一个品行不端之人，负责考试的官员，也都有连带责任。现在的官员则借口于糊名制，推辞说："我只是评定他的文才，没有办法了解他的人品呀。"这是助长那些败坏品行的人，而且代替他们逃避罪责。

《容斋四笔》曰："唐世科举之柄，颛付之主司，仍不糊名。又有交朋之厚者，为之荐达，谓之通榜[①]。故其取人也，畏于讥议，多公而审。亦或胁于权势，或挠于亲故，或累于子弟，皆常情所不能免者。若贤者临之则不然，未引试之前，其去取高下，固已定于胸中矣。韩文公《与祠部陆员外书》曰：‘执事之与司贡士者相知诚深矣，彼之所望于执事，执事之所以待乎彼者，可谓至而无间矣。彼之职在乎得人，执事之志在乎进贤。如得其人而授之，所谓两得。愈之知者有侯喜、侯云长、刘述古、韦群玉，《摭言》作“纾”。此四者皆可以当首荐而极论者，期于有成而后止可也。沈杞、张弦、《登科记》作“弘”。尉迟汾、李绅、张后余、李翊，皆出群之才，与之足以收人望，而得才实。主司广求焉，则以告之可也。往者，陆相公司贡士，愈时幸在得中，贞元八年，陆贽知举，贾棱等二十二人登第，公与焉。所与及第者，皆赫然有声。原其所以，亦由梁补阙肃、王郎中础佐之，梁举八人，无有失者，其余则王皆与谋焉。陆相待王与梁如此不疑也，至今以为美谈。”

【注释】①通榜：隋、唐五代及宋朝初年科举考试选拔人才的一种制度。唐时科举不糊名，由主试者定去取。试前，有预列知名之士，得中者往往出于其中，谓之“通榜”。

【译文】《容斋四笔》里记载：“唐朝科举的权力，专交给主试官，依旧不糊名。又有结交朋友关系深厚的，给他推荐引进，称为通榜。所以录取人才，畏惧于嘲讽议论，大多会公平审定。也有人受迫于权势，或者屈从于亲戚故旧，或被后辈牵连，都是一般情理免不了的。若是有德行才能的来主持就不是这样了，在没有引保就试之前，他的去留和高下，就已经在心里决定了。韩愈在《与词部陆员外书》中说：‘执事和主管贡士的人的确相知甚深呀。主司寄希望于执事（推荐贤才），执事正以此回应，可以说是到了没有间隙的程度。主司的职责在于选得人才，执事的心意在于荐举贤能的人。如果想要选用的人正是推荐来的，正所谓一举两得。韩愈赏识的人才有侯喜、侯云长、刘述古、韦群玉（《摭言》写作“纾”）等，这四个人都可以以第一名被推荐而透彻地论述，期望他们有所成就才可以。沈杞、张弦（《登科记》写作“弘”）、尉迟汾、李绅、张后余、李翊都是出众的人才，推荐给主司足以达到众人的期望，而得到真正的人才，主司要求多多的推荐，告诉他就可以了。过去的时候，陆希声主管贡士，韩愈有幸得中，（贞元八年，陆贽主管考试，贾棱等二十二人科举中第，韩愈是其中一个。）所结交的中式的人，都名声显著。最初的缘由，也是因为补阙梁肃、郎中王础协助的。梁肃举荐了八个人，没有一个差错，其他的则都是王础给他推荐的。陆贽对王础和梁肃就这样没有怀疑，至今都传为美谈。’

此书在集中，不注岁月。按《摭言》云：“贞元十八年，权德舆主文，陆傪员外通榜，韩文公荐十人于傪，权公凡三榜，共放六人，余不出五年内皆捷。”以《登科记》考之，贞元十八年，德舆以中书舍人知举，放进士二十三人，尉迟汾、侯云长、韦纾、沈杞、李翊登第。十九年以礼部侍郎放二十人，侯喜登第。永贞元年，放二十九人，刘述古登第。通三榜，共七十二人，而韩所荐者预其七。元和元年，崔邠下放李绅。三年，又放张后余、张弘。皆与《摭言》合。

【译文】这本书在文集中，没有标注年月。按照《唐摭言》所说的：贞元十八年，权德舆主管考试，员外陆傪通榜，韩愈给陆傪推荐了十几个人才。权德舆总共三次放榜，共录取了六个人。其他的五年之内都有所成就。以《登科记》考校，贞元十八年，权德舆以中书舍人主管贡举，录取了二十三名进士，尉迟汾、侯云长、韦纾、沈杞、李翊登科。贞元十九年礼部侍郎录取了二十人，候喜登科。永贞元年录取了二十九人，刘述古登科。三次榜上总共有七十二人，而韩愈推荐的占了七人。元和元年，崔邠录取了李绅，永贞三年由录取了张后余、张弘，都和《唐摭言》相吻合。"

搜索

《旧唐书·李揆传》："乾元初，兼礼部侍郎，言主司取士，多不考实，徒峻其堤防，索其书策①。殊不知艺不至者，居文史之囿，亦不能摛辞②，深昧求贤之意也。及试进士，请于庭中设《五经》、诸史及《切韵》③本于床，引贡生谓之曰：'大国选士，但务得才，经籍在此，请恣寻检。"

【注释】①书策：指夹带书册入考场。②摛（chī）辞：亦作"摛词"。铺陈文辞。③《切韵》：为现今可考的最早的韵书，隋代陆法言著。书成于隋文帝仁寿元年（601）。唐初被定为官韵。原本已佚，近世也陆续有该书的残本出土，得以与《广韵》相印证。

【译文】《旧唐书·李揆传》记载："乾元年初，李揆兼任礼部侍郎，说主试官选取进士，很多时候不考按实情，只是更加严厉的小心防备，搜查考生夹带入考场的书册。却不知道学艺不精的人，拘泥于文史的圈子，也不能够深广的阐发文义，就违背了获求贤才的本意了。到考进士的时候，请在庭院中架子上放置《五经》、各种史册以及《切韵》等书，引领贡生说：强盛的国家选录进士，只求得到人才，各种经书典籍都在这里，请尽情查阅。”

《舒元舆传》：“举进士，见有司钩校[①]苛切，因上书言：‘自古贡士，未有轻于此者。且宰相公卿由此出，而有司以隶人待之。罗棘[②]遮截，疑其为奸，非所以求忠直也。’又言：‘国朝校试，穷微[③]探隐，无所不至，士至露顶跣足以赴科场，此先辈所以有投槩而出者。然狡伪之风，所在而有，试者愈严而犯者愈众。桁杨[④]之辱，不足以尽辜。如主司真具别鉴，怀藏满箧，亦复何益？故搜索之法，只足以济主司之所短，不足以显才士这所长也。’”

【注释】①钩校：检查，搜查。②棘：通“戟”。古代兵器名。合戈矛为一体，可以直刺与横击。③穷微：探究精微的道理。④桁杨：古代用于套在囚犯脚或颈的一种枷。

【译文】《舒元舆传》里记载：“参加进士考试时，遇见主考官员搜查苛刻严峻，所以上书说：‘自古以来的贡士，从未有被这样轻视的。况且宰相公卿都从这里产生，而官员却以奴隶对待他们，设置兵器拦截，怀疑为奸邪之人。’又说：‘国家选考，学子们为了竭力探究精细的学问，无所不至，甚至到了赤脚散着头发奔赴考场的地步，这就是先辈们能够考中的缘故。但是虚伪狡诈的风气，到处都有，监管的越严厉违反的也越多。枷锁于身之辱，都不足以惩罚。假如考官真正严格检查，即便身上藏了多少夹带，又有什么用呢？所以搜查夹带的办法，只能补救主试官的不足，不能够显现出人才的长处来。’”

今日考试之弊，在乎求才之道不足，而防好之法有余。洪武五年正月癸丑，上谕礼部臣曰：“近代以来，举人不中程式，为有司所黜者，多不省己自修，以图再进。往往摭拾主司细故，毁谤以逞私忿，礼让廉耻之风不立，今后有此者罪之。”万历末，谢肇淛言：“上之防士，如防奸偷；而旁观之伺主司，如伺寇盗。”宋元祐初，御史中丞刘挚上言：“治天下者，遇人以君子长者之道，则下必有君子长者之行应于上。若以小人遇之，彼将以小人自为矣。况以此行于学校之间乎？”诚能反今日之弊，而以教化为先，贤才得而治具[①]张，不难致也。

【注释】①治具：治国的措施。

【译文】当今科举考试的弊端，在于征求人才的办法不够，而防备奸邪的方法过剩。（洪武五年正月初五，太祖对礼部官员说：“近代以来，举人不按照考试程序，被相关部门所罢免，他们大多不反省自己自我修养，以图再次考中。然而，往往寻找主考官的小错误，毁谤来实现自己的私忿，礼让廉耻之风没被树立，今后如有这种情况就罚。”万历末年，谢肇淛上奏：“在上防备士人，如同防备为非作歹的人；而旁观的士人观察主考官，如同观察盗贼。”）宋哲宗元祐初年，御史中丞刘挚上奏书说：“治理天下的君王，以对待君子、长者的方式对待人才，那么下面必然会有如君子、长者品行的人回应君主。若是以对小人的方式待人，那么他们也将以小人看待自己。何况把这种方式实行在学校里呢？”果真能够推翻今天的这种弊病，而以教化为先，求得德才兼备的人而治理国家的措施实行下去，（太平盛世）就不难达到。

《金史》：“泰和元年，省臣①奏：‘搜简之法虽严，至于解发袒衣，索及耳鼻，殊失待士之礼。《移剌履传》：“初举进士，恶搜简繁琐去之。”盖世宗初年。故大定二十九年，已尝依前故事，使就沐浴，官置衣为之更之，既可防滥，且不亏礼。从之。”

【注释】①省臣：行省的长官。

【译文】《金史》载：“泰和元年，行省官员上奏：搜查考生夹带的方法虽然严格，甚至于解开头发衣服，检查耳鼻，很是有失待士之礼。（《移剌履传》：“移剌履开始参加进士时，厌恨搜查繁琐就离开了。”大概在金世宗初年。）所以大定二十九年，已经尝试按照从前的规矩，让考生沐浴，官府准备衣服给他们更换，既可以防止考生越轨，而且不会亏欠礼节。皇帝听从接受了。”

朱子论学校科举之弊，谓：“上以盗贼待士，士亦以盗贼自处。鼓噪迫胁，非盗贼而何？”嗟夫，三代之制，不可见矣，汉唐之事，岂难仿而行之者乎？

【译文】朱子评论学校科举的弊病，说："皇帝以盗贼对待士子，士子也以盗贼对待自己。喧闹威迫，不是盗贼是什么呢？唉！夏商周时代的制度，已经见不到了，汉唐的方法，难道是很难效仿和实行吗？"

座主门主

贡举之士，以有司为座主，而自称门生。自中唐以后，遂有朋党之祸[①]。"座主"字，见《令狐峘传》。张籍《寄苏州白使君诗》："登第早年同座主。"《杨嗣复传》："领贡举时，父于陵自雒入朝，乃率门生出迎，置酒第中。于陵坐堂上，嗣复与诸生坐两序。始于陵在考功，擢浙东观察使，李师稷及第时亦在焉。人谓杨氏上下门生。""会昌三年十二月二十二日，中书覆奏："奉宣旨，不欲令及第进士呼有司为座主，兼题名局席等，条疏[②]进来者。国家设文学之科，求真正之士，所宜行崇风俗，义本伏以[③]君亲，然后升于朝廷，必为国器。岂可怀赏拔之私惠，忘教化之根源，自谓门生，遂为朋比[④]。所以时风浸坏，臣节[⑤]何施？树党[⑥]背公，靡不由此。按韩文公《送牛堪序》："吾未尝闻有登第于有司而进谢其门者。"则元和、长庆之间，士风犹不至此。臣等议，今日以往，进士及第，任一度参见有司，向后不得聚集参谒。于有司宅置宴。其曲江大会[⑦]朝官，及题名局席，并望勒停。"《新唐书》："初，举人既及第，缀行通名诣主司第谢。其制，序立西阶下，北上东向，主人席东阶下西向。诸生拜，主司答拜，乃叙齿谢恩，遂升阶，与公卿观者皆坐。酒数行，乃赴期集。又有曲江会题名席。”李肇《国史补》：“既捷，列名于慈恩寺塔，谓之题名。大燕于曲江亭子，谓之曲江会。”奉敕：宜依。”

【注释】①朋党之祸：也称“朋党之争”。是指以牛僧儒为首的官僚集团和以李德裕为首的官僚集团之间的斗争，所以又称“牛李党争”。②条疏：即条奏，逐条上奏之意。③伏以：伏，指俯伏下拜；以，指下面有事陈情。“伏以”即作为下级对上级的一种报告方式，要伏下身子。④朋比：阿附；勾结。⑤臣节：人臣的节操。⑥树党：建立私党。⑦曲江大会：唐时考中的进士，放榜后大宴于曲江亭，谓之曲江会。

【译文】贡举的学子，以主管官员作为座主，而自称为门生。自中唐以后，就有了朋党之争。（“座主”字，见《令狐峘传》。张籍《寄苏州白使君诗》：“登第早年同座主。”《杨嗣复传》：“杨嗣复兼管贡举时，其父杨于陵从雒入朝，居然带领门生出迎，在府第中摆酒宴置酒。杨于陵坐在堂上，杨嗣又与诸生坐在两序。当年杨于陵在考功时，被提拔为浙东观察使，李师稷及第时也在其中。人称杨氏上下门生。”）“会昌三年十二月十二日，中书令又上奏：接到圣旨，不希望让考中的进士称呼考官为座主，以及题名宴请等，逐条上奏近来的情况。国家设置科举的目的，在于寻求真正的有德才之人，适宜推崇道德风俗，行道义于君亲，然后选入朝廷，必然成为治国之才。怎么能心怀以私人恩惠赏识提拔他人，而忘了教化的根本。自称门生，就成了朋党。因此社会风气逐渐败坏，人臣的气节如何安放，结党营私，无不由此产生。（按韩愈《送牛堪序》：“我未曾听说有在考官主考时登科而进入其家道谢的士人”说明元和、长庆之间，士人风气还没到如此地步。）臣等建议，从今以后，进士及第的，不论从前有过晋见主试官员，以后不能集合起来拜见。在主试官员家中设宴，其他曲江亭宴请官员，以及提名宴请等，希望一并勒令停止。（《新唐书》：“当初，举人及第之后，连接成行通报姓名前往主考官府第道谢。规定是，举人站在西阶下，北上东向，主人坐在东阶下西向。诸生下拜，主考官回拜，于是按年龄的长幼而定席次谢恩，才走上阶级，与公卿观看的人都坐下。酒过几巡后，才赶赴赴期集。又有曲江会题名席。”李肇《国史补》：“考中之后，在慈恩寺塔留下姓名，称之为题名。在曲江亭子举行大宴会，称之为曲江会。”）奉皇帝的命令：应当依从。”

后唐长兴元年六月，中书门下奏：“时论以贡举官为恩门[①]，及以登第为门生。门生者，门弟子也。颜、闵、游、夏等，并受仲尼之训，即是师门。大朝所命春官，不曾教诲举子，是国家贡士，非宗伯门徒。今后及第人不得呼春官为恩门、师门，及自称门生。”宋太祖建隆三年九月丙辰，诏及第举人不得拜知举官子弟，及目为恩门、师门，并自称门生。刘克庄[②]《跋陆放翁帖》云：“余大父[③]著作，为京教，考浙漕试[④]，明年，考省试。吕成公卷子皆出本房[⑤]，家藏大父与成公往还真迹，大父则云：‘上覆[⑥]伯恭兄。’成公则云：‘拜覆[⑦]著作丈。’时犹未呼座主作先生也。”寻其言，盖宋末已有“先生”之称。而至于有明，则遂公然谓之“座师”，谓之“门生”。乃其朋党之祸，亦不减于唐时矣。王元美《觚不觚录》谓：“嘉靖以前，门生称座主，不过曰先生而已。至分宜当国，始称“老翁”，其厚者称“夫子”，此后门生俱曰“老师”。《五杂俎》言：“国朝惟霍文敏韬不拜主司，亦不受人作门生。”

【注释】①恩门：恩府，师门。②刘克庄（1187—1269）：初名灼，字潜夫，号后村。南宋豪放派诗人，词深受辛弃疾影响，多豪放之作，散文化、议论化倾向也较突出。③大父：即祖父或外祖父。④漕试：指贡举考试方式之一。即转运司试。又称“漕举”。仁宗景祐年间，令各路转运司测试现任官员亲戚之应试者，此后渐成制度。漕试合格，即赴省试。⑤吕成公（1137—1181）：吕祖谦，字伯恭。原籍寿州（今属安徽），生于婺州（今金华）。别号吕成公、东莱先生。创立“婺学”，为“东南三贤”之一，有《东莱集》《历代制度详说》《东莱博议》等。本房：科举时代乡、会试考官分房批阅考卷，故称考官所在的那一房为本房。⑥上覆：禀报；奉告。⑦拜覆：问候、写复信的敬辞。

【译文】后唐长兴元年六月，中书门下奏称：‘当时的舆论以主考官为师门，以登科的举人为门生。所谓门生，就是门弟子。颜渊、闵子骞、子游、子夏等人，都是受孔子所教，即是师门。朝廷所任命的礼部官员，并没有教导过举人，国家的贡士，并不是主考官的门徒。今后中试的人不得称主考官为恩门、恩师，并自称门生。’宋太祖建隆三年九月初一，诏令中试举人不得拜为主试官的子弟，以及认作恩门、师门，并自称为门生。刘克庄在《跋陆放翁帖》中说：“我的祖父文章很有名气，在京城教授学生，被推荐参加浙江漕试，第二年，参加省试。和吕祖谦的试卷出自同一考官。家中收藏着祖父和吕成公往来的真迹，祖父称：'禀告伯恭兄。'吕成公则回：'拜覆著作丈。'当时还没有称呼主试官为先生。”从他们的言辞推断，大概宋朝末年已经有“先生”的称呼了。而到明朝时，就公开称为“座师”“门生”了。因此门派相争的祸事，也就不比唐朝少了。（王元美《觚不觚录》说：“嘉靖以前，门生称座主，不过只称先生而已。到分宜人严嵩执掌朝政，才开始称“老翁”，其厚者称“夫子”，此后门生都称之为“老师”。《五杂组》说：“现在唯独文敏公霍韬不拜主考官，也不接受他人自称为他的门生。”）

唐时风俗之敝，杨复恭[1]至谓昭宗为门生天子。唐崔祐甫议，以为：“自汉徐孺子[2]，于故举主之丧，徒步千里而行一祭，厚则厚矣，其于传继非可也，历代莫之非也。《后汉书·樊儵传》言：“郡国举孝廉，率取年少能报恩者。”当时即有此说。近日张荆州九龄，又刻石而美之。于是后来之受举为参佐者，报恩之分，往往过当。或挠我王宪，舍其亲戚之罪负，举其不令子孙以窃名位，背公死党，兹或近之。时论从而与之，通人[3]又不救，遂往而不返。”宋陈莹中言：“使王氏之门有负恩之士，则汉之宗社不至于亡。”其言可感。夫参佐之于举主，犹蒙顾盼之恩，被话言之奖，陶熔[4]成就，或资其力，昔人且有党比之讥。若科场取士，只凭所试之文，未识其名，何有师生之分？至于市权[5]挠法，取贿酬恩，枝蔓纠连，根抵磐互[6]，官方为之浊乱[7]，士习为之颓靡，其与汉人笃交念故之谊，抑何远哉！

【注释】①杨复恭：字子恪，本姓林氏，闽县（今福建福州）人。唐僖宗时期宦官将领。②徐孺子：徐穉，字孺子，豫章南昌人。东汉时期名士，世称“南州高士”。曾屡次被朝廷及地方征召，终未出仕。③通人：学识渊博通达的人。④陶熔：亦作“陶镕”。陶铸熔炼。比喻培育、造就。⑤市权：弄权，揽权。⑥磐互：指交相连结。⑦浊乱：贪赃枉法。

【译文】唐朝风气的弊害是，杨复恭对唐昭宗自称为天子门生。唐朝崔祐甫奏议，认为：“自从汉朝的徐穉，在曾经举荐过他的人丧礼上，徒步千里来拜祭，这种情谊深厚是深厚，对于后世的传承却不好，历代无不责怪他。（《后汉书·樊鯈传》说：“郡国举荐孝廉，大多是年轻能报恩的人。”当时就有这个说法。）近来荆州张九龄，又刻石赞誉他的行为。因此后来被举荐为部下的人，报恩的程度，往往有些过分。有些扰乱了国家的国法，免去亲戚的罪责，推举不肖子孙窃取官职，背弃公道为私党而死，这或许还是近的。当时的舆论还随顺赞许这种事，学识渊博通达的人又不纠正，于是一去不回。”（宋代陈莹中说：“假如王氏之门有辜负恩情的士人，那么汉代就不会至于灭亡。”这句话值得感慨。）部下对于对举荐人，即使还受有照顾之恩，听受言辞勉励，有培育造就之恩，或者给予资助，从前的人还有结党朋比的非议。像是科场选取士人，只根据他所撰写的文章（来取录），连姓名都不知道，哪里有师生的名分？甚至于弄权枉法，收受贿赂报答恩德，枝叶和藤条缠绕相连，根系交相连结，官员为此贪赃枉法，读书人的风气因此颓丧，这和汉朝时的忠厚相交念旧的情谊（相比），是多么遥远啊？

《风俗通》①记：“弘农太守吴匡，为司空黄琼所举。班诏劝耕，道于渑池，闻琼薨，即发丧制服，上病，载辇车还府。论之曰：“剖符守境，劝民耕桑，肆省冤疑，和解仇怨，国之大事，所当勤恤。而猥顾私恩，傲狠自遂。若宫车晏驾[②]，何以过兹？论者不察，而归之厚。司空袁周阳，举荀慈明有道[③]，太尉邓伯条，举訾孟直方正。二公薨，皆制齐衰。《汉书·荀爽传》：“司空袁逢举有道，不应。及逢卒，爽制服三年。当世往往化以为俗。”邵宝议之曰：“师丧以心，而举主服三年，可乎？”若此类者非一，然荀、訾皆通儒，于义足责。魏景元元年，傅玄举将仆射陈公薨，以咨时贤。光禄郑小同云：“宜准礼而以情义断之，服吊服加麻可也，三月除之。”宋庾蔚之以此论为允。或举者名位斥落，子孙无继，多不亲至。”然则隆情由乎显阀，薄报在乎衰门。此又私恩之一变，古今同慨者矣。

【注释】①《风俗通》：原为《风俗通义》，汉唐人多引作《风俗通》，东汉泰山太守应劭著。汉代民俗著作。原书三十卷、附录一卷，今仅存十卷。该书考论典礼类《白虎通》，纠正流俗类《论衡》，记录了大量的神话异闻，但作者加上了自己的评议，从而成为研究汉代风俗和鬼神崇拜的重要文献。②宫车晏驾：旧为帝王死亡的讳辞。③有道：汉代举士科目之一。

【译文】《风俗通》里记载：“弘农郡的太守吴匡，被司空黄琼所举荐，在颁布春令鼓励农人耕作，走到渑池的时候，听说黄琼去世了，就立即制作丧服办理丧事，皇帝生病了，坐着辇车回府。有评论说：‘领兵带将镇守边境，劝化百姓耕田养蚕，尽力审查冤假错案，化解仇怨，对国家大事，勤勤恳恳。而放下私人恩怨，坚持不为人所动摇。假如皇帝去世，还能胜过这样子么？评论的人不加一考察，将他的这种行为归结为厚道。司空袁周阳，举荐荀慈明为有道，太尉邓伯条，举荐訾孟直为方正。两人去世后，被举荐者都身着孝服。类似（《汉书·荀爽传》："司空袁逢举荐有道之人荀爽，荀爽没有前往。到袁逄去世后，荀爽制服三年。当时往往化以为风气。"邵宝对此评论说："老师去世后却以"心丧"服制，而对举主服丧三年，这可以吗？"）这种情况的不是一个，但是荀慈明、訾孟直都通达儒学，（这样做的话）在义理上足以受到责问。（曹魏元帝景元元年，傅玄的举将仆射陈公离世，来向当时的贤人请教。光禄郑小同说："应当按照礼节而根据情义来判断，服吊服加麻是可以的，三个月后除服。"南朝宋庾蔚之认为这个说法是为公允。）有些举荐者被罢免，丧失名位，没有子孙后代继承，大多就不会亲自去了。'"那么深厚的情谊在于权势之家，浅微的报答在于衰落之户。这又是私人恩情的一种变化，古今都感慨这种现象。

《后汉书》："周景为河内太守，好贤爱士。每至岁时，延请举吏，入止后堂，与共宴会。如此数四[①]乃遣之，赠送什物，无不充备。既而选其父兄子弟，事相优异。《魏志·卫臻传》："夏侯惇为陈留太守，举臻计吏，命妇出宴。臻以为末世之俗，非礼之正。"先是，司徒韩演在河南，志在无私，举吏当行，一辞而已，恩亦不及其家。曰：'我举若可矣，岂可令偏积一门。'"是二公者，在人情虽有厚薄之殊，而意趣则有公私之别矣。

【注释】①数四：再三再四。多次。

【译文】《后汉书》载："周景任河内郡太守时，爱才好士，每到节岁的时候，总是邀请所举的官吏前往后堂，与他们共同欢宴。如此多次，才让他们就任。赠送的财物，没有不齐全的。既而选用父兄子弟，都特别厚待。(《魏志·卫臻传》："夏侯惇为陈留太守，举荐卫臻为计吏，让其妇出席宴会。卫臻认为是末代的习俗，不符合正礼。")而之前司徒韩演任河内太守时，志在无私，举荐的官吏将要出发，不过一次见面就辞别罢了，有恩惠也给予他家。说："我举荐他们就够了，怎么能长久偏私一门呢！"这两个人，在对待人情上虽然厚薄之分，但是其中的意趣却是有公私之别。

《记》言："赵文子[①]所举于晋国管库之士，七十有余家，生不交利，死不属其子焉。"呜呼！吾见今之举士者，交利而已，属子而已。

【注释】①赵文子：即赵武，东周政治家，世人尊称其"赵孟"，史称赵文子，赵盾之孙，赵朔之子，晋文公外曾孙。

【译文】《礼记》里说："赵武所举荐的晋国管库之士，有七十多人，生前不以名利相交，死后也不托付子孙。"唉！我发现现在推举士人的，不过是以利益相交、嘱托子孙而已。

举主制服

《杂记》曰：“孔子曰：‘管仲遇盗，取二人焉。上以为公臣，曰：‘其所与游辟也，可人也。’管仲死，桓公使为之服。宦于大夫者之为之服也，自管仲始也，有君命焉尔也。”此虽前仕管氏，亦以举主而服之，然孔子以为有君命则可，盖亦有所不尽然之辞。

【译文】《礼记·杂记》中记载：“孔子说：‘管仲遇到偷盗的人，选用了其中的两个人。皇帝让做了大臣，并说：‘他友好结交授予官职，是个有才德的人啊。’管仲去世时，桓公让他们为管仲服丧。身为士大夫而为推荐他的人服丧，是从管仲开始的，这是因为有君命的原因啊。”这是虽然之前因管仲而做官，也因为管仲推荐的原因而服丧，然而孔子认为有君王的命令才可以这样做，大概也有不可以这样做的理由。

同 年

今人以同举为同年。唐宪宗问李绛[①]曰：“人于同年固有情乎？”对曰：“同年乃九州四海之人，偶同科第，或登科然后相识，情于何有？”然穆宗欲诛皇甫鎛，而宰相令狐楚、萧俛以同年进士保护之矣。按汉人已有之。《后汉书·李固传》云：“有同岁生，得罪于冀。”《风俗通》云：“南阳五世公为广汉太守，与司徒长史段辽叔同岁。”又云：“与东莱太守蔡伯起同岁。”又云：“萧令吴斌与司徒韩演同岁。”《三国志·魏武帝纪》云：“公与韩遂父同岁孝廉。”《魏武故事》载公令曰：“顾视同岁中，年有五十，未名为老。”汉《敦煌长吏武班碑》云：“金乡长河间高阳史恢等，追惟昔日，同岁郎署孝廉。”《柳敏碑》云：“县长同岁，健为属国赵台公。”《晋书·陶侃传》：“侃与陈敏同郡，又同岁举吏。”其云同岁，盖即今之同年也。惟《吴志·周瑜传》言：“坚子策与瑜同年。”《步骘传》言：“与广陵卫旌同年。”此当是同齿之年。私恩结而公义衰，非一世之故矣。

【注释】①李绛（764—830）：字深之。赵郡赞皇县（今河北赞皇县）人。唐朝中期政治家、宰相。

【译文】现在的人把同时考中的人称之为同年。唐宪宗问李绛：“人们对于同一年入举的人有交情吗？”回答说：“同一年入举的人九州四海皆有，碰巧同时考试，或者考中之后才相识，那有什么交情呢？”然而唐穆宗要杀皇甫鏄，但是宰相令狐楚、萧俛以都是同一年考中进士的名义而保护。经查汉代也有这样的事。《后汉书·李固传》上写道：“有同岁生，得罪于冀”。《风俗通》里说：“南阳五世公为广汉太守，与司徒长史段辽叔同年。”又说：“与东莱太守蔡伯起同岁。”还说：“萧令吴斌与司徒韩演同岁。”《三国志·魏武帝纪》中写道：“公与韩遂父同岁举孝廉。”（《魏武故事》记载公令说：“向周围看同岁当中，年龄有五十岁的，没有称为老的。”）汉《敦煌长吏武班碑》云：“金乡长河间高阳史恢等人，追忆昔日，同岁郎署孝廉。”《柳敏碑》说：“县长同岁，健为属国赵台公。”《晋书·陶侃传》：

“陶侃与陈敏同郡，又同岁举吏。”这里的同岁，指的就是现在所说的同年也。（唯独《吴志·周瑜传》说：“孙坚之子孙策与周瑜同年。”《步骘传》中说：“步骘与广陵人卫旌同年。”这里应当是“同齿之年”。）可见以私恩相结而使公义衰弱，并不是一个朝代的缘故啊。

先辈

先辈，乃同试而先得第者之称。程氏《演繁露》曰：“《通典》：‘魏文帝黄初五年，立太学于洛阳。时慕学者始诣太学为门人。满一岁试通一经者称弟子，不通一经罢遣。弟子满二岁，试通二经者补文学掌故，不通者听从后辈试，试通二经亦得补掌故。满三岁试通三经者擢高第，为太子舍人。不第者随后辈复试，试通亦为太子舍人。舍人满二岁，试通四经者擢高第，为郎中，不通者随后辈复试，试通亦为郎中。郎中满二岁，能通五经者擢高第，随才叙用，不通者随后辈复试，试通亦叙用。’”故唐世举人，呼已第者为先辈，由此也。”《韦庄集》有题云癸丑年下第献新先辈。《北梦琐言》：“王凝知贡举，谓人曰：某叨忝文柄，今年榜贴，全为司空先辈一人而已。”

【译文】先辈，是对同时参加考试而先考取的人的称呼。程大昌《演繁露》中记载：“《通典》：魏文帝黄初五年，在洛阳设立太学。刚开始在太学学习的人称为门人。学满一年，考试通过一部经典的人称之为弟子，一部经典考试不能通过的人就会让离开太学。弟子学满二年，考试通过二部经典的人补任文学掌故，考试没有通过者随从下一期再次参加考试，通过二部经典也可以补任掌故。学满三年，考试通过三部经典者提拔高第，为太子舍人。没有通过考试者随下一期后辈再次参试，考试通过也提拔为太子舍人。舍人学满二年，考试通过四部经典者再提拔，成为郎中，没有通过者随从下一期学习者再次考试，考试通过也提拔为郎中。郎中学满二年，能考试通过五部经典者再提拔，根据才能特长安排任职，考试没有通过者随从下期再次复考，考试通过也是量才任职。”因此唐代举人，称呼已经登第的人为先辈，缘由于此。（《韦庄集》当中题有“癸丑年下第献新先辈”。《北梦琐言》：“王凝知贡举，对人说：我忝列执掌考选文士的权柄，今年榜上贴有的，全是司空先辈一人而已。”）

今考《吴志·阚泽传》言：“州里先辈，丹阳唐固，修身积学。”《薛综传》言：“零陵赖恭先辈，仁谨不晓时事。”《晋书·罗宪传》言：“侍宴华林园，诏问蜀大臣子弟，复问先辈，宜时叙用者。宪荐蜀人常忌、杜轸等。”是先辈之称，果起于三国之时。而唐李肇《国史补》，谓“互相推敬谓之先辈”，此又后人之滥矣。《演繁露》又谓：“唐人已第者，其自目曰前进士，亦做此也。犹曰早第进士，而其辈行在先也。”《渑水燕谈录》：“苏德祥，汉相禹珪之子，建隆四年进士第一人。登第初还乡里，太守置宴作乐，伶人致语曰：昔年随侍，尝为宰相郎君，今日登科，又是状元先辈。”

郑氏《诗·采薇》笺曰：“今薇生矣，先辈可以行也。”是亦汉末人语。

【译文】现在考察《吴志·阚泽传》中记载:“州里先辈,丹阳唐固,修身博学。”《薛综传》言:“零陵赖恭先辈,仁厚谨慎不通晓时事。”《晋书·罗宪传》言:“在华林园侍宴,皇帝问蜀地大臣子弟,再次问到先辈,适时提拔的人才。罗宪推荐了蜀人常忌、杜轸等。”由此分析先辈之称,果然是从三国之时开始的。而唐李肇《国史补》里说“互相推敬,谓之先辈”。这是后人胡乱使用呀。(《演繁露》又说:“唐代人已经考中的人,自称为前进士,也是模仿这个。如同称早第进士,而那些人走在前面而已。”《渑水燕谈录》:“苏德祥,五代后汉宰相苏禹珪之子,是宋太祖建隆四年进士第一人。考中初年回到乡里,太守摆宴设置音乐,伶人祝颂词说:当年随侍,曾为宰相郎君,今日登科,又是状元先辈。”)

郑氏《诗经·采薇》笺中记载:“薇菜已经长出来了,先辈可以出发了。”这也是汉朝末年人们用“先辈”这个词。

出身授官

史言开元以后,四海晏清,士无贤不肖,耻不以文章达。其应诏而举者,多则二千人,少犹不减千人,所收百才有一。《文献通考》:“唐时所放进士,每岁不过二三十人。”《册府元龟》:“贞元十八年五月,敕自今日以后,每年考试所收人,明经不得过一百人,进士不得过二十人。如无其人,不必要满此数。”太和元年、二年、三年,每年恩赐及第四十人。二年正月,礼部奏请每年进士以三十人为限，从之。士之及第者，未便解褐入仕，尚有试吏部一关。韩文公三试于吏部无成，则十年犹布衣，且有出身二十年不获禄者。东莱吕氏曰："唐时进士登第者，尚未释褐，或是为人所论荐，或再应皆中，或藩方辟举，然后始得释褐。"《册府元龟》："唐文宗语宰臣曰：'凡进士及第，有方镇奏请判官者，第一任未经作州县官莫依，但第一任曾作州县官，即第二任依奏。'"

【译文】历史记载自唐玄宗开元以后，天下安宁清明，士人当中不论贤良还是不贤的，都以文章不能显达为耻。参加诏考的人，多的时候二千人，少的时候也不少于一千人，但考取的人才百分之一。《文献通考》中记载："唐朝时所考取的进士，每年不过二三十人。"（《册府元龟》："唐德宗贞元十八年五月，敕令从今日以后，每年考试所录取的人才，明经不得超过一百人，进士不得超过二十人。如果没有这类人，不必要达到这个数目。"太和元年、二年、三年，每年恩赐及第四十人。太和二年正月，礼部奏请每年进士以三十人为限，皇帝同意了。）学子科举及第的，没有立即就任官的，还要经过吏部考核这一关。韩愈曾经三次在吏部考试都没有通过，所以这十年还是平民，并且有考取科举二十年没有俸禄的人。（东莱吕氏说："唐代进士科举中第的，还没出任官职，有的是为人所选拔推荐，有的再次应考都中第，有的是地方长官征辟举荐，然后才能出仕。"《册府元龟》："唐文宗对宰臣说：'凡是进士及第，有方镇奏请判官的，第一任未经作州县官不听从，只是第一任曾作州县官，即第二任同意奏请。'"）

自宋太宗太平兴国二年，上初即位，思振淹滞，赐进士诸科出身者五百余人。《石林燕语》："是年进士特取一百九人，自是连放五榜，通取八百一人。"皆先赐绿袍靴笏，赐宴开宝寺①，第一、第二等进士及《九经》授将作监丞②、大理评事、通判诸州，其余皆优等注拟，宠章③殊异，历代未有也。薛居正等言："取人大多，用人太骤。"不听。陆游《南唐书》言："冯延鲁子僎，韩熙载知贡举，放及第，复试被黜。后与其弟侃、仪、价、伉入宋，继取名第。"盖南唐及第止于三人、五人，而宋及第至百余人也。此太宗初一天下，欲以得士之盛，跨越前代，荣观史册。《宋史》："王禹偁上疏言：'太祖之世，每岁进士不过三十人，经学五十人，重以诸侯不得奏辟，士大夫罕有资荫，故有终身不获一第，没齿不获一官。太宗毓德王藩，睹其如此，临御之后，不求备于取人，舍短用长，拔十得五。在位将逾二纪，登第殆近万人，虽有俊杰之才，亦多容易而得。'"而不知侥幸之心，欲速之习，中于士人者，且数百年而不可返矣。

【注释】①开宝寺：在北宋东京城（今河南开封）东北安远门里上方寺西。旧名独居寺。始建于北齐天保十年(559)，唐改为封禅寺。北宋曾在该寺开设礼部贡院，更使其名声大震。金代被毁。②将作监丞：官名。隋始置。此后唐、五代、宋皆置。为将作监属官。③宠章：高官显爵的章服。

【译文】自宋太宗太平兴国二年，皇帝刚刚即位，考虑为了让有才德人不再久沦下位，赐进士诸科出身者五百余人。(《石林燕语》：

“这年进士特别录取一百零九人，从此连放五榜，一共录取八百零一人。”）都是先赐给绿袍靴笏，赐宴于开宝寺，考中第一、第二等进士及《九经》科的授予将作监丞、大理评事、通判诸州，其余的均以优等注拟，授予显官要职，这是历代以前没有的。薛居正等人进言：“录取人数太多，任用人太快”。但是太宗不听。（陆游《南唐书》说：“冯延鲁之子冯僎，韩熙载主管贡举，将冯僎录取，复试时被摒弃。后来与其弟冯侃、冯仪、冯价、冯伉入宋，相继取得科举名次。”大概是南唐及第只是三人、五人，而宋朝及第多达百余人。）这是太宗刚开始一统天下，欲以得士之盛，超越前代，将这种荣盛的景象载于史册。（《宋史》：“王禹偁上疏说：‘太祖时，每年进士不过是三十人，经学五十人，而且因为地方大员不得奏请征辟，士大夫极少有资荫，故而有终身不获得一个科举名次，没齿不获得一个官职。太宗还是藩王时修养德性，目睹这些情况，即位之后，不求备于取人，舍短用长，拔十得五。在位将近二十年，科举中第的几乎近万人，即使有俊杰之才，也达多容易而获得。’”）而不知侥幸之心，欲速则不达的弊病，沉迷于以考试任用读书人，近数百年都没有改变。

又考《通典·举人条例》：“四经出身，授紧县尉；判入第三等，授望县尉。五经出身，授望县尉；判入第三等，授畿县尉。进士与四经同资。”是唐时明经进士，初除不过县尉。《宋史》：“进士、明经，入望州判司，次畿簿尉。”《文献通考》：“开宝八年，王嗣宗为状元，止授秦州司理参军。太平兴国以后，始授将作监丞、大理评事、通判诸州。”当时以为异数。至今代，则一人词林，更不外补[1]。谢肇淛曰："国朝进士一入史馆，即与六卿抗礼，二十年间，便可跻卿相。清华之选，百职莫敢望焉。"唐宋之代，出为郡守，入为两制，未尝有此格也。二甲之除，犹为部属，崇浮长惰，职此之由。所以一第之后，尽弃其学，而以营升纳贿为事者，以其得之浅而贵之骤也。其于唐人举士之初制，失之远矣。

【注释】①外补：旧时称京官外调。

【译文】又考查《通典·举人条例》："经过四经考试出身的，授予紧县尉；判为第三等，授望县尉。经过五经考试出身的，授望县尉；判为第三等，授畿县尉。进士与通过四经科的待遇相同。"在唐代时明经进士，刚开始任职不过是县尉。（《宋史》："进士、明经，为望州判司，其次为畿主簿、县尉。"《文献通考》："开宝八年，王嗣宗为状元，只是授予秦州司理参军。太平兴国以后，才授将作监丞、大理评事、通判诸州。"当时认为是特殊的礼遇。）到了现在，则一进入翰林院，更不外调。（谢肇淛说："国家进士一旦进入史馆，就与六卿分庭抗礼，二十年间，便可跻身卿相。清高显贵的选官，百职不敢企望。"唐宋之代，在地方为郡守，在朝中为翰林学士和中书舍人，不曾有这个方式。）考取二甲都能在部门任职，崇尚浮华懒惰之风，都是这个原因造成的。所以一旦中第之后，读书人都是放下学业，以营求升迁索取贿赂为主业，这就是由于学习浅薄而尊贵骤然获得导致的。这和唐代最初考举取士的做法，相差太远了。

《儒林公议》言："太宗临轩放榜，三五名以前，皆出贰郡符，迁擢荣速。陈尧叟、王曾初中第即登朝领太史之职，赐以朱韨[①]。尔后状元登第者，不十余年，皆望柄用[②]，人亦以是为当得之也。每殿廷胪传第一，则公卿以下，无不耸观，虽至尊亦注视焉。自崇政殿出东华门，传呼甚宠，观者拥塞通衢。"今代状元及第之荣，一甲翰林之授，权舆于是矣。又言："洛阳人尹洙，豪士也。尝曰：'状元及第，虽使将兵数十万，恢复幽、蓟，逐出彊寇，凯歌劳还，献捷太庙，其荣无以加焉。'"宋之务虚文而忘实事，即太宗有以开之矣。

【注释】①朱韨：同朱绂，古代礼服上的红色蔽膝，后常作为官服的代称，也指做官。②柄用：被信任而掌权。

【译文】《儒林公议》中记载："宋太宗临轩放榜，三五名以前皆任州郡长官的副职，升迁提拔荣耀得很快。陈尧叟、王曾初考取之后就登朝领太史的官职，赐以朱绂。之后考中状元者，不到十来年都能拥有重任大权，人们都认为是应当如此。每当殿试定为第一名的人，公卿以下的人都是极其尊崇，即使至尊也是十分关注。自崇政殿出东华门，欢呼呐喊特别荣耀，观看者都堵塞了大街。"现代状元及第的荣耀，一甲考生授予翰林，就是从此而始的。（又说："洛阳人尹洙，是一位豪放任侠之士。曾经说：'状元及第，即使是带领数十万军队，收复幽、蓟两地，逐出强大的贼寇，凯歌劳还，献捷太庙，这个荣耀是无以复加的。'"宋代重视虚文而忘实事，就是从太宗朝开始的。）

宋初用人之弊有二：进士释褐，不试吏部，一也。献文得旨，召试除官，二也。今炫文之涂已革，而入官之选尚轻，二者之弊，其一尚存，似宜仍用唐制。

用八股之人才，而使之理烦治众，此夫子所谓贼夫人之子[1]也。

【注释】①贼夫人之子：对引导别人犯错误者的斥责。出自《论语·先进》："子路使子羔为费宰。子曰：'贼夫人之子！'"

【译文】宋初用人有两个弊端：考中进士即授予官职，吏部不用考试，是第一个。以文章取士，考试任官，这是第二个。现在以文章取士的做法已经革除，但入官选职还是太轻率，两种弊端的其中一种还存在，（如此看来）还是沿用唐代任官制度比较适宜。

用考八股文章录取的人才治理大众处理烦乱事情，就是孔子所说的这是引导别人犯错啊。

恩科

宋时有所谓特奏名[1]者。开宝三年三月庚戌，诏礼部阅进士及十五举尝终场[2]者，得司马浦等一百六人，赐本科出身，特奏名恩例自此始，谓之恩科。咸平三年，遂至九百余人。士人恃此，因循不学。故天圣之诏曰："狃于宽恩，遂隳[3]素业，苟简成风，甚可耻也。"而元祐初，知贡举苏轼、孔文仲言："今特奏者已及四百五十人，又许例外递减一举，则当复增数百人。此曹垂老，别无所望，布在州县，惟务赎货以为归计。前后恩科命官几千人矣，何有一人能自奋厉，有闻于时？而残民败官者，不可胜数，以此知其无益有损。议者不过谓宜广恩泽，不知吏部以有限之官，待无穷之吏；户部以有限之财，禄无用之人，而所至州县，举罹其害。乃即位之初，有此过举，谓之恩泽，非臣所识也。”当日之论如此。《金史》：“章宗大定二十九年，敕今后凡五次御帘进士，可一试而不黜落，止以文之高下定其次，谓之恩榜。”《语》不云乎：“及其老也，戒之在得。”故有杖乡[4]之制，以尊高年，至仕之节，以养廉耻。若以宾王谒帝之荣，为闵老酬劳之具，恐所益于儒林者小，而所伤于风俗者多。养陋识于泥途，快膻情于升斗。岂有赵孟之礼绛人，穆公之思黄发，足以裨君德而持国是者乎？况五十不从力政，六十不与服戎，岂可使龂龂[5]于阙里之旁，攘攘于桥门[6]之下？宜著为令，凡中式举人，年至六十者，赐第罢归，居家授徒；不中式者，不许再上。不但减百千黩货之人，亦可以劝二三有耻之士。孝宗淳熙七年五月庚辰，诏特奏名年六十人，勿注县尉。《元史》：“至正三年三月，监察御史成遵等，请用终场下第举人充学正、山长。”

【注释】①特奏名：宋代科举制度的一种特殊规定：考进士多次不中者，另造册上奏，经许可附试，特赐本科出身，叫“特奏名”，与“正奏名”相区别。②终场：旧时指分场考试的最后一场。③隳：毁坏；崩毁。④杖乡：出自《礼记·王制》：“六十杖于乡。”谓六十岁可拄杖行于乡里。作为六十岁的代称。⑤龂龂：争辩的样子。⑥桥门：古代太学周围环水，有四门，以桥通，故名。

【译文】宋朝科举中有一种称之为特奏名的。开宝三年三月初九，宋太祖下诏让礼部查阅进士以及参加了十五场科举全部参加考试的人，得司马浦等一百六十人，赐本科出身，特奏名的恩例从此开始，称为恩科。咸平三年，达到了九百多人。读书人因为这个原因，不努力学习。因此宋仁宗天圣年间曾在诏书中写道："因宽厚恩典，导致毁坏儒业，学业苟且简略成为风气，这是相当羞耻的"。到了元祐初年，主持考试的大臣苏轼、孔文仲上奏说："现在特奏的人已经达到四五百人了，又许可例外递减一次，那么又会增加数百人。这些人年老后，无所指望，分布在各州、县，只是贪财获利准备归养的事。前后的恩科提拔任用的官员几千人了，可有一个能发奋图强闻名于时的？而欺压百姓官中败类者不可胜数，由此可知特奏名有害无益。议奏的人不过就是认为应该广布恩泽，不知道吏部以有限的官位，安置无穷的官员；不知户部以有限的财力，养着无用之官，这些以恩科致仕的官员所到州县都受其害。即位之初这样设恩科取士，以为能恩泽学子，臣不这样认为。"当时已经有了这样的认识。(《金史》："金章宗大定二十九年，敕令今后凡是五次御帘进士，允许一试而不录取，只以文章高下确定名次，称之为恩榜。")《论语》中不是说："人到老时，最要谨慎防备的就是贪得之心。"吗？因此有年老了回家养老受人尊敬的制度，当官就要培养廉洁知耻的节制。如果因为有辅佐帝王的荣耀，若把官位做怜悯养老报答劳苦的手段，恐怕对学习儒业者益处小，而导致伤风败俗的就会多起来。在污浊世俗之中养成了卑陋的见识，快意纵情于蝇头小利。那里会有赵孟礼待的绛县老人，秦穆公思念的黄发老臣，这些能够弥补君王之德扶持国家大事的贤老呢？况且五十岁不努力于政事，六十岁不参与军事，怎么能够让他们劳于儒学之争，拥挤在太学里呢？应该制定法令，凡考取举人的，年至六十岁，赐第罢官归家，居家教授学徒；没有考中举人的，年至六十岁，不许再考。不但减去成百上千贪污纳贿的人，亦可以劝勉两三有廉耻之心的学子。（宋孝宗淳熙七年五月二十九日，皇帝下诏特奏名年龄六十岁的人，不许授职县尉。《元史》："元惠宗至正三年三月，监察御史成遵等人，请求用最后一场落榜举人充任学正、山长。"）

汉献帝初平四年，诏曰："今耆儒年逾六十，去离本土，营求粮资，不得专业。结童入学，皓首空归，长委农野，永绝荣望，朕甚愍焉。其依科罢者，听为太子舍人。"唐昭宗天复元年赦文，令中书门下选择新及第进士中有久在名场，才沾科级、年齿已高者，不拘常例，各授一官。于是礼部侍郎杜德祥奏，拣到新及第进士陈光问年六十九，曹松年五十四，王希羽年七十三，刘象年七十，柯崇年六十四，郑希颜年五十九，诏：光问、松、希羽，可秘书省正字[①]，象、崇、希颜可太子校书[②]。此皆前代季朝之政，当丧乱之后，以此慰寒畯而收物情，非平世之典也。

【注释】①正字：官名。北齐始置于秘书省，隋、唐、宋沿置。②太子校书：官名。北齐置。东宫官属，从九品上。隋及唐初沿置，属门下坊司经局。

【译文】汉献帝初平四年，下诏曰："年过六十岁的年老儒学学士，离开家乡，谋求度日，没有稳定的职业。从小入学，到老而无所获，寄身农家田野，没有获得荣耀的希望，我非常怜悯。那些科考落榜的，可以听任为太子舍人。”唐昭宗天复元年发赦文，令中书门下选择新及第进士中，有一直在科场中，才中科举，但年事已高的人，不要局限惯例，各自授予官职。于是礼部侍郎杜德祥上奏，选出了新及第进士里六十九岁的陈光问，五十四岁的曹松，七十三岁的王希羽，七十岁的刘象，六十四岁的柯崇，五十九岁的郑希颜等人。唐昭宗任命陈光问、曹松、王希羽为秘书省正字，任命刘象、柯崇、郑希颜为太子校书。这是以前朝代在末世时施行的政策，或是刚经历丧事或动乱之后，用这种政策慰藉出身寒微而有才能的人收拢人心，并非和平盛世的典章制度。

《实录》：“宣德二年六月己卯，行在礼部尚书胡濙奏：‘北京国子监生，及见拨各衙门历事者，请令六部尚书、都察院都御史、通政使司、大理寺、翰林院各堂上官、六科给事中①，公同监官拣选。凡年五十五以上，及残疾貌陋不堪者，皆罢为民。’上从之。”凡斥去一千九十五人，其南京国子监生亦准此例。次年即奉旨澄汰天下生员。别见后《广额》下。三年四月丙辰，行在吏部尚书蹇义奏：“拣择吏员年五十以上，及人物鄙猥②，不谙文移者，皆罢为民。”四年九月甲寅，放南北两京国子监生年五十五以上，及残疾者二百五十三人，还乡为民。九年九月戊寅，行在礼部奏：“取天下生员年四十五以上者考试，其中者入国子监读书，不中者罢归为民。”宣庙精勤吏治，一时澄清之效如此。后人不知，即知之，亦不肯言矣。

【注释】①六科给事中：六科给事中，明清“谏言、监察”官职名。源于给事中。明代给事中不再隶属于其他单位，而成为一个独立的机构，由于给事中分掌六部，故称六科给事中。②鄙猥：鄙野猥琐。

【译文】《宣宗实录》中记载：“宣德二年六月二十二日，行在礼部尚书胡濙上奏说：‘在北京国子监读书的监生，以及现在被安排到各衙门任事的，请让六部尚书、都察院都御史、通政使司、大理寺、翰林院各堂上官、六科给事中，与监督官员一同挑选。凡是年龄在五十五岁以上以及残疾相貌丑陋不堪的，全部罢免为普通百姓。’皇帝准奏。”总共罢免了一千零九十五人，南京国子监的监生也是这样办理。（次年即奉旨淘汰天下生员。另见下文《广额》。）宣德三年四月初四，吏部尚书蹇义上奏：“挑选出那些任职的普通吏员，年龄在五十岁以上的，及人品卑贱相貌丑陋的不熟悉文书的，都罢免为普通百姓。”宣德四年九月十一日，罢免南京北京国子监读书人年龄在五十五岁以上，以及残疾者二百五十三人回到本乡为百姓。宣德九年九月初四，行在礼部上奏：“选取年龄在四十五岁以上的生员参加考试，考中的进入国子监读书，没有考中的免为平民。”宣宗皇帝治理官场精明勤奋，一时呈现出清明的效果。后人通常不知道，即便知道，也不肯说。

年齿

《记》曰:“四十曰强而仕,七十曰老而传。”是人生服官之日不过三十年。汉顺帝阳嘉元年,用左雄之言,令孝廉年不满四十,不得察举。皆先诣公府,诸生试家法[①],儒有一家之学,故称家法。文吏课笺奏。宋文帝元嘉中,限年三十而仕,梁武帝天监四年令,九流常选年未三十,不通一经,不得解褐。今则突而弁[②]兮,已厕银黄之列;死期将至,尚留金紫之班。何补官常,徒隳士习?宜定为中制,二十方许应试,三十方许服官。年至六十,见任官听其自请致仕,《实录》:洪武十三年二月戊辰,“命文武官年六十以上者,皆听致士,给以诰敕。”无官之人一切勒停。是虽蚤于古《记》之十年,要亦不过三十年而已。三十年之中,复有三年大忧及期丧不得选补之日,则其人在仕路之日少,而居林下之日多,可以消名利之心,而息营竞之俗。

【注释】①家法:汉初儒家传授经学,都由口授,数传之后,句读义训互有歧异,乃分为各家。师所传授,弟子一字不能改变,界限甚严,称为家法。至唐代家法已基本消亡。②弁:古时的一种官帽,通常配礼服用(吉礼之服用冕)。赤黑色布做叫爵弁,是文冠;白鹿皮做的叫皮弁,是武冠。后泛指帽子。

【译文】《礼记》中说:“四十岁正强壮可以做官,七十岁老了就做传承的事。”人一生做官的时间不过就是三十年。汉顺帝阳嘉元年,皇帝采纳左雄的建议,下令孝廉不满四十岁不能考察举荐。都要先报到公府，参加各家家法考试（儒学有一家之学，故称家法），文职官吏考察笔记奏章。宋文帝元嘉年间，限定年龄三十岁才可以任职做官，梁武帝天监四年，命令九大学术流派，在正常选官时，年龄没有达到三十岁，一部经典都没有精通的不能任职。现在则任官太快，官帽戴得太突然，很快就位于高官显爵之列；有的都是将死之人，还在朝堂之上做高官。这不是任命官员的长久之法，这不是白白地坏掉了学子的好风气吗？应该制定制度，二十岁时才可以参加考试，三十岁时才可以任命做官。到六十岁时，在任的官员随顺他自己退休，（《实录》：洪武十三年二月初七，"命文武官年六十岁以上的，都允许辞官退休，赐予诰敕。"）没有官位的人一律不再从事公职。这样虽然比《礼记》上记载的早十年，关键是也不超过三十岁。在三十年间，还有三年守孝及守孝期间不能任官之说，这样则人在官场的时间少了，而退隐的时间多，这样可以使追求名利的心消灭，结营竞争的不好风气也会停止。

洪熙元年四月庚戌，郑府审理正俞廷辅言："近年宾兴[①]之士，率记诵虚文，求其实才，十无二三。或有年才二十者，未尝学问。一旦挂名科目，而使之临政治民，职事废隳，民受其弊。自今各处乡试，宜令有司先行审访，务得博古通今，行止端重，年过二十五者，许令入试。"上虽嘉纳，而未果行。今则积习相沿，二三百载，青云之路，跬步可阶。五尺之童，便思奔竞。欲以成人材而厚风俗，难矣。宋李伯玉请罢童子科。意亦同此。

【注释】①宾兴：科举时代，地方官设宴招待应举之士。亦指乡试。

【译文】洪熙元年四月十一日，郑府审理正俞廷辅说："近几年乡试考中的人，大部分都是记诵虚文得到的，要寻求其中真才实学者，十人之中没有二三个人。有些才二十来岁，没有真实学问，一旦通过科举就取得功名，但是让他们处理政务治理百姓，则职务荒废，百姓深受其害。从现在开始各处乡试，应该让主管部门先进行审查调访，必须是博古通今，行为举止端重，年龄达到二十五岁，才可允许参加考试。"皇上虽然赞许采纳，但最终并没有实行。现在这种习惯已经延续二三百年了，官场之路，轻易可达，就连未成年的孩子，都有努力当官的欲望。想要培养栋梁之材使民风厚朴，实在是难啊。（宋代李伯玉请求罢免童子科。大意也是与此相同。）

教官

汉成帝阳朔二年，诏曰："古之立太学，将以传先王之业，流化于天下也。儒林之官，四海渊源，宜皆明于古今，温古知新，通达国体，故谓之博士。否则学者无述焉，为下所轻，非所以遵道德也。丞相、御史，其与中二千石、二千石杂举可充博士位者，使卓然可观。"

【译文】汉成帝阳朔二年，下诏书曰："古人设立太学，是为了将先王的功业，流传化育于天下。儒家学者为官的，天下源流本末，古今之说都应该明了，温故知新，通达国家的体制，因此才称之为博士。

如果学者没有自己的著述，就会被下位的人所轻视，不能够成为道德遵守的榜样。丞相、御史俸禄二千石，二千石俸禄的人共同举荐就可充任博士之位，使得卓然可观。”

元仁宗时，方以科举取士。虞集[①]上议曰：“师道立则善人多。《周子通书》。今天下学官，猥以资格授，强加之诸生之上，而名之曰师，有司弗信也，生徒弗信也。如此而望师道之立，能乎？今莫若使守令求经明行修，为成德之君子者，身师尊之，以教于其郡邑。其次则求夫操履近正、而不为诡异骇俗者；确守先儒经义师说，而不敢妄为奇论者；众所敬服而非乡愿之徒者。其次则取乡贡至京师罢归者。当今之世，欲求成德之人，如上一言者，或不可遽得；若其次之三言，则十室之邑必有忠信[②]，亦未至乏才也。而徒用其又次之一言，则亦不过以资格授之，而耄鄙之夫，遂以学官为糊口之地，教训之员，名存而实废矣。”

【注释】①虞集（1272—1348）：字伯生，号道园，世称邵庵先生。祖籍成都仁寿（今四川眉山）。元代著名学者、诗人，南宋左丞相虞允文五世孙。②十室之邑必有忠信：意为“即使是十户人家的地方，也一定有忠诚信实的人”。出自《论语·公治长》。指处处都有贤人。

【译文】元仁宗时，才开始通过考科举任官。虞集上议说：“师道建立起来则仁人志士多。（见《周子通书》。）现今天下学官，多以资格论高低，将资格强加在诸生员之上，就称之为老师，有些部门不信任，生员学徒也不信任。这样能指望师道建立，可能吗？现在不如由政府下令，访求能通经典有修为道德的人，尊为老师，在郡县里任教。再次一点，就访求那些品德比较端正，比较有操守，不做奇特怪异震惊世俗言行，确实能遵守先儒教导，不敢妄下奇异言论，大家都尊敬佩服，但不是外貌忠厚老实，讨人喜欢，实际上却不能明辨是非的这种人，来做老师。更次一点的选择是，让考中乡贡京师任官而退休的人来做老师。当今之世，想要寻求如前所述有德之人，也不能马上就能找到。如果是寻求第二种人，那么在郡县中去找，还是能找到的；如果找第三种人，则即使是十户人家的地方，也一定有忠诚信实的人，也不至于缺少人才。而只用又次一等的言论，也不过是以资格来说的，而一些老而无才的人把学官当作养家糊口的地方。教育训导之官，名存实亡啊。”

明初教职[①]多由儒士荐举。景泰二年，始准会试不中式举人考授[②]。

天顺三年十二月庚申，“建安县老人贺炀言：‘朝廷建学立师，将以陶熔士类。奈何郡邑学校，师儒之官，真材实学者百无二三，虚縻[③]廪禄，猥琐贪饕，需求百计，而受业解惑，莫措一辞。师范如此，虽有英才美质，何由而成？至于生徒之中，亦往往玩愒[④]岁年，佻达城阙，待次循资，滥升监学。侵寻老耋，授以一官。但知为身家之谋，岂复有功名之念？是则朝廷始也聚群鸮而饮啖，终也纵群狼以牧人。苟不严行考选，则人材日陋，士习日下矣。’上是其言，命巡按御史同布、按二司分巡官，照提调学校例考之。”

【注释】①教职：官制名。凡府厅之教授，厅州之学正，县之教谕，府厅州县之训导等官，以及京内各类官学之博士、助教、学正、学录、教习等，均属教职。②考授：官制名。清代授官方法之一，即通过考试始授给官职。某些学官及经办文字事务之额缺，须通过考试而授职。③虚縻：白白地损耗、浪费。④玩愒：贪图安逸，旷废时日。

【译文】明朝初年教职大多是从儒士中荐举的。景泰二年，才批准在会试落榜的举人中考试授职。

天顺三年十二月十二日，"建安县老人贺炀上言：'朝廷建立学堂任命教师，是用来陶冶熔化成就学子的。可是郡县学校的老师，有真材实学者不到百分之二三，白白浪费俸禄，庸俗贪婪，千方百计为名利之需，而在传道授业解惑上，没有一点思想。老师都这个样子，即使有聪明英俊的学生，怎么能够有所成就呢？至于学生当中，也多是虚度岁月，无所事事，论资排辈逐级晋升，滥竽充数升任监学。沿袭旧例因年老授官。这些人只知道为自家谋利，那里还有什么建功立业的意愿呢？这就像是朝廷刚开始聚焦了一群鸮而吃喝，后来任由一群狼来治理百姓。如果对老师不能严格考核挑选，则国家的人才越来越卑陋，读书的风气就越来越差了。'皇上采纳了他的建议，令巡按御史同布政司、按察司二司分巡官，按照提调学校的标准进行例考。"

太仓陆世仪言："今世天子以师傅之官为虚衔，而不知执经问道；郡县以簿书期会为能事，而不知尊贤敬老；学校之师，以庸鄙充数，而不知教养之法；党塾[①]之师，以时文章句为教，而不知圣贤之道。儇捷[②]者谓之才能，方正者谓之迂朴。盖师道至于今而贱极矣。即欲束修自厉，人谁与之？如此而欲望人才之多，天下之治，不可得矣。”又言：“凡官皆当有品级，惟教官不当有品级，亦不得谓之官。盖教官者，师也。师在天下则尊于天下，在一国则尊于一国，在一乡则尊于一乡，无常职亦无定品，惟德是视。若使之有品级，则仆仆亟拜③，非尊师之礼矣。至其冠服亦不可同于职官，当别制为古冠服，如深衣幅巾④，及忠靖巾之类，仍以乡、国、天下为等。庶师道日振，儒风日振，而圣人之徒出矣。”按《宋史》，黄祖舜⑤言：“抱道怀德之士，多不应科目，老于韦布。乞访其学行修明，孝友纯笃者，县荐之州，州延之庠序⑥，以表率多士。其卓行尤异者，州以名闻，是亦乡举里选之意。”《松江府志》言：“洪武初，杨孟载为松江府学教授，与丘克庄、全希贤同官。当时分教，有司得自延聘，皆极州里之选。后并至大官。”而朱子亦云：“须是罢堂除及注授教官，请本州乡先生为之，年未四十，不得任教官。”昔人之论即已及此。

【注释】①党塾：指乡学。②儇捷：灵巧敏捷。③仆仆亟拜：一再作揖行礼。④深衣幅巾：深衣，深衣属于汉服，即把衣、裳连在一起包住身子，分开裁但是上下缝合，因为“被体深邃”，因而得名。其特点是使身体深藏不露，雍容典雅。幅巾，古代男子以全幅细绢裹头的头巾。后裁出脚即称幞头。⑤黄祖舜（1100—1165）：字继道，晚号巩溪官人。南宋福建福清（今属福州）人，登进士第，累任至军器监丞。⑥庠序：指古代的地方学校，后也泛称学校或教育事业。

【译文】太仓人陆世仪言：“现在皇上以为师傅这个官是虚衔，

而不知执经问道；郡县之官以写文弄墨为有本事，而不知道尊重贤能敬重老师；学校里面的老师，以庸俗之辈充数，而不知教育培养的方法；乡学里面的老师，就教一些流行的文章词句，而不知圣贤之道。浅薄奸巧的称为有才能，厚道正直的人称之为迂腐。师道在今天已经很低贱了。即使想要自我约束勉励，谁能指教呢？这样一来还希望多出人才，天下治理有序，这是不可能的。”又建言：“凡是官员都应当有品位级别，只有教官不应有品位级别，也不能称之为官。教官，是师长，师长在天下则应该被天下人尊重，在一国家应该被一个国家尊重，在一乡则应该被一乡尊重，没有常设的职务也没有固定的品级，唯以道德来评判。假如定了品级高下，一再作揖行礼，并非尊重老师的礼节啊。甚至于老师的衣冠也不能和其他官职的相同，应当另外制作古式的衣服，比如着深衣、戴头巾或忠靖冠之类的，仍然分为县乡、国家、天下三个层次的老师分别对待。或许师道振兴，儒风日益振作，则圣贤的人才就会显露出来了。”依《宋史》黄祖舜说：“坚守道德懂得感恩的人，大多不愿考科举，而终老于乡间。请求寻访那些学问修行都高明、孝敬友善之人，由县推荐到州府，州府再推荐到学校任教，为众多学子做表率。有品行优异者，使其闻名于州，这是从乡中里选考察推荐的意义。”（《松江府志》说：“洪武初年，杨孟载为松江府学教授，与丘克庄、全希贤同官。当时分教，相关部门可以自行聘请，都是州里最好的人选。后来一同位居高官。”）朱子也说过“必须是不在官职拜受登记注册的教官，请本州的先生担任，年龄不到四十岁的不能任教官。”古人对（担任师长）的看法已经有了这样的认知。

《盂县志》曰：县人张淑誉撰“高皇帝定天下，诏府卫州县各立学，置师一人或二人，必择经明行修[①]者署之。有能举其职而最书于朝者，或擢为国子祭酒，及翰林侍从之职。英宗以后，始著为令，府五人，州四人，县三人，例录天下岁贡之士为之，间有由举人、进士除授者。而其至也，州县长官及监司之临者，率以簿书升斗之吏视之，而不复崇以体貌。是以其望易狎，而其气易衰。即有一二能诵法孔子，以师道闻而得荐擢者，亦不过授以州县之吏而止。其取之也太滥，其待之也太卑，而其禄之也太轻，无怪乎教术之不兴，而人才之难就矣。”

【注释】①经明行修：指通晓经学，品德端正。

【译文】县人张淑誉撰《盂县志》中说：“太祖平定天下，令府州县各地建立学校，安排一到两位老师，老师必须选择通晓经学、品德端正的人来担任。有能胜任职责还能给朝廷上书的，可以考虑任为国子祭酒或翰林侍从这些职务。英宗以后，开始形成命令：府学安排五位教官，州学安排四位教官，县学安排三位教官，形成惯例招录岁贡生担任，或有举人、进士任职的。这些老师任职后，州县长官及监司对待他们都是像文案小吏，而没有恭敬的态度。使他们的名望不被重视，气节容易衰退。即使有一两个人能效法孔子，以师道闻名，得以推荐提拔，也不过是给予州县小吏的待遇。对他们任取太随意，对待也太卑下，而且俸禄也太少，难怪教风不兴，难以教出好的人才了。”

士风之薄，始于纳卷就试；师道之亡，始于赴部候选。梁武帝所谓“驱迫廉伪，奖成浇竞[①]”者也。有天下者，能反此二事，斯可以养士而兴贤矣。

【注释】①浇竞：谓追名逐利的浮薄风气。

【译文】儒士的风气变得浅薄，是从用考卷考试开始的；师道的衰败，是从到礼部评选开始的。这就是梁武帝所说的“强迫伪装清廉，奖励浮薄之风”造成的。当政者，如果能够反思这两件事，或可以培养志士君子而振兴圣贤之道啊。

武 学

《山堂考索》言：“武学[①]置于庆历三年，阮逸为武学谕。未几省去，熙宁复置，选知兵书者判武学，置直讲[②]，如国子监。”靖康之变，不闻武学有御侮者。《实录》：正统六年五月，从成国公朱勇等奏、以两京多勋卫子弟，乃立武学，设教授训导，如京府儒学之制。景泰五年正月丙寅，南京守备、宁远候任礼请革武学，不允。景泰间废武学。天顺八年十一月丙辰复设京卫武学。已而武生渐多，常至欺公挠法。正德中，钱宁已嗾[③]武学生朱大周上疏劾杨一清矣。崇祯四年，南京武学生吴国麟等殴御史郭维经，掌都察院张延登奏黜，是则不惟不收其用，而反贻之害矣。

【注释】①武学：古代军事学校。宋神宗置武学，选文武官知兵者为教授，教学子研习诸家兵法。②直讲：官名。辅助博士讲授经学。③嗾：教唆、指使别人做坏事。

【译文】《山堂考索》言："军事学校是于庆历三年设置的，任命阮逸为武学教谕。时间不长就停办了，到熙宁年间又恢复办学，选拔通晓兵书的人出任教官，设置了直讲，如同国子监的设置。"靖康之变的时候，未曾听到有军校的学子挺身抵御外侮的人。《实录》上记载：正统六年五月，依成国公朱勇等人奏请，因北京、南京功臣子弟比较多，就成立了军校，设教授、训导等职，如同京府儒学之制。（景泰五年正月十四日，南京守备、宁远候任礼请求改革武学，皇上没同意。景泰年间废武学。天顺八年十一月初二恢复设置京卫武学。）慢慢地，军校学生越来越多，经常发生欺瞒官府扰乱法纪的事情。正德年间，钱宁已教唆军校的学生朱大周上疏弹劾杨一清。崇祯四年，南京军校学生吴国麟等人殴打御史郭维，被掌管都察院的张延登上奏废除军校。这是军校不但没有产生良好效用，反而产生了祸患。

《太祖实录》："洪武二十年七月，礼部请如前代故事，立武学，用武举，仍祀太公，建昭烈武成王庙。上曰：'太公，周之臣，若以王祀之，则与周天子并矣，加之非号，必不享也。至于建武学，用武举，是分文武为二途，轻天下无全才矣。古之学者，文武皆备，故措之于用，无所不宜，岂谓文武异科，各求专习者乎？太公但从祀帝王庙，去武成王号，罢其旧庙。'于是勋戚子孙袭爵者，习礼肄业于国子监；被选尚主[1]者，用仪制主事一人教习。”《实录》：“洪武三十一年二月庚辰，命吏部设学于虎踞关，选儒士十人，教故武臣子弟之养于锦衣卫者。”成化中，太监汪直遂请武举设科，乡试、会试、殿试，悉如进士恩例。不果行。文事武备，统归于一，呜呼，纯矣。

【注释】①尚主：娶公主为妻。因尊帝王之女，不敢言娶，故云。

【译文】《太祖实录》中记载：“洪武二十年七月，‘礼部奏请按照前朝的旧例，设立武学，选拔任用武举人，尊崇祭祀周太公，建立昭烈武成王庙。皇帝回答：‘太公是周朝的大臣，如果按照君王的身份祭祀，就会与周朝皇帝的身份一样高了，强加给他这样的名号，太公肯定不愿意承受啊。至于建立军校，任用武举人，是把文武分为两种，轻视天下没有文武双全的人才啊。过去的学子，文武全才，所以任用起来，放在哪里都能行，怎么能说文武不同科，分别培养学习呢？太公只能陪祭于帝王庙，去掉武成王的封号，拆除武成王的旧庙。’于是大官功臣的子孙承袭爵位的，都在国子监学习礼业，被选为驸马的，由仪制主事一个人专门教导学习。”（《实录》：“洪武三十一年二月初三，命吏部在虎踞关设立学校，选儒士十人，教导养在锦衣卫的原武臣子弟。”成化年间，太监汪直请求武举设科，乡试、会试、殿试，全都按照进士恩例。事情最终没有实行。）文武齐全，统归到一起。哎，这样才好啊。

宋刘敞《与吴九书》曰：“昔三代之王，建辟雍、成均[1]，以敦教化者。危冠缝掖[2]之人，居则有序，其术《诗》《书》《礼》《乐》，其志文、行、忠、信，是以无鄙倍之色、斗争之声。犹惧其未也，故贱诈谋，爵人以德，褒人以义，轨度其信，壹以待人。故曰：勇则害上，不登于明堂[3]；民知所底，而无贰心。是以其教而不肃而成，其政不严而治，未闻夫武学之科也。夫缦胡[4]之缨，短后之衣，瞋目而语难，按剑而疾视者，此所谓勇力之人也。将教之以术，而动之以利，其可得不为其容乎？为其容，可得无变其俗乎？而况建博士之职，广弟子之员，吾恐虽有智者，未能善其后矣。夫战国之时，天下竞于驰骛，于是乎有纵横之师。技击之学，以相残也。虽私议巷说，有司不及，然风俗犹以是薄，祸乱犹以是长，学者之所甚疾，仁人之所忧而辩也，若之何其效之？且足下预其议而不能救与？吾所甚惑也。”

【注释】①辟雍：本为西周天子所设大学，校址圆形，围以水池，前门外有便桥。东汉以后，历代皆有辟雍。成均：古之大学。②危冠缝掖：危冠，古时的高冠。缝掖，亦作“缝腋”。大袖单衣，古儒者所服。亦指儒者。儒服为章甫之冠，缝掖之衣。③明堂：古代帝王宣明政教、举行大典之处。④缦胡：粗而没有纹理的帽带，武士冠缨。

【译文】宋代刘敞在《与吴九书》中写道：“过去夏、商、周三朝的君王，都设立大学机构，用以督办教化。高官学者，在位时井然有序，通晓《诗》《书》《礼》《乐》，文章德行讲究忠诚信义，所以没有鄙陋背理的现象，没有争强斗胜的言论。人们只怕学艺不精，看不起那些使诈用谋的，把爵位官职授予有道德的人，褒奖宣扬人的忠义，规范劝化人们的信用，诚实待人。所以说：勇猛好强者可能会危及尊长，不能选拔为官员；百姓都知道他为人处事的底线，而没有不忠的想法。因此这种教育不严厉而成效好，这种政治不严峻而治理有方，没有听闻有什么开设武学科目的说法。那些戴着武士帽，穿着武士服，瞪着眼睛，因愤激而出语艰涩，手按宝剑而怒目而视的，这就是所说的有勇气力量的人。若是以武术教他们，以利益驱使他们，那能得到他们好的仪容吗？即使能得到好的仪容，能改变他的习俗吗？何况要培养博学多闻、通达古今的人士，扩大学习的人员，我担心即使有聪明才智的人，也不可能有好的结果啊。在战国时期，天下的人都竞相奔走，于是就有教导纵横学说的老师，学习斗争之术，用以相互残杀。虽然民间的议论，官府无法管及，但民风仍然越来越差，祸乱不断增长。学者认为是大弊病，有德行的人为此担忧而辩议。为什么还要效法这种做法呢？您能参与议政而能不挽救吗？我很是疑惑呀。”

因勋卫子弟，不得已而立武学，仍宜以孔子为先师，如前代国学祀周公，唐开元改为孔子。周公尚不祀于学，而况太公乎？成化五年，掌武学国子监监丞阎禹锡言：“古者庙必有学，受成[①]献馘于中，欲其先礼义而后勇力也。今本学见有空堂数楹，乞敕所司改为文庙。”可谓得礼之意。

【注释】①受成：听受出师成功的禀告。为旧时军制中的一种礼仪。

【译文】为了功臣子弟，不得已而开设武学，应该仍旧以孔子为先师，比如前朝国学祭祀周公，唐玄宗开元年间改为祭祀孔子。周公尚且不在国学祭祀了，更何况太公呢？成化五年，掌管武学的国子监监丞阎禹锡说："古代有庙的地方必定有学校，听受出师宣言、奏凯报捷都是在庙中，这是要让人们知道先讲礼义然后才讲力量与勇气啊。现今我看见有几间空着的房间，还请主管部门允许，改为文庙。"可谓是重视礼义的意思。

杂流

唐时凡九流百家之士，并附诸国学，而授之以经。《六典》："国子祭酒、司业之职，掌邦国儒学训导之政令。有六学焉：一曰国子，二曰太学，三曰四门，四曰律学，五曰书学，六曰算学。"天宝九载置广文馆，凡七学。欧阳詹《贞元十四年记》曰："我国家春享先师后，更日，命太学博士清河张公讲《礼记》。束脩[①]既行，筵肆[②]乃设。公就几北坐南面，直讲抗牍，南坐北面。大司成端委居于东，小司成率属列于西，国子师长序公侯子孙自其馆，太学长序卿大夫子孙自其馆，四门师长序八方俊造自其馆，广文师长序天下秀彦自其馆，其余法家、墨家、书家、算家，术业以明，亦自其馆。没阶云来，即席鳞差，攒弁如星，连襟成帷。"观此可见当日养士之制宽，而教士之权一，是以人才盛而艺术修，经学广而师儒重。今则一切摈诸桥门之外，而其人亦自弃，不复名其业，于是道器两亡，而行能兼废。世教之日衰，有由然也。

【注释】①束脩：古代学生与教师初见面时，必先奉赠礼物，表示敬意，名曰“束脩”。②筵肆：坐具排列。

【译文】在唐代，九流百家各种学术派别，统统依附国学，都要经典传授。《六典》里记载：“国子祭酒、司业之职，掌管全国儒学和培训官学教师的职权。共有六种学校：一是国子学，二是太学，三是四门学，四是律学，五是书学，六是算学。”（天宝九载设置广文馆，一共七所学校。）欧阳詹《贞元十四年记》说：“国家春季祭祀先师之后，第二天，就让太学博士清河张公讲授《礼记》。给老师敬送礼物之后，排列坐具。张公在桌子边坐北面南；直讲拿着书简，坐南面北。大司成端坐在东面，小司成率下属在西面排列。国子学的师长带领公侯的子孙从他们的教馆来，太学师长带领卿大夫的子孙从他们的教馆来，四门学师长带领来自全国的俊才子从他们的教馆来，广文师长带领天下的秀才从他们的教馆来，其余法家、墨家、书家、算家等学派也从他们的教馆来。每一阶台的学生，如鱼鳞般参差入席，人头攒动如星辰，衣服连片如帷幕。”阅读至此，可见当时培养人才的制度宽容，而教育人才的权力集中，这就是人才昌盛而经术兴盛，经学广大而敬重儒学老师。现在这一切都丢弃了，各学派也是自己放弃，没有了各自的学业，于是道与学派都消失了，行动与能力都没有了。天下的教育日益衰落，是有原因的啊。

通经为吏

汉武帝从公孙弘之议，下至郡太守卒史，皆用通一艺以上者。

唐高宗总章初，诏诸司令史考满者，限试一经。昔王粲作《儒吏论》，以为先王博陈其教，辅和民性，使刀笔之吏皆服雅训，竹帛之儒亦通文法。故汉文翁为蜀郡守，选郡县小吏开敏有材者张叔等十余人，亲自饬厉，遣诣京师，受业博士。后汉栾巴①为桂阳太守，虽干吏②卑末，皆课令习读，程试殿最，随能升授。吴顾邵③为豫章太守，小吏资质佳者，辄令就学，择其先进，擢置右职④。而梁任昉⑤有厉吏人讲学诗。然则昔之为吏者，皆曾执经问业之徒，心术正而名节修，其舞文以害政者寡矣。宋文恪讷言："天下有未舍儒而可以为吏者。"

【注释】①栾巴：字叔元，东汉魏郡内黄人。好道。顺帝世，以宦者给事掖庭，补黄门令，非其好也。②干吏：指古代一种地位低下的官吏。③顾邵（184—214）：字孝则，吴郡吴县（今江苏苏州）人。三国时期吴国大臣，博览群书，与舅舅陆绩齐名，名声广扬，远近闻名，以善于识人为名，官至豫章太守。④右职：重要的职位。⑤任昉（460—508）：字彦升，小字阿堆，乐安郡博昌（今山东寿光）人。南朝文学家、方志学家、藏书家，"竟陵八友"之一。其幼年时即刻苦好学，才华横溢，知名乡里。后历任多职。

【译文】汉武帝听从公孙弘的建议，下至郡、太守、卒史，任用时都要求六艺中能够精通一艺以上的。唐高宗总章初年，下令各部门令史，一届任期满后限令参加一种经典的考试。以前王粲作《儒吏论》，认为先王使用各种教导，培养人民和合的善良性情，使文武官吏都能受到高品位的教训，让一般的学子都能通晓文章之法。所以汉文翁做蜀郡太守时，选拔郡县小吏中聪敏有才能的张叔等十来个人，亲自训导勉励，派遣到京城拜老师，接受博士的学业，东汉栾巴任桂阳太守，干吏虽然地位卑下，也都让他们诵读学习，按规定的程式考试分上下等，随能力升迁任用。吴国顾邵任豫章太守时，小吏中资质好的，就送去学校学习，选拔优秀的，升任到重要的岗位。而梁朝任昉鼓励官吏学讲诗。那么说以前的官吏，都是曾经习经学道的人，心术正重名节，很少有因舞文弄墨而乱政的。（文恪公宋讷说："天下没有舍弃儒学而可以为吏的。"）

东京之盛，自期门羽林之士，悉令通《孝经》章句。贞观之时，自屯营飞骑，亦给博士，使授以经。有能通经者，听得贡举。小人学道，则易使也。岂不然乎？

【译文】东京在兴盛之期，从护卫至禁军，都要让他们学习通晓《孝经》里的章句。贞观年间，即使守营的骑兵，也安排博士，让他教授经典。有能够精通经典，听由参加贡举。地位低的人能学习道理，那任用起来就方便多了。难道不是这样吗？

《周官·太宰》："乃施典于邦国，而陈其殷，置其辅。"后郑氏曰："殷，众也。谓众士也。辅，府史庶人在官者。"夫庶人在官而名之曰辅，先王不敢以厮役遇其人也，重其人则人知自重矣。欧阳公《集古录·晋南乡太守碑阴》："官属何其多邪，盖通从史而尽列之，当时犹于其间取士人，故吏亦清修，其势然尔。"

【译文】《周官·太宰》中记载："全国上下学习经典，民众与府吏都学。"后来郑氏说："殷，即是众的意思，指众人。辅，是官府里的官吏，平民在官府的人。"平民做了官吏的，称之为辅，古代圣王不敢以仆役的礼节对待他们，尊重他人则他们就会知道自重。欧阳公《集古录·晋南乡太守碑阴》："所属的官吏相当多啊，把随从都列入其中，当时仍然能在小官小吏中都在取士，所以官场也能清净修养德性，这也是当时的形势所造就的。"

《元史·顺帝纪》："至正六年四月，命左右二司六部吏属，于午后讲习经史。"其时朝纲已弛，人心将变，虽有此令，而实无其益。是以《太祖实录》言："科举初设，上重其事，凡民间俊秀子弟，皆得预选。惟吏胥心术已坏，不许应试。"洪武四年七月丁卯。又诏："凡选举毋录吏卒之徒。"二十三年八月壬申。《唐书·选举志》，言尝为州县小吏，虽艺文可采，勿举。《刘晏传》：尝言士有爵禄，则名重于利；吏无荣进，则利重于名。《英宗实录》：大理寺少卿张固尝建论，吏员鲜有不急于利者，不宜用为郡守。朝廷是其言，著为令。然而尝与群臣言："元初有宪官疾，吏往候之。宪官起，扶杖而行。因以杖授吏，吏拱手却立不受。宪官悟其意，他日见吏谢之。吏曰："某为属吏，非公家僮，不敢避劳虑，伤理体。"是则此辈中未尝无正直之人，顾上所以陶镕成就之者何如尔。

【译文】《元史·顺帝纪》中记载："至正六年四月，元顺帝命令左右二司六部吏属，在午后讲授学习经典、历史。"当时朝纲已懈怠松弛，人心将变，虽有此令，而没有收到真实有受益。所以《太祖实录》中说："科举刚设立之时，皇帝很重视这件事，所以民间聪明俊秀有才能的子弟，都能得以参加预备选拔。只有案牍小吏中心术不正的，不允许他们参加考试。"（时在洪武四年七月十七日。）又下诏曰："凡是选拔举荐，不要录用那些官吏走卒一类的人。"（时在洪武二十三年八月十三日。《新唐书·选举志》记载，曾经为州县小吏，即使写作能力值得可取的，不许举荐。《刘晏传》：曾经说士人有爵位俸禄，那么名就会比利重；吏人没有荣升高位，那么利就会比名重。《英宗实录》：大理寺少卿张固曾经建议，吏员很少有不急功近利的，不应该任用为地方长官。朝廷肯定这建议，写成法令。）然而曾对群臣说起："元初的时候有位宪官生病了，有位官吏前往侍候，宪官起身，扶杖而行，就把所用的扶杖赠送官吏，官吏抱拳退后不接受。宪官明白了他的意思，后来见到那位官吏向他道歉。那位官吏说：'我是一名下属吏卒，并不是王公家人，不敢有躲避劳动的念头，使用扶杖这不合事理。'"这些小吏之中不是没有正直明理的人，考虑皇上培养成就他们如何啊。

陆子静尝言："古者无流品之分，而贤不肖之辨严；后世有流品之分，而贤不肖之辨略。"能于分别之中，而寓作成之意，庶乎其得之矣。

【译文】陆子静（陆九渊）曾说过："古代没有品类等级之分，但是贤良与否却分辨严格；后代有品类等级的分别，但对贤良还是不贤良的辨别却忽略了。”能够在正确分别之中，而寄托成就的意思，就是近乎成功了啊。

《大明会典》：“洪武二十六年，定凡举人出身，第一甲第一名从六品，第二名、第三名正七品，赐进士及第；第二甲从七品，赐进士出身；第三甲正八品，赐同进士出身。”而一品衙门提控，正七品出身；二品衙门都吏，从七品出身；一品、二品衙门掾史、典吏，二品衙门令史，正八品出身。其与进士不甚相远也。后乃立格，以限其所至，而吏员之与科第，高下天渊矣。故国初之制，谓之三途并用。荐举，一途也，天顺二年十二月庚辰，诏罢举保经明行修及贤良方正，以言者谓其奔竞冗滥，无裨实用也。进士监生一途也；吏员一途也。或以科与贡为二途，非也。从考试而得者，总谓之一途。

【译文】《大明会典》中记载：“洪武二十六年，制定凡是举人出身，第一甲第一名为从六品，第二名，第三名为正七品，赐进士及第；第二甲为从七品，赐进士出身；第三甲为正八品，赐同进士出身。”而一品衙门的提控，正七品出身；二品衙门都吏，从七品出身；一品、二品衙门掾史、典吏，二品衙门令史，正八品出身，同进士相差不多。之后就确立了规定，用以限定他们的任职，而吏员与科举考试的任职高低有天壤之差，所以建国初期的制度，可以说是三途并用。荐举，是一种途径；（天顺二年十二月二十六日，皇帝下诏罢除举荐保经明行修及贤良方正，因为议论的人说这些奔走奔走争竞功名、庞杂不必要，不利于实际作用。）考取进士监生，这是一种途径；从小吏中提拔，这是一种途径。有人认为科举与贡生是两种途径，这是不正确的。（从考试而获得，总称为一个途径。）

永乐七年，车驾在北京，命兵部尚书署吏部事方宾，简南京御史之才者召来，宾奏御史张循理等二十八人可用。上问其出身，宾言循理等二十四人，由进士、监生；洪秉等四人，由吏。上曰："用人虽不专一途，然御史国之司直，必有学识，达治体，廉正不阿，乃可任之。若刀笔吏①，知利不知义，知刻薄不知大体，用之任风纪，使人轻视朝廷。"遂黜秉等为序班②，谕自今御史勿复用吏。流品自此分矣。

【注释】①刀笔吏：指掌文案的官吏，亦可指讼师。②序班：中国古代文官官职名，明始置，清沿置，在清朝之位阶为从九品。序班职能通常是负责朝会和宴飨等礼节有关，宴享及进行各项活动中侍班、齐班、纠班及传赞等事，为配置于鸿胪寺或会同馆官署之基层官员。

【译文】永乐七年，成祖在北京出巡，命令兵部尚书署吏部事方宾，挑选南京有能担任御史才能的人召集前来，方宾上奏张循理等二十八人可以任用。皇帝问及他们的出身，方宾说张循理等二十四人是由进士、监生出身，洪秉等四人是由官吏提拔的。皇帝说："用人虽然不专门在一种途径，但是御史是督察百官的，必须要有学识，通达治国的根本，廉正不阿，才可以任命。如果像那些刀笔之吏，只知名利不知大义，只知刻薄不识大体，假如任用他们来整顿风俗纪律，会使人轻视朝廷。”就将洪秉等四人降为序班，并下令从今以后御史之职不要任用吏出身的人。等级差别就是从此分开的。

宣德三年三月丙戌敕谕：“吏部往时选用严慎，吏员授官者少。比年吏典考满，岁以千计，不分贤否，一概录用，廉能几何？贪鄙塞路，其可不精择乎。？”

【译文】宣德三年三月初四，明宣宗给吏部发下敕谕：“以前吏部选拔任用官员都非常严谨，从吏出身的人升授官位的人很少。近年来吏员考核，每年有上千人，不分贤能与否，全部录用，那官场能廉洁多少呢？贪婪卑鄙之人到处皆是，怎能不精挑细选呢。”

苏州况钟、松江黄子威，二郡守并有贤名，而徐晞、万祺皆累官至尚书。

【译文】苏州况钟、松江黄子威两位郡守，都有贤能的名声，而徐烯、万祺都积功升官到了尚书之职。

卷十八

秘书国史

汉时天子所藏之书，皆令人臣得观之。故刘歆[①]谓：“外则有太常、太史、博士之藏，内则有延阁、广内[②]、秘室之府。”而司马迁为太史令，紬石室金匮[③]之书。刘向、扬雄校书天禄阁。扬雄《答刘歆书》，自言为郎之岁，诏赐笔墨钱六万，得观于石渠。班斿进读群书，上器其能，赐以秘书之副。东京则班固、傅毅为兰台令史，并典校书。曹褒于东观撰次礼事。而安帝永初中，诏谒者刘珍及博士议郎四府掾史五十余人，诣东观校定《五经》、诸子传记。窦章之被荐，黄香之受诏，亦得至焉。《窦章传》：“是时学者称东观为老氏藏室，道家蓬莱山。太仆邓康遂荐章入东观为校书郎。”《黄香传》：“初除郎中，肃宗诏香诣东观读所未尝见书。”

【注释】①刘歆：字子骏，后改名刘秀，京兆郡长安（今陕西西安）人。西汉宗室大臣、经学家，楚元王刘交五世孙，经学家刘向的儿子。②延阁、广内：皆是古代帝王藏书之所。③紬（chōu）：缀集。石室金匮：古代国家收藏重要文献的地方。

【译文】汉代天子所收藏的书，都允许让臣子观览。所以刘歆说：“在外则有太常、太史、博士的藏书，内则有延阁、广内、秘室藏书之所。”司马迁做太史令时，整理石室金匮所收藏的书籍。刘向、扬雄都曾在天禄阁校刊书籍。（扬雄《答刘歆书》，自称担任郎官时，皇帝下诏赐予笔墨钱六万，得以在石渠阅读书籍。）班斿曾在汉成帝面前诵读群书，成帝器重他的贤能，便赐给他宫中秘书副本。班固、傅毅做东京的兰台令史，曾一起主持校勘书籍。曹褒在东观编集行礼之事。安帝永初年间，诏令谒者刘珍及博士议郎四府掾史五十多人，来到东观校定《五经》、诸子传记。窦章被推荐，黄香接受诏命，也得以见到大量秘藏典籍。（《窦章传》“当时学者称东观为老氏藏室，道家蓬莱山。太仆邓康于是上举荐奏章进入东观为校书郎。”《黄香传》：“黄香初被授予郎中，汉肃宗诏见黄香前往东观阅读未曾见过的书籍。”）

晋、宋以下，此典不废。左思、王俭、张缵之流，咸读秘书，载之史传。晋左思为《三都赋》，自以所见不博，求为秘书郎中。南齐王俭迁秘书丞，依《七略》撰《七志》四十卷。永明三年，于俭宅开学士馆，悉以四部书充俭家。梁张缵为秘书郎，秘书郎有四员，宋、齐以来，为甲族起家之选，待次入补，其居职例数十百日便牵。缵固求不徙，欲遍观阁内图籍。而柳世隆至借给二千卷。南齐刘世隆，性爱涉猎，启太祖借秘阁书，上给二千卷。唐则魏徵、虞世南、岑文本、褚遂良、颜师古皆为秘书监，选五品以上子孙工书者手书缮写，藏于内库。而玄宗命弘文馆学士元行冲，通撰古今书目，名为《群书四录》。以阳城之好学，至求为集贤院吏，乃得读之。阳城好学，贫不能得书，求为吏，隶集贤院，窃院中书读之，六年，无所不通。窦威为秘书郎，秩满当迁，固守不调，十余岁，其学业日广。段成式为秘书省书郎，秘阁书籍，批阅皆遍。宋有史馆、昭文馆、集贤院，谓之三馆，太宗别建崇文院，中为秘阁，藏三馆真本书籍万余卷，置直阁校理。仁宗复命缮写校勘，以参知政事一人领之。书成，藏于太清楼，而范仲淹等尝为提举。

【译文】晋、宋以来，这个制度一直没有废除。左思、王俭、张缵这些人都曾读秘书，这些都得以载入史传。（晋朝左思撰写《三都赋》，自认为所见不广，请求担任秘书郎中。南齐王俭任秘书丞，根据《七略》范式撰写《七志》四十卷。永明三年，在王俭宅中开学士馆，全都以四部书充实王俭家。南朝梁张缵为秘书郎，秘书郎有四员，宋、齐以来，为世家大族出仕为官之选，根据资历入补，其在任照例数十百日便可提拔。张缵坚持请求不被调任，计划读遍阁内图籍。）齐太祖曾借给刘世隆二千卷书，（南齐刘世隆，天性热爱涉猎书籍，请求太祖借给他秘阁书籍，太祖于是给他二千卷图书。）唐朝时魏徵、虞世南、岑文本、褚遂良等人都做过秘书监，选官至五品以上擅长书写的子孙抄书誊写，并在内库收藏。而唐玄宗命弘文馆的学士元行冲，通撰古今书目，名为《群书四录》。阳城因为好学，至于求做集贤院的官吏，这样就可以读书了。（阳城好学，因贫穷不能得到书籍阅读，请求为吏，隶属集贤院，将集贤院中书籍偷出来并阅读，六年之后，他无所不通。窦威为秘书郎，任满之后应当调任，窦威坚持留任不调任，十多年后，他的学业日益增广。段成式为秘书省书郎，秘阁中的书籍，全都被他批阅。）宋时有史馆、昭文馆、集贤院，称这为三馆，太宗另建崇文院，中为秘阁，收藏三馆真本书籍万余卷，设置直阁校理一官。仁宗又下命令誊写校勘，常以参知政事一人兼任。书籍完成后，收藏于太清楼，而范仲淹等曾经做过这里的主管官员。

且求书之诏，无代不下，故民间之书，得上之天子，而天子之书，亦往往传之士大夫。自洪武平元，所收多南宋以来旧本，藏之秘府，垂三百年，无人得见，而昔时取士，一史三史之科，又皆停废，天下之士于是乎不知古。司马迁之《史记》，班固之《汉书》，干宝之《晋书》，柳芳之《唐历》，吴竟之《唐春秋》，李焘之《宋长编》，并以当时流布。至于会要、日历之类，南渡以来，士大夫家亦多有之，未尝禁止。今则实录之进，焚草于太液池，藏真于皇史宬，在朝之臣非预纂修，皆不得见，而野史家传，遂得以孤行于世，天下之士于是乎不知今。是虽以夫子之圣，起于今世，学夏、殷礼而无从，学周礼而又无从也，况其下焉者乎！岂非密于禁史，而疏于作人，工于藏书，而拙于敷教者邪？遂使帷囊同毁，空闻《七略》之名；冢壁皆残，不睹《六经》之字。呜呼悕矣！

【译文】而且求书的诏书，没有哪个朝代不下达的，因此民间的藏书，得以上达到天子的手中，而天子的藏书，也就能够传抄给士大夫阶层。从洪武年间平定元朝后，所收藏的多是自南宋以来的旧本，收藏在秘府，将要三百年了，没有人可以见到，而且往日选取士人，一史三史的科举考试，又都废黜，天下的读书人于是不知古代事情了。司马迁的《史记》，班固的《汉书》，干宝的《晋书》，柳芳的《唐历》，吴竞之的《唐春秋》，李焘的《宋长编》，一并在当时广为流传。至于会要、日历这一类典籍，南渡以来，士大夫家也多有收藏，不曾禁止。于是照实抄录奉上，在太液池烧掉草稿，把真本收藏在皇史宬，在朝的臣子不是参与编辑修撰的，都不能得见，而私人编写的野史世代相传，于是得以单独流传于世，天下的读书人于是不知道国家的真实情况。因此即是像孔子这样的大圣人，生在今天那个时代，学夏礼、殷礼无从下手，学周礼也同样无从下手，何况比孔子还不聪明的人呢！这难道不是因为实施严密的禁史政策，很少注重培植人才，擅长藏书，却不擅于布施教化导致的吗？这样做的后果就是书帷书囊同时毁弃了，只能听到《七略》的书名；古冢与鲁壁的藏简都已残缺，竟看不到《六经》完整的文字。真是悲哀啊！

十三经注疏

自汉以来，儒者相传，但言《五经》。而唐时立之学官，则云九经者，《三礼》《三传》分而习之，故为九也。其刻石国子学，则云《九经》，并《孝经》《论语》《尔雅》。宋时程、朱诸大儒出，始取《礼记》中之《大学》《中庸》，及进《孟子》以配《论语》，谓之《四书》。本朝因之，而十三经之名始立。其先儒释经之书，或曰传，或曰笺，或曰解，或曰学，今通谓之注。《书》则孔安国传，《诗》则毛苌传，郑玄笺，《周礼》《仪礼》《礼记》则郑玄注，《公羊》则何休学，《孟子》则赵岐注，皆汉人。《易》则王弼注，魏人。《系辞》韩康伯注，晋人。《论语》则何晏集解，魏人。《左氏》则杜预注，《尔雅》则郭璞注，《穀梁》则范宁集解，皆晋人。《孝经》则唐明皇御注。其后儒辨释之书名曰正义，今通谓之疏。

【译文】自汉代以来，尊崇儒学的人互相传诵的经典，只说《五经》。而唐代时所建的学校，则说九经，因为将《三礼》《三传》分开学习，所以说是九部经典。国子学刻石上所镌写的，则说《九经》，又加上《孝经》《论语》《尔雅》。宋代时，理学家程颢、程颐兄弟和朱熹等大儒的出现，开始选取《礼记》中的《大学》《中庸》，加上《孟子》和《论语》，称这是《四书》。国家廷沿袭这个说法，所以十三经的称谓开始确立。先儒注释经典的书，或说是传，或说是笺，或说是解，或说是学，今天都称作是注。《尚书》有孔安国的注解，《诗经》有毛苌的注解，郑玄做的补充与修订。《周礼》《仪礼》《礼记》有郑玄的注解，《公羊》有何休的注解，《孟子》有赵歧的注解，他们都是汉代人。《易经》有王弼的注解，他是曹魏时期的人。《系辞》是韩康伯所注解，他是东晋人。《论语》有何晏的集解，他是曹魏时期的人。《左传》有杜预的注解，《尔雅》有郭璞的注解，《穀梁》有范宁的集解，他们都是晋朝时期的人。《孝经》有唐明皇的御注。后世的儒者注释经典的书名字叫正义，今天都称作是疏。

《旧唐书·儒学传》："太宗以经籍去圣久远，文字多讹谬，诏前中书侍郎颜师古考定《五经》，颁于天下。又以儒学多门，章句繁杂，诏国子祭酒孔颖达与诸儒撰定《五经》义疏，凡一百七十卷，名曰《五经正义》，令天下传习。"《高宗纪》："永徽四年三月壬子朔，颁孔颖达《五经正义》于天下。每年明经，令依此考试。”时但有《易》《书》诗》《礼记》《左氏春秋》五经。永徽中贾公彦始撰《周礼》《仪礼义疏》。《宋史·李至传》：“判国子监，上言：‘《五经》书既已板行，惟《二传》《二礼》《孝经》《论语》《尔雅》七经疏未修，望令直讲崔颐正、孙奭、崔偓等，重加雠校，以备刊刻。’从之。”今所行者，《穀梁》唐杨士勋疏。《孝经》《论语》《尔雅》，宋邢昺疏。《孟子》孙奭疏。唯《公羊》疏不著人名，或云唐徐彦撰。今人但知《五经正义》为孔颖达作，不知非一人之书也，《新唐书》颖达本传云：“初，颖达与颜师古、司马才章、王恭、王琰受诏撰《五经义训》百余篇，其中不能无谬冗，博士马嘉运驳正其失，诏更令裁定，未就；永徽二年，诏中书门下与国子三馆博士、弘文馆学士考正之，于是尚书左仆射于志宁、右仆射张行成、侍中高季辅就加增损，书始布下。”

【译文】《旧唐书·儒学传》：“太宗以经典距离圣人的年代久远，文字有太多错误，就下令让前中书侍郎颜师古考定《五经》，颁布天下。又以儒学有多种门派，内容繁杂，便下诏国子监祭酒孔颖达与众多儒者编定《五经》义疏，总共有一百七十卷，名字叫《五经正义》，让天下人学习。”《高宗纪》说：“永徽四年三月初一，颁布孔颖达的《五经正义》于天下。每年明经取士，便以此考试。”而当时仅有《易》《尚书》《诗经》《礼记》《左氏春秋》五经。永徽年间贾公彦开始撰写《周礼》《仪礼义疏》。《宋史·李至传》：“李至判国子监，上言说：“《五经》一书已经雕版印刷发行，只有《二传》《二礼》《孝经》《论语》《尔雅》这七部经的注解不完善。希望让直讲崔颐正、孙奭、崔握等，重新加以校对，以备刊刻。皇帝听从了他的建议。”(今天所流行的《穀梁》是唐代杨士勋做的注解。《孝经》《论语》《尔雅》是宋代的邢昺做的注解。《孟子》是孙奭做的注解。只有《公羊》的注解不写人名，有人说是唐代徐彦写的。)现在的人只知道《五经正义》是孔颖达撰写的，却不知这不是一个人可以独立完成的书。《新唐书》孔颖达本传说：“当初，孔颖达和颜师古、司马才章、王恭、王琰受命撰写《五经义训》一百多篇，其中不能说没有讹谬芜杂之处，博士马嘉运纠正其中的错误，下诏更改删定，还没有完成。永徽二年，下诏中书、门下和国子监的三馆博士、弘文馆的学士加以考察核定，之后由尚书左仆射于志宁、右仆射张行成、侍中高季辅加以增损，这套注疏才开始广布天下。”

监本二十一史

宋时止有《十七史》，今则并《宋》《辽》《金》《元》四《史》为《二十一史》。但《辽》《金》二《史》向无刻本，南北《齐》《梁》《陈》《周书》，人间传者亦罕，故前人引书多用《南》《北史》及《通鉴》，而不及诸书，亦不复采《辽》《金》者，以行世之本少也。嘉靖初，南京国子监祭酒张邦奇等请校刻史书，欲差官购索民间古本，部议恐滋烦扰，上命将监中《十七史》旧板考对修补，仍取广东《宋史》板付监，《辽》《金》二史无板者，购求善本翻刻。十一年七月成，祭酒林文俊等表进。至万历中，北监又刻《十三经》

《二十一史》，其板视南稍工，而士大夫遂家有其书，历代之事迹，粲然于人间矣。然校勘不精，讹舛弥甚，且有不知而妄改者，偶举一二。如《魏书·崔孝芬传》："李彪谓崔挺曰：'比见贤子谒帝，旨谕殊优，今当为群拜纪。'"此《三国志·陈群传》中事，陈群字长文，纪之子。时鲁国孔融高才倨傲，年在纪、群之间，先与纪友，后与群交，更为纪拜。古人用此事者非一。《北史·陆印传》，邢邵向与印父子彰交，及见印机悟博学，乃谓子彰曰：以卿老蜂，遂出明珠，意欲为群纪拜。非为隐僻，今所刻《北史》改云："今当为绝群耳。"不知纪、群之为名，而改"纪"为"绝"，又倒其文，此已可笑。南、北板同。

【译文】宋朝时期只有《十七史》，现在则加上《宋》《辽》《金》《元》四《史》为《二十一史》。但《辽》《金》二史，一直都没有刻本，《南齐书》《北齐书》《梁书》《陈书》《周书》，世间流传的也稀少，所以前人引用书多用《南史》《北史》及《资治通鉴》，而不引用其他书籍，也不再选取《辽史》《金史》，是因为流行于世的刻本少。嘉靖初年，南京国子监祭酒张邦奇等人奏请校刻史书，想派遣官员重金购求民间古本，朝廷各部怕搅扰民众，皇帝命令将国子监中的十七史旧版考对修补，最终选取广东《宋史》板交给国子监，《辽》《金》二史没有板的，重金收买善本翻刻。嘉靖十一年七月完成，由祭酒林文俊等人上表进献。到万历年间，北京国子监又刻了《十三经》《二十一史》，这个板看着比南京国子监的略微精细，于是士大夫就家家有这部书，历代的事迹，历代的事迹，就很清楚明白了。然而这个版本依然校勘不精，文字错误更加严重，而且还有不知道而胡乱改动的，这里我随便举一两个例子。像《魏书·崔孝芬传》："李彪谓崔挺说：'近来贤子朝见皇帝，谕旨非常优秀，如今应当和令郎为群拜纪之交。'"这是用《三国志·陈群传》中的事，（陈群，字长文，是陈纪的儿子。当时鲁国的孔融高才傲慢，年龄在陈纪、陈群之间，先和陈纪交朋友，后来和陈群交好，所以改为纪拜之交。古人引用这个故事不是一处。《北史·陆卬传》，刑邵曾经和陆卬的父亲陆子彰交往，他观察到陆卬机敏颖悟且学识广博，就告诉子彰说："以您老蚌之年，竟然养出了明珠，我想与你群纪拜之交。"）这不是生僻，现在所刻的《北史》改成："今当为绝群耳。"不知道纪、群是名字，而改"纪"为"绝"，又颠倒其文字，这已经是很可笑了。（南、北板都是如此。）

又如《晋书·华谭传》末云："始淮南袁甫字公胄，亦好学，与谭齐名。"今本误于"始"字绝句，左方跳行，添列一袁甫名题，而再以"淮"字起行。南、北板同。《齐王冏传》末云："郑方者，字子回。"此姓郑名方，即上文所云南阳处士郑方，露版极谏，而别叙其人与书，及冏答书于后耳，今乃跳行，添列一"郑方者"三字名题。北板无"者"。《唐书·李敬玄传》末附玄弟元素，今以"敬玄"属上文，而"弟元素"跳行，此不适足以彰太学之无人，而贻后来之姗笑乎。惟冯梦祯为南祭酒，手较《三国志》，犹不免误，终胜他本。

【译文】又如《晋书·华谭传》最后说："始淮南袁甫字公胄，亦好学，与谭齐名。”现在的版本错在“始”字后面断句，从左方提行，增加一个袁甫的名题，而再以“淮”字另起一行。（南、北板同。）《齐王冏传》最后说：“郑方者，字子回。”这里是姓郑名方，也就是上文所说的南阳处士郑方，在露版上极力劝谏，而另外叙述这个人和书信，齐王司马冏的回信在后面，今天则另起一行，增加一个“郑方者”三字名题。（北板没有“者”字。）《唐书·李敬玄传》后面附李敬玄弟弟李元素，现在把“敬玄”写在上文，而“弟元素”另起一行，这不正好足以表明太学没有能人，而让后来的人讥笑吗？（唯独冯梦祯为南京国子监祭酒时，亲手校对《三国志》，还是避免不了错误，但最终胜过其他版本。）

《十三经》中，《仪礼》脱误尤多，《士昏礼》，脱“婿授绥姆辞曰，未教不足与为礼也”一节十四字。赖有长安石经据以补此一节，而其注疏遂亡。《乡射礼》，脱“士鹿中翿旌以获”七字，《士虞礼》，脱“哭止告事毕宾出”七字，《特牲馈食礼》，脱“举觯者祭卒觯拜长者答拜”十一字。《少牢馈食礼》脱“以授尸坐取箪兴”七字，此则秦火之所未亡而亡于监刻矣。至于历官任满，必刻一书，以充馈遗，此亦甚雅。而卤莽就工，殊不堪读。

【译文】《十三经》中的《仪礼》文字脱漏和错误尤其多，《士昏礼》，漏掉“婿授绥姆辞曰，未教不足与为礼也”一节十四个字。（幸亏可以根据长安石经而弥补这一节，但这一节的注解却消失了。）《乡射礼》，漏掉“士鹿中翿旌以获”七个字，《士虞礼》，漏掉“哭止告事毕宾出”七个字,《特牲馈食礼》,漏掉“举觯者祭卒觯拜长者答拜”十一个字。《少牢馈食礼》漏掉“以授尸坐取箪兴”七个字,这是秦朝焚书时没有把书毁灭却因为监刻而消亡啊。每一任官员任职期满,一定要刻一部书,作为馈赠,这也是很高雅的事。而如果马马虎虎完成,根本没法读。

陆文裕深《金台纪闻》曰:“元时州县皆有学田,所入谓之学租,以供师生廪饩,余则刻书。工大者合数处为之,故雠校刻画,颇有精者。洪武初悉收上国学,今南监《十七史》诸书,地里、岁月、勘较、工役并存,可识也。今学既无田,不复刻书,而有司间或刻之,然只以供馈贶之用,其不工反出坊本下,工者不数见也。”昔时入觐之官,其馈遗一书一帕而已,谓之书帕。自万历以后改用白金。闻之宋元刻书,皆在书院,山长主之,通儒订之。主书院者,谓之山长。《宋史·理宗纪》:“何基婺州教授,兼丽泽书院山长。徐巩建宁府教授,兼建安书院山长。”学者则互相易而传布之。故书院之刻有三善焉:山长无事而勤于校雠,一也。不惜费而工精,二也。板不贮官而易印行,三也。有右文之主出焉,其复此非难也。而书之已为劣生刊改者,不可得而正矣。是故信而好古,则旧本不可无存;多闻阙疑,则群书亦当并订。此非后之君子之责而谁任哉?

【译文】文裕公陆深《金台纪闻》当中说:“元代时州县都有学田,学田的收入称为学租,可以为师生提供膳食津贴,多余的钱则用来刻书。工程大的话就把多处的收入加起来完工，所以校勘刊刻，很是精致。洪武初年，都把书全部收到国子监，现在南京国子监《十七史》等书，地理、时间、校勘、工役各个方面的书都有，可以识别。”现在的学校已经没有学田，不再刻书，而有负责的官员偶尔刻书，但只是供馈赠之用，质量的不讲究反而在坊刻本之下，讲究的很不多见。”（昔时入朝觐见的官员，官场上赠送礼物是一本书一幅手帕，称作书帕。从万历以后改用白金。）听说宋元刻书，都是在书院，由山长主持，通晓古今、学识渊博的儒者来修订。（主持书院的人，称为山长。《宋史·理宗纪》：“何基是婺州教授，兼丽泽书院山长。徐玑是建宁府教授，兼建安书院山长。”）学者们就互相交换而传播流通。所以书院的刻本有三个优点：山长无事而勤于校雠，这是其一。不惜工本而做工精细，这是其二。书板不是被官收藏而容易印行，这是这是其三。有崇尚文治的君主出来，要恢复这些不是难事。而书已被无知的读书人修改的地方，就没有办法纠正了。因此相信并爱好古时的文化，那么旧本不能不保存；虽然见多识广，多闻阙疑，群书也应当订正。这不是后来的君子的责任又是谁的责任呢？

《旧唐书》病其事之遗阙，《新唐书》病其文之晦涩，当兼二书刻之，为《二十二史》，如宋魏诸国，既各有书，而复有《南史》《北史》，是其例也。

【译文】《旧唐书》的缺点是事有遗缺，《新唐书》的缺点是文章隐晦不易懂，应该把这两本书合并刊印出来，成为《二十二史》，如宋魏各国，已经各自都有史书，但同时又有《南史》《北史》，其中的体例就是这样。

张参五经文字

唐人以《说文》《字林》试士。其时去古未远，开元以前，未改经文之日。《唐书·经籍志》："天宝三载，诏集贤学士卫包，改古文《尚书》从今文。"篆籀之学，童而习之，今西安府所存唐睿宗书景龙观钟，犹带篆分遗法。至于宋人，其去古益远，而为说日以凿矣。大历中，张参作《五经文字》，据《说文》《字林》刊正谬失，甚有功于学者。开成中，唐玄度增补，复作《九经字样》，石刻在关中，今西安府学。向无板本，间有残缺，无别本可证。近代有好事者刻《九经补字》，并属诸生补此书之阙，以意为之。乃不知此书特《五经》之文，非经所有者不载，而妄添经外之字，并及字书中泛博之训。予至关中，洗刷元石，其有一二可识者，显与所补不同，乃知近日学者之不肯阙疑而妄作如此。

【译文】唐朝人用《说文解字》《字林》考试士人。当时去古不远，开元以前，没有改经文的时候。（《旧唐书·经籍志》："天宝三载，唐玄宗下诏命集贤学士卫包，改古文《尚书》为《今文尚书》。）篆文、籀文的学问，儿童就已经开始学习，现在西安府所保存的唐睿宗书景龙观钟，还带有篆分遗法。到了宋代，离古代更远，而采用今文的说法更为确凿。大历年间，张参作《五经文字》，据《说文解字》《字林》订正错误，很有功于学习的人。开成年间，唐玄度进一步增补，又作《九经字样》，石刻在关中（即现在的西安府学），由于向来没有确定的版本，间或有残缺，没有别的版本可以补证。近代有好事者刻《九经补字》，并嘱托诸生补充此书的缺失，都是以自己的意思编著。而不知道此书只是《五经》的文字，非《五经》上所拥有的字不刊载，而妄加经外的文字，并延及字书中的泛博之训。我到关中，洗刷原石刻，其中有一两个可以认识的字，明显和是所补的字不相同，才知道近来的学人不肯保存阙疑而妄自作为到如此地步。

别字

《后汉书·儒林传》："谶书[①]非圣人所作，其中多近鄙别字。"近鄙者，犹今俗用之字；别字者，本当为此字，而误为彼字也，今人谓之白字，乃"别"音之转。

【注释】①谶书：记载预言应验的书。

【译文】《后汉书·儒林传》："记载预言应验的书不是圣人所撰写的，其中多有俗用的字。"近鄙字，就像现在一般用的字；别字，本当为这个字，而误以为那个字了，现在的人称为白字，这就是"别"字音的转化的原因。

山东人刻《金石录》，于李易安《后序》："绍兴二年玄黓岁壮月朔。”不知壮月之出于《尔雅》，八月为壮。而改为“牡丹”。凡万历以来所刻之书多“牡丹”之类也。

【译文】山东人刻《金石录》，在李清照（号易安居士）的《金石录后序》：“绍兴二年玄黓岁壮月朔。”“不知道壮月出自《尔雅》，（八月为壮。）而改为“牡丹”。凡是万历以来所刻的书多为“牡丹”之类。

三朝要典

《宋史·蹇序辰传》：“绍圣中为起居郎、中书舍人，同修国史。疏言：朝廷前日正司马光等奸恶，明其罪罚，以告中外。惟变乱典刑，改废法度，讪讟宗庙，睥睨两宫，观事考言，实状彰著。然踪迹深秘，包藏祸心，相去八年之间，盖已不可究质。其章疏案牍，散在有司，若不汇辑而存之，岁久必致沦失。愿悉讨奸臣所言所行，选官编类，人为一帙，置之二府[①]，以示天下后世大戒。遂命序辰及徐铎编类，由是搢绅之祸，无一得免者。”天启中纂辑《三朝要典》，正用序辰之法。

【注释】①二府：宋代的中书省和枢密院称为“二府”。

【译文】《宋史·蹇序辰传》：“绍圣年间，蹇序辰任起居郎、中书舍人，同修国史。蹇序辰上疏说：朝廷之前整治司马光等人奸恶，彰明对他们的罪罚，宣告朝廷内外。他们变乱典刑，改废法度，诽谤宗庙，傲视两宫，观察他们的行事，考察他们的言论，情形昭著。然而其行踪和轨迹深藏而隐秘，包藏祸心，相隔八年之间，这已经无法考究了。他们的奏章文书，散落在相关部门，如果不汇编而进行保存，时间久了一定会导致沦失。愿全部索取奸臣的所言所行，选官编类，一人一册，放置在中书省和枢密院，以昭示天下后世作为大戒。于是命令蹇序辰和徐铎编类，因此士大夫之祸，没有一个幸免的人。”天启年间编辑《三朝要典》，正是采用的蹇序辰所创立之法。

门户之人，其立言之指，各有所借，章奏之文，互有是非。作史者两收而并存之，则后之君子，如执镜以照物，无所逃其形矣。褊心之辈，谬加笔削，于此之党，则存其是者去其非者；于彼之党，则存其非者去其是者，于是言者之情隐，而单辞得以胜之。且如《要典》一书，其言未必尽非，而其意别有所为，继此之为书者犹是也。此国论之所以未平，而百世之下，难乎其信史也。崇祯帝批讲官李明睿之疏曰：“纂修实录之法，惟在据事直书，则是非互见。”大哉王言，其万世作史之准绳乎！

【译文】各门派的人，他们提出的言论各有所指，各有所假托，奏章的文章，对与错都有。作史的人两个都收录并且保存起来，那么后来的君子，就像拿着镜子来照物，没有办法逃避真实的情况。而心胸狭窄的人，错误地进行修改，在这边的朋党，就保存正确的，删掉错误的；而在那边的朋党，保存其错误而删掉正确的，于是说话的人的实情被隐藏，而单靠言辞得以胜利。例如《要典》一书，他的话不一定都是错的，而他的意思另有所为，随后这样的书都是一样的。国家大计的言论之所以没有标准，而百代以下，很难有记事完备的历史。崇祯帝批阅讲官李明睿的疏说："纂修实录的方法，只在根据事情如实记载，让对与错都存在。""帝王说得太好了，这是万代作史的准则啊！

密疏

唐武宗会昌元年十二月，中书门下奏："宰臣及公卿论事，行与不行，须有明据，或奏请允惬，必见褒称，或所论乖僻，因有惩责。在藩镇上表，必有批答。居要官启事，自有记注。并须昭然在人耳目。或取舍存于堂案，或与夺形于诏敕。前代史书，所载奏议，罔不由此，近见实录多载密疏，言不彰于朝听，事不显于当时，得自其家，未足为信。今后实录所载章奏，并须朝廷共知者，方得纪述，密疏并请不载。如此则理必可法，人皆向公，爱憎之志不行，褒贬之言必信。"从之。此虽出于李德裕之私心，然其言不为无理。自万历末年，章疏一切留中[①]，抄传但凭阁揭。天启以来，谗慝弘多，啧言弥甚。予尝亲见大臣之子，追改其父之疏草而刻之，以欺其人者。欲使盖棺之后，重为夺笔之文，逭遗议于后人，侈先见于前事，其为诬罔，甚于唐时。故志之于书，俾作史之君子详察而严斥之也。

【注释】①留中：皇帝把臣下的奏章留在宫禁中，不交议也不批答。

【译文】唐武宗会昌元年十二月，中书门下奏："宰臣及公卿议论事情，行与不行，必须有明确的证据，有人奏请恰当，一定要赞扬，有的人所议论怪僻，因而有惩罚。在藩镇上表，一定有批答。在重要的官职奏事，自己要记录史实。同时必须让听的人和看的人明明白白。有取舍保存在堂案，有人给夺表现在皇帝的命令。前代史书，所记载的奏议，没有不这样，最近看到实录多载自密疏，所言不彰显朝廷，事情不显于当时，得自其家，不足为信。今后实录所载奏章，并要朝廷都知道的，才得以记述，秘密上疏都请求不记载。这样就有理可遵循，人人向公，爱憎的志向不行，褒贬的话一定会相信。"唐武宗同意了他们的奏议。这虽然是出于李德裕的私心，但是他的话也不是没有道理。从万历末年，章疏一切留中，抄传只凭阁揭。天启以来，邪恶的人很多，责备的议论很厉害。我曾亲见大臣的儿子，后来加以更改他父亲的疏草而刊刻的，用来欺骗人。想使盖棺之后，重新改变书写的文字，逃避后人的议论，夸大前面的事，这种欺骗现象，超过唐代。所以记录在书上，使作史的君子详细考察并严格指出。

贴黄

章奏之冗滥，至万历、天启之间而极。至一疏而荐数十人，累二三千言不止，皆枝蔓之辞。崇祯帝英年御宇，厉精图治，省览之勤，批答之速，近朝未有。乃数月之后，颇亦厌之，命内阁为贴黄之式。崇祯元年三月。即令本官自撮疏中大要，不过百字，黏附牍尾，以便省览。此贴黄之所由起也。

【译文】奏章的冗滥，到万历、天启之间而达到极点。一个上疏而推荐数十人，连续二三千字而不止，都是些繁琐冗赘的词句。崇祯帝在英气风发时统治天下，励精图治，审阅奏章尽心尽力，并且批答的速度，最近几代皇帝没有像他一样的。然而几个月后，他也感到厌烦，就命令内阁制定贴黄之式。（时在崇祯元年三月。）就是让本官从摘取奏疏中的要点，不超过一百字，黏贴附在奏疏的后面，以便审阅。这是贴黄开始的原因。

宋叶梦得《石林燕语》曰：“唐制，降敕有所更改，以纸贴之，谓之贴黄。盖敕书用黄纸，则贴者亦黄纸也。今奏状札子皆白纸，有意所未尽，揭其要处，以黄纸别书于后，乃谓之贴黄，盖失之矣。其表章略举事目，与日月道里，见于前及封皮者，又谓之引黄。”

【译文】宋代叶梦得《石林燕语》说：“唐朝的制度，颁发诏书有所改变，用纸贴的，称为贴黄。因为敕书用黄纸，所贴的也是黄纸。现在奏状札子都是白色纸，有想法没有表达完的，摘取其要点，用黄纸另外书写贴在后面，于是把这个称为贴黄，它的原意失去了。表章略举事目，与日月道里，出现在前和封皮的，又称为引黄。”

记 注

古之人君，左史记事，右史记言，所以防过失而示后王。记注之职，其来尚矣。唐太宗通晓古典，尤重其事。“苏冕言：贞观中，每日朝退后，太宗与宰臣参议政事，即令起居郎一人执简记录。由是贞观注记政事，称为毕备，及高宗朝会，端拱无言，有司惟奏辞见二事。其后许敬宗、李义甫用权，多妄论奏，恐史官直书其短，遂奏令随仗便出，不得备闻机务，因为故事。”

【译文】古代的君主，（身边有两个人）左史记事，右史记言，为了防止错而告示后代。记注的职责，由来已久。唐太宗通晓古典，格外重视这件事。“苏冕说：贞观年间，每天朝退后，唐太宗与宰相参议政事，就让起居郎拿着竹简记录。因此，贞观记录政事，称为完备，到高宗朝会，端拱无言，有司只有奏辞见二事。此后许敬宗、李义甫弄权，他们多变乱议论奏疏，但恐怕史官直书他的短处，于是上奏时命令史官随仪仗出，不能听闻机要事务，因而这成为惯例。”

《旧唐书·姚璹传》：“长寿二年，迁文昌左丞、同凤阁鸾台平章事。自永徽以后，左右史惟得对仗承旨，仗下后，谋议皆不预闻。璹以为帝王谟训，不可遂无纪述。若不宣自宰相，史官无从得书，乃表请仗下所言军国政要，宰相一人专知撰录，号为时政记，每月封送史馆。宰相之撰时政记，自璹始也。”

【译文】《旧唐书·姚璹传》:“长寿二年，姚璹迁任文昌左丞、同凤阁鸾台平章事。从永徽以后，左右史只能对仗承旨，仗下后，谋议都不能参与。姚璹认为帝王的谋略和训诲，不可没有记述。倘若不由宰相来主持，史官便不知道从哪里落笔，于是上表请求主持所言军国政要，宰相一人主持撰写，称为时政记，每个月封送到史馆。宰相的撰写时政记，是从姚璹开始的。”

四书五经大全

自朱子作《大学》《中庸章句》《或问》《论语》《孟子集注》之后，黄氏干字直卿，号勉斋先生。有《论语通释》，而采语录附于朱子《章句》之下，则始自真氏，德秀，字希元，号西山先生。名曰《集义》，止《大学》一书。祝氏洙，字宗道。乃仿而足之，为《四书附录》。后有蔡氏模，字仲觉，号觉轩先生。《四书集疏》，赵氏顺孙，号格庵先生。《四书纂疏》，吴氏真子，号克斋先生。《四书集成》。昔之论者，病其泛滥。于是陈氏栎，字寿翁，号定宇先生。作《四书发明》，胡氏炳文，字仲虎，号云峰先生。作《四书通》，而定宇之门人倪氏士毅，字仲弘，号道川先生。合二书为一，颇有删正，名曰《四书辑释》。有汪克宽序，至正丙戌。自永乐中，命儒臣纂修《四书大全》，颁之学官，而诸书皆废。

【译文】自从朱熹作《大学》《中庸章句》《或问》《论语》《孟

子集注》之后，黄干（字直卿，号勉斋先生）有《论语通释》，而采用语录依附于朱熹《章句》的下面，就从真德秀（字希元，号称西山先生）开始，书名叫《集义》，但只有《大学》一书。祝洙（字宗道）是仿照它而完成的，为《四书附录》。后来有蔡模（字仲觉，号觉轩先生）的《四书集疏》，赵顺孙（号格庵先生）的《四书纂疏》，吴真子（号克斋先生）的《四书集成》。过去的评论者责备它的空泛。于是陈栎（字寿翁，号定宇先生）撰《四书发明》，胡炳文（字仲虎，号云峰先生）撰《四书通》，而陈定宇先生的门人倪士毅（字仲弘，号道川先生）结合两本书为一本，稍微有些修正，取名为《四书辑释》。（有汪克宽序，至正六年。）自从永乐年间，命儒臣纂修《四书大全》，颁布到学校，而这些书都荒废了。

倪氏《辑释》，今见于刘用章刻所刻《四书通义》中。永乐中所纂《四书大全》，特小有增删，其详其简，或多不如倪氏。《大学》《中庸或问》则全不异，而间有舛误。《大学·格致》章《或问》“是亦不待七十子丧，而大义已乖矣。”《辑释》引《汉书》刘歆《移太常书》，有曰：及夫子没而微言绝，七十子终而大义乖。又《孔子家语·后序》中亦有此二句。《大全》则去其所引刘歆书，但云出《家语·后序》，则失其本矣。《中庸·九经章或问》引贾捐之对元帝语，《辑释》引《汉书》本传，文曰：“夫后宫盛色，则贤者隐微；佞臣用事，则诤臣杜口。而文帝不行。”此捐之之言，谓文帝不听后宫幸臣之请尔。《大全》则改云：“元帝不行。”既不知古书，又不辩语气。至《春秋大全》，则全袭元人汪克宽《胡传纂疏》，字德辅，隐居不仕，以十年之功为此书。但改其中“愚按”二字为“汪氏曰”，及添“庐陵李氏”等一二条而已。《诗经大全》则全袭元人刘瑾《诗传通释》，此书与《胡传纂疏》，予今并有之。而改其中“愚按”二字为“安成刘氏曰”，其三经后人皆不见旧书，亦未必不因前人也。当日儒臣奉旨修《四书五经大全》，颁餐钱，给笔札，书成之日，赐金迁秩，所费于国家者不知凡几。将谓此书既成，可以章一代教学之功，启百世儒林之绪。而仅取已成之书，抄誊一过，上欺朝廷，下诳士子，唐宋之时，有是事乎？岂非骨鲠之臣，已空于建文之代，而制义初行，一时人士尽弃宋元以来所传之实学，上下相蒙，以饕禄利，而莫之问也。呜呼！经学之废，实自此始，后之君子，欲扫而更之，亦难乎其为力矣。

【译文】倪氏的《四书辑释》，现在见于刘剡（字用章）所刻的《四书通义》中。永乐年间所写的《四书大全》，只是稍有增删，详略之处，有些地方多不如倪氏。《大学》《中庸或问》则完全相同，但是其中还有错误。（《大学·格致》章《或问》“这是不需要等到七十子去世，而大义已经违背了。”《辑释》引《汉书》刘歆的《移太常书》，有说：当孔子去世后而微言断绝，七十弟子去世而大义乖违。又《孔子家语·后序》中也有这两句。《大全》则去掉所引的刘歆书，只是说出自《家语·后序》，这就失去根本了。《中庸·九经》章《或问》引贾捐之回答汉元帝的话，《辑释》引《汉书》本传，文章说：“后宫崇尚美色，贤人就隐蔽；奸臣当权，直言敢谏的大臣就闭口不言。但是文帝没有推行。”这是贾捐之说的话，是说文帝不听后宫幸臣的奏请。

《大全》则改说："元帝不行。"既"不知道古代的书，又不辩语气。）至于《春秋大全》，就完全是抄袭元人汪克宽的《胡传纂疏》，（汪克宽，字德辅，隐居不仕，用十年的功夫写这本书。）只改变其中"愚按"二字为"汪氏说"，并添加"庐陵李氏"等一二条而已。《诗经大全》则完全抄袭元人刘瑾的《诗传通释》，（这本书与《胡传纂疏》，我现在都有。）而改其中"愚按"二字为"安刘氏曰"，其余的《易》《书》《礼记》这三部经典后人都未见旧书，也未必不是因袭前人。当时儒臣奉旨编纂的《四书五经大全》，颁赐餐钱，提供纸笔，书完成之日，赐金迁官，所花费国家财用的不知道有多少。原以为这本书完成，可以彰明一代教学的功效，开启百代儒林的事业。而仅取已成的书，誊写一遍，在上欺骗朝廷，在下欺骗士子，唐宋的时候，有这样的事吗？这难道不是正直的大臣，已在建文年间罄尽，而制义初行，一时人士完全放弃宋元以来所传的实学，上下互相欺骗，以贪禄利，而没有人去过问。唉！经学的荒废，实际上从这里开始，后世的君子，想扫除改变这种风气，也难以在其中尽力了。

书传会选

洪武二十七年四月丙戌，"诏征儒臣定正宋儒蔡氏《书传》。上以蔡氏《书传》日月五星运行，与朱子《诗传》不同，及其他注说与番阳邹季友所论间亦有未安者，遂诏征天下儒臣定正之。命翰林院学士刘三吾等总其事。凡蔡氏传得者存之，失者正之，又采诸家之说，足其未备。九月癸丑书成，赐名《书传会选》，命礼部颁行天下。今按此书，若《尧典》，谓“天左旋，日月五星违天而右转”。陈氏祥道。《高宗肜日》谓“祖庚绎于高宗之庙”。金氏履祥。《西伯勘黎》谓“是武王”。金氏。《洛浩》“惟周公诞保，文武受命惟七年”，谓周公辅成王之七年，张氏。陈氏栎。皆不易之论。又如禹贡“厥赋贞”，主苏氏轼，谓“赋与田正相当。”“泾属渭汭”，主孔传，“水北曰汭”。《太甲》“自周有终”，主金氏，谓“周当作君”。《多方》“不克，开于民之丽”，主叶氏。陈氏栎谓“古者治狱，以附罪为丽”。皆可从。然所采既博，亦或失当。如金縢“周公居东”，谓“孔氏以为东征”，非是。至《洛诰》又取东征之说，自相牴牾。每传之下，系以经文，及传、音释，于字音、字体、字义，辩之甚详。其传中用古人姓字，古书名目，必具出处，兼亦考证典故。盖宋元以来，诸儒之规模犹在。而其为此书者，皆自幼为务本之学，非由八股发身之人，故所著之书，虽不及先儒，而尚有功于后学。至永乐中修《尚书大全》，不惟删去异说，并音释亦不存矣。愚尝谓自宋之末造以至有明之初年，经术人材，于斯为盛。自八股行，而古学弃；《大全》出，而经说亡；十族诛，而臣节变。洪武、永乐之间，亦世道升降之一会矣。

【译文】洪武二十七年四月十七日，“下诏书征召儒臣改正宋儒蔡氏的《书传》。明太祖以蔡氏《书传》的日月五星运行，与朱子的《诗传》不同，以及其他注解与番阳邹季友所论间没有确定的，于是下诏征召天下的儒臣改正。命翰林院学士刘三吾等人总领其事。凡蔡氏传‘得者存之，失者正之’，又采诸家之说，完成它没有完备的地方。九月十六日成书，赐名为《书传会选》，命礼部颁行天下。现在按这本书，像《尧典》说，“天左旋，日月五星违天而右转”。（陈祥道。）《高宗肜日》说，“祖庚绎于高宗的庙宇”。（金履祥。）《西伯戡测黎》称“是武王”。（金氏。）《洛诰》“惟周公诞保，文武受命惟七年”，周公辅佐成王七年，（张氏。陈栎。）这是都是不能改变的评论。（又如《禹贡》中“赋税贞”，主张用苏轼的说法，他认为“赋与田正相当。”“泾属渭汭”，主张用孔传，认为“水北曰汭”。《太甲》“自周有终”，主张用金氏的说法，他认为“周当作君”。《多方》“不克，开于民之丽”，主张用叶氏的说法。陈栎认为“古者治狱，以附罪为丽”。都采取他们的说法。然而所采既然广泛，也有不妥当之处。如金滕“周公居东”，说成“孔氏以为东征”，这不妥当。至于《洛诰》又取东征的说法，这是自相矛盾。）每个传的下面，把经文、传、音释，字音、字体、字义，解释得非常详细。传中用古人的姓名，古书名称，一定写详细出处，同时也考证典故。从宋元以来，诸儒的规模仍在。而作这本书的，都是自幼为务本之学，不是由八股发身的人，所以所著的书，虽然比不上先儒，而尚有利于后来的学者。到永乐年间修《尚书大全》，不只是删除不同的说法，同时音释也不存在了。我曾断言：自宋朝末年一直到明朝初年，经术人才在此时期达到了鼎盛。可是，自从八股文盛行，而古典学术就被渐渐废弃了；《大全》等钦定教材出版后，那么古代诸家的解经文字就消亡了；自从方孝孺被诛十族后，作为臣子的节操也就变了。洪武、永乐年间，实在是世道消长变化的一大关节点啊。

内典

古之圣人，所以教人之说，其行在孝弟忠信，其职在洒扫应对进退，其文在《诗》《书》《礼》《易》《春秋》，其用之身，在出处、去就、交际[①]，其施之天下，在政令、教化、刑罚。虽其和顺积中，而英华发外，《乐记》。亦有体用之分，然并无用心于内之说。自老庄之学行于战国之时，而外义者告子也，外天下外物外生者庄子也。于是高明之士，厌薄诗书，以为此先王所从治天下之糟粕。而佛氏晚入中国，其所言清净慈悲之说，适有以动乎世人之慕向者。六朝诸君子从而好之，由清净自在之说而极之，以至于不生不死，入于涅槃，则杨氏之为我也。由慈悲利物之说而极之，以至于普度众生，超拔苦海，则墨氏之兼爱也。天下之言不归杨，则归墨，而佛氏乃兼之矣。其传浸盛，后之学者遂谓其书为内典。"内典"字见《册府元龟》引《唐会要》："开成二年二月，王彦进准宣索《内典目录》十二卷。"推其立言之旨，不将内释而外吾儒乎？夫内释而外吾儒，此自缁流之语，岂得士人亦云尔乎？

【注释】①出处：指出任及退隐。去就：担任或不担任职务。交际：相互间往来接触。

【译文】古代的圣人，用来教人的学说，其行在于孝悌忠信，其职在于洒扫应对进退，其文在于《诗经》《尚书》《礼记》《易》《春秋》，在身上所起的作用的，在于出处、去就、交际，其施于天下，在于政令、教化、刑罚。虽然平和柔顺蕴积于心中，而美好的才华显露于外，（见《乐记》。）也有体用之分，然而并没有用心于内的说法。从老庄之学流行于战国时期，而外义者是告子，外天下外物外生者是庄子。于是高明之士，鄙视诗书，认为这是先王治理天下的糟粕。而佛教传入中国较晚，教义中所提倡的清净慈悲等说法，恰恰有打动世人发心向慕的东西。六朝诸君子从而好之，由清净自在之说而追求，以至于不生不死，进入涅槃，杨氏的思想是为我。由慈悲利物之说而极之，以至于普度众生，越拔苦海，墨氏的思想是兼爱的。天下的言论不归杨，而归墨，则佛教也是具备这两者的思想。传播逐渐兴盛，后来的学者就称佛学经典为内典。（"内典"字见《册府元龟》引《唐会要》："唐文宗开成二年二月，王彦进准宣索《内典目录》十二卷。"）推究立言的意图，不外是要教我们内佛外儒吗？内佛外儒，这是出自僧徒的话，读书人怎么也能这样说呢？

《黄氏日钞》云："《论语·曾子三省章》集注，载尹氏曰：'曾子守约，故动必求诸身。'语意已足矣。又载谢氏曰：'诸子之学，皆出于圣人，其后愈远而愈失其真。独曾子之学，专用心于内，故传之无弊。'夫心所以具众理而应万事，正其心者，正欲施之治国平天下，孔门未有专用心于内之说也。用心于内，近世禅学之说耳。象山陆氏因谓曾子之学是里面出来，其学不传；诸子是外面入去。今传于世者，皆外入之学，非孔子之真。遂于《论语》之外，自谓得不传之学，凡皆源于谢氏之说也。"后有朱子，当于集注中去此一条。

【译文】《黄氏日钞》说："《论语·曾子三省章》集注，记录尹氏的话说：'曾子守约，所以动必反求自身。'话中所包含的意思已足够了。又记录谢氏的话说：'诸子的学说，都出自圣人，此后越远越失真。唯独曾参的学说，专在内心下功夫，所以传承没有衰落。'心能包容天下万事万物的道理，能理顺天下万事，正其心的人，正欲施之治国平天下，孔门没有专用心于内的说法。用心于内，近代禅学的说法。象山陆氏声称是曾子的学说是里面提出来的，其学问没有传下来；诸子的学说是外面传进来的。现在流传至今的，都是外入的学问，不是孔子的真传。就在《论语》之外，自称得到不传的学说，一切都源于谢氏的说法啊。"后来有朱子，当在集注中去掉这一条。

褚少孙补《滑稽传》，以传记、杂说为外家，是以《六经》为内也。东汉儒者，则以七纬为内学，《六经》为外学。《后汉书·方术传》："自是习为内学。"注："内学谓图谶之书也，其事秘密，故称内。"《逸民传》："博通内外图典。"《魏志·管宁传》："张臶学兼内外。"举图谶之文，一归之性与天道，不可得闻。《后汉书·桓谭传》："天道性命，圣人所难言也。自子贡以下，不可得闻。指谓谶记。"而今百世之下，晓然皆悟其非。今之所谓内学，则又不在图谶之书，而移之释氏矣。

【译文】褚少孙补《滑稽传》，以传记、杂说为外家，是以《六经》为内。东汉儒者，则以七纬为内学，《六经》为外学。（《后汉书·方术传》："自以为习是内学。"注："内学为图谶之书，这件事保密，所以称为内。"《逸民传》："博通内外图典。"《魏志·管宁传》："张臶学兼内外。)"整个图谶的文章，全部归到性与天道，这是不能得知。(《后汉书·桓谭传》："天道性命，圣人所不轻易说的。从子贡以下，不可得知。这里指的是谶书。")现在百代以下，都明白理解错了。现在所说的内学，却又不在图谶之书，而转移到佛教上了。

心学

《黄氏日钞》解《尚书》"人心惟危，道心惟微，惟精惟一，允执厥中"一章曰："此章本尧命舜之辞，舜申之以命禹，而加详焉耳。尧之命舜曰：'允执厥中。'今舜加'危微精一'之语于'允执厥中'之上，所以使之审择而能执中者也。此训之之辞也，皆主于尧之'执中'一语而发也。尧之命舜曰：'四海困穷，天禄永终。'今舜加'无稽之言勿听，以至敬修其可愿'于'天禄永终'之上，又所以警切之，使勿至于困穷而永终者也，此戒之之辞也，皆主于尧之'永终'二语而发也，'执中'之训正说也，永终之戒，反说也。盖舜以昔所得于尧之训戒，并其平日所尝用力而自得之者，尽以命禹，使知所以执中而不至于永终耳，岂为言心设哉。近世喜言心学，舍全章本旨，而独论人心道心，甚者单摭'道心'二字，而直谓即心是道，盖陷于禅学，而不自知其去尧、舜、禹授受天下之本旨远矣。蔡九峰之作《书传》，述朱子之言，曰：'古之圣人将以天下与人，未尝不以治之之法而并传之。’可谓深得此章之本旨，九峰虽亦以是明帝王之心，而心者，治国平天下之本，其说固理之正也。其后进此书传于朝者，乃因以三圣传心为说。世之学者，遂指此书十六字为传心之要，而禅学者借以为据依矣。愚按，心不待传也，流行天地间，贯彻古今，而无不同者，理也。理具于吾心，而验于事物。心者，所以统宗此理，而别白其是非。人之贤否，事之得失，天下之治乱，皆于此乎判。此圣人所以致察于危微精一之间，而相传以执中之道，使无一事之不合于理，而无有过不及之偏者也。禅学以理为障，而独指其心，曰不立文字，单传心印。圣贤之学，自一心而达之天下国家之用，无非至理之流行，明白洞达，人人所同，历千载而无间者。何传之云俗说浸淫，虽贤者或不能不袭用其语，故僭书其所见如此。”

【译文】《黄氏日钞》解《尚书》“人心惟危，道心惟微，惟精惟一，允执厥中”一章中说：“这一章本来是尧帝告诫舜帝的话，舜帝再重复告诫禹，而又更加详细罢了。尧帝告诫舜帝说：‘允执厥中。’现在舜加‘危微精一’的话在‘允执厥中’之前，所以让他慎重地选择而能坚持中庸之道的作用。这是教诲的言辞，都围绕着尧帝的‘执中’一句话而阐发的。尧帝告诫舜帝说：‘四海困穷，天禄永终。’如今舜加‘无稽之言勿听，以至敬修其可愿’在‘天禄永终’之前，又是用来警策禹，让他不要让百姓困苦贫穷而君禄永绝，这个是告诫的言辞，都是围绕尧帝王的‘永终’二语而阐发的，“执中”的教诲是正论，永终的告诫，是反说。舜帝用过去在尧帝那里得到的训诫，加上平日曾努力践行的所得，全部告诫禹，让他知道应该掌握中庸之道而不至于永绝罢了，难道只是为说心而设教吗？近代喜欢说心学，舍弃全篇文章的本意，而单独评论人心道心，严重的单独摘取‘道心’二字，而直接说心就是道，这是陷在禅学，而不自知已经离尧、舜、禹授受天下的本意很远了。蔡九峰作《书传》，申述朱熹的话，说：‘古代的圣人把天下传给适合的人，连同治理天下的方法也一并传给他。’这可以说是深得这章的本旨，蔡九峰也是因此明了帝王的心，而所谓的心，是治国平天下的根本，这种说法当然是对的。到后来推荐这本书传给朝廷的人，于是就把三圣传心为学说。世间的学者，也指这本书的十六字为传心的要点，而学禅的人依靠这十六字为依据。我认为，心是不需要传的，它散布在天地间，贯通古今，而没有不相同的，是一个道理。理存在于我的心中，被事物所验证。心则是掌握各种理，评判是非的。人贤与不贤，事情的得失，天下的治乱，都在这里分辨。这是圣人用来致察于“危微精一”之间，而以中庸为相传之道，没有让一件事不合理，没有过与不及的偏颇。禅学以理为障碍，而独指其心，说不立文字，单传心印。圣贤的学问，从一心而到天下国家的大用，不外是道理的流行，道理明白透彻，人人所同，历经千年而没有间断的。何传之云俗说浸淫，虽然有些贤能的人不能不沿用他的话，故而僭书其所见如此。”

《中庸章句》引程子之言曰：“此篇乃孔门传授心法。”亦是借用释氏之言，不无可酌。

【译文】《中庸章句》引程子的话说："这篇是孔门的传授心法。"也是借用佛教的话，也不是没有斟酌之处。

《论语》一书，言心者三，曰"七十而从心所欲，不逾矩。"曰"回也其心三月不违仁。"曰"饱食终日无所用心。"乃"操则存，舍则亡"之训，门人未之记，而独见于《孟子》。夫未学圣人之操心，而骤语夫从心，此即所谓饱食终日，无所用心，而旦昼之所为，有牿亡之者矣。

【译文】《论语》一书，说心的地方有三处："七十而从心所欲，不逾矩。""回也其心三月不违仁。""饱食终日无所用心。"是"操则存，舍则亡"的教诲，学生没有记录，而单独出现在《孟子》这部经典上。没有学习圣人所执持的心志，而急着说孔子是从心的学说，这就是所谓的"饱食终日，无所用心，而旦昼之所为，有牿亡之者"。

唐仁卿名伯元，澄海人，万历甲戌进士，官至吏部文选司郎中。答人书曰："自新学兴而名家著，其冒焉以居之者不少，然其言学也则心而已矣。元闻古有学道，不闻学心；古有好学，不闻好心。'心学'二字，《六经》、孔孟所不道。今之言学者，盖谓心即道也，而元不解也。何也？危微之旨在也，虽上圣而不敢言也。今人多怪元言学而遗心，孰若执事责以不学之易了，而元亦可以无辞于执事，子曰：'有能一日用其力于仁矣乎？'又曰：'一日克己复礼。'

又曰'终日乾乾，行事也。'元未能也。孔门诸子日月至焉，夫子犹未许其好学，而况乎日至未能也，谓之不学可也。但未知执事所谓学者，果仁邪？礼邪？事邪？抑心之谓邪？外仁、外礼、外事以言心，虽执事亦知其不可。执事之意，必谓仁与礼与事即心也，用力于仁，用力于心也。复礼，复心也；行事，行心也。则元之不解犹昨也，谓之不学可也。"又曰："孳孳为善者心，孳孳为利者亦未必非心。危哉心乎，判吉凶，别人禽，虽大圣犹必防乎其防，而敢言心学乎？心学者，以心为学也。以心为学，是以心为性也。心能具性，而不能使心即性也。是故求放心则是，求心则非；求心则非，求于心则是。我所病乎心学者，为其求心也。心果待求，必非与我同类；心果可学，则以礼制心，以仁存心之言，毋乃为心障与？"卫嵩曰："从心不逾矩，孔子至七十时，方敢以此自信。而今之学者，未可与立，而欲语从心。率天下之人而祸仁义，必斯言也。

【译文】唐仁卿（名伯元，澄海人，万历二年甲戌科进士，官至吏部文选司郎中）回复人的书信中说："自从新学兴起而名家闻名，这假冒新学而自居的人不少，但是他所说的学，就是心而已。我听说古代有学道的人，没听过学心的人；古代有好学的人，没有听说喜好心学的人。'心学'二字，《六经》、孔孟没有说过的。现在说学的人，说心就是道，而我不理解。为什么呢？危微之旨还存在，即使是上圣都不敢说。现在的人多怪我说学而丢失心，怎么比得上做事的人责备不学的人简单了，而我也可以不推辞给您，孔子说：'有能一天把自己的力量用在实行仁德上吗？'又说：'克制自己，一切都照着礼的要求去做。’又说：‘从早到晚都在努力向上进取，是在忙于做事情。’我不能做到了。孔门的众弟子能在短时间内做到，孔子尚且没有赞同这是好学，更何况一天都做不到的，说他不学习好了。只是不知道您所谓的学者，确实仁爱吗？有礼吗？会做事吗？抑或是心之谓吗？外仁、外礼、外事来说心，虽然您也知道不可能。您的意思，必称仁、礼与事就是心，用力在仁，用力于心。恢复礼，就是恢复心；做事，就是行心。那么我的不解还是和之前一样，说他不学好了。”又说：“孜孜不倦地做好事的人是心，孜孜为利的人也未必不是心。危险啊人心，能分辨吉凶，区分人和禽，即使是大圣人还须防之再防，而敢言心学吗？所谓心学，以心为学。以心为学，是以心为性。心能具备性，而不能让心就是性。所以，求放心是对的，求心则是不对的；求心是不对的，求于心则是对。我所忧虑的是心学的人，为其求心。心果然可以待求，肯定不是和我一样；心果然可以学，那么以礼制心、以仁存心的话，难道不是心理障碍吗？”（卫嵩说：“从心不逾矩，孔子到七十岁时，才敢以此信任自己。而如今的学者，未必能坚守道，而想说从心。大多天下之人祸害仁义的，一定是这些话。）

《论语》“仁者安仁”，《集注》谢氏曰：仁者心无内外、远近、精粗之间，非有所存，而自不亡，非有所理，而自不乱。”此皆庄、列之言，非吾儒之学。太甲曰：“顾諟天之明命。”子曰：“回之为人也，择乎中庸，得一善，则拳拳服膺而弗失之矣。”故曰：“操则存，舍则亡。”不待存而自不亡者，何人哉？

【译文】《论语》“有仁德的人，安于仁道”，《集注》谢氏说：仁者的心没有内外、远近，也不在精粗之间，不是有所把握，而不自己消失，不是有什么道理，而自然不乱。“这是庄子、列子的话，不是儒家的学问。太甲说：“念念不忘这上天赋予的光明本性。“孔子说：“颜回就是这样一个人，他选择了中庸之道，得到了它的好处，就牢牢地把它放在心上，再也不让它失去。”所以说：“把握住就存在，放弃就失去。”不需要把握而自己不会消失的，这是什么人啊？

举业

林文恪（材）《福州府志》曰：“余好问长老前辈时事，或为余言林尚默名志，闽县人，永乐壬辰进士，乡试、会试皆第一，殿试一甲第二名。方游乡序，为弟子员，即自负其才当冠海内士云。然考其时试诸生者，则杨文贞、金文靖二公也。夫尚默当时所习特举子业耳，而杨、金二学士皆文章宿老，蔚为儒宗，尚默乃能必之二公若合符节，何哉？当是时也，学出于一，上以是取之，下以是习之，譬作车者，不出门而知适四方之合辙也。正德末，异说者起，以利诱后生，使从其学，毁儒先，低传注，殆不啻弁髦矣。由是学者怅怅然莫知所从，欲从其旧说，则恐或主新说，从其新说，则又不忍遽弃传注也。己不能自必，况于人乎？呜呼！士之怀瑾握瑜，范驰驱而不遇者，可胜道哉！是故射无定鹄，则羿不能巧；学无定论，则游夏不能工。欲道德一，风俗同，其必自大人不倡游言始。”

【译文】文恪公林材《福州府志》说："我喜欢问老前辈当时的事情，有人对我说林尚默（名志，闽县人，永乐十年壬辰进士，乡试、会试都是第一名，殿试一甲第二名）刚进入学校学习，为弟子生员，即自负其才应当名冠海内士人等等。然而监考他们当时诸生考试的人，有杨文贞、金文靖二公。林尚默当时所学习的只是举子业而已，而杨、金二学士都是写文章的老前辈，是儒者的宗师，林尚默所撰写的文章居然能符合二公的喜好，为什么呢？在那时候，学出于一，在上以此选取，在下则是学习那些，譬如做车的人，不出门就知道所造的车辙和四方的道路相符。正德末年，不同的学说兴起，用利益引诱后生，让他追随学习，诋毁先儒，贬低传注，几乎不亚于鄙视了。因此学者惆怅但不知所从，想主张他过去的说法，那么恐怕有人主张新说，主张他的新观点，却又不忍心马上抛弃传注。自己都不能坚信，何况别人呢？唉！读书人怀有高贵的美德与才能，按照规范去做却不被赏识，这些事能说得完吗！因此射无定鹄，那么后羿不能有高超的技术；学无定论，那么子游、子夏不能有超出常人的议论。想要道德统一，风俗相同，必然从大人不提倡浮夸不实的言论开始。"

又曰："近日讲学之辈，弥近理而大乱真。士附其门者，皆取荣名，于是一唱百和，如伐木者呼邪许然。徐而叩之，不过徼捷径于终南，而其中实莫之能省也。"

【译文】又有人说："近日讲学的人，越靠近理而严重破坏其本真。士人依附其门的，都是为了获取荣耀，于是一唱百和，像伐木工人一样此起彼伏地唱和。仔细观察当中的原因，不过是贪求终南捷径而已，然而其中实际上不能醒悟。”

东乡艾南英《皇明今文待序》曰：“呜呼！制举业中，始为禅之说者，谁与？原其始，盖由一二聪明才辩之徒，厌先儒敬义诚明、穷理格物之说，乐简便而畏绳束，其端肇于宋南渡之季，而慈湖杨氏之书为最著。国初，功令严密，匪程、朱之言弗遵也。盖至摘取良知之说，而士稍异学矣，然予观其书，不过师友讲论、立教明宗而已，未尝以入制举业也。其徒龙溪、王畿。绪山，钱德洪。阐明其师之说，而又过焉。亦未尝以入制举业也。龙溪之举业不传，阳明、绪山，班班可考矣。衡较其文，持详矜重，若未始肆然欲自异于朱氏之学者。然则今之为此者，谁为之始与？吾姑为隐其姓名，而又详乙注其文，使学者知以宗门之糟粕，为举业之俑者，自斯人始。万历丁丑科杨起元。呜呼！降而为传灯，于彼教初说，其浅深相去已远矣，又况附会以援儒入墨之辈，其鄙陋可胜道哉。今其大旨，不过曰耳自天聪，目自天明，犹告子曰‘生之谓性’而已。及其厌穷理格物之迂而去之，犹告子曰‘不得于言，勿求于心’而已。任其所之而冥行焉，未有不流于小人之无忌惮者，此《中庸》所以言性不言心，《孟子》所以言心而必原之性，《大学》所以言心而必曰正其心。吾将有所论著，而姑言其概如此，学者可以废然返矣。”

【译文】东乡艾南英在《皇明如今文待序》中说："唉！制举业中，刚开始说禅的人，是谁呢？探究其开始，是从一两个才智机辩的人，厌恶先儒敬义诚明、穷理格物的学说，喜欢简便而害怕约束，这个开端始于宋朝南渡之时，而慈湖杨简的书最为显著。立国之初，法律严密，不是程、朱的言论不遵循。摘取良知的说法，而士人稍稍有了不同的说法。但是我看这本书，不过是师友间的讲论、立教明宗罢了，不曾选入科举考试了。他的徒弟龙溪（王畿）、绪山（钱德洪）阐明了老师的说法，但又说过了。也不曾选入科举考试了。王畿的举业不传，阳明、绪山，则清晰明白有脉络可寻。衡较其文，持详矜重，像还没有开始就无所忌惮地想自己不同于朱子的学说。那么，现在这样做的，是谁先开始的呢？我暂且为他们隐瞒姓名，但是要详细解释他们的文章，让学者了解宗门的糟粕，科举考试的开始，就是从这个人开始的。（万历五年丁丑科杨起元）唉！降而为传灯，对于佛教原初的说法，其深浅已相差很远了，又何况附会以援儒入墨的人，其鄙陋之处能说得完吗？现在的大意，不过是说耳自天聪，目自天明，像告子说的"生之谓性'罢了。当他厌恶穷理格物的迂腐而离开时，像告子说的'不得于言，勿求于心'而已。任由它所到之处而盲目行事，没有不流于小人而肆无忌惮的，这是《中庸》之所以说性不言心，《孟子》之所以说心而必原之性，《大学》之所以说心而必说正心。我将有所撰写，姑且先说个大概，学者们可以败兴而归了。"

又曰："嘉靖中，姚江之书虽盛行于世，而士子举业，尚谨守程、朱，无敢以禅窜圣者。自兴化、华亭两执政尊王氏学，于是隆庆戊辰《论语程义》首开宗门，破题见下，是年主考李春芳，兴化县人。此后浸淫无所底止。科试文字，大半剽窃王氏门人之言，阴诋程、朱。”

【译文】又有人说：“嘉靖年间，姚江的书虽然盛行于世，而士子参加科举考试，还谨守程、朱的学说，没有敢用禅学删改圣学的。从兴化（李春芳）、华亭（徐阶）两执政尊崇王氏学说，于是隆庆二年戊辰《论语程义》首开宗门，（破题见下，这一年主考官是李春芳，兴化县人。）此后慢慢渗透没有止境。考试文字，大半是抄袭王氏门人的话，暗中诋毁程、朱。”

坊刻中有伪作罗伦《致知在格物》一篇，其破题曰：“良知者，廓于学者也。”按罗文毅中成化二年进士，当时士无异学，使果有此文，则良知之说始于彝正，不始于伯安矣。况前人破亦无此体。旧日文字破题，或二句或三句，必尽题意。嘉靖八年，主司变体，创为轻佻之格。“孔子圣之时者也”，程文破云：“圣人者，立大中者也。”试录一出，士论哗然。以其为先朝名臣而借之耳。

【译文】坊刻中，有伪作罗伦《致知在格物》一篇，其破题说：“良知这个名词的内涵，被学者不断地延伸拓展。”按文毅公罗伦考中成化二年进士，当时读书人没有异学，如果真的有这样的文章，那么良知的说法是从罗伦（字彝正）开始，不是从王阳明先生（字伯安）开始的。更何况前人破题也没有这种体例。（旧日文字破题，或二句或三句，必尽题意。嘉靖八年，主考官变革体例，创立轻佻之格。“孔子圣之时者也”，程文破云：“圣人者，立大中者也。”试录一出，士论一片哗然。）因为他是前朝名臣才假借他来说的啊。

破题用庄子

《五经》无“真”字，始见于老庄之书。《老子》曰：“其中有精，其精甚真。”《庄子·渔父》篇：“孔子愀然曰：‘敢问何谓真？客曰：真者精诚之至也。”《荀子》“真积力久”亦是此意。《黄庭经》曰：“积精累气以为真。”《大宗师》篇曰：“而已反其真，而我犹为人猗？”《列子》曰：“精神离形，各归其真，故谓之鬼。鬼，归也。归其真宅。”《汉书·杨王孙传》曰：“死者终生之化，而物之归者也。归者得至，化者得变，是物各反其真也。”《说文》曰：“真，仙人变形登天也。”徐氏《系传》曰：“真者仙也，化也。从匕，匕即化也。反人为亡，从目从匕，入其所乘也。”人老则近于死，故“老”字从匕。死则反其真，故“眞”字亦从匕。以生为寄，以死为归，于是有真人、真君、真宰之名。秦始皇曰：“吾慕真人。”自谓“真人”，不称“朕”。魏太武改元太平真君。而唐玄宗诏以四子之书，谓之“真经”，皆本乎此也。后世相传，乃遂与假为对。李斯《上秦王书》：“夫击瓮叩缶，弹筝搏髀而歌呼呜呜，快耳目者，真秦之声也。”韩信请为假王，高帝曰：“大丈夫定诸侯，即为真王耳，何以假为！”又更东垣曰真定。窦融《上光武书》曰：“岂可背真旧之主,事奸伪之人。”而与老、庄之言真,亦微异其指矣。今谓“真”,古曰“实”。今谓“假”,古曰“伪”。《左传》襄十八年,使乘车者,左实右伪,以旆先,舆曳柴而从之。假王犹假君、假相国,唐人谓之借职是也。今人所谓假,亦非。宋讳“玄”,以“真”代之,故庙号曰真宗。玄武七宿改为“真武”,玄冥改为“真冥”,“玄枵”改为“真枵”。《崇文总目》谓《太玄经》为“太真”,则犹未离其本也。隆庆二年会试,为主考者厌《五经》而喜老庄,黜旧闻而崇新学,首题《论语》,“子曰由海汝知之乎”一节,其程文破云:“圣人教贤者以真知,在不昧其心而已。”《庄子·大宗师》篇:“且有真人而后有真知。”《列子·仲尼》篇:“无乐无知,是真乐真知。”始明以《庄子》之言人之文字。自此五十年间,举业所用,无非释、老之书,彗星扫北斗、文昌,而御河之水变为赤血矣,崇祯时,始申旧日之禁,而士大夫皆幼读时文,习染已久,不经之字,摇笔辄来,正如康昆仑所受邻舍女巫之邪声,非十年不近乐器,未可得而绝也。虽然,以周元公道学之宗,而其为书,犹有所谓“无极之真”者,吾又何责乎今之人哉。罗氏《困知记》谓:“无极之真,二五之精妙,合而凝太极。与阴阳五行非二物也,不当言合。”又言:“《通书》未尝一语及无极。”

【译文】《五经》中没有“真”字,而是开始出现在老子、庄子的书上。《老子》说:“其中有精,其精甚真。”《庄子·渔父》:“孔子伤感地说:“请问什么是真?客人说:所谓真,就是精诚的极点”(《荀子》“真积力久”也就是这个意思。《黄庭经》说:“集精累气以为真。”)《大宗师》篇说:“他已经回复到了最初的本真,而我却仍然饱受这世道的摧残?”《列子》说:“精神离开形体,各归其真,所以称作鬼。鬼,就是归的意思。归其真宅。”《汉书·杨王传》说:所谓死,就是生的结束,是万物的归宿。归宿得以到达,死者得以变化,造就是物体各自返回到了它的本原啊。《说文》说:“真,仙人变形变登天。”徐氏《系传》说:“真是神,是化。从匕,匕就是化了。把人字反过来写变成了亡,从目从匕,入其所乘。”(人老则接近于死,因此,“老”字从匕。死就返归本真,因此,“眞”字也从匕。)以生为寄,以死亡为归,于是有真人、真君、真宰的称谓。秦始皇说:“我敬慕真人。”自称“真人”,不称“朕”。北魏太武帝改年号为太平真君。而唐玄宗下诏以四子之书,称为“真经”,都是根据这个。后世相传,乃遂与假为对。李斯《上秦王书》:“那敲击瓦器,拍髀弹筝,呜呜呀呀地歌唱,能使人耳目快乐的,真是秦国的地道音乐了。”韩信请求为假王,汉高祖说:“大丈夫平定诸侯,就是‘真王’了,为什么用‘假’呢!”又改东垣为真定。窦融《上光书》说:“怎么可以背叛真旧主,侍奉奸伪之人。”而与老子、庄子的说真,也有些不同的指向了。(现在所谓的“真”,古人是说“实”。现在所谓的“假”,古人是说“伪”。《左传》鲁襄公十八年,(齐晋之战时)晋平公命令战车左边乘坐真人而右边设置假人,以大旗为先导,战车拖着树枝随后飞驰。假王如假君、假相国,唐人称之是借职。现在所说的假,也不是。)宋代避讳“玄”字,以“真”代替,所以庙号为真宗。玄武七宿改为“真武”,玄冥改为“真冥”,“玄枵”改为“真枵”。《崇文总目》称《太玄经》为“太真”,还是没有离开它的实际含义。隆庆二年会试，当主考官的官员厌恶《五经》而喜欢老庄，废除旧有的典籍而崇尚新学，第一题《论语》，“子曰由海汝知之乎”一节，其程文破题说：“圣人用真知教化贤能的人，在不违背这颗心罢了。”（《庄子·大宗师》篇：“且有真人而后有真知。”《列子·仲尼》篇：“无乐无知，是真乐真知。”）开始明显以《庄子》言人之文字。从这五十年之间，科举考试所用，不外是佛教、老子的书，彗星扫北斗、文昌，而御河的水变为赤血了，崇祯时，开始重申过去的禁忌，而士大夫都是小时读这些文章，习染已久，不经思考的字，动笔就来，正如康昆仑所受邻居女巫之邪声，非十年不近乐器，不可能断绝这个习惯。虽然这样，以周元公道学的宗旨，而其为书，还有所谓“无极之真”的，我又怎么能责备现在的人呢？（罗钦顺《困知记》说：“无极之真，二五之精妙，合并起来聚集成太极。与阴阳五行不是两种物体，不当言合。”又说：“《通书》不曾一句话提及无极。”）

《孟子》言：“所不虑而知者，其良知也。”下文明指是爱亲敬长。若夫因严以教敬，因亲以教爱，则必待学而知之者矣。今之学者，明用孟之良知，暗用庄子之真知。

【译文】《孟子》说：“不经过思考就知道是非善恶的见识，称为良知。”下文明指是爱亲敬长。通过自身的威严来教导别人什么叫敬重，通过父母对你的行为态度来教导什么叫爱，这就一定要通过学习而知道了。现在的学者，明面上用孟子的良知，暗地里却用庄子的真知。

科场禁约

万历三十年三月，礼部尚书冯琦上言："顷者皇上纳都给事中张问达之言，正李贽惑世诬民之罪，尽焚其所著书，其崇正辟邪，甚盛举也。臣窃惟国家以经术取士，自《五经》《四书》《二十一史》《通鉴》《性理》诸书而外，不列于学官，而经书传注，又以宋儒所订者为准。此即古人罢黜百家，独尊孔氏之旨。自人文向盛，士习浸漓，始而厌薄平常，稍趋纤靡；纤靡不已，渐骛新奇；新奇不已，渐趋诡僻。始犹附诸子以立帜，今且尊二氏以操戈。背弃孔、孟，非毁程、朱，惟《南华》、西竺之语，是宗是竞。以实为空，以空为实。以名教为桎梏，以纪纲为赘疣。以放言高论为神奇，以荡轶规矩扫是非廉耻为广大。取佛书言心言性略相近者，窜入圣言，取圣经有空字无字者，强同于禅教。语道既为踳驳，论文又不成章。世道溃于狂澜，经学几为榛莽。臣请坊间一切新说曲议，令地方官杂烧之。生员有引用佛书一句者，廪生停廪一月，增附不许帮补，三句以上降黜。中式墨卷引用佛书一句者，勒停一科，不许会试，多者黜革。二十八年礼科，摘湖广举人董以修《四书》义有"无去无住，出世住世"语，罚停五科。伏乞天语申饬，断在必行。自古有仙佛之世，圣学必不明，世运必不盛。即能实诣其极，亦与国家无益，何况袭咳唾之余，以自盖其名利之迹者乎？夫道术之分久矣。自西晋以来，于吾道之外，别为二氏；自南宋以来，于吾道之中，自分两岐。又其后则取释氏之精蕴，而阴附于吾道之内。如陈白沙、王阳明。又其后，则尊释氏之名法，而显出于吾道之外。如李贽之徒。非圣主执中建极，群工一德同风，世运之流，未知所届。”上曰：“祖宗维世立教，尊尚孔子。明经取士，表章宋儒。今日学者不但非毁宋儒，渐至诋讥孔子，扫灭是非，荡弃行检，复安得节义忠孝之士为朝廷用？览卿等奏，深于世教有裨，可开列条款奏来。仙佛原是异术，宜在山林独修，有好尚者任其解官自便。”自此稍为厘正，然而旧染既深，不能尽涤；又在位之人多以护借士子科名为阴德，亦不甚摘发也。至于末年，诡僻弥甚。

【译文】万历三十年三月，礼部尚书冯琦上奏说：“近来皇上采纳都给事中张问达的建议，整治李贽迷惑世人、欺骗百姓的罪过，焚毁他所写的书，这是崇正辟邪，伟大的举动。臣私下认为国家只有以经术取士，从《五经》《四书》《二十一史》《资治通鉴》《性理》诸书之外，不列入学官，经书传注又以宋儒所订的为准。这就是古人罢黜百家、独尊儒术的思想。自从人文向盛，士习逐渐浅薄，开始厌恶平凡，稍稍趋向纤靡；纤靡不止，渐渐地追求新奇；新奇不止，渐渐趋于诡僻。开始时还依附诸子来树立旗帜，如今尊崇佛老二氏来相互攻击。背弃孔子、孟子，诋毁程、朱，只有《南华》、西竺之语，是宗是竞。以实为空，以空为实。以名教为桎梏，以纪纲为累赘。以放言高论为神奇，以放纵超越规矩、消除是非廉耻为广大。取佛书上说心说性大致相近的，窜入圣言，把圣经有空字无字的段落，强同于禅教。说道既为驳杂，论文又不成章。社会溃于狂澜，经学接近艰危。臣请坊间一切新说曲议，让地方官员一起烧了。学生有引用佛经上一句话的，廪生停发廪食一个月，增附生不许帮补，三句话以上的降低等级。科举制度中的试卷名目上引用佛经上一句话的，强制停止一科，不允许参加考试，引用多的话被革除功名。（万历二十八年礼科，摘湖广举人董以修《四书》义有“无去无住，出世住世”语，罚停五科。）伏乞天语申饬，势在必行。自古有仙佛的世代，圣学一定不明，世运一定不盛。即使能实诣其极，也与国家没有好处，何况袭咳唾之余，以自盖其名利之迹？道术之分很久了。从西晋以来，于吾道之外，另外为佛老二氏；自南宋以来，于吾道之中，自分两岐。再以后就取佛教的精蕴，而暗中依附于吾道之内。（如陈白沙、王阳明）又在后面，尊佛教的名法，而显在吾道之外。（如李贽之类）不是圣明的君主执中建立中正之道，百官一德同风，世运之流，不知所至。”皇上说：“太祖太宗维世立教，尊崇孔子。明经选用人才，表彰宋儒。今天读书人不只是攻击宋儒，渐渐到诋毁批评孔子，扫灭是非，荡弃行检，又怎么能得到节义忠孝之士为朝廷效力？阅读诸位大臣的奏折，对社会教化有益处，可以开列条款上奏来。仙佛原是不同的学说，应该在山林独修，有爱好的人听任让他辞职自行处理。”从此这种风气逐渐改正，然而，旧习已经染深，不能完全涤除；在官之人又多以护借士子科名为阴德，也不怎么揭露了。至于末年，诡僻更严重。

新学之兴，人皆土苴《六经》，因而不读传注，崇祯三年浙江乡试题，“乂用明俊民用章”。上文“岁月日时无易”，传曰：“不失其时也。”第三名龚广生文，误以为历家一日十二时之时，而取冠本经，刻为程文。九年，应天乡试题，“王请大之”至“文王一怒而安天下之民”，内有“以遏祖莒”，注曰：莒，《诗》作“旅”，众也”。谓密人侵阮、徂、共之众也。第二十三名周天一文，误以为《春秋》“莒人”之“莒”，亦得中式，部科不闻磨勘。诏令之不行至此。

【译文】新文学的兴起，人们都轻视《六经》，因而不读传注，崇祯三年浙江乡试题，“乂用明俊民用章”。上文“岁月日时无易”，传曰：“不失其时也。”第三名龚广生的文章中，误认为是历家一天十二时的时候，而取冠本经，刻为程文。崇祯九年，应天乡试的题目，从“王请大之”到“文王一怒而安天下之民”，当中有“以遏祖莒”，注曰：莒，《诗经》作“旅”，众也”。是说密人侵扰阮、徂、共等国的民众。第二十三名周天一的文章中，误认为《春秋》“莒人”之“莒”，也科举及第，部科不闻磨勘。诏令到这里没有贯彻施行了。

朱子晚年定论

《宋史·陆九渊传》：“初，九渊尝与朱熹会鹅湖论辩所学，多不合。及熹守南康，九渊访之。熹与至白鹿洞，九渊为讲‘君子小人喻义利’一章，听者至有泣下，熹以为切中学者隐微深痼之病。至于无极而太极之辩，则贻书往来，论难不置焉。”

【译文】《宋史·陆九渊传》：“当初，陆九渊曾经和朱熹在鹅湖辩论所学，两人主张大多不合。到朱熹知南康军时，陆九渊去拜访他。朱熹和他一同到白鹿洞，陆九渊讲解‘君子小人喻义利’一章，听到的人深受感动，以至于流泪，朱熹认为陆九渊所讲切中读书人隐私积习难返的弊端。到两人关于‘无极而太极’的辩论，就书信往来，论辩不休。”

王文成守仁所辑《朱子晚年定论》，今之学者多信之，不知当时罗文庄钦顺已尝与之书而辩之矣。其书曰：“详《朱子定论》之编，盖以其中岁以前所见未真，及晚年始克有悟。乃于其论学书牍三数十卷之内，摘此三十余条，其意皆主于向里者，以为得于既悟之余，而断其为定论。斯其所择，宜亦精矣，第不知所谓晚年者，断以何年为定？偶考得何叔京氏卒于淳熙乙未，时朱子年方四十有六。后二年丁酉，而《论孟集注或问》始成。今有取于答何书者四通，以为晚年定论；至于《集注》《或问》，则以为中年未定之说。窃恐考之欠详，而立论之太果也。又所取《答黄直卿》一书，监本止云此是向来差误，别无‘定本’二字，今所编增此二字，而序中又变‘定’字为‘旧’字，却未详‘本’字所指。朱子有《答吕东莱》一书，尝及定本之说，然非指《集注》《或问》也。凡此愚皆不能无疑，顾犹未足深论。窃以执事天资绝世，而日新不已。向来恍若有悟之后，自以为证诸《五经》、四子，沛然若决江河而放诸海，又以为精明的确，洞然无复可疑。某固信其非虚语也。然又以为独于朱子之说有相抵牾，揆之于理，容有是邪？他说固未敢请，尝读《朱子文集》，其第三十二卷，皆与张南轩答问书。内第四书亦自以为其于实体，似益精明，因复取凡圣贤之书，以及近世诸老先生之遗语，读而验之，则又无一不合。盖平日所疑而未白者，今皆不待安排，往往自见洒落处，与执事之所自序者，无一语不相似也。书中发其所见，不为不明；而卷末一书，提纲振领，尤为详尽。窃以为千圣相传之心学，殆无以出此矣。不知何故，独不为执事所取？无亦偶然也邪？若以此二书为然，则《论孟集注》《学庸章句》《或问》不容别有一般道理；如其以为未合，则是执事精明之见，决与朱子异矣！凡此三十余条者，不过姑取之以证成高论，而所谓先得我心之所同然者，安知不有毫厘之不同者为祟于其间，以成抵牾之大隙哉！又执事于朱子之后，特推草庐吴氏，以为见之尤真，而取其一说，以附三十余条之后。窃以草庐晚年所见，端的与否，良未易知。盖吾儒昭昭之云，释氏亦每言之，毫厘之差，正在于此。即草庐所见，果有合于吾之所谓昭昭者，安知非其四十年间钻研文义之效，殆所谓真积力久，而豁然贯通者也。盖虽以明道先生之高明纯粹，又蚤获亲炙于濂溪，以发其吟风弄月之趣，亦必反求诸《六经》而后得之。但其所禀邻于生知，闻一以知十，与他人极力于钻研者不同耳，又安得以前日之钻研文义为非，而以堕此科臼为悔？夫得鱼忘筌，得兔忘蹄，出《庄子》，"蹄"古"罤"字通，兔罝也。可也。矜鱼兔之获，而反追咎筌蹄，以为多事，其可乎哉？"

【译文】文成公王守仁所编辑的《朱子晚年定论》，如今的读书人大多信奉它，不知当时文庄公罗钦顺已曾经和王守仁写信辩论。

罗钦顺书信中说："《朱子晚年定论》之书，大概以朱熹中年以前所见不真，到晚年才有所领悟。于是在朱熹讨论所学书牍三种数十卷之内，选取三十余条，大意都主张向内寻求，认为在领悟之后才有所得，而判定为定论。这《定论》所选择的，也是精到的。只是不知道所谓的晚年，以何年判定为限？我考证何镐（字叔京）在宋孝宗淳熙二年去世，当时朱熹年龄才四十六岁。再过两年即淳熙四年，朱熹《论孟集注或问》才完成。如今选取回复何镐书信四封，认为晚年定论；至于《集注》《或问》，则认为中年未定之说。我认为考订缺乏详细，而立论太果断。又所选取《答黄直卿》一封，监本只说这是向来错误的，没有'定本'二字，如今所编《定论》增加这二字，但序中又改'定'字为'旧'字，却不考证'本'所指的是什么。朱熹有《答吕东莱》一封，曾涉及定本一说，然而不是指《集注》《或问》。以上这些我都不能没有疑惑，反而不值得进一步讨论。我以为您天赋冠绝当世，而且日新不断。以前在恍然间有所领悟之后，于是论证《五经》、四子，一下子竟像决堤的江河奔流到大海一样豁然贯通了，又认为精明的确，明白清楚不再有可疑之处。我固然相信您这不是空话。然而有认为独立于朱子之说而有所抵触，按照道理来说，能有这种情况吗？其余学说固然不敢询问，曾阅读《朱子文集》第三十二卷，都是和张栻（号南轩）的来往书信。当中第四封书信也自认为他对于实体，似乎日益精明，因而再选择圣贤之书，以及近代各位老先生的所留下之语，阅读并验证，则又没有一处不符合的。原来平日里所疑惑而没表达的，如今都不等安排，常常自然出现在洒落之处，和您所写的序言，没有一句话不相似的。书中所阐发的观点，不能说不清楚；而卷末一篇，提纲挈领，尤其详细。我认为历代圣贤传下来的心学，几乎无不出自这里。不知道什么原因，唯独这些不被您所选择？难道是偶然的吗？如果这两封书信是这样，那么《论孟集注》《学庸章句》《或问》不容另外的一般道理；如果他认为不符合，那么是您的精明之见，必然和朱熹不同。所有这三十余条的，不过是姑且选来证明您的高论，而所谓‘先得我心之所同然’的，哪里知道没有毫厘的区别在其间作祟，以成相互抵触的大缝隙吗？而且您在朱熹之后，尤其推崇草庐先生吴澄，认为他识见最真，选取其中一个说法，附录这三十余条之后。我认为吴澄晚年所见，究竟与否，确难知道。原因是我们儒家‘昭昭’的说法，佛教也每每涉及，毫厘之别，正在这里。即使吴澄所持的看法，果真有合于我们所谓‘昭昭’的，哪里知道不是他四十年之间钻研文义的效用，大概就是所谓的认真积累力行持久，而豁然贯通。即使以明道先生（程颢）的高明纯粹，又早得到濂溪先生（周敦颐）的亲自教诲，以阐发他吟风弄月的志趣，也必然反过来从《六经》中寻找而后才能获得。只是他的天赋接近生而知之的能力，听到一个就旁通十个，与他人极力钻研不同，又怎能得出以前日钻研文义为错误，而以堕入这窠臼为悔恨呢？得鱼忘筌，得兔忘蹄（出自《庄子》，“蹄”与古“罤”字通，是兔罥），这样是可以的。夸耀获得鱼兔，却回过头来追责筌与蹄，认为这是多余的事，这样可以吗？”

东莞陈建作《学蔀通辩》，取朱子年谱、行状、文集、语类，及与陆氏兄弟往来书札，逐年编辑，而为之辩曰：“朱、陆早同晚异之实，二家谱集具载甚明。《黄氏日钞》曰：“朱子《答陆子寿书》，反复论丧祭之礼。《答陆子美书》，辩诘《太极》《西铭》，至再而止。《答陆子静书》，辩诘尤切，条其理有而未明而不能尽人言者凡七，终又随条注释，斥其空疏杜撰。且云如曰未然，各尊所闻、各行所知可矣。书亦于此而止。”

【译文】东莞陈建撰写《学蔀通辨》，选取朱熹年谱、行状、文集、语类，以及和陆氏兄弟往来书札，按年份编辑，而为此辨别说：朱氏、陆氏早年相同晚年不同的情状，两人家谱文集详细记载非常明白。（《黄氏日钞》说：“朱子《答陆子寿书》，反复辩论丧祭之礼。《答陆子美书》，辩论驳难《太极》《西铭》，反复两次才停止。《答陆子静书》，辩论驳难尤为激烈，列举其理有而不明白而不能尽人言的地方共有七处，终最又依据每条注释，斥责其空疏杜撰。而且说如果不是这样，那么各自尊重所闻、各自实行所知就可以了。书信也在这里而停止。”）

近世东山赵汸《对江右六君子策》乃云朱子《答项平父书》有去短集长之言，此特朱子谦己诲人之辞，未尝教人为陆氏之学也。岂鹅湖之论，至是而有合邪？使其合并于晚岁，则其微言精义必有契焉，而子静则既往矣，此朱、陆早异晚同之说所萌芽也。程篁墩敏政因之，乃著《道一编》，分朱、陆异同为三节：始焉如冰炭之相反，中焉则疑信之相半，终焉若辅车之相依。朱、陆早异晚同之说，于是乎成矣。王阳明因之，遂有《朱子晚年定论》之录，专取朱子议论与象山合者，与《道一编》辅车之说正相唱和矣。凡此皆颠倒早晚，以弥缝陆学，而不顾矫诬朱子，诳误后学之深。故今编年以辩，而二家早晚之实，近儒颠倒之弊，举昭然矣。”又曰：“朱子有朱子之定论，象山有象山之定论，不可强同。专务虚静，完养精神，此象山之定论也。主敬涵养，以立其本；读书穷理，以致其知；身体力行，以践其实，三者交修并尽，此朱子之定论也。乃或专言涵养，或专言穷理，或止言力行，则朱子因人之教、因病之药也。今乃指专言涵养者为定论，以附合于象山，其诬朱子甚矣！”又曰：“赵东山所云，盖求朱、陆生前无可同之实，而没后乃臆料其后会之必同，本欲安排早异晚同，乃至说成生异死同，可笑可笑！按子静卒后，朱子《与詹元善书》，谓其说颇行于江湖间，损贤者之志，而益愚者之过，不知此祸何时而已。盖已逆知后人宗陆氏者之弊。而东山辈不考此书，强欲附会之以为同，何邪？如此岂不适所以彰朱、陆平生之未尝同，适自彰其牵合欺人之弊？奈何近世咸信之而莫能察也。昔裴延龄掩有为无，指无为有，以欺人主。陆宣公谓其愚弄朝廷，甚于赵高指鹿为马。今篁墩辈分明掩有为无，指无为有，以欺弄后学，岂非吾道中之延龄哉！”

【译文】近代东山赵汸《对江右六君子策》说朱熹《答项平父书》有“去短集长”之言，（这仅是朱熹自谦诲人的说辞，不曾教人学习陆氏之学。）难道鹅湖之会后，到此两人主张有所融合？假设他在晚年是有所融合，那么他的微言精义必然有所契合，但是陆九渊（字子静）已经去世了。这是朱、陆早异晚同之说所萌芽的说法。程敏政（号篁墩）沿袭这个说法，于是著有《道一编》一书，分朱、陆异同为三节：早年就如冰与炭之相反，中年则是疑与信之相半，晚年就像辅与车之相依。朱、陆早异晚同之说，在这时就形成了。王阳明沿袭这个说法，于是著有《朱子晚年定论》之书，专门选取朱熹议论和象山先生陆九渊相融合的，和《道一编》辅车之说正好相唱和。所有这些都是颠倒早年晚年，来弥补缝合陆氏之学，而不顾假托诬陷朱熹，欺骗迷惑后学之深。所以如今编辑年谱来辩论，而两人早年晚年的情况，近代儒者颠倒的弊端，记录清楚明白。”又说：“朱熹有朱熹的定论，陆九渊有陆九渊的定论，不能强行相同。专务虚静，完养精神，这是陆九渊的定论。主敬涵养，以立其本；读书穷理，以致其知；身体力行，以践其实，三者交修并尽，这是朱熹的定论。至于有的专门谈及涵养，有的专门谈及穷理、有的专门谈及力行，则是朱熹因人之教、因病之药的做法。如今居然指专门谈及涵养的为定论，来附和陆九渊的说法，这诬陷朱熹太严重了。”又说：“赵东山所说，大概求朱熹、陆九渊生前没有可以相同主张的情状，而去世后才主观判断他们之后的必然相同，本来打算安排两人的主张是‘早异晚同’，甚至说成‘生异死同’，实在是可笑！”（按陆九渊去世后，朱熹《与詹元善书》，称陆九渊的主张很是在四海流行，损害贤人之志，而增益愚者之过，不知这个祸害什么时候才停止。原来已经预知后人取法陆九渊的弊端。而赵汸之徒不考证这封书信，强行想附会他们来认为是相同的，这是为什么？）这样难道不是恰好用来彰显朱熹、陆九渊平生所不同的，恰好彰显他勉强附会欺人的弊病？奈何近代都相信这个说法却不能分辨。唐朝裴延龄掩盖有的为没有的，指没有的为有的，来欺骗君主。宣公陆贽说他愚弄朝廷，比赵高指鹿为马更严重。如今程敏政之徒分明掩盖有的为没有的，指没有的为有的，来欺骗愚弄后世学人，难道不是我们当中的裴延龄吗！

又曰："昔韩绛、吕惠卿代王安石执政，时号绛为传法沙门，惠卿为护法善神。愚谓近日继陆学而兴者，王阳明是传法沙门，程篁墩则护法善神也。"此书于朱、陆二家同异，考之极为精详，而世人不知，但知其有《皇明通纪》。又不知《通纪》乃梁文康储之弟亿所作，而托名于清澜也。

【译文】又说："宋代韩绛、吕惠卿取代王安石执政，当时称韩绛为传法沙门，吕惠卿为护法善神。我认为近日继陆氏之学而兴起的，王阳明是传法沙门，程敏政则是护法善神。"（这书对于朱熹、陆九渊两家异同，考证的极为精密详实，而世人不知，只是知道他有《皇明通纪》。又不知《皇明通纪》是文康公梁储之弟梁亿所写，而托名于陈建而已。）

宛平孙承泽谓："阳明所编，其意欲借朱子以攻朱子。且吾夫子以天纵之圣，不以生知自居，而曰好古敏求，曰多闻多见，曰博文约礼，至老删述不休，犹欲假年学《易》。朱子一生效法孔子，进学必在致知，涵养必在主敬，德性在是，问学在是。如谬以朱子为支离，为晚悔，则是吾夫子所谓好古敏求、多闻多见、博文约礼，皆早年之支离，必如无言、无知、无能，为晚年自悔之定论也。以此观之，则《晚年定论》之刻，真为阳明舞文之书矣。”

【译文】文宛平孙承泽说：“王阳明所编之书，他的本意想借朱熹来攻击朱熹。而且孔子以天纵之圣，不以生而知之自居，而说好古敏求、多闻多见、博文约礼，到老年删述不止，仍然想延长寿命学习《易》。朱熹一生效法孔子，进学必然在于致知，涵养必然在于主敬，德性在这里，问学在这里。如果错误认为朱熹为支离，为晚年后悔，那是孔子所说的好古敏求、多闻多见、博文约礼，都是早年的支离，必然像无言、无知、无能，为晚年自悔的定论。由此观之，那么《朱子晚年定论》的刊刻，真是王阳明卖弄文字的书籍。”

盖自弘治、正德之际，天下之士，厌常喜新，风气之变，已有所自来，而文成以绝世之资，倡其新说，鼓动海内。文成与胡端敏世宁，乡试同年。一日谓端敏公曰：“公人杰也，第少讲学。”端敏答曰：“某何敢望公，但恨公多讲学耳。”嘉靖以后，从王氏而诋朱子者，始接踵于人间，而王尚书世贞发策谓：“今之学者偶有所窥，则欲尽发先儒之说而出其上；不学则借一贯之言，以文其陋；无行则逃之性命之乡，以便人不可诘。”此三言者，尽当日之情事矣。故王门高弟为泰州、王艮。龙溪王畿二人。泰州之学，一传而为颜山农，钧。再传而为罗近溪、汝芳。赵大洲；贞吉。龙溪之学，一传而为何心隐，本名梁汝元。再传而为李卓吾、贽。陶石篑。望龄。昔范武子论王弼、何晏二人之罪“深于桀纣。以为一世之患轻，历代之害重；

自丧之恶小，迷众之罪大”。而苏子瞻谓：“李斯乱天下，至于焚书坑儒，皆出于其师荀卿高谈异论，而不顾者也。”《困知》之记，《学蔀》之编，固今日中流之砥柱矣。

【译文】大概从弘治、正德之际，天下士人，喜新厌旧，风气之变，由来已久，而王阳明以超拔世人的天资，提倡新说，鼓动海内。（王阳明与端敏公胡世宁，乡试同年。一天王阳明对胡世宁说：“胡公是人中之杰，只是很少讲学。”胡世宁回答说：“我怎么敢像王公一样，只是恨王公多讲学而已。”）嘉靖以后，跟从王阳明而诋毁朱熹的，才在人间接连不断，而尚书王世贞发出策问说：“今之学者偶有所窥，则欲尽发先儒之说而出其上；不学则借一贯之言，以文其陋；无行则逃之性命之乡，以便人不可诘。”这三句话，说尽当时学界的情况。因此王氏之门优秀的弟子为王艮、王畿二人。泰州派，一传是颜钧（号山农），再传则是罗汝芳（号近溪）、赵贞吉（号大洲）。龙溪派，一传是何心隐（本名梁汝元），再传则是李贽（号卓吾）、陶望龄（号石篑）。以前范武子评论王弼、何宴二人的罪过“比夏桀、商纣还深。认为一世的忧患轻，历代的祸害重；丧失自身之恶小，迷惑众人之罪大”。而苏轼说：“李斯祸乱天下，导致发生焚书坑儒的历史事件，都是出于他的老师荀子的高谈阔论，而不顾及其他。”《困知记》《学蔀通辩》固然是今天的中流砥柱啊。

《姑苏志》言：“姚荣国广孝著书一卷，名曰《道余录》，专诋程、朱。《实录》本传，言广孝著《道余录》，诋讪先儒，为君子所鄙。少师亡后，其友张洪谓人曰：‘少师于我厚，今死矣，无以报之，但每见《道余录》，辄为焚弃。’”少师之才，不下于文成，而不能行其说者，少师当道德一、风俗同之日，而文成在世衰道微、邪说又作之时也。

【译文】《姑苏志》说：“荣国公姚广孝撰写了一卷书，名为《道余录》，专门诋毁程、朱。（《实录》本传，说姚广孝著有《道余录》，诋毁诽谤先儒，为君子所鄙视。）少师去世后，其友人张洪对人说：‘少师对我很好，如今已经去世，无以为报，只是每看见《道余录》，就焚毁去除。’”少师的才能，不低于文成公王守仁，却不能传播他的学说，是因为少师在道德和风俗一统之时，而王守仁在世道衰微、邪说又起之时。

嘉靖二年，会试发策，考试官蒋文定冕、石文介珤。谓朱、陆之论，终以不合，而今之学者，顾欲强而同之，岂乐彼之径便，而欲阴诋吾朱子之学与？究其用心，其与何澹、陈贾辈亦岂大相远与？至笔之简册，公肆诋訾，以求售其私见，礼官举祖宗朝故事，燔其书而禁斥之，得无不可乎！《成祖实录》：“永乐二年，鄱阳人朱季友诣阙献所著书，诋毁宋儒。上怒，遣行人押赴饶州，会司府县官杖之，尽焚其所著书。”当日在朝之臣，有能持此论者，涓涓不塞，终为江河，有世道之责者，可无履霜坚冰之虑。

【译文】嘉靖二年，会试发出策问（考试官文定公蒋冕、文介公石珤）认为朱、陆两人的辩论，始终不合，而如今的读书人反而想强行将两人主张合起来，怎能乐于陆氏的门径便利，而想暗中诋毁朱氏的学术呢？探索其用心，那些人和何澹、陈贾之徒也哪有大相径庭？到写在书籍上，公然诋毁非议，以希望表达他们的个人成见，礼官列举太祖太宗朝旧例，焚毁这类书籍和禁止传播，能不能不这样做呢！（《成祖实录》：“永乐二年，鄱阳人朱季友赴京呈现所著之书，诋毁宋儒。成祖恼怒，派遣行人将他押赴饶州，会合当地主管府县官员杖打他，并全部焚毁他所著之书。”）当日在朝官员，有能持这种观点的，如细小溪流不加堵塞，终成大江大河，有以世道为任的人，能不有“履霜坚冰”的考虑吗？

以一人而易天下，其流风至于百有余年之久者，古有之矣：王夷甫之清谈，王介甫之新说。《宋史》，林之奇言：“昔人以王、何清谈之罪，甚于桀纣。本朝靖康祸乱，考其端倪，王氏实负王、何之责。”其在于今，则王伯安之良知是也。孟子曰：“天下之生久矣，一治一乱。”拨乱世反之正，岂不在于后贤乎！

【译文】以一人而改变天下习气，他们的流风影响一百多年之久的，古代已有这情况：王夷甫（衍）之清谈，王介甫（安石）之新说。（《宋史》，林之奇说：“前人认为王、何清谈之罪，比夏桀、商纣还严重。宋朝发生靖康之乱，考证事件的源头，王安石实际上负有王、何之责。”）而在今天，则是王守仁（字伯安）的良知学说。孟子说：

“天下之生久矣，一治一乱。”拨乱反正的责任，难道不在后来贤人的肩上吗?

《学蔀通辩》又曰：“佛教入中国，常有夷狄之祸。今日士大夫尚禅、尚陆，使禅佛之魂骎骎复返，可为世道之忧。呜呼！辛有之适伊川，其豫见于百年之后者矣，后之论者，当与陶弘景之诗同录。”《隋书·五行志》：“梁天监中，茅山隐士陶弘景为五言诗曰：‘夷甫任散诞，评书坐谈空。不意昭阳殿，忽作单于宫。’及大同之季，公卿唯以谈玄为务，侯景作乱，遂居昭阳殿。”

【译文】《学蔀通辩》又说：“佛教进入中国，常常有外族入侵之祸。今日士大夫崇尚禅学和陆氏心学，使禅佛之魂迅速回返，这可以说是世道之忧。呜呼，辛有途径伊川（看见有不合于礼之事），就预见百年之后（沦为戎狄之居）的事情，后人有谈论这些的，应当和陶弘景的诗句一同被记载在史册上。（《隋书·五行志》：“南朝梁武帝天监年间，茅山隐士陶弘景撰写五言诗说：“夷甫任散诞，平叔坐谈空。不意昭阳殿，忽作单于宫。”到大同末年，公卿唯独以谈论玄学为务，后来侯景反叛，就住在昭阳殿。”）

李贽

《神宗实录》：“万历三十年闰二月乙卯，礼科给事中张问达疏劾李贽：‘壮岁为官，晚年削发，近又刻《藏书》《焚书》《卓吾大德》等书，流行海内，惑乱人心。以吕不韦、李园为智谋，以李斯为才力，以冯道为吏隐，以卓文君为善择佳耦，以秦始皇为千古一帝，以孔子之是非为不足据，狂诞悖戾，不可不毁。尤可恨者，寄居麻城，肆行不简，与无良辈游庵院，挟妓女，白昼同浴，勾引士人妻女，入庵讲法，至有携衾枕而宿者，一境如狂。又作《观音问》一书，所谓观音者，皆士人妻女也，后生小子喜其猖狂放肆，相率煽惑，至于明劫人财，强搂人妇，同于禽兽，而不之恤。迩来缙绅士大夫亦有诵咒念佛，奉僧膜拜。手持数珠，以为律戒；室悬妙像，以为皈依。不知遵孔子家法，而溺意于禅教沙门者，往往出矣。近闻贽且移至通州，通州距都下四十里，倘一入都门，招致蛊惑，又为麻城之续，望敕礼部檄行通州地方官，将李贽解发原籍治罪，仍檄行两畿及各布政司，将贽刊行诸书，并搜简其家未刻者，尽行烧毁，无令贻祸后生，世道幸甚！'得旨：'李贽敢倡乱道，惑世诬民，便令厂卫、五城严拿治罪。其书籍已刻未刻，令所在官司尽搜烧毁，不许存留。如有徒党曲庇私藏，该科道及各有司访奏治罪。'已而贽逮至，惧罪不食死。"愚按，自古以来，小人之无忌惮，而敢于叛圣人者，莫甚于李贽。然虽奉严旨，而其书之行于人间自若也。

谢在杭《五杂俎》言："李贽先仕，官至太守。而后削发为僧，而又不居山寺，而遨游四方，以干权贵，人多畏其口而善待之。拥传出入，髡首坐肩舆，张黄盖，前后呵殿。郡县有司，莫敢与均茵伏。无何入京师，以罪下狱死。此亦近于人妖者矣。"闽人持论之公如此。

【译文】《神宗实录》："万历三十年闰二月二十二日，礼科给事中张问达上疏弹劾李贽：'壮年当官，晚年削发，最近又刊刻《藏书》《焚书》《卓吾大德》等书，流行海内，迷乱人心。以吕不韦、李园为智谋，以李斯为才力，以冯道为吏隐，以卓文君为善择佳偶，以秦始皇为千古一帝，以孔子的是非为不足以依据，狂诞乖张，不能不毁掉那些书籍。尤其令人愤恨的是，寄居在麻城，任意妄为不检点，和一些不善的人游玩庵院，带着妓女，白天同浴，勾引士人的妻女，入庵讲法，甚至有带着被子和枕头就地而睡的，使得麻城一方疯狂追随。又作《观音问》一书，所谓的观音，都是士人的妻女，后生小子喜欢他们的肆意放纵，互相带引煽动诱惑，甚至公然打劫他人财物，强行搂抱妇女，这行为如同禽兽，而不去忧虑。近来缙绅士大夫也有诵咒念佛，奉僧膜拜。手拿念珠，认为律戒；室悬妙像，认为是信仰。不知道遵循孔子家法，而沉湎在禅教佛门中，往往再其中出现。最近听说李贽将要到通州，通州距离都城四十里，如果一进入都城，招致迷惑，又是麻城的延伸版，希望命令礼部通知通州地方官员，将李贽押送原籍治罪，并通知两京以及各省布政司，将李贽刊行的书籍，并搜查他家没有刊刻的书籍，全都烧毁，不要让后生受害，这是社会的幸运啊！'得到圣旨：'李贽敢倡乱道，迷惑世人、欺骗人民，就让厂卫、五城兵马司严拿治罪。这些书籍已经刊刻和没有刊刻的，令当地官员都搜查烧毁，不许存留。如果有党羽曲意包庇私藏，该科道及各有关部门访奏治罪。'不久，李贽被逮捕，惧罪不食而死。"我私下认为，自古以来，小人敢肆无忌惮，而敢背叛圣人的，没有比李贽更严重的。然而，虽奉严旨，他的书在人间却流行自如。（谢肇淛《五杂俎》说："李贽先做官，官至太守。之后削发为僧，但又不住在山寺，而遨游四方，以干谒权贵，很多人畏惧他的口待他很好。拥传出入，髡首乘坐肩舆，打开黄盖，前后前呼后拥。郡县有关部门，没有谁敢与他共用车薄和车轼。不久进入京师，因罪下狱而死。这也是近于'人妖'的人了。"闽人持论之公如此。）

天启五年九月，四川道御史王雅量疏：奉旨：李贽诸书，怪诞不经，命巡视衙门焚毁，不许坊间发卖，仍通行禁止。"而士大夫多喜其书，往往收藏，至今未灭。

【译文】天启五年九月，四川道御史王雅量上疏：奉旨：李贽诸书，怪诞不经，命令巡视衙门烧毁，不允许坊间出售，并通行禁止。"而士大夫大多喜欢他的书，往往收藏，到现在还没有灭尽。

钟 惺

钟惺字伯敬，景陵人，万历庚戌进士。天启初，任福建提学副使，大通关节。丁父忧去职，尚挟姬妾游武夷山，而后即路。巡抚南居益疏劾有云："百度逾闲，《五经》扫地。化子衿为钱树，桃李堪羞；登驵侩于皋比，门墙成市，公然弃名教而不顾，甚至承亲讳而冶游。疑为病狂丧心，讵止文人无行！"辛酉福建提学佥事，癸亥丁忧，甲子京察。坐是沈废于家。乃选历代之诗，名曰《诗归》，其书盛行于世。已而评《左传》，评《史记》，评《毛诗》，好行小慧，自立新说，天下之士靡然从之。而论者遂忘其不孝贪污之罪，且列之为文人矣。钱氏谓："古人之于经传，敬之如神明，尊之如师保，谁敢僭而加之评骘？评骘之多，自近代始，而莫甚于越之孙氏、楚之钟氏。孙之评《书》也，于《大禹谟》则讥其文之排偶；其评《诗》也，于《车攻》则讥其选徒嚣嚣非有闻无声之义。尼父之删述，彼将操金锥以控之，又何怪乎孟坚之史、昭明之选，诋诃如蒙童，而挥斥如徒隶乎。钟之评《左传》也，它不具论，以'克段'一传言之，'公入而赋，姜出而赋'，句也，'大隧之中'凡四句，其所赋之诗也，钟误以为'大隧之中'为句断，而以'融融泄泄'为序事之语，遂抹之曰俗笔。句读之不析，文理之不通，俨然丹黄甲乙，衡加于经传，是之谓非圣者无法，是之谓侮圣人之言。而世方奉为金科玉条，递相师述，学士日颇，而人心日坏，其祸有不可胜言者。"孙氏名矿，今世所传孙月峰者是也。余闻闽人言，学臣之鬻诸生，自伯敬始。当时之学臣，其于伯敬固当如茶肆之陆鸿渐，奉为利市之神，又何怪读其所选之诗，以为《风》《骚》再作者耶？其罪虽不及李贽，然亦败坏天下之一人。

【译文】钟惺，字伯敬，景陵人，万历三十八年考中进士。天启初年，任福建提学副使，大通关节，因父亲去世去职，还带着姬妾游武夷山，然后上路。巡抚南居益上疏弹劾他，疏中说："百度逾闲，《五经》扫地。化子衿为钱树，桃李堪羞；登驵侩于皋比，门墙成市。公然弃名教而不顾，甚至承亲讳而冶游，疑为病狂丧心，岂止文人无行。”（天启元年为福建提学佥事，天启三年丁忧，天启四年京察。）由此沉废在家，于是就选历代的诗，取名《诗归》，这书在世上很流行。不久又评《左传》，评《史记》，评《毛诗》，喜欢玩弄小聪明，创立新说，天下的士人纷纷跟从。而议论他的人于是忘掉他的不孝和贪污的罪行，并且将他列为文人了。（钱谦益说：“古人对于经传，恭敬地像神明，尊重地如师保，谁敢僭越而加以评论呢？评论的增多，从近代开始，但没有超过越国的孙氏、楚国的钟氏。孙氏评定的《尚书》，在《大禹谟》则讥讽文章的排比对偶；他评论《诗经》，在《车攻》篇则讥讽其选徒嚣嚣非有闻无声之义。孔子的删述，他将手拿着金锥以控之，又怎么能怪将班固的《汉书》、昭明的《文选》，批评如幼童之见，而挥手呵斥像奴仆呢？钟氏评定的《左传》，他不详细评论，以“克段”一传来说，‘公入而赋，姜出而赋’，是一句，‘大隧之中’共四句，其所赋之诗，钟氏误以为是‘大隧之中”为句断，而以‘融融泄泄’为叙事的话，于是涂掉说是俗笔。句读不辨，文理不通，很像点校书籍，横加在经传上，这是诋毁圣人无法，这是侮辱圣人之言。但世人却将此奉为不可变更的信条，递相效仿，学士日益跟从，而人心日益败坏，其祸不是语言所能表达。”孙鑛，就是现在社会上所传的孙月峰。）我听福建人说，学臣出卖诸生，是从钟惺开始的。当时的学臣，对于钟惺自然把他当作茶店的陆羽（字鸿渐），奉为利市之神，又为什么可奇怪读他所选的诗，认为是《风》《骚》的重现呢？他的罪名虽比不上李贽，但也是败坏天下风气的一个人。

举业至于抄佛书，讲学至于会男女，考试至于鬻生员，此皆一代之大变，不在王莽、安禄山、刘豫之下，故书其事于《五经》诸书之后。呜呼！“四维不张，国乃灭亡。”《管子》已先言之矣。

【译文】举业至于抄写佛书，讲学至于约会男女，考试至于出卖生员，这些都是一代的大变化，它的影响力不在王莽、安禄山、刘豫之下，所以把它写在《五经》诸书之后。唉！“四维不张，国乃灭亡”，《管子》早已说过了。

窃书

汉人好以自作之书而托为古人，张霸《百二尚书》、卫宏《诗序》之类是也。晋以下人则有以他人之书而窃为己作，郭象《庄子注》、何法盛《晋中兴书》之类是也。若有明一代之人，其所著书，无非窃盗而已。

【译文】汉代人喜欢把自己写的书而假托为古人所写，张霸的《百二尚书》、卫宏的《诗序》这一类就是。晋代以下的人则用他人作的书变为自己的作品，郭象的《庄子注》、何法盛的《晋中兴书》之类就是。像有明一代的人，他所著的书，无非是盗窃而已。

《世说》曰：“初注《庄子》者数十家，莫能究其旨要。向秀于旧注外为解义，妙析奇致，大畅玄风。唯《秋水》《至乐》二篇未竟，而秀卒。秀子幼，义遂零落，然犹有别本。郭象者，为人薄行，有俊才。见秀义不传于世，遂窃以为己注。乃自注《秋水》《至乐》二篇，又易《马蹄》一篇，其余众篇，或定点文句而已，后秀义别本出，故今有向、郭二《庄》。”今代之人，但有薄行，而无俊才，不能通作者之意，其盗窃所成之书，必不如元本，名为钝贼何辞！

【译文】《世说新语》说：“当初注《庄子》的有数十家，没有人能研究出其中的宗旨。向秀在旧注外做解义，妙析奇致，大畅玄风。只有《秋水》《至乐》二篇未完成，向秀已经去世了。他的儿子很小，解义也零落了，然而还有另外版本。郭象，为人品行不好，有杰出的才能。见向秀的解义不传于世，于是，遂窃取为己注。于是自己注《秋水》《至乐》二篇，又改《马蹄》一篇，其余各篇，有的定点文句罢了，后来向秀的另外版本出现于世，所以现在有向秀、郭象的两种《庄子》注。”现代的人，只有薄行，而没有杰出的才能，不理解作者的意思，其盗窃已成的书，一定不如原本，钝贼之名是无论如何也推辞不掉的！

《旧唐书》：“姚班尝以其曾祖察所撰《汉书训纂》，多为后之注《汉书》者隐没名字，将为己说，班乃撰《汉书绍训》四十卷，以发明旧义，行于代。”吾读有明弘治以后经解之书，皆隐没古人名字，将为己说者也。

【译文】《旧唐书》：“南朝姚班曾因他的曾祖父姚察撰写的

《汉书训纂》，常常把注解《汉书》人的名字隐藏掉，变成为自己的作品。姚班于是撰写《汉书绍训》四十卷，用来阐明这些被埋没的旧义，流通于当世。”我读明孝宗弘治以后解经的书，古代注经人的名字都被隐藏掉了，这也是想把他人的学说据为己有的行为啊。

勘书

凡勘书必用能读书之人。偶见《焦氏易林》旧刻，有曰“环绪倚鉏”，乃“环堵”之误。注云：“绪”疑当作“珮”。“井堙水刊”，乃“木刊”之误，注云：“刊”，疑当作“利”，失之远矣。幸其出于前人，虽不读书，而犹遵守本文，不敢辄改。苟如近世之人，据臆改之，则文益晦，义益舛，而传之后日，虽有善读者，亦茫然无可寻求矣。然则今之坊刻，不择其人而委之雠勘，岂不为大害乎！

【译文】凡是校勘书一定要用能读书的人。偶然看到《焦氏易林》旧刻，当中有说“环绪倚鉏”，是“环堵”的误写。注说：“绪”疑当作“珮”字。“井堙水刊”，是“木刊”的误写，注说：“刊”，疑当作“利”，这错得远了。幸亏这是出于前人，即使不读书，但仍然遵守本文，不敢擅自改动。如果像近来的人，根据自己的主观改变，就使文字更加隐晦，义理更加错乱，而传之日后，虽然有好读书的人，也茫然无可寻求了。那么现在的坊刻，不择其人并派他校勘，这难道不是成为大的害处了吗！

梁简文帝《长安道诗》:“金椎抵长乐,复道向宜春。”是用《汉书·贾山传》:“隐以金椎,树以青松,为驰道之丽,至于此。”《三辅决录》:“长安十二门,三涂洞开,隐以金椎,周以林木,左出右入,为往来之径。”《水经注》同。今误作“金槌”,而又改为“椎轮”。唐阎朝隐《送金城公主适西蕃诗》:“还将贵公主,嫁与傉檀王。”是用《晋书·载记》:“河西王秃发傉檀”。今误作“耨檀”,而又改为“褥毡”,比于“金根车”之改“金银”,而又甚焉者矣。

《庄子》:“婴儿生无石师而能言。”一本作“所师”。盖魏晋以后,写书多有作草者,故以“所”而讹“石”也。

【译文】梁简文帝《长安道诗》:“金椎抵长乐,复道向宜春。”是用《汉书·贾山传》:“隐以金椎,树以青松,为驰道之丽,至于此。”《三辅决录》:“长安十二门,三涂洞开,隐以金椎,周以林木,左出右入,为往来之径。”(《水经注》与之相同)现在误作“金槌”,后又改为“椎轮”。唐代阎朝隐《送金城公主适西蕃诗》当中说:“还将贵公主,嫁与傉檀王。”是用《晋书·载记》:“河西王秃发傉檀”。现在误作“耨檀”,后又改为“褥毡”,相比“金根车”改“金银”,而又更严重了。

《庄子》:“婴儿生无石师而能言。”另一版本写作“所师”。这是魏、晋以后,写字多有写草书的,所以把“所”字而错写成“石”字的了。

改书

《东坡志林》曰："近世人轻以意改书，鄙浅之人好恶多同，故从而和之者众，遂使古书日就讹舛，深可忿疾。孔子曰：'吾犹及史之阙文也。'自予少时，见前辈皆不敢轻改书，故蜀本大字书皆善本。"

【译文】《东坡志林》说："近代人随便按自己的意思改书，鄙陋浅薄的人，好恶大多相同，所以附和的人多，于是就使古书一天天错误下去，实在令人愤恨。孔子说：'我还能够看到史书中存疑空阙的地方。在我从小的时候，见到前辈都不敢轻易改动古书，所以蜀本大字书都是善本。"

《汉书·艺文志》曰："古者，书必同文，不知则阙，问诸故老。至于衰世，是非无正，人用其私。故孔子曰：'吾犹及史之阙文也，今亡矣夫。'盖伤其浸不正。"是知穿凿之弊，自汉已然，故有行赂改兰台漆书，以合其私者矣。

【译文】《汉书·艺文志》说："古时候书必同文，不知道的就空阙下来，去向年长者请教。到了末世，是非没有标准，人们都凭自己的想法。所以孔子说："我还能够看到史书中存疑空阙的地方，现在已没有了！"大概是哀叹它逐渐不正。"从这里可知穿凿附会的弊病，自汉以来已是这样，所以有行贿来改兰台漆书，以合他个人想法的事情了。

万历间人，多好改窜古书，人心之邪，风气之变，自此而始。且如骆宾王《为徐敬业讨武氏檄》，本出《旧唐书》。其曰：“伪临朝武氏”者，敬业起兵在光宅元年九月，武氏但临朝而未革命也。近刻古文，改作“伪周武氏”，不察檄中所云，“包藏祸心，睥睨神器”，乃是未篡之时，故有是言。越六年，天授元年九月，始改国号曰周。其时废中宗为庐陵王，而立相王为皇帝，故曰“君之爱子，幽之于别宫”也。不知其人，不论其世，而辄改其文，缪种流传，至今未已。又近日盛行《诗归》一书，尤为妄诞。魏文帝《短歌行》：“长吟永叹，思我圣考。”圣考谓其父武帝也，改为“圣老”，评之曰：“圣老字奇。”《旧唐书》李泌对肃宗言：“天后有四子，长曰太子宏，监国而仁明孝悌。天后方图称制，乃鸩杀之，以雍王贤为太子。贤自知不免，与二弟日侍于父母之侧，不敢明言，乃作《黄台瓜辞》，令乐工歌之，冀天后悟而哀愍。其辞曰：‘种瓜黄台下，瓜熟子离离。一摘使瓜好，再摘使瓜稀。三摘犹尚可，四摘抱蔓归。’而太子贤终为天后所逐，死于黔中。”其言四摘者，以况四子也，以为非四之所能尽，而改为“摘绝”。此皆不考古而肆臆之说，岂非小人而无忌惮者哉！

【译文】万历时的人，多喜欢窜改古书，人心的邪恶，风气的变化，从这时开始，例如《骆宾王为徐数业讨武氏檄》，本来出于《旧唐书》，所说“伪临朝武氏者”，徐敬业起兵在光宅元年九月，那时武则天只是临朝而没有改唐为周啊。近来刊刻的古文，改为“伪周武氏”，没看到檄中所说“包藏祸心，睥睨神器”，正是指没有篡位之时，所以有这种话。（过了六年，天授元年九月，始改国号曰周。）当时废中宗为庐陵王，而立相王为皇帝，所以说“君之爱子，幽之于别宫”。不知道的人，不讲他的时世，而动不动就改动文字，缪种流传，至今没有停止。又近来盛行《诗归》一书，更为妄诞。魏文帝曹丕《短歌行》：“长吟永叹，思我圣考。”圣考是指他的父亲魏武帝曹操，却改为“圣老”，评语说：“圣老字奇。”《旧唐书》记载李泌对唐肃宗说：“天后有四个儿子，长子是太子李弘，监国而仁明孝悌，天后正图谋称制，就用毒酒把他杀死，让雍王李贤为太子。李贤自知不能免祸，与两个弟弟天天侍奉在父母身旁，不敢明说，于是就作了一首《黄台瓜辞》，让乐工歌唱，希望天后省悟而怜悯他。歌词是：‘种瓜黄台下，瓜熟子离离。一摘使瓜好，再摘使瓜稀。三摘犹尚可，四摘抱蔓归。’而太子李贤最终还是被天后放逐，死在黔中。”所说“四摘”，是用来比喻四个儿子，却认为不是四摘所能摘尽，而改为“摘绝”。这都是不考证而主观地下的断语，岂不是小人而没有忌惮吗？

易林

《易林》疑是东汉以后人撰，而托之焦延寿者，延寿在昭、宣之世。《汉书·京房传》曰：“延寿以好学得幸梁王，王共其资用，令极意学。学既成，为郡史察举，补小黄令。”按此梁敬王定国也，以昭帝始元二年嗣，四十年薨，当元帝之初元三年。其时《左氏》未立学官，今《易林》引《左氏》语甚多，又往往用《汉书》中事，如曰“彭离济东，迁之上庸”，事在武帝元鼎元年；曰“长城既立，四夷宾服，交和结好，昭君是福”，事在元帝竟宁元年；曰“火入井口，阳芒生角，犯历天门，窥见太微，登上玉床”，似用《李寻传》语；曰“新作初陵，逾陷难登”，似用成帝起昌陵事；又曰“刘季发怒，命灭子婴”，又曰“大蛇当路，使季畏惧”，则又非汉人所宜言也。

【译文】《易林》可能是东汉以后的人撰写的，而假托焦延寿所作，焦延寿在汉昭帝、汉宣帝时代。（《汉书·京房传》说：“焦延寿以好学得到梁孝王的宠幸，梁孝王供给他财物，让他尽情地学习。学习已经完成，做郡史察举，补任小黄令。”按此梁敬王定国，以昭帝始元二年继承，四十年去世，当时是梁元帝的初元三年。）当时《左传》尚未设立学官，现在《易林》引《左传》的很多话，又往往使用《汉书》中的事，比如说“彭离济东，迁之上庸”，事情发生武帝元鼎元年；“长城既立，四夷宾服，交和结好，昭君是福”，事情发生元帝竟宁元年；“火入井口，阳芒生角，犯历天门，窥见太微，登上玉床”，似乎用《李寻传》的语句；“新作初陵，逾陷难登”，似乎用成帝起昌陵的事情；又“刘季发怒，命灭子婴”（指秦末刘邦争夺天下事），又“大蛇当路，使季畏惧”（指刘邦途中遇见白蛇事），这又不是汉代人所应当说的。

卷十九

文须有益于天下

文之不可绝于天地间者，曰明道也，纪政事也，察民隐也，乐道人之善也。若此者有益于天下，有益于将来，多一篇多一篇之益矣。若夫怪力乱神之事，无稽之言，剿袭[1]之说，谀佞之文，若此者有损于己，无益于人，多一篇多一篇之损矣。

【注释】①剿袭：同抄袭。

【译文】那些在世间能够不断绝的文章，是能够阐明道理的，是记录政治事务的，是体察百姓难处的，是乐于称道人的善行的。像这样对天下有好处，对将来有好处的文章，多一篇就多一篇的好处呀！如果涉及那些怪异、斗狠、叛乱、鬼神之事，没有根据的话，抄袭的言论，奉承献媚的文章，如果这些对自己有坏处，对他人没有好处的文章，多一篇就多一篇的坏处呀！

文不贵多

二汉文人，所著绝少。史于其传末，每云：所著凡若干篇。惟董仲舒至百三十篇，而其余不过五六十篇，或十数篇，或三四篇。

史之录其数，盖称之，非少之也。乃今人著作则以多为富，夫多则必不能工，即工，亦必不皆有用于世，其不传宜矣。

【译文】两汉的文人，所写文章少到极点。史书在这些人传记结尾的地方，总是写道：著作一共多少篇。只有董仲舒达到一百三十篇，而其他人不过五六十篇，或者十几篇，或者三四篇。史书上记载的数量，大概符合，不是缺少了。这样看，现在人的著作，则以数量多为好。那些数量多的就不能用心著述了，即便用心著述，也不会全都对社会有用，这样的文章不流传下去也是好的。

西京尚辞赋，故《汉书·艺文志》所载，止诗、赋二家。其诸有名文人，陆贾赋止三篇，贾谊赋止七篇，枚乘赋止九篇，司马相如赋止二十九篇，儿宽赋止二篇，司马迁赋止八篇，王褒赋止十六篇，扬雄赋止十二篇，而后最多者则淮南王赋八十二篇，枚皋赋百二十篇。而于《枚乘传》①云："皋为文疾，受诏辄成，故所赋者多。司马相如善为文而迟，故所作少，而善于皋。皋赋辞中，自言为赋不如相如，其文骫骳②，曲随其事，皆得其意，颇诙笑③，不甚闲靡④，凡可读者百⑤二十篇，其尤嫚戏⑥不可读者尚数十篇。"是辞赋多而不必善也。东汉多碑诔、书序、论难⑦之文；又其时崇重经术，复多训诂。凡传中录其篇数者四十九人，其中多者，如曹褒、应劭、刘陶、蔡邕、荀爽、王逸各百余篇，少者，卢植六篇，黄香五篇、刘騊駼、崔烈、曹众、曹朔各四篇，桓彬三篇，而于《郑玄传》云：

“玄依《论语》作《郑志》八篇，所注诸经百余万言，通人颇讥其繁。”是解经多而不必善也。

【注释】①《枚乘传》：原著写为《枚皋传》。实际枚皋的生平都记录于《枚乘传》中。②骩骳（wěi bèi）：骩：骨端弯曲。引申为枉曲，弯曲。骳：胫骨，引申为屈曲。这里指文笔纡曲或无风骨。③诙笑：尤戏谑。④闲靡：闲缓柔靡。⑤百：原著写为“不”，考证应为百，联系后文，百二十篇，是量词。⑥嫚戏：亵狎戏谑。⑦碑诔：碑上叙述死者生前事迹并表示哀悼的文字。论难：争论焦点问题。

【译文】长安（西汉时）流行辞赋，所以《汉书·艺文志》上记载的文章，只有诗、赋两种文体。那上面有名气的文人，陆贾只有三篇赋，贾谊七篇，枚乘九篇赋，司马相如二十九篇赋，儿宽两篇赋，司马迁八篇赋，王褒十六篇赋，扬雄十二篇赋，这之后最多的是淮南王有八十二篇赋，枚皋一百二十篇赋。但《枚乘传》中记载：枚皋写文章快，受到诏命后很快就能写完，所以赋的数量较多。司马相如擅长写文章但速度较慢，所以他所作赋的数量少。但是质量要比枚皋好。枚皋辞中，自己承认不如司马相如。枚皋的文章文笔没有风骨，曲随其事，都是这样的风格，颇为戏谑，不是很雅观。其中可读的共一百二十篇，过于轻浮戏谑的还有数十篇。这就是辞赋多但不全是好的啊。东汉多碑诔、书序、论难这样的文章，又因为当时推崇经学，又多了很多注解。总共传记中记录文章篇数的有四十九人。其中篇数多的人，比如曹褒、应劭、刘陶、蔡邕、荀爽、王逸各有一百多篇。篇数少的人，卢植六篇，黄香五篇，刘騊駼、崔烈、曹众、曹朔各四篇，桓彬三篇。至于《郑玄传》里写道：“郑玄根据《论语》写了八篇

《郑志》，为那些文章作注释超过百万字了，当时的人都讥讽他做的太多。”这就是为经文作注太多但不全是好的啊。

秦延君说《尧典》篇目，两字之说，十余万言，但说“曰若稽古”三万言。桓谭《新论》。此颜之推《家训》所谓邺下谚云“博士买驴，书券三纸，未有驴字”者也。陆游诗：文辞博士书驴券，职事参军判马曹。

【译文】秦延君解释《尧典》篇目，名字只有两个字，但是写了十万余字的注释，只说“曰若稽古”四个字，就解释了三万字。（桓谭《新论》。）这就是颜之推《家训》里所说的邺下谚语：“博士买驴，写了三张契纸，没有一个‘驴’字”。（陆游诗：文辞博士书驴券，职事参军判马曹。）

文以少而盛，以多而衰。以二汉言之，东都之文多于西京，而文衰矣。以三代言之，春秋以降之文多于《六经》，而文衰矣。如惠施五车，其书竟无一篇传者。《记》曰：“天下无道，则言有枝叶[①]。”

【注释】①言有枝叶：出自《礼记》，原文作“辞有枝叶”，指言辞华丽而不符实。

【译文】文章因为少而繁荣，因为多才衰落。以东汉西汉来说，东汉的文章多于西汉，但是文章衰落了。以夏、商、周来说，春秋以后文章多于《六经》，但文章衰落了呀。（比如惠施的书多到要用五辆车来装，但是他的文章竟没有一篇流传下来的。）《礼记》说：社会秩序乱的时候，人们说话都华而不实呀！

《隋志》载古人文集，西京惟刘向六卷，扬雄、刘歆各五卷，为至多矣，他不过一卷、二卷。而江左梁简文帝至八十五卷，元帝至五十二卷，沈约至一百一卷，所谓虽多亦奚以为？

【译文】《隋书·经籍志》记载古人文集，西汉只有刘向六卷，扬雄、刘歆各五卷，这就是最多的了，其他人不过一卷两卷。到了南朝梁简文帝萧纲就有八十五卷，元帝五十二卷，沈约一百零一卷。这就是虽然多，但是有什么用呢？

著书之难

子书自孟、荀之外，如老、庄、管、商、申、韩，皆自成一家言。至《吕氏春秋》《淮南子》，则不能自成，故取诸子之言，汇而为书，此子书之一变也，今人书集一一尽出其手，必不能多，大抵如《吕览》《淮南》之类耳。其必古人之所未及就，后世之所不可无，而后为之，庶乎其传也与？

【译文】子类书籍，除《孟子》《荀子》以外，像《老子》《庄子》《管子》《商君书》《申子》《韩非子》，都自成一家之言，至于《吕氏春秋》《淮南子》，则不能自成体系了。所以选取诸子的言论，汇集成书，这是子类书籍的一大变化啊。今人的作品，一一都出于自己的，必然不是很多，大抵是像《吕氏春秋》《淮南子》之类（汇编而成）的。那些一定是古人所不能达到的，后代所没有的，然后才著述，差不多才能流传下来吧？

宋人书如司马温公《资治通鉴》、马贵与《文献通考》，皆以一生精力成之，遂为后世不可无之书。而其中小有舛漏，尚亦不免。若后人之书愈多而愈舛漏，愈速而愈不传，所以然者，其视成书太易，而急于求名故也。

【译文】宋朝人的著作如司马光的《资治通鉴》、马端临（字贵与）的《文献通考》，都是用一生精力完成的，才成为后世不可或缺的书。然而这些书中小的差错和遗漏，都不能避免。像后人的书，越多错漏就越多，（著述）越快就越不能流传。之所以这样，是因为他们把写书看得太容易，而急于追求声名的缘故啊。

伊川先生晚年作《易传》成，门人请授，先生曰："更俟学有所进。子不云乎：忘身之老也，不知年数之不足也，俛焉日有孳孳，毙而后已。"

【译文】伊川先生（程颐）晚年写成《易传》，学生请先生教授这部书，伊川先生说：我还在等学习有长进啊。孔子不是说过么：忘了自己已经衰老了，也不考虑剩下的日子不多了，要终日勤勉努力，直到身死的时候才停止。

直言

张子有云："民吾同胞。今日之民，吾与达而在上位者之所共也。救民以事，此达而在上位者之责也；救民以言，此亦穷而在下位者之责也。"

【译文】张载曾说过：百姓都是我的同胞。当下的百姓，我和"达而在上位"的人都是一样的啊。通过做实事拯救百姓，这是"达而在上位"的人的责任。通过发声拯救百姓，这也是"穷而在下位"的人的责任。

天下有道，则庶人不议。然则政教风俗苟非尽善，即许庶人之议矣。故《盘庚之诰》曰："无或敢伏[①]小人之攸箴，而国有大疑，卜诸庶民之从逆。"子产不毁乡校，汉文止辇受言[②]，皆以此也。唐之中世，此意犹存。鲁山令元德秀遣乐工数人连袂歌于蔿，玄宗为之感动；白居易为盩厔尉，作乐府及诗百余篇，规讽时事，流闻禁中，宪宗召入翰林。亦近于陈列国之风，听舆人之诵[③]者矣。

【注释】①无或：无有也。伏：匿藏。②汉文止辇受言：《史记》载：文帝每出视朝，常有不得上朝的小官小吏，拦车上书言事，文帝皆停车受之，不论所言是否，从不加责。③舆人之诵：舆人：众人；诵：陈述。在春秋时代，"诵，谓箴之语也"，具有公正劝诫的意味。指普通百姓对某件事议论不停，纷纷发表意见。

【译文】天下秩序正常，则百姓不议论政治。然而政治教育风俗怎么可能完美呢，就该让百姓议论啊。所以《盘庚之诰》上说："无论何人，都不可毫无顾忌地隐瞒来自老百姓对我的规劝之言！而当国家有很大问题的时候，就预测是百姓要参与叛逆。"子产不封禁乡校，汉文帝停车接受小官的言论，都是这样的啊。唐朝到中期，这样的风气还存在。鲁山令元德秀派多名乐工一起唱《于蒍于》，玄宗被他感动了。白居易当盩厔县尉，作乐府歌和诗词一百多篇，讽谏时事，诗词流传到宫中，宪宗将他召入翰林任职。也有点像列国时代的风气，听取百姓的意见了。

诗之为教，虽主于温柔敦厚，然亦有直斥其人而不讳者。如曰"赫赫师尹，不平谓何"；如曰"赫赫宗周，褒姒灭之"；如曰"皇父①卿士，番维司徒，家伯②冢宰，仲允③膳夫，棸子内史④，蹶惟趣马⑤，楀维师氏⑥，艳妻煽方处⑦"；如曰"伊谁云从，维暴之云"，则皆直斥其官族名字，古人不以为嫌也。《楚辞·离骚》："余以兰为可恃兮，羌无实而容长。"王逸《章句》谓："怀王少弟司马子兰。""椒专佞以慢慆兮。"《章句》谓："楚大夫子椒。"洪兴祖补注《古今人表》，有令尹子椒。如杜甫《丽人行》："赐名大国虢与秦，慎莫近前丞相嗔。"近于《十月之交》，诗人之义矣。

【注释】①皇父：周幽王时的卿士。卿士：官名，总管王朝政事，为百官之长。②家伯：人名，周幽王的宠臣。③仲允：人名。④棸（zōu）子：姓棸的人。内史：掌管周王的法令和对诸侯封赏策命的官。⑤蹶（guì）：姓。趣马：养马的官。⑥楀（yǔ）：姓。师氏：职查朝政的官。⑦艳妻：指周幽王的宠妃褒姒。煽（shān）：炽热。

【译文】诗歌作为教化（的知识），虽然主要在于态度温和内容朴实善良，但是也有直接责备某人而不避讳的。比如说“太史尹氏正得势权位显赫，但他执政不平有何善可言”，比如说“辉煌显赫周王朝，竟然因为褒姒灭亡了”，比如说：“执政卿士是皇父，番氏当上大司徒，家伯宠臣为太宰，仲允御前是膳夫，棸子当的是内史，蹶氏负责把马牧，楀氏专职察朝政，褒姒正是气势胜”，比如“请问你是谁的跟班？原来他是唯暴公马首是瞻”，这些诗句里都是直指官名、族姓、名字斥责，古人不认为这是不能接受的。《楚辞·离骚》说：“我还以为兰草最可依靠，谁知华而不实虚有其表。”王逸《章句》：（上面《楚辞·离骚》里的诗句）指的是楚怀王少弟司马子兰。（《楚辞·离骚》中）“花椒专横谄媚且十分傲慢”这一句，王逸《章句》解释说：（椒）是指楚大夫子椒。洪兴祖补注释《古今人表》里，也写到是令尹子椒。比如杜甫《丽人行》说：“御赐的虢国夫人和秦国夫人，切莫近前以免丞相发怒。（这两句指杨贵妃一家权势过大）”这些诗句都近似《十月之交》，饱含诗人的正义内涵。

孔稚珪《北山移文》明斥周颙[①]，刘孝标《广绝交论》阴讥到溉。袁楚客规魏元忠，有十失之书，韩退之讽阳城，作争臣之论。此皆古人风俗之厚。

【注释】①孔稚珪：一作孔珪，字德璋，南朝齐会稽山阴（今浙江绍兴）人。周颙：字彦伦，汝南安城（今河南汝南）人。南朝宋、齐文学家。

【译文】孔稚珪《北山移文》明着斥责周颙。刘孝标《广绝交论》暗中讽刺到溉。袁楚客规劝魏元忠，作有（指责朝廷）十个错误的书信。韩愈讽刺阳城著有《争臣论》。这些都是古人风俗质朴忠厚的表现啊。

立言不为一时

天下之事，有言在一时，而其效见于数十百年之后者。《魏志》："司马朗有复井田之议，谓往者以民各有累世之业，难中夺之。今承大乱之后，民人分散，土业无主，皆为公田，宜及此时复之。"当世未之行也，及拓跋氏之有中原，令户绝者墟宅桑榆，尽为公田以给授，而口分、世业之制自此而起，迄于隋唐守之。《魏书》："武定之初，私铸滥恶。齐文襄王议，称钱一文，重五铢者，听入市用，天下州镇郡县之市各置二称，悬于市门，若重不五铢，或虽重五铢而杂铅镴，并不听用。"当世未之行也。及隋文帝之有天下，更铸新钱，文曰"五铢"，重如其文。置样于关，不如样者没官销毁之。而开通元宝之式自此而准，至宋时犹仿之。

【译文】天下之事，在一个时期内有著述，但是其作用在数十年甚至百年之后才能见到成效的。《魏志》说：司马朗有恢复井田制的建议。认为以前的百姓都有接连好多代人的田产，在兵乱中被强取了。现在是天下大乱之后的时候，百姓都分散了，土地没有主人，都是公田，正好赶在此时恢复井田制。当时没有实行。等到拓跋氏占领中原的时候（建立北魏），命令住户里没人的家庭，土地宅院树木都是公产用来再次分配，口分田、永业田制度，从这时开始了。到了隋代、唐代依旧遵守这个制度。《魏书》：东魏武定初年，私人铸币泛滥。齐文襄王主张，称一文钱，重五铢的，可以流入市场使用。天下州镇、郡县坊市各安置两个称，悬挂在坊市门口，如果重不足五铢，或者虽然重量达到五铢但是掺杂铅镴，也不能使用。（这个主张）当时并未能实行。等到隋文帝执掌天下，重新铸造新钱，上边写着"五铢"，重量就和写的字一样。将样本放在关卡，不如样本的钱罚没充公销毁。而开通元宝的样式，以此为标准，直到宋朝依旧仿照这个样式。

《唐书》："李叔明为剑南节度使，上疏言道佛之弊，请本道[①]定寺为三等，观为二等：上寺留僧二十一，上观道士十四，每等降杀以七，皆择有行者，余还为民。德宗善之，以为可行之天下。诏下尚书省议，已而罢之。"至武宗会昌五年，"并省天下寺观，敕上都、东都两街[②]，各留二寺，每寺留僧三十人。天下节度、观察使治所，及同、华、商、汝州各留一寺，分为三等：上等留僧二十人，中等留十人，下等五人，凡毁寺四千六百余区，归俗僧尼二十六万五百人，大秦穆护祆僧二千余人。"而有明洪武中亦稍行其法。

【注释】①道：唐代综合性地方行政区。②两街：即左右街，原是唐代之职官名称。为唐宋时代掌理僧尼名籍、僧官补任等事宜之僧职。德宗贞元年间（785—804），沿用左右街之名称，而置左右街大功德使，专门总理僧尼之名籍。唐宪宗元和年间，于两街功德使之下设置僧录，以云邃为右街僧录，端甫为左街僧录。又左右僧录司有时并为一职，称为两街僧录或左右街僧录，如佛祖统纪卷四十二所载，文宗开成元年（836）以云端为左右街僧录。

【译文】《新唐书》：李叔明为剑南节度使，上奏说道教、佛教弊端，请求将所在道的寺庙定为三个等级，道观定为两个等级。上等寺庙保留二十一位僧人，上等道观保留十四位道士，每降一个等级就减去七人，都选择品行优良的，剩下那些人还俗为普通百姓。德宗表示赞许，以为可以在全国范围内推行。诏书下至尚书省议论，随后就停止了。”直到武宗会昌五年，（史书记载）“所有天下寺庙道观，诏令上都、东都左右两街，各留两个寺庙，每个寺庙留三十个僧人。天下节度使、观察室治所，以及同州、华州、商州、汝州，各留一个寺庙，分为三个等级：上等寺庙留二十人，中等留十人，下等五人。一共拆毁寺庙四千六百余所，僧尼还俗者共二十六万零五百人，大秦景教穆护、祆教僧还俗两千余人。”到了明朝洪武中期也略微实行了这个办法。

《元史》：“京师恃东南运粮，竭民力以航不测。泰定中，虞集建言：‘京东数千里，北极辽海，南滨青、齐，萑苇之场，海潮日至，淤为沃壤，用浙人之法，筑堤捍水为田。听富民欲得官者，合其众而授以地：能以万夫耕者，授以万夫之田，为万夫长；千夫、百夫亦如之。三年视其成，以地之高下定为征额；五年有积畜，命以官，就所储给以禄；十年佩之符印，得以传子孙，如军官之法。如此，可以宽东南之运，以纾民力，而游手之徒皆有所归，事不果行。”及顺帝至正中，海运不至，从丞相脱脱言，乃立分司农司于江南，召募能种水田及修筑围堰之人，各一千名为农师，岁乃大稔，至今水田遗利犹有存者，而戚将军继光复修之蓟镇，是皆立议之人所不及见。

【译文】《元史》：“京师仰仗东南一带运粮，其实是损耗民力从事危险无比的航行。泰定年间，虞集建议，京师东方滨海数千里之地，北从辽海，南到青州、齐州，都是芦苇丛生的荒地，海潮每日冲积，长期以来以淤积为可供耕种的肥沃之地。如果用浙江人的方法，筑堤挡住潮水使成为耕地，让想做官的富翁分别配领这些田地，由官府加以规定，有办法找到一万人耕田的，就给他一万人份的田地，让他做这一万人的万夫长；以下一千人，一百人也如此办理。三年之内看他的结果，由朝廷依土地的肥瘠程度定额课税，依等级征收。五年之后能有积蓄，就任命他做官，就所积蓄的作为俸禄，十年后赐给他符节印信，使他能流传给子孙。像管理军官的办法一样。这么一来，就可以放松东南海运，使人民得以休息，四处游荡不务正业的人能有正当的归宿。但此事后来终究不了了之了。”到了元顺帝至正年间，海运到达不了，按照丞相脱脱谏言，在江南建立分司农司，招募能种水田和修筑围堰的人，各一千名作为农师。那年庄稼得到大丰收。至今水田还能造福后代的，依旧有存世的。而像戚继光将军修复的蓟镇，是最初有这个提议的人所见不到的了。

而穷则变，变则通，通则久，天下之理固不出乎此也。孔子言行夏之时，固不以望之鲁之定、哀，周之景、敬也，而独以告颜渊。及汉武帝太初之元，几三百年矣，而遂行之。孔子之告颜渊，告汉武也。孟子之欲用齐也，曰："以齐王犹反手也，若滕[1]则不可用也，"而告文公之言，亦未尝贬于齐，梁，曰："有王者起，必来取法。是为王者师也。"呜呼，天下之事，有其识者，不必遭其时；而当其时者，或无其识。然则开物之功，立言之用，其可少哉。

【注释】①滕：滕文公，名宏，滕定公之子，战国时滕国的贤君，当时世称元公，他与孟子是同时代人。周显王四十三年，滕文公以太子身份出使楚国，在途经宋国时，两次拜见孟子，向他请教治理国家的办法。文公受到孟子的教诲。增强了将滕国治理为善国的信心。

【译文】事物达到极限，就要发生变化，变化就能发展，发展就能更长久的存在，天下事物的道理本来就逃不出这个道理呀。孔子说行夏之时这个事的时候，本来就没有期望鲁定公、鲁哀公，周景公、周敬公，而只告诉颜渊。到了汉武帝太初年间，三百多年时间了，才实行孔子说的内容。孔子告诉颜渊，（等同于）告诉汉武帝呀。孟子要去齐国效力，说："以齐国的实力用王道来统一天下，易如反掌，如果是滕文公，就不行了。"而和滕文公说的言论，也没有与齐国、梁国比较贬低他。他说："（你要是这么做了）如果有贤明的君王出现，必然会来效法（你）的，这样（你）就成了贤王的老师了。"哎！天下之事，有才能卓识之人未必生而逢时，而恰逢其时的人却可能没这个能力和远见。那么启发道理的功劳，树立精要可传的言论的用途，难道会少这些人吗？

朱子作《诗传》，至于秦《黄鸟》之篇，谓“其初特出于戎翟之俗，而无明王贤伯以讨其罪，于是习以为常，则虽以穆公之贤而不免。论其事者，亦徒闵三良之不幸，而叹秦之衰。至于王政不纲，诸侯擅命[1]，杀人不忌，至于如此，则莫知其为非也。”历代相沿，至先朝，英庙始革千古之弊。伏读正统四年六月乙酉书与祥符王有爝曰：“周王薨逝，深切痛悼，其存日尝奏，葬择近地，从俭约，以省民力。自妃夫人以下，不必从死。年少有父母者，各遣归其家。”周宪王讳有燉，所著有《诚斋集》。宪王虽有此命，及薨，妃巩氏竟自经以殉，谥贞烈，以一品礼葬之。盖上御极之初，即有感于宪王之奏，而亦朱子《诗传》有以发其天聪也。呜呼，仁哉！

【注释】①擅命：擅自发号施令，不受节制。

【译文】朱熹作《诗集传》，至于秦国《黄鸟》这篇，说：“（这个风俗）刚开始来自于戎狄蛮族的习俗，而没有明事理的王公大臣声讨习俗的过错，于是大家习以为常，所以即便是秦穆公这样的贤君都未能免俗。议论这件事的人，也是仅仅怜悯三位贤臣的不幸，感叹秦国的衰落。至于君上治国不尊法纪，诸侯僭越名分，杀人无所顾忌，才到这个地步，就不认为这样不对了。”历朝历代沿袭下来，直到明朝，英宗开始变革这千古弊端。曾拜读（《英宗实录》）正统四年六月初九写给祥符王朱有爝说：周王去世，深切痛悼。他活着的时候曾上奏，选择较近的地方下葬，一切从简，以节省民力。妃子夫人以下都不必殉葬。年纪小有父母的，遣回家里。（周宪王朱有燉，著作有《诚斋集》。宪王虽然有这样的命令，但他死后，妃子巩氏竟然自尽殉葬，谥号贞烈，以一品礼下葬。）“大概英宗即位初年，就有感于周宪王的奏章，而朱熹的《诗集传》又给他以启示。哎呀，真是仁义之君啊！

文人之多

唐宋以下，何文人之多也！固有不识经术，不通古今，而自命为文人者矣。韩文公《符读书城南诗》曰：“文章岂不贵，经训乃菑畲[①]。潢潦无根源，朝满夕已除。人不通古今，马牛而襟裾[②]。行身陷不义，况望多名誉。”而宋刘挚之训子孙，每曰：“士当以器识为先，一号为文人，无足观矣。”然则以文人名于世，焉足重哉。此扬子云所谓“摭我华，而不食我实”者也。黄鲁直言：“数十年来，先生君子但用文章提奖后生，故华而不实。”本朝嘉靖以来亦有此风，而陆文裕所记刘文靖告吉士之言，空同李梦阳大以为不平矣。

【注释】①淄畲：亦作淄畲。耕耘，比喻事物的根本的意思。②襟裾：衣的前襟或后襟。亦借指衣裳。詈词。谓禽兽而穿着人的衣服。

【译文】唐、宋以后，文人何其多啊！原来有不懂经学，不懂古今历史，而自以为是文人的人啊！韩愈《符读书城南诗》当中说：“不要以为文章里没有富贵，要知道经书里的遗训正是做人的根本啊，雨后大水滩因为没有源头，早晨还满满的而晚间就干涸了。人如果不贯通古今，就如同牛马穿了人的衣服一般无知。为人处世都陷于不仁不义中，还指望得到众多的名声和赞誉。”而宋朝的刘挚训诫子孙，常说：“读书人应当以器量见识为先，一旦有了‘文人’的称号，这个人就没有值得称赏的地方了。”如此来看以“文人”身份在世上出名，哪里值得称道呢！这就是扬雄所说的“拾取我的文辞而不研究我的义理”啊。黄庭坚说：“几十年来，先生君子只是用文章提拔奖掖后学，所以华而不实。”明朝嘉靖年间以来也有这样的风气。而文裕公陆深记载文靖公刘健告诫庶吉士的话，李梦阳（号空同）对此大为不平。（见《停骖录》。）

《宋史》言：欧阳永叔与学者言，未尝及文章，惟谈吏事。谓文章止于润身，政事可以及物。

【译文】《宋史》说，欧阳修与学人晤谈，不曾涉及文章，只是谈吏政，认为文章只能滋润身心，政事可以惠及百姓。

巧言

《诗》云：“巧言如簧，颜之厚矣。”而孔子亦曰：“巧言令色，鲜矣仁。”又曰：“巧言乱德，”夫巧言不但言语，凡今人所作诗、赋、碑、状足以悦人之文，皆巧言之类也。不能不足以为通人，夫惟能之而下为，乃天下之大勇也，故夫子以刚毅木讷为近仁。学者所用力之途，在此不在彼矣。

【译文】《诗经》说："花言巧语，像乐器中的簧片一样动听，这种人真是厚颜无耻啊！"孔子也说："言语花哨，虚伪讨好，装出和颜悦色的样子，这种人的仁心就很少了。"又说："只会说好话败坏人的德行。"这种虚伪讨好的好话不仅指言语，所有现在所撰写的诗、赋、碑文、状文，足以让人高兴的文章，都属于花言巧语这一类的。不能不称得上是一个通达的人。那些能做到但是不做的人，才是天下间的大勇士。所以孔子认为刚毅木讷的人近乎是一位仁者了。学者研究的方向，就在这里而不是在他处。

天下不仁之人有二：一为好犯上好作乱之人，一为巧言令色之人。自幼而不孙弟[1]，以至于弑父与君，皆好犯上好作乱之推也。自胁肩谄笑，未同而言、以至于苟患失之，无所不至，皆巧言令色之推也。然而二者之人，常相因以立于世。有王莽之篡弑，则必有扬雄之美新；有曹操之禅代，则必有潘勖之九锡。《世说》言：潘元茂作魏公册命，人谓与训诰同风。是故乱之所由生也，犯上者为之魁，巧言者为之辅。故大禹谓之巧言令色孔壬，而与驩兜、有苗同为一类。甚哉，其可畏也。穆王作《冏命》曰："无以巧言令色，便辟侧媚。"然则学者宜如之何？必先之以孝弟，以消其悖逆陵暴[2]之心；继之以忠信，以去其便辟侧媚之习。使一言一动皆出于其本心，而不使不仁者加乎其身，夫然后可以修身而治国矣。记者于《论语》之首，而列有子、曾子之言，所以补夫子平日所未及。其间次序，亦不为无意。

【注释】①孙弟：恭敬地对待兄长。孙，通“逊”，谦逊；弟，通“悌”，敬爱兄长，泛指敬重长上。②陵暴：轻侮。

【译文】天下没有仁心的人有两种：一种是容易违抗尊长君上，为悖逆叛乱之人，另一种是说好话虚伪讨好他人的人。小时候狂傲，不谦逊，对年长者无礼，以至于长大弑父杀君，这些行为都是作为容易变成违抗尊长君上，成为悖逆之人的推断依据。从为了奉承人，缩起肩膀装出笑脸，明明合不来还要交谈开始，到患得患失，什么都做得出来，这些都是成为说好话虚伪讨好他人的依据。然而这两种人，常常因为互相依托而同时出现。有王莽篡权弑君，就有扬雄为新朝美言。如若曹操接受帝位禅让，就有潘勖作《册魏公九锡文》。（《世说新语》：潘勖字元茂，所写魏公册命，大家都说与训诰一种风格。）所以混乱就这样发生了，悖逆之人做魁首，虚伪讨好者辅助他。所以大禹说孔壬是说好话虚伪奉承的人，与驩兜、有苗是一类人。确实呀，真是让人恐惧的事啊。（穆王作《冏命》说：杜绝巧言令色，阿谀谄媚小人。）那么学者应该拿这些人怎么办呢？必须先教导尊敬父母、友爱兄弟之义，用以消除悖逆轻侮之心，然后告诉他们忠信之义，用以去除他们阿谀谄媚的恶习。使他们一言一行都出自本心，不让不仁的想法施加在他们身上。然后就可以修身养性治理国家了。（记在《论语》之首，列有孔子、曾子说的话，补录孔子平日未涉及的内容。其中次序，也不是无意为之。）

世言魏忠贤初不知书，而口含天宪[①]，则有一二文人代为之。

《后汉书》言梁冀裁能书计，其诬奏太尉李固时，扶风马融为冀章草。《唐书》言李林甫自无学术，仅能秉笔，而郭慎微、苑咸，文士之阘茸②者代为题尺。又言高骈上书，肆为丑悖，胁邀天子，而吴人顾云以文辞缘泽其奸。《宋史》言章惇用事，尝曰："元祐初，司马光作相，用苏轼掌制，所以能鼓动四方。"乃使林希典书命，逞毒于元祐诸臣，呜呼，何代无文人？有国者，不可不深惟华实之辨也。

【注释】①口含天宪：天宪：指朝廷法令。比喻说话就是法律，可以决定人的生死。②阘茸（tà róng）：细毛。指地位卑微或品格卑鄙的人。

【译文】世人都说魏忠贤开始不识字，但后来能随意决定人的生死，是有一两个文人代他写的。《后汉书》说梁冀只能写写画画，他诬告太尉李固时，扶风郡马融为他起草奏章。《唐书》说李林甫向来不学无术，仅仅是能写字，而郭慎微、苑咸，这些文士里卑鄙的人，代他写信函。又记载：高骈上奏，肆意放纵，胁迫天子，吴人顾云用文辞美化他的奸臣行为。《宋史》记录：章惇掌权时，曾说："元祐初年，司马光做丞相，任用苏轼执掌诏令撰写，所以能鼓动天下。"等到林希掌管诏书命令时，肆意坑害元祐年这些大臣。哎！哪个年代没有文人呢？掌管国家的人啊，不能不懂得辨别有没有真才实学的人呀！

文辞欺人

古来以文辞欺人者，莫若谢灵运，次则王维，灵运身为元勋之后①，袭封国公。宋氏革命②，不能与徐广、陶潜为林泉之侣。既为宋臣，又与庐陵王义真款密③。至元嘉之际，累迁侍中。自以名流应参时政，文帝惟以文义接之，以致觖望④。又上书劝伐河北，至屡婴罪劾，兴兵拒捕。乃作诗曰："韩亡子房奋，秦帝鲁连耻。本自江海人，忠义动君子。"及其临刑，又作诗曰："龚胜无余生，李业有终尽。"若谓欲效忠于晋者，何先后之矛盾乎！史臣书之以逆，不为苛矣。王维为给事中，安禄山陷两都，拘于普施寺，迫以伪署。禄山宴其徒于凝碧池，维作诗曰："万户伤心生野烟，百官何日再朝天？秋槐叶落空宫里，凝碧池头奏管弦。"贼平，下狱，或以诗闻于行在，其弟刑部侍郎缙请削官以赎兄罪，肃宗乃特宥之，责授太子中允。襄王僭号⑤，逼李拯为翰林学士。拯既污伪署，心不自安。时朱玫秉政，百揆⑥无叙。拯尝朝退，驻马国门，为诗曰："紫宸朝罢缀鸳鸾，丹凤楼前立马看。惟有终南山色在，晴明依旧满长安。"吟已涕下。及王行瑜杀朱玫，襄王出奔，拯为乱兵所杀。二人之诗同也，一死一不死，而文墨交游之士多护王维，如杜甫谓之"高人王右丞"，天下有高人而仕贼者乎？今有颠沛之余，投身异姓，至摈斥不容，而后发为忠愤之论，与夫名污伪籍，而自托乃心比于康乐、右丞之辈，吾见其愈下矣。

【注释】①元勋之后：谢灵运乃谢玄之孙。按谢玄乃淝水之战之总帅，故曰"元勋"。②宋氏革命：指刘裕篡东晋，国号曰宋。③款密：亲切。④觖望：因不满意而怨恨。⑤僭号：冒用帝王称号。⑥百揆：本指总理国政之官，这里指国家政务。

【译文】古来用文章骗人的人，莫过于谢灵运，其次是王维。谢灵运身为功臣后人，世袭封国公。刘裕篡权后，他不能和徐广、陶渊明一样隐居山林。既然已经是宋国臣子，又和庐陵王刘毅真过分亲密。到了元嘉年间，累迁至侍中。自诩名流应参与时政，文帝只是以文士身份相待，导致他不满怨恨。谢灵运又上奏（朝廷）讨伐河北，后来屡次被弹劾，起兵拘捕。后来作诗说："韩亡子房奋，秦帝鲁连耻。本自江海人，忠义动君子。"（其中典故：张良为韩国灭亡复仇，在博浪沙刺杀秦始皇。齐国人鲁连，在听说赵国被秦兵围攻后想承认秦王为帝时，冒着生命危险去说服赵国坚持抗敌。）等到他行刑的时候，又作诗："龚胜无余生，李业有终尽。"（龚胜、李业皆为忠义之士。）如果说想要效忠于晋朝，为什么前后行为矛盾呢？史书将他评价为逆臣，不算苛刻了。王维为给事中，安禄山攻陷两都，将他拘禁于普施寺中，强迫他接受伪官。安禄山在凝碧宫宴请他的徒众，王维作诗到："万户伤心生野烟，百官何日再朝天？秋槐花落空宫里，凝碧池头奏管弦。"安禄山被平叛后，王维（因做伪官）被下狱。有人将该诗传到行在，他弟弟王缙请求削免自己的刑部侍郎官职来赎兄罪，唐肃宗于是特别赦免他，责授他任太子中允。襄王李煴僭号之时，李拯被任用为翰林学士。李拯被迫在伪朝廷做官，心里不安。当时朱玫执政，政务没有秩序。李拯曾退朝后，停马驻足于城门，作诗到："紫宸朝罢缀鸳鸾，丹凤楼前立马看。只有终南山色在，晴明依旧满长安。"吟诗之后便哭了。后来，王行瑜杀朱玫，襄王出逃，李拯被乱军杀害了。王维与李拯二人的诗意相同，一个死了一个没死，而以文章交友的文士大多维护王维。比如杜甫称他为"高人王右丞”，天下有高人却给贼当官的吗？当今有受尽磨难之后，投靠异姓的人，等到被排挤不能容身，才后发出忠臣悲愤的言论。这些人与那些投靠伪朝廷，但把自己的心比作谢灵运、王维之类，我觉得他们更加愚蠢啊。

末世人情弥巧，文而不惭，固有朝赋《采薇》之篇，而夕有捧檄之喜者。苟以其言取之，则车载鲁连，斗量王蠋矣。曰：是不然，世有知言者出焉，则其人之真伪即以其言辨之，而卒莫能逃也。《黍离》之大夫，始而摇摇，中而如噎，既而如醉，无可奈何，而付之苍天者，真也；汨罗之宗臣，言之重，辞之复，心烦意乱，而其词不能以次者，真也；栗里之征士，淡然若忘于世，而感愤之怀，有时不能自止，而微见其情者，真也。其汲汲于自表暴而为言者，伪也。《易》曰：“将叛者其辞惭，中心疑者其辞枝①，失其守者其辞屈。”《诗》曰：“盗言孔甘，乱是用啖②。”夫镜情伪，屏盗言，君子之道，兴王之事，莫先乎此。

【注释】①枝：古同“歧”，岔开，事物出错。②啖：（tán）：原意为进食，引申为增多。

【译文】末世人情更加虚伪，写什么都不会惭愧。自然有早上赋《采薇》这样的文章，晚上拿到做官任命的公文而高兴的人。如果以他说的话评判他，那简直是用车载运鲁连，用斗称量王蠋。（鲁连、王蠋皆是不屈服敌人的义士。）他却说：如果不是这样，世上有听到别人说的话，那么这个的真伪就用这人说过的话来辨别，而最后没有谁能逃避。《黍离》里边的士大夫，始于心神不定，继而心中气逆不能呼吸，又想喝醉一般，无可奈何，而问上天神灵的人，这是真！汨罗江畔的臣子，言语深刻，辞藻复杂，心烦意乱，而他的词不能按次序的人，这是真！栗里的征士，漫不经心，像是忘记纷扰世上，然而感慨愤怒的情怀，有事不能禁不住自己，却少见他们的情感，这是真！那些急于表示自己与众不同猛烈发声的人，这是虚伪！《易》说："将要背叛的人说的话带有愧疚感，内心疑惑的人其言辞必然散乱无章，失职的人言辞必然理亏。"《诗经》说："盗贼谗人话甜蜜，祸乱因此得增多。"鉴别感情真假，摒除奸贼的话语，君子之道，振兴王朝这种事，没有比这更重要的了。

修辞

典谟、爻象[①]，此二帝三王之言也。《论语》《孝经》，此夫子之言也。文章在是，性与天道亦不外乎是。故曰：有德者必有言。善乎！游定夫之言曰："不能文章而欲闻性与天道，譬犹筑数仞之墙，而浮埃聚沫以为基，无是理矣。"后之君子，于下学之初即谈性道，乃以文章为小技，而不必用力。然则夫子不曰："其旨远，其辞文"乎？不曰："言之无文，行而不远"乎？曾子曰："出辞气，斯远鄙倍矣。"尝见今讲学先生从语录入门者，多不善于修辞，或乃反子贡之言以讥之曰："夫子之言性与天道可得而闻，夫子之文章不可得而闻也。"杨用修曰："文，道也。诗，言也，语录出而文与道判矣，诗话出而诗与言离矣。"

【注释】①典谟、爻象：特指《尚书》《周易》，泛指经典。

【译文】典谟、爻象，这是二帝三王的话。《论语》《孝经》，这是孔子的话。文章在于其中，德性与天道亦不外乎这些。所以说，有德性的人一定必定会有自己的话流传下去。游定夫的话说得真是好啊，他说："连文章也不会写却想懂得德性与天道，那就好比修筑数仞高的墙，却把尘土泡沫当做基础，根本没有这个道理啊。"后来的君子，在刚刚问学的时候就谈性论道，却把文章视为小技，而不必花费功夫。然而孔子不是说过这样的话："他的意旨深远，他的言辞有文采"吗？不是说过"说的话没有文采，传播的就不会久远"吗？曾子说："说话的时候，多考虑言辞和声调，就会避免粗野和错误了。"曾经看到现在的从语录入门的讲学先生，大多不善于语言修辞，有的人于是反过来用子贡的话来讥讽他们说："您谈论德行与天道的话可以听到，您的文章修辞却没有听说过。"杨用修说："文，就是道。诗，即是言，语录体出现以后文章与道就判然有别了，诗话出现以后诗与语言就远离了。"

自嘉靖以后，人知语录之不文，于是王元美之《札记》、范介儒之《肤语》，上规子云，下法文中[①]，虽所得有浅深之不同，然可谓知言者矣。

【注释】①文中：王通（584—617），字仲淹，道号文中子，隋朝河东郡龙门县人，著名教育家、思想家、道家。

【译文】自嘉靖以后，人们都知道语录没有文采，于是王世贞（字元美）写作的《札记》、范守己（字介儒）的《肤语》，向上学习扬子云，向下模仿文中子，虽然他们收获的浅深不同，然而可以称得上是懂得语言修辞的人。

文人摹仿之病

近代文章之病全在摹仿，即使逼肖古人，已非极诣[①]，况遗其神理，而得其皮毛者乎？且古人作文，时有利钝，梁简文《与湘东王书》云："今人有效谢乐康、裴鸿胪文者，学谢则不届其精华，但得其冗长；师裴则蔑弃其所长，惟得其所短。"宋苏子瞻云："今人学杜甫诗，得其粗俗而已。"叶水心言："庆历、嘉祐以来，天下以杜甫为师，始绌唐人之学，谓之江西宗派。"金元裕之诗云："少陵自有连城壁，争奈微之识碔砆。"夫文章一道，犹儒者之末事，乃欲如陆士衡所谓"谢朝华于已披，启夕秀于未振"者，今且未见其人，进此而窥著述之林，益难之矣。

【注释】①极诣：最高的造诣。

【译文】近代文章的毛病全在模仿，即使与古人极尽相似，也已不是最高造诣了。何况那些丢失了其中精髓，而只得到一些皮毛的文章呢？而且古人写文章也时有好坏。梁简文《与湘东王书》说："当今有模仿康乐公谢灵运、鸿胪卿裴松之的文人，学谢灵运学不到精华，但学会了他文章的冗长，以裴松之为老师则没看到他的长处，只学到了短处。”宋苏轼（字子瞻）说：“当今人学杜甫，只学到了他的粗俗而已”（叶适号水心居士说：“庆历、嘉祐以来，天下皆以杜甫为师，开始不认可唐代人风格的，就是江西宗派了。”）金朝元好问（字裕之）诗说：“少陵自有连城壁，争奈微之识碔砆。（讽刺元稹）”文章一道，犹如做学问的人最基本的事情了，但要想像陆机（字士衡）说的：“谢朝华于已披，启夕秀于未振（意思是文艺创作应抛开前人的陈辞，不要重复前人已有的成就，而要锐意创新）”的人，现在尚且未见这类人，进一步探索文学著述，就越发难了。

效《楚辞》者，必不如《楚辞》；效《七发》者，必不如《七发》。盖其意中先有一人在前，既恐失之，而其笔力复不能自遂，此寿陵余子学步邯郸之说也。

【译文】模仿《楚辞》的，一定不如《楚辞》；模仿《七发》的，一定不如《七发》。因为在这种立义之下已经有前人了，又怕失去这种立义，则后来人的文章气势就不能实现自己很通达的境地，这就是寿陵余子邯郸学步的说法啊。

洪氏《容斋随笔》曰：“枚乘作《七发》，创意造端，丽辞腴旨，上薄《骚》些，故为可喜。其后继之者如傅毅《七激》，张衡《七辩》，崔骃《七依》，马融《七广》，曹植《七启》，王粲《七释》，张协《七命》之类，规仿太切，了无新意。傅玄又集之，以为《七林》，使人读未终篇，往往弃之几格。柳子厚《晋问》乃用其体，而超然别立机杼，激越清壮，汉、晋诸文士之弊，于是一洗矣。东方朔《答客难》，自是文中杰出，扬雄拟之为《解嘲》，尚有驰骋自得之妙。至于崔骃《达旨》，班固《宾戏》，张衡《应闲》，皆章摹句写，其病与《七林》同。及韩退之《进学解》出，于是一洗矣。”其言甚当，然此以辞之工拙论尔，若其意，则总不能出于古人范围之外也。

【译文】洪迈《容斋随笔》说：“枚乘的《七发》，创意新颖，语言优美，已与名篇《离骚》相近，作为文章的典范，这是十分可喜的。其后，继之而来的，如傅毅所写的《七激》、张衡写的《七辩》、崔骃所写的《七依》、马融所写的《七广》、曹植所写的《七启》、王粲所写的《七释》、张协所写的《七命》等等，都是依仿《七发》，亦步亦趋，毫无新意。傅玄又将上述文章进行汇集，取名为《七林》，使人读起来感到无味，还没读到最后一篇，就往往不读下去，束之高阁。但是，柳宗元则不同，他所写的《晋问》一文，亦是采用《七发》的文章格式，但他并不受其约束，而是站在新的高度，大胆创新，文章构思新颖，布局奇巧，高亢激烈，清秀雄伟。汉、晋之间，文坛上那种华而不实的弊病，为之一扫而光。东方朔所写的《答客难》一文，自认为是文章中杰出的一篇，扬雄仿依这篇文章，写成《解嘲》，尚有纵横驰骋自得之妙。至于说崔骃所写的《达旨》、班固所写的《宾戏》、张衡所写的《应闲》，机械模拟章节和句子，其弊病与《七林》相同。到韩愈《进学解》一文问世。文坛上的那种机械模仿华而不实的风气，为之一扫而光。”这番点评，很是恰当。然而这是以文辞优劣来讨论的，如果论其中内涵，则都逃不出古人所议范围之外了。

如扬雄拟《易》而作《太玄》，王莽依《周书》而作《大诰》，皆心劳而日拙者矣。《世说》："王隐论扬雄《太玄》虽妙，非益也。古人谓之屋下架屋。"

【译文】比如扬雄根据《易》撰写《太玄》，王莽根据《周书》作《大诰》，都是劳心费力但是一个比一个糟糕罢了。（《世说新语》："王隐评论扬雄《太玄》虽然精妙，也没有什么新内容。古人称它为屋下架屋而已。"）

《曲礼》之训"毋剿说，毋雷同"，此古人立言之本。

【译文】《曲礼》训诂"莫要抄袭，不要雷同"，这是古人著书立言的根本啊。

文章繁简

韩文公作《樊宗师墓铭》曰："维古于辞必己出，降而不能乃剽贼，后皆指前公相袭，从汉迄今用一律。"此极中今人之病。若宗师之文，则惩时人之失，而又失之者也。如《绛守居园池记》，以"东西"二字平常，而改为"甲辛"，殆类吴人之呼庚癸者矣。作书须注，此自秦汉以前可耳；若今日作书而非注不可解，则是求简而得繁，两失之矣。子曰："辞达而已矣。"胡缵宗修《安庆府志》，书正德中刘七事，大书曰："七年闰五月，贼七来寇江境。"而分注于贼七之下曰："姓刘氏。"举以示人，无不笑之。不知今日之学为秦汉文者，皆"贼七"之类也。

【译文】韩愈作《樊宗师墓铭》写道："古人写文章必定自己遣词造句，后来水平低写文章不能自己创作的人就去剽窃盗用他人的。后人总是向前人公开抄袭搬用，从汉朝到现在都是这样。"这很准确地说中了现在文人的毛病。好比宗师的文章，在劝诫制止当时人的过失时，自己却也犯了过失。（比如《绛守居园池记》，以"东西"二字平常，而改为"甲辛"，就好像吴人喊庚癸一样。）写文章必须作注写清一些必要的内容，这情况在秦汉以前还是做得很好的；至于现在的人写文章却没有作注以致读者无法理解，这样的话是因求简而得繁，两方面都有失误。孔子说："言辞能够表达意思就可以了。"（胡缵宗修《安庆府志》，写到正德年间刘七事，特别记载说："七年闰五月，贼七来寇江境。"而分别在每个贼七下边备注，曰："姓刘氏。"拿出来给其他人看，没有不笑他的。不知今日之学模仿撰写秦汉之文的人，都是写"贼七"这类人。）

辞主乎达，不论其繁与简也，繁简之论兴，而文亡矣。《史记》之繁处，必胜于《汉书》之简处。《容斋随笔》论《卫青传》封三校尉语。《史记》胜《汉书》处，正不独此。《新唐书》之简也，不简于事而简于文，其所以病也。

【译文】言辞，注重的在于表达意思，不必评说它是繁还是简。（如果）对言辞繁简的评说兴盛了，好文章也就消失了。《史记》中纷繁详细的描写必定胜过《汉书》中简陋单薄的叙述。（《容斋随笔》论《卫青传》封三校尉语。《史记》胜《汉书》之处，不单是这里。）《新唐书》的简，不是史事上简，而是行文上简，这就是它出现弊病的原因。

时子因陈子而以告孟子，陈子以时子之言告孟子，此不须重见，而意已明。“齐人有一妻一妾而处室者，其良人出，则必餍酒肉而后反。其妻问所与饮食者，则尽富贵也，其妻告其妾曰：‘良人出，则必餍酒肉而后反。问其与饮食者，尽富贵也，而未尝有显者来。吾将瞯良人之所之也。’”“有馈生鱼于郑子产，子产使校人畜之池。校人烹之，反命曰：‘始舍之，圉圉①焉，少则洋洋焉，悠然而逝。’子产曰：‘得其所哉？得其所哉！’校人出，曰：‘孰谓子产智？予既烹而食之，曰：得其所哉！得其所哉！’”此必须重叠而情事乃尽，此《孟子》文章之妙。使入《新唐书》，于齐人则必曰：“其妻疑而瞯之”，于子产则必曰：“校人出而笑之”，两言而已矣，是故辞主乎达，不主乎简。刘器之曰：“《新唐书》叙事好简略其辞，故其事多郁而不明，此作史之病也。且文章岂有繁简邪？昔人之论谓如风行水上，自然成文；若不出于自然，而有意于繁简，则失之矣。”当日《进〈新唐书〉表》云：“其事则增于前，其文则省于旧。”《新唐书》所以不及古人者，其病正在此两句也。

【注释】①圉（yǔ）圉：被困而不得舒展的样子。

【译文】时子通过陈子把（齐王说的话）转告诉孟子，陈子也就把时子的话告诉了孟子。这里不需要重新写出齐王的话，可是意思已经很明确了。“齐国一个人，在家里有一妻一妾。她们的丈夫出门，必定是喝足了酒、吃饱了肉之后才回家。他妻子问与他一道吃喝的是什么人，他说都是富裕高贵的人。他妻子告诉他的妾说：‘丈夫出门，总是酒足饭饱后回来；问和他一道吃喝的人，他说全都是富裕高贵的人，但不曾有显达的人来我们家。我打算悄悄地查看他到什么地方去。’”“从前有人送活鱼给郑国的子产，子产派管理池塘的人把鱼养在池塘里。管池塘的人却把鱼烹煮了，回来向子产汇报说：‘刚放它时，死气沉沉的，过了一会，就活泼起来了，悠然地游往水深处而消逝了。’子产说：‘它到了它应该去的地方吗？它到了它应该去的地方啊。’管池塘的人出来后，对人说：‘谁说子产很聪明？我已经把鱼煮熟吃了，可他还说："它到了它应该去的地方吗？它到了它应该去的地方啊！’”这里必须把话重复才能把人的情态和事的细节完全地表现出来，这正是《孟子》文章的妙处所在。假使这件事写进《新唐书》，对“齐人”这个故事，必定写成“他的妻子怀疑他，就悄悄去查看他”；对子产这个故事，必定写成“小吏退出后嘲笑子产”。两句话就说完了。所以，言辞注重的在于表达清楚意思，注重的不在于简洁。刘器之说：“《新唐书》叙述事情喜好言辞简略，所以它叙述的事情大多晦涩不明晰，这是写史书的弊病。况且写文章，哪里存在刻意去追求繁杂或简洁的做法呢？古人在论述这个问题时，认为写文章，就如同风从水面上吹过，自然而然地形成波纹；如果不是自然地形成，而是有意地追求繁复或简洁，那么就会出现弊病了。”当时（曾公亮）《进〈新唐书〉表》说：“《新唐书》所叙的事情比起《旧唐书》有所增加，而它的文字却比《旧唐书》简略。”《新唐书》比不上古人史书的原因，它的病根正在这两句话上。

《黄氏日钞》言：“苏子由《古史》改《史记》，多有不当。如《樗里子传》，《史记》曰：‘母，韩女也。樗里子滑稽多智。’《古史》曰：‘母，韩女也，滑稽多智。’似以母为滑稽矣，然则‘樗里子’三字其可省乎？《甘茂传》，《史记》曰：‘甘茂者，下蔡人也。事下蔡史举，学百家之说。’《古史》曰：‘下蔡史举学百家之说。’似史举自学百家矣，然则‘事’之一字，可省乎？以是知文不可以省字为工，字而可省，太史公省之久矣。”

【译文】《黄氏日钞》言：“苏辙（字子由）根据《古史》改《史记》，多处不恰当。如《樗里子传》，《史记》说：‘母，韩女也。樗里子滑稽多智。’《古史》说：‘母，韩女也，滑稽多智。’好像他的母亲为人圆滑多智一样。所以这‘樗里子’三个字能省略吗？又如《甘茂传》，《史记》说：‘甘茂者，下蔡人也。事下蔡史举，学百家之说。’《古史》说：‘下蔡史举学百家之说。’好像史举自学百家之说一样。所以这‘事’一字，能省略吗？所以做文章不可以以节省字数为技术，字可以省的话，太史公在很久以前就省了。”

文人求古之病

《后周书·柳虬传》："时人论文体有今古之异，虬以为时有今古，非文有今古。"此至当之论。夫今之不能为二《汉》，犹二《汉》之不能为《尚书》《左氏》。乃剿取《史》《汉》中文法以为古，甚者猎其一二字句用之于文，殊为不称。元阿鲁图《进宋史表》曰："且辞之繁简以事，而文之今古以时。"盖用柳虬之语。

【译文】《后周书·柳虬传》："当时人讨论文章体裁认为体裁有古今的不同，柳虬以为只是时间有古今之别，不是文章有古今之别。"这是最为正确的言论。现在不能写出《汉书》《后汉书》之书，就好比写出《汉书》《后汉书》之时不能写出《尚书》《左传》一样。只是抄取《史记》《汉书》中文法以为这就是复古了，更有甚者，猎取其一二字句用在文章中，这种做法也太不合适了。元代阿鲁图《进宋史表》说："只注重言辞繁复，将事情简化，而判断文章古今是以时间来判定的。"就是化用柳虬的话。

以今日之地为不古，而借古地名；以今日之官为不古，而借古官名；舍今日恒用之字，而借古字之通用者，皆文人所以自盖其俚[①]浅也。

【注释】①俚：粗俗。

【译文】因为现在地名不够古老，就借用古时地名；因为现在官名不够古老，就借用古时官名；舍弃现在的常用字，就借用古时通假字，这都是文人自己掩饰自己粗鄙的行径啊。

《唐书》：郑余庆奏议，类用古语，如“仰给县官马万蹄”，有司不晓何等语，人訾其不适时。

【译文】《旧唐书》：郑余庆的奏议，大多使用古语，如“仰给县官马万蹄”，有司不知道他说的是什么，人们都批评他不合时宜。

宋陆务观《跋前汉通用古字韵》曰：“古人读书多，故作文时偶用一二古字，初不以为工，亦自不知孰为古、孰为今也。近时乃或钞掇《史》《汉》中字入文辞中，自谓工妙，不知有笑之者。偶见此书，为之太息，书以为后生戒。”

【译文】宋代陆游（字务观）《跋前汉通用古字韵》说：“古人读书多，所以写文章是偶尔用一两个古字，刚开始不觉得这是技巧，也没觉得什么是古文、什么是今文。近代有人可能摘抄《史记》《汉书》中字写入文章，自己感觉技巧高明，不知会被人笑话。偶尔得见这类书，真是让人叹气啊。写下来让后来人引以为戒。”

元陶宗仪《辍耕录》曰：“凡书官衔，俱当从实，如廉访使、总管之类，若改之曰监司、太守，是乱其官制，久远莫可考矣。

【译文】元代陶宗仪《南村辍耕录》说："凡是写官衔，都应该如实写，如廉访使、总管之类，若改成监司、太守，是乱写官制，时间久了就无从考证了。

何孟春《余冬序录》曰："今人称人姓必易以世望，称官必用前代职名，称府州县必用前代郡邑名，欲以为异，不知文字间著此，何益于工拙？此不惟于理无取，且于事复有碍矣。李姓者称陇西公，杜曰京兆，王曰琅邪，郑曰荥阳，以一姓之望而概众人，可乎？此其失自唐末五季[①]间孙光宪辈始。《北梦琐言》称冯涓为长乐公；《冷斋夜话》称陶谷为五柳公；类以昔人之号而概同姓，尤是可鄙。官职郡邑之建置，代有沿革，今必用前代名号而称之，后将何所考焉？此所谓于理无取，而事复有碍者也。"

【注释】①唐末五季：即后梁、后唐、后晋、后汉、后周五代。

【译文】何孟春《余冬序录》说："现在称人姓氏必定改成世家望族，称官职名称必用前代职名，称府州县必用前代郡邑名，想以这些体现特殊之处，不知文章里写了这些内容，对文章优劣有什么益处呢？这不就是在情理上讲不通，而且对于事情的理解又有障碍。姓李就称陇西公，姓杜叫京兆，王就是琅邪，郑是荥阳，以一个姓氏里的望族而涵盖所有，这可以吗？这种情况自唐末五季孙光宪这类人开始的。《北梦琐言》称冯涓为长乐公；《冷斋夜话》称陶谷为五柳公；大概用以前（名人）称号统称同姓之人，这种行为尤为可恶。官职郡邑的建置，每代都有发展和变化，如今一定要用前代名号来称呼，后人将如何做考证？这不就是在情理上讲不通，而且对于事情的理解又有障碍。”

于慎行《笔麈》曰：“《史》《汉》文字之佳，本自有在，非谓其官名地名之古也。今人慕其文之雅，往往取其官名地名以施于今，此应为古人笑也。《史》《汉》之文如欲复古，何不以三代官名施于当日，而但记其实邪？文之雅俗固不在此，徒混淆失实，无以示远，大家不为也。予素不工文辞，无所模拟，至于名义之微，则不敢苟。寻常小作，或有迁就，金石之文，断不敢于官名地名以古易今。前辈名家亦多如此。”

【译文】于慎行《谷山笔麈》说：“《史记》《汉书》文字之佳，本来就有内涵，不是所谓的官名地名都用的古时称号。现在的人羡慕文章高雅，往往取其官名地名用在当今文章里，真是该被古人笑话啊。《史记》《汉书》之文如果也想如此复古，为什么不用三代的官名来写文章，而只是如实记载呢？文章雅俗根本不在于这些，白白地增加了混乱偏离了事实，无法长久，行家不这样做。我平时不善于文章写作，也不模拟（写作），但是在名义这种小事上，也不敢马虎。寻常小文章，或许可以迁就，但与史料相关的文章，必不敢用古代名称称呼现在的官名、地名。前辈名家也是这样的。”

古人集中无冗复

古人之文，不特一篇之中无冗复也，一集之中亦无冗复。且如称人之善，见于祭文，则不复见于志；见于志，则不复见于他文：后之人读其全集，可以互见也。又有互见于他人之文者，如欧阳公作《尹师鲁志》，不言近日古文自师鲁始，以为范公祭文已言之，可以互见，不必重出。盖欧阳公自信己与范公之文并可传于后世也，亦可以见古人之重爱其言也。

【译文】古文的文章，不仅仅是一篇文章里没有累赘重复，一本文集中也没有。况且如果夸人品格良好，能在祭文中见到，在传记中就见不到；写在传记中，在其他文章中就见不到。后人读他的全集，可以互相印证。也有在他人文章中互相印证的，比如欧阳修作《尹师鲁志》，不说当下古文从尹师鲁开始，因为范仲淹为（尹师鲁）写的祭文已经提到了，可以互相印证，不需要重复写。大概欧阳修自信自己的文章与范公的文章都可以流传到后世。也可以看出古人是多么的重视爱惜自己的文字啊。

刘梦得①作《柳子厚文集序》曰："凡子厚名氏，与仕与年，暨行己②之大方，有退之之志若祭文在。"又可见古人不必其文之出于己也。

【注释】①刘梦得：刘禹锡（772—842），字梦得，出生于河南郑州荥阳，唐朝文学家、哲学家，有“诗豪”之称。②行己：立身行事。

【译文】刘禹锡作《柳子厚文集序》说：“所有子厚的名字姓氏，与仕途经历时间以及立身行事的气量，有韩愈作的传记就像祭文在。”可见古人不必文章都是自己写的啊。

书不当两序

《会试录》《乡试录》，主考试官序其首，副主考序其后，职也。凡书亦犹是矣。且如国初时，府州县志书成，必推其乡先生之齿尊[1]而有文者序之，不，则官于其府州县者也。请者必当其人，其人亦必自审其无可让而后为之。官于是者，其文优，其于是书也有功，则不让于乡矣。乡之先生，其文优，其于是书也有功，则官不敢作矣。义取于独断，则有自为之，而不让于乡与官矣。凡此者，所谓职也。故其序止一篇，或别有发明，则为后序。亦有但纪岁月而无序者。今则有两序矣，有累三四序而不止者矣。两序非体也，不当其人非职也，世之君子不学而好多言也。

【注释】①齿尊：受人尊崇的高寿长者。

【译文】《会试录》《乡试录》，都是主考的官员在书的前面写序，副主考在书的后面写序，这是职责所确定的。凡是书也都如同这样。再比如说开国之初时府、州、县志写成，一定推选那个地方德高望重并且有文化的人给它作序，如果不这样，就选择府、州、县那些地方的官员写序。请人作序的人一定找对恰当的作序人，那个人也一定要考虑自己，实在没有可以推让的人然后再作序。在这做官的人，如果他的文章很优秀，他对于作序的书是有功的，那么就可以不必谦让给当地的文人；乡里的德高望重的人如果他的文章优秀，他对于作序的书是也有功的，那么官员就不敢作序了。如果有自己独到的见解，就可以自己作序，不让给官员与乡人了。这样做，也是所说的职责。因此，书的序一般只有一篇。如果另有启发，就可以写成后序，也有的人只记录成书时间，并没有序言。现在却已有两篇序言，还要增加到三篇、四篇甚至更多的。两篇序言，已经不是正常的格式，再没有找对合适的写序人，确实是失职了。世上有些君子学问不高却喜欢滥发议论。

凡书有所发明，序可也；无所发明，但纪成书之岁月可也。人之患在好为人序。

【译文】凡是书的内容有所启发，作序是可以的；如果没有很大的启发，只是记录写书的时间就可以了。人的毛病就在于喜欢给别人作序。

唐杜牧《答庄充书》曰：“自古序其文者，皆后世宗师其人而为之。今吾与足下并生今世，欲序足下未已之文，固不可也。”读此言，今之好为人序者可以止矣。

【译文】唐代杜牧《答庄充书》中说：“自古以来为文章作序的

人，都是后代以他为宗师这样的人作的。现在我和您同样生活在今世，想为您没有写完的文章作序，本来就是不可以的。”读了这些话，现在那些喜欢为他人的文集作序的人可以停止了。

娄坚《重刻〈元氏长庆集〉序》曰：“序者，叙所以作之指也。盖始于子夏之序《诗》，其后刘向以校书为职，每一编成，即有序，最为雅驯[①]矣。左思赋《三都》成，自以名不甚著，求序于皇甫谧。自是缀文之士，多有托于人以传者，皆汲汲于名，而惟恐人之不吾知也。至于其传既久，刻本之存者，或漫漶[②]不可读，有缮写而重刻之。则人复序之，是宜叙所以刻之意可也，而今之述者，非追论昔贤，妄为优劣之辨，即过称好事，多设游扬[③]之辞，皆我所不取也。”读此言，今之好为古人文集序者，可以止矣。

【注释】①雅驯：指文辞优美，典雅不俗。②漫漶（huàn）：模糊不可辨别。③游扬：宣扬。

【译文】娄坚在《重刻<元氏长庆集>序》中说：“所谓的序，就是用来叙述作书的主要意图，始于子夏为《诗》作序。其后刘向把校勘书籍作为自己的职业，每编成一部书就写一篇序，文辞非常优美，典雅不俗。左思写成《三都赋》后，认为自己不出名，向皇甫谧求写一篇序。从这之后，撰写文章的人大多向他人请托写序来使自己的名声和文章流传，这些人都急切地追求名声，唯恐别人不知道自己啊！等到文章流传久了，那些收藏的刻本，有的模糊不可辨识，就有人完善并重新刻印，又有人重新为它写序，这时的序应该用来告诉人们重刻的目的。可是，现在的一些作序者，不是胡乱评论过去一些贤人，就是过分地称颂或搬弄是非，多说一些哗众取宠的言论。这都不是我所追求的。”读了这些话，现在那些喜欢为古人的文集作序的人，可以停止了。

古人不为人立传

列传之名始于太史公，盖史体也。不当作史之职，无为人立传者。故有碑、有志、有状而无传。梁任昉《文章缘起》言传始于东方朔作《非有先生传》，是以寓言而谓之传。《韩文公集》中传三篇：太学生何蕃、圬者[①]王承福、毛颖。又有《下邳侯革华传》，是伪作。《柳子厚集》中传六篇：宋清、郭橐驼、童区寄、梓人、李赤，蝜蝂[②]。何蕃仅采其一事，而谓之传，王承福之辈皆微者，而谓之传。毛颖、李赤、蝜蝂则戏耳，而谓之传，盖比于稗官[③]之属耳。若段太尉，则不曰传，曰逸事状。子厚之不敢传段太尉。以不当史任也。自宋以后，乃有为人立传者，侵史官之职矣。

【注释】①圬者：粉刷墙壁的人。②蝜蝂（fù bǎn）：蝜蝂这种昆虫是柳宗元杜撰的，但比柳宗元的作品更早的《尔雅》上，却有蝜蝂的记录。在柳宗元的《蝜蝂传》中，说“蝜蝂”是一种喜爱背东西的小虫。爬行时遇到东西，总是抓取过来，抬起头背着这些东西。东西越背越重，即使非常劳累也不会停止。③稗官：小官。小说家出于稗官，后因称野史小说为稗官。

【译文】列传的名称从太史公开始，原是史书体。不是史官职位，没有为人写传的。所以故有碑、有志、有状而没有传。南朝梁任昉《文章缘起》说传始于东方朔作的《非有先生传》，是寓言但称为传。《韩文公集》中有三篇传：太学生何蕃、圬者王承福、毛颖。（还有《下邳侯革华传》，然而是伪作。）《柳子厚集》中有六篇传：宋清、郭橐驼、童区寄、梓人、李赤，蝜蝂。何蕃仅仅记录他一件事，就称为传，王承福这些人都是没什么地位名望的人，也称为传。毛颖、李赤、蝜蝂则都是戏说，也称为传，大概比于野史小说一类的文章了。如果是写段太尉，就不叫传，叫逸事状。柳子厚不敢给段太尉做传，是因为他不是史官啊。自宋代以后，如果有为人写传的，是侵犯了史官的职权啊。

《太平御览》书目，列古人别传数十种，谓之别传，所以别于史家。

【译文】《太平御览》书目，罗列数十种古人别传，称作别传，用来区别于史书。

志状不可妄作

志状在文章家为史之流，上之史官，传之后人，为史之本。史以记事，亦以载言，故不读其人一生所著之文，不可以作；其人生而在公卿大臣之位者，不悉一朝之大事，不可以作；其人生而在曹署[①]之位者，不悉一司之掌故[②]，不可以作；其人生而在监司守令之位者，不悉一方之地形土俗，因革利病，不可以作。今之人未通乎此，而妄为人作志；史家又不考而承用之，是以抵牾[③]不合。子曰："盖有不知而作之者。"其谓是与？

【注释】①曹署：官署。②掌故：意思是旧制、旧例，后多指历史上的人物事迹、制度沿革等史实或传说。③牴牾（wǔ）：抵触、矛盾。

【译文】志状在文章领域，属于史书行列，可以给史官阅览，传给后人，为史书的根基。史料既可以记录事情，也可以传承思想。所以不读这个人一生所写文章的人，不可以为他作志状；生前是公卿大臣的，不熟悉这一朝大事的人，不可以为他作志状；生前在官署中做官的，不熟悉官署事务的人，不能够为他作志状；这生在朝廷外做地方官的，不熟悉当地地形风土习俗，不知道根据风土人情修改施政方针的人，不能够为他作志状。当今的人不理解这些道理，就胡乱给别人做志状，史官又不去考证就引用了，所以就产生矛盾了。孔子曾说过："大概有自己不懂却凭空捏造的人吧！"他说的就是这个情况吧？

名臣硕德之子孙，不必皆读父书；读父书者，不必能通有司掌故。若夫为人作志者，必一时文苑名士，乃不能详究，而曰："子孙之状云尔，吾则因。"夫大臣家可有不识字之子孙，而文章家不可有不通令之宗匠，乃欲使籍谈、伯鲁[①]之流，为文人任其过。嗟乎，若是则尽天下而文人矣。

【注释】①籍谈、伯鲁：二人忘掉自家的情况。籍谈身为晋国司典后裔，却忘记祖先的职责，出自《左传》："籍父其无后乎？数典而忘其祖。"伯鲁忘记简中文字，出自《资治通鉴》："赵简子之子，长曰伯鲁，幼曰无恤。将置后，不知所立。乃书训诫之词于二简，以授二子，曰：'谨识之。'三年而问之，伯鲁不能举其词。问其简，已失之矣。"

【译文】名臣大德的子孙，不必全都读父辈书籍；读父辈书籍的子孙，不必精通官府实务。如果为人作志的人，一定是当时的文坛名士，仍不能详细考究，而说："（我所作志的主人公）子孙陈述什么，我就顺应他们所说的了。"大臣家可以有不识字的子孙，但文坛不能有不精通当世之事的宗师巨匠。如果让籍谈、伯鲁这样的人，当做文人放任他犯错。哎呀！如果是这样，那满天下都是文人了。

作文润笔

《蔡伯喈集》中，为时贵碑诔之作甚多，如胡广、陈寔各三碑，桥玄、杨赐、胡硕各二碑，至于袁满来年十五、胡根年七岁，皆为之作碑。自非利其润笔，不至为此，史传以其名重，隐而不言耳。文人受赇[①]，岂独韩退之谀墓金哉。李商隐《记齐鲁二生》曰：刘义持韩退之金数斤去，曰："此谀墓中人所得尔，不若与刘君为寿。"愈不能止。今此事载《唐书》。

【注释】①赇（qiú）：贿赂。

【译文】《蔡伯喈集》中，为当时显贵作的碑诔文很多，比如胡广、陈寔各三篇。桥玄、杨赐、胡硕各二篇，至于袁满来十五岁、胡根年七岁，都为他们作了碑文。如果不是贪图润笔费，不至于做这些。史传因为蔡邕（字伯喈）名气太大，隐瞒没有写啊。文人受贿赂，岂止是只有韩愈的谀墓金！（李商隐《记齐鲁二生》曰：刘乂拿走韩退之数斤黄金离开，曰："这是吹嘘奉承墓中人所得，不如给刘某人做寿礼。"韩愈不能制止他。现在这件事载入《新唐书》了。）

王楙《野客丛书》曰："作文受谢，非起于晋宋。观陈皇后失宠于汉武帝，别在长门宫，闻司马相如天下工为文，奉黄金百斤为文君取酒，相如因为文，以悟主上，皇后复得幸。此风西汉已然。"按陈皇后无复幸之事，此文盖后人拟作，然亦汉人之笔也。

【译文】王楙《野客丛书》说："写文章收受谢礼，不是起始于晋宋之时。我看陈皇后失宠于汉武帝，安排住在长门宫，听说天下间司马相如文辞最为精妙，用黄金百斤向卓文君买酒，司马相如因此撰写文章，以启发皇上，皇后再次得宠。这种风俗西汉已经就有了啊。"（按陈皇后没有再得宠这件事，这篇文章应该是后人拟作，但仍然是汉人所作。）

杜甫作《八哀诗》，李邕一篇曰："干谒满其门，碑版照四裔。丰屋珊瑚钩，麒麟织成毯。紫骝随剑几，义取无虚岁。"邕本传："长于碑颂，人奉金箔请其文，前后所受钜万计。"刘禹锡《祭韩愈文》曰："公鼎侯碑，志隧表阡，一字之价，辇金如山。"可谓发露真赃者矣。《侯鲭录》："唐王仲舒为郎中，与马逢友善，每责逢云：'贫不可堪，何不寻碑志相救？'逢笑曰：'适见人家走马呼医，立可待也。'"此虽戏言，当时风俗可见矣。昔扬子云犹不肯受贾人之钱，载之《法言》，而杜乃谓之"义取"，则又不若唐寅[①]之直以为利也。《戒庵漫笔》言："唐子畏有一巨册，自录所作，文簿面题曰'利市'。"今市肆账簿多题此二字。

【注释】①唐寅：字伯虎，又字子畏，号六如居士。明代著名画家。

【译文】杜甫作《八哀诗》，描写李邕的一篇说："来拜访求见他的人太多了，碑文到处都有，珊瑚钩填满屋子，麒麟锦织成毯子，紫骝马和剑，连年不绝的可以拿取。"（李邕本传："擅长写碑颂，人们拿着金帛请他作碑文，总共收到的钱过万计。"刘禹锡《祭韩愈文》说："公的鼎侯的碑，在地下墓道里写上志状表记，一个字的价格，酬金堆得像山那么多。"可谓揭发真有不义之财的人啊。（《侯鲭录》："唐代王仲舒为郎中，与马逢是朋友，每每责备马逢说：'穷到无法忍受，为什么不去寻求作碑文救济一下呢？'马逢笑着说：'正好碰见人家骑着马去找医生，立马就能等到了。'"虽然是戏言，当时风俗可以得见了。）昔日扬子云不肯接受商人钱财，载入《法言》，而杜甫称之为"义取"，则又不如唐寅把它当成直接获利的途径。《戒庵漫笔》说："唐寅有一个大册子，自己抄录所写的文章，文簿首页写着'利市'。"（当今市肆账簿大多题此二字。）

《新唐书·韦贯之传》言："裴均子持万缣[①]，请撰先铭。答曰：

‘吾宁饿死，岂能为是？’”今之卖文为活者，可以愧矣。

【注释】①缣：双丝的绢。

【译文】《新唐书·韦贯之传》说：“裴均的儿子，携带一万匹细绢，请求韦贯之为先人作碑文，贯之说：‘我宁愿饿死，怎么能做这样的事呢？’”现在靠卖文章谋生的人，可以自惭形秽了。

《司空图传》言：“隐居中条山，王重荣父子雅重之，数馈遗，弗受。尝为作碑，赠绢数千，图置虞乡，市人得取之，一日尽。”既不有其赠，而受之何居，不得已也，是又其次也。

【译文】《司空图传》记载：“司空图隐居中条山，王重荣父子向来器重他，多次赠送礼物，司空图都拒绝接受。司空图曾经为王重荣撰写碑文，王重荣赠送给他的绢有数千之多，司空图把它放在虞乡市上（任由别人拿走），市人得到这些绢，一天就就被拿完了。”既然没有接受赠送的礼物，接受了又它放在哪里，只是迫不得已这样做罢了，这又其次的了。

文非其人

《元史》：“姚燧以文就正①于许衡，衡戒之曰：‘弓矢为物，以待盗也；使盗得之，亦将待人。文章固发闻士子之利器，然先有能一世之名，将何以应人之见役者哉？非其人而与之，与非其人而拒之，均罪也，非周身斯世之道也。’”吾观前代“马融惩于邓氏，不敢复违忤势家，遂为梁冀草奏李固，又作《大将军西第颂》，以此颇为正直所羞。”徐广为祠部郎时，会稽王世子元显录尚书，欲使百僚致敬，台内使广立议，由是内外并执下官礼，广常为愧恨。陆游晚年再出，为韩侂胄撰《南园阅古泉记》，见讥清议。朱文公尝言其能太高，迹太近，恐为有力者所牵挽，不得全其晚节。是皆非其人而与之者也。夫祸患之来，轻于耻辱，必不得已，与其与也宁拒。至乃俭德含章[2]，其用有先乎此者，则又贵知微之君子矣。

【注释】①就正：请求指正。②含章：包含美质。

【译文】《元史》：姚燧拿着文章向许衡请教，许衡告诫他说：“弓箭作为武器，是为了防备盗贼啊；倘若盗贼得到了弓箭，也要用它来害人。文章固然是表达儒士思想人格的利器，但是倘若不能先认清一时的潮流，将如何应对那被役使的地位呢？不是适当的人而给他利器，与不是适当的人而拒绝给他利器，都是错误的，都不是完满自身面对这个世界的方法啊！”我观察前代“马融被邓氏惩罚，不敢再违逆得罪权势人家，于是替大将军梁冀起草奏书弹劾李固，又写了吹捧梁冀的《大将军西第颂》，因此正直之人以他为羞耻。”徐广为祠部郎时，会稽王世子司马元显为录尚书事，想叫朝中百官向他致敬，官中叫徐广提议，由此内外大臣都要守部下礼仪致敬于司马元显，对此徐广常常愧恨不已。陆游晚年再出任官职时，为韩侂胄撰写《南园阅古泉记》，为清议一流的人们所讥讽。朱熹曾说过：陆游的才华太高了，但他的行事又平常，恐怕会为有权势的人所牵累的，不能保存晚节。这都是不是恰当的人而给他（不恰当的地位）了。祸患来了，受到耻辱被轻视，一定是不得已的，与其承认宁可拒绝。至于德行高尚行文美质，其作用比这些还排在前面，那么又是一位注重预见小征兆的君子了。

少年未达，投知求见之文，亦不可轻作。《韩昌黎集》有《上京兆尹李实书》，曰："愈来京师于今十五年，所见公卿大臣不可胜数，皆能守官奉职，无过失而已。未见有赤心事上，忧国如家如阁下者。今年以来，不雨者百有余日，种不入土，野无青草，而盗贼不敢起，谷价不敢贵，百坊百二十司，六军二十四县之人皆若阁下亲临其家。老奸宿赃，销缩摧沮，魂亡魄丧，影灭迹绝，非阁下条理镇服，布宣天于威德，其何能及此？"至其为《顺宗实录》，书贬京兆尹李实为通州长史，则曰："实谄事李齐运，骤迁至京兆尹，恃宠强腹，不顾文法。是时春夏旱，京畿乏食，实一不以介意，力务聚敛征求，以给进奉。每奏对，辄曰：'今年虽旱、而谷甚好。'由是租税皆不免，人穷至坏屋卖瓦木，贷麦苗以应官。陵轹[①]公卿已下，随喜怒，诬奏迁黜，朝廷畏忌之。尝有诏免畿内逋租，实不行，用诏书征之如初。勇于杀害，人吏不聊生。至谴，市里欢呼，皆袖瓦砾，遮道伺之，实由间道获免。"与前所上之书迥若天渊矣。《鹤林玉露》摘此为疑。岂非少年未达，投知求见之文，而不自觉其失言者邪？后之君子，可以为戒。

【注释】①陵轹（lì）：凌轹，欺压。

【译文】少年还没显达时，投递那些求见的文章，也不能随意而为。《韩昌黎集》有《上京兆尹李实书》，当中说："我来京师已经十五年了，见过的公卿大臣不可胜数，都能尽忠职守，没有过失而已。没见过像您一样，有一片赤诚之心的，忧国如忧家的官员。今年以来，不下雨的天气大概有一百多天，种子不入土，野外没有青草，盗贼不敢起事，商贾不敢将粮食价格升高，这么多坊市一百二十多个公署，六军二十四县人，都像您去过他们家一样。老赖、奸猾、贪赃之人，销声匿迹，闻风丧胆，全部绝迹了，要不是您治理得井井有条，镇服一方，宣扬天子的威德，现实情况怎么能这样呢？"等到韩愈作《顺宗实录》，写到贬谪京兆尹李实为通州长史，则说："李实构陷李齐连，突然升迁到京兆尹，依仗宠信培植心腹，不遵照规章制度。那时春夏大旱，京畿地区缺少粮食，李实一点都不在意，依旧依靠重税搜刮征收粮食，以满足向上级的供奉。每次奏对，则说：'今年虽然发生旱灾，但粮食长得很好。'于是租税都不减免，人穷到摧毁房屋卖砖瓦木料，贷款麦苗上交官府。欺压公卿以下的人，随自己的喜好诬告升迁贬谪，朝廷官员都害怕他。曾有诏书免除京畿地区逋租，李实不实行，还用诏书征收原来的赋税。敢于杀人，百姓官员民不聊生。等到他被罢黜，城市里一片欢呼，都袖子里藏着瓦砾沿街站好等他，李实由小路走才得以豁免（被打）。"（韩愈这番言论）与之前所呈的文章，天差地别啊。（《鹤林玉露》摘此为疑。）这不就是年轻人还没发达的时候，投递官员求见的文章，没有自己察觉到失言了吗？后辈君子可以引以为戒了！

假设之辞

古人为赋，多假设之辞。序述往事，以为点缀，不必一一符同也。子虚、亡是公、乌有先生之文，已肇始于相如矣。后之作者，实祖此意，谢庄《月赋》"陈王初丧应、刘，端忧多暇，"又曰："抽毫进牍，以命仲宣。"按王粲以建安二十一年从征吴，二十二年春，道病卒。徐、陈、应、刘一时俱逝，亦是岁也。至明帝太和六年，植封陈王，岂可掎摭①史传，以议此赋之不合哉。庾信《枯树赋》既言殷仲文出为东阳太守，乃复有桓大司马，亦同此例。仲文为桓玄侍中，桓大司马则玄之父温也。此乃因殷仲文有"此树婆娑"之言，桓元子有"木尤如此"之叹，遂使二事凑合成文。而《长门赋》所云，陈皇后复得幸者，亦本无其事。徘谐②之文，不当与之庄论矣。《长门赋》乃后人讬名之作。相如以元狩五年卒，安得言孝武皇帝哉？

【注释】①掎摭（jǐ zhí）：指摘。②俳谐：诙谐戏谑。

【译文】古人作赋，有很多假设的言辞。叙述往事，将此作为点缀，没必要一一相符。子虚、亡是公、乌有先生文章（指《子虚赋》），已经从司马相如开始了。后面的作者，实际上是效法他的立意。谢庄《月赋》："陈思王曹植，因友人应瑒和刘桢先后去世，闲居在家，不免忧思重重。"又说："并即拿出笔和木板交给王粲，请他撰写文章。"按王粲建安二十一年跟从大军征讨东吴，建安二十二年春，在行军路上病死了，徐干、陈琳、应瑒及刘桢同时去世了，也是那一年。到了魏明帝太和六年，曹植才封陈王。怎么能拿着史书对照，来议论这篇赋里与史书不符的地方呢？庾信《枯树赋》，既说殷仲文被外放做东阳太守，还说又做了桓玄大司马，也是这样的例子。（殷仲文为桓玄侍中，桓玄大司马为桓玄父亲桓温。这是因为殷仲文有“此树婆娑”这句话，桓温（字元子）有“木犹如此”的感叹，所以让两件事拼凑在一起写成文章。）而《长门赋》所说陈皇后后来又得到皇帝的宠幸，也本来没有这件事。内容诙谐、用以讽喻嘲谑的文章，不应当用来严肃讨论的啊。（《长门赋》乃后人假借司马相如名声而作。司马相如元狩五年去世，怎么能知道汉武帝的谥号呢？）

陈后复幸之云，正如马融《长笛赋》所谓“屈平适乐国，介推还受禄”也。

【译文】陈皇后又得宠的说法，正如马融《长笛赋》所说“屈原去理想的国家当官，介子推回国后受到奖赏”一样

古文未正之隐

陆机《辨亡论》，其称晋军，上篇谓之“王师”，下篇谓之“彊寇”。

【译文】陆机《辨亡论》，他称晋军，上篇还叫“王师”，下篇就叫

“彊寇”。

文信国《指南录》，序中“北”字皆“卤”字也。后人不知其意，不能改之。谢皋羽《西台恸哭记》，本当云“文信公”，而谬云“颜鲁公”，本当云“季宋”，而云“季汉”。凡此皆有待于后人之改正者也。胡身之注《通鉴》，至二百八十卷石敬瑭以山后十六州赂契丹之事，而云“自是之后，辽灭晋，金破宋”，其下阙文一行，谓蒙古灭金取宋，一统天下，而讳之不书，此有待于后人之补完者也。汉人言：“《春秋》所贬损大人、当世君臣、有威权势力者，其事皆见于书。”《汉书·艺文志》。故定、哀之间多微辞[①]矣，况于易姓改物[②]，制有华夏者乎。孟子曰：“不知其人可乎？”是以论其世也，习其读而不知，无为贵君子矣。

【注释】①微辞：隐晦的批评。②易姓改物：指王朝更迭，改正朔，易服色。

【译文】文信国（文天祥）《指南录》，序中“北”字都是“卤”字。后来的人不知道是什么意思，不能改正过来。谢皋羽《西台恸哭记》，本应该写“文信公”，而误写为“颜鲁公”，本应该写“季宋”，而写“季汉”。所有这些都有待后来人改正回来呀。胡三省（字身之）给《资治通鉴》作注，到二百八十卷石敬瑭以山后十六州贿赂契丹之事，而写成“自是之后，辽灭晋，金破宋”，往下缺一行文字，是蒙古灭金取宋，一统天下，而因为避讳没有写，这一部分也有待于后人将它补完整。汉人说：“《春秋》贬损的大人、当世群臣、有权威势力的人，他们的事迹都写在书上了。（见《汉书·艺文志》。）所以记载鲁定公、鲁哀公的历史时多有隐晦的指责，何况改朝换代，掌控华夏大地的事情呢？孟子说："不了解那个人，可以吗？"所以要研究那个人的朝代，学习他们读了也不知道的内容，不能称为贵君子。

郑所南《心史》书文丞相事，言公自序本末，未有称彼曰"大国"、曰"丞相"，又自称"天祥"，皆非公本语，旧本皆直斥彼酋名。然则今之集本或皆传书者所改。

【译文】郑思肖（号所南）《心史》写丞相文天祥事迹，称丞相亲自叙述事情本末，未有称敌方"大国"、称"丞相"，又自称"天祥"，这些都不是文天祥自己说的，旧本都直斥敌方长官名字。那么现在的书册或许都是传书者所改的。

《金史·纥石列牙吾塔传》"北中亦遣唐庆等往来议和"，《完颜合达传》"北中大臣以舆地图指示之"，《完颜赛不传》"按春自北中逃回"。"北中"二字不成文，盖"卤中"也，修史者仍金人之辞未改。

【译文】《金史·纥石列牙吾塔传》中"北中亦遣唐庆等往来议和"，《完颜合达传》中"北中大臣以舆地图指示之"，《完颜赛不传》中"按春自北中逃回"。"北中"二字不成文，都应该是"卤中"，修史者还是用金人的词语并未修改。

《晋书》刘元海、石季龙，作史者自避唐讳，后之引书者多不知而袭之，惟《通鉴》并改从本名。

【译文】《晋书》刘元海（刘渊）、石季龙（石虎），撰写史书的人因为规避唐朝（李虎和李渊的）忌讳，后来的引书者大多不知道原名就引用了，只有《资治通鉴》将他们改回本名。

全本全注全译

日知録

（二）

〔清〕顾炎武 著
谦德书院 注译

团结出版社

目　录

卷　七

孝弟为仁之本 …… 559
察其所安 …… 559
子张问十世 …… 560
媚　奥 …… 561
武未尽善 …… 562
朝闻道夕死可矣 …… 564
忠　恕 …… 565
夫子之言性与天道 …… 569
变齐变鲁 …… 575
博学于文 …… 575
三以天下让 …… 576
有妇人焉 …… 580

季路问事鬼神 …… 581
不践迹 …… 582
异乎三子者之撰 …… 583
去兵去食 …… 584
奡荡舟 …… 587
管仲不死子纠 …… 588
予一以贯之 …… 590
君子疾没世而名不称焉 …… 592
性相近也 …… 592
虞 仲 …… 595
听其言也厉 …… 598
有始有卒者其惟圣人乎 …… 599
梁惠王 …… 599
未有义而后其君者也 …… 603
不动心 …… 605
市 朝 …… 606
必有事焉而勿正心 …… 607
文王以百里 …… 608
廛无夫里之布 …… 609
孟子自齐葬于鲁 …… 610
其实皆什一也 …… 611
庄 岳 …… 615
古者不为臣不见 …… 615

公行子有子之丧 …… 616
为不顺于父母 …… 617
象封有庳 …… 618
周室班爵禄 …… 620
费惠公 …… 621
行吾敬故谓之内也 …… 624
以纣为兄之子 …… 625
才 …… 626
求其放心 …… 627
所去三 …… 628
自视欿然 …… 628
士何事 …… 629
饭糗茹草 …… 631
孟子外篇 …… 632
孟子引论语 …… 635
孟子字样 …… 636
孟子弟子 …… 637
荼 …… 639
駉 …… 645
九 经 …… 646
考次经文 …… 653

卷 八

州县赋税 …… 657
属 县 …… 664
州县品秩 …… 665
府 …… 667
乡亭之职 …… 672
里 甲 …… 684
掾 属 …… 685
都令史 …… 694
吏 胥 …… 698
法 制 …… 701
省 官 …… 707
选 补 …… 709
停年格 …… 721
铨选之害 …… 732
员 缺 …… 746

卷 九

人 材 …… 749
保 举 …… 752
关 防 …… 758
封 駮 …… 760

部刺史 …… 765
六条之外不察 …… 774
隋以后刺史 …… 775
知 县…… 779
知 州…… 783
知 府…… 785
守 令…… 786
刺史守相得召见 …… 793
汉令长 …… 796
京官必用守令 …… 797
宗 室…… 801
藩 镇…… 814
辅 郡…… 825
边 县…… 828
宦 官…… 829
禁自宫 …… 848

卷 十

治 地…… 853
斗斛丈尺 …… 854
地亩大小 …… 856
州县界域 …… 860
后魏田制 …… 862

开垦荒地 …… 865
苏松二府田赋之重 …… 866
豫 借 …… 891
纺织之利 …… 894
马 政 …… 897
驿 传 …… 900
漕 程 …… 904
行 盐 …… 905

卷十一

权 量 …… 911
大斗大两 …… 920
汉禄言石 …… 923
以钱代铢 …… 927
十分为钱 …… 934
黄 金 …… 936
银 …… 945
以钱为赋 …… 956
五铢钱 …… 965
开元钱 …… 967
钱法之变 …… 968
铜 …… 974
钱 面 …… 982

短 陌……985
钞 ……988
伪 银……996

卷十二

财 用……999
言利之臣 ……1011
俸 禄……1016
助 饷……1027
馆 舍……1031
街 道……1032
官 树……1035
桥 梁……1038
人 聚……1040
访 恶……1044
盗贼课 ……1046
禁兵器 ……1049
水 利……1052
雨 泽……1059
河 渠……1061

卷 七

孝弟为仁之本

尧舜之道，孝弟而已矣。是故“克明俊①德，以亲九族。九族既睦，平章②百姓。百姓昭明，协和万邦，黎民于变时雍③”。此之谓“孝弟为仁之本”。

【注释】①俊：通“峻”，大，崇高。②平章：辨别彰明。③时雍：亦作“时邕”。亦作“时雝”。亦作“时廱”。犹和熙。

【译文】尧舜治国的宗旨，只是孝敬友爱罢了。所以“能够发扬崇高的品德，用来亲近九族亲眷。九族亲眷已经和睦了，辨明其他各族的政事。各族的政事辨明了，又协调万国诸侯，天下的百姓也因此变化得友好和睦”。这说的是“孝敬友爱是仁义的根本”。

察其所安

“求仁而得仁”，安之也。“不怨天，不尤人，下学而上达”，安之也。使非所安，则择乎中庸，而不能期月①守矣。

【注释】①期月：亦作“朞月”。一整月。

【译文】“追求仁就能得到仁”，使心情平静。“不埋怨天命，不怨恨人事，在下学习人事在上通达天命”，使心情平静。假使不能心情平静，就选择中正平和，然而却不能坚守一个月的时间。

子张问十世

《记》曰：“圣人南面而治天下，必自人道①始矣。立权度量，考文章，改正朔，易服色，殊徽号①，异器械，别衣服，此其所得与民变革者也。其不可得变革者则有矣，亲亲也，尊尊也，长长也，男女有别，此其不可得与民变革者也。”自春秋之并为七国，七国之并为秦，而大变先王之礼。然其所以辨上下，别亲疏，决嫌疑，定是非，则固未尝有异乎三王也。故曰：“其或继周者，虽百世可知也”。

【注释】①人道：指人事、为人之道或社会规范。②徽号：即尊号，尊崇帝后或其先王及宗庙等的称号。

【译文】《礼记》记载说：“圣人登上帝位而治理天下，一定要从人道开始了。确立权度量，制作文章，修改历法，改变服色，变换徽号，改换器械，辨别衣服，这些是可以随着朝代更替而让百姓跟着改变的。然而也有不随着朝代更替而随意改变的，是亲近亲属，尊敬祖宗，恭敬长辈，男女有别，这是不随着朝代更替而百姓跟着随意改变的。”自从春秋分裂为七国，秦国吞并七国，而大量地改变先王的礼仪制度。然而用来分辨上下，辨别亲疏，决断嫌疑，确定是非，则原本不曾有与三王不同的。因此说："将来或许有继承周王室的新王，即使历经百世也是可以预先知道的"。

自古帝王相传之统，至秦而大变。然而秦之所以亡，汉之所以兴，则亦不待谶纬[①]而识之矣。不仁而得天下，未之有也，此百世可知者也。保民而王，莫之能御也，此百世可知者也。

【注释】①谶纬：古代中国官方的儒家神学，谶书和纬书的合称。

【译文】从古以来帝王递相传授的传统，到秦朝而有大的改变。然而秦朝灭亡的原因，汉代兴盛的原因，也就不用等待预示吉凶的隐语而知道了。不施行仁德而能够得到天下，没有这样的事，这是历经百世可以知道的。爱护百姓而统一天下，就没有谁能够阻挡他，这也是历经百世可以知道的。

媚奥

奥[①]何神哉？如祀灶，则迎尸[②]而祭于奥，此即灶之神矣。《诗》"于以奠之，宗室牖下"注："牖下，室西南隅，所谓奥也。"李氏曰：户东而牖西。户不当中而近东。则西南隅最为深隐，故谓之奥。而祭祀及尊者常处焉。《曲礼》：为人子者，居不主奥。《仲尼燕居》以奥阼并言。是奥本人之所处，祭时乃奉神于此。时人之语，谓媚其君者，将顺于朝廷之上，不若逢迎于燕退之时也。注，以奥比君，以灶比权臣，本一神也，析而二之，未合语意。

【注释】①奥：室内的西南角，泛指房屋及其他深处隐蔽的地方。古时祭祀设神主或尊者居坐之处。②迎尸：古代祭礼之一。上古祭祀时，立尸以代死者受祭。尸由臣下或死者晚辈充任。

【译文】房屋内西南角是什么神位呢？譬如祭祀灶神，就迎接象征神灵受祭的人而在室内西南角祭祀，这就是灶神了。（《诗经》“于以奠之，宗室牖下”注：“牖下，是室西南角，就是所谓的奥。”李氏说：户在东面而牖在西面。户不在中间而靠近东面。那么西南角是最为深隐的，因此称为奥。而祭祀及地位尊贵的人常在这里。《曲礼》：为人子的，居处不敢占据室内西南角。《仲尼燕居》将奥阼一并提及。说明奥原本是人所处在的地方，祭祀时才奉神在这里。）当时人的有句话，说谄媚君王的人，将要在朝廷上顺从，不如在宴会结束的时候趋奉迎合。注解，以奥比作君，以灶比作权臣，原本是一个神祇，分开为二，不符合语意。

武未尽善

观于季札论文王之乐，以为“美哉犹有憾”，则知夫子谓武未尽善之旨矣。“犹未洽于天下”，《孟子》。此文之犹有憾也。“天下未安而崩”，《史记·封禅书》。此武之未尽善也。《记》曰：“乐者，象成者也。”又曰：“移风易俗，莫善于乐。”武王当日诛纣伐奄，三年讨其君，而宝龟[①]之命曰“有大艰于西土”，殷之顽民，迪屡不静，“商俗靡靡，利口惟贤，余风未殄[②]”。视舜之“从欲以治，四方风动”者，何如哉？故大武之乐，虽作于周公，而未至于世风移之日，圣人之时也，非人力之所能为矣。刘汝佳曰：揖让征诛，自是圣人所遇。使舜当武之时，亦须征伐。孔子曰：唐虞禅，夏后殷周继。其义一也。性之反之，自其从入之异，及其成功一也。人而天，反而性矣。以是而论乐之优劣，其与以追蠡者何异哉？

【注释】①宝龟：古代用以占卜吉凶的龟。②未殄：没有尽绝。

【译文】考察季札谈论文王的音乐，认为“美好然而仍然有遗憾”，可以知道孔子说武王没有十分完善的宗旨了。“还没能够统一天下”，（《孟子》。）这是文王仍然存在遗憾之处。“天下没有安定就死了”，（《史记·封禅书》。）这是武王没有十分完善之处。《礼记》记载：“音乐，是对已经发生过的事情的形象化再现。”又说：“改变旧的风俗习惯，没有比音乐更好的了。”武王当日诛杀商纣、讨伐奄国，三年讨伐他的国君，而占卜吉凶的龟指示说“在西方有大的灾难”，殷商不服从周朝统治的遗民，屡次教导竟然还不安定，“殷商的旧俗喜好侈靡，把巧辨作为贤能，余风至今没有断绝”。将帝舜的“能如愿地治理百姓，四方好像树木随风而动那样听从我的命令”，看成怎么样的呢？因此大武的音乐，虽然由周公创作，而没有到社会风气改变的时日，圣人的所遇，不是人的力量所能做到的。（刘汝佳说：揖让或征诛，自然是圣人遇到的事。假如帝舜在武王之时，也必须征伐。孔子说：唐尧虞舜是禅让制，夏朝、殷商、周朝是继承制。其中道理是一样的。本性或返回本性，自然是他所进入的不同，到达的成功是一样的。人而天，反而性。以此讨论乐的优劣，这与经久而剥蚀的钟器有什么不同呢？）

朝闻道夕死可矣

“有弗学，学之弗能，弗措也。有弗问，问之弗知，弗措也。有弗思，思之弗得，弗措也。有弗辨，辨之弗明，弗措也。有弗行，行之弗笃，弗措也。”“不知年数不足也，俛[1]焉日有孳孳，毙而后已”。故曰：“朝闻道，夕死可矣。”

【注释】①俛：同“俯”。

【译文】“要么不学习，学不会绝不放下。要么不提问，问不明白必绝不放下。要么不思考，想不明白绝不放下。要么不辩论，不能辨明绝不放下。要么不实行，不能切实力行绝不放下。”“忘掉了时日不多，仍然勤勉不松懈，奋力向前，死了以后才停止”。因此说：“早上听闻真理，晚上死去也是可以的。”

吾见其进也，未见其止也。有一日未死之身，则有一日未闻之道。

【译文】我看到他进取，没有看到他停止。有一天不死的人身，就有一天没有听闻的大道。

忠 恕

《延平先生答问》门人朱熹元晦编曰："夫子之道，不离乎日用之间。自其尽己而言，则谓之忠；自其及物而言，则谓之恕，莫非大道之全体。虽变化万殊，于事为之末，而所以贯之者，未尝不一也。曾子答门人之问，正是发其心尔，岂有二邪？若以为夫子一以贯之之旨甚精微，非门人所可告，姑以忠恕答之，恐圣贤之心不若是之支也。如《孟子》言：'尧舜之道，孝弟而已矣。'人皆足以知之。但合内外之道，使之体用一原，显微无间，则非圣人不能尔。"朱子又尝作《忠恕说》，其大指与此略同。按此说甚明，而《集注》乃谓借学者尽己推己之目以著明之，是疑忠恕为下学之事，不足以言圣人之道也。然则是二之，非一之也。

【译文】《延平先生答问》（门人朱熹编）记载说："孔子的基本思想，不离开日常生活应用。就全力以赴尽人事而言，则称为忠；就恩及万物而言，则称为恕，没有不是大道的全部。即使变化各不相同，对于做事的末节，而用来贯穿的，没有不是一样的。曾子回答门人的提问，正是发自内心，怎么会有两种呢？如果以为孔子"一以贯之"的主旨非常精深微妙，不是可以告诉门人的，姑且用"忠恕"回答，恐怕圣贤的心意不像是这样分散。像《孟子》说的：'尧舜治国的宗旨，只是孝敬友爱罢了。'人都完全可以知道。然而聚集内外的宗旨，使得本体和作用是一个本原，显著的事物和幽隐的事物联系密切，那么不是圣人不能够做到。"朱熹又曾经著有《忠恕说》，文章的主要含义与这大略相同。按这种说法非常明确了，而《四书集注》却说依靠学者全力以赴尽人事、用自己的心意推求的名目使得显著明了，这是怀疑“忠恕”为下学的事，不足以讨论圣人的宗旨。那么这是当作两种了，不是统一了。

慈溪黄氏曰：“天下之理无所不在，而人之未能以贯通者，己私间之也。尽己之谓忠，推己及人之谓恕。忠恕既尽，己私乃克，此理所在，斯能贯通。故忠恕者，所以能一以贯之者也。”

【译文】慈溪黄震说道：“天下的道理到处都存在，然而人不能全部彻底地了解通达，是因为自己的私意间隔了。尽心为人称为忠，推己及人称为恕。忠恕已经做到了，自己的私意就战胜了，这个道理存在，就能够全部透彻地了解连通。因此忠恕是用根本性的事理贯通事物始末的。”

元戴侗[①]作《六书故》，其训忠曰：“尽己致至之谓忠。《语》曰：‘为人谋而不忠乎？’又曰：‘言思忠。’《记》曰：‘丧礼，忠之至也。’又曰：‘祀之忠也，如见亲之所爱，如欲色然。’又曰：‘瑕不揜瑜，瑜不揜瑕，忠也。’《传》曰：‘上思利民，忠也。’又曰：“小大之狱，虽不能察，必以情，忠之属也。’《孟子》曰：‘自反而仁矣，自反而有礼矣，其横逆由是也，君子必自反也，我必不忠。’观于此数者，可以知忠之义也。反身而诚，然后能忠。能忠矣，然后由己推而达之家国天下，其道一也。”其训恕曰：“推己及物之谓恕。‘己欲立而立人，己欲达而达人’。施诸己而不愿，亦勿施于人，恕之道也。充是心以往，达乎四海矣。故曰：‘夫子之道，忠恕而已矣。’忠也者，天下之大本也；恕也者，天下之达道也。”本程子。“子贡问曰：有一言而可以终身行之者乎？子曰：其恕乎！”仲弓问仁，夫子告之亦以敬恕。夫圣人者，何以异于人哉？知终身可行，则知一以贯之之义矣。

【注释】①戴侗：字仲达，宋元之际著名文学家。永嘉（今浙江温州）人。著有《六书故》《六书通释》《易书家说》和《四书家说》。

【译文】元朝戴侗著有《六书故》，他训诂忠：“尽心为人到极点称为忠。《论语》说：‘为人做事是不是尽心竭力了呢？’又说：‘言语要想想是否忠诚。’《礼记》说：‘丧礼，这是无比的真诚。’又说：‘祭祀的虔诚程度，就好像看到双亲生前的喜好，好像看到双亲满意的神色。’又说：‘既不因为缺点掩盖优点，也不因为优点掩盖缺点，这就是忠诚。’《左传》说：‘上边的人想要对百姓有利，这是忠诚。’又说：“大大小小的诉讼案件，即使不能全部明察，一定根据实情判断，这是尽忠职守一类的事。’《孟子》说：‘自我反省达到仁爱，自我反省而遵守社会行为的规范，那人仍然是蛮横不顺从，君子一定会自我反省，我必然是有不诚挚的地方。’看上述几条的论述，可以知道忠的含义了。反省自身而诚挚，然后能够尽心为人。能够尽心为人，然后通过推求自己而通达家国天下，这道理是一样的。”他训诂恕：“推己及物称为恕。‘自己想要站得住，同时也使别人站得住；自己想要行得通，同时也使别人行得通’。施加给自己不情愿的东西，也不要施加给别人，这是恕的宗旨。充实此心以往，通达天下。因此说：‘孔子的基本思想，是忠恕罢了。’忠，是天下的大根本；恕，是天下公认的准则。”（源自程子。）“子贡请问道：有一句话可以终身奉行的吗？孔子说：大概是恕吧！”（仲弓问仁，孔子也以敬恕告诉他。）圣人，与普通人有什么不同呢？知道终身可以奉行，就知道用“一以贯之”的含义了。

《中庸》记夫子言“君子之道四”，无非忠恕之事。而《乾》九二之龙德，亦惟曰：“庸言之信，庸行之谨。”然则忠恕，君子之道也。何以言违道不远？曰：此犹之云“巧言令色，鲜矣仁”也。古人语辞云尔。违道不远，即道也；违禽兽不远，即禽兽也。孟子已自申之。岂可以此而疑忠恕之有二乎？或曰：孟子言：“强恕而行，求仁莫近焉。”何也？曰：此为未至乎道者言之也。孟子曰：“由仁义行，非行仁义也。”仁义岂有二乎？今人谓有圣人之忠恕，有学者之忠恕，非也。尽得忠恕，方是圣人，学者所以学为忠恕。

【译文】《中庸》记录孔子的话说“君子具备四种道德”，都是忠恕的事情。而《乾》卦九二爻位的龙德，也只是说：“平常说话都能守信，平常做事都能谨慎。”那么忠恕，是君子的大道。为什么说离道差不远了？解释说：这就好比说“花言巧语，装出和颜悦色的样子，这种人仁心是很少的了”。（这是古人的语辞用法而已。违道不远，就是道；违禽兽不远，就是禽兽了。孟子已经阐述了。）怎么可以因为这个而怀疑忠恕有两样呢？有人说：孟子说过：“尽力按照恕办事，就是最接近追求仁德的道路。”为什么呢？回答说：这是为没有达到大道的人说的话。孟子说：“他是根据内心的仁义而行动，而不是勉强行仁义。”仁义难道有两样的吗？（现在人认为有圣人之忠恕，有学者之忠恕，这是错误的。完全得到忠恕，才是圣人，学者就是学习忠恕。）

夫子之言性与天道

夫子之教人，文行忠信，而性与天道在其中矣。故曰“不可得而闻”。

【译文】孔子教育的宗旨，知识、操行、诚心、信义，而人性与天道都包含在其中了。所以说“不可得而闻”

子曰：“二三子以我为隐乎？吾无隐乎尔。吾无行而不与二三子者，是丘也”。谓夫子之言性与天道不可得而闻，是疑其有隐者也。不知夫子之文章，无非夫子之言性与天道，所谓“吾无行而不与二三子者，是丘也”。

【译文】孔子说：“诸位认为我有什么隐藏吗？我没有什么隐藏，我所知道的没有说不跟你们共享的。这就是孔子”。说孔子谈论人性与天道不容易听闻，这是怀疑孔子有所隐藏。不知道孔子的言行举止，都是孔子谈论人性与天道，所谓的“我没有什么隐藏，我所知道的没有说不跟你们共享的，这就是孔子”。

子贡之意，犹以文章与性与天道为二。故曰：“子如不言，则小子何述焉？”子曰：“天何言哉？四时行焉，百物生焉。天何言哉？”是故可仕、可止，可久、可速，无一而非天也。恂恂便便①，侃侃誾誾②，无一而非天也。

【注释】①恂恂：温顺恭谨貌。便便：明白畅达。②侃侃：和乐貌。誾（yín）誾：说话和悦而又能辨明是非之貌。

【译文】子贡的意思，仍然是认为孔子的言行举止与人性与天道划分为二。因此说：“老师您如果不说，那么小子我记录、传述什么呢？”孔子说：“上天何曾说过什么呢？四季照旧运行，百物照样生长。上天说了什么话呢？”因此可以做官、可以停止，可以长久、可以迅速，没有一个不是天道。温顺恭谨、明白畅达，和悦而又能辨明是非，没有一个不是天道。

“动容周旋中礼者，盛德之至也。”孟子以为尧舜性之之事。夫子之文章，莫大乎《春秋》。《春秋》之义，尊天王，攘戎翟，诛乱臣贼子，皆性也，皆天道也。故胡氏以《春秋》为圣人性命之文，而“子如不言，则小子其何述乎？”

【译文】“行为和仪容在人际关系中符合社会行为规范的人，是崇高的品德到极点的表现。”孟子以为是尧舜本性的事。孔子的文章，没有比《春秋》大的。《春秋》的精要之处在于，尊崇周天子，排除戎翟，诛杀乱臣贼子，都是人性，都是天道。因此胡安国把《春秋》作为圣人尽性、知命的著作，怎么会是“老师您如果不说，那么小子我记录、传述什么呢？”

今人但以《系辞》为夫子言性与天道之书。愚尝三复[①]其文，如“鸣鹤在阴”，七爻；“自天祐之”，一爻；“憧憧[②]往来”，十一爻；“履德之基也”，九卦。所以教人学《易》者，无不在于言行之间矣。故曰：“初率其辞，而揆其方，既有典常。苟非其人，道不虚行。”

【注释】①三复：谓反复诵读。②憧憧：往来不绝貌。

【译文】当代人只是把《系辞》作为孔子谈论人性与天道的著作。我曾经反复诵读他的文章，如“大鹤在树荫下啼叫”，七爻；“上天保佑他”，一爻；“忙着来来往往”，十一爻；“《履》卦谈德行的基础”，九卦。用来教育人学习《易经》的，没有不在言谈行动之间的。因此说：“起初要依循它的言辞，再去揣测它的方法，就会找到固定的规则。如果不是这样的人，那么《易经》的法则也不会徒然运行。”

樊迟[①]问仁，子曰：“居处恭，执事敬，与人忠。”司马牛[②]问仁，子曰：“仁者其言也讱。”由是而充之，“一日克己复礼”，有异道乎？今之君子，学未及乎樊迟、司马牛，而欲其说之高于颜、曾二子，是以终日言性与天道，而不自知其堕于禅学也。

【注释】①樊迟：即樊须，名须，字子迟。春秋末鲁国人（一说齐国人）。是孔子七十二贤弟子内的重要人物。②司马牛：子姓，司马氏，名耕（一名犁），字子牛。孔子的弟子，春秋时宋国人。《史记·仲尼弟子列传》提到过他，说他“多言而躁”。

【译文】樊迟请教仁，孔子说：“在家恭敬，做事严肃认真，待人忠心诚意。”司马牛请教仁，孔子说：“仁者说话很谨慎。”根据这个而扩充，与“一日克己复礼”，有不同的途径吗？如今的君子，学问没有达到樊迟、司马牛的境界，而想他们的学说比颜回、曾参高明，所以整天谈论人性与天道，而不知自己已经落入禅宗的教理里了。

朱子曰：“圣人教人，不过孝弟忠信。持守诵习之间，此是下学之本。今之学者，以为钝根，不足留意，其平居道说，无非子贡所谓不可得而闻者。”又曰：“近日学者，病在好高。《论语》未问学而时习，便说一贯。《孟子》未言梁惠王[1]问利，便说《尽心》。《易》未看六十四卦，便读《系辞》。此皆躐等[2]之病。”又曰：“圣贤立言，本身平易，今推之使高，凿之使深。”

【注释】①梁惠王：又称魏惠王，姬姓，魏氏，名罃（yīng）。魏惠王魏罃即位正是魏国鼎盛时期，魏惠王由安邑迁都大梁（今开封西北）后，魏国亦称梁国。但在以后的战争中，“东败于齐，西丧秦地七百余里，南辱于楚”，开始衰落。②躐（liè）等：逾越等级；不按次序。

【译文】朱熹说："圣人教育人，不过是孝敬友爱忠诚信用。在诵读熟习之间坚持执守，这是最差的学习的根本。如今的学者，以为缺少灵性，不值得留意，他们平日里口头称说，不过是子贡所谓的不容易听闻和领悟的。"又说："近来的学者，缺点在于不切实际地追求过高的目标。《论语》没有问到学而时习，就说用一个道理贯穿。《孟子》没有说到梁惠王问利，就说《尽心》。《易经》没有看过六十四卦，便读《系辞》。这都是不遵循原有序列的缺点。"又说："圣贤著书立说，本身浅显通俗，如今却推求使它过高，穿凿使它过深。"

黄氏《日钞》曰："夫子述《六经》，后来者溺于训诂，未害也；濂洛[①]言道学，后来者借以谈禅，则其害深矣。"

【注释】①濂洛：北宋理学的两个学派。"濂"指濂溪周敦颐；"洛"指洛阳程颢、程颐。②四科：孔门四种科目。指德行、言语、政事、文学。

【译文】黄震《黄氏日钞》说："孔子著述《六经》，后来的读书人沉浸在解释古文的字义，这没有危害；周敦颐、程颢、程颐谈论道学，后来的读书人作为谈说佛教教义的凭借，这危害就深远了。"

孔门弟子不过四科[②]，自宋以下之为学者，则有五科，曰"语录科"。

【译文】孔子的门徒原本只有四种科目，从宋代以后的读书人，则有五种科目，（增加一种）称为"语录科"。

刘、石乱华，本于清谈[①]之流祸，人人知之。孰知今日之清谈，有甚于前代者。昔之清谈，谈老、庄，今之清谈，谈孔、孟，未得其精，而已遗其粗，未究其本，而先辞其末。不习六艺之文，不考百王之典，不综当代之务，举夫子论学、论政之大端，一切不问，而曰“一贯”，曰“无言”，以明心见性[②]之空言，代修己治人之实学。股肱惰而万事荒，爪牙[③]亡而四国乱，神州荡覆，宗社丘墟。昔王衍妙善玄言，自比子贡。及为石勒所杀，“将死，顾而言曰：呜呼！吾曹虽不如古人，向若不祖尚浮虚，戮力以匡天下，犹可不至今日”。今之君子，得不有愧乎其言？

【注释】①清谈：在魏晋时，承袭东汉清议的风气，就一些玄学问题析理问难，反复辩论的文化现象。释义为清雅的谈论。②明心见性：摒弃世俗一切杂念，彻悟因杂念而迷失了的本性（即佛性）。③爪牙：比喻武臣。

【译文】刘渊、石勒在八王之乱后起兵反叛，根源在清雅的谈论延及的灾祸，这是人人都知道的。哪里知道如今清雅的谈论，超过前代。从前清雅的谈论，是谈论老子、庄子，如今清雅的谈论，是谈论孔子、孟子，没有得到精髓，而已经遗忘粗略，没有探究根本，而先不接受末节。不学习六艺的文献，不研究历代帝王的典籍，不综合当代的事情，提出孔子论学、论政主要的部分，一切不问，而说“一贯”，说“无言”，以明心见性的不切实际的话，替代努力提高自己的修养、更好地治理百姓的有根底的学问。辅佐君主的大臣懈怠而万事荒废，勇武的卫士失去而四方的国家动乱，神州动摇颠覆，宗庙社稷成为废墟。从前王衍精妙美善玄理的言论，把自己比作子贡。等到被石勒所杀，“将要死的时候，回过头说：呜呼！我们虽然比不上古人，假如不效法崇尚虚无的玄理，通力合作来匡正扶持天下，还可以不到今日的地步”。如今的君子，对于他的话能够没有愧疚吗？

变齐变鲁

变鲁而至于道者，“道[①]之以德，齐之以礼”。变齐而至于鲁者，道之以政，齐之以刑。

【注释】①道：引导。治理。

【译文】变革鲁国的政治而达到符合大道，“用德行引导百姓，用礼制感化他们”。变革齐国的政治而达到鲁国的样子，用政令治理百姓，用刑罚整顿他们。

博学于文

“君子博学于文”，自身而至于家国天下，制之为度数，发之为音容，莫非文也。“品节斯，斯之谓礼。”“孔子曰：伯母、叔母疏衰[①]，踊不绝地；姑姊妹之大功，踊绝于地。知此者，由文矣哉！由文矣哉！”《记》曰：“三年之丧，人道之至文者也。”又曰：“礼减而进，以进为文，乐盈而反，以反为文。”《传》曰：“文明以止，人文也。观乎人文，以化成天下。”故曰：“文王既没，文不在兹乎？”而谥法“经纬天地曰文”，与弟子之学诗书六艺之文，有深浅之不同矣。

【注释】①疏衰：即齐衰。丧服中“五服”之一，规格次于斩衰。

【译文】“君子广泛地学习古代的文化典籍”，从自身而到家庭国家天下，制定的标准，表现在音容上，没有不是文化典籍的范畴。“按等级、层次而加以节制，这称为符合礼。”“孔子说：“伯母、叔母死亡，为她们穿的是齐衰孝服，但哭的时候跳跃脚却不离开地面；姑、姊妹死亡，为她们穿的是大功丧服，但哭的时候跳跃脚却离开地面。如果明白了此中的道理，那才算是把礼文用到家了，把礼文用到家了！”《礼记》记载说：“三年之丧，是人道至高的一种礼仪。”又说：“礼减损而推进，以推进为华美，乐充盈而抑制，以抑制为华美。”《易传》记载说：“以文明的方式规范人的行为，是人间的文饰。观察人间的文饰，可以教化成就天下的人。”因此说：“周文王去世以后，周代的礼乐文化不都体现在我身上吗？”而谥法“经营天下、治理国政称为文”，与弟子学习诗书六艺的文，有深浅的不同。

三以天下让

《皇矣》之诗曰：“帝作邦作对，自太伯王季。”则泰伯①之时，周日以强大矣，乃托之采药，往而不反。当其时，以国让也，而自后日言之，则以天下让也。犹南宫适谓稷躬稼而有天下。当其时，让王季也，而自后日言之，则让于文王、武王也。有天下者，在三世之后，而让之者，在三世之前。宗祧[2]不记其功，彝鼎不铭其迹，此所谓三以天下让，民无得而称焉者也。《路史》曰：“方太王时，以与王季，而王季以与文王，文王以与武王，皆泰伯启之也。”故曰三让。郑康成注曰：“泰伯，周太王之长子，次子仲雍，次子季历。太王见季历贤，又生文王，有圣人表，故欲立之，而未有命。太王疾，泰伯因适吴越采药，太王殁而不反。季历为丧主，一让也。季历赴之，不来奔丧，二让也。免丧之后，遂断发文身，三让也。三让之美，皆隐蔽不著，故人无得而称焉。”

【注释】①泰伯：即吴太伯，又称泰伯，姬姓，父亲为周部落首领古公亶父，兄弟三人，排行老大；两个弟弟仲雍和季历。父亲传位于季历及其子姬昌，太伯和仲雍避让，迁居江东，建国勾吴。②宗祧（tiāo）：宗：宗庙。祧：远祖之庙。

【译文】《皇矣》的诗说：“上帝为周朝兴盛开拓疆域，从太伯王季开始营建。”则泰伯时期，周朝日益强大，于是推托说采药，去而不返回。在那个时候，是以国家谦让，而从以后来说，则是以天下谦让了。（就像南宫适说后稷亲自耕种而有天下。）在那个时候，是谦让王季，而从以后来说，则是谦让文王、武王了。坐拥天下的人，在三世之后，而谦让的人，在三世之前。宗祧不记录他的功劳，彝鼎不铭记他的事迹，这就是所谓的几次把王位谦让给王季，百姓找不到合适的词句来赞扬他。《路史》记载：“当周太王的时候，传位给王季，而王季传位给文王，文王传位给武王，都是泰伯开启的。”所以说“三让”。（郑玄注解说：“泰伯，是周太王的长子，次子仲雍，次子季历。太王看见季历贤能，又生有文王，他有圣人的样貌，因此想立他为王，但是没有命令。太王生病，泰伯因此就到吴越采药，太王去世后却没有回来。季历为丧事主持，这是一让。季历前往，没来奔丧，这是二让。丧事服完之后，于是断发文身，这是三让。三让之美，都是隐蔽没有宣扬，因此人们无法去称颂。”）

泰伯去而王季立，王季立而文、武兴，虽谓之以天下让，可矣。太史公序《吴世家》云：“太伯避历，江蛮是适，文武攸兴，古公王迹。”甚当。

【译文】泰伯离去而季历即位，季历即位而文王、武王兴盛，即使称为以天下谦让，也是可以的。太史公作《吴世家》序说：“太伯避让季历，避居在江南蛮夷之地，文王、武王得以振兴周王室，发展了古公亶父的王业。”非常恰当。

高泰伯之让国者，不妨王季，《诗》之言“因心则友”是也。述文王之事君者，不害武王，《诗》之言“上帝临女”是也。古人之能言如此。今将称泰伯之德，而先以莽、操之志加诸太王，岂夫子立言之意哉？朱子作《论语或问》，不取翦商之说，而蔡仲默[①]传《书·武成》曰：“大王虽未始有翦商之志，而始得民心，王业之成，实基于此。”仲默，朱子之门人，可谓善于匡朱子之失者矣。

【译文】推崇泰伯谦让国家，不妨害季历，《诗经》的“因心则友”就是这样。记述文王侍奉国君，不妨害武王，《诗经》的“上帝监视你们”就是这样。古人独到的见解像这样。如今将要称赞泰伯的德行，而先把王莽、曹操的志向强加给太王，难道是孔子建立学说的意思吗？朱熹写作《论语或问》，不选取剪灭商纣的说法，而蔡仲默注解《尚书·武成》说：“太王虽然没有剿灭无道，建立王业的志向，而开始获得民心，王业的成就，实际是以此为根基。”蔡仲默，是朱熹的学生，可以说是善于纠正朱熹过失的人了。

《或问》曰：“太王有废长立少[①]之意，非礼也。泰伯又探其邪志而成之，至于父死不赴，伤毁发肤，皆非贤者之事。就使必于让国而为之，则亦过而不合于中庸之德矣。其为至德何邪？”曰：“太王之欲立贤子圣孙，为其道足以济天下，而非有爱憎之间，利欲之私也。是以泰伯去之，而不为狷，王季受之，而不为贪，父死不赴，伤毁发肤，而不为不孝。盖处君臣、父子之变，而不失乎中庸，此所以为至德也。其与鲁隐公、吴季子之事，盖不同矣。”此说本之伊川先生。

【注释】①废长立少：上至天子、封君，下至公卿、大夫、士，他们的爵位、封邑、官职都是父子相承的。这种继承原则一般是以正妻所生的第一个儿子嫡长子为继承人，若废掉嫡长子的继承权而把该权利转给除嫡长子以外的其他儿子，则叫废长立幼。

【译文】《或问》记载说：“周太王有废长立幼的意思，这不符合礼节。泰伯又探知他邪佞的心志而成就他，至于父亲死亡不回家奔丧，毁伤头发皮肤，都不是贤德的人会做的事。就是使他一定在让国上而需要这样做，则也过分而不符合不偏不倚、折中调和的处世态度了。他何以能称为至德？”说：“周太王想确立贤子圣孙，使得他的大道完全可以救济天下，而不是有喜好和厌恶，对私利的欲望。所以泰伯离开，而不算是狷介，王季接受，而不算是贪婪，父亲死亡不回家奔丧，毁伤头发皮肤，而不算是不孝敬。大概处理君臣、父子的权变，而不丧失中正平和，这就是作为最高的道德的原因了。他与鲁隐公、吴季子的事迹，是不相同的。”（这个说法源自伊川先生程颐。）

有妇人焉

“予有乱臣十人”，同心同德，此陈师誓众之言。所谓十人，皆身在戎行者，而太姒、邑姜自在宫壶之内，必不从军旅之事，亦必不并数之，以足十臣之数也。古人有言曰：“牝鸡[①]无晨，牝鸡之晨，惟家之索。”方且以用妇人为纣罪矣。乃周之功业，必借于妇人乎？此理之不可通，或文字传写之误。汉博士孔衍言：臣祖安国，得壁中古文《论语》，为改今文。阙疑可也。《书·大诰》：“爽邦由哲，亦惟十人，迪知上帝命。”蔡氏亦以为乱臣十人。

【注释】①牝鸡：母鸡。比喻专权的妇人。

【译文】“我有拨乱、善于治国的大臣十人”，思想、行动完全一致，这是陈列军队、誓师众人的话。所谓十人，都是身在军队中的人，而太姒、邑姜自然是住在宫廷之内，一定不参与有关军队的事，也一定不会合并算上她们，来凑足十臣的数目。古人有话说："母鸡是不会报告天明，如果母鸡报告天明，必定会败光全部家产。"况且还把听信妲己作为商纣王的罪行。周朝功业，一定凭借妇人吗？这个道理不通顺，或许是文字传抄的失误。（汉代博士孔衍说：臣的祖父孔安国，获得壁中古文《论语》，就改为今文。）可以把疑难问题保留下来，不作主观地判断。（《尚书·大诰》："爽邦由哲，亦惟十人，迪知上帝命。"蔡沉也以为是乱臣十人。）

季路问事鬼神

"未能事人，焉能事鬼？"左右就养无方，故其祭也，洋洋乎如在其上，如在其左右。"未知生，焉知死？"人之生也直，故其死也，"无求生以害仁，有杀身以成仁"。

【译文】"没有能够侍奉人，怎么能侍奉鬼神呢？"在身边精心地侍候，所以他的祭祀，浩浩荡荡，好像在人的头上，好像在人的身边。"不知道活着的道理，怎么能知道死呢？"凭借正直生存在世上，所以他的死亡，"没有贪求生而损害仁的，只有牺牲自己的性命来成全仁的"。

"天地有正气，杂然赋流形。下则为河岳，上则为日星。"文信公《正气歌》。可以谓之知生矣。"孔曰成仁，孟曰取义，而今而后，庶几无愧。"《衣带赞》。可以谓之知死矣。

【译文】“天地之间有一股堂堂的正气，它赋予万物而变化为各种形状。在下面就表现为山川河岳，在上面就表现为日月星辰。”（信公文天祥《正气歌》。）可以说知道活着的道理了。“孔子教导杀身以成就仁德，孟子教导舍弃生命以取得正义，从今往后，就几乎没有什么可以惭愧的了。”（《衣带赞》。）可以说知道死亡的道理了。

不践迹

服尧之服，诵尧之言，行尧之行，所谓践迹[①]也。先王之教，若《说命》所谓“学于古训”，《康诰》所谓“绍闻衣德言[②]”，以至于《诗》《书》六艺之文，三百三千[③]之则，有一非践迹者乎？善人者，忠信而未学礼，笃实而未日新，虽其天资之美，亦能暗与道合，而足己不学，无自以入圣人之室矣。治天下者迹然。故曰：“周监于二代，郁郁乎文哉。”不然，则以汉文之几致刑措，而不能成三代之治矣。

【注释】①践迹：亦作“践跡”。踩着前人的足迹。犹蹈袭，因袭。②绍闻衣德言：诸说不异。后以“绍衣”为典故，谓承继旧闻善事，奉行先人之德化教言。③三百三千：指“礼仪三百，威仪三千”。“礼”的总纲有三百条之多，细目有三千多条。形容礼仪的项目很多，内容非常全面和细致。

【译文】穿尧所穿的衣服，说尧所说的话，做尧所做的事，就是所谓踩着前人的足迹。先王的教诲，像《说命》所谓的“要学习古训”，《康诰》所谓的“依据遗训来治理国家”，以至于《诗经》《尚书》六艺的文章典籍，三百三千规则，有一条不是踩着前人的足迹吗？善良的人，忠诚信实而没有学习礼仪，敦厚老实而没有天天更新，即使他天资令人满意，也能暗与大道相符合，而自以为足够了不再学习，自己不能进入圣人的室内。治理天下的人也是这样。因此说：“周朝的礼仪制度借鉴于夏、商二代的基础，是多么丰富而完备啊。”如果不是这样，则以汉文帝几乎使刑法废置不用，也不能实现夏、商、周三代的安定。

异乎三子者之撰

夫子“如或知尔”之言，“吾非斯人之徒与，而谁与”也。曾点[1]“浴沂詠归”之言，“素贫贱，行乎贫贱，君子无入而不自得”也。故曰：“异乎三子者之撰[2]”。

【注释】①曾点：字皙，又称曾皙、曾晰、曾蒧（diǎn），中国春秋时期鲁国南武城（今山东临沂）人，“宗圣”曾参之父，孔子弟子，孔门七十二贤之一。与其子曾参同师孔子，曾自言其志，孔子颇叹赏。②撰：同“供”，善言，这里指上文子路、冉有、公西华等三人所陈述的志向。

【译文】孔子“如果有人了解你”的话，即是“如果不同世上的人群打交道，还与谁打交道呢”。曾点“在沂水里沐浴，唱着歌儿回家”的话，即是“平素贫贱，就做贫贱时应该做的事，君子无论处在什么位置，都能悠然自得”。因此说：“和他们三人的志向不同”。

去兵去食

“乃积乃仓，乃裹糇粮①，于橐②于囊。”国所以足食，而不待豳土之行也。“备乃弓矢，锻乃戈矛，砺乃锋刃，无敢不善。”国所以足兵，而不待淮夷之役也。苟其事变之来，而有所不及备，则耰鉏白梃③，可以为兵，而不可阙食以修兵矣。糠核④草根，可以为食，而不可弃信以求食矣。古之人，有至于张空弮⑤，罗雀鼠，而民无贰志者，非上之信有以结其心乎？此又权于缓急轻重之间，而为不得已之计也。明此义，则国君死社稷，大夫死宗庙，至于舆台、牧圉⑥之贱，莫不亲其上，死其长，所谓圣人有金城⑦者，此物此志也，岂非为政之要道乎？孟子言：“制梃以挞秦、楚”，亦是可以无待于兵之意。

【注释】①糇（hóu）粮：食粮，干粮。②橐（tuó）：一种口袋。③白梃：亦作“白挺”。大木棍。④糠核：亦作“糠籺”“糠覈”。比喻粗劣的食物。⑤弮（juàn）：古同“絭（juàn）”。弩弦。⑥舆台：亦作“舆儓（tái）”。古代十等人中两个低微等级的名称。舆为第六等，台为第十等。泛指操贱役者，奴仆。牧圉（yǔ）：养牛马的人。⑦金城：甘肃兰州的别称。依据兰州城群山环抱，固若金汤，因此取“金城汤池”的典故，命名为金城，喻其坚固。

【译文】“仓库里粮食堆得厚重，包裹起干粮准备远游。大袋小袋都装得满。”国家粮食充足的原因，而不必等待有豳土的迁行。

"准备你们的弓箭，锻炼你们的戈矛，磨利你们的锋刃，不敢不好。"国家武备修整的原因，而不必等待有淮夷的征战。如果发生重大的事件，而来不及准备，那么耰鉏白梃，可以作为兵器，而不可以缺少食物来修整兵器。糠核草根，可以作为食物，而不可以放弃信用来谋求食物。古代的人，有到了张开没有箭的弓，罗捕麻雀老鼠，而百姓没有二心，不是上方的信用能团结百姓的心吗？这又是在缓急轻重之间变通，而作为不得已的谋略。知晓这个含义，那么国君为保卫社稷而死，大夫守护宗庙而死，至于奴隶、养牛马的人地位低下，没有不亲近上面，为尊长而死，说圣明的君主都有金城，就是用金城来比喻这种志向，难道不是治理国家重要的方法吗？孟子说："拿起木棍战胜秦、楚两国的军队"，也是可以不用依仗军队的意思。

古之言兵，非今日之兵，谓五兵也。故曰："天生五材，谁能去兵。"《世本》："蚩尤[①]以金作兵，一弓、二殳、三矛、四戈、五戟。"《周礼》司右[②]"五兵"注引《司马法》曰："弓矢、围，殳、矛、守，戈、戟、助。"是也。"诘尔戎兵"，诘此兵也；"踊跃用兵"，用此兵也；"无以铸兵"，《左氏》僖公十八年传。铸此兵也。秦汉以下，始谓执兵之人为兵。如信陵君[③]得选兵八万人，项羽[④]将诸侯兵三十余万，见于太史公之书，而《五经》无此语也。

【注释】①蚩尤：姜姓，名蚩尤，骁勇善战，相传蚩尤是牛图腾和鸟图腾氏族的首领，一说是和炎帝同属一个部落。②司右：《周礼》谓夏官司马所属有司右，设上士二人，下士二人，并有府、史、胥、徒等人员。掌群右的政信。群右指车右，用勇力之士任之。③信陵君：魏无忌，魏国公子，与春申君黄歇、孟尝君田文、平原君赵胜并称为“战国四公子”。是战国时期魏国著名的军事家、政治家，魏昭王少子、魏安釐王的异母弟。被封于信陵，所以后世皆称其为信陵君。④项羽：名籍，字羽，泗水下相（今江苏宿迁）人。秦末农民起义领袖，杰出军事家，楚国名将项燕之孙。勇猛好武，早年跟随叔父项梁在吴中起义反秦。自称西楚霸王。后来与刘邦争战失败而自杀。

【译文】古代说到兵，不是如今的兵，说的是五种武器。因此说：“上天生长了金、木、水、火、土五种材料，谁能够废除武器呢。”《世本》记载：“蚩尤用金属制作兵器，一是弓、二是殳、三是矛、四是戈、五是戟。”《周礼》司右“五兵”注解引用《司马法》说：“弓、矢、包围，殳、矛、防守，戈、戟、协助。”是这样的。“诘尔戎兵”，是整治武器；“踊跃用兵”，是使用武器；“无以铸兵”，（《左传》鲁僖公十八年）是铸造兵器。秦汉以后，才开始说拿着兵器的人是士兵。像信陵君得以挑选士兵八万人，项羽率领诸侯的士兵三十多万，出现在太史公的史书，而《五经》没有这样的话语。

以执兵之人为兵，犹之以被甲之士为甲。《公羊传》，桓公使高子将南阳之甲，立僖公而城鲁。闵公二年。晋赵鞅取晋阳之甲，以逐荀寅[①]，与士吉射[②]。哀公十三年。

【注释】①荀寅：即中行文子，又称中行寅。荀吴之子。春秋时晋国六卿之一。②士吉射：范昭子：祁姓，范氏，名吉射，谥昭。因范氏出自士氏，故又称士吉射。春秋后期晋国六卿——范氏最后一代宗主，范鞅之子。

【译文】把拿着兵器的人称为士兵，就好像把披着铠甲的士兵称为甲士。《公羊传》记载，桓公派遣高子率领南阳披着铠甲的士兵，拥立鲁僖公而在鲁国筑造城池。（鲁闵公二年。）晋国大夫赵鞅率领晋阳披着铠甲的士兵，用他们驱逐了荀寅和士吉射。（鲁哀公十三年。）

奡荡舟

《竹书纪年》，帝相[①]二十七年，“浇伐斟鄩，大战于潍，覆其舟，灭之。”《楚辞·天问》，“覆舟斟鄩，何道取之？”正此谓也。汉时《竹书》未出，故孔安国注为“陆地行舟”，而后人因之。王逸注《天问》，谓灭斟鄩氏，奄若覆舟。亦以不见《竹书》，而强为之说。

【注释】①帝相：姒相，夏朝君主，姒仲康之世子。

【译文】《竹书纪年》记载，帝相二十七年，“寒浇讨伐斟鄩，在潍地大战，倾覆他们的船只，剿灭了他。”《楚辞·天问》记载，“在斟鄩倾覆船只，通过什么途径做到的呢？”说的正是这个。汉朝时候《竹书纪年》没有出土，所以孔安国注解为“陆地行舟”，而后代人沿袭他的说法。（王逸注解《天问》，认为灭掉斟鄩氏，突然像倾覆船只一样。也以不见《竹书纪年》，而强行为之解说。）

古人以左右冲杀为荡阵，《宋书·颜师伯传》：“单骑出荡。”《孔觊传》：“每战以刀楯直荡。”其锐卒谓之跳荡，别帅谓之荡主。《陈书·高祖纪》："荡主戴晃、徐宣等。"《后周书·侯莫陈崇传》《王勇传》有直荡都督。《杨绍传》有直荡别将。《晋书·载记·陇上健儿歌》曰："丈八蛇矛左右盘，十荡十决无当前。"《唐书·百官志》："矢石未交，陷坚突众，敌因而败者，曰跳荡。"荡舟盖兼此义，与蔡姬之乘舟荡公者不同。《左氏》僖公三年。

【译文】古人把向左向右边冲边杀作为荡阵，（《宋书·颜师伯传》："单骑出荡。"《孔觊传》："每战以刀楯直荡。"）其中精锐的士卒称为跳荡，偏军的统帅称为荡主。（《陈书·高祖纪》："荡主戴晃、徐宣等。"《后周书·侯莫陈崇传》《王勇传》有直荡都督。《杨绍传》有直荡别将。）《晋书·载记·陇上健儿歌》记载说："丈八蛇矛向左向右回旋，十次冲杀，十次突破敌阵前面没有抵挡。"《唐书·百官志》记载："弓箭和垒石没有交锋，攻入坚固的阵地、急速地从众人冲出，敌人因为这个而失败，称为跳荡。"荡舟大概并有这个含义，与蔡姬的坐船摇晃小船吓到齐桓公不同。（《左传》鲁僖公三年。）

管仲不死子纠

君臣之分，所关者在一身；华裔之防，所系者在天下。故夫子之于管仲，略其不死子纠[①]之罪，而取其一匡九合[②]之功，盖权衡于大小之间，而以天下为心也。夫以君臣之分，犹不敌华裔之防，而《春秋》之志可知矣。

【注释】①子纠：春秋时齐国人。齐僖公之子，齐桓公之兄。②一匡九合：春秋时管仲辅助齐桓公“一匡天下，九合诸侯”，建立霸业。后亦指立国大事。

【译文】君上臣下的区分，关系在一身；华裔的区辨，关系在天下。所以孔子对于管仲，忽略他不能追随公子纠而死的罪过，而选取他帮助齐桓公建立霸业的功绩，大概是比较在大小之间，而把天下作为重心。君臣的区分，敌不过华裔的区辨，而《春秋》的志向可以知道了。

有谓管仲之于子纠，未成为君臣者，子纠于齐未成君，于仲与忽[1]则成为君臣矣。狐突之子毛及偃[2]，从文公在秦而曰：“今臣之子，名在重耳，有年数矣。”汉晋以下，太子诸王与其臣皆定君臣之分。盖自古相传如此。若毛、偃为重耳之臣，而仲与忽不得为纠之臣，是以成败定君臣也，可乎？又谓桓兄纠弟，此亦强为之说。

【注释】①忽：即召（shào）忽，春秋时齐国人。少负才名，胸有大志，喜研军国治理之术，但不得志。齐襄公时，公子纠慕其才华和谋略，聘为师傅，终日伴读讲史不倦。襄公死，国乱，从公子纠出奔至鲁。后护公子纠回国，争位。曾参与射杀公子小白，小白诈死，得以先入齐，即位为齐桓公。齐桓公（小白）即位后，命鲁人杀公子纠，召忽为尽人臣礼节，于是就自杀而亡。②狐突：姬姓，狐氏，字伯行，中国春秋时代晋国大夫，晋文公的外祖父。狐突是唐叔虞的后代沦落于狄族的枝属，有先见之明。教子忠臣不事二主。毛：即狐毛，姬姓，狐氏，名毛，中国春秋时代晋国大夫，晋文公的舅舅，狐偃之兄。偃：即狐偃，姬姓，狐氏，字子犯。是晋文公的舅舅，晋国重臣，又称舅犯、咎犯、臼犯。

【译文】有人说管仲对于公子纠，没有成为君臣，公子纠在齐国没有成为国君，对于管仲与召忽则成为君臣了。狐突之子狐毛和狐偃，跟从晋文公在秦国说："如今臣的儿子，策名委质在重耳那里，已经有多年了。"（汉晋以下，太子诸王与其臣下都定有君臣之分。大概自古相传如此。）如果狐毛和狐偃是晋文公的臣子，而管仲与召忽不能是公子纠的臣子，这是用成败来决定是否是君臣了，可以吗？又说桓公是兄长，公子纠是弟弟，这也是牵强为之辩说了。

论至于尊周室，存华夏之大功，则公子与其臣，区区一身之名分小矣。虽然，其君臣之分故在也，遂谓之无罪，非也。

【译文】谈论到了尊崇周王室，保存华夏的大功劳，那么公子与他的臣下，区区一身的名分就小了。即使这样，他们君臣的名分原本就在，于是说他们无罪，不是这样的。

予一以贯之

"好古敏求""多见而识"，夫子之所自道也，然有进乎是者。六爻之义至赜[①]也，而曰："知者观其彖辞，则思过半矣。"三百之诗至泛也，而曰："一言以蔽之，曰思无邪。"三千三百之仪至多也，而曰："礼与其奢也宁俭。"十世之事至远也，而曰："殷因于夏礼，周因于殷礼，虽百世可知。”百王之治至殊也，而曰：“道二，仁与不仁而已矣。”此所谓“予一以贯之”者也。其教门人也，必先叩其两端，而使之以三隅反。故颜子则闻一以知十，而子贡切磋之言，子夏礼后之问，则皆善其可与言《诗》。岂非天下之理，殊途而同归，大人之学，举本以该末乎？彼章句之士，既不足以观其会通，而高明之君子，又或语德性而遗问学，均失圣人之指矣。

【注释】①赜（zé）：精妙，深奥。

【译文】“好古敏求”“多见而识”，这是孔子说自己，然而有比这更进一层的。六爻的含义，极其深奥微妙，而说：“明智的人仔细考察彖辞，就会想到一半以上的情况了。”三百首的诗经极其广泛，而说：“用一句话概括，就是思无邪。”三千三百的礼仪，极其繁多，而说：“礼仪与其奢侈宁愿节俭。”十世的事情极其遥远，而说：“殷商沿袭夏朝的礼仪，周朝沿袭殷商的礼仪，即使是百世也是可以预知的。”历代帝王的治理极其不同，而说：“两种途径，仁爱与不仁爱罢了。”这是所谓“我是用一个根本的东西把它们贯彻始终的”。孔子教育门人弟子，一定首先全面理解认识问题，而使得他们能够类推而知道其他许多事情。因此颜回能够听到一点就能理解很多，而子贡切磋琢磨的话，子夏礼后的发问，则都是称赞他们可以和他们谈论《诗经》。难道不是天下的道理，通过不同的途径，到达同一个目的地，大人的学问，兴起根本来包容末节吗？那些剖章析句的读书人，已经够不上观察会合通达的方式，而高明的君子，又或许说德性而遗落学问，他们都失去了圣人的意旨了。

君子疾没世而名不称焉

疾名之不称，则必求其实矣。君子岂有务名之心哉？是以《乾》初九之传曰："不易乎世，不成乎名。"

【译文】担忧名声不被称颂，就一定会讲求实际。君子难道有追求名声的思想吗？所以《乾》卦初九爻的解读说："不会为了世俗而改变自己，也不会为了名声而有所作为。"

古人求没世之名，今人求当世之名。吾自幼及老，见人所以求当世之名者，无非为利也。名之所在，则利归之，故求之惟恐不及也。苟不求利，亦何慕名？

【译文】古代的人追求死后的名声，如今的人追求当代的名声。我从幼年到老年，看到人们追求当代名声的原因，没有不是为了利益的。名声在哪里，利益就在哪里，所以追求名声只怕追不到。如果不是追求利益，为什么追求名声呢？

性相近也

"性"之一字，始见于《商书》，曰："惟皇上帝，降衷于下民，若有恒性。""恒"即相近之义。相近，近于善也；相远，远于善也。故夫子曰："人之生也直，罔之生也幸而免。"

【译文】"性"这个字，最早在《商书》出现，记载道："惟皇上帝，降衷于下民，若有恒性。""恒"就是相近的含义。相近，近于善；相远，远于善。所以孔子说过："人依靠正直活在世上，不正直的人也能活着，那是因为凭着侥幸避免了灾祸呀。"

人亦有生而不善者。如楚子良生子越椒[①]，子文[②]知其必灭若敖氏是也。然此千万中之一耳。故公都子[③]所述之三说，孟子不斥其非，而但曰："乃若其情，则可以为善矣，乃所谓善也。"盖凡人之所大同，而不论其变也。若纣为炮烙之刑，盗跖[④]日杀不辜，肝人之肉，此则生而性与人殊，亦如五官百骸，人之所同，然亦有生而不具者，岂可以一而概万乎？故终谓之性善也。

【注释】①子良：斗子良，楚国司马，楚国令尹斗子文之弟。斗越椒，芈姓，斗氏，名椒，字子越，一字伯棼，古时常将名与字连读，故史书多称其为斗越椒。若敖氏之后。春秋时期楚国令尹。后叛乱被灭族，其子斗贲皇（即苗贲皇）逃往晋国。②子文：斗子文，又名斗谷于菟，是楚国历史上著名的令尹之一，对楚国的强大和北上争霸，作出了突出的贡献。③公都子：战国学者，齐人，孟子弟子。在《孟子》中，孟轲和公都子的答问，论及了告子关于"性无善无不善"的观点（《告子上》），"杨氏为我""墨氏兼爱"的观点（《滕文公下》），以及关于匡章"通国皆称不孝"的论断（《离娄下》）。④盗跖（zhí）：春秋时期的率领盗匪数千人的大盗。传说原名展雄，姬姓，展氏，名跖，一作蹠，又名柳下跖、柳展雄，在先秦古籍中被称为"盗跖"和

“桀跖”。当时鲁国贤臣柳下惠（柳下季）之弟。

【译文】人也有出生就邪恶的。像楚国的子良生了儿子越椒，子文知道他一定是毁灭若敖氏的人。然而这是千万中才会出现一个。因此公都子所论述的三种说法，孟子不斥责他的不对，而只是说：“从天生的性情来说，都可以使他们善良，这就是我所说的人性本善。”所有人在大的方面基本相同，而不谈论他的变化。像商纣制造炮烙的刑罚，盗跖天天屠杀无辜的人，割人肝，吃人肉，这就是生来性情就与别人不同，也就像五官全身骨骼，人基本相同，然而也有生来就没有的，怎么可以用特例来概括通例呢？所以最终还是说人性本善。

孟子论性，专以其发见乎情者言之，且如见孺子入井，亦有不怜者，嘑蹴[1]之食，有笑而受之者，此人情之变也。若反从而喜之，吾知其无是人也。

【注释】①嘑（hū）蹴：嘑同“呼”，叫喊。蹴，践踏。“嘑尔蹴尔”喻指无礼的、污辱性的施舍。

【译文】孟子谈论人性，专门用情感表现在言辞当中来讨论，况且像看见小孩子掉到井里去了，也有不怜悯的，无礼、污辱性的施舍，有欢笑着接受的人，这不是人的常情。如果反而欢喜，我知道没有这样的人。

曲沃卫嵩[1]曰：“孔子所谓相近，即以性善而言。若性有善，有不善，其可谓之相近乎？如尧、舜，性者也；汤、武，反之也。若汤、武之性不善，安能反之，以至于尧、舜邪？汤、武可以反之，即性善之说。汤、武之不即为尧、舜，而必待于反之，即性相近之说也。孔、孟之言一也。”

【注释】①卫嵩：应为卫蒿，字匪莪，绛山先生，曲沃人，著名理学家。一生以教授生徒、著书立说为业。

【译文】曲沃卫嵩说：“孔子所谓的相近，就是以性善来说的。如果本性有善，有不善，还可以称为相近吗？像唐尧、虞舜，是天生具备本性的人；商汤王、周武王，是返回本性的人。如果商汤王、周武王的本性不善，又怎么能返回本性，达到唐尧、虞舜的境界呢？商汤王、周武王可以返回本性，就是性善的说法。商汤王、周武王没有立即成为唐尧、帝舜，一定要等待他们返回本性，就是本性相近的说法。孔子、孟子的说法是一样的。”

虞 仲

《史记》：“太伯之奔荆蛮，自号句吴。荆蛮义之，从而归之千余家，立为吴太伯。太伯卒，无子，弟仲雍[①]立，是为吴仲雍。仲雍卒，子季简[②]立。季简卒，子叔达[③]立。叔达卒，子周章[④]立。是时周武王克殷，求太伯、仲雍之后，得周章。周章已君吴，因而封之。乃封周章弟虞仲[⑤]于周之北故夏墟，是为虞仲，列为诸侯。”按此，则仲雍为吴仲雍，而虞仲者，仲雍之曾孙也。殷时诸侯有虞国。《诗》

所云“虞芮质厥成”者。武王时，国灭，而封周章之弟于其故墟，乃有虞仲之名耳。《论语》“逸民：虞仲夷逸”，《左传》“太伯、虞仲，太王之昭也”。即谓仲雍为虞仲，是祖孙同号，且仲雍君吴，不当言虞，古“吴”“虞”二字多通用。《史记·赵世家》：“吴广内其女孟姚。”索隐曰：“古虞、吴音相近，故舜后亦姓吴。”《诗》“不吴不敖”，《汉书·武帝纪》引作“不虞不骜”。《卫尉衡方碑》辞引“不吴不扬”作“不虞不扬”。《释名》：“吴，虞也。”《公羊传》定公四年，晋士鞅卫孔圉帅师伐鲜虞。虞本或作吴。《石鼓文》有吴人，注曰：“虞人也。《水经注》：“吴山在汧县西，古之汧山也。《国语》所谓虞矣。”杨用修曰：“吴，古虞字省文。如虖之省为乎，樝之省为柤也。”今昆山有浦名大虞、小虞，俗谓之大吴、小吴。窃疑二书所称“虞仲”，并是“吴仲”之误。又考《吴越春秋》：“太伯曰：其当有封者，吴仲也。”则仲雍之称吴仲，固有征矣。

【注释】①仲雍：又称虞仲、吴仲、孰哉，吴国第二代君主。姬姓，名雍。父亲为古公亶父，即周太王，兄弟排行第二，哥哥太伯，弟弟季历。父欲传位于季历，后立季历之子姬昌；仲雍与太伯主动避让，逃亡并断发文身，耕田自足。太伯即位吴国君主，无子，而仲雍继位。②季简：姬姓，名简，周太王之孙，仲雍之子，周文王姬昌的堂兄弟，承袭父亲仲雍担任周代吴国的第三任君主，季简死后儿子叔达继位。③叔达：季简长子，第四位吴国君主。④周章：姬姓，名周章，吴侯仲雍曾孙，叔达之子，周朝诸侯国吴国第五任国君。自吴国国君仲雍下传四代至周章。⑤虞仲：此为“吴虞仲”，仲雍的曾孙，虞国的首位受封君主，排行第二，封在虞国，故称虞仲。

【译文】《史记》记载：“太伯逃往荆蛮，自称“句吴”。荆蛮人认为他很有节义，追随附顺他的有一千余户，尊立他为吴太伯。太伯死后，没有子嗣，他的弟弟仲雍继位，就是吴仲雍。仲雍死后，他的儿子季简继位。季简死后，他的儿子叔达继位。叔达死后，他的儿子周章继位。那时正遇上武王战胜殷纣，寻找太伯、仲雍的后代，找到了周章。周章已经是吴君，就此仍然册封在吴地。又把周章的弟弟虞仲赐封在周朝北边的夏都故址，就是虞仲，位列诸侯。”根据这知道，仲雍是吴仲雍，而虞仲，是仲雍的曾孙。殷商时期诸侯国有虞国。《诗经》记载“虞、芮两国争执平息”。周武王时期，国家灭亡，而赐封周章的弟弟在虞国原来的地址，才有了虞仲的名号。《论语》记载“逸民：虞仲夷逸”，《左传》记载“太伯、虞仲，太王之昭也”。就是说仲雍是虞仲，这是祖孙称号相同，而且仲雍在吴称君，不应该叫虞，古代“吴”“虞”二字大多能通用。（《史记·赵世家》：“吴广内其女孟姚。”索隐说：“古代虞、吴读音相近，因此舜的后代也姓吴。”《诗》“不吴不敖”，《汉书·武帝纪》引作“不虞不骜”。《卫尉衡方碑》辞引“不吴不扬”作“不虞不扬”。《释名》：“吴，虞也。”《公羊传》鲁定公四年，晋国士鞅、卫国孔围率军讨伐鲜虞。虞本来或许就写为吴。《石鼓文》有吴人，注解说：“虞人也。《水经注》：“吴山在汧县西，就是古代的汧山。《国语》所谓虞山。”杨用修说：“吴，是古代虞字简省写法。就像虖简写为乎，樝简写为柤。”现在昆山有一浦叫大虞、小虞，俗称大吴、小吴。）我怀疑二书所称的“虞仲”，都是“吴仲”的失误。又研究《吴越春秋》记载：“太伯说：应当有册封的，是吴仲。”那么仲雍称呼为吴仲，从一开始就有征兆。

《汉书·地理志》:“河东郡，太阳，吴山在西，上有吴城。《史记·秦本纪》，昭襄王五十三年，伐魏取吴城。周武王封太伯后于此。吴祖太伯，故曰太伯后。是为虞公。”《续汉·郡国志》:“太阳有吴山，上有虞城。”《水经注》亦作虞城。虞城”之书为“吴城”，犹“吴仲”之书为“虞仲”也。杜元凯《左氏》注亦曰“仲雍支子[①]，别封西吴”。

【注释】①支子：宗法制度称嫡妻所生的次子以下的儿子及姬妾所生的儿子为“支子”。与“宗子”相对而言。

【译文】《汉书·地理志》记载：“河东郡，太阳县，吴山在西面，上有吴城。(《史记·秦本纪》，秦昭襄王五十三年，讨伐魏攻取吴城。)周武王赐封太伯的后代在这里。(吴祖太伯，因此称为太伯后。)就是虞公。”《后汉书·郡国志》记载：“太阳县内有吴山，上有虞城。”(《水经注》也写为虞城。)虞城”记载成“吴城”，就好像“吴仲”记载成“虞仲”。杜预(字元凯)《左传》注解也说“仲雍支子，别封西吴”。

听其言也厉

君子之言，非有意于厉也，是曰是，非曰非。孔颖达《洪范》正义曰：“言之决断，若金之斩割。”

【译文】君子的言语，不是有意严厉，是就说是，不是就说不是。孔颖达《洪范》正义说："说话的坚决果断，就像金属的切割砍断。"

居官则告谕可以当鞭朴[①]，行师则誓戒可以当甲兵。此之谓"听其言也厉"。

【注释】①鞭朴：亦作"鞭扑"。用作刑具的鞭子和棍棒。

【译文】做官，那么公众晓谕可以当作鞭子和棍棒；用兵，那么约束训诫可以当作铠甲和兵器。这就是"听他说话严正而坚定，没有一丝苟且"。

有始有卒者其惟圣人乎

圣人之道，未有不始于洒扫应对进退者也。故曰："约之以礼。"又曰："知崇礼卑。"

【译文】圣人之道，没有不是从洒水扫扫、酬答宾客、言行适度开始的。因此说："用礼约束自己。"又说："智慧高超脚踏实地。"

梁惠王

《史记·魏世家》："惠王三十六年卒，子襄王[①]立。襄王元年，与诸侯会徐州，相王也，追尊父惠王为王。”而孟子书其对惠王，无不称之为王者，则非追尊之辞明矣。司马子长亦知其不通，而改之曰“君”。《通鉴》改《孟子》作“君何必曰利”，亦以此。然孟子之书，出于当时，不容误也。杜预《左传集解后序》言：“哀王于《史记》，襄王之子、惠王之孙也。惠王三十六年卒，而襄王立，立十六年卒，而哀王立。《古书纪年篇》：惠王三十六年，从一年始，至十六年，而称惠成王卒，即惠王也。疑《史记》误分惠成之世以为后王年也。哀王二十三年乃卒，故特不称谥，谓之今王。”作书时未卒，故谓之今王。今按惠王即位三十六年，称王改元，又十六年卒，而子襄王立，即《纪年》所谓今王，无哀王也。襄、哀字相近，《史记》分为二人，误耳。

【注释】①襄王：魏襄王，姬姓，魏氏，名嗣，一名赫，魏惠王之子。

【译文】《史记·魏世家》记载：“魏惠王三十六年死亡，儿子魏襄王继位。襄王元年，与诸侯在徐州会盟，互相承认对方的君主为王，追加父亲惠王的尊号为王。”而孟子记载他答对惠王，没有不称呼王的，那么不是追加尊号的语言很明确了。司马迁（字子长）也知道不通顺，于是修改为“君”。（《通鉴》改《孟子》的“君何必曰利”，也依据这个。）然而孟子的记载，在当时出现，不会有错误。杜预的《左传集解后序》记载：“哀王在《史记》里的记载，是襄王的儿子、惠王的孙子。惠王三十六年死亡，而襄王继位，继位十六年死亡，而哀王继位。《古书纪年篇》记载：惠王三十六年，从一年开始，到十六年，而称惠成王死亡，就是惠王。怀疑《史记》误分惠成年代作为后继位王的年份。哀王二十三年才死亡，因此特意不称谥号，就称为今王。”（写书时还没去世，因此称为今王。）现在按照惠王即位三十六年，称王改元，又十六年死亡，而儿子襄王继位，即《竹书纪年》所说的今王，没有哀王。襄、哀字形相近，《史记》分为两个人，是错误的。

《秦本纪》：“秦惠文王十四年，更为元年。”此称王改元之证，又与魏惠王同时。

【译文】《秦本纪》记载：“秦惠文王十四年，改为元年。”这是称王改元的明证，又与魏惠王同一个时代。

《魏世家》：“襄王五年，予秦河西之地。七年，魏尽入上郡于秦。”今按孟子书，惠王自言“西丧地于秦七百里”，乃悟《史记》所书襄王之年，即惠王之后五年、后七年也。以《孟子》证之而自明者也。

【译文】《魏世家》记载：“襄王五年，给予秦国河西的土地。七年，魏国将上郡全部落割给秦国。”现在按照孟子的记载，惠王自己说“西面丧失的土地全在秦国里，有七百里”，才明白《史记》所记载襄王的年份，就是惠王的后五年、后七年。用《孟子》证明而自然就能明白了。

据《纪年》，周慎靓王[①]之二年，而魏惠王卒。其明年为魏襄王之元年。又二年，燕王哙让国于其相子之[②]。又二年为赧王之元年，齐人伐燕取之。又二年燕人畔。与孟子之书先梁后齐，其事皆合。然孟子在二国皆不久，书中齐事特多，又尝为卿于齐，当有四五年。若适梁，乃惠王之末，而襄王立即行，故梁事不多。谓孟子以惠王之三十五年至梁者，误以惠王之后元年为襄王之元年故也。《史记》及《孟子》序说谓梁惠王之三十五年，孟子至梁。其后二十三年，齐人伐燕，而孟子在齐者，非。卫嵩曰："孟子游历，先后虽不可考，以本书证之，当时自宋归邹，由邹之任、之薛、之滕，而后之梁、之齐。

孟子为卿于齐，其于梁则客也。故见齐王称臣，见梁王不称臣。

【注释】①周慎靓（jìng）王：姓姬，名定，一名顺，周显王之子。②燕王哙：姬姓，名哙，蓟都（今北京）人。燕易王之子。重用国相子之改革，居然禅位让贤，导致太子姬平联合将军市被发动内乱，国相子之平息内乱。周赧王元年，齐国趁机入侵，燕王哙被杀，国相子之成擒。燕昭王在赵武灵王护送下，回国继位。子之：姬姓，战国时期燕国权臣。燕王哙即位后，拜为相国。执政期间，办事果断。善于监督考核臣属，得到燕王哙的赏识和重用。燕王哙年老不问政事，国事皆决于子之。听信鹿毛寿建议，把政权托付子之。导致太子姬平联合将军市被发动内乱，中山国趁机攻城略地。

【译文】根据《竹书纪年》记载，周慎靓王二年，而魏惠王去世。明年就是魏襄王的元年。又过了两年，燕王哙把国家统治权让给相国子之。又过了两年为周赧王的元年，齐人讨伐燕国攻取城池。又过了两年燕人背叛。与孟子的记载先梁后齐，事情都符合。然而孟子住在这两个国家都不长久，书中记载齐国的事情比较多，又曾经在齐国担任卿，应该有四五年。如果在梁国做官，应该是惠王末期，而襄王继位就离开，所以梁国的事情记载不多。说孟子在惠王的三十五年到梁国的，是误把惠王后元年当作襄王元年的缘故。（《史记》及《孟子》序言说梁惠王的三十五年，孟子到梁国。之后二十三年，齐国人讨伐燕国，而孟子在齐国，这是错误的。卫嵩说："孟子游历，先后虽然不可考证，但是以本书考证，当时从宋国回到邹国，由邹国到任国、到薛国、到滕国，而后才到梁国、到齐国。）

孟子在齐国担任卿，他在梁国是宾客。因此见到齐王称臣，见到梁王不称臣。

未有义而后其君者也

不遗亲，不后君，仁之效也。其言义何？义者，礼之所从生也。昔者齐景公有感于晏子之言，而惧其国之为陈氏也。曰："是可若何？"对曰："惟礼可以已之。在礼，家施不及国，民不迁，农不移，工贾不变，士不滥，官不滔，大夫不收公利。"又曰："君令臣共，父慈子孝，兄爱弟敬，夫和妻柔，姑慈妇听，礼也。君令而不违，臣共而不贰，父慈而教，子孝而箴，兄爱而友，弟敬而顺，夫和而义，妻柔而正，姑慈而从，妇听而婉，礼之善物也。"晋侯谓女叔齐[①]曰："鲁侯不亦善于礼乎？"对曰："礼所以守其国，行其政令，无失其民者也。今政令在家，不能取也。有子家羁，弗能用也。公室四分，民食于他，思莫在公，不图其终，为国君，难将及身，不恤其所，礼之本末，将于此乎在。而屑屑焉习仪以亟，言善于礼，不亦远乎！”子曰：“君子之道，辟则坊与，坊民之所不足者也。大为之坊，民犹逾之，故君子礼以坊德，刑以坊淫，命以坊欲。”古之明王，所以禁邪于未形，使民日迁善远罪，而不自知者，是必有其道矣。

【注释】①女叔齐：女侯，也称女齐、女叔齐、叔侯，姓女，字叔齐或叔侯，名侯或齐，曾任晋国三军司马，故也称司马侯，春秋时期晋国晋平公三军九大夫之一。

【译文】不遗弃双亲，不怠慢君王，是仁爱的效果。那说义是什么呢？义，是礼所从生的。从前齐景公对晏子的话有感触，而害怕国家被陈氏执掌国政。于是说：“这可怎么办？”回答说：“只有礼可以阻止陈氏。如果符合礼，家族的施舍不能扩展到全国，百姓不迁移，农民不变动，工人、商人不改行，士人不滥用职权，官吏不懈怠，大夫不侵占国家的利益。”又说：“国君发令、臣下恭敬，父亲慈爱、儿子孝顺，哥哥仁爱弟弟恭敬，丈夫和蔼妻子温柔，婆母慈爱媳妇顺从，这是符合礼的。国君发令而不违背礼，臣下恭敬而没有二心，父亲慈爱而教育儿子，儿子孝顺而规劝父亲，哥哥仁爱而友善，弟弟恭敬而顺服，夫夫和蔼而知道大义，妻子温柔而正直，婆母慈爱而听从规劝，媳妇顺从而委婉规劝，这是礼中的好事情。”晋侯对女叔齐说：“鲁侯不也是很懂礼吗？”女叔齐答对说：“礼，是用来保守国家，推行政令，不失去百姓。如今政令在私家，不能取回来。有子家羁，不能任用。公室一分为四，百姓依靠三家大夫生活，民心不在国家，国君不考虑后果，作为国君，危难将要祸及自身，不去忧虑他的地位，礼的根本和末节在于此。然而他却特意急切地学习仪式，说鲁侯很懂礼，不也是距离太远了吗！”孔子说：“君子治理百姓的途径，就好像防止河水漫过堤坝，防止百姓出现过失。虽然周密地防范，然而还是有人会触犯，所以君子用礼来防止道德上的过失，用刑罚来防止邪恶的行为，用教令来防止贪婪的欲望。”古代圣明的君王，禁止邪恶在还没有形成的时候，使得百姓日益改过向善而远离罪恶，而自己不知道的，这一定要讲究方法。

不动心

凡人之动心与否，固在其加卿相行道之时也。枉道事人，曲学阿世，皆从此而始矣。“我四十不动心”者，不动其“行一不义，杀一不辜而得天下，有不为也”之心。

【译文】凡是人的思想感情波动与不波动，固然在他担任卿相、推行自己主张的时候。违背正道、侍奉国君，歪曲学术、取悦世俗，都是从这开始的。“我四十岁以后没有思想感情波动”，不波动的是“做一件不合道义的事情，杀一个没有罪过的人而得到天下，也不这样做”的思想情感。

市朝

“若挞之于市朝”，即《书》所言“若挞于市”。古者朝无挞人之事，市则有之。《周礼·司市》：“市刑：小刑宪罚①，中刑狗罚②，大刑扑罚③。”又曰：胥，“执鞭度而巡其前，掌其坐作出入之禁令”。“凡有罪者，挞戮而罚之”。是也。《礼记·檀弓》：“遇诸市朝，不反兵而斗。”兵器非可入朝之物。《奔丧》：“哭辟市朝。”奔丧亦但过市，无过朝之事也。其谓之市朝者，《史记·孟尝君传》：“日莫之后，过市朝者，掉臂不顾。”索隐曰：“言市之行列，有如朝位，故曰市朝。”古人能以众整如此。《司市》“以次叙分地而经市”注：叙肆，行列也。后代则朝列之参差，有反不如市肆者矣。

【注释】①宪罚：《周礼》所载违犯市场禁令的最轻处罚。即将其犯禁罪状悬于市门公布之。②狗罚：对违法者施以游行示众的处罚。③扑罚：以鞭扑来惩罚。

【译文】“犹如在聚集很多人的公共场合被鞭打”，就是《尚书》所说的“若挞于市”。古代朝廷没有鞭打人的事情，市集就有。《周礼·司市》记载：“市集中的刑罚：小刑是公布犯禁罪状以示惩罚，中刑是游行示众以示惩罚，大刑是鞭打以示惩罚。”又说：小官，“拿着鞭子在店铺门前巡视，掌管店铺中有关坐起、出入的禁令”。“凡是有罪的人，都把他们进行鞭打侮辱而且罚款”。是这样的。《礼记·檀弓》记载：“在市集、朝廷相遇，不回家拿武器就和他拼命。”兵器不是可以带进朝廷的物件。《奔丧》记载：“哭要避开市集、朝廷。”奔丧也只是经过市集，没有经过朝廷的事情。称为市朝的，《史记·孟尝君传》记载：“日落之后，经过市朝的人，甩着手臂不回头。”索隐说：“说市集的行列，好像朝廷的位次，所以叫市朝。”古人能把众人治理得像这样。(《司市》“以次叙分地而经市”注解：叙肆，就是行列。)后代的朝班不整齐，反而不如市集了。

必有事焉而勿正心

倪文节[①]思谓“当作‘必有事焉，而勿忘’。勿忘，勿助长也。传写之误，以‘忘’字作‘正心’二字。言养浩然之气，必当有事而勿忘。既已勿忘，又当勿助长也。叠二勿忘，作文法也。”按《书·无逸篇》曰：“自时厥后立王，生则逸，生则逸，不知稼穑之艰难。”亦是叠一句，而文愈有致。今人发言，亦多有重说一句者。《礼记·祭义》：“见间以侠甒[②]。”郑氏曰：“见间当为覸[③]。”《史记·蔡泽传》：“吾持粱刺齿肥。”索隐曰：“刺齿肥，当为齧肥[④]。”《论语》：“五十以学《易》。”朱子以为“五十”当作“卒”，此皆古书一字误为二字之证。

【注释】①倪文节：倪思，字正甫，湖州归安（今浙江湖州）人，宋代学者、官吏。其博学多才，著有《齐山甲乙稿》《兼山集》《经锄堂杂志》。主张抗金，反对求和，以直谏著称。直到临死，还上疏朝廷，陈述政治主张。卒后谥文节。②侠甒（wǔ）：两甒醴酒。甒，酒器之名。侠，通“夹”。③覸（jiàn）：看。④齧（niè）肥：吃肥美的肉。

【译文】文节公倪思说“应当作‘必有事焉，而勿忘’。不要忘记，不要去助长它。流传抄写的失误，把‘忘’字写作‘正心’两个字了。说修养浩然之气，一定应当有事情而心里不忘记。既然心里已经不忘记，又当不要助长它。重复两个“勿忘”，是撰写文章的方法。”按《尚书·无逸篇》记载：“从这以后殷商继位的君王，生来就安闲逸乐，生来就安闲逸乐，不知道耕种收获的艰难。”也是重复一句，而文章更加有韵味。当今的人遣词造句，也大多有重复说一句话的。《礼记·祭义》记载：“见间以侠甒。”郑玄注解说：“见间应该是覸。”《史记·蔡泽传》记载：“吾持梁刺齿肥。”索隐说：“刺齿肥，应当是齧肥。”《论语》说：“五十以学《易》。”朱熹认为“五十”应当是“卒”，这都是古书一个字误为是两个字的证明。

文王以百里

“汤以七十里，文王以百里。”孟子为此言，以证王之不待大尔。其实文王之国不止百里，周自王季伐诸戎，疆土日大。文王自岐迁丰，其国已跨三四百里之地。伐崇伐密，自河以西，举属之周。未克商以前，无灭国者，但臣属而已。至于武王，而西及梁、益，庸、蜀、髳、微、卢、彭、濮。东临上党，戡黎。无非周地。纣之所有，不过河内殷墟。其从之者，亦但东方诸国而已。一举而克商，宜其如振槁也。《书》之言，文王曰“大邦畏其力”，文王何尝不借力哉？

【译文】“商汤王凭着七十里方圆的地方，周文王凭着百里大小的土地。”孟子用这样的话，来证明称王不在于地方大。其实周文王的侯国不止百里，周从季历讨伐众多少数民族，地域范围日益扩大。周文王从岐山迁移到丰镐，他的国土已经跨越三四百里方圆的土地。讨伐崇、密，从黄河以西的地域，全部属于周。（没战胜商纣王以前，没有灭国的，只是臣属而已。）到了周武王，已经西到梁、益（庸、蜀、髳、微、卢、彭、濮），东临上党（戡黎），没有不是周朝土地。商纣所拥有的，不过是河内殷墟。跟随他的人，也只是东方诸国罢了。经过一次行动就战胜殷商，应该就像击落枯叶般。《尚书》的记载，周文王说“大国畏惧他的威力”，周文王何尝不借助威力？

廛无夫里之布

有夫布[①]，有里布[②]。《周礼·地官》载师[③]职曰：“凡宅不毛者，有里布，凡田不耕者，出屋粟，凡民无职事者，出夫家之征。”闾师[④]职曰：“凡无职者，出夫布。”“郑司农[⑤]云：里布者，布参印书，广二寸，长二尺，以为币，贸易物。《诗》云：‘抱布贸丝。’抱此布也。或曰：布，泉也。《春秋》传曰：买之，百两一布。昭公二十六年。又廛人职‘掌敛市之絘布、总布、质布、罚布、廛布[⑥]’。玄谓宅不毛者，罚以一里二十五家之泉。”集注未引闾师文，今人遂以布专属于里。

【注释】①夫布：古代赋税的一种。指以货币形式支付的代替力役的人口税。②里布：古代的一种地税钱。③载师：掌理土地赋役等事务。④闾师：掌理国内及四郊人民、六畜数目。⑤郑司农：郑众，字仲师。河南开封人。东汉经学家、官员，名儒郑兴之子。后世习称先郑（以区别于汉末经学家郑玄）、郑司农（以区别于宦官郑众）。著有《春秋左氏传条例》九卷、《孝经注》二卷。⑥廛（chán）人：掌理市肆赋税等事。絘（cì）布：古代市肆征收的房屋税。总布：亦作“緫（zǒng）布”。古代货财之正税。质布：上古买卖牛马兵器等，官府给予贸易契券，并收取税金和契纸的成本费。布，古指钱。罚布：古代集市犯令者罚纳的钱款。廛布：古代官府征收的商贾储货邸舍和居住房屋的赋税。

【译文】有夫布、里布两种税赋。《周礼·地官》载师职责记载：“凡是居宅不种桑麻的，罚出居宅税钱；凡田地不耕种的，罚出屋粟；凡是百姓没有职业而又无所事事的，罚他出夫税、家税。”闾师职责说：“没有固定职业的人，出人口税。”“司农郑众说：里布，是布参印书，宽二寸，长二尺，作为货币，交易物品。《诗经》记载：‘抱布贸丝。’怀抱的就是这种布。有人说：布，是泉。《春秋》注解说：买之，百两一布。（鲁昭公二十六年。）又廛人职责是‘掌管收取市场的絘布、总布、质布、罚布、廛布’。郑玄说居宅不种桑麻的，罚款一里二十五家的泉。”集注没有引用闾师的文字，现在的人于是把夫布专属于里布。

孟子自齐葬于鲁

孟子自齐葬于鲁，言葬而不言丧，此改葬也。礼，改葬緦，事毕而除。故反于齐，止于嬴，而充虞①乃得承间而问。若曰奔丧而还，营葬方毕，即出赴齐卿之位，而门人未得发言，可谓“三月无君，则皇皇如也”。而身且不行三年之丧，何以教滕世子[②]哉？

【注释】①充虞：出自从周官充人以后，以官为氏。曾随孟子游齐，又随孟子归邹。充虞深得孟子信赖，常随孟子左右。②滕世子：即滕文公，战国时滕国的贤君，名宏，滕定公之子，当时世称元公，滕文公以太子身份出使楚国，在途经宋国时，两次拜见孟子，向他请教治理国家的办法。文公受到孟子的教诲。增强了将滕国治理为善国的信心。滕文公做国君后，根据孟子的意见，在国内推行仁政，实行礼制，兴办学校，改革赋税制度等。不久，滕文公名声大震，远近都称文公为“贤君”。

【译文】孟子从齐国到鲁国安葬母亲，说葬而不说丧，这是另择墓地安葬。礼仪，另外选择墓地安葬服缌，事情结束就解除。所以返回齐国，住在嬴县，而充虞这才能够趁机会而请问。如果说因为奔丧而返回，办丧事刚刚结束，就离开就任齐国卿相的官位，而门人不能发表意见，可以说“三个月没有君主任用，就非常焦急”。而自身尚且不能践行三年的丧期，用什么来教导滕世子呢？

其实皆什一也

古来田赋之制，实始于禹。水土既平，咸则三壤[①]。后之王者，不过因其成迹而已。故《诗》曰：“信彼南山，维禹甸之。畇畇[②]原隰，曾孙田之。我疆我理，南东其亩。”然则周之疆理，犹禹之遗法也。《周礼·小司徒》注：“昔夏少康在虞，思有田一成，有众一旅。一旅之众，而田一成，则井牧之法，先古然矣。”孔氏《信南山》正义引此，则曰："丘甸之法，禹之所为。"《孟子》乃曰："夏后氏五十而贡[3]，殷人七十而助[4]，周人百亩而彻[5]。"

【注释】①三壤：古时按土质的肥瘠将耕地分为上、中、下三品，称为三壤。②畇（yún）畇：田地平均整齐。③贡：贡法，贡赋之法。中国古代的税收方式，是土贡与军赋的合称。随着朝代变迁，赋的概念遂从军赋扩大到来自农田，甚至关市、山林川泽的所有课征物，贡赋逐渐演变成为税收的别称，实为中国古代转移支付的税收方式。④助：助法，古代借民力助耕公田的一种劳役租赋制度。据说始行于殷代。⑤彻：彻法，贡、助并行为彻。

【译文】自古以来按土地征收赋税的制度，实际上是从大禹开始的。水土已经保持平衡，全部按照土地的肥沃、贫瘠分为三等。后来的君王，不过是沿袭大禹现成的轨迹罢了。因此《诗经》说："终南山连绵不断，这是大禹开辟的土地。成片的田野平正整齐，后代的子孙在这里开垦。划分地界掘开沟渠，田野纵横向四方伸展。"然则周朝的划分，仍然是大禹留下来的方法。（《周礼·小司徒》注解："以前夏少康在虞地，思有田一成，有众一旅。一旅之众，而田一成，那么井牧之法，远古就这样了。"孔氏《信南山》正义引用这句，就说："丘甸之法，是大禹制定的。"）《孟子》才记载说："夏朝每五十亩地采用贡法，殷商每七十亩地采用助法，周朝每一百亩地采用彻法。"

夫井田之制，一井之地，画为九区。故苏洵谓："万夫之地，盖三十二里有半，而其间为川为路者一，为浍为道者九，为洫为涂者百，为沟为畛者千，为遂为径者万。"使夏必五十，殷必七十，周必百，则是一王之兴，必将改畛涂，变沟洫，移道路以就之，为此烦扰而无益于民之事也。岂其然乎？《周官·遂人》：“凡治野，夫间有遂，遂上有径，十夫为沟，沟上有畛，百夫有洫，洫上有涂，千夫有浍，浍上有道，万夫有川，川上有路，以达于畿。”夫子言禹尽力乎沟洫，而禹之自言亦曰：“浚畎浍距川。”知其制不始于周矣。盖三代取民之异，在乎贡、助、彻，而不在乎五十、七十、百亩。其五十、七十、百亩，特丈尺之不同，而田未尝易也。故曰“其实皆什一也”。

【译文】井田制度，一个井字形的土地，画为九个区域。所以苏洵说：“万人的土地，有三十二里有半，而其中为平川为道路有一，为田间的水沟为田间小道有九，为田间的水道为道路有百，为一般的水道为田地间的小路有千，为道路为路径有万。”假使夏朝一定五十亩，殷朝一定七十亩，周朝一定一百亩，那么一个王朝的兴起，一定会修改畛涂，变换沟洫，移动道路来迁就它，因为这烦扰而对百姓没有益处的事情。怎么会这样做呢？（《周官·遂人》：“凡治野，夫间有遂，遂上有径，十夫为沟，沟上有畛，百夫有洫，洫上有涂，千夫有浍，浍上有道，万夫有川，川上有路，以达于畿。”孔子说大禹在沟洫之间尽力治理，而大禹也自称说：“浚畎浍距川。”由此可知井田制不源自周朝了。）大概三代收取百姓赋税的不同，在于贡法、助法、彻法，而不在于田地的五十亩、七十亩、百亩。他的五十亩、七十亩、百亩，只是丈量的尺不同，而田地并没有改变。因此说“税率实际上都是十分抽一分”。

古之王者，必改正朔，易服色，异度数。故《史记·秦始皇本纪》，于“改年十月朔，上黑”之下，即曰：“数以六为纪，符法冠皆六寸，而舆六尺，六尺为步，乘六马。”三代之王，其更制改物，亦大抵如此。故《王制》曰：“古者以周尺八尺为步，今以周尺六尺四寸为步。”而当日因时制宜之法，亦有可言。夏时土旷人稀，故其亩特大。殷、周土易人多，故其亩渐小，以夏之一亩为二亩，其名殊而实一矣。国佐之对晋人曰：“先王疆理天下，物土之宜，而布其利。”岂有三代之王，而为是纷纷无益于民之事哉？

【译文】古代称王的人，一定会修改正朔，变易服色，改变度数。所以《史记·秦始皇本纪》记载，在“改年十月朔，上黑”的下面，接着说：“数字用六做标准，符、法冠都用六寸，而舆车宽六尺，六尺为步，驾车用六匹马。”三代的君王，他们变更制度修改物件，也大致上是这样。所以《王制》记载：“古代用周尺八尺为步，现在用周尺六尺四寸为步。”而当时根据不同的事情，制定适宜措施的方法，也是可以可以谈论的。夏朝时期土地空旷人烟稀少，所以田亩比较大。殷商、周朝土地改变人增多，所以田亩逐渐变小，把夏朝的一亩芬为二亩，名称不同实际上是一致的。国佐答对晋人说：“先王划分、治理天下，考察土地性质适宜，而分派它们的利益。”怎么会有三代的君王，做这种多而杂乱对百姓没有益处的事情呢？

庄 岳

“引而置之庄岳之间。”注：“庄岳，齐街里①名也。”庄是街名，岳是里名。《左传》襄二十八年，“得庆氏之木百车于庄”。注云：“六轨之道。”昭十年，“又败诸庄”。哀六年，“战于庄败”。注并同。“反陈于岳”，注云：“岳，里名。”

【注释】①里：街坊（古代五家为邻，五邻为里）。

【译文】“引而置之庄岳之间。”注解：“庄岳，是齐国街里的名字。”庄是街名，岳是里名。《左传》鲁襄公二十八年，“得庆氏之木百车于庄”。注解说：“六条轨道的大街。”（鲁昭公十年，“又败诸庄”。鲁哀公六年，“战于庄败”。注解都相同。）“反陈于岳”，注解说：“岳，是里名。”

古者不为臣不见

观乎孔子之见阳货①，而后知逾垣闭门②，为贤者之过，未合于中道也。然后世之人，必有如胡广③被中庸之名，冯道④托仲尼之迹者矣。其始也，屈已以见诸侯，一见诸侯而怀其禄利，于是望尘而拜贵人，希旨以投时好，此其所必至者。曾子、子路之言，所以为末流戒也。故曰：“君子上交不谄。”又曰：“上弗援，下弗推。”后世之于士人，许之以自媒，劝之以干禄⑤，而责其有耻，难矣！

【注释】①阳货：名虎，字货，是春秋时鲁国人。鲁国大夫季平子的家臣，季氏曾几代掌握鲁国朝政，而这时阳货又掌握着季氏的家政。季平子死后，专权管理鲁国的政事。阳货是孔子在政治上非常鄙视和反对的“乱臣贼子”。②逾垣闭门：典出“干木逾垣”“泄柳闭门”，常用作不图仕宦，自甘隐居过清淡生活的典故。③胡广：字伯始。南郡华容（今湖北监利）人，东汉时期重臣、学者。在前人学术成就的基础上，作《百官箴》四十八篇，为后人研究汉朝官制留下了宝贵资料。④冯道：字可道，号长乐老，瀛州景城（今河北沧州）人，五代宰相。冯道早年曾效力于燕王刘守光，历仕后唐、后晋、后汉、后周四朝，期间还向辽太宗称臣，始终担任将相、三公、三师之位。为欧阳修、司马光所不齿。⑤干禄：旧指钻营当官，追名逐利。

【译文】考察孔子的拜见阳货，然后知道跳过墙垣、关闭屋门，是贤者的过失，不符合中正之道。然而后世的人，一定有像胡广那样有中庸的名声，冯道那样假托孔子圣迹那样的人。一开始，委屈自己来拜见诸侯，一旦拜见诸侯就想念着他的财利荣禄，于是看见车子扬起的尘土就下拜贵人，迎合上方的意旨来迎合世俗的爱好，这是他一定会做到的。曾子、子路的话语，是用来给后世训诫的。因此说：“君子对上交往不阿谀奉承。”又说：“上面没人援引，下面没人推荐。”后世对于读书人，应允他们自我推荐，鼓励他们追求官俸，而要求他们有知耻之心，很难了！

公行子有子之丧

《礼》：“父为长子斩衰三年。”故公行子有子之丧，而孟子与右师及齐之诸臣，皆往吊。

【译文】《礼记》记载："父亲为长子毫不修饰以尽哀痛，服丧三年。"所以大夫公行子的儿子去世了，而孟子与右师以及齐国众多的大臣，都前往祭奠死者、慰问死者家属。

为不顺于父母

《虞书》所载："帝曰：'予闻如何？'岳曰：'瞽子，父顽，母嚚，象[①]傲，克谐以孝，烝烝乂，不格奸。'"是则帝之举舜，在"瞽瞍[②]底豫"之后。今《孟子》乃谓："九男二女，百官牛羊仓廪备，以事舜于畎亩之中，犹不顺于父母，而如穷人无所归。"此非事实，但其推见圣人之心若此，使天下之为人子者，处心积虑，必出乎此而后为大孝耳。与答桃应之问同。后儒以为实，然则"二嫂使治朕栖"之说，亦可信矣。

【注释】①象：姬姓，帝舜的异母弟，受封于有庳（bì）。他本性傲狠，对其异母兄舜不满，经常与母亲和父亲瞽叟想要寻机杀死舜。但舜却仍然孝顺地侍奉三人，不敢有半点不敬。②瞽瞍：亦作"瞽叟"。舜与象的父亲，本性顽劣，对其子舜不满，经常与后妻以及后妻所生之子象想要寻机杀死舜。但舜却仍然孝顺地侍奉瞽叟，不敢有半点不敬。后来瞽叟、后妻、象陷害舜的计划暴露，舜没生三人的气，反而对三人比以前更好，三人感动，从此再也不怀陷害舜之心了。

【译文】《虞书》记载："尧帝说：'我也听说过这个人，他怎么样呢？’四方诸侯之长回答说：‘他是瞽叟的儿子。他的父亲顽劣，后母说话不真诚，弟弟象傲慢不友好，而舜能与他们和谐相处。因为他的孝心醇厚，治理国家应该不会不好吧’”虽然尧帝举荐虞舜，在“鼓瞍得到了欢乐”的后面。如今《孟子》说：“九个儿子两个女儿，百官带着牛羊、粮食充备，到农田里去侍奉虞舜，仍然不被父母喜欢，就好像穷人找不到归宿一样。”这不是事情的真实情况，但是他推测出圣人的心意像这样，使得天下做儿子的人，用尽心思地谋划，一定要从这所出而后成为大孝。（与孟子回答桃应的问题相同。）后代的儒生认为是事实，那么“两个嫂嫂让她们侍候我居住”的说法，也是真的。

象封有庳

舜都蒲阪，而封象于道州鼻亭，《水经注》，王隐曰：“应阳县，本泉陵之北部，东五里，有鼻墟，象所封也。山下有象庙。”《后汉书·东平王苍传》注：“有鼻，国名，在今永州营道县北。”《袁谭传》注：“今犹谓之鼻亭。”在三苗以南，荒服[①]之地，诚为可疑。如孟子所论，亲之欲其贵，爱之欲其富，又且欲其源源而来[②]，何以不在中原近畿之处，而置之三千余里之外邪？盖上古诸侯之封万国，其时中原之地，必无闲土可以封故也。又考太公之于周，其功亦大矣，而仅封营丘。营丘在今昌乐、潍二县界，史言其地泻卤[③]，人民寡。而孟子言其俭于百里，又莱夷偪处[④]，而与之争国。夫尊为尚父，亲为后父，功为元臣，而封止于此，岂非中原之地无闲土，故至薄姑氏之灭，而后乃封太公邪？周时灭一国，乃封一国。《左传》："成王灭唐而封太叔焉。"是也。《竹书纪年》："武王十六年秋，王师灭蒲姑。"或曰："禹封在阳翟，稷封在武功，何与？"二臣者，有安天下之大功，舜固不得以介弟[5]而先之也。故象之封于远，圣人之不得已也。汉高祖封刘仲为代王，乃是弃其兄于边陲近寇之地，与舜之封象异矣。

【注释】①荒服：古"五服"之一。称离京师二千到二千五百里的边远地方。亦泛指边远地区。②源源而来：诸侯相继朝觐一辈子。③泻卤：冒盐碱，亦指盐碱地。④莱夷：原始社会部落时期，活动于山东中、东部的东夷人一支，是山东的土著民族。偪处：紧靠。⑤介弟：对他人之弟的敬称。

【译文】虞舜定都蒲阪，而赐封象在道州鼻亭，（《水经注》，王隐说："应阳县，本来在泉陵的北部，向东五里，有鼻墟，是象所封之地。山下有象庙。"《后汉书·东平王苍传》注解："有鼻，是国名，在今永州营道县北。"《袁谭传》注解："现在仍然称为鼻亭。"）在三苗的南面，是边远地区，的确值得怀疑。如孟子所说的，亲近他想他尊贵，喜欢他想他富有，又况且想他相继朝觐一辈子，为什么不在中原靠近京畿的地方，而安置在三千余里外呢？大概上古诸侯的赐封万国，那个时候中原的土地，一定是没有闲置的可以赐封的缘故。又推求姜太公对于周朝，他的功劳也大了，而仅仅赐封在营丘。营丘在如今的昌乐、潍二县界，史书记载这个地方冒盐碱，人民稀少。而孟子说他是少于百里，又与莱夷地区邻接，而与他争夺土地。地位尊贵而为尚父，关系亲近而为后父，功劳为元臣，而赐封只是在这里，难道不是中原的土地没有闲置的疆土，所以到薄姑氏灭亡，后来才赐封给姜太公吗？（周朝时灭掉一国，就封一国。《左传》：“周成王灭唐而封太叔在这里。”就是。《竹书纪年》：“周武王十六年秋，王师灭掉蒲姑。”）有人说：“大禹赐封在阳翟，后稷赐封在武功，为什么呢？”这两个人，有安定天下的大功劳，虞舜固然不能把自己的弟弟赐封在他们前面。因此象的封地在边远地区，是圣人不得不这样做啊。（汉高祖封刘仲为代王，这是因为将其兄长遗弃在边远地区靠近敌寇的地方，这与帝舜赐封象不同。）

周室班爵禄

为民而立之君，故班爵[①]之意，天子与公、侯、伯、子、男一也，而非绝世之贵。代耕[②]而赋之禄，故班禄[③]之意，君、卿、大夫、士与庶人在官一也，而非无事之食。《黄氏日钞·读王制》曰：“必本于上农夫者，示禄出于农，等而上之，皆以代耕者也。”是故知天子一位之义，则不敢肆于民上以自尊。知禄以代耕之义，则不敢厚取于民以自奉。不明乎此，而侮夺人之君，常多于三代之下矣。

【注释】①班爵：颁授爵位。②代耕：指以农耕之外的职业为生。③班禄：分等制定俸禄。

【译文】为了百姓而确立的国君，所以颁布爵位的含义，天子与公、侯、伯、子、男是一样的，而不是冠绝当世的尊贵。代替农耕而给予俸禄，所以颁布俸禄的含义，国君、卿、大夫、士与老百姓在官署是一样的，而没有闲着什么事都不干而吃白食。(《黄氏日钞·读王制》说：“一定本于上农夫的，表示俸禄源出于农民，按照这个等级再往上，都作为代耕的人。”)因此知道只设置一位天子的含义，就不敢在百姓身上任意行事用来自我尊崇。知道俸禄用来代替农耕的含义，就不敢深重地索取百姓用来自己日常生活享用。不明白这个道理，而轻慢、掠夺他人的国君，一般大多在三代之后了。

费惠公

《孟子》“费惠公”注：“惠公，费邑之君。”按春秋时有两费。其一见《左传》成公十三年，“晋侯使吕相绝秦，曰：殄灭我费滑”，注：“滑国都于费，今河南缑氏县。”庄公十六年，“滑伯”注同。昭公二十六年，“王次于滑”注：“滑，周地，本郑邑。”襄公十八年，楚蔿子冯[1]公子格率锐师侵费滑。盖本一地，秦灭之，而后属晋耳。女叔侯对平公曰：虞、虢、焦、滑、霍、杨、韩、魏，皆姬姓也，晋是以大。其一僖公元年，“公赐季友汶阳[2]之田及费”。《齐乘》：“费城在费县西北二十里，鲁季氏邑。”汉《梁相费泛碑》云：“其先季友为鲁大夫，有功封费，因以为姓。”按隐公元年已有费伯，即费庈父。在子思[3]时，滑国之费，其亡久矣，疑即季氏之后而僭称公者。鲁连子称陆子谓齐湣王[4]曰：鲁费之众臣，甲舍[5]于襄贲。而楚人对顷襄王，有邹、费、郯、邳，殆所谓泗上十二诸侯者邪？

【注释】①蔿子冯：蔿氏，名子冯。孙叔敖之侄。郢人。春秋时楚令尹。任令尹后，经人规劝，接受公子追舒被杀的教训，主动辞退了八个拥有很多马的宠信者。②汶阳：汶阳之名，始于春秋。因在汶水之北故名。③子思：孔伋，字子思，孔子的嫡孙、孔子之子孔鲤的儿子。中国春秋时期著名的思想家。受教于孔子的高足曾参，孔子的思想学说由曾参传子思，子思的门人再传孟子。后人把子思、孟子并称为思孟学派。④鲁连子：鲁仲连，又名鲁连，尊称“鲁仲连子”或“鲁连子”，中国战国末期齐国人。齐湣王：陈姓，田氏，名地，临淄（今山东临淄）人。齐宣王之子。即位后就掀起秦齐争霸的斗争。发动垂沙之战，大败楚国。函谷关之战，大败秦国。子之之乱时，打败燕国。吞并富有的宋国，自称东帝。南割楚之淮北，西侵三晋，欲并周室，自称天子。后乐毅带领五国联军攻破齐国七十二城，齐湣王出逃莒城，为楚国将领淖齿所害。⑤甲舍：旧时豪门贵族的宅第。

【译文】《孟子》中“费惠公”注解：“惠公，费邑的国君。”按春秋时期有两个费。其中一个出现在《左传》鲁成公十三年，“晋侯派遣吕相到秦国绝交，说：灭绝我费滑”，注解：“滑国定都在费，是如今的河南缑氏县。”（鲁庄公十六年，“滑伯”注解相同。鲁昭公二十六年，“王次于滑”注解：“滑，是周朝之地，本来是郑国城邑。”）鲁襄公十八年记载，楚国的蒍子冯、公子格率领精锐的军队攻打费滑。大概原本是一个地方，秦国剿灭了它，后来属于晋国了。（女叔侯对平公说：虞、虢、焦、滑、霍、杨、韩、魏，都是姬姓，晋国因此强大。）其中一个出现在僖公元年，“鲁僖公赐封季友汶阳的田地和费地”。《齐乘》记载：“费城在费县西北二十里，是鲁国季氏的城邑。”（汉代《梁相费泛碑》说：“其祖先季友为鲁国大夫，有功封在费，因此将此作为姓。”按鲁隐公元年已经有费伯，就是费庈父。）在子思的时代，滑国的费地，灭亡已经很久了，怀疑就是季氏的后人妄称公的。鲁连子称陆子对齐湣王说：鲁国费地的众臣，宅第在襄贲。而楚国人对于顷襄王，有邹、费、郯、邳，大概就是所说的泗上十二诸侯吧？

仁山金氏曰："费本鲁季氏之私邑，而孟子称小国之君，曾子书亦有费君、费子之称。盖季氏专鲁，而自春秋以后，计必自据其邑，如附庸之国矣。大夫之为诸侯，不待三晋而始，然其来亦渐矣。"

【译文】仁山金履祥说："费地原本是鲁国季氏的私人封地，而孟子将他称呼小国的国君，曾子的记载也有费君、费子的称谓。大概季氏专权鲁国，而从春秋以后，必定占据自己的封地，就像附属于大国的小国。大夫成为诸侯，不等三晋而开始，然而它的由来也是逐渐形成的了。"

季氏之于鲁，但出君而不敢立君，但分国而不敢篡位，愈于晋、卫多矣。故曰"鲁犹秉周礼"。

【译文】季氏对于鲁国，只是逐出国君而不敢拥立新的国君，只是分裂鲁国而不敢谋夺君位，胜过晋国、卫国很多了。因此说"鲁国仍然秉持周王室的礼节"。

行吾敬故谓之内也

先王治天下之具，五典、五礼，五服、五刑。其出乎身，加乎民者，莫不本之于心，以为之裁制。亲亲之杀，尊贤之等，礼所生也。故孟子答公都子言义，而举酌乡人、敬尸二事，皆礼之用也，而莫非义之所宜。自此道不明，而二氏[①]空虚之教，至于槌提仁义，绝灭礼乐，从此起矣。自宋以下，一二贤智之徒，病汉人训诂之学，得其粗迹，务矫之以归于内，而达道达德，九经三重之事，置之不论。此真所谓“告子未尝知义”者也。其不流于异端而害吾道者几希。

【注释】①二氏：指佛、道两家。

【译文】先王治理天下的工具，有五典、五礼，五服、五刑。出在自身，加给百姓，没有不以心为根本，把它作为约束。亲近亲族要分亲疏，尊重贤人要有等级，这是礼生成的。所以孟子答复公都子说到大义，而列举斟酒给乡里人、尊敬祭祀时代表死者受祭的人两件事，都是礼的运用，而没有不是大义适宜的。从此之后大道不明朗，而佛道二教空虚的教化，到了抛弃仁义，社会纲纪混乱，从这开始了。从宋代以后，少数贤德有才智的人，不满汉代人注解古文的学问，得到大道正理，务必矫正归属于内，而博通各种学问、不断提高道德修养，治国平天下的九项准则、三种隆重礼仪的事情，搁置起来不讨论。这真是所谓的“告子不曾知道义”。不趋向其他学派、学说而妨害我的学说、主张的人很少了。

董子[①]曰：“宜在我者而后可以称义。故言义者，合我与宜以为一言。以此操之，义之言我也。”“义”字从我，兼声与意。此与孟子之言相发。

【注释】①董子：即董仲舒，广川（今河北）人，西汉哲学家。

【译文】董仲舒说：“适宜在我然后可以称义。因此说义的人，综合我与适宜作为一句话。用这处理它，义说的是我。”（“义”字从我，兼声与意。）这和孟子的话相感发。

以纣为兄之子

以纣为弟，且以为君，而有微子启；以纣为兄之子，且以为君，而有王子比干。并言之，则于文有所不便，故举此以该彼，此古人文章之善。且如“郊社之礼，所以事上帝也”，不言后土；“地道无成，而代有终也”，不言臣妻；“先王居梼杌于四裔”，不言浑敦、穷奇、饕餮[①]。后之读书者，不待子贡之明，亦当闻一以知二矣。

【注释】①浑敦：亦作“混沌”。昆仑西面有一种异兽，它的外貌如同狗一样，长着长毛，四只脚，像熊却没有爪子，有眼睛却看不见。无法移动，有两只耳朵却无法听见，有人知往，有腹部却没有五脏六腑，有肠子却是直的并不弯曲，（吃下的）食物径直通过；高尚的人走向它它会抵触他；恶人便会听从他的指挥。穷奇：神话传说中的古代四凶之一。外貌像老虎，长有一双翅膀，喜欢吃人，更会从人的尾部开始进食，是一头凶恶的异兽。饕餮（tāo tiè)：别名狍鸮（páo xiāo）。它最大特点就是能吃。它是一种想象中的神秘怪兽。这种怪兽没有身体，因为他太能吃，以至于把自己的身体都吃掉了。它只有一个大头和一个大嘴，十分贪吃，见到什么吃什么，由于吃的太多，最后被撑死。它是贪欲的象征，所以常用来形容贪食或贪婪的人。

【译文】把商纣当作弟弟，而且作为君王的，有微子启；把商纣当作兄长的儿子，而且作为君王的，有王子比干。如果一并来说，那么对于文章有不方便，所以列举这个来推测那个，这是古人撰写文章的高明之处。而且像“郊祭、社祭的礼节，是用来侍奉上帝的”，不说后土；“地的法则没有什么成就，只是代替天去完成好的结局”，不说臣妻；“先王让梼杌居住在四方边远的地区”，不说浑敦、穷奇、饕餮。后代的读书人，不必有子贡的聪明，也应当能够听到一点就理解很多。

才

人固有为不善之才，而非其性也。性者，天命之；才者，亦天降之。下章言天之降才。是以禽兽之人，谓之未尝有才。

【译文】人固然有做坏事的才能，然而不是他的本性。本性，是上天授予的；才能，也是上天赋予的。（下章讨论“天之降才”。）因此说像禽兽一样的人，他不曾有才能。

《中庸》言能尽其性。《孟子》言不能尽其才。能尽其才，则能尽其性矣，在乎扩而充之。

【译文】《中庸》说能充分发挥他的本性。《孟子》说不能充分发挥他的才能。能充分发挥他的才能，就能充分发挥他的本性，在于扩大范围，充实内容。

求其放心

"学问之道无他，求其放心而已矣。"然则但求放心，可不必于学问乎？与孔子之言"吾尝终日不食，终夜不寝，以思，无益，不如学也"者，何其不同邪？他日又曰："君子以仁存心，以礼存心。"是所存者，非空虚之心也。夫仁与礼，未有不学问而能明者也。孟子之意，盖曰能求放心，然后可以学问。"使弈秋①诲二人弈，其一人专心致志，惟弈秋之为听；一人虽听之，一心以为有鸿鹄将至，思援弓缴而射之，虽与之俱学，弗若之矣"。此放心而不知求者也。然但知求放心，而未尝穷中罫②之方，悉雁行之势，马融《围棋赋》。亦必不能从事于弈。

【注释】①弈秋：人名。名秋，因善于下围棋，故人称为"弈秋"。后世称某高手为"当代弈秋"者，即意味着其水平与国手相当。《弈旦评》推崇他为国棋"鼻祖"。②中罫（guà）：围棋棋局中部的格子。

【译文】"做学问的方法没有别的，丧失的心罢了。"那么只是丧失的心，可以不一定在学问上吗？与孔子的论述"我曾经整天不吃饭，彻夜不睡觉，去左思右想，结果没有什么好处，还不如去学习”，多么不同啊！将来的某一天又说：“君子把建立人与人相互亲爱的关系保存在心中，把社会行为规范保存在心中。”这保存的，不是空虚的心。仁爱与礼节，没有不通过学问而能明白的。孟子的意思，大概说能丧失的心，然后可以研究学问。“让弈秋教二人下棋，其中一个人专心致志，只是听弈秋说的；另外一个人虽然也在听，一心以为有鸿鹄将要飞来，想要拉弓箭将它射下来，虽然他们二人一起学习下棋，但后者的棋艺不如前者好”。这丧失的心而不知道找回。然而只是知道丧失的心，而没有穷尽围棋棋局中部格子的方法，知道飞雁行列的阵势，（马融《围棋赋》。）也一定不能向弈秋学习下棋了。

所去三

“免死而已矣”，则亦不久而去矣，故曰“所去三”。

【译文】“避免饿死罢了”，那么也离辞官不久了，所以说“有三种情况可以辞官”。

自视欿然

人之为学，不可自小，又不可自大。得百里之地而君之，皆足以朝诸侯有天下，不敢自小也；附之以韩魏之家，如其自视欿[1]然，则过人远矣，不敢自大也。予将以斯道觉斯民也，思天下之民，匹夫匹妇有不被尧舜之泽者，若己推而内之沟中，则可谓不自小矣。自耕稼、陶渔以至为帝，无非取于人者，则可谓不自大矣。故自小，小也；自大，亦小也。今之学者，非自小则自大，吾见其同为小人之归而已。

【注释】①欿（kǎn）：假借为“歉”。谦虚，不自满。

【译文】人做学问，不可以轻视自己，又不可以自以为了不起。获得百里的土地而称国君，都足以朝见诸侯拥有天下，是不敢轻视自己；再加上韩魏之家的名誉地位和财富，如果自视还谦虚，不自满，就远远地超过一般人了，不敢自以为了不起。我将用这个道理启发这里的百姓醒悟，考虑天下的百姓，平民百姓有没承受尧舜的恩泽，就好像是自己将他们推进水沟中一样，则可以说不自我轻视。从种庄稼、做陶器、捕鱼一直到做帝王，没有哪个时候他不向别人学习，则可以说不自以为了不起。所以自我轻视，是小；自以为了不起，也是小。如今做学问的人，不是自小就是自大，我看他们是同为小人那类人罢了。

士何事

士农工商，谓之四民，其说始于管子。《穀梁》成公元年传亦云。三代之时，民之秀者乃收之乡序[①]，升之司徒，而谓之士，固千百之中不得一焉。大宰以九职任万民，五曰百工，饬化八材，计亦无多人尔。武王作《酒诰》之书曰：“妹土嗣尔股肱，纯其艺黍稷，奔走事厥考厥长”，此谓农也。“肇牵车牛，远服贾，用孝养厥父母”，此谓商也。又曰“庶士有正，越庶伯君子，其尔典听朕教”，则谓之士者。大抵皆有职之人矣。恶有所谓“群萃而州处，四民各自为乡之法”哉？春秋以后，游士日多。《齐语》言：“桓公为游士八十人，奉以车马衣裘，多其资币，使周游四方，以号召天下之贤士。”而战国之君，遂以士为轻重，文者为儒，武者为侠。呜呼！游人兴，而先王之法坏矣。彭更[2]之言，王子垫[3]之问，其犹近古之意与？

【注释】①乡序：即庠序，古代的地方学校，后也泛称学校或教育事业。②彭更：古代人名，孟子的学生。③王子垫：齐王之子，名垫。

【译文】士农工商，称为四民，这个说法是从管仲开始的。（《穀梁传》鲁成公元年也这样说。）三代时期，百姓中优秀的人聚拢到学校，报告给司徒，而称为士，本来千百人之中得不到一个。大宰以九类职业任用万民，第五是百工之业，利用各种原材料制造器物，估计也没有多少人。武王创作《酒诰》：“妹邦的百姓，用他们手足的股肱之力专事勤劳于耕耘稼穑，在家上下奔走，忙忙碌碌，服侍他们的父母和兄长”，这称为农。“竭其心智，不惜脚力，牵牛驾车，贸迁有无，外出经商行贾，以其所得之利孝养他们的父母”，这称为商。又说“妹邦的各级各类官员以及各地的长官属吏们，希望你们高度重视并认真听取我的教言”，则称为士。大概都是有职位的人。哪有所谓“聚集在一起居住，四民各自为乡的法则”呢？春秋以后，游士日益增多。《齐语》记载：“桓公为游士八十人，供养车马衣裘，多多的财物，让他们周游四方，来号召天下的贤士。”而战国时期的国君，于是以士为轻重，文者为儒，武者为侠。呜呼！闲散的人兴起，而先王的法则破坏了。彭更说的话，齐王子垫的问询，或许还能接近古代的思想吧？

饭糗茹草

享天下之大福者，必先天下之大劳；宅天下之至贵者，必执天下之至贱。是以殷王小乙，使其子武丁旧劳于外，知小人之依。而周之后妃，亦必"服澣濯[①]之衣，修烦缛之事。及周公遭变，陈后稷、先公[②]王业之所由者，则皆农夫、女工、衣食之务也"。干宝《晋纪论》。古先王之教，能事人而后能使人。其心不敢失于一物之细，而后可以胜天下之大。舜之圣也，而饭糗茹草[③]。禹之圣也，而手足胼胝[④]，面目黧黑。此其所以道济天下，而为万世帝王之祖也。况乎其不如舜、禹者乎？《朱子语类》，言舜之耕稼陶渔，夫子之钓弋，子路之负米，子贡之埋马，皆贱者之事，而古人不辟也。有若三踊于鲁大夫之庭，冉有用矛以入齐军，而樊须虽少，能用命，此执干戈以卫社稷，而古人所不辞也。后世骄侈日甚，反以臣子之职为耻。

【注释】①澣（huàn）濯：澣同"浣"。洗过多次的衣服，旧衣。②先公：对天子、诸侯祖先的尊称。③饭糗茹草：吃的是干粮、野菜。形容生活清苦。④胼胝（pián zhī）：俗语中的"老茧"。手掌或脚掌上因摩擦而生成的硬皮。手足胼胝：手掌足底生满老茧。形容经常地辛勤劳动。

【译文】享受天下大福的人，一定先承受天下的大劳苦；占有天下最尊贵的，一定执守天下最低贱的事。所以殷王小乙，派遣儿子武丁长期在外劳作，知道平民百姓的依仗。而周王室的后妃，也一定“穿洗过多次的旧衣服，学习繁多复杂的事情。等到周公遇到变故，陈述后稷、先公君王事业的由来，则都是农夫、女工、衣食的事务”。（干宝《晋纪论》。）古代先王的教诲，能服侍人而后才能差遣别人。他的心思不敢在一物的细微处失误，而后可以胜任天下的大任。舜的崇高，然而能吃干粮野菜。禹的圣明，然而经常地辛勤劳作，面色憔悴。这是他们用来补益帮助天下，而成为万世帝王之祖。何况那些德行不如舜、禹的人呢？（《朱子语类》，说帝舜的耕稼陶渔，孔子的钓弋，子路的负米，子贡的埋马，都是地位低下从事的工作，而古人没有躲开。有若在鲁国大夫的庭院三次跳起来（成为勇士），冉有手持矛进入齐国军队，而樊须虽然年轻，却能效力，这是手持干戈来保卫社稷，而古人都没有推辞。后世骄傲奢侈日益严重，反而将臣子之职当作是耻辱。）

孟子外篇

《史记》：伍被[①]对淮南王安引孟子曰：“纣贵为天子，死曾不若匹夫。”扬子《法言·修身篇》引孟子曰：“夫有意而不至者有矣，未有无意而至者也。”桓宽[②]《盐铁论》引孟子曰：“吾于河广，知德之至也。”又引孟子曰：“尧、舜之道，非远人也，人不思之尔。”《周礼·大行人》注引孟子曰：“诸侯有王。”宋鲍照[③]《河清颂》引孟子曰："千载一圣，犹旦暮也。"《颜氏家训》引孟子曰："图影失形。"《梁书·处士传》序引孟子曰："今人之于爵禄，得之若其生，失之若其死。"《广韵》"圭[④]"字下注曰："孟子，六十四黍为一圭，十圭为一合[⑤]。"以及集注中程子所引荀子、孟子三见齐王，而不言事，门人疑之，孟子曰："我先攻其邪心。"今《孟子》书皆无其文，岂所谓"外篇"者邪？《史记》索隐引皇甫谧曰："孟子称禹生石纽，西夷人也，恐是舜生诸冯之误。"《汉书·艺文志》：《孟子》十一篇。《风俗通》曰：孟子作书中外十一篇。《诗·维天之命》传引孟仲子[⑥]曰："大哉，天命之无极，而美周之礼也。"《閟宫》传引孟仲子曰："是禖宫[⑦]也。"正义引赵岐云："孟仲子，孟子从昆弟，学于孟子者也。"《谱》云："子仲子者，子思弟子。"盖与孟轲共事子思，后学于孟轲，著书论《诗》，毛氏取以为说，则又有孟仲子之书矣。陆玑《诗草木疏》云："子夏传鲁人申公，申公传魏人李克，李克传鲁人孟仲子，孟仲子传赵人孙卿，孙卿传鲁人大毛公，大毛公传小毛公。"

【注释】①伍被（pí）：楚国人。伍被因有才能而出名，做淮南国的中郎。当时淮南王刘安喜欢学术，屈身礼贤，聚集了上百的英俊博学之士，伍被列居首位。淮南王安：刘安，沛郡丰县（今江苏丰县）人。西汉时期文学家、古琴演奏家。汉高祖刘邦之孙，淮南厉王刘长之子。封淮南王。刘安所著的《离骚传》是中国最早对屈原及其《离骚》作高度评价的著作。他曾招宾客方术之士数千人，编写《淮南子》（亦称《鸿烈》）。②桓宽：字次公，汉代汝南郡人，治《公羊春秋》。其知识广博，善为文。后官至庐江太守丞。著有

《盐铁论》六十篇。③鲍照：唐人或避武后讳而作“鲍昭”，字明远，祖籍东海，南朝宋文学家，与北周庾信并称“鲍庾”，与颜延之、谢灵运并称“元嘉三大家”，因曾任荆州刺史临海王刘子顼军府参军而被后人称为“鲍参军”。④圭：中国古代较小的容量单位，一升的十万分之一。⑤合（gě）：容量单位，市制两龠为一合、十合为一升。⑥孟仲子：姓孟，名仲子，邹国人，今邹城人。孟仲子随孟子游齐，负责接待和处理日常事务。⑦禖（méi）宫：指姜嫄之庙。周朝祖先后稷的母亲。传说她于郊野践巨人足迹怀孕生稷。

【译文】《史记》记载：伍被答对淮南王刘安时引用孟子说：“商纣贵为天子，死的时候比不上平民百姓。”扬雄的《法言·修身篇》引用孟子：“有有愿望而不能达到的，没有没有愿望而能达到的。”桓宽的《盐铁论》引用孟子：“我在宽又广的黄河边，知道德行的极致。”又引用孟子说：“尧、舜的法则，不是远离人的，人们不思考罢了。”《周礼·大行人》注解引用孟子说：“诸侯朝聘天子。”南朝刘宋鲍照的《河清颂》引用孟子说：“一千年出一位圣人，还近得好像早晚之间那么快。”《颜氏家训》引用孟子：“图的影子已经不是图形本身了。”《梁书·处士传》序引用孟子：“现在的人对于爵位俸禄，得之若生，失之若死。”《广韵》“圭”字下注解：“孟子，六十四黍为一圭，十圭为一合。”以及集注中程颐所引用荀子、孟子三次进见齐王，而不说什么事，门人有疑惑，孟子说：“我先去除他不正当的念头。”今本《孟子》书中都没有其中的文字，难道是所谓的“外篇”吗？（《史记》索隐引皇甫谧说：“孟子称大禹生石纽，是西方的夷人，或许是帝舜生诸冯的误记。”《汉书·艺文志》：《孟子》十一篇。《风俗通》说：孟子著有书，分中、外十一篇。）《诗经·维天之命》注解引用孟仲子：“广大啊，天道的意志没有穷尽，而赞美周王室的礼仪。”《閟宫》注解引用孟仲子说：“是姜嫄之庙。”正义引用赵岐：“孟仲子，是孟子的堂弟，向孟子求学的人。”《谱》记载：“子仲子，是子思的弟子。”大概和孟轲共同以师礼对待子思，后来向孟轲求学，著书谈论《诗经》，毛氏选取作为解说，则又有孟仲子的著作了。（陆玑《诗草木疏》说：“子夏传给鲁国人申公，申公传给魏国人李克，李克传给鲁国人孟仲子，孟仲子传给赵国人孙卿，孙卿传给到鲁国人大毛公，大毛公传给小毛公。”）

孟子引论语

《孟子》书引孔子之言凡二十有九，其载于《论语》者八，“学不厌而教不倦。”“里仁为美。”“君薨听于冢宰。”“大哉尧之为君。”“小子鸣鼓而攻之。”“吾党之士狂简。”“乡原德之贼。”“恶似而非者。”又多大同而小异。然则夫子之言，其不传于后者多矣。故曰“仲尼没而微言绝”。

【译文】《孟子》书中引用孔子的言论有二十九条，记载在《论语》中有八条，（例如：“学不厌而教不倦。”“里仁为美。”“君薨听于冢宰。”“大哉尧之为君。”“小子鸣鼓而攻之。”“吾党之士狂简。”“乡原德之贼。”“恶似而非者。”）又多数大同而小异。然而孔子的言论，不流传到后代有很多了。因此说“孔子死后而精微的言辞就断绝了”。

孟子字样

九经、《论语》，皆以汉石经[①]为据，故字体未变。《孟子》字多近今，如“知”多作“智”，“说”多作“悦”，“女”多作“汝”，“辟”多作“避”，“弟”多作“悌”，“彊”多作“强”之类，与《论语》异。盖久变于魏、晋以下之传录也。然则石经之功，亦不细矣。

【注释】①汉石经：又名《熹平石经》《一体石经》。为中国历史上最早的官定儒家经本。汉石经碑面无纵横界格，系一字隶书直下行文。每石行数、每行字数各不相同。碑石长方形，经文自右至左，每经自为起讫，先表后里，每经的每篇小题在上，大题在下，占一行。据王国维考证，每碑一面约35行，每行75字左右，为标准的四分体隶书，每10字约合“建初尺”一尺许，碑下有座，碑身插于座中。

【译文】九经、《论语》，都以汉石经作为依据，所以字体没有改变。《孟子》字大多类似当代，（如“知”大多写成“智”，“说”大多写成“悦”，“女”大多写成“汝”，“辟”大多写成“避”，“弟”大多写成“悌”，“彊”大多写成“强”之类，与《论语》不同。）大概从魏、晋以下流传抄录长久地改变。那么石经的功劳，也不小了。

《唐书》言：“邠”州故作“豳”，开元十三年以字类“幽”，故为“邠”。今惟《孟子》书用“邠”字。

【译文】《新唐书》说：“邠”州以前作“豳”，开元十三年因为字类似“幽”，所以改为“邠”。现在只有《孟子》记载用“邠”字。

《容斋四笔》言：“《孟子》‘是由恶醉而强酒’，‘见且由不得亟’，并作由。”今本作犹。是知今之《孟子》又与宋本小异。

【译文】《容斋四笔》说：“《孟子》‘是由恶醉而强酒’，‘见且由不得亟’，都是作由。”如今的版本作犹。由这知道如今的《孟子》又与宋代版本有小的差异。

孟子弟子

赵岐注《孟子》，以季孙、子叔[①]二人为孟子弟子。季孙知孟子意不欲，而心欲使孟子就之，故曰：“异哉弟子之所闻也。”子叔心疑惑之，亦以为可就之矣，“使己为政”以下，则孟子之言也。又曰：“告子[②]名不害，兼治儒、墨之道者，尝学于孟子，而不能纯彻性命之理。”又曰：“高子[③]，齐人也，学于孟子，乡道而未明，去而学他术。”又曰：“盆成括[④]尝欲学于孟子，问道，未达而去。”宋徽宗[⑤]政和五年，封告子不害东阿伯，高子泗水伯，盆成括莱阳伯，季孙丰城伯，子叔乘阳伯，皆以孟子弟子故也。《史记索隐》曰：“《孟子》有万章、公明高[⑥]等，并轲之门人。”《广韵》又云：“离娄[⑦]，孟子门人。”不知其何所本？《淮南子》：“黄帝亡其玄珠，使离朱、捷劉索之。”注：“二人皆黄帝臣。”《抱朴子》有“彭祖之弟子离娄公”。元吴莱著《孟子弟子列传》二卷，今不传。

【注释】①季孙：季孙氏，复姓季孙，宋政和五年从祀，封爵为丰城伯。清乾隆二十一年改称先儒季孙氏。性格“倔而拗”。子叔：子叔疑，复姓子叔，名疑。宋政和五年从祀，封爵为承阳伯。清乾隆二十一年改称先儒子叔氏。性情桀骜不驯。②告子：名不害，孟子的弟子。③高子：一名高齐，齐姜太公（吕尚）之后，食采邑于高，因以为氏。④盆成括：复姓盆成，名括。盆成括从学于孟子，道未通而急于出仕。⑤宋徽宗：赵佶，号宣和主人。宋神宗第十一子、宋哲宗之弟。先后被封为遂宁王、端王。赵佶即位之后是为徽宗。⑥万章：孟子高足弟子。一生追随孟子，为孟子所喜爱。《孟子》七篇中有“万章章句”凡十八章，万章名字出现二十二次之多；对孟子有“尧以天下与舜”“伊尹以割烹要汤”“敢问友”“敢问交际”等之问达三十八次之多。《史记》载，孟子晚年，经常同万章等弟子谈论经书，并和万章等弟子一起著《孟子》一书。公明高：即公孟子高，春秋时鲁国南武城人。曾子弟子。孔子的再传弟子。在典籍《孟子》中有公明高与长息问答的记录。⑦离娄：古代人名，相传为孟子弟子。

【译文】赵岐注解《孟子》，把季孙、子叔二人作为孟子的弟子。季孙知道孟子心里不同意，但心里想让孟子做官，故曰：“奇怪啊弟子所听说的。”子叔心里疑惑，也以为可以同意，“使己为政”之后，就是孟子的言论。又说：“告子名叫不害，同时研究儒家、墨家的学问，曾经向孟子求学，而不能纯粹透彻的了解本性与生命的规律。”又说：“高子，是齐国人，向孟子求学，趋向道义而不能明了，离开而学习其他的学问。”又说：“盆成括曾经想向孟子求学，请教道理，未能通达而离开了。”宋徽宗政和五年，册封告子不害为东阿伯，高子为泗水伯，盆成括为莱阳伯，季孙为丰城伯，子叔为乘阳伯，都因为是孟子弟子的缘故。《史记索隐》说：“《孟子》中有万章、公明高等，都是孟轲的门人。”《广韵》又记载：“离娄，是孟子的门人。”不知道这依据的是什么？（《淮南子》：“黄帝丢失玄珠，派离朱、捷剟去寻找。”注解：“离朱、捷剟二人都是黄帝的臣子。”《抱朴子》有“彭祖之弟子离娄公”的记载。）元朝的吴莱著有《孟子弟子列传》二卷，现在已经遗失了。

《晏子》书称：“西郭徒居布衣之士，盆成适尝为孔子门人。”尤误。

【译文】《晏子》记载称：“西边城外无业闲居的平民百姓，盆成适曾经是孔子的门人。”尤为错误。

荼

“荼”字自中唐始变作“茶”，其说已详之《唐韵正》。按《困学纪闻》：“荼有三。‘谁谓荼苦’，苦菜也。‘有女如荼’，茅秀也。‘以薅荼蓼’，陆草也。”今按《尔雅》，“荼”“蒤”字凡五见，而各不同。《释草》曰：“荼，苦菜。”注引《诗》“谁谓荼苦，其甘如荠”。疏云：“此味苦可食之菜。《本草》一名选，一名游冬。《易纬通卦验玄图》云：‘苦菜生于寒秋，经冬历春乃成。’《月令》孟夏，苦菜秀，是也。叶似苦苣而细，断之有白汁，花黄似菊堪食，但苦耳。”又曰：“藨、荂[①]、荼。”注云：“即芀[②]。”疏云：“按《周礼·掌荼》，及《诗》‘有女如荼’，皆云荼。茅秀也，藨也，荂也，其别名。”此二字皆从草、从余。又曰：“蒤，虎杖。”注云：“似红草而麄大，有细刺，可以染赤。”疏云：“蒤，一名虎杖。陶注《本草》云：田野甚多，壮如大马蓼，茎斑而叶圆。是也。”又曰：“蒤，委叶。”注引《诗》“以茠蒤蓼”。疏云：“蒤，一名委叶。王肃说《诗》云：蒤，陆秽草。然则蒤者，原田芜秽之草，非苦菜也。”今《诗》本“茠”作“薅”。此二字皆从草从涂。《释木》曰：“槚[③]，苦荼。”注云：“树小如栀子，冬生叶，可煮作羹饮。今呼早采者为荼，晚取者为茗，一名荈[④]，蜀人名之苦荼。”此一字亦从草从余。

【注释】①藨（biāo）：白茅的花穗、浮萍。荂（fū）：白茅的花。②芀（tiáo）：古同“苕”，芦苇的花穗。③槚（jiǎ）：古同“榎”。楸树的别称，只开花不结果。④荈（chuǎn）：采摘时间较晚的茶。

【译文】“荼”字自中唐开始变作“茶”，这个说法在《唐韵正》已经详细论述了。按照《困学纪闻》记载：“荼有三种。‘谁谓荼苦’，是苦菜。‘有女如荼’，是茅秀。‘以薅荼蓼’，是陆草。”现在按《尔雅》记载，“荼”“蒤”字一共五次出现，而各不相同。《释草》记载：“荼，是苦菜。”注解引用《诗经》“谁谓荼苦，其甘如荠”。注疏说：“这是味苦可以食用的菜。《本草》一名选，一名游冬。《易纬通卦验玄图》记载：‘苦菜生长在寒秋，经冬历春才会长成。’《月令》孟夏，苦菜茂盛，就是这样。叶似苦苣而细，折断后有白汁，花黄似菊可以食用，只是味道苦罢了。”又说：“藨、荂、荼。”注解说：“就是芳。”注疏说：“按照《周礼·掌荼》，以及《诗》‘有女如荼’，都说荼。茅秀、蘪、蒡，都是它的别名。”这两个字都从草、从余。又说：“蒤，是虎杖。”注解说：“像红草而粗大，有细刺，可以染红色。”注疏说：“蒤，一名虎杖。陶弘景注解《神农本草经》记载：田野很多，强壮像大马蓼，茎斑而叶圆。就是这样的。”又说：“蒤，是委叶。”注解引用《诗经》“以茠蒤蓼”。注疏说：“蒤，一名委叶。王肃说《诗经》：蒤，是陆秽草。那么蒤，是原野上的田地芜秽的草，不是苦菜。”如今《诗经》本“茠”作“薅”。这两个字都从草从涂。《释木》说：“槚，是苦荼。”注解说：“树小像栀子，冬季生叶，可煮作汤饮用。现在称早采集的为荼，晚采集的为茗，一名荈，蜀人称为苦荼。”这个字也从草从余。

今以《诗》考之，《邶·谷风》之“荼苦”，《七月》之“采荼”，《绵》之“堇荼”，皆苦菜之荼也。《诗》“采苦采苦”传：“苦，苦采。”正义曰：“此荼也。”陆玑云：“苦采生山田及泽中，得霜恬肥而美，所谓‘堇荼如饴’。”《内则》云：“濡豚包苦。”用苦菜是也。又借而为“荼毒”之“荼”。《桑柔》《汤诰》，皆苦菜之荼也。《夏小正》“取荼莠”，《周礼·地官》“掌荼”。《仪礼·既夕礼》“茵著用荼，实绥泽焉”。《诗·鸱鸮》“捋荼”，传曰：“荼，萑苕也。”正义曰：“谓蒮①之秀穗。茅蒮之秀，其物相类，故皆名荼也。”茅秀之荼也。以其白也而象之，《出其东门》“有女如荼”。《国语》“吴王夫差，万人为方陈，白常，白旗，素甲，白羽之矰，望之如荼”。《考工记》：“望而眂②之，欲其荼白。”亦茅秀之荼也。

《良耜》之“荼蓼”，委叶之蒤也。唯虎杖之蒤，与槚之苦荼，不见于《诗》《礼》。而王褒[3]《僮约》云：“武都买茶。”张载《登成都白菟楼诗》云：“芳荼冠六清。”孙楚[4]诗云：“姜桂荼荈出巴蜀。”《本草衍义》：“晋温峤上表，贡荼千斤，茗三百斤。”是知自秦人取蜀而后，始有茗饮之事。

【注释】①薍（wàn）：初生的荻。②眡（shì）：古同“视”。③王褒：字子渊，资阳县（今四川资阳）人。少孤，家贫，事母至孝，以耕读为本。桑梓墨池就是他洗笔砚之处；县城南书台山，便是他另一个攻书的地方。他精通六艺，娴熟《楚辞》，崇敬屈原而作《九怀》，初露才华。尔后，他游历成都、湔上等地，博览群书，以文会友。④孙楚：字子荆。太原中都（今山西平遥县）人，西晋官员、文学家。曹魏骠骑将军孙资之孙，南阳太守孙宏之子，出身于官宦世家。史称其“才藻卓绝，爽迈不群”。

【译文】现在依据《诗经》研究，《邶·谷风》的“荼苦”，《七月》的“采荼”，《绵》的“堇荼”，都是苦菜的荼。（《诗经》“采苦采苦”注解：“苦，苦采。”正义说：“这就是荼。”陆玑说：“苦采生山田及泽中，得霜恬肥而美，所谓‘堇荼如饴’。”《内则》说：“濡豚包苦。”就是用苦菜。）又假借为“荼毒”的“荼”。《桑柔》《汤诰》，都是苦菜的荼。《夏小正》中“取荼莠”，《周礼·地官》中“掌荼”。《仪礼·既夕礼》中“茵著用荼，实绥泽焉”。《诗·鸱鸮》中“捋荼”，注解说：“荼，是萑苕。”正义说：“说薍的秀穗。茅薍的秀，它们物类相似，所以都称为荼。”茅秀的荼。用它的白色而象征，《出其东门》中“有女如荼”。《国语》中“吴王夫差，万人为方陈，白常，白旗，素甲，白羽之矰，望之如荼”。《考工记》记载：“望而眡之，欲其茶白。”也是茅秀的茶。《良耜》中的“荼蓼”，是委叶的荼。只有虎杖的荼，与槚的苦茶，不在《诗经》《礼经》中见到。而王褒的《僮约》说：“武都买茶。”张载的《登成都白菟楼诗》说：“芳茶冠六清。”孙楚诗说：“姜桂茶荈出巴蜀。”《本草衍义》记载：“晋温峤上表，贡茶千斤，茗三百斤。”由这可以知道秦人攻取蜀地之后，才开始有茗饮的事情。

王褒《僮约》，前云“炰鳖烹荼”，后云“阳武买茶”，注：“以前为苦菜，后为茗。”

【译文】王褒的《僮约》，前文说“炰鳖烹荼”，后文说“阳武买茶”，注解：“以前称作苦菜，后来叫茗。”

《唐书·陆羽传》：“羽嗜茶，自此后，“荼”字减一画为“茶”。著经三篇，言茶之原、之法、之具尤备，天下益知饮茶矣。有常伯熊[①]者，因羽论，复广著茶之功，其后尚茶成风。时回纥[②]入朝，始驱马市菜。”至明代，设茶马御史。而《大唐新语》言：“右补阙綦毋煚[③]性不饮茶，著《茶饮序》曰：“释滞消壅，一日之利暂佳；瘠气侵精，终身之害斯大。获益则功归茶力，贻患则不谓茶灾。岂非福近易知，害远难见？”宋黄庭坚[④]《茶赋》亦曰：“寒中瘠气，莫甚于茶。或济之盐，勾贼破家。”今南人往往有茶癖，而不知其害，此亦摄生者之所宜戒也。

【注释】①常伯熊：唐代风雅类茶道流派的代表，安徽临淮（今安徽泗县）人，与茶圣陆羽在唐代都负有盛名。②回纥（hé）：又作回鹘，是中国的少数民族部落，维吾尔族的祖先。主要分布于新疆，另外在内蒙古、甘肃、蒙古以及中亚的一些地区也有散居。汉文史料中"回纥"一词来自古回纥文，回鹘之名来源于部落韦纥、乌护。回纥改名回鹘，取义为"回旋轻捷如鹘"。③綦毋煚（jiǒng）：河南洛阳人，唐玄宗朝大臣，著名目录学家、藏书家。位列开元含象亭十八学士。④黄庭坚：字鲁直，号山谷道人，晚号涪翁，洪州分宁（今江西修水县）人，北宋著名文学家、书法家，盛极一时的江西诗派开山之祖，与杜甫、陈师道和陈与义素有"一祖三宗"（黄庭坚为其中一宗）之称。与张耒、晁补之、秦观都游学于苏轼门下，合称为"苏门四学士"。生前与苏轼齐名，世称"苏黄"。著有《山谷词》，且黄庭坚书法亦能独树一格，为"宋四家"之一。

【译文】《唐书·陆羽传》："陆羽喜欢茶，（自此以后，"荼"字减去一画为"茶"。）著有《茶经》三篇，叙述茶的本原，制茶、品茶的方法，茶具尤其完备，天下更加知道饮茶。有常伯熊，沿袭陆羽的论作，又扩充并著作茶的功效，后来注重茶成为风尚。当时回纥前来朝觐，策马奔驰买卖。"到了明代，设置茶马御史。而《大唐新语》记载："右补阙綦毋煚平素不喜欢饮茶，撰写《茶饮序》："消除堵塞阻隔，一日的好处暂且还好；侵入、瘦弱精气，终身的危害很大。获得利益则功劳归于茶力，留下祸患则不说是茶带来的灾难。难道不是福离得近容易知道，害来得远难以预见？"宋代黄庭坚《茶赋》也说："虚寒脾胃瘦弱精气，没有比茶更厉害的。有的在茶里加上盐，招引盗贼来毁其家。"如今南方人往往有饮茶的癖好，而不知道茶的危害，这也是养生的人应该警惕的。

駉

《尔雅》"舒雁[①]鵞"注："今江东呼鳴，鳴即'駕[②]'字。"古"加"字读哥。《诗·君子偕老》之"珈"，《东山》之"嘉"并与何为韵。《左传》："鲁大夫荣駕鵞[③]。"《方言》："雁，自关而东谓之駉鵞。"《太玄经》："装次二駕鵞惨于冰，一作鴚鵞。"司马相如[④]《子虚赋》："弋白鹄，连駕鵞，双鸧下，玄鹤加。"《上林赋》："鸿鹔鹄鸨，駕鵞属玉。"扬雄《反离骚》："凤皇翔于蓬陼兮，岂駕鵞之能捷。"张衡《西京赋》："駕鵞鸿鶤[⑤]。"《南都赋》："鸿鸨駕鵞。"杜甫《七歌》："前飞駕鵞后鹙鸧[⑥]。"《辽史·穆宗纪》："获駕鵞，祭天地。"《元史·武宗纪》："禁江西、湖广、汴梁私捕駕鵞。"《山海经》："青要之山，是多駕鸟。"郭璞云："未详，或云当作駕，其从马者，传写之误尔。"《汉书·古今人表》："荣駕鵞。"师古曰："駕音加。"今本亦误作驾。今《左传》本亦多作驾。犹《诗》"乘乘鴇"之误作鸨也。

【注释】①舒雁：亦作"舒鴈(yàn)"。鹅的别称。②駕(jiā)：鸿雁。③荣駕鵞：亦写作"荣驾鹅"，鲁国大夫成伯，名栾。④司马相如：字长卿，蜀郡成都人，祖籍左冯翊夏阳（今陕西韩城南），侨居蓬州（今四川蓬安），西汉辞赋家。工辞赋，其代表作品为《子虚赋》。⑤鶤(kūn)：古书上说的一种像天鹅的大鸟。⑥鹙鸧(qiū cāng)：即秃鹙。一种凶猛贪残的水鸟。状似鹤而大，青苍色，长颈赤目，头颈皆无毛，好吃鱼、蛇等。

【译文】《尔雅》“舒雁鵞”注解：“如今江东称为鴚，鴚就是‘駕’字。”（古“加”字读哥音。《诗经·君子偕老》之“珈”，《东山》之“嘉”都与何为韵。）《左传》：“鲁国的大夫荣駕鵞。”《方言》记载：“雁，从函谷关以东称为䳌鵞。”《太玄经》记载：“装次二駕鵞惨于冰，一作䳌鵞。”司马相如的《子虚赋》：“弋白鹄，连駕鵞，双鸧下，玄鹤加。”《上林赋》：“鸿鷛鹄鸨，駕鵞属玉。”扬雄的《反离骚》：“凤皇翔于蓬陼兮，岂駕鵞之能捷。”张衡的《西京赋》：“駕鵞鸿鶤。”《南都赋》：“鸿鸨駕鵞。”杜甫的《七歌》：“前飞駕鵞后鹙鸧。”《辽史·穆宗纪》：“捕获駕鵞，用来祭祀天地。”《元史·武宗纪》：“禁止江西、湖广、汴梁私自捕捉駕鵞。”《山海经》：“青要山，这个地方駕鸟。”郭璞说：“不详细，有的说应当作駕，偏旁从马，是传抄的错误。”（《汉书·古今人表》：“荣駕鵞。”颜师古说：“駕音加。”现行版本也误写为驾。现在《左传》版本也大多写为驾。就像《诗》“乘乘鴇”的鴇误写为鸨一样。）

九 经

唐宋取士，皆用九经。今制定为五经，而《周礼》、《仪礼》、《公羊》《穀梁》二传，并不列于学官。杜氏《通典》：“东晋元帝时，太常贺循[①]上言：尚书被符，经置博士一人。《晋书·荀崧传》：“时简省博士，其《仪礼》《公羊》《穀梁》及郑《易》，皆省不置。”又多故历纪，儒、道荒废，学者能兼明经义者少。且《春秋》三传，俱出圣人，而义归不同，自前代通儒，未有能通得失，兼而学之者也。今宜《周礼》《仪礼》二经置博士二人，《春秋》三传置博士三人，其余《易》《诗》《书》则经置一人，合八人。”太常荀崧[②]上疏言：“博士旧员十有九人，今五经合九人，准古计今，犹未中半。《周易》有郑氏注其书根源，诚可深惜。《仪礼》一经所谓《曲礼》。郑玄于礼特明，皆有证据。昔周之衰，孔子作《春秋》，左丘明、子夏造膝[③]亲受。孔子殁，丘明撰其所闻为之传，微辞妙旨，无不精究。公羊高亲受子夏，立于汉朝，多可采用。穀梁赤师徒相传，诸所发明，或是《左氏》《公羊》不载，亦足有所订正。臣以为《三传》虽同曰《春秋》，而发端异趣，宜各置一人以传其学。”

【注释】①贺循：字彦先。会稽郡山阴县（今浙江绍兴）人。两晋时期名臣，孙吴后将军贺齐曾孙、孙吴中书令贺邵之子。贺循早有名声，与纪瞻、闵鸿、顾荣、薛兼并称“五俊”。②荀崧：字景猷，颍川临颍（今河南临颍县）人。东晋大臣，著名学者，曹魏太尉荀彧玄孙、羽林右监荀頵（jūn）之子。晋元帝即位建康，征为尚书左仆射，与刁协共定礼仪制度。③造膝：犹促膝。古时常以正坐坐姿体现庄重、内敛，多人进行正式或非正式谈话时，正坐是当时常用坐姿，“促膝长谈”由此而来。

【译文】唐宋选拔士人，都选用九经。如今制定为五经，而《周礼》《仪礼》《公羊传》《穀梁传》，都不安排在学校学习。杜佑《通典》：“东晋元帝的时候，太常贺循建议：尚书被符，经置博士一人。（《晋书·荀崧传》：“当时裁撤博士，其中《仪礼》《公羊》《穀梁传》以及郑《易》，都裁掉没有设置。”）历数又多变乱，儒、道荒废，做学问的人能够同时了解经籍义理的很少。而且《春秋》三传，都出自圣人，而义理趋向不同，从前代通晓古今的读书人，没有能彻底明了得失，同时学习的。如今应该《周礼》《仪礼》二经安排博士二人，《春秋》三传安排博士三人，其余（《易经》《诗经》《尚书》）则经安排一人，合计八人。”太常荀崧进呈奏章说：“博士旧员有十九人，如今五经合计九人，核准古代计算当代，还没过对半。《周易》有郑氏注解书的根源，实在是深深地惋惜。《仪礼》一经所谓《曲礼》。郑玄于礼特别清楚，都有凭证可以依据。从前周朝衰微，孔子撰写《春秋》，左丘明、子夏相对近坐亲近接受。孔子死后，左丘明撰写所听到的为之注解，婉转巧妙的话、精微幽深的旨意，没有不精心研究的。公羊高亲近接受子夏，立名在汉朝，大多可以采纳应用。穀梁赤师徒相传，有很多建树，有的是《左传》《公羊》不记载的，也很有所订正。臣下以为《三传》虽然都叫《春秋》，而开端各不相同，应该各自安排一人来传授《三传》的学问。”

遇王敦难，不行。按《元帝纪》云：“太兴四年三月，置《周易》《仪礼》《公羊》博士。明年正月，王敦反。”是虽置而旋不行也。唐贞观九年五月敕：“自今以后，明经兼习《周礼》若《仪礼》者，于本色内量减一选。”开元八年七月，国子司业李无瓘上言：“《三礼》《三传》及《毛诗》《尚书》《周易》等，并圣贤微旨，生人教业。今明经所习，务在出身，咸以《礼记》文少，人皆竞读；《周礼》，经邦之轨则；《仪礼》，庄敬之楷模；《公羊》《穀梁》，历代宗习；今两监及州县，以独学无友，四经殆绝。事资训诱，不可因循，其学生请停，各量配作业，并贡人预试之日，习《周礼》《仪礼》

《公羊》《穀梁》，并请帖十通五，许其入第，以此开劝。即望四海均习，《九经》该备。”从之。《唐书》：“开元十六年十二月，杨玚[①]为国子祭酒，奏言：今之明经，习《左氏》者，十无二三。又《周礼》《仪礼》及《公羊》《穀梁》，殆将废绝，请量加优奖。于是下制，明经习《左氏》及通《周礼》等四经者，出身免任散官[②]，遂著于式。”

【注释】①杨玚：字瑶光，华州华阴人。开元中历迁国子祭酒，再迁大理卿，拜左散骑常侍。②散官：古代表示官员等级的称号，与职事官表示所任职务的称号相对而言。隋始定散官名称，加给文武重臣，皆无实际职务，而统称官员之有实际职务者为职事官，散官是有官名而无职事的官称。明、清官员级别和待遇依实际所授职官品级，散官仅存名号。

【译文】遭遇王敦叛乱，没有施行。（按《元帝纪》说：“太兴四年三月，置《周易》《仪礼》《公羊》博士。次年正月，王敦造反。”说明虽然设置但是很快没有实行。）唐太宗贞观九年五月诏令：“从今以后，明经同时学习《周礼》若《仪礼》，于本来面貌内量减一选。”开元八年七月，国子司业李无瑾建议：“《三礼》《三传》及《毛诗》《尚书》《周易》等，都是圣贤精深微妙的意旨，培养众人教授学业。如今明经所学习的，注重科举考试中选者的身份、资格，都以《礼记》的文字少，人们都争着诵读；《周礼》，是治理国家的准则；《仪礼》，是庄严恭敬的榜样；《公羊》《穀梁》，历代效法学习；现在长安国子监和洛阳国子监及地方州县，自学而无师友指导切磋，四经几乎断绝。事情提供教训诱导，不可以沿袭拖延，其学生请停，各酌量分配作业，并且由地方推荐到朝廷的人士预试的时间，研习《周礼》《仪礼》《公羊》《穀梁》，并请帖十通五，允许入第，以此开导劝勉。希望四海都研习，《九经》完备。”皇帝同意了。《唐书》记载：“开元十六年十二月，杨玚为国子祭酒，向玄宗陈述说：如今明经，学习《左传》的人，十个中没有二三个。还有《周礼》《仪礼》及《公羊传》《穀梁传》，差不多将要废除断绝了，恳请考量增加优奖。于是定下规制，明经研习《左传》以及懂得《周礼》等四经的，出身不担任散官，于是制为定式。”

古人抱遗经、扶微学之心，如此其急，而今乃一切废之。盖必当时之士子，苦四经之难习，而主议之臣，徇其私意，遂举历代相传之经典，弃之而不学也。自汉以来，岂不知经之为五，而义有并存，不容执一。故三家之学，并列《春秋》，至于《三礼》，各自为书。今乃去经习传，尤为乖理。苟便已私，用之干禄，率天下而欺君负国，莫甚于此。经学日衰，人材日下，非职此之由乎！

【译文】古人胸怀古代留传下来的经书、扶持衰微的经学的心意，如此急切，而今却一切废除。大概一定是当时的读书人，苦于四经难以研习，而决策的大臣，曲从私意，于是提出历代相传的经典，丢弃而不研究。自汉以来，难道不知道有五经，而义理并存，不允许固执一端、不知变通。因此三家的学问，并列《春秋》，至于《三礼》，各自为书。如今舍去经典研习注解，尤为不符合常理。如果便利自己的私意，用它来追逐名利，率领着天下而欺骗君王背负国家，没有比这更厉害的了。经典的学问日益衰落，人才一天天低劣，不是掌管者的原因吗!

《宋史》:“神宗用王安石之言,士各占治《易》《书》《诗》《周礼》《礼记》一经,兼《论语》《孟子》。是时《仪礼》《春秋》皆不列学官。元祐初,始复《春秋左传》。朱文公《乞修〈三礼〉札子》:“遭秦灭学,礼乐先坏,其颇存者,《三礼》而已。《周官》一书,固为礼之纲领,至于仪法度数,则《仪礼》乃其本经,而《礼记·郊特牲》《冠义》等篇,乃其义说耳。朱子言:《仪礼》是经,《礼记》是解《仪礼》。且如《仪礼》有《冠礼》,《礼记》便有《冠义》;《仪礼》有《昏礼》,《礼记》便有《昏义》;以至燕射之类,莫不皆然。前此犹有三礼、通礼、学究诸科,礼虽不行,士犹得以诵习而知其说。熙宁以来,王安石变乱旧制,废罢《仪礼》,而独存《礼记》之科,弃经任传,遗本宗末,其失已甚。”是则《仪礼》之废,乃自安石始之。《语类》言:“《仪礼》旧与《五经》并行,王介甫始罢去。祖宗朝有开宝通礼科,礼官用此等人为之,介甫一切罢去。”至于明代,此学遂绝。

【译文】《宋史》记载:“宋神宗采用王安石的建议,读书人各自据有研究《易经》《尚书》《诗经》《周礼》《礼记》一部经典,附带研究《论语》《孟子》。(当时《仪礼》《春秋》都不被列入学官。元祐初年,才恢复《春秋左传》。)朱熹《乞修〈三礼〉札子》记载:“遭遇秦朝焚书坑儒、消灭学术,礼节和音乐首先破坏,其他完整保存的,只有《三礼》罢了。《周官》一书,固然是礼节的纲领,至于仪法度数，那么《仪礼》乃是根本的经典，而《礼记·郊特性》《冠义》等篇章，是为它做注解而阐明含义的。（朱子说：《仪礼》是经，《礼记》是解释《仪礼》的。而且像《仪礼》有《冠礼》，《礼记》便有《冠义》；《仪礼》有《昏礼》，《礼记》便有《昏义》；以至于燕射之类，无不都是这样。）在这之前仍然有三礼、通礼、学究众多科目，礼虽然不行，读书人仍然能够通过诵读熟习而了解他的主张。熙宁以来，王安石改变混乱旧的制度，废除《仪礼》，而唯独保存《礼记》的科目，丢弃经典使用注解，丢失根本尊奉末端，错误已经很严重了。”因此《仪礼》的废除，是从王安石开始的。（《朱子语类》说：“《仪礼》以前和《五经》并行，王安石才废除。太祖太宗朝有开宝通礼科，礼官用这类人担任，王安石一切都废除。”）到了明代，这门学问就失传了。

朱子又作《谢监岳文集序》曰：“谢绰中[1]，建之政和人。先君子[2]尉政和，行田间，闻读书声，入而视之，《仪礼》也。以时方专治王氏学，而独能尔，异之。即与俱归，勉其所未至，遂中绍兴三年进士第。”在宋已为空谷之足音，今时则绝响矣。

【注释】①谢绰中：谢誉，字倬中。政和人。②先君子：对已故父亲的称呼。“先”是对死去人的尊称。此处指朱熹之父朱松。

【译文】朱熹又撰写《谢监岳文集序》说：“谢誉，是福建政和人。我已故的父亲在政和县担任县尉，行走在田间，听到读书声，就进去看，看到谢誉苦读《仪礼》。那时候世上都专门研究王安石的学问，而谢誉唯独能研究这个，觉得特别。就带他一起回去，鼓励他研究前人空阙所没学到的学问，于是考中绍兴三年进士及第。”在宋朝已经成为极难得到的，如今则成为失传的学问了。

考次经文

《礼记·乐记》“宽而静”至“温良而慈”一节，当在“爱者宜歌商”之上，文义甚明。然郑康成因其旧文，不敢辄更，但注曰：“此文换简失其次，‘宽而静’宜在上，‘爱者宜歌商’宜承此。”

【译文】《礼记·乐记》“宽而静”到“温良而慈”一节，应当在“爱者宜歌商”的前面，文章的内容十分明白。然而郑玄（字康成）沿袭前代的典籍，不敢胡乱更改，只是注解说：“这篇文章前后顺序错乱，‘宽而静’应该在前面，‘爱者宜歌商’应该紧接其后。”

《书·武成》定是错简，有日月可考。蔡氏亦因其旧，而别序一篇，为今考定《武成》，最为得体。

【译文】《尚书·武成》一定是有文字次序错乱，有时间可以查核。蔡氏也沿袭旧例，而另外排列一篇序言，为如今核定的《武成》，最为恰当。

其他考定经文，如程子改《易·系辞》“天一地二”一节，于

“天数五”之上。《论语》“必有寝衣”一节，于“齐必有明衣布”之下。苏子瞻改《书·洪范》“曰王省惟岁”一节，于“五曰历数”之下；改《康诰》“惟三月哉生魄”一节，于《洛诰》“周公拜手稽首”之上。朱子改《大学》“《康诰》曰‘至止于信’”，于“未之有也”之下；改“《诗》云‘瞻彼淇澳’”二节，于“止于信”之下。《论语》“诚不以富”二句，于“齐景公有马千驷”一节之下；《诗·小雅》以《南陔》足《鹿鸣之什》，而下改为《白华之什》。皆至当，无复可议。后人效之，妄生穿凿。《周礼》五官互相更调，而王文宪名柏作《二南相配图》《洪范经传图》《重定中庸章句图》，改《甘棠》《野有死麕》《何彼襛矣》三篇于《王风》。仁山金氏本此，改“敛时五福”一节，于“五曰考终命”之下；改“惟辟作福”一节，于“六曰弱”之下，使邹、鲁之书传于今者，几无完篇。殆非所谓“畏圣人之言”者矣。

【译文】其他考核审定经典的文字，例如程颐改《易经·系辞》“天一地二”一节，在“天数五”的前面。《论语》“必有寝衣”一节，在“齐必有明衣布”的后面。苏轼（字子瞻）改《书·洪范》“曰王省惟岁”一节，在“五曰历数”的后面；改《康诰》“惟三月哉生魄”一节，在《洛诰》“周公拜手稽首”的前面。朱熹改《大学》“《康诰》曰‘至止于信’”，在“未之有也”的后面；改“《诗经》云‘瞻彼淇澳’”二节，在“止于信”的后面。《论语》“诚不以富”二句，在“齐景公有马千驷”一节的后面；《诗·小雅》以《南陔》足《鹿鸣之什》，而后改为《白华之什》。都非常恰当，没有可以再讨论的。后人效仿他们，胡乱地发出牵强地解释。《周礼》五官互相调换，而文宪公王柏创作《二南相配图》《洪范经传图》《重定中庸章句图》，改《甘棠》《野有死麕》《何彼襛矣》三篇于《王风》。金履祥依据这个，改“敛时五福”一节，在“五曰考终命”的后面；改“惟辟作福”一节，在“六曰弱”的后面，使得孔孟的著作流传到现在，几乎没有完整的篇章。大概不是所谓的“敬畏圣人的言论”吧。

董文清槐[1]改《大学》“知止而后有定”二节，于“子曰听讼吾犹人也”之上，以为传之四章，释“格物致和”，而传止于九章。则《大学》之文，元无所阙。其说可从。

【注释】①董文清槐：名槐，字庭植，号榘堂。南宋濠州定远（今属安徽）人。逝后，赠太子少傅，谥号文清。

【译文】文清公董槐改《大学》“知止而后有定”二节，在“子曰听讼吾犹人也”的前面，作为注解的四章，解释“格物致和”，而传止有九章。那么《大学》的文字，原本就没有缺少。这种说法可以听从。

凤翔袁楷[1]谓《文言》有错入《系辞》者。“鸣鹤在阴”已下七节，自“天佑之”一节，“憧憧往来”已下十一节，此十九节，皆《文言》也。即“亢龙有悔”一节之重见，可以明之矣。遂取此十八节，属于“天玄而地黄”之后，依卦为序。于义亦通。然古人之文，变化不拘，况《六经》出自圣人，传之先古，非后人所敢擅议也。

【注释】①袁楷：字孝则，天启五年进士。其父袁应泰殉难辽东后，偷生者散布流言，朝廷疑信不决，袁楷为父蒙冤而痛心疾首，徒步进京，以父遗书辩白，得以沉冤昭雪。

【译文】陕西凤翔人袁楷认为《文言》的内容有错入到《系辞》里。“鸣鹤在阴”后的七节，自“天佑之”的一节，“憧憧往来”后的十一节，这十九节，都是《文言》的内容。“亢龙有悔”一节重复出现，可以明白了。于是选取这十八节，归属在“天玄而地黄”的后面，（依卦为序。）对于文章的内容也通顺。然而古人的文字，变化不受约束，况且《六经》出自圣人的手笔，从古代流传下来，不是后人胆敢擅自议论的。

卷 八

州县赋税

王士性[①]《广志绎》曰："天下赋税，有土地肥瘠不甚相远，而征科乃至悬绝者，当是国初草草，未定画一之制，而其后相沿，不敢议耳。如真定之辖五州二十七县，苏州之辖一州七县，无论所辖，即其广轮之数，真定已当苏之五，而苏州粮二百三万八千石，真定止一十万六千石，然犹南北异也。若同一北方也，河间之繁富，二州十六县；登州之贫寡，一州七县，相去殆若莛楹[②]，而河间粮止六万一千，登州乃二十三万六千，然犹直隶、山东异也。若在同省，汉中二州十四县之殷庶，视临洮二州三县之冲疲，易知也，而汉中粮止三万，临洮乃四万四千，然犹各道[③]异也。若在同道，顺庆不大于保宁，其辖二州八县均也，而顺庆粮七万五千，保宁止二万，然犹两郡异也。若在一邑，则同一西南充也，而负郭[④]十里，田以步计，赋以田起；二十里外，则田以絙[⑤]量，不步矣；五十里外，田以约计，不絙矣。官赋无定数，私价亦无定估[⑥]，何其悬绝也！惟是太平日久，累世相传，民皆安之以为固然，不自觉耳。夫王者制邑居民，则壤成赋，岂有大小轻重不同若此之甚哉。且以所辖州县言之，真定三十二，西安三十六，开封、平阳各三十四，济南三十，成都三十一，而松江、镇江、太平止三县，汉阳、兴化止二县，其直隶之州，则如徐州、泽州之四县，郴州之五县，嘉定之六县，潼川之七县，俨然一府也。而其小者或至于无县可辖。且明初之制，多因元旧，平阳一路，共领九州，殆据山西之半。至洪武二年，始以泽、潞、辽、沁四州直隶山西行省，而今尚有五州。若蒲州自古别为一郡，屡次建言，皆为户部所格。归德一州，向属开封，至嘉靖二十四年始分为府。天下初定，日不暇给，沿元之非，遂至二三百年。崔铣言，今之郡大者千里，属邑数十，为长者，名数且不能悉，奚望其理也。宜令大郡不过四百里、邑百里。然则后之王者，审形势以制统辖，度辐员以界郡县，则土田以起征科，乃平天下之先务，不可以虑始之艰，而废万年之利者矣。"

【注释】①王士性（1547—1598）：字恒叔，号太初，宗沐侄，临海城关人。明代嘉靖、隆庆、万历年间人。著有《五岳游草》十二卷、《广游志》二卷、《广志绎》五卷及《玉岘集》等。②莛（tíng）楹：莛，草本植物的茎；楹，堂屋前部的柱子。③道：中国历史上行政区域的名称。唐代相当于现在的省，清代和民国初年在省以下设"道"。郡：古代行政区域，中国秦代以前比县小，从秦代起比县大。邑：旧指县。路：宋元时行政区域名。④负郭：靠近城郭。⑤絙（gēng）：古同"緪"，大绳索。⑥定估：指物品的定价。

【译文】王士性在《广志绎》中说："全国的赋税，大多数土地的肥沃和贫瘠相差不大，可是征收的赋税却相差极远。应该是开国初年征收赋税的条文不细致，没有制定统一的标准，而后代延续下来，没有敢再谈论的了。比如真定府管辖着五个州和二十七个县，苏州府管辖着一个州和七个县，不用说所管辖的州县，就是它们各自的土地面积，一个真定府已经抵得上五个苏州府了。可是苏州府征收的粮食有二百零三万八千石，真定府只有一十万六千石，然而还是南北的差异。如果同是北方呢，河间府富庶，管辖着二州和十六个县；登州府贫弱，管辖着一个州和七个县，它们之间的差距大概就像草茎与柱子。可是河间府征收的粮食只有六万一千石，而登州府却有二十三万六千石，然而还是直隶和山东的差异。如果是同一省内呢，汉中府管辖的二州和十四个县为一方富庶之地，临洮府管辖的二州和三县地处军事交通要地，百姓遭受的磨难较多，这当中的情况很容易都知道。可是汉中府征收的粮食只有三万石，而临洮府却有四万四千石，然而还是各道不同。如果是在同一道内，顺庆府不大于保宁府，它们管辖的都是二州和八个县，可是顺庆府征收的粮食有七万五千石，保宁府只有二万石，然而还是两郡不一样啊。如果是在同一个县里，那么同是向县城西南方向扩展出去，靠近城郭十里的地方，用步数来计量田地，赋税按照田地数上缴；二十里以外的地方，就用大绳索来计量田地，不用步数；五十里以外的地方，用大约估计的方式来计量田地，不用大绳索来丈量。官府的赋税没有固定的数目，私家交易的价格没有一定的估算方法。它们相差怎么会那么大呢？实在是太平的时间长了，连续几代流传下来，百姓都习以为常以为本来就这样，没有觉察和别处不一样。国君管理各地的百姓，根据土地缴纳赋税，怎么能有这么严重的大小轻重不同呢？拿所管辖的州县来说，真定府管辖三十二个县；西安府管辖三十六个县；开封府、平阳府各管辖三十四个县；济南府管辖三十个县；成都府管辖三十一个县。可松江府、镇江府、太平府只管辖三个县；汉阳府、兴化府只管辖两个县。直隶州如徐州、泽州的四个县，郴州的五个县，嘉定的六个县，潼川的七个县那么大，却很像一个府啊。那些小的府有的甚至没有县可以管辖。明朝初期的法规多数是沿袭元朝旧的制度，平阳路共管辖九个州，几乎占据了山西的一半。到洪武二年，才开始把泽州、潞州、辽州、沁州四个州划归山西省，现在还管辖着五个州。像蒲州自古就另外是一郡，多次上书建言，都被户部阻拦。归德一州，向来属于开封府管辖，到嘉靖二十四年才独立为府。全国才安定下来，事情太多，日不暇给，沿袭元朝不合理的制度，就过了二三百年。（崔铣说，现在大郡达上千里，管辖的县有数十个，作为郡的长官，县的名称尚且不能熟悉，还怎么能期望他管理好呢？应该让大的郡不超过四百里、县不超过一百里。）那么后来的君主，应审时度势制定所管辖的县，考虑疆域划定郡县的范围。根据土地来征收赋税，才是平定天下的当务之急。不能因担忧开始艰难，而停止万年的好处啊。”

《太祖实录》：洪武八年三月，平阳府言：“所属蒲、解二州，距府阔远，乞以直隶山西行省为便。”未许。至天启四年，巡按[①]山西李日宣，请以二州十县分立河中府，治运城，以运使[②]兼知府事，运同[③]兼清军，运副[④]兼管粮，运判[⑤]兼理刑。事下户部，户部下山西，山西下河东，河东下平阳府议之，竟寝不行。按：汉河东郡二十四县，后汉二十城。魏正始八年，分河东之汾北十县为平阳郡。此所谓欲制千金之裘，而与狐谋其皮也。且商、洛之于关内，陈、许之于大梁，德、棣之于济南，颍、亳之于凤阳，自古不相统属。去府既远，更添司道，于是有一府之地而四五其司道者，官愈多而民愈扰，职此之由矣。

【注释】①巡按：职官名。明永乐年间派遣御史至各地巡察，称为“巡按御史”。三年一换，职权与汉刺史同。清朝初因之，后废。②运使：古代官名，水陆运使、转运使、盐运使等的简称。③运同：官名，盐运使司或盐法道或辖盐务分司长官，掌督察各盐场，辅助盐运使或盐法道管理盐务。④运副：中国古代官职之一，主要掌管盐政法令，通常设于运盐司。⑤运判：古代官名。宋代始于转运使、发运使下设判官，职位略低于副使，称转运判官、发运判官，简称“运判”。

【译文】《太祖实录》记载：洪武八年三月，平阳府上奏说：“所管辖的蒲州、解州两个州，距离平阳府太远，请求把这两州划归山西行省管辖，更为便利。”皇帝没有同意。到了天启四年，巡按山西李日宣，请求把蒲州、解州两州的十个县从平阳府分离出来成立河间府，府治在运城，让运使兼任知府的事务，运同兼任管理军队的事务，运副兼任管粮的事务，运判兼任掌理刑法的事务。这件事被皇帝下发到户部处理，户部下发到山西省，山西省下发到河东府，河东府下发到平阳府，让他们商议成立河间府的事情，居然搁置起来不实行。（按：汉朝的河东郡管辖二十四个县，东汉管辖二十个县城。三国时期曹魏正始八年，开始把河东府的汾北十个县独立为平阳郡。）这就是所说的想做价值千金的皮衣，跟狐狸商量要剥它的皮一样啊。就像商丘、洛阳对于关内，陈地、许昌对于大梁，德州、无棣对于济南，颍州、亳州对于凤阳，自古以来前者都不属于后者管辖。离府再远的地方，又增设了司道，于是常出现有一府的地方再另外增设四五处司道，官员越多百姓受到的骚扰越多，这就是官职越来越多的原因啊。

昔仲长统《昌言》谓："诸夏有十亩共桑之迫，远州有旷野不发之田。"范晔《酷吏传》亦言："汉制宰守旷远，户口殷大。"而《后汉·马援传》："既平交阯，奏言：'西于县户有三万二千，远界去庭千余里。庭，县庭也。请分为封溪、望海二县。'许之。"《华阳国志》："巴郡太守但望字伯门，太山人。见《风俗通》。上疏言：'郡境南北四千，东西五千，属县十四，土界遐远，令尉不能穷诘奸凶。时有贼发，督邮追案，十日乃到，贼已远逃，踪迹绝灭。其有犯罪，逮捕证验，文书诘讯，从春至冬，不能究讫。绳宪未加，或遇德令。是以贼盗公行，奸宄不绝。太守行农桑，不到四县；刺史行部，不到十县。欲请分为二郡。'其后遂为三巴。"《水经注》："山阴县，汉会稽郡治也。""永建中，阳羡周嘉上书，以县远，赴会稽至难，求得分置。遂以浙江西为吴，以东为会稽。"此皆远县之害，已见于前事者也。《北齐书》："赫连子悦除林虑守，世宗往晋阳，路由是郡，因问所不便。子悦答言：'临水、武安二县，去郡遥远，山岭重叠，车步艰难。若东属魏郡，则地平路近。'世宗笑曰："卿徒知便民，不觉损干[①]。'子悦答以'所言因民疾苦，不敢以私润负心。'"嗟乎，今之牧守，其能不徇于私而计民之便者，吾未见其人矣。

【注释】①干：地位低下的官吏。

【译文】从前仲长统在《昌言》中说："东汉时期中国存在许多土地等待生产的窘迫，远州存在许多没有开发的田地。"范晔《酷吏传》也说："汉朝的制度，主管守卫的土地很辽阔，人口众多。"而《后汉书·马援传》："平定交阯之后，上奏说：'西边有三万二千户，最远的边界距离县衙的院子有上千里。（庭，县衙里的院子。）请求分为封溪、望海两个县。'皇帝答应了。"《华阳国志》记载："巴郡太守但望（字伯门，东汉泰山人。见《风俗通》）上疏说：'巴郡境内南北有四千里远，东西有五千里远，管辖的县有十四个，管辖的土地辽远，县令县尉为不能追查奸诈凶恶的人。有时候出现盗匪，督邮去追查案件，需要十天才能到达盗匪出现的地方，而盗匪早已经逃远，踪迹消失。即使有人犯了罪，逮捕他们需要证据，文书要责问审讯，而追查这些，从春到冬，历时很久，不能结束案件。因犯罪还没有受到应有的惩罚，有时遇到施恩德的政令，就免于刑罚了。因此盗贼公然行动，坏人不能杜绝。太守巡查农业生产，走不到四个县；刺史巡视部属，走不到十个县。请求分为两个郡。'后来就分为巴郡、巴东、巴西三巴。"《水经注》记载："山阴县，汉代属于会稽郡管辖。""永建年间，阳羡周嘉上奏，因他的县境距离郡治太远，到会稽郡治办事困难，请求把会稽郡分成两个郡，于是在浙江以西建立吴郡，浙江以东建立会稽郡。"这都是距离郡远的县的危害，在以前的事例已经出现过了。《北齐书》记载："赫连子悦担任林虑太守，世宗前往晋阳，路经子悦所在的郡，于是问他有什么不方便。子悦回答说：'临水、武安两县，离郡城很远，山岭重重叠叠，车辆和步行都很艰难。如果东边属于魏郡管辖，就地平路近了。'世宗笑着说：'你只知道要方便百姓，不知道损害了小官吏的利益吗？'子悦回答说'我所说的都是百姓的疾苦，不敢以个人的好处而辜负您的心啊。'"唉，现在的牧守，他们能不为谋取私利而为民谋福利的，我没有看到过这样的人。

属县

自古郡县之制，惟唐为得其中。今考《地理志》属县之数：京兆、河南二府各二十，河中、太原二府各十三，魏州十四，广州十三，镇州、桂州各十一，其他虽大，无过十县者。此其大小相维，多寡相等，均安之效，不可见于前事乎？后代之王犹可取而镜也。但其中一二县之郡，亦有可并。宪宗元和元年，割属东川六州，制曰："分疆设都，盖资共理。形束壤制①，亦在稍均。将惩难以销萌，在立防而不紊。故贾生之议，以楚益梁；宋氏之规，割荆为郢。酌于前事，宜有变通。"此虽一时之言，亦经邦制郡②之长策也。

【注释】①形束壤制：土地山川的形势可以控制百姓。②经邦制郡：管理国家。

【译文】自古以来郡县的界定，只有唐朝做的比较恰当。现在考察《地理志》中管辖县的数量：京兆、河南二府各管二十个县，河中、太原二府各管十三个县，魏州管十四个县，广州管十三个县，镇州、桂州各管十一个县，其他的府虽然大，也没有超过管十个县的。这就是它们这些郡大小差不多，多少相等，都安定的效果，对于以前有的事例不可以了解吗？后代的帝王还可拿过来借鉴啊。但其中只有一两个县的郡，也有可能合并。唐宪宗元和元年，从西川划分出六州隶属东川管辖，制令说："区分疆界，设立郡所，财务共同管理。山川土地管理的范围，也是在逐渐平均。把平定变乱作为鉴戒，来消除错误的萌芽，目的在于建立防御而不紊乱。所以贾谊的建议，以楚益梁；宋代的规定，把郢州从荆州划分出去。考虑到以前的事，应该有变通。"这即使是一时的说法，也是管理国家的良策。

州县品秩

汉时县制[①]，万户以上为令，秩千石至六百石；减万户为长，秩五百石至三百石。唐则州[②]有上、中、下三等，县有京、畿、上、中、中下、下六等，品各有差。《太祖实录》："吴元年，定县有上、中、下三等，税粮十万石已下为上县，知县从六品，县丞从七品，主簿从八品；六万石已下为中县，知县正七品，县丞正八品，主簿从八品；三万石已下为下县，知县从七品，丞簿如中县之秩。""洪武六年八月壬辰，分天下府为三等，粮二十万石已上者为上府，秩从三品；二十万石已下者为中府，秩正四品；十万石已下者为下府，秩从四品。"不知何年始改此制。洪武十四年十月，定考劾法，府以田粮十五万石已上，州以七万石以上，县以三万石以上，亲临王府上司，军马守御，路当驿道，边方冲要者为繁，不及此者为简。后乃一齐其品，而但立繁简之目，才优者调繁，不及者调简。古时列爵惟五之意，遂尽亡之矣。

【注释】①县制：县一级的地方行政机构。汉朝在郡以下设县，大县（万户以上）设县令，小县（万户以下）设县长，都是一县的最高长官。与县同一个级别的地方行政机构还有道，国，邑。国是侯国；邑是皇后，皇太后，公主的封地；境内有少数民族居住的称为道。县官员：县令，秩俸为一千石至六百石，管辖县内的所有政务。县长，秩俸五百石至三百石，管辖县内的所有政务。功曹史，总揆众事。县尉，秩俸四百石至二百石，掌县军事。县丞，秩俸四百石至二百石，主簿，县府门长，官众事。廷掾，督乡事。主记室，管文书。少府，主财用。门下游缴，门下贼曹，主兵卫。门下议曹，参议诸事。门下掾史，间师。县佐，县史，秩俸百石以下。②州：唐代上、中、下州的划分主要依据人口多少而定，武德年间3万户者为上州；开元十八年规定4万户以上为上州，2.5万户为中州，不满2万户为下州。人口的多少，成为当时衡量社会经济发展水平的一个极重要指标。

【译文】汉朝时县级的地方行政机构规定，有一万户以上的设县令，俸禄一千石至六百石；不到一万户的设县长，俸禄五百石至三百石。唐朝时州级的行政机构分为上、中、下三等，县级行政机构分为京城、京畿、上、中、中下、下六等，品各有不同。《太祖实录》中记载：“吴元年，规定县级分为上、中、下三等，税粮十万石以下的为上县，知县为从六品，县丞为从七品，主簿为从八品；税粮六万石以下的为中县，知县为正七品，县丞为正八品，主簿为从八品；税粮三万石以下的为下县，知县为从七品，县丞主簿和中县的品级一样。”“洪武六年八月二十三日，把全国的府分为三等，粮食二十万石以上者为上府，品级为从三品；二十万石以下的为中府，品级为正四品；十万石以下的为下府，品级为从四品。”（不知道从哪年开始改成了这个制度。洪武十四年十月，制定了考核的办法，府以田粮十五万石以上的，州以七万石以上的，县以三万石以上的，或亲临王府的上司，并有军马守备、路当驿道、边防冲要供给之处，都定为事务复杂；不如这种简单。）后来才全提升了他们的品级，而只保留繁简的名称，才能和学问都优秀的调派到事务复杂的地方，不优的调派到事务简单的地方。古时分颁爵位只有五等：公、侯、伯、子、男，于是到现在全都消亡了。

府

汉曰郡，唐曰州，州即郡也。惟建都之地乃曰府。唐初止京兆、河南二府；武后以并州为太原府；玄宗以蒲州为河中府，益州为成都府；肃宗以岐州为凤翔府，荆州为江陵府；德宗以梁州为兴元府。惟兴元以德宗行幸[①]于此，其余皆建都之地也。《旧唐书·田悦传》，朱滔自称冀王，悦称魏王，王武俊称赵王，又请李纳称齐王，以幽州为范阳府，魏州为大名府，恒州为真定府，郓州为东平府。《李希烈传》，僭号以汴州为大梁府。是则以州称府者，僭也。后梁以汴州为开封府，后唐以魏州为兴唐府，镇州为真定府。《册府元龟》载：长兴三年，中书省奏：本朝都长安，以京兆府为上。今都洛阳，请以河南府为上。其五府旧以凤翔府为首，河中、成都、江陵、兴元为次。中兴初升魏博为兴唐府，镇州为真定府，皆是创业兴王之地，宜升在五府之上，合为七府。至宋，而大郡多升为府。

【注释】①行幸：古时皇帝出行。

【译文】府在汉朝叫郡，唐朝叫州，州就是郡。只有建都的地方才叫府。唐朝初期只有京兆、河南两个府；武则天以并州为太原府；唐玄宗以蒲州为河中府，益州为成都府；唐肃宗以岐州为凤翔府，荆州为江陵府；唐德宗以梁州为兴元府。只有兴元府是因为德宗出行在这里，其余的都是建都的地方了。（《旧唐书·田悦传》，朱滔自称冀王，田悦自称魏王，王武俊自称赵王，又请求李纳自称齐王，以幽州为范阳府，魏州为大名府，恒州为真定府，郓州为东平府。《李希烈传》，自称以汴州为大梁府。这是把州称为府的人，是僭越了。）后梁升汴州为开封府，后唐升魏州为兴唐府，镇州为真定府。（《册府元龟》记载：长兴三年，中书省上奏：国家建都长安，以京兆府为上。现在都城在洛阳，请以河南府为上。其中五府中原来以凤翔府为第一，河中、成都、江陵、兴元为次。中兴初年升魏博为兴唐府，镇州为真定府，都是创业兴王的地方，应该把这两府升在五府同等的位置，合成七府。）到了宋朝，大郡大多升为了府。

王明清《挥麈录》曰："太祖皇帝以归德军节度使创业，升宋州为归德府，后为应天府。太宗以晋王即位，升并州为太原府。真宗以寿王建储[1]，升寿州为寿春府。仁宗以升王建储，升建业为江宁府。英宗以齐州防御使入继，以齐州为兴德军。神宗自颍王升储，升汝阴为顺昌府。哲宗自延安郡王升储，升延州为延安府。徽宗以端王即位，升端州为肇庆府。钦宗自定王建储前，已升定州为中山府。太上以康王中兴，升康州为德庆府。今上以建王建储，升建安为建宁府。宣和元年六月，邢州民董世多进状，'以英宗尝为巨鹿郡公'；又知岳州孙勰进言，'英宗尝为岳州防御使'，诏加讨论。时邢州已升安国军，遂以邢州为信德府，岳州为岳阳军。是岁十月又诏，以列圣潜邸所领地，再加讨论。以真宗尝为襄王，升襄州为襄阳府。仁宗尝为庆国公，升庆州为庆阳府。英宗尝为宜州刺史，以宜州为庆远军。神宗尝为安州观察使，以安州为德安府；又尝为光国公，以光州为光山军。哲宗尝为东平军节度使，以郓州为东平府；尝为均国公，以均州为武当军。徽宗尝为宁国公，以宁州为兴宁军；又尝为平江、镇江军节度使，并升为府。又以太宗尝为睦州防御使，升睦州为遂昌军。今上即位之初，升隆兴、宁国、常德诸府，皆以潜藩②拥麾之地也。"隋炀帝大业九年诏曰："博陵昔为定州，地居冲要。先皇历试所基，王化斯远。故以道冠《豳风》，义高姚邑。朕巡抚氓庶，爰届兹邦，瞻望郊廛，怀德思止。可改博陵为高阳郡，赦境内死罪已下，给复一年。于是召高祖时故吏，皆量才授职。"此前代升郡故事。然以先皇莅任之邦，追思旧德，有此特诏。至宋则但列空衔，便加恩数矣。

【注释】①建储：立皇太子。升储：升为太子。②潜藩：指帝王为王侯时的封地。

【译文】王明清在《挥麈录》中说："太祖皇帝以归德军节度使的

身份创业，升宋州为归德府，后来改为应天府。太宗以晋王的身份即位皇帝，升并州为太原府。真宗以寿王的身份被立为皇太子，升寿州为寿春府。仁宗以升王的身份被立为皇太子，升建业为江宁府。英宗以齐州防御使的身份入继大统，以齐州为兴德军。神宗从颖王的身份升为太子，升汝阴为顺昌府。哲宗从延安郡王升为太子，升延州为延安府。徽宗以端王的身份即位皇帝，升端州为肇庆府。钦宗从定王立为皇太子前，已升定州为中山府。太上皇以康王中兴，升康州为德庆府。现在的皇帝以建王的身份被立为皇太子，升建安为建宁府。宣和元年六月，邢州百姓董世多进状，'以英宗曾为巨鹿郡公'；又岳州知州孙勰进言，'英宗曾为岳州防御使'，诏令加以讨论。此时邢州已升安国军，于是以邢州为信德府，岳州为岳阳军。这年十月又下诏，因是诸皇帝即位前的所在地，再加讨论。以真宗曾为襄王，升襄州为襄阳府。仁宗曾经为庆国公，升庆州为庆阳府。英宗曾任宜州刺史，以宜州为庆远军。神宗曾为安州观察使，以安州为德安府；又曾经为光国公，以光州为光山军。哲宗曾为东平军节度使，以郓州为东平府；曾为均国公，以均州为武当军。徽宗曾为宁国公，以宁州为兴宁军；又曾经为平江、镇江军节度使，同时升为府。又以太宗曾为睦州防御使，升睦州为遂昌军。今上即位之初，升隆兴、宁国、常德等府，都是潜藩主管的地方。"（隋炀帝大业九年下诏书说："博陵从前是定州，地处交通要道。先帝创业的基础，教化离着遥远。故以道冠《豳风》，义高姚邑。朕巡抚万民，于是来到这个地方，瞻望郊野廛，怀德思止。可以改博陵为高阳郡，赦免境内死罪以下，免除一年。于是召见高祖时的旧吏，全都根据才能授给官职。"这是前代升郡的故事。但是因为先皇曾经在此任职，追思旧德，有了这个特别的诏书。到宋朝时只列空衔，便加等级了。

《玉照新志》曰：“徽宗尝封遂宁郡王，升遂州为遂宁府；尝封蜀国公，升蜀州为崇庆府。”沿至于今，无郡不府。而狭小之处，如滁、和、泽、沁、郴、靖、邛、眉之类，犹以州名。又有隶府之州，特异其名，而亲理民事与县尹无别。凡唐宋旧设之州，并有附郭县，而州不亲民事。元初省冗官，令州官兼领。洪武初，并附郭县入州。浦士衡曰：“国朝建立府州，多踵胜国。其最异者，则以州统县，而省县入州，刺史而下行县令之事，所谓名存实异，与宋以前不同者也。”县之隶于州者，则既带府名，又带州名，而其实未尝管摄于州。惟到任缴凭，必由州转府，尚有饩羊之意。体统乖而名实殽矣。窃以为宜仍唐制，凡郡之连城数十者，析而二之三之，而以州统县，惟京都乃称府焉，岂不画一而易遵乎？

【译文】《玉照新志》说：“徽宗曾封为遂宁郡王，升遂州为遂宁府；曾为蜀国公，升蜀州为崇庆府。”沿袭到现在，没有郡不是府。而狭小的地方，像滁、和、泽、沁、郴州、靖、邛、眉之类，还用州的名字。又有隶属府的州，只是名字不同，而亲自审理民事和县尹没有区别。（凡是唐宋以前设置的州，并有附郭县，而州不亲临民事。元代初年裁撤冗官，命令州官兼领。洪武初年，并附郭县进入州。浦士衡说：“国家建立府州，大多沿袭元代。其中最奇怪的是，以州统县，而裁撤县划入州，刺史而下做县令的事，所谓的名存实不同，与宋以前不同。”）县隶属于州的，就既带府名，又带州的名字，而其实不曾属于州管理。（只是到任缴纳官凭授印，必须由州到府，还有礼节的意思。）体制不正常而名实际乱了。我认为应当依照唐制，凡郡管辖数十座城的，应一分为二或三，而以州来管辖县，只有京城才称为府，这样做难道不统一而容易遵循吗？

乡亭之职

《汉书·百官表》：“县令、长，皆秦官，掌治其县。万户以上为令，秩千石至六百石；减万户为长，秩五百石至三百石。皆有丞、尉，秩四百石至二百石。《宋书·百官志》：汉制，丞一人，尉，大县二人，小县一人。是为长吏。百石以下，有斗食、佐史之秩，是为少吏。武帝纪：元光六年诏曰：少吏犯禁。《宁成传》：为少吏，必陵其长吏。大率十里一亭，亭有长。《宋书》：五家为伍，伍长主之；二伍为什，什长主之；十什为里，里魁主之；十里为亭，亭长主之。《史记·建元以来侯者年表》，张章父为长安亭长失官。是亭长亦称官也。十亭一乡，乡有三老、有秩、《张敞传》注，师古曰：乡有秩者，啬夫之类也。啬夫、游徼。《宋书》又有乡佐。三老掌教化；啬夫职听讼、收赋税；游徼徼循禁贼盗。《宋书》乡佐有秩，主赋税，三老主教化，啬夫主争讼，游徼主奸非。县大率方百里，其民稠则减，稀则旷，乡亭亦如之。皆秦制也。”《高帝纪》：“二年二月，令举民年五十以上，有修行，能帅众为善，置以为三老，乡一人。择乡三老一人，为县三老，与县令、丞、尉以事相教，复[1]勿繇戍。三老为乡官，故壶关三老茂得上书言太子。《黄霸传》：使邮亭乡官皆畜鸡豚。此其制不始于秦、汉也，自诸侯兼并之始，而管仲、蒍敖、子产之伦，所以治其国者，莫不皆然。《管子书》曰：择其贤民，使为里君。

【译文】《汉书·百官表》："县令、县长，都是秦朝的官职，负责管理该县。万户以上的为县令，俸禄一千石到六百石；不足万户的为县长，俸禄五百石到三百石。都有县丞、县尉，俸禄四百石到二百石。（《宋书·百官志》：汉朝的制度，县丞设一人，县尉，大县设二人，小县设一人。）这是长吏。百石以下，有斗食、佐史的俸禄，这是少吏。（《武帝纪》：元光六年下诏说：少吏犯罪。《宁成传》：宁成为少吏，一定凌驾他的长官之上。）大约十里设一亭，亭有亭长。（《宋书》：五户人家为一伍，由伍长管理；两个伍为一什，由什长管理；十个什为一里，由里魁管理；十里为一亭，由亭长管理。《史记·建元以来侯者年表》，张章的父亲为长安亭长，失去官职。这是亭长也称官啊。）十个亭为一乡，乡里有三老、有秩（《张敞传》注，颜师古说：乡有秩的，啬夫之类的）、啬夫、游徼。（《宋书》又有乡佐。）三老掌管教化；啬夫的职责是听讼、征收赋税；游徼的职责是巡逻警戒禁止盗贼。（《宋书》乡佐有秩，主管赋税，三老主管教化，啬夫主管争讼，游徼主管奸非。）县大约方圆百里，人口稠密就会减少里数，人口稀少就增加里数，乡亭也是这样的。都是秦朝的制度。"《汉书·高帝纪》记载："汉高祖二年二月，推举民间五十岁以上，有修行、能带领为大家做好事的人，任命他为三老，每个乡一人。从所有乡三老中选择一人，为县三老，与县令、县丞、县尉一同讨论一县的政事，再不让他们服徭役和戍边。”（三老为乡官，所以壶关三老令狐茂能上书给太子。《黄霸传》：让邮亭乡官都养鸡和猪。）这种制度不是从秦朝、汉朝开始的，是从诸侯兼并时就开始了，而管仲、蔿敖、子产这些治理国家的人，没有不都是这样的。（《管子》说：选择那些贤良的人，让他成为里的长官。）

而《周礼·地官》，自州长以下，有党正、族师、闾胥、比长；自县正以下，有鄙师、酂长、里宰、邻长，则三代明王之治，亦不越乎此也。夫惟于一乡之中，官之备而法之祥，然后天下之治，若网之在纲，有条而不紊。至于今日，一切荡然无有存者。且守令之不足任也，而多设之监司，监司之又不足任也，而重立之牧伯。积尊累重，以居乎其上，而下无与分其职者，虽得公廉勤干之吏，犹不能以为治，而况托之非人者乎！后魏太和中，给事中李冲上言：“宜准古五家立一邻长，五邻立一里长，五里立一党长，长取乡人强谨者。邻长复一夫，里长二，党长三，所复复征戍，余若民三载无愆，则陟用，陟之一等。”孝文从之，诏曰：“邻里乡党之制，所由来久。欲使风教易周，家至日见，以大督小，从近及远，如身之使手，干之总条，然后口算平均，义兴讼息。”

【译文】而《周礼·地官》记载，从州长以下，有党正、族师、闾胥、比长等官职；从县正以下，有鄙师、酇长、里宰、邻长等官职，那么三代圣明的君主治理，没有超过这样的。在一乡之中，官员完备而法规周详，那么，天下的治理就像网的总绳，有条不紊。时至今日，一切荡然无存了。那些地方官员不能胜任的，又增设监司这个职位，监司又不能胜任的，而重立牧伯这个职位。多年累积下来，上面增设了职位，而下面没有分配其职务的人，即使得到公正廉洁勤干的官吏，也还不能用来治理，何况所托付的不是负责任的人呢！北魏太和年间，给事中李冲上书说："应该效法古代，五家建立一个邻长，五个邻建立一个里长，五个里建立一个党长，各个长选取百姓中有势力又谨慎的人担任。邻长可免除一人的徭役，里长可免除二人的徭役，党长可免除三人的徭役，免除徭役可免除征伐戍守，其余管理百姓三年没有过失，就晋升使用，提升一等。"孝文帝采纳了，下诏说："邻里乡党的制度，由来已久。要使风俗教化简易周到，使每家每户天天见到，须做到以大督小，从近到远，就像身体使用手，树干聚束枝条一样，然后才能达到天下人头税平均、道义兴起案件平息。"

史言立法之初，多称不便，及事既施行，计省昔十有余倍，于是海内安之。后周苏绰作六条，诏书曰："非直州郡之官，皆须善人，爰至党族、闾里、正长之职，皆当审择，各得一乡之选，以相监统。"隋文帝师心变古，开皇十五年始尽罢州郡乡官。而唐柳宗元之言曰："有里胥[1]而后有县大夫，有县大夫而后有诸侯，有诸侯而后有方伯、连帅，有方伯、连帅而后有天子。"由此论之，则天下之治，始于里胥，终于天子，其灼然者矣。故自古及今，小官多者，其世盛；大官多者，其世衰。《文献通考》言：唐之初，止有上中下都督府，其后则有节度观察团练诸使。宋之初，止有转运使，其后则有安抚提刑等官。《唐书·代宗纪》，大历八年九月癸未，晋州男子郇模以麻辫髪，持竹筐苇席，哭与东市，请献三十字，一字为一事。其言练者，请罢诸州团练使也；其言监者，请罢诸道监军使也。兴亡之途，罔不由此。

【注释】①里胥：即里长，指管理乡里事务的公差。

【译文】史书上说立法之初，很多说不方便，等到事情已经施行，节省过去十多倍，于是天下太平了。北周苏绰作六条，诏书说："不是直州郡的官员，都需要选用善人，甚至党族、乡里、正长的职责，都应当慎重选择，各得到一个乡的最佳人选，以相互监管。"隋文帝独出心裁恢复古制，开皇十五年才全部罢除各州郡乡官。而唐代的柳宗元说："先有里胥然后有县大夫，先有县大夫而后有诸侯，先有诸侯而后有方伯、连帅，先有方伯、连帅然后有天子。"由此看来，那天下的治理，开始于里胥，最后终于天子，这是最明显的了。因此，从古代到现在，小官多的，这个时代就昌盛；大官多的，这个时代就衰败。（《文献通考》说：唐朝之初，只有上、中、下都督府，后来就有节度观察团练诸使。宋朝之初，只有转运使，后来就有安抚提刑官等官职。《旧唐书·代宗纪》，大历八年九月十一日，晋州男子郇模用麻辫成头发，手拿竹筐苇席，在东市哭泣，请求献三十字，一个字为一件事。他所说的"练"，就是请求罢除各州团训练使；他所说的"监"，就是请求罢免各道监军使者。）兴盛与衰亡的道路，无不由此。

汉时啬夫之卑，犹得以自举其职。故爰延为外黄乡啬夫，仁化大行，民但闻啬夫，不知郡县。《后汉书》本传。而朱邑自舒桐乡啬夫，舒县之乡。官至大司农，病县死，属其子曰：“我故为桐乡吏，其民爱我，必葬我桐乡，后世子孙奉尝我，不如桐乡民。”师古曰：尝谓丞尝之祭。及死，其子葬之桐乡西郭外，民共为起冢立祠，岁时祠祭，至今不绝。《汉书·循吏传》。二君者，皆其县人也，必易地而官，易民而治，岂其然哉。

【译文】汉代啬夫的地位低下，还可以自己举荐他的职位。所以爰延担任外黄乡啬夫，大行仁义教化，老百姓只知道啬夫，不知道郡县。（《后汉书·爰延传》。）而朱邑从舒县桐乡啬夫（隶属舒县的乡），官至大司农，病死在县，叮嘱他的儿子说：“我原来做过桐乡的小吏，那里的百姓喜爱我，一定要把我埋葬在桐乡，后世子孙祭祀我，不如桐乡的百姓。”（颜师古说：曾说是四时祭祀。）到他死后，他的儿子把他埋葬在桐乡西门外，百姓一起为他修坟墓立祠堂，一年四季祭祀，如今不断。（《汉书·循吏传》。）这两人，他们都是这县的人啊，必须易地而官，易民而治，难道一定要这样吗？

今代县门之前多有榜曰：“诬告加三等，越诉笞五十！”此先朝之旧制，亦古者悬法象魏[①]之遗意也。今人谓不经县官而上诉司府，谓之越诉，是不然。《太祖实录》：“洪武二十七年四月壬午，命有司择民间高年老人公正可任事者，理其乡之词讼。若户婚、田宅、斗殴者，则会里胥决之。事涉重者，始白于官。”若不由里老处分，而径诉县官，此之谓越诉也。宣德七年正月乙酉，陕西按察佥事林时言：“洪武中，天下邑里，皆置申明、旌善二亭，民有善恶则书之，以示劝惩。凡户婚、田土、斗殴常事，里老于此剖决。今亭宇多废，善恶不书，小事不由里老，辄赴上司，狱讼之繁皆由于此。”景泰四年诏书犹曰，民有怠惰，不务生理者，许里老依教民榜例惩治。天顺八年三月诏：“军民之家，有为盗贼曾经问断不改者，有司即大书‘盗贼之家’四字于其门。能改过者，许里老亲邻人相保管，方与除之。”此亦古者画衣冠异章服之遗意。惟其大小之相维，详要之各执，然后上不烦而下不扰。唐至大历以后，干戈兴，赋税烦矣。而刘长卿之《题霅溪李明府》曰：“落日无王事，青山在县门。”盖县令之职，犹不下侵，而小民得以安其业，是以能延国命百有余年，迄于僖、昭而后大坏。然则鸣琴、戴星②，有天下者宜有以处之矣。

【注释】①悬法：古代将法令悬在门阙上公布，故称公布法令为“悬法”。象魏：古代天子、诸侯宫门外的一对高建筑，亦叫“阙”或“观”，为悬示教令的地方。②鸣琴、戴星：“鸣琴而治”，鸣琴，指以礼乐教化人民，达到“政简刑清”的统治效果。以“戴星”为称扬吏治或能吏之典。旧时常用做称颂地方官的谀辞。出处《吕氏春秋·察贤》：“宓子贱治单父，弹鸣琴，身不下堂，而单父治。巫马期以星出，以星入，日夜不居，以身亲之，而单父亦治。”用做称颂地方官的谀辞。

【译文】现在县衙门前大多有榜文说：“诬告的罪加三等，越诉的笞打五十！”这是先朝旧的制度，也是古代悬法象魏的意思。现在人们对不经过县官而上诉司府，说这叫越诉，不是这样。《太祖实录》记载：“洪武二十七年四月十三日，命令有关部门选择民间高寿的老人，如果公平正直可以担任职务，管理他家乡的诉讼。像户婚、田宅、斗殴一类的事务，会同里胥一起判决。涉及重大事务的，才告诉官府。”如果不由里老处理，而直接上诉县官，这就是越诉了。（宣德七年正月二十五日，陕西按察佥事林时说：“洪武年间，全国城镇里，都设置申明、旌善二亭，百姓中有善和恶的事就记录下来，以示奖惩。凡是户婚、田土、斗殴等平常事，里老在这里分析解决。现在亭宇多废弃，善恶不记录，小事情不由里老解决，动辄就去上司那上诉，诉讼的案件很多都是这样。”景泰四年诏书还说，百姓有懈怠懒惰，不致力生计的，准许里老依教百姓榜例予以惩治。天顺八年三月下诏说：“军民的家里，有做过盗贼曾经判决过而不改正的，有司即在他家的门上书写‘盗贼之家’四个字。能够改过的，准许里老亲戚邻居互相保证，才可消除这四个字。”这也是古时画衣冠不同服饰的意思。）只有大小官员相互维系，各执繁简，然后才会上不烦恼、下不干扰。唐朝到大历年间以后，战事兴起，赋税多而乱。而刘长卿的《题雪溪李明府》说：“落日无王事，青山在县门。”这是县令的职责，还没有向下侵犯到百姓，而小百姓得以安居乐业，因此能延长国祚一百多年，直到僖宗、昭宗，这个制度遭到破坏。既然这样，那么鸣琴、戴星，有天下的人应该有处理的办法了。

洪熙元年七月丙申，“巡按四川监察御史何文渊言：‘太祖高皇帝令，天下州县设立老人，必选年高有德、众所信服者，使劝民为善。乡闾争讼，亦使理断①。下有益于民事，上有助于官司。比年所用，多非其人。或出自隶仆规避差科②。县官不究年德③如何，辄令充应，使得凭借官府，妄张威福，肆虐闾阎④。或遇上司官按临，巧进谗言，变乱黑白，挟制官吏。比有犯者，谨已按问如律。窃虑天下州县类有此等，请加禁约。'上命申明洪武旧制，有滥用匪人者，并州县官皆置诸法。"然自是里老之选轻，而权亦替矣。《英宗实录》，言松江知府赵豫和易近民，凡有词讼，属老人之公正者剖断，有忿争不已者，则己为之和解。故民以老人目之，当时称为良吏。正统以后，里老往往保留令丞，朝廷因而许之，尤为弊政。见于景泰三年十月庚戌太仆寺少卿黄仕扬所奏。

【注释】①理断：审理判决。②隶仆：泛指奴仆。规避：设法巧妙的躲避。差科：指差役和赋税。③年德：年龄德行。④闾阎：乡里，亦泛指民间。

【译文】洪熙元年七月二十九日，"巡按四川监察御史何文渊说：'太祖高皇帝命令，全国州县设立老人，一定要选年高有德、众人所信服的人，让他勉励老百姓为善。乡里纠纷，也让他审理判决。对下有益于百姓的事情，对上有助于官府。近些年所用，很多人不是恰当的。有的出自奴仆，巧妙的躲避了差役和赋税。县官不追查年龄德行怎么样，就命令他担任这个职务，使他能够凭借官府，作威作福，肆虐民间。有时遇到上司官巡行，他巧进谗言，变乱黑白，挟制官吏。近来有犯法的人，已经谨慎地调查审问并按法律给他们定罪。我担心天下州县大多都有这样的，请加以禁止约束。'皇上命令郑重说明洪武年间旧有的制度，有滥用行为不端正的人，和州县官吏都按法律治罪。”但是从此里老的选择更随便，而权力也渐渐没有了。（《英宗实录》中说松江知府赵豫态度温和、平易近人，凡有诉讼，委托公正的老年人辨明是非、加以判处，有争吵不停的，就亲自为他们和解。所以百姓把他当老人看待，当时称为良吏。正统年间以后，里老中往往成为县令县丞，朝廷因而默许了，这尤其是有害的政策。这种情况出现在景泰三年十月二十二日太仆寺少卿黄仕扬所奏的奏折之中。）

汉世之于三老，命之以秩，颁之以禄。而文帝之诏，俾之各率其意以道民。当日为三老者，多忠信老成之士也。上之人所以礼之者甚优，是以人知自好，而贤才亦往往出于其间。新城三老董公遮说汉王，为义帝发丧，而遂以收天下；壶关三老茂上书明戾太子之冤，史册炳然①，为万世所称道。近世之老人，则听役于官，而靡事不为，故稍知廉耻之人，不肯为此，而愿为之者，大抵皆奸猾之徒，欲倚势以陵百姓者也。其与太祖设立老人之初意悖矣。

【注释】①炳然：清楚。

【译文】汉代的三老，以官员的品级来任命，以俸禄来发放。而汉文帝的诏命，让他们各自按照他自己的想法来引导百姓。当时为三老的，大多是忠信老成之士。上面的人以礼相待的原因是他们非常优秀，因此他们知道自己的优点，更愿意发扬光大，而贤才也往往出现在他们之中。新城三老董公拦住汉王刘邦，劝说汉王为义帝发丧，汉王听从他的话，于是就获得了天下；壶关三老令狐茂上书说明戾太子的冤情，史书上记载清楚，为万世所称道。近代的老人，就听命于官，什么事也不做，所以稍微懂得廉耻的人，不肯担任这个职位，而愿意做的，大抵都是奸诈狡猾的人，想靠权势来欺凌百姓。这和太祖当初设立老人的本意相违背了。

明初以大户为粮长，掌其乡之赋税，多或至十余万石，运粮至京，得朝见天子。洪武中，或以人材授官。至宣德五年闰十二月，南京监察御史李安，及江西庐陵、吉水二县耆民[①]，六年四月，监察御史张政，各言粮长之害，谓其倍收粮石，准折[②]子女，包揽词讼，把持官府。累经禁饬[③]，而其患少息，然未尝以是而罢粮长也。惟老人则名存而实亡矣。今州县或谓之耆民，或谓之公正，或谓之约长，与庶人在官者无异。

【注释】①耆（qí）民：年高有德之民。②准折：抵消，抵折。③禁饬（chì）：管束，整顿。

【译文】明初以大户为粮长，负责乡里的赋税，赋税多时有的到十余万石，运粮到京城，得以朝见天子。洪武年间，有的人才被授予官职。到宣德五年闰十二月，南京监察御史李安，以及江西庐陵、吉水县二县年高有德之民，宣德六年四月，监察御史张政，都说粮长的危害，说他们加倍征收粮食，抵消子女的赋税，包办诉讼，把持官府。经多次整顿，那些祸患稍微停止，但从未因此而罢免粮长啊。只是老人之称名存实亡了。（现在州县有的称为耆民，有的称为公正，有的称为约长，与百姓当官没有区别。）

巡检，即古之游徼也。《元史》成宗大德十年正月，升巡检为九品。洪武中，尤重之，而特赐之敕。洪武十三年二月丁卯，见《御制文集》第七卷。又定为考课之法。二十五年闰十二月辛卯。及江夏侯周德兴巡视福建，增置巡检司四十有五。二十年四月。自弘治以来，多行裁革①，所存不及曩时②之半。巡检裁，则总督添矣。崇祯年，至蓟州、保定各设总督。唐自乾元以后，节度、观察、防御使之设，正与明代累添总督、巡抚、兵备相类。何者？巡检遏之于未萌，总督治之于已乱。

【注释】①裁革：裁汰革除。②曩（nǎng）时：往时，以前。

【译文】巡检，就是古代的游徼。（《元史》成宗大德十年正月，升巡检为九品。）洪武年间，尤其重视他们，而特赐给他们敕书。（洪武十三年二月初六，见《御制文集》第七卷。）又定为考核的方法。（洪武二十五年闰十二月十五日。）等到江夏侯周德兴巡视福建，增设巡检司四十五个。（洪武二十年四月。）从弘治年间以来，多行裁减，所留存的不到以前的一半。巡检裁减了，可总督增添了。（崇祯年间，到蓟州、保定各设总督。唐从乾元年间以后，节度使、观察使、防御使的设置，正与明代连续增添总督、巡抚、兵备相似。）为什么呢？巡检能把罪恶阻止在萌芽中，总督则惩办已发生的罪恶。

里甲

常熟陈梅曰："《周礼》五家为比，比有长；五比为闾，闾有胥；四闾为族，族有师；五族为党，党有正；五党为州，州有长；五州为乡，乡有大夫。其间大小相维，轻重相制，纲举目张，周详细密，无以加矣。而要之自上而下，所治皆不过五人，盖于详密之中，而得易简之意，此周家一代良法美意也。后世人才远不如古，乃欲以县令一人之身，坐理数万户口赋税，色目繁猥①，又倍于昔时，虽欲不丛脞②，其可得乎？愚故为之说曰：以县治乡，以乡治保，或谓之都。以保治甲，视所谓不过五人者而加倍焉。亦自详密，亦自易简，此斟酌古今之一端也。"又曰："一乡几保，不妨多少，何也？因民居也，法用圆。十甲千户，不得增损，何也？稽成数也，法用方。"

【注释】①繁猥（wěi）：繁多，繁琐。②丛脞（cuǒ）：细碎；烦琐。

【译文】常熟陈梅说："《周礼》中说五家为一比，比有比长；五比为一闾，闾有闾胥；四闾为一族，族有族师；五族为一党，党有党正；五党为一州，州有州长；五州为一乡，乡有大夫。其中大小相关，轻重相制，纲举目张，周详细密，不用再增加了。而重要的是自上而下，所管理的都不超过五个人，在详细周密的管理之中，得到了简易的管理办法，这是周朝一代的良法美意啊。后代的人才远远不如古代，竟然想以县令一人之身，处理数万人口的赋税，名目繁杂，又比过去增加了数倍，即使不想繁琐，这可能吗？我所以替他们说：以县治理乡，以乡治理保（有人说是都），以保治理甲，以此所说的不超过五个人，实际早就加倍了。也很详细周密，也很平易简约，这是斟酌古今的一个方面。”又说：“一乡几保，不必拘泥多少，为什么呢？根据百姓居住的实际情况而定，法律可以变通。十甲千户，不能增加或减少，为什么呢？因为稽考已定的数量，法律不能改变。”

掾属

《古文苑》注王延寿《桐柏庙碑》人名，谓掾属皆郡人，可考汉世用人之法。今考之汉碑皆然，不独此庙。盖其时惟守相[①]命于朝廷，而自曹掾以下，无非本郡之人，故能知一方之人情，而为之兴利除害，其辟用之者即出于守相。而不似后代之官，一命以上，皆由于吏部。故广汉太守陈宠入为大司农，和帝问在郡何以为理，宠顿首谢曰：“臣任功曹，王涣以简贤选能，主簿镡显拾遗补阙[②]，臣奉宣诏书而已。”帝乃大悦。至于汝南太守宗资任功曹范滂，南阳太守成瑨委功曹岑晊，并谣达京师，名标史传。而鲍宣为豫州牧，郭钦奏其举错烦苛，代二千石署吏。是知署吏乃二千石之职，州牧代之，尚为烦苛，今以天子而代之，宜乎事烦而日不给。隋文帝开皇二年罢辟署，令吏部除授品官为州郡佐官，其时刘炫对牛弘，以为往者州惟置纲纪，郡置守丞，县置令而已，其余具僚，则长官自辟。是知自辟掾属，即齐魏之世犹然。《宋史·选举志》：“宋初内外小职任，长吏得自奏辟。熙宁间，悉罢归选部。然要处职任，如沿边兵官，防河捕盗，重课额务场之类，寻又立专法听举。于是辟置不能全废也。”又其变也，铨注③之法，改为掣签，而吏治因之大坏矣。

【注释】①守相：郡守和诸侯王之相。②拾遗补阙：弥补疏漏或失误。③铨注：谓对官吏的考选登录。

【译文】《古文苑》中注解王延寿《桐柏庙碑》中的人名，说掾属都是郡人，可以研究汉代用人的方法。现在研究汉代碑刻都这样，不只是这个庙碑。当时只有守相是朝廷任命的，而从曹掾以下，没有不是本郡的人，所以能知道一个地方的人情世故，而为朝廷兴利除害，任用的都是出自守相。而不像后世的官员，一命以上的官员，都是由吏部任命。所以广汉太守陈宠入朝任大司农，汉和帝问他在郡用什么来管理，陈宠叩头拜谢说：“我做功曹，王涣选用贤明有才能的人，主簿镡显弥补失误，我奉命宣明诏书而已。”皇帝于是非常高兴。到了汝南郡太守宗资任用功曹范滂，南阳太守成瑨信任功曹岑晊，赞美他们的歌谣传到京城，名字列入史传中。而鲍宣为豫州牧，郭钦上奏他的举措烦琐苛刻，代理二千石的署吏。由此可知署吏是二千石的官职，州牧代理他，还嫌烦琐苛刻，现在天子代理他们，难怪事情繁多每天不断。（隋文帝开皇二年废除辟署，命令吏部除授品官为州郡佐官，当时刘炫对牛弘，认为过去的州只管设立法度，郡设置守丞，县设置县令而已，其余官员，由长官自己征聘。由此可知自行招募掾属的，齐魏之时也如此。《宋史·选举志》：“宋朝初期朝廷内外小的官职任用，长吏得以在奏折中征辟。熙宁年间，全部废除划归吏部。但是关键官职的任用，如边境的军队官员，防河捕盗，重课额务场之类，不久又设专门法令听任选举。于是辟置制度不能完全废除。”）又变化了，把考选登录的方法，改为抽签，而吏治从此就大坏了。

《京房传》：“房为魏郡太守，自请得除用他郡人。”因此知汉时掾属，无不用本郡人者，房之此请，乃是破格。杜氏《通典》言：汉县有丞、尉及诸曹、掾，多以本郡人为之，三辅县，则兼用他郡。《黄霸传》：补左冯翊二百石卒史。如淳曰：三辅郡得任用他郡人，而卒史独二百石，所谓尤异者也。乃隋氏革选，尽用他郡人。

【译文】《汉书·京房传》记载：“京房作魏郡太守时，请求能任用其他郡的人。”因此知道汉朝时的属官，没有不使用本郡的人，京房的这个请求，是破格。杜佑《通典》中说：汉代县有县丞、县尉及诸曹、掾，大多让本郡的人担任，三辅县，则兼用其他郡的人担任。（《黄霸传》：黄霸补任左冯翊二百石卒史。如淳说：三辅郡得以任用其他郡的人，而卒史只有二百石，所谓与其他地区不同。）于是隋朝选拔，全部采用其他郡的人。

唐高宗时，魏玄同为吏部侍郎，上疏言：“臣闻傅说曰：‘明王奉若天道，建邦设都，树后王君公，承以大夫、师长，不惟逸豫，惟以理人。’昔之邦国，今之州县。士有常君，人有定主。自求臣佐，各选英贤，其大臣乃命于王朝耳。秦并天下，罢侯置守。汉氏因之，有沿有革，诸侯得自置吏，四百石已下，其傅相①大官，则汉为置之。

州郡掾史、督邮、从事，悉任之于牧守。爰自魏、晋，始归吏部，递相祖袭，以迄于今。用刀笔以量才，按簿书而察行，法令之弊，其来已久。盖君子重因循而惮改作，有不得已者，亦当运独见之明[②]，定卓然之议。如今选司所行者，非上皇之令典，乃近代之权道，所宜迁革，实为至要。何以言之？夫丈尺之量，所及者盖短，钟庾[③]之器，所积者宁多，况天下之大，士人之众，而可委之数人之手乎？假使平如权衡，明如水镜，力有所极，照有所穷，铨综[④]既多，紊失斯广。又以比居此任，时有非人，岂直愧彼清通，亦将竭其庸妄，情故既行，何所不至？赃私一启，以及万端。至乃为人择官，为身择利，顾亲疏而举笔，看势要而措情。加以厚貌深衷，险如溪壑，择言观行，犹惧不周。今使百行九能，析之于一面，具僚庶吕，专断于一司，其亦难矣。天祚大圣，比屋可封，咸以为有道耻贱，得时无怠，诸色入流，岁以千计，群司列位，无复增多。官有常员，人无定限，选集之始，雾积云屯，擢叙于终，十不收一，淄渑杂混，玉石难分，用舍去留，得失相半，抚即事之为弊，知及后之滋失。夏、殷以前，制度多阙。周监二代，焕乎可观。诸侯之臣，不皆命于天子，王朝庶官，亦不专于一职。故穆王以伯冏为太仆正，命之曰：‘慎简乃僚，无以巧言令色，便辟侧媚[⑤]，其惟吉士。’此则令其自择下吏之文也。太仆正，中大夫耳，尚以僚属委之，则三公九卿亦必然矣。《周礼》，太宰、内史并掌爵禄废置，司徒、司马别掌兴贤诏事，当是分任于群司，而统之以数职，各自求其小者，而王命其大者焉。夫委任责成，君之体也。所委者当，则所用者精。裴子野有言曰：

‘官人之难，先王言之，尚矣。居家视其孝友，乡党服其诚信，出入观其志义，忧欢取其智谋，烦之以事以观其能，临之以利以察其廉。《周礼》：始于学校，论之州里，告诸六事[6]，而后贡之王庭。其在汉家，尚犹然矣。州郡积其功能，然后为五府所辟，五府举其掾属而升于朝，三公参得除署，尚书奏之天子。一人之身，所关者众，一士之进，其谋也详，故官得其人，鲜有败事。魏、晋反是，所失宏多。’子野所论，盖区区之宋朝耳。犹谓不胜其弊，而况于当今乎。臣窃见制书，每令三品、五品荐士，下至九品亦令举人，此圣朝侧席旁求之意也。而褒贬未明，莫慎所举，且惟贤知贤，圣人笃论[7]，身且滥进，鉴岂知人。今欲务得实才，兼宜择其举主，流清以源洁，影端由表正。不详举主之行能，而责举人之庸滥，不可得已。《汉书》云：‘张耳、陈余之宾客厮役，皆天下俊杰。’彼之蕞尔，犹能若斯，况以神皇之圣明，国家之德业，而不建久长之策，为无穷之基，尽得贤取士之术，而但顾望魏、晋之遗风，留意周、隋之敝事，臣窃惑之。伏愿稍回圣虑，特采刍言，略依周、汉之规，以分吏部之选。即望所用精详，鲜于差失。”疏奏不纳。

【注释】①傅相：古称辅佐国君、诸侯王的官。②独见之明：高明的眼光，独到的见解。③钟庾：两种古代容量单位。泛指数量不大。④铨综：谓选拔罗致人才。⑤便辟：谄媚逢迎。侧媚：用不正当的手段讨好别人。⑥六事：考察地方官吏政绩的六项内容。《金史·百官志一》：“宣宗兴定元年，行辟举县令法，以六事考之，一曰田野辟，二曰户口增，三曰赋役平，四曰盗贼息，五曰军民和，六曰词讼简。”⑦笃论：确切的评论。

【译文】唐高宗时，魏玄同任吏部侍郎，上奏说："我听傅说说：'圣明的君王尊重自然规律，建立国家设立都城，为以后的王君公树立榜样，用大夫、师长承续，不只是安逸享乐，只是以理服人。'以前的国家，相当于现在的州县。国家和人民有固定的主人。自行求访臣属佐官，都各自选择官员和贤才，大臣由朝廷任命。秦国兼并天下，罢去分封制的"诸侯"，改行郡县制的"郡守"。汉朝沿袭秦朝的制度，有延续的有革新的，诸侯能自己设置四百石以下的官吏，辅佐君王的大官，就是从汉朝设置的。州郡县的掾史、督邮、从事等官职，全部交给牧守任命。从魏、晋开始才归吏部任命，相互效法，一直到现在还这样。用文章衡量他的才能，依照文书考察他的品行，法令的弊端，由来很久。君子注重因循守旧而害怕改变，有不得已的人，也应当使用他独到的见解，肯定他卓越的意见。如今吏部所实行的，不是皇上的法令，而是近代的变通之道，应当变革，实在是最重要的。凭什么说这样的话呢？丈尺的测量，所达到的距离小，钟庾的器具，所积蓄的也不多，何况天下之大，士人之众，怎么可以委托给他们几人来办理呢？如果像秤锤和秤杆一样公平，像月亮一样明亮，力有所极，照有所穷，选拔的人才很多，紊乱丢掉的就多。又因邻居担任这个职位，当时有好多人不称职，难道只是惭愧那些清明通达，也将暴露他们的浅陋妄为，故旧之情能实行，还有什么做不到？徇私舞弊、贪赃枉法一旦发生，就会出现多种多样的形式。至于为人选择官职，为自己谋取利益，顾念亲疏而下笔推荐，看权势而安排人员任职。再加上有些人长着一副忠厚诚恳的面孔，但内心却是阴险狡猾得很，就好像那万丈深渊一样难以摸透。即或是听其言、观其行，恐怕也还是不能全面了解。何况现在千千万万的为官者，只靠偶尔见过一面的印象，就要决定是晋升还是削免；成百的僚属的任用，由一个部门独断专行，这也太难了。上天赐福君王，教化遍及四海，家家都有德行，大家都认为有道耻贱，得时没有懈怠，各种进入官府的人员，每年数以千计，各有司衙门的职位，不要再增加。官员有固定的人数，小吏没有限定数量，选集的开始，如雾堆积云屯集，提拔任用到最后，十不收一，鱼龙混杂，玉石难以区分，用舍去留，得失相半，只顾眼前的事物是为弊病，了解后来的更加失误。夏、商以前，制度多缺失。周朝的礼仪制度借鉴了夏、商两个朝代的礼制，明显可以知道。诸侯的大臣不都由天子任命，朝廷众官，也不是只专于一个职位。所以周穆王任命伯冏为太仆正，对他说：'谨慎选择你同事，不要用那些巧言令色、谄媚逢迎、侧媚的人，只用贤能的人。'这就是让他自己选择官吏的话。太仆正，中大夫罢了，还以僚属委任，那三公九卿也是必然的了。《周礼》，太宰、内史都掌管爵禄废置，司徒、司马分别掌管兴贤诏书的事，应当是在各部门分别负责，而以数职统领他们，各自任命他所属的小官吏，而君王任命令那些大的官员。委任官员办好事情，是君王的责任。所委任的恰当，那所使用的人就尽职。裴子野说过：'选用适当的人任某一官职，是件很困难的事，前代君王早已说过，这已经很久了。在家看他是否孝顺父母和友爱兄弟，乡里的人是否佩服他的诚信，出将入相观看他的志节，忧患祸难考察他的智谋，以工作重担压他，来观察他的才能；以财利委托他，来考察他的廉洁。《周礼》：按周朝的礼仪来说，从学校开始就注重人才的培养，首先在他的家乡加以评论，把评论的结果告诉给各个州郡的六事，再由六事把这些人的姓名呈报给朝廷。在汉朝时代，仍然如此。在各个州郡干出成绩，然后被五府征用，五府举荐自己的下属报告到朝廷内，三公前来具体考察他们工作的得失，尚书把考察结果呈报给天子。一个人才，经过了这么多道的审查，关联的人众多，一个官员的晋升，经历了层层的选拔，过程详细而细致，所以能得到好的官员，人尽其才，为官者能够称职，很少把事情做坏。魏、晋时代不是这样，选用官员的失误特别多。’裴子野所说的，只是南北朝时的宋朝罢了。尚且有很多弊端，何况现在呢？我曾见过诏书，每次命令三品、五品官员推荐士人，下到九品官员也让他们举荐人才，这是国家广求人才之意。但因为褒贬不甚明确，没有谨慎地举荐人才，况且只有贤人了解贤人，圣人才有确切的评论，自身尚且是滥进的，又怎么会了解别人？今天要想真正得到贤才，也要慎重地择其举荐贤才的人，流清就是因为源洁，影正就是由于身正，不认真细致了解选才之官的品行，却一味责备被举人人才庸滥，这样是不可能得到真才的。《汉书》说：‘张耳、陈余的宾客奴仆，都是天下的俊杰。’他们只不过是小人物，尚且能如此，何况以皇上的圣明，国家的德业，如果不建立长久的策略，打好深厚的基础，用好得贤取士之术，一味观望魏晋留下的余风，关心北周、隋代的弊政，我曾为此受困惑。伏愿陛下认真考虑，采纳良言，依照周代、汉代的好规矩，来把好吏部选才这一关。希望使用精细周详的举荐人才的方法，失误会很少。”（但是）魏玄同的建议未被采纳。

玄宗时，张九龄为左拾遗，上言：“夫吏部尚书、侍郎，以贤而授者也。虽知人之难，岂不能拔十得五？今胶以格条，据资配职，无得贤之实。若刺史、县令，必得其人，于管内岁当选者，使考才行，可入流品[①]，然后送台，又加择焉，以所用多寡为州县殿最，则州县慎所举，可官之才多，吏部因其成，无今日之繁矣。”《柳浑传》：德宗尝亲择吏宰畿邑有效，召宰相语，皆贺帝得人。浑独不贺，曰：“此特京兆尹职耳，陛下当择臣辈以辅圣德，臣当选京兆尹承大化，尹当求令长听细事。代尹择令，非陛下所宜。”帝然之。

【注释】①流品：品类，等级。本指官阶，后亦泛指门第或社会地位。

【译文】唐玄宗时期，张九龄任左拾遗，上奏说：“吏部尚书、侍郎，因为贤能而授予。即使了解人很难，难道不能从十人里面选拔出五人吗？现在拘泥于法令条文，根据资历分配职位，没有得到真正的贤能之人。像刺史、县令，一定要找到合适的人，在辖区内一年当选的，使考试才行，可以入流品，然后送往台省，又进行选择，以所用多少作为州县考核的等级，那么州县就会谨慎的举荐，可以做官的人才就多了，吏部沿袭他的成果，不会有今天繁多的事务了。”（《柳浑传》：唐德宗曾经亲自挑选官吏主管畿邑，很有效果，叫来宰相告诉这件事，都来祝贺皇帝得到人才。唯独柳浑不祝贺，说：“这只是京兆尹的职责，陛下应当选择臣子们来辅佐圣明的德行，我会选京兆尹秉承深入的教化，京兆尹要县令县长处理小事。代替京兆尹选拔地方官员，不是陛下应该做的。”皇帝认为他说得对。）

都令史

《通典》："晋有尚书都令史八人，秩二百石，与左右丞总知都台事。宋、齐八人，梁五人，谓之五都令史。旧用人常轻。《续汉·百官志》："尚书令史十八人二百石。"然《梁冀传》曰："学生桂阳刘常，当世名儒，冀召补令史以辱之。"则知此职非士流之所为也。武帝诏曰：'尚书五都，职参政要，非但总理众局，亦乃方轨二丞。顷虽求才，未臻妙简，可革用士流，以尽时彦。'乃以都令史视奉朝请[①]。"其重之如此。彼其所谓都令史者，犹为二百石之秩，而间用士流为之。然南齐陆慧晓为吏部郎。吏部都令史，历政以来，咨执选事，慧晓任己独行，未尝与语。帝遣人语慧晓曰："都令史谙悉旧贯，可共参怀[②]。"慧晓曰："六十之年，不复能咨都令史，为吏部郎也。"故当日之为吏部者，多克举用人之职。

【注释】①奉朝请：给予闲散大官的优惠待遇。古称春季的朝见为"朝"，秋季的朝见为"请"。奉朝请者，即有以加朝会的资格。②参怀：共同商议。

【译文】《通典》："晋朝有尚书都令史八人，俸禄二百石，与左、右丞总管都台事。宋、齐两朝有八人，梁有五人，这就是所谓的五都令史。过去用人常常轻视这个职位，(《后汉书·百官志》："尚书令史十八人俸禄二百石。"但是《梁冀传》说："桂阳学生刘常，当世名儒，梁冀任他为令史以侮辱他。"就知道这个工作不是文人所做的。)武帝下诏说：'尚书五都，参与重要职责，不只是总理全局，也是二丞之楷模。近来虽然寻求人才，尚未达到精选，可以改用文人，来选择俊杰。’就以都令史等同奉朝请。”这重要到这样。他们所说的都令史，还是二百石的俸禄，其间或用文人来担任。然而南齐陆慧晓任吏部郎，吏部尚书都令史，历代以来，询问政事选取官员，陆慧晓独断专行，从来没有和别人商量过。皇帝派人对陆慧晓说：“都令史熟悉旧的制度，可以共同商议。“陆慧晓说：“六十岁了，不再询问都令史，是吏部郎啊。”所以当时的吏部官员，大多能推荐用人的官职。

自隋以来，令史之任，文案烦屑，渐为卑冗，不参官品。《金史》：皇统八年，用进士为尚书省令史。正隆二年罢。《世宗纪》：大定二年二月甲寅，复用进士为尚书省令史。二十三年闰月戊午，上谓宰臣曰：女直进士，可依汉儿进士补省令史。夫儒者操行清洁，非礼不行。以吏出身者，自幼为吏，习其贪墨，至于为官，性不能改。政道兴废，实由于此。《章宗纪》：明昌二年五月戊辰诏：御史台令史，并以终场举人充。《李完传》言：尚书省令史，正隆间用杂流。大定初，以太师张浩奏请，始统取进士，天下以为当。今乞以三品官子孙及终场举人，委台官辟用。上纳其言。《选举志》，言终金之代，科目得人为盛。诸宫护卫及省台部译史、令史、通事仕进，皆列于正班。斯则唐宋以来之所无者。岂非因时制宜，而以汉法为依据者乎？以令史官至宰执者：移剌道、魏子平、孟浩、梁肃、张万公、粘割斡特格勒、董师中、王蔚、马惠迪、马谋、杨伯通、贾铉、孙铎、孙即康、贾益谦，皆有传。至于今世，则品弥卑、权弥重。八柄诏王，乃不在官而在吏矣。

【译文】从隋朝以来，令史的职务，公文案件繁杂琐碎，逐渐变为低微，不再参照官品。（《金史》：皇统八年，用进士任命尚书省的令史。正隆二年废除。《世宗纪》：大定二年二月十七日，又用进士任为尚书省的令史。大定二十三年闰十一月二十七日，太宗对大臣说：女真族的进士，可以依照汉人进士补任省令史。儒生操行清正廉洁，不符合礼的行为不做。以小吏出身的人，从小为吏，熟悉贪图财利的方式，一旦做了官，本性不能改变。政治的盛衰，原因就在于此。《章宗纪》：明昌二年五月二十一日下诏：御史台的令史，全用最后一场举人充任。《李完传》说：尚书省的令史，正隆年间用杂流。大定初年，因太师张浩上奏请求，才开始统一选取进士，世人认为应当这样做。现在请求用三品官员的子孙以及最后一场的举人，委任台官。皇上采纳了他的意见。《选举志》，说整个金代，分科取士得到的人才最多。诸宫护卫和省台部译史、令史、通事等官职都是通过科举选进，都列在正班。这是唐宋以来所没有的。这难道不是因时制宜，而用汉人的法律为依据的吗？以令史官做到宰相的人有：移刺道、魏子平、孟浩、梁肃、张公、粘割斡特勒、董师中、王蔚、马惠迪、马谋、杨伯通、贾铉、孙铎、孙即康、贾益谦，都有列传。）到了现在，品级越低、权势越重。用八种权柄辅助君王，于是不在官而在吏了。

《旧唐书》："许子儒居选部，不以藻鉴[①]为意，有令史綦直，

《新》《旧书》并作句直，句音勾，是宋人减笔字。今据《册府元龟》正之。是其腹心。每注官，多委令下笔，子儒但高枕而卧，语缑直云‘平配’②，由是补授③失序，传为口实。”嗟乎，未若今日之以缑直为当官，以平配为着令也。

【注释】①藻鉴：是指品藻和鉴别（人才），引申为担任品评鉴别人才的职务。②平配：品评调配。③补授：补任官职。

【译文】《旧唐书》：“许子儒在选部，不把鉴别人才放在心上，有一个叫缑直的令史，（《新唐书》《旧唐书》都作句直，句音勾，这是宋人减笔字。现在根据《册府元龟》订正。）是他的心腹。每铨叙官职，多命令他落笔，许子儒只是高枕而卧，对缑直说‘品评调配’，因此，补任官职失去正常的秩序，传为话柄。”唉，不如今天以缑直担任此职，以品平调配为制度啊。

胥史之权所以日重而不可拔者，任法之弊使之然也，开诚布公以任大臣，疏节阔目以理庶事①，则文法省而径窦清，人材庸而狐鼠退矣。

【注释】①疏节阔目：节指的植物的枝节，就是长叶的部分，目指的是网眼，所以疏节阔目就是放宽控制的意思。庶事：古时指各种政务政事。

【译文】小吏的权力之所以日益重要而不可动摇的原因，就是使用法令的弊端造成的，开诚布公的任用大臣，放宽控制来管理日常事务，那么法令条文就少，道路畅通清明，平庸的人才和小人就离开了。

吏胥

天子之所恃以平治天下者，百官也。故曰："臣作朕股肱耳目①。"又曰："天工②人其代之。"今夺百官之权，而一切归之吏胥，是所谓百官者虚名，而柄国者吏胥而已。郭隗之告燕昭王曰："亡国与役处，吁其可惧乎！"秦以任刀笔之吏而亡天下，此固已事之明验也。

【注释】①股肱耳目：股，大腿；肱，手臂从肘到腕的部分。起到耳朵、眼睛、手臂的作用。比喻辅佐帝王的重臣。也比喻十分亲近且办事得力的人。②天工：上天的职务。

【译文】天子所依靠治理好天下的人，是百官。所以说："大臣做我的得力助手。"又说："上天的事由人来代替他做。"现在剥夺百官的权力，而把它都给予小吏，这就是所说的百官只是个虚名，而执掌朝政的人是小吏。郭隗告诉燕昭王说："亡国之君只能同仆役小人相处（这里是说越贤明的君王就越能招致才高的贤人，不能尊重贤人，贤人都会离去），唉，这太可怕了！"秦国因任用刀笔吏而失去天下，这本来已经发生之事的明确证据啊。

唐郑余庆为相，有主书滑涣，久司中书簿籍，与内官典枢密刘光琦相倚为奸。每宰相议事，与光琦异同者，令涣往请，必得。四方书币赀货①，充集其门，弟泳官至刺史。及余庆再入中书，与同僚集议，涣指陈是非，余庆怒叱之。未几，罢为太子宾客。其年八月，涣赃污②发，赐死。宪宗闻余庆叱涣事，甚重之。久之，复拜尚书左仆射。《唐书》本传。韦处厚为相，有汤铢者，为中书小胥，其所掌谓之孔目房。宰相遇休假，有内状③出，即召铢至延英门付之，送知印宰相。由是稍以机权自张，广纳财贿。处厚恶之，谓曰："此是半装滑涣矣。"乃以事逐之。《册府元龟》。夫身为大臣，而有甘临④之忧，系遯⑤之疾，则今之君子，有愧于唐贤多矣。

【注释】①书币：书写礼单。赀货：资财货物。②赃污：贪污受贿。③内状：内廷文书。④甘临：《易·临》："甘临，无攸利。"宋祚胤考辨："甘临，是以临为甘。"即认为周厉王的治理很不错。后就以"甘临"指以仁政治民。⑤系遯：《易经》："九三，系遯。有疾，厉。蓄臣妾，吉。"系着绳子的猪跑了。此时猪性烈暴躁，奔跑速度快，攻击性极强，强捕危险。就像有需要时再畜养仆妾一样，不远不近地瞄着，寻隙伺机捕猪，则没有危险，吉善。

【译文】唐朝郑余庆做宰相时，有个叫滑涣的主书，长时间掌管中书省的账簿，与内官掌管枢密刘光琦狼狈为奸做坏事。每当宰相商议公事，与刘光琦不一样的，让滑涣去请，一定会请到。各个地方的书写礼单资财货物，塞满聚集在他家，他弟弟滑泳官做到刺史。等余庆又进入中书省，和同事一起讨论公事，滑涣指手画脚，余庆怒叱他。不久，被罢免为太子宾客。这年八月，滑涣贪污受贿的事被揭发，被赐死。宪宗听说余庆叱责滑涣的事，很看重余庆。过了一段时间，又任命余庆为尚书左仆射。（《唐书·余庆传》。）韦处厚做宰相时，有个叫汤铢的，是中书省的小吏，他所掌管的地方叫孔目房。宰相恰逢休假，有内廷文书发出，就召来汤铢到延英门，送给知印宰相。因此，逐渐大权在握、擅自主张、广收贿赂。韦处厚厌恶他，对他说：“这是半装滑涣了。”于是找了个事情把他驱逐了。（《册府元龟》。）身为大臣，而有甘临之忧，系遯之疾，那么现在的君子，和唐朝的贤良之士相比有愧多了。

谢肇淛曰：“从来仕宦法罔之密，无如今日者。上自宰辅，下至驿递仓巡，莫不以虚文①相酬应。而京官犹可，外吏则愈甚矣。大抵官不留意政事，一切付之胥曹，而胥曹之所奉行者，不过已往之旧牍，历年之成规，不敢分毫逾越。而上之人既以是责下，则下之人，亦不得不以故事虚文应之；一有不应，则上之胥曹，又乘隙而绳以法矣。故郡县之吏，宵旦竭蹷，惟日不足②，而吏治卒以不振者，职此之由也。”

【注释】①虚文：空洞的文字，空话。②惟日不足：只觉时日不够。

【译文】谢肇淛说：“自古以来官员面对严密的法律制裁，没有像今天这样的。上自宰相，下到驿递仓巡，没有不以空话相互应酬的。而京城里的官员还能这样，京城外的官员就更加厉害了。大多数官员不留心政事，一切交给胥曹办理，而胥曹所执行的，不过是以前的旧公文，往年的规章制度，不敢超越分毫。而上面的人根据已有的规章制度责问下面的人，那么下面的人，也不得不编造故事空话应对他们；一旦有不回应的，那么上面的胥曹，又趁机钻空子而对下面的人绳之以法。所以郡县的官吏，通宵达旦、竭尽所能的工作，只觉时日不够。而吏治最终不能振兴的原因，正是由于这个啊。”

又曰：“国朝立法太严，如户部官，不许苏松、浙江人为之，以其地多赋税，恐飞诡[①]为奸也。然弊孔[②]蠹窦，皆由吏胥，堂司官迁转不常，何知之有？今户部十三司，胥算皆绍兴人，可谓目察秋毫，而不见其睫者矣。”

【注释】①飞诡：明朝粮户将田地寄在享有优免徭役的官吏、绅衿名下，以逃避赋役的一种方法。②弊孔：发生弊害的漏洞。

【译文】又说：“国家立法过于严厉，比如户部官员，不允许苏松和浙江的人担任，因为那些地方多赋税，恐怕飞诡为奸。但漏洞和蛀虫，都是由吏胥造成的，堂司官员升迁不固定，有什么明智可言？现在户部十三司，主管计算的吏员都是绍兴人，可以说是眼睛能明察秋毫，却见不到自己的睫毛了。”

法 制

法制禁令，王者之所不废，而非所以为治也。其本在正人心、厚风俗而已。故曰：“居敬而行简，以临其民。”周公作《立政》之书曰：“文王罔攸，兼于庶言、庶狱、庶慎。”又曰：“庶狱、庶慎，文王罔敢知于兹。”其丁宁后人之意，可谓至矣。秦始皇之治，天下之事无大小，皆决于上。上至于衡石量书[①]，日夜有呈，不中呈，不得休息，而秦遂以亡。太史公曰：“昔天下之网尝密矣，然奸伪萌起，其极也，上下相遁，至于不振。”然则法禁之多，乃所以为趣亡之具，而愚暗之君，犹以为未至也。杜子美诗曰：“舜举十六相，身尊道何高。秦时任商鞅，法令如牛毛。”又曰：“君看灯烛张，转使飞蛾密。”其切中近朝之事乎。

【注释】①衡石量书：古时文书用竹简木札，以衡石来计算文书的重量，衡石量书形容国君政务繁忙，文书多到要用秤和秤锤来计算。衡，秤；石，古代重量单位，一百二十斤为一石。

【译文】法律制度和禁令，君王是不会废除的，然而却不能光靠律法来治理国家。他本来的目的在于使人心纯正、风俗淳厚罢了。所以说：“居心恭敬严肃，而行事简要，像这样来治理百姓。”周公所作《立政》的书中说：“文王不兼管各种百姓的言论及各种狱讼案件和各种百姓的禁戒。”又说：“百姓的各种狱讼案件和各种禁戒，文王不敢过问这些。”他嘱咐后人的良苦用心，可以说是到了极点。秦始皇时期的治理，天下的事情不论大小，都取决于皇帝。皇帝要看的文书多到要用秤和秤锤来计算，日夜有送呈的文书，不中止送呈，就不能休息，而秦国于是灭亡。太史公司马迁说：“从前天下的法网已经很严密了，然而奸诈虚伪的事不断发生，它的极致是，上下互相欺骗，到了不可拯救的地步。”这样看来，法律禁令太多，法律禁令太多，反而成为了促成灭亡的工具，而愚昧的君主，还以为法律不健全。杜甫（字子美）的诗说：“舜举十六相，身尊道何高。秦时任商鞅，法令如牛毛。”又说：“君看灯烛张，转使飞蛾密。”他所说的切中后来朝代的事了。

汉文帝诏：置三老孝弟力田常员，令各率其意，以道民焉。夫三老之卑，而使之得率其意，此文、景之治所以至于移风易俗，黎民醇厚，而上拟于成、康之盛也。

【译文】汉文帝下诏：设置三老和孝弟、力田常员，让他们每个人都以自己做表率，来引导百姓。三老的地位卑微，而使他们能以自己做表率，这是文、景之治所以能达到移风易俗，百姓淳朴敦厚，而向上模仿成、康的兴盛啊。

诸葛孔明，开诚心，布公道，而上下之交，人无间言，以蕞尔之蜀，犹得小康。魏操、吴权，任法术[1]以御其臣，而篡逆相仍，略无宁岁。天下之事，固非法之所能防也。

【注释】①法术：指先秦法家以法治国的学术。

【译文】诸葛亮，开诚布公，而上下的交往，没有人说闲话，以小小的四川，还能得到小康社会。魏王曹操、吴王孙权，用法律规范来管理臣子，而篡位叛逆连续发生，几乎没有一年安宁。天下的事务，本来就不是法律所能防范的。

叔向与子产书曰："国将亡，必多制。"夫法制繁，则巧猾[1]之徒，皆得以法为市，而虽有贤者，不能自用，此国事之所以日非也。善乎，杜元凯之解《左氏》也，曰："法行则人从法，法败则法从人。”宣公十二年传解。

【注释】①巧猾：投机取巧。

【译文】叔向写给子产的信中说：“国家将要灭亡，一定会制定很多律法制度。”律法制度繁琐，那么投机取巧的人就都能以法律谋利，即使有贤能的人，也不能使自己发挥作用，这是国家政事之所以越来越差的原因。说得多好啊！杜预（字元凯）注释《左传》，说：“律法能完善实行，那么人们服从律法；律法败坏，那么律法曲从于人的意愿。”（鲁宣公十二年传解。）

前人立法之初，不能详究事势，豫为变通之地；后人承其已弊，拘于旧章，不能更革，而复立一法以救之。于是法愈繁而弊愈多，天下之事，日至于丛脞。其究也，“眊[①]而不行”。语出《汉书·董仲舒传》。师古曰：眊，不明也。上下相蒙，以为无失祖制而已。此莫甚于有明之世，如勾军、行钞[②]二事，立法以救法，而终不善者也。

【注释】①眊（mào）：眼睛昏花，看不清楚，引申为糊涂、昏乱。②勾军：指征兵。行钞：指发行纸币。

【译文】前人刚立法的时候，不能详尽研究事理时势，预留下变通的地方。后代的人接续它已有的弊端，拘泥于旧的章法，不能更改变革，就再立一条律法来弥补。于是律法越来越繁琐而弊端越来越多，天下的事务一天天繁琐起来。细细研究，“昏乱而不能实行”。

（语出《汉书·董仲舒传》。颜师古说：眊，不清楚的。）上下互相欺骗，以为没有失去太祖太宗的制度罢了。这没有超过明朝的，比如征兵、发行纸币这两件事，立法以救法，而最终却不好。

宋叶适言："国家因唐五代之极弊，收敛藩镇之权，尽归于上，一兵之籍，一财之源，一地之守，皆人主自为之也。欲专大利而无受其大害，遂废人而用法，废官而用吏，禁防纤悉①，特与古异，而威柄最为不分。虽然，岂有是哉？故人才衰乏，外削中弱，以天下之大而畏人，是一代之法度又有以使之矣。"又曰："今内外上下，一事之小，一罪之微，皆先有法以待之。极一世之人，志虑之所周浃②，忽得一智，自以为甚奇，而法固已备之矣，是法之密也。然而人之才不获尽，人之志不获伸，昏然俛首③，一听于法度，而事功日堕，风俗日坏，贫民愈无告，奸人愈得志，此上下之所同患，而臣不敢诬也。"又曰："万里之远，颦呻动息④，上皆知之。虽然，无所寄任，天下泛泛焉而已。百年之忧，一朝之患，皆上所独当，而群臣不与也。夫万里之远，皆上所制命，则上诚利矣。百年之忧，一朝之患，皆上所独当，而其害如之何？此外寇所以凭陵⑤而莫御，仇耻所以最甚而莫报也。"

【注释】①禁防：禁止防范。纤悉：详细，详尽。②志虑：精神，思想。周浃：周到。③俛首：低头，表示服从。④颦呻：忧愁叹息。动息：活动与休息，引申为人的动止起居。⑤凭陵：侵扰。

【译文】南宋叶适说："国家因为唐朝和五代的严重弊害，所以收回藩镇之权，把权力都归于皇帝，每一个士兵的兵籍、每一处财源的管理，每一地长官的任命，都由皇帝亲自来做。君王想要专享君主集权的大利，却不想受君主集权的弊害，于是就废弃了依靠用人的做法，而倚用法律，废弃了用官员的做法，而是任用吏胥来做事，从一切细微之处来防止权力的分散，因此与古代的政治制度有差别，而权柄最集中、不分散。即使这样，难道有这样的事吗？所以人才衰弱缺乏，外面削减里面衰弱，以天下之大而害怕使用官员，这一代的法度又有人来利用它。"又说："现在朝廷内外上下，一件极小的事，一个微小的犯罪，都是先有法令来处罚他。穷尽一生的智慧左思右想，忽然想出一项立法，自以为新奇，但查一下法律汇编，却发现类似的法条早已制订出来了，说明法律已经很严密了。然而，人的才能没有得到全部施展，人的志向没有得到实现，昏昏然低下头，全听从法律制度，而事业和功绩每天都在毁坏，风俗日益败坏，穷人越来越无处申告，坏人越来越得志，这是上下共同担忧的，但我不敢欺骗啊。"又说："即使万里之远，官员的忧愁叹息饮食起居，皇帝都知道。虽然这样，但是没有能寄托重任的人，天下只是平平常常而已。百年的忧虑，朝廷的担心，都是皇帝自己单独承担，而群臣没有参与。万里之远，都是皇帝拟定命令，那么皇帝确实是有利的。百年的忧虑，每天的担心，都是皇帝自己单独承担，而那些危害怎么样呢？这就是外族经常侵扰而无法抵御，仇恨和耻辱最严重而无法一雪前耻的原因。"

陈亮《上孝宗书》曰："五代之际，兵财之柄，倒持[①]于下，艺祖皇帝，束之于上，以定祸乱。后世不原其意，束之不已，故郡县空虚，而本末俱弱。”

【注释】①倒持：比喻把大权交给别人。

【译文】陈亮在《上孝宗书》说：“五代时期，军队财产的权力，被地方把持，宋太祖皇帝，把所有权力收归中央，以平定祸乱。后世不明白他最初的想法，不停地把权力收归中央，导致郡县空虚，最后中央和地方都衰弱了。

洪武六年九月丁未，命有司庶务，更月报为季报，以季报之数类为岁报。凡府州县轻重狱囚，即依律断决，不须转发，果有违枉[①]，从御史、按察司纠劾[②]。令出，天下便之。

【注释】①违枉：背理枉曲。②纠劾：举发弹劾。

【译文】洪武六年九月初九，命令掌管日常事务的有关部门，将各司每月上报改为每季上报案件，以每季上报的案例，按类分为每年上报。凡是府州县的一切轻重罪犯，即依据法律判决，不需要转发，确实有违律枉法的官吏，由御史和按察司检举弹劾。此令一出，天下都认为很好，方便施行。

省 官

光武中兴，海内人民，可得而数，裁十二三，鄣塞[①]破坏，亭燧[2]绝灭。或空置太守、令长，招还流民。帝笑曰："今边无人，而设长吏治之，如春秋素王矣。"以故省并郡国及官僚，屡见于史。而总之曰："兵革既息，天下少事，文书调役[3]，务从简寡，至乃十存一焉。"以此知省官之故，缘于少事。今也文书日以繁，狱讼日以多，而为之上者主于裁省，则天下之事，必将丛脞而不胜，不胜之极，必复增官，而事不可为矣。

【注释】①鄣（zhāng）塞：古代防守国境的城堡关塞。②亭燧：古代筑在边境上的烽火亭，用作侦伺和举火报警。③调役：赋税和徭役。

【译文】光武帝中兴时期，全国人民，可以统计的只有十分之二三，防守边境的城堡关塞遭到破坏，烽火亭也消失了。有的虚设太守、县令县长，负责招回流亡的百姓。皇帝笑着说："现在边境没有人，却设置官吏来管理，就像春秋时期的素王孔子，有名无实。"因此裁撤郡国和官僚，经常出现在史书中。但总的来说："战争已经平息，天下的事情少，公文、赋税和徭役，力求简省，甚至缩减到十分之一。"因此知道裁减官员的原因，是因为事情少。现在的公文每天都在增加，案件每天都增多，而作为君主却在主张裁减，那么天下的事，一定会越来越繁琐而最终承受不了，承受不了到了极点，一定会再增加官员，这样，事情就不好做了。

晋荀勖之论，以为"省官不如省事，省事不如清心[1]。昔萧、曹相汉，载其清静，民以宁一，所谓清心也。抑浮说，简文案，略细苛，宥[2]小失，有好变常以徼利者，必行其诛，所谓省事也。"此探本之言，为治者识此，可无纷纷于职官多寡之间矣。

【注释】①清心：居心清正。②宥（yòu）：宽容，饶恕，原谅。

【译文】晋代荀勖的评论，认为“裁减官员不如减少事务，减少事务不如居心清正。从前萧何、曹参辅佐汉朝，执行清静无为的政策，老百姓就会安定统一，这就是所说的居心清正。抑制夸夸其谈，精简公文，简化繁琐苛刻，宽恕小的过失，有喜欢改变常道来谋利的人，一定要严厉惩治这种行为，这就可以减少很多事啊。”这是追本溯源的话，君主认识到这些，就不会纠结于官职的多少了。

选补

汉宣帝时，盗贼并起，征张敞拜胶东相，请吏追捕有功效者，得壹切比三辅尤异。如淳曰：壹切，权时也。赵广汉奏请，令长安游徼狱吏秩百石。又《循吏传》：左冯翊有二百石卒史。此之谓尤异也。天子许之，上名尚书，调补县令者数十人。是汉时县令，多取郡吏[①]之尤异者，是以习其事而无不胜之患。今则一以畀之初释褐[②]之书生，其通晓吏事者，十不一二，而耎弱[③]无能者，且居其八九矣。又不择其人之材，而以探筹投钩[④]为选用之法，是以百里之命，付之阘茸[⑤]不材之人。既以害民，而卒至于自害。于是烦剧[⑥]之区，遂为官人之陷穽，而年年更代，其弊益深而不可振矣。然汉时之吏多通经术，故张敞得而举之，宣帝得而用之。今天下儒非儒、吏非吏，则吾又不识用之何从也。

【注释】①郡吏：郡守的属官。②释褐：脱去平民衣服。旧制，新进士必在太学行释褐礼，脱去布衣而换穿官服。后用来比喻做官或进士的及第授官。③耎（ruǎn）弱：软弱，懦弱。④探筹投钩：犹今言抽签。⑤阘茸（tà róng）：是指人品卑劣或者庸碌无能。阘，原指小户，引申为卑下。茸，鹿茸，细毛。⑥烦剧：繁重的事务。

【译文】汉宣帝时期，盗贼四起，征召张敞为胶东相，张敞请求官吏追捕盗贼有效果的，得到的权益要比三辅地区优异。（如淳说：壹切，就是权时的意思。赵广汉上奏请求，让长安的游徼、狱吏俸禄一百石。又《循吏传》：左冯翊有二百石卒史。这就是优异。）皇帝同意了，告诉了尚书，调补县令的有几十人。说明汉代的县令，大多从郡守优异的属官中选取，因此熟悉他们所做的事，没有不能处理好的担忧。现在一旦给机会让他脱去布衣而换穿官服的书生，但他通晓官吏的事情不到十分之一二，而那些懦弱无能的人占据官位十分之八九。又不选择这个人的才能，而以抽签作为选人用人的方法，这是把国君的政令交付给人品卑劣庸碌无能的人啊。既损害了百姓，而最终又伤害了自己。于是在这事务繁重的地方，成为官员的陷阱，稍不谨慎就会犯罪，而每年官员都会替换，当中的弊病越来越深而不可挽救了。但汉代的官吏多通晓经学，所以张敞能推举他们，汉宣帝能使用他们。现在，天下的儒生不是儒生、官吏不是官吏，那么我又不知道怎么赏识重用他们了。

于慎行《笔麈》言："太宰富平孙公丕扬患中人请托，难于从违，大选外官，立为掣签之法。一时宫中相传，以为至公，下逮闾巷[①]，翕然称诵，而不知其非体也。古人见除吏条格，却而不视，以为一吏足矣。奈何衡鉴[②]之地，自处于一吏之职，而无所秉成，亦已陋矣。至于人才长短，各有所宜；资格高下，各有所便；地方繁简，各有所合；道里远近，各有所准。乃一付之于签，是掩镜可以索照，而折衡可以坐揣也。从古以来，不闻此法。”

【注释】①闾巷：小的街道，即里巷。泛指乡里民间。②衡鉴：品评，鉴别。

【译文】于慎行在《谷山笔麈》中说：“陕西富平县的太宰孙丕扬，担忧有中间人找他请托说情，难以不好拒绝，拣选地方官，设立了抽签的方法。当时朝廷中互相传诵，认为公正到极点，向下传到乡里民间，一致称颂，却不知道它本来的用意。古人看到任免官吏的条例，推辞而不看，认为一个官吏就足够了。无奈甄别官员升迁的地方，掌握在一个官吏的手中，而没有办法调和，也已经是个陋习了。至于人才的优劣，各有所宜；资格的高低，各有所便；地方的繁简，各有所合；道路的远近，各有各的标准。可是全部交给抽签来决定，这就像盖着镜子要照相，折断称物的衡坐着揣摩了。自古以来，没有听说这个方法。”

南人选南，北人选北，此昔年旧例。宋政和六年诏：“知县注选虽甚远，无过三十驿。”三十驿者，九百里也。今之选人，动涉数千里，风土不谙，语音不晓，而赴任宁家之费复不可量，是率天下而路[①]也。欲除铨政之弊，岂必如此而后为至公邪？夫人主苟能开诚布公，则自大臣以下至于京朝官，无不可信之人，而铨选之外，有不必在京师者。唐贞观元年，京师谷贵，始分人于洛州置选。至开耀元年，以关外道里迢递，河雒之邑，天下之中，始诏东西二曹两都分简，留放既毕，同赴京师，谓之东选。是东都一掌选也。黔中、岭南、闽中官，不由吏部，委都督选择士人补授。上元高宗三年八月壬寅敕，自今每年遣五品已上强明清正官充南选使，仍令御史同往注拟②。杜子美有《送魏司直充岭南掌选崔郎中判官》诗曰："选曹分五岭，使者历三湘。"《儒学传》：仲子陵蜀人，典黔中选补，乘传过家，西人以为荣。大历十四年十二月己亥诏，专委南选使停遣御史。是黔中、岭南、闽中各一掌选也。《新书》：张九龄为桂州都督，兼岭南按察选补使。而九龄又即岭南之人。

【注释】①路：通"露"，败坏，衰弱。②注拟：唐时选举官员，凡应试获选者先由尚书省登录，经考询后再按其才能拟定官职，称为"注拟"。

【译文】选择任用官员时，南方人选拔南方人，北方人选拔北方人，这是往年的惯例。宋徽宗政和六年，下诏说："知县注授官职，虽然很远，但没有超过三十个驿站的距离。"三十个驿站的距离，是九百里。现在选择人才，动辄几千里，风土人情不熟悉，语言不懂，而赴任安家的花费又不可估量，这是带领天下的人走向疲乏衰弱啊。要消除铨政的弊端，难道一定要这样才能做到最公正吗？君主如果能开诚布公，那么从大臣以下到京朝官，没有不可信任的人，而铨选之外，有不一定在京城的人。唐太宗贞观元年，京城谷价昂贵，开始分人在洛阳设置选择官员。到高宗开耀元年，由于关外路途遥远，洛阳这个城市，是天下的中心，才下诏东、西二曹两都分开选拔，录取程序完毕后，一同奔赴京城，这就是所说的东选。这是东都单独主持选拔举荐。黔中、岭南、闽中等地的官员，不由吏部任命，委托都督选择士人补授。高宗上元三年八月初七皇帝下诏命令，从现在每年派遣五品以上强明察的正官充任南选使，仍然命令御史一同前往注拟。（杜甫有《送魏司直充岭南掌选崔郎中判官》诗说：“选曹分五岭，使者历三湘。”《儒学传》：仲子陵是四川人，掌管黔中选补，乘坐驿车回家，西部的人以他为荣。）大历十四年十二月初三下诏，专门负责南选使停止派遣御史。说明黔中、岭南、福建各一个主持选拔举荐的人。（《新唐书》：张九龄为桂州都督，兼任岭南按察选补使。而张九龄又是岭南人。）

《李岘传》曰：“代宗即位，征岘为荆南节度、江陵尹、知江淮选补使。”又曰：“罢相为吏中尚书，知江淮选举，置铨于洪州。”《刘滋传》曰：“兴元元年，改吏部侍郎，往洪州知选事。时京师寇盗之后，天下旱蝗，谷价翔贵，选人不能赴调，乃命滋江南典选，以便江岭之人。”是江南又一掌选也。宋神宗诏：“川陕、福建、广南八路之官罢任，迎送劳苦，令转运司立格就注，免其赴选。”是亦参用唐人之法。建炎南渡，始诏福建、二广阙并归吏部，唯四川仍旧。今之议者，必曰如此多请托之门，而启受赇之径，岂唐人尽清廉，而今人皆贪浊邪？夫子之告仲弓曰：“举尔所知。”今之取士，礼部以糊名[①]取之，是举其所不知也；吏部以掣签注之，是用其所不知也。是使其臣拙于知人，而巧于避事。及乎赴任之后，人与地不相宜，则吏治堕，吏治堕则百姓畔，百姓畔则干戈兴，于是乎军前除吏，而并其所为尺寸之法亦不能守，岂若廓然大公，使人得举其所知，而明试以功，责其成效于服官之日乎？唐太宗谓侍臣曰："刺史，朕当自选；县令，宜诏五品已上各举一人。"玄宗开元九年敕，京官五品已上，外官刺史四府上佐，各举县令一人，视其政善恶为举者赏罚。

【注释】①糊名：科举考试中防止舞弊的措施之一，用浆糊将试卷上考生的姓名，密封起来，以免考官在给分时徇私作弊。

【译文】《李岘传》说："代宗即位，征召李岘为荆南节度使、江陵尹、知江淮选补使。"又说："罢免宰相任命为吏中尚书，知江淮选举，在洪州设置铨选。"《刘滋传》说："兴元元年，改任吏部侍郎，前往洪州主持选拔官员的事情。当时京城闹过盗贼之后，天下大旱又遭遇蝗灾，粮食价格飞涨，选拔举荐的人不能前往吏部听候迁调，于是命令刘滋为江南典选，以方便江岭的人。"说明江南又一个主持选拔举荐的人。宋神宗下诏说："川陕、福建、广南八路的官员罢免任命，迎送劳苦，命令转运司订立出标准马上登记，免去他们前往吏部听候铨选的奔波劳苦。"这也参照使用了唐朝的方法。（建炎南渡，才下诏福建、两广官员的任命都归吏部，只有四川依旧。）现在议论的人，一定会说这样多的请托之门，打开了接受贿赂的路径。难道唐人全部清廉，而现在的人都贪污吗？孔子告诉仲弓说："举荐选拔你所了解的人。"现在选取读书人出来做官，礼部用糊名的方式来选取读书人，这是举荐选拔他所不知道的；吏部用抽签选拔人才，是使用他所不知道的人。这是使那些大臣拙于识人，而巧于避事。等到上任之后，人与当地环境不熟悉，那么吏治就会堕落，吏治堕落则百姓背叛，百姓背叛则战事兴起，于是在军前铲除这些官吏，同时他对尺寸大的法令也不能遵守，还不如让人心地开阔、大公无私地举荐自己所知道的，用功绩来明明白白地考验他们，要求他们在做官的日子里能有所成效呢？唐太宗对侍臣们说：“刺史，我要自己选择；县令，应该诏令五品以上官员各自推举一人。”（唐玄宗开元九年命令，京官五品以上，外官刺史四府上佐，各举荐县令一人，看他政绩的好坏作为举荐者的赏罚。）

有明正统元年十一月乙卯，“敕在京三品以上官，各举廉洁公正、明达事体、堪任御史者一人；在京四品官，及国子监翰林院堂上官，各部郎中员外郎，六科掌科给事中，各道掌道御史，各举廉慎明敏、宽厚爱民、堪任知县者一人。吏部更加详察而擢用之。”夫欲救今时之敝，必如此，而后贤才可得，政理可兴也。

【译文】明英宗正统元年十一月二十四日，“命令在京城三品以上的官员，各推举廉洁公正、通晓事理、可以担任御史的一人；在京城的四品官，以及国子监翰林院堂上官，各部郎中员外郎，六科掌科给事中，各道掌道御史，各举荐清廉谨慎聪明、宽厚爱民、能胜任知县的一人。吏部要详细考察并提拔任用他们。”想挽救现在的弊端，一定要这样做，而后贤才可以得到，为政之道可以兴盛起来。

自南北互选之后，赴任之人动数千里，必须举债方得到官。而土风不谙，语言难晓，政权所寄，多在猾胥。昔唐之季世，尝暂一行之于岭南矣。“文宗开成五年十一月，岭南节度使卢钧奏：‘伏以海峤择吏，与江淮不同，若非谙熟土风，即难搜求人瘼[①]，且岭中往日之弊，是南选，今时之弊，是北资。臣当管二十二州，惟韶、广二州官僚，每年吏部选授，若非下司贫弱令史，即是远处无能之流。比及到官，皆有积债，十中无一肯识廉耻。臣到任四年，备知情状。其潮州官吏，伏望特循往例，不令吏部注拟，且委本道求才。若摄官[②]廉慎有闻，依前许观察使奏正。事堪经久，法可施行。’敕旨依奏。”《册府元龟》。《唐书》：韩佽元和中为桂管观察使，部二十余州，自参军至县令，无虑三百员，吏部所补才十一，余皆观察使商才补职。欧阳詹，泉州晋江人，其先皆为本州佐县令。闽越地肥衍，有山泉禽鱼，虽能通文书吏事，不肯北宦。此固昔人以为敝法而改弦者矣。处台衡[③]者，其可不用读书人哉！

【注释】①人瘼（mò）：人民的疾苦。②摄官：暂行代理的非正式任命的官员。③台衡：比喻宰辅大臣。台，三台星；衡，玉衡，北斗杓三星。皆位于紫微宫帝座前。

【译文】从南北互相选官之后，上任的人要走几千里，必须借债才得以上任。而当地风俗不熟悉，语言难以理解，政治权力大多掌握在刁猾的胥吏手里。从前唐朝的末期，在岭南曾短暂实行这个措施。“唐文宗开成五年十一月，岭南节度使卢钧上奏：‘我认为海边山岭之地选择官吏，与江淮不同，如果不熟悉当地风俗，就很难搜集民间疾苦，而且岭中过去的弊端，就是南选，现在的弊端，是北资。我管辖二十二个州，只有韶州、广州两个地方的官员，每年由吏部选授，所选的不是低劣的官吏，就是偏远地方的无能之辈。等到他们赴任后，都有累积的债务，十人中没有一人愿意懂得廉耻。我上任四年，尽知这种情况。那些潮州官吏，都希望只遵循先例，不让吏部拟定，且由本道来选取人才。如果暂行代理的官员清廉谨慎，依照先前允许观察使上奏转正。如此事情能长久，法令可以实施。’皇帝下诏依照所奏。”（《册府元龟》。《新唐书》：韩佽在元和年间为桂管观察使，统辖二十多个州，从参军到县令，大约三百名，吏部所补的才十一人，其余都由观察使量才补职。欧阳詹是泉州晋江人，他的祖先都是晋州州佐县令。闽越地区土地肥沃，有山泉禽鱼，虽然能精通文书吏事，不肯到北方当官。）这本就是过去人们认为法令有弊端而改革制度啊。处在大臣的地位，他难道可以不用读书人吗！

掣签之法未行，选司犹得意为注阙，虽多有为人择地，亦尚能为地择人。自新法既行，并以听之不可知之数，而繁剧之区，有累任不得贤令，相继褫①斥者。夫君子之道，在乎至公，存一避嫌之心，遂至以人牧②为尝试。昔唐皎为吏部侍郎，当引入铨，或云其家在蜀，乃注与吴。复有言亲老先任江南，即唱之陇右，史书以为讥笑。以此用人，岂能致太平之理哉！《实录》言：“洪武四年正月壬辰，河南府知府徐麟，以母老居蕲之广济，请终养。诏改麟为蕲州府知府，俾就养其母。”圣主之兴，坦怀待物，其所以劝群臣者至矣。

【注释】①褫(chǐ)：剥夺。②人牧：即人君。古代指统治人民的人。

【译文】抽签的方法没有实行，负责举荐的官员仍然愿意使用登记的方法补充缺失的官员，即使有很多是为官员选择地方，也还能为地方选择官员。从新的法令实施以来，来听那些不可预知的事，而事务繁多的地区，有的地方多次更换官员任职也得不到贤能的官员，接连被罢免官职。君子之道，在于公正，存有一个避嫌疑的心，而现在，竟然到了让君主来选择官员的地步。从前唐皎为吏部侍郎，当时引入的选用官员，有人说他家在四川，于是登记的时候说老家是吴地。又有人说父母年老应该优先任职江南，就安排到陇右，史书因为这个讥笑他。用这个办法来任职官员，怎么能有达到太平盛世的道理啊！《实录》中说："洪武四年正月初八，河南府知府徐麟，因年母亲年老住在蕲州广济县，请求君主同意他回家奉养老母。太祖下诏改徐麟任蕲州府知府，使他能孝养他的母亲。"圣明君主的兴起，心胸坦荡来待人接物，希望以此劝勉群臣的用意到了极点。

万历末，常熟顾大韶作《竹签传》，其文仿《毛颖传》为之。谓签对主上言："上而庶吉士①科道之选，下而乡会议取士，壹皆用臣，臣乃得展其材。"此愤世滑稽之言，然以之晓人，可谓罕譬而喻矣。夫楚王之厌纽②，盆子之探符③，古之人用以立帝立王，而今日廑廑施之选人乎？

【注释】①庶吉士，亦称庶常。其名称源自《书经·立政》篇中"庶常吉士”之意。是中国明、清两朝时翰林院内的短期职位。由通过科举考试中进士的人当中选择有潜质者担任，为皇帝近臣，负责起草诏书，有为皇帝讲解经籍等责，是为明内阁辅臣的重要来源之一。②厌纽：厌，同“压”。意思是说覆压在璧纽上。语出《左传》鲁昭公十三年：“初，共王（楚共王）无冢適，有宠子五人，无適立焉。乃大有事于群望，而祈曰：‘请神择于五人者，使主社稷。’乃遍以璧见于群望曰：‘当璧而拜者，神所立也。谁敢违之？’既乃与巴姬密埋璧于大室之庭，使五人齐而长入拜。康王跨之，灵王肘加焉，子干、子皙皆远之，平王弱，抱而入，再拜，皆厌纽。”后因以“压纽”为作国君的预兆。③探符：泛指抽签。据《后汉书·刘盆子传》：赤眉军樊崇等欲立帝，求得军中景王的近属后代盆子、茂及孝。乃书木片为符曰“上将军”，又以两空木片置笥中，盆子等三人依次抽出木片。盆子得符，遂立为帝。后因以“探符”为选立皇帝的典故。

【译文】万历末年，常熟的顾大韶作《竹签传》，他的文章仿照《毛颖传》做的。竹签对皇上说：“无论是朝堂上庶吉士科道等官员的选拔，还是乡间用会议的方式选取士人，全都用我竹签，我竹签就能让他们发挥才能了。”这是愤世滑稽的话语，但是用它来晓谕人，可以说是很少见的譬喻了。楚王的压纽，刘盆子的探符，是古人用来立帝立王的方法，而现在仅仅是用来选拔人才吗？

唐时所谓铨者，有留有放。《唐书·选举志》：“凡取人之法有四：一曰身，体貌丰伟；二曰言，言辞辨正；三曰书，楷法遒美；四曰判，文理优长。四事皆可取，则先德行，德均以才，才均以劳，得者为留，不得者为放。”总章二年，司列少常伯裴行俭始设长名榜①。宋白曰：“长名榜，定留放，留者入选，放者不得入选。《长安志》曰："尚书省之南，别有吏部选院，谓之吏部南院，选人引集之所。其榜列于院外。"《杨国忠传》："故事，岁揭版南院为选式。"是也。已定注则过门下、侍中、给事中按阅[2]，有不可黜之，故放者多而留者少。景云中，以宋璟为吏部尚书，李乂、卢从愿为侍郎，皆不畏强御，请谒路绝，集者万余人，留者三铨不过二千，人服其公。宋时此法犹存，孝宗乾道元年五月乙亥诏："未铨试人，毋得堂除[3]。"未有若近代之一登科而受禄如持券者也。

【注释】①长名榜：亦作"长名牓"。唐代按资历考绩依次诠补官吏的名单。唐代裴行俭主管吏部所编官员替补名单，当时叫"长名牓"。②按阅：巡视。③堂除：宋制，京官、选人一般由吏部选差，其有特殊勋劳者，得由政事堂直接奏注差遣，称"堂除"。

【译文】唐朝时所说的选取官吏，有录用的有不录用的。(《唐书·选举志》："凡是选用人才的方法有四个：一是身材，身材丰满魁梧；二是言语，言辞能辨明是非；三是书写，楷书刚劲秀美；四是评定，文理都优秀。这四件事都有可取之处，那么先看德行，德行一样再看才华，才华一样再看功劳，适合的就录用，不适合的就不录用。")总章二年，司列少常伯裴行俭开始设置长名榜。宋白说："长名榜，决定是否录用，录用的进入长名榜，未能录用的不能进入长名榜。(《长安志》说："尚书省的南边，另外有吏部选院，称为吏部南院，候选官员聚集的地方。长名榜公布在院外。"《杨国忠传》："按照惯例，每年考试完在南院发榜作为选荐人才的仪式。"是这样的。)已经确定登记录用的则转到门下、侍中、给事中巡视检查，有不合格的就罢黜，所以不录取的多而录取的少。景云年间，任命宋璟为吏部尚书，李乂、卢从愿为侍郎，三人都不畏强暴，请托告求之路从此堵塞。在一万多名候选官员中，经过三铨之后入选的不超过两千人，人们都对他们的公正无私深为叹服。宋朝时这种方法仍然存在，孝宗乾道元年五月乙亥日下诏说："没有经过选拔考察的人，不得堂除。"没有像近代的一旦登科就接受俸禄如同持券的人了。

停年格

今之言停年格[①]者，皆言起于后魏崔亮。今读亮本传，而知其亦有不得已也。传曰："迁吏部尚书。时羽林新害张彝之后，灵太后令武官得依资入选。官员既少，应选者多，前尚书李韶循常擢人，众情嗟怨。亮乃奏为格制，不问贤愚，专以停解[②]日月为断。虽复官须此人，停日后者终于不得；庸才下品，年月久者则先擢用，沉滞者皆称其能。亮外甥司空谘议刘景安，以书规亮曰：'殷周以乡塾贡士，两汉由州郡荐才，魏晋因循，又置中正。谛观在昔，莫不审举，虽未尽美足，应十收六七。而朝廷贡秀才止求其文，不取其理；察孝廉惟论章句，不及治道；产中正惟辨氏族，不考人才。至于取士之途不博，沙汰之理未精。而舅属当铨衡，宜改张易调，如之何反为停年格以限之？天下之士，谁复修厉名行哉！'亮答书曰：'汝所言乃有深致，吾乘时徼幸，得为吏部尚书，常思同升举直，以报明主之恩，乃其本愿。昨为此格，有由而然。今已为汝所怪，千载之后，谁知我哉！古今不同，时宜须异，何者？昔有中正，品其才第，上之尚书，尚书据状，量人授职，此乃与天下群贤共爵人也。吾谓当尔之时，无遗才无滥举矣，而汝犹云十收六七。况今日之选，专归尚书，以一人之鉴，照察天下。刘毅所云，一吏部，两郎中，而欲究竟人物，何异以管窥天，而求其博哉。今勋人甚多，又羽林入选，武夫崛起，不解书计[3]，惟可彍弩前驱，指踪捕噬而已。忽令垂组乘轩，责以治效，是所谓未曾操刀而使专割。又武人至多，官员至少，设令千人共一官，犹无官可授；况一人望一官，何由不怨哉？吾近面执不宜使武人入选，请赐其爵、厚其禄，既不见从，是以权立此格，限以停年耳。昔子产铸刑书以救敝，叔向讥之以正法，何异汝以古礼难权宜哉。仲尼有言：知我者《春秋》，罪我者亦《春秋》。吾之此指，其犹是也，但令将来君子知吾意焉。”

【注释】①停年格：北魏崔亮所创的选官制度。不问贤愚，专以年资深浅为录用标准。②停解：谓担任职务。③书计：文字与筹算。六艺中六书九数之学。

【译文】现在说的停年格，都说起源于北魏的崔亮。现在读崔亮的本传，知道他也有不得已的苦衷。《魏书·崔亮传》说：“崔亮升任吏部尚书。当时羽林军刚杀张彝不久，灵太后下令武官可依资历入选。官员的职位很少，应选的人多，前尚书李韶遵守常规提拔人，大家都叹息抱怨。崔亮于是上奏定为制度，不问贤良和愚笨，专以担任官职的时间长短作为判断。即使复官应当是这个人，停日后最终没有得到；平庸品级最低的，时间久的就先提拔任用，长久得不到升迁的人都称赞崔亮的才能。崔亮的外甥司空咨议刘景安，写信劝崔亮说：‘商周时期由乡间选拔官员，两汉时期由州郡推荐人才，魏晋两代因循汉代旧例，又在各州郡设置了中正的职位。仔细观察以前的，没有人不审慎举荐的，虽然没有达到尽善尽美的程度，但是所选的人才每十人中也有六七人是应当入选的。然而朝廷选拔人才，只要求他们文采好，而不考察他们的文章道理；考察孝廉只根据他们的章句学问如何，而不看他们有无治理国家的方法。设立中正只辨别他们的姓氏名望，而不考察应选者的才能、品行。选取士人的途径不广，淘汰的办法不严密。舅舅您被委任来主管铨选官员之事，本应改换掉那些不妥的章程，怎么反而以年资长短为任用的标准？这样一来，天下的士人谁还会再注意修砺自己的名节和品行呢！’崔亮回信说：‘你所说的话的确有深刻的道理，我凑巧侥幸成为吏部尚书，经常思考与我一同升迁的人中有没有正直的人可以选拔出来任职，以报答英明君主的恩德，这才是我本来的愿望。前不久采取的办法，也有它的道理。现在已经被你所责怪，千年之后，谁知道我的本意呢！古今不同，时机合适时，便应当加以变革。为什么呢？从前有中正，评定他们的才能门第，报知尚书，尚书根据情况，看人才能授予职位，这是与天下的群贤一起商量后把官职授予他啊。我认为只有这时候，才不会有遗漏的人、才不会有滥举的，而你还说只收了十分之六七。何况今天的选拔之权，专归尚书，用一个人的审察，洞察天下。刘毅所说，一个吏部，两个郎中，而想深入了解人物，何异于从管子里看天，来追求博览啊。现在有功勋的人很多，另外禁卫军入选，军人崛起，不懂书计，只能在前面拉弩引路，谋划捕捉吞噬罢了。忽然让他们垂组乘轩，用治理效果要求他们，这就是所说的没有拿刀而让他们割东西啊。另外军人众多，官员很少，假设千人里设一个官，尚且没有官可以授予；何况一人希望一个官职，怎么会不怨恨啊？我最近当面和皇帝争论不应该使军人入选，请求赐给他们爵位、给他们丰厚的俸禄，不被采纳，因此暂且建立这种选人制度，以年岁资历限制而已。从前子产铸造青铜刑书来挽救时弊，但是叔向以不合先王之法来讥讽他，这和你用古代礼法来责难随时变化有什么不同呢。孔子有言：了解我的人是通过《春秋》，怪罪我的人也是通过《春秋》。我的这些意见，大致也是这样的，但愿将来的君子知道我的本意。”

后甄琛、元修义、城阳王徽相继为吏部尚书，利其便己，踵而行之。自是贤愚同贯，泾渭无别，魏之失才，自亮始也。辛琡为吏部尚书，上言：“黎元之命，系于长吏。若使惟取年劳。不简贤否，义均行雁，次若贯鱼，执簿呼名，一吏足矣，数人而用，何谓铨衡。”书奏不报。然观其答书之指，考其时事，由羽林之变，既姑息于前，武人之除，复滥开于后，不得已而为此例。今也上无陵压之勋人，下无噪呼之叛党，何疑何惮，而不复前王之制，乃以停年为断乎！

【译文】后来甄琛、元修义、城阳王元徽等人相继担任吏部尚书，因这种办法对自己有利，就继续奉行。从此贤愚并列，泾渭没有区别，北魏的选拔任用官员不得当，丧失人才，是从崔亮开始的。

（辛琡为吏部尚书，上书说："百姓的性命，全在长吏。如果只看任职的年数和劳绩，而不以是否有才能和德行来铨选官员，使得铨选就像鸿雁那样按年龄大小排队飞行，像成串的鱼那样按照次序提拔，只要拿着簿册叫名字就行，有一个小吏就可以做到了。好几个人来做，什么是选拔人才？"书上奏之后没有回应。）但是看他回信所指，研究当时的事情，从军队的变乱，既在之前将此平息，武人的任命，又在之后过度设置，不得已而创立这一条例。现在在上没有欺压有功勋的人，在下没有喧哗叫嚷的叛党，有什么怀疑和畏惧，而不恢复先王的制度，却用停年格来判断呢！

《魏书·辛雄传》上疏言："自神龟末来，专以停年为选。士无善恶，岁久先叙，职无剧易[①]，名到授官。执案之吏，以差次日月为功能；铨衡之人，以简用老旧为平直。且庸劣之人，莫不贪鄙。委斗筲[②]以共治之重，托硕鼠以百里之命，皆货贿是求，肆心纵意，禁制虽烦，不胜其欲。致令徭役不均，发调违谬，箕敛盈门，囚执满道，二圣明诏，寝而不遵，画一之法，悬而不用。自此中外之民，相将为乱。盖由官授不得其人，百姓不堪其命故也。"呜呼，此魏之所以未久而亡也欤？

【注释】①剧易：轻重，难易。②斗筲：因斗和筲都是很小的容器，比喻气量狭小和才识短浅。筲，一种竹器，仅容一斗二升。

【译文】《魏书·辛雄传》进呈奏章说："自从孝明帝神龟末年以来，专以停年格作为选拔的依据。士不论善恶，任职时间长了就先记录升官，职务没有轻重，排名到了就授予官职。负责升迁的官员，用等级任职的时间作为依据；主管选拔的人，以简单陈旧的方法作为公平正直。况且平庸低劣的人，没有不贪婪的。把共同治理的重任委托给斗筲之人，把一县的政治委托给像硕鼠的人，这些人都是只求财物不顾其他，肆意为非作歹，制约虽然很多，也无法控制他们的欲望。最终致使徭役不均匀，征调物资或人员出现谬误，苛敛的民财塞满他们的家门，囚禁的人塞满道路，二圣明诏，到他们这里就停止而不遵守，一致的法令，高高的悬在那里而不使用。从此国家的百姓，相随作乱。这是由于把官位授予了不合适的人，百姓不能忍受他的命令的缘故。”唉，这是北魏不久就灭亡了的原因吧？

《北齐书·文襄帝纪》：“摄吏部尚书。魏自崔亮以后，选人常以年劳为制。文襄乃厘改①前式，铨擢②惟在得人。又沙汰尚书郎，妙选人地以充之。至于才名之士，咸被荐擢。”

【注释】①厘改：改革，改正。②铨擢：选拔起用。

【译文】《北齐书·文襄帝纪》：“文襄帝高澄代理吏部尚书。北魏自从崔亮以后，选拔人才常以年岁资历为制度。文襄帝高澄就改革以前的制度，选拔起用官员只在乎得到合适的人才。又淘汰尚书郎，精心挑选人才来充当。至于有才能名望的人，都被推荐提升。”

《通典》：“唐自高宗麟德以后，承平既久，人康俗阜，求进者众，选人渐多。总章二年，裴行俭为司列少常伯，始设长名姓历榜，引铨注之法，又定州县官资高下升降，以为故事，其后莫能革焉。至玄宗开元十八年，行俭子光庭为侍中兼吏部尚书。先是选司注官，惟视其人之能否，或不次[1]超迁，或老于下位，有出身二十余年不得禄者。又州县亦无等级，或自大入小，或初近后远，皆无定制。光庭始奏用循资格。《新唐书》本传，初吏部求人不以资考为限，所奖拔惟其才，往往得俊乂任之，士亦自奋。其后士人猥众，专务趋竞，铨品枉挠，光庭惩之，因行俭长名牓，乃为循资格。凡官罢满，以若干选而集，各有差等，官高者选少，卑者选多，无问能否，选满则注，限年躐级，不得逾越，非负谴者皆有升无降。庸愚沉滞者皆喜，谓之圣书。虽小有常规，而抡才之方失矣。其有异才高行，听擢不次。然有其制而无其事，有司但守文奉式，循资例而已。自宋以下，年资之制，大抵皆本于光庭也。”

【注释】①不次：不依寻常次序。犹言超擢，破格。

【译文】《通典》：“唐朝自高宗麟德年间以后，太平已久，人民平安富足，谋求出仕的人多，候选的官员也渐多。总章二年，裴行俭为司列少常伯，开始设置长名姓历榜，用铨注的方法荐举官员，又制定州、县官员俸禄的高低及职务的升降，把这形成了制度，此后没有能改变的了。到玄宗开元十八年，裴行俭的儿子裴光庭为侍中兼吏部尚书。先是吏部注官，只看这个人的能力，有的破格越级升迁，有的终老在下位，有出身二十多年俸禄得不到改变的人。还有的州县也没有等级，有人从较大官职降到较小官职，有人任职最初靠近京城后来又远离京城，都没有固定的做法。裴光庭开始奏请用论资排辈的方法。(《新唐书》本传,当初吏部选取人才不以资格考绩为限制,所推荐提拔只凭他的才能,往往得到才德出众的人才得以任命,士人也都自我发奋。其后士人众多,专门致力为功名利禄竞相奔走钻营,选拔违法曲断、偏私不公,裴光庭为了制止这种现象,沿袭裴行俭的长名榜,就形成论资排辈的方法。)凡是官员罢职或期满,以若干选而集,各有差等,官位高的选择少,官位低的选择多,不论有无能力,选满则注,限定年限逐级提拔,不得超越常规,不是负罪的人都有升无降。那些平庸愚笨和久未升迁的人都很高兴,说这是圣书。虽然有一些常规,而选拔人才的方法失去了。那些有奇异才能高尚品行的人,听任破格提拔。然而,有这一制度而无其事,有司只遵守规章制度,按资历而已。自宋以后,年资的规定,大部分都是来自于裴光庭。"

宋孙洙《资格论》曰:"三代以下,选举之法,其始终一切皆失者,其国家资格之制乎。今贤材之伏于下者,资格阂之也;职业之废于官者,资格牵之也;士之寡廉鲜耻者,争于资格也;民之困于虐政暴吏,资格之人众也。万事之所以抚弊[①],百吏之所以废弛,法制之所以颓烂决溃,而不之救者,皆资格之失也。惟天之生大贤大德也,非以私厚其人,将使之辅生民之治者也;惟人之有大材大智者,非以独乐其身,将以振生民之穷者也。今小人累日而取贵仕,君子侧身而困卑位,贤者戴不肖于上,而愚者役智者于下,爵不考德,禄不授能,故曰贤才之伏于下者,资格阂之也。才足以堪其任,小拘岁月而防之矣;力不足以称其位,增累考级而得之矣,所得非所求也，所求非所任也。位不度才，功不索实。故曰职业之废于官者，资格牵之也。今夫计岁阀而争年劳[②]者，日夜相斗也。有司躐一名差一级，则摄衣而群争愬矣。其甚者，或怀黄敕而置于丞相之前也，其行义去市贾者亡几耳。故曰：士之寡廉鲜耻者，争于资格也。来而暴一邑，既岁满矣，又去而虐一州也。非以赃败，至死不黜。虎吏劘牙而食于民，贤者郁[③]死于岩穴，而赤子不得爱其父母也。故曰：民之困于虐政暴吏者，资格之人众也。夫资格之法，起于后魏崔亮，而复行之于唐之裴光庭。是二子者，其当世固已罪之，不待后人之讥矣。然而行之前世，不过数十年者也。后得称职者，矫而更之，故其患不大。今资格之弊，流漫[④]根结，踵为常法，方且世世而遵行之矣。往者不知非，来者不知矫，故曰：万事抏弊，百吏废弛，法制颓烂决溃而不之救也。虽然，不无小利也，小便也。利之者惷愚而废滞者也，便之者耄老而庸昏者也，而于天下国家焉，则大失也，大害也。然而提选部者，亦以是法为简而易守也，百品千群，不复铨叙人物，而综核功实，一吏在前，勘薄呼名而授之矣。坐庙堂者，亦以是法为要而易行也，大官大职，列籍按氏，差第日月，沓然而登之矣。上下相冒，而贤材去愈远，可为太息也。为今之急，诚宜大蠲[⑤]弊法，简拔异能，爵以功为先后，用以才为序次，无以积勤累劳者为高叙，无以深资久考者为优选，智愚以别，善否陈前，而万事不治，庶功不熙者，臣愚未尝闻也。”

【注释】①抏（wán）弊：亦作“抏獘”。亦作“抏敝”。疲困；凋敝；

衰败。②年劳：任职的年数和劳绩，官吏考绩擢升的标准之一。③郁：怨恨，愁闷。④流漫：遍布；弥漫。⑤蠲（juān）：除去，免除。

【译文】宋代孙洙《资格论》说："三代以下，选举的方法，从头到尾的一切都有过失，这是国家资格的规定吗？如今贤材埋没在民间，是论资排辈阻隔的原因啊；应做的事被官员荒废，是因为论资排辈连累的啊；士人的寡廉鲜耻，是因为在论资排辈上争夺啊；百姓生活在暴政暴吏中，是因为论资排辈的人多啊。万事之所以衰败，百吏之所以不作为，法律制度之所以腐败面临崩溃，而不加以拯救，都是论资排辈的失误啊。只有上天出现大贤大德的人，不是因为偏爱厚待那人，将要让他辅佐百姓的治理啊；只有人才中具有大材大智的人，不是因为他能独乐其身，将要让他救济百姓的穷困啊。现在的小人不几天就取得高位，君子则恐惧不安地困在低下的地位上，贤能的人的上司是不肖之人，而愚蠢的人则驱使聪明的人在手下工作，爵位不考察德行，俸禄不给能力好的人，所以说贤能的人才埋没在民间，论资排辈阻隔的原因啊。才能足以能胜任，因年岁资历浅小被阻止了；力不足以称其位，增加考核的等级而得到了，所得非所要求啊，所求不是所任用的人。官位不度才量用，功劳不索求事实。所以说职分废在做官的人，论资排辈连累的啊。现在计算资历门第而争夺年劳的，日夜相斗。有司越级提升一名差一级，就提起衣襟成群的争着申诉了。更有甚者，有人怀揣皇帝的诏书而放置在丞相的前面，他的品行和市场里的商人没有区别。所以说：寡廉鲜耻的士人，在论资排辈上争夺啊。上任就残酷的对待一个县的百姓，已经满一年了，又去虐待一个州的百姓。不是因为贪污而败落，到死也不会罢免。官吏像残暴的老虎一样把牙齿磨好了去对待百姓，贤能的人却郁闷死在洞穴，而赤子不能爱他们的父母。所以说：百姓生活在困苦的暴政暴吏中，是因为论资排辈的人多啊。论资排辈的方法，从北魏崔亮开始，而再实行是从唐代的裴光庭。这两个人，他们在当时就已经被怪罪了，不必等待后人的讥讽了。然而，在前代实行这个政策，不过几十年的时间。后来那些称职的人，把错误的做法矫正过来，所以危害不算大。现在论资排辈的弊端，处处根深蒂固，成为常法，将会世世代代而遵行了。以前的人不知道不正确，后来的人不知道矫正，所以说：万事衰败，百官不作为，法律制度腐败面临崩溃而不加以拯救。虽然这样，不是没有小的利益、小的便宜。得到利益的人愚蠢而废弃不用，得到便宜的人年老而平庸糊涂，而对于天下国家，就是大的失误、大的灾害了。然而，提选部的人，也因为此法简单而容易遵守，各种各样聚集在一起，不再审查备选的人，而综合考核功绩，一个官吏在前面，查看登记簿直呼其名而把职位授给他了。坐在庙堂之上的人，也因为此法简要而容易实行，大的官职，按姓氏排列名单，区分等级时间，杂乱地登记上了。上下互相以假充真，而贤能的人才却距离越来越远，真令人叹息啊。当务之急，确实应该大力免除不适宜的法律，选拔有杰出才能的人，以功劳作为封爵的先后，以才能作为升职的顺序，不要用累积的功劳当作高叙，不要把深资久考作为优选，智愚要加以区别，善恶陈于眼前，而万事不治，各种事功不光明的，我从来没有听说过。”

金章宗谓宰臣曰：“今之用人太拘资历，循资之法，起于唐代，如此何以得人？”平章政事张汝霖对曰：“不拘资格，所以待非常之材。”上曰：“崔祐甫为相未逾年，荐八百人，岂皆非常之材与？”

【译文】金章宗对宰臣说：“现在的用人太限制于资历，遵循资历的方法，从唐代开始，这样怎么能得到人才？”平章政事张汝霖回答说：“不限制于资格，所以等待不是普通的人才。”章宗说：“崔祐甫为相不到一年，推荐的人才有八百人，难道都不是普通的人才？”

铨选之害

宋叶适论铨选之害曰：“夫甄别有序，黜陟不失者，朝廷之要务也。故自一命以上，皆欲用天下之所贤者，而不以便其不肖者之人。窃怪人主之立法，浑为不肖者之地，而消靡其贤才，以俱入于不肖而已。而其官最要，其害最甚者，铨选也。吏部者，朝廷喉舌之处也。尚书、侍郎者，天子贵近之臣也。处之以其地，任之以其官，与之以甄别黜陟天下士大夫之柄，而乃立法以付之，曰：吾一毫不信汝也，汝一毫不自信也。其人之贤否，其事之罪功，其地之远近，其资之先后，其禄之厚薄，其阙之多少，则曰：是一切有法矣。天下法度之至详，曲折诘难之至多，士大夫不能一举措手足者，顾无甚于铨选之法也。呜呼！与人以官，赋人以禄，生民之命，致治之本，由此而出矣。奈何举天下之大柄，而自束缚蔽蒙之，乃为天下大弊之源乎。虽然，是几百年于是矣，其相承者非一人之故。学士大夫，勤身苦力，诵说孔孟，传道先王，未尝不知所谓治道者，非若今日之法度也。及其一旦之为是官，噤舌拱手，四顾吏胥，以问其所当知之法令。吏胥上下其手以视之，其人亦抗然自辨曰：吾有司也，固当守此法而已。嗟夫，岂其人这本若是陋哉。陛下有是名器，为鼓舞群动[①]之具，与夺进退，以叙天下，何忍袭数百年之弊端，汩没于区区坏烂之法，以消靡天下之人才，而甘心以便其不肖。如此，则治道安从出，而治功[②]安从见哉？况自唐中世以前，吏部用人之意，犹有可考，今之所循者，乃其衰乱之余弊[③]耳。百王之常道，不容于陛下而不复也。”

【注释】①群动：泛指众人。②治功：泛指治理国家的政绩。③余弊：残留下来的陋弊之俗。

【译文】南宋叶适评论铨选的危害说：“筛选鉴别官员有次序，官员的升降不失误，是朝廷的重要事务。从最低官阶以上的官员，都想用天下贤能的人，而不以方便那些无能的人。我奇怪皇帝的确立法制，全成为了不贤之人的地方，而消磨那些贤良的人才，使他们一起变成无能之辈而已。而选拔官员最重要、危害最严重的，应当是铨选。吏部是朝廷的喉舌之地。尚书、侍郎，是天子的显贵亲近之臣。给他们地方生活，给他们官职担任，给他们鉴别升降天下士大夫的权力，把立法交付他们，说：我一丝一毫不信任你，你一丝一毫不相信自己。那些人的贤与不贤，那件事的罪和功，那个地方的远和近，那资历的先后，那俸禄的厚薄，那过失的多少，就说：这一切都有法可依了。天下法律制度最详细，复杂责难变化最多，士大夫不能大展手脚，只是没有比铨选更好的办法。唉！给人以官职，赋予人以俸禄，百姓的命运，国家太平的根本，由此而产生了。为何拿整个天下的权力，自己束缚蔽蒙自己，这就成为天下最大弊病的根源了啊。即使这样，最近几百年都这样了，那先后继承的不是一个人的事。学士大夫，勤劳辛苦努力，诵读孔子、孟子，传授先王之道，没有不知道所谓治国之道的，不是今天的法律制度啊。等到他一旦做了官，言语谨慎拱手听命，向四周看吏胥，来问他所应该知道的法令。吏胥玩弄手法暗中作弊来看他的反应，他也志气高亢的样子地自辩说：我是有司，本来就应当遵守这些法令啊。唉，难道这个人本就如此浅显吗？陛下有这么多官员，可以作为带领众人的手段，奖惩他们的升降，以此来推广到全天下，怎么忍心沿袭数百年的弊端，沉没在这小小破烂的方法之中，从而消磨天下的人才，而甘心他们方便自己的无能。像这样，那么治国之道怎么制定出来？而治理国家的政绩从哪里出现呢？何况从唐朝中期以前，吏部使用人的本意，还可以考察，现在所遵循的，就是他们衰乱时期残留下来的陋弊之俗而已。百王的常道，不许陛下不恢复啊。”

杨万里作《选法论》，其上篇曰：“臣闻选法之弊，在于信吏而不信官。信吏而不信官，故吏部之权，不在官而在吏，三尺之法，适足以为吏取富之源，而不足以为朝廷为官择人之具。所谓尚书、侍郎二官者，据案执笔，闭目以书纸尾而已。且夫吏之犯法者必治，而受赇者必不赦，朝廷之意岂真信吏而不信官者邪？非朝廷之意也，法也。意则信官也，法则未尝信官也，朝廷亦不自信也。天子不自信，则法之可否孰决之，决之吏而已矣。夫朝廷之立法，本以防吏之为奸，而其用法也，则取于吏而为决，则是吏之言胜于法，而朝廷之权轻于吏也。其言至于胜法，而其权至重于朝廷，则吏部长贰，安得而不吏之奉哉？长贰非曰奉吏也，曰吾奉法也。然而法不决之于官而决于吏，非奉吏而何？夫是之谓信吏而不信官。今有一事于此，法曰如是可，如是而不可，士大夫之有求于吏部，有持牒而请曰：我应夫法之所可行，而吏部之长贰亦曰可，宜其为可无疑也。退而吏出寸纸以告之曰不可，既曰不可矣，宜其为不可，无改也，未几而又出寸纸以告之曰可。且夫可不可者，有一定之法；而用可不可之法者，无一定之论，何为其然也？吏也。士大夫之始至也，恃法之所可，亦恃吏部长贰之贤，而不谒之吏，故与长贰面可之。退而问之吏，吏曰：'法不可也。'长贰无以诘，则亦曰然。士大夫于是不决之法，不请之长贰，而以市于吏。吏曰可也，而勿亟也，伺长贰之遗忘，而画取其诺。昨夺而今与，朝然而夕不然，长贰不知也，朝廷不诃也。吏部之权，不归之吏而谁归？夫其所以至此，其始也有端，其积也有渐，而其成也，植根甚固，而不可动摇矣。然则曷为端，其病在于忽大体、谨小法而已矣。吏者从其所谨者而中之，并与其所忽者而窃之，此其为不可破也。且朝廷何不思之曰：吾之铨选，果止谨于小法而已，则一吏执笔而有余也，又焉用择天下之贤者，以为尚书、侍郎也哉。则吾之所以任尚书、侍郎者，殆不止于谨小法而已。是故莫若略小法而责大体，使知小法之有所可否，初无系于大体之利害，则吏部长贰得以出意而自决之，要以不失夫铨选之大体，而不害夫立法之大意而已。责大体而略小法，则不决于吏，而吏之权渐轻。吏权渐轻，然后长贰之贤者得以有为，而选法可以渐革也。”

【译文】杨万里著有《选法论》，其中上篇说：“我听说选拔之法的弊端，在于相信小吏而不相信官员。相信小吏而不相信官员，所以吏部的权力，不在官员而在小吏，法律恰好成为小吏的致富之源，而没有够得上为朝廷为官选择人的工具。所说的尚书、侍郎这两个官员，只不过根据档案来写升迁官员的名单，闭上眼睛在纸末签名罢了。再说官吏中犯法的必然治罪，而接受贿赂的人一定不会赦免，朝廷的意思难道真信小吏而不相信官员吗？这不是朝廷的意图，是法律啊。朝廷的意思是相信官员，法律就不曾相信官员，朝廷也不相信自己了。天子不自信，那么法令的可行谁决定的，是小吏决定的啊。朝廷的立法，本来用以防止小吏做坏事，而其中使用法律，取决于小吏的判定，那就是小吏的话胜过法律，而朝廷的权力轻于小吏。他说的话甚至胜过法律，而他的权力甚至重于朝廷，那么吏部的正副长官，怎么会不逢迎巴结小吏呢？正副长官不说逢迎巴结小吏，说我遵守法律。然而，法律的判定不取决于官而取决于小吏，不是逢迎巴结小吏又是什么？这就是相信小吏而不相信官员。现在有一件事在这里，法律说像这样可以、像这样而不可以，士大夫有求于吏部，有拿着公文请求说：我们应该在法律方面可行，而吏部的正副长官也说可以，应当是可以毫无疑问的。从那退出而小吏拿出小纸条告诉说不可以，既然说不可以，就应该是不可以，不能改变，可是没过多久，又拿出小纸条来告诉说可以。至于可不可以，有一定的法令；而采用可不可以的法令的，没有一个定论，为什么会这样呢？是小吏的原因啊。士大夫起初到了吏部，认为依靠法律可行，也依靠吏部正副长官贤明，而不去拜见小吏，所以与正副长官见面就可以。退出而问小吏，小吏说：“法律不可行。’正副长官没有诘难，也说就是这样。士大夫对于这些不能判定的法令，不再去请教正副长官，却向小吏来求取意见。小吏说可以的，就不着急了，等到正副长官遗忘了，而同意照办那些事。昨天被夺取而今天给予，早上说这样晚上说不是，正副长官不知道，朝廷也不质问。吏部的权力，不归小吏而归谁呢？那之所以会这样，最初是有原因的，也是逐渐累积的，而其发展到现在这样，根深叶茂，不可能动摇了。既然这样，那么什么是起因呢，其缺点在忽略大体、谨守小法罢了。小吏跟随他所谨守的选取目标，并与他们所忽视的窃取有用的，这恐怕是不可打破的。况且朝廷为什么不思考说：我的铨选，果真只有遵守小法吗，那么一个小吏执笔就有余了，又为什么要选取天下贤能的人，任命他为尚书、侍郎呢？我之所以任命尚书、侍郎，大概不止遵守小法吧。所以不如忽略小法而严格要求大体，让他知道小法有无都可以，起初没有系在大体的利害关系，那么吏部正副长官得以出主意而自行判定，要以不失铨选的大局，而不危害制定法律的大意罢了。严格要求大体而忽略小法，就不取决于小吏，而小吏的权力逐渐轻了。小吏的权力逐渐轻了，然后吏部正副长官的贤能之才得以大有作为，而铨选的办法就可以逐渐改变了。”

其下篇曰："臣闻吏部之权，不异于宰相，亦不异于一吏。夫宰相之与一吏，不待智者而知其悬绝也。既曰吏部之权不异于宰相，又曰亦不异于一吏者，何也？今夫进退朝廷之百官，贤者得以用，而不肖者得以黜，此宰相之权也。注拟州县之百官，下至于簿尉[1]，而上至于守贰，此吏部之权也。朝廷之百官，自大科[2]异等，与夫进士甲科之首者，未有不由于吏部也，未有不由于吏部而官者。今日之簿尉，未必非他日之宰相，而况今日宰相之所进退者，台阁之所布列者，皆前日之升阶揖侍郎者也。故曰吏部之权，不异于宰相。虽然，吏部之所谓注拟何也？始入官者，则得簿尉，自簿尉来者，则得令丞。推而上之，至于幕职，由是法也，又上之至于守贰，由是法也。其宜得者则曰应格，其不宜得者则曰不应格。曰应格矣，虽贪者、疲懦者、老耄者、乳臭者、愚无知者、庸无能者，皆得之。得者不之愧，与者不之难也。曰不应格矣，虽真贤实能，廉洁守志之士，皆不得也。不得者莫之怨，不与者莫之恤也。吏部者曰：彼不愧不怨，吾事毕矣。如募焉，书其役之高下而甲乙之，按其役之远近而劳逸之，呼一吏而阅之薄尽矣，此县令之以止小民之争也。吏部注拟百官，而寄之以天下之民命，乃亦止于止争而已矣，故曰亦不异于一吏。今吏部亦有所谓铨量者矣，揖之使书，以观其能书乎否也；召医而视之，以探其有疾与否也；赞之使拜，以试其视听之明暗、筋力之老壮也。曰铨量者，如是而已矣。而贤不肖愚智何别焉？昔晋用山涛为吏部尚书，而中外品员多所启拔。宋以蔡廓为吏部尚书，廓先使人告宰相徐羡之曰：‘若得行吏部之职则拜，不然则否。’羡之答云：‘黄、散以下皆委。’廓犹以为失职，遂不拜。盖古之吏部，虽黄门散骑，皆由吏部之较选，是当时之为吏部者，岂亦止取若今所谓应格者而为黄散哉，抑将止取今所谓铨量者而为黄散邪？《宋史·苏绅传》：上言‘古者自黄散而下，及隋之六品，唐之五品，皆吏部得专去留。今审官院流内铨，则古之吏部，三班院，古之兵部，不问官职之闲剧，才能之长短，惟以资历深浅为先后，有司但主簿籍而已。欲贤不肖有别，不可得也’。臣愿朝廷稍增重尚书之权，使之得以察百官之能否，而与夺之。如丞、薄以下官小而任轻者，固未能人人而察之也，至于县宰之寄以百里之民者，守贰之寄以一郡之民者，岂不重哉？且天下几州，一州几县，一岁之中，居者待者之外，到部而注拟县宰者几人，守贰又几人，则亦不过三数百而已。以一岁三数百之守贰、县宰，而散之于三百六旬之日月，则一日之注拟者，绝多补寡，亦无几尔。一岁之间，而不能察三数百人之能否，则其为尚书者，亦偶人而已矣。月计之而不粗，岁计之而不精，则其州县之得人，岂不十而五六哉？虽不五六，岂不十而三四哉？以此较彼，不犹愈乎？或曰：尚书之权重，则将得以行其私，奈何？是不然，昔陆贽请令台省[③]长官各举其属，而德宗疑诸司所举皆有情故，或受赂者。贽谏之曰：‘陛下择相，亦不出台省长官之中，岂有为长官则不能举一二属吏？居宰相则可择千百具僚，其要在于精择长吏。’贽之说尽矣。今朝廷百官，孰非宰相进拟者而不疑也。至于吏部长贰之注拟，而独疑其私乎？

精择尚书而假之以与夺之权，使得精择守贰、县宰，而无专拘之以文法，庶乎天下不才之吏可以汰，而天下之治犹可以复起也与。”

【注释】①簿尉：主簿和县尉的省称。泛指地方官府佐理官员。②大科：唐代的科举制度，有制举，其科目随天子自定，以待非常之士。宋人称为“大科”。清人亦称博学鸿词科为“大科”。③台省：指政府的中央机构。汉的尚书台，三国魏的中书省，都是代表皇帝发布政令的中枢机关。南北朝以来，虽然尚书台已多改称尚书省，并逐渐形成中书、门下、尚书三省分权的制度，但“台省”之称仍沿用不变。唐代有时亦将三公和御史台合称为“台省”。

【译文】其下篇说：“我听说吏部的权力，不异于宰相，也不异于一个小吏。宰相与一个小吏，不需要聪明的人就知道他相差很远的。既然说吏部的权力不异于宰相，又说也不异于一个小吏，为什么呢？现在朝廷百官的进退，贤能的人得到重用，而不贤的人可以罢免，这是宰相的权力。拟定州县的官员，下到主簿县尉，而上到知州、通判等官，这是吏部的权力。朝廷的百官，从大科特等，到那些进士甲科之首的，没有不经过吏部的，没有不经过吏部而任官职的人。今天的主簿县尉，未必不是明天的宰相，何况今天宰相的出仕和退隐，台阁上的官员，都是以前登上台阶揖让侍郎的人。所以说吏部的权力，不异于宰相。虽然这样，吏部的所谓考核拟定官职，怎么回事呢？起初做官的人，获得主簿县尉的官职，从主簿县尉升上来，就获得县令县丞。由此推而上，一直到幕职，是通过这种方式，又晋升到知州、通判等官，也是通过这种方式。那应该得到的人就说合格，那不应得到的人就说不合格。说合格的，即使贪婪的人、做事拖拉无能的人、年老体迈的人、年幼无知的人、愚蠢无知的人、平庸无能的人，都可以得到官职。得到的不知道羞愧，给予的不知道灾祸。说不合格的，即使是真贤实能，廉洁守志的人，都得不到官职。得不到官职的人没有怨恨，不给予官职的人没有体恤。吏部的人说：他们不感到羞愧不怨恨，我的事情结束了。如同募役，写他们服役的优劣是甲乙，按其服役的远近确定是劳苦和安逸，叫一个官吏查看记录的内容，这就是县令以此来阻止百姓的争斗。吏部拟定百官，把天下百姓的生命托付给他们，也就是阻止百姓的争斗罢了，所以说也不异于一个小吏。现在吏部也有所谓评审的，请他书写，以观察他是否能写；请医生来看他，以探测其患病与否；引见他使他行礼，以测试他视力和听力的明暗、体力的老壮。说评审的，就是这样罢了。而贤良不肖愚笨智慧有什么区别呢？从前晋朝用山涛为吏部尚书，而中央和地方的官员大多得到提拔。南朝宋任命蔡廓为吏部尚书，蔡廓先派人告诉宰相徐羡之说：“如果能够行使吏部的职权就任职，不这样就不任职。’徐羡之答复说：‘黄门侍郎与散骑常侍以下都委托你。’蔡廓还以为失职，于是不接受。古代的吏部，即使黄门散骑，都由吏部比较选取，这是当时吏部的责任，难道只是为黄门散骑选取像现在所说的合格，还是只为黄门侍郎与散骑常侍选取今天所说的评审呢？”（《宋史·苏绅传》记载：皇帝说：‘古代的从黄门侍郎与散骑常侍以下，直到隋朝的六品官，唐代的五品官，都是吏部有权决定去留。现在看看官院流内铨，就是古代的吏部，三班院，就是古时的兵部，不管官职的悠闲繁忙，才能的长短，只以资历深浅为先后，有司只是主管簿籍罢了。想要贤良与不肖有区别，不可能的’。)我希望朝廷略微增强尚书的权力，让他得以考察百官能否胜任职位而决定去留。像县丞、主簿以下的官员，官小而职位轻的，本来就不能做到人人详细考察。至于把上百里的百姓托付给县宰，把一个郡的百姓托付给知州、通判等官，难道责任不太重了吗？况且天下多少个州，一个州多少个县，一年之中除居者、待者之外，到部里等待注拟的县宰有多少人，知州、通判等官又有多少人，那也不过为数不多的几百人罢了。以一年为数不多的几百人的知州通判等官、县宰，而分散到三百六十天的时间，那一天注拟的，空缺的多补充的少，也没有多少啊。一年的时间，而不能详细考察为数不多的几百人能否胜任职位，那么作为尚书的人也不过是木偶听凭手下人摆布罢了。每月计算而不粗略，每年计算而不精细，那么州县得到人才难道不是十分之五六吗？即使不是十分之五六，难道不是十分之三四吗？依据这个比较那个，不还是胜过吗？有人说：尚书的权力过重就将得以行其私，怎么办？这不对，从前陆贽请求让台省长官各自推荐下属，而德宗怀疑各部门所举荐的人都有故旧之情，或是接受了贿赂。陆贽劝谏他说：‘陛下选择宰相也不超出台省长官之中，哪有作为长官就不能举一两个属吏呢？身居宰相之职就可以挑选成百上千的官吏，其关键在于精心挑选官吏。’陆贽的说法把道理说透了。现在朝廷的百官，哪个不是经过宰相挑选进而拟定官职而不怀疑的；到吏部正副长官的拟定官职，而唯独怀疑他们有私心吗？精心挑选尚书，而给他决定升迁与罢免的权力，使他们能精心挑选知州通判等官、县宰，而没有专门的规定限制，这样做，差不多天下没有才能的官员就可以淘汰，而天下大治才可以重新振兴了。”

绍兴三十二年，吏部侍郎凌景夏言：“国家设铨选，以听群吏之治，其掌于七司，著在令甲，所守者法也。今升降于胥吏之手，有所谓例焉。长贰有迁改，郎曹有替移，来者不可复知，去者不能尽告。索例而不获，虽有强明健敏之才，不复致议，引例而不当，虽有至公尽理之事，不复可伸，货赂公行，奸弊滋甚。尝观汉之公府有辞讼比[①]，尚书有决事比[②]。比之为言，犹今之例。今吏部七司，宜置例册，凡经申请，或堂白，或取旨者，每一事已，命郎官以次拟定，而长贰书之于册，永以为例。每半岁上于尚书省，仍关御史台。如此则巧吏无所施，而铨叙平允矣。”淳熙元年，参知政事龚茂良言：“法者，公天下而为之者也；例者，因人而立，以坏天下之公者也。昔之患在于用例破法，今之患在于因例立法，自例行而法废矣。故谚称吏部为‘例部’。”

【注释】①辞讼比：后汉作为判案依据的分类编纂的辞讼案例选。所谓比，就是法律无规定，可以作为比附根据的案例。②决事比也称比。汉代法律形式之一，即已判决的典型案例汇编后经皇帝批准，具有法律效力，可作为判案的依据。它是用来比照判案的典型判例，能补律令之不足。

【译文】宋高宗绍兴三十二年，吏部侍郎凌景夏说：“国家设立铨选，来监管众官吏的治理。掌管着七司，著在法令，所遵守的是法律。现在官员的升迁决定权在胥吏之手，有什么先例呢。正副长官有升迁，郎曹有替换调动，来的人不可能再知道，去的人不能完全告诉。寻找条例而不能得到，即使有精明强干敏健聪明的人才，不再进行讨论，援引条例而不恰当，即使有极公正合情合理的事情，不再重新审理，公开地行贿受贿，营私舞弊更加严重。曾经看到汉朝的三公之府有“辞讼比”，尚书有“决事比”。比之为言，就像现在的条例。现在吏部七司，应设置条例书册，凡是经过申请，有的堂白，有的取来旨意的，每一件事结束，命令郎官依次拟定，而正副长官记录在册，永远为条例。每半年上报给尚书省，并且放在御史台。这样再狡猾的小吏也无所施展，而铨叙就公平恰当了。”宋孝宗淳熙元年，参知政事龚茂良说：“法令，是让天下公正公平而制定的；条例，由人来建立以破坏天下公正公平的。从前的祸患在于使用条例破坏法令，现在的祸患在于根据条例来立法，从条例开始盛行法令就废弃了。所以谚称吏部为‘例部’。”

是则铨政之害，在宋时即已患之，而今日尤甚。所以然者，法可知，而例不可知，吏胥得操其两可之权以市于下。世世相传，而虽以朝廷之力，不能拔而去之。甚哉例之为害也，又岂独吏部然哉？古无“例”字，只作“列”。《礼记·服问》：罪多而刑五，丧多而服五，上附下附列也。注：列，等比也。释文徐邈音例，即后人例字。至《汉书·何武传》曰：“欲除吏，先为科例，以防请托。”《杜钦传》曰：“不为陛下广持平例。”《王莽传》曰：“太傅平晏从吏过例，始加人作例。”

【译文】那么铨政的危害，在宋代时就已经是祸患了，而今天尤其严重。之所以这样的原因，法令可以明了，但条例不明了，吏胥能拿模棱两可的权力，在下面索取财物。世代相传，即使以朝廷的力量，不能拔掉而杜绝这种行为。厉害啊，条例的害处，又哪里只有吏部这样啊？（古代没有“例”字，只写作“列”。《礼记·服问》：犯罪的情节复杂，但刑罚只有五种等级，丧事的人际关系错综复杂，但丧服只有五个种类，犯罪和丧服虽有多种，但可向上靠或向下靠，照这个例子。注：列，就是等比。释文徐邈训读为例音，就是后人的例字。到《汉书·何武传》说：“欲除吏，先为科例，以防请托。”《杜钦传》说：“不为陛下广持平例。”《王莽传》说：“太傅平晏从吏过例，始加人作例。”）

寇莱公为相，章圣尝语两府，欲择一人为马步军指挥使。公方议其事，吏有以文籍进者，公问何书，对曰：“例簿也。”公曰：“朝廷欲用一衙官，尚须检例邪？安用我辈？坏国政者，正由此尔。”司马温公与吕惠卿论新法于上前，温公曰：“三司使掌天下财，不才而黜之可也，不可使两府侵其事。今为制置三司条例司，何也？宰相以道佐人主，安用例？苟用例，则胥吏足矣，今为看详中书条例司，何也？”惠卿不能对。

【译文】莱国公寇准为宰相，宋真宗（谥号为“文明武定章圣元孝皇帝”）曾对中书省和枢密院两府说，要选择一人作马步军指挥使。寇公正在讨论这件事，有一小吏拿文籍进来，寇公问是什么书，小吏回答说：“条例本。”寇公说：“朝廷想用一位衙官，还需要查条例吗？那要我们做什么？损坏国家政事的正是由于这些条例。”温国公司马光与吕惠卿在皇帝面前讨论新法，司马光说："三司使掌管天下的财物，没有才能而罢免他是可以的，不可使两府插手他的事。现在创设制置三司条例司，为什么呢？宰相用正道来辅佐君主，怎么会使用条例？如果用条例，那胥吏足够了，现在要设立看详中书条例司，为什么呢？"吕惠卿不能回答。

员缺

员缺[①]之名，自晋时已有之。《晋书·王蕴传》："迁尚书吏部郎，每一官缺，求者十辈。"《世说》注引《山涛启事》曰：吏部郎史曜出缺处当选。《魏书·元修义传》："迁吏部尚书，时上党郡缺，中散大夫高居求之。"至唐赵憬审官六议，遂有人少阙缺字同多、人多阙少之语。而崔湜以中书侍郎知吏部选事，至逆用三年员阙。令狐峘在吏部，杨炎为侍郎，至分阙，以恶阙与炎。其名相传，至今不改矣。

【注释】①员缺：官制名。也称"额缺"，或简称"缺"，即列入国家正式编制的官员职位。

【译文】员缺的名称，从晋代时已经有了。《晋书·王蕴传》："王蕴升为尚书吏部郎，每一个官缺，请求的有十位。"（《世说新语》注引《山涛启事》说：吏部郎史刘曜出缺处当选。）《魏书·元修义传》："元修义升任吏部尚书，当时上党郡职位空缺，中散大夫高居请求担任。"到唐朝赵憬进献《审官六议》，于是有人少缺（阙与缺互通）

多、人多缺少的话。而崔湜以中书侍郎的身份掌管吏部选事，导致逆用三年员缺。令狐晅在吏部，杨炎为侍郎，到分阙时，以恶阙给杨炎。他的名声代代相传，到现在没有改变。

《旧唐书·德宗纪》：御史大夫崔从奏：‘兵戎未息，仕进颇多。比来每至选集，不免据阙留人，尝叹遗才，仍招怨望。’此亦似今之截留候选也。

【译文】《旧唐书·德宗纪》：御史大夫崔从上奏：‘战争没有平息，做官的很多。近年来每到集中选拔时，不免会根据空缺留人。曾经感叹遗漏很多人才，依然招致怨恨。’这也像现在的截留候选了。

《大唐新语》：“刘思立为考功员外，子宪为河南尉。思立今日亡，明日选人有索宪阙者。载深咨嗟，以为名教所不容，乃书其无行注名籍。其人比出选门，为众目所视，众口所訾，亦趦趄[①]而失步矣。朝廷咸谓载能振理风俗。”自今言之，不过索一丁忧[②]之阙，亦何至见摈于清议邪？不知由是心推之，有其亲未死，而设为机阱以谋夺其处，亦人情之所必至者矣。孟子曰：“人能充无欲害人之心，而仁不可胜用也；人能充无穿窬[③]之心，而义不可胜用也。”苟反是而充之，其亦何所不至邪！愿后之持铨衡者，常以正风俗为心，则国家必有得人之庆矣。”

【注释】①趦趄（zī jū）：趦同“赼趄”的“赼”。想前进又不敢前进。

形容疑惧不决，犹豫观望，尴尬的样子。②丁忧：指中国封建社会传统的道德礼仪制度，后世往往指用于拥有官吏身份之人。根据儒家传统的孝道观念，朝廷官员在位期间，如若父母去世，则无论此人任何官何职，从得知丧事的那一天起，必须辞官回到祖籍，为父母守制二十七个月，这叫丁忧。③穿窬（yú）：打洞穿墙进行盗窃。

【译文】《大唐新语》："刘思立任考功员外郎，儿子刘宪任河南尉。刘思立今天去世，第二天就有候选人索要刘宪空缺的职位。马载深深叹息，认为这种做法被儒教所不容，就在名册上写他没有德行。等这人出了选门，被众目所视，众人所指责，他也趔趔趄趄乱了步伐。（但是）朝廷上下都说马载能整治风俗。"从现在来说，不过是索求一个丁忧的空缺，又何至于排挤议论他呢？不知道从这样的心推理，有他们的父母还没去世，而设置陷阱来谋夺他的职位，也是人心所必然导致的啊。孟子说："人能扩充不想害人的心，而仁就用不尽了；人能扩充不挖洞跳墙盗窃的心，而义就用不尽了。"如果相反而扩充，他还有什么做不到呢！希望以后主管选拔的人，常以正风俗为己心，那么国家一定会有得到人才的喜庆了。"

卷 九

人 材

宋叶适言："法令日繁，治具①日密，禁防束缚，至不可动，而人之智虑，自不能出于绳约之内。"故人材亦以不振。今与人稍谈及度外之事，辄摇手而不敢为。夫以汉之能尽人材，陈汤犹扼腕于文墨吏，而况于今日乎？宜乎豪杰之士无以自奋，而同归于庸懦也。

【注释】①治具：治国必须的工具，指法令。

【译文】南宋的叶适说："法令越来越多，律法越来越严密，禁止防范限制甚至到了让人不能动的地步，而人的智慧谋虑，自不能超出法令之内。"所以人才也很难奋起。现在与人稍稍说到法令之外的事情，就摇手不敢谈论。汉代能充分发挥人才的才能，陈汤尚且扼腕叹息于文墨吏，何况在现在呢？难怪许多杰出的人无法自我奋发，而同归于庸懦无能了。

使枚乘、相如而习今日之经义①，则必不能发其文章；使管仲、孙武而读今日之科条，则必不能运其权略②。故法令者败坏人材之具。以防奸宄③，而得之者什三；以沮豪杰，而失之者常什七矣。

【注释】①经义：经籍的义理。②权略：谋略。③奸宄（guǐ）：坏人。由内而起叫奸，由外而起叫宄。

【译文】如果让枚乘、司马相如学习现在的经义，那就一定不能发表他的文章；如果让管仲、孙武读现在的法律条文，那就一定不能运用他们的谋略。所以法律是败坏人才的工具。法律本来是用以防止坏人的，而起作用的不过十分之三；用以阻止杰出人才，而失去的人才常常十分之七。

自万历以上，法令繁而辅之以教化，故其治犹为小康。万历以后，法令存则教化亡，于是机变日增而材能日减。其君子工于绝缨[①]而不能获敌之首，其小人善于盗马[②]而不肯救君之患。诚有如《墨子》所云："使治官府则盗窃，守城则倍畔，使断狱则不中，分财则不均。"《吕氏春秋》所云："处官则荒乱，临财则贪得，列近则持谏[③]，将众则罢怯。"又如刘蕡所云"谋不足以剪除奸凶，而诈足以抑扬威福；勇不足以镇卫社稷，而暴足以侵害闾里"者。呜呼！吾有以见徒法之无用矣。

【注释】①绝缨：扯断结冠的带。根据汉刘向《说苑·复恩》记载：楚庄王宴群臣，日暮酒酣，灯烛灭。有人引美人之衣。美人援绝其冠缨，以告王，命上火，欲得绝缨之人。王不从，令群臣尽绝缨而上火，尽欢而罢。后三年，晋与楚战，有楚将奋死赴敌，卒胜晋军。王问之，始知即前之绝缨者。后遂用作宽厚待人之典。②盗马：春秋时，秦穆公出游，其右骖亡失，穆公自往求之，见人已杀其马，方共食，穆公不罪食马人，而赐其酒，以佐食。后秦晋战于韩原，晋军围穆公乘，食马者三百余人奋力救之，遂破晋军，虏晋惠公。事见《吕氏春秋·爱士》。后用为赏罪臣而终得其力的典实。③持谏：或为“持谀”，即玩弄阿谀奉承的手段。

【译文】从万历年间以上，法令虽然繁多但是以教化辅之，所以他的治理仍然是小康。万历年间以后，法律仍然保留但教化失去了，于是机谋伪诈日益增加而才能日益减少。那些君子工于扯断结冠的带子而不能俘获敌人的头颅，那些小人善于盗马却不肯解救君王的灾难。的确像《墨子》所说的：“如果派他治理官府就会贪赃枉法，派他守城就会背叛，如果派他判案就不公正，分财就不均匀。”《吕氏春秋》所说的：“如今世人居官就放纵作乱，面对钱财就贪得无厌，官位得以接近君主就阿谀奉承，统率军队就软弱怯懦。”又像刘蕡所说：“计谋不足以铲除奸邪凶恶，而奸诈足以耀武扬威；勇敢不足以镇守保卫国家，而暴力足以侵害乡里的人。”唉！我因这个知道只有法令没用啊。

《实录》言：“宣德五年八月丙戌，上罢朝，御文华殿，学士杨溥等侍。上问：‘庶官之选，何术而可以尽得其人？’溥对曰：‘严荐举，精考课，何患不得？’上曰：‘近代有罪举主[①]之法，夫以一言之荐，而欲保其终身，不亦难乎！朕以为教养有道，人材自出。’汉董仲舒言：‘素不养士而欲求贤，犹不琢玉而求文采。’此知本之论也。”徒循三载考绩[②]之文，而不行三物[③]教民之典，虽尧、舜亦不能以成允厘[④]之治矣。

【注释】①举主：指推荐别人的人，相对于被推荐人而言的。保举别人的人，被称为“举主”，这是旧时说法。②三载考绩：每三年考核一次官员的能力与业绩。三考黜陟，每考核三次作为一个周期，根据这三次的考核结果对被考核者进行升降性的调整。③三物：犹三事。指六德、六行、六艺。《周礼·地官·大司徒》：“以乡三物教万民，而宾兴之。一曰六德：知、仁、圣、义、忠、和。二曰六行：孝、友、睦、姻、任、恤。三曰六艺：礼、乐、射、御、书、数。”④允厘：治理得当。

【译文】《实录》说：“宣德五年八月十八日，宣宗下朝后，驾临文华殿，学士杨溥等人陪伴皇帝身边。宣宗问：‘百官的选拔，什么方法完全可以得到合适的人选。’杨溥回答说：‘严格推荐，精心考核，哪怕不能得到合适的人选？’宣宗说：‘近代有责备举主的做法，如果用一句话的举荐，而想要保证他终身，不也太难了吗！朕认为教育培养有好的方法，人才就会出现。’汉代董仲舒说：‘平常不培养士人而想求得贤才，就像不雕琢玉石而求得文采。’这是明白事物根本道理的议论啊。”只是遵循三年考核的条文，而不实行三物教民的法则，即使尧、舜也不能完成得当的治理了。

保举

《宋史》：元祐初，司马光为相，奏曰：“为政得人则治，然人之才或长于此而短于彼，虽皋、夔、稷、契[①]，各守一官，中人安可求备？故孔门以四科取士，汉室以数路得人。若指瑕掩善，则朝无可用之人；苟随器授任，则世无可弃之士。臣备位宰相，职当选官，而识短见狭。士有恬退滞淹，或孤寒遗逸[2]，岂能周知？若专引知识，则嫌于私；若止循资序[3]，未必皆才。莫若使有位达官，各举所知，然后克协至公，野无遗贤矣。欲乞朝廷设十科举士：一曰行义纯固，可为师表科；有官无官人皆可举。二曰节操方正，可备献纳科；举有官人。三曰智勇过人，可备将帅科；举文武有官人。四曰公正聪明，可备监司科；举知州以上资序。五曰经术精通，可备讲读科；有官无官人皆可举。六曰学问该博，可备顾问科；同上。七曰文章典丽，可备著述科；同上。八曰善听狱讼，尽公得实科；举有官人。九曰善治财赋，公私俱便科；同上。十曰练习法令，能断请谳科。同上。应职事官，自尚书至给舍谏议；寄禄官，自开府仪同三司至大中大夫；职，自观文殿学士至待制。每岁须于十科内举三人，仍具状保任，中书置籍记之。异时有事须材，即执政案籍，视其所尝被举科格，随事试之。有劳，又著之籍。内外官阙，取尝试有效者，随科授职。所赐诰命，仍备所举官姓名，其人任官无状，坐以谬举之罪。所贵人人重慎，所举得才。”

【注释】①皋、夔、稷、契：传说中舜时贤臣皋陶、夔、后稷和契的并称。②恬退：淡于名利，安于退让，指安然退隐。滞淹：人沉抑于下而不得升进。孤寒：出身低微，家境贫寒。遗逸：隐居。③资序：资历，资格

【译文】《宋史》记载：元祐初年，司马光为宰相，上奏说：“治理国家得到人才就好治理，然而人的才能或长于这而短于那，即使皋陶、夔、后稷和契，都各自担任一职，常人怎么可以谋求完善齐备？所以孔子以四科取士，汉朝以几方面得到人才。如果只指出缺

点而掩盖优点，朝廷就没有可以使用的人才；如果根据才能授予官职，社会上就没有可以舍弃的人才。我担任宰相，职责应当选荐官员，可是我见识短浅。有人淡泊失意退隐，有人长久得不到升迁，有人家境贫寒，有人隐居，怎能都知道？如果只推荐认识的人，就有徇私的嫌疑；如果只按照资历，得到的不一定都是人才。不如让各位职位高的官员，各自荐举相知的人才，然后能够和谐大公无私，朝外就没有遗漏的贤人了。想请求朝廷设置十科选拔士人：一是品行纯正，可以候选师表科（有无官职的人都可以举荐）。二是节操正直，可以候选献纳科（举荐做官的人）。三是智勇过人，可以候选将帅科（举荐文武有官职的人）。四是公正聪明，可以候选监司科（举荐知州以上资历的人）。五是经学精通，可以候选讲读科（有无官职的人都可以举荐）。六是学问渊博，可以候选顾问科（同上）。七是文章典雅华丽，可以候选著述科（同上）。八是善于听取诉讼，候选尽公得实科（举荐做官的人）。九是善于治理财赋，候选公私俱便科（同上）。十是熟悉法令，候选能断请谳科（同上）。应职事官，从尚书到给事中、中书舍人、谏议大夫；寄禄官，从开府仪同三司到大中大夫；职务，从观文殿学士到待制。每年须在十科内推举三人，依照具体情况推荐，中书省设置档案登记。他时有事急需人才，即按照档案登记，看他曾被候选为哪科，给他安排事务考察他。有功劳，又登记在册。朝廷内外官员缺少了，选取考察合格的，按照各科授予职位。在所颁发的命令上，依然备注上所举荐官员的姓名，那人任官没有功绩，就治举荐人妄加推荐的罪。目的让所有人重视，慎重推举所举荐得人才。”

光又言:“朝廷执政惟八九人,若非交旧,无以知其行能,不惟涉循私之嫌,兼所取至狭,岂足以尽天下之贤才?若采访毁誉,则情伪万端。与其听游谈之言,曷若使之结罪保举。故臣奏设十科以举士,其公正聪明,可备监司。诚知请属挟私,所不能无,但有不如所举,谴责无所宽宥,则不敢妄举矣。”

【译文】司马光又说:“朝廷执政的只有八九个人,如果不是旧日好友,无法知道他的品行和能力,不仅仅是有营私舞弊的嫌疑,同时还有选取人才的范围窄,怎么能够尽得天下的贤才?如果调查访问一个人的声誉好坏,那么事情的真假多种多样。与其听浮夸不实的话,还不如让他治罪保举呢。所以微臣上奏请求设置十科来举荐士人,那些公正聪明,可以候选监司。明知我的请求有私心,不能不说,但如果有推荐不恰当的,谴责他并不宽恕原谅,就不敢随意举荐他人了。”

明主劳于求贤,而逸于任人。《韩非子》云:“王登为中牟令,《吕氏春秋》作任登。言中牟士中章、胥已。襄主曰:‘子见之,我将以为中大夫。’其相室[①]曰:‘中大夫,晋重列也。今无功而受,君其耳而未之目邪。’襄主曰:‘我取登,既耳而目之矣。登之所取,又耳而目之,是耳目人终无已也。’”此执要[②]之论也。善乎!子夏之告樊迟也,曰:“舜有天下,选于众,举皋陶,不仁者远矣。汤有天下,选于众,举伊尹,不仁者远矣。”

【注释】①相室：这里指家臣的头目。②执要：掌握要害，抓住关键。

【译文】贤明的君主会花很多时间去寻找贤才，而不会浪费太多的时间在任用人才上。《韩非子》说：“王登（《吕氏春秋》作任登）为中牟县令，说中牟地区有士人叫中章、胥已的。赵襄子说：“你让他们来见我，我将任命他们为中大夫。他的家臣首领说：‘中大夫，是晋国重要的官职。现在他们没有功劳而接纳这个官位，你可能只是耳闻其名而没有亲自看到他们的真实情况吧！”赵襄子说：‘我选择王登，是既耳闻又亲眼见过的。王登所选择的人，又是既耳闻又亲眼见过的。如此亲自耳闻目见去考核人就永远没有止境了。’这是抓住关键要害的论述啊。好啊！子夏告诉樊迟，说：“舜统治天下时，在众人中选拔人才，把皋陶提拔了起来，不仁的人就远远地离开了。商汤统治天下时，也从众人中选拔人才，把伊尹提拔起来，那些不仁的人就远远离开了。”

《唐书》：崔祐甫为相，荐举惟其人，不自疑畏[①]，推至公以行，日除十数人。未逾年，除吏几八百员，多称允当。帝尝谓曰：“人言卿拟官多亲旧，何邪？”对曰：“陛下令臣进拟庶官，夫进拟者必悉其才行，若素不知闻，何由得其实？”帝以为然。以德宗之猜忌而犹能听之，愈乎近代之人主也。《李绛传》：德宗问：“多公亲旧，何邪？”祐甫对曰：“所问当与不当耳。非臣亲旧，孰知其才？其不知者，安敢与官？”时以为名言。

【注释】①疑畏：迟疑畏缩。

【译文】《唐书》记载：崔祐甫为宰相，只推荐他自己熟悉的人，从不迟疑畏缩，用他的行为推荐很公正，每天授官数十人。不到一年，任命官吏大概有八百人，很多人都称职。皇帝曾经对他说："很多人说你选用的官员多是亲朋故旧，这是为什么呢？"崔祐甫回答说："陛下让我选用百官，选用官员必须熟知其才能和品行，如果不与其相识，怎么能知道他的真实情况？"皇帝认为他说的对。依德宗的猜忌性格而仍然能听从他的解释，这超越了近代的君主啊。（《李绛传》记载：德宗问："崔祐甫任用官员多是亲朋故旧，为什么呢？"崔祐甫回答说："皇上应问合不合适罢了。不是我的亲朋故旧，怎么会了解他们的才能？那些不了解的人，怎敢授予官职？"当时认为他说的话是名言。）

正统三年十一月乙未，"行在能政司左通政陈恭言：'古者择任庶官，悉由选部，是以职任专而事体一。顷者令朝臣各荐所知，恐开私谒之门，而长奔竞之风，乞令杜绝，一归铨部。'事下，行在吏部尚书郭琎等覆奏曰：'往时朝廷虑典铨者未尽知人，故敕廷臣各举所知，其法良矣。脱[①]有徇私，邦宪昭然，谁肯同蹈？今恭听流言而尼[②]良法，未见其当也。乞令仍旧。'从之。"

【注释】①脱：倘若。②尼：阻止，停止。

【译文】明英宗正统三年十一月十五日，"行在能政司左通政陈恭说：'古代选拔任命百官，全部由吏部选派，因此职责专一而事情一致，好协调。近来让朝廷大臣各自举荐所了解的官员，恐怕会开请托之门，增长奔走钻营跑官要官的风气，请求杜绝，还是划归铨部。’把这言论下发在行在讨论，吏部尚书郭琎等再奏请说：“过去朝廷担心选用官吏不能完全了解人，所以敕令朝廷大臣各自推举所了解的人，这种方法很好。倘若有徇私舞弊的，国家法律明明白白在那里，谁肯违背法律？现在陈恭听信流言而停止好的方法，不见得他的建议是恰当的。请求仍旧用原来的方法。”皇帝采纳他的建议。

关防

《隋书·酷吏传》：“厍狄士文为贝州刺史，凡有出入，皆封署其门，僮仆无敢出外。”此今日居官通例，而史以为异事，岂非当日法制虽严，而关防未若今之密乎？末世人习浇讹[①]，防闲日甚，少不禁饬，则奸宄之徒，投间抵隙，无所不至。长吏到官，以关防为第一义。然愚以为但无至公之心以御之尔。《世说》：“晋文王亲爱阮嗣宗[②]，阮从容言：‘尝游东平，乐其土风，愿得为东平太守。’文王从其意。阮骑驴径到郡，至则坏府舍诸壁障，使内外相望，然后教令，一郡清肃。十余日，复骑驴去。”唐姚合为武功尉，其《县居诗》曰：“朝朝门不闭，长似在山时。”在旷达之士，犹且为之，而况于大贤也？

【注释】①浇讹：浮薄诈伪。②阮嗣宗：即阮籍，字嗣宗，三国时期魏国诗人。陈留尉氏（今河南开封）人。竹林七贤之一。

【译文】《隋书·酷吏传》：“厍狄士文为贝州刺史，凡有出入，他都封门，仆人没有敢外出的。”这是现在做官的惯例，而史官却以为是奇怪的事情，这难道不是当时法律制度虽然严格，而防备不如现在的严密吗？后世的人们习惯轻薄伪诈，防备约束日益严重，稍微放松管理，那违法作乱的人，伺机钻营，什么坏事都干得出来。地方官上任，以防备为第一要义。但我认为只是没有最公正的心来治理罢了。《世说新语》：“晋文王和阮籍（字嗣宗）感情深厚，阮籍随口说：‘曾在东平游玩，喜欢那里的风土人情，希望能为东平太守。’文王顺从他的意思，任命他为东平太守。阮籍骑着驴直接来到郡里，到后毁坏郡守官邸各个屏障，使内外相望，然后教化当地百姓，整个郡清正严明了。十多天，又骑着驴离开了。”唐朝姚合为武功县尉，他的《县居诗》说：“朝朝门不闭，长似在山时。”心胸豁达的人，尚且这么做，何况是大贤人呢？

《大唐新语》：“姜晦为吏部侍郎，性聪悟，识理体。旧制，吏曹舍宇悉布棘，以防令史与选人交通。及晦领选事①，尽除之，大开铨门，示无所禁。有私引置者，晦辄知之，召问莫不首伏②。初，朝廷以晦改革前规，咸以为不可。竟铨综得所，贿赂不行，举朝叹服。”

【注释】①选事：考选举士，铨选职官之事。②首伏：坦白服罪。

【译文】《大唐新语》：“姜晦任吏部侍郎，天性聪明，懂得事理。以往惯例，官府房舍全部布满荆棘，以防令史与候选官员交往。等到姜晦任选事，把荆棘完全除去，敞开大门，表示无所禁止。有私自来到官府的，姜晦就知道了，叫来问询没有不坦白服罪的。当初，朝廷因姜晦改革以前的规定，都认为不可以。直到选拔出所需要的人才结束，贿赂都没有发生，朝廷上下都佩服。”

《太祖实录》：“洪武二十年八月壬申，上谓刑部尚书唐铎、工部侍郎秦逵、都察院左都御史詹徽等曰：‘朕初于文籍设关防印记者，本以绝欺蔽，防奸伪[1]，特一时权宜尔。果正人君子，焉用是为？自今六科有关防印记，俱销之，仍移文诸司，使知朕意。’”

【注释】①奸伪：诡诈虚假。

【译文】《太祖实录》：“洪武二十年八月二十五日，皇上对刑部尚书唐铎、工部侍郎秦逵、都察院左都御史詹徽等人说：‘朕最初在文籍设立关防印记，本来是为了杜绝欺骗蒙蔽，防备诡诈虚假，不过是一时的权宜之计罢了。果真是正人君子，怎么会用这种方式？今后六科有关防印记的，都销毁它，发文给各部门，让他们知道我的想法。’”

封驳

人主之所患，莫大乎唯言而莫予违。齐景公燕赏于国内，万钟者三，千钟者五。令三出，而职计莫之从。公怒，令免职计，令三出，而士师莫之从。《晏子春秋》。此《畜君》之诗所为作也。汉哀帝封董贤，而丞相王嘉封还诏书。胡三省曰：后世给舍封驳本此。

后汉钟离意为尚书仆射，数封还诏书。自是封駮[1]之事多见于史，而未以为专职也。唐制：凡诏敕皆经门下省，事有不便，得以封还。而给事中有駮正违失之掌，著于《六典》。《唐书》：给事中在汉为加官，至唐属之门下省，使之駮正奏抄涂窜诏敕之不便。如袁高、崔植、韦弘景、狄兼謩、郑肃、韩佽、韦温、郑公舆之辈，并以封还敕书，垂名史传。亦有召对慰谕[2]，如德宗之于许孟容；中使嘉劳，如宪宗之于薛存诚者。

【注释】①封駮（bó）：亦作"封驳"。封还皇帝失宜诏令，驳正臣下奏章违误，汉代封还诏书之事多有，然无封驳之名，亦无专官执掌。②召对：君主召见臣下令其回答有关政事、经义等方面的问题。慰谕：亦作"慰喻"，抚慰，宽慰晓喻。

【译文】君主所担心的，没有比没有人违背君主的命令再大的了。齐景公设宴犒赏国内的臣子，有三人被赏赐万钟俸禄，有五人被赏赐千钟俸禄。命令发出了多次，但是职计都没有听从景公的命令。景公为此大怒，下令罢免职计的官职，命令发出多次，但是士师也都不听从景公的命令。（《晏子春秋》。）这是《畜君》诗所写的。汉哀帝册封董贤，而丞相王嘉退还诏书。（胡三省说：后代给事中、中书舍人封驳源于此。）东汉钟离意为尚书仆射，几次退还诏书。从这开始封驳之事多见于史书，而不认为是专职的。唐朝的制度：凡是诏书都经过门下省，事情有不恰当的，可以退还。然而，给事中有驳正错误的权力，写在《六典》中。（《唐书》：给事中在汉代是增加的官职，到唐代属于门下省，让其负责驳正奏抄涂改诏书的不合适。）像袁高、崔植、韦弘景、狄兼謩、郑肃、韩佽、韦温、郑公舆等人，都以退还敕书，名垂史册。也有召对宽慰，像德宗对于许孟容；中使嘉奖，像宪宗对于薛存诚等。

而元和中，给事中李藩在门下，制敕有不可者，即于黄纸后批之。吏请别连白纸，藩曰：别以白纸，是文状也，何名批敕[①]？宣宗以右金吾大将军李燧为岭南节度使，已命中使赐之节[②]，给事中萧仿封还制书[③]。上方奏乐，不暇别召中使，使优人追之，节及燧门而返。人臣执法之正，人主听言之明，可以并见。德宗时，卢杞量移饶州刺史。制出，给事中袁高执之不下。擢浙东观察判官齐总为衡州刺史，给事中许孟容封还诏书。宪宗末，皇甫镈奏减内外官俸以助国用，给事中崔植封还敕书。穆宗时，授李训四门助教，给事中郑肃、韩佽封还制书。刘士泾擢太仆卿，给事中韦弘景封还诏书。文宗时，赦官典犯赃者，给事中狄兼謩封还敕书。宣宗时，赦康季荣擅用官钱，给事中封还敕书。懿宗时，贬右补阙王谱，给事中郑公舆封还敕书。

【注释】①批敕（chì）：代皇帝批示处理奏章和对草拟的制敕签署意见。②节：古代使者出使时所持的凭证。③制书：皇帝下的命令，有策书、制书、诏书、戒敕等名目。制书是其中的一种。

【译文】而唐宪宗元和年间，给事中李藩在门下省，皇命有不合适的，就在诏书后批上退回。官吏请示在诏书上附一张白纸批示，李藩说：另外附白纸，是诉状，怎么叫批敕？唐宣宗任命右金吾大将军李燧为岭南节度使，已经命令中使赐给他节度使的符节，给事中萧仿退回制书。皇上正在奏乐，没有时间另外叫中使，让艺人去追回符节，符节刚到燧门就被追回了。臣子执法公正，君主听取言论的清明，能够同时出现。（唐德宗时，卢杞复出任职饶州刺史。皇帝任命出来了，给事中袁高拿着任命不下发。提拔浙东观察判官齐总为衡州刺史，给事中许孟容退还诏书。唐宪宗末年，皇甫镈奏请减少内外官的俸禄以补充国用，给事中崔植退回敕书。唐穆宗时，授给李训四门助教，给事中郑肃、韩佽退回制书。刘士泾提拔为太仆卿，给事中韦弘景退还诏书。唐文宗时，赦免官吏中贪赃犯法的，给事中狄兼謩退还敕书。唐宣宗时，赦免康季荣擅自使用官钱，给事中退还敕书。唐懿宗时，降职右补阙王谱，给事中郑公舆退还敕书。）

五代废弛，宋太宗淳化四年六月戊寅，始复给事中封駮。而司马池犹谓门下虽有封駮之名，而诏书一切自中书以下，非所以防过举也。明代虽罢门下省长官，而独存六科给事中，以掌封駮之任。旨必下科，其有不便，给事中駮正到部，谓之科参[①]。若曰'抄出駮之''抄出寝之'是也。六部之官。无敢抗科参而自行者，故给事中之品卑，而权特重。万历之时，九重渊默；泰昌以后，国论纷纭，而维持禁止，往往赖抄参之力。天启六年，大理寺正许志吉以请旌母节事，为礼科右给事中张惟一抄参，具疏申辩，奉旨：参駮系科臣执掌，许志吉险辞饰辩，著罚俸三个月。今人所不知矣。

【注释】①科参：明代凡制敕有失，得封还执奏，内外章疏下，则由吏、户、礼、兵、刑、工六科给事中参署付部，驳正其违误。科臣参驳称为“科参”。

【译文】五代时废弃了封驳制度，宋太宗淳化四年六月二十一日，又开始授予给事中封驳的权利。而司马池还认为门下省虽有封驳的名义，可是诏书一切从中书省出来，不是用来防止错误的行为。明代虽然罢免了门下省长官，而只保存了六科给事中，用来执掌封驳的权力。圣旨一定要下到六科，如有不合适的，给事中退回到部，称谓科参（像‘抄出驳之’‘抄出寝之’之类的）。六部的官员。没有人敢对抗科参而自己去做的，所以给事中的品级虽低，而权力特别大。万历年间，神宗几十年不上朝；泰昌以后，国论纷纭，而维系保持令行禁止，往往靠抄参的力量（天启六年，大理寺正许志吉请求表彰母亲守节之事，被礼科右给事中张惟一科参，许志吉备文分条陈述申辩，遵从旨意：参驳属于科臣执掌，许志吉花言巧语，被罚俸三个月）。现在，这些事为人们所不知啊。

《元城语录》曰：“王安石荐李定时，陈襄[①]弹之未行，已擢监察御史里行，宋次道[②]封还词头，辞职。《清波杂志》：‘唐制唯给事得封还诏书。富郑公知制诰日，封刘从愿妻遂国夫人，公乃缴还词头。后人遂踵而行之，中书舍人缴还词头自此始。’罢之。次直吕大临，再封还之，最后付苏子容，又封还之。更奏复下，至于七八。子容与大临俱落职，奉朝请，名誉赫然。此乃祖宗德泽，百余年养成风俗，与齐太史见杀三人，而执笔如初者何异？”

【注释】①陈襄（1017—1080）：字述古，因居古灵，故号古灵先生，与郑穆、陈烈、周希孟并称“古灵四先生”，侯官（今福建福州）人。进士及第，历官枢密院直学士，知通进银台司，提举进奏院，后又兼侍读，提举司天监，兼尚书都省事等。②宋次道：宋敏求(1019—1079)，字次道，赵州平棘（今河北赵县）人。北宋文学家、史地学家、藏书家。

【译文】《元城语录》说：“王安石推荐李定时，陈襄弹劾他还没有回复，已提升为监察御史里行，宋次道退回词头，辞职。（《清波杂志》：‘唐代制度只有给事中能退还诏书。富弼出任知制诰那天，朝廷封刘从愿的妻子为遂国夫人，富弼于是缴还词头。后来人们就跟着实行了，中书舍人缴还词头从这里开始。’）罢免了他。次直吕大临，再退还回去，最后交付给苏子容，又退还回去。再奏请退还又下诏书，直到七八次。苏子容和吕大临都被解职，奉朝请，名声显赫。这是祖宗的恩德，一百多年养成的风俗，与齐国太史据实书写历史被杀死三人，仍然像最初拿笔书写历史的有什么不同？”

部刺史

汉武帝遣刺史周行郡国，省察治状，黜陟能否，断治冤狱，以六条问事：一条，强宗豪右[1]，田宅逾制，以强凌弱，以众暴寡。二条，二千石不奉诏书，倍公向私，旁诏牟利，侵渔百姓，聚敛为奸。三条，二千石不恤疑狱，风厉杀人，怒则任刑，喜则任赏，烦扰刻暴，剥削黎元，为百姓所疾，山崩石裂，妖祥讹言。四条，二千石选署不平，苟阿所爱，蔽贤宠顽；五条，二千石子弟怙倚荣势，请托所监。六条，二千石违公下比②，阿附豪强，通行货赂，割损政令。又令岁终得乘传奏事。夫秩卑而命之尊，官小而权之重，此小大相制，内外相维之意也。《元城语录》：汉元封五年，初置刺史，部十三州，秋分行郡国。秩六百石，而得按二千石不法，其权最重。秩卑则其人激昂，权重则能行志。本自秦时遣御史出监诸郡。《史记》言："秦始皇分天下以为三十六郡，郡置守尉监。"盖罢侯置守之初，而已设此制矣。《汉书·百官表》："监御史，秦官，掌监郡。汉省，丞相遣史分刺州，不常置。武帝元封五年，初置部刺史，掌奉诏条察州，秩六百石，员十三人。"

【注释】①强宗豪右：强宗亦作"疆宗"，豪门大族。豪右，豪门大族。汉代以右为上，故称豪右。②下比：庇护坏人，比，勾结，庇护。

【译文】汉武帝派遣刺史巡查各封国郡县，考察地方官员的政绩和罪恶，实行奖惩措施，核查冤案，纠正错误，从六方面的事务来处理：第一条，豪门大族，田地房屋超过规定，以强欺弱，以众欺寡。第二条，二千石的官员不听从皇帝的诏书，损公肥私，违法谋利，侵夺百姓财物，敛取赋税为非作歹。第三条，二千石的官员不体恤疑难案件，暴虐杀人，生气了就随意处以刑罚，高兴了就随意奖赏，残暴地搅扰百姓，剥削百姓，为百姓所痛恨，山崩石裂，散布吉凶谣言。第四条，二千石的官员察举士人不公平，随意偏袒喜爱的人，埋没贤能的人，宠爱无知的人。第五条，二千石的官员子弟依仗着权势，请托说情把人关押监牢。第六条，二千石的官员违法相互勾结庇护坏人，偏袒附和豪强，普遍行贿受贿，曲解法令。又命令年终可以乘坐传车驿马向皇帝奏陈事情。级别低而任命尊，官职小而权力大，这是大小官员相互制约，朝廷内外相连的意思（《元城语录》：汉代元封五年，开始设置刺史，管辖十三个州，秋分节气分别巡行郡国。俸禄六百石，能调查二千石官员的违法，他的权力极大。级别低他的情绪就激昂，权力大就能实现他的志向）。本来从秦朝时就派御史出行监察各郡。《史记》说："秦始皇分天下而为三十六郡，郡设郡守尉监。"这是废除侯爵设置郡守之初，就已经设立这一制度了。（《汉书·百官表》："监御史，是秦朝时的官，负责监察各郡。汉代废除，丞相派御史分别巡查各州，不经常设置。汉武帝元封五年，开始设置监察刺史，负责奉诏令监察各州，俸禄六百石，有刺史十三人。"）

成帝末，翟方进、何武乃言，《春秋》之义，用贵治贱，不以卑临尊。刺史位下大夫而临二千石，轻重不相准，请罢刺史，更置州牧，秩二千石。而朱博以汉家故事，置部刺史，秩卑而赏厚，咸劝功乐进。州牧秩真二千石，位次九卿，九卿缺，以高第补，其中材则苟自守而已。恐功效陵夷[1]，奸轨不胜，于是罢州牧，复置刺史。《后汉书·刘焉传》："灵帝政化衰缺，四方兵寇。焉以刺史威轻，建议改为牧伯，请选重臣以居其任。从之。"州任之重，自此而始。刘昭之论，以为刺史监纠非法，不过六条，传车周流[2]，匪有定镇，秩裁六百，未生陵犯之衅。成帝改牧，其萌始大。唐戴叔伦《抚州刺史厅壁记》云："汉置十三部刺史，以察举天下非法，通籍殿中，乘传奏事，居靡定处，权不牧人。"合二者之言观之，则州牧之设，中材仅循资自全，强者至专权裂土。《新唐书》：“李景伯为太子右庶子，与太子舍人卢俌议：今天下诸州，分隶都督，专生杀刑赏，使授非其人，则权重衅生，非强干弱枝之谊。愿罢都督，留御史，以时按察，秩卑任重，以制奸宄。便繇是停都督。”然后知刺史六条，为百代不易之良法。而今之监察御史，巡按地方，为得古人之意矣。《唐书》：监察御史掌分察百寮，巡按州县。又其善者，在于一年一代。

【注释】①陵夷：渐趋于衰微。②传车：古代驿站的专用车辆。周流：遍及各地。

【译文】汉成帝末年，翟方进、何武却说，《春秋》的大义，用高贵治理低贱，不以低贱管理高贵。刺史的职位是下大夫而监视二千石的官员，轻重不相称，请求撤销刺史，改为设置州牧，俸禄二千石。而朱博依据汉代旧例，设置部刺史，俸禄少而奖赏丰厚，大家都努力建功立业乐于进取。州牧官俸禄二千石，职位次于九卿，九卿空缺，以高递补，那些中等才能的人就苟且自保而已。恐怕效果会渐渐衰微，犯法作乱的坏人杜绝不了，于是废除州牧，重新设置刺史（《后汉书·刘焉传》：“汉灵帝时政治教化衰败，到处是乱兵和贼寇。刘焉以刺史威势轻，建议改为牧伯，请挑选重臣担任。皇帝听从他的建议。”州任之重，从这里开始）。刘昭的言论，认为刺史监督纠正违法，不过六条，驿车遍及各地，没有固定的驻地，俸禄才六百石，没有产生冒犯的祸患。汉成帝改成州牧，权力的萌芽才开始变大。（唐代戴叔伦《抚州刺史厅壁记》中说：“汉设置十三州刺史，来监察天下不合法的事，能直接上报皇帝，乘坐驿车奏请事情，没有固定的地方居住，没有管理百姓的权力。”）合以上两者的话来看，那么州牧的设置，中等才能的人只是按年逐级晋升保全自己，能力强的人就独揽大权把它作为自己的独立王国。（《新唐书》：“李景伯为太子右庶子时，与太子舍人卢俌议论：现在天下的各个州，分别隶属于都督，独揽生杀刑罚与奖赏，都督职位派错了人，那么权力大就会产生争端，不是强干弱枝的合理行为。希望罢免都督，留御史，按时巡察，级别低责任重，来管束犯法的人。便由此废除了都督。”）然后知道刺史六条，为百世不变的好方法。而现在的监察御史，巡按地方，只是得到古人好的方法了。（《唐书》：监察御史掌管分别考察百官，巡按州县。）又那些好的制度和方法，在于一年一代。

夫守令之官不可以不久也。监临之任，不可以久也，久则情亲而弊生，望轻而法玩。故一年一代之制，又汉法之所不如，而察吏安民之效，已见于二三百年者也。唐李峤请十州置御史一人，以周年为限，使其亲至属县，或入闾里，督察奸讹，亲採风俗。此法正明代所行。若夫倚势作威，受赇不法，此特其人之不称职耳。不以守令之贪贱而废郡县，岂以巡方之浊乱而停御史乎？至于秩止七品，与汉六百石制同。《王制》：“天子使其大夫为三监，监于方伯之国，国三人。”金华应氏曰：“方伯者，天子所任以总乎外者也，又有监以临之。盖方伯权重则易专，大夫位卑则不敢肆。此大小相维，内外相统之微意也。”何病其轻重不相准乎？夫不达前人立法之意，而轻议变更，未有不召乱而生事者。吾于成、哀之际，见汉治之无具矣。

【译文】那些守令之官不可以不长久。监督的任用，不可以用很久了，时间长了，感情亲近而产生弊病，轻视名望而玩弄法律。所以一年一代的制度，又汉朝的法律比不上，而察吏安民的效果，已经出现二三百年了。（唐代李峤请求十州设置御史一人，以一年为限，让他亲自到所属各县，或者进入里巷，督察奸诈的人和事，亲自搜集风俗。这种方法正是明代所实行的。）如果依仗权势作威作福，受贿违法，这单单只是他个人不称职啊。不因为守令的贪婪卑下而废掉郡县，难道因为巡察的贪赃枉法而停止御史吗？至于级别只是七品，与汉官俸禄六百石制同。《王制》："天子派遣大夫为三监，监察方伯的国家，国三人。"金华应氏说："方伯，是天子所委任的总管监察在外的官员，又有到外地亲临监察的责任。方伯的权力大就容易独断专行，大夫官位低就不敢放肆。这是大小相连，内外统一的含义啊。"何必担心轻重不相称？如果不了解前人立法的意图，而随意变更，没有不招致祸乱而生事情的。我在阅读成帝、哀帝相关资料时，就看见汉代政治的乱象了。

唐自太宗贞观二十年，遣大理卿孙伏伽、黄门侍郎褚遂良等二十二人，以六条巡察四方，黜陟[①]官吏。帝亲自临决，牧守已下，以贤能[②]进擢者二十人，以罪死者七人，其流罪已下，及免黜者数百人。已后频遣使者，或名按察，或名巡抚。至玄宗天宝五载正月，命礼部尚书席豫等，分道巡按天下风俗，及黜陟官吏。此则巡按之名所繇始也。

【注释】①褚遂良（596—659）：字登善，唐朝政治家、书法家。与欧阳询、虞世南、薛稷并称“初唐四大家”。②贤能：有道德、有才能的人。

【译文】唐朝从太宗贞观二十年，派遣大理卿孙伏伽、黄门侍郎褚遂良等二十二人，以“六条”巡察四方，升降官吏。皇帝亲自裁决，牧守以下，因为贤能提拔的有二十人，因犯罪处死的有七人，流放罪以下，以及被罢黜的几百人。之后多次派遣使者，有的叫按察，有的称巡抚。到玄宗天宝五年正月，命令礼部尚书席豫等人，分道巡按天下风俗，以及升降官吏。这就是巡按名字的开端。

玄宗开元二十三年二月辛亥，置十道采访处置使。诏曰：“言念[①]苍生，心必遍于天下，自古良牧，福犹润于京师。所以历选列城，聿求连率，岂徒刺察，将委辑宁[②]。朝散大夫、检校御史中丞、关内宣论赈给使、上柱国卢绚等，任寄已深，声实兼茂，咸贯通于理道[③]，益纯固于公心，或华发不衰，或白圭无玷，可以轨仪郡国，康济黎元。间岁已来，数州失稔，颇致流冗，能勿轸怀？而吏或不畏不仁，不安不便，诚须矫过，必在任贤。庶蠲[④]疾苦之源，以协大中之义。若令行一道，利乃万人。朕所设官，以俟能者。”唐开元中，或请选择守令，停采访使。姚崇奏：“十道采访，犹未尽得人，天下三百余州，县多数倍，安得守令皆称其职。”

【注释】①言念：想念。②辑宁：和平安宁。③理道：理政之道。④蠲

(juān)：清除。

【译文】唐玄宗开元二十三年二月二十五日，设置十道采访处置使。下诏说："想念百姓，心里必定装着天下，自古以来贤能的州郡长官，他们的善行还会影响到京城。因此逐一数遍各城，求取统帅，难道只是监察，将顺从和平安宁。朝散大夫、检校御史中丞、关内宣论赈给使、上柱国卢绚等，任职时间已很长，政声和实绩都很好，都透彻的了解理政之道，更加坚定公心，有的人头发不白，有的白圭无玷，可以作郡国的模范，济世安民。隔一年以来，几个州歉收，导致百姓流离失所，能不沉痛怀念？而有的官吏不畏惧不仁义，不安宁不给人方便，确实需要矫正过错，务必要任用贤人。希望除去痛苦之源，来协助中正之道。如果下一道命令，利益万人。我愿意设官，以等待有才能的人。"（唐玄宗开元年间，有人请求挑选守令，罢免采访使。姚崇上奏："十道采访使，还没有完全得到人才，全国共有三百多个州，县更是多好几倍，怎么能让守令都称职。"）

于文定《笔麈》[①]曰："元时风宪之制，在内诸司有不法者，监察御史劾之；在外诸司有不法者，行台御史劾之。即今在内道长、在外按台之法也。惟所谓行台御史者，竟属行台，岁以八月出巡，四月还治，乃长官差遣，非繇朝命，其体轻矣。本朝御史，总属内台，奉命出按，一岁而更，与汉遣刺史法同。唐宋以来，皆不及也。"唐中宗神龙二年，遣十道巡察使，诏二周年一替。韦忠谦言："御史一出，当动摇山岳，震慴州县。"本朝多有其人。

【注释】①于文定：于慎行（1545—1608），字可远，又字无垢。山东东阿人。明代政治家、诗人、文学家。万历年间任礼部尚书、东阁大学士。卒赠太子太保，谥文定。所著《谷山笔麈》所纪多明代故典，亦颇及杂记。

【译文】文定公于《谷山笔麈》说："元代时风纪法度的制度，在朝廷内各部门有不合法的，监察御史弹劾他；在朝廷外各部门有不合法的，行台御史弹劾他。就是现在朝廷内的道长、朝廷外的按台的方法。只是所说的行台御史，竟然隶属行台，每年八月出巡，四月返回治所，是长官差遣的，不是由朝廷命令的，他的规格轻了。国家的御史，总属内台，奉命出去巡按，一年后再换，与汉朝派遣刺史的方法相同。唐宋以来，都比不上。"（唐中宗神龙二年，派遣十道巡察使，下诏两年一替换。韦忠谦进言："御史一出，当摇动山岳，震慑州县。"国家多有这样的人。）

《金史·宗雄传》："自熙宗时，遣使廉问吏治得失。世宗即位，凡数岁辄一遣黜陟之。故大定之间，郡县吏皆奉法，百姓滋殖[1]，号为小康。章宗即位，置九路提刑使。"此即今按察使。

【注释】①滋殖：增加，增长，增生。

【译文】《金史·宗雄传》记载："从熙宗时期，派遣使者查访官吏的政绩得失。世宗即位，只要几年就派一官员巡察决定官员的升降。所以金世宗大定年间，郡县官吏都奉公守法，百姓人口增长，称为小康。章宗即位，设置九路提刑使。"这就是现在的按察使。

六条之外不察

汉时部刺史之职，不过以六条察郡国而已，不当与守令事。《三国志》，司马宣王报夏侯太初书曰："秦时无刺史，但有郡守长吏。汉家虽有刺史，奉六条而已，故刺史称传车，其吏言从事，居无常治，吏不成臣。其后转更为官司耳。"故朱博为冀州刺史，敕告吏民："欲言县丞尉者，刺史不察，黄绶①各自诣郡。"鲍宣为豫州牧，以听讼所察过诏条，被劾。而薛宣上疏言："吏多苛政，政教烦碎，大率咎在部刺史。或不循守条职，举错各以其意，多与郡县事。"《翟方进传》，言迁朔方刺史，居官不烦苛，所察应条辄举。自刺史之职下侵，而守令始不可为，天下之事，犹治丝而棼之矣。

【注释】①黄绶：本意是黄色的印带，有时用来代指俸比六百石以下、比二百石以上的官，因为这一级别的官为铜印黄绶。

【译文】汉朝时部刺史之职，不过是用六条监察郡国罢了，不掌管太守和县令的事情。(《三国志》，宣王司马懿回复夏侯玄的信中说："秦朝时没有刺史，只有郡守长吏。汉代时虽有刺史，遵守六条而已，所以刺史称传车，刺史的属官称为从事，没有固定的治所居住，官吏不成臣。后来变为官府罢了。")所以朱博为冀州刺史，敕告官民："要告县丞县尉的，刺史不监察，官员各自到郡里上告。"鲍宣为豫州牧时，因为审案所监察超过诏条，被弹劾。而薛宣上书说："吏多苛政，政教烦碎，大多责任在部刺史。有人不遵守条例规则，言行举止各以其意，多干涉郡县事务。"《翟方进传》，说调任朔方刺史，做官不烦苛，所监察依照条例检举。从刺史之职开始向下侵占权力，而太守县令开始不作为，天下的事，就像整理丝线时不找出头绪就会越理越乱。

《太祖实录》："洪武二十一年四月谕，按治江西监察御史花纶等，自今惟官吏贪墨鬻法[①]，及事重者，如律逮问，其细事毋得苛求。"

【注释】①贪墨：贪污，鬻：卖。

【译文】《太祖实录》记载："洪武二十一年四月上谕，查处江西监察御史花纶等，从今以后只要官吏贪污受贿违反法令，以及犯法严重的，依法逮捕审问，那些小事不能苛求。"

隋以后刺史

秦置御史以监诸郡。汉省丞相，遣史分刺州，不常置。武帝元封五年，初置十三州刺史各一人。魏晋以下，为刺史持节[①]都督。《魏志》言："自汉季以来，刺史总统诸郡，赋政于外，非若曩时司察之任而已。"汉时止十三州，至梁时南方一偏之地，遂置一百七州。隋文帝开皇三年，罢郡，以州统县。杜氏《通典》曰："以州治民，职同郡守，无复刺举之任。"自是刺史之名存而职废，后虽有刺史，皆太守之互名。有时改郡为州，则谓之刺史，有时改州为郡，则谓之太守，一也。非旧刺史之职，理一郡而已。由此言之，汉之刺史，犹今之巡按御史。魏晋以下之刺史，犹今之总督。隋以后之刺史，犹今之知府及直隶知州也。《新唐书·地理志》曰：“唐兴，高祖改郡为州，太守为刺史。”

【注释】①持节：指古代使臣奉命出行，必执符节以为凭证。

【译文】秦朝设置御史来监督各郡。汉代裁去丞相之职，派遣刺史分别监察各州，不经常设置。汉武帝元封五年，开始设置十三州刺史各一人。魏晋以后，为刺史持节都督。（《魏志》说：“自汉末以来，刺史统辖诸郡，对外发布政令，不再像以前有监督的责任了。”汉代时只有十三个州，到梁时南方一侧的土地，就有一百零七州。）隋文帝开皇三年，去掉郡一级，用州来统辖县。（杜佑的《通典》说：“用州来治理百姓，职责同郡的郡守，不再有监察的责任。”）从此刺史名义存在而官职废除，后来虽然有刺史，都是太守的互称。（有时改郡为州，就称为刺史，有时改州为郡，就称为太守，一样的。）不是旧刺史的职责，而是管理一个郡罢了。由此言之，汉代的刺史，就像现在的巡按御史。魏晋以后的刺史，就像现在的总督。隋代以后的刺史，就像现在的知府及直隶州知州。（《新唐书·地理志》上说：“唐代兴盛之后，高祖改郡为州，太守为刺史。”）

宋真宗咸平四年，左司谏、知制诰杨亿疏言：“昔自秦开郡置守。汉以天下为十三郡，命刺史以领之。自后因郡为州，以太守为刺史。降及唐氏，亦尝变更，曾未数年，又仍旧贯。今多命省署之职，出为知州，又设通判之官，以为副贰。此权宜之制耳，岂可为经久之训哉。臣欲乞诸州并置刺史，以户口多少置其俸禄，分下、中、上、紧、望、雄之等级，品秩之制，率如旧章，与常参官[①]比视阶资，出入更践。省去通判之目，但置从事之员，建廉察之府以统临，按舆地之图而区处。昔太平兴国初，诏废支郡，出于一时。十国为连，周法斯在，一道置使，唐制可寻。至若号令之行、风教之出，先及于府，府以及州，州以及县，县及乡里，自上而下，由近及远，譬如身之使臂，臂之使指，提纲而众目张，振领而群毛理[②]。由是言之，支郡之不可废也明矣。臣欲乞复置支郡，隶于大府，量地里而分割，如漕运之统临，名分有伦，官业自举。又睹唐制，内外官奉钱之外，有禄米职田[③]，又给防阁庶仆亲事，帐内执衣，白直门夫，各以官品差定其数，岁收其课，以资于家，本司又有公廨田[④]、食本钱，以给公用。自唐末离乱，国用不充，百官奉钱并减其半，自余别给，一切权停。今郡官于半奉之中，已是除陌，又于半奉三分之内，其二以他物给之，鬻于市廛，十裁得其一二，曾糊口之不及，岂代耕之足云。昔汉宣帝下诏云：'吏能勤事，而奉禄薄，欲其无侵渔百姓，难矣。'遂加吏奉，著于策书。窃见今之结发登朝，陈力就列，其奉也不能致九人之饱，不及周之上农；其禄也未尝有百石之入，不及汉之小吏。若乃左右仆射，百僚之师长，位莫崇焉，月奉所入，不及军中千夫之帅，岂稽古之意哉？欲乞今后百官奉禄杂给，并循旧制，既丰其稍入，可责以廉隅。官且限以常员，理当减于旧费。"观此，则今代所循，大抵皆宋之余弊矣。

【注释】①常参官：日常参朝的官吏。②提纲而众目张，振领而群毛理：纲，渔网的总绳。原意为撒鱼网要抓住总绳才撒得开，鉴定裘服要提起衣领才看得清。后比喻善于抓住问题的关键与要害。③禄米：用作俸禄的粟米（古代官员俸禄，以米粮计算，故称"禄米"）。职田：古代按品级授予官吏作俸禄的公田。④公廨（xiè）田：隋唐时期给各官署以所收地租补充办公经费的公田。

【译文】宋真宗咸平四年，左司谏、知制浩杨亿上奏章说："从秦代开始设置郡和郡守。汉代把全国分为十三郡，让刺史来统领。从此以后因郡改为州，把太守改为刺史。到唐代，也曾改变，没有几年，又改回老样子。现在很多让省署的官员，出京任知州，又设置通判一职，成为副职。这是权宜之计罢了，怎么可以做长久的法则呢？我想请求各州都设置刺史，根据户口的多少决定他的俸禄，分下、中、上、紧、望、雄各等级，品级的制度，大概像旧的规章，和日常参朝的官吏相同的官阶和资历，出入任职。省去通判一职，但设立从事这个官员，建立廉察的部门来统管，按地图而分别处理。从前太平兴国之初，下诏废除支郡，出于一时的考虑。十个国家设置一连，周朝的方法还在，一道设置使，唐代的制度可寻。至于号令的执行、风俗与教化的发布，先传到府，府再传到州，州传到县，县传到乡里，自上而下，由近到远，好比身体指挥手臂，手臂指挥手指，提纲而众目张，振领而群毛理。这样说来，支郡不可废除的原因就清楚了。我想请求重新设置支郡，隶属于大府，根据地理区域来划分，如同漕运的统管，名分有伦，官业自举。又见唐代制度，内外官俸禄之外，有禄米职田，又给防阁庶仆亲事，帐内执衣，白直门夫，分别用官职等级确定数额，每年收他的课税，来补贴家用，本司又有公廨田和食本钱，补贴公用。自从唐末动乱，国用不足，百官俸禄都减少一半，此外别的收入，一切暂停。现在的郡官都只有一半的俸禄，已经是除陌，又在一半俸禄三分之内，其二用别的东西给他，在市场卖，十成只得到了一二，简直连糊口也做不到，难道足够代替耕种吗？从前，汉宣帝下诏说：'官吏能勤于事务，而俸禄薄，想要他不要掠夺百姓，太难了。'就增加官吏的俸禄，写在策书上。我看到现在的官员登朝，就任职位，他的俸禄不能使九人吃饱，不及周朝的上农；他们的俸禄未曾有一百石的收入，不及汉代的小官吏。至于左、右仆射，百官的师长，职位没有更高的，月俸所入，不及军中千人的首领，难道是遵循古制吗？想请求今后百官的俸禄杂给，遵循旧的制度，既稍微增加他们的收入，又可以以廉洁要求他们。官员限制数量，按理应当减少费用。"由此观之，那么现在所遵循的，大多数是宋代遗留下来的弊端。

知县

知县者，非县令而使之知县中之事。知犹管也。杜氏《通典》所谓"检校、试、摄、判、知之官是也"。唐姚合为武功尉，作诗曰："今朝知县印，梦里百忧生。"唐人亦谓之"知印"，其名始于贞元已后，其初尚带一"权"字。《白居易集》有《裴克谅权知华阴县令制》曰："华阴令卒，非选补时。唐制，凡选始于孟冬，终于季春。《唐晈传》："贞观中官吏部侍郎。先是选集，四时补拟不为限，晈请以冬初集，尽季春止，后遂为法。"调租勉农，政不可缺。前镇国军判官试大理评事裴克谅，久佐本府，颇有勤绩，属邑利病，尔必周知。宜假铜墨[1]，试其才理，待有所立，方议正名。”是权知者，不正之名也。至于普设知县，则起自宋初。《本朝事实》云：“五代任官，凡曹掾簿尉之龌龊无能，以至昏老不任驱策者，始注县令。故天下之邑，率皆不治。诛求刻剥[2]，猥迹万状，至优诨之言，多以令长为笑。”魏泰《东轩笔录》同。建隆三年，始以朝官为知县。其间复参用京官或幕职为之。《宋史》言：“宋初内外所授官，多非本职，惟以差遣为资历。建隆四年，诏选朝士分治剧邑。大理正奚屿知馆陶，监察御史王祐知魏，杨应梦知永济，屯田员外郎于继徽知临清，常参官宰县自此始。”又曰：“初，州郡多阙官，县令选尤猥下，多为清流[3]所鄙薄，每不得调，乃诏吏部选幕职官为知县。”自此以后，遂罢令而设知县，沿其名至今。

【注释】①铜墨：《汉书·百官公卿表上》：“县令、长，皆秦官，掌治其县。万户以上为令，秩千石至六百石。”又：“秩比六百石以上，皆铜印黑绶。”因亦以“铜墨”借指县令。②诛求：勒索，强制征收。刻剥：剥削、榨取。③清流：喻指德行高洁，负有名望的士大夫。

【译文】知县，不是县令却让他管理县中的事务。（知就是管。）杜佑《通典》所说的“检校、试、摄、判、知之官”之类。唐代姚合为武功县尉，作诗说：“今朝知县印，梦里百忧生。”唐代人也称之为“知印”，其名始于唐德宗贞元以后，其最初还带着一个“权”字。《白居易集》中有《裴克谅权知华阴县令制》说：“华阴县令去世，不是选补时。（唐代制度，凡选在孟冬十月开始，在季春三月结束。

《新唐书·唐皎传》:“贞观年间任职吏部侍郎。首先是选集,四时补拟不被限制,唐皎请求在冬季开始选集,到三月为止,后来成为条规。”)调租勉农,政不可缺。前镇国军判官试大理评事裴克谅,长期帮助本府,很有政绩,属邑的利弊,他一定要全面了解。应该让他代理县令,试试他的才能,等有所建树,再讨论给他名正言顺的官职。”这是暂时代理,不是正名啊。至于普遍设置知县,就起自宋初。《本朝事实》说:“五代时任命官员,凡是曹掾、主簿、县尉中龌龊无能,直到年迈不能承受驱使的人,开始铨叙为县令之职。所以天下的城邑,大都没有治理好。敲诈勒索剥削榨取,卑鄙下流的样子各种各样,导致优人打诨的话很多是取笑县令的。”(魏泰《东轩笔录》有同样的记载。)建隆三年,开始以朝内官员任知县。其中又参用京官或幕职任县官。《宋史》说:“宋初内外所授官职,很多不是本职,只以差遣为资历。建隆四年,下诏选朝士分治剧县。大理正奚屿任馆陶知县,监察御史王佑任魏县知县,杨应梦任永济知县,屯田员外郎于继徽任临清知县,常参官管理县一级从这里开始。”又说:“当初,州郡多缺少官员,县令这个职位尤其低下,多为清流之辈所鄙视,每次不能调任,于是下诏,命吏部选幕职官为知县。“从此以后,于是罢免县令而设置知县,沿用名字到现在。

《云麓漫钞》曰:“唐制:县令阙,佐官摄令曰知县事。李翱任工部,志文云‘摄富平尉知县事’是也。今差京官曰知县,差选人曰令,与唐异矣。”

【译文】《云麓漫钞》说："唐代制度：县令空缺，佐官代理县令主管县里的事务。李翱任工部，志文说'摄富平尉知县事'就是。现在派遣京官出任地方称知县，派遣候补人员则称县令，与唐代不同了。"

宋时结衔[①]，曰以某官知某府事，以某官知某州事，以某官知某县事，以其本非此府、此州、此县之正官而任其事，故云然。《山堂考索》："艺祖开基，召诸镇会于京师，赐第以留之，分命朝臣出守列郡，号权知军州事。"军谓兵，州谓民也。于慎行《笔麈》曰："宋时大县四千户以上，选朝官知，小县三千户以下，选京官知。故知县与县令不同，以京朝官之衔，知某县事，非外吏也。"如建隆三年，冤句令侯陟，以清干闻，擢左拾遗知县事，是也。今则直云某府知府，某州知州，某县知县，文复而义舛矣。

【注释】①结衔：官吏签署官衔。

【译文】宋代时签署官衔，说以某官主管某府事务，以某官主管某州事务，以某官主管某县事务，因为他们根本不是这个府、这个州、这个县的正官而任命他做这些事，所以这样说。(《山堂考索》记载："太祖开创基业，召各藩镇在京城相会，赏赐宅第以留住他们，分别命令朝廷大臣出京镇守各郡，称为'权知军州事'。"军说的是兵，州说的是民。于慎行《谷山笔麈》说："宋代时大县四千户以上，选朝官主管，小县三千户以下，选京官主管。所以知县和县令不相同，用京朝官的头衔，主管某县的事务，这不是外官啊。"比如建隆三年，冤句令侯陟，以清廉干练闻名，提升为左拾遗主管县里的事务，就是如此。）现在则直接说某府知府，某州知州，某县知县，名称还在而意思却不一样了。

北齐宰县多用厮滥①，至于士流耻居百里。《北史·元文遥传》。五代选令必皆鄙猥②之人。自古以来，以社稷民人寄之庸琐者，有此二败。以今准古，得无同之。

【注释】①厮滥：指出身低下者。②鄙猥：鄙野猥琐，丑陋矮小。

【译文】北齐的县宰多用出身低下的人，至于士人耻于任县级官员。（《北史·元文遥传》。）五代时选择县令一定都是鄙猥的人。自古以来，把国家人民寄托给庸下不识大体的人，有这两个失败的例子。用今天的事来比照古代的事，是不是相同啊。

知 州

宋叶适言："五代之患，专在藩镇。艺祖思靖天下，以为不削节度，则其祸不息，于是姑置通判，以监统刺史而分其柄。命文臣权知州事，使名若不正，任若不久者，以轻其权。宋敏求曰："凡节度州为三品，刺史州为五品。国初曹翰以观察使判颍州，是以四品临五品州也。同品为知，隔品为判。自后唯辅臣、宣徽使、太子太保、仆射为判，余并为知州。"监当知榷税，都监总兵戎，而太守者，即刺史。块然徒管空城、受词诉而已。诸镇皆束手请命，归老宿卫，昔日节度之害尽去，而四方万里之远，奉尊京城，文符朝下，期会夕报，伸缩缓急，皆在朝廷矣。”是宋初本有刺史，而别设知州以代其权，后则罢刺史而专用知州，以权设之名为经常之任矣。

【译文】宋代叶适说：“五代的弊病，单在藩镇。太祖想安定天下，认为不除去节度使，那么就会灾祸不止，于是开始设置通判来监管刺史而分其权力。让文臣代理知州的事务，让官名不正，任期不长，来减少他们的权力。（宋敏求说：“凡是节度州为三品官，刺史州为五品官。开国初期曹翰以观察使判颍州，就是以四品的官兼任五品州的官。相同的品级为知州，隔品为通判。从此以后只有辅臣、宣徽使、太子太保、尚书仆射为通判，其余都为知州。”）监应当主管征税，都监总领兵戎，而太守（即刺史），只是管理空城、接受诉讼而已。诸镇都束手请命，辞官养老，值宿宫禁，担任警卫。昔日节度使的危害都没有了，而即使四方万里之远，也都尊奉京城，文符早晨下发，限期施行政令晚上报告上来，伸缩缓急，都在朝廷的指挥之中。”宋初本来有刺史，而另设知州来代替他们的权力，后来就撤销刺史而专用知州，以暂时设置之名作为常官职任罢了。

《新唐书》：“元和初，李吉甫为相，病方镇强恣[①]，为帝从容言：使属郡刺史得自为政，则风化可成。帝然之，出郎吏十余人为刺史。”宋祖之以京官临制州县，盖赵公[②]开其端矣。

【注释】①强恣（zì）：亦作“彊恣”，强横恣肆。

【译文】《新唐书》："元和初年，李吉甫为宰相，担忧方镇强横放纵，怂恿皇帝说：如果让属郡刺史各自为政，那风化可形成。皇帝同意了，选出郎吏十多人任刺史。"宋太祖以京官亲自治理州县，这是赵国公李吉甫开的头。

知府

唐制，京郡乃称府。至宋，则潜藩[1]之地皆升为府。宋初，太宗、真宗皆尝为开封府尹，后无继者，乃设权知府一人，以待制[2]以上充。《皇朝政略》：凡命知府，必带"权"字，以翰林为之。翰林学士及杂学士若待制，则权发遣而已。陆游《渭南集》：权知府自李符始。崇宁三年，蔡京乞罢权知府，置牧、尹各一员。牧以皇子领，尹以文臣充。是权知府者，所以避京尹之名也。今则直命之为知府，非也。

【注释】①潜藩：指帝王为王侯时的封地。②待制：职官名。唐代始设，由六品以上的文官担任，为侍从顾问之职。

【译文】唐代制度，京郡就称府。到了宋代，则潜藩之地都升为府。宋初，太宗、真宗都曾任开封府尹，后来没有继任的人，于是设"权知府"一人，以待制以上官员充任。（《皇朝政略》：凡任命知府，一定要带"权"字，以翰林充任。翰林学士及杂学士如果是待制，就代理出任而已。陆游《渭南文集》：代理知府从李符开始。）宋徽宗崇宁三年，蔡京请求罢免代理知府，设置州牧、尹各一员。州牧让皇子兼任，尹以文臣充任。这个代理知府的人，为了避开京尹的名字啊。现在就直接命名为知府，是错误的。

守令

所谓天子者，执天下之大权者也。其执大权奈何？以天下之权寄之天下之人，而权乃归之天子，自公卿大夫至于百里之宰，一命之官，莫不分天子之权以各治其事，而天子之权乃益尊。后世有不善治者出焉，尽天下一切之权而收之在上，而万几[1]之广，固非一人之所能操也。沈约《宋书》论曰："孝建、泰始，主威独运，空置百司，权不外假，而刑政纠杂，理难遍通。"而权乃移于法，于是多为之法以禁防之。虽大奸有所不能逾，而贤智之臣，亦无能效尺寸于法之外，相与兢兢[2]奉法，以求无过而已。于是天子之权，不寄之人臣，而寄之吏胥。是故天下之尤急者，守令亲民之官，而今日之尤无权者莫过于守令。守令无权，而民之疾若不闻于上，安望其致太平而延国命乎？《书》曰："元首丛脞哉，股肱惰哉，万事堕哉。"盖至于守令日轻，而胥吏日重，则天子之权已夺，而国非其国矣，尚何政令之可言耶！削考功之繁科，循久任之成效，必得其人而与之以权，庶乎守令贤而民事理，此今日之急务也。

【注释】①万几：泛指执政者处理的各种政务。②兢（jīng）兢：小心谨慎的样子。

【译文】所谓的天子，就是掌握着国家大权的人了。他执掌大权怎么办？把天下的大权托付给天下的人，而权力归之于天子，从公卿大夫到管理百里的县令，一命的低级官员，没有不分天子的权力来各办其事，而天子的权力就越尊贵。后世有不善于治理国家的人出现了，把全天下一切的权力而收集在上，而国家的政务繁多，本来就不是一个人所能掌握的。（沈约《宋书》中说："孝建、泰始年间，君主独揽大权，空置百官，权力不外放，而刑政纠杂，不可能全部精通。"）而权力就转移到法律，于是多制定法律来禁止防范。即使大奸之人也不能越过法律，而有贤德有才能智慧的臣子，也不能在法律之外超越分寸，大家小心翼翼地遵守法律，以追求没有过错而已。于是天子的权力，不寄托给大臣，而寄托给吏胥。所以天下特别紧急的，就是郡守县令亲民之官，而今天尤其没有权力的莫过于郡守县令。郡守县令没有权力，而人民的疾苦不向皇上报告，怎么能指望它带来和平而延续国祚呢？《尚书》上说："元首烦琐细碎，辅佐的人懒惰，万事就会毁坏。"至于守令的权力越来越轻，而胥吏的权力越来越重，那么天子的权力已被剥夺，而国家不是这个国家，还有什么政令可以说吗？消除考核功绩的繁重赋税，延续久任的成效，一定找到合适的人给他们以权力，差不多郡守县令贤能而百姓的事得以治理，这是当务之急啊。

元吴渊颖《欧阳氏急就章解后序》曰："今之世，每以三岁为守令满秩，曾未足以一新郡县之耳目而已去。又况用人不得专辟，临事不得专议，钱粮悉拘于官而不得专用，军卒弗出于民而不得与闻。盖古之治郡者，自辟令丞，唐世之大藩[①]，亦多自辟幕府僚属。是故守主一郡之事，或司金谷，或按刑狱，各有分职，守不烦而政自治。虽令之主一邑，丞则赞治[②]而掌农田水利，主簿掌簿书，尉督盗贼，令亦不劳，独议其政之当否而已。今自一命而上，皆出于吏部。遇一事，公堂完署，甲是乙否，吏或因以为奸，勾稽文墨，补苴罅漏[③]，涂擦岁月，填塞辞欵，而益不能以尽民之情状。至于唐世之赋，上供、送使、留州，自有定额。兵则郡有都试，而惟守之所调遣。宋之盛时，岁有常贡，官府所在，用度赢余，过客往来，廪赐丰厚，故士皆乐于其职，而疾于赴功；兵虽不及于唐，义勇民丁，团结什伍，衣装弓弩，坐作击刺，各保乡里，敌至即发，而郡县固自兼领者也。今则官以钱粮为重，不留赢余，常俸至不能自给，故多赃吏；兵则自近戍远，既为客军，尺籍伍符，各有统帅，但知坐食郡县之租税，然已不复系守令事矣。夫辟官、莅政、理财、治军，郡县之四权也，而今皆不得以专之，是故上下之体统，虽若相维，而令不一，法令虽若可守，而议不一。为守令者，既不得其职，将欲议其法外之意，必且玩常习故，辟嫌碍例，而皆不足以有为。又况三时耕稼，一时讲武，不复古法之便易，而兵、农益分。遇岁一俭，郡县之租税悉不及额，军无见食，东那西挟，仓廪空虚，而郡县无复赢蓄以待用。或者水旱洊至，闾里萧然，农民菜色，而郡县且不能以振救，而坐至流亡。是以言莅事，而事权不在于郡县；言兴利，而利权不在于郡县；言治兵，而兵权不在于郡县，尚何以复论其富国裕民之道哉？必也，复四者之权一归于郡县，则守令必称其职，国可富，民可裕，而兵、农各得其业矣。”

【注释】①大藩：古代指比较重要的州郡一级的行政区。②赞治：协助治理。③补苴罅漏（bǔ jū xià lòu）：补苴，补缀。罅漏，缝隙。指补好裂缝，堵住漏洞。比喻弥补事物的缺失。

【译文】元代吴渊颖（吴莱）《渊颖集·欧阳氏急就章解后序》说：“当今之世，每次以三年为守令任期结束，还不足以成为一个新郡县的耳目就已经离开了。又何况用人不得专门征召任用，临事不能专门讨论，钱粮全部限制在官府而不能专用，士兵不出自百姓而不能参与。古代治理郡的人，自选县令县丞，唐代的大藩，也有很多自己征召幕府僚属的。所以太守主管一郡的事务，有的主管钱财粮食，有的查办案件，各有职责，太守的事务不繁多而政事自治。虽然县令主管一县，县丞则协助治理负责农田水利，主簿掌管文书，县尉督察盗贼，县令也不劳苦，只讨论其政事得失而已。现在从一命低级官员以上，都由吏部任命。遇到一件事情，公堂上完成部署，甲同意乙不同意，有的官吏因之为奸，勾画涂改刑律判状，弥补判状的缺失，涂改岁月，填满辞款，而更不能完全了解百姓的情况。到了唐代的赋税，上供、送使、留州，都有定额。军队则是郡有都试，而只有太守才能调遣。宋代兴盛的时候，每年有常贡，官府所在，费用盈余，过客来往，俸禄和赏赐丰厚。所以士人都喜欢自己的职位，想急速地建功立业；军队虽然赶不上唐代，义勇壮丁，团结队伍，衣服弓箭随身携带，行止之时皆谈论击刺之术，各保家乡，敌人到了就出发，郡县仍然兼任。现在，官员以钱粮为重，不留多余，正常的俸禄甚至不能自给，所以出现许多贪官污吏；军队就从近的戍守远方，既然是客军，军籍伍符，各有统帅，只知道坐吃郡县的租税，但已经不再是守令的事情了。聘官、执政、理财、治军，是郡、县的四种权力，而现在都不能专一，所以上下的体制，虽然像相连，而法令不一样，法令虽然像可以遵守，而意见不一样。为守令的，既不能够得到职位，想要讨论法纪之外的事情，一定要熟悉常法，避讳妨碍条例，都不能有所作为。又何况三个季节耕种，一个季节讲武，不再有古法的便利，而军队、农民的区别更加分开。遇上一年歉收，郡、县的租税全部收不到定额，军队没有饭吃，东挪西借，仓库空虚，而郡县没有满仓的积蓄以待使用。或者水旱灾害再次到来，乡里萧条，百姓都面带菜色，而郡县又不能以救济，导致百姓四处逃亡。因此说处理公务，而事权不在于郡县；说兴办有利的事情，而利权不在于郡县；说治军，但兵权不在于郡县，还怎么再讨论他的富国裕民的道路啊？一定要把四者的权力划归回郡县，那么守令必定称职，国家可以富强，民众可以富裕，而军队、农民各得其业了。”

宋理宗淳祐八年，监察御史兼崇政殿说书陈求鲁奏：“今日救弊之策，大端有四：宜采夏侯太初并省州郡之议，俾县令得以直达于朝廷；用宋元嘉六年为断之法，俾县令得以究心于抚字；法艺祖出朝绅为令之典，以重其权；遵光武擢卓茂为三公之意，以激其气。然后为之正其经界，明其版籍，约其妄费，裁其横敛。”此数言者，在今日亦可采而行之。

【译文】宋理宗淳祐八年，监察御史兼崇政殿说书陈求鲁上奏："现在纠正弊端的方法，大概有四个：应该采用夏侯玄合并各州郡的建议，使县令能得以直接把县里的情况上报给朝廷；用南朝宋文帝元嘉六年为断的方法，使县令得以用心于安抚体恤百姓；效法太祖让朝廷官员出任县令的制度，以提高他们的权力；遵守光武帝提拔卓茂为三公之意，以激发其气。然后为他们确定界限，明确他们的户籍，约束他们的胡乱开支，裁减他们的横征暴敛。"这几句话，在今天也可以选择采用实施。

《旧唐书·乌重胤传》："元和十三年，为横海节度使。上言曰：'臣以河朔能拒朝命者，其大略可见。盖刺史失其职，反使镇将领兵事。若刺史各得职分，又有镇兵，则节将[1]虽有禄山、思明之奸，岂能据一州为畔哉！所以河朔六十年能拒朝命者，只以夺刺史县令之职，自作威福故也。臣所管德、棣、景三州，已举公牒，各还刺史职，事讫，应在州兵，并令刺史收管。'从之。由是法制修立，各归名分。"是后虽幽、镇、魏三州，以河北旧风自相更袭，在沧州一道，独禀命受代，自重胤制置使然也。

【注释】①节将：持节的大将。泛指总军戎者。

【译文】《旧唐书·乌重胤传》记载："唐宪宗元和十三年，乌重胤成为横海节度使。上奏说：'我认为河朔能抗拒朝命的人，大概可以知道。这是刺史失职，反而使镇将统领军事。如果刺史各司其职，又有镇守的军队，那么节将即使有安禄山、史思明的邪恶，难道能占据一州反叛吗？因此河朔六十年能抗拒朝廷命令的人，只因抢夺了刺史县令的职责，所以能作威作福的缘故。我所管理的德、棣、景三州，已发公文，各自交还刺史的职权，事情完毕，在州县的兵力，一并交给令刺史代收管理。’皇上听从所奏。从此，法律制度建立，各自回归自己的职责。”此后虽然幽州、镇州、魏州三州，以河北传统相互更袭，在沧州一道，独自接受命令代理，从乌重胤规划使它变得这样的。

祖宗朝，凡大府知府之任，多有赐敕，然无常例。成化四年七月，廉州府知府邢正将之任，以廉州密迩珠池，喉襟交阯，近为广西流贼攻陷城邑，生民凋弊，特请赐敕。从之。吉安府知府许聪将之任，以吉安多强宗豪右，词讼繁兴，亦请赐敕，俾得权宜处置。从之。

【译文】明朝开国初期，凡是大府知府的任命，大多有任命的诏书，然而没有形成惯例。成化四年七月，廉州府知府邢正将要赴任，以廉州靠近珠池，为交阯要害之地，最近为广西流贼攻陷城邑，百姓凋弊，特请下诏书任命。皇上听从所奏。吉安府知府许聪将要赴任，以吉安多有势力的豪门大族，诉讼激增，也请下诏书，使得以权宜处置。皇上听从所奏。

刺史守相得召见

两汉之隆，尤重太守。史言：“孝宣拜刺史守相，辄亲见问，观其所由，退而考察所行，以质其言，有名实不相应，必知其所以然。常称曰：庶民所以安其田里，而亡叹息愁恨之心者，政平讼理也。与我共此者，其惟良二千石乎。”当日太守常得召见，或赐玺书[①]，堂陛之间，不甚阔绝[②]。文帝谓季布曰：“河东吾股肱郡，故特召君耳。”武帝赐严助书：“久不闻问，具以《春秋》对，毋以苏秦纵横。”赐吾丘寿王书：“子在朕前之时，知略辐凑[③]，及至连十余城之守，任四千石之重。师古曰：太守、都尉，皆二千石。今寿王为都尉，不置太守，故云四千石也。职事并废，盗贼纵横，甚不称在前时，何也？”光武劳郭伋曰：“贤能太守，去帝城不远，伋为颍川太守。河润九里，冀京师并蒙福也。”天下之大，不过数十郡国，而二千石之行能，皆获简于帝心，是以吏职修而民情达。以视后世之寄耳目于监司，饰功状于文簿者，有亲疏繁简之不同矣。其在唐时，犹存此意。玄宗开元十三年，上自选诸司长官有声望者十一人为刺史，命宰相诸王饯于洛滨，御书十韵诗赐之。宣宗时，李行言自泾阳县令除海州刺史，李君奭自醴泉令除怀州刺史，皆采之民言，擢以御笔。入谢之日，处分州事，万里之远，如在阶前。夫人主而欲亲民，必自其亲大吏始矣。

【注释】①玺书：古代以泥封加印的文书。古代长途递送的文书易于破损，所以书于竹简木牍，两片合一，缚以绳，在绳结上用泥封固，钤以玺，故称玺书。秦以后专指皇帝的诏书。②阔绝：长时间断绝音讯、往来。③知略：智慧与谋略。辐凑：车辐会聚于毂，形容人物的聚集和稠密。

【译文】两汉的兴盛时期，尤其重视太守。史书上说："汉宣帝任命刺史郡守、相国，总是亲自召见询问，观察他为达到目的所采用的方式方法，然后下朝后考察他所做的举措，来对证他说的话，有名实不符的，一定要知道原因。常说：百姓之所以安居乐业，而没有叹息愁苦怨恨之心的原因，是政治公平诉讼合理啊。和我一起做好这件事的，只是那些二千石的良吏啊。"当时太守经常得到召见，有的赏赐诏书，宫内和外界之间，不至于长时间断绝音讯。文帝对季布说："河东是我最重要的郡，所以特地召见你啊。"武帝赐给严助的书信说："阔别许久没有听到你的消息，把你的情况全部根据《春秋》经义禀告我，不要使用苏秦的纵横之术。"赐给吾丘寿王的书信说："你在我跟前的时候，智谋韬略层出不穷，等到做广大地界的地方官，担任四千石俸禄的重要职位。（颜师古说：太守、都尉，都官至二千石俸禄。现在寿王任都尉，不设置太守，所以说四千石。）公务事业通通荒废，盗贼到处都是，和在我跟前时的样子大不相称，为什么呢？"光武帝慰劳郭伋说："贤能太守，距离都城不远，（郭伋为颍川太守。）河水能润泽广大地地方，希望京城一起蒙福啊。"天下之大，不过几十个郡国，而二千石官员的品行才能，皇帝都认真挑选，因此官吏得到整治而民情通达。再看看后代的让监司监督众官员，在文策典籍上修饰功绩，就会有亲疏繁简的不同了。在唐朝时期，还存在这样的意志。唐玄宗开元十三年，皇上亲自挑选各部门长官中有声望的十一人任刺史，命令宰相诸王在洛水之滨为他们饯行，御书赐给他十韵诗。宣宗时，李行言从泾阳县县令升任海州刺史，李君奭从醴泉县令升为怀州刺史，都采用了百姓的建议，皇帝亲自提拔。入朝谢恩的日子，处理州事，虽在万里之远，就像在台阶前。皇帝想要亲民，一定从亲近他的大臣开始。

《册府元龟》："宪宗元和三年二月敕，许新除官及刺史等，假日于宣政门外谢便进状辞，其授官于朝堂礼谢，并不须候假开①。国朝旧制，凡命都督、刺史，皆临轩②册拜，特示恩礼。近岁虽不册拜，而牧守受命之后，皆便殿口对赐衣。盖以亲人唐讳"民"字改曰"人"。之官，恩礼不可废也。时宰相李吉甫之舅裴复，新除河南少尹，求速之任，适遇寒食假，吉甫特奏请，遂兼刺史，同有是命，非旧典也。"今日则名为陛辞，而不得一见天颜。堂廉内外之分，益为邈绝。

【注释】①假开：假期以后。②临轩：天子御临正殿前面的平台。

【译文】《册府元龟》："唐宪宗元和三年二月下诏，批准新任官员和刺史等，假日在宣政门外拜谢就进状辞别，授官在朝堂礼谢，并不需要等假期以后。朝廷旧制，凡任命都督、刺史，皇帝都御临正殿前面的平台册拜，特地表示恩宠礼遇。近几年虽然没有册拜，而州牧郡守受命之后，都在殿口赏赐给衣服。因为亲民（唐朝忌讳"民"字改为"人"）的官员，恩礼不可以废弃。当时宰相李吉甫的舅舅裴复，新任河南少尹，请求快速赴任，正好遇上寒食假期，李吉甫特地奏请，于是兼任刺史，同样有这个命令，不是旧典。"现在名义上是上殿辞别皇帝，而实际不能见到皇上。朝廷内外之分，更加遥远隔绝了。

汉令长

汉时令长，于太守虽称属吏，然往往能自行其意，不为上官所夺。如萧育为茂陵令，会课[①]育第六，而漆令郭舜殿见责问，育为之请，扶风怒曰："君课第六裁自脱，何暇欲为左右言？"及罢出，传召茂陵令诣后曹，当以职事对。育径出曹，书佐随牵育，育案佩刀曰："萧育，杜陵男子，何诣曹也？"遂趋出，欲去官。明旦诏召入，拜为司隶校尉。育过扶风府门，官属掾吏数百人，拜谒车下。陶廉为舒令，太守张磐同郡先辈，与谦父友，意殊亲之，而谦耻为之屈。尝舞属谦，谦不为起，固强之乃舞，舞又不转。磐曰："不当转邪？"谦曰："不可转，转则胜人。"如此事在今日，即同列所难堪，而昔人以行之上官，汉时长吏之能自树立，可见于此矣。

【注释】①会课：旧时考核官吏成绩或学校考课。

【译文】汉代时的令长，虽然为太守的属吏，但往往能按照自己的意愿行事，不因上司而改变。如萧育为茂陵令，有一次州郡考察政绩，萧育排名第六，而漆县县令郭舜被召见责问，萧育为他请求，扶风长官生气地说："你自己的政绩才排第六，勉强过关而已，你哪有时间为别人求情呢？"会议结束后出来，地方长官传召茂陵令到后堂，有职务上的事情询问。萧育不听召见，直接走出衙门，书佐见萧育怒了，赶忙拉住他，不让他走，以免得罪地方长官。萧育站着并手按佩刀说：“我萧育是杜陵响当当的男子，岂会为一个小小的官职任人羞辱，为什么到后堂啊？”就快步走出厅堂，决意辞官。第二天，皇帝听说了萧育的事，认为萧育讲义气，有骨气，很是欣赏，于是下令召见萧育，拜萧育为司隶校尉。萧育领官归来，路过扶风府邸的大门口，大约有数百名官员出来与萧育相见，拜谒车下。陶谦为舒令，太守张磐是同郡的前辈，与陶谦的父亲是朋友，想特别亲近他，但陶谦把向他低头当作耻辱。曾经叫陶谦跳舞，陶谦不站起来，坚持强迫他跳舞，跳舞又不转动身体。张磐说：“不应该转动身体吗？”陶谦说：“不能转动，转动就超过别人了。”这样的事情在现在，就是同事也难以忍受，而从前有人这样对待他的上司，汉代官吏的能够自我独立，由此可见了。

《宋史·司马池传》，授永宁主簿，与令相恶。池以公事谒令，令南向倨坐不起，池挽令西向偶坐，论事不为少屈。

【译文】《宋史·司马池传》，司马池被授予永宁县主簿，与县令关系不好。司马池因公事去见县令，县令面向南伸着脚坐着不起身，于是司马池挽着县令向西并排坐在一起，讨论公事没有一点屈服。

京官必用守令

《通典》言：晋制，不经宰县不得入为台郎。魏肃宗时，吏部郎中辛雄上疏，以为郡县选举，由来共轻，宜改其弊，分郡县为三等，三载黜陟，有称职者方补京官，如不历守令，不得为内职①，则人思自勉。唐张九龄言于玄宗曰："古者刺史入为三公，郎官出宰百里。致理之本，莫若重守令。凡不历都督刺史，虽有高第，不得任侍郎、列卿。不历县令，虽有善政，不得任台郎、给舍。都督、守令虽远者，使无十年任外。"从之。诏三省侍郎缺，择尝任刺史者，郎官缺，择尝任县令者。宣宗大中改元制曰："古者郎官出宰，郡守入相，所以重亲人之官，急为政之本。自浇风②久扇，此道寖消，颉颃清涂③，便臻显贵。治人之术，未尝经心，欲使究百姓艰危，通天下利病，不可得也。轩墀近臣，盖备顾问，如不知人疾苦，保以膺朕眷求？今后谏议大夫、给事中、中书舍人，未曾任刺史、县令者，宰臣不得拟议。"宋孝宗时，臣僚言："吏事必历而后知，人才必试而后见。为县令者必为丞簿，为郡守者必为通判，为监司者必为郡守，皆有差等。未历亲民，不宜骤擢。"因定知县以三年为任，非经两任，不除监察御史。此开元、乾道之吏治，所以独高于近代也。明代纶扉之地，必取词林，名在丙科，始分铜墨。于是字人之职轻，而簿书钱谷之司，一归之俗吏矣。汉谚有云："取官漫漫，怨死者半。"《风俗通》。而宋神宗尝谓宰臣曰："朕思祖宗以百战得天下，今以州郡付之庸人，常切痛心。"后之人君，其以斯言书之坐右乎？

【注释】①内职：指供职禁中，内参机要的朝廷重臣。②浇风：浮薄的社会风气。③颉颃（xié háng）：泛指不相上下，相抗衡。清涂：清贵之途。

【译文】《通典》说：晋代制度，不做县宰不得入朝担任尚书郎。北魏孝明帝（庙号肃宗）时，吏部郎中辛雄上疏，认为郡守县令的选拔，自始以来就轻率，应该改变它的弊端，分郡县为三等，三年升降，有称职的方递补京官，如果不经过守令，不能为朝廷重臣，那么人就会自我勉励了。唐张九龄对玄宗说："古代的刺史入朝任三公，郎官出任县令。治国的根本，莫若重视守令。凡是不历任都督刺史，虽然考试名列前茅，不能到任侍郎、列卿。没有担任过县令，虽然有善政，不能到任尚书郎、给事中、中书舍人。都督、守令距离京城远的，使他任职外官不超过十年。"皇帝听从了。下诏三省侍郎空缺，选择曾任刺史的人；郎官空缺，选择曾任县令的人。宣宗大中改元时下诏说："古代的郎官出任县宰，郡守入相，之所以看重亲民之官，是急于治理国家的根本。从浮薄的风气长期发生，这种方式逐渐消失，不相上下清贵之途，就达到显贵。管理人的方法，从未留心，想使他探寻百姓的艰难险阻，精通整个天下的利弊，不可能得到啊。朝廷的近臣，以备顾问，如果不知道百姓的疾苦，怎么能承当我的殷切寻求？今后谏议大夫、给事中、中书舍人，不曾任职过刺史、县令的，宰相不能提议升职。"宋孝宗时，官员们说："吏事只有经历后才能知道，人才一定要测试过才能了解。为县令者必须做过县丞主簿，为郡守者必须做过通判，为监司者必须做过郡守，都有次序等级。没有亲自治理百姓的经历，不应该突然提升。"于是定知县以三年为期限，没有经过两任，不能升任监察御史。这是开元、乾道年间的官吏治理，所以唯独比近代高明啊。明代内阁之地，一定取名"词林"，名字在丙科，开始分县令。在这个字的人职位轻，而公文钱谷的部门，都划归才智平庸的官吏了。汉代谚语有说：“当官的昏聩糊涂，遭受冤枉死去的人就会很多。”（《风俗通》。）而宋神宗曾经对宰相说：“我常常想太祖太宗以百战得天下，现在却把州郡交付给庸人，想到这些，就很痛心。”后来的君主，有把这句话当成座右铭了吗？

贞观初，马周上言：“古者郡守县令，皆妙选贤德，欲有所用，必先试以临人，或由二千石高第，入为宰相。今独重内官，县令刺史，颇轻其选。又刺史多武夫勋臣，或京官不称职，始出补外。折冲果毅[①]，身力强者入为中郎将，其次乃补边州。而以德行才术擢者，十不能一。所以百姓未安，殆由于此。”夫以太宗之政，而马周犹有此言，则知重内轻外，自古之所同患。人主苟欲亲民，必先亲牧民之官，而后太平之功可冀矣。

【注释】①折冲：克敌制胜。果毅：果敢坚毅。

【译文】唐太宗贞观初年，马周上奏说：“古代的郡守县令，都精心挑选有才德的人，想重用他，一定要先测试使用他，有人从二千石名列前茅，入朝任宰相。现在只重用内官，县令刺史，很轻视这当中的选拔。而刺史多为武将功臣，有人朝官不称职，出外补缺。克敌制胜，果敢坚毅，身体强壮的人入朝担任中郎将，其次才是补任边疆州郡。而以德行才能提升的人，十成不到一成。因此百姓不安，大概是由于这个吧。”以唐太宗的国家治理，而马周仍然有这样的话，就知道重朝内轻朝外，是自古以来的共同弊端。君主如果想亲民，一定要先亲近治理民众的官员，然后太平盛世可以指日可待了。

宗 室

汉唐之制，皆以宗亲与庶姓[1]参用。入为宰辅，出居牧伯者，无代不有。汉孝昭始元二年，以宗室无在位者，举茂才刘辟强、刘长乐，皆为光禄大夫，辟强守，长乐卫尉。孝平元始元年诏：宗室为吏举廉佐史，补四百石。师古曰：言宗室为吏者，皆令举廉，各从本秩，而依廉吏迁之，为佐史者，例补四百石。唐玄宗开元二十五年五月辛丑，命有司选宗子有才者。宗正[2]荐四从叔前奉天令知正，四从叔前祁县令志远，五从弟洛阳尉遇，六从弟酸枣丞良，五从弟武进尉胐，五从侄郑县尉瞻，五从侄前宋州参军承嗣，皆授台省官，及法官，京县官。诏曰："至公之用，本无偏党，惟善所在，岂隔亲疏？四从叔知正等，咸有才名，见推公族，秉惟清之操，兼致远之资。朕每虑同盟，不勤于德，常县右职，以劝其从。先委宗卿，精为内举，量能考行，历任逾时，名数则多，升闻益寡，光膺是选，谅在得人，固可擢以清要，迁于台阁，将观志于七子，冀借名于八人。《书》不云乎：'九族既睦，平章百姓。'凡今懿戚，可不慎与？违道漫常，义无私于王法：修身效节，恩岂薄于他人。期于帅先，励我风俗，深宜自勉，以副明言。"天宝三年正月诏，皇五等以下亲，及九庙子孙，有材学政理，委宗正寺拣择闻荐。宪宗元和二年诏略同。德宗贞元二年八月，以睦王府长史嗣虢王则之为左金吾大将军。谓宰臣曰："朕不欲独用外戚，故选宗室子有才行者奖拔之。"

【注释】①庶姓：古代称与王无亲属关系的异姓诸侯。②宗正：官名。掌管王室亲族的事务。汉魏以后，皆由皇族担任。

【译文】汉唐两代的制度，都以宗亲和庶姓参酌使用。入朝则为宰相，出朝则官至牧伯，没有哪一代不是这样。汉孝昭帝始元二年，从不在位的宗室中，举荐茂才刘辟强、刘长乐，都是光禄大夫，辟强为长乐宫卫尉。汉平帝元始元年下诏：宗室中为吏的，因廉洁升迁为佐史的，例补四百石。（颜师古说：说宗室中为吏的人，都让他们举荐廉洁之人，分别依从各自的俸禄，而依照廉洁官吏升迁，为佐史的，例补四百石。）唐玄宗开元二十五年五月二十八日，让有司挑选宗室子弟中有才能的人。宗正推荐四堂叔前奉天令知正，四堂叔前祁县令志远，五堂弟洛阳尉遇，六堂弟酸枣丞良，五堂弟武进尉朏，五堂侄郑县尉瞻，五堂侄前宋州参军承嗣，都委任台省官，以及法官、京县官。下诏说：“最公正的使用，根本就没有偏向，只要善存在的地方，怎么会隔断亲疏？四堂叔知正等人，都有才气，为公族所推举，秉持清廉的操守，致力于远大的理想。朕经常担心本族宗亲，不勤于德，常空着右职，以鼓励他们听从劝告。先委任他们大臣，挑选荐举亲故，考核他们的能力品行，多次任职超过时间，名数就很多，向朝廷呈报的更少，光荣接受这个选择，确实在于得到人才，本来可以以清要之官提拔，升迁到台阁，将观察心志的有七人，期望借名的有八人。《尚书》不是说吗：‘九族已经和睦，辨别清楚百官。’现在所有的皇亲国戚，能不谨慎吗？违背正义越过常礼，义无私于王法；修养自身尽忠国家，恩赐怎么会比其他人薄呢。期望身先士卒，激励我们的风俗，应该时刻勉励自己，来符合先哲之言。”天宝三年正月诏令，皇族五等以下的亲属，以及九庙的子孙，有才学政绩的，委托宗正寺选择推荐。(唐宪宗元和二年下诏大致相同。)唐德宗贞元二年八月，以睦王府长史嗣虢王李则之为左金吾大将军。唐德宗对宰臣说：“我不想单独任用外戚，所以挑选宗室子中有才能品行好的，奖励提拔他们。”

昭宗乾宁二年六月丁亥朔，以京兆尹嗣薛王知柔，兼户部尚书判度支，兼诸道盐铁转运等使。制曰：“支度牢笼之务，弛张经制之宜，当择通才，俾继成绩。佥曰叔父，膺予简求，匪私吾宗，示张王室。”故终唐之世，有宰相十一人。郇王房有林甫、回，郑王房有程、石、福，小郑王房有勉、夷简、宗闵，恒山王房有适之，吴王房有岘，惠宣太子房有知柔。而《旧史》赞之曰：“我宗之英，曰皋嗣曹王与勉。”宋子京以为周、唐任人不疑，得亲亲用贤之道，惟本朝不立此格。于是为宗属者，大抵皆溺于富贵，妄自骄矜，不知礼义。至其贫者，则游手逐食，靡事不为。名曰天枝，实为弃物。宋时凡宗室之不肖者，俗呼为泼撒太尉。曹冏所谓今之州牧郡守，古之方伯诸侯，或比国数人，或兄弟并据，而宗室子弟，曾无一人间厕其间。《六代论》。正有明当日之事也。崇祯时，始行换授[1]之法。而教之无素，举之无术，未见有卓然树一官之绩者。三百年来，当国大臣皆畏避而不敢言，至天子独断行之，而已晚矣。然则亲贤并用，古人之所以有国长世者，后王其可不鉴乎。正统十四年，也先犯京师，诏诸王率兵勤王。已而寇退，诏止之。大理寺丞薛瑄奏：宜择诸王最贤者二三人，召来参预大议，匡辅圣明。帝曰：不必召。

【注释】①换授：荐举制度。明崇祯年间始定，由亲王保举宗室入仕。无亲王之藩，郡王亦可保举。

【译文】唐昭宗乾宁二年六月初一，任命京兆尹嗣薛王李知柔，兼任户部尚书判度支，兼诸道盐铁转运使等使。制说："筹划牢笼的事务，治国制度的宽严，当选择通才，让他们继续成绩。都说叔父，受我挑选，不是偏爱我宗亲，而是彰显给王室看。"所以终唐之世，有宰相十一人。（郇王房有李林甫、李回，郑王房有李程、李石、李福，小郑王房有李勉、李夷简、李宗闵，恒山王房有李适之，吴王房有李岘，惠宣太子房有李知柔。）而《旧唐书》评论说："我同宗英才，是说李皋和李勉。"宋子京认为周代、唐代用人不疑，得到亲人任用贤才的方法，只有国家不建立这种方式。于是为宗族的人，大抵都沉溺于富贵，妄自骄矜，不知道礼仪。等到他们贫困了，就游手好闲乞讨食物，无事不做。名叫皇族后裔，实际上是废物。（宋代时，凡是宗室中不肖之人，俗称为泼撒太尉。）曹冏所谓现在的州牧郡守，古代的方伯诸侯，有的比国数人，有的兄弟并据，而宗室子弟，从来没有一个人置身其中。（《六代论》。）正是国家现在的问题。崇祯时，开始实行"换授"的方法。而不经常教育他们，推荐他们没有办法，未发现有卓越树立一个官员政绩的人。三百年来，执政的大臣们都害怕而不敢说，导致天子独断专行，可是已经太晚了。既然这样，那么亲贤一起使用，才会出现古人之所以有国家长久的，后来的君王怎能不借鉴这些呢。（正统十四年，也先侵犯京城，英宗下诏诸王率兵勤王。不久也先退走，于是下诏停止的。大理寺丞薛瑄上奏：应该选择诸王中最贤明的二三人，召来参与大讨论，辅佐圣明。皇帝说：不必召来。）

光武中兴，实赖诸刘之力。乃即位已后，但有续封之典，而无举贤之诏。明、章已下，恩泽教训，徒先于四姓小侯，《明帝纪》：永平九年，为四姓小侯开立学校，置五经师。注：四姓，樊氏、郭氏、阴氏、马氏，其子弟号曰小侯。而不闻加意于宗属者。然而亲疏并用，犹法西京，故灵、献之世，荆表、益焉，各专方镇，而昭烈乘之以称帝于蜀，若颠木之有由蘖。其与宋之二王航海奔亡，一败而不振者，不可同年而语矣。

【译文】光武帝中兴，实际依赖各个刘姓宗亲的力量。于是即位以后，只是有续封的典礼，而没有举贤的诏书。明帝、章帝以后，恩泽教训，只是先给四姓小侯，（《明帝纪》：永平九年，为四姓小侯开设学校，设置五经师。注：四姓，樊氏、郭氏、阴氏、马氏，他们的子弟叫小侯。）而没有听说用心在宗族的人。然而，亲疏一起使用，还是效法西汉，所以灵帝、献帝的时候，荆州刘表、益州刘焉，各自手握兵权镇守一方，而刘备在蜀称帝，就像倒掉的木头长出嫩芽。他和宋代的二王航海逃亡，一旦失败而一蹶不振的人，不能相提并论。

唐末，屯田郎中李衢作《皇室维城录》，其有感于宗枝之不振乎！史言："自玄宗以后，诸王不出阁，不分房。"盖自永王璘举兵，而人主疏忌其兄弟矣。使得自树功名，如曹王皋者三五人，参错天下为牧帅，亦何至大盗覆都，强臣问鼎，而十六宅诸王，并歼于逆竖[1]之手也。

【注释】①逆竖：对叛逆者的憎称。

【译文】唐末，屯田郎中李衢作《皇室维城录》，他有感于宗室的一蹶不振！（史书上说：“从玄宗以后，诸王不出封国，不分房。”自从永王李璘起兵后，而君主疏远猜忌他的兄弟了。）使自己得到树立功名，像曹王李皋的有三五人，交错在天下各地为牧帅，又何至于会发生大盗覆都，强臣问鼎，而十六宅诸王，一起被歼灭在叛逆者的手里呢。

明宗室自天启二年开科，得进士一人。朱慎鍳列名奄[1]案，为宗人羞，此不教不学之所致也。崇祯中，得进士十二人，惟朱统𨨗起家庶吉士，官至南京国子监祭酒。而其始馆选时，尚有以宗生[2]为疑，吏部尚书王永光曰：“既可以中翰[3]，即可以庶常[4]。”遂取之。其他换授甚多，然当板荡[5]之际，才略无闻。

【注释】①奄：古同“阉”，指宦官。②宗生：出身皇族的考生。③中翰：明、清时内阁中书的别称。④庶常：《书．立政》：“太史、尹伯，庶常吉士。”周秉钧易解：“庶，众也。常，祥也。吉，善也。庶常吉士，言上列各官皆祥善也。”明置庶吉士，取义于此。清因以“庶常”为庶吉士的代称。⑤板荡：《板》《荡》都是《诗经·大雅》中讥刺周厉王无道而导致国家败坏、社会动乱的诗篇。后因以指政局混乱或社会动荡。

【译文】明代宗室从天启二年开考，获得进士一人。朱慎鍙名列魏忠贤案中，被宗人认为是羞耻，这是不教不学所造成的。崇祯年间，获得进士十二人，只有朱统鈽从庶吉士起家，官至南京国子监祭酒。而他开始被选任馆职时，还有人以他是宗生被怀疑，吏部尚书王永光说："既然可以做中书，就可以做庶常。"于是录取了。其他根据才能调任官职的很多，然而在国家动荡之际，那些人才能几乎没有听说。

张邦基《墨庄漫录》，言国朝宗室，例除环卫，裕陵[①]始以非袒免补外官，继有登科者。《五杂俎》："宋时宗室，散处各郡县，入籍应试。在京师者，别为玉牒所籍。至绍兴十一年，从程克俊言，以所考合格宗室附正奏名殿试。其后杂进诸科，与寒素等，而官续相业，亦相望不绝书。"然未有为侍从。宣和五年，始除子崧徽猷阁待制，继而子湆亦除，八年又除子栎。乃靖康之变，已不旋踵。有明之事，与宋一辙。

【注释】①裕陵：宋人对神宗的习惯称呼。神宗陵本名永裕陵，在河南省巩义西南。

【译文】张邦基的《墨庄漫录》，提及宋朝宗室，例除环卫，神宗开始以不是袒免的补任外官，继而有登科的。(《五杂俎》："宋朝时期的宗室，分散在各郡县，在当地登记参加考试。在京城的人，另外为玉牒所登记。到绍兴十一年，听从程克俊的建议，以所考合格的宗室附正奏名殿试。此后杂进各科，与贫寒的普通人一样，而出仕为官继续大的功业，也互相不断绝书信来往。”）但是没有担任侍从的。宣和五年，开始任命赵子崧为徽猷阁待制，紧接着赵子湜也被授任官职，宣和八年，又授任赵子栎。靖康之变后，这些做法转瞬之间就没有继续下去了。明朝的事，与宋代如出一辙。

昔后魏元志为洛阳令，不避强御[1]。孝文帝谓邢峦曰：“此儿竟可。所谓王孙公子，不镂自雕。”峦曰：“露竹霜条，故多劲节[2]，非鸾则凤，其在本枝也。”人主之宗属，岂必无才能优于庶姓者哉！

【注释】①强御：豪强，有权势的人。②劲节：竹木枝干分杈处称节。以其质地坚实，故称劲节。

【译文】从前北魏元志为洛阳令，不畏避强暴。孝文帝对邢峦说：“这孩子竟然这样。所谓王孙公子，不用别人雕刻自己就会粉饰。”邢峦说：“被露水和霜打过的竹与条，所以会有很多劲节，不是鸾鸟就是凤凰，他就在各自的树枝上啊。”君王的宗族，难道一定没有能力优于庶姓的人吗！

闵管、蔡之失道[1]，而作《常棣》之诗，以亲其兄弟，此周之所以兴；惩吴、楚七国之变，而抑损诸侯，至于中外殚微，本末俱弱，此西汉之所以亡也。宋沈怀文谏孝武曰：“陛下既明管、蔡之诛，愿崇唐、卫之寄。”深得富辰谏王之指。夫惟圣人，以至公之心处亲疏之际，故有国长久，而天下蒙其福矣。

【注释】①管蔡之失道：又称三监之乱或武庚之乱。是西周初期分封于商王畿地区（今河南安阳）周围的三位统治者叛乱的事件。武王灭商后，听取周公旦意见采取“以殷治殷”的政策，分封纣王之子武庚于殷，利用他统治殷民。同时武王派遣其兄弟管叔、蔡叔、霍叔在殷都附近建立邶、鄘、卫三国以监视武庚史称‘三监’。三监地域，一般认为，商都以北地区为邶；商都以南地区为鄘；商都以东地区为卫。武王灭商后不久即病逝，周公摄政，引起管叔、蔡叔及其群弟的疑忌，武庚见机拉拢发动叛乱。周王朝面临严峻的形势，于是周公东征，诛武庚，杀管叔而放蔡叔，废霍叔为庶民，平定了三监之乱。

【译文】哀伤管叔、蔡叔的违背道义，而作《常棣》之诗，以亲其兄弟，这是周朝兴盛的原因；警戒于吴、楚七国的变化，而限制诸侯，导致中外衰微，本末俱弱，这是西汉王朝之所以灭亡的原因。（宋代沈怀文进谏孝武说：“既然陛下明白管叔、蔡叔被惩罚的原因，希望尊重唐、卫的托付。”深得富辰劝谏周襄王的意旨。）只有圣人以最公正之心处理亲疏关系，所以才会有国家长久，而天下得到幸福了。

《金史》：“密国公璹，世宗子越王永功之子也。天兴初，国事危急，曹王出质，璹已卧疾，求入见哀公于隆德殿。上问叔父欲何言？璹奏曰：‘闻讹可曹王名欲出议和。讹可年幼，恐不能办大事，臣请副之，或代其行。’上慰之曰：‘南渡后，宣宗迁汴。国家比承平时，有何奉养，然叔父亦未尝沾溉。无事则置之冷地，无所顾借，有急则投之不测，叔父尽忠固可，天下其谓朕何？叔父休矣！’于是君臣相顾泣下。”哀宗虽亡国之君，而其言有足悲者。章宗防制刻削[①]兄弟，而其祸卒至于此，岂非后王之永鉴哉？

【注释】①防制：防备和控制。刻削：侵害；剥夺。

【译文】《金史》记载：“密国公完颜璹，世宗子越王完颜永功的儿子。天兴初年，国事危急，曹王出为人质，完颜璹已经卧病在床，在隆德殿请求进见哀宗。皇上问叔父想说什么？完颜璹说：‘听到曹王完颜讹可想出外议和。讹可年幼，恐怕不能办大事，我请求辅助他，或者代替他做人质。’皇上安慰他说：‘南渡后（宣宗迁都汴梁），国家以前太平时，没有什么赡养，可是叔父也不曾受到恩惠。没有事时把你放在一边，没有顾念亲情，有危急就投到危险的地方，叔父尽忠本来可以，天下的人会怎么说我啊？叔父别说了！’于是君臣相视流泪。”哀宗虽然是亡国的君主，但他说的话足够让人悲伤了。章宗防备控制侵害兄弟，而他的灾祸突然出现在这里，这难道不作为后来帝王应该长久借鉴的吗？

自古帝王为治之道，莫先于亲亲。而有明之待亲王及其宗属也，则位重而愈疏，禄多而愈贫。诚有如汉哀帝时杜业上言，宗室诸侯微弱，与系囚无异者。《英宗实录》载：“景泰三年七月甲辰，陕西布政司言：‘秦愍王子，故庶人尚炌，男女十人，皆未有室家，请如诏于军民之家，自择昏配。’从之。”时其长女年四十，长子年三十六矣。此去开国八九十年，太祖之曾孙，而怨旷[①]之感不得上闻已如此，又况数传而下者乎？于是请名请昏，无不有费，而不副其意，即部中为之沈阁。

【注释】①怨旷：指女无夫，男无妻。

【译文】自古以来帝王的治国之道，首先在于亲近亲属。而明朝对待亲王和他的宗族，则是权力越重就越疏远，俸禄越多国家反而更加贫穷。正像汉哀帝时杜业上书说，宗室诸侯微弱，与囚犯没有差别。《英宗实录》记载："景泰三年七月十三日，陕西布政司说：'秦愍王的儿子，原来的庶人朱尚炌，男男女女共有十人，都没有家室，请下诏令在军民之家，自由选择婚配。'皇帝依奏。"当时他的长女四十岁，长子三十六岁了。这距离建国才八九十年，太祖的曾孙，而男女未婚的情况皇上不知道已经如此了，又何况数代传下来的呢？于是为他们请名请婚，无不有费，但不是符合他们的意思，就是各部把他们耽搁了。

《宋史·赵希曜传》："宗姓多贫，而始生有训名[1]，为人后有过礼，吏受赇无艺，莫敢自陈。"《云麓漫钞》言："宗籍凡袒免亲[2]以上皆赐名，乃有寓不典[3]之言，乃取怪僻字样，以为戏笑。"明代之弊同此。

【注释】①训名：父亲、老师所命之名，又称学名。旧时世家、门阀的儿童，入学受教育时也会由父亲、老师或其他长辈，取一个"训名"，供老师称呼，有别于小名、表字。②袒免亲：指五服以外的远亲，如高祖的亲兄弟、曾祖的堂兄弟、祖父的再从兄弟、父亲的三从兄弟、自己的四从兄弟及三从侄、再从侄孙等。③不典：不守常道，不合准则。

【译文】《宋史·赵希暱传》："宗姓大多贫困，才开始有训名，成年后有过礼，小吏接受贿赂没有限度，没有人敢申诉。"《云麓漫钞》说："宗籍凡是袒免亲以上都赐名，于是有寄托不守常道的话，就拿怪僻字取名，用来戏弄嘲笑。"明代宗姓取名的弊端和这个是相同的。

宗室之子，固鲜修饬，而朝臣视之，若非其同类者。《唐书》言：德宗初政，诸王有官者，皆令出阁①就班。岳阳等一十县主在诸王院久而未适人者，悉命以礼出降。二百年来，无有以建中故事为朝廷告者。崇祯中，唐王作书述阁老于文定之言曰："唐玄宗十王宅、百孙院，皆在京师。凡有所请，皆赂韩、虢而后得。宪宗时，诸王久不出阁①，亦必厚赂宦官，始得所请。彼以宗室近属，且聚居都邑，犹不免于夤缘②，况以千里外之藩封③，二百年之支属，有不结纳左右以为倚托哉。呜呼！文定之言'结纳左右而得请'，犹未亵也。今之恳乞下僚，卑哀吏胥，不如是则终不得请，不愈甚乎？"又曰："汉臣之言曰：有白头老人教臣言。呜呼，余继之矣。"夫一夫吁嗟，王道为亏，今且穷阎蔀屋④，犹得被云雨之施，而耳目之所不及，恩泽之所不周，未有甚于皇族者。《杕杜》作而晋微，《角弓》刺而周替，可以为后王之殷鉴矣。

【注释】①出阁：皇子出就封国。一作"出閤"。②夤（yín）缘：攀附上升，比喻拉拢关系，向上巴结。③藩封：分封藩王。中国古代帝王分封诸侯的制度，分封的地面称藩国。④穷阎：陋巷，穷人住的里巷。蔀屋：草席盖顶之屋，泛指贫家幽暗简陋之屋。

【译文】宗室的子嗣，固然很少逾越规矩，可朝臣看他们，好像不是和自己同类的人。《唐书》说：德宗初政，各诸侯王有官位的人，都令出阁就班。岳阳等十县主在各个诸侯王家很久未嫁人的，命令全部以礼仪出嫁。二百年来，没有以建中旧例到朝廷告发的人。崇祯年间，唐王著书记述内阁大臣于文定的话说："唐玄宗有十王宅、百孙院，都在京城。凡是有事请求，都贿赂韩国夫人、虢国夫人，然后才能批准。宪宗时，诸王很久没有出阁，也一定要重重的贿赂宦官，才得到批准。他们以宗室近亲，并且集中居住在京城，仍然不免于攀附关系，何况那些千里之外的藩封诸王，两百年的宗支，有不结交皇帝左右红人作为自己的依靠的吗？唉！于文定的话'结交左右红人就获得批准'，还不是轻慢的。现在恳请下属，对吏胥俯首请求，不这样则最终不能批准，不是更厉害吗？"又说："汉代的大臣说：有上了年纪的老人教给我这些话。唉，我跟着他说的话做了。"一个人叹息，王道受损，现在那些偏僻简陋的房屋，还能得到云雨般的恩施，而皇帝的耳目看不到的地方，恩泽不能周全，没有比皇族的人更惨的了。《诗经·唐风·杕杜》创作出来而晋国衰微，《诗经·小雅·角弓》出现讽刺而周朝被替代，这可以作为后代帝王的借鉴了。

藩 镇

明代之患，大略与宋同。岳飞说张所曰："国家都汴，恃河北以为固。苟冯据要冲，峙列重镇，一城受围，则诸城或挠或救，金人不敢窥河南，而京师根本之地固矣。"文天祥言："本朝惩五季之乱，削除藩镇，一时虽足以矫尾大之弊，然国以寖弱。故敌至一州，则一州破；至一县，则一县残。今宜分境内为四镇，使其地大力众，足以抗敌，约日齐奋，有进无退，彼备多力分，疲于奔命，而吾民之豪杰者，又伺间出于其中，则敌不难却也。"呜呼，世言唐亡于藩镇，而中叶以降，其不遂并于吐蕃、回纥，灭于黄巢者，未必非藩镇之力。宋至靖康而始立四道，金至兴元而始建九公，不已晚乎。

【译文】明代的弊端，大致与宋代相同。岳飞劝说张所："国家既然设都城在汴梁，就要依靠黄河以北防守牢固。我军如果能占据北面要塞，罗列军队把守重镇，则一座城被包围，那么其他各城有人阻挠有人及时救援，金国人不敢再有南下的幻想，如果真如此，汴梁就会平安稳固了。"文天祥说："国家为了警惕类如五代之乱的发生，削去藩镇，一时间内尽管能够矫正地方权力过大的弊端，但国家日益衰弱，所以敌人才会每到达一个州，一个州就被攻破；到一个县，那么一个县被打败。现在应该把境内分为四个镇，使各镇地大力多，就足以能抗敌了，约定时间共同进军，有进无退，他们防备的地方多了，力量就会分散。疲于奔命，而我人民中的豪杰又找机会出现在其中，则敌人就不难打败了。"唉，世人说唐朝灭亡在于藩镇，而中期以后唐朝衰弱，没有被吐蕃、回纥吞并，没有被黄巢消灭，未必不是藩镇的力量。宋代到靖康年间才开始设立四道，金到兴元年间始建九公，不也太晚了吗？

尹源《唐说》曰："世言唐所以亡，由诸侯之强，此未极于理。夫弱唐者诸侯也，唐既弱矣，而久不亡者，诸侯维之也。燕、赵、魏首乱唐制，专地而治，若古之建国，此诸侯之雄者，然皆恃唐为轻重。何则？假王命以相制，则易而顺，唐虽病之，亦不得而外焉。故河北顺而听命，则天下为乱者，不能遂其乱；河北不顺而变，则奸雄或附而起。德宗世，朱泚、李希烈始遂其僭，而终败亡，田悦叛于前，武俊顺于后也。宪宗讨蜀平夏，诛蔡夷郓，兵连四方，而乱不生，卒成中兴之功者，田氏禀命，王承宗归国也。武宗将讨刘稹之叛，先正三镇，绝其连衡之计，而王诛以成。如是二百年，奸臣逆子，专国命者有之，夷将相者有之，而不敢窥神器，非力不足，畏诸侯之势也。及广明之后，关东无复唐有，方镇相侵伐者，犹以王室为名。及梁祖举河南，刘仁恭轻战而败，罗氏内附，王镕请盟，于是河北之事去矣。梁人一举而代唐有国，诸侯莫能与之争，其势然也。向使以僖、昭之弱，乘巢、蔡之乱，而田承嗣守魏，王武后、朱滔据赵、燕，强相均，地相属，其势宜莫敢先动，况非义举乎？如此虽梁祖之暴，不过取霸于一方尔，安能强禅天下？故唐之弱者，以河北之强也；唐之亡者，以河北之弱也。或曰：诸侯强则分天子之势，子何议之过乎？曰：秦、隋之势，无分于诸侯，而亡速于唐，何如哉？”

【译文】尹源的《唐说》中说：“世人说唐之所以灭亡，是因诸侯的强大，这没有说到点子上。唐朝衰弱的原因是有诸侯啊，唐已经衰弱了，而长时间不消失的原因，是诸侯维持它啊。燕、赵、魏首先扰乱唐制，割据而治，就像古代的国家，他们是比较强大的诸侯，但都依靠唐朝为轻重。为什么呢？假借王命进行控制，就容易而顺利，唐代虽然衰弱了，也不能让外人篡位。因此河北顺而听从皇帝命令，那么天下作乱的人，不能成功地引起叛乱；河北不顺而发生变化，那么奸雄有的趁机作乱。唐德宗年间，朱泚、李希烈开始随之僭越，而最终败亡，田悦叛乱在前，王武俊紧跟叛乱在后。唐宪宗讨伐蜀平定夏，诛蔡夷郓，四方战争接连不断，而乱叛不再发生，最终成为中兴之功的人，田氏接受皇命，王承宗也回国了。武宗将要讨伐刘稹的背叛，先征服三个镇，断绝他连横的计策，最终皇帝成功地诛杀了他。像这样二百年，奸臣逆子，有的独自掌握国家的命运，有的诛杀将相，而不敢窥伺皇权，不是力量不足，是畏惧诸侯的势力啊。等到唐僖宗广明之后，潼关以东不再属于唐朝，方镇互相兴兵越境讨罪，还假借王室的名义。等到梁太祖朱温在河南举兵，刘仁恭轻视作战而失败，罗氏归附，王镕请求结盟，于是河北的重要地位不在了。梁人一举而取代唐朝成为国家，诸侯没有谁能和他相争，这是大势所趋。假如以僖宗、昭宗的衰弱，利用黄巢、蔡结的混乱，田承嗣镇守魏地，王武后、朱滔占据赵、燕，强的势力互相均匀，土地相连，他们应该没有人敢先发动叛乱，又何况不是义举呢？这样的话，即使梁太祖的凶残，不过在一方称霸罢了，怎么能强行夺取天下？所以唐代的衰弱，是因河北的强大；唐代的灭亡，是因河北的衰弱。有人说：诸侯强则瓜分天子的权势，你怎么议论他们的过失？说：秦朝、隋朝的权势，没有分给诸侯，而灭亡的速度快于唐朝，这是什么原因呢？”

不独此也，契丹入大梁而不能有者，亦以藩镇之势重也。王应麟曰：“郡县削弱，则戎翟[1]之祸烈矣。”

【注释】①戎翟：亦作“戎狄”，旧指居于西北边境外的野蛮民族。

【译文】不单单这样，契丹进入大梁而不能长久拥有，也因藩镇的权势过于重了。王应麟说：“郡县削弱了，那么外族入侵的灾祸就猛烈了。

《宋史》：刘平为鄜延路副总管，上言：“五代之末，中国多事，惟制西戎[1]为得之。中国未尝遣一骑一卒，远屯塞上，但任土豪为众所服者，封以州邑，征赋所入，足以赡兵养士，由是无边鄙之虞。太祖定天下，惩唐末藩镇之盛，削其兵柄，收其赋入，自节度以下，第坐给[2]俸禄。或方面有警，则总师出讨，事已则兵归宿卫，将还本镇。彼边方世袭，宜异于此，而误以朔方李彝兴、灵武冯继业，一切亦徙内地，自此灵夏仰中国戍守，千里馈粮，兵民并困矣。”宋初之事，折氏[3]袭而府州存，继捧朝而夏州失。一得一失，足以为后人之鉴也。

【注释】①西戎：我国古代对西北少数民族的总称。②坐给：安坐而致丰足。③折氏：从唐代初年至北宋末年，折氏数百年间世居府州（陕西府谷县），“内屏中国，外攘夷狄”。五代诸国与北宋为减轻西顾之忧，皆许其父子兄弟相传，袭其世次。

【译文】《宋史》：刘平为鄜延路副总管，上奏说：“五代末年，中原处在多事之秋，只有钳制西戎是正确的做法。中原从来没有派一骑一兵，在远方屯戍边塞，只是任命为众人所信服的当地豪强，把州县封给他们，赋税的收入，足够满足军队供养士人，因此没有边境的忧虑。宋太祖平定天下，鉴于唐末藩镇的兴盛，剥夺他们的兵权，收其赋税收入，从节度使以下，按次序坐给俸禄。有的地方有警报，就出兵讨伐，事情结束了，军队就回去守卫，将军返回本镇。那些边境世袭的人，应该不同于此，而误认为朔方李彝兴、灵武冯继业，一切也迁往内地，从此灵夏仰仗国家戍守，千里送粮食，那么就会军民窘困了。”宋朝初年的事，折氏世袭而府州存在，李继捧入朝为官而夏州丢失。一得一失，足以成为后人的前车之鉴。

贾昌朝[①]为御史中丞，请陕西缘边诸路守臣，皆带安抚蕃部之名，择其族大有劳者为首帅，如河东折氏之比，庶可以为藩篱之固。

【注释】①贾昌朝（997—1065）：字子明，真定获鹿（今河北石家庄）人。北宋宰相、训诂学家、文学家、书法家。

【译文】贾昌朝担任御史中丞，请求陕西沿边各路守臣，都带安抚蕃部的名称，选择他们的家族中大有功劳的人担任主帅，就与河东折氏差不多，希望可以成为国家坚固的藩篱。

《路史·封建后论》曰："天下之枉未足以害理，而矫枉之枉常深；天下之弊未足以害事，而救弊之弊常大。方至和之二年，范蜀公为谏院①，建言：'恩州自皇祐五年秋至去年冬，知州者凡七换，河北诸州大率如是。欲望兵马练习，安可得也？伏见雄州马怀德、恩州刘涣、冀州王德恭，皆材勇智虑，可责办治，乞令久任。'然事势非昔，今不从其大，而徒举三二州为之，以一篑障江河，犹无益也。请以昔者河东之折、灵武之李，与夫冯晖、杨重勋之事言之。冯晖节度灵武，而重勋世有新秦，藩屏西北。他日晖卒，太祖乃徙其子冯翊，而以近镇付重勋，于是二方始费朝廷经略。折、李二姓，自五代来，世有其地，二寇畏之，太祖于是俾其世袭，每谓边寇内入，非世袭不克守。世袭则其子孙久远家物，势必爱吝，分外为防，设或叛涣，自可理讨；纵其反噬，原陕一帅，御之足矣。况复朝廷恩信不爽，奚自而他？斯则圣人之深谋，有国之极算，固非流俗浅近者之所知也。厥后议臣遽以世袭不便，折氏则以河东之功，姑令仍世，而李氏遂移陕西，因兹遂失灵夏。国之与郡，其事固相悬矣。议者以太祖之惩五季，而解诸将兵权，为封建之不可复。愚窃以为不然。夫太祖之不封建，特不隆封建之名，而封建之实，固已默图而阴用之矣。李汉超齐州防御，监关南兵马凡十七年，敌人不敢窥边。郭进以洺州防御，守西山巡检，累二十年。贺惟忠守易，李谦溥刺隰，姚内斌知庆，皆十余载。韩令坤镇常山，马仁瑀守瀛，王彦升居原，赵赞处延，董遵诲屯环，武守琪戍晋，何继筠牧棣，若张美之守沧、景，咸累其任，管榷[②]之利，贾易之权，悉以畀之。又使得自诱募骁勇，以为爪牙，军中之政，俱以便宜从事。是以二十年间，无西北之虞。深机密策，盖使人由之而不知尔。胡为议者不原其故，遂以兵为天子之兵，郡不得而有之。故自宝元、康定，以中国势力，而不能亢一偏方之元昊。靖康寇难，长驱百舍，直捣梁师，荡然无有藩篱之限，卒之横溃，莫或支持。由今日言之，奚啻冬水之冰齿。呜呼！欲治之君不世出，而大臣者，每病本务之不知，此予所以每咎征、普，以为唐室、我朝之不封建，皆郑公、韩王[③]之不知以帝王之道，责难其主，而为是寻常苟且之治也。”

【注释】①谏院是宋代设立的舆论机关，负责在朝廷中搜集建议和评论。当时在朝廷中设立谏官和御史，通称台谏。御史负责组织各种官员收集民间的意见；谏官议论施政的得失，供皇帝参考，有时还可纠正皇帝的错误。②管榷（què）：亦作“管搉”“筦搉”，古代指官府对盐、铁、酒等的专卖。③郑公：魏徵。韩王：赵普。

【译文】《路史·封建后论》说：“天下的错误还不足以危害道理，而矫正错误的错误常常严重；天下的弊病不足以败事，而救弊的弊病常常更大。刚到宋至和二年，蜀国公范镇担任谏院，建议：‘恩州从皇祐五年秋到去年冬天，知州共换了七次，河北各州大都是这样。希望军队勤加操练，怎么可能啊？我看到雄州马怀德、恩州刘涣、冀州王德恭，都是才能勇武智谋远虑的人，可以要求他们把事情办好，请让他们长期担任。'但是形势不是过去，现在不让他权力过大，而只是举三两州来试试，以一筐土阻挡江河，还是没有用的。我把从前河东的折氏、灵武的李氏，与冯晖、杨重勋的事说说。冯晖管辖灵武，而重勋世代管理新秦，保卫西北。他日冯晖去世，太祖于是把他的儿子冯翊迁移到内地做官，而把近镇交付给杨重勋，从此这两个地区由朝廷费心管理。折氏、李氏二姓，从五代以来，世代拥个有那地方，两个人害怕，太祖于是命令他们世袭，每说有边寇进入宋朝境内，不是世袭不能防守。因世袭他的子孙就会把封地当作自家的物品，一定十分爱惜，格外加以防守；假设有叛乱，自己可以征讨；即使他想反叛，原陕西的将领，擒拿他足够了。何况朝廷的恩德信义没有差错，为什么要反叛呢？这是圣人的计谋长远，有国家的顶级打算，当然不是一般人所知道的。以后建言立议之臣就以世袭有弊病讨论来说，折氏就因河东的功劳，姑且让他仍然世袭，而李氏就移出陕西，因此失去灵夏。国家与郡的事本来就相差悬殊啊。议论的人认为太祖吸取五代的教训，而解除诸将兵权，认为封邦建国之举不能再重复。我私下认为不是这样。太祖的不封邦建国，只是没使用封邦建国的名字，而实行封邦建国的事实，本来已经默认而暗中使用了。李汉超在齐州防御，总领关南兵马总共十七年，敌人不敢窥伺边境。郭进在洺州防御，在西山巡检，连续二十年。贺惟忠驻守易州，李谦溥守卫隰州，姚内斌守卫庆州，都十余年。韩令坤镇守常山，马仁瑀防守瀛州，王彦升在原州，赵赞处延州，董遵诲屯兵环州，武守琪镇守晋州，何继筠守棣州，像张美防守沧州、景州，都让他们连任，征税的利益，交易的权力，全部交给他们。又使他们能自己招募骁勇之士，作为属下，军事行动，都要见机行事。因此二十年之间，没有西北地区的忧虑。深谋远虑的密策，使人跟着去做而不必让他知道罢了。胡乱议论的人不明白原因，于是改为军队是天子的军队，郡不能拥有军队。所以从宝元、康定以来，以中国的势力，而不能抵抗一个偏远的李元昊。靖康国难，金人长驱直入百舍，直捣汴梁，荡然如入无人之境，最终国家溃乱，没有人支援。从今天来说，何止冬季的水冰牙齿呀。唉！想治理好国家的君主世所少有，而大臣，每当发生变故不知道自己的职责，这就是我之所以常常责备魏征、赵普，认为唐朝、我国不封邦建国，都是郑公、韩王不知道以帝王之道责难他的君主，都用一些寻常得过且过的治理方法。”

《黄氏日抄》曰：“太祖时，不过用李汉超辈，使自为之守，而边烽之警不接于庙堂。三代以来，待戎翟之得，未有如我太祖者也。”不使守封疆者久任世袭，而欲身制万里如在目睫，天下无是理也。

【译文】黄震《黄氏日抄》说：“太祖时，不过使用李汉超等人，让他们自己守卫边疆，而边疆烽火的警报不会传到朝廷。三代以来，对待戎狄的方法，没有像我太祖那样好的。”不让防守边疆的人长久世袭，却想指挥在万里之外的事情就像在眼前，天下没有这个道理啊。

藩镇既罢，而州县之任，处之又不得其方。真宗咸平三年，濮州盗夜入城，略知州王守信、监军王昭度，于是知黄州王禹偁上言：“《易》曰：‘王公设险，以守其国。’自五季乱离，各据城垒，豆分瓜剖，七十余年。太祖、太宗削平僭伪，天下一家。当时议者，乃令江淮诸郡，毁城隍，收兵甲，撤武备，书生领州，大郡给二十人，小郡十五人，以充常从。号曰长吏，实同旅人。名为郡城，荡若平地。虽则尊京师而抑郡县，为强干弱枝之计，亦匪得其中道也。盖太祖削诸侯跋扈之势，太宗杜僭伪觊望之心，不得不尔。其如设法救世，久则弊生。救弊之道，在乎从宜，疾若转规，不可胶柱。今江淮诸州大患有三：城池堕圮①，一也。兵仗不完，二也。军不服习，三也。望陛下特纡宸断②，许江淮诸郡，酌民户众寡，城池大小，并置守捉军士，多不过五百人，阅习弓剑，然后渐葺城壁，缮完甲胄，则郡国有御侮之备，长吏免剽掠之虞矣。”呜呼，人徒见艺祖罢节度为宋百年之利，而不知夺州县之兵与财，其害至于数百年而未已也。陆士衡③所谓“一夫从横而城池自夷”，岂非崇祯末年之事乎？

【注释】①堕圮（duò pǐ）：毁坏；倒塌。②宸（chén）断：皇帝的裁决、决断。③陆士衡（261—303）：陆机，字士衡，吴郡吴县（今江苏苏州）人。西晋著名文学家、书法家。出身吴郡陆氏，为孙吴丞相陆逊之孙、大司马陆抗第四子，与其弟陆云合称“二陆”，又与顾荣、陆云并称“洛阳三俊”。

【译文】藩镇时代已经结束，而州县的使用，管理又不得法。宋真宗咸平三年，濮州的强盗在夜间进城，掳走知州王守信、监军王昭度，于是知黄州王禹偁上疏说：“《易经》说：‘王公设置险阻，以保卫他的国家。'从五代分裂动乱，各自割据城垒，像豆从豆荚里裂开，像瓜被剖开一样，长达七十多年。宋太祖、太宗削平僭位伪立的政权，天下成为一家。当时议论的人，就命令江、淮地区各州郡，毁坏城墙、没收武器、撤除军备，由书生领导治理各州，大郡配给二十人，小郡十五个人，用来充当平常的差遣。名义上号称长吏，实际上与旅住客人相同。名为郡城，却空荡得像平地。虽然推尊京城而压抑郡县，是强干弱枝的方法，但也不符合这中间的正确原则。大概太祖为了削除诸侯们骄横跋扈的势力，太宗为了杜绝人们僭号伪立窥望皇位的心理，当年才不得不这样。这就像设立法律来救治世界一样，时间一久就会产生弊端，而救治弊端的方法，在于因时制宜。快速施行如同转动圆规物，不可固执。当今江、淮地区各州，大的忧患有三个：一是城池颓废毁坏；二是武器装备不完备；三是士兵在当地水土不服。希望陛下特例改变最高决策，允许江、淮地区各州郡，可以根据户口的多少，城池的大小，都设置相应的守卫部队，部队士兵最多不过五百人，练习弓箭刀剑，然后逐步修葺城池壁垒，修理甲胄武器，那么各郡城就有了抗御侵犯的防备，长吏也可免去被抢劫掳掠的担忧了。”唉，人们只看到太祖罢除节度使是为了宋代百年之利，却不知道剥夺州县的军事和财政，其危害到了数百年而没有停止啊。陆机所说的“一个人肆意横行无所顾忌那么城池自己就会灭亡”，这难道不是崇祯末年的事吗？

辅 郡

崇祯二年三月，兵部侍郎申用懋上疏，请以昌平、通、易、霸四州为四辅[①]，宿重兵以卫京师。奉旨嘉纳。下部议覆[②]，事不果行。《魏书》言："灵太后时，四中郎将兵寡弱，任城王澄奏：'宜以东中带荥阳郡，南中带鲁阳郡，西中带恒农郡，北中带河内郡，选二品三品亲贤居之，配以强兵，则深根固本之计也。'灵太后将从之，以议者不同而止。"及尔朱荣至河阴，遂无一兵拒敌，亦已事之明验矣。

【注释】①四辅：国都附近的州郡。②议覆：论议并答复。

【译文】崇祯二年三月，兵部侍郎申用懋上疏，请求把昌平、通州、易州、霸州四州作为四辅，驻守重兵来保卫京师。奉旨赞许并采纳了。下部讨论答复，事情没有实现。《魏书》说："灵太后时期，四中郎将兵力寡弱，任城王澄上书说：'应该以东中郎将带着荥阳郡，南中郎将带着鲁阳郡，西中郎将带着恒农郡，北中郎将带着河内郡，选择二品三品官中亲近且贤能的人担任郎将，配以强大的军队，才是深根固本的办法。'灵太后将听从他的建议，因有不同的建议而停止。"等到尔朱荣到达河阴，就没有一个兵抗敌了，也是往事明显的证明。

金都大梁。贞祐四年，元兵取潼关，次嵩、汝间。御史台言："兵逾崤、渑，深入重地，近抵西郊。彼知京师屯宿重兵，不复叩城索战，但以游骑遮绝道路，而分兵攻击州县，是亦围京师之渐也。若专以城守为事，中都之危，又将见于今日。《元史》：太祖八年，分兵三道伐金，河北郡县尽拔，唯中都、通、顺、真定、清、沃、大名、东平、德、邳、海州十一城不下。此臣等所为寒心也。不攻京师，而纵其别攻州县，是犹火在腹心，拨置于手足之上，均一身也。愿陛下察之。”契丹后改为辽太祖将攻幽州，其后述律氏指帐前树曰：“此树无皮，可以生乎？”曰：“不可。”后曰：“幽州之有土有民，亦犹是尔。吾以三千骑掠其四野，不过数年，困而归我矣。”赫连勃勃称帝，诸将劝先取关中。勃勃曰：“吾大业草创，士众未多。姚兴亦一时之雄，诸将用命，关中未可图也。我今专固一城，彼必并力于我，众非其敌，亡可立待。不如以骁骑风驰，出其不意，救前则击后，救后则击前，使彼疲于奔命，我则游食自若。不及十年，岭北、河东，尽为我有。待兴既死，嗣子闇弱，徐取长安，在吾计中矣。”古人用兵之智，多有出此。夫逾山绝河，深入二三千里，至于淮、岱之间，此不啻幽州之四野，大梁之西郊也。而谋国之臣，竟无一策以御其来，而击其去，此则郡县之守不足恃，而调援之兵不足用也，明矣。《诗》曰：“无俾城坏，无独斯畏。”后之为国者，盍鉴于斯？

【译文】金都大梁。贞祐四年，元兵攻占潼关，驻扎在嵩山、汝水之间。御史台说：“军队翻过崤山、渑池，深入重地，最近抵达西郊。他们知道京城驻扎重兵，不再叩城讨战，但用游骑阻断道路，而分兵攻打州县，这是慢慢地围攻京城啊。如果专以防守为主，首都的危险，又将出现在今天。(《元史》：太祖八年，兵分三路进攻金，河北各郡县全部攻占，只有中都、通、顺、真定、清、沃、大名、东平、德、邳、海州十一城没有攻破。)这是我们所为之寒心的啊。不攻打京师，而随心所欲另外攻打州县，这就像火在腹与胸上，搁置在手足之上，都是一个身体。希望陛下明察。”辽太祖将要攻打幽州，他的皇后述律氏指着帐前的树说：“这棵树没有树皮，可以生长吗？”太祖说：“不可以。”皇后说：“幽州有土地百姓，就像这树啊。我率领三千骑兵抢掠他的四周，不过几年，京城就会困窘而归我了。”(赫连勃勃称帝，诸将劝他先攻取关中。勃勃说：“我刚刚草创大业，士兵不多。姚兴也是一时枭雄，诸将听从他的命令，关中不好谋取。我现在只攻打一城，他一定会全力对付我，其他的他不会管，他灭亡指日可待。不如以骁勇的骑兵像风一般地急驰，在对方没有料到的时机发动进攻，他们救援前面就攻击后面，救援后面就攻击前面，使他们疲于奔命，我则在旁边自如地打游击。不到十年，岭北、河东，都归我所有。等到姚兴死后，儿子软弱，慢慢攻取长安，在我的计划中了。”古人用兵的智慧，有很多在这。)那些越山渡河，深入二三千里，到淮河、泰山之间，这无异于幽州的四周，大梁的西郊啊。而治理国家的臣子，竟然没有一个良策抵御他们的侵犯，而攻击使他们离开，这就是郡县之守不可依靠，而调动增援的军队不可以使用的原因，这是显而易见的。《诗经》说：“莫让城墙毁坏无用，莫要孤立忧心忡忡。”后代治理国家的人，何不把这个当作借鉴呢？

边县

宋元祐八年，知定州苏轼言："汉晁错与文帝画备边策，不过二事。其一曰徙远方以实广虚，其二曰制边县以备敌国。今河朔西路被边州军，自澶渊讲和以来，百姓自相团结，为弓箭社，不论家业高下，户出一人，又自相推择家资武艺众所服者为社头、社副、录事，谓之头目。带弓而锄，佩剑而樵，出入山坂，饮食长技，与北敌同。私立赏罚，严于官府，分番巡逻，铺屋①相望。若透漏②北贼，及本土强盗不获，其当番人皆有重罚。遇有警急，击鼓集众，顷刻可致千人，器甲鞍马，常若寇至。盖亲戚坟墓所在，人自为战，敌甚畏之。先朝名臣帅定州者，如韩琦、庞籍，皆加意拊循其人，以为爪牙耳目之用。而籍又增损其约束赏罚。今虽名目具存，责其实用，不逮往日。欲乞朝廷立法，少赐优异，明设赏罚，以示惩劝。"奏凡两上，皆不服。此宋时弓箭社之法，虽承平废弛，而靖康之变，河北忠义多出于此。有国家者，能于闲暇之时而为此寓兵于农之计，可不至如崇祯之末，课责有司以修练储备之纷纷矣。

【注释】①铺屋：古时街坊巡逻军卒驻扎、办公之所。②透漏：走漏，泄露风声。

【译文】宋哲宗元祐八年，知定州苏轼说："汉朝晁错与文帝筹划边防策略，不过这两件事。其一是迁徙远方的人来充实荒无人烟的地方，其二是控制边县以防备敌国。现在河北西路靠近边州的军队，从澶渊议和以来，百姓互相团结，组建弓箭社，不论家业高低，每家出一个人，又自相推举选拔家产武艺众人所信服的做社头、社副、录事，称这是头目。带着弓而锄地，佩着剑而打柴，出入山坡，饮食习惯擅长的本领，与北方的敌人一样。私下设立的赏罚，严于官府，轮流巡逻，铺屋相望。如果泄露风声给北贼，以及本土强盗没有捕获，那些轮流当值的人都有严厉的惩罚。遇有紧急情况，击鼓召集大家，顷刻间可以聚集千人，武器鞍马，时刻准备着，就像敌寇马上要来到。因为亲戚的坟墓在那里，人自为战，敌人很害怕。前朝名臣率领定州的，如韩琦、庞籍，都留意安抚那些人，把他们作为爪牙耳目来使用。而赋税又增加或减少来约束赏罚。现在虽然名目还在，要求它实用，不及过去。想请求朝廷立法，少赐优异，公开设立赏罚，以显示惩罚邪恶，劝勉向善。”上奏共两次，都不答复。这是宋代时弓箭社的方法，虽然太平时废弛，而靖康之变，河北的忠义多出现在这里。心中有国家的人，能在闲暇时去做这种寓兵于农的策略，而不至于到崇祯末年，考核要求有关部门纷纷加强训练储备了。

宦官

汉和熹邓后[①]诏中官近臣，于东观受读经传，以教授宫人。秦苻坚选奄人及女隶有聪识者，置博士授经。若夫巷伯[②]能诗，列于《小雅》，史游《急就》，著在艺文，古固有之，而不限其人也。我太祖深惩前代宦寺之弊，命内官不许识字。永乐以后，此令不行。宣德中，乃有内书堂之设。《实录》：宣德元年七月，以刘翀为行在翰林院修撰，专授小内使书。四年十月，命行在礼部尚书兼谨身殿大学士陈山，专授小内使书。《实录》言，山为人寡学急利，而昧大体，上薄之。其致仕归，恩礼一无所及。则其授小内使书，亦贱者之事也。昔隋蔡允恭为起成舍人，帝遣教宫人，允恭耻之，数称疾。宋贾昌朝为侍讲，以编修资善堂书籍为名，而实教授内侍，谏官吴育奏罢之。以宣庙之纳谏求言，而廷臣未有论及此者，驯致秉笔之奄，其尊侔于内阁，而大权旁落，不可复收，得非内书堂阶之厉乎？英庙升遐，典玺局局丞王纶，以老事东宫，希图柄用。而翰林侍读学士钱溥，以尝奉命教内书馆，纶受学焉。遂内外交错，以谋入阁，已而败露得罪。纶造溥家，执弟子礼，坐溥上坐，饮至晡而去。《周礼》："寺人，王之正内五人。内竖倍寺人之数。"当时亵御之臣，皆是士人，而妇寺之权衰矣。唐太宗诏内侍省，不立三品官，以内侍为之长，阶第四，不任以事，惟门阁守御，廷内扫除禀食而已。武后时，稍增其人，至中宗黄衣乃二千员。玄宗时，宫嫔大率至四万，宦官黄衣以上三千员。玄宗始置内侍省监二员，秩三品，以高力士、袁思艺为之。是知宦官之盛，由于宫嫔之多。而人主欲不近刑人，则当以远色为本。

【注释】①和熹邓后：邓绥（81—121），南阳新野人，东汉著名的女政治家，汉和帝的皇后。东汉延平元年（106），年仅27岁的汉和帝突然驾崩，面对着"主幼国危"的局面，25岁的邓绥临朝称制。期间，对内帮助东汉度过了"水旱十年"的艰难局面，对外则坚决派兵镇压了西羌之乱，使东汉转危为安，被誉为"兴灭国，继绝世"。东汉永宁二年（121），邓绥驾崩，谥号"和熹"，与汉和帝合葬于顺陵。②巷伯：职官名。掌管宫内之事的太监。因其居于宫巷，故称为“巷伯”。

【译文】东汉和熹邓皇后下诏中官近臣，在东观学习经传，以教授宫女。前秦苻坚选宦官及女奴隶中聪明记忆力强的人，设置博士讲授经典。至于宦官能写诗，列入《小雅》，史游《急就》，著在艺文，古代就有了，而不限制人。我太祖深深地警戒前代宦官的弊端，命令宦官不允许识字。永乐以后，这个命令不再执行。宣德年间，于是有了内书堂的设置。（《实录》：宣德元年七月，以刘翀担任行在翰林院修撰，专为小内使授书。宣德四年十月，命令行在礼部尚书兼谨身殿大学士陈山，专为小内使授书。《实录》说，陈山为人学问少急功近利，而昧大体，皇上轻视他。他退休回家，恩礼什么也没有。他传授给小内使的知识，也都是地位低下人的事。）以前隋代蔡允恭担任起居舍人，皇帝派他教授宫女，允恭把这当作耻辱，几次称病。宋代贾昌朝担任侍讲，以编修资善堂书籍为名，而实际上教授内侍，谏官吴育上奏罢免他。以明宣宗的接受谏言征求意见，而朝廷大臣没有谈论这些的，逐渐形成了执笔太监，他们等同于内阁，而大权旁落，不可以再收回，莫非是内书堂台阶厉害吗？（英宗去世，典玺局局丞王纶，因为年纪大侍奉东宫，希望被重用。而翰林侍读学士钱溥，因为曾经奉命教授内书馆，王纶接受过学习。于是内外往来，以谋求入阁，不久事情败露获罪。王纶造访钱溥家，执弟子礼，坐在钱溥家上坐，喝到下午申时才离开。）《周礼》：“君王的王后伺候的人有五人。宦官是伺候的人的数倍。”当时掌管侍御的小臣，都是士人，而宦官的权力衰退了。唐太宗命内侍省，不立三品官，让内侍为之长，官阶第四等，不承担事务，只是掌管门户与守卫、宫廷内扫除吃饭而已。武后时，逐渐增加了人，到唐中宗时黄衣（宦官）就有二千余人了。唐玄宗时期，宫女嫔妃大概有四万人，宦官黄衣以上三千名。（唐玄宗开始设置内侍省监二人，官级三品，以高力士、袁思艺担任。）这才知道宦官的兴盛，由于宫嫔太多，而君王想不接近宦官，那么应当以远离女色为本。

王元美《笔记》曰："高帝时，中人不得预外事，见公侯大臣叩首惟谨。宋濂《大明日历序》言：后妃居中，不预一发之政。外戚亦循理畏法，无敢恃宠以病民。寺人之徒，惟给事扫除之役。其家法之严，五也。至永乐初，狗儿诸奄，稍稍见马上之绩。后以倦勤[①]朝事，渐寄笔札，久乃称肺腑矣。太监郑和等，以奉命率舟师下海中诸夷，而中人有出使者矣。西北大将多洪武旧人，意不能无疑，思以腹心参之，而中人有镇守者矣。王振时，上春秋少，不日接大臣，而中人有票旨[②]径行者矣。"

【注释】①倦勤：本指厌倦于勤劳的事。后引申为天子厌倦于政事的辛劳，懒于从政或高官将辞官告退。②票旨：明清时代，内阁学士代皇帝批答章奏，书写批语于票签，贴各疏面，谓之"票旨"。

【译文】王世贞（字元美）《凤洲笔记》中说："高皇帝时，宦官不得干预宫外事务，见公侯大臣要恭敬地叩头。（宋濂《大明日历序》中说：后妃在宫廷中，不干预一丝头发的政策。外戚也顺理畏法，没有人敢仗恃宠信而害百姓。宦官之类，只有办事扫除之事。其家法之严，五条。）到永乐初年，各个太监，逐渐看到他们在武力方面的功绩。后来因天子厌倦于国政的辛劳，渐渐把国政交给他们，时间长了就称肺腑之臣了。太监郑和等人，因奉命率领水军去海中各个国家，而太监中始有出使的人了。西北大将多是洪武年间的旧人，心里不能不怀疑，想让心腹去任职，而太监中始有出外镇守的人。王振时，英宗年少力盛，不经常接见大臣，而太监中有票旨任意行动的了。”

国史所载，永乐五年六月，内使李进往山西采天花，诈传诏旨，擅役军民。此即弄权之渐。仁宗即位，凡差出内臣，限十日内尽撤回京。其见于诏书者，有采宝石，采金珠香货，采铁黎木，而《太宗实录》多讳之不书。《实录》有十九年十一月辛酉，遣内官杨宝，二十年十月癸巳，遣内官韦乔，同御史察勘两京及天下库藏出纳二事。至洪熙元年六月宣宗即位，而巡按浙江监察御史尹崇高奏：“朝廷近差内官、内使，市买诸物，每物置局，有拘集之扰，有供应之烦。朝廷所需甚微，民间所费甚大，宜皆取回，惟令有司买纳。”诏从之。乃犹有如宣德六年十二月乙未所书，管事袁琦假公务为名，擅差内官、内使陵虐官吏军民，逼取金银等物，以至磔死，而其党十余人皆斩者。呜呼！作法于凉，其敝犹贪。至于万历中年，矿税之使，旁午四出，而借口于祖宗之成例，则外廷之臣，交章争之，而无可如何矣。是以“武王不泄迩”。

【译文】国史所载，永乐五年六月，内使李进前往山西选取天花，假传圣旨，擅自役使军民。这就是玩弄权力的开端。仁宗即位，凡是派遣内臣出外办事，在十天期限内全部回到京城。在诏书出现的，有选取宝石的，选取金珠香货的，选取铁黎木的，而《太宗实录》多有避讳而不写。(《实录》中有永乐十九年十一月初二，派遣内官杨宝，永乐二十年十月初九，派遣内官韦乔，同御史核查两京及天下库藏收支两件事。)到洪熙元年六月明宣宗即位，而巡按浙江监察御史尹崇高上奏："朝廷最近派遣内官、内使，购买各种东西，每种物品都设置局，有召集的干扰，有供应的麻烦。朝廷所需很小，民间花费太大，派出人员应该都回来，只让相关部门去购买。"皇上下诏听从了。然后还有像明宣德六年十二月初四所写，管事袁琦假借公务为名，擅自派遣内官、内使欺凌官吏军民，强迫索取金银等财物，以至于被处磔刑而死，而他的党羽十几人都被处死。唉！在物质淡薄的基础上制定法令，它的不良后果是贪婪。到了万历中期，征收矿税的使者，纵横交错四面八方都有，而借口是太祖太宗的惯例，那么朝臣交互上奏谏诤，而无可奈何了。因此"武王不轻慢近臣"。

中官典兵，亦始于永乐。《仁宗实录》言："甘肃总兵官都督费瓛，不能专断军政，悉听中官指使。敕责其低眉俛首，受制于人。"《宣宗实录》言："交趾左参政冯贵，善用人。尝得土军五百人，劲勇善战，贵抚育甚厚，每率之讨贼，所向成功。后为中官马骐夺去，贵与贼战不利，遂死之。"宣德元年三月己亥，敕责中官山寿曰："叛贼黎利，本一穷蹙小寇，若早用心禽捕，如探雀雏。尔乃妄执己见，再三陈奏，惟事招抚，以致养祸遗患。及方政等进讨，尔拥官军一千余人，坐守乂安，不往来策应，视其败衄[①]。"是则交阯之失，实本于中官，而仁、宣二宗亦但加之谯责[②]而已。王振之专，土木之难，此非其渐乎？

【注释】①衄（nǜ）：同“衂”，泛指其他器官或部位出血。②谯责：谴责，责问。

【译文】宦官主管军队，也开始于永乐年间。《仁宗实录》中说：“甘肃总兵官都督费瓛，不能专断军政，全部听从宦官指使。下诏斥责他低头俯首，受别人的控制。”《宣宗实录》说：“交趾左参政冯贵，善于使用人。曾经得到地方兵五百人，顽强勇猛善战，冯贵抚育他们很好，每次率领他们讨伐贼人，所向披靡，都很成功。后来被宦官马琪把他们抢走了，冯贵与贼人交战不利，就战死了。”宣德元年三月初五，下诏斥责宦官山寿说：“叛贼黎利，本来是一个穷困的小寇，如果早用心逮捕，如掏雀雏般容易。你却妄执自己的见解，再三上奏，认为只有招抚，导致如今养虎为患的地步。等到方政等人进军讨伐，你拥有官军一千余人，坐守义安，不去来策应，看他们失败流血。”那么交阯的失陷，实际上是因宦官专权，而仁宗、宣宗二人也只是责问而已。王振的专权，导致土木之难，这不是他们专权的开端吗？

交阯一事，中官之恶，《实录》不尽书。景泰四年，吏科给事中卢祥言：“臣思永乐年间，克平交阯，设置郡县，夷人服从。后因镇守内臣贪虐，致失人心，竟亡其地，天下至今非议不已。”即此数言，可以想见。《师》之上六曰：“小人勿用，必乱邦也。”岂不信夫！

【译文】交阯一事，宦官的罪恶，《实录》不能够完全写出来。景泰四年，吏科给事中卢祥说："我想永乐年间，攻克平定交阯，设置郡县，夷人服从。后来因为镇守的内臣贪婪暴虐，以致失去民心，最终丢失那个地方，天下到现在非议不断。"就是这几句话，可以想象。《师》中上六说："小人不可重用，否则必然会使国家发生动乱。"难道不是真实的吗？

成祖天威远加，无思不服，遏密未几，遂弃交阯。齐桓首霸，而寺人貂始漏师于多鱼[1]，《春秋》已志之矣。故《姤》之初六，一阴始生，而周公戒之。

【注释】①漏师于多鱼：出自《左传》："齐寺人貂始漏师于多鱼。"杜预注："多鱼，地名……言貂于此始擅贵宠，漏泄桓公军事，为齐乱张本。"后以"多鱼之漏"指泄漏军事机密。

【译文】明成祖的威仪远远地加之于四方，没人不佩服，去世不久，就丢弃了交阯。齐桓公首先称霸，而齐国的寺人竖貂，开始在多鱼这个地方泄漏齐国的军事机密，《春秋》已经记载了这件事。所以《姤》卦的初六爻，一阴始生，而周公警戒它。

正统九年正月辛未，命成国公朱勇、兴安伯徐亨、都督马亮、陈怀等，统兵出境，剿兀良哈[1]三卫。勇同太监僧保出喜峰口，亨同太监曹吉祥出界岭口，亮同太监刘永诚出刘家口，怀同太监但信出古北口。是时王振擅权，乃有此遣，而后遂以为例。至十四年，阳和口之战，太监郭敬监军，诸将悉为所制，师无纪律，而宋谦、朱冕全军覆没矣。

【注释】①兀良哈：亦作乌梁海，和达延汗分封的兀良哈万户是同名的不同部落。其种族为突厥族，语言风俗，则似喀尔喀人，自称东巴，居唐努山、阿尔泰山和萨彦岭之间，分为三部分，一曰唐努乌梁海，二曰阿尔泰乌梁海，三曰阿尔泰淖尔乌梁海（二三为一部），四曰喀喇沁部黄金家族塔布囊乌梁海。

【译文】正统九年正月二十一日，明英宗命令成国公朱勇、兴安伯徐亨、都督马亮、陈怀等，统率军队越出边境，剿灭兀良哈三卫。朱勇同太监僧保出兵喜峰口，徐亨同太监曹吉祥出兵岭口，马亮同太监刘永诚出兵刘家口，陈怀同太监但信出兵古北口。当时王振专权，才有了这个派遣，后来就成为常例。到了正统十四年，阳和口之战，太监郭敬监军，诸将都被他钳制，军队没有纪律，而宋谦、朱冕全军覆没了。

景泰元年闰正月乙卯，工部办事吏徐镇言："刑余[①]之人，不侍君侧。太祖高皇帝惩汉唐之弊，不令预政，不令典兵，但使之守门传命而已。迩者奸监王振，乘机专政，依势作威，王爵天宪[②]，悉出其口，生杀予夺，任己爱憎。又多引同类如郭敬等以为心腹，出监边事。皇上临御之初，乞监前失，宦官有参预朝政，及监军镇守者，悉令还内，各守本职。如此则宦官无召衅之端，国祚有过历[③]之兆矣。"事寝不行。

【注释】①刑余：受过刑罚而致身体不全的人。②王爵天宪：天宪，指朝廷法令。比喻说话就是法律，可以决定人的生死。出处南朝宋范晔《后汉书·宦者传论》：“手握王爵，口含天宪，非复掖廷永巷之职。”③过历：谓超过预计的享国年数。

【译文】景泰元年闰正月初十，工部办事吏徐镇说：“受过刑的人，不在君主身边侍奉。太祖高皇帝鉴戒汉唐的弊端，不让宦官参与政治，不让他们带兵，只是让他们守门传命罢了。近来奸邪太监王振，趁机专政，依仗权势作威作福，说话就是法律，全部出自他们的口，生杀予夺，全凭自己的爱憎。又多招来同类似郭敬等人以为心腹，出外监管边境之事。明代宗治理国政之初，请求借鉴前朝之失误，宦官有参预朝政的，以及监军镇守的人，命令全部返回宫内，各守本职。这样，宦官就不会有争端的开始，国运会有长久的兆头了。”事情搁置起来没有实行。

六月乙酉，陕西兰县举人段坚，论宦寺监军之失。

庚子，肃府仪卫司余丁聊让，请禁抑宦寺。

三年九月辛卯，南京锦衣卫镇抚司军匠余丁萧敏，陈内官苦害军民十事。

【译文】这年六月十三日，陕西兰县举人段坚，议论宦官监军的失误。

二十八日，肃王府仪卫司余丁聊让，请求抑制宦官。

景泰三年九月初二，南京锦衣卫镇抚司军匠余丁萧敏，陈述内官苦害军民的十件事。

天顺八年十一月丙寅，两京六科给事中王徽等言："正统末年，王振专权，使先帝远播，宗社几危。天顺年间，曹吉祥专权，举兵焚关，欲危宗社。今日牛玉专权，谋黜皇后，欺侮陛下，是皆贻笑于四方，取议万世者也。臣请自今以后，一不许内官与国政，二不许外官与内官私相交结，三不许内官弟侄在外管事，并置立产业。自古内官贤良者，万无一人，无事之时，似为谨慎，一闻国政，便作奸欺。如闻陛下将用某人也，必先卖之以为己功；闻陛下将行某事也，必先泄之以张己势。人望日归，威权日重，而内官之祸起矣。臣等所以劝陛下，不许内臣与闻国政者，此也。内官侍奉陛下，朝夕在侧，文武大臣不知廉耻者，多与之交结。有馈以金宝珠玉，加之婢膝奴颜者，内官便以为贤，朝夕在陛下前称美之。有正大不阿不行私谒者，内官便以为不贤，朝夕在陛下前非毁之。陛下天纵圣明，固不为惑，日加浸润[①]，未免致疑。称美者骤逾显位，非毁者久屈下僚，怨归朝廷，恩结宦寺，而内官之祸起矣。臣等所以劝陛下，不许外官与内官交结者，此也。内官弟侄人等，授职任事，倚势为非，聚奸养恶，家人百数，赀货万余，田连千顷，马系千匹。内官因有此家产，所以贪婪无厌，奸弊多端，身虽在内，心实在外，内外相通，而祸乱所由起矣。此臣等所以劝陛下，不许内官弟侄在外管事并置立家产者，此也。陛下果能鉴彼三人于既往，行此三事于方今，则祸乱自然不作，灾害自然不生。倘或不然，则祸起萧墙，变生肘腋，异日之患，有不可言者矣。然臣等今日之所言，乃举朝廷之所讳。臣等虽愚，亦知避祸，但受恩朝廷，无以为报，官居言路，不可苟容。若陛下能行而不疑，即臣等虽死而无悔矣。”上责徽等妄言要誉，命吏部俱调州判官。疏草李钧笔也。

【注释】①浸润：谗言。《论语·颜渊》：“浸润之谮，肤受之愬，不行焉，可谓明也已矣。”也作浸润之谮。

【译文】明英宗天顺八年十一月十七日，两京六科给事中王徽等人说：“正统末年，王振独揽大权，使先帝流亡在外，国家危险。天顺年间，曹吉祥独揽大权，发兵焚烧关口，想危害国家。今天牛玉独揽大权，谋划废黜皇后，欺侮陛下，这都是贻笑于四方，被万世唾弃的人。我请求从今以后，一是不允许内官参与国政，二是不允许外官和内官私下交往，三是不允许内官的弟侄在宫外管事，并置办产业。自古以来内官贤良的人，万无一人。没有事的时候，好像是谨慎，一参与国政，就变作虚伪欺诈。如听说陛下要使用某个人，一定要先卖个人情给提拔的人当作是自己的功劳；听说陛下将做某件事，一定要先泄露出去以扩大自己的势力。时间长了，内官的声望每天都增长，权势越来越重，而内官之祸渐渐就出现了。我们之所以劝陛下，不允许内官参与国家政事的原因就在于此。内官侍奉陛下，早晚在身边，文武大臣中不知廉耻的人，多与他交往。有赠送黄金珠宝的，再加上“婢膝奴颜”这种人，内官就认为他们贤良，早晚在陛下面前称赞他。有刚直不阿不私下行贿的，内官就认为他们不贤良，早晚在陛下面前诋毁他。陛下天纵圣明，本来不为迷惑，他们每天都进谗言，未免不产生怀疑。被赞美的人突然提拔到显贵之位，被诋毁的长久屈居下位，埋怨朝廷，以恩惠交结宦官，而宦官之祸就发生了。我们之所以劝陛下，不允许外官和内官交往的原因就在于此。内官的弟侄人等，被授职管理事务，依仗权势为非作歹，聚奸养恶，家人有数百，资产万余，田连千顷，马有千匹。内官因有这些家产，所以贪得无厌，奸弊多端，虽然身在宫里面，心实际在宫外，内外相连，而祸乱由此产生了。这就是我们劝勉陛下不允许内官的弟侄在宫外管事并置办家产的原因。陛下如果能借鉴他们三人的过去，现在做这三件事，那么祸乱就自然不会发作，灾害自然不发生。如果不这样，那么就会祸起萧墙，发生于肘腋之中，将来的忧虑，难以言说。然而我们今天所说的，是列举朝廷所忌讳的事。我们虽然愚笨，也知道躲避灾祸，但受恩朝廷，无以为报，身为谏官，不可能屈从附和。如果陛下能够实行而不怀疑我们所说的，我们虽死而不后悔。”皇上责备王徽等人妄言沽名钓誉，命令吏部把他们一起调任州判官。（这疏草是李钧记录的。）

中都之变，宦官偾事[①]之前车也。不一年，而监守之遣四出，以外廷无人甚也。平阴之役，夙沙卫殿，殖绰曰：“子殿国师，齐之辱也。”天子以此耻天下之士大夫，而士大夫不以为耻，且群然攻之。廷论虽哗，上心弗信。及暂撤之，而士大夫又果不足用也，于是乎再任宦者，而国事已不可为。昔者唐德宗即位，疏斥宦官，亲任朝士，而张涉以儒学入侍，薛邕以文雅登朝，继以赃败。故宦官武将得以借口曰："南牙[2]文臣，赃动至巨万，而谓我曹浊乱天下，岂非欺罔邪！"于是上心始疑，不知所倚仗矣。呜呼！吾不知今日之攻宦官者，果愈于宦官乎？内廷既不可用，外廷亦遂无人，而国事又将谁属乎？至于昭王叹息，思良将之已亡；武帝咨嗟，虑名臣之欲尽。而燎原靡扑，过涉终亡，可为痛哭者矣。是以人材非一世之所能成，古先王于多难之时，而得贤臣之助者，以其养之豫而储之广也。《传》曰："诒厥[3]孙谋，以燕翼子，子桑有焉。"夫有天下而为子孙之虑者，则必在于人才矣。

【注释】①偾事：把事情搞坏，败事。②南牙：南衙。③诒厥：也作"贻厥"。流传、遗留。《诗经·大雅·文王有声》："诒厥孙谋，以燕翼子。"后人当作歇后语用，称子孙为"诒厥"。

【译文】中都之变，宦官坏事的前车之鉴啊。不到一年，而监守四处派遣，因朝廷外没有人很严重了。平阴之战，夙沙卫殿后，殖绰说："你来作为国家军队的殿后，这是齐国的耻辱啊。"天子把这个当作天下士大夫的耻辱，而士大夫不以此为耻，并且共同攻击他。朝廷辩论虽然吵闹，皇上心里不相信。等到暂时撤回，而士大夫又果然不够用，于是再次任用宦官，而国家大事已经不能有所作为了。从前唐德宗即位，疏远宦官，信任朝廷之士，而张涉以儒学入侍，薛邕因文雅登朝，继而因贪污而败露。所以宦官武将得以找到借口说："南衙的文臣，贪赃动辄到巨万，而说我们扰乱天下，这难道不是欺人之谈吗？"于是皇上心里开始怀疑，不知道该依靠谁了。唉！我不知道今天攻击宦官的人，果真能比宦官更好吗？内廷既不能用，外廷也就没有人，而国家大事又将托付给谁呢？至于昭王叹息，想良将已经没有了；武帝叹息，考虑名臣将要用尽。而燎原之火没有扑灭，过多地接触危难最终灭亡，应该为之痛哭了。因此人才不是一个时代所能形成，古代先王在危难的时候，而能得到贤臣的帮助，因为他预先教养而储备的多啊。《左传》说："给子孙留下治国的好策略谋划，庇荫子孙把福享，子桑有了。"如果有天下而为子孙考虑打算的，那么一定在于人才。

《金史·完颜讹可传》："刘祁曰：'金人南渡之后，近侍之权尤重。盖宣宗喜用其人以为耳目，伺察百官。故奉御[1]辈采访民间，号行路御史。或得一二事，即入奏之。上因责台官漏泄皆抵罪。又方面之柄，虽委将帅，又差一奉御在军中，号曰监战。每临机应变，多为所牵制，遇敌辄先奔，故师多丧败。哀宗因之不改，终至亡国'。《论》曰：夫以朁御[2]治军，既掣之肘，又信其谗以杀人，失政刑矣。唐之亡，坐以近侍监军。金蹈其辙，哀哉！"金时近侍，非宦竖也，以世胄或吏员为之，见《斜卯爱实传》。

【注释】①奉御：官名。②朁（xiè）御：近侍。朁，古同"亵"，轻慢。

【译文】《金史·完颜讹可传》记载："刘祁说：'金军南渡之后，近侍的权力更加大了。这是宣宗喜欢用他们作为自己的耳目，用来监察百官。所以奉御这些人采访民间，称为行路御史。有人发现一两件事，就进入宫中上奏。皇上就要求台官凡是泄漏的都获罪。一方大员的权力，虽然交给将帅，又派遣一个奉御在军队中，称为监战。遇有战事，每次随机应变，多为他所牵制，奉御遇到敌人就先逃跑，所以军队大多失败。哀宗因循这个没有改变，最终导致亡国。’”《完颜讹可传论》说：“用近侍来御治军队，既牵制手肘，又相信那谗言来杀人，失掉政令和刑罚了。唐代的灭亡，恰好因近侍监军。金代重蹈其辙，悲哀啊！”（金代时的近侍，不是宦官，以世胄或官员担任，见《斜卯爱实传》。）

崇祯十四年十二月戊午，上谕礼部并在内各监局等衙门：“官常典制，内外攸分，本职之外，岂宜侵越？我太祖高皇帝，酌古式今，独严近习之防，敕内官毋预外事。一时朝政清明，法纪整肃，拔本澄源[①]，意甚深远。朕鉴后追前，凛持祖训。自今神宫等监，及各司局库等衙门，或典礼缮戎，或鸠工管钥，或司膳服，或办文书，都着勤慎小心料理本等职业，不许违越祖制，干预在外政事。违者即以乱政参拿处斩。仍详察旧典，开列职掌具奏。”礼部右侍郎蒋德璟疏言：“《周官》内职，不满百人。纠禁王官，掌于小宰。古圣垂法，下戒将来，盖其慎也。天启元年四月，御史张捷疏言：“请令中官受考察于礼部，定为五年一举，如京察例。”太祖高皇帝，实详监于往代，而取衷焉。其设内官也，监司局库，各有定员，秩不过四品，俸不过一石，而且纠劾有令，交通[②]有戒，豫政典兵有禁，谨内外之防，杜假窃之渐。至尚论汉、唐已事，而三致意焉。渊哉天训，亘古不易矣。虽二十五年曾遣太监聂庆童往谕陕西、河州等卫所[③]番族，令其输马，以茶给之，然往谕属番，于军民无与，且不假事柄，亦暂往即还。终洪武之世，无他特遣。此所以致清明整肃之治，而开万世太平之基也。乃若列圣缵承，宫府之大防无改，而时事偶异，中外之任使间闻。永乐中，始有遣使外国及遣往甘肃巡视者。洪熙中，始有守备南京者。正统中，始有率兵讨贼防边及各省镇守者。景泰初，始有分坐十营，或称监枪者，然仍听尚书于谦等节制。至正德中，边关始置内监，且令提督禁兵内操④，分坐勇士四卫军营，益非祖宗之旧矣。他如监工监器，会同审录，苏杭织造，榷税开矿之遣，皆利少害多，亦旋设旋止，操纵在握，一时暂托权宜，而事任递迁，易世每多厘正。惟世宗肃皇帝，毅然裁革，独断于先；我皇上剪除逆珰，媲美于后。总之禀成于高皇帝训谕，'内臣毋豫政事，外臣毋行交结'，二语足括千古治乱之源矣。臣等伏读宝训，深溯诒谋⑤，不使有功，自无窃柄之患；尝令畏法，实杜乱政之阶。故委腹心则威福移，寄耳目则罗织启，遵典章则职守自恪，严内外则侵越不生，此实鉴古酌今，可以无敝，而神孙圣祖于焉一揆者也。谨遵圣谕，备察旧章，将各监局职掌，着为令甲，可考见者，胪列上呈，恭候圣明裁夺。"得旨申饬。

【注释】①拔本澄源：比喻从根本上解决。②交通：往来、交往、交游。③卫所：明代为加强军事力量，在京师和各地设立卫所。卫是卫指挥使司的简称，所指千户所和百户所。④内操：明代时选太监在宫中授甲操练。⑤诒谋：为子孙妥善谋划，使子孙安乐。

【译文】崇祯十四年十二月十七日，皇帝告谕礼部并在内各监局等衙门："官员的典章制度，内外所分，本职位之外，难道能够超越？我太祖高皇帝，斟酌古今之事，互相参照，只有严格防备君主宠信亲近的人，告诫内官不得参与宫外事务。一时间内就形成朝政清明，法纪整齐严肃，从根本上解决了弊端，意义十分深远。我记取从前的经验教训，作为以后的借鉴，秉持祖训。从现在开始皇宫内各部门，以及各司局库等衙门，有的主管典礼缮戎，有的主管聚集工匠机要部门，有的主持整治服装，有的办理文书，都要勤勉谨慎小心处理本职业务，不允许违背祖制，干预宫外政事。违反的人就用扰乱国政参拿处斩。还是详细察看旧典，一项项写出来所主管的详细上报。”礼部右侍郎蒋德璟上奏说：“《尚书·周官》中记载的内职，不到一百人。纠察禁止王官的行为，全由小官吏负责。古代圣人率先垂范，给后代警戒将来，他们很谨慎啊。（天启元年四月，御史张捷上奏说：“请让宦官接受在礼部考察，定为五年举行一次，像京察一样。”）太祖高皇帝，其实仔细察看过以前朝代的制度，而选择适当的制度。他设立内官，监司局库，各有定员，官级不超过四品，俸禄不超过一石，而且检举弹劾有条令，交往有戒条，参与政事掌管军事有禁止，谨慎防范内外的勾结，杜绝越礼不轨事件的形成。至于向上讨论汉、唐的旧事，而再三表示关注。祖训深远，亘古不变。虽然在二十五年曾派太监聂庆童前往告谕陕西、河州等卫所少数民族，让他们交纳马匹，把茶叶给他们，但前往告谕属番，和军民没有关系，而且不给他权力，也就是暂时前去，传达完马上回来。整个洪武时代，没有其他特派。这是导致政治清明整齐严肃，而开万世太平的基础。至于历代圣人继承，宫廷官署的界限没有改变，而当时的事偶然不同，宫廷内外的任用间或听到。永乐年间，开始有派遣使者到外国及派遣前往甘肃巡视的。洪熙年间，开始有守备南京的。正统年间，开始有率兵讨伐胡虏及各省镇守的。景泰初年，开始有分坐十营，有时称为监枪的，但仍听命尚书于谦等人节制。到正德年间，边关开始设置内监，并且命令提督禁军内操，分坐勇士四卫军营，更不是太祖太宗的旧制了。其他如监工监器，会同审讯，苏杭织造，征税开矿的派遣，都是利少害多，也都是很快设立很快停止，操纵在握，短时间暂托权宜之计，而职务更替变化，改朝后往往大多订正。只有世宗肃皇帝，毅然取消，独断于先；我皇上剪除逆党，媲美于后。总之继承了高皇帝的训告，'内臣不得参预政事，外臣不去串通勾结'，两句话足以概括千古治乱的根源了。我们恭敬地阅读宝训，深溯诒谋，不使他有功劳，就没有窃取大权的担忧；应当让他们畏惧法令，实际上就杜绝了乱政的途径。所以委托给心腹做事那么权力就转移了，寄托于耳目监听别人那么罗织罪名就开启了，遵循典章那么就会恪守职责，严格要求宫廷内外那么超越权限就不会发生，这确实是鉴古酌今，可以没有弊端，而神孙圣祖在此考虑一致。谨遵圣谕，详细考察旧的规章，将各监局的掌管，着为法令，可以察知的，名次排列上呈，恭候圣明裁决定夺。”但是，得到圣旨的斥责。

奄人之有祠堂，自英宗之赐王振始也。至魏忠贤则生而赐祠，且遍于天下矣。故圣人戒乎作俑。

【译文】宦官有祠堂，从英宗赏赐王振开始的。到魏忠贤就在世而赐祠堂，并且遍布天下了。所以圣人警戒始作俑者。

禁自宫

《实录》:"成化元年七月丁巳,直隶魏县民李堂等十一名,自宫以求进,命执送锦衣卫狱罪之,发南海子种菜。"祖宗以来,凡阉割火者①,必俘获之奴,或罪极当死者,出其死而生之。盖重绝人之世,不忍以无罪之民,受古肉刑②也。景泰以来,乃有自宫以求进者,朝廷虽暂罪之,而终收以为用。故近畿之民,畏避徭役,希觊富贵者,仿效成风,往往自戕其身,及其子孙,日赴礼部投进。自是以后,日积月累,千百成群,其为国之蠹害甚矣。史臣刘吉等之辞。

【注释】①火者:宦官,亦泛指受阉的仆役。②肉刑:古时切断犯人肢体,或割裂肌肤的刑罚。分墨、劓、刵、宫等。也称为"肉辟"。

【译文】《实录》:"成化元年七月十二日,直隶魏县百姓李堂等十一人,自宫请求进入宫中,命令送到锦衣卫定罪,发配到南海子种蔬菜。"太祖太宗以来,凡是被阉割的人,一定是被俘的奴隶,有的是罪大恶极最该死的,让他免死而苟活。对使人断绝后代的事看得很重,不忍心让无罪的百姓,受古代的肉刑。景泰年间以来,才有自宫来请求进宫的,朝廷虽然暂时给他定罪,而最终把他收在宫里使用。所以都城附近的百姓,为了逃避徭役,妄想富贵的人,模仿成风,往往自己伤害自己的身体,以及他们的子孙,每天到礼部投进。从此以后,日积月累,这类人千百成群,他们对国家的危害太大了。(史臣刘吉等人的言论。)

《余冬序录》曰："永乐二十二年令，凡自宫者以不孝论，军犯，罪及本管头目总小旗；民犯，罪及有司里老。《实录》："永乐十九年七月丁卯，严自宫之禁，犯者皆发充军。"成化九年，令私自净身者，本身处死，家发边远充军。正统十二年、天顺二年、成化九年，节经申明。弘治五年，自净身者，本身并下手人俱处死，全家充军。两邻及歇家[①]不举，有司里老，容隐[②]者一体治罪。其禁止乎未残者，法甚严也。永乐二十三年，仁宗即位。兴州左屯卫军徐翼有子自宫，入为内竖，翼奏乞除军籍。上曰：'为父当教子，为子当养亲。尔有子不能教，自残其体，背亲恩，绝人道，败坏风化，皆源于尔，尚敢希除军籍邪？'出其子使代军役。宣德二年令自净身人，军民各还元伍籍，不许投入王府及官势家藏隐，躲避差役。若犯，本身及匿藏家处死，该管总小旗里老邻佑，一体治罪。正统元年闰六月，时军民多自宫希进，间有以赦而获免罪者，刑部请依旧制，不论赦前赦后，俱论以不孝重罪。从之。成化十一年二月，顺天府永清县民徐义自宫其幼子以求进，诏发充广西南丹卫军，妻及幼子皆随往。十五年，净身人，令巡城御史锦衣卫督逐回籍。弘治元年，令锦衣卫拘送顺天府，递发元管官司点闸知在，不许容纵。十三年，令先年净身人曾经发遣，不候收取，私自来京，图谋进用者，问发边远充军。其戒约于已残者，法亦非不至也。而貂珰[③]满朝，金玉塞涂，至今日而益盛，然则法果行乎？"

【注释】①歇家：旧时的一种职业，专营生意经纪、职业介绍、做媒作保、代打官司等业务。亦指从事这种职业的人。②容隐：亦称为同居相容隐、亲亲得相首匿等，是中国古代中华法律体系中一项规定，指“禁止亲属之间互相控诉或者作证，以保护传统的伦理秩序”的规定。③貂珰：汉代中常侍所戴的帽子。后以宦官为中常侍，故称宦官为“貂珰”。

【译文】《余冬序录》中说：“永乐二十二年下令，凡是自宫的以不孝论处，如果军人违犯，连本管头目总小旗一同治罪；如果民间违犯，连有司里老一同治罪。（《实录》：“永乐十九年七月初七，严格禁止自宫，违犯者都发配充军。”）成化九年，下令凡是私自净身的人，本人处死，全家发配到边远地区充军。正统十二年、天顺二年、成化九年，屡经申明。弘治五年，命令私自净身的人，自身和帮助净身的人一起处死，全家发配到边远地区充军。两邻和歇家不举报，有司、里老、容隐的人一同治罪。禁止不让自残的，法律很严厉啊。永乐二十三年（仁宗即位），兴州左屯卫军徐翼有个儿子自宫，入宫为内竖，徐翼上奏请求免除军籍。皇上说：‘做父亲的应当教育子女，做子女的应当孝养父母。你有儿子不能教育，他自残身体，背弃亲恩，断绝人道，败坏风化，这些都源于你，还敢希望免除军籍吗？’驱逐他儿子让他代替服兵役。宣德二年下令让自净其身的人，军民各自返回原来的军籍，不允许投入王府和官员权势之家隐藏，躲避差役。如果违犯，本身以及藏匿的人家处死，该管总小旗里老邻居，一同治罪。正统元年闰六月，当时军民大多自宫希望进入宫中，偶尔有因大赦而获免罪的人，刑部请求依照旧的制度，无论赦免前赦免后，都以不孝的重罪来论处。皇上依奏。成化十一年二月，顺天府永清县百姓徐义自宫他的幼子以求进，下诏发配到广西南丹卫军，妻子和年幼的儿子都随去。成化十五年，净身的人，命令巡城御史锦衣卫指挥驱逐回籍。弘治元年，命令锦衣卫拘送到顺天府，押送到原管官司点闸知在，不允许宽容放纵。弘治十三年，让先前净身的人曾经遣送，不等候收取，私自来京城，图谋进用的人，判决发配到边远地方充军。它对于已经自残的人告诫约束，法律也不是不到啊。而宦官满朝，塞满道路，到现在更兴盛，那么法令果真实行了吗？”

宋仁宗未有继嗣，太常博士吴及上言：“古之明王，重绝人之世。今宦官之家，竞求他子，劓绝人理，以希爵命。童幼何罪，陷于刀锯，有因而夭死者。夫有疾而夭，治世所矜，况无疾乎？有罪而宫，前王不忍，况无罪乎？臣闻汉永平之际，中常侍四员，小黄门十人尔。唐太宗定制，无得逾百员。今以祖宗时较之，当日宦官几何人？今几何人？臣愚以为胎卵[①]刳伤，凤凰不至，继嗣未育，殆由于此。伏愿濬发德音，详为条禁，权罢宦官进献。有擅宫童幼，寘以重法。若然，则天心必应，继嗣必广。召福祥、安宗庙之策，无先此者。”帝异其言，权罢内臣进养子。

【注释】①胎卵：胎生与卵生，指鸟兽。

【译文】宋仁宗没有继承的人，太常博士吴及上奏说：“古代英明的君王，对使人断绝后代的事看得很重。现在宦官之家，争相求取他人的儿子，灭绝人理，以希望封爵受职。儿童有什么罪，被迫阉割，有因此而夭折的人。因为有病而夭折，治理国家的人还会同情，何况没有疾病的人吗？有罪而处以宫刑，先王还不忍心，何况没有罪的呢？我听说东汉永平之际，中常侍四人，小黄门十人。唐太宗定制，没有超过百名。现在和立国之初时相比较，当时宦官多少人？现在有多少人？我认为鸟兽剖开后受伤，凤凰不来，继承的人没有子嗣，大概是由于这个吧。希望从深处发出善言，详细制定条例禁令，暂时废除宦官的呈献。有擅自给小孩宫刑的，对他施以重法。如若这样，天意必定响应，皇子一定会多。召来福祥、安定宗庙的策略，没有比这重要的。”皇上很惊异这些话，就暂时废除内臣抚养儿子。

卷 十

治 地

古先王之治地也，无弃地而亦不尽地。田间之涂九轨[①]，有余道矣。遗山泽之分，秋水多得有所休息，有余水矣。是以功易立而难坏，年计不足而世计有余。后之人一以急迫之心为之。商鞅决裂阡陌，而中原之疆理荡然。宋政和以后，围湖占江，而东南之水利亦塞。《宋史·刘韐传》："鉴湖为民侵耕官田，收其租岁二万斛。政和间涸以为田，衍至六倍。"《文献通考》："圩田、湖田多起于政和以来。其在浙间者隶应奉局，其在江东者蔡京、秦桧相继得之。大概今之田，昔之湖。徒知湖中之水可涸以垦田，而不知湖外之田将胥而为水也。"于是十年之中，荒恒六七，而较其所得，反不及于前人。子曰："无欲速，无见小利。"夫欲行井地之法，则必自此二言始矣。

【注释】①九轨：可容九辆车并列行驶的路面宽度。

【译文】古代先王管理土地，没有荒废的土地也不完全占尽一切土地作为耕地。田间的道路有九轨之宽，就有多余的道路行走。要留下川河与湖泽的分布，假使秋天水多就得让水能停留，这样就有多余的水。因此容易成功而难以失败，年度预算不足而为后代着想则有余。后代之人一概以急迫的心情为之。商鞅决定分割田间小路，而中原地区的土地界限就荡然无存。宋徽宗政和年间以后，围湖占江，而东南的水利也堵塞了。(《宋史·刘韐传》：“鉴湖为百姓侵占的官田，收取田租每年二万斛。政和年间湖水干涸改为耕田，扩展到六倍。”《文献通考》：“圩田、湖田大多在政和年间以来兴起。它在浙江一带隶属应奉局，它在江东的部分被蔡京、秦桧相继得到。大概现在的土地，就是过去的湖。只知道湖中的水可以干涸用来开垦田地，却不知道湖外的田地将渐渐被水淹了。”)于是在这十年中，荒地经常有十之六七，而比较所能得到的粮食，反而不如以前的人得到的多。孔子说：“不要求快，不要贪求小便宜。”要想做井地之法，就一定会从这两句话开始了。

斗斛丈尺

古帝王之于权量，其于天下，则五岁巡狩而一正之，《虞书》同律[①]度量衡是也；其于国中，则每岁而再正之，《礼记·月令》日夜分则同度量，钧衡石，角斗甬，正权概是也。洪武初，命三日一次较勘斛斗秤尺。故关石和钧，大禹以之兴夏；谨权量，审法度，而武王以之造周。今北方之量，乡异而邑不同，至有以五斗为一斗者，一哄之市，两斗并行。至其土地，有以二百四十步为亩者，有以三百六十步为亩者，有以七百二十步为亩者。《大名府志》：有以一千二百步为一亩者。其步弓[②]有以五尺为步，有以六尺、七尺、八尺为步，此之谓工不信度者也。夫法不一，则民巧生。有王者起，同权量而正经界,其先务矣。《后汉书》,建武十五年,诏下州郡,简覈垦田顷亩,及户口、年纪,河南尹张伋及诸郡守十余人,坐度田不实,下狱死。而《隋书》:赵煚为冀州刺史,为铜斗铁尺,置之于肆,百姓便之。上闻,令颁之天下,以为常法。傥亦可行于今日者乎?

【注释】①同律:即律吕。律吕,古代汉族乐律的统称,可分为阳律和阴律。是有一定音高标准和相应名称的中国音律体系。②步弓:丈量土地用的一种木制器具。上有柄,略如弓形,两足间相距为一步。相当于旧时营造尺五尺。

【译文】古代帝王对权衡,对天下的管理,就是五年一次巡守而统一法度政令,《虞书》记载的同律、度量衡就是这样;他们在国都,就每年再统一标准一次,《礼记·月令》记载,春分秋分时,要统一长度单位、容量单位、钧、称和石,使斗、斛都符合标准,使称锤和刮斗斛的平尺都准确无误,就是这样。(洪武初年,命令三天核对一次斛、斗、秤、尺。)所以把石和钧统一标准,大禹用它兴盛了夏朝;谨慎对待权衡,审查法律制度,而周武王用它造就了周朝。现在北方的度量,地方不同,城市标准就不一样,甚至有的地方以五斗为一斗的,一个喧闹的城市,两种度量并行。至于他们的土地,有的用二百四十步为一亩,有的用三百六十步为一亩,有的用七百二十步为一亩。(《大名府志》记载:有以一千二百步为一亩的。)他们的步弓有以五尺为一步的,有六尺、七尺、八尺为一步的,这就是所说的量地的人不信任度量啊。如果法律不统一,百姓就生出各种奸巧的方法。有王者出现,统一权衡而厘正经界,这是他首先要做的事务。

《后汉书》记载，汉光武帝建武十五年，皇帝下诏州郡，检查核实开垦田地的顷亩，以及户口、年龄，河南府尹张伋及各郡太守十多人，被认定度量田亩不实，被捕下狱而死。而《隋书》记载：赵煚为冀州刺史，制作了铜斗铁尺，放在商店铺子里，百姓很方便。皇上听说，命令颁布全国，作为常规方法。或许也可以在今天实行吧？

地亩大小

以近郭为上地，远之为中地、下地。盖自金元之末，城邑丘墟，人民稀少。先耕者近郭，近郭，洪武之册田也；后垦者远郊，远郊，继代之新科也。故重轻殊也。

【译文】以靠近城郭的土地为上等土地，离城郭远的为中等土地、下等土地。从金元末年以来，城市一片废墟，人口稀少。先翻耕的土地靠近城郭，靠近城郭，是洪武年间的册田；后来开垦的在远郊，远郊，则为继承先世新制定的科律。所以轻重不同啊。

《广平府志》曰："地有大小之分者，以二百四十步为亩，自古以来未之有改也。由国初有奉旨开垦永不起科者，有因洿下鹻薄[①]而无粮者，今一概量出作数，是以元额地少而丈出之地反多，有司恐亩数增多，取骇于上而贻害于民，乃以大亩该小亩，取合元额之数。自是上行造报，则用大地以投黄册；下行征派，则用小亩以取均平。是以各县大地，有以小地一亩八分折一亩，递增之至八亩以上折一亩。既因其地之高下而为之差等，又皆合一县之丈地，投一县之元额，以敷一县之粮科，而赋役由之以出。”此后人一时之权宜尔。

【注释】①洿（wū）下：低洼。鹻（jiǎn）：同“碱”。

【译文】《广平府志》说：“土地有大小之分，用二百四十步为一亩，自古以来，从未有改变的。从立国之初就有奉旨开垦土地永不征收钱粮的，有因土地低洼碱薄而无粮食的，现在一概量出算做地亩数，因此原来耕种的土地数额少而丈量出的土地反尔多。有关部门害怕耕种土地亩数增多，对于皇上会害怕而对于百姓会后患无穷，就用大亩改成小亩，用原来的土地亩数。从这开始上报造表，就用大的地亩数编造黄册；对下征派，就用小亩以取得平衡。因此各县的大地块，有的把小地一亩八分折算成一亩，递增到八亩以上折一亩。既把土地的优劣分为等级，又都符合一个县的丈量土地，用一个县的原来地亩总数，足够抵用一县的所征粮食，而赋税和徭役根据这个出。”这是后人一时的权宜之计罢了。

考之他郡，如河南八府，而怀庆地独小，粮独重。开封三十四州县，而杞地独小，粮独重。盖由元末未甚残破，故独重于他郡邑。天下初定，日不暇给，度田之令、均丈之法，有所不及详。解缙《大庖西封事》言：“土田之高下不均，而起科之轻重无别，或膏腴而税反轻，瘠卤而税反重。”是则洪武之时即已如此。而中原之地，弥望荆榛，亦无从按亩图之也。唐时陆贽有言：“创制之始，不务齐平。供应有烦简之殊，牧守有能否之异，所在徭赋轻重相悬，所遣使臣意见各异，计奏一定，有加无除。”此则致敝之端，古今一辙，而井地不均，赋税不平，固三百年于此矣。

【译文】考察其他的郡，比如河南八府，而怀庆地区土地唯独地亩小，所征收的粮食却最重。开封三十四个州县，而杞地地亩小，所征收的粮食却最重。大概由于元末没有遭受严重破坏，所以唯独比其他地区重。天下刚安定，日不暇给，丈量土地的命令、相同长度的标准，还来不及制定详细的标准。（解缙在《大庖西封事》中说：“土地的优劣不均衡，而征收钱粮的多少没有区别，有的土地肥沃，赋税反而轻；土地贫瘠，赋税反而重。”这是洪武年间的时候就已经如此了。）而中原之地，满眼灌木丛林，也没有办法按地亩数征收钱粮。唐代陆贽说：“建立制度之初，不求整齐平正。供应有繁简之区别，州牧郡守有能力的差异，所在徭役赋税轻重悬殊，所派使臣的意见各不相同，给朝廷的奏报一定有增加没有减少。”这就是导致弊病的开端，古今如出一辙，而土地面积不均匀，赋税不公平，本就三百年像这样了。

故《东昌府志》言：“三州十五县，步尺参差，大小亩规画不一，人得以意长短广狭其间。”而《大名府志》谓：“田赋必均，而后可久。除沙茅之地别籍外，请檄诸州县长吏画一而度之，以钞准尺，以尺准步，以步准亩，以亩准赋，仿江南鱼鳞册①式而编次之。旧所籍不齐之额悉罢去，而括其见存者，均摊于诸州县之间，一切粮税、马草、驿传、均徭、里甲之类，率例视之以差。数百里之间，风土人烟，同条共贯矣。”则知均丈之议，前人已尝着之，而今可通于天下者也。

【注释】①鱼鳞册，又称鱼鳞图册、鱼鳞图、鱼鳞图籍、鱼鳞簿、丈量册，是中国古代的一种土地登记簿册，将房屋、山林、池塘、田地按照次序排列连接地绘制，表明相应的名称，是民间田地之总册。由于田图状似鱼鳞，因以为名。

【译文】所以《东昌府志》说：“三州十五县，长度单位参差不齐，大小地亩规划不一致，人们才能够在它里面随意改变长短宽窄。”而《大名府志》中说：“土地的赋税必须均匀，然后可以长久。除沙茅的土地另外造册，请下文给各个州县长官一致的标准，用宝钞长度定出尺子的标准，用尺子长度定出步子的标准，用步子长度定出亩的标准，用亩的大小定出征收赋税的标准，仿照江南鱼鳞册的样子而编排它们。旧的登记簿中不一致的数额都删掉，而保留现存的，均摊到各州县之间，一切粮食税、马草、驿传、均徭、里甲之类，一概遵循惯例看看它有什么不同。数百里之间，风土人情，同一标准共同执行。”就知道均衡长度单位的建议，前人已曾经写过文章的，现在可以通行于天下。

《宋史》言：“宋时田制不立，甽亩转易，丁口隐漏，兼并冒伪，未尝考按。”《王洙传》：洙言天下田税不均，请用郭谘、孙琳千步开方法颁州县，以均其税。又言：“宣和中，李彦置局汝州，凡民间美田，使他人投牒[①]告陈，指为天荒[②]。鲁山阖县尽括为公田，焚民故券，使田主输租，诉者辄加威刑。公田既无二税，转运使亦不为奏除，悉均诸他州。”《宦者传》。是则经界之不正，赋税之不均，有自宋已然者，又不独金、元之季矣。

【注释】①投牒：呈递诉状。②天荒：指未经开辟的或荒芜的土地。

【译文】《宋史》说：“宋代时关于农田的制度没有建立，土地改换主人，人口的隐瞒漏报，侵占吞并土地以假充真，没有考查检验。”（《王洙传》：王洙说天下的田地赋税不均等，请用郭谘、孙琳的千步开方法颁布到州县，以均衡百姓的赋税。）又说：“宣和年间，李彦在汝州设局，凡是民间良田，被他人投递诉状告发的，指为天荒。鲁山县全县征购为公田，焚烧百姓原有的地券，让本来的田主交租，上诉的就加以刑罚。公田既没有二税，转运使也不替他上奏去掉，全部平均到其他州。”（《宦者传》。）这就是土地界限不公正，赋税不均衡，从宋代已经形成了，又不只是金、元两朝。

州县界域

自古以来，画疆分邑，必相比附，天下皆然。乃今则州县所属乡村，有去治三四百里者，有城门之外即为邻属者，则幅员不可不更也。下邽在渭北而并于渭南，美原在北山而并于富平，若此之类，俱宜复设。而大名县距府七里，可以省入元城，则大小不可不均也。管辖之地，多有隔越。如南宫属真定、威县属广平之间，有新河县属真定地；清河属广平、威县之间，有冠县属东昌地；郓城属兖州、范县属东昌之间，有邹县属兖州地；清州之益都等县，俱有高苑地；淮安之宿迁县，有开封之祥符县地；大同之灵丘、广昌二县中间有顺天之宛平县地。或距县一二百里，或隔三四州里，薮奸诲逋，恒必繇之。而甚则有如沈丘属开封之县署地粮，乃隶于汝阳属汝宁者，则错互不可不正也。

【译文】自古以来，划界分邑，一定要相关联，天下都是这样。现在的州县所隶属的乡村，有的距离治所三四百里，有城门之外就是别的州县的，那么所辖乡村不得不更改了。下邽在渭北却并在渭南，美原在北山却并与富平，像这样的例子，都应该重新设置。而大名县距离府衙七里，可以并到元城，则大小不能不均衡。管辖的土地，大多有阻隔。比如南宫（属真定）、威县（属广平）之间，有新河县（属真定）的土地；清河（属广平）、威县之间，有冠县（属东昌府）的土地；郓城县（属兖州）、范县（属东昌府）之间，有邹县（属兖州）土地；清州的益都等县，都有高苑的土地；淮安的宿迁县，有开封的祥符县的土地；大同的灵丘、广昌二县之间，有顺天的宛平县的土地。有的距县城一二百里，有的隔着三四个州县，这些成为罪犯、逃亡者的藏身聚集之所，常常由这里产生。而更甚者就有如沈丘（属开封）的县署地粮，就隶属汝阳（属汝宁）的，那么交错不可以不更正。

卫所之屯，有在三四百里之外，与民地相错浸久而迷其版籍，则军民不可不清也。水滨之地，消长不常，如蒲州之西门外三里，即以补朝邑之坍，使陕西之人越河而佃。至于争斗杀伤，则事变不可不通也。《周礼·形方氏》："掌制邦国之地域，而正其封疆，无有华离[1]之地。"有王者作，谓宜遣使分按郡邑，图写地形，奠以山川，正以经界，地邑民居，必参相得，庶乎狱讼衰而风俗淳矣。洪武十七年八月丙戌，以州之民户不及三千者皆改为县，改者凡三十七州。

【注释】①华离：交错。

【译文】卫所的驻地，有的在三四百里之外，与百姓之地相互交错时间越久而越迷失他们的户籍，那么军民不可不分辨清楚。岸边的地方，减少或增长不固定，比如蒲州的西门外三里，就因弥补朝邑县的凋敝，使陕西的人越河租种土地。至于争斗伤亡，事情就变得不可不变通。《周礼·形方氏》："负责制定诸侯国的地域，而更正他的疆界，没有交错的地方。"有的帝王，认为应该派遣使臣分别巡视郡县，绘制地形，用山川确定，更正界限，城镇居民，一定会检验所得到的土地，这么做的话，差不多就会诉讼渐渐消失而风俗人情越来越淳厚了。（洪武十七年八月二十一日，民户不到三千的州都改为县，这次改变的共有三十七州。）

后魏田制

后魏虽起朔漠，据有中原，然其垦田、均田之制，有足为后世法者。景穆太子监国，令曰：《周书》言："任农以耕事，贡九谷；任圃以树事，贡草木；任工以余材，贡器物；任商以市事，贡货贿；任牧以畜事，贡鸟兽；任嫔以女事，贡布帛；任衡以山事，贡其材；任虞以泽事，贡其物。"乃令有司课畿内之民，使无牛者借人牛以耕种，而为之芸[1]田偿之。凡耕种二十二亩而芸七亩，大略以是为率。使民各标姓名于田首，以知其勤惰，禁饮酒、游戏者。于是垦田大增。

【注释】①芸：古同"耘"，除草。

【译文】北魏虽然起自沙漠，据有中原，但是他们开垦田地、平均田地的制度，有足以为后世效法的地方。景穆太子拓跋晃监国，他说：《周书》上说："用农民从事耕种的事，贡纳各种谷物；用圃人从事种植的事，贡纳蔬菜瓜果；用工匠从事制作的事，贡纳器物；用商贾从事贸易的事，贡纳财物；用牧民从事畜牧的事，贡纳鸟兽；用妇女从事女工的事，贡纳布帛；用山民从事山林生产的事，贡纳山林的出产物；用川泽之民从事川泽生产的事，贡纳川泽的出产物。"于是命令有关部门督促京郊的百姓，让没有牛的人家借别人家的牛来耕种，而为之在田里除草偿还。凡是耕种二十二亩，除草七亩，大致以这个为标准。让百姓各自在地头标明姓名，以了解他们的勤奋和懒惰，禁止饮酒、游戏。于是开垦的田地大增。

高祖太和九年十月丁未，诏曰："朕承乾在位，十有五年。每览先王之典，经纶百氏，储蓄既积，黎元永安。爰暨季叶，斯道陵替。

富强者并兼山泽，贫弱者望绝一廛，致令地有遗利，民无余财。或争亩畔以亡躯，或因饥馑以弃业。而欲天下太平，百姓丰足，安可得哉？今遣使者循行州郡，与牧守均给天下之田，劝课农桑，兴富民之本。”其制：男夫十五以上，受露田[①]四十亩，妇人二十亩。民年及课则受田，老免[②]及身没则还田。诸桑田不在还受之限。男夫，人给田二十亩，课莳余[③]，种桑五十，树枣五株，榆三根。非桑之土，夫给一亩，依法课莳榆枣，限三年种毕，不毕，夺其不毕之地。于是有口分、世业之制，唐时犹沿之。嗟乎，人君欲留心民事，而创百世之规，其亦运之掌上也已。宋林勋作《本政》之书，而陈同父以为必有英雄特起之君，用于一变之后，岂非知言之士哉！

【注释】①露田：不栽种树木的无主荒地。②老免：指的是中国封建社会对达到一定年龄的老人免征课税徭役。③课莳余：督促种植其他的作物。莳，种植。

【译文】高祖在太和九年十月十三日，下诏说：“我承奉天道在位已经十五年。每当看到先王的典籍文献，经纶诸子百家，储蓄已经积累，百姓永安。于是直到末世，这些方法衰落。富强的兼并山泽，贫穷的则一处容身之地，致使土地没有得到充分耕种，百姓没有剩余的钱财。有人争地亩的界限而丧失生命，有人因饥饿而放弃学业。而想天下太平，百姓丰衣足食，怎么可能呢？现在派遣使者巡行州郡，和州牧郡守平均分配天下的田地，劝课农桑，是振兴富民的根本。”这一制度：十五岁以上的男子，授给露田四十亩，女子授露田二十亩。百姓到了负担租调力役的年龄就授予土地，老年即免除赋税、劳役，到人死后就要归还田地。种植桑、榆、枣等树木的土地作为入户世业的土地，只领种，不还受。男子一人给田二十亩，督促种植其他的作物，种植五十棵桑树，五棵枣树，三棵榆树。不是桑田的土地，男子被授予一亩地，依照法律督促种植榆树和枣树，限三年种植完毕，没有种植完的，收回他没有种植的土地。于是有口分田、永业田的制度，唐代仍沿袭下来。唉，君主想要留心百姓的事情，而创立百年的规划，它运行就像在手掌上啊。宋代林勋著有《本政》一书，而陈亮（字同父，一字同甫）认为一定有英雄崛起的君主，用在一个变革之后，难道不是有见识的人吗！

开垦荒地

明初，承元末大乱之后，山东、河南，多是无人之地。洪武中诏，有能开垦者，即为己业，永不起科。是时方孝孺有因其旷土复古井田之议。至正统中，流民聚居，诏令占籍。景泰六年六月丙申，户部尚书张凤等奏："山东、河南、北直隶并顺天府无额田地，甲方开荒耕种，乙即告其不纳税粮。若不起科，争竞之涂，终难杜塞。今后但告争者，宜依本部所奏，减轻起科则例，每亩科米三升三合，每粮一石科草二束，不惟永绝争竞之端，抑且少助仓廪之积。"从之。户科都给事中成章等劾凤等不守祖制，不恤民怨。帝不听。然自古无永不起科之地，国初但以招徕垦民，立法之过，反以启后日之争端，而彼此告讦，投献[1]王府、勋戚及西天佛子。见《实录》成化四年三月。无怪乎经界之不正，赋税之不均也。

【注释】①投献：将田产托在缙绅名下以减轻赋役。

【译文】明朝初年，在元末大动乱之后，山东、河南，大多是无主土地，无人耕种。洪武年间下诏，有能开垦的，就成为自己的产业了，永远不征收钱粮。（当时方孝孺就有因那些荒芜的土地复古井田的建议。）到正统年间，流民聚居在一起，下诏让上报户口并入籍定居。明代宗景泰六年六月二十二日，户部尚书张凤等人上奏："山东、河南、北直隶以及顺天府没有定额的田地，甲方开荒耕种，乙方就告他不交纳税粮。如果不征收钱粮，争执之事，最终难以杜绝。今后只要起诉争论的，应依照本部所奏，减轻征收钱粮的规则，每亩征收米三升三合，粮食一石、草二束，不只是永远杜绝争执的开端，也是稍微增长粮仓的积蓄。"皇帝听从了。户科都给事中成章等弹劾王凤等人不遵守太祖太宗制度，不体恤百姓的不满。皇帝不听。然而自古以来没有永远不征收钱粮的土地，立国之初只是以此招徕开垦土地的百姓，立法的过失，反而开启了以后的争端，而彼此告发，投献王府、勋戚以及西天佛子。（见《宪宗实录》成化四年三月。）难怪界限不正确，赋税不公平啊。

苏松二府田赋之重

丘濬《大学衍义补》曰："韩愈谓赋出天下，而江南居十九。以今观之，浙东西又居江南十九，而苏、松、常、嘉、湖五府，又居两浙十九也。考洪武中，据诸司职掌。天下夏税秋粮以石计者，总二千九百四十三万余，而浙江布政司二百七十五万二千余，苏州府二百八十万九千余，松江府一百二十万九千余，常州府五十五万二千余。是此一藩三府之地，其田租比天下为重，其粮额比天下为多。今国家都燕，岁漕江南米四百余万石以实京师，而此五府者，几居江西、湖广、南直隶之半。臣窃以苏州一府计之，以准其余。苏州一府七县，时未立太仓州。其垦田九万六千五百六顷，居天下八百四十九万六千余顷田数之中，而出二百八十万九千石税粮于天下二千九百四十余万石岁额之内，其科征[1]之重，民力[2]之竭，可知也已。”

【译文】丘濬的《大学衍义补》说：“韩愈认为赋税出自天下，而江南占十分之九。在现在看来，浙江东西又占江南十分之九，而苏州、松江、常州、嘉兴、湖州五府，又占两浙十分之九。考察洪武年间，（据诸司职掌）天下的夏税秋粮以石计算的，总共二千九百四十三万多，而浙江布政司二百七十五万二千多，苏州府二百八十万九千多，松江府一百二十万九千多，常州府五十五万二千多。就这一藩三府的地方，它的田租相比天下为最重，它的粮食总额相比天下为最多。现在国家都城在北京，每年漕运江南米四百余万石以充实京城，而这五个府的江南米，几乎占江西、湖广、南直隶的一半。我以苏州一府来计算，以推其他。苏州一府七县，（当时还没有建立太仓州。）他们开垦田地九万六千五百六顷，居全国八百四十九万六千余顷田数之中，而出二百八十万九千石税粮于全国二千九百四十余万石每年数额之内，它的征收赋税之重，人民的财力枯竭，可以知道了。”

杜宗桓上巡抚侍郎周忱书曰：“五季钱氏，税两浙之田，每亩三斗。宋时均两浙田，每亩一斗。宋淳祐元年鲍廉作《琴川志》曰：“国初尽削钱氏白配之目，遣右补阙王永、高象先各乘递马，均定税数，只作中下二等。中田一亩，夏税钱四文四分，秋米八升。下田一亩，钱三文三分，米七升四合。取于民者不过如此。自熙、丰更法，崇、观多事，靖、炎军兴，随时增益。然则宋初之额，尚未至一斗也。”元入中国，定天下田税，上田每亩税三升，中田二升半，下田二升，水田五升。《元史·耶律楚材传》。至于我太祖高皇帝受命之初，天下田税亦不过三升、五升，而其最下有三合、五合者。于是天下之民，咸得其所，独苏、松二府之民，则因赋重而流移失所者多矣。今之粮重去处，每里有逃去一半上下者。请言其故！国初籍没土豪田租，有因为张氏义兵而籍没者，有因虐民得罪而籍没者。有司不体圣心，将没入田地，一依租额起粮，每亩四五斗、七八斗至一石以上，民病自此而生。《宋史》言：“建炎元年，籍没蔡京、王黼等庄以为官田，减租三分。”洪武初，未有以此故事上言者。何也？田未没入之时，小民于土豪处还租，朝往暮回而已。后变私租为官粮，乃于各仓送纳，运涉江湖，动经岁月，有二三石纳一石者，有四五石纳一石者，有遇风波盗贼者，以致累年拖欠不足。王叔英疏亦言：“输之官仓，道路既遥，劳费不少。收纳之际，其弊更多，有甚于输富民之租者。”自洪武时已然矣。愚按：宋华亭一县，即今松江一府，当绍熙时，秋苗止十一万二千三百余石。景定中，贾似道买民田以为公田，益粮一十五万八千二百余石。宋末，官民田地税粮共四十二万二千八百余石，量加圆斛。元初田税，比宋尤轻。然至大德间，没入朱清、张瑄田，后至元间又没入朱国珍、管明等田，一府税粮，至有八十万石。迨至季年，张士诚又并诸拨属财赋府，与夫营、围、沙、职、僧道、站役等田。至洪武以来，一府税粮共一百二十余万石。租既太重，民不能堪，于是皇上怜民重困，屡降德音，将天下系官田地粮额，递减三分、二分外。即宣德五年二月癸巳诏书。松江一府税粮，尚不下一百二万九千余石。愚历观往古，自有田税以来，未有若是之重者也。以农夫蚕妇，冻而织，馁而耕，供税不足，则卖儿鬻女；又不足，然后不得已而逃，以至田地荒芜，钱粮年年拖欠。向蒙恩赦，自永乐十三年至十九年，七年之间，所免税粮，不下数百万石。永乐二十年至宣德三年，又复七年拖欠，折收轻赍，亦不下数百万石。折收之后，两奉诏书，敕谕自宣德七年以前，拖欠粮草、盐粮、屯种子粒、税丝、门摊课钞，悉皆停征。前后一十八年间，蠲免折收停征，至不可算。由此观之，徒有重税之名，殊无征税之实。愿阁下转达皇上，稽古税法，斟酌取舍，以宜于今者而税之，轻其重额，使民如期输纳，此则国家有轻税之名，又有征税之实矣。”

【译文】杜宗桓上书巡抚侍郎周忱说：“五代时的钱氏吴越国，两浙的田税，每亩三斗。宋时均两浙田，每亩一斗。（宋理宗淳祐元年间鲍廉作《琴川志》说："立国之初完全除去钱氏白配的数目，派遣右补阙王永、高象先各乘驿马，平均定税数，只作中、下二等。中田一亩，夏税钱四文四分，秋米八升。下田一亩，钱三文三分，米七升四合。从百姓拿取的不过如此。从熙宁、元丰变更法令，崇宁、大观年间事多，靖康、建炎年间军兴，随着时势增加赋税。然而，宋初的数额，还没到一斗啊。"）元入主中原，确定全国的田税，上等农田每亩收税三升，中等农田二升半，下等农田二升，水田五升。（《元史·耶律楚材传》。）至于我太祖高皇帝接受天命之初，全国的田税也不超过三升、五升，而最下等的有三合、五合的。于是全国的百姓，都能各得其所，唯独苏州、松江二府的百姓，则因赋税重而流离失所的太多了。现在纳粮重的地方，每里就有逃走一半左右的。请说说其中原因：立国之初没收土豪的田租，有因为张士诚起义兵而没收的，有因虐待百姓获罪而没收的。有关部门不体察圣上之心，将没收的土地，完全按照租额征税，每亩四五斗、七八斗到一石以上，民众的苦难从此而出现。（《宋史》说："建炎元年，没收蔡京、王黼等所占有的土地充作官田，减少租三分。"洪武初年，没有因这旧例而上奏的。）为什么呢？田未没收的时候，百姓在当地豪强处还租，朝去暮回而已。后来变私租为官粮，就到各仓送交，远涉江湖，历经岁月，有的缴纳一石要花费两三石的运费，有的缴纳一石要花费四五石的运费，有的遇到风浪盗贼，以致多年拖欠租税不够交。（王叔英上疏也说："运输到官仓，道路既远，耗费人力、精力、财力不少。接纳租税的时候，其弊端更多，甚至有比交给富民的租税更多的。"从洪武年间时已是这样了。）愚按：宋朝华亭一县，就是现在的松江一府，当绍熙年间时，秋税只有十一万二千三百余石。景定年间，贾似道买民田当作公田，增加粮食十五万八千二百余石。宋末，官民田地税粮共四十二万二千八百余石，圆斛的数量增加了。元代之初的田税，比宋代更轻。然而到大德年间，没收朱清、张瑄的田地，后来到至元年间又没收朱国珍、管明等人的田地，一府的税粮，甚至有八十万石。到了元朝末年，张士诚又吞并各拨属财赋府，以及营、围、沙、职、僧道、站役等人的田地。到洪武以来，一府的税粮共一百二十余万石。租税已经太重，百姓不能忍受，于是皇上怜悯百姓困苦重重，屡次颁布减税政策，将天下在官田地的粮数量，递减三分、二分之外。（即宣德五年二月二十二日诏书。）松江一府的税粮，还不止一百二万九千余石。我观察古代，从有田税以来，没有像这样繁重的税。以农民、养蚕的妇女，尚且受冻而编织，饥饿而耕种，交税还不够，就卖儿卖女；又不够，然后才不得已而逃走，以至于田地荒芜，钱粮年年拖欠。之前蒙受恩赦，从永乐十三年至十九年，七年的时间，所减免的税粮，不下数百万石。永乐二十年到宣德三年，又七年拖欠，折合资财，也不下数百万石。折合之后，两次下诏书，敕谕自宣德七年以前，拖欠粮草、盐、粮、屯种籽粒、税丝、门摊课钞，全部都停征。前后十八年之间，免除折合停征，不可计数。从这些事实看来，只有重税之名，根本没有征税的事实。希望阁下转达皇上，考察古代的税法，斟酌取舍，应该根据现在的实际情况收税，减轻重额，使百姓如期缴纳，这就是国家有轻税之名，又有征税的事实。”

今按《宣庙实录》：“洪熙元年闰七月，广西右布政使周干，自苏、常、嘉、湖等府巡视还，言：‘苏州等处人民，多有逃亡者。询之耆老，皆云由官府弊政困民所致。如吴江、昆山民田，亩旧税五升，小民佃种富室田亩，出私租一石，后因没入官，依私租减二斗，是十分而取八也。拨赐公侯、驸马等项田，每亩旧输租一石，后因事故还官，又如私租例尽取之，且十分而取其八，民犹不堪，况尽取之乎？尽取则无以给私家，而必至冻馁，欲不逃亡，不可得矣。乞命所司，将没官之田及公侯还官田租，俱照彼处官田起科，亩税六斗。则田地无抛荒之患，而小民得以安生。’下部议。”宣德五年二月癸巳诏：“各处旧额官田，起科不一。租粮既重，农民弗胜。自今年为始，每田一亩，旧额纳粮自一斗至四斗者，各减十分之二；自四斗一升至一石以上者，各减十分之三，永为定例。”“六年三月，巡抚侍郎周忱言：‘松江府华亭、上海二县，旧有官田税粮二万七千九百余石，俱是古额。科粮太重，乞依民田起科，庶征收易完。’上命行在户部会官议，劾忱变乱成法，沽名要誉，请罪之。上不许。”七年三月庚申朔诏：“但系官田塘地，税粮不分古额、近额，悉依五年二月癸巳诏书减免，不许故违。”辛酉，上退朝，御左顺门，谓尚书胡濙曰：“朕昨以官田赋重，百姓苦之，诏减什之三，以苏民力。尝闻外间有言，朝廷每下诏蠲除租赋，而户部皆不准。甚者文移戒约有司，有‘勿以诏书为辞’之语。若然，则是废格[①]诏令，壅遏恩泽不使下流，其咎若何？今减租之令，务在必行。《书》曰：‘民惟邦本，本固邦宁。’有子曰：‘百姓不足，君孰与足？’卿等皆士人，岂不知此？朕昨有诗述此意，今以示卿，其念之毋忘。”濙等皆顿首谢。其诗曰："官租颇繁重，在昔盖有因。而此服田者，本皆贫下民。耕作既劳勚，输纳亦苦辛。遂令衣食微，曷以赡其身？殷念恻予怀，故迹安得循？下诏减什三，行之四方均。先王视万姓，有若父子亲。兹惟重邦本，岂曰矜吾仁。"《英庙实录》："正统元年闰六月丁卯，行在户部奏：'浙江、直隶、苏、松等处，减除税粮，请命各处巡抚侍郎并同府县官，用心核实。其官田每亩秋粮四斗一升至二石以上者，减作二斗七升；二斗一升以上至四斗者，减作二斗；一斗一升至二斗者，减作一斗。明白具数，送部磨勘。'从之。"按嘉靖十七年册，长洲县田犹有七斗以上者，今与民田通均，而犹三斗七升，是此旨当日未尽奉行也。

【注释】①废格：是中国古代汉朝罪名。指臣民阻止或不执行皇帝诏令的行为。

【译文】现在按《宣宗实录》记载："洪熙元年闰七月，广西右布政使周干，从苏州、常州、嘉兴、湖州等府巡视回来，说：'苏州等地百姓，多有逃亡的人。咨询当地老人，都说是由于官府的弊政使民众贫困而导致的。比如吴江、昆山的民田，每亩旧税五升，百姓租种富户的一亩田地，出私租一石，后来因为没收入官府，依据私租减二斗，这是十分而拿八分。赏赐给公侯、驸马等人的项田，每亩原来交租一石，后来因事交回到官府，又像私租那样全部取得租税，十分而取其八分，人们还不能忍受，何况全部拿取呢？全部拿走就无法给私家，而一定会受冻挨饿，不想逃跑，不可能啊。请求命令有关部门，将没入官府的田地和公侯归还官田的租税，都照其他地方的官田征收，每亩税六斗。那么田地就没有荒废的担忧，而百姓得以安生。’下部讨论。”宣德五年二月二十二日诏令：“各地方旧额的官田，征收官税不一样。租粮太重，农民不能承受。从今年开始，每一亩田地，旧额交纳粮食从一斗到四斗的，各减少十分之二；从四斗一升到一石以上的，各减少十分之三，永远成为定例。”“宣德六年三月，巡抚侍郎周忱说：‘松江府华亭、上海两县，原来有官田税粮二万七千九百余石，都是原来的定额。征收粮食太多，请求依照民田征收，百姓征收容易完成。’皇上命令行在户部会同官员讨论，同僚弹劾周忱改变现成法令，沽名钓誉，请求给他治罪。皇上不允许。”七年三月初一下诏：“只要是官田塘地，税粮不分原来、现有的数额，全部按照五年二月二十二日诏书减免，不允许故意违背。”初二，皇上退朝，驾临左顺门，对尚书胡濙说：“我昨天因为官田赋税很重，百姓受此困扰，下诏减少十分之三，以恢复百姓的财力。曾听说外面有传言，朝廷每次下诏免除租税，而户部都不同意。更有甚者下公文告诫约束有关部门，有‘不要以诏书为借口’的话。如果是这样的话，就是阻止我的诏令，堵住恩泽不让传达到民间，他的罪怎么办？现在减少租税的命令，务必执行。《尚书》上说：‘百姓为国家的根本，根本稳固了，国家就安宁了。’有子说：‘百姓不富足，你怎么会富足？’你们都是士人，难道不会知道这些？我昨天有诗记述这件事，现在给你看，你读读不要忘记。”胡濙等人都叩头谢罪。他的诗说：“官租很繁重，在过去大概有原因。而这些耕地的，本来都是贫困百姓。耕作已经很疲劳，缴纳租税也辛苦。如果使百姓衣食不足，何以养活自己？希望体会我心情，原来的政策怎能遵循？下诏减少十分之三，执行四方平均。先王看百姓，有如父子关系。这是重视国家的根本，怎能说夸耀我的仁义。”《英宗实录》：“正统元年闰六月初三，行在户部奏：‘浙江、直隶、苏州、松江等处，减除税粮，请求命令各地方巡抚侍郎同府县官员，用心核实。官田每亩秋粮四斗一升到二石以上的，减少到二斗七升；二斗一升以上到四斗的，减少到二斗；一斗一升到二斗的，减少到一斗。明白详细数字，送吏部考核。’皇上依奏。”（按嘉靖十七年册，长洲县田还有七斗以上的，现在和百姓的田地一样，而还是三斗七升，是这个圣旨当天还没有完全执行。）

官田自汉以来有之。《宋史》：建炎元年，籍蔡京、王黼等庄以为官田。开禧三年，诛韩侂胄。明年，置安边所，凡侂胄与其他权幸没入之田，及围田、湖田之在官者，皆隶焉。输米七十二万一千七百斛有奇，钱一百三十一万五千缗有奇而已。景定四年，殿中侍御史陈尧道、右正言曹孝庆、监察御史虞虑、张晞颜等言：“乞依祖宗限田议，自两浙、江东西官民户逾限之田，抽三分之一，买充公田。得一千万亩之田，则岁有六七百万斛之入。”丞相贾似道主其议行之，始于浙西六郡，凡田亩起租满石者，予二百贯，以次递减。有司以买田多为功，皆谬以七八斗为石。其后田少与硗瘠亏租，与佃人负租而逃者，率取偿田主。六郡之民，多破家矣。《理宗纪》言：平江、江阴、安吉、嘉兴、常州、镇江六郡，已买公田三百五十余万亩。而平江之田独多，《似道传》：包恢知平江，督买田，至以肉刑从事。

【译文】官田从汉朝以来就有。《宋史》记载：建炎元年，抄没蔡京、王黼等人的土地充作官田。开禧三年，诛杀韩侂胄。第二年，设置安边所，凡是侂胄和其他权倖没收的土地，以及围田、湖田属于官员的，都隶属于官田。交纳米七十二万一千七百斛多，钱一百三十一万五千缗多。景定四年，殿中侍御史陈尧道、右正言曹孝庆、监察御史虞虑、张晞颜等人说："请依照太祖太宗限田的建议，从两浙、江东西官民户超过限制的土地，抽三分之一，买回充当公田。得到一千万亩的土地，则每年有六七百万斛的收入。"丞相贾似道主张按照他们的建议施行，开始于浙西六郡，凡是田地起租满石的人，给予二百贯，依次递减。有司把买田地多作为功劳，都荒唐地把七八斗作为一石。此后田地少贫瘠亏损租税，与佃户背租而逃亡的人，补偿田地的主人。六郡的百姓，大多家破人亡了。(《理宗纪》说：平江、江阴、安吉、嘉兴、常州、镇江六郡，已经买公田三百五十余万亩。)而平江的田地最多。(《贾似道传》：包恢知平江，督促买田，甚至到了用肉刑逼迫的地步。)

元之有天下也，此田皆别领于官。《松江府志》言：元时苗税公田外，复有江淮财赋都总管府，领故宋妃田以供太后；江浙财赋府，领籍没朱清、张瑄田以供中宫；《元史》天历二年十月，立平江等处田赋提举司。稻田提领所，领籍没朱国珍、管明田，以赐丞相脱脱拨赐庄；在上海十九保。《元史》：至正四年六月己巳，赐脱脱松江田，为立松江等处稻田提领所。领宋亲王及新籍明庆、妙行二寺等田，又有汪关关满经历田。以赐影堂寺院、诸王近臣。又有括入白云宗僧田。《元史·成宗纪》：“大德七年七月，罢江南白云宗总摄所，其田令依例输租。”《仁宗纪》：“至大四年二月，御史台言：‘白云宗总摄所统江南为僧之有发者，不养父母，避役损民，乞追收所受玺书银印，勒还民籍。’从之。”皆不系州县元额。而《元史》所记赐田，大臣如拜住、燕帖木儿等，诸王如鲁王琱阿不剌、郯王彻彻秃等，公主如鲁国大长公主，寺院如集庆、万寿二寺，无不以平江田。而平江之官田又多，至张士诚据吴之日，其所署平章、太尉等官，皆出于负贩小人，无不志在良田美宅，一时买献之产，遍于平江。而一入版图，亦按其租簿没入之。已而富民沈万三等，又多以事被籍。是故改平江曰苏州，而苏州之官田，多而益多。故宣德七年六月戊子，知府况钟所奏之数，长洲等七县秋粮二百七十七万九千余石，其中民粮止一十五万三千一百七十余石，官粮二百六十二万五千九百三十余石。是一府之地土，无虑皆官田，而民田不过十五分之一也。

【译文】元朝拥有天下后，这些田地都在官府另外登记。《松江府志》说：元朝时苗税公田外，又有江淮财赋都总管府，领原来宋朝的后妃的田地以供太后使用；江浙财赋府，领没收朱清、张瑄的田地以供中宫使用；（《元史》天历二年十月，设立平江等处田赋提举司。）稻田提领所，领没收朱国珍、管明田，用来赏赐给丞相脱脱拨赐庄；（在上海十九保。《元史》：至正四年六月十二日，赐给脱脱松江田，为建立松江等处稻田提领所。）领宋亲王以及新抄没的明庆、妙行二寺等田地，（又有汪关关满经历田。）以赐影堂寺院、诸王近臣。又有括入白云宗僧田。（《元史·成宗纪》："大德七年七月，罢江南白云宗总摄所，他的田地依照规定缴纳租税。"《仁宗纪》："至大四年二月，御史台说：'白云宗总摄所统领江南有头发的僧人，不赡养父母，躲避徭役损害百姓，请求追收所接受诏书银印，勒令回到原籍。'皇帝依从。"）都不在州县原额。而《元史》所记的赐田，大臣像拜住、燕帖木儿等，诸王像鲁王琱阿不剌、郯王彻彻秃等，公主像鲁国大长公主，寺院像集庆、万寿二寺，没有不是平江的田地。而平江的官田又多，到张士诚占据吴地的时候，他所任命的平章、太尉等官，都是出于商贩的小人，没有不志在良田美宅，一时间买献田产，遍布于平江。而一旦登记在册，也按收租的登记册征收租税。不久，富民沈万三等，又大多因事被没收。因此改平江叫苏州，而苏州的官田，多的而更多。所以宣德七年六月初一，知府况钟所上奏的数目，长洲等七县秋粮二百七十七万九千余石，其中民粮只有十五万三千一百七十余石，官粮二百六十二万五千九百三十余石。这是一个府的土地，大概都是官田，而民田不过十五分之一。

且夫民田仅以五升起科，而官田之一石者，奉诏减其什之三，而犹为七斗，是则民间之田一入于官，而一亩之粮化而为十四亩矣。《实录》：宣德七年七月己未，行在户部奏：直隶松江府没官田，宜准民田例起科。上从之，命各处没官田粮俱准此例。此固其极重难返之势，始于景定，讫于洪武，而征科之额，十倍于绍熙以前者也。于是巡抚周忱有均耗之法，有改派金花官布之法，以宽官田，而租额之重，则一定而不可改。若夫官田之农具、车牛，其始皆给于官，而岁输其税，浸久不可问，而其税复派之于田。然而官田，官之田也，国家之所有，而耕者犹人家之佃户也。民田，民自有之田也。各为一册而征之，犹夫《宋史》所谓“一曰官田之赋，二曰民用之赋”。《金史》所谓“官田曰租，私田曰税”者，而未尝并也。相沿日久，版籍讹脱，疆界莫寻。村鄙之氓，未尝见册，买卖过割之际，往往以官作民。而里胥之飞洒[1]移换者，又百出而不可究。所谓官田者，非昔之官田矣。乃至讼端无穷，而赋不理。

【注释】①飞洒：特指明清地主勾结官府，将田地赋税化整为零，分洒到其他农户的田地上，以逃避赋税的一种手段。

【译文】况且百姓田地仅用五升征收钱粮，而官田的一石，奉诏命减少了十分之三，还剩七斗，这就是民间的田地一到官府，而一亩地的粮食变成十四亩了。(《实录》：明宣宗宣德七年七月初三，行在户部上奏：直隶松江府没收的官田，应该依照民田的条例征收钱粮。皇上听从了，命令各地方没收的官田粮的都按照这规定。)这本来就是积重难返的形势，始于景定年间，终于洪武年间，而征收赋税的数额，十倍于绍熙年间以前。于是巡抚周忱有均耗的方法，有改派金花官布的方法，以缓解官田的压力，而租额之重，则固定而不可改。至于官田的农具、拉车的牛，开始都供给于官，而每年交纳的税，时间长了不可以问，而那些税又派到民田。然而，官田是官府的田地，国家所有，而耕种的人就像人家的佃户。民田是百姓自己拥有的田地。各为一册而征收，就像在《宋史》中所说的“一是官田的税，二是民田的税”。《金史》所说的“官田的税是租，私田的税是税”，从来没有合并。相沿已久，户籍错漏，边界没法寻找。乡村的百姓，从来没有见过册簿，买卖过户的时候，往往以官田作民田。而里胥飞洒移动变换，又办法百出不可追查。所谓的官田，不是过去的官田了。乃至于诉讼方面没有穷尽，而税收没人理睬。

于是景泰二年，从浙江布政司右布政使杨瓒之言，将湖州府官田重租，分派民田轻租之家承纳，及归并则例。四年，诏巡抚直隶侍郎李敏均定应天等府州县官民田。先是，正统中，户部会官议，令江南小户官田改为民田起科，而量改大户民田为官田以备其数。既又因御史徐郁奏，令所司均配扣算，务使民田量带官田办粮，以甦贫困。俱行巡抚侍郎周忱清理。然民田多系官豪占据，莫能究竟，其弊仍旧。至是郁复以为言，户部请从其议，命敏均定搭派，敢有恃强阻滞者执治其罪。从之。嘉靖二十六年，嘉兴知府赵瀛创议：“田不分官民，税不分等则，一切以三斗起征。”苏、松、常三府从而效之，自官田之七斗、六斗，下至民田之五升，通为一则。而州县之额，各视其所有官田之多少轻重为准，多者长洲至亩科三斗七升，少者太仓亩科二斗九升矣。国家失累代之公田，而小民乃代官佃纳无涯之租赋，事之不平，莫甚于此。然而为此说者，亦穷于势之无可奈何。而当日之士大夫，亦皆帖然而无异论，亦以治如乱丝，不得守二三百年纸上之虚科，而使斯人之害如水益深，而不可救也。惟唐太常鹤征作《武进志》，极为惋叹。

【译文】于是在景泰二年，听从浙江布政司右布政使杨瓒的建议，将湖州府官田的重租，分派到民田轻租的家庭承担，即合并规则。景泰四年，诏令巡抚直隶侍郎李敏均摊应天等府州县官吏百姓的田地。（之前，正统年间，户部会合官员讨论，令江南小户官田改为农田征收，而按数量更改大户百姓田地为官田以备其数。不久又因御史徐郁上奏，命令有关部门平均分配折算，务必使民田数量带官田办粮，来缓解贫困。都让巡抚侍郎周忱清理。然而民田多系官豪占据，没有谁能怎么办，其弊端依旧存在。到这时徐郁再次为他们说话，户部请求采纳他的意见，命李敏均衡定出搭派，有敢恃强阻止的治他的罪。皇帝依从了。）嘉靖二十六年，嘉兴知府赵瀛首先提出建议："田不分官民，税不分等级，一切以三斗起征。"苏州、松江、常州三府跟从并仿效，从官田的七斗、六斗，下到百姓田地的五升，通通改为一条等级。而州县的数额，各视其所有官田的多少轻重为准，多的如长洲到每亩收税三斗七升，少的如太仓每亩收税二斗九升。国家失去了几代的公田，而百姓代替官府佃户交纳无边的田租赋税，事情不公平，没有比这个更严重的了。然而，说这话的，也因时势困窘而无可奈何。而当时的士大夫，也都顺从而无异议，也因治理起来像整理乱丝，不能守二三百年纸上的虚科，而让这些人的危害如水越深而不可挽救了。（只有太常唐鹤征作《武进志》，极为惋惜叹息。）

抑尝论之，自三代以下，田得买卖，而所谓业主者，即连陌跨阡，不过本其锱铢之直，而直之高下，则又以时为之。地力之盈虚，人事之赢绌，率数十年而一变，奈之何一入于官，而遂如山河界域之不可动也？且景定之君臣，其买此田者，不过予以告牒、会子虚名不售之物，逼而夺之，以至彗出民愁，而自亡其国。《宋史》：“买公田五千亩以上，以银半分，官告五分，度牒二分，会子二分半。五千亩以下，以银半分，官告三分，度牒三分，会子三分半。千亩以下，度牒、会子各半。五百亩至三百亩，全以会子。及田事成，每石官给止四十贯，而半是告牒。民持之而不得售，六郡骚然。”四百余年之后，推本重赋之由，则犹其遗祸也。《宋史》谓“其弊极多，其租尤重。及宋亡，遗患犹不息。”亮哉斯言。而况于没入之田，本无其直者乎。

【译文】试着评论下，自三代以下，土地可以买卖，而所说的业主，就是连陌跨阡，不过本来就计较它的价值，而价值的高低，就又和当时一致。地力的虚实，人事的进退伸屈，大概几十年而一变，奈何一旦官府被没收，就如山河界域一样不能动了？而且宋理宗景定年间的君臣，那些买民田的人，不过是给以告牒、会子虚名卖不出去的东西，逼迫他们而夺取，以至于彗星出现百姓愁苦，而自然会灭亡他的国家。（《宋史》：“买公田五千亩以上，给银半分，官告五分，度牒二分，会子二分半。五千亩以下，给银半分，官告三分，度牒三分，会子三分半。千亩以下，度牒、会子各一半。五百亩至三百亩，全给会子。等到事情成功了，每石官只给了四十贯，而半是告牒。百姓拿着它而不能出售，六郡骚动。”）四百余年后，推本重赋的原因，则还是它遗留下的灾祸。（《宋史》说“它的弊端很多，它的租税很重。等到宋朝灭亡，遗留下的灾祸还没有停止。”这句话说得很明白。）何况没收的田地，根本没有那些价值啊。

至于今日，佃非昔日之佃，而主亦非昔日之主。则夫官田者，亦将与册籍而俱销，共车牛而皆尽矣。犹执官租之说以求之，固已不可行。《隋书·李德林传》：“高祖以高阿那肱卫国县市店八十区赐德林。车驾幸晋阳，店人上表，称地是民物，高氏强夺，于内造舍。上命有司料还价直。”则是以当代之君，而还前代所夺之地价，古人已有之矣。又考《后汉书》：“谯玄子瑛奉家钱千万于公孙述，以赎父死。及玄卒，天下平定。玄弟庆以状诣阙自陈，光武敕所在还玄家钱。”则知人主以天下为心，固当如此。而欲一切改从民田，以复五升之额，即又骇于众而损于国。有王者作，咸则三壤[①]，谓宜遣使案行吴中，逐县清丈，定其肥瘠、高下为三等，上田科二斗，中田一斗五升，下田一斗，山塘涂荡以升以合计者，附于册后，而概谓之曰民田。惟学田、屯田乃谓之官田，则民乐业而赋易完，视之绍熙以前，犹五六倍也。岂非去累代之横征，而立万年之永利者乎?

【注释】①三壤：古时按土质的肥瘠将耕地分为上、中、下三品，称为三壤。

【译文】直到现在，佃户不是从前的佃户，而主人也不是从前的主人。那么官田，也将与册籍同时消除，车牛就都没有了。还拿着官租的说法来寻求，本来已经不可行。(《隋书·李德林传》："高祖把高阿那肱在卫国县市店八十区赏赐给德林。皇帝车驾到晋阳，店里人上表，说地是百姓的财物，高阿那肱强夺，在里面建造房舍。皇上命令有司根据房屋的材料价值付钱。"则是用当代的君主，而还前代所夺取的土地价格，古人已经有了。又考察《后汉书》："谯玄之子谯瑛带着家钱千万给公孙述，以赎父亲的死罪。等到谯玄去世，天下平定。谯玄弟弟谯庆到朝廷陈述，光武帝敕令地方归还谯玄家的钱。"就知道君主以天下为己任，本来应该如此。)就想一切改从农田，以恢复五升的数额，即又害怕众人而损害国家。有的帝王，都是把土地分为三壤，认为应该派遣使者巡视吴中，逐县详细丈量，确定田地肥瘠、高低分成三等，上田征收二斗，中田征收一斗五升，下田征收一斗，山塘涂荡以升、合来计算，附在册簿后面，而概称之为民田。只有学田、屯田才称为官田，那么百姓安居乐业而赋税容易交纳完成，比照绍熙以前的税赋，仍有五六倍之多。这难道不是去除几代的横征暴敛，而立万年的永利吗？

昔者唐末，中原宿兵所在，皆置营田，以耕旷土。其后又募高赀户，使输课佃之。户部别置官司总领，不隶州县。梁太祖击淮南，掠得牛以千万计，给东南诸州农民，使岁输租。自是历数十年，牛死而租不除，民甚苦之。周太祖素知其弊，用张凝、李谷之言，悉罢户部营田务，以其民隶州县，其田庐牛农器，并赐见佃者为永业，悉除租牛课。是岁，户部增三万余户。或言营田有肥饶者，不若鬻之，可得钱数十万缗以资国。帝曰："利在于民，犹在国也。朕用此钱何为！"呜呼，以五代之君，犹知此义，而况他日大有为之主，必有朝闻而夕行之者矣。宋绍兴二十三年，知池州黄子游言：青阳县苗七八倍于诸县，因南唐尝以县为宋齐丘食邑，故输三斗，后遂为额。诏减苗税二分有半，科米二分。

【译文】从前唐末，中原驻扎军队在那里，都置营田，以耕种空旷的田地。后来又招募富户，让他交税并租种。户部另外设置机构总管，不隶属所在州县。梁太祖进攻淮南，抢得的牛数以千万计，分给东南各州农民，使每年交租。从此经过几十年，牛死了而租不免除，百姓很苦的。后周太祖向来知道其弊端，听从张凝、李谷的话，全部罢除户部营田事务，让佃户隶属所在州县，他的田地房舍耕牛农具，一同赐给佃户作为永业，全部免除租牛的税。这一年，户部增加三万多户。有人说营田有肥沃富饶的，不如卖掉，可以得到数十万缗钱用来资助国家。后周太祖说："利益在百姓，犹如在国家。我要这些钱做什么！"唉，以五代的君主，还知道这个道理，更何况将来大有作为的君主，一定要有朝闻而晚上去做的决心。（宋高宗绍兴二十三年，池州知州黄子游说：青阳县的苗税七八倍于其他县，因南唐曾以县作为宋齐丘的食邑，所以交税三斗，后来就成为定额。下诏减少苗税二分之一，科米二分。）

今存者，惟卫所屯田、学田、勋戚钦赐庄田三者犹是官田。南京各衙门所管草场田地，佃户亦转相典卖，不异民田。苏州一府，惟吴县山不曾均为一则，至今有官山、私山之名，官山每亩科五升，私山亩科一升五勺。

【译文】现在所存留的，只有卫所屯田、学田、勋戚钦赐庄田三种还是官田。南京各衙门所管辖的草场田地，佃户也是互相典卖，等同于民田。苏州一府，只有吴县山不曾均为统一的税率，到现在有官山、私山之名，官山每年每亩收税五升，私山每亩收税一升五勺。

今高淳县之西有永丰乡者，宋时之湖田，所谓永丰圩者也。《文献通考》："永丰圩自政和五年围湖成田，初令百姓请佃，后以赐蔡京，又以赐韩世忠，又以赐秦桧，继拨隶行宫，今隶总所。"《宋史》："建康府永丰圩，租米岁以三万石为额。"王弼成化十一年进士，溧水知县。《永丰谣》曰："永丰圩接永宁乡，一亩官田八斗粮。人家种田无厚薄，了得官租身即乐。前年大水平斗门，圩底禾苗没半分。里胥告灾县官怒，至今追租如追魂。有田追租未足怪，尽将官田作民卖。富家得田贫纳租，年年旧租结新债。旧租了，新租促，更向城中卖黄犊。一犊千文任时估，债家算息不算母。呜呼！有犊可卖君莫悲，东邻卖犊兼卖儿，但愿有儿在我边，明年还得种官田。"读此诗，知当日官佃之苦即已如此。《元史·阎复传》，言江南公田，租重宜减，以贷贫民。而以官作民，亦不始于近日矣。

【译文】现在高淳县西有永丰乡，宋朝时的湖田，所说的永丰圩。《文献通考》：“永丰圩自宋徽宗政和五年围湖成田，最初让百姓当佃户，后来赏赐给蔡京，又赏赐给韩世忠，又赏赐给秦桧，继而调拨隶属行宫，现在隶属于总所。”（《宋史》：“建康府永丰圩，租米每年以三万石为定额。”）王弼（成化十一年的进士，溧水知县）《永丰谣》说：“永丰圩连接永宁乡，一亩官田上交八斗粮。人家种田没有厚薄，解决官租本身就是快乐。前一年大水淹没了斗门，圩底禾苗没有半分。里胥告诉受灾害县官愤怒，到现在一直追租像追魂。有田追租不奇怪，把官田全部当民田卖掉。富裕家庭能得到田地贫困人家来交租，年年还旧租而结新债。过去租刚了，新租又催促，再到城里卖黄犊。一头小牛千文卖，凭当时行情估价，债主家算利息不算本金。唉！有小牛可以卖你不要悲伤，东邻卖小牛兼卖儿，但愿有儿在我身边，第二年还得种官田。”读这首诗，了解当时官佃的痛苦就是这样。（《元史·阎复传》，说江南公田，租税繁重应减少，以宽待贫民。）而把官田当作民田，也不是开始于近日啊。

《元微之集》奏状：“右臣当州百姓田地，每亩只税粟九升五合，草四分，地头榷酒钱共出二十一文。已下其诸色职田，每亩约税粟三斗，草三束，脚钱一百二十文。若是京官上司职田，又须百姓变米，雇车般送，比量正税，近于四倍。其公廨田、官田、驿田[①]等，所税轻重，约与职田相似。”是则官田之苦，自唐已然，不始于宋、元也。故先朝洪熙、宣德中，屡下诏书，令民间有抛荒官田，召人开耕，依民田例起科，又不独苏、松、常三府为然。

【注释】①驿田：唐代供驿站费用所置的田地。

【译文】元稹《元微之集》奏状："右臣本州百姓的田地，每亩只收税小米九升五合，草四分，地头榷酒钱共出二十一文。以下的各类职田，每亩约收税小米三斗，草三束，脚钱一百二十文。如果是京官上司的职田，又要百姓换成米，雇车搬送，与正税相比，将近四倍。那些公廨田、官田、驿田等，所收税的轻重，大约和职田相似。"官田的痛苦，从唐代已经这样，不开始于宋代、元代。所以前朝洪熙、宣德年间，多次下诏书，让民间有荒废的官田，召人开耕，依照民田条例征收钱粮，又不是只有苏州、松江、常州三府是这样。

吴中之民，有田者什一，为人佃作者十九。其亩甚窄，而凡沟渠道路，皆并其税于田之中。岁仅秋禾一熟，一亩之收，不能至三石，凡言石者，皆以官斛。少者不过一石有余。而私租之重者，至一石二三斗，少亦八九斗。佃人竭一岁之力，粪壅[①]工作，一亩之费可一缗，而收成之日，所得不过数斗，至有今日完租而明日乞贷者。故既减粮额，即当禁限私租，上田不得过八斗。如此则贫者渐富，而富者亦不至于贫。《元史·成宗纪》："至元三十一年十月辛巳，时成宗即位。江浙行省臣言：'陛下即位之初，诏蠲今岁田租十分之三。然江南与江北异，贫者佃富人之田，岁输其租。今所蠲特及田主，其佃民输租如故，则是恩及富室而不被及于贫民也。宜令佃民当输田主者，亦如所蠲之数。'从之。"明朝宣德十年五月乙未，刑科给事中年富亦有此请。大德八年正月己未诏："江南佃户私租太重，以十分为率，普减二分，永为定例。”前一事为特恩之蠲，后一事为永额之减，而皆所以宽其佃户也。是则厚下之政，前代已有行之者。

【注释】①粪壅：南土壅稻每亩约用水粪十石。

【译文】吴地的百姓，有田的十分之一，给人当佃户耕作的十分之九。它的田亩很窄，而凡是沟渠道路，都把税算在田地之中。每年仅秋季庄稼熟一次，一亩地的收入，不到三石，（凡是说石的，都依照官斛。）少的不过一石有余。而私租之重，到一石二三斗，少的也八九斗。佃户用尽一年的力气，不停地忙碌工作，一亩地的费用可以一缗，而收成的日子，所得不过数斗，甚至有的今天完成租后第二天再贷款的。所以既然减少交纳的粮食定额，就应当限制私租，上等的田地不得超过八斗。这样，穷人逐渐富裕，而有钱的人也不至于变穷。《元史·成宗纪》：“至元三十一年十月初五（当时成宗即位），江浙行省的大臣说：‘陛下即位之初，下诏免除今年田租的十分之三。然而江南和江北不同，贫穷的租种富人的田地，每年交纳租税。现在免除的只是田地的主人，那些佃民照旧交租，这就是对富人有恩惠而没有加到贫民身上。应该命令佃民应交纳土地主人的租税，也是免除的数目。’皇帝依从了。”（明宣宗宣德十年五月二十四日，刑科给事中年富也有此请求。）大德八年正月初七诏令：“江南佃户的私租太重，以十分为标准，普遍减少二分，永为定例。”前一件事是特别恩赐的免除，后一件事是永远定额的减少，但都是因为宽恕那些佃户的。这都是厚待百姓的政策，前代已经有这样做的了。

汉武帝时，董仲舒言："或耕豪民之田，见税什五。"唐德宗时，陆贽言："今京畿之内，每田一亩，官税五升，而私家收租，有亩至一石者，是二十倍于官税也。降及中第，租犹半之。夫土地，王者之所有；耕稼，农夫之所为。而兼并之徒，居然受利。望令凡所占田约为条限，裁减租价，务利贫人。"仲舒所言，则今之分租；贽所言，则今之包租也。然犹谓之"豪民[①]"，谓之"兼并之徒"。《食货志》："豪民侵陵，分田劫假。"师古曰："分田谓贫者无田，而取富人田耕种，共分其所收也。假亦谓贫人赁富人之田也。劫者，富人劫夺其税，侵欺之也。"宋已下，则公然号为田主矣。

【注释】①豪民：不守法度、凌压百姓的人。

【译文】汉武帝时，董仲舒说："有的耕种豪民之田，交纳十分之五的税。"唐德宗时，陆贽说："现在京畿之内，每一亩田地，官府征税五升，而私人收租，有一亩到一石的，是官府征税的二十倍。降到中等，租税还是官府的十倍。土地是君王的；耕种是农民所做的。而兼并之徒，居然得到利益。希望让所有被占土地约定限制，裁减租税价格，务必让利于穷人。"董仲舒所说，就是现在的分租；陆贽所说，就是现在的包租了。董仲舒他们仍然还称这些人为"豪民""兼并之徒"。(《食货志》："豪强欺凌，分田劫假。"颜师古说："分田是说穷人没有田，而取富人的田地耕种，共分他所收获的。假也是说穷人租赁富人的土地。劫者，富人劫夺他的税，欺凌穷人啊。")宋朝以后，就公然称为田主了。

豫借

唐玄宗天宝三载，制曰："每载庸调[①]，八月征收。农功未毕，恐难济办。自今已后，延至九月二十日为限。"至代宗广德二年七月庚子，税天下地亩青苗钱，以给百官俸。田一亩，税钱十五。所谓青苗钱者，以国用急，不及待秋，方苗青而征之，故号青苗钱。主其任者为青苗使。此与宋王安石所行青苗钱之法不同。彼则当青黄未接之时，贷钱于贫民而取其息。本谓之常平钱，民间名为青苗钱耳。遂为后代豫借之始。陆宣公言："蚕事方兴，已输缣税，农功未艾，遽敛谷租。上司之绳责[②]既严，下吏之威暴愈促。有者急卖而耗其半直，无者求假而费其倍酬。"

【注释】①庸调：即租庸调制，唐时实行的赋税制度，以征收谷物、布匹或者为政府服役为主，是以均田制的推行为基础的赋役制度。此制规定，凡是均田人户，不论其家授田是多少，均按丁交纳定额的赋税并服一定的徭役。租庸调的制定和实施须均田制的配合，一旦均田被破坏，租庸调法则会随之失败。②绳责：督责。

【译文】唐玄宗天宝三年，制说："每年的庸调，八月征收。农事还没有结束，恐怕很难办理。从今以后，延至九月二十日为最后期限。"到代宗广德二年七月初五，向天下土地征收青苗税，用来给百官的俸禄。(一亩田地，税钱十五。)所谓青苗钱，因国家财政紧急，等不及秋季，正当苗青而征收的，所以称为"青苗钱"。主管这个工作的是青苗使。（这与宋朝王安石所施行的青苗钱的方法不同。那是当青黄不接的时候，贷钱给贫民而取得利息。本称谓常平钱，民间称为青苗钱罢了。）于是成为后世预借的开始。宣公陆贽说：“蚕事刚兴起，已让交纳缣税，农事还没有结束，急忙敛谷租。上司的督责越严格，属下的小吏威逼暴敛越急促。有人急卖而损耗了一半价值，没有的求借而花费他加倍的价值。”

宪宗元和六年二月制，以新陈未接，营办尤艰，凡有给用，委观察使以供军钱，方员借便，不得量抽百姓。故韩文公有《游城南诗》云：“白布长衫紫领巾，差科未动是闲身。麦苗含穗桑生葚，共向田头乐社神。”是三四月之间尚未动差科也。至后唐庄宗同光四年三月戊辰，以军食不足，敕河南尹豫借夏秋税。其时外内离叛，未及一月，国亡主灭。明宗即位，颇知爱民，见于《文献通考》所载：长兴四年起征条流，其节候早者，五月十五日起征，八月一日纳足。递而下之，其尤晚者，六月二十日起征，九月纳足。周世宗显德三年十月丙子，上谓侍臣曰：“近朝征敛谷帛，多不俟收获纺绩之毕。”乃诏三司，自今夏税以六月，秋税以十月起征。是庄宗虽有三月豫借之令，而实未尝行也。乃后代国势阽危①，非若同光，而春初即出榜开征，其病民又甚矣。

【注释】①阽（diàn）危：面临危险。

【译文】唐宪宗元和六年二月制，以新旧不接，办理尤为艰难，凡是有供给使用，委托观察使来供应军队的钱，地方官员根据情况预支官库钱物，但不得量抽百姓。所以韩愈有《游城南诗》说：“人们穿着白布长衫扎着紫领围巾，差役和赋税还没有开始都是悠闲的人。春天麦苗已经含穗桑树生出桑葚，一起和人们朝向田地头对着春社的土地神欢乐。”这是三月四月的时候还没有差役和赋税。到后唐庄宗同光四年三月十二日，因军粮不足，敕令河南尹先预借夏秋税。那时候内外众叛亲离，不到一个月，国家灭亡，君主去世。后唐明宗即位，很知道爱护百姓，在《文献通考》记载：长兴四年开始征收条例，这个季节早的，五月十五日起征，八月一日征够。依次而下，更晚的，六月二十日起征，九月征够。周世宗显德三年十月十七日，世宗对身边的大臣说：“最近的朝廷征收粮食布帛，大多不等到收获纺织完毕。”于是诏令三司，从今年开始夏税在六月、秋税在十月起征。因此唐庄宗虽然有三月预借的命令，而实际上未曾实行。于是后世国家形势危险，不像后唐同光年间，而春初就发榜开征，让百姓痛苦又加重了。

《诗》云：“硕鼠硕鼠，无食我苗。”谢君直曰：“苗未秀而食之，贪之甚也。”今之为豫借者，食苗之政也，有不殴民而适乐郊者乎！

【译文】《诗经》说：“大老鼠啊大老鼠，不要吃我种的苗。”谢枋得（字君直）说：“苗还没有开花就吃它，贪婪得很啊。”现在预借的，就是吃庄稼的措施，有不殴打百姓到乐土的吗！

虞谦，洪武末为杭州府知府，尝建议："僧道，民之蠹[1]，今江南寺院田多或数百顷，而徭役未尝及之。贫民无田，往往为徭役所困。请为定制，僧道每人田无过十亩，余田以均平民。"初是之，已而谓非旧制，遂废。

【注释】①蠹：蛀虫，引申以比喻侵蚀或消耗国家财富的人或事。

【译文】虞谦，在洪武末年任杭州府知府，曾建议："僧道，百姓的蠹虫，现在江南寺院田地多的有数百顷，而徭役不曾分摊到他们。穷人没有田地，往往被徭役所困扰。请求定下制度，僧侣、道士每人不超过十亩田，剩余的田地平均分给百姓。"起初是这样，不久说不是旧的制度，于是废除。

纺织之利

今边郡之民，既不知耕，又不知织，虽有材力，而安于游惰[1]。华阴王弘譔著议，"以为延安一府，布帛之价，贵于西安数倍，既不获纺织之利，而又岁有买布之费，生计日蹙，国税日逋，非尽其民之惰，以无教之者耳。今当每州县发纺织之具一副，令有司依式造成，散给里下，募外郡能织者为师。即以民之勤惰工拙为有司之殿最。一二年间，民享其利，将自为之而不烦程督矣"。计延安一府四万五千余户，户不下三女子，固已十三万余人，其为利益，岂不甚多？按《盐铁论》曰："边民无桑麻之利，仰中国丝絮而后衣之。夏不释复，冬不离窟，父子夫妇内藏于专室土圜之中。”崔寔《政论》曰：“仆前为五原太守，土俗不知缉绩，冬积草伏卧其中。若见吏，以草缠身，令人酸鼻。今大同人多是如此。妇人出草，则穿纸袴，真所谓倮虫者也。吾乃卖储峙，得二十余万，诣雁门、广武迎织师，使巧手作机，乃纺以教民织。”《后汉书》采入本传。是则古人有行之者矣。《汉志》有云：“冬民既入，妇人同巷，相从夜绩，女工一月得四十五日。”“八月载绩，为公子裳”，《豳》之旧俗也。率而行之，富强之效，惇庞之化，岂难致哉！

【注释】①游惰：游荡懒惰，游嬉不事正业。

【译文】现在边境各郡的百姓，既不知道耕种，又不知道纺织，虽然有勇力，而安于游手好闲，不务正业。华阴王弘譔论述道，“认为延安一府，布帛的价格，比西安贵好几倍，既没有获得纺织的利益，而且每年都有买布的费用，生活日益窘迫，国家的税日益拖欠，不尽是民众的懒惰，因为没有教化他们罢了。现在应该每个州县发放纺织的器具一副，命令有关部门依照样式造成，散发给里下，招募外郡能纺织的人当老师。就以百姓的勤惰工拙作为有司的优劣。一两年内，百姓享受到好处，将会自己做而不需要监督了”。延安一府计四万五千余户，每户不下三个女子，已经有十三万余人，他们为了利益，难道不会增加很多？据《盐铁论》说：“边境的百姓没有桑麻的利益，仰仗中原的丝絮后才能穿衣。夏天不脱掉复衣，冬天不离开洞穴，父子、夫妻内藏于专室土房子之中。”崔寔《政论》说：“我以前为五原太守，当地风俗不知道纺织，冬天堆积杂草躺在里面。如果要见官吏，以草缠身，让人鼻酸。（现在大同人大多是这样。女人离开草堆，就穿纸裤，真是所说的倮虫啊。）我于是卖掉储备物资，获得二十余万，到雁门、广武迎接纺织师，让双手灵巧的人制作织机，于是纺纱来教导百姓纺织。”（《后汉书》采入崔寔传中。）这就是古人有这样做的了。《汉志》中说：“冬季男人出外回来，和妇女同在家，一起进行夜间纺织，这样做，女人工作一个月会得到四十五天的成果。”“八月纺麻织布忙，为那公子做衣裳”，《豳风》的旧习俗吧。带领百姓而做，富强的效果，惇厚庞大的变化，怎会难以达到呢？

吴华覈上书，欲禁绫绮锦绣[1]，以“一生民之原，丰谷帛之业”。谓“今吏士之家，少无子女，多者三四，少者一二。通令户有一女，十万家则有十万人。人人织绩，一岁一束，则十万束矣。使四疆之内，同心戮力，数年之间，布帛必积，恣民五色，惟所服用，但禁绮绣无益之饰。且美貌者，不待华采以崇好；艳姿者，不待文绮以致爱。有之无益，废之无损，何爱而不暂禁以充府藏之急乎？此救乏之上务，富国之本业，使管、晏复生，无以易此”。方今纂组[2]日新，侈薄弥甚，斫雕为朴，意亦可行之会乎！

【注释】①绫绮：绫和绮，指薄而有花纹的丝织品。锦绣：精美鲜艳的丝织品。②纂（zuǎn）组：精美的织物。多指精美的织物。

【译文】吴地的华覈上奏书，想禁止绫绮锦绣，认为“一个百姓的根本，就是让谷物布帛丰富”。说“现在士兵之家，很少没有子女的，多的有三四，少的有一二。通令让每户有一个女儿，十万户人家就有十万人。人人纺织，一年一束，就有十万束了。使疆域之内，同心协力，几年的时间，布帛一定有所积累，听任百姓使用各种颜色，只是所使用，但禁止绮丽无用的修饰。并且漂亮的人，不需要华丽色彩来增添美色；艳姿的人，不用华美的服饰来表达爱。拥有它没有好处，废弃它没有损害，为什么喜欢它而不暂时禁止来充实国库的急用呢？这是拯救匮乏的第一要务，富裕国家的根本事业，假使管仲、晏婴再生，也不会改变这些”。现在丝织品每天都更新，奢侈之风更严重，除去雕饰崇尚质朴，我想这是可行的机会吗！

马政

析、因、夷、隩，先王之所以处人民也。日中而出，日中而入，《左氏》庄二十九年传。先王之所以处厩[①]马也。

【译文】仲春时节民众散布在田野上耕作、仲夏时节民众居住在高处、仲秋时节人们回到平原居住、仲冬时节人们住在室内避寒，古代帝王对待百姓的方式。春分时节放牧，秋分时节入圈，（《左传》庄公二十九年。）古代帝王对待马棚里马的方式。

汉晁错言：“令民有车骑马一匹者，复卒[①]三人。”师古曰：“当为卒者，免其三人，不为卒者，复其钱。”本传。文帝从之。故文、景之富，“众庶街巷有马，仟伯“阡陌”字同之间成群。乘牸牝[②]者，摈而不得会聚”。《汉书·食货志》。若乃塞之斥也，桥桃致马千匹。《货殖传》。班壹避墬古“地”字于楼烦[③]，致马牛羊数千群。《叙传》。则民间之马，其盛可知。武帝轮台之悔[④]，乃修马复令[⑤]。复卒三人之令。《西域传》。唐玄宗开元九年诏：“天下之有马者，州县皆先以邮递、军旅之役，定户复缘以升之。百姓畏苦，乃多不畜马，故骑射之士减曩时。自今诸州民勿限有无荫，能家畜十马以下，免帖驿邮递征行，定户无以马为赀。”《唐书·兵志》。古之人君，其欲民之有马如此。

【注释】①复卒：免服兵役或免纳赋税。②牸牝（zì pìn）：母马。③楼烦：古代北方部族名，精于骑射。④轮台之悔：指汉武帝刘彻于征和四年所下的“轮台诏令”。武帝在其中否决了桑弘羊等人在西域轮台地区屯田的提案，并对派遣李广利出征匈奴之事表示悔恨，同时仍要求各级官员提出补充武备的方法。⑤马复令：关于因养马而免去徭役、赋税的政令。

【译文】汉朝晁错说：“让百姓能输送一匹战马的，就可以免去三个人的兵役或赋税。”（颜师古说：“应当是服兵役的，免除他们三人的赋税，不服兵役的，恢复他的赋税。”《晁错传》。）汉文帝听从了。所以文帝、景帝时期富裕，“普通街道中百姓也有马匹，田间小路马匹成群结队。骑着母马的人，受排斥不许参加聚会”。（《汉书·食货志》。）至于边疆地区开拓之际，桥桃取得千匹马。（《货殖列传》。）班壹躲避在楼烦部落，致使有马牛羊数千群。（《叙传》。）民间的马匹，其兴盛可以知道了。汉武帝轮台诏的悔恨，于是修改马复令。（免去三个人的兵役或赋税的命令。《西域传》。）唐玄宗开元九年，皇帝下诏：“天下有马匹的，州县都先用它给驿站、军队服役，定户后再相继提拔。百姓害怕痛苦，于是多不养马，所以骑马射箭的人数低于过去。从现在各州百姓不限有无特权，能够家里养十匹马以下，免贴驿邮递出征，定户没有以马为资产的。”（《唐书·兵志》。）古代的君主，他想人民拥有马匹有这样的做法。

惟魏世宗正始四年十一月丁未，禁河南畜牝马。《魏书·本纪》。延昌元年六月戊寅，通河南牝马之禁。元世祖至元二十三年六月戊申，括诸路马。凡色目人有马者，三取其二，汉民悉入官，敢匿与互市者罪之。《元史·本纪》。《实录》言：永乐元年七月丙戌，上谕兵部臣曰：“比闻民间马价腾贵，盖禁民不得私畜故也。汉文、景时，闾里有马成群，民有即国家之有。其榜谕天下，听军民畜马勿禁。”又曰：“三五年后，庶几马渐蕃息。”此承元人禁马之后，故有此谕。而洪熙元年正月辛巳，上申谕兵部，“令民间畜官马者，二岁纳驹一匹，俾得以余力养私马”。至宣德六年，“有陕西安定卫土民王从义，畜马蕃息，数以来献”。此则小为之而小效者也。然未及修汉唐复马之令也。

【译文】只有魏世宗正始四年十一月二十二日，禁止黄河以南养母马。（《魏书·本纪》。延昌元年六月十九日，全黄河以南禁养母马。）元世祖至元二十三年六月十三日，搜求各路马匹。凡是色目人有马的人，三匹取其二，汉人的马匹全部充公，敢隐瞒与贸易的判罪。（《元史·本纪》。）《实录》说：永乐元年七月十一日，成祖训谕兵部官员说：“近来听说民间马价飞涨，因为禁止百姓不得私自养马的原因。汉文帝、景帝时，乡里的马成群结队，百姓富有就是国家富有。张榜公告天下，听凭军民养马不要禁止。”又说：“三到五年后，也许马渐渐会多起来。”这继承了元朝人禁止养马之后，所以有这样谕告。而洪熙元年正月初十，仁宗申谕兵部，“让民间养官马的人，每两年交纳一匹小马，使他们用余力养私马”。到宣德六年，“有陕西安定卫当地人王从义，养马繁殖，多次来贡献”。这就是小作为而有小效果的原因。但是还没来得及修正汉唐养马的命令。

驿传

《续汉·舆服志》曰：“驿马三十里一置。”《史记》：“田横乘传诣洛阳，未至三十里，至尸乡厩置”是也。唐制亦然。《唐书·百官志》凡三十里有驿。白居易诗：“从陕至东京，今陕州至河南府。山低路渐平。风光四百里，在今代为三百里。车马十三程。”是也。桑维翰对晋高祖言：大梁距魏不过十驿。其行或一日而驰十驿，岑参诗：“一驿过一驿，驿骑如星流。平明发咸阳，暮及陇山头。”韩愈诗：“衔命山东抚乱师，日驰三百自嫌迟。”是也。天宝六载敕，自今左降官日驰十驿以上。又如天宝十四载十一月丙寅，安禄山反于范阳，壬申闻于行在所。时上在华清宫，在今临潼县。六日而达。至德二载九月癸卯，广平王收西京。甲辰，捷书至行在。时上在凤翔府，一日而达。而唐制赦书日行五百里，则又不止于十驿也。古人以置驿之多，故行速而马不弊。后人以节费之说，历次裁并，至有七八十里而一驿者。马倒官逃，职此之故，盍一考之前史乎？且如通州潞河驿，四十里至夏店驿，五十里至公乐驿，五十里至蓟州渔阳驿。今以夏店、公乐二驿并于三河，则一驿七十里矣，岂不劳乎？又如定州永定驿，五十里至西乐驿，四十五里至伏城驿，四十里至真定府恒山驿，犹仍旧贯。使并为三驿，亦必不堪其敝矣。

【译文】《后汉书·舆服志》说："驿马三十里一设置。"像《史记》里说的："田横乘坐驿车到洛阳，不到三十里，到尸乡驿站"。唐朝制度也一样。（《新唐书·百官志》，每三十里有驿站。）像白居易的诗里说的："从陕西到东京洛阳（现在陕州到河南府），山势低矮道路渐趋平坦。一路上四百里风光（在现代为三百里），总共走了十三程车马。"（桑维翰对晋高祖说：大梁距离魏州不过十个驿站。）他行走有时一天奔驰十个驿站，岑参诗："一个驿站经过一个驿站，驿骑快得像流星。天亮时从咸阳出发，晚上就到陇山头。"韩愈诗："奉命到山东安抚乱军，每天奔驰三百里自己都嫌慢。"（天宝六年命令，从现在被贬官员一天奔驰十驿以上。）又如天宝十四年十一月十一日，安禄山在范阳叛乱，十七日在行在所听说。当时唐玄宗在华清宫（在现在的临潼县），六天可以到达。至德二年九月二十八日，广平王（唐代宗）收复西京。二十九日，捷报送到行在所。当时唐玄宗在凤翔府，一天就可以到达。而唐朝制度赦书日行五百里，却又不止于十驿啊。古人因设置驿站多，所以行动迅速而马不累。后来人以节省费用的说法，历次裁减，甚至有七八十里才设置一个驿站的。马累倒官逃跑，仅仅这样的原因，我们何不参考以前的历史呢？（比如通州潞河驿站，四十里到夏店驿站，五十里到公乐驿站，五十里到蓟州渔阳驿站。现在把夏店、公乐两个驿站合并到三河驿站，那么一个驿站就距离七十里了，难道不累吗？又比如定州永定驿站，五十里到西乐驿站，四十五里到伏城驿站，四十里到真定府恒山驿站，仍然还是旧的样子。使合并为三个驿站，也一定不能忍受那个弊端了。）

古人以三十里为一舍。《左传》："楚子入郑，退三十里而许之平。"注以为"退一舍"。而《诗》言："我服既成，于三十里。"《周礼·遗人》："三十里有宿，宿有路室。"然则汉人之驿马三十里一置，有自来矣。《史记·晋世家》注引贾逵曰：《司马法》从遁不过三舍，三舍九十里也。

【译文】古人把三十里作为一舍。《左传》："楚成王进入郑国，楚军退兵三十里而允许郑国讲和。"注认为"退一舍"。而《诗经》说："披挂整齐上战场，行军卅里赴边疆。"《周礼·遗人》："三十里设有宿，宿有路室。"那么汉人的驿马三十里一设置，有原因的。（《史记·晋世家》注引贾逵说：《司马法》中说跟从逃跑不超过三舍，三舍九十里啊。）

国初凡驿皆有仓。洪熙元年六月丙辰，河南新安知县陶镕奏："县在山谷，土瘠民贫，遇岁不登，公私无措。惟南关驿有储粮，臣不及待报，借给贫民一千七百二十八石。"上嘉其称职。即此一事，而当时储畜之裕，法令之宽，贤尹益下之权，明主居高之听，皆非后世之所能及矣。然则驿之有仓，不但以供宾客使臣，而亦所以待凶荒艰阨，实《周礼·遗人》之掌也。帖括[①]后生，何足以知先王之政哉？

【注释】①帖括：唐代举子把经书里难记的句子编成歌诀，以便诵读，称为“帖括”。后来通指科举的文字。

【译文】明朝初年凡是驿站都有仓库。洪熙元年六月十八日，河南新安知县陶镕上奏：“本县在山谷里，土地贫瘠，百姓贫困，遇到收成不好，官民不知所措。只有南关驿有储备粮，我等不及报告，借给贫困百姓一千七百二十八石。”皇上嘉奖他称职。就凭这一件事，可以看出当时储蓄的丰裕，法律的宽容，贤良的官员施惠于民的权力，圣明的君主处庙堂之高而听之，都不是后代所能达到的了。那么驿站有仓库，不只是给宾客使臣提供方便，而也用来防备灾荒艰险，实在是《周礼·遗人》中“遗人”所掌管的事务。迂腐的后人，怎么能够知道先王的政策呢？

今时十里一铺，俗作“舖”。设卒以递公文。《金史》：“泰和六年，初置急递铺，腰铃传递，日行三百里。”《大名府志》：唐有银牌，宋熙宁有金字牌、急脚递。岳飞奉诏班师，一日中十二金字牌是也。《孟子》所云：“置邮而传命”，盖古已有之。《史记》：“白起既行，出咸阳西门十里，至杜邮[①]。”《汉书·黄霸传》注，师古曰：“邮亭书舍，谓传送文书所止处。”

【注释】①杜邮：战国秦邮亭。又名杜邮亭。在今陕西咸阳市东二十里。《史记》记载白起行至杜邮，秦王赐剑自杀。后遂称忠臣无辜被杀为“杜邮之戮”。

【译文】现在十里一铺（一般作“舖”），设置驿卒以传递公文。（《金史》：“泰和六年，最初设置急递铺，腰铃传递，日行三百里。”《大名府志》：唐有银牌，宋熙宁有金字牌、急脚递。岳飞奉诏令班师，一天中十二道金字牌。）《孟子》所说的：“设置驿站传达政令”，这是古代已有了。《史记》：“白起已经上路，走出咸阳西门十里路，来到杜邮。”《汉书·黄霸传》注，颜师古说：“驿站书馆，就是传送文书所居住之处。”

漕程

《山堂考索》载唐漕制：“凡陆行之程，马日七十里，步及驴五十里，车三十里。水行之程，舟之重者，泝河日三十里，江四十里，余水四十五里；空舟，泝河四十里，江五十里，余水六十里。沿流之舟，则轻重同制，河日一百五十里，江一百里，余水七十里。”转运征敛送纳，皆准程①节其迟速。其三峡、砥柱之类，不拘此限。此法可以不尽人马之力，而亦无逗留之患。今之过淮、过洪②及回空之限，犹有此意，而其用车驴，则必穷日之力而后止，以至于人畜两弊，岂非后人之急迫，日甚于前人也与，然其效可睹矣。

【注释】①准程：一定的规程。②洪：洪河，古时多指黄河。

【译文】《山堂考索》记载唐代漕运制度：“凡是陆地上行走

的路程，马每天行走七十里，步行和驴每天行走五十里，车辆每天行走三十里。水行的路程，载重的船，逆河而上一天三十里，江四十里，其余的水四十五里；空船，逆河而上四十里，江五十里，其余的水六十里。顺流而下的船，那么轻重一样，河每天一百五十里，江一百里，其余水七十里。”运输征收送纳，都按标准限制它的快慢。在三峡、砥柱等地方，不受这种限制。这种方法可以不耗费人、马的力量，也没有逗留的担忧。现在经过淮河、黄河以及返回空船的限制，还有这个意思，而用车驴运输，就必定每天费尽全力然后才到，以至于人畜两累，这难道不是后人的急迫，越来越超过前人吗，但其效果就可想而知了。

行盐

松江李雯论“盐之产于场，犹五谷之生于地。宜就场定额，一税之后，不问其所之，则国与民两利。”又曰：“天下皆私盐，则天下皆官盐也。”此论凿凿[1]可行。丘仲深《大学衍义补》言复海运，而引杜子美诗：“云帆转辽海。粳俗作粳稻来东吴”为证。余于盐法，亦引子美诗云：“蜀麻吴盐自古通。”又曰：“风烟渺吴蜀，舟楫[2]通盐麻。”又曰：“蜀麻久不来，吴盐拥荆门。”若如今日之法，各有行盐地界，吴盐安得至蜀哉？人人诵杜诗，而不知此故事。所云“诵诗三百，授之以政，不达”者也。

【注释】①凿凿：确实。②舟楫：船和桨，泛指船只。

【译文】松江李雯论“盐产于盐场，就像五谷生长在田地上。应该在盐场定额，一税之后，不问它来自哪里，则国家和百姓都受益。“又说：“天下都是私盐，那么，天下就都是官盐啊。”这话确实可行。丘仲深（丘濬）《大学衍义补》说恢复海运，而引用杜甫诗：“云帆转向辽海。稉（俗作粳）稻来到东吴”来证明。我对于盐法，也引用杜甫的诗：“蜀地的麻吴地的盐自古以来相互流通。”又说：“吴地蜀地两处风烟遥远，船只运输两地的盐与麻。”又说：“蜀地的麻很久不来，吴地的盐塞满荆门。”如果像今天的方法，各有行盐的地界，吴盐怎么能到蜀地呢？人人诵读杜诗，而不知道这个故事。就是所说的“诵读《诗经》，授他以政事，不能通达”啊。

洪武三年六月辛巳，山西行省言：“大同粮储，自陵县、长芦运至太和岭，路远费重。若令商人于大同仓入米一石，太原仓入米一石三斗者，俱准盐一引，引二百斤。商人鬻[①]毕，即以原给引自赴所在官司缴之。如此，则转输之费省，而军储充矣。”从之。此中盐之法所自始。

【译文】洪武三年六月二十四日，山西行省说：“大同的粮食储备，从陵县、长芦转运到太和岭，道路遥远费用昂重。如果让商人在大同仓交纳米一石，太原仓交纳米一石三斗的，都准盐一引，每引二百斤。商人卖完，即以原给引自己到所在官府上缴。像这样，运输的费用就节省，而军事储备充足了。”明太祖依从了。这就是中盐之法开始的原因。

唐刘晏为转运使，专用榷盐法[①]，充军国之用。时自许、汝、郑、邓之西，皆食河东池盐，度支主之。汴、滑、唐、蔡之东，皆食海盐，晏主之。晏以为盐吏多则州县扰，故但于出盐之乡置盐官，收盐户所煮之盐，转鬻于商人，任其所之，自余州县不复置官。其江岭间去盐乡远者，转官盐于彼贮之，或商绝盐贵，则减价鬻之，谓之常平盐。官获其利，而民不乏盐。始江淮盐利不过四十万缗，季年乃六百万缗，由是国用充足，而民不困弊。今日盐利之不可兴，正以盐吏之不可罢。读史者可以慨然有省矣。

【注释】①榷盐法：是唐中叶对盐就场专卖的制度。唐代食盐专卖始于肃宗，乾元元年（758）唐肃宗任命第五琦为盐铁铸钱使。第五琦作榷盐法，规定凡产盐之地，均设盐官。盐户制盐立户籍，称亭户，国家免去亭户的徭役，所产的盐均由官府收购、运销，不准私买。

【译文】唐代刘晏担任转运使，专用榷盐法，充实军需国用。当时从许、汝、郑、邓的西面，都是食用河东的池盐，由度支部主管其事。从汴、滑、唐、蔡的东面，都是食用海盐，由刘晏主管其事。刘晏认为盐官多则州县会受到干扰，所以只在产盐地设置盐官，收购盐户所煮成的食盐，转卖给商人，听凭商人自由买卖，在产盐地之外的州县不再设置盐官。对于长江五岭间距离产盐地遥远的地方，将官盐转运到那里贮存起来，有的盐商断绝盐，使盐价上涨，官府就降低盐价卖出，号称“常平盐”。官府得到了盐产专营的利益，而百姓也不缺少食盐。在刘晏任职的初期，长江、淮河地区的食盐利润不过四十万缗，到他任职后期，却达到了六百万缗，因此，国家的经费充足而百姓也不疲困不堪。现在卖盐的利益之所以不兴盛，正是因为盐官不能撤销。读史的人在此可以慨然省悟了。

行盐地分有远近之不同。远于官而近于私，则民不得不买私盐。既买私盐，则兴贩之徒必兴，于是乎盗贼多而刑狱滋矣。《宋史》言："江西之虔州[1]，地连广南，而福建之汀州，亦与虔接。虔盐弗善，汀故不产盐，二州民多盗贩广南盐以射利。又言："虔州官盐，自淮南运致，卤湿杂恶，轻不及斤，而价至四十七钱。岭南盐贩入虔，以一斤半当一斤，纯白不杂，卖钱二十。以故虔人尽食岭南盐。"虔州即今赣州府，宋时屡议不定，今卒食广东盐。每岁秋冬，田事才毕，恒数十百为群，持甲兵旗鼓，往来虔、汀、漳、潮、循、梅、惠、广八州之地。所至劫人谷帛，掠人妇女，与巡捕吏卒斗格，或至杀伤，则起为盗，依阻险要，捕不能得，或赦其罪招之。"元末之张士诚，以盐徒而盗据吴会。其小小兴贩，虽太平之世，未尝绝也。余少居昆山、常熟之间，为两浙行盐地，而民间多贩淮盐，自通州渡江，其色青黑，视官盐为善。及游大同，所食皆蕃盐，坚致精好。此地利之便，非国法之所能禁也。明知其不能禁，而设为巡捕之格，课以私盐之获，每季若干为一定之额，此掩耳盗钟之政也。

【注释】①虔州：古代赣州先称为虔州，宋朝时，虔州更名赣州，赣州的简称由此而来。

【译文】运销食盐的地方有远近的不同。远离官盐而靠近私盐，百姓就不得不购买私盐。既然购买私盐，那贩卖私盐的人必定会兴盛，于是盗贼多而刑罚产生了。《宋史》说："江西的虔州，土地连着广南，而福建的汀州，也与虔州连接。虔盐不好，汀州本来不产盐，二州百姓大多非法贩卖广南盐以获取财利。（又说："虔州官盐，从淮南运来，卤湿杂恶，轻的不到一斤，而价格到四十七钱。岭南的盐贩卖进入虔州，用一斤半当一斤，纯白不杂，卖二十钱。因此虔人都吃岭南盐。"虔州就是今天赣州府，宋时常常讨论不定，今天终于吃广东盐。）每年秋天和冬天，田间事才完成，经常数十百人为群，拿着武器旗和鼓，往来虔州、汀州、漳州、潮州、循州、梅州、惠州、广州八州之地。所到之处抢劫人们的谷帛，掠夺妇女，与巡捕吏卒搏斗，有的甚至杀伤事件发生，就成为盗贼，依仗险要，捕捉不到，有人招降他赦免他的罪。"元末的张士诚，以盐贩窃据吴郡会稽。那小小的盐贩，虽然太平之世，没有断绝过。我年少时住在昆山、常熟之间，为两浙运销盐的地方，而民间多贩卖淮盐，从通州渡江，盐色青黑，对比官盐为好。等游历大同，所吃的盐都是蕃盐，坚致精美。这是地形的便利，不是国法能禁止的。明知道不能够禁止，而设为巡捕之格，规定收缴的私盐，每季度若干为固定的数额，这是掩耳盗钟的措施。

宋嘉祐中，著作佐郎何鬲、三班奉职王嘉麟上书：请罢给茶本钱，纵园户贸易，而官收租钱，与所在征算[1]，归榷货务，以偿边籴[2]之费。可以疏利源而宽民力。仁宗从之。其诏书曰："历世之敝，一旦以除，著为经常，弗复更制。"以是虽当王安石之时，而于茶法未有所变，其说可通之于盐课者也。

【注释】①征算：征收人丁税。②边籴（dí）：购进粮食供边防用。

【译文】宋仁宗嘉祐年间，著作佐郎何鬲、三班奉职王嘉麟上书：请停止给茶本钱，允许园户贸易，而官府收取租钱，与当地征收人丁税，划归专卖货物的事务，以补偿边籴的费用。可以以疏利源，缓解民力。仁宗采纳了。他的诏书说："历代的弊端，一旦去除，就成为平常，不要再改变制度。"因此即使是王安石的时候，而由于茶法没有什么变化，他的说法可以用在盐课上啊。

卷十一

权 量

三代以来，权量[①]之制，自隋文帝一变。杜氏《通典》言："六朝量三升当今一升，称三两当今一两，尺一尺二寸当今一尺。"今谓即时。《左传》定公八年，正义曰："魏、齐斗称，于古二而为一；周、隋斗称，于古三而为一。"《隋书·律历志》言："梁、陈依古斗。齐以古升五升为一斗。周以玉升一升当官斗一升三合四勺。开皇以古斗三升为一升。大业初，依复古斗。梁、陈依古称。齐以古称一斤八两为一斤。周玉称四两，当古称四两半，开皇以古称三斤为一斤，大业初，依复古称。"今考之传记，如《孟子》以举百钧为有力人。三十斤为钧，百钧则三千斤。《晋书·成帝纪》："令诸郡举力人，能举千五百斤以上者。"《史记·秦始皇纪》："金人[②]十二，重各千石，置宫廷中。"百二十斤为石，千石则十二万斤。《汉旧仪》："祭天，养牛五岁至二千斤。"《晋书·南阳王保传》："自称重八百斤。"不应若此之重！

【注释】①权量：权与量。测定物体大小、轻重的器具。②金人：铜铸的人像。

【译文】夏、商、周三代以后，权量的规制，从隋文帝一度变化，杜佑《通典》记载："六朝时期量取的三升相当于如今的一升，称量的三两相当于如今的一两，标量的一尺二寸相当于如今的一尺。"（所说的"今"是指当时，即唐代）《左传》鲁定公八年，正义："魏、齐的量器，在古代二而为一；周、隋的量器，在古代三而为一。"《隋书·律历志》记载："梁朝、陈朝按照古斗。齐朝按照古升五升作为一斗。北周以玉升一升作为官斗一升三合四勺。开皇年间把古斗的三升作为一升。大业初年，依照恢复古斗。梁朝、陈朝依照古称。齐朝把古称一斤八两作为一斤。北周的玉称四两，相当于古称的四两半，开皇时期以古称的三斤作为一斤，大业初年，依照恢复古称。"如今查核记载的文字，比如《孟子》中把能举起百钧的称为有力人。三十斤为一钧，百钧就是三千斤。《晋书·成帝纪》记载："命令众多郡县推举力气大的人，指的是能举起一千五百斤以上的。"《史记·秦始皇纪》记载："十二个铜人，重量各有一千石，放置在宫廷中。"一百二十斤为一石，一千石就是十二万斤。《汉旧仪》记载："祭天，饲养牛五年到二千斤。"《晋书·南阳王保传》记载："自己称量重八百斤。"不应该这样的重！

《考工记》曰："爵一升，觚三升[①]。"《仪礼·特牲馈食礼》注："觚三升。"献以爵而酬以觚，一献而三酬，则一豆[②]矣。《礼记》："宗庙之祭，贵者献以爵，贱者献以散。尊者举觯[③]，卑者举角[④]。五献[⑤]之尊，门外缶，门内壶，君尊瓦甒[⑥]。"注："凡觞[⑦]一升曰爵，二升曰觚，三升曰觯，四升曰角，壶大一石，瓦甒五斗。"

《诗》曰："我姑酌彼金罍[⑧]。"毛说："人君以黄金饰尊，大一硕，每食四簋[⑨]。"正义："簋，瓦器，容斗二升。"不应若此之巨。

【注释】①爵：古代饮酒的器皿，三足，以不同的形状显示使用者的身份。觚（gū）：古代酒器，青铜制，盛行于中国商代和西周初期，喇叭形口，细腰，高圈足。②豆：古代盛肉或其他食品的器皿，形状像高脚盘。③觯（zhì）：古代酒器，青铜制，形似尊而小，或有盖。盛行于中国商代晚期和西周初期。④角（jué）：古代酒器，青铜制，形似爵而无柱，两尾对称，有盖，用以温酒和盛酒。⑤五献：飨礼时献酒五次。古代飨礼，上公九献，侯伯七献，子男五献。⑥甒（wǔ）：古代盛酒的有盖的瓦器，口小，腹大，底小，较深。⑦觞（shāng）：欢饮，进酒。⑧罍（léi）：古代一种盛酒的容器。小口，广肩，深腹，圈足，有盖，多用青铜或陶制成。⑨簋（guǐ）：古代盛食物器具，圆口，双耳。四簋，指的是黍稷稻粱。

【译文】《考工记》记载："爵容量一升，觚容量三升。"（《仪礼·特牲馈食礼》注："觚三升。"）以爵奉献而以觚酬谢，一献而三酬，就是一豆了。《礼记》记载："宗庙的祭祀，贵者以爵献祭，贱者以散献祭。尊者举起祭觯，卑者举起角杯。子爵、男爵宴饮宾客时的酒器，缶放置在门外，壶放置在门内，国君、宾客宴饮所用的酒器是瓦甒。"注解："凡是觞饮一升叫爵，二升叫觚，三升叫觯，四升叫角，壶大一石，瓦甒五斗。"《诗经》记载："我姑且斟满那金罍。"《毛诗》说："君王用黄金装饰酒尊，有一硕大，每顿饭食很丰盛。"注疏："簋，是瓦器，容量是一斗二升。"不应该这样的大。

《周礼·舍人》："丧纪共饭米[①]。"注："饭所以实口。君用粱，大夫用稷，士用稻，皆四升。”《管子》：“凡食盐之数，一月丈夫五升少半，妇人三升少半，婴儿二升少半。”《史记·廉颇传》：“一饭斗米。”《汉书·食货志》：“食人月一石半。”《赵充国传》：“以一马自佗，负三十日食，为米二斛四斗，麦八斛。”《匈奴传》：“计一人三百日，食用糒[2]十八斛。”不应若此之多。

【注释】①饭米：古丧礼中用以纳于死者之口的米。②糒（bèi）：干粮。

【译文】《周礼·舍人》记载：“丧事供给饭含礼所用的米。”注解：“饭米是填充嘴巴的。国君用粱，大夫用稷，士人用稻，都是四升。”《管子》记载：“凡是食盐的数量，一个月男子是五升少半，妇女是三升少半，婴儿是二升少半。”《史记·廉颇传》记载：“一顿饭吃了一斗米。”《汉书·食货志》记载：“粮食，一人一个月要一石半。”《赵充国传》记载：“以一匹马自身驮负三十天粮食来计算，就是二斛四斗米，八斛麦。”《匈奴传》记载：“核算一个人三百天食用的干粮是十八斛。”不应该这样的多。

《史记·河渠书》：“可令亩十石。”嵇康《养生论》：“夫田种者，一亩十斛，谓之良田。”《晋书·傅玄传》：“白田[1]收至十余斛，水田至数十斛。”今之收获最多亦不及此数。《灵枢经》：“人食一日中五升。”《既夕礼》：“朝一溢[2]米，莫一溢米。”注：“二十两曰溢，为米一升二十四分升之一。”《晋书·宣帝纪》：“问诸葛公：‘食可几何？’对曰：‘三四升。’”《会稽王道子传》：“国用虚竭，自司徒以下，日廪[3]七升。”本皆言少，而反得多。是知古之权量，比之于今，大抵皆三而当一也。

【注释】①白田：旱田。②溢：古同“镒”，古代重量单位。合二十两（一说二十四两）。③日廪：亦作“日禀”，古时官府每天供给的粮食。

【译文】《史记·河渠书》记载：“可以使每亩产量达到十石。”嵇康《养生论》记载：“耕种，每亩产量达到十斛，称为良田。”《晋书·傅玄传》记载：“旱田收成达到十多斛，水田达到数十斛。”如今收获最多的也达不到这个数量。《灵枢经》记载：“人一天食用粮食五升。”《既夕礼》记载：“早上是一镒米，晚上是一镒米。”注解：“二十两称为一镒，为米一升二十四分升之一。”《晋书·宣帝纪》记载：“司马懿问诸葛亮的使者：‘诸葛公一顿可以吃多少米？’答对说：‘能吃三四升。’”《会稽王道子传》记载：“国家的经费缺乏，自司徒以下，官府每天供给的粮食只有七升。”原本都是表达少的意思，但是反而多了。因此知道古代的权量，相比如今，大抵上都是三而当一。

《史记·孔子世家》：“孔子居鲁，奉粟六万。”索隐曰：“当是六万斗。”正义曰：“六万小斗，当今二千石也。”此唐人所言，三而当一之验。盖自三代以后，取民无制，权量之属，每代递增。至魏孝文太和十九年，诏改长尺、大斗，依周礼制度，班之天下。《魏书·张普惠传》神龟中上疏言：“高宗废大斗，去长尺，改重称，所以爱万姓，从薄赋。故海内之人歌舞以供其赋，奔走以役其勤。

天子信于上，亿兆乐于下。自兹以降，渐渐长阔，百姓嗟怨，闻于朝野。”隋炀帝大业三年四月壬辰，改度量权衡，并依古式。虽有此制，竟不能复古。至唐时，犹有大斗小斗、大两小两之名，而后代则不复言矣。

【译文】《史记·孔子世家》记载：“孔子居住在鲁国，俸粟六万。”考证说：“应当是六万斗。”注疏说：“六万小斗，相当于如今的二千石。”这是唐代人所说的，三而当一的验证。从三代以后，向人民征取赋役没有节制，权量的类别，每代递增。到北魏孝文帝太和十九年，诏令修改长尺、大斗，依照周代的礼制制度，颁布天下。（《魏书·张普惠传》神龟年间张普惠上疏议论：“高宗废除大斗，罢去长尺，改为重称，用来爱护万姓，顺应降低赋税的意愿。因此国内百姓载歌载舞去缴纳赋税，忙碌地去服劳役。天子在上诚实地施行，百姓在下快乐地听从。从此以后，度量衡渐渐发生变化，百姓嗟叹埋怨之声，充塞朝内外。”）隋炀帝大业三年四月十四日，修改度量权衡，一并依照古时的典制。虽然有此制，毕竟不能复古。到唐代时，仍然有大斗小斗、大两小两的名称，然而到后代就不再说了。

《山堂考索》：“斛之为制，方尺而深尺。班《志》乃云：其中容十斗。盖古用之斗小。”

【译文】《山堂考索》记载：“斛的标准，是方一尺、深一尺。班固《汉书·律历志》记载：其中容量是十斗。大概古时候用的斗小。”

欧阳公《集古录》有谷口铜甬[①]，始元四年左冯翊造，其铭曰："谷口铜甬，容十斗，重四十斤。"以今权量校之，容三斗，重十五斤。斗则三而有余，斤则三而不足。吕氏《考古图》："汉好畤官厨鼎，刻曰：'重九斤一两。'今重三斤六两，今六两当汉之一斤。"又曰："轵家釜三斗弱，轵家甑三斗一升，当汉之一石。"大抵是三而当一也。

【注释】①甬：通"桶"，古代斗斛一类的量器。

【译文】欧阳修的《集古录》记载有谷口铜甬，始元四年左冯翊铸造的，铭文记载："谷口铜甬，容量十斗，重量四十斤。"用如今的权量校对，是容量三斗，重量十五斤。容斗则是三而有余，斤两则是三而不足。吕大临的《考古图》记载："汉代好畤官厨鼎，铭刻：'重量是九斤一两。'相当于如今的三斤六两，如今的六两相当于汉代的一斤。"又记载："轵家釜容量三斗差一点，轵家甑容量三斗一升，相当于汉代的一石。"大抵上是三而当一了。

古以二十四铢为两，五铢钱[①]十枚，计重二两二铢。今称得十枚，当今之一两弱。又《汉书·王莽传》言："天凤元年，改作货布[②]，长二寸五分，广一寸，首长八分有奇，广八分，其圜好[③]径二分半，足枝长八分，间广二分。其文右曰'货'，左曰'布'，重二十五铢。"顷富平民掊[④]地，得货布一罂[⑤]。所谓长二寸五分者，今钞尺之一寸六分有奇；广一寸者，今之六分有半；八分者，今之五分。而二十五铢者，今称得百分两之四十二。俗云四钱二分。是则今代之大于古者，量为最，权次之，度又次之矣。

【注释】①五铢钱：钱币名。汉武帝元狩五年始铸，重五铢，上篆“五铢”。②货布：王莽时货币名。③圜好：王莽时所造货币上的圆孔。④掊（póu）：用手扒土。⑤罂：古代大腹小口的酒器。

【译文】古代以二十四铢作为一两，十枚五铢钱，重二两二铢。如今称得十枚五铢钱，相当于如今的一两差一点。又有《汉书·王莽传》记载：“天凤元年，改为货布，长二寸五分，宽一寸，货布首长八分有余，宽八分，货布圆孔直径二分半，足枝长八分，中间宽二分。正面右边的文字是‘货’，左边的文字是‘布’，重二十五铢。”不久以前富平的百姓扒地，得到一罂货布。所谓的长二寸五分，相当于如今钞尺的一寸六分有余；宽一寸，相当于如今的六分半；八分，相当于如今的五分。而二十五铢，如今称得是一两的百分之四十二（平常所说的“四钱二分”）。那么权量当代大于古代的，量为最大，权次之，度又次之了。

《晋书·挚虞传》：“将作大匠[①]陈勰，掘地得古尺。尚书奏：‘今尺长于古尺，宜以古为正。’潘岳以为习用已久，不宜复改。虞驳曰：‘昔圣人有以见天下之赜，而拟其形容，象物制器，以存时用。故参天两地，以正算数之纪；依律计分，以定长短之度。其作之也有则，故用之也有征。考步[②]两仪，则天地无所隐其情；准正三辰[③]，则悬象[④]无所容其谬。施之金石，则音韵和谐；措之规矩，则器用合宜。一本不差，而万物皆正。及其差也，事皆反是。今尺长于古尺，几于半寸。乐府用之，律吕不合；史官用之，历象[5]失占；医署用之，孔穴[6]乖错。此三者，度量之所由生，得失之所取征，皆絓阂[7]而不得通，故宜改今而从古也。唐虞之制，同律度量衡；仲尼之训，谨权审度。今两尺并用，不可谓之同；知失而行，不可谓之谨。不同不谨，是谓谬法，非所以轨物垂则，示人之极。凡物有多而易改，亦有少而难变。有改而致烦，亦有变而之简。度量是人所常用，而长短非人所恋惜，是多而易改者也。正失于得，反邪于正，一时之变，永世无二，是变而之简者也。宪章成式，不失其旧物。季末苟合之制，异端杂乱之用，宜以时厘改，贞夫一者也。臣以为宜如所奏。'"

【注释】①将作大匠：古代掌管宫室修建之官。②考步：推究天文历法。③三辰：指日、月、星。④悬象：天象。多指日月星辰。⑤历象：推算观测天体的运行。⑥孔穴：人体的穴位。⑦絓（guà）阂：挂碍，牵掣。

【译文】《晋书·挚虞传》记载："将作大匠陈勰，掘地得到一把古尺。尚书上奏：'如今的尺子比古尺长，应该以古尺为正。'潘岳认为今尺沿用已久，不应该再改。挚虞反驳说：'往昔圣人有感于天下的深奥，因而比拟它的形容，根据事物形象制作器具，以供给时用。所以《易》卦立数取奇数于天，偶数于地，使算数符合法则；依照律计算分寸，来确定长短的度数。它的制作有法则，所以使用也有证验。推究天地，那么天地的情形就无所隐藏；查对日月星辰，那么天象的谬误就无所容纳。施用在金石音律方面，就会音韵和谐；放置到规矩尺寸方面，就会器用合适。一个根本没有差错，那么万物皆得其正。等到有差错时，事物就都错误了。如今的尺子长于古尺，接近半寸。乐府令使用它，则律吕不合；史官使用它，则历象无法卜占；医署官使用它，则孔穴差错。这三类，是度量所产生的原因，得失所取信的东西，都是互相牵掣而不能通，因此应该修改今制而依从古制。唐尧虞舜时期的典制，统一音律度量衡；孔子的训教，谨慎权量，审量法度。如今古今两尺并用，不能称为同一；知道是过失而仍然实行，不能称为谨慎。不同一、不谨慎，这称为违反原则，不是用来规范事物、垂示法则，让人知道中正的准则。大凡事物有的是多而容易改，也有的是少而难改变。有的改变后而招致烦难，也有的改变后而趋向简易。度量是人们所常用的，而尺寸长短却不是人所恋惜的，这是虽然使用人多却容易改正的。纠正错误，获得补益，使邪曲返归正道，一时的变易，使永世不再改变，这是现在改变反而走向简易了。效法既成的法式，不失去旧日的典章。末代苟且凑合的制度，各种说法杂乱的使用，应当按时更改，坚定古制。臣下认为应该依照顺从尚书的奏请。’”

大斗大两

《汉书·货殖传》：“桼[①]千大斗。”师古曰：“大斗者，异于量米粟之斗也。”是汉时已有大斗，但用之量粗货耳。

【注释】①桼（qī）：古同“漆”。

【译文】《汉书·贷殖传》记载："漆饰一千大斗。"颜师古说："大斗，是与计量米粟斗不同的斗。"这说明汉代时已经有大斗，只是用来计量粗货罢了。

《唐六典》："凡度，以北方秬黍[①]中者一黍之广为分，十分为寸，十寸为尺，一尺二寸为大尺，十尺为丈。凡量，以秬黍中者，容一千二百黍为龠[②]，二龠为合，十合为升，十升为斗，三斗为大斗，十斗为斛。凡权衡，以秬黍中者百黍之重为铢。应劭曰："十黍为絫，十絫为铢。"二十四铢为两，三两为大两，十六两为斤。凡积秬黍为度量权衡者，调钟律，测晷景[③]，合汤药，及冠冕之制则用之。内外官司悉用大者。"按唐时权量，是古今小大并行，太史、太常、太医用古。杜氏《通典》云："贞观中，张文收铸铜斛、称、尺，以今常用度量校之，尺当六之五，衡量皆三之一。"《旧唐书·代宗纪》："大历十年八月，太常寺奏：'诸州府所用斗称，当寺给铜斗称，州府依样制造而行。'从之。"《通典》载："诸郡土贡，上党郡贡人参三百小两，高平郡贡白石英五十小两，济阳郡贡阿胶二百小斤，鹿角胶三十小斤，临封郡贡石斛十小斤，南陵郡贡石斛十小斤，同陵郡贡石斛二十小斤。"此则贡物中亦有用小斤小两者，然皆汤药之用。他有司皆用今。久则其今者通行，而古者废矣。

【注释】①秬（jù）黍：即黑黍。古时选其中形作为量度标准。②龠（yuè）：古代容量单位，等于半合。③晷（guǐ）景：晷表之投影，日影。

【译文】《唐六典》记载："凡是尺度，以中等大小的北方秬黍一粒黍米的长度作为一分，十分为一寸，十寸为一尺，一尺二寸为大尺，十尺为一丈。凡是容量，以中等大小的秬黍，容纳一千二百黍为一龠，二龠为一合，十合为一升，十升为一斗，三斗为大斗，十斗为一斛。凡是量重，以中等大小的秬黍一百粒黍米的重量作为一铢。（应劭说："十黍为絫，十絫为铢。"）二十四铢为一两，三两为大两，十六两为一斤。大凡聚集秬黍作为度量权衡，调和钟律，测量日影，配制汤药，以及冠冕的规制则使用它们。内外官府都使用大的。"唐朝时期的权量制度，是古今小大一并施行，太史、太常、太医用古制。（杜佑《通典》说："唐太宗贞观年间，张文收铸造铜斛、称、尺，以现行常用度量制度校准它们，一尺为它的六分之五，衡量都为三分之一。""《旧唐书·代宗纪》："唐代宗大历十年八月，太常寺上奏'各州府所使用的斗称，当太常寺给予铜斗称，州府根据样式制造而使用。'唐代宗听从了意见。"《通典》记载："各郡的土贡，上党郡上贡人参三百小两，高平郡上贡白石英五十小两，济阳郡上贡阿胶二百小斤，鹿角胶三十小斤，临封郡上贡石斛十小斤，南陵郡上贡石斛十小斤，同陵郡上贡石斛二十小斤。"这些贡物当中也有用小斤小两的，然而都是汤药的用度。）其他部门都采用当时制定的制度。时间长了"今制"则通行，而古制就废止了。

宋沈括《笔谈》曰："予受诏考钟律及铸浑仪，求秦汉以来度量，计六斗，当今之一斗七升九合，称三斤，当今十三两。"是宋时权量又大于唐也。

【译文】宋代沈括《梦溪笔谈》记载：“我接受诏命考查音律以及铸造浑天仪，探求秦汉以来的度量，核计六斗，相当于如今的一斗七升九合，称量三斤，相当于如今的十三两。”这说明宋朝的权量又大于唐朝的了。

《元史》言：“至元二十年，颁行宋文思院[①]小口斛。”又言：“世祖[②]取江南，命输米者止用宋斗斛。以宋一石，当今七斗故也。”是则元之斗斛，又大于宋也。

【注释】①文思院：宋官署名。属少府监，下设美术工艺作坊共四十二所。②世祖：即元世祖忽必烈（1215—1294），改国号为元。

【译文】《元史》记载：“至元二十年，颁布施行宋朝文思院的小口斛。”又记载：“元世祖忽必烈攻取江南，命令输米的人只用宋朝的斗斛。由于宋朝的一石，相当于如今七斗的缘故。”那么元朝的斗斛，又大于宋朝了。

汉禄言石

古时制禄之数，皆用斗斛。《左传》言：“豆区釜钟[①]，各自其四，以登于釜。”《论语》：“与之釜，与之庾。”《孟子》：“养弟子以万钟。”皆量也。汉承秦制，始以石为名。《韩非子》：“王因收吏玺，自三百石已上皆效之子之。”是时即以石制禄。《史记·燕世家》同。故有中二千石、二千石、比二千石，千石、比千石，六百石、比六百石，四百石、比四百石，三百石、比三百石，二百石、比二百石，百石，而三公号万石。百二十斤为石，是以权代量。然考《续汉·百官志》所载：“月奉之数，则大将军三公奉，月三百五十斛，以至斗食[2]奉，月十一斛。”又未尝不用斛。所谓二千石以至百石者，但以为品级之差而已。《汲黯传》注：“如淳曰：真二千石，月得百五十斛，岁凡得千八百石耳。二千石，月得百二十斛，岁凡得一千四百四十石耳。”今人以十斗为石，本于此。不知秦时所为“金人十二，重各千石”“撞万石之钟”“县石铸钟虡[3]”“衡石程书[4]”之类，皆权也，非量也。惟《白圭传》“谷长石斗”，《淳于髡传》“一斗亦醉，一石亦醉”，对斗言之，是移权之名于量尔。

【注释】①区（ōu）：一种中国古代容器。又用为容量单位。釜：古量器。春秋、战国时代流行于齐国。现有战国时的禾子釜和陈纯釜，都作坛形，小口大腹，有两耳。钟：古容量单位，春秋时齐国公室的公量，合六斛四斗。之后亦有合八斛及十斛之制。②斗食：俸禄微薄的小官。③虡（jù）：古代悬挂钟或磬的架子两旁的柱子。④衡石程书：亦作“衡石量书”，古时文书用竹简木札，以衡石来计算文书的重量，因用以形容君主勤于国政。语出《史记·秦始皇本纪》：“天下之事，无大小皆决于上，上至以衡石量书。日夜有呈，不中呈不得休息。”

【译文】古代制定俸禄的多少，都是用斗斛计量。《左传》记载：“豆、区、釜、钟四种量器，各自再翻四倍，以成为一釜。”《论语》记载：“给他一釜，再给他一庾。”《孟子》记载：“用‘万钟’的俸禄供养弟子。”指的都是量器。汉朝承袭秦朝的制度，开始以石为名。

（《韩非子》："燕王因而收回官吏的玺印，从三百石以上的官吏都交给子之处理。"当时就是根据石制定俸禄。《史记·燕世家》记载与之相同。）所以有中二千石、二千石、比二千石，一千石、比一千石，六百石、比六百石，四百石、比四百石，三百石、比三百石，二百石、比二百石，一百石，而三公号称万石。一百二十斤为一石，这是用重量代替容量。然而考证《后汉书·百官志》的记载："每月薪俸的数目，大将军三公的薪俸，一个月是三百五十斛，以至于斗食小官的薪俸，一个月是十一斛。"又没有不用斛。所谓的二千石以至于一百石的，只是作为品级的差别而已。（《汲黯传》注说："如淳说：真二千石，每月得一百五十斛，每年共得一千八百石。二千石，每月得一百二十斛，每年共得一千四百四十石。"）现在的人以十斗作为一石，根源在这里。不知道秦朝时期所记载的"十二铜人，每个重一千石""撞击万石的钟""悬石铸造钟虡""用衡器称量所阅的疏表奏章"之类，指的都是重量，不是容量。只有《白圭传》记载的"增长谷子石斗的容量"，《淳于髡传》记载的"喝一斗也醉，喝一石也醉"，相对斗来说，这是把重量的名称用到容量上了。

叶梦得《岩下放言》："名生于实，凡物皆然。以斛为石，不知起何时，自汉以来始见之。石本五权之名，汉制重百二十斤为石，非量名也。以之取名赋禄[1]，如二千石之类，以谷百二十斤为斛，犹之可也。若酒言石，酒之多少本不系谷数，从其取之醇醨[2]。以今准之，酒之醇者，斛止取七斗或六斗，而醨者多至于十五六斗。若以谷百二十斤为斛，酒从其权名，则当为酒十五六斗；从其量名，则斛当谷百八九十斤，进退两无所合。是汉酒言石者，未尝有定数也。谢肇淛谓："古者爵容一升，十爵为斗，百爵为石。"以《考工记》一献三酬之说准之良然，昔人未详此义。至于面言斛石，面亦未必正为麦百二十斤，而麦之实又有大小虚实。然沿袭至今，莫知为非。及弓弩较力，言斗言石，此乃古法，打锤以斤为别，而世反疑之，乃知名实何常之有。"

【注释】①赋禄：给予俸禄。②醇醨（lí）：亦作"醇漓"。厚酒与薄酒；酒味的厚与薄。

【译文】叶梦得《岩下放言》："名称出于实际，大凡事物都是这样。以斛为石，不知道从何时开始的，自汉代以来开始见到。石原本是五种计量单位的名称之一，汉代权制重量一百二十斤为一石，不是容量名称。用它来命名赋禄，比如二千石之类，以一百二十斤谷为一斛，尚且可以。若是酒言说石，酒的多少原本不关联谷的数目，依从它取酒味的厚与薄。按照如今的法则，酒味醇厚的，一斛只能量取七斗或者六斗，而酒味淡薄的，多的能量取十五六斗。如果把一百二十斤谷作为一斛，酒按照重量的名称，就应当是十五六斗酒；按照斛容量的名称，那么斛就相当于一百八九十斤谷，进退都不符合。这说明汉代酒言说石的，未尝有定数。（谢肇淛认为："古时爵容纳一升，十爵为一斗，一百爵为一石。"以《考工记》"一献三酬"的说法来校准它们确实是这样，前人不曾了解这个意思。）至于面说斛石这两种制度，面也未必正好是一百二十斤麦，而且麦穗又有大小虚实。然而沿袭到现在，没有谁知道是不对的。等到弓弩比武，言斗言石，这是古法，打锤以斤区别，但是世人反而怀疑，才知道名称与实质哪里能保持长久呢。”

《史记·货殖传》：“狐貂裘千皮，羔羊裘千石。”变“皮”言“石”，亦互文[①]也。凡细而轻者则以皮计，粗而重者则以石计。

【注释】①互文：错综使用同义词以避免字面重复的修辞手法。

【译文】《史记·货殖传》记载：“狐皮衣、貂皮衣一千件，羔羊皮衣一千石。”不说“皮”而说“石”，也是互文。凡是细而轻的就以皮计算，粗而重的就以石计算。

以钱代铢

古算法，二十四铢为两。汉《轵家釜铭》：“重十斤九铢”，《轵家甗铭》：“重四斤廿铢”是也。近代算家不便，乃十分其两而有“钱”之名。此字本是借用钱币之钱，非数家之正名，簿领[①]用之可耳。今人以入文字可笑。《唐书》：“武德四年，铸开通元宝，径八分，重二铢四絫“絫”或作“参”，沈存中曰：今蜀部亦以十参为一铢，“参”乃古之“絫”字。积十钱重一两，得轻重大小之中。”所谓二铢四絫者，今一钱之重也，后人以其繁而难晓，故代以“钱”字。

【注释】①簿领：官府记事的簿册或文书。

【译文】古时候的算法，二十四铢为一两。汉代《轵家釜铭》记载“重十斤九铢”，《轵家甑铭》记载“重四斤二十铢”是这样的。近代的算学家不熟习，于是十分一两而有“钱”的名称。这个字原本是借用钱币的钱，不是术数家的正名，簿领应用是可以的。当代人用入文字可笑。《旧唐书》记载：“武德四年，铸造开通元宝，直径八分，重二铢四絫，（“絫”字有时作“参”字，沈括说：现在蜀部也以十参为一铢，“参”是古代的“絫”字。）累积十钱重一两，轻重大小刚好合适。”所谓的二铢四絫，是如今一钱的重量，后人因为它繁琐而难以知晓，所以用“钱”字代替。

度、量皆以十起数，惟权则以“一龠容千二百黍，重十二铢，两之为两，十六两为斤，三十斤为钧，四钧为石。”今人改铢为钱，而自两以上，则絫百絫千以至于万，而权之数亦以十起矣。汉制，钱言铢，金言斤，其名近古。

【译文】度、量都是以十开始计数，只有权是“一龠容纳一千二百黍，重十二铢，两个十二铢为一两，十六两为一斤，三十斤为一钧，四钧为一石。”当代人改铢为钱，而自两以上，就是累计百、累计千以至于万，而权的计数也是以十开始了。汉代制度，以钱言铢，以金言斤，名称接近古制。

《宋史·律历志》，太宗淳化三年三月，诏曰：“《书》云‘协时月，正日，同律度量衡’，所以建国经而立民极也。国家万邦咸乂，九赋[①]是均，顾出纳于有司，系权衡之定式。如闻秬黍之制，或差毫厘，锤钩②为奸，害及黎庶，宜令详定称法，著为通规。”事下有司，监内藏库、崇仪使刘蒙、刘承珪③言：“太府寺旧铜式，自一钱至十斤，凡五十一，轻重无准。外府岁受黄金，必自毫厘计之，式自钱始，则伤于重。”遂寻本末，别制法物。至景德中，承珪重加参定，而权衡之制益为精备。其法盖取《汉志》子谷秬黍为则，广十黍以为寸，从其大乐之尺。秬黍，黑黍也。乐尺，自黄钟之管而生也，谓以秬黍中者为分寸轻重之制。

【注释】①九赋：周代的九类赋税。②锤钩：衡器。钩，秤钩。③刘承珪：北宋五鬼（北宋时期，宋廷出现了五名奸臣：王钦若、丁谓、林特、陈彭年、刘承珪，这五人被称为“五鬼”）之一，自宋初当宦官，历事三朝，深所倚信。他掌管内藏三十年，对度量衡很有研究，为宋朝的权衡改制，作出了突出的贡献。

【译文】《宋史·律历志》记载，宋太宗淳化三年三月，诏令：“《尚书》记载‘协调四时的月份，确定天数，统一音律、度、量、衡’，用来建立国家的纲纪而确立民众的准则。国家万邦都安定，九类赋税平均，照管出纳到有司，关联权衡的定式。听闻秬黍的规制，有的缺欠毫厘，锤钩为奸，危害到黎民百姓，应当下令考察订定称法，著为通则。”事情传达到有关部门，监内藏库、崇仪使刘蒙、刘承珪说：“太府寺旧的铜式，从一钱到十斤，总共五十一种，轻重没有标准。外府每年收受黄金，一定从毫厘核计，程式从钱开始，就损害重量。”于是寻求本末，另外制定适用的计量法物。到景德年间，刘承珪再加参酌商定，因而权衡的规定更加精备。他的方法大概是取《汉书·艺文志》子谷、秬黍作为准则，长十黍作为一寸，依从大乐尺。（秬黍，就是黑黍。乐尺，从黄钟之管而产生，说以秬黍之中作为分寸轻重的制度。）

就成二术，二术，谓以尺黍而求牦絫。因度尺而求牦。度者，丈尺之总名。谓因乐尺之原，起于黍而成于寸，析寸为分，析分为牦，析牦为毫，析毫为丝，析丝为忽，则十忽为一丝，十丝为一毫，十毫为一牦，十牦为一分。自积黍而取絫，从积黍而取絫，则十黍为絫，十絫为铢，二十四铢为两，絫铢皆以铜为之。以牦絫一钱半及一两等二称，各悬三毫，以星准之。等一钱半者，以取一称之法。其衡合乐尺一尺二寸，重一钱，锤重六分，盘重五分。初毫星准半钱，至梢总一钱半，析成十五分，分列十牦。第一毫下等半钱，当十五牦，若十五斤称等五斤也。

【译文】就成二术（二术，是以尺、黍而求取牦、絫），沿袭度尺而求牦。（度，是丈尺的总名。认为依据乐尺的起源，起于黍而成于寸，析寸为分，析分为牦，析牦为毫，析毫为丝，析丝为忽，则十忽为一丝，十丝为一毫，十毫为一牦，十牦为一分。）从积黍而取絫，（从积黍而取絫，那十黍为一絫，十絫为一铢，二十四铢为一两，絫、铢都以铜制造。）以牦絫一钱半以及一两等二称，各悬三毫，以星校准。等一钱半者，以取一称之法。其衡合乐尺一尺二寸，重一钱，锤重六分，盘重五分。初毫星准定半钱，至梢总一钱半，析成十五分，分列十牦。（第一毫下等半钱，当为十五牦，十五斤称等五斤。）

中毫至梢一钱，析成十分，分列十牦。末毫至梢半钱，析成五分，分列十牦。等一两者，亦为一称之则，其衡合乐尺一尺四寸，重一钱半，锤重六钱，盘重四钱。初毫至梢，布二十四铢，下别出一星，星等五絫。每铢之下，复出一星，等五絫，则四十八星等二百四十絫，计二千四百絫为十两。中毫至梢五钱，布十二铢，铢列五星，星等二絫。布十二铢为五钱之数，则一铢等十絫，都等一百二十絫为半两。

【译文】中毫至梢一钱，析成十分，分列十牦。末毫至梢半钱，析成五分，分列十牦。等一两，也是一称的准则，秤杆合乐尺一尺四寸，重一钱半，锤重六钱，盘重四钱。初毫至梢，布二十四铢，下别出一星，星等五絫。（每铢的下面，再出一星，等五絫，那四十八星等二百四十絫，共计二千四百絫为十两。）

末毫至梢六铢，铢列十星，星等一絫。每星等一絫，都等六十絫，为二钱半。以御书真、草、行三体淳化钱较定，实重二铢四絫为一钱者，以二千四百得十有五斤，为一称之则。其法初以绩黍为准，然后以分而推忽，为定数之端。故自忽、丝、毫、牦、黍、絫、铢各定一钱之则。谓皆定一钱之则，然后制取等称也。

【译文】中毫至梢五钱，布十二铢，铢列五星，星等二絫。（布十二铢作为五钱的数目，那一铢等十絫，都等一百二十絫为半两。）

末毫至梢六铢，铢列十星，星等一絫。（每星等一絫，都等六十絫，为二钱半。）以御书真书、草书、行书三种书体的淳化钱较定，实重二铢四絫为一钱，以二千四百称得有十五斤，作为一称的准则。这个方法起初以绩黍作为标准，然后以分而推忽，作为定数的一端。所以自忽、丝、毫、牦、黍、絫、铢各自确定一钱的准则。（是说都定一钱的制度，然后按制取等称。）

忽万为分，以一万忽为一分之则，以十万忽定为一钱之则，忽者，吐丝为忽，分者，始微而著，言可分别也。丝则千，一千丝为一分，以一万丝定为一钱之则。毫则百，一百毫为一分，以一千毫定为一钱之则。毫者牦毛也，自忽、丝、毫三者，皆断骥尾为之。牦则十，一十牦为一分，以一百牦定为一钱之则。牦者，牦牛尾毛也。曳赤金成丝以为之也。转以十倍倍之，则为一钱，转以十倍倍之，谓自一万忽至十万忽之类，定为之则也。黍以二千四百枚为一两，一龠容千二百黍，为十二铢，则以二千四百黍定为一两之则。两者以二龠为两。絫以二百四十，谓以二百四十絫定为一两之则。铢以二十四，转相因成，十絫为铢，则以二百四十絫定成二十四铢为一两之则。铢者，言殊异也。

【译文】忽万为分（以一万忽为一分的制度，以十万忽定为一钱的制度，忽是蚕吐一丝为一忽，分是始于微小而显著，是说可以辨别了），丝则千（一千丝为一分，以一万丝定为一钱的制度），毫则百（一百毫为一分，以一千毫定为一钱的制度。毫是牦毛的意思，忽、丝、毫三种，都是截断骥尾而制作的），牦则十（十牦为一分，以一百牦定为一钱的制度。牦是牦牛的尾毛。拉赤金成丝制作而成），转以十倍加倍，就是一钱（转以十倍加倍，是说从一万忽至十万忽之类，定为制度），黍以二千四百枚为一两，（一龠可容千二百黍，为十二铢，那以二千四百黍定为一两的制度。两者以二龠为两。）以二百四十絫为一两（是说以二百四十絫定为一两的制度），以二十四铢为一两，（转相因成，十絫为一铢，那以二百四十絫定成二十四铢为一两的制度。铢是说殊异的意思。）

遂成其称。称合黍数，则一钱半者，计三百六十黍之重。列为五分，则每分计二十四黍。又每分析为一十牦，则每牦计二黍十分黍之四，以十牦分二十四黍，则每牦先得二黍。都分成四十分，则一牦又得四分，是每牦得二黍十分黍之四。每四毫一丝六忽有差为一黍，则牦絫之数极矣。一两者，合二十四铢为二千四百黍之重。每百黍为铢，二百四十黍为二铢四絫，二铢四絫为钱，二絫四黍为分，一絫二黍重五牦，六黍重二牦五毫，三黍重一牦二毫五丝，则黍絫之数成矣。先是守藏[①]吏受天下岁输金币，而太府权衡旧式失准，得因之为奸，故诸道主者坐逋负而破产者甚众。又守藏更代，校计争讼，动必数载。至是新制既定，奸弊无所措，中外以为便。度量权衡皆太府掌造，以给内外官司及民间之用。凡遇改元，即令更造，各以年号印而识之。其印有方印、长印、八角印、笏头印之别，所以明制度而防伪滥也。是则今日之以十分为钱，十钱为两，皆始于宋初所谓新制者也。

【注释】①守藏（zàng）：贮藏保管。看管财库，保管财物。

【译文】于是做成了戥秤。称折合黍数，那么一钱半，共计三百六十黍的重量。列为五分，那么每分核计二十四黍。同时每分析为十牦，那么每牦共计二黍零十分之四，（以十牦分为二十四黍，那每牦先得二黍。都分成四十分，那一牦又得四分，是每牦得二黍十分之四。）将近每四毫一丝六忽为一黍，那么牦絫的数目达到极点了。一两，折合二十四铢，是二千四百黍的重量。每一百黍为一铢，二百四十黍为二铢四絫，二铢四絫为一钱，二絫四黍为一分，一絫二黍重五牦，六黍重二牦五毫，三黍重一牦二毫五丝，那么黍絫的数目就形成了。之前守藏吏收受天下贡赋的金币，而太府权衡旧式没有准则，能够沿袭为奸狡，所以诸道主管人犯拖欠赋税罪而破产的人非常多。而且守藏替换，核算争论而诉讼，动辄数年。到了新制已经确定，欺诈舞弊的人不知道怎么办，朝廷内外认为方便。（度量权衡都属于太府主管制造，用来给朝内外官府及民间使用。但凡遇到改元，就命令重新制造，各自印上年号而作为标记。其印有方印、长印、八角印、笏头印的区别，用来明确制度而防范虚假。）那么现在的以十分为一钱，十钱为一两，都是从宋初所说的新制开始的。

十分为钱

古时“分”乃度之名，非权之名。《说文》：“寸，十分也。”《隋书·律历志》引《易纬通卦验》：“十马尾为一分。”《说苑》：“度量权衡以粟生，十粟为一分，十分为一寸。”《淮南子》注同。《孙子算术》：“蚕所吐丝为忽，十忽为秒，十秒为毫，十毫为牦，十牦为分，十分为寸。”《汉书·律历志》：“本起黄钟之长，以子谷秬黍中者一黍之广度之，九十黍为黄钟之长，一黍为一分，十分为一寸。”此皆度之名。《淮南子》：“十二蔈[1]而当一粟，《宋书·律志》作“标”。十二粟而当一分，十二分而当一铢，十二铢而当半两，二十四铢为一两，十六两为一斤，三十斤为一钧，四钧为石。”此则权之名。《史记·大宛传》：“善市贾争分铢。”然以十二分为一铢，二十四铢为一两，则小于今之为分者多矣。

【注释】①蔈（biāo）：禾穗的芒尖。

【译文】古时候“分”是长度的名称，不是重量的名称。《说文解字》记载：“一寸，是十分。”《隋书·律历志》引用《易纬通卦验》记载：“十根马尾为一分。”《说苑》记载：“度量权衡是根据粟产生的，十粟为一分，十分为一寸。”（《淮南子》注与之相同。）《孙子算术》记载：“蚕所吐的丝为一忽，十忽为秒，十秒为一毫，十毫为一牦，十牦为一分，十分为一寸。”《汉书·律历志》记载：“原本起自黄钟的长度，以子谷、秬黍中等大小一黍的长度测量，九十黍为黄钟的长度，一黍为一分，十分为一寸。”这是长度的名称。《淮南子》记载：“十二蔈相当于一粟（《宋书·律志》蔈字作“标”字），十二粟相当于一分，十二分相当于一铢，十二铢相当于半两，二十四铢为一两，十六两为一斤，三十斤为一钧，四钧为一石。”这是重量的名称。（《史记·大宛传》：“善于商业贸易，争分铢之利。”）然而以十二分为一铢，二十四铢为一两，那么小于如今的分很多了。

陶隐居[①]《名医别录》曰：“古称惟有铢两，而无分名。今则以十黍为一铢，六铢为一分，四分为一两，十六两为一斤。”李杲[②]曰：“六铢为一分，即今之二钱半也。”此又以二钱半为分，则随人所命而无定名也。

【注释】①陶隐居：陶弘景，字通明，齐梁间道士、道教思想家、医学家，自号华阳隐居，丹阳秣陵（今江苏南京）人，卒谥贞白先生。②李杲（gǎo）：字明之，真定（今河北省正定）人，晚年自号东垣老人，中国医学史上“金元四大家”之一，中医“脾胃学说”的创始人。

【译文】陶弘景《名医别录》记载：“古时候的称量只有铢两，而没有分的名称。如今则把十黍为一铢，六铢为一分，四分为一两，十六两为一斤。”李杲说：“六铢为一分，就是如今的二钱半。”这里又把二钱半作为一分，则随人所命名而没有固定名称。

黄金

汉时黄金，上下通行。故文帝赐周勃至五千斤；宣帝赐霍光至七千斤；而武帝以公主妻栾大，至赍金万斤。《汉书》作十万斤。卫青出塞，斩捕首虏之士，受赐黄金二十余万斤。古来赏赐之数，莫侈于元。成宗即位，赐驸马蛮子带银七万六千五百两，阔里吉思一万五千四百五十两，高丽王王昛三万两。其定诸王朝会赐与有至金千两、银七万五千两者。梁孝王薨，藏府余黄金四十余万斤；馆陶公主近幸董偃，令中府曰："董君所发一日金满百斤，钱满百万，帛满千区，乃白之。"王莽禁列侯以下不得挟黄金，输御府受直。至其将败，省中黄金万斤者为一匮[①]，尚有六十匮。黄门钩盾[②]藏府中尚方处，处各有数匮。而《后汉·光武纪》言："王莽末，天下旱蝗，黄金一斤易粟一斛。"是民间亦未尝无黄金也。董卓死，坞中有金二三万斤，银八九万斤。昭烈得益州，赐诸葛亮、法正[③]、关羽、张飞金各五百斤，银千斤。《南齐书·萧颖胄传》："长沙寺僧业富沃，铸黄金为龙，数千两埋土中，历相传付，称为下方黄铁，莫有见者。颖胄起兵，乃取此龙以充军实。"《梁书·武陵王纪传》："黄金一斤为饼，百饼为簉[④]，至有百簉。银五倍之。"自此以后，则罕见于史。《尚书》疏："汉魏赎罪，皆用黄金。"后魏以金难得，令金一两，收绢十匹。今律乃赎铜[⑤]。

【注释】①匮：古同"柜"。②黄门：官名。本秦官，汉因之。因给事黄门，故名。后为非宦者充任的黄门侍郎、给事黄门侍郎等官的简称。钩盾：古代职官和官署名。汉少府属官有钩盾令，职掌园苑游观之事，晋亦有之；隋唐曰钩盾署，属司农寺，职掌薪炭鹅鸭薮泽之物，以供祭飨。③法正：字孝直。郿（今陕西眉县）人。东汉末年刘备帐下谋士。是刘备时代唯一一位有谥号的大臣。法正善于奇谋，被陈寿称赞为可比曹操帐下的程昱和郭嘉。④簉（zào）：表数量，指百斤黄金。⑤赎铜：谓交纳铜钱抵销过失。犹罚款。

【译文】汉代时期的黄金，上下通行。因此汉文帝赏赐给周勃的黄金达五千斤；汉宣帝赐给霍光的黄金达七千斤；而汉武帝赐给公主的丈夫栾大，达赍金万斤（《汉书》作十万斤）。卫青出塞，斩杀捕获首级和俘虏的士兵，接受赏赐黄金二十多万斤。（自古以来赏赐的数目，没有比元朝更奢侈的。元成宗即位，赐驸马蛮子带银七万六千五百两，阔里吉思一万五千四百五十两，高丽王王昛三万两。规定诸王朝会赐予的有达金千两、银七万五千两。）梁孝王刘武去世，府库剩余黄金四十多万斤；馆陶公主刘嫖宠爱董偃，命令中府官说："董君支出的财物，一天中黄金满一百斤，钱满一百万，帛够一千匹，才用禀告我。"王莽下禁令列侯以下的人不准私自携带黄金，送交御府的可以获得相等的报酬。等到王莽将要败亡，宫禁中万斤黄金装为一柜子，还有六十柜。黄门钩盾收藏在府中尚方处，尚方处各有数个柜子。而《后汉书·光武纪》记载："王莽末年，天下发生因蝗虫引起的旱灾，黄金一斤交换粟一斛。"这说明民间也未尝没有黄金。董卓死后，眉坞中有黄金二三万斤，白银八九万斤。昭烈帝刘备取得益州，赏赐诸葛亮、法正、关羽、张飞黄金各五百斤，白银一千斤。《南齐书·萧颖胄传》记载："长沙寺僧业富有，浇铸数千两黄金为龙，埋在土中，师徒历代传递交付，称为下方黄铁，没有人见到过。萧颖胄起兵，就收取这条金龙作为军费。"《梁书·武陵王纪传》记载："用一斤黄金铸造一个饼，一百个饼装为一簉，后来积有黄金一百簉。白银是黄金的五倍。"从此以后，就在史书中少有见到。《尚书》注疏："汉魏时期赎免罪行，都是用黄金。"北魏因为黄金难得，下令黄金一两，征收绢十匹。现在的律法是交纳铜钱。

宋太宗问学士杜镐[①]曰："两汉赐予，多用黄金，而后代遂为难得之货，何也？”对曰：“当时佛事未兴，故金价甚贱。”今以目所睹记，及《会典》所载国初金价推之，亦大略可考。《会典·钞法卷》内云：“洪武八年，造大明宝钞[2]，每钞一贯[3]，折银一两，每钞四贯，易赤金一两。”是金一两当银四两也。《征收卷》内云：“洪武十八年令，凡折收税粮，金每两准米十石，银每两准米二石。”是金一两当银五两也。三十年，上曰：“折收逋赋，欲以苏民困也。今如此其重，将愈困民。更令金每两准米二十石，银每两准米四石。”然亦是金一两当银五两也。永乐十一年令，“金每两准米三十石”。则当银七两五钱矣。又令交阯召商中盐，金一两，给盐三十引，则当银十两矣。岂非承平以后，日事侈靡，上自宫掖，下逮勋贵，用过乎物之故与？辽张孝杰为北府宰相，贪货无厌。尝曰：“无百万两黄金，不足为宰相家。”幼时见万历中赤金止七八换，崇祯中十换。天启中，权奄用事，百官献媚者皆进金卮，金价渐贵。江左至十三换矣。投珠抵璧之风，将何时而见与？

【注释】①杜镐：北宋目录学家、图书馆官员。字文周，常州府无锡（今属江苏）人。博闻强记，治史谨严，为士论推重，称其为“杜万卷”。②宝钞：元、明、清三代发行的一种纸币。③贯：古代穿钱的绳索（把方孔钱穿在绳子上，每一千个为一贯）。

【译文】宋太宗问学士杜镐说：“两汉时期的赏赐，大多用黄金，而后代就成为难得的财货，为什么呢？”杜镐回答说：“那个时候佛事没有盛行，所以黄金的价钱很低。”如今根据所看到的，以及《会典》所记载立国初期的金价推测，也大略可以考证。《会典·钞法卷》里记载："洪武八年，发行大明宝钞，每钞一千钱，折合白银一两，每钞四千钱，交换黄金一两。"这说明黄金一两折当白银四两。《征收卷》里记载："洪武十八年诏令，凡是折收税粮，黄金每两折充米十石，白银每两折充米二石。"这里是黄金一两折当白银五两。洪武三十年，皇上说："折收未交的赋税，是想要缓解民众的困苦。如今赋税这样重，将要加剧民众的困苦。改变诏令为黄金每两折充米二十石，白银每两折充米四石。"仍然是黄金一两折当银五两。永乐十一年诏令，"黄金每两折充米三十石"。则是折当白银七两五钱了。又诏令交阯召商中盐，黄金一两，折给盐三十引，则是折当白银十两了。难道不是太平以后，日事侈靡，上从皇宫，下到功臣权贵，费用超过财物的缘故吗？（辽代张孝杰为北府宰相，贪婪财货没有满足。曾说："没百万两黄金，不足为宰相家庭。"）小时候见到万历年间黄金只折换七八，崇祯年间折换十。（天启年间，有权势的宦官专政，百官中有献媚的人都向他贡献金卮，于是金价渐渐昂贵起来。）江左以至于折换十三了。不以财宝为重的风尚，将在什么时候见到呢？

《汉书·食货志》："黄金重一斤，直钱万。朱提银[①]重八两为一流，直一千五百八十。他银一流，直千。"是金价亦四五倍于银也。方勺《泊宅编》云：当时黄金一两才直钱六百，米提银一两才直钱二百。

【注释】①朱提银：古代的一种优质白银。因产于今云南昭通境内之朱提山，故称。

【译文】《汉书·食货志》记载："黄金重一斤，价值万钱。朱提银重八两是一流，价值一千五百八十钱。其他银一流，价值一千钱。"这说明黄金的价格也是白银的四、五倍。（方勺《泊宅编》记载：当时黄金一两才价值六百钱，米提银一两才价值二百钱。）

《元史》："至大银钞一两，准至元钞五贯，白银一两，赤金一钱。"是金价十倍于银也。

【译文】《元史》记载："至大银钞一两，折充至元钞五千钱，白银一两，黄金一钱。"这说明黄金价格是白银的十倍了。

《史记·平准书》："一黄金一斤。"《汉书·食货志》："黄金方寸而重一斤。"《庄子》"百斤"注，李曰："金方寸重一斤，百金百斤也。"《汉书·韦贤传》："赐黄金百斤。"玄成诗曰："厥赐祁祁，百金洎馆。"是也。臣瓒曰："秦以一镒为一金。孟康曰："二十四两曰镒。"汉以一斤为一金。"是汉之金已减于秦矣。《汉书·食货志》："黄金重一斤，直钱万。"《惠帝纪》注："师古曰：'诸赐金，不言黄者，一斤与万钱。'"《王莽传》："故事，聘皇后黄金二万斤，为钱二万万。"《公羊》隐公五年传"百金之鱼"注："百金犹百万也，古以金重一斤，若今万钱。"

【译文】《史记·平准书》记载："一黄金重一斤。"（《汉书·食货志》："黄金一方寸，重一斤。"《庄子》"百斤"注，李曰："金一方寸重一斤，一百黄金一百斤。"《汉书·韦贤传》："赏赐黄金一百斤。"韦玄成诗曰："厥赐祁祁，百金洎馆。"）臣瓒说："秦朝以一镒为一金。（孟康说："二十四两为一镒。"）汉朝以一斤为一金。"这说明汉朝的黄金已经少于秦朝了。《汉书·食货志》记载："黄金重一斤，价值一万钱。"《惠帝纪》注解："颜师古说：'诸多赏赐黄金，不说黄金，一斤给予一万钱。'"《王莽传》："旧例，娶皇后黄金二万斤，为钱二万万。"《公羊》隐公五年传"百金之鱼"注："一百金如同一百万，古代以黄金重一斤，像如今一万钱。"

古来用金之费，如《吴志·刘由传》："笮融大起浮图祠[1]，以铜为人，黄金涂身，衣以锦采[2]，垂铜盘九重。"《何姬传》注引《江表传》："孙皓使尚方以金作华燧、步摇、假髻[3]以千数，令宫人著以相扑，朝成夕败，辄出更作。"《魏书·释老志》："兴光元年，敕有司于五级大寺内，为大祖已下五帝，铸释迦立像五，各长一丈六尺，都用赤金二万五千斤。""天安中，于天宫寺造释迦立像，高四十三尺，用赤金十万斤，黄金六百斤。"《齐书·东昏侯本纪》："后宫服御，极选珍奇。府库旧物，不复周用，贵市民间，金银宝物，价皆数倍，京邑酒租，皆折使输金，以为金涂，犹不能足。"《唐书·敬宗纪》："诏度支进铜三千斤，金薄即箔字十万，翻修清思院新殿，及升阳殿图障[4]。"《五代史·闽世家》："王昶起三清台三层，以黄金数千斤，铸宝皇及元始天尊、太上老君像。"宋真宗作玉清昭应宫，甍栱栾[5]楹，全以金饰，所费钜亿万，虽用金之数，亦不能全计。《金史·海陵本纪》:“宫殿之饰,遍傅黄金,而后间以五采,金屑飞空如落雪。”《元史·世祖本纪》:“建大圣寿万安寺,佛像及窗壁皆金饰之。凡费金五百四十两有奇,水银二百四十斤。”又言:“缮写金字藏经,凡縻金三千二百四十四两。”《吴澄传》言:“粉黄金为泥,写浮屠藏经。”《泰定帝纪》:“泰定二年七月庚午,以国用不足,罢书金字藏经。”时于云南立造卖金箔规措所。

【注释】①笮(zé)融:字伟明,东汉末年丹杨(今安徽宣城)人,东汉末年豪强,生性残暴却笃信佛教,为佛教在中国的发展做出了很大贡献。浮图祠:亦作“浮屠祠”,又名浮屠仁祠,指祭祀佛陀之祠,即我国早期之佛寺,为东汉楚王刘英首造,是中国最早的佛寺。②锦采:华美的丝织品。③步摇:古代妇女附在簪钗上的一种首饰。取其行步则动摇,故名。假髻:亦作“假紒”。亦作“假结”。假发所作之髻,供妇女装饰用。古称编,汉以后称假髻。髻、紒、结,古字通。④图障:绘有图画的屏风,软障。⑤甍(méng):屋脊。栾:柱上的曲木,两端以承斗拱。

【译文】自古以来用金消耗,比如《吴志·刘由传》记载:“笮融大量建造祭祀佛陀的寺庙,以铜制作佛像,用黄金涂佛身,以锦彩缝作衣服,悬挂九层铜盘。”《何姬传》注解引用《江表传》记载:“孙皓让尚方局以黄金制作数以千计的华燧、步摇、假髻,命令宫人穿着互相扑打,早上制成晚上就坏了,总是更改在做。”《魏书·释老志》记载:“兴光元年,敕令有司在五级大寺内,为太祖以下的五帝,铸造五尊释迦佛的立像,各自长一丈六尺,都用了二万五千斤赤金。”“天安年间,在天宫寺铸造释迦佛的立像,有四十三尺高,用了十万斤赤金,六百斤黄金。”《齐书·东昏侯本纪》记载:“后宫的服饰用具，挑选极尽珍奇。府库中的旧物，不再能够满足使用，高价收购民间的金银宝物，价格都高于正常的数倍，京都的酒税，都折合成银钱交入府库，作为涂金，仍然不能够满足。”《唐书·敬宗纪》记载：“诏令度支进奉铜三千斤，金箔十万片，用来翻修清思院新殿，以及升阳殿图障。”《五代史·闽世家》记载：“王昶建造三清台三层，耗费数千斤黄金，铸造玉皇大帝以及元始天尊、太上老君三尊金像。”宋真宗修建玉清昭应宫，屋脊、斗栱、栾木、楹柱，全部用黄金装饰，所花费超过亿万，即使是花费黄金的数目，也不能全部计算。《金史·海陵本纪》记载：“宫殿的装饰，全部贴上黄金，而后在其间镶嵌五彩，金屑在空中飞舞像下雪。”《元史·世祖本纪》记载：“建造大圣寿万安寺，佛像以及窗壁都用黄金装饰。总共花费黄金五百四十两有余，水银二百四十斤。”又记载：“抄写金字藏经，总共耗费黄金三千二百四十四两。”（《吴澄传》记载：“粉碎黄金作为墨泥，撰写浮屠藏经。”《泰定帝纪》：“泰定二年七月二十三日，以国用不足，停止撰写金字藏经。”当时在云南建立造卖金箔规措所。）

此皆耗金之由也。杜镐之言，颇为不妄。《草木子》云：“金一为箔，无复再还元矣。”故《南齐书·武帝纪》：“禁不得以金银为箔。”《宋史·真宗纪》，太中祥符元年二月丙午，申明“不许以金银为箔之制”。《仁宗纪》：康定元年八月戊戌，“禁以金箔饰佛像”。《哲宗纪》：元祐二年九月丁卯，“禁私造金箔”。《刘庠传》：“仁宗外家李珣犯销金法，庠奏言，法行当自贵近始。从之。”《金史·世宗纪》：大定七年七月戊申，“禁服用金线，其织卖者皆抵罪。”《元史·仁宗纪》：至大四年三月辛卯，“禁民间制金箔、销金织金”。而《太祖实录》言，上出黄金一锭，示近臣曰：“此表笺袱盘龙金也。令宫人洗涤销熔得之。”呜呼，俭德之风远矣！

【译文】这都是耗费黄金的缘由。杜镐的言论，非常合理。《草木子》记载：“黄金一旦制作成金箔，就不能再恢复了。”所以《南齐书·武帝纪》记载：“禁止不能把金银制成箔片。”（《宋史·真宗纪》，太中祥符元年二月十五日，申明“不许以金银制成箔片的制度”。《仁宗纪》：康定元年八月十六日，“禁止以金箔粉饰佛像”。《哲宗纪》：元祐二年九月十八日，“禁止私自制造金箔”。《刘庠传》：“仁宗外戚李珣犯销金法，刘庠上奏建议，法律应当从外戚近臣开始实行。仁宗听从建议。”《金史·世宗纪》：大定七年七月十三日，“禁止穿用金线，那些编织贩卖的人都接受相应惩罚。”《元史·仁宗纪》：至大四年三月十九日，“禁止民间制造金箔、熔化黄金编织金线”。）而《太祖实录》记载，太祖拿出一锭黄金，给近臣看说：“这是表笺袱盘上装饰金龙的黄金。命令宫人洗涤销熔打造而得的。”呜呼，品德俭约的风尚很远了！

银

唐宋以前，上下能行之货，一皆以钱而已，未尝用银。《汉书·食货志》言：“秦并天下，币为二等，而珠玉、龟贝、银锡之属，为器饰宝藏，不为币。”孝武始造白金三品[①]，寻废不行。谢肇淛曰：“汉银八两，直钱一千，当时银贱而钱贵。今银一两，即直千钱矣。”《旧唐书》：宪宗元和三年六月，诏曰：“天下有银之山，必有铜矿。铜者，可资于鼓铸[②]；银者，无益于生人。其天下自五岭以北，见采银坑，并宜禁断。”李德裕为浙西观察使，奏云：去二月中奉宣令进盝子，计用银九千四百余两，其时贮备都无二三百两。然考之《通典》，谓“梁初唯京师及三吴、荆、郢、江、湘、梁益用钱，其余州郡，则杂以谷帛交易。交广之域，则全以金银为货。”而唐韩愈奏状，亦言五岭买卖一以银。元稹奏状言：“自岭已南，以金银为货币。自巴已外，以盐帛为交易。黔巫溪峡用水银朱砂、缯彩[③]巾帽，以相市。”杜氏《通典》载：“唐度支岁计之数，粟则二千五百余万石，布绢绵则二千七百余万端，屯、疋，钱则二百余万贯。”未尝有银。其土贡则贵州贡银百两，鄂、新、党三州各贡银五十两，贺州贡银三十两，邵、端、昭、潘、辨、高、龚、浔、严、封、春、罗、牢、宾、横、象、泷、藤、平、琴、廉、义、柳、勤、康、恩、崖、万安二十七州，各贡银二十两。是唐人以银为贡，而不以为赋也。张籍诗：“海国战骑象，蛮州市用银。”

【注释】①白金三品：汉武帝时所铸的三种银合金钱币。即圆形龙币，又名白选、白馔，圆形而有龙纹，重八两，值三千；方形马币，方形而有马纹，重六两，值五百；椭形龟币，肉圆好方，币形像龟，以龟甲为币文，重四两，值三百。②鼓铸：鼓风扇火，冶炼金属，铸造器械或钱币。③缯彩：亦作“缯采”。彩色缯帛。

【译文】唐宋以前，上下能够流通的货币，都只是钱而已，没有用银子。《汉书·食货志》记载："秦国吞并天下，货币分为二等，而珠玉、龟贝、银锡之类，作为器物装饰和宝藏，不作为货币。"汉武帝开始铸造三种银合金钱币，不久就废除没有施行了。（谢肇淛说："汉代银八两，价值一千钱，当时银价低而钱价贵。如今银一两，就价值一千钱了。"）《旧唐书》记载：唐宪宗元和三年六月，诏令说："天下有银子的山上，必定有铜矿。铜，是可以用来铸造钱币的；银，对于养育百姓没有帮助。天下自五岭以北，现在开采的银矿，都应该禁止断绝。"（李德裕为浙西观察使，上奏说：去年二月中旬奉宣令进献盝子，共计用银九千四百余两，当时储备都没有二三百两。）然而考证《通典》，里面记载"梁初只有京师以及三吴、荆、郢、江、湘、梁、益使用铜钱，其余的州郡，则是间杂使用谷物、布帛交易。交广地域，则都是把金银作为货币。"而且唐朝韩愈的奏章，也说五岭地区的买卖全部是使用银子。元稹的奏章说："自五岭以南的地区，用金银作为货币。自巴蜀以外的地区，用盐物、布帛交易。黔巫溪峡用水银、朱砂、彩色缯帛、巾帽，互相买卖。"（杜佑《通典》记载："唐代度支年度收支的数目，粟二千五百余万石，布绢绵二千七百余万端，屯、疋，钱二百余万贯。"不曾有银的数目。当地特产贡品为贵州贡银一百两，鄂、新、党三州各贡银五十两，贺州贡银三十两，邵、端、昭、潘、辨、高、龚、浔、严、封、春、罗、牢、窦、横、象、泷、藤、平、琴、廉、义、柳、勤、康、恩、崖、万安二十七州，各贡银二十两。是唐人以银为贡品，而不是作为赋。张籍诗："海国战骑象，蛮州市用银。"）

《宋史·仁宗纪》:“景祐二年诏诸路岁输缗钱，福建、二广易以银，江东以帛。于是有以银当缗钱者矣。”《金史·食货志》:“旧例，银每铤[1]五十两，其直百贯。《旧唐书·哀帝纪》:“内库出方圆银二千一百七十二两，充见任文武常参官救接。”是知前代银，皆是铸成。民间或有截凿之者，其价亦随低昂，遂改铸银，名承安宝货，一两至十两，分五等，每两折钱二贯，公私同见钱用。”又云:“更造兴定宝泉，每贯当通宝五十。又以绫印制元光珍货，同银钞及余钞行之。行之未久，银价日贵，宝泉日贱，民但以银论价。至元光二年，宝泉几于不用。哀宗正大间，民间但以银市易。”此今日上下用银之始。

【注释】①铤(dìng):古同“锭”，专门铸成的各种形态的金银块，用以货币流通。

【译文】《宋史·仁宗纪》记载:“景祐二年诏令各路每年输送的税金，福建、两广换成银子，江东换成布帛。于是有用银子充当税金的了。”《金史·食货志》记载:“旧例，每铤五十两的银子，价值一百贯。(《旧唐书·哀帝纪》:“内库出方圆银二千一百七十二两，拨给现任文武常参官救援接济。”由此知道这是前代银子，都是铸成的。)民间有割断、凿孔的，价值也随之起伏，因此改成铸银，称为承安宝货，一两到十两，分为五等，每两银子折合铜钱二贯，公家和私人都作为货币流通。”又记载:“重造兴定宝泉，每贯折当通宝五十。又用绫子印制元光珍货，与银钞以及余钞一并发行。发行没有多长时间，银子价格日益昂贵，宝泉钞价格日益低贱，民间只是用银子谈论价值。到了元光二年，宝泉钞几乎不流通了。哀宗正大年间，民间只用银子交易。”这是现在上下使用银子的开端。

今民间输官之物皆用银，而犹谓之钱粮，盖承宋代之名，当时上下皆用钱也。

【译文】如今民间向官府缴纳赋税都是用银子，但是仍然称为钱粮，大概是承续宋代的名称，那个时候上下都是用钱。

国初所收天下田赋，未尝用银，惟坑冶[1]之课有银。《实录》于每年之终，记所入之数。而洪武二十四年，但有银二万四千七百四十两。至宣德五年，则三十二万二百九十七两，岁办[2]视此为率。按宋苏辙《元祐会计录》，岁入银止五万七千两。《元史·成宗纪》，右丞相完泽言：“岁入银止六万两。”而宣德五年奏，温、处二府平阳、丽水等五县，银额至八万七千八百两。盖所开坑冶渐多。当日国家固不恃银以为用也。至正统三年，“以采办[3]扰民，始罢银课，封闭坑穴”。而岁入之数，不过五千有余。九年闰七月戊寅朔，“复开福建、浙江银场”。是年采纳已六万七千一百八十两。乃仓粮折输变卖，无不以银，后遂以为常货，盖市舶[4]之来多矣。

【注释】①坑冶：唐宋以来称金属矿藏的开采与冶炼。亦泛指矿藏。②岁办：明初地方每年进贡土产。③采办：亦称“采买”。明初地方每年进贡土产，不足或不合要求的部分，出钱给商人采购，称“采办”。④市舶：古代中国对中外互市商船的通称。亦指海外贸易。

【译文】明初征收的天下田赋，没有用银，只有坑冶的课税用银。《实录》在每年的年终，记录所收入的数目。而洪武二十四年，只是有银二万四千七百四十两。到宣德五年，则有三十二万二百九十七两，岁办把这作为标准。（按宋代苏辙《元祐会计录》，年度收入银只有五万七千两。《元史·成宗纪》，右丞相完泽上奏：“年度收入银只有六万两。”而宣德五年上奏，温州、处州二府平阳、丽水等五县，银额达八万七千八百两。原来是所开办的坑冶渐渐增多。）当日国家固然不依恃银作为使用。到正统三年，“由于采办骚扰百姓，开始罢除银矿课税，封闭矿藏洞坑”。而每年收入的银数，不过五千多一点。正统九年闰七月初一，“重新开启福建、浙江银场”。（这年开采已有六万七千一百八十两。）于是仓粮折输变卖，没有不使用银的，后来银就作为常用货币，因为市舶频繁了。

《太祖实录》：洪武八年三月辛酉朔，“禁民间不得以金银为货交易，违者治其罪。有告发者，就以其物给之。”其立法若是之严也。九年四月己丑，“许民以银钞钱绢代输今年租税。”十九年三月己巳诏，“岁解税课钱钞，有道里险远难致者，许易金银以进。”五月己未诏，“户部以今年秋粮，及在仓所储，通会其数，除存留外，悉折收金银布绢钞定输京师”。此其折变之法虽暂行，而交易之禁亦少弛矣。

【译文】《太祖实录》记载：洪武八年三月初一，“禁止民间不得以金银作为货币进行交易，违反的人就惩处他们。有告发的人，就把违法的财物给他。”立法像这样的严厉。洪武九年四月初六，“允许百姓以银钞钱绢代替缴纳今年的租税。”洪武十九年三月十三日下诏，“每年押送的税课钱钞，有路途险阻僻远难以到达的，允许改变成金银进奉。”同年五月初五下诏，“户部把今年的秋粮，以及在仓库所存储的粮食，全部会总其中的数目，除留存的以外，全部折合成金银、布绢、钞定运送到京师”。折变的方法虽然是暂时施行，然而交易的禁令也稍微放宽了。

“正统元年八月庚辰，命江南租税折收金帛。《会典》言：浙江、江西、湖广三布政司，直隶苏、松等府。先是，都察院右副都御史周铨奏：‘行在各卫官员俸粮，在南京者差官支给，本为便利。是时京官俸粮，并于南京支给。但差来者，将各官俸米，贸易物货，贵买贱酬，十不及一。朝廷虚费廪禄，各官不得实惠。请令该部会议，岁禄之数，于浙江、江西、湖广、南直隶不通舟楫之处，各随土产，折收布绢、白金，赴京充俸。’巡抚江西侍郎赵新亦言：‘江西属县，有僻居深山，不通舟楫者，岁赍金帛，于通津之处易米，上纳南京。设遇米贵，其费不赀。今行在官员俸禄，于南京支给，往返劳费，不得实用。请令江西属县量收布绢或白金，类销成锭，运赴京师，以准官员俸禄。’少保兼户部尚书黄福亦有是请。至是行在户部复申前议。上曰：‘祖宗尝行之否？’尚书胡濙等对曰：‘太祖皇帝尝行于陕西，每钞二贯五百文，折米一石；黄金一两，折二十石；

白金一两，折四石；绢一匹，折一石二斗；布一匹，折一石。各随所产，民以为便。后又行于浙江，民亦便之。’上遂从所请，每米麦一石，折银二钱五分。远近称便。然自是仓廪之积少矣。”已上《实录》全文。

【译文】“正统元年八月十七日，下令江南租税折合收取黄金和丝绸。（《会典》记载：浙江、江西、湖广三地布政司，直隶苏州、松江等府。）在这以前，都察院右副都御史周铨上奏：‘行在各卫官员俸粮，在南京的由派遣官员去支付，原本是为了便利。（当时京官俸粮，一同和南京支付。）但派遣来的官员，将各官员的俸米，交换成货物，高价买进降价付钱，不及原来的十分之一。朝廷白白浪费了禄米，各官员得不到实惠。请求下令该部会合讨论，年俸的数目，在浙江、江西、湖广、南直隶不通船只的地方，各自就着当地产物，折收布绢、白金，送赴京城充当俸禄。’巡抚江西侍郎赵新也上奏：‘江西的属县，有偏居深山，不通船只的地方，每年带着黄金、丝绸，在四通八达的渡口交换成米，缴纳到南京。假使遇到米价贵，花费不可计量。如今行在官员的俸禄，在南京支付，往返劳费，不能得到实用。请求下令江西属县计量征收布绢或白金，类销成锭，运送到京师，来折充官员的俸禄。’少保兼户部尚书黄福也有这样的奏请。到此行在户部再申明之前的奏议。英宗说：‘太祖太宗曾经实行过吗？’尚书胡濙等答对说：‘太祖皇帝曾经在陕西实行，每钞二千五百文，折合米一石；一两黄金，折合二十石；一两白金，折合四石；一匹绢，折合一石二斗；一匹布，折合一石。各自就着当地产物，百姓认为很方便。

后来又在浙江实行，百姓也觉得方便。’英宗于是顺从他们的奏请，（每米麦一石，折合银二钱五分。）远近的人都觉得方便。然而从这以后仓廪的积存就少了。”（以上是《实录》全文。）

二年二月甲戌，“命两广、福建当输南京税粮，悉纳白金。有愿纳布绢者听。”于是巡抚南直隶、行在工部侍郎周忱奏：“官仓储积有余。”其年十月壬午，“遣行在能政司右通政李畛，往苏、松、常三府，将存留仓粮七十二万九千三百石有奇，卖银准折官军俸粮。”三年四月甲寅，“命粜[①]广西、云南、四川、浙江陈积仓粮。”遂令军民无挽运之劳，而困庾免陈红[②]之患，诚一时之便计也。

【注释】①粜（tiào）：卖粮食。②囷庾（qūn yǔ）：粮仓。陈红：粟久腐坏，则色红赤也。后因以“陈红”指陈年的谷类。

【译文】正统二年二月十四日，“下令两广、福建应当运送到南京的税粮，全部缴纳白金。有愿意缴纳布绢的听任他们。”在这时巡抚南直隶、行在工部侍郎周忱上奏：“官仓储积有剩余。”同年十月二十六日，“派遣行在能政司右通政李畛，前往苏州、松江、常州三府，将存留的七十二万九千三百石多仓粮，转卖成银子折成官军的俸粮。”正统三年四月初一，“下令卖出广西、云南、四川、浙江陈旧储存的仓粮。”因此使得军民无运输的辛劳，而粮仓没有陈年稻谷的忧虑，实在是一个时期有利的计谋。

自折银之后，不二三年，频有水旱之灾，而设法劝借[①]至千石以上，以赈凶荒者，谓之“义民”，诏复其家。至景泰间，纳粟[2]之例，纷纷四出，相传至今，而国家所收之银，不复知其为米矣。

【注释】①劝借：明初用以代替徭役的一种额外征收的杂税。②纳粟：明清两代富家子弟捐纳财货进国子监为监生，可直接参加省城、京都的考试，称纳粟。

【译文】自从税粮折银之后，不到二三年，屡次发生旱涝灾害，对于想办法额外征收税粮一千石以上，用来赈济荒灾的，称为“义民”，下诏免除他家的徭役。到景泰年间，纳粟制度，众多杂乱到处充斥，递相沿袭到如今，而国家所收的税银，不再知道原来是米了。

《唐书》言：“天宝中，海内丰炽，州县粟帛举巨万。杨国忠[1]判度支，因言：古者二十七年耕，余九年食。今天下太平，请在所出滞积，变轻赍，内富京师。又悉天下义仓[2]，及丁租地课，易布帛以充天子禁藏[3]。”当日诸臣之议，有类于此，踵事而行，不免太过，相沿日久，内实外虚。至崇祯十三年，郡国大祲[4]，仓无见粟，民思从乱，遂以亡国。

【注释】①杨国忠：本名钊，蒲州永乐（今山西永济）人，唐代权臣。②义仓：隋以后各地为备荒而设置的粮仓。③禁藏：帝王宫中的库藏。④大祲（jìn）：亦作“大侵”。严重歉收，大饥荒。

【译文】《唐书》记载：“天宝年间，全国富盛，州县的谷粟、布帛数量非常多。杨国忠判度支，于是说：古时候二十七年的耕作，储存有九年的粮食。如今天下太平，请求所在地卖出积压的粮食，变成便于携带的轻赍银，充实京师。又天下备荒的义仓，以及丁租地课，改换布帛用来充实天子的库藏。”当日诸臣的议论，有类似这个的，追随着而实行，不免太过分，递相沿袭时日长久，内实外虚。到了崇祯十三年，郡国发生大饥荒，仓库没有谷粟，百姓想着参与叛乱，于是导致亡国。

宣德中，以边储不给，而定为纳米赎罪之令，其例不一。正统三年八月，“从陕西按察使陈正伦之请，改于本处纳银，解边易米。杂犯死罪①者，纳银三十六两；三流②，二十四两；徒③五等，视流递减三两；杖五等，一百者六两，九十以下及笞④五等，俱递减五钱。”此今日赎锾⑤之例所由始也。

【注释】①杂犯死罪：简称“杂死”，是真犯死罪的对称。除了十恶、故意杀人、反逆缘坐、监守自盗、抢掠人口、受财枉法等影响严重的死罪外，其余一些相对来说影响不太严重的死罪，谓之杂犯死罪。唐律中就有这个名称，清代沿用。②三流：判处流刑者，流放之地，据罪行经重而分为远近三等，谓之三流。③徒：剥夺犯人自由的刑罚。④笞：古代用竹板或荆条打人脊背或臀腿的刑罚。⑤赎锾（huán）：用钱赎罪。

【译文】宣德年间，由于边防储备物资供给不足，因此确定纳米赎罪的诏令，体例不统一。正统三年八月，“依从陕西按察使陈正伦的奏请，改为在当地纳银，运往边地换成米。杂犯死罪的人，纳银三十六两；判处“三流”的人，纳银二十四两；徒流五等，按照徒流等级递减三两；杖刑五等，一百刑杖纳银六两，九十刑杖以下以及笞刑五等，都递减五钱。”这是现在用钱赎罪成例的由来。

正统十一年九月壬午，“巡抚直隶工部左侍郎周忱言：‘各处被灾，恐预备仓储赈济不敷，请以折银粮税，悉征本色[1]，于各仓收贮。俟青黄不接之际，出粜于民，以所得银上纳京库，则官既不损，民亦得济。’从之。”此文襄权宜变通之法，所以为一代能臣也。

【注释】①本色：自唐末至明清原定征收的实物田赋称本色；如改征其他实物或货币，称折色。

【译文】正统十一年九月十七日，“巡抚直隶工部左侍郎周忱上奏：‘到处遭受灾难，恐怕预备仓中储存的粮食不够救济，希望把折银粮税，全部按照实物田赋征收，收藏在各个仓库。等到青黄不接的时候，卖出粮食给百姓，把所卖得的银子上交到京师仓库，那么公府既没有损失，百姓也得到了救济。’英宗依从了。”这是文襄公周忱权宜变通的方法，是他成为一代能臣的原因。

以钱为赋

《周官·太宰》：“以九赋敛财贿。”注：“财泉古‘钱’字谷也。”又曰：“赋口率[1]出泉也。”方回《古今考》不然此说。《荀子》言：“厚刀布[2]之敛，以夺之财。”而汉律有口算[3]。《孝惠纪》注：汉律，人出一算，算百二十钱。此则以钱为赋，自古有之，而不出于田亩也。唐初，租出谷，庸出绢，调出缯布，未尝用钱。自两税法行，遂以钱为惟正之供矣。

【注释】①口率：按人口比例。②刀布：古代货币。出自《管子·国蓄》。刀取其利，布取其广。③口算：按人口征收的赋税。

【译文】《周官·太宰》记载："用九种赋税法征收财物。"注解："财，指的是钱币、谷物。"又注解："赋税，是按照人口比例缴纳钱币。"（方回《古今考》不认同这个说法。）《荀子》记载："深重地搜刮，掠夺百姓的财物。"而汉代法典有按人口征收的赋税。（《孝惠纪》注：汉代法律，每人出一算，一算百二十钱。）这说明把钱作为赋税，自古就有了，而不是出于田地了。唐朝初年，以谷物交田租，以绢交身庸，以缯帛、布匹交户调，没有用钱的。自从两税法实行后，于是把钱作为法定交纳赋税的东西了。

《孟子》有言："圣人治天下，使有菽粟[①]如水火。菽粟如水火，而民焉有不仁者乎？"由今之道，无变今之俗，虽使余粮栖亩[②]，斗米三钱，而输将[③]不办，妇子不宁，民财终不可得而阜，民德终不可得而正。何者？国家之赋，不用粟而用银，舍所有而责所无故也。夫田野之氓，不为商贾，不为官，不为盗贼，银奚自而来哉？此唐宋诸臣，每致叹于钱荒[④]之害，而今又甚焉。非任土以成赋，重穑以帅[⑤]民，而欲望教化之行，风俗之美，无是理矣。

【注释】①菽（shū）粟：豆和小米。泛指粮食。②栖亩：将余粮存积田亩之中，以颂丰年盛世。③输将：缴纳赋税。④钱荒：钱少不敷流通。⑤帅：同“率”。带领，引导。

【译文】《孟子》有记载：“圣人治理天下，让粮食像水火一样充足。粮食像水火一样充足，那么百姓怎么会不相亲相爱呢？”按照如今的治理方式，不改变现在的风俗习气，即使使得吃用以外余下的粮食存积在田亩中，一斗米卖三钱，然而不能缴纳赋税，妻子儿女不得安宁，百姓的财物最终不能得到而殷盛，百姓的德行最终不能实现而改正。为什么呢？国家的赋税，不用粟而用银，舍弃百姓所有的而责求百姓所没有的缘故。田野间的平民，不为商贾，不为官，不为盗贼，银从什么地方来呢？这是唐宋以来众多大臣，每每招致感叹钱少不能流通的危害，而如今又更加严重。不是依据土地的情况而制定赋税，重视稼穑以引导百姓，却希望政教风化施行，风气习俗善美，是没有这种道理的。

《白氏长庆集·策》曰：“夫赋敛之本者，量桑地以出租，计夫家[①]以出庸。租庸者，谷帛而已。今则谷帛之外，又责之以钱。钱者，桑地不生铜，私家不敢铸。业于农者，何从得之？至乃吏胥追征，官限迫蹙，则易其所有以赴公程。当丰岁，则贱粜半价[②]，不足以充缗钱；遇凶年，则息利倍称，不足以偿逋债。丰凶既若此，为农者何所望焉？是以商贾大族，乘时射利者，日以富豪；田垄罢人，望岁勤力者，日以贫困。劳逸既悬，利病相诱，则农夫之心，尽思释耒而倚市；织妇之手，皆欲投杼而刺文。至使田卒污莱[③]，室如悬罄[④]。人力罕施，而地利多郁；天时虚运，而岁功不成。臣尝反复思之，实由谷帛轻而钱刀重也。夫籴[5]甚贵，钱甚轻，则伤人；籴甚贱，钱甚重，则伤农。农伤则生业不专，人伤则财用不足。故王者，平均其贵贱，调节其重轻，使百货通流，四人[6]交利，然后上无乏用，而下亦阜安。方今天下之钱日以减耗，或积于国府，或滞于私家。若复日月征取，岁时输纳，臣恐谷帛之价转贱，农桑之业转伤，十年以后，其弊必更甚于今日矣。今若量夫家之桑地，计谷帛为租庸，以石斗登降为差，以匹丈多少为等，但书估价，并免税钱，则任土之利载兴，易货之弊自革。弊革则务本者致力，利兴则趋末者回心。游手于道涂市肆者，可易业于西成[7]，托迹于军籍、释流者，可返躬于东作[8]。所谓下令如流水之原，系人于包桑[9]之本者矣。"

【注释】①夫家：犹言男女。丁男无妻者谓夫，有妻者谓家。②半价：亦作"半贾"。原价的一半。③污莱：田地荒废。④悬罄：亦作"悬磬"。形容空无所有，极贫。⑤籴（dí）：买进粮食。⑥四人：旧称士、农、工、商。唐避太宗讳，率谓民为人。⑦西成：秋天庄稼已熟，农事告成。⑧东作：春耕。岁起于东，而始就耕，谓之东作。⑨包桑：苞桑。丛生的桑根。语出《易·否》。

【译文】白居易的《白氏长庆集·策》记载："征收赋税的根据，是定量桑地以交纳田租，计测男女以缴纳身庸。田租、身庸，仅仅是谷物与布帛罢了。如今则是除了谷物与布帛之外，又责求交钱。钱，桑地不能产生铜，私人家里不敢铸造。以农耕为业的人，从哪里得到呢？到吏胥催迫征收赋税，官府限期催促，就交换所有以奔赴公程。遇上丰年，就半价贱卖粮食，不足以充当税金；遭遇荒年，就加倍偿还利息，不足以偿还欠债。丰年、荒年已经这样，务农的人有什么希望呢？因此商人、豪门家族，乘机谋取财利，一天天富贵豪华；田间疲困的人，勤劳盼望丰收，一天天贫困。劳苦与安逸已经悬殊，利害相诱发，那么农夫的心思，都想着放下农具而经营商业；从事纺织妇女的手，都想着放弃织布而刺绣。致使田地最终荒废，房屋内空无所有。人力很少用在土地上，而且地利多郁闭；天时虚空运行，进而一年农事的收获没有成就。臣下曾经反复思考，实际上是由于谷物、布帛轻贱而金钱、刀币贵重导致的。籴米非常贵，钱非常轻，则会损害人；籴米非常便宜，钱非常贵重，则会损害农人。损害农人则从事农业不专一，损害人则财物不充足。因此天子应该平均贵贱，调节轻重，使得百货流通，四民互利，然后在上不会费用不足，而百姓也富足安宁。如今天下的钱一天天损耗，有的存积在国家府库，有的留滞在私人家里。如果恢复一天一月征收索取，每年缴纳赋税，臣下担心谷物、布帛的价格变低，农耕与蚕桑的产业受到损害，十年以后，弊端必定比现在更严重。现今如果定量男女的桑地，计测谷物、布帛作为田、身租庸，以石斗增减为差，以匹丈多少为等，只是记录估价，并免税钱，那么依据土地具体情况的好处又盛行起来，交换货物的弊端自行革除了。弊端革除那么农夫就会尽力务农，好处盛行那么趋尚工商业的人就会改变心意。在道途市肆闲荡不务正业的人，可以改变职业在农事告成的时候，寄身在军籍、僧徒的人，可以回过头来耕种土地。所谓下令就如同在流水的本源，关系人在苞桑的根本。”

《赠友诗》曰："私家无钱炉，平地无铜山，胡为秋夏税[①]，岁岁输铜钱？钱力日已重，农力日已殚。贱粜粟与麦，贱贸丝与绵。岁暮衣食尽，焉得无饥寒。吾闻国之初，有制垂不刊[②]，庸必算丁口，租必计桑田。不求土所无，不强人所难，量入以为出，上足下亦安。兵兴一变法，兵息遂不还。使我农桑人，憔悴畎亩间。谁能革此弊，待君秉利权。复彼租庸法，令如贞观年。"

【注释】①秋夏税：田赋名称。唐起，历代田赋都分夏、秋两季征收，称为夏税和秋税。建中元年行两税法后，规定"夏税无过六月，秋税无过十一月。"②不刊：古代文书书于竹简，有误，即削除，谓之刊。不刊谓不容更动和改变。

【译文】白居易的《赠友诗》说："私人家里没有铸钱的熔炉，平坦的地面没有铜矿，怎样缴纳秋夏税，每年运送铜钱呢？钱力一天天加重，农力一天天竭尽。贱卖粟与麦，贱卖丝与绵。年底衣服和食物都没有了，怎么能不饥饿寒冷。我听说国家建立初期，有规定传留不改变，身庸必定核算人口，田租必定计测桑田。不责求土地里所没有的，不勉强做做不到的事，根据收入确定支出，上富足下也安宁。战事兴起一旦改变税法，战争结束后就再没有还原。使得我们这些农桑人，在田野间艰难窘迫。谁能革除这个弊端呢，等待君上掌握财政上的权柄。恢复那个时候的田租、身庸规定，使得如同贞观年间一样。"

《李翱集》有《疏改税法》一篇，言："钱者，官司所铸；粟帛者，农之所出。今乃使农人贱卖粟帛，易钱入官，是岂非颠倒而取其无者邪？由是豪家大商，皆多积钱，以逐轻重[1]。故农人日困，末业[2]日增，请一切不督见钱，皆纳布帛。”

【注释】①轻重：我国历史上关于调节商品、货币流通和控制物价的理论。②末业：古代指手工业、商业。与称为“本业”的农业相对。

【译文】《李翱集》中有一篇《疏改税法》，里面记载：“钱，是官府所铸造的；谷粟、布帛，是农夫所产出的。如今却让农人贱卖谷粟、布帛，换成钱纳入官府，这难道不是次序倒置而苛求农人所没有的吗？因此世家豪族和大商人，都大多储藏钱财，以追逐轻重。所以农人一天天困顿，商业一天天增加，请求一切不交纳现钱，而都缴纳布帛。”

宋时岁赋，亦止是谷帛。其入有常物，而一时所需，则变而取之，使其直轻重相当，谓之折变。景祐初，诏户在第九等免折变。熙宁中，张方平[1]上疏，言：“比年公私上下，并苦乏钱。又缘青苗助役[2]之法，农民皆变转谷帛，输纳见钱。钱既难得，谷帛益贱，人情窘迫，谓之钱荒。”司马光亦言：“江、淮之南，民间乏钱，谓之钱荒。”苏轼亦言：“免役之害，聚敛民财于上，而下有钱荒之患。”绍熙元年，臣僚言：“古者赋出于民之所有，不强其所无。今之为绢者，一倍折而为钱，再倍折而为银。银愈贵，钱愈难得，谷愈不可售。使民贱粜而贵折，则大熟[3]之岁，反为民害。愿诏州郡，凡多取而多折者，重置于罚。民有粜不售者，令常平就籴，异时岁歉，平价以粜。庶于民无伤，于国有补。”从之。而真宗时，知袁州何蒙[④]请以金折本州二税，上曰：“若是将尽废耕农矣。”不许。是宋时之弊，亦与唐同，而折银之见于史者，自南渡后始也。

【注释】①张方平：字安道，号乐全居士，北宋大臣，应天府南京（今河南商丘）人。反对任用王安石，反对王安石新法。②助役：宋神宗熙宁三年初行免役法，凡当役人户，分五等出钱，募人充役；使原来享受免役特权的豪绅、官吏、僧道等出钱助役，称助役钱。此为王安石变法的重要措施之一。③大熟：亦作“大孰”。大丰收。④何蒙：字叔昭，洪州（今江西南昌）人。少精《春秋左传》。

【译文】宋代时期的年赋税，也只是缴纳谷物与布帛。缴纳农人所有的常物，而遇到一个时期所需求的，就变通而索取，使价值轻重相当，称为折变。（景祐初年，下诏户在第九等免除折变。）熙宁年间，张方平上奏，说道：“近年公私上下，都为钱少受困。又由于青苗、助役法，农民都转卖谷帛，缴纳现钱。钱已经难得，谷帛更加低贱，民情处境困急，称为钱荒。”（司马光也说道：“江、淮以南，民间乏钱，称为钱荒。”苏轼也说道：“免役法的害处，在上聚敛民财，而在下则有钱荒的弊端。”）绍熙元年，群臣说：“古时候赋税出自百姓所拥有的，不强求他所没有的。如今缴纳绢，一倍折合而为钱，两倍折合而为银。银更加贵，钱更加难得，谷更加不能出售。使百姓贱卖粮食而贵折合银钱，那么大丰收的年份，反而是百姓的祸害。希望诏令州郡，凡是多取而多折的，重置于罚。百姓有卖粮食而卖不出去的，按照正常价格买入，以后年成歉收，就平价卖出粮食。希望对百姓没有损害，对国家有益处。”依从了他们。而宋真宗时期，知袁州何蒙奏请以金折合本州夏秋两季的赋税，皇帝说："如果这样就将全部废除耕农了。"于是没有应许。宋朝时候的弊端，也与唐朝时候相同，而折银出现在史书中，是从南迁以后开始的。

解缙[①]《太平十策》言："及今丰岁，宜于天下要害[②]之处，每岁积粮若干。民乐近输，而国受长久之利，计之善者也。"愚以为天下税粮，当一切尽征本色。除漕运京仓之外，其余则储之于通都大邑，而使司计[③]之臣，略仿刘晏之遗意，量其岁之丰凶，稽其价之高下，粜银解京，以资国用。一年计之不足，十年计之有余。小民免称贷[④]之苦，官府省敲扑[⑤]之烦，郡国有凶荒之备，一举而三善随之矣。

【注释】①解缙（1369—1415）：字大绅，一字缙绅，号春雨、喜易，吉安府吉水（今江西吉水）人，明代大臣，文学家。自幼颖悟绝人，文章雅劲奇古，书法小楷精绝，行、草皆佳，尤其擅长狂草，与徐渭、杨慎一起被称为明朝三大才子。②要害：喻紧要的关键的部分，亦指军事上的要地。③司计：唐代对比部的改称。掌财物出纳稽核。④称贷：举债。向人告贷。⑤敲扑：鞭打的刑具，短曰敲，长曰扑。亦指敲打鞭笞。

【译文】解缙《太平十策》说道："趁现今丰收的年份，应该在天下紧要的地方，每年储积若干粮食。百姓乐于就近运送，而国家享受长久的利益，这是好的计策。"我认为天下的税粮，应当全部征收实物田赋。除了漕运京仓以外，其余就应该储藏在四通八达的大城市中，而让司计的大臣，稍微仿效刘晏的意见，审度年成的好坏，考核价钱的高低，转换成银钱发送京师，以供给国家的费用。一年核算不足，十年核算有余。百姓没有向人告贷的困苦，官府省去敲扑的烦扰，郡国有荒灾的储备，一个举措而有三个好处随之而来。

五铢钱

今世所传五铢钱，皆云汉物，非也。南北朝皆铸五铢钱。《陈书·世祖纪》："天嘉三年闰二月甲子，改铸五铢钱。"《魏书》言："武定之初，私铸滥恶，齐文襄王①以钱文五铢，名须称实，宜称钱一文，重五铢者，听入市用，计百钱重一斤四两二十铢。《通典》注：按此则一千钱重十一斤以上。而隋代五铢钱一千，重四斤二两，当时大小秤之差耳。自余皆准此为数。其京邑二市，天下州镇郡县之市，各置二称，悬于市门②。民间所用之称，皆准市称以定轻重。若重不五铢，或虽重五铢，而多杂铅镴③，并不听用。"然竟未施行。《隋书》："高祖④既受周禅，以天下钱货轻重不等，乃更铸新钱，背面肉好⑤，皆有周郭⑥，文曰'五铢'，而重如其文。每钱一千，重四斤二两。悉禁古钱及私钱，置样于关，不如样者，没官销毁之。自是钱币始一，百姓便之。"是则改币之议始于齐文襄，至隋文帝乃行之，而今之五铢，亦大抵皆隋物也。按四斤二两，是六十六两，每一枚当重六分六厘，今五铢钱正符此数，不知汉制如何。

【注释】①齐文襄王：即高澄，字子惠，祖籍渤海蓨县（今河北景县)，神武帝高欢长子，东魏权臣，政治家、军事家。追谥文襄皇帝。②市门：市场的门。古代市场出入有门，按时启闭。③镴(là)：亦称“白镴”“锡镴”，铅和锡的合金，可以焊接金属，亦可制造器物。④高祖：即隋文帝杨坚，隋朝开国皇帝。弘农郡华阴(今陕西华阴)人，汉太尉杨震十四世孙。谥号文皇帝，庙号高祖。⑤肉好：古代圆形玉器和钱币等的边和孔。肉，边；好，中间的孔。⑥周郭：古钱的圆边及其方孔凸起的轮廓。

【译文】现在所流传的五铢钱，都说是汉代的产物，不是的。南北朝时期都铸造五铢钱。(《陈书·世祖纪》：“天嘉三年闰二月二十四日，改铸五铢钱。”)《魏书》记载：“武定初年，私自铸造、质量低劣，北齐文襄王认为钱篆文五铢，名称应当符合实际，应该称一文钱，重五铢，随入市用，核算一百枚钱重一斤四两二十铢。(《通典》注：按照这个标准那一千钱重十一斤以上。而隋代五铢钱一千，重四斤二两，是由于当时大小秤的区别罢了。)其余都依据这作为准数。京都二市，天下州镇郡县的市场，各自放置两杆称，悬挂在市门。民间所用的称，都依据市称来核定轻重。如果重量达不到五铢，或者虽然重量有五铢，而多夹杂有铅镴，都不采用。”然而最终没有施行。《隋书》记载：“隋高祖杨坚已经接受北周的禅让，因为天下钱货的轻重不同，因此改换铸造新钱，背面以及边孔，都有轮廓，篆文刻‘五铢’，而重量如同篆文。每一千钱，重四斤二两。全部禁止古钱以及私钱，安置钱样在关，不如钱样的，就没收入官销毁。从此钱币开始统一，百姓得到方便。”那么更改钱币的言论是从北齐文襄皇帝开始，到隋文帝才开始施行的，而如今的五铢钱，也大抵上都是隋朝的产物。四斤二两，是六十六两，每一枚应当重六分六厘，如今的五铢钱正符合这个重量，不知道汉代铸造的是怎样。

古钱惟五铢及开元通宝最多。五铢，隋开皇元年铸；开元，唐武德四年铸。

【译文】古时候的货币只有五铢钱以及开元通宝最多。五铢钱，是隋朝开皇元年铸造的；开元通宝，是唐高祖武德四年铸造的。

开元钱

自宋以后，皆先有年号，而后有钱文。唐之开元，则先有钱文，而后有年号。《旧唐书·食货志》曰："武德四年，铸开元通宝钱，径八分，重二铢四絫，积十钱重一两。"《通典》云："计一千重六斤四两，每两二十四铢，则一钱重二铢半以下，古称比今称三之一也，则今钱为古称之七铢以上，比古五铢则加重二铢以上。"又曰："开元钱之文，给事中欧阳询①制词及书，时称其工。其字含八分及隶体，其词先上后下，次左后右读之，自上及左回环读之，其义亦通，流俗谓之开通元宝钱。"马永卿②曰："开元通宝，盖唐二百八十九年独铸此钱，洛、并、幽、桂等处皆置监，故开元钱如此之多，而明皇纪号偶相合耳。"

【注释】①欧阳询：字信本，潭州临湘（今湖南长沙）人，唐朝著名书法家、官员，楷书四大家之一。②马永卿：宋代扬州人，字大年，一作名大年，字永卿。

【译文】从宋朝以后，货币都是先有年号，然后有钱面上的文字。唐代的开元通宝，则是先有钱面上的文字，然后有年号。《旧唐书·食货志》记载："武德四年，铸造开元通宝钱，直径八分，重二铢四絫，十枚钱重一两。"（《通典》云："共计一千重六斤四两，每两二十四铢，那么一钱重二铢半以下，是由于古称比今称小三分之一，那么今钱的重量为古称的七铢以上，比古代五铢钱则加重二铢以上。"）又记载："开元钱面上的文字，是由给事中欧阳询制词以及书写的，当时的人赞扬他的工整。文字含八分及隶体，先上后下，按照先左后右读，从上到左来回读，含义也通顺，民间称作开通元宝钱。"马永卿说："开元通宝，因为唐朝二百八十九年都只铸造此钱，洛、并、幽、桂等地方都设置监府，所以开元通宝钱才如此之多，而唐玄宗的年号只是偶然与之相符罢了。"

《旧唐书》："高宗乾封元年四月庚寅，改铸乾封泉宝钱。二年正月罢乾封钱，复行开元通宝钱。"

【译文】《旧唐书》记载："唐高宗乾封元年四月庚寅日，改铸乾封泉宝钱。乾封二年正月停止流通乾封钱，重新流通开元通宝钱。"

钱法之变

《太祖实录》：岁辛丑二月，"置宝元局于应天府，铸大中通宝钱，与历代之钱，相兼行使。"成化元年七月丙辰，"诏通钱法。商税课程，钱钞中半兼收。每钞一贯，折钱四文，无拘新旧，年代远近，悉验收，以便民用”。《世宗实录》：“嘉靖十五年九月甲子，巡视五城御史阎邻等言：‘国朝所用钱币有二，曰制钱，祖宗列圣及皇上所铸，如洪武、永乐、嘉靖等通宝是也。曰旧钱，历代所铸，如开元、太平、淳化、祥符等钱是也。百六十年来，二钱并用，民咸利之。’”至嘉靖所铸之钱，最为精工。隆庆、万历，加重半铢，而前代之钱，通行不废。予幼时见市钱[①]多南宋年号，后至北方，见多汴宋年号，真、行、草字体皆备，间有一二唐钱。自天启、崇祯，广置钱局，括古钱以充废铜，于是市人皆摈古钱不用。崇祯元年六月丙辰，上御平台召对，给事中黄承昊疏中有“销古钱不用”语。阁臣刘鸿训奏：“今河南、山东、山西、陕西皆用古钱，若骤废之，于民不便。此乃书生见。”上曰：“卿言是。”而新铸之钱，弥多弥恶，旋铸旋销，宝源、宝泉二局，只为奸蠹[②]之窟。故尝论古来之钱，凡两大变：隋时尽销古钱，一大变；天启以来，一大变也。昔时钱法之弊，至于鹅眼、綖环[③]之类，无代不有。然历代之钱尚存，旬日之间，便可澄汰。今则旧钱已尽，即使良工更铸，而海内之广，一时难遍，欲一市价而裕民财，其必用开皇之法乎！

【注释】①市钱：旧指分量较轻的私铸钱，其价值低于官铸的制钱。②奸蠹（dù）：行为不法的坏人。③鹅眼：即鹅眼钱，或称“鸡目钱”。指钱体轻小如鹅眼、鸡目之类的劣钱。綖（yán）环：即綖环钱，南朝宋铸行的一种劣钱名。环薄细如线，故名。劣于鹅眼钱的称綖环钱。

【译文】《太祖实录》：元顺帝至正二十一年二月，“在应天府设置宝元局，铸造大中通宝钱，与历代的铸钱，合并流通使用。”（成化元年七月十一日，“颁布通钱法。商税税额，钱与钞两版兼收。每钞一贯，折合四文钱，不限制新钱旧钱，年代远近，全都验收，以便民用”。《世宗实录》：“嘉靖十五年九月十二日，巡视五城御史阎邻等上奏：‘国家所用钱币有两种，一是制钱，太祖太宗列圣及皇上所铸造的，如洪武、永乐、嘉靖等通宝。二是旧钱，历代所铸，如开元、太平、淳化、祥符等钱。一百六十年以来，两种通宝流通使用，百姓都因此受益。’”）到嘉靖时期所铸造的钱，最是精致工巧。隆庆、万历的铸钱，加重半铢，而前代的铸钱，继续通行而不废除。我小时候见到的市钱多是南宋的年号，后来到北方，见到的大多是北宋年号，真书、行书、草书字体都备有，间杂有一二唐钱。从天启、崇祯，广泛设置钱局，囊括古钱来充实废铜，于是市人都抛弃古钱不用。（崇祯元年六月二十七日，皇上临御平台召对群臣，给事中黄承昊疏中有“销熔古钱不使用”语。阁臣刘鸿训奏称：“如今河南、山东、山西、陕西都使用古钱，如果突然停止使用，对百姓来说没好处。这是书生之见。”皇上说：“卿所言甚是。”）而新铸的钱币，越多越粗劣，旋即铸造旋即销毁，宝源、宝泉两家造币局，只是作为不法坏人的聚集地。因此曾经谈论从古以来的钱币，总共有两大变化：隋朝完全销毁古钱，是一大变；天启以来，又是一大变。从前钱币制度的弊端，至于鹅眼钱、綖环钱之类，没有哪个朝代没有。然而历代的钱币还存在，较短时日，便可以淘汰。如今则是旧钱已尽，即使良工重新铸造，然而疆域辽阔，一时难以遍及，想要统一市价而使百姓富裕，大概必须要实行开皇时期的钱币制度了！

自汉五铢以来，为历代通行之货。《金志》谓之“自古流行之宝”。未有废古而专用今者，唯王莽一行之耳。考之于史，魏熙平初，“尚书令任城王澄[①]上言：‘请下诸州方镇，其太和及新铸五铢，并古钱内外全好者，不限大小，悉听行之。’”梁敬帝[②]太平元年诏，“杂用古今钱”。《宋史》言：“自五代以来，相承用唐旧钱。”至如宋明帝[③]泰始二年，则断新钱，专用古钱矣。金世宗[④]大定十九年，则以宋大观钱，一当五用矣。昔之贵古钱如此。近年听炉头之说，官吏、工徒，无一不衣食其中，而古钱销尽，新钱愈杂。地既爱宝，火常克金，遂有乏铜之患。自非如隋文别铸五铢，尽变天下之钱，古制不可得而复矣。

【注释】①任城王澄：元澄，原名拓跋澄，字道镇，代郡平城（今山西大同市）人，鲜卑族。北魏宗室重臣，任城康王拓跋云长子。少而好学，事亲至孝，袭封任城王爵位。②梁敬帝：萧方智，字慧相，小字法真，南兰陵（今江苏武进）人。南朝梁末代皇帝。谥号敬皇帝。③宋明帝：即刘彧，字休炳，小字荣期，彭城绥舆里（今江苏徐州）。南朝宋文帝刘义隆第十一子，宋孝武帝刘骏异母弟。谥号明帝，庙号太宗。④金世宗：完颜雍，原名完颜褎，女真名乌禄，金太祖完颜阿骨打之孙，金睿宗完颜宗辅之子。庙号世宗。

【译文】从汉代五铢钱铸造以来，作为历代通行的钱币。（《金志》称之为“自古以来通行的通宝”。）没有废除古钱而专用今钱的，只有王莽这样施行过。考证历史，北魏熙平初年，“尚书令任城王元澄上奏：‘请下令诸州方镇，太和年间以及新铸的五铢钱，和内外全好的古钱，不限大小，都流通使用。’”梁敬帝太平元年下诏，“夹杂流通古今钱币”。《宋史》记载：“从五代以来，递相沿袭使用唐代的旧钱。”到了宋明帝泰始二年，就停用新钱，专用古钱了。金世宗大定十九年，则把宋代的大观通宝钱，以一当五流通了。从前如此看重古钱。近年听炉头的说法，官吏、工徒，没有一人不衣食其中，而古钱销毁完尽，新钱更加混杂。大地已经吝啬它的宝藏，火熔炼金，于是有铜缺少的忧虑。倘若不是像隋文帝那样另外铸造五铢钱，完全改换天下的钱币，那么古钱制度是不可以得到而恢复的了。

钱者，历代通行之货，虽易姓[①]改命，而不得变古。后之人主，不知此义，而以年号铸之钱文，于是易代之君，遂以为胜国之物而销毁之，自钱文之有年号始也。尝考之于史，年号之兴，皆自季世。宋孝武帝[②]孝建初，铸四铢，文曰“孝建”，一边为“四铢”，其后稍去“四铢”，专为“孝建”。废帝[③]景和二年，铸二铢钱，文曰“景和”。魏孝文帝太和十九年，更铸钱，文曰太和五铢。孝庄帝永安二年，更铸永安五铢。此非永世流通之术。而高道穆[④]乃以为：“论今据古，宜载年号。”何其愚也！

【注释】①易姓：古代帝王把国家视为一姓之家业，故称改朝换代为“易姓”。②宋孝武帝：即刘骏，字休龙，小字道民，宋文帝刘义隆第三子。谥号孝武皇帝，庙号世祖。③废帝：即前废帝刘子业，小字法师，彭城绥舆里（今江苏徐州）人。南北朝时期著名的暴君。宋孝武帝刘骏长子。谥号宋前废帝。④高道穆：高恭之，字道穆，辽东（今辽宁辽阳）人。北魏大臣，高谦之胞弟。

【译文】钱，是历代通行的货币，虽然改朝换代，然而不得改变古制。后代的君王，不知道这个道理，而把年号铸刻成钱面的文字，于是改朝换代的君王，于是把钱作为前朝的物件而销毁它们，是从钱面上的文字刻有年号开始。曾经考证历史，钱币上有年号，都是出现在衰败时期。宋孝武帝孝建初年，铸造四铢钱，钱面上的文字为“孝建”，另一边刻为“四铢”，后来逐渐去掉“四铢”，专刻“孝建”。宋前废帝景和二年，铸造二铢钱，钱面上的文字为“景和”。北魏孝文帝太和十九年，重新铸钱，钱面上的文字为“太和五铢”。孝庄帝永安二年，重新铸造永安五铢。这不是永世流通的方法。而高道穆却认为：“谈论现今、倚仗古时，应该刻载年号。”多么愚蠢啊！

近日河南、陕西各自行钱，不相流通。既非与民同利之术，而市肆之猾，乘此以欺愚人，窘行旅。《盐铁论》言：“币数变而民滋伪。”亮哉，斯言矣！

【译文】近来河南、陕西各自流通钱币，而不互相流通。既不是与百姓共享利益的方法，而且市肆中的奸诈之徒，趁此欺骗愚昧的人，为难旅客。《盐铁论》记载：“钱币如果多次改变那么百姓就会滋生虚伪之风。”这番言论说得很明白啊！

铜

乏铜之患，前代已言之。江淹[①]谓古剑多用铜，如昆吾、欧冶[②]之类皆铜也。“楚子赐郑伯金，盟曰：无以铸兵，故以铸三钟。”杜氏注：“古者以铜为兵。”《汉书·食货志》，贾谊言：“收铜勿令布以作兵器。”《韩延寿传》，为东郡太守，取官铜物，候月蚀，铸作刀剑钩镡，放效尚方事。古金三品：黑金是铁，赤金是铜，黄金是金。夏后[③]之时，九牧贡金，乃铸鼎于荆山之下。董安于[④]之治晋阳，公宫令舍之堂，皆以炼铜为柱质[⑤]。荆轲之击秦王，中铜柱。而始皇收天下之兵，铸金人十二，即铜人也。《三辅旧事》曰：聚天下兵器，铸铜人十二，各重二十四万斤。汉世在长乐宫门。《魏志》云：“董卓坏以铸小钱。”吴门阖闾冢，铜椁三重。秦始皇冢，亦以铜为椁。战国至秦，攻争纷乱，铜不充用，故以铁足之。铸铜既难，求铁甚易，是故铜兵转少，铁兵转多。年甚一年，岁甚一岁，渐染流迁，遂成风俗。所以铁工比肩，而铜工稍绝。二汉之世，愈见其微。建安二十四年，魏太子铸三宝刀、二匕首。天下百炼之精利，而悉是铸铁，不能复铸铜矣。考之于史，自汉以后，铜器绝少，惟魏明帝[⑥]铸铜人二，号曰翁仲；又铸黄龙、凤凰各一。而武后铸铜为九州鼎，用铜五十六万七百一十二斤。唐韩滉为镇海军节度，以佛寺铜钟铸弩牙兵器。自此之外，寂尔无闻，止有铜马、铜驼、铜匜[⑦]之属。昭烈入蜀，仅铸铁钱。而见存于今者，如真定之佛，蒲州之牛，沧州之狮，无非黑金者矣。

【注释】①江淹：字文通，宋州济阳考城（今河南商丘）人。南朝政治家、文学家。②昆吾：古代宝剑名，周穆王伐昆戎，昆戎献昆吾之剑。欧冶：春秋时著名剑工欧冶子所铸的剑。相传他曾为越王铸五剑，为楚王铸三剑。③夏后：大禹受虞舜禅而建立的夏王朝。称夏后氏。亦称“夏氏”“夏后氏”。④董安于：字阏于，平阳翼城人。春秋时期晋国正卿赵鞅心腹家臣，古代晋阳城的始创者。⑤柱质：承柱的础石。质，同“礩”。⑥魏明帝：即曹睿，字元仲，沛国谯县（今安徽亳州）人，魏文帝曹丕长子。曹睿能诗文，与曹操、曹丕并称魏氏“三祖”。谥号明皇帝。⑦铜匦（guǐ）：铜制的匣子。

【译文】铜缺少的忧虑，前代已经说到了。江淹说古剑大多用铜铸造，比如昆吾剑、欧冶剑之类都是铜铸的。“楚王赐给郑伯铜，盟誓说：不要铸造兵器，所以郑伯铸造了三座钟。”（杜宇注解：“古代以铜铸造兵器。”《汉书·食货志》，贾谊说：“收回铜不要让广泛分布来做成兵器。”《韩延寿传》，韩延寿为东郡太守，取出官府铜物，等月亮发生月食时，铸造刀剑钩镡，效仿尚方铸造之事。）古时候金分为三品：黑金是铁，赤金是铜，黄金是金。夏后时期，九州进献铜，于是在荆山之下铸造九鼎。董安于建造晋阳，帝王宫殿、县令官舍的厅堂，都是以炼铜作为承柱的础石。荆轲刺杀秦王，最后击中了铜柱。而秦始皇收回天下的兵器，铸造十二个金人，就是铜人。（《三辅旧事》说：集合天下兵器，铸造十二铜人，各重二十四万斤。汉时放在长乐宫门。《魏志》记载：“董卓毁坏铜人来铸造小钱。”）吴门阖闾的坟冢，铜棺椁有三层。秦始皇的坟冢，也是以铜作为棺椁。从战国至秦朝，攻伐战争混乱，铜不能满足使用，因此以铁补充。用铜铸造已经难，寻求铁很容易，所以铜铸兵器变少，铁制兵器变多。一年超过一年，一岁超过一岁，因袭变迁，于是形成风俗。铁工一个连接一个，而铜工逐渐消失。两汉时代，更见衰落。建安二十四年，魏太子曹丕铸造了三把宝刀、二把匕首。天下久经磨炼的精良锐刀，都是由铁铸造的，不能再由铜铸造了。考证历史，从汉朝以后，铜器极少，只有魏明帝铸造两个铜人，称为翁仲；又铸造黄龙、凤凰各一。而武周则天时用铜铸造九州鼎，耗费铜五十六万七百一十二斤。（唐代韩滉为镇海军节度，把佛寺的铜钟铸成弩牙兵器。）从此之外，寂然没有听说，只有铜马、铜驼、铜匜之类。昭烈皇帝刘备进入蜀川，仅是铸造铁钱。而现存在当代的，例如真定的佛像，蒲州的牛，沧州的狮子，没有不是铁铸的了。

唐开元中，刘秩[①]上议曰："夫铸钱用不赡者在乎铜贵，铜贵则采用者众。夫铜以为兵，则不如铁；以为器，则不如漆，禁之无害。陛下何不禁于人，禁于人则铜无所用，铜益贱则钱之用给矣。"《旧唐书·食货志》。文宗御紫宸殿，谓宰臣曰："物轻钱重，如何？"杨嗣复[②]对以当禁铜器。《文宗纪》。考禁铜之令，古人有行之者。宋孝武帝孝建三年四月甲子，禁人车及酒肆器用铜。《南史》。唐玄宗开元十七年八月辛巳，禁私卖铜铅锡，及以铜为器。代宗大历七年十二月壬子，禁铸铜器。德宗贞元九年正月甲辰，禁卖剑铜器。天下有铜山，任人采取，其铜官买，除铸镜外，不得造铸。宪宗元和元年二月甲辰，禁用铜器。各《本纪》。晋高祖天福三年三月丁丑，禁民作铜器。《通鉴》。宋高宗绍兴二十八年七月己卯，命取公私铜器，悉付铸钱司，民间不输者罪之。《宋史·本纪》。然今日行之，不免更为罔民之事，惟有销钱、铸钱，上下相蒙，而此日之钱，固无长存之术矣。

【注释】①刘秩：字祚卿，徐州彭城人，刘知几第四子。②杨嗣复：字继之，又字庆门，虢州弘农（今河南灵宝）人，唐朝宰相，户部尚书杨于陵之子。

【译文】唐代开元年间，刘秩上书言事说："铸钱供用不足的原因在于铜贵，铜贵那么采用的人就会多。铜制作的兵器，不如铁；制作的器具，不如漆，禁止用铜没有害处。陛下为什么不禁于人呢，禁于人那么铜就没什么地方可以用，铜更加廉价那么钱的供用就充足了。"（《旧唐书·食货志》。）唐文宗御驾到紫宸殿，对宰相说："物轻钱重，怎么办呢？"杨嗣复回答说应当禁止铜器。（《文宗纪》。）考证禁铜的政令，古人有施行的。南朝宋孝武帝孝建三年四月甲子日，禁止人车以及酒店的器物用铜。（《南史》。）唐玄宗开元十七年八月二十三日，禁止私自卖铜铅锡，以及以铜制作的器物。唐代宗大历七年十二月初六，禁止铸造铜器。唐德宗贞元九年正月二十五日，禁止卖剑铜器。天下有铜山，任人采取，铜由官府专卖，除铸造铜镜外，其余不能够造铸。唐宪宗元和元年二月初十，禁止使用铜器。（各《本纪》有记载。）后晋高祖天福三年三月三十日，禁止百姓作铜器。（《通鉴》。）宋高宗绍兴二十八年七月二十二日，下令收取公私的铜器，全部交付铸钱司，民间不交送的就判罪。（《宋史·高宗本纪》。）然而如今施行，免不了更是欺骗百姓的事，只有销钱、铸钱，上下相互蒙混，而此时的铸钱，本来就没有经久存在的方法了。

《南齐书·刘悛传》："永明八年，悛启世祖曰：'南广郡界蒙山下有城，名蒙城，可二顷，地有烧炉四所。从蒙城渡水南百许步，平地掘土，深二尺，得铜，有古掘铜坑井，居宅处犹存。邓通，南安人，汉文帝赐通严道县铜山铸钱。今蒙山在青衣水南，故秦之严道地。蒙山去南安二百里，此必是通所铸，甚可经略。'并献蒙山铜一片，又铜石一片，平州铸铁刀一口。上从之，遣使入蜀铸钱。"《魏书·食货志》："熙平二年，尚书崔亮[①]奏：'恒农郡铜青谷有铜矿，计一斗得铜五两四铢；苇池谷矿，计一斗得铜五两；鸾帐山矿，计一斗得铜四两。河南郡王屋山矿，计一斗得铜八两。南青州苑烛山、齐州商山，并是往者铜官[②]旧迹。既有冶利，所宜开铸。'从之。"《旧唐书·韩洄传》："为户部侍郎判度支。上言：'商州有红崖冶出铜，又有洛源监，久废不理，请凿山取铜，置十炉铸钱，而罢江、淮七监。'从之。"《册府元龟》："元和初，监铁使李巽[③]上言：'郴州平阳、高亭两县界，有平阳冶，及马迹、曲木等古铜坑，约二百八十余井，请于郴州、旧桂阳监置炉两所，采铜铸钱。'"《宋史·食货志》："旧饶州永平监，岁铸钱六万贯。平江南，增为七万贯，而铜、铅、锡常不给。转运使张齐贤[④]访求得南唐承旨丁钊能知饶、信等州山谷产铜、铅、锡，乃便宜调民采取。且询旧铸法，惟永平用唐开元钱料最善。即诣阙面陈，诏增市铅、锡、炭价，于是得铜八十一万斤，铅二十六万斤，锡十六万斤，岁铸钱三十万贯。"此皆前代开采之迹。《实录》："洪武二十年正月丙子，府军前卫老校丁成言：‘河南、陕州地，有上绞、下绞、上黄塘、下黄塘者，旧产银矿，前代皆尝采取，岁收其课。今锢闭已久，采之可资国用。’上谓侍臣曰：‘凡言利之人，皆戕民之贼也。朕闻元时江西丰城民，告官采金。其初岁额犹足取办，经久民力消耗，一州之人，卒受其害。盖物产有时而穷，岁额则终不可减。有司贪为己功而不以言，朝廷纵有恤民之心而不能知，此可以为戒，岂宜效之？’”

【注释】①崔亮：字敬儒，清河东武城人。刘骏尚书郎崔元孙之子，崔光从弟。②铜官：古代官名。掌开采铜矿。③李巽：字令叔，赵郡赞皇（今河北赞皇）人。唐朝大臣。少苦心为学，以明经举拔萃，长于吏事，书法亦妙。④张齐贤：字师亮。曹州冤句（今山东菏泽）人，后徙居洛阳。北宋名臣。为相前后二十一年，对北宋初期政治、军事、外交各方面都作出了极大贡献。史称其“四践两府、九居八座，晚岁以三公就第，康宁福寿，时罕其比”。

【译文】《南齐书·刘悛传》：“永明八年，刘悛启奏齐世祖说：‘南广郡地区蒙山下面有一座城，称为蒙城，面积大约有二顷，地上有四处冶炼炉。从蒙城渡水向南走大约一百步，在平地上掘土，深掘二尺，就能挖到铜，又有古时候掘铜的坑井，居住的地方还留存着。邓通，是南安人，汉文帝赏赐邓通在严道县铜山铸钱。如今蒙山在青衣水南面，古时候秦国严道县的地面。蒙山距离南安二百里路程，这里必定是邓通铸钱的地方，很值得经营治理。’并且进献蒙山的铜一片，还有铜石一片，平州的铸铁刀一口。皇上采纳了他的建议，派遣使者进入蜀地铸钱。”《魏书·食货志》记载：“北魏孝明帝熙平二年，尚书崔亮奏请：‘恒农郡的铜青谷有铜矿，核计一斗能得铜五两四铢；苇池谷的铜矿，核计一斗能得铜五两；鸾帐山的铜矿，核计一斗能得铜四两。河南郡王屋山的铜矿，核计一斗能得铜八两。南青州的苑烛山、齐州的商山，都是以前铜官开采的旧迹。已经有冶炼的便利，适宜扩大开采。’皇上采纳了。”《旧唐书·韩洄传》记载：“担任户部侍郎判度支。进呈奏言说：‘商州有红崖冶炼出铜，又有洛源监，长久废置不处理，请求开山炼铜，设置十处冶炼炉铸钱，而罢免江、淮七处钱监。’皇上采纳了。”《册府元龟》记载：“元和初年，监铁使李巽进呈奏言道：‘郴州的平阳、高亭两县地区，有平阳冶，以及马迹、曲木等古铜坑，大约有二百八十余井，奏请在郴州、旧桂阳监设置两处冶炼炉，开采铜铸钱。’”《宋史·食货志》记载：“旧饶州的永平监，每年铸钱六万贯。平定江南后，增加为七万贯，然而铜、铅、锡常常不能供给。转运使张齐贤探访寻求，访得南唐承旨丁钊知道饶、信等州山谷出产铜、铅、锡，于是自行决断、教化百姓开采炼取。而且询问旧铸法，只有永平用唐代开元通宝钱质料最好。于是赴朝堂当面陈述，诏令增加买卖铅、锡、炭的价格，于是得铜八十一万斤，铅二十六万斤，锡十六万斤，年铸钱三十万贯。”这都是前代开采的实迹。（《实录》：“洪武二十年正月二十五日，府军前卫老校丁成上奏：‘河南、陕州地方，有上绞、下绞、上黄塘、下黄塘等地，以前出产银矿，前代都曾经开采过，每年收取其赋税。如今禁止开采很久了，开采后可为国家提供财政支持。’太祖对侍臣说：‘但凡谈及利益的人，都是损害百姓的民贼。朕听说元时江西丰城百姓，请求官府开采金矿。开始时每年额定税赋还能足够上缴，时间久民力消耗，一州之人，最终受到损害。原来物产有时会穷尽，而每年额定税赋则始终不能减免。相关部门贪为己功而不为民说话，朝廷即使有体恤百姓之心而百姓不知道，这个可以作为教训，怎能可以去仿效呢？’”）

《通鉴》：“周世宗显德元年九月丙寅朔，敕立监采铜铸钱。自非县官法物、军器，及寺观钟磬、钹铎之类听留外，其余民间铜器、佛像，五十日内，悉令输官给其直。过期隐匿不输，五斤以上其罪死，不及者论刑有差。洪武二十年四月，“工部右侍郎秦逵言：‘宝源局铸钱乏铜，请令郡县收民间废铜，以资鼓铸。’上曰：‘铸钱本以便民，今欲取民废铜以铸钱，朕恐天下废铜有限，斯令一出，有司急于奉承，小民迫于诛责，必至毁器物以输官，其为民害甚矣，姑停之。’”上谓侍臣曰：‘卿辈勿以毁佛为疑。夫佛以善道化人，苟志于善，斯奉佛矣。彼铜像岂所谓佛邪？且吾闻佛在利人，虽头目犹舍以布施。若朕身可以济民，亦非所惜也。’”

【译文】《资治通鉴》记载：“周世宗显德元年九月初一，敕令设立钱监采铜铸钱。从此除了官府的法物、军器，以及寺观钟磬、钹铎之类听任留用外，其余民间的铜器、佛像，五十日内，下令全部送到官府并付给对应的价格。超过期限隐匿不上交的，五斤以上的处以死罪，不到五斤的判处不同的刑罚。（洪武二十年四月，“工部右侍郎秦逵上奏：‘宝源局铸钱缺乏铜，请求让郡县收取民间废铜，来提供铸造。’太祖说：‘铸钱本来方便百姓，如今想收取民废铜来铸钱，朕担心天下废铜有限，这个命令一旦颁出，相关部门急于奉承上司，小民迫于惩罚，必然会毁坏器物来上交官府，这样会成为百姓的大害，暂且停止铸钱。’”）世宗对侍臣说：‘爱卿们不要以毁坏佛像而猜疑。佛陀用善道教化人，如果立志为善，这就是奉佛了。那个铜像哪里是所谓的佛呢？而且我听说佛的主旨在于利人，即使是性命也舍得施舍。如果我的身体可以利益百姓，也是不会吝惜的。’”

《五代史》：“高丽地产铜银。周世宗时，遣尚书水部员外郎韩彦卿，以帛数千匹市铜于高丽，以铸钱。显德六年，高丽王昭[①]遣使者贡黄铜五万斤。”

【注释】①王昭：字日华，高丽王朝第四任君主。高丽太祖王建第四子，高丽惠宗王武、高丽定宗王尧之弟。庙号光宗，谥号大成。

【译文】《五代史》记载：“高丽地区出产铜、银。周世宗时期，派遣尚书水部员外郎韩彦卿，以数千匹布帛在高丽买铜，用来铸钱。显德六年，高丽王昭派遣使者进贡黄铜五万斤。”

钱 面

自古铸钱，若汉五铢、唐开元、宋以后各年号钱，皆一面有字，一面无字。储泳[①]曰：“自昔以钱之有字处为阴，无字处为阳。古者铸金为货，其阴则纪国号，如镜阴之有款识[②]也。”凡器物之识，必书于其底，与此同义。沿袭既久，遂以漫处为背。“漫”亦谓之“幕”，见《汉书·西域传》。《旧唐书·柳仲郢传》作“模”。近年乃有别铸字于漫处者。天启大钱始铸一“两”字，崇祯钱有

“户”“工”等字，钱品益杂，而天下亦乱。按“唐会昌中，淮南节度使李绅[3]，请天下以州名铸钱，京师为京钱”。未几，武宗[4]崩，宣宗立，遂废之。

【注释】①储泳：字文卿，号华谷，诗人。随宋室南迁后隐居于周浦。后代文人为了纪念储泳，称周浦为“储里”或“华谷里”。②欵识（kuǎn zhì）：欵，同“款”。古代钟鼎彝器上铸刻的文字。款，谓阴字，是凹入者，刻画成之；识，谓阳字，是挺出者。③李绅：字公垂。祖籍亳州谯县（今安徽亳州）。唐朝宰相、诗人，中书令李敬玄曾孙。李绅与元稹、白居易交游甚密，为新乐府运动的参与者。④武宗：即唐武宗李瀍（chán），本名李瀍，后改名炎。唐穆宗第五子，文宗弟。在位期间，对内打击藩镇和佛教，对外击败回鹘，加强了中央集权，唐朝一度出现中兴局面，史称“会昌中兴”。

【译文】从前铸钱，像汉代的五铢钱、唐代的开元通宝钱、宋代以后各种年号钱，都是一面有字，一面没有字。储泳说：“从前把钱有字的一面称为阴面，没有字的一面称为阳面。古时候铸金作为货币，在阴面记载国号，好像镜子的阴面有款识一样。”凡是器物的标志，一定都记录在底部，与这个意义相同。沿袭已经很久远了，于是把漫处作为背面。（“漫”也称之为“幕”，见《汉书·西域传》。而《旧唐书·柳仲郢传》作“模”。）近年却有另外铸字在漫处的。天启大钱开始铸一个“两”字，崇祯钱铸有“户”“工”等字，钱的质地更加杂乱，而天下也混乱。根据“唐代会昌年间，淮南节度使李绅，奏请天下以州的名称铸钱，京师铸造京钱”。不久，唐武宗驾崩，唐宣宗继位，就废除了这个做法。

无字谓之阳，有字谓之阴。《仪礼疏》："筮法，古用木画地，今则用钱，以三少为重钱[①]，凡言多少者，皆归余之数。重钱则九也。三多为交钱[②]，交钱则六也。两多一少为单钱[③]，单钱则七也。两少一多为拆钱[④]，拆钱则八也。"今人以钱筮者犹如此也。今人用钱以筮，以三漫为重，爻为阳，三字为交，爻为阴。二字一漫，以一漫为主，故为单爻。二漫一字，以一字为主，故为拆爻。犹《易传》所云："阳卦多阴，阴卦多阳"之意。钱以有字处为阴，是知字乃钱之背也，碑之背亦名为阴。

【注释】①重钱：古代钱筮法术语。谓掷三钱而皆成背。象征老阳之爻。②交钱：掷三钱而皆成面。象征老阴之爻。③单钱：谓掷三钱而成二面一背，象征少阳之爻。④拆钱：谓掷三钱而成二背一面，象征少阴之爻。

【译文】没有字的一面称为阳面，有字的一面称为阴面。《仪礼疏》记载："筮占的方法，古时候是用草木在地上画卦，如今则是用钱，把掷三钱都得到是背面称为重钱，（凡是说多少的，都是归余之数。）重钱就是数字九。掷三钱都得到是正面称为交钱，交钱就是数字六。掷三钱得到两个正面一个背面称为单钱，单钱就是数字七。掷三钱得到两个背面一个正面称为拆钱，拆钱就是数字八。"如今人们用钱筮占也是这样。（如今人们用钱来卜筮，以三漫为重钱，爻为阳，三字为交钱，爻为阴。二字一漫，以一漫为主，因而是单爻。二漫一字，以一字为主，因而是拆爻。如同《易传》所说"阳卦多阴，阴卦多阳"的意思。）钱有字的一面称为阴面，就知道有字的一面指的是钱的背面，碑的背面也称为碑阴。

短陌

《隋书·食货志》曰："梁大同后，自破岭以东，钱以八十为百，名曰'东钱①'。江郢以上，七十为百，名曰'西钱'。京师以九十为百，名曰'长钱②'。中大同元年，乃诏通用足陌③。《梁书·武帝纪》：中大同元年七月丙寅，诏曰："朝四暮三，众狙皆喜，名实未亏，而喜怒为用。顷闻外间多用九陌钱。陌减则物贵，陌足则物贱。至于远方，日更滋甚。岂直国有异政，乃至家有殊俗。徒乱王制，无益民财。自今可通用足陌钱。令书行后，百日为期，若犹有犯，男子谪运，女子质作，并三年。"沈存中曰："百钱谓之陌者，借'陌'字用之，其实只是'百'字，如什与伍耳。"仟伯字皆从"人"，今俗书作"阡陌"，而皆从"阜"，非也。指田之阡陌，当从"阜"。《汉志》或从"人"，盖古字通用。诏下，而人不从，钱陌④益少。至于末年，遂以三十五为百。"唐宪宗元和中，"京师用钱，每贯头除二十文。"穆宗长庆元年，"以所在用钱，垫陌⑤不一，敕内外公私给用钱，宜每贯一例，除垫八十，以九百二十文成贯。"至昭宗末，京师以八百五十为贯，每陌才八十五，河南府以八十为陌。《旧唐书·哀帝纪》：天祐二年四月丙辰，"敕河南府自今市肆交易，并以八十五文为陌，不得更有改移。"汉隐帝时，"王章为三司使，聚敛刻急。旧制，钱出入，皆以八十为陌。章始令入者八十，出者七十七，谓之'省陌⑥'。"《宋史》言："宋初，凡输官者，亦用八十或八十五为百。诸州私用，则各随其俗，至有以四十八为百者。太平兴国中，诏所在以七十七为百。”《金史》言：“大定中，民间以八十为陌，谓之‘短钱[⑦]’；官用足陌，谓之‘长钱’。大名男子斡鲁补者上言，谓官司所用钱，皆当以八十为陌，遂为定制。”衰季之朝，与乱同事，大抵如此。而《抱朴子》云：“取人长钱，还人短陌。”则是晋时已有之，不始于梁也。今京师钱以三十为陌，亦宜禁止。

【注释】①东钱：南朝梁时私铸铁钱的一种。后“西钱”亦同。②长钱：足数的钱。相对“短钱”而言。所谓“长”“短”、往往因时而异。③足陌：即足陌钱。古代制钱每贯十足为百枚，称“足陌钱”。陌，通“佰”。④钱陌：本为一百文的钱串。后成为钱的计量单位，名为一陌而实不足百文。⑤垫陌：唐代货币制度的一种变通措施。从一缗中抽除若干钱仍作一缗计算，以此弥补国家的财用不足。一缗即一贯，足数是千钱。陌，指百钱。从缗推算至百，百钱中抽除若干仍作百钱计算，叫“垫陌”，又称“除陌”。⑥省陌：古时钱币，以百数为一百者谓之足陌，不足百数作为一百者谓之“省陌”。陌，借作“百”。⑦短钱：即短陌。“足陌”的对称。以不足实数一百而当百钱使用的钱。陌，通“百”。

【译文】《隋书·食货志》记载：“梁武帝大同以后，从破岭以东，把八十钱当作一百钱使用，称为‘东钱’。江州、郢州以上，把七十钱当作一百钱使用，称为‘西钱’。京师把九十钱当作一百钱使用，称为‘长钱’。梁武帝中大同元年，于是下诏普遍使用足陌钱。（《梁书·武帝纪》：中大同元年七月二十五日，下诏说：“朝四暮三，众狙皆喜，名实未亏，而喜怒为用。最近听说外边使用九陌钱。一陌减少则物价贵，一陌足则物价低。至于远方地区，日益更加严重。不但国家有不同的政策，乃至于家里有不同风俗。只是混乱王制，对民财没有益处。从今以后可以通用足够陌钱。法令文书颁布以后，一百日为期限，如果还有违犯的，男子被罚转运之役，女子则抵押并役使之役，两者都服役三年。”沈存中说：“一百钱称之为一陌，是借‘陌’字使用，实际上只是‘百’字，如什与伍。”仟伯两字都从“人”旁，如今民间书籍作“阡陌”，而皆从“阜”旁，这是错误的。指代田的阡陌，应当从“阜”旁。《汉志》有时从“人”旁，原来是古字通用。）诏令下达后，然而百姓不遵从，钱陌更少。到了最后时期，竟然把三十五钱作为一百钱使用。”唐宪宗元和年间，“京师使用钱币，每贯头去掉二十文。”唐穆宗长庆元年，“以地方使用钱币，垫陌不统一，敕令朝廷内外、公私供给用钱，每贯应该统一规则，去除垫陌八十，把九百二十文当作一贯使用。”到了唐昭宗末年，京师把八百五十文钱作为一贯，每百钱才八十五文，河南府把八十文作为一陌。（《旧唐书·哀帝纪》：天祐二年四月二十八日，“敕令河南府从今以后市肆交易，一并以八十五文为一陌，不得再有变动。”）汉隐帝时期，“王章担任三司使时，搜刮财货苛刻严峻。旧的规制，钱币的收入支出，都是把八十文作为一陌。王章开始下令收入的是八十文，支出的是七十七文，称为‘省陌’。”《宋史》记载：“宋朝初期，凡是向官府缴纳赋税，也是把八十文或八十五文作为一百钱。各个州郡自用，则各自顺应时俗，到了有把四十八文作为一百钱的。太平兴国年间，诏令地方把七十七文作为一百钱。”《金史》记载：“大定年间，民间把八十文作为一陌，称为‘短钱’；官用足够的一陌，称为‘长钱’。大名府男子斡鲁补上奏，说官府使用钱币，都应当以八十文作为一陌，于是成为确定的制度。”衰微末世的朝代，与乱世行事相同，大多像这样。而《抱朴子》记载：“从人取来的是长钱，而还给人的是短陌。”这说明晋朝时期已经有了，不是从梁朝开始的。如今京师把三十文作为一百钱，也应该禁止。

钞

钞法之兴，因于前代。未以银为币，而患钱之重，乃立此法。唐宪宗之飞钱[①]，即如今之会票[②]也。宋张咏[③]镇蜀，以铁钱重，不便贸易，于是设质剂[④]之法。一交[⑤]一缗，以三年为一界而换之。天圣间，遂置交子务。《元史》刘宣言：“原交钞所起，汉唐以来，皆未尝有。宋绍兴初，军饷不继，造此以诱商旅，为沿边籴买之计。比铜钱易于赍挈，民甚便之。稍有滞碍，即用见钱。尚存古人子母相权之意。日增月益，其法寖弊。”赵孟頫亦言：“古者以米、绢民生所须，谓之二实。银钱与二物相权，谓之二虚。钞乃宋时所创，施于边郡，金人袭而用之，皆出于不得已。”然宋人已尝论之，谓无钱为本，亦不能以空文行。今日上下皆银，轻装易致，而楮币[⑥]自无所用。周必大《二老堂杂志》：“近岁用会子，乃四川交子法，特官券耳。不知何人目为楮币，遂入殿试御题。若正言之，犹纸钱也。乃以为文，何邪？”故洪武初欲行钞法，至禁民间行使金银，以奸恶论，而卒不能行。及乎后代，银日盛而钞日微，势不两行，灼然易见。乃崇祯之末，倪公元璐掌户部，必欲行之。行钞之议，始于天启初礼科惠世扬，及崇祯末，有蒋臣者复申其说，擢为户部司务，终不可行而止。其亦未察乎古今之变矣。

【注释】①飞钱：古代的一种汇兑方式。始于唐宪宗时。亦指该种汇兑的票券。②会票：明清两代商人发行的一种异地支付钱款的凭证。原来是在一地交款领票，到另一地兑现的，后因金属货币不足，加以发行者的信用良好，这种会票便渐渐代替货币在市场流通。③张咏：字复之，号乖崖，谥号忠定，濮州鄄城（今山东菏泽）人。诗文俱佳，是北宋太宗、真宗两朝的名臣，尤以治蜀著称。④质剂：古代贸易券契质和剂的并称。长券叫质，用以购买马牛之属；短券叫剂，用以购买兵器珍异之物。后世的合同本此。⑤一交：一枚交子。交子，宋代纸币，可以兑现，便于流通。初由民间发行。天圣元年，改由政府发行。⑥楮（chǔ）币：宋、金、元时发行的“会子”“宝券”等纸币。因其多用楮皮纸制成，故名。后亦泛指一般的纸币。

【译文】纸币发行制度的兴起，沿袭于前代。没有把银作为货币，因为担忧钱的分量重，于是设立此种制度。唐宪宗时期的飞钱，就是如今的会票。宋代的张咏镇守蜀地，因为铁钱分量重，不方便贸易，于是设立质剂的办法。一枚交子价值一缗，以三年作为一个期限改换。在天圣年间，设置交子务。（《元史》刘宣建议：“探究交钞产生的原因，汉唐以来，都不曾有这个。宋高宗绍兴初年，军饷难以为继，创造这个来引导商旅，成为沿边买进粮食的计策。比照铜钱易于携带，百姓很是以为方便。稍微有些阻碍，就使用现钱。还保留古人“子母相权”的意思。年代久了以后，这个方法渐渐产生弊端。”赵孟頫也认为：“古代以米、绢是民生所必需的，称之为二实。银钱与二物相变通，称之为二虚。钞是宋代所创造，在边疆州郡通行，金人因袭而使用这个方法，都是出于不得已。”）然而宋代人已经谈论过，认为无钱为本，也不能以空文施行。如今上下都是用银，轻装易致，而楮币自然没什么用。（周必大《二老堂杂志》：“近年来使用会子，是四川交子法，只是官券罢了。不知什么人将它称为楮币，于是放入殿试御题。如果正确来说，还是纸钱。居然成为文章，为什么呢？”）因此洪武初期想施行纸币制度，到了禁止民间流通使用金银，以奸恶论处，然而最终不能施行。等到后代，银币日益兴盛而纸钞日益衰微，势必不能一起通行，这时显而易见的。到了崇祯末年，倪元璐掌管户部，一定想要实行。（发行纸钞的讨论，始于天启初年礼科惠世扬，到崇祯末年，有一位蒋臣再次重申这个说法，被提拔为户部司务，最终不能施行而停止。）这也是没有考察古今的变化啊。

议者但言，洪武间钞法通行。考之《实录》，二十七年八月丙戌，禁用铜钱矣。其时即有以钱百六十折钞一贯者，故诏禁之。《大明会典》，“洪武二十七年，令军民商贾所有铜钱，有司收归官，依数换钞，不许行使”。正统十三年五月庚寅，“禁使铜钱。时钞既不行，而市廛亦仍以铜钱交易，每钞一贯，折铜钱二文。监察御史蔡愈济以为言，请出榜禁约，令锦衣卫、五城兵马司巡视，有以铜钱交易者，掠治其罪，十倍罚之。上从其请”。三十年三月甲子，禁用金银矣。三十五年十二月甲寅，命俸米折支钞者，每石增五贯为十贯。是国初造钞之后，不过数年，而其法已渐坏不行。于是有奸恶之条，充赏之格，而卒亦不能行也。永乐元年四月丙寅，“以钞法不通，下令禁金银交易，犯者准奸恶论。有能首捕者，以所交易金银充赏。其两相交易而一人自首者，免坐，赏与首捕同”。二年二月戊午，诏：“自今有犯交易银两之禁者免死，徙家兴州屯戍。”盖昏烂[①]倒换出入之弊，必至于此。乃以钞之不利而并钱禁之，废坚刚可久之货，而行软熟易败之物，宜其弗顺于人情，而卒至于滞阁。正统十年，“山西布政司奏，库贮钞贯，朽烂不堪用者，五十九万三千锭有奇。敕令焚毁。”后世兴利之臣，慎无言此可矣。

【注释】①昏烂：文字等模糊破损。

【译文】评议的人只是说，洪武年间纸币制度通行。考证《太祖实录》，洪武二十七年八月十九日，禁止使用铜钱。（当时就有以钱一百六十折合钞一贯的，因此下诏禁止。《大明会典》，“洪武二十七年，命令军民商贾所拥有的铜钱，相关部门收归官府，根据数目换取纸钞，不许流通使用铜钱”。正统十三年五月初六，“禁止使用铜钱。当时纸钞已经不通行，而市面上也依旧以铜钱交易，每钞一贯，折合铜钱二文。监察御史蔡愈济把这作为话柄，请求出榜禁止约束，命令锦衣卫、五城兵马司巡视，有以铜钱交易的，拷打讯问其罪行，处罚十倍的交易额。英宗听从这个请求”。）洪武三十年三月十二日，禁止使用金银。洪武三十五年（建文四年）十二月初五，下令俸禄折合支付纸币，每石增加五贯为十贯。这说明立国初期发行纸钞之后，不过数年，然而纸钞制度已经逐渐破坏到不能实行。于是有奸恶的条令，充赏的标准，然而最终也不能施行。（永乐元年四月二十日，“认为纸钞制度不通行，下令禁止金银交易，违反的人当作奸恶论处。有能够首次抓到的犯人，把所交易的金银充当赏银。其中两人相交易而一人自首的，免于处罚，赏银与首次抓到的相同”。永乐二年二月戊午日，下诏：“从今以后有犯交易银两禁令的人免死，全家前往兴州屯戍守。”）大概昏烂倒换出入的弊端，必然到此地步。于是以纸钞的不便利而并钱禁止，废止坚刚可以长久的货币，而通行软熟容易损坏的物体，应该没有依顺人情，而最终以至于留滞在阁库。（正统十年，“山西布政司上奏，库里所存的钞贯，其中腐朽破烂不能使用的，就有五十九万三千多锭。英宗敕令全部焚毁。”）后世兴利的大臣，谨慎不谈及这个是正确的。

自钞法行，而狱讼滋多。于是有江夏县民，父死以银营葬具，而坐以徙边[①]者矣。有给事中丁环，奉使至四川，遣亲吏以银诱民交易，而执之者矣。并永乐二年三月。舍烹鲜之理，就扬沸之威；去冬日之温，用秋荼[②]之密。天子亦知其拂于人情，而为之戒饬。然其不达于天听，不登于史书者，又不知凡几也。《孟子》曰：“焉有仁人在位，罔民而可为也。”若钞法者，其不为罔民之一事乎？

【注释】①徙边：将犯人流放边境服劳役。古代的一种刑罚。②秋荼：荼至秋而繁茂，因以喻繁多的刑罚。

【译文】自从纸币制度施行，进而讼事加多。于是有江夏县的百姓，父亲去世用银营造安葬用具，而被判处流放边疆服劳役之罪。有给事中丁环，奉命出使到四川，派遣心腹官吏以银引诱百姓交易，从而逮捕他们。（以上全是永乐二年三月的事情。）舍弃治国便民的道理，凑近播扬沸水的急迫；舍去冬日暖阳般的君王恩惠，使用秋荼密网般的刑罚。天子也知道违背人情，因此告诫他们。然而不能传达使帝王听闻，不记录在史书中的，又不知道共计多少了。《孟子》记载："怎么会有仁爱的君王在位，而实行陷害百姓的事情呢。"像纸币制度的施行，难道不是欺骗百姓的一件事吗？

《元史》，世祖至元十七年，中书省议，流通钞法，凡赏赐宜多给币帛，课程宜多收钞。于是陈瑛祖之，请通计户口食盐纳钞。又诏令课程、赃罚等物悉输钞。永乐五年三月甲申。又诏令笞杖定等输钞赎罪。二十二年十月癸卯。又令，权增市肆门摊课程收钞。洪熙元年正月庚寅。又令，倒死亏欠马驼等畜并输钞。又令，各欠羊皮、鱼鳔、翎毛等物并输钞。并宣德元年十月乙亥。又令，塌坊[①]、果园、舟车装载并纳钞。四年六月壬寅。今之钞关始此。欲以重钞而钞不行，于是制为阻滞钞法之罪，有不用钞一贯者，罚纳千贯，亲邻、里老、旗甲[②]知情不首，依犯者一贯罚百贯。其关闭铺店，潜自贸易，及抬高物价之人，罚钞万贯，知情不首，罚千贯。三年六月癸卯。有阻滞钞法者，令有司于所犯人每贯追一万贯入官，全家发戍边远。正统十三年五月辛丑。而愈不可行矣。

【注释】①塌坊：即塌房，又名邸店。宋代以后寄存商旅货物的场所。②旗甲：漕船兵丁之长。

【译文】《元史》记载，元世祖至元十七年，中书省商议，流通纸币法令，凡是赏赐应该多给币帛，赋税应该多征收纸币。于是陈瑛效法，奏请总计户口食盐缴纳纸币。又诏令赋税、追赃罚款等事项全部缴纳纸币。（永乐五年三月三十日。）又诏令笞刑与杖刑核定等级缴纳纸币赎罪。（永乐二十二年十月初二。）又诏令，暂时增加市肆门摊赋税收纸币。（洪熙元年正月十九日。）又诏令，倒地而死拖欠马驼等牲畜全部缴纳纸币。又诏令，各欠羊皮、鱼鳔、翎毛等物全部缴纳纸币。（以上都是宣德元年十月十五日事。）又诏令，塌房、果园、舟车装载全部缴纳纸币。（宣德四年六月二十七日。如今的钞关始于此。）想要重视纸币然而纸币不流通，于是制定阻碍纸币法令的罪名，有不使用纸币一贯的，处罚缴纳一千贯，亲邻、里长、兵丁长知道原委情状不出头告发的，按照犯人一贯处罚一百贯。关闭店铺，秘密地自行贸易，以及抬高物价的人，处罚纸币一万贯，知道原委情状不出头告发的，处罚一千贯。（宣德三年六月二十二日。）有阻碍纸币法令施行的，下令地方官府对触犯的人每一贯追罚一万贯而没收官府，全家发配、戍守边远地方。（正统十三年五月十七日。）然而更加不能通行了。

宣德三年六月己酉诏：“停造新钞。已造完者悉收库，不许放支。其在库旧钞，委官选拣，堪用者备赏赉，不堪者烧毁。”天子不能与万物争权，信夫！正统元年黄福疏言：“洪武间，银一两当钞三五贯，今银一两当钞千余贯。”

【译文】宣德三年六月二十八日下诏：“停止生产新钞。已经生产好的全部收入府库，不许发放支付。在府库旧钞，委任官吏挑选，可以使用的充作赏赐的财物，不可以使用的就烧毁。”天子不能与万物争权，这话是真的呀！（正统元年黄福奏疏中说：“洪武年间，银一两当钞三五贯，如今银一两当钞一千余贯。”）

《大明会典》：“国初止有商税，未尝有船钞①。至宣德间，始设钞关。”夫钞关之设，本借以收钞而通钞法也。钞既停，则关宜罢矣。如果园菜园之征，未久而罢。乃犹以为利国之一孔，而因仍不革，岂非戴盈之②所谓以待来年者乎？

【注释】①船钞：即“船料”。明清向内河商船所征的税。因原来征大明宝钞，又名船钞。②戴盈之：宋国大夫。有“月攘一鸡”的典故。

【译文】《大明会典》记载：“立国初期只有商业税，不曾有船钞。到宣德年间，开始设立钞关。”钞关的设立，原本是想借收纸币而流通纸币制度。纸币已经停止了，那么钞关也应该关闭了。（像果园菜园的征税，不久就废除了。）但是仍然作为利国的一个途径，而沿袭不革除，难道不是戴盈之所说的等到来年再废止吗？

宣德中，浙江按察使林硕①、江西副使石璞②累奏：“洪武初，钞重物轻，所以当时定律，官吏受赃枉法八十贯律绞。方今物重钞轻，苟非更革，刑必失重，乞以银米为准。”未行。至正统五年十一月，“行在刑部、都察院、大理寺议：今后文职官吏人等，受枉法赃，比律该绞者，有禄人估钞八百贯之上，无禄人估钞一千二百贯之上，俱发北方边卫③充军。”亦可以见钞直之低昂矣。

【注释】①林硕：字茂弘，闽县（今福建福州）人，为治严肃。皇帝对他多有嘉奖，并把他的名字写在御屏风上，恩宠有加。②石璞：字仲玉，号蕉庵，昆山（今江苏昆山）人。性格洒脱，不乐仕进。写竹石寄意，笔兴闲放，晚年多画山水，殊有思致。③边卫：明清边境地区的卫所。

【译文】宣德年间，浙江按察使林硕、江西副使石璞多次启奏："洪武初年，钞重物轻，所以当时制定法律，官吏贪污受贿，违犯法纪八十贯按律判处绞刑。如今物重钞轻，如果不变革，刑罚必定失重，乞求以银米作为依据。"没有施行。到正统五年十一月，"行在所刑部、都察院、大理寺商议：从今以后文职官吏众人，贪赃枉法，按照律法应该判处绞刑，有官位的人估算纸币八百贯以上，没有官位的人估算纸币一千二百贯以上，都发配到北方的卫所服役。"这也可以知道纸币价值的高低了。

伪银

今日上下皆用银，而民间巧诈滋甚，非直给[①]市人，且或用以欺官长。济南人家，专造此种伪物，至累十累百用之，殆所谓"为盗不操矛弧[②]"者也。律：凡伪造金银者，杖一百，徒三年。为从及知情买使者，各减一等。其法既轻，而又不必行，故民易犯。夫刑罚，世轻世重，视其敝何如尔。汉时用黄金，"孝景中六年十二月，定铸钱、伪黄金弃市[③]。律：造伪黄金与私铸钱者，同弃市。"刘更生以典尚方作黄金不成，劾以铸伪黄金，系当死。武帝元鼎五年，饮酎[④]，少府省金，而列侯坐酎金[⑤]失侯者百余人。如淳[⑥]曰："《汉仪注》：金少不如斤两及色恶，王削县，侯免国。"宋太祖开宝四年十月己巳诏："伪作黄金者弃市。"而唐文宗太和三年六月，"依中书门下奏，以铅、锡钱交易者，过十贯以上，所在集众决杀。"

【注释】①绐（dài）：古同"诒"，欺骗，欺诈。②矛弧：矛和弓。泛指凶器。③弃市：《礼记·王制》："刑人于市，与众弃之。"本指受刑罚的人皆在街头示众，民众共同鄙弃之，后以"弃市"专指死刑。④饮酎（zhòu）：喝反复多次酿成的醇酒。汉代祭宗庙的一种仪式。酎指醇酒，经过两次或多次重酿的酒。⑤酎金：汉代诸侯献给朝廷供祭祀之用的贡金。⑥如淳：三国曹魏时期人。曾任曹魏陈郡丞。注释过《汉书》。

【译文】现在上下都是用银，而民间机巧诈伪滋生得很严重，不只是欺骗市人，而且有的用来欺骗官长。济南人家，专门铸造这种骗人的东西，成十上百地使用，大概就是所谓的"做强盗而不拿弓矛"。律令：凡是伪造金银的人，杖刑一百，徒刑三年。从犯以及知情购买使用的人，各自减罚一等。律法惩处已经轻，而且又不一定施行，所以百姓容易触犯。刑罚根据当时社会情况确定轻重严宽。汉代时流通黄金，"孝景中六年十二月，确定铸钱、伪造黄金处以死刑。律令：伪造黄金与私自铸钱的人，一同判处弃市之罪。"（刘更生以典尚方制作黄金却不成功，以铸造伪造黄金被弹劾，按律当死。）汉武帝元鼎五年，举行"饮酎"仪式，少府检查黄金，而列侯因为酎金坐罪失去侯爵的有一百多人。如淳说："《汉仪注》记载：金分量少斤两不足以及成色不好，诸侯王削减郡县，列侯免去封国。"宋太祖开宝四年十月初七下诏："伪作黄金的人处以"弃市"之刑。"

而唐文宗太和三年六月，“依从中书门下的奏议，以铅、锡钱交易，超过十贯以上，就地当众处决。”

今伪银之罪，不下于伪黄金，而重于以铅、锡钱交易，宜比前代之法，置之重辟。《实录》：“正统十一年三月癸未，从顺天府大兴县知县马聪言：造伪银者，发边卫充军。”而景泰元年十一月，赏北蕃有假金三两，致也先遣使来言。是则法之不行，遂有以此欺朝廷者矣。庶可以革奸而反朴也。

【译文】如今伪银的罪罚，不低于伪造黄金，而比以铅、锡钱交易重，应该追比前代的律法，设置极刑。（《实录》：“正统十一年三月十六日，从顺天府大兴县知县马聪上奏：铸造伪银的人，派往边卫充军。”然而景泰元年十一月，赏给蒙古的当中就有假金三两，导致也先派使者前来报告情况。那么法律没有执行，于是就有以此欺瞒朝廷的事情。）也许可以革除奸邪而返回淳朴的风气。

汉既以钱为货，而铜之为品不齐，故水衡都尉，其属有辨铜令丞，此亦《周官》“职金”之遗意。

【译文】汉代已经把钱作为流通货币，而铜的等级不一致，所以水衡都尉，下设有辨铜令丞，这也是《周官》“职掌金、玉、锡、石、丹青检验和收藏”的遗意。

卷十二

财 用

古人制币，以权百货之轻重。钱者，币之一也。将以导利而布之上下，非以为人主之私藏也。《食货志》言："民有余则轻之，故人君敛之以轻；民不足则重之，故人君散之以重。凡轻重敛散之以时则准平。使万室之邑必有万钟之臧，臧繦[①]千万；千室之邑必有千钟之臧，臧繦百万。"孟康曰："繦，钱贯也。"齐武帝永明五年九月丙午诏，以"粟帛轻贱，工商失业，良由圜法[②]久废，上币[③]稍寡。可令京师及四方出钱亿万，籴米谷、丝绵之属，其和价以优黔首[④]。""南齐豫章王嶷镇荆州，以谷过贱，听民以米当口钱，优评斛一百。"优评者，增价而取之。唐宪宗时，白居易《策》言："今天下之钱日以减耗，或积于内府，或滞于私家。若复日月征收，岁时输纳，臣恐谷帛之价转贱，农桑之业益伤，十年以后，其弊必更甚于今日。"而元和八年四月敕，"以钱重货轻，出内库钱五十万贯，令两市[⑤]收买布帛，每端匹[⑥]视旧估加十之一"。十二年正月又敕，"出内库钱五十万贯，令京兆府拣择要便处开场，依市价交易"。今日之银，犹夫前代之钱也，乃岁岁征数百万贮之京库，而不知所以流通之术，于是银之在下者至于竭涸，而无以继上之求，然后民穷而盗起矣。单穆公[7]有言："绝民用以实王府，犹塞川原而为潢污[8]也。"自古以来，有民穷财尽而人主独拥多藏于上者乎？此无他，不知钱币之本为上下通共之财，而以为一家之物也。《诗》曰："不吊[9]昊天，不宜空我师。"有子[10]曰："百姓不足，君孰与足？"古人其知之矣。

【注释】①繦（qiǎng）：同"镪"。钱串，引申为成串的钱。后多指银子或银锭。②圜法：指货币制度。③上币：上等的货币。古以珠玉为上币，秦以黄金为上币。④黔首：古代称平民、百姓。⑤两市：唐长安城中东市、西市的合称。隋名东市曰都会，西市曰利人。⑥端匹：古代布帛计量词。唐制：布帛六丈为端，四丈为匹。⑦单穆公：春秋时期单国国君，名旗，伯爵。《国语·单穆公谏景王铸大钱》中的主人翁。⑧潢污：亦作"潢汙"。聚积不流之水。⑨不吊：不为天所哀悯庇佑。⑩有子：即有若，春秋末年鲁国人。字子有，后被尊称为有子。

【译文】古人制造货币，用来衡量各种货物价值的高低。钱，是货币的一种。将用来引导而上下流通的，不是作为君主的私藏之物。《食货志》记载："百姓有剩余就轻视谷物，所以君主征收的也低；百姓不足就重视谷物，所以君主以高价散发。凡是低价、高价以及征收、散发都按照一定时机，物价就均衡了。使万户人口的城邑一定有万钟的收藏，藏有千万繦钱；千户人口的城邑一定有千钟的收藏，藏有百万繦钱。"（孟康说："繦，是钱贯的意思。"）齐武帝永明五年九月二十四日下诏，以"粟帛被轻视，工商业者丧失产业，实在是由于货币制度长久废弃，上等的货币缺乏。可以下令京城以及京城以外的地区拿出亿万钱来，买进米谷、丝绵之类，平价优惠卖给百姓。”（“南齐豫章王萧嶷镇荆州，因为谷价太低，任由百姓用米缴纳口钱，得到优评的给斛一百。”所谓优评，就是提高价格而收取。）唐宪宗时期，白居易《礼部试策》说道：“如今天下的钱一天天减少，有的积储在王室的仓库，有的留滞在私人家里。如果再每天每月收取赋税，一年四季缴纳，臣下担心谷帛的价格变低，农桑产业更加损害，十年以后，弊端一定比现在更加严重。”而元和八年四月敕令，“由于钱重货轻，拿出皇宫府库的五十万贯钱，下令东、西两市收购布帛，每端匹按照以前的估价加价十分之一”。元和十二年正月又敕令，“拿出皇宫府库的五十万贯钱，下令京兆府拣择紧要便利的地方划分地面，依照市价交易”。现在的银子，犹如前代的钱，却年年征收数百万贮存在京城府库，而不知道流通方法的原因，因此民间的银子竟至于用尽，进而不能满足上位者的需求，然后百姓困顿而盗贼兴起。单穆公说过：“搜刮百姓的钱财来充实大王的府库，就好像堵塞江河的源头而做蓄水池。”自古以来，有百姓穷困、财用匮乏而君王独自拥有众多府藏在上位的吗？这没有别的，不知道钱币的根本是作为上下共同拥有的财产，而作为一人的财物。《诗经》有云：“不被苍天眷顾，不应该让我们饱受穷困。”有子说：“百姓的费用不足，君上又怎么会充足呢？”古代人已经知道这个道理了。

财聚于上，是谓国之不祥。不幸而有此，与其聚于人主，无宁聚于大臣。昔殷之中年，“有乱政同位，具乃贝玉”。总于货宝，贪浊之风，亦已甚矣。有一盘庚[①]出焉，遂变而成中兴之治。及纣之身，用乂雠敛，鹿台[②]之钱，钜桥[③]之粟，聚于人主，《史记·殷本纪》：厚赋税以实鹿台之钱。而前徒倒戈自燔之祸至矣。故尧之禅舜，犹曰：“四海困穷，天禄永终。”而周公之系《易》曰：“涣，王居无咎。”《管子》曰：“与天下同利者，天下持之；擅天下之利者，天下谋之。”呜呼！崇祯末年之事，可为永鉴也已。后之有天下者，其念之哉！

【注释】①盘庚：甲骨文作般庚，子姓，名旬，商王祖丁之子，阳甲之弟。盘庚继位后，决心再次迁都，搬迁到殷（今河南安阳），史称“盘庚迁殷”，使衰落的商朝出现复兴的局面。②鹿台：商纣王所建之宫苑建筑，地点应在商都附近。③钜桥：商纣王时之粮仓名。仓址在今河北省曲周县东北。

【译文】财物聚集在上，这称为国家的不吉利。不幸发生这种情况，与其聚集在君主，不如聚集在大臣。从前殷商中期，“有治理政事的大臣，聚集珍宝财货”。聚拢财货珍宝，贪浊的风气，也已经很严重了。有一位盘庚王出现，于是转变而成中兴之治。到了商纣时期，用杀戮和重刑搜刮财货，鹿台的钱，钜桥的粟，聚集在君王手上，（《史记·殷本纪》：加重赋税以充实鹿台之钱。）然而前方的部队投降、反过来打自己人，自焚的灾祸就到来了。因此尧禅让给舜，尚且说：“假如天下的百姓困苦、贫穷，那么上天赐给你的福禄也会终止。”而周公解说《易》时说道：“洪水滔滔，涨到帝王的宫殿，最终没有灾祸。”《管子》记载：“与天下人同利的，天下人就会支持他；独自占有天下人的利益的，天下人就会图谋他。”呜呼！崇祯末年的事，可以作为永远鉴戒了。后代占有天下的人，应该常常放在心上！

唐自行两税法以后，天下百姓输赋于州府，一曰上供[①]，二曰送使[②]，三曰留州[③]。《旧唐书·裴垍传》。《新唐书·食货志》同。元稹状言："臣伏准前后制敕，及每岁旨条，两税留州、留使钱外，加率一钱一物，州府长吏并同枉法计赃，仍令出使御史访察闻奏。"及宋太祖乾德三年诏，诸州支度经费外，凡金帛悉送阙下[④]，无得占留。《宋史·食货志》。自此一钱以上皆归之朝廷，而簿领纤悉，特甚于唐时矣。然宋之所以愈弱而不可振者，实在此。《宋史》言：宋聚兵京师，外州无留财，天下支用悉出三司，故其费寖多。昔人谓古者藏富于民[⑤]。自汉以后，财已不在民矣，而犹在郡国，不至尽辇京师，是亦汉人之良法也。后之人君知此意者鲜矣。

【注释】①上供：唐宋时所征赋税中解交朝廷的部分。②送使：唐代属州输送与节度、观察使府的赋税，谓之"送使"。③留州：唐赋税名。指留作地方州县使用的税收。④阙下：宫阙之下。借指帝王所居的宫廷。⑤藏富于民：中国古代主张国家减轻赋役征发，通过藏富于民的方式来发展生产、稳定国家财政收入的经济思想。春秋时期齐国的管仲说："无夺民时，则百姓富。牺牲不略，则牛羊遂。"主张国家徭役的征发与赋税的课征要适时适量，以此来富民富国。

【译文】唐代自从施行两税法以后，天下百姓缴纳赋税到州府，第一种叫上供，第二种叫送使，第三种叫留州。（《旧唐书·裴垍传》。《新唐书·食货志》与之相同。元稹在《弹奏剑南东川节度使状》中说："臣根据前后制敕，以及每年旨条，除两税留州、留使钱外，额外征收一钱一物，州府长吏一同按枉法计赃论罪，接着命令派出使御史访察并上奏。”）等到宋太祖乾德三年诏令，各州支出经费以外，凡是黄金、丝绸全部送到宫廷，不得留下据为己有。（《宋史·食货志》。）从此一钱以上都归集到朝廷，而且簿册、文书细微详尽，比唐代尤其利害。然而宋代更加势弱而不能振作的原因，实在因为这。（《宋史》说：宋代将军队聚在京师，地方州郡没有留财，天下支用全都出自三司，因此费用日益增多。）从前的人说古时候把财富储存在民间。从汉代以后，财富已经不在百姓了，然而还在郡国，不至于全部车送到京师，这也是汉代人的好办法。后代的君主知道这个含义的很少了。

自唐开成初，归融[①]为户部侍郎兼御史中丞，奏言：“天下一家，何非君土？中外之财，皆陛下府库。”而宋元祐中，苏辙为户部侍郎，则言：“善为国者，藏之于民；其次藏之州郡；州郡有余，则转运司常足；犹今之布政司。转运司既足，则户部不困。自熙宁以来，言利之臣不知本末，欲求富国，而先困转运司；转运司既困，则上供不继；上供不继，而户部亦惫矣。两司既困，虽内帑别藏积如丘山，而委为朽壤，无益于算也。”是以仁宗时富弼知青州，朝廷欲辇青州之财入京师，弼上疏谏。金世宗欲运郡县之钱入京师，徒单克宁[②]以为如此则民间之钱益少，亦谏而止之。以余所见，有明之事，尽外库之银以解户部，盖起于末造，而非祖宗之制也。

【注释】①归融：字章之，归登子。朝廷礼典多本融议。②徒单克宁：本名习显，女真族，金朝大臣、名将，汾阳军节度使徒单况者之子。对金朝的政治、文化、军事等方面都发挥了重要的作用。

【译文】从唐文宗开成初期，归融担任户部侍郎兼御史中丞，奏言道："天下一家，哪里不是国君的土地呢？朝廷内外的财物，都是陛下的府库。"然而到了宋哲宗元祐中期，苏辙担任户部侍郎，则说："善于治理国家的人，藏富于百姓；其次藏富于州郡；州郡有富足，那么转运司（像明代布政司）就会长久充足；转运司已经充足足，那么户部就不会艰难。自熙宁以来，言利的大臣不知本末，想要使国家富有，于是先使转运司困窘；转运司已经困窘了，那么解交朝廷的赋税就难以为继；解交朝廷的赋税难以为继，那么户部也就困顿了。两司已经困顿，即使国库里、以及另外贮存的钱财堆积如山丘，而积聚成腐土，对于国用没有益处。"所以宋仁宗时期富弼担任青州知州时，朝廷想要运送青州的财物到京师，富弼上疏劝谏。金世宗想运送郡县的钱税到京师，徒单克宁认为这样做会使民间的钱更加少，也劝谏阻止了。以我亲眼所见，明朝的事，搜尽宫外仓库的银子解交到户部，大概是兴起在末期，而不是太祖太宗的定制。

王士性《广志绎》言："天下府库莫盛于川中，余以戊子典试于川，询之藩司，库储八百万，银两之数。即成都、重庆等府，俱不下二十万，顺庆亦十万。盖川中无起运之粮，而专备西南用兵故也。两浙赋甲天下，余丁亥北上，滕师少松为余言，癸酉督学[1]浙中，藩司储八十万。后为方伯，止四十万。今为中丞，藩司言不及二十万矣。十年之间，积贮一空如此。及余己丑参政广西，顾臬使问自浙粮储来，询之，则云浙藩今已不及十万也。广西老库储银十五万不启，每岁以入为出耳。余甲午参政山东，藩司亦不及二十万之储。庚辰入滇，滇藩亦不满十万，与浙同，每岁取矿课五六万用之。今太仓所蓄，亦止老库四百余万，有事则取诸太仆寺。余乙未贰卿[2]太仆时，亦止老库四百万。每岁马价不足用，则取之草料。盖十年间，东倭西哱，所用于二帑者，逾二百万故也。”其所记万历时事如此。

【注释】①督学：古代主管教育的部门中负责视察、监督学校工作的人,是提督学政或督学使者的简称。②贰卿：指侍郎。古代尚书称卿，侍郎副之，故称贰卿。

【译文】王士性的《广志绎》记载：“天下府库没有比川中兴盛的，我因为万历十六年在四川主持考试，询问藩司，府库储存有八百万（银两数目），即使成都、重庆等府，都不少于二十万，顺庆也存有十万。大概是因为川中没有起运的粮税，而专门防备西南战争的缘故。两浙的赋税位居天下第一，我万历十五年向北去，恩师滕少松（滕伯轮）对我说，万历元年督学浙中，藩司储积八十万。后来担任地方大员，只储积了四十万。现在担任中丞，藩司说不到二十万了。十年之间，积聚储存的钱财亏空到如此地步。等到我万历十七年参政广西，顾臬使问从浙粮储来，询文则说，浙江藩库如今不到十万了。广西老库储银十五万不开封，每年以收入作为开支。我万历二十二年参政山东，藩司也不到二十万的积储。万历八年进入云南，云南藩库也不超过十万，与浙江相同，每年拿矿税五六万作为开支。如今太仓所储蓄的银两，也只有老库的四百余万，有事就到太仆寺拿取。我于万历二十三年任太仆少卿时，也只有老库四百万。每年马价银子不能满足开支，就拿取草料。十年之间，东边的倭寇西边的哱拜，用于这两个地区的府库的钱财，超过二百万的缘故了。”所记录万历时期的事情是这样。

至天启中，用操江范济世之奏，一切外储尽令解京，而搜括之令自此始矣。今录上谕全文于此，俾后之考世变者得以览焉。天启六年四月七日，上谕："工部、都察院：朕思殿工肇兴，所费宏钜，今虽不日告成，但所欠各项价银，已几至二十万。况辽东未复，兵饷浩繁，若不尽力钩稽，多方清察，则大工必至乏误，而边疆何日敉宁[①]。殊非朕仰补三朝阙典[②]之怀，亦非臣下子来[③]奉上之谊也。朕览南京操江宪臣范济世两疏所陈，凿凿可据。其所管应天、扬州府等处库贮银两，前已有旨尽行起解[④]，到京之日，照数察收。似此急公徇上之诚，足为大小臣工模范。使天下有司皆同此心，朕何忧乎鼎建之殷繁，军饷之难措哉。范济世所奏，奉旨已久，其银两何尚未解到？尔工部、都察院，即行文速催，以济急用。且天之生财，止有此数，既上不在官，又下不在民，岂可目击时艰，忍置之无用之地。朕闻得盐运司每年募兵银六千两，实收在库，约有二十余万两。又盐院康丕扬在任，一文未取，每年加派银一万，约有二十余万两。又故监鲁保遗下每年余银四万两，约有四十余万两，连前院除支销费过，余银约有八十余万两，刷卷[⑤]察盘可据。又南太仆寺解过马价余银二十六万两，见寄在应天等府贮库。又户科贮库余银约有七万两，寄收应天府。又操江寄十四府余银约有十万两。

又操江寄贮扬州、镇江、安庆三府备倭余银约有三十余万两，北道刷卷御史可据。已上七宗，俱当遵照范济世所奏事例，彻底清察。就着南京守备内臣刘敬、杨国瑞亟委廉干官胡良辅、刘文耀，会同该部院抚按官，着落经管衙门，察核的确，速行起解。有敢推避嫌怨，隐匿稽迟，怀私抗阻者，必罪有所归。如起解不完，则抚按等官都不许考满⑥迁转。刘敬等亦不许扶同蒙蔽，骫⑦法徇私，必须殚力急公，尽心搜括，庶大工、边务，均有攸赖，国家有用之物，不至为贪吏侵渔，昭朕裕国恤民德意。”又闻南京内库，祖宗时所藏金银珍宝，皆为魏忠贤矫旨取进。先帝谕中所云：将我祖宗库贮传国奇珍异宝，盗窃几至一空者，不知其归之何所。”

【注释】①敉（mǐ）宁：抚定，安定。②阙典：残缺的典章制度。语本汉扬雄《剧秦美新》：“帝典阙而不补。”③子来：谓民心归附，如子女趋事父母，不召自来，竭诚效忠。④起解：地方政府将钱、粮等物解送上级政府。⑤刷卷：元代由肃政廉访使清查所属各衙门处理狱讼案件有无拖延枉曲，称刷卷。⑥考满：旧时指官吏的考绩期限已满。一考或数考为一任，故考满亦常为任满。⑦骫（wěi）：枉曲。

【译文】到天启年间，采纳提督操江范济世的奏请，下令所有地方的积储全部解交到京城，搜括的命令就从这开始了。现在记录诏书的全文在这里，使后代考证时代变迁的人能够阅览。天启六年四月初七诏书：“工部、都察院：朕想宫殿工程刚刚开始，耗费重大，如今虽然不久就要完工，只是所欠的各项价银，已经差不多到二十万了。何况辽东没有收复，兵饷繁重，如果不全力查考审核，多方面清查，那么大工程的工期一定会延误，而且边疆什么时候能够安定呢。实在不是朕仰补三朝阙典的胸怀，也不是臣下归附侍奉君主的意思。朕观览南京提督操江、御史范济世两次上疏所说，确实可作依据。他所管辖的应天府、扬州府等处仓储的银两，之前已经奉旨全部解送，到京城的时候，依照数量查清接收。像这样为国家尽心尽力、顺从君上的真心，完全可以作为大小群臣的模范。假使天下的官员都是这样的真心，朕哪里会担忧营建的繁多，军饷的难筹措呢。范济世陈奏，奉旨已经很久，银两为什么还没有解送到？你工部、都察院，立即发布公文迅速催促，以补益紧急需用。况且上天生财，只有固定的数目，既然上不在官府，又下不在民间，怎么可以目睹时局的艰难，忍心放置在无用的地方。朕听说盐运司每年招募兵丁的银子有六千两，实收在府库，大约有二十多万两。又有盐院康丕扬在任，一文未取，每年加派银两一万，大约有二十多万两。又有故监鲁保遗下每年结余银子四万两，大约有四十多万两，连前院除支销费过，结余银子大约有八十多万两，刷卷盘查可作依据。又有南京太仆寺解交过马价银子结余二十六万两，现寄在应天等府贮存府库。又有户科贮存府库结余银子大约有七万两，寄收应天府。又有提督操江寄十四府结余银子大约有十万两。又有提督操江寄贮扬州、镇江、安庆三府防备倭寇的结余银子大约有三十多万两，北道刷卷御史可作依据。以上七件，都应当遵照范济世所奏的成例，彻底清查。就命令南京守备内臣刘敬、杨国瑞急切委派廉洁的干官胡良辅、刘文耀，会同该部院抚按官，安排经管衙门，审察实在，迅速押送。有胆敢推卸逃避、仇怨，隐瞒迟延，心存私念、阻挡抵抗的，必定按律定罪。假如解送没有完成，那么巡抚、巡按等官任满后都不允许调任。刘敬等也不允许伙同欺骗，枉法徇私，必须竭尽全力、热心公事，竭尽心意搜集，希望大工程、边防事务，都能有所依赖，国家有用的财物，不至于被贪官污吏侵吞，彰显朕富足国家、体恤百姓、布施恩德的心意。”又听说南京宫中的府库，太祖太宗所收藏的金银珍宝，都被魏忠贤假托诏命取进。先帝谕旨中所说：将我太祖太宗仓储传国的奇珍异宝，盗窃得差不多一点不剩，不知道归属到哪里去了。”

自此搜括不已，至于加派；加派不已，至于捐助，以讫于亡。由此言之，则搜括之令开于范济世，成于魏忠贤，而外库之虚，民力之匮，所由来矣。崇祯元年六月奉旨：范济世阿逢逆珰，妄报操银，贻害地方，着冠带闲住。以英明之主继之，而犹不免乎与乱同事，然则知上下之为一身，中外之为一体者，非圣王莫之能也。传曰：“长国家而务财用者，必自小人矣。”岂不信夫！

【译文】从此搜括不停止，以至于到加派；加派不断，以至于到捐助，一直截止到灭亡。由这来说，那么搜括的命令开始于范济世，完成在魏忠贤，而地方府库的空虚，百姓财力的匮乏，从这来的。（崇祯元年六月奉旨：范济世向谋逆的宦官阿谀奉承，胡乱上报操江银两数目，贻害地方，命令其“冠带闲住”。）英明的君主继位，而尚且不能避免与乱共事，那么知道上下是一身，朝廷内外是一体，如果不是圣王是不能做到的。《礼记·大传》记载：“执掌国家大权而致力于聚敛财货，一定是受了小人的诱导。”难道不是吗！

开科取士，则天下之人日愚一日，立限征粮，则天下之财日窘一日。吾未见无人与财而能国者也。然则如之何？必有作人之法，而后科目[①]可得而设也，必有生财之方，而后赋税可得而收也。

【注释】①科目：唐代以来分科选拔官吏的名目。

【译文】通过举行科举考试来选取优异的读书人，那么天下的人一天比一天愚昧，确定期限征收粮食，那么天下的财货一天比一天窘乏。我没有见过没有人才与财货却能够拥有国家的。那么应该怎么办呢？必须要有培植人才的方法，然后科目可以设置，必须要有增加财富的方法，然后赋税可以征收。

言利之臣

《孟子》曰："无政事则财用不足。"古之人君，未尝讳言财也。所恶于兴利者，为其必至于害民也。昔明太祖尝黜言利之御史，而谓侍臣曰："君子得位，欲行其道；小人得位，欲济其私。欲行道者，心存于天下国家，欲济私者，心存于伤人害物。"洪武十三年五月，御史周姓，《实录》不载其名。此则唐太宗责权万纪[①]之遗意也。又广平府吏王允道言："磁州临水镇产铁，请置炉冶。"上曰："朕闻治世，天下无遗贤，不闻天下无遗利。且利不在官则在民，民得其利，则财源通，而有益于官；官专其利，则利源塞，而必损于民。今各冶数多，军需不乏，而民生业已定，若复设此，必重扰之矣。”杖之流海外。十五年五月。圣祖不肎好货之意，可谓至深切矣。自万历中矿税以来，求利之方纷纷，且数十年，而民生愈贫，国计亦愈窘。然则治乱盈虚之数，从可知矣。为人上者，可徒求利而不以斯民为意与？

【注释】①权万纪：唐太宗皇子吴王李恪的老师，敢于犯颜直谏，因吴王狩猎破坏了农田，被唐太宗以师之过削去了封户。

【译文】《孟子》记载：“不搞好政事，财物就会贫乏。”古代的君主，没有避忌言财的。之所以厌恶兴利的人，是因为一定会到兴利危害百姓。从前明太祖曾经罢黜言利的御史，而对侍臣说：“君子得到职位，是想要实行道义；小人得到职位，是想要谋取私利。想要实行道义的人，心存天下国家，想要谋取私利的人，心存伤人害物。”（洪武十三年五月，御史姓周，《实录》没有记载其名。）这就是唐太宗斥责权万纪的遗意。又有广平府属吏王允道奏言道：“磁州临水镇出产铁矿，请设置熔炉冶炼。”明太祖说：“朕听说和平昌盛的时代，天下没有弃置的贤才，没听说天下没有未尽其用的利益。而且利益不在官府就在民间，民间得到利益，就会财源通达，而有益于官府；官府独占利益，利源就会滞塞，而必定损害百姓。如今各地冶炼厂数量众多，军需不缺乏，而且百姓的生活已经安定，如果再设置冶炼厂，一定会增加百姓的困扰。”用棍杖打他，然后流放海外。（洪武十五年五月。）圣祖不任用贪财的人的意愿，可以说非常恳切了。从神宗万历年间征收矿税以来，追求利益的方法非常多，将近数十年，然而百姓的生活更加贫困，国家的经济也更加窘困。那么安定与混乱、兴盛与衰败的天数，可以知道了。居上位的人，可以只追求利益而不在意百姓吗？

《新唐书·宇文韦杨王列传》赞曰："开元中，宇文融[①]始以言利得幸于时。天子见海内完治，偃然有攘却四裔之心。融度帝方调兵食，故议取隐户剩田，以中主欲。利说一开，天子恨得之晚，不十年而取宰相。虽后得罪，而追恨融才，犹所未尽也。天宝以来，外奉军兴，内蛊艳妃，所费愈不赀计[②]。于是韦坚、杨慎矜[③]、王鉷、杨国忠，各以裒刻[④]进，剥下益上，岁进羡缗百亿万，为天子私藏，以济横赐[⑤]，而天下经费自如。帝以为能，故重官累使，尊显烜赫。然天下流亡日多于前，有司备员[⑥]不复事，而坚等所欲既充，还用权媢[⑦]，以相屠灭，四族皆覆，为天下笑。孟子所谓'上下交征利，而国危者'，可不信哉！"呜呼！芮良夫之刺厉王[⑧]也，曰："所怒甚多，而不备大难！"三季[⑨]之君，莫不皆然。前车覆而后不知诫，人臣以丧其躯，人主以亡其国，悲夫！

【注释】①宇文融：京兆万年（今陕西西安）人，唐朝宰相，侍中宇文节之孙。宇文融明辨有吏干，制定检括之法，增加租赋收入。②赀（zī）计：计算，计量。③韦坚：字子金，唐京兆万年（今陕西西安）人，唐代大臣，曾在禁苑之东筑望春楼，下凿广运潭以通漕运，使每年至江淮载货之船舶在潭中集中，借以取得皇帝之欢心。天宝五年遭李林甫诬害，长流岭南，不久被杀。杨慎矜：隋炀帝杨广玄孙，齐王杨暕（jiǎn）曾孙，隋王杨政道之孙，弘农郡公杨崇礼之子，唐朝官员。为人深沉刚毅，富有才干，且相貌堂堂，尤善理财。初为汝阳令，有声名，拜监察御史，知太府出纳。天宝二年，任谏议大夫。迁御史中丞、充诸道铸钱使，受李林甫、王鉷诬陷，以光复隋室罪被赐死。④裒（póu）刻：掊刻。谓苛敛民财。⑤横赐：帝王对臣民广施赏赐。⑥备员：充数，凑数。谓居官有职无权或无所作为。⑦权媢（mào）：阴谋奸诈。⑧芮良夫：西周时期周朝的卿士，芮国国君。姬姓，字良夫。相传《诗经·大雅·桑柔》为其著作。厉王：即周厉王姬胡，姬姓，名胡，周夷王姬燮之子，在位期间，任用荣夷公实行"专利"，即以国家名义垄断山林川泽，不准国人（指工商业者）依山泽而谋生，借以剥削人民，致使百姓起来反叛，最终死于彘地，谥号厉王。⑨三季：夏、商、周三代的末期。

【译文】《新唐书·宇文韦杨王列传》评论："开元年间，宇文融在当时开始因为言利得到唐玄宗宠幸。天子看到国内得到大治，偃然有抵御四方边远地区的想法。宇文融揣度到皇帝刚刚调兵食，因此奏议检括逃户、未入户籍的多余土地，正中皇帝的心意。言利的说法一提出，天子悔恨知道得晚了，不到十年的时间就得到宰相的职位。即使后来宇文融获罪，然而皇帝追溯悔恨宇文融的才能，还没有结束。天宝年间以来，外供养军队支出，内受艳妃蛊惑，耗费更加不能计量。于是韦坚、杨慎矜、王鉷、杨国忠，各自苛敛民财奉上，盘剥百姓增益君上，年进奉余剩的缗钱有百亿万，作为天子的私蓄，以补益皇帝广施的赏赐，而天下的经费依然如故。皇帝以为能干，因此重官累使，地位尊贵显赫。然而天下流亡在外的人比以前多，官府充数的官员不再谋事，而韦坚等人的欲望得到满足，还用阴谋奸诈，相互屠杀，四族都覆灭，被天下耻笑。孟子所说的'上下互相争夺利益，国家就危险了'，能不应验吗！"呜呼！芮良夫劝谏周厉王时说："触怒的人太多，却不防备大难！”三代末期的君王，没有不是这样的。前人失败的教训而后人不知道鉴戒，臣子因此而丧命，人主因此而亡国，可悲呀！

读孔、孟之书，而进管、商之术，此四十年前士大夫所不肯为，而今则滔滔皆是也。有一人焉，可以言而不言，则群推之以为有耻之士矣。上行之则下效之，于是钱谷[①]之任，榷课[②]之司，昔人所避而不居，今且攘臂[③]而争之。礼义沦亡，盗窃竞作，苟为后义而先利，不夺不餍。后之兴王所宜重为惩创，以变天下之贪邪者，莫先乎此。

【注释】①钱谷：钱币、谷物。常借指赋税。②榷（què）课：国家专利税。③攘臂：捋起衣袖，伸出胳膊。常形容激奋貌。

【译文】诵读孔子、孟子的经书，却进献管仲、商鞅的权术，这是四十年前士大夫所不肯做的，如今则普遍都是了。假使有一个人，可以说却不说，就共同推举他作为有知耻心的士。上面的人怎么做，下面的人就学着怎么干，于是赋税的职务，专利税的主管，从前的人都躲避不担任，如今则是激奋地争夺。礼法道义丧失，偷窃竞相兴起，如果义排在后而利摆在前，那么他们不夺得君位是不会满足的。后代勤于王业的君王应该加重惩戒的程度，来改变天下间贪婪奸邪的人，没有比这更迫切的了。

俸禄

今日贪取之风，所以胶固于人心而不可去者，以俸给之薄，而无以赡其家也。昔者武王克殷，庶士倍禄。《王制》："诸侯之下士视上农夫，中士倍下士，上士倍中士，下大夫倍上士。"汉宣帝神爵三年，诏曰："吏不廉平则治道衰。今小吏皆勤事而俸禄薄，欲其毋侵渔百姓，难矣！其益吏百石已下俸十五。"如淳曰："律：百石俸月六百。"韦昭曰："若食一斛，则益五斗。"光武建武二十六年，"诏有司增百官俸，其千石以上，减于西京旧制，六百石已下，增于旧秩。"晋武帝泰始三年，诏曰："古者以德诏爵，以庸制禄，虽下士犹食上农。外足以奉公忘私，内足以养亲施惠。谓分禄以赡宗族、昏姻、故人。今在位者，禄不代耕，非所以崇化本也，其议增吏俸。"

【译文】目前贪污索取的风气，牢固地在人心而不能去除的原因，是由于俸禄的微薄，而不能拿来养家。从前周武王战胜殷商，士人的俸禄加倍。《礼记·王制》记载："诸侯下士的俸禄比照受第一等田的农夫，诸侯中士的俸禄是下士的两倍，上士的俸禄是中士的两倍，下大夫的俸禄是上士的两倍。"汉宣帝神爵三年，诏令："如果官吏不清廉公平那么国家就得不到治理。如今职位很低的官吏都尽心职事然而俸禄微薄，想让他们不侵夺百姓，很难了！俸禄一百石以下官吏的俸禄增加十分之五。"（如淳说："按律：一百石的官吏月俸六百。"韦昭说："如果能食一斛，那就增加五斗。"）光武帝建武二十六年，“诏令有关部门增加百官的俸禄，俸禄一千石以上的，降低长安的旧制，六百石以下的，增加旧秩。”晋武帝泰始三年，诏令：“古时候根据德行确定爵位，根据功劳制定俸禄，虽然下士的俸禄仍然相当于一等农民的收入。对外足可以奉公忘私，对内足可以养亲施惠。（是说把俸禄分开以赡养宗族、婚姻、故友。）如今在位的官吏，俸禄不能代耕，不是推崇教化根本的办法，奏议增加官吏俸禄。”

唐时俸钱[①]，上州刺史八万，中、下州七万；赤县令四万五千，畿县、上县令四万；赤县丞三万五千，上县丞三万；赤县簿尉三万，畿县、上县簿尉二万。玄宗天宝十四载，制曰：“衣食既足，廉耻乃知。至如资用靡充，或贪求不已，败名冒法，实此之由。辇毂之下，尤难取给，其在西京文武九品已上正员官，唐时官多，有员外置者，故分别言之。今后每月给俸食、杂用，防阁、庶仆等，宜十分率加二分，其同正员官加一分，仍为常式。”而白居易为盩厔尉诗云：“吏禄三百石，岁晏有余粮。”其《江州司马厅记》曰：“唐兴，上州司马秩五品，岁廪数百石，月俸六七万。官足以庇身，食足以给家。”今之制，禄不过唐人之什二三，彼无以自赡，焉得而不取诸民乎？昔杨绾[②]为相，承元载汰侈[③]之后，欲变之以节俭，而先益百官之俸。皇甫镈以宰相判度支，请减内外官俸禄，给事中崔植封还诏书，可谓达化理之原者矣。

【注释】①俸钱：官吏所得的薪金。也写作“奉钱”。②杨绾（wǎn）：字公权，华州华阴（今陕西华阴）人。唐朝中期名相，户部侍郎杨温玉之孙、醴泉令杨侃之子。唐代宗时任中书侍郎、同平章事。③元载：字公辅，凤翔府岐山县（今陕西岐山县）人。唐朝中期宰相。出身寒微，嗜好读书。性格敏惠，精通道学。协助铲除李辅国和鱼朝恩两个权宦，深得皇帝宠信，从此，志得意满，独揽朝政，排除异己，专权跋扈，专营私产，大兴土木，逐渐引起唐代宗的厌恶，后被赐死。汰侈：亦作“汏侈”。骄奢。

【译文】唐代官吏的俸禄制度，上州刺史是八万，中、下州刺史是七万；赤县令是四万五千，畿县、上县令是四万；赤县丞是三万五千，上县丞是三万；赤县簿尉是三万，畿县、上县簿尉是二万。唐玄宗天宝十四年，制诰：“俸禄已经满足，廉耻才知道。至于钱财费用靡充，永不满足地追求，败坏名声、违犯法规，实在是这个缘由。皇帝之下，尤其难以取得以供需用，在长安文武九品已上的正式员官。（唐时官员众多，有编外设置的官员，因此分开来讲。）以后每月的俸食、杂用，防阁、庶仆等，应该在十分的比率下增加二分，同正员官增加一分，沿袭作为固定的制度。”而白居易为盩厔尉诗记载：“官吏俸禄三百石，年底的时候有余下的粮食。”《江州司马厅记》记载：“大唐兴盛时，上州司马的官秩是五品，一年的俸粮是数百石，月俸是六七万钱。官职足以保全自身，俸禄足以供给家用。”如今的官制，俸禄不过是唐代人的十分之二三，他们不能够养活自己，怎么能不向百姓索取呢？以前杨绾担任宰相时，承接在元载的骄横奢侈之后，想以节俭改变现状，就应该先增加百官的俸禄。皇甫镈以宰相的职位兼任度支，奏请减少朝廷和地方官员的俸禄，给事中崔植缄封退还诏书，可以说是通晓教化治理的本源了。

《汉书》言：王莽时，天下吏以不得俸禄，各因官职为奸，受取赇赂，以自共给[①]。《五代史》言："北汉国小民贫，宰相月俸止百缗，节度使止三十缗，自余薄有资给而已，故其国中少廉吏。"《穆王之书》曰："爵重禄轻，群臣比而戾民，毕程氏以亡。"此之谓矣。

【注释】①共给：供给。谓供应必需的财物。共，通"供"。

【译文】《汉书》记载：王莽时期，天下的官吏因为领不到俸禄，各自依仗着职权做坏事，贪污受贿，来满足自己的供给。《五代史》记载："北汉国土小百姓贫困，宰相一个月的俸禄只有一百缗，节度使只有三十缗，此外少有供给而已，所以北汉国内少有清廉守正的官吏。"《穆王之书》记载："爵位高而俸禄少，群臣勾结起来坑害百姓，毕程氏因此而灭亡。"说的就是这个道理啊。

前代官吏，皆有职田，《晋》《魏》《隋》《唐》书，皆有官品第一至第九职田多少之数。故其禄重，禄重则吏多勉而为廉。如陶潜之种秫[①]。《晋书》本传。阮长之[②]之芒种前一日去官，《宋书》本传。皆公田之证也。《元史》："世祖至元元年八月乙巳诏，定官吏员数，分品从[③]官职，品如正一品、正二品，从如从一品、从二品。给俸禄，颁公田。"《太祖实录》：洪武十年十月辛酉制："赐百官公田，以其租入充俸禄之数。"是国初此制未废。不知何年收职田以归之上，而但折俸钞[④]，《实录》《会典》皆不载。其数复视前代为轻，始无以责吏之廉矣。

【注释】①陶潜：即陶渊明，又名潜，字元亮，号“五柳先生”，谥号“靖节先生”。种秫：指乐酒好饮，超脱放达。亦指辞官隐居。②阮长之：字茂景，陈留尉氏人。南朝宋人，官至临海太守。③品从：正从。指古代官吏的正品与从品。常泛指官吏的品级。④俸钞：元明时官吏俸金或以钱币支付，称俸钞。元初官吏均无俸禄，中统三年定百官俸，并另向民户征收。

【译文】以前朝代的官吏，都有职分田，（《晋书》《魏书》《隋书》、新旧《唐书》等，都有官品第一至第九职田多少的数目。）所以他们的俸禄优厚，俸禄优厚那么官吏就多勤勉而清廉。比如陶渊明种高粱，（《晋书·陶渊明传》。）阮长之在芒种前一日辞去官职，（《宋书·阮长之传》。）都是有公田的明证。《元史》记载：“元世祖至元元年八月初四下诏，核定官吏的数量，区分正品与从品官职，（正品有正一品、正二品，从品有从一品、从二品。）给予俸禄，颁下公田。”《太祖实录》记载：洪武十年十月十六日制诏：“赏赐百官公田，将收到的田租充当俸禄的数目。”这说明立国之初时这个制度没有废除。不知道什么时候把职田收归朝廷，（《实录》《会典》都没记载。）而只是折合官吏的俸金，俸禄跟前代相比为轻，开始不能要求官吏清廉了。

《宣宗实录》：“宣德八年三月庚辰，兼掌行在户部事，礼部尚书胡濙奏请：‘文武官七年分俸钞，每石减旧数折钞一十五贯，以十分为率，七分折与官绢，每匹准钞四百贯；三分折与官绵布，每匹准钞二百贯。’从之。濙初建议，与少师蹇义[1]等谋，义等力言不可，曰：'仁宗皇帝在春宫②久，深知官员折俸之薄，故即位特增数倍，此仁政也，岂可违之。'永乐二十二年十月庚申，月增给在京文武官及锦衣卫将军总小旗，米各五斗，杂职及吏并各卫总小旗军力士校尉人等有家属者，米各四斗，无家属者，各斗五升，并准俸粮之支钞者。濙初欲每石减作十贯，闻义等言，乃作十五贯。按洪熙元年闰七月尹松言："官员俸禄以钞折米，四方米价贵贱不同，每石四五十贯者有之，六七十贯者有之。"则是时折钞犹准米价。白而行之，而小官不足者多矣。"已上实录文。

【注释】①蹇义：字宜之，初名瑢，明太祖朱元璋赐名"义"，巴县（今重庆市）人，明初六朝重臣。②春宫：即东宫。太子宫。

【译文】《宣宗实录》记载："明宣宗宣德八年三月二十七日，兼掌管行在所户部事务，礼部尚书胡濙奏请：'文武百官七年分俸钞，每石减旧数折合纸币十五贯，以十分为比率，七分给官员折算成绢帛，每匹核准纸币四百贯；三分折算成丝织物和麻布给官员，每匹核准钞二百贯。'宣宗同意了。胡濙起初建议，与少师蹇义等商量，蹇义等极力认为不可，说：'仁宗皇帝担任太子时间长，十分了解官员折俸的微薄，因此即位后特意增加数倍，这是仁政，怎么可以违背呢。'（永乐二十二年十月十九日，每月增给在京文武官及锦衣卫将军总小旗，米各五斗，杂职及吏同各卫总小旗军力士校尉人等有家属的，米各四斗，没有家属的，各斗五升，以及折合俸粮支钞的部分。）胡濙起初想每石减作十贯，听到蹇义等的话后，就减作十五贯。（按洪熙元年闰七月尹松上奏："官员俸禄以纸钞折换米，四方米价贵贱不同，每石四五十贯的有，六七十贯的也有。”那就是说，当时根据米价折换纸钞。）陈述后施行，然而小官俸禄不足的有很多了。”以上是《宣宗实录》的记载文字。

《大明会典·官员俸给条》云：“每俸一石，该钞二十贯；每钞二百贯，折布一匹。”后又定布一匹折银三钱。是十石之米，折银仅三钱也。正统六年十一月丙辰，“增给在外文武官吏军士俸粮，原定粮一石给钞十五贯，今增十贯为二十五贯”。十二年四月丙辰，“仍减为十五贯”。景泰七年二月甲辰，令折俸钞，每七百贯与白金一两。天顺元年正月壬辰，诏“京官景泰七年折俸钞，俱准给银。从户部奏请，以官库钞少故也”。成化二年三月辛亥，减在京文武官员折俸钞。先是米一石折钞二十五贯，后因户部裁省定为十五贯。至是尚书马昂又奏，每石再省五贯。从之。时钞法久不行，新钞一贯，时估不过十钱，旧钞仅一二钱，甚至积之市肆，过者不顾。以十贯钞折俸一石，则是斗米一钱也。小吏俸薄，无以养廉，莫甚于此。成化七年十月丁丑，户部请以布一匹，准折文武官员俸粮二十石。旧例，两京文武官折色俸粮，上半年给钞，下半年给苏木、胡椒。至是户部尚书杨鼎奏：京库椒、木不足，甲字库多积绵布，以时估计之，阔白布一匹可准钞二百贯，请以布折米。仍视折钞例，每十贯一石。先是折俸钞米一石，钞二十五贯，渐减至十贯。是时钞法不行，钞一贯直二三钱，是米一石仅直钱二三十文。至是又折以布，布一匹，时估不过二三百钱，而折米二十石，则是米一石仅直十四五钱也。自古百官俸禄之薄，未有如此者，后遂为常例。

【译文】《大明会典·官员俸给条》记载："每一石俸禄，应当折合二十贯纸币；每二百贯纸币，折合一匹布。"后来又规定一匹布折合三钱银子。十石的米，仅折合三钱银子。（正统六年十一月二十三日，"增给在外文武官吏军士的俸粮，原定俸粮一石折合纸币十五贯，如今增加十贯为二十五贯"。正统十二年四月二十五日，"俸粮一石减回折合纸币十五贯"。景泰七年二月初五，命令折合俸钞，每七百贯给予白金一两。天顺元年正月二十七日，诏令"京官景泰七年折合的俸钞，全都依数给予俸银。同意户部奏请，因为官库钞缺乏的原因"。成化二年三月初十，减少在京文武官员折合的俸钞。之前米一石折合纸币二十五贯，后因户部裁减定为十五贯。如今尚书马昂又上奏，每石米再裁减五贯。同意马昂奏请。当时纸币法令很久没实行，新的纸币一贯，当时估价不超过十钱，旧的纸币仅值一二钱，甚至堆积在市肆当中，路过的人都不理会。以十贯纸币折合俸禄一石，就是一斗米值一钱。小吏俸禄少，不能养廉，没有比这个更严重。成化七年十月初九，户部请求以布一匹，依数折合文武官员俸粮二十石。旧例，两京文武官的折色俸粮，上半年给予纸币，下半年给予苏木、胡椒。到此户部尚书杨鼎上奏：京库里的苏木、胡椒不够，甲字库大多堆积绵布，以当时估算，阔白布一匹可折合纸币二百贯，请求以布折合米。仍旧依照折合纸币的方法，每十贯折合米一石。之前折合俸钞米一石，纸币二十五贯，渐渐减到十贯。当时纸币法令不实行，纸币一贯价值二三钱，那米一石仅值钱二三十文。到现在又用布来折合，布一匹，当时估价不超过二三百钱，而折合米二十石，那就是米一石仅值十四五钱了。自古以来百官俸禄如此之少的，没有这个情况的，后来居然成为了常态。）

盖国初民间所纳官粮，皆米麦也，或折以钞布；百官所受俸亦米也，或折以钞。其后钞不行，而代以银。于是粮之重者愈重，崇祯中，粮一石至折银二两。而俸之轻者愈轻，其弊在于以钞折米，以布折钞，以银折布，而世莫究其源流也。

【译文】因为立国之初时民间所缴纳的官府税粮，都是米麦，有的折合缴纳纸币、布匹；百官的俸禄也是米麦，有的折合发放纸币。后来纸币不流通，而用银子代替。于是粮食重的更重，（崇祯年间，粮一石多达折银二两。）而俸禄轻的更轻，它的弊端在于用纸币折合米，用布折合纸币，用银子折合布，而世人不能探究它的根源。

正统六年二月戊辰，巡按山东监察御史曹泰奏："臣闻之《书》曰：'凡厥正人[①]，既富方谷'。今在外诸司，文臣去家远任，妻子随行，禄厚者月给米不过三石，薄者一石、二石，又多折钞。九载之间，仰事俯育[②]之资，道路往来之费，亲故问遗[③]之需，满罢闲居之用，其禄不赡，则不免失其所守，而陷于罪者多矣。乞敕廷臣会议，量为增益，俾足养廉。如是而仍有贪污，惩之无赦。"事下行在户部，格以定制，不行。

【注释】①正人：做官长的人。②仰事俯育：亦作“仰事俯畜”“仰事俛畜”，《孟子·梁惠王上》：“是故明君制民之产，必使仰足以事父母，俯足以畜妻子。”后因以“仰事俯畜”谓对上侍奉父母，对下养育妻儿。亦泛指维持全家生活。③问遗：慰劳馈赠。

【译文】正统六年二月初一，巡按山东监察御史曹泰启奏：“微臣听说《尚书》记载：‘凡是那些做官长的人，已经因常禄而富有’。如今在外的众多部门，文臣离家远地就任，妻子儿女同行，俸禄多的一个月发放俸米不超过三石，俸禄少的则是一石、二石，又多是折合纸币。九年之间，奉养父母、养育妻儿的资财，道路往来的花费，亲戚故旧馈赠的财物，满罢闲居的费用，他的俸禄不够，就难免不丧失节操，而犯罪的人多了。乞求敕命朝臣聚会讨论，审度增加俸禄，使得保养廉洁。像这样还仍然有贪污的，处罚他们不能宽免。”事下行在户部，推究拟定制度，但没有施行。

《北梦琐言》：“唐毕相諴，家本寒微，其舅为太湖县伍伯。伍伯即令号杂职行杖者。相国耻之，俾罢此役，为除一官。累遣致意，竟不承命。特除选人杨载宰此邑。参辞日，于私第延坐与语，期为落籍[①]，津送[②]入京。杨令到任，具达台旨[③]。伍伯曰：‘某下贱，岂有外甥为宰相邪？’杨令坚勉之，乃曰：‘某每岁公税[④]享六十缗事例钱[⑤]，盖如今之工食。苟无败阙，终身优渥。不审相公欲为致何官职？’杨令具以闻，相国叹赏，亦然其说，竟不夺其志也。”夫以伍伯之役，而岁六十缗，宜乎台皁[⑥]之微，皆知自重。乃信《汉书》

言："赵广汉[7]奏请，令长安游徼、狱吏秩百石。其后百石吏皆差自重，不敢枉法，妄系留人。"诚清吏之本务。谓贪浇之积习，不可反而廉静者，真不知治体[8]之言矣。

【注释】①落籍：除名。谓从簿籍中除去姓名。②津送：照料护送，资助旅费。③台旨：宋代以后称太守以下官员的意旨为台旨。④公税：官家所收赋税。⑤例钱：按例付给的薪给。⑥皁（zào）：同"皂"。差役。⑦赵广汉：字子都，西汉涿郡蠡吾县（今河北博野县）人，一代名臣。执法不避权贵，疾恶如仇，以强有力的手腕治理治安，处置豪强，京兆为之政清，吏民赞不绝口。⑧治体：治国的纲领、要旨。

【译文】《北梦琐言》记载："唐代宰相毕諴，家道原本寒微，他的舅父是太湖县的伍伯（伍伯就是令号杂职行杖的吏役）。相国觉得羞愧，想使他罢除这个劳役，于是授予他一个官职。多次派人致意，竟然不受命。特地任命候补官员杨载管理这个县。参拜辞行那天，在私人住所请他坐着谈话，希望从簿籍中除名，照料护送进京。杨令到任，完整地传达了宰相的意思。伍伯说：'我身份低微，怎么会有外甥担任宰相呢？'杨令坚持劝勉，伍伯才说：'每年公税我要受用六十缗薪俸，如果没有过失（像如今的工食），待遇终身丰厚。不知道相公想任命我一个什么官职？'杨令把听到的都告诉宰相，相国赞叹称赏，也同意他的说法，终究没有改变他的志向。"伍伯的差役，年俸六十缗，台皁的低微，都知道自重。于是相信《汉书》的记载："赵广汉上奏请求，下令将长安游徼、狱吏的俸禄增加到一百石。后来俸禄一百石的官吏大致都可以自重，不敢枉法，胡乱拘留人。"实在是廉洁官吏的本分事务。说长期形成贪婪刻薄的习惯，不可以返回到谦逊沉静，真是不知道治国纲领的言论了。

助饷

人主之道，在乎不利群臣百姓之有。夫能不利群臣百姓之有，然后群臣百姓亦不利君之有，而府库之财可长保矣。《旧唐书·柳浑[①]传》："浑为宰相，奏故尚书左丞田季羔，公忠正直，先朝名臣，其祖父皆以孝行，旌表[②]门闾，京城隋朝旧第，季羔一家而已。今被堂侄伯强进状请货宅，召市人马，以讨吐蕃。一开此门，恐滋不逞。讨贼自有国计，岂资侥幸之徒。且毁弃义门[③]，亏损风教。望少责罚，亦可惩劝。上可其奏。"夫以德宗好货之主，而犹能听宰相之言，不受伯强之献，后之人君，可以思矣。王明清[⑤]记"高宗建炎二年，有湖州民王永从，献钱五十万缗。上以国用稍集却之，仍诏今后富民，不许陈献。"嗟夫，此宋之所以复存于南渡也与？

【注释】①柳浑：原名柳载，字夷旷，一字惟深。襄州襄阳（今湖北襄阳）人。唐代名相、诗人，南梁左仆射柳惔六世孙。早孤，却力学不辍，善文，与顾况友善。②旌表：表彰。后多指官府为忠孝节义的人立牌坊赐匾额，以示表彰。③义门：旧时为表彰尚义之家而建立的牌坊。④风教：《诗大序》："风，风也，教也。风以动之，教以化之。"后以"风教"指风俗教化。⑤王明清：字仲言，颍州汝阴（今安徽阜阳）人，南宋官员、学者，文学家王铚次子，撰有《挥麈录》。

【译文】君王的法则，在于不贪图群臣百姓的拥有。能不贪图群臣百姓的拥有，然后群臣百姓也不贪图君王的拥有，那么府库的财物就可以长期保有了。《旧唐书·柳浑传》记载："柳浑担任宰相，上奏说前任尚书左丞田季羔，正直尽忠为公，是先帝朝中的名臣，他的祖辈、父辈都由于孝敬的德行，被赏赐匾额、立牌坊，京城中隋朝时候的旧宅，只有田季羔一家而已。现在被堂侄田伯强呈上奏书请求卖掉宅院，招买人马，来讨伐吐蕃。一旦开了这个先例，恐怕会滋生不法之风。讨伐贼寇自有国家安排，怎能依靠图谋侥幸的人呢。况且抛弃表彰尚义的牌坊，损害风俗教化。希望稍加责罚，也可以惩罚劝勉。皇上同意了他的奏议。"唐德宗这样贪爱财物的君主，尚且能接受宰相的意见，不接受田伯强的进献，后代的君王，可以反思了。王明清记载"宋高宗建炎二年，有湖州百姓王永从，献上五十万缗钱。皇上以国家经费稍稍富裕就拒绝了，仍然下诏以后富民，不许进献。"感叹啊，这是宋朝能在南渡后重建的原因吧？

汉武尊卜式[①]以风天下，犹是劝之以爵，今乃怵之以威。戚畹[②]之家，常惴惴不自保，而署其门曰"此房实卖"。都城之中，十室而五，其不祥孰甚焉。《南唐书》言：后主[③]之世，以铁钱六权铜钱四而行。至其末年，铜钱一直铁钱十。比国亡，诸郡所积铜钱六十七万缗。呜呼！此所谓府库财非其财者矣。贼犯京师，史公可法[④]为南京兵部尚书，军饷告绌，乃传檄募富人出财助国。其略曰："亲郊[⑤]乃雍容之事，唐宗尚有崇韬[⑥]；出塞本徼幸[⑦]之图，汉武尚逢卜式。"桐城诸生姚士晋[⑧]之辞也。然百姓终莫肯输财佐县官。而神京沦丧，殆于孟子所谓"委而去之"者，虽多财奚益哉！

【注释】①卜式：河南郡（今河南洛阳）人，西汉时期官员。因出资赞助朝廷拜其为中郎，赐爵左庶长，后拜为齐王太傅，又转任为丞相。②戚畹：犹戚里。帝王外戚聚居的地方。③后主：即南唐后主李煜，南唐中主李璟第六子，初名从嘉，字重光，号钟隐、莲峰居士，祖籍彭城（今江苏徐州），南唐最后一位国君。世称南唐后主、李后主。李煜精书法、工绘画、通音律，诗文均有一定造诣，尤以词的成就最高。④史公可法：即史可法，字宪之，号道邻，明末抗清名将、民族英雄，河南省开封府祥符县人（今河南开封）。史可法死后南明朝廷谥之为“忠靖”。清追谥为“忠正”。⑤亲郊：帝王亲出郊祀。⑥唐宗：即后唐庄宗李存勖（xù），小字亚子，代北沙陀人，生于晋阳（今山西太原），唐末五代军事家，后唐开国皇帝，晋王李克用之子。崇韬：即郭崇韬，字安时，代州雁门（今山西代县）人。五代十国时期后唐宰相、名将、军事家、战略家。⑦儌幸：儌，通“侥”。作非分企求。⑧姚士晋：字休那，原名士晋，明末清初江南桐城人。明万历诸生。明末参史可法军谋，为草奏议书檄。有才华，识见超人，学术长于史事。

【译文】汉武帝尊卜式为长者用来教化天下，还用爵位来勉励他，如今却是用威势来恐吓。外戚之家，常常害怕不能保全自己，而在门上签署“此房实卖”的文字。都城之中，十室有五室是这样，哪个不吉利比这严重呢。《南唐书》记载：李后主时期，用铁钱六份衡量铜钱四份而流通。到了末年，铜钱一份相当铁钱十份。等到南唐国亡，众多郡县所积存的铜钱有六十七万缗。呜呼！这就是所谓的国库财物不是拥有者的财物了。贼寇进犯京师，史可法担任南京兵部尚书，军饷出现不足，于是传布檄文征求富人拿出财物帮助国家。《明季南略》记载：“亲郊乃是雍容的事，后唐庄宗尚且有郭崇韬；出塞原本有儌幸的谋划，汉武帝尚且遇到卜式。”是桐城诸生姚士晋起草的辞文。然而百姓终归不肯献纳资财帮助县令。从而导致帝都沦陷，大概是孟子所说的“放弃并且离开”，即使财物多又有什么益处呢！

洪武十五年七月，堂邑民有掘得黄金者，有司以进于朝。上曰：“民得金而朕有之，甚无谓也。”命归之民。《实录》。天启初，“辽事[1]告急，有议及捐助者，朝论以为教猱升木[2]。而六年十二月，兵部主事詹以晋疏请：灵鹫废寺，所存田亩变价助工。奉旨：詹以晋垂涎贱价，规夺寺业，可削籍为民，仍令自行修理寺宇。田有变佃为民业者，责令赎还本寺，以为言利锱铢[3]之戒。”以权奄之世，而下有此论，上有此旨，亦三代直道[4]之犹存矣。

【注释】①辽事：明末于辽东防御女真入侵之事。②教猱升木：意为教猴子爬树。比喻指使坏人干坏事。猱，猴子的一种。③锱铢：微利，极少的钱。④直道：犹正道。指确当的道理、准则。

【译文】洪武十五年七月，堂邑镇百姓中有人掘得黄金，官员进献给朝廷。皇帝说：“百姓掘得黄金而朕拥有，非常没有意义。”下令归还给百姓。（《太祖实录》。）天启初年，“辽东战事情况紧急，有人谈论捐助军饷，朝廷上的议论认为这是教唆坏人干坏事。到了天启六年十二月，兵部主事詹以晋上疏奏请：灵鹫寺破败，所存的田地变价卖了来重修寺庙。承顺皇帝旨命：詹以晋极想低价，谋划侵夺寺庙产业，应该革职为民，仍然下令自行修理寺宇。寺庙田地由于租种而成为百姓产业的，责令赎还寺庙，作为斤斤计较利益的警戒。”在那宦官专权时代，而臣下有这样的奏论，君上有这样的旨意，也是三代正道仍然保留的证据了。

馆舍

读孙樵[①]《书褒城驿壁》，乃知其有沼、有鱼、有舟。读杜子美《秦州杂诗》，又知其驿之有池、有林，有竹。今之驿舍，殆于隶人之垣矣。予见天下州之为唐旧治者，其城郭必皆宽广，街道必皆正直；廨舍之为唐旧创者，其基址必皆宏敞。宋以下所置，时弥近者制弥陋。此又樵记中所谓州县皆驿，而人情之苟且，十百于前代矣。

【注释】①孙樵：字可之（《文献通考》作隐之），关东人。晚唐著名文学家。所做古文，刻意求新，自称是韩愈的四传弟子。

【译文】阅读孙樵的《书褒城驿壁》，才知道有沼、有鱼、有舟。阅读杜甫（字子美）的《秦州杂诗》，又知道驿站有池、有林，有竹。如今的驿站，大概是隶人的官署。我看见天下州县恢复成唐代原来的规模，城郭必定都是宽阔、广大的，街道必定都是不偏斜、不弯曲的；官署恢复为唐代旧创的，基址必定都是高大宽敞的。宋代以下所设置的，时代更加近的定制更加简陋。这又是孙樵记载中所说的州县都是驿馆，而人情的敷衍了事，十倍、百倍于前代了。

今日所以百事皆废者，正缘国家取州县之财，纤毫尽归之于上，而吏与民交困，遂无以为修举之资。延陵季子[1]游于晋，曰："吾入其都，新室恶而故室美，新墙卑而故墙高，吾是以知其民力之屈也。"《说苑》。又不独人情之苟且也。

【注释】①延陵季子：即季札，春秋时吴王寿梦第四子，称公子札。

【译文】现在各种事务都荒废的原因，正是由于国家收取州县的财物，一分一毫都上交到朝廷，使得官吏与百姓一齐陷入困境，于是没有作为修补的资金。延陵季子到晋国游历，说："我进入晋国国都，看到新的房舍不好而旧的房舍美好，新建的城墙低而原来的城墙高，我因此知道晋国民力的不足。"又不只是人情敷衍了事的原因。

汉制，官寺乡亭漏败[1]，墙垣阤坏[2]不治者，不胜任，先自劾。古人所以百废具举者以此。

【注释】①漏败：简陋破败。漏，通"陋"。②阤（tuó）坏：倒塌损坏。

【译文】汉代的制度，官署、乡中公舍简陋破败，墙垣倒塌损坏不修整的，不能担任，先检举自己的过失。古人各种废置的事情都兴起的原因在于此。

街道

古之王者，于国中之道路，则有条狼氏涤除道上之狼扈[1]，而使之洁清。于郊外之道路，则有野庐氏[2]达之四畿，合方氏[3]达之天下，使之津梁相凑，不得陷绝。而又有遂师[4]以“巡其道修”，候人[5]以“掌其方之道治”。至于司险[6]“掌九州之图，以周知其山林川泽之阻，而达其道路”。则舟车所至，人力所通，无不荡荡平平者矣。晋文之霸也，亦曰：“司空以时平易道路。”而道路若塞，川无舟梁，单子以卜陈灵[7]之亡。自天街不正，王路倾危，涂潦遍于郊关[8]，污秽钟于辇毂。《诗》曰：“周道如砥，其直如矢。君子所履，小人所视，睠[9]言顾之，潸焉出涕。”其斯之谓与。

【注释】①条狼氏：《周礼》官名。掌清除道路，驱避行人。条，当为涤器之涤。狼扈：纵横散乱貌；指散乱之物。②野庐氏：周代官名，掌管交通、庐舍、道禁等。③合方氏：周代官名。掌管修通四方道路，流通财利，统一度量衡，消除怨恶等事。④遂师：周代官名。地官之属。佐遂人掌管政令戒禁。⑤候人：古代掌管整治道路稽查奸盗，或迎送宾客的官员。⑥司险：古代官名，出于《周礼》。《周礼》谓夏官司马的所属有司险，掌九州（指天下土地）图籍。⑦单子：即单襄公，名朝，周定王的卿士，擅长预言。陈灵：即陈灵公，妫姓，陈氏，名平国，陈共公之子，陈成公之父。为人轻佻惰慢，绝无威仪。且又耽于酒色，逐于游戏。⑧涂潦：犹行潦。谓道路泥泞积水。郊关：四郊之门。古代城邑四郊起拱卫防御作用的关门。⑨睠（juàn）：同“眷”。顾念，爱恋。

【译文】古时候的君王，对于王城内的道路，则有条狼氏涤除道上的散乱之物，而使道路清洁。对于城外的道路，则有野庐氏畅达四境，合方氏畅达天下，使得渡口桥梁会合，不至于断绝来往。而又有遂师“巡视所修整的道路”，候人“掌管所分管道路的治安”。

至于司险“掌管天下土地的图籍，以遍知山林川泽的阻碍，而通达道路”。那么舟车所至，人力所通，没有不荡荡平平的。晋文公为霸主时，也说：“司空按时平整道路。”而道路闭塞，河流没有船和桥，单襄公占卜推测陈灵公的灭亡。从京城中的街道不正，通往朝廷的道路倾覆，道路泥泞遍于四郊之门，污秽集中于京城。《诗经》记载：“大路像磨刀石那样平坦，像射出的弓箭一样笔直。王公贵族可以来往，平民百姓只能空注视，我顾念回想起这些事，情不自禁地流下眼泪。”说的就是这些情况吧。

《说苑》：“楚庄王[①]伐陈，舍于有萧氏。谓路室之人曰：‘巷其不善乎，何沟之不浚也。’”以庄王之霸，而留意于一巷之沟，此以知其勤民也。

【注释】①楚庄王：又称荆庄王（出土战国楚简作臧王），芈姓，熊氏，名旅（一作侣、吕），楚穆王之子，春秋时期楚国国君，谥号庄，春秋五霸之一。

【译文】《说苑》记载：“楚庄王讨伐陈国，居住在有萧氏。对于客舍的人说：‘街巷有不好吗，为什么水沟不疏通。’”楚庄王称霸，而留意于一个街巷的水沟，由这知道他尽心民事。

后唐明宗长兴元年正月，宗正少卿李延祚奏，请止绝车牛，不许于天津桥来往。明制，两京有街道官，官车牛不许入城。

【译文】后唐明宗长兴元年正月，宗正少卿李延祚上奏，请求禁绝牛车，不允许在天津桥来往。明代的制度，北京、南京设有街道官，官车牛车不允许进入王城。

官树

《周礼·野庐氏》：“比国郊[1]及野之道路，宿息井树[2]。”《国语》单襄公述周制以告王曰：“列树以表道，立鄙食[3]以守路。”《释名》曰：“古者列树以表道，道有夹沟以通水潦[4]。”古人于官道之旁，必皆种树以记里至，以荫行旅。是以南土之棠，召伯所茇[5]；道周之杜，君子来游。固已宣美风谣，流恩后嗣。子路[6]治蒲，树木甚茂；子产[7]相郑，桃李垂街。下至隋唐之代，而官槐官柳，亦多见之诗篇，犹是人存政举之效。近代政废法弛，任人斫伐，周道如砥，若彼濯濯[8]，而官无勿翦[9]之思，民鲜侯甸之芘矣。《续汉·百官志》：“将作大匠，掌修作宗庙、路寝[10]、宫室、陵园、土木之功，并树桐梓之类，列于道侧。”是昔人固有专职。《三辅黄图》：“长安御沟谓之杨沟，谓植高杨于其上也。”

【注释】①国郊：古指国都周围百里的地区，分近郊和远郊。②宿息：上古称宾客于道路休息住宿之处。井树：井与树荫，借指饮食休息的地方。③鄙食：周制，王城郊外四鄙之地，十里设“庐”，供行人饮食，称“鄙食”。④水潦：因雨水过多而积在田地里的水或流于地面的水。⑤召（shào）伯：即召公，名姬奭（shì），又称召伯，也称召康公、召公。周文王姬昌的庶子，周武王姬发、周公姬旦的异母兄弟。先辅佐父兄消灭了商纣，建立了周朝，继之又辅佐成王姬诵和康王姬钊，创建了“四十年刑措不用”的“成康盛世”，为周朝打下了延续八百二十五年的坚实基础。茇（bá）：在草舍住宿。⑥子路：即仲由，字子路，又字季路，鲁国卞之野（今山东临沂）人。“孔门十哲”之一、“二十四孝”之一，“孔门七十二贤”之一。⑦子产：春秋时期著名政治家、思想家。姬姓，公孙氏，名侨，字子产，又字子美，谥成。⑧濯濯：山无草木，光秃秃的。⑨勿翦：典出《诗·召南·甘棠》：“蔽芾甘棠，勿翦勿伐，召伯所茇。”召伯有德政，人民爱之，不忍拔除召伯曾在其荫下休息的甘棠树。后以“勿翦”指德政。⑩路寝：古代天子、诸侯的正厅。

【译文】《周礼·野庐氏》记载：“巡视检查国郊以及郊野的道路，宿息井树。”《国语》单襄公叙述周朝的制度告诉周定王说：“成行的栽种树木来标明道路及里程，在郊外提供饮食来款待旅客。”《释名》记载：“古时候成行的栽种树木来标明道路及路程，道路上有夹沟来疏通积水。”古人在官府修筑的道路旁边，必定都种树用来标记里程，为旅客提供树荫。因此南方地区的甘棠树，是召伯居住的地方；路旁的杜梨树，君子来游历。本来已经宣扬教化使风俗淳美、反映风土民情的歌谣，流传恩情给后代子孙。子路治理蒲邑，树木非常茂盛；子产担任郑国相国，桃李下垂到街道。下到隋唐时期，而官槐官柳，也多出现在诗篇中，依旧是人存政举的功用。近代政治荒废、法令松懈，树木随人斫伐，大路像磨刀石一样平坦，变得那样光秃秃的，而官员没有勿翦般德政的想法，百姓少有浓郁树荫的荫庇了。《后汉书·百官志》记载：“将作大匠，掌管修作宗庙、路寝、宫室、陵园、土木的工程，以及种植桐木与梓木之类，排列在路旁。”这是古人原本就有专职。（《三辅黄图》：“长安御沟称为杨沟，是说在沟岸上种植高杨。”）

《后周书·韦孝宽传》：“为雍州刺史，先是路侧一里置一土堠[①]经雨颓毁，每须修之。自孝宽临州，乃勒部内当堠处，植槐树代之，既免修复，行旅又得芘荫。周文帝[②]后问知之，曰：‘岂得一州独尔，当令天下同之。’于是令诸州夹道一里种一树，十里种三树，百里种五树焉。”唐王维诗云：“槐阴阴，到潼关。”《册府元龟》：“唐玄宗开元二十八年正月，于两京路及城中苑内种果树。郑审有《奉使巡简两京路种果树事毕入奏》诗。代宗永泰二年正月，种城内六街树。”《中朝故事》曰：“天街两畔槐木，俗号为槐衙。曲江池畔多柳，亦号为柳衙。以其成行排立也。”韦应物诗云：“垂杨十二衢，隐映金张室。”《旧唐书·吴凑传》：“官街树缺，所司植榆以补之。凑曰：‘榆非九衢[③]，之玩，命易之以槐。’及槐阴成，而凑卒，人指树而怀之。”《周礼·朝士》注曰：“槐之言怀也，怀来人于此。”《淮南子》注同。然则今日之官，其无可怀之政也久矣。

【注释】①土堠（hòu）：亦作“土候”。古代记里程的土堆。②周文帝：即宇文泰，字黑獭（一作黑泰），代郡武川（今内蒙古武川）人，鲜卑族，南北朝时期杰出的军事家、军事改革家、统帅，西魏的实际掌权者，亦是北周政权的奠基者。追谥曰文皇帝，庙号太祖。③九衢：纵横交叉的大道，繁华的街市。

【译文】《后周书·韦孝宽传》记载：“韦孝宽担任雍州刺史，之前是在路旁的一里处设置一个标记里程的土堆，经受雨水的毁坏，每次必须修整。自从韦孝宽来到雍州，就统率部内正当土堆处，种植槐树代替，既避免了修复，旅客又得荫庇。周文帝后来询问知道了，说：‘怎么可以一个州单独这样，应当下令天下都一样。’于是诏令各州在道路两旁每隔一里种一棵树，十里种三棵树，百里种五棵树。”（唐代王维在《送李睢阳》这样说：“槐阴阴，到潼关。”）《册府元龟》记载：“唐玄宗开元二十八年正月，在长安、洛阳的道路以及王城中苑内种植果树。（郑审有《奉使巡简两京路种果树事毕入奏》诗。）唐代宗永泰二年正月，在城内六街种树。”（《中朝故事》当中说：“天街两旁有槐木，通常称为槐衙。曲江池畔多柳树，亦被称为柳衙。因为它们成行成排立在那里。”韦应物有句诗说：“垂杨十二衢，隐映金张室。”）《旧唐书·吴凑传》记载：“都市中的大街树有缺失，主管的官吏种植榆树补充。吴凑说：‘榆树不适宜繁华街市的观赏，下令改换成槐树。’等到槐树成荫，而吴凑去世了，人们指着槐树怀念他。”《周礼·朝士》注解说：“槐树是怀念的意思，怀念来人在这里。”（《淮南子》注解也与之相同。）然而现在的官吏，没有可以怀念的德政很久了。

桥 梁

《唐六典》：“凡天下造舟之梁四，河则蒲津、太阳、河阳，雒则孝义。石柱之梁四，雒则天津、永济、中桥，灞则灞桥。木柱之梁三，皆渭水：便桥、中渭桥，东渭桥。巨梁十有一，皆国工[①]修之。此举京都之冲要。其余皆所管州县随时营葺[②]。其大津无梁，皆给船人，量其大小难易，以定其差等。”今畿甸[3]荒芜，桥梁废坏，雄、莫之间，秋水时至，年年隐绝，曳轮招舟，无赖之徒，借以为利。潞河渡子，勒索客钱，至烦章劾[4]。司空不修，长吏不问，亦已久矣。成化八年九月丙申，“顺天府府尹李裕言：‘本府津渡之处，每岁水涨及天气寒冱，官司修造渡船，以便往来。近为无赖之徒，冒贵戚名色，私造渡船，勒取往来人财物，深为民害。乞敕巡按御史严为禁止。’从之。”况于边陲[5]之远，能望如赵充国治湟陿以西道桥七十所，令可至鲜水，从枕席上过师哉？《五代史》：“王周[6]为义武节度使，定州桥坏，覆民租车[7]。周曰：‘桥梁不修，刺史过也。’乃偿民粟，为治其桥。”此又当今有司之所愧也。

【注释】①国工：一国当中技艺特别高超的人。②营葺（qì）：亦作“营缉”。修建，修缮。③畿甸：指京城地区。④章劾：章以谢恩，奏以按劾。⑤边陲：亦作“边垂”。亦作“边埵”。犹边境。⑥王周：魏州人，五代节度使。历仕后唐、后晋、后汉三朝。⑦租车：输纳租赋的车辆。

【译文】《唐六典》记载：“凡是天下把船并起来的舟梁四座（黄河有蒲津、太阳、河阳，雒水则有孝义），石柱梁四座（雒水有天津、永济、中桥，灞水则有灞桥），木柱梁三座（都是渭水的：便桥、中渭桥，东渭桥），巨梁十一座，都是由国工修整。（这里举例京城的交通要地。）其余都由管辖的州县随时修缮。大渡口没有桥梁的地方，都安排船夫，审度大小难易，来确定等级。”如今京城地区荒芜，桥梁废坏，雄州、莫州之间，秋天的雨水按照时令到来，年年隐没断绝，拉着轮子、摇动船只，撒泼放刁的人，凭借着谋取利益。潞水摆渡的船夫，索取船客的钱财，以致章劾接连不断。司空不修缮，长吏不过问，也已经很久了。（成化八年九月初三，“顺天府府尹李裕建议：‘本府渡口的地方，每年水涨以及极寒天气时候，官府修造渡船，以便百姓往来。最近被无赖之徒，冒充皇亲国戚的名义，私自修造渡船，勒索来往之人的财物，成为一方百姓的祸害。请求下令巡按御史严加禁止。’明宪宗同意请求。”）何况在边境的远地，能指望像赵充国整治湟陿以西道路上的七十座桥梁那样，使得可以到达鲜水，行军就像跨过枕席一样容易吗?《五代史》记载：“王周担任义武节度使，定州桥毁坏，倾覆了百姓输纳租赋的车辆。王周说：‘桥梁没有修整，是刺史的过错。’于是补偿百姓的粟米，修治定州桥。”这又是现在主管官员应该惭愧的事情。

人聚

太史公言：“汉文帝时，人民乐业，因其欲，然能不扰乱，故百姓遂安，自六七十翁，亦未尝至市井[①]。”《史记·律书》。“刘宠[②]为会稽太守，狗不夜吠，民不见吏，庞眉皓发之老，未尝识郡朝。”《后汉书·循吏传》。史之所称，其遗风犹可想见。唐自开元全盛之日，姚、宋[③]作相，海内升平。元稹诗云：“戍烟[④]生不见，村竖[⑤]老犹纯。”此唐之所以盛也。至大历以后，四方多事，赋役繁兴，而小民奔走，官府日不暇给。元结[⑥]作《时化》之篇，谓：“人民为征赋所伤，州里化为祸邸。”此唐之所以衰也。宋熙宁中行新法，苏轼在杭州作诗曰：“赢得儿童语音好，一年强半在城中。”衰敝之政，自古一辙。予少时见山野之氓，有白首不见官长，安于畎亩，不至城中者。洎于末造，役繁讼多，终岁之功，半在官府，而小民有“家有二顷田，头枕衙门眠”之谚。见《曹县志》。已而山有负隅，林多伏莽，遂舍其田园，徙于城郭。又一变而求名之士，诉枉之人，悉至京师，辇毂之间，易于郊坰之路矣。锥刀之末，将尽争之，五十年来，风俗遂至于此。今将静百姓之心，而改其行，必在制民之产，使之甘其食，美其服，而后教化可行，风俗可善乎？

【注释】①市井：古代城邑中集中买卖货物的场所。②刘宠：字祖荣，东莱牟平（今山东烟台）人。东汉时期宗室、大臣，西汉齐悼惠王刘肥之后。为政因仁爱惠民而受到吏民的爱戴。多次任卿相要官，但清廉朴素，家里没有多少资财。而他的清廉事迹也影响后世，被称为“一钱太守”“二十四廉”之一。③姚：姚崇和宋璟的合称。姚崇：本名元崇，字元之，陕州硖石（今河南陕县）人，祖籍吴兴（今浙江湖州），唐代著名政治家，嶲（xī）州都督姚懿之子。姚崇文武双全，被称为救时宰相。与房玄龄、杜如晦、宋璟并称唐朝四大贤相。宋璟：字广平，邢州南和（今河北邢台）人。唐朝名相，北魏吏部尚书宋弁七世孙。一生为振兴大唐励精图治，与姚崇同心协力，辅佐唐玄宗开创“开元盛世”。④戍烟：边塞守军的炊烟。⑤村竖：村童，指粗俗的年轻人。⑥元结：字次山，号漫叟、聱叟、浪士、漫郎，唐代道家学者。原籍河南（今河南洛阳），后迁鲁山（今河南鲁山）。

【译文】太史公司马迁记载：“汉文帝时期，人民愉快地从事本职工作，顺着他们的意愿，然而能够不加扰乱，所以百姓就安定了，从六七十岁的老翁，也没有到过集市中。”（《史记·律书》。）“刘宠担任会稽太守，狗不在晚上叫，百姓看不见官吏，眉发花白的老人，没有见过郡守。”(《后汉书·循吏传》。)史书所赞扬的，遗留下来的风俗教化仍然可以想见。唐玄宗开元盛世时，姚崇、宋璟担任宰相，国内太平。元稹诗记载：“戍烟生不见，村竖老犹纯。”这是唐代兴盛的原因。到唐代宗大历年间以后，天下处在多事之秋中，赋税徭役兴起甚多，而百姓到处流亡，官府的事情来不及做完。元结创作《时化》篇记载：“人民被赋税所伤害，州里变成灾祸集中的地方。”这是唐代衰弱的原因。(宋神宗熙宁年间实行新法，苏轼在杭州作《山村五绝》说：“赢得儿童语音好，一年强半在城中。”衰落的政治，自古以后如出一辙。)我年少时看见山野的平民，有年老没有看见官长，安心在田野间，不到城内的。到了崇祯末期，赋役、争讼繁多，一年的收成，一半上交到官府，而百姓有“家有二顷田，头枕衙门眠”的谚语。(在《曹县志》有记载。)后来山上有盗贼，林中多匪寇，于是舍弃田园，迁徙到城郭。一夜之间变化而追求美名的士人，诉说冤枉的人，全部到达京师，京城之间，变成郊外的道路了。小事微利，都尽力争夺，五十年来，风俗就变成这样。如今将要平静百姓的心，而改变他们的行为，一定在于规划百姓的产业，使他们觉得食物甘甜，衣服华美，然后政教风化可以实行，风俗可以变好。

人聚于乡而治，聚于城而乱。聚于乡，则土地辟，田野治，欲民之无恒心①，不可得也。聚于城，则徭役繁，狱讼多，欲民之有恒心，不可得也。

【注释】①恒心：常存的善心。

【译文】人们聚集在乡间就得到管理，聚集在城中就会混乱。聚集在乡间，则土地开辟，田野得到治理，想让百姓没有固定的道德标准，是做不到的。聚集在城中，则徭役繁重，诉讼增多，想让百姓有固定的道德标准，是做不到的。

昔在神宗之世，一人无为，四海少事。郡县之人，其至京师者，大抵通籍[①]之官，其仆从亦不过三四；下此即一二举贡，与白粮解户[②]而已。盖几于古之所谓"道路罕行，市朝生草"。《盐铁论》。彼其时，岂无山人游客，干请公卿，而各挟一艺，未至多人，衣食所须，其求易给。自东事既兴，广行召募，杂流[③]之士，哆口谈兵，九门之中，填馗[④]溢巷。至于封章[⑤]自荐，投匦[⑥]告密，甚者内结貂珰，上窥颦笑，而人主之威福，且有不行者矣。《诗》曰："我生之初，尚无为；我生之后，逢此百罹。"兴言及此，每辄为之流涕。

欲清辇毂之道，在使民各聚于其乡始。

【注释】①通籍：亦作"通藉"。记名于门籍，可以进出宫门。②白粮：明清时在江南五府所征供宫廷和京师官员用的漕粮。解户：解纳钱粮的差役。③杂流：古代非正途出身的杂职官吏、小官吏。④馗：同"逵"。通各方的道路。⑤封章：言机密事之章奏皆用皂囊重封以进，故名封章。亦称封事。⑥投匦：亦作"投匮"。唐武则天时铸制铜匦四个，列置于朝堂上，受纳上书。见《新唐书·百官志二》。后以"投匦"谓臣民向皇帝上书。

【译文】以前在明神宗时期，无为而治，四海少有事故。郡县的人，到京师的，大多是进出宫门的官员，官员的仆从也不超过三四人；除此之外就是一二举人、贡生，与白粮解户而已。大概是古时候所说的“少有人行走，以至于通往市场和朝廷的道路都长草了”。（《盐铁论》。）那个时候，难道没有山人游客，请托公卿，而各自倚仗一门技艺，未至多人，衣食需求容易提供。自从东事兴起，广泛施行招募，杂流之士，张嘴谈论军事，九门之中，填满各方的道路、充溢巷道。至于封章自己推荐自己，投匭告发他人，甚至对内勾结近臣、宦官，在上窥探喜怒哀乐的情感，而君主的赏罚之权，尚且有不能施行的。《诗经》记载：“我出生的时候，天下尚且太平无事；我长大之后，遭逢这种种不幸。”讲到这里，每次都为之流泪。

想要京城的道路清净，在于使百姓聚集在各自的乡野开始。

访恶

尹翁归[①]为右扶风，县县收取黠吏豪民，案致[②]其罪，高至于死。“收取人”必于秋冬课吏[③]大会中，及出行县，不以无事时。其有所取也，以一警百，吏民皆服，恐惧，改行自新。所谓“收取人”，即今巡按御史之访察恶人也。武断之豪，舞文之吏，主讼之师，皆得而访察之。及乎浊乱之时，遂借此为罔民之事。矫其敝者，乃并访察而停之，无异因噎而废食矣。

【注释】①尹翁归：字子兄，河东平阳（今山西临汾）人。西汉时代一位干练而又廉洁的官吏。②案致：审查而确立。③课吏：考核官吏的政绩。

【译文】尹翁归担任右扶风，各县抓捕奸黠的官吏、有财有势的罪人，审查而确立他们的罪行，最高到死刑。“抓捕罪人”必定在秋冬考核官吏政绩的大会中，以及出外巡视各县时，不在没有事情的时候。抓捕罪人，目的在于以一警百，官吏和百姓都信服，因为恐惧进而改行自新。所谓的“抓捕罪人”，就是如今巡按御史的访察坏人。以权势独断独行的豪强，玩弄文字的官吏，主持诉讼的讼师，都抓捕而访察他们。到了贪赃枉法的混乱时代，就凭借这些做欺骗陷害百姓的事。纠正损害的，就也一并访察而停止，与因噎废食没有差别了。

《传》曰：“子产问政于然明[①]，对曰：‘视民如子，见不仁者诛之，如鹰鹯[②]之逐鸟雀也。’是故诛不仁，所以子其民也。”

【注释】①然明：鬷（zōng）氏，名蔑，字然明，又称鬷明。春秋时期郑国大夫，智者。②鹯（zhān）：鹞类猛禽。亦称“晨风”。

【译文】《左传》记载：“子产向然明询问政事，然明回答说：‘看待百姓像儿子一样，见到不仁的人就诛杀他，如同鹰鹯追逐鸟雀。’所以诛杀不仁的人，是用来像对待儿子那样看待百姓的。”

《说苑》：“董安于治晋阳，问政于蹇老。蹇老曰：‘曰忠、曰信、曰敢。’董安于曰：‘安忠乎？’曰：‘忠于主。’曰：‘安信乎？’曰：信于令。’曰：‘安敢乎？’曰：‘敢于不善人。’董安于曰：‘此三者足。’”

《盐铁论》曰：“水有猵狙[①]，池鱼劳，国有强御，齐民消。”

【注释】①猵（biān）狙：兽名。一名獦牂（gé zāng），似猿而狗头，喜与雌猿交。

【译文】《说苑》：“董安于管理晋阳，向蹇老询问政事。蹇老说：‘忠诚、信用、果敢。’董安于说：‘怎样才能忠诚呢？’蹇老说：‘忠于君主。’董安于说：‘怎样才能守信用呢？’蹇老说：‘政令要讲信用。’董安于说：‘怎样才能果敢呢？’蹇老说：‘敢于不用无才无德的人。’董安于说：‘这三种已经足够了。’”

《盐铁论》记载：“池塘里有猵狙，池中的鱼就不得安宁，国家有豪强恶霸，平民就吃尽苦头。”

盗贼课

《史记·酷吏传》：“武帝作《沈命法》，曰：‘群盗起，不发觉，发觉而捕弗满品者，二千石以下至小吏，主者皆死。’其小吏畏诛，虽有盗不敢发，恐不能得，坐课[①]累府，府亦使其不言，故盗贼寖多，上下相为匿，以文辞避法焉。”此汉世所名为盗贼课，而为法之敝，已尽此数言中矣。《汉书》言：“张敞为山阳太守，勃海、胶东，盗贼并起，上书自请治之，言山阳郡户九万三千，口五十万，以上讫计盗贼未得者七十七人。《汉纪》作“十七人”。他课诸事亦略如此。久处闲郡，愿徙治剧[②]。”夫未得之盗，犹有七十七人，而以为郡内清治。《纪》云：敞为太守，郡内清治。岂非宣帝之用法，宽于武帝时乎？然武帝之末，至大盗群起，遣绣衣之使，持斧断[③]

斩于郡国，乃能胜之。而宣帝之世，带牛佩犊[4]之徒，皆驱之归于南亩，卒之吏称其职，民安其业。是则治天下之道，有不恃法而行者，未可与刀笔筐箧[5]之士议也。

【注释】①坐课：上级考核。②治剧：意思是谓处理繁重难办的事务。③斧断：汉武帝曾遣直指使者暴胜之等衣绣衣、持斧至各地巡察执法，后因称京外高级官员执法断案为斧断。④带牛佩犊：原指汉宣帝时渤海太守龚遂诱使持刀剑起义的农民放弃武装斗争而从事耕种。后比喻改业归农。⑤刀笔：古代书写工具。古时书写于竹简，有误则用刀削去重写。筐箧：用竹枝等编制的狭长形箱子。

【译文】《史记·酷吏传》记载："汉武帝颁布《沈命法》，说：'群盗产生，而官吏没有发觉，或者发觉却没有捕捉到规定的数量，俸禄二千石以下到小的官吏，主持此事的人都要处死。'小官吏害怕被诛杀，即使有盗贼也不敢揭发，担心抓捕不到，考核连累上级官府，上级官府也让他们不要上报，因此盗贼逐渐增多，上下相互隐匿，玩弄文辞，逃避法律制裁。"这就是汉代所命名的盗贼课，而制定法律的弊端，已经全部在这几句话中了。《汉书》记载："张敞担任山阳太守，勃海、胶东，盗贼一起发生，上书请求自己去治理，说臣下管辖的山阳郡有九万三千户，人口五十万以上，目前总计没有捕获的盗贼有七十七人。(《汉纪》写作"十七人"。)其他各项政务考核也大概是这样。臣下长久处在太平的州郡，请愿迁徙处理繁重难办的事务。"没有捕获的盗贼，仍然有七十七人，却认为郡内治绩清明。(《纪》云：张敞为太守，郡内清平繁荣。)难道不是汉宣帝运用刑法，比汉武帝时期宽缓吗？然而汉武帝末期，大盗一同兴起，派遣绣衣使者，在郡国手持斧断斩杀，才能除尽。而汉宣帝时期，改行从事耕种的人，都驱散回归到田地中，最终官吏称职，百姓安于本业。因此治理天下的办法，有不依恃律法而做到的，未必可以与掌管文案、研究呆板学问的人讨论。

《后汉书·光武纪》："建武十六年，郡国群盗，处处并起，攻劫在所，害杀长吏。郡县追讨，到则解散，去复屯结，青、徐、幽、冀四州尤甚。上乃遣使者下郡国，听群盗自相纠缠，五人共斩一人者，除其罪。吏虽逗留回避，故纵者皆勿问，听以禽讨[①]为效。其牧守令长坐界内盗贼而不收捕者，及以畏懦捐城委守者，皆不以为负，但取获贼多为殿最。注：殿，后也，谓课居后也。最，凡要之首也，谓课居先也。唯蔽匿者乃罪之。于是更相追捕，贼并解散，徙其魁帅[②]于他郡，赋田受禀，使安生业。自是牛马放牧，邑门不闭。"光武精于吏事，故其治盗之方如此。天下之事，得之于疏，而失之于密，大抵皆然，又岂独盗贼课哉！

【注释】①禽讨：捕捉诛戮。②魁帅：主将，首领。常含贬义。

【译文】《后汉书·光武纪》记载："建武十六年，郡国群盗，各处一并兴起，攻击掠夺郡国所在地，杀害地方长官。郡县组织追赶讨伐，官兵到了盗贼就解散，离开后就再次集结，青州、徐州、幽州、冀州尤其严重。皇帝于是派遣使者进入郡国，听任群盗相互纠缠，五个人共同斩杀一个人，免除他们的罪行。管吏即使畏怯、逗留、回避，故意放纵的也一概不追究，听任他们擒贼、讨贼立功。州牧、郡守、县令、县长在所辖界内有盗贼而不抓捕，以及因为畏惧懦弱舍弃城池、委弃职守的，都不予以处罚，只以捕获盗贼的多少划分等级。（注：殿，是落后的意思，是说考核排在后面的意思。最，是各种事务名列前茅的意思，是说考核排在前面的意思。）只对窝藏罪犯的人处罚。于是相继追查搜捕，盗贼一并解散，把他们的首领迁徙到其他郡国，给他们提供土地、粮食，使他们安心从事耕种。从此牛马放牧后不用牵回，城门不用关闭。”光武帝精通刑狱之事，所以他整治盗贼的方法是这样。天下间的事，正确做法在于宽松，而错误做法在于紧密，大多都是这样，又何止是盗贼课呢！

禁兵器

王莽始建国二年，禁民不得挟弩铠，徙西海。隋炀帝大业五年制：“民间铁叉、搭钩、穳[①]刃之类，皆禁绝之。”寻而海内兵兴，陨身失国。元世祖至元二十三年二月己亥敕：“中外凡汉民持铁尺手挝[②]，及杖之有刃者，悉输于官。六月戊申，括诸路马，凡色目人[③]有马者三取其二，汉民悉入官。”二十六年十二月辛巳，“括天下马，一品二品官许乘五匹，三品三匹，四品五品二匹，六品以下皆一匹。”《陈天祥传》：“兴国军以籍兵器致乱，行省命天祥权知本军事。天祥命以十家为甲，十甲为长，弛兵器以从民便，境内遂平。其后代者，务更旧政，治隐匿兵者甚急。天祥去未久，而兴国复变。邻郡及大江南北诸城邑，多乘势杀其守将以应之。”顺帝至元三年四月癸酉，“禁汉人、南人、高丽人，不得执持军器，凡有马者拘入官。”已而群盗充斥，攻陷城邑。至正十七年正月辛卯，“命山东分省团结义兵，每州添设判官一员，每县添设主簿一员，专率义兵以事守御”。故刘文成④有诗曰：“他时重禁藏矛戟，今日呼令习鼓鞞⑤。”呜呼，“予视天下，愚夫愚妇，一能胜予。”古之圣王则既已言之矣。

【注释】①穳（zuǎn）：小矛，如戟，锋两旁微起。②手挝：宋时一种可用以击人、防身的手杖。③色目人：即“各色名目之人”。元代时对来自中西亚的各民族的统称，也是元代人民的四种位阶之一，一切除蒙古、汉人、南人以外的西北民族都是色目人。地位次于蒙古人而优于汉人。④刘文成：即刘基，字伯温，处州青田县南田乡（今浙江温州）人，故称刘青田，元末明初军事家、政治家、文学家，明朝开国元勋。封诚意伯，故又称刘诚意。明武宗正德九年追赠太师，谥号文成，后人称他刘文成、文成公。⑤鼓鞞（pí）：亦作“鼓鼙（pí）”。古代军中常用的乐器。指大鼓和小鼓。借指征战。

【译文】王莽始建国二年，禁止百姓不能挟带弓弩、铠甲，犯禁的迁徙西海。隋炀帝大业五年制诰：“民间铁叉、搭钩、穳刃之类，都禁止杜绝。”不久国内战事兴起，两人都丧身亡国。元世祖至元二十三年二月初二敕令：“中央和地方凡是汉人百姓持有铁尺、手挝，以及有刃的棍杖，全部上缴官府。六月十三日，没收各个地区的马匹，凡是色目人有三匹马的征取其中两匹，汉人百姓的全部收入官府。”至元二十六年十二月初六，“没收天下的马匹，一品二品官允许驾乘五匹，三品驾乘三匹，四品五品驾乘二匹，六品以下都是驾乘一匹。”（《陈天祥传》：“兴国军以依靠兵器发生叛乱，行省命令陈天祥权知本军事。陈天祥命令以十家为甲，十甲为长，放松兵器管理以顺从百姓的方便，境内于是安定。后来就任该地的官员，务求改变这个旧措施，整治藏匿兵器非常严峻。陈天祥离任不久，兴国军再次发生叛乱。邻近州郡以及大江南北各城邑，大多乘势杀其守将以响应起义。”）元顺帝至元三年四月初三，“禁令汉人、南人、高丽人，不能执持军用的器具，凡是有马的人拘捕收入官府。”不久群盗众多，攻陷城邑。至正十七年正月十六日，“命令山东分省团结义兵，每个州添加设置判官一人，每各县添加设置主簿一人，专门率领义兵处理防御的事情”。因此刘伯温有诗记载：“他时重禁藏矛戟，今日呼令习鼓鞞。”呜呼，“我看天下的人，愚夫愚妇，都能取胜我。”古代圣明的君王就已经说到过了。

汉武帝时，公孙弘①奏言：禁民毋得挟弓弩。吾丘寿王②难之，以为“圣王务教化，而省禁防。今陛下昭明德，建太平，宇内日化，方外乡风③。然而盗贼犹有者，郡国二千石之罪，非挟弓弩之过也”。诚能明教化之原，而帅之以为善保家之道，则家有鹤膝④，户有犀渠⑤，适足以夸国俗之强，《旧唐书·郑惟忠传》引《吴都赋》。而不至导民以不祥之器矣。

【注释】①公孙弘：名弘，字季，一字次卿，齐地菑川（今山东寿光）人，为西汉名臣。少时为吏，牧豕海上，四十而学，谨养后母。是西汉建立以来第一位以丞相封侯者，为西汉后来“以丞相褒侯”开创先例。②吾丘寿王：字子赣，赵人。因善于下棋而被召为待诏。反对丞相公孙弘禁止百姓持有弓、刀。后犯法被杀。他在汉时有善作赋之名，地位与严助、朱买臣等相等。③乡风：乡，通“向”。趋从教化。指政治上的归顺或对个人的敬仰。趋向某种风气。④鹤膝：古代兵器名。矛的一种。⑤犀渠：用犀皮制成的盾牌。

【译文】汉武帝时期，公孙弘向皇帝上奏：请求下令禁止百姓不得携带弓弩。吾丘寿王驳难他，认为“圣明的君王治理百姓以政教风化为要务，而减省禁令、防防。如今陛下彰显明德，建立太平，天下日化，边远地区趋从教化。然而盗贼仍然存在，是郡国里俸禄二千石官员的罪过，不是百姓携带弓弩的过错”。确实能够明白政教风化的本源，而遵循作为保住家族的法则，那么家里有鹤膝矛，户内有犀渠盾，才足以夸耀国家风俗的强盛，（《旧唐书·郑惟忠传》转引《吴都赋》。）而不至于引导百姓用不吉利的武器了。

水利

欧阳永叔作《唐书·地理志》，凡一渠之开，一堰之立，无不记之其县之下，实兼河渠一志，亦可谓详而有体矣。盖唐时为令者，犹得以用一方之财，兴期月之役。而志之所书，大抵在天宝以前者，居什之七。岂非太平之世，吏治修而民隐[①]达，故常以百里之官，而创千年之利。至于河朔用兵之后，则以催科[②]为急，而农功水道有不暇讲求者欤？然自大历以至咸通，犹皆书之不绝于册。而今之为吏，则数十年无闻也已。水日干而土日积，山泽之气不通，又焉得而无水旱乎？崇祯时，有辅臣[③]徐光启[④]作书，特详于水利之学。而给事中魏呈润[⑤]亦言：“《传》曰‘雨者，水气所化’，水利修亦致雨之术也。”夫子之称禹也，曰：“尽力乎沟洫[⑥]。”而禹自言亦曰

“浚畎浍[7]距川。”古圣人有天下之大事，而不遗乎其小如此。自乾时著于齐人，枯济征于王莽，古之通津巨渎，今日多为细流，而中原之田，夏旱秋潦，年年告病矣。”

【注释】①民隐：民众的痛苦，民间不能上达的痛苦。②催科：催收租税。租税有科条法规，故称。③辅臣：辅弼之臣。后多用以称宰相。④徐光启：字子先，号玄扈，上海县法华汇人，明代著名科学家、政治家。官至崇祯朝礼部尚书兼文渊阁大学士、内阁次辅。徐光启毕生致力于数学、天文、历法、水利等方面的研究，勤奋著述，尤精晓农学，译有《几何原本》《泰西水法》《农政全书》等著书。同时他还是一位沟通中西文化的先行者，为中西文化交流作出了重要贡献。⑤魏呈润：字倩石。福建龙溪（今漳州）人。由庶吉士改兵科给事中。疏陈兵屯之策、时政之弊及北方水政。⑥沟洫：田间水道。借指农田水利。⑦畎浍（quǎn kuài）：亦作“圳浍”。田间水沟。泛指溪流、沟渠。

【译文】欧阳修（字永叔）编纂《新唐书·地理志》，记载凡是一条水道的开凿，一座堤坝的建立，没有不记录在县志下的，实际兼有河渠志，也可以说是详细而得体了。大概唐代的县令，尚且能够用一方的财物，发动一整月的徭役。而志所记载，在唐玄宗天宝年间以前的，大都处于十分之七。难道不是太平时代，官吏得到整治而百姓隐情通达，因此常常凭借百里的官职，而开创千年的利益。到了河朔用兵之后，则以催收租税为急务，而农事水道有来不及重视的吗？然而从唐代宗大历年间以至唐懿宗咸通年间，在史书中仍然都记载而没断绝。然而如今为官，则是数十年都没有听说了。河水日益干涸而土壤日益堆积，山林与川泽气脉不通达，又怎么能没有水涝与干旱呢？崇祯时期，有辅臣徐光启写了本书，对水利的学问记述特别完备。而给事中魏呈润也说：“《传》记载‘雨是由水气所变化的’，水利修治也是招致下雨的方法。”孔子称颂大禹，说：“竭尽心力于农田水利。”而大禹自己也说“疏通田间的水沟，引导流入河流。”古时候圣人有治理天下的大事，然而不遗漏像这样的小事。自从齐人记载乾时，济水干涸征象在王莽，古时候四通八达的津渡、很大的河川，现在大多是小溪流了，而中原的田地，夏季干旱秋季大水，年年称说有灾了。

龙门县，今之河津也，北三十里有瓜谷山堰，贞观十年筑。东南二十三里有十石垆渠，二十三年县令长孙恕[①]凿，溉田良沃，亩收十石。西二十一里有马鞍坞渠，亦恕所凿。有龙门仓，开元二年置，所以贮渠田之入，转般至京，以省关东之漕者也。此即汉时河东太守番系[②]之策。《史记·河渠书》所谓：“河移徙，渠不利田者，不能偿种。”而唐人行之，竟以获利。是以知天下无难举之功，存乎其人而已。谓后人之事必不能过前人者，不亦诬乎？

【注释】①长孙恕：唐人。太宗贞观中为龙门令。②番系：西汉九江（今安徽寿）人。曾任河东郡守。上书建议武帝修渠引汾水灌溉皮氏、汾阴两地农田，又引黄河水灌溉汾阴、蒲坂农田，可使原黄河岸边素不耕垦的土地五千顷变为可耕农田，每年增收二百万石粮食，以减少关东漕运的困难。

【译文】龙门县，是如今的河津，北面三十里有瓜谷山堤堰，是唐太宗贞观十年筑造的。东南方二十三里有十石垆渠，是贞观二十三年县令长孙恕开凿的，灌溉良田，每亩收成十石。西面二十一里有马鞍坞渠，也是长孙恕所开凿的。有龙门转般仓，是唐玄宗开元二年设立的，用来贮藏水田的收入，周转搬运到京城，以减少关东漕运运输的困难。这是汉代河东太守番系的办法。《史记·河渠书》记载："黄河改道，河渠不能再被利用，种田的人收成不能抵偿粮种。"而唐代人这样做了，竟然至于获得利润。因此知道天下没有难以攻克的功绩，在于人事而已。说后人的事迹必定不能超过前人，不也是捏造事实吗？

唐姜师度[①]为同州刺史，开元八年十月，诏曰："昔史起[②]溉漳之策，郑、白[③]凿泾之利，自兹厥后，声尘缺然。同州刺史姜师度，识洞于微，智形未兆，匪躬[④]之节，所怀必罄，奉公之道，知无不为。顷职大农，首开沟洫，岁功犹昧，物议纷如。缘其忠款可嘉，委任仍旧，暂停九列[⑤]之重，假以六条[⑥]之察，白藏[⑦]过半，绩用斯多。食乃人天[⑧]，农为政本。朕故兹巡省，不惮祁[⑨]寒，将申劝恤之怀，特冒风霜之弊。今原田弥望，畎浍连属，由来榛棘[⑩]之所，遍为秔稻之川，仓庾有京坻[⑪]之饶，关辅[⑫]致亩金之润。本营此地，欲利平人，缘百姓未开，恐三农[⑬]虚弃，所以官为开发，冀令递相教诱，功既成矣，思与共之。其屯田内先有百姓注籍之地，比来召人作主，亦量准顷亩割还。其官屯熟田，如同州有贫下欠地之户，自办功力能营种者，准数给付余地，且依前官取。师度以功加金紫光禄大夫，赐帛三百匹。"《册府元龟》。本传："师度既好沟洫，所在必发众穿凿，虽时有不利，而成功亦多。”

【注释】①姜师度：魏州魏人，兴修水利、引水灌田，以清廉著称。②史起，战国时人。仕于魏，魏襄王时任邺令。他在西门豹兴修水利的基础上，进一步加修水利工程，引漳水溉田，使农业生产得到发展，当地人民歌颂他为“贤令”。③郑白：战国时筑郑国渠的郑国与汉武帝时筑白渠的白公的并称。④匪躬：忠心耿耿，不顾自身。⑤九列：九卿的职位。⑥六条：汉制，刺史班行六条诏书，以考察官吏。⑦白藏：指秋天。秋于五色为白，序属归藏，故称。⑧人天：六道轮回中的人道和天道。亦泛指诸世间、众生。亦指粮食。民以食为天，唐人避太宗李世民讳，改民作人，故称“人天”。⑨祁：盛大。⑩：犹荆棘。引申为阻塞。⑪京坻（chí）：典出《诗·小雅·甫田》：“曾孙之庾，如坻如京。”谓谷米堆积如山。后因以“京坻”形容丰收。⑫关辅：关中及三辅地区。⑬三农：古谓居住在平地、山区、水泽三类地区的农民。后泛称农民。

【译文】唐代姜师度担任同州刺史，唐玄宗开元八年十月，诏令：“昔日史起引漳水灌田的计策，郑国、白公开凿泾水的好处，从此以后，名声废弛。同州刺史姜师度，见微知著，先知先觉，尽心公事的节操，心中所想必定用尽，奉公无私的途径，知道没有不做的。不久担任大司农，首先兴修农田水利，一年农事的收成仍然不明显，众人的议论杂乱。由于他忠诚值得赞许，委任照前不变，暂停九卿的重任，借用六条诏书的考察，秋天时节已经过半，功用就会多起来。民以食为天，农业是为政的根本。朕因此巡行视察，不怕严寒，将要申述勉励怜悯的心怀，特意顶着风霜的不利。现在原野上的田地满眼，田间的水沟连续，从来荆棘的所在，到处是秔稻的平川，贮藏粮食的仓库有丰收的富足，关中及三辅地区有亩金的利润。原本建设这个地方，想要利益平民百姓，由于百姓没有开垦，恐怕农民白白地放弃，官府替他们开发的原因，希望他们互相教育诱导，功业已经成就了，想着与他们共有。屯田内从前有百姓登记入册的土地，近来召唤别人做主人，也测量核准土地面积划分归还。官府开垦的熟田，如果同州有贫贱穷困欠缺田地的农户，自己耕种所费的时间和力量能够种植的，核准数量交付剩余的田地，而且依照前官收取赋税。姜师度因为这个功绩加封金紫光禄大夫，赏赐布帛三百匹。”（《册府元龟》。《姜师度传》：“姜师度善于疏通沟洫，所任之处必然领导百姓开凿，虽然有时不利，但是成功亦多。”）

读此诏书，然后知“无欲速”“无见小利”二言，为建功立事之本。孙叔敖①决期思之水而灌雩娄之野，庄知其可以为令尹也。《淮南子》。魏襄王②与群臣饮酒，王为群臣祝曰：“令吾臣皆如西门豹③之为人臣也。”文侯时，西门豹为邺令。史起进曰：“魏氏之行田也以百亩，邺独二百亩，是田恶也。漳水在其旁，西门豹不知用，是不智也。知而不兴，是不仁也。仁智，豹未之尽，何足法也？”于是以史起为邺令，引漳水溉邺，以富魏之河内。《史记》。按《后汉书·安帝纪》：“元初二年正月，修理西门豹所分漳水，为支渠，以溉民田。”则指此为西门豹所开。为人君者，有率作兴事之勤，有授方任能之略，不患无叔敖、史起之臣矣。

【注释】①孙叔敖：芈姓，蒍氏，名敖，字孙叔。春秋时期楚国令尹。

孙叔敖辅佐楚庄王施教导民，宽刑缓政，发展经济，政绩赫然，主张以民为本，止戈休武，休养生息，使农商并举，文化繁荣，翘楚中华。②魏襄王：姬姓，魏氏，名嗣，一名赫，魏惠王之子。③西门豹：战国时期魏国安邑人（今山西运城）。魏文侯时任邺令，是著名的政治家、水利家，曾立下赫赫功勋。

【译文】阅读这个诏书，然后知道“不要想着快速”“不要贪求小利益”两句话，是建功立业的根本。孙叔敖疏通期思城水而灌溉雩娄的郊野，楚庄王认为他可以担任令尹（《淮南子》）。魏襄王与群臣饮酒，魏襄王为群臣祷祝说：“使我的大臣都像西门豹那样担任大臣。”（魏文侯时，西门豹为邺令。）史起进言说：“魏氏的赋田是一个男子一百亩，唯独邺县二百亩，是由于邺县的田不好。漳水在它的旁边，西门豹不知道利用，是不明智。知道而不去做，是不仁。仁与智，西门豹没有都达到，哪里值得效法呢？”于是任命史起为邺令，引导漳水灌溉邺县的田地，以充裕魏国的河内。（《史记》。按《后汉书·安帝纪》：“元初二年正月，修理西门豹所分流的漳水，为支渠，以灌溉民田。”那就是说这是为西门豹所开凿的。）做君王的，有率领臣下兴建政事的勤奋，有教授为官常法、委任贤才的谋略，不忧虑没有孙叔敖、史起这样的大臣。

《汉书》：“召信臣[①]为南阳太守，为民作水约束，刻石立于田畔，以防纷争。”《晋书》：“杜预都督荆州诸军事，修召信臣遗迹，分疆刻石，使有定分，公私同利。”此今日分水之制所自始也。

【注释】①召信臣：字翁卿，九江郡寿春（今安徽寿县）人，西汉官员，为官清廉，有“召父”之称。（汉代有两位清风惠政的南阳太守，百姓称为

“前有召父，后有杜母”。其中“杜母”指的是东汉光武帝时的南阳太守杜诗，“召父”即西汉元帝时的召信臣。这便是古代“父母官”的由来。）

【译文】《汉书》记载：“召信臣担任南阳太守，为百姓做了用水限制管束的规定，刻石设立在田边，用以防止纷争。”（《晋书》：“杜预都督荆州诸军事，修缮召信臣的遗迹，划分疆界刻立石碑，使其有明确的分界，官府民间共同受益。”）这就是现在分水制度的由来。

洪武末，遣国子生人才，分诣天下郡县，集吏民乘农隙修治水利。二十八年奏：“开天下郡县塘堰凡四万九百八十六处，河四千一百六十二处，陂[①]渠堤岸五千四十八处。”此圣祖勤民之效。

【注释】①陂（bēi）：池塘。

【译文】洪武末年，派遣国子生人才，分别到天下的郡县，聚集官吏百姓乘着农事闲暇的时候修治水利。洪武二十八年上奏：“开凿天下郡县塘堰总共四万九百八十六处，河流四千一百六十二处，池塘渠道堤岸五千四十八处。”这是太祖尽心尽力于民事的成效。

雨泽

洪武中，令天下州县长吏，月奏雨泽。盖古者龙见而雩[①]，《春秋》三书“不雨”之意也。承平日久，率视为不急之务。永乐二十二年十月，仁宗即位。通政司请以四方雨泽奏章类送给事中收贮，上曰："祖宗所以令天下奏雨泽者，欲前知水旱，以施恤民之政。此良法美意。今州县雨泽章奏，乃积于通政司，上之人何由知？又欲送给事中收贮，是欲上之人终不知也。如此徒劳州县何为？自今四方所奏雨泽至，即封进，朕亲阅焉。"今《大明会典》具载雨泽奏本式。呜呼！太祖起自侧微[2]，升为天子，其视四海之广，犹吾庄田，兆民之众，犹吾佃客[3]也，故其留心民事如此。当时长吏得以言民疾苦，而里老亦得诣阙自陈。后世雨泽之奏，遂以寝废。天灾格而不闻，民隐壅而莫达。然后知圣主之意，有不但于祈年望岁者。民亲而国治，有以也夫。

【注释】①龙见：苍龙七宿出现。雩（yú）：古代为求雨而举行的一种祭祀。②侧微：卑贱。③佃客：租种土地的佃户和佃种庄田土地的庄客。

【译文】洪武年间，诏令天下州县的官员，每月奏报雨水。大概古时候苍龙七宿出现举行雩祭，是《春秋》多次记载"不雨"的意思。太平的时日长，草率地看待成无关紧要的事情。永乐二十二年十月（仁宗即位），通政司奏请把四方雨水一类的奏章呈送给事中收藏，皇上说："太祖太宗诏令天下官员奏报雨水的原因，是想提前知道水涝、干旱，用以实施怜悯百姓疾苦的政务。这是好办法、美好的意愿。如今州县关于雨水的奏章，却累积在通政司，君王怎么能知道呢？又想呈送给事中收藏，是想君王从开始到最后都不知道了。像这样空自劳苦州县做什么呢？从今开始四方所奏的雨水奏章到了，就密封进呈，朕亲自阅览。"（如今《大明会典》详细记载"雨泽奏本"样式。）感叹啊！太祖起自卑贱，升为天子，他看待国家的宽广，犹如自己的田地，百姓众多，犹如自己的佃客，因此他像这样留心民政事务。当时长吏能够言说百姓的疾苦，而里长也能够赴京城自己陈述。后世关于雨水的奏报，逐渐废除。天灾阻隔而不能听闻，百姓的疾苦壅塞而不能传达。然后知道圣主的心意，不只是在祈祷丰年、盼望丰收。亲近爱抚百姓而国家得到治理，是有原因的啊。

河 渠

黄河载之《禹贡》"东过洛汭[①]，至于大伾；北过洚水，至于大陆；又北播为九河，同为逆河[②]，入于海"者，其故道也。汉元光中，河决瓠子东南，注巨野，通于淮泗。武帝自临，发卒数万人塞之。筑宫其上，名曰宣防。导河北行，复禹旧迹，而梁、楚之地复宁，无水灾。自汉至唐，河不为害，几及千年。《五代史》："晋开运元年五月丙辰，滑州河决，浸汴、曹、濮、单、郓五州之境，环梁山，合于汶水。"与南旺蜀山湖连，弥漫数百里，河乃自北而东。《宋史》："熙宁八年七月乙丑，河大决于澶州曹村，北流断绝，河道南徙，东汇于梁山张泽泺，分为二派：一合南清河入于淮，一合北清河入于海。"河又自东而南矣，元丰以后，又决而北。议者欲复禹迹，而大臣力主回东之议。《宋史·河渠志》序曰："自滑台、大伾，尝两经泛溢，复禹迹矣。"一时奸臣建议，必欲回之，俾复故流，竭天下之力以塞之，屡塞屡决。至南渡而后，贻其祸于金源氏。

【注释】①汭（ruì）：河流会合的地方或河流弯曲的地方。②逆河：黄河入海处的一段河流。以迎受海潮而得名。

【译文】黄河在《尚书·禹贡》中“向东流经洛水与黄河的汇合处，到达大伾山；向北经过洚水，到达大陆泽；又向北分为九条支流，在汇合成一条逆河，流入大海”的记载，是黄河故道。汉武帝元光年间，黄河冲开瓠子堤东南边，灌注巨野，贯通淮河、泗水。汉武帝亲临现场，征发役卒数万人堵塞瓠子堤。建筑宫殿在堤坝上，名叫宣防宫。引导黄河向北流，恢复大禹的遗迹，而梁、楚地区恢复安宁，没有水灾。从汉代到唐代，黄河不再造成祸害，几乎达到千年。《五代史》记载：“后晋出帝开运元年五月丙辰日，滑州段的黄河决口，浸沉汴州、曹州、濮州、单州、郓州五州的地境，围绕梁山，聚集在汶水。”与南旺蜀山湖相接，连绵不断数百里，黄河于是从北流向东。《宋史》记载：“宋神宗熙宁八年七月初五，黄河在澶州曹村大溃决，北流断绝，黄河水道向南迁徙，向东汇入梁山张泽泺，分为两个支流：一支汇合南清河流入淮河，一支汇合北清河流入大海。”黄河又从东流向南了，元丰年间以后，又溃决而向北流。谈论的人想要恢复大禹时的遗迹，而大臣极力主张黄河流回东部的奏议。（《宋史·河渠志》序中记载：“自从滑台、大伾以后，曾经两次泛滥，恢复大禹时的遗迹。”一时奸臣建议，一定想让黄河流回故道，等到恢复故道时，竭尽天下之力以堵塞，屡次堵塞屡次溃决。到宋室南渡以后，将这个灾祸留给了金国。）

降及金、元，其势日趋于南而不可挽。故今之河，非古之河矣。自中牟以下夺汴，徐州以下夺泗，清口以下夺淮，凡三夺而后注于海。今岁久，河身日高，淮、泗又不能容矣。庙堂之议，既视其夺者以为常，司水之臣，又乘其决者以为利，不独以害民生、妨国计，而于天地之气运，未必不有所关也。

【译文】到金代、元代以后，黄河流向日益趋向南而不可以挽回。因此如今的黄河，不是古时候的黄河了。从中牟以下冲开汴河，徐州以下冲开泗水，清口以下冲开淮河，总共三次冲开然后流注大海。如今年岁长久，黄河河床日益增高，淮河、泗水又不能容纳了。朝廷上的谈论，已经把黄河的冲开看作寻常，主管水利的大臣，又趁着黄河溃决谋利，不只是危害人民生活、妨碍国家经济，而与天地节候的流转变化，未必没有联系。

丘仲深《大学衍义补》言："《礼》曰：'四渎视诸侯。'谓之渎者，独也。以其独入于海，故江、河、淮、济谓之四渎。今以一淮而受黄河之全，盖合二渎而为一也。自宋以前，河自入海，尚能为并河州郡之害，况今河、淮合一，而清口又合汴、元本作"沁"误。泗、沂三水以同归于淮也哉。《实录》载：天顺七年，金景辉言：黄河不循故道，并流入淮，是为妄行。曩时河水犹有所潴，如巨野、梁山等处；犹有所分，如屯氏、赤河之类。虽以元人排河入淮，而东北之道犹微有存焉者。今则以一淮而受众水之归，而无涓滴之渗漏矣。"邵国贤作《治河论》，以为"禹之治水，至于地平天成[1]，六府三事[②]允治，其功可谓盛矣。以今观之，其所空之地甚广，所处之势甚易，所求之效甚小。今之治水者，其去禹也远矣，而所空之地乃狭于禹，所处之势乃难于禹，所求之功乃大于禹。禹之导河，自大伾以下，分播合同，随其所之而疏之，不与争利，故水得其性，而无冲决之患。今夫一杯之水，举而注之地，必得方尺，乃能容之，其势然也。河自大伾以上，水之在杯者也；大伾以下，水之在地者也。以在地之水而欲拘束周旋如在杯之时，大禹不能，而况他人乎？今河南、山东郡县，棋布星列，官亭民舍，相比而居，凡禹之所空以与水者，今皆为吾有。盖吾无容水之地，而非水据吾之地也，固宜其有冲决之患也。故曰：所空之地狭于禹。禹之治水，随地施工，无所拘碍。今北有临清，中有济宁，南有徐州，皆转漕[③]要路，而大梁在西南，又宗藩[④]所在。左顾右盼，动则掣肘。使水有知，尚不能使之必随吾意，况水无情物也，其能委蛇曲折以济吾之事哉？故曰：所处之势难于禹。况禹之治水，去其垫溺之害而已，此外无求焉。今则赖之以漕，不及汴矣，又恐坏临清也；不及临清矣，又恐坏济宁也；不及济宁矣，又恐坏徐州也；使皆无坏也，又恐漕渠不足于运也。了是数者，而后谓之治。故曰：所求之功大于禹。”由二文庄之言观之，则河水南趋之势已极，而一代之臣，不过补苴罅漏，以塞目前之责而已，安望其为斯民计百世之长利哉。至于今日，而决溢[⑤]之灾，无岁不告。呜呼，其信非人力之所能治矣。”

【注释】①地平天成：水土治曰平，五行叙曰成；比喻上下相称，万事妥帖。②六府三事：古以水、火、金、木、土、谷为“六府”。三事：指正德、利用、厚生。③转漕：转运粮饷。古时陆运称“转”，水运称“漕”。④宗藩：亦作“宗蕃”。指受天子分封的宗室诸侯。因其拱卫王室，犹如藩篱，故称。⑤决溢：亦作“决泆”。河堤溃破，水流泛滥。

【译文】丘仲深（丘濬）的《大学衍义补》记载：“《礼记》提到：‘祭祀四渎之神，按照宴享诸侯的七献之礼。’称作渎，是独的意思。因为它独自流入大海，所以长江、黄河、淮河、济水称作四渎。如今一条淮河而接纳黄河的全部，因为汇合两条河川而为一条了。在宋代以前，黄河自行流入大海，还能造成黄河流经州郡的危害，何况如今黄河、淮河合为一条，而在清口又汇合汴河（元本作“沁”，是错误的）、泗水、沂水三处河流一同汇聚到淮河。（《英宗实录》记载：天顺七年，金景辉认为：黄河不按照故道流走，并入淮河一起流向大海，这是胡乱的行为。）以前黄河水还有所聚积，比如在巨野、梁山等处；还有所分支，比如屯氏、赤河一类。虽然由于元朝人除去黄河水引入淮河，然而东北方的河道仍然稍微有保留。如今则是一条淮河而承受众水的汇聚，而没有一点一滴的水渗漏了。”邵国贤（邵宝）撰作《治河论》，认为“大禹治水，以至于水土治平，六府三事确实得到治理，他的功绩可以说很盛大了。从现在的角度来看，他所空的土地非常宽广，所处的局势非常容易，所求得的功效非常小。如今整治水利的人，离大禹很久远了，然而所空的土地却比大禹狭窄，所处的局势却比大禹艰难，所需求的功效却比大禹大。大禹疏导黄河，自大伾以下，分散汇合，顺随黄河所流经的地方而疏导，不争占有利形势，因此水能够合其性情，而没有突破堤防的灾祸。如今一杯水，拿起来倒到地上，必定要一尺见方的土地，才能容纳，这是它的形势使它变得这样。黄河从大伾以上，是水在杯子里；大伾以下，是水在地上。想要限制运转地上的水如同在杯子里的时候，大禹都做不到，更何况是其他人呢？如今河南、山东的郡县，繁密如棋子般分布、如天星罗列，官吏食宿的处所、民家房舍，互相联合而居处，凡是大禹所空置留给河水的，如今都被我所占有。大概是我没有容纳水的土地，而不是水占据我的土地，本就应当水有冲破堤防的灾祸。因此说：所空置的土地比大禹狭窄。大禹治水，顺应地势进行建造，没有束缚障碍。如今北有临清，中有济宁，南有徐州，都是转运粮饷重要的道路，而大梁在西南，又是宗室诸侯的所在地。仔细观察，常常从旁牵制。假使水有知觉，尚且不能使得它必定顺遂我的心意，何况水是没有情感的事物，它能够随我所欲来帮助我的事业吗？因此说：所处的形势比大禹艰难。况且大禹治水，排除淹入水中的危害就可以了，除此之外没有别的需求。如今则是依赖它进行漕运，不及汴河，又恐怕冲坏临清；不及临清，又恐怕冲坏济宁；不及济宁，又恐怕冲坏徐州；假使都没有冲坏，又恐怕漕渠不能满足漕运。了解这些，然后才称为治。因此说：所需求的功效比大禹大。”从上二位文庄公的记载来看，则是黄河水向南流经的趋势已经到达顶点，而每一代的大臣，不过是补缀裂缝和漏穴，用以敷衍目前自己应尽的责任罢了，哪里奢望他为百姓谋划世世代代的长远利益呢。到了现在，而河堤溃破的灾难，没有哪一年不报告的。感叹啊，这实在不是人的力量所能治理的。”

《禹贡》之言治水也，曰播，曰潴。水之性合则冲，骤则溢。故别而疏之，所以杀其冲也，“又北播为九河”是也。旁而蓄之，所以节其溢也，“大野既潴”是也。必使之有所容而不为暴，然后钟美可以丰物，流恶可以阜民，而百姓之利，由是而兴矣。今也不然，堤之障之，偪之束之，使之无以容其流，而不得不发其怒。则其不由地中，而横出于原隰之间，固无怪其然也。丘仲深谓以一淮受黄河之全，然考之先朝，徐有贞[①]治河，犹疏分水之渠于濮、汜之间，不使之并趋一道。自弘治六年，筑黄陵冈以绝其北来之道，而河流总于曹、单之间，乃犹于兰阳、仪封各开一口而泄之于南，今复塞之。故河之在今日，欲北不得，欲南不得，唯以一道入淮，淮狭而不能容，又高而不利下，则频岁决于邳、宿以下，以病民而妨运。而邳、宿以下，左右皆有湖陂，河必从而入之。吾见刘贡父[②]所云：“别穿一梁山泺者，将在今淮、泗之间。”而生民鱼鳖之忧，殆未已也。

【注释】①徐有贞：初名徐珵（chéng），字元玉，号天全，南直隶吴县（今江苏苏州）人，祝允明外祖父。明朝中期宰臣。②刘贡父：刘攽（bān），字贡夫，一作贡父、赣父，号公非。北宋史学家。刘敞之弟。一生潜心史学，治学严谨。助司马光纂修《资治通鉴》，充任副主编，负责汉史部分，著有《东汉刊误》等。

【译文】《禹贡》记载的治水，指的是分流和积聚。水的特性是汇合就冲荡，急骤就溢出。因此分离而疏导，用来消减水的冲力，“又向北分为九条支流”就是这样。广泛地积聚，用来节制水的溢出，“大野泽已经积聚着深水”就是这样。必定使它有所容纳而不造成损害，然后集美可以丰富物产，流恶可以安乐百姓，而百姓的利益，由这兴起了。如今不是这样，堤坝阻挡、障碍阻隔，狭窄限制它，使河道不能容纳河流，从而使水不得不因为受阻而上涌。那么它不从地中出来，而滥施在原野之间，本来不能怪它这样。丘仲深（丘濬）说用一条淮河承受黄河的全部，然而考证前朝，徐有贞治理黄河，仍然疏分水道在濮水、汜水之间，不让它合并流向一条水道。从弘治六年，修筑黄陵冈用以断绝北来的水道，而黄河流转总是在曹州、单州之间，于是仍然在兰阳、仪封各掘开一个口子而在南边排泄，如今又堵塞住。以前的黄河在现在，想要北流也不能，想要南流也不能，只能以一条途径流入淮河，淮河狭窄而不能容纳，河床又高而不利于流下，则连年在邳州、宿州以下河段溃决，危害百姓而阻碍漕运。而邳州、宿州以下，左右都有湖泊、池塘，黄河必定依顺而入流。我看到刘贡父的记载："另外开凿一条梁山泺，计划在如今淮河、泗水之间。"而百姓怀着变为鱼鳖的恐惧，几乎不停止。

河政之坏也，起于并水之民，贪水退之利，而占佃河旁汙泽①之地，不才之吏，因而籍之于官，然后水无所容，而横决为害。贾让②言："古者立国，居民疆理土地，必遗川泽之分，度水势所不及，大川无防，小水得入，陂障③卑下，以为汙泽，使秋水多得有所休息，左右游波宽缓而不迫。故曰：善为川者，决之使道。又曰：内黄界中有泽，方数十里，环之有堤。往十余岁，太守以赋民，民今起庐舍其中，此臣亲见者也。"

【注释】①汙（wū）泽：亦作"污（wū）泽"。积水的洼地。②贾让：西汉时期筹划治理黄河的代表人物。因提出治理黄河的上、中、下三策而著名。③陂障：亦作“陂鄣”。堤岸。

【译文】河流治理的败坏，起源在合并河流的百姓，贪图河流退却的利益，而据有耕种河旁汙泽的土地，没有才能的官吏，因而将其没收入官府，然后河水没有地方容纳，而冲破堤岸横溃造成灾害。贾让说：“古时候建立国家，使百姓安居，划分土地界限，必定余留川泽的区域，推测水势所不能达到，大的河流没有堤坝，小水流得以流入，堤岸低矮，作为积水的洼地，使得秋水大多能有所停顿，左右的河水舒缓而不慌不忙。因此说：善于治理河流的人，疏通使河水流入河道。又说：内黄境内有湖泽，方圆数十里，环绕湖泽有堤坝。以往十多年，太守便把部分土地分给百姓，百姓如今在这里建造房屋，这是臣下亲眼看到的。”

《元史·河渠志》谓：“黄河退涸之时，旧水泊汙池多为势家所据。忽遇泛溢，水无所归，遂致为害。由此观之，非河犯人，人自犯之。”予行山东巨野、寿张诸邑，古时潴水之地，无尺寸不耕，而忘其昔日之为川浸矣。近有一寿张令修志，乃云：梁山泺仅可十里，其虚言八百里，乃小说之惑人耳。此并《五代》《宋》《金史》而未之见也。《五代史》：“晋开运元年五月丙辰，滑州河决，浸汴、曹、濮、单、郓五州之境，环梁山合于汶水，与南旺蜀山湖连，弥漫数百里。”《宋史·宦者传》：“梁山泺古巨野泽，绵亘数百里，济、郓数州赖其蒲鱼之利。”《金史·食货志》：“黄河已移故道，梁山泺水退地甚广，遣使安置屯田。”沙湾未筑以前，徐有贞疏亦言："外有八百里梁山泺可以为泄。"书生之论，岂不可笑也哉！

【译文】《元史·河渠志》记载："黄河水退干涸的时候，旧时的河水停留的水塘大多被有权势的人家所占据。忽然碰到泛滥，河水没有去处，就造成危害。由此来看，不是河水侵害人，是人自己侵害自己。"我途径山东巨野、寿张各县，看见古时候蓄水的田地，没有哪一尺寸不耕种，却忘了之前被河流浸没的教训。近来有一位寿张县令编修县志，却记载：梁山泺不过才十里，空说有八百里，是小说迷惑别人啊。这都是《五代史》《宋史》《金史》所没有记载的。（《五代史》："后晋出帝开运元年五月丙辰日，滑州段的黄河决口，浸沉汴州、曹州、濮州、单州、郓州五州的地境，围绕梁山，聚集在汶水。"与南旺蜀山湖相接，连绵不断数百里。"《宋史·宦者传》："梁山泺是古代的巨野泽，绵延数百里，济州、郓州数州依赖它们以得捕鱼之利。"《金史·食货志》："黄河已离开故道，梁山泺水退去土地甚广，派使者安置屯田。"沙湾还没筑之前，徐有贞奏疏中也说："外有八百里梁山泺可以作为黄河的泄洪之处。"）书生的言论，难道不可笑吗！

陆文裕[①]《续停骖录》曰："河患有二：曰决、曰溢。决之害间见，而溢之害频岁有之。使贾鲁[②]之三法遂而有成，亦小补耳。且当岁岁为之，其劳、其费可胜言哉？今欲治之，非大弃数百里之地不可。先作湖陂，以潴漫波；其次则滨河之处，仿江南圩田之法，多为沟渠，足以容水；然后浚其淤沙，由之地中，而润下之性、必东之势得矣。”

【注释】①陆文裕：陆深，初名荣，字子渊，号俨山，南直隶松江府（今上海）人。明代文学家、书法家。卒谥文裕。②贾鲁：字友恒，元代高平（今山西晋城）人，是元代著名的河防大臣，也是一位在治理黄河上卓有成效的水利专家。

【译文】文裕公陆深《续停骖录》记载：“河水泛滥的灾祸有两种：一是溃决、二是满溢。溃决的危害间断出现，而满溢的危害连年都有。如果贾鲁治理黄河的三法实现而有所成就，也只是小修补罢了。而且要年年治理，劳苦、耗费可以说尽吗？现在想要治理，非要放弃数百里的田地不可。首先开凿湖泊、池塘，用来积蓄河水；其次就是在靠近河水边的地方，仿照江南圩田的方法，多挖掘沟渠，足够容纳河水；然后疏通河里的淤沙，任由它流入地中，而润下的性能、必定向东的流势就能成功了。”

按文裕之意，即贾让之上、中二策，而不敢明言。贾让言：“今行上策，徙冀州之民当水冲者，决黎阳遮害亭，放河使北入海。河西薄大山，东薄金堤，势不能远泛滥，期月自定。难者将曰：若如此，败坏城郭、田庐、冢墓以万数，百姓怨恨。今濒河十郡治堤，岁费且万万，及其大决，所残无数。如出数年治河之费，以业所徙之民；遵古圣之法，定山川之位。且大汉方制[1]万里，岂其与水争咫尺之地哉？此功一立，河定民安，千载无患，故谓之上策。若乃多穿漕渠于冀州地，使民得以溉田，分杀水怒，虽非圣人法，然亦救败术也。”嗟夫，非有武帝之雄才大略，其孰能排众多之口，而创非常之原者哉！

【注释】①方制：方始制定疆域。

【译文】按照陆文裕的意思，就是贾让治理黄河的上、中二策，却不敢明白说出来。贾让说：“现在如果实行上策，就迁徙冀州水泛区的百姓，决开黎阳遮害亭的堤坝，放任黄河向北流入大海。黄河西逼近大山，东逼近金堤，依水势不会泛滥得太远，一个月后就会安定。诘难的人将会说：如果像这样，将会毁坏数以万计的城郭、田庐、冢墓，百姓怨恨。如今濒临黄河的十郡治理河堤，每年的花费将近万万钱，等到发生大的溃决，将会造成无数毁坏。假如拿出数年治理黄河的费用，可以用来安置迁徙的百姓；遵照古圣先贤的做法，确定山川的位置。况且大汉国土辽阔万里，何必与黄河争夺微小不足道的土地呢？这个功绩一旦成就，黄河稳定，百姓安居，千年没有水患，所以称为上策。如果在冀州地区大量开凿漕运河道，使百姓能够灌溉良田，分流消减猛烈的水势，虽然不是圣人的做法，然而也是挽救败局的方法。”感叹啊，不是有汉武帝的雄才大略，他怎么能排除各种意见，而开创不同寻常的本原呢！

平当[①]使领河堤，奏：“按经义治水，有决河深川，而无堤防壅塞之文。”宋开宝之诏亦曰：“朕每阅前书，详究经渎[②]。至若夏后所载，但言导河至海，随山浚川，未闻力制湍流，广营高岸。”今之言治水者，计无出于堤、塞二事。箕子答武王之访，首言“鲧陻[③]洪水，汩[④]陈其五行，帝乃震怒”。后世治河之臣，皆鲧也，非其人之愿为鲧，乃国家教之使为鲧也，是以水不治，而彝伦斁[⑤]也。崔谖《河堤谒者箴》：导非其导，堙非其堙，入野填淤，水高民居。

【注释】①平当：字子思，梁国下邑（今河南商丘）人。②经渎：主干河流。③鲧（gǔn）：大禹之父、夏启的祖父。曾奉尧命治水，因筑堤堵水，九年未治平，被舜杀死在羽山。陻（yīn）：同“堙”。堵塞。④汩（gǔ）：扰乱。⑤彝伦斁（dù）：即彝伦攸斁。彝伦，指伦常；攸，语助词，无义；斁，败坏。指伦常败坏。

【译文】平当奉命管理黄河堤坝，上奏皇帝：“按照经书的义理治理河水，有分泄河流和疏浚大川，而没有堤防壅塞的文字。”宋太祖开宝年间诏书也说：“朕每每阅览前人的书，详细考究主干河流。到了夏朝的记载，只是记载疏导黄河引入大海，随着山势疏浚河川，没有听说极力控制湍急的水流，大量营建高峻的堤岸。”现在说到治理河水，计策没有超出堤防、壅塞两件事的。箕子答报周武王的探访，首先说“鲧堵塞洪水，错乱陈列五行，上帝震怒”。后世治理黄河的大臣，都是按照鲧的模式，不是治河大臣愿意成为鲧，而是国家教导使他们成为鲧，因此河水得不到治理，而治国安民的常理遭到破坏了。（崔谖《河堤谒者箴》：疏导不像疏导，堵塞不像是堵塞，河水进入平野就填成淤田，河水高于百姓居住地。）

因河以为漕者，禹也。壅河以为漕者，明人也。故古曰河渠，今曰河防。

【译文】依顺黄河作为漕渠的，是大禹。壅塞黄河作为漕河的，是明代人。因此古时候称河渠，如今称河防。

闻之先达[①]言：天启以前，无人不利于河决者。侵尅[②]金钱，则自总河以至于闸官，无所不利；支领工食，则自执事以至于游闲无食之人，无所不利。其不利者，独业主耳。而今年决口，明年退滩，填淤之中，常得倍蓰[③]，而溺死者，特百之一二而已。于是频年修治，频年冲决，以驯致今日之害，非一朝一夕之故矣。国家之法使然，彼斗筲[④]之人，焉足责哉。

【注释】①先达：有德行学问的前辈。②侵尅（kè）：亦作“侵剋”。侵吞克扣。③倍蓰（xǐ）：亦作“倍屣”。亦作“倍徙”。谓数倍。倍，一倍；蓰，五倍。④斗筲：斗容十升；筲，竹器，容一斗二升，皆量小的容器。喻人的才识短浅，气量狭窄。

【译文】闻听有学问的前辈说过：天启年间以前，没有人不从黄河决堤时获利的。侵吞克扣金钱，则是从总河侍郎到闸门官，没有不获利；领取工钱，则是从有职守的人到游闲无食的人，没有不获利。不获利的，唯独拥有产业的人罢了。而今年黄河决口，明年退滩，淤泥之中，常得数倍，而溺死的人，只是百分之一二而已。于是连年修治，连年冲决，以逐渐招致现在的危害，不是一朝一夕的缘故。国家的法令使它变成这样，那些才识短浅的人人，哪里值得责备呢。

不独此也，彼都人士，为人说一事，置一物，未有不索其酬者。

百官有司，受朝廷一职事，一差遣，未有不计其获者。自府史胥徒[①]，上而至于公卿大夫，真可谓之同心同德者矣。苟非返普天率土之人心，使之先义而后利，终不可以致太平。故愚以为今日之务正人心，急于抑洪水也。

【注释】①府史：古时管理财货文书出纳的小吏。胥徒：本为民服徭役者。后泛指官府衙役。语本《周礼·天官·序官》："胥，十有二人，徒，百有二十人。"

【译文】不只是这个，那时京都的人士，给人说一事，置办一物，没有不索取酬劳的。百官分职，领受朝廷的一份任职，一个差遣，没有不谋划获利的。从府史胥徒，上到公卿大夫，真可以说是思想行动完全一致了。如果不能还原整个天下的人心，使他们先考虑道义而后考虑利益，那么最终不能够获得安宁和平。因此我认为现在导正人心，比抑制洪水还紧迫。

全本全注全译

日知录

（五）

〔清〕顾炎武 著
谦德书院 注译

团结出版社

目　录

卷二十七

汉人注经 ……………………………………………………… 2199

注疏中引书之误 ……………………………………………… 2208

姓氏之误 ……………………………………………………… 2212

左传注 ………………………………………………………… 2213

考工记注 ……………………………………………………… 2238

尔雅注 ………………………………………………………… 2239

国语注 ………………………………………………………… 2240

楚辞注 ………………………………………………………… 2242

荀子注 ………………………………………………………… 2243

淮南子注 ……………………………………………………… 2244

史记注 ………………………………………………………… 2245

汉书注 ………………………………………………………… 2272

后汉书注 …… 2307
文选注 …… 2313
陶渊明诗注 …… 2314
李太白诗注 …… 2316
杜子美诗注 …… 2320
韩文公诗注 …… 2340
通鉴注 …… 2340

卷二十八

拜稽首 …… 2349
稽首顿首 …… 2353
百 拜 …… 2354
九顿首三拜 …… 2357
东向坐 …… 2360
坐 …… 2363
土 炕 …… 2364
冠 服 …… 2366
衩 衣 …… 2370
对襟衣 …… 2371
胡 服 …… 2372
左 衽 …… 2381
行 縢 …… 2383
乐 府 …… 2385

寺 …… 2386
省 …… 2389
职官受杖 …… 2390
押 字 …… 2398
邸 报 …… 2402
酒 禁 …… 2404
赌 博 …… 2411
京 债 …… 2418
居官负债 …… 2422
纳 女 …… 2423
王女弃归 …… 2425
罢官不许到京师 …… 2426

卷二十九

骑 …… 2429
驿 …… 2432
驴 骡 …… 2434
军行迟速 …… 2437
木罂瓴渡军 …… 2438
海 师 …… 2439
海 运 …… 2440
烧 荒 …… 2443
家 兵 …… 2444

少林僧兵 …… 2445
毛葫芦兵 …… 2448
方　音 …… 2449
国　语 …… 2452
外国风俗 …… 2455
徙　戎 …… 2461
楼　烦 …… 2472
吐蕃回纥 …… 2473
西域天文 …… 2478
三　韩 …… 2480
大　秦 …… 2484
干陀利 …… 2485

卷三十

天　文 …… 2487
日　食 …… 2488
月　食 …… 2490
岁　星 …… 2493
五星聚 …… 2494
海中五星二十八宿 …… 2498
星　名 …… 2499
人事感天 …… 2499
黄河清 …… 2501

妖人阑入宫禁 ……2503
诈称太子 ……2508
外国应天象 ……2511
星事多凶 ……2514
图 谶……2520
孔子闭房记 ……2522
百 刻……2523
雨 水……2527
五 行……2529
建 除……2529
艮巽坤乾 ……2531
太 一……2533
正五九月 ……2537
古今神祠 ……2543
佛 寺……2552
泰山治鬼 ……2554
蕃俗信鬼 ……2558

卷三十一

河东山西 ……2561
陕 西……2562
山东河内 ……2566
吴 会……2567

江西广东广西 …………………………………………………2570
四 川………………………………………………………………2573
史记菑川国薛县之误 ……………………………………………2573
曾子南武城人 ……………………………………………………2576
汉书二燕王传 ……………………………………………………2580
徐乐传 ……………………………………………………………2581
水经注大梁灵丘之误 ……………………………………………2582
三辅黄图 …………………………………………………………2584
大明一统志 ………………………………………………………2586
交 阯………………………………………………………………2596
蓟 …………………………………………………………………2601
夏谦泽 ……………………………………………………………2604
石 门………………………………………………………………2605
无 终………………………………………………………………2606
柳 城………………………………………………………………2608
昌 黎………………………………………………………………2615
石 城………………………………………………………………2619
木刀沟 ……………………………………………………………2621
江 乘………………………………………………………………2623
郭璞墓 ……………………………………………………………2626
蟂 矶………………………………………………………………2627
胥 门………………………………………………………………2628
潮 信………………………………………………………………2630

晋 国……2631
绵 上……2633
箕 ……2636
唐 ……2637
晋 都……2639
瑕 ……2641
九 原……2644
昔 阳……2645
太 原……2649
代 ……2653
阙 里……2655
杏 坛……2656
徐 州……2658
向 ……2660
小 谷……2661
泰山立石 ……2663
泰山都尉 ……2665
社 首……2666
济南都尉 ……2667
邹平台二县 ……2668
夹 谷……2671
潍 水……2673
劳 山……2676

楚 丘……2678
东 昏……2680
长 城……2681

卷三十二

而 ……2691
奈 何……2695
语 急……2697
岁 ……2700
月 半……2702
巳 ……2703
里 ……2706
仞 ……2708
不 淑……2709
不 吊……2710
亡 ……2711
乾 没……2712
辱 ……2713
姦 ……2714
讹 ……2715
谁 何……2716
信 ……2718
出 ……2719

鳏 寡……………………………………………………2720
丁 中……………………………………………………2722
阿 ……………………………………………………2723
幺 ……………………………………………………2725
元 ……………………………………………………2727
写 ……………………………………………………2728
行 李……………………………………………………2731
耗 ……………………………………………………2732
量 移……………………………………………………2733
罘 罳……………………………………………………2734
场 屋……………………………………………………2740
豆 ……………………………………………………2740
陉 ……………………………………………………2741
豸 ……………………………………………………2742
关 ……………………………………………………2743
宙 ……………………………………………………2744
石 炭……………………………………………………2745
终 葵……………………………………………………2747
魁 ……………………………………………………2749
桑 梓……………………………………………………2752
胡 咙……………………………………………………2755
胡 ……………………………………………………2757
草 马……………………………………………………2761

草驴女猫 …………………………………………………………… 2762
雌雄牝牡 …………………………………………………………… 2762

卷二十七

汉人注经

《左氏》解经，多不得圣人之意；元凯注传，必曲为之疏通；殆非也。郑康成则不然，其于二《礼》之经，及子夏之传，往往驳正。如《周礼·职方氏》："荆州其浸颍湛。"注云："颍水出阳城，宜属豫州，在此非也。""豫州其浸波溠。"注云："《春秋传》曰：'除道梁溠，营军临随。'则溠宜属荆州，在此非也。"《仪礼·丧服篇》："唯子不报。"传曰："女子子适人者，为其父母期，故言不报也。"注云："唯子不报，男女同不报尔。传以为主谓女子子，似失之矣。""女子子为祖父母。"传曰："何以期也，不敢降其祖也。"注云："经似在室，传似已嫁。""公妾以及士妾为其父母。"传曰："何以期也，妾不得体君，得为其父母遂也。"注云："然则女君有以尊降其父母者与？《春秋》之义，虽为天王后，犹曰吾季姜。是言子尊不加于父母，此传似误矣，"《士虞礼篇》"用尹祭"，注云："尹祭脯也。大夫士祭无云脯者，今不言牲号而云尹祭，亦记者误矣。"于《礼记》则尤多置驳。如《檀弓篇》："齐谷王姬之丧，鲁庄公为之大功。"注云："当为舅之妻，非外祖母也。外祖母又小功也。""季子皋葬其妻，犯人之禾。"注云："持宠虐民，非也。”“叔仲衍请繐衰而环绖。”注云：“吊服之绖服其舅，非。”《月令篇》：“孟夏之月，行赏封诸侯。”注云：“《祭统》曰：古者于禘也，发爵赐服，顺阳义也；于尝也，出田邑，发秋政，顺阴义也。今此行尝可也，而封诸侯则违于古。封诸侯出土地之事，于时未可，似失之。”“断薄刑，决小罪。”注云：“《祭统》曰：草艾则墨，谓立秋后也。刑无轻于墨者。今以纯阳之月，断刑决罪，与毋有坏堕自相违，似非。”“季夏之月，命渔师伐蛟，取鼍，登龟，取鼋。”注云：“四者甲类，秋乃坚成。《周礼》曰：‘秋献龟鱼。’又曰：‘凡取龟用秋时，’是夏之秋也，作《月令》者，以为此秋，据周之时也。周之八月，夏之六月，因书于此，似误也。”“孟秋之月，毋以封诸侯、立大官，毋以割地，行大使、出大币。”注云：“古者于尝出田邑，此其尝并秋而禁封诸侯割地，失其义。”《郊特牲》篇：“季春出火。”注云：“言祭社，则此是仲春之之礼也。仲春以火田，田止弊火，然后献禽。至季春火出，而民乃用火。今云季春出火，乃《牧誓》社，记者误也。”“郊之用辛也，周之始郊日以至。”注云：“言日以周郊天之月而至，阳气新用事，顺之而用辛日，此说非也。郊天之月而日至，鲁礼也。三王之郊，一用夏正。鲁以无冬至祭天于圜丘之事，是以建子之月郊天，示先有事也。”“尸，陈也。”注云：“尸或诂为主，此尸神象，当从主训之，言陈非也。”《明堂位》篇：“夏后氏尚明水，殷尚醴，周尚酒。”注云：“此皆其时之用耳，言尚非。”“君臣未尝相弑也，礼乐刑法政俗未尝相变也。”注云：“春秋时，鲁三君弑，又士之有诔，由庄公始，妇人髽而吊，始于台骀。

云君臣未尝相弑，政俗未尝相变，亦近诬矣。”《杂记》下：“或曰：主之而附于夫之党。”注云：“妻之党自主之，非也。”“圭，子男五寸。”注云：“子男执璧，作此赞者失之矣。”此其所驳，虽不尽当，视杜氏之专阿传文，则不同矣。经注之中，可谓卓然者乎！

【译文】《左传》解释《春秋》，大多没有得到孔子的意旨；杜预（字元凯）注解《左传》，一定婉转地注解为它疏通；几乎是错误的。郑玄（字康成）则不是这样的，他对于两部《礼》的“经”，以及子夏之传，常常纠正书中的错误。如在《周礼·职方氏》：“荆州其浸颍湛。”注解说：“颍水出阳城，宜属豫州，在此非也。”“豫州其浸波溠。”注解说：“《春秋传》曰：‘除道梁溠，营军临随。’则溠宜属荆州，在此非也。”《仪礼·丧服篇》：“唯子不报。”传说：“女子子适人者，为其父母期，故言不报也。”注解说：“唯子不报，男女同不报尔。传以为主谓女子子，似失之矣。”“女子子为祖父母。”传说：“何以期也，不敢降其祖也。”注解说：“经似在室，传似已嫁。”“公妾以及士妾为其父母。”传说：“何以期也，妾不得体君，得为其父母遂也。”注解说：“然则女君有以尊降其父母者与？《春秋》之义，虽为天王后，犹曰吾季姜。是言子尊不加于父母，此传似误矣。”《士虞礼篇》“用尹祭”，注解说：“尹祭脯也。大夫士祭无云脯者，今不言牲号而云尹祭，亦记者误矣。”对于《礼记》就特别多纠正的。如在《檀弓篇》：“齐谷王姬之丧，鲁庄公为之大功。”注解说：“当为舅之妻，非外祖母也。外祖母又小功也。”“季子皋葬其妻，犯人之禾。”注解说：“持宠虐民，非也。”“叔仲衍请繐衰而环绖。”注解说：“吊服之绖服其舅，非。”《月令篇》：“孟夏之月，行赏封诸侯。”注解说：“《祭统》曰：古者于禘也，发爵赐服，顺阳义也；于尝也，出田邑，发秋政，顺阴义也。今此行尝可也，而封诸侯则违于古。封诸侯出土地之事，于时未可，似失之。”“断薄刑，决小罪。”注解说：“《祭统》曰：草艾则墨，谓立秋后也。刑无轻于墨者。今以纯阳之月，断刑决罪，与毋有坏堕自相违，似非。”“季夏之月，命渔师伐蛟，取鼍，登龟，取鼋。”注解说：“四者甲类，秋乃坚成。《周礼》曰：‘秋献龟鱼。’又曰：‘凡取龟用秋时，’是夏之秋也，作《月令》者，以为此秋，据周之时也。周之八月，夏之六月，因书于此，似误也。”“孟秋之月，毋以封诸侯、立大官，毋以割地，行大使、出大币。”注解说：“古者于尝出田邑，此其尝并秋而禁封诸侯割地，失其义。”《郊特牲》篇：“季春出火。”注解说：“言祭社，则此是仲春之之礼也。仲春以火田，田止弊火，然后献禽。至季春火出，而民乃用火。今云季春出火，乃《牧誓》社，记者误也。”“郊之用辛也，周之始郊日以至。”注解说：“言日以周郊天之月而至，阳气新用事，顺之而用辛日，此说非也。郊天之月而日至，鲁礼也。三王之郊，一用夏正。鲁以无冬至祭天于圜丘之事，是以建子之月郊天，示先有事也。”“尸，陈也。”注解说：“尸或诂为主，此尸神象，当从主训之，言陈非也。”《明堂位》篇：“夏后氏尚明水，殷尚醴，周尚酒。”注解说：“此皆其时之用耳，言尚非。”“君臣未尝相弑也，礼乐刑法政俗未尝相变也。”注解说：“春秋时，鲁三君弑，又士之有诔，由庄公始，妇人髽而吊，始于台骀。云君臣未尝相弑，政俗未尝相变，亦近诬矣。”《杂记》下：“或曰：主之而附于夫之党。”注解说：“妻之党自主之，非也。”“圭，子男五寸。”注解说：“子男执壁，作此赞者失之矣。”这些他所纠正的，即使没有完全恰当，比照杜预的专断迎合《左传》的文章，就不相同了。在经和注之中，郑玄可以说是卓尔不群的人！

《论语》“子见南子”注，孔安国曰：“行道既非妇人之事，而弟子不说，与之祝誓，义可疑焉。”此亦汉人疑经，而不敢强通者也。

【译文】《论语》“子见南子”的注解，孔安国说：“施行正道既然不是妇人南子的事情，然而弟子感到不高兴，孔子跟他发誓，这个意义值得怀疑。”这也是汉代人怀疑《论语》，却不敢强加疏通的证据。

宋黄震言：“杜预注《左氏》，独主《左氏》；何休注《公羊》，独主《公羊》，惟范宁不私于《穀梁》，而公言三家之失。如曰：‘《左氏》以鬻拳兵谏为爱君，是人主可得而胁也；以文公纳币为用礼，是居丧可得而昏也。《穀梁》以卫辄拒父为尊祖，是为子可得而叛也；不纳子纠为内恶，是仇雠可得而容也。《公羊》以祭仲废君为行权，是神器可得而窥也；妾母称夫人为合正，是嫡庶可得而齐也，’又曰：‘《左氏》艳而富，其失也诬；《穀梁》清而婉，其失也短；《公羊》辩而裁，其失也俗。’”今考《集解》中，纠传文者得六事：庄九年，“公伐齐纳纠”。传：“当可纳而不纳，齐变而后伐，故乾时之战，不讳败，恶内也。”解曰：“雠者无时而可与通，纵纳之迟晚，又不能全保雠子，何足以恶内乎？然则乾时之战，不讳败，齐人取子纠杀之，皆不迂其文，正书其事。内之大恶，不待贬绝，居然显矣。恶内之言，传或失之。”僖元年，“公子友帅师败莒师于丽，获莒拏。”传：“公子友谓莒拏曰：‘吾二人不相说，士卒何罪？’屏左右相搏。”解曰：“江熙曰：经书败莒师，而传云二人相搏，则师不战，何以得败？理自不通也。子所慎三，战居其一。季友令德之人，岂当舍三军之整，佻身独斗，潜刃相害，以决胜负者哉！此又事之不然，传或失之。”僖十四年，“季姬及缯子遇于防，使缯子来朝”。传：“遇者同谋也。”解曰：“鲁女无故，远会诸侯，遂得淫通，此又事之不然。《左传》曰：‘缯季姬来宁，公怒之，以缯子不朝，遇于防，而使来朝。’此近合人情。”襄十一年，“作三军”。传：“古者天子六师，诸侯一军。作三军，非正也。”解曰：“《周礼·司马法》，王六军，大国三军，次国二军，小国一军。总云诸侯一军，又非制也。”昭十一年，“楚子虔诱蔡侯般，杀之于申”。传：“夷狄之君，诱中国之君而杀之，故谨而名之也。”解曰：“蔡侯般杀父之贼，此人伦之所不容，王诛之所必加。礼，凡在官者，杀无赦，岂得恶楚子杀般乎？若谓夷狄之君，不得行礼于中国者，理既不通，事又不然。”宣十一年，“楚人杀陈夏征舒，不言入。”传曰：“明楚之讨有罪也。似若上下违反不两立之说。”哀二年，“晋赵鞅帅师纳卫世子蒯聩于戚”。传：“纳者，内弗受也。何用弗受也？以辄不受也。以辄不受父之命，受之王父也。信父而辞王父，则是不尊王父也；其弗受，以尊王父也。”解曰：“江熙曰：齐景公废世子，世子还国，书篡。若灵公废蒯聩立辄，则蒯聩不得复称曩日世子也。称蒯聩为世子，则灵公不命辄，审矣。此矛楯之喻也。然则从王父之言，传似失矣。经云‘纳卫世子’，‘郑世子忽复归于郑’，称世子，明正也。明正则拒之者非邪。”以上皆纠正传文之失。

【译文】宋代黄震说：“杜预注解《左传》，唯独针对注解《左传》；何休注解《公羊传》，唯独针对注解《公羊传》，只有范宁没有偏爱注解《穀梁传》，而是公正地讨论《左传》注三家的缺点。如说：‘《左传》以鬻拳兵谏为爱君，是人主可得而胁也；以文公纳币为用礼，是居丧可得而昏也。《穀梁》以卫辄拒父为尊祖，是为子可得而叛也；不纳子纠为内恶，是仇雠可得而容也。《公羊》以祭仲废君为行权，是神器可得而窥也；妾母称夫人为合正，是嫡庶可得而齐也，’又说：‘《左氏》艳而富，其失也诬；《穀梁》清而婉，其失也短；《公羊》辩而裁，其失也俗。’”现在考证《春秋经传集解》当中，纠正《左传》里的文字记载得到这样的六件事：鲁庄公九年，“公伐齐纳纠”。《左传》：“当可纳而不纳，齐变而后伐，故乾时之战，不讳败，恶内也。”《春秋经传集解》说：“雠者无时而可与通，纵纳之迟晚，又不能全保雠子，何足以恶内乎？然则乾时之战，不讳败，齐人取子纠杀之，皆不迂其文，正书其事。内之大恶，不待贬绝，居然显矣。恶内之言，传或失之。”鲁僖公元年，“公子友帅师败莒师于丽，获莒挐。”《左传》：“公子友谓莒挐曰：‘吾二人不相说，士卒何罪？’屏左右相搏。”《春秋经传集解》说：“江熙曰：经书败莒师，而传云二人相搏，则师不战，何以得败？理自不通也。子所慎三，战居其一。季友令德之人，岂当舍三军之整，佻身独斗，潜刃相害，以决胜负者哉！此又事之不然，传或失之。”鲁僖公十四年，“季姬及缯子遇于防，使缯子来朝”。《左传》：“遇者同谋也。”《春秋经传集解》说：“鲁女无故，远会诸侯，遂得淫通，此又事之不然。《左传》曰：‘缯季姬来宁，公怒之，以缯子不朝，遇于防，而使来朝。’此近合人情。”鲁襄公十一年，“作三军”。《左传》：“古者天子六师，诸侯一军。作三军，非正也。”《春秋经传集解》说：“《周礼·司马法》，王六军，大国三军，次国二军，小国一军。总云诸侯一军，又非制也。”鲁昭公十一年，“楚子虔诱蔡侯般，杀之于申”。《左传》：“夷狄之君，诱中国之君而杀之，故谨而名之也。”《春秋经传集解》说：“蔡侯般杀父之贼，此人伦之所不容，王诛之所必加。礼，凡在官者，杀无赦，岂得恶楚子杀般乎？若谓夷狄之君，不得行礼于中国者，理既不通，事又不然。”鲁宣公十一年，“楚人杀陈夏征舒，不言入。”《左传》说：“明楚之讨有罪也。似若上下违反不两立之说。”鲁哀公二年，“晋赵鞅帅师纳卫世子蒯聩于戚”。《左传》：“纳者，内弗受也。何用弗受也？以辄不受也。以辄不受父之命，受之王父也。信父而辞王父，则是不尊王父也；其弗受，以尊王父也。”《春秋经传集解》说：“江熙曰：齐景公废世子，世子还国，书篡。若灵公废蒯聩立辄，则蒯聩不得复称曩日世子也。称蒯聩为世子，则灵公不命辄，审矣。此矛楯之喻也。然则从王父之言，传似失矣。经云‘纳卫世子’，‘郑世子忽复归于郑’，称世子，明正也。明正则拒之者非邪。”以上都是纠正《左传》文字记载的错误。

宋吴元美作吴缜《新唐书纠谬序》曰："唐人称杜征南、颜秘书为左丘明、班孟坚忠臣[①]。颜师古本传。今观其推广发明，二子信有功矣。至班、左语意乖戾处，往往曲为说以附会之，安在其为忠也？今吴君于欧、宋大手笔[②]，乃能纠谬纂误，力裨前缺，殆晏子所谓献可替否、和而不同者，此其忠何如哉！然则唐人之论忠也陋矣。"可谓卓识之言。

【注释】①唐人称杜征南、颜秘书为左丘明、班孟坚忠臣：意指称杜预、颜师古忠诚于左丘明、班固的笔法的人。杜征南，即杜预，死后追赠征南大将军；颜秘书，即颜师古，被授予秘书少监。②大手笔：擅长写文章且有大成就的人；这里指大著作家。

【译文】宋代吴元美撰写的吴缜《新唐书纠谬序》说："唐代人称杜预、颜师古是左丘明、班固的'忠臣'。（见《新唐书·颜师古》。）现在看他们为经典推动扩展创造新方法，两位先贤确实是有功劳的。在班固、左丘明文意不合理的地方，常常歪曲替他辩解来附会他，怎么他们是'忠臣'呢？现在吴缜对于欧阳修、宋祁这样的大著作者，竟然能够纠正谬误、写出错误，致力于增补以前缺少的材料，几乎达到晏子所说的"献可替否、和而不同"的境界，他这样的忠诚达到怎样的地步！那么唐代人判断忠诚的见识也太狭小了。"这可以说是卓越见识的言语。

注疏中引书之误

《尔雅·释山》："多草木岵，无草木峐，疏："峐"当作"屺"。石戴土谓之崔嵬，土戴石为砠。"《毛传》引之，互相反。郑康成笺《诗·采蘩》，引《少牢馈食礼》："主妇被裼。"误作《礼记》。《皇矣》引《左传》"郑公子突使勇而无刚者尝寇而速去之"，"晋士会若使轻者肆焉其可"，误合为一事。注《周礼·大司徒》，引《左传》成二年"先王疆理天下"，误作"吾子疆理天下"。引《诗》"锡之山川，土田附庸"，误作"土地"。《射人》，引《射义》"明乎其节之志，以不失其事，则功成而德行立"，误作《乐记》。《县士》引《左传》"韩襄为公族大夫"，误作"韩须"。注《礼记·月令》，引《夏小正》"八月，丹鸟羞白鸟"，误作"九月"。引《诗》"称彼兕觥，万寿无疆"，误作"受福无疆"。范武子解《穀梁传》，庄十八年，引《玉藻》"天子玄冕而朝日于东门之外"，误作《王制》。郭景纯注《尔雅》，引《孟子》"止或尼之"，误作"行或尼之"。引《易》"巩用黄牛之革"，"固志也"，误以《革》《遇》二爻合为一传。韦昭《国语注》："公父文伯母赋《绿衣》之三章"，误引"四章"，高诱《淮南子注》，引《诗》"鼍鼓逢逢"，误作"鼍鼓洋洋"。孔颖达《左传》文十八年正义引《孟子》"柳下惠，圣之和者也"，误作"伊尹，圣人之和者也"。苏轼《书传·伊训》，引《孟子》"从流下而忘反谓之流"，误作"从流上而忘反谓之游"。朱震《易传·井》大象，引《诗》"维此哲人，谓我劬劳"，误作"知我者，谓我劬劳”。赵汝楳《易辑闻·蹇》大象，引《孟子》“我必不仁，我必无礼”，误作“我必不仁不义”。朱元晦《中庸章句》，引《诗》“后稷之孙，实维大王，居岐之阳，实始翦商”，误作“至于大王”。《诗集传·闵予小子》，引《楚辞》“三公穆穆，登降堂只”，误作“三公揖让”。

【译文】《尔雅·释山》：“多草木岵，无草木峐，（疏：“峐”当作“屺”。）石戴土谓之崔嵬，土戴石为砠。”《毛传》引用它，互相类推。郑玄注解《诗经·采蘩》，引用《少牢馈食礼》：“主妇被裼。”错误地写成《礼记》。《皇矣》引用《左传》“郑公子突使勇而无刚者尝寇而速去之”，“晋士会若使轻者肆焉其可”，错误地合成为一件事。注解《周礼·大司徒》，引用《左传》鲁成公二年“先王疆理天下”，错误地写成“吾子疆理天下”。引用《诗经》“锡之山川，土田附庸”，错误地写成“土地”。《射人》，引用《射义》“明乎其节之志，以不失其事，则功成而德行立”，错误地写成《乐记》。《县士》引用《左传》“韩襄为公族大夫”，错误地写成“韩须”。注解《礼记·月令》，引用《夏小正》“八月，丹鸟羞白鸟”，错误地写成“九月”。引用《诗》“称彼兕觥，万寿无疆”，错误地写成“受福无疆”。范武子注解《穀梁传》，鲁庄公十八年，引用《玉藻》“天子玄冕而朝日于东门之外”，错误地写成《王制》。郭璞（字景纯）注解《尔雅》，引用《孟子》“止或尼之”，错误地写成“行或尼之”。引用《易经》“巩用黄牛之革”，“固志也”，错误地认为《革》《遇》两爻合为一传。韦昭《国语注》：“公父文伯母赋《绿衣》之三章”，错误地引用“四章”，高诱的《淮南子注》，引用《诗经》“鼍鼓逢逢”，错误地写成“鼍鼓洋洋”。孔颖达《左传》鲁文公十八年的“正义”引用《孟子》“柳下惠，圣之和者也”，错误地写成“伊尹，圣人之和者也”。苏轼的《尚书传·伊训》，引用《孟子》“从流下而忘反谓之流”，错误地写成“从流上而忘反谓之游”。朱震《易传·井》大象，引用《诗经》“维此哲人，谓我劬劳”，错误地写成“知我者，谓我劬劳”。赵汝楳《易辑闻·蹇》大象，引用《孟子》“我必不仁，我必无礼”，错误地写成“我必不仁不义”。朱元晦《中庸章句》，引用《诗经》“后稷之孙，实维大王，居岐之阳，实始翦商”，错误地写成“至于大王”。《诗集传·闵予小子》，引用《楚辞》“三公穆穆，登降堂只”，错误地写成“三公揖让”。

朱子注《论语》：“夏曰瑚，商曰琏。”此仍古注之误。《记》曰：“夏后氏之四琏，殷之六瑚。”是夏曰琏，商曰瑚也。《享礼》注引“发气满容”，今《仪礼》文作“发气焉盈容”。汉人避惠帝讳，盈之字曰满，此当改而不改也。

【译文】朱熹注解《论语》：“夏曰瑚，商曰琏。”这里沿袭古代注解的错误。《礼记》说：“夏后氏之四琏，殷之六瑚。”这里是指在夏朝是说“琏”，在商朝是说“瑚”。《享礼》注解和引用“发气满容”，现在《仪礼》的文章里写成“发气焉盈容”。汉代人回避汉惠帝刘盈的名讳，盈字是说“满”的意思，这里应当改正却没有改正。

《孟子》："有为神农之言。"注："史迁所谓农家者流也。"仁山金氏曰："太史公六家同异，无农家。班固《艺文志》分九流，始有农家者流。"《集注》偶误，未及改。

【译文】《孟子》"有为神农之言"，注解："史迁所谓农家者流也。"仁山金履祥说："太史公司马迁划分六个学术派别之间的异同，没有农家。班固《艺文志》划分九个流派，才有农家的流派。"《孟子集注》偶尔出现错误，没有来得及改正。

杨用修言："朱子《周易本义》，引《韩非子》'参之以比物，伍之以合虚'，误以'合虚'为'合参'。原其故，乃自《荀子》注中引来，不自《韩非子》采出也。"按伍所以合参，安得谓之合虚？乃今《韩非子》本误。

【译文】杨慎（字用修）说："朱熹的《周易本义》，引用《韩非子》'参之以比物，伍之以合虚'，错误地认为'合虚'是'合参'。探究其中的缘由，竟然是从《荀子》注当中引用得来的，不是从《韩非子》当中选取得出的。"查核"伍"用来"合参"，怎么称为它是"合虚"？是现存《韩非子》版本的错误。

姓氏之误

《穀梁传》，隐九年：“天王使南季来聘。南，氏姓也；季，字也。”南非姓，“姓”字衍文。桓二年：“及其大夫孔父，孔氏父字谥也。”父非谥，“谥”字衍文。

【译文】《穀梁传》，鲁隐公九年：“天王使南季来聘。南，氏姓也；季，字也。”南不是姓氏，“姓”字是衍文。鲁桓公二年：“及其大夫孔父，孔氏父字谥也。”父不是谥号，“谥”字是衍文。

《诗·白华》笺：“褒姒，褒人所入之女，姒，其字也。”“字”当作“姓”，此康成之误。孔氏曰：“褒国姒姓，言姒其字者，妇人因姓为字也。”乃是曲为之解耳。

【译文】《诗经·白华》笺注：“褒姒，褒人所入之女，姒，其字也。”“字”应当写作“姓”，这是郑玄的错误。孔颖达说：“褒国姒姓，说姒是其字的，是妇人把姓作为字。”这是孔颖达歪曲为这句话解释罢了。

朱子注《论语》《孟子》，如太公姜姓，吕氏名尚，其别姓氏甚明。至子夏，孔子弟子，姓卜名商，子禽姓陈名亢，子贡姓端木名赐，子文姓斗名谷于菟之类，皆以氏为姓。齐宣王姓田氏名辟疆，则并姓氏而为一矣，岂承昔人之误而未之正与？宋自夹漈郑氏始著《氏族略》，以前人多未讲此。故《博古图》言，州吁姓州，而徽宗欲仿周人王姬之号，故公主谓之帝姬也。

【译文】朱子注解《论语》《孟子》，像太公姜姓，吕氏名尚，他辨别姓和氏非常清楚。至于子夏，是孔子的弟子，姓卜名商，子禽姓陈名亢，子贡姓端木名赐，子文姓斗名谷于菟之类的，都是把氏作为姓。齐宣王姓田氏名辟疆，就是合并姓和氏而成为一体，难道是继承前人的错误却没有改正吗？（宋代从夹漈先生郑樵开始撰写《氏族略》，因为前人大多没有讨论这个。因此《博古图》说，州吁姓州，而宋徽宗想仿照周代人王姬的称号，因此把公主称为帝姬了。）

左传注

隐五年，“使曼伯与子元潜军军其后。”按子元疑即厉公之字。昭十一年，申无宇之言曰：“郑庄公城栎而寘子元焉，使昭公不立。”杜以为别是一人，厉公因之以杀曼伯而取栎，非也。盖庄公在时，即以栎为子元之邑，如重耳之蒲，夷吾之屈，故厉公于出奔之后，取之特易，而曼伯则为昭公守栎者也。九年，公子突请为三覆以败戎。桓五年，子元请为二拒以败王师。固即厉公一人，而或称名或称字耳。合三事观之，可以知厉公之才略，而又资之以岩邑[①]，能无篡国乎！

【注释】①岩邑：险要的地方。岩，即险要，关键。

【译文】鲁隐公五年，“使曼伯与子元潜军军其后。”按子元怀疑就是郑厉公姬突的字。鲁昭公十一年，申无宇的话说：“郑庄公城栎而寘子元焉，使昭公不立。”杜预认为是另外一个人，郑厉公趁着这个机会来杀死曼伯而取得栎地，这个是错误的。原来在郑庄公在世时，就把栎地作为子元的封邑，就像重耳的蒲地，夷吾的屈地，因而郑厉公在逃亡之后，得到它非常容易，但是曼伯就是为郑昭公镇守栎地的人了。九年，郑国公子突请求设置三路伏兵来打败戎人。鲁桓公五年，子元请求派遣两路军队来打败周朝的军队。固然就是指郑厉公他一个人，而有的称名，有的称字罢了。综合这三件事来看待，可以知道郑厉公的才能和谋略，而又把险要的城池提供给他，能不篡夺国家政权吗！

十一年：“立桓公而讨寪氏，有死者”。言非有名位之人，盖微者尔。如司马昭族成济之类。解曰：“欲以弑君之罪加寪氏，而复不能正法诛之。”非也。

【译文】鲁隐公十一年：“立桓公而讨寪氏，有死者”。是说没有名声和地位的人，大概是地位低下的人罢了。就像司马昭族灭成济之类的人。《春秋经传集解》说：“欲以弑君之罪加寪氏，而复不能正法诛之。”这是错误的。

桓二年，“孔父嘉为司马。”杜氏以孔父名而嘉字，非也。孔父字，而嘉其名。按《家语·本姓篇》曰：“宋湣公熙生弗父何，何生宋父周，周生世子胜，胜生正考父，考父生孔父嘉，其后以孔为氏。”然则仲尼氏孔，正以王父之字。而楚成嘉，郑公子嘉，皆字子孔，亦其证也。《说文》：“孔从乙，从子。乙至而得子，嘉美之也。古人名嘉字子孔。”郑康成注《士丧礼》曰：“某甫字也，若言山甫、孔甫。”甫、父通。是亦以孔父为字。刘原父以为已名其君于上，则不得字其臣于下。窃意春秋诸侯卒，必书名，而大夫则命卿称字，无生卒之别。刘原父亦云：“大夫再命称名，三命称字。”亦未尝以名字为尊卑之分。桓十一年，郑伯寤生卒。葬郑庄。宋人执郑祭仲。杜氏以仲为名而足字，亦拘于例也。十七年，蔡侯封人卒，蔡季自陈归于蔡。名其君于上，字其臣于下也。昭二十二年，刘子单子以王猛居于皇。刘子单子以王猛入于王城。二十三年，尹氏立王子朝[①]。二十六年，尹氏、召伯、毛伯以王子朝奔丧。爵其臣于上，名其君于下也。然则孔父当亦其字，而学者之疑可以涣然释矣。

【注释】①王子朝：即周景王姬贵庶长子姬朝。

【译文】鲁桓公二年，“孔父嘉为司马。”杜预认为孔父是名而嘉是字，这是错误的。孔父是字，而嘉是其名。按《孔子家语·本姓篇》说：“宋湣公熙生弗父何，何生宋父周，周生世子胜，胜生正考父，考父生孔父嘉，其后以孔为氏。”那么仲尼将孔作为氏，正是把他王父的字。然而楚成嘉，郑公子嘉，都是字子孔，也是它的证据了。

(《说文解字》:“孔从乙，从子。乙至而得子，嘉美之也。古人名嘉字子孔。”) 郑玄注解《仪礼·士丧礼》说:“某人以甫作为字，就像说山甫、孔甫。”(甫、父相通。) 这也是把孔父作为字。刘敞(字原父) 认为已经在上面用名来称呼其君主，就不得用字来称呼他这个臣子。我认为春秋时期诸侯逝世时，一定书写他们的名，但是大夫则命卿称呼他们的字，没有在世死亡的区别。(刘原父也说:“大夫第二次任命称呼名，第三次任命称呼字。”) 也不一定把名字作为尊卑的区分。鲁桓公十一年，郑伯寤生逝世。不久安葬了郑庄公寤生。宋国人抓走了郑国卿祭仲。(杜预认为仲作为名而足是字，也是拘束于旧例了。) 鲁桓公十七年，蔡侯封人逝世，蔡季从陈国回到蔡国。在上面用名来称呼其君主，在下面用字来称呼其臣子。鲁昭公二十二年，刘子、单子依靠周悼王姬猛居住在皇地。刘子、单子依靠周悼王姬猛进入到王城。鲁昭公二十三年，尹辛拥立王子朝。鲁昭公二十六年，尹辛、召伯、毛伯跟随王子朝奔丧。在上面用爵位来表示其臣，在下面用名来表示其君主。那么孔父应当也是其字，然而学者的怀疑可以涣然冰释了。

君之名，变也；命卿之书字，常也；重王命亦所以尊君也。

【译文】君主的名，是变化的；命卿书写其字，是经常的；重视王的命令也是用来尊敬君主的。

“其弟以千亩之战生。”解曰:“西河介休县南，有地名千亩。”非也。穆侯时，晋境不得至介休。按《史记·赵世家》：“周宣王伐戎，及千亩战。”正义曰：“《括地志》云：千亩原在晋州岳阳县北九十里。”

【译文】“其弟以千亩之战生。”《春秋经传集解》说：“西河介休县南，有地名千亩。”这是错误的。在晋穆侯时，晋国的边境不能到介休境内。考查《史记·赵世家》：“周宣王讨伐戎人时，到千亩发生战争。”《史记正义》说：“《括地志》说：千亩原本在晋州岳阳县以北九十里的地方。”

五年，“蔡人、卫人、陈人从王伐郑”。解曰：“王师败不书，不以告。”非也。王师败不书，不可书也，为尊者讳。

【译文】鲁桓公五年，“蔡人、卫人、陈人从王伐郑”。《春秋经传集解》说：“王师败不书，不以告。”这是错误的。周王的军队失败不用书写，是不能书写，为尊贵者讳的原因。

六年，“不以国”。解曰：“国君之子，不自以本国为名。”焉有君之子而自名其国者乎？谓以列国为名，若定公名宋，哀公名蒋。

【译文】鲁桓公六年，“不以国”。《春秋经传集解》说：“国君之子，不自以本国为名。”哪里有君王的儿子却用自己的名来称呼他的国家的吗？说是把各个国家的国号作为名来表示，就像鲁定公名宋，鲁哀公名蒋。

八年，“楚人上左，君必左，无与王遇”。解曰：“君，楚君也。”愚谓君谓随侯，王谓楚王。两军相对，随之左，当楚之右。言楚师左坚右瑕，君当在左，以攻楚之右师。

【译文】鲁桓公八年，“楚人上左，君必左，无与王遇”。《春秋经传集解》说：“君，楚君也。”我认为“君”是说随侯，“王”是说楚王。两国军队对阵，随国的左边，应当是楚国的右边。说楚国的军队左边阵型坚固，右边阵型存在空隙，随侯应当在左边，来攻打楚国的右师。

十三年，“及齐侯、宋公、卫侯、燕人战，齐师、宋师、卫师、燕师败绩”。解曰：“或称人，或称师，史异辞也。”愚谓燕独称人，其君不在师。

【译文】鲁桓公十三年，“及齐侯、宋公、卫侯、燕人战，齐师、宋师、卫师、燕师败绩”。《春秋经传集解》说：“或称人，或称师，史异辞也。”我认为燕王唯独被称为“人”，是因为其君王不在军队里。

庄十二年，“萧叔大心”。解曰：“叔，萧大夫名。”按，大心当是其名，而叔其字，亦非萧大夫也。二十三年，“萧叔朝公”。解曰：

“萧附庸国，叔名。”按《唐书·宰相世系表》云：“宋戴公生子衎，字乐父。裔孙大心，平南宫长万有功，封于萧，以为附庸，今徐州萧县是也。其后楚灭萧。”

【译文】鲁庄公十二年，“萧叔大心”。《春秋经传集解》说：“叔，萧大夫名。”按，大心应当是其名，而叔是其字，也不是萧国大夫。鲁庄公二十三年，“萧叔朝公”。《春秋经传集解》说：“萧附庸国，叔名。”考查《新唐书·宰相世系表》说：“宋戴公生下儿子衎，字乐父。后代子孙是大心，平定南宫长万叛乱有功劳，被封在萧地，来作为宋国的附庸，就是现在的徐州萧县。之后楚国消了灭萧国。”

十四年，“庄公之子，犹有八人”。解：“庄公子，传惟见四人：子忽、子亹、子仪并死，独厉公在。八人名字，记传无闻。”按，“犹有八人”者，除此四人之外，尚有八人见在也。桓十四年，郑伯使其弟语来盟，传称其字曰子人，亦其一也。

【译文】鲁庄公十四年，“庄公之子，犹有八人”。《春秋经传集解》：“庄公子，传惟见四人：子忽、子亹、子仪并死，独厉公在。八人名字，记传无闻。”按，“犹有八人”，除去这四个人之外，还有八个人在世。鲁桓公十四年，郑伯派遣其弟姬语前来结盟，《左传》称其字说是“子人”，也是一样的。

二十二年，“山岳则配天”。解曰：“得太岳之权，则有配天之大功。”非也。《诗》曰：“崧高维岳，骏极于天。”言天之高大，惟山岳足以配之。

【译文】鲁庄公二十二年，“山岳则配天”。《春秋经传集解》说：“得太岳之权，则有配天之大功。”这是错误的。《诗经》说：“崧高维岳，骏极于天。”是说上天的又高又大，只有山岳才能配得上它。

二十五年，“夏六月辛未朔，日有食之，鼓用牲于社。非常也。惟正月之朔，慝未作，日有食之，于是乎用币于社，伐鼓于朝”。周之六月，夏之四月，所谓正月之朔也。然则此其常也，而曰非常者何？盖不鼓于朝，而鼓于社，不用币而用牲，此所以谓之非常礼也。杜氏不得其说，而曰：“以长历推之，是年失闰。”辛未实七月朔，非六月也。此则咎在司历，不当责其伐鼓矣。又按：“唯正月之朔”以下，乃昭十七年季平子之言，今载于此，或恐有误。

【译文】鲁庄公二十五年，“夏六月辛未朔，日有食之，鼓用牲于社。非常也。惟正月之朔，慝未作，日有食之，于是乎用币于社，伐鼓于朝”。周朝的六月，夏朝的四月，就是所说的正月初一了。那么这是它的正常历法，然而为什么说“非常”呢？原来是不在朝堂上敲鼓，而是在市集敲鼓，不用币而是用牲，这就是所说的“非常礼”了。杜预没有掌握这个说法，却说：“以长历推之，是年失闰。”辛未日确实是七月朔日，不是在六月。这个错误是在司历身上，不应当责怪那个敲鼓的人。又按:“唯正月之朔”以下,是鲁昭公十七年季平子的话,现在记载在这里,也许是有错误的。

僖四年,“昭王南征而不复,寡人是问”。解曰:“不知其故而问之。”非也。盖齐侯以为楚罪而间之。然昭王五十一年,南征不复,至今惠王二十一年,计三百四十七年。此则孔文举所谓丁零①盗苏武牛羊,可并案者也。

【注释】①丁零:古代中国北方民族名称。

【译文】鲁僖公四年,“昭王南征而不复,寡人是问”。《春秋经传集解》说:“不知其故而问之。”这是错误的。大概是齐桓公认为是楚国的罪过而挑拨它。然而在周昭王五十一年,去南方征伐却没有回来,到现在的周惠王二十一年,一共三百四十七年。这是孔融(字文举)所说的丁零盗取苏武的牛羊,可以加重情由一并考问了。

五年,“太伯不从”。不从者,谓太伯不在太王之侧尔。《史记》述此文曰:“太伯、虞仲,太王之子也,太伯之去,是以不嗣。”以亡去为不从,其义甚明。杜氏误以不从父命为解,而后儒遂傅合《鲁颂》之文,谓太王有翦商之志,太伯不从。此与秦桧之言莫须有者,何以异哉!

【译文】鲁僖公五年,“太伯不从”。没有跟从,是说太伯没有在太王身旁罢了。《史记》记述这段文字时说:“太伯、虞仲,太王之子也，太伯之去，是以不嗣。”把太伯逃跑作为没有跟从太王的依据，其义非常清楚。杜预错误地将太伯没有听从父命作为解释，而后代儒生于是附会《鲁颂》的文字记载，说太王有消灭商朝的志向，太伯没有听从。这和秦桧诬陷岳飞“莫须有”的罪名，有什么不相同！

六年，“围新密，郑所以不时城也”。实密，而经云新城，故传释之，以为郑惧齐而新筑城，因谓之新城也。解曰：“郑以非时兴土功，故齐桓声其罪以告诸侯。”夫罪孰大于逃盟者，而但责其非时兴土功，不亦细乎？且上文固曰：“以其逃首止之盟故也”，则不烦添此一节矣。

【译文】鲁僖公六年，“围新密，郑所以不时城也”。实际上是密城，然而《春秋》说是新城，因此《左传》解释它，认为郑国害怕齐国而重新建造城池，因而称为新城了。《春秋经传集解》说：“郑以非时兴土功，故齐桓声其罪以告诸侯。”罪过和违背盟约哪个更大，然而仅仅指责郑国没有按照时节大兴土功，不也觉得指责地太细了？而且上文本来说：“以其逃首止之盟故也”，那么无须添加这一节了。

十五年，“涉河，侯车败”。解曰：“秦伯之军涉河，则晋侯车败。”非也。秦师及韩，晋尚未出，何得言晋侯车败？当是秦伯之车败，故穆公以为不祥，而诘之耳。此二句乃事实，非卜人之言。若下文所云“不败何待”，则谓晋败。古人用字自不相蒙。

【译文】鲁僖公十五年，“涉河，侯车败”。《春秋经传集解》说：“秦伯之军涉河，则晋侯车败。”这是错误的。秦国军队到达韩国，晋国军队还没出来，哪能说晋惠公的马车坏了？应该是秦穆公的马车坏了，因此秦穆公认为是不吉祥的，而追问卜徒父。这两句是事实，不是占卦人的话。像在下文所说的“不败何待”，就是说晋国战败。古代人使用文字自然不会相互欺骗的。

“三败及韩”，当依正义引刘炫之说，是秦伯之车三败。

及韩在涉河之后，此韩在河东，故曰：“寇深矣。”《史记正义》引《括地志》云：“韩原在同州韩城县西南。”非也。杜氏解但云“韩，晋地”，却有斟酌。

【译文】“三败及韩”，应当依照《史记正义》引用刘炫的说法，是秦穆公的马车三次损坏。

等韩国在渡过黄河之后，这时韩国在黄河以东，因此说：“寇深矣。”《史记正义》引用《括地志》说：“韩原在同州韩城县西南。”这是错误的。杜预解释仅说“韩，晋地”，反而有斟酌的地方。

十八年，“狄师还”。解曰：“邢留距卫。”非也。狄强而邢弱，邢从于狄而伐者也。言狄师还，则邢可知矣。其下年卫人伐邢，盖惮狄之强，不敢伐，而独用师于邢也。解曰：“邢不速退，所以独见伐。”亦非。

【译文】鲁僖公十八年，“狄师还”。《春秋经传集解》说：“邢留距卫。”这是错误的。狄人强大而邢国弱小，邢国服从于狄人而讨伐别国。说狄人军队返回，那么邢国返回可以知道了。第二年卫国人讨伐邢国，原来是惧怕狄人的强大，不敢讨伐邢国，然而能单独使用军队攻打邢国？《春秋经传集解》说：“邢不速退，所以独见伐。”也是错误的。

二十二年，“大司马固谏曰”。解曰：“大司马固，庄公之孙公孙固也。”非也。大司马即司马子鱼。固谏，坚辞以谏也。隐三年，言召大司马孔父而属殇公焉。桓二年，言孔父嘉为司马。知大司马即司马也。文八年，上言“杀大司马公子卬”，下言“司马握节以死”。知大司马即司马也。定十年，“公若貌固谏曰”，知固谏之为坚辞以谏之也。

【译文】鲁僖公二十二年，“大司马固谏曰”。《春秋经传集解》说：“大司马固，庄公之孙公孙固也。”这是错误的。大司马就是司马子鱼。“固谏”，坚决不妥协地来进谏。鲁隐公三年，说召集大司马孔父而将王位传给鲁殇公。鲁桓公二年，说孔父嘉担任司马。可以知道大司马就是司马了。鲁文公八年，上文说“杀大司马公子卬”，下文说“司马握节以死”。可以知道大司马就是司马了。鲁定公十年，“公若貌固谏曰”，可以知道“固谏”是坚决不妥协地来进谏。

二十四年，“晋侯求之不获，以绵上为之田”。盖之推既隐，求之不得，未几而死，故以田禄其子尔。《楚辞·九章》云：“思久故之亲身兮，因缟素而哭之。”明文公在时，之推已死。《史记》则云：“闻其入绵上山中，于是环绵上山中而封之，以为介推田，号曰介山。”然则受此田者何人乎？于义有所不通矣。

【译文】鲁僖公二十四年，“晋侯求之不获，以绵上为之田”。大概是介之推已经归隐，晋文公访求他而不能得到，不久之后介之推就逝世了，因此晋文公把田地赐给其子罢了。《楚辞·九章》说：“思久故之亲身兮，因缟素而哭之。”说明晋文公在时，介之推已经逝世了。《史记》则说：“闻其入绵上山中，于是环绵上山中而封之，以为介推田，号曰介山。”那么接受这田地的是什么人？对于文义有所不通了。

三十三年，“晋人及姜戎败秦师于殽。”解曰：“不同陈，故言及。”非也。及者殊戎翟[①]之辞。

【注释】①戎翟：原作“夷狄”。亦作戎狄。

【译文】鲁僖公三十三年，“晋人及姜戎败秦师于殽。”《春秋经传集解》说：“不同陈，故言及。”这是错误的。说“及”字，是区分戎翟的言辞。

文元年，“于是闰三月，非礼也”。古人以闰为岁之余，凡置闰必在十二月之后，故曰归余于终。考经文之书闰月者，皆在岁末。文公六年，闰月不告月，犹朝于庙。哀公五年，闰月葬齐景公。是也。而《左传》成公十七年、襄公九年、哀公十五年，皆有闰月，亦并在岁末。又经传之文，凡闰不言其月者，言闰即岁之终可知也。今鲁改历法，置闰在三月，故为非礼。《汉书·律历志》曰："鲁历不正，以闰余一之岁为蔀首。"是也。孟康曰："当以闰尽岁为蔀首。今失正，未尽一岁便以为蔀首也。"又按《汉书·高帝纪》，"后九月"。师古曰："秦之历法，应置闰月者，总致之于岁末，盖取《左传》所谓归余于终之意。何以明之？据《汉书》表及《史记》，汉未改秦历之前，屡书后九月，是知历法故然。"

【译文】鲁文公元年，"于是闰三月，非礼也"。古人把闰月作为一年多出来那部分，凡是安排闰月一定在十二月之后，因此说"归余于终"。考证经文写闰月的，都是在岁末。鲁文公六年，闰月不举行告月的活动，依然在庙里朝拜。鲁哀公五年，在闰月安葬齐景公。就是这样的。然而在《左传》鲁成公十七年、鲁襄公九年、鲁哀公十五年，都有闰月，也一并在岁末。又在《春秋》《左传》的文字记载，凡是遇到闰的都不说其月份的，说闰月的就是在岁末这就可以知道了。现在鲁国改行历法，安排闰在三月，因此认为是不合礼节的。就像《汉书·律历志》说："鲁历不正，以闰余一之岁为蔀首。"一样的。（孟康说："应当把闰月表示岁末作为历法计算的起点。现在丧失了正确的历法，没有过完一年就作为历法计算的起点。"）又按《汉书·高帝纪》，"后九月"。颜师古说："秦朝的历法，应当安排闰月的，总是放置在岁末，大概是取自《左传》所说的‘归余于终’的意思。有什么来证明它呢？根据《汉书》的年表以及《史记》，汉代没有改变秦朝历法之前，多次书写‘后九月’，这可以知道当时历法的缘故。”

二年，“陈侯为卫请成于晋，执孔达以说”。此即上文所谓我辞之者也。解谓晋不听而变计者非。

【译文】鲁文公二年，“陈侯为卫请成于晋，执孔达以说”。这就是上文所说的“我辞之”。《春秋经传集解》说晋国不听从而改变计划的是错误的。

三年，“雨螽于宋”。解曰：“宋人以螽死，为得天佑，喜而来告，故书。”夫陨石鹢退，非喜而来告也。

【译文】鲁文公三年，“雨螽于宋”。《春秋经传集解》说：“宋人以螽死，为得天佑，喜而来告，故书。”天上掉下的石块，鹢退回了森林里，不是喜事却前来告知。

七年，“宣子与诸大夫皆患穆嬴，且畏逼”。解曰：“畏国人以大义来逼己。”非也。畏穆嬴之逼也，以君夫人之尊故。

【译文】鲁文公七年，“宣子与诸大夫皆患穆嬴，且畏逼”。《春秋经传集解》说："畏国人以大义来逼己。"这是错误的。畏惧穆嬴的逼迫，因为是晋襄公夫人的尊贵的缘故。

十三年，"文子赋《四月》"。解曰："不欲还晋。"以传考之，但云成二国，不言公复还晋。《四月》之诗当取乱离瘼矣，维以告哀之意尔。

【译文】鲁文公十三年，"文子赋《四月》"。《春秋经传集解》说："不欲还晋。"根据《左传》来考证它，只说成立第二个国家，没说晋文公再次返回晋国。《四月》之诗应当选取"乱离瘼矣，维以告哀"的意思罢了。

宣十二年，"宵济，亦终夜有声"。解曰："言其兵众，将不能用。"非也，言其军嚣，无复部伍①。

【注释】①部伍：古代军队编制的单位。

【译文】鲁宣公十二年，"宵济，亦终夜有声"。《春秋经传集解》说："言其兵众，将不能用。"这是错误的，说那里军队喧哗，不再形成建制的部伍。

成六年，"韩献子将新中军，且为仆大夫"。必言仆大夫者，以君之亲臣，故独令之从公而入寝庭也。解未及。

【译文】鲁成公六年，“韩献子将新中军，且为仆大夫”。一定要说“仆大夫”的，是君王的亲近臣子，因此唯独让他跟随晋景公而进入寝宫。《春秋经传集解》没有解释到。

十六年，“郯之师，荀伯不复从”。解曰：“荀林父奔走，不复故道。”非也。谓不复从事于楚。

【译文】鲁成公十六年，“郯之师，荀伯不复从”。《春秋经传集解》说：“荀林父奔走，不复故道。”这是错误的。是说不再跟从和侍奉楚国。

“子在君侧，败者壹大。我不如子，子以君免。”“败者壹大”，恐君之不免也。“我不如子”，子之才能以君免也。解谓“军大崩”为“壹大”，及御与车右不同者，非。

【译文】“子在君侧，败者壹大。我不如子，子以君免。”“败者壹大”，是害怕君主不能摆脱不了危险。“我不如子”，是石首的才略和能干使得君主摆脱危险。《春秋经传集解》说“军大崩”为“壹大”，在驾马车的右边驾驶是不相同的，这是错误的。

襄四年，“有穷由是遂亡”。解曰：“浞因羿室，不改有穷之号。”非也。哀元年称有过浇矣，此特承上死于穷门而言，以结所引《夏训》之文尔。

【译文】鲁襄公四年，“有穷由是遂亡”。《春秋经传集解》说：“浞因羿室，不改有穷之号。”这是错误的。鲁哀公元年称有过浇，这只是承接上文死在穷门而说的，来结束所引用《夏训》的文字罢了。

十年，“郑皇耳帅师侵卫，楚令也”。犹云从楚之盟故也。解谓“亦兼受楚之敕命”者，非。

【译文】鲁襄公十年，“郑皇耳帅师侵卫，楚令也”。就像是说同楚结盟的原因。《春秋经传集解》说“亦兼受楚之敕命”的，这是错误的。

十一年，“政将及子，子必不能”。解谓：“鲁次国，而为大国之制，贡赋必重，故忧不堪。”非也。言鲁国之政，将归于季孙，以一军之征，而供霸国之政令，将有所不给，则必改作。其后四分公室，而季氏择二，盖亦不得已之计，叔孙固已豫见之者。

【译文】鲁襄公十一年，“政将及子，子必不能”。《春秋经传集解》说：“鲁次国，而为大国之制，贡赋必重，故忧不堪。”这是错误的。是说鲁国的政权，即将属于季孙，依靠一支军队的征伐，而提供霸国施行的政令，将会有所不能供给，那么就一定改变作法。以后把公家分为四份，而季孙选择其中的两份，大概也是不得已的计划，叔孙原本已经预见了事情发生的人。

十八年，“堑防门而守之广里”。解曰：“故经书围。”非也。围者，围齐也，非围防门也。

【译文】鲁襄公十八年，“堑防门而守之广里”。《春秋经传集解》说：“故经书围。”这是错误的。这个“围”，是指包围齐国，不是包围防门。

二十一年，“得罪于王之守臣”。守臣谓晋侯。《玉藻》：“诸侯之于天子曰，某土之守臣某。”是也。解以为范宣子，非。

【译文】鲁襄公二十一年，“得罪于王之守臣”。守臣是说晋平公。就是像《玉藻》：“诸侯之于天子曰，某土之守臣某。”就是。《春秋经传集解》认为是范宣子，这是错误的。

二十三年，“礼为邻国阙”。解曰：“礼，诸侯绝期，故以邻国责之。”非也。杞孝公，晋平公之舅，尊同不降，当服缌麻[①]三月。言邻国之丧，且犹彻乐，而况于母之兄弟乎！

【注释】①缌麻：用细麻布做成的丧服。古代丧服的名称，是五服当中最轻的丧礼。

【译文】鲁襄公二十三年，“礼为邻国阙”。《春秋经传集解》

说："礼，诸侯绝期，故以邻国责之。"这是错误的。杞孝公，是晋平公的舅舅，地位尊贵相同却不投降，应当穿三个月的缌麻。是说邻国的丧事，尚且撤除乐器，何况对于母亲的兄弟呢！

二十八年，"陈文子谓桓子曰：'祸将作矣，吾其何得？'对曰：'得庆氏之木百车于庄。'文子曰：'可慎守也已：'"解曰："善其不志于货财。"非也。邵国贤曰："此陈氏父子为隐语以相谕也。"愚谓木者，作室之良材；庄者，国中之要路。言将代之执齐国之权。

【译文】鲁襄公二十八年，"陈文子谓桓子曰：'祸将作矣，吾其何得？'对曰：'得庆氏之木百车于庄。'文子曰：'可慎守也已：'"《春秋经传集解》说："善其不志于货财。"这是错误的。邵国贤（邵宝）说："这是陈氏父子作隐语来相互告诫。"我认为木，是制作房屋的良好木材；庄，是国都当中的关键路口。是说庆氏即将取代齐王掌握齐国的政权。

三十一年，"我问师故"。问齐人用师之故。解曰："鲁以师往。"非。

【译文】鲁襄公三十一年，"我问师故"。询问齐国人使用军队的缘故。《春秋经传集解》说："鲁以师往。"这是错误的。

昭五年，“民食于他”。解曰：“鲁君与民无异，谓仰食于三家。”非也。夫民生于三而君食之。今民食于三家而不知有君，是昭公无养民之政可知矣。

【译文】鲁昭公五年，“民食于他”。《春秋经传集解》说：“鲁君与民无异，谓仰食于三家。”这是错误的。人民生于“三家”（指君亲师）而君主供养他们。现在人民在“三家”中被供养而不知道有君主，说明鲁昭公没有供养人民的政治可以知道了。

八年，“舆嬖袁克杀马毁玉以葬”。解以舆为众，及谓“欲以非礼厚葬哀公”，皆非也。舆嬖，嬖大夫也，言舆者，掌君之乘车，如晋七舆大夫之类。马，陈侯所乘；玉，陈侯所佩。杀马毁玉，不欲使楚人得之。

【译文】鲁昭公八年，“舆嬖袁克杀马毁玉以葬”。《春秋经传集解》把“舆”当作是“众”，以及说“欲以非礼厚葬哀公”，都是错误的。舆嬖，是嬖大夫，说舆的，是掌管君主的乘车事务，像晋国七舆大夫之类的。马，是陈侯所骑的；玉，是陈侯所佩带的。杀死马匹、毁坏玉佩，不想让楚国人得到它们。

十年，“弃德旷宗”，谓使其宗庙旷而不祀。解曰：“旷，空也。”未当。

【译文】鲁昭公十年，“弃德旷宗”，是说让他的宗庙荒废而不能祭祀。《春秋经传集解》说：“旷，空也。”是不恰当的。

十二年，“子产相郑伯辞于享，请免丧而后听命。”礼也。子产能守丧制，晋人不夺，皆为合礼。解但得其一偏。

【译文】鲁昭公十二年，“子产相郑伯辞于享，请免丧而后听命。”这是符合礼的。子产能够坚守丧礼的制度，晋国人没有夺情，都是符合礼的。《春秋经传集解》的解释只掌握了其中的一方面。

十五年，“福祚之不登，叔父焉在？”言忘其彝器①，是福祚之不登，恶在其为叔父乎？解以为“福祚不在叔父，当复在谁”者，非。

【注释】①彝器：古代宗庙常用的金属祭器的总称。

【译文】鲁昭公十五年，“福祚之不登，叔父焉在？”是说忘记了宗庙里的彝器，说明福分不被记住，为什么是在他为叔父吗？《春秋经传集解》认为是“福祚不在叔父，当复在谁”的，这是错误的。

十七年，“夫子将有异志，不君君矣”。日者人君之表，不救日食，是有无君之心。解以为“安君之灾”者，非。

【译文】鲁昭公十七年，“夫子将有异志，不君君矣”。太阳是国君的外表，不拯救日食，这是有不要国君的心思。《春秋经传集解》认为是“安君之灾”的，是错误的。

十八年，“振除火灾”，振如振衣之振，犹火之着于衣，振之则去也。解以振为“弃”，未当。

【译文】鲁昭公十八年，“振除火灾”，“振”就是“振衣之振”，就像火星在衣服上点着了，振动它就能去掉。《春秋经传集解》把振当作是“弃”，这是不恰当的。

“郑有他竟，望走在晋”，言郑有他竟之忧也。解谓“虽与他国为竞”者，非。

【译文】“郑有他竟，望走在晋”，是说郑国会有他国侵略的担忧。《春秋经传集解》说“虽与他国为竞”的，是错误的。

二十三年，“先君之力可济也”。先君谓周之先王。《书》言“昔我先君，文王武王”，是也。解以为“刘蚠之父献公”，非。

【译文】鲁昭公二十三年，“先君之力可济也”。先君是说周朝的先王。《尚书》说“昔我先君，文王武王”，就是这个了。《春秋经传集解》认为“刘蚠之父献公”，是错误的。

二十七年，“事君如在国”，当时诸侯出奔，其国即别立一君，惟鲁不敢，故昭公虽在外，而意如犹以君礼事之。范鞅所言，正为此也。解以为“书公行，告公至”，谬矣。

【译文】鲁昭公二十七年，“事君如在国”，在当时诸侯逃亡，那国就另外拥立一位君主，唯有鲁国不敢这样做，因此鲁昭公即使在外，而其意就像依然用君礼来侍奉他。范鞅所说的，正是为这个了。《春秋经传集解》认为是“书公行，告公至”，这是错误的。

三十二年，“越得岁而吴伐之，必受其凶”。解曰：“星纪，吴越之分也，岁星所在，其国有福。吴先用兵，故反受其殃。”非也。吴越虽同星纪，而所入宿度不同，故岁独在越。

【译文】鲁昭公三十二年，“越得岁而吴伐之，必受其凶”。《春秋经传集解》说：“星纪，吴越之分也，岁星所在，其国有福。吴先用兵，故反受其殃。”这是错误的。吴越即使同在一个星纪下，然他们而所入宿度是不相同的，因此岁星只在越国。

定五年，“卒于房”。房疑即“防”字。古阝字作阜，脱其下而为“防”字，汉《仙人唐公防碑》可证也。《汉书》“汝南郡吴房”，孟康曰：“本房子国。”而《史记·项羽纪》封阳武为吴防侯，字亦作“防”。

【译文】鲁定公五年，“卒于房”。房字怀疑就是“防”字。古代的阝字写成𨸏，去掉它的下边而成为了“防”字，汉代《仙人唐公防碑》可以证明了。《汉书》“汝南郡吴房”，孟康说：“原来是房子国。”而在《史记·项羽纪》赐封阳武为吴防侯，字也写成“防”。

哀六年，“出莱门而告之故”。解曰：“鲁郭门也，”按定九年解曰：“莱门，阳关邑门。”

【译文】鲁哀公六年，“出莱门而告之故”。《春秋经传集解》说：“鲁郭门也，”考查鲁定公九年的注解说：“莱门，是阳关的一座邑门。”

十一年，“为王孙氏”。传终言之，亦犹夫概王奔楚为堂溪氏也。解曰：“改姓欲以辟吴祸。”非。

【译文】鲁哀公十一年，“为王孙氏”。《左传》始终提及这个，也像夫概王逃亡到楚国成为堂溪氏的先祖。《春秋经传集解》说：“改姓欲以辟吴祸。”这是错误的。

凡邵、陆、傅[①]三先生之所已辩者不录。

【注释】①邵、陆、傅：即邵宝（字国贤，无锡人）、陆粲（字子余，一字浚明，长洲人）、傅逊（字士凯，太仓人），分别著有《左传觿》《左传附注》《左传属事》，三人皆为明代时人。

【译文】凡是邵宝、陆粲、傅逊三位先生所已经分辨的不再记录。

考工记注

《考工记·轮人》注，“郑司农云：揱读为‘纷容揱参’之揱。”正义曰：“此盖有文，今检未得。”今按司马相如《上林赋》云：“纷溶莿蔘，猗柅从风。”字作莿，音萧，宋玉《九辩》：“莿槭椮之可哀兮，形销铄而瘀伤。”张衡《西京赋》：“郁蓊薆薱，橚爽櫹椮。”即此异文。而上文“既建而迤，崇于轸四尺”注：郑司农云：“迤读为‘猗移从风’之移。”正义则曰：“引司马相如《上林赋》。”《弓人》：“居干之道，菑栗不迤，则弓不发。”注同。疏其下句，忘其上句，盖诸儒疏义，不出一人之手。

【译文】《周礼·考工记·轮人》注释，“郑司农说：揱字读作是‘纷容揱参’的揱字。”《周礼正义》说：“这里原来是有文字记载的，现在检查不到。”现在考查司马相如《上林赋》说：“纷溶莿蔘，猗柅从风。”字写成莿，读作萧音，（宋玉《九辩》：“莿槭椮之可哀兮，形销铄而瘀伤。”张衡《西京赋》：“郁蓊薆薱，橚爽櫹椮。”就是它的异体字。）然而上文的“既建而迤，崇于轸四尺”注释：郑司农说：“迤字读作是‘猗移从风’的移。”《周礼正义》就说：“引用司马相如《上林赋》。”（《周礼·考工记·弓人》：“居干之道，菑栗不迤，则弓不发。”注释是相同的。）注疏它的下一句，忘记了它的上一句，大概是诸位儒生注疏文字，不是出自一人之手。

尔雅注

《尔雅·释诂》篇：“梏，直也。”古人以觉为梏。《礼记·缁衣》，引《诗》“有觉德行”，作“有梏德行”。注未引。

【译文】《尔雅·释诂》篇：“梏，直也。”古人把觉字当作是梏字。《礼记·缁衣》，引用《诗经》“有觉德行”，写成“有梏德行”。注释没有标注援引。

《释言》篇：“邮，过也。”注：“道路所经过，是以为邮传之邮。”恐非。古人以“尤”为“邮”，《诗·宾之初筵》：“是曰既醉，不知其邮。”《礼记·王制》：“邮罚丽于事”，《国语》：“夫邮而效之，邮又甚焉。”《家语》：“芇而麛裘，投之无邮。”《汉书·成帝纪》：“天著变异，以显朕邮。”《五行志》：“后妾当有失节之邮。”《贾谊传》：“般纷纷其离此邮兮，亦夫子之故也。”《谷永传》：“卦气悖乱，咎征著邮。”《外戚传》：“班倢伃赋：犹被覆载之厚德兮，不废捐于罪邮。”《叙传》：“讥苑扞偃，正谏举邮。”皆是过失之义。《列子》：“鲁之君子，迷之邮者。”则又以为过甚之义。

《文选》：卢谌《赠刘琨诗》："眷同尤良，用乏骥騄。"李善引杜氏《左传注》："邮无恤王良也。尤与邮古字通。"

【译文】《释言》篇："邮，过也。"注解："道路所经过，是以为邮传之邮。"恐怕是错误的。古人把"尤"字当作是"邮"字，《诗经·宾之初筵》："是曰既醉，不知其邮。"《礼记·王制》："邮罚丽于事。"《国语》："夫邮而效之，邮又甚焉。"《孔子家语》："节而麛裘，投之无邮。"《汉书·成帝纪》："天著变异，以显朕邮。"《汉书·五行志》："后妾当有失节之邮。"《汉书·贾谊传》："般纷纷其离此邮兮，亦夫子之故也。"《汉书·谷永传》："卦气悖乱，咎征著邮。"《汉书·外戚传》："班倢伃赋：犹被覆载之厚德兮，不废捐于罪邮。"《汉书·叙传》："讥苑扞偃，正谏举邮。"都是指因疏忽而犯错误的意思。《列子》："鲁之君子，迷之邮者。"那么又当作是夸大的意思。（《文选》：卢谌《赠刘琨诗》："眷同尤良，用乏骥騄。"李善引用杜预《左传注》："邮无恤就是王良。尤字和邮字在古代是相通的。"）

国语注

《国语》之言"高高下下"者二。周太子晋谏灵王曰："四岳佐禹，高高下下，疏川道滞，钟水丰物。"谓不堕高，不堙卑，顺其自然之性也。申胥谏吴王曰："高高下下，以罢民于姑苏。"谓台益增而高，池益浚而深，以竭民之力也。语同而意则异。

【译文】《国语》谈及“高高下下”的有两次。周太子晋讽谏周灵王说：“四岳佐禹，高高下下，疏川道滞，钟水丰物。”是说不让高处坠下，不让低下的地方被埋没，顺其自然之性也。申胥进谏吴王说：“高高下下，以罢民于姑苏。”是说高台越是增加而升高，池水越是疏浚而加深，使得竭尽人民的力量。文字相同而意思则不同的。

“昔在有虞，有崇伯鲧。”据下文“尧用殛之于羽山”，当言“有唐”，而曰“有虞”者，以其事载于《虞书》。

【译文】“昔在有虞，有崇伯鲧。”根据下文“尧用殛之于羽山”，应当说“有唐”，但是说“有虞”的，因为这件事被记载在《虞书》里。

“至于玄月，王召范蠡而问焉。”《尔雅·释天》：“九月为玄。”注云：“鲁哀公十六年九月”，非也，当云鲁哀公十六年十一月，夏之九月。

【译文】“至于玄月，王召范蠡而问焉。”（《尔雅·释天》：“九月是玄月。”）注释说：“鲁哀公十六年九月”，这是错误的，应该说鲁哀公十六年十一月，夏朝的九月。

楚辞注

《九章·惜往日》:“甘溘死而流亡兮,恐祸殃之有再。”注谓“罪及父母与亲属”者,非也。盖怀王以不听屈原而召秦祸,今顷襄王复听上官大夫之谮,而迁之江南。一身不足惜,其如社稷何!《史记》所云:“楚日以削,数十年竟为秦所灭。”即原所谓“祸殃之有再”者也。

【译文】《九章·惜往日》:“甘溘死而流亡兮,恐祸殃之有再。”注释说“罪及父母与亲属”的,是错误的。原来楚怀王因为不听从屈原而招致被秦国监禁致死,现在楚顷襄王再次听信上官大夫的谗言,而把屈原贬谪到长江以南的地方。丧失屈原一个人不感到惋惜,他对待江山社稷是怎样的!《史记》所说:“楚日以削,数十年竟为秦所灭。”就是屈原所说的“祸殃之有再”。

《大招》:“青春受谢。”注以“谢”为“去”,未明。按古人读“谢”为“序”。《仪礼·乡射礼》:“豫则钩楹内。”注:“豫读如成周宣榭之榭,《周礼》作‘序’。”《孟子》:“序者,射也。”谓四时之序,终则有始,而春受之尔。

【译文】《大招》:“青春受谢。”注释认为“谢”字是“去”字,这不清楚。考查古人读“谢”字是“序”字的读音。《仪礼·乡射礼》:

“豫则钩楹内。”注解：“豫读成像成周宣榭的榭字，《周礼》写成‘序’字。”《孟子》：“序者，射也。”是说四时之序，终结之后就会有开始之时，而春季得到它的起点。

《九思》：“思丁文兮圣明哲，哀平差兮迷谬愚，吕傅举兮殷周兴，忌嚭专兮郢吴虚。”此援古贤不肖，君臣各二，丁谓商宗武丁，举傅说者也。注以丁为当，非。

【译文】《九思》：“思丁文兮圣明哲，哀平差兮迷谬愚，吕傅举兮殷周兴，忌嚭专兮郢吴虚。”这里援引古代贤能的人和品行不好的人，君王和臣子各自举例两个，丁是说商高宗武丁，是提拔傅说的人。注释把丁字当作是当字，是错误的。

荀子注

《荀子》：“案角鹿埵，陇种东笼而退耳。”注云：“其义未详，盖皆摧败披靡之貌。”《新序》第三卷亦言：“陇种而退。”今考之《旧唐书·窦轨传》：“高祖谓轨曰：公之入蜀，车骑骠骑，从者二十人，为公所斩略尽。我陇种车骑，未足给公。”《北史·李穆传》：“芒山之战，周文帝马中流矢，惊逸坠地。穆下马以策击周文背，骂曰：‘笼冻军士，尔曹主何在，尔独住此？”盖周、隋时人尚有此语。

【译文】《荀子》："案角鹿埵，陇种东笼而退耳。"注释说："其义未详，盖皆摧败披靡之貌。"（《新序》第三卷也说："陇种而退。"）现在考证《旧唐书·窦轨传》："高祖对窦轨说：您进入蜀地，车骑骠骑，跟随的有二十人，为您所斩杀掠尽。我的'陇种车骑'，没有足够提供给您诛杀。"《北史·李穆传》："在芒山之战中，周文帝的战马被飞箭射中，战马被惊到而逃走，周文帝被坠在地上。李穆下马后用马鞭击打周文帝的后背，大骂说：'笼冻军士，尔曹主何在，尔独住此？"原来后周、隋朝当时的人还有这句话。

淮南子注

《淮南子·诠言训》："羿死于桃棓。"注云："棓大杖，以桃木为之，以击杀羿，自是以来，鬼畏桃也。"《说山训》："羿死桃部不给射。"注云："桃部，地名。"按"部"即"棓"字。一人注书，而前后不同若此。

【译文】《淮南子·诠言训》："羿死于桃棓。"注释说："棓大杖，以桃木为之，以击杀羿，自是以来，鬼畏桃也。"《说山训》："羿死桃部不给射。"注释说："桃部，地名。"查"部"字就是"棓"字。同一个人注释《淮南子》，然而前后不同到这种地步。

史记注

《秦始皇纪》："五百石以下，不临，迁勿夺爵。"五百石以下，秩卑任浅，故但迁而不夺爵，其六百石以上之不临者亦迁而不夺爵也。史文简古，兼二事为一条。

【译文】《秦始皇纪》："五百石以下，不临，迁勿夺爵。"俸禄五百石以下的官员，俸禄低下职任浅薄，因此仅仅被贬而不夺取爵位，那些六百石以上不到的官员也是被贬而不夺取爵位。史书上的文字简朴古雅，把两件事合并一段文字。

"山鬼固不过知一岁事也。"其时已秋，岁将尽矣，今年不验则不验矣。山鬼岂能知来年之事哉？退言曰："祖龙者人之先也。"谓称祖乃亡者之辞，无与我也，皆恶言死之意。

【译文】"山鬼固不过知一岁事也。"那时已经是秋季，一年即将结束了，今年不灵验就不灵验了。山鬼哪能知道第二年的事情吗？退朝之后说："祖龙是人们首领。"说称呼"祖"的是亡者的修辞，没有用"我"来作修辞，都是厌恶谈及死亡的意思。

始皇崩于沙丘，乃又从井陉抵九原，今大同边外。然后从直道以至咸阳，回绕三四千里而归者，盖始皇先使蒙恬通道，自九原抵甘泉，堑山堙谷，千八百里。若径归咸阳，不果行游，恐人疑揣，故载辒辌[①]而北行。但欲以欺天下，虽君父之尸，臭腐车中而不顾，亦残忍无人心之极矣。

【注释】①辒辌：即辒辌车。可以安卧的车，后来专成丧车。

【译文】秦始皇在沙丘逝世，居然又从井陉到达九原（现在大同边境外），然后从直道来到达咸阳，绕圈了三四千里而返回都城，大概是秦始皇先行派遣蒙恬打通道路，从九原到达甘泉，挖掘高山和填埋山谷，一共一千八百里。如果径直返回咸阳，没有实现出游天下的目标，害怕别人怀疑和揣摩，故而坐着辒辌车而向北行走。仅仅想要依靠这个来欺骗天下人，即使是国君的尸体，在车中发臭腐烂而不顾及，也是残酷狠毒没有人情心到达了顶点。

《项羽纪》："搏牛之虻，不可以破虮虱。"言虻之大者能搏牛，而不能破虱，喻巨鹿城小而坚，秦不能卒破。

【译文】《史记·项羽本纪》："搏牛之虻，不可以破虮虱。"是说牛虻的强大能够和牛搏斗，却不能打败虱子，比喻巨鹿城小而坚固，秦朝不能在最后攻破它。

鸿门之会，沛公但称羽为将军，而樊哙则称大王，其时羽未王也。张良曰："谁为大王画此计者？"其时沛公亦未王也。此皆臣下尊奉之辞，史家因而书之。今百世之下，辞气宛然如见。又如黄歇《上秦昭王书》:“先帝文王武王。”其时秦亦未帝。必以书法裁之,此不达古今者矣。

【译文】在鸿门的宴会上,沛公刘邦只称项羽为将军,然而樊哙就称呼他为大王,那时项羽还没有称王。张良说:“谁为大王您谋划这个计划的?”那时沛公也没有称王。这些都是作为臣下尊崇敬仰的言辞,史家因而写下来。现在经过了百代之后,说话的气概仿佛就像在现场看到了一样。又像春申君黄歇的《上秦昭王书》:“先帝文王武王。”那时秦昭王也没有称帝。一定用写法来裁定它,这没有通达古代的意旨。

“背关怀楚”,谓舍关中形胜之地而都彭城。如师古之解,乃背约,非背关也。

【译文】“背关怀楚”,是说放弃关中地势险要的地方而定都彭城。像颜师古的解释,居然是背约,不是背靠着关隘。

古人谓“倍”为“二”,《孟子》:“卿禄二大夫。”“秦得百二”,言百倍也。“齐得十二”,言十倍也。

【译文】古人说“倍”是“二”的意思,(《孟子》:“卿禄二大夫。”)“秦得百二”,是说“一百倍”。“齐得十二”,是说“十倍”。

《孝文纪》："天下人民未有嗛志。"与《乐毅传》"先王以为慊于志"同，皆厌足之意。《荀子》："怅然不慊。"又曰："由俗谓之道尽嗛也。"又曰："向万物之美，而不能嗛也。"又曰："不自嗛其行者言滥过。"《战国策》："齐桓公夜半不嗛。"又曰："膳啖之嗛于口。"，并是"慊"字而误从口。《大学》："此之谓自谦。"亦"慊"字而误从言。《吕氏春秋》："苟可以傔剂貌辨者，吾无辞为也。"亦"慊"字而误从人。

【译文】《孝文纪》："天下人民未有嗛志。"和《乐毅传》"先王以为慊于志"相同，都是满足的意思。《荀子》："怅然不慊。"又说："由俗谓之道尽嗛也。"又说："向万物之美，而不能嗛也。"又说："不自嗛其行者言滥过。"《战国策》："齐桓公夜半不嗛。"又说："膳啖之嗛于口。"一并是"慊"字而错误地用口字旁。《大学》："此之谓自谦。"也是"慊"字而错误地用言字旁。《吕氏春秋》："苟可以傔剂貌辨者，吾无辞为也。"也是"慊"字而错误地用人字旁。

"三年，复晋阳中都民三岁。"正义曰："晋阳故城在汾州平遥县西南。"此当言中都故城，在汾州平遥县西南，言晋阳误也。然此注已见卷首"中都"下。

【译文】"三年，复晋阳中都民三岁。"《史记正义》说："晋阳故城在汾州平遥县西南。"这里应当说中都的故城，在汾州平遥县西南的地方，说在晋阳是错误的。然而这个注释已经出现在卷首"中都”下边。

文帝前后死，窦氏，妾也。“诸侯皆同姓”，谓无甥舅之国可娶，索隐解非。《汉书》无此句。

【译文】汉文帝前一个皇后逝世，是窦氏，是妾。“诸侯皆同姓”，是说没有甥舅之国关系的女儿可以娶，《史记索隐》解释是错误的。（《汉书》没有这句文字。）

“十一月晦，日有食之。”《汉书》多有食晦者，盖置朔参差之失。其云“十二月望，日又食”，此当作“月”耳。

【译文】“十一月晦，日有食之。”《汉书》多有在月末发生日食的记载，原来是安排每月初一时杂乱不齐产生的错误。那段说“十二月望，日又食”，日字应该写成“月”字。

“民或祝诅①上，以相约结而后相谩。”谓先共祝诅，已而欺负，乃相告言也，故诏令若此者，勿听治。注并非。

【注释】①祝诅：原义是指敬告鬼神，将灾祸降临他人上。这里指发誓。

【译文】“民或祝诅上，以相约结而后相谩。”是说首先一起祝诅，不久就背叛，才相互揭发，因此诏令像这样的，不要断狱治事。

注释都是错误的。

《考武纪》:“其后三年,有司言,元宜以天瑞命,不宜以一二数。一元曰建元,二元以长星曰元光,三元以郊得角兽一曰元狩云。”本《封禅书》。是建元、元光之号,皆自后追为之,而武帝即位之初,亦但如文、景之元,尚未有年号也。

【译文】《考武纪》:“其后三年,有司言,元宜以天瑞命,不宜以一二数。一元曰建元,二元以长星曰元光,三元以郊得角兽一曰元狩云。”(根据《封禅书》。)这说明建元、元光的年号,都是在后来追加上的,但是在武帝即位之初,也是仅仅像汉文帝、汉景帝来纪元,还没有采取年号。

《天官书》:“疾其对国。”谓所对之国。如《汉书·五行志》所谓:“岁在寿星,其冲降娄。”《左氏传》,襄二十八年,“岁弃其次,而旅于明年之次,以害鸟帑,周楚恶之”。杜氏解,谓失次于北,祸冲在南者也。

【译文】《天官书》:“疾其对国。”是说所对应的国家。像《汉书·五行志》所说:“岁在寿星,其冲降娄。”《左传》,鲁襄公二十八年,“岁弃其次,而旅于明年之次,以害鸟帑,周楚恶之”。杜预解释成,说在北方失去了应有的位置,灾祸应该对应在南方。

"四始者候之日"，谓岁始也，冬至日也，腊明日[①]也，立春日也。正义专指正月旦，非也。

【注释】①腊明日：即腊八日第二天。腊，古代腊祭之日，农历每年十二月初八。

【译文】"四始者候之日"，是说一年的开始，是在冬至日，是在腊日第二天，是在立春日。《史记正义》专门指在正月初一，这是错误的。

"星陨如雨"，乃宋闵公之五年，言襄公者，史文之误。正义以"僖公十五年陨石于宋五"注之，非也。

【译文】"星陨如雨"，是在宋闵公五年，说在宋襄公的，是史书上文字记载的错误。《史记正义》用"僖公十五年陨石于宋五"注释它，这是错误的。

《封禅书》："成山斗入海。"谓斜曲入之如斗柄然，古人语也。《匈奴传》："汉亦弃上谷之斗，辟县造阳地以予胡。"又云："匈奴有斗入汉地，直张掖郡。"

【译文】《封禅书》："成山斗入海。"是说像北斗柄状一样弯曲地流入大海，是古人的话语。《匈奴传》："汉亦弃上谷之斗，辟县造阳地以予胡。"又说："匈奴有斗入汉地，直张掖郡。"

“各以胜日驾车避恶鬼。”胜日，谓五行相克之日也。索隐非。

“天子病鼎湖甚。”湖当作“胡”，鼎胡宫名。《汉书·扬雄传》：“南至宜春鼎胡，御宿昆吾。”是也。《三辅黄图》：“宜春宫在长安城东南杜县东，近下杜，御宿苑在长安城南御宿川。则鼎胡当在其中间也。”故卒起幸甘泉，而行右内史界。索隐以为湖县，在今之阌乡，绝远，且无行宫。

【译文】“各以胜日驾车避恶鬼。”胜日，是说五行相克的那天。《史记索隐》注释错误。

“天子病鼎湖甚。”湖字应当写成“胡”字，鼎胡是一座宫楼的名称。《汉书·扬雄传》：“南至宜春鼎胡，御宿昆吾。”就是。（《三辅黄图》：“宜春宫在长安城东南杜县的东面，靠近下杜，御宿苑在长安城南御宿川。那么鼎胡应当在他们的中间。”）因此最终巡幸甘泉宫，而走到右内史管辖的界内。《史记索隐》认为是湖县，在现在的阌乡，距离长安非常遥远，而且没有行宫。

“唯受命而帝者，心知其意而合德焉。”按此即谓武帝。服虔以为高祖，非。

【译文】“唯受命而帝者，心知其意而合德焉。”按这就是说汉武帝。服虔认为是汉高祖，是错误的。

"奉车子侯暴病，一日死。"死于海上，非死于泰山也。索隐所引《新论》之言殊谬。

【译文】"奉车子侯暴病，一日死。"死在海上，不是死在泰山。《史记索隐》所引用《新论》的文字是非常错误的。

《河渠书》："引洛水至商颜下。"服虔曰："颜音崖。"崖当作"岸"。《汉书·古今人表》，"屠岸贾"作"屠颜贾"是也。师古注谓"山领象人之颜额者"，非。其指商山者尤非。刘攽已辩之。

【译文】《河渠书》："引洛水至商颜下。"服虔说："颜读作崖音。"崖字应当写成"岸"字。在《汉书·古今人表》当中，"屠岸贾"写成"屠颜贾"一样的。颜师古注释说"山领象人之颜额者"，是错误的。那座山指的是商山的更加错误。刘攽已经判别它们了。

《卫世家》："顷侯厚赂周夷王，夷王命卫为侯。"是顷侯以前之称伯者，乃伯子男之伯也，索隐以为方伯之伯，虽有《诗序》"旄丘责卫伯"之文可据，郑氏笺曰："卫康叔封爵称侯，今曰伯者，时为州伯。《周礼·九命》作伯。"然非太史公意也。且古亦无以方伯之伯而系谥者。周公、召公，二伯也，其谥则曰文公、康公。

【译文】《卫世家》："顷侯厚赂周夷王，夷王命卫为侯。"这是在卫顷侯以前的称伯者，是伯、子、男爵位的伯爵，《史记索隐》认为是方伯的伯，即使有《诗序》“旄丘责卫伯”的文字可以当作依据，（郑玄注释说：“卫康叔被赐封爵位称为侯，现在称为伯的，当时被称为州伯。《周礼·九命》写成伯。”）然而不是太史公司马迁的本意。而且古代也不用“方伯之伯”而加在谥号上的。（周公、召公，就是两位方伯，他们的谥号就是文公、康公。

《楚世家》：“武王使随人请王室尊吾号，王弗听，还报楚，楚王怒，乃自立，为楚武王。”“乃自立”为一句，“为楚武王”为一句。盖言自立为王，后谥为武王耳。古文简，故连属言之。如《管蔡世家》：“楚公子围弑其王郏敖而自立，为灵王。”《卫世家》《郑世家》皆云：“楚公子弃疾弑灵王自立，为平王。”《司马穰苴传》：“至常曾孙和，因自立为齐威王。”又如《韩世家》：“晋作六卿，而韩厥在一卿之位，号为献子。”与此文势正同。刘炫云：“号为武。”“武”非谥也。此说凿矣。项梁立楚怀王孙心为楚怀王，尉佗自立为南越武帝，此后世事尔。

【译文】《楚世家》：“武王使随人请王室尊吾号，王弗听，还报楚，楚王怒，乃自立，为楚武王。”“乃自立”是为一句话，“为楚武王”是为一句话。大概是说楚王自立为王，后来的谥号是武王罢了。古代文字简略，因此连续谈及它。像在《管蔡世家》：“楚公子围弑其王郏敖而自立，为灵王。”《卫世家》《郑世家》都说：“楚公子弃疾弑灵王自立，为平王。”《司马穰苴传》：“至常曾孙和，因自立为齐威王。”又像在《韩世家》:“晋作六卿,而韩厥在一卿之位,号为献子。”和这文情形正好相正同。刘炫说:“号为武。”“武”不是谥号。这个说法是正确的。项梁拥立楚怀王孙心为楚怀王,尉佗自立成为南越武帝,这是后代的事情了。

“西起秦患,北绝齐交,则两国之兵必至。”此两国即谓秦、齐也。索隐以为韩、魏,非也。

【译文】“西起秦患,北绝齐交,则两国之兵必至。”这里的两国就是秦、齐两国了。《史记索隐》认为是韩、魏两国,是错误的。

《越世家》:“乃发习流二千。”习流,谓士卒中之善泅者,别为一军。索隐乃曰:“流放之罪人。”非也。庾信《哀江南赋》:“彼锯牙而钩爪,又巡江而习流。”

“不者,且得罪”,言欲兵之。

【译文】《越世家》:“乃发习流二千。”习流,是说士兵当中擅长游泳的人,另外成为一支军队。《史记索隐》居然说:“流放之罪人。”是错误的。在庾信《哀江南赋》中写道:“彼锯牙而钩瓜,又巡江而习流。”

“不者,且得罪”,是说想要用兵攻打它。

《赵世家》:“吾有所见子晰也。”晰者,分明之意。《易·大有》象传："明辨晢也。"即此字。音折，又音制。索隐误以为郑子晳之"晳"。

【译文】《赵世家》："吾有所见子晰也。"所说的晰，就是分明的意思。《易经·大有》象传："明辨晢也。"就是这个字。读作折音，又读作制音。《史记索隐》错误地认为是郑子晳的"晳"字。

《魏世家》："王之使者出，过而恶安陵氏于秦。"安陵氏，魏之别封。盖魏王之使过安陵，有所不快，而毁之于秦也。

【译文】《魏世家》："王之使者出，过而恶安陵氏于秦。"安陵氏，是魏王另外一个封号。大概是魏王的使者经过安陵，有些不愉快，然而在秦国诽谤安陵氏。

《孔子世家》："余低回留之不能去云。"按《玉篇·彳部》："低，除饥切。低徊，犹徘徊也。"然则字本当作"低徊"，省为"低回"耳。今读为高低之低，失之。《楚辞·九章·抽思》："低徊夷犹，宿北姑兮。""低"一作"徘"。

【译文】《孔子世家》："余低回留之不能去云。"按《玉篇·彳部》："低，除饥切。低徊，犹徘徊也。"那么这两个字原本应当写成"低徊"，为了省略写成"低回"罢了。现在读成是高低之低字，失去了原来的本义。在《楚辞·九章·抽思》当中："低徊夷犹，宿北姑兮。”“低”或者写成“徘”。

《绛侯世家》:“此不足君所乎?”谓此岂不满君意乎?盖必条侯[1]辞色之间,露其不平之意,故帝有此言,而条侯免冠谢也。

【注释】①条侯:即条侯周亚夫,绛侯周勃的次子。

【译文】《绛侯世家》:“此不足君所乎?”是说这难道不满足您的意愿吗?一定是条侯的脸色之间,露出他不高兴的心思,因此汉景帝才有这样的话语,然而条侯摘下帽子向汉景帝道歉。

“建德代侯坐酎金不善,元鼎五年,有罪,国除。”当云“元鼎五年,坐酎金不善,国除”。衍“有罪”二字。

【译文】“建德代侯坐酎金不善,元鼎五年,有罪,国除。”应当说“元鼎五年,坐酎金不善,国除”。多出了“有罪”两个字。

《梁孝王世家》:“乘布车。”谓微服而行,使人不知耳,无降服自比丧人之意。

【译文】《梁孝王世家》:“乘布车。”是说微服私访而出行,让他人不知道罢了,不是穿降服自比成是服丧的意思。

《伯夷传》:“其重若彼。”谓俗人之重富贵也;“其轻若此。”

谓清士之轻富贵也。

【译文】《伯夷传》:“其重若彼。”是说世俗的人看重富贵的风气;“其轻若此。”是说清廉士人轻视富贵的风气。

《管晏传》:“方晏子伏庄公尸哭之,成礼然后去,岂所谓见义不为无勇者邪?”此言晏子之勇于为义也。古人著书引成语而反其意者,多矣。《左传》僖九年:“君子曰,《诗》所谓:‘白圭之玷,尚可磨也;斯言之玷,不可为也。’荀息有焉。”言荀息之能不玷其言也。后人持论过高,以荀息赞献公立少为失言,以晏子不讨崔杼为无勇,非左氏、太史公之指。

【译文】《管晏传》:“方晏子伏庄公尸哭之,成礼然后去,岂所谓见义不为无勇者邪?”这里是说晏子勇于为义的事情。古人撰写文章时引用成语却反用其意的例子,非常多。《左传》鲁僖公九年:“君子说,《诗经》所说的:‘白圭上的瑕疵,还可以磨掉;那语言的瑕疵,不能抹掉。’荀息就有这样的瑕疵。”是说荀息能够不玷污他的话语。后人立论过高,把荀息称赞晋献公立少子当作是说了不该说的话,把晏子不乞求崔杼饶命当作是没有勇气,不是左丘明、太史公司马迁的意思。

《孙膑传》:“重射。”谓以千金射也。索隐解以为好射,非。

【译文】《孙膑传》："重射。"是说用千金来打赌。《史记索隐》的解释认为是"好射"，是错误的。

"批亢捣虚。"索隐曰："亢言敌人相亢拒也。"非也。此与《刘敬传》："搤其肮"之"肮"同。张晏曰："喉咙也。"下文所谓"据其街路"是也。以敌人所不及备，故谓之虚。

【译文】"批亢捣虚。"《史记索隐》说："亢是说敌我之间相互抗拒。"是错误的。这里和《刘敬传》："搤其肮"的"肮"字相同。张晏说："就是喉咙了。"下文所说的"据其街路"就是。趁着敌人来不及防备，因此称为"虚"。

《苏秦传》："前有楼阙轩辕。"当作"轩县"。《周礼·小胥》："正乐县之位，王宫县，诸侯轩县。"注谓："轩县者，阙其南面。"

【译文】《苏秦传》："前有楼阙轩辕。""轩辕"应当写成"轩县"。《周礼·小胥》："正乐县之位，王宫县，诸侯轩县。"注释说："轩县，是缺少其南面部分。"

"殊而走。"《说文系传》曰："断绝分析曰殊。"谓断支体①而未及死。《淮南王传》："太子即自到不殊。"

【注释】①支体：即肢体。

【译文】“殊而走。”《说文系传》说：“断开分离是殊。”是说断肢体却还没到死的地步。（《史记·淮南王传》：“太子即自到不殊。”）

《樗里子传》：“今伐蒲入于魏，卫必折而从之。”此文误，当依索隐所引《战国策》文为正。

【译文】《樗里子传》：“今伐蒲入于魏，卫必折而从之。”这文字记载是错误的，应当依照《史记索隐》所引《战国策》的文字作为正确的。

《甘茂传》：“其居于秦累世重矣。”谓历事惠王、武王、昭王。

【译文】《甘茂传》：“其居于秦累世重矣。”是说历经侍奉秦惠文王、秦武王、秦昭王等人。

《孟子荀卿传》：“始也滥耳。”滥者，泛而无节之谓，犹《庄子》之“洸洋自恣”也，注引滥觞之义以为初者，非。

【译文】《孟子荀卿传》：“始也滥耳。”滥，是弥漫而无节制的意思，就像《庄子》的“洸洋自恣”，注解引用滥觞之义来认为是开始的意思，是错误的。

“傥亦有牛鼎之意乎？”谓伊尹负鼎、百里奚饭牛之意。借此说以干时，非有仲尼、孟子守正不阿之论也。

【译文】“傥亦有牛鼎之意乎？”是说伊尹背负鼎、百里奚喂牛的意思。借用这个说法此说来合于时世，不是有孔子、孟子坚守正道、不曲从迎合的观点。

《孟尝君传》：“婴卒，谥为靖郭君。”以号为谥，犹之以氏为姓，皆汉初时人语也。《吕不韦传》：“谥为帝太后。”与此同。王褒赋：“幸得谥为洞萧兮。”亦是作号字用。

【译文】《孟尝君传》：“婴卒，谥为靖郭君。”把号当作谥，就像把氏当作姓，都是在汉初当时人的语言。《吕不韦传》：“谥为帝太后。”和这个相同。王褒《洞箫赋》：“幸得谥为洞萧兮。”也是把谥作号字使用。

《平原君传》：“非以君为有功也而以国人无勋。”当作一句读，言非国人无功而不封，君独有功而封也。

【译文】《平原君传》：“非以君为有功也而以国人无勋。”应当作一句话来阅读，是说不是国人没有功劳而不被封赐，平原君您仅有功劳而被封赐。

《信陵君传》:“如姬资之三年。”谓以资财求客报仇。

【译文】《信陵君传》:“如姬资之三年。”是说用提供财物恳请宾客来报仇。

“徒豪举耳”,谓特貌为豪杰举动,非真欲求有用之士也。

【译文】“徒豪举耳”,是说特别显出豪杰举动的样子,不是真的想要谋求有用之士。

《蔡泽传》:“岂道德之符,而圣人所谓吉祥善事者与?”“岂”下当有“非”字。

【译文】《蔡泽传》:“岂道德之符,而圣人所谓吉祥善事者与?”“岂”下面应当有一个“非”字。

《乐毅传》:“室有语不相尽,以告邻里。”谓一室之中,有不和之语,乃不自相规劝而告之邻里,此为情之薄①矣。正义谓必告者,非。

【注释】①薄:不热情,薄情。

【译文】《乐毅传》:“室有语不相尽,以告邻里。”是说在一室之中，有意见分歧的言语，竟然不互相规劝对方却告知邻里，这表现为人情的冷淡。《史记正义》认为是一定告知，是错误的。

《鲁仲连传》："邹鲁之臣，生则不得事养，死则不得赙襚[1]。"谓二国贫小，生死之礼不备。索隐谓君弱臣强者，非。

【注释】①赙襚（fù suì）：资给服丧家的钱财衣物。

【译文】《鲁仲连传》："邹鲁之臣，生则不得事养，死则不得赙襚。"是说邹鲁两国贫穷弱小，对待生死之礼没有完备的。《史记索隐》说君主弱小而臣子强大，是错误的。

"楚攻齐之南阳。"南阳者，泰山之阳。《孟子》："一战胜齐，遂有南阳。"

【译文】"楚攻齐之南阳。"南阳，是在泰山的阳面。如《孟子》："经过一次战斗战胜齐国，于是拥有了南阳。"

《贾生传》："斡弃周鼎兮而宝康瓠。"应劭曰："斡音筦，筦转也。""斡流而迁兮，或推而还。"索隐曰："斡音乌活反。斡转也。"义同而音异。今《说文》云："斡，蠡柄也。从斗倝声。扬雄、杜林说，皆以为轺车轮。斡，乌括切。"按"倝"字，古案切。《说文》既云倝声，则不得为乌括切矣。颜师古《匡谬正俗》云："《声类》《字林》并音管。贾谊《服鸟赋》云：'斡流而迁。'张华《励志诗》云：‘大仪斡运。’皆为转也。《楚辞》云：‘筦维焉系。’此义与斡同，字即为‘筦’。故知斡、管二者不殊，近代流俗音乌括切，非也。”《汉书·食货志》：“浮食奇民，欲擅斡山海之货。”师古曰：“斡谓主领也，读与管同。”

【译文】《贾生传》：“斡弃周鼎兮而宝康瓠。”应劭曰：“斡读作筦音，是筦转的意思。”“斡流而迁兮，或推而还。”《史记索隐》说：“斡读作乌活反音。是斡转的意思。”意义相同而读音不同。现在《说文》里说：“斡，是蠡木的柄子。读作斗躲声。扬雄、杜林的说法，都认为是轺车的车轮。斡，读作乌括切音。”考查“躲”字，古案切。《说文》既然说读作躲声，那么不能读作乌括切了。颜师古《匡谬正俗》说：“《声类》《字林》认为两字都读作管音。贾谊《服鸟赋》说：‘斡流而迁。’张华《励志诗》说：‘大仪斡运。’都是转的意思。《楚辞》说：‘筦维焉系。’这里的意义和斡字意义相同，字就是‘筦’字。因此知道斡、管两字没有区别，近代以来世上传播的读音是乌括切，是错误的。”《汉书·食货志》：“浮食奇民，欲擅斡山海之货。”颜师古说：“斡是说主管拥有的意思，读音和管字相同。”

《张敖传》：“要之置。”置驿也。如《汉相国世家》“取祁善置”，《田横传》“至尸乡厩置”之“置”。《汉书·冯奉世家》：“燔烧置亭。”

《淮阴侯传》：“容容无所倚。”“容容”即“颙颙”字。

《卢绾传》：“匈奴以为东胡卢王。”封之为东胡王也。以其姓卢，故曰东胡卢王。

【译文】《张敖传》：“要之置。”置，是驿站的意思。像在《汉相国世家》“取祁善置”，《田横传》“至尸乡厩置”当中的“置”。《汉书·冯奉世家》：“燔烧置亭。”

《淮阴侯传》：“容容无所倚。”“容容”就是“颙颙”字。

《卢绾传》：“匈奴以为东胡卢王。”赐封他为东胡王。因为他姓卢，因此说东胡卢王。

《田荣传》：“荣弟横，收齐散兵得数万人，反击项羽于城阳。”正义以为濮州雷泽县，非也。《汉书》：“城阳郡治莒。”《史记·吕后纪》言：“齐王乃上城阳之郡。”《孝文纪》言：“以齐剧郡，立朱虚侯章为城阳王。”而《淮阴侯传》言：“击杀龙且于潍水上，齐王广亡去，信遂追北至城阳。”皆此地。按《战国策》：“貂勃对襄王曰：昔王不能守王之社稷，走而之城阳之山中。安平君以敝卒七千禽敌，反千里之齐。当是时，阖城阳而王天下，莫之能止，然为栈道木阁，而迎王与后于城阳之山中，王乃复反，子临百姓。”则古齐时已名城阳矣。

【译文】《田荣传》：“荣弟横，收齐散兵得数万人，反击项羽于城阳。”《史记正义》认为城阳是濮州雷泽县，是错误的。《汉书》：“城阳的郡治在莒城。”《史记·吕后纪》说：“齐王于是献上城阳郡。”《史记·孝文纪》说：“把齐国重要的郡，立朱虚侯刘章为城阳王。”而在《史记·淮阴侯传》说：“在潍水边上击杀龙且，齐王田广逃跑，韩信于是追赶向北到达了城阳。”都是指这个地方。考查《战国策》：“貂勃对齐襄王说：以前君王不能守住君王的江山社稷，逃跑到了城阳的山中。安平君依靠七千疲倦的士兵擒拿敌人，返回到千里之远的齐国。恰逢在那时，要挟在城阳的齐襄王您而称王天下，没有谁能够阻止，但是修建栈道和木阁，而在城阳的山中迎接齐襄王您和王后，齐襄王您才再次回到齐国，君临百姓。”那么在古代齐国时已经称为城阳了。

“无不善画者莫能图。”谓以横兄弟之贤，而不能存齐。

《陆贾传》：“尉佗乃蹶然起坐谢陆生。”坐者，跪也。

【译文】“无不善画者莫能图。”是说依靠田横兄弟的贤德，但是不能保存齐国。

《陆贾传》：“尉佗乃蹶然起坐谢陆生。”所说的坐，就是跪着的意思。

“数见不鲜。”意必秦时人语，犹今人所谓常来之客不杀鸡也。贾乃引此以为父之于子，亦不欲久慁[①]，当时之薄俗可知矣。

【注释】①慁（hùn）：污辱，沾辱。

【译文】“数见不鲜。”猜测肯定是秦朝当时人的俗语，就像现在的人所说的“常来之客不杀鸡”。陆贾居然引用这句话认为是父亲对待儿子，也是不想总被打扰，当时的冷淡风气可以知道了。

《袁盎传》："调为陇西都尉。"此今日调官字所本。"调"有更易之意，犹琴瑟之更张乃调也。《张释之传》："十年不得调。"如淳训为选，未尽。

【译文】《袁盎传》："调为陇西都尉。"这是现在"调官"字所出自的本源。"调"有更换的意思，就像琴瑟的调整琴弦、重新张设才调整。（《史记·张释之传》："十年不得调。"）如淳注解为选字，不是完全表达出"调"的意思。

《扁鹊传》："医之所病，病道少。"言医之所患，患用其道者少，即下文六者是也。

【译文】《扁鹊传》："医之所病，病道少。"是说医治的是所患的疾病，担忧使用这个方法的人少，就是下文所指的六种方法了。

《仓公传》："臣意年尽三年，年三十九岁也。"按徐广注，高后八年，意年二十六。当作"年尽十三年，年三十九岁也"，脱"十"字。《孝文本纪》："十三年除肉刑。"

【译文】《仓公传》："臣意年尽三年，年三十九岁也。"考查徐广的注解，在高后八年，淳于意年龄二十六岁。应当写成"年尽十三年，年三十九岁也”，缺漏了一个“十”字。《孝文本纪》：“文帝十三年废除肉刑。”

《武安传》：“与长孺共一老秃翁。”谓尔我皆垂暮之年，无所顾惜，当直言以决此事也。索隐以为共治一老秃翁者，非。

【译文】《武安传》：“与长孺共一老秃翁。”是说你我都是垂暮之年的人，没有什么值得爱惜的，应当直言进谏来决定这件事。《史记索隐》认为是共同对付一位“老秃翁”，是错误的。

“因匈奴犯塞而有卫、霍之功。”故序《匈奴》于《卫将军骠骑传》之前。

【译文】“因匈奴犯塞而有卫、霍之功。”因此排《匈奴》在《卫将军骠骑传》之前。

《南越尉佗传》：“发兵守要害处。”按《汉书·西南夷传》注：“师古曰：要害者，在我为要，于敌为害也。”此解未尽。要害谓攻守必争之地，我可以害彼，彼可以害我，谓之害。人身亦有要害。《素问》：“岐伯对黄帝曰，脉有要害。”《后汉书·来歙传》：“中臣要害。”

【译文】《南越尉佗传》："发兵守要害处。"考查《汉书·西南夷传》的注解："颜师古说：所说的要害，对于我方被称为要，对于敌方被称为害。"这个注解没有完全解释要害的意思。要害是说进攻和防守必然争夺的地方，我方可以妨碍他人，他人可以妨碍我方，被称为害。身体也有存在要害的地方。《素问》："岐伯对黄帝说，脉有要害。"《后汉书·来歙传》："中臣要害。"

《司马相如传》："其为祸也，不亦难矣。"衍"亦"字。

《汲黯传》，"愚民安知"为一句。

【译文】《司马相如传》："其为祸也，不亦难矣。"多出一个"亦"字。

《汲黯传》，"愚民安知"作为一句话。

《郑当时传》："高祖令诸故项籍臣名籍。"谓奏事有涉项王者，必斥其名曰项籍也。

《酷吏传》："尸亡去归葬。"言其家人窃载尸而逃也。谓尸能自飞去，怪矣！

【译文】《郑当时传》："高祖令诸故项籍臣名籍。"是说上奏有关于项王的事情，必然当面直斥其名说"项籍"。

《酷吏传》："尸亡去归葬。"是说其家人偷走并运载尸体而逃走。说尸体能够自行飞走，这觉得奇怪！

《游侠传》："近世延陵、孟尝、春申、平原、信陵之徒，皆因王者亲属，藉于有土卿相之富厚。"延陵谓季札，以其遍游上国，与名卿相结，解千金之剑，而系冢树，有侠士之风也。

【译文】《游侠传》："近世延陵、孟尝、春申、平原、信陵之徒，皆因王者亲属，藉于有土卿相之富厚。"延陵是说季札，因为他遍游大国，和著名的卿相互结交，解下价值千金的剑，而系在坟墓的树枝上，有侠士之风。

《货殖传》："廉吏久久更富，廉贾归富。"又曰："贪贾三之，廉贾五之。"夫放于利而行多怨，廉者知取知予，无求多于人，义然后取，人不厌其取。是以取之虽少，而久久更富，廉者之所得，乃有其五也。注非。

【译文】《货殖传》："廉吏久久更富，廉贾归富。"又说："贪贾三之，廉贾五之。"在利益面前放纵欲望而行为大多遭到怨恨，廉洁的人知道获取知道给予的道理，不乞求比他人多，遵循道义然后才获取，人们不满足他获取的。因此获取虽然少了，然而从长久来看更加富裕，廉洁的人所得到的，才有比贪污的人多五倍。注解是错误的。

"洛阳街，居在齐、秦、楚、赵之中。"《说文》："街，四通道。”《盐铁论》：“燕之涿蓟，赵之邯郸，魏之温轵，韩之荥阳，齐之临淄，楚之宛丘，郑之阳翟，二周之三川，皆为天下名都，居五诸侯之衢，跨街冲之路。”

【译文】“洛阳街，居在齐、秦、楚、赵之中。”《说文》：“街，四方的通道。”《盐铁论》：“燕国的涿蓟，赵国的邯郸，魏国的温轵，韩国的荥阳，齐国的临淄，楚国的宛丘，郑国的阳翟，二周国的三川，都是天下的名都，位居在五个诸侯国往来的大道，横跨‘街冲’的道路中。”

“尽椎埋去就，与时俯仰。”“椎埋”当是“推移”二字之误。

【译文】“尽椎埋去就，与时俯仰。”“椎埋”应当是“推移”两字的错误写法。

《太史公自序》：“申吕肖矣。”“肖”乃“削”字，脱其旁耳。与《孟子》“鲁之削也滋甚”义同，徐广注以为痟者，非。

【译文】《太史公自序》：“申吕肖矣。”“肖”是“削”字，缺漏它的偏旁罢了。和《孟子》“鲁之削也滋甚”的意义相同，徐广的注解认为“痟”的意思，是错误的。

汉书注

《汉书叙例》，颜师古撰。其所列姓氏邓展、文颖下，并云“魏建安中”。建安乃汉献帝年号，虽政出曹氏，不得遽名以魏。

【译文】《汉书叙例》，是颜师古撰写的。他所列的姓氏邓展、文颖的下文里，都说“魏建安中”。建安是汉献帝的年号，即使政令出于曹氏，但是不能够用魏来草率地称呼其年号。

《高帝纪》：“诸侯罢戏下，各就国。”注引一说云：“时从项羽在戏水之上。”此说为是。盖羽入咸阳，而诸侯自留军[①]戏下尔。他处固有以“戏”为“麾”者，但云“罢麾下”，似不成文。

【注释】①留军：停留并驻扎。留，使……停留。

【译文】《高帝纪》：“诸侯罢戏下，各就国。”注解引用一种说法说：“当时跟从项羽驻扎在戏水之上。”这个说法是对的。大概是项羽进入咸阳后，然而诸侯自行在戏水下游筑起军营。其他地方固然有把“戏”当作为“麾”字的，仅仅说“罢麾下”，似乎不能形成文意。

“不因其几，而遂取之。”训“几”为“危”，未当。“几”即“机”字，如《书》“若虞机张”之“机”。

【译文】“不因其几，而遂取之。”注解把“几”字当作是“危”字，不恰当。“几”就是“机”字，如在《尚书》“若虞机张”的“机”字。

“遣诣相国府署行义年。”谓书其平日为人之实迹。如《昭帝纪》：“元凤元年三月，赐郡国所选有行义者，涿郡韩福等五人帛。”《宣帝纪》：“令郡国举孝弟有行义闻于乡里者各一人。”是也。刘攽改“义”为“仪”，谓若今团貌[1]，非。

【注释】①团貌：旧时登记人口情况形成户籍而作为交纳赋税和服役的依据。

【译文】“遣诣相国府署行义年。”是写出其平日为人的实际情况。如同在《汉书·昭帝纪》：“元凤元年三月，赐郡国所选有行义者，涿郡韩福等五人帛。”《汉书·宣帝纪》：“令郡国举孝弟有行义闻于乡里者各一人。”就是。刘攽改“义”字变为“仪”字，说像现在的“团貌”，是错误的。

《武帝纪》：“元封元年诏，用事八神。”谓东巡海上而祠八神也。即《封禅书》所谓八神，一曰天主，祠天齐之属。文颖以为祭太一开八通之鬼道者，非。

【译文】《武帝纪》：“元封元年诏，用事八神。”是说向东巡行海上而祭祀八方之神的事情。就是《汉书·封禅书》所说的八方之神，一说是天主，祭祀天齐之类。文颖认为是祭祀太一打开八通的郊祀和祭坛之间的通道，这是错误的。

"天汉元年秋，闭城门大搜。"与二年及征和元年之大搜同，皆搜索奸人也，非逾侈者也。

【译文】"天汉元年秋，闭城门大搜。"和天汉二年以及征和元年所说的大搜相同，都是搜寻探求善良的人，不是过度奢华的人。

《昭帝纪》："三辅太常郡，得以叔即菽字粟当赋。"汉时田租本是叔粟，今并口算[1]杂征之，用钱者，皆令以叔粟当之。其独行于三辅[2]太常郡者，不独为谷贱伤农，亦以减漕三百万石，虑储偫之乏也。

【注释】①口算：也称算赋。秦汉时期征收成年人的人头税。②三辅：即汉时京兆尹、左冯翊、右扶风。原指西汉管理京畿地区的三位官员，后来三位官员管理的地区被称为三辅。

【译文】《昭帝纪》："三辅太常郡，得以叔（即菽字）粟当赋。"在汉代时田租原本是叔粟，现在合并成为口算混合征收它，使用钱币交纳赋税的，都让用叔粟来替换它。这个唯独在三辅地区太常郡实行，不单是谷贱伤农，也来减少漕运三百万石，是担心粮食储备的缺少。

《元帝纪》："永光元年秋罢。"如淳曰："当言罢某官某事，烂脱失之。"是也。《左传》成二年"夏有。"亦是阙文。杜氏解曰："失新筑战事。"

【译文】《元帝纪》："永光元年秋罢。"如淳说："应当说罢免某官某事，书页腐烂而脱漏失去了原文。"就是。《左传》鲁成公二年"夏有。"也是脱漏了文字。杜预注解说："在新筑战事中失败了。"

建昭三年，"戊己校尉"。师古曰："戊己校尉者，镇安西域，无常治处。亦犹甲乙丙丁、庚辛壬癸各有正位，而戊己四季寄王，故以名官也。时有戊校尉，又有己校尉。一说戊己位在中央，今所置校尉，处三十六国之中，故曰戊己也。"《百官公卿表》注亦载二说。《汉官仪》曰："戊己中央，镇覆四方。"又："开渠播种，以为厌胜，故称戊己焉。"按马融《广成颂》曰："校队案部，前后有屯，甲乙相伍，戊己为坚。"则不独西域，虽平时校猎，亦有部伍也。又知其甲乙八名皆有，而西域则但置此戊己二官尔。《王莽传》："右庚刻木校尉，前丙燿金都尉。"其所名，或有所本。《车师传》："置戊己校尉屯田，居车师故地。"《乌孙传》："汉徙己校屯姑墨。"而《后汉书·耿恭传》："恭为戊校尉，屯后王部金蒲城，谒者关宠为己校尉，屯前王柳中城。"故师古以为无常治。

【译文】建昭三年，"戊己校尉"。颜师古说："所谓戊己校尉，镇定安抚西域，没有常住的治所。也就像是甲乙丙丁、庚辛壬癸各有自己的治所，而戊己四季传送汉朝的威势，因此把它来命名官职。当时有戊校尉，又有己校尉。一说是戊己位在地支的中央，现在所设置的校尉，处在西域三十六国之中，因此说戊己也。”《百官公卿表》注解也记载这两种说法。《汉官仪》说：“戊己位在地支的中央，镇定覆盖四方。”又：“开凿水渠播散种子，作为一种厌胜的巫术，因此称戊己。”按马融《广成颂》说：“校队案部，前后有屯，甲乙相伍，戊己为坚。”那么不单独是在西域，即使在平时打猎，也有部队行伍。又知道其甲乙等八个名称都存在，然而西域就仅仅设置这戊己校尉两个官职。(《王莽传》：“右庚刻木校尉，前丙燿金都尉。”)它的名称，或许有所依据的。《车师传》：“设置戊己校尉进行屯田，治所在车师的故地。”《乌孙传》：“汉朝迁移己校尉屯守姑墨。”而在《后汉书·耿恭传》：“耿恭担任戊校尉，屯守在后王部金蒲城，谒者关宠担任己校尉，屯守在前王柳中城。”因此颜师古认为是没有常驻的治所。

《哀帝纪》：“非赦令也，皆蠲除之。”犹《成帝纪》言：“其吏也迁二等。”同一文法。盖赦令不可复反，故但此一事不蠲除也。

【译文】《哀帝纪》：“非赦令也，皆蠲除之。”就像《成帝纪》说：“其吏也迁二等。”是相同的一种文书法令。原来赦令不能反复书写，因此仅此这一件事不被免除。

《王子侯表》："瓡节侯息，城阳顷王子。"师古曰："瓡即'瓠'字也。又音孤。"《地理志》北海郡下，瓡，侯国。师古曰："瓡即'执'字。"二音不同。而《功臣表》"瓡讘侯杆"者，师古曰："瓡、狐同。"河东郡下作"狐讘"，又未知即此一字否也。

【译文】《王子侯表》："瓡节侯息，城阳顷王子。"颜师古说："瓡就是'瓠'字。又读作孤音。"《地理志》北海郡下，瓡，是侯国。颜师古说："瓡就是'执'字。"两个读音不同。而在《功臣表》所说的"瓡讘侯杆"，颜师古说："瓡、狐两字相同。"在河东郡下写成"狐讘"，又不知道这是不是同一个字。

《百官表》："长水校尉，掌长水宣曲胡骑。"师古曰："长水，胡名也。宣曲，观名。胡骑之屯于宣曲者。"按长水非胡名也。《郊祀志》："霸产丰涝，泾渭长水，以近咸阳，尽得比山川祠。"《史记索隐》曰："《百官表》有长水校尉，沈约《宋书》云：'营近长水，因名。'《水经》云：'长水出白鹿原，今之荆溪水。'是也。"

【译文】《百官表》："长水校尉，掌长水宣曲胡骑。"颜师古说："长水，是胡人的名称。宣曲，是道观的名称。就是胡骑屯守在宣曲。"考查长水不是胡人的名称。《郊祀志》："霸产丰涝，泾渭长水，以近咸阳，尽得比山川祠。"《史记索隐》说："《百官表》有长水校尉，沈约《宋书》说：'军营靠近长水，因而命名它。'《水经》说：'长水出自白鹿原，现在的荆溪水。'就是。"

“元凤四年，蒲侯苏昌为太常。十一年，坐籍霍山书，泄秘书，免。”师古曰：“以秘书借霍山。”非也。盖籍没霍山之书中有秘记，当密奏之，而辄以示人，故以宣泄罪之耳。山本传言：“山坐写秘书。显为上书，献城西第，入马千匹，以赎山罪。”若山之秘书从昌借之，昌之罪将不止免官，而元康四年，昌复为太常。薄责昌而厚绳山，非法之平也。且如颜说，当云“坐借霍山秘书，免。”足矣，何用文之重、辞之复乎？

【译文】“元凤四年，蒲侯苏昌为太常。十一年，坐籍霍山书，泄秘书，免。”颜师古说：“把秘密的书信借给霍山。”这是错误的。原来是登记没收霍山的书信中有秘记，应当秘密地上奏它，而苏昌就轻易地拿给他人看，因此以宣泄罪来罢免他而已。《霍山传》说：“山坐写秘书。显为上书，献城西第，入马千匹，以赎山罪。”如果霍山的秘密书信从苏昌借来的，苏昌的罪过必然不止被罢免官职，而在元康四年，苏昌再次担任太常。轻微地责罚苏昌却重重地惩罚霍山，不是法律公平的体现。而且像颜世古的说法，应当说“坐借霍山秘书，免。”就足够了，为什么使用重复的文字、重复的言辞吗？

“建昭三年七月戊辰，卫尉李延寿为御史大夫。一姓繁。”师古曰：“繁音蒲元反。”《陈汤传》：“御史大夫繁延寿。”师古曰：“繁音蒲胡反。”《萧望之传》，师古音婆。《谷永传》，师古音蒲河反。蒲元则音盘，蒲胡则音蒲，蒲河则音婆，三音互见，并未归一。

然“繁”字似有婆音。《左传》定四年：“殷民十族繁氏。”“繁”音步何反。《仪礼·乡射礼注》：“今文皮树为繁竖。‘皮’古音婆。”《史记·张丞相世家》：“丞相司直繁君。”索隐曰：“繁音婆。”《文选》“繁休伯”，吕向音步向反。则“繁”之音婆，相传久矣。《广韵·八戈部》中有“繁”字，注曰：“音蒲波切。姓也。又音烦。”此字或作“縏”。《玉篇》“縏”字亦音步波、步丹二切。

【译文】“建昭三年七月戊辰，卫尉李延寿为御史大夫。一姓繁。”颜师古说：“繁音蒲元反。”《汉书·陈汤传》：“御史大夫繁延寿。”颜师古说：“繁音蒲胡反。”《汉书·萧望之传》，颜师古注解繁读婆音。《汉书·谷永传》，颜师古注解繁字音蒲河反。在蒲元就读作盘音，在蒲胡就读作蒲音，在蒲河就读作婆音，三个读音互相出现，并未统一。然而“繁”字似乎有读作婆音。《左传》鲁定公四年：“殷民十族繁氏。”“繁”音步何反。《仪礼·乡射礼注》：“今文皮树为繁竖。‘皮’古时读婆音。”《史记·张丞相世家》：“丞相司直繁君。”《史记索隐》说：“繁字读作婆音。”《文选》“繁休伯”，吕向注解繁字的读音是步向反。那么“繁”字的读音是婆，传承下来很久了。（《广韵·八戈部》中有“繁”字，注解说：“读音蒲波切。是姓氏。又读作烦音。”这字有的写成“縏”。《玉篇》“縏”字也有读作步波切、步丹切两个音。）

《律历志》：“寿王候课比三年下。”谓课居下也。下文言：“竟以下吏。”乃是下狱。师古注非。

【译文】《律历志》："寿王候课比三年下。"是说寿王征收的服役排在低下。下文说："竟以下吏。"才是抓入监狱。颜师古的注解是错误的。

《食货志》："学六甲五方书计之事。"六甲者，四时六十甲子之类，五方者，九州岳渎列国之名，书者六书，计者九数。瓒说未尽。

【译文】《食货志》："学六甲五方书计之事。"所谓的六甲，就是四时六十甲子之类，所谓的五方，就是九州山岳水渠列国的统称，所谓的书就是六种书法，所谓的计就是九种算法。臣瓒的说法没有完全表达原文的意思。

"国亡捐瘠者。"瘠，古"胔"字，谓死而不葬者也。《娄敬传》"徒见羸胔老弱。"《史记》作"瘠"。《后汉书·彭城靖王恭传》："毁胔过礼。"《大戴礼》："羸丑以胔。"皆是"瘠"字。则此"瘠"乃"胔"字之误，当从孟康之说。苏林音渍，是。

【译文】"国亡捐瘠者。"瘠，古同"胔"字，是说逝世而不被安葬。《娄敬传》"徒见羸胔老弱。"《史记》写成"瘠"。《彭城靖王恭传》："毁胔过礼。"《大戴礼》："羸丑以胔。"都是写"瘠"字。那么这个"瘠"是"胔"字的误写，应当遵从孟康的说法。（苏林标注的读音是渍，是正确的。）

“课得谷皆多，其旁田，亩一斛以上。”盖壖地[①]乃久不耕之地，地力有余，其收必多，所以作代田之法也。

【注释】①壖（ruán）地：空余的土地。壖，古同“堧”。

【译文】“课得谷皆多，其旁田，亩一斛以上。”大概是壖地指的是很久不被耕种的土地，地里的肥力有多余的，它的收成必然增多，所以实行代田法。

“天下大氐无虑皆铸金钱矣。”无虑犹云无算，言多也。

【译文】“天下大氐无虑皆铸金钱矣。”“无虑”就像说无法计算，是多的意思。

“布货十品。”师古曰：“布即钱耳，谓之布者，言其分布流行也。”按本文，钱、布自是二品，而下文复载改作“货布之制”，安得谓布即钱乎？《莽传》曰：“货布长二寸五分，广一寸，直货钱二十五。”今货布见存，上狭下广，而歧其下，中有一孔。师古当日或未之见也。

【译文】“布货十品。”颜师古说：“布就是钱币而已，称为布的，是说它分布流行。”考查原文，钱、布自然是两种物品，但在下文又记载改写成“货布之制”，怎么能够称布就是钱呢?《莽传》说：“货布长二寸五分，宽一寸，价值货钱二十五。”现在货布依然存在，上边狭窄下边宽广，而在下边是叉开的，中间有一个孔。颜师古当时或许没有看见过它。

《郊祀志》：“文公获若石，云于陈仓北坂城祠之。其神或岁不至，或岁数来也。常以夜，光辉若流星，从东方来，集于祠城。若雄鸡，其声殷，云野鸡夜鸣。”如淳曰：“野鸡，雉也。吕后名雉，改曰野鸡。”《五行志》：“天水冀南山，大石鸣，声隆隆如雷，有顷止，墼野同鸡皆鸣。”师古曰：“雉也。”窃谓野鸡者，野中之鸡耳，注拘于荀悦云：“讳雉之字曰野鸡。”夫讳恒曰常，讳启曰开，史固有言常言开者，岂必其皆为恒与启乎?又此文本《史记·封禅书》，其上文云：“有雉登鼎耳雊。”其下文云：“公孙卿言，见仙人迹缑氏城上，有物如雉，往来城上。”又云：“纵远方奇兽飞禽及白雉诸物。”《汉书》同此二条。并无所讳。而《汉书·地理志》：“南阳郡有雉县”，“江夏郡有下雉县”。《五行志》：王音等上言：“雉者听察，先闻雷声。”则汉时未尝讳雉也。

【译文】《郊祀志》：“文公获若石，云于陈仓北坂城祠之。其神或岁不至，或岁数来也。常以夜，光辉若流星，从东方来，集于祠城。若雄鸡，其声殷，云野鸡夜鸣。”如淳说：“所谓的野鸡，就是雉。吕后名雉，就改说野鸡。”《五行志》：“天水冀县的南山，大石突然鸣叫，声音隆隆像雷声一样，过了一会就停止了，壄（和野字相同）鸡都鸣叫了。”颜师古说：“是雉。”我认为所谓的野鸡，是说野外中的鸡而已，注解拘泥于荀悦的注解说：“避讳吕雉的名字而说野鸡。”避讳恒字而说常，避讳启而说开，史书上本来就有说常说开的例子，何必它们都是为避讳刘恒和刘启而得来的？又这段文字依据《史记·封禅书》，它的上文说：“有雉登鼎耳雊。”它的下文说：“公孙卿言，见仙人迹缑氏城上，有物如雉，往来城上。”又说：“纵远方奇兽飞禽及白雉诸物。”（《汉书》和这两条记载相同。）并没有避讳的。而在《汉书·地理志》：“南阳郡有雉县”，“江夏郡有下雉县”。《五行志》：王音等人进言：“雉者听察，先闻雷声。”那么在汉代不曾避讳雉字了。

“木寓龙一驷。木寓车马一驷。”李奇曰：“寓，奇也，寄生龙形于木。”此说恐非。古文偶、寓通用，偶亦音寓。木寓，木偶也。《史记·孝武纪》作“木偶马”，而《韩延寿传》曰：“卖偶车马下里伪物者，弃之市道。”古人用以事神及送死，皆木偶人、木偶马，《鲁相史晨孔庙后碑》云：“饬治桐车马于渎上。”今人代以人纸马。又《史记·殷本纪》：“帝武乙无道，为偶人，谓之天神。”索隐曰：“偶音寓。”《酷吏传》：“匈奴至为偶人象郅都。”索隐曰：“《汉书》作寓人。”可以证“寓”之为“偶”矣。

【译文】“木寓龙一驷。木寓车马一驷。”李奇说：“所谓的寓，就是奇，依附在树木上生出龙的形状。”这种说法恐怕是错误的。

古文的偶、寓互相通用，（偶也读作寓音。）所谓的木寓，就是木偶了。《史记·孝武纪》写作“木偶马”，而在《韩延寿传》说：“卖偶车马下里伪物者，弃之市道。”古人用来侍奉神以及送给死者的东西，都是木偶人、木偶马，（《鲁相史晨孔庙后碑》说：“饬治桐车马于渎上。”）现在的人用人纸马来替代。又在《史记·殷本纪》：“帝武乙无道，为偶人，谓之天神。”《史记索隐》说：“偶读作寓音。”《史记·酷吏传》：“匈奴至为偶人象郅都。”《史记索隐》说：“《汉书》写成寓人。”可以用来证明“寓”字是“偶”字了。

《五行志》：“吴王濞封有四郡，五十余城。”“四”当作“三”，古四字积划以成，与“三”易混，犹《左传》“陈、蔡、不羹三国”之为四国也。

【译文】《五行志》：“吴王濞封有四郡，五十余城。”“四”应当写成“三”字，古代的四字是画成四笔的（亖），和“三”容易混淆，就像在《左传》“陈、蔡、不羹三国”变为四国一样。

“隐公三年二月己巳，日有食之，其后郑获鲁隐。”按狐壤之战，事在其前，乃隐公为公子时。此刘向误说，班史因之，不必曲为之解。

【译文】“隐公三年二月己巳，日有食之，其后郑获鲁隐。”考查在鲁郑狐壤之战时，日食发生时在战争之前，是鲁隐公当公子时。这是刘向的错误说法，班固的史书沿袭他的说法，不需要歪曲地替他辩解。

《沟洫志》：“内史稻田租挈重。”挈，偏也，《说文》有“觢”字。注云：“角一俯一仰。”意同。

【译文】《沟洫志》：“内史稻田租挈重。”所说的挈，就是偏的意思，《说文》有“觢”字。注解说：“牛角一只向下一只向上。”和它的意思相同。

《楚元王传》“孙卿”。师古曰：“荀况，汉以避宣帝讳改之。”按汉人不避嫌名，荀之为孙，如孟卯之为芒卯、司徒之为申徒，语音之转也。

【译文】《楚元王传》“孙卿”。颜师古说：“是荀况，汉代因为回避汉宣帝刘询的名讳而改成它。”考查汉代人不回避皇帝的嫌名，荀字变为孙，如同孟卯字变为芒卯、司徒字变为申徒，是读音的转变而成的。

“上数欲用向为九卿，辄不为王氏居位者及丞相御史所持，故终不迁。”衍一“不”字。当云：“辄为王氏居位者及丞相御史所持。”持者，挟持之义，而非挟助之解也。

【译文】“上数欲用向为九卿，辄不为王氏居位者及丞相御史所持，故终不迁。”多出一个“不”字。应当说：“辄为王氏居位者及丞相御史所持。”所谓的持，是挟持的意思，而不是挟助的意思。

《季布传》“难近”，谓令人畏而远之。师古以“近”为近天子为大臣，非也。

【译文】《季布传》“难近”，是说令人畏惧而远离他。颜师古把“近”当作是亲近天子成为大臣的意思，这是错误的。

《樊哙传》：“项羽即飨军士，中酒。”中酒，谓酒半也。《吕氏春秋》谓之中饮。晋灵公发酒于宣孟，宣孟知之，中饮而出。《战国策》：“楚王觞张仪，中饮，再拜而请。”凡事之半曰中。《左传》昭公二十八年“中置”，谓馈之半也。上云“馈之始至”，下云“馈之毕”。《史记·河渠书》：“中作而觉”，谓工之半也。《吕氏春秋》“中关音弯而止”，谓关弓弦正半而止也。中酒犹今人言半席，师古解以不醉不醒故谓之中，失之矣。《司马相如传》：“酒中乐酣。”师古曰：“酒中，饮酒中半也。”一人注书，前后不同。

【译文】《樊哙传》：“项羽即飨军士，中酒。”所谓的中酒，是说喝酒到一半。《吕氏春秋》称为中饮。（晋灵公发酒于宣孟，宣孟知道之后，中饮而出。《战国策》：“楚王觞张仪，中饮，再拜而请。”）凡是事情的一半说是中。《左传》鲁昭公二十八年“中置”，是说上菜到一半。(上文说“馈之始至”,下文说“馈之毕”。)《史记·河渠书》:“中作而觉”,是说工作的一半。《吕氏春秋》“中关(音弯)而止”,是说合拢弓弦正好到一半而停止了。中酒犹如现在的人说半席,颜师古的注解认为不醉不醒因此称为中,失去了原来的本义。(《司马相如传》:“酒中乐酣。”颜师古说:“所谓的酒中,就是饮酒到一半了。”一人注解史书,却前后不同。)

《淮南厉王传》:“命从者刑之。”《史记》作“刭之”。当从“刭”,音相近而讹。下文“太子自刑不殊”,又云“王自刑杀”,《史记》亦皆作“刭”也。

【译文】《淮南厉王传》:“命从者刑之。”《史记》写的是“刭之”。应当遵从“刭”字,读音相近而导致错误。下文的“太子自刑不殊”,又说“王自刑杀”,《史记》也都是写的是“刭”字。

“孝先自告反,告除其罪。”按《史记》无下“告”字,是衍文。师古曲为之说。

【译文】“孝先自告反,告除其罪。”考查《史记》没有下面的“告”字,是多出的文字。颜师古歪曲地替它辩解。

《万石君传》,“内史坐车中自如,固当者”,反言之也。言贵而骄人,当如此乎?

【译文】《万石君传》，“内史坐车中自如，固当者”，是反语的意思。说地位尊贵而傲视他人，应当这样做吗?

《贾谊传》：“上数爽其忧。”谓秦之所忧者在孤立，而汉之所忧者在诸侯；汉初之所忧者在异姓，而今之所忧者在同姓。

【译文】《贾谊传》：“上数爽其忧。”是说秦朝所担忧的是在于孤立无援，而汉朝所担忧的是在于诸侯；汉初所担忧的是在于异姓诸侯，而现在所担忧的是在于同姓诸王。

张敖不反，故添一“贯高为相”句，古人文字之密。

【译文】张敖没有谋反，因此添加一句“贯高为相”的文字，（表现出）古人使用文字的严密程度。

“植遗腹，朝委裘，而天下不乱。”必古有是语，所谓君薨而世子生者也。季桓子命其臣正常曰：“南孺子之子男也，则以告而立之。”遗腹之为嗣，自人君以至于大夫一也。

【译文】“植遗腹，朝委裘，而天下不乱。”必然是古代就有这样的语句，是所谓的君王逝世而世子出生了。季桓子命令其臣子正常说：“南孺子之子男嗣，就告天下而拥立他为君王。”遗腹子成为继承王位的子嗣，从君王一直到大夫是都是这样做的。

《邹阳传》："宋任子冉之计，囚墨翟。"《史记》作"子罕"。文颖曰："子冉，子罕也。"按子罕是鲁襄公时人，墨翟在孔子之后，子冉当别是一人。

【译文】《邹阳传》："宋任子冉之计，囚墨翟。"《史记》写的是"子罕"。文颖说："所谓的子冉，就是子罕。"考查子罕是鲁襄公时候的人，墨翟是在孔子之后的人，子冉应当是另外一人。

"秦皇帝任中庶子蒙之言。"师古曰："蒙者，庶子名也，今流俗书本，'蒙'下辄加'恬'字，非也。"按《史记》，秦王宠臣中庶子蒙嘉，为先言于秦王。非蒙恬，蒙亦非名，传文脱一"嘉"字。

【译文】"秦皇帝任中庶子蒙之言。"颜师古说："所谓的蒙，就是庶子的名字，现在流传通俗史书的版本，在'蒙'下就增加'恬'字，这是错误的。"考查《史记》，秦王的宠臣中庶子蒙嘉，（荆轲进入秦国后）蒙嘉替他先在秦王面前说。不是蒙恬，蒙也不是名字，传文中脱漏了一个"嘉"字。

《赵王彭祖传》"椎埋"，即掘冢也。新葬者谓之埋。师古曰："椎杀人而埋之。"恐非。

【译文】《赵王彭祖传》“椎埋”，就是挖掘坟墓的意思。刚刚安葬的称为埋。颜师古说：“用椎子杀人而后埋葬他。”恐怕是错误的。

《李广传》：“弥节白檀。”“弥”与“弭”同。《司马相如传》：“于是楚王乃弭节俳佪。”注：郭璞曰：“弭犹低也。节，所杖信节也。”

【译文】《李广传》：“弥节白檀。”“弥”和“弭”字相同。《汉书·司马相如传》：“于是楚王乃弭节俳佪。”注解：郭璞说：“弭就是低的意思。节，就是所拿的印信符节。”

“陵当发出塞，乃诏强弩都尉令迎军。”言当俟陵出塞之后，乃诏博德迎之。

【译文】“陵当发出塞，乃诏强弩都尉令迎军。”是说应当在等李陵出塞之后，才下诏让博德去迎接他。

《苏武传》：“陵恶自赐武，使其妻赐武牛羊数十头。”今人送物与人，而托其名于妻者，往往有之。其谓之赐者，陵在匈奴已立为王故也。云“恶自赐武”，盖嫌于自居其名耳。师古注谓“若示己于匈奴中富饶以夸武者”，非。

【译文】《苏武传》:“陵恶自赐武,使其妻赐武牛羊数十头。”现在的人送礼物给别人,却推托在妻子的名义上,经常有这个习惯。那所谓的赐,是李陵在匈奴已经被立为王的原因。说“恶自赐武”,大概是厌恶自己的名字出现在礼物单上而已。颜师古注解说“若示己于匈奴中富饶以夸武者”,是错误的。

《司马相如传》“《子虚》之赋”,乃游梁时作,当是侈梁王田猎之事而为言耳。后更为“楚称”“齐难”,而归之天子,则非当日之本文矣。若但如今所载《子虚》之言,不成一篇结构。

【译文】《司马相如传》“《子虚》之赋”,是在游玩梁地的时候撰写的,当是夸大梁王围田打猎的事情而替他写的。后来更改成“楚称”“齐难”,而归属到讽谏天子,那么不是当时的原文了。如果仅仅像现在所记载《子虚赋》的文字,不形成一篇文章的结构。

《张安世传》:“无子,子安世小男彭祖。”谓贺无见存之子,而以安世小男为子。其蚤死之子,别有一子,乃下文所谓孤孙霸,非无子也。

【译文】《张安世传》:“无子,子安世小男彭祖。”是说张贺没有在世的儿子,而把张安世小儿子作为儿子。他除了早死的儿子外,另外有一个儿子,是下文所说的孤孙张霸,不是没有子嗣。

《杜周传》:“吏所增加,十有余万。”谓辞外株连之人。

【译文】《杜周传》:“吏所增加,十有余万。”是说言外受到株连的人。

《张骞传》:“竟不能得月氏要领。”古人上衣下裳,举裳者执要,举衣者执领。

【译文】《张骞传》:“竟不能得月氏要领。”古人是上衣下裳,拿起裳的是拿着腰下的部分,拿起衣的是拿着衣领。

《广陵王胥传》:“女须泣曰:孝武帝下我。”言孝武帝降凭其身而言。

【译文】《广陵王胥传》:“女须泣曰:孝武帝下我。”是说孝武帝俯下靠着他的身子而言的。

“千里马兮驻待路。”言神魂飞扬,将乘此马而远适千里之外。张晏注以为驿马,非。

【译文】“千里马兮驻待路。”是说“神魂飞扬”的意思,将要乘这匹马远达千里之外的地方。张晏的注解认为是驿站的马匹，是错误的。

《严助传》："臣闻道路言，闽越王弟甲弑而杀之。"即下文所云"会闽越王弟余善杀王以降"者也。当淮南王上书之时，不知其名，故谓之甲，犹云某甲耳。师古曰："甲者，闽越王弟之名。"非。

【译文】《严助传》："臣闻道路言，闽越王弟甲弑而杀之。"就是下文所说的"会闽越王弟余善杀王以降"。正值淮南王上书皇帝的时候，不知道他的名字，因此称呼他为甲，就像说某甲而已。颜师古说："所说的甲，是闽越王弟弟的名字。"这是错误的。

《朱买臣传》："买臣入家中。"即会稽邸中也。邸如今京师之会馆。

【译文】《朱买臣传》："买臣入家中。"就是在会稽府邸的家中。邸是当今在京师的会馆。

《东方朔传》："以剑割肉而去之。"裴松之注《魏志》云："古人谓藏为去[①]。"《苏武传》："掘野鼠去中实而食之。"师古曰："去谓藏之也。"

【注释】①去：通弆（jǔ），收藏，保藏。

【译文】《东方朔传》："以剑割肉而去之。"裴松之注解的《三国志·魏书》说："古人称藏为去。"《汉书·苏武传》："掘野鼠去屮实而食之。"颜师古说："去是说收藏。"

《杨恽传》，"廷尉当恽大逆无道"者，以书中有"君父送终"之语。

【译文】《杨恽传》，所谓的"廷尉当恽大逆无道"，因为书中有"君父送终"的语句。

《梅福传》："诸侯夺宗。"如帝挚①立，不善，崩，而尧自唐侯升为天子是也。

【注释】①帝挚：中国古代传说的帝王之一，帝喾长子，号青阳氏。

【译文】《梅福传》："诸侯夺宗。"就像帝挚被拥立，不善于管理国家，逝世后，而尧从唐侯直接升为天子一样。

《梅福传》赞："殷鉴不远，夏后所闻。"谓福引吕霍①上官之事，以规切王氏。师古注谓"封孔子后"，非。

【注释】①吕霍：汉高祖皇后吕雉和汉宣帝皇后霍成君的并称。

【译文】《梅福传》赞："殷鉴不远，夏后所闻。"是说梅福引用吕雉、霍成君把持朝政的史事，来劝诫谏正皇后王氏。颜师古的注解说“封孔子后”，是错误的。

《霍光传》：“张章等言，霍氏皆雠有功。”晋灼曰：“雠，等也。”非也。此如《诗》“无言不雠”之雠解。《诗》正义：“相对谓之雠。”《左传》僖五年：“无丧而慼，忧必雠焉。”注：“雠犹对也。”《律历志》：“广延宣问以理星度，未能雠也。”郑德曰：“相应为雠也。”《郊祀志》：“其方尽多不雠。”《伍被传赞》：“忠不终而诈雠。”《魏其传》：“上使御史簿责婴，所言灌夫颇不雠。”

【译文】《霍光传》：“张章等言，霍氏皆雠有功。”晋灼说：“所谓的雠，是相等的意思。”是错误的。这里用《诗经》“无言不雠”的雠字来解释。（《诗经》正义：“相对谓之雠。”）《左传》鲁僖公五年：“无丧而慼，忧必雠焉。”注解说：“雠就像是相对。”《汉书·律历志》：“广延宣问以理星度，未能雠也。”郑德说：“相对应是雠了。”《汉书·郊祀志》：“其方尽多不雠。”《汉书·伍被传赞》：“忠不终而诈雠。”《汉书·魏其传》：“上使御史簿责婴，所言灌夫颇不雠。”

《赵充国传》：“微将军谁不乐此者。”言岂独将军苟安贪便，人人皆欲为之。师古注以“微”字属上句读，非。

【译文】《赵充国传》：“微将军谁不乐此者。”是说难道只有将军苟且偷安贪图便利，人人都想要做这件事。颜师古的注解把“微”字属上一句来读，是错误的。

《辛庆忌传》：“卫青在位，淮南寝谋。”谓伍被言，大将军数将习兵未易当，又言虽古名将不过是，为淮南所惮。

【译文】《辛庆忌传》：“卫青在位，淮南寝谋。”是说伍被的言语，大将军多次率领练习士兵不易当，又说即使是古代的名将不超过这种，被淮南王所忌惮。

《于定国传》：“万方之事，大录于君。”按今所传王肃注《舜典》“纳于大麓”，曰：“麓，录也。纳舜使大录万机之政。”盖西京时已有此解，故诏书用之。章帝即位，以太傅赵熹、太尉牟融并录尚书事。

【译文】《于定国传》：“万方之事，大录于君。”考查现在所流传王肃注释《尚书·舜典》的“纳于大麓”，说：“所谓的麓，就是录。任命舜担任“大录”各种政务的朝政。”原来在西汉时已经有这种解释了，因此在诏书中使用它。（汉章帝即位，任命太傅赵熹、太尉牟融一同“录”尚书事。）

《于定国传赞》：“哀鳏哲狱。”《毛诗》《礼记》凡“鳏寡”之“鳏”，皆作“矜”，此亦“矜”之误。“哲”则“折”之误也。师古以传中有“哀鳏寡”语，遂以释此文，而以“哲”为“明哲”之哲。

【译文】《于定国传赞》：“哀鳏哲狱。”《毛诗》《礼记》凡是“鳏寡”的“鳏”字，都写成“矜”字，这也是“矜”字的误写。“哲”就是“折”字的误写。颜师古把传文中有“哀鳏寡”的文字，于是用来解释这段文字，而且认为“哲”是“明哲”的哲字。

《龚胜传》：“勿随俗动吾冢，种柏作祠堂。”师古曰：“多设器备，恐被发掘，为动吾冢。”非也。古人族葬，胜必已自有墓，若随俗人之意，更于冢上种柏作祠堂，则是动吾冢也。盖以朝代迁革，一切饰终之礼，俱不欲用。

【译文】《龚胜传》：“勿随俗动吾冢，种柏作祠堂。”颜师古说：“多摆放器物，恐怕被人发掘，破坏我的墓地。”这是错误的。古人是进行族葬的，龚胜一定是已经安排自己的墓地，如果跟随世人的意思，更是在墓地上种植柏树建造祠堂，那么就是破坏我的墓地了。大概因为朝代变革，一切给予死者尊荣的礼数，都不想使用。

《韦贤传》：“岁月其徂，年其逮耇。于昔君子，庶显于后。”孟自言年老，慕昔之君子，垂令名于后，欲王信老成之言，而用之也。《在邹诗》曰：“既耇且陋。”则此为孟之自述可知。

【译文】《韦贤传》：“岁月其徂，年其逮耇。于昔君子，庶显于后。”韦孟自己说已经年老，羡慕以前的君子，在后代流传美好的名声，想要君王相信他成熟周到的言语，而使用这句话。《在邹诗》曰：“既耈且陋。”那么这是韦孟的自述就可以知道了。

“下从者，与载送之。”“下”如《爰盎传》“下赵谈”之“下”，与之共载，复送至其家也。

【译文】“下从者，与载送之。”“下”如同《汉书·爰盎传》“下赵谈”的“下”，和他一起搭车，再送他回到家里。

《尹翁归传》：“高至于死。”高谓罪名之上者，犹言上刑。

【译文】《尹翁归传》：“高至于死。”所谓的高是说排在罪名之上的，就像说使用刑罚。

《王尊传》：“猥被共工之大恶。”谓御史大夫劾奏，尊以靖言庸违，象共滔天。

【译文】《王尊传》：“猥被共工之大恶。”是说御史大夫上奏弹劾，王尊因为言语粉饰而行为乖张，像是罪过和洪水滔天一样大。

《萧育传》：“鄂名贼，梁子政。”名贼，犹言名王，谓贼之有名号者也。师古曰："名贼者，自显其名，无所避匿，言其强也。"非。

【译文】《萧育传》："鄠名贼，梁子政。"所谓的名贼，就像说是著名的王，是说贼人当中有名号的。颜师古说："所谓的名贼，自己显耀其名，没有回避隐藏，是说他的强大。"是错误的。

《宣元六王传赞》："贪人败类。"《大雅·桑柔》之诗，师古注误以为《荡》。

【译文】《宣元六王传赞》："贪人败类。"出自《诗经·大雅·桑柔》的诗句，颜师古的注解错误地认为是出自《诗经·荡》。

《张禹传》："两人皆闻知，各自得也。"崇以禹为亲之，宣以禹为敬之，故各自得。

【译文】《张禹传》："两人皆闻知，各自得也。"戴崇把张禹当作是亲近的人，戴宣把张禹当作是尊敬的人，因此各自都满意。

《翟方进传》："万岁之期，近慎朝暮。"谓宫车晏驾[①]。故下文郎贲丽以为可移于相也。

《扬雄传》："不知伯侨周何别也。"谓不知是何王之别子。

"冠伦魁能。""能"字当属上句，言为能臣之首。

【注释】①宫车晏驾：宫廷里的马车晚上驾出，喻指皇帝死亡。

【译文】《翟方进传》：“万岁之期，近慎朝暮。”是说宫车在晚上驾出（喻指皇帝驾崩）。因此下文郎贲丽认为可以将朝政移到相那里去办理。

《扬雄传》：“不知伯侨周何别也。”是说不知道是哪个王的庶出子孙。

“冠伦魁能。”“能”字应当属于上句的，说是在能臣之首。

史书之文，中有误字，要当旁证以求其是，不必曲为之说。如此传《解嘲篇》中：“欲谈者宛舌而固声。”“固”乃“同”之误；“东方朔割名于细君。”“名”乃“炙”之误；有《文选》可证，而必欲训之为“固”、为“名”，此小颜[①]之癖也。《颜氏家训》云：“《穀梁传》：‘孟劳者，鲁之宝刀也。’僖元年。有姜仲岳读“刀”为“力”，谓公子左右姓孟名劳，多力之人，为国所宝，与吾苦诤。清河郡守邢峙，当世硕儒，助吾证之，赧然而服。”此传“割名”之解，得无类之。

【注释】①小颜：即颜师古。其叔父颜游秦撰有《汉书决疑》十二卷，后来颜师古注释《汉书》时大多取自他的文义，因此称他为小颜。

【译文】史书上的文字，当中会有错别字，应当寻找旁证来求得正确的，不需要歪曲地替它辩说。如这个列传《解嘲篇》中：“欲谈者宛舌而固声。”“固”是“同”的错别字；“东方朔割名于细君。”“名”是“炙”的错别字；有《文选》可以证实，然而一定想要注释它们为“固”、为“名”，这是颜师古的癖好。《颜氏家训》说：“《穀梁传》：‘所谓的孟劳，是鲁国的宝刀。’（鲁僖公元年。）有一位姜仲岳读“刀”为“力”，是说在公子左右有一个人姓孟名劳，是力气大的人，被国家所珍视，和我苦苦地争吵。清河郡守邢峙，当代的硕儒，帮助我一起证实它，他羞愧后而顺服。”这个流传“割名”的辩解，能不类似这种。

《儒林传》：“弟子行虽不备，而至于大夫郎、掌故，以百数。”谓不必皆有行谊，而多显官。

《货殖传》：“为平陵石氏持钱。”持钱犹今人言掌财也。如氏、苴氏皆平陵富人，而石氏訾亦次之。

【译文】《儒林传》：“弟子行虽不备，而至于大夫郎、掌故，以百数。”是说不一定都有品行，而大多位居显赫的官职。

《货殖传》：“为平陵石氏持钱。”“持钱”就像现在的人说“掌财”了。如氏、苴氏都是平陵的富人，而石氏訾也排在他们的当中。

《游侠传》：“酒市赵君都、贾子光。”服虔曰：“酒市中人也。”非也。按《王尊传》：“长安宿豪大猾，箭张禁、酒赵放。”晋灼曰：“此二人作箭作酒之家。”今此上文有箭张回，即张禁也，君都亦邵放也，名偶异耳。

【译文】《游侠传》：“酒市赵君都、贾子光。”服虔说：“酒市当中的人。”是错误的。考查《汉书·王尊传》：“长安宿豪大猾，箭张禁、酒赵放。”晋灼说：“这两个人制作弓箭制作酒的人家。”现在上文有制作弓箭的张回，就是张禁了，君都也是邵放了，名字偶尔不同而已。

《佞幸传》：“朕惟噬肤之恩未忍。”是取《易·睽》六五“厥宗噬肤”，言贵戚之卿，恩未忍绝。

【译文】《佞幸传》：“朕惟噬肤之恩未忍。”这是取自《周易·睽》六五“厥宗噬肤”，是说君王亲戚的大臣，不忍心断绝恩情。

《匈奴传》：“孤偾之君。”偾如《左传》“张脉偾兴”之偾。《仓公传》所谓：“病得之欲男子而不可得也。”

【译文】《匈奴传》：“孤偾之君。”偾如同《左传》“张脉偾兴”的偾字。《汉书·仓公传》所说的：“患有疾病是因为想要男子而不能得到。”

“卫律为单于谋，穿井筑城，治楼以藏谷，与秦人守之。”师古曰：“秦时有人亡入匈奴者，今其子孙尚号秦人。”非也。彼时匈奴谓中国人为秦人，犹今言汉人耳。《西域传》：“匈奴缚马前后足，置城下，驰言秦人，我匄若马。”师古曰：“谓中国人为秦人，习故言也。”是矣。其言与秦人守者，匈奴以转徙为业，不习守御，凡穿井筑城之事，非秦人不能为也。《大宛传》：“闻宛城中新得秦人，知穿井。”亦谓中国人。《后汉书·邓训传》：“发湟中秦胡。”《袁绍传》：“许赏赐秦胡。”秦者，中国人；胡者，胡人。犹后人之言蕃汉也。

【译文】“卫律为单于谋，穿井筑城，治楼以藏谷，与秦人守之。”颜师古说：“秦朝的时候有人逃到匈奴的，现在他的子孙尚且号称秦人。”这是错误的。那时匈奴称中原人为秦人，就像当今说汉人而已。《汉书·西域传》：“匈奴缚马前后足，置城下，驰言秦人，我匄若马。”颜师古说：“称中原人为秦人，按照习惯的原因而称呼的。”这是对的。那里说“与秦人守”的，匈奴依靠迁移作为谋生，不习惯防守和抗御，凡是开凿水井建筑城池的事情，不是秦人不能做的事。《汉书·大宛传》：“闻宛城中新得秦人，知穿井。”也是说中原人。（《后汉书·邓训传》：“发湟中秦胡。”《后汉书·袁绍传》：“许赏赐秦胡。”所谓的秦，就是中原人；所谓的胡，就是胡人。就像后代人说蕃汉一样。）

“去胡来王唐兜。”师古曰：“为其去胡而来降汉，故以为王号。”非也。《西域传》：“婼羌国王，号去胡来王。”

【译文】“去胡来王唐兜。”颜师古说：“是他离开胡人而来投降汉朝，因此当作是王的称号。”是错误的。《汉书·西域传》：“婼羌国王，号去胡来王。”

“臣知父呼韩邪单于蒙无量之恩。”其时尚未更名，当曰“臣囊知牙斯”，作史者从其后更名录之耳。

【译文】“臣知父呼韩邪单于蒙无量之恩。”那时还没有改名，应当说“臣囊知牙斯”，撰写史书的人遵从之后他改名而记录史事而已。

故印已坏，乃云“因上书求故印”者，求更铸如故印之式，去“新”字而言“玺”。

【译文】旧印已经毁坏，才说“因上书求故印”的，请求重新铸造像旧印的款式，去掉“新”字而说“玺”。

《南粤传》：“朕高皇帝侧室之子。”师古曰：“言非正嫡所生。”非也。《春秋·左氏》桓公二年传曰：“卿置侧室。”杜解：“侧室众子也。”文公十二年传曰：“赵有侧室曰穿。”

【译文】《南粤传》：“朕高皇帝侧室之子。”颜师古说：“是说不是正宫嫡母所生的。”这是错误的。《左传》鲁桓公二年的传文说：“卿置侧室。”杜预解释说：“侧室是庶出的子嗣。”鲁文公十二年的传文说：“赵有侧室曰穿。”

《西域传》："康居国王，东羁事匈奴。"言不纯臣，但羁縻事之，与乌孙羁属意同。当用彼注，删此注。

【译文】《西域传》："康居国王，东羁事匈奴。"是说不完全臣服，仅仅受羁縻来侍奉匈奴，和乌孙羁属匈奴的意义相同。应当使用那个注释，删除这个注释。

"宜给足，不可乏。"当作"可不乏"。

《外戚传》："常与死为伍。"言滨①于死。

"其条刺史大长秋来白之。""史"当作"使"。

【注释】①滨：通"濒"。靠近，濒临。

【译文】"宜给足，不可乏。"应当写成"可不乏"。

《外戚传》："常与死为伍。"是说濒临死亡。

"其条刺史大长秋来白之。""史"应当写成"使"。

"丞知是何等儿也。"言藏之以辨是男非女。师古注非。

"奈何令长信得闻之。"谓何道令太后闻之。

"终没至，乃配食于左座。"谓合葬渭陵，配食元帝。

【译文】"丞知是何等儿也。"是说躲藏后来分辨是男是女。颜师古的注解是错误的。

“奈何令长信得闻之。”是说何道让太后听闻这件事情。

“终没至，乃配食于左座。”是说合葬在渭陵，配食汉元帝。

《王莽传》：“治者掌寇大夫陈成自免去官。”盖先几[①]而去。

自称“废汉大将军”者，自称汉大将军也，下文云“亡汉将军”同此意。自莽言，谓之“废汉”“亡汉”耳。

【注释】①先几：预先了解细微之处。

【译文】《王莽传》：“治者掌寇大夫陈成自免去官。”大概是预先知道事情而离开。

自称“废汉大将军”的，是自称汉大将军，下文说“亡汉将军”和这个意思相同。出自王莽的言语，称为“废汉”“亡汉”而已。

“会省户下。”省户即禁门也。蔡邕《独断》曰：“禁中者，门户有禁，非侍御者不得入，故曰禁中。”孝元皇后父大司马阳平侯名禁，当时避之，故曰“省中”。

“右庚刻木校尉。”“刻”“克”同，取金克木。

【译文】“会省户下。”省户就是禁门了。蔡邕《独断》说：“所谓的禁中，大门和窗户有禁止的时间，不是侍奉皇帝的人不能进入，因此说禁中。”孝元皇后父大司马阳平侯名为王禁，当时避讳他的名字，因此说“省中”。

“右庚刻木校尉。”“刻”“克”相通，取自金克木的意义。

《叙传》："刘氏承尧之后，氏族之世，著乎《春秋》。"《左氏》昭公二十九年传："陶唐氏既衰，其后有刘累者，学扰龙于豢龙氏，以事孔甲。"师古引"士会奔秦，其处者为刘氏"，则又其苗裔也。

"彫落洪支。"谓中山、东平之狱。服虔以为废退王氏，非。

【译文】《叙传》："刘氏承尧之后，氏族之世，著乎《春秋》。"《左传》鲁昭公二十九年的传文："陶唐氏既衰，其后有刘累者，学扰龙于豢龙氏，以事孔甲。"颜师古引用"士会奔秦，其处者为刘氏"，那么又是他的后代子孙了。

"彫落洪支。"是说中山王刘云、东平王刘宇的罪案。服虔认为是废黜皇后王氏，这是错误的。

后汉书注

《光武纪》："今此谁贼，而驰骛击之乎？"注："谁，谓未有主也。"非。言此何等贼，不足烦主上亲击也。

【译文】《光武纪》："今此谁贼，而驰骛击之乎？"注解："谁，谓未有主也。"这是错误的。是说这是什么样的贼人，不值得烦劳君王亲自去攻打。

“敢拘制不还，以卖人法从事。”言比略卖人口律罪之，重其法也。

【译文】“敢拘制不还，以卖人法从事。”是说按照掠卖人口的律法惩罚他，从重治理他的违法行为。

《质帝纪》：“先，能通经者，各令随家法。”注：“儒生为《诗》者，谓之诗家，为《礼》者，谓之礼家。”非也。谓如《诗》有齐、鲁、韩、毛，通《齐诗》者，自以为《齐诗》教授；通《鲁诗》者，自以为《鲁诗》教授；韩、毛及《五经》皆然，乃所谓家法耳。《鲁丕传》言：“法异者，各令自说师法。”《徐防传》言：“伏见太学试博士弟子，皆以意说，不循今本误作“修”。家法”。是也。《左雄传》注：“儒有一家之学，故称家。”此得之矣。

【译文】《质帝纪》：“先，能通经者，各令随家法。”注解：“儒生为《诗》者，谓之诗家，为《礼》者，谓之礼家。”这是错误的。是说如同《诗经》有齐、鲁、韩、毛等人，通晓《齐诗》的人，自然担任的是《齐诗》的教授；通晓《鲁诗》的人，自然担任的是《鲁诗》教授；韩、毛以及《五经》的都是这样，是所谓的家法而已。就和《后汉书·鲁丕传》言：“法异者，各令自说师法。”《徐防传》说：“伏见太学试博士弟子，皆以意说，不循（现存版本错误地写成“修”）家法”。是一样的。（《左雄传》注：“儒有一家之学，故称家。”这是掌握了文义。）

《安帝纪》："永初元年九月癸酉，调扬州五郡租米，赡给东郡、济阴、陈留，梁国、下邳、山阳。"注："五郡谓九江、丹阳、庐江、吴郡、豫章也，扬州领六郡，会稽最远，盖不调也。"按《顺帝纪》："永建四年，分会稽为吴郡。"安帝时未有吴郡，止五郡，无可疑者。注非。

【译文】《安帝纪》："永初元年九月癸酉，调扬州五郡租米，赡给东郡、济阴、陈留，梁国、下邳、山阳。"注解："五郡谓九江、丹阳、庐江、吴郡、豫章也，扬州领六郡，会稽最远，盖不调也。"考查《后汉书·顺帝纪》："永建四年，分会稽为吴郡。"安帝的时候没有吴郡，只有上述五郡，没有值得怀疑的。注解是错误的。

冯异遗李轶书："苟令长安，尚可扶助，延期岁月，疏不间亲，远不逾近，季文岂能居一隅哉？"言季文于更始，为亲近之臣，当在朝秉政，岂得居此一隅。注失其指，反以为疏远，非。

【译文】冯异送给李轶的书信："苟令长安，尚可扶助，延期岁月，疏不间亲，远不逾近，季文岂能居一隅哉？"是说季文在更始帝那里，为亲近之臣，应当在朝中掌握权柄，怎么能居住在一个地方里。注解没有掌握它的意旨，反而认为是疏远，这是错误的。

《景丹传》："邯郸将帅数言我发渔阳、上谷兵，我聊应言然。"谓邯郸将帅有此言，我亦聊以此言应之，不能必二郡之果来也。本文自明，注乃谓王郎欲发之，谬矣。

【译文】《景丹传》："邯郸将帅数言我发渔阳、上谷兵，我聊应言然。"是说邯郸将帅有这样的话语，我也姑且使用这样的话语应付他们，不能一定要两郡的士兵果真前来。原文的意思自然明白，注解居然说王郎想要发兵前往，是非常错误的。

《鲍永传》："太守赵兴叹曰：我受汉茅土，不能立节，而鲍永死之，岂可害其子也？""永"字误，当作"鲍宣"。

《杨厚传》："阴臣近戚妃党当受祸。"阴臣谓妇人，下文宋阿母是也。注："阴，私也。"非。

【译文】《鲍永传》："太守赵兴叹曰：我受汉茅土，不能立节，而鲍永死之，岂可害其子也？""永"字是误写，"鲍永"应当写成"鲍宣"。

《杨厚传》："阴臣近戚妃党当受祸。"阴臣是说妇女，就是下文的宋阿母。注解："阴，私也。"是错误的。

《郎顗传》："思过念咎，务消祇悔。"注："祇，大也。"非也。按《易·复》初九："无祇悔。"九家本作"多"，古人"多""祇"二字通用。《论语》："多见其不知量也。"正义曰："古人多、祇同音。"《左传》襄二十九年："多见疏也"。服虔本作"祇"。

【译文】《郎顗传》："思过念咎，务消祇悔。"注解："祇，大也。"这是错误的。考查《易·复》初九："无祇悔。"九家的版本写成"多"字，古人"多""祇"两字通用。(《论语》："多见其不知量也。"正义说："古人多、祇同读音。"《左传》鲁襄公二十九年："多见疏也"。服虔的版本写成"祇"。)

《朱浮传》："自损盛时。""损"当作"捐"。

《贾逵传》："乡人有所计争，辄令祝少宾。"司马均。注云："祝，诅也。争曲直者，辄言敢祝少宾乎？"非也。言敢于少宾之前发誓乎？事之如神明也。古人文简尔。

【译文】《朱浮传》："自损盛时。""损"字应当写成"捐"字。

《贾逵传》："乡人有所计争，辄令祝少宾。"(司马均。)注释说："祝，诅也。争曲直者，辄言敢祝少宾乎？"这是错误的。是说敢在少宾面前发誓吗？侍奉它如同侍奉神明。古人行文简单而已。

《钟离意传》："光武得奏以见霸。"侯霸。"见"当作"视"。古"示"字作视，谓以意奏示霸也。

【译文】《钟离意传》："光武得奏以见霸。"(侯霸。)"见"字应当写成"视"字。古代的"示"字写成视字，是说用意思告知侯霸。

《张禹传》："祖父况，为常山关长，会赤眉攻关城。"按《前汉志》，常山郡之县十八，其十二曰关。《续汉志》无此县，世祖所省也。其地当即今之故关。建武十五年，徙雁门、代郡、上谷三郡民置常山关、居庸关以东。

【译文】《张禹传》："祖父况，为常山关长，会赤眉攻关城。"考查《前汉志》，常山郡的属县有十八个，其中十二说是关。《后汉志》没有这个县，是汉世祖刘秀所罢省的。那个地方应当就是现在的故关。建武十五年，迁移雁门、代郡、上谷三郡的民众设置常山关、居庸关以东的地区。

《梁节王畅传》："今陛下为臣收污天下。"收污，犹《左氏传》所谓"国君含垢"。

【译文】《梁节王畅传》："今陛下为臣收污天下。"收污，就是《左传》所说"国君含垢"的意思。

《李云传》："当有黄精代见。"注："黄精谓魏氏将兴也。"按云本不知是魏，故下言陈、项、虞、田、许氏尔。黄之代赤，自是五运之序，王莽亦自以为祖黄帝也。

【译文】《李云传》："当有黄精代见。"注解："黄精谓魏氏将兴也。"考查李云原本不知道是曹魏取代汉朝，因此下文说陈、项、虞、田、许氏。黄精取代赤精，自然是"五德终始说"的排序，王莽也自认为是承袭黄帝那一脉。

《曹腾传》:“颍川堂溪赵典等。”按《蔡邕传》作“五官中郎将堂溪典”,注:“堂溪,姓也。”此文衍一“赵”字。赵典本传,是成都人,非颍川。灵帝初官卫尉卒。又《党锢传》云:“唯赵典名见而已。”是后汉有两赵典。

【译文】《曹腾传》:“颍川堂溪赵典等。”考查《后汉书·蔡邕传》写成“五官中郎将堂溪典”,注解:“堂溪,姓也。”这段文字多出一个“赵”字。(在赵典本传中,是成都人,不是颍川人。汉灵帝初期死在卫尉官职上。又在《后汉书·党锢传》说:“唯赵典名见而已。”说明东汉有两个赵典。)

文选注

阮嗣宗《咏怀诗》:“西游咸阳中,赵李相经过。”颜延年注:“赵,汉成帝后赵飞燕也。李,武帝李夫人也。”按成帝时自有赵李。《汉书·谷永传》言:“赵、李从微贱专宠。”《外戚传》:“班倢伃近侍者李平,平得幸,亦为倢伃。”《叙传》:“班倢伃供养东宫,进侍者李平为倢伃,而赵飞燕为皇后。自大将军王凤薨后,富平定陵侯张放、淳于长等,始爱幸。出为微行,行则同舆执辔,入侍禁中,设宴饮之会,及赵、李诸侍中,皆引满举白,谈笑大噱。”史传明白如此，而以为武帝之李夫人，何哉？

【译文】阮籍（字嗣宗）《咏怀诗》：“西游咸阳中，赵李相经过。”颜延之（字延年）注解：“赵，汉成帝后赵飞燕也。李，武帝李夫人也。”考查在汉成帝时本来就有一个赵李。《汉书·谷永传》说：“赵、李从微贱专宠。”《汉书·外戚传》：“班倢伃近侍者李平，平得幸，亦为倢伃。”《汉书·叙传》：“班倢伃供养东宫，进侍者李平为倢伃，而赵飞燕为皇后。自大将军王凤薨后，富平定陵侯张放、淳于长等，始爱幸。出为微行，行则同舆执辔，入侍禁中，设宴饮之会，及赵、李诸侍中，皆引满举白，谈笑大噱。”史书上的列传记载明白到这种地步，然而认为是汉武帝的李夫人，这为什么呢？

陶渊明诗注

《西溪丛语》：“陶渊明诗云：‘闻有田子春，节义为士雄。’《汉书·燕王刘泽传》云：‘高后时，齐人田生，游乏资，以书干泽。泽大悦之，用金二百斤为田生寿。田生如长安求事，幸谒者张卿，讽高后立泽为琅玡王。’晋灼曰：‘《楚汉春秋》云：田生字子春。’”非也。此诗上文云：“辞家夙严驾，当往至无终。”下文云：“生有高世名，既没传无穷。”其为田畴可知矣。《三国志》：“田畴，字子泰，右北平无终人也。”“泰”一作“春”。若田生游说取金之人，何得有高世之名而为靖节之所慕乎！

【译文】姚宽《西溪丛语》："陶渊明诗云：'闻有田子春，节义为士雄。'《汉书·燕王刘泽传》说：'在高后吕雉时，齐国人田生，游玩时缺乏钱财，写书信给干泽。干泽非常高兴，利用金二百斤为田生祝寿。田生到长安谋求官职，拜访谒者张卿，进谏高后立干泽为琅玡王。'晋灼说：'《楚汉春秋》说：田生字子春。'"这是错误的。这首诗上文说："辞家夙严驾，当往至无终。"下文说："生有高世名，既没传无穷。"他在田畴耕种可以知道了。《三国志》："田畴，字子泰，右北平无终人也。""泰"字有的写成"春"字。如果田生游说取金之人，怎么能够拥有超越世俗的名声而被陶渊明（世称靖节先生）所羡慕呢！

"遂尽介然分，终死归田里。"是用方望《辞隗嚣书》："虽怀介然之节，欲洁去就之分"。

【译文】"遂尽介然分，终死归田里。"这是化用方望《辞隗嚣书》的："虽怀介然之节，欲洁去就之分"。

"多谢绮与用，精爽今何如？"多谢者，非一言之所能尽，今人亦有此语。《汉书》：赵广汉[①]为京兆尹，常记召湖都亭长，西至界上，界上亭长戏曰：为我多问赵君。"注："多问者，言殷勤，若今人千万问讯也。"

【注释】①赵广汉，字子都，西汉涿郡蠡吾县（今河北博野县）人。执法不避权贵，能归善于下，吏皆为之用。后以治丞相魏相罪不实被杀。

【译文】“多谢绮与用，精爽今何如？”所谓的多谢，是说不是一句话所能够讲完的，现在的人也有讲这句话。《汉书》：赵广汉为京兆尹，常记召湖都亭长，西至界上，界上亭长戏曰：为我多问赵君。”注解：“多问者，言殷勤，若今人千万问讯也。”

李太白诗注

李太白《飞龙引》：“云愁海思令人嗟。”是用梁豫章王综《听鸡鸣辞》：“云悲海思徒淹抑。”《胡无人篇》：“太白入月敌可摧。”是用《北齐书·宋景业传》：“太白与月并，宜速用兵。”二事前人未注。

【译文】李太白《飞龙引》：“云愁海思令人嗟。”这是化用了梁朝豫章王萧综《听鸡鸣辞》：“云悲海思徒淹抑。”《胡无人篇》：“太白入月敌可摧。”这是化用了《北齐书·宋景业传》：“太白与月并，宜速用兵。”这两件事前人没有注释。

太白诗有《古朗月行》，又云：“今人不见古时月。”王伯厚引《抱朴子》曰：“俗士多云，今日不及古日之热，今月不及古月之朗。”是则然矣。”而又云：“狂风吹古月，窃弄章华台。”又曰：“海动山颓古月摧。”此所谓古月，则明是“胡”字，不得曲为之解也。然太白用此，亦有所本。《晋书·苻坚载记》：“古月之末乱中州，洪水大起健西流。”此其本也。或曰：“析字之体，止当著之谶文，岂可以入诗乎？”“藁砧今何在，山上复有山。”古诗固有之矣。《晋书·郭璞传》：“有姓崇者，构璞于敦。”而史臣论曰：“竟毙山宗之谋。”

【译文】李白的诗有一首《古朗月行》，又说：“今人不见古时月。”王伯厚援引《抱朴子》说：“世俗的人经常说，现在的太阳比不上古代的太阳炎热，现在的月亮不及古代的月亮明朗。”这个是对的。”然而又说：“狂风吹古月，窃弄章华台。”又说：“海动山倾古月摧。”这所说的古月，那么显然是“胡”字，不能歪曲地替他辩解。然而李白使用这个，也是有所依据的。《晋书·苻坚载记》：“古月之末乱中州，洪水大起健西流。”就是它的渊源。有的人说：“拆字的体例，只应当写谶文的时候，怎么能够写入诗里呢？”“藁砧今何在，山上复有山。”古诗本来就有这种写法。（《晋书·郭璞传》：“有姓崇者，构璞于敦。”然而史臣评论说：“竟毙山宗之谋。”）

“谁怜李飞将，白首没三边。”昔人讥其以“飞将军”翦截为“飞将”者，然古人自有此语。《后汉书·班勇传》：“班将能保北卤不为边害乎？”后魏唐永，正光中为北地太守，数与贼战，未尝败北。时人语曰：“莫陆梁，恐尔逢唐将。”并以“将军”为“将”。

【译文】“谁怜李飞将，白首没三边。”以前的人讥讽他把“飞将军”删削为“飞将”的，然而古人自然有这种语句。《后汉书·班勇传》："班将能保北卤不为边害乎？"北魏唐永，于孝明帝元诩正光年间担任北地太守，多次和贼人进行战斗，不曾战败。当时的人就说："莫陆梁，恐尔逢唐将。"并且把"将军"简说成"将"。

"海上碧云断，单于秋色来。"单于是地名。《通典》："麟德元年，改云中都护府为单于大都护府。领县一，曰金河，有长城，有金河、李陵台、王昭君墓。"《旧唐书·突厥传》："车鼻既破之后，突厥尽为封疆之臣。于是分置单于、瀚海二都护府。单于都护领狼山、云中、桑乾三都督，苏农等一十四州。"《新唐书》言："碛以北蕃州，悉隶瀚海，南隶云中。云中者，义成公主所居也。颉利灭，李靖徙突厥羸破数百帐居之，以阿史德为之长。众稍盛，即建言愿以诸王为可汗遥统之。帝曰：今可汗，古单于也。乃改云中府为单于大都护府，以殷王旭轮即睿宗为单于都护。"《裴行俭传》："突厥阿史德温傅反，单于管内二十四州并叛应之。"《范希朝传》："单于城中旧少树，希朝于他处市柳，命军人种之，俄遂成林。"《田归道传》："默啜奏请六胡州及单于都护府之地，则天不许。"《回纥传》："遣使北收单于兵马仓粮。"《通鉴》注引宋白曰："唐振武军，旧单于都护府，即汉定襄郡之盛乐县也，在阴山之阳，黄河之北。后魏所都盛乐是也。唐平突厥，于此置云中都护府，后改单于府。"《新唐书·地理志》曰："唐之盛时开元、天宝之际，东至安东，西至安西，南至日南，北至单于府。"徐九皋诗题曰："送部四镇人往单于。"崔颢诗题曰："送单于裴都护赴西河。"岑参《轮台即事诗》:“轮台风物异,地是古单于”是也。

【译文】“海上碧云断,单于秋色来。”单于是一个地方的名称。《通典》:“麟德元年,改云中都护府成为单于大都护府。管辖一座县,是金河,里有长城,有金河、李陵台、王昭君墓。”《旧唐书·突厥传》:“车鼻被攻破之后,突厥完全是汉朝的封疆之臣。在这时候分开设置置单于、瀚海两个都护府。单于都护管辖狼山、云中、桑乾三个都督,一共有苏农等十四州。”《新唐书》说:“沙碛以北的蕃州,全部隶属瀚海都护府,南面隶属云中。所说的云中,是义成公主所居住的。颉利被灭,李靖迁移突厥羸破几百帐居住在这里,任命阿史德为他们的长官。民众稍稍增多,就建议愿意以诸王为可汗遥遥统治他们。皇帝说:现在的可汗,是古代的单于。于是改云中府为单于大都护府,把殷王李旦(就是唐睿宗)任命为单于都护。”(《裴行俭传》:“突厥阿史德温傅反叛,单于管辖内的二十四州一并反叛来呼应他。”《范希朝传》:“单于城中以前缺少树木,范希朝在其他地方买来柳树,命令军人种植它,不久就形成树林。”《田归道传》:“默啜上奏请求得到六个胡州以及单于都护府的地方,武则天没允许他。”《新唐书·回纥传》:“派遣使者向北征收单于的士兵、马匹、仓粮。”)《资治通鉴》的注解援引宋白说:“唐朝的振武军,以前是单于都护府,就是汉朝的定襄郡的盛乐县,在阴山的阳面,黄河的北面。北魏所定都的盛乐就是。唐朝平定突厥,在这里设置云中都护府,后来改成单于府。”《新唐书·地理志》说:“唐朝盛世开元、天宝之际,向东到达安东,向西到达安西,向南到达日南,向北到达单于府。”徐九皋诗的题目说：“送部四镇人往单于。”崔颢诗的题目说：“送单于裴都护赴西河。”岑参《轮台即事诗》：“轮台风物异，地是古单于。”就是。

杜子美诗注

《寄临邑舍弟诗》：“徐关深水府。”《送舍弟颖赴齐州诗》：“徐关东海西。”徐关在齐境，今不可考。《左传》成公二年：齐师败于鞍，齐侯自徐关入。十七年：“齐侯与国佐盟于徐关而复之。”

【译文】《寄临邑舍弟诗》：“徐关深水府。”《送舍弟颖赴齐州诗》：“徐关东海西。”徐关在齐国境内，现在不能考证。《左传》鲁成公二年：齐国的军队在鞍地战败，齐顷公从徐关进入。鲁成公十七年：“齐灵公和国佐在徐关结盟而恢复了他的地位。”

《行次昭陵诗》：“威定虎狼都。”注引《苏秦传》：“秦虎狼之国，甚为无理。”此乃用《秦本纪赞》：“据狼弧，蹈参伐。”参[①]为白虎，秦之分星也。

【注释】①参：即参宿，二十八星宿之一。西方白虎七宿的最后一宿。

【译文】《行次昭陵诗》：“威定虎狼都。”注解引用《史记·苏秦传》：“秦虎狼之国，甚为无理。”这里是引用《秦本纪赞》：“据狼弧，蹈参伐。”参宿是属于西方白虎七宿之一，是秦朝境内相对应的星宿。

“往者灾犹降，苍生喘未苏”，谓武、韦之祸。“指麾安率土，荡涤抚洪炉”，谓玄宗再造唐室也，本于太宗之遗德在人，故诗中及之。钱氏谓此诗天宝乱后作，而改“铁马”为“石马”，以合李义山诗“昭陵石马”之说，非矣。其《朝享太庙赋》曰：“弓剑皆鸣，汗铸金之风马。”此在未乱以前，又将何说？必古记有此事，而今失之耳。今昭陵六马见存，皆琢石为屏，而刻马于上，其文凸起，非金马也。乾陵石雁亦然。

【译文】“往者灾犹降，苍生喘未苏”，是说武后、韦后的祸乱。“指麾安率土，荡涤抚洪炉”，是说唐玄宗重新创造唐朝皇室，源于唐太宗之留下的德泽在人世间，因此在诗中提及他。钱谦益称这首诗是在天宝年间发生战乱之后撰写的，而且改“铁马”为“石马”，来迎合李义山诗“昭陵石马”的说法，这是错误的。他在《朝享太庙赋》说：“弓剑皆鸣，汗铸金之风马。”这是在没有发生战乱之前，又根据哪种说法？一定是古代的记载就有这种事情，而现在丧失了它而已。（现在昭陵六马依然存在，都是雕琢石块作为屏，而在上面雕刻马，它的纹路凸起，不是金属做成马。乾陵的石雁也是。）

《奉赠韦左丞丈诗》：“残杯与冷炙，到处潜悲辛。”《颜氏家训》：“古来名士多所爱好，惟不可令有称誉，见役勋贵，处之下坐，以取残杯冷炙之辱。”

【译文】《奉赠韦左丞丈诗》："残杯与冷炙，到处潜悲辛。"《颜氏家训》："自古以来著名的士人大多有所爱好音乐，只有不能擅长它来获得称赞，被权贵之人所役使，处在他们的下方为他们演奏，来获取"残杯冷炙"的侮辱。"

《高都护骢马行》："安西都护胡青骢。"《魏书·吐谷浑传》："吐谷浑尝得波斯草马①，放入海，因生骢驹，能日行千里，世传青海骢者是也。"

《送蔡希鲁还陇右诗》："凉州白麦枯。"杜氏《通典》："凉州贡白小麦十石。"

【注释】①草马：未经驯化的马匹。

【译文】《高都护骢马行》："安西都护胡青骢。"《魏书·吐谷浑传》："吐谷浑曾经得到了波斯的母马，放到青海里，因而生骢驹，能够日行千里，世间所说的青海骢的就是。"

《送蔡希鲁还陇右诗》："凉州白麦枯。"杜佑《通典》："凉州进贡十石白小麦。"

《天育骠骑歌》："伊昔太仆张景顺，临牧攻驹阅清峻，遂令大奴守天育，别养骥子怜神骏。"按史言玄宗初即位，牧马有二十四万匹，以太仆卿王毛仲为内外闲厩使，少卿张景顺副之。开元十三年，玄宗东封，有马四十三万匹，牛羊称是。上嘉毛仲之功，加开府仪同三司。是景顺特毛仲之副尔。今斥毛仲为大奴，而归其功于景顺，殆以诗人之笔而追黜陟之权乎？

【译文】《天育骠骑歌》："伊昔太仆张景顺，临牧攻驹阅清峻，遂令大奴守天育，别养骥子怜神骏。"考查史书上说唐玄宗才即位的时候，有二十四万匹牧马，把太仆卿王毛仲任命为内外闲厩使，少卿张景顺当副手。开元十三年，唐玄宗向东封禅泰山，有四十三万匹马，牛羊同样的数目。皇帝嘉许毛仲的功劳，加封他为开府仪同三司。说明张景顺仅仅是毛仲的副手而已。现在斥责毛仲为大奴，却归功于张景顺，难道是依靠诗人之笔而行使追加官职升迁或降黜的权力吗？

《哀王孙诗》："但道困苦乞为奴。"《南史》：齐明帝为宣城王，遣典签柯令孙杀建安王子真。子真走入床下，令孙手牵出之，叩头乞为奴，不许而死。

【译文】《哀王孙诗》："但道困苦乞为奴。"《南史》：齐明帝是宣城王的时候，派遣典签柯令孙诛杀建安王萧子真。建安王萧子真逃进床下，令孙用手拉出他，建安王萧子真叩头请求作为他的奴隶，柯令孙没答应而杀死了他。

"朔方健儿好身手。"《颜氏家训》："顷世离乱，衣冠之士，虽无身手，或聚徒众。"

【译文】“朔方健儿好身手。”《颜氏家训》：“近代离散纷乱，穿着衣冠的士人，即使没有身手，有的聚集众人来自守。”

《大云寺赞公房诗》：“狺狺国多狗。”《韩非子·外储说》右上：“夫国亦有狗。有道之士，陈其术而欲以明万乘之主，大臣为猛狗，迎而龁之。此人主之所以蔽胁，而有道之士所以不用也。”《战国策》：江乙以狗喻昭奚恤。

【译文】《大云寺赞公房诗》：“狺狺国多狗。”《韩非子·外储说》右上：“国家也有这样的狗。拥有才能的士人，陈述他的治国方法而想把明示兵车万乘的君主，大臣像一只凶猛的狗，迎上来而咬人。这就是君主之所以受到蒙蔽，而拥有才能的士人之所以不被重用的原因。”（《战国策》：江乙用狗来比喻昭奚恤。）

《晚行口号》：“远愧梁江总，还家尚黑头。”刘辰翁评曰：“人知江令自陈入隋，不知其自梁时已达官矣。自梁入陈，自陈入隋，归尚黑头，其人物心事可知。著一‘梁’字而不胜其愧矣。诗之妙如此，岂待骂哉。”按《陈书·江总传》：“侯景寇京都，诏以总权兼太常卿。台城陷，总避难崎岖至会稽郡，复往广州依萧勃。及元帝平侯景，征总为明威将军、始兴内史。会江陵陷不行，总因此流寓岭南积岁。天嘉四年，以中书侍郎征还朝。”以本传总之年计之，梁太清三年己巳，台城陷，总年三十一。自此流离于外十四五年，至陈天嘉四年癸未还朝，总年四十五，即所谓“还家尚黑头”也。总集有《诒孔中丞奂诗》曰：“我行五岭表，辞乡二十年。”子美遭乱崎岖，略与总同，而自伤其年已老，故发此叹尔，何暇骂人哉！《传》又云：“京城陷，入隋为上开府。开皇十四年卒于江都，时年七十六。”去祯明三年己酉陈亡之岁又已五年，头安得黑乎？其台城陷而避乱，本在梁时，自不得蒙以陈氏，何骂之有？且子美诗有云：“莫看江总老，犹被赏时鱼。”有云：“管宁纱帽净，江令锦袍鲜。”有云：“江总外家养，谢安乘兴长。”亦已亟称之矣。李义山《赠杜牧之诗》云：“前身应是梁江总。”此又云何所讥哉！

【译文】《晚行口号》：“远愧梁江总，还家尚黑头。”刘辰翁评论说：“世人知道江总（世称江令）从陈朝进入隋朝，不知道他从梁朝的时候就已经是达官了。从梁朝进入陈朝，从陈朝进入隋朝，归顺是尚且是黑发，他的人物心事可以知道了。写一个‘梁’字而不能完全写出他的羞愧。诗句的精妙到这种地步，难道还需叱骂吗。”考查《陈书·江总传》：“侯景侵犯京都，下诏以江总权兼太常卿。台城被攻陷，江总避难崎岖到达会稽郡，又往广州依附萧勃。到元帝平定侯景之乱，征召江总为明威将军、始兴内史。恰逢江陵被攻陷不能应召，江总因此流寓岭南多年。天嘉四年，以中书侍郎征江总还朝。”用本列传江总的年龄来计算他的年纪，梁朝太清三年己巳年，台城被攻陷，江总年龄是三十一岁。从此在外流亡离散十四五年，到陈朝天嘉四年癸未年回到朝廷，江总年龄是四十五岁，就是所说的“还家尚黑头”了。总集有《诒孔中丞奂诗》说：“我行五岭表，辞乡二十年。”杜甫遭遇战乱处境艰难，大概和江总相同，而暗自感伤他已经年老，因此触发这种感叹，还有什么时间骂人呢！《陈书·江总传》又说：“京城被攻陷，江总入隋为上开府。开皇十四年在江都逝世，时年七十六岁。”离祯明三年己酉年是陈朝灭亡之年已经又是五年了，头发怎么能够是黑色的吗？陈朝的都城台城被攻陷而他在躲避战乱，大概是在梁朝的时候，自然是不能得到蒙受陈朝的恩遇，有什么可骂的呢？况且杜甫的诗有说：“莫看江总老，犹被赏时鱼。”有说：“管宁纱帽净，江令锦袍鲜。”有说：“江总外家养，谢安乘兴长。”也已经是极其称赞他了。（李义山《赠杜牧之诗》说：“前身应是梁江总。”这又是讥讽什么呢！）

《北征诗》：“君诚中兴主，经纬固密勿。”《汉书·刘向传》引《诗》“密勿从事”，师古曰：“密勿犹黾勉。”

【译文】《北征诗》：“君诚中兴主，经纬固密勿。”《汉书·刘向传》引用《诗经》的“密勿从事”，颜师古说：“密勿就像是勉励的意思。”

“不闻夏殷衰，中自诛褒妲。”不言周，不言妹喜，此古人互文之妙。自八股学兴，无人解此文法矣。

【译文】“不闻夏殷衰，中自诛褒妲。”没有提及周朝，没有提及妹喜，这就是古人使用互文的精妙。自从八股学兴起，没有了解这种文法了。

《晚出左掖诗》："骑马欲鸡栖，"盖欲效古人敝车羸马之意。《后汉书·陈蕃传》："朱震字伯厚，为州从事，奏济阴太守单匡赃罪，并连匡兄中常侍车骑将军超。桓帝收匡下廷尉，以谴超，超诣狱谢，三府语曰：'车如鸡栖马如狗，疾恶如风朱伯厚。'"鸡栖言车小也。余闻之张锦衣纪云。唐席豫《高都公杨府君碑铭》曰："獬豸之角，初见触邪；鸡栖之车，远闻疾恶。"

【译文】《晚出左掖诗》："骑马欲鸡栖，"大概是想效仿古人破烂的车瘦弱的马匹的意思。《后汉书·陈蕃传》："朱震字伯厚，为州从事，上奏济阴太守单匡贪污受贿罪，并连及单匡之兄中常侍车骑将军单超。桓帝收单匡下廷尉论罪，因而谴责单超，单超到监狱里道歉，三府对他说：'车如鸡栖马如狗，疾恶如风朱伯厚。'"鸡栖是说马车狭小。我看张锦衣的记载得来的。（唐席豫《高都公杨府君碑铭》说："獬豸之角，初见触邪；鸡栖之车，远闻疾恶。"）

《垂老别诗》："土门壁甚坚，杏园度亦难，"土门在井陉之东，今获鹿县西南十里。杏园度[①]在卫州汲县，临河而守以遏贼，使不得度。皆唐人控制河北之要地也。《旧唐书》："郭子仪自杏园渡河，围卫州。""史思明遣薛岌围令狐彰于杏园。""李忠臣为濮州刺史，移镇杏园渡。"今河南徙而故迹不可寻矣。唐崔峒《送冯将军诗》:“想到滑台桑叶落,黄河东注杏园秋。”

【注释】①度:通渡,渡口。下同。

【译文】《垂老别诗》:“土门壁甚坚,杏园度亦难,”土门在井陉的东面(现在离获鹿县西南十里的地方),杏园渡在卫州汲县,靠近河水而防守来遏制贼人的进攻,使得他们不能渡过河水。都是唐代人控制河北地区的关键地方。《旧唐书》:“郭子仪自杏园渡河,围卫州。”“史思明遣薛岌围令狐彰于杏园。”“李忠臣为濮州刺史,移镇杏园渡。”现在河南地区黄河改道而故迹不能被找到了。唐代崔峒《送冯将军诗》:“想到滑台桑叶落,黄河东注杏园秋。”

《秦州杂诗》:“西戎外甥国。”注引吐蕃表称外甥为证。按《册府元龟》载吐蕃书,皆自称外甥,称上为皇帝舅。开元二十一年从公主言,树碑于赤岭,其碑文曰:“维大唐开元二十一年,岁次壬申,舅甥修其旧好,同为一家。”则盟誓之文、诏敕之语,已载之矣。

【译文】《秦州杂诗》:“西戎外甥国。”注解引用吐蕃上表称外甥作为证据。考查《册府元龟》记载吐蕃的书信,都是自称外甥,称皇帝为皇帝舅。开元二十一年唐玄宗听从金城公主的建议,在赤岭树立碑石,其碑文说:“维大唐开元二十一年,岁次壬申,舅甥修其旧好,同为一家。”那么在盟誓之文、诏敕之语当中,已经记载它们了。

“胡舞白题斜。”按《南史》，裴子野为著作舍人，时西北远边有白题国，遣使由岷山道入贡。此国历代弗宾，莫知所出。子野曰：“汉颍阴侯斩白题将一人。”服虔注云：“白题，胡名也。”然则白题乃是国名。梁武帝普通三年，白题国遣使献方物。《册府元龟》：白题国，在滑国东。而此诗以为白额，傥亦词家所谓借用者乎?

【译文】“胡舞白题斜。”考查《南史》，裴子野担任著作舍人，当时西北边远地区有一个白题国，派遣使者从岷山道来进贡。这个国家历代没有归附，不知它所出自哪里。裴子野说：“汉代颍阴侯斩杀白题国一位将领。”服虔注解说：“所谓的白题，是胡人的名称。”那么白题是国名。（梁武帝普通三年，白题国派遣使者进献地方特产。《册府元龟》：白题国，在滑国的东边。）但是这首诗诗认为是白额，如果也是词家所说的“借用”吗?

《喜闻官军已临贼境二十韵》：“家家卖钗钏，准拟献香醪。”《南史·庾杲之传》：“杲之尝兼主客郎，对魏使。使问杲之曰：‘百姓那得家家题名帖卖宅。’答曰：‘朝廷既欲扫荡京洛，克复神州，所以家家卖宅耳。’”

【译文】《喜闻官军已临贼境二十韵》：“家家卖钗钏，准拟献香醪。”《南史·庾杲之传》：“庾杲之曾经代理主客郎，面对北魏的使者。北魏的使者询问庾杲之说：‘百姓怎会家家写上帖子售卖宅院。’庾杲之回答说：‘朝廷已经想要扫荡京城洛阳，克复神州，所以家家售卖宅院而已。’”

《送郑虔贬台州司户诗》：“酒后常称老画师。”《旧唐书·阎立本传》：“太宗尝与侍臣学士泛舟于春苑池中，有异鸟随波容与，召立本令写鸟。阁外传呼云：画师阎立本。”

【译文】《送郑虔贬台州司户诗》：“酒后常称老画师。”《旧唐书·阎立本传》：“唐太宗曾经和侍臣学士在春苑池当中乘船游玩，有一只异鸟跟随波浪悠闲自得，唐太宗召见阎立本命令他画下这只鸟。楼阁外传叫他说：画师阎立本。”

《寄岳州贾司马六丈巴州严八使君诗》：“贾笔论孤愤，严君赋几篇。”是用《史记》贾谊至长沙吊屈原事。《汉书·艺文志》：“严助赋三十五篇。”

【译文】《寄岳州贾司马六丈巴州严八使君诗》：“贾笔论孤愤，严君赋几篇。”这里使用《史记》贾谊到长沙凭吊屈原的事情。《汉书·艺文志》：“严助写的赋有三十五篇。”

古人经史，皆是写本，久客四方，未必能携，一时用事之误，自所不免，后人不必曲为之讳。子美《寄岳州贾司马六丈巴州严八使君诗》：“弟子贫原宪，诸生老伏虔。”本用济南伏生事，伏生名胜，非虔。后汉有服虔，非伏也。《示獠奴阿段诗》："曾惊陶侃胡奴异。"盖谓士行有胡奴，可比阿段。胡奴，侃子范小字，非奴也。又如《上兜率寺诗》："何容好不忘。"当是周颙，见叶少蕴《避暑录话》。

【译文】古人的经书史书，都是抄写本，长久客居在四方，不一定能够携带他们，一时的错误，自然是在所难免，后人不需要歪曲地替他避讳。杜甫《寄岳州贾司马六丈巴州严八使君诗》："弟子贫原宪，诸生老伏虔。"本来想用济南伏生的事迹，伏生名胜，不是虔。东汉有服虔，不是伏虔。《示獠奴阿段诗》："曾惊陶侃胡奴异。"大概是说陶侃（字士行）拥有胡奴，可以比肩阿段。胡奴，陶侃儿子陶范的小字，不是奴隶。（又像在《上兜率寺诗》："何容好不忘。"应当是说周颙，在叶梦得《避暑录话》出现。）

《佐还山后寄诗》："分张素有期。"后魏高允《征士颂》："在者数子，仍复分张。"《北史》：蠕蠕阿那瓌言："老母在彼，万里分张。"后周庾信《伤心赋》："兄弟则五郡分张，父子则三州离散。"

【译文】《佐还山后寄诗》："分张素有期。"北魏高允《征士颂》："在者数子，仍复分张。"《北史》：蠕蠕阿那瓌说："老母在彼，万里分张。"北周庾信《伤心赋》："兄弟则五郡分张，父子则三州离散。"

《蜀相诗》:“三顾频繁天下计。”《入衡州诗》:“频繁命屡及。”《蜀志·费祎传》:“以奉使称旨,频繁至吴。”《晋书·刑法志》:“诏旨使问频繁。”《山涛传》:“手诏频繁。”《文选》庾亮《让中书令表》:“频繁省闼,出总六军。”潘尼《赠张正治诗》:“张生拔幽华,频繁登二宫。”陆云《夏府君诔》:“频繁帏幄。”《答兄平原书》:“锡命频繁。”唯费祎、山涛二传作“烦”,盖后人减笔书尔。

【译文】《蜀相诗》:“三顾频繁天下计。”《入衡州诗》:“频繁命屡及。”《蜀志·费祎传》:“费祎因为奉命出使符合皇帝的心意,频繁到吴国谈判。”《晋书·刑法志》:“诏令意旨讯问频繁。”《山涛传》:“下达的诏令频繁。”《文选》中的庾亮《让中书令表》:“频繁省闼,出总六军。”潘尼《赠张正治诗》:“张生拔幽华,频繁登二宫。”陆云《夏府君诔》:“频繁帏幄。”《答兄平原书》:“锡命频繁。”(只有费祎、山涛两个列传写成“烦”,大概是后人减少笔画来方便书写而已。)

《题郭明府茅屋诗》:“频惊适小国。”《左传》僖公十七年:“楚文王戒申侯无适小国。”

【译文】《题郭明府茅屋诗》:“频惊适小国。”《左传》鲁僖公十七年:“楚文王劝诫申侯不要到小国。”

《寄韩谏议诗》："色难腥腐餐枫香。"《汉书·佞幸传》："太子龉痈[1]而色难之。"

【注释】①龉痈（zé yōng）：咬出痈疮的脓血。

【译文】《寄韩谏议诗》："色难腥腐餐枫香。"《汉书·佞幸传》："太子龉痈而色难之。"

《送李卿诗》，上四句谓李卿，下四句乃公自道。"晋山虽自弃"，是用介之推入绵上山中事。

【译文】《送李卿晔》，上四句是说李卿，下四句是说杜甫自己。"晋山虽自弃"，这是使用介之推进入绵上山中的事迹。

《伤春诗》："大角缠兵气。"《后汉书·董卓传赞》："矢延王辂，兵缠魏象。"

【译文】《伤春诗》："大角缠兵气。"《后汉书·董卓传赞》："矢延王辂，兵缠魏象。"

"钩陈出帝畿。"《水经注》："紫微有钩陈之宿，主斗讼兵陈。"

【译文】“钩陈出帝畿。”《水经注》：“紫微星有钩陈的星宿，掌管争讼、军队排列。”

“耆旧把天衣。”《南齐书·舆服志》：“衮衣，汉世出陈留、襄邑所织。宋末用绣及织成。齐建武中，乃彩画为之，加饰金银薄，时亦谓天衣。”梁庾肩吾《和皇太子重云殿受戒诗》：“天衣初拂石，豆火欲然薪。”唐姚元景《光宅寺造佛像赞》：“姜被承欢，曳天衣而下拂。”

【译文】“耆旧把天衣。”《南齐书·舆服志》：“衮衣，汉代出自陈留、襄邑所编织的衣服。宋代末期用锦绣以及织来制作。南齐建武年间，才用彩色绘饰来制作它，加上装饰金银的薄片，当时也称作天衣。”梁朝庾肩吾《和皇太子重云殿受戒诗》：“天衣初拂石，豆火欲然薪。”唐朝姚元景《光宅寺造佛像赞》：“姜被承欢，曳天衣而下拂。”

《赠王二十四侍御诗》：“女长裁褐稳，男大卷书匀。”《南齐书·张融传》：“与从叔征北将军永书曰：世业清贫，民生多待。榛栗枣修，女贽既长；束帛禽鸟，男礼已大。勉身就官，十年七仕，不欲代耕，何至此事？”

【译文】《赠王二十四侍御诗》：“女长裁褐稳，男大卷书匀。”《南齐书·张融传》：“张融送给堂叔征北将军马永的书信说：世业清贫，民生多待。榛栗枣修，女贽既长；束帛禽鸟，男礼已大。勉身就官，十年七仕，不欲代耕，何至此事？”

《八哀诗》：“长安米万钱，”《汉书·高帝纪》：“关中大饥，米斛万钱。”《食货志》：“米至石万钱。”

【译文】《八哀诗》：“长安米万钱，”《汉书·高帝纪》：“关中发生大饥荒，一斛米值万钱。”《汉书·食货志》：“一石米到万钱。”

《解闷诗》：“何人为觅郑瓜州？”公自注：“今郑秘监审。”刘辰翁曰：“因金陵有瓜州，号郑瓜州。”谬甚。按瓜洲唐时属润州，非金陵，别有考，在第三十一卷。且其字作“洲”，非“州”也。本文并无金陵，即令秘监流寓金陵，遂可以二百里外江中之一洲为此君之名号乎？《唐书·地理志》：“瓜州晋昌郡下都督府，武德五年析沙州之常乐置。”属陇右道。《萧嵩传》：“开元十五年，吐蕃陷瓜州，执刺史田元献。以嵩为兵部尚书、河西节度使，嵩奏以命张守珪为瓜州刺史，修筑州城，招辑百姓，令其复业。”《张守珪传》：“以战功加银青光禄大夫，仍以瓜州为都督府，以守珪为都督，”岑参《为宇文判官诗》：“君从万里使，闻已到瓜州。”盖必郑审尝官此州，故以是称之，今不可考矣。

【译文】《解闷诗》:“何人为觅郑瓜州?”杜甫自注:“当今的秘监郑审。”刘辰翁说:“因为金陵有瓜州,所以号郑瓜州。”这是非常错误的。考查瓜洲在唐代的时候隶属润州,不是属于金陵,(另外有考证,在本书第三十一卷。)况且那个字写的是“洲”字,不是“州”字。原文并没有金陵,就让秘监郑审迁居到金陵,就可以凭借二百里之外江中一座沙洲为这位君子起名号吗?《唐书·地理志》:“瓜州是晋昌郡下的都督府,武德五年拆分沙州的常乐而设置的。”属于陇右道。《萧嵩传》:“开元十五年,吐蕃攻陷瓜州,抓走刺史田元献。唐玄宗把萧嵩任命为兵部尚书、河西节度使,萧嵩上奏请求任命张守珪为瓜州刺史,修筑州城,招募集合百姓,命令他们恢复农业。”《张守珪传》:“皇帝以战功加封他为银青光禄大夫,仍然把瓜州当作为都督府,把张守珪任命为都督,”岑参《为宇文判官诗》:“君从万里使,闻已到瓜州。”可能是郑审曾经治理这州,故而因为这个称呼他,现在不能考证了。

《夔府书怀诗》:“苍生可察眉。”《列子》:“晋国苦盗,有郄雍者,能视盗之貌,察其眉睫之间而得其情。”

【译文】《夔府书怀诗》:“苍生可察眉。”《列子》:“晋国因为盗贼而苦恼,有一个叫郄雍的人,能够识别盗贼的样貌,观察他们的眉睫之间而得到他们的情况。”

《观公孙大娘弟子舞剑器行·序》:“记于郾城观公孙氏舞剑

器浑脱。”《旧唐书·郭山恽传》：“中宗引近臣宴集，将作大匠宗晋卿舞浑脱。”胡三省注《通鉴》：“长孙无忌以乌羊毛为浑脱毡帽，人多效之，谓之赵公浑脱，因演以为舞。”中宗神龙二年三月，并州清源县尉吕元泰上疏言：“比见都邑坊市，相率为浑脱，骏马胡服，名为苏莫遮，非雅乐也。”

【译文】《观公孙大娘弟子舞剑器行·序》：“记于郾城观公孙氏舞剑器浑脱。”《旧唐书·郭山恽传》：“唐中宗招来近臣进行宴饮聚会，将作大匠宗晋卿表演挥动浑脱。”胡三省注释《资治通鉴》：“长孙无忌用乌羊毛作为浑脱毡帽，人大多仿效他，称它为赵公浑脱，因而用来表演成为了舞蹈。”唐中宗神龙二年三月，并州清源县尉吕元泰上疏说：“在都邑坊市看到，一个接着一个表演浑脱，骑着骏马，穿着胡服，被称为苏莫遮，不是雅乐。”

《遣怀诗》：“元和辞大炉。”扬雄《解难》：“陶冶大炉。”

【译文】《遣怀诗》：“元和辞大炉。”扬雄《解难》：“陶冶大炉。”

《秋兴诗》：“直北关山金鼓震。”《史记·封禅书》：“遂因其直北，立五帝坛。”

【译文】《秋兴诗》：“直北关山金鼓震。”《史记·封禅书》：

“遂因其直北，立五帝坛。”

“波漂菰米沉云黑。”梁庾肩吾《奉和皇太子纳凉梧下应令诗》：“黑米生菰叶，青花出稻苗。”

【译文】“波漂菰米沉云黑。”梁朝庾肩吾《奉和皇太子纳凉梧下应令诗》：“黑米生菰叶，青花出稻苗。”

《久居夔府将适江陵四十韵》：“摆阖盘涡沸。”《鬼谷子》有《捭阖篇》，“捭”“摆”古今字通。

【译文】《久居夔府将适江陵四十韵》：“摆阖盘涡沸。”《鬼谷子》有一篇《捭阖篇》，“捭”“摆”是古今字而且相通。

《哭李尚书诗》：“奉使失张骞。”《旧唐书·蒋王恽传》：恽孙之芳幼有令誉，颇善五言诗，宗室推之。开元末，为驾部员外郎。天宝十三载，安禄山奏为范阳司马。禄山反，自拔归西京，授右司郎中，历工部侍郎、太子右庶子。广德元年，遣之芳兼御史大夫，使吐蕃，被留境上，二年而归，除礼部尚书，寻改太子宾客。

【译文】《哭李尚书诗》：“奉使失张骞。”《旧唐书·蒋王恽传》：蒋王恽的孙子蒋之芳小时候拥有美好的名声，非常擅长五言诗，宗族推崇他。开元末年，担任驾部员外郎。天宝十三年，安禄山上奏请求蒋之芳担任范阳司马。安禄山谋反，蒋之芳从那里摆脱回到西京长安，被皇帝授予右司郎中，官至工部侍郎、太子右庶子。广德元年，派遣蒋之芳兼任御史大夫，出使吐蕃，被吐蕃扣留在边境上，过了二年才放回，被授予礼部尚书，不久改授予太子宾客。

“秋色凋春草，王孙若个边？”五臣注《文选·招隐士》曰：“屈原与楚同姓，故云王孙。”

【译文】“秋色凋春草，王孙若个边？”五臣注《文选·招隐士》说：“屈原和楚王同姓，因此说王孙。”

《宴王使君宅诗》：“留欢卜夜闲，”“闲”字当从月，甫父名闲，自不须讳此闲字。《说文》：“闲，隙也。”闲暇之“闲”，本从隙生义，只是一字。《至日遣兴诗》：“朱衣只在殿中闲。”音异字同。

【译文】《宴王使君宅诗》：“留欢卜夜闲，”“闲”字应当是从月（閒），杜甫的父亲名为杜闲，自然不用说要避讳这个“闲”字。《说文》：“闲，是缝隙的意思。”闲暇的“闲”字，原本是隙产生意义的，只是同一个字。《至日遣兴诗》：“朱衣只在殿中闲。”读音不同而文字相同。

韩文公诗注

韩文公《游青龙寺赠崔大补阙诗》："侧耳酸肠难濯浣。"是用《诗·柏舟》："如匪浣衣"。《秋怀诗》："感感抱虚警。"是用陆士衡《叹逝赋》："节循虚而警立"。注皆不及。

【译文】文公韩愈《游青龙寺赠崔大补阙诗》："侧耳酸肠难濯浣。"这里是化用了《诗经·柏舟》："如匪浣衣"。《秋怀诗》："感感抱虚警。"这里是化用了陆机（字士衡）《叹逝赋》："节循虚而警立"。注释都没有提及这些。

通鉴注

"赋于民而食，人二鸡子。"赋于民而食者，取之于民也。人二鸡子者，每人令出二鸡子也。胡氏未注。

【译文】"赋于民而食，人二鸡子。"所谓的"赋于民而食"，是说取之于民的意思。所谓的"人二鸡子"，是说每人让出两个鸡蛋的意思。胡三省没有注释它们。

"几能令臧三耳矣。"言几令人以为实有三耳。

【译文】“几能令臧三耳矣。”是说几乎让人认为实际上有三个而已。

汉武帝太初三年，“胶东太守延广为御史大夫。”注：“延广，史逸其姓。”按，延即姓也。三十九卷，郑人延岑注：“延姓岑名。”四十五卷有京兆尹南阳延笃。

【译文】汉武帝太初三年，“胶东太守延广为御史大夫。”注释“延广，史书没记载他的姓氏。”按，延就是姓氏了。第三十九卷，郑国人延岑注释“延姓岑名。”第四十五卷有京兆尹南阳人延笃。

诸葛亮《出师表》云：“后值倾覆，受任于败军之际，奉命于危难之间，尔来二十有一年矣。”所谓败军，乃当阳长坂之败。其云奉命，则求救于江东也。注乃云：“事见上卷文帝黄初四年。”非。

【译文】诸葛亮《出师表》说：“后值倾覆，受任于败军之际，奉命于危难之间，尔来二十有一年矣。”所说的“败军”，是说在当阳长坂的失败。他说“奉命”，那么是向江东孙权请求援救的意思。胡三省的注释居然说：“事见上卷文帝黄初四年。”这是错误的。

虞翻作表示吕岱，为爱憎所白。语出《吴书》。注曰：“谗佞之人，有爱有憎，而无公是非，故谓之爱憎。”愚谓爱憎，憎也。言憎而并及爱，古人之辞，宽缓不迫故也。又如得失，失也。《史记·刺客传》："多人不能无生得失。"利害，害也。《史记·吴王濞传》："擅兵而别，多佗利害。"缓急，急也。《史记·仓公传》："缓急无可使者。"《游侠传》："缓急人之所时有也。"成败，败也。《后汉书·何进传》："先帝尝与太后不快，几至成败。"同异，异也。《吴志·孙皓传》注："荡异同如反掌。"《晋书·王彬传》："江州当人强盛时，能立异同。"赢缩，缩也。《吴志·诸葛恪传》："一朝赢缩，人情万端。"祸福，祸也。晋欧阳建《临终诗》："潜图密已构，成此祸福端。"皆此类。

【译文】虞翻撰写表章给吕岱看，为喜爱和憎恨陈述（文字出现在《三国志·吴书》）。注释说："说谗言和谄媚的人，有爱有憎，而没有公正和是非，因此称为爱憎。"我认为爱憎，是强调憎。说憎恨而以及爱，古人使用的言辞，是宽恕缓和没有逼迫的原因。又如同说得失，是强调失。《史记·刺客传》："多人不能无生得失。"所谓利害，是强调害。《史记·吴王濞传》："擅兵而别，多佗利害。"所谓缓急，是强调急。《史记·仓公传》："缓急无可使者。"《游侠传》："缓急人之所时有也。"所谓成败，是强调败。《后汉书·何进传》："先帝尝与太后不快，几至成败。"所谓同异，是强调异。《三国志·吴书·孙皓传》注："荡异同如反掌。"《晋书·王彬传》："江州当人强盛时，能立异同。"所谓赢缩，是强调缩。《三国志·吴书·诸葛恪传》："一朝赢缩，人情万端。"所谓祸福，是强调祸。晋代欧阳建《临终诗》："潜图密已构，成此祸福端。"都是这种情况。

“庾亮出奔，左右射贼，误中柂工，应弦而倒。船上咸失色欲散，亮不动，徐曰：此手何可使著贼。”注曰：“言射不能杀贼，而反射杀柂工，自恨之辞也。”非也。亮意盖谓有此善射之手，使著贼身，亦必应弦而倒耳。解嘲之语也。

【译文】“庾亮出奔，左右射贼，误中柂工，应弦而倒。船上咸失色欲散，亮不动，徐曰：此手何可使著贼。”注释说：“说射箭不能杀死贼人，却反而射杀了柂工，是自我悔恨的言语。”这是错误的。庾亮的意思是原来说拥有这种擅长射箭的手，使得它附在贼人的身上，贼人也一定随弓弦的响声而倒下而已。是自我解嘲的言语。

宋明帝泰始三年，沈文秀攻青州刺史明僧暠，帝遣辅国将军刘怀珍浮海救之。进至黔陬，文秀所署长广太守刘桃根，将数千人戍不其城。怀珍军于洋水，遣王广之将百骑袭不其城，拔之。注云：“洋水即巨洋水。”按不其城在今即墨县西南，而巨洋水乃今之巨蔑河，在临朐、益都、寿光三县之境，与黔陬、不其相去三四百里，安能以百骑而袭取之乎？《水经注》云：“拒艾水出黔陬县，西南拒艾山，又谓之洋洋水。”《胶州志》曰：“洋河在州南三十里，发源铁橛山，东流入于海。”此即怀珍所屯军处耳。

【译文】宋明帝泰始三年，沈文秀攻打青州刺史明僧暠，宋明帝派遣辅国将军刘怀珍渡过大海来援救他。军队进驻到黔陬城，沈文秀所部的署长广太守刘桃根，率领数千人戍守不其城。刘怀珍驻扎在洋水，派遣王广之率领一百骑兵偷袭不其城，攻克了它。注释说："洋水就是巨洋水。"考查不其城在现在的即墨县西南，然而巨洋水是现在的巨蔑河，在临朐、益都、寿光三县的境内，和黔陬城、不其城相距离三四百里，怎么能凭借一百骑兵而偷袭攻取了它呢？《水经注》说："拒艾水出自黔陬县，水的西南边抵挡住艾山，又称为洋洋水。"《胶州志》说："洋河在胶州南边三十里的地方，发源于铁橛山，向东流入大海。"这就是刘怀珍所驻扎军队的地方了。

梁武帝大通二年，魏尔朱荣欲讨山东群盗，请敕蠕蠕主阿那瓌发兵，东趋下口，以蹑其背。注云："下口盖指飞狐口。"非也。此即居庸关下口。一百六十六卷注曰："幽州军都县西北，有居庸关。湿余水出上谷沮阳县之东，南流出关，谓之下口。"

【译文】梁武帝大通二年，北魏尔朱荣想要讨伐山东的众多盗贼，请求下敕令让蠕蠕主阿那瓌发兵，向东奔袭到下口，来攻打盗贼的背面。注释说："下口原来是指飞狐口。"这是错误的。这就是居庸关下口。第一百六十六卷注释说："在幽州军都县西北的地方，有一个叫居庸关的地方。湿余水出自上谷沮阳县的东面，向南流出居庸关口，因此被称为下口。"

周主从容问郑译曰："我脚杖痕，谁所为也？"对曰："事由乌丸轨、宇文孝伯。”谓由此二人也。下云:“因言轨捋须事”,亦是译言之也。故轨见杀,而孝伯亦赐死。注以宇文孝伯属下读,而云“孝伯何为出此言”,误矣。

【译文】北周宣帝宇文赟不紧不慢地询问郑译说:“我脚杖痕,谁所为也?”郑译回答说:“事由乌丸轨、宇文孝伯。”是说由于这两个人而起的。下文说:“因言轨捋须事”,也是郑译说的。因此乌丸轨被杀,而宇文孝伯也被赐死。注释把宇文孝伯属于下文来句读,而说“孝伯何为出此言”,这是错误的。

突厥立刘武周为定杨可汗。注云:“将使之定扬州。”非也。杨者隋姓。下条云:“刘武周为定杨天子,郭子和为平杨天子。”犹言定隋、平隋尔,“杨”字从木。

【译文】突厥拥立刘武周为定杨可汗。注释说:“即将派遣他平定扬州。”这是错误的。所谓的杨是隋朝的国姓。下段文字说:“刘武周为定杨天子,郭子和为平杨天子。”就像说定隋、平隋而已,“杨”字从木旁。

武后永昌元年二月丁酉,尊魏忠孝王曰周忠孝太皇,妣曰忠孝太后。文水陵曰章德陵,咸阳陵曰明义陵。注云:“武氏之先葬文水,士彟及其妻葬咸阳。”非也。后父士彟葬文水,母杨氏葬咸阳。后章德改名昊陵,明义改名顺陵,其碑文云然。

【译文】武后永昌元年二月十四日，追尊魏忠孝王武士彟为周忠孝太皇，先妣为忠孝太后。改文水陵为章德陵，改咸阳陵为明义陵。注释说："武后的先祖安葬在文水，武士彟以及其妻安葬在咸阳。"这是错误的。武后的父亲武士彟安葬在文水，母亲杨氏安葬在咸阳。后来章德改名昊陵，明义改名顺陵，他的碑文已经说明白了。

刘肃《大唐新语》："中宗宴兴庆池，侍宴者并唱《回波词》。给事中李景伯歌曰：'回波词，持酒卮。微臣职在箴规，侍宴既过三爵，喧哗窃恐非仪。'"首二句三言，下三句六言，盖《回波词》体也。今《通鉴》作"回波尔时酒卮"，恐传写之误。

【译文】刘肃《大唐新语》："唐中宗在兴庆池举行宴会，侍宴的人一起唱《回波词》。给事中李景伯唱歌说：'回波词，持酒卮。微臣职在箴规，侍宴既过三爵，喧哗窃恐非仪。'"起首两句三个字，下文三句六个字，大概是《回波词》的体例。现在《资治通鉴》写成"回波尔时酒卮"，恐怕是辗转抄写时的错误。

唐穆宗长庆元年，刘总奏，分所属为三道：以幽、涿、营为一道，平、蓟、妫、檀为一道，瀛、莫为一道。注云："营州治柳城，道里绝远。刘总奏以为一道，必有说。"按《新唐书·地理志》："营州柳城郡，万岁通天元年为契丹所陷。圣历二年侨治渔阳。开元五年，又还治柳城。"意者中唐之世，复侨治于幽、蓟之间。而史家自天宝乱后，于东北边事，略而不详，故今无所考耶？

【译文】唐穆宗长庆元年，刘总上奏请求，划分所属成为三道：把幽州、涿州、营州作为一道，平州、蓟州、妫州、檀州作为一道，瀛州、莫州作为一道。注释说："营州的治所在柳城，路程非常遥远绝远。刘总上奏把它作为一道，一定有他自己的说法。"考查《新唐书·地理志》："营州柳城郡，万岁通天元年被契丹所攻陷。圣历二年借渔阳为柳城的治所。开元五年，又恢复柳城治所的地位。"猜测在中唐的时期，又在幽州、蓟州之间借作治所。然而史家从天宝战乱以后，对于东北的边境事务，省略它而没有详细描写它，因此当今没有什么用来考证的？

李茂贞不敢称帝，但开岐王府，置百官，名其所居为宫殿，妻称皇后。注曰："自为岐王，而妻称皇后，妻之贵逾于其夫矣。"窃谓此事理之必不然，"皇后"乃"王后"之误。

【译文】李茂贞不敢称帝，仅仅建立岐王府，设置百官，命名他所居住的地方作为宫殿，妻子称为皇后。注释说："李茂贞自立为岐王，而妻子称为皇后，妻子的地位比她丈夫尊贵。"我认为这件事一定不是这样的，"皇后"是"王后"的误写。

《后汉·高祖纪》，吴越内牙指挥使诸温。注："《汉书·地理志》：琅邪郡有诸县，盖以邑为氏也。"非。按越有大夫诸稽郢。

【译文】《后汉书·高祖纪》，吴越内牙指挥使诸温。注释："《汉书·地理志》：琅邪郡有一座诸县，原来是把邑名作为姓氏。"这是错误的。考查越国有大夫诸稽郢。

周太祖广顺元年，慕容彦超遣使入贡。帝虑其疑惧，赐诏慰安之曰："今兄事已至此，言不欲繁，望弟扶持，同安亿兆。"今兄者，太祖自谓也。"事已至此"，谓为众所推而即帝位也。观下文称之为弟，语意相对可知。注以汉祖为彦超之兄，改作"令兄"者，非。

【译文】后周太祖广顺元年，慕容彦超派遣使者进贡。周太祖考虑到他感到疑心和恐惧，赐给诏令慰劳安抚他说："今兄事已至此，言不欲繁，望弟扶持，同安亿兆。"所谓的今兄，是周太祖的自称。"事已至此"，是说为众人所推崇而登上皇帝的位置。看到下文称他为弟的，根据语意相对应可以知道。注释把后汉高祖刘知远是慕容彦超（同母异父）的兄长，竟然改成"令兄"，这是错误的。

卷二十八

拜稽首

古人席地而坐。引身而起，则为长跪；首至手则为拜手；手至地则为拜；首至地则为稽首①。此礼之等也。君父之尊，必用稽首，拜而后稽首，此礼之渐也。必以稽首终，此礼之成也。今《大明会典》②曰："后一拜，叩头成礼。"此古之遗意也。

【注释】①稽（qǐ）首：稽，本意有停留、停滞意。首至地，略有停留，故与顿首别。②《大明会典》：书名。于明代弘治年间由官方修纂，嘉靖年间续修，至万历间重新修订。重修本成书于万历十五年，凡二百二十八卷，以六部为纲，分述各行政机构之职掌、事例、冠服仪礼等并附有插图。是书为研究明代典章制度的重要资料。

【译文】古时候的人们都是席地而坐的。将上半身挺直，这样的坐法就是长跪；俯身将额头贴至手背，这就是拜手；双手下垂置于地面，那么就是拜礼；将头也贴至地面，就是稽首之礼。这就是礼的不同类型。当面对君主时，一定要行稽首礼，先行拜礼，然后再行稽首礼，这是礼在程度上的递进。行礼一定要以稽首礼结束，这是礼的完成。如今在《大明会典》里记载称："最后一拜须叩头，这样就完成了行礼。"这便是古代礼制的遗存。

古人以稽首为敬之至。《周礼·太祝》："辨九拜，一曰稽首。"注："稽首，拜中最重，臣拜君之礼。"《礼记·郊特牲》："大夫之臣不稽首，非尊家臣，以避君也。"《左传》僖公二十三年："秦伯[①]享晋公子重耳，公赋《六月》，公子降拜稽首，公降一级而辞焉。"襄公三年："盟于长樗，公稽首。知武子[②]曰：'天子在，而君辱稽首，寡君惧矣。'"二十四年："郑伯[③]如晋，郑伯稽首，宣子辞。子西相，曰：'以陈国之介，恃大国而陵虐于敝邑，寡君是以请罪焉，敢不稽首。'"哀公十七年："盟于蒙，齐侯[④]稽首，公拜。齐人怒，孟武伯[⑤]曰：'非天子，寡君无所稽首。'"《国语》："襄王使召公过及内史过赐晋惠公命，晋侯执玉卑，拜不稽首。内史过归以告王曰：'执玉卑，替其贽也。拜不稽首，诬其上也。替贽无镇，诬王无民。'"可以见稽首之为重也。自敌者皆从顿首，李陵《报苏武书》称"顿首"。

【注释】①秦伯：即秦穆公。②知武子：即智罃，又称荀罃，晋国正卿、中军将，谥号"武"，故称"知武子"。③郑伯：即郑简公。④齐侯：即齐平公。⑤孟武伯：即仲孙彘，鲁国大夫，三桓之一。

【译文】古时候的人们将稽首视为最为隆重尊敬的礼节。《周礼·太祝》记载："九拜之礼，具体而言，首先就是稽首之礼。"注疏中解释称："稽首是各类拜礼中最为重要的一种礼节，是臣子向君主所行之礼。"《礼记·郊特牲》中说："大夫的家臣不能行稽首礼，这并非是尊重家臣，而是为了避免以大夫自拟为君的僭越之嫌。"《左传》鲁僖公二十三年记载："秦穆公宴请晋公子重耳，在宴会上秦穆公赋《六月》诗，重耳走下阶来，行稽首礼，穆公走下一级台阶表示辞谢。"鲁襄公三年记载："（鲁、晋）在长樗会盟，鲁襄公行稽首礼。知武子说：'天子在上，却辱承国君您行了稽首这样的大礼，敝国的国君对此感到害怕。'"鲁襄公二十四年记载："郑简公来到晋国访问，行稽首礼，范宣子辞谢不受。当时子西担任仪式的赞礼人，他回复说：'因为陈国依仗大国来侵略我们国家，敝国国君因而来到此地请罪，哪里敢不行稽首之礼啊。'"鲁哀公十七年："鲁哀公与齐平公在蒙地会盟，齐平公行稽首礼，而鲁哀公仅行拜礼。齐国与会诸人对此感到愤怒，孟武伯说：'行礼的对象并非天子，敝国的国君自然不用行稽首这样的大礼。'"《国语》中记载："周襄王派遣召公过和内史过去给晋惠公颁赐任命，行礼时晋惠公把礼器拿得很低。只行拜礼，不行稽首之礼。内史过回来后将这件事向周襄王禀告说：'礼器拿得低，是废弃执贽之礼；只行拜礼，而不稽首，是欺骗天子。废弃执贽，就失去了制约。欺骗天子，就会失去人民。'"从以上的事例中能够看出，稽首是礼仪中最重要的一种礼节。与自己地位相当、辈分相同的人，行礼时都行顿首礼，李陵在《报苏武书》中用的就是"顿首"。

陈氏《礼书》曰："稽首者，诸侯于天子，大夫、士于其君之礼也。然君于臣亦有稽首，《书》称太甲稽首于伊尹，成王稽首于周公是也。大夫于非其君亦有稽首，《仪礼》：'公劳宾，宾再拜稽首''劳介[①]，介再拜稽首'，是也。盖君子行礼于其所敬者，无所不用其至。则君稽首于其臣者，尊德也；大夫、士稽首于非其君者，尊主人也。春秋之时，晋穆嬴抱太子[2]顿首于赵宣子，鲁季平子顿首于叔孙[3]，则顿首非施于尊者之礼也。《礼书》以“顿首为首顿于手而已。”

【注释】①介：传递宾主之言的人。古时主有傧相迎宾，宾有随从通传叫介。②太子：即晋灵公夷皋。③季平子：鲁国正卿。叔孙：即叔孙昭子。据《左传》昭公二十五年作“平子稽颡于叔孙昭子”，非顿首。

【译文】陈祥道在《礼书》中论述称：“稽首，是诸侯向天子、大夫和士向他们的国君所使用的礼节。然而也有国君向臣下行稽首礼的情况，如《尚书》中记载的‘太甲向伊尹稽首’，‘周成王向周公稽首’，就是一个例证。同时也有大夫向他国国君行稽首礼的情况，如《仪礼》中记载称：‘公对宾一路舟车劳顿表示慰问，宾行再拜稽首礼表示感谢’‘公又对介进行慰问，介行再拜稽首礼表示感谢’，就是这样的例子。君子向他所敬重的对象行礼时，总是尽可能使用最高礼节。也就是说君王向他的属臣行稽首之礼，是表示其尊重德行；大夫和士向他国国君行稽首之礼，是表示其尊重主人。春秋之时，晋襄公夫人穆嬴曾抱着太子夷皋向赵宣子顿首，鲁国季平子向叔孙氏顿首，也就是说顿首之礼并不是向地位尊崇的人使用的礼节。”（《礼书》认为“顿首的意思就是将头叩在手上而已。”）

《荀子》言：“平衡曰拜，下衡曰稽首，至地曰稽。”似未然。古惟丧礼始用稽颡，盖以头触地，其与稽首乃有容、无容[1]之别。

【注释】①无容：指处丧事中，情绪悲痛，不必如平日那样保持庄重的仪容。《孝经》："子曰：'孝子之丧亲也，哭不偯，礼无容。'"

【译文】《荀子》中说："行礼时，上半身弯曲，头与腰间相平齐，这样的礼节称为'拜'，弯腰后头部低于腰的位置，称为'稽首'，头部着地，称为'稽颡'。"然而实际情况似乎并不是这样的。古时候仅在丧事中行礼时才使用稽颡之礼，大约就是将头部接触于地面，它与稽首之礼的区别在于仪止容貌是否庄重、面目神情是否悲痛。

稽首顿首

今表文皆云稽首、顿首。蔡邕《独断》[①]："汉承秦法，群臣上书皆言'昧死言'。王莽盗位，慕古法，去'昧死'，曰'稽首'。光武因而不改，朝臣曰'稽首顿首'，非朝臣曰'稽首再拜'。"

【注释】①《独断》：汉代蔡邕撰。是书记载自汉高祖元年至汉灵帝熹平元年三百七十余年间，有关礼、乐、舆服制度及诸帝世次，兼及前代，并加以考论，故名《独断》。

【译文】现如今臣子给皇帝上呈的文书中都称稽首、顿首。蔡邕在《独断》说："汉代承袭了秦代的礼法，群臣给皇帝上书的用语要说'昧死言'。王莽篡位之后，仰慕上古的礼法，废除了'昧死'二字，改称'稽首'。光武帝恢复汉室后，继续沿袭这种体例，朝堂之上的大臣用'稽首顿首'，其他的臣子用'稽首再拜'。"

百 拜

“百拜”字出《乐记》。古人之拜，如今之鞠躬，故通计一席之间，宾主交拜，近至于百。注云：“一献，士饮酒之礼，百拜以喻多。”是也。徐伯鲁曰：“按《乡饮酒礼》，无百拜，此特甚言之耳。”若平礼[①]止是一拜再拜，即人臣于君亦止再拜，《孟子》：“以君命将之，再拜稽首而受。”[②]是也。礼至末世而繁，自唐以下，即有四拜。《大明会典》：“四拜者，百官见东宫、亲王之礼。见其[③]父母亦行四拜礼。其余官长及亲戚朋友相见，止行两拜礼。”是四拜唯于父母得行之。今人书状，动称百拜，何也？

【注释】①平礼：谓平起平坐。②“以君命将之”句：语出《孟子·万章下》，后句为“其后廪人继粟，庖人继肉，不以君命将之。”③见其：应作“其见”，见《大明会典》卷四十三礼部二“百官朝见仪”。

【译文】“百拜”这两个字出自于《乐记》。古时候人的拜，就如同现在人的鞠躬。因此在一席之间，宾客与主人相互所行的拜礼，总计下来要接近于百次。郑玄的注说：“一献，是士饮酒的礼仪，百拜是比喻行礼的次数多。”就是这样。（徐师曾说：“根据《仪礼·乡饮酒礼》的记载，并没有百拜的说法，这里是一种夸张虚指的用法。”）如若宾主双方以平礼相待，那么只需要一拜再拜即可，即使是人臣向君主行礼，也只需要再拜就行了。《孟子》中所说的：“以国君的名义表示馈赠，君子行再拜稽首礼，然后接受。（之后再送来的物品，就不再以国君的名义了。）”说的就是这个意思。礼仪制度到了后代就愈加繁复，自从唐朝以来，就已经有了四拜之礼。《大明会典》中记载：“四拜之礼，是百官朝见太子以及亲王时所行的礼节。此外，子辈向他的父母也要行四拜之礼。其余的情况下，例如与官长以及亲戚朋友相见的时候，只要行两拜的礼节就可以了。”这也就是说，对于普通人而言，四拜之礼只有在父母面前才能够使用。然而现如今的人，在写信时动辄就称百拜，这是为什么呢？

古人未有四拜之礼。唐李涪《刊误》[①]曰：“夫郊天祭地，止于再拜。其礼至重，尚不可加。今代妇谒姑章，其拜必四，详其所自，初则再拜，次则跪献衣服、文史，承其筐篚，则跪而受之，常于此际授受，多误，故四拜相属耳。”

【注释】①《刊误》：唐代李涪撰，原书五十篇，今存二卷四十九篇。是书皆考究典故，引旧制以正唐末之失，又引古制以纠唐制之误，多可以订正礼文。李涪为唐朝宗室，李福之子。历官金部郎中、河南少尹、宗正卿、太仆卿、国子祭酒等。

【译文】古时候的人们是没有四拜这个礼节的。唐代李涪所撰写的《刊误》一书中称：“像祭祀天地这样的场合，行礼也只要再拜就可以了。祭祀天地的礼节，可以说是最为隆重的了，尚且不能增加拜的次数。而当代的妇女拜见公婆的时候，她行拜礼却一定要拜四次。具体而言是这样的，首先便是行再拜礼，接下来行跪礼，敬献衣服、文史，接受公婆赠予的礼物时，也要行跪礼然后再接受它，往往就是在这个给予、接受的过程中，行礼的方式发生了很多错误，因此接连相继变成了四拜。”

《战国策》：苏秦路过洛阳，“嫂蛇行匍伏，四拜，自跪而谢”。此四拜之始，盖因谢罪而加拜，非礼之常也。《黄庭经》：“十读四拜朝太上。”亦是加拜。

【译文】《战国策》中记载：（显贵之后的）苏秦路过洛阳的时候，“嫂子像蛇一样匍匐在地上，拜了四拜，并且跪着向苏秦谢罪”。这是“四拜”二字最早的文献记载，这是出于谢罪的目的而增加了拜的次数，并不是常规的礼制。（《黄庭经》中说：“十读四拜朝太上。”也是属于加拜。）

今人上父母书，用百拜，亦为无理。若以古人之拜乎，则古人必稽首然后为敬，而百拜仅宾主一日之礼，非所施于父母；若以今人之拜乎，则天子止于五拜，而又安得百也。此二者过犹不及，明知其不然而书之，此以伪事其亲也。

【译文】现如今的人们给父母写信时使用“百拜”这样的字眼，也是很没有道理的。如果按照古时候人们行拜礼的制度，那么古人必定先行稽首礼，然后才能体现出尊敬。而百拜只是宾主双方在宴会当天所行的礼节，也不是用来向父母施行的。如果按照当代人行拜礼的制度，那么即使以天子之尊，也只是拜五拜就停止了，又哪里够得上百拜呢？这两者都属于过犹不及，明知道礼法制度并非如此，却依旧在书信中使用，这是在用虚伪的礼侍奉自己的亲人啊。

洪武三年，上谕中书省臣曰："今人书札，多称顿首再拜百拜，皆非实礼，其定为仪式，令人遵守。"于是礼部定仪：凡致书于尊者，称"端肃奉书"，答则称"端肃奉复"；敌己者称"奉书""奉复"；上之与下称"书寄""书答"；卑幼与尊长则曰"家书敬复"；尊长与卑幼则曰"书付某人"。

【译文】洪武三年，明太祖向中书省的大臣颁布诏令称："现如今人们写书信时，大多使用顿首、再拜、百拜等用语，这些都不是实在的礼节，将这些书信用语制定出一个正式的礼仪规范，让人们遵守。"因此礼部的官员制定出了新的礼仪规范：凡是致信于尊长的书信，用语要称"端肃奉书"，回复时要称"端肃奉复"；给自己年纪相仿、地位相当的人写信，要称"奉书""奉复"；上级给下级写信要称"书寄""书答"；晚辈给尊长写信就得说"家书敬复"；尊长给晚辈写信就说"书付某人"。

九顿首三拜

九顿首[①]，出《春秋传》。然申包胥元是三顿首，未尝九也。杜注："《无衣》三章，章三顿首，"每顿首必三，此亡国之余，情至迫切，而变其平日之礼者也。七日夜哭于邻国之庭，古人有此礼乎？七日哭也、九顿首也，皆亡国之礼也，不可通用也。

【注释】①“九顿首”句：《左传》定公四年：“初，伍员与申包胥友。其亡也，谓申包胥曰：‘我必复楚国。’申包胥曰：‘勉之！子能复之，我必能兴之。’及昭王在随，申包胥如秦乞师，……秦伯使辞焉，曰：‘寡人闻命矣。子姑就馆，将图而告。’对曰：‘寡君越在草莽，未获所伏。下臣何敢即安？’立，依于庭墙而哭，日夜不绝声，勺饮不入口七日。秦哀公为之赋《无衣》，九顿首而坐，秦师乃出。”

【译文】九顿首的说法出自于《左传》。然而申包胥原本应是三顿首，不曾有九顿首之数。杜预的注解说：“《无衣》一共三章，申包胥于每章顿首三次。”每次顿首一定要顿三下，这是申包胥作为亡国之人，急切的心情到了非常迫切的地步，因而改变了日常的礼节。在邻国的宫殿里痛哭七个昼夜，古时候的人有这样的礼法吗？不管是七日哭还是九顿首，都是遭遇亡国之难时的礼法，是不能够在日常通用的。

韩之战，秦获晋侯，晋大夫三拜稽首①。古但有再拜稽首，无三拜也。申包胥之九顿首，晋大夫之三拜也。

【注释】①“韩之战”句：《左传》僖公十五年：“壬戌，战于韩原。……秦获晋侯以归。晋大夫反首拔舍从之。秦伯使辞焉，曰：‘二三子何其戚也？寡人之从君而西也，亦晋之妖梦是践，岂敢以至。’晋大夫三拜稽首曰：‘君履后土而戴皇天，皇天后土实闻君之言，群臣敢在下风。’”

【译文】秦晋韩（原）之战，秦国俘获了晋惠公，晋国的大夫行三拜稽首之礼。古时候只有再拜稽首，没有三拜之礼。申包胥的九顿首，就如同晋国大夫所行的三拜之礼。

《楚语》："湫举遇蔡声子，降三拜，纳其乘马。"②亦亡人之礼也。

【注释】①"降三拜"句：《国语·楚语》："湫举奔郑，将遂奔晋。蔡声子将如晋，遇之于郑，飨以璧侑，……声子曰：'子尚良食，吾归子。'湫举降三拜，纳其乘马，声子受之。"

【译文】《国语·楚语》："湫举遇见蔡声子，降身行三拜之礼，将所乘马赠送给蔡声子。"这里的"三拜"，同样也是指逃亡之人所用之礼。

《周书·宣帝纪》："诏诸应拜者，皆以三拜成礼。"后代变而弥增，则有四拜。不知天元①自拟上帝，凡冕服之类，十二者皆增为二十四，而笞棰人亦以百二十为度，名曰"天杖"，然未有四拜。

【注释】①天元：即北周宣帝宇文赟，即位当年便传位于长子宇文衍，自称"天元皇帝"。

【译文】《周书·宣帝纪》记载："（北周宣帝）下诏命令各位应命朝拜的大臣，都要拜三拜方能成礼。"后代的礼制在这个基础又增加了次数，于是就有了四拜。然而，后代之人并不知道周宣帝是将自己比作了上帝，因此在礼制上，例如凡属冠冕服饰这一类的，原本皆以十二为数，现在全部增倍为以二十四为数，甚至鞭笞杖责于人，也要以一百二十下为限，号称“天杖”，然而无论如何改变，都没有出现四拜这样的礼节。

东向坐

古人之坐，以东向为尊，故宗庙之祭，太祖之位东向。即交际之礼，亦宾东向而主人西向。《汉书》注：“如淳曰：‘君臣位南北面，宾主位东西面。’”《新序》：“楚昭奚恤为东面之坛一，秦使者至，昭奚恤曰：‘君，客也，请就上位。’”是也。《史记·赵奢传》言：“括东向而朝军吏。”《田单传》言：“引卒东乡坐，师事之。”《淮阴侯传》言：“得广武君，东乡坐，西乡对，师事之。”《王陵传》言：“项王东乡坐陵母。”《周勃传》言：“每召诸生、说士，东乡坐，责之：‘趣为我语。’”《田蚡传》言：“召客饮，坐其兄盖侯南乡，自坐东乡，以为汉相尊，不可以兄故私挠。”《南越传》言：“王太后置酒，汉使者皆东乡。”《汉书·盖宽饶传》言：“许伯①请之，乃往，从西阶上，东乡特坐。”《楼护传》言：“王邑父事护。时请召宾客，邑居樽下，称贱子上寿，坐者百数，皆离席伏。护独东向正坐，字谓邑曰：‘公子②贵如何？’”《后汉书·邓禹传》言：“显宗即位，以禹先帝元功，拜为太傅，进见东向。”《桓荣传》言：“乘舆尝幸太常府，令荣坐东面，天子亲自执业③。”此皆东向之见于史者。《曲礼》：“主人就东阶，客就西阶。”自西阶而升，故东乡；自东阶而升，故西乡。而南乡特其旁位，如庙中之昭④，故田蚡以处盖侯也。

【注释】①许伯：即许广汉，汉宣帝皇后许广君的父亲，曾照料过寄养于掖庭的宣帝，宣帝即位后封为昌成君。②公子：颜师古注曰："苏林曰：'邑字公子也。'"③执业：指捧书求教，犹言受业。④庙中之昭：宗庙次序，始祖居中，二世、四世、六世位于始祖的左方，称"昭"；三世、五世、七世位于右方，称"穆"。

【译文】古时候人们对于座次朝向的规定，是以面朝东方为尊，因此在进行宗庙祭祀的时候，太祖的灵位是东向放置的。即使在日常交际时的礼节，也是要让宾客面向东坐而主人是面向西的。（在颜师古对《汉书》的注解中记载有："如淳称：'君臣之间的座位，是君面向南坐，臣面向北坐。宾主之间的座位，是宾客面向东坐，主人面向西坐。'"）刘向在《新序》中的记载："楚国的昭奚恤在东面筑了一座坛，秦国的使者到达后，昭奚恤说：'您是我国的客人，请您坐在东面的上位。'"便是这样的例子。在《史记·赵奢传》中记载说："赵括面朝东而坐，让军士们来朝见他。"《田单传》中说："田单拉着那个士兵，让他面朝东坐下，用对待老师的礼节对待他。"《淮阴侯传》中说："韩信手下的士卒生擒了广武君，韩信请他朝东坐下，自己朝西坐在对面，用对待老师的礼节对待他。"《王陵传》中说："项王让王陵的母亲在朝东的位置落座。"《周勃传》中说："周勃每次召见诸生、说士，都面朝东面坐下，责备他们道：'有什么事赶快给我说吧。'"《田蚡传》中说："田蚡邀请宾客宴饮，让他的兄长盖侯王信坐在朝南的位置，而自己坐于东向，田蚡认为汉相身份更为尊崇，不能因为王信是自己的兄长就私自改变座次朝向。"《南越传》中说："王太后陈设酒宴，汉使者全部朝东向落座。"在《汉书·盖宽饶传》

中记载说：“平恩侯许广汉亲自去请他，盖宽饶才前往，从西阶上来，径自坐到了东向的位置上。”《楼护传》说：“王邑向对待父亲一样侍奉楼护。当时王邑宴请招待宾客，他自居于下座，向楼护祝寿，在座的宾客有一百余人，全都起身离席，伏地而拜。只有楼护独自一人朝东向正襟危坐，（不以官爵）而以字称呼王邑，对他说：‘公子啊！您如此尊贵的身份，却这样礼待我，我怎么承受得起啊！’”《后汉书·邓禹传》说：“汉明帝（庙号显宗）即位后，以邓禹在光武帝时期立下大功，拜他为太傅，进见皇帝时可以面朝东方。”《桓荣传》说：“汉明帝曾经前往太常府，让桓荣面朝东方落座，明帝拿着书卷亲自向他求教。”以上这些例子，都是出现在史书中有关“东向”的记载。《礼记·曲礼上》记载说：“主人走向东阶，宾客走向西阶。”自西阶拾级而上，因此面朝向东；自东阶拾级而上，因此面朝向西。而面朝向南，就是在主人身旁的那个位置，即如同宗庙制度中昭的方位一样，位于左方。因此田蚡让盖侯王信坐在面朝向南的位置上。

《孝文纪》：“西乡让者三，南乡让者再。”注：“宾主位东西面，君臣位南北面。”是时群臣至代邸上议，则代王为主人，故西乡。

【译文】《史记·孝文本纪》说：“刘恒在西向的位置（主人位）上谦让了数次，在南向的位置（君主位）上又谦让了两次。”《史记集解》引如淳对此的注解称：“宾主相对，宾客的位置面朝向东，主人的位置面朝向西。而君主与臣下相对时，君主之位面朝向南，臣下之位面朝向北。”当时是群臣前往代王府邸中去商议即位的事情，那么代王刘恒是主人，因此位于面朝向西的位置。

《旧唐书》：卢简求子汝弼为河东节度副使。“府有龙泉亭，简求节制时，手书诗一章，在亭之西壁。汝弼复为亚帅，每亭中燕集，未尝居宾位，西向俯首而已。”是唐人亦以东向为宾位也。

【译文】《旧唐书》记载：卢简求的儿子卢汝弼担任河东节度副使。“府中有一座龙泉亭，卢简求在担任节度使时，曾在龙泉亭西面的墙壁上亲手书写了一首诗。后来，卢汝弼又担任为副帅，每当在龙泉亭中宴饮集会，他从来没有坐在宾客的位置上过，只是面朝向西，低下头而已。”这说明唐代的人也是将面朝向东的位置作为宾客之位的。

坐

古人席地而坐，西汉尚然。《汉书·隽不疑传》：“登堂坐定，不疑据地曰：‘窃伏海滨，闻暴公子威名旧矣。’”是也。

【译文】古时候的人们是席地而坐的，西汉时依然是这样。《汉书·隽不疑传》说：“进入厅室，双方坐定，隽不疑以手按地，说：‘我虽然生活在偏僻的海滨之地，但也久闻暴公子您的大名了。’”这就是一个例子。

古人之坐，皆以两膝着席。有所敬，引身而起，则为长跪矣。《史记·范雎传》言："秦王跽而请"，"秦王复跽"。而褚先生补《梁孝王世家》："帝与梁王俱侍坐太后前，太后谓帝曰：'吾闻殷道亲亲，周道尊尊，其义一也。'帝跪席举身曰：'诺。'"是也。《礼记》"坐"皆训"跪"，《三国志》注引《高士传》言："管宁尝坐一木榻，积五十余年，未尝箕股，其榻上当膝处皆穿。"以此。

【译文】古时候人们所谓的"坐"，都是用两个膝盖接触席面。面对尊敬的人，将上半身挺直，那么这就是长跪了。《史记·范雎传》说："秦昭王长跪着向范雎请教"，"秦昭王再一次长跪"。在褚先生所补写的《梁孝王世家》中说："汉景帝与梁孝王一起陪坐于窦太后面前，窦太后对景帝说：'我听说殷商时期的礼法是亲其所亲，而周朝的礼法是尊其所尊，但是在我看来这两者的道理是统一的。'景帝跪在席上，挺直上身，回答道：'是。'"这就是例子。《礼记》中将"坐"字都解释为"跪"。《三国志》的注解引用《高士传》中的记载说："管宁曾坐于一张木榻上，前后累积有五十多年，从来没有伸开大腿箕踞而坐过，他的木榻上正对着膝盖的位置全都穿透了。"这就是例子。

土炕

北人以土为床，而空其下以发火，谓之炕。古书不载。《诗·瓠叶》传："炕火曰炙。"《正义》曰："炕，举也。谓以物贯之而举于火上以炙之。"《左传》："宋寺人柳炽炭于位，将至则去之。"《新序》："宛春[1]谓卫灵公曰：'君衣狐裘，坐熊席，陬隅[2]有灶。'"《汉书·苏武传》："凿地为坎，置煴火[3]。"是盖近之，而非炕也。庾信《小园赋》："管宁藜床，虽穿而可坐；嵇康锻灶，既暖而堪眠。"《旧唐书·东夷高丽传》："冬月皆作长坑，下然煴火以取暖。"此即今之土炕也，但作"坑"字。

【注释】①宛春：春秋楚成王时大夫。晋国因曹卫事抓走宛春，晋楚乃战于城濮。②陬隅：室内的西南角，借指为内室。③煴火：无焰的微火。

【译文】北方的人是用土垒成床的，将床面下的部分掏空，用来生火，这样的床称之为炕。有关炕的介绍，在古书中并没有记载。（在《诗经·小雅·瓠叶》的传中有这样一句话："炕火曰炙"。《诗经正义》对此的解释是："炕的意思就是举。就是说，将用东西将食物贯穿，然后举在火上来炙烤它。"）《左传》中说："寺人柳在宋元公服丧的地方提前生起炭火，在宋元公快到的时候，寺人柳才把炭炉拿走。"《新序》中记载："卫国大夫宛春向卫灵公进谏，说：'君主您的身上穿着狐皮大衣，坐在熊皮制成的席垫上，室内的角落里还设有取暖的炉灶。'"《汉书·苏武传》中说："（医者）挖了个浅坑，在坑中点起无焰的微火。"以上这些例子大约与之相近，然而都不是炕的意思。（庾信在《小园赋》中写道："管宁的藜木床榻，即使磨损穿透却依然能够安坐；嵇康那锻铁之灶，既能够取暖又可以安眠。"）《旧唐书·东夷高丽传》中记载："（高丽人）在冬天的季节里挖置长坑，在坑中燃起无焰的微火用来取暖。”这就是现在所谓的土炕，只是写作“坑”字。

《水经注》：“土垠县有观鸡寺，寺内有大堂，甚高广，可容千僧。下悉结石为之，上加涂塈[1]，基内疏通，枝经脉散，基侧室外，四出爨火，炎势内流，一堂尽温。”此今人暖房之制，形容尽之矣。

【注释】①涂塈（jì）：用泥涂抹屋顶或墙壁。亦泛指涂饰修缮。

【译文】《水经注》记载称：“土垠县内有一座观鸡寺，寺内有一座大堂，非常高大，能够容纳一千多个僧人。大堂的底部全部用石块砌成基础，在上面用泥涂抹，堂基内部疏通，就像树枝叶脉一般散开，围绕着堂基外侧的室外，四周都烧起火，热量向室内传导，整个大堂都能感受高温暖。”这就是现在人们暖房的构造，这段描述的文字形容得非常详尽。

冠服

《汉书·五行志》曰：“风俗狂慢，变节易度，则为剽轻奇怪之服，故有服妖[1]。”余所见五六十年，服饰之变，亦已多矣，故录其所闻以视后人焉。

【注释】①服妖：指君王或民间百姓对奇装异服的喜好与风靡，会导致灾祸的发生，甚至于导致国家衰亡或社会动乱的一种论说。

【译文】《汉书·五行志》中说："社会上的风气和习俗变得放荡轻慢，传统的操守和法则纷纷被改变，那么就开始出现轻浮奇怪的服装，也因此便产生了服妖。"即以我所看见的这五六十年间，服装风格上的变化，也已经有很多了，因此将我的这些见闻记录下来，留给后人检视。

《豫章漫钞》曰："今人所戴小帽，以六瓣合缝，下缀以檐，如筒。阎宪副闳[①]谓予言，亦太祖所制，若曰'六合一统'云尔。杨维桢[②]廉夫以方巾见太祖，问其制，对曰：'四方平定巾。'上喜，令士人皆得戴之。商文毅[③]用自编民，亦以此巾见。"

【注释】①阎宪副闳：阎闳，字尚友，山东临清人。正德十二年进士，选庶吉士，补吏科给侍中，谪云南蒙自县丞，后复原官，升浙江按察司副使、改贵州按察司副使。宪副，即提刑按察使司副使之别称。②杨维桢：元末明初诗人、文学家，字廉夫。③商文毅：商辂，字弘载，浙江淳安人。明朝名臣，谥"文毅"。

【译文】陆深《豫章漫钞》中记载："现在人们所戴的小帽，是用六瓣布料缝在一起的，下面连接着帽檐，整体看上去就像一个筒。按察司副使阎闳曾跟我说起过，这也是太祖朱元璋所定下的形制，象征着'六合一统'的含义。杨维桢曾经戴着方巾朝见太祖，朱元璋问他所戴方巾是何形制，杨维桢回答道：'这称为四方平定巾。'朱元璋听了十分欢喜，下令士人都能佩戴四方平定巾。商辂在成化年间以平民的身份被起用时，也是戴着这块四方平定巾来朝见。"

《太康县志》曰："国初时，衣衫褶前七后八。弘治间，上长下短，褶多。正德初，上短，下长三分之一，士大夫多中停[1]。冠则平顶，高尺余，士夫不减八九寸。嘉靖初，服上长下短，似弘治时。市井少年，帽尖长，俗云边鼓帽。弘治间，妇女衣衫仅掩裙腰，富者用罗缎纱绢织金彩通袖，裙用金彩膝襕[2]。髻高寸余。正德间，衣衫渐大，裙褶渐多，衫唯用金彩补子，髻渐高。嘉靖初，衣衫大至膝，裙短褶少，髻高如官帽，皆铁丝胎，高六七寸，口周回尺二三寸余。"

【注释】①中停：星象之说中将面部或身体各分为上、中、下三停。面部自山根至准头为中停；身体腰部为中停。②膝襕（lán）：指在服饰下摆膝盖处缝缀的横阑纹饰。

【译文】《太康县志》中记载说："明朝建立之初，在服饰形制上对衣衫前后褶皱的要求是前襟七个褶，后襟八个褶。到了弘治年间，衣衫上身加长而下摆变短，褶皱增加。正德初年，上身变短，而下摆加长了三分之一，但士大夫着装多以腰部中线为区分。帽子则是平顶，高一尺有余，士大夫不过减去八九寸的高度。到了嘉靖初年，衣服又变回上身长下摆短，就像弘治年间一样。市井少年间流行戴一种帽尖很长的帽子，俗称为边鼓帽。弘治年间，妇女的衣衫只盖过裙腰，富贵人家用罗缎纱绢织就金丝华彩的花纹，布满整个袖子；裙子则同样用花纹，勾成膝襕。妇女的发髻高一寸有余。正德年间，衣衫尺寸渐渐变大，裙褶渐渐增多，衣衫只用金彩花纹的补子，发髻渐渐变高。嘉靖初年，衣衫的尺寸长至膝盖处，裙子变短，裙褶减少，发髻高度如同官帽，都用铁丝胎制成，高度有六七寸，口周长有一尺二三寸有余。”

《内丘县志》曰：“万历初，童子发长犹总角，年二十余始戴网。天启间，则十五六便戴网，不使（知）有总角之仪矣①。万历初，庶民穿腃靸②，儒生穿双脸鞋。非乡先生首戴忠靖冠③者，不得穿厢边云头履④。俗呼朝鞋。至近日，而门快舆皂，无非云履；医卜星相，莫不方巾，又有晋巾、唐巾、乐天巾、东坡巾者。先年，妇人非受封不敢戴梁冠，披红袍，系拖带，今富者皆服之。又或着百花袍，不知创自何人。万历间，辽东兴冶服⑤，五彩炫烂，不三十年而遭屠戮，兹花袍几二十年矣，‘服之不衷，身之灾也’，兵荒之咎，其能免与！”

【注释】①“不使有总角之仪矣”句：检道光刻本《内丘县志》卷三，作“不知有总角之仪矣”，康熙本暂未得见。②腃（quān）：弯曲。靸（sǎ），一种无跟的鞋，类似今日之拖鞋。③忠靖冠：又称“忠靖巾”或“靖巾”，始于嘉靖七年，以铁丝为框，覆以乌纱、乌绒，帽顶略方，中间微突。忠靖冠是明代退休居家的官员所戴的一种冠帽。④云头履：即有云状纹饰的鞋履，有立体云朵与平面云纹两种。⑤冶服：指华丽的服饰。

【译文】《内丘县志》中记载称：“万历初年，小孩子头发长了，仍然还是束为总角，到了二十多岁的年纪才开始戴网巾。到了天启年间，十五六岁的年纪就开始戴网巾了，不知道有总角这样一种仪貌了。到了万历初年，平民百姓脚穿膝靿，儒生则穿双脸鞋。如果不是头戴忠靖冠的退休官员或乡贤长者，脚上是不允许穿镶边的云头鞋的（俗称为朝鞋）。到了最近这几年，却是差役、吏卒之辈，没有不脚穿云履的；游医、算卦之流，没有不头戴方巾的，此外还有晋巾、唐巾、乐天巾、东坡巾等等名目。早年间，妇女如果不是受到了朝廷的封赏，是不敢头戴梁冠、身披红袍、腰系拖带的，而如今只要是有钱人家，却都是这样穿着打扮的。又有身穿百花袍的现象，不知是什么人创造发明出来的。万历年间，辽东地区穿着华丽服饰的风气开始流行起来，五彩斑斓，绚丽夺目，结果不到三十年就惨遭满人的屠戮。这身着百花袍的风气，到现在也要将近二十年了，正如《左传》中所说的那样'穿着不合规制，自身就要罹遭祸患'。这样下去，像战争、饥荒等等这样的灾祸，恐怕是难以避免的啊！"

衩衣

《通鉴》："唐僖宗乾符元年，王凝、崔彦昭同举进士，凝先及第，尝衩衣见彦昭。"①衩，楚懈反。《广雅》："梢、袺、衽谓之褙衩，一曰襢衣。"李义山诗："芙蓉作裙衩。"又曰："裙衩芙蓉小。"

【注释】①"唐僖宗乾符元年"句：见《资治通鉴》卷第二百五十二，陈援庵注曰："追述彦昭举进士时事，非谓其乾符元年举进士也。"衩衣：两侧开衩的长衣。古人用以称男子的便服，始于唐代。

【译文】《资治通鉴》中记载说："唐僖宗乾符元年，（任命兵部侍郎、判度支崔彦昭为中书侍郎、同平章事。）早年间，王凝和崔彦昭一同去考进士，王凝先考中了进士及第，曾经穿着衩衣就去看望崔彦昭。"衩字，反切是楚懈反。《广雅》中称："梢、袺、衽称之为襀衩，也称为襢衣。"李商隐（字义山）的诗中有"芙蓉作裙衩"之句，又有"裙衩芙蓉小"句。

对襟衣

《太祖实录》："洪武二十六年三月，禁官民步卒人等服对襟衣，惟骑马许服，以便于乘马故也。其不应服而服者，罪之。"今之罩甲即对襟衣也。《戒庵漫笔》云："罩甲之制，比甲稍长，比袄减短。正德间，创自武宗，近日士大夫有服者。"按《说文》："无袂衣谓之褙。"赵宧光曰："半臂衣也。武士谓之蔽甲，方俗谓之披袄，小者曰背子。"即此制也。《魏志·杨阜传》："阜尝见明帝着帽，披缥绫半袖，问帝曰：'此于礼，何法服①也？'"则当时已有此制。

【注释】①法服：古代根据礼法规定的不同等级的服饰。

【译文】《太祖实录》中记载称："洪武二十六年三月，颁布诏令凡属官员、百姓以及步卒等身份或职业的人禁止穿对襟衣，只有需要骑马的人才允许穿，这是为了方便骑马的缘故。如果出现不应该穿对襟衣却穿了的情况，当事人将被治罪。"现如今所说的罩甲，其实就是对襟衣。李诩《戒庵漫笔》中记载说："罩甲的形制，长度上比常规的甲要稍许长一些，但比袄要短。是在正德年间，由明武宗朱厚照所发明的，最近一段时间以来，在士大夫间也开始有穿罩甲的人。”根据《说文解字》的解释：“没有衣袖的衣服就称为裿。”赵宧光《说文长笺》中说：“这就是半臂衣。从军习武之人将它称为蔽甲，民间风俗将它称之为披袄，尺寸较小的则称为背子。”说的就是这个形制。《魏志·杨阜传》中记载说：“杨阜曾有一次看见魏明帝戴着帽子，身披青丝薄绫制成的半袖衫，于是就向魏明帝问道：‘您穿的这件衣衫，在礼法中，应当属于哪一种法服啊？’”那么可见在魏明帝之时，已经有了半袖这样的形制。

胡服

自古承平日久，风气之来，必有其渐，而变中夏为夷狄，未必非一二好异之徒启之也。《春秋传》僖公二十二年：“初，平王之东迁也，辛有适伊川[①]，见被发而祭于野者曰：‘不及百年，此其戎乎，其礼先亡矣。’秋，秦晋迁陆浑之戎于伊川。”《后汉·五行志》：“灵帝好胡服、胡帐、胡床、胡坐、胡饭、胡箜篌、胡笛、胡舞，京都贵戚皆竞为之，此服妖也。其后董卓多拥胡兵，填塞街衢，掳掠宫掖，发掘园陵。”《晋书·五行志》：“泰始之后，中国相尚用胡床、貊盘，及为羌煮貊炙[②]。贵人富室，必畜其器。吉享嘉会，皆以为先。太康中，又以毡为帕头及络带、裤口[③]，百姓相戏曰：‘中国必为胡所破。’夫毡毳产于胡，而天下以为帕头、带身、裤口，胡既三制之矣，能无败乎？至元康中，氐、羌互反。永嘉后，刘、石遂篡中都。

自后四夷迭据华土，是服妖之应也。”《大唐新语》：“武德、贞观之代，宫人骑马者依《周礼》旧仪，多着羃罗[④]。虽发自戎夷，而全身障蔽。永徽之后，皆用帷帽，施（拖）裙到颈，甚为浅露。显庆中，《册府元龟》咸亨二年九月。诏曰：‘百官家口，咸预士流，至于衢路之间，岂可全无障蔽？比来多着帷帽，遂弃羃罗，曾不乘车，只坐担子[⑤]。过于轻率，深失礼容，宜行禁止。’神龙之末，羃罗殆绝。开元初，宫人马上始着胡帽，靓妆露面，士庶咸效之。天宝中，士流之妻，或衣丈夫服，靴衫鞭帽，内外一贯矣。”《唐书·车服志》：“武德间，妇人曳履及线靴。开元中，初有线鞋[⑥]。侍儿则着履，奴婢服襕衫[⑦]，而士女衣胡服。其后安禄山反，当时以为服妖之应。”《礼乐志》：“玄宗好羯鼓，尝称为‘八音之领袖，诸乐不可方也。’盖本戎羯之乐，其音太簇一均，龟兹、高昌、疏勒、天竺部皆用之。其声焦杀，特异众乐。开元二十四年，升胡部于堂上。而天宝乐曲，皆以边地名，若凉州、伊州、甘州之类。后又诏道调、法曲，与胡部新声合作。明年安禄山反，凉州、伊州、甘州皆陷吐蕃。”元微之诗自注：“太常丞宋沇传汉中王旧说云：玄宗虽雅好度曲，然未尝使蕃汉杂奏。天宝十三载始诏道调、法曲与胡部新声合作，识者异之。明年禄山叛。”此皆已事之见于史书者也，呜呼，可不戒哉！

【注释】①辛有：周大夫。伊川：伊水所流经的地方，在今天河南嵩县至伊川县一带。②羌煮貊炙：北方游牧民族的饮食方式，近似于今天的涮羊肉和烤全羊。貊盘：即少数民族盛放食物的器具。③毡：用羊毛等压制成的类似于厚呢子或粗毯子的东西，多为片状。帞头：古代男子束发的头巾。络带：一种束腰的腰带。裤口：裤管的边缘。④羃（mì）罗：指一种能够遮蔽面部的巾。或曰为古代少数民族的一种头巾，可用以障蔽全身，缯帛为之，后传入中原。按，引文“依《周礼》旧仪”句，《旧唐书·舆服志》第二十五作“依齐、隋旧制。”下文“施裙到颈”，《旧唐书》作“拖裙到颈”。⑤担子：一种有坐位而无轿厢的便轿。⑥线鞋：一种以麻绳为底，丝绳为帮编织而成的鞋，流行于唐代。新疆吐鲁番阿斯塔纳古墓群曾出土过实物，做工精致。⑦襕衫：《说郛》卷十引《续事始·襕衫》：“唐马周上议曰：‘臣寻究《礼经》无衫服之文，三代以布为深衣。今请于深衣之下添襕及裙，名曰襕衫，以为上士之服，其开裤者名曰舒裤衫，庶人服之。’诏从之。今之公服盖取襕衫之制。”并参《新唐书·车服志》。故襕衫为唐初上士之服，以其于衫下施横襕为裳，故称。后世沿袭，至明清时为秀才举人公服。

【译文】自古以来，天下太平的日子久了，某些风气也就随之流行了起来，而这些风气的产生，一定是有征兆和迹象的。那么，将中原华夏传统改变替换成了蛮夷戎狄习俗的源头，未必不是那一二个嗜奇好异之人所肇启的。《左传》鲁僖公二十二年记载说：“当初，周平王向东迁都洛邑的时候，周大夫辛有到伊川去，途中见到了一个披头散发在荒野之中祭祀的人，那个人说：‘用不了一百年，这里将会变成戎人所居住的地方了，因为周朝的礼仪制度已经先行消亡了。’到了秋天，秦国和晋国就把陆浑一带的戎人迁移到了伊川定居。”《后汉书·五行志》中记载说：“汉灵帝喜爱胡人的服饰、胡人样式的帷帐、胡人的座椅，乃至于胡人的坐姿和饮食习惯，喜欢胡人的箜篌、笛子等乐器，以及胡人的舞蹈。京城里的王公贵戚们全部都竞相效仿，这就是所谓的服妖啊。后来董卓依仗着数量众多的胡人军队，遍布京城街市，劫掠皇宫掖庭，连皇室的陵墓也被挖掘。”

《晋书·五行志》中记载说："自从晋武帝泰始年间以来，中原地区的人们还推崇使用胡床、貊盘等少数民族的器具，以至于采用涮肉、烧烤等少数民族的饮食方式。富贵的人家，一定会准备这样的器具。甚至每逢祭祀、宴客的时候，都会首先选择这样的食物。到了太康年间，又流行起穿戴用毡毛制成的帞头、络带和袴口的风尚。在普通百姓间，互为笑谈，说：'中国一定会被胡人所攻破。'毡毳是产自于胡地的，可是全天下的人们都拿它来制作帞头、带身和袴口，胡人已经从三个方面制约了中原人，能不失败呢？再后来，到了晋惠帝元康年间，氐人、羌人相继叛乱。而到了晋怀帝永嘉之后，匈奴人刘渊、羯人石勒便篡取京城。自此而后，四方夷狄轮番占据中原大地，这就是对于服妖的应验啊！"《大唐新语》中记载说："在武德、贞观时代。嫔妃、宫女中有需要骑马的人，根据《周礼》旧制，大多需佩戴羃罗。尽管羃罗是源自于戎夷的服饰，但是它能够起到遮蔽全身的作用。唐高宗永徽年之后，就将羃罗全部改为佩戴帷帽。帷帽的下摆仅到脖颈处，非常浅露。到了显庆年间，（《册府元龟》中的记载为咸亨二年九月。）唐高宗颁布诏令称：'文武百官的家属，也都算是士族上流人士，行走在街市道路之间，衣着上怎么能够一点遮挡也没有？近来你们大多佩戴帷帽，就废弃了羃罗。居然还不坐车，只坐担子。太不慎重，太不严肃了！实在是有失礼制仪容，应当禁止。'到了武则天神龙末年，羃罗几乎已经绝迹。而到了唐玄宗开元初年，嫔妃、宫女骑马开始佩戴胡帽，化着美丽的妆容，展露出自己的容貌，不论士族还是平民，全都效仿这种风尚。天宝年间，士族上流人士的妻子，有的穿着男式的衣服以及靴衫鞭帽。于是在穿着方式上，不论宫内宫外已经完全相同了。”《新唐书·车服志》中记载说：“在唐高祖武德年间，妇女拖着鞋子、穿着线靴。到了开元年间，开始有了线鞋。使女、侍妾则脚踏鞋履，奴婢、仆从竟身着襕衫，而士族妇女反而穿起了胡人的衣服。在此之后安禄山起兵叛乱，当时的人们认为这便是服妖的回应。”《新唐书·礼乐志》中记载称：“唐玄宗李隆基非常喜欢羯鼓，曾经说：‘羯鼓是八音的领袖，其他各种乐器都无法与之匹敌。’羯鼓本来就是戎羯之地的乐器，用它演奏出的音乐，都是太簇这一个韵。龟兹、高昌、疏勒、天竺各部音乐都会用到羯鼓，它所发出的乐声声调急促，与其他一般的音乐有很大的不同。开元二十四年，唐玄宗下令允许胡人的乐曲上堂演奏。而天宝年间的乐曲，都是用边疆地区的地名来命名的，例如凉州、伊州、甘州之类。之后唐玄宗又下诏让道调、法曲与胡部新声一起合作演奏。结果第二年安禄山就起兵造反，被谱成曲的凉州、伊州、甘州等地全部都被吐蕃所攻陷。”（元稹自己在诗作中的注解中说：“太常寺丞宋沇曾向我转述汉中王李瑀的旧说称：唐玄宗虽然素来喜好谱曲歌唱，但却从来没有下令让蕃乐与汉乐混杂在一起演奏过。直到天宝十三年，玄宗才首次颁布诏令，命道调、法曲与胡部新声一起合作演奏。有识之士对这道诏命都感到奇怪，果然第二年安禄山就起兵叛乱了。”）以上这些，都是记载在史书中的往事啊！哎呀，我们难道不应该引以为戒吗！

《册府元龟》：“后汉高祖天福十二年，左卫将军许敬迁奏：‘臣伏见天下鞍辔、器械，并取契丹样装饰以为美好，安有中国之人反效戎虏之俗？请下明诏毁弃，须依汉境旧仪。’敕曰：‘近者中华人情浮薄，不依汉礼，却慕胡风，果致狂戎来侵。诸夏应有契丹样鞍辔、器械、服装等，并令逐处禁断。’”

【译文】《册府元龟》中记载说：“后汉高祖天福十二年，左卫将军许敬迁上奏称：‘我发现如今天下的鞍马辔头、武器军械，都喜欢选择契丹人的式样来装饰，认为这样很美观好看。可是哪里有中原的人民反过头来去效仿戎夷习俗的道理呢？请陛下您下达明确的诏令，销毁、弃用这下契丹装饰，一定要根据中原境内原有的礼法来行事。’于是刘知远下令道：‘最近一段时间以来，中原人心轻浮，不遵从汉地礼法，反而贪慕胡人风俗，结果就是招致了戎夷疯狂的入侵。自今而后，中原地区所有契丹样式的马鞍辔头、武器军械，以及服装配饰等等，命令你们全部禁止使用。’”

宋乾道二年，臣僚言：“临安府风俗好为胡乐，如吹鹧鸪、拨胡琴、作胡舞，所在而然，伤风败俗，不可不惩。望检坐绍兴三十一年指挥，严行禁止。”

【译文】南宋孝宗乾道二年，群臣百官进言说：“临安府如今的风俗，喜欢演奏胡人的音乐，例如吹奏鹧鸪曲、弹奏胡琴、跳胡人的舞蹈，所到之处，皆是如此。实在是伤风败俗，不能不惩治。希望能够查考绍兴三十一年的诏令，严加禁止。”

《太祖实录》："初，元世祖起自朔漠以有天下，悉以胡俗变易中国之制。士庶咸辫发椎髻，深簷胡帽。衣服则为裤褶窄袖及辫线腰褶。妇女衣窄袖短衣，下服裙裳，无复中国衣冠之旧。甚者易其姓字为胡名，习胡语。俗化既久，恬不为怪。上久厌之。洪武元年二月壬子，诏复衣冠如唐制。士民皆束发于顶，官则乌纱帽、圆领袍、束带黑靴。士庶则服四带巾，洪武三年二月改制四方平定巾。杂色盘领衣，不得用黄、玄。乐工冠青卍字顶巾，系红绿帛带。士庶妻首饰许用银镀金，耳珠[①]用金珠，钏镯用银，服浅色团衫，用纻丝绫罗紬绢。其乐妓则带明角冠、皂褶（褙）子，不许与庶民妻同，不得服两截胡服。其辫发椎髻，胡服、胡语、胡姓，一切禁止。斟酌损益，皆断自圣心。于是百有余年胡俗，悉复中国之旧矣。"

【注释】①耳珠：即耳珰，是一种直接穿戴在耳饰孔中的饰物，小如豆粒，故称。大致类似于今天的耳钉。

【译文】《太祖实录》中记载称："起初，元世祖忽必烈自北方的荒漠中起家，从而取得了天下。于是，将中国原有的礼法制度全部替换变易为胡人的风俗习惯。士族庶人全部都得编发为辫，梳髻如椎，头戴深簷胡帽。衣服形制则是裤褶窄袖以及辫线腰褶。妇女皆穿窄袖短衣，下半身则为裙裳，不再保有中国传统衣冠制度的样貌。更有甚者，将自己的姓名改换为胡人的名字，学习胡人的语言。文化习俗胡化的时间久了，人们都坦然接受，不觉得有什么奇怪的。太祖对这个现象已经厌恶很久了。洪武元年二月十一日，太祖下诏命令参照着唐代的制度来恢复中华衣冠形制。首先，上至官员、士大夫，下至平民百姓都必须束发于顶，官员则头戴乌纱帽、身着圆领袍、腰佩束带、脚踏黑靴。士大夫与百姓则佩戴四带巾（洪武三年二月改为佩戴四方平定巾），身着杂色盘领衣，衣服的颜色不允许使用黄色和黑色。乐工头戴青色卍字顶巾，腰系红绿色帛带。士大夫与庶民百姓的配偶，允许使用镀金的银器来作为首饰，耳珠可以使用金珠，手镯则使用银，身穿浅色的团衫，材质选用纻丝、绫罗、紬绢。乐妓则只能佩戴明角冠、皂褶褙子，不允许穿戴与平民百姓的配偶相同的服饰，也不允许穿两截胡服。凡是编发辫、梳椎髻，穿胡服、说胡语、取胡姓的行为，全部都被禁止。以上这些制度上的改变，都是经过反复斟酌利害关系的，而这些决定也都是由太祖亲自做出的。自此而后，流行已一百余年的胡人习俗，终于悉数恢复为中华传统的制度了。”

《英宗实录》：“正统七年十二月，礼部尚书胡濙等奏：‘向者山东左参政沈固言：中外官舍军民，戴帽穿衣，习尚胡制，语言跪拜，习学胡俗。垂缨插翎，尖顶秃袖。以中国之人，效犬戎之服，忘贵从贱，良为可耻。昔北魏本胡人也，迁洛之后，尚禁胡俗，况圣化度越前古，岂可使无知小民，效尤成习。今山东右参政刘琏亦以是为言，请令都察院出榜，俾巡按监察御史严禁。’从之。”

【译文】《英宗实录》中记载称：“正统七年十二月，礼部尚书胡濙等人上书奏称：‘之前，山东左参政沈固曾上书称：全国上下，不论是官员、军队还是平民百姓，在戴帽穿衣等服装样式上，都已经习惯于崇尚胡人的服制；在语言、跪拜等文化习俗上，也都习惯于效仿胡人的风俗。垂缨插翎，尖顶秃袖。堂堂中原之人，却反过来去效仿犬戎的服饰，忘记了什么是高贵，却去追从低贱，真是可耻啊！想当年，北魏的统治者，原本是胡人，迁都洛阳之后，尚知道下令禁止胡俗，更何况在当今天子的治下，教化更是超越了古人，难道能够任由着那些无知小民，相互效仿着，养成风气和习惯吗？现在山东右参政刘琏也对这一看法表示认同，因此请下令让都察院下达文告，并下令巡按监察御史严禁此类行为。’英宗同意了这个建议。”

《河间府志》：“今河间男子或有左衽者，而妇人尤多。至于孺子，环狐狗之尾以为冠，而身被毛革以为服，谓之达妆。阮汉闻言：“中州之人亦然。”夫被发野祭，辛有卜其为戎。晋太康中，俗以毡为帞头及络带裤口，彼此互相嘲戏以为胡儿。未几刘、石之变遂起。”此书作于万历四十三年，不二期①而辽东之难作矣。至于今日，“胡服缦缨，咸为戎俗，高冠重履，非复华风②”梁敬帝诏云。有识之士，得不悼其横流，追其乱本哉！

【注释】①期：整数时间单位，此处为年。不二期，即不到两年时间，当指万历四十四年努尔哈赤建立后金。②“非复华风”：梁敬帝诏书原作“希复华风”，一字之差，文义尽变。见《陈书》卷一本纪第一高祖上。

【译文】《河间府志》中记载：“现如今在河间地区，有的男性会身穿左衽的服饰，而此类现象在女性群体间更为突出。至于孩童，他们把狐狸或狗的尾巴盘在头上来作为帽子，将兽毛、皮革披在身上当做衣服，这样的装扮被称之为‘达妆’。(阮汉闻认为：“中州地区的人也是这样的。”)那些披散着头发，在野地里祭祀的人们，辛有预言他们终将沦为戎夷。晋武帝太康年间，民间流行起穿戴用毡毛制成的帞头、络带和裤口的风尚，人们甚至拿这样的穿着来互相开玩笑，彼此戏称对方为‘胡儿’。结果没过多久，匈奴人刘渊、羯人石勒就相继作乱。”《河间府志》编纂于万历四十三年，仅仅过去不到两年时间，努尔哈赤就在赫图阿拉建立了后金政权。到了今天这个地步，“士庶百姓人人身着胡服缦缨，已然全部都换成了戎夷的习俗了，而高冠重履这样的服饰，早已不再是这片中华大地上的人们的样貌了！”(此处引用的是梁敬帝当年诏书的文字。)有识之士难道能够面对这般惨祸而不悲悼吗？难道能够面对如此祸乱而不去追溯其根源吗？

左衽

宋周必大《二老堂诗话》云：“陈益为奉使金国属官，过滹沱光武庙，见塑像左衽。”岳珂《桯史》云：“至涟水宣圣殿，像左衽。泗州塔院设五百应真像，或塑或刻，皆左衽。”此制盖金人为之，迄于明初而未尽除。其见于《实录》者，永乐八年，抚安山东给事中王铎之奏；宣德七年，河南彰德府林县训导杜本之奏；正统十三年，山西绛县训导张干之奏。屡奉明旨，而未即改正。

【译文】宋代周必大在《二老堂诗话》中记载说：“陈益担任奉

使金国属官，在途经滹沱地区时路过光武庙，他发现庙中塑像的服饰皆为左衽。”岳珂在《桯史》中记载称：“（开禧北伐时期）我途经涟水县时，宣圣殿中所供奉的塑像的衣着全部都是左衽。在泗州的寺院内所供奉的五百座罗汉像，有的是塑像有的是雕像，服装都是左衽。”类似这样的服饰形制，大约都是金国人塑造的，一直到了明朝初年都没能尽数废除改建。此类案例，被《明实录》所收录的有：永乐八年，抚安山东给事中王铎的奏疏；宣德七年，河南彰德府林县训导杜本的奏疏；正统十三年，山西绛县训导张干的奏疏。虽然朝廷对此多次下达了明确的命令，可是依旧未能很快改正。

《丧大记》：“小敛、大敛，祭服不倒，皆左衽。”注：“左衽，衽乡左，反生时也。”正义曰：“衽，衣襟也。生乡右，左手解抽带便也。死则襟乡左，示不复解也。”

【译文】《礼记·丧大记》中记载称：“小殓、大殓的时候，祭服不能颠倒放置，衣襟都要朝向左面。”郑玄对此注解说：“左衽，就是衣襟向左的意思，表示与在世的时候相反。”孔颖达在《礼记正义》中说：“衽，就是衣襟。在世时衣襟向右，这样正好方便左手解开抽带。去世后，衣襟则必须向左，这是表示人已经走了，身上的衣服再也不会解开了。”

行 縢

《诗》："邪幅在下。"笺云："邪幅，如今行縢也。偪束其胫，自足至膝。"《左传》："带裳幅舄。"注同。亦作"偪"。《礼记》："偪屦着綦。"《释名》："偪，所以自逼束，今谓之行縢，言以裹脚，可以跳腾轻便也。"《战国策》："苏秦羸縢负书担囊。"《吴志》："吕蒙为兵作绛衣行縢。"《旧唐书》："德宗入骆谷，值霖雨，道涂险滑，卫士多亡归朱泚。东川节度使李叔明之子升及郭子仪之子曙、令狐彰之子建等六人，恐有奸人危乘舆，相与啮臂为盟，着行縢钉鞋，更鞚上马，以至梁州，它人皆不得近。及还京师，上皆以为禁卫将军，宠遇甚厚。"①

【注释】①本节文字《旧唐书》无载，当为《资治通鉴》卷第二百三十二贞元三年六月条。

【译文】《诗经·采菽》中提到了："邪幅在下。"郑玄笺释称："邪幅，就类似于现在的行縢。将绑腿布从脚一直裹到膝盖，用来紧紧约束着小腿。"《左传》鲁桓公二年中记载有"带、裳、幅、舄。"其中对"幅"的解释同诗经一样。"幅"在其他著作中有时也写作"偪"。例如《礼记》中就记录有"偪，屦着綦。"《释名》中记载称"偪这个字的意思，即逼迫约束。现如今将之称为行縢，用来包裹小腿，能够使跳跃腾挪这样的动作做起来更加轻松方便。"《战国策》中亦记载说："苏秦绑着裹腿布，背着书和行囊"。《吴志·吕蒙传》中亦记载称："吕蒙为将士们制作了深红色的军服和绑腿。"《旧唐书》中记载:“唐德宗进入骆谷时,正值连绵大雨天气,道路泥泞湿滑,非常危险,有许多卫士因而逃亡,归附了叛将朱泚。东川节度使李叔明的儿子李升、郭子仪的儿子郭曙以及令狐彰的儿子令狐建等六人,担心此时会有奸邪之人危及唐德宗的安全,于是这六个人一起咬破手臂,相互立下盟誓。他们裹着绑腿布,脚上踏着钉鞋,轮流驾驭皇帝的马车,交替行进,就这样抵达了梁州,其他任何人都无法接近皇帝半步。等到安全回到了长安之后,唐德宗将这六个人全部任命为了禁卫将军,对他们的恩宠待遇都无比优厚。”

古人之襪[1],大抵以皮为之。《春秋左氏传》注曰:“古者臣见君解韤。”既解韤,则露其邪幅,而人得见之。《采菽》之诗,所以为咏。今之村民往往行縢而不韤者,古人之遗制也。吴贺邵,为人美容止,坐常着襪,始从“衣”字。希见其足。则汉魏之世,不襪而见足者多矣。

【注释】①襪:与下文“韤”,原文都不简化为“袜”字,以示区别。译文则不拘此例。

【译文】古代人的袜子,大多是以皮革为材质制作而成的。在对《左传》鲁哀公二十五年的注解说:“古时臣子面见君主的时候,必须要脱掉袜子。”既然已经将袜子脱去,必然就露出了他的绑腿布,那么人们也就能够看见了。这便是《诗经·采菽》这首诗创作的由来。现如今乡村的居民们通常只裹绑腿布,却不穿袜子,这实际上可以说是继承了古代遗留下的制度。据记载,吴国的贺邵容貌端庄,品行中正，登堂落座，经常穿着袜子（到这时才“袜”字以“衣”为偏旁。）人们很少能看到他的脚。那么这样说来，在汉魏时代，不穿袜子而露出双脚，是比较常见的一种情形。

乐 府

乐府是官署之名。其官有令，有音监，有游徼。《汉书·张放传》：“使大奴骏等四十余人，群党盛兵弩，白昼入乐府，攻射官寺。”《霍光传》：“奏昌邑王，大行在前殿发乐府乐器。”《续汉书·律历志》：“元帝时，郎中京房知五声之音，六十律[①]之数。上使太子太傅韦玄成，谏议大夫章杂试问房于乐府。”是也。后人乃以乐府所采之诗，即名之曰“乐府”，误矣。曰“古乐府”，尤误。《后汉书·马廖传》言：“哀帝去乐府。”注云：“哀帝即位，诏罢郑卫之音，减郊祭及武乐等人数。”是亦以乐府所肄之诗，即名之乐府也。

【注释】①六十律：为西汉人京房在十二律的基础之上，所提出的一种音律理论，解决了十二律无法旋相为宫的问题，具有一定的科学性。此外，事实上六十律理论在生律至第五十四律时，音差已十分微小，实际已经能够旋宫转调，而京房选择继续生律至六十律，则是为了将音律与历数相统一，以六十律对于一年三百六十天。

【译文】乐府，是一种古代官署的名称。乐府下设的官员有乐府令、乐府音监以及乐府游徼等。《汉书·张放传》记载称：“张放指使一个名叫骏的身材高大家奴，并纠集了四十多人，聚众群集，手持兵刃弓弩，竟在光天化日之下闯入乐府官署，向官邸发起冲击。”《汉书·霍光传》中记载：“霍光等人上书奏劾昌邑王称，先帝刚刚去世不久，灵柩尚停放在前殿，昌邑王就已经遣人将乐府中的乐器取了出来。”《后汉书·律历志》记载称：“汉元帝时期，因为郎中京房懂得五声的音律，掌握六十律的生律规则。于是，元帝就派遣太子太傅韦玄成与一位名叫章的谏议大夫一道去乐府向京房询问了解具体的原理。”这些都是史书中有关乐府作为官署的记载。后世的人们却把乐府所采集收录的诗歌作品，直接就命名为“乐府”，这是完全错误的啊。甚至还称为“古乐府”，那更是错的了。（《后汉书·马廖传》记载其所上奏疏，其中有“哀帝去乐府”云云。注解称：“汉哀帝即位之后，下诏命令罢去如同郑卫之音一般浮靡的音乐，削减郊祭以及武乐等活动的人数规模。”那么这样看来，乐府中所习之诗歌，也是可以就以乐府为名的。）

寺

“寺”字自古至今，凡三变。三代以上，凡言寺者，皆奄竖之名。《周礼》“寺人”注：“寺之言侍也。”《诗》云“寺人”。《孟子》《易》之“阍寺”，《诗》之“妇寺”，《左传》：“寺人貂”“寺人披”“寺人孟张”“寺人惠墙、伊戾”“寺人柳”“寺人罗”，皆此也。崔杼使圉人驾，寺人御而出。

【译文】“寺”这个字的含义从古至今大致有三次变化。在夏、商、周三代以上，只要是使用寺这个字的情况，指的都是宦官的名称。在《周礼》之中对“寺人”二字的注解是：“寺这个字实际就是侍奉的意思。”《诗经·小雅·巷伯》中说的“寺人”。《孟子》《易经》中的“阍寺”，《诗经·大雅·瞻卬》中的“妇寺”，以及《左传》中散见于各处的“寺人貂”“寺人披”“寺人孟张”“寺人惠墙、伊戾”“寺人柳”“寺人罗”等等，都属于这样的情况。（《左传》鲁襄公二十七年记载：“崔杼命令养马人将马车套好，宦官们驾着马车出门。”）

自秦以宦者任外廷之职，而官舍通谓之寺。《说文》：“寺，廷也，有法度者也。”此亦是汉时解耳。汉人以太常、光禄勋、卫尉、太仆、廷尉、大鸿胪、宗正、大司农、少府为九寺。又，御史府亦谓之御史大夫寺。《汉书·元帝纪》注，师古曰：“凡府庭所在，皆谓之寺。”《风俗通》曰：“寺，司也。”《唐书·杨收传》：“汉制，总群官而听曰省，分务而专治曰寺。诸官府所止皆曰寺。”《后汉书·安帝纪》：“皇太后幸洛阳寺及若卢狱，录囚徒。”注：“寺，官舍也。”《张湛传》：“告归平陵，望寺门而步。”注：“寺门，即平陵县门也。”《乐恢传》：“父为县吏，得罪于令。恢年十一，常俯伏寺门。”《吴志·凌统传》亦云：“过本县，步入寺门。”

【译文】自从秦朝将外廷的职务授予宦官起，其官舍就通称为寺了。（《说文解字》中说：“寺，就是廷的意思，是职掌朝廷法度的地方。”这个解释也是在汉代才有的含义。）汉代人将太常、光禄勋、卫尉、太仆、廷尉、大鸿胪、宗正、大司农、少府统称为九寺。（此外，御史府也被称为御史大夫寺。在《汉书·元帝纪》的注解中，颜师古说："凡是公堂衙门、政府官署所在的地方，都称之为寺。"《风俗通义》中说："寺，就是司的意思。"《新唐书·杨收转》中记载称："汉代的制度，总领百官来治国理政的部门称为省，分工专管具体事务的部门称为寺。各个官府衙门所在之处都称为寺。"《后汉书·安帝纪》中记载称："皇太后前往洛阳寺以及若卢诏狱，考察案件、核准判决。"注解说："寺，就是官舍的意思。"《后汉书·张湛传》中记载称："张湛请假回到平陵，远远看见了'寺门'就下马步行。"注解称："寺门，这里指的就是平陵县县衙。"《后汉书·乐恢传》："乐恢的父亲在任职县吏期间，得罪了当地县令。乐恢彼时年仅十一岁，时常俯伏于'寺门'前。"《三国志·吴志·凌统传》中也记载称："凌统经过家乡余杭县，下马步行进入'寺门'。"）

又变而浮屠之居，亦谓之寺矣。《石林燕语》："汉以来，九卿官府皆名曰寺，鸿胪其一也，本以待四裔宾客。明帝时，摄摩腾、竺法兰，自西域以白马负经至，舍于鸿胪寺。既死，尸不坏，因留寺中，后遂以为浮屠之居，即洛中白马寺也。僧居称寺本此。"

【译文】再后来，寺的含义又一次发生变化，即佛教信徒所居之地也被称之为寺了。（《石林燕语》中记载称："汉代以来，九卿的官署都称之为寺，鸿胪寺就是其中之一，鸿胪寺原本是用来接待四方来客的。汉明帝时，摄摩腾、竺法兰牵着背有佛经的白马从西域来到中国，就下榻在鸿胪寺。他们去世之后，尸骨没有腐坏，于是就保存在鸿胪寺中，之后逐渐就成为了佛教信徒的居所，也就是洛阳的白马寺。僧人居所称寺的缘由，就是从这里来的。”）

省

十三布政使司，今人谓之十三省者，沿元之旧而误称之也。元时为行中书省者十一：曰辽阳等处，日镇东，曰陕西等处，曰四川等处，曰河南江北等处，曰云南等处，曰江浙等处，曰江西等处，曰湖广等处，曰甘肃等处，日岭北等处。国初沿元制，立行中书省。洪武七年，以京畿、应天等府直隶六部，改行中书省为布政使司，今当称十三布政使司，不当称省。

【译文】十三布政使司，也就是现在人们所说的十三省，这是沿袭元代旧名的一种误称。元代作为行中书省的行政单位有十一个，分别是：辽阳等处行中书省、镇东行中书省、陕西等处行中书省、四川等处行中书省、河南江北等处行中书省、云南等处行中书省、江浙等处行中书省、江西等处行中书省、湖广等处行中书省、甘肃等处行中书省、岭北等处行中书省。明朝建立之初沿袭元代制度，也设立了行中书省。洪武七年，朱元璋下令将京畿、应天等府直接隶属于六部管辖，并且将行中书省改为布政使司，因此现在应当称之为十三布政使司，而不该成为十三省。

职官受杖

撞郎[①]之事，始于汉明。后代因之，有杖属官之法。曹公“性严，掾属公事，往往加杖。”[②]《魏略》：“韩宣以当受杖，豫脱裤，缠裈，面缚。”宋刘道锡为广州刺史，杖治中荀齐文垂死。魏刘仁之监作晋阳城，杖前殷州刺史裴瑗、并州刺史王绰。隋文帝诏诸司，论属官罪，有律轻情重者，听于律外斟酌决杖。燕荣为幽州总管，元弘嗣除长史，惧辱固辞。上知之，敕荣曰：“弘嗣杖十已上罪皆奏闻。”荣忿曰：“竖子何敢弄我！”乃遣弘嗣监纳仓粟，扬得一糠一秕皆罚之，每笞不满十，然一日中或至三数。杜子美《送高三十五》诗：“脱身簿尉中，始与捶楚辞。”唐时自簿尉以上即不加捶楚，优于南北朝多矣。

【注释】①撞郎：《后汉书·钟离意传》：“（汉明帝）尝以事怒郎药崧，以杖撞之。……崧曰：‘天子穆穆，诸侯煌煌，未闻人君自起撞郎。’帝赦之。”后世于是以“撞郎”为直臣的典故。②曹公：指曹操，引文见《三国志·魏志·何夔传》。下文小字原注所引韩宣事，则在曹丕时，参见《三国志·魏志·裴潜传》裴松之注引《魏略》文。

【译文】像撞郎这样的事情，是从汉明帝开始的。后世沿袭了这一风气，于是就产生了杖责属官的做法。曹公生性严厉，属下官吏办理公务，常常会遭受杖责。（《魏略》中记载称：“韩宣因事受到杖刑，预先脱去了裤子，只缠一条裈裤，双手反绑于背，面朝前，等待受罚。”）南朝宋刘道锡担任广州刺史，杖罚治中从事荀齐文，几乎把他打死。北魏刘仁之监督修筑晋阳城时，杖罚前殷州刺史裴瑗、并州刺史王绰。隋文帝曾下诏书，命相关部门在给属下官吏定罪时，如出现有按律法罪轻，而具体情节严重的情况，可以允许其在法律条文之外，根据实际情况酌情判处杖刑。当时，燕荣担任幽州总管，元弘嗣被任命为幽州长史，因为担心被燕荣的刑罚所侮辱，因此坚决推辞。隋文帝听闻了这件事情，下诏命令燕荣说："凡是处罚元弘嗣杖刑超过十杖以上的判决，都必须上奏让朕知道。"燕荣接诏后忿恨地说："元弘嗣这小子竟然敢在背后搞鬼！"于是他就派遣元弘嗣去监督纳粮的仓库，只要簸扬粮谷时发现哪怕还有一糠一秕没有扬尽，都会惩罚元弘嗣，每次鞭笞都不超过十下，但一天之内有时往往会罚好几次。杜甫在《送高三十五书记十五韵》这首诗中就曾写道："脱身簿尉中，始与捶楚辞。"到了唐朝的时候，从主簿、县尉以上的地方官吏，就不能对其加以捶楚杖责了，这一点要比南北朝时期进步了很多。

《黄氏日钞》："读韩文公《赠张功曹诗》云：'判司卑官不堪说，未免捶楚尘埃间。'《通鉴》注："唐谓州曹诸司参军为判司。"然则唐之判司、簿尉类然与？然唐人之待卑官虽严，而卑官犹得以自申其法，如刘仁轨为陈仓尉，擅杀折冲都尉鲁宁是也。我朝判司、簿尉以待新进士，而管库监当不以辱之，视唐重矣。乃近日上官苦役苛责，甚于奴仆。官之辱，法之屈也，此事关系世道。"

【译文】宋代黄震在《黄氏日钞》中写道："读韩愈《八月十五

夜赠张功曹》一诗，其中有句云：‘判司卑官不堪说，未免捶楚尘埃间。’（《资治通鉴》注解称：“唐代将州曹诸司参军称为判司。”）如此来看，唐代的判司当是与主簿、县尉类似的官职？唐代对待品级低微的官吏虽然非常严苛，然而小吏卑官仍能够来为自己申诉，例如唐初的刘仁贵在担任陈仓尉时，擅自处死了折冲都尉鲁宁一案就是如此。宋朝官制惯例，一般将判司、主簿、县尉等官授予新科进士，则管库监当不能够随意折辱，这一点较之唐代又有所重视。只是近年来，上级官员所下发的苦役差事，下级官员稍有不慎就要受到严苛责罚，简直连奴婢仆役都不如。像这样对于官吏的羞辱，就是对律法的屈辱啊，这件事情关系着世道人心。”

唐自兵兴以后，杖决之行，即不止于簿尉。张镐杖杀豪州刺史闾丘晓，严武杖杀梓州刺史章彝，韩皋杖杀安吉令孙澥，柳仲郢杖杀南郑令权奕。刘晏为观察，自刺史六品以下，得杖而后奏，则著之于令矣。《宋史》：“理宗淳祐二年三月诏：今后州县官有罪，帅司[1]毋辄加杖责。”

【注释】①帅司：宋代在诸路置安抚司或经略安抚司，以朝臣充任，掌一路军政之事，称帅司。

【译文】唐代自战乱之后，随意杖杀官员的行为，已不仅限于针对主簿、县尉这样的下级官吏。例如张镐杖杀豪州刺史闾丘晓，严武杖杀梓州刺史章彝，韩皋杖杀安吉令孙澥，柳仲郢杖杀南郑令权奕。刘宴任职观察，（唐代宗命他）自刺史等六品以下的官员，可以有权力先行杖罚，然后再上奏朝廷。这样一来，杖罚官员就有了明确的行政命令确定下来了。《宋史》中记载称："宋理宗在淳祐二年三月颁布诏令称：'从今而后，地方州县各级官员如果发生违法犯罪行为，帅司不允许自行加以杖责。'"

《晋书·王濛传》："为司徒左西属。濛以此职有谴则应受杖，固辞。诏为停罚，犹不就。"则不独外吏矣。《南齐书·陆澄传》："郎官旧有坐杖，有名无实。澄在官，积前后罚，一日并受千杖。"《南史·萧琛传》："齐明帝用法严峻，尚书郎坐杖罚者，皆即科行。琛乃密启曰：'郎有杖，起自后汉。尔时郎官位卑，亲主文案，与令史[1]不异，故郎三十五人，令史二十人，士人多耻为此职。自魏晋以来，郎官稍重，今方参用高华，吏部又近于通贵，不应官高昔品，而罚遵曩科。所以从来弹举，止是空文，许以推迁，或逢赦恩，或入春令[2]，便得息停。宋元嘉、大明中，有被罚者，别繇犯忤主心，非关常准。泰始、建元以来，并未施行。自奉敕之后，已行仓部郎江重欣杖督五十，无不人怀慚惧。乞特赐输赎，使与令史有异，以彰优缓之泽。'帝纳之。自是应受罚者，依旧不行。"此今日公谴拟杖之所自始。

【注释】①令史：低级别的官吏，主管案牍文书之类的工作。②春令：原指春季之节令，又指宽和的政令。古人认为春主生荣，秋主杀伐，故有宽和之意。

【译文】《晋书·王濛传》中记载称："王濛担任司徒左西属。由于这个职务一旦出现错误就会遭受杖责，因此王濛坚决推辞不受。即使皇帝颁布诏令，允许对其不行杖罚，王濛依旧不愿就任。”那么也就是说杖罚的对象并不仅限于地方官员。《南齐书·陆澄传》中记载称：“依照旧制，郎官犯错，是要遭受杖罚的，但实际上这一制度只不过是有名无实。陆澄在尚书殿中郎任上，先后积累下来所应受的责罚，合计一天就要挨上一千杖。”《南史·萧琛传》之记载称：“齐明帝时法度非常严酷，尚书郎若有触犯了杖罚之律的情况，一律立即执行。对此，萧琛向齐明帝递交了一封密奏说：‘郎官受到杖责的处罚，这是从东汉起才有的制度。但那个时候，郎官的官阶职位还很低微，是负责亲自主持案牍文书工作的，几乎和令史没有什么区别，因此当时所设置的郎官三十五人，令史二十人，为大多数士人所耻，不愿担任。自从魏晋以来，郎官的重要性略有提升，而如今朝廷正启用一些出身高贵的士人担任郎官，况且吏部的地位又近于通达显贵，郎官的品阶职权皆高于往昔，而对其处罚的方式与标准却仍旧遵循以前的规则，这样的做法显然是不合适的。因此一直以来对郎官的弹劾察举，都仅有杖罚的空文，并不会实际执行。默许其推迟迁延，有时幸逢圣上恩赦免刑，又有的一直拖到政令宽和的时候，便得以止刑免责。南朝宋元嘉、大明年间，的确有被实际被行杖罚的案例，但这几个案例都有其他的缘由，是因为他们触犯主上，忤逆了圣心导致的，并不是惯常的准则。而自从泰始、建元以来，杖责郎官的刑罚，并没有真的施行过。但如今，自从奉行圣上的诏令以后，已经执行的杖刑就有对仓部郎江重欣五十杖刑罚。百官士人，没有不对此感到羞愧，心怀恐惧的。因而上疏乞求圣上赐准，能以财务替代，以赎杖刑之罪，可令对郎官的责惩与令史有所区别，以彰显圣上优待宽大郎官的恩泽。’齐明帝采纳了这条建议。从此以后应当受到杖罚的郎官，仍然依照旧例不予执行。”这就是如今公谴拟杖的由来。

《世说》：“桓公[①]在荆州，耻以威刑肃物[②]。令史受杖，正从朱衣上过，桓式[③]年少，从外来云：‘向从阁下过，见令史受杖，上捎云根[④]，下拂地足[⑤]。’桓公曰：‘我犹患其重。’”是令史服朱衣而受杖也。《南史·孔觊传》：“为御史中丞，鞭令史，为有司所纠，原不问。”

【注释】①桓公：即桓温，字元子。东晋政治家、军事家、权臣。②肃物：惩戒他人。③桓式：即桓歆，字叔道，小字武，桓温第三子，官至尚书。④云根：云起之处，意指举杖之高。⑤地足：即地面，意指落杖之低。

【译文】《世说新语》中记载称：“桓温担任荆州刺史期间，认为用威力刑法来惩戒属下是可耻的行为。令史受到杖刑的处罚时，棍棒也只不过是从红色的官服上轻轻一带而过，桓式当时年纪还小，从外头进来对父亲说：‘方才我从官署前经过，看到令史正在接受杖刑，那杖高高地举起像是捎带到云根，轻轻地落下，又像是拂过地面。’桓温回答他说：‘即便如此，我还是担心打得太重了。’”这是令史身着红色官服接受杖刑的案例。（《南史·孔觊传》中记载称：“孔觊担任御史中丞期间，曾经鞭笞过令史，因此事被有关部门所纠劾，所幸被朝廷宽恕，没有追究孔觊的责任。”）

《南齐书·张融传》："大明五年制：二品清官，行僮干[①]杖，不得出十。"《梁书·江蒨传》："弟葺，为吏部郎，坐杖曹中干免官。"郎官之杖，虚杖也，故至于千；僮干之杖，实杖也，不得过十。然亦失中之法。

【注释】①僮干：一般指奴仆和卑官。南北朝时多泛指服杂役的低级胥吏。后文"曹中干"之"干"亦即此义。

【译文】《南齐书·张融传》中记载称："宋孝武帝大明五年曾制令：官阶二品的清贵官员如果要处罚官职低微的小吏，不得超过十杖之数。"《梁书·江蒨传》中记载称："（江蒨的）弟弟江葺在担任吏部郎期间，因杖罚官署中办事的吏员而被罢免了官职。"针对郎官的杖刑，只是一种名义上的刑罚，因此行杖之数能以千计。而对僮干的杖刑，那是实实在在要执行的，因此行杖之数不能超过十下。但即便如此，这其实也是一种有失公允的法度。

沈统，"大明中为著作佐郎。先是，五省官所给干僮，不得杂役。太祖世，坐以免官者前后数百人。统役僮过差，有司奏免。世祖诏曰：'自顷干僮多不祗给，主可量听行杖。'得行干杖，自此始也。"[①]

【注释】①语出《宋书》卷六十三。"统役僮过差"，《宋书》原文作"统轻役过差"。

【译文】《宋书·沈统传》中记载称：沈统“在大明年间担任著作佐郎一职。起初，五省官所提供的胥吏僮仆，是不允许随意指派他们从事无关杂务的。在宋太祖刘义隆之时，因为触犯这一项规定而被免职的官员，前后共计好几百人。沈统差遣手下胥吏有所失度，被相关部门上奏弹劾，请求罢免他的职务。宋世祖刘骏下达诏令称：‘近来，这些胥吏僮仆好多都不是由官府所提供的，因此主人可以根据实际情况酌情杖责。’主人或上级能够对僮干动用杖刑，就是从这以后开始的。”

北朝政令，比之南朝，尤为严切。《高允传》言：“魏初法严，朝士多见杖罚。”《孝昭帝纪》言：“尚书郎中，剖断有失，辄加捶楚。”而及其末世，则有如高阳王雍之以州牧而杖杀职官《任城王澄传》，唐邕之以录尚书而挝挞朝士[①]《本传》者矣。

【注释】①语见《北齐书》卷四十，“司空从事中郎封长业、太尉记室参军平涛并为征官钱违限，邕各杖背二十。齐时宰相，未有挝挞朝士者，至是甚骇物听。”

【译文】相较于南朝，北朝时期各个政权的行政法令要更为绵密严峻。《魏书·高允传》中记载称：“北魏立国之初，严刑峻法，朝堂之上的大臣们往往会遭受杖刑。”《北齐书·孝昭帝纪》记载称：“尚书郎中任事，剖明决断但有失疏，就要遭受鞭笞杖击。”但等到这些政权的末期，就会出现例如北魏高阳王元雍在司州牧任上，私自杖打属下任职官员，致其死亡。（参见《魏书·任城王澄传》。）以及北齐唐邕竟以堂堂录尚书的身份挝挞朝臣的情况。(参见《北齐书·唐邕传》。)

押字

《集古录》有“五代时帝王将相等署字一卷”。所谓署字者,皆草书其名,今俗谓之画押,不知始于何代。岳珂《古冢盆杅记》[①]言:“得晋永宁元年甓[②],有匠者姓名,下有文如押字。”则晋已有之,然不可考。《南齐书》:“太祖在领军府,令纪僧真学上手迹下名,报答书疏,皆付僧真。上观之,笑曰:‘我亦不复能别也。’”何敬容署名,“敬”字则大作“苟”,小为“文”,“容”字大为“父”。陆倕戏曰:“公家‘苟’既奇大,‘父’亦不小。”[③]《魏书》:“崔玄伯尤善行押之书,特尽精巧,而不见遗迹。”《北史》:“斛律金不识文字,初名敦,苦其难署,改名为金,从其便易。犹以为难,神武乃指屋角,令识之。”[④]《北齐书》:“厍狄干不知书,署名为‘干’字,逆上画之,时人谓之‘穿锥’。又有武将王周,署名先为‘吉’,而后成其外。”《陈书》:“萧引善隶书,高宗尝披奏事,指引署名曰:‘此字笔势翩翩,似鸟之欲飞。’”《唐书》:“董昌僭位,下制诏,皆自署名。或曰:‘帝王无押诏。’昌曰:‘不亲署,何由知我为天子?’”今人亦谓之“花字”。《北齐·后主纪》:“开府千余,仪同无数,领军一时二十,连判文书,各作花字,《北史》:“各作依字”。不具姓名,莫知谁也。”[⑤]黄伯思谓:“魏晋以来法书,梁御府所藏皆是，朱异、唐怀克、沈炽文、姚怀珍等题名于首尾纸缝间，故或谓之押缝，或谓之押尾。后人花押，盖沿于此。”又云：“唐人及国初前辈，与人书牍，或只用押字，与名用之无异，上表章亦或尔，近世遂施押字于檄移。”⑥《癸辛杂识》：“古人押字谓之花押印，是用名字稍花之，如韦陟五云体是也。”不知南北诸史，言押字者如此之多。而《韩非子》言：“田婴令官具押券，斗石参升之计。”则战国时已有之，又不始于后世也。

【注释】①古冢盆杅记：非书名，当出岳珂《桯史》卷一“晋盆杅”，记大雨损毁古墓，出土古物之事。②甓：砖，此处当指墓砖。③本节当出《南史》卷三十，《梁书》本传未载此事。④语见《北史》卷五十四。按，“神武乃指屋角，令识之”句，当出《升庵集》卷五十八，而《北史》原文作“司马子如教为金字，作屋况之，其字乃就。”⑤见《北齐书》卷八，书称出《后主纪》，检《北齐书》，当出《幼主纪》。开府：开府仪同三司的省称，属加衔、赠官。仪同：仪同三司的省称，亦为加衔。北朝有仪同三司、开府仪同三司之分。领军：北朝领军将军的省称，总领禁军宿卫宫殿。另按，“各作花字”，小字原注称《北史》：“各作依字”。然检《北齐书》《北史》，今皆作“依”字。陈援庵先生注称“宋本亦作‘依’字”，未能得见，所见明汲古阁本《北齐书》书作“依”字。⑥语出《东观余论》，北宋黄伯思著。黄伯思，字长睿，号云林子，书法家。

【译文】宋代欧阳修在《集古录》中就记录有“五代时帝王将相等署字一卷”。所谓署字的意思，指的是都是用草书书写自己的姓名，即如同现在俗话里说的画押，起源于何时已不可考。在宋代岳珂所著的《桯史》中有一篇《古冢盆杅记》，其文称：“（自墓中）获得刻有‘晋永宁元年’字样的墓砖，上面还记录有制砖匠人的姓名，姓名下方还有类似押字一样的文字。”那么这样看来，晋代就已经有押字的这类形式了，只是没有办法确切地考证。《南齐书》记载称：“齐太祖萧道成在领军府统领禁军期间，命令纪僧真模仿学习自己的笔迹和签名，自后所有批复、答书、信札、奏疏等等，全部交付纪僧真来完成。萧道成看了他的字迹，笑着说：‘连我自己也无法再做区别了啊。’”《南史》中记载称：“何敬容在写自己的名字时，习惯将‘敬’字中的‘苟’写得很大，而将‘文’写得很小，将‘容’字”中的‘父’写得很大。陆倕因此拿他开玩笑说：‘您家的“苟”已然奇大，而“父”亦是不小。’”《魏书》中记载称：“崔玄伯特别擅长行押之书，细致工巧到了极致，可惜其书法真迹却没能遗存下来。”《北史》中记载称：“斛律金不懂得识文断字，最初他的本名本名原是敦，他觉得敦字实在是太难写了，因此改名为金，为的是写起来方便容易。但他仍然觉得金字写起来有困难，北齐神武帝高欢就指着屋角（以形象助其理解字形字义），让他学习这个字的写法。”《北齐书》中记载称：“厍狄干不识字也不会写字，签名的时候写‘干’字，将其中一竖自下往上倒着写成，当时的人们称之为‘穿锥’。此外，还有一个叫王周的武将，签名的时候，写‘周’字先写里面的‘吉’字，然后再在外面画个框儿。”《陈书》中记载称：“萧引擅长隶书，陈高宗曾经在某次披阅奏疏时，指着萧引的签名说：‘萧引这手字写得真是笔势翩跹，就好似那鸟儿展翅欲飞之貌。’”《新唐书》中记载称：“董昌僭登伪位，所颁布的制书诏令，落款全部都要亲自署上自己的大名。手下就有人纠正说：‘为帝王者，是没有在诏书上签名画押的啊。’可董昌却说：‘不亲自署名，人们要怎么才能知道我就是天子呢？’”现如今人们也管这个称为“花字”。《北齐书·后主纪》中记载称：“（北齐幼主高恒）封赏了千余个开府仪同三司，还有数不清的仪同三司，掌管禁军的领军将军一时间竟有二十人。各类政令文书，接连下达，上面都只签着花字，（《北史》中的记载是：“各作依字”。）不列出具体姓名，都不知道是谁。”宋代黄伯思所著《东观余论》称：“魏晋以来的名家书法作品，梁朝皇宫内府内的秘籍珍藏，皆是如此。朱异、唐怀克、沈炽文、姚怀珍等人将姓名题写在书卷首尾的纸缝之间，故此有人就称之为押缝，有人称之为押尾。后世所谓的花押，大约就是从这里承袭沿用下来的。”又说：“唐朝人以及宋朝开国之初的前辈们，在写给他人的书牍之上，有时只使用押字，这与亲笔签名相比，在使用上并没有差别。即便是向皇帝上奏表章，偶尔也会如此。不过近代以来就逐渐将押字运用在了檄文、移文上了。”（周密《癸辛杂识》中称：“古代人将押字称之为花押印，这指的是签的仍是名字，只不过稍稍花哨潦草一些，就类似于韦陟的五云体就是这样。”）没想到南北朝时期的各朝史书中，提到押字的地方竟有如此之多。而《韩非子》中提到说：“田婴就下令让官吏准备好画过押的契券，以及石、斗、升这些容量单位的账目。”那么照这样来看，在战国的时候就已经有押字了，并不是在后世才开始有的。

《三国志·少帝纪》注：“《世说》及《魏氏春秋》并云：姜维寇陇右。时安东将军司马文王镇许昌，征还击维，至京师，帝御平乐观以临军过。中领军许允与左右小臣谋，因文王辞，杀之，勒其众以退大将军。已书诏于前，文王入，帝方食粟，优人云午等唱曰：‘青头鸡，青头鸡。’青头鸡者，鸭也。帝惧不敢发。”按鸭者，劝帝押诏书耳。是则以亲署为押，已见于三国时矣。南北朝谓之画敕。

【译文】《三国志·少帝纪》裴松之注引称：“《世语》和《魏氏春秋》中都记载说：（这年秋天）姜维进军陇右。当时安东将军司马昭坐镇许昌，被征召回身迎击姜维的部队。司马昭行军抵达了京师洛阳，皇帝（曹芳）亲自驾临平乐观，观看军队行进入城。中领军许允以及皇帝身边的臣僚一同谋划，趁着司马昭辞行的机会，将其处死。收勒接管他手下的军队，并用他们来击退大将军司马师。并且相关的诏书早已拟定于前。此时，司马昭进殿朝见，皇帝正在吃栗子。优人云午等人唱道：‘青头鸡，青头鸡。’青头鸡，就是鸭子的意思。然而曹芳却因为恐惧，不敢下达命令。”上文中“鸭子”的含义，就是劝谏皇帝在诏书上签上押字。如此而言，三国时代就已经出现了帝王亲自署名来作为押字的情况了。（南北朝时期将其称之为画敕。）

邸 报

《宋史·刘奉世传》：“先是，进奏院[①]每五日具定本报状，上枢密院，然后传之四方。而邸吏[②]辄先期报下，或矫为家书，以入邮置。奉世乞革定本，去实封，但以通函腾报，从之。”《吕溱传》：“侬智高寇岭南，诏奏邸[③]毋得辄报。溱言：‘一方有警，使诸道闻之，共得为备，今欲人不知，此意何也？’”《曹辅传》：“政和后，帝多微行。始民间犹未知，及蔡京谢表，有‘轻车小辇，七赐临幸’，自是邸报闻四方。”“邸报”字见于史书，盖始于此时。然唐孙樵集中有《读开元杂报》一篇，则唐时已有之矣。

【注释】①进奏院：全称钤辖诸道进奏院，或称都进奏院，宋代中央机构之一，主要负责向各地下发传达中央政令，以及作为地方向中央沟通的中转文书机构。②邸吏：进奏官的别称。③奏邸：进奏院别称。

【译文】《宋史·刘奉世传》中记载称：“在此之前，进奏院每五天就要将敲定文本后的报状准备好，上报递交至枢密院，然后再将其散发至各地。然而负责报状的进奏官总是擅自提前向地方发布消息，甚至有人将报状假托是家书，使之进入邮驿系统。刘奉世乞求圣上革除定本制度，并且去除报状上的密封，仅用公函腾报的形式通知。宋神宗采纳了这项建议。”《吕溱传》中记载称：“侬智高在岭南地区为寇作乱，而皇帝颁布诏令命进奏院不允许擅自向地方奏报边事。吕溱上奏说：‘一方出现的战事警情，让诸道各地方都能够听闻最新的消息，可以一起做好守卫防御的准备，可现如今却希望大家都不知道，这是什么意思呢？’”《曹辅传》中记载称：“自从政和以后，皇帝经常会换上便装，微服出行。一开始，民间还不知道有这么一回事，结果等到蔡京所上的谢表中有‘轻车小辇，七赐临幸’这样一句话。从这以后，皇帝微服到民间的事情，就通过邸报为全国各地所知晓了。”“邸报”这两个字出现在史书之上，大约就是从这时开始的。不过，唐代孙樵的文集中，有题为《读开元杂报》这样一篇文章，那么在唐朝的时候邸报就已经出现了。

酒禁

先王之于酒也，礼以先之，刑以后之。《周书·酒诰》："厥或告曰：群饮，汝勿佚，尽执拘以归于周，予其杀！"此刑乱国用重典也。《周官·萍氏》："几酒，谨酒。"而《司虣》："禁以属游饮食于市者。若不可禁，则搏而戮之。"此刑平国用中典也。"一献之礼，宾主百拜，终日饮酒而不得醉焉。"则未及乎刑，而坊之以礼也。故成康以下，天子无甘酒之失，卿士无酣歌之愆。至于幽王，而"天不湎尔"之诗始作，其教严矣。汉兴，萧何造律，三人以上，无故群饮酒，罚金四两。曹参代之，自谓遵其约束，乃园中闻吏醉歌呼，而亦取酒张饮，与相应和。是并其画一之法而亡之也。坊民以礼，酂侯既阙之于前；纠民以刑，平阳复失之于后。弘羊踵此，从而榷酤①，夫亦开之有其渐乎？

【注释】①榷酤（gū）：汉代以后实施的酒类专卖制度，也泛指一切管制酒业取得酒利的措施。

【译文】上古时期的贤明君王对于饮酒这件事的态度是，首先用礼法来劝诫，而后用刑罚来禁止。《周书·酒诰》中就记载称："假如有人报告称：'有人聚众饮酒。'你不要放纵他们，将他们全部都逮捕并拘押至周都，我要把他们全部处死。"这就是所谓的在动荡不安的国家使用刑罚一定要严刑峻法。在《周官·萍氏》中规定其职责即为："监察人们买酒、饮酒有无过量，以及是否符合相关的时令节候。并节制民众使之谨慎用酒。”而在《司虣》中规定其职责为：“禁止人们在集市上聚众游荡、吃吃喝喝的情况出现，如果无法制止，就将其抓捕并加以惩治。”这就是所谓的在承平守成的国家使用刑罚一定是适中适量的。《礼记·乐记》中记载称：“行一献之礼，宾主双方也要相互行许多拜礼，故而即使整日都在饮酒，却也不会喝醉了。”那么这就不必上升到刑罚制度，而是用礼法来防止饮酒过量生出祸端。因此，周成王、周康王之后，天子没有出现过因沉湎于饮酒而造成的过失，卿士百官也没有出现过因痛饮高歌而造成的罪过。到了周幽王的时候，像“天不湎尔”这样的诗句就开始出现了，对饮酒的规诫就严厉的很多。汉朝建立之后，萧何制定律法，规定三个人以上，没有特殊原因却聚在一起喝酒的，要处罚金黄金四两。后来曹参继之担任相国，自称要遵从萧何所制定的法规约束。曹参在园子里听到手下吏员喝醉了酒，放声高歌，大喊大叫，他却也拿过酒杯，摆开座位喝了起来，还和吏员相互应和一道高歌。这是连同萧何的画一之法一并丢弃不用了啊。在运用礼法来防止民众酗酒这一点上，酂侯萧何已经缺失在前；而使用刑法来纠正民众，平阳侯曹参又失误在后。而桑弘羊继之又将这一问题继承了下去，因而施行了榷酤制度，这难道也是先从制度上开了口子，然后再逐渐松弛荒废下去吗?

武帝天汉三年，初榷酒酤。昭帝始元六年，用贤良文学之议罢之，而犹令民得以律占租卖酒，升四钱，遂以为利国之一孔，而酒禁之弛，实滥觞于此。《困学纪闻》谓榷酤之害，甚于鲁之初税亩。然史之所载，自孝宣已后，有时而禁，有时而开。至唐代宗广德二年十二月，诏天下州县，各量定酤酒户，随月纳税，除此之外，不问官私，一切禁断。自此名禁，而实许之酤，意在榷钱，而不在酒矣。宋仁宗乾兴初，言者以天下酒课，月比岁增，无有艺极，非古禁群饮节用之意。孝宗淳熙中，李焘奏，谓："设法劝饮，以敛民财。"[①]周辉《杂志》以为"惟恐其饮不多而课不羡"，此榷酤之弊也。至今代则既不榷缗，而亦无禁令，民间遂以酒为日用之需，比于饔飧[②]之不可阙，若水之流，滔滔皆是。而厚生正德之论，莫有起而持之者矣。

【注释】①此节录自周必大《敷文阁学士李文简公神道碑》，《文忠集》卷六十六。按，所谓"设法劝饮，以敛民财"云，非李焘之策，乃陈当时之现状，实为奏请罢去。②饔飧（yōng sūn）：代指饭食。饔，早饭。飧，晚饭。

【译文】汉武帝天汉三年，首次开始榷酒酤。汉昭帝始元六年，皇帝采纳了贤良文学的建议，废除了榷酤制度，改为下令允许民众百姓依据律法的规定贩卖酒类制品并缴纳相应的税租，应缴纳的税额为每升酒四钱，于是卖酒收税就成了国家增收取利一条途径，而酒禁的松弛，实际也是从这里开始的。（《困学纪闻》中称，榷酤制度的危害，较之于春秋时期鲁国的初税亩制度，更为严重。）然而从史书中所记载的内容来看，在汉宣帝刘询之后，有的时候禁酒，而有时又开放酒禁。到了唐代宗广德二年十二月，皇帝诏告全国各州县地方，命令他们各自确定卖酒人家的数量，每月缴纳酒税，除了这些酒户以外，不论的官府还是私人，一概禁止从事酒类制品的经营活动。从这以后，国家在名义上仍然在施行禁酒的政策，但在实际操作上，却又允许经营贩卖，这样做的目的并不在于酒，而在于从专营的酒类税收中获取财政收入。到了宋仁宗乾兴初年，上书建言的官员认为，全国上下所要求缴纳的酒税，月月年年都在增加，却没有一个统一的准则，这已经丧失了古时候禁止聚众饮酒、提倡节俭物尽其用的用意。宋孝宗淳熙年间，李焘上奏，提到当时有司想尽办法鼓励饮酒，为的就是聚敛民间的财富。周辉在其所著的《清波杂志》中认为，“唯恐百姓喝酒喝得不够多，收缴酒税不够充足”，这就是榷酤制度的弊病所在。而到了现如今，则既不榷酤课税，但也没有限制的禁令，民间就逐渐把酒视为日常生活中的必需品了，就好比像是早晚的餐饭一般不能或缺。这样的情况，就如同滔滔流水一般，到处都是。可是那厚生、正德的论调，就再也没有人起来主张了啊。

邴原①之游学，未尝饮酒，大禹之疏仪狄②也；诸葛亮之治蜀，路无醉人，武王之化妹邦③也。

【注释】①邴原：字根矩，北海朱虚人，东汉末年名士、大臣。②仪狄：相传为夏禹时期善于酿酒的人。③妹邦：《孔传》云：“妹，地名，纣之都朝歌以北是。”《诗经·鄘风·桑中》孔颖达疏引郑玄《酒诰》注云：“妹邦，纣之都所处也。”参见《尚书·周书·酒诰》：“王若曰：‘明大命于妹邦。’”

【译文】邴原在游学期间，滴酒未沾，这就如同大禹之所以疏远仪狄一般；诸葛亮治理蜀地，路边再也没有喝醉的人，这也就好比武王妹邦之民的教化。

《旧唐书·杨惠元传》[①]："充神策京西兵马使，镇奉天。诏移京西戍兵万二千人以备关东，帝御望春楼赐宴，诸将列坐。酒至神策，将士皆不饮。帝使问之，惠元时为都将，对曰：'臣初发奉天，本军帅张巨济与臣等约曰："斯役也，将策大勋，建大名，凯旋之日，当共为欢。苟未戎捷，无以饮酒。"故臣等不敢违约而饮。'既发，有司供饩于道路，唯惠元一军，瓶罍不发。上称叹久之，降玺书慰劳。及田悦叛，诏惠元领禁兵三千，与诸将讨伐，御河夺三桥，皆惠元之功也。"能以众整如此，即治国何难哉！沈括《笔谈》言："太宗朝禁卒买鱼肉及酒入营门者有罪。"

【注释】①按，陈援庵注称"'杨'原作'阳'，《旧唐书》一四四。《新唐书》一五六已改易。"检《旧唐书》《新唐书》本传皆作"阳惠元"，《旧唐书》他处或作"杨惠元"，如卷十二《德宗本纪》、卷一百二十一《李怀光传》、一百三十三《李晟传》等，而《新唐书》暂未见书作"杨惠元"者。陈注"已改易"三字，或非指《新唐书》本传，疑有阙文或标点有误。另，《资治通鉴》亦作"杨惠元"。

【译文】《旧唐书·杨惠元传》中记载称："杨惠元充任神策京西兵马使，镇守奉天。唐德宗下诏将京西戍边的一万两千名边兵征调至关东，来为那里出现的军情做好防御准备。皇帝亲自登上望春楼（检阅送行），赐宴之时，各位将领依次落座。酒上至神策军处，全军将士没有一个举杯饮酒的。唐德宗见状，令人询问原因，杨惠元当时任职都将，回复道：‘当初臣自奉天出发之时，本军统帅张巨济同我们几个约定说：“这一仗，我们要立下大功，打出名气，到凯旋的那一天，我们要一道欢庆。但在战役还没取得胜利的时候，谁都不允许饮酒。”因此，臣等皆不敢违背立下是誓约而饮酒。’大军出发之后，沿途都有相关部门提供的饮食，唯独只有杨惠元这一部的将士，一瓶酒都没有打开过。德宗对此赞叹良久，并赐发专门的诏书予以慰问犒劳。而后田悦起兵叛乱，皇帝又命杨惠元率领禁军三千人，会同其他各位将领一道讨伐。御河一役，夺取三桥，都是杨惠元的功劳。”能够将部众管理的如此严整，即便让其治理国家，又有什么难处啊！（沈括《梦溪笔谈》中记载称：“宋太宗的时候，禁军士卒凡有购买鱼肉荤食以及酒类制品并带入军营内的都要治罪。”）

魏文成帝[①]太安四年，酿酤饮者皆斩。金海陵正隆五年，朝官饮酒者死。元世祖至元二十年，造酒者本身配役，财产、女子没官。可谓用重典者矣。然立法太过，故不久而弛也。水为地险，酒为人险。故《易》爻之言酒者无非《坎》卦。而《萍氏》：“掌国之水禁”，水与酒同官。黄鲁直作《黄彝字说》云：“酒善溺人，故六彝皆以舟为足。”徐尚书石麒有云：“《传》曰：‘水懦弱，民狎而玩之，故多死焉。’酒之祸烈于火，而其亲人甚于水，有以夫世尽夭于酒而不觉也。”读是言者，可以知保生之道。《萤雪丛说》言：“顷年陈公大卿生平好饮。一日席上与同僚谈，举知命者不立乎岩墙之下问之[②]，其人曰：‘酒亦岩墙也。’陈因是有闻，遂终身不饮。”顷者米醪不足，而烟酒兴焉，则真变而为火矣[③]。

【注释】①魏文成帝：即拓跋濬（440—465），北魏第四任皇帝。②知命者不立乎岩墙之下：语出《孟子·尽心上》。岩墙，墙之将覆着，即指危险之境地。③醪：即米酒、浊酒，或泛指酒类。烟酒：似即烟草之谓。清俞正燮《癸巳存稿·吃烟事述》载："性德《渌水亭杂识》云：'今所啖烟草，孙光宪已言之，载于《太平广记》，有僧曰，世尊曾言，山中有草，然烟啖之，可以解倦。'初疑为兰州水烟，然烟本名烟酒。……《盛京通志·物产》《皇朝通志·昆虫草木略》并云：'烟草本名淡巴菰，亦称为烟酒，陇旁隙地多种之，叶肥大至径尺，其近顶处数叶曰盖露。'"故疑"米醪"即指粮食酒，而"烟酒"乃指烟草，酒之未禁，而烟又兴焉，故有所谓"真变而为火矣"云。

【译文】北魏文成帝拓跋濬太安四年，下令凡是酿造、贩卖以及饮用酒类制品的人全部处斩。金海陵王正隆五年，规定朝廷官员若有饮酒之行为，将处以死刑。元世祖至元二十年，酿酒的人自己要被发配去做苦役，而他的财产以及妻子儿女都要被官府收缴。以上这些案例，可谓是严刑峻法了啊。然而所订立的律法准则太过严苛，因此过不了多久就会松弛荒废。水为地之险，酒为人之险。因此《周易》爻象中提到酒的地方无一不是在《坎》卦。而在《周礼·萍氏》中记载称："（萍氏）掌管王国有关水的禁令。"掌管水利与酒类的官职是一样的。（黄庭坚在其所撰写的《黄彝字说》一文中写道："酒容易让人沉湎于其中，因此祭祀所用的六种酒器下面都设有承盘作为撑脚。"）尚书徐石麒曾经说过："《左传》中说：'说水性柔弱，人们待之轻慢，戏水玩水，故而多溺死于水。'因酒而生的祸患要比火来得更猛烈，可酒本身又比水更容易亲近于人，这便是举世之人尽皆夭殁于酒却毫无知觉的道理。"读懂了这段话的人，就能够了解保生延年之道。《萤雪丛说》中称："以前，陈大卿向来喜欢饮酒。有一天，他在宴席上与同僚交谈，举了《孟子》'知命者不立乎岩墙之下'这一句来考问同僚，那个人回答说：'酒也是岩墙啊！'陈大卿听了这番话，于是就终身不再饮酒了。"近年来米醪不足，然而烟酒却又盛行一时，那可真就变成火了。

赌博

万历之末，太平无事，士大夫无所用心，间有相从赌博者。至天启中，始行马吊之戏。而今之朝士，若江南、山东，几于无人不为此，有如韦昭论所云："穷日尽明，继以脂烛。人事旷而不修，宾旅阙而不接"者。吁！可异也。考之《汉书》：安丘侯张拾、邔其己反侯黄遂、樊侯蔡辟方，并坐搏揜[①]，免为城旦[②]。《货殖传》："掘冢博揜，犯奸成富。"王符《潜夫论》："以游博持掩为事。"师古曰："搏，或作博，六博也。揜，意钱之属也。《后汉书·梁冀传》："能挽满、弹棋、格五、六博、蹴鞠、意钱之戏。"皆戏而赌取财物。"[③]《宋书·王景文传》："为右卫将军，坐与奉朝请毛法因蒱戏，得钱百二十万，白衣领职。"《刘康祖传》："为员外郎十年，再坐樗蒲戏免"。《南史·王质传》："为司徒左长史，坐招聚博徒免官。"《金史·刑志》："大定八年，制品官犯赌博法，赃不满五十贯者，其法杖听赎，再犯者杖之。上曰：'杖者，所以罚小人也。既为职官，当先廉耻，既无廉耻，故以小人之罚罚之。'"今律犯赌博者，文官革职为民，武官革职，随舍余[4]食粮差操，亦此意也。但百人之中，未有一人坐罪者，上下相容，而法不行故也。晋陶侃勤于吏职，终日敛膝危坐，阃外[5]多事，千绪万端，罔有遗漏。诸参佐或以谈戏废事者，命取其酒器蒱博之具，悉投于江，将吏则加鞭朴。卒成中兴之业，为晋名臣。唐宋璟为殿中侍御史，同列有博于台中者，将责名品而黜之[6]，博者惶恐自匿，后为开元贤相。而史言文宗切于求理，每至刺史面辞，必殷勤戒敕曰："无嗜博，无饮酒。"内外闻之，莫不悚息。然则勤吏事而纠风愆，乃救时之首务矣。

【注释】①搏揜：此固取赌博之义，然《汉书》所载"搏揜"之罪，似有他解，故取其原文而不译，详见下颜师古注。②城旦：秦汉时期的一种刑罚。应劭曰："城旦者，旦起行治城，四岁刑"，即一种刑期为四至五年左右，负责修筑城墙的劳役。③此节即节引《汉书》卷十六《高惠高后文功臣表》安丘侯张拾条下颜师古注语。然于引文之前，原注另有"搏揜，为搏击揜袭人而夺其物也"数语，故曰"皆谓戏而取人财也（颜注原文）"。则博揜亦可解为袭击抢夺之义。另，"揜"亦可通"掩"，即掩袭夺取之义。④舍余：乃明代户籍制度下的专有名词，其具体含义，因年代久远而模糊，目前学术界尚未得出较为统一的结论。不过，将"舍余"理解为"明代军户下舍人和余丁的合称"应当是大体不错的。有关"舍余"的定义及相关研究，可参考李新峰著《明前期军事制度研究》第四章第三节。食粮，此处当指官府所下发的粮食，即带俸。差操，差事与操备。⑤阃外：指京城或朝廷以外，亦指外任将吏驻守管辖的地域，与中央政府相对。⑥据《唐六典》卷十三"御史台"："殿中侍御史六人，从七品上……殿中侍御史掌殿廷之仪式……凡两京城内则分知左、右巡，各察其所巡之内有不法之事。（小注：谓左降、流移停匿不去，及妖讹、宿宵、蒲博、盗窃、狱讼冤滥……诸此之类，咸举按而奏之。）”

【译文】万历末年，天下太平无事，士大夫没有了可以尽心竭力的对象，于是时不时就有人开始凑在一起赌博。到了天启年间，开始流行起马吊这种游戏。而今朝廷的官员士夫，比如江南、山东等地，几乎到了无人不赌的地步，这般情状，正如同韦昭在《博弈论》中所描述的那样：“从白天打到晚上，点起蜡烛继续打。人事被延误荒废却不去处理，宾客被搁置一旁也无人接待。”哎！这可真是太不正常了啊！考察《汉书》中的记载：安丘侯张拾、邔侯黄遂、樊侯蔡辟方等人，都是因为身犯搏揜之罪，被废除了爵位，并被处以筑城劳役的刑罚。（《汉书·货殖传》中记载称：“行盗墓、博揜之事，作奸犯科，却从中获取了财富。”王符在《潜夫论》中说：“把嬉游博戏，赌物意钱作为事业。”）颜师古解释称：“搏，有时也写作博，就是六博戏。揜，当为意钱之类的意思。（《后汉书·梁冀传》中记载称：“梁冀能够拉满强弓，也会玩弹棋、格五、六博、蹴鞠、意钱之类的游戏。”）总之都是通过某种游戏或手段，赌取他人的财务。”《宋书·王景文传》中记载称：“王景文当时任职右卫将军，因为与奉朝请毛法因共同参与樗蒱之戏，并且赢得了一百二十万钱而获罪，以平民身份继续供职。”《宋书·刘康祖传》中记载称：“刘康祖任员外郎一职有十年之久，期间先后两次因参与樗蒲获罪被免去官职。”《南史·王质传》中记载称：“王质任司徒左长史，因召集赌徒聚众赌博获罪，被免去官职。”《金史·刑志》之记载称：“大定八年，规定凡有品级之官员，如若触犯赌博之法，其非法所得不满五十贯的人，依律当处以杖刑，但允许其以财产赎罪，有再犯者，则直接处以杖刑。金世宗完颜雍说：‘杖刑是用来处罚小人的。既然有了职务当了官，首先应该具备的就是廉耻之心，既然失去了廉耻心，所以就用小人之刑来处罚他。’”现如今的法律规定中，犯了赌博法的人，文官革职为民，武官则革去职务，同户下舍余，带俸操备，听从差遣，也是这个目的。可是一百个人里面，都没有一个真正被定罪获刑的，这是由于上下级官僚之间相互包庇纵容，空有法条却不能够执行的缘故造成的。东晋陶侃对待政务释放勤勉，整日正襟危坐，领兵在外，事务繁杂，然而千头万绪中，却没有丝毫的遗漏。陶侃的部下中有人因闲谈、游戏而耽误了正事，他下令将那人的酒具、赌具取来，全部扔进了江中，并对当事的将吏，施加鞭刑。最终陶侃成就了东晋中兴的伟业，自己也成为了东晋的名臣。唐朝的宋璟在担任殿中侍御史时，发现同朝而列官员中，有人在御史台内赌博，宋璟前去质问他们的官阶品级，要弹劾罢黜他们，赌博的官员惊恐羞愧，仓皇躲避，后来宋璟称为了开元年间的贤相。史书中记载称唐文宗殷切地期望国家得到治理，每每有外任的刺史面辞赴任，文宗必定要亲切嘱托，反复告诫说：“不要沉迷于赌博，也不要喝酒。”朝廷内外的官员听到文宗这番话，没有不惶恐敛息的。那么让如何官员们勤于政务，扭转这股不良的风气，纠正以往的过失，这才是匡救时弊的第一要务啊！

《唐书》言：“杨国忠以善樗蒱，得入供奉，常后出，专主蒱簿，计算钩画，分铢不误。帝悦曰：‘度支郎才也。’”卒用之而败。玄宗末年荒佚，遂以小人乘君子之器[①]，此亦国家之妖孽也。今之士大夫不慕姚崇、宋璟，而学杨国忠，亦终必亡而已矣。

【注释】①小人乘君子之器：语出《易·系辞上》：“负也者，小人之事业。乘也者，君子之器也。小人而乘君子之器，盗思夺之矣。”

【译文】《新唐书》中记载称：“杨国忠因为擅长樗蒲，得以进入内廷侍奉唐玄宗，每每都是最后才出来，专门负责管理樗蒲的簿目，不论是核准账目，还是登录誊写，都没有丝毫的错误。玄宗高兴地说：‘杨国忠这个人可真是有度支郎的才能啊！’”最终却因为任用了杨国忠而导致国家走向衰败。唐玄宗晚年荒废政务，怠惰佚乐，所以就使得小人能窃居君子之位，负乘斯夺，这也是国家的不祥之兆啊！现如今的士大夫不钦慕姚崇、宋璟的为人，反而去向杨国忠学习，最终也一定会自取灭亡的啊！

《山堂考索》：“宋大中祥符五年三月丁酉，上封[①]者言：进士萧玄之[②]本名琉，尝因赌博抵杖刑，今易名赴举登第。诏有司召玄之诘问，引伏，夺其敕[③]，赎铜四十斤，遣之。”宋制之严如此，今之进士，有以不工赌博为耻者矣。

【注释】①上封：即上封事。古代臣下上书言事，需将奏章用皂囊缄封呈进，以防泄露，称之为“上封事”。②进士萧玄之：陈援庵注曰：“四库文津本‘玄之’作‘立之’。”按，检正德十三年建阳刘氏慎独斋刊本亦作“萧立之”。③夺其敕：殿试中试者即由皇帝颁布诏令，授予各等进士称号并赐予官职，据《山堂考索》载，三月己丑殿试，得进士及同进士出身者数百人，至丁酉上封夺敕仅过去十余日。

【译文】《山堂考索》中记载称："北宋真宗大中祥符五年三月三十日，上书言事之人称：'进士萧玄之本名萧琉，曾经因为赌博遭受杖刑的处罚，现在改名为萧玄之，参加科举并且得中进士。'宋真宗下诏命令相关部门传唤萧玄之前来责问，萧玄之承认了事情，认罪伏法，于是在剥夺其刚刚获得的敕命，并处罚萧玄之以四十斤铜抵罪后，将其打发走了。"宋代禁止赌博的法律严厉到了这种的地步，可现如今的进士里，还有因为赌技不精而深以为耻的人呢。

《晋中兴书》载陶士行言："樗蒲，老子入胡所作，外国戏耳。"近日士大夫多为之，安得不胥天下而为外国乎？

【译文】《晋中兴书》中记录了陶侃的言论称："樗蒲，是老子到了西域后所创制的，是外国的戏法。"近年来，士大夫中有很多人好行樗蒲之戏，如此下去岂不是要让全天下都化而为外国了吗？

《辽史》："穆宗应历十九年正月甲午，与群臣为叶格戏[①]。"解曰："宋钱僖公[②]家有叶子揭格之戏。"按应历十九年，为宋太祖之开宝二年。是契丹先有此戏，不知其所自来。而其年二月己巳即为小哥等所弑。君臣为谑，其祸乃不旋踵。此不祥之物，而今士大夫终日执之，其能免于效尤之咎乎！

【注释】①叶格戏：即叶子戏，是一种以叶子格为用具的博戏，具体用法今已不传。下文叶子揭格之戏亦同。②钱僖公：钱惟演，卒谥文僖。

【译文】《辽史》中记载称:“辽穆宗耶律璟在应历十九年正月十六日,同群臣一道玩叶格博戏。”《辽国语解》中注解称:“宋钱僖公家就有叶子揭格这样一种博戏。”(应历十九年,相对应的当是宋太祖开宝二年。这说明契丹人先有了这种游戏,只是不清楚它是如何产生的。)可就在同年二月二十二日,耶律璟就被小哥等人弑杀。君臣之间互相欢谑,极尽作乐,灾祸不是转眼间就降临了吗。赌博乃是不祥之物,可现如今的士大夫整天捧在手里不放,他们就能免于沉迷赌博所带来的灾祸吗?

《宋史·太宗纪》:“淳化二年闰月己丑,诏犯蒱博者斩。”《元史·世祖纪》:“至元十二年,禁民间赌博,犯者流之北地。”刑乱国用重典,固当如此。

【译文】《宋史·太宗纪》记载称:“淳化二年闰月十九日,宋太宗颁布诏令,犯赌博罪之人,处以斩刑。”《元史·世祖纪》中记载称:“至元十二年,元世祖下令禁止民间赌博,触犯禁令的人,就放到北地。”刑乱国用重典,就应该这样。

今日致太平之道何繇?曰:君子勤礼,小人尽力。

【译文】现如今要如何才能让国家走向太平大道呢?答案就是:君子勤修礼义,小人尽其所能。

京债

赴铨[①]守候，京债[②]之累，于今为甚。《旧唐书·武宗纪》："会昌二年二月丙寅，中书奏：'赴选官多京债，到任填还，致其贪求，罔不由此。今年三铨[③]，于前件[④]州府河东、凤翔、鄜坊、邠宁等道。得官者，许连状相保，户部各备两月加给料钱，至支时折下。所冀初官到任，不带息债，衣食稍足，可责清廉。'从之。"盖唐时有东选、南选，其在京铨授者，止关内、河东两道。采访使所属之官，不出一千余里之内。而犹念其举债之累，先于户部给与二月料钱，非惟恤下之仁，亦有劝廉之法。与今之职官到任，先办京债，剥下未足，而或借库银以偿之者，得失之数，较然[⑤]可知已。

【注释】①赴铨：指前往吏部听候铨选。铨，即古代所谓量才授官，选拔官吏之意。②京债：指候任外官赴任前在京城所借的高利贷，用于置办行装等。③三铨：唐代选官制度，六品以下官员由吏部、兵部选授。铨试时分为三组，尚书掌其一，称尚书铨；侍郎分掌其二，吏部称中铨与东铨，兵部称中铨与西铨。初以尚书掌六、七品选，侍郎掌八、九品选。④前件：指前文已经述及的人或事物。⑤较然：明显、显著。

【译文】候任官员在等待吏部铨选，听候任命期间，为京债所拖累的情况，如今已经到了非常严重的地步。《旧唐书·武宗纪》中记载称："会昌二年二月初一，中书省上奏：'听候任命的官员在京期间大多身负高额债务，等到了地方任上就开始偿还欠债，导致其为官贪婪求财，全都是由于京债所造成的。今年的三铨，在上文所述州府（河东、凤翔、鄜坊、邠宁等道）获得任命的官员，允许他们联名上状，互为担保，凭此由户部给各人准备两个月的加给料钱，等到了需要支用的时候抵扣。目的是期望新官到任，身上不背债务，衣食较为充裕，从而能够要求他们能够做到清正廉洁。'武宗同意了这条建议。”唐代当时有东选、南选制度，因此在京城等待任命的官员，仅限于关内、河东两道。采访使治下所从属的官员，道途不超过一千多里的范围。而皇帝仍然担心他们举债借贷造成的拖累，让户部先期预支下发两个月的料钱，此举不单单是体恤下属的仁慈之心，也是一种劝诫官员要清正廉洁的办法。相较于现如今履职的官员，刚到任上，首先得设法解决在京所欠下的债务，盘剥百姓仍不满足，甚至有官员挪借库银用来偿还京债的，两者之利弊得失，一目了然。

若夫圣主之所行，有超出于前代者。《太祖实录》：“吴元年七月丙子，除郡县官二百三十四人，赐知府、知州、知县文绮四、绢六、罗二、夏布六，父如之，母、妻及长子各半；府、州、县佐贰官①，视长官半之，父如之，母、妻及长子又半之；各府经历、知事同佐贰官，州县吏目、典史，视佐贰官又半之，父、母、妻、子皆如之。其道里费，知府赐白金五十两，知州三十五两，知县三十两，同知视知府五之三，治中半之，通判推官五之二，州同知视府通判，经历及州判官视府同知半之，县丞、主簿视知县又半之，知事、吏目、典史皆十两，著为令。上曰：‘今新授官多出布衣，到任之初，或假贷于人，则他日不免侵渔百姓。不有以养其廉，而责之奉公，难矣。’”“洪武元年二月，诏中书省：自今新除府州县官，给赐白金一十两，布六匹。”“十年正月甲辰，上谓中书省臣曰：‘官员听选之在京者，宜早与铨注，即令赴任。闻久住客邸者，日有所费，甚至空乏，假贷于人。昔元之弊政，此亦一端。其常选官淹滞②在京者，资用既乏，流为医卜，使人丧其所守，实朝廷所以待之者非其道也。自今铨选之后，以品为差，皆与道里费，仍令有司给舟车送之。著为令。’”“十七年七月癸丑，北平税课司③大使熊斯铭言：‘仕者得禄养亲，此人子之所愿也。然有道远而不得养其父母者，乞令有司给以舟车，俾得迎养，以尽人子之情。’廷议以云南、两广、四川、福建官员家属赴任者，官为给舟车，已有定例。自今凡一千五百里以外者，宜依例给之。制可。”二十二年八月，命故官妻子还乡者，亦给舟车。岂非爱民之仁，先于恤吏者乎？

【注释】①佐贰官：即主官的副职或辅佐主司的官员，其品级略低于主管官员，但并非属官。明清时，凡知府、知州、知县的辅佐官，如通判、州同、县丞等，统称为佐贰。②淹滞：拖延、久留。③税课司：明代县一级地方征税机构，设税课司大使，官从九品。负责典商贾、僧屠、杂市之常征。

【译文】至于说贤明的君主在其所施行的政策中，有超越了前代君王的。例如《太祖实录》中记载称：“吴元年七月初二，任命郡县各级官员二百三十四人，赐予知府、知州、知县一级官员文绮四、绢六、罗二、夏布六，其父享受与之相同的待遇，母亲、妻子及其长子则各减一半；各府、州、县的佐贰官，以其上级官员之待遇减半赐予，其父享受与之相同待遇，母亲、妻子及其长子则各减一半；各府一级的经历、知事等官，其待遇与佐贰官相同，各州、县一级的吏目、典史等官，其待遇则又以佐贰官之待遇减半赐予，以上各官之父母、妻子、儿子，待享受与之相同的待遇。有关各级官员道里费的发放安排如下，知府一级，赐予白金五十两，知州三十五两，知县三十两，同知为知府的五分之三，治中为知府的一半，通判和推官则为知府的五分之二，州同知为知府通判的一半，经历以及州判官为府同知的一半，县丞、主簿则又为知县的一半，知事、吏目、典史都为十两，并记录下来形成条令。太祖称：'如今新任命的官员大多出自平民，到任之初，要是有向人借贷的情况发生，那么将来免不了就要在百姓身上侵夺渔利。没有能够令其养廉的条件，却要责成他们克己奉公，恐怕是很难实现的啊。'""洪武元年二月，太祖诏令中书省称：从现在起新任命的各府、州、县官员，赏赐给他们白金十两，布六匹。""洪武十年正月二十五日，太祖对中书省的大臣们说：'对于在京城听候铨选等待任命的官员们，应当尽早完成他们的铨选登记，然后就令其即可赴任。听闻在旅舍礼住了很久的候任官员，每天都有所开销，甚至于到了财资耗尽，要向他人借贷的地步。昔年元代的那些弊政里，这也是其中之一。在京城滞留的常选官，财资用尽，日用匮乏，流落到了去做游医巫卜的地步，使人丧失了自身的操守，这实在是朝廷没有正确地对待他们啊。从现在起，在铨选结束以后，根据各官所授品级为差等，全部发放相应的道里费，同时还命令相关部门派给车船送他们赴任。将这条记录下来写为条令。'""洪武十七年七月十七日，北平税课司大使熊斯铭称：'仕宦之人能拿着俸禄来赡养双亲，这是做儿子的内心所愿。可是有的官员由于道途遥远，因此无法奉养自己的父母，乞求降旨命相关部门予以派遣车船，使他们能够迎亲孝养，得以尽到为人之子的孝情。’经过朝堂讨论，认为云南、两广、四川、福建等地，有家人亲属随同赴任的官员，由官府为其派遣车船，这已经有了定例。从现在起，凡是路程在一千五百里之外的情况，应当依照前例给予车船。太祖同意这项建议。”（洪武二十二年八月，太祖下令对需要返回家乡的故官妻子子女，也给予他们车船送还的待遇。）这难道不是将爱惜臣民的仁慈，放在了对官吏的体恤之前吗？

居官负债

居官负债，虽非君子之行，似乎不干国法。乃考之于古，有以不偿债而免列侯者，《汉书》："孝文三年，河阳侯陈信，坐不偿人债，过六月，免。"免侯爵。是也。有以不偿债而贬官者，《旧唐书》："李晟子惎，累官至右龙武大将军，沉湎酒色，恣为豪侈，积债至数千万，其子贷回鹘钱一万余贯，不偿，为回鹘所诉。文宗怒，贬惎为定州司法参军。"是也。然此犹前代之事，使在今日，则回鹘当更贷之以钱，而为之营其善缺矣。

【译文】担任官职却身负债务，这虽不是君子应有的行为，但似乎并不与国家法律规范相冲突。于是在古代历史中考察，发现有因为没有偿还债务而被罢免列侯爵位的案例，《汉书》中记载称："孝文帝三年，河阳侯陈信，因未能偿还所欠他人债务而获罪，六个月后，罢免。"此为一例。有因为没有偿还债务而被降贬官职的案例，《旧唐书》中记载称："李晟的儿子李惎，累官升至右龙武大将军，沉湎于酒色，恣意妄为，行事强横，生活奢靡，前后累计欠下债务达数千万，李惎之子向回鹘借贷钱财一万余贯，因没有偿还，被回鹘方面控诉。文宗知晓后大怒，将李惎贬为定州司法参军。"此亦为一例。然而这些案例只不过是前朝的事情，假使放在今天，那么回鹘方面恐怕反而要借贷给他更多的钱，来替他营求更好的职位了。

《元史》："太宗十二年，以官民贷回鹘金偿官者，岁加倍，名羊羔息，其害为甚。诏以官物代还，凡七万六千锭。仍命，凡假贷岁久，惟子本相侔[①]而止。著为令。"

【注释】①相侔：相等、相当。

【译文】《元史》中记载称："元太宗十二年，由于官方民间都用向回鹘借贷的资金来偿付政府租税，每年加倍，名为羊羔息，它的危害着实严重。太宗颁布诏命用官家财产代为偿还，金额共计七万六千锭。还命令凡是借贷年岁久远的情况，只要利息同本金相当时就要停止。并将之记录下来形成法令。"

纳女

汉王商为丞相，"皇太后尝诏问商女，欲以备后宫。时女病，商意亦难之，以病对，不入。及商以闺门事见考，自知为王凤所中，惶怖，更欲内女为援。乃因新幸李婕好家，白见其女。"为大中大夫张匡所奏，免相，欧血薨，谥曰戾侯。后魏郑羲“为西兖州刺史，贪鄙，纳女为嫔，征为秘书监。及卒，尚书谥曰‘宣’。诏曰：‘盖棺定谥，激浊扬清。羲虽夙有文业，而治阙廉清。尚书何乃情遗至公，愆违明典！依《谥法》，“博文多见曰文”，“不勤成名曰灵”，谥曰文灵。’”古之士大夫以纳女后宫为耻，今人则以为荣矣。

【译文】西汉王商担任丞相，“皇太后曾经召见王商，向他询问他女儿的情况，想要将其备入后宫。当时女儿病重，王商对此也觉得非常为难，最后将女儿病重的实情回复了皇太后，因此没有将其纳入宫中。等到王商因为家族丑闻的传言遭到考问，自知是被王凤所中伤，惊惶恐惧之际，又想到要将女儿送进宫中作为内援。于是就依靠皇帝新近宠信的李婕妤家，召见了他的女儿。”这一举动又被大中大夫张匡借机弹劾，结果王商被罢免了丞相的职务，吐血而死，谥号曰戾侯。北魏时期郑羲“担任西兖州刺史，为人贪婪卑鄙，将女儿进献给皇帝做嫔妃，皇帝征召其担任秘书监一职。等到郑羲去世后，尚书奏请定其谥号为‘宣’。皇帝下诏称：‘大臣去世后确定谥号，目的是激浊扬清。郑羲虽然在文化上素来有所成就，可是在政治上并不廉洁清白。尚书你怎么能遗弃至公而违背明典啊！根据《谥法》的规定，“博文多见曰文”，“不勤成名曰灵”，将郑羲的谥号定为文灵。’”古代的士大夫将纳女入宫的行为视作耻辱，而今的士大夫们却引以为荣啊。

古之名士，犹不肯与戚畹同列。魏夏侯玄“为散骑黄门侍郎，尝进见，与皇后弟毛曾并坐。玄耻之，不悦，形之于色。”宋路太后颇豫政事，弟子琼之宅与太常王僧达并门。尝盛车服卫从造僧达，僧达不为之礼。琼之以诉太后，太后大怒，告上曰：“我尚在，而皆陵我家，死后乞食矣！”欲罪僧达。上曰：“琼之年少，自不宜轻造诸（诣）。王僧达贵公子，岂可以此事加罪？”①

【注释】①事见《宋书》卷四十一。按，“自不宜轻造诸”句，各家皆连下句断为“自不宜轻造诸王”。检《宋书·后妃传》原文，此句作“自不宜轻造诣”。“诣”“诸”形近，当为手民之误。

【译文】古代的名士，尚且不愿意和外戚同朝而列。曹魏时期的夏侯玄“任散骑黄门侍郎，曾经某次进殿面圣，和皇后的弟弟毛曾并排而坐。夏侯玄对此感到羞辱，内心的不悦全都表现在了脸上。”宋孝武帝刘骏的生母路太后经常参与政事，她弟弟的儿子路琼之所居住的宅邸同太常王僧达对门。路琼之曾经身着华服，带着侍从乘车造访王僧达，然而王僧达却并没有待之以礼。路琼之把这件事告诉了太后，太后大怒，向皇帝控诉说：“我还活着，他们就全都敢欺凌我的家人，要是等我死了，怕是得去路上讨饭呐！”太后想要皇帝降罪于王僧达。皇帝说：“路琼之年纪小，自然不应当随意前去造访。王僧达这样的贵家公子，怎么可以因为如此小事而加罪？”

王女弃归

《汉书·衡山王传》：“太子女弟无采嫁，弃归。”以王女之贵，为人妻而犹有见弃者。近古“七出”之条犹存，而王者亦不得以非礼制其臣下也。

【译文】《汉书·衡山王传》中记载称：“王太子的妹妹刘无采出嫁，后遭夫家抛弃而归。”以王族之女这般尊贵的地位，嫁为人妻却还是会有遭到抛弃的。距今不远的古代，所谓“七出”的条例尚存，即便是王族之人也不能用不合乎礼制的行为来制约他的臣下。

罢官不许到京师

《后汉书》言：“汉法，罢免守令，非征召不得妄到京师。”《苏不韦传》。今制，内外官员至京师，必谒鸿胪寺报名见朝。至南京，必谒孝陵。罢职者不得入国门。成化十三年九月壬申，诏逐罢闲官吏人等。此汉人之成法，所以防夤缘、清辇毂[①]之意深矣。

【注释】①辇毂（niǎn gǔ）：皇帝的车舆称为辇毂，代指京城。

【译文】《后汉书》中记载称：“根据汉代的法律，被免职罢黜的地方官员，在没有得到征召的情况下不得擅自前往京城。”（见《苏不韦传》。）当今的制度则是，不论中央还是地方官员，在抵达京城后，必须前往鸿胪寺报名，并谒见皇帝。如果是到南京的话，必须要去拜谒孝陵（为明太祖朱元璋与其皇后的合葬陵墓）。被罢免职务的官员不能够进入国门。（成化十三年九月初八，宪宗下诏罢免并驱逐那些闲散的官员胥吏。）这延续了汉代既成之法的用意，这其中用来防止官场攀附、廓清京城政治风气的意图是很深的啊。

《册府元龟》载:“后唐明宗长兴二年九月丙戌,太傅致仕王建立,不由诏旨至京,建立先以上章,允归乡里。通事不敢引对,留于阁门。久之,自至后楼召(朝)见,帝以故将,不之罪。”则知五代之朝,此法亦未尝弛也。

【译文】《册府元龟》中记载:“后唐明宗长兴二年九月初二,已致仕的太傅王建立,没有经由圣旨征召就自行前往京城,(王建立之前已经上奏请求退休,皇帝答应其请求回归乡里)通事官不敢为其通报,将其羁留在阁门。过了很久,王建立自行至后楼朝见明宗,明宗念在他是旧将,没有加罪于他。”由此可知,即使在五代时期,这条律法也未曾废弛。

卷二十九

骑

《诗》云："古公亶父[①]，来朝走马。"古者马以驾车，不可言走。董氏曰：顾野王作来朝趣马。曰走者，单骑之称。古公之国，邻于戎翟，其习尚有相同者。程大昌《雍录》曰：古皆乘车，今曰走马。恐此时或已变乘为骑，盖避翟之遽，不暇驾车。然则骑射之法，不始于赵武灵王[②]也。

【注释】①古公亶父：人名。文王的祖父。初居邠地，为避狄人侵扰，迁于岐山之下，邠人皆追随，乃于其地立国，国号周。武王时，尊称为太王。②赵武灵王：战国时期赵国国君。名雍。赵肃侯之子。曾进行军事改革，令将士改穿游牧民族服装，便于骑马射箭，史称"胡服骑射"。

【译文】《诗经》有"太王古公亶父来，清早出行赶起马。"，古人用马驾车，不用"走"来形容，（董氏说：顾野王写作"来朝趣马"。）称为"走"的，即单人骑马。古公亶父与少数民族戎翟为邻，与他们的习俗相同，所以用走来形容。（程大昌《雍录》说：古代都称为乘车，如今称为走马。恐怕当时或已变乘为骑了，大概是躲避戎翟的迅速侵犯，来不及驾车。）那么由此可知胡服骑射，不是从赵武灵王那时开始的。

《左传》昭公二十五年：“左师展将以公乘马而归。”正义曰：“古者服牛乘马，马以驾车，不单骑也。”至六国之时，始有单骑。苏秦所云“车千乘，骑万匹”是也。《曲礼》云：“前有车骑者。”《礼记》，汉世书耳，经典无“骑”字也，刘炫谓此左师展将以公乘马而归，欲共公单骑而归，此骑马之渐也。《周礼·大司马》“师帅执提”注：“提谓马上鼓，有曲木，提持鼓立马髦上者，故谓之提。”正义曰：“先郑盖据当时已有单骑，举以况周，其实周时皆乘车，无轻骑法也。”王应麟谓：“六韬言骑战，其书当出于周末。”又引《公羊传》：“齐侯唁公，以鞍为几。”《公羊》亦周末之书也。

【译文】《左传》鲁昭公二十五年：“左师展将以公乘马而归。”正义解释说：“古代人们役使牛马驾车，说明马是用来驾车，而不是用来骑的。”到六国的时候，才有单骑。苏秦所说“车千乘，骑万匹”就是。《曲礼》上“前有车骑者”，因为《礼记》是汉代的书籍，经典原应没有“骑”字。刘炫解释“左师展将以公乘马而归”，说左师展要与昭公一起骑马回国，这便是“骑马”的开始。（《周礼·大司马》“师帅执提”注：“提是说马上鼓，有曲木，提持鼓立马髦上的，故而称为提。”正义说：“东汉郑众大概根据当时已有单骑，举出来对照周代，实际上周代时都乘车，没有轻骑之法。”王应麟说：“《六韬》说骑战，这部书应当在周代末期才出现。”又引《公羊传》：“齐侯唁公，以鞍为几。”《公羊》也是周代末期的书籍。）

春秋之世，戎翟之杂居于中夏者，大抵皆在山谷之间，兵车之所不至。齐桓、晋文仅攘而却之，不能深入其地者，用车故也。中行穆子之败，翟于大卤[1]得之，毁车崇卒。而智伯欲伐仇，犹遗之大钟以开其道，其不利于车可知矣。势不得不变而为骑，骑射所以便山谷也，胡服所以便骑射也。是以公子成[2]之徒，谏胡服而不谏骑射，意骑射之法，必有先武灵而用之者矣。

【注释】①大卤：运城盐湖之别称，亦称大夏。《春秋穀梁传》："中国曰大原，夷狄曰大卤。号从中国，名从主人。"②公子成：嬴姓，赵氏，名成。武灵王之叔。赵武灵王进行军事改革，胡服骑射，他开始反对，认为变古之教，逆人之心，后经武灵王劝说，态度转变。

【译文】春秋时代，边疆民族戎翟与中原华夏人杂居的地方，大抵都是在山谷之间，兵车不能到达。齐桓公、晋文公只能将他们驱逐走，不能深入其地，这是因为齐、晋用兵车作战的缘故。北狄在大卤打败晋国名将中行穆子，毁坏了他的战车杀了马。待到更晚的春秋末期晋国智伯准备征伐仇犹国时，还要铸造大钟来开道，可见戎翟的地方不利战车。由于情势不得不改变为骑马，骑马射箭更便于在山谷作战，所以边疆少数民族的服装也是为了方便骑马射箭。因此公子成他们反对穿胡人的服装，但不反对骑马射箭，大概是因为在赵武灵王之前就有人骑马射箭了。

骑利攻，车利守。故卫将军之遇虏，以武刚车自环为营。

【译文】骑马利于进攻，战车利于防守。所以卫将军遭遇袭击，便连环武刚车为营地进行防守。

《史记·项羽本纪》叙鸿门之会曰："沛公则置车骑"，"脱身独骑"。上言"车骑"，则车驾之马，来时所乘也；下言"独骑"，则单行之马，去时所跨也。樊哙、夏侯婴、靳彊、纪信四人，则皆步走也。《樊哙传》曰："沛公留车骑，独骑马，哙等四人步从。"是也。

【译文】《史记·项羽本纪》讲述鸿门宴的事情说："沛公则置车骑"，"脱身独骑"。前面的"车骑"，指他来的时候坐的战车和驾战车的马匹；后面"独骑"，指的是单行的马，即他走时所跨骑的马。樊哙、夏侯婴、靳彊、纪信四个人，都是步行跟着跑。《樊哙传》说："沛公留下乘坐的马车，自己骑马，樊哙等四个人跟着他跑。"就是如此。

驿

《汉书·高帝纪》："乘传诣雒阳。"师古曰："传若今之驿。古者以车，谓之传车，其后又单置马，谓之驿骑。"窃疑此法春秋时当已有之。如楚子乘驲[①]会师于临品，祁奚乘驲而见范宣子，楚子以驲至于罗汭，子木使驲谒诸王。楚人谓游吉曰："吾将使驲奔问诸晋而以告。"《国语》："晋文公乘驲自下脱会秦伯于王城。"《吕氏春秋》："齐君乘驲而自追晏子，及之国效。"皆事急不暇驾车，或是单乘驿马，而注疏家未之及也。戴侗云："以车曰传，以骑曰驲。晋侯以传召伯宗，则是车也。"《说文》："传，遽也。"《左传》："弦高且使遽告于郑。"注："遽，传车。"按《韩非子》言："齐景公游少海，传骑从中来谒。"则骑亦可以谓之传。

【注释】①驲(rì)：《说文》释作"驿传也"，即指古代驿站专用的车，后亦指驿马。

【译文】《汉书·高帝纪》："乘坐'传'去洛阳。"颜师古解释说："'传'如今天的驿骑，古人用车，称之为传车，后来又单独骑马，称之为驿骑(骑马送信)。"我怀疑这种"以马代车"的方法即春秋时期的"驲"，已经存在了。例如楚王乘"驲"在临品与各路军马聚集一处，祁奚乘"驲"会见范宣子，楚王坐"驲"去罗汭，子木用"驲"拜见诸王。楚国人告诉游吉说："我将用'驲'问诸晋再告诉你。"《国语》："晋文公乘'驲'从小路脱身到王城见秦伯。"《吕氏春秋》："齐君乘'驲'亲自去追晏子，在国都的郊外追上了晏子。"这些都是因事情很急来不及驾车便单骑驿马的例子，只是后世的注疏者没有注意到。(戴侗说："以车曰传，以骑曰驲。晋侯以'传'召见伯宗，那么就是车了。"《说文》："传，就是遽的意思。"《左传》："弦高且使遽告于郑。"注："遽，即是传车。"按《韩非子》说："齐景公游少海，传骑从中来拜见。"那么骑也可以称为传。)

谢在杭《五杂俎》曰："古者乘传皆驿车也。《史记》：'田横与客二人乘传诣雒阳。’注：‘四马高足为置传，四马中足为驰传，四马下足为乘传。’然《左传》言郑子产乘遽而至，则似单马骑矣。释文：‘以车曰传，以马曰遽。’子产时相郑国，岂乏车乎？惧不及，故乘遽，其为驿马无疑矣。汉初尚乘传车，如郑当时、王温舒皆私具驿马，后患其不速，一概乘马矣。”

【译文】谢在杭（谢肇淛）在《五杂俎》里说：“古代奉命出使者坐的‘乘传’都是驿站的马车。《史记》：‘田横与客人两人坐乘传到洛阳。’注：‘四匹高足良马拉的车叫置传，四匹中等马拉的车叫驰传，四匹低等马拉的车叫乘传。’然而《左传》说郑子产乘“遽”而至，像是单独骑马。解释说：‘驿站的马车称之为传，单骑的马称之为遽。’郑子产辅佐郑国时，难道缺马车？恐怕来不及，所以乘‘遽’，这是驿马无疑。汉朝初期还在使用传车，比如郑当时、王温舒都私下备驿马，后来嫌其速度慢，都换成单骑的马了。”

驴 骡

自秦以上，传记无言驴者。意其虽有，非人家所常畜也。《尔雅》无驴，而有鼳鼠，身长须而贼，秦人谓之小驴。《逸周书》：“伊尹为献令，正北空同、大夏、莎车、匈奴、楼烦、月氏诸国，以橐驼、野马、騊駼、駃騠[①]为献。”驴父马母曰骡，马父驴母曰駃騠。《古今注》以牡马牝驴所生谓之駏。《吕氏春秋》：“赵简子有两白骡，甚爱之。”李斯上秦王书言：“骏良駃騠。”邹阳上梁王书亦云：“燕王按剑而怒，食以駃騠。”是以为贵重难得之物也。司马相如《上林赋》：“騊駼橐驼[2]，蛩蛩驒騱[3]，駃騠驴骡。”王褒《僮约》：“调治马驴，兼落三重。”其名始见于文。而贾谊《吊屈原赋》：“腾驾罢牛兮骖蹇驴。”《日者列传》：“骐骥不能与罢驴为驷。”东方朔《七谏》：“要褭奔亡兮，腾驾橐驼。”刘向《九叹》：“却骐骥以转运兮，腾驴赢以驰逐。”扬雄《反离骚》：“骋骅骝以曲艰兮，驴骡连蹇而齐足。”则又贱之为不堪用也。尝考驴之为物，至汉而名，至孝武而得充上林，至孝灵而贵幸。《续汉书·五行志》：“灵帝于宫中西园为驾四白驴，躬自操辔，驱驰周旋，以为大乐。于是公卿贵戚转相放效，至乘辎軿以为骑从，互相侵夺，贾与马齐。”然其种大抵出于塞外，自赵武灵王骑射之后，渐资中国之用。《盐铁论》：“骡驴骆驼，衔尾入塞；驒奚騵马[4]，尽为我畜。”杜笃《论都赋》：“虏傚侲，驱骡驴，驭宛马，鞭駃騠。”《霍去病传》：“单于遂乘六骡。”《匈奴传》：“其奇畜则橐驼、驴骡、駃騠、騊駼、驒奚。”《西域传》：“鄯善国有驴马，多橐它，乌秅国有驴无牛。而龟兹王学汉家仪，外国人皆曰：‘驴非驴，马非马，若龟兹王所谓骡也。’”可见外国之多产此种，而汉人则以为奇畜耳。人亦有以父母异种为名者，《魏书·铁弗刘虎传》：“北人谓胡父鲜卑母为铁弗。”

【注释】①橐（tuó）驼：指骆驼。騊駼（táo tú）：良马名。駃騠（jué

tí）：古时良马名，后称公马与母驴所生的杂种力畜，也称驴骡。②駞：同“驼”。③蛩（qióng）蛩驒騱（tuó xí）：蛩蛩，传说中的一种异兽；驒騱，野马名。④騵（yuán）马：，赤毛白腹的马。

【译文】在秦朝以前，典籍里没有“驴”的记录。我想那时即使是有“驴”的，但不是普通人日常蓄养的家畜。（《尔雅》无驴，却有鼰鼠，身有长须而狡猾，秦人称为小驴。）《逸周书》记载：“伊尹做献令时，正北的崆峒、大夏、莎车、匈奴、楼烦、月氏等国家，以骆驼、野马、騊駼、駃騠作为进贡献礼。”（公驴母马所生的为骡，公马母驴所生的为駃騠。《古今注》以公马母驴所生的称为駏。）《吕氏春秋》记载：“赵简子有两头白骡，十分喜爱。”李斯给秦王的信中说：“骏良駃騠。”邹阳给梁王上书中也说：“燕王发怒但按住剑，并用贵重的駃騠款待苏秦。”这些都说明“驴”是贵重且难得的物品。司马相如在《上林赋》说：“騊駼骆驼，蛩蛩驒騱，駃騠驴骡。”王褒《僮约》：“调养治疗马驴，三个重要的事都完成了。”这是关于“驴”最早的文献记录。而贾谊《吊屈原赋》有：“腾驾罢牛兮骖蹇驴。”《日者列传》：“千里马不能与疲驴同驾一辆车。”东方朔《七谏》：“骏马要袅奔走逃亡，骆驼驾车踟蹰道上。”刘向《九叹》：“弃千里马不用它们拉车，却驾乘驴骡让它飞奔驰骋。”扬雄《反离骚》：“让骏马在屈曲艰途奔跑，只能和驴骡一样慢。”这些都是记录“驴骡”低贱不堪用。我考证“驴”这个称呼大约到汉代才出现，到汉武帝时他的园囿中才有，待到汉灵帝时才慢慢受到重视。（《后汉书·五行志》：“汉灵帝在宫中西园用四匹白驴驾车，亲自操辔，策驴奔走四处环绕，认为这是一大乐事大乐。于是公卿贵戚转相效仿，至于乘坐辎车和軿车将其作为骑从，互相侵夺，市值与马价同等。”）

然而“驴”大抵起源于塞外，自从赵武灵王骑射之后，逐渐才被中原内地使用。《盐铁论》：“骡驴和骆驼，先后进入内地；驒奚騵马，都是我们所蓄养的牲畜。”杜笃《论都赋》：“俘获了儌侲国人，赶着骡驴，驾着宛马，鞭打駃騠。”《霍去病传》：“匈奴单于所乘的六匹骡马。”《匈奴传》：“其稀奇的牲畜有骆驼、驴骡、駃騠、騊駼、驒奚。”《西域传》载：“鄯善国有驴马，多骆驼，乌秅国有驴无牛。龟兹王尊崇汉人的礼仪，外国人讥讽他说：‘驴非驴，马非马，就像是龟兹王所说的骡。’”可见骡多产于外国，而汉人则把它们当作稀奇的牲畜。人也有因为其父母不同民族而另起一个名称的，比如《魏书·铁弗刘虎传》所：“北方人将父亲是胡人而母亲是鲜卑族的人称之为铁弗。”

军行迟速

魏明帝遣司马懿征辽东，其时自雒阳出军，不过三千余里，而帝问往返几日，懿对以往百日，攻百日，还百日，以六十日为休息，如此一年足矣。此犹是古人师行日三十里之遗意。夏侯渊为将，赴急疾，常出敌之不意，军中为之语曰：“典军校尉夏侯渊，三日五百，六日一千。”此可偶用之于二三百里之近，不然，“百里而趋利者蹶上将”，固兵家所忌也。

【译文】三国魏明帝派遣司马懿征讨辽东，当时从洛阳出兵，大约有三千多里的路程，而明帝问来回要几天，司马懿回答说去要一百天，攻击一百天，回来要一百天，再加上六十天为一次休息，如此计算一年的时间就可以了。这是遵循古人军队一天行三十里的常规。但夏侯渊将军常指挥部队急速赶路，经常出敌不意，对此军中有传言说："典军校尉夏侯渊，三天五百里，六天一千里。"这样的急行军可以偶尔用于二三百里的近处作战，否则，"距目的地几百里远，还急着取胜的统帅是失败的统帅"，这是兵家的禁忌。

木罂缻渡军

《史记·淮阴侯传》："从夏阳以木罂缻[①]渡军。"服虔曰："以木押缚罂缻以渡是也。"古文简不言缚尔。《吴志·孙静传》："策诈令军中促具罂缶数百口，分军夜投查渎。"亦此法也。其状图于喻龙德[②]《兵衡》，谓之瓮筏。

【注释】①罂缻（yīng fǒu）：也作罂缶，大腹小口的瓶。②喻龙德，字明时，别号实实子，号达用生，道号书隐先生。著有《喻子十三种秘书兵衡》。该书共分武论鬠偏肩、武策窔窣、阵法神为、奇计泣天狼、霹雳星、闭户周疆、奇门鬼吼、禽遁蜃楼山象、太乙相天根、天书龙女珠等十三卷，主要内容是以阴阳玄学、奇门遁甲为主的兵书。

【译文】《史记·淮阴侯传》记载："从夏阳以木罂缻渡军。"服虔解释说："用木头绑着罂缶可以作为渡河的工具。"古文简约不说"缚"字。《吴志·孙静传》："策诈令军中促具罂缶数百口，分军夜投查渎。"也是这种方法。它的具体形状，在喻龙德《喻子十三种秘书兵衡》中称之为“瓮筏”。

海 师

海道用师，古人盖屡行之矣。吴徐承率舟师自海入齐。此苏州下海至山东之路。越王勾践命范蠡、舌庸率师沿海泝淮以绝吴路。此浙东下海至淮上之路。唐太宗遣强伟于剑南伐木造舟舰，自巫峡抵江扬趋莱州。此广陵下海至山东之路。汉武帝遣楼船将军杨仆，从齐浮渤海击朝鲜。魏明帝遣汝南太守田豫，督青州诸军，自海道讨公孙渊。秦苻坚遣石越率骑一万，自东莱出右迳袭和龙。唐太宗伐高丽，命张亮率舟师自东莱渡海趋平壤。薛万彻率甲士三万，自东莱渡海人鸭绿水。此山东下海至辽东之路。汉武帝遣中大夫严助，发会稽兵浮海救东瓯。横海将军韩说，自句章浮海击东越，此浙江下海至福建之路。刘裕遣孙处、沈田子自海道袭番禺，此京口下海至广东之路。隋伐陈，吴州刺史萧瓛遣燕荣以舟师自东海至吴，此又淮北下海而至苏州也。孙度越海攻东莱诸县，侯希逸自平卢浮海据青州，此又辽东下海而至山东也。宋李宝自江阴率舟师败金兵于胶西之石臼岛，此又江南下海而至山东也。此皆古人海道用师之效。

【译文】海上用兵作战，古人曾多次实践。吴国的徐承率水军从海路入侵齐国，这是苏州出海至山东的道路。越王勾践命令范蠡、舌庸率军沿海逆淮水以断吴国归路，这是浙东出海至淮上的路。唐太宗派遣强伟于剑南砍树造战船，从巫峡抵江扬奔赴莱州，这是广陵出海至山东的路。汉武帝派楼船将军杨仆从齐地渡过渤海攻击朝鲜；魏明帝派汝南太守田豫监督青州诸军，自海道讨伐公孙渊；秦苻坚派遣石越率骑一万，从东莱的右方直接偷袭和龙；唐太宗讨伐高丽，命张亮率战船从东莱渡海急速攻平壤；薛万彻率披甲的战士三万，从东莱渡海人鸭绿水，这是山东出海至辽东的路。汉武帝派中大夫严助派出会稽兵在渡海救东瓯，横海将军韩说从句章渡海攻击东越，这是浙江出海至福建的路。刘裕派孙处、沈田子从海路袭击番禺，这是京口下海至广东的路。隋国讨伐陈国，吴州刺史萧瓛派燕荣以战船从东海到吴地，这又是淮北出海而到苏州。孙度越海攻打东莱各县，侯希逸从平卢浮海占领青州，这又是辽东出海而至山东。宋代李宝从江阴率战船战胜金兵于胶西的石臼岛，此又是江南出海而至山东。这些都是古人的军队在海路上作战的成果。

海 运

唐时海运之事，不详于史。盖柳城陷没之后，至开元之初，新立治所，《唐书·地理志》："营州，柳城郡。万岁通天元年，为契丹所陷。圣历二年，侨治渔阳。开元五年，还治柳城。"乃转东南之粟以饷之耳。及其树艺已成，则不复资于转运，非若元时以此为恒制也。《旧唐书·宋《通典》作宗庆礼传》："张九龄驳谥议曰：'营州镇彼戎夷，扼喉断臂，逆则制其死命，顺则为其主人。是称乐都，其来尚矣。往缘赵翽作牧，驭之非才。自经隳废，便长寇孽。大明临下，圣谋独断，恢祖宗之旧，复大禹之迹，以数千之役徒，无甲兵之强卫，指期遂往，禀命而行。于是量畚筑①，执鼛鼓，亲总其役，不愆所虑，俾柳城为金汤之险，林胡②生腹心之疾。寻而罢海运，收岁储，边庭晏然，河朔无扰。与夫兴师之费，转输之劳，较其优劣，孰为利害？’”此罢海运之一证。

【注释】①畚筑（běn zhù）：是指盛土和捣土的工具，借指土建之事。②林胡：又称林人、儋林，为林中胡人之简称，生活于森林中。战国时代，北方游牧民族统称“胡”，其中主要为“林胡”和“楼烦”。

【译文】唐朝时的海上运输，史书上没有详细的记载。在柳城沦陷之后，一直到开元初期，重新设立政府驻地，（《新唐书·地理志》：“营州，柳城郡。万岁通天元年，被契丹所攻陷。圣历二年，侨治渔阳。开元五年，恢复治柳城。”）为了转运东南的粟米来给官员支付薪金，这大概是唐时的海上运输。但是得到新的治所正常运转之后，便不再依靠海上运输物资，不像后来元朝时建立制度长期依赖海上运输。《旧唐书·宋庆礼传》：“张九龄反驳谥议说‘营州镇压邻国戎夷，卡住他们的喉咙砍断他们的手臂，如果反叛就剿灭，如果投降就治理，这便称为“乐都”，已经由来已久了。武则天时，赵文翙担任地方官员，治理不当，从此以后逐渐毁坏，而戎夷贼寇逐渐壮大，迫使将营州治所迁走。直到当今唐玄宗登基，英明决断，听从宋庆礼的建议，决定恢复柳城为营州治所，恢复大禹的遗迹，调遣数千名服役者和没有盔甲兵的护卫，按照限定的日期前往，并按照命令统一行动。宋庆礼测量畚筑，发号施令，亲自指挥施工，毫不顾忌，最终使柳城成为固若金汤之城，迫使胡人心生恐惧，不敢来犯。不久停止海运补助物资，在当地征收岁赋，边疆安宁，黄河以北不受干扰。与那起兵的费用，运输的劳苦，比较它们的优劣，哪个是利哪个是害？’”这是停止海运的一个证据。

《旧唐书·懿宗纪》：“咸通三年，南蛮陷交阯，征诸道兵赴岭南。时湘漓泝运，功役艰难，军屯广州乏食。润州人陈磻石诣阙上书言：‘江西、湖南，泝流运粮，不济军师，士卒食尽则散，此宜深虑。臣有奇计，以馈南军。’天子召见，磻石因奏：‘臣弟听思曾任雷州刺史，家人随海船至福建。往来大船一只，可致千石。自福建装船，不一月至广州。得船数十艘，便可致三万石至广府。’又引刘裕海路进军破卢循故事。执政是之，以磻石为盐铁巡官，往扬子院专督海运。于是康承训之军，皆不阙供。”

【译文】《旧唐书·懿宗纪》：“咸通三年，南蛮攻陷交阯，朝廷调集各路兵马到岭南。当时湘水、漓水要逆流而上，劳役艰难，军队驻扎在广州但是缺乏粮食。润州人陈磻石赴朝廷上书说：‘江西、湖南，逆流运粮，不能满足军队的需要，士兵们无粮可食就都逃走了，这件事应该深入思考一下。我有一招妙计，可以为南方军队提供粮食。’天子召见陈磻石，陈磻石向皇帝说：‘我的弟弟听思曾任雷州刺史，家里人坐海船去到福建。往来都乘坐一只大船，可以载重千石。从福建装上船，不用一个月就到广州。造数十艘这样的船，便可以运三万石粮食到广州。'又援引晋代刘裕从海路率军进攻卢循的史事。执政官员觉得合理，委任陈磻石为盐铁巡官，派往扬子院专门督察海运。于是康承训的军队，都不缺乏供给了。"

烧荒

守边将士，每至秋月草枯，出塞纵火，谓之烧荒。《唐书》："契丹每入寇幽、蓟，刘仁恭岁燎塞下草，使不得留，牧马多死，契丹乃乞盟。"是也。其法自七国时已有之。《战国策》："公孙衍谓义渠君曰：'中国无事于秦，则秦且烧焫获君之国。'"

【译文】镇守边疆的战士们，每年到秋天草枯萎的时候，出边塞纵火，称为烧荒。《唐书》："契丹常常进犯幽州和蓟州，刘仁恭每年都会烧边塞附近的草，使草不能留着，胡人的战马大多都死了，于是契丹只能求和。"就是这样的例子。这种方法自从战国七国时已经有了。《战国策》："公孙衍对义渠君说：'中原六国如果不进攻秦国，那么秦国就要烧掠贵国了。'"

《英宗实录》："正统七年十一月，锦衣卫指挥佥事王瑛言：'御卤莫善于烧荒。盖卤之恃者马，马之所恃者草。近年烧荒，远者不过百里，近者五六十里，卤马来侵，半日可至，乞敕边将，遇秋深，率兵约日同出数百里外，纵火焚烧，使卤马无水草可恃。如此，则在我虽有一时之劳，而一冬坐卧可安矣。'"翰林院编修徐理后改名有贞亦请每年九月，尽敕坐营将官巡边，分为三路：一出宣府抵赤城、独石，一出大同抵万全，一出山海抵辽东。各出塞三五百里烧荒。哨瞭如遇边寇出没，即相机剿杀。此先朝烧荒旧制，诚守边之良法也。

【译文】《英宗实录》记载："正统七年十一月，锦衣卫指挥佥事王瑛说：'抵挡掠夺不如烧荒好。因为掠夺者依赖于马，马所依赖的是草。最近几年烧荒，最远不超过百里，最近的只烧了五六十里，掠夺者骑马侵入境内，半天就可以到了。守边将帅乞求皇帝下令，等到晚秋时节，让守边将帅约定时间率领士兵一同到塞外数百里外，纵火焚烧，使掠夺者的马没有水和草可依赖。这样，我们虽然只有一时的劳苦，然而一个冬天都可以安宁了。'"翰林院编修徐珵（后改名有贞）也请求每年九月，让所有营寨内的官兵出动巡查，分为三路：一路从宣化府到赤城、独石，一路从大同到万全，一路从山海卫到辽东，各路在边塞外的三百里到五百里烧荒。放哨的部队如果遭遇敌人，就寻找机会剿灭他们。这是前朝烧荒的旧制，确实是守卫边疆的好办法。

家兵

古之为将者，必有素豫之卒。《春秋传》："冉求以武城人三百为己徒卒。"《后汉书·朱儁传》："交阯贼反，拜儁刺史，令过本郡简募家兵。""张燕寇河内，逼近京师，出儁为河内太守，将家兵击却之。”《三国志·吕虔传》：“领泰山太守，将家兵到郡，郭祖、公孙犊等皆降。”《晋书·王浑传》：“为司徒。楚王玮将害汝南王亮，浑辞疾归第，以家兵千余人闭门距玮，玮不敢逼。”

【译文】古时候的将帅，必定会豢养自己的亲兵。《春秋传》：“冉求以三百名武城人作为自己的士兵。”《后汉书·朱儁传》：“交阯有人反叛，皇上委任朱儁为刺史，命令他路过自己家乡简选招募家兵。”“张燕在河内造反，举兵逼近京城，朝廷派出朱儁出任河内太守，率领他的家兵击退了叛军。”《三国志·吕虔传》：“吕虔担任泰山太守，率领自己的家兵保卫泰山，郭祖、公孙犊等人便投降了。”《晋书·王浑传》：“王浑做司徒。楚王司马玮要陷害南王司马亮，王浑称病回家，派遣他的家兵一千多人堵门抵抗司马玮，致使司马玮不敢强攻。”

少林僧兵

少林寺中，有唐太宗为秦王时《赐寺僧教》，其辞曰：“王世充叨窃非据，敢违天常。法师等并能深悟几变，早识妙因，擒彼凶孽，廓兹净土。闻以欣尚，不可思议。今东都危急，旦夕殄除，并宜勉终茂功，以垂令范。”是时立功十有三人，裴漼《少林寺碑》所称，志操、惠瑒、昙宗等，惟昙宗拜大将军，余不受官，赐地四十顷。此少林僧兵所起。考之《魏书》：“孝武帝西奔，以五千骑宿于瀍西扬王别舍。沙门都维那惠臻负玺持千牛刀以从。”《旧唐书》：

“元和十年，嵩山僧圆净与淄青节度使李师道谋反，结勇士数百人，伏于东都进奏院，乘雒城无兵，欲窃发，焚烧宫殿。小将杨进、李再兴告变，留守吕元膺乃出兵围之，贼突围而出，入嵩岳山棚，尽擒之。”《宋史》：“范致虚以僧赵宗印充宣抚司参议官，兼节制军马。宗印以僧为一军，号尊胜队。童子行为一军，号净胜队。”然则嵩雒之间，固世有异僧矣。

【译文】少林寺中，有唐太宗还是秦王时所写的《赐寺僧教》，其中说：“王世充篡位自立，违背上天的常道。诸位法师能参悟到微妙的变化，早早识破了当中因果，于是捉拿了叛贼首领，维护了一方净土。听闻了这个消息，觉得不可思议。如今东都洛阳有危急，僧兵短时间内剿灭敌人，最终立下大功，应当勉励，他们良好的典范应该传承下去。”当时立功的有十三人，据裴漼《少林寺碑》所记，有志操、惠瑒、昙宗等人，只有昙宗被封为大将军，其他的人不接受官职，被赏了四十顷地。这是少林僧兵的起源。考证于《魏书》，有这样的记载：“北魏孝武帝西迁，率领五千名骑兵寄宿于瀍西扬王的一处宅邸。沙门都维那惠臻背着玉玺，拿着千牛刀追随皇帝。”《旧唐书》记载：“元和十年，嵩山僧人圆净与淄青节度使李师道图谋反叛，结集数百名勇士，潜伏于东都进奏院，趁着雒城没有兵马，打算暗中进攻，焚烧宫殿。小将杨进、李再兴报告有人反叛，留守吕元膺出动军队围困叛军，叛军冲出包围，逃到了嵩山里的山棚，后来全部被捉拿。”《宋史》：“范致虚委任僧人赵宗印做宣抚司参议官，兼节制军马。赵宗印以僧兵为一军，号称尊胜队。童子行为一军，称为净胜队。”如此，在嵩山与雒城之间，常有不寻常的僧人出现。

嘉靖中，少林僧月空，受都督万表檄，御倭于松江。其徒三十余人，自为部伍，持铁棒击杀倭甚众，皆战死。嗟乎！能执干戈以捍疆场，则不得以其髡徒而外之矣。宋靖康时，有五台僧真宝，与其徒习武事于山中。钦宗召对便殿，命之还山，聚兵拒金。昼夜苦战，寺舍尽焚，为金所得，诱劝百方，终不顾，曰：“吾法中有口回之罪，吾既许宋皇帝以死，岂当妄言也！”怡然受戮。而德祐之末，常州有万安僧起义者，作诗曰：“时危聊作将，事定复为僧。”其亦有屠羊说之遗意者哉。

【译文】嘉靖中期，少林寺僧人月空，收到了都督万表的檄文，在松江抵御倭寇。追随他的有三十多人，他自立成为一支队伍，拿铁棒击杀很多个敌人，最后都战死了。唉！能拿起武器来保卫边疆，那么就不应该因为他们是秃头和尚而当作外人。宋靖康之变中，在五台山有真宝和尚，与他的徒弟在山中学习战争及其有关的事。宋钦宗在便殿召对，命令他回山，聚集士兵抗金。他们日夜苦战，僧舍都被烧毁，被金占领后，金兵千方百计诱劝他归降金朝，他都没有叛变，他说：“我教戒律中有改口之罪，我已经答应为宋皇帝而死，岂能失信！”怡然被杀。而德祐末年，常州有万安和尚起义，作诗说：“时危聊作将，事定复为僧。”他们也有屠羊说（屠羊自足）的遗风。

毛葫芦兵

《元史·顺帝纪》："至正十三年，立南阳、邓州等处毛葫芦义兵万户府，募土人为军，免其差役，令防城自效。因其乡人自相团结，号毛葫芦军，故以名之。"《朵尔直班传》："金、商义兵以兽皮为矢房，如瓠，号毛葫芦军，甚精锐。"《大学衍义补》："今唐、邓山居者，以毒药渍矢以射兽，应弦而倒，谓之毛葫芦。"

【译文】《元史·顺帝纪》："元朝至正十三年，元顺帝在南阳、邓州等处设立毛葫芦义兵万户府，招募本地人当兵，免除他们的差役，让他们自己防城。因为他们乡人相互团结，号称毛葫芦军，所以也就以"毛葫芦军"来称呼。"《朵尔直班传》："金、商的义兵用动物的皮毛做箭袋，像瓠，号称毛葫芦军，军队十分精锐。"《大学衍义补》："如今在唐、邓山的居住者，把毒药涂到箭矢上用来打猎，猎物随着弓弦的声音而倒下，称为毛葫芦。"

成化三年，国子监学录黄明义言："宋时多刚县夷为寇，用白艻子兵破之。白艻子者，即今之民壮也。"

【译文】明宪宗成化三年，国子监学录黄明义说："宋朝的时候，多刚县土著作乱，被白艻子军队击破。白艻子，就是现在的民壮。"

方 音

五方之语，虽各不同，然使友天下之士，而操一乡之音，亦君子之所不取也。故仲由之喭，夫子病之；鴃舌[①]之人，孟子所斥。而《宋书》谓高祖："虽累叶江南，楚言未变，雅道风流，无闻焉尔。"又谓长沙王道怜"素无才能，言音甚楚，举止施为，多诸鄙拙"。《世说》言："刘真长见王丞相，既出，人问见王公云何？答曰：'未见他异，惟闻作吴语耳。'又言：'王大将军年少时，旧有田舍名，语音亦楚。'又言：'支道林入东，见王子猷兄弟还，人问见诸王何如？'答曰：'见一群白项乌[②]，但闻唤哑哑声。'"《北史》谓丹杨王刘昶："呵骂僮仆，音杂夷夏。虽在公坐，诸王每侮弄之。"夫以创业之君，中兴之相，不免时人之议，而况于士大夫乎！北齐杨愔称裴谳之曰："河东士族，京官不少，惟此家兄弟全无乡音。"其所贱可知矣。至于著书作文，尤忌俚俗。《公羊》多齐言，《淮南》多楚语，若《易传》《论语》何尝有一字哉！若乃讲经授学，弥重文言，是以孙详、蒋显曾习《周官》，而音乖楚夏，左思《魏都赋》："盖音有楚夏者，土风之乖也。"则学徒不至。《梁书·儒林传》陆倕云。李业兴学问深博，而旧音不改，则为梁人所笑。《北史》本传。邺下人士，音辞鄙陋，风操蚩拙，则颜之推不愿以为儿师。《家训》。是则惟君于为能通天下之志，盖必自其发言始也。

【注释】①鴃舌（jué shé）：喻指雅言之外难懂的方言。鴃，伯劳鸟。

②白项乌：白头颈的乌鸦。王氏兄弟多穿白衣领服装，故讥为白颈乌。

【译文】四面八方的语言，虽然各不相同，然而胸怀天下的读书人，只会一种方言，也是君子所不采取的。所以仲由说俗语，孔子责备了他；鴃舌之人，因其说话晦涩难懂，被孟子斥责。《宋书》称宋高祖为："虽然是在江南生活几个世代的，他楚国乡音没变，雅道风流，自然无法和他交流。"又说长沙王刘道怜"向来而没有什么才能，说的话也都是很地道的楚地方言，其行为举止大多都很拙劣"。《世说新语》："刘真长拜见王丞相后出来，人们问他见王丞相都说了些什么？回答说：'没有什么不同的，只是听他说吴语罢了。'又说：'王大将军年轻时，曾经有人叫他田舍郎，说话也是楚地方言。'又说：'支道林到会稽去，见到了王子猷兄弟。他回到京都，有人问：'你看王氏兄弟怎么样？'支道林回答说：'看见一群白脖子乌鸦，只听到哑哑叫。''"《北史》说丹杨王刘昶："呵骂仆人的声音，夹杂夷族和华夏两种语言，虽然高居公的爵位，其他的同姓王公常常侮辱戏弄他。"建立霸业的君主、中兴之相，尚且因说家乡方言而遭受同人的非议，更何况士大夫呢！北齐时的杨愔评价裴谳之说："河东籍的士族，在京城做官的人不少，只有裴谳之兄弟完全没有家乡的口音。"可见操持方言是一件多么粗陋的事情了。至于著书写文章，尤其忌讳方言俗语。《公羊传》一书中多用齐国的方言，《淮南子》一书多用楚地的语言，可是《易传》《论语》何曾有一个字的方言？如果是讲经教学，就更重视用语得当文雅了，故而孙详、蒋显就曾经专门学习《周官》，假如不是雅言正音，（左思《魏都赋》："方言有楚夏之别，是当地风俗的不同。"）那么就不会有学生来跟随。（《梁书·儒林传》陆倕云。）李业兴的学问十分渊博，然而他不改口音，就被南朝梁国人所嘲笑。（《北史》本传。）颜之推认为邺城人虽有名望，但言谈鄙陋，风范操守笨拙，嘱托后人不要请他们教育儿孙后辈。（《颜氏家训》。）这是因为君子如果怀有能通天下的志向，那么他就必须要从"说话"开始。

《金史·国语解》序曰："今文《尚书》辞多奇涩，盖亦当世之方音也。"

【译文】《金史·国语解》的序言说："今文《尚书》有许多奇特晦涩的文辞，大概是当时的方言所致。"

荀子每言"案"，《楚辞》每言"羌"，皆方音。刘勰《文心雕龙》云："张华论韵，谓士衡多楚，可谓衔灵均之声余，失黄钟之正响也。"

【译文】荀子里面常用的"案"字，《楚辞》里面常用的"羌"字，都是方言文字。刘勰《文心雕龙》："张华论述韵律，说陆机（字士衡）作品中的楚音很多，这可说是屈原作品的余响，有失雅正的声韵了。"

国语

后魏初定中原，军容号令，皆本国语。后染华俗，多不能通，故录其本言，相传教习，谓之国语。孝文帝命侯伏、侯可、悉陵，以国语译《孝经》之旨，教于国人，谓之《国语孝经》。并《隋书·经籍志》。而历考《后魏》《北齐》二书，若孟威以明解北人语，敕在著作，以备推访。孙搴以能通鲜卑语，宣传号令。祖珽以解鲜卑语免罪，复参相府。刘世清以能通四裔语，为当时第一，后主命作突厥语，翻《涅槃经》以遗突厥可汗。并见遇时主，宠绝群僚。然其官名制度，无一不用汉语。而魏孝文太和十九年六月己亥诏："不得以北俗之语言于朝廷，违者免所居官。"《魏书·咸阳王禧传》："孝文引见朝臣，诏断北语一从正音，禧赞成其事。于是诏年三十已上，习性已久，容或不可卒革。三十已下，见在朝廷之人，语音不听仍旧，若有故为，当降爵黜官。若仍旧俗，恐数世之后，伊雒之下，复成被发之人。朕尝与李冲论此，冲言，四方之语，竟知谁是？帝者言之，即为正矣，何必改旧从新？冲之此言，应合死罪，乃谓冲曰：卿实负社稷！冲免冠陈谢。"

【译文】北魏刚平定中原的时候，军队中上传下达的命令，都是用本国的语言。后来开始学习和使用汉人的语言习俗，大多数人已经不能熟练使用，于是就将他们自己的语言记录下来，以便学习和传承，这就是所谓的"国语"。北魏孝文帝命令侯伏、侯可、悉陵，用国语翻译《孝经》，传授给国人，这就是《国语孝经》。（上述都参见《隋书·经籍志》。）通览《后魏》《北齐》二书，记有以下几例：像孟威明白北人的话语，并记录在案，以备查访；孙搴懂鲜卑语，并能宣传号令；祖珽因为通晓鲜卑语而被免罪，恢复参相府事的官职；刘世清因懂四方语言，成为当时第一人，齐后主高纬让他用突厥语翻译《涅槃经》，赠送给突厥可汗。这些都是因为懂少数民族的语音而受到君主的厚待，宠绝于百官的事例。然而这些官名制度，都是使用汉语来称呼的。而魏孝文帝太和十九年六月初二下诏："不可在朝廷说鲜卑语，违背者免除官职。"（《魏书·咸阳王禧传》："孝文帝引见朝臣，下诏禁止说鲜卑语言全部使用中原语言，元禧赞成这件事。于是下诏年龄三十岁以上，习惯已久，允许不能骤然改变。三十岁以下，现居朝廷官职之人，语音不听从命令仍旧顽固的，如果有故意为之，应当降低爵位罢免官职。如果依旧遵从旧俗，恐怕数世之后，伊雒附近的百姓，又变成了披头散发之人了。朕曾和李冲商讨这些，李冲认为，四方之语，究竟以谁为准？帝王所说的语言，就是为准，何必改旧从新？李冲这番话，应当时死罪，于是对李冲说：卿实际辜负社稷！李冲脱下帽子道歉。"）

《北齐书·高昂传》："于时鲜卑共轻中华朝士，唯惮服于昂。高祖每申令三军，常鲜卑语，昂若在列，则为华言。"孝文用夏变夷之主，齐神武亦英雄有大略者也。契丹偏居北陲，始以本国之言为官名号令，而《辽史》创立《国语解》一篇，自是金元亦多循之，而北俗之语，遂载之史书，传于后代矣。

【译文】《北齐书·高昂传》："当时鲜卑族都轻视中原的官员，只是因为畏惧而服从于高昂。高祖每次向三军下令，都用鲜卑语，如果高昂在，则用中原语言。"北魏孝文帝是主张以诸夏文化影响中原地区以外僻远部族的君主，北齐神武帝也有雄才大略的英雄。偏居在北方边境的契丹，最初也是以本国的语言称呼官职，命令士兵，而自从《辽史》创立《国语解》篇后，我认为金朝和元朝遵循这个办法，这样就将北方等少数民族当时所说的语言载入史书，传到后代了。

后魏《平阳公丕传》："丕雅爱本风，不达新式。至于变俗、迁雒，改官制服，禁绝旧言，皆所不愿。帝亦不逼之，但诱示大理，令其不生同异。"变俗之难如此。今则拓跋、宇文之语不传于史册者，已荡然无余，一时众楚之咻，固不能胜三纪迁殷[①]之化也。

【注释】①语出《尚书正义》卷十九："言殷民迁周已经三纪，世代民易，顽者渐化，四方无可度之事，我天子用安矣。"

【译文】北魏《平阳公丕传》："平阳公丕素来爱好本风，不喜欢新出现的式样。至于改变原有的习俗、迁都洛阳，改变官员制服，禁止旧的语言，他都不愿意。北魏孝文帝也不逼他做，只是以大道理劝导他，让他不要有喜欢自己排斥他者的想法。"改变原有的习俗就是这样的难。现在史册上没有记录拓跋氏、宇文氏鲜卑人的语言，已经荡然无存了。与当年周公将殷民迁到洛阳经过三十年就发生很大变化相较而言，虽然当时众楚群咻，大家都干扰推行，但是最终也难免放弃他们的“俗语”。

后唐康福善诸蕃语，明宗听政之暇，每召入便殿，咨访时事，福即以蕃语奏之。枢密使安重诲恶焉，尝面戒之曰：“康福但乱奏事，有日斩之！”

【译文】后唐的康福擅长使用各个少数民族的语言，明宗李嗣源处理政务的空闲，常把康福召来便殿，咨询时事，康福便以少数民族的语言报告明宗。枢密使安重诲十分厌恶他，曾经当面告戒明宗说：“康福如果乱向皇帝报告时事，迟早有一天斩了他！”

外国风俗

历九州之风俗，考前代之史书，中国之不如外国者有之矣。《辽史》言：“契丹部族，生生之资，仰给畜牧，绩毛饮湩，以为衣食。各安旧风，狃习劳事，不见纷华异物而迁。故家给人足，戎备整完，卒之虎视四方，强朝弱附。”《金史》：“世宗尝谓宰臣曰：‘朕见女直风俗，迄今不忘。今之燕饮音乐，皆习汉风，非朕心所好。东宫不知女直风俗，第以朕故，犹尚存之。恐异日一变此风，非长久之计。’”他日与臣下论及古今，又曰：“女直旧风，虽不知书，然其祭天地，敬亲戚，尊耆老，接宾客，信朋友，礼意款曲，皆出自然，其善与古书所载无异。汝辈不可忘也。”乃禁女直人不得改称汉姓，学南人衣装，犯者抵罪。又曰：“女直旧风，凡酒食会聚，以骑射为乐。今则弈棋、双陆，宜悉禁止，令习骑射。”又曰：“辽不忘旧俗，朕以为是。海陵习学汉人风俗，是忘本也。若依国家旧风，四境可以无虞，此长久之计也。”

【译文】历览九州的风俗，考证前代的史书，中国有许多远不如外国的事情。《辽史》记载说：“契丹的民族部落，世世代代都依靠畜牧业，把动物的皮毛做成衣服，喝动物的乳汁，以这些为吃和穿。每个人按照旧的风俗生活，习惯了劳动，不会因为繁华富丽且珍奇的东西而改变。所以家家生活富足人人生活满足，战备完整，士兵们贪婪凶猛地注视着四方，强的便去朝贡，而弱小的则会来依附。”《金史》：“世宗曾经告诉宰相、大臣们说：‘我见了女真的风俗，至今没有忘记。现在我们聚在一起喝酒吃饭的音乐，都模仿汉人的风俗，不是我所喜好的。太子不了解女真的风俗，是我的原因，现在还存在一点点。恐怕以后会改变我们的习俗，这不是长久的办法。’”后来他与大臣谈论古今时，又说：“女真旧的风俗，虽然不善于书写没有什么文化，然而他们祭拜天地，尊重亲戚、老人，接待宾客，相信朋友，有客人就恭谨接待殷勤应酬，女真族认为这些都是理所当然的，他们这些好的行为与古书所记载的其实没有差别。你们这些人不能忘记。”于是禁止女真人改汉姓，学南方人的衣着，处罚违反者。他还说：“女真旧的风俗，凡是喝酒聚会，以骑马射箭为乐，现在以下棋、博戏代替，应该将这些全部禁止，而让他们学习骑射才对。”又说：“辽不遗弃旧的习俗，我认为是对的。海陵王学习汉人的风俗，这是忘本。如果按照国家旧的风俗，四方的边境可以无忧无患，这是长久的计策。”

《邵氏闻见录》言：“回纥风俗朴厚，君臣之等不甚异。故众志专一，劲健无敌。自有功于唐，赐遗丰腴。登里可汗始自尊大，筑宫室以居，妇人有粉黛文绣之饰，中国为之虚耗，而其俗亦坏。”昔者祭公谋父之言，犬戎树惇，能帅旧德，而守终纯固。由余之对穆公，言戎夷之俗，上含淳德以遇其下，下怀忠信以事其上。一国之政，犹一身之治，其所以有国而长世，用此道也。及乎荐居日久，渐染华风，不务《诗》《书》，唯征玩好，服饰竞于无等，财贿溢于靡用，骄淫矜侉，浸以成习，于是中行有变俗之讥，贾生有五饵之策。又其末也，则有如张昭远以皇弟、皇子喜俳优，饰姬妾，而卜沙陀之不永。张舜民见太孙好音乐、美姝、名茶、古画，而知契丹之将亡。后之君子，诚监于斯，则知所以胜之之道矣。

【译文】《邵氏闻见录》记载：“回纥人风俗朴厚，君主大臣这些人没有什么不一样的。所以众人的意愿专一，强健有力而无敌。自然就在唐朝立功，获得了丰厚的奖赏。但是登里可汗开始自大，建造宫殿来住，妇人有粉黛文绣的饰品，朝廷被他耗费空竭，回纥人的习俗也遭到了破坏。”古时祭公谋父的曾经评论说犬戎国君秉性敦厚，能遵循祖先的遗德，纯粹坚定而终身坚守不止。戎王的使者由余对穆公介绍他们的习俗说，他们的上级保持着淳朴的德行来对待下级，下级怀着忠诚信义来侍奉上级。治理一个国家，犹如对自己一人的管理。之所以国家能长存，就是运用了这个道理。至于游牧民族长期以来没有固定的住处，现在又沾染了中原的风俗，不学习《诗》《书》，只想玩赏，服饰没有等级差别，财物大多被浪费，骄纵放荡爱炫耀，慢慢形成习惯。于是便有中行说先生讥讽劝告匈奴单于不要改变原有的习俗，贾谊还用华服、美食、音乐等五种诱饵，以此来影响匈奴的而使其汉化。以至于宋朝将军张昭远根据皇弟、皇子爱看杂耍、饰姬妾等判断沙陀即将灭亡。张舜民见皇帝的长孙喜好音乐、美女、名茶、古画，从而知道契丹将要灭亡。后来的君子，如果能以此为鉴，那么就知道了取得胜利的方法了。

《史记》言："匈奴狱久者不过十日，一国之囚，不过数人。"《盐铁论》言："匈奴之俗，略于文而敏于事。"宋邓肃对高宗言："外国之巧，在文书简，简故速。中国之患，在文书繁，繁故迟。"《辽史》言："朝廷之上，事简职专，此辽之所以兴也。"又曰："皇帝四时巡守，宰相已下于中京居守。一切公事，除拜官僚，止行堂帖权差，俟行在所取旨，出给诰敕。文官县令、录事已下，更不奏闻，听中书铨选。"然则外国之能胜于中国者，惟其简易而已。若舍其所长，而效人之短，吾见其立弊也。

【译文】《史记》说："匈奴关押犯人最长的不超过十日，一个国家的囚犯，也不过区区几人而已。"《盐铁论》记载："匈奴人的虽然在文化上比较粗略，但处理事务则十分敏捷。"宋朝的邓肃对宋高宗说："外国的巧妙在于他们文书简略，因为简略所以速度快。中原朝廷的隐患，在于文书繁杂，因为繁杂导致迟缓。”《辽史》说：“朝廷的事情简单职权集中，这是辽国之所以兴旺的原因。”（又说：“皇帝四季巡守，宰相以下在中京留守。一切公事，除拜官僚，只是施行堂帖权差，等候行在所取旨，颁布诰敕。文官县令、录事以下，又不上报，听任中书铨选。”）外国之所以能胜于中国，只是因为他们的制度简易。如果舍弃自己的长处，而效仿他人的短处，我看这样就是创造弊端吧。

《金史·食货志》言：“金起东海，其俗纯实，可与返古。初入中夏，民多流亡，土多旷闲，遗黎惴惴，何求不获？于斯时，纵不能复井地沟洫之制，若用唐之永业口分以制民产，放其租庸调之法以足国计，何至百年之内，所为经画，纷纷然与其国相终始邪？其弊在于急一时之利，踵久坏之法。及其中叶，鄙辽俭朴，袭宋繁缛之文；惩宋宽柔，加辽操切之政。是弃二国之所长，而并用其所短也。繁缛胜，必至于伤财；操切胜，必至于害民。讫金之世，国用易匮，民心易离，岂不繇是与？作法不慎厥初，变法以救其弊，祇益甚焉耳。”其论金时之弊，至为明切。

【译文】《金史·食货志》记载：“金国的领土从东海开始，金人的习俗纯良诚实，可以说是高古。最初进入中原的时候，他们面临的是人民流失，土地闲置的情况，逃亡的人忧愁恐惧，求什么样的人才得不到呢？即使不能恢复井田沟洫制，如果用唐朝的永业田制，按人口分田，规定百姓的田产，仿照建立租庸调制的税法也满足国家财政了，怎么会在不到一百年的时间之内所建立起来的一切，纷纷随着国家的灭亡而消解了呢？这样做的弊端在于只看到了一时的利益，而追随早已败坏的制度。到中期，鄙视辽朝俭朴的风气，反而因袭了宋人繁文缛节；戒止宋朝的宽缓和柔和，增加了辽朝急躁的行政风格。这就是摒弃了两个国家的长处，学习他们所不擅长的短处。朝廷讲究繁缛，必定会使国家的伤力损失；政府做事过于急躁，必定会伤害百姓。截止到现在的金朝，国家的经济变得匮乏，民心变得涣散，难道不是因为这些吗？最初制定制度不谨慎，通过变法来补救其弊端，只能导致更加错误啊。”这论证了金朝当时的缺点，非常明白且深切。

魏太武始制反逆、杀人、奸盗之法，号令明白，政事清简，无系讯连逮之烦，百姓安之。宋余靖言：“燕蓟之地，陷入契丹且百年，而民亡南顾心者，以契丹之法简易，盐麦俱贱，科役不烦故也。”是则省刑薄敛之效，无所分于中外矣。

【译文】魏太武帝最初制定关于谋反、杀人、强盗等的法律，把命令说得很明白，政事就清廉俭约；没有拘捕、审讯的担忧，百姓们就得以安居乐业。宋朝余靖说：“燕蓟一带被契丹人占领有一百多年了，而当地百姓没有人考虑南下追随朝廷之心，这是因为契丹的法律简易，盐和小麦都很便宜，科税、徭役不繁重的缘故。”减轻刑罚、减少赋税的效果，是不分中外的。

徙戎

武后时，外国多遣子入侍，其论钦陵、阿史德元珍、孙万荣等，皆因充侍子，得遍观中国形势，其后竟为边害。先是，天授三年左补阙[1]薛谦光上疏曰："臣闻戎夏不杂，自古所诫。蛮貊无信，易动难安，故斥居塞外，不迩中国。前史所称，其来久矣。然而帝德广被，有时朝谒，愿受向化之诚，请纳梯山之礼。贡事毕，则归其父母之国，导以指南之车，此三王之盛典也。自汉魏以后，遂革其风，务饰虚名，征求侍子，谕令解辫，使袭衣冠，筑室京师，不令归国，此又中叶之故事也。较其利害，则三王是而汉魏非；论其得失，则距边长而微质短。殷鉴在昔，岂可不虑？昔郭钦献策于武皇，江统纳谏于惠主，咸以戎翟入居，必生事变。晋帝不用二臣之远策，好慕向化之虚名，纵其习《史》《汉》等书，官之以五部都尉，此皆计之失也。窃惟突厥、吐蕃、契丹等，往因入侍，并叨殊奖。或执戟丹墀，策名戎秩；或曳裾庠序，高步黉门。服改毡裘，语兼中夏。明习汉法，睹衣冠之仪；目览朝章，知经国之要。窥成败于图史，察安危于古今，识边塞之盈虚，知山川之险易。或委以经略之功，令其展效；或矜其首丘之志，放使归蕃。于国家虽有冠带之名，在戎人广其纵横之智。虽有慕化之美，苟悦于当时；而狼子野心，旋生于异日。及归部落，鲜不称兵，边鄙罹灾，实繇于此。故老子曰：'国之利器，不可以示人。'在于齐人，犹不可以示之，况于寇戎乎？谨按楚申公巫臣奔晋，而使于吴，使其子狐庸为吴行人，教吴战陈，使之叛楚。吴于是伐楚取巢、取驾、克棘、入州来，子反一岁七奔命。其所以能谋楚，良以此也。又按《汉书》：桓帝迁五部匈奴于汾晋，其后卒有刘、石之难。向使五部不徙，则晋祚犹未可量也。鲜卑不迁幽州，则慕容无中原之僭。又按《汉书》陈汤云：'夫匈奴兵五而当汉兵一，何者？兵刃朴钝，弓弩不利。今闻颇得汉巧，然犹三而当一。'繇是言之，利兵尚不可使敌人得法，况处之中国，而使之习见哉？昔汉东平王请《太史公书》，朝臣以为《太史公书》有战国从横之说，不可以与诸侯。此则本朝诸王尚不可与，况外国乎？臣窃计秦并天下，及刘、项之际，累载用兵，人户调散。以晋惠方之，八王之丧师，轻于楚汉之割地；冒顿之全实，过于五部之微弱。当曩时冒顿之强盛，乘中国之虚弊，高祖馁厄平城。而冒顿不能入中国者，何也？非兵不足以侵诸夏，力不足以破汾晋，其所以解围而纵高祖者，为不习中土之风，不安中国之美。生长碛漠之北，以穹庐胜于城邑，以毡罽美于章绂。既安其所习而乐其所生，是以无窥中国之心者，为生不习汉故也。岂有心不乐汉，而欲深入者乎？刘元海五部离散之余，而卒能自振于中国者，为少居内地，明习汉法，非但元海悦汉，而汉亦悦之。一朝背诞，四人谓四民响应，遂鄙单于之号，窃帝王之名，贱沙漠而不居，拥平阳而鼎峙者，为居汉故也。向使元海不曾内徙，正当劫边人缯彩曲蘖，以归阴山之北，安能使倡乱邪？当今皇风遐覃，含识革面，凡在虺性，莫不怀驯，方使由余效忠，日磾尽节。以臣愚虑者，国家方传无穷之祚于后，脱备守不谨，边臣失图，则狡寇称兵，不在方外，非所以肥中国，削外蕃，经营万乘之业，贻厥孙谋之道也。臣愚以为愿充侍子者，一皆禁绝。必若先在中国者，亦不可更使归蕃，则戎人保疆，边邑无事矣。”

【注释】①左补阙：唐代官职，掌供奉讽谏，大事廷议，小则上封事。

【译文】唐朝武则天时期，边境国家都派遣其子来奉侍朝廷，如论钦陵、阿史德元珍、孙万荣等人，都因为担任过侍子，得以观察中原的形势，后来他们竟然成为了中原边患。在此以前，天授三年左补阙薛谦光上书陈奏：“我听闻外夷中夏不可以混杂，是自古以来的告诫。蛮貊不守信用，容易暴动很难安定，所以把他们排斥在塞外，不让他们靠近中原。这样做由来已久，前代史籍也有记载。然而天子的德性普及天下，也有入朝来觐见的边民，诚心诚意地愿意归服，远涉险阻前来朝贡献礼。献纳财物的事情完毕后，就用指南车指路回到自己的国家，这是古代三王的盛典。但是从汉、魏开始有所改变，朝廷只满足于虚名而已，对待那些来侍奉天子的侍子，命令他们解开辫子，换上中原衣冠，在首都建筑屋舍，不让回国，这是中期的故事了。如果比较其利弊，则古代的三王是对的，而汉魏是不好的；再看他们的得失，那么将外族抵挡在边境是长远的，征取人质的办法是短暂的。殷人消灭夏朝就像昨天发生的一样，难道不该担忧吗？当年郭钦为晋武帝献策，江统向晋惠帝进谏，都是认为边境少数民族到国内来居住生活，必生事变。晋帝不采用两位的大臣的长远之策远策，反而喜欢自己感化边民的虚名，放任他们学习《史记》《汉书》等书，让他们担任五部都尉等官职，这都是政策的失误。我个人认为突厥、吐蕃、契丹等边境民族，往往因为来内地奉侍，并因此受到奖励提拔。他们有的手持戟站在皇帝殿前石阶，报名武职考试；有的在学校里拖着衣襟大步走。服装改穿皮毛制成的衣服，说话夹杂方言和汉语。学习掌握了汉人的法律，见识了衣冠的礼仪；浏览朝廷的典章，知道了治理国家的要点。他们在于图书和史籍中窥探了成败的原因，在于古今的历史中观察国家的安危，认识到边塞的虚实，掌握了山川险阻的难易。也有把谋划的事委托给他们，让他们出力报效国家；也有因为他们怀念故乡放任他们回到故乡。这样做对于国家，虽然获得讲礼仪的国家和习于礼教的人民的美誉，但实际上增加了戎人纵横的智谋。虽然有慕化的美誉，也只是高兴一时罢了；然而不久将来他们就会产生狼子野心。至于前来收归附的部落，很少有不发动战争的，边疆遭受苦难确实是这个政策所导致。所以老子说：'国家的利器，不可以拿出来让别人都知道。'对于齐国人，都不可以展示，更何况是敌寇呢？按语：春秋时期楚国的申公巫臣投奔晋国，后来代表晋国出使吴国，他派遣他的儿子狐庸担任吴国的使者，让吴国攻打陈国，使吴国背叛了楚国。于是吴国就去攻打楚国，先讨伐巢地，占领驾地；攻克棘亭，进入州来，迫使楚国司马子反一年之内七次奉命奔驰以抵抗吴军。申公巫臣之所以能谋害楚国，全是因为这样打入其内部的计策。又按《汉书》：汉桓帝将五个部落的匈奴分别迁徙到汾、晋一带，后来的国家便有死于刘、石之难的。假如不将匈奴的五个部落迁移到内地，那么晋国也许不会那么早就亡国了。假若没有把鲜卑人迁移到幽州，就不会有后来慕容氏的鲜卑人建立燕国僭越中原了。《汉书·陈汤传》说：'原来五个匈奴士兵只能抵挡一个汉人一名士兵，这是为什么？是因为他们兵刃不锋利，弓弩不够强劲。如今他们学会了汉人的巧技，才能以三人对付一个汉人。’由此观之，锋利的武器尚不可使敌人屈服，况且让他们在中国亲眼看见和学习，岂不是更加麻烦了吗？当年汉东平王请求将《太史公书》带回，朝廷官员以为《太史公书》有战国的纵横学说，不可以给予诸侯。这都是国内诸王都不给予史书，更何况是外国人呢？我私以为秦朝统一天下，一直到刘邦、项羽时，多年征战，人们都逃散了。以晋惠公来比较，那么八王之乱导致的后果不如楚、汉以鸿沟一线为界分裂为两国更加严重；冒顿单于领导的匈奴十分富裕，远远超过五部。那时冒顿强盛，可以在中国虚弊、高祖在平城平乱之际乘虚而入，然而冒顿不能攻进来，这是为什么呢？不是他们的兵力不足以侵略中国，也不是他们的不能攻破汾晋，他们之所以解围放任汉高祖，是因为不习惯中国的风俗，不安于中国之美。生长在沙漠的北方，他们觉得穹庐胜过城邑，毛毯毛毡美于华丽的饰物。既安于自己的习俗而享受其自己的生活，便没有了窥探中国的想法，是因为不熟悉汉人的习性。难道有不喜欢汉人，而还想要深入其地的人吗？刘元海带领的五部匈奴离散后剩下来的，最终也没能在中国振作起来的，只有少量居住在内地并且学习汉朝的法令，不但刘元海喜欢中国文化，而且汉代也接纳他。刘元海一旦违背法令放诞妄为，四方百姓也纷纷响应，于是轻视单于的名号，用上了帝王的名号，鄙视沙漠也不再居住，占领平阳形成了鼎立的局面，这是因为他们长期居住汉地所致。假如刘元海不迁入内地，还是劫掠边疆的人彩色缯帛和美酒，然后就回到阴山的北面，那么他们怎么能称帝作乱呢？现今皇上的恩德惠及远方，人民都发生了改变，就连奸恶小人也都折服，这才有大臣由余和金日磾忠心耿耿为汉王朝尽心竭力。以臣下我的愚笨看法，国家要想传承万代而不灭，倘若守备不谨慎，驻守边疆的大臣没有很好的谋划，那么狡猾的贼寇就会起兵造反；中国以外的地方是不能壮大中国的，而真正能使国家强大的是应该削弱藩属国，经营可以传承万代的国家大业，这才是为子孙的将来作好安排的国家方略。我认为为对那些愿意充当侍子的边疆民族，都应该拒绝禁止。而对之前就已经在中国的边民，也不能让他们回去了，戎人保持自己的疆土，我们的边境也没有战事了。”

明永乐、宣德间，鞑靼来降，多乞留居京师，授以指挥、千百户之职，赐之俸禄，及银钞、衣服、房屋、什器，安插居住，名曰降人。正统元年十二月，行在吏部主事李贤言：“臣闻帝王之道，在赤子黎民，而禽兽蛮貊。待黎民如赤子，亲之也；待蛮貊如禽兽，疏之也。虽圣人一视同仁，其施也必自亲以及疏。未有赤子不得其所，而先施惠于禽兽，况夺赤子之食以养禽兽，圣人忍为之哉？窃见京师降人不下万余，较之畿民三分之一。其月支俸米，较之在朝官员亦三分之一，而实支之数或全或半，又倍蓰矣。且以米俸言之，在京指挥使正三品，该俸三十五石，实支一石，而达官则实支十七石五斗，是赡京官十七员半矣。夫以有限之粮而资无限之费，欲百姓富庶而仓廪充实，未之有也。近者连年荒旱，五谷不登，而国家之用则不可缺。是以天下米粟，水陆并进，岁入京师数百万石，而军民竭财殚力，涉寒暑，冒风霜，苦不胜言，然后一夫得数斛米至京师者，幸也。若其运至中途，食不足，衣不赡，而有司督责之愈急，是以不暇救死，往往枕籍而亡者不可胜计。其降人坐享俸禄，施施自得。呜呼！既夺赤子之食以养禽兽，而又驱其力使馈之，赤子卒至于饥困以死，而禽兽则充实厌足，仁人君子所宜痛心者。若夫俸禄，所以养廉也。今在朝官员，皆实关俸米一石，以一身计之，其日用之费，不过十日，况其父母妻子乎？臣以为欲其无贪，不可得也。备边所以御侮也，今边军长居苦寒之地，其所以保妻子、御饥寒者，月粮而已。粮不足以赡其所需，欲其守死，不可得也。今若去此降人，臣愚以为除一害而得三利焉。何则？计降人一岁之俸，不下数十万，省之可以全生民之命，可以赡边军之给，可以足京官之俸。全生民之命，则本固而邦宁也；赡边军之给，则效死而守职也；足京官之俸，则知耻而守廉也。得此三者，利莫大焉。臣又闻圣王之道，贵乎消患于未萌。《易》曰：'履霜坚冰至。'臣窥见达人来降，络绎不绝，朝廷授以官职，足其俸禄，使之久处不去，腥膻畿内。无益之费，尚不足惜，又有甚焉者。夫蕃人贪而好利，乍臣乍叛，荒忽无常。彼来降者，非心悦而诚服也，实慕中国之利也。且降人在彼，未必不自种而食，自织而衣。今在中国，则不劳力而坐享其有。是故其来之不绝者，中国诱之也。诱之不衰，则来之愈广。一旦边方有警，其势必不自安矣。前世刘、石之乱，可不鉴哉！是故圣人以禽兽畜之，其来也惩而御之，不使之久处；其去也守而备之，不诱其复来。其为社稷生民之虑，至深远也。近日边尘数警，而降人群聚京师，臣尝恐惧而不安寝。伏愿陛下，断自宸衷，为万世长久之计。乞敕兵部将降人渐次调除天下各都司卫所。彼势既分，必能各安其生，不惟省国家万万无益之费，而又消其未萌之患矣。”上是其言。

【译文】明代永乐、宣德年间，鞑靼人来投降，大多乞求留居在京师，朝廷还授以指挥、千百户等职位，赐给他们俸禄，及银钞、衣服、房屋、生活器具，安插居住，称之为“降人”。正统元年十二月，吏部主事李贤说：“我听闻帝王之道，在于将人民百姓视作赤子，将蛮貊等边外民族看作禽兽。待人民像刚生的婴儿，与之亲近；待四方的落后部族如待禽兽一般，与之疏远。虽然圣人是一视同仁的，但到具体实施的时候也必定是由近及远由亲及疏的。没有赤子尚还不得其所，而先施惠给禽兽的，更何况夺走赤子的食物去给禽兽吃，圣人怎么忍心这样做啊？我曾经看见在京师的降人不下万余，约占京畿人民的三分之一。每月给他们支付的薪俸，约占在朝廷所有官员的三分之一，实际支出的更多，甚至好几倍。以米俸一项为例，在京指挥使正三品的官员，应该领取的米俸是三十五石，但实际只给了一石，而那些‘降人’的达官们实支了十七石五斗，相当于供养了十七员半的京官。以极有限的粮食供给资无限耗费，还想让百姓富庶，仓廪充实，这是不可能的啊。近年来，连年荒旱，五谷不登，粮食歉收，国家所需要的有不能缺少，于是天下米粟，水陆并进，每年运到京师多大数百万石。士兵和兵百姓竭财殚力，经历寒暑，冒着风霜，实在是苦不胜言。然而一个民夫能把几斛米运到京师的，是很幸运的。假若在运送的途中，吃不饱，穿不暖，还有官员催促责骂，根本不管死活，途中丧命的人横七竖八地躺在途中，真是不知道又有多少啊。再看那些‘降人’，他们坐享俸禄，高兴得意的样子啊！真是的！既抢走赤子的食物供禽兽，又驱使赤子们去伺候他们，赤子因为吃不饱而饿死去，而禽兽们却丰衣足食，这是所有的仁人君子们都会感到痛心的情况。所谓俸禄，是给官员们工资报酬的。现在京师朝廷的官员，实际上都是只能领取一石俸米，按一个人的日常开支来算，这一石米不够他个人十天的开销，更何况他还有父母、妻、子需要养活？臣认为要想让官员们不贪污是不可能的。国家守卫边疆是为了抵御外侮，现在镇守边疆的军兵长期居住在苦寒的地方，他们养活妻子、儿女、抵御饥饿和寒冷所仰赖的，只不过是他们每月领取的粮食俸米而已。假如粮食不够他们的日常生活所需，朝廷指望他们冒死镇守边关是不可能的。现在假如赶走这些‘降人’，臣愚以为这样做是有一害而得到三利。怎么讲呢？供给‘降人’一年的俸米，多达数十万，省下来就可以保全本国百姓的生命，又可以供养镇守边疆的军兵，还可以满足在京官员的俸米所需。保全百姓的性命，那么国家的根本就得到了稳固，国家就可以安宁；镇守边疆军兵得到了充足的军饷，就一定会效忠国家，誓死保卫边疆；在京官员们得到了充足的俸米，就会知耻守廉，不会贪污了。得到这三样，好处实在是太大了。臣还听说古来圣王之道，最重要的是要将隐患消灭在没有萌发之前。《易》说：‘履霜坚冰至。’臣观察到边疆少数民族的人络绎不绝地来依附朝廷，朝廷给他们官职，发放足够的俸禄，使得他们长期居住下来不走了，京城内腥膻难闻。没有意义的消耗，尚且还不够，更何况还有很多浪费啊。外邦人贪财好利，一会归附一会反叛，变化无常，毫无节操。邻国来投降的人，不是真心地来投靠，实际上是向往中国的利益。况且这些‘降人’在自己的国家，未必是不会自己耕种、织丝来丰衣足食的。如今他们在中国，不付出劳动而坐享俸米。正是因为在中国这样的诱惑，他们才纷纷来做‘降人’，假如这种诱惑不减少，那么来的人会越来越多。一旦边境发生冲突，国家的局势必定会不安。先前刘、石之乱，难道不还不能引起我们的警戒吗！因此圣人他们当作禽兽来看待，他们过来是要通过争取，而且来了也要防着，不让他们长时间居住；他们离开也看守并防备着，不引诱他们再来。他们是国家与人民深远的忧患。近来边境战事频繁，而‘降人’聚集在京师，我曾经害怕得睡不安宁。恳请陛下为了国家长久的大计，下定决心做出决断。请陛命令部队将‘降人’逐渐从天下各都司、卫所调出遣散。他们的势力分开了，必定就各自安于生活，不仅省了国家很大一部分没用的花费，而且还把忧患消除在萌发之前。”皇上肯定了吏部主事李贤的进言。

土木之变，达官达军之编置近畿者，一时蠢动，肆掠村庄，至有驱迫汉人以归寇者。户科给事中王竑、翰林院侍讲刘定之并言：“宜设法迁徙，俾居南土。”于是命左都督毛福寿充左副总兵，选领河间、东昌达军，往湖广辰州等处征苗，巡抚江西刑部右侍郎杨宁奏：请贼平之后，就分布彼处各卫所守御。然其去者无多。天顺元年七月丁丑兵部奏，自正统七年至景泰七年调去云南、广东、广西、福建等处随征达官达军共一千八百人。而天顺初，兵部尚书陈汝言阿附权宦，尽令取回，遂令曹钦得结其骁豪，与之同反。而河间、东昌之间，至今响马不绝，亦自达军倡之也。

【译文】明英宗时期的土木之变，蒙古人在邻近国都的地方多有驻军，时时刻刻蠢蠢欲动，肆意劫掠村庄，甚至还有逼迫汉人归顺他们的。户科给事中王竑、翰林院侍讲刘定之都进言皇上：“应该设法使他们迁徙，让他们到南方去。”于是朝廷命令左都督毛福寿担任左副总兵，带领河间、东昌的蒙古族的军队，往湖广辰州等处征伐苗人。巡抚江西刑部右侍郎杨宁上奏皇上献计：平定动乱之后，请朝廷就地安置这些蒙古族的军队，让他们驻扎当地负责安保。即使这样，蒙古族军兵被调到南方的其实也没有多少。（天顺元年七月十六日兵部上奏，自正统七年至景泰七年调去云南、广东、广西、福建等处随征蒙古军队总共一千八百人。）到了天顺初年，兵部尚书陈汝言附和有权势的宦官，又都把他们调回来了，这才导致曹钦与这些蒙古族军兵中的首领勾结，一起谋反。以至于到今天，河间、东昌一带土匪不绝，这也是由于那时蒙古族的军兵太多的缘故。

明初，安置土达于宁夏、甘、凉等处。承平日久，种类蕃息，至成化四年，遂有满四之变①。

【注释】①满四之变：满四又名满俊。成化四年（1468年），西北土达满四反叛，满四的祖先巴丹，自明朝初年率领部属归附朝廷，世代统领千户的游牧部落。沿用过去俗规，无捐税徭役。其地在开城县的固原里，接着边境。满四蛮横，向来藏匿奸盗，常出边境抢掠。恰好有官司牵连满四，有关部门追踪来到他的家，多方索求，满四发怒，于是煽动部众作乱。

【译文】明朝初年，将元朝投降的各民族的人安置在宁夏、甘州、凉州等地区。太平的日子一久，他们的人口便繁衍众多了，就有了成化四年的满俊之乱。

楼烦

楼烦乃赵西北边之国，其人强悍，习骑射。《史记·赵世家》："武灵王行新地，遂出代西，遇楼烦王于西河，而致其兵。""致"云者，致其人而用之也。是以楚汉之际，多用楼烦人，别为一军。《高祖功臣侯年表》："阳都侯丁复，以赵将从起邺，至霸上为楼烦将。"而《项羽本纪》："汉有善骑射者楼烦。"应劭曰："楼烦，胡也。今楼烦县。按楼烦地大，不止一县之人。"则汉有楼烦之兵矣。《灌婴传》："击破柘公王武，斩楼烦将五人，攻龙且，生得楼烦将十人，击项籍军陈下，斩楼烦将二人。攻黥布别将于相，斩楼烦将三人。"《功臣表》："平定侯齐受以骁骑都尉，击项籍，得楼烦将。"则项王及布，亦各有楼烦之兵矣。盖自古用蛮夷攻中国者，始自周武王牧野之师，有庸、蜀、羌、茅、微、卢、彭、濮。而晋襄公败秦于殽，实用姜戎为犄角之势。大者王，小者霸。于是武灵王踵此，用以谋秦，而鲜卑、突厥、回纥、沙陀，自此不绝于中国矣。

【译文】楼烦国位于赵国西北边部，楼烦人十分强悍，擅长骑马射箭。《史记·赵世家》记录："赵武灵王开疆拓土，打到代国的西部，在西河与楼烦王遭遇，致使他将楼烦人收编到自己的部队。”这里“致”的意思是指将楼烦人收为己用。所以到楚汉时期，常把楼烦人整编为一支部队来使用。《高祖功臣侯年表》：“阳都侯丁复，原来是赵国的将军，从邺城开始跟从汉高祖征战，打到霸上时成为了楼烦将军。”而《项羽本纪》也记录：“刘邦军队里有善于骑射的楼烦兵。”（应劭说：“楼烦，是胡的意思。现在的楼烦县。按楼烦地大，不只是一县之人。”）由此可见，汉代就已经有楼烦士兵了。《灌婴传》记载：“曹参击破柘公王武，斩了五名楼烦的将领；攻打龙且时，活捉十名楼烦将领；在陈县打败项羽的军队，斩两名楼烦将领；在相县攻打黥布别将的军队时，斩杀楼烦将领三人。”《功臣表》：“平定侯齐受担任骁骑都尉攻打项羽时，俘虏了楼烦将军。”以上记载了项羽和黥布的部下，也都有楼烦的兵将。最早用少数民族部队攻打中原的人，大概从牧野之战中，周武王的部队开始的，当时他的部队中就有庸、蜀、羌、茅、微、卢、彭、濮等国的兵将。而晋襄公在崤山打败秦军的战斗中，实际上是与他们晋国南部少数民族姜戎的部队互为犄角，共同对付秦军的情势下取得顺利。大到王上，小到霸主，他们都使用的少数民族的兵将。于是武灵王效仿他们，用少数民族的兵将来对付秦国，以至于后来在中国的军队中一直有鲜卑、突厥、回纥、沙陀等族裔的兵将。

吐蕃回纥

大抵外国之音，皆无正字。唐之吐蕃，即今之吐鲁番是也。唐之回纥，即今之回回是也。《唐书》："回纥一名回鹘"。《元史》有"畏兀儿"部，"畏"即"回"，"兀"即"鹘"也，其曰"回回"者，亦"回鹘"之转声也。《辽史·天祚纪》有回回国王。《元史·太祖纪》以回鹘、回回为二国，恐非。其曰"畏吾儿"者，又"畏兀儿"之转声也。《册府元龟》按国史叙铁勒种类云："伊吾以西，焉耆以北，有契弊、乌护、纥骨等部。""契弊"则"契苾"也。"乌护"则"乌纥"也，后为"回鹘"。"纥骨"则"纥扢斯"也，转为"黠戛斯"。盖夷音有缓急，即传译语不同。

【译文】大多数外国的音，汉语拼写都不统一。唐朝时的吐蕃，就是现在的吐鲁番。（这是顾炎武的个人看法。）唐朝时的回纥，就是现在的回回。《唐书》记载："回纥又名回鹘"。《元史》有"畏兀儿"部，"畏"即是"回"，"兀"即为"鹘"，有人读作"回回"，其实是"回鹘"的不同音译罢了。（《辽史·天祚纪》有回回国王。《元史·太祖纪》以回鹘、回回为二国，或许是错误的。）还有人读作"畏吾儿"，也是"畏兀儿"的不同音译。（《册府元龟》按国史叙铁勒种类说："伊吾以西，焉耆以北，有契弊、乌护、纥骨等部。""契弊"就是"契苾"。"乌护"就是"乌纥"，后来成为"回鹘"。"纥骨"就是"纥扢斯"，变成了"黠戛斯"。大概外国音有缓急之别，即传译语不同。）

《大明会典》："哈密古伊吾卢地，在敦煌北大碛[①]外，为西域诸番往来要路。其国部落与回回、畏兀儿三种杂居。"则回回与畏兀儿又为二种矣。郑所南《心史》：畏吾儿乃鞑靼为父，回回为母者也。自唐会昌中，回纥衰弱，降幽州者，前后三万余人，皆散隶诸道，始杂居于中华而不变其本俗。杜子美《留花门诗》："连云屯左辅，百里见积雪。"李卫公《上尊号玉册文》："种类磐互，缟衣如荼。挟邪作蛊，浸淫宇内。"今之遗风，亦未衰于昔日也。

【注释】①大碛（qì）：是指岭北沙漠。《读史方舆纪要》，"石漠在塞北，自阴山而北，皆大漠也。其间有白漠、黑漠及石漠之分。白、黑二漠，以色为名，石漠以地皆石碛而名。

【译文】《大明会典》记录："哈密古代为伊吾卢地方，在敦煌北部的沙漠外，是西域的各个少数民族国家往来于我国的主要通道。哈密的部落与回回、畏兀儿杂居。"按这个记载，回回与畏兀儿是不同的两个民族。（郑所南《心史》：畏吾儿是鞑靼为父，回回为母而成的一个部族。）从唐武宗会昌中期开始，回纥逐渐衰弱，到幽州来投降的回纥前前后后大概有三万多，从此他们被分散到各地，开始杂居在中华，但他们没有变其原本的习俗。杜甫的《留花门诗》中有："连云屯左辅，百里见积雪。"（因为回纥喜欢白色的衣服、帽子，这句诗中白雪暗指当时京都西安左辅附件有大量的回纥。）李卫公的《上尊号玉册文》说："种类磐互，缟衣如荼。挟邪作蛊，浸淫宇内。"（也是说回纥杂居在中华，喜欢穿着像荼花一样白的衣服等习俗。）这些回纥至今仍然保持着他们自己的风俗，丝毫没有衰减。

《旧唐书·宪宗纪》："元和二年正月庚子，回纥请于河南府、太原府置摩尼寺。许之。”此即今礼拜寺之所从立也。

【译文】《旧唐书·宪宗纪》记载：“元和二年正月十二日，回纥请求朝廷在河南府、太原府设立摩尼寺。朝廷同意了。”这就是最早建立的礼拜寺。

《新唐书·常衮传》言：“始回纥有战功者，得留京师。戎性易骄，后乃创邸第、佛祠，或伏甲其间，数出中渭桥，与军人格斗，夺含光门鱼契走城外。”然则自肃、代以来，回纥固已有居京师者矣。

【译文】《新唐书·常衮传》说：“最开始，有回纥人因立功得以留居在京师。他们性情骄躁，虽然在城中建有自己的宅院、佛祠，但还是有悄悄穿上铠甲数次跑到中渭桥，与士兵格斗，甚至夺走含光门鱼契符跑到城外去。”那么自肃宗、代宗两朝以来，回纥已经有长期定居京师的了。

《实录》：“正统元年六月乙卯，徙甘州、凉州寄居回回于江南各卫，凡四百三十六户，一千七百四十九口。”其时西陲有警，不得已为徙戎之策，然其种类遂蕃于江左矣。正统三年八月，有归附回回二百二人，自凉州徒至浙江。

【译文】《实录》记载：“正统元年六月二十日，将甘州、凉州的回回迁往江南地区的，共计四百三十六户，一千七百四十九口人。”这是当时朝廷迫于西面边疆有战事，不得已实行的徙戎之策，但是这客观上使回回人得以在长江以东地区繁衍生息。（正统三年八月，有归附回回二百二人，从凉州迁移到浙江。）

明初于其来降者待之虽优，而防之未尝不至。福建漳州卫指挥佥事杨荣因进表至京，为回回之编置漳州者，寄书于其同类。奉旨坐以交通外夷，黜为为事官，于大同立功。正统四年七月辛未。其后文教涵儒，戎心渐革，而蛮貊之裔，遂有登科第、袭冠裳者。惟回回自守其国俗，终不肯变。结成党伙，为暴闾阎。以累朝之德化而不能训其顽犷之习，所谓食桑葚而怀好音，固难言之矣。

【译文】明朝初期对于来投降的人待遇虽然很优厚，但也还是有所而戒备。福建漳州卫指挥佥事杨荣因进呈表章到京城，他帮漳州的回回带信给他们在京城的同族，因此被皇帝以私通外人贬为事官，后来在大同立了功。（正统四年七月二十五日。）后来受汉文化的浸润影响，慢慢地有所改变，少数民族甚至有考科举、穿着官服的人。只有回回坚守自己国家的习俗，始终不接受改变。他们有的人结成党伙，为害一方。像他们这样多年受到中央朝廷的恩德，但还是不改变自己顽劣粗野的习俗，这就是所谓的“食我桑葚，怀我好音”，真是让人不知说什么好。

天子无故不杀牛，而今之回子终日杀牛为膳，宜先禁此，则夷风可以渐革。唐时赦文，每曰：“十恶五逆，火光行劫，持刃杀人，官典犯赃，屠牛铸铁，合造毒药，不在原赦之限。”可见古法以屠牛为重也。若韩滉之治江东，以贼非牛酒不啸结，乃禁屠牛以绝其谋。此又明识之士所宜豫防者矣。

【译文】天子不能无缘无故就杀牛，然而现在回纥天天杀牛吃肉，我认为应该先禁止此事，那么他们的风俗可以渐渐地改变。唐时赦文常说：“十件罪恶有五件是因为违背常理，放火打劫，杀人行凶，官吏贪赃枉法，无故杀牛，私自铸钱，偷偷制造毒药，都不在宽恕赦免的范围内。”由此可见古代的法律中，无故屠宰耕牛是很严重的。如唐朝名相韩滉治理江东地区时，为了杜绝乱臣贼子以吃牛肉喝酒为名聚众谋反，采取了禁止屠杀牛的策略。这又是一例有识之士防范于未然的证明。

西域天文

西域人善天文，自古已然。《唐书》：“泥婆罗国，颇解推测盈虚，兼通历术事。”“天竺国，善天文历算之术。”“罽宾国，遣使进天文经。”“拂菻国，其王城门楼中，悬一大金称，以金丸十二枚属于衡端，以候日之十二时。为一金人，其大如人，立于侧，每至一时，其金丸辄落，铿然发声引唱，以纪日时，毫厘无失。”盖不始于回回、西洋也。《元史·张思明传》：“大德初，擢左司都事。有献西域称法，思明以惑众不用。”

【译文】西域人擅长天文学，自古就是这样。《唐书》记载："泥婆罗国，善于推算测量月亮的盈亏，并且精通历法。""天竺国，擅长天文历法。""罽宾国，曾经派遣使者向朝廷进贡天文经籍。""拂菻国，在都城的门楼中，悬挂着一个大金秤，在秤杆上有十二枚金丸，以等候每天的十二个时辰。又造了一个金人，和真人一般大小，站在侧面，每过一个时辰，上面的金丸就掉下来一丸，发出响亮的声音，以此计算日期与时辰，丝毫不差。"可见天文历法不是起源于回回、西洋。（《元史·张思明传》："大德初年，张思明被提拔为左司都事。有人献上西域称法，张思明认为迷惑众人而不用。"）

王忠文祎集有《阿都剌除回回司天少监诰》曰："天文之学，其出于西域者，约而能精。虽其术不与中国古法同，然以其多验，故近代多用之。别设官署，以掌其职。"

【译文】明人王祎的《王忠文公集》一书中辑录一篇《阿都剌除回回司天少监诰》，明太祖说："西域的天文学，简约而精湛。虽然在方法上与中国古法不同，但是因为十分准确，所以近代经常用西域的天文历法。专设职能部门来负责西域天文学。"

《册府元龟》载："开元七年，吐火罗国王上表，献解天文人大慕阇，智慧幽深，问无不知。伏乞天恩唤取，问诸教法，知其人有如此之艺能，请置一法堂，依本教供养。"此与今之利玛窦天主堂相似，而不能行于玄宗之世者，岂非其时在朝多学识之人哉。

【译文】《册府元龟》记载:“唐玄宗开元七年,吐火罗国王上奏章,送来精通天文的摩尼教大慕阇,他很有智慧,知识渊博,无所不知。玄宗开恩唤取他咨询教法,知道这人有天文学才能,他请求设立一座法堂,遵照本教培养人才。”这与现在利玛窦的天主教堂相似,但不能在唐玄宗时期实行,难道不是因为当时朝廷上有很多懂得天文历法的有识之士吗?

三 韩

今人谓辽东为三韩者,考之《书》序:“成王既伐东夷。”传:“海东诸夷:驹丽、扶余、馯貊之属。”正义:“《汉书》有高驹丽、扶余韩。无此馯,馯即韩也,音同而字异耳。”《后汉·光武纪》:“建武二十年,东裔韩国人率众诣乐浪内附。”《东夷传》:“韩有三种,一曰马韩,二曰辰韩,三曰弁辰。《晋》《梁》二书作弁韩。马韩在西,有五十四国,其北与乐浪,南与倭接;辰韩在东,十有二国,其北与濊貊接;弁辰在辰韩之南,亦十有二国,其南亦与倭接。凡七十八国,百济是其一国焉。大者万余户,小者数千家,各在山海间。地合方四千余里,东西以海为限,皆古之辰国也。马韩最大,共立其种为辰王,尽王三韩之地。”《汉书·朝鲜传》:“真番辰国欲上书见天子,又雍阏弗通。”师古曰:“辰谓辰韩之国。”《史记》误作“真番旁众国”。

【译文】现在有人说辽东为三韩的，我考证的是《周书·序》中："周成王已经讨伐了东夷。"《尚书孔传》："海东地区的民族有：驹丽、扶余、馯貊等。"《尚书正义》说："《汉书》确实有高驹丽、扶余韩。但并没有馯，其实馯即是韩，只是读音相同而字不同罢了。"《后汉书·光武纪》："建武二十年，遥远的东方有韩国人率领许多人到乐浪郡归附朝廷。"《东夷传》记载："韩人分三种，分别叫马韩、辰韩、弁辰（《晋》《梁》二书写成弁韩）。马韩在西边，分为五十四个部落，马韩的北部与乐浪郡接壤，南部与日本隔海相望；辰韩在东边，分为十二个部落，辰韩北与濊貊相邻；弁辰在辰韩的南边，也分为十二个部落，其南部也与日本相邻。三韩人总共分为七十八个部落，百济是其中之一。大的部落有一万多户人家，较小的部落有数千家，分布在山、海之间。三韩一共有四千多里地，东、西两面临海，都是古时候辰国的领地。马韩是最大的，三韩共同立马韩人为辰王，统治三韩全境。"（《汉书·朝鲜传》："真番辰国想上书见天子，又阻塞不通。"颜师古说："辰是辰韩之国。"《史记》误作"真番旁众国"。）

《三国·魏志》："齐王正始七年，幽州刺史毌丘俭破高句骊、濊貊、韩、那奚等数十国，各率种落降。""陈留王景元二年，乐浪外夷韩、濊貊各率其属来朝贡。"《晋书·张华传》："东夷马韩、新弥诸国，依山带海，去州四千余里，历世未附者二十余国，并遣使朝献。"杜氏《通典》："三韩之地，在海岛之上，朝鲜之东南。"此其封域与朝贡之本末也。刘熙《释名》："韩羊、韩兔、韩鸡，本法出韩国所为也。”后魏阳固《演赜赋》：“睹三韩之累累兮，见卉服之悠悠。”此其风土也。

【译文】《三国·魏志》记载：“魏齐王正始七年，幽州刺史毌丘俭打败高句骊、濊貊、韩、那奚等数十国，他们各自率领自己的部族投降。”“陈留王景元二年，乐浪郡以外的韩、濊貊等部族各自率部下来朝贡。”《晋书·张华传》：“东北的少数民族马韩、新弥等，依山靠海，距离幽州四千多里，从来没有归附中华的有二十多国，现在都派遣使者来进贡。”杜佑《通典》记载：“三韩在海岛上，位于朝鲜的东南。”这是三韩的领地和他们来朝贡的大致情况。刘熙的《释名》说：“韩羊、韩兔、韩鸡，指出自韩国羊、兔、鸡。”北魏阳固《演赜赋》：“目睹三韩腐败的样子，看到他们忧愁的样子。”这是三韩的风土人情。

《宋史·天文志》：“狗国四星，在建星东南，主三韩、鲜卑、乌桓、猃狁、沃沮之属。”此其占象也。《宋史·高丽传》言：“崇宁后始铸三韩通宝。”而《辽史·外纪》有高丽王子、三韩国公勋、三韩国公颙、三韩国公俣。其《地理志》有高州三韩县，辰韩为扶余，弁韩为新罗，《北史》以辰韩为新罗。马韩为高丽。开泰中，圣宗伐高丽，俘三国之遗人置县。据此，乃俘三国之人置县于内地，而取三韩之名尔。正如汉时上郡有龟兹县，不可便以为西域之国。今人乃谓辽东为三韩，是以内地而目之为外国也。原其故，本于天启初失辽阳以后，章奏之文遂有谓辽人为三韩者，外之也。今辽人乃以之自称，夫亦自外也已。

【译文】《宋史·天文志》："狗国四星，在建星的东南方向，主要对应三韩、鲜卑、乌桓、猃狁、沃沮这些国家。"这是三韩对应的星象。《宋史·高丽传》说："崇宁后期他们才铸造货币"三韩通宝"。"而《辽史·外纪》有高丽王子、三韩国公勋、三韩国公颙、三韩国公俣的记录。《辽史·地理志》记高州辖有三韩县，辰韩就是扶余，弁韩就是新罗，（《北史》以辰韩为新罗。）马韩就是高丽。开泰中期，圣宗讨伐高丽，俘虏三国的幸存者并设置县来管辖。据此，俘虏三国的人置内地，只不过是用三韩的名称而已，并非指他们原来居住的外国。（正如汉代时上郡有龟兹县，不可轻率地以为是西域之国。）现在的人称辽东为三韩，是将内地辽东误作外国。究其原因，明熹宗天启初期，国家失去了辽阳的地区之后，官员们呈报皇帝的文书中，方便起见就称辽人为三韩，这是错误地将内地称为外国。现在辽人仍然这样自称，是他们自己把自己当作外人罢了。

《北史》："新罗者，其先本辰韩种也，地在高丽东南。辰韩亦曰秦韩，相传言，秦世亡人避役，来适马韩，割其东界居之，以秦人故，名之曰秦韩。其言语名物有似中国人。辰韩王常用马韩人作之，世世相传。辰韩不得自立王，明其流移之人故也，恒为马韩所制。辰韩之始，有六国，稍分为十二，新罗则其一也。"此又与前史不同。而《唐书·东夷传》："显庆五年，平百济，分其地置五都督府。"其一曰马韩。

【译文】《北史》记载："新罗原本是辰韩的部落，地处高丽东南。辰韩也叫秦韩，相传是秦朝时有躲避劳役逃到马韩，占据马韩的东部边界居住，因为原本就是秦国人，所以就称之为"秦韩"。辰韩的语言、对各种东西的名称都与中国人相似。马韩人常常当辰韩人的王，世代传继。辰韩不可以自己立国王，这是马韩知道辰韩是秦人流亡来的缘故，历来都被马韩统制。后来辰韩慢慢地分为六国，后来有再分为十二国，新罗就是其中的一个。"这是与前代历史的不同之处。另外，《旧唐书·东夷传》："显庆五年，平定百济，划分其地设立五个都督府。"其一就称为马韩。

大秦

今之佛经皆题云"大秦鸠摩罗什译"，谓是姚兴国号，非也。大秦乃西域国名。《后汉书·西域传》言："大秦国在海西，地方数千里，有四百余城，小国役属者数十。"又云："天竺国，西与大秦通。"此其国名之偶同，而传以为其人民皆长大平正，有类中国，故谓之大秦，固未必然。而《晋书·载记》："石季龙时，有安定人侯子光自称佛太子，谓大秦国来，当王小秦国。"以中国为小秦，则益为夸诞矣。

【译文】现在的佛经上题写的"大秦鸠摩罗什译"，有人说这个"大秦"是十六国时期后秦姚兴的国号，其实不对。大秦应是西域的国名。《后汉书·西域传》说:“大秦国在海西,有几千里大,有四百多座城池,附属的小国也多达几十个。”又说:“天竺国,西与大秦相通。”这是因为两者的国名巧合而导致的误会,而传记中说大秦人民体貌高大端正,与中国人一样,所以被称为“大秦”,这个说法也未必是对的。《晋书·载记》说:“后赵石季龙(石虎)时期,有个叫侯子光的安定人自称佛太子,说是从大秦国来,要当小秦国的国王。”称中国为小秦,是十分夸大虚妄,不合实际。

干陀利

韩文公《广州记》有“干陀利”,注家皆阙。按《梁书·海南诸夷传》:“干陀利国在南海洲上,其俗与林邑、扶南略同。出斑布、吉贝、槟榔。槟榔特精好,为诸国之最。”梁王僧孺有《谢赐干陀利所献槟榔启》。《周弘正传》:“有罪应流徙,敕以赐干陀利国。”《陈书·世祖纪》:“天嘉四年,干陀利国遣使献方物。”惟《宋书·孝武帝纪》:“孝建二年,斤陀利国遣使献方物。”《南史》同。以“干”为“斤”,疑误。

【译文】唐代韩愈的《广州记》记有“干陀利”这一名号,注解古籍的人都没有解释。我的考证如下:据《梁书·海南诸夷传》:“干陀利国在南海的岛上,干陀利国的习俗与林邑、扶南国大致相同。特产有斑布、吉贝、槟榔。槟榔特别精良非常好,是这几个国家中最好的。”(南朝梁王僧孺有《谢赐干陀利所献槟榔启》。)《周弘正传》

记："有人犯罪应被流放，皇上命把这些人赐给干陀利国。"《陈书·世祖纪》："天嘉四年，干陀利国派遣使者送来土特产。"只有《宋书·孝武帝纪》："孝建二年，斤陀利国派遣使者送来土特产。"（《南史》记载与之相同。）其中把"干"写作"斤"，怀疑是误写。

卷三十

天 文

三代以上，人人皆知天文。“七月流火”，农夫之辞也。“三星[①]在天”，妇人之语也。“月离于毕[②]”，戍卒之作也。“龙尾[③]伏晨”，儿童之谣也。后世文人学士，有问之而茫然不知者矣。若历法，则古人不及近代之密。

【注释】①三星：特指心宿三星，夜晚可以根据三星在天空中的位置来判断时间。②毕：星宿名。二十八宿之一。古人以为主兵主雨，故亦借指雨师。③龙尾：星宿名。即箕宿，二十八宿之一。居东方苍龙七宿之末，故称。

【译文】夏、商、周三代之前，人人都知道天体分布、运行的现象。“农历七月天气转凉的时节，天刚擦黑的时候，可以看见大火星从西方落下去”，是农夫的言辞。“三星处在中天时分”，是妇人的话语。“月亮靠近天毕星”，是戍守士兵的诗作。“尾宿隐藏不见”，是儿童的童谣。后世的读书人，有询问他们的却完全不知道。至于历法，那么古人没有近代的精密。

樊深[①]《河间府志》曰：“愚初读律书，见私习天文者有禁。后读制书[②]，见仁庙语杨士奇[③]等曰：‘此律自为民间设耳，卿等安得有禁？’遂以《天元宝历祥赋》赐群臣。由律书之言观之，乃知圣人所忧者深；由制书之言观之，乃知圣人之所见者大。”

【注释】①樊深：字希渊，号西田，河间（今河北石家庄）人，因以军籍登第。与河间知府郜相创修《河间府志》共二十八卷，并作序。②制书：皇帝说的话。所谓“天子之言曰制，书则载其言。”明代的制书，是皇帝对个别官员或部分官员有所宣告时使用的命令文书。③杨士奇：名寓，字士奇，号东里，江西吉安府泰和县人。明代宰相，著名学者。与杨荣、杨溥一同辅政，并称“三杨”。因其居地所处，时人称之为“西杨”，以“学行”见长。

【译文】樊深《河间府志》记载：“我起初阅读律书，见到有关于秘密学习天文的禁令。后来读到天子说的话，看到仁宗对杨士奇等人说：‘这律令原本就是为民间设置的，爱卿们怎么可以有禁令呢？’于是把《天元宝历祥赋》赏赐给群臣。通过律书的记载来看，于是知道圣人所忧虑的深远；通过天子的话来看，于是知道圣人见识的广大。”

日 食

刘向言：“春秋二百四十二年，日食三十六。今连三年比食。自建始以来，二十岁间而八食，率二岁六月而一发，古今罕有。异有大小希稠，占有舒疾缓急。”余所见崇祯之世，十七年而八食，二年五月乙酉朔，四年十月辛丑朔，七年三月亥朔，九年七月癸卯朔，十年正月辛丑朔，十年十二月乙未朔，十四年十月癸卯朔，十七年八月丙辰朔。与汉成略同，而稠急过之矣。然则谓日食为一定之数，无关于人事者，岂非溺于畴人[1]之术，而不觉其自蹈于邪臣之说乎？

【注释】①畴人：古代天文历算之学，有专人执掌，父子世代相传为业，称为“畴人”。亦指精通天文历算的学者。

【译文】刘向说：“春秋时期总共二百四十二年，日食有三十六次。如今接连三年发生日食。从建始年以来，二十年间而发生八次日食，大概二年六个月就发生一次，古今罕见。异象有大、小和稀疏与稠密之分，占卜有紧慢缓急之别。”我所见崇祯的时代，十七年就发生八次日食，（崇祯二年五月乙酉朔，崇祯四年十月辛丑朔，崇祯七年三月亥朔，崇祯九年七月癸卯朔，崇祯十年正月辛丑朔，崇祯十年十二月乙未朔，崇祯十四年十月癸卯朔，崇祯十七年八月丙辰朔。）与汉成帝大略相同，然而稠密紧急超过了那个时代。那么说日食是固定不变的天数，跟人世间的事没有关系，难道不是沉溺在天文历算的方法，而不发觉自己已经涉及在奸诈官吏的说法吗？

《春秋》昭公二十一年秋七月壬午朔，日有食之。公问于梓慎曰：“是何物也？祸福何为？”对曰：“二至二分，日有食之，不为灾。日月之行也，分同道也，至相过也。其他月则为灾。”非也。夫日月之在于天，莫非一定之数。然天象见于上而人事应于下矣。为此言者，殆于后世以天变不足畏之说进其君者也。《汉书·五行志》亦知其说之非，而依违其间，以为“食轻不为大灾，水旱而已”。然则食重也如之何？是故曰食之咎，无论分至。

【译文】《春秋》记载鲁昭公二十一年秋天七月壬午初一，发生了日食现象。昭公询问梓慎说："这是什么东西呢？是祸还是福呢？"梓慎回答说："夏至、冬至、春分、秋分，发生日食，不会造成灾难。日月的运行，春分、秋分在同一轨道，夏至、冬至相互经过。其他时候发生就会形成灾难。"不是这样的。日月在天上的运行，没有不是固定的天数。然而天象出现在上而人世间的事对应在下。说这话的人，大概是后世用天象的变异不值得畏惧的说法进言他的国君。《汉书·五行志》也知道这说法的不正确，而在其中模棱两可，认为"日食轻的不会造成大灾，只是水灾、旱灾罢了"。那么日食严重的是怎么样的呢？所以说日食的灾祸，不论春分与秋分、夏至与冬至。

月 食

日食，月掩日也；月食，地掩月也。今西洋天文说如此。自其法未入中国，而已有此论。陆文裕《金台纪闻》曰："尝闻西域人算日月食者，谓日月与地同大，若地体正掩日轮上，则月为之食。"南城万实《月食辨》曰："凡黄道[①]平分各一百八十二度半强，对冲[②]处必为地所隔，望时月行适当黄道交处，与日正相对，则地隔日光，而月为之食矣。"按其说亦不始于近代。汉张衡《灵宪》曰："当日之冲，光常不合者，蔽于地也。是谓暗虚[③]在星，星微月过则食。"载《续汉·天文志》中。俗本"地"字有误作"他"者，遂疑别有所谓暗虚，而致纷纷之说。《宋史·天文志》:“日火外明,其对必有暗气,大小与日体同者。”非。

【注释】①黄道:指地球绕行太阳公转,由地球上观察太阳与地球相对位置移动所形成的轨道。②冲:太阳系中,除水星和金星外,其余的某一个行星进行到与地球、太阳成一条直线而地球正处在这个行星与太阳之间的位置时称“冲”。③暗虚:地影的暗处。

【译文】日食,是月球遮挡太阳;月食,是地球遮挡月球。现如今西洋的天文说法是这样。这种说法没有传入中国,而已经有这种论断。文裕公陆深的《金台纪闻》记载说:“曾经听说西域人核算日月食,说太阳、月球与地球一样大,如果地球正好遮挡在太阳上,那么就会发生月食。”南城万实《月食辨》记载说:“凡是黄道平分各一百八十二度半强,对冲的地方必定被地球遮断,农历十五时月球运行适当黄道交处,与太阳正相对,那么地球遮断太阳光,就会发生月食。”这种说法也不是从近代开始的。汉代张衡所著的《灵宪》记载:“月球进行到与地球、太阳成一条直线而地球正处在月球与太阳之间的位置,应该能看到满月,但是有时看不到,这是由于太阳光被地球遮住的缘故。这称为暗虚在星,星星隐匿不见、月球经过暗虚就会发生月食。”这记载在《后汉书·天文志》中。通俗版本中“地”字有误作“他”的,于是怀疑另外有所谓暗虚的,从而产生各种各样的说法。(《宋史·天文志》:“日火外明,它相对必产生暗气,大小与太阳相同。”这是错误的。)

静乐李鲈习西洋之学，述其言曰：“月本无光，借日之照以为光曜。至望日，与地、日为一线，月见地不见日，不得借光，是以无光也。或曰：‘不然，曾有一年月食之时，当在日没后，乃日尚未沉，而出地之月已食矣。东月初升，西日未没，人两见之，则地固未尝遮日月也，何以云见地不见日乎？’答曰：‘子所见者非月也，月之影也，月固未尝出地也。何以验之？今试以一文钱置虚器中，前之却之不见钱形矣，却贮水令满，而钱见，则知所见者非钱也，乃钱之影也。日将落时，东方苍苍凉凉，海气升腾，犹夫水然，其映而升之，亦月影也。如必以东方之月为真月。则是以水面之钱为真钱也，然乎？否乎？又如渔者见鱼浮水面，而投叉刺之，必稍下于鱼，乃能得鱼。其浮于水面者，鱼之影也。舟人刺篙，其半在水，视之若曲焉，此皆水之能影物也。然则月之受隔于地，又何疑哉？’”

【译文】静乐李鲈（李又泉）研究西洋的学问，陈说西洋的学说：“月球原本不发光，依靠太阳的光照作为光亮。到了农历十五日，与地球、太阳在同一直线上，月球见地球不见太阳，不能依靠太阳的光照，所以没有光亮。有人说：‘不是这样，曾经有一年月食的时候，当日落后，太阳还没有下沉，而出地球的月球已经发生月食了。东边的月球刚刚升起，西边的太阳没有落下，月球、太阳人们同时见到，那么地球本来就没有遮挡太阳、月球，为什么说见到地球不见太阳呢？’回答说：‘你所看到的不是月球，是月球的影子，月球本来就没有出地球。怎样验证呢？现在试着拿一文钱放置在中空的器物中，向前向后都不能看到钱的形状，然而在器物中贮满水，就能看到钱了，知道所看到的不是真正的钱，而是钱的影子。太阳将要下山时，东方苍苍凉凉，海上蜃气升腾，就像水一样，它倒映而升起，也是月球的影子。如果一定要说东方的月球是真月。那么就是把水面上的钱作为真钱了，是这样吗？不是这样吗？又比如打鱼的人看见鱼浮在水面上，而投掷叉子刺鱼时，一定稍微低于看到鱼的位置，才能捕到鱼。漂浮在水面上的，是鱼的影子。船夫撑船的竹篙，在水里的部分，看着像弯曲的，这都是因为水能够影物。那么月球受地球的遮挡，又有什么疑问呢？’”

岁星

吴伐越，岁在越，故卒受其凶。苻秦[①]灭燕，岁在燕，故燕之复建，不过一纪[②]。二者信矣。慕容超[③]之亡岁在齐，而为刘裕所破，国遂以亡。岂非天道有时而不验邪？是以天时不如地利。

【注释】①苻秦：东晋十六国时的前秦。为苻氏所建，故称苻秦。②一纪：岁星（木星）绕地球一周约需十二年，故古称十二年为一纪。③慕容超：字祖明，南燕献武帝慕容德之侄，北海王慕容纳之子，十六国时期南燕最后一位皇帝。

【译文】吴国讨伐越国，岁星（即木星）运行在越国，所以最终遭受岁星的灾祸。苻秦剿灭燕国，岁星在燕国，所以燕国的重建，只不过是十二年。这二者可信。慕容超的灭亡岁星在齐，而为刘裕所破，于是国家灭亡。难道不是天道有时不能应验吗？所以说天时不如地利。

岁星固有居其国而不吉者，其行有赢缩。《春秋传》：“岁弃其次，而旅于明年之次。”《史记·天官书》：“已居之，又东西去之，国凶。”《淮南子》：“当居不居，越而之他处。”以近事考之，岁星当居不居，其地必有殃咎。考《授时历》段目，岁星未有不退之时。但晨退四十六日，夕退四十六日，各有奇，共止得九度七十六分有奇，而十二宫大约各三十度，以出宫为灾，不出宫不为灾也。

【译文】岁星固然有运行在国家而不吉利的，它的运行有进退。《春秋传》记载：“岁星舍弃原本应该运行的位置，而运行在明年的位置上。”《史记·天官书》记载：“已经居守，又向东西方向运行离去，国家有凶险。”《淮南子》记载：“应该居留而没有居留，反而越过到别的地方去了。”考察近代的事例，岁星应该居留而没有居留，这地方一定会有灾祸。（考查《授时历》段目，岁星没有不退之时。只是早晨退四十六日，晚上退四十六日，各有余数，一共只得九度七十六分有余，而十二宫大约各三十度，以出宫为灾，不出宫不为灾。）

五星聚

史言：“周将伐殷，五星[1]聚房；齐桓将伯，五星聚箕。”沈约《宋书·天文志》云。《竹书纪年》：“帝辛三十二年，五星聚于房。”汉元年十月，五星聚东井。唐天宝九载八月，五星聚尾箕，大历三年七月，五星聚东井。宋乾德五年三月，五星聚奎。景德四年六月，司天监言：五星聚而伏于鹑火。淳熙十三年闰七月，五星聚轸。元太祖二十一年十一月，五星聚见于西南。明嘉靖三年正月丙子，五星聚营室。天启四年七月丙寅，五星聚张。丙寅月之十四日，日在张九度，木十六度，火七度，土三度，金三度，水一度，凡聚者四日。占曰："五星若合，是谓易行。有德受庆，改立王者，奄[②]有四方，子孙蕃昌。无德受殃，离其国家，灭其宗庙，百姓离去，被满四方。"考之前史所载，惟天宝不吉，盖玄宗之政荒矣。或曰：汉从岁，宋从填[③]，唐从荧惑[④]云。

【注释】①五星聚：即五星连珠。古代指水、金、火、木、土五行星同时出现在天空同一方的现象，这种现象不常发生，所以古人曾认为它是祥瑞之兆。②奄：覆盖。③填：即土星。填，通"镇"。我国古代认为土星每二十八年运行一周天，岁镇二十八宿中的一宿，故名。④荧惑：即火星，是火星的别称，现代很少使用，有"荧荧火光，离离乱惑"之意。因隐现不定，令人迷惑，故名。

【译文】史书记载："周朝将要讨伐殷商，五星聚集在房宿；齐桓公将要称霸诸侯，五星聚集在箕宿。"（沈约《宋书·天文志》中记载。《竹书纪年》："帝辛三十二年，五星聚集在房宿。"）汉元年十月，五星聚集在东井宿。唐玄宗天宝九载八月，五星聚集在尾宿和箕宿，代宗大历三年七月，五星聚集在东井宿。宋太祖乾德五年三月，聚集在奎宿。（真宗景德四年六月，司天监说：五星聚集而藏在鹑火。）孝宗淳熙十三年闰七月，五星聚集在轸宿。元太祖二十一年十一月，五星聚出现在西南。明世宗嘉靖三年正月十一日，五星聚集在室宿。天启四年七月十四日，五星聚集在张宿。（正月十四日，日在张九度，木十六度，火七度，土三度，金三度，水一度，总共聚集四日。）占卜记载："五星如果聚合，称为易行：有德行的人承受祥庆，改立为王的人，拥有天下四方，子孙繁茂昌盛；没有德行的人将遭受灾祸，离开他的国家，社稷、宗庙被毁坏，百姓离开他，遍布四方。"考察前代史书的记载，只有天宝年间不吉利，大概是唐玄宗荒废政务的缘故。有人说：（吉凶与否，根据星来判断）汉代依据岁星，宋朝依据填星，唐朝依据火星。

四星之聚，占家不以为吉。验之前代：于张，光武帝汉。《蜀志》：刘豹等言："建安二十一年，太白、荧惑、填星常从岁星。"于牛女，中宗[①]绍晋。《晋书·怀帝纪》永嘉六年七月，岁星、荧惑、太白聚于斗牛。"《天文志》同，但云："聚于牛女。"而《元帝纪》则云："永嘉中，岁、填、荧惑、太白聚牛斗之间。"一云四星，一云三星，不同。庾信《哀江南赋》："值五马之南奔，逢三星之东聚。"于觜、参，神武王齐。于危，文宣代魏；于东井，肃宗复唐。于张，高祖王周。皆为有国之祥也。故汉献帝初，韩馥[②]以四星会于箕尾，欲立刘虞[③]为帝。唐咸通十年，荧惑、填星、太白、辰星会于毕昴，诏王景崇[④]被衮冕，军府称臣以厌之。然亦有不同者，如慕容超之灭，四星聚奎、娄；姚泓[⑤]之灭，四星聚东井。至德二载四月壬寅，四星聚鹑首。后晋天福五年，术士孙智永以四星聚斗分野有灾，劝南唐主巡东都。宋靖康元年，太白、荧惑、岁、填四星合于张。嘉熙元年，太白、岁、辰、荧惑合于斗，诏避殿减膳，以图消弭。此则天官家所谓“四星若合，其国兵丧并起，君子忧，小人流”。而不可泥于一家之占者矣。

【注释】①中宗：晋中宗元帝司马睿，字景文，东晋开国皇帝。司马懿的曾孙。谥号元皇帝，庙号中宗。②韩馥：字文节，颍川郡（今属河南）人。东汉末年的诸侯，冀州牧。韩馥与袁绍曾经有意立刘虞为皇帝。③刘虞：字伯安。东海郯（今山东郯城）人。汉光武帝刘秀之子东海恭王刘强之后。东汉末年著名政治家，汉室宗亲。曾任幽州刺史、甘陵国相、宗正等职。曾与公孙瓒意见不合而产生矛盾，因而进兵攻击公孙瓒，兵败被擒，惨遭杀害。④王景崇：成德节度使，唐末割据军阀。⑤姚泓：字元子，羌族，南安赤亭（今甘肃陇西）人，后秦文桓帝姚兴长子，十六国时期后秦最后一位皇帝。

【译文】四星的聚集，以占候为职业的人不认为吉利。验证在前代：在张宿，光武帝建立东汉。（《蜀志》：刘豹等说：“建安二十一年，太白、荧惑、填星常常跟从岁星。”）在牛宿、女宿，晋中宗恢复晋朝。（《晋书·怀帝纪》永嘉六年七月，岁星、荧惑、太白聚在斗牛之间。”《天文志》记载相同，只说：“聚于牛女。”而《元帝纪》则说：“永嘉年间，岁星、填星、荧惑、太白聚在牛斗之间。”一说四星，一说三星，记载不同。庾信《哀江南赋》：“值五马之南奔，逢三星之东聚。”）在觜宿、参宿，神武帝称王北齐。在危宿，文宣帝替代东魏；在东井宿，唐肃宗恢复唐朝。在张宿，隋高祖称王替代后周。都是拥有国家祥瑞。所以汉献帝初期，韩馥以四星会合在箕宿、尾宿，想拥立刘虞为帝。唐懿宗咸通十年，荧惑、填星、太白、辰星会合在毕宿、昴宿，诏令王景崇披上衮衣和冕，军府称臣来满足他。然而也有不同的，比如慕容超的灭亡，四星聚集在奎宿、娄宿；姚泓的灭亡，四星聚集在东井宿。（至德二载四月二十五日，四星聚在鹑首。）后晋天福五年，术士孙智永认为四星聚集在斗宿，相对应的地域有灾祸，劝谏南唐主巡视东都。宋钦宗靖康元年，太白、荧惑、岁、填四星会合在张宿（后有靖康之乱）。理宗嘉熙元年，太白、岁、辰、荧惑会合在斗宿，诏令避离正殿减少膳食，来希望灾祸消除（蒙古发兵南下侵宋）。这就是天官这类人所说的“四星如果会合，相对应的国家兵乱、丧事就都会兴起，君子忧患，百姓流离”。而不可以拘泥在一家占候的说法。

海中五星二十八宿

《汉书·艺文志》：“《海中星占验》十二卷，《海中五星经杂事》二十二卷，《海中五星顺逆》二十八卷，《海中二十八宿国分》二十八卷，《海中二十八宿臣分》二十八卷，《海中日月彗虹杂占》十八卷。海中者，中国也。故《天文志》曰：“甲乙海外，日月不占。”盖天象所临者广，而二十八宿专主中国，故曰海中二十八宿。

【译文】《汉书·艺文志》：“《海中星占验》十二卷，《海中五星经杂事》二十二卷，《海中五星顺逆》二十八卷，《海中二十八宿国分》二十八卷，《海中二十八宿臣分》二十八卷，《海中日月彗虹杂占》十八卷。海中，指的是中国。所以《天文志》记载：“甲乙日时，海外不占卜日月。”因为天象照临广阔，而二十八宿专主中国，所以说海中二十八宿。

星 名

今天官家所传星名，皆起于甘石①。如郎将、羽林②，三代以下之官；左更、右更③，三代以下之爵；王良、造父，三代以下之人；巴蜀、河间，三代以下之国，春秋时无此名也。

【注释】①甘石：战国时齐人甘公与魏人石申的并称。两人皆擅天文之学。②郎将：武官名。秦置，主宿卫、车骑，即郎中令所辖三署的五官中郎将、左中郎将、右中郎将。羽林：禁卫军名。汉武帝时选陇西、天水、安定、北地、上郡、西河等六郡良家子宿卫建章宫，称建章营骑。后改名羽林骑，取为国羽翼，如林之盛之意；一说像天文羽林星，主车骑。③左更：秦汉爵位名，第十二级。右更：秦汉爵位名，第十四级。

【译文】现今天官家传下来的星名，都是从甘公与石申开始的。例如郎将、羽林，是三代之后的官名；左更、右更，是三代之后的爵位；王良、造父，是三代之后的人；巴蜀、河间，是三代之后的国家，春秋时期没有这样的名称。

人事感天

《易》传言："先天后天。"考之史书所载，人事动于下，而天象变于上，有验于顷刻之间，而不容迟者。宋武帝欲受晋禅，乃集朝臣宴饮，日晚坐散，中书令傅亮[①]叩扉入见，请还都谋禅代之事。及出，已夜，见长星[②]竟天，拊髀叹曰：“我常不信天文，今始验矣。”隋文帝立晋王广[③]为皇太子，其夜烈风大雪，地震山崩，民舍多坏，压死者百余口。唐玄宗为临淄王，将诛韦氏，与刘幽求[④]等微服入苑中。向二鼓，天星散落如雪，幽求曰：“天道如此，时不可失。”文宗以右军中尉王守澄[⑤]之言，召郑注[⑥]对于浴堂门，是夜彗出东方，长三尺。然则荆轲为燕太子丹[⑦]谋刺秦王，而白虹贯日[⑧]；卫先生为秦昭王画长平之事，而太白食昴[⑨]；固理之所有。孟子言：“气壹则动志。”其此之谓与？

【注释】①傅亮：字季友，北地郡灵洲县（今宁夏吴忠）人，南朝宋大臣，东晋司隶校尉傅咸玄孙。②长星：古星名。类似彗星，有长形光芒。③晋王广：隋炀帝杨广，一名英，小字阿摐，华阴人（今陕西华阴），隋文帝杨坚与文献皇后独孤伽罗次子，开皇元年立为晋王。④刘幽求：冀州武强（今河北武强）人，唐朝宰相。刘幽求辅佐李隆基，发动唐隆政变，拥立唐睿宗，封尚书右丞，徐国公。后进拜侍中，获赐铁券。⑤王守澄：唐朝末年宦官，活跃于宪、穆、敬、文四朝，曾三度参与皇帝的废立，在朝中掌权达十五年之久。把持朝政，终因失势而被鸩杀。⑥郑注：绛州翼城（今山西翼城县）人，唐代大臣。本姓鱼，冒姓郑氏，时称“鱼郑”。为人诡谲狡险，处世微贱，以医术游江湖。⑦燕太子丹：战国末燕王喜太子。秦灭韩前夕，为质于秦，因不受礼遇，怨而逃归。因秦军逼境，派荆轲入秦刺秦王不中。次年，秦军攻破燕国，他逃奔辽东，被燕王喜斩首献给秦国。⑧白虹贯日：白色长虹穿日而过。一种罕见的日晕天象。古人认为人间有非常之事发生，就会出现这种天象变化。⑨太白食昴：太白，星名，即金星；昴，星名。太白食昴是一种天象，古人常以此天象应下界当有事端。太白星主杀伐，故白起被应侯范雎所害，精诚感天，遂出现太白食昴的天象。后用为咏精诚感天之典。

【译文】《易经》注解说："先天后天。"研究史书的记载，人世间的事变动在下，而天空的自然现象变化在上，有应验在极短暂时间，而不容迟缓的。宋武帝希望东晋皇帝禅让皇位给自己，于是召集朝臣设宴聚饮，这日天色已晚，群臣散去，中书令傅亮叩门入见，请求回到都城，谋划禅让和接替皇位的事情。等傅亮出宫的时候，已经是半夜时分，只见长星划过夜空，于是用手拍着大腿感叹说："从前我常常不相信天文，如今开始应验了。"隋文帝册立晋王杨广为皇太子，那天晚上暴风大雪，地震山崩，民家房舍大多毁坏，压死的人有一百多。唐玄宗为临淄王的时候，将要诛杀韦氏，与刘幽求等人改变常服进入苑中。临近二更十分，天星散落像下雪，刘幽求说："天意如此，时机不可以错过。"唐文宗采用右军中尉王守澄的话，在浴堂门召见郑注答对，这天晚上彗星出现在东方，长三尺。那么荆轲为燕太子丹谋划刺杀秦王，而白色的长虹穿日而过；卫先生为秦昭王策划趁长平之胜灭赵的计划，而太白星进入昴宿；本来就是有道理的。孟子说："意气专一就会触动心志。"说的就是这些吧？

黄河清

汉桓帝延熹九年，济阴东郡济北平原河水清。襄楷①上言："河者，诸侯位也。清者属阳，浊者属阴。河当浊而反清者，阴欲为阳，诸侯欲为帝也。”明年帝崩，灵帝以解渎亭侯入继，《隋书》言：“齐武成帝河清元年四月，河济清。后十余岁，隋有天下。隋炀帝大业三年，武阳郡河清数里。十二年龙门河清。后二岁，唐受禅。”金卫绍王②大安元年，徐沛黄河清，临洮人杨珪上书，亦引襄楷之言，后四岁宣宗③立。元顺帝至正二十一年十一月戊辰，黄河自平陆三门碛下至孟津，五百余里皆清，凡七日，而明太祖兴。至先朝尤验，正德河清，世宗以兴王即位；泰昌河清，崇祯帝以信王即位。

【注释】①襄楷：字公矩，东汉著名方士，好学博古，善天文阴阳之术。为人正直。②金卫绍王：完颜永济，本名允济，字兴胜，虎水（今黑龙江哈尔滨）人。金朝第七位皇帝，金世宗完颜雍第七子。③宣宗：金宣宗完颜珣，初名吾睹补，又名从嘉。金世宗完颜雍庶长孙，金显宗完颜允恭的庶长子，金章宗完颜璟异母兄。金朝第八位皇帝。

【译文】汉桓帝延熹九年，济阴东郡济北平原的河水变清澈。襄楷进呈言辞道：“黄河，是诸侯的位次。清属于阳，浊属于阴。黄河应当浊然而反而清的原因，是阴想成为阳，诸侯想成为帝王。”第二年汉桓帝驾崩，汉灵帝以解渎亭侯的身份继承皇位，《隋书》记载：“北齐武成帝河清元年四月，黄河、济水清澈。过后十余年，隋朝占有天下。隋炀帝大业三年，武阳郡河清数里。大业十二年龙门段黄河变清。过后两年，唐朝接受帝位。”金卫绍王大安元年，徐沛段黄河变清，临洮人杨珪上书，也引用襄楷的说法，四年后金宣宗册立。元顺帝至正二十一年十一月二十一日，黄河从平陆三门碛下至孟津，五百多里都变清，总共七日，而明太祖兴起。到明朝尤其灵验，正德河清，世宗以兴王身份即位；泰昌河清，崇祯帝以信王身份即位。

妖人阑入宫禁

自古国家中叶，多有妖人阑入宫禁之事。固气运之疵，亦是法纪废弛所致。如汉武帝征和元年，上居建章宫，一男子带剑入中龙华门，疑其异人，命收之。男子捐剑走，逐之弗获。上怒斩门候。成帝建始三年十月丁未，渭水虒上小女陈持弓，年九岁，走入横城门，入未央宫尚方掖门[①]，殿门门卫户者莫见，至句盾[②]禁中而觉得。绥和二年八月庚申，郑通里男子王褒，师古曰："郑县之通里。"衣绛衣小冠，带剑入北司马门、殿东门，上前殿，入非常室中，解帷组结佩之。收缚考问。褒故公车大谁[③]卒，病狂易，不自知入宫状。下狱死。后汉灵帝光和元年五月壬午，有人白衣入德阳门，言梁伯夏教我上殿为天子。中黄门[④]桓贤等，呼门吏仆射欲收缚，吏未到，须臾还走，求索不得，不知姓名，四年，魏郡男子张博送铁卢诣太官[⑤]。博上书室殿山居屋后宫禁，落屋讙呼，上收缚考问，辞忽不自觉。晋惠帝太安元年四月癸酉，有人自云龙门入殿前，北面再拜曰："我当作中书监[⑥]。"即收斩之。《五行志》：干宝曰："夫禁庭尊秘之处，今贱人径入而门卫不觉者，宫室将虚，而下人逾之之妖也。"成帝[⑦]咸康五年十一月，有人持柘杖绛衣诣止车门上列为圣人，使求见天子，门候受辞，辞称姓吕名赐，其言王和女可右足下有七星，星皆有毛，长七寸，天令命可为天下母。奏闻即伏诛，并下晋陵诛可。秦苻坚时，有人入明光殿，大呼曰："甲申乙酉，鱼羊食人，悲哉，无复遗。"坚命执之，俄而不见。陈后主[8]为太子时，有妇人突入东宫，大言曰："毕国主。"唐高宗永隆二年九月一日，万年县女子刘凝静，乘白马着白衣，男子从者八九十人，入太史局，升令厅床坐，勘问比有何灾异，太史令姚玄辨执之以闻。是夜彗见西方天市中，长五尺。武后神功元年二月庚子，有人走入端门，又入则天门，至通天宫，阍者及仗卫不之觉。睿宗太极元年，狂人段万谦潜入承天门，登太极殿，升御床，自称天子，呼宿卫兵士，令称万岁。德宗贞元八年二月丁亥，许州人李狗儿持杖入含元殿，击栏槛，擒得伏诛。敬宗[9]即位长庆四年三月戊辰，狂人徐忠信阑入浴堂门。杖四十，配流天德。文宗开成二年十一月癸亥，《新书》作"太和二年十月"。狂人刘德广突入含光殿，诏付京兆府杖杀之。宋高宗建炎二年十一月，帝在扬州，郊祀后数日，有狂人具衣冠，执香炉，携绛囊，拜于行宫门外，自言天遣我为官家[10]儿。书于囊纸，刻于右臂，皆是语。鞫之不得姓名，帝以其狂，释不问。孝宗淳熙十四年正月，绍兴府有狂人突入恩平郡王第，升堂践王坐曰："我太上皇孙来赴郡。"鞫讯，终不语。元顺帝至正十年春，京师丽正门楼斗拱[11]内，有人伏其中，不知何自而至，远近聚观之。有旨取付法司鞫问，但云蓟州人，诘其所从来，皆惘若无知。乃以不应之罪笞之，忽不知所在。史家并书之以为异。先朝景泰三年五月癸已朔，以明日立太子，具香亭于奉天门。有一人自外径入，执红棍击香亭曰："先打东方甲乙木。"内使执之，命付锦衣卫，亦书于《英宗实录》。然未有若万历四十三年张差一事，宫中府中，几成莫解之祸，更历五朝，流言未息。天乎人乎？吾不得而知之矣。

【注释】①尚方：古代制造帝王所用器物的官署。掖门：宫殿正门两旁的边门。②句盾：即钩盾。官署名。③公车：汉代官署名。为卫尉的下属机构，设公车令，掌管宫殿司马门的警卫。天下上事及征召等事宜，经由此处受理。大谁：汉官名，职司守卫宫门。④中黄门：在宫廷服役的太监。⑤太官：秦有太官令、丞，属少府。两汉因之。掌皇帝膳食及燕享之事。北魏时太官掌百官之馔，属光禄卿。北齐、隋、唐因之。宋代以后，皇帝膳食归尚食局，太官只掌祭物。⑥中书监（jiàn）：三国魏始置，与中书令职务相等而位次略高，同掌机要，为事实上的宰相，有“凤凰池”之称。隋唐时只存中书令，不再设监。⑦成帝：司马衍，即晋成帝，字世根，东晋第三位皇帝。晋明帝司马绍长子，晋康帝司马岳同母兄。⑧陈后主：即陈叔宝。南朝陈皇帝。字元秀，吴兴长城（今浙江长兴）人。在位其间奢侈荒淫，不理国政。国亡被俘，后病死洛阳。曾作《玉树后庭花》等诗。⑨敬宗：唐敬宗李湛。穆宗长子，初封为鄂王，后徒封为景王，先因父亲穆宗健康恶化以太子身份监国。⑩官家：旧时对皇帝的称呼。⑪斗拱：又称料栱、斗科、欂栌、铺作等，斗与拱，均为我国木结构建筑中的支承构件，在立柱和横梁交接处。从柱顶探出的弓形肘木叫拱，拱与拱之间的方形垫木叫斗。斗拱承重结构，可使屋檐较大程度外伸，形式优美，为我国传统建筑造型的一个主要特征。

【译文】从古以来到了国家中期，大多会有妖人擅自闯入皇帝居住、视政地方的事情。本来是气数、命运的缺点，也是法律纲纪废弃懈怠所导致的。例如汉武帝征和元年，武帝居住在建章宫，一个男子带剑闯入中龙华门，怀疑他是奇怪的人，命令拘押他。男子舍弃剑离开了，追赶他没有抓住。武帝发怒斩杀了守门官。汉成帝建始三年十月丁未日，渭水虒上小女陈持弓，年方九岁，跑入横城门，又进入未央宫尚方掖门，殿门守卫的人没有看见，直到到了句盾禁中才被发现。成帝绥和二年八月庚申日，郑县通里有一个男子王褒，（颜师古说："郑县的通里。"）穿着深红色的衣服戴着小帽，带着剑进入北司马门、殿东门，走上前殿，进入非常室中，解下系帷幔的绶带佩带在身上。拘捕捆绑起来进行拷打审问。王褒是前任公车大谁的士卒，患病精神失常，不知道自己闯进宫中的情况。被关进牢狱，判处死刑。东汉灵帝光和元年五月初三，有人穿白衣闯入德阳门，说梁伯夏让我上殿成为天子。中黄门桓贤等人，呼喊守门官吏、仆射想逮捕监禁他，守门官吏没有到，片刻就返身而走，搜寻不到，不知道姓名。光和四年，魏郡男子张博送铁卢到太官。张博上书室殿山居屋后帝王的居处，进屋振臂高呼，皇上把他拘捕捆绑起来进行拷打审问，供词自己没有察觉。晋惠帝太安元年四月二十四日，有人从云龙门进入殿前，面朝北先后拜两次说："我应当作中书监。"立即逮捕斩杀了。（《五行志》：干宝说："皇宫重地是尊秘密之处，如今地位低贱的人径直闯入而门卫不察觉的，宫室将疏于防范，而下人僭越皇上的妖人。"）晋成帝咸康五年十一月，有人拿着柘木拐杖身穿深红色的衣服到车门前停下，说是圣人的使者，被派来求见天子的，守门官听取供词，供词称姓吕名赐，他说王和的女儿王可右足下有七星，星都有毛，长七寸，上天现在任命王可成为天下母亲的仪范。上奏给皇帝听后吕赐就被处死，同时下令晋陵太守诛杀王可。前秦苻坚时期，有人入明光殿，大呼说："甲申年、乙酉年，鱼羊吃人，悲惨啊，没有人活着剩下来。"苻坚命令抓住那人，但他不久就消失了。

陈后主还是太子的时候，有妇人突然闯入东宫，大声说道："完结国家的君主。"唐高宗永隆二年九月初一，万年县女子刘凝静，乘着白马穿着白衣，跟随的男子八九十人，进入太史局，发号施令坐在厅床上，查问不久有什么灾异，太史令姚玄辨逮捕她并报告给了皇上。这天晚上彗星出现在西方的天市星中，长五尺。武则天神功元年二月庚子，有人走入端门，又进入则天门，到达通天宫，守门人以及手持兵仗的侍卫没有发觉。唐睿宗太极元年，疯子段万谦暗中进入承天门，进入太极殿，登上御床，自称天子，呼喊值宿的兵士，命令他们称呼自己万岁。唐德宗贞元八年二月初二，许州人李狗儿拿着棍杖进入含元殿，敲打栏槛，抓到后被处死。唐敬宗（已即位）长庆四年三月十九日，疯子徐忠信擅自闯入浴堂门。被杖打四十，发配流放天德。唐文宗开成二年十一月初三，（《新唐书》写成"太和二年十月"。）疯子刘德广突然进入含光殿，皇帝下诏书交给京兆府用杖打死他。宋高宗建炎二年十一月，高宗在扬州，郊外祭祀天地过后几天，有疯子穿着衣服戴着帽子，拿着香炉，携带红色的香囊，跪拜在行宫门外，自己说上天派遣我作为皇帝的儿子。书写在囊纸上，刻在右臂上，都是这样的话。审问他不能知道他的姓名，高宗认为他是疯子，释放了他没有追究。宋孝宗淳熙十四年正月，绍兴府有疯子突然闯入恩平郡王的府第，登上厅堂坐在郡王的座位说："我是太上皇孙来到郡府。"审问他，始终不说话。元顺帝至正十年春，京师丽正门楼斗拱内，有人隐藏在里面，不知道从哪里来的，远近的人都聚集来看他。有旨意交给司法官吏来审问他，只说自己是蓟州人，追问他从哪里来，都茫然没有知觉。于是按照不是有意犯罪的罪名鞭笞他，忽然就不知道他去哪里了。史官都记载并作为怪异。明代宗景泰三年五月初一，因为第二天要立太子，在奉天门具备香亭。有一个人从外面径自进入，拿着红棍击打香亭说："先打东方甲乙木。"内使逮捕了他，命令交给锦衣卫，也记载在《英宗实录》。然而没有像万历四十三年张差那件事（指梃击案），宫中府中，几乎成为不能理解的灾祸，经历五朝，流言没有停息。是天还是人呢？我不得而知了。

《周礼·阍人》职云："奇服怪民不入宫。"注曰："怪民狂易。"是则先王固知其有此事，而豫为之防矣。

【译文】《周礼·阍人》职责记载："穿奇装异服的人、精神失常的人不准进入宫禁。"注解说："性行古怪的人精神失常。"那么先王原本就知道有这样的事情，所以事前作防备。

诈称太子

建炎南渡[①]，有诈称徐王棣[②]者，诈称信王榛[③]者，诈称越王偲[④]次子者，诈称渊圣[⑤]第二皇子者，诈称荣德帝姬[⑥]者，诈称柔福帝姬[⑦]者，莫不伏法，讫无异言。乃弘光[⑧]时王之明一事，中外流言，汹汹不息，藩镇称兵，遂以借口，至今民间尚有疑以为真者，此亦亡国之妖也已。

【注释】①建炎南渡：两宋交替之际康王赵构为了躲避北边女真人的

侵略追击而南逃至江南重建宋朝的事件。②徐王棣：即赵棣，徽宗赵佶第十四子，进封徐王。③信王榛：即赵榛，宋徽宗第十八子，封信王。④越王偲：即赵偲，宋神宗赵顼第十四子，进封越王。⑤渊圣：宋钦宗尊号，靖康之耻后，宋高宗尊称宋徽宗为太上皇，尊称宋钦宗为渊圣，并解释："少帝事上皇，仁孝升闻，爰自临御，沉机渊断，圣不可测。"⑥荣德帝姬：即赵金奴，宋徽宗第二女，初封永庆公主，改封荣福。不久改号帝姬，再封荣德。⑦柔福帝姬：即赵多富，小名嬛嬛。宋徽宗赵佶第二十女。⑧弘光：弘光帝朱由崧，南明皇帝。明神宗朱翊钧之孙，光宗朱常洛之侄，福忠王朱常洵庶长子。

【译文】建炎南渡之后，有谎称徐王赵棣的，谎称信王赵榛的，谎称越王赵偲次子的，谎称渊圣第二皇子的，谎称荣德帝姬的，谎称柔福帝姬的，没有不被处死刑的，至今没有不同的意见。只有弘光时王之明这件事，中外流言，大而纷乱不停息，藩镇发动战争，将此作为借口，至今民间仍然有怀疑认为是真的，这也是亡国的妖术。

卫太子自杀于湖，武帝为筑归来望思之台，事状明白。十年之后，犹有如成方遂之乘黄犊车，诣北阙，吏民聚观至数万人，公卿莫敢发言者。况值非常之变，事未一年，吾君之子，天下属心，众口喧腾，卒难遍喻者乎？寄之中城狱舍，不加刑鞫，是为得理，不可以亡国之君臣，而加之诬詆也。

【译文】卫太子在湖县自杀，汉武帝为他筑造归来望思台，事实情况明白。十年之后，仍然有像成方遂那样乘坐黄牛犊车，来到未央宫北门，官吏、百姓群聚观看的有数万人，公卿没有敢发表意见的。况且遇到突如其来的事变，没有超过一年，国君的子嗣，天下都诚心归附，舆论喧闹沸腾，最终难以全部说明白？羁押在中城监狱，不加刑罚、审问，这就是有理，不可以称亡国的君臣，而加以诬蔑诋毁。

晋会稽王道子为桓玄[1]所害，以临川王宝子修之[2]为道子嗣，尊妃王氏为太妃。义熙中，有称元显道子世子子秀熙[3]，避难蛮中而至者。太妃请以为嗣，于是修之归于别第。刘裕意其诈而案验之，果散骑郎滕羡奴勺药也，竟坐弃市。太妃不悟，哭之甚恸。本传。近时之论，多有似乎此者。

【注释】①道子：即司马道子，字道子，河内温县人。东晋晚期宗室、权臣。晋简文帝司马昱第七子，晋孝武帝司马曜同母弟，母李陵容。初封琅邪王，后徙封会稽王。桓玄：字敬道，小字灵宝，谯国龙亢（今安徽怀远）人。谯国桓氏代表人物，东晋将领、权臣，大司马桓温之子。袭爵南郡公，世称“桓南郡”。博综艺术，善属文，著有《桓玄集》二十卷。②临川王宝：即司马宝，字弘文，武陵威王司马晞曾孙，一说为司马晞之孙（秦锡田的《补晋宗室王后表》以为“司马晞之孙”更准确）。临川献王司马郁在十七便逝世了，无子，东晋宁康初，便以其为嗣。修之：即司马修之。③元显：即司马元显，字朗君，河内温县（今河南温县）人。东晋宗室、权臣。晋简文帝司马昱之孙，会稽文孝王司马道子之子，晋孝武帝司马曜之侄。初任中书令、尚书令，后官至骠骑大将军。秀熙：即司马秀熙。

【译文】东晋会稽王司马道子被桓玄所害，于是把临川王司马宝的儿子司马修之作为司马道子的后嗣，尊称妃王氏为太妃。义熙年间，有自称是司马元显（司马道子世子）的儿子司马秀熙的，躲避灾难在蛮中而来的。太妃请求作为后嗣，于是司马修之回到正宅以外的宅邸。刘裕认为是欺骗进而查询验证，果然是散骑郎滕羡的奴才勺药冒充的，最终定罪在街头斩首。太妃不醒悟，哭泣得非常悲哀。（参见本传。）近期的讨论，大多跟这很类似。

外国应天象

昔人言，朔漠诸国，唯占于昴北，亦不尽然。《晋志》云："是时虽二石僭号，而其强弱常占于昴，不关太微紫宫。"考之史，流星入紫宫，而刘聪[①]死；荧惑守心，而石虎死；孛星[②]太微、大角、荧惑、太白入东井，而苻生[③]弑；彗起尾箕扫东井，而燕灭秦；彗起奎、娄扫虚危，而慕容德[④]有齐地；太白犯虚危，而南燕亡；荧惑在匏瓜中忽亡入东井，而姚秦亡；荧惑守心，而李势[⑤]亡；荧惑犯帝座，而吕隆[⑥]灭；月掩心大星，而魏宣武[⑦]弑；荧惑入南斗，而孝武西奔；月掩心星，而齐文宣死；彗星见，而武成传位；彗星历虚危，而齐亡；太白犯轩辕，而周闵帝[⑧]弑；荧惑入轩辕，而明帝[⑨]弑；岁星掩太微上将，而宇文护[⑩]诛；荧惑入太微，而武帝死。若金时，则太白入太微，而海陵弑；白气贯紫微，而高琪杀胡沙虎；彗星起大角，而哀宗灭。其他难以悉数。夫中国之有都邑，犹人家之有宅舍，星气之失，如宅舍之有妖祥，主人在，则主人当之，主人不在，则居者当之，此一定之理。而以中外为限断，乃儒生之见，不可语于天道也。

【注释】①刘聪：十六国时期汉国国君。一名载，字玄明。匈奴族。刘渊子。位时穷兵黩武，广建宫殿，激起各族人民的反抗。②孛（bèi）星：彗星。亦指彗星的一类。③苻生：字长生，略阳临渭（今甘肃秦安）人，氐族，前秦景明帝苻健第三子，十六国时期前秦君主。曾狂言触忤苻洪，苻洪命苻健杀之，为苻雄谏止。即位后暴虐至极，兽性毕露，以残忍手段杀人无数，尽诛顾命大臣。后欲杀苻坚兄弟，反被苻坚先发制人杀死。④慕容德：后改名慕容备德，字玄明，昌黎棘城（今辽宁义县）人，鲜卑族，前燕文明帝慕容皝幼子，母公孙氏，前燕景昭帝慕容儁、后燕成武帝慕容垂皆为其兄，五胡十六国时期南燕开国皇帝。⑤李势：字子仁，成汉昭文帝李寿长子，母李氏，十六国时期成汉最后一位皇帝，李势在位时，骄狂吝啬，贪财好色，杀人夺妻，不理国事，残害大臣，滥用刑法，当时人人自危。⑥吕隆：字永基，籍贯凉州姑臧人，后凉武懿帝吕光之弟吕宝的儿子，十六国时期后凉国君主。吕隆即位后，诛杀豪族，树名立威，内外扰攘不宁，人人不能自保。⑦魏宣武：北魏宣武帝元恪，河南洛阳人。在位期间，扩建洛阳城，巩固汉化基础；向南朝发动一系列战争，攻取益州之地。向北攻打柔然，使得领土疆域大大拓展，国势盛极一时。一生笃信佛教，取消“子贵母死”制度。⑧周闵帝：北周孝闵帝宇文觉，字陀罗尼，代郡武川（今属内蒙古）人，南北朝时期北周第一位君主（当时称天王），但实际上是权臣宇文护拥立的傀儡。⑨明帝：周明帝宇文毓，小名统万突，代郡武川人，南北朝时期北周第二位皇帝。⑩宇文护：字萨保，代郡武川（今内蒙古武川）人，鲜卑族。北周文帝宇文泰之侄，邵惠公宇文颢第三子。南北朝时期北周权臣。

【译文】从前的人说，北方沙漠中众多的国家，占卜只是在昴北，也不全都是这样。（《晋志》说：“当时虽然石氏父子冒用尊号，但是其强弱常占于昴宿，不影响太微紫宫。”）考查史书，流星进入紫宫，然后刘聪死亡；火星留在心宿内，然后石虎死亡；孛星太微、大角、荧惑、太白进入东井宿，然后苻生被杀；彗星起尾宿、箕宿扫东井宿，而燕灭秦；彗星起奎宿、娄宿扫虚宿、危宿，而慕容德拥有齐地；太白冲犯虚宿、危宿，而南燕灭亡；火星在匏瓜中忽然消失进入东井宿，而姚氏后秦灭亡；火星留在心宿内，而李势死亡；火星冲犯帝座星，而吕隆灭亡；月球掩挡心宿大星，而北魏宣武帝被杀；火星进入南斗，而宋世祖孝武帝向西逃亡；月球掩挡心星，而齐文宣帝死亡；彗星出现，而北齐世主武成皇帝传位；彗星历虚宿、危宿，而齐灭亡；太白冲犯轩辕，而周闵帝被杀；火星进入轩辕，而周明帝被杀；岁星掩挡太微星、上将星，而宇文护被诛杀；火星进入太微，而武帝死亡。若金时，则太白入太微，而海陵王被杀；白气贯穿紫微，而术虎高琪杀胡沙虎；彗星起大角，而哀宗灭亡。其他难以一一列举。中国有京城，犹如人家有住宅，占星望气的异态，如同住宅有妖祥，主人在，那么主人抵挡，主人不在，那么居住的人抵挡，这是固定不变的道理。而以中外为划定的界限，这是儒生的浅见，不可以同他们言说天意。

魏明帝问黄权[①]曰：“天下鼎立，何地为正？”对曰：“当验天文。往者荧惑守心而文帝崩，吴蜀无事，此其征也。”晋康帝[②]建元三年，岁星犯天关，安西将军庾翼与兄冰[③]书曰：“岁星犯天关，占云：关梁当分。比来江东无他故，江道亦不艰难，而石虎频年再闭关，不通信使，此复是天公愦愦，无皂白之征也。”梁武帝中大通六年，先是荧惑入南斗，去而复还，留止六旬。上以谚云：“荧惑入南斗，天子下殿走。”乃跣而下殿以禳之。及闻魏主西奔，惭曰：“虏亦应天象邪？”

【注释】①黄权：字公衡。巴西郡阆中县（今四川阆中）人。三国时期蜀汉、曹魏将领。②晋康帝：晋康帝司马岳，字世同，晋明帝司马绍次子，晋成帝司马衍同母弟，母明穆皇后庾文君。③庾翼：字稚恭。颍川鄢陵（今河南鄢陵）人。东晋中期将领、外戚、书法家，征西将军庾亮、晋明帝皇后庾文君之弟。世称小庾、庾征西。庾翼工书法，有《故吏帖》、草书《步征帖》、行书《盛事帖》。冰：即庾冰，字季坚，颍川鄢陵（今河南鄢陵）人。东晋大臣，庾亮之弟。促成晋成帝传位于弟弟晋康帝，以巩固庾氏势力。

【译文】魏明帝问黄权说：“天下三足鼎立，谁是正统呢？”回答说：“应当验看天文。从前火星留在心宿内而魏文帝驾崩，吴国、蜀国没有事变，这是它的征兆。”晋康帝建元三年，岁星冲犯天关，安西将军庾翼写信给兄长庾冰说：“岁星冲犯天关，占卜得到：关地、梁地会分开。近来江东没有其他的变故，长江水道也不艰难，而石虎连年两次闭关，使臣不通，这又是天公糊涂，不分黑白的证明。”梁武帝中大通六年，先是火星进入南斗，去了而又返还，停留了六十天。皇上因为谚语说：“荧惑入南斗，天子下殿走。”于是光着脚下殿来祈祷消除灾殃。等到后来听说北魏皇帝向西逃亡，羞愧地说：“外族也能感应天象吗？”

星事多凶

淮南王安以客言“彗星长竟天，天下兵当大起”，谋为畔[①]逆，而自到国除。眭孟[2]言，大石自立，僵柳复起，当有从匹夫为天子者，而以祅言诛。赵广汉问太史知星气者，言今年当有戮死大臣，即上书告丞相罪，而身坐要斩。甘忠可[3]推汉有再受命之运，而以罔上惑众，下狱病死。弟子夏贺良[4]等用其说，以诛。齐康侯知东郡有兵，私语门人，为王莽所杀。卜者王况以刘氏复兴，李氏为辅，为李焉作谶书十余万言，莽皆杀之。国师公刘秀[5]女愔言，宫中当有白衣会[6]，乃以自杀。西门君惠[7]语王涉，以国师公姓名当为天子，遂谋以所部兵劫莽，事发被诛。王郎明星历，尝以河北有天子气，而以僭位诛死。襄楷言，天文不利，黄门常侍当族灭，而卒陷王芬[8]自杀。刘焉闻董扶[9]言，益州有天子气，求为益州牧，而以天火烧城，忧惧病卒，子璋[10]降于昭烈。孔熙先推宋文帝必以非道晏驾，祸由骨肉，江州当出天子，而卒与范晔等谋反弃市，并害彭城王[11]。郭麐[12]言代吕者王，又言凉州分野有大兵，故举事，先推王详[13]，后推王乞基[14]，而卒之代吕隆者王尚[15]，又言灭秦者晋。遂南奔，秦人追而杀之。刘灵助占尔朱[16]当灭，又言："三月末，我必入定州。"遂举兵，以三月被擒，斩于定州。苗昌裔言，太祖后当再有天下，赵子崧习闻其说，靖康末起兵，檄文颇涉不逊，卒以贬死。成祖永乐末，钦天监官王射成言，天象将有易主之变，孟贤等信之，谋立赵王高燧，并以伏诛。是数子者之占，不可谓不验，而适以自祸其身。是故占事知来之术，惟正人可以学。

【注释】①畔：古同"叛"，违背自己所属方面的利益投到敌对方面。

②眭孟：西汉时期人物，字孟，鲁国蕃县（今山东滕州）人。③甘忠可：西汉方士。齐人。汉成帝时，作《天官历》《包元太平经》十二卷，言汉家气运已完，应重新受命于天，被认为罔上惑众，入狱病死。④夏贺良：西汉方士。重平（今属河北）人。甘忠可弟子。作谶文，说汉家气运已衰，需改元换号。汉哀帝采其议，大赦天下。后以"反道惑众"罪，被杀。⑤刘秀：即指刘歆，字子骏，后改名秀，字颖叔，为汉高祖后裔，刘德之孙，刘向之子。古文经学的继承者，曾与父亲刘向编订《山海经》。著有《三统历谱》。⑥白衣会：昴星为著名星团。其星气如云非云，似烟非烟，望之如白气，故称。后世星象家附会成为有凶灾之征兆。⑦西门君惠：西汉末道士。⑧王芬：一名王考，字文祖，东平寿张（今山东东平县）人。东汉末年大臣，"八厨"之一，灵帝朝官至冀州刺史，后因谋废灵帝事败而自杀。⑨刘焉：字君郎（又作君朗）。江夏郡竟陵县（今湖北天门）人。东汉末年宗室、军阀，汉末群雄之一，西汉鲁恭王刘余之后。因益州刺史郄俭在益州大肆聚敛，贪婪成风，加上当时天下大乱。刘焉欲取得一安身立命之所，割据一方，于是向朝廷求为益州牧。董扶：字茂安，广汉绵竹人。东汉文学家、占卜家。少游太学，与乡人任安齐名，俱事同郡杨厚，学图谶。还家讲授，弟子自远而至。⑩璋：即刘璋，字季玉。继其父刘焉为益州牧，据有今四川之地。迎刘备入蜀，使击张鲁。后刘备回军攻成都，他开城出降，被安置于南郡公安（今湖北公安西北）。⑪彭城王：即刘义康，字车子，彭城郡绥舆里（今江苏徐州）人，南朝宋宗室大臣，宋武帝刘裕第四子，宋少帝刘义符、宋文帝刘义隆异母弟。徐湛之告发范晔、孔熙先阴谋拥立刘义康为帝，坐罪废为庶人，迁往安成郡安置。宋文帝担心有人推举刘义康为帝，遂派人将其暗杀。⑫郭麐（nún）：晋十六国时期西平人，年少时就明晓《老子》《易经》。⑬王详：十六国时人。后凉吕光时历中书令、尚书左仆射。太常郭麐以光老病，太子谙弱，吕纂凶武，欲谋反。许为内应，事发，被杀。⑭王乞基：田胡部落首领。⑮王尚：十六国时人。后秦姚兴以其文章雅正，参管机密，任中书侍郎。后为尚书左仆射齐难司马。后

凉主吕隆降秦，乃随难迎于姑臧（今甘肃武威），难署为凉州刺史。还为尚书。尝以儒术侍讲于太子姚泓。⑯刘灵助：北魏燕郡人。好阴阳占卜。先事尔朱荣，因卜筮屡中，遂为功曹参军。尔朱：即尔朱荣，字天宝，北秀容（今山西朔州）人，契胡人，先世为契胡（或称羯胡）部酋长，可能为鲜卑化的羯人。祖先居于尔朱川，故以尔朱为姓氏，北魏末年将领、权臣。

【译文】淮南王刘安因为门客说“彗星长至满天，天下战争应该兴起”，密谋反叛朝廷，然而最终自杀剥除封国。眭孟说，大石自己站立，僵硬的柳树再次发芽，应当有从平民百姓成为天子的人，然而最终因为怪诞不经的邪说被诛杀。赵广汉向知道占星、望气的太史占问，太史说今年应当会有大臣被杀死，于是赵广汉立即上书告发丞相的罪行，然而赵广汉最终被腰斩。甘忠可推算汉朝有再次接受天命的运数，然而被定为欺骗君上、迷惑众人，最终关进牢狱生病而死。弟子夏贺良等使用他的学说，都被诛杀。齐康侯知东郡有兵事，私下告诉门人，被王莽诛杀。占卜的人王况以刘氏衰落后再兴盛，李氏为辅佐，替李焉写作谶书十多万字，王莽都诛杀了他们。国师公刘秀的女儿刘愔说，宫中应当有凶灾，于是自杀。西门君惠对王涉说，国师公的姓名应当成为天子，于是密谋所统属的士兵劫持王莽，事情败露被诛杀。王郎懂得天文历法，曾经说黄河以北有天子气，而后因为越过本分、窃据上位被诛杀。襄楷说，天文有危害，黄门常侍应当灭族，而最终设计陷害王芬自杀。刘焉听从董扶的话，说益州有天子的瑞气，于是请求成为益州牧，然而最终因为天火焚烧城池，忧愁恐惧生病死亡，儿子刘璋降投降昭烈皇帝刘备。孔熙先推算宋文帝必定会因为变故死亡，灾祸是由骨肉亲人而起，江州应当出天子，然而最后与范晔等因为谋反被斩首街头，并且连累彭城王。郭麐说取代吕的人姓王，又说凉州地域将要发生大的战争，所以倡议起兵，先推举王详，后推举王乞基，然而最后取代吕隆的是王尚，又说灭亡秦的是晋。于是向南逃跑，秦人追杀他。刘灵助占卜尔朱荣应当灭亡，又说："三月末，我一定会进入定州。"于是起兵，最终三月后被擒，被斩杀在定州。苗昌裔说，宋太祖的后代应当再次坐有天下，赵子崧常听到他所说的，靖康末起兵，檄文相当地傲慢无礼，最终贬官后死在被安置的地方。明成祖永乐末期，钦天监官王射成说，天象将有变换君主的变故，孟贤等人相信他说的，阴谋拥立赵王朱高燧，都被处死。这几个人的占算，不可说不灵验，然而最终却反而祸害到自身。所以通过占卜预测未来的技艺，只有正派的人可以学习。

《汉书》谓："夫子之言性与天道，不可得闻。而仲舒下吏，夏侯[①]囚执，眭孟诛戮，李寻[②]流放，此学者之大戒。"《眭两夏侯京翼李传》赞。又曰："星事凶悍，非湛密者弗能由也。"《艺文志》。蜀汉杜琼[③]精于术学，初不视天文，无所论说。谯周常问其意，琼曰："欲明此术甚难。须当身视，识其形色，不可信人也。晨夜苦剧，然后知之。复忧漏泄，不如不知。是以不复视也。"后魏高允精于天文，游雅[④]数以灾异问允，允曰："阴阳灾异，知之甚难。既已知之，复恐漏泄，不如不知也。天下妙理至多，何遽问此？"雅乃止。北齐权会明风角玄象[⑤]，学徒有请问者，终无所说。每云："此学可知不可言，诸君并贵游[⑥]子弟，不由此进，何烦问也？"惟有一子，亦不授此术。

【注释】①夏侯：即夏侯胜，字长公，宁阳侯国人（今山东宁阳）。西汉朝今文尚书学“大夏侯学”的开创者。又通灾异之学，以阴阳灾异推论时政之得失。善说礼服。②李寻：字子长，平陵（今陕西咸阳）人。西汉儒家，推阴阳言灾异，指陈朝政弊端，要求政治改革的人物。早年治《尚书》，独好《洪范》灾异，又学天文、月令、阴阳。③杜琼：字伯瑜，蜀郡成都（今四川成都）人。三国时期蜀汉官员、学者。杜琼学识渊博、沉默少言，是三国时期著名学者。④游雅：字伯度，小名黄头，广平郡任县（今河北任县）人。北魏时期大臣、法学家。是北魏时期闻名天下的“任县三游”（游雅、游明根、游肇）之一。三人中以游雅文采最为出众，游明根德高望重，游肇为官清正刚直不阿。⑤权会：北朝齐臣。字正理，河间鄚（河北任丘）人。家贫好学，精通诸经。性恬淡，不慕荣势，不愿为诸王师。风角：古代占卜之法。以五音占四方之风而定吉凶。玄象：天象。谓日月星辰在天所成之象。⑥贵游：无官职的王公贵族。亦泛指显贵者。

【译文】《汉书》记载：“孔子关于性与天道的言论，我们不能够听到。然而董仲舒被交付司法官吏审讯，夏侯被关进监狱，眭孟惨遭杀戮，李寻被流放，这些都是做学问的人要作为教训，引起警戒。”（参见《眭两夏侯京翼李传》赞。）又记载：“星象占卜之事凶暴强悍，不是深沉精细的人不能顺随。”（参见《艺文志》。）蜀汉杜琼精通天文、历法等方面的学问，起初人们没有听说他对天文有独特的见解和说法。谯周经常请问他其中的深意，杜琼说：“想要通晓这门技艺非常难。必须亲身观察天文现象，认知各种现象的特点，不可以轻易相信别人说的。早晚艰难的研习，然后才能知晓其中的奥妙。但是又担心自己预言见解的泄露，还不如不知道。所以我不再观察天象。”北魏高允精通天文，游雅多次用异常现象和灾害请教高允，高允说：“阴阳灾异，想要认知非常难。已经知晓了，又担心泄露，还不如不知道。天下精微的道理极多，为什么仓促地问这个呢？”游雅于是就停止了。北齐权会了解风角玄象，学徒中有请问他的，最终没有说什么。每次都说：“这门学问可以知晓不可以言说，诸位都是没有官职的显贵子弟，不必通过这些进取，何必多问呢？”权会只有一个儿子，也不传授这种技艺。

石虎之太史令赵揽以天文死，苻生之太医令程延以方脉死，故《淮南子》曰：“好事者未尝不中。”注：“中，伤也。”

【译文】石虎的太史令赵揽因为天文星象死亡，苻生的太医令程延因为医术方脉死亡，所以《淮南子》说：“喜欢多事的人没有不伤及自身的。”（注：“中，是伤的意思。”）

图谶

《史记·赵世家》：“扁鹊言：秦穆公寤，而述上帝之言，公孙支[①]书而藏之，秦谶于是出矣。”《秦本纪》：“燕人卢生[②]使入海还，以鬼神事，因奏录图书曰：亡秦者胡也。”然则谶记之兴，实始于秦人，而盛于西京之末也。褚先生《三代世表论》引《黄帝终始传》。

【注释】①公孙支：嬴姓，名支，字子桑，岐州（今陕西凤翔南）人，为现今桑姓之先祖，春秋时期秦国大夫。向秦穆公举荐了百里奚。②卢生：秦朝著名方士，燕人，他四处求访神仙，从海外带回图书，说“亡秦者胡也”。卢生自知秦始皇刚愎自用，仙药难求，于是逃离京城，不知下落。

【译文】《史记·赵世家》记载：“扁鹊说：秦穆公醒过来，然后述说上帝的话，公孙支记下来并把它藏好，秦国的预言这时就传出来了。”《秦本纪》记载：“燕地人卢生被派往海中求仙回来，因为向始皇帝报告鬼神的事情，于是借机进献抄录的图书，上面记载：灭亡秦朝的是胡。”那么预言应验书籍的兴起，实际上是从秦人开始的，而兴盛在西汉末期。（褚先生《三代世表论》引《黄帝终始传》。）

始皇备匈奴，而亡秦者少子胡亥。汉武杀中都官诏狱系者，而即帝位者皇曾孙病已[①]。苻生杀鱼遵[②]，而代生者东海王坚。宋废帝[③]欲南巡湘中，而代子业者湘东王彧。齐神武恶见沙门，而亡高者宇文。周武杀纥豆陵，而篡周者杨坚。见《隋书·王劭传》。隋炀族李浑[④]，而禅隋者李渊。唐太宗诛李君羡[⑤]，而革唐者武后。周世宗代张永德[⑥]，而继周者艺祖。

【注释】①病已：即刘询，原名刘病已，汉武帝刘彻曾孙，戾太子刘据之孙，史皇孙刘进之子，西汉第十位皇帝。巫蛊之祸，襁褓中的刘询曾下狱，后被祖母史家收养，直到汉武帝下诏掖庭养视，上属籍宗正。②鱼遵：前秦大臣，前秦国主苻健的太师。③宋废帝：即前废帝刘子业，小字法师，彭城绥舆里（今江苏徐州）人。南北朝时期南朝宋第六位皇帝，著名的暴君。宋孝武帝刘骏长子，母为文穆皇后王宪嫄。因刘子业乱伦残暴，被叔叔湘东王刘彧等人弑杀。④李浑：字金才，汉骑都尉陵之后，隋朝太师李穆第十子。⑤李君羡：唐朝将领，洺州武安（今河北武安）人。因“女主武王有天下”的谣言遭到贬官，随即被御史罗织罪名弹劾，被唐太宗以“欺君压民”的罪名下令处决。⑥周世宗：即后周世宗柴荣，五代时期后周皇帝。邢州尧山（今河北邢台）人。张永德：字抱一，并州阳曲（今山西阳曲）人，五代至北宋初年大将，历任殿前都点检、侍中、东京内外都巡检使等职，因“点检做天子”五字，被周世宗下诏免去点检职务。

【译文】秦始皇防备匈奴，然而灭亡秦朝的是少子胡亥。汉武帝诛杀中都官下诏拘囚狱中的犯人，然而继承帝位的是皇曾孙刘病已。苻生诛杀鱼遵，然而替代苻生的是东海王苻坚。宋废帝想要南巡湘中，然而替代刘子业的是湘东王刘彧。北齐神武帝厌恶见到出家的佛教徒，然而灭亡高氏的是北周宇文氏。周武帝诛杀纥豆陵，然而谋篡北周的是杨坚。（参见《隋书·王劭传》。）隋炀地族灭李浑，然而接替隋朝的是李渊。唐太宗诛杀李君羡，而取代唐朝的是武后。周世宗免去张永德的殿前都点检职务，然而继承后周的是宋太祖。

孔子闭房记

自汉以后，凡世人所传帝王易姓受命之说，一切附之孔子。如沙丘之亡，卯金[①]之兴，皆谓夫子前知，而预为之谶，其书盖不一矣。魏高祖太和九年诏：“自今图谶秘纬[②]及名为《孔子闭房记》者，一皆焚之，留者以大辟论。”《旧唐书·王世充传》：“世充将谋篡位，有道士桓法嗣者，自言解图谶，乃上《孔子闭房记》，画作丈夫持一竿以驱羊。释云：隋杨姓也，干一者，‘王’字也。王居羊后，明相国代隋为帝也。世充大悦。”详此，乃似今人所云《推背图》

者。今则托之李淳风，而不言孔子。《隋书·艺术传》："临孝恭著《孔子马头易卜书》一卷。"

【注释】①卯金：即卯金刀之省略，暗指"劉"字。后用为咏刘汉得天下之典。②秘纬：记述神秘事物之书，谶纬之书。

【译文】从汉朝以后，凡是世人流传的帝王改朝换代、受天命的说法，全部都归附在孔子。例如始皇帝沙丘的死亡，刘汉的兴起，都说是孔子预先知道的，而预先作为预言的，托名他的著作不止一种。北魏高祖拓跋宏太和九年下诏："从今以后图谶秘纬以及名为《孔子闭房记》的书籍，全部焚烧，私留的人按照死刑论处。"《旧唐书·王世充传》记载："王世充将要谋划篡夺帝位，有叫桓法嗣的道士，自称能解图谶，于是进呈《孔子闭房记》，画着一个男子拿着一根竿子用来驱赶羊。解释说：隋朝国君姓杨，干一，合起来是'王'字。王在羊的后面，明示相国替代隋朝为帝王。王世充非常高兴。"记载这样完备，很像人们现在所说的《推背图》。如今假托是李淳风著作的，而不假托是孔子。（《隋书·艺术传》："临孝恭著有《孔子马头易卜书》一卷。"）

百刻

一日十二时，计刻则以百刻为日。今历家每时有十刻，则一百二十刻矣。何以谓之百刻乎？曰历家有大刻，有小刻，初一、初二、初三、初四，正一、正二、正三、正四，谓之大刻。合一日计之，得九十六刻。其不尽者，置一初初于初一之上，置一正初于正一之上，谓之小刻，每刻止当大刻六分之一。合一日计之，为初初[1]者十二，为正初者十二，又得四大刻，合前为百刻。

【注释】初初：古代历数有所谓百刻法，即把一日（十二时）定为一百刻（每刻六十分，百刻是六千分），这样，每个时辰为五百分，即八刻零二十分。这二十分平均分为两个微刻，前一个称初初，后一个称正初。

【译文】一天分为十二个时辰，用漏壶记时就用一百刻为一天。如今研究历法的人划分每个时辰有十刻，合计就是一百二十刻了。为什么说是一百刻呢？因为研究历法的人有大刻、小刻的区别，初一、初二、初三、初四，正一、正二、正三、正四，称为大刻。合为一日统计，得到九十六刻。不完全的，放置一初初在初一上，放置一正初在正一上，称为小刻，每小刻只相当大刻的六分之一。合为一日统计，为初初者十二，为正初者十二，又得到四大刻，加上之前的为百刻。

宋王逵《蠡海集》，言百刻之说："每刻分为六十分，百刻共得六千分，散于十二时，每时得五百分。如此则一时占八刻零二十分，将八刻截作初正各四刻，却将二十分零数分作初初、正初微刻各一十分也。"《困学纪闻》所载易氏之说亦同。

【译文】宋代王逵《蠡海集》记载有百刻的说法："每一刻分为六十分，百刻总共得六千分，分布在十二个时辰，每个时辰分得五百分。像这样那么一个时辰占八刻零二十分，将八刻分作初、正分别四刻，再将这剩下的二十分分作初初、正初微刻各十分。”《困学纪闻》所记载易氏的说法也是一样。

《周礼·挈壶氏》注：“漏箭[①]昼夜共百刻。”“刻”字始见《汉书·宣帝纪》，五凤三年诏曰：“神光并见，烛耀斋宫，十有余刻。”又曰：“鸾凤集长乐宫东阙树上，飞下止地，留十余刻。”《礼记·乐记》：“百度得数而有常。”注：“百度，百刻也。”《灵枢经》：“漏水下百刻以分昼夜。”《说文》：漏以铜受水刻节，昼夜百节。”《隋书·天文志》：“昔黄帝创观漏水制器，取则以分昼夜，其后因以命官，《周礼》挈壶氏则其职也。其法总以百刻分于昼夜。梁天监六年，武帝以昼夜百刻，分配十二辰，辰得八刻，仍有余分，乃以昼夜为九十六刻，一辰有全刻八焉。”汉哀、新莽以百二十刻为日，梁武以九十六刻为日。是知每辰得八刻，仍有余分者，古法也。《五代史·马重绩传》：“重绩言漏刻之法，以中星[②]考昼夜为一百刻，八刻六十分刻之二十为一时，时以四刻十分为正，此自古所用也。今失其传，以午正为时始，下侵未四刻十分而为午。由是昼夜昏晓，皆失其正，请依古改正。从之。”《五代会要》：“晋天福三年，司天监奏《漏刻经》云：昼夜一百刻，分为十二时，每时有八刻三分之一。六十分为一刻，一时有八刻二十分。”《玉海》：“每时初行一刻，至四刻六分之一为时正，终八刻三分之一则交入次时。《国史志》：每时八刻二十分，每刻一击鼓，八鼓后进时牌，余二十分为鸡唱，唱绝，击一十五鼓为时正。”

【注释】①漏箭：漏壶的部件。上刻时辰度数，随水浮沉以计时。②中星：二十八宿分布四方，按一定轨道运转，依次每月行至中天南方的星叫中星。观察中星可确定四时。

【译文】《周礼·挈壶氏》注解：“漏箭指示一白天、黑夜总共百刻。”（“刻”字始见于《汉书·宣帝纪》，五凤三年诏书说：“神光并见，烛耀斋宫，十有余刻。”又说：“鸾凤集长乐宫东阙树上，飞下止地，留十余刻。”）《礼记·乐记》记载：“白天、黑夜得百刻的计数，没有长短的差失。”注解：“百度，指的是百刻。”《灵枢经》：“漏水滴下百刻作为标准，来划分白天、黑夜。”《说文》：刻漏用铜壶承接水滴刻节，白天、黑夜合计一百节。”《隋书·天文志》记载：“从前黄帝创观漏水制器，用来区分白天、黑夜，后来用来任命百官，《周礼》挈壶氏记载的就是他们的职责。方法总是用百刻划分白天、黑夜。梁朝天监六年，梁武帝用昼夜百刻，分配十二辰，每个时辰分得八刻，仍然有余下的划分，于是把昼夜划分为九十六刻，一个时辰有完整的八刻。”（汉哀帝、新莽以一百二十刻为一日，梁武帝以九十六刻为一日。）所以知道每个时辰划分八刻，仍然有余下的划分，是古法。《五代史·马重绩传》记载：“马重绩说漏刻的方法，用中星考昼夜为一百刻，八刻六十分刻之二十为一个时辰，半个时辰以四刻十分为正，这是从古代以来所应用的。现在失去其方法，用午正作为时辰的开始，下侵不到四刻十分而为午时。由此昼夜黄昏拂晓，都不正确了，请依照古制改正。朝廷听从了。”《五代会要》记载：“后晋朝天福三年，司天监奏《漏刻经》说：昼夜一百刻，划分为十二个时辰，每个时辰有八刻三分之一。六十分为一刻，一个时辰有八刻二十分。”《玉海》记载：“每个时辰初行一刻，到四刻六分之一为正时，终了八刻三分之一就进入下一个时辰。《国史志》记载：每个时辰共计八刻二十分，每一刻一击鼓，八鼓后进入时牌，剩下二十分为鸡唱，鸡唱停止，敲击十五鼓为正。”

雨 水

《礼记·月令》：“仲春之月，始雨水，桃始华，仓庚[①]鸣，鹰化为鸠。”始雨水者，谓天所雨者水，而非雪也。今历去此一句，嫌于雨水为正月中气也。郑康成《月令》注曰：“夏小正，正月启蛰[②]，汉始亦以惊蛰为正月中。”疏引《汉书·律历志》云：“正月立春节雨水中，二月惊蛰节春分中。”是前汉之末，刘歆作《三统历》改惊蛰为二月节也。然《淮南子》先雨水，后惊蛰。则汉初已有此说。《逸周书·周月解》：“春三中气：雨水、春分、谷雨。”而蔡邕《月令问答》云：“问者曰：‘既不用《三统》，以惊蛰为正月中，雨水为二月节，皆《三统》法也，独用之何？’曰：‘孟春月令曰：蛰虫始震，今作“振”。在正月也。仲春始雨水，则雨水二月也。以其合故用之。’是则《三统》未尝改雨水在惊蛰之前也，改之者《四分历》耳，《记》疏误也。今二月间尚有雨雪，唯南方地暖，有正月雨水者。《南史·宋孝武帝纪》：“大明元年正月庚午，都下雨水。”盖以雨水为异。《左传》桓五年："启蛰而郊。"注："启蛰，夏正建寅③之月。夏小正，正月启蛰。"王应麟曰："改启为惊，盖避景帝讳。"则当依古以惊蛰为正月中，雨水为二月节为是。《律历志》，又先谷雨后清明。

【注释】①仓庚：亦作鸧鹒（gēng）。黄莺的别名。②启蛰：动物经冬日蛰伏，至春又复出活动，故称"启蛰"，为了避汉景帝刘启的名讳而改称"惊蛰"。③建寅：古代以北斗星斗柄的运转计算月份，斗柄指向十二辰中的寅即为夏历正月。

【译文】《礼记·月令》记载："春季的第二个月，开始下雨，桃树开始开花，鸧鹒开始鸣叫，鹰变化为鸠。"开始下雨，说的是天下的是雨水，而不是雪。如今的历法去掉这一句，嫌恶雨水是正月的中气。郑玄（字康成）《月令》注解："夏小正记载，正月启蛰，汉代才开始把惊蛰作为为正月中。"注疏引用《汉书·律历志》说："正月立春节雨水中，二月惊蛰节春分中。"这是西汉的末期，刘歆著作《三统历》改惊蛰为二月节。然而《淮南子》先是雨水，然后是惊蛰。那么汉代初期已经有这种说法。（《逸周书·周月解》："春三中气：雨水、春分、谷雨。"）而蔡邕《月令问答》记载："问的人说：'已经不用《三统》，把惊蛰作为正月中，雨水作为二月节，都是《三统》法，为什么单独用呢？'回答说：'孟春月令记载：蛰虫开始震动（如今写作"振"），在正月。仲春开始雨水，那么雨水是二月。因为符合所以用它。'那么《三统》没有更改雨水在惊蛰前面，更改的是《四分历》，《礼记》注疏有错误。如今二月间还有下雪，只有南方地域温暖，在正月下雨。《左传》鲁桓公五年记载："启蛰而举行郊祭。"注解："启蛰，是夏历正月。夏小正记载，正月启蛰。"（王应麟说："改启为惊，大概避汉景帝名讳。"）就应该依照古制把惊蛰作为正月中，雨水作为二月节为正确。（《律历志》，又是先谷雨后清明。）

五 行

《淮南子》："五行子生母曰义，母生子曰保，子母相得曰专，母胜子曰制，子胜母曰困。"《抱朴子》引《灵宝经》谓："支干上生下曰宝，下生上曰义，上克下曰制，下克上曰伐，上下同曰专。"以"保"为"宝"，以"困"为"伐"，今历家承用之。

【译文】《淮南子》记载："五行中子生母的日子称为义日，母生子的日子称为保日，子母彼此投合的日子称为专日，母胜子的日子称为制日，子胜母的日子称为困日。"《抱朴子》引用《灵宝经》说："地支天干上生下的日子称为宝日，下生上的日子称为义日，上克下的日子称为制日，下克上的日子称为伐日，上下同的日子称为专日。"把"保"作为"宝"，"困"作为"伐"，现在研究历法的人沿用它。

建 除

建除[①]之名，自斗而起，始见于太公《六韬》云："开牙门常背建向破。"《越绝书》："黄帝之元，执辰破巳，霸王之气见于地户。”《淮南子·天文训》：“寅为建，卯为除，辰为满，巳为平，午为定，未为执，申为破，酉为危，戌为成，亥为收，子为开，丑为闭。”《汉书·王莽传》：“十一月壬子直建，戊辰直定。”盖是战国后语，《史记·日者传》有建除家。

【注释】①建除：古代术数家以为天文中的十二辰，分别象征人事上的建、除、满、平、定、执、破、危、成、收、开、闭十二种情况。后因以“建除”指根据天象占测人事吉凶祸福的方法。

【译文】建除的名字，从斗而起，开始出现在姜太公《六韬》的记载：“敞开牙门，常背建向破。”《越绝书》记载：“黄帝之元，执辰破巳，霸王之气出现在地的门户。”《淮南子·天文训》记载：“寅为建，卯为除，辰为满，巳为平，午为定，未为执，申为破，酉为危，戌为成，亥为收，子为开，丑为闭。”《汉书·王莽传》记载：“十一月壬子直建，戊辰直定。”大概是战国时期后的记载，《史记·日者传》记载有“建除家”（即通过观察天象占测人事吉凶祸福为职业的人）。

解缙封事[1]言：“治历明时，授民作事，但伸播种之宜，何用建除之谬。方向煞神，事甚无谓，孤虚[2]宜忌，亦且不经。东行西行二论，天德月德之书，臣料唐虞之历，必无此等之文。所宜著者，日月之行，星辰之次，仰观俯察，事合逆顺，七政[3]之齐，正此类也。”

【注释】①封事：密封的奏章。古时臣下上书奏事，防有泄漏，用皂囊封缄，故称。②孤虚：古代方术用语。即计日时，以十天干顺次与十二地支相配为一旬，所余的两地支称之为“孤”，与孤相对者为“虚”。古时常用以推算吉凶祸福及事之成败。③七政：古天文术语。指日、月和金、木、水、火、土五星。

【译文】解缙密封奏事说：“研究历法用来申明时令，方便百姓生活劳作，只需要说明何时适宜种植，哪里用得着建除的荒谬呢。方向煞神，事情很没有意义，孤虚宜忌，也是不合常理。东行西行两种论述，天德月德的记载，微臣料想唐尧虞舜时期的历法，一定没有这样的文字。所应当记入历法的，是日月的运行，星辰的位置。仰观天象，俯察地理，事情符合星辰的逆行与顺行，日月五星七政整齐，只是这类。”

艮巽坤乾

历家天盘[①]二十四时，有所谓艮、巽、坤、乾者，不知其所始。按《淮南子·天文训》曰：“子午、卯酉为二绳，丑寅、辰巳、未申、戌亥为四钩。东北为报德之维，西南为背阳之维，东南为常羊[②]之维，西北为蹄通之维。斗指子则冬至。加十五日指癸，则小寒。加十五日指丑，则大寒。加十五日指报德之维，则越阴在地。故曰，距日冬至四十六日而立春。加十五日指寅，则雨水。加十五日指甲，则雷惊蛰。加十五日指卯，中绳。故曰春分则雷行。加十五日指乙，则清明风至。加十五日指辰，则谷雨。加十五日指常羊之维，则春分尽。故曰，有四十六日而立夏。加十五日指巳，则小满。加十五日指丙，则芒种。加十五日指午，则阳气极。故曰，有四十六日而夏至。

加十五日指丁，则小暑。加十五日指未，则大暑。加十五日指背阳之维，则夏分尽。故曰，有四十六日而立秋。加十五日指申，则处暑。加十五日指庚，则白露降。加十五日指酉，中绳。故曰秋分。加十五日指辛，则寒露。加十五日指戌，则霜降。加十五日指蹄通之维，则秋分尽。故曰，有四十六日而立冬。加十五日指亥，则小雪。加十五日指壬，则大雪。加十五日指子。”所谓报德之维、常羊之维、背阳之维、蹄通之维，即艮、巽、坤、乾也。后人省文，取卦名当之尔。

【注释】①天盘：术数家以天上十二辰分野，随时转移，动而无常，也称天盘。②常羊：亦即相羊、徜徉，逍遥。

【译文】研究历法的人天盘二十四时，有所谓艮、巽、坤、乾的，不知道从什么时候开始的。按《淮南子·天文训》记载："子午、卯酉连成经纬两条互相垂直的线，丑寅、辰巳、未申、戌亥分别组成东南、东北、西南、西北四个角，称为四钩。东北为报德之角，西南为背阳之角，东南为阳气常羊之角，西北为蹄通之角。北斗指子位就是冬至。经过十五天斗柄指向癸位时，就是小寒。经过十五天斗柄指向丑位时，就是大寒。经过十五天斗柄指向报德之维的丑寅之间，那么阴气已经扩散在地下。所以说，距离冬至四十六天以后就是立春。经过十五天斗柄指向寅位，就是雨水。经过十五天斗柄指向甲位，就是春雷惊蛰。经过十五天斗柄指向卯位，与卯酉纬线相符合。所以说春分就春雷发生。经过十五天斗柄指向乙位，就是清明风到。经过十五天斗柄指向辰位，就是谷雨。经过十五天斗柄指向常羊之维的辰巳之间，就是春分时令结束。所以说，春分四十六天以后就是立夏。经过十五天斗柄指向巳位，就是小满。经过十五天斗柄指向丙位，就是芒种。经过十五天斗柄指向午位，就是阳气达到极点。所以说，立夏四十六天以后就是夏至。经过十五天斗柄指向丁位，就是小暑。经过十五天斗柄指向未位，就是大暑。经过十五天斗柄指向背阳之维的申未之间，就是夏季时令结束。所以说，夏至四十六天以后就是立秋。经过十五天斗柄指向申位，就是处暑。经过十五天斗柄指向庚位，就是白露水降。经过十五天斗柄指向酉位，与酉卯纬线相合。所以说秋分。经过十五天斗柄指向辛位，就是寒露。经过十五天斗柄指向戌位，就是霜降。经过十五天斗柄指向蹄通之维的戌亥之间，就是秋季时令结束。所以说，秋分四十六日以后就是立冬。经过十五天斗柄指向亥位，就是小雪。经过十五天斗柄指向壬位，就是大雪。经过十五天斗柄指向子位，表示一年二十四节气运转完毕。”所谓报德之维、常羊之维、背阳之维、蹄通之维，就是艮、巽、坤、乾。后人省略文字，选取卦名充当。

太一

太一之名，不知始于何时。吕东莱《大事记》曰：“古之医者，观八风之虚实、邪正以治病，因有太一九宫之说。”《黄氏日钞》注：“《吕氏春秋》太一曰：此时未为神名也。”《史记·天官书》：“中宫天极星，其一明者，为太一常居。”《周礼》注：“昊天上帝又名太一。”《封禅书》：“亳人谬忌[①]奏：祠太一方曰，天神贵者太一，太一佐曰五帝。古者天子以春秋祭太一东南郊，用太牢，七日，为坛，开八通之鬼道。于是天子令太祝[②]立其祠长安东南郊，常奉祠如忌方。其后人有上书言：'古者天子三年一用太牢，祠神三：一天、一地、一太一。'天子许之，令太祝领祠之于忌太一坛上，如其方。"此太一之祠所自起。《易乾凿度》曰："太一取其数以行九宫[③]。"河图之数，戴九履一，左三右七，二四为肩，六八为足，五居中央，从横十五，故曰太一。取其数以行九宫。郑玄注曰："太一者，北辰神名也。下行八卦之宫，每四乃还于中央。中央者地神"地神"疑作"北辰"之所居，故谓之九宫。天数以阳出，以阴入。阳起于子，阴起于午。是以太一下行九宫，从坎宫始，自此而坤宫，又自此而震宫，既又自此而巽宫，所行者半矣。还息于中央之宫。既又自此而乾宫，自此而兑宫，自此而艮宫，自此而离官，行则周矣。上游息于太一之宫，而反紫宫。行起从坎宫，终于离宫也。"后汉黄香作《九宫赋》。《南齐书·高帝纪》："案太一九宫占历，推自汉高帝五年，至宋顺帝[④]升明元年，太一所在。"《易乾凿度》曰："太一取其数以行九宫。九宫者，一为天蓬。以制冀州之野；二为天内，以制荆州之野；三为天冲，其应在青；四为天辅，其应在徐；五为天禽，其应在豫；六为天心，七为天柱，八为天任，九为天英，其应在雍、在梁、在兖、在扬。天冲者，木也；天辅者，亦木也，故木行太过不及，其眚在青在徐。天柱，金也；天心亦金也，故金行太过不及，其眚在梁在雍。惟水无应宫也。此谓以九宫制九分野也。"《山堂考索》："汉立太一祠，即甘泉泰畤[⑤]也。唐谓之太清紫极宫，宋谓之太一宫。宋朝尤重太一之祠，以太一飞在九宫，每四十余年而一徙所临之地，则兵疫不兴，水旱不作。在太平兴国中，太宗立祠于东南郊而祀之，则谓之东太一。在天圣中，仁宗立祠于西南郊而祀之，则谓之西太一。在熙宁中，神宗建集福宫而祀之，则谓之中太一。”

【注释】①谬忌：亳人。西汉时期方士，汉武帝时期上书奏请祭祀太一神。②太祝：又称大祝，官名。太常寺的官，主管祭祀。③九宫：古代中国天文学家将天宫以井字划分乾宫、坎宫、艮宫、震宫、中宫、巽宫、离宫、坤宫、兑宫九个等份。④宋顺帝：刘准，字仲谋，小字智观。刘宋末代皇帝。⑤泰畤：古代天子祭天神之处。

【译文】太一的名字，不知道从什么时候开始的。（东莱先生吕祖谦《大事记》说："古代的医生，眼观八风之虚实、邪正来治病，因而有太一九宫之说。"《黄氏日钞》注："《吕氏春秋》太一说：当时没有成为神名。"）《史记·天官书》记载："中宫的天极星，其中最明亮的，是太一神常常居留的。"（《周礼》注："昊天上帝又名太一。"）《封禅书》记载："亳县人谬忌上奏：祭祀太一神的方法是，天神中尊贵的是太一神，太一的辅佐是五帝。古时候天子在东南郊于春秋两季祭祀太一神，祭品用太牢，为时七日，建造神坛，八个方向各开一条通道开门为鬼道。于是天子命令太祝在长安东南郊建立祠庙，常常供奉、祭祀如同谬忌所说的方法。后来有人上书说：'古时候天子每三年一次祭品用太牢，祭祀三神：一是天、一是地、一是太一神。'天子准许了，命令太祝在谬忌建立的太一神坛上负责祭祀，按照他所说的方法。"这是太一神祭祀的由来。《易乾凿度》记载："太一选取数用来循行九宫。”（河图之数，戴九履一，左三右七，二四为肩，六八为足，五居中央，从横十五，故为太一。摘取其数以行九宫。）郑玄注解说：“太一，是北极星的名字。下行八卦宫，每四宫就回到中央。中央是地神（“地神”疑为“北辰”）居留的，所以称为九宫。天数以阳出，以阴入。阳起于子，阴起于午。所以太一下行九宫，从坎宫开始，然后是坤宫，再然后是震宫，再然后是巽宫，所循行到一半了。然后停息在中央之宫。又从中宫循行到乾宫，然后是兑宫，再然后是艮宫，最后是离官，就循行一周了。上行止在太一宫，而回到紫宫。循行从坎宫起始，终止在离宫。”（后汉黄香著有《九宫赋》。）《南齐书·高帝纪》记载：“考查太一九宫占历，推算从汉高祖五年，到宋顺帝升明元年，是太一所在。”《易乾凿度》记载：“太一选取数用来循行九宫。九宫，一为天蓬。用来约束冀州的范围；二为天内，用来约束荆州的范围；三为天冲，对应在青州；四为天辅，对应在徐州；五为天禽，对应在豫州；六为天心，七为天柱，八为天任，九为天英，分别对应在雍州、梁州、兖州、扬州。天冲，属性是木；天辅，属性也是木，所以木行气运变化太过或者不及，灾难对应在青州和徐州。天柱，属性金；天心属性也是金，所以金行气运变化太过或者不及，灾难对应在梁州和雍州。只有水没有对应宫。这就是用九宫分别约束相对应的地域。”《山堂考索》记载：“汉朝建立的太一神祠庙，就是甘泉的泰畤。唐朝称为太清紫极宫，宋朝称为太一宫。宋朝尤其看重太一的祭祀，以太一飞在九宫，每四十余年就迁徙一次降临的地方，那么兵灾、瘟疫不兴起，水灾、旱灾不兴起。在太平兴国年间，宋太宗在东南郊建立祠堂祭祀，这称为东太一宫。在天圣年间，宋仁宗在西南郊建立祠堂祭祀，就称为西太一宫。在熙宁年间，宋神宗营建集福宫而祭祀，这就称为中太一宫。”

《宋史·刘黻传》言：“西太一之役，佞者进曰：‘太一所临分野则有福，近岁自吴移蜀。’信如祈禳[1]之说，西北坤维，按堵可也。当作“西南”。今五六十州，安全者不能十数，败降者相继，福何在耶？武帝祠太一于长安，至晚年以虚耗受祸，而后悔方士之谬。虽其悔之弗早，犹愈于终不知悔者也。”

【注释】①祈禳：道教最富特色的法术。祈即祈祷，指祷告神明以求平息灾祸、福庆延长。

【译文】《宋史·刘黻传》记载：“西太一宫的工程，邪佞的人上奏说：‘太一神所降临的地域就有福气，近年从吴地移到蜀地。’如果真像祈禳的说法那样可信，西北坤角，应该平安。（应当写成“西南”。）如今五六十州，安全的不能用十数，失败、投降的确是一个接一个，福气在哪里呢？汉武帝在长安建立太一宫祭祀，到了晚年因为浪费财物而遭受灾祸，而后才后悔听信方士的谬误。虽然他悔悟得不早，但还是胜过那些始终不悔悟的人。”

正五九月

唐朝新格[1]，以正五九月为忌月[2]，今人相沿以为不宜上任。考《唐书》武德二年正月甲子，诏自今正月、五月、九月，不得行刑，禁屠杀。诏曰："释典微妙净业，始于慈悲；道教冲虚至德，去其残杀。四时之禁，无伐麛卵；三驱之化，不取前禽。盖欲敦崇仁惠，蕃衍庶物，立政经邦，咸率兹道。朕祇应灵命，抚遂群生，言念亭育，无忘鉴寐。殷帝去纲，庶踵前修；齐王舍牛，实符本志。自今以后，每年正月、五月、九月，及每月十斋日，并不得行刑。所在公私，宜断屠杀。"白居易《在杭州》诗曰："仲夏斋戒月，三旬断腥膻。"《云麓漫钞》曰："释氏智论云：天帝释[③]以大宝镜照四大神洲[④]，每月一移，察人善恶。正、五、九月照南赡部洲，唐太宗崇其教，"太宗"当作"高祖"。故正、五、九月不食荤，百官不支羊钱，其后因此，遂不上官。"《菽园杂记》谓："新官上任，应祭告神祇，必须宰杀，故忌之也。"愚按正、五、九月不上任，自是五行家[⑤]言，不缘屠宰。其传已久，亦不始于唐时。《南齐书·张融传》："摄祠部、仓部二曹。仓曹以正月俗人所忌，太仓[⑥]为可开不？融议不宜拘束小忌。"《北齐书·宋景业传》："显祖将受魏禅，或曰：'阴阳书五月不可入官，犯之终于其位。'景业曰：'王为天子，无复下期，岂得不终于其位乎？'显祖大悦。"《南史·王镇恶传》："镇恶以五月五日生，其祖猛曰：昔孟尝君以恶月生而相齐。"是以五月为恶月。又考《左传》："郑厉公复公父定叔[⑦]之位，使以十月入，曰：良月也，就盈数焉。"而颜师古注《汉书》："李广数奇[⑧]，以为命只不耦。"《段会宗传》："亦足以复雁门之踦。"应劭曰："踦，只也。会宗从沛郡下为雁门，又坐法免，为踦只不耦也。"《霍去病传》："诸宿将常留落不耦。"是则以双月为良，只月为忌，喜耦憎奇，古人已有之矣。《后汉书·桓谭传》言:“卜数只偶之类。”盖古已有此术。《辽史》:正旦日,上于窗间掷米团,得只数为不利。”

【注释】①新格:新制定的法令。②忌月:佛教语。谓农历正月、五月、九月为三“长斋月”,又称忌月。③天帝释:即帝释天,全名为释提桓因陀罗,简称因陀罗,意译为能天帝。本为印度教神明,司职雷电与战斗,后被佛教吸收为护法神。④四大神洲:略称“四洲”。又称四洲、四大洲、四天下,是中国佛教中认为的在须弥山周围咸海中的四大洲,分别为东,胜神洲;西,牛贺洲;南,赡部洲;北,俱芦洲。⑤五行家:古代以五行说解释人事和宇宙现象的一种学派。后亦以称星相卜筮之士。⑥太仓:古代京师储谷的大仓。⑦郑厉公:姬姓,郑氏,名突,亦称公子突,郑庄公次子,郑昭公异母弟。公父定叔:公叔段的孙子,定是其谥号。⑧数奇:命运不好,遇事多不利。

【译文】唐朝制定的新法,把正月、五月、九月作为忌月,今人递相沿袭认为不适合官吏就职。考查《唐书》武德二年正月二十四日,颁发诏令从现在开始正月、五月、九月,不能执行刑罚,禁止宰杀。(诏书说:“释典微妙净业,始于慈悲;道教冲虚至德,去其残杀。四时之禁,无伐麛卵;三驱之化,不取前禽。盖欲敦崇仁惠,蕃衍庶物,立政经邦,咸率兹道。朕祇应灵命,抚遂群生,言念亭育,无忘鉴寐。殷帝去纲,庶踵前修;齐王舍牛,实符本志。自今以后,每年正月、五月、九月,及每月十斋日,并不得行刑。所在公私,宜断屠杀。”白居易《在杭州》诗曰:“仲夏斋戒月,三旬断腥膻。”)《云麓漫钞》记载:“佛教智论记载:帝释天用大宝镜照射四大神洲,每个月移动一次,分辨人的善恶。正月、五月、九月照射南赡部洲,唐太宗推崇佛教(“太宗”应当写成“高祖”),所以正月、五月、九月不食用荤，百官不支羊钱，后来沿袭这个体例，于是官吏不就职。”《菽园杂记》记载：“新官上任，应该祭祀禀告神灵，必须要宰杀，所以禁忌。”我认为正月、五月、九月不上任，只是五行家的说法，不是因为屠宰。这流传已经经过了很长时间，也不是从唐朝时候开始的。《南齐书·张融传》记载：“张融代理祠部、仓部两官署。仓曹认为正月是俗人所禁忌的，太仓可以打开吗？张融建议不应该拘束小的禁忌。”《北齐书·宋景业传》记载：“显祖高洋将要接受魏后主禅位，有人说：‘阴阳书记载五月不可以做官，如果犯了禁忌，就会死在高位上。’宋景业说：‘帝王是天子，再不会有下凡的机会，怎能会不始终在皇位上呢？’显祖非常高兴。”（《南史·王镇恶传》：“王镇恶因为在五月五日出生，其祖父王猛说：以前孟尝君因为在恶月出生而称为齐国相。”这是把五月当为恶月。）又考查《左传》：“郑厉公恢复公父定叔的地位，让他在十月入职，说：是吉祥的月份，十月是个整数。”而颜师古注解《汉书》：“李广命运不好，认为他命运单薄没有好运。”（《段会宗传》：“亦足以复雁门之踦。”应劭说：“踦，是只的意思。段会宗从沛郡下为雁门，又因犯法被免职，是‘踦只不耦’。”《霍去病传》：“诸宿将常留落不耦。”）这是把双月作为吉祥，单月作为禁忌，爱好耦憎恶奇，古人已经有了的。（《后汉书·桓谭传》说：“卜数只偶之类。”大概古代已有这种术法。《辽史》：新年初一，皇上在窗间扔米团，得‘只’数认为是不利的。”）

《册府元龟》：“德宗贞元十五年九月乙巳诏：自今二月一日、九月九日，每节前，放开屠一日。”中和、重阳二节。

【译文】《册府元龟》记载："唐德宗贞元十五年九月初四诏令：从现在开始二月一日、九月九日，每次节日前，放开屠宰一天。"（是指中和、重阳两个节日。）

唐人正、五、九月斋戒，不禁闰月。白居易有《闰九月九日独饮诗》云："自从九月持斋戒，不醉重阳十五年。"是闰九月可以饮酒也。

【译文】唐朝人正月、五月、九月斋戒，闰月没禁忌。白居易有《闰九月九日独饮诗》："自从九月持斋戒，不醉重阳十五年。"这是说闰九月可以喝酒。

《册府元龟》载唐开元二十二年十月敕曰："道家三元[①]，诚有科诫，朕尝精意，祷亦久矣，而初未蒙福，念不在兹。今月十四日十五日是下元斋日，都内人应有屠宰，令河南尹李适之句当[②]，总与赎取。其百司诸厨，日有肉料，亦责数奏来。并百姓间，是日并停宰杀渔猎等兼肉料食。自今以往，两都[③]及天下诸州，每年正月七月十月元日，起十三至十五，兼宜禁断。"又《旧唐书·武宗纪》："会昌四年春正月乙酉朔，敕：斋月断屠，出于释氏。国家创业，犹近梁隋。卿相大臣，或沿兹弊。鼓刀[④]者既获厚利，纠察者潜受请求。正以万物生植之初，宜断三日，列圣忌断一日，仍准开元二十二年敕，三元日各断三日，余月不禁。”此则道家之说，乃正、七、十月，而非正、五，九月，又与武德二年之诏不同。今人所谓三官斋用此。

【注释】①三元：旧称农历正月、七月、十月的十五日为上元、中元、下元，合称三元。②李适之：李昌，字适之，陇西成纪（今甘肃秦安县）人。唐朝宗室、宰相，唐太宗李世民曾孙，恒山愍王李承乾之孙。句当：办理，掌管。③两都：此指唐朝长安和洛阳。④鼓刀：摆弄刀子发出响声。宰杀牲畜时敲击其刀，使之发声，故曰鼓刀。

【译文】《册府元龟》记载唐玄宗开元二十二年十月敕令：“道家的三元节，确实有科诫，我曾经专心一意，祷告也很久了，然而起初未曾蒙受福气，心中想不在这里。本月十四日、十五日是下元节斋戒的日子，京城内人应该会有屠宰，如今河南尹李适之掌管，总与换取。百官诸厨，日有肉料，也责备数说奏来。一并在百姓中间，这天都停止宰杀、捕鱼打猎等兼具肉料食。从今以后，两都以及天下诸州，每年正月、七月、十月的元日，从十三至十五，同时应该禁止断绝。”又有《旧唐书·武宗纪》记载：“会昌四年春正月初一，敕令：斋月禁止屠宰，出自佛教。国家开创基业的时候，距离梁朝、隋朝很近。卿相大臣，有的还沿袭这个弊端。动刀杀生的人既能获取厚利，举发督察的人听从了请求。正月正是万物生长的初始，应该禁止屠宰三日，历代帝王禁忌停止一日，仍然遵照开元二十二年的敕令，三元日各自禁止屠宰三日，其余月份不禁止。”这是道家的说法，是正月、七月、十月，而不是正月、五月，九月，又与武德二年的诏令不相同。（现在人所说的三官斋就是来自于此。）

《后汉书·南匈奴传》："匈奴俗，岁有三龙祠，常以正月、五月、九月戊日祭天神。"此与三只月同。

【译文】《后汉书·南匈奴传》记载："匈奴的习俗，每年有三次龙祠，通常在正月、五月、九月的戊日祭祀天神。"这与三只月相同。

古今神祠

《史记·封禅书》言：秦雍旁有百数十祠，而陈宝[①]尤著。"其神或岁不至，或岁数来。来常以夜，光辉若流星，从东南来，集于祠城，则若雄鸡，其声殷殷，云野鸡夜雊。"又云："雍菅庙有杜主[②]。杜主故周之右将军，其在秦中最小，鬼之神者。"自西京以下，而秦时所奉之神，绝无影响。《后汉·刘盆子传》："军中常有齐巫鼓舞，祠城阳景王[③]，以求福助。巫狂言景王大怒曰：'当为县官[④]，何故为贼？'有笑巫者辄病，军中惊动。"《琅邪王京传》："国中有城阳景王祠，吏人奉祀。神数下言，宫中多不便利。"《魏书》："初，城阳景王刘章，以有功于汉，故其国为立祠。青州诸郡，转相仿效，济南尤盛，至六百余祠。贾人或假二千石舆服，导从[⑤]作倡乐，奢侈日甚，民坐贫穷。历世长吏，无敢禁绝者。太祖到，时为济南相。皆毁坏祠屋，止绝官吏民不得祠祀。"应劭《风俗通》曰："自琅邪青州六郡，及渤海都邑，乡亭聚落，皆为立祠。造饰五工千石车，商人次第为之立服带绶，备置官属，烹杀讴歌，纷籍连日。转相诳耀，言有神明，其谴问祸福立应。历载弥久，莫之匡纠。惟乐安太傅陈蕃，济南相曹操，一切禁绝，肃然政清。陈、曹之后，稍复如故。”

【注释】①陈宝：古代传说中的宝鸡神。②杜主：周杜伯。因封于杜，故名。③城阳景王：即刘章，西汉初年宗室，汉高祖刘邦的孙子，齐悼惠王刘肥的次子。吕后称制期间被封为朱虚侯，后来由于在诛灭吕氏的过程中有功而被加封为城阳王。去世后谥号景王。④县官：古时天子之别称。⑤导从：古时帝王、贵族、官僚出行时，前驱者称导，后随者称从，因谓之导从。

【译文】《史记·封禅书》记载：秦朝雍城附近有一百几十座祠庙，而陈宝尤其著名。“它的神灵有时候一年不降临，有时候一年多次降临。降临常常在夜晚，光芒像流星，从东南方来，汇集在祠城，像雄鸡，它的鸣叫声殷殷，引得野鸡纷纷夜晚啼叫。”又记载：“雍城的管庙有杜主庙。杜主是以前周朝的右将军，他在秦中地区庙宇最小，但最有灵验。”从西汉以下，而秦代时所供奉的神灵，完全没有影响。《后汉书·刘盆子传》记载：“军中常有齐巫击鼓跳舞，祭祀城阳景王，以乞求得到保佑。齐巫妄称景王大怒说：‘应当作天子，为什么做贼呢？’有嘲笑巫的人就生病了，军队中惊惶骚动。”《琅邪王京传》记载：“国内有城阳景王的祠庙，官吏与百姓供奉、祭祀。神灵多次下言，宫中多不便利。”《魏书》记载：“起初，城阳景王刘章，因为对汉朝有功劳，所以封国内为他建立祠庙。青州所有的郡县，互相模仿、效法，济南尤其盛行，建有六百多座祠庙。商人有的借用俸禄两千石官员的车舆冠服与各种仪仗，前驱后随的观赏倡优的歌舞杂戏表演，奢侈之风日益严重，百姓因而贫穷。历代的地方长官，没有敢禁止杜绝的。太祖曹操到任（当时为济南相），毁坏所有的祠屋，禁止杜绝官吏百姓不能够进入祠庙祭祀。”（应劭《风俗通》说：“从琅邪青州六郡，以及渤海都邑，乡亭聚落，都为他建立祠庙。建造装饰五工千石车，商人相继为他穿上服装戴上印绶，设置官属，宰杀烹煮歌功颂德，纷纷扰扰接连几日。互相欺骗迷惑，称有神明，其谴问祸福立即灵验。年长日久，没人纠正。只有乐安太傅陈蕃，济南相曹操，全部禁止，地方肃然政清。陈、曹之后，又慢慢恢复如初。”）

然考之于史，晋时犹有其祠。《晋书·五行志》：“临淄有大蛇负二小蛇入汉城阳景王祠中。”《慕容德载记》：“德如齐城，登营丘，至汉城阳景王庙。”而今并无其庙。《宋书·元凶劭传》：“以辇迎蒋侯[①]神像于宫内，启即“稽”字颡[②]乞恩，拜为大司马，封钟山郡王，食邑万户，加节钺[③]。苏侯[④]为骠骑将军。”胡三省《通鉴注》曰：“苏侯神，即苏峻。”《南齐书·苏祖思传》：“为都昌令，随青州刺史桓护之入尧庙。庙有苏侯神偶坐，护之曰：‘唐尧圣人，而与苏侯神共坐，今欲正之何如？’祖思曰：‘使君若清荡此坐，则是尧庙重去四凶。’繇是诸杂神并除。《礼志》：“明帝立九州庙于鸡笼山，大聚群神。蒋侯加爵位至相国、大都督中外诸军事、钟山王，苏侯至骠骑大将军。”《南史·齐东昏侯纪》：“迎蒋侯神入宫，昼夜祈祷。自诛始安王遥光[⑤]，遂加位相国，末又号为灵帝，车服羽仪，一依王者。”《曹景宗传》：“梁武帝时旱甚，诏祈蒋帝神，十旬不雨，帝怒，命载荻欲焚其庙。将起火，当神上，忽有云如伞，倏忽骤雨如泻，台中宫殿皆自振动。帝惧，驰诏追停，少时还静，自此帝畏信遂深。自践阼以来，未尝躬自到庙，于是备法驾，将朝臣修谒。”《陈书·武帝纪》：“十月乙亥，即皇帝位，丙子幸钟山，祀蒋帝庙。”《宋书·孔季恭传》：“先是吴兴频丧太守，云项羽神为卞山王，居郡听事，二千石至，常避之。”《南齐书·李安民传》：“太守到郡，必须祀以轭下牛。安民奉佛法，不与神牛，著屐上听事，又于厅上八关斋[6]。俄而牛死，安民亦卒，世以神为祟。”今南京十庙虽有蒋侯，湖州亦有卞山王，而亦不闻灵响。《魏书》：“任城王澄除扬州刺史，下车毁蒋子文之庙。”梁简文帝集有《吴兴楚王神庙碑》云：楚王既弘兹释教，止献车牛。”是神牛自武帝时革之也。江总《卞山楚庙诗》：“盛祀流百世，英威定几何？”

【注释】①蒋侯：即蒋歆，字子文。三国时广陵（今扬州）人，汉末为秣陵尉，追逐强盗至钟山（即紫金山）脚下，战死后葬在钟山脚下，民间传说，成为阴间十殿阎罗的第一殿秦广王。孙吴初年，有人看见蒋子文在大道上乘坐白马，手执白羽扇，侍从左右跟随身旁，和生前一模一样，于是吴大帝孙权为蒋子文立庙堂，封为蒋侯，并将钟山（即紫金山）改名蒋山。②启颡（sǎng）：即稽颡。古时一种跪拜礼。叩头，以额触地。③节钺（yuè）：符节和斧钺。古代授予将帅，作为加重权力的标志。④苏侯：即苏峻，六朝时神，在刘宋时为明帝以下诸帝所信奉，地位仅次于蒋子文。⑤遥光：即萧遥光，字元晖，始安靖王萧凤子。⑥八关斋：佛教指在家信徒一昼夜受持的八条戒律。一不杀生；二不偷盗；三不邪淫；四不妄语；五不饮酒、食肉；六不着花蔓璎珞、香油涂身、歌舞倡伎故往观听；七不得坐高广大床；八不得过斋后吃食。以上八戒，故为八关。亦称“八关戒”。

【译文】然而考查史书，晋朝时候仍然有他的祠庙。《晋书·五行志》记载："临淄有大蛇背着两条小蛇进入汉城阳景王祠中。"《慕容德载记》记载："慕容德到齐城，登上营丘，到汉代城阳景王的祠庙。"现在并没有他的祠庙。《宋书·元凶劭传》记载："用车辇迎接蒋侯的神像到宫中，叩头乞求施恩，授予大司马的职位，封为钟山郡王，食邑万户，加符节和斧钺。苏侯为膘骑将军。"（胡三省《通鉴注》说："苏侯神，就是苏峻。"《南齐书·苏祖思传》："苏祖思为都昌令，随青州刺史桓护之进入尧庙。庙有苏侯神与尧同坐，桓护之说：'唐尧是圣人，却与苏侯神共坐一处，如今想改正之如何是好？'祖思说：'使君如果撤去这神座，则是为尧庙去掉四凶。'由此各杂神一并撤掉。）《礼志》记载："宋明帝在鸡笼山建立九州庙，聚集众神在庙中祭祀。蒋侯推加爵位到相国、大都督中外诸军事、钟山王，苏侯位至骠骑大将军。"《南史·齐东昏侯纪》记载："迎接蒋侯神像进入宫中，昼夜祈祷。自从诛杀始安王萧遥光，于是加高爵位到相国，最后又尊号为灵帝，车舆礼服、仪仗中羽毛装饰的旌旗，全部依照帝王的规格。"《曹景宗传》记载："梁武帝时期旱情严重，诏令祈祷蒋帝神求雨，百日后不下雨，梁武帝发怒了，命令装载芦苇想焚烧他的庙宇。将要点火，在神庙上，忽然有乌云像伞一样，顷刻间暴雨如同倾泻，皇城中的宫殿都震动起来。武帝害怕了，派人快速传诏停止烧庙，不久平静下来，从这以后武帝畏惧、崇奉就深久。从登基以来，没有亲自到庙宇祭祀过，于是准备车驾，率领朝臣前往拜谒。"《陈书·武帝纪》记载："（永定元年）十月初十，即皇帝位，十一巡幸钟山，祭祀蒋帝庙。"《宋书·孔季恭传》记载："先前吴兴接连死了几位太守，传说项羽神当上了卞山王，在郡县治事，二千石俸禄的太守上任，常常回避。”《南齐书·李安民传》记载：“太守到郡县上任，必须用自己驾车的牛祭祀项羽神。李安民信奉佛法，不忍心杀牛祭神，穿着木屐上处理公事，又在厅堂上设置八关斋。不久牛死了，李安民也去世了，人们都认为是项羽神作祟的结果。”如今南京十庙虽然有蒋侯庙，湖州也有卞山王庙，然而也没有听说有什么灵验。（《魏书》：“任城王澄担任扬州刺史，下车毁掉蒋子文庙。”梁简文帝集有《吴兴楚王神庙碑》说：楚王既弘兹释教，止献车牛。”说明神牛在武帝时已经去掉了。江总《下山楚庙诗》：“盛祀流百世，英威定几何？”）

而梓潼二郎、三官、纯阳[①]之类，以后出而反受世人之崇奉。关壮缪[②]之祠，至遍于天下，封为帝君。岂鬼神之道，亦与时为代谢者乎？应劭言：“平帝时，天地六宗[③]已下，及诸小神，凡千七百所。今营寓夷泯，宰器阙亡。盖物盛则衰，自然之道，天其或者欲反本也。而《水经注》引吴猛[④]语庐山神之言，谓神道之事，亦有换转。昔夫子答宰我黄帝之问，谓生而民得其利百年，死而民畏其神百年，亡而民用其教百年，故曰黄帝三百年。烈山氏[⑤]之子曰柱，食于稷，汤迁之而祀弃。以帝王神圣且然，则其他人鬼之属又可知矣。

【注释】①梓潼：即梓潼帝君张亚子，本是蜀人张育与亚子两位人物合并而成的神灵。后来，成为文昌帝君，司文事，主科举考试。二郎：即二郎神，又称：显圣二郎真君、灌口二郎、二郎真君、灌江神、赤城王、清源妙道真君。民间多认为他是一位与水利、农耕、防止水灾有关的神，甚至是水神。一般认为二郎神居于四川都江堰市。三官：即三官大帝，亦称“三元大帝”“三官帝君”。指天官、地官和水官。一道经称：天官赐福，地官赦罪，水官解厄。纯阳：即吕洞宾，道教主流全真派祖师。名岩，字洞宾，道号纯阳子，自称回道人，河东蒲州河中府（今山西芮城）人。被尊称为吕祖、吕祖师、吕仙祖、纯阳祖师。②关壮缪：关羽，字云长，三国时蜀汉大将。死后追谥壮缪侯。③六宗：古所尊祀的六神。④吴猛：晋代道士。字世云。豫章分宁人，祖籍濮阳（今河南濮阳县）。是净明道信仰体系里十二真君之一，历史上以孝道（恣蚊饱血）著称。⑤烈山氏：传说中炎帝神农氏的别称。又名厉山氏。

【译文】而梓潼帝君、二郎真君、三官大帝、纯阳子这类神灵，晚出现反而受世人的崇拜奉祀。关羽的祠庙，遍布天下，封为帝君。难道鬼神的规律，也随着时代新旧更迭吗？应劭说：“汉平帝时，天地六宗以下，以及诸多小神，大凡有一千七百所。如今供神的祠庙灭尽，宰器损失。大概事物繁盛以后就会衰萎，这是自然的法则，上天其或者想复归本源。而《水经注》引用吴猛对庐山神说的话，说神道的事情，也有气运变更。从前孔子回答宰我关于黄帝的请教，说黄帝活着的时候百姓得到利益一百年，逝世后百姓敬畏他的神灵一百年，逝世后百姓遵循他的教诲又一百年，所以说黄帝的影响三百年。神农氏的后代叫柱，作为谷神祭祀他，商汤迁移他的祠庙然后祭祀就废弃了。帝王神圣尚且是这样，那么其他人鬼一类就又由这里可以知道了。

春秋之世，犹知淫祀[①]之非，故卫侯梦夏相[②]，而宁子弗祀；晋侯卜桑林[③]，而荀罃[④]弗祷。楚昭王有疾，卜曰河为祟，王弗祭，曰："三代命祀祭不越望，江汉睢漳，楚之望也。不穀[5]虽小德，河非所获罪也。"至屈原之世，而沅湘之间，并祀河伯。岂所谓楚人鬼而越人禨[6]，亦皆起于战国之际乎？夫以昭王之所弗祭者，而屈子歌之，可以知风俗之所从变矣。《云麓漫钞》言："自释氏书入中国，有龙王之说，而河伯无闻矣。"

【注释】①淫祀：不合礼制的祭祀；不当祭的祭祀，妄滥之祭。②夏相：姒相，姒仲康之子。姒相在姒中康病死后继位，先后迁都于商丘、斟寻、帝丘。后被寒浞的儿子浇攻破都城而自刎。③桑林：传说中的神名。④荀罃（yīng）：即智罃，智武子，姬姓，智氏，名罃，字子羽，谥号武，史称智武子。春秋晋国卿士，曾任晋国中军元帅，是智氏家族第一位正卿。因智氏出自荀氏，故又多称荀罃。⑤不穀：不善。古代王侯自称的谦辞。⑥禨（jī）：迷信鬼神，向鬼神求福。

【译文】春秋时期，尚且知道不合礼制的祭祀是不对的，所以卫侯梦夏相，而宁子不祭祀；晋侯卜桑林，而荀罃不祈祷。楚昭王得病，占卜是黄河作祟，昭王不去祭祀，并说："三代时期的祭祀制度，规定祭祀不能超越本国的山川，长江、汉水、睢水、漳水，是楚国的山川。我虽然德行节操小，不会得罪黄河河神。"到了屈原生活的时代，而沅湘之间，都祭祀河伯。难道所谓的楚人相信鬼神，越人相信祈祷，也都是从战国时代兴起的吗？因为楚昭王没有祭祀，而屈原歌颂他，可以知道风俗的变化。（《云麓漫钞》说："自从佛教书籍进入中国，有龙王的说法，而河伯不再听说了。"）

洪武三年六月癸亥，诏曰："五岳五镇[1]、四海四渎[2]之封，起自唐世。崇名美号，历代有加。在朕思之，则有不然。夫岳镇海渎，皆高山广水，自天地开辟，以至于今，英灵之气，萃而为神，必皆受命于上帝，幽微莫测，岂国家封号之所可加？渎礼不经，莫此为甚。至如忠臣烈士，虽可加以封号，亦惟当时为宜。夫礼，所以明神人，正名分，不可以僭差。今宜依古定制，凡岳镇海渎，并去其前代所封名号，止以山水本名称其神，郡县城隍神号一体改正。历代忠臣烈士，亦依当时初封，以为实号，后世溢美之称，皆与革去。庶几神人之际，名正言顺，于礼为当，用称朕以礼事神之意。”其《东岳祝文》曰：“神有历代之封号，予详之再三，畏不敢效。”可谓卓绝千古之见。乃永乐七年正月丙子，进封汉秣陵尉蒋君之神为忠烈武顺昭灵嘉佑王，则何不考之圣祖之成宪也。

【注释】①五镇：隋代封天下“四大镇山”，形成了五岳以外的五大镇山。期东镇青州沂山，西镇雍州吴山，中镇冀州霍山，南镇扬州会稽山，北镇幽州医巫闾山。②四渎：长江、黄河、淮河、济水的合称。

【译文】洪武三年六月初六，诏令：“五岳五镇、四海四渎的封典，是从唐朝时候开始的。尊崇、褒扬赞美的称号，历代有加封。在我看来，就不是这样。五岳五镇、四海四渎，都是高山广水，从天地开辟到如今，英明灵秀的精气，聚集而成为神明，必定都接受上帝的任命，隐幽细微不能预测，难道是国家的封号可以加崇的吗？轻慢礼仪、不合常规，没有比这更严重的了。至于忠臣烈士，虽然可以增加封号，也只是适宜在当时。礼，是用来辨明神人，正合名分，不可以僭越失度。如今应该依照古时候确定的制度，凡是五岳五镇、四海四渎，全部去掉前代所加封的名号，只是用山水原本的名字称神，郡县城隍神号全部改正。历代忠臣烈士，也依照当时开始的封号，作为实号，后世过分赞美的称号，全部都去除。希望神人交接的地方，名正言顺，礼节恰当，符合我用礼仪侍奉神明的心意。”《东岳祝文》说道：“神明有历代的封号，我再三审慎，害怕而不敢效仿。”可以说是超过久远年代的见识。然而永乐七年正月丙子日，进封汉代秣陵尉蒋君的神号为忠烈武顺昭灵嘉佑王，那么为什么不推求太祖原有的规章制度呢。

佛寺

晋许荣上疏言：“臣闻佛者，清远玄虚之神。今僧尼往往依傍法服，五戒粗法，尚不能遵，而流惑之徒，竞加敬事，又侵渔百姓，取财为惠，亦未合布施之道也。”《洛阳伽蓝①记》有：“比丘惠凝，死去复活，见阎罗王，阅一比丘，是灵觉寺宝明。自云出家之前，尝作陇西太守，造灵觉寺成，弃官入道。”阎罗王曰：‘卿作太守之日，曲理枉法，劫夺民财，假作此寺，非卿之力，何劳说此？’付司送入黑门。”此虽寓言，乃居官佞佛者之箴砭②也。

【注释】①伽蓝：梵语僧伽蓝摩译音的略称。意为众园或僧院，即僧众居住的庭园。后因称佛寺为伽蓝。②箴砭：古代用石针治病。后借喻为纠谬，规谏。

【译文】晋朝许荣进呈奏章道：“臣下听说佛陀，是清远玄虚的神明。如今僧尼往往依靠法服，五戒粗法，尚且不能遵守，而流惑的那些人，竞相增加恭敬侍奉，又侵吞牟利百姓，取财为利惠，也不符合布施的途径。”《洛阳伽蓝记》记载有：“比丘惠凝，死去又活过来了，见到阎罗王，检阅一个比丘，是灵觉寺的宝明。他自己说出家之前，曾经担任陇西郡太守，建成灵觉寺，然后弃官出家入道。”阎罗王说：‘你做太守的时候，违背情理，劫夺百姓财物，假意修造这寺庙，不是你的功劳，为什么在这里邀功呢？’交付有司送入黑门。”这虽然是寓言，但也是对做官讨好佛陀的人的忠言劝诫。

梁武帝问达磨[①]曰：“朕自即位以来，造寺写经，度僧不可胜纪，有何功德？”答曰：“并无功德。”帝曰：“何以无功德？”答曰：“此但人天小果，有漏之因，如影随形，虽有非实。”在彼法中已有能为是言者。

【注释】①达磨：亦作“达么”“达摩”。菩提达摩的省称，天竺高僧，本名菩提多罗。于南朝梁普通元年入中国，梁武帝迎至建康。后渡江往北魏，止嵩山少林寺，面壁九年而化。传法于慧可。达摩为中华禅宗初祖。

【译文】梁武帝问达摩说：“我自从即位以来，建造寺庙抄写佛经，剃度的僧侣数不胜数，有什么功德呢？”达摩回答说：“并没有功德。”梁武帝说：“为什么没有功德呢？”达摩回答说：“这只是人天福报小果，有漏的因缘，如影随形，看着有，却不是实在的。”在佛法中已经能有说这言论的人。

宋明帝以故第为湘宫寺，备极壮丽。欲造十级浮图[①]而不能，乃分为二。新安太守巢尚之[②]罢郡入见，上谓曰："卿至湘宫寺未？此是我大功德，用钱不少。"通直散骑侍郎虞愿[③]侍侧，曰："此皆百姓卖儿贴妇钱所为，佛若有知，当慈悲嗟悯。罪高浮图，何功德之有？"

【注释】①浮图：亦作"浮屠"，梵语Buddha的音译。指佛塔。②巢尚之：鲁郡（山东曲阜）人，南朝刘宋著名大臣。巢尚之出身寒微，为人士之末，但颇有学识和才能。③虞愿：字士恭，会稽余姚人。

【译文】宋明帝把原来的府邸作为湘宫寺，设施极其壮丽。想建造十层佛塔而不能成功，于是就分为两座。新安太守巢尚之离开郡县、回京朝见，宋明帝对他说："爱卿到湘宫寺了吗？这是我的大功德，花费钱财不少。"通直散骑侍郎虞愿陪侍在左右，说："这都是百姓把妻子儿女卖给别人的钱所建造的，佛陀如果有灵，应当会慈悲为怀、同情哀怜。罪恶高过佛塔，有什么功德呢？"

泰山治鬼

尝考泰山之故，仙论起于周末，鬼论起于汉末。《左氏》《国语》未有封禅之文，是三代以上无仙论也。《史记》《汉书》未有考鬼之说，是元、成以上无鬼论也。《盐铁论》云："古者庶人，鱼菽之祭[①]，士一庙，大夫三，以时有事于五祀，无出门之祭。今富者祈名岳，望山川，椎牛击鼓，戏倡舞像。"则出门进香之俗，已自西京而有之矣。自哀、平之际，而谶纬之书出，然后有如《遁甲开山图》所云："泰山在左，亢父②在右，亢父知生，梁父③主死。"《博物志》所云："泰山一曰天孙，言为天帝之孙，主召人魂魄，知生命之长短者。"其见于史者，则《后汉书·方术传》："许峻④自云，尝笃病，三年不愈，乃谒泰山请命。"《乌桓传》："死者神灵归赤山。赤山在辽东西北数千里，如中国人死者，魂神归泰山也。"《三国志·管辂传》："谓其弟辰曰：但恐至泰山治鬼，不得治生人，如何？"而古辞《怨诗行》云："齐度游四方，各系泰山录。人间乐未央，忽然归东岳。"陈思王《驱车篇》云："魂神所系属，逝者感斯征。"刘桢《赠五官中郎将》诗云："常恐游岱宗，不复见故人。"应璩《百一诗》云："年命在桑榆，东岳与我期。"然则鬼论之兴，其在东京之世乎？

【注释】①鱼菽之祭：以鱼、豆为祭品的祭事。鱼、豆是常用食品，表明祭品的菲薄。②亢父：春秋时期有个贵族受封于军事要地亢父，世称其为"亢父"。据传，亢父邑是古代东夷族部落的住地，有亢父山，因以为名，是最早的风姓古国之一。③梁父："父"一作"甫"。别名映佛山，迎福山。位于山东省泰安市徂徕山南麓。上古至秦汉时期历代帝王君主封泰山必禅梁父，有"地神"之称。④许峻：东汉汝南平舆人，字季山。善卜占之术。自云尝遇道士张巨君，授以方术。有《易林》。

【译文】曾经考查泰山的旧事，仙论出现在周末，鬼论出现在汉末。《左传》《国语》没有封禅的文字，这说明三代之前没有仙论。《史记》《汉书》没有研究鬼的学说，这说明汉元帝、汉成帝之前没有鬼论。《盐铁论》记载："古时候的平民百姓，把鱼、豆作为祭品的祭祀，士有一座祠庙，大夫有三座祠庙，按时举行五种祭礼，没有在家门外的祭祀。如今富人朝拜、遥祭名山大川，杀牛击鼓，演戏舞像。"那么出门进香的习俗，已经从西汉就有了。从汉哀帝、汉平帝的时候，预测吉凶的谶书、纬书出现，然后有如《遁甲开山图》的记载："泰山在左，亢父在右，亢父管出生，梁父管死亡。"《博物志》所记载："泰山一名天孙，说是为天帝之孙，负责召人魂魄，知晓生命的长短。"出现在史书中，就是《后汉书·方术传》的记载："许峻说，自己曾经病得很严重，三年都没有痊愈，于是拜谒泰山请求保全性命。"《乌桓传》记载："死者神灵归往赤山。赤山在辽东西北方数千里以外，如中国人死亡，魂神就归往泰山。"《三国志·管辂传》记载："管辂对他的弟弟管辰说：但恐怕要到泰山去治理鬼了，不能够统治在世的人，怎么办呢？"而古乐府诗《怨诗行》："齐度游四方，各系泰山录。人间乐未央，忽然归东岳。"陈思王《驱车篇》："魂神所系属，逝者感斯征。"刘桢《赠五官中郎将》诗："常恐游岱宗，不复见故人。"应璩《百一诗》："年命在桑榆，东岳与我期。"那么鬼论的兴起，是在东汉吗？

或曰："地狱之说，本于宋玉《招魂》之篇。长人、土伯[①]，则夜叉、罗刹[②]之伦也。烂土、雷渊，则刀山、剑树之地也。虽文人之寓言，而意已近之矣。于是魏晋以下之人，遂演其说，而附之释氏之书。昔宋胡寅[③]谓阎立本写地狱变相，而周兴、来俊臣[④]得之，以济其酷。又孰知宋玉之文，实为之祖。孔子谓为俑者不仁，有以也夫！

【注释】①土伯：中国神话中后土娘娘手下的侯伯，阴间幽都的看守。虎头，牛身，长着三只眼睛，晃着一对利角，张开血污双手，驱逐着可怜的幽灵。②夜叉：梵语的译音。佛经中一种形象丑恶的鬼，勇健暴恶，能食人，后受佛之教化而成为护法之神，列为天龙八部众之一。罗刹：梵语的略译。最早见于古印度颂诗《梨俱吠陀》，相传原为南亚次大陆土著名称。自雅利安人征服印度后，凡遇恶人恶事，皆称罗刹，遂成恶鬼名。③胡寅：字明仲，学者称致堂先生，宋建州崇安（今福建武夷山）人。湖湘学派的奠基人之一。④周兴：雍州长安人，武则天重用的酷吏之一，官至尚书左丞。周兴滥杀无辜竟达数千人，创造多种刑法，用刑残酷。后被人告发谋反，被来俊臣用请君入瓮之计制服，武则天将他流放，途中被仇家所杀。来俊臣：雍州万年（今陕西西安）人。武则天执政时的著名酷吏。因告密获得武则天信任，造《告密罗织经》，大兴刑狱，打击唐宗室和官僚中的反对派，前后族诛千余家。后得罪诸武及太平公主，被处死。

【译文】有人说："地狱的说法，来源于宋玉的《招魂》篇。长人、土伯，就是夜叉、罗刹之类。烂土、雷渊，就是刀山、剑树之地。虽然是文人的寓言，然而意思已经接近了。于是魏晋以后的人们，就推演这种说法，而附会在佛教的著作里。昔日宋朝胡寅说阎立本描写刻画地狱变相图，而周兴、来俊臣得到这些意思，用来表现他们的残酷。又哪里知道宋玉的文字记载，实际是开端。孔子说"始作俑者"不是仁爱的人，实在是有道理呀！

蕃俗信鬼

蕃俗信鬼，匈奴欲杀贰师[1]，贰师骂曰："我死必灭匈奴！"遂屠贰师以祠。会连雨雪数月，畜产死，人民疫病，谷稼不熟，单于恐，为贰师立祠室。慕容儁斩冉闵[2]于龙城遏陉山，山左右七里，草木悉枯，蝗虫大起。人言闵为祟，儁遣使祠之，谥曰悼武天王，其日大雪。魏太祖杀和跋[3]，诛其家。后世祖西巡五原，回幸豺山校猎，忽遇暴风，云雾四塞。世祖怪而问之，群下言："跋世居此土，祠冢犹存，或者能致斯变。"帝遣古弼[4]祭以三牲，雾即除散。后世祖搜狩[5]之日，每先祭之。盖伯有为厉[6]，理固有之，而蕃俗之畏鬼神，则又不可以常情论矣。

【注释】①贰师：指贰师将军李广利。汉武帝命李广利到大宛国的贰师城（今吉尔吉斯斯坦的奥什城）取良马，所以委任李广利为贰师将军。②冉闵：字永曾，小字棘奴，魏郡内黄（今河南内黄）人，十六国时期冉魏政权建立者，以勇猛著称。③和跋：代郡人，南北朝时期北魏将领。和跋有智慧计谋，以才华和善辩闻名，道武帝虽宠信优待和跋，而和跋爱图虚名，骄奢淫逸，道武帝告诫他却不改正，后来在北巡豺山时将和跋处死。④古弼：本姓吐奚氏，代郡（今山西代县）人，鲜卑族。北魏初期大臣。诚谨慎，喜爱读书，善于骑射。起家猎郎，敏捷忠直，赐名古笔，拜西部大臣，掌管机要，辅佐太子拓跋焘。后以巫蛊之罪，同太尉张黎一起伏诛。⑤搜狩：春猎为搜，冬猎为狩，古代帝王春、冬时的射猎活动。⑥伯有为厉：同"伯有被甲"。春秋时郑大夫良霄字伯有。他主持国政时，和贵族驷带发生争执，被杀于羊肆。传说他死后变为厉鬼作祟，有人梦他被甲而行。古代哲学家常用为"神不灭”的佐证。

【译文】番邦异族有相信鬼神的习俗，匈奴准备杀死贰师将军李广利，贰师将军怒骂道：“我死后一定灭亡匈奴！”于是屠杀贰师将军用来祭神。恰巧碰上连续几个月的雨雪，饲养的禽畜死亡，人民染上疫病，谷物没有收成，单于害怕了，为贰师将军建立祠堂，告慰亡灵。慕容儁在龙城遏陉山斩杀冉闵，山左、山右七里范围内，草木全部枯萎，蝗虫大起。人们都说是冉闵作祟，慕容儁派遣使者祭祀冉闵，谥号为悼武天王，当天下了大雪。魏太祖道武帝诛杀和跋，诛灭他的家族。后来魏世祖太武帝向西巡幸五原，回来巡幸豺山打猎，忽然遭遇暴风，到处充塞云雾。世祖觉得奇怪就问道，群臣回答说：“和跋世代居住在这里，祭祀的祠冢仍然存在，也许能导致这样的变故。”世祖派遣古弼用三牲祭祀，云雾就散除了。后来世祖狩猎的日子，每次提前祭祀。大概伯有死后变为厉鬼，道理固然是有的，然而番邦异族畏惧鬼神的习俗，就又不可以用通常有的情感讨论了。

卷三十一

河东山西

河东、山西一地也。唐之京师在关中，而其东则河，故谓之河东；元之京师在蓟门，而其西则山，故谓之山西。各自其畿甸之所近而言之也。

【译文】河东、山西指的是一个地方。唐朝的首都在关中，那它的东面就是黄河，所以称为河东；元朝的首都在蓟门，那它的西面就是太行山，所以称为山西。各自按照京城地区距离近来说的。

古之所谓山西，即今关中。《史记·太史公自序》："萧何填抚[①]山西。"《方言》："自山而东，五国之郊。"郭璞解曰："六国惟秦在山西。"王伯厚《地理通释》曰："秦汉之间，称山北、山南、山东、山西者，皆指太行。以其在天下之中，故指此山以表地势。"正义以为华山之西，非也。

【注释】①填抚：亦作"填拊"。镇定安抚。填，通"镇"。

【译文】古时候所说的山西，就是现在的关中。《史记·太史公自序》记载："萧何镇定安抚山西。"《方言》记载："从太行山往东，五国的郊外。”郭璞注解说：“六国只有秦国在山西。”王伯厚《地理通释》记载：“秦汉时期，称山北、山南、山东、山西，所说的“山”都是指的太行山。因为它在天下之中，所以用此山来表示地势。”正义认为是华山的西面，是错误的。

陕 西

《续汉·郡国志》：“陕县有陕陌，即今之陕州。二伯[①]所分。”故有陕东、陕西之称。《水经注》：“河水又东得七里涧，涧在陕西七里。”《宋书·柳元景传》：“庞季明率军向陕西七里谷。”《北史·魏孝武帝纪》：“高昂[②]率劲骑及帝于陕西。”《旧唐书·太宗纪》：“贞观十一年九月丁亥，河溢，坏陕西河北县。今平陆县。”《肃宗纪》：“乾元三年四月庚申，以右羽林大将军郭英乂[③]为陕州刺史、陕西节度潼关防御等使。”《肃宗诸子传》：“杞王倕[④]充陕西节度大使。”《李渤传》：“泽潞节度使郗士美[⑤]卒，渤充吊祭使，路次陕西。”按其疏云，已至阌乡县。《回纥传》：“广平王副元帅郭子仪领回纥兵马与贼战于陕西。”皆谓今陕州之西。后人遂以潼关以西通谓之陕西。

【注释】①二伯：周初分别主管东方和西方诸侯的两位重臣周公和召公。②高昂：字敖曹，渤海蓨县（今河北景县）人。东魏时期名将，东冀州刺史高翼第三子，司空高乾之弟。善用马槊，勇猛无敌，时人比于项羽。③郭英乂：瓜州常乐（常乐后改名晋昌）人，陇右节度使、左羽林军将军郭知运之子，左卫将军、幽州副总管郭英杰之弟，唐朝将领。④杞王倕：即李倕，唐肃宗第十子。李倕，至德二载封杞王，遥领陕西节度大使。⑤郗士美：字和夫，高平金乡人。唐朝名臣。

【译文】《后汉书·郡国志》记载："陕县有陕陌（即如今的陕州），是周公、召公所划分的。"所以有陕东、陕西的称呼。《水经注》记载："黄河水又向东流接纳七里涧，涧水在陕城西七里处。"《宋书·柳元景传》："庞季明率领军队向陕西七里谷行进。"《北史·魏孝武帝纪》："高昂率领精锐的军队以及皇帝到陕西。"《旧唐书·太宗纪》："贞观十一年九月初六，黄河泛滥，冲坏了陕西河北县（今平陆县）。"《肃宗纪》："乾元三年四月三十日，任命右羽林大将军郭英乂为陕州刺史、陕西节度使、潼关防御使等官职。"《肃宗诸子传》："杞王李倕担任陕西节度大使。"《李渤传》："泽潞节度使郗士美去世，李渤担任吊祭使（前往吊唁），途径陕西。"（按其注释说，已到阌乡县）《回纥传》："广平王（唐代宗李豫）、副元帅郭子仪率领回纥兵马与叛军在陕西作战。"说的都是陕州之西。后人于是把潼关以西全部称为陕西。

晋时以关中为陕西。《晋书·宣帝纪》："西屯长安，天子命之曰：昔周公旦辅成王，有素雉[①]之贡，今君受陕西之任，有白鹿之献。"《张实传》："愍帝末，拜都督陕西诸军事。"张华《祖道梁王彤应诏诗》："二迹[②]陕西，实在我王。"是也。东晋则以荆州为陕西。《南齐书》曰："江左大镇，莫过荆、扬。周世二伯总诸侯，周公主陕东，召公主陕西，故称荆州为陕西也。"《宋书》，荆州刺史下云："王敦治武昌，陶侃前治沔阳，后治武昌，王廙治江陵，庾亮治武昌，庾翼进襄阳，复还夏口，桓温治江陵，桓冲治上明，王说还江陵，此后遂治江陵。"而晋孝武于襄阳侨立雍州。考之于史，桓冲③为荆州刺史，安帝诏曰："故太尉冲昔藩陕西，忠诚王室。"《毛穆之传》："庾翼专威陕西。"刘毅④为荆州刺史，安帝诏曰："刘毅推毂⑤陕西。"《南史·宋文帝纪》："命王华⑥知州府，留镇陕西。"《宋书》："蔡兴宗为辅国将军、南郡太守，行荆州事。袁顗⑦曰：舅今出居陕西。"《邓琬传》："晋安王子勋⑧檄曰："前将军荆州刺史临海王子顼⑨练甲陕西，献徒万数。"是也。

【注释】①素雉（zhì）：白色野鸡。古代以为祥瑞之兆。②二迹：犹比迹。谓功劳业绩可与之比并。③桓冲：东晋名将，字幼子，小字买德郎，谯国龙亢（今安徽还远）人，宣城内史桓彝第五子，大司马桓温之弟，桓楚武悼帝桓玄之叔。忠于晋室，虽桓氏与陈郡谢氏有所冲突，但仍以国家为重，牺牲宗族利益，将原本桓温时取得的扬州刺史职位让给谢安，自愿出镇外地。后与谢氏于东西两边协力防御前秦的进攻，助东晋于淝水之战中获胜。④刘毅：字仲雄，东莱掖县人。齐悼惠王刘肥次子城阳景王刘章的后代，三国曹魏后期至西晋初年官员。刘毅公正刚直，喜欢评论人物，后来任官更多次弹劾大小官员，又提议废除九品中正制。刘毅更曾直谏晋武帝卖官入私门，连东汉时期的汉桓帝及汉灵帝都比不上。⑤推毂：荐举，援引。⑥王华：字子陵，琅邪临沂（今山东临沂）人。南朝宋大臣，东晋丞相王导曾孙，卫将军王荟之孙，司徒左长史王廞之子。出身琅琊王氏，少有大志。⑦袁顗（yǐ）：字景章，陈郡阳夏（今河南太康县）人。出身陈郡袁氏，南朝宋大臣，吴郡太守袁洵之子。与邓琬拥戴晋安王刘子勋称帝，进号安北将军，加尚书左仆射。缺乏将略才能，不善抚接诸将，大失人心。⑧晋安王子勋：即刘子勋，字孝德，南朝刘宋宗室大臣，宋孝武帝刘骏第三子，年五岁，封晋安王，出镇江州。后被大臣邓琬、袁顗拥戴起兵，讨伐荒淫无道的废帝刘子业。讨伐军还未进入建康，刘子业便死于宫廷政变中。宋明帝刘彧即位，双方为争夺帝位而爆发战争。最后，刘子勋落败寻阳，被刘彧下令处死。⑨临海王子项：即刘子项，字孝列，宋孝武帝刘骏第七子，初封历阳王，后改封临海王。

【译文】晋朝时把关中作为陕西。《晋书·宣帝纪》记载："向西驻守在长安，天子指示说：昔日周公旦辅佐周成王，曾经进献白色野鸡，如今你接陕西的任命，有白鹿的进献。"《张实传》记载："晋愍帝末年，张实被授予都督陕西诸军事。"张华《祖道梁王肜应诏诗》："二迹陕西，实在我王。"是这样的。东晋则把荆州作为陕西。《南齐书》记载："江左的大镇，没有超过荆州、扬州的。周朝的周公、召公总领诸侯，周公主持陕东，召公主持陕西，所以说荆州是陕西。"（《宋书》，荆州刺史下说："王敦时治所在武昌，陶侃时之前治所在沔阳，后来在武昌，王廙时治所在江陵，庾亮时治所在武昌，庾翼时治所在襄阳，又搬回夏口，桓温时治所在江陵，桓冲时治所在上明，王说时治所回到江陵，自此以后就把治所设在江陵。"而晋孝武帝在襄阳侨立雍州。）推求史书，桓冲担任荆州刺史，晋安帝诏令说："原来的太尉桓冲从前藩卫陕西，对朝廷真心诚意。"《毛穆之传》记载："庾翼独擅威势陕西。"刘毅担任荆州刺史，晋安帝诏令说："荐举刘毅筹划治理陕西。"《南史·宋文帝纪》记载："任命王华主管州府，留驻、镇守陕西。"《宋书》记载："蔡兴宗担任辅国将军、南郡太守，主持荆州事务。袁顗说：舅父如今移居陕西。"《邓琬传》记载："晋安王刘子勋檄文："前将军、荆州刺史、临海王刘子项在陕西整练精兵，出动数万精兵增援。”是这样的。

亦有称陕东者。《晋书·载记》：“刘聪署石勒大都督陕东诸军事。又加崇为陕东伯。”《慕容暐载记》：“秦扬兵讲武，运粟陕东。”唐太宗为秦王时，拜使持节陕东道大行台。

【译文】也有叫陕东的。《晋书·载记》记载：“刘聪署理石勒大都督陕东诸军事。又推重为陕东伯。”（《慕容暐载记》：“秦扬兵讲武，运粟到陕东。”）唐太宗还是秦王的时候，授予使持节陕东道大行台。

山东河内

古所谓山东者，华山以东。《管子》言：“楚者，山东之强国也。”《史记》引贾生言：“秦并兼诸侯山东三十余郡。”《后汉·陈元传》言：“陛下不当都山东。”谓光武都洛阳。盖自函谷关以东总谓之山东，唐人则以太行山之东为山东。杜牧谓：“山东之地，禹画九土，曰冀州。”是也。而非若今之但以齐鲁为山东也。古所谓河内者，在冀州三面距河之内。《史记正义》曰：“古帝王之都，多在河东、河北，故呼河北为河内，河南为河外。”又云：“河从龙门，南至华阴，东至卫州，东北入海，曲绕冀州，故言河内。”盖自大河以北，总谓之河内，而非若今之但以怀州为河内也。

【译文】古时候所说的山东，指的是华山以东。《管子》有记载："楚国，是山东的强国。"《史记》引用贾谊的话："秦国兼并诸侯国，山东三十多郡。"《后汉书·陈元传》记载："陛下不应该定都山东。"（是说光武帝定都洛阳）大概是函谷关以东都称为山东，（唐代人则以太行山之东为山东。杜牧说："山东之地，大禹划九土，是为冀州。"就是。）而不是像现在只是把齐鲁之地作为山东。古时候所说的河内，在冀州三面距河之内。《史记正义》记载："古时候帝王的国都，大多在河东、河北，所以称呼河北为河内，河南为河外。"又记载："黄河从龙门出发，南到华阴，东到卫州，东北流入海，弯曲迂绕冀州，所以叫河内。"大概是黄河以北，都称为河内，而不是像现在只是把怀州作为河内。

吴 会

宋施宿《会稽志》曰："按《三国志》，吴郡、会稽为吴、会二郡。张纮[①]谓：'收兵吴、会，则荆、扬可一。'《孙贲传》云：'策已平吴、会二郡。'《朱桓传》云：'使部伍吴、会二郡。'《全琮传》云：'分丹阳、吴、会三郡险地为东安郡。'是也。前辈读为都会之会，殆未是。"钱康功曰："今平江府署之南，名吴会坊。《汉书·吴王濞传》：'上患吴会轻悍。'"按今本《史记》《汉书》并作'上患吴会稽'，不知顺帝时，始分二郡，《顺帝纪》："永建四年分会稽为吴郡。"汉初安得言"吴会稽"？当是钱所见本未误，后人妄增之。

本传："吴有章郡铜山。"亦为后人于"章"上妄增一"豫"字，正与此同。魏文帝诗："吹我东南行，行行至吴会。"陈思王《求自试表》曰："抚剑东顾，而心已驰于吴会矣。"晋文王与孙皓书曰："惠矜吴会，施及中土。"魏元帝加晋文王九锡文曰："扫平区宇，信威吴会。"阮籍为郑冲[2]劝晋王笺曰："朝服济江，扫除吴会。"陈寿《上诸葛亮集》曰："身使孙权，求援吴会。"羊祜上疏曰："西平巴蜀，南和吴会。"荀勖《食举乐东西厢歌》曰："既禽庸蜀[3]，吴会是宾。"左思《魏都赋》曰："览麦秀与黍离，可作谣于吴会。"武帝问刘毅曰："吾平吴会，一同天下。"石崇[4]奏惠帝曰："吴会僭逆，几于百年。"石勒表王浚[5]曰："晋祚沦夷，远播吴会。"慕容廆[6]谓高瞻曰："翦鲸豕于二京，迎天子于吴会。"丁琪谏张祚[7]曰："先公累执忠节，远宗吴会。"此不得以为会稽之"会"也。盖汉初元有此名，如曰吴都云尔。胡三省《通鉴辨误》："太史公谓吴为江南一都会，故后人谓吴为吴会。"若《孙贲》《朱桓传》，则后人之文，偶合此二字，不可以证《吴王濞传》也。

【注释】①张纮（hóng）：字子纲，广陵人。东汉末年文学家、谋士，和张昭一起合称"二张"。②郑冲：字文和，荥阳开封（今河南开封）人。三国曹魏末年至西晋初年大臣、儒学家。出身寒微，博究儒术。③庸蜀：泛指四川。庸、蜀皆古国名。庸在川东夔州一带，蜀在成都一带。④石崇：字季伦，石苞子。贪财无厌，出任荆州刺史时，拦路抢劫过往客商。性奢华无度，曾与王恺斗富，以蜡当柴，用香椒涂墙。晋惠帝时，为争夺妓女绿珠，被赵王司马伦所杀。⑤王浚：字彭祖，与贾后合谋，杀害愍怀太子。"八王之乱"，联合当地乌丸、鲜卑等少数族，修葺兵器，观望中原的混战，一度出兵讨成都王司马颖，攻陷邺城。与石勒、刘琨等在冀、幽等地长期混战。后被石勒以诈降计俘杀。⑥慕容廆（wěi）：字弈洛环，昌黎棘城（今辽宁义县）鲜卑人。鲜卑单于慕容涉归子。⑦张祚：字太伯，小字螽斯，安定乌氏（今甘肃平凉）人，前凉文王张骏庶长子，十六国时期前凉君主。

【译文】宋代施宿《会稽志》记载："根据《三国志》，吴郡、会稽为吴、会二郡。张纮说：'收兵吴、会，那么荆州、扬州可以统一。'《孙贲传》记载：'孙策已经平定吴、会二郡。'《朱桓传》记载：'派遣军队驻扎吴、会二郡。'《全琮传》记载：'划分丹阳、吴、会三郡险要的地方为东安郡。'是这样的。前辈读作都会的会，大概不是这样。"钱康功说："如今平江府署的南面，称为吴会坊。《汉书·吴王濞传》记载：'君上忧虑吴会地区民风轻捷勇悍。'"按照当前通行版本的《史记》《汉书》都写作'上患吴会稽'，不知道汉顺帝的时候，才分为两个郡，（《顺帝纪》："永建四年分会稽为吴郡。"）汉代初年怎么会记载"吴会稽"呢？应该是钱康功所看到的版本没有错误，后人胡乱增加的。（本传："吴地有章郡铜山。"也是后人在"章"上胡乱加上一个"豫"字，正式与之相同。）魏文帝诗："吹我东南行，行行至吴会。"陈思王《求自试表》记载："抚剑东望，而心思早已飞驰到吴会了。"晋文王命人带书信给孙皓说："恩惠矜重吴会，延伸到中土。"魏元帝加封晋文王九锡文说："扫荡平定天下，显示威力在吴会。"阮籍为郑冲劝告晋王笺奏说："朝服济江，扫除吴会。"陈寿《上诸葛亮集》记载："亲自出使到孙权那里，向吴国求援。"羊祜进呈奏章："西平定巴蜀，南议和吴会。"荀勖《食举乐东西厢歌》记载："既禽庸蜀，吴会是宾。"左思《魏都赋》曰："览阅麦秀与黍离，可以在吴会作歌谣。”晋武帝问刘毅说：“我平定吴会，统一天下。”石崇上奏晋惠帝说：“吴会越礼犯上，几乎有百年。”石勒表奏王浚说：“晋朝皇位衰微，远方传播到吴会。”慕容廆对高瞻说：“在二京翦除暴虐残害的人，在吴会迎接天子。”丁琪劝谏张祚说：“先公世代坚持忠义的节操，遥远地尊崇吴会。”此处不能够当作会稽的“会”。因为汉代初期原本就有这个名称，就好像说吴都。（胡三省《通鉴辨误》：“太史公认为吴为江南一个都会，故而后人认为吴为吴会。”）比如《孙贲》《朱桓传》，就是后人的记载，偶然与这两个字相合，然而不可以用来验证《吴王刘濞传》所记之文。

江西广东广西

江西之名，殆不可晓。全司之地，并在江南，不得言西。考之六朝以前，其称江西者，并在秦郡、今六合。历阳、今和州。庐江今庐州府。之境，盖大江自历阳斜北下京口，故有东西之名。胡三省《通鉴注》：“大江东北流，故自历阳至濡须口，皆谓之江西，而建业谓之江东。”《史记·项羽本纪》：“江西皆反。”扬子《法言》：“楚分江西。”《三国志·魏武帝纪》：“进军屯江西郝溪。”《吴主传》：“民转相惊，自庐江、九江、今寿州。蕲春、广陵户十余万，皆东渡江，江西遂虚，合肥以南，惟有皖城。”《孙瑜传》：“宾客诸将，多江西人。”《晋书·武帝纪》：“安东将军王浑出江西。”《穆帝纪》：“江西乞活，郭敞[①]等执陈留内史刘仕而叛。”时分北谯置陈留郡。《郗鉴传》：“拜安西将军、兖州刺史，都督扬州江西诸军事，镇合肥。”《桓伊传》：“进督豫州之十二郡，扬州之江西五郡军事。”今之所谓江北，昔之所谓江西也。故晋《地理志》以庐江九江，自合肥以北至寿春，皆谓之江西。《南齐书·州郡志》：“左仆射王俭启，江西连接汝颍。”今人以江、饶、洪、吉诸州为江西，是因唐贞观十年，分天下为十道，其八曰江南道。开元二十一年，又分天下为十五道，而江南为东西二道，江南东道理苏州，江南西道理洪州，后人省文，但称江东、江西尔。始见于《旧唐书·李峘传》：“乾元初，兼御史大夫，持节都统淮南江东江西节度宣慰观察处置等使。”《德宗纪》：“建中三年十月辛亥，以嗣曹王皋为洪州刺史、江西节度使。”刘禹锡《和吴方之》诗：“今岁洛中无雨雪，眼前风景是江西。”亦是中唐以后始有此称。今之作文者，乃曰大江以西，谬矣。

【注释】①乞活：逃亡求食的饥民。西晋末至东晋活跃于黄河南北的武装流民集团。郭敞：东晋时的流民领袖之一，主要活动于今安徽一带。

【译文】江西的名称，几乎不可以知晓。主管的地域，并在江南，没有说西的。推查六朝以前，称为江西的，都指的是秦郡（今六合）、历阳（今和州）、庐江（今庐州府）的范围，大概长江从历阳斜北下京口，所以有东西的称呼。（胡三省《通鉴注》：“大江向东北流，故而从历阳到濡须口，都称之为江西，而建业称为江东。”）《史记·项羽本纪》记载：“江西都反叛了。”扬子《法言》记载：“楚分江西。”《三国志·魏武帝纪》记载：“进军驻守在江西郝溪。”《吴主传》记载：“百姓转相惊恐，从庐江、九江（今寿州）、蕲春、广陵户有十多万，都东渡长江，江西于是空虚，合肥以南，惟有皖城。”《孙瑜传》记载：“宾客诸将，大多是江西人。”《晋书·武帝纪》记载：“安东将军王浑出自江西。”《穆帝纪》记载：“江西乞活，郭敞等逮捕陈留内史刘仕而反叛。”（当时分北谯置陈留郡）《郗鉴传》记载：“郗鉴被授予安西将军、兖州刺史，都督扬州江西诸军事，镇守合肥。”《桓伊传》记载：“进职督率豫州的十二郡，扬州的江西五郡军事。”如今所说的江北，就是往昔的江西。所以晋代《地理志》把庐江九江，从合肥以北到寿春，都称为江西。（《南齐书·州郡志》：“左仆射王俭启，江西连接汝颍。”）今人把江州、饶州、洪州、吉州作为江西，这是沿袭唐太宗贞观十年，划分天下为十道，第八道称为江南道。开元二十一年，又划分天下为十五道，而江南分为东西二道，江南东道管理苏州，江南西道管理洪州，后人省略文字，只是称呼江东、江西。（始见于《旧唐书·李峘传》：“乾元初年，李峘兼御史大夫，持节都统淮南江东江西节度宣慰观察处置等使。”《德宗纪》：“建中三年十月初二，以嗣曹王李皋为洪州刺史、江西节度使。”刘禹锡《和吴方之》诗：“今岁洛中无雨雪，眼前风景是江西。”也是中唐以后才有这个称呼。）如今撰写文章的人，竟然说是大江以西，是错误的。

今之广东、广西，亦广南东路、广南西路之省文也。《文献通考》：太宗至道三年，分天下为十五路。其后又增三路，其十七曰广南东路，其十八曰广南西路。

【译文】如今的广东、广西，也就是广南东路、广南西路的简称。《文献通考》记载：宋太宗至道三年，划分天下为十五路。后来又增加三路，其中十七路称为广南东路，十八路称为广南西路。

四川

唐时剑南一道，止分东西两川而已。至宋则为益州路、后改为成都府路。梓州路、后改为潼川府路，即今潼川州。利州路、今保宁府广元县。夔州路，谓之川峡四路，后遂省文名为四川。

【译文】唐朝时剑南一道，仅仅分为东西两川。到了宋朝就分为益州路（后改为成都府路）、梓州路（后改为潼川府路，即今潼川州）、利州路（今保宁府广元县）、夔州路，称为川峡四路，后来就省略文字称为四川。

史记菑川国薛县之误

汉鲁国有薛县。《史记·公孙弘传》："齐菑川国薛县人也。"言齐又言菑川，而薛并不属二国，殊不可晓。正义曰："表云："菑川国，文帝分齐置，都剧。《括地志》云：'故剧城在青州寿光县南三十一里，故薛城在徐州滕县界。'《地理志》：'薛县属鲁国。'按薛与剧隔兖州及泰山，未详。"今考《儒林传》言："薛人公孙弘。"

是弘审为薛人，上言齐菑川者，误耳。

【译文】汉代鲁国有薛县。《史记·公孙弘传》记载："公孙弘是齐地菑川国薛县人。"说齐又说菑川，然而薛并不属于这两个封国，特别不可以懂得。正义记载："表说：菑川国，汉文帝分齐地设置，建都在剧城。《括地志》记载：'原来的剧城在青州寿光县南三十一里，原来的薛城在徐州滕县界。'《地理志》记载：'薛县归属鲁国。'考查薛城与剧城隔着兖州及泰山，没记载详细。"如今查核《儒林传》记载："薛县人公孙弘。"知道公孙弘是薛县人，上面附加齐地菑川国，是错误的。

《续汉·郡国志》："薛本国。"注引《地道记》曰："夏车正奚仲所封冢①，在城南二十里山上。"《皇览》曰："靖郭君②冢，在鲁国薛城中东南陬；孟尝君冢，在城中向门东。"向门，出北边门也。《诗》云："居常与许。"郑玄曰："'常'或作'尝'，在薛之旁，为孟尝君食邑。"《史记·越世家》："愿齐之试兵南阳莒地，以聚常、郯之境。"索隐曰："常，邑名，盖田文所封者。"《魏书·地形志》："薛县彭城郡有奚公山、奚仲庙、孟尝君冢。"《水经注》："今薛县故城侧，犹有文冢，结石为郭，作制严固，莹丽可寻。"而《史记·孟尝君传》，正义曰："薛故城在徐州滕县南四十四里。"今《淄川县志》，据《公孙弘传》之误文，而以为孟尝君封邑，失之矣。《路史》云："公孙弘生山，今淄川南四十里。"亦误。又按《地理志》：菑川国三县：剧、东安平、楼乡。”剧在今寿光县西南，东安平在今临淄县东南一十里，楼乡未详所在。又《高五王传》：“武帝为悼惠王[3]冢园在齐，乃割临菑东圜悼惠王冢园邑，尽以予菑川。”足明菑川在临菑之东矣。今之淄川，不但非薛，并非汉之菑川，乃般阳县耳。以为汉之菑川，而又以为孟尝君之薛，此误而又误也。

【注释】①车正：夏代设置，为车官之长，主管制造车辆。奚仲：夏禹之臣。任姓。车的改制者，曾作夏朝掌管造车的车正，居于薛（今山东滕州），后迁于邳（今山东微山）。商汤的左相仲虺为其后裔，春秋时薛国的始祖。封冢：死后追封并表其墓。②靖郭君：即田婴，妫姓，田氏，名婴，亦称婴子，齐威王少子，齐宣王异母弟，孟尝君田文之父，战国时期齐国宗室、大臣。“靖郭”是封邑，指古薛城，“君”是封号。③悼惠王：即齐悼惠王刘肥，汉高祖最大的庶子。受封齐王，谥号悼惠王。

【译文】《后汉书·郡国志》记载：“薛本国。”注解引用《地道记》记载：“夏朝车正奚仲死后追封坟冢，在城南二十里山上。”《皇览》记载：“靖郭君田婴的坟冢，在鲁国薛城中东南角；孟尝君的坟冢，在城中向门东。”向门，出北边门。《诗经》有云：“占据常国与许田。”郑玄注解说：“‘常’可能作‘尝’，在薛城附近，是孟尝君的世禄的封地。”《史记·越世家》记载：“希望齐军在南阳莒地用兵，在常、郯边境聚集。”索隐：“常，是封邑的名字，大概是分封给田文的。”《魏书·地形志》记载：“薛县彭城郡有奚公山、奚仲庙、孟尝君冢。”《水经注》记载：“如今薛县故城旁边，还有田文的坟冢，四面用石块砌成，制作严密坚固，光洁美丽。”而《史记·孟尝君传》，正义记载：“薛县故城在徐州滕县南四十四里。”现在的《淄川县志》，依据《公孙弘传》中文字的错误，而作为孟尝君的封邑，是错误的。(《路史》云："公孙弘生山，今淄川南四十里。"也是错误的。)又按《地理志》记载：菑川国有三县：剧县、东安平县、楼乡县。"剧县在今寿光县西南，东安平县在今临淄县东南一十里，楼乡县不清楚在哪里。又《高五王传》记载："汉武帝因为悼惠王的墓地在齐地，于是划分临菑以东围绕悼惠王墓地的园邑，全部赐予菑川国。"足以说明菑川在临菑的东面了。现在的淄川，不但不是薛城，而且不是汉代的菑川，而是般阳县。把它作为汉代的菑川，而且又作为孟尝君的薛地，这是误上加误。

曾子南武城人

《史记·仲尼弟子传》："曾参南武城人。澹台灭明[①]武城人。"同一武城，而曾子独加"南"字。南武城故城，在今费县西南八十里石门山下。正义曰："《地理志》：定襄有武城，清河有武城，故此云南武城。"《春秋》襄公十九年："城武城。"杜氏注云："泰山南武城县。"然《汉书》泰山郡无南武城，而有南成县，属东海郡。《续汉志》作"南城"，属泰山郡。至晋始为南武城，此后人之所以疑也。宋程大昌《澹台祠友教堂记》曰："武城有四，左冯翊、泰山、清河、定襄皆以名县。而清河特曰东武城者，《史记·平原君传》：封于东武城。以其与定襄皆隶赵，且定襄在西故也。若子游之所宰，其实鲁邑，而东武城者，鲁之北也，故汉儒又加'南'以别之。史迁之传曾参曰'南武城人'者，创加也。子羽传次曾子，省文但曰‘武城’。而《水经注》引京相璠曰：今泰山南武城县有澹台子羽冢，县人也。可以见武城之即为南武城也。”《孟子》言：“曾子居武城，有越寇，或曰：‘寇至，盍去诸？’曰：‘无寓人于我室，毁伤其薪木。’”《新序》则云：“鲁人攻鄪[2]，即“费”字。曾子辞于鄪君曰：请出，寇罢而后复来，毋使狗豕入吾舍。”仁山金氏言：曾子书有此事，作鲁人攻费。《战国策》甘茂亦言：“曾子处费。”则曾子所居之武城，费邑也。哀公八年传：“吴伐我，子泄[3]率故道险从武城。”又曰：“吴师克东阳，而进舍于五梧。”《续汉志》云：“南城有东阳城。”引此为证。今费县西南七十里关阳镇。又可以见南城之即为武城也。南城之名，见于《史记》。齐威王曰：“吾臣有檀子[4]者，使守南城，则楚人不敢为寇。东取泗上，十二诸侯皆来朝。”《汉书》但作“南成”。孝武封城阳共王子贞为南城侯。而后汉王符《潜夫论》云：“鄗毕之山，南城之冢。”章怀太子[5]注：“南城，曾子父所葬，在今沂州费县西南。”此又“南成”之即“南城”而在费之证也。《晋书》：南武城县属泰山郡。费县属琅邪郡。成化中，或言嘉祥之南武山有曾子墓，有渔者陷入其穴，得石碣而封志之。疑周世未有石碣，科斗古文亦非今人所识。嘉靖十二年，吏部侍郎颜鼎臣奏求曾氏后，得裔孙质粹于吉安之永丰，迁居嘉祥。十八年，授翰林院《五经》博士世袭。夫曹县之冉堌[6]，为秦相穰侯魏冉之冢。《史记》：穰侯卒于陶，因葬焉。《水经注》：济水又东径秦相魏冉冢南。而近人之撰志者，以为仲弓。如此之类，盖难以尽信也。

【注释】①澹（tán）台灭明：复姓澹台，名灭明，字子羽，鲁国武城（今山东临沂）人。孔门七十二贤之一。澹台灭明投师孔子门下，孔子见他相貌丑陋而不愿收其为徒。因有碍于自己“有教无类”的主张，勉强收为弟子。后发现澹台灭明品德高尚、学风端正，于是感慨地说：“以貌取人，失之子羽。”②鄪（bì）：春秋时鲁邑名，在今山东省费县境。③子泄：即公山不狃，双字姓公山，名不狃（也作弗扰、不扰），字子泄。公山不狃和阳虎同时，都是鲁国当政者季桓子的家臣。季桓子非常器重公山不狃，派他担任季孙氏的私邑——费邑的邑宰。④檀子：战国时齐国大臣。甚得齐威王信重，被视为“宝”。曾为南城守。⑤章怀太子：唐章怀太子李贤，字明允，唐高宗李治第六子，武则天次子，系高宗朝所立的第三位太子，后遭废杀。李贤曾召集文官注释《后汉书》，史称“章怀注”，具有较高史学价值。⑥堌（gù）：冢堆。

【译文】《史记·仲尼弟子传》记载：“曾参是南武城人。澹台灭明是武城人。”同一座武城，而曾子单独加“南”字。南武城的旧城，在如今费县西南八十里石门山下。正义说：“《地理志》记载：定襄有武城，清河有武城，所以这里说南武城。”《春秋》鲁襄公十九年记载：“建筑武城。”杜预注解：“是泰山郡的南武城县。”然而《汉书》里泰山郡没有南武城，只有南成县，归属东海郡。《后汉志》作“南城”，归属泰山郡。到晋朝才成为南武城，这是后人疑惑的原因。宋代程大昌《澹台祠友教堂记》记载：“有四个叫武城的，左冯翊、泰山、清河、定襄都作为县的名称。而清河单叫东武城，（《史记·平原君传》：封于东武城。）因为它与定襄都隶属赵，并且定襄在西的缘故。像子游所主管的，实际上是鲁邑，而东武城，是鲁的北面，所以汉代读书人又加上‘南’区别。司马迁为曾参作传是‘南武城人’，开创增加的。子羽传次曾子，省略文字只是说‘武城’。而《水经注》引用京相璠说：如今泰山郡南武城县有澹台子羽的坟冢，澹台子羽是本县人。可以知道武城就是南武城。”《孟子》记载：“曾子居住在武城，有越国人进犯，有人说：‘强盗来了，为什么不离开呢？’曾子说：‘不要让人住我的房子，毁伤薪草树木。’”《新序》则记载：“鲁人进攻鄪（即“费”字）邑，曾子辞别鄪君说：请求离开，强盗离去后再回来，不要让猪狗进入我的屋舍。”（仁山金履祥说：曾子书里有这件事，写成“鲁人攻费”。）《战国策》里甘茂也说：“曾子居住在费邑。”那么曾子所居住的武城，就是费邑。鲁哀公八年解说记载：“吴国讨伐我鲁国，子泄故意从险路率领军士，经过武城。”又记载：“吴军攻下东阳，而后前进驻扎在五梧。”《后汉书·郡国志》记载：“南城有东阳城。”引此作为验证。（今费县西南七十里关阳镇。）又可以知道南城就是武城。南城的名称，出现在《史记》。齐威王说：“我有个叫檀子的大臣，派他镇守南城，那么楚国人就不敢侵犯。向东获取泗水北岸的地域，十二诸侯都来朝拜。”《汉书》只是记作“南成”。汉孝武帝册封城阳共王的儿子刘贞为南城侯。而东汉王符《潜夫论》记载：“鄗毕的山陵，南城的坟冢。”章怀太子注解：“南城，曾子父亲的葬地，在现在沂州费县西南。”这又是“南成”就是“南城”而在费邑的验证。（《晋书》：南武城县属泰山郡。费县属琅邪郡。）成化年间，有人说嘉祥的南武山有曾子墓，有打渔的人掉进他的墓穴，用圆顶的石碑密封标记它。（怀疑周代没有有石碣，蝌蚪古文也不是今人所认识的。）嘉靖十二年，吏部侍郎颜鼎臣上奏寻求曾氏后代，在吉安郡的永丰县寻得远代子孙曾质粹，迁徙到嘉祥。嘉靖十八年，授予世代继承翰林院《五经》博士爵位。曹县的冉堌，是秦朝相国穰侯魏冉的坟冢。(《史记》：穰侯在陶逝世，因而葬在那里。《水经注》：济水又向东流经过秦相魏冉冢南面。）而近代人中的撰志者，认为是仲弓。如此之类，大概难以全部相信吧。

汉书二燕王传

《汉书·燕王定国传》："杀肥如令郢人。"按《地理志》，肥如自属辽西郡，不属燕。《武帝本纪》，元朔元年秋，匈奴入辽西，杀太守。《诸侯王表》言：武帝下推恩之令①，而藩国自析。长沙、燕、代，虽有旧名，皆亡南北边矣。然则肥如令之杀于燕，必在元朔以前未析边郡之时也。《燕王旦》传："发民会围，大猎文安县，以讲士马②。"其上云："武帝时，旦坐臧匿亡命，削良乡、安次、文安三县。"是文安已削，不属燕。又云："昭帝立，大将军霍光秉政，褒赐燕王钱三千万，益封万三千户。"《昭帝本纪》亦云："始元元年益封燕王、广陵王，及鄂邑长公主，各万三千户。"然则文安县之仍属于燕，必在益封万三千户之后也。此皆史文之互见者，可以参考而得之也。

【注释】①推恩之令：汉武帝为了巩固中央集权而颁布的一项重要政令。②士马：兵马。引申指军队。

【译文】《汉书·燕王定国传》记载："杀了肥如县令郢人。"根据《地理志》，肥如自归属辽西郡，不属于燕。《武帝本纪》记载，元朔元年秋天，匈奴侵入辽西，诛杀太守。《诸侯王表》记载：汉武帝颁布推恩令，使得藩国自己分开。长沙国、燕国、代国，虽然还有旧国名，但都不紧邻南北边境了。那么肥如县令在燕被杀，一定是在元朔以前没有分开边郡的时候。《燕王旦》记载：“调发百姓聚会设立围场，在文安县进行大规模地狩猎，用来讲习兵马。”这段上面记载：“汉武帝时候，刘旦犯窝藏逃亡者的罪，削去良乡、安次、文安三个县的封地。”这说明文安县已经削去，不属于燕。又记载：“汉昭帝册立，大将军霍光执掌朝政，赏赐了燕王三千万钱，增加封邑一万三千户。”《昭帝本纪》也记载：“始元元年加封燕王、广陵王，以及鄂邑长公主，各一万三千户。”那么文安县仍旧属于燕，一定在加封一万三千户之后了。这都是历史文献的互相参见，可以参考而得到。

徐乐传

《汉书》：“徐乐[①]，燕郡无终人也。”《地理志》无燕郡，而无终属右北平。考燕王定国以元朔二年秋有罪自杀，国除。而元狩六年夏四月，始立皇子旦为燕王，而其间为燕郡者十年，而志轶之也。徐乐上书，当在此时。而无终以其时属燕，后改属右北平耳。

【注释】①徐乐：燕郡无终（今属天津）人。与主父偃、严安、司马相如、吾丘寿王等学侍帝左右，是武帝重要的文学侍臣之一。

【译文】《汉书》记载：“徐乐，是燕郡无终县人。”《地理志》记载中没有燕郡，而无终县属于右北平郡。推究燕王刘定国是元朔二年秋天因为有罪而自杀，封国被废。然而元狩六年夏天四月，才册立皇子刘旦为燕王，而这中间为燕郡有十年，然而志记散失了。徐乐向君上进呈书面意见，应当在这个时候。而无终县在那个时候属于燕郡，后来更改属于右北平郡。

水经注大梁灵丘之误

《左传》桓九年："梁伯伐曲沃。"注："梁国在冯翊夏阳县。"郤芮[①]曰："梁近秦而幸焉。"是也。《汉书·地理志》云："冯翊夏阳县，故少梁也。"《水经注》乃曰："大梁，周梁伯之居也。梁伯好土功，大其城，号曰新里。民疲而溃，秦遂取焉。后魏惠王自安邑徙都之。《竹书纪年》：梁惠成王六年四月甲寅，徙都于大梁。是也。"是误以少梁为大梁，而不知大梁不近秦也。《续汉志》："河南尹，梁故国，伯翳后。注引《博物记》曰："梁伯好土功，今梁多有城。"亦误。《汉书》"代郡灵丘"，应劭曰："赵武灵王葬其东南二十里，故县氏之。"《水经注》曰："《史记》赵敬侯[②]二年，败齐于灵丘，则名不因灵王也。"按《史记·田敬仲完世家》："齐威王元年，三晋因齐丧，来伐我灵丘。"《六国表》及《赵魏韩世家》并同。《赵世家》："惠文王十四年，相国乐毅将赵、秦、韩、魏、燕攻齐，取灵丘。十五年，赵与韩、魏、燕共击齐，湣王败走，燕独深入取临菑。"而孟子谓蚳鼃[③]曰："子之辞灵丘而请士师。"此别一灵丘，必在齐境，后入于赵。胡三省以为即汉清河郡之灵县。今之高唐、夏津皆其故地。于钦《齐乘》则云:“今滕县东三十里,明水河之南有灵丘故城。”未知何据。赵岐《孟子》注但云:“灵丘,齐下邑。”而孝成王以灵丘封楚相春申君,益明其不在代郡矣。《水经注》云云,是误以赵之灵丘为齐之灵丘,而不知齐境不得至代也。《孟子正义》引《地理志》,代郡有灵丘县。《史记正义》曰:“灵丘,蔚州县。”并误。

【注释】①郤芮:姬姓,郤氏(一作郄氏),名芮,春秋时期晋国大夫。与吕省(吕甥)拥立晋惠公为君,重耳回国时又倒戈。后怕被晋文公(重耳)惩罚,又与吕甥密谋烧掉晋文公寝宫以谋杀晋文公。计划失败后,二人逃亡秦国,后被秦穆公诱杀。②赵敬侯:嬴姓,赵氏,名章,赵烈侯之子,赵武侯之侄,战国时期赵国国君。③蚳鼃(chī wā):齐国大夫。

【译文】《左传》鲁桓公九年记载:“梁伯出兵讨伐曲沃。”注解:“梁国在冯翊夏阳县。”郤芮说:“梁国靠近秦国又得到它的信任。”是这样的。《汉书·地理志》记载:“冯翊夏阳县,是以前的少梁。”《水经注》记载:“大梁,是周朝梁伯的故居。梁伯喜好兴建土木工程,扩大此城的范围,称为新里。百姓疲乏而逃亡,秦国于是乘机夺取了此城。后来魏惠王从安邑迁都到这里。《竹书纪年》记载:梁惠成王六年四月甲寅,迁都在大梁。是这样的。”这是误把少梁作为大梁,而不知道大梁不靠近秦国。(《后汉书·郡国志》:“河南尹,梁故国,伯翳后。注引《博物记》说:“梁伯爱好大兴土木,现在梁多有城。”也是错误的。)《汉书》“代郡灵丘县”,应劭说:“赵武灵王葬在代郡灵丘县东南二十里,所以命名县。”《水经注》记载:“《史记》赵敬侯二年，在灵丘打败了齐军，那么灵丘这个地名并不是由赵武灵王而来的。”根据《史记·田敬仲完世家》记载：“齐威王元年，三晋因为齐国有丧事，来讨伐我灵丘。”（《六国表》及《赵魏韩世家》记载与之相同。）《赵世家》记载：“惠文王十四年，相国乐毅率领赵、秦、韩、魏、燕五国联合攻打齐国，夺取灵丘。惠文王十五年，赵与韩、魏、燕联合攻打齐国，齐滑王败逃，燕国孤军深入攻取临菑。”而孟子对蚳鼃说：“您辞去灵丘县而请求担任刑狱官。”这是另外一个灵丘县，必定在齐国境地，是后来归入赵国的。（胡三省认为就是汉清河郡灵县。现在的高唐、夏津都是其故址。于钦《齐乘》就说：“今滕县东三十里，明水河之南有灵丘故城。”不知根据什么。赵岐《孟子》注只说：“灵丘，齐下邑。”）而赵孝成王把灵丘县分封给楚相春申君，更加说明它不在代郡。《水经注》的记载，是错误地把赵国的灵丘县作为齐国的灵丘县，而不知道齐国国境不能够到代郡。（《孟子正义》引《地理志》，代郡有灵丘县。《史记正义》曰：“灵丘，蔚州县。”都是错误的。）

三辅黄图

汉西京宫殿甚多，读史殊不易晓。《三辅黄图》叙次颇悉，以长乐、未央、建章、北宫、甘泉宫为纲，而以其中宫室台殿为目，甚得体要。但其无所附丽者，悉入北宫及甘泉宫下，则舛矣。《雍录》驳此书思子宫、万岁宫隶甘泉之误，而谓元书已亡，此出唐人所作。诚然。今当以明光宫、太子宫二宫别为一条，为长安城内诸宫。永信宫、中安宫、养德宫别为一条，为长安宫异名。长门宫、钩弋宫、储元宫、宣曲宫别为一条，为长安城外离宫①。昭台宫、犬台宫、扶荔宫、蒲萄宫别为一条，为上林苑内离宫。宜春宫、五柞宫、集灵宫、鼎湖宫、“湖”当作“胡”，见《汉书·扬雄传》。思子宫、黄山宫、池阳宫、步寿宫、万岁宫、梁山宫、回中宫、首山宫别为一条，为各郡县离宫。程大昌曰：“思子宫在湖，万岁宫在汾阴，今皆以隶甘泉，与史不合。”别有明光宫不知其地，附列于后，而梁山宫当并入秦梁山宫下，则区分各当矣。

【注释】①离宫：正宫之外供帝王出巡时居住的宫室。

【译文】汉朝西京的宫殿非常多，读史书特别不容易知晓。《三辅黄图》安排顺序相当地详细，以长乐、未央、建章、北宫、甘泉宫为纲，而以其中的宫室台殿为目，非常切实而简要。但是其中没有依附的，全部归入北宫以及甘泉宫类下，就错乱了。(《雍录》反驳这书思子宫、万岁宫隶甘泉之误，而说原书已经散佚，这为唐人所作。确实如此。)如今应当把明光宫、太子宫二宫另外作为一条，为长安城内众宫。永信宫、中安宫、养德宫另外作为一条，为长安宫异名。长门宫、钩弋宫、储元宫、宣曲宫另外作为一条，为长安城外离宫。昭台宫、犬台宫、扶荔宫、蒲萄宫另外作为一条，为上林苑内离宫。宜春宫、五柞宫、集灵宫、鼎湖宫(“湖”当作“胡”，见《汉书·扬雄传》)、思子宫、黄山宫、池阳宫、步寿宫、万岁宫、梁山宫、回中宫、首山宫另外作为一条，为各郡县离宫。(程大昌说：“思子宫在湖，万岁宫在汾阴，现在都认为隶属甘泉，与史书记载不同。)另外有明光宫不知道具体的位置，另外加上排列在后面，而梁山宫应当合并到秦梁山宫下，那么处理就恰当了。

大明一统志

永乐中，命儒臣纂天下舆地书，至天顺五年乃成，赐名曰《大明一统志》，御制序文。而前代相传如《括地志》《太平寰宇记》之书皆废。今考其书，舛谬特甚，略摘数事，以资后人之改定云。

【译文】永乐年间，命令有学问的大臣编纂天下地理书，到天顺五年才完成，赠名号称为《大明一统志》，御制撰写序文。而前代相传的例如《括地志》《太平寰宇记》之类的书籍都废置了。如今考查这部书，错误特别厉害，大略选取几件，以供给后人修改订正。

《一统志》："三河本汉临泃县地。"今考两《汉书》，并无临泃县。《唐书·地理志》幽州范阳郡潞县下云："武德二年置临泃县。贞观元年，省临泃。"而蓟州渔阳郡三河下云："开元四年，析路县置。"故知本是一地，先分为临泃，后分为三河，皆自唐，非汉也。

【译文】《一统志》记载："三河原本是汉代临泃县的属地。"如今考查前、后《汉书》，并没有临泃县。《唐书·地理志》幽州范阳郡潞县下记载："武德二年设立临泃县。贞观元年，行省临泃。"而蓟州渔阳郡三河下记载："开元四年，分离路县设立。"因此知道原本是一个地方，起先分为临洵，后来分为三河，都是从唐朝开始的，不是汉朝。

《一统志》引古事舛戾最多，未有若密云山之可笑者。《晋书·石季龙载记》："段辽[①]弃令支奔密云山，遣使诈降。季龙使征东将军麻秋[②]迎之。辽又遣使降于慕容皝曰：'彼贪而无谋，吾今请降求迎，彼不疑也。若伏重兵要[③]之，可以得志。'皝遣子恪伏兵于密云，麻秋统兵三万迎辽，为恪所袭，死者什六七，秋步遁而归。"是段辽与燕合谋而败赵之众也。今《一统志》云："密云山在密云县南一十五里，亦名横山。昔燕赵伏兵于此，大获辽众。"是反以为赵与燕谋而败辽之众，又不言段而曰辽，似以辽为国名。岂修志诸臣并《晋书》而未之见乎？

【注释】①段辽：《魏书》作段护辽，十六国时期鲜卑人，段部鲜卑首领，封辽西公。段日陆眷之孙。②麻秋：太原胡人，当时把北方的匈奴、鲜卑、羯、氐、羌五个少数民族称为北方"五胡"。麻秋曾被后赵石虎命为征东将军，曾任过凉州刺史。③要：古同"邀"，中途拦截。

【译文】《一统志》引用古事错误最多，没有像密云山这样可笑的。《晋书·石季龙载记》记载："段辽放弃令支，逃奔密云山，派遣使者假装投降。石季龙派遣征东将军麻秋迎接他。段辽又派遣使者投降慕容皝说：'对方贪婪而没有谋略，我如今请求投降希望迎接，对方不怀疑。如果埋伏重兵中途拦截他，可以实现志愿。'慕容皝派遣儿子慕容恪埋伏兵士在密云，麻秋率领兵士三万迎接段辽，被慕容恪所偷袭，死者十分之六七，麻秋行走逃遁而回来。”这是段辽与前燕合谋而打败后赵军队。现在《一统志》记载：“密云山在密云县南面十五里，也叫横山。从前前燕、后赵埋伏兵士在此，大量捕获段辽的军队。”这是反以为后赵与前燕合谋而打败段辽的许多人，又不说段而说是辽，似乎是把辽作为国名。难道编纂一统志的众多大臣和《晋书》没有见到吗？

《一统志》：“杨令公[①]祠，在密云县古北口，祀宋杨业。”按《宋史·杨业传》：“业本太原降将，太宗以业老于边事，迁代州兼三交今阳曲县驻泊兵马都部署。会契丹入雁门，业领麾下数千骑，自西京而出，由小陉至雁门北口，南向背击之，契丹大败，以功迁云州观察使。雍熙三年，大兵北征，以忠武军节度使潘美[②]为云应路行营都部署。命业副之。以西上阁门使、蔚州刺史王侁[③]，军器库使、顺州团练使刘文裕[④]护其军。诸军连拔云、应、寰、朔四州，师次桑乾河。会曹彬之师不利，诸路班师，美等归代州。未几，诏迁四州之民于内地，令美等以所部兵护之。时契丹复陷寰州，侁令业趋雁门北川。业以为必败，不可。侁逼之行，业指陈家谷口曰：‘诸君于此张步兵强弩为左右翼以援。’美即与侁领麾下兵陈于谷口。自寅至巳，侁使人登托逻台望之，以为契丹败走，欲争其功，即领兵离谷口。美不能制，乃缘交河西南行二十里。俄闻业败，即麾兵却走。业力战至谷口，望见无人，即拊膺大恸，再率帐下士力战。身被数十创，士卒殆尽，业犹手刃数十人，马重伤不能进，为契丹所擒，不食三日死。”是业生平未尝至燕。况古北口又在燕东北二百余里，地属契丹久矣，业安得而至此？且史明言雁门之北口，而以为密云之古北口，是作志者东西尚不辨，何论史传哉？又按《辽史·圣宗纪》：“统和四年七月丙子，枢密使斜轸⑤奏，复朔州，擒宋将杨继业。”《耶律斜轸传》：“继业败走至狼牙村，众军皆溃，继业为飞矢所中，被擒。”与《宋史》略同。《密云县志》：“威灵庙，在古北口北门外一里，祀宋赠太尉、大同军节度使杨公。”成化十八年，礼部尚书周洪范记，引《宋史》全文，而不辨雁门北口之非其地。《丰润县志》：“令公村，在县西十五里，宋杨业屯兵拒辽于此有功，故名。”并承《一统志》而误。

【注释】①杨令公：对北宋名将杨业的誉称。杨业，又名继业，并州太原（今山西太原）人。初为五代北汉将领，善骑射，人称“无敌”。归宋后，屡败契丹，战功卓著。北征时因无援被俘，绝食死。追赠太尉、大同军节度使。②潘美：字仲询，大名府人，北宋开国名将之一。③王侁（shēn）：字秘权，开封浚仪（今河南开封）人。雍熙三年，宋太宗北伐，王侁造成杨业兵败自杀，被除名，发配金州。④刘文裕：字以宁，保州保塞人。⑤斜轸：即耶律斜轸，字韩隐，契丹族，于越（最高荣誉衔，授有殊功者）耶律曷鲁之孙，辽代中期著名将领、军事家。

【译文】《一统志》记载：“杨令公的祠庙，在密云县古北口，祭祀宋朝杨业。”根据《宋史·杨业传》记载：“杨业本来是太原降将，宋太宗因为杨业熟悉边防事务，调动他担任代州兼三交（今阳曲县）驻泊兵马都部署。恰巧碰上契丹入侵雁门关，杨业率领部下数千骑兵，从西京而出，通过小路到达雁门北口，在南面从背面伏击契丹，契丹大败，因为军功升迁云州观察使。雍熙三年，声势大的军队北征，任命忠武军节度使潘美担任云应路行营都部署。任命杨业担任副职。派遣西上阁门使、蔚州刺史王侁，军器库使、顺州团练使刘文裕监督军队。军队连续夺取云、应、寰、朔四州，军队居止在桑乾河。恰巧碰上曹彬出战不顺利，诸路宋军调回军队，潘美等人回到代州。不久，诏令迁徙四州的百姓到内地，命令潘美等人用所统属的士兵护送他们。当时契丹又攻陷寰州，王侁命令杨业趋进雁门北川。杨业以为一定会失败，不同意这样做。王侁逼迫他前行，杨业指这陈家谷口说：'各位在这里摆下步兵强弩作为左右辅助用来增援。'潘美随即与王侁率领部下陈设兵力在谷口。从寅时至巳时，王侁派人登上托逻台瞭望，误以为契丹大败逃走，想争夺杨业的战功，就率领士兵离开谷口。潘美不能制止，于是沿着交河往西南走了二十里。不久听说杨业战败，立即率兵退走。杨业奋力作战到谷口，看到没有人，就捶胸大哭，率领帐下的将士奋力作战。身上遭受数十创伤，身边的士卒几乎全部战死，杨业仍然亲手杀死数十人，战马重伤不能前进，最终被契丹抓住，绝食三日而死。”这说明杨业平生不曾到过燕地。何况古北口又在燕地东北二百多里，境地属于契丹很久了，杨业怎么会到这里呢？而且史书明确记载是雁门的北口，而以为密云的古北口，撰写志书的人东西尚且不能分辨，又怎么谈论历史呢？又根据《辽史·圣宗纪》记载：“统和四年七月初九，枢密使斜轸奏报，克复朔州，活捉宋将杨继业。”《耶律斜轸传》记载：“杨继业败逃到狼牙村，各路军队都溃败了，继业被飞驰的箭射中，被活捉。”

与《宋史》记载大致相同。《密云县志》记载："威灵庙，在古北口北门外一里，祭祀宋朝追赠太尉、大同军节度使杨公。"成化十八年，礼部尚书周洪范记录，引用《宋史》的全文，而不分辨雁门北口不是宋朝的疆土。《丰润县志》记载："令公村，在县往西十五里，宋代杨业屯兵抵抗辽国在这里有战功，所以命名令公村。"一并继续《一统志》的错误。

《一统志》："辽章宗陵在三河县北五十五里。"考辽无章宗，其一代诸帝亦无葬三河者。

【译文】《一统志》记载："辽章宗陵墓在三河县以北五十五里。"查核辽国没有章宗，辽代所有的皇帝也没有埋葬在三河的。

《一统志》："金太祖陵、世宗陵，俱在房山县西二十里三峰山下。宣宗陵、章宗陵，俱在房山县西大房山东北。"按《金史·海陵纪》：贞元三年三月乙卯，命以大房山云峰寺为山陵，建行宫其麓。五月乙卯，命判太宗正事京等如上京奉迁太祖、太宗梓宫。十一月乙巳朔，梓宫发丕承殿。戊申，山陵礼成。正隆元年七月己酉，命太保昂如上京奉迁始祖以下梓宫。八月丁丑，如大房山行视山陵。十月乙酉，葬始祖以下十帝于大房山。闰月己亥朔，山陵礼成。又《太祖纪》：太祖葬睿陵。《太宗纪》：太宗葬恭陵。《世宗纪》：世宗葬兴陵。《章宗纪》：章宗葬道陵。又《熙宗纪》：帝被弑，葬于皇后裴满氏墓中。贞元三年改葬于大房山蓼香甸，诸王同兆域。大定初，追上谥号，陵曰思陵。二十八年，改葬于峨眉谷，仍号思陵。又《海陵纪》：葬于大房山鹿门谷，后降为庶人，改葬于山陵西南四十里。又《睿宗纪》：大定二年，改葬于大房山，号景陵。《显宗纪》：大定二十五年十一月庚寅，葬于大房山。章宗即位，号曰裕陵。是则金代之陵，自上京而迁者十二帝，其陵曰光、曰熙、曰建、曰辉、曰安、曰定、曰永、曰泰、曰献、曰乔、曰睿、曰恭。其崩于中都而葬者二帝，其陵曰兴、曰道。被弑者一帝，其陵曰思。追谥者二帝，其陵曰景、曰裕，被弑而降为庶人者一帝，葬在兆域之外。而宣宗则自即位之二年，迁于南京，三年五月，中都为蒙古所陷，葬在大梁，非房山矣。今《一统志》止有四陵，而误列宣宗，又跻于章宗之上，诸臣不学之甚也。

【译文】《一统志》记载："金太祖陵、世宗陵，都在房山县以西二十里三峰山下。宣宗陵、章宗陵，都在房山县以西大房山东北。"根据《金史·海陵纪》记载：贞元三年三月初八，诏命把大房山云峰寺作为山陵，在山脚下建造行宫。五月初九，命令判太宗正事京等人到上京恭敬地迁移太祖、太宗的棺木。十一月初一，棺木从丕承殿发送。初四，山陵礼仪完成。正隆元年七月初十，命令太保昂去上京恭敬地迁移始祖以下各位祖先的棺木。八月初八，到大房山巡行视察山陵。十月十七，在大房山埋葬始祖以下十位皇帝的棺木。闰十月初一，山陵礼仪完成。又《太祖纪》记载：太祖埋葬在睿陵。《太宗纪》记载：太宗埋葬在恭陵。《世宗纪》记载：世宗埋葬兴陵。

《章宗纪》记载：章宗埋葬在道陵。又有《熙宗纪》记载：皇帝被弑杀，埋葬在皇后裴满氏的墓中。贞元三年另择墓地安葬在大房山蓼香甸，诸王同葬的墓地之内。大定初年，追上谥号，陵墓称为思陵。大定二十八年，改葬在峨眉谷，仍然叫思陵。又《海陵纪》记载：埋葬在大房山鹿门谷，后来降为庶人，改葬在山陵西南方的四十里。又《睿宗纪》记载：大定二年，改葬在大房山，称为景陵。《显宗纪》记载：大定二十五年十一月十一日，埋葬在大房山。金章宗即位，称为裕陵。那么金代的陵墓，从上京迁出来埋葬的有十二位皇帝，他们的陵墓分别称为光陵、熙陵、建陵、辉陵、安陵、定陵、永陵、泰陵、献陵、乔陵、睿陵、恭陵。在中都去世而埋葬的有两位皇帝，他们的陵墓是兴陵、道陵。被弑杀的一位皇帝，他的陵墓叫思陵。追加谥号的两位皇帝，他们的陵墓叫景陵、裕陵，被弑杀而且降为庶人的一位皇帝，埋葬在帝王陵寝之外。而金宣宗从即位后两年，迁在南京，金宣宗贞祐三年五月，中都被蒙古所攻破，埋葬在大梁，不是房山。如今《一统志》只有四座陵寝，而错误地罗列金宣宗，又跻身在金章宗之上，诸位大臣没有学问很严重了。

《汉书·地理志》：乐浪郡之县二十五，其一曰朝鲜。应劭曰："故朝鲜国，武王封箕子于此。《志》曰：殷道衰，箕子去之朝鲜。"《山海经》曰："朝鲜在列阳东海北山南。"注："朝鲜，今乐浪县，箕子所封也。"在今高丽国境内。慕容氏于营州之境立朝鲜县，魏又于平州之境立朝鲜县，似取其名，与汉县相去则千有余里。《一统志》乃曰："朝鲜城，在永平府境内，箕子受封之地。"则是箕子封于今之永平矣。当日儒臣令稍知今古者为之，何至于此？为之太息。

【译文】《汉书·地理志》记载：乐浪郡有二十五个县，其中一个是朝鲜县。应劭说："原来的朝鲜国，周武王分封箕子在这里。《地理志》记载：殷商的国运衰微后，箕子离开前往朝鲜。"《山海经》记载："朝鲜在列阳的东面，北边有大海，南面有高山。"注解："朝鲜，是如今的乐浪县，箕子受封的地方。"在如今高丽国境内。慕容氏在营州范围建立朝鲜县，北魏又在平州范围建立朝鲜县，似乎是取朝鲜这个名字，与汉代时的朝鲜县相隔有一千多里。《一统志》却记载："朝鲜城，在永平府范围内，箕子受封的地方。"那么箕子是受封在如今的永平了。让从前的儒臣中稍微知晓古今的人来撰写，怎么会到这种地步？为他们深深地叹息。

《一统志》登州府名宦下云："刘兴居[①]，高祖孙，齐悼惠王肥子。诛诸吕有功，封东牟侯，惠泽及于邦人，至今庙祀不绝。"考《史记》《汉书》本纪、年表，兴居以高后六年四月丁酉封。孝文帝二年冬十月，始令列侯就国。春二月乙卯，立东牟侯兴居为济北王。其明年秋以反诛。是兴居之侯于东牟仅三年，其奉就国之令，至立为济北王，相距仅五月，其曾到国与否不可知，安得有惠泽及人之事，历二千年而思之不绝者乎？甚矣修志者之妄也。

【注释】①刘兴居：汉朝宗室，西汉济北王。汉高帝刘邦之孙，齐悼惠王刘肥之第三子。刘兴居因为兄长没当皇帝，心怀不满。后刘襄、刘章先后去世，匈奴大举入侵，刘兴居趁机起兵反朝廷。汉文帝命柴武为大将军讨伐，刘兴居被俘自杀，国除。

【译文】《一统志》登州府名宦下记载："刘兴居，是汉高祖的孙子，齐悼惠王刘肥的儿子。诛杀吕氏一党有功劳，册封东牟候，惠爱与恩泽普及国人，至今立庙奉祀不断绝。"查核《史记》《汉书》本纪、年表，刘兴居在高后六年四月丁酉日册封。孝文帝二年冬十月，才下令列侯到自己的封国。春季二月乙卯日，册立东牟侯刘兴居为济北王。第二年秋季因为谋反被诛杀。这说明刘兴居在东牟担任侯爵仅有三年，从他遵奉去封国的命令，到册立为济北王，相距仅仅五个月，他曾经有没有到封国尚且不知道，怎么会有惠爱与恩泽普及国人的事情，经历两千年而思念他不断绝的吗？撰写志记的人很荒诞了。

王文公《虔州学记》："虔州江南地最旷，大山长谷，荒翳险阻。"以"旷"字绝为一句，"谷"字绝为一句，"阻"字绝为一句，文理甚明。今《一统志》赣州府形胜条下，摘其二语曰："地最旷大，山长谷荒。"句读之不通而欲从事于九丘之书[1]，真可为千载笑端矣。

【注释】①句读（dòu）：也称句逗。古人指文辞休止和停顿处。文辞语意已尽处为句，未尽而须停顿处为读。书面上用圈"。"点"、"来标志。九丘：传说中我国最古的书名。

【译文】王安石《虔州学记》记载："虔州江南地最旷，大山长谷，荒翳险阻。"把到"旷"字断为一句，到"谷"字断为一句，到"阻"字断为一句，文章条理非常明确。如今《一统志》赣州府山川壮美条目下，摘取其中的两句："地最旷大，山长谷荒。"断句不明白而想致力于九丘的书籍，真是可以作为千年的笑料了。

交阯

《大学衍义补》曰："交阯，本秦汉以来中国郡县之地，秦为象郡地。汉武帝平南越，置交趾、九真、日南三郡。五代时，为刘隐[①]所并。至宋初，始封为郡王，然犹授中国官爵勋阶[②]，如所谓特进、检校太尉、静海军节度观察等使，及赐号推诚顺化功臣，皆如内地之臣，未始以国称也。其后封南平王，奏章文移，犹称安南道。孝宗时，始封以王，称国，而天下因以高丽、真腊视之，不复知其为中国之郡县矣。李氏传八世，陈氏传十二世，至日焜为黎季犛[③]所篡。季犛上表，窜姓名为胡一元，子苍，易名査[④]，诈称陈氏绝嗣，査为甥，求权署国事。太宗皇帝从其请。逾年，陈氏孙名添平者，始遁至京，愬[⑤]其实。季犛乃表请迎添平还国，朝廷不逆其诈，遣使送添平归。抵其境，季犛伏兵杀之，并及使者。事闻，太宗遍告于天地神祇，声罪致讨，遣征夷将军朱能等征之。能道卒，命副将张辅总其兵，生禽[⑥]季犛及其子苍、澄，献俘京师。诏求陈氏遗裔立之，国人咸称季犛杀之尽，无可继者，佥请复古郡县，遂如今制，立交阯都、布、按三司⑦，及各府州县卫所诸司，一如内地。其后有黎利⑧者，乃彼中么麽小丑⑨耳，中官庇之，遂致猖肆，上表请立陈氏后。宣宗皇帝谓，此皇祖意也，遂听之，即弃其地，俾复为国。呜呼！自秦并百粤⑩，交阯之地已与南海、桂林同入中国。汉武立岭南九郡，而九真、日南、交阯与焉。在唐中叶，江南之人仕中国，显者犹少，而爱州人姜公辅⑪，《唐书》：姜公辅，爱州日南人。已仕中朝为学士宰相，与中州之士相颉颃矣。奈何世历五代，为土豪所据。宋兴不能讨之，遂使兹地沦于蛮夷之域，而为侏蓝缕之俗。三百余年，而不得与南海、桂林等六郡同为衣冠礼乐之区，一何不幸哉！”

【注释】①刘隐：上蔡（今河南上蔡）人，唐朝末年和五代初年官员、割据军阀，南汉政权的奠基者。封州（今广东新兴县）刺史刘谦长子，南汉高祖刘龑之兄。②勋阶：又称勋官，通称获有勋阶的品官。勋阶为荣誉称号的等级。③黎季牦：即胡季牦，本名黎季牦，即位后又改名胡一元，字理元，越南胡朝开国君主。④奆（juàn）：甚大。⑤愬：同“诉”。控告。⑥禽：古通“擒”。捉拿。⑦三司：明代各省设都指挥司、布政司、按察司，分主军事、民政、司法，合称三司。⑧黎利：越南后黎朝开国君主，后人称为黎太祖。展开了十年抗明战争，最终，明宣宗决定罢兵，越南重获独立。不久，黎利立国称帝，建立了后黎朝。⑨么麽小丑：微不足道的坏人。⑩百粤：亦作“百越”。我国古代南方越人的总称。分布在今浙、闽、粤、桂等地，因部落众多，故总称百越。亦指百越居住的地方。⑪姜公辅：字德文，爱州日南（今越南清化）人，唐朝宰相。

【译文】《大学衍义补》记载：“交阯，原本是秦汉以来中国郡县的地方，（秦代为象郡属地。汉武帝平定南越，设置交趾、九真、日南三郡。）五代时期，被刘隐吞并。到宋代初期，开始封为郡王，但是仍然授予中国的官爵、勋官的等级，例如所谓的特进、检校太尉、静海军节度观察等使，以及赐号推诚顺化功臣，都如同内地的大臣，没有开始用国家称呼。后来封为南平王，奏章公文，仍然称安南道。宋孝宗时期，开始封王，称国，因此天下像看待高丽、真腊那样看待交阯，不再知道它是中国的郡县了。李氏传递八代，陈氏传递十二代，到陈日焜被黎季牦篡位。黎季牦上表，窜改姓名为胡一元，儿子胡汉苍，改名胡查，假称陈氏断绝嗣续，胡查为外甥，请求暂时代理国家的政事。明成祖依从他的奏请。一年以后，陈氏的孙子叫添平的，才逃避到京师，控诉实际情况。黎季牦于是上表请求迎接陈添平回国，朝廷不预料他的欺骗，派遣使者送陈添平回国。到达国境，季牦伏兵杀了他以及使者。事情被听说后，成祖普遍祈告天地神祇，宣布他们的罪行进而进行讨伐，派遣征夷将军朱能等征讨他。朱能在征讨的途中去世了，任命副将张辅总领军队，活捉黎季牦以及他的儿子黎苍、黎澄，进献俘虏到京师。诏令寻求陈氏的后代封立，国内百姓都说被黎季牦杀绝了，没有可以继承的，大家奏请恢复古郡县，就如同现在的制度，设立交阯都指挥司、布政司、按察司三司，以及各府州县卫所众官署，全部如同内地。后来有一个叫黎利的人，是那里微不足道的小人物，宦官庇护他，于是导致他猖狂放肆，上奏章请求册立陈氏后代。明宣宗皇帝说，这是皇祖的旨意，就听从了，于是放弃交阯的领地，使得恢复为国家。呜呼！从秦朝兼并百粤，交阯的土地已经与南海、桂林一同并入中国了。汉武帝设立岭南九郡，而九真、日南、交阯包含在其中。在唐朝中期，江南的人出仕在中国，显贵的还很少，而爱州人姜公辅，(《唐书》：姜公辅，爱州日南人。)已经在朝中出仕担任学士宰相，与中州人士相抗衡了。奈何世代经历五代，被土豪占有。宋朝兴盛不能讨伐，于是致使这个地方沦为蛮夷的疆域，进而为粗鄙浅陋的习俗。三百多年了，而不能够与南海、桂林等六郡共同为衣冠礼乐的地区，多么不幸啊！”

按交阯自汉至唐为中国之地，在宋为化外州，虽贡赋版籍不上户部，然声教所及，皆边州帅府领之。永乐间平定其地，设交阯都指挥使司、布政使司、按察司各一，卫十，千户所二，府十三，六年十月，自州升为府者二。州四十一，县二百八，市舶提举司一，巡检司百、税课司局等衙门九十二。而升遐之后，上尊谥议①，以复交阯郡县于数千载之后，驱漠北残寇于数万里之外为言。既述武功之成，亦侈舆图之广。后以兵力不及而弃之。乃天顺中修《一统志》，竟以安南与占城、暹罗等国同为一卷。天顺八年七月《实录》：“宁远州本中国地，国初属云南布政司。宣德初，黎利叛，朝廷予之故地，乃并宁远州及广西太平府之禄州为所占。当时有司失于检察，今遂陷于夷。嗟乎！巴、濮、楚、邓，吾南土也。狃域中之见，而忘无外之规，吾不能无议夫儒臣者。

【注释】①谥议：古代帝王、贵族、大臣、士大夫等死后，下礼官评议其生平事迹，依据谥法拟定谥号，奏请钦定，谓之“谥议”。

【译文】交阯从汉代到唐代是中国的领地，在宋代为政令教化都达不到的州域，虽然土贡、赋税和户口册不上户部，然而声威教化所及，都是边州帅府管辖的。永乐年间平定交阯，设立交阯都指挥使司、布政使司、按察司各一司，十卫，二千户所，十三府，（永乐六年十月，自州升为府的有两个。）四十一州，二百八县，一市舶提举司，一百巡检司、九十二税课司局等衙门。而帝王去世之后，依据谥法拟定谥号，以恢复交阯郡县在数千年之后，驱除漠北凶恶盗匪在数万里之外为记载。既陈说武功的成就，也夸大舆图的广扩。后来因为兵力不足而舍弃。于是天顺年间修撰《一统志》，竟然把安南与占城、暹罗等国列为同一卷。（天顺八年七月《实录》："宁远州本为中国属地，建国初属云南布政司。宣德初年，黎利反叛，朝廷将原来的土地割给他，于是宁远州及广西太平府禄州被他所占领。当时有司疏于检察，如今就被外邦人侵占了。）嗟乎！巴国、濮国、楚国、邓国，是我国南部领土。拘泥于国内的成见，而忘记帝王以天下为一家的格局，我对于儒臣不能没有意见。

《大明清类天文分野书》，洪武十七年闰十月进。其中如上都、大宁、辽东诸郡县，并载前代沿革，而云"本朝未立。"内地如河间府之莫州、莫亭、会川、乐寿，亦具前代沿革，而云"本朝未立"。不以一时郡县之有无而去历代相因之版籍，甚为有体。

【译文】《大明清类天文分野书》记载，洪武十七年闰十月呈上。其中如上都、大宁、辽东众多郡县，一并记载前代的沿袭和变革，而说"本朝未立。"内地如河间府的莫州、莫亭、会川、乐寿，也都是前代的沿袭和变革，而说“本朝未立”。不因为一时郡县的有无而删除历代相沿袭的版图，非常得体。

蓟

《汉书》：“蓟故燕国，召公所封。”《后汉书》：“蓟本燕国，刺史治。”自七国时燕都于此。项羽立臧荼[①]为燕王，都蓟，高帝因之，为燕国。元凤元年，燕剌王旦自杀，国除为广阳郡。本始元年为广阳国。建武十三年省属上谷。永平八年，一作“永元六年”。复为广阳郡。晋复为燕国。魏为燕郡。隋开皇初废，大业初置涿郡。唐天宝元年更名范阳郡，并治蓟。《水经》：“湿水过广阳蓟县北，又东至渔阳雍奴县。”注：“今城内西北隅有蓟丘，因丘以名邑也。”《后汉书·彭宠传》：“宠反渔阳，自将二万余人攻朱浮于蓟。”《晋书·载记》：“魏围燕中山，清河王会自龙城遣兵赴救。建威将军余崇[②]为前锋，至渔阳，遇魏千余骑，鼓噪直进，杀十余人，魏骑溃去，崇亦引还。会乃上道徐进，始达蓟城。”即此三事，可见蓟在渔阳之西。《唐书·地理志》：“幽州范阳郡，治蓟。开元十八年，析置蓟州渔阳郡，治渔阳。”及辽改蓟为析津县，因此蓟之名，遂没于此，而存于彼。今人乃以渔阳为蓟，而忘其本矣。《史记》乐毅书：“蓟丘之植，植于汶篁[③]。”此即《水经注》所言蓟丘。

【注释】①臧荼：燕王韩广部将，援救被秦朝章邯包围的赵国。又随项羽入关中。项羽分天下为十八路诸侯，立臧荼为燕王。②余崇：后燕建威将军、中坚将军。谥“颍阴烈公”。③篁：竹田，竹园。

【译文】《汉书》记载：“蓟县，是原来的燕国，召公的封地。”《后汉书》记载：“蓟地，是原来的燕国，刺史的治所。”从战国时期的燕国定都在这里。项羽封立臧荼为燕王，定都在蓟，汉高祖沿袭，封为燕国。元凤元年，燕剌王刘旦自杀，封国废除改为广阳郡。本始元年改为广阳国。建武十三年省属上谷。永平八年（一作“永元六年”），恢复为广阳郡。晋朝恢复为燕国。魏国为燕郡。隋文帝开皇初期废除，隋炀帝大业初期设置涿郡。唐玄宗天宝元年更名为范阳郡，并在蓟设置治所。《水经》记载：“湿水流过广阳郡蓟县北面，又往东流到渔阳郡雍奴县。”注解：“如今城内西北角落有蓟丘，因为丘名来命名城邑。”《后汉书·彭宠传》记载：“彭宠在渔阳造反，自己率领两万多人在蓟地攻打朱浮。”《晋书·载记》记载：“北魏围困后燕都城中山，清河王慕容会从龙城派兵前去救援。建威将军余崇为前锋，到了渔阳，遇上北魏骑兵一千多人，擂鼓呐喊前进，余崇一人杀了十多个人，北魏骑兵溃散逃去，余崇也率军退回。慕容会这才带兵上路，慢慢地前进，才到达蓟城。”通过三事，可以知道蓟在渔阳的西面。《唐书·地理志》记载：“幽州范阳郡，治所是蓟地。开元十八年，分开设置蓟州渔阳郡，治所是渔阳。”到了辽代改蓟为析津县，因此蓟的名称，就在这时候隐没了，而存在那个时候。现在的人把渔阳作为蓟，而忘了它的本源了。《史记》乐毅报燕王书：“树立在蓟丘的燕国旗帜，插在汶水岸边的竹园。”这就是《水经注》所说的蓟丘。

《礼记·乐记》:"武王克殷反商,未及下车,而封黄帝之后于蓟。"《史记》及《水经注》并云"尧后"。疏云:"今涿郡蓟县是也,即燕国之都。"孔安国、司马迁及郑皆云:燕祖召公,与周同姓。按黄帝姓姬,召公盖其后也。《穀梁传》曰:"燕,周之分子也。皇甫谧因谓召公为文王之庶子,而范甯注又以为成王所封,然考《左传》富辰之言,不叙及燕。按此以蓟、燕为一国,而召公即黄帝之后。《史记·周本纪》:"武王封帝尧之后于蓟,封召公奭于北燕。"正义曰:"按周封以五等之爵[①]。蓟、燕二国,俱武王立,因燕山、蓟丘为名,其地足自立国,后蓟微燕盛,乃并蓟居之。"其说为长。

【注释】①五等之爵:指天子一位、公一位、侯一位、伯一位、子男同一位。

【译文】《礼记·乐记》记载:"周武王克胜殷商后,恢复殷商初期的制度,没等到下车,就分封黄帝的后代在蓟。"(《史记》及《水经注》都说是"尧后"。)注疏说:"就是如今的涿郡蓟县,也就是燕国国都。"孔安国、司马迁以及郑玄都说:燕国祖先召公,与周朝同姓。黄帝姓姬,召公大概是他的后代。(《穀梁传》说:"燕,是周代的分子。皇甫谧因而说召公为文王的庶子,而范甯注又以为成王所封,然而考查《左传》富辰之言,没有记载到燕。)根据这把蓟、燕作为一个国家,而召公就是黄帝的后代。《史记·周本纪》记载:"周武王分封帝尧的后代于蓟,封召公奭于北燕。"注疏说:"周朝分封按照五等的爵位。蓟、燕二国，都是周武王分立的，依照燕山、蓟丘为国名，地域足以自立为国，后来蓟国衰微、燕国强盛，于是吞并蓟国而占据它。”以这种说法为准。

夏谦泽

《晋书·载记》：“慕容宝尽徙蓟中府库①北趋龙城，魏石河头引兵追及之于夏谦泽。”胡三省《通鉴注》：“夏谦泽，在蓟北二百余里。”恐非。按《水经注》：“鲍丘水东南流，径潞城南，又东南入夏泽。泽南纡曲，渚一十余里，北佩谦泽，眇望无垠也。”下云：“鲍丘水又东与洵河合。”《三河志》：“鲍丘河，在县西二十五里，源自口外南流，径九庄岭，过密云，合道人溪，至通州之米庄村，合沽水入洵河。”今三河县西三十里，地名夏店，旧有驿，鲍丘水径其下，而洵河自县城南至宝坻下入于海。疑夏店之名，因古夏泽。其东弥望②皆陂泽，与《水经注》正合。自蓟至龙城，此其孔道。宝以丙辰行，魏人以戊午及之，相距二日，适当其地也。

【注释】①府库：国家收藏文书财物和兵器的地方。②弥望：充满视野，满眼。

【译文】《晋书·载记》记载：“慕容宝全部搬迁蓟城府库里的财物向北趋进龙城，北魏将领石河头率领士兵在夏谦泽追上了他们。”胡三省《通鉴注》记载：“夏谦泽，在蓟城北二百多里。”恐怕不是这样。按照《水经注》记载：“鲍丘水东南流，流经潞城南面，又往东南注入夏泽。夏泽南岸弯弯曲曲，洲渚有十多里，北面是谦泽，一眼望去无边无际。”下面记载：“鲍丘水又往东流与泃河汇合。”《三河志》记载：“鲍丘河，在县西面二十五里，源头从口外向南流，流经九庄岭，经过密云，合道人溪，到达通州的米庄村，汇合沽水注入泃河。”现在三河县以西三十里，地名叫夏店，以前有驿站，鲍丘水流经驿站下面，而泃河从县城南至宝坻下流入大海。怀疑夏店的名称，是沿袭古夏泽。它的东面满眼都是湖泽，与《水经注》正相符合。从蓟至龙城，这是它的孔道。慕容宝在丙辰日出发，北魏人在戊午日赶上他，相隔二日，刚好在这个地方。

石门

《后汉书·公孙瓒传》：“中平中，张纯与乌桓丘力居等入寇①。瓒追击，战于属国石门，大败之。”注：“石门山在今营州柳城县西南。”而《水经注》云：“濡水又东南径石门峡，山高崭绝，壁立洞开，俗谓之石门口。汉中平五年，公孙瓒讨张纯，战于石门，大破之。”今蓟州东北六十里石门驿，即《水经注》之石门是也。按史本纪但言石门，而传言属国石门，明有两石门。《北齐书》：“皮庆宾，正光中，因使怀朔，遇世乱，遂家广宁之石门县。”《水经注》所指，乃渔阳之石门，非辽东属国之石门，当以柳城为是。《通典》：柳城有石门山。

【注释】①张纯：东汉末期人物，渔阳人。张纯曾为中山相。丘力居：

东汉末年的辽西乌丸大人。拉拢中山太守张纯反叛东汉，寇掠青、徐、幽、冀四州，杀掠吏民。

【译文】《后汉书·公孙瓒传》记载："中平年间，张纯与乌桓族的丘力居等入侵进犯。公孙瓒追击，在属国石门作战，大败敌寇。"注解："石门山在现在营州柳城县的西南。"而《水经注》云："濛水又往东南流经石门峡，山高险峻陡峭，壁立洞开，俗称石门口。汉灵帝中平五年，公孙瓒讨伐张纯，在石门作战，打败了他。"如今蓟州东北六十里的石门驿，就是《水经注》记载的石门。按照《史记》本纪只说是石门，而传记记载属国石门，明确有两个石门。（《北齐书》："皮庆宾，正光年间，因为出使怀朔，遭遇世道变乱，于是安家在广宁府石门县。"）《水经注》所指的，是渔阳的石门，不是辽东属国的石门，应当以柳城为准。《通典》记载：柳城有石门山。

无终

玉田，汉无终县。《汉书·地理志》："故无终子国，浭水西至雍奴入海。"《史记》："项羽封韩广[①]为辽东王，都无终。"《后汉书》："吴汉[②]将二十骑，先驰至无终。"韦昭《国语解》："无终山戎之国，今为县，在北平。"《水经注》："蓝水出北山，东屈而南流，径无终县故城东。故城，无终子国也。"魏氏《土地记》曰："右北平城西北百三十里有无终城。"无终之为今玉田，无可疑者。然《左传》襄公四年：无终子[③]使孟乐如晋，因魏庄子纳虎豹之皮以请和诸戎。昭公元年：晋中行穆子，败无终及群狄于太原。

《汉书·樊哙传》："击陈豨[4]，破得綦毋卬，尹潘军于无终广昌。"则去玉田千有余里。岂无终之国，先在云中代郡之境，而后迁于右北平与？《左传正义》曰："《释例·土地名》，以北戎、山戎、无终三名为一。北平有无终县，太原即太原郡晋阳县是也。计无终在太原东北二千许里，远就太原来与晋战，不知其何故也？盖与诸戎近晋者相率而来也。"

【注释】①韩广：原六国中赵国上谷小吏。秦末楚汉时期燕王。项羽分封天下时，不放心燕国，借口韩广手下大将臧荼功劳大，立臧荼为燕王，把韩广迁为辽东王，以无终（今天津蓟县）为都。韩广对此不服，虽然表面上接受了辽东王的爵位，但实际上却不肯搬迁，结果于同年被臧荼击败及杀害。②吴汉：字子颜，南阳宛县（今河南南阳）人，东汉开国名将、军事家，云台二十八将第二位。③无终子：即无终国（子爵）国君嘉父，嘉父励精图治，谋略不凡。任用大夫孟乐等中原人才，内修国政，加强武备。对外，联络其他戎国，结成联盟，相互援助。同时，积极推进与晋国的亲和关系，使无终国影响力大增。④陈豨：秦末汉初宛朐（今山东菏泽）人，汉高祖刘邦部将，任赵国相国。后在代地起兵反叛，自立代王，兵败被杀。

【译文】玉田，是汉代的无终县。《汉书·地理志》记载："以前的无终子国，浭水向西到雍奴县流入大海。"《史记》记载："项羽分封韩广为辽东王，定都在无终县。"《后汉书》记载："吴汉率领二十骑兵，率先奔驰到无终。"韦昭《国语解》记载："无终国是山戎的国家，现在作为县，在北平。"《水经注》记载："蓝水发源在北山，往东又转弯往南流，经过无终县故城东面。故城，属于无终子国。"魏氏《土地记》记载说："右北平城西北面一百三十里有无终城。"无终就是现在的玉田，没有值得怀疑的。然而《左传》鲁襄公四年记载：无终子派遣孟乐到晋国，通过魏庄子奉献虎豹的皮革用来请求和各戎族讲和。鲁昭公元年记载：晋国中行穆子，打败无终以及各部狄族在太原。《汉书·樊哙传》记载："袭击陈豨，在无终广昌击破綦毋卬、尹潘的军队。"这距离玉田有一千朵里。难道无终国，起先在云中代郡的范围，而后来迁移到右北平了吗？（《左传正义》说："《释例·土地名》，以北戎、山戎、无终三名为一。北平有无终县，太原即太原郡晋阳县。计算无终到太原东北有二千多里，远途而来到太原与晋国发生战争，不知这当中什么缘故？大概与诸戎接近晋国相继而来的。"）

柳城

史言：慕容皝以柳城之北，龙山之西，福德之地，乃营立宗庙宫阙，命曰龙城。《一统志》：柳城在永平府西二十里，龙山在府西四十里。《永平府旧志》："柳城在昌黎县西南六十里。汉末为乌桓所据，曹操灭之。历魏、晋为慕容氏父子所据。隋置县，属辽西郡。唐置营州。元省入昌黎，为静安社。"其说与史不同。今府西二十里，全无遗迹，而静安社，则嘉靖三十一年立为堡，然皆非柳城之旧也。按《唐书》营州柳城郡下云："城西四百八十里，有渝关守捉[①]城。"又云："西北接奚。北接契丹。"《通典》，营州柳城郡下云："东至辽河四百八十里，南至海二百六十里，西至北平郡七百里，北至契丹界五十里，东南到安东府二百七十里，西南到北平郡七百里，西北到契丹界七十里，东北到契丹界九十里。”而平州北平郡下云：“东至柳城郡七百里，西至渔阳郡三百里，东北到柳城郡七百里。”是柳城在今永平之东北七百里，而慕容氏之龙城、昌黎，及魏以后之营州，并在其地。唐万岁通天元年，为契丹所陷。圣历二年，侨治渔阳。开元五年，又还治柳城。《旧唐书·宋庆礼传》：“初营州都督府置在柳城，控带奚、契丹。则天时，都督赵文翙政理乖方，两蕃反叛，攻陷州城。其后移于幽州东二百里渔阳城安置。开元五年，奚、契丹各款塞归附。玄宗乃诏庆礼及太子詹事姜师度、左骁卫将军邵宏等充使，更于柳城筑营州城，兴役三旬而毕。”诏书见《册府元龟》。而今之昌黎，乃金之广宁县。大定二十九年，改为昌黎，名同而地异也。

【注释】①守捉：唐制，唐朝在边地的驻军机构，其主要分布在陇右道与西域，大致于今天甘肃、内蒙古阿拉善右旗及新疆。唐代边兵守戍者，大者称军，小者称守捉、城、镇，各机构皆有使。

【译文】史书记载：慕容皝认为柳城北面，龙山西面，是有福气的地方，于是营造建立宗庙、宫殿，命名为龙城。《一统志》记载：柳城在永平府西面二十里，龙山在府西面四十里。《永平府旧志》记载：“柳城在昌黎县西南方六十里。汉末被乌桓所占据，曹操剿灭了它。经历魏、晋被慕容氏父子所占据。隋朝设置县，隶属辽西郡。唐朝设置营州。元代省归入昌黎，为静安社。”这种说法与历史不同。现在府西面二十里，完全没有遗迹，而静安社，在嘉靖三十一年设立为堡，然而都不是柳城的旧迹。按照《唐书》营州柳城郡下记载：

“城西四百八十里，有渝关守捉城。”又记载：“西北接壤奚。北接壤契丹。”《通典》，营州柳城郡下记载：“东至辽河四百八十里，南至大海二百六十里，西至北平郡七百里，北至契丹界五十里，东南到安东府二百七十里，西南到北平郡七百里，西北到契丹界七十里，东北到契丹界九十里。”而平州北平郡下记载：“东至柳城郡七百里，西至渔阳郡三百里，东北到柳城郡七百里。”这说明柳城在如今永平府的东北七百里，而慕容氏的龙城、昌黎，以及魏以后的营州，都在这个地方。唐朝万岁通天元年，被契丹所攻陷。圣历二年，侨治渔阳。开元五年，又将治所搬回柳城。（《旧唐书·宋庆礼传》：“当初营州都督府置在柳城，控制奚、契丹。武则天时，都督赵文翙政理失当，两外族反叛，攻陷州城。之后将州城移于幽州东二百里渔阳城安置。开元五年，奚、契丹各自前来通好归附。唐玄宗乃命令庆礼及太子詹事姜师度、左骁卫将军邵宏等充任使者，重新在柳城建造营州城，工程进行三十天就完毕了。”诏书参加《册府元龟》。）而如今的昌黎，乃是金代的广宁县。大定二十九年，改名为昌黎，名字相同而地域不一样。

《三国志》：“魏武帝用田畴[①]之言，上徐无山，堑山堙谷[②]五百余里，经白檀，历平冈，涉鲜卑庭，东指柳城。”徐无山在今玉田，则柳城在玉田之东北数百里也。《北齐书》：“显祖伐契丹，以十月丁酉，至平州，从西道趋长堑，辛丑至白狼城，壬寅至昌黎城。”是昌黎在平州之东，北齐主之行急，犹五日而后至也。《隋书》：“汉王谅[③]伐高丽，军出临渝关，至柳城。”《唐书》：“太宗伐高丽还，以十月丙午，次营州。诏辽东战亡士卒骸骨，并集柳城东南，命有司设大牢，上自作文以祭之。丙辰，皇太子迎谒于临渝关。"关在今抚宁之东，则柳城又在其东。太宗之行迟，故十日而后至也。

【注释】①田畴：字子泰，右北平无终（今河北玉田县）人，东汉末年隐士。②堑山堙（yīn）谷：亦作"堙谷堑山"，指挖山填谷。③汉王谅：即杨谅，本名杨杰，字德章，小名益钱，弘农华阴（今陕西华阴）人。隋朝宗室大臣，隋文帝杨坚与文献皇后独孤伽罗第五子，隋炀帝杨广同母弟。隋朝建立后，封汉王。

【译文】《三国志》记载："魏武帝听从田畴的话，登上徐无山，挖山填谷五百多里，经过白檀，穿过平冈，历经鲜卑居住地，向东指柳城。"徐无山在如今的玉田，那么柳城在玉田的东北方数百里。《北齐书》记载："显祖文宣皇帝高洋讨伐契丹，在十月丁酉日，到达平州，从西边的道路到达长堑，辛丑日到达白狼城，壬寅日抵达昌黎城。"昌黎在平州的东面，文宣皇帝行程迅速，仍然在五日而后到达。《隋书》记载："汉王杨谅讨伐高丽，率领军队出临渝关，到达柳城。"《唐书》记载："唐太宗讨伐高丽回来，在十月丙午日，路过营州。下诏令辽东战亡士兵的骸骨，一同汇集在柳城东南，命令有关部门摆上太牢礼祭祀，太宗皇帝亲自撰写祭文以祭奠。丙辰日，皇太子在临渝关迎接谒见。"临渝关在如今抚宁的东面，那么柳城又在临渝关的东面。太宗的行程迟缓，所以在十日而后到达。

《辽史》载柳城曰："兴中府，古孤竹国，汉柳城县地。慕容皝以柳城之北，龙山之南，福德之地，乃筑龙城，构宫庙，改柳城为龙城县，而迁都之，号曰和龙宫。慕容垂[①]复居焉。垂都邺，其子宝始迁龙城，非垂也。后为冯跋[②]所灭。高云灭慕容氏，冯跋代高云，非跋灭慕容氏也。魏取之为辽西郡。隋平高宝宁[③]，置营州。炀帝改柳城郡。唐武德初，改营州总管府，寻为都督府。万岁通天元年，陷李万荣[④]。神龙初，徙府幽州。开元四年，复治柳城，八年徙渔阳，十年还柳城。《旧唐书·奚传》："李大辅与契丹首领李失活，请于柳城依旧置营州都督府。从之。后为奚所据。太祖[⑤]平奚及俘燕民，将建城，命韩知方[⑥]择其处。乃完葺[⑦]柳城，号霸州彰武军节度。重熙十年，升兴中府。有太华山、小华山、香高山、麝香崖、天授皇帝刻石在焉，驻龙峪、神射泉、小灵河。统州二、县四，其一曰兴中县，本汉柳城县地。太祖掠汉民居此，置霸城县。重熙中置府，更名。"此文述柳城之故，颇为详备。元世祖至元七年十月己丑，降兴中府为州。以地图案之，当在今前屯卫之北。但《唐书》平州下云："又有柳城军，永泰元年置。"盖唐时柳城之地，屡被陷没，移徙无常。此其在平州者，或即今之静安社未可知。《通典》："医无闾山在辽东。今于柳城郡东置祠遥礼。"此即是移置之柳城。然不可以永泰元年之柳城，为古之柳城也。

【注释】①慕容垂：即后燕成武帝慕容垂，字道明，原名霸，字道业，一说字叔仁，鲜卑名阿六敦，昌黎棘城（今辽宁义县）鲜卑族人。十六国后燕开国君主。前燕文明帝慕容皝的第五子。②冯跋：即北燕文成帝冯跋，字文起，小字乞直伐，长乐信都（今河北冀州）人，十六国时期北燕君主，是胡化的汉人。③高宝宁：也写作高保宁，北齐武平末年，为营州刺史，镇守黄龙，夷夏重其威信。④李万荣：唐代滑州匡城（今河南长垣）人。与刘玄佐同里相善，宽厚得士心，杀宣武节度使刘士宁而自代，并平定了部将的反叛。⑤太祖：即辽太祖耶律阿保机，辽朝开国君主，耶律阿保机勇善射骑，明达世务。并契丹余七部。任用汉人韩延徽等，制定法律，改革习俗，创造契丹文化，发展农业、商业。庙号太祖。⑥韩知方：当为“韩知古”，辽朝大臣，蓟州玉田人，善谋有识量。⑦完葺：修缮，修葺。

【译文】《辽史》记载柳城道：“兴中府，是古代的孤竹国，汉代柳城县的范围。慕容皝认为柳城北面，龙山南面，是有福气的地方，于是筑造龙城，建构宫庙，改柳城为龙城县，而迁移作为国都，称为和龙宫。慕容垂又定都这里。（慕容垂定都邺，其子慕容宝才迁都龙城，不是慕容垂。）后来被冯跋所剿灭。（高云灭掉慕容氏，冯跋取代高云，不是冯跋灭掉慕容氏。）北魏攻取并作为辽西郡。隋朝平定高宝宁，设置营州。隋炀帝改为柳城郡。唐高祖武德初年，改营州总管府，不久改为都督府。万岁通天元年，被李万荣沦陷。神龙初年，迁移府治到幽州。开元四年，治所又回到柳城，开元八年迁移到渔阳，十年回到柳城。（《旧唐书·奚传》：“李大辅与契丹首领李失活，请求在柳城根据旧址设置营州都督府。朝廷同意这个请求。）后来被奚所占据。太祖平定奚以及俘虏燕民，将要建城，命令韩知方选择处所。于是修葺柳城，号称霸州彰武军节度。重熙十年，升为兴中府。有太华山、小华山、香高山、麝香崖、天授皇帝刻石在那里，驻龙峪、神射泉、小灵河。二统州、四县，其中一个称为兴中县，原本汉代柳城县的范围。太祖将抢掠的汉民安置在这里，设置霸城县。重熙年间设置府治，更改名称。”这段文字陈述柳城的缘故，很是周详完备。元世祖至元七年十月二十二日，贬降兴中府为州。以地图查找，应当在如今前屯卫的北面。但《唐书》平州下记载：“又有柳城军，是永泰元年设置。”大概唐朝时候柳城的领地，多次被攻占，迁移变化不定。此处在平州的，或许就是如今的静安社也不一定。(《通典》：“医无闾山在辽东。今在柳城郡东建祠遥遥祭祀。”这就是移置后的柳城。)然而不可以把永泰元年的柳城，当作古时候的柳城。

《一统志》采辑诸书，不出一人之手。如柳城废县，既云“在府城西二十里”矣，而于土产则云：“人参、麝香、豹尾，俱废柳城县出。”今府西二十里，乃滦河之西，洞山之南，沙土之地，其能出此三物乎？按《唐书》：营州柳城郡，贡人葠、麝香、豹尾、皮骨骴。《志》本引之，而不知所指府西二十里废柳城县之误也。

【译文】《一统志》搜集辑录诸多书籍，不是出自一个人的手笔。比如柳城废县，既记载“在府城西面二十里”，然而在土产则记载：“人参、麝香、豹尾，全部都是废柳城县出产的。”如今府西面二十里，乃是滦河的西面，洞山的南面，是沙土的地质，能出产这三种物产吗？根据《唐书》记载：营州柳城郡，进贡人葠、麝香、豹尾、皮骨骴。《一统志》本引用它，而不知道它所指府西二十里废柳城县的失误。

昌 黎

按昌黎有五。《汉书》:“辽西郡之县,其八曰交黎,渝水首受塞外南入海,东部都尉治。”应劭曰:“今昌黎。”《水经注》:“白狼水,又东北径昌黎县故城西。《地理志》曰,交黎也。”《通鉴注》:“昌黎,汉交黎县,属辽西郡,后汉属辽东属国都尉。魏齐王正始五年,鲜卑内附,复置辽东属国,立昌黎县以居之。后立昌黎郡。”《晋书·武帝纪》:“太康二年,慕容廆寇昌黎。二年,安北将军严询[①]败慕容廆于昌黎。”“成帝咸康二年,慕容皝自昌黎东践冰而进,凡三百余里,至历林口。”是则在渝水下流[②],而当海口,此一昌黎也。《晋书·载记》:“慕容皝徙昌黎郡。”又云:“破宇文归[③]之众,徙其部人五万余落于昌黎。”及慕容盛[④]之世,有昌黎尹张顺、刘忠。高云以冯素弗为昌黎尹。冯跋之世,有昌黎尹孙伯仁。以史考之,当去龙城不远,此又一昌黎也。魏并柳城、昌黎、棘城于龙城,而立昌黎郡。《志》云:有尧祠、榆顿城、狼水。而列传如韩麒麟、韩秀谷、浑孙绍之伦,皆昌黎人。即燕之旧都龙城,此又一昌黎也。齐以后昌黎之名废。至唐太宗贞观三年,更崇州为北黎州,治营州之东北废阳师镇。八年,复为崇州,置昌黎县,后沦于奚。《辽史》:建州永康县,本唐昌黎县地。此又一昌黎也。辽太祖以定州俘户置营州邻海军,其县一,曰广宁。金世宗大定二十九年,改为昌黎,相沿以至于今。在永平府城东南七十里,此又一昌黎也。郭造卿[⑤]《永平志》辨昌黎有二,而不知其有五,今序而列之,论古者可以无惑焉。

【注释】①严询：晋朝将领，历任安北将军、司隶校尉、雍州刺史。太康三年，在昌黎打败鲜卑慕容廆，杀伤数万人。②下流：河流的下游。③宇文归：一作宇文俟豆归、宇文逸豆归，十六国时期鲜卑宇文部末代首领，北周太祖宇文泰五世祖。④慕容盛：字道运，后燕惠愍帝慕容宝长子，五胡十六国时期后燕皇帝。⑤郭造卿：字建初，号海岳，福建福清县化南里（今属福清）人，郭遇卿之弟。

【译文】考查昌黎有五个。《汉书》记载："辽西郡的县城，第八个称为交黎，渝水首先从塞外接受水源，向南流入大海，东部都尉治理。"应劭说："是如今的昌黎。"《水经注》记载："白狼水，又往东北流过昌黎县老城的西面。《地理志》称为交黎。"《通鉴注》记载："昌黎，是汉代的交黎县，隶属辽西郡，东汉隶属辽东属国都尉。魏齐王曹芳正始五年，鲜卑族归附朝廷，重新设置辽东属国，设立昌黎县安置他们。后来设立昌黎郡。"《晋书·武帝纪》记载："太康二年，慕容廆进犯昌黎。二年，安北将军严询在昌黎打败慕容廆。""晋成帝咸康二年，慕容皝从昌黎东行踏冰前进，总共三百多里，到达历林口。"这是在渝水的下游，而面对海口，这是一个昌黎。《晋书·载记》记载："慕容皝迁徙昌黎郡。"又记载："打败宇文归的部众，迁徙他部下五万多人居住在昌黎。"到慕容盛时代，有昌黎尹张顺、刘忠。高云任命冯素弗为昌黎尹。冯跋时期，有昌黎尹孙伯仁。通过研究历史，应当距离龙城不远，这又是一个昌黎。魏合并柳城、昌黎、棘城为龙城，而设立昌黎郡。《志》记载：有尧祠、榆顿城、狼水。而列传例如韩麒麟、韩秀谷、浑孙绍这类人，都是昌黎人。就是前燕的旧都龙城，这又是一个昌黎。北齐以后昌黎的名称废除了。到唐太宗贞观三年，改崇州为北黎州，治所是营州东北方的废阳师镇。贞观八年，恢复为崇州，设置昌黎县，后被奚沦陷。《辽史》记载：建州永康县，是原来唐代的昌黎县地。这又是一个昌黎。辽太祖设置定州俘户作为营州邻海军，设立一个县，称为广宁县。金世宗大定二十九年，改为昌黎，递相沿袭到如今。在永平府城东南方七十里，这又是一个昌黎。郭造卿《永平志》认为有两个昌黎，而不知道昌黎有五个，现在依次论述，谈论过去的人可以没有疑惑了。

韩文公多自称昌黎。《唐书》载韩氏世系则云："汉弓高侯颓当[①]裔孙世居颍川，徙安定、武安、常山、九门，而生安定桓王茂。"为公之六世祖，与昌黎之韩，支派各别，故先儒以为公之自称，本其郡望[②]。宋元丰七年，封公为昌黎伯，亦是取其本望[③]。唐宋封爵，必取本望。元和中，朔方帅天水阎某者，封邑太原，乃自言非本郡。上谓宰相李吉甫曰："有司之误，不可再也，宜使儒生条其源系，考其郡望，子孙职任，并总辑之。每加爵邑，则令阅视。"乃命林宝撰次《元和姓纂》十一卷。明初亦如之。太平忠臣祠，追封花云东丘郡侯、许瑗高阳郡侯、王鼎太原郡侯，是也。如韩长鸾、韩建封昌黎王，韩择木封昌黎伯，韩偓封昌黎男之比。若昌黎之韩，最著于魏，如麒麟、显宗，史明言其为昌黎棘城人，又非今之昌黎也。然则文公之没，二百六十年而始封昌黎伯，又一百六年而始立今之昌黎县。以金之县而合宋之封，遂谓文公为此县之人，其亦未之考矣。

【注释】①颓当：即汉朝时期韩王信之子韩颓当。封爵弓高侯。②郡望：古称郡中为众人所仰望的贵显家族。③本望：世家望族的籍贯。

【译文】文公韩愈大多自称昌黎。《唐书》记载韩氏家族世代相传的系统："汉代弓高侯韩颓当后裔子孙世代居住在颍川，迁徙安定、武安、常山、九门，而生下安定桓王韩茂。"是韩文公的六世祖，与昌黎的韩姓，宗族的分支各有分别，所以先儒认为韩文公的自称，是本源他的郡望。宋神宗元丰七年，追封韩文公为昌黎伯，也是选取他的郡望。（唐宋两代封爵，必然取其本郡望。唐宪宗元和年间，朔方帅天水阎某，封邑太原，于是自称不是本郡郡。宪宗对宰相李吉甫说："相关部门的错误，不能再犯了，理应让儒生考查其源系，考其郡望，子孙职任，一并收集。每当加封爵邑，则让他们阅读审视。"于是命令林宝编纂《元和姓纂》十一卷。明朝初年也是按照这个方法。太平忠臣祠，追封花云东丘郡侯、许瑗高阳郡侯、王鼎太原郡侯，就是如此。）比如韩长鸾、韩建封为昌黎王，韩择木封为昌黎伯，韩偓封为昌黎男之类。像昌黎的韩姓，最显赫是在北魏时期，例如韩麒麟、韩显宗，史书明确说他是昌黎棘城人，又不是如今的昌黎。那么韩文公逝世后，经过二百六十年才开始追封为昌黎伯，又过了一百零六年才开始设立如今的昌黎县。用金代的县城来契合宋朝的追封，就说韩文公是这个县城的人，这也是没有进行考查了。

石城

汉右北平郡之县十六，其三曰石城。后汉无之，盖光武所并省也。至燕分置石城郡。考之《通鉴》及《晋·载记》，得二事："慕容宝宿广都黄榆谷，清河王会勒兵攻宝，宝帅轻骑驰二百里，晡时至龙城，会遣骑追至石城不及。"是广都去龙城二百里，而石城在其中间也。慕容熙畋于北原[1]，石城令高和与尚方兵于后作乱。注云："高和本为石城令，时以大丧[2]会于龙城。"是石城去龙城不远也。《魏书·地形志》，广兴下云："有鸡鸣山、石城、大柳城。"此即汉之石城矣。魏太平真君八年，置建德郡，治白狼城，领县三，其一曰石城，有白鹿山祠。其二曰广都。《水经注》："石城川水出西南石城山，东流，径石城县故城南，北屈径白鹿山西，即白狼山也，又东北入广成县东。"广成即广都城，燕之石城在广都之东北，而此在广都之西南，是魏之石城，非燕之石城矣。《隋书》始无石城，云北齐废之。而《唐书》平州石城下云："本临渝，武德七年省，贞观十五年复置，万岁通天二年更名。有临渝关，有大海，有碣石山。"是武后所更名之石城，又非魏之石城矣。《旧唐书·回纥传》："追蹑史朝义至平州石城县，枭其首。"《辽史》："滦州统县三，其三曰石城。"下云："唐贞观中，于此置临渝县。万岁通天元年，改石城县。在滦州南三十里。唐仪凤石刻在焉。今县又在其南五十里，辽置以就盐官。"是辽之石城，又非唐之石城矣。今之开平中屯卫，自永乐三年徙于石城废县，在滦州西九十里，乃辽之石城，而《一统志》以为汉旧县，何其谬与！

【注释】①慕容熙：字道文，小字长生，鲜卑族，成武帝慕容垂少子，惠愍帝慕容宝之弟，五胡十六国时期后燕国君主。畋（tián）：打猎。②大丧：帝王、皇后、世子的丧事。

【译文】汉代右北平郡治下的县城有十六个，第三座称为石城。东汉没有，大概是光武帝合并裁撤的。到后燕分别设置石城郡。考证《通鉴》以及《晋书·载记》，知道两件事："慕容宝在广都黄榆谷留宿，清河王慕容会指挥军队攻击慕容宝，慕容宝带着几百名骑兵跑了两百里，晡时到达龙城，慕容会派遣骑兵追到石城没赶上。"说明广都距离龙城二百里，而石城在它们中间。慕容熙在北郊原野打猎，石城令高和与尚方署的士兵在后方发动叛乱。注解："高和原本是石城令，当时因为大丧在龙城会合。"这说明石城距离龙城不远。《魏书·地形志》，广兴下记载："有鸡鸣山、石城、大柳城。"这就是汉代的石城了。北魏太武帝太平真君八年，设置建德郡，治所在白狼城，管辖三个县，其中一个称为石城，有白鹿山祠。其二称为广都。《水经注》记载："石城川水发源于西南方的石城山，向东流，经过石城县老城的南面，折向北方，流经白鹿山西面，就是白狼山，同时水又往东北流入广成县东面。"广成就是广都城，后燕的石城在广都城的东北方，而这在广都的西南方，是北魏的石城，不是后燕的石城。《隋书》记载里开始没有石城，说是北齐废除了。而《唐书》平州石城下记载："本临渝，武德七年省，贞观十五年恢复设置，万岁通天二年更改名称。有临渝关、大海、碣石山。"这是武则天改名的石城，又不是北魏石城了。(《旧唐书·回纥传》："追赶史朝义至平州石城县，砍下其头颅。")《辽史》记载："滦州统辖三个县，第三个称为石城。"下文记载："唐太宗贞观年间，在这里设置临渝县。万岁通天元年，改为石城县。在滦州南面三十里。唐朝仪凤石刻在这里。如今县城又在它南面五十里，辽代设置来成为盐官的驻地。"说明这是辽代石城，又不是唐朝的石城了。如今的开平中屯卫，从永乐三年迁徙到石城废县，在滦州西面九十里，这是辽代的石城，而《一统志》把它作为汉代的旧县，多么荒谬啊！

木刀沟

新乐县西南三十里，有水名木刀沟。《新唐书·地理志》新乐下云："东南二十里有木刀沟，有民木刀居沟旁，因名之。"予过新乐，林君华皖见示所修县志，以木刀为不典，改为木铎。因取笥中《唐志》示之，林君爽然自失。《宪宗纪》："元和五年四月丁亥，河东节度使范希朝[①]、义武军节度使张茂昭[②]，及王承宗[③]战于木刀沟，败之。"《范希朝传》同。《张茂昭传》："承宗以骑二万逾木刀沟，与王师薄战。茂昭躬擐甲[④]为前锋，令其子克让、从子克俭，与诸军分左右翼绕战，大破之。"《沙陀传》："王承宗众数万，伏木刀沟，与朱邪执宜[⑤]遇。飞矢雨集，执宜提军横贯贼阵鏖斗，李光颜[⑥]等乘之，斩首万级。"而《旧书·李光进传》："范希朝引师救易定，表光进为步都虞候，战于木刀沟有功。"此沟在镇定二节度之界，古为战地。

【注释】①范希朝：字致君，河中虞乡（今山西虞乡县）人。唐朝中期名将。范希朝生性廉洁，颇有惠政。在永贞革新时为王叔文所倚重。因他长期镇守边境，卫国安民，被时人比作西汉名将赵充国。②张茂昭：原名张升云，字丰明。奚族乙失活部人。唐朝中期将领、藩镇，义武节度使张孝忠之子。③王承宗：太鲁州（今属吉林）人，出身奚族度稽部。唐朝地方藩镇军阀，成德节度使王士真之子。④擐（huàn）甲：穿上甲胄，贯甲。⑤朱邪执宜：唐代山西代北沙陀人，朱邪尽忠之子、朱邪赤心之父，曾担任过阴山府都督。⑥李光颜：字光远。突厥阿跌族，河曲（今山西河曲）人，原名阿跌光颜，因功赐姓李。唐朝中期名将，鸡田州刺史阿跌良臣之子、尚书左仆射李光进之弟。李光颜出身将门，勇健善射，随兄在河东军任职。

【译文】新乐县西南方三十里，有河流名叫木刀沟。《新唐书·地理志》新乐下记载："东南方二十里有木刀沟，有民众木刀居住在沟旁，沿袭称呼它。"（我路过新乐，林华皖君将他所修县志那给我看，以木刀为不典雅，于是改为木铎。我于是拿出书箱中的《新唐书·地理志》指给他看，林君失意茫然，不知所从。）《宪宗纪》记载："元和五年四月十八日，河东节度使范希朝、义武军节度使张茂昭，以及王承宗在木刀沟作战，打败了王承宗。"（《范希朝传》记载相同。）《张茂昭传》记载："王承宗派遣两万骑兵越过木刀沟，与朝廷军队短兵相接作战。张茂昭亲自穿上甲胄作为前锋，命令儿子张克让、侄子张克俭，与诸军分左右羽翼包围作战，大败贼兵。"《沙陀传》记载："王承宗军队有几万人，埋伏在木刀沟，与朱邪执宜相遇。飞驰的箭像雨一样云集，朱邪执宜率领军队横冲贼阵激烈战斗，李光颜等乘胜追击，杀敌万人。"而《旧唐书·李光进传》记载：

“范希朝领兵援救易定，表奏李光进为步都虞候，在木刀沟作战有军功。”木刀沟在镇定二节度的边界，古时候是战场。

江乘

古时未有瓜洲。《蔡宽大诗话》：“润州大江，本与今扬子桥对岸，而瓜洲乃江中一洲耳。”今与扬子桥相连矣。以故自古南北之津，上则由采石，下则由江乘，而京口不当往来之道。《史记》：“秦始皇登会稽，还从江乘渡。”正义云：“江乘故县在今润州句容县北六十里。”吴徐盛[①]作疑城自石头至江乘。晋蔡谟[②]自土山至江乘，镇守八所，城垒凡十一处，皆以沿江为防守之要。今其地在上元县东北五十里。唐肃宗上元元年，李峘[③]辟北固为兵场，插木以塞江石。刘展[④]军于白沙，设疑兵于瓜洲，多张火鼓，若将趋北固者。如是累日，峘悉锐兵守京口以待之。展乃自上流济，袭下蜀。胡三省《通鉴注》云：“此自白沙济江也。升州东北九十里至句容县有下蜀戍，在句容县北，近江津。”今江乘去江几二十里以外，皆为洲渚，而渡口乃移于龙潭。又瓜洲既连扬子桥，江面益狭。而隋唐之代，复以丹阳郡移治丹徒，于是渡者舍江乘而趋京口。《旧唐书·张延赏传》：“边江之瓜洲，舟航凑会，而悬属江南。延赏奏请，以江为界，人甚便之。”宋乾道四年，筑瓜洲南北城，而京口之渡，至今因之。

【注释】①徐盛：字文向，琅邪莒县（今山东莒县）人，三国时吴国名将。②蔡谟（mó）：字道明。陈留郡考城县（今河南民权县）人。东晋时期重臣，曹魏尚书蔡睦曾孙、西晋乐平太守蔡德之孙。与诸葛恢、荀闿并称为“中兴三明”，又与郗鉴等八人并称为“兖州八伯”。③李峘（huán）：陇西成纪（今甘肃秦安县）人。唐朝宗室大臣，吴王李恪曾孙，吴王李琨孙，信安郡王李祎长子，贤相李岘的兄长。志向远大，品行端正。宋州刺史刘展谋反，以淮南节度使率军平叛，兵败寿春，贬为袁州司马。④刘展：宋州刺史、淮西节度副使。刚强自用，不为上司所容。招致妒忌陷害，刘展被逼造反。

【译文】古时候没有瓜洲。《蔡宽大诗话》记载：“润州大江，本来是与如今的扬子桥互相对着的，而瓜洲是江中的一块陆地。”现在与扬子桥相连了。因此自古南北的渡口，上游是从采石，下游是从江乘，而京口不处在往来的通道之中。《史记》记载：“秦始皇登上会稽山，返回时从江乘渡江。”正义说：“江乘故县在如今润州句容县的北面六十里。”东吴徐盛从石头城到江乘建造迷惑敌人的城堡。东晋蔡谟从士山到江乘，镇守八所，城垒总共十一处，都是把沿江地势作为防守的要塞。如今它的位置在上元县东北方五十里。唐肃宗上元元年，李峘开辟北固山作为战场，插木用来填满江石。刘展在白沙驻军，在瓜洲安排疑兵，多多点燃火炬、擂响战鼓，好像将要进攻北固山一样。像这样连续几日，李峘率领全部的精锐士兵守卫京口等待刘展的进攻。刘展却从上游渡过长江，袭击了下蜀。胡三省《通鉴注》记载：“这是从白沙渡过长江。升州东北方九十里到句容县有下蜀戍卫，在句容县北面，靠近长江渡口。”如今江乘记录长江将近二十里以外，全部是水中的小块陆地，于是渡口就移到龙潭。另外瓜洲已经接连扬子桥，江面更加狭隘。而隋唐时代，又把丹阳郡转移治所到丹徒，于是船夫放弃江乘而奔赴京口。(《旧唐书·张延赏传》："边江上的瓜洲，舟航辐辏，而归江南管辖。张延赏奏请，以江为界(划分属地)，百姓甚是以此为便。")宋孝宗乾道四年，筑建瓜洲南北城，而京口的渡口，至今沿用。

瓜洲得名，本以瓜步山之尾生此一洲故尔。《旧唐书·齐澣传》："润州北界隔江至瓜步尾，纡汇六十里，船绕瓜步，多为风涛漂损。澣乃移漕路于京口塘下，直渡江二十里，又开伊娄河，二十五里，即达扬子县。胡三省《通鉴注》："今之杨子桥，或是唐之杨子县治所，桥以此得名也。"自是免漂损之灾，岁减脚钱[①]数十万。又立伊娄埭，官收其课，迄今利济焉。"此京口漕路繇瓜洲之始。《玄宗纪》载此事，则谓之瓜洲浦。而《五行志》：开元十四年七月，润州大风，从东北海涛奔上，没瓜步洲，损居人。《永王璘传》：李承式使判官评事裴茂，以步卒三千拒于瓜步洲伊娄埭。则此洲本亦谓之瓜步洲也。

【注释】①脚钱：搬运费的旧称。

【译文】瓜洲名字的由来，原本是由于瓜步山末端有一块水中陆地的缘故。《旧唐书·齐澣传》记载："润州北界间隔扬子江到瓜步山末端，迂回曲折的地方有六十里，船只绕瓜步山，多被风涛损坏。齐澣于是将漕路改到京口塘下，直接渡江二十里，又开凿伊娄河，二十五里，直接到达扬子县。(胡三省《通鉴注》："如今的杨子桥，或许是唐代的杨子县治所，桥因此得名。")从此再没有翻船的灾祸，每年减少数十万的搬运费。又设立伊娄埭，官府征收赋税，至今有利于民。”这是京口漕路由瓜洲的开端。《玄宗纪》记载了这件事，就称为瓜洲浦。而《五行志》记载：开元十四年七月，润州出现大风，从东北方向海涛上涌，淹没瓜步洲，伤害当地居民。《永王璘传》记载：李承式派遣判官评事裴茂，率领三千步卒在瓜步洲伊娄埭拒敌。那么这块水上陆地原本也称为瓜步洲。

郭璞墓

《晋书·郭璞传》：“璞以母忧去职，卜葬地于暨阳，去水百步许。人以近水为言，璞曰：‘当即为陆矣。’其后沙涨，去墓数十里，皆为桑田。”王恽[①]集乃云：“金山西北大江中，乱石间有丛薄[②]，鸦鹊栖集，为郭璞墓。”按史文元谓去水百步许，不在大江之中，且当时即已沙涨为田，而暨阳在今江阴县界，不在京口。又所葬者璞之母，而非璞也。世之所传皆误。《世说》载璞诗曰：“北阜烈烈，巨海混混。垒垒三坟，惟母与昆。”则璞又有二兄同葬。

【注释】①王恽（yùn）：字仲谋，号秋涧，卫州路汲县（今河南卫辉）人。元朝著名学者、诗人兼政治家。

【译文】《晋书·郭璞传》记载：郭璞因为母亲的丧事离开职位，在暨阳占卜葬地，距离水只有一百步左右。人们都说不应该离水太近，郭璞说：‘按理不久就要变为陆地了。’后来淤沙堆积起来，距离墓地数十里，全部变为桑田了。”王恽集于是记载：“金山西北大江中，乱石之间有茂密的草丛，鸦鸟和喜鹊歇息在那里，是郭璞的墓地。”根据史文元说距离水大概一百步左右，不在大江中间，况且当时就已经淤沙堆积为田了，而暨阳在如今的江阴县界，不在京口。并且埋葬的是郭璞的母亲，不是郭璞。世上所传都是错误的。（《世说新语》记载郭璞诗说：“北阜烈烈，巨海混混。垒垒三坟，惟母与昆。”那么郭璞又有二兄同葬于此。）

蟂矶

芜湖县西南七里大江中蟂矶，相传昭烈孙夫人自沉于此，有庙在焉。按《水经注》：“武陵孱陵县故城，王莽更名孱陆也。刘备孙夫人，权妹也。又更修之。”则是随昭烈而至荆州矣。《蜀志》曰：“先主既定益州，而孙夫人还吴。”又裴松之注引《赵云列传》曰：“先主入益州，云领留营司马。时孙夫人以权妹骄豪，多将吴吏兵，纵横不法。先主以云严重，必能整齐，特任掌内事。权闻备西征，大遣舟船迎妹，而夫人欲将后主还吴。云与张飞勒兵截江，乃得后主还。”是孙夫人自荆州复归于权，而后不知所终，蟂矶之传殆妄。

【译文】芜湖县西南七里大江中有蟂矶山，相传昭烈皇帝的妻子孙夫人自沉在这里，有庙在那里。按照《水经注》记载：“武陵孱陵县老城，王莽更改县名孱陆。刘备的孙夫人，是孙权的妹妹。又改筑此城。”则是跟随昭烈皇帝而到荆州了。《蜀志》记载：“先主已经安定益州，而孙夫人回到东吴。”又有裴松之注疏引用《赵云列传》的记载：“先主入主益州，赵云接受留营司马的职务。当时孙夫人凭借是孙权的妹妹个性骄矜纵恣，多派遣手下东吴的官吏士兵，肆意横行违法的事。先主认为赵云严肃稳重，必定能够使他们有条理，特意任命赵云掌管宫内的事。孙权闻听刘备西征，多遣舟船迎接妹妹，而孙夫人也想带着后主刘禅回到东吴。赵云与张飞在江上部署兵力阻拦，才使得后主归来。”这说明孙夫人是从荆州再回到孙权那里的，而后不知道结局和下落，蟂矶的传说大概是虚妄的。

胥门

《史记》：吴王既杀子胥，吴人为立祠于江上，号曰胥山。《水经注》引虞氏曰：“松江北去吴国五十里，江侧有丞、胥二山，山各有庙。鲁哀公十三年，越使二大夫畴无余、讴阳等伐吴，吴人败之，获二大夫。大夫死，故立庙于山上，号曰丞、胥二王也。胥山上今有坛石，长老[①]云：胥神所治也。一以为子胥，一以为越大夫。今苏州城之西南门曰胥门。陆广微《吴地记》云：“本伍子胥宅，因名。”非也。赵枢生曰：“按《吴越春秋》，吴王夫差十三年，将与齐战，道出胥门，因过姑胥之台。则子胥未死，已名为胥门。”愚考《左传》哀公十一年，艾陵之战，胥门巢将上军。胥门氏，巢名。盖居此门而以为氏者，如东门遂、桐门右师之类。《周礼·大司马》：“帅以门名。”注：“古者军将盖为营治于国门，鲁有东门襄仲，宋有桐门右师，皆上卿为军将者也。”则是门之名，又必在夫差以前矣。《淮南子》：“句践甲卒[②]三千人，以擒夫差于姑胥。”《越绝书》：“吴王起姑胥之台，五年乃成。姑胥，山名也，不可知其所始，其字亦为姑苏。”《国语》：“吴王帅其贤良与其重禄[③]以上姑苏。”《史记》：“越伐吴，败之姑苏。”伍被对淮南王言，见麋鹿游姑苏之台。古“胥”“苏”二字多通用。《战国策》以“包胥”为“勃苏”。《诗》：“山有扶苏。”传曰：“扶苏，扶胥。”

【注释】①长老：老年人。②甲卒：披甲的士卒。泛指士兵。③重禄：古代借指重臣、大臣。

【译文】《史记》记载：吴王夫差已经错杀伍子胥，吴国人为伍子胥在江上建立祠庙，称为胥山。《水经注》引用虞氏的话：“松江北距离吴国五十里，江边有丞山、胥山两座，山上各有祠庙。鲁哀公十三年，越国派遣畴无余、讴阳两位大夫等讨伐吴国，吴国人打败他们，俘虏了两位大夫。两位大夫死后，人们在山上建立祠庙，尊为丞王、胥王。胥山上如今有坛石，老年人说：这是胥神所管辖的。一个以为是子胥，一个以为是越国大夫。如今苏州城的西南门称为胥门。陆广微《吴地记》记载：“原本是伍子胥的房子，因此命名。”不是的。赵枢生说：“根据《吴越春秋》记载，吴王夫差十三年，将要与齐国交战，从胥门出发，沿着路过姑胥台。说明伍子胥没有死，就已经叫胥门了。”我考订《左传》鲁哀公十一年，艾陵之战时，胥门巢率领上军。胥门是氏，巢是名。大概因为居住在此门而作为氏，比如东门遂、桐门右师之类。（《周礼·大司马》：“帅以门名。”注：“古代军队将领大概担任为国门建造管理，鲁国有东门襄仲，宋国有桐门右师，都是上卿担任军将的。”）就是门名，又必定在夫差以前了。《淮南子》记载：“句践率领士兵三千人，在姑苏山上擒获了夫差。”《越绝书》记载：“吴王建造姑胥台，五年才建成。姑胥，是山名，不知道是什么时候开始的，字也改为姑苏了。”《国语》记载：“吴王率领谋臣和与重臣以上官员逃到姑苏台上。”《史记》记载：“越国讨伐吴国，在姑苏大败吴国。”伍被对淮南王说，伍子胥曾经看见麋鹿在姑苏台上游荡。古时候“胥”“苏”这两个字可以彼此通用。（《战国策》把“包胥”写成“勃苏”。《诗》：“山有扶苏。”传说：“扶苏，扶胥。”）

潮信

白乐天诗：“早潮才落晚潮来，一月周流[①]六十回。”白是北人，未谙潮候[②]。今杭州之潮，每月朔日，以子午二时到，每日迟三刻有余，至望日，则子潮降而为午，午潮降而为夜子，以后半月复然。西兴江岸上有候潮碑。故大月[③]之潮，一月五十八回，小月[④]则五十六回，无六十回也。水、月皆阴之属，月之丽天，出东入西，大月二十九回，小月二十八回，亦无三十回也。所以然者，阳有余而阴不足，自然之理也。

【注释】①周流：周转，周遍流行。②潮候：定期而至的潮水的涨落。③大月：农历称三十天的月份。④小月：农历以月仅二十九日为小月。

【译文】白居易(字乐天)有诗记载:“早潮才落晚潮来,一月周流六十回。”白居易是北方人,不能熟悉潮水定期的涨落。现在杭州的潮水,每个月的初一,在子时、午时到来,每日迟三刻有余,到每月十五日,就子时的潮水降为午时,午时的潮水降为夜里子时,以后的半月又还原到以前。(西兴江岸上有候潮碑。)所以大月的潮水,一个月有五十八回,小月就是五十六回,没有六十回。水、月都是阴性属类,月附着在天上,出东入西,大月二十九回,小月二十八回,也没有三十回的。导致这样的原因,是因为阳有余而阴不足,这是人所共知的道理。

晋国

晋自武公灭翼,今翼城县。而王命曲沃伯以一军为晋侯,其时疆土未广,至献公始大。考之于传,灭杨、今洪洞县。灭霍、今霍州。灭耿、在今河津县。灭魏、在今蒲州。灭虞。在今平陆县。重耳居蒲,在今隰州。夷吾居屈,在今吉州。太子居曲沃,在今闻喜县。而公都绛,在今太平县。不过今平阳一府之境。《国语》:“宰孔谓晋侯景霍以为城,而汾河涑浍以为渊。”是也。而灭虢、在今陕州。灭焦,今陕州。则跨大河之南。《史记·晋世家》言:“献公时晋强,西有河西,与秦接境,北边翟,东至河内。”索隐曰:“河内,河曲也。”内,音汭,盖即今平陆、芮城之地。至惠公败韩之后,秦征河东,则内及解梁,在今临晋县。狄取狐厨、在今乡宁县。涉汾,而晋境稍蹙[①]。文公始启南阳,得今之怀庆。襄公败秦于殽,自此惠公赂秦之地复为晋有，而以河西为境。若霍太山以北，大部皆狄地，不属于晋。文公作三行[②]御狄，襄公败狄于箕，而狄患始稀。悼公用魏绛和戎之谋，以货易土。在文公后六十年。平公用荀、吴，败狄于太原。于是晋之北境，至于洞涡、洛阴之间，而邬、祁、并今祁县。平陵、梗阳、今清源县。涂水、在今榆次县。马首、盂今盂县。为祁氏之邑，晋阳今太原县。为赵氏之邑矣。若成公灭赤狄潞氏，而得今之潞安；顷公灭肥、灭鼓，而得今之真定；皆一一可考。吾于杜氏之解绵上箕而不能无疑，并唐叔之封晋阳，亦未敢以为然也。

【注释】①蹙：缩小，减削。②三行：春秋时用战车作战，晋国为抵御狄族，在上、中、下“三军”之外增设三支步兵，称“三行”，即中行、右行、左行。以配合原上、中、下的三军战车作战，两者合称六军。

【译文】晋国自从晋武公剿灭翼（今翼城县），而周天子以一军任命曲沃伯为晋侯，当时疆域领土没有扩张，到晋献公时才开始扩大。考证纪传，剿灭杨（今洪洞县）、霍（今霍州）、耿（在今河津县）、魏（在今蒲州）、虞（在今平陆县）。重耳居住蒲城（在今隰州），夷吾居住在屈地（在今吉州），太子申生居住在曲沃（在今闻喜县），而晋献公定都绛地（在今太平县），只不过是现在平阳一府的范围。（《国语》：“宰孔说晋侯晋国以景霍为城垣，以汾河、黄河、涑水和浍水为护城河。”就是。）而剿灭虢（在今陕州）、焦（今陕州），横跨到黄河的南面。（《史记·晋世家》说：“晋献公时晋国强大，西有河西，与秦国接壤，北边靠近翟，东到河内。”索隐说：“河内，就是河曲。”内，读汭音，大概是今平陆、芮城之地。）到晋惠公在韩战失利后，秦国征讨河东，得到黄河之内的解梁（在今临晋县），狄族索取狐厨（在今乡宁县）、涉汾，而晋国的疆界略微缩小。晋文公开始打开南阳，得到如今的怀庆。晋襄公在殽山打败秦国，从此晋惠公贿赂秦国的土地再次为晋国占有，而把河西作为疆界。像霍太山以北，大部分都是狄族范围，不属于晋国。晋文公建立三个步兵师来抵御狄族，晋襄公在箕地打败狄族，而狄族灾祸才开始减少。晋悼公用魏绛媾和修好的计谋，用贿赂交换土地。（在晋文公后六十年。）晋平公任用荀、吴，在太原打败狄族。于是晋国北边的疆界，到了洞涡、洛阴之间，而邬、祁（都是今祁县）、平陵、梗阳（今清源县）、涂水（在今榆次县）、马首、盂（今盂县）是祁氏的封地，晋阳（今太原县）是赵氏的封地。像晋成公剿灭赤狄潞氏，而得到如今的潞安；晋顷公剿灭肥、鼓，而得到如今的真定；都是一个一个可以考证的。我对于杜预解说绵上、箕不能没有疑惑，以及唐叔的封地在晋阳，也不敢认为是正确的。

绵 上

《左传》僖二十四年，晋侯赏从亡者，介子推不言禄，禄亦弗及，遂隐而死。晋侯求之不获，以绵上为之田。杜氏曰：“西河介休县南有地名绵上。”《水经注》：“石桐水即绵水，出介休县之绵山。北流，径石桐寺，西即介子推之祠也。袁崧[①]《郡国志》曰：‘介休县有介山，有绵上聚、子推庙。’”今其山南跨灵石，东跨沁源，世以为之推所隐。而汉魏以来，传有焚山之事，太原、上党、西河、雁门之民，至寒食不敢举火。石勒禁之，而雹起西河介山，大如鸡子，平地三尺。前史载之，无异辞也。然考之于传，襄公十三年，晋悼公搜于绵上以治兵，使士匄[②]将中军让于荀偃，此必在近国都之地。又定公六年，赵简子逆宋乐祁[③]，饮之酒于绵上，自宋如晋，其路岂出于西河介休乎？况文公之时，霍山以北，大抵皆狄地，与晋都远不相及。今翼城县西亦有绵山，俗谓之小绵山，近曲沃，当必是简子逆乐祁之地。襄公二十九年，“齐高竖致卢而出奔晋，晋人城绵，而寘旃”。绵或即绵山。今万泉县南二里有介山。《汉书·武帝纪》，诏曰：“朕用事介山，祭后土，皆有光应。”《地理志》：“汾阴介山在南。”今万泉古汾阴地。《扬雄传》：“其三月，将祭后土。上乃帅群臣，横大河，凑汾阴。既祭，行游介山，回安邑，顾龙门，览盐池，登历观，陟西岳，以望八荒。雄作《河东赋》曰：‘灵舆[④]安步，周流容与，以览于介山。嗟文公而愍推兮，勤大禹于龙门。’”《水经注》亦引此，谓晋《太康记》及《地道记》，与《永初记》，并言子推隐于是山，而辨之以为非。然可见汉时已有二说矣。

【注释】①袁崧：一作袁山松，字桥孙，陈郡阳夏（今河南太康县）人。东晋大臣，文学家。出身陈郡袁氏，少有才名，博学能文，善于音乐。曾改作旧歌《行路难》，酒酣高歌，听者无不下泪，时人号为一绝。②士匄（gài）：祁姓，士氏（按封地又为范氏），名匄（范匄），谥号宣。范文子士燮之子。又称范宣子。中国春秋时代晋国法家先驱，军事人物，政治人物。③乐祁：子姓，乐氏，名祁（一作祁犁），字子梁。春秋后期宋国卿大夫，侍奉宋元公、宋景公，担任司城，又称司城子梁。④灵舆：天子乘坐的革车。

【译文】《左传》鲁僖公二十四年记载："晋文公赏赐跟从他逃亡的人，介子推没有要求俸给，晋文公也没有赏赐他，于是他一直隐居到死。晋文公派人寻找介之推，但是没有找到，于是就把绵上的田地赏赐给他。"杜预说："西河介休县南面有地名叫绵上。"《水经注》记载："石桐水就是绵水，发源于介休县的绵山。向北流经石桐寺的西边，就是介子推的祠庙。"袁崧《郡国志》记载："介休县有介山，有绵上聚、介子推的祠庙。如今介山南跨越灵石，东跨越沁源，世人把这作为介子推所归隐的地方。而汉魏以来，流传有焚山的事，太原、上党、西河、雁门的百姓到了寒食节不敢生火做饭。石勒禁止人们这样做，而西河介山下起冰雹，有鸡蛋那么大，堆起地面三尺高。"前代史书记载了这件事，没有不一致。然而在《左传》考证，鲁襄公十三年记载：晋悼公在绵上打猎，并且训练军队，派遣士匄率领中军，推让给荀偃。这必定是在临近国都的地方。又有鲁定公八年记载："赵简子迎接宋国的乐祁，和他在绵上饮酒，"从宋国到晋国，路途难道是不经过西河介休县吗？况且晋文公时期，霍山以北大多都是狄地，与晋都相隔很远毫不相干。如今翼城县西公有绵山，大家通常认为是小绵山，临近曲沃，应当是赵简子迎接乐祁的地方。（鲁襄公二十九年，"齐国高竖归还卢地而逃亡到晋国，晋国在绵地筑城，把他安置在那里"。绵或许就是绵山。）如今万泉县南边二里有介山。《汉书·武帝纪》诏令："朕祭祀介山，祈福后土，都有灵光感应。"《地理志》：汾阴，介山在南面。"（今万泉古汾阴地。）《扬雄传》记载："这年三月，将要祭祀后土，皇上就率领群臣，横渡黄河，到达汾阴。祭祀结束，在路上游览介山，绕过安邑，游览龙门、盐池，登上历观，陟上西岳，眺望八荒。扬雄作《河东赋》：‘天子乘坐的车驾，缓慢前行，到处从容不迫地漫游，在介山游览。嗟叹晋文公而悲悯介子推，在龙门称颂大禹的功劳。’”《水经注》也引用这一段，说晋《太康记》《地道记》与《永初记》都记载介子推隐居在这座山，而认为不是这样，可见汉时已经有两种说法了。

箕

《左传》僖公三十三年，狄伐晋及箕，解曰：“太原阳邑县南，有箕城。”非也。阳邑在今之太谷县，襄公时未为晋有。传言“狄伐晋及箕”，犹之言齐伐我及清也，必其近国之地也。成公十三年，厉公使吕相绝秦曰：“入我河县，焚我箕郜。”无解。又必其边河之邑，秦、狄皆可以争。而文公八年，有箕郑父[①]；襄公二十一年，有箕遗。当亦以邑氏其人者矣。

【注释】①箕郑父：春秋时期晋国的上军将。

【译文】《左传》鲁僖公三十三年记载：狄国讨伐晋国，到了箕地。注解说：“太原阳邑县南面有箕城。”不是的，阳邑在如今的太谷县，鲁襄公时期没有被晋国占有。注解有“狄伐晋及箕”，就好像说“齐国讨伐我国，到了清地”，必定是到了临近国家的领地。鲁成公十三年记载，晋厉公派遣吕相去秦国断绝外交关系，说：“侵入我国河县，焚烧我国箕地、郜地。”（无解。）这又必定是边河的城邑，秦国、狄族都可以争夺。而鲁文公八年记载，有箕郑父；鲁襄公二十一年记载，有箕遗，应当也是以邑名作为氏。

唐

《左传》昭公元年："迁实沉于大夏。"定公四年：命以唐诰，而封于夏虚。服虔曰："大夏在汾、浍之间。"杜氏则以为太原晋阳县。按晋之始见《春秋》，其都在翼。《括地志》："故唐城在绛州翼城县西二十里，尧裔子所封，成王灭之，而封太叔也。"北距晋阳七百余里，即后世迁都，亦远不相及，《竹书纪年》："康王九年，唐迁于晋；宣王十六年，晋迁于绛。"况霍山以北，自悼公以后始开县邑，而前此不见于传。又《史记·晋世家》曰："成王封叔虞于唐。"唐在河汾之东方百里，翼城正在二水之东，而晋阳在汾水之西，又不相合。窃疑唐叔之封，以至侯缗[①]之灭，并在于翼。《史记》屡言禹凿龙门通大夏。《吕氏春秋》言：龙门未辟，吕梁未凿，河出孟门之上。则所谓大夏者，正今晋、绛、吉、隰之间。《书》所云"维彼陶唐，有此冀方"，而舜之命皋陶曰"蛮夷猾夏[②]"者也。当以服氏之说为信。又齐桓公伐晋之师，仅及高梁，在今临汾县。而《封禅书》述桓公之言，以为西伐大夏，大夏之在平阳明矣。《汉书·地理志》注：臣瓒曰："所谓唐，今河东永安是也。"师古以瓒说为是。按永安乃今之霍州，亦非也。

【注释】①侯缗：晋侯缗，姬缗，春秋时期诸侯国晋国的国君，晋鄂侯之子，晋哀侯之弟。②蛮夷猾夏：四方边远地区少数民族侵扰华夏中原地区。

【译文】《左传》鲁昭公元年记载："把实沈迁移到大夏。"鲁定公四年记载："用唐诰告诫他，而封在夏朝都城的遗址。"服虔说："大夏在汾、浍之间。"杜预则认为是太原的晋阳县。晋的记载出现在《春秋》，都城在翼。《括地志》记载："以前的唐城在绛州翼城县西面二十里。尧帝的后代子孙所受封，周成王消灭他们，而分封给太叔。"北面距离晋阳七百多里，即使后世迁都也是间隔遥远毫不相干；（《竹书纪年》："周康王九年，唐迁到晋；周宣王十六年，晋迁到绛。"）况且霍山以北，从晋悼公以后才开始开辟县邑，而以前不出现在纪传里。又有《史记·晋世家》记载："周成王分封叔虞在唐地。"唐地在黄河、汾河的东面，方圆有一百里。翼城正在二水的东面，而晋阳在汾水的西面，又不相合。我私下怀疑唐叔的分封以至于晋侯缗的灭国，都在翼城。《史记》多次记载"大禹开凿龙门，贯通大夏"。《吕氏春秋》记载"龙门没有开辟，吕梁没有开凿"。黄河发源在孟门之上，那么所谓的大夏，正是在如今的晋、绛、吉、隰之间，《尚书》所说的"只有那陶唐氏的尧帝，据有冀州这个地方"，而虞舜告诫皋陶说"少数民族侵犯华夏"，应当以服虔的说法为可靠。又有齐桓公讨伐晋国的军队，仅仅到达高梁（在今临汾县），而《封禅书》陈述齐桓公的话，认为是向西讨伐大夏，大夏在平阳很明确了。（《汉书·地理志》注：臣瓒说："所谓唐，今河东永安就是。"颜师古认为臣瓒的说法是正确的。按永安是如今的霍州，也是错的。）

晋都

春秋时，晋国本都翼，在今之翼城县。及昭侯[①]封文侯[②]之弟桓叔于曲沃，桓叔之孙武公灭翼，而代为晋侯，都曲沃，在今闻喜县。《汉志》："闻喜故曲沃。"其子献公城绛居之，在今太平县之南，绛州之北。今太平县南二十五里，城址尚存。历惠、怀、文、襄、灵、成六公，至景公迁于新田，在今曲沃县，杜氏曰："新田今平阳绛邑县是，后魏始名曲沃。"当汾、浍二水之间。于是命新田为绛，而以其故都之绛为故绛。此晋国前后四都之故迹也。

【译文】春秋时期，晋国本来的国都在翼城，在如今的翼城县。到晋昭侯分封晋文侯的弟弟曲沃桓叔在曲沃，桓叔的孙子晋武公灭掉翼城，替代成为晋侯，定都曲沃，在如今的闻喜县。(《汉志》："闻喜故曲沃。")晋武公的儿子晋献公居守在绛城，在如今太平县的南面，绛州的北面。(今太平县南二十五里，城址还存在。)历经晋国惠公、怀公、文公、襄公、灵公、成公六公，到晋景公迁都到新田，在如今的曲沃县，(杜氏说："新田今平阳绛邑县就是，北魏才改名曲沃。")汾水、浍水之间。于是命名新田为绛，而把以前的国都绛城称为故绛。这是晋国前后四个国都的陈迹。

晋自都绛之后，遂以曲沃为下国[①]，僖公十年，狐突适下国。然其宗庙在焉。考悼公之立，成公十八年。大夫逆于清原，杜氏曰：

"河东闻喜县北有清原。"是次郊外。庚午盟而入。辛巳朝于武宫，是入曲沃而朝于庙。二月乙酉朔，即位于朝，是至绛都。而平公之立，襄公十六年。亦云改服修官，烝[2]于曲沃。但不知其后何以遂为栾氏之邑。而栾盈之入绛，范宣子执魏献子之手，赂之以曲沃。襄公二十三年。夫以宗邑而与之其臣，听其所自为，端氏之封，屯留之徙，其所由来者渐矣。

【注释】①下国：陪都。晋武公并晋后迁都绛，而宗庙在曲沃，故仍以曲沃以陪都，故称下国。②烝：即指蒸祭，根据东周礼书记载，周天子、诸侯在一年中的四季都要举行宗庙祭祖仪式，即四时之祭。

【译文】晋国自从定都在绛后，于是就把曲沃作为陪都，（僖公十年，狐突到达下国。）宗庙在那里。考证晋悼公的册立，（成公十八年。）大夫在清原迎接，（杜氏说："河东闻喜县北有清原。"）停留在郊外。庚午日结盟以后才进入国都。辛巳日在武宫朝见，这是进入曲沃而在宗庙朝见。二月乙酉初一，在朝堂即位，是到了绛都。而晋平公的册立，（襄公十六年。）也记载更改服饰、选任贤能，在曲沃举行烝祭。但是不知道后来为什么变为栾氏的封邑了。而栾盈进入绛地，范宣子握着魏献子的手，用曲沃贿赂他。（襄公二十三年。）把宗庙所在的城邑分封给他的臣子，听任他自己做主，把端氏县封给晋君，晋静公徙处屯留，是逐渐衍变而来的。

瑕

晋有二瑕。其一《左传》成公六年，诸大夫皆曰："必居郇瑕氏之地。"杜氏曰："郇瑕古国名。"《水经注》："涑水又西南径瑕城。"京相璠[①]曰："今河东解县西南五里，有故瑕城。"是也。杜以郇瑕为一地，郦以为二地。在今之临晋县境。其一僖公三十年，烛之武[②]见秦伯曰："许君焦、瑕，朝济而夕设版[③]焉。"解："焦、瑕，晋河外五城之二邑。"文公十二年，"晋人、秦人战于河曲，秦师夜遁，复侵晋入瑕。"解以河曲为河东蒲坂县南，则瑕必在河外。十三年，晋侯使詹嘉[④]处瑕，以守桃林之塞。按《汉书·地理志》：湖故曰胡，武帝建元年更名湖。《水经》："河水又东径湖县故城北。"郦氏注云："《晋书·地道记》《太康记》，并言胡县。汉武帝改作湖，其北有林焉，名曰桃林。"古"瑕""胡"二字通用。《礼记》引《诗》："心乎爱矣，瑕不谓矣。"郑氏注云："瑕之言胡也。瑕、胡音同，故《记》用其字。"是"瑕"转为"胡"，又改为"湖"，而瑕邑即桃林之塞也。《书》："放牛于桃林之野。"注云："在华山东。"今为阌乡县治。而成公十三年，伐秦，成肃公[⑤]卒于瑕，亦此地也。道元以郇瑕之"瑕"，为詹嘉之邑，误矣。《左传》有三瑕，而郇瑕不与焉。桓公六年："军于瑕以待之。"注："瑕，随地。"成公十六年："楚师还及瑕。"注："瑕，楚地。"昭公二十四年："王子朝之师攻瑕及杏，皆溃。"注："瑕、杏，敬王邑。"

【注释】①京相璠：魏晋时人。曾助裴秀制《禹贡地域图》，详考古地名。②烛之武：烛地叫武的人，春秋时期郑国人。秦、晋合兵围郑，烛之武前往秦营之中，向秦穆公陈说利害，终于使得秦穆公放弃了攻打郑国的打算，并派兵保护郑国，拯救郑国于危难之中。③设版：建筑工事。版指版筑的土墙。泛指工事。④詹嘉：春秋时期晋国大夫。秦晋河曲之战后，晋派詹嘉率军住守桃林。⑤成肃公：春秋时期成国诸侯，伯爵。

【译文】晋国有两个瑕。一个是《左传》鲁成公六年记载，大夫们都说："一定要住在郇瑕氏的地方。"杜预说："郇瑕是古国名。"《水经注》记载："涑水又往西南流经瑕城。"京相璠说："如今河东解县西南方五里，有座旧瑕城。"是这样的。（杜预认为郇瑕是一个地方，郦道元则认为是两个地方。）在如今的临晋县境内。另外一个在鲁僖公三十年记载，烛之武拜见秦伯说："许诺送您焦城、瑕城，早上渡过黄河回国，然而晚上就修筑防御工事。"注解说："焦城、瑕城，是晋河外五城中的两个。"鲁文公十二年记载，"晋人、秦人在河曲交战，秦军夜里逃走，后来又入侵晋国，进入瑕地。"注解认为河曲在河东蒲坂县南面，那么瑕地必然在河外。鲁文公十三年记载，晋侯派遣詹嘉居守在瑕地，来防守桃林这个险要的地方。按照《汉书·地理志》记载：湖原来称胡，汉武帝建元年间更名为湖。《水经》记载："河水又往东流经湖县老城北边。"郦道元注解说："《晋书·地道记》《太康记》，都称作胡县。汉武帝把胡改为湖，北面有一片树林，名叫桃林。"古时候"瑕""胡"两个字通用。《礼记》引用《诗经》："心乎爱矣，瑕不谓矣。"郑玄注解说："瑕说的就是胡。瑕、胡读音相同，所以《礼记》用瑕字。"这是"瑕"转换为"胡"，又更改为"湖"，那么瑕邑就是桃林的关塞了。（《尚书》：

“放牛于桃林之野。”注解说：“在华山东。”）如今归阌乡县管理。而鲁成公十三年记载，讨伐秦国，成肃公死在瑕地，也是这个地方。郦道元认为郇瑕的“瑕地”，是詹嘉的城邑，是错误的。（《左传》有三瑕，而郇瑕不在其中。鲁桓公六年：“军于瑕以待之。”注解：“瑕，是随国土地。”鲁成公十六年：“楚师还及瑕。”注解：“瑕，是楚国土地。”鲁昭公二十四年：“王子朝之师攻瑕及杏，皆溃。”注解：“瑕、杏，周敬王的封邑。”）

僖公十五年，晋侯赂秦伯以河外列城五，东尽虢略，南及华山。正义曰：“自华山之东，尽虢之东界，其间有五城也。”传称焦、瑕，盖是其二。《水经注》：“陕县故焦国。”《竹书纪年》：“幽王七年，虢人灭焦。”

【译文】鲁僖公十五年记载，晋侯赠送给秦伯河外的五座城池，东边到虢略，南边到华山。正义说：“从华山往东，到虢略东面的界限，这中间有五座城池。”《左传》称焦城、瑕城，大概是其中的两个。（《水经注》：“陕县故焦国。”《竹书纪年》：“周幽王七年，虢人灭掉焦。”）

成公元年，晋侯使瑕嘉平戎于王。瑕嘉即詹嘉，以邑为氏。僖公十五年，瑕吕饴甥[①]，当亦同此。《竹书纪年》：“惠王十九年，晋献公灭虢，命瑕父吕甥邑于虢都。”传谓之阴饴甥者，阴亦虢地，或兼食之也。而解以瑕吕为姓，恐非。

【注释】①瑕吕饴甥：又作吕甥、吕饴甥、吕省、阴饴甥、瑕甥，字子金，中国春秋时期晋国大夫。与郤芮拥立晋惠公为君，重耳回国时又倒戈。后怕被晋文公重耳惩罚，又与郤芮密谋烧掉晋文公寝宫以谋杀晋文公。计划失败后，二人逃亡秦国，后被秦穆公诱杀。

【译文】鲁成公元年记载，晋侯派遣瑕嘉调解戎人和周天子的冲突。瑕嘉就是詹嘉，以城邑名作为氏。鲁僖公十五年记载，瑕吕饴甥，应当也跟这相同。（《竹书纪年》："周惠王十九年，晋献公灭掉虢，命令瑕父吕甥在虢国国都建城。"《左传》认为阴饴甥，阴也是虢地，或许兼为食邑。）而注解把瑕吕作为姓，恐怕不是这样的。

九 原

《礼记. 檀弓》："赵文子与叔誉观乎九原。"《水经注》以为在京陵县。《汉志》："太原郡京陵。"师古曰："即九京。"因记文或作"九京"，而傅会[1]之尔。文子曰："是全要领以从先大夫于九京也。"方氏曰："九京即九原"指其冢之高曰京，指其地之广曰原。"古者卿大夫之葬，必在国都之北，不得远涉数百里而葬于今之平遥也。《志》以为太平之西南二十五里，有九原山，近是[2]。

【注释】①傅会：同"附会"，把没有关系的事物说成有关系；把没有某种意义的事物说成有某种意义。②近是：对某种情况、某种事物作接近肯定的判断。

【译文】《礼记. 檀弓》记载："赵文子与叔誉在九原巡视。"《水经注》认为是在京陵县。《汉志》记载是："太原郡京陵县。"颜师古说："就是九京。"依据《礼记》的文字有的写作"九京"，而强加比附它。（文子说："这说明我可以免于刑戮而善终，能跟先人一起长眠在九京。"方氏说："九京即九原"是指其坟墓的高度为京，指其地的宽广为原。"）古时候卿大夫的墓葬，一定在国都的北边，不能够远涉几百里而埋葬在如今的平遥。《地理志》认为太平的西南方二十五里，有九原山，接近正确了。

昔阳

《左传》昭公十二年，晋荀吴伪会齐师者，假道于鲜虞[①]，遂入昔阳。秋八月壬午灭肥，以肥子绵皋[②]归。杜氏谓："鲜虞，白狄别种[③]，在中山新市县。"今新乐县。又谓："巨鹿下曲阳县西，有肥累城。"在今藁城县西南七十里。是也。其曰："昔阳，肥国都，乐平、沾县东有昔阳城。"则非也。疏载刘炫之言，以为"齐在晋东，伪会齐师，当自晋而东行也。假道鲜虞，遂入昔阳，则昔阳当在鲜虞之东也。今按乐平沾县，在中山新市西南五百余里，何当假道于东北之鲜虞，而反入西南之昔阳也？既入昔阳，而别言灭肥，则肥与昔阳不得为一，安得以昔阳为肥国之都也？昔阳既是肥都，何以复言巨鹿下曲阳有肥累之城？疑是肥名取于彼也。肥为小国，境必不远，岂肥名取巨鹿之城，建都于乐平之县也？十五年，荀吴伐鲜虞围鼓。杜云：鼓，白狄之别，巨鹿下曲阳县有鼓聚。炫谓肥、鼓，并在巨鹿，昔阳即是鼓都，在鲜虞以东南也。二十二年传曰：晋荀吴使师伪籴者负甲以息于昔阳之门外，遂袭鼓灭之。则昔阳之为鼓都，断可知矣”。杜解：“昔阳故肥子所都。”果尔，则其地已入晋，何用伪籴以息其门外乎？《汉书·地理志》：“巨鹿下曲阳。”应劭曰：“晋荀吴灭鼓，今鼓聚昔阳亭是也。”《水经注》：“泜水东径肥累县之故城南，又东径昔阳城南，本鼓聚。《十三州志》曰：今其城昔阳亭是矣。京相璠曰：“白狄之别也，下曲阳有鼓聚。”其说皆同。《水经注》一卷中昔阳城两见，一在下曲阳，一在沾县，亦郦氏之误也。《史记·赵世家》：“惠文王十六年，廉颇将，攻齐昔阳，取之。”夫昔阳在巨鹿，故属之齐，岂得越太行而有乐平乎？正义亦谬。

【注释】①鲜虞：古族名。春秋时白狄的一支，常受晋国的侵犯。分布在今河北境内，以正定为中心。春秋末年建立中山国。②肥子绵皋：春秋时白狄肥氏酋长。肥氏为春秋时的“子国”，故亦称“肥子”。③别种：同一种族的分支。

【译文】《左传》鲁昭公十二年记载，晋国的荀吴假装会合齐军的样子，向鲜虞借路，于是乘机进入昔阳。秋季八月壬午日，剿灭肥国，带着肥子的绵皋回国。杜预说：“鲜虞，是白狄的分支，在中山新市县（今新乐县）。”又说：“巨鹿下曲阳县的西面，有肥累城。”（在今藁城县西南七十里）就是。他说：“昔阳，是肥国的国都，乐平、沾县东面有昔阳城。”就不对了。注疏记载刘炫的话，认为“齐国在晋国的东面，假装会合齐军，应当从晋国而向东出发。向鲜虞借道，于是乘机进入昔阳，那么昔阳应当在鲜虞的东面。如今乐平沾县，在中山新市的西南边五百多里，怎么会向东北方的鲜虞借道，而反而进入西南方的昔阳呢？已经进入昔阳，然而另外又说灭亡肥国，那么肥国与昔阳就不是同一个地方，怎么能够把昔阳作为肥国的国都呢？如果昔阳已经是肥国国都，怎么会又说巨鹿下曲阳县有肥累城呢？怀疑是肥国的名字选取在那个地方了。肥国是小国，国土一定不辽阔，怎么会肥名选取巨鹿之城，建都在乐平的县城呢？鲁昭公十五年记载，荀吴讨伐鲜虞，包围鼓国。杜预说：鼓国，是白狄的分支，巨鹿下曲阳县有鼓聚。刘炫说肥国、鼓国，都在巨鹿，昔阳就是鼓国国都，在鲜虞以东的南边。鲁昭公二十二年注解说：晋国荀吴派遣军队假装买米的人背着铠甲在昔阳城门外休息，于是乘机偷袭鼓国，剿灭了它。那么昔阳是鼓国国都，断然可以知道了”。（杜预注解：“昔阳是肥子的都城。”果然如此，那么其地已并入晋国，何必用假装买米的人在昔阳城门外休息的方法呢？）《汉书·地理志》记载：“巨鹿下的曲阳县。”应劭说：“晋国的荀吴剿灭鼓国，就是如今的鼓聚昔阳亭。”《水经注》记载：“泜水往东流经肥累县的旧城南面，又往东流经昔阳城南面，这里本来是鼓聚。《十三州志》记载：鼓城就是如今的昔阳亭。京相璠说：“白狄的分支，下曲阳有鼓聚。”他们的说法都相同。（《水经注》一卷中昔阳城出现两次，一处在下曲阳，一处在沾县，也是郦道元的错误。）《史记·赵世家》记载：“赵惠文王十六年，廉颇担任大将，征讨齐国，夺取了昔阳。”昔阳在巨鹿，所以归属齐国，怎么会越过太行山而有乐平呢？（《史记正义》的记载也是错误的。)

晋之灭狄，其用兵有次第。宣公十五年，灭潞氏。十六年，灭甲氏及留吁。成公十一年，伐廧咎如[①]，而上党为晋有矣。昭公元年，败无终及群狄于大卤[②]，而太原为晋有矣。然后出师以临山东。昭公十二年，灭肥。二十二年，灭鼓。于是太行以南之地，谓之南阳；太行以东之地，谓之东阳。《水经注》引马季长曰："晋地自朝歌以北至中山为东阳，自朝歌以南至轵为南阳。"而晋境东接于齐，盖先后之勤，且八十年，而鲜虞犹不服焉。至魏文侯始克中山。平狄之难如此。

【注释】①廧咎如：春秋时赤狄部落名。隗姓。在今河南安阳市西南。②大卤：古地名。在今山西境内。

【译文】晋国剿灭狄族，调兵遣将有一定的顺序。鲁宣公十五年，灭亡潞国。十六年，灭亡甲氏以及留吁。鲁成公十一年，讨伐廧咎如部落，而上党被晋国占有。鲁昭公元年，在大卤打败无终国以及各部狄族，而太原被晋国占有。然后出兵挨着山东。鲁昭公十二年，灭亡肥国。鲁昭公二十二年，灭亡鼓国。于是太行山以南的地方，称为南阳；太行山以东的地方，称为东阳。(《水经注》引马季长说："晋地从朝歌以北到中山为东阳，从朝歌以南到轵为南阳。")而晋国国界东接壤齐国，先后的帮助，将近八十年，然而鲜虞仍然不顺服。(到魏文侯时才打败中山。)平定狄族这样难。

太原

太原府在唐为北都。《唐书·地理志》曰："晋阳宫在都之西北，宫城周二千五百二十步，崇四丈八尺。都城左汾右晋，潜丘在中。《尔雅》："晋有潜丘。"注："在太原晋阳县，今已不存。"《志》曰："相传宋修惠明寺浮屠，陶土为瓦用。"长四千三百二十一步，广三千一百二十二步，周万五千一百五十三步，其崇四丈。汾东曰东城，贞观十一年，长史李勣筑。两城之间有中城，武后时筑，以合东城。《宋史·太宗纪》谓之连城。宫南有大明城，故宫城也。宫城东有起义堂，仓城中有受瑞坛。"当日规模之闳壮[①]可见。自齐神武创建别都，与邺城东西并立。隋炀继修宫室。唐高祖因以克关中，有天下。则天以后，名为北都。五代李氏、石氏、刘氏三主，皆兴于此。及刘继元[②]之降，宋太宗以此地久为创霸之府；又宋主大火，有参、辰[③]不两盛之说，于是一举而焚之矣。《宋史·太宗纪》："太平兴国四年五月戊子，以榆次县为新并州。乙未，筑新城。丙申，幸城北，御沙河门楼，尽徙余民于新城，遣使督之。既出，即命纵火。丁酉，以行宫为平晋寺。"陆游《老学庵笔记》曰："大宋太平兴国四年，平太原，降为并州，废旧城，徙州于榆次。"今太原则又非榆次，乃三交城也。城在旧城东北三十里，亦形胜之地。本名故军，又尝为唐明镇，有晋文公庙甚盛。平太原后三年，帅潘美奏乞以为并州，从之。于是徙晋文公庙，以庙之故址为州治，又徙阳曲县于三交，而榆次复为县。然则今之太原府乃三交城，而太原县不过唐都城之一隅耳。其遗文旧绩，一切不可得而见矣。

【注释】①闳壮：宏伟壮丽。②刘继元：本姓何，五代时期北汉君主，被辽朝册封为英武帝，世祖刘旻外孙，睿宗刘钧外甥、养子。③参辰：即参星和辰星，分别在西方和东方，出没各不相见。辰星也叫商星。因用以比喻彼此隔绝。

【译文】太原府在唐朝是北都。《唐书·地理志》记载："晋阳宫在国都的西北边，宫城周长二千五百二十步，高四丈八尺。都城左边是汾水、右边是晋水，潜丘在中间。(《尔雅》："晋国有潜丘。"注解："在太原晋阳县，至今不复存在。"《志》说："相传宋代修建惠明寺浮屠，挖土作为砖瓦使用。")长四千三百二十一步，宽三千一百二十二步，周长一万五千一百五十三步，高四丈。汾水以东叫东城，贞观十一年，长史李勣筑造的。两城之间有中城，武后时期筑造的，来对合东城。(《宋史·太宗纪》称之为连城。)宫城南面有大明城，是以前的宫城。宫城东边有起义堂，仓城中有受瑞坛。"当时规模的宏伟壮丽可以知道了。从北齐神武皇帝创建陪都，与邺城东西同时存在。隋炀帝继续修缮宫室。唐高祖因此攻下关中，占有天下。武则天以后，称为北都。五代的李氏、石氏、刘氏三位君主，都在此处兴盛。到刘继元投降后，宋太宗认为这里长久是开创霸业的地方；而且宋主五德属大火，有参星和辰星不能两盛的说法，于是一次大火就焚毁了。《宋史·太宗纪》记载："太平兴国四年五月初十，把榆次县作为新并州。十七日，筑建新城。十八日，巡幸城北，亲临沙河门楼，全部迁徙剩下的百姓到新城，派遣使者督促他们。百姓撤离之后，就下命放火。十九日，把行宫作为平晋寺。”陆游《老学庵笔记》记载：“大宋太平兴国四年，平定太原，降为并州，废弃旧城，迁徙州府到榆次。”如今太原就又不是榆次，而是三交城了。三交城在旧城东北三十里，也是地理形势有利的地方。原本名叫故军，曾经又称为唐明镇，有晋文公的祠庙非常兴盛。平定太原后三年，统帅潘美奏表乞求作为并州，皇帝允许了。于是迁徙晋文公的祠庙，把祠庙的旧址作为州治，又迁徙阳曲县到三交称，而榆次再次设县。那么如今的太原府就是三交城，而太原县不过唐都城的一个角落罢了。它以前的法令条文、礼乐制度、劳绩功勋，全部不能见到了。

《旧唐书·崔神庆传》曰：“则天时，擢拜并州长史。先是并州有东西二城，隔汾水，唐张南史《送郑录事诗》：“六月胡天冷，双城汾水流。”神庆始筑城相接，每岁省防御兵数千人，边州[①]甚以为便。”此即《志》所云：两城之间有中城者也。僖宗乾符六年，河东军乱，焚掠三城。以朱玫为三城斩斫使。汾水湍悍[②]，古人何以架桥立城如此之易？如长安东、中、西三渭桥，昔为方轨[③]，而今则咸阳县，每至冬月，乃设一版，河阳驿杜预所立浮桥，其遗迹亦复泯然。《魏书·崔亮传》：“除安西将军、雍州刺史。城北渭水浅不通船，行人艰阻。亮谓寮佐曰：‘昔杜预乃造河梁，况此有异长河，且魏晋之日，亦自有桥，吾今决欲营之。’咸曰：‘水浅不可为浮桥。泛涨无恒，又不可施柱，恐难成立。’亮曰：‘昔秦居咸阳，横桥渡渭，以象阁道，此即以柱为桥。今惟虑长柱不可得耳。’会天大雨，山水暴至，浮出长木数百根，借此为用，桥遂成立，百姓利之。至今犹名崔公桥。”《北史·于栗磾传》：“为豫州刺史。明元帝南幸盟津，谓栗磾曰：‘河可桥乎？’栗磾曰：‘杜预造桥，遗事可想。’乃编大船构桥于野坂。六军既济。帝深叹美之。”蒲津铁牛，求一僧怀丙④其人不可得。《宋史·方技传》。国有六职，百工与居一焉。不但坐而论道者不如古人而已。

【注释】①边州：靠近边境的州邑。泛指边境地区。②湍悍：水势急猛。③方轨：平坦的大道。④怀丙：北宋出色的工程家，河北真定（今河北正定县）人。

【译文】《旧唐书·崔神庆传》记载：“武则天时期，崔神庆被提拔授予并州长史。在这以前并州有东西两座城，隔着汾水，（唐代张南史《送郑录事诗》：“六月胡天冷，双城汾水流。”）崔神庆开始筑建城池连接，每年节省防御的士兵几千人，边境地区觉得非常方便。”这就是《地理志》所记载：两座城池之间有中城。（唐僖宗乾符六年，河东军作乱，掠夺焚烧三城。任命朱玫为三城斩斫使。）汾水水势湍急，古人怎么这般容易架桥立城呢？比如长安东、中、西三渭桥，从前是平坦的大道，而今则是咸阳县了，每到冬月，就建设一面版筑的土墙，河阳驿杜预所建立的浮桥，遗迹也消失净尽了。（《魏书·崔亮传》：“崔亮任安西将军、雍州刺史。城北渭水浅难以通航，行人出行受阻。崔亮对同僚下属说：‘以前杜预建造黄河桥梁，何况这里和黄河不同，而且魏晋之时，也自然有桥，我今天决心想修造一座桥。’都说：‘水浅不可修造浮桥。河水涨溢没有固定，又不能建造桥柱，恐怕难以实现。'崔亮说：'以前秦国定都咸阳，修造横桥跨国渭水，像阁道一样，这就是以柱子为桥。如今只是担忧长柱不能完成。'恰巧天下大雨，山水暴涨，浮出来长木数百根，接这些长木作为桥柱，桥于是就完成了，百姓觉得很方便。至今依旧称为崔公桥。"《北史·于栗磾传》："于栗磾为豫州刺史。明元帝向南巡幸盟津，对于栗磾说：'黄河可以修桥吗？'于栗磾说：'杜预曾经造桥，前事可以想到。'于是在野坂编大船修造桥。六军由此渡过。明元帝十分赞叹并赞誉他。"）蒲津的铁牛，寻求僧人怀丙而不能够得到。（《宋史·方技传》。）国家有六类职业，百工只是其中之一。不只是安坐而谋虑治国之道不如古人。

代

春秋时，代尚未通中国。赵襄子乃言："从常山上临代，代可取也。"正义曰："《地道记》云：恒山在上曲阳县西北一百四十里，北行四百五十里得恒山岋，号飞狐口，北则代郡也。"《水经注》引梅福[①]上事曰："代谷者，恒山在其南，北塞在其北。谷中之地，上谷在东，代郡在西。"此则今之蔚州，乃古代国。项羽徙赵王歇为代王，歇更立陈余为代王，汉高帝立兄刘仲为代王，皆此地也。今蔚州东二十里，相传有代王城。十年，陈豨反。十一年，破豨，立子恒为代王，都晋阳。《高祖纪》。则今之太原县矣。《孝文纪》则云：都中都，《陈豨传》同。而文帝过太原，复晋阳中都。二岁如淳以为先都晋阳，后迁中都。又立子武为代王，都中都，则今之平遥县矣。正义引《括地志》:“中都故城,在汾州平遥县西南十二里。”又按卫绾②代大陵人,大陵今在文水县北而属代,代都中都故也。代凡三迁,而皆非今代州。今代州之名自隋始。

【注释】①梅福:字子真,九江郡寿春(今安徽寿县)人。少年求学长安,是《尚书》和《穀梁春秋》专家。西汉南昌县尉,后去官归寿春。经常上书言政。②卫绾(wǎn):代郡大陵(今山西文水县)人,西汉大臣,官至丞相。卒谥号哀侯。

【译文】春秋时期,代国还没有与中原地区往来交接。赵襄子说:“从常山上往下看代国,代国可以攻取了。”正义说:“《地道记》记载:恒山在上曲阳县西北方一百四十里,向北出发四百五十里到达恒山岘,称为飞狐口,北边就是代郡了。”《水经注》引用梅福在启奏皇帝议事时说:“代谷这个地方,恒山在它的南边,北方关塞在它的北边。谷中之地,上谷在东边,代郡在西边。”这就是如今的蔚州,就是古时候的代国。项羽迁徙赵王歇为代王,赵王歇改立陈余为代王,汉高祖刘邦册立兄长刘仲为代王,指的都是这个地方。(今蔚州东二十里,相传有代王城。)汉高祖十年,陈豨造反。汉高祖十一年,打败陈豨,册立儿子刘恒为代王,定都晋阳。(《高祖纪》。)就是如今的太原县了。《孝文纪》则记载:定都中都,(《陈豨传》记载相同。)而汉文帝路过太原,恢复晋阳、中都。二岁(如淳认为先定都晋阳,后迁往中都)又册立儿子刘武为代王,定都中都,就是如今的平遥县了。(正义引《括地志》:“中都故城,在汾州平遥县西南十二里。”)又按卫绾是代郡大陵人,大陵如今在文水县北面而隶属代郡，代都是中都的故址。代总共三次迁徙，而都不是如今的代州。如今代州的名称是从隋朝开始的。

阙 里

《水经注》："孔庙东南五百步，有双石阙。"故名阙里。按《春秋》，定公二年夏五月壬辰，雉门及两观①灾。冬十月，新作雉门及两观。注："雉门，公宫之南门，两观，阙也。"《礼记》："昔者仲尼与于蜡②宾，事毕出游于观之上。"《史记·鲁世家》："炀公③筑茅阙门。"盖阙门之下，其里即名阙里，而夫子之宅在焉。亦谓之阙党，《鲁论》有阙党童子，《荀子》"仲尼居于阙党"是也。后人有以居为氏者。《汉书·儒林传》，有邹人阙门庆忌，注云："姓阙门，名庆忌。"《后汉书·献帝纪》："下邳贼阙宣。"注："阙党童子之后。"谶文言代汉者"当涂高"，当涂而高者，阙也，故阙宣自称天子。

【注释】①雉门：古代诸侯之宫门名。一说天子之宫门名。两观：宫门前两边的望楼。②蜡（zhà）：古代年终的一种祭祀名。相传古人逢腊月就要围猎，以捕获的禽兽作牺牲祭祖宗，作为古代年终大祭。蜡祭是年终祭祀之名。③炀公：鲁炀公姬熙，又名姬怡，是鲁考公的弟弟。

【译文】《水经注》记载："孔庙东南面五百步，有一对石阙。"所以叫阙里。根据《春秋》记载，鲁定公二年夏季五月壬辰日，雉门以及两观发生火灾。冬季十月，重新建造雉门以及两观。注解："雉门，是公宫的南门，两观，是宫阙。”《礼记》记载：“从前孔子曾经作为来宾参与蜡祭，祭祀结束，出来在宫门前的望楼散步。”《史记·鲁世家》记载：“鲁炀公修筑茅阙门。”大概阙门的下面，阙门里街就称为阙里，而孔子的宅第在那里。也称为阙党，《鲁论》有阙党童子，《荀子》“孔子居住在阙党”是这样的。后人有把居住地作为氏的。《汉书·儒林传》记载，有邹人阙门庆忌，注解：“复姓阙门，名叫庆忌。”（《后汉书·献帝纪》：“下邳贼阙宣。”注：“阙党童子的后代。”谶文说取代汉的是“当涂高”，当涂而高者，就是阙的意思，所以阙宣自称天子。）

杏坛

今夫子庙庭中有坛，石刻曰“杏坛”。《阙里志》：“杏坛在殿前，夫子旧居。”非也。杏坛之名出自《庄子》。《庄子》曰：“孔子游乎缁帷[①]之林，休坐于杏坛之上。弟子读书，孔子弦歌鼓琴。奏曲未半，有渔父者下船而来，须眉交白，被发揄袂[②]，行原以上，距陆而止。左手据膝，右手持颐[③]，以听曲终。”又曰：“孔子乃下求之，至于泽畔。方将杖拏[④]而引其船，顾见孔子，还乡[⑤]而立，孔子反走[⑥]，再拜而进。”又曰：“客乃刺船而去，延缘苇间。颜渊还车，子路授绥[⑦]，孔子不顾。待水波定，不闻拏音，而后敢乘。”司马彪[⑧]云：“缁帷，黑林名也。杏坛，泽中高处也。”《庄子》书，凡述孔子，皆是寓言。渔父不必有其人，杏坛不必有其地，即有之，亦在水上苇间，依陂旁渚[⑨]之地，不在鲁国之中也，明矣。今之杏坛，乃宋乾兴间四十五代孙道辅[10]增修祖庙，移大殿于后，因以讲堂旧基甃石[11]为坛，环植以杏，取杏坛之名名之耳。

【注释】①缁帷：林木繁茂之处。②被（pī）发：发不束而披散。揄袂（yú mèi）：挥动衣袖。③颐：面颊，腮。④挐：古通“桡”，船桨。⑤乡（xiàng）：通“向”。面对着。⑥反走：小步迅速倒退。⑦绥：古代指登车时手挽的绳索。⑧司马彪：字绍统，河内温县（今河南温县）人，晋宣帝司马懿六弟中郎司马进之孙，高阳王司马睦长子，西晋宗室、史学家。著有《续汉书》。注释《庄子》，撰写《九州春秋》。⑨陂渚（bēi zhǔ）：陂：水边，水岸；渚：水中小块陆地。⑩道辅：孔道辅，字原鲁，初名延鲁，孔勖之子，孔子四十五代孙。⑪甃（zhòu）石：砌石，垒石为壁。

【译文】如今孔庙庭院中有坛，石上刻有“杏坛”。《阙里志》记载：“杏坛在殿前，是孔子的故居。”不是这样的。杏坛的名字出自《庄子》。《庄子》记载：“孔子游览到林木繁茂的树林，坐在长有杏树的土坛上休息。弟子们在读书，孔子在弹奏琴瑟伴奏歌唱。奏曲尚未弹完，有捕鱼的老人下船走了过来，胡须、眉毛都白了，披着头发扬起衣袖，沿着河岸而上，到一块高而平的地方就停下来。左手抱着膝盖，右手托着下巴，聆听到曲子终了。”又说：“孔子于是走下杏坛寻找捕鱼老人，到了湖泽岸边。老人正操起船桨撑船而去，回头看见孔子，转身面对着河岸，孔子小步迅速倒退，先后拜两次而走上前。”又说：“捕鱼老人于是撑船而去，在芦苇丛中缓慢移行。颜渊掉转车驾，子路递给孔子绥绳，孔子不理会。等待水波平静，不再听到船桨划水声，然后才敢乘车。”司马彪注解说：“缁帷，是黑林的名字。杏坛，是湖泽中的高处。”《庄子》的内容，凡是陈说孔子，都是寓言。捕鱼老人不一定有他这个人，杏坛人不一定有这个地方，即使有，也是在水上芦苇丛中，依傍水中小块陆地的地方，不在鲁国国内，很明确了。如今的杏坛，是宋朝乾兴年间孔子第四十五代孙孔道辅增修祖庙，将正殿后移，沿着讲堂原来的根脚砌石为坛，环绕石坛种植杏树，选取杏坛的名字来命名它的。

徐州

《史记·齐大公世家》："田常执简公于徐州。"《田敬仲完世家》："宣王九年，与魏襄王会徐州，诸侯相王也。十年，楚围我徐州。"《魏世家》："襄王元年与诸侯会徐州。"《楚世家》："威王七年，齐孟尝君父田婴欺楚，楚伐齐，败之于徐州。"《越世家》："句践已平吴，乃以兵北渡淮，与齐、晋诸侯会于徐州。"《鲁世家》："顷公十九年，楚伐我，取徐州。"索隐曰："徐音舒，徐州齐邑薛县是也。非九州之徐。"按《续汉书·志》："薛本国，六国时曰徐州。"在今滕县之南，薛河北有大城，田文所筑也，此与楚、魏二国为境。而威王曰：吾吏有黔夫者使守徐州。则燕人祭北门，赵人祭西门，徙而从者七千余家。盖与梁惠王言，不欲斥魏，更以燕、赵夸之耳。

【译文】《史记·齐太公世家》记载："田常在徐州逮捕齐简公。"《田敬仲完世家》记载："宣王九年，与魏襄王在徐州会盟，诸侯互相称王。宣王十年，楚国包围齐国的徐州。”《魏世家》记载：“魏襄王元年与诸侯在徐州会盟。”《楚世家》记载：“楚威王七年，齐国孟尝君的父亲田婴欺骗楚国，楚国讨伐齐国，在徐州打败齐国。”《越世家》记载：“句践已经平定了吴国，于是出兵向北渡过淮河，在徐州与齐、晋诸侯会盟。”《鲁世家》记载：“鲁顷公十九年，楚国讨伐鲁国，占取徐州。”（索隐说：“徐音舒，徐州齐邑薛县就是。不是九州中的徐州。”）按照《后汉书·志》记载：“薛本国，六国时称为徐州。”在如今滕县的南边，薛河北边有大城，田文修筑的，这里与楚、魏两国为界限。而齐威王说：我有个叫黔夫的官吏派他镇守徐州。那么燕国人就到北门祭祀，赵国人就到西门祭祀，迁徙跟随他的有七千多家。大概是与梁惠王谈话，不想斥责魏国，再用燕国、赵国夸耀自己。

索隐曰：“《说文》：郐[①]，邾之下邑[②]，在鲁东。又《竹书纪年》云：梁惠成王三十一年，邳迁于薛，改名曰徐州。”则“徐”与“郐”并音“舒”也，今读为《禹贡》徐州之“徐”者误。《齐世家》：田常执简公于徐州。《春秋》正作“舒州”。

【注释】①郐（tú）：在今山东泗水县南。②下邑：国都以外的城邑。下县。古代县分三等：粮十万石以下为上县，六万石以下为中县，三万石以下为下县。

【译文】索隐说：“《说文解字》记载：郐城，是邾国的下县，在鲁东。又《竹书纪年》记载：梁惠成王三十一年，邳国迁徙到薛国，改名叫徐州。”那么“徐”与“郐”都读作“舒”音，如今读为《禹贡》里徐州的“徐”是错误的。《齐世家》记载：田常在徐州捉拿齐简公。《春秋》恰好写作“舒州”。

向

《春秋》隐二年，“莒人入向。”杜氏解曰：“谯国龙亢县东南有向城。”桓十六年，“城向。”无解。宣四年，“公及齐侯平莒及郯，莒人不肯，公伐莒取向。”解曰：“向，莒邑，东海承县东南有向城。远，疑也。”襄二十年，“仲孙速[①]会莒人，盟于向。”解曰：“莒邑。”按《春秋》，向之名四见于经，而杜氏注为二地，然其实一向也。先为国，后并于莒，而或属莒，或属鲁，则以摄乎大国之间耳。承县今在峄，杜氏以其远而疑之。况龙亢在今凤阳之怀远乎？《水经注》于轵县向城下，引“向姜不安于莒而归”。尤误。《齐乘》以为今沂州之向城镇，州西南一百里。近之矣。

【注释】①仲孙速：即鲁国大夫孟庄子，以勇力闻于诸侯。鲁襄公时数从师伐齐。

【译文】《春秋》鲁隐公二年记载，“莒人进入向国。”杜预注解说：“谯国龙亢县的东南边有向城。”鲁桓公十六年记载，“在向地筑城。”没有注解。鲁宣公四年记载，“鲁宣公以及齐侯协调莒国和郯国讲和，莒人不同意，宣公讨伐莒国，占取向地。”注解说：“向地，是莒国的城邑，东海承县的东南边有向城。距离远，值得怀疑。”鲁襄公二十年记载，“仲孙速会见莒人，在向地结盟。”注解说：“莒国城邑。”按照《春秋》记载，向地名称在经书上四次出现，而杜预注解为两个地方，然而其实是同一个向。开始是国家，而后合并到莒国，有时隶属莒国，有时隶属鲁国，则以迫近在大国之间了。承县如今在峄，杜预认为距离远而怀疑他。何况龙亢在如今凤阳的怀远呢？（《水经注》在轵县向城下，引“向姜不安于莒而归”。尤其是错误的。）《齐乘》以为是在如今沂州的向城镇（州府西南一百里），算是接近了。

小谷

《春秋》庄三十二年，城小谷。《左氏传》曰：“为管仲也。”盖见昭公十一年申无宇[①]之言曰：“齐桓公城谷，而寘[②]管仲焉，至于今赖之。”而又见僖二年，经书城楚丘之出于诸侯，谓仲父得君之专，亦可勤诸侯以自封也。是不然，仲所居者谷也，此所城者小谷也。《春秋》有言谷不言小者。庄二十三年：“公及齐侯遇于谷。”僖二十六年：“公以楚师伐齐取谷。”文十七年：“公及齐侯盟于谷。”成三年：“叔孙侨如会晋荀首[③]于谷。”四书“谷”，而一书“小谷”，别于谷也。范宁曰：“小谷，鲁地。”然则城小谷者，内城也，故不系之齐，而与管仲无与也。汉高帝以鲁公礼葬项羽于谷城，即此鲁之小谷。而注引《皇览》以为东郡之谷城，与留侯所葆[④]之黄石同其地，其不然明矣。《春秋发微》曰：“曲阜西北有小谷城。”

【注释】①申无宇：又称芈尹无宇，春秋楚灵王时大夫。②寘（zhì）：同“置”。安置。③叔孙侨如：姬姓，叔孙氏，名侨如，谥宣，叔孙得臣长子，其名叔孙侨如，史称叔孙宣伯。三桓之一，叔孙氏宗主。荀首：春秋晋国次卿，荀息之孙、逝敖幼子，荀林父之弟，是晋国六卿之一智氏家族的奠基人。荀首食采于智邑，以邑为氏，别为智氏，智庄子后担任中军佐，谥号庄，史称智庄子。④葆：古同“宝”，珍贵。

【译文】《春秋》鲁庄公三十二年记载，在小谷筑城。《左传》说：“是为管仲而筑建的。”大概是看到鲁昭公十一年申无宇的话：“齐桓公在谷地筑城，而安置管仲，到如今还依赖它拒守。”而后又出现在鲁僖公二年，经文记载在楚丘筑城是出自诸侯，说仲父得到君上的专任，也可以帮助诸侯用来自己加封。这是不对的，管仲居守的是谷地，这里筑城的地方是小谷。《春秋》有记载谷不记载小谷的。鲁庄公二十三年记载：“鲁庄公以及齐侯在谷地相遇。”鲁僖公二十六年记载：“鲁僖公因为楚国军队讨伐齐国，攻取谷地。”鲁文公十七年记载：“鲁文公以及齐侯在谷地会盟。”鲁成公三年记载：“叔孙侨如在谷地会见晋国的荀首。”四次记载“谷地”，而一次记载“小谷”，是区别谷地。范宁说：“小谷，是鲁地。”那么在小谷筑城，是内城，所以不属于齐国，而且与管仲不相干。汉高祖用鲁公的礼仪把项王埋葬在谷城，就是这鲁国的小谷。而注解引用《皇览》认为是东郡的谷城，与留侯张良所珍爱的黄石是同一个地方，不是这样很明确了。《春秋发微》记载：“曲阜的西北边有小谷城。”

泰山立石

岳顶无字碑，世传为秦始皇立。按秦碑在玉女池上，李斯篆书，高不过五尺，而铭文[1]并二世诏书咸具，不当又立此大碑也。考之宋以前，亦无此说。因取《史记》反覆[2]读之，知为汉武帝所立也。《史记·秦始皇本纪》云："上泰山，立石，封祠祀。"其下云："刻所立石。"是秦石有文字之证，今李斯碑是也。《封禅书》云："东上泰山，泰山之草木叶未生，乃令人上石立之泰山巅。上遂东巡海上。""四月，还，至奉高。"上泰山封。而不言刻石，是汉石无文字之证，今碑是也。《续汉书·祭把志》亦云："上东上泰山，乃上石立之泰山巅。"然则此无字碑，明为汉武帝所立，而后之不读史者误以为秦耳。

【注释】①铭文：刻写在金石等物上的文辞。具有称颂、警戒等性质，多用韵语。②反覆：亦作"反复"。重复再三，翻来覆去。

【译文】泰山顶上的无字碑，世代相传是秦始皇建立的。秦碑在玉女池上，李斯书写篆字，高不超过五尺，而铭文和秦二世的诏书都具备，不应当又建立这块大碑。考证宋朝以前，也没有这种说法。因此取来《史记》反复研读，而知道是汉武帝所树立的。《史记·秦始皇本纪》记载："登上泰山，树立石碑，筑坛祭祀上天。"下文接着记载："刻辞在所立的石碑上。"这是秦朝石碑有文字的证明，如今李斯碑就是。《封禅书》记载："东行登上泰山，泰山上的草木还没有长出叶子，于是命人运上大石树立在泰山最高处。皇上随后向东巡游到海上。”“四月，从海上归来，到达奉高。”登上泰山祭天。而不提到刻石，这是汉代石碑没有文字的证明，如今石碑就是的。《后汉书·祭把志》也记载：“皇上东行登上泰山，于是运上大石树立在泰山最高处。”那么这无字的石碑，明显是汉武帝所树立的，然而后来不研读史书的人误以为是秦朝树立的。

始皇刻石之处凡六，《史记》书之甚明。于邹峄山①，则上云“立石”，下云“刻石颂秦德”。于泰山，则上云“立石”，下云“刻所立石”。于之罘②，则二十八年云“立石”，二十九年云“刻石”。于琅邪，则云“立石刻颂秦德”。于会稽，则云“立石刻颂秦德”。无不先言立，后言刻者。惟于碣石，则云“刻碣石门”，门自是石，不须立也。古人作史，文字之密如此。使秦皇别立此石，秦史焉得不纪？使汉武有文刻石，汉史又安敢不录乎？

【注释】①邹峄（yì）山：又名“峄山”“邹山”“东山”是我国古代的九大历史文化名山之一，有齐鲁名山归岱峄的美誉。②之罘（fú）：山名。也作芝罘。

【译文】秦始皇石刻的地方总共有六处，《史记》记载得很明确。在邹峄山，就是上记载“立石”，下记载“刻石颂秦德”。在泰山，就是上记载“立石”，下记载“刻所立石”。在之罘山，就是二十八年记载“立石”，二十九年记载“刻石”。在琅邪山，就记载“立石刻颂秦德”。在会稽山，就记载“立石刻颂秦德”。没有不是先记载树立，后记载石刻的。只有在碣石，就是记载“刻碣石门”，门自然是石，不须树立了。古人撰作史书，文字如此细密。假使秦始皇另外树立石碑，秦史怎么会不记载呢？假使汉武帝有文字石刻，汉史又怎么敢不记录呢？

泰山都尉

《后汉书·桓帝纪》："永兴二年，泰山琅邪贼公孙举等反，杀长史。""永寿元年七月，初置泰山琅邪都尉官。""延熹五年八月己卯，罢琅邪都尉官。""八年五月壬申，罢泰山都尉官。"《金石录》载汉《泰山都尉孔宙碑》云："宙以延熹四年卒。"盖卒后四年，官遂废矣。然泰山都尉，实不始于此，光武时曾置之。《文苑传》：夏恭，光武时拜郎中，再迁泰山都尉。又按《光武纪》，建武八年，初罢郡国都尉官。恭之迁，盖在此年前也。

【译文】《后汉书·桓帝纪》记载："永兴二年，泰山琅邪贼公孙举等造反，杀长史。""永寿元年七月，初次设置泰山、琅邪都尉官。""延熹五年八月己卯日，罢免琅邪都尉官。""延熹八年五月壬申日，罢免泰山都尉官。"《金石录》转载汉代《泰山都尉孔宙碑》说："孔宙在延熹四年去世。"大概是去世后四年，官职就废除了。然而泰山都尉，不是从这开始的，光武帝时期曾经就设置过了。《文苑传》记载：夏恭，光武帝时被授予郎中官职，再升迁泰山都尉。又根据《光武纪》记载，建武八年，初次罢免郡国都尉官。夏恭的升迁，大概是在此年之前。

泰山自公孙举、东郭窦、劳丙、叔孙无忌相继叛乱，以是置都尉之官。以后官虽不设，而郡兵[1]领于太守，其力素厚。故何进使府掾泰山王匡[2]，东发其郡强弩，而应劭、夏侯渊亦以之破黄巾，可见汉代不废郡兵之效。而建安中，曹公表曰："泰山郡界[3]旷远，旧多轻悍，权时之宜，可分五县为嬴郡。"则其时之习俗又可知矣。

【注释】①郡兵：地方武装力量。②王匡：字公节，中国东汉末年的地方军阀。与当时清流派名士蔡邕交情好。③郡界：亦作"郡堺"。指郡治范围之内。

【译文】泰山自从公孙举、东郭窦、劳丙、叔孙无忌相继叛乱，因此设置都尉官。以后官职虽然不设置，而地方武装力量归属太守管辖，权力向来厚重。所以何进派遣府掾泰山王匡，在东边调派郡县内能开硬弓的射手，而应劭、夏侯渊凭借他们打败黄巾，可见汉代不废除地方武装力量的功用。而建安年间，曹操上表说："泰山郡界辽阔，旧时多有轻捷勇悍的人，暂时适宜的措施，可划分五个县设置嬴郡。"那么当时的习俗又可以知道了。

社 首

《史记》："周成王封泰山，禅社首。"《唐书》："高宗乾封元年正月庚午，禅社首。""玄宗开元十三年十一月辛卯，禅社首。"《宋史》："真宗大中祥符元年十月壬子，禅社首。"今高里山之左有小山，其高可四五丈，《志》云，即社首山。在岳旁诸山中，最卑小，不知古人何取于此？意者，封于高欲其近天，禅于下欲其近地。且山卑而附岳址，便于将事，初陟高之后，不欲更劳民力邪？

【译文】《史记》记载："周成王在泰山祭天，在社首山祭地。"《唐书》记载："唐高宗乾封元年正月初三，在社首山祭地。""唐玄宗开元十三年十一月十一日，在社首山祭地。"《宋史》记载："宋真宗大中祥符元年十月二十五日，在社首山祭地。"如今高里山的左侧有小山，高大概四五丈，《封禅志》记载，就是社首山。在东岳泰山旁的众多山中，是最低小的，不知道古人为什么选择在这？大概是，祭天在高处想让它接近天，祭地在低处想让它接近地。而且社首山山势低又在泰山的附近，便于祭地，开始登高之后，不想再使人民劳苦吧？

济南都尉

汉济南郡太守治东平陵。而都尉治于陵者，以长白山也。今龙山驿东有东平陵城。《后汉书·侯霸传》注："于陵故城在今淄川长山县南。"《魏书·辛子馥传》："长白山连接三齐瑕丘数州之界，多有盗贼。子馥受使检覆，因辨山谷要害宜立镇戍之所。又诸州豪右在山鼓铸，奸党多依之，又得密造兵仗，亦请破罢诸冶。朝廷善而从之。"隋大业九年，齐人孟让、王薄[①]等众十余万，据长白山，攻剽诸郡，以张须陀[②]、王世充之力不能灭，讫于隋亡。观此二事，则知汉人立都尉治于陵之意矣。

【注释】①孟让：隋末农民起义军首领。齐郡（今山东济南）人。王薄：齐郡邹平（今山东邹平）人，隋末农民起义军领袖。王薄因兵役繁重，与同郡孟让以长白山为据点发动农民起义，自称“知世郎”，作《无向辽东浪死歌》，号召农民参加起义军。②张须陀：字果，弘农阌（wén）乡（今河南灵宝）人，祖籍南阳西鄂（今河南南召县）人。隋朝时期大将，北周南阳郡公张思之孙。

【译文】汉代济南郡太守管辖东平陵。而都尉治所在东平陵，是由于长白山。（今龙山驿东有东平陵城。《后汉书·侯霸传》注：“于陵故城在今淄川长山县南。”）《魏书·辛子馥传》记载：“长白山连接三齐、瑕丘数州的边境，多有盗贼。辛子馥接受派遣查核，依顺分辨山谷要害适宜设立驻防军营垒的地方。而且各州的富豪大户在山中铸造器械，坏人的同伙大多依附他们，又得以秘密铸造兵器，也奏请破毁取缔众多冶炼场所。朝廷赞许而听从了他。”隋炀帝大业九年，齐郡人孟让、王薄等率领众人十多万，占据长白山，侵扰劫夺许多郡县，凭借张须陀、王世充的力量不能剿灭他们，截止到隋亡。察看这两件事，就知道汉代人在东平陵设立都尉治所的深意了。

邹平台二县

《汉书》：济南郡之县十四，一曰东平陵，二曰邹平，三曰台，四曰梁邹。《功臣表》则有台定侯戴野，梁邹孝侯武虎，是二县并为侯国。《续汉志》，济南郡十城，其一曰东平陵，其四曰台，其七曰梁邹，其八曰邹平。而《安帝纪》云：延光三年二月戊子，济南上言：凤皇集台县丞霍收舍树上。章怀太子注云："台县属济南郡，故城在今齐州平陵县北。"《晏子春秋》："景公为晏子封邑，使田无宇[①]致台与无盐。"《水经注》亦云："济水又东北过台县北。"寻其上下文句，本自了然，后人读《汉书》，误从"邹"字绝句[②]，因以邹为一县，平台为一县，《齐乘》遂谓："汉济南郡有邹县，后汉改为邹平。"又以台、平台为二县。此不得其句读，而妄为之说也。

【注释】①田无宇：妫姓，田氏，名无宇，谥号桓，故称田桓子。田无宇是春秋时期齐国田氏家族首领之一，陈厉公妫跃之子陈完四世孙，承袭父亲田文子担任田氏家族首领。②绝句：犹断句。谓根据文意读断句逗。

【译文】《汉书》记载：济南郡管辖十四个县，一个叫东平陵，两个叫邹平，三个叫台，四个叫梁邹。《功臣表》则有台定侯戴野，梁邹孝侯武虎的记载，这说明两个县都是侯国。《后汉书·郡国志》记载，济南郡管辖十座城，第一个叫东平陵，第四个叫台，第七个叫梁邹，第八个叫邹平。而《安帝纪》记载：延光三年二月二十五日，济南进呈言辞说：凤凰聚集在台县丞霍收住舍树上。章怀太子注解说："台县隶属于济南郡，旧城在如今齐州平陵县北边。"《晏子春秋》记载："齐景公为晏子分封食邑，派遣田无宇到台与无盐。"《水经注》也记载："济水又往东北流经台县北边。"搜求上下的文句，原本是清楚的，后人读《汉书》，错误地从"邹"字断句，因此把邹作为一个县，平台作为一个县，《齐乘》于是记载："汉代济南郡有邹县，后汉改为邹平。”又把台、平台作为两个县。这是不能正确的断句，而进行胡乱地解说了。

汉以“邹”名县者五：鲁国有驺，亦作“邹”；胶东国有邹卢；千乘郡有东邹；与济南之邹平、梁邹，凡五。其单称邹者，今兖州府之邹县也。亦有平台，属常山郡。《外戚·恩泽侯表》：“平台康侯史玄。”《后汉书·邳彤传》：“尹绥封平台侯。”是也。有邹平，有台，而亦有邹，有平台，不可不辨也。

【译文】汉代用“邹”字命名县的有五处：鲁国有驺，也写作“邹”；胶东国有邹卢；千乘郡有东邹；与济南郡的邹平、梁邹，总共五处。单独称邹的，是如今兖州府的邹县。也有平台，隶属常山郡。《外戚·恩泽侯表》记载：“平台康侯史玄。”《后汉书·邳彤传》记载：“尹绥受封平台侯。”就是。有邹平，有台，而且也有邹，有平台，不可以不分辨了。

晋时县名，多沿汉旧。按史，《何曾传》：“曾孙机为邹平令。”是有邹平矣。《解系传》：“父修封梁邹侯。”《刘颂传》：“追封梁邹县侯。”是有梁邹矣。《宋书》言：“晋太康六年三月戊辰，乐安、梁邹等八县，陨[①]霜伤桑麦。”《文帝纪》：“元嘉二十八年五月乙酉，亡命司马顺则自号齐王，据梁邹城。八月癸亥，梁邹平，斩司马顺则。”是宋有梁邹矣。不知何故，《晋书·地理志》，于乐安国下单书一“邹”字，此史之阙文。而《齐乘》乃云：“晋省梁邹入邹县。”夫晋以前，此地本无邹县，而何从入之乎？盖不知而妄作者矣。

【注释】①陨（yǔn）：坠落。

【译文】晋朝时期的县名，大多沿袭汉代的旧名。根据史书，《何曾传》记载：“曾孙何机担任邹平令。”这说明是有邹平。《解系传》记载：“父亲解修受封梁邹侯。”《刘颂传》记载：“死后封爵梁邹县侯。”这说明有梁邹。《宋书》记载：“晋武帝太康六年三月初十，乐安、梁邹等八个县，降霜损伤桑麦。”《文帝纪》记载：“元嘉二十八年五月初二，流亡者司马顺则自称齐王，占据梁邹城。八月十一日，平定梁邹，斩杀司马顺则。”这说明南朝宋有梁邹。不知什么原因，《晋书·地理志》记载，在乐安国下单单记载一个“邹”字，这是史书脱漏的文字。然而《齐乘》却记载：“晋省梁邹并入邹县。”晋朝以前，这个地方本来没有邹县，又从哪里来并入的呢？大概是不知道而胡乱撰作吧。

夹谷

《春秋》定公十年，夏，公会齐侯于夹谷。传曰：“公会齐侯于祝其，实夹谷。”杜预解及服虔注《史记》，皆云在东海祝其县。刘昭《志》、杜佑《通典》因之，遂谓夹谷山在今赣榆县西五十里。按赣榆在春秋为莒地，与齐鲁之都相去各五六百里，何必若此之远？

当时景公之观，不过曰“遵海而南，放于琅邪”而已，未闻越他国之境。《金史》云：“淄川有夹谷山。”《一统志》云：“夹谷山，在淄川县西南三十里，旧名祝其山，其阳即齐鲁会盟之处，萌水发源于此。”《水经注》：“萌水出般阳县西南甲山。”是以甲山为夹谷也。而《莱芜县志》则又云：“夹谷在县南三十里，接新泰界。”未知其何所据。然齐鲁之境，正在莱芜。东至淄川，则已入齐地百余里。二说俱通。又按《水经注》，莱芜县曰：“城在莱芜谷，当路岨绝，两山间道，由南北门。旧说云：齐灵公灭莱，莱民播流此谷，邑落荒芜，故曰莱芜。《禹贡》所谓莱夷也。夹谷之会，齐侯使莱人以兵劫鲁侯，宣尼称夷不乱华是也。”是则会于此地，故得有莱人，非召之东莱千里之外也。莱人迁此已久，号其故国为东莱。不可泥祝其之名，而远求之海上矣。

【译文】《春秋》鲁定公十年记载，夏季，鲁定公在夹谷会见齐侯。注解说：“鲁定公在祝其会见齐侯，祝其实际上就是夹谷。”杜预解说以及服虔注解《史记》，都说是在东海祝其县。刘昭《志》、杜佑《通典》沿袭他们的错误，于是说夹谷山在如今赣榆县的西边五十里。赣榆县在春秋时期是莒地，与齐国、鲁国的国都相隔各有五六百里，怎么会像这么远呢？当时齐景公的观光游览，不过是说“沿着海岸向南行，一直到琅邪”罢了，没有听说越过他国的境地。《金史》记载：“淄川有夹谷山。”《一统志》记载：“夹谷山，在淄川县西南边三十里，以前叫祝其山，山的南面就是齐鲁会盟的地方，萌水从这里发源。”《水经注》记载：“萌水发源于般阳县西南边的甲山。”因此把甲山当作是夹谷。然而《莱芜县志》则又记载：“夹谷在县南边三十里，接壤新泰界。”不知道这有什么依据。然而齐国、鲁国的界限，正是在莱芜。东到淄川，那么已经进入齐国范围一百多里。两种说法都通。又按照《水经注》，莱芜县下记载：“县城坐落在莱芜谷，挡住过往大道，两山之间的小路，经由南北门出入。从前有说法记载：齐灵公灭掉了莱，莱的百姓流散到这个山谷，城镇村落都荒芜了，所以称为莱芜。就是《禹贡》所说的莱夷。夹谷之盟，齐侯派遣莱人以兵力威逼鲁侯，孔子说夷人是不能到中原地区来作乱的。”因此相会在这个地方，所以能够有莱人，不是召引东莱千里之外的地方。（莱人迁居这里很久了，称故国为东莱。）不可以拘泥祝其的名字，而远求海上的地方。

潍 水

潍水出琅邪郡箕屋山。今在莒州西北九十里。《书·禹贡》：“潍淄其道。”《左传》襄公十八年：“晋师东侵及潍。”是也。其字或省“水”作“维”，或省“系”作“淮”，又或从“心”作“惟”，总是一字。《汉书·地理志》，琅邪郡朱虚下、箕下作“维”，灵门下、横下、折泉下作“淮”。上文引《禹贡》“惟甾其道”又作“惟”。一卷之中，异文三见。马文炜曰：“《汉书·王子侯表》：城阳顷王子，东淮侯类，封北海。按北海郡别无淮水，盖亦‘潍’字之异文。”《通鉴·梁武帝纪》：“魏李叔仁击邢杲于惟水[①]。”胡三省注：“‘惟’当作‘潍’。”古人之文，或省或借，其旁并从鸟隹之“隹”则一尔。

后人误读为“淮沂其乂”之“淮”，而呼此水为槐河，失之矣。按“淮”字，当从佳人之“佳”，乃得声，今本《说文》亦误。

【注释】①李叔仁：字叔仁，陇西狄道（今甘肃临洮县）人。北魏大臣，凉武昭王李暠四世孙。曾平定齐州和邢杲之乱。邢杲（gǎo）：河间鄚（今河北任丘）人。北魏末年青州流民起义首领。

【译文】潍水发源于琅邪郡的箕屋山（今在莒州西北九十里）。《尚书·禹贡》记载：“潍水、淄水依循各自的河道。”《左传》鲁襄公十八年记载：“晋国军队向东进犯到达潍水。”是这样的。潍字有时候省略“水”写作“维”，有时候省略“系”写作“淮”，又有时候从“心”写作“惟”，总是同一个字。《汉书·地理志》记载，琅邪郡朱虚下、箕下写作“维”，灵门下、横下、折泉下写作“淮”。上文引用《禹贡》“惟甾其道”又写作“惟”。一卷文字中，不同的文字三次出现。（马文炜说：“《汉书·王子侯表》：城阳顷王子，东淮侯类，封在北海。按北海郡没有别的淮水，大概也是‘潍’字的不同文字。”）《通鉴·梁武帝纪》记载：“北魏李叔仁在惟水率军讨伐邢杲。”（胡三省注解：“‘惟’应当写成‘潍’。”）古人的文字，有时候省略、有时候通借，但是字旁都从鸟隹的“隹”字则是一样的。后人误读为“淮沂其乂”的“淮”字，而说这河流是槐河，是错误的。（按“淮”字，应当从佳人之“佳”，乃得声，现行版本《说文》也是错误的。）

又如《三国志·吴主传》：“作棠邑涂塘以淹北道。”《晋书·宣帝纪》：“王凌①诈言吴人塞涂水。”《武帝纪》：“琅邪王伷出涂中。”《海西公纪》：“桓温自山阳及会稽王昱会于涂中。”《孝武纪》：“遣征虏将军谢石[2]，帅舟师屯涂中。”《安帝纪》：“谯王尚之众溃，逃于涂中。”并是“滁”字，《南史·程文季传》：“秦郡前江浦通涂水。”是也。古“滁”省作“涂”，与“潍”省作“淮”，正同。韵书[3]并不收此二字。

【注释】①王凌：字彦云，太原祁（今山西祁县）人，三国时期曹魏将领，东汉司徒王允之侄。②谢石：字石奴，出身“陈郡谢氏”，陈郡阳夏（今河南太康县）人。东晋将领，太常谢裒第五子、太保谢安之弟。③韵书：分韵编排的字典。为写作诗、赋、词、曲者检索韵字之用。现存韵书，大都先分四声，再分韵部。凡同声调、同韵的字为一部，取其中一个字为标目，用反切注音。

【译文】又如《三国志·吴主传》有记载：“修筑棠邑县的涂塘坝用来淹没往北的道路。”《晋书·宣帝纪》记载：“王凌谎称吴国人堵塞了涂水。”《武帝纪》记载：“琅邪王司马伷出兵涂中。”《海西公纪》记载：“桓温从山阳到涂中和会稽王司马昱会面。”《孝武纪》记载：“派遣征虏将军谢石，率领水军驻扎在涂中。”《安帝纪》记载：“谯王司马尚之的部队溃散，奔逃到涂河水中。”指的都是“滁”字，《南史·程文季传》记载：“秦郡之前的江浦与涂水相通。”就是。古时候“滁”省写作“涂”，与“潍”省写作“淮”，正是一样。韵书并没有收录这两个字。

劳山

劳山之名,《齐乘》以为登之者劳,又云一作“牢”,丘长春[①]又改为“鳌”。皆鄙浅可笑。按《南史》:“明僧绍[②]隐于长广郡之崂山。”《本草》:“天麻生太山、崂山诸山。”则字本作“崂”。若《魏书·地形志》《唐书·姜抚传》《宋史·甄栖真传》并作“牢”,乃传写之误。《魏书·高祖纪》《释老志》并仍作“劳山”。

【注释】①丘长春:丘处机,字通密,道号长春子,登州栖霞(今属山东)人,道教全真道掌教、真人。②明僧绍:字承烈,平原郡鬲县(今山东德州)人。南朝隐士,著名经学家。

【译文】劳山的名字,《齐乘》认为攀登此山的人辛劳,又写作“牢”,丘长春又改为“鳌”。都是鄙陋浅薄可笑的。按《南史》记载:“明僧绍隐居在长广郡的崂山。”《本草》:“天麻生长在泰山、崂山众山。”那么这个字原本写作“崂”。像《魏书·地形志》《唐书·姜抚传》《宋史·甄栖真传》都写作“牢”,是传抄的错误。(《魏书·高祖纪》《释老志》都依旧写成“劳山”。)

《诗》:“山川悠远,维其劳[①]矣。”笺云:“劳劳,广阔。”则此山或取其广阔而名之。郑康成,齐人;劳劳,齐语也。

《山海经·西山经》亦有劳山,与此同名。

【注释】①劳:通“辽”,遥远。

【译文】《诗经》："山川悠远，维其劳矣。"笺注说："劳劳，是广阔的意思。"那么此山或许是选取山的广阔而命名的。郑玄（字康成），是齐地人；劳劳，是齐地的话。

《山海经·西山经》也有劳山，与此山同名。

《寰宇记》："秦始皇登劳盛山，望蓬莱。"后人因谓此山一名劳盛山，误也。劳、盛，二山名，劳即劳山，盛即成山。《史记·封禅书》：七曰日主，祠成山，成山斗①入海。《汉书》作盛山，古字通用。齐之东偏，环以大海，海岸之山，莫大于劳、成二山，故始皇登之。《史记·秦始皇纪》："令入海者赍捕巨鱼具，而自以连弩候大鱼至，射之。自琅邪北至荣成山，弗见。至之罘，见巨鱼，射杀一鱼。"正义曰："荣成山，即成山也。"按史书及前代地理书，并无荣成山，予向疑之，以为其文在琅邪之下，成山之上，必"劳"字之误。后见王充《论衡》引此，正作劳成山。乃知昔人传写之误，唐时诸君亦未之详考也，遂使劳山并"盛"之名，成山冒"荣"之号，今特著之，以正史书二千年之误。

【注释】①斗：通"陡"，陡峭。

【译文】《寰宇记》记载："秦始皇登上劳盛山，眺望蓬莱岛。"后人因此说此山也叫劳盛山，是不对的。劳、盛，是两座山的名字，劳就是劳山，盛就是成山。《史记·封禅书》记载：七是日主，祭祀成山。成山高耸入于海中。《汉书》写作盛山，古字彼此通用。齐地东边，环绕大海，海岸边的山，没有大过劳、成二山，所以秦始皇攀登二山。《史记·秦始皇纪》记载:“命令入海的人带着捕大鱼的渔具,而自己用连弩等候大鱼到来,射杀它。从琅邪往北到荣成山,都没有见到。到了之罘,看见大鱼,射杀了一条。”注疏说:“荣成山,就是成山。”根据史书以及前代的地理书,都没有荣成山的记载,我一向怀疑它,认为其文字记载在琅邪之下,成山之上,必定是“劳”字的误写。后来看到王充《论衡》引用此山,正是写作劳成山。才知道是古人传抄的失误,唐朝的各位人士也没有详加考证,于是使得劳山并“盛”的名字,成山冒“荣”的名号,现在特别写出来,用来更正史书二千年来的失误。

楚丘

《春秋》隐公七年:“戎伐凡伯于楚丘以归。”杜氏曰:“楚丘卫地,在济阴成武县西南。”夫济阴之成武,此曹地也,而言卫,非也。盖为僖公二年城楚丘,同名而误。按卫国之封,本在汲郡朝歌。隐公元年。解云:“卫国在汲郡朝歌县。”今卫辉府淇县。懿公为狄所灭,渡河而东,立戴公以庐于曹。杜氏曰:“曹,卫下邑。”《诗》所谓“思须与漕”。庐者,无城郭之称,而非曹国之曹也。僖公二年,城楚丘。杜氏曰:“楚丘,卫邑。”《诗》所谓“作于楚宫”。而非戎伐凡伯之楚丘也。但曰卫邑,而不详其地,然必在今滑县、开州之间。滑在河东,故唐人有魏、滑分河之录矣。《水经注》乃曰:“楚丘在成武西南,即卫文公所徙。”误矣。彼曹国之地,齐桓安得取之而封卫乎?以曹名同,楚丘之名又同,遂附为一地尔。

【译文】《春秋》鲁隐公七年记载："戎人在楚丘讨伐凡伯，俘虏他后回去。"杜预说："楚丘是卫地，在济阴郡成武县西南边。"济阴郡的成武县，这是曹地，却说是卫地，不是的。大概是鲁僖公二年在楚丘筑城，同名而误。按照卫国的封地，原本在汲郡朝歌。（鲁隐公元年。注解说："卫国在汲郡朝歌县。"今卫辉府淇县。）卫懿公被狄人所灭，渡河向东，拥立卫戴公在野外造草庵暂住曹地。杜预说："曹地，是卫国的下邑。"《诗经》所谓"思须与漕"。庐，是没有城郭的称呼，而不是曹国的曹。鲁僖公二年，在楚丘筑城。杜预说："楚丘，是卫国的城邑。"《诗经》所谓"作于楚宫"。而不是戎人讨伐凡伯的楚丘了。只说是卫国的城邑，而不详细说明具体的位置，然而必定在如今的滑县、开州之间。滑县在河东，所以唐代人有魏、滑分河的记录。《水经注》却记载："楚丘在成武县的西南边，就是卫文公所迁徙之地。"是错误的。那曹国的境地，齐桓公怎么能占取而分封给卫国呢？因为曹名字相同，楚丘的名字又相同，于是附会为一个地方了。

今曹县东南四十里有景山，疑即《商颂》所云："陟彼景山，松柏丸丸。"而《左传》昭公四年，椒举①言"商汤有景亳之命②"者也。《诗正义》引皇甫谧曰："蒙为北亳，即景亳，是汤所受命也。"《鄘诗》："望楚于堂，景山与京。"则不在此也。

【注释】①椒举：春秋楚大夫伍举，因封于椒，又称椒举。楚国大夫伍参之子，伍奢之父。②景亳之命：指的是商汤从旧都商丘北迁至景亳，又称北亳、蒙亳。商汤在此告命天下，征伐四方，最终灭夏。

【译文】如今曹县东南边四十里有景山，怀疑就是《商颂》所记载的："陟彼景山，松柏丸丸。"而《左传》鲁昭公四年记载，椒举说"商汤王有景亳告命天下的会盟"。(《诗正义》引皇甫谧说："蒙为北亳，就是景亳，是商汤所受命的地方。")《鄘诗》记载："望楚于堂，景山与京。"就不是指这里了。

东昏

汉陈留郡有东昬[①]。《续汉志》注云："《陈留志》曰：故户牖乡有陈平[②]祠。"而山阳郡有东缗。《续汉志》："春秋时曰缗。"注云："《左传》僖公二十三年，齐侯伐宋围缗。"《前书》师古曰："缗音旻。"《左传解》："缗，宋邑。"高平昌邑县东南有东缗城。《史记·绛侯周勃世家》："攻爰戚、东缗以往。"索隐曰："山阳有东缗县。"属陈留者音"昬"。属山阳者，音"旻"。《括地志》云："东缗故城在兖州金乡县界。"《水经注》引《王海碑辞》曰："使河隄谒者山阳东昬司马登。"是以"缗"为"昬"，误矣。《隶释·酸枣令刘熊碑》阴："故守东昬长苏胜。"则陈留之东昬也。《通鉴注》："李愬攻金乡，引东缗者，故阳武户牖乡。"亦误。

【注释】①昬（hūn）：古同"昏"。②陈平：阳武户牖乡（今河南原阳县）人，西汉王朝的开国功臣之一，《史记》称之为陈丞相。

【译文】汉代陈留郡有东昏。《后汉书·郡国志》注解："《陈留志》记载：从前户牖乡有陈平的祠庙。"而山阳郡有东缗。《后汉书·郡国志》记载："春秋时期称为缗。"注解："《左传》鲁僖公二十三年记载，齐侯讨伐宋国围困缗。"《汉书》颜师古说："缗读作旻音。"《左传解》记载："缗，是宋国的城邑。"高平昌邑县东南边有东缗城。《史记·绛侯周勃世家》记载："一直进攻到爰戚、东缗。"索隐说："山阳有东缗县。"隶属陈留郡的音读作"昏"。隶属山阳郡的，音读作"旻"。《括地志》记载："东缗旧城在兖州金乡县范围。"《水经注》引用《王海碑辞》说："使臣河隄谒者山阳东昏司马登。"这是把"缗"当为"昏"，是错误的。《隶释·酸枣令刘熊碑》背面记载："故守东昏长苏胜。"则是陈留郡的东昏了。（《通鉴注》："李愬攻打金乡，引东缗，是旧的阳武户牖乡。"也是错误的。）

长城

春秋之世，田有封洫[①]，故随地可以设关。而阡陌之间，一纵一横，亦非戎车之利也。观国佐[②]之对晋人则可知矣，至于战国，井田始废，而车变为骑，于是寇钞[③]易而防守难，不得已而有长城之筑。《史记·苏代传》："燕王曰齐有长城钜防[④]，足以为塞。"《竹书纪年》："梁惠成王二十年，齐闵王筑防，以为长城。"《续汉志》："济北国卢今长清县有长城至东海。"《泰山记》："泰山西有长城，缘河经泰山一千余里，至琅邪台入海。"此齐之长城也。《史记·秦本纪》："魏筑长城，自郑今华州滨洛以北有上郡。"《苏秦传》:“说魏襄王曰:西有长城之界。”《竹书纪年》:“惠成王十二年,龙贾[5]帅师筑长城于西边。”此魏之长城也。

【注释】①封洫(xù):区分田界的水沟。②国佐:一作国差。春秋时期齐国上卿,国归父之子。谥武,称国武子。亦称宾媚人。③寇钞:亦作“寇抄。劫掠。④钜防:即防门关。春秋战国齐长城重要关隘,位于山东省平阴县广里乡。⑤龙贾:战国时期魏国大将军。魏惠王时与公子昂领兵与秦国作战。

【译文】春秋时代,田地里有区分田界的水沟,因此就着地势可以设置关卡。而田陌之间,一纵一横,也不是便于兵车行走。观察国佐应对晋人就可以知道了,到了战国时期,井田开始废除,而兵车变为骑兵,于是劫掠容易而防守困难,不得已而有长城的建造。《史记·苏代传》记载:“燕王说齐国有长城钜防,足够作为屏障。”《竹书纪年》记载:“梁惠成王二十年,齐闵王修筑边防,建为长城。”《后汉书·郡国志》记载:“济北国的卢城(今长清县)有长城延伸到东海。”《泰山记》记载:“泰山的西面有长城,沿着黄河经过泰山有一千多里,到琅邪台止于大海。”这是齐国的长城。《史记·秦本纪》记载:“魏国修筑长城,从郑(今华州)靠近洛水岸边北上,占有上郡。”《苏秦传》记载:“苏秦游说魏襄王说:西面有长城的界限。”《竹书纪年》记载:“惠成王十二年,龙贾带领军队在西边修筑长城。”这是魏国的长城。

《续汉志》河南郡:“卷《绛侯世家》,正义引《括地志》云:

“故卷城在郑州原武县西北七里。”《释例·地名》云：“卷县所理垣，雍城也。有长城，经阳武到密。”此韩之长城也。《水经注》：盛弘之[①]云：“叶东界有故城，始犨县，东至瀙水，达沘阳，南北数百里，号为方城，一谓之长城。”《郡国志》曰：“叶县有长城曰方城。”又《越世家》，正义引《括地志》云：“故长城在邓州内乡县东七十五里，南入穰县，北连翼望山，无土之处，累石为固。楚襄王作霸南土，争强中国，多筑列城于北方，以通华夏，号为方城。”此楚之长城也。若《赵世家》：“成侯[②]六年，中山筑长城。”又言：“肃侯十七年，筑长城。”刘伯庄云：“从云中以北至代。”非也。武灵王时，始有云中。正义曰：“此长城疑在漳水之北，赵南界。”则赵与中山亦有长城矣。以此言之，中国多有长城，不但北边也。

【注释】①盛弘之：南朝宋文学家，史学家。与鲍照友善，曾撰《荆州记》三卷。②成侯：即赵成侯，嬴姓，赵氏，名种，赵敬侯之子，赵成侯在邢地高筑檀台，以朝诸侯。因在邢地建檀台，故名邢台。

【译文】《后汉书·郡国志志》河南郡下记载：“卷城(《绛侯世家》，正义引《括地志》说：“故卷城在郑州原武县西北七里。”《释例·地名》说：“卷县所理垣，就是雍城）有长城，经过阳武到密地。”这是韩国的长城。《水经注》记载：盛弘之说：“叶县东部边界有老城，起于犨县，东到瀙水，直达沘阳，南北绵延几百里，称作方城，也称为长城。”《郡国志》记载：“叶县有长城称为方城。”(又《越世家》，正义引《括地志》说：“故长城在邓州内乡县东七十五里，南入穰县，北连翼望山，没有土的地方，堆积石为牢固之处。楚襄王在南方称霸，与中原国家争强，在北方多筑列城，以通华夏，称为方城。”）这是楚国的长城。比如《赵世家》里记载：“赵成侯六年，中山国修筑长城。”又记载：“赵肃侯十七年，修筑长城。”（刘伯庄说：“从云中以北至代。”是错误的。赵武灵王时，才有云中。正义说：“此长城怀疑在漳水之北，赵国南部边疆。”）那么赵国与中山国也有长城了。由此观之，中国有很多长城，不只是北边有。

其在北边者，《史记·匈奴传》：“秦宣太后[1]起兵伐残义渠，于是秦有陇西北地上郡，筑长城以拒胡。”此秦之长城也。《魏世家》，惠王十九年“筑长城，塞固阳”。正义曰：《括地志》云：“椆阳县，汉旧县也，在银州银城县界。椆阳有连山，东至黄河，西南至夏、会等州。”此魏之长城也。《匈奴传》又言：“赵武灵王[2]北破林胡、楼烦，筑长城。正义曰：“《括地志》云：赵武灵王长城，在朔州善阳县北。按《水经》云：“百道长城北山上有长垣，若颓毁焉。沿溪亘岭，东西无极，盖赵武灵王所筑也。”自代并阴山，索隐曰：徐广云：“西安阳县北有阴山，阴山在河南阳山北也。”正义曰：《括地志》云：“阴山在朔州绝塞外突厥界。”下至高阙为塞，徐广曰：“在朔方。”正义曰：《地理志》云：“朔方临戎县北有连山，险于长城。其山中断，两峰俱峻，俗名为高阙也。”而置云中、雁门、代郡。”此赵之长城也。

【注释】①秦宣太后：芈（mǐ）姓，出生地楚国丹阳（今属湖北），又称芈八子、宣太后。战国时期秦国王太后，秦惠文王之妾，秦昭襄王之母。秦昭襄王即位之初，宣太后以太后之位主政，执政期间，攻灭义渠国，一举灭亡了秦国的西部大患。

【译文】有在北边的长城，《史记·匈奴传》记载："秦国宣太后发兵讨伐残暴的义渠，于是秦国占有了陇西、北地、上郡，修筑长城来抵御匈奴。"这是秦国的长城。《魏世家》记载，魏惠王十九年"修筑长城，屏障固阳"。（正义说：《括地志》说："椆阳县，是汉代旧县，在银州银城县界。椆阳有连山，东至黄河，西南至夏、会等州。"）这是魏国的长城。《匈奴传》又有记载："赵武灵王打败了北方的林胡、楼烦，修筑长城。（正义说："《括地志》说：赵武灵王长城，在朔州善阳县北面。按《水经》说："百道长城北山上有长垣，像是坍塌毁坏了。沿着河流横亘山丘，东西两面无边无际，大概为赵武灵王所修筑的。"）从代地沿着阴山，（索隐说：徐广说："西安阳县北有阴山，阴山在河南阳山北面。"正义说：《括地志》说："阴山在朔州极远的边塞地区外突厥边上。"）下到高阙建起关塞，（徐广说："在朔方。"正义说：《地理志》说："朔方临戎县北有连山，比长城险峻。其山中间断开，两峰都峻峭，俗名为高阙。"）设置云中郡、雁门、代郡。"这是赵国的长城。

"燕将秦开袭破[①]东胡，东胡却千余里，燕亦筑长城，自造阳，韦昭曰："地名，在上谷。"正义曰："按上谷郡，今妫州。"至襄平，索隐曰：韦昭云："今辽东所理也。"置上谷、渔阳、右北平、辽西、辽东郡，以拒胡。"此燕之长城也。秦灭六国，而始皇帝使蒙恬将十万之众，北击胡，悉收河南地，因河为塞，索隐曰：按《太康地记》，秦塞自五原北九里，谓之造阳，东行终利贲山南、汉阳西是也。筑四十四县城临河，徙适戍②以充之，而通直道。索隐曰：苏林云："去长安千里，正南北相直道也。"自九原至云阳，索隐曰：韦昭云："九原县属五原。"正义曰：《括地志》云："胜州连谷县，本秦九原郡，汉武帝名五原。云阳雍县，秦之林光宫，即汉之甘泉宫在焉。"又云："秦故道在庆州华池县西四十五里，子午山上，自九原至云阳，千八百里。"因边山险，堑溪谷，可缮者治之，起临洮，至辽东万余里。索隐曰：韦昭曰："临洮陇西县。"正义曰：《括地志》云："秦陇西郡临洮县，即今岷州城，本秦长城。首起岷州西十二里，延袤万余里，东入辽水。"又度河，据阳山北假中。北假，北方田官，主以田假与贫人，故云北假。索隐曰：应劭云："北假在北地阳山北。"韦昭云："北假，地名。"正义曰：《括地志》云："汉五原郡河目县，故城在北假中。北假在河北，今属胜州银成县。"《汉书·王莽传》云："五原北假，膏壤殖谷。"此秦并天下之后所筑之长城也。

【注释】①秦开：出身鲁国秦氏，战国时期燕国将领。早年在东胡做人质，很受东胡的信任，通晓民情风俗。修筑燕长城。袭破：用突袭手段击败敌方。②适戍：因罪处罚戍守边疆的人。

【译文】"燕将秦开突袭打败了东胡，东胡退却了一千多里，燕国也修筑长城，从造阳开始，（韦昭说："地名，在上谷。"正义说："按上谷郡，今妫州。"）到襄平，（索隐说：韦昭说："今辽东所理。"）

设置上谷、渔阳、右北平、辽西、辽东郡，用了抵御匈奴。”这是燕国的长城。秦国扫灭六国，而秦始皇派遣蒙恬率领十万士兵，在北边击败匈奴，全部收复黄河以南的土地，凭借黄河作为屏障，（索隐说：按《太康地记》，秦塞从五原北九里，称为造阳，东到终利贲山南、汉阳西就是。）修筑四十四作县城靠近黄河，流放因罪被罚戍边的人居住，又修通直道。（索隐说：苏林说：“距离长安一千里，是正南北向直道。”）从九原到云阳，（索隐说：韦昭说：“九原县属五原。”正义说：《括地志》说：“胜州连谷县，本来是秦代九原郡，汉武帝名为五原。云阳雍县，秦代的林光宫，就是汉代甘泉宫所在之地。”又说：“秦故道在庆州华池县西四十五里，子午山上，从九原到云阳，共一千八百里。”）沿着山险，挖掘溪谷，可以修缮的地方就修缮，从临洮开始，到辽东一万多里。（索隐说：韦昭说：“临洮陇西县。”正义说：《括地志》说：“秦代陇西郡临洮县，就是今岷州城，本来是秦长城。首起岷州西十二里，绵延一万余里，向东流入辽水。”）又渡过黄河，占据阳山北假地区。（北假，北方田官，掌管以田借给贫穷之人，所以叫北假。索隐说：应劭说：“北假在北地阳山北。”韦昭说：“北假，是地名。”正义说：《括地志》说：“汉代五原郡河目县，故城在北假中。北假在河北，今属胜州银成县。”《汉书·王莽传》说：“五原北假，膏壤殖谷。”）这是秦国吞并天下之后所修筑的长城。

自此以往，则汉武帝元朔二年，遣将军卫青等击匈奴，取河南地，筑朔方，复缮故秦时蒙恬所为塞，因河为固。魏明元帝泰常八年二月戊辰，筑长城于长川之南，起自赤城，西至五原，延袤[1]二千余里。太武帝太平真君七年五月丙戌，发司、幽、定、冀四州十万人筑城，《北史》作“畿”。上塞围，起上谷，西至河，广袤皆千里。北齐文宣帝天保三年十月乙未，起长城，自黄栌岭北至社平戍，四百余里，立三十六戍[2]。《通鉴注》：“此长城盖起于唐石州，北抵武州之境。”六年，发民一百八十万筑长城，自幽州北夏口，至恒州九百余里。《通鉴注》：“幽州夏口，即居庸下口也。幽州军都县西北有居庸关。”

【注释】①延袤（mào）：绵亘，绵延伸展。②戍：边防驻军的城堡、营垒。

【译文】自此以后，汉武帝元朔二年，派遣将军卫青等人击败匈奴，收取黄河以南的地方，修筑朔方城，又修缮以前秦朝时蒙恬所建的关塞，凭借黄河为固防。北魏明元帝泰常八年二月初一，在长川的南面修筑长城，起自赤城，西到五原，绵延二千多里。北魏太武帝太平真君七年五月丙戌日，征发司、幽、定、冀四州十万人修城（《北史》写作“畿”），在平城京畿范围内，起自上谷，西到黄河，东西南北都有千里。北齐文宣皇帝天保三年十月初一，起长城，从黄栌岭北到社平戍，有四百多里，设立三十六座城堡。（《通鉴注》：“这长城大概起于唐石州，北到武州境内。”）天保六年，征发百姓一百八十万修筑长城，从幽州北夏口，到恒州九百多里。（《通鉴注》：“幽州夏口，就是居庸下口。幽州军都县西北有居庸关。”）

先是自西河总秦戍，筑长城，东至于海，前后所筑，东西凡三千余里，率十里一戍，其要害置州镇，凡二十五所。八年，于长城内筑重城，自库洛拔而东，至于坞纥戍，凡四百余里。而《斛律羡传》云："羡以北卤①屡犯边，须备不虞。自库堆戍东距于海，随山屈曲二千余里，其间二百里中，凡有险要，或斩山筑城，或断谷起障，并置立戍逻五十余所。"周宣帝大象元年六月，发山东诸州民修长城，立亭障②，西自雁门，东至碣石。隋文帝开皇元年四月，发稽胡③修筑长城。五年，使司农少卿崔仲方④发丁三万，于朔方灵武筑长城，东距黄河，西至绥州，南至勃出岭，绵历⑤七百里。六年二月丁亥，复令崔仲方发丁十五万，于朔方以东，缘边险要，筑数十城。七年，发丁男⑥十万余人修长城。大业三年七月，发丁男百余万筑长城，西逾榆林，东至紫河。四年七月辛巳，发丁男二十余万筑长城，自榆林谷而东。此又后史所载继筑长城之事也。

【注释】①北卤：古代对北方匈奴等少数民族的蔑称。②亭障：亦作"亭鄣"。古代边塞要地设置的堡垒。③稽胡：又称山胡、步落稽，源于南匈奴。是"匈奴"的别种。④崔仲方：字不齐，博陵安平（今河北安平县）人。北周隋朝时期大臣。少好读书，有文武才干。⑤绵历：亦作"緜历"。犹如绵延。⑥丁男：已到服役年龄的成年男子。

【译文】在这之前，从西河总秦戍，修筑长城，东到大海，前后所修筑，东西长度共有三千多里，大致上十里设置一座城堡，在关键地方设置州镇，总共二十五处。天保八年，在长城内又修筑一道城墙，从库洛拔向东，到了坞纥戍，总共四百多里。而《斛律羡传》记载："斛律羡因为北卤多次侵犯边地，必须防备不测。就从库堆戍东直到大海，依着曲折的山势布防二千多里，其中二百里中，凡是有险要地段，或斩山筑城，或断谷修造屏障，并且设置城堡五十多处。"周宣帝大象元年六月，征发山东许多州的百姓修筑长城，设立堡垒，西从雁门，东到碣石。隋文帝开皇元年四月，征发稽胡修筑长城。开皇五年，派遣司农少卿崔仲方征发三万壮丁，在朔方城灵武修筑长城，东到黄河，西到绥州，南到勃出岭，延续不断七百里。开皇六年二月初六，又命令崔仲方征发十五万壮丁，在朔方城以东，沿边险要，修筑几十座城池。开皇七年，征发十万多成年男子修筑长城。大业三年七月，征发一百多万成年男子修筑长城，西越过榆林，东到达紫河。大业四年七月初十，征发二十多万成年男子筑长城，从榆林谷往东。这又是后代史书所记载的继续修筑长城的事情了。

卷三十二

而

《孟子》：“望道而未之见。”集注：“而读为如，古字通用。”朱子答门人，引《诗》“垂带而厉”，《春秋》“星陨如雨”为证。《诗》：“垂带而厉。”笺云：“而亦如也。”《春秋》庄七年：“夜中星陨如雨。”注：“如，而也。”今考之，又得二十余事。《易》：“君子以莅众，用晦而明。”虞翻解：“而，如也。”《书·顾命》：“其能而乱四方。”传释为“如”。《孟子》：“九一而助。”赵岐解：“而，如也。”夫然后之中国践天子位焉，而居尧之宫，逼尧之子，是篡也。刘炳曰：“而当读作如。”今按：“而主痈疽与侍人瘠环，是无义无命也。”“而”字亦当读如。

【译文】《孟子》记载：“望道而未之见。”集注：“而读作如，古字彼此通用。”朱熹答复门人的文章里，引用《诗经》“垂带而厉”，《春秋》“星陨如雨”作为证明。（《诗经》：“垂带而厉。”郑笺云说“而也是‘如’的意思。”《春秋》鲁庄公七年：“夜中星陨如雨。”注：“如，是而的意思。”）如今考证它，又找到二十多个例子。《易经》：“君子以莅众，用晦而明。”虞翻注解：“而，就是如。”《尚书·顾命》记载："其能而乱四方。"传解释为"如"。《孟子》记载："九一而助。"赵岐注解："而，就是如。"（"夫然后之中国践天子位焉，而居尧之宫，逼尧之子，是篡也。"刘刿说："而当读作如。"今按："而主痈疽与侍人瘠环，是无义无命也。""而"字也应当读如。）

《左传》隐七年："歃如忘。"服虔曰："如，而也。"僖二十六年："室如悬罄。"注："如，而也。"昭四年："牛谓叔孙见仲而何？"注："而何，如何。"《史记·贾生传》："化变而嬗。"韦昭曰："而，如也，如蝉之蜕化也。"《战国策》："威王不应，而此者三。"《韩非子》："嗣公知之，故而驾鹿。"《吕氏春秋》："静郭君泫而曰不可。"近本为不通者添作"泫泣而曰"。又曰："而固贤者也，用之未晚也。"《荀子》："黤然而雷击之，如墙厌之。"《说苑》："越诸发曰：意而安之，愿假冠以见；意如不安，愿无变国俗。"又曰："而有用我者，吾其为东周乎！"《新序》引邹阳书："白头而新，倾盖而故。"后汉《督邮斑碑》："柔远而迩。"皆当作"如"。《战国策》，昭奚恤曰："请而不得，有说色，非故如何也？"缔疵曰："是非反如何也？"《大戴礼》："使有司日省如时考之。"又曰："然，如曰礼云礼云。"又曰："安如易，乐而湛。"又曰："不赏不罚，如民咸尽力。"又曰："知一而不可以解也。"《春秋繁露》："施其时而成之，法其命如循之。"《淮南子》："尝一哈水，如甘苦知矣。"《汉乐府》："艾如张。"后汉《济阴太守孟郁修尧庙碑》:“无为如治,高如不危,满如不溢。”《太尉刘宽碑》:“去鞭拊如获其情;弗用刑如弭其奸。”《郭辅碑》:“其少也,孝友而悦学。其长也,宽舒如好施。”《易》王弼注:“革而大亨以正,非当如何?”皆当作“而”。

【译文】《左传》鲁隐公七年记载:“歃如忘。”服虔说:“如,就是而。”鲁僖公二十六年记载:“室如悬罄。”注解:“如,就是而。”鲁昭公四年记载:“牛谓叔孙见仲而何?”注解:“而何,就是如何的意思。”《史记·贾生传》记载:“化变而嬗。”韦昭注解:“而,就是如,如同蝉的蜕化。”《战国策》记载:“威王不应,而此者三。”《韩非子》记载:“嗣公知之,故而驾鹿。”《吕氏春秋》记载:“静郭君泫而曰不可。”(现行版本为不通文意的人加上“泫泣而曰”。)又记载:“而固贤者也,用之未晚也。”《荀子》记载:“黤然而雷击之,如墙厌之。”《说苑》记载:“越诸发曰:意而安之,愿假冠以见;意如不安,愿无变国俗。”又记载:“而有用我者,吾其为东周乎!”《新序》引用邹阳的《狱中上梁王书》:“白头而新,倾盖而故。”东汉《督邮斑碑》记载:“柔远而迩。”上述的“而”都应当作“如”。《战国策》记载,昭奚恤说:“请而不得,有说色,非故如何也?”缔疵说:“是非反如何也?”《大戴礼》记载:“使有司日省如时考之。”又记载:“然,如曰礼云礼云。”又记载:“安如易,乐而湛。”又记载:“不赏不罚,如民咸尽力。”又有记载:“知一而不可以解也。”《春秋繁露》记载:“施其时而成之,法其命如循之。”《淮南子》记载:“尝一哈水,如甘苦知矣。”《汉乐府》记载:“艾如张。”东汉《济阴太守孟郁修尧庙碑》记载："无为如治，高如不危，满如不溢"《太尉刘宽碑》记载："去鞭拊如获其情；弗用刑如弭其奸。"《郭辅碑》记载："其少也，孝友而悦学。其长也，宽舒如好施。"《易经》王弼注解："革而大亨以正，非当如何？"都应当作"而"。

《汉书·地理志》："辽西郡肥如，莽曰肥而。"《左传》襄十二年："夫妇所生若而人。"注云："若如人。"《说文》："需从雨，而声。"盖即读"而"为"如"也。唐人诗多用"而今"，亦作"如今"。今江西人言"如何"亦曰"而何"。《左传》襄三年，齐侯与士匄盟于耏外。《水经注》云："即《地理志》曰如水矣。耏、如声相似。"古"而"字即读为"如"，故"耎"字，《说文》曰："从大，而声。"

【译文】《汉书·地理志》记载："辽西郡肥如，莽曰肥而。"《左传》鲁襄公十二年记载："夫妇所生若而人。"注解："若如人。"《说文解字》记载："需从雨，而声。"大概就是读"而"为"如"。唐朝人的诗多用"而今"，也作"如今"。如今江西人说"如何"也说"而何"。(《左传》鲁襄公三年，齐侯与士匄盟于耏外。《水经注》说："就是《地理志》说的如水。耏、如声音相似。"古"而"字就读为"如"，故而"耎"字，《说文》说："从大，而声。")

《周礼》："旅师而用之以质剂[①]。"注："而读为若，声之误也。"陆德明音义云："而音若。"《仪礼·乡饮酒礼》："公如大夫入。"注："如读为若。"

【注释】①质剂：古代贸易券契质和剂的并称。长券叫质，用以购买马牛之属；短券叫剂，用以购买兵器珍异之物。后世的合同本此。

【译文】《周礼》："旅师而用之以质剂。"注解："而读为若，是读音的错误。"陆德明音义说："而读音若。"《仪礼·乡饮酒礼》记载："公如大夫入。"注解："如读音为若。"

奈何

"奈何"二字，始于《五子之歌》："为人上者，奈何不敬。"《左传》："河鱼腹疾[①]，奈何？"《曲礼》曰："国君去其国，止之曰：奈何去社稷也！大夫曰：奈何去宗庙也！士曰：奈何去坟墓也！"《楚辞·九歌·大司命》："愁人兮奈何！"《九辩》："君不知兮可奈何！"此"奈何"二字之祖。《左传》华元之歌曰："牛则有皮，犀兕[②]尚多，弃甲则那。"直言之曰"那"，长言之曰"奈何"，一也。又《书》"如五器[③]"，郑康成读"如"为"乃个反"。《论语》："吾末如之何也已矣。"音亦与"奈"同。按古人曰"如"、曰"若"、曰"奈"，其义则一，音不必同。

【注释】①河鱼腹疾：指腹泻。鱼烂先自腹内始，故有腹疾者，以河鱼为喻。②兕（sì）：古书上所说的雌犀牛。③五器：五等爵朝聘的礼器。

【译文】"奈何"两个字，最早出现在《五子之歌》："为人上者，奈何不敬。"《左传》记载："河鱼腹疾，奈何？"《曲礼》记载：

“国君要离开自己的国家，应该劝阻说：奈何去社稷也！如果是大夫，就劝阻说：奈何去宗庙也！如果是士，就劝阻说：奈何去坟墓也！”《楚辞·九歌·大司命》：“愁人兮奈何！”《九辩》：“君不知兮可奈何！”这是“奈何”二字的起源。《左传》华元对唱歌的人说：“牛则有皮，犀兕尚多，弃甲则那。”直言叫“那”，长言叫“奈何”，是一样的意思。《尚书》“而五器”，郑康成读“如”为“乃个反”。《论语》记载：“吾末如之何也已矣。”读音也与“奈”相同。（按古人读“如”“若”“奈”等字，其义是相同的，读音不一定相同。）

六朝人多书“奈”为“那”。《三国志注》：“文钦与郭淮[①]书曰：‘所向全胜，要那后无继何！’”《宋书·刘敬宣传》：“牢之[②]曰：平玄之后，令我那骠骑何！”唐人诗多以“无奈”为“无那”。

【注释】①郭淮：字伯济。太原阳曲（今山西太原）人。三国时期魏国名将。②牢之：刘牢之，字道坚。彭城郡（今江苏徐州）人。东晋时期名将，雁门太守刘羲之孙，征虏将军刘建之子。刘牢之生长于尚武世家，其人面色紫赤，须目都异于常人，性格深沉刚毅，为人足智多谋。

【译文】六朝时期的人多书写“奈”为“那”。《三国志注》记载：“文钦写信给郭淮说：‘所向全胜，要那后无继何！’”《宋书·刘敬宣传》：“刘牢之说：平玄之后，令我那骠骑何！”唐朝人作诗多把“无奈”写为“无那”。

语急

《公羊传》隐元年："母欲立之，己杀之，如勿与而已矣。"注："如即不如，齐人语也。"按此不必齐人语。《左传》僖二十二年，宋子鱼[①]曰："若受重伤，则如勿伤，爱其二毛，则如服焉。"成二年，卫孙良夫[②]曰："若知不能，则如无出。"昭十三年，蔡朝吴[③]曰："二三子若能死亡，则如违之以待所济；若求安定，则如与之以济所欲。"二十一年，宋华多僚[④]曰："君若爱司马则如亡。"定五年，楚子西曰："不能如辞。"八年，卫王孙贾[⑤]曰："然则如叛之。"《汉书·翟义传》：义曰："欲令都尉自送，则如勿收邪！"《左传正义》曰："古人语然，犹不敢之言敢也。"庄二十二年："敢辱高位，以速官谤。注："敢，不敢也。"昭二年："敢辱大馆。"注："敢，不敢。"《仪礼·聘礼》，辞曰："非礼也敢。"对曰："非礼也敢。"注："敢言不敢。"

【注释】①子鱼：宋目夷，子姓，宋氏，名目夷，字子鱼，春秋中前期宋国公族，宋桓公庶长子，故多称公子目夷，宋襄公庶兄，世人尊称其子鱼。②孙良夫：姬姓，孙氏，名良夫，谥桓，史称孙桓子。孙氏为卫武公之后，世袭爵位，位居卫国上卿，孙良夫曾担任卫国执政。③朝吴：蔡国故太师子朝的孙子、大夫声子的儿子。他爱交豪侠之士，尤好研究纵横之术、兵家之言，并以吕尚为楷模。青年时他已是韬略满腹，对天下形势了如指掌。④华多僚：宋国司马华费遂的次子、宋元公的御士。⑤王孙贾：春秋时卫国大夫。

【译文】《公羊传》鲁隐公元年记载："母欲立之，己杀之，如勿与而已矣。”注解：“如就是不如，齐地人的话。”这不一定是齐地人的话。《左传》鲁僖公二十二年记载，宋子鱼说：“若受重伤，则如勿伤，爱其二毛，则如服焉。”鲁成公二年，卫国孙良夫说：“若知不能，则如无出。”鲁昭公十三年，二三子若能死亡，则如违之以待所济；若求安定，则如与之以济所欲。”鲁昭公说二十一年记载，宋国华多僚说：“君若爱司马则如亡。”鲁定公五年记载，楚国子西说：“不能如辞。”鲁定公八年记载，卫国王孙贾曰：“然则如叛之。”《汉书·翟义传》记载：翟义说：“欲令都尉自送，则如勿收邪！”《左传正义》记载：“古人写法如此，犹如不敢写作敢。”（鲁庄公二十二年：“敢辱高位，以速官谤。注：“敢，就是不敢。”鲁昭公二年：“敢辱大馆。”注：“敢，就是不敢。”《仪礼·聘礼》，辞曰：“非礼也敢。”对曰：“非礼也敢。”注：“敢是说不敢的意思。”）

古人多以语急而省其文者。《诗》：“亦不夷怿[①]。”“怿”下省一“乎”字。《书》：“弗慎厥德[②]，虽悔可追。”“可”上省一“不”字。“我生不有命在天。”“不”上省一“岂”字。“在今尔安百姓，何择非人，何敬非刑，何度非及。”“人”下、“刑”下、“及”下各省一“乎”字。《孟子》：“虽褐宽博[③]，吾不惴焉。”“不”上省一“岂”字。《礼记》：“幼壮孝弟，耆耋[④]好礼，不从流俗，修身以俟死者，不在此位也。好学不倦，好礼不变，旄期[⑤]称道不乱者，不在此位也。”“幼”上、“好”上各省一“非”字。

【注释】①夷怿：愉快，喜悦。②厥德：厥，古同“撅”，掘。修养道德、品行。③褐宽博：古代贫贱者所穿的宽大粗布衣服。亦借指贫贱者。④耆耋（qí dié）：老年。耆：六十岁以上年纪；耋：七八十岁的年纪。⑤旄（mào）期：老年。旄，古同“耄”，年老；期，本又作“旗”，百年曰期颐。

【译文】古人大多因为言语迫切而省略文字。《诗经》：“亦不夷怿。”“怿”字下省略了一个“乎”字。《尚书》：“弗慎厥德，虽悔可追。”“可”字上省略了一个“不”字。“我生不有命在天。”“不”上省略了一个“岂”字。“在今尔安百姓，何择非人，何敬非刑，何度非及。”“人”字下、“刑”字下、“及”字下各字省略一个“乎”字。《孟子》：“虽褐宽博，吾不惴焉。”“不”字上省略一个“岂”字。《礼记》：“幼壮孝弟，耆耋好礼，不从流俗，修身以俟死者，不在此位也。好学不倦，好礼不变，旄期称道不乱者，不在此位也。”“幼”字上、“好”字上各自省略一个“非”字。

《公羊传》隐公七年：“母弟①称弟，母兄②称兄。”注：“母弟同母弟，母兄同母兄，不言‘同母’，言‘母弟’者，若谓‘不如’言‘如’矣，齐人语也。”

【注释】①母弟：同母之弟。别于庶弟。②母兄：同母之兄。别于庶兄。

【译文】《公羊传》鲁隐公七年记载：“同母的弟弟就称弟，同母的哥哥就称兄。”注解：“母弟是同母弟，母兄同母兄，不说‘同母’，而说‘母弟’，好像‘不如’说‘如’是一样的，这是齐地人的话语。”

岁

天之行谓之岁。《书》以闰月定四时成岁，“岁二月东巡狩”是也。人之行谓之年。《书》：“维吕命王享国①百年。”《左传》：季隗②曰：“我二十五年矣。”僖公二十三年。“绛县人有与疑年，使之年。师旷③曰：七十三年矣。”襄公三十年。“于是昭公十九年矣。”襄公三十一年。《史记》：“盖太公之卒百有余年。”是也。今人多谓“年”为“岁”。

【注释】①享国：帝王在位年数。②季隗：赤狄部族的一支廧咎如的公主，隗姓，晋文公夫人，和晋文公重耳生活了十二年。“不复成嫁，请待子”的历史典故在后世传为佳话。③师旷：字子野，春秋时著名乐师、道家。他生而无目，故自称盲臣、瞑臣。为晋大夫，亦称晋野，博学多才，尤精音乐，善弹琴，辨音力极强。以“师旷之聪”闻名于后世。

【译文】天的运行称为岁。《尚书》用闰月确定四季成一岁，“岁二月，去东方巡视”就是。人的流行称为年。《尚书》记载：“吕侯被任命为卿时，王在位时间很长久了。”《左传》记载：季隗说：“我已经二十五岁了。”（鲁僖公二十三年。）“有人怀疑绛县人的年龄，让他说出自己的年龄。师旷说：七十三岁了。”（鲁襄公三十年。）“当时鲁昭公已经十九岁了。”（鲁襄公三十一年。）《史记》记载：“姜太公去世的时候一百多岁了。”就是。如今人们大多称“年”为“岁”。

《周礼》“太史”注：“中数[①]曰岁。朔数[②]曰年。自今年冬至，至明年冬至，岁也。自今年正月朔，至明年正月朔，年也。”

【注释】①中数：中气一周之数，即地球公转一周的时间。②朔数：从第一年正月初一到第二年正月初一。

【译文】《周礼》“太史”注解：“中数叫岁。朔数叫年。从今年冬至日，到明年冬至日，是一岁。从今年正月初一，到明年正月初一日，是一年。”

古人但曰年几何，不言岁也。自太史公始变之，《秦始皇本纪》曰：“年十三岁。”

【译文】古人只是说年多少，不说岁。从太史公司马迁开始改变，《秦始皇本纪》曰：“年龄十三岁。”

今人以岁初之日而增年[①]，古人以岁尽之日而后增之。《史记·仓公传》：“臣意年尽三年。”年三十九岁也。

【注释】①增年：加寿，年龄增加。

【译文】如今的人以年岁开始的日子增加年龄，古人以年岁结束的日子然后增加年龄。《史记·仓公传》记载：“我淳于意向他学习三年。”年龄三十九岁了。

月 半

今人谓十五为月半，盖古经[①]已有之。《仪礼·士丧礼》：“月半不殷奠[②]。”《礼记·祭义》：“朔月月半君巡牲。”《周礼·大司乐》：“王大食，三侑[③]。”注：“大食，朔月月半，以乐侑食时也。”晋温峤与陶侃书：“克[④]后月半大举。”然亦有以上下弦[⑤]为月半者。刘熙[⑥]《释名》：“弦，月半之名也。其形一旁曲，一旁直，若张弓施弦也。望，月满之名也。月大十六日，小十五日，日在东，月在西，遥相望也。”是则所谓月半者弦也，《礼经》之所谓月半者望也。弦曰半，以月体而言之也；望曰半，以日数而言之也。岑参诗：“凉州三月半，犹未脱春衣。”韩愈诗：“南方二月半，春物亦已少。”李商隐诗：“白日当天三月半。”

【注释】①古经：古文经书。指用秦以前的文字写的经籍。②殷奠：大祭。③侑（yòu）：在筵席旁助兴，劝人吃喝。④克：严格限定。⑤上下弦：农历每月的初七或初八，在地球上看到月亮呈月牙形，其弧在右侧。这种月相叫“上弦”“上弦月”。农历每月二十二日或二十三日，太阳跟地球的联线和地球跟月亮的联线成直角时，在地球上看到月亮呈反“D”字形，这种月相称“下弦”“下弦月”。⑥刘熙：一作刘熹，字成国，北海（今山东昌乐）人，东汉经学家，训诂学家。著有《释名》和《孟子注》。

【译文】现代人称农历十五日为月半，古文经书里已经有记载了。《仪礼·士丧礼》记载：“‘月半’不举行大祭。”《礼记·祭义》记载：“‘朔月’‘月半’国君要察看被养的牛。”《周礼·大司乐》：

“君王大食的时候，要三次助兴。”注解：“大食，是在‘朔月’‘月半’，以奏乐助兴进食的时候。”晋朝温峤写信给陶侃说：“约定下个‘月半’大举兴兵。”然而也有把上下弦作为月半的。刘熙《释名》记载：“弦，是月半的名称。月形一边弯曲，一边笔直，像要张弓施弦一样。望，是月满的名称。月份大是十六日，月份小是十五日，日在东边，月在西边，遥相对望。”这里所说的月半是弦，《礼经》所说的月半是望。弦叫月半，是通过看到的月的形状来说的；望叫月半，是以每月日数来说的。（岑参有句诗说：“凉州三月半，犹未脱春衣。”韩愈有句诗说：“南方二月半，春物亦已少。”李商隐有句诗说：“白日当天三月半。”）

巳

吴才老[①]《韵补》：“古巳午之巳，亦谓如巳矣之巳。”《汉·律历志》：“振美于辰，已盛于巳。”《史记》：“巳者，言阳气之已尽也。”郑玄梦孔子告之曰：“起、起，今年岁在辰，明年岁在巳。”洪《容斋三笔》亦引历书为证。愚按古人读“巳”为“矣”之证，不止此。《淮南子》：“斗指巳，巳则生已定也。”《说文》：“巳，已也。四月阳气已出，阴气已藏，万物见成文章，故巳为蛇象形。”《释名》：“巳，已也。阳气毕布已也。”《诗》：“似续妣祖[②]。”笺云：“似读如巳午之巳。巳续妣祖者，谓已成其宫庙也。”《五经文字》：“起从辰巳之巳。”《白虎通》：“太阳见于巳，巳者物必起。”《晋书·乐志》：“四月之辰谓之巳，巳者起也。物至此时，毕尽而起也。”《诗》“江有汜”，亦读为“矣”。《释名》：“水决复入为汜，汜，已也。如出有所为毕，已复还而入也。”“以享以祀”，亦读为“矣”。《说文》：“祭无已也，从示，巳声。”《公羊传》何休注：“言祀者，无已长久之辞。”《释名》：“商曰祀，祀，已也。新气升，故气已也。”今人以辰巳之“巳”，读为“士”音。宋毛晃[3]曰：“阳气升于子，终于巳。巳者终已也，象阳气既极，回复之形，故又为终已之义。”今俗以有钩为“终已”之“已”，无钩为“辰巳”之“巳”，是未知字义也。

【注释】①吴才老：吴棫，字才老，宋代古音韵学家、训诂学家，时称通儒。吴棫精训释之学，有《裨传》十三卷，已佚。今传《韵补》五卷。②妣祖：先妣和先祖。③毛晃：字明权，江山人。精文字音韵。为修订、补充《礼部监韵》，夜以继日，磨穿案砚，学界尊称“铁砚先生”。

【译文】吴才老《韵补》记载：“古时候巳午的巳，也读作已矣的已。”《汉书·律历志》记载：“在辰时向上生长，在巳时已经强盛起来。”《史记》记载：“巳的意思，是说阳气已经尽了。”郑玄梦到孔子告诉他说：“起来、起来，今年岁星在辰，明年岁星在巳。”（洪迈《容斋三笔》也引用历书作为证明。）我按照古人读“巳”为“矣”的证据，不止在这里。《淮南子》记载：“斗柄指向巳，巳就是万物生长已经定型的意思。”《说文解字》记载：“巳，是已经的意思。四月阳气已经出现，阴气已经收藏，万物见成文章，所以巳是蛇的形象。”《释名》记载：“巳，是已经的意思。阳气已经分布结束。”《诗经》记载：“似续妣祖。”郑笺说：“似读作巳午的巳。巳续妣祖的意思，说的是已经建成宫庙了。”《五经文字》记载：“起从辰巳之巳。”《白虎通》记载：“太阳出现在巳，巳万物必定开始了。”《晋书·乐志》记载：“四月的时辰称为巳，巳是开始的意思。万物到这个时候，都结束开始了。”《诗经》“江有汜”，也读作“矣”。《释名》记载：“水溃决再流入就是汜，汜，是已的意思。如出有所为毕，已再回来流入。”“作为对先祖前辈的祭祀”，也读作“矣”。《说文解字》记载：“祭无巳也，从示，巳声。”《公羊传》何休注解说：“言祀者，无巳长久之辞。”《释名》记载：“商朝叫祀，祀，是巳的意思。新气上升，故气终止。”现代人把辰巳的“巳”，读作“士”。宋代毛晃说：“阳气在子时上升，在巳时终止。巳的意思是终巳，象征阳气已经到来，回旋反复的形状，所以又是终巳的意思。”如今一般把有钩作为“终巳”的“巳”，无钩作为“辰巳”的“巳”，这是不知道字词的意义。

季春三月，辰为建，巳为除，故用三月上巳[①]祓除不祥。古人谓病愈为巳，亦此意也。《韩诗》曰：“郑国之俗，三月上巳，之溱、洧二水之上，招魂续魄，秉兰草，祓不祥。”《后汉书·周举传》：“三月上巳，大将军梁商大会宾客，宴于洛水。”《袁绍传》：“三月上巳，大会宾从于薄落津。”周公谨《癸辛杂识》以为戊己之“己”者，非。

【注释】①上巳：旧时节日名。汉以前以农历三月上旬巳日为“上巳”。

【译文】农历三月，辰为建，巳为除，所以在三月上巳节消除不吉利。古人把疾病痊愈称为巳，也是这个意思。（《韩诗》说：“郑国的习俗，三月上巳，到溱水、洧水这两条河流的岸边，招魂续魄，手持兰草，消除不祥。”《后汉书·周举传》：“三月上巳，大将军梁商大规模地聚集宾客，在洛水边上举行宴会。”《袁绍传》：“三月上巳，在薄落津大规模地聚集宾客下属。”周密字公谨《癸辛杂识》认为是戊己之“己”者，是错误的。）

戊己之“己”，篆作，辰巳之“巳”，篆作，象蛇形。隶书则混而相类，止以直笔上缺为“己”，上满为“巳”。

【译文】戊己的“己”，篆书写作，辰巳的“巳”，篆书写作，像蛇的形状。隶书则混淆而相类似，只是在直笔上缺笔为“己”，上满为“巳”。

里

《穀梁传》：“古者三百步为里。”今以三百六十步为里，而尺又大于古四之一，今之六十二里，遂当古之百里。《穀梁传》：“鞍去国五百里。”今自历城至临淄，仅三百三十里。《左传》：“黄人谓自郢及我九百里。”今自江陵至光州，仅七百里。郑子谓“吴二千里，不三月不至”，今自苏州至邹县，仅一千五百里。《孟子》：“不远千里而来”，“千里而见王”，今自邹至齐、至梁，亦不过五六百里。又谓：“舜卒鸣条，文王生岐周，相去千有余里。”今自安邑至岐山，亦不过八百里。《史记》：张仪说魏王言：“从郑至梁二百余里。”今自郑州至开封，仅一百四十里。《戚夫人歌》：“相离三千里，当谁使告汝。”贡禹上书言：“自痛去家三千里。”自今琅邪至长安，亦但二千余里，赵则二千里而近。是则荀子所谓“日中而趋百里”者，不过六十余里，而千里之马，亦日驰五六百里耳。

【译文】《穀梁传》记载：“古时候把三百步作为一里。”现在把三百六十步作为一里，而尺又大于古制四分之一，现在的六十二里，就相当于古时候的一百里。《穀梁传》记载：“鞍距离国都有五百里。”如今从历城到临淄，仅仅三百三十里。《左传》记载：“黄人说从郢都到我国有九百里。”如今从江陵到光州，仅仅七百里。郏子说“吴国相隔二千里，没有三个月到不了”，如今从苏州到邹县，仅仅一千五百里。《孟子》记载：“不远千里而来”，“千里而来觐见王”，如今从邹到齐、到梁，也不过五六百里。又记载：“虞舜在鸣条去世，文王出生在岐周，相隔有一千多里。”如今从安邑到岐山，也不过八百里。《史记》记载：张仪游说魏王朔：“从郑到梁有二百多里。”如今从郑州到开封，仅仅一百四十里。《戚夫人歌》记载：“相离三千里，当谁使告汝。”贡禹上书说：“我暗自伤心离家三千里。”如今琅邪到长安，也只有二千多里，赵地则是接近二千里。这说明荀子所说的“半天要奔走一百里”，不过是六十多里，而千里马，也只是一天奔跑五六百里罢了。

《王制》：“古者百里，当今百二十一里六十步四尺二寸二分。”殆未然。

【译文】《王制》记载：“古时候一百里，相当于现在的一百二十一里六十步四尺二寸二分。”大概不是这样。

仞

《说文》：“仞①，伸臂一寻②八尺。《家语》：孔子所谓“舒肘知寻”。从人，刃声。”《书》：“为山九仞。”孔传：“八尺曰仞。”正义曰：“《考工记·匠人》：有畎遂沟洫，皆广深等。而浍③云广二寻，深二仞，则浍亦广深等。仞与寻同，故知八尺曰仞。”《左传》昭三十二年，“仞沟洫”注：“度深曰仞。”王肃《圣证论》及注《家语》皆云：“八尺曰仞。”与孔义同。郑玄云：“七尺曰仞。”与孔义异。王逸注《楚辞》大招，亦云七尺。《论语》：“夫子之墙数仞。”注：“包云七尺。”《孟子》：“掘井九轫。与仞同。”注“八尺。”朱子乃两从之。堂高数仞，赵注亦云八尺。当以八尺为是。若《小尔雅》云四尺，《汉书》应劭注云“五尺六寸”，则益非矣。

【注释】①仞：古代计量单位。②寻：古代的长度单位，周尺八尺。周尺一尺约合二十三厘米。③浍（kuài）：田间水沟。

【译文】《说文解字》：“仞，是伸展手臂一寻、八尺的长度。（《孔子家语》：孔子所谓的“舒肘知寻”。）偏旁是人，刃的读音。”《尚书》：“筑造九仞高的土山。”孔传：“八尺的长度是仞。”注疏说："《考工记·匠人》记载：有田地就挖掘沟渠，宽、深都相等。而田间水沟宽二寻，深二仞，那么田间水沟的宽、深也相等。仞与寻相同，所以知道八尺的长度是仞。"（《左传》鲁昭三十二年，"仞沟洫"注："度深曰仞。"）王肃《圣证论》以及注解《孔子家语》都说："八尺的长度是仞。"与孔义相同。郑玄说："七尺的长度是仞。"与孔义不同。（王逸注《楚辞》大招，也说是七尺。）《论语》记载："孔子家的围墙有几仞高。"注解："总括说七尺。"《孟子》记载："掘井九轫（与仞字同。）。"注解"八尺。"朱熹却两种说法都依从。（堂高数仞，赵注也说是八尺。）应当以八尺为准。像《小尔雅》所说的四尺，《汉书》应劭注解说是"五尺六寸"，就更加不对了。

不淑

人死谓之不淑，《礼记》"如何不淑"是也。生离亦谓之不淑，《诗·中谷有蓷》"遇人之不淑矣"是也。失德亦谓之不淑，《诗·君子偕老》："子之不淑，云如之何。"是也。国亡亦谓之不淑，《逸周书》："王乃升汾之阜[1]，以望商邑曰：呜呼不淑。"是也。

【注释】①阜：土山。

【译文】人死了称为不淑，《礼记》"如何不淑"就是。生别离也称为不淑，《诗经·中谷有蓷》"遇人之不淑矣"就是。失德也称为不淑，《诗经·君子偕老》："子之不淑，云如之何。"就是。国家灭亡也称为不淑，《逸周书》记载："武王于是登上汾地的土山，眺望商朝都邑说：呜呼不淑。"就是。

不吊

古人言"不吊"者，犹曰不仁。《左传》成十三年："穆为不吊。"襄十三年："君子以吴为不吊。"十四年："有君不吊。"昭七年："兄弟之不睦，于是乎不吊。"二十六年："帅群不吊之人，以行乱于王室。"皆是不仁之意。襄二十三年："敢告不吊。"及《诗》之"不吊昊天[①]""不吊不祥"，《书》之"弗吊天，降丧于殷"，则以为哀闵之辞。杜氏注，皆以为"不相吊恤"；而于群不吊之人，则曰："吊，至也。"于义不通。惟成七年，"中国不振旅[②]，蛮夷入伐，而莫之或恤，无吊者也夫。"乃当谓大国无恤邻[③]之义耳。

【注释】①昊天：苍天。昊，元气博大貌。②振旅：整顿部队，操练士兵。③恤邻：解除周围邻国的祸患。

【译文】古人说"不吊"，就好像说不仁。《左传》鲁成公十三年记载："穆为不吊。"鲁襄公十三年记载："君子以吴为不吊。"鲁襄公十四年记载："有君不吊。"鲁昭公七年记载："兄弟之不睦，于是乎不吊。"鲁昭公二十六年记载："帅群不吊之人，以行乱于王室。"都是不仁的意思。鲁襄公二十三年记载："敢告不吊。"以及《诗经》的"不吊昊天""不吊不祥"，《尚书》的"弗吊天，降丧于殷"，则是作为哀怜同情的词语。杜预的注解，都认为是"不相吊恤"；而对于群不吊之人，则说："吊，是到的意思。"意义不通顺。鲁成公七年记载，"中国不振旅，蛮夷入伐，而莫之或恤，无吊者也夫。"就应当是大国没有解除邻国祸患的意思了。

亡

"亡"有三义。有以死而名之，《中庸》："事亡如事存。"是也。有以出奔于外而名之，晋公子称"亡人"是也。有但以不在而名之，《诗》："予美亡此。"《论语》："孔子时其亡也，而往拜之。"是也。《汉书·袁盎传》："不以在亡①为辞。"谓托故而辞以不在。柳子厚诗："在亡均寂寞。"《宋史·高定子传》："制置使未知在亡。"则以在亡为存亡，非《汉书》之意也。

【注释】①在亡：在家而假托不在。

【译文】"亡"字有三种含义。有以死而称呼的，《中庸》记载："事亡如事存。"就是。有以出奔在外而称呼的，晋公子称"亡人"就是。有只是以不在而称呼的，《诗经》记载："予美亡此。"《论语》记载："孔子时其亡也，而往拜之。"就是。《汉书·袁盎传》记载："不以在亡为辞。"（是托故而以不在推辞。柳宗元有句诗说："在亡均寂寞。"《宋史·高定子传》："制置使未知在亡。"则以在亡为存亡，不是《汉书》中的意思了。）

乾没

《史记·酷吏传》："张汤[1]始为小吏乾没。"徐广曰："乾没[2]，随势沉浮[3]也。"服虔曰："乾没，射成败也。"如淳曰："豫[4]居物以待之，得利为乾，失利为没。"《三国志·傅嘏传》："岂敢寄命洪流，以徼乾没。"裴松之注："有所徼射，不计干燥之与沉没而为之也。"《晋书·潘岳传》："其母数诮之曰：尔当知足，而乾没不已乎！"《张骏传》："从事刘庆谏曰：霸王[5]不以喜怒兴师，不以乾没取胜。"《卢循传》："姊夫徐道覆素有胆决，知刘裕已还，欲乾没一战。"《魏书·宋维传》："维见乂元乂宠势日隆，便至乾没。"《北史·王劭传》赞："为河朔清流[6]，而乾没荣利。"《梁书·止足传》序："其进也光宠夷易，故愚夫之所乾没。"晋《鼙舞歌·明君篇》："昧死射乾没，觉露则灭族。"《抱朴子》："忘发肤之明戒，寻乾没于难冀。"

【注释】①张汤：西汉时期官员、酷吏，杜陵（今陕西西安）人，因为治陈皇后、淮南、衡山谋反之事，得到汉武帝的赏识。张汤虽用法严酷，后人常以他作为酷吏的代表人物，但他为官清廉俭朴，不失为古代廉吏。②乾没：投机图利；侥幸之利；冒险侥幸；贪求，贪得；侵吞国家或别人的财物。③随势沉浮：形容缺乏操守，随俗俯仰。亦作"与世沉浮""随俗浮沉"。④豫：同"预"。事前。⑤霸王：成就霸业或王业。⑥清流：政治清明。

【译文】《史记·酷吏传》记载："张汤始为小吏乾没。"徐广说："乾没，是缺乏操守、随俗浮沉的意思。"服虔说："乾没，是影射成败的意思。”如淳说：“豫居物以待之，得利为乾，失利为没。”《三国志·傅嘏传》记载：“岂敢寄命洪流，以徼乾没。”裴松之注解：“有所徼射，不考虑干燥与沉没而这样做。”《晋书·潘岳传》记载：“他的母亲多次训诫他说：尔当知足，而乾没不已乎！”《张骏传》记载：“从事刘庆劝谏说：霸王不以喜怒兴师，不以乾没取胜。”《卢循传》：“姊夫徐道覆素有胆决，知刘裕已还，欲乾没一战。”《魏书·宋维传》记载：“维见乂（元乂）宠势日隆，便至乾没。”《北史·王劭传》小赞：“为河朔清流，而乾没荣利。”《梁书·止足传》序：“其进也光宠夷易，故愚夫之所乾没。”晋朝《鞞舞歌·明君篇》：“昧死射乾没，觉露则灭族。”《抱朴子》：“忘发肤之明戒，寻乾没于难冀。”

乾没大抵是徼幸取利之意。《史记·春申君传》：“没利于前而易患于后也。”即此意。

【注释】①徼幸：徼，通“侥”。作非分企求。

【译文】乾没大致是侥幸取利的意思。《史记·春申君传》记载：“贪图眼前的利益，而不考虑以后的祸患。”指的就是这个意思。

辱

《仪礼》注：“以白造缁曰辱[①]。”故老子谓杨朱曰：“大白若辱。”

【注释】①辱：污浊，混浊。

【译文】《仪礼》注解："用白色制作黑色是'辱'（混浊）。"所以老子对杨朱说："真正的清白反而含有'辱'（污浊）。"

姦

《广韵》："姦，古颜切①，私也，诈也，亦作姧。"今本误"姧"作"奸"，非也。奸音干，犯也。《左氏》僖公七年《传》曰："君以礼与信属诸侯，而以姦终之。"曰："子父不奸之谓礼。"一传之中，二字各出，而义不同。《释名》："姦，奸也，言奸正法也。"以"奸"释"姦"，其为两字审矣。又"奸"字亦可训为"干禄"之"干"。《汉书·荆燕吴传》："齐人田生以画奸泽。"《史记》作"干"。然则"奸"但与"干"通用，而不可以为"姦"也。后人于案牍文移②中，以"姦"字画多，省作"奸"字，此如"繁"之为"烦"，"衝"之为"冲"，"'驿"之为"驲"，"臺"之为"台"，皆借用之字。

【注释】①切：旧时汉语标音的一种方法，用两个字，取上一字的声母与下一字的韵母拼成一个音。亦称"反切"。②案牍文移：案牍指官府文书；文移指文书，公文。

【译文】《广韵》记载："姦，古颜切，虚伪，狡诈的意思，也写作姧。"通行的版本误把"姧"写作"奸"，是不对的。奸读音干，触犯的意思。《左传》鲁僖公七年说："君以礼与信属诸侯，而以姦终之。”又记载：“子父不奸之谓礼。”一个部书之中，两个字各自出现，而意义不同。《释名》记载：“姦，是奸的意思，是指违背公正的法度。”用“奸”来解释“姦”，说明是两个不同的字就可以知道了。同时“奸”字又可以解释为“干禄”的“干”。《汉书·荆燕吴传》：“齐人田生以画奸泽。”《史记》写作“干”。那么“奸”只是与“干”通用，而不可以写作“姦”。后人在官府文书中，因为“姦”字笔画多，省略写作“奸”字，这就像“繁”写作“烦”，“衝”写作“冲”，“驿”写作“驲”，“臺”写作“台”，都是借用的字。

讹

“讹”字，古作“譌”，“伪”字古亦音讹。《诗·小雅》“民之讹言”，笺云：“伪也。小人好诈，伪为交易之言。”正义曰：“谓以善言为恶，以恶言为善，交而换易其辞。”《尔雅》注：“世以妖言为讹。”《太平御览》引武王之书钥曰：“昏谨守，深察讹。”泰昌元年八月，御史张泼言：“京师姧宄①丛集，游手成群，有谓之把棍②者，有谓之拏讹头③者。侦知一人作姧，则尾随其后，陷人于罪，从而吓诈金钱，谓之拏讹头。即汉律所谓恐愒受赇。请将巡城改为中差，一年一代。”

【注释】①姧宄：亦作“姧轨”。指违法作乱的人。②把棍：光棍，流氓。③拏讹头：讹诈作奸者的钱财。

【译文】“讹”字，古时候写作“譌”，“伪”字古音也读作讹。

《诗经·小雅》记载“民之讹言”，笺注：“是伪的意思。小人好狡诈，伪是交易的言语。”（正义说：“是说以善言为恶，以恶言为善，交而换易其辞。”）《尔雅》注：“世人把妖言作为讹。”《太平御览》引用武王的书钥说：“昏谨守，深察讹。”泰昌元年八月，御史张泼进言：“京师违法作乱的人聚集，不务正业的人在一起，有叫光棍、流氓的，有叫拏讹头的。（侦查得知一人做违法的事，就跟在他的身后，诬陷其人犯罪，从而恐吓欺诈其人的金钱，就把这类人称为拏讹头。就是汉代律法所说的“恐愒受赇”。）请将巡城改为中差，一年一更替。”

谁何

《诗》：“室人交徧摧我。”《韩诗》作“讙”，《玉篇》作“讙”，丁回切，谪也。《六韬》：“令我垒上，谁何不绝。”《史记》贾谊《过秦论》：“陈利兵而谁何？”谁、讙同，何、呵同。《韩非子》：“王出而何之。”《贾谊传》：“其在大谴大何之域者。”《汉书·五行志》：“主公车大谁卒？”注：“大谁”主问非常之人，云姓名是谁何也。此解未当。《焦氏易林》：“当年少寡，独与孤处，鸡鸣犬吠，无敢谁者。”《说苑》：“民知十己，则尚与之争，曰不如吾也。百己则疵其过，千己则谁而不信。”扬雄《卫尉箴》：“二世妄宿，败于望夷，阎乐矫搜，戟者不谁。”

【译文】《诗经》记载：“室人交徧摧我。”《韩诗》写作“讙”，

《玉篇》写作“䜅”，丁回反切，谴责的意思。《六韬》记载：“令我垒上，谁何不绝。”《史记》中贾谊《过秦论》记载：“陈利兵而谁何？”谁、誰同，何、呵同。(《韩非子》：“王出而何之。”《贾谊传》：“其在大谴大何之域者。”)《汉书·五行志》记载：“主公车大谁卒？”注解：“大谁”负责询问不同寻常的人，说姓名是谁。这个注解不恰当。《焦氏易林》记载：“当年少寡，独与孤处，鸡鸣犬吠，无敢谁者。”《说苑》记载：“民知十己，则尚与之争，曰不如吾也。百己则疵其过，千己则谁而不信。”扬雄《卫尉箴》记载：“二世妄宿，败于望夷，阎乐矫搜，戟者不谁。”

《史记·卫绾传》：“岁余不谯呵[①]绾。”《汉书》作“不孰何绾”。难晓。疑“谯”讹为“谁”，“谁”又转为“孰”也。

《周礼·射人》：“不敬者苛[②]罚之。”注：“苛谓诘问之。”按此“苛”亦“呵”字。

【注释】①谯呵：亦作“谯诃”。喝骂，申斥。②苛：古同“呵”，谴责，责问。

【译文】《史记·卫绾传》记载：“岁余不谯呵绾。”《汉书》写作“不孰何绾”。难以知晓文义。怀疑是“谯”误写为“谁”，“谁”又错转为“孰”了。

《周礼·射人》记载：“不敬者苛罚之。”注解：“苛是责问的意思。”这个“苛”也写作“呵”字。

信

《东观余论》引晋武帝、王右军[①]、陶隐居帖，及《谢宣城传》，谓："凡言信者，皆谓使人。"杨用修又引《古乐府》"有信数寄书，无信长相忆"为证，良是。然此语起于东汉以下，杨太尉夫人袁氏《答曹公卞夫人书》云："辄付往信。"《古诗为焦仲卿妻作》："自可断来信，徐徐更谓之。"魏杜挚《赠毌丘俭诗》："闻有韩众药，信来给一丸。"以使人为信，始见于此。若古人所谓信者，乃符验之别名。《墨子》："大将使人行，守操信符[②]。"《史记·刺客传》："今行而无信，则秦未可亲也。"《汉书·石显传》："乃时归诚，取一信以为验。"《西域传》："匈奴使持单于一信到国，国传送食。"《后汉书·齐武王传》："得司徒刘公一信，愿先下。"《周礼·掌节》注："节犹信也。"行者所执之信，此如今人言"印信""信牌"之"信"，不得谓为使人也。故梁武帝赐到溉《连珠》曰："研磨墨以腾文，笔飞豪毫同以书信。"而今人遂有书信之名。

【注释】①王右军：即王羲之，字逸少，东晋时期著名书法家，有"书圣"之称。琅琊（今属山东临沂）人，后迁会稽山阴（今浙江绍兴），晚年隐居剡县金庭。领右将军职。②信符：用作凭证的符节。

【译文】《东观余论》引用晋武帝、王羲之、陶弘景的书帖，以及《谢宣城传》，说："凡是说信，都指的是使人。"杨慎（字用修）又引用《古乐府》"有信数寄书，无信长相忆"作为证据，很是正确。然而这词语出现在东汉之后，杨太尉夫人袁氏《答曹公卞夫人书》记载："辄付往信。"《古诗为焦仲卿妻作》："自可断来信，徐徐更谓之。"魏杜挚《赠毌丘俭诗》："闻有韩众药，信来给一丸。"把使人作为信，在这个时候出现。像古人所说的信，乃是符验的别名。《墨子》记载："大将使人行，守操信符。"《史记·刺客传》记载："今行而无信，则秦未可亲也。"《汉书·石显传》记载："乃时归诚，取一信以为验。"《西域传》记载："匈奴使持单于一信到国，国传送食。"《后汉书·齐武王传》记载："得司徒刘公一信，愿先下。"《周礼·掌节》注解："节犹信也。"行者所拿的信，在这里是现代人所说"印信""信牌"的"信"，不能说是使人。所以梁武帝赐给到溉《连珠》说："研磨墨以腾文，笔飞豪（同毫）而书信。"而后现代人才有书信的叫法。

出

《尔雅》："男子谓姊妹之子为出。"传中凡言"出"者，皆是外甥。《左氏》庄二十二年："陈厉公[①]，蔡出也。"僖七年："申侯[②]，申出也。"成十三年："康公，我之自出。"注：晋外甥。襄二十五年："我周之自出。"注言：陈，周之甥。又："桓公之乱，蔡人欲立其出。"二十九年："晋平公，杞出也。"三十一年："莒去疾奔齐，齐出也。""展舆，吴出也。"昭四年："徐子，吴出也。"《公羊》文十四年传："接菑，晋出也。""貜且，齐出也。"《史记·秦本纪》："晋襄公之弟名雍，秦出也。"《汉书·五行志》："王子晁，楚之出也。"而《公羊》襄五年传："盖舅出也。"则以"舅甥"为"舅出"矣。《后汉书·光武十王传》："窦太后及宪等，东海出也。"

【注释】①陈厉公：帝舜后裔，春秋时期陈国国君。本名妫跃，是陈桓公之子。

【译文】《尔雅》记载："男子称呼姊妹的儿子为出。"传中凡是记录"出"，指的都是外甥。《左传》鲁庄公二十二年记载："陈厉公，蔡出也。"鲁僖公七年记载："申侯，申出也。"鲁成公十三年记载："康公，我之自出。"（注：康公是晋侯的外甥。）鲁襄公二十五年记载："我周之自出。"（注言：陈，是周王的外甥。）又记载："桓公之乱，蔡人欲立其出。"鲁襄公二十九年记载："晋平公，杞出也。"鲁襄公三十一年记载："莒去疾奔齐，齐出也。""展舆，吴出也。"鲁昭公四年记载："徐子，吴出也。"《公羊传》鲁文公十四年说："接菑，晋出也。""貜且，齐出也。"《史记·秦本纪》记载："晋襄公之弟名雍，秦出也。"《汉书·五行志》记载："王子晁，楚之出也。"而《公羊传》鲁襄公五年说："盖舅出也。"则是把"舅甥"作为"舅出"了。（《后汉书·光武十王传》："窦太后及宪等，东海出也。"）

鳏寡

鳏者，无妻之称，但有妻而于役者，则亦可谓之鳏。《诗》："何草不玄，何人不矜[①]。""矜"读为"鳏"，是也。寡者，无夫之称，但有夫而独守者，则亦可谓之"寡"。《越绝书》："独妇山者，句践将伐吴，徙寡妇独山上，以为死士[②]，示得专一。"陈琳诗："边城多健少，内舍[3]多寡妇。”是也。鲍照《行路难》：“来时闻君妇，闺中孀居独宿[4]有贞名。”亦是此义。

【注释】①矜：古同“鳏”。无妻或丧妻的男人。②死士：敢死的勇士。③内舍：古代妇女居于内室，因借指妻子、女眷。④孀居：指已婚妇女独居。独宿：指男女一方无偶独处。

【译文】鳏，是没有妻子的称呼，只是有妻子但是在服役，就也可以称为鳏。《诗经》：“何草不玄，何人不矜。”“矜”读音为“鳏”，就是。寡，是没有丈夫的称呼，只是有丈夫但是独自在家，就也可以称为“寡”。《越绝书》记载：“独妇山，是句践将要讨伐吴国，迁徙寡妇到独山上，为了敢死的勇士，显示得专一。”陈琳诗：“边城多健少，内舍多寡妇。”就是。鲍照《行路难》：“来时闻君妇，闺中孀居独宿有贞名。”也是这个意思。

妇人以夫亡为寡，夫亦以妇亡为寡。《左传》襄二十七年：“齐崔杼生成及强而寡。”《小尔雅》曰：“凡无妻无夫，通谓之寡。”《焦氏易林》：“久鳏无偶，思配织女，求其非望，自令寡处。”

【译文】妇人由于丈夫死亡为寡，丈夫也由于妻子死亡为寡。《左传》鲁襄公二十七年记载：“齐崔杼生成及强而寡。”《小尔雅》记载：“凡是没有妻子没有丈夫，一般称为寡。”《焦氏易林》：“久鳏无偶，思配织女，求其非望，自令寡处。”

丁中

唐高祖武德六年三月：人始生为黄，四岁为小，十六为中，二十一为丁，六十为老。玄宗天宝三载十二月癸丑，诏曰：“比者成童之岁①，即挂轻徭，既冠②之年，便当正役。悯其劳苦，用轸③于怀，自今宜以十八已上为中男，二十三已上成丁。”杜子美《新安吏诗》：“府帖昨夜下，次选中男行。”是十八以上皆发之也。然史文多有言丁中者，举丁中可以该黄小矣。《辽史·耶律学古传》：“多张旗帜，杂丁黄为疑兵。”盖中小皆杂用之，而史文代以“黄”字，黄者四岁以下，何可杂之兵间邪？

【注释】①成童之岁：即十五岁。②既冠：古代男子二十岁行加冠礼，指已成年。③轸（zhěn）：伤痛。

【译文】唐高祖武德六年三月：人刚刚出生的时候为黄口，四岁为少年，十六为中男，二十一为成年，六十为老年。唐玄宗天宝三年十二月二十四日，下诏说：“等到十五岁过后成为中男，就要挂轻徭，二十岁过后成年，便要担当正役。怜悯他们劳苦，伤痛在怀，从现在开始应该以十八岁以上为中男，二十三岁以上成丁。”杜甫《新安吏诗》：“府帖昨夜下，次选中男行。”这是十八岁以上都调发了。然而史文大多是记载丁中，列举丁中包括黄小了。《辽史·耶律学古传》记载：“多多张设旗帜，间杂丁黄作为疑兵。”大概是中小都混杂选用，而史书用“黄”字代替，黄口是四岁以下的幼儿，怎么可以混杂在士兵之中呢？

阿

《隶释·汉郄阬碑》阴云："其间四十人，皆字其名，而系以'阿'字，如刘兴阿兴、潘京阿京之类。必编户民，未尝表其德，书石者欲其整齐而强加之，犹今闾巷之妇，以'阿'挈其姓也。"《成阳灵台碑》阴有主吏仲东阿东。又云："惟仲阿东，年在元冠，幼有中质。"又可见其年少而未有字。《抱朴子》："祢衡游许下，自公卿国士以下，衡初不称其官，皆名之云阿某，或以姓呼之为某儿。"《三国志·吕蒙传》注："鲁肃拊蒙背曰：非复吴下阿蒙。"《世说》注："阮籍谓王浑[①]曰：'与卿语，不如与阿戎语。'"浑子戎。皆是其小时之称也。亦有以"阿"挈其字者。《世说》："桓公谓殷渊源为阿源。谢太傅谓王修龄为阿龄，谓王子敬为阿敬。妇人以"阿"挈姓，则隋独孤后谓云昭训[②]为阿云，唐萧淑妃[③]谓武后为阿武，韦后降为庶人称阿韦，刘从谏妻裴氏称阿裴，吴湘娶颜悦女，其母焦氏，称阿颜、阿焦。是也。亦可以自称其亲，《焦仲卿妻诗》："堂上启阿母。""阿母谓阿女。"是也。亦可为不定何人之辞。古诗："道逢乡里人，家中有阿谁？"《三国志·庞统传》：先主谓曰："向者之论，阿谁为失？"《晋书·沈充传》："敦作色曰：小人阿谁？"是也。亦有作"何谁"者。晋刘实《崇让论》："不知何谁最贤？""不知何谁最不肖？"阿者，助语之辞，古人以为慢应声，《老子》："唯之与阿[④]，相去几何？"今南人读为入声[⑤]，非。《魏志·东胡传》："东方人名我为阿。”

【注释】①王浑：字长源，三国时期到西晋人物，琅琊临沂（今山东临沂）人。王雄之子，王乂（字叔元）之兄，王戎之父。②云昭训：隋朝杨勇姬妾，长宁王杨俨、平原王杨裕、安城王杨筠生母。③萧淑妃：唐高宗李治的妃嫔，南朝士族兰陵萧氏望族，齐梁皇室后裔，唐高宗登基之后，晋为淑妃，宠冠后宫。后在与武则天的宫廷斗争中失败，被废为庶人，关押在暗室，被武则天砍去手足，浸泡在酒缸中，最终被折磨而死。④唯之与阿：唯：恭敬地答应，这是晚辈回答长辈的声音；阿：怠慢地答应，这是长辈回答晚辈的声音。唯的声音低，阿的声音高，这是区别尊贵与卑贱的用语。⑤入声：汉语四声之一。其声短促，一发即收。现代若干方言有入声。普通话中已无入声，中古入声分别读为阴平、阳平、上声和去声。

【译文】《隶释·汉毅阮碑》背面记载：“其间有四十人，都记录他们的名字，而用‘阿’字联结，例如刘兴阿兴、潘京阿京之类。必编户民，并非表彰他们的功德，刻石的人想让它整齐而强行添加，犹如现在乡里的妇人，用‘阿’字挈带她们的姓。”《成阳灵台碑》背面有主吏仲东阿东。又说：“惟仲阿东，年在元冠，幼有中质。”又可以知道他年少时期没有表字。《抱朴子》记载：“祢衡游历到许下，从公卿国士以下，祢衡起初不称呼他们的官位，都叫他们阿某，或者用他们的姓呼为某儿。”《三国志·吕蒙传》注解：“鲁肃拍着吕蒙的背说：不再是吴下阿蒙了。”《世说新语》注解：“阮籍对王浑说：‘跟你说话不如跟阿戎说话。’”（王浑之子名戎。）都是他们小时候的名字了。（也有以“阿”带其字的。《世说新语》：桓公称殷渊源为阿源。谢太傅称王修龄为阿龄，称王子敬为阿敬。）妇人用“阿”字挈带姓，那么隋朝独孤皇后称云昭训为阿云，唐朝萧淑妃称武后为阿武，韦后贬降为庶人称为阿韦，刘从谏的妻子裴氏称阿裴，吴湘娶颜悦女，他的母亲焦氏，称为阿颜、阿焦。就是这样的。也可以自称自己的亲人，《焦仲卿妻诗》："在堂上禀告阿母。""阿母对阿女说。"就是这样的。也可以作为不肯定是什么人的言辞。古诗："道逢乡里人，家中有阿谁？"《三国志·庞统传》记载：先主刘备对他说："向者之论，阿谁为失？"《晋书·沈充传》记载："王敦严肃地说：小人阿谁？"就是这样的。（也有作"何谁"的。晋代刘实《崇让论》："不知何谁最贤？""不知何谁最不肖？"）阿，是助语词，古人作为慢应声，《老子》记载："唯之与阿，相去几何？"如今南方人读为入声，是不对的。（《魏志·东胡传》："东方人名我为阿。"）

幺

"一"为数之本，故可以大名之，一年之称元年，长子之称元子，是也。又为数之初，故可以小名之，骰子之谓一为幺，是也。《尔雅》："幺幼"注曰："冢子最后生者，俗呼为幺豚。"故后人有幺麿[1]之称。《说文》："幺，小也，象子初生之形。""幼"字从"幺"，亦取此义。《汉书·食货志》："王莽作钱货[2]六品：小钱、么钱、幼钱，中钱、壮钱、大钱。贝货[3]五品：大贝、壮贝、么贝、小贝，及不盈寸二分者。布货[4]十品：大布、次布、弟布、壮布、中布、差布、厚布、幼布、幺布、小布。"《隋书·律历志》："凡日不全为余，积以成余者曰秒[5]，度不全为分，积以成分者曰篾，其有不成秒曰么，不成篾曰幺。”班彪《王命论》：“幺麽尚不及数子。”蔡邕《短人赋》：“其余尫幺。”晋陆机《文赋》：“犹弦幺而徽急，故虽和而不悲。”郭璞《萤火赞》：“熠熠宵行，虫之微幺。”卢谌《蟋蟀赋》：“享神气之幺卉。”“并用此字。《唐书·杨炎传》：“卢杞貌幺陋。”《宋史·岳飞传》：“杨幺[6]本名杨太。太年幼，楚人谓小为幺，故曰杨幺。”俗作“么”，非。

【注释】①幺麽（mǒ）：幺：小，排行最末的；麽：微小，也作“么”。②钱货：金钱。③贝货：古代用贝作货币，称“贝货”。④布货：王莽时铸行的货币。共分十品，皆以“布”为名，总称布货。⑤秒：古代计算积余成闰的时间单位。⑥杨幺：南宋义军首领。名太，龙阳祝家岗（今湖南汉寿）人。

【译文】“一”为数目的根本，所以可以大名，第一年称元年，长子称元子，就是这样的。又为数目的初始，所以可以小名，骰子中称一为幺，就是这样的。《尔雅》记载：“幺幼”下注解：“最后出生的猪，俗称为幺豚。”所以后人有幺麽的说法。《说文解字》记载：“幺，是小的意思，象征孩子初生的情形。”“幼”字偏旁是“幺”，也是这个意思。《汉书·食货志》记载：“王莽制造出钱货六个等级：小钱、幺钱、幼钱，中钱、壮钱、大钱。贝货五个等级：大贝、壮贝、幺贝、小贝，以及不多余一寸二分的。布货十个等级：大布、次布、弟布、壮布、中布、差布、厚布、幼布、幺布、小布。”《隋书·律历志》记载：“凡是不满一天的称为余，累积成余的单位称为秒，不满一度的称为分，累积成分的单位称为篾，其中不成秒的部分称为么，不成篾的部分称为幺。”班彪《王命论》记载：“幺麽尚不及数子。”蔡邕的《短人赋》记载："其余尫幺。"晋朝陆机《文赋》记载："犹弦幺而徽急，故虽和而不悲。"郭璞《萤火赞》记载："熠熠宵行，虫之微幺。"卢谌《蟋蟀赋》记载："享神气之幺卉。"都是用这个字。《唐书·杨炎传》记载："卢杞貌幺陋。"《宋史·岳飞传》记载："杨幺本名叫杨太。杨太年纪幼小，楚地人把小叫作幺，所以叫杨幺。"通俗写作"么"，是不对的。

元

元者，本也。本官曰元官，本籍曰元籍，本来曰元来，唐宋人多此语。后人以"原"字代之，不知何解。原者，再也。《尔雅》："原，再也。"《易》"原筮"、《周礼》"马质"、《礼记·月令》"原蚕[①]"、《文王世子》"未有原"、汉"原庙"之"原"，皆作"再"字解。《汉书注》：师古曰："原，重也。言已有正庙，更重立也。"与本来之义全不相同。或以为洪武中臣下有称元任官[②]者，嫌于元朝之官，故改此字。

【注释】①原蚕：二蚕，即夏秋第二次孵化的蚕。②元任官：已离任的官员。

【译文】元，是本的意思。本官叫元官，本籍叫元籍，本来叫元来，唐宋时期的人多用。后人以"原"字代替，不知道是什么意思。原，是再的意思。（《尔雅》："原，是再的意思。"）《易经》"原筮"、《周礼》"马质"、《礼记·月令》"原蚕"、《文王世子》"未有原"、汉代“原庙”的“原”字，都是作“再”字的解释。（《汉书注》：颜师古说：“原，是重复的意思。是说已有正庙，重新再建造一座。”）与本来的意思完全不相同。有人以为洪武年间臣下有称呼元任官的，嫌恶元朝官员，所以改成这个字。

古人亦有称原官者。后汉张衡《应间》：“曩滞日官[①]，今又原之。”注：“《尔雅》曰：‘原，再也。’衡为太史令，去官五载，复为太史令，故曰原之。”然则“原官”乃再官之义也。

【注释】①日官：古代掌天象历数之官。

【译文】古人也有称呼原官的。东汉张衡《应间》记载：“曩滞日官，今又原之。”注解：“《尔雅》记载：‘原，是再的意思。’张衡担任太史令，离职五年，再度担任太史令，所以说原。”那么“原官”就是再度担任原职的意思。

写

写，《说文》曰：“置物也。”《诗》：“驾言出游，以写我忧。”“既见君子，我心写兮。”《周礼·稻人》：“以浍写水。”《仪礼·特牲馈食礼》：“主人出写啬[①]于房。”《礼记·曲礼》：“器之溉者不写，其余皆写。”注：“传之器中。”《韩非子》：卫灵公召师涓[②]而告之曰：“有鼓新声者，其状似鬼神，子为听而写之。”《国语》：“王命工以良金写范蠡之状，而朝礼之。”《史记·秦始皇纪》：

“写放[3]其宫室，作之咸阳北坂上。”《苏秦传》：“宋王无道，为木人以写寡人。”《新序》：“叶公子高好龙，钩以写龙，凿以写龙，屋室雕文以写龙。”《周髀经》：“笠以写天。”《上林赋》：“肸蠁[4]布写。”《汉书·贾捐之传》：“淮南王盗写虎符[5]。”今人以书为写，盖以此本传于彼本，犹之以此器传于彼器也。《说文》：“誊，移书也。”徐氏曰：“谓移写之也。”始自《特牲馈食礼》：“卒筮写卦。”注：“卦者[6]主画地识爻，爻备，以方写之。”《汉书·艺文志》：“孝武置写书之官。”《河间献王传》：“从民得善书，必为好写与之留其真。”《路温舒传》：“取泽中蒲，截以为牒，编用写书。”《霍光传》：“山又坐写秘书。”《师丹传》：“吏私写其草。”《淮南子·说山训》：“窃简而写法律。”孔安国《尚书序》：“更以竹简写之。”至后汉而有图写[7]、《李恂传》。缮写[8]《卢植传》之称，传之至今矣。

【注释】①啬：古同“穑”，收割庄稼。②师涓：春秋时期卫国著名音乐家，以善弹琴而著称，并善于搜集和弹奏民间乐曲。③放：通“仿”，依照范本。④肸蠁（xī xiǎng）：亦作“肹（xī）蠁”。散布，弥漫。多指声响、气体的传播。⑤虎符：古代皇帝调兵遣将用的兵符，用青铜或者黄金做成伏虎形状的令牌，劈为两半，其中一半交给将帅，另一半由皇帝保存，只有两个虎符同时合并使用，持符者即获得调兵遣将权。⑥卦者：古代在占卦时画录卦爻的官员。⑦图写：图物写貌，绘画。⑧缮写：誊写，编录。

【译文】写，《说文解字》记载：“是放置物品的意思。”《诗经》记载：“驾言出游，以写我忧。”“既见君子，我心写兮。”《周礼·稻人》记载："以浍写水。"《仪礼·特牲馈食礼》记载："主人出写啬于房。"《礼记·曲礼》记载："器之溉者不写，其余皆写。"（注："传到器中。"）《韩非子》记载：卫灵公召来师涓并告诉他说："有鼓新声者，其状似鬼神，子为听而写之。"《国语》记载："王命工以良金写范蠡之状，而朝礼之。"《史记·秦始皇纪》记载："写放其宫室，作之咸阳北坂上。"《苏秦传》记载："宋王无道，为木人以写寡人。"《新序》记载："叶公子高好龙，钩以写龙，凿以写龙，屋室雕文以写龙。"《周髀经》记载："笠以写天。"《上林赋》记载："肸蠁布写。"《汉书·贾捐之传》记载："淮南王盗写虎符。"现代人把书作为写，大概是以此本传递到彼本，犹如是以此器传递到彼器。（《说文解字》："誊，是移书的意思。"徐氏说："是说移写到这上面。"）最早出现在《特牲馈食礼》："卒筮写卦。"注解："执卦的人负责在地上画爻，卦爻完备，写在方版上。"《汉书·艺文志》记载："孝武置写书之官。"《河间献王传》记载："从民得善书，必为好写与之留其真。"《路温舒传》记载："取泽中蒲，截以为牒，编用写书。"《霍光传》记载："山又坐写秘书。"《师丹传》记载："吏私写其草。"《淮南子·说山训》记载："窃简而写法律。"孔安国《尚书序》记载："更以竹简写之。"到了东汉时期而有图写（参见《李恂传》）、缮写（参见《卢植传》）的说法，流传到现在了。

今人谓马去鞍曰"写"，货物去舟车亦曰"写"，与"器之溉者不写"义同。《后汉书·皇甫规传》："旋车[①]完封，写之权门。"《晋书·潘岳传》："发槅[②]写鞍，皆有所憩。"《说文》作"卸，舍车解马也。读若汝南人写书之“写”。

【注释】①旋车：回师之车。②槅（gé）：大车轭。借指车。

【译文】现代人称马去鞍叫“写”，货物去舟车也叫“写”，与“器之溉者不写”意思相同。《后汉书·皇甫规传》记载：“旋车完封，写之权门。”《晋书·潘岳传》记载：“发槅写鞍，皆有所憩。”《说文解字》作“卸，去掉车解脱马。读作汝南方人写书的“写”。

行 李

古者谓行人为“行李”，亦曰“行理”。《左传》僖三十年：“行李之往来，共[①]其乏困。”襄八年：“亦不使一介行李，告于寡君[②]。”皆作“李”。昭十三年：“行理[③]之命，无月不至。”作“理”。《国语》：“周之秩官有之曰，敌国[④]宾至，关尹[⑤]以告，行理以节逆之。”贾逵曰：“理，吏也，小行人也。”汉李翕《析里桥郙阁颂》：“行理咨嗟。”至唐时，谓官府导从之人，亦曰“行李”。《旧唐书·温造传》：“左拾遗舒元褒[⑥]言：‘元和、长庆中，中丞行李，不过半坊。今乃远至两坊，谓之笼街喝道[⑦]。’敕曰：‘宪官之职，在指佞触邪[⑧]，不在行李。’”岂其不敢称卤簿，而别为是名邪?

【注释】①共：古同“供”，供奉，供给。②寡君：臣下对别国谦称本国国君。③行理：使人。即受命出使者。④敌国：地位或势力相等的国家。⑤关尹：官名。古代守关之官。⑥舒元褒：唐婺州东阳人，宰相舒元舆弟。官左拾遗，上疏论中丞温造凌辱供奉官事。⑦笼街喝道：封建时代的官员外出时，侍从人员鸣锣开道，吆喝街坊上的行人回避。表示仪仗的威风。⑧指佞触邪：指责申斥奸佞之人，抵制邪恶势力。

【译文】古时候把行人叫“行李”，也叫“行理”。《左传》鲁僖公三十年记载：“行李之往来，共其乏困。”鲁襄公八年记载：“亦不使一介行李，告于寡君。”都是写作“李”。鲁昭公十三年记载：“行理之命，无月不至。”写作“理”。《国语》记载：“周代《秩官》上有记载：敌国宾至，关尹以告，行理以节逆之。”贾逵说：“理，是吏的意思，是小行人的意思(掌管接待宾客)。”汉代李翕《析里桥郙阁颂》：“行理咨嗟。”到了唐朝，称呼官府导从的人，也叫“行李”。《旧唐书·温造传》记载：“左拾遗舒元褒说：‘元和、长庆中，中丞行李，不过半坊。今乃远至两坊，谓之笼街喝道。’皇帝敕令道：‘宪官之职，在指佞触邪，不在行李。’”难道是不敢称卤簿，而另外叫这个名字吗?

耗

今人以音问[1]为“耗”，起自《后汉书·章德窦皇后纪》：“家既废坏，数呼相工问息耗[2]。”注引薛氏《韩诗章句》曰：“耗，恶也。息耗，犹言善恶也。”

【注释】①音问：音讯，书信。②相工：旧指以相术供职或为业的人。息耗：亦作“息秏”。犹消长。指事物的盛衰、盈亏、吉凶等。实息者，吉；虚耗者，凶。

【译文】现代人把音信称为“耗”，出自《后汉书·章德窦皇后纪》记载：“家既废坏，数呼相工问息耗。”注解引用薛汉《韩诗章句》说：“耗，是恶的意思。息耗，就好比说善恶了。”

量移

唐朝人得罪，贬窜远方，遇赦改近地，谓之“量移①”。《旧唐书·玄宗纪》：“开元二十年十一月庚午，祀后土于脽上，大赦天下，左降②官量移近处。”“二十七年二月己巳，加尊号，大赦天下，左降官量移近处。”“量移”字始见于此。李白《赠京兆韦参军量移东阳诗》云：“潮水还归海，流人却到吴。相逢问愁苦，泪尽日南珠。”白居易《贬江州司马自题》云：“一旦失恩先左降，三年随例③未量移。”量，读平声。及迁忠州刺史，又云：“流落多年应是命，量移远郡未成官。”故韩愈自潮州刺史量移袁州，有“遇赦移官罪未除”之句。而《宋史》卢多逊④贬崖州诏曰：“纵经大赦，不在量移之限。”今人乃称迁职为量移，误矣。

【注释】①量移：指官吏因罪远谪，遇赦酌情调迁近处任职。②左降：贬官。多指京官降职到州郡。③随例：按照惯例。④卢多逊：字多逊，怀州河内（今河南沁阳）人。北宋初宰相。涉秦王赵廷美案，坐罪流放崖州。

【译文】唐朝人获罪，贬谪放逐到远方，逢到大赦调迁在附近的地方任职，称为“量移”。《旧唐书·玄宗纪》记载：“开元二十年十一月庚午，祀后土于脽上，大赦天下，左降官量移近处。”“二十七年二月己巳，加尊号，大赦天下，左降官量移近处。”“量移”最早出现在这。李白《赠京兆韦参军量移东阳诗》记载：“潮水还归海，流人却到吴。相逢问愁苦，泪尽日南珠。”白居易《贬江州司马自题》记载：“一旦失恩先左降，三年随例未量移。”（量，读平声。）等到白居易贬谪忠州刺史时，又说：“流落多年应是命，量移远郡未成官。”所以韩愈从潮州刺史调任到袁州，有“遇赦移官罪未除”的诗句。而《宋史·卢多逊传》中卢多逊被贬崖州的诏书说：“纵然遇到大赦，也不在量移的范围内。”现代人却称升职为量移，这是错误的。

罘罳

“罘罳①”字虽从“网”，其实屏也。《汉书·文帝纪》：“七年六月癸酉，未央宫东阙罘罳灾。”师古曰：“罘罳谓连阙曲阁②也，以覆重刻垣墉③之处，其形罘罳然，一曰屏也。”崔豹《古今注》曰：“罘罳，屏之遗象也。臣朝君，行至门内、屏外，复应思惟。罘罳，复思也。《释名》：“罘罳在门外。罘，复也；罳，思也。臣将入请事，于此复重思之也。”汉西京，罘罳合板为之，亦筑土为之，每门阙殿舍前皆有焉，于今郡国厅前亦树之。今人谓之影壁。”《考工记·匠人》：“宫隅之制七雉④，城隅之制九雉。”注：“宫隅城隅，谓角浮思⑤也。”《广雅》：“罘罳谓之屏。”《越绝书》：“巫门外罘罳者，春申君去吴，假君⑥所思处也。”春申君相楚，使其子为假君治吴。鱼豢⑦《魏略》：“黄初三年，筑诸门阙外罘罳。”参考诸书，当从

"屏"说。又《五行志》：刘向以为东阙所以朝诸侯之门也，罘罳在其外，诸侯之象也。"则其为屏明甚。而或在门内，或在门外，则制各不同耳。《盐铁论》："祠堂屏阁，垣阙罘罳。"《董贤传》："外为徼道[8]，周垣[9]数里，门阙罘罳甚盛。"《王莽传》："遣使坏渭陵、延陵园门罘罳，曰：毋使民复思也。"《后汉书·灵帝纪》："中平四年二月己亥，南宫内殿罘罳自坏。"杜子美《大云寺赞公房诗》："紫鸽下罘罳。"

【注释】①罘罳（fú sī）：古代设在门外或城角上的网状建筑，用以守望和防御。②连阙：古代宫殿、祠庙或陵墓前通常建有二台，上作楼观，名曰阙。阙上连有飞檐罘罳者谓之连阙。曲阁：弯曲相连的楼阁。③垣墉：墙壁。④雉：古代计算城墙面积的单位，长三丈高一丈为一雉。⑤浮思：即罘罳。古代设在宫门外或城角的屏。用以守望和防御。⑥假君：暂代的君主。⑦鱼豢（huàn）：长鱼氏，京兆（今陕西西安）人。三国时期曹魏国郎中、著名史学家。撰写有著名的纪传体史书《魏略》。⑧徼道：巡逻警戒的道路。⑨周垣：围墙，城墙。

【译文】"罘罳"字的偏旁虽然是"网"，但其实是屏障的意思。《汉书·文帝纪》记载："七年六月癸酉日，未央宫东阙罘罳灾。"颜师古说："罘罳指的是连阙曲阁，用来覆盖重刻垣墉的地方，形状像罘罳的样子，一名叫屏。"崔豹《古今注》记载："罘罳，是屏留传下来的形状、式样。臣下朝见君上，步行到门内、屏外，复应思惟。罘罳，是门外的屏障。（《释名》："罘罳在门外。罘，是复的意思；罳，是思的意思。臣子将要进入奏请事情，在这里再次思考事情。"）汉代的西京长安，罘罳是合板建造的，也有筑土建造的，每个门阙殿舍前都有的，在如今的郡国厅前也建有这个了。”（现在人称之为影壁。）《考工记·匠人》记载：“宫隅的建制为七雉，城隅的建制为九雉。”注解：“宫隅城隅，说的是角浮思。”《广雅》：“罘罳指的是屏。”《越绝书》记载：“巫门外的罘罳，是春申君离开吴地，暂代的君主所思念的地方。”（春申君在楚国为相，派遣其子为假君治理吴国。）鱼豢《魏略》记载：“黄初三年，筑造诸门阙外的罘罳。”参考诸书，应当依从“屏”的说法。又有《五行志》记载：刘向把东阙作为用来接见诸侯的门，罘罳在东阙外，是诸侯的象征。”那么罘罳为屏很明确了。至于有的在门内，有的在门外，则是由于建制各不相同了。《盐铁论》记载：“祠堂屏阁，垣阙罘罳。”《董贤传》记载：“在外修筑巡查道路，围墙有好几里长，门阙罘罳非常豪华。”《王莽传》记载：“派遣使者毁坏渭陵、延陵园门的罘罳，说道：不要让人们在想起来了。”《后汉书·灵帝纪》记载：“中平四年二月十一日，南宫内殿罘罳自然毁坏了。”（杜甫《大云寺赞公房诗》：“紫鸽下罘罳。”）

《酉阳杂俎》曰：“今人多呼殿榱桷[①]护雀网为罘罳，误也。《礼记·明堂位》疏：‘屏，天子之庙饰也。’注云：‘屏谓之树，《尔雅·释宫》文。今桴思[②]也，刻之为云气虫兽，如今阙上为之矣。’”正义曰：“汉时谓屏为桴思，解者以为天子外屏，人臣至屏俯伏，思念其事。”案《匠人》注云：“城隅谓阙桴思也。汉时东阙桴思灾。”以此诸文参之，则桴思，小楼也，故城隅阙上皆有之。然则屏上亦为屋以覆屏墙，故称屏曰桴思。亦引《广雅》及刘熙《释名》为证。作书者段成式[③]，盖唐时有呼护雀网为罘罳之目。故史言甘露之变[④]，宦者扶上升舆[⑤]，决殿后罘罳，疾趋北出，而温庭筠亦有“罘罳昼卷，阊阖[⑥]夜开”之句矣。

【注释】①榱桷（cuī jué）：屋椽。②桴思：即罘罳。设于门外的屏风。桴，通“罘”。③段成式：字柯古。晚唐东牟人，祖籍邹平（今山东邹平）。尚书左仆射段文昌之子，唐代著名志怪小说家。段成式工诗，有文名。在诗坛上，与李商隐、温庭筠齐名。④甘露之变：唐文宗时，宦官仇士良专权。唐文宗不甘为宦官控制，宰相李训等与凤翔节度使郑注等，密谋内外结合，诛除宦官集团。他们以左金吾卫仗院石榴树上夜降甘露为名，诱使仇士良等往观，谋加诛杀。因所伏甲兵暴露，失败。仇士良等劫文宗回宫，捕杀李训、舒元舆、王涯等。郑注也被监军宦官所杀，株连者千余人。史称“甘露之变”。⑤升舆：登车，上车。⑥阊阖：宫门的正门。

【译文】《酉阳杂俎》记载：“现代人大多称呼宫殿屋椽护雀网为罘罳，是错误的。《礼记·明堂位》注疏：‘屏，是天子宗庙的装饰。’注解：‘屏称为树立（《尔雅·释宫》文字），就是现在的桴思，雕刻云气虫兽，在如今的阙上筑造。’”（正义说：“汉代时称屏为桴思，注解的人认为是天子的外屏，大臣到屏前俯伏，思念其事。”案《匠人》注说：“城隅称为阙桴思。汉代时东阙桴思发生火灾。”依据这段文字参照，那么桴思，就是小楼，故而城隅阙上都有它。那么屏上也是以屋以覆盖屏墙，故而称屏为桴思。）也援引《广雅》以及刘熙的《释名》作为证明。著者段成式，大概唐朝时候有称呼护雀网为罘罳的名称。所以史书记载甘露之变，宦官搀扶皇上登车，决开宫殿后的罘罳，急速行进从北面跑出，而温庭筠也有“罘罳昼卷，阊阖夜开”的诗句。

“罘罳”字有作“桴思”者，《礼记·明堂位》注。有作“浮思”者，《考工记》注。并见上。有作“罘罳”者，《博雅》：“罘罳谓之屏。”有作“复思”者，《水经注》：“象魏[①]之上加复思以易观。”又云：“谯城南有曹嵩[②]冢，冢北有庙堂，榱栌[③]及柱皆雕镂云矩，上复思已碎。”有作“覆思”者，宋玉《大言赋》：“大笑至兮摧覆思。”言一笑而垣屏为之倾倒也。若摧护雀网，亦不足大也。

【注释】①象魏：古代天子、诸侯宫门外的一对高建筑，亦叫“阙”或“观”，为悬示教令的地方。②曹嵩：字巨高，沛国谯县（今安徽亳州）人，是曹操的父亲，东汉末年宦官中常侍大长秋曹腾的养子。③榱栌（lú）：榱：椽子；栌：柱上方木，斗拱。

【译文】“罘罳”字形有写作“桴思”的，《礼记·明堂位》注解。有写作“浮思”的，《考工记》注解。一并见上文。有写作“罘罳”的，《博雅》记载：“罘罳称为屏。”有写作“复思”的，《水经注》记载：“在象魏之上加建复思来代替楼观。”又记载：“谯城南面有曹嵩的墓冢，墓冢北面有庙堂，榱栌以及立柱都雕刻着云矩，上面的复思已经破碎。”有写作“覆思”的，宋玉《大言赋》记载：“大笑至兮摧覆思。”说的是一笑而垣屏为之倾倒。如果是摧毁护雀网，也就不够大了。

陈氏《礼书》曰：“古者门皆有屏，天子设之于外，诸侯设之于内。《礼》：‘台门而旅树[①]。’旅，道也，当道而设屏，此外门之屏也。治朝在路门②之外，‘天子当宁③而立’。宁在门屏之间，此路门之屏也。《国语》曰：‘王背屏而立，夫人向屏。’此寝门④内之屏也。‘鲁庙’疏：‘屏，天子之庙饰。’此庙门之屏也。《月令》：‘天子田猎，整设于屏外。’此田防之屏也。《晋·天文志》：‘屏四星，在端门之内，近右执法⑤。’然则先王设屏，非苟然也。”

【注释】①台门：古代天子、诸侯宫室的门。因以土台为基，故称。旅树：当门道立屏。②治朝：古代天子诸侯三朝之一。在路门外，司士掌之，为每日视朝之所。路门：古代宫室最里层的正门。③当宁：处在门屏之间。宁：古代宫室门内屏外之地。君主在此接受诸侯的朝见。④寝门：古礼天子五门，诸侯三门，大夫二门。最内之门曰寝门，即路门。后泛指内室之门。⑤右执法：星官名。在太微右垣。

【译文】陈祥道《礼书》记载：“古时候的门都有屏，天子设置在外，诸侯设置在内。《礼记》记载：‘台门而旅树。’旅，是道的意思，当道而设屏，这是外门的屏。治朝在路门外，‘天子当宁而立’。宁在门屏之间，这是路门的屏。《国语》记载：‘君王背向屏风而立，夫人面向屏风。’这是寝门内的屏。‘鲁庙’注疏：‘屏，是天子宗庙的装饰。’这是庙门的屏。《月令》记载：‘天子举行田猎，整齐地排列在屏障之外。’这是田猎防卫的屏。《晋书·天文志》记载：‘屏卫着四星，在端门之内，靠近右执法星官。’那么先王设置屏障，不是随便而作的。”

场屋

场屋者，于广场之中而为屋，不必皆开科试士之地也。《隋书·音乐志》：“每岁正月，万国来朝，留至十五日。于端门[①]外建国门内绵亘八里，列为戏场。百官起棚夹路，从昏达旦以纵观[②]之，至晦而罢。”故戏场亦谓之场屋。唐元微之《连昌宫辞》：“夜半月高弦索鸣，贺老[③]琵琶定场屋。”

【注释】①端门：宫殿的正南门。②纵观：恣意观看。③贺老：即贺怀智，唐玄宗时代人，宫廷乐队琴师。

【译文】场屋，在广场之中建造的房屋，不一定都是开科试士的地方。《隋书·音乐志》记载：“每年正月，很多国家来朝拜，留止到十五日。在端门外建国门内连续不绝八里，排列为戏场。百官在道路两旁搭起棚子列，从黄昏到清晨随意观看，到晦日才停歇。”所以戏场也称为之场屋。唐代元稹（字微之）的《连昌宫辞》有句诗说：“夜半月亮升得很高了，宫中传出了琴弦的声音，原来是贺怀智弹奏的压场琵琶声。”

豆

《战国策》：张仪说韩王曰：“五谷所生，非麦而豆，民之所食，大抵豆饭藿[①]羹。”姚宏注曰：“《史记》作‘饭菽[②]而麦’，下文亦作‘菽’，古语但称菽，汉以后方谓之豆。”今按《本草》有赤小豆、大豆之名。《本草》不皆神农所著。《越绝书》:“丙货之户曰赤豆为下物,石五十;己货之户曰大豆为下物,石二十。”《越绝书》亦非子贡所作。《汉书·杨恽传》:“种一顷[3]豆,落而为萁。”

【注释】①藿:豆类植物的叶子。②菽(shū):豆类的总称。③顷:中国市制田地面积单位。一顷等于一百亩。

【译文】《战国策》记载:张仪游说韩王说:“五谷所出产的,不是麦子就是豆子,百姓所吃的食物,大抵上是豆做的饭、豆叶做的羹。”姚宏注解说:“《史记》记作‘饭菽而麦’,下文也写作‘菽’,古代语言只是称菽,汉代以后才称作豆。”如今根据《神农本草经》有赤小豆、大豆的名称。《神农本草经》不完全是神农所著的。《越绝书》记载:“丙等货物之户称赤豆为下物,卖五十石;己等货物之户称呼大豆为下物,卖二十石。”《越绝书》也不是子贡所撰写的。《汉书·杨恽传》记载:“种了一顷地的豆子,只收到无用的豆茎。”

陉

今井陉之“陉”,古书有作“鈃[1]”者,《穆天子传》:“至于鈃山之下。”注:今在常山石邑县,鈃音邢。是也,有作“研”者,《汉书·地理志》:“上党郡有石研阙。”是也。有作“岍[2]”者,《晋书·石勒载记》:“使石季龙击托候部掘咄哪于岍北,大破之。”是也。有作“硁”者,《晋书·胡奋传》:“顿军硁北。”是也。有作“岼”者,扬子《法言》:“山岼之蹊。”是也。有作“径”者,李尤[3]《函谷关赋》："于北则有萧居天井、壶口石径，贯越代朔，以临北庭[④]。"是也。

【注释】①鈃（xíng）：古代称井陉山为"鈃山"。②岍（qiān）：岍山，在中国陕西省。③李尤：东汉文史学家，字伯仁，广汉雒（今四川广汉）人。李尤有司马相如、扬雄之风。④北庭：汉代北单于所统治之地。

【译文】现在井陉的"陉"字，古书有写作"鈃"的，《穆天子传》记载："到了钘山下。"（注：今在常山石邑县，鈃读邢音。）就是这样的，有写作"研"的，《汉书·地理志》记载："上党郡有石研阙。"就是这样的。有写作"岍"的，《晋书·石勒载记》记载："派遣石季龙在岍北攻打托候部掘咄哪，打败了他们。"就是这样的。有写作"硁"的，《晋书·胡奋传》记载："在硁北驻扎军队。"就是这样的。有写作"崾"的，扬子《法言》记载："山崾的小路。"就是这样的。有写作"径"的，李尤《函谷关赋》记载："在北面就有萧居、天井、壶口、石径等险要关塞，贯通穿越代朔，用来居高临下北庭。"就是这样的。

豸

《庄子·在宥篇》："灾及草木，祸及止虫。""止"当作"豸"，古"止""豸"通用。《左传》宣十七年："庶有豸乎？"豸，止也。

【译文】《庄子·在宥篇》："灾及草木，祸及止虫。""止"应当写作“豸”，古时候“止”“豸”通用。《左传》鲁宣公十七年记载：“庶有豸乎？”豸，就是止字。

关

关者，所以拒门之木。《说文》：“关，以木横持门户也。”《左传》：“臧孙纥斩鹿门之关。”《吕氏春秋》：“孔子之劲，举国门之关，而不肯以力闻。”贾谊《新书》：“豫让[①]曰：我事中行之君，与帷而衣之，与关而枕之。”《鲁连子》：“譬若门关，举之以便，则可以一指持中；而举之非便，则两手不能。关非益加重，手非加罢也，彼所起者非举势也。”皆谓拒门之木。后人因之，遂谓门为关也。《周礼·司关》注：“关，界上之门。”

【注释】①豫让：姬姓，毕氏。春秋战国时期晋国人，是晋国正卿智伯瑶的家臣。为了给主公智伯瑶报仇，豫让用漆涂身，吞炭使哑，暗伏桥下，谋刺赵襄子未遂，后为赵襄子所捕。临死时，求得赵襄子衣服，拔剑击斩其衣，以示为主复仇，然后伏剑自杀，留下了“士为知己者死，女为悦己者容”的历史典故。

【译文】关，是用来抵挡门的木闩。《说文解字》记载：“关，是木头横持门户的。”《左传》记载：“臧孙纥斩鹿门之关。”《吕氏春秋》记载：“孔子之劲，举国门之关，而不肯以力闻。”贾谊《新书》记载：“豫让说：我事中行之君，与帷而衣之，与关而枕之。”《鲁连子》记载：“譬若门关，举之以便，则可以一指持中；而举之非便，则两手不能。关非益加重，手非加罢也，彼所起者非举势也。”都指抵挡门的木闩。后人沿袭这个说法，于是称呼门为关了。（《周礼·司关》注：“关，界上的门。”）

《史记》谓拒门之木为关。《汉书·杨恽传》：“有奔车抵殿门，门关折，马死。”《赵广汉传》：“斩其门关而去。”《宋书·少帝纪》：“突走出昌门，追者以门关踣[①]之。”《王镇恶传》：“军人缘城得入门，犹未及下关。”《唐书·李训传》：“阍者欲扃锁[②]之，为中人所叱，执关而不能下。”

【注释】①踣（bó）：倒毙，僵死，破灭。②扃（jiōng）：从外面关门的闩、钩等。

【译文】《史记》称抵挡门的木闩为关。《汉书·杨恽传》记载：“有奔车抵殿门，门关折，马死。”《赵广汉传》：“斩其门关而去。”《宋书·少帝纪》记载：“突走出昌门，追者以门关踣之。”《王镇恶传》记载：“军人缘城得入门，犹未及下关。”《唐书·李训传》记载：“阍者欲扃锁之，为中人所叱，执关而不能下。”

宙

《说文》：“宙，舟舆所极覆也。”此解未明。《淮南子·览冥训》记载：“燕雀佼之，以为不能与之争于宇宙之间。”高诱注：“宙，栋梁也。”似合。“宙”字从宀，本是宫室之象，后人借为往古来今之号耳。《说文》:“上下四方曰宇,古往今来曰宙。”

【译文】《说文解字》记载:“宙,舟舆所极覆也。”这个解释不清楚。《淮南子·览冥训》记载:“燕雀佼之,以为不能与之争于宇宙之间。”高诱注解:“宙,是栋梁的意思。”似乎是合理的。“宙”字偏旁是宀,原本是宫室的征象,后人假借为往古来今之称了。(《说文解字》:“上下四方曰宇,古往今来曰宙。”)

石炭

今人谓石炭为墨。按《水经注》:“冰井台,井深十五丈,藏冰及石墨焉。石墨可书,又然之难尽,亦谓之石炭,”是知石炭、石墨一物也,有精粗尔。《史记·外戚世家》:“窦少君为其主入山作炭。”《后汉书·党锢传》:“夏馥入林虑山中亲突烟炭。”皆此物也。北人凡入声字皆转为平,故呼“墨”为“煤”,而俗竟作“煤”字,非也。《玉篇》:“煤,炱煤[①]也。”《韵会》:“煤,炱灰集屋者。”《吕氏春秋》:“孔子穷于陈、蔡之间,七日不尝粒。昼寝,颜回索米,得而爨之,几熟,孔子望见颜回攫其甑[②]中而食之。选[③]间食熟,谒孔子而进食。孔子起曰:‘今者梦见先君食洁而后馈。’颜回对曰:‘不可。向者煤室入甑中,弃食不祥,回攫而饭之。’”高诱曰:“煤室,烟尘之煤也。”《素问》:“黑如炲者死。”注:“炲谓炲煤也。”唐张祜[④]诗:“古墙丹雘[⑤]尽,深栋墨煤生。”李商隐诗:

“敌国军营漂木柹[⑥]，方吠反。按《说文》，当作“柹”，削木札朴也。《后汉书·方术·杨方传》：“风吹札柹。”前朝神庙锁烟煤。”温庭筠诗：“烟煤朝奠处，风雨夜归时。”是煤乃梁上烟煤之名，非石炭也。崔铣[⑦]《彰德志》作“烸”。《志》曰：“安阳县龙山出石炭，入穴取之无穷。取深数百丈，必先见水，水尽然后炭可取也。炭有数品，其坚者谓之石，软者谓之烸。气愈臭者，然之愈难尽。水可以煎矾。终不若晋绛者云。”“按《玉篇》《广韵》并无“烸”字。

【注释】①炱（tái）煤：亦作“炲煤”。火烟凝积成的黑灰。②甑（zèng）：古代蒸饭的一种瓦器。底部有许多透蒸气的孔格，置于鬲上蒸煮，如同现代的蒸锅。③选：片刻，须臾。④张祜（hù）：字承吉，唐代清河（今河北清河县）人，诗人。家世显赫，被人称作张公子，有“海内名士”之誉。⑤丹雘（huò）：可供涂饰的红色颜料。⑥木柹（fèi）：砍削下来的碎木片、木皮。⑦崔铣：字子钟，又字仲凫，号后渠，又号洹野，世称后渠先生。著有《洹词》和《彰德府志》。

【译文】现代人称呼石炭为墨。根据《水经注》记载：“冰井台，井深有十五丈，井中贮藏冰和石墨。石墨可以书写，燃烧又难以烧尽，也称为石炭，”说明石炭、石墨是同一物，有精良和粗劣罢了。（《史记·外戚世家》：“窦少君为其主入山作炭。”《后汉书·党锢传》：“夏馥入林虑山中亲突烟炭。”都指的是这个东西。）北方人凡是入声字都转读为平声，所以称“墨”为“煤”，然而通俗竟然写作“煤”字，是不对的。《玉篇》记载：“煤，是炱煤。”《韵会》记载：“煤，是烟子灰聚集在屋里。”《吕氏春秋》记载：“孔子在陈国、蔡国之间受困，七天没有吃饭。在午睡，颜回去讨米，讨得后而烧火煮饭，差不多快要熟了，孔子远远望见颜回抓取甑中的饭吃。片刻后饭熟了，请孔子去吃饭。孔子起来说：'刚刚我梦见先君，要进献干净的饭祭祀。'颜回回答说：'不可。向者煤室入甑中，弃食不祥，回攫而饭之。'"高诱注解说："煤室，是烟尘的煤灰。"《素问》："黑如炲者死。"注解："炲说的是炲煤。"唐代张祜有句诗说："古墙丹雘尽，深栋墨煤生。"李商隐有句诗说："敌国军营漂木柿（方吠反。按《说文解字》，应当写成"柿"，砍削木札朴。《后汉书·方术·杨方传》："风吹札柿"），前朝神庙锁烟煤。"温庭筠有句诗说："烟煤朝奠处，风雨夜归时。"这个煤乃是梁上烟煤的名称，不是石炭。崔铣《彰德府志》写作"熑"。（《彰德府志》说："安阳县龙山出产石炭，进入洞穴则取之无穷。探取到深数百丈，必然先见到水，水尽之处然后炭才能采取。炭有数种，当中坚固的称为石，柔软的称为熑。气味越臭的，燃烧它就越难烧完。水可以煎石矾。始终不像晋州、绛州的煤。"）根据《玉篇》《广韵》并没有"熑"这个字。

终葵

《考工记》："大圭[①]长三尺，杼[①]上终葵首。"注："终葵，椎也。为椎于其杼上，明无所屈也。"《礼记·玉藻》："终葵，椎也。"《方言》："齐人谓椎为终葵。"马融《广成颂》："翚[③]挥同终葵，扬关斧。"《博雅》作"柊楑"。盖古人以椎逐鬼，若大傩[④]之为耳。今人于户上画钟馗[⑤]像，云唐时人能捕鬼者，玄宗尝梦见之，事载沈存中《补笔谈》。未必然也。《五代史·吴越世家》："岁除，画工献钟馗击鬼图。"《魏书》："尧暄⑥本名钟葵，字辟邪。"则古人固以钟葵为辟邪之物矣。又有淮南王佗子名钟葵，有杨钟葵、丘钟葵、李钟葵、慕容钟葵、乔钟葵、《北史·庶人谅传》作"乔钟馗"。又《恩幸传》末有宫钟馗。"馗"字两见。而《杨义臣传》仍作"乔钟葵"。段钟葵、于劲字钟葵、张白泽本字钟葵。《唐书》有王武俊将张钟葵，《通鉴》作"终葵"。则以此为名者甚多，岂以其形似而名之，抑取辟邪之义与？《左传》定四年，分康叔以殷民七族，有"终葵氏"。是又不可知其立名之意也。

【注释】①大圭：佩玉，作丁字形，用途如笏，插在腰带间以记事备忘。②杼（zhù）：薄，削薄，减削。③翚（huī）：通"挥"，挥动。④大傩（nuó）：岁末禳祭，以驱除瘟疫。⑤钟馗：字正南，中国民间传说中能打鬼驱除邪祟的神。⑥尧暄：本名尧钟葵，字辟邪，是钟馗的原型之一，上党郡长子县（今山西长子县）人。北魏时期大臣。

【译文】《考工记》记载："大圭长三尺，杼上终葵首。"（注解："终葵，是椎的意思。为椎于其杼上，表明没有什么能屈的。"）《礼记·玉藻》记载："终葵，是椎的意思。"《方言》记载："齐人称椎为终葵。"马融《广成颂》记载："挥动终葵，扬起关斧。"（《博雅》写成"柊楑"。）大概古人是用椎驱逐鬼，好比年底的祷祭。现代人在门户上画钟馗像，说他是唐朝人，能够抓鬼，唐玄宗曾经梦到过他，事迹记载在沈括的《补笔谈》。未必是这样。（《五代史·吴越世家》："除夕，画工献上钟馗击鬼图。"）《魏书》记载："尧暄本名尧钟葵，字辟邪。”那么古人本来就把钟葵作为辟邪之物了。又有淮南王刘佗的儿子名叫刘钟葵，有杨钟葵、丘钟葵、李钟葵、慕容钟葵、乔钟葵、（《北史·庶人谅传》写成“乔钟馗”。又《恩幸传》结尾有宫钟馗。“馗”字出现两次。而《杨义臣传》依旧写成“乔钟葵”。）段钟葵、于劲字钟葵、张白泽本字钟葵。《唐书》有王武俊的将领张钟葵（《通鉴》写成“终葵”），那么以钟葵为名的有很多，怎么会因为形近而命名呢，也许是取辟邪的含义吧？《左传》鲁定公四年记载，分赐给康叔殷商的七个家族，就包含有“终葵氏”。这又不知道这个命名的含义了。

魁

今人所奉魁星[①]，不知始自何年。以奎为文章之府，故立庙祀之。乃不能像奎，而改“奎”为“魁”，又不能像魁，而取之字形，为鬼举足而起其斗。不知奎为北方玄武七宿[②]之一，魁为北斗[③]之第一星，所主不同，而二字之音亦异。今以文而祀，乃不于奎而于魁，宜乎今之应试而获中者，皆不识字之人与？又今人以榜前五名为五魁[④]。《汉书·酷吏传》：“所置皆其魁宿[⑤]。”《游侠传》：“闾里之侠，原涉为魁。”师古曰：“魁者，斗之所用盛，而杓之本也。”天文北斗魁为首，末为杓。《淮南子》注：“斗第一星至第四为魁，第五星至第七为杓。”故言根本者皆云魁。《说文》：“魁，羹斗也。”赵宧光曰：“斗首曰魁，因借凡首皆谓之魁。其见于经者，《书·胤征》之‘歼厥渠魁[⑥]’，《记·曲礼》之‘不为魁，主人能，则执兵而陪其后’。”然则五魁之名，岂佳语哉！或曰里有里魁，市有市魁，皆长帅之意，要非雅俊之目。《吕氏春秋》有“魁士名人”，此用“魁”字之始。《国语》：“幽王荡以为魁陵粪土沟渎。”韦昭解：“小阜曰魁。”《列子》：“以君之力，曾不能损魁父之丘。”《史记·赵世家》：“嬴姓将大败周人于范魁之西。”《鲍宣传》：“白首耆艾，魁垒之士。”《扬雄传》：《甘泉赋》：“冠沦魁能。”陆机《感丘赋》：“罗魁封之累累。”又《文选》潘岳《笙赋》：“统大魁以为笙。”李周翰曰：“大魁，谓匏中也。”又《仪礼·士冠礼》：“素积白屦，以魁柎之。”注：“魁，蜃蛤。”

【注释】①魁星：中国古代星宿名称，是中国古代神话中所说的主宰文章兴衰的神，在儒士学子心目中，魁星具有至高无上的地位。②北方玄武七宿：指二十八宿按东南西北分为四象中的北方玄武七宿。四象在中国传统文化中指青龙、白虎、朱雀、玄武，分别代表东西南北四个方向。玄武是由龟和蛇组合成的一种灵物。玄武的本意就是玄冥，武、冥古音是相通的。武，是黑的意思；冥，就是阴的意思。③北斗：也叫“北斗七星”。指在北方天空排列成斗形（或杓形）的七颗亮星，这七颗星的名称是：天枢、天璇、天玑、天权、玉衡、开阳、摇光（或作“瑶光”）。排列如斗杓，故称“北斗”。根据北斗星便能找到北极星，故又称“指极星”。④五魁：即五经魁，科举乡试中的前五名。明代科举分五经试士，每经所取第一名谓之经魁。乡试中每科前五名必须分别是某一经的经魁，故称五经魁。其后五经试士制虽废，但习惯上仍称乡试所取前五名为五经魁。亦省称“五魁”。⑤魁宿：有深交的老熟人。⑥渠魁：大头目，首领。

【译文】现代人所信奉的魁星，不知道从哪一年开始的。以奎为文章之府，所以立庙祭祀。但是不能比照奎的神像，于是改“奎”为“魁”，又不能比照魁的神像，于是取魁的字形，塑造鬼的形象，一脚提起而一手捧斗。不知道奎为北方玄武七宿之一，魁为北斗的第一星，主宰不同，而两个字的音也不同。如今因为文运而祭祀，不是奎而是魁，如今参加科举考试而得中的人，应当都是不识字的人吧？而且现代人把文榜的前五名称为五魁。《汉书·酷吏传》记载：“所置皆其魁宿。”《游侠传》记载：“闾里之侠，原涉为魁。”颜师古说：“魁，是斗用来盛的部分，是杓的根本。”（天文北斗魁为第一，最后为杓。《淮南子》注：“北斗第一星至第四星为魁，第五星至第七星为杓。”）所以称根本都称为魁。《说文解字》记载：“魁，是羹斗。”赵宧光说：“北斗七星之首称为魁，因此假借凡是第一都称作魁。出现在经籍中的，有《尚书·胤征》的‘歼厥渠魁’，《礼记·曲礼》的‘不为魁，主人能，则执兵而陪其后’。”那么五魁的命名，哪里是好话呢！有人说里弄有里魁，市场有市魁，都是首领的意思，应该不是秀美文雅的名称。（《吕氏春秋》有“魁士名人”，这里用“魁”字的开始。《国语》：“幽王荡以为魁陵粪土沟渎。”韦昭注解：“小阜为魁。”《列子》：“以君之力，曾不能损魁父之丘。”《史记·赵世家》：“嬴姓将大败周人于范魁之西。”《鲍宣传》：“白首耆艾，魁垒之士。”《扬雄传》：《甘泉赋》：“冠沦魁能。”陆机《感丘赋》：“罗魁封之累累。”又《文选》潘岳《笙赋》：“统大魁以为笙。”李周翰曰：“大魁，谓匏中也。”又《仪礼·士冠礼》：“素积白屦，以魁柎之。”注：“魁，就是蜃蛤。”）

近时人好以魁命名，亦取五魁之义。古人以魁命名者绝少，《左传》有鄭魁垒、卢蒲就魁。《吕氏春秋》："齐王杀燕将张魁。"

【译文】近时的人喜好用魁命名，也是选取五魁的意思。古时候的人用魁命名的极少，《左传》有鄭魁垒、卢蒲就魁。《吕氏春秋》记载："齐王斩杀燕将张魁。"

桑 梓

《容斋随笔》谓："《小雅》：'维桑与梓，必恭敬止。'并无乡里之说，而后人文字乃作乡里事用。"愚考之张衡《南都赋》云："永世克孝，怀桑梓焉，真人[①]南巡，睹旧里焉。"蔡邕作《光武济阳宫碑》云："来在济阳，顾见神宫，追惟桑梓褒述[②]之义。"陈琳为袁绍檄云："梁孝王先帝母弟，坟陵[③]尊显，松柏桑梓，犹宜肃恭。"汉人之文必有所据，齐、鲁、韩三家之《诗》不传，未可知其说也。胡三省《通鉴注》："桑梓谓其故乡祖父之所树者。"以后魏钟会与蒋斌[④]书："桑梓之敬，古今所敦。"晋左思《魏都赋》："毕昴[⑤]之所应，虞夏之余人，先王之桑梓，列圣之遗尘。"陆机《思亲赋》："悲桑梓之悠旷，愧蒸尝之弗营。"《赠弟士龙诗》："迫彼窀穸[⑥]，载驱东路，继其桑梓，肆力丘墓。"《赠顾彦先诗》："眷言怀桑梓，无乃将为鱼，百年歌辞官，致禄[⑦]归桑梓。"潘尼《赠陆机出为吴王郎中令诗》:“祁祁[8]大邦,惟桑与梓。”《赠荥阳太守吴子仲诗》:“垂覆岂他乡,回光临桑梓。”潘岳《为贾谧作赠陆机诗》:“旋反桑梓,帝弟作弼。”陆云《答张士然诗》:“感念桑梓域,仿佛眼中人。”《九愍》:“望龙门而屡顾,攀维桑而祗泣。”《岁暮赋》:“虔孝敬于神邱兮,结祗慕于维桑。”阎式《复罗尚书》:“人怀桑梓。”

【注释】①真人:《史记·秦始皇本纪》:“始皇曰:吾慕真人,自谓‘真人’,不称朕。”后因指统一天下的所谓真命天子。②褒述:记述其功德予以表彰。③坟陵:帝王的陵墓。④蒋斌:零陵湘乡(今湖南湘乡)人,蒋琬长子,三国时期蜀汉将领。⑤毕昴:毕星与昴星。二星至秋季时,晨见于东方,故常以表示天将黎明。⑥窀穸(zhūn xī):亦作“窀夕”。墓穴。⑦致禄:归还爵禄。即辞官。⑧祁祁:众多貌,盛貌。

【译文】《容斋随笔》记载:“《小雅》:‘维桑与梓,必恭敬止。’并没有家乡的说法,然而后人文字却作为家乡的代指。”我考证张衡《南都赋》的记载:“永世克孝,怀桑梓焉,真人南巡,睹旧里焉。”蔡邕作《光武济阳宫碑》记载:“来在济阳,顾见神宫,追惟桑梓褒述之义。”陈琳为袁绍写檄文:“梁孝王是先帝的同母兄弟,陵墓尊贵显赫,陵墓周围的松柏桑梓,尚且应该端严恭敬对待。”汉代人的文字必定有所依据,然而齐人辕固生、鲁人申培公、燕人韩婴三家的《诗经》没有传授,不知道他们的说法。(胡三省《通鉴注》:“桑梓是说其故乡祖父所种植的植物。”)后来魏国的钟会给蒋斌写信:“桑梓之敬,古今所敦。”晋朝左思《魏都赋》记载:“毕昴之所应，虞夏之余人，先王之桑梓，列圣之遗尘。”陆机《思亲赋》：“悲桑梓之悠旷，愧蒸尝之弗营。”《赠弟士龙诗》：“迫彼窀穸，载驱东路，继其桑梓，肆力丘墓。”《赠顾彦先诗》：“眷言怀桑梓，无乃将为鱼，百年歌辞官，致禄归桑梓。”潘尼《赠陆机出为吴王郎中令诗》：“祁祁大邦，惟桑与梓。”《赠荥阳太守吴子仲诗》：“垂覆岂他乡，回光临桑梓。”潘岳《为贾谧作赠陆机诗》：“旋反桑梓，帝弟作弼。”陆云《答张士然诗》：“感念桑梓域，仿佛眼中人。”（《九愍》：“望龙门而屡顾，攀维桑而祇泣。”《岁暮赋》：“虔孝敬于神邱兮，结祇慕于维桑。”）阎式《复罗尚书》：“人怀桑梓。”

刘琨《上愍帝表》：“蒸尝之敬在心，桑梓之情未克。”袁宏《三国名臣赞》：“子布擅名[①]，遭世方扰，抚翼[②]桑梓，息肩[③]江表。”宋武帝《复彭沛下邳三郡租诏》：“彭城桑梓本乡，加隆攸在。”文帝《复丹徒租诏》：“丹徒桑梓绸缪，大业攸始。”谢灵运《孝感赋》：“恋丘坟而萦心，忆桑梓而零泪。”《会吟行》：“东方就旅逸，梁鸿去桑梓。”何承天《铙歌》：“愿言桑梓思旧游。”鲍照《从过旧宫诗》：“严恭履桑梓，加敬览枌榆。”梁武帝《幸兰陵诏》：“朕自违桑梓，五十余载。”刘峻《辨命论》：“居先王之桑梓，窃名号于中县。”江淹《拟陆平原诗》：“明发眷桑梓，永叹怀密亲。”则又从《南都赋》之文而承用之矣。按古人桑梓之说，不过敬老之意。《说苑》：“常枞[④]谓老子曰：过乔木而趋，子知之乎？老子曰：过乔木而趋，非谓敬老邪？常枞曰：嘻，是已。”此于诗为兴[⑤]体，言桑梓犹当养敬，而况父母为人子之所瞻依[⑥]。

【注释】①擅名：享有名声。②抚翼：拍击翅膀。比喻奋起。③息肩：让肩头得到休息。比喻卸除责任或免除劳役。④常枞：据传是老子之师，其名不可考，所传于今世的只有那著名的成语——舌存齿亡。⑤兴：《诗经》的表现手法之一，兴是借他物来引出此物的意思，相当于现在的象征修辞方法。⑥瞻依：瞻仰依恃。表示对尊长的敬意。

【译文】刘琨《上愍帝表》："蒸尝之敬在心，桑梓之情未克。"袁宏《三国名臣赞》："子布擅名，遭世方扰，抚翼桑梓，息肩江表。"宋武帝《复彭沛下邳三郡租诏》："彭城桑梓本乡，加隆攸在。"文帝《复丹徒租诏》："丹徒桑梓绸缪，大业攸始。"谢灵运《孝感赋》："恋丘坟而萦心，忆桑梓而零泪。"《会吟行》："东方就旅逸，梁鸿去桑梓。"何承天《铙歌》："愿言桑梓思旧游。"鲍照《从过旧宫诗》："严恭履桑梓，加敬览枌榆。"梁武帝《幸兰陵诏》："朕自违桑梓，五十余载。"刘峻《辨命论》："居先王之桑梓，窃名号于中县。"江淹《拟陆平原诗》："明发眷桑梓，永叹怀密亲。"则又是从《南都赋》的文字而沿用了。古人桑梓的说法，不过是尊敬长辈的意思。《说苑》记载："常枞对老子说：路过乔木需要小步快走，你知道吗？老子回答说：路过乔木需要小步快走，不是要表达尊敬长辈的意思吗？常枞说：嘻，是的。"这在《诗经》里是象征手法，是说桑梓尚且应当奉养尊敬，更何况父母被子女所瞻仰依恃。

胡咙

《说文》："胡，牛颔垂也。"徐曰："牛颔下垂皮也。"《释名》："胡，互也。在咽下垂，能敛互物[①]也。"《诗》："狼跋[②]其胡。"狼之老者，颔下垂胡。《汉书·郊祀志》："有龙垂胡顜[③]，下迎黄帝。"师古曰："胡，颈下垂肉也。"《金日磾传》："捽[④]胡投何罗殿下。"晋灼曰："胡，颈也。"《张敖传》："仰绝亢[⑤]而死。"注："苏林曰：亢，颈大脉也，俗所谓胡脉也。"《后汉书》："请为诸君鼓咙胡[⑥]。"《太玄经》："七为嘏咕[⑦]。"范望解："谓唐胡也，"古人读"侯"为"胡"。《息夫躬传》，师古曰："咽，喉咙。"即今人言胡咙耳。

【注释】①互物：甲壳类动物的总称。②跋：踩，践踏。③顜（rán）：颊须，在颊曰髯。④捽（zuó）：揪，抓。⑤绝亢：犹刎颈。⑥咙胡：喉咙。⑦嘏咕（xiá hú）：咽喉。

【译文】《说文解字》记载："胡，是牛下巴颏下垂肉的意思。"徐锴训解说："是牛下巴下的垂皮。"《释名》记载："胡，是互的意思。在咽下垂，能收束蚌蛤。"《诗经》记载："狼跋其胡。"狼年龄大的，下巴下垂着垂肉。《汉书·郊祀志》记载："有垂着须顜的龙，从天上下来迎接黄帝。"颜师古说："胡，是颈下垂肉的意思。"《金日磾传》记载："捽胡投何罗殿下。"晋灼说："胡，是颈的意思。"《张敖传》记载："仰绝亢而死。"注解："苏林说：亢，是颈部大脉的意思，就是世俗所说的胡脉。"《后汉书》记载："请为诸君鼓动喉咙。"《太玄经》记载："七是咽喉。"范望解说："指的是唐胡。"古人读"侯"为"胡"。《息夫躬传》，颜师古说："咽，指的是喉咙。"就是现代人所说的胡咙。

胡

三代时，外国之名曰戎、曰狄而已。《礼记·王制》："东方曰夷，南方曰蛮，西方曰戎，北方曰狄。"专言之则曰荤粥[①]，曰猃狁。至赵武灵王始名曰胡。按《说文》："胡，牛頟垂也。从肉古声。"《说文》："旛，幅胡也。"臣铉等曰："胡，幅之垂者也，亦取下垂为义。"《续汉·舆服志》："圣人见鸟兽，有冠角頳胡之制。"是也。《诗》曰："狼跋其胡。"狼之老者，頟下垂胡，故以为寿考之称。《诗》曰："胡考之宁。"传曰："虽及胡耇[②]。"《释名》："胡耇，咽皮如鸡胡也。"《谥法》：弥年寿考曰胡，保民耆艾[③]曰胡。陈有胡公，而蔡仲[④]及周厉王名胡，似亦皆取此义。晋王胡之字修龄。《考工记》："戈广二寸，内倍之，胡三之。"谓戈锋之曲而旁出者，犹牛胡也。《周礼·大行人》："侯伯七十步立，当前疾[⑤]。"注："前疾，谓驷马车辕前胡下垂柱地者。"《礼记·深衣》："袂圜以应规。"注："谓胡下也，下垂曰胡。"《方言》："凡箭镞胡合嬴者。"郭璞解："胡镝[⑥]在于喉下。"则亦取象于牛胡也。又国名，今之胡姓，以国为氏，或以谥为氏者也。又与"何"字义同，如"胡能有定""胡然而天""胡斯畏忌"之类。笺云："胡之言何也。"见于经传，如此而已。

【注释】①荤粥：我国古代北方匈奴族的别称。②胡耇（gǒu）：年老或高寿的人。③耆艾：尊长，师长。亦泛指老年人。④蔡仲：姬姓，名胡，周文王之孙，蔡叔度之子，周武王的侄子，西周时期诸侯国蔡国第二任国君，亦称蔡仲胡。⑤前疾：车辕的颈部。⑥镝（dí）：箭头，亦指箭。

【译文】夏、商、周三代时期，外国的名字只是称呼戎、狄罢了。（《礼记·王制》：“东方称为夷，南方称为蛮，西方称为戎，北方称为狄。”）特意提出就称呼荤粥、猃狁。到赵武灵王才开始称胡。根据《说文解字》记载：“胡，指的是牛下巴颏下的垂肉。偏旁是肉，读古声。”（《说文解字》：“䆫，就是幅胡的意思。”臣铉等说：“胡，是幅垂下的东西，也取下垂作为文义。”）《后汉书·舆服志》记载：“圣人根据鸟兽，而有冠角頼胡的制度。”就是这样的。《诗经》记载：“狼跋其胡。”狼年龄大的，下巴颏下垂着垂肉，所以作为长寿的名称。《诗经》记载：“胡考之宁。”《左传》记载：“虽及胡耇。”（《释名》：“胡耇，咽皮就如鸡胡。”）《谥法》记载：高年长寿叫胡，安民尊长叫胡。陈国有胡公，而蔡仲以及周厉王都取名胡，似乎也都是选取这个意思。（晋代王胡之字修龄。）《考工记》记载：“戈宽二寸，内比宽长一倍，胡比宽长三倍。”说的是戈锋弯曲而从旁边出来的地方，犹如牛胡一样。《周礼·大行人》记载：“侯伯七十步立，当前疾。”注解：“前疾，指的是驷马车辕前胡下垂支撑地。”《礼记·深衣》记载：“袂圜以应规。”注解：“指的是胡下，下垂叫胡。”《方言》记载：“凡是金属箭头胡合有余的。”郭璞解说：“胡镝在于喉下。”则也是取象在牛胡。又有国名，如今的胡姓，是以国为氏，有的则以谥为氏的。又与“何”字的含义相同，例如“胡能有定”“胡然而天”“胡斯畏忌”之类。（笺注：“胡之言何也。”）出现在经传书籍中，就是这样而已。

《史记·匈奴传》曰："晋北有林胡、楼烦之戎，燕北有东胡、山戎。"盖必时人因此名戎为胡。《赵世家》："变服骑射以备燕、三胡、秦、韩之边。"注："林胡、楼烦、东胡为三胡。武灵王言襄王并戎取代以攘诸胡。谓之诸胡者，犹《左传》之言群舒。"而下文遂云："筑长城以拒胡。"是以二国之人，而概北方之种；一时之号，而蒙千载之呼也。犹之羯本地名，上党武乡县羯室，晋时匈奴别部人居之，后因号胡戎为羯。盖北狄之名胡自此始。而《考工记》亦曰："粤无鎛[①]，燕无函，秦无庐，胡无弓车。"春秋，北燕仅再见于经，而于越至哀公时始盛，以此知《考工》之篇，亦必七国以后之人所增益矣。又虏者，俘获之称。《曲礼》："献民虏[②]者操右袂。"《公羊传》："闵公矜此妇人，妒其言，顾曰：此虏也，尔虏焉故。"鲁仲连所谓"虏使其民"，韩非所谓"臣虏之劳"，《史记·李斯传》："严家无格虏。"索隐曰："虏，奴隶也。"而《戚夫人歌》所谓"子为王，母为虏"。东方朔《答客难》所谓"尊之则为将，卑之则为虏"者也。故汉高帝言"虏中吾指"，而骂娄敬[③]为齐虏，戾太子骂江充为赵虏。《水经注》："临淄外郭，世谓之虏城，言齐湣王伐燕，燕王哙死，虏其民实居郭，因以名之。"是矣。自南北朝以后，其名遂以加之北翟，亦习而不察也。

【注释】①鎛（tuán）：铁块。②民虏：俘获的敌国民众。③娄敬：即刘敬。汉初齐人。因建议入都关中有功，赐姓刘。

【译文】《史记·匈奴传》记载："晋国北面有林胡、楼烦等戎族，燕国北面有东胡、山戎。"必定是当时的人因为这称戎为胡。（《赵世家》："改变服饰骑射来防备燕、三胡、秦、韩接壤之处。"注："林胡、楼烦、东胡为三胡。赵武灵王说襄王吞并戎取代来防备诸胡。所谓的诸胡，就像《左传》当中说群舒一样。"）于是下文记载："筑长城以拒胡。"因此两国的人，总括北方的种类；一时的名号，而沿用了千年的称呼。（就像羯本来是地名，上党武乡县羯室，晋代时匈奴别部人居住在这里，后来因而称胡戎为羯。）北狄称为胡大概是从这开始的。而《考工记》也记载："粤无鎛，燕无函，秦无庐，胡无弓车。"春秋时期，北燕仅仅两次出现在经籍中，而于越国到鲁哀公时才开始盛行，通过这可以知道《考工》的篇幅，也一定是战国七国以后的人增添的。虏这个字，是俘获的意思。《曲礼》记载："献民虏者操右袂。"《公羊传》记载："宋闵公在这些女人面前自负贤能，忌恨听到这些话，回过头说：此虏也，尔虏焉故。"鲁仲连所说的"虏使其民"，韩非所说的"臣虏之劳"，（《史记·李斯传》："严家无格虏。"索隐说："虏，就是奴隶的意思。"）而《戚夫人歌》所说的"子为王，母为虏"。东方朔《答客难》所说的"尊之则为将，卑之则为虏"。所以汉高祖说"虏中吾指"，而骂娄敬是齐虏，戾太子骂江充是赵虏。《水经注》记载："临淄外城，世人称为虏城，据说齐湣王讨伐燕国，燕王姬哙死了，俘虏了燕国的百姓让他们居住在外城，因此命名为虏城。"就是这样的。从南北朝以后，其名于是加在北翟上，也是沿用却不加以考察了。

草马

《尔雅》："马属，牡曰骘[1]，牝曰騇[2]。"郭璞注："以牡为骘马，牝为草马。"《魏志·杜畿传》："为河东太守，课民畜牸牛[3]草马。"《晋书·凉武昭王传》："家有騧[4]草马，生白额驹。"《魏书·蠕蠕传》："赐阿那瓌父草马五百匹。"《吐谷浑传》："吐谷浑尝得波斯草马，放入海，因生骢驹。"《隋书·许善心传》："赐草马二十匹。"《广韵》："牝马曰騲。"《颜氏家训》有云"騲騭"。今人则以牡为儿马[5]，牝为骒[6]马，而唯牝驴乃言草驴。

【注释】①骘（zhì）：雄马。②騇（shè）：母马。③牸（zì）：雌性的畜类野兽。④騧（guā）：黑嘴的黄马。⑤儿马：公马。⑥骒（kè）：雌，专指马和骡。

【译文】《尔雅》记载："马这个属类，雄性的叫骘，雌性的叫騇。"郭璞注解："以雄性的为骘马，雌性的为草马。"《魏志·杜畿传》记载："杜畿担任河东太守，教导百姓饲养牸牛、草马。"《晋书·凉武昭王传》记载："家里有黑嘴的草马，生了白额小马。"《魏书·蠕蠕传》记载："赏赐阿那瓌的父亲五百匹草马。"《吐谷浑传》记载："吐谷浑曾经得到波斯草马，放入海，因此生下了青白色的小马。"《隋书·许善心传》记载："赏赐二十匹草马。"（《广韵》："牝马为騲。"《颜氏家训》有说"騲騭"的。）现代人则把牡马称为儿马，牝马为骒马，而只有牝驴才叫草驴。

草驴女猫

今人谓牝驴为草驴。《北齐书·杨愔传》："选人鲁漫汉，在元子思[①]坊，骑秃尾[②]草驴。"是北齐时已有此语。山东、河北人谓牝猫为女猫，《隋书·外戚·独孤陁传》："猫女可来，无住宫中。"是隋时已有此语。

【注释】①元子思：北魏宗室，鲜卑族，字众念。元子华弟。②秃尾：尾巴毛疏而短。

【译文】现代人称牝驴为母驴。《北齐书·杨愔传》记载："被选拔的人鲁漫汉，在元子思的坊前，骑着毛疏短尾巴的草驴。"这说明在北齐时期已经有这个词语了。山东、河北的人称牝猫为女猫，《隋书·外戚·独孤陁传》记载："猫女出来，不要待在宫中。"这说明在隋朝时已经有这个词语了。

雌雄牝牡

飞曰雌雄，走曰牝牡。"雉鸣求其牡。"诗人以为不伦之刺，然亦有不一者。《周礼》疏引《诗》："雄狐绥绥[①]。"走亦曰雄。《书》："牝鸡无晨。"飞亦曰牝。今按经传之文，不止于此。如《诗》："尔牧来思，以薪以蒸[②]，以雌以雄。"《左传》："千乘三去，三去之余，获其雄狐。"《庄子》："猨[③]猵狚音旦以为雌。"《焦氏易林》："雄犬夜鸣，雄罴在后。"《晋书·五行志》："吴郡娄县人家，闻地中有犬子声，掘之得雌雄各一。"《木兰诗》："雄兔脚扑朔④，雌兔眼迷离⑤。"皆走而称雌雄者也。《尔雅》："鹌鹑，其雄鹊⑥牝痺。"《山海经》："带山有鸟焉，其状如乌，五采而赤文，名曰鵸鵌⑦，是自为牝牡。阳山有鸟焉，其状如雌雉，而五采以文，是自为牝牡，名曰象蛇⑧。"则飞而称牝牡者也。龙亦可称雌雄。《左传》："帝赐之乘龙，河汉各二，各有雌雄。"是也。虫亦可称雌雄。《列子》："纯雌其名大腰，纯雄其名稚蜂。"是也。介虫亦可称雌雄。《庄子注》，司马云："雄者鼋类，雌者鳖类。"是也。

【注释】①绥绥：舒行貌。②蒸：细小的木柴。③猨（yuán）：同"猿"。④扑朔：指雄兔脚毛蓬松。⑤迷离：指雌兔眼睛眯缝。⑥鹊（jiē）：雄鹌鹑。⑦鵸鵌（qí tú）：古代传说中的一种怪鸟。一体而具雌雄。⑧象蛇：古代传说中的鸟名。一体而具雌雄。

【译文】飞禽的公母叫雌雄，走兽的公母叫牝牡。"雉鸣求其牡。"诗人作为是不伦不类的讽喻，然而也有不一致的。《周礼》注疏引用《诗经》："雄狐从容缓步独行。"走兽也可以叫雄。《尚书》记载："牝鸡无晨。"飞禽也可以叫牝。现在根据经传的文字，不止这些。例如《诗经》："尔牧来思，以薪以蒸，以雌以雄。"《左传》记载："三次驱出一千辆兵车，三次驱出过后，捕获了那只雄狐。"《庄子》记载："猨猵狙（音旦）以为雌。"《焦氏易林》："雄犬夜里鸣叫，雄罴跟随在后。"《晋书·五行志》记载："吴郡娄县有一户人家，听到地底下有小狗的叫声，挖掘后得到雌犬、雄犬各一只。"《木兰诗》记载："雄兔两只前脚时常动弹，雌兔两只眼睛时常眯着。”都是走兽的公母而称雌雄的。《尔雅》记载：“鶺鶉，其雄鵲牝痺。”《山海经》记载：“带山中有一种禽鸟，形状像乌鸦，身披红色图象的五彩羽毛，名叫鵸鵌，这种鸟自己决定牝牡。阳山中有一种禽鸟，形状像雌雉，身披五彩斑斓花纹的羽毛，这种鸟自己决定牝牡，名叫象蛇。”这是飞禽的公母而称呼牝牡的。龙也可以称雌雄。《左传》记载：“天帝赐给他乘坐龙车，黄河、汉水各两条，分别有雌雄。”就是这样的。虫也可以称雌雄。《列子》记载：“纯雌其名大腰，纯雄其名稚蜂。”就是这样的。介虫也可以称雌雄。《庄子注》，司马彪说：“雄性的是鼋类，雌性的是鳖类。”就是这样的。

人亦可称雌雄。《管子》：“楚人攻宋郑，令其人有丧雌雄。”《庄子》：鲁哀公之言哀骀他[①]曰：“且而雌雄合乎前。”是也。虹亦可称雌雄。《诗》疏：“虹双出色，鲜盛者为雄，雄曰虹；暗者为雌，雌曰蜺[②]。”是也。《容斋三笔》引宋玉赋“雄风雌风”，及“《师旷占》有雄雷雌雷之说”。干支亦可称雌雄。《史记索隐》：“岁雄在阏逢，雌在摄提格，月雄在毕，雌在訾，日雄在甲，雌在子。”是也，金亦可称雌雄。王子年[③]《拾遗记》：“禹铸九鼎，择雌金为阴鼎，雄金为阳鼎。”是也。石亦可称雌雄。《续汉·郡国志》：“夜郎出雄黄雌黄。”是也。符契[④]亦可称雌雄。《隋书·高祖纪》：“颁木鱼符[⑤]于总管刺史，雌一雄一。”《唐六典》：“太府寺置木契[⑥]九十五只，雄付少府将作监，雌留太府寺。”是也。

【注释】①哀骀（dài）他：一作哀骀它，卫国人，春秋时期鲁国著名大夫。②蜺（ní）：古同“霓”，虹的一种。③王子年：王嘉，字子年，陇西安阳（今甘肃陇西）人。东晋时期的一个方士，滑稽好语笑。④符契：又称符，或符节。是古代朝廷调动军队或发布命令的信物，通常用竹板或金属制成，上面刻着文字，剖分为两半，一半留在朝廷，一半由将帅持有。它是权力的象征，具有绝对服从的意义。⑤木鱼符：木质鱼形符节。⑥木契：木制的符信或凭证。

【译文】人也可以称雌雄。《管子》记载：“楚人攻宋郑，令其人有丧雌雄。”《庄子》记载：鲁哀公谈论哀骀他时说：“且而雌雄合乎前。”就是这样的。虹也可以称雌雄。《诗经》注疏：“虹显出双色，颜色鲜盛的为雄性，雄性的叫虹；颜色暗淡的为雌性，雌性的叫蜺。”就是这样的。（《容斋三笔》引宋玉赋“雄风雌风”，以及“《师旷占》有雄雷雌雷之说”。）天干地支也可以称雌雄。《史记索隐》记载：“岁阳在阏逢，岁阴在摄提格，月雄在毕，月雌在訾，日雄在甲，日雌在子。”就是这样的，金属也可以称雌雄。王子年《拾遗记》记载：“大禹铸造九鼎，选择雌金铸成阴鼎，雄金铸成阳鼎。”就是这样的。石矿也可以称雌雄。《后汉书·郡国志》记载：“夜郎国出产雄黄、雌黄。”就是这样的。符契也能称雌雄。《隋书·高祖纪》记载：“颁发木鱼符给总管、刺史，雌雄各一个。”《唐六典》记载：“太府寺设置木契九十五只，雄契交付少府将作监，雌契留在太府寺。”就是这样的。

箭亦可称雌雄。《辽史·仪卫志》：“木箭[1]内箭为雄，外箭为雌。皇帝行幸则用之。还宫，勘箭官执雌箭，东上阁门使执雄箭。”是也。亦可称牝牡。宋沈括《笔谈》：“大驾卤簿中有勘箭，如古之勘契也。其牡谓之雄牡箭，牝谓之关伏箭，本胡法也，熙宁中罢之。”草木亦可称牡。《周礼》：“牡榛[2]”“牡蘜[3]”。注：“谓蘜之不华者。”《檀弓》：“牡麻。”《尔雅》：“牡菣[4]、牡蕡、牡茅。”《仪礼》注：“牡蒲。”《史记·封禅书》：“牡荆”。《本草》：“牡桂。”是也。车箱亦可称牝。《考工记》：“牝服”，正义云：“车较，即今人谓之平鬲[5]，皆有孔，内軨[6]子于其中，而又向下服，故谓之牝服。”是也。管钥[7]亦可称牝牡。《汉书·五行志》：“长安章城门，门牡[8]自亡。”《月令》注：“键牡，闭牝也。”正义：“凡锁器入者谓之牡，受者谓之牝。”是也。棺盖亦可称牝牡。《礼记·丧大记》：“君盖用漆。”正义：“用漆者，涂合牝牡之中也。”是也。

【注释】①木箭：契丹王朝的一种符契。一对。②榛（gū）：古书上说的一种树，即山榆。③蘜（jú）：古同“菊”。④菣（qìn）：青蒿，茎叶可入药。亦称“香蒿”。⑤平鬲：车两旁之上高出于轼的平木。⑥軨（líng）：古代车箱前面和左右两面的木栏。⑦管钥：锁匙。⑧门牡：锁门的键，门闩。

【译文】箭也可以称雌雄。《辽史·仪卫志》记载：“木箭内箭为雄，外箭为雌。皇帝出行时使用。车驾还宫时，勘箭官手持雌箭，东上阁门使手持雄箭。”就是这样的。（亦可以称牝牡。北宋沈括《梦溪笔谈》：“大驾卤簿中有勘箭，就像古代的勘契。其牡称之为雄牡箭，牝称之为关伏箭，本来是胡法，熙宁年间废除了。”）草木也可以称牡。《周礼》记载有：“牡榛”“牡蘜”。（注：“是说蘜不华丽的。”）《礼记·檀弓》记载有：“牡麻。”《尔雅》记载有：“牡菣、牡蕡、牡茅。”《仪礼》注解有：“牡蒲。”《史记·封禅书》记载有：“牡荆”。《神农本草经》记载有：“牡桂。”就是这样的。车箱也可以称牝。《考工记》记载有：“牝服”，注疏说：“车较，就是现代人所说的平鬲，都有孔，放进軨子在其中，而又向下乘用，所以称为牝服。”就是这样的。锁匙也可以称牝牡。《汉书·五行志》记载：“长安章城门的门牡自己消失了。”《月令》注解：“键牡，是闭牝的意思。”注疏：“凡是锁器入者称为牡，受者称为牝。”就是这样的。棺盖也可以称牝牡。《礼记·丧大记》记载：“君侯的棺盖与棺身的接缝处要用漆涂合。”注疏：“用漆，是涂合牝牡接缝处的意思。”就是这样的。

瓦亦可称牝。《广韵》：“瓪[1]，牝瓦。”是也。五藏亦可称牝牡。《灵枢经》：“肝、心、脾为牡藏，肺、肾为牝藏。”是也。齿牙亦可称牡。《说文》：“牙，牡齿。”是也。徐曰：此于齿为牡也。《九经字样》作“壮齿”。病亦可称牡。《史记·仓公传》：“牡疝。”是也。星亦可称牝牡。《天文志》：“太白[2]在南，岁在北，名曰牝牡。”是也。《法苑珠林》：“虞喜《天文论》：‘汉太初历，十一月甲子，夜半冬至，岁雄在阏逢，雌在摄提格；月雄在毕，雌在訾；日雄在甲，雌在子。’大抵以十干为岁阳，故谓之雄；十二支为岁阴，故谓之雌。但毕訾为月雄雌，不可晓。今之言阴阳者，未尝用雌雄二字也。《郎顗传》引《易雌雄秘历》。今亡此书。”

【注释】①瓪（bǎn）：牝瓦，即仰盖的瓦。②太白：即金星，古代汉族民间称为太白，早上出现在东方时又叫启明、晓星、明星，傍晚出现在西方时也叫长庚、黄昏星。

【译文】瓦也可以称牝。《广韵》记载："瓬，是牝瓦。"就是这样的。五脏也可以称牝牡。《灵枢经》记载有："肝、心、脾为牡藏，肺、肾为牝藏。"就是这样的。牙齿也可称牡。《说文解字》记载："牙，是牡齿。"就是这样的。疾病也可以称牡。《史记·仓公传》记载有："牡疝。"就是这样的。星辰也可以称牝牡。《天文志》记载："太白星在南，岁星在北，名叫牝牡。"就是这样的。（《法苑珠林》："虞喜《天文论》：'汉代太初历，十一月甲子，夜半冬至，岁雄在阏逢，雌在摄提格；月雄在毕，月雌在訾；日雄在甲，日雌在子。'大抵以十干为岁阳，故而称为雄；十二支为岁阴，故而称为雌。但是毕訾为月雄雌，不明白其中意思。如今说阴阳的，未尝用雌雄这两字。《郎顗传》引《易雌雄秘历》。如今没有这本书。"）

五行亦可称牝牡。《左传》："水，火之牡也。"是也。铜亦可称牝牡。《抱朴子》："灌铜当以在火中向赤时，有凸起者牡铜，凹陷者牝铜。"是也。若《淮南子》云："北斗之神有雌雄，月从一辰，雄左行，雌右行。"而《隋书·经籍志》有《孝经雌雄图》三卷，《五代史·四夷附录》："高丽王建[1]进《孝经雌图》一卷，载日食星变[2]，不经之说。"则近于诞矣。后周有"典牝典牡，上士中士。"以牝牡名官。

【注释】①王建：字若天，松岳郡（今开城）人，朝鲜半岛重新统一之后的第一位君主，高丽王朝的开国国王。②星变：星象的异常变化。古时谓将有凶灾。

【译文】五行也可以称牝牡。《左传》记载："水，火之牡也。"就是这样的。铜也可以称牝牡。《抱朴子》记载："灌铜应当以在火中临近赤色的时候，有凸起的是牡铜，有凹陷的是牝铜。"就是这样的。像《淮南子》记载："北斗之神有雌雄两神，每个月移动一辰，雄神向左运行，雌神向右运行。"而《隋书·经籍志》记载有《孝经雌雄图》三卷，《五代史·四夷附录》记载："高丽王王建进奉《孝经雌图》一卷，记载日食星变，没有根据的话。"就接近于荒诞了。（后周有"典牝典牡，上士中士。"以牝牡命名官职。）

谦德国学文库丛书

（已出书目）

弟子规·感应篇·十善业道经

三字经·百家姓·千字文·德育启蒙

千家诗

幼学琼林

龙文鞭影

女四书

了凡四训

孝经·女孝经

增广贤文

格言联璧

大学·中庸

论语

孟子

周易

礼记

左传

尚书

诗经

史记

汉书

后汉书

三国志

道德经

庄子

世说新语

墨子

荀子

韩非子

鬼谷子

山海经

孙子兵法·三十六计

素书·黄帝阴符经

近思录

传习录

洗冤集录

颜氏家训
列子
心经·金刚经
六祖坛经
茶经·续茶经
唐诗三百首
宋词三百首
元曲三百首
小窗幽记
菜根谭
围炉夜话
呻吟语
人间词话
古文观止
黄帝内经
五种遗规
一梦漫言
楚辞
说文解字
资治通鉴
智囊全集

酉阳杂俎
商君书
读书录
战国策
吕氏春秋
淮南子
营造法式
韩诗外传
长短经
虞初新志
迪吉录
浮生六记
文心雕龙
幽梦影
东京梦华录
阅微草堂笔记
说苑
竹窗随笔
国语
日知录